U0920884

中国人文社会科学学报年鉴

(2003)

《中国人文社会科学学报年鉴》编辑部编

人民出版社

图书在版编目(CIP)数据

中国人文社会科学学报年鉴.2003/《中国人文社会科学学报年鉴》编辑部编.—北京:人民出版社,2003.5
ISBN 7-01-003863-5

Ⅰ.中… Ⅱ.中… Ⅲ.①人文科学—研究—中国—年鉴②社会科学—研究—中国—年鉴 Ⅳ.C12-54

中国版本图书馆 CIP 数据核字(2003)第 031886 号

书　　名:中国人文社会科学学报年鉴(2003)
　　　　ZHONGGUO RENWEN SHEHUI KEXUE XUEBAO NIANJIAN
作　　者:《中国人文社会科学学报年鉴》编辑部(电话:〈010〉65830024 65819283/
　　　　电子信箱:xbnj86@ Vip.sina.com)
责任编辑:陈来胜(电话:〈010〉65288211)
封面设计:李　栋
出版发行:人民出版社(北京朝阳门内大街 166 号　邮编 100706)
印　　刷:农民日报社印刷厂
装　　订:三河市文阁印刷厂
版　　次:2003 年 8 月第 1 版第 1 次印刷　　精装
开　　本:大 16 开
字　　数:3,000 千字
印　　数:1-3,000 册　　印张:80.25 印张
书　　号:ISBN 7-01-003863-5
临时性广告经营许可证:京工商广临字 2003-006 号
定　　价:320.00 元

《中国人文社会科学学报年鉴》(2003)
编委会及编辑出版人员名单

博学之，审问之，慎思之，明辨之，笃行之

——著名理论经济学家刘诗白题记

文／郭道夫

刘诗白，1925年生，重庆人。现为西南财经大学名誉校长、教授、博士生导师，四川省社会科学联合会主席，《经济学家》主编，全国高等财经院校社会主义政治经济学和《资本论》研究会会长。

刘诗白教授是我国著名理论经济学家，学识渊博，治学严谨，著述宏丰。作为教授，执教中以其精邃的内容、严密的逻辑、清晰的思路和儒雅的谈吐深深吸引听众；作为学者，一生勤于学习，善于思索，乐于笔耕，勇于创新，从事经济学研究凡50载，出版《刘诗白文集》计八卷。这八卷文集，荟萃了刘诗白教授的扛鼎力作，凝聚了一个学者的毕生心血。

刘诗白的理论学术活动有三个显著的特点：

一是实践性。刘诗白出生书香门第，从小饱受文化熏陶。其学生时代正处战乱年代，列强的野蛮掠夺，政府的横征暴敛，民众的水深火热，令其幼小心灵萌生救国兴邦的强烈愿望，决心不做"书斋学者"。从他步入经济学殿堂之日起，即把经济学视为"致用之学"。基于这一认识，他把理论经济学的研究与社会主义经济建设实践紧密相联，尤其关注现实经济生活中的热点、难点。

刘诗白十分注意从实践中汲取理论的养料，使理论研究力求做到源于实践、合于实践、高于实践、指导实践，为社会主义经济建设和改革开放服务。他东至江浙，南赴广东，对苏南模式、温州模式、广东模式进行总结、推广；他亲自参加了90年代初四川省国企改革33条等重要文件的起草工作；1988年，刘诗白与蒋一苇等43名人大代表一起，针对当时刚刚起步的市场经济亟待加强金融体制创新和政府宏观调控的需要，提出建立货币委员会的提案，之后又针对1989年春市场出现的销售疲软及入秋显露的生产滑坡，在全国人大会议上提出"缓解疲软十策"，人民日报给以全文发表，引起各方高度重视。

一次又一次的实践使刘诗白切肤地认识到，收入之于民众、资本之于企业、财富之于社会的无比重要性，升华为理论认识，他主张社会主义政治经济学必须致力于民富国强，在1992年人民出版社出版的《社会主义经济学原论》一著中，他把人民财富的最大增值、合理分配及优化使用，作为社会主义政治经济学的基本内容。今天，当中国人民业已告别贫穷落后，跨过温饱并进入全面建设小康社会，国家富强、人民富裕的宏伟目标已是清晰可见之时，我们再来品味刘诗白的人民财富学，就更加深刻地认识到，我们党一贯倡导的理论联系实际的学风是多么的重要！

二是系统性。打开《刘诗白文集》人们不难发现，刘诗白的理论研究遍及理论经济学的众多课题和广泛范围，其观点一以贯之，自成体系。原因就在于他总是从系统的高度和广度来考察体系中的每一个部分、每一个问题，在他看来，没有系统性就不成其为科学，而科学是拒绝杂乱无章、顾此失彼、自相矛盾的。

在几十年的学术生涯中，刘诗白在理论上执着地探索社会主义政治经济学的发展，他的研究从学科体系到基本范畴，从基础理论到现实问题，从历史发展到当代国情，从世界趋势到国内动态，涵盖了社会主义政治经济学的众多领域。与此同时，在五光十色、炫人眼目的现实经济生活面前，刘诗白并未眼花缭乱。他的理论研究的触角延伸到社会主义经济理论的

代末，为探索国有经济放开搞活的途径，刘诗白提出了“不完全或不成熟的全民所有制”的命题，并在80年代初针对盛极一时的“单一公有制”、“纯公有制论”，提出了社会主义所有制结构的

各个重要方面，系统地对社会主义的发展阶段、所有制、商品经济与市场体制、股份制改革和社会主义产权制度等这些在中国经济体制改革中属重中之重的问题做了较为深刻的理论剖析。

三是创新性。马克思说：“在科学的入口处，正象在地狱的入口处一样。”古往今来，为科学而献身的志士仁人不计其数。中国改革开放前的30年间，经济建设历经坎坷，政治斗争风雨如磐，“十年浩劫”狂涛巨澜，理论研究禁区重重，即便是改革开放中的某些时期，传统体制下形成的“唯书”、“唯上”根深蒂固，姓“社”姓“资”关隘难越，政策诠释大行其道，探索性的研究难有作为。“学而不思则罔”是刘诗白一生信守的格言，独立思考、务去陈言、崇尚创新则是他的治学态度。刘诗白正是以下地狱的胆魄和闯禁区的勇气进行理论研究工作的。

60年代初，针对计划经济体制下不重视经济效果的问题，他撰文从理论上较完整地阐述了讲求经济效果的重要意义，成为我国社会主义经济效益理论体系的先驱之作。70年

多元性、所有制形式的多样性和公有制具体形式的多层次性的“三性”观点，为社会主义所有制的深入研究提供了理论依据。1986年以来，刘诗白在理论探索上又迈进一步，向过去理论界认为“离经叛道”的产权问题发起冲击，发表了一系列有关重塑微观主体、改革国企产权制度的论文，并于1993年出版了《产权新论》，1999年出版了《产权主体论》，率先填补社会主义政治经济学的这个空白，被称为中国三大产权流派之一。几乎在我国社会主义经济建设的各个时期，刘诗白均对当时的重大问题提出过具有时代特质并经得起实践检验的有不同程度创新性的观点。

《礼记》有云：“博学之，审问之，慎思之，明辨之，笃行之。”这是中国知识分子崇尚、向往、追求的治学最高境界。刘诗白教授一生躬行，毫不懈怠。现在，他早已过了风华正茂的年代，但是，老骥伏枥，志在千里，他仍在认真地学习，深沉地思索，努力地工作。

《经济学家》简介

《经济学家》杂志是由我国经济学界一批著名专家学者共同倡议创办，由国家教育部所属的西南财经大学承办的大型经济理论刊物。

《经济学家》杂志由八十余名专家学者组成学术委员会，共同商讨办刊方针。西南财经大学刘诗白教授任主编，北京大学肖灼基教授、西南财经大学王永锡教授和南京大学洪银兴教授任副主编。

《经济学家》主要发表经济学界新近的理论研究成果，包括马克思主义经济学基本理论的研究；社会主义市场经济运行及其机制的研究；我国经济改革和经济发展的重大课题的研究；当代资本主义发展的新特点、新趋势研究；世界经济发展问题研究以及反映我国经济领域中的新情况、新问题的调查报告和当代国外各派经济理论的介绍和评价等等。

《经济学家》设置的主要栏目有：中国经济学论坛、理论经纬、改革探索、比较与借鉴、研究报告、金融研究、财税研究、农业研究、学者风范、新观察。

《经济学家》1995年6月评为四川省十佳社科期刊，同年12月荣获首届全国优秀社会科学期刊奖题名奖。1998年又被全国经刊联授予“首届全国优秀经济期刊”，1999年9月，被“全国高等学校文科学报研究会”评为“首届全国百强社科学报”，2000年8月获四川省第二届优秀期刊奖。2001年，我刊又再次荣获由中华人民共和国新闻出版署颁发的“中国期刊方阵”的双效期刊。

优秀社会科学期刊奖
获奖证书
期刊社（编辑部）：
一九九五年全国社会科学期刊
荣获优秀社科学术理论期刊奖
颁此证。
中华人民共和国新闻出版署
一九九五年十二月

ECONOMIST
經濟學家
JING JI XUE JIA
3 2002

著名经济学家、《经济学家》主编刘诗白教授（中）和编辑部成员合影

《经济学家》国内外发行，国内发行价60元/年，国外发行价60美元/年。国内统一刊号为CN51 ~1312/F，国外发行统一刊号为BM4046，国际标准连续出版物号为ISSN1003-5656。

编辑部电话：(028)87352177
传　真：(028)87352023
地　址：成都外西光华村55号
西南财经大学内
邮　编：610074
电子邮箱：economi@swufe.edu.c

中国十大万人著名民办高校

西安思源学院

XI'AN Siyuan University

教学主楼

实验楼

外教公寓

思源湖

开学典礼

文艺晚会

与外籍教师交流

西安思源学院是经陕西省教育厅批准，由西安交大交业出资创建的一所全新的、现代化、规范化的全日制民办高等院校。2002年6月，经陕西省政府批准，国家教育部备案，在西安思源学院基础上成立了“西安思源职业学院”，纳入国家统一招生计划。

思源学院经过几年的快速发展，以“校园景色优美、建筑宏伟壮观、学生管理严格、教学质量优异”而享誉社会。这里有中国民办院校第一楼，有西北地区第一家数字图书馆，有全省同等规模院校中自考成绩连续八次名列第一的桂冠……争创一流、打造名校是思源人不懈的努力和共同的追求。

学院现有在校学生17000余人，2002年4月思源学院被评为当今“中国十大万人著名民办高校”。

全国政协副主席罗豪才、王文元、教育部副部长张保庆、陕西省委副书记袁纯清、陕西省副省长陈宗兴、陕西省教工委书记陈存根、陕西省教育厅厅长胡致本等均先后到学院视察并指导工作。王文元副主席说：“我认为思源学院条件很好，当前能在民办高校领域办出高水平，我认为是很大的贡献。”并为学院题词：“西安思源学院英才辈出。”教育部副部长张保庆说：“思源学院办得不错，发展速度惊人，效益好，校园规划得也不错，这么短的时间能办成这样的规模和水平，我看了很高兴。”并为学院题词：“注重质量，办出特色，为高等教育做贡献。”陕西省委副书记袁纯清说：“你们搞得很不错，学校办得很好，领导负责、管理得也不错，很规范，学生的精神状态也很好。”陕西省副省长陈宗兴更是称赞思源学院是“陕西民办高校中升起的一颗明星”。上级领导和主管部门的表彰以及社会各界良好的口碑，使思源的毕业生风云人才市场，供不应求。

发现你的才智、成就你的品学、放飞你的梦想。走进思源，就是走向成功！

校园鸟瞰图

学院地址：西安市东郊水安路28号　电话：029-2601888　传真：029-2609245　邮编：710038　网址：www.xasyxy.com

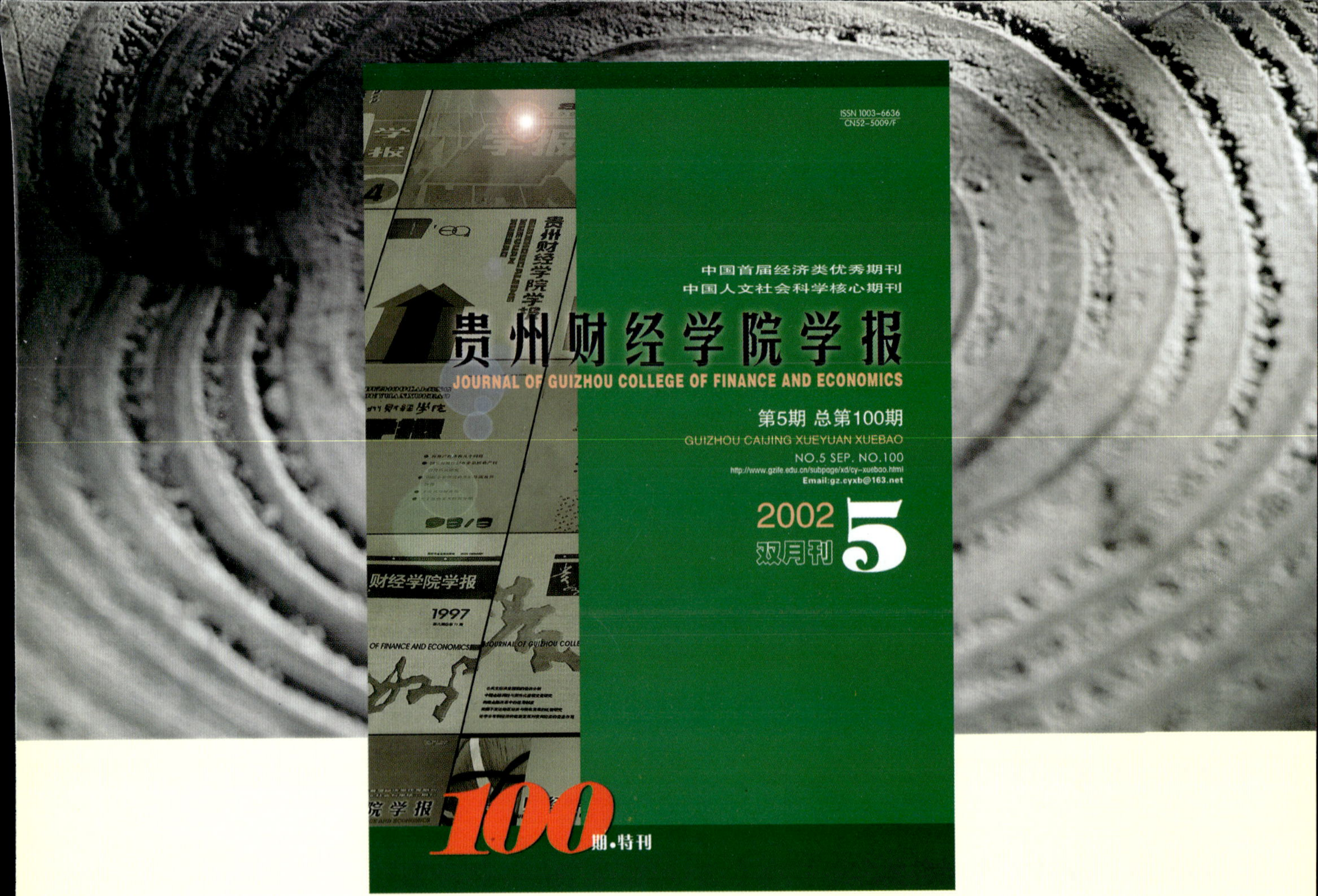

崇尚严谨、求实的治学态度

坚持创新、求是、理性的学术精神

提倡对经济社会发展问题的多学科、多角度深度探讨

《贵州财经学院学报》为财经类学术期刊(双月刊),由贵州财经学院主办、《贵州财经学院学报》编辑部编辑出版。每逢单月 15 日出版,国内外公开发行。国内邮发代号:66—36;国外发行代号:BM4371。

《贵州财经学院学报》秉承立足贵州,面向国内外,坚持为我国特别是我国中西部地区经济发展服务,为我国中西部地区财经科学研究和财经教育服务的一贯宗旨,致力于我国社会主义经济理论和实践热点问题的宏观研究,更注重对中西部地区的贫困和发展问题的深度研究。

主要栏目有“经济专论”、“贫困与发展”、“西部开发时论”、“贵州经济”、“经济与人文”、“经济广角”,以及面向经济类本科在校学生的“学子论坛”专栏。

主要读者为财经理论研究者、政府财经部门工作人员、高等财经专业院校师生、实业界高级管理和企划人员。

《贵州财经学院学报》特色鲜明,学术性强,在国内经济理论界有一定影响。曾入选中国中文核心期刊,1997 年被评为首届中国经济类优秀期刊,1999 年入选中国人文社会科学核心期刊,中国人文社会科学引文数据库来源期刊。2002 年获中国人文社科学报优秀栏目奖,并被评为贵州省优秀社科学报。

主编:令狐昌仁

副主编:靖晓莉 叶晓军 李勇林

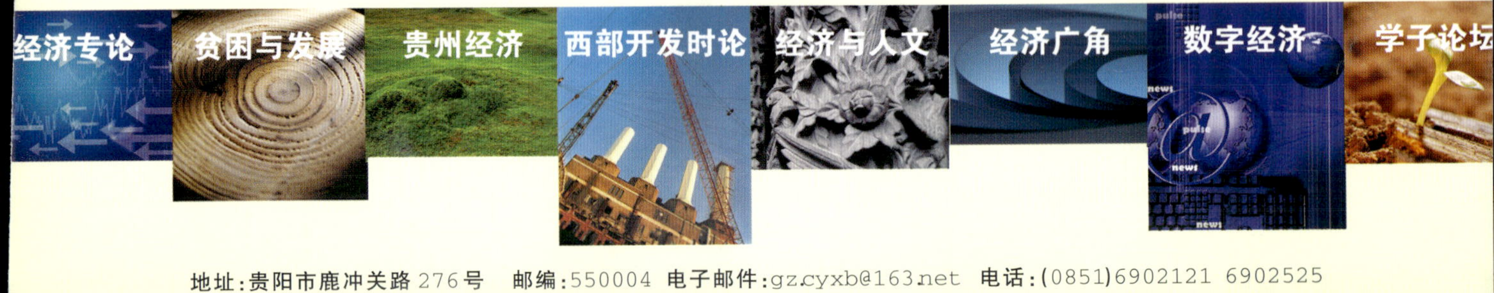

地址:贵阳市鹿冲关路 276 号 邮编:550004 电子邮件:gz.cyxb@163.net 电话:(0851)6902121 6902525

ISSN 1009-3060

同济大学学报

JOURNAL OF TONGJI UNIVERSITY

（社会科学版）

一、办刊简史

同济大学学报（社会科学版）创刊于1990年。1993年4月经上海市新闻出版局审批，获内部报刊准印证。1998年8月经教育部、国家新闻出版署批准公开发行，为季刊。2001年起，改为双月刊，并加入中国学术期刊（光盘版），由上海市报刊发行局、中国国际图书贸易总公司向国内外公开发行。本刊国际标准刊号为ISSN1009-3060，国内统一刊号为CN31-1777/C，国内邮发代号为4-637，国外发行代号为1532BM。

二、办刊宗旨

本刊以坚持四项基本原则为办刊宗旨，提倡理论联系实际，贯彻"双百"方针，力求办出体现同济学科建设特点的文科学报，促进文、理、工的相互渗透与结合，发展新兴学科、交叉边缘学科，进一步促进同济大学社会科学学科教学和科研水平的提高。

三、主要栏目与特色

同济大学学报（社会科学版）开设的主要栏目有：【建筑与文化】、【犹太学研究】、【管理科学】、【政治学研究】、【城市科学】、【经济理论与实践】、【文学研究】、【法学论坛】、【史学纵横】等一些有同济学科特点的栏目，同时学报还根据稿件情况和新兴学科的发展，以突出同济特色为宗旨，组织和推出部分新的栏目。

经过十多年的努力和办刊实践，同济大学学报（社科版）已成为国内社会科学领域具有一定知名度和影响力的学术性刊物，被上海图书馆主办的《全国报刊索引》列为核心期刊，所刊载的文章多次被《新华文摘》、《全国高校文科学报文摘》、全国性报刊文摘——"中国人大资料复印中心"等权威性文摘刊物摘录或转载。在全国理工科院校社科类学报转载率统计中名列前茅，本刊一些特色栏目如【建筑与文化】、【犹太学研究】等已成为和有别于其他高校文科学报的或国内独有的专栏。同时，刊物的影响力和知名度不断提高和扩大，作者群遍及全国各地和港台。

《国家行政学院学报》
沟通政府与产学研各界的桥梁

邮发代号:2-364

政府管理

主编:韩 康

□突出政府管理、政府决策和公务员队伍建设的鲜明主题
□反映党和国家关于政府工作的重大方针政策和举措
□反映当前经济体制改革、政治体制改革和行政管理改革等方面的新鲜经验
□反映新形势下政府管理和政权建设等方面的前沿性研究成果
□学报力求学术性、指导性、可读性和丰富的信息量的结合
□学报主要栏目包括:中国公共行政、行政首长论坛、21世纪中国经济、法治经纬、决策咨询与参考、案例库、比较与借鉴、国际学苑、调查与思考

国家行政学院学报

JOURNAL OF CHINA NATIONAL SCHOOL OF ADMINISTRATION

国内订户可在全国各地邮局办理订阅手续(邮发代号:2-364)
如当地邮局订阅不便,可直接向本刊编辑部订阅。
定　　价:每期 12 元　　全年 72 元

地　　址:北京市海淀区长春桥路 6 号
邮政编码:100089　Email :xuebao @nsa.gov.cn; xuebao@163bj.com
电　　话:(010)68929341　68929345　　传　真:(010)68929345

北京师范大学学报

（人文社会科学版）

Journal of Beijing Normal University

(Humanities and Social Sciences)

BEIJING SHIFAN DAXUE XUEBAO · 1956

2/2002

人文社会科学版

全国中文核心期刊
中国人文社会科学核心期刊
首届全国双十佳社科学报

北京師範大學學報

JOURNAL OF BEIJING NORMAL UNIVERSITY

《北京师范大学学报》（人文社会科学版）是北京师范大学主办的综合性人文社会科学学术研究双月刊。1956年创刊。现设有“教育研究”、“心理研究”、“文学研究”、“历史研究”、“民俗学研究”、“对外汉语教学研究”、“哲学研究”、“经济学研究”、“可持续发展战略研究”、“影视研究”、“研究生论坛”、“教育文萃”等栏目。坚持北师大严谨朴实和传承创新的学术传统，严格遵守学术规范，追求编校质量，取得丰硕成果。表现在：（一）入选为多家评价系统的核心期刊或重要来源期刊：（1）1992、1996和2000年连续入选具有广泛影响的《中文核心期刊要目总览》，列在“综合性人文、社会科学类核心期刊”的前列；2000年最新版《中文核心期刊要目总览》在全国各类期刊中遴选出50种“综合性人文、社会科学类核心期刊”，按影响因子，名列第二。（2）1999和2001年连续选为《中文社会科学引文索引》（CSSCI）的重要来源期刊；（3）2001年入选“中国期刊方阵”，成为“双效期刊”中的重要一员。（二）摘转率、被引次数及被引率居全国社科学报前列：1998—2000年被引次数居全国高校文科学报第二名（据CSSCI统计）；1996和1999年居全国高校文科学报摘转率第一名（根据陕西师范大学图书馆统计）；2000年全国高校文科学报摘转率第六位（同上统计）；1997-2001年被摘引率全国高校文科学报第四名（根据中国社会科学院文献情报中心和清华光盘中心统计）；1999年期刊引用率全国高校文科学报第五名（同上统计）。（三）获得多种奖励：1999年获得“首届全国双十佳社科学报”荣誉称号；2002年蝉联“第二届全国双十佳社科学报”荣誉称号；编辑部潘国琪同志荣获“全国百佳出版工作者”称号，林邦钧被评为“全国高校社科学报优秀主编”。

主管：中华人民共和国教育部
主办：北京师范大学
编辑：北京师范大学学报编辑部
主编：林邦钧
地址：北京市新街口外大街19号
电话：（010）62207848，62207850
传真：（8610）62207848

国际出版物号：ISSN1002-0209
国内统一刊号：CN11—1514
国内代号：2—98
国外代号：BM1136
E-mail：wkxb@bnu.edu.cn
网址：bnu.edu.cn/xuebao/wen/index.htm

编辑部全体同志

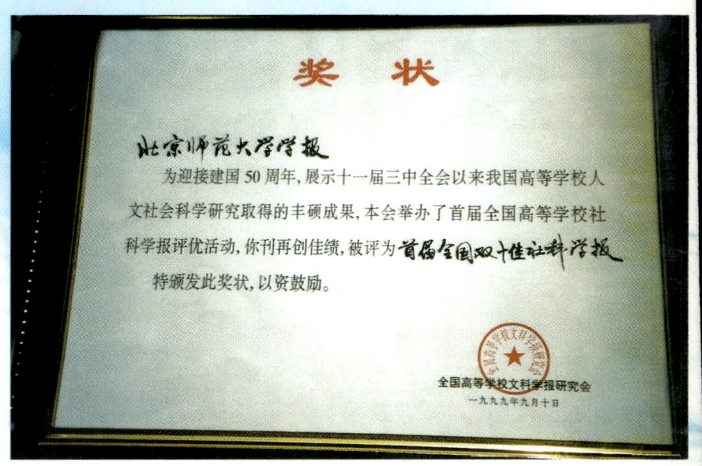

奖 状

北京师范大学学报

为迎接建国50周年，展示十一届三中全会以来我国高等学校人文社会科学研究取得的丰硕成果，本会举办了首届全国高等学校社科学报评优活动，你刊再创佳绩，被评为首届全国双十佳社科学报

特颁发此奖状，以资鼓励。

全国高等学校文科学报研究会

一九九九年九月十日

全国双十佳社科学报

全国首批四所民办高校之一

浙江樹人大學

浙江树人大学是改革开放以来浙江省最早成立、国内首批具有颁发专科学历文凭资格的全日制民办普通高等学校，现有占地面积480余亩，建筑面积21.4万平方米，藏书30余万册，教职工550余人，在校生11000余名。学校设有人文、城建、管理、信息科技、轻工与环保、外经贸、艺术、资源与基础工程、语言、成教等10个学院，4个研究所，1个现代教育中心，20余个专业实验室和基础实验室，面向36个专业招生。目前，学校正胸怀宏图，脚踏实地，向本科院校阔步迈进。

18年风雨兼程，学校始终以培养人才为己任，注重办学的社会效益，视教学质量为生存和发展的生命线，办出了特色，办出了水平，赢得了社会信誉，得到了跨越式的发展，走过了不平凡的道路。

①

②

③

① 教学主楼
② 外经贸学院
③ 校园一景
④ 行政楼

④

JOURNAL OF CAPITAL NORMAL UNIVERSITY

立足学术研究　创办特色刊物

《首都师范大学学报》(社会科学版)

是由首都师范大学主办的社科类双月刊。创刊于1973年,为季刊。1980年经国家新闻出版署批准国内外公开发行。1988年经北京市新闻出版局批准改为双月刊至今。其前身是《北京师范学院学报》(社会科学版),1992年随校名的变更改为今名。

本刊以马克思列宁主义、毛泽东思想和邓小平理论为指导,贯彻"三个代表"要求,坚持社会主义的办刊方向;以"百花齐放、百家争鸣"为办刊方针,促进学术繁荣;以理论联系实际为原则,坚持为社会主义现代化做贡献。

本刊主要刊登文学、语言、历史、哲学、经济、政治、法律、教育和心理等学科的学术论文,辟有"当代中国史学思潮研究"、"西欧中世纪史研究"、"后现代主义研究"、"全球化与人文社会科学"、"20世纪中国哲学研究回眸"、"博士论坛"、"百年文学透视"、"比较教育研究" 等专栏。本刊以容量大、栏目多、观点新、资料翔实、论证谨严、科学性、应用性、师范性为特色。

《首都师范大学学报》(社会科学版)

★ 荣获"首届全国百强社科学报"称号—1999

★ 发表文章摘转率全国社科学报排名第11位—1999

★ 入选"中国人文和社会科学核心期刊"—1999

★ 荣获北京市优秀社科期刊和华北地区优秀社科期刊称号—2000

★ 发表文章摘转率全国师范类高校社科学报第7位—2000

★ 入选"中国期刊方阵"并获证书及标识—2001

★ 荣获"第二届全国百强社科学报"称号—2002

★ 入选"中国人文社科学报核心期刊"—2002

主管单位:北京市教育委员会
主办单位:首都师范大学(北京西三环北路105号)
邮政编码:100037
编辑出版:首都师范大学学报(社会科学版)编辑部
主　　编:秦英君
电子信箱:jcnu@263.net
印　　刷:北京昌平百善印刷厂
国内发行:北京市报刊发行局
邮发代号:2-309
国外发行:中国国际图书贸易总公司
(北京市399信箱)
国外代号:BM509
ISSN 1004——9142(国际标准刊号)
CN 11——3188/C(国内统一刊号)

ISSN 1002-0519

ZHONGYANG SHEHUI ZHUYI XUEYUAN XUEBAO

学报

《中央社会主义学院学报》是惟一以刊登统一战线理论研究成果以及相关学科理论研究成果为主要内容的中央级社会科学理论刊物，面向国内外发行。近两年来，中央社会主义学院学报编辑部在院党组的领导下，以“三个代表”重要思想为指导，在编辑工作中求真务实，勇于创新，坚持精品原则，突出学报特色，努力提高编校、印刷质量，使学报的社会影响不断扩大。

目前，《中央社会主义学院学报》为“中国人文社会科学核心期刊”、“中国人文社科学报核心期刊”、“全国优秀社科学报”、第二届“北京市高校社科学报评比一等奖”；《中央社会主义学院学报》现已被国内四大期刊数据库收录，我院学报分别是“中国人文社会科学引文数据库来源期刊”、“中国学术期刊综合评价数据库来源期刊”、“中文社会科学引文索引来源期刊”、“中文科技期刊数据库来源期刊”；另外，我院学报还是《中国期刊网》、《中国学术期刊（光盘版）》全文收录期刊。

贺中央社院学报百期

百期轉瞬多少探求恁般心血盡顯國家政治特色

千載伊始如此奮發何其艱難力促黨派事業輝煌

許嘉璐 敬贺

祝贺《中央社会主义学院学报》创刊100期

坚持多党合作制度

加强参政议政工作

丁石孙

促进民主党派建设

加强参政议政研究

题中央社会主义学院学报100期

何鲁丽

二〇〇二年十二月

ISSN 1002-0519

10>

9 771002 051024

2002. 5

JOURNAL OF THE CENTRAL INSTITUTE OF SOCIALISM

著名学者郑海航教授

郑海航博士，1945年生，山东潍坊市人。现任首都经济贸易大学副校长、教授、博士生导师，《首都经济贸易大学学报》、《经济与管理研究》、《北京经济瞭望》杂志主编，校学术委员会副主任和学位委员会副主任。兼任中国企业管理研究会副理事长、中国工业经济研究与开发促进会副理事长、中国经济期刊联合会副会长、中国企业联合会常务理事和企业管理现代化委员会副主任、北京行为科学学会会长等职，以及国内外多所著名大学兼职教授、国家教育部人文社会科学重点研究基地吉林大学中国国有经济研究中心学术委员会主任、国家经贸委企业研究专家委员会委员。

郑海航博士二十多年来一直从事企业管理学和企业改革的研究工作。主要研究方向为企业组织理论。先后参加和主持了国家组织的首钢、二汽改革试点和包括国家自然科学基金、国家社科基金在内的十余项重点研究课题，共发表论著成果二百多万字。其中由他主笔撰写的研究报告《国有企业亏损研究》和主编的论著《中国企业理论五十年》有较大影响，曾先后荣获教育部人文社会科学优秀成果奖、北京市哲学社会科学优秀成果奖、孙冶方经济科学基金奖、首届蒋一苇企业改革与发展学术基金奖、全国优秀论文奖等多项殊荣。由于学术研究方面的突出贡献，郑海航博士被评为国务院特殊津贴专家，北京市有突出贡献专家。

著名学者黄津孚教授

黄津孚 1943年生于上海，1982年北京经济学院研究生毕业，1983年获中国人民大学经济学硕士学位，现任首都经济贸易大学教授、校学术委员会委员、工商管理学院院长、企业发展研究中心主任，中国人民大学兼职教授和博士生导师。兼任中国企业管理研究会常务理事、中国企业联合会管理现代化学术委员会委员、中国人力资源管理研究会常务理事、首都企业改革与发展研究会副会长、国家高级公务员培训中心客座教授、中国劳动人事科学研究院特聘研究员。是国家级优秀教师、享受国务院特殊津贴的专家。

黄津孚教授的学术专长是企业管理理论、企业组织、人力资源管理、高等教育管理与研究方法。他一贯治学严谨，坚持不懈地进行教学改革和探索，教学效果突出，荣获北京市普通高等学校优秀教学成果二等奖2项。黄津孚教授勇于探索，先后承担和完成国家自然科学基金、教育部人文社会科学、北京市教委项目6项，企业委托咨询项目十余项，学术成果丰硕。先后发表论著90篇部200余万字，创建由系统管理原理、人本管理原理、管理职能原理、科学管理原理、权变管理原理组成的企业管理原理新体系，其编著的《现代企业管理原理》，已印刷19次发行22万余册，被全国50余所高校选作教材或教学参考资料，荣获“全国高校优秀双效书奖”“全国优秀畅销书奖”；在企业发展潜力、机遇管理、人本管理研究等方面多有创见，在《管理世界》、《中国工业经济》、《数量经济技术经济研究》等权威和核心刊物上发表许多有影响的论文，先后获得北京哲学社会科学优秀成果二等奖、中国企业管理研究会和首都经济贸易大学优秀学术成果奖多项。

首都经济贸易大学工商管理学院

自左至右为蒋三庚教授、黄津孚教授,张仁侠教授

首都经济贸易大学工商管理学院下设企业管理系和商务管理系，并设有产业经济研究中心、企业制度与企业家研究中心、企业发展研究中心和商务管理研究中心。现有工商管理、市场营销、产业经济、旅游管理四个本科专业,拥有企业管理、产业经济学、国际贸易三个硕士点，其中企业管理专业为北京市重点建设学科。院长为黄津孚教授,副院长张仁侠教授、蒋三庚教授。

工商管理学院目前拥有一支专业方向配套、年龄结构合理、学术水平较高、能够胜任教学、科研和管理咨询的师资队伍。现有专职教师73人,包括教授8名(其中博士生导师2名),副教授41名,具有博士学位的教师12名,在读博士6名，在工商管理主要专业方向均有学科带头人或骨干教师。师资队伍中包括全国优秀教师1名,享受国务院特殊津贴专家3名,北京市有突出贡献的专家1名，北京市优秀教师和优秀青年教师3名，北京市跨世纪优秀人才和北京市青年学科带头人4名，北京市优秀青年骨干教师5名，同时聘任了国内著名专家学者陈清泰、陈佳贵、邓荣霖、曹凤岐、吕政、黄速建、韩岫岚、李宝山、唐海滨、刘纪鹏和著名企业家张瑞敏为学院兼职教授。

工商管理学院所属系1963年开始招收本科生,1979年开始招收硕士研究生。现有全日制本科和研究生1200余人,各层次在职学员1000余人,39年来，工商管理学院共培养了数千名本科生和20届硕士研究生。1985年接受中共中央组织部与国家经委委托，承担我国国有大中型企业厂长(经理)现代化管理培训试点任务,先后培训厂长经理百余人;1994年接受北京市委组织部委托，举办中青年后备干部工商管理硕士研究生班，为首都培养社会急需的应用型人才。从1996年以来,企业管理及贸易经济专业注册在职研究生课程班学员达2000余人，教学质量受到社会好评。

工商管理学院坚持务实创新的学风，在管理学、企业组织与人力资源管理、战略管理、公共关系、产业经济、期货贸易等方面形成了自己的学科特色和优势,历年来承担了包括国家自然科学基金、国家社科基金、联合国UNDP、教育部、北京市等基金项目几十项,以及大量地方、企业横向委托课题,发表科研成果700余项,获得国家和省部级奖励10余项。

工商管理学院积极开展国内外学术交流活动，曾承办全国企业管理学科建设与研究生培养研讨会、第二届全国企业管理研究与学科建设论坛,还与美国、欧洲、日本、澳大利亚众多大学建立了长期交流合作关系。

北京工商大學

《北京工商大学学报》（社会科学版）

情况简介

《北京工商大学学报》(社会科学版)其前身是《北京商学院学报》，后者曾四次蝉联入选核心期刊。

《北京工商大学学报》(社会科学版)主办单位为北京工商大学，办刊宗旨是，以反映本校科研和教学成果为主，同时反映全国商业理论和实践工作的最新成果的经济类学术刊物。该刊竭诚为国内广大从事商业和经济理论及实践的工作者服务。该刊现任主编为北京工商大学副校长刘秀生博士。主要栏目有：贸经理论、企业管理、市场营销、国际贸易、财会金融、审计研究、广告研究、经济法、经济史、理论探索、工作问题研究等。《北京工商大学学报》(社会科学版)为双月刊，逢单月18日出刊。

刊号
ISSN1009 -6116
CN11 -4509/C

国外代号：BM4029
国内邮发代号：82-360
定价：5.00元

奖 状

北京工商大学学报

为了贯彻江泽民总书记关于哲学社会科学重要讲话精神，繁荣哲学社会科学学术期刊，本会举办了第二届全国高等学校社科学报评优活动，你刊再创佳绩，被评为全国优秀社科学报。

特颁发此奖状，以资鼓励。

中国人文社会科学学报学会
二〇〇二年八月七日

2002年《学报》(社科版)被评为全国优秀社科学报证书

荣 誉 证 书

北京商学院学报

经教育部社政司同意，为迎接建国50周年，展示十一届三中全会以来我国高等学校人文社会科学研究取得的丰硕成果，本会举办了首届全国高等学校社科学报评优活动，你刊再创佳绩，被评为首届全国百强社科学报

特颁发此证书，以资鼓励。

获奖责任人(共叁人)
王相钦 苏广文 魏惠忠

全国高等学校文科学报研究会
一九九九年九月十日

1999年《学报》(社科版)被评为“首届全国百强社科学报”证书

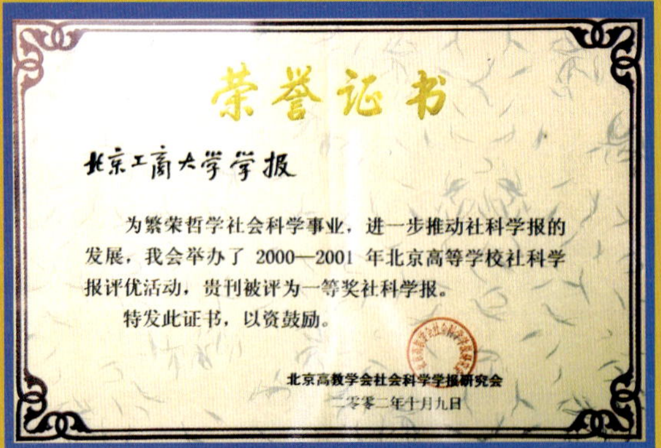

荣誉证书

北京工商大学学报

为繁荣哲学社会科学事业，进一步推动社科学报的发展，我会举办了2000—2001年北京高等学校社科学报评优活动，贵刊被评为一等奖社科学报。

特发此证书，以资鼓励。

北京高教学会社会科学学报研究会
二零零二年十月九日

2000-2001年《学报》(社科版)被评为一等奖社科学报证书

入选证书

“核心期刊的文献计量学研究”是原国家教委人文社会科学研究“九五”规划项目。依据文献计量学的原理和方法，经过研究人员对相关文献的检索、计算和分析，并请学科专家鉴定，《 北京商学院学报 》被确认为核心期刊，编入《中文核心期刊要目总览》2000年版(即第三版)。该书2000年6月由北京大学出版社出版。

《中文核心期刊要目总览》编委会
二〇〇〇年六月

2000年《北京工商大学学报》(社会科学版)第三次入选核心期刊的证书

编辑部主任：周 莉
常务副主编：魏惠忠
主办单位：北京工商大学
编辑出版：北京工商大学学报编辑部
联系电话：(010)6890461468904535
E-mail:xuebao@pubbtbuedu.cn
通讯地址：北京阜成路33号
出刊时间：逢单月18日
邮政编码：100037
国内订购：全国各地邮局
国外订购：中国国际图书贸易总公司
(北京市399信箱)

编写说明

一、《中国人文社会科学学报年鉴》（以下简称《学报年鉴》）由中国人文社会科学学报学会主办，北京高教学会社会科学学报研究会接受主办者的委托，承担了此项编纂任务。

二、《学报年鉴》的定位为：全面、综合、系统地反映当年各高校人文社会科学教学与研究的重要成果，收录有关人文社科及学报工作的最新法规和重要文件，成为一部集学术性、资料性、辞书性为一体，具有研究、信息、查询和收藏价值的大型工具书。

三、《学报年鉴》每年一部。本书作为2003年出版的《学报年鉴》首刊，收录内容为2002年的有关资料，为求学报新世纪发展百年资料的完整性，特将2001年的相关资料一并收入。今后各年的《学报年鉴》，收录内容均为当年最新资料。

四、全书内容分为三个部分。一是有关人文社会科学建设及学报工作的法规、文件和领导人重要讲话；二是有关中国人文社科学报及学会动态的信息及对学报的研究成果；三是2001年、2002年各高校人文社科学报所发表的约计500篇论文摘要。

五、书中所收录的约计500篇论文摘要，按照推荐与挑选相结合的原则，选自全国300家高校学报。选稿原则为：确保文章质量，兼顾学校及地区覆盖面，以使所选500篇论文既不降格以求，又在高校学报界具有一定代表性，并能在总体上基本反映2001、2002两个年度全国高校人文社科研究成果的发展状况。

六、书中500篇论文摘要按11门学科分列，即：哲学，语言文学，历史学，经济学，管理学，政治学，社会学，法学，教育学，艺术学，其他。原设有军事学，后因此类稿件太少而未单列。冀望有关院校积极推荐这方面文章，以使今后各年的《学报年鉴》中，军事学能自成门类。

七、因第一次编辑出版《学报年鉴》，经验不足、时间仓促、人手有限，与各高校学报的联系、沟通尚不到位，致使稿件推荐工作参差不齐，虽经努力弥补，所选论文有时仍难免顾此失彼，甚至缺优补拙，未能全面体现上述选稿原则。务望各高校学报积极参与稿件推荐工作，以使今后各卷《学报年鉴》所选论文来源更为广泛，从而更具代表性。

八、本书所选论文的摘要工作原则上由推荐单位进行，推荐单位未做此项工作者则由《学报年鉴》编辑人员完成。摘要一般采取浓缩形式，旨在以有限篇幅全面保留原文的基本内容；个别长文因涉及问题太多则只能摘取其中某一、二部分以展现其主要内容。

九、论文摘要的形式力求规范，有的论文因推荐时所附相关资料不全而又无从查找，则规范程度略有欠缺。

十、因编者水平所限，《学报年鉴》首卷多有不完善之处，粗疏、谬误在所难免，敬祈学报同仁及各界读者教正。并望在大家的关心支持和积极参与下，《学报年鉴》今后各卷能不断提高学术水平和加大信息容量，与时俱进，更臻完善。

《中国人文社会科学学报年鉴》编辑部

2003年3月28日

序　言

锲而不舍，金石可镂

——第一部《中国人文社会科学学报年鉴》编后

秦英君

读者面前的这本二百多万字的文章荟萃，为中国高校人文社科学报自创刊以来的第一部《中国人文社会科学学报年鉴》(以下简称《学报年鉴》)。

1906年6月，苏州东吴大学创办《东吴月报》，标志中国大学学报的诞生。继《东吴月报》之后，北京清华学校的《清华学报》、上海复旦大学的《复旦》、上海美术学院的《美术》、北京大学的《北京大学月刊》等早期高校学报相继产生。中国高校学报的发展，经历了萌芽、产生、发展以及挫折、繁荣等不同历史时期，在经过近百年的努力和发展后，据近期不完全统计，已有学报千余家，在全国学林中已蔚为大观，独树一帜。

中国大学历来是人才汇集的地方，学报成为学术研究的重要载体。翻开中国大学学报的每一期，不难看到一系列大师级的名字在上面出现。仅以北京的几所大学为例：如《清华大学学报》上的梁启超、王国维、陈寅恪、钱穆、张岱年、朱自清、闻一多、俞平伯；《北京大学学报》上的蔡元培、冯友兰、翦伯赞、金岳霖、季羡林、范文澜、任继愈、王力、朱光潜、汤用彤、马寅初、费孝通、冯定；《北京师范大学学报》上的钟敬文、陈垣、白寿彝、周谷城、启功等。上述文化巨子的篇篇学术洞见，斐然成章，开一代学术新风。

近百年来，学报在中国大学中起着举足轻重的作用，它是学术的殿堂，“囊括大典、网罗众家”；它是扶持新秀的沃土，多少篇成名作从这里发出。尤其是自20世纪80年代改革开放以来，由于学术风气的进一步开放，各高校学报更是呈现一派勃勃生机，不少刊物形成了自己的品牌和特色，在繁荣哲学社会科学事业中占有重要地位。正如2002年9月教育部在《关于加强和改进高等学校哲学社会科学学报工作意见》中所说：学报“在推动高等学校教学科研和繁荣发展我国哲学社会科学，在承担哲学社会科学‘认识世界，传承文明，创新理论，咨政育人，服务社会’的神圣职责中，占有十分重要的地位，具有不可替代的作用”。

当前，在学报这块园地里，无论是学术界前辈，抑或后起新秀，仍在辛勤地耕耘着。中国高校学报则以专题、专栏、学术沙龙等形式，将这些真知灼见以学报发出，“嘈嘈切切错杂弹，大珠小珠落玉盘”。一些重点大学的学报研究成果，不仅在国内处于领先地位，也成为国外教育界、学术界和相关方面了解中国哲学社会科学研究动态和研究成果的重要信息来源。如果说，这些有见地、有深度、有影响的文字珍如珠玉，则因散见于零刊其价值难以彰显。“一丝不线，单木不林”，所以，编纂《学报年鉴》的工作就愈显迫切和重要了。

首卷《学报年鉴》的主要内容为从全国各高校学报论文中精选的五百多篇论文摘要。这些论文摘要荟萃了新世纪之初（2001—2002 年）中国高校教学与科研的精华，展示了中国高校人文社会科学的最新科研成果。同时，还刊发和收录了有关人文社会科学学报的重要法规和文件，以及《中国大学学报百年发展纪略》等珍贵史料。

《学报年鉴》的编写工作是新世纪繁荣中国哲学社会科学研究的需要，是全国学报界同仁翘首以待的事情。我们期待这块园地枝繁叶茂、姹紫嫣红、硕果累累。我们可能做得不好，但正如《荀子·劝学》中所说：“锲而不舍，金石可镂”，《学报年鉴》编辑部的编辑们会继续依循这种精神。

（作者为北京高教学会社会科学学报研究会理事长）

2003 年 3 月 26 日

前　言

水到渠成，应运而生

——写在《中国人文社会科学学报年鉴》首卷出版时

郭道夫

在上个世纪的一百年中，中国的高校学报自世纪初年诞生后，历经前五十年的艰难发展和后五十年的曲折前进，当新世纪的曙光洒遍神州大地之时，这片学术园地已是春色满园，繁花似锦。

世盛则文化兴。纵观我国秦汉以来二千多年的漫长历史，社会的稳定，经济的兴盛，必然带动文化学术的繁荣。汉的文景盛世，唐的开元盛世，明的永宣盛世，清的康乾盛世，无不如此。改革开放二十多年来，随着物质生产力的迅猛发展，我国人文社会科学的研究空前活跃，社会生活方方面面的变革，向人文社会科学提出无数课题，要求给以回答，企望得到解决。“忽如一夜春风来，千树万树梨花开。”这种来自社会深层的内在推动力，犹如春风拂煦，催生了人文社会科学的青枝绿叶，繁花硕果，为我国以市场为取向的经济体制改革的逐步深化和稳步前进，提供了坚实的理论依据。江泽民同志在新世纪之初关于哲学社会科学的三次重要讲话，对此进行了深刻分析。

大学的科研教学人员，是人文社会科学研究的有生力量。据统计，我国人文社会科学研究人员的70%左右集中于高校。这样一支庞大而高素质的研究队伍，面对波澜壮阔的经济建设、日渐深化的改革开放以及席卷全球的世界经济一体化，从基础理论、学科建设和改革实践中的热点难点诸多方面开展科研活动，每年的科研成果汗牛充栋，难以胜计。这些科研成果则多是在高校学报这片学术沃土上生根发芽、开花结果的。在这种社会实践、理论研究、学术刊物、科研人才的循环互动之中，人们迎来了高校学报百年发展史上跨世纪的空前繁荣。

检点近年来的高校学报，不但赫赫有名的名牌大学的学报上常有名家之作振聋发聩，灿若星辰，而且默默无闻的一般大学学报上也时有名不见经传的作者冷不丁冒出一篇绝妙佳作，见解独到，掷地有声。前者可借刊物、作者原已声名远播的优势而易昭示四方，后者往往却因地僻刊微而被尘封湮没，相关人才也不易脱颖而出。尤其不能忽视的是，对于科学研究来说，新的建树必须立足于现有成果的基础，可是一般而言，谁能有此本领、有此机会在浩如烟海的学报之林中将所有重要研究成果一览无余呢?

高校学报经过坎坷曲折的发展历程，据不完全统计，文科学报现已达千余家的规模，加上各校系所办刊物，当不下三千之数。为加强相互之间的学术交流和信息沟通，高校学报界亟须构建一个新的平台，借此进一步强化学报的功能。让高校人文社会科学学报在这个改革开放的日益深化呼唤加强人文社会科学研究的时代，能够切实履行“认识世界，传承文明，创新理论，咨政育人，服务社会”的神圣职责，发挥好应有的作用。

在这个意义上或许可以说，《中国人文社会科学学报年鉴》在新世纪初年的编辑出版，是一件水到渠成、应运而生的盛事，是我国高校人文社会科学学报进入成熟、规范、有序、协调发展阶段的必然产物，这部《学报年鉴》则是全国高校文科学报同仁及教学、研究人员共有的学术园地。她的问世，将成为记录中国的高校学报在其诞生后的第二个百年中求索奋进、耕耘收获、再创辉煌的“历史年轮”。

2003年3月31日

目　录

政策、法规及领导人讲话

学报论文荟萃

学报、学会及其他

政策、法规及领导人讲话

江泽民同志关于发展繁荣哲学社会科学的三次重要讲话(节录)

2001年8月7日,江泽民、朱镕基、胡锦涛、李岚清等党和国家领导人在北戴河亲切会见了部分国防科技专家和社会科学专家,并同他们进行了座谈。

江泽民指出,加强哲学社会科学研究,对党和人民事业的发展极为重要。一个民族要兴旺发达,要屹立于世界民族之林,不能没有创新的理论思维。这是人类文明发展史给人们的一个重要启示。哲学社会科学,是人们认识世界、改造世界的重要工具,是推动历史发展和社会进步的重要力量。哲学社会科学的研究能力和成果,也是综合国力的重要组成部分。在认识和改造世界的过程中,哲学社会科学与自然科学同样重要;培养高水平的哲学社会科学家,与培养高水平的自然科学家同样重要;提高全民族的哲学社会科学素质,与提高全民族的自然科学素质同样重要;任用好哲学社会科学人才并充分发挥他们的作用,与任用好自然科学人才并发挥他们的作用同样重要。我们实施科教兴国战略,包括自然科学和社会科学两个方面。哲学社会科学工作者与自然科学工作者要互相学习,优势互补,密切合作,共同进步。

江泽民强调,哲学社会科学工作者要坚持理论联系实际,注重研究全局性、前瞻性、战略性的重大课题,促进理论创新、制度创新、科技创新的蓬勃进行。要始终坚持以马列主义、毛泽东思想、邓小平理论为指导,坚持科学的世界观和方法论。要立足国情,立足当代,与时俱进,开拓创新,以深入研究重大现实问题为主攻方向,从改革开放和现代化建设的实践中获取理论创新的深厚源泉和强大动力,准确把握当今世界的发展趋势,深刻认识当代中国经济社会发展的规律。坚持解放思想、实事求是,追求真理,淡泊名利。坚持百花齐放、百家争鸣的方针,努力营造良好的学术研究环境,支持学术繁荣、发展。要在促进改革开放和现代化建设的实践中,在为党和政府科学决策的服务中,推进哲学社会科学事业。我国哲学社会科学事业的发展,需要造就一批用马克思主义武装起来、立足中国、面向世界、学贯中西的思想家和理论家,造就一批理论功底扎实、勇于开拓创新的学科带头人,造就一批年富力强、政治和业务素质良好、锐意进取的青年理论骨干。在各级党委和政府的领导下,各教育部门、宣传部门、组织人事部门和各高等院校、党校、哲学社会科学研究机构等,要相互配合,共同努力,进一步形成良好的哲学社会科学人才培养激励机制,促进哲学社会科学优秀人才不断成长。

2002年4月28日,在"五四"青年节即将到来之际,中共中央总书记、国家主席江泽民来到中国人民大学考察工作,亲切看望学校的师生员工并与中国人民大学的师生代表进行座谈。

他强调:我们要始终高度重视哲学社会科学在治党治国和建设有中国特色社会主义事业中的巨大作用,高度重视哲学社会科学领域高等教育的改革和发展,高度重视改善哲学社会科学研究和人才培养的条件,高度重视哲学社会科学研究领域重大课题的攻关,高度重视为哲学社会科学发展作出杰出贡献的学者的成就和作用。他要求各级党委和政府以及全社会共同努力,大力促进我国哲学社会科学事业的发展繁荣。

他说,去年8月,他在北戴河与国防科技和社会科学专家座谈时强调了哲学社会科学的重要性,指出哲学社会科学与自然科学同样重要,培养高水平的哲学社会科学家与培养高水平的自然科学家同样重要,提高全民族的哲学社会科学素质与提高全民族的自然科学素质同样重要,任用好哲学社会科学人才并充分发挥他们的作用与任用好自然科学人才并充分发挥他们的作用同样重要。对这“四个同样重要”,大家都很认同,现在的关键在于落实。

江泽民说,哲学社会科学,主要是帮助人们解决世界观、人生观、价值观,解决理论认识和科学思维,解决对社会发展、社会管理规律的认识和运用的科学。掌握必备的哲学社会科学知识,对于人们正确认识纷繁复杂的社会现象,提高道德素养和精神境界是十分重要的,对于领导干部特别是高级干部学会讲政治、懂全局,驾驭复杂形势、研究战略策略、提高领导水平更是十分重要的。各级党委和政府要关心哲学社会科学的发展,积极创造支持科学探索、鼓励学术创新的社会环境和学术氛围。

江泽民在讲话中对我国广大哲学社会科学工作者提出五点希望:

希望大家增强创新意识,在推动理论创新、制度创新、科技创新方面不断取得新的成绩。与时俱进是马克思主义的理论品质,也是我国哲学社会科学保持蓬勃活力的重要保证。哲学社会科学工作者应适应变化着的时代条件,积极进行创造性的理论探索,努力为推动理论和实践的发展作出自己的贡献。

希望大家深入改革开放和现代化建设的实践,努力对全局性、战略性、前瞻性的重大课题作出科学的理论回答。尤其要注重对人民群众创造的新鲜经验进行科学总结和理论概括,不断深化对当代中国经济社会发展规律的认识,为党和政府的决策服务,为改革开放和现代化建设服务。

希望大家既立足中国又面向世界,努力继承和弘扬中华民族的优秀文化,积极学习借鉴各国人民创造的有益文化成果。中华文化博大精深,为人类文明进步作出了不朽的贡献,我们应结合时代精神加以继承和发展。同时,我们要拓展眼光,积极吸取人类文明的一切优秀成果。只有这样,我们才能更好地建设有中国特色社会主义文化。

希望大家坚持严谨治学、实事求是、民主求实的学风。要甘于寂寞,淡泊名利,力戒浮躁,潜心钻研;要认真读书,多思慎思,关注现实世界,注重学术积累;要厚积薄发,出精品,出上品;要加强团结、和谐合作,在学术研究中相互切磋,共同进步。要不断研究和提高教学质量,特别要加强基础课程和重点学科的建设。古人说:“经师易遇,人师难遭。”大学的老师要做传授知识的“经师”,更要做善于育人的“人师”,以自己良好的思想和道德风范去影响和培养学生。

希望大家坚持用马克思主义的立场、观点和方法来指导哲学社会科学的发展。是否体现了中国先进生产力的发展要求、中国先进文化的前进方向和中国最广大人民的根本利益,是衡量我国哲学社会科学性质、方向和水平的根本尺度。广大哲学社会科学工作者要不断增强贯彻“三个代表”要求的自觉性和坚定性。

江泽民最后说,我们正处在社会主义改革开放和现代化建设的伟大时代。在这样一个时代,哲学社会科学是大有作为的。全国哲学社会科学战线的广大同志们,要肩负起历史重任,勤奋工作,与时俱进,为我国哲学社会科学的发展和繁荣,为中华民族的伟大复兴谱写新的篇章。

2002年7月16日,中共中央总书记、国家主席、中央军委主席江泽民到中国社会科学院考察工作。

江泽民强调,建设有中国特色社会主义,需要在实践和理论上不懈进行探索,不断在实践的基础上提出创新的理论,用发展着的理论指导实践。在这个实践和理论的双重探索中,哲学社会科学具有不可替代的重要作用,哲学社会科学工作者是一支不可替代的重要力量。我们必须始终重视哲学社会科学,加快发展哲学社会科学。

江泽民强调,建设有中国特色社会主义,应是我国经济、政治、文化全面发展的进程,是我国物质文明、政治文明、精神文明全面建设的进程。哲学社会科学建设,是社会主义精神文明建设的重要组成部分,又是为推进社会主义社会的物质文明、政治文明、精神文明建设服务的。我们不仅要大力发展自然科学,而且要大力发展哲学社会科学,并用这些方面的知识来全面提高全体人民的思想道德素质和科学文化素质。

江泽民强调,建设有中国特色社会主义这项前无古人的伟大事业,要求我们必须建设一支强大的哲学社会科学队伍,中央也需要掌握一支从事哲学社会科学研究的专门队伍。

江泽民指出,要推进改革开放和现代化建设,要把建设有中国特色社会主义事业不断推向前进,就必须深入了解社会,不仅要深入了解中国社会,还要全面了解世界这个大社会;不仅要了解社会发展的历史,而且更重要的是要研究当今社会发展的现实问题。这就需要我们加强理论研究和理论创新,加强哲学、经济学、政治学、国际政治和经济、法学、历史学、民族学、新闻学、人口学、社会学、文学、语言学、考古学等各学科的研究。要大力加强对各门传统学科的研究,大力加强对各门新兴学科和交叉学科的研究,大力加强各门学科的理论和体系的建设,大力加强各门学科的方法和手段的建设。在科学技术迅速发展的今天,哲学社会科学尤其要加强对信息技术等先进手段的运用。要努力使我国哲学社会科学的发展成为我们正确认识世界和改造世界,推动理论创新和先进文化发展,促进党和国家决策的科学化民主化,推进改革开放和现代化建设的重要力量。我国哲学社会科学界要努力担负起认识世界、传承文明、创新理论、咨政育人、服务社会的职责。

江泽民对加强哲学社会科学建设提出了五点要求。第一,要坚持以马克思主义为指导。这是我国哲学社会科学沿着正确方向健康发展的根本保证。坚持以马克思主义为指导,最重要的是要善于把马克思主义的基本原理同中国的实际相结合,不断推进马克思主义的中国化,在实践中丰富和发展马克思主义。第二,要坚持解放思想、实事求是。只有坚持解放思想,实事求是,与时俱进,我国哲学社会科学才能蓬勃发展、充满活力。要加强对全局性、前瞻性、战略性重大理论和实践问题的研究,在研究和解决重大课题的过程中推动哲学社会科学各学科的发展。要深入实践,深入群众,既立足中国实际,又放眼世界大势,努力从人民群众广阔而丰富的实践中提炼研究题材,汲取思想养分,提出真知灼见,创造学术精品,为国家发展和民族振兴服务。第三,要坚持"二为"方向和"双百"方针。哲学社会科学研究应坚持为人民服务、为社会主义服务的方向,坚持"百花齐放,百家争鸣"的方针,提倡理论创新和知识创新,鼓励大胆探索,在实践中不断认识真理、服从真理、发展真理,努力建设具有中国特色、中国风格、中国气派的哲学社会科学。第四,要坚持优良的学风。要坚持严谨而不保守,活跃而不轻浮,锐意创新而不哗众取宠,追求真理而不追逐名利。做人、做事、做学问相统一,是中华民族的优良传统。只有坚持老老实实地做人,踏踏实实地做事,扎扎实实地做学问,才能成为一名对祖国和人民有贡献的学问家。第五,要坚持和改善党对哲学社会科学事业的领导。各级党委和政府都要加强对哲学社会科学研究工作的领导,加大支持力度,同时要认真研究和把握哲学社会科学研究工作的规律,改进领导方式,不断提高领导水平。要全面落实党的知识分子政策,尊重知识、尊重人才,充分调动广大哲学社会科学工作者的积极性、主动性和创造性,认真听取他们的意见和建议,重视他们的研究成果,关心他们的学习、工作和生活,做他们的知心朋友,为加快发展哲学社会科学多办实事。

江泽民强调,当今世界的人才竞争是全方位的,不仅包括领导人才、科技人才、管理人才的竞争,也包括文化人才的竞争,当然也就包括哲学社会科学人才的竞争。各级党委和政府,各组织人事部门、宣传部门、教育部门和各哲学社会科学研究机构、高等院校、党校等等,要共同努力,进一步形成哲学社会科学人才培养、激励、选拔和任用的良好机制,促进哲学社会科学优秀人才茁壮成长。各级领导干部尤其是主要负责同志,既要具有比较丰富的自然科学知识,又要具有比较丰富的社会科学知识,这样才能够善于讲政治,善于驾驭复杂局势,从宏观上把握社会主义现代化建设的规律,不断提高决策和领导水平。

江泽民最后指出,在推进社会主义现代化建设和实现中华民族的伟大复兴的历史进程中,我国哲学社会科学任重道远,大有可为。希望全国哲学社会科学界的同志们团结奋斗,开拓创新,为加快发展我国的哲学社会科学,为建设有中国特色社会主义事业不断作出新的贡献。

新世纪新阶段高校社科学报的形势和任务
——在全国高校社科学报工作研讨会上的讲话

袁贵仁

我们这次会议是新世纪召开的第一次高校社科学报工作会议。改革开放以来，教育部曾召开过两次高校社科学报工作会议。第一次是1978年，在粉碎“四人帮”、开始拨乱反正的重要历史时刻，教育部在武汉召开工作会议，印发了《关于办好高等学校哲学社会科学学报的意见》。第二次是1984年，在北京召开了高校学报工作座谈会，并下发了《纪要》。这两次会议和所发文件对明确高校社科学报的办刊方向、促进学报的发展繁荣起了重要作用。

我们已经进入21世纪。我国开始进入全面建设小康社会、加快推进社会主义现代化的新的发展阶段；加入世贸组织，我国对外开放进入新的发展阶段；江泽民同志“三个代表”重要思想的提出，党的建设和社会主义现代化建设工作进入新的阶段。面对新世纪新阶段的新形势新任务，江泽民总书记发表了“7·1”重要讲话和“5·31”重要讲话，这两个讲话是关于党的建设和社会主义现代化建设的纲领性文献。江总书记还就哲学社会科学发表了三次重要讲话，这就是去年的“8·7”讲话、今年的“4·28”讲话和“7·16”讲话。我们这次会议的主要任务，就是学习贯彻总书记的重要讲话精神，按照“三个代表”要求，总结、交流高校社科学报办刊经验，研究、分析新形势下学报发展的新特点和新趋势，认识、把握高校社科学报改革发展的方向和思路，开创21世纪高校社科学报工作的新局面。

下面，我就新世纪新阶段高校社科学报的形势和任务，讲四点意见。

一、高校社科学报的难得机遇

在新世纪新阶段，江泽民总书记关于“三个代表”重要思想和关于哲学社会科学地位作用的重要讲话，使高校社科学报工作出现了极为难得的发展机遇。在总书记“7·16”讲话一个月之后，我们召开这个会，就是要学习讲话，提高认识，统一思想，乘势而上，把高校哲学社会科学工作做好，把高校哲学社会科学学报办好。

江泽民同志“三个代表”重要思想是2000年2月提出来的。去年“7·1”讲话，全面论述了“三个代表”的科学内涵和精神实质，提出了按照“三个代表”要求加强和改进党的建设；去年召开的十五届六中全会，决定开展“八个坚持、八个反对”的党风教育，是按照“三个代表”要求加强和改进党的建设的一项重要内容和实践。今年5月31日，江泽民同志在中央党校省部级干部进修班毕业典礼上发表重要讲话，这是继“7·1”讲话之后又一篇马克思主义重要文献。“5·31”讲话站在全局和战略的高度，科学分析了当前我国面临的新形势、新任务和新挑战，全面阐述了贯彻“三个代表”重要思想的根本要求，深刻回答了党和国家未来发展的一系列重大理论和实践问题，创造性地提出了许多新思想、新观点和新论断，为党的十六大的召开作了重要的政治、思想和理论准备。

建设有中国特色社会主义，需要在实践和理论上不懈地进行探索，不断地在实践的基础上提出创新的理论，用发展着的理论指导新的实践。在实践和理论的双重探索中，哲学社会科学具有不可替代的重要作用，哲学社会科学工作者是一支不可替代的重要力量。这是江总书记7月16日到中国社科院考察工作时所提出的两个“不可替代”。“7·16”讲话，是继去年“8·7”讲话和今年“4·28”讲话之后，江泽民同志站在时代发展的前列，从治党治国的战略高度，深刻阐述哲学社会科学重要性的又一次重要讲话。

在不到一年的时间里，江总书记关于哲学社会科学的发展问题连续发表三次重要讲话，这充分体现了党的第三代领导集体对哲学社会科学，对包括高校哲学社会科学学报工作者在内的广大哲学社会科学工作者的高度重视和殷切期望。江总书记的三次重要讲话，高屋建瓴，内涵丰富，寓意深刻，语重心长，构成了指导新世纪我国哲学社会科学发展的基本纲领。认真学习，积极宣传，全面贯彻总书记的三次重要讲话精神，对于推动我国政治、经济、文化全面发展，推进我国物质文明、政治文明、精神文明全面进步，推进高校哲学社会科学发展和高校社科学报的建设，都具有重大的现实意义和深远的历史意义。

江泽民同志的三次讲话，是对哲学社会科学工作者的亲切关怀和巨大鼓舞。在“8·7”讲话中总书记提到哲学社会科学和自然科学“四个同样重要”；在“4·28”讲话中总书记在谈到大力推动我国哲学社会科学事业的发展时讲了“五个高度重视”；在“7·16”讲话中总书记又将哲学社会科学的重要作用高度概括为“两个不可替代”。他强调指出，“我们必须始终重视哲学社会科学，加快发展哲学社会科学。”高校社科学报工作的同志都应当从总书记的讲话中吸取力量，振奋精神，深刻地理解和把握在推进社会主义现代化建设和实现中华民族伟大复兴的历史进程中，哲学社会科学工作大有可为，哲学社会科学学报任重道远。

江泽民总书记三次讲话，为哲学社会科学工作者提出了前进方向和殷切期望。在“4·28”讲话中，总书记提出了“五点希望”；在“7·16”讲话中，总书记提出了“五点要求”。高校社科学报的同志，一定要进一步坚定热爱哲学社会科学、献身哲学社会科学的信念，坚持以马克思主义为指导，特别是用“三个代表”重要思想统领哲学社会科学工作，把“三个代表”作为衡量哲学社会科学性质、方向和水平的根本尺度；坚持以人民在做的事情为中心，立足国情，放眼世界，加强对全局性、前瞻性、战略性重大理论和实践问题的研究；坚持为人民服务，为社会主义服务；坚持把做人、做事、做学问有机地结合起来，严谨而不保守，活跃而不轻浮，锐意创新而不哗众取宠，追求真理而不追逐名利，努力为加快我国哲学社会科学的发展和繁荣做出更大的贡献。

江泽民总书记的三次讲话，对哲学社会科学界提出了明确的任务和要求。哲学社会科学是一个复杂的系统，发展哲学社会科学面对着多方面的任务。江泽民同志用“四个大力加强”全面概括了哲学社会科学建设，以及哲学社会科学学报的重要任务。总书记指出，我们要大力加强对各门传统学科的研究，大力加强对各门新兴学科和交叉学科的研究，大力加强各门学科的理论和体系建设，大力加强各门学科的方法和手段的建设。通过哲学社会科学的研究和建设，使之达到认识世界和改造世界，推动理论创新和发展先进文化，促进党和国家决策科学化民主化，推进改革开放和社会主义现代化建设的目的。

在“7·16”讲话中，江总书记还明确提出了哲学社会科学界应当担负的“五项职责”，这就是：“认识世界，传承文明，创新理论，咨政育人，服务社会。”哲学社会科学界的同志都要牢记这五句话、二十个字，抓住当前大好的机遇，不辱使命，不负重托，切实地履行好我们自己的神圣职责。

二、高校社科学报的发展现状

高校社会科学学报是高校主办、刊登哲学社会科学研究论文的高层次学术理论刊物，是我国高等教育事业和哲学社会科学事业的重要组成部分。

（一）高校社科学报的基本状况

随着高等教育改革开放的不断深入和哲学社会科学事业的不断发展，高校社科学报的事业有了长足的进步。学报的数量不断增加，质量明显提高，一些重点大学的学报已经产生了较大的国际影响，成为国内外教育界、学术界和相关方面了解我国哲学社会科学研究动态和研究成果的重要信息来源。

1. 形成了相当的规模。目前，全国社科类学报有近千种，占全国所有哲学社会科学类学术期刊的2/3以上。学报的内容基本涵盖了人文社会科学的各个领域。学报还有多种文字版，如维吾尔文、蒙文、藏文、彝文等。

2. 社会影响日益提高。在数量快速增长的同时，高校社科学报的质量也有了很大进步，推出了一大批理论精品，形成了一批名牌学报，取得了良好的社会效益。在全国性评奖活动中，《北京大学学报》、《中国人民大学学报》、《文史哲》等先后获得全国优秀社科期刊奖、百种重点社科期刊奖和国家期刊奖；2001年，在中宣部、新闻出版总署组建的由1518种期刊构成的“中国期刊方阵”中，高校社科学报47种入选。其中，《北京大学学报》、《文史哲》和《中国人民大学学报》分别入选“双高”期刊、“双奖”期刊和“双百”期刊。在各省市的期刊评奖活动中，高校社科学报都占有很大比重。在北京大学图书馆等单位主办的《中文核心期刊要目总览》中，列入人文社科综合性期刊50家，其中高校社科学报有37家，占3/4。

3. 初步形成了自己的品牌和特色。高校社科学报在发展过程中，结合本校和本地区的优势和特点，开设了许多独具特色的栏目，发表了一大批有力度、有深度的优秀理论文章。有些专业性学报还成为反映该专业领域研究成果的代表性刊物，在国内外产生了较大影响。

4. 在编辑规范化以及编校和出版印刷质量方面有了很大进步。各学报普遍实行了“中国高等学校社会科学学报编排规范”，在编排的规范化、标准化方面走到了全国社科学术期刊的前列。这是一项十分有意义的工作。各学报在编校质量、印刷质量、装帧设计等方面也有了明显提高。

5. 形成了一支稳定的、高素质的编辑队伍。目前，在学报编辑队伍中，具有高级职称的占大多数，学历层次高、业务能力强、专业知识精的中青年编辑迅速成长起来，成为骨干力量，基本上完成了新老队伍的交替工作。特别是涌现了一批政治敏感性强、学术水平高、编辑经验丰富、富有奉献精神的优秀主编和编辑。高校社科学报中先后有四位主编荣获全国百佳出版工作者称号，他们的办刊理念和办刊方式得到了同行的认同和赞誉。

6. 成立了自己的行业学会——中国人文社会科学学报学会。该学会在团结会员、培训队伍、组织学术研讨方面做了大量有益的工作，已成为联系各家学报以及学报主管部门的桥梁和纽带。

（二）高校社科学报的主要成绩

高校社科学报的迅速发展，为我国高等教育事业和哲学社会科学事业做出了很大的贡献。

1. 发展繁荣我国哲学社会科学事业功不可没。社会科学的发展需要随着时代的变化不断进行理论创新，提出新思想、新观点和新见解。各学报依托本校的学科和人才优势，以专题、专栏或学术沙龙等形式，加强对各学科前沿问题、有较大学术理论价值的难点问题，以及新兴学科、交叉学科问题的研究。针对社会科学领域出现的不同学科之间整合和综合的发展趋势，各学报加强了对重大课题进行跨学科的整体性、综合性研究，在不同学科的交叉、融合的共生带寻找学术研究的生长点，发表了一批具有原创性的学术论文。特别是在文史哲这些传统学科方面，一些高校的社科学报形成了自己的特色，一些研究成果在国内处于领先地位，也引起国外学术界的关注。

2. 关注现实，服务社会，为治党治国和建设有中国特色的社会主义做出了贡献。在加强各学科基础理论研究的同时，高校社科学报十分重视重大现实问题。如国有企业改革问题、股份制问题、西部大开发问题、可持续发展问题、劳动价值论和收入分配问题、高等教育改革和素质教育问题等，为党和国家解决重大问题提供参谋咨询和理论依据。有些论文还获得了中宣部“五个一工程”优秀论文奖。

3. 在推动高校教学科研发展方面发挥了重要作用。高校社科学报从学校的教学科研实际出发，依靠学校的重点学科和优势学科，及时发表本校承担的国家和省部级科研课题和各种基金项目的研究成果，成为反映高校教学科研成果的窗口和扩大校际交流、国际交流的重要渠道，为高校的学科建设和学术繁荣做出了积极的贡献。

4. 成为高校人才培养的重要园地。高校是专门人才培养的重要基地，高校社科学报在推动社会科学研究发展的同时，注重对科研和教学人才的培养，特别是扶持了一批青年学人在学术界崭露头角，成为教学科研的骨干。

5. 在提高学校声誉、树立高校形象方面也做出了积极的贡献。

所有这些成绩的取得，是高校社科学报的同志们长期努力、艰苦奋斗的结果，是高校领导以及学报学会的负责同志关心支持的结果。借此机会，我代表教育部向在学报工作的同志们，向所有关心和支持学报工作的同志们表示诚挚的谢意。

（三）当前高校社科学报存在的问题

在肯定成绩的同时，我们也应当看到，按照江总书记的讲话精神，和当前我国改革开放和现代化建设的要求，高校社科学报工作还存在着不少问题，应当高度重视，切实加以解决。

1. 有些主办单位对学报的作用和地位认识

不足，还没有把学报工作纳入到学校教学科研管理工作之中。对办刊过程中遇到的问题不能及时进行研究和解决，致使学报进一步发展受到影响，编辑人员的积极性受到某种程度的抑制。

2. 不少高校社科学报满足现状，“等、靠、要”思想较重，主动进取精神不够，改革创新意识不强，有的学报多年来变化不大，办刊理念、办刊模式和办刊方法跟不上时代发展的要求，高校社科学报的综合实力不强。

3. 还有相当一部分学报定位不清，选题雷同，内容重复，个性、特色不够鲜明，名牌栏目、重头文章不多。

4. 总体上说，目前高校社科学报还存在着发行量偏小、经济效益以及社会效益偏低的问题。

三、高校社科学报面临的形势

进入新世纪，科学的全面发展、社会的全面发展和人的全面发展，使哲学社会科学的作用日益彰显。高校社科学报既面临着难得的机遇，也面临着严峻的挑战。

江泽民同志关于哲学社会科学的三次重要讲话，标志着我国哲学社会科学事业开始进入新阶段，哲学社会科学学报工作开始进入新阶段。

二十多年前，邓小平同志考虑到教育和生产相比，教育的作用具有长效性、间接性、潜在性，容易被忽视的特点，他特别强调要发展教育。他提出经济是中心，现代化建设，科技是关键，教育是基础，是否重视和支持教育，是衡量一个干部是否成熟和有远见，能否成功地领导现代化的关键和标准。二十多年后，江泽民同志考虑到教育中哲学社会科学和自然科学相比，哲学社会科学的作用具有长效性、间接性、潜在性，一般不容易被人们所重视的特点，特别强调，加强哲学社会科学研究和教育，把哲学社会科学看作与自然科学同样重要，需要各级党委和政府高度重视。是否重视和支持哲学社会科学，开始成为新世纪新阶段衡量一个干部是否成熟，能否成功地领导社会主义现代化的关键和标准。

如果说，二十多年前，邓小平同志在科学大会上的讲话，“科学技术是第一生产力”的提出，带来了“科学的春天”，那么，二十多年后，江泽民同志关于哲学社会科学的三次讲话，提出哲学社会科学和自然科学“同样重要”，突出了邓小平同志“科学当然包括哲学社会科学”重要思想，凸显了新世纪新阶段哲学社会科学的重要地位和作用，必将带来“哲学社会科学的春天”。高校社科学报是哲学社科成果的重要载体，哲学社会科学思想展示的重要窗口，也是哲学社科人才培养的重要园地。重视、关心和支持哲学社会科学，其中一项重要内容就是重视、关心和支持哲学社会科学学报。与此相关，也必然对哲学社会科学学报工作提出新的更高的要求。

进入新世纪，国际局势正在发生深刻的变化。经济全球化、政治多极化、文化多元化的趋势在曲折中发展。当今世界激烈的综合国力竞争，不仅包括经济实力、科技实力、国防实力的竞争，也包括文化方面的竞争。经济全球化中的“一”和政治多极化、文化多元化中的“多”，是我们加入世贸组织后必须面对的一个现实的矛盾和要解决的难题。经济全球化不可阻挡，经济全球化过程中各种思想政治文化相互激荡、相互影响、相互渗透不可避免。总体上处于弱势地位的广大发展中国家，不仅在经济上面临严峻挑战，在文化发展特别是哲学社会科学发展方面也必然面临严峻的挑战。在文化多元化以及人们社会生活多样化和思想多样化的背景下，坚持马克思主义指导思想一元化，保持中华民族的优良传统，大力弘扬民族精神，同时积极吸收世界其他民族包括哲学社会科学在内的优秀文化成果，从而实现文化的与时俱进，代表先进文化的前进方向，是关系到我们民族和国家前途命运的重大问题。

大学是古今文化、中外文化传承、交流的桥梁，大学社科学报就是古今、中外哲学社会科学思想冲突、融合和创新的前哨阵地。在这里，历史的和现实的，外来的和本土的，进步的和落后的，积极的和颓废的，必将展开激烈的冲突和斗争。有吸纳也有排斥，有渗透也有抵御，中国的哲学社会科学就是在这种吸纳与排斥中前进，在这种抵御与融合中发展。高校社科学报应当是一切科学的、先进的思想理论生长发展的园地，应当是对一切片面的、落后的、腐朽的思想理论开展批评和批判的战场。始终反映先进思想文化的成果，代表先进文化的前进方向，这是党和国家对高校社科学报提出的根本任务和根本要求。

进入新世纪，随着加入世贸组织，我国期刊不可避免地面对强大的国际期刊市场的冲击和挑战。从产业化的标准来衡量，我国的期刊市场还处于起步和培育阶段，存在诸多问题，高校社科学报所面临的挑战就更为严峻。虽然在入世之初，我国出版界还只是开放图书零售业，但是，外国出版业凭借其雄厚的资金支持、先进的科技手段和丰富的市场营销经验，必然会以零售业为突破口，与我国出版业展开激烈的竞争。我们应当在更加广阔的背景下研究和解决高校社科学报的发展问题，充分认识加入世贸组织对我国期刊业的深远影响。正是基于这种认识，为应对入世挑战，中共中央办公厅、国务院办公厅 2001 年联合下发了 17 号文件，要求新闻出版、广播影视部门积极主动，深化改革，做大做强，提高实力、活力和竞争力。新闻出版总署相应制定建设“中国期刊方阵”，创立有世界影响的名牌期刊战略。国际竞争，和为了应对国际竞争而展开的国内竞争，对于每一份高校社科学报来说，无疑既是一次难得的机遇，也是一次严峻的挑战。目前总体上还处于“全、散、小、弱”状态的高校社科学报，与中央要求做大做强的目标，还相差甚远。因此，每一份高校社科学报都要站在时代前列，按照总书记“发展先进文化”的要求，为新形式下繁荣发展哲学社会科学而不懈努力。

回顾历史，哲学社会科学期刊是与哲学社会科学研究相伴而生的；高校社科学报是随着高校的发展而发展的。推动高校哲学社会科学发展，为高等教育和社会主义现代化事业做贡献，是高校社科学报存在的根据，高校社科学报的历史使命，也是高校社科学报所给予高校和社会的最终回报。当前，我国社会主义现代化建设正面临着大好形势，哲学社会科学事业正面临着大好形势，高等教育事业正面临着大好形势。可以相信，在新世纪新阶段，我们将有更多的名校产生，更多的名学者涌现，更多的名作品问世。这将为高校社科学报提供极为丰富的资源，也因而呼唤更多高水平的高校社科学报的出现。

因此，所有的高校社科学报的主管者和主办者，都要把关心、支持高校社科学报，看作是关心、支持国家哲学社会科学发展的题中应有之义，关心、支持高等教育发展的题中应有之义，关心、支持现代化建设和民族复兴的题中应有之义。都要像重视高校学科建设和教学科研工作一样重视高校学报工作，像重视关心教学科研人员一样重视关心学报的编辑人员。

四、高校社科学报的主要任务

江总书记“5·31”重要讲话指出：“在新世纪新阶段，发展要有新思路，改革要有新突破，开放要有新局面。”高校社科学报要坚持以“三个代表”的重要思想为指导，以实际行动落实江总书记三次重要讲话精神，就要深化改革，加速发展，不断开创新世纪新阶段高校社科学报工作的新局面。

（一）坚持正确的政治方向和学术导向

首先，高校社科学报要始终坚持正确的政治方向，自觉地以马克思列宁主义、毛泽东思想、邓小平理论为指导，全面贯彻“三个代表”要求。当前，要把学习、宣传、研究、贯彻“三个代表”思想作为首要的政治任务，为全党和全国人民解放思想、在解放思想中统一思想作出贡献；要增强政治意识、大局意识和责任意识，增强政治敏锐性和政治鉴别力，特别是在关键时刻，要保持政治上的清醒和坚定，严格把关，严守纪律，在思想、政治和行动上和党中央保持高度一致。

第二，坚持先进文化方向，积极宣传科学理论，传播先进文化，塑造美好心灵，弘扬社会正气，倡导科学精神和人文精神。

第三，坚持哲学社会科学研究为人民服务、为社会主义服务的“二为”方向和“百花齐放、百家争鸣”的“双百”方针，提倡理论创新和知识创新，实行学术自由和讨论自由。要善于区分政治问题和学术问题。在学术方面，要允许各种不同观点之间的相互讨论，相互争辩，相互批评，甚至允许犯错误；在政治上必须坚定不移，旗帜鲜明。高校社科学报要为宣传马克思主义服务，为提出新理论，形成新学派，取得新成果营造良好的氛围。

第四，要坚持理论联系实际的马克思主义学风，鼓励、引导和支持对全局性、前瞻性、战略性重大理论和实践问题的研究，在研究和解决重大课题的过程中推动哲学社会科学的发展。研究重大实际问题和研究重大理论问题并不是矛盾的。高校基础学科强，有利于联系实际，解决实际问题。没有扎实的基础理论，全面解决实际问题是不可能的；反过来，解决实际问题，会促进理论的发展。实践是理论的源泉，理论发展不是概念之争，而是在解决重大实践问题中不断发展的。高校学报要在促进理论和实际的结合中，不断推进马克思主义中国化，不断丰富和发展马克思主义。

（二）始终把发展作为第一要务

高校社科学报的前途在于发展。只有发展才有贡献，才有位置，才能得到重视，才能解决前进中的一切问题。学报的发展问题首先是学报的质量问题。质量是学报的生命。质量问题的关键在于满足科学进步和社会发展的需要。科学研究总是以问题为中心的，学报编委会、编辑部的一项重要职能就是根据科学发展、社会发展和人的发展的需要策划选题。这是主编们的眼界所在，水平所在。学报编辑的主要工作是出谋划策、穿针引线和深度加工。学报不能消极地等待送上门的职称稿、关系稿、人情稿，而要策划选题，组织作者。学报既可以学科为主题设计栏目，组织稿件，更要以问题为中心设计栏目，组织稿件。从而把理论和实际结合起来，把基础理论研究和实际问题研究结合起来，把文科的不同学科之间以及文科和理科结合起来，把出成果和出人才结合起来。争取每份学报每年都能拿出几篇有分量、有说服力和影响力的精品力作。发展问题无疑包括数量问题。没有数量，就没有质量，也就没有效益。在这方面，学报还要做更大的努力。现在高校社科学报发行量不大，每份学报的印数多则几千册，少则几百册，这将会成为今后制约高校学报发展的生死攸关的问题。因为，没有足够的发行量，就意味着没有足够的读者。办刊物总是给人看的。一个刊物，没有读者，就没有经济效益，社会效益也无从谈起。在过去的计划经济体制下，生产可以不考虑消费者需要，不看市场行情，不存在你死我活的竞争，不过多进行效益方面的筹划。而在社会主义市场经济的背景下，所有的生产，包括精神生产，都不能如此。一本刊物，它是宣传品，也是商品。在生产中，必须确立消费者意识、市场意识、竞争意识和效益意识。在这个方面，高校社科学报，和图书出版业相比有差距，和广播电视业相比有差距，和报业相比有差距。现在报刊竞争相当激烈。报刊，包括我们的党报党刊，也存在发行量问题，也需要做很大的努力。我们说我们宣传的都是马列，但是如果办得干巴巴的，不能吸引人、打动人，没有几个人订，没有几个人读，实际的效果就不理想。我们的观点是对的，还要人们喜欢看，要人们乐于接受，并变成人们的自觉行动。就是和期刊业相比，和其他类学术期刊相比，高校社科学报也有差距。目前我们国家发行量过百万册的刊物有二十多家。刊物的性质不同，不能简单类比，但应当说，我们还有努力的余地，还有发展的空间。发行量只有几百份的刊物，是很难办的。事实已经证明并将继续证明，没有发行量的刊物，最终是没有出路的。当然，哲学社会科学宣传带有指导性质、教育作用，从国家的根本利益出发，需要采取一定的保护措施，但那毕竟是少数，不可能保护所有的刊物。而且保护也只是扶持而已，要想通过保护使期刊得到蓬勃的发展，保持旺盛的生机，也很难办到。所以，我们在考虑社科学报的意识形态性质、文化性质的时候，还要考虑到它确实有一个经济效益的问题。所有精神产品都要把社会效益放在第一位，同时，兼顾社会效益和经济效益。

（三）不断弘扬与时俱进精神

发展是目的，改革是动力。解放思想，实事求是，与时俱进，改革创新，是高校社科学报保持生机、蓬勃发展的关键所在，也应当是高校社科学报主管、主办和主编同志们的不懈追求。

首先，是高校学报定位的改革创新。学报是高校办的，但是并不意味着作者只是本校教师，读者只是高校学者，这是两个不同的概念。高校社科学报要为高等教育服务，也要为国内外学者服务，为一切对哲学社会科学感兴趣、有需要的读者服务。定位准确是办刊成功的根本。所谓定位，即刊物的读者是谁，你编写的文章，主要是给谁看的。在整个工作过程中，头脑中应当始终有这个概念。定位不清楚，我们的工作就难免带有盲目性；定位不准确，我们工作的效果就难免打折扣。目前，我国高校社科学报不能说没有定位，但如果我们近千种的刊物是同一个定位，对于每个刊物来说，就等于没有定位。这对于整个高校哲学社会科学的发展是不利的。因为大家的杂志差不多是一样的，对于每一个读者来说，他对于你这本刊物一年感兴趣的可能只是两三篇文章。在这种情况下，任何个人都很难会自己掏钱去订这份杂志。

第二，高校学报的办刊理念要改革创新。高校社科学报要努力办出自己的特色。所谓特色，就是要有别的刊物和学报不能替代的方面。如果别人不能替代你，那你就是重要的，不能没有的；如果是别人可以替代的，别人是一流的，你是三流的，那就可以有，也可以没有。就是说，你的定位应当是一个方面与别人不重复的；另一个方面与别人重复，但你是比别人好的。如果你有这两条，你的刊物肯定会有人去看，去读，去订。如果没有这两条，就很难。这就是我们通常所讲的“人无我有，人有我优”。我们的高校社科学报，应当是一个百花园，百花齐放，万紫千红。办学报不能只是一个模式，要有自己的特色，要反映本校的优势，本地的优势，不要求大求全。现在我们办学报的理念，是一种综合性的、大而全的理念，所有的学科，哲学社会科学方面的样样都有一点。

历史上，由于重点大学比较少，学术期刊不多，特别是由于过去的学术信息获取渠道比较单一，这种理念是可行的，也做出过很大的贡献，曾经出现过一些知名的学报。但现在，重点大学多了，重点刊物多了，信息获取渠道也多了之后，要想成为名刊就相当困难了。现在情况发生了很大的变化，我们办刊的观念也要随之而变化。据了解，现在国外和境外类似我国现在包括众多学科的刊物已经很少了。对于近千份的高校社科学报来说，都要树立一个特色化的发展理念，相当一部分刊物要走特色化的发展道路。一部分学校是世界知名的，它的学报也是好的，将来还可以办一些综合性学报。但是更多的学校，更多的刊物，可能要走特色化的发展道路。树立特色化的发展理念，走特色化的发展道路，无疑需要一个发展过程。每个刊物都有很长的历史，一下子完全变了，不是那么简单的。但问题是，我们对发展趋势、方向的把握要正确。这就是说，方向要对头，方法要灵活，步子要稳妥。

树立特色化的发展理念，走特色化的发展道路，可以有三个层次的考虑。一是全国高校统筹考虑，根据学校的传统、优势和特色，集中力量，由某一个学校牵头，依托全国性各专业委员会、学会，办高校社科学报各专业专刊，走学报整合之路。它是学报，但是各学科的专业学报。教育部支持有关高校牵头承办某专业的高校学报。二是鼓励若干高校社科学报合作，走学报联合之路，组成联合编委会，进行相对集中的学科专业分工，把某学科专业方面的稿件集中到一个刊物里面去，形成相对优质和特色。合作学校对发表论文的质量、水平相互把关、相互承认，从而互相支持，共同繁荣。三是所有学报都要根据自己的地方特色、学校特色和科研优势设立专题栏目，走专题化的发展之路。专题专栏的设立，有助于深化学术研究和人才培养，为学报带来声誉，吸引众多读者。这也是过去不少学报的成功经验，要坚定不移地走下去，力争每个学报都有自己的特色栏目和名牌栏目。

总之，在激烈的期刊市场竞争中，要以质取胜，要在特色上下功夫。所有文科专业论文要高质量，一般学报都做不到，但是办出特色，以特色取胜，在某一个或几个方面高质量，则是可以做到的。我们努力设计和塑造自己刊物独有的文化性格特征，千方百计地使自己的刊物成为与众不同的、无可替代的“这一个”；从而在全国的众多刊物中间占有一席之地，在高校学术刊物的百花园中成为一支奇葩。

第三，高校学报管理方式和运作机制要改革创新。

一是办刊体制改革。这几年，高等学校的办学体制，按照李岚清副总理提出的“调整、共建、合作、合并”方针，进行了很大的改革，取得了很好的效果。高校的社科学报，也要在学校党委的统一领导下，按照发展先进文化的要求，积极探索改革创新之路。有的学校，自身有十几个、几十个刊物，过去常常是由一个系、一个所、一个中心主办，在学校办学体制改革之后可以重新进行规划、调整，该合作的合作，可合并的合并，办一些既坚持正确方向又适合社会需要，既有社会效益又有经济效益的刊物。在这方面，学校有一定的调控权，也大有文章可做。有些学校还成立了期刊社，有的甚至把期刊社与出版社合并，统一调配资源，优化人员结构，都很好。可以从学校的实际出发加强调整，不必强调一个模式，不能认为过去是这样，现在是这样，就只能永远是这样。即使一些很严肃的政治理论刊物，也还是有很大的发展空间，有很多事可做。通过我们的工作，实现从适应计划经济体制向适应社会主义市场经济体制转变，实现从分散经营向规模经营转变，实现从数量增长为主向质量提高为主转变。刊物将来还会增加，因为有新的专业、新的事业出现，需要新的刊物。但是现在的主要问题是，努力提高现有刊物的质量，提高刊物的效益。

二是内部管理体制改革。这几年，高校内部

管理体制改革力度较大。现在要对学报进行微观改革。通过学报内部管理体制改革，充分地调动编辑人员的积极性、主动性和创造性。鼓励学报编辑参加国内外学术交流和讨论。编辑最基本的素质是眼界。编辑不一定每个人都能写出好文章(能写出好文章自然更好)，但能够发现好题目，看出好文章，这就不容易。这个眼界不能关在屋子里想，它需要交流，交流多了，见多才能识广。应该鼓励学报编辑参加一些国内外的重要学术活动，到学校的相关系所去兼职。在参加活动、学术兼职中了解学科前沿，把握学术进展，洞察发展趋势。还要积极地吸引学校知名学者到学报兼职。高校的最大优势是人才多，学报的同志可以到系所去兼职，做一点教学和科研工作，也可以吸引知名学者到学报兼职，参与课题的策划，甚至兼做一些栏目的主持人。这些学者名人，他们在学术界有影响，有联系，可以利用他们的联系，他们的威望，设一些栏目，选一些题目，组织一些作者。通过学者和编辑的双向兼职，通过编辑队伍的专兼结合，形成一支政治强，业务精，纪律严，作风正，懂经营，精干高效的编辑队伍。这样就可能更加积极主动地适应科学发展的需要，社会发展的需要，积极主动地去组稿、约稿，有些重大的选题，还可以组织研讨会等。如果每个学报每年都能组积几篇重点文章，高校社科学报就会做出更大的贡献。

三是编审制度改革。鉴于学术成果判断的专业性、复杂性和严肃性，学报应按照新闻出版总署有关文件的要求，建立严格、规范的稿件三审制度。一些重点大学的学报应学习国际学术期刊界的普遍做法，逐步实行专家匿名审稿制度。社科学报要严守学术规范，通过对作者及其作品的要求，通过对学者的他律，引导学者自律。学报有一个把关、选择和导向作用，这是别的方面不可替代的。如果通过我们的工作，逐渐形成一个普遍认同和自觉遵守的学术规则和道德规范，那我们在学风建设上就做了一件非常有意义的事情。社科学报要倡导平等探讨问题的学术氛围，坚持平实、严谨的文风，通过对稿件的严格把关，杜绝抄袭现象，力戒浮躁情绪。我们要通过学报的编审制度建设，哲学社会科学工作者和学报工作者的共同努力、良性互动，形成良好的学风和工作作风。学者的学风好，会促进学报的学风好，反过来，学报的学风好，也会促进学者的学风转变。我们要大力提倡祖国高于一切，人民利益至上，社会责任第一的精神；大力提倡勤奋敬业，知难而进，精益求精的精神；大力提倡团结协作，淡泊名利，乐于奉献的精神，用更多的优秀成果更好地为人民服务，为社会主义服务，为全党全国的工作大局服务。

为了支持学报的工作，在新世纪新阶段，教育部将采取措施，加强对高校社科学报的宏观管理，分层次、分类别地对社科学报进行指导和支持。

1．启动名刊工程。教育部将选择若干重点大学的优秀学报进行重点扶持，争取在三五年内形成一二十家高水平的大刊、名刊。

2．建立和完善对高校社科学报的评估、监督和激励机制。在适当的时候，由教育部出面，组织评选优秀学报积优良学报。对办得好的学报，给予表彰和奖励；对水平低、办刊质量差的学报，要限期整改；同时，要建立正常的退出机制，确保学报的整体质量。

3．组织业务培训，提高编辑队伍水平。如请中宣部、新闻出版总署的同志讲形势和要求，出版社、电台、电视台的同志介绍经验。同时加强专业培训，不断提高专业水平。

4．支持学会工作。鼓励人文社科学报学会在组织学术研讨、培训编辑人才，进行学报评优等方面开展活动。支持学会开展更多的工作，推动全国高校学报事业的进一步发展。

同时，希望各高校进一步加强对学报的领导，将学报发展列入学校整体工作计划，有明确的校领导负责学报工作。学校领导班子每年至少听一次学报工作的汇报，研究解决学报发展中出现的问题和困难。学报的主管领导要及时了解学报工作情况，保证学报正确的办刊方向和办刊宗旨，遵守国家的法律和规定，使高校学报真正成为高校事业的有机组成部分。

各高校要支持学报的改革。鼓励学报在办刊理念、办刊方式、用人制度方面进行有益探索，实行多劳多得，优劳优酬，包括优稿优酬，采取措施鼓励多出好文章。支持和引导学报加强学术交流，提高编辑人员的业务水平。在改革的过程中，要给学报以经费上的更大支持。改革要有成本，为了理顺体制和机制，在改革过程中，投入力度只能加大，不能减少。各高校还要支持学报办公条件的改善。

各高校要选派优秀人才负责学报工作。学报主编的作用很大，他要在充分听取专家和编辑人员意见的情况下决策和拍板。他的素质、境界、眼界，直接影响到学报的品位和质量。选拔好学报主要负责人，非常重要。在职称评聘和福利待遇方面，要把学报编辑人员作为专业人员加以考虑。学报的工作要有专业背景，学报的许多同志为学校学科发展、人才培养，无私奉献，非常值得尊重和敬重。应当在政策允许的情况下，给予支持。在学校内部管理改革方面中，重视这一部分同志的待遇。

最近，为了落实江总书记关于哲学社会科学三次重要讲话精神，教育部将围绕繁荣发展高校哲学社会科学采取一系列措施，其中一个内容就是制定《加强和改进高等学校哲学社会科学学报工作的意见》，希望各高校认真贯彻落实。

同志们，我们生活在充满机遇和挑战的新世纪新阶段。我们要全面贯彻“三个代表”要求，认真落实江泽民同志关于繁荣发展我国哲学社会科学重要讲话精神，努力办好高校社科学报，为我国哲学社会科学繁荣和高等教育事业发展，为治党治国和建设有中国特色社会主义做出新的更大的贡献。

（原文发表于《北京大学学报》哲社版2002年第6期）

教育部关于加强和改进高等学校哲学社会科学学报工作的意见

（2002年9月13日）

教社政〔2002〕10号

改革开放二十多年来，我国高等学校哲学社会科学学报快速发展，不仅数量有较大增加，而且整体质量也有明显提高，不少刊物形成了自己的品牌和特色；在及时反映高等学校教学科研成果，促进学科建设和学术人才的成长，繁荣发展我国哲学社会科学事业和推动社会主义物质文明、政治文明和精神文明建设中发挥了重要作用。

目前，我国的改革开放和社会主义现代化建设进入了一个新的历史发展时期。经济社会和科技教育的快速发展以及加入世界贸易组织的挑战，为哲学社会科学的研究提出了一系列重大的课题和更高的要求。江泽民同志总揽全局，于2001年8月7日、2002年4月28日和7月16日先后三次就哲学社会科学发表了重要讲话，内涵丰富，论述精辟，是繁荣发展我国哲学社会科学的理论纲领和行动纲领。为更好地贯彻落实江泽民同志“7．1”重要讲话和“5．31”重要精神，以及关于发展繁荣哲学社会科学的“8．7”、“4．28”、“7．16”三次重要讲话精神，进一步加强和改进高等学校哲学社会科学学报工作，不断提高学报的办刊水平，特提出如下意见。

一

高校哲学社会科学学报要始终坚持以马克思列宁主义、毛泽东思想、邓小平理论和江泽民同志“三个代表”重要思想为指导，认真贯彻落实江泽民同志关于哲学社会科学的三次重要讲话精神，牢牢把握正确的办刊方向和宗旨；要认真贯彻执行党的出版方针政策，坚持社会效益第一的原则；要进一步解放思想，实事求是，办刊要有新思路，工作要有新局面。

坚持理论联系实际，进一步加强对重大现实理论问题的研究，努力组发具有创新价值的理论成果。学报要在加强基础研究、促进学科建设和发展的同时，正确认识和处理理论与应用、历史与现实的关系，立足当代，立足国情，与时俱进，开拓创新，关注改革开放和社会主义现代化建设，积极组发研究解决国家和地区经济、社会发展中的重大理论与实践问题，尤其是全局性、前瞻性、战略性重大问题的成果，为党和国家的决策提供咨询和理论依据，为推动哲学社会科学理论的建设和发展提供新鲜观点、材料和方法。要认真贯彻执行“百花齐放，百家争鸣”的方针。学报要积极组织开展各学科有关重要问题的深入讨论，大胆支持学术理论的探索创新和不同观点、不同流派的自由争鸣。努力创造一种民主平等、自由宽松、相互切磋、共同进步的学术氛围。

二

充分认识哲学社会科学学报在发展繁荣哲学社会科学事业中的重要地位与作用，切实加强与改进学报工作，不断提高办刊水平。

要充分认识高校社科学报的地位与作用。高等学校哲学社会科学学报是高等学校主办的、刊登哲学社会科学研究论文的、高层次学术理论刊物，是高等学校教学科研工作和我国哲学社会科学事业的重要组成部分。它连续、集中、全面反映高校教学科研成果，是传播社会主义先进文化的重要载体，是展示高校学术水平的重要窗口，是开展国内外学术交流的重要桥梁，是发现培养学术人才的重要园地，是塑造学校形象、创造学校品牌的重要途径，在推动高等学校教学科研和繁荣发展我国哲学社会科学，在承担哲学社会科学"认识世界，传承文明，创新理论，咨政育人，服务社会"的神圣职责中，占有十分重要的地位，具有不可替代的作用。

牢固地树立精品意识，努力打造学报品牌。各学报的主办学校及学报编辑部，要以质量求生存，以特色求发展；要及时了解和掌握各学科研究的动态和发展趋势，重视研究各学科前沿问题、重大现实理论问题、热点难点问题以及新兴学科、交叉学科、边缘学科中的问题；要注意立足本地、本校，发挥各自的学术优势，办出学报的个性和特色；要重点办好特色栏目，推出更多有较高学术水平和较大学术影响的精品力作。

要充分发挥学报在培养科研人才方面的作用。要热情扶植、精心培育中青年教学科研骨干，广泛联系作者，在刊物周围团结一支高水平的作者队伍。

三

与时俱进，活跃办刊思路，不断推进学报改革。面对经济全球化和加入世界贸易组织，学报的发展面临前所未有的机遇和挑战。高等学校必须深化学报改革，促进学报发展。

要转变高校社科学报的办刊理念，打破传统封闭的办刊模式和千刊一面的局面，鼓励各高校根据自己的实际情况，积极引进新的办刊机制，在管理体制和办刊模式等方面做出有益的探索，不断增强刊物的活力和竞争力，使高校社科学报的工作更加适应新世纪发展的要求。倡导高校学报走整合之路，创办代表我国高校哲学社会科学学术水平的专业性学报；鼓励若干高校社科学报进行合作或联合，走联合之路，把刊物做大做强；支持高校社科学报在保持各高校主办的现有格局不变的情况下，根据各地和各校的实际和特色，创办特色栏目和名牌栏目，走内涵式发展之路，塑造各自刊物的学术个性和文化特征。

要进一步优化学报结构，启动名刊工程。随着高等教育体制的改革与办学模式的变化，有关高校要按照新闻出版总署的要求，进一步做好现有学报的调整工作，实现从数量增长为主向质量提高为主的转变。要树立特色化的发展理念，走特色化的发展道路。要精心选择一些学校学术实力雄厚、办刊基础较好的学报，在教育部和高校大力支持下，争取在三五年内创出一二十家在国内外有较大影响的高水平的大刊名刊，以此带动全国各高校学报整体质量的提高。

要严肃学术纪律和学术规范，建设优良学风和文风。高校学报要逐步建立一种有效的机制，杜绝关系稿、人情稿以及学术赝品，倡导甘于寂寞、潜心钻研、实事求是、严谨治学的学风，反对学术研究上的急功近利、投机取巧乃至剽窃抄袭的行为。要进一步改进和完善审稿制度，有条件的学报，可以逐步实行同行专家的双向匿名审稿制度，切实保证审稿的科学性和公正性。

要积极探索、改革学报的管理体制。各高校要按照高校人事、用工、分配制度改革的方案，积极进行高校学报人事、用工、分配制度的改革，实行主编负责制和全员聘任制；建立健全竞争激励机制，严格工作考核与管理，奖优罚劣，奖勤罚懒，不断调动工作人员工作的积极性与创造性，提高工作的效率与质量。

建立社科学报评估体系，促进学报办刊条件的改善和整体质量的提高。为了激励各高校办好学报，教育部将逐步建立科学的学报评估体系，像对重点学科评估一样对学报的办刊情况定期进行检查评估，并把学报的评估情况作为衡量学校工作的一个重要内容，对办得好的学报给予表彰和奖励，对办刊条件差、学术水平低的学报要提出警示，限期整改。

要充分发挥行业学会的作用。中国人文社会科学学报学会是联系各家学报与学报主管部门的桥梁和纽带，要积极支持学会在组织学术研究、培训编辑人才、进行学报评优等方面开展有益的活动。

四

各高校要进一步加强对学报工作的领导，为办好学报提供切实保障。

各高校必须把学报工作列入学校工作的重要议事日程，加强对学报工作的领导。学校党政领导要像重视教学科研和学科建设一样重视学报工作，定期听取汇报，研究解决办刊中的问题，检查学报贯彻执行党的路线、方针、政策的情况和办刊质量状况。

要加强学报编辑部的建设，这是办好学报的关键。高校社科学报编辑部是校属院（系）一级的学术机构，由学校直接领导，由一名党委书记或校长分管。学报编辑人员是学校教学科研队伍的一部分，应列入教学科研编制，享受与教学科研人员同等的待遇。对于长期从事学报编辑工作，爱岗敬业，为办刊做出突出贡献的主编、副主编或骨干编辑，应纳入学校学术带头人或学术骨干队伍的建设计划，为其提供从事科研的条件和给予必要的奖励。

要按德才兼备的原则，聘用具有较高政治水平和专业水平、作风正派、有一定组织能力，具有高级职称的优秀人才担任学报主编。要按刊物覆盖的主要学科配备一定数量的编辑人员。要采取各种有效措施，加强对编辑人员的思想教育和业务培训。要创造条件，鼓励编辑参加国内外的学术交流和研讨，开阔眼界，了解学术发展的前沿和动态。提倡编辑到院系所兼职做教学和科研工作，同时选聘知名学者到编辑部兼职，参与选题策划和做栏目主持人。通过学者和编辑的双向兼职，建立一支政治强、业务精、守纪律、懂经营、专兼结合的精干高效的编辑队伍。

学校根据需要设立学报编辑委员会。学报编辑委员会应积极发挥其在学报工作中的指导、监督、咨询作用。

教育部办公厅关于印发《全国高校社科学报工作研讨会会议纪要》的通知

（2002年9月6日）

教社政厅〔2002〕5号

现将《全国高校社科学报工作研讨会会议纪要》印发给你们，请参照执行。

全国高校社科学报工作研讨会会议纪要

2002年7月29日至30日上午，教育部在北京召开了全国高校社科学报工作研讨会。会议的主要任务是，以“三个代表”重要思想为指导，深入学习和贯彻落实江泽民同志“7．1”重要讲话和“5．31”重要讲话精神，以及关于发展繁荣哲学社会科学的“8．7”、“4．28”、“7．16”三次重要讲话精神，总结交流办刊经验，研究面临的新情况和新问题，进一步明确新世纪新阶段高校社科学报改革发展的新思路和新任务。

教育部部分直属高校分管社科学报工作的校领导、直属高校和部分省属重点大学的社科学报主编、中国人文社科学报学会负责人，共计110多人出席了会议。教育部副部长袁贵仁在开幕式上作了题为《新世纪新阶段高校社科学报工作的形势和任务》的主报告。中宣部、新闻出版总署有关部门负责人莅临大会指导并讲话。北京大学、中国人民大学等8个单位作了大会交流，介绍了深化改革、开拓创新的基本做法和主要经验。与会代表就进一步加强和改进高校社科学报工作进行了交流和研讨，并对《关于加强和改进高等学校哲学社会科学学报工作的意见》（征求意见稿）进行了讨论修改。现将有关会议精神纪要如下：

会议认真分析了当前高校社科学报面临的难得发展机遇。认为，江泽民总书记”三个代表”重要思想和关于哲学社会科学的三次重要讲话，使高校社科学报工作出现了极为难得的大好机遇。应该抓住机遇，提高认识，统一思想，乘势而上，把高校哲学社会科学工作做好，把高校社科学报办好。

会议认为，在不到一年的时间里，江总书记关于哲学社会科学连续发表三次重要讲话，这充分体现了党的第三代领导集体对哲学社会科学，对包括高校社科学报工作者在内的广大哲学社会科学工作者的高度重视和殷切希望。江总书记的三次重要讲话，高屋建瓴，内涵丰富，寓意深刻，语重心长，构成了指导新世纪我国哲学社会科学发展的基本纲领。认真学习、积极宣传、全面贯彻讲话精神，对于推动我国政治、经济、文化全面发展，推进我国物质文明、政治文明、精神文明全面进步，推进高校哲学社会科学发展和高校社科学报的建设，都具有重大的现实意义和深远的历史意义。

会议认为，江总书记提出“认识世界，传承文明，创新理论，咨政育人，服务社会”，明确了哲学社会科学界应担负的职责。所有哲学社会科学工作者，包括高校社科学报的同志，都要牢记这五句话、二十个字，抓住当前大好的机遇，不辱使命，不负重托，切实履行好自己的神圣职责。

会议总结了高校社科学报取得的成绩。改革开放二十多年来，高校社科学报有了长足的进步。学报数量不断增加，已具有相当的规模；质量明显提高，初步形成了自己的品牌和特色；社会影响日益扩大，为发展繁荣我国哲学社会科学事业，为治党治国和建设有中国特色社会主义做出了很大贡献；在推动高校哲学社会科学教学和科研的发展，引导科研发展方向，培养高校人才，提高高校声誉、树立高校形象方面发挥了不可替代的作用，成为我国高等教育事业发展和社会科学学术期刊阵营中不可或缺的组成部分。一些重点大学的学报产生了较大的国际影响。

会议认为，在肯定成绩的同时，必须看到，按照江总书记的讲话精神和当前我国改革开放与现代化建设的形势，高校社科学报还存在着不少问题。有些主办单位对学报的作用和地位认识不足，没有充分调动学报工作人员的工作积极性；不少高校社科学报满足现状，"等、靠、要"思想较重，主动进取精神不够，改革创新意识不强；相当一部分学报定位不清，选题雷同，个性、特色不够鲜明；发行量普遍偏小等。对这些问题应当高度重视，切实加以解决。

会议讨论了高校社科学报改革发展的方向和思路。提出，当前要重点做好以下四项工作：

第一，坚持正确的政治方向和学术导向。

要自觉地以马克思列宁主义、毛泽东思想和邓小平理论为指导，全面贯彻"三个代表"的要求；要增强政治意识、大局意识和责任意识，增强政治敏锐性和政治鉴别力，特别是在关键时刻，要保持政治上的清醒和坚定，严格把关，严守纪律，在思想和行动上同党中央保持高度一致；坚持先进文化方向，积极宣传科学理论，倡导科学精神；坚持为人民服务、为社会主义服务的"二为"方向和"百花齐放、百家争鸣"的"双百"方针，提倡理论创新和知识创新，实行学术自由和讨论自由，为提出新理论，形成新学派，取得新成果营造良好的氛围；坚持理论联系实际的马克思主义学风，鼓励、引导和支持对全局性、前瞻性、战略性重大理论和实际问题的研究，不断推进马克思主义中国化，在实践中丰富和发展马克思主义。

第二，始终把发展作为第一要务。

高校社科学报的前途在于发展。发展的问题首先是质量问题。质量是学报的生命。学报编委会、编辑部的一项重要职能就是根据科学发展、社会发展和人的发展的需要，策划选题、组织稿件。学报既可以学科为主题设计栏目，组织稿件，更要以问题为中心设计栏目，组织稿件。要把理论和实际结合起来，把基础理论研究和实际问题研究结合起来，把文科的不同学科之间，以及文科和理科结合起来，把出成果和出人才结合起来。

发展问题无疑包括数量问题。没有数量，也就没有质量，也无从谈效益（包括社会效益和经济效益）。在扩大发行量方面，学报还要做更大的努力。

第三，不断弘扬与时俱进精神。

在学报定位上要改革创新。高校社科学报要为高等教育服务，也要为国内外学者服务，为一切对社会科学感兴趣的读者服务。要树立特色化的发展理念，走特色化的发展道路。会议认为，从长远看，从全局看，学报有三个层面的改革思路：一是走整合之路，全国高校可以统筹考虑，根据学校的传统、优势和特色，集中力量，由一个学校牵头，依托全国性各专业委员会、学会，办高校社科学报各专业专刊。二是走联合之路，鼓励若干高校社科学报合作或联合，组成联合编委会，进行相对集中的学科专业分工，把某专业学科方面的稿件都集中到一个刊物里面去，形成相对优质和特色。三是走内涵发展之路，在保持现在各高校主办的格局不变的情况下，根据各地的实际、各校的特色和科研优势设立专题栏目，走专题化发展道路。支持和鼓励每个学报办出自己的特色栏目和名牌栏目，设计和塑造自己刊物的学术个性和文化特征。总之，要通过改革创新，改变高校社科学报目前"全、散、小、弱"的状况，争取向"专、特、大、强"方向发展。

第四，加强办刊体制和内部管理体制改革。

随着高校办学体制改革的进一步深化，高校社科学报也要在学校党委的统一领导下，积极探索改革创新之路。校内各个学术期刊之间，学术刊物和学校的文化产业之间，以及高校学报之间可以重新进行规划、调整。学校要从本校实际出发，要开动脑筋，开拓思路，实现从分散经营向规模经营转变，从数量增长为主向质量提高为主转变。

要加强学报内部管理体制改革。各高校积极进行高校学报人事、用工、分配制度的改革，实行主编负责制和全员聘任制；建立健全竞争激励机制，不断调动工作人员工作的积极性。学报编辑人员是学校教学科研队伍的一部分，应列入教学科研编制，享受与教学科研人员同等的待遇。对于长期从事学报编辑工作，爱岗敬业，为刊物做出突出贡献的主编、副主编或骨干编辑，应纳入学校学术带头人或学术骨干队伍的建设计划。要创造条件，鼓励编辑参加国内外的学术交流和研讨，结交学者朋友，了解学术发展、前沿和动态。提倡学报编辑到院、系、研究所兼职，做一些教学和科研工作，同时吸引一些知名学者到学报兼职，参与选题策划或做栏目的主持人。通过学者和编辑的双向兼职和编辑队伍的专兼结合，建立一支政治强、业务精、守纪律、懂经营、精干高效的编辑队伍。

要改革审稿制度，严肃学术纪律和学术规范。高校学报要逐步建立一种有效的机制，杜绝关系稿、人情稿以及学术赝品，努力倡导甘于寂寞、潜心钻研、实事求是、严谨治学的学风，反对学术研究上的急功近利、投机取巧乃至剽窃抄袭行为。要进一步改进和完善审稿制度，有条件的学报，可以逐步实行同行专家的双向匿名审稿制度，切实保证审稿的科学性和公正性。

会议提出拟采取以下措施，加强对高校社科学报的宏观管理和分层、分类指导，确保各项改革工作落到实处。

第一，启动名刊工程。 教育部将选择若干重点大学的优秀学报进行重点扶持，争取在三五年内形成一二十家在高校系统中最好的、高水平的大刊、名刊。通过教育部和主办高校共同努力和支持，帮助这些刊物进一步发展。

第二，建立和完善对高校社科学报的评估、监督和激励机制。 在适当的时候，由教育部出面，组织评选优秀学报和优良学报。对办得好的学报，给予表彰和奖励；对水平低、办刊质量差的学报，要限期整改；同时，要建立正常的退出机制，确保学报的整体质量。

第三，组织各种形式的业务培训，提高学报编辑队伍的水平。 如请中宣部、新闻出版总署的同志作报告，请出版、广播、电视部门的同志介绍经验，不断提高学报编辑的政治水平、理论修养和专业知识，包括编辑业务和出版经营管理知识。

第四，支持中国人文社科学报学会在组织学术研究、培训编辑人才、进行学报评优等方面开展工作，鼓励学会进一步发挥行业中介组织的作用，为高校社科学报事业的发展做出更大的贡献。

会议强调指出，高校社科学报工作者要认真学习贯彻江总书记关于哲学社会科学的重要讲话精神，抓住机遇，努力办好高校哲学社会科学学报，为我国哲学社会科学繁荣、教育事业发展和社会主义现代化建设做出新的更大的贡献。

学报论文荟萃

哲 学 篇

目 录

瞻望21世纪的中国哲学

任继愈

[作者简介] 任继愈，国家图书馆馆长，中国哲学史学会会长，中国社会科学院研究生院教授，博士生导师。

[内容提要] 西方哲学发展，由浑沦到分析，又由分析到综合，看来这是21世纪的大致轮廓。对中国哲学来说，我们不能安于自己的浑沦、综合，认为比西方的分析更高明，这是一种误解，一种极端无知有害的说法。从浑沦的统一，经过近代科学分析的洗礼，再进行综合，这个否定之否定的认识步骤必不可少。融合中西，经过新的否定之否定的必由之路，从宗教分离出来的哲学，今天要以崭新面貌，接过当年宗教曾负担过的职能，化解人们心里的精神困惑，解答人生的终极追求和终极关怀问题。

[关 键 词] 21世纪；中国哲学；西方哲学；古代哲学；综合；分析。

一、中国哲学的出发点和落脚点

21世纪，最明显的特征是在经济生活中的全球一体化，在政治生活中的世界多极化。在文化生活中，人们正在探索一条从未走过的路，既不可能一体化，也不可能满足于目前强国推行的双重的多标准的失序状态。哲学是追寻真理，追求真理，探索人生安身立命的一门学问，不能没有自己的立足点，应当有自己的标准。

哲学是一定时期发生在一定的地区，一定的民族的社会群体文化长期积累的精神产品。它是一个民族、一个地区社会文化的精华部分。中国哲学带有中华民族的民族性、地区性。哲学离开它赖以生存的群体的理解和支持，就失去生命力。历史上不断有新的哲学理论代替旧的哲学理论，基本上与社会的变迁、文化的发展同步前进。哲学理论有时超前一些，有时滞后一些，但大致与它的社会发展变迁的步伐如影随形，相去不远。

也有异时异地异民族的哲学理论被介绍到新的地区、新的环境，那是该学派的理论适应了该地区、民族的需要，按照该地区、民族的理解而被接纳的。

哲学问题看似悬在高空，并不是解决一个一个的具体问题，但它又不是可有可无的空谈，关系到人类的今天和明天。

不同的国家和地区有不同的社会环境和文化传统，因而给哲学打上国别的、地域的、民族的烙印。这是哲学不同于自然科学的地方。欧洲近代哲学史给我们提供有益的借鉴：法德毗邻，鸡犬相闻；英法相隔，一衣带水，英、法、德三国的哲学精神面貌各异。中国哲学发生在长江、黄河两大流域。春秋战国时期同属古代社会(包括奴隶制、封建制)，而邹鲁、荆楚、燕齐、巴蜀、闽粤等不同地区文化各异，才有了不同学派的百家争鸣。秦汉以后，国家统一，增强了内部交融的机会，但地区间仍有某些文化生活的差异。南北朝的南北文化不同，唐宋以后的地区发展不平衡，也为后来不同学派提供了各自的理论的讲坛。中国的国情是“多民族的统一大国”。从二千多年前奠定这种格局，就被全国各族人民所接受。几千年来人民默认它，可见这种制度人们是愿意接受的。二千年间曾有几度国家不统一的时期，但人们不喜欢这种分裂，因为分裂给人民带来更多的灾难，生活不安定，战争频繁。即使在分裂时期，有识之士都主张统一，认为分裂是不正常的。

关于民族的认同，在中国历史上，不大看重肤色、血统，更看重文化、礼教的异同。秦汉以来，当初中原杂居的众多民族、部落群体，逐渐融合为华夏族。以长江、黄河流域为基地。华夏族不断与周边的民族交流融合，共同生活，形成了人数占绝大多数的汉族。汉族本身就是华夏众多族融合、交流的总称。中国并没有纯汉族。

“多民族统一大国”是两千年来的国情。这个国情显示着中华民族的思想文化、生活准则、宗教信仰、伦理规范、风俗习惯、政治制度的综合体。这个综合体决定着中国哲学的全部内容。

观察中国的历史，研究中国的哲学，都不能不以此为出发点，落脚到这个出发点。中国哲学必然带有中国的民族特点、历史文化特点，反映它的祈向和理想。

二、中国哲学的定位

社会发展如何分期，学术界迄今没有定论。现在按照生产方式划分法，即：原始社会，奴隶社会，封建社会，资本主义社会，社会主义社会和共产主义社会五种社会形态。其次序是按人类社会发展的历史顺序排列的。原始社会只有宗教，还没有哲学。进入奴隶社会，由于出现了生产分工，有人有了多余的时间从事精神创造，开始有了精神产品，哲学逐渐从宗教中分化出来。世界上各地区的哲学都产生在奴隶社会，西方的古希腊、罗马，古希伯莱，中国的春秋战国。秦汉统一后，建成统一的多民族封建大国，这种情况一直持续到1840年鸦片战争后结束，中国才开始摆脱封建社会，有了微弱的资本主义，走向近代化。这就是说，中国哲学的形成、发展、成熟，其精彩的演出、主要活动都在中国封建社会阶段，此前的奴隶制阶段和资本主义社会阶段的哲学都不及西方欧洲哲学丰富。而封建社会的哲学，从全世界来看，中国哲学最丰富。因为中国封建社会发展得最完备，最典型。为中国封建社会配套的哲学体系最完整、齐全，增加了封建社会的稳定性。

中国古代传统哲学与世界各国古代哲学一样，主要是依附于神学的主干上，中国古代总称为“经学”。经学，经天纬地，裁成辅相，包罗万象，既包括认识论，又有世界观、价值观、方法论、伦理学、美学。还有政治经济学。中国古代（从6世纪开始）流传很广的《大学》“三纲领”、“八条目”，为中国传统哲学提供了一个完整的中古封建思想体系框架。

近世学者多以中国哲学重人伦实用，西方欧洲各派哲学重逻辑推理，由此推演下去，又有人区分西方哲学为思辨之学，中国哲学为实践之学。持这种观点的人采用横切办法，把当时传入中国，被中国人看到、感到的中西哲学差异现象，当成中西哲学差别的属性。原因在于他们不曾对中西双方作历史的考察。西方中世纪与中国古代同属于神学统治时期。西方传统宗教是基督教，中国的传统宗教是儒教。这两种宗教都是深入社会，沁入人心，干预生活，支配政治的巨大精神力量。

西方基督教的奥古斯丁，说“理解为了信仰，信仰以便理解”，提出精神是实体，上帝是真理、至善，倡“原罪”说。后来有安瑟伦，与中国的周、程、邵、张同时，托马斯·阿奎那约当南宋末年，晚于朱熹。他们也大讲存天理之正，去人欲之私，以及原罪论，居然与程朱学说若合符节。他们从未谋面，不通声气，把这些神学家的著作与中国的程朱学派对照，会发现他们对人生、对社会及人生价值的看法竟出奇地相似。

鸦片战争是西方资本主义与中国封建主义制度正面较量的结果。民意不得伸张，朝廷官员与广大群众想法脱节，封建社会必然抵抗不住资本主义社会。

“五四”的新文化运动，从政治制度深入到文化层次，引发了对中西文化对比的研究兴趣。西方的哲学开始引起更多知识分子的广泛关注。中西对比，人们注意到了东西方地区文化的差异，却忽略了中西双方还有社会发展所处阶段的差异。当时人们看到的西方文化是近代资本主义文化，“五四”时代及以前占领中国思想阵地的是中国封建社会文化。双方相比，中西文化差一个社会发展阶段。

西方经过文艺复兴运动，经过三四百年的反对封建思潮，中世纪的封建文化得到长期的清算，西方近代科学思想得到社会多数的认同，接受。可是“五四”时期中国的封建思想并没有得到批判性的、科学的清算，而对旧文化一棍子打死，抛弃不顾。“五四”时代有志之士、爱国学者，把主要精力用在反对外来侵略势力，反对替外国侵略势力充当帮凶的卖国军阀，全力用于救亡图存，没有顾得上对封建文化进行剖析，取其可用，弃其糟粕。这一任务，直到今天，还不能认为已经做够了，应当说还远远不够，还要我们这一代人继续来清理。

中国封建势力、封建思想的根子比西欧扎得更紧、更牢固。因为西方中世纪的封建势力一是教皇代表的教权，一是各国诸侯贵族割据势力代表的政权。这两股力量主要是配合，也是矛盾，没有合成一股。中国这个多民族统一大国，秦汉以后结束了诸侯割据，不像欧洲长期诸侯国林立，政教双轨。中国自10世纪以后，建成了儒教，形成了完整的政教合一的封建机制，皇帝是教主，教主也是皇帝，欧洲皇帝即位，要教皇加冕才算取得上帝的批准，中国的皇帝即位，自己给自己任命就够了，历代皇帝的诏书都宣称自己“奉天承运”。政教合一，政教不二，是中国国家的特点，也是中国宗教的特点。由于中国缺少了西方的产业革命，缺了文艺复兴以后长期反封建的过程，封建思想的根子扎得既深且广，它不只表现在哲学思想方面，也深入到人们的生活方面，政治生活（如忠君），家庭生活（如孝），宗族生活（如拜祖先，尊族权）。这些思想对团结群众，抵抗外来侵略，稳定社会秩序，增强民族凝聚力等诸多方面都曾起过积极作用。长期分散经营的自然经济、小生产的封建社会得以长久维系，与儒教思想的凝聚作用有不可分割的关系。

三、中国哲学如何走向世界

我国学术界经过长期观察比较，流行一种看法，认为中国哲学与西方哲学不同，中国重综合，善于从整体观点看问题，西方哲学重分析，这种看法可谓事出有因，事实上确有此种现象。重综合，有整体观念，应当看作近代科学出现以前共同的特点。近代科学出现，最先建立功绩的是分类学，因为科学实验、观察，最有效的手段是从整体中截取一部分，放在特定的、有控制的环境中试验，反复考察试验，直到用同一方法，在同一条件下得出的结论相同，证明这个结果是可信的，可以放诸四海而皆准。西方的医学发展得力于解剖学，生物学的进步得力于植物分类学，有了显微镜产生了细胞学，有了望远镜推进了天文学，通过长期大量的生物考察创建了进化论。分门别类越来越细，对于某一门类的认识越来越深。这是19世纪到20世纪科学发展的总趋势。18世纪和19世纪欧洲出现了大物理学家、化学家。20世纪由于学科分类过细，再也不可能产生全能物理学家、化学家。因为物理学研究者只能精通物理学中的一个门类一个分支，不可能产生全能物理学家。

20世纪末，出于社会生产的需要，制造产品的需要，社会要求将极端分散的众多学科集中起来，合成一个产品。一部汽车的零部件多达万种，后来导弹、原子弹的制造，分工更细，要求的综合程度更高。由分散到综合，跨学科、多学科协作将是21世纪学科发展的大趋势。看来中国哲学的喜欢综合从整体考察的思维模式重新引起人们的重视。

我们从事中国哲学研究的人，好像可以以逸待劳，赶上了好机会。现在还不要过分高兴。因为现代社会要求的综合、整体观，是经过近现代科学几百年精密分析、细致分工的基础上更高一级的综合，不是中世纪原始状态的浑沦、笼统，浑沦是分析以前一种朴素状态。试以中医为例，中医有很好的临床经验，有些验方很灵验，但中医要在21世纪取得大发展，走向世界，为世人所接受，就必须经过近代分析化学、近代生理、解剖学、生物学的洗礼，把《黄帝内经》中朴素直观的五行、阴阳、三焦、虚实表里等辨证施治的经验，用科学语言表达出来，才可以丰富医学知识，为全人类造福。

中国哲学也面临这样的处境。只是与医学科学不同，任务更艰巨，涉及学科更广。

四、中国哲学前途无限

文化交流是文化发展的生命所系。按照交流的通则，总是文化高的一方影响文化低的一方，文化低的一方则处于被支配的地位。没有文化的民族，在世界民族之林没有发言权。科学文化落后要挨打，受奴役。

每一个有良心、向往美好理想、维护正义的民族，处在不美满、不合理的现实世界，我们将何以自处？中华民族向往的大同世界必将来临，但要在大同世界来临之前先要做到自存自保。我们尊重其他民族文化的生存权利，也要保持住中华民族文化的生存和发展的权利。不可忽视文化交流中的势差现象。世界大同之前，自己民族有先被消融的危险。

经过近代到现代，西方哲学与自然科学一样，也是走越分越细的道路。当初哲学从宗教分离出去，还包括一部分宗教功能，试图解决人生归宿、终极精神安慰、人人都遇到的困惑。还有一些社会不平等造成的心理不平衡等问题，都曾要求哲学来答复、解释。后来，终极精神的安慰由宗教去解决，心理不平衡由心理学分担；伦理学与法学彻底分开，避开法律制度，法律学追求纯理论的探索。哲学本来与生活十分切近，却逐渐远离生活，陷入到概念分析、语言分析的狭窄地带。20世纪的西方哲学已面临萧条局面，因为它成为哲学家的纯思维训练，以至成为思维游戏。因为它远离生活，不能解决人们的最大困惑，倒是西方的宗教得以大行其道，西方欧美的高等院校的哲学系相当冷落，而宗教系门庭兴旺。这种现象足以发人深思。

中国哲学本来脱离中世纪哲学不太远，它一直干预生活，深入生活，在古代曾起过积极作用。进入近代社会后，由于没有洗尽封建残余影响，个人的权利不被重视，合理的物质要求得不到合理的对待，轻视科学技术，以贫困为荣，以生活富裕为精神堕落的契机，把农村田园贫困生活当成改造思想的课堂，把城市现代文化看成罪恶的渊薮。在马克思主义受到歪曲的极“左”思潮泛滥时期，哲学思想一度与现代社会背道而驰，对资本主义带来的弊端没有克服的信心，缺少对治的办法。这种精神状态根本缺乏建设有中国特色社会主义的勇气。

中国哲学遇到了前人没有遇到的机遇。历史留下的文化遗产十分丰厚，只是过去没有人花力气坐下来认真研究它，缺少细入毫芒的科学分析功夫，有时捧到天一样高，不敢触动它一根毫毛；有时弃置不顾，或一脚踢开，贬斥得一无是处。这两种偏向是我们这一代人的切身经历，这类错误不能再犯了。

文化有继承性，不能白手起家，传统文化抛不掉、打不烂。“文化大革命”中曾捣毁曲阜孔林孔庙。这疯狂行为恰恰是披着马克思主义外衣的封建迷信的泛滥，借打孔子之神，造马列之神。

中国哲学的封建主义的深层次的问题清理得不够，还要继续清理，我们责无旁贷。

世界各种思潮一齐涌来，我们对它们要鉴别取舍，要有一个消化吸收的过程。为了鉴别取舍，首先要提高我们的文化识别本领，才不致上当受骗。有的人到外国取经，正赶上某种学说流行（流行的未必是真经），即使是真经，他们用得上，中国拿来是否适用，还要通过实践检验。“五四”以后，我们移植外来学说，有成功经验，也有失败的教训。这些经验和教训都是可贵的教材。

西方哲学发展，由浑沦到分析，又由分析到综合，看来这是21世纪的大致轮廓。对中国哲学来说，我们不能安于自己的浑沦、综合，认为比西方的分析更高明，这是一种误解。有人讲今天电子计算机的二进制法《易经》早已讲过了；火箭发射原理宋代早已发明，只是西方火箭飞得更高而已。这是极端无知有害的说法。从浑沦的统一，经过近代科学分析的洗礼，再进行综合，这个否定之否定（黑格尔说的正—反—合）的认识步骤必不可少。融会中西，经过新的否定之否定的必由之路，从宗教分离出来的哲学，今天要以崭新面貌，接过当年宗教曾负担过的职能，化解人们心理精神困惑，解答人生的终极追求和终极关怀问题。未来的哲学要干预生活，深入生活，提高人们的精神境界，使人性的优点、特点，得到充分教养，全面发展。哲学要解决人类最自由的追求，最大的精神安适。人类社会生活中总会遇到疑难问题，要通过自己的力量来对待，如果不图侥幸，不靠神仙皇帝，那只有靠哲学，哲学必将与人类共存。我相信，到了大同社会，国家机构自然消亡后，哲学还要继续存在下去。

（原文约8000字，发表于《中国社会科学院研究生院学报》2001年第4期）

文摘编辑：灵杉

21世纪哲学发展的思考

叶启绩

[作者简介] 叶启绩，中山大学教育学院副教授。

[内容提要] 20世纪的哲学发展，具有如下三个特点：就西方哲学发展的进程来看，经历了从“上帝死了”到“人死了”的变革；就中国哲学发展的进程来看，经历了从“哲学的断裂”到“哲学无用”的变迁；就世界范围哲学发展的情况来看，社会生活的变化为哲学的发展提供了契机。展望21世纪，哲学发展将呈现如下特征：西方哲学与中国哲学将从交锋到交汇；马克思主义哲学必将获得新的发展。

[关 键 词] 中国哲学；西方哲学；马克思主义哲学。

在刚跨入21世纪之际，我们展望哲学的发展，将会看到：探讨和创建人与社会、人类与自然之间的和谐关系，将是21世纪哲学的主题，它的实质是人类生存与交往实践的哲学。这个主题，从一定意义上讲，是哲学的永恒主题，只不过在不同的历史发展过程中，它的侧重点和角度有所不同。而在21世纪中做好这个工作，将会有其鲜明的特色。它将会使马克思主义哲学、中国传统哲学及西方哲学之间有更多的理解与交汇。这是因为这个主题不是任何一个国家、民族所能独立解决的，而且各种哲学也不能穷尽宇宙的规律。更重要的是，它为世界性的物质生产决定世界性的精神生产的原则所规定。

1. 西方哲学和中国传统哲学从交锋到交汇

西方哲学与中国传统哲学实际上早已开始交锋，到20世纪更甚。

人与社会的关系、人类与自然的关系和谐发展，对于整个人类的生存与交往来说，是个共荣共存的问题。要解决这个问题，西方已经看到了中国传统哲学的独特魅力，并认为它里面有可以挽救人的危机、自然的危机、世界的危机，因此也能挽救哲学的危机的可供进一步挖掘的资源。很显然，西方论者的态度是真诚的。

中国传统哲学中的理性主义的一个重要特点是表现为集体理性，这不同于西方哲学中的个体理性的倾向。因此它从另一意义上讲，又是一种非常重视人际关系的社会伦理学，它强调的是人的群体价值。这样，社会交往的一切形式都充满着道德内容，从而超越自我而归属群体，这又能够悟出生存与交往意识。很显然，在极端个人主义盛行、物欲横流的西方社会中，这些思想，对伦理原则的寻找，为道德教化的服务是有现实意义的，从而使人重新“复活”。

中国传统哲学中的人本思想又是与天道哲学相通的，这就是“天人合一”的思想。它认为自然是展现着的生命力，它是由众多的生命力之流的分支汇合与趋同而成，因此自然过程应是和谐的，它不是以人的情感为转移的，但也不是违反人性的。因为它对任何生存与交往形式都是公正的，人也是自然的儿女。因此人类只有不从旁观者的立场认识自然，才可能“与天地精神往来”，从而达到“天人合用”，使人类与自然更趋和谐，以维系两者之间的合理关系。很明显，这种思想在自然界受到极大破坏、危及人类生存的现在，是有其闪光的意义的，以避免人的悲剧——总是去做“能做的事情”，而不去做“该做的事情。”

在进入21世纪之际，西方哲学自身也已经有所变化。西方的生态问题，客观上要求哲学转变它在人类与自然关系上的立场，从人是自然的目的转变到人同自然的协同感。有的论者也在试图抛弃“主体—客体”的主体哲学，改换为由“我—你关系”模式入手，探讨对于人际沟通的重建。它们试图通过摆脱哲学的旧框架，以求得问题的解决。科学主义和人本主义也在不断扩大各自范围，同时试图为对方留出适当的领地，呈现出多元构架的相互理解、影响和渗透。

在中国，“哲学无用”的观念虽然广泛存在，这在社会转型时是必然产生的，毫不奇怪，但这并不等于中国的哲学研究是“贫困的”。实际上，哲学的研究，从广度上说，包括对马克思主义哲学的研究发展，对中国传统哲学的精心梳理以及对西方哲学的批判借鉴；从深度上说，涉及到认识论、价值论、真理论及人论等等方面。特别是刚进入21世纪，中国共产党人提出了要成为中国先进文化的代表者，这将开辟在进一步改革开放的背景下，对中国传统哲学研究的新天地。

2. 马克思主义哲学发展的世纪意义

马克思主义传入中国后，再现出了强大的生命力。中国革命和建设的实践已充分证明，什么时候坚持它，我们就走向胜利，什么时候违背它，我们就遇到挫折。这是因为它是一种科学的世界观和方法论。在世界全球化发展的今天，在解决人和社会矛盾、人类和自然矛盾的主题上，人们会看到它的作用将是巨大的。

马克思主义哲学认为，人与社会之间，人类与自然之间的关系如何，人类生存与交往中的问题的解决，实质上是关系到人类的生产方式和实践方式的问题。因此改变和完善人类生产方式和实践方式，也就是正确地处理人与社会、人类与自然之间的关系问题。

20世纪西方哲学，既不是西方经济发展的原因，也不是它的直接结果，而是当代西方社会矛盾的产物，但是它却又拒绝认识这种矛盾，并无意从社会内部去寻找解决矛盾的办法。它可能很精致地描绘了科学技术进步给人们社会生活和自然带来的正面和负面的效应，并认为这些矛盾应该通过社会调节和人的自我调节实现其协调发展。但是要实行这种调节，单是依靠认识是不够的。这还需要我们现有的生产方式，以及和这种生产方式连在一起的我们今天的整个社会制度实行完全的变革。在西方社会中，物质文明虽取得巨大成就，但人的精神却处于危机之中，人与人的关系处于紧张状态下，显然这里面隐藏着深刻的经济政治原因，就是科学技术与垄断资本的结合，以榨取更多的剩余价值，这必然导致人类精神生活的退化。因此要解决人与社会的矛盾，就必须对现存的经济和政治秩序进行彻底的改造。

马克思主义哲学认为，人类与自然的关系，本质上是人与社会的关系，是自然发展同人类历史的统一。现今的人类与自然的矛盾，也就是人类存在和交往的共同利益与西方发达国家的狭隘利益之间的矛盾表现。因此就必须完善和改革当前的生产关系，创造一种平衡、协调的社会关系，注意协调和平衡人与人之间、集团之间、国家之间的社会关系，从而现实地面向21世纪。

在当代西方，后现代主义认为，马克思主义哲学否定差别、特殊性、异质性，所以马克思主义没有在后现代社会发展的前景。但也有人持不同观点，如美国的杰姆森在他的著作《后现代主义，或后资本主义的文化逻辑》中提出：马克思主义不但可以进入后现代社会，而且可以成为后现代社会的“无所不包的地平线”。杰姆森努力把“历史”范畴与“辩证”范畴结合起来，把意识形态分析与历史分析结合起来，研究当代西方社会。他认为只有勇敢地投入社会现实中去，积极参与对它的批判分析，才能复兴、保卫、传播、发展马克思主义，并使群众自觉接受和运用，这才能使马克思主义成为当代思想文化和社会发展的“地平线”。

后现代主义的批判是否成功，不是我们最为关心的。对我们有重要启示的是他们对马克思主义当代化抱有的乐观态度，以及努力在对后现代社会的批判中，实现马克思主义在当代的作用，这一点极为重要。

中国的社会主义改革正迅速前进，这正是中国人民在21世纪的又一伟大选择，这是马克思主义与中国具体国情相结合的产物，这里也已经内涵着马克思主义哲学对中国传统哲学的一种认同与改造。因此它是一种新的实践方式。我们也需要西方哲学。它有合理的东西，也有失误的地方，因为它毕竟是资本主义社会的产物，因此我们对它也需要改造，以利于我们的发展。在新的世纪中，中国特色的社会主义——当代中国的马克思主义必将走向新的胜利。

（原文约8000余字，发表于《文史哲》2001年第2期）

文摘编辑：范子奇

论新世纪中国哲学精神走向

陈文泽　潘义宁　郭金伦

[作者简介] 陈文泽，四川大学政教系讲师。
潘义宁，四川大学政教系副教授。
郭金伦，四川大学哲学系副教授。

[内容提要] 新世纪的中国需要什么样的哲学精神？目前学术界存在三种观点："启蒙运动补课论"；"传统文化本位论"；"后现代意识论"。这三种观点都是片面的，但它们分别反映了中国社会目前所存在的前现代、现代和后现代的多种矛盾中的某一方面。新世纪中国所需要的哲学精神，不是对上述三种观点中某一种的简单认同，也不是简单抛弃，而是对上述三种观点进行有机整合，提炼出一种能够真正支撑中国特色社会主义现代化模式的哲学精神。

[关 键 词] 哲学精神；启蒙理性；后现代意识；传统文化；整合。

新世纪的中国哲学意识如何把握现实中的矛盾，为中国正在并将在21世纪继续进行的现代化事业提供哲学精神的支持呢？目前中国哲学界客观上存在三种片面的哲学倾向或者说三种片面导向。第一种片面导向："启蒙运动补课论"。持这种观点的人出于对中国现代化建设的紧迫性考虑，认为我们目前最重要的任务是发展经济、发展生产力、发展科学技术，建设高度发达的物质文明。所以在哲学意识上，我们所面临的是启蒙运动的补课问题，应该重新扛起西方启蒙运动的理性主义大旗，大力弘扬主体性和工具理性。显然，"补课论"完全忽视了中国的国情，否定了中国的现代化模式应该有自己的特色，企图在完全不同的时空条件下照搬西方模式，这在中国是行不通的，而且历史已经证明了这一点。第二种片面导向："传统文化本位论"。这是一种以现代新儒家为代表的文化保守主义论调。现代新儒家认为，以西方为典范的现代化已碰到了各种难题，中国的现代化不能盲目搬用西方模式。现代化不是外加的，而是内在生成的。为此，他们从中国传统文化中寻找与现代化相契合的因素，认为中国传统文化具有极高的人文价值和比西方文明高远得多的精神境界，我们的现代化应该走"返本开新"、"内圣外王"之路，即从中国传统文化的老根上发新芽，从传统文化的"内圣"中直接开出"科学"与"民主"的"新外王"来。但是现代新儒家所代表的文化保守主义及其理论缺陷使它不可能成为21世纪中国现代化的主导精神。百年来，中国现代意识与中国传统特别是儒家传统的冲突绵延不绝，所以"五四"时期的精英们才喊出了同传统决裂的极端口号。而今日的现代新儒家则想直接从传统文化中开出"科学与民主"的"新外王"来，可见现代新儒家所面临的理论困难何其大。现代新儒家确实面临"内圣"与"外王"、"返本"与"开新"的矛盾，他们虽然力图克服，但却收效甚微，因为这正是传统儒家精神与现代化所需要的精神文化的矛盾，是农业文明与工业文明，前现代与现代的矛盾，是无法克服的。第三种片面导向："后现代意识论"。这是由于受西方最新社会思潮后现代主义的影响而在中国一些人文知识分子中形成的"时髦"论调。后现代主义揭示了作为西方现代化在精神支撑的个体主体性和理性至上原则本身的缺陷，并认为正因为这两个原则的内在缺陷才导致了西方社会的危机。当然，后现代主义囿于自身的社会历史局限性，不可能找到解决危机的真正有效办法，最后只能在一片"消解"声中结束自己的研究。

21世纪的中国哲学精神绝不是对上述所有观点的全盘否定或抛弃，因为上述三种哲学倾向分别反映了中国社会目前所处的前现代、现代和后现代的多种矛盾中的某一方面，具有片面的真理性。我们必须从中国的国情和现状出发，同时参照国际经验对上述哲学精神进行有机整合，提炼出一种能够真正引导中国走向21世纪的哲学精神。我们应坚持如下原则：第一，弘扬个体主体性和集体主义价值取向相结合。我们不能完全否定启蒙理性所推崇的个体主体性原则，这仍然是21世纪的中国必须遵循的原则。第二，科学精神与人文精神并举，或者更通俗地说，叫物质文明与精神文明并重。从我国目前处于社会主义初级阶段这一事实看，发展经济、发展生产力、科教兴国无疑是我们首要的任务。第三，尊重传统，立足现实，面向未来。任何一个国家和民族都有自己的文化传统，没有文化传统就等于失去自己的个性。

（原文约1万字，发表于《四川大学学报》2001年第2期）

文摘编辑：石新中

20世纪中国哲学的发展阶段及其特点

景海峰

[作者简介] 景海峰，深圳大学教授，从事中国哲学史研究。

[内容提要] 本文回眸20世纪中国哲学发展的历程，将这百年哲学史划分为清末民初、新文化运动时期、三四十年代、50年代后、80年代以来等5个阶段，分别概述其主要成就，对重要代表人物的思想和每个时期的基本特征，做了钩要提玄的简洁说明。

[关 键 词] 中国哲学；马克思主义哲学；西方哲学；哲学史。

20世纪中国哲学的揭幕，是发生在维新变法失败、今文经学宣告破产、传统经学彻底解体的情况之下。如果说清末民初的中国哲学尚能保持住“中学为体、西学为用”的格局，那么到了新文化运动时期则面目全非，经学、理学渐成为历史概念，退隐到思想之幕的背后，而西方哲学的观念、问题、方法和典范逐一进入到学术场景的中央，形成时代的焦点。缘于当时启蒙和救亡的特殊背景，不论是西哲的输入，还是旧学的翻新，无不关注于社会政治层面，而较少留意到真正的纯哲学问题（如本体论和知识论）。所以，用自由主义、社会主义、保守主义等非哲学化的社科术语来概括此期的哲学思潮最为恰切。自由主义的主要代表人物是胡适，他将近代英美文化的主导性理念作了翻版和复制，开启了20世纪中国思想中的科学主义和实证论倾向之理路。蔡元培在哲学上的贡献虽不及胡适重要，但他的教育理念和出掌北大、令人崇敬的实践活动，实充当了自由主义之守护神的角色。陈独秀、李大钊等人在俄国十月革命的影响下，由激进的自由主义者转变为马克思主义者，力主中国走俄国的道路，发动无产阶级革命，实现无产阶级专政。和自由主义、社会主义相比，保守主义从表面上来看，似乎更多地带有中国性。但仔细分析，不论是早期的东方文化派，还是较晚的学衡派、现代新儒家，他们的问题意识和致思背景无一不和西方思潮有关。

在20世纪三四十年代创立自己学说体系的哲学家当中，熊十力、冯友兰、张东荪、金岳霖、贺麟这5位前辈成就显著，影响也最大。熊十力的“新唯识论”平章华梵、融通中西、跨越今古，将印度佛教之唯识学、中国传统之易学、宋明理学，以及西方哲学中的某些资源熔于一炉，创造出了具有鲜明中国特色但又不乏时代感的本体论学说，在现代哲坛中独树一帜，影响深远。冯友兰的“新理学”以阐旧邦辅新命为志帜，努力从中国传统哲学，特别是宋明理学的血脉中发掘有永恒价值的思想亮点，将这些观念和想法用现代哲学的术语重新加以阐释，并试图运用逻辑的方法将这些资源建构成一个严密的体系。张东荪的“多元认识论”开了中国现代哲学知识论形态的先河，他的《新哲学论丛》和《认识论》等书，不但在西哲中移的历程当中发生过重要影响，而且在仿照西哲创立新哲学系统方面也走在了时代的前列。金岳霖创造了中国现代哲学史上另一个影响重大的知识系统。他的《论道》试图将中国哲学概念和西方思想观念捏合在一起，希望用逻辑分析和逻辑论证的方法来探究中国人的形而上心灵世界。贺麟的问题意识和富有远见的指向，使之齐列于本世纪一流的中国哲学大师之列而毫不逊色。

20世纪50年代后，中国哲学创造的繁荣时期为一次又一次的政治风暴所打断，在随后的30年中，哲学发展的道路曲折而艰辛，留下了许多沉痛的教训。这一时期流寓港台海外的一批中国哲学家，相对来讲，有较为宽松的学术环境和稳定的工作条件，所以能不间断地从事哲学思考和著述活动，创造出了一些有重要学术价值的成果。这其中，尤以港台新儒家诸哲的成绩显赫，影响也最大。唐君毅、牟宗三、徐复观均是熊十力先生的弟子，所以他们的学术工作和20世纪三四十年代的哲学有明显的延续性。

改革开放以来，中国哲学又焕发了勃勃生机，一扫30年死气沉沉的阴霾，而进入到了一个高速发展的时期。这20年所取得的辉煌成绩是过去任何一个时代都无法比拟的，中国哲学达到了空前繁荣的阶段。真理标准问题的讨论，恢复了马克思主义实事求是的基本原则，将左倾路线所带来的蒙昧主义、唯心主义、专制主义推上了历史的审判台。更直接地从中国哲学和西方哲学的各种理论系统中寻找滋养的研究方法，为治中西哲学的学者所采用。20世纪的中国哲学在经历了欢欣与痛苦的种种曲折艰难之后，今天终于迎来了它最为辉煌的前景。

（原文约12000字，发表于《深圳大学学报》2001年第3期）

文摘编辑：刘曙光

构建有中国特色的马克思主义哲学新体系

王西华

[作者简介] 王西华，解放军国际关系学院政教室教授，主要研究方向为哲学。

[内容提要] 当代的伟大实践、人的千年转换、科学的千年跨越、世界哲学的千年转向都呼唤建构有中国特色的当代马克思主义哲学新体系。它是以实际为本体、以实践为中轴、以系统整体辩证法为特征、以科学和改革开放为动力、以人的关怀和自由和谐全面发展为目的的当代科学唯物主义。这个体系要反映当代实践的世界性、巨型性、复杂性、新颖性、交叉性；要反映中国特色社会主义实践的超越性、模范性、现代性、属人性、开放性、创新性；要反映现代人的当代性、竞争性、自由性、丰富性、复杂性；要反映现代科学的系统性、复杂性、精确性、融合性；要反映世界哲学的多样性、深入性、价值性。

[关 键 词] 马克思主义哲学；体系；构建。

一、时代的宏大实践呼唤哲学的新思考

我们所处的时代，在世界范围内，是工业文明向信息化文明过渡的时代。这一过渡时期的伟大实践有许多新特点。这些新特点呼唤当代哲学的新思考。

特点一，从实践地域空间来看，全球化实践成为每个民族、每个实践主体时刻面对的大课题。这就要求哲学要有全球化的视角和思维广度。

特点二，从实践的维度来看，立体多维全方位的实践成为人类实践的基本模式。

特点三，从实践的规模上看，巨系统的巨实践成为人类社会当代实践的重要模式。

特点四，从实践的客体性结构要素来看，当代和未来的实践系统越来越由柔性决定。在当代，以软件、通信、计算机为代表的知识智慧生产越来越占主导地位。相对于以钢铁、汽车为代表的刚性生产，这种生产具有隐形、灵活、高价值特性，所以叫作柔性生产。它代表着一个国家和民族的生产水平，成为各国竞争的焦点。

特点五，从实践的类型看，社会的大交往实践具有越来越突出的地位。

特点六，从实践的文明模式来看，中国特色的社会主义伟大实践开创了人类文明的新模式，树立了人类实践的新范型，代表了东方文明的伟大复兴。

二、跨入新千年的人呼唤哲学的新关怀、寻找新的精神家园

当代的以信息革命为主导的新科技革命，提出了人的千年转换大课题。在这个转换中，要实现传统人向现代人的转换，实现人的现代化，内涵十分丰富，必须对此加以认真的关注。

第一，要实现由原子人向世界人的转换。世界的一体化和经济的全球化，改变了农业社会中那种个体人，孤立人的状况，使个人同世界的联系紧密起来。

第二，由封闭人走向开放人。封闭人的根本特征是思维和心理的自我固化，行为上表现为自足、自美、自恋和自大。它源于小生产的生存方式和工业文明中奴隶般地服从分工。随着知识经济文明的到来，生产生活既高度分化又高度综合，知识更新的速度加快。要适应这种大分化、大综合、大变换的冲击，每个人必须开放自我的心扉，容纳整个世界，超越过去和自我。

第三，由异化的人向自由人的转换。在资本主义工业文明片面发展的条件下，人与自然、人与社会、人与人之间产生了严重的异化和对抗局面，什么环境危机、资源危机、生存危机、社会危机等异化现象困扰着人们。新科技革命的发展和社会主义制度的完善，为克服这些异化现象提供了条件。我们要坚持走中国特色的社会主义道路，坚持可持续发展战略，达到天、地、人以及人和人的和谐统一，扬弃异化，实现人的真正自由。这正是哲学要关注的大问题。

三、进入新千年的当代科学呼唤超越旧千年的新思维

当代科学的发展出现了许多新特点和新趋势，呼唤着哲学的关注和人们思维观念的大变革。

第一，从科学技术至上的工具理性与社会人文的价值理性的对立走向统一。由于科学技术的资本主义利用，导致了人文价值理性的丧失，造成了“人对人是狼”、“他人就是地狱”的社会异化现象以及大自然对人类进行无情报复的局面，以至发生了两次世界大战，人类遭受了空前浩劫。这是工具理性主义无法解决的。要解决这些问题，必须把工具理性和人的价值理性统一起来。这种统一，表现为自然科学和人文社会科学的共同繁荣。

第二，从简单到复杂、从单体到系统。第二次世界

大战以来，人们开始进入对复杂性的研究，催生了系统论、控制论、信息论、运筹学、对策论等等。与此相适应，人类发展了计算机科学、宇宙工程学科、核科学等当代科学。自20世纪60年代以来，科学家们进一步深化了对复杂系统的研究。先后创立了耗散结构论、协同论、突变论、超循环论、混沌论等等，丰富发展了系统科学。系统科学的发展，提出和解决了客观世界中系统与非系统、联系与协同、结构与功能、有序与无序、平衡与非平衡、对称与非对称等关系，开拓了人们的视野。在方法论上，系统科学提出了黑箱方法，灰箱方法、信息方法、耗散方法、协同方法等等，给人们提供了认识客观世界的有力武器。这都有待于马克思主义哲学去概括和提升。

第三，从大分析到大综合。大分析，表现在科学上就是大分化，每一门科学分成许多新兴学科。它使人类的认识更深入、更精确、更清晰。大综合，就是科学门类之间的大跨越，大整合，实行远缘杂交。其表现，就是大量的交叉学科、边缘学科、横断学科的产生，如物理化学、社会生态学、宇宙全息学等。它使人类的视域更宽广，站得更高，看得更远。这为马克思主义哲学的世界观和方法论的时代化提供了重要的自然科学基础。

第四，从东方科学与西方科学的分离到东西方科学的互补。传统的东方科学和思维注重总体宏观地观察客体，把人、地、天、道、自然看成是有机整体，强调天人合一、人我合一、理欲合一、知行合一、情理法合一。但这种合一带有混沌和模糊性，不利于对自然和社会的清晰认识与深入改造。反观西方的科学和思维，注重对客体的分割和要素的剖析，强调部分、原子要素、清晰和精确。其优点，有利于认识的精确化、深入化，有利于精确自然科学的发展，有利于形成逻辑严密的科学理论系统。但其缺点，容易陷入非此即彼的形而上学思维方式，造成主客二分和对立的局面，在实践上形成了人与自然的严重对立，产生了普遍的社会异化现象。

先后发生的二次世界大战和现代科学的发展，使科学家看到了东西方思维各自的局限性，决心打破东西方科学思维对立的局面，互相学习，优势互补。这种东西方科学及思维的综合与高度统一，呼唤马克思主义哲学更好地吸收一切人类文明的成果，在新的基础上，发展和建构自身。

四、跨入新千年的世界哲学呼唤哲学的新综合

在进入新千年的时刻，世界哲学面临着几大方面的反思。一是时间性反思。它所思考的是哲学的建构历程，从中找出自身在哲学时间链条中所处的环节位置。二是共时性反思。它以其他哲学为参照，从中找出自身的不足，在批判对手及与对手的竞思中完善自身。三是内在反思。它是哲学的内省。通过内省，看到哲学自我的目的、手段、价值、完美是否统一，是否走在了时代的前头及合乎时代的需要。通过反思，可以看出整个世界哲学深入进行了大分化，需要进行新的大综合。

第一，西方哲学，从综合到高度分化的历程仍在继续，需要进行综合。近代以来，西方哲学从培根和笛卡尔开始的经验论与唯理论打破了中世纪的神学本体论，开始了认识论的深入研究。康德试图对此加以综合，他以调和主义方式力图把二者统一起来，但又陷入了二律背反。黑格尔更试图用绝对观念来统一哲学史，进行更大的哲学综合。但这种综合是建立在唯心主义的沙滩之上的。马克思和恩格斯用实践来审视世界和哲学，用辩证的历史唯物主义完成了近代哲学的大综合。

随着自然科学的深入分化，西方哲学也在经历着同一过程。这种大分化在总体上围绕着科学主义与人本主义两大主线进行。在思维性质上，表现为理性主义和非理性主义的斗争。

当代西方哲学的高度分化还表现为部门哲学的建构，先后出现了自然哲学、人类哲学、思维哲学、文化哲学、宗教哲学、女性主义哲学等等。这些哲学深入到某一领域研究其哲学问题，深化了人们对某一领域的哲学认识，有着片面的深刻性和时代性。

西方哲学的进一步高度分化，触及到了时代的各个重要方面，一方面使人们的认识更进一步深入，另一方面却带有明显的片面性，他们用一种片面性代替另一种片面性，以此来建构哲学的链条。要扬弃这种深刻的片面性，就需要新的哲学大综合，这就是当代马克思主义哲学的历史使命。

第二，世界范围内马克思主义哲学内部的大分化也需要新的综合。马克思主义自创立之后，在全世界得到广泛的传播。各国革命者力图把马克思主义哲学与本国的具体实践相结合，用以指导本国的实践。这种结合的过程，就是对马克思主义文本进行解读和转译的过程，也是不同话语的对话过程。由于各国的历史情境不同，实践主体的视界不同，解读方式和视角不同，这就必然产生不同模式的马克思主义，产生不同学派。其中有社会主义执政党奉行的正统马克思主义及其哲学，西方非执政共产党的马克思主义及其哲学，第三世界国家的马克思主义哲学。这些不同学派都不同程度地推进了马克思主义哲学的研究。

马克思主义哲学内部的大分化，从不同角度、不同层次深化了马克思主义哲学，为新的大综合提供了坚实的理论基础和丰富的思想资料。也只有进行新的大综合，马克思主义哲学才能紧跟时代的步伐加以系统化和进一步理论化，更好地发挥马克思主义哲学的导向机制和批判功能，为社会主义现代化建设服务。

（原文约6000字，发表于《南京航空航天大学学报》社科版2002年第2期）

文摘编辑：灵杉

中国现代哲学的源、流与结构考

张文儒

[作者简介] 张文儒，北京大学哲学系教授，博士生导师，主要从事现代中国哲学研究。

[内容提要] 中国现代哲学是中国哲学研究中的重要组成部分。中国先秦诸子学是中国现代哲学的根。中国现代哲学研究中的一些重要问题主要包括建国前30年哲学史研究，建国后马克思主义哲学的指导地位，以及为什么说中国现代哲学史仍然是一部认识史。研究中国现代哲学与外国哲学的关系，应对二者“精考事实，平情立言”，而不可偏执。

[关 键 词] 现代哲学；中国；源流；认识史。

一、中国现代哲学与中国古代哲学

中国现代哲学是从中国古代哲学逐渐演变而来的，中国古代哲学是中国现代哲学的根。

中国哲学的根是先秦诸子学，这应简要回溯一下中国哲学的产生与发展状况。

一种哲学思想的产生，总是同一个民族、一个国家或一个地区的文化意识的形成连在一起，而某一文化意识的形成又有自然的、地理的、社会历史的诸因素参与其中。文化意识是沃土，哲学是这片沃土上生长出的花朵。有什么样的人文意识类型，便会有与这种人文意识类型相匹配的哲学，离开文化谈哲学，会变成无花之果，无根之木。

中国人文意识究竟是什么时期兴盛起来的，几乎是史学界、文学界和哲学界共同的话题。根据多数学者的观察，这一兴起的时代大约是公元前4—6世纪。如果推算到再早，可以追溯到公元前1066年，即周王朝取代商王朝，也就是周公旦提出“敬德保民”的那个时期。

为什么断在这一时期，是因为这个年代，对民的重要性已认识得十分充分，标志着中华人文意识的初步觉醒。

关于民的重要，在先秦的典籍里多有记载。《尚书·五子之歌》里有：“民可近，不可下。民为邦本，本固邦宁。”《左传》里有：“德之不建，民之无援，哀哉。”“民弃其上，不亡何待?”《管子》中说：政之所在，在顺民心；政之所变，在逆民心。至于后来的孔子、墨子、孟子、荀子等，对民的重要就说得更精彩、透辟。

孔子说：“天下有道，则庶人不议。”意思是说，如果君主行德政，政治、社会秩序都很好，经济生活也平稳，下层民众就不会议论国家的政治。孟子进而提出：“民为贵，社稷次之，君为轻，是故得乎丘民（庶民）而为天子。”荀子则强调对内生产，对外作战，都必须启动民众的力量。他说：“用国者，得百姓之力者富，得百姓之死者强，得百姓之誉者荣。三得者具而天下归之，三得者亡而天下去之。天下归之之谓王，天下去之之谓亡。”

从上面所征引的资料里不难看出：在中国人文意识里，最为关注的是人本身，包括人的地位与价值，也包括在一个社会里，个人与个人、个人与社会关系的调适。假使说，在古希腊哲学家那里，许多哲学家是以对于自然物的观察和对于神的探究引申出自己的哲学观点，甚至他本人便是自然科学家（例如，泰勒士于水，赫拉克利特于火，毕达哥拉斯于数，都是形成自己哲学观点的最直接的依据），那么，在中国，特别是先秦时期的哲学，虽然也有对于人与自然之间的关系的探寻，如墨子、荀子，但是更多的学者们的精力，还是投放在对于社会问题的关注上。中国人文意识里，最基本的观念不是水、火或数，而是仁、义、礼、智、忠、孝等等。当然，细说起来，各家各派的观点不尽相同。儒家的观点是发挥人的求善之心，启动人的自然情感，以便使社会上各部分人能和谐地相处下去；照墨家的观点，人人都遵照天的意志，去爱别人，为了爱别人，不惜牺牲自己一切；照法家的观点，是调动人的内在潜力，努力增加社会财富，增加军事实力，通过相互间实力的较量，取得社会的稳定与平衡。相比之下，只有道家，对金钱、地位、权势等等的追求较为淡漠，但它仍然是以保持社会安稳与人的心灵平静为依归，其中心点仍然是人以及人的利益。

综上所述，可以归结到一点：欧洲人最初面对的课题是神与自然；中国人相反，它面对的课题是人与社会。

与上面一个特点相适应，还有一个现象也值得注意，就是东西方哲学学术的内在结构。

在西方，从古希腊伊始，直到现代，大多将哲学分三大部，即物理学、伦理学、论理学，假如以现代术语表述，即宇宙论、人生论和知识论。由于它将对人生道理的追求和对知识道理之探求一分为二，而又专门设置了对世界之本质的考证，因而在习惯上便把本体和现象看成两个东西，可以分别地去对待，其条理性之强，论证之细密，也属上乘；中国哲学由于本体论、知识论均不甚发达，哲学与人生又密切相关，因而便造成了另一种相反的习惯。不是把本体和现象割裂开来，而是将它们统一到一起，用宋代哲学家程颐的话，叫“体用一源，显微无间”。这种体用一源的看法，从某种角度看（例如从西方哲学的观点看），也许会被认为是一个缺点，而从另一种角度看，即从中国哲学发展自身的源流看，则又是中国人对哲学研究的深刻体悟。

为什么要发掘中国古代哲学的这些特点？因为它和中国现代哲学研究密切相关。一方面，中国古代哲学的这些优长，从一定的意义上已被现代哲学家所吸收。另一方面中国古代哲学里所欠缺的部分，可以由现代中国学者酌情补足。例如，中国古代哲学里关于宇宙论、知识论、逻辑学等等的内容虽然也有，但较为简略；有些未被发掘的内容尚待发掘，有些不够科学和规范的名词与概念有待科学化和规范化。现代学者应以他人之长补自己之短，以便充分地借鉴于西方，找到一个东西方文化与学术在新条件下接头的机会。

二、中国现代哲学与外国哲学

在研究中国现代哲学的过程中，常常会遇到中国现代哲学与外国哲学的相互关系；尤其近20年，国外哲学的各种思潮大量涌入中国后，更是如此。这里存在一个方法问题。

有学者提出，在对待中外文化和中外哲学的关系上存在着某种视点上的差异，也就是“外观”与“内省”的差异，这一认识颇具启迪。

何谓外观？西方人站在他们的角度看我们，和我们站在自己的角度看他们，都是外观；反过来，西方人站在西方的立场看自己和我们站在中国人的立场看自己，都是内省。问题常常发生，是在于许多人不承认外观与内省的差异，因而常常发生误导。例如，用西方人某一时期看我们的眼光评断自己，或用我们在某一时期看西方的观点评断西方，这样的观察，其结果往往是将对方的文化看成光彩夺目或一钱不值。如“五四”时期反传统的某些激进观点和20世纪20年代初中国一些学者评论西方文化时都对其作了过高的不恰当的估计。

人们记得，我国“五四”时期，反孔斗士陈独秀、胡适、吴虞、鲁迅等人纷纷著文，对束缚人们思想的封建礼教及“孝道”、“忠君”等等伦理意识进行了无情的揭露与批判，锋芒所指，主要是封建专制主义、等级制度以及旧的“国民性”，这种扫荡十分必要。但是，在这种强烈的反传统意识的背后，有人又将西方式的民主、自由举上了天，以为这是包治百病的良药，以为中国人只要吃了这服药，国家的富强会立地可见，至于如何吞食这些药，却不去多问。此种见解也多少反映了中国人那时的幼稚。中国人眼巴巴地望着西方的自由、民主与科学，试图把它们一古脑儿地移植到中国，中国便可以得救。这实际上是以中国人对西方文化的过度期盼来代替西方文化的自身价值。

时隔不久，第一次世界大战给西方社会带来的灾难日益显现；西方人曾据以自傲的自由、民主、平等、博爱，曾为连续数年的野兽般的相互厮杀所代替，科学的成果被应用于战争，暴露出了西方文明的弱点。于是，此时的一些中国人，又从极度自卑的绝境里苏醒过来，变得夜郎自大。

站在资本主义现代化的立场，容易将中国文化看成保守的、凝固的、阻碍现代化实现的一个要素；而站在所谓后现代化的立场，即主张既保存资本主义，又力图消除资本主义现代化中产生的各种矛盾和弊端的立场，又往往对中国文化加以积极评价。

反过来，中国的学术研究者也会犯同样的毛病。由于近20年来打破了中国原有的闭关锁国状态，西方各个时期的思潮一拥而入。中国人感到山外有山，天外有天，使自己的眼界无比开阔，这确实是一件大好事。但也同时产生了负面效应，就是以中国人对西方文化的外观代替了西方人对自己文化的内省。以为洋便是新，新便是好；岂不知在洋的东西里，也含有不少的糟粕，清除这些糟粕，并不比清除自己文化的糟粕更容易。

可见，无论是外国人还是中国人，凡是有见地的学者，都反对在对比中外哲学时，采取先入为主的方法，而主张以客观的、平实的态度过细地分析与评断中西文化的优长与缺失，并在此基础上创建适合于中国当代的新哲学与新文化。

眼前的中国，正处在由中古与近古向现代化社会的转型时期，与此相适应，中国现代哲学也是一种转型期的哲学。这种转型期的特点，要求各种学说、各种思潮能在新的历史条件下融合与交汇，以便能在凸现中国现代特色的基础上创造出一种全新文化与全新哲学，充分体现出现代中国人的智慧。

黑格尔说过一句深刻的话：一个国家没有哲学，就像一座雄伟壮观的庙中没有神像一样，空空荡荡，徒有其表，因为它没有可信仰、可尊敬的东西。

恩格斯也说：一个民族如果想要站在科学的最高峰，就一刻也不能没有理论的思维。

让我们共同来把自己国家诸位学者的智慧与贡献开掘出来，并同亚洲、欧洲各个伟大的心灵所曾提出的体系加以对照，对其加以观察和理解，以便熔铸成一种新的现代中国哲学。

（原文约1万字，发表于《湘潭师范学院学报》社科版2002年第5期）

文摘编辑：范子奇

论"与时俱进"的哲学基础

刘国辉

[作者简介] 刘国辉，大连陆军学院历史教研室讲师，硕士，主要从事中国革命史和毛泽东思想概论教学与研究。

[内容提要] "与时俱进"，作为马克思主义理论品质的一种高度概括，具有坚实的哲学基础。其中，马克思主义的实践性特征、开放性原则、指导性功能等，作为对马克思主义基本理论的一种诠释，可视为"与时俱进"这一科学论断的哲学底蕴。

[关 键 词] "与时俱进"；哲学；基础。

"马克思主义具有与时俱进的理论品质"这一科学论断，在肯定了马克思主义理论指导地位的同时，突出强调了马克思主义是伴随着时代、形势的发展而发展的，集中体现了当代中国共产党人对马克思主义科学性的新认识，也是对马克思主义科学性的新概括。而这一科学论断，绝非凭空产生，除其丰厚的实践底蕴外，更有其牢固的哲学基础。

一、马克思主义具有较强的实践性特征

马克思主义的实践性，是指它在运作过程中所表现出来的那种动态形式。就是说，马克思主义这一理论，是要在运作过程中不断随实践的发展而发展的。

马克思主义这种实践性观点是以唯物主义世界观为其理论基础的。

为此，马克思主义实践观认为，"社会生活在本质上是实践的"。马克思主义哲学的创始人在正确揭示实践对世界的革命改造作用时指出，理论的批判不能代替实践的批判，现存世界只有通过人类能动的实践活动才能按照人类生存和发展的需要得到改造和发展。同时，马克思主义创始人还揭示了物质实践活动的"革命的"、"批判的"功能。

正是基于这样的科学的实践观，马克思主义的创始人把自己的理论与时代的前进、实践的发展紧密地联系在一起。马克思和恩格斯在《共产党宣言》中为欧洲大陆革命风暴和巴黎公社所做的理论总结以及对各种机会主义者的批判，都是根据实践的发展和时代的要求而进行的。1848—1849年欧洲革命失败，马克思和恩格斯感到需要重新审查自己的理论，根据实践的要求研究革命的经济根源和社会基础，研究革命的动力、失败的原因以及未来的前途。于是，马克思立即着手研究经济学和市民社会，剩余价值理论就是由此逐渐形成的。19世纪80年代以后，针对资产阶级学者把唯物史观歪曲为"经济唯物主义"、"经济史观"、"经济决定论"的论调，恩格斯全面论述了经济基础和上层建筑的辩证关系，强调了上层建筑的积极作用和意识形态的独立性，补充和发展了唯物史观。恩格斯在剖析费尔巴哈哲学局限性的根源时说，这位哲学家"在穷乡僻壤中过着农民式的孤陋寡闻的生活"，远离当时自然科学和社会发展的重大实践，只能从他"孤寂的生活"和"孤寂的头脑"中产生思想，因此注定摆脱不了唯心主义的缺陷，这是这位高明的哲学家的悲剧。正如人类改造世界的实践永远不会停止一样，马克思主义的发展也决无自满自足的时候，惟其如此，它才能保持旺盛的生命力。

可见，马克思主义具有与时俱进的理论品质，首先是由它的实践特征决定的。理论来源于实践，也发展于实践。正如马克思和列宁都曾引用过的歌德的那句名言一样："理论是灰色的，而生活之树是常青的。"

二、马克思主义具有永恒的开放性原则

马克思主义具有永恒的开放性原则，是指马克思主义理论不是一成不变、固步自封的，而是可以接受新的事物、新的实践，并且在新事物与新实践中不断发展的。马克思主义之所以会有如此开放性，从理论基础上说，是因为马克思主义的创始人确认了一个伟大的基本思想，即唯物辩证法思想。

唯物辩证法的思想内容对人的认识及其发展具有重大的作用。因为，既然物质世界总是按一定规律处在不断的运动与变化之中，那么反映物质的意识也应随之而变化，正如恩格斯所说："一个伟大的基本思想，即认为世界不是一成不变的事物的集合体，而是过程的集合体，其中各个似乎稳定的事物以及它们在我们头脑中的思想映像即概念，都处在生成和灭亡的不断变化中前进的发展，不管一切表面的偶然性，也不管一切暂时的倒退，终究会给自己开辟出道路。"列宁则把客观世界比作复杂的自然现象之网，而在实践基础上产生的范畴，则是"认识世界的过程中的一些小阶段，是帮助我们认识和掌握自然现象之网的网上纽结"。"网"和"纽结"是个生动的比喻。人们在认识客观事物之网的过程中，通过一

个个的范畴把认识的成果凝结起来，如同打上了一个个的结子，这样就能把纷繁复杂的现象之网理出个头绪来，即把事物、现象的本质反映出来。每一个范畴，都代表了前后相继的认识过程的一个阶段，它既是以往认识的思想结晶，又是认识进一步向前推移的支撑点。在实践基础上合乎逻辑的范畴推演，一个范畴向另一个范畴的过渡，标志着人们对客观世界认识过程之步步深化。

如果把马克思主义的这种辩证法思想回过头来运用于马克思主义理论本身，我们就会感觉到马克思主义理论绝不是固步自封、凝固不动的，而是要不断向前发展，不断有新认识产生。列宁把马克思主义运用于俄国实践，发展了马克思的国家与革命的学说，创立并实现了社会主义首先在一国胜利的理论。中国共产党在80年的奋斗历程中，把马克思主义基本原理同中国具体实际相结合，坚定不移地走自己的路，形成了两大理论成果——毛泽东思想和邓小平理论，这两大理论成果都是中国化了的马克思主义。150多年来，马克思主义就是这样不断地在实践中，也是在开放中发展和完善自己的。可见，马克思主义具有与时俱进的理论品质，也是由它的开放性原则所决定的。这种开放性原则，实质上就是对马克思主义的运动观、变化观、发展观等基本哲学观点在实践中的一种诠释。正是这种开放性原则，才使得马克思主义没有成为教条而被尘封于经院哲学的范畴之内，没有固步自封、停滞不前，而是在实践中随实践而前进，随时代而发展，从而永葆自己的青春与生命。

三、马克思主义具有明显的指导性功能

尽管马克思主义理论要随实践而不断发展变化，但这丝毫不影响其指导性功能的发挥。从根本上说，理论的产生就是为了能够指导实践。理论是人类认识活动的结果，而人类认识世界的目的就是为了改造世界。人类的实践是有自觉意识和目的的能动的活动，本质上是一种理性化的活动，它必须把人的认识包括在自身之内，使认识成为实践过程中不可缺少的调控因素，否则，实践就会变成盲目的实践。人类的实践越受科学理论的指导，它的发展水平也就越高。理论作用于实践有两种情况：一是，正确的理论指导实践会使实践达到预期的效果，使实践活动顺利进行。二是，当错误的理论指导实践时，就会产生严重的、甚至是灾难性的破坏作用，使实践失败。因此，我们所要求的理论应该是尽可能正确的。理论在实践中发挥其作用，同时也是实践检验其正确性的过程，人们通过实践不断地把正确的认识和错误的认识加以比较和甄别，也就不断地提高着实践活动的自觉性。

按照这种认识去考察马克思主义理论本身，我们会不难发现，马克思主义是人类有史以来从根本上揭示自然、社会和思维发展规律的科学理论体系，毫无疑问它是正确的理论，在这一理论指导下，无产阶级的革命实践活动必然会达到预期的效果。

当然，马克思主义的这种指导性功能并不是给我们提供了现成的结论和僵死的教条，而是为我们提供了认识世界、改造世界的科学的世界观和方法论。如果要使马克思主义的指导性功能得以很好的发挥，就必须运用马克思主义的立场、观点，坚持把马克思主义的基本原理同各国具体实际结合起来。列宁把马克思主义基本原理与俄国革命具体实际相结合，在俄国成功地进行了十月革命，开辟了世界无产阶级革命的新纪元。中国共产党人坚持把马克思列宁主义基本原理与中国具体实际相结合，形成了毛泽东思想和邓小平理论。

如此看来，马克思主义具有与时俱进的品质，还与它的指导性功能有关。因为马克思主义如果没有指导性功能，即使被时代所遗弃也属正常。但事实不是这样，马克思主义的指导功能是明显的，我们绝不可以放弃马克思主义。即使是发展了的马克思主义，也是在马克思主义基本原理基础上的发展，而绝不是完全割裂。历史的实践已经证明了这一点。

总之，马克思主义具有与时俱进的理论品质，这一论断毫无疑问是科学的，正确的。它是以雄厚的马克思主义哲学底蕴做基础的，或者说，与时俱进，是对马克思主义哲学的一种诠释。

（原文约5000字，发表于《淮阴师范学院学报》哲社版2002年第2期）

文摘编辑：灵杉

哲学创新的前提性思考

孙正聿

[作者简介] 孙正聿，吉林大学哲学社会学院教授、博士生导师。

[内容提要] 本文通过对20世纪人类存在方式所发生的巨大变革的分析，论述了发现哲学理论的“外部困难”及其所引发的“内部困难”，是哲学创新的基本前提。

[关 键 词] 哲学创新；理论困难；人类存在方式；全球化；市场化。

发现理论困难是哲学创新的首要前提。

哲学作为理论形态的人类自我意识，它是以理论的方式表现人类关于自身存在的自我意识，因此，哲学总是面对两个方面的理论困难：一是由理论与经验之间的矛盾所构成的“外部困难”，即理论形态的人类自我意识与人类自身的时代性的生存困境之间的矛盾；二是由理论的“外部困难”所引发的理论的“内部困难”，即表征人类自身的时代性的生存困境的哲学理论自身的逻辑矛盾。发现哲学理论的这种“外部困难”及其所引发的“内部困难”，构成当代哲学创新的基本前提。

哲学理论的“外部困难”，在其直接性上，是表现为理论与经验之间的矛盾，即理论形态的人类自我意识是否表现了现实的人类生存困境。因此，发现理论困难，首先就是发现现实的人类生存困境及其与既有的哲学理论之间的矛盾。

20世纪的人类存在方式发生了空前的革命，它表现在人类文明形态、人们社会生活和人的思想观念这三个基本层面的巨大变革。当今世界的全球化趋势，主要是指经济竞争和贸易的全球化，即经济全球化；然而，不容回避和不容否认的是，经济全球化的基础是以技术革命为根据的人类文明形态的变革。在论述关于“各种经济时代的区别”时，马克思曾经提出，这种“区别”，“不在于生产什么，而在于怎样生产，用什么劳动资料生产。劳动资料不仅是人类劳动力发展的测量器，而且是劳动借以进行的社会关系的指示器”。马克思还具体地指出，“随着新生产力的获得，人们改变自己的生产方式，随着生产方式即保证自己生活的方式的改变，人们也就改变自己的一切社会关系。手推磨产生的是封建主为首的社会，蒸汽磨产生的是工业资本家为首的社会”。正是从以劳动工具为核心的劳动资料的时代性变革为出发点，即以“用什么劳动资料生产”为“测量器”和“指示器”，通常是把人类的文明形态区分为“农业文明”、“工业文明”和“后工业文明”，而这里的“后工业文明”又常常被表述为产生轰动效应的“信息时代”、“网络时代”、“知识经济时代”等等。正是这种以技术革命为基础的“后工业文明”，构成了当代人类的特殊的生存困境。有人曾经宣称“我们在一个虚拟的世界里创造了大家的平等”。然而，“虚拟世界”中的平等是否是现实的平等？人们又是否获得了“虚拟世界”中的平等？有的学者曾作过这样的统计：“计算机产业中世界90%的中央处理器芯片被美国英特尔等公司所控制，90%的操作系统被美国微软一家所控制，存储器芯片、硬盘、软盘、彩色显像管、激光打印机机芯等关键部件和技术掌握在美国和日本等国家手里。数据库、企业和办公平台等基础软件以及中间件都被几家美国公司所垄断”，“美国凭借信息技术的明显优势，已经拥有对互联网上信息资源的控制权，成为名副其实的全球信息霸主”。这个富有特殊意义的实例表明，所谓的以“信息时代”为主要标志的“全球化”趋势，既以技术革命为基础全面地改变了人的存在方式，又造成了当代人类的新的生存困境。

全球化的过程，在某种意义上就是全球“市场化”的过程。市场经济中的人的存在方式，正如马克思所说，是一种“以物的依赖性为基础的人的独立性”。由于人的“独立性”以对物的“依赖性”为基础，就造成了当代人类的两大生存困境：一是以技术革命为基础的对自然的攫取所造成的“全球问题”，即直接涉及人类生存的环境污染、能源危机、人口爆炸、核战争威胁等问题；二是由对物的依赖而造成的人的“物化”问题。当代人类的这两大生存困境，直接地构成了既有的哲学理论与当代的人类存在之间的矛盾：倡言“天人合一”的哲学如何回答“人与自然疏离”的问题？引导“人类大同”的哲学怎样回答“人与他人疏离”的问题？赞扬“自我实现”的哲学又如何回答“人与自我疏离”的问题？

全球化的过程，在体制的意义上是市场化的过程，而在文化的意义上则是人类的价值观念剧烈震荡的过程。如果说“农业社会”是一个文化意义上的确立“神圣形象”的过程，即以某种“神圣形象”作为价值标准而规范人们的思想和行为，而“工业社会”是一个文化意义上的消解“神圣形象”的过程，即以人的“理性”及其基本的文化样式——哲学和科学——作为价值标准而规范人们的思想和行为的话，那么，所谓的“后工业社会”则是一个空前的文化意义上的消解“非神圣形象”的过程，即“消解”人的“理性”及其基本的文化样式——哲学和科学——作为价值标准而规范人们的思想和行为的过程。统治人类几千年的、使人的生命“不堪忍受之重”的“本质主义的肆虐”，转换成使人的生命“不能承受之轻”的“存在主义的焦虑”。这种文化意义上的生存困境，更为强烈地构成了既有的哲学理论与当代的人类存在之间的矛盾：作为“元叙事”即追求真理的哲学，如何面对这种“对元叙事不信任”的社会思潮？充当“崇高”化身即追求理想的哲学，如何面对这种“存在主义的焦虑”？高举“解放”旗帜即追求人的发展的哲学，如何面对这种“物化的时代”？哲学，即理论形态的人类自我意识，它将如何塑造和引导新的时代精神？这就是当代哲学所面对的巨大的理论与经验之间的矛盾。深切地感受这种“外部困难”，敏锐地捕捉这种“外部困难”，是当代哲学创新的首要的基本前提。

理论的“外部困难”是引发理论的“内部困难”的基础，但是，发现理论的“外部困难”并不等于发现理论的“内部困难”；在许多情况下，人们可以在不同的程度上感受到理论的“外部困难”，但是，由于缺少应有的理论背景和哲学素质，人们并没有把理论的“外部困难”升华为理论的“内部困难”，因而所谓的哲学创新也只能是谈论对“外部困难”的感受，而不是对“内部困难”的理论回应。

哲学理论的“外部困难”，并不是泛化的理论与经验之间的矛盾，而是基于哲学特性的理论形态的人类自我意识与当代的人类生存困境之间的矛盾。这就是说，能否从理论形态的人类自我意识这一基本特性去理解哲学，是能否在哲学的意义上感受和捕捉哲学理论的“外部困难”的前提。如果我们把作为世界观理论的哲学看作是关于自然、社会和思维的“最普遍”的思想，而不是把哲学的世界观理论看作是理解和协调人与世界之间关系的理论，即不是把哲学看作是理论形态的人类自我意识，那么我们的目光就会盯在那种抽象的“普遍”的存在，而不是聚焦于当代人类的生存处境，因而也就不可能强烈地感受理论形态的人类自我意识与当代人类生存困境之间的矛盾，就不可能把理论的“外部困难”升华为理论的“内部困难”，并从而实现真正的哲学创新。

哲学作为理论形态的人类自我意识，它所实现的对人类关于自身存在的自我意识的理论把握，既不是单纯的、普遍性的人类性，也不是单纯的、特殊性的时代性，而是人类性与时代性的统一，即以时代性的内涵而表现的人类性矛盾。既有的哲学理论，它作为思想中的时代，总是以自己的时代性内涵去表现人类性矛盾，从而构成特定的人类性与时代性相统一的概念、范畴的逻辑体系。由于时代的变革而引发的人类生存处境与理论形态的人类自我意识即哲学的矛盾，决不仅仅是扩大既有的哲学理论的解释对象的问题，而主要是变革既有理论的问题。这就必须把哲学理论的“外部困难”升华为理论的“内部困难”，以时代性的内涵深化对人类性矛盾的理解。

人是悖论性的存在。人类性的自然性与超自然性、确定性与非确定性、感性与理性等等的矛盾，不仅表现为理论形态的人类自我意识中的唯物论与唯心论、辩证法与形而上学、经验论与唯理论等等的矛盾，而且这种人类性的矛盾及其理论表现又总是表现为时代性的内容。哲学理论的“内部困难”，就其理论内容和表现形式而言，就是哲学自身的人类性与时代性的矛盾。其一是固守既有的哲学理论，对“外部困难”置若罔闻，“以不变应万变”，从而造成哲学理论的僵化和教条化；其二是以“形而下”的态度应对哲学理论的“外部困难”，不是把时代性问题理论化为人类性问题，而是把人类性问题经验化为时代性问题，从而取消了哲学意义上的理论困难，也就取消了哲学意义上的理论创新。

哲学创新之艰难，不仅在于它以发现理论困难为前提，而且在于它还以获取理论资源为前提。发现理论困难和获取理论资源是哲学创新的不可或缺、相辅相成的两个基本前提。哲学是时代中的思想，而不是超然于时代之外的玄思和遐想。面对时代，这是哲学创新的源泉。问题在于，哲学如何以自己的方式面向时代？或者说，离开哲学自身的特定方式，能否发现哲学理论的“外部困难”，并使之升华为哲学理论的“内部困难”？恩格斯在总结哲学史的基础上提出，所谓的“辩证哲学”，必须是一种“建立在通晓思维的历史和成就的基础上的理论思维”。这种“思维的历史和成就”，就是人们能够在哲学的层面上进行理论研究的“理论资源”，就是人们能够在哲学层面上发现哲学理论的“外部困难”和“内部困难”的理论资源。

哲学的理论资源，首先是使哲学获得“历史感”的前提。哲学作为时代中的思想，它所把握到的时代，并不是“实例的总和”或“统计数据的堆积”，而是以“通晓思维的历史和成就的理论思维”去感受现实、观照现实、反省现实，从而凸显人类存在的时代性的生存困境，发现哲学的理论与经验之间的“外部困难”，并以人类性矛盾的“历史的大尺度”去反思哲学理论内部的人类性与时代性的矛盾所造成的逻辑矛盾，从而发现哲学理论的“内部困难”。无论是中国哲学，还是外国哲学，就其凝聚而成的“通晓思维的历史和成就的基础上的理论思维”而言，都是人们今天进行哲学创新的至为珍贵的理论资源。在呼唤“哲学创新”的今天，人们越来越强烈地感受到，哲学的创新之本是深深地植根于“历史”之中；离开哲学史所提供的丰厚的理论资源，所谓的“哲学创新”只能是一种浅薄的、时髦的赝品。

哲学的理论资源，又是使哲学获得“现实感”的前提。“现实”是“许多规定的综合”和“多样性的统一”。哲学作为理论形态的人类自我意识，由于它所面对的人类生存困境是“许多规定的综合”和“多样性的统一”，因此，任何一个哲学家都无法独立地以理论的方式表现当代人类的生存处境以及关于这种处境的自我意识，而只能是诉诸历史的和当代的理论资源的获取，其中包括对人类把握世界的各种基本方式所提供的理论资源的获取。

人类把握世界的各种基本方式，包括艺术、宗教、科学和哲学在内，都不仅仅是各种抽象的“方式”，而且具有历史性的特殊内容。哲学对理论与经验之间的矛盾的感受与把握，并不仅仅源于哲学家个人的经验和思考，而且主要是源于对人类把握世界的各种基本方式的历史性内容的获取。艺术、宗教、科学和哲学，各以其不同的方式而凸显了当代人类的生存困境。例如，离开对当代的经济学、政治学、社会学、法学等社会科学所提供的理论资源的获取，哲学如何能够理论地面对人类当代处境的“现实”?

对于当代的哲学创新来说，最重要的理论资源莫过于当代哲学本身。当代中国的哲学改革，当然是以感受和发现理论与经验之间的矛盾为前提，然而值得深思的是，20世纪末的近20年的哲学改革所做的主要工作，却是直接指向哲学理论的“内部困难”，即主要是一场对通行的哲学教科书的改革。这场哲学改革，它的广度和深度，都直接地受制约于它所获取的理论资源，即：一方面，在解放思想的进程中，哲学界以“重新理解马克思”为出发点而直指马克思为我们提供的理论资源，并进而拓宽为获取前苏联哲学界（如凯德洛夫、柯普宁、伊里图科夫等）、西方马克思主义（如卢卡奇、葛兰西、马尔库塞、哈贝马斯等）以及当代发达工业社会盛行的各种哲学思潮（如萨特的存在主义、弗洛伊德的精神分析学说、波普的批判理性主义、皮亚杰的发生认识论等）所提供的各种理论资源，因而为当代中国的哲学改革展现了开阔的理论背景；另一方面，又是由于缺乏对马克思的理论资源的深入研究，也缺乏对当代西方哲学的深入理解，从而在理论资源上限制了哲学改革的视野，难以在“理论内部”实现富有时代性的哲学改革。进入新的世纪，为了实现理论自身的与时俱进，哲学界需要在发现理论困难和获取理论资源的互动中进行切实的哲学创新。

（原文约4600字，发表于《求是学刊》2001年第5期）

文摘编辑：其实

论全球化时代哲学理念的更新

衣俊卿

[作者简介] 衣俊卿，黑龙江大学教授、博士生导师。

[内容提要] 本文论述了全球化时代哲学理念正在经历而体现在哲学的定位、范式、形态、功能等各方面的深刻变革，并对全球化文化景观中哲学理念变革所涉及到的几个重要问题做了分析。

[关 键 词] 全球化时代；哲学理念；传统哲学；实践哲学；生活世界。

一般说来，每一时代各种哲学思潮中总是自觉或不自觉地包含着某种主导性的哲学理念。这是关于哲学自身的认识或体悟，其中包含着哲学家和人们关于哲学的定位、哲学的范式、哲学的视野、哲学的维度的理解。哲学的理念自觉或不自觉地规范和影响着每一时代哲学的存在方式和哲学家的致思方式，即哲学家"哲学着"的方式。由于哲学同人的存在的特殊的本质关联，在重大文明时代的更替中总是要发生哲学理念的嬗变。而哲学理念的每一次深刻的转变都是哲学的一次深刻的自我重新认识与重新定位。

不同时代哲学理念曾经发生过各种层面各种意义上的变化，如果要强制性地把这些变化纳入某一种固定的模式，肯定是独断和牵强的。但是，从比较大的历史尺度来看，我们可以认定，目前我们所置身于其中的全球化进程以其深刻的文化逻辑正在导引着人类哲学理念迄今为止最深刻的变化，这对于传统哲学来说，无异于一场深刻的哲学革命。

这里所说的"传统哲学"的含义比较宽泛，包括到黑格尔为止的大多数旧哲学，也包括与我们同时代的许多哲学研究。这些哲学研究虽然在观点和思想上有各种差异，但是，从哲学的定位上来说，它们均与马克思所分析的特定时代的分工状况密切相关。在马克思和恩格斯看来，人类初始并不具有独立形态的意识，那时候，人的意识是同语言和物质生产活动交织在一起的，尚没有职业思想家独立地构造体系化的神学、形而上学、道德、法律等意识形态。"分工只是从物质劳动和精神劳动分离的时候起才开始成为真实的分工。从这时候起意识才能真实地这样想像：它是某种和现存实践的意识不同的东西；它不用想像某种真实的东西而能够真实地想像某种东西。从这时候起，意识才能够摆脱世界而去构造'纯粹的'理论、神学、哲学、道德等等。"

应当说，传统哲学的基本理念大多与这种深刻的社会分工状况直接相关，从总体上具有体系化、政治化、贵族化、独断化等特征。不仅哲学研究本身表现为超越一般社会生活的抽象的、思辨的理性活动，而且哲学理性的关注点或聚焦点也往往是现实的生活世界之外的经济基础和上层建筑。传统哲学理性主要表现为生活世界的一种外在的教化，是普通民众"立言人"和"代言人"，而不是生活世界内在的文化启蒙；由于定位于社会结构的最顶端的抽象的和思辨的理性王国，哲学往往成为真理和理性的垄断者，它虽然也关心人的行为的善恶是非，但其着眼点不是人的生存的觉醒与展开，而往往是对人的行为和社会活动的理性统治与约束，在这种意义上，传统哲学偏重于体系和理性教条；传统哲学往往没有把历史理解为人的生存活动的展开与生成，而是视作非人本的、无主体的"神律"或"他律"的自然进程，由此构造了以绝对物质、绝对精神、绝对理性、绝对神性等为核心的"实体形而上学"。

从19世纪中叶起，随着马克思的实践哲学观念的确立，同时伴随着实证主义的"拒斥形而上学"和唯意志论非理性主义对黑格尔哲学的挑战，各种现代哲学流派以不同方式冲击着体系化、政治化、贵族化、独断化的传统哲学理念。在胡塞尔的现象学、维特根斯坦的日常语言学、舍勒的哲学人类学、柏格森的生命哲学、海德格尔和萨特的存在主义、卢卡奇的西方马克思主义中哲学开始突破传统哲学的阈限，自觉地向生活世界回归。而全球化时代为上述哲学趋向的进一步发展，为当代人从根本上扬弃传统哲学理念奠定了坚实的文化基础。

信息化与全球化不是人类社会的某种策略性变化，而是人类生存方式的深刻变革，它以多元、平等、对话、交往的文化逻辑，引起人类社会全方位的变革，而从人的生存的角度来看，其最深刻的变化是生存方式，即文化的变化，如经济与其他社会活动的知识含量和理性内涵的急剧增大；信息化、网络化、数字化生存导致交往范围的急剧扩大和交往主体的平等与自主选择；信息技术和大众传媒使一切文化领域和文化成果从创作到使用或消费空前普及，呈现出多元化、民主化和平民化趋势，并导致政治等公共管理活动的进一步非神秘化和公开化，导致哲学等精神活动领域的非神圣化和个性化。

全球化的这种文化逻辑直接导致了传统哲学理念的

衰落，它使哲学开始回归于一种文化反思和文化批判活动，具有扬弃体系、反对话语霸权、崇尚平民化和平等化等特征。在某种意义上，哲学理念呈现出某种向古希腊哲学理念复归的特征。虽然哲学在希腊发端时就已经规定了自身的理性和思辨的本性，规定了哲学的形而上的定位。但是，作为闲暇阶层的爱智活动，哲学在古希腊更多地表现为文化批判层面上的对话、反思活动，表现为思想智慧的涌流，而较少具有后来传统哲学的体系化、抽象化、独断化和远离生活世界的特征。这从古希腊智者和哲人的"哲学"样式可以清楚地看出，如苏格拉底的辩术和对话方式，柏拉图的灵魂回忆和哲学学院，亚里士多德的逍遥学派等。只是在后来的演进过程中，体系化、抽象化和教条化的话语霸权逐渐扼杀了哲学的这些原创精神。当然，全球化时代的哲学理念不可能是古希腊哲学理念的简单复归，准确地说，它是原初哲学理念的真正实现和开展。在全球化的背景下，哲学不再满足于"高处不胜寒"的思辨的理性"阴影王国"的定位，而是把目光专注于人在其中现实地交往与生存、现实地创造价值和意义的生活世界；哲学不再以外在的和超越性的理性实体的化身自居，而是向人的生存的本质性文化精神回归；哲学不再是少数独断的权威哲学家关于绝对真理的"独白"，而是丰富多彩、充满个性的哲学理性活动的"对话"；哲学不再热衷于颁布最终的体系和普遍适用的教条，而是回归到本真的哲学形态，即反思的、批判性的理性活动和文化精神。

全球化时代哲学理念正在经历的这种变革将是十分深刻的，它体现在哲学的定位、范式、形态、功能等各个方面。我们至少可以从以下几个主要方面粗略地展望一下全球化文化景观中哲学理念变革所涉及到的根本性的和深刻的问题。

一、哲学的形而上和形而下

在基本定位上，形而上似乎成了哲学的命运，这也是哲学区别于所有其他学科的本质规定性之一。全球化时代的哲学将依旧保持自己的形而上的层面，但在这里，以绝对物质、绝对精神、绝对理性、绝对神性等为核心的传统"实体形而上学"必然衰落，而代之以对人的生存的形而上的关切。哲学理性的关注中心从抽象的思辨王国回归生活世界。而生活世界是现实的人在其中生存、交往、创造价值和意义的世界，因此，回归生活世界就是回归人的生存方式，回归文化。哲学从根本上是每一时代主导性文化精神的外显，是人的生存意义的自我澄明，是一种批判的和自我批判的文化精神。在这种意义上，哲学应当定位于关于人的生存的形而上的反思和关于人的现实活动的文化批判的交汇点。

二、哲学的体系化与非体系化

在存在形态上，传统哲学的体系化特征非常明显，而在黑格尔的泛理性主义那里，这种体系化达到了登峰造极的地步。哲学思想的表述和阐发总是需要一定的理论逻辑和框架，需要一定的体系。但是，如果我们把哲学理论变成各种理论教条和理论原理和强制性逻辑结构和具有话语霸权的理论体系，则超越了一般的理论体系的范畴，出现体系化的问题。其最要害的问题是，哲学固有的创造本性和批判本性往往被强制性的理论原理和体系所消解。实际上，哲学从本性上讲是一个"动词"，而不是一个名词，其真正的价值在于关于人的文化存在的反思、批判和对话活动，而不在于具体的可以到处套用的理论教条和原理。体系化的弊端是把哲学从"动词"变成了"名词"，从反思性的和创造性的文化批判活动变成现成哲学原理的套用。现代哲学在某种意义上是反体系化的，如实证主义"拒斥形而上学"，把哲学理解为逻辑和语言分析活动；存在主义等人本主义哲学思潮把哲学作为人之生存意义的自我澄明和批判性的文化精神。在全球化的多元、平等、对话、交往的文化逻辑中，哲学更应当重显本色，从"名词"向"动词"回归。哲学主要地不是具体的理论体系和结论，而是现实的反思和批判活动，是哲学家理论反思和理论批判，是社会进程内在的批判的自我意识，是生活世界的文化模式和文化要素走向自觉的理性启蒙活动。

三、哲学的独断性与开放性

传统哲学理念一般不具备开放的特征，而倾向于以独断的方式颁布业已被自己发现的绝对真理。传统哲学流派一般不愿意承认自己的理论和原理的有限性，而是赋予它们普遍适用和放之四海而皆准的性质。实际上，人的现实生活世界不仅是事实与真理的领域，更是一个价值与意义的世界。即使是真理，也不是给定的和绝对的，而是历史的和生成的。至于价值和意义更是人的活动的创造性和超越性的内涵的生发和展开。因此，回归生活世界的哲学必然服从于全球化的多元、平等、对话、交往的文化逻辑，从独断与封闭走向开放，真正体现人的实践的超越本性和创造本性。哲学的力量不仅仅来自理性的逻辑，更来自人之生存价值和文化内涵。这样一来，全球化时代的哲学必然是尊重个性的哲学，具有宽容和开放的情怀。哲学不再豪情万丈地向世人宣布绝对真理或构造完满的未来世界图景，而是通过文化精神的自觉活动使人的自我意识和个性得到更大的张扬，使生活世界更加丰富多彩。

四、哲学的外在教化与内在启蒙

传统哲学习惯于以外在教化的方式对人的生存和社会活动施加影响，或是以民众的"立言人"和"代言人"的身份，或是以占主导地位的阶级意识和意识形态，对人们的精神世界进行教化或对人们的行为及社会活动进行规范。在全球化背景下，随着哲学从理论教条向文化批判和对话活动的回归，哲学的功能越来越体现在以内在启蒙的方式构成现代主体的重要的生存维度。具体说，从位置上，哲学不再高居于上层建筑领域之中，而是落脚于生活世界，作为自觉的文化精神和批判精神内化于人的各个存在领域；从范式上，哲学不再热衷于外在的理论教导，而是热心于生活世界内在的文化的自我启蒙和自我教化；换言之，哲学不再板着理性的冷峻的面孔去教训人，而是作为一种内化于教育和具体文化之中的主体的自我启蒙。

五、哲学的贵族化与平民化

专门从事哲学研究在任何时代都只能是少数人的事情，在这种意义上，亚里士多德十分正确地将“闲暇”作为哲学思辨的必要条件。但是，由此并不能断言哲学与大多数人无关。在传统社会，哲学的确具有贵族化的倾向，少数具有“闲暇”和睿智的哲人面对着尚未启蒙与教化的民众。而在全球化时代和信息社会，随着哲学理性定位的下移，从思辨的理念王国向生活世界回归，从给定的理论教条向现实的文化批判活动的回归，随着文化的普及化和平民化，随着精神生产的非神圣化，哲学不再是少数精神贵族的特权，不再仅仅以理论体系和抽象的命题而存在，而是以自我启蒙和自我教化的方式，作为深刻的文化批判精神内化到现代主体的生存活动之中，使人的实践所具有的超越和批判本性得到自觉的张扬。哲学原本就是特定文化模式和文化精神的外显，它在全球化的背景下的平民化和非神圣化的趋势使自身真正成为个体生存和社会活动内在的活的灵魂和文化精神。

在这种意义上，马克思本人的学说从根本上超越了传统哲学的基本理念，它是以对人之生存的本质性的、批判的文化精神的自觉为根基的。马克思学说的内容和层次都十分丰富，他一生关注的焦点问题也不断变化。然而，无论是关于经济和政治的分析，还是关于哲学的思考；无论是关于暴力革命、政党策略、欧洲革命、东方社会特征的分析，还是关于现实经济运行机制的揭示；无论是关于唯物史观原理的阐释，还是关于从抽象到具体等方法论的探讨，在深层次上都服从于一个最根本的理论关切：推翻和扬弃“使人成为受屈辱、被奴役、被遗弃和被蔑视的东西的一切关系”，实现人的自由、全面发展和“自由人的联合体”。马克思把体现哲学本性的这种文化批判精神奠基在人的实践内在具有的不断超越、不断扬弃异化的批判本性之上。这正是马克思学说的巨大生命力的根源所在。因为如此，马克思为包括海德格尔、萨特、德里达等在内的许多当代思想家所敬重，而且，他的学说的价值绝不会为我们的时代所穷尽。

(原文约4800字，发表于《求是学刊》2001年第5期)

文摘编辑：其实

文化进步主义：全球化时代的哲学理念

丁立群

[作者简介] 丁立群，黑龙江大学教授、哲学博士。

[内容提要] 本文对全球化时代的文化进化论与文化相对主义之间的对立及各自的利弊进行了分析，提出必须建立一种能从哲学的高度综合二者而又扬弃和超越二者的新的文化观念和哲学理念，此即文化进步主义。

[关 键 词] 全球化时代；哲学理念；文化进化论；文化相对主义；文化进步主义。

全球化作为一种不可阻挡的浪潮，冲击着人类的各个方面，对人类精神领域的冲击尤为明显。全球化作为一种全球政治、经济、文化的结构性转换和重建，无疑，将形成一种全新的价值依托和全新的文化经验。于是，全球化时代应当确立什么样的哲学理念便成为对全球化问题进行哲学思考的聚焦点。

从意识形态的角度来看待全球化，可以把全球化看作宗主国与殖民地、第一世界和第三世界、西方与东方的互动过程，其主要矛盾是同质化和异质化两种趋向之间的矛盾，正如研究全球化的学者阿尔君·阿帕杜莱所说："全球互动的中心问题是文化同质化与文化异质性之间的紧张关系。"在这种相互作用过程中，宗主国与殖民地、第一世界与第三世界、西方与东方曾采用了文化进化论和文化相对主义不同的文化哲学观念，来为自己在这种文化互动过程中采取的态度与行动提供根据。

文化进化论是由生物进化论发展而来。生物进化论的信奉者斯宾塞直接把达尔文生物进化论引入文化领域，同时，泰勒·摩尔根的人类学著作也深受达尔文生物进化论的影响，从而共同形成了文化进化论。20世纪50—60年代，文化进化论由莱斯利·怀特等人发展为新文化进化论。文化进化论认为，人类社会存在着系统性的、连续的变迁，这种变迁可根据某种一般性的进步或发展的标准来划分；与生物进化论关于生物进化的"自然选择、适者生存"的进化标准相一致，文化进化论强调文化进化的标准，即一种文化与周围环境的能量转换水平和适应能力。据此，文化进化论认为任何文化都处于整个文化进化过程的某一阶段，因此，不同文化之间是可比较的，有先进和落后、高级和低级之分。新文化进化论区分了文化进化的两个方向，即向适应特定环境发展的"特殊进化"和向适应多种环境发展的"一般进化"，前者是一种保守型文化，后者是一种开放型文化。文化进化论者实际上更重视的是一般进化。他们认为，一般进化体现了一种文化的普适性。

与此相反，以斯宾格勒和本尼迪克特为代表的文化相对主义则认为，每一种文化都有其存在的理由，都曾在或者正在对人类历史的发展做出自己的贡献。因此，每一种文化都有其独特的价值，这种价值是与其特殊的环境相匹配的。与此相应，每一种文化都有着自己的价值准则，评价一种文化现象的价值，只能以其存在于其中的文化系统的价值准则来评价，不存在一种超越一切文化形态的普遍的、绝对的价值准则。不同种类的文化形态在价值上是平等的、多元的、相对的，从而是不可比的，它们之间无所谓先进和落后、高级和低级之分。所以，不能以一种文化形态的价值准则评价另一种文化形态中的行为。

考察宗主国与殖民地、第一世界与第三世界、西方与东方的相互作用过程，可以发现这样一种文化逻辑。

一般来说，宗主国（由西方国家、第一世界国家构成）为了给自己的经济、政治和文化上的殖民侵略寻找根据，往往求助于文化进化论。他们坚持文化的整体性、有序性、可比性和时代性，否定文化的差异性和民族性。在他们看来，西方文化是一种普适性文化，能适应多种环境，具备一般进化的基本能力，是一般进化的典型形式。在整个文化的进化过程中，西方文化是一切文化的理想、整合基准和中心，为不同文化之间的比较提供了元评价标准。英国学者约翰·汤林森曾经要求人们，把理解西方国家的殖民主义侵略的思维方式由地理范畴（本土与外国）转换为历史范畴（传统与现代），这就是说，这种侵略不是外国对本土的关系，而是现代对传统的关系，是现代取代传统，这是一种典型的西方中心主义。显然，这种西方中心主义背后的根据即是文化进化论。

与此相反，广大的殖民地、第三世界、东方国家则持一种相反的文化策略。在与西方国家的对立中，殖民地、第三世界、东方国家对待西方国家的策略在文化逻辑上有一个变化过程。

起初，广大殖民地国家往往采取与宗主国相同的文化逻辑来反抗宗主国，即以民族中心主义来反抗西方中心主义。对于西方的侵略，广大殖民地国家的反应和应战是被动的，特别表现在思想上。因此，它们往往借用宗主国的文化逻辑来充实自己的意识形态，以此来对抗宗主国。第三世界民族主义、本土文化中心论的兴起，就是西方国家以超级民族主义扩张自己民族文化的结果。例如，进化论在西方国家起到的是双重效应：民族间的竞争和一种个人主义，而在殖民地国家则剔除了其个人主义内涵，进化论是一种“图存保种”的理论，变成民族主义的辩护工具。然而，这样一种理论，由于与宗主国的理论走到了一个逻辑上，接受了同样的价值准则，从而有了可比较性，这也就注定了其失败的命运。

继之，第三世界国家在意识形态上发生了转换，放弃了本土文化中心论，由初期的采取与西方国家相同的文化逻辑反抗西方国家，转换为以一种本土文化特殊论的文化相对主义逻辑消解西方中心论。特别是在全球化运动的初期，这种文化相对主义已成为消解西方霸权的最为有利的武器——每一区域文化和民族文化都力图以其不可比较的特殊性和个性与西方文化相抗衡，争取自己应有的地位和权利。所以当约翰·汤林森把理解西方殖民主义文化侵略的思维方式由地理范畴转换为历史范畴时，第三世界国家的知识界则相反，要求人们在理解不同文化时，应采取地理范畴（本土与外国）的思维方式——他们坚决反对把西方文化与东方文化的关系看作是现代文化与传统文化的关系。

可见，全球化的主要矛盾即同质化和异质化之间的紧张关系，从文化哲学的立场上看，在全球化的初期即表现为文化相对主义与文化进化论之间的对立。文化进化论坚持了文化的时代性和统一性，反对阻碍文化发展的相对主义，但却由此而否定了不同文化之间的差异性和特殊性，否定不同文化的民族性，最终堕入了西方中心主义——为各种殖民主义提供了理论辩护。文化相对主义是一种文化价值多元论，它在反对帝国主义殖民政策和文化战略，消解西方的中心地位方面起到了一定的积极作用。特别是在全球化运动中，在构造一种“后中心性文化”过程中，文化相对主义起到了十分重要的作用。但是，由于它否定文化在前进向度上的可比较性，从而否定了文化的整体发展，在全球化运动中，它往往发展成为以文化的民族性反对文化的时代性的文化民族主义，具有与现代化内涵中固有的文化时代性内容格格不入的文化保守主义性质。而且，文化相对主义只有积极的批判意义而无积极的建设意义：在全球化运动中，它缺乏积极的建设性理念，无法建立起一套具有建设性的、积极的全球文化互动规范。

所以，必须建立一种新的文化观念和哲学理念，从哲学的高度综合文化进化论与文化相对主义，同时又扬弃和超越它们。我认为这一新的文化观念和哲学理念就是文化进步主义。

文化进步主义与文化进化主义有着根本的区别。首先，进化是一个经验概念，文化进化论是关于文化的经验说明，缺乏对文化之深层的价值思考；而进步则不可避免地带有超经验的人道主义和道德判断性质，文化进步主义是对文化之深层意义的阐释，属于文化形而上学范域。其次，文化进化论衡量文化发展的标准是狭隘功利主义的，如对环境的适应程度、资源利用水平等；文化进步主义则坚持社会发展的全面性及文化对环境的超越性，坚持一种全面的衡量尺度——它既是物质的、功利的，又是伦理的、审美的。再次，在文化理想上，文化进化论坚持把西方文化设定为理想的核心，把文化的进化看作是一个泛西方化过程；而文化进步主义则坚持一种文化世界主义理想，这种理想认为，通过文化的涵化、融合和重组，一种涵盖所有文化的“超文化”类型——“世界文化”的产生是可能的，“世界文化”是包含特殊的普遍，它既容纳了不同的文化类型，同时又以人类普遍的、永恒的价值作为理想的核心统一人类文化。文化进步主义是文化多相性和趋同性的统一。

于是，在文化进步主义的视野内，全球化既不是抹煞不同民族的个性，也不是要造成各民族之间的彼此隔绝、无法沟通的“原子化”局面，它要求每一民族文化在保持个性的同时，对其他文化保持开放，在这里，没有哪一种特殊文化能够成为一切文化的元价值并为全球各地域、各民族文化提供一套超越时空的元规范。主张在不同民族的交往、对话中，在彼此面临的共同问题的作用下，逐渐形成人类的共同利益、普遍价值乃至终极关怀，并以此为核心涵纳不同民族文化的异质性和个性，创造一种普遍性和特殊性辩证统一、富有活力的、丰富多彩的新型文化——世界文化，这才是黑格尔活生生的绝对精神。

应当说，文化进步主义是古老的哲学传统的延续。它将自文艺复兴以来，在世界现代化运动中被中断的形而上学超验传统重新接续下来，将在几千年哲学发展史中人类灌注于其中的美好理想重新接续下来，并把它置于现实的历史运动之中，力图成为世界现代化、全球化运动的核心原则、理想和元价值。这样一种文化进步主义才能超越文化相对主义和文化进化论，解决全球化运动中的文化同质化与文化异质化之间的矛盾。

文化进步主义是全球化时代应确立的文化观念和哲学理念。

（原文约4300字，发表于《求是学刊》2001年第5期。以上三篇为一组笔谈文章）

文摘编辑：范子奇

超越现实性哲学的对话

张世英 陈志良

[作者简介] 张世英，北京大学哲学系教授，博士生导师。
陈志良，中国人民大学哲学系教授，博士生导师。

[内容提要] 现实性范畴是传统哲学的基础。当今已进入虚拟的数字化时代，仅囿于现实性难达到创新之目的，故应超越现实性哲学，对现实与虚拟的关系做出新的哲学思考。

[关 键 词] 现实性哲学；虚拟性哲学；超越。

现实性范畴曾是传统哲学的基础，我们可以来这样界定现实性哲学的框架系统：现实性是人的思维和行为的出发点，人的认识从感性直观上升到理性，而逻辑或思维的真理性只是在于合乎现实。或者说，世界是物质的，物质是运动变化的，运动变化是有规律的，只有正确反映世界才能认识世界的规律性，才能正确改造世界。由此我们不难发现，如同一棵树的全部因素在其种子中一样，现实性范畴包含了一切尔后的哲学范畴，或者说所有的哲学范畴都是现实性范畴的自身展开。现实性是传统哲学的基础，是人的思维与行为统一性的基础。现实性哲学的最大缺陷是局限于符合说、反映论的框架，只满足于求真，追求主客观相一致，而忽略了求新、创造。我们甚至可以说，哲学目前所面临的困境从学理上看，与其对现实与创造的关系缺乏明确的意识是有一定的关联的。

然而，只要改造型的实践活动仍是人类的主要实践活动，现实性范畴就理所当然地会占据主导地位。所以，从逻辑上说，要真正使我们的思维和行为立足于创新，使创新成为整个民族和人类的精神和灵魂，就必须对传统哲学长期坚持的现实性这一总体框架进行否定。我们的时代正进入一个虚拟的数字化时代，而虚拟这一全新的概念则打破了以往现实性哲学一统天下的局面。可以说，从现实性哲学进入到虚拟性哲学，这将是未来哲学框架的重大转换，这一转换将大大地开拓我们的哲学视野，改变我们的思维方式、行为方式和生存方式，使我们进入到一个新的哲学平台上。也就是说，仅仅囿于现实性是不能达到创造的目的的。我们应该超越现实性范畴和现实性哲学，对现实与虚拟的关系做出新的哲学思考。

传统的观念把马克思的哲学也归到从现实性范畴出发的哲学，这是错误的。马克思所实现的哲学革命，其出发点正是对现实性的批判。马克思指出，传统哲学只是从客体和直观的角度理解对象、现实、感性，而没有从主体和实践的角度来加以理解。这一思想体现了马克思主义哲学与传统哲学的根本区别。什么叫从实践的角度？从实践的角度，也就是否定现实性的合理性，从改造和改革的角度，不能让现实性自然地发展。什么叫从主体的角度？也就是赋予对象以主体的形式、内容和意义，形成对人生成的人化的合理性和新的现实性。承认现实的合理性，是传统哲学的基本特点；认为现实是不合理的，则是马克思主义哲学的出发点，也是改革开放哲学的出发点。对于现实性的否定与肯定正是马克思主义哲学与费尔巴哈哲学的分水岭。从某种意义上说，我们现存的哲学体系对现实性的理解，是从马克思哲学的一种倒退。

海德格尔作为一个现代哲学家通过揭示传统真理观把任何思想文化现象都归结为现实或“出场”的理论的片面性，取消了感性直观的优先地位，解构了真理必须是“当前化”即“出场”的概念，挖掉了西方传统真理观的根基，并进一步建立了他自己关于真理是世界的敞开性，是让存在者在人与世界合一的整体中显示自身、敞开自身的真理观，从而在西方哲学史上率先实现了重大的哲学转向。

我们应当超越（不是抛弃）思维，不停留于抽象概念的“阴影王国”，不受永恒在场的理念的统治与束缚，而把想像、虚拟放在首位，不断地从在场的当前事物奔向未出场的事物，奔向无限开放、不断更新的世界。一句话，哲学要创新，必须把想像、虚拟放在核心地位。这里所说的想像，不是指西方古典哲学中“原本—影像”模式意义下的想像，而是指把在场与不在场综合为一体的能力。这种现当代意义下的想像把人的注意力指向不在场的领域，它是人的创造性和虚拟性的源泉。

虚拟是未来新哲学的元起点，从现实性哲学向虚拟性哲学的转换是当代哲学框架的大转换。它涉及从一个新的角度来思考人与社会的问题，涉及是否能真正把创新作为时代精神落实到哲学的平台上，在某种意义上，它涉及我们在知识经济时代如何思考、如何行为、如何创新的问题。虚拟，是人对世界、对象、活动、意义等的人化形式的构建，这些人化形式主要是语言、符合、规则、数字等。虚拟为人类创造出现实所无法提供的新的发展空间、可能和平台，它是人的创造性活动之源。从虚拟的发展看，它经历了从思维的构建到数字的构建。可以把虚拟划分为广义的虚拟和狭义的虚拟。广义的虚拟是指规则文明或符号文明，是人类对各种规则的合成、选择及其演化。狭义的虚拟是指当代的数字化的表达方式和构成方式，是我们时代的数字化的生存方式、实践方式和创造方式。虚拟的功能是指向现实的各种可能性、不可能性和不存在性，通过对现实的各种可能性、不可能性、不存在性进行思维构成、规则构成和数字构成，从而使人走向一种更高级的创造形态。总之，虚拟的功能就是否定现实的合理性，不仅仅囿于一切从现实出发，而要确立非现实性的合理性、超越性、创新性。

我们愈是囿于现实，就愈缺乏创造性。人类社会的发展将越来越凸现和重视人的创造性。人类的文化思想史是愈益张扬人的创造性的历史，因而也是人的超越现实的特性即虚拟性愈益受到重视的历史。科学史、思想史和人的发展史充分证明了虚拟在创造中的作用。在未来的数字时代，虚拟作为一种新的表达方式、中介方式和实践方式，将使创造更显辉煌。

虚拟导致了人类的真正的创造时代的到来，虚拟把人的真正属于自己的特点——创造显现出来了，为人类确立了创造时代的中介过程。正因为虚拟如此改变着人的思维方式、行为方式和存在方式，所以虚拟与现实是对立的。换言之，虚拟是现实的悖论，从现实出发，一定会在虚拟中达到不可解的悖论，或者说，从虚拟出发的东西，本身就是现实的荒诞。总之，虚拟形成了现实的悖论，表明现实性哲学已经走到了历史的尽头，现实性哲学已经是夕阳西下的晚景了。创造是超越现实的活动，它也远远多于现实。因此，超越现实总是可以反过来给我们的现实增添无比斑斓的色彩和内容。人们日益强烈的审美追求和科幻世界所带来的日益浓厚的虚拟氛围只会使我们未来的现实生活更加充实，更加绚丽。

（原文约 12000 字，发表于《中国人民大学学报》2002 年第 3 期）

文摘编辑：范子奇

论辩证思维在创新中的作用

苏 越 汪海燕

[作者简介] 苏 越，中国人民大学哲学系教授，中国管理科学研究院思维科学研究所研究室主任，研究员。
汪海燕，中国人民公安大学。

[内容提要] 每个民族和时代，都有自己的理论思维。辩证思维就是当今时代和我们民族的理论思维。作为智慧文明时代的辩证思维，它在制度创新与科学创新中处于核心的地位，是进行发明创造的导航器。辩证思维的创新作用主要表现在：它的关于事物普遍联系的思想，为创新中的联想提供了理论依据；它的永恒发展的思想为不断创新、永不满足提供了思想动力；它的关于同中见异、异中见同的思想，是创新思想火花不断绽放的燃烧剂。自觉地进行辩证思维，就可以使你在创新的广阔天地里自由飞翔。

[关 键 词] 辩证思维；创新；联想；类比；发展；燃烧剂。

恩格斯说："一个民族要想站在科学的最高峰，就一刻也不能没有理论思维。"这里所指的理论思维，当然不是建立在唯心主义形而上学基础上的非科学的理论思维，而是建立在辩证唯物论基础上的科学的理论思维，即辩证思维。当然，它无疑也是研究社会、思维"目前这个发展阶段"上的最为科学的方法，是人们进行发明创造不可或缺的工具，是人类创新的导航器。作为建立在辩证唯物论基础上的辩证思维，为什么会成为当代人类思维的最高的理论思维，会为我国正在建设中的知识或智慧经济提供可持续发展的动力呢？一个有志于从事发明创造的建设者，要想攀登科学高峰，为祖国的繁荣富强贡献自己更多的聪明才智，为什么就非得掌握这种理论思维不可呢？这是因为，只有这种思维才在我们面前勾勒出了一幅由种种联系和相互作用无穷无尽地交织起来的关于自然界、人类历史和我们自己精神活动的画面。

一、辩证思维的普遍联系的思想是创新中"联想"的理论基础

对于我们周围的世界，包括自然社会和思维三界在内，历来存在着两种截然相反的看法：一种是行而上学的看法，另一种是唯物辩证的看法。辩证法认为：我们所面临的世界是有联系的统一整体，其中各个对象或现象互相有机地联系着，互相依赖着，互相制约着。

联系是客观事物所固有的一种属性，是同事物矛盾运动的属性紧密联系着的，是整个物质世界保持同一或统一的桥梁，是织就人类认识之网及其网上的网结的客观依据。天文学、地质学、生物学的发展史告诉我们，宇宙间的一切事物都是互相联系的，即存在着普遍联系。由于存在着事物间的普遍联系，才有物质世界由低级到高级的发展，才有有机界向无机界的转化，才有低等生物向高等生物的进化，才有人类的产生和发展。在地球上，生物与非生物之间也存在着某种内在的联系，否则生物就无法从非生物转化而来。生物产生以后，植物界和动物界都经历了由低级到高级发展的无数不同的层次和形态，这期间充满了承前启后的过渡，即相互联系，其中有些是必然联系、有些是间接联系。对于两个直接衔接的层次来说是直接联系，除此以外的层次就是间接的联系。此外还有必然联系或偶然联系，主要联系或次要联系，外在联系和内在联系等等。

在认识事物普遍联系的基础上，人们才能有意识地或自觉地运用类比、联想进行创造性的思维活动。

只有如此，才会使思想开阔，视野远大，善于从看似毫无相关，互不相同的事物中，找到它们之间的内在联系。

在辩证思维的指导下，我们就会发现：

第一，我们周围的世界——不论是宇观世界、宏观世界与微观世界，它们都是处于永恒的发展过程之中，这种发展不是简单的重复，而是在更高阶段上的重复，是通过否定之否定而螺旋式地向前发展运动的。这种发展是跳跃的、革命的、突变的，但又是以量变的积累为前提的，因而事物的发展过程中充满着由低级到高级的无数部分质变的阶段，其中大阶段中又会包含了许多小阶段。例如，以人类社会来说，自从人类从动物界脱胎而来，它一方面经历了原始社会、奴隶社会、封建社会、资本主义社会，并且正在经历社会主义社会等大的发展阶段，同时在每一个大的发展阶段里，又充满了由低级到高级的许多小的阶段。原始社会经历过如下几个阶段：(1) 原始公社的最早时期，人类在此时期结束了人类本身在生物学方面的发展；(2) 原始公社时期，也就是原始社会的物质、精神各方面全面发展的主要时期；(3) 原始公社军事民主主义时期，这时由于冶金术的产生和社会生产力的提高，阶级已经开始在原始社会的内部产

生，因为私有的出现而开始逐渐形成了阶级；（4）原始公社的解体，奴隶社会的建立。在原始公社这几个主要的发展阶段上，其中氏族社会又经历过母权制或母系氏族制，父权制或父系氏族制两个时期。原始社会尚且如此，其他社会形态的内部，必然也都有着自己发展的不同阶段，各个阶段都有各自的性质。

第二，正是由于事物的不断变化和人类社会实践的不断发展，建立在实践基础上的人类反映客观事物的认识能力，必然也是永无止境地向前发展的。这种发展必然沿着由不知到知，由知之不多到知之甚多的道路不断地深化下去。例如，对于原子，人们最初都把它认为是构成我们这个物质世界的最小的、不可再分的微粒。但是，随着人类对于微观世界的深入认识，后来证明原子并不是构成各种物质的最小单位，相反，它本身不但可分，而且内部的构造极其复杂，原子还可以分成电子和原子核，原子核本身又是由质子和中子构造而成。到此，人类对于“原子”构造层次的认识是否就穷尽了呢？没有，科学家们为了说明中子和质子能构成原子核，曾经预言存在着一个“中介子”。十多年后，果然证实了这一预言。在一段时期里，“基本粒子”指的似乎就是质子、中子、电子、介子（π和μ）、光子和中微子。然而从20世纪50年代以来，已经发现了更多的“基本”粒子。至1965年，发现的基本粒子已数以百计，即便如此，人们对基本粒子的认识还在继续深入。

三、辩证思维的对立统一观是使创新思想火花不断绽放的燃烧剂

事物的相互联系和事物的发展都有其内在的原因。以联系而言，不但有外部联系，而且有内部联系，不但有偶然联系，而且有必然联系。这里所说的内部联系或必然联系，也就是指事物的内部矛盾性或规律性。至于事物发展的内部源泉，更是事物的内在矛盾。这就是说：认识要以了解事物的相互联系及其事物内在矛盾为天职。为此，就要了解和把握辩证法关于矛盾的说法，循着对立统一规律的要求去认识事物。

辩证法是这样的一种学说：研究对立怎样才能够同一，是怎样同一的——在什么条件下它们是同一的、是互相转化的，——为什么人的头脑不应该把这些对立面当作僵化的、凝固的东西，而应该当作活生生的、有条件的、活动的、互相转化的东西。

正确地把握对立统一规律的实质，就要善于在对立中看到它们的统一，它们的相互融合，它们的相互渗透；也要善于在统一，融合和渗透之中，看到存在着相互间的对立或斗争。惟有如此的思想方法，才是科学的思想方法，才不至于出现偏颇，才可以从相互对比中看到它们的联系，它们的相互补充，才有利于从事科学的发明与创造。科学史上关于光的性质的认识恰好证明了这一点。17世纪后期和18世纪初期，人们对光的本性提出了两种学说，一种是惠更斯的波动说，一种是牛顿的微粒说。对于一些光的现象，两种学说都可以做出某些合理的解释，但是由于当时牛顿的威望远比惠更斯要高，因而微粒说占了统治的地位，并且达一个世纪之久，直到后来发现了一些微粒说所无法解释而波动说却能很好解释的现象以后，波动说才又受到重视。然而，由于波动说把光设想为具有机械性质的介质中的弹性波，无法解释新发现的一些实验的事实，因而仅用波动说也无法对光的本质作出圆满的解释。这就表明微粒说或波动说，都只看到了光的矛盾本质的一个方面，都存在着自身的片面性。20世纪初，爱因斯坦从这些事实出发，建立了光的量子说。随后人们自觉或不自觉地站在唯物辩证法的基础上，阐明了光的本质是波动性与微粒性的矛盾统一，从两者的对立中看到了它们的统一，因而把它们综合起来，这才真正抓住光的本质，创立出了新的、更为完整科学的光的学说。

综上所述，建立在唯物辩证法基础上的辩证思维是当今最为科学的理论思维，一切研究工作者、企业家、文学艺术工作者等等，一旦用这种理论思维武装了自己的头脑，就能开阔眼界，扩大胸怀，善于从纷繁的万千世界里，找到事物间的共同联系，揭示它们的本质。当然，这里所说的“当今最为科学的理论思维”，并不是说未来的思维形式也会完全如此，不会在目前发展阶段的基础上，继续补充、发展和完善。随着现代科学技术成果的不断涌现，人们更清楚地认识到，辩证思维本身永远不是凝固不变的，它是一个开放系统，随着人类实践和认识水平的提高和不断深化，对它自身也提出了一系列的新问题。如现代物理学中提出了磁单极子的假说，它一旦被证实就可能对“事物的两极不可分离”的对立统一观点提出反例。如何来解释、说明这些新问题，使辩证思维方法更加完善、有效，这不仅给马克思主义哲学提出了重要任务，在一定意义上也为新的发明创造提供了广阔的空间。由此可见，辩证思维不仅是探索宇宙的锐利武器，而且更是创新、进取、勇攀科学高峰的工具。

（原文约12000字，发表于《佳木斯大学社会科学学报》社科版2001年第1期）

文摘编辑：范子奇

漫谈伦理道德

季羡林

[作者简介] 季羡林，北京大学教授。

[内容提要] 道德问题集中体现在如何处理人与自然、人与人以及个人身、口、意的关系之中。正确处理这三种关系就是最高的道德。从人类发展的历史看，制约这些关系的伦理道德不可能一成不变。各个时代、各个民族、各个国家情况不一，道德标准也不可能统一。因此，我们必须提出，对过去的道德标准一定要批判继承，万古长青的道德教条是不存在的。

[关 键 词] 伦理道德；天人关系；社会关系；道德修养；批判继承。

人生一世，必须处理好三个关系：第一，人与大自然的关系，也就是天人关系；第二，人与人的关系，也就是社会关系；第三，个人身、口、意中正确与错误的关系，也就是修身问题。这三个关系紧密联系，互为因果，缺一不可。

首先谈人与大自然的关系。在人类成为人类之前，他们是大自然的一个不可或缺的组成部分。等到成为人类之后，就同自然闹起独立性来，把自己放在自然的对立面上。尤有甚者，特别是在西方，自从产业革命以后，通过所谓发明创造，从大自然中得到了一些甜头，于是遂诛求无厌，最终提出了“征服自然”的口号。他们忘记了一个基本事实，人类的衣、食、住、行的所有的资料都必须取给于大自然。大自然不会说话，“天何言哉！”但是却能报复。恩格斯说过：“我们不能过分陶醉于我们对自然界的胜利，对于每一次这样的胜利，自然界都报复了我们。”在一百多年以前，大自然的报复还不十分明显，恩格斯竟能说出这样准确无误又含意深远的话，真不愧是马克思主义伟大的奠基人之一！到了今天，大自然的报复已经十分明显，十分怵目惊心，举凡臭氧层出洞，温室效应，全球变暖，淡水短缺，生态失衡，物种灭绝，人口爆炸，资源匮乏，新疾病产生，旧环境污染，如此等等，不胜枚举。其中哪一项如果得不到控制都能影响人类的生存前途。到了这样危机关头，世界上一些有识之士才憬然醒悟，开了一些会，采取了一些措施。世界上一些国家的领导人也知道要注意环保问题了。这都是好事，但是，根据我个人的看法，还都是不够的。我们必须努力发出狮子吼，对全世界发聋振聩。

其次，我想谈一谈人与人的关系。自从人成为人以后，就逐渐形成了一些群体，也就是我们现在称之为社会的组织，这些群体形形色色，组织形式不同，组织原则也不同。但共为群体则一也。人与人之间，有时候利益一致，有时候也难免产生矛盾。举一个极其简单的例子，比如讲民主，讲自由，都不能说是坏东西，但又都必须加以限制。就拿大城市交通来说吧，绝对的自由是行不通的，必须有红绿灯，这就是限制。如果没有这个限制，这里撞车，那里撞人，弄得人人自危，不敢出门，社会活动会完全停止，这还能算是一个社会吗？

最后，我要谈一谈个人修身问题。一个人，对大自然来讲，是它的对立面；对社会来讲，是它的最基本的组成部分，是它的细胞。因此，在宇宙间，在社会上，一个人所处的地位是十分关键的。一个人在思想、语言和行动方面的正确或错误是有重要意义的。一个人进行修身的重要性也就昭然可见了。

上述三个关系处理好，人类才能顺利发展，社会才能阔步前进，个人生活才能快乐幸福，这是最高的道德。

全世界都承认，中国是伦理道德的理论和实践最发达的国家。中国伦理道德的基础是先秦时期的儒家奠定的，在其后发展的过程中，又掺杂进来了一些道家思想和佛家思想，终于形成了现在这样一个伦理体系，仍在支配着我们的社会行动。这个体系貌似清楚，实则是一个颇为模糊的体系。三教信条你中有我，我中有你，决不是泾渭分明的。但仍以儒家为主，则是可以肯定的。

儒家的伦理体系在先秦初打基础时可以孔子和孟子为代表。孔子的学说的中心，也可以说是伦理思想的中心是一个“仁”字。这个说法已为学术界比较普遍地接受。孟子学说的中心，也可以说伦理思想的中心是“仁”“义”二字。

多少年来，我个人就有个想法。我觉得，儒家伦理道德学说的重点不在理论而在实践。先秦儒家已经安排好了的：格物、致知、诚意、正心、修身、齐家、治国、平天下，是大家所熟悉的。这样的安排极有层次，煞费苦心，然而一点理论的色彩都没有。也许有人会说，人家在这里本来就不想讲理论而只想讲实践的。我们即使承认这一句话是对的。但是，什么是“仁”，什么是“仁”“义”？这在理论上总应该有点交代吧，然而，提到“仁”“义”的地方虽多，也只能说是模糊语言，谈者或听者并不能得到一点清晰的概念。

秦代以后，到了唐代，以儒家道统传承人自命的大儒韩愈，对伦理道德的理论问题也并没有说清楚。他那一篇著名的文章《原道》一开头就说："博爱之谓仁，行而宜之之谓义，由是而之焉之谓道，足乎已无待于外之谓德。"句子读起来铿锵有力，然而他想说什么呢？他只是对"仁"字下了一个"博爱"的定义，而这个定义也是极不深刻的。此外几乎全是空话。"行而宜之"的"宜"，意思是"适宜"，什么是"适宜"呢？这等于没有说。"由是而之焉"的"之"字，意思是"走"。"道"是人走的道路，这又等于白说。至于"德"字。解释又是根据汉儒那一套"德者得也"，说了仍然是让人莫名其妙。至于其他朝代的其他儒家学者对仁义道德的解释更是五花八门，莫衷一是。我不是伦理学者，现在也不是在写中国伦理学史，恕我不再一一列举了。

我在上面极其概括地讲了从先秦一直到韩愈儒家关于仁义道德的看法。现在，我必须做一点必要的补充。我既然认为，处理好天人关系在道德范畴内居首要地位，我必须探讨一下，中国古代对于这个问题是怎样看的，换句话说，我必须探讨一下先秦时代一些有代表性的哲学家对天、地、自然等概念是怎样界定的。

首先谈"天"。一些中国哲学史认为，在春秋末期哲学家们争论的主要问题之一是，"天"是否是有人格有意志的神？这些哲学家大体上可以分为两个阵营：一个阵营主张不是，他们认为天是物质性的东西，就是我们头顶的天。这可以老子为代表。汉代《说文解字》的"天，颠也，至高无上"，可以归人此类。一个阵营的主张是，他们认为天就是上帝，能决定人类的命运，决定个人的命运。这可以孔子为代表。有一些中国哲学史著作袭用从前苏联贩卖过来的办法，先给每一个哲学家贴上一张标签，不是唯心主义，就是唯物主义，把极端复杂的思想问题简单化了。这种做法为我所不取。

几千年来，在中国的封建社会中，有很多形成系列的道德教条，什么仁、义、礼、智、信，什么孝、悌、忠、信、礼、义、廉、耻，如此等等，不一而足。每一个人在社会中的地位也排列得井井有条，比如五伦之类。亲属间的称呼也有条不紊，什么姑夫、舅父，表姑，表舅等等，世界上哪一种语言也翻译不出来，甚至在当前的中国，除了年纪大的一些人以外，年轻人自己也说不明白了。《白虎通》的三纲、六纪，陈寅恪先生认为是中国文化的精义之所寄，可见中国这一些处理社会关系的准则在他心目中的重要地位了。君臣、父子、夫妇和诸父、兄弟、族人、诸舅、师长、朋友这三纲六纪之说，在中国历史上起过作用，也在不同时代受到过激烈的批判。这些纲纪学说讲的实际上是处理九个方面的关系：国家与人民、父子、夫妇、父亲的兄弟、自己的兄弟、族人、母亲的兄弟、师长和朋友。这些关系处理好、国家自然会安定团结。同样，中国的"礼之用，和为贵"的说法，也有过类似的遭遇。然而到了今天，我们全国人民正在努力建设有中国特色的社会主义。要想达到这个目的，国内必须安定团结，必须"和"。纲纪学说，如果运用得法，可能调节社会秩序，可以加强安定团结。国际上何独不然！安定团结，和睦共处，是我们的命根子。能做到这一步，再济之以弘扬中华民族的优秀文化，发扬我们固有的爱国主义，我们必将立于不败之地，有中国特色的社会主义必能建成。这不但牵涉中国人民的恒久福利，而且也将有利于世界人民，有利于全世界人民共同走向大同之域。这是头等大事，焉能掉以轻心！

上面讲的是社会关系和个人修身问题。至于天人关系，除了先秦诸子所讲的以外，中国历代还有一种说法，就是所谓"天子"，说皇帝是上天的儿子。这种说法对皇帝和臣民都有好处。皇帝以此来吓唬老百姓，巩固自己的地位。臣下也可以适当地利用它来给皇帝一点制约，比如利用日食、月食、彗星出现等等"天变"来向皇帝进谏，要他注意修德，要他注意自己的行动。这对人民有点好处。

把以上所讲的归纳起来看，本文中所讲三个关系，第二个社会关系和第三个个人修身问题，人们早已注意到了，而且一贯加以重视了。至于天人关系，虽也已注意到，但只是片面讲，其间的关系则多所忽略，特别是对大自然能够报复，则认识比较晚，这情况中西皆然。只是到了西方产业革命以后，西方科技发展迅猛，人们忘乎所以，过分相信人定胜天的力量，以致受到了自然的报复，才出现了恩格斯所说的那种情况。到了今天，世界上一些有识之士，其中包括一些国家领导人，如梦初醒，惊呼"环保"不止。然而，从世界范围来看，并不是每个人都清醒够了。污染大气，破坏生态平衡的举动仍然到处可见。我个人的看法是不容乐观，因此我才把处理好天人关系提高到伦理道德的高标准来加以评断。

从一部人类发展前进的历史来看，三个关系的各自的对立面并不是固定不变的，而是变动不居的。因此制约这些关系的伦理道德教条也不可能一成不变。各个时代，各个民族，各个国家，情况不一，要求不一，道德标准也不可能统一。因此，我们必须提出，对过去的道德标准一定要批判继承。过去适用的，今天未必适用。今天适用的，将来未必适用。在道德教条中有的寿命长，有的寿命短。有的可能适用于全人类，有的只能适用于某一些地区。适用于一切时代，一切地区，万古长青的道德教条恐怕是没有的。

（原文约5500字，发表于《文史哲》2002年第1期）

文摘编辑：范子奇

20世纪的哲学难题：符号世界的发现及其后果

张 法

[作者简介] 张法，中国人民大学教授，博士生导师，主要从事西方现当代哲学及美学理论研究。

[内容提要] 符号世界的发现是20世纪哲学提出而又未能解决的一个难题。从哲学史的发展来看，分析哲学、象征符号学和结构主义代表了这一哲学思想在20世纪的演进，作为符号世界理论的主要哲学流派，它们不仅从历时性上呈现了符号世界理论演进的三个阶段，而且从共时性上反映了20世纪哲学对符号世界认识的三个不同视角。符号世界的发现所产生的影响是深刻而久远的。

[关 键 词] 符号世界；客观世界；分析哲学；象征符号学；结构主义。

20世纪西方哲学的百年演进给人类提出了一系列未能解决的难题，主要的难题之一——符号世界的发现及其后果。它包含三个方面的内容：首先，符号世界的发现使人对世界和自身达到了一个较接近真理性的认识。这就是人面对的不是一个客观世界，而是一个符号世界，人只是通过符号来与客观世界打交道。客观世界只有通过符号才能为人所认识。其次，这一认识造成了人面对世界时的困境。客观世界是存在的，但却是不能被客观地认识的，人们只有通过符号才能认识客观世界。因此，人对客观世界的认识的进展，自认为是一步步深入，其实只是从一个符号世界到另一个符号世界的变化。第三，当人认识到自己只能面对符号世界而无法面对客观世界的时候，按照严格的哲学标准，所能保证的就是研究符号世界本身，其结果是将会忘掉了符号世界的本源——客观世界，从而失去了哲学自诞生以来的崇高目标。哲学不是不希望继承哲学的崇高目标，而是哲学本身的严格性使它不得不放弃这一目标。因此，哲学用符号世界使自己攀登上了一个高峰，在这一高峰上却感受到了失去崇高目标的巨大迷茫。

20世纪哲学关于符号世界的理论主要由三个流派组成：以分析哲学为代表的语言哲学，以卡西尔为代表的象征符号理论，以结构主义为代表的符号学理论。这三大哲学流派既从历时性上显示了符号世界理论演进的三个阶段，又从共时性上表现为符号世界理论的三个不同视角。有关符号世界的三种理论，可以总括如下：其一，符号世界与客观世界有一种复杂的关系，但这种关系的重心在符号上（分析哲学）；其二，符号的规律是文化的基本规律（结构主义）；其三，符号是人类认识世界的各大方面（神话、宗教、哲学、文艺、历史、语言、科技）的总称。其四，符号体系一旦建立，客观世界就进入了符号世界，人就住在符号世界之中，人对客观世界的认识就变成了一种不断修改和完善符号体系的活动。

人只能面对符号世界，并不是说人没有面对客观世界，而是说人的生存使之在面对客观世界的时候，必须使客观世界成为可以理解的世界，成为有秩序、有规律的世界，而这种“秩序”和“规律”的形成就是一种符号体系的形成。在符号中，客观世界才成为为人所认识的世界。因此，我们可以把符号世界从内容上分为两部分：世界，是客观的；符号，是主体对世界认识的结果。世界在符号中呈出，人在符号中看世界。因为有了符号，人不再把世界看成是互无关系的、零乱的世界，而看成是相互关联的、整体的、统一的世界。可以说，符号是一个整体框架，是一个关系系统，是一套意义系统。世界只有在符号的这种整体框架、关系系统、意义系统中才能呈现出来。因此，世界既是客观的又是符号的，只有存在一个客观世界，我们才能把它符号化，只有通过符号化，我们才能认识客观世界。符号是一个整体框架、关系系统、意义系统，因此符号世界意味着一个事物在不同的符号系统中其意义是不同的。世界文化的多样性，特别是轴心时代以来各大文化的巨大差异和各自辉煌表明了人向客观世界提问的多样性和各自提问的有效性。

当西方哲学认识到人面对的一直不是客观世界而是符号世界的时候，一方面改变了人一直以为自己是面对客观世界的错误观念，另一方面又使人陷入了新的矛盾窘境之中。客观世界只有一个，古往今来，符号世界却很多很多，说明着客观世界不是一个实体结构而是一个引力空场，是无，是空，是气。人以怎样的方式提问，客观世界之“无”就形成什么样的符号世界之“有”，客观世界的“空”就形成什么样的符号世界之“色”，客观世界的“气”就形成什么样的符号世界之“形”。我们是否可以这样以东方哲学的方式来解释客观世界与符号世界的关系？

（原文约12000字，发表于《中国人民大学学报》2001年第4期）

文摘编辑：刘曙光

生态美学及其哲学基础

陈望衡

[作者简介] 陈望衡，武汉大学哲学系教授。

[内容提要] 本文针对近一世纪来人类生存环境超出了生物学、人类学的问题，生态美学应运而生的情况，论述了生态美的基本属性和生态美学的哲学基础。

[关 键 词] 生态美；生态美学；生命；主体与客体；自然人化与人的自然化。

一、生态美的提出

由于近一个世纪来，人类的生存环境超出了生物学、人类学的范围，与生态学相关的各种边缘科学诸如生态哲学、生态经济学、生态社会学、生态伦理学纷纷建立，生态美学也就应运而生。生态理论甚至成为一种基本的学术精神，堪称生态主义。

人的生存发展不能不受到自然的生态系统的影响甚至决定。人的主体性、能动性不是无限性的、绝对的，相比于自然自身的生态平衡功能，人还只能处于被限制、被决定的地位。生态，当然不是美学的范畴，但是从审美的视角看，它也具有审美意义。我们正是从这个意义上提出生态美的概念。

严格说，生态美并不是美的一种形态，它很难独立存在，犹如自然美、艺术美、技术美，但各种独立存在的美的形态，都存在生态美这一要素。可以说，生态美是美的本质属性。不过，虽然生态美是各种美的形态中不可少的要素，但是通常被当作实存而当然地给忽视了，犹如在良好的自然环境中生活会忘记空气的存在一样。生态美概念的提出并强化，是人类环境遭到严重破坏、生态问题突出的结果。因此，生态美首先凸现在环境美之中。

在我们过去的美学体系中，是没有环境美这一概念的。严格地说，环境美不是一种独立的美，而是一种综合的美，它的综合性是由环境的综合性所决定的。所谓环境，是人生存的各种条件系统，有自然的，社会的，人文的。因此，环境美中有自然美，也有人创造的各种美诸如社会美、艺术美、技术美等。值得我们高度重视的是，除这些外，还有生态美，它是环境美的灵魂。

生态是自然的，不是人为的，就这一点而言，说生态美属于自然美，也不是不可以。但是，从生态严重影响并决定人类生活的方方面面来看，生态问题具有社会的、人文的性质，不仅有自然生态，还有人文生态。两种生态虽然以自然生态为基础，但是它们互相渗透、影响，自然生态渗透进人文内涵，人文生态必须建构在自然生态的基础上。基于此，我们认为还是不把生态美仅归属于自然美为宜。将生态美单独拎出来与自然美及各种人为美作适当区别，有助于突出生态美的价值，有助于人类对自己生存环境的建设、美化。

人类生态学包括生态美学的提出，只不过是人类对自然生态绝对性、必然性的一个回应。不过，就在这被迫或者被动的回应中，人们发现，维护生态平衡其实也并不是痛苦的事，它也是很愉快的，其中有美，生态就是最具魅力的美。生态是最原初的美，最具必然性的美。生态美的发现，使人从面对绝对自然的无奈中寻到了安慰，寻到了快乐，寻到了主体性。在尊重、构建、维护生态美的活动中，人类化被动为主动，化消极为积极，化功利为审美，终于寻到了一条最适合自己发展的道路。生态美的发现与提出，其重要意义就在于此。

二、生态美的基本属性

生态美作为美的本质属性，它自身也有质的规定性。

生态美最根本的性质是它的生命性。生命是美的重要性质，美只能是对生命的肯定形态，从这个意义讲，美在生命。这里有个问题提出来了，生命，是指什么的生命？美学中所讲的生命，大致有两种看法，一种认为，对于美来讲，说美在生命，其生命只能是人的生命，自然本无所谓美，自然美是移情所致，是人将自己的思想感情移给自然物，于是自然就有美了。欣赏自然美本质上是欣赏人自己的美。另一种看法则认为，美在生命，其生命不只是指人的生命，也指自然界的生命。整个自然界都是充满生命的，因此整个自然界是充满美的。

生态美学看生命，与前两种有些不同，它不从个体或物种的存在方式来看待生命，而从生命的普遍联系来看待生命。这种观点认为，生命与生命，有机物与无机物是相互联系的。任何一个生命物种的诞生与消亡，都直接间接地影响到别的生命，任何无机界的变化都影响着有机界的生命。无机界本身虽不具有生命，但它是有机生命之源。生命的基本元素碳、氢、氧、氮，都属于无机物。因此，生态美学讲的生命重在生命的联系。

从宏观上来看生命的联系，生命与生命之间、有机物与无机物之间的协调平衡是至关重要的。生命的存在是这种协调平衡的结果。从美学上讲，平衡是种和谐，是种秩序。打破了这和谐、这秩序，生命受到影响，生态美也不存在了。生态的平衡性涉及生态的系统性，生态的系统性使得这个地球上的一切都具有不可分割的内在联系。自然生态自身的平衡功能使得生命有生有灭，生生不息。应该说，合乎自然生态要求的死亡是正常的，合理的，因为，它的死亡意味着必然有新的生命来代替它。《周易》云："天地之大德曰生。""生"重要的不是生命的存在，而是生命的更新。"生"是动态的过程，是螺旋式的发展、上升。生态美很大程度上就美在生命的更新、发展上。

生态的平衡性、系统性以及生命的再生性是生态美的根本性质——生命性所派生的属性。生态美的第二性质是宜人性。尽管我们一再说生态美所说的生命不只是人的生命，还有自然的生命，但我们所持的立场只能是人类的，我们无法摆脱也不需摆脱人类本位的立场。不管生态对自然本身具有何等重要的意义，从人本位来看，生态美必然地具有宜人性。生态有宜人的，也有不宜人的，因为生态并非为人而存在。然而生态美必然是宜人的。生态的宜人，也还有种种区别：有重在功利的宜人，也有重在非功利的宜人，功利又分物质功利和精神功利。就对人的作用来说，有重在理性的宜人，也有重在感性的宜人。这就见出美与善的不同，美的必然是善的，善的不一定是美的。因为善的宜人不全合于美的宜人。比之善的宜人，美的宜人更具综合性，更重精神性的一面，感性的一面，超功利的一面。

人是生活在群体中的，因而审美又有群体性。群体的人是有其共同性的。各种不同的美，其群体性的强弱是不同的，情况很复杂。就生态美来说，它是群体性最强的美，这是因为，生态性最具群体性，而且具最大的群体性——全人类性。谁都知道，生态关系的绝不只是某部分人的生存，而是全人类的生存。

生态美的内在的性质必然见之于外在的形象。就自然环境美来说，充足而又洁净的水、清新的空气、丰富的绿色植物是生态美外在形象显示的三大要素。三大要素中，水又是最重要的。水是生命之源，或者说生命之本。爱护水，从某种意义上讲，就是爱护生命，爱护生态美。

三、生态美学的哲学基础

生态美学的哲学基础是生态哲学。关于生态哲学，这里有三个与生态美学关系密切的问题值得探讨。

1. 部分与整体的关系

这个世界是如何构成的？按生态哲学看来，世界不是一部机器，而是有机的活的系统，它是不能分割的。事物的整体与部分的分别只具相对的意义，不具绝对的意义。离开部分，整体当然不存在，而离开整体其部分也不成其为部分。在生态哲学中，整体与部分不存在谁决定谁的问题，整体可以影响、决定部分，部分也可以影响、决定整体。

生态美学不同于别的美学就在于它是以有机整体的观念来看美学的问题。生态美不只是某一物的美，而是整个生态系统的美。

2. 主体与客体的关系

关于世界的构成，我们也经常将它分成主体与客体两部分，人为主体，其他为客体。主客两分，一是突出了人的主体地位，人为主，物为客，体现了人本主义的精神；二是有利于对世界做客观的考察与分析，强调了科学研究的客观性，从而体现了科学主义的精神。应该说，主客两分是有意义的，但是它也有局限性。主客两分，割断了主客的必然联系，并不符合生活的实际情况，严格地说，即使是科学真理，也不能说是纯粹客观的，它其中必然地渗透科学家主观的东西。生态哲学是不主张主客两分的。人与自然密切联系，为一整体，它们的区分只具有限的相对的意义，生态哲学的立足点与其说是主客相分，还不如说是主客不分。这是一。其次，生态哲学也不主张人是主体自然只能是客体的观点。在生态系统中，没有绝对的主体，也没有绝对的客体。人只是生态系统的一个环节，并非绝对的主体。这个世界并不是对人而存在的，人在这个世界上固然有他的生存权利，地球上其他生物也有它的生存权利。人过分地扩张自己的生存权，就会影响其他生物的生存权，而最终又会影响到人的生存权。因而，人类中心主义是不存在的。

3. 自然人化与人的自然化

自然人化有个前提就是人与自然两分。正因为两分，才有自然人化一说。作为生产实践意义的自然人化，其进步作用是不消说的，但生产实践也不是无限的，它应有个节制，这个节制就是尊重生态平衡。生产实践如导致生态系统的破坏，这种实践就要否定，不管它会给人创造多大的物质财富。自然人化除了生产实践的意义外，还有人自身进化的意义。人原本是动物，是自然的一部分，人通过生产实践使自身脱离了野蛮，文明化，成为人。这也是自然人化的意义。讲自然人化本不错，但如若只是讲自然人化一面，不讲人的自然化一面，就会走向片面，导致人的另一种异化。人的本性具有自然与社会两重性，只讲一面不讲另一面，都会造成人性的异化。

生态哲学不主张只讲自然人化，主张在讲自然人化的同时，也讲人的自然化，将自然人化与人的自然化统一起来，以实现人自身内部文明性与自然性的统一，理性与感性的统一，灵与肉的统一，进而实现人与外部自然的统一。

4. 价值观问题

价值是人看问题的基本出发点，按传统的哲学，只承认人有价值评判的能力和价值评判的资格，也就是说只有人才有价值。那么，自然有没有它的价值呢？我们过去没有考虑过。按生态哲学，自然不仅也有它自身的价值，而且还有价值评判的能力。

余谋昌先生提出文化价值与自然价值的关系问题，很有见地。他认为，我们过去承认文化价值，不承认自然价值，而且常常以损害自然价值的方式实现文化价值，导致自然价值在多方面的损失，导致人类创造的文化价值的自然基础的破坏，他认为自然价值与文化价值是不可分割的，“人类的发展，在自然价值的基础上创造文化价值，在文化价值与自然价值的相互作用、相互渗透、相互转化的过程中，发展人类的历史和自然界的历史，创造新世界，我们不仅要承认自然价值，而且要保护自然价值。”这一观点，笔者完全赞成。从价值与美的关系来看，过去，我们讲美是一种价值，这价值也只是对人而言的。根据生态美学，美是一种价值，这价值，就不能只是对人的价值了，它应是人的价值与自然价值的统一，归结为生态价值。在美学史中，明确承认自然价值的观点没有，但相近的说法也还是有的。如歌德的美在完善说。歌德说的完善是合乎事物本性的意思。霍尔姆斯·罗尔斯顿似乎也同意这观点，他说，“约塞米蒂国家公园的游客不是把那里的红杉作为木材，而是将其作为自然的杰作来评价，欣赏的是它们久远的年代、强壮的枝干、巨大的树体、美丽的外形、惊人的恢复力和令人叹为观止的雄伟。这样的观赏构成了红杉的价值，因而这价值不是独立于人类的评价而存在的。所以，价值需要某种主观性使之凝聚，但这样的凝聚而成的价值被视为客观存在于这树里，而非以人类利益为中心。”罗尔斯顿明显地是将美在完善的观点向生态学意义上拉了。

生态主义的立场不是科学主义的立场，也不是人本主义的立场。但是它必然地包含有科学主义与人本主义。生态美学虽然不是美学的全部，却必然是美学的基础。同样，生态美虽然不是全部的美，但它必然是美的不可或缺的要素，它属于美的基本的性质。生态美学的研究必将为美学开辟一个新的天地。

（原文约8000字，发表于《陕西师范大学学报》2001年第2期）

文摘编辑：石新中

"亲和"的美学
——关于审美生态观问题的思考

王德胜

[作者简介] 王德胜，首都师范大学美学研究所教授。

[内容提要] 本文提出了审美生态观的问题，并对美学"如何"思考生态问题，美学审视的主题以及生态美学的基本目标做了论述。

[关 键 词] 审美生态观；美学审视主题；"亲和"。

一、美学"为何"及"如何"思考生态问题

美学"为何"和"如何"思考生态问题，是确立审美生态观的合法性的理论前提。

关于美学"如何"思考生态问题，其中包含了三个方面的立场或原则：

首先，美学主要致力于从"非私利"的立场思考生态领域的复杂现象及其问题。一个最基本的原则是：在审美之维上，生态存在应该被自觉地视为一个人与自然、社会的共享价值体系，超出了一般人性动机和生存需要的利益范围。

其次，在审美之维上，生态现象始终体现着人与自然、人与社会以及人自身内与外、灵与肉关系的整体协调本质，因而审美生态观所寻求的，便是一种超越主客分界、更具主动交流性的内在感受和体验能力，亦即在超越一般技术实践的层面上强化人与世界的相互体会与精神交流。

第三，在美学之思中，一切生态存在以及与之相应的任何问题，都应当被放在人与世界关系的内在平衡性中去理解和把握。

二、生态问题的美学审视主题

人与世界关系的分裂，以主客对立形式出现在人对自然的开发、占有和控制过程中，甚至出现在人对世界的"保护"之中。人与世界关系的非美学本质已经很明显地暴露了出来：人与世界关系的整体谐和秩序的丧失，决定了人的生存意志及其基本满足的孤立性和封闭性，决定了人与世界关系的功能化效果——自然、社会，甚至人的精神存在，只是处在一种人的技术实践"对象"位置上。正是在这种"功能化关系"中，由人与世界关系的统一交流所生成的整体生命意识被遮蔽了，人的生存活动被简化为一种功能意义上的日常生活过程、一种物质性的事实。

在生态问题上，美学审视的主题在于一种有效的"确立"：确立生命存在与发展的整体意识，确立人与世界关系的审美把握。

作为形成有效的审美生态观的最基本理论形式，这种"确立"主要包含了这样几个方面的内容：

第一，对生命的虔敬与信仰。

人与世界关系的整体性，根本上表达了对于生命存在的整体价值肯定。任何对于这种整体性关系的分裂，无疑都是对于生命存在的背弃与失敬。因而，在美学对于生态存在及其现实问题的审视过程中，如何恢复和强化人对生命存在、生命活动的虔敬态度，如何以一种心灵内在的深刻信仰方式来面对人与世界关系的生命本质，便是一个关键。没有对生命本身的热情，没有对生命发展的精神沉思，也就没有了对人与世界关系的把握基点。这种对生命的虔敬与信仰，要求克服人的自大的"主体"意志，自觉地将生命存在肯定为人、自然、社会的共享价值，在人与世界关系的整体性方面追求一种特定的平衡。一句话，美学所要求的，是在生态领域内实现人与自然、社会的整体生命感及其价值，把人自身的存在放在同世界关系的谐和过程之中，而不是以人的存在意志驾驭整个世界的生命存在与发展规律。而这一点，也正符合了美学本身的价值追求特性，因为整个美学的思想归宿就在于通过对人的特定生命现象的诠释，将生存目的从一般意志的运动领域中区别出来，使生命本身在感性的自由活动中得到澄明。

第二，对自然存在的感受而非占有。

人与世界关系整体性的破坏，根源于人对自然、社会，乃至于人自身外部活动的直接占有。在生态领域里，全部问题的症结点，就在于人在追求生存的物质前提和满足过程中，失去了人自己对于世界的内在感受能力，放弃了对于世界生命的心灵自觉。尤其是，在技术日新月异的发展过程中，技术实践以其"无所不能"的扩张假相，不仅一步一步地取消了人对于自然存在的感受活动，同时也一步一步地强化了物质占有能力对心灵感受本质的异化：当人们越来越沉湎于技术实践的巨大控制规模及其物质胜利成果的时候，人对自然存在的想象也就越来越异变为对于人与技术实践关系的想象；在人的

占有满足中，自然存在被当作技术实践的占有对象，而不是与人类共存共生的关系过程。因此，美学之把握生态现象及其问题，应着重强调人对自然存在的生命感受性，强调这种感受过程的超越本质——超越一般物质活动的占有关系，超越自然存在的"对象化"形式，进而张扬人以内在生命感受方式同自然存在相互联系的必然性。在这一点上，美学的旨趣显然不在于"自然的人化"，而是"自然的感受化"，即肯定非占有的自然感受过程的生命属性，从而在自然的美学价值层面肯定全部生态现象的审美本质。

第三，强调生命的内在充盈而非以"创造"的名义实行对外改造。

人类曾经有过的骄傲，就是在技术能力的无限扩张过程中，以"创造"的名义对"对象化"世界实行了"属人"的改造。甚至，崇尚"实践"的美学在解释人与世界关系的时候，也同样以"对象化"方式肯定了这种"伟大的创造"价值。而现在，人类面临的生态现实，终于让人看到了以"创造"方式所实现的人对世界的改造，是如何割裂了人与世界关系的完整意义，又如何把人引向了一个日益恶化的自我生存之境。由此，美学在重新确立人与世界关系的价值本位、人的生存维度及其内在本质的过程中，首先应该重点反思这种"创造"的前景，揭示这种"创造"在生态改变过程中的负面性，进而把人引入一个"向内"的价值建构过程。这里，所谓"向内"，主要是指生命活动指向不是朝外扩张的，而是内在充盈的，是一种人的生命与自然生命、社会生命的交流与化合。在这个人与世界的整体统一中，人不再是一个勇敢却又孤立的"创造主体"，而是直接加入到世界生命行程之中，与自然、社会共享生命的欢乐感受。只有这样，美学之于生态现象及其问题的诠释，才有可能独立于一般认识体系之外，产生它自己特殊的力量，并获得特殊的意义。可以认为，在这种美学的"确立"内容中，凸现的是一种尊重态度：不仅尊重自然，尊重社会，而且尊重人自己的存在；不仅尊重人的利益，而且尊重人与世界关系的整体性利益。这种尊重态度，归结到一点，便是充分肯定了人与世界之间的亲和性。在生态领域，美学的全部思想意图，就在于张扬这种"亲和"的人与世界关系的建构。

三、"亲和"作为审美生态观的核心

在生态领域内，美学的基本目标就在于构建以"亲和"为核心的审美生态观。这样的审美生态观，一方面是一种对于生态存在的新的美学认识，另一方面又是一种人对自身与世界关系的价值体验方式，一种建立在生命体悟过程之上的美学价值论。

第一，在美学认识上，以"亲和"为核心的审美生态观，重在把"生态"理解为人与世界的特定关系形式，强调人对自然、社会以及人自身外部存在形式的审美肯定。不过，与一般自然审美方式有所区别的是，审美生态观并不是从外在的观察、审度立场上肯定自然所具有的美学形式，也不把自然审美的过程当作一个"主体"的精神外射活动——在这种"外射"中，"自然"仍然是在主客二分、被"对象化"的意义上成为美学认识对象的，它只是"主体实践"的产物，因而"主体"精神外射的结果，也仍然是一种以取消人与世界关系的内在整体性为代价的"主体"权力的自我肯定。而审美生态观之成为一种新型的美学认识，在于它强调了自然、社会以及人自身各种外部存在形式的内在意义，主张"和"而不是"分"，主张"整体性"而不是"对象化"。换句话说，审美生态观之"亲和"要求，是从人与世界关系本有的内在一体性上来看待自然、社会以及人自身各种外部存在形式的性质。就此而言，在生态领域内，美学的认识指向，是人与世界在相互内倾过程中保持相互的和谐与肯定：人的存在并不以"对象化"世界为前提，世界的意义也不是建立在人这个"主体"的实践意志之上。

只有这样，在生态领域里，美学才有可能区别于一般生态论，实现自己对于人与世界关系的整体把握；审美生态观才有可能超越一般伦理生态观，成为现时代人类的特殊意识。

第二，在美学价值论层面，审美生态观所追求的，是实现一种人与世界之间相互的"亲和感"。这表明，在美学视野里，一切生态现象及其存在都鲜明地呈现了特定的情感意味。面对生态领域的一切，人不是抱着某种实践的意志，而是如同热爱自己的生命一样去感受它、体会它、触摸它；感受世界的过程，也就是人在自己的生命行程中体悟全部生命意味的过程。在这样的感受中，人获得了一种与自我生命交流的情感满足；在这样的体悟中，人沉潜于世界生命的最深底，在人与世界的整体性发展中获得了生命的升华。一句话，人与世界的相互"亲和"，诞生了生态存在对于人的生存满足的内在美学价值；生态完整性的意义不仅在于它表现了人与世界关系的谐和，而且表现了人自身的生命谐和。

在这样一种审美生态观中，人与自然之间的对立性消弭了，人与社会存在之间的对抗性破除了，人的内外隔阂打通了。世界是人的生命世界，人则是世界中的生命。生命无待于外的追求，而就在人的感受与体验过程之中。

当然，要完成这种审美生态观的价值构建意图，人首先必须培养起自己对于自然、社会以及人自身外部存在形式的亲和力，养成一种对于生命整体的直觉与敏感。而正是在这里，美学具有了它独特的功能。

（原文约 9500 字，发表于《陕西师范大学学报》2001 年第 4 期）

文摘编辑：刘曙光

论世界历史理论与全球化

李士坤

[作者简介] 李士坤，北京大学马克思主义学院教授，博士生导师。

[内容提要] 本文论述了马克思的世界历史理论，并运用这一理论分析了当今的全球化的特点及全球化过程中的内在矛盾和斗争，提出在全球化大潮中处理好全球化与建设中国特色社会主义的有关问题。

[关 键 词] 世界历史理论；全球化；中国特色社会主义。

1845年到1846年春，马克思和恩格斯合写了《德意志意识形态》一书。他们从唯物史观出发，考察了资本主义生产及其发展，从资产阶级活动的必然要求和结果出发，提出世界历史理论。

马克思不是从观念出发去解释实践，而是从物质实践出发去解释观念的形成。他揭示了世界历史形成的物质根源。

马克思指出，近代世界历史的形成取决于三个方面的因素，这就是生产力、分工和交往的发展。首先是生产力的发展对世界历史的形成起了决定性的作用。生产力的不断发展，实现了对国界的限制的突破，使得自然状态下的小生产发展为社会化的大生产，这就必然使原来的民族史、国家史带来世界的内容，就是说，无论是民族的或国家的问题，都成了整个世界进程的一部分，一个环节，脱离世界整体就得不到正确的解释。

其次，生产力的发展促进了社会分工的发展。一种产品它的各个部件可能是在不同国家和地区同时分别生产，而作为结果的产品则是这些国家和地区的联系，使得地域的局限性逐渐消失。它的直接后果是资本主义工业和商业的繁荣，民族和国家之间交往的频繁和扩大，越来越成为一个整体。

再次，在生产力发展基础上出现的交往革命使得资本主义生产关系走向世界。随着工业革命的完成和发展，引起了交通工具和通讯手段的革命，完全改变了人们的活动的方式和环境，任何产品和发明在极短的时间内就成为世界历史性的事实，具有了世界历史的意义。

总之，生产力的发展，从而分工的发展和交往的革命，使得资本主义生产关系走向了世界。资产阶级把世界连成了一个整体，使得历史向世界历史转变。

一、世界历史理论是考察当今全球化问题的锐利武器

1. 站在世界历史高度考察全球化问题

全球化是当今世界面临的一个普遍问题，我们应该站在世界历史的高度，用唯物史观来分析和研究当今的全球化。

第一，全球化不是从来就存在的，正如马克思在谈到世界历史时所指的，作为世界史的历史是结果，当今的全球化也是现代世界发展的结果。全球化是60年代中期以后才出现的，是现代经济发展带来的。

第二，当今全球化的性质是资本主义的全球化。即使在今后的数十年中，全球化的主角还是资本主义国家，特别是美国。

第三，全球化的这种性质决定全球化有以下主要特点：其一，以高新科技的迅猛发展和巨大成果为先导，使生产力发展很快；其二，由于世界市场和普遍交往的发展，使得生产、消费、贸易、金融真正成为世界性的，出现了资本高度集中的趋势。其三，由于经济的全球化，必然对国家政权和社会制度带来重大影响。首先是国家职能部分被削弱，其次就是社会制度的变化愈来愈受到经济全球化的影响。其四，由于信息和网络技术在全球范围迅速扩展和运用，使得人们的精神生活也愈来愈具有世界的性质。其五，全球化产生了一系列的全球性问题，最突出的有环境问题；可持续发展问题；和平问题等。这些问题是在全球化过程中发生的，也必须在全球化过程中才能加以解决。

全球化的这些特点，有些在马克思的世界历史理论中涉及到了，但深度和广度无疑是大大超过了，有些是马克思所未能也不可能预料到的。

第四，全球化按其本质来说是共产主义的。我们认为全球化的最终前途只能是共产主义。这并非任意的揣测或武断，而是全球化内部矛盾运动的必然结果。资本主义之所以不能实现全球化，根本原因在于全球化的发展从本质上说是同资本主义制度相冲突的。全球化的充分展开，必将冲破资本主义制度本身，把人类社会推向资本主义的反面。毫无疑问，全球化是一个相当长的历史过程，正如共产主义的实现是一个相当长的历史过程一样。

2. 全球化过程的内在矛盾和斗争

尽管全球化是当今世界的一种趋势，其基本性质是资本主义的，但不同的人、不同的阶级、政党和国家，

由于利益的不同，他们对全球化含义的规定和理解是不同的，甚至完全相反。在对全球化的众多理解中有两种基本的也是完全对立的理解：

第一，以美国为首的西方发达国家所讲的全球化，其实质是推行全面的新殖民主义。现代西方国家所说的经济全球化或经济一体化实质是以美国为首的资本主义经济的全球化，他们以经济为基础，进而要实现对不发达国家社会政治制度的控制和思想文化的侵略。这种全球化与马克思所揭示的作为人类社会发展必然趋势的世界历史理论，不是同一个层次上的问题。

现代西方发达国家所推行的全球化是一把双刃剑。一方面，这种全球化客观上推动了生产力的发展，为现代科学技术的迅速发展及其在全球范围的推广和运用提供了有利的条件；另一方面，现代西方发达国家的全球化是以资本主义为主导的，它竭力要把资本主义的生产关系扩张到全球，与此同时，也就不可避免地要把资本主义固有的矛盾和弊端扩散到世界各地。

第二，与上述现代西方发达国家对全球化的理解完全相反，当今世界上的发展中国家，包括我们中国在内，对全球化的理解是：其一，从经济方面来看，既要对现代西方发达国家妄图建立不合理不公正的世界经济“新秩序”进行必要的斗争，又要适应经济国际化的大趋势，积极参与和利用经济国际化的进程，推动建立公正、合理的国际经济新秩序。其二，在政治方面，既要同强权政治作斗争，又要利用世界各国联系愈来愈密切的有利条件，为自己国内的稳定和发展建立一个良好的国际环境。其三，在思想文化方面，既要防止帝国主义腐朽思想文化的渗透，又要积极吸取世界各国的一切优秀文化成果。这种全球化的理解与马克思的世界历史理论有相一致的地方，但也不能简单地等同。

这两种全球化趋势之间的对立和斗争是不可避免的。只有从这样的高度，我们才能对全球化作出正确的对应。

二、全球化与建设有中国特色的社会主义

我们对全球化与建设有中国特色的社会主义的关系必须有深入全面的认识，积极地、智慧地、审慎地处理好这种关系，才能使我们在全球化大潮中获得壮大和发展。

1. 历史教训不能忘

全球化是不可抗拒的历史潮流，任何国家和民族不是紧跟潮流走向繁荣和昌盛，就是在大潮中衰弱甚至灭亡。对此我们这个民族是有非常深刻的教训的。一部中国近代史有力地说明了这一深刻教训。

邓小平在总结历史教训时也深刻地认识到了这一点。所以，他指出：历史经验教训说明，不开放不行。“你不开放再来个闭关自守，五十年要接近发达国家水平，肯定不可能。”从全球化意义上讲，实行对外开放，就是要改变我们原来的对内对外的政策，以适应全球化的趋势，跟上当今时代的发展。

2. 必须对以资本主义为主导的全球化给发展中国家带来的消极后果有足够清醒的认识

我们决不能隔绝于全球化大潮之外，而是要积极适应并投入到全球化的大潮中去，但我们对以资本主义为主导的全球化必然给发展中国家带来的消极后果，也要有足够清醒的认识：

第一，资本主义的全球化使不发达国家数目在增加，国际地位下降。

第二，第三世界的一些国家越来越贫困，综合国力下降。全球化导致发达国家与第三世界国家之间发生两极分化。随着两极分化的扩大和贫困的增加，第三世界一些国家的综合国力明显下降。

第三，第三世界国家环境恶化。由于西方发达国家无节制的消费，恣意掠夺第三世界国家的资源，使得世界2/3的森林被毁，造成第三世界国家环境急剧恶化。

第四，以资本主义为主导的全球化对发展中国家的思想文化的侵略。全球化固然能使得人们精神文化生活变得异常丰富，但以美国为首的西方发达国家凭借其强大的实力，通过它的文化霸权主义，使得不发达国家不仅在经济、政治、军事上依附于它，而且在精神文化上也完全依附于它，泯灭第三世界国家人民的民族精神和爱国主义情感。

3. 积极适应并主动投入全球化的进程，借鉴别人，发展自己

全球化是经济发展和交往普遍化的产物，是当今世界发展的必然趋势，我们决不能避开这一趋势去求得自身的发展，必须自觉地适应并积极投入这一客观的历史进程，根据我国的实际和现代化的规律来建设现代化的社会主义国家。总结历史的经验教训，得出的结论只能是：开放则兴，封闭则衰。实行对外开放就是要积极投入全球化进程，其实质是借鉴别人，发展自己。中国的发展和现代化离不开世界，面对全球竞争的格局，必须根据我国的具体国情，正确制定和推行对外开放政策，在同全球化接轨的过程中，推动我国的社会主义现代化建设。

（原文约5500字，发表于《北京大学学报》哲社版2001年第2期）

文摘编辑：刘曙光

论"实践—技术"观念及其对生产力发展的作用

马捷莎

[作者简介] 马捷莎，北京师范大学法政所。

[内容提要] 本文认为，"实践—技术"观念是与"理论—科学"观念相联系的一个观念，其特指性在于，它是在生产活动范畴内应用的实践观念，是具有可操作性，可以运用于现实生产的观念。它是理论—科学观念向现实生产力转化的必要条件，是理论—科学观念向生产实践飞跃的中心环节。

[关 键 词] 生产力；实践—技术观念；理论—科学观念。

学术界对"科学技术是第一生产力"这一命题进行了广泛的研究，也取得不小的进展。但这一研究尚存在一定的"空场"，其中之一就是对"实践—技术"观念及其对生产力的作用研究得不够。

本文中的实践—技术观念则是面对生产力的，在这个意义上，与实践—技术观念相联系的应该是"理论—科学"观念。理论—科学观念在这里是特指自然科学理论，它是人类对自然规律，以及对人与自然关系的理性认识，而实践—技术观念则是指人类在从事生产活动之前，根据理论—科学所揭示的客观规律以及人的实际需要，将生产的目的、原理、过程、流程、结果等等以计划、设计、方案、规划、模型的形式在思想中建构出来。因此，与一般的实践观念相比，实践—技术观念是在生产活动这个范畴里应用的实践观念，它具有针对性和特指性。

人类所以会在头脑中形成实践—技术观念这种类型的观念，是由人的生存方式所决定的。实践是人类的基本生存方式，而物质生产则是实践中最基本的形式。人类的生产不是盲目的，也不是任意的，而是有目的有意识的。这种目的性和意识性表现为它必须自觉遵循两种尺度：第一种尺度是客观尺度，即外在尺度。客观外在尺度就是指外部世界的客观规律。人类要达到自己的目的，就必须尊重客观规律。实践所必须遵循的第二种尺度是主观尺度，也就是内在尺度。主观尺度就是人的内在需要。人类改造世界是为了实现自己的目的，是为了使客体在符合于人的本性和需要的形式上发生变化。否则就只能是无效劳动。人类生产实践所创造的一切成功的客体，无不是客观尺度与主观尺度的统一。

在实践所要遵循的两种尺度中，第一种尺度是基础性的尺度。人的需要归根结底取决于人的客观生活条件，取决于生产力所能提供的物质基础，只有当客观条件给人提供了满足某种需要的可能性时，现实的需要才能形成，并由此来控制和调动主体的活动和行为。要在生产过程中实现两种尺度的统一，也就是说要在观念中按照两种尺度相统一的原则将生产的目的、需要、原则、过程、结果以计划、方案、设计、模型等等的形式创造出来。而这种在观念中创造出来的主客观尺度相统一的内容已经不是纯粹的理论—科学观念，而是具有可操作性，可以运用于现实生产的观念，也正是在这个意义上，可以将这种观念称为"实践—技术"观念。实践—技术观念已经不是回答世界"是什么"和"怎么样"的问题，而是着眼于人类自身的需要，回答世界"应如何"，人们应该"做什么"和"怎么做"的问题了。

在马克思和邓小平对科学技术与生产力关系的论述中，实际上都包含着实践—技术观念的含义。马克思说生产力里面也包括科学，我认为这里所说的科学实际上包含着两重意思：一重意思是指作为理论观念的科学，其尚处于揭示客观规律的阶段，因此只能作为潜在的生产力；另一重意思则是指作为实践—技术观念的科学，也即通常所说的科技科学、应用科学，它实际上已经具有了作为现实生产力的资格。因此，马克思这一论断中所说的科学，实际上就是理论—科学观念与实践—技术观念的统一。而邓小平说科学技术是第一生产力，这里所说的科学技术同样包含两重意思：一重意思是指作为理论观念的科学，一重意思是指技术。而技术又包含两重含义：一方面是指作为观念形态的技术，也即是实践—技术观念，它已经具有了作为现实生产力的资格，但是还不等于已经是现实的生产力了；另一方面是指已经存在于现实生产中的技术，它是物化在机器设备以及生产人员、技术人员和管理人员的素质之中的，因此，邓小平这一论断中所说的科学技术，实际上就是理论—科学、实践—技术观念与生产中的物化技术的统一。

实践—技术观念对生产力的发展具有不可或缺的意义和直接的作用，这主要表现为：

第一，实践—技术观念是理论—科学观念向现实生产力转化的必要条件。

理论—科学观念只回答了世界"是什么"和"怎么样"的问题，而不回答世界"应如何"，人们应该"做什么”和“怎么做”的问题。也就是说，它只能为生产实践提供一种客观尺度和可能性，而不能解决在生产实践中客观尺度如何运用，客观尺度与主观尺度如何统一以及可能性如何变为现实性的问题。但是，如果仅仅把握世界是什么这一客观尺度，而不进一步根据客观尺度与主观尺度相统一的原则来把握世界应如何，人们应该做什么和怎么做的问题，那人类就无从进行有目的、有意识的生产活动。而实践—技术观念的功能正是在于以理论—科学为基础，回答世界“应如何”，解决人们应该“做什么”和“怎么做”的问题。如果在人的观念中缺少了这一阶段，科学将永远只能停留在观念的形态，不能对象化和现实化。人类只有在观念中首先将理论—科学转化为实践—技术观念，才能使科学最终变为物质力量，成为现实的生产力。因此，实践—技术观念是理论—科学观念向现实生产力转化的必要条件。

第二，实践—技术观念是理论—科学观念向生产实践飞跃的中介环节。

实践—技术观念不仅是科学理论向现实生产力转化的必要条件，而且是其转化的中介环节和过渡阶段。在从理论回到实践的过程中，需要经过一个中间环节和过渡阶段，这即是根据人们的需要和实践的目的，将已经获得的理性认识（即对客观规律的把握）在思维中具体化、现实化和可操作化，然后将其运用到实践中去。就人类的一般认识和实践活动而言，在理论向实践的飞跃过程中，必须经过实践观念这个中介环节。那么，具体到科学与生产力的关系，要将科学理论转化为生产力同样也需要一个中介环节，这个环节就是实践—技术观念。实践—技术观念所以能够作为科学理论与生产力的中介环节，主要由于它兼有观念性和实践性的双重特征。实践—技术观念在本质上属于观念范畴，因为它是在人脑中操作并建构而成的。但是，由于它是为了生产实践而进行的观念操作，是生产活动的直接前提，因此它又具有强烈的实践指向性。在这个意义上，可以说，实践—技术观念也具有实践性，因而只有它才具有作为科学与生产中介环节的资格。

实践—技术观念的中介作用具有不同的层次。第一层次是表现在科学与“物化”的技术之间。技术本身也具有内在结构，它主要包括两种类型：一种是观念性的技术，也即是实践—技术观念，它尚停留于方案和设计的层面。另一种则是“物化”的技术，也即是表现在工具、设备、原材料、劳动者的操作能力、管理者的管理水平等方面的技术。第二层次是作为科学与生产力之间的中介环节。理论—科学观念经过思维操作，转化为实践—技术观念，而实践—技术观念直接运用于生产，物化在生产力的各个实体性要素中，从而提高了人类改造自然的能力，即生产力的水平。

（原文约7000字，发表于《北京师范大学学报》人文社科版2001年第5期）

文摘编辑：刘曙光

通向哲学之路
——论哲学的方法

何中华

[作者简介] 何中华，山东大学哲学与社会发展学院教授。

[内容提要] 进入哲学的境界可分为人的“个体”的途径和“类”的途径。个体的途径包括怀疑方法、反思方法、批判方法、对话方法、直觉方法和诗化方法。类的途径则意味着马克思所揭示的实践唯物主义，即通过对现存事物的无情批判，以解除因意识形态的异化而造成的历史的遮蔽，使人向自己的本质复归，从而进入无蔽状态。这是历史的完成，也是哲学本身的“证成”。

[关 键 词] 哲学；境界；方法；证成。

“通向哲学之路”涉及人的“个体”和“类”这样两个层面。前者是指作为个体的人的境界之提升；后者是指历史本身的展开及其完成，亦即哲学境界的“证成”。它们需要分开来给予说明。

诚然，哲学必须超越经验，但哲学的最后归宿还要回归经验。这才是哲学的完成。哲学回归经验，必须以超验为前提。

在人的经验存在中，先后顺序仅仅具有时间意义。所谓“前因后果”。原因总是在时间上先于结果而存在。但这只是一种科学描述和科学解释框架。不超越这一框架，就无法领悟哲学，从而无法进入哲学的“语境”。因此，为了打破日常经验思维和科学认知视野的束缚，必须由“时间在先”过渡到“逻辑在先”。

究竟有没有实现由经验到超验、由时间在先到逻辑在先过渡的途径？或者说，究竟有没有通向哲学境界的方法？回答应当是肯定的。

一、怀疑方法

作为哲学方法的怀疑，从西方哲学史来看，主要当以晚期希腊的皮浪主义为代表。通过相互对立的判断之间的相互否定，由肯定走向否定，由执于一端进入无执状态，从而使自己避免由现象世界引起的种种困惑与烦恼，退回到心灵自身，这就是皮浪主义采取的方法论策略。其中，在对立判断之间的张力结构中保持一种平衡，乃是达到心灵宁静的基础和前提。这显然是利用判断之间的对立，来实现对一切知性逻辑的超越，以便使人们走向本体澄明之境。

学习哲学就要学会追问。而追问总是基于怀疑的可能性。所谓“学会追问”主要有两层意思：一是必须具有彻底怀疑的精神，直至追问到不能进一步追问为止；二是与此同时还要清醒地意识到追问的可能性限度，以避免它的滥用。可以说，哲学乃是始于追问而又终止于追问的。所以，对于哲学来说，追问本身并不是目的，相反，它只是为了达到终止追问所做的必要的准备。哲学的目的乃在于达到逻辑的自明性，也就是不能再加以追问的地步，如老子所谓的“不可致诘”。因此可见，在哲学的语境中，怀疑主义是不恰当的。恰当的提法应当是：学会追问而又超越追问；学会怀疑而又超越怀疑。这才是哲学所需要的态度和原则。

二、反思方法

哲学意义上的反思方法，当以黑格尔为代表。黑格尔明确说过：“哲学的事实已经是一种现成的知识，而哲学的认识方式只是一种反思，——意指跟在事实后面的反复思考。”黑格尔在这里所谓的“事实”，并不是经验事实，而只是思想事实。用黑格尔的概念来说，也就是绝对精神通过反思而返回到它自身。在这个意义上，反思就充当了进入哲学最高境界的途径。这正是反思作为一种哲学方法的意义和价值所在。应当说，黑格尔以前的西方哲学史上的“反思”一词，主要是在认识论意义上被使用的。

三、批判方法

哲学的批判方法大体说来主要有两种：一种是理论的批判，它以康德的哲学为代表；另一种是实践的批判，它以马克思的哲学为代表。一个哲学家究竟选择一种怎样的方法来作为自己通向哲学之途，并不完全取决于自己的性格、禀赋等等所决定的偏好，同时还应当考虑时代精神对这种选择的影响。

批判往往被认为是否定的、消极的、破坏性的。其实，这是一种误解。在康德那里，批判从总体上或从最终的目的来说恰恰是肯定的、积极的和建设性的。

马克思所主张的批判，主要是实践的批判。青年黑格尔派坚持对现存世界进行一种逻辑的和思辨的批判。他们幼稚地认为，只要置换几个逻辑范畴，那么整个世界就会为之改观。这显然是天真的和苍白无力的。因为物质的东西只有通过物质的力量才能摧毁。不改变派生意识形态的社会根源和历史前提，意识形态这一对人来说异己化的规定就不可能被真正超越。费尔巴哈则立足于人本主义立场，主张一种道德的批判。富有讽刺意味的是，他的观点虽然不乏对现实社会的道德谴责和伦理控诉，但却同样无法改变现有的秩序，而是不可避免地沦为一种“爱的梦呓”。马克思不同于也优越于青年黑格尔派和费尔巴哈的地方，就在于他真正实现了由逻辑批判和道德批判到实践批判的过渡。马克思这里所谓的“批判”，也就是通过人的实践活动去“改变世界”。只有这种“实践的批判”，才能真正导致历史的完成这一本体论境界。马克思的哲学方法固然旨在整个人类的拯救，然而它首先包括人的个体拯救，那就是应当成为一个“实践的唯物主义”者。因为在马克思看来，每个人的解放和自由乃是一切人的解放和自由的条件。

四、对话方法

关于对话方法，从中国和西方哲学史看，有代表性的是两大传统：一是西方的“辩证法”（“正→反→合”这一即逻辑而又超逻辑的方法），它主要以苏格拉底和黑格尔为代表；二是中国的佛教哲学中禅宗的“公案”。在西方，“辩证法”的古典意义就是“对话”。按照苏格拉底的说法，就是所谓“精神助产士”，即通过对话和辩论达到真理。

中国禅宗的“公案”作为对话，其目的就是为了使人的日常经验和常规逻辑中断，它的作用在于为这种中断提供契机。公案本身恰恰是试图打破日常思维和逻辑思维对人的束缚和羁绊而设置的方便法门。但它本身却不是通过或借助逻辑来实现这一目的，而是诉诸逻辑的中断。这与西方的“辩证法”不同。

五、直觉方法

直觉的方法往往被说成是“神秘主义”的。其实，这是一种科学主义的偏见。因为神秘主义这一措词带有明显的贬义色彩。在科学主义看来，只有能够被科学所解释，并且符合逻辑规则的文化形式才是恰当的、健全的，从而才是值得肯定和推崇的。相反，那些无法诉诸科学和逻辑来加以说明的东西，都是荒谬的、没有意义和价值的。这充分反映了科学主义的自负和僭妄。这种科学式的傲慢，根本无法领悟哲学的直觉方法及其深刻意义。

中国文化和哲学在总体上带有直觉的色彩。所谓“直觉”，用中国哲学的语言来说，也就是“悟”。所谓“悟”，就是通过逻辑过程的中断而达到的对逻辑本身的超越。

在西方，柏格森的生命哲学就是直觉主义的。柏格森认为，绝对的东西只能通过直觉才能加以把握。

六、诗化方法

哲学说到底乃是一种诗性智慧，它与诗之间具有本然的联系。诗人的“乡愁”情结，隐晦地表达出了人远离了本体之后的惶惶不可终日和深度不安。由此也就不难理解，为什么真正的诗人也就是哲人；反过来，真正的哲人也就是诗人。从根本上说，哲学与诗的相通乃在于诗所体现的还乡情结与哲学的本体论追求之间的内在契合关系。人的真正的灾难和危险恰恰来自他对本原的游离。对亲近本原的渴求本身就意味着人已经远离了本原。诗歌作为领悟这种美的最恰当的方式，便构成了通向本体澄明之境的一种有效途径。

以上谈的主要是作为个体的人的境界提升问题。现在再来谈谈在“类”的层面上“走向哲学之路”的问题。

在人的“类”的意义上，哲学就是人类历史的展现方式及其完成。马克思把自己的哲学理想确定为“世界的哲学化”和“哲学的世界化”。青年马克思就已经确立了自己的崇高哲学理想。当哲学的最高境界变成经验事实，即被人类的全部历史“证成”的时候，作为人类文化的一个分工部门的哲学也就失去了存在的理由。总之，在马克思那里，是以人的存在及其历史展现本身去表征哲学之境，即寻求哲学的“证成”。此即马克思所谓的“世界的哲学化”和“哲学的世界化”。

需要指出的是，哲学及其境界的“证成”，不等于“证明”。证明与证成的区别在于：第一，证明是可重复的、非完成的；而证成则是不可重复的、一次性的，因而具有完成的和终结的意义。第二，证明总是存在于对象性的关系之中，它归根到底是一种对象性的规定；而证成则是绝对的，它恰恰是对主一客之间的对象性关系的超越。第三，由于以上两个方面的缘故，证明是一个知识论的问题，而证成则是一个本体论和存在论的问题，它不是哲学家大脑中的建构，而是历史本身的展现及其完成。

（原文约 9000 字，发表于《洛阳师范学院学报》2002 年第 4 期）

文摘编辑：范子奇

作为方法的历史唯物主义

孙伯鍨

[作者简介] 孙伯鍨，南京大学哲学系教授、博士生导师，中国马克思主义哲学史学会副会长。

[内容提要] 本文论述了马克思主义哲学中历史唯物主义的“历史”是把事物当作“过程”来理解的辩证思维方法，是世界观和方法论，而不是体系哲学，并由此回答了马克思主义的历史命运：不会过时。

[关 键 词] 马克思主义哲学；历史唯物主义；世界观；方法论。

马克思并没有赋予自己的哲学一个具体的名称，如辩证唯物主义、历史唯物主义或实践唯物主义，但马克思和恩格斯曾经在不同场合把自己的哲学学说称之为“新唯物主义”、“现代唯物主义”，将费尔巴哈之前的唯物主义都称之为“旧唯物主义”。新唯物主义相对于旧唯物主义有两个基本的特点：它既是历史的唯物主义，又是辩证的唯物主义。但这并不是说它们是两个“主义”，而是同一个“主义”，称之为辩证的唯物主义也可以，称之为历史的唯物主义也可以，名称和内容并不能画等号。

人为地把马克思主义哲学划分为辩证唯物主义和历史唯物主义两大块，导致人们错误地认为辩证唯物主义是马克思主义哲学的一般理论，历史唯物主义不过是它在社会历史中的运用而已，这与马克思的原意不符。

实际上，在马克思主义哲学中，历史唯物主义范畴中的“历史”并不是通常所理解的时空范畴中的社会历史，而是把事物当做“过程”而不是当做“实体”来理解的辩证思维方法，其内容很宽泛。马克思坚持人是历史的产物，人在历史发展的动态过程中表现出自己的本质，并没有一种固定的、永恒不变的“类本质”，哪怕是劳动。所以，马克思始终强调无论对自然还是对社会的研究，只有运用历史主义的方法才能得出科学的结论。

总的来说，辩证方法的特点不是就事物看事物，而是就过程来看待事物，不是把事物看成一个实体，而是看成一个过程，不是把事物看成静止的现状，而是看做处在不断发展过程中的现状。因此，辩证的观点同时就是历史的观点，反之亦然，即把事物当成一个“过程”来看待。所以说，当我们不是从通常的角度来理解“历史”，而是把“历史”当成一种方法来理解时，“历史”和“辩证”就达到了内在的统一。

在这个意义上，历史唯物主义可以从两个方面来理解：其一个方面是指对社会历史的认识及其理论；但更重要的一个方面是指历史主义的研究方法，运用这种方法来研究问题，是更宽泛意义上的历史唯物主义。所以说，马克思主义哲学主要的是方法，方法统帅体系。马克思主义哲学从来不是要建立某种封闭的或半封闭的体系，它主要体现为一种认知、理解和把握、改造现实的思维方法。如果历史唯物主义没有被当做方法，那就是没有真正理解历史唯物主义。如何更好地从现实出发，这里必须有正确的方法，这就是历史主义方法，即运用发生学的观点来看待现实，资本主义生产关系从什么地方产生出来，一步步获得发展。马克思的历史主义体现了彻底的唯物主义，也体现了彻底的辩证法。认识就是把握历史的运动，所以说，研究是否是科学的，根本在于是否是真正彻底的、历史的唯物主义。

关于马克思主义哲学性质的争论，重要的不是在于它的名称，而是在于它的内容和实质。马克思主义哲学不是体系哲学（不像黑格尔哲学），其灵魂突现在世界观和方法论中。它不存在一个用思想来建构存在的问题，只有认知和把握现实的方法正确与否的问题。它不关注对某一现象研究结果的维护，而是注重不断地运用正确方法研究新的问题。方法与研究的对象是两回事，从这个意义上讲，马克思主义哲学并不因为历史和现实都发生了变化因而就过时了。马克思的研究结果相对于他那个时代来讲永远是真理，但这并不意味着我们要照搬他的结论，重要的是继承和发扬他研究现实问题的方法。

从方法论的意义上来说，马克思主义哲学决没有被超越。其一，只要方法是从现实历史发展过程中科学地抽象出来的，因而相对于一定的历史发展阶段是正确的，那么它在这个一定的时空条件中就是不可被超越的。马克思主义哲学是资本主义这个特定历史阶段的产物，只要资本主义还没有退出历史舞台，它所具有的方法论意义就不会过时。黄楠森教授说得对，哲学不是服装，可以一天换一个样子；哲学也不是流行歌曲，可以一天换一个调子，它必须有一些基本的一以贯之的东西。亚里士多德、孔子、老子等人的哲学思想比马克思的思想更古老，但仍然不能说完全过时了，为什么一定要说马克思主义哲学就过时了呢？其二，现在有很多主义，但主义与主义不一样，有些是可以比较的，有些则不存在可比性，因为谈的不是同一类问题，所以不能随便说某一种哲学超越了另一种哲学。马克思主义哲学不同于旧哲学，它不是包治百病的药方，也不是包罗万象的百科全书，它提供的是一种研究社会历史的大思路，即生产方式的发展和社会发展的相关性问题。

当代哲学从表面上看，没有一个固定的形式，有点儿像艺术流派，层出不穷，获得大多数人的认同现代几乎还没有。但近代哲学并不如此，它比较稳定。如英国经验主义，有一套固定的方法论原则，较容易得到认同。黑格尔主义的传统虽有变化，但同样比较稳定。中国哲学更为稳定，儒学、佛学、道学形成的传统，历经沧桑，至今仍保持其基本原则。新儒家在继承传统的基础上要求融入现代社会，对儒学思想作重新解释，加以革新。冯友兰先生的新理学，本质上仍是儒学，是儒学的一种现代诠释。而现代哲学变化如此之快，根本的原因是人类生活的变化在加快，类似电子产品的更新换代，已是目不暇接。信息社会对人类社会发展产生积极的影响，科学技术日新月异，知识经济方兴未艾，生活方式、思维方式的加速变化，很容易形成各种各样的新思想新学说，哲学因而也随之出现加速的流派更新。在这种情况下，我们的哲学应该怎么讲？把这些内容全部接纳到马克思主义哲学中来是不可能的，只能运用马克思主义哲学的方法加以总结和抽象，从中掌握一些基本趋势和规律。哲学作为传统既古老，又常新，因此给研究者提出的任务是非常艰巨的。但是，现在有些文章写得比较浮躁；对经典作家的学术思想消化得并不够，对现实历史发展的理解也并不准确，却天天都在进行哲学创造，这就势必把一批青年学者引入歧途。现代哲学的表达方式越来越思辨，生造新词，搅混概念，明明说是不可言说的东西，却变着法子在说它，有意识地把人们引入精心编制的语言怪圈，把哲学变成思想的陷阱，实在是不可取的。现代生活在市场经济条件下的人，很多方面受非理性因素的支配，非理性主义作为一种根本的情绪几乎成了西方哲学中风靡一时的思想潮流。对于当代西方涌现出来的这些潮流，我们不接触、不了解不行，但绝对不要盲目地投身到里面去，而应当以我为主，坚持用马克思主义哲学的观点和方法冷静地加以分析和批判，要用辩证和历史的唯物主义眼光来研究诸如此类的问题，而不能跟着西方学者的极度思辨的乃至非理性的思路走，因为我们还有很多更为重要的工作要做。对于马克思主义哲学工作者来说，必须更多地关注现实的历史发展和社会生活课题 。

目前如何看待马克思主义的历史命运问题，是社会和学界存在的一个焦点问题。

以上的内容，已经从原则上回答了关于马克思主义哲学的当代命运问题。既然马克思主义哲学的活的灵魂是与现代科学和现代历史发展相一致的世界观和方法论，那么它就根本谈不上过时和被超越的问题。在今天的中国，历史赋予我们的使命是实现社会主义现代化，而不是任何别的现代化。如果离开社会主义这个大目标来谈现代化、现代性，甚至错误地把社会主义当做实现现代化的障碍必欲除之而后快，并进而得出结论：只有欧美式的现代化，而不可能有别的现代化，这实际上就不是在谈哲学，而是在谈政治。在这种思想的支配和影响下，马克思主义哲学就只能面对两种选择：它或者坚持其原本的阶级属性和政治选择（科学社会主义）而成为过时的历史陈迹，或者放弃它固有的意识形态特性而融入现代泛人道主义的哲学思潮，成为当代哲学流派中的一个派别。因此，我认为，关于马克思主义哲学的历史命运问题，所涉及的不仅是马克思主义哲学作为世界观和方法论的理论性质和内容问题，而且更多的是它为之服务的无产阶级和人类解放的宏大理想和目标问题，在今天的中国，就是关于社会主义道路的政治选择和理想信念问题。换句话说，只要我们对实现社会主义现代化持有坚定的信念，我们就不会感到马克思主义哲学已经过时或已被超越。

（原文约5000字，发表于《河南大学学报》社会科学版2001年第3期）

文摘编辑：刘曙光

立体思维是辩证思维的现代发展

朱高健 苏 越

[作者简介] 朱高建，渝州大学学报编辑部副编审，主要从事哲学研究。
苏 越，中国人民大学哲学系。

[内容提要] 立体思维是人类辩证思维按其自身规律发展的结果，是现时代的新的特征和发展趋势的概括与反映，是现代辩证思维的重要内容。

[关 键 词] 辩证思维；立体思维；思维要素。

一、立体思维是辩证思维自身发展的必然结果

立体思维是人类的辩证思维按其自身规律发展的结果。这个发展过程大体上可分为三个不同阶段，相应地形成三种不同的思维形式。

1. 古代朴素的辩证思维

这种思维形式在观察自然、认识世界的过程中，总是知其然而不知其所以然地把世间的一切事物朴素而直观地描绘成一个互相联系着的整体。中国殷周之际的《易经》一书，就包含了这种朴素的辩证思维的萌芽，在欧洲的古希腊，以赫拉克利特为代表的辩证法思维，则是朴素辩证思维的生动表现。不仅如此，朴素的辩证思维在中国的农学著作中也时有出现。例如，古代农学中的“三才”思想认为天、地、人是农业生产中的3个基本因素，是一个三维立体或者整体。随着农业的发展，人们在“三才”思想的基础上，进而又提出了“三宜”的思想，即“因地制宜，因时制宜，因物制宜”的农业生产原则。用我们今天的观点来看，就是要在摸清外界环境和农业生物的相互矛盾又相互依存的规律的基础上，调整和改善农业生产系统和生态系统，以获得最佳的农业生产效益。

2. 近代系统的辩证思维

这种思维形式是在近代对自然科学分门别类地作精细研究的基础上形成的。其中在理论上的最高表现是黑格尔的唯心主义的辩证逻辑体系，只是由于颠倒了主观辩证法与客观辩证法的关系，并认为他的“绝对观念”发展到普鲁士王国的时期已达到了终极，因而使他的辩证思维陷入了唯心主义和形而上学的泥潭。而且，由于近代自然科学侧重于对事物的分析，致使机械的唯物论占了上风，可以说这是辩证思维在发展中的一种暂时的曲折。

3. 现代科学的辩证思维

这种思维形式是在马克思吸收了费尔巴哈旧唯物论的“基本内核”和黑格尔唯心主义辩证法中的“合理内核”的基础上建立起来的科学的辩证思维。依据这种理论，马克思对当时的政治、经济以及哲学的本身，做出了一系列辩证的学科论断，虽然他未写出科学的理论形态的辩证逻辑的论著，但却留下了许多经典的辩证命题与辩证推论，留下了应用性的辩证逻辑——《资本论》，从而把辩证思维推进到了一个新的阶段，使其开始具有了现代形态的雏形。

随着现代科学的发展和当今时代各种要素的重组，现今的辩证思维，又有了自身的新的形态，在笔者看来，这种形态就是立体思维，空间思维或全息性思维。

二、立体思维是现时代的新的特征和发展趋势的概括与反映

1. 立体思维是对现时代的整体化的概括反映

当前世界经济一体化的大趋势为立体思维提供了客观前提。进入20世纪以来，随着市场经济的迅猛发展，世界上的任何一个国家或地区比历史上的任何时候都更需要相互的支持，因为不论是发达的国家还是发展中的国家，都既有自己的优势，又有自己的劣势。日本作为发达国家既是一个拥有雄厚资金和科学技术的强国，同时又是铁矿沙、石油和煤资源贫乏之国，因而依赖从他国大量的输入。如果别的国家拒绝向其供应这些资源，那它的庞大的工业体系，就会在很短的时间内完全垮掉。因此，当今的国家无疑是互补关系中的一方，是一个互相依赖，互相支持的整体。在这种情况下，如果我们不能从整体考虑问题，不能把人类看做地球村里的村民友好相处或互相帮助，不能共同维护好我们这个地球乃至太阳系这个空间，那么地球上的任何一个民族或国家都不能美好地生活下去，都会随着地球、太阳系这个整体或空间的破坏而毁灭。因此，自然界的整体互补性，人类各民族或各个国家的整体互补性，要求我们必须建立起新的立体的或整体的思维方式，一切从整体出发，并维系一个良性发展的空间或立体的世界。

国际间的情况如此，国内的情况也不例外。在我国

这个具有56个民族，31个省、区、市的大国里，各个省、区、市的地理位置和地貌悬殊甚大。有的位居沿海，是近代以来我国对外贸易的通商口岸，商品经济，科技文化均较发达；有的位于内陆腹地，交通阻隔，科技文化落后，经济发展迟滞；有的地处西北，矿产资源丰富，但人力、财力、科技力缺乏；有的处于工业发达的东北。总之，每一省、区、市都有自己的长处，又有自己的不足，如果各自为战，自成体系，互不支援，采取地方保护主义，“各人自扫门前雪，不管他人瓦上霜”，那么优势就难以发挥，弱点更不易克服。只有把各个省、区、市视为一个整体，各地之间互相支援与配合，取长补短，才能充分发挥各自的优势，同时克服自己的劣势，因而各个省、区、市才有其光明的前景。对此，我国最高决策层从我国的实际出发，联系世界经济发展的背景与条件，制定了首先开放沿海的某些地区，结果加速了沿海地区的发展，促进了我国经济的腾飞。同时，本着全国一盘棋的思路，把沿海地区的发展引向内地，以沿海沿江地区的发展为龙头，向内地层层推进，基本上在我国形成了从南到北，从东向西全方位推进的战略格局。最近，国家在考虑全国经济发展的全局时又再次决定向西北倾斜，即在稳步发展东南地区的同时，加快西北地区的经济发展；配合欧亚大陆桥的经济发展，成立京津冀地区经济开发带，带动和促进华北与东北地区的发展，结果，国家经济发展的整体化趋势日益明显。这可以说是整体化或立体化思维的一大杰作，不管你自觉还是不自觉，如果不能进行空间的或整体的布局，那么，就不可能使我国整体地乃至全方位地提高。因此，面对全球和我国经济的发展，人们只有树立起立体的或整体的观点，才能通览全局，把握时代经济发展的脉搏。

2. 立体思维是对科学综合化发展大趋势的概括或反映

在科学发展过程中，曾经出现过两种发展趋势：一种是由整体不断走向分化的趋势；一种是由分化重新走向综合的趋势。从15世纪下半叶开始的近代自然科学的发展，基本上是以前一趋势为主的，单一的未经分化的科学向专门科学发展，而每一门科学研究的对象都是完整自然界中的某一方面。这在当时是必要的，因为它促进了多门具体科学的建立，但又是不够的，因为科学本来就是你中有我，我中有你，彼此互相渗透、互相制约的。如果不能采取综合研究的手段，就很难完全揭示自然界中的各种奥秘，就必然会阻碍新一轮的科学的发展。

科学的专门化，是认识需要深化的要求，也是物质世界多样性的反映。然而，物质世界的各种性质、规定、方面总归不能脱离物质这个整体而存在，总归是处于互相联系的整体之中。它们的分解与被分解是必要的，但也是有缺陷的，因为它潜在着导致僵化、静止、片面的危险。因此，按照认识自身的辩证法，人类一定阶段的认识分化，到了一定阶段，必然会再次复归为更高阶段或水平上的综合认识。进入20世纪的自然科学发展，就表现了这种高度分化之后高度综合的趋势，而时至今日，这种综合的趋势更为强化，其突出的表现就是大量的边缘学科或交叉学科的涌现，如生物学、生物化学、生物地球化学等。

3. 立体思维是当今信息空间网络化的概括与反映

信息不是一般的消息，而是具有实际内容和新的知识的消息，是事物存在和变化情况的反映。在自然界中，各种树木的颜色、芬芳，各种动物的生活习性、毛色变异，各种矿物挥发的气体及其存在的形状、色泽；在社会领域，不同国家，不同民族的风俗、科技状况、文化特色、商业动态，经济运转以及思想政治的变化等，一句话，一切有意义的信号、声音、颜色、情报、指令、密码、气味等都可以成为我们所说的信息。信息以立体的网络存在于整个空间，整个空间都充满了信息。每一个人都生活在信息的海洋里，无时无刻不在与信息打交道，也无时无刻不在与外界互通信息。没有信息的发生，也就没有物质的运动；没有信息的交换，也就没有事物的普遍联系和人类的知识。信息的传播渠道经过了线式、面式到体式的发展阶段。在古代，人们通常是用坐标、语言或类似文字的物质符号进行传播。但在某些特殊情况下，例如在交通阻隔的大森林里，在敌人入侵的情况下，再用步行或语言传播信息就无济于事了。于是便把用坐标或语言传递转换成由声音、火、光的信号传递。这时击鼓敲锣、烽火狼烟就成了传递信息的方法。所有这些，都可以看做线式的传递信息的方式。到近代，由于火车、汽车、轮船等交通工具的发明，信息传递的工具便由线式转化为在平面上来进行了，而且逐步形成了平面上的通讯网络。随着电话的发明，海下电缆的铺设，飞机在空中的航行，平面的信息网络进而发展成为名符其实的立体的网络。立体思维正是当今信息社会中的立体网络的反映。

信息是科学决策的前提。在当今，从公司经理到国家的领导人，无不把收集信息放在重要的地位，以为内政外交的重大决策提供充分根据，并重视信息的处理与分配。据此，各国的经理人员、决策者以及通讯部门总是通过地面、地下、洋面、洋底、大气层内大气层外等等，构筑自己获取信息的立体网络渠道。由于通讯卫星发射的成功，终于使通讯的立体网络得以最后完成，全世界的各个角落因此也互相靠得更近，联系得更加紧密，如同大家就像住在同一个屋檐下一样。通讯的立体建构，信息的空间传递，必然要求思维主体的思维模式也是立体的，否则它就难于驾驭立体信息的交互作用。

（原文约6500字，发表于《重庆工学院学报》2002年第6期）

文摘编辑：范子奇

从功能上看认识的主体性与知识的客观性

林建成

[作者简介] 林建成，北方交通大学人文学院副教授，博士。

[内容提要] 要具体地理解认识主体性与知识客观性的关系，就应当从认识主体的功能方面来加以把握。认识主体具有选择功能、约定功能、抽象功能、组织功能和建构功能，这些功能的发挥本身就是认识主体性的表现。要形成客观性的知识，就要把具有客观有效性的各种要素、成分提取出来并转移到知识成果中，而这一过程正是通过认识主体各项功能的发挥来完成的。

[关 键 词] 选择功能；约定功能；抽象功能；组织功能；建构功能。

从最一般的意义上说，认识的主体性是指贯穿在认识活动的各种特征、各个阶段和各项功能中的认识主体的自觉能动性。客观性知识的形成过程是不会自动进行的，它终究要借助于主体积极的活动，要借助于认识的主体性即认识主体的自觉能动性才能进行和完成，认识主体的各项功能本身就是认识主体性的表现。认识主体有多种认识功能，其中最主要的大致可概括为：(1) 选择功能，(2) 约定功能，(3) 抽象功能，(4) 组织功能，(5) 建构功能。

一、认识主体的选择功能对知识客观性的作用

认识主体的选择功能是认识主体性的重要表现。具体地说，认识主体的选择功能的积极作用表现在：

第一，通过选择确立认识对象。认识首先要有认识对象，没有认识对象，知识便无法形成，知识的客观性更无从谈起。而认识对象的确立是与主体的选择功能息息相关的，主体总是根据自身的需要、兴趣等来选择周围的事物，使其成为认识对象的。因此，当一事物成为认识对象时，它本身就间接地体现着主体的这种选择能力，体现着主体的自觉能动性。认识主体通过选择确立了认识对象，也就为客观性知识的形成提供了最基本的保证。

第二，通过选择获得可靠的思想材料。在知识形成过程中，人们往往面临浩如烟海的思想材料。能否将其中最有价值、最可靠的思想材料选择出来，让其进入知识形成过程，这关系到知识能否达到客观性以及客观性强弱的问题。主体的选择功能的正确发挥能在这方面提供积极的保证。

第三，通过选择获得正确的逻辑起点。在知识体系的形成过程中，逻辑起点是否正确往往起着至关重要的作用。要获得正确的逻辑起点，必须通过认识主体的选择功能的正确的积极的发挥。

第四，通过选择获得可靠的方法。在知识形成过程中，方法是否正确和得当，对于知识成果是否客观也具有十分重要的作用。许多认识结果不能获得客观有效性，往往是由于使用了错误的方法，或所用方法不得当。因此要达到知识的客观性，就必须强化主体选择的积极功能，在各种各样的方法中将其中正确的和合适的方法选择出来。

认识主体的选择功能的正确发挥，可以使正确的思想材料、方法等转移到知识成果中，因此主体选择在知识客观性的形成中实际上起着传递真理性因素的作用，这正是认识的主体性或认识主体的自觉能动性的表现。

二、认识主体的约定功能对知识客观性的作用

约定也是认识主体的一种重要的认识功能。约定不能单靠个人来完成，而必须通过主体间认识交往才能完成和生效，因此，约定是群体主体和社会主体的认识功能。它不但体现着认识的主体性，而且在很大程度上直接体现着认识的社会性。

约定对于知识客观性的达到有很大作用，这集中表现在它能把各种认识成果相对固定下来，我们可从以下方面考察：

第一，人们通过约定形成科学概念和科学范畴。概念、范畴是人们的思维材料，没有它们，思维活动便无法进行。人们在使用概念、范畴时，实际上是在利用已有的认识成果。而这种认识成果之所以能被有效地使用，是因为人们对它们有共同的理解，而这种共同理解正是在认识交往中通过约定形成的。

第二，人们通过约定形成日常语言。日常语言至今仍是人们认识事物、表达思想的重要工具，离开日常语言，许多学科，特别是人文社会学科的知识成果就很难形成，更谈不上知识的客观性。而日常语言是建立在对语词和语法规则的共同理解和共同使用的基础上的，这种共同理解和共同使用又只有通过约定才能实现。

第三，人们通过约定形成一些学科的公理。有了公

理，才能有公理化的体系，而公理化体系对于人们达到精确性、客观性的知识体系有明显的作用。

第四，人们通过约定还形成了其他认识工具。如各种思维规则和思维方法通过主体间的认识交往和约定从原有的知识成果变成了人们现成的认识工具，在人们形成客观性知识的过程中发挥着重大作用。

约定并不是主体间对知识成果的简单的认同，约定本身就带有创造性。

三、认识主体的抽象功能对知识客观性的作用

抽象是认识主体的又一重要功能，也是认识的主体性即能动性的重要表现。抽象是人们按照一定的需要，将对象总体中的某些共同属性、本质规律在思维中抽取出来的主体功能。它对于人们达到客观性的认识有重要作用。

第一，抽象使感性材料上升为理性认识。概念的产生是认识主体抽象的直接结果，是感性经验上升到理性认识的标志。正确的抽象使人们形成科学概念，并在此基础上形成科学命题，建立能反映自然本质规律的科学体系，这一切，离开认识主体对感性材料的能动抽象便无从说起。

第二，抽象使主体认识从对象的一级本质进到二级本质。科学的抽象能使主体正确地将事物的共同本质逐渐抽取出来，一步步深入事物的本质规律，从而使主体认识一步步走向客观。

第三，抽象能为主体认识达到思维的具体作准备。思维的具体是思维对事物各方面的本质规定的完整的反映。要完整地再现和反映事物，首先要分别获取事物某一方面的本质规定，这就必须首先经过科学的抽象。因此科学抽象成为认识达到完整性、全面性、客观性的必经阶段。

这样，抽象从表面看似乎是使认识离开了对象，而实际上是深入了对象，使认识更加客观化了。

认识主体的抽象功能虽来自主体认识结构，但主体认识结构有其社会文化的来源，因此认识主体的抽象功能归根到底源于实践。交往实践对于主体抽象能力的发展尤为重要。

四、认识主体的组织功能对知识客观性的作用

认识主体的组织功能很重要的一点就表现在主体的综合能力上，没有主体能动的综合，就不会有知识。康德认为，主体对于心中的表象进行着三种综合活动：

第一是对心中的表象在直观中加以把握。直观中包含着多种多样的内容，要从这多种多样的内容中产生出直观的统一，就必须把它们联系起来，这正是通过主体的把握性综合来完成的。

第二是心中的表象在想象中加以再现。康德认为主体在这方面的综合使一些经常相继出现或一同出现的表象联合起来，从而建立起一种结合，使这些表象中的一个能按一定的规则转到另一个表象上去。

第三是心中的表象在概念中加以认识。康德认为，主体在这方面的综合是要把多样的、逐步直观到的、又再现出来的东西统一到一个表象里，使表象的多样性内容构成一个整体。

毛泽东在《实践论》中，也曾涉及到认识主体的组织功能，提出了著名的十六字方针，他认为，要使感性认识飞跃到理性认识，“必须经过思考作用，将丰富的感觉材料加以去粗取精、去伪存真、由此及彼、由表及里的改造制作功夫”。这一论述勾画了主体在组织活动上的总原则。

五、认识主体的建构功能对知识客观性的作用

认识的主体性还表现在认识主体的建构功能上，即认识主体能动地在大脑中建立起各种结构，并以此作为形成客观性知识的条件。认识主体的建构功能具体表现在：第一，建立整体的知觉结构。知觉是知识形成的必经的通道，但知觉并不是像行为主义心理学所主张的那样，只是对外界刺激的被动的反应，而是一个整体的经验结构，这种整体的知觉结构正是由主体能动地建立起来的。格式塔心理学认为，经验到的完整的空间秩序结构和作为基础的大脑过程分布的机能秩序总是同一的，因此，看到一事物，意味着把握该事物的整体，这一整体式样或整体结构是主体的知觉活动依据自身的规律组织而成的。

第二，建立思维运演结构。皮亚杰认为，智慧就其实质来说是运演系统，而思维运演结构是主体在同化和顺应外部环境的过程中建立起来的，同化是主体把外部环境的新因素纳人已有的图式中，顺应是主体改变已有图式以适应外部环境，在这种同化和顺应的交替中，主体建立和发展着自己的思维运演结构。

第三，建立个体知识结构。个体在认识过程中不仅形成各种知识，而且还在头脑中建立起自己的总体知识结构。这种个体知识结构对于形成什么样的新知识以及这些知识是否客观都有重要影响。当代认知心理学认为，人的认知过程是信息加工和处理的过程，而在信息的获得、编码、存贮和提取的过程中，已有的知识结构起着十分重要的作用。

总之，认识主体的建构功能能使主体建立起各种认识结构，它们对于达到知识的客观性起着重要的作用。

认识主体的积极作用归根到底来源于实践。认识主体性的发挥是人的认识能力的表现，而人的认识能力首先是在生产实践中形成和发展的。

（原文约5500字，发表于《洛阳师范学院学报》2001年第3期）

文摘编辑：灵杉

论价值追求

王孝哲

[作者简介] 王孝哲，安徽大学马列主义教学部教授。

[内容提要] 人的价值追求根源于人的需要。价值追求以主体的价值认识为基础，又受到主体的世界观、人生观、价值观影响和制约。主体的价值追求必会渗透于其实践目的之中，成为实践目的的核心。主体头脑中的价值追求一旦产生形成，就会转化成为动机，激发和支配实践活动。主体为了满足合理、正当的需要，而产生形成的价值追求，才是合理的、正当的。

[关 键 词] 价值关系；需要；价值追求；价值认识；世界观；实践目的；合理性。

一、价值追求根源于人的需要

人们干任何事情都是有目的的，尤其都是有所“图”的。某人为什么要干某件事情？究竟“图”个啥？这就是说的价值追求。

我们知道，价值关系是主体和客体之间相互关系中的一种具体关系。通常在哲学意义上所说的价值，是指客体的一定属性满足主体某种需要的效用关系。作为主体的人是价值的主动追求者，客体则是价值的客观承担者。主体在有目的地接触和作用于客体时，客体满足了主体的一定需要，就是对主体具有价值。可见，主体与客体的价值关系在本质上是需要与满足需要的效用关系。价值就是在主体和客体的效用关系中生成和存在的。于是，主体在自觉的实践活动中施加作用于客体时，力求使客体对自己有效用，有意义，能够满足自己的一定需要，这便是主体对于客体的价值追求。

人们干事情之所以都会有所“图”，会有价值追求，乃是因为人们具有主体性，会把自己视为独立的、自主的、能动的主体，而把客观事物看作跟自己相对立的客体，并会审视客体与自己的效用关系。于是，人们在实践行为中，便会主动地从“自我”出发，便会自觉地有所“图”，追求客体对于自己有效用、有意义。

人的需要是人的价值追求之根源。现代心理学揭明，需要产生动机，动机激发行为。人基于一定的需要，必会产生价值追求的动机，即会要求客体满足自己的需要。而价值追求的动机，则会激发实践行为。人们根据自己的需要而追求一定的目的，就是追求能满足自己需要的价值。

人的需要具有多样性。因此，人的价值追求也具有多样性。分别从不同的角度上看，人们对于客体的价值追求，包括追求物质价值和精神价值；追求生存价值、享受价值和发展价值；追求生理价值、安全价值、归属价值、尊敬价值和自我实现价值；追求政治价值、经济价值和文化价值；追求认知价值、利用价值、交往价值、审美价值和道德价值；追求直接价值和间接价值；追求当前价值和长远价值，等等。这些价值追求，会分别转化成为动机和目的，激发人们的各种实践行为。人们通过实践活动，从而可以使自己的价值追求得到实现，满足自己的需要。

二、价值追求以主体的价值认识为基础

人们的价值追求，是人们针对客体的自觉自知的欲望和要求。这种价值追求，必须以主体的价值认识为基础。

主体要产生形成对于客体跟自己价值关系的认识，即明确客体能否满足自己的一定需要，必须以较充分的事实认识为基础。这里的事实认识，包括主体的自我认识，和对于客体的认识（而非对于主客体关系的认识）。

主体的自我认识，是指主体对于自我现实状况和未来利益、愿望理想的认识。不同的主体，基于对自我现实状况和未来利益理想的特定认识，就会产生形成不同的需要。

主体对于客体的认识，是指主体对于客体的本质、属性、特征、外观的认识。这样，主体就认清了客体是什么和怎么样，在观念中把握了客体的“事实”。

人们在面对一定客体时，就必会要求了解客体对于自己有没有用处，以及有何用处。这种认识就是价值认识。价值认识的最终表现形式，是主体对于客体的价值判断，亦即价值评价。

由于主体的需要具有多样性，客体的属性也具有多样性，所以，主体与客体之间的价值关系也大都具有多样性。在这样情况下，主体对于客体的价值判断和价值评价，毫无疑问也具有多样性。

主体基于对客体的价值认识和价值评价，就会进一步产生形成对于客体的价值追求。由于主体对于客体的价值评价具有多样性，所以，主体对于客体的价值追求也必然具有多样性。主体往往会通过权衡，作出价值选

择，或者“一箭双雕”，同时追求多种价值；或者区分主次，主要追求某一种价值。

三、价值追求受主体的世界观、人生观、价值观制约

主体对于客体的价值追求，既以主体对于客体的价值认识为基础，又受到主体的世界观、人生观和价值观影响和制约。

一个人基于自己的某种世界观和某种人生观，就会在一定的客观现实条件下，在面对具体客体时，产生形成特定的反映、评价和选择，产生形成特定的具体需要和价值追求。

人的价值观是人对于价值的本质、价值的构成、价值的实现等问题的根本观点和看法。关于价值主体的确定、价值评价的标准和价值选择的取向，是价值观中的主要内容。一个人有着什么样的价值观，就会在很大程度上影响和制约他主要以谁为价值主体，主要追求什么价值，亦即主要为谁着想，主要“图”的是什么。由此，他就会在一定的现实条件下，在面对具体客体时，产生形成特定的需要和价值评价、价值追求。

总起来看，一方面，主体的价值认识为价值追求提供“事实”（观念中的事实）依据；另一方面，主体的世界观、人生观、价值观则又为价值追求提供原则和方向。两者相结合，确定主体的价值追求目标。

四、价值追求渗透于主体的实践目的之中

主体对于客体的价值追求一旦在头脑中形成，就会进一步转化成为具体动机，渗透于主体的实践目的之中，激发和支配实践活动。

我们知道，人的实践活动具有自觉能动性、客观物质性和社会历史性。人的实践活动都是自觉地、有目的地进行的。这里所说的目的，是广义的目的。广义的实践目的包括：实践主体选定什么具体事物作为实践客体，又打算使用什么实践手段，采取怎样的实践步骤，对实践客体施加怎样的作用，希望取得怎样的实践结果（预期的实践结果即是实践目标，这是狭义的实践目的）。因此，实践目的对于实践活动起着激发和支配作用。

价值追求在实践目的中占重要地位，可以说是实践目的中的核心。人们在对于某客体形成价值认识的基础上，产生了一定的价值追求，那就是明确了实践活动的方向和目标。然后，人们围绕着这个价值追求，才又会思考和筹划具体的实践手段、实践步骤、实践方法和预期的实践结果，形成一整套的实践计划或者实践方案。在人们的实践活动中，价值追求发动实践行为，手段、步骤、方法等规范、控制实践行为。它们相结合，于是，主体便实际地进行一定的实践活动。

五、关于价值追求的合理性问题

人们的实践活动都有着一定的价值追求。不同的人、在不同的时候进行的不同的实践活动，就会有着不同的价值追求。这就提出一个问题需要弄明白：怎样的价值追求才是合理的、正当的？

从根本上说，主体为了满足合理、正当的需要而产生形成的价值追求，就是合理的、正当的。否则，便是不合理、不正当的。而主体的需要是否合理、正当，则要视具体情况才能正确判定。笔者认为，可以从以下几个方面加以基本的分析和评判：（1）某主体作为国家、民族的一分子，为了国家和民族整体的、根本的利益着想，为了满足国家和民族长远的生存需要、发展需要，而产生形成的各种价值追求，都是合理的、正当的。（2）某主体作为社会中的一员，在不损害社会公共利益和其他人利益的前提下，为了满足自己的各种需要，而产生形成的各种价值追求，都是合理的、正当的。（3）某主体作为一个人，为了满足自己的合乎道德、合乎法律的物质需要和精神需要，而产生形成的各种价值追求，都是合理的、正当的。（4）某主体在面对物质客体（例如某种自然资源、某种人工产品等等）时，力求按照客体的本性，遵循客体的规律，来改造客体和利用客体，这样所产生形成的价值追求就是合理的、正当的。（5）某主体在面对精神客体（例如某种理论、观点、艺术作品等等）时，力求弄清其真理性、价值性、时代性、条件性，来学习、研究、吸收和用以指导实践活动，这样所产生形成的价值追求就是合理的、正当的。

（原文约6000字，发表于《安徽大学学报》哲社版2002年第4期）

文摘编辑：范子奇

技术的本质：人对世界的活动方式

王晓兰 禹智潭

[作者简介] 王晓兰，中南大学文法学院科技哲学硕士研究生。
禹智潭，中南大学工商学院讲师，博士。

[内容提要] 长期以来，理论界在技术本质及其范畴问题上争论未止。技术是人类利用、控制与改造自然、社会、思维的方式、方法的集合，是人对世界的活动方式，包括自然技术、社会技术与思维技术。

[关 键 词] 技术；本质；活动方式。

技术的历史同人类历史一样，源远流长。技术的领域同人类活动始终交织在一起，凡是人类活动的领域都有技术的足迹。由于技术的历史性、复杂性以及主观上的思维方式方法等原因，关于技术是什么的问题，长期以来争论未止。时至今日，理论界在技术本质及其范畴问题上，仍然存在着根本分歧。目前，这种分歧主要表现在“物质手段和方式方法的总和”说与“操作性（或实践性）知识体系”说的论争，以及技术仅局限为“自然技术”与技术包括自然技术、社会技术和思维技术的论争。对技术本质及其范围的争辩，绝不是毫无现实意义的概念游戏，它直接涉及到技术哲学研究、技术政策、技术引进与技术管理等很多问题。我们认为：技术是人类利用、控制与改造自然、社会、思维的方式方法的集合，是人对世界的活动方式，它包括自然技术、社会技术与思维技术。

一、自然技术

自然技术是指人类利用、控制和改造自然的方式方法的集合。然而，由于自然技术具有观念性和实物性的两重表现形式，有人就把自然技术视为观念形态和物质手段的总和。至今，这种“总和”说仍很流行。其原因之一在于有人硬说马克思认为自然技术即劳动资料，或者说，马克思认为自然技术是人类在生产劳动中掌握的各种物质手段。其实，这些说法是对马克思技术思想的一种误解。

照马克思看来，自然技术是人对自然的活动方式方法。它属于“精神生产领域”。这就是说，马克思认为自然技术不是劳动资料或物质手段，而是一种“运用于实践的科学”，即实践性的知识体系。

“总和”说把自然技术的思想内容与其载体的“物理世界”并列，视工具、机器、设备等物质手段为自然技术或其一部分，就掩盖了自然技术的本质。其危害性十分明显，主要表现在：

第一，“总和”说抹煞了自然技术成果和物质生产产品之间的本质区别。一般来说，自然技术主要是脑力劳动者发明创造出来的成果，而物质手段是体力劳动者按照技术工艺制造出来的物质产品。如果说物质手段是自然技术或其一部分，即体力劳动者创造自然技术，那么脑力劳动者（主要指科技人员）的地位被否定了，自然技术所具有的知识性、新颖性与独创性等主要特征也不存在了。既然如此，还有什么自然技术可言呢？事实上，自然技术作为生产力，成为经济发展的一种决定性因素，只有把它的知识形态转化为生产技术并入生产过程和经济活动之中，才能体现出来；没有这种转化，自然技术就不能转化为现实的生产力。怎么能说自然技术就是物质手段呢？

第二，“总和”说贬低了自然技术在生产发展中的地位和作用。我们认为，现代生产力的构成公式为：生产力＝［（劳动者＋劳动资料＋劳动对象）×管理］^{科学技术}。这个公式表明：现代科学技术对生产力中的其他各个要素均起着关键性、决定性的作用。然而，按照“总和”说的观点来发展生产力，就要不断地添置劳动资料，这样又怎么能够使我国逐步从粗放经营转移到集约经营为主的轨道上来？又怎么能够不断提高我国的竞争意识与竞争能力去参与国际竞争呢？对技术本质的错误认识是以进口设备取代引进技术的理论依据。他们认为只要进口了设备或者生产流水线就拥有了新的技术，而忽视了对引进技术消化、吸收、创新的技术能力。科技部门，尤其是技术开发单位，对引进技术的消化、吸收、创新，是长期以来困扰我国技术进步的一大障碍。

“总和”说在实践上所造成的一系列危害及其后果充分说明：技术的本质是一种实践性的知识，是人对世界的活动方式，而一切物质手段都是技术的物质载体（或外壳），都是技术“并入生产过程”后的物质生产产品。

二、社会技术

有学者认为：技术只是那种人类改造与控制自然环境的物质性技术或“自然技术”，不可能有什么“社会技术”、“思维技术”。如果有的话，也只不过是技术概念的泛化。到底有没有社会技术呢？按照马克思的意思，技术首先表现在“人对自然”和“物质生活的生产过程中”，从而表现在“社会关系”方面，“以及由此产生的精神观念的起源“及其产生的过程中。可见，技术应包括自然技术、社会技术与思维技术。

联合国科技促进发展委员会主持编写的《知识社会—信息技术促进可持续发展》一书中指出：“一个国家的创新系统概念是指技术的和组织的能力构建过程，以及能够有效选择并能实施的政策制订过程。因此，这一概念与国家的社会能力建设密切相关，在这种意义上，它具有组织结构的社会、政治和经济的特征。”显然，自然技术能力与社会技术能力之间既是互补关系，又相互制约、相互作用而整合为国家创新体系及其综合技术能力。过去只强调发展自然技术，不重视发展与它相关的“软件”——社会技术，实践证明这种模式是难以奏效的。

综上所述，我们认为：为了充分调动与发挥人的积极性，就要运用处理人际关系的社会技术。社会技术在现实活动中不仅是存在的，而且是十分重要的，它是调整人际（含组织之间的）技术关系和经济关系以及其他社会关系，以促进社会的全面进步和人类的可持续发展的方式方法体系，即社会领域中的实践性知识体系。

三、思维技术

思维是地球上最美丽的花朵。正是它，把人与动物区分开来；也是它，指导人类进行社会实践，创造了灿烂的物质文明与精神文明，使人类离动物越来越远，从必然王国到自由王国的飞跃愈来愈加速。因此要揭示人类进步发展的奥秘，就要从事思维研究。思维科学的存在已成为不可辩争的事实。然而，存在思维技术吗？众所周知，科学、技术与生产都不是孤立存在的，随着科技的发展，它们之间的关系愈来愈紧密。在任何情况下技术总是处于科学与生产之间的中介状态或中介地位。中介性是技术的重要特性，即科学只有通过技术这个中介才能作用于生产（如自然科学只有通过自然技术才能作用于生产；社会科学只有通过社会技术才能作用于生产），因此研究思维科学就必然要研究思维技术，如果不研究思维技术，思维科学就不能指导实践，也就没有对它研究的必要了。

（原文约5000字，发表于《娄底师专学报》2002年第3期）

文摘编辑：范子奇

对科学社会主义的哲学反思

孙运福

[作者简介] 孙运福，山东财政学院政治法律系教授。

[内容提要] 科学社会主义不是一成不变的教条，而是需要不断发展、创新的理论。它与现实社会主义之间不能简单视为一般与个别的关系。要建设有中国特色社会主义，就必须解放思想，与时俱进。在社会主义的本质中，解放和发展生产力是根本基础，消灭剥削，消除两极分化，实现共同富裕是一个逐步实践的辩证过程。在生产方式的矛盾运动中，只有落后的生产关系而没有落后的生产力，生产关系的先进性是相对的。

[关 键 词] 科学社会主义；社会主义本质；先进生产关系。

一、科学社会主义是有待于不断检验和发展创新的理论

建设社会主义，既要依赖于一定的生产力基础，同时还有赖于社会主义理论自身的不断完善和发展。“社会现实并不是一个被给定的东西，而是一个其成员不断再创造出永恒变化着的社会之过程。”社会主义本质上是科学社会主义与其实践相统一的发展过程。由于历史唯物主义的创立，使社会主义由空想变成了科学，但这种科学性只能是相对的，理论需要在不断的实践中去探索、完善和发展。不断完善、发展科学社会主义理论，这决不是某一个人或某一代人能够完成的任务，而是需要在人类社会的发展和社会主义实践中长期不断地大胆探索和创新。

马克思的社会主义理论是科学的推论，而非经验性证明。实践作为检验认识真理的惟一标准，对科学社会主义同样也是实用的，随着实践的发展，也需要不断深化。科学社会主义的价值并不在于它已经解决了社会主义理论和实践的所有问题，不是关于解决这一切现实问题的标准答案，而是在于给我们提供了认识和解决社会主义实践问题的指导思想和科学方法。不能企望马克思主义经典作家，能给我们解决社会主义实践中出现的所有问题。科学社会主义还是一个有待于在不断的实践中进一步检验、发展和创新的理论，而决不是完全设计好了的理论蓝图，只需后人依样画葫芦，就能轻轻松松地建成社会主义。事实上，根本没有这样的蓝图，也不可能有人设计出这样的蓝图。面对不断发展变化的现实社会，我们若机械地固守于马克思说过的每一句话，事事求助于马克思，而不是依靠我们自己的聪明才智，不能随着实践的发展、具体条件的变化而开拓、创新，最终就会背离科学社会主义的本质。东欧剧变、苏联解体，就是深刻的教训。

科学社会主义与现实社会主义之间不能简单视为一般与个别的关系。能否将马克思所设想的社会主义作为社会主义的一般特点、共性来对待？实践证明，这是不能绝对化的，至少目前还不能作出这样的结论。众所周知，科学社会主义是马克思通过批判、继承19世纪初空想社会主义，依据对当时资本主义社会基本矛盾的分析而创立的，并非是对现实社会主义及其发展的不同阶段概括出的关于社会主义的一般原则或共性，当时还不具备进行这样概括的基础。是依据对资本主义社会基本矛盾的分析而得出的关于社会主义的确切结论，还是依据对现实社会主义的分析而得出的关于社会主义的一般原则或规律，这两者是不一样的，不可用前者来代替后者。即使科学社会主义已经为其实践证明是正确的，这也只是相对真理，随着社会主义实践的发展还要不断接受再检验，还须进一步再完善；即使是对社会主义实践概括、归纳出来的一般、共性，随着社会主义实践的发展也还有一个再概括、再归纳的问题。更何况科学社会主义只是正在为我们的实践所检验，这样若固守于马克思的某一句话、某一思想或原则，岂不是有悖于马克思主义的实践精神和批判精神，结果不是坚持，而很可能是背离了科学社会主义的基本精神。

二、社会主义本质的实现是一个以生产力为基础的辩证实践过程

社会主义的本质是解放生产力，发展生产力，消灭剥削，消除两极分化，最终实现共同富裕。改革开放以来，随着经济的发展和非公有制经济的不断壮大，贫富差距逐步拉大，这是客观事实。但不能因此就怀疑“让一部分人先富起来”的政策的正确性，从而否定鼓励发展非公有制经济的必要性。事实上，不论鼓励与否，只要不是搞平均主义、大锅饭，由于主客观因素的差异，人们之间劳动能力的差别，就必然会有一部分人先富起来，这是正常现象。当前出现的不同阶层居民收入差距的扩大和贫富悬殊的现象，主要是由机会不平等造成的，一些掌有权力的人利用手中的权力营私。这与鼓励劳动

致富、一部分人先富、发展非公有制经济并没有直接的必然联系。我们建设社会主义的根本目的，就是要实现人民的富裕幸福。致富、先富并没有错，问题不在于是否富，是先富还是后富，而是“看他们的财产是怎样得来的以及对财产怎样支配和使用，看他们以自己的劳动对建设有中国特色社会主义事业所做的贡献”。当然，对合法的、诚实的劳动致富，也要通过有关方针政策、法律措施，如增加税收、社会保障事业、遗产税等，以避免两极分化，但这与鼓励人们致富、先富并不矛盾。

在社会主义的本质中，解放和发展生产力是基础，是最根本的前提。消灭剥削，消除两极分化，实现共同富裕是目标，这是一个逐步实践的辩证过程，是不能急于求成的，美好的目标还需要依赖于坚强有力的手段才能实现。在我国现实生产力水平比较低的情况下，必须始终把解放和发展生产力摆在首位，发展是硬道理。在解放、发展生产力与实现共同富裕之间相比较，前者是绝对的，后者是相对的，没有绝对的共同富裕。共同富裕，并非同等或平均富裕。人们怎样富裕起来，富裕到什么程度，这些都必须紧紧围绕解放和发展生产力这个中心任务来思考、实施。解放和发展生产力是实现共同富裕的基础和根本途径，中国是一个后发展国家，赶快发展才是关键，这一点必须牢牢把握住。从整体上说，社会主义的本质不能被简化为其中任何一个方面，它们是复杂的相互作用。如果一定要说哪个重要，解放和发展生产力应该是其决定性的方面。

三、社会主义生产关系的变革既有待于生产力的发展，又依赖于认识的不断深化

生产关系的变革，一般说取决于两个方面的因素：一是客观因素，即发展了的生产力对生产关系提出了新的要求，由此必须进行改革；二是主观因素，即随着人们对生产力状况、生产关系以及两者之间关系的认识的不断深化，也必须对生产关系进行不断的改革。也就是说，即使生产力没有发展或者说并非由于新的生产力的发展而提出的变革生产关系的要求，仅是随着人们对生产力、生产关系及其相互关系认识的不断深化，也应该对生产关系进行改革。这一点是非常重要的，对此必须充分认识。即使是由于生产力的发展而对生产关系改革提出的客观要求，也必须通过人们对其正确的认识才能实现。所以，不论现实的生产力发展与否，只要我们切实认识到了现实生产关系对生产力发展的不相适应性，那就应该果断地对生产关系进行改革。

变革生产关系，是主要基于生产力的发展还是基于对其认识的深化，这两者尽管相互联系，但也是有区别的。正确认识这一点具有十分重要的意义，这可以使我们充分认识解放思想、实事求是，始终代表中国先进文化的前进方向，进一步繁荣哲学社会科学，对建设有中国特色社会主义的极端重要性。因为这可以为推动改革提供重要的思想理论指导。没有科学的理论，不对教条主义进行否定，不转变旧的观念，那就决不会有正确的、进步的行动，就不能推动改革的深化。

四、在生产方式的矛盾运动中只有落后的生产关系而没有落后的生产力

在生产力与生产关系之间只有生产关系才有先进与落后之别。相对生产力而言，生产关系之所以有先进或落后的区别，是因为人们是以现实生产力为基础，是根据生产力的状况和发展要求来建立其生产关系的。由于受到人们之间不同利益关系、价值观念、认识的有界性等因素的制约，在现实性上人们不可能建立起与生产力发展要求完全相适应的生产关系。就此意义而言，我们才说生产关系存在着先进或落后的问题。生产关系的先进或落后的本质含义只能是：相对适合生产力发展要求的生产关系就是先进的生产关系，否则就是落后的生产关系。这也就是所谓“生产力标准”。生产关系不论是先进还是落后都是相对的，而不是绝对的。不论是在生产力的低水平上还是高水平上，人们所欲求建立的只能是与现实生产力的发展要求基本相适应的生产关系，即使是建立在低生产力水平基础上的生产关系，只要它适合生产力的发展要求，那就是先进的生产关系。但是，在这两者之间也决不是“落后”的生产力与“先进”的生产关系之间的矛盾，而仍然是生产关系与生产力的发展要求还存在某种程度的不相适应的矛盾，尽管这不是矛盾的主要方面。所以，相对于生产关系而言，根本不会有落后的生产力问题，决不可能在相对“落后”的生产力基础上会建立起相对“先进”的生产关系，不会存在“落后”的生产力与“先进”的生产关系之间的矛盾。

我们的根本目的是要解放和发展生产力，始终代表中国先进生产力的发展要求，而所有制形式或公有制只是用以达到这一目的的一种经济形式或手段，不能本末倒置。只有当公有制是有利于解放和发展生产力，适合生产力的发展要求时，它才是先进的，才有建立公有制的必要。衡量生产关系先进与否的根本标准首先是看其是否有利于解放和发展生产力，而不是看其是公有制还是私有制，这也就是“三个有利于”标准的最本质含义。

正确认识这一问题有着重要的意义。一是明确所谓先进的生产关系就是适合于现实生产力发展要求的生产关系。二是不论是公有制还是非公有制，只要它有利于解放和发展生产力，那就是先进的生产关系。三是要推动生产力的发展必须从生产关系方面寻求根本的解决办法。四是要推动生产力发展，对生产关系的改革是永恒的主题，制度创新是发展生产力的根本途径和关键。

（原文约 7000 字，发表于《山东师范大学学报》人文社科版 2002 年第 5 期）

文摘编辑：其实

哲学视野中的社会发展代价问题

刘占峰

[作者简介] 刘占峰，华中师范大学政法学院。

[内容提要] 代价问题是哲学应当关注的重要问题。本文从剖析代价的内涵及其本体基础入手，分析了代价何以可能的根据；同时又从人类创造价值的现实实践活动出发对代价的合理性标准进行了多维度考察，进而提出了以尽可能小的代价实现社会最大发展应遵循的方法论原则。

[关 键 词] 代价；文体基础；评价标准；方法论原则。

一、社会发展代价的本体之根

一般而言，代价是一个经济学概念，意为获得某种东西的必要费用，与“成本”基本同义，“成本实为狭义的代价，而代价则是引申意义上的成本”。实际上，“代价”的内涵要比“成本”丰富、宽泛。

从社会历史哲学角度看，社会发展代价是人们在追求、创造价值的社会实践活动中，基于自身社会选择，为换取某种价值目标而对其他价值目标的放弃或损害以及由此带来的与价值取向相悖的消极结果。因此，对于代价如何可能的追问就必须放在人类价值创造的实践活动中进行考察，才是比较稳妥而又合乎代价自身的逻辑。

1. 就价值主体而言，代价产生于不同层次价值主体之间价值目标的分歧和冲突。人是以个体、群体和族类三种存在形态存在的，由此利益主体也相应分化为个人、集团和社会（族类）三个层次，不同的利益主体追求不同的价值目标。当“类”的价值取向与个体的价值取向矛盾时，如果牺牲个体价值就形成个人代价。从人类社会发展历史来看，原始社会中“类”与个体之间不存在对抗，人的个体存在表现为“原始的丰富”。但是进入阶级社会后，由于生产力的发展，“类”的力量成为完全超个体发展的力量，尽管“类”的利益与个人利益总体上是统一的，但当其发生矛盾时，“类”的发展往往要以牺牲个体为代价。不同集团在追求价值目标时，彼此之间往往发生纵横交错的利益摩擦、争夺和冲突，在这种相互对立、制约的集团格局中，如果一方欲打破既定的关系结构从中获利，就必须造成另一方的受损，这就产生了集团代价。而社会（族类）代价是指不同利益集团利益最大化过程中所造成的整个人类利益的损失，如环境污染、人性异化等。由此可见，正是由于价值主体的层次性造成了主体间的差异，这些差异又引起价值冲突，代价才得以可能。

2. 就价值主客体关系而言，代价产生于多元化的价值客体与主体选择的主导性之间的矛盾。价值客体具有多元化的特征。当主体将自身的价值尺度指向外部世界时，对象展示给人的是诸多可能性。但由于实践的历史性，主体不可能同时选择所有的价值客体、解决所有问题，面对多种可能性，人们必须在“鱼和熊掌”之间进行选择，而选择本身即意味着一种限制。主体面对多元化的价值客体，只能从自身需要出发，对价值客体做出轻重缓急的分别，然后确定优先实现的目标，而选择了重点就意味着对非重点客体的放弃或抑制，这就说明代价的付出是必然的。

3. 就价值活动本身而言，代价来自于人类价值活动的历史性。任何价值活动都是一定历史条件下人类的实践活动，它在超越前人的同时，又受到时代的限制，有其自身的局限性。主体确定、实现价值目标都要受各种相关要素“合力”的共同作用，其中不仅包括主体自身的认识水平，还有环境、技术、生理等物质条件和文化、价值观、传统等社会条件。一方面由于人们对客观规律把握的有限性，从而对社会发展的整体性把握不足，以至不能找到一种保持社会全面发展的“陀螺仪”，因而实际的发展总是片面的。另一方面，某一时代的客观条件总是有限的，受具体客观条件的限制，人们往往对发展所带来的迟发性代价很难做出超前的预测，只有当代价以某种形式显现出来时才会进入人们的视野。

二、社会发展代价的评价之维

尽管社会发展必须付出代价，但这并不意味着任何代价都是合理的。代价的评价坐标有以下三个具体的标准：

1. 合真性标准。即代价的付出必须合乎社会理性、遵循历史规律，这是人们衡量代价是否合理的基本出发点。它包括代价付出的必要性和代价操作的可行性两个方面。就代价付出的必要性而言，合理的代价本质上是人类为满足自身生存、社会发展需要而作出的努力或牺牲，因此合理的代价付出应该是实现人类价值目标的必要条件，即“有之未必然”，但“无之必不然”。这种代价的付出是遵循社会历史发展规律的，它是发展过程中不可缺少的环节。就代价操作的可行性而言，价值客体的本性和规律、现实的客观条件是制约人们活动的外在的“真”的尺度，它和主体的需要和利益一样，同为代价合理性的深层基础。在现实中，人们不能不思考：付出代价后，有没有条件实现发展的目标？自己有没有条件和能力解决由此引发的问题？有没有必要去冒这些风险等等。只有在外在客观条件的制约下去进行选择，才能为成功的代价操作奠定基础；否则，只会徒劳无益，甚至事与愿违、得不偿失。因此，人们不仅应该“为我应为之事”，而且应该“为我能为之事”，从而实现合理性代价从观念形态向客观现实的转变。

2. 合利性标准。即代价的付出要合乎利益，合乎价值。在人类历史的全过程，发展与代价始终是一对相依相伴的“孪生儿”。一方面代价是对社会进步成果的某种否定，它总意味着对一定价值的否定、牺牲和损害；另一方面，以付出代价并扬弃代价来换取某种发展，是社会发展的一般方式和规律。因此，代价在一定意义上又是实现社会发展目标的手段和中介。代价总是或者以成本投入的方式使社会发展成为可能，或者以副产品的形式成为社会发展的共生物，有时甚至以“恶”的方式成为推动历史前进的杠杆。此外，由于人类实践活动范围的极其广大及实践活动的连续性、无限性，某些局部的代价对于整个社会的发展来说却是创价；某些短期的代价也可能有助于长远目标的实现。可见，发展与代价的对立只是在一定的范围内才具有绝对的意义。二者在一定的条件下可以相互转化。因此从代价的合利性标准考虑，代价的合理性就要对代价的双重效应进行比较，衡量代价的收益、补偿是否大于损害、破坏。

3. 合义性标准。社会发展本质上是由人进行的人为的活动和为人的活动，但在发展中的代价主体和受益主体并不完全一致，因此主体之间往往存在利益矛盾，要解决这些矛盾必须依赖合义性标准。所谓合义性标准，是指代价的付出要合乎正义、保持公平，也就是说，代价的分配和价值的分配要保持公平、均衡。它包括两个方面内容：一是体现未来取向的代际公平。即在考虑当代发展的同时，要兼顾将来，为子孙后代预留出进一步发展的空间，而不能以损害后人发展的条件、能力为代价。二是体现整体取向的代内公平。任何人对自然资源和社会财富拥有同等的分享权利。在走向现代化的进程中，任何国家、地区在考虑本地区发展的同时，都应当兼顾邻近国家、地区乃至全人类发展的整体利益，而不能“以邻为壑”，把损害别的国家、地区和全人类的利益作为自身发展的代价。

三、代价选择的方法论原则

以上的分析表明，代价只有合理不合理之分，不存在有无的问题。任何社会发展都要付出代价，任何合理的代价也都应该是发展中的代价。代价与发展构成了社会活动的两个“极”。任何社会都不会处于两个极点，只可能在二者之间保持动态均衡。但如何才能保持发展与代价之间的这种平衡？是否存在一种选择方法，可以保证在社会发展中以最小的代价换取最大的发展呢？答案是肯定的，那就是在发展与代价的两极之间保持必要的“张力”，使之处于最佳的结合点上，使其平衡发展。具体来讲，至少应遵循以下几条方法论原则：

1. 从历时性上看，要坚持前瞻性与后补性相结合的原则。代价是人们在满足自身生存发展和推动社会进步过程中造成的对其他价值的抑制或否定，由此决定人们在确立和实现发展目标之前必须预测它可能带来的不良后果的程度和性质。因为过高代价的付出不仅会阻碍既定目标的实现，而且会埋没甚至毁坏已取得的发展成果。这就是代价选择要具有前瞻性的根本原因。不仅如此，我们每一代的发展都建立在前人发展成果之上，我们在继承前代积极成果的同时，也不可避免地将不良后果以代价的方式承袭下来了，然后通过自身的实践给予一定的补偿。同样，在我们谋求当代发展，创造属于自己的历史的同时，也会把新的不良后果以代价的方式遗留给后代，人类社会就是这样一个不断遗留、承袭发展与代价的连续链条，因此，为了后代的发展，我们就应该谨慎选择发展的代价。

2. 就共时性上看，要坚持重点突破与统筹兼顾相结合的原则。社会发展任何时候都不可能各领域、各方面齐头并进、同速进步。在特定的历史条件下，人们总是选择主要的矛盾和目标优先发展，而这在客观上就会导致其他矛盾和目标的被抑制、被忽视，最终又反过来威胁社会的整体发展，因此在处理发展与代价问题时，要有“大一统”的理论视野，防止不顾一切代价的“单打一”式的发展模式和发展战略。特别是在优先实现主导性价值目标的同时，要注意兼顾其他相对次要的目标，抑制不合理的需求，促进社会和人的全面发展。

3. 就享受价值的主体来看，要坚持人的发展与自然的发展相结合的原则。自然是人的“无机的身体”，掠夺、损害自然的代价最终要由人自身来承受，要通过人类的生存危机来补偿。近代以来，基于人类中心主义的狭隘视野，在社会代价的选择上，片面强调了人的发展特别是物质利益的满足，在很大程度上忽视了自然的发展和地球的承受能力，由此所带来的恶果，现在正一天天地显现出来，这就警示我们在处理发展与代价问题时，要坚持“自然——人——社会”利益协调统一的现代发展观，从人类的长远根本利益对待自然，从自然本身发展的客观规律规划人类自身的发展，最终实现人与自然的共同发展。

（原文约5500字，发表于《泰安师专学报》2002年第1期）

文摘编辑：其实

实践的哲学与哲学的实践

孙道进

[作者简介] 孙道进，重庆教育学院政治经济系讲师，主要从事马克思主义哲学研究。

[内容提要] 哲学的实践只能是认识活动与改造活动“耦合”而成的“一”，它对实践的哲学具有“视野”和“立场”的本体论意义。哲学的实践界定对于克服实践的哲学各派的对立及其局限性，建立实践与人类生存困境及其终极关怀的联系，弄清“交往”、“主体际性”等交往实践观的某些基本问题，从根本上提升实践的哲学具有重要意义。

[关 键 词] 实践的哲学；哲学的实践；界定；意义。

一、实践的哲学之症结

实践认识论从本体论的思维范式出发，为了强调主体更好地匹配于自然，夸大了实践的客观性、现实性和感性，即改造活动物质性的一面，却忽视了实践的主观性、批判性和超越性，即认识活动精神性的一面，将实践看成是不包括认识活动在内并与认识活动相并列的单向的改造活动，进而把这种单向的“实践”看作认识的前提、动力、尺度，看作对既定规律和本体进行认识的一个外在环节。这种对实践的经验主义误解势必把实践降低到经验或技术层面，甚至直接等同于人们的本能或功利性的活动，它消解了实践的超验维度，是费尔巴哈旧唯物主义实践观的现代延续。

与实践认识论正好相反，实践本体论从认识论的思维范式出发，为了强调自然更好地匹配于主体，夸大了实践的主观性、超越性即认识活动精神性的一面，却忽视了实践的客观性、现实性即改造活动物质性的一面，把实践提升到世界的“本原”、“基础”、“始基”和“统一者”的高度，将实践看成是一个不证自明的阿基米德点。这种对实践的超验主义误解势必把实践等同于无所不能的“绝对精神”，等同于超验玄思以及脱离现实的恣意妄为。它消解了实践的经验维度，因而不可避免地带有黑格尔唯心主义的色彩。

实践二元论看到了以上两种极端实践观的错误并试图加以调和，把实践看成是超验的认识活动与经验的改造活动的机械相加。实践二元论看到了实践的能动性和现实性，自在性和自为性，但却割裂了认识活动与改造活动之间的内在联系和有机同一，也消解了人的完整性。

交往实践观可分为两派。一派的观点和实践认识论相似，把实践理解为改造世界的物质活动，认为交往是以物质为中介客体的物质变换，“主体际性”成因于“人们物质生产和生存需要的一致性”；另一派的观点和实践本体论相似，把实践理解为认识世界的精神活动，认为交往是一种“主观际”精神（认知、意义、情感等）的变换，“主体际性”成因于“人们对沟通、理解等精神渴求的一致性”。这两种见解都没有联系同一性的实践来研究交往，因而在“主体际性”何以可能这个当代哲学的哥德巴赫猜想等问题上至今找不到满意的答案。

总之，以上各派实践的哲学都误解了哲学的实践所具有的同一性之“一”的辩证含义，都消解了实践的完整性和全面性，都割裂了实践与人类根本存在困境及其终极关怀的联系，都没有彻底领会“‘革命的’、‘实践批判的’活动的意义”哲学的实践是实践的哲学的出发点和归宿，对于实践的哲学具有本体论意义。

二、哲学的实践之界定

哲学的实践不是改造世界的活动，不是认识世界的活动，也不是认识和改造世界的活动（前两者的机械相加），而是认识活动与改造活动通过“主体—主体”结构相互渗透、互相交织而成的同一或整体，即只有当认识活动与改造活动是同一个活动而非两类（种）活动时的活动才是实践的，只有当认识活动与改造活动“你中有我，我中有你”或“你就是我，我就是你”，具有相关性、有机性、共时空性和共生性时的活动才是实践的。只有当认识活动与改造活动同时构成实践这枚“硬币”的两个“面”而不是彼此分离时，它们才是真正意义上的实践。这是由实践的客观性和现实性所决定的，也是“实践是主体客体化与客体主体化双向对象化的同一”的哲学表征。

哲学的实践自始至终都是认识活动与改造活动的同一（而不仅是统一）。一方面，改造活动的过程就是认识活动的过程。另一方面，认识活动的过程就是改造活动的过程。

正是实践的同一性即认识活动与改造活动的同一性决定了实践的另一种形式——交往——的产生。在原始状态中，实践的结构只是简单的“主体—客体”结构，单个主体仅凭自身就可以将认识和改造活动合二为一为同一性的实践，因而具有“原始的全面性和丰富性”。随着实践规模的进一步扩大，社会分工由此产生，认识活动与改造活动成了两类各自独立的单向对象化活动，如前所说，它们都脱离了实践的同一性之“一”，都不是哲学的实践。由此，人失去了自我塑造、自我确证的方式——实践，变成了“单向度的人”。为克服这种异化状态，重新进行自我塑造与自我确证即实践，使一分为二的两类活动再合二为一，这种关系表现为“许多个人的合作”。这儿的“合作”就是交往，这个“交往”表现为实践的“主体—主体”结构，交往的过程就是同一性的实践过程。这个过程可描述为：在同一时空中，认识活动者通过相互间的精神交往，深化了认识活动的“认识”；改造活动者通过相互间的物质交往，加快了改造活动的“改造”；两类活动者又通过彼此间物质与精神的相互交往，加速了认识活动与改造活动的“同一”即实践的总体进程（当然，必须强调的是，以上的“交往”具有“场依存性”，它不是三种交往，而是一种交往，否则就不符合实践的同一性的要求）。可见，正是实践的同一性即认识活动与改造活动的同一性决定了交往的产生。

总之，单向的认识活动或改造活动只是一个知识论问题或具体科学的问题，它们都不是哲学的实践。因为它们都脱离了实践的同一性之“一”，改造活动与认识活动只有通过“主体—主体”结构相互“耦合”、合二为一的时候，才是哲学意义上的实践，这样的活动才是真、善、美的活动，这样的实践才是有力的、可靠的，才能成为检验真理的惟一标准，这样的实践才是全部马克思主义哲学（而不只是马克思主义认识论）的首要的、基本的观点。

三、以哲学的实践提升实践的哲学

“拒斥形而上学”，回到同一性的实践，对于彰显马克思主义本真的实践观、恢复其本体论意蕴、克服实践的哲学各派的对立及其局限性有着决定性的作用。

1. 它有利于克服实践认识论、实践本体论以及实践二元论的错误实践观，恢复马克思主义本真的、哲学的实践观。改造活动确证人的自然性，认识活动确证人的精神性，而作为认识活动和改造活动相同一的实践则是在扬弃前二者的基础上生发出来的人的最高活动层面，它克服了自然性与精神性的二元对立，在自然性中确证人的精神性，在精神性中确证人的自然性，在自然性与精神性的内在同一中确证人的人性。因此，只有强调实践的同一性而不只是它的斗争性，才能消灭派生旧唯物主义和唯心主义的社会根源和认识根源，才能历史地扬弃它们理论的对立，才能理解列宁关于实践中“观念的东西转化为实在的东西”，实在的东西转化为观念的东西，“这个思想是很深刻的”论断，才能理解毛泽东关于“物质能够变成精神，精神也能够变成物质”这个著名的哲学命题；也只有这样，才能使实践的哲学获得哲学的实践所具有的“立场”和“视野”的本体论意蕴，才能克服各种实践观各自的片面性，消除实践唯物主义研究中的“泛化”和“杂乱”，把实践唯物主义真正贯彻到底。

2. 它有助于建立实践与人类根本存在困境及其终极关怀的联系，使形而上学抽象的“实践”发生“现象学还原”，即还原为马克思主义哲学的同一性实践观。实际上，立足“形而上学”难以得出同一性的实践观；反之，立足同一性的实践观却可以使形而上学发生“现象学还原”。模仿马克思的话说就是：形而上学的“改造”是抽象化了的脱离人的自然；“认识”是抽象化了的脱离自然的精神；“绝对精神”则不过是抽象化了的以上两个因素的同一，即人的自我生成、自我塑造的活动方式——同一性的实践，因此，与其说形而上学是同一性的实践观的根据，不如说同一性的实践观是形而上学的根据。只有以马克思主义的同一性实践观来克服这里的“形而上学”，明白真理不存在于任何一个极端，而存在于两极间充满张力的动态融合与否定性的统一之中，明白作为人类存在方式的实践是受动与能动、限制与超越、自在与自为、物质与精神的同一，我们才能建立一个平等的、和谐的、理性的、秩序的人类生存环境，作为实践活动主体的人也才能真正成为完整的、全面的、丰富的、健全的人。

3. 它有助于弄清交往实践观的某些争论不休而又悬而未决的问题，为丰富并完善交往实践理论扫平道路。交往就是合作，它与实践并不是互动关系，既不是实践决定交往，也不是交往决定实践，交往就是实践本身；“主体际性”的成因不是中介客体的一致性，不是“客观际”的物质或“主观际”的精神，即不是以“主体—客体—主体”结构来实现的，而是认识活动与改造活动相同一的实践过程本身，在根本上说是人的自我生成、自我塑造、自我确证，也就是人之为人的内在本性。因为，人要成为人就必然要进行自我确证，要进行自我确证就必然要实践，要实践就必然要使认识活动与改造活动相同一，要使相互分离的认识活动与改造活动相同一就必然要交往，要交往就必然要在主体与主体之间建立起平等的“主体际”关系，这个“主体际”关系就是“主体际性”，表现为实践的“主体—主体”结构。因此，出自于实践过程中的“交往”、“主体际性”等问题最终还必须回到同一性的实践过程中来研究和解决。惟其如此，才能克服传统的“主体—客体”的思维范式，扬弃“主体—客体—主体”的三极框架而代之以“主体—主体”结构，从而为丰富并完善交往实践理论扫平道路。

（原文约7000字，发表于《西南师范大学学报》人文社科版2002年第1期）

文摘编辑：其实

世纪之交的马克思主义哲学面临的转变

何中华

[作者简介] 何中华，山东大学哲学与社会发展学院教授，主要从事马克思主义哲学研究。

[内容提要] 在世纪之交，回顾我国马克思主义哲学研究，不难发现它正在经历并有待完成这样几个转变：一是在自我反思方式上从“解构”到“建构”的转变；二是在自我把握方式上从封闭”到“开放”的转变；三是在自我理解方式上从“抽象”到“具体”的转变；四是在自我定位方式上从“现代”到“后现代”的转变。

[关键词] 世纪之交；马克思主义哲学；转变。

一、从“解构”到“建构”：自我反思方式的转变

马克思主义哲学的一个重要特点，就在于它所揭示的基本原则同时也适用于它自身，这恰恰是其逻辑的彻底性之所在。因此，只有通过不断的自我反思，亦即辩证法意义上的“批判”，马克思主义哲学才能真正实现自我超越和自我发展。然而，由于极“左”路线的严重干扰，在一个相当长的历史时期，我们在对待马克思主义哲学的态度上，陷入了教条主义和经学传统的泥淖，从而极大地妨碍了马克思主义哲学的内在生机和活力。进入改革开放新时期以后，随着真理标准问题讨论和思想解放的不断深化，马克思主义哲学研究本身也开始了自我反省。人们以“回到马克思”为基本取向，对以哲学教科书体系为代表的马克思主义哲学的传统阐释进行批判性的反省，试图消解对马克思主义哲学的种种误读，以恢复其本来面目。

二、从“封闭”到“开放”：自我把握方式的转变

马克思主义哲学的开放性是内在的开放性，即它不是指体系本身的非完成性，而是指体系具有内在的与现实相沟通的能力。改革开放以来，马克思主义哲学体系实现了由“封闭”到“开放”的转变，表现在：首先，立足于人的“此在”状态，深入反思当代中国社会发展所遇到的重大现实问题。其次，马克思主义哲学与中国哲学、西方哲学之间的壁垒开始被打破。同样地，西方哲学与马克思主义哲学的沟通，也开始成为国内哲学研究的一个重要生长点，如对马克思同海德格尔、德里达等等的比较研究。特别是我们开始正视西方马克思主义对马克思主义哲学所作的诠释和发挥，并从中得到借鉴和启示，正是这些工作，使我们对马克思主义哲学的理解实现了由封闭走向开放。

三、从“抽象”到“具体”：自我理解方式的转变

马克思主义哲学的具体性，首先就体现在它的体系的有机整体性方面。然而，我们过去对马克思主义哲学的阐释，却陷入了抽象性的解释之中。还有，在我们的研究中，马克思主义的三个组成部分之间越来越缺乏内在的贯通。马克思主义的哲学、政治经济学和科学社会主义之间的边缘日益清晰和僵化，以致形成了相互隔膜的三个不同学科，在大学中不仅分成不同的专业，而且隶属于不同的院系。这恰恰背离了马克思的研究传统。改革开放以来，随着对马克思主义哲学“再认识”的不断深化，开始逐渐超越以往那种知性逻辑及其理解方式的局限，把马克思主义哲学进而把整个马克思主义理解为一个有机整体，并把马克思主义及其哲学放在一个“长时段”来加以观照，以充分发掘其思想前提。此外，由于马克思主义的三个组成部分之间具有内在的不可剥离的联系，我们开始意识到，要真正理解马克思主义哲学的实质，就不能不联系政治经济和科学社会主义。

四、从“现代”到“后现代”：自我定位方式的转变

我们以往在理解马克思主义哲学时，往往带有一种浓厚的启蒙情结。这正是我们之所以在前马克思的水平上诠释马克思的一个重要原因。由于没有或者未能正视马克思主义哲学超越“现代”的“后现代”维度，我们总是倾向于单纯从科学理性的视野去解读马克思主义哲学，从而得出带有朴素实在论色彩的物质本体论结论，以致于在本体观、实践观、真理观、自由观等一系列重要问题上，陷入了知识论的偏执。一般地说，对“现代性”的批判大致有三个路向：一是马克思主义哲学；二是“西方马克思主义”；三是所谓“后现代主义”。随着时代的发展，马克思主义哲学的历史语境的确发生了巨大变迁。我们必须敢于正视这一点。在今天所谓“后现代境况”下，尤其需要充分发掘马克思主义哲学筹划未来的建设性意义。这是今天所有马克思主义哲学的研究者和真诚信奉者都无法回避的历史使命。

（原文约9000字，发表于《求是学刊》2001年第2期）

文摘编辑：刘曙光

论经济哲学的学科性质和一般研究思路

余源培

[作者简介] 余源培，复旦大学哲学系教授、博士生导师，从事马克思主义哲学发展史、邓小平理论、经济哲学研究。

[内容提要] 经济哲学是一门通过结合法产生的结构性跨学科的综合学科，应当从“动态”、“交叉”、“综合”上把握经济哲学的研究对象。经济哲学的研究需要“以问题为中心”，目前可做的工作有：从思想发展史角度梳理经济学与哲学的关系；研究当代理论经济学中重大的哲学问题；研究当代全球性的涉及哲学与经济学的重大问题。开展经济哲学研究需要建立两个联盟：经济学家与哲学家的联盟；理论工作者与企业家的联盟。

[关 键 词] 经济哲学；学科性质；研究思路。

经济哲学是一门交叉学科，问题在于这是一门什么性质的交叉学科？我们认为可以从三方面思考：第一，经济哲学是一门跨学科的结合。第二，经济哲学是通过结合法产生的跨学科交叉科学。第三，经济哲学是一门具体科学（经济学）与哲学交叉产生的综合学科。我们认为，经济哲学的研究对象是作为整体的社会经济运动。西方哲学在从近代向现代转型中发生重大的变革。19世纪中叶马克思主义哲学的产生，就是这种变革最突出的成果，对此需要专门撰文论述。这里想就现代西方哲学在转型中的一些重要表现，考察其对经济学研究的影响：第一，一些现代西方哲学家对人的非理性的精神活动进行了多层次的研究。第二，在一些哲学家的新的视阈中更加重视对人的全面研究。第三，科学哲学的兴起和发展。通过对思想发展史的简要分析，不难看出经济学与哲学确实存在着相得益彰的互补关系；现代哲学发生的范式变革对经济学范式变革产生重大影响。

理论经济学是全部经济学的基础，它具有深厚的哲学形而上学性质。理论经济学的发展内含着丰富的哲学问题，特别是现代理论经济学的创新和转型，更是提出了一系列的问题，需要从哲学上加以思考。问题之一：经济活动中的人的问题。开展这些方面的研究，主要是厘清“经济人”、“道德人”和“自由人”的关系。问题之二：经济活动中的理性与非理性问题。开展对经济活动中理性与非理性研究，应当遵循这样一些原则：第一，充分认识到非理性对经济活动的重要性。第二，自觉把握理性与非理性的辩证统一性。第三，防止将对非理性的研究误入非理性主义。问题之三：经济学的价值评价问题，我们应当强调研究的真实性、客观性，以保证其科学性。经济学研究不可能完全摆脱价值问题。归纳起来有三方面的原因：其一，经济活动作为一种社会现象，总是有着一定的价值关系，渗透着和体现着人的目的和价值。其二，对社会经济活动的研究，不能撇开制度因素。其三，经济学作为一门社会科学，其研究总是受到一定的意识形态的影响。

人类迎来了一个新的千年、新的世纪。这无论是对全人类还是对中国发展而言，都充满了挑战和机遇。新问题层出不穷，经济哲学的研究既然是以问题为出发点，它的任务之一就是，紧密跟踪时代的飞速发展，对当代全球涉及哲学与经济学的重大问题作出理性的思考和回答。问题之一：开展经济与文化关系问题研究。问题之二：开展经济全球化研究。问题之三：开展知识经济问题研究。列宁在十月革命后，曾经提出建立哲学家与自然科学家联盟的任务。借鉴列宁的这一思路，今天我们开展经济哲学的研究，其基本途径就是建立两个联盟：一是哲学家与经济学家的联盟；二是哲学和经济学工作者与企业家的联盟。

（原文约15000字，发表于《复旦学报》2001年第1期）

文摘编辑：刘曙光

辩证逻辑——创新的逻辑

王庆英

[作者简介] 王庆英，北京师范大学哲学系副教授，主要研究方向为辩证逻辑。

[内容提要] 以往的逻辑有许多弊端，突出表现在未考虑创新思维及其特征，不能为创新提供思维工具。创新过程的本质是提出假说或假设的过程，创新思维具有主观猜测性和假定性。创新思维的形式有其自身的特征。要素组合推理、逆反推理等辩证逻辑的推理方法是创新思维最常用的推理方法。应建立一种以创新思维形式及其规律，以及创新思维方法为研究对象的创新逻辑。辩证逻辑应该担当起这种创新逻辑的重任。

[关 键 词] 创新思维基本特征；创新思维形式特征；创新思维方法；创新逻辑。

21世纪将是以知识创新和技术创新为动力的知识经济时代。创新离不开创新思维。辩证逻辑作为研究辩证思维形式、规律及其方法的一门科学，必须紧跟时代发展的步伐，在促进创新，提高国民创新能力方面有所作为。为此，辩证逻辑应研究创新思维形式及其方法，丰富和发展辩证逻辑学科，向人们提供创新思维工具，以适应社会培养创新人才的需要。

一

自古以来，人们一直在探讨科学发现的工具。其中逻辑在科学发现中的作用经历了由肯定到否定的多次反复。

归纳与演绎之争从未停止过。归纳派攻击演绎不能提供新知，是重复性思维，且推理的前提需要归纳提供；而演绎派则指责归纳的结论是或然的，不可靠的。争论的结果，一是逻辑学家们自己否定逻辑在科学发现中的作用，逻辑（包括演绎逻辑和归纳逻辑）不再是发现的工具，只是证明的工具。二是导致一些科学家和方法论学家对逻辑的不信任和否定。

笔者认为，以往的逻辑确实有许多弊端（但不能全盘否定），突出表现在未考虑创新思维及其特征，在处理创新思维问题时显得软弱无力，不能为创新提供思维工具，难免受到科学家的批评。

要研究创新思维及其方法，首先要弄清创新思维的基本特征。创新可分为知识创新和技术创新，前者一般称为科学发现，后者一般称为发明创造。

1. 知识创新

知识创新的过程是人们能动地认识世界的过程。单纯的演绎不能增加新的知识，单纯的归纳其结论又不可靠。于是人们得出结论，从感性经验开始所得到的并不是科学真理，而是假说。最早认识到这一问题的是英国哲学家惠威尔和杰文斯，他们建立了假设主义模式。其基本思想是：在科学研究中，为了解释经验现象，必须首先发明出假说来，然后从假说演绎出可由经验检验的结论，并用实验来进行检验和修正。这就是说，感性经验与科学理论之间需架设一座桥梁，假说就是这座通向科学真理的桥梁。假说固有的特征决定了它能够承担这种中介、桥梁作用。假说是以科学理论和经验知识为根据，对被研究的现象及其规律性做出的假定性说明或解释。其特征是既有科学性也有假定性，还有可检验性。假说在实践检验过程中，不断得到修正，猜想、假定性成分不断减少，科学、真理性成分不断增加，此消彼长，由量变到质变，最后假说便转化为科学真理。可见，科学发现过程的本质是提出假说、验证假说的过程。

2. 技术创新

技术创新、发明创造是人们通过创新思维，在科学理论的指导下，创制新的事物，首创新的方法、工艺的活动。新颖性、先进性、实用性是古今中外所有发明创造的共同特征。但现代发明创造与古代工匠式，以试错法为主要手段相比，突出了科学理论为前提和先导，创新思维为主要手段。技术创新其产品可分为两类：一类是原创型新产品，如人造卫星、计算机、电视机等；另一类是在原有发明创造的基础上，从技术和工艺上进行显著改进、改良，即产品的更新换代。如皮带传动车床→齿轮传动车床→半自动车床→自动车床→数控车床。无论哪一类技术创新，其创新过程都有一个共同特点，即离不开将认识要素进行组合、融合而产生假设，先进行概念构思、概念设计，再进行创制、生产。就是说在技术创新中，创新过程的基本模式可以大体分为两个阶段：创新客体的形成过程和创新客体的实现过程。前一个过程是提出新概念、新假设、新设计的过程，它是创新思维依据原型物或其某些特征进行组合、加工构成新的主观创造物的思维过程；后一个过程是论证、创制、生产制造过程。不难看出，技术创新、发明创造的过程本质是提出假设的过程。

假说、假设具有明显的尝试性、主观猜测性、暂时性。“没有大胆的猜测就做不出伟大的发现。”（牛顿语）因此，主观猜测性、假定性是创新思维的本质特征。

二

由于创新过程的本质是提出假说或假设的过程，创新思维具有主观猜测性和假定性，因此，创新思维的形式（主要指创新概念、创新命题和创新性推理）与传统或经典逻辑所研究的思维形式有着不同的特征。

1. 创新概念

创新概念是创新主体主观能动性得到充分发挥的体现。创新概念有如下两个特点：

第一，内涵的主观性与客观性的统一。创新概念不是对现实人们感知的客观对象的直接反映，而是主观创造的产物。就其整体来说是假设出来的，但又不是凭空臆造，就其构成元素来说都有已知的客观属性。创新概念也是已知与未知的辩证统一。

第二，外延的不确定性。创新概念刚提出时，在未经检验或创制之前，其个体在现实世界或未来世界中可能存在，也可能不存在，即其外延可能是空类也可能是非空类。经过进一步研究检验、创制，不确定性就会转化为确定性。科学研究的过程就是将这种不确定性转化为确定性的过程。

2. 创新命题

命题是概念的展开，是对概念所反映的对象（包括客观对象和主观构想出的对象）属性、内部联系和外部联系的陈述。

所谓创新命题，就是对主观创造出的对象及其属性的陈述。它所陈述的对象及其属性在当前只存在思维的理想世界中。创新命题有如下特征：

第一，真值的未定性（可看成为第三值）。这是创新命题主要特点与经典命题的根本分别所在。

第二，其形成过程具有主观能动性。它是在创新动机的驱使下，主观思维能动创造的结果。

第三，其内容具有新颖、独特性。它所陈述的内容是前人未曾表述过的，不是历史的重复。

创新命题在创新思维活动中具有十分重要的地位。创新思维活动需要创新命题的描述和记录。它是创新思维基本的形式，创新概念的内涵和外延需要创新命题的阐明，又是组成创新推理的基本要素。从创新全过程看，假说或假设的思维形式就是创新命题，因此，创新命题又是实现创新产品（包括知识形态的和实体形态的）的先导，人们对它的进一步研究、探索、创制，其真值就会转化，假的被淘汰，真的为人们所接受。

3. 创新推理

推理是由一组命题得出一新命题的思维形式。形式逻辑的推理有相对稳定的推理形式，强调推理形式的有效性，即保证由真前提不会得出假结论。而创新过程的推理情况比较复杂，大体有如下几种情况：

第一，从已知为真的前提推出待检验的猜测性命题。这实际是对假说或假设的逻辑论证过程。比如，牛顿从苹果落地猜想出万有引力定律，之后，他花费了大量心血进行逻辑证明，从已有的钟摆的离心力原理（惠更斯）、离心力与向心力平衡原理（波勒利），力学第二定律（牛顿）和行星运行三定律（开普勒）最后逻辑地推出了万有引力定律。

第二，从猜测性命题——假说，推出待检验的命题。例如从“现在的大陆板块是由原始泛大陆漂移而成的”，推出应有古生物证据、古气候证据等这些待检验的命题。显然，这类推理是由前提的真值不定（或然性）到结论的真值不定（结论待经实践检验后才能确定其真值）。

第三，从已知为真的前提推出结论真值未定（或然性、待检验）的命题。这类推理的结论具有全新性、创造性，大量的假说、假设由此类推理产生。它是创造性思维常用的推理类型，人们所熟悉的归纳推理、类比推理均属于此类。

第四，从已知前提不都确定为真，推出结论真值未定的或然性推理。

三

下面这些创造学中常提到的创新方法实际都是辩证逻辑的方法，因此，辩证逻辑的方法就是主体创新的工具。

1. 信息组合法（强制关系法）

即发挥想像力，在思维中将记忆中的信息、表面不相干的概念任意组合（可利用二元或三元坐标），创造（推出）出新的信息、新的概念，新的理论、新的事物的一种创新思维方法。其理论依据是唯物辩证法的普遍联系的原理。我们也可称这种方法为要素组合推理。其推理形式显然不同于传统逻辑中的联言推理的组合式或现代逻辑中的合取式。它的结论不是命题的合取，而是有别于前提的新命题。其结论的真值在未检验或创制之前是未定的。

2. 逆向思维法

按已有的思路的相反方向去思维，我们可称之为逆反推理。即从已知的事物、属性、过程、条件、方法等推出相反或相对立的事物、属性、过程、条件、方法等。即从已知的事物，已知事物的性质、过程、结果、条件，已有的方法、策略推出相反的事物、相反的性质、相反的过程、相反的结果、相反的条件、相反的方法和相反的策略等。辩证逻辑认为，无论对象多么复杂，其众多差异总是以两极对立为枢纽和主干，事物无不具有两重性。作为辩证思维方法就是使人敢于向“司空见惯”提出挑战，善于从与常规的对立中寻求新的东西，而一旦找到这种对立面存在的条件，创新也就蕴涵其中。其次，当一个问题百思不得其解，即从正面思考得不到解决，其原因可能是问题本身提得不合理，导致问题解的存在域中无解。如果这时转向其对立面从反面进攻或采取相反的思路，使注意力转向原问题所设定解的存在域的补域就有可能取得突破性进展。这种逆向思维法在科学发现、技术发明中已大显身手。

3. 两面思维法

美国精神病学和行为学家卢森堡提出，指同时积极地构想出两个并存的、同样起作用的或同样正确的相反或对立的概念、思想或印象，并积极地把它们凑合在一起，借此表述科学的或其他的问题。这实际是辩证逻辑中的对立互补推理，即在思维中把握了对立面双方后自觉寻找对立面双方实现统一的条件，由已知矛盾双方或对立的属性推出在一定条件下达到统一，或形成统一体的推理。如由时间、空间是绝对的和时间、空间是相对的，推出时间、空间既是相对的又是绝对的，由光具有波动性和光具有粒子性推出光具有波粒二象性。

对立互补性是辩证思维的核心特征。其一，它是辩证思维与形而上学思维的分水岭。形而上学思维把两极对立视为绝对的对立、绝对排斥和固定不变。而辩证思维则强调“一切差异都在中间阶段融合，一切对立都经过中间环节互相过渡。”其二，它是辩证思维优于知性思维的重要体现。知性思维仅停留在两极对立，看不到两极对立在一定条件下可以统一。矛盾律则是知性思维绝对遵循的法则。在辩证逻辑看来这一法则本身起作用的条件也是相对的。矛盾律所依据的是A与非A，即类与类、属性与属性之间界限分明，非此即彼，这一简单朴素的常识信念，并把这一常识信念作为其全部逻辑理论的预设。而这一预设如同传统逻辑预设主项存在一样，只顾及了可能世界中的一种情况，而未顾及可能世界中还有亦此亦彼的另一种情况。辩证逻辑克服了传统与经典逻辑的局限性，在承认非此即彼的基础上强调亦此亦彼。

对立互补方法可以冲破传统观念的束缚，实现观念上的突破，达到知识的创新。在当代，越来越多的科学家推崇辩证逻辑这种对立互补方法。

在邓小平理论形成和发展过程中有一个明显的特点，就是邓小平同志熟练地运用对立互补方法这一高超的思维艺术。改革开放、建立社会主义市场经济体制、一国两制等重大理论创新都是运用这种思维艺术的结果。

4. 克弱转换法或称缺点逆用法

此法以寻觅事物的缺点、弱点作为研究的瞄准点，对其进行辩证分析，认清缺点、弱点的本质、隐藏在背后的原理、原因，寻找克服缺点、弱点的途径、利用缺点的对象，从而化弊为利、化腐朽为神奇。此法可称之为矛盾转化推理。辩证逻辑认为，矛盾对立双方不仅在一定条件下相互依存、相互渗透、相互统一，而且可以相互转化。克弱转换法是辩证逻辑这一原理在知识创新和技术创新中的具体应用。

5. 回采法

利用现代科学技术将某些已弃之不用的传统技术或古老技术重返科技领域而产生新的发明创造的一种创新方法。此法我们称其为否定之否定推理。辩证逻辑中的否定不是全盘否定，而是“扬弃”，传统或古老技术之所以存在过，有其存在的理由，合理的成分。利用现代新科技否定其不合理的成分，保留其合理的部分就会有创新之举。

6. 形态分析法

其思路是利用系统观念，先把研究目标（系统）分解成若干独立的要素（子系统），再对每一个要素的性质、功能等进行分析，然后列出形态矩阵进行网罗组合，得出各种方案，最后对各种方案再进行分析、比较、综合、评价，选取最佳方案。分析——综合——评价，已成为当今世界发明创造过程中主要的思维模式之一。这实际是辩证逻辑中的分析与综合相统一的方法。

逻辑是一门提供思维工具的科学，创新思维形式及其逻辑特征应成为逻辑科学研究的对象。现有的各种逻辑体系，由于各自的研究对象所决定，不可能对创新思维形式的特征及其逻辑问题做全面、系统的研究。笔者建议，应建立一门以创新思维形式及其规律，以及创新思维方法为研究对象的创新逻辑。创新思维的主体是辩证思维，辩证逻辑应该担当起这种创新逻辑的重任。

（原文约1万字，发表于《广州大学学报》社科版2002年第2期）

文摘编辑：灵杉

哲学对自然科学的反思

史少博

[作者简介] 史少博，山东大学哲学与社会发展学院博士研究生。

[内容提要] 哲学与自然科学的思维的维度不同，哲学的认识就是一种反思，它与自然科学也存在着反思关系，即哲学对自然科学的基础和成果的反思，哲学对自然科学发展逻辑及科学精神的反思。

[关 键 词] 哲学；自然科学；反思。

科学是人类的一种活动，是人类运用理性去探索自然、社会和精神的奥秘，获得关于世界的规律性认识，并且用以改造世界、造福人类的活动。然而科学又有自然科学和社会科学之分，哲学则属社会科学之列。尽管许多哲学家对“哲学”有诸多界定，但有一点是不可否认的，就是哲学离不开“思”，即：哲学是反思、是方法、是视野，是人类精神的结晶。

一、哲学与自然科学的思维的不同维度

哲学和自然科学思维方式不同，它们之间的根本区别，在于它们分别集中地表示人类理论思维的两个基本维度，即哲学是“反思”的维度，集中地表现着反思思维和存在关系的维度；而自然科学是“构成思想”的维度。因此可以说，哲学是以自然科学为基础的，以“思维和存在的关系问题”为中介所构成的反思关系。

自然科学的对象是已给定的，每一门自然科学都有专门的探索对象，并有其独特的求知方式。自然科学体现着人类对世界的规律性的把握，也就是实现“思维和存在”在规律层次上的统一。虽然现代科学的迅猛发展深刻地变革了人的价值规范和生活方式，也变革了人们的世界图景和思维方式，但是它作为人类把握世界的一种方式，总是致力实现思维和存在的统一。与自然科学不同的哲学，是把“思维和存在的关系”作为问题进行反思。哲学的反思使得它在不断追问世界的同时，又反过来追问自身，黑格尔说：哲学的认识方式只是一种反思——意指跟随在事实背后的反复思考。人类的自然科学活动及其理论成果成为反思的对象，这就是哲学对自然科学的反思关系。

二、哲学对自然科学的基础和成果的反思

自然科学活动的一般的程序是：首先用仔细的观察和实验收集事实，以形成观察名词和单称命题，然后以归纳推理的方式，把观察名词和单称命题上升为理论名词和全称命题，这种理论名词和全称命题作为关于经验对象和实验对象的普遍原理，经过演绎推理，对相应的经验对象作出理论预见。可见，自然科学活动所形成的是关于对象的“普遍必然性”的知识。那么，这种自然科学活动是以思维规律去把握和描述存在的规律，从而形成关于经验对象的“普遍必然”知识。而全部自然科学中亦隐含了基础性的、根本性的问题，即“思维和存在的关系问题”。具体地说，思维和存在的关系问题则又体现着主体与客体、观察与理论、理解与解释等问题。哲学对自然科学基础的反思，首先表现在对以“思维和存在的关系问题”为实质内容的科学活动的基础性问题的反思。继而现代哲学以现代科学为基础提出了“观察渗透理论”、“观察负载理论”、“没有中性的观察”等等关于科学活动基础内在矛盾的认识。

像“观察渗透理论”它告诉人们对自然科学的观察，是为了解决某种问题而进行的观察，观察是有目的的，观察始于问题，观察中渗透了理论，在观察中人们不可能摒弃头脑中的理论，如果观察中不渗透着相应的理论，观察也无法进行，其观察结果也无法得出，甚至连观察对象也不存在，因为观察对象虽然是客观地存在着，但它与主体密不可分。作为自然科学活动的主体即科学家，却总是在一定文化中存在，作为认识主体的人，在自然科学的研究中，并不是以空白的头脑去认识，而是认识的主体必须以自己已经占有的知识和理论去认识，认识主体不仅有感觉、知觉、表象的能力，而且包括主体的概念、判断和推理能力。可见，认识主体总是以自己的认识活动为中介去形成关于“对象”的映象。因此，在观察中不可避免地渗透了“理论”，没有也不可能有“中性”的观察，人们总是以既有的知识和理论去观察认识对象，并在理论与观察的矛盾中去修正、更新、发展理论。从以上分析，可见这些认识不仅深化对自然科学的理解，而且有助于在一般意义上对人类的认识活动乃至整个人类活动的认识，因此，哲学对自然科学的反思，也是哲学的重要使命。

哲学对自然科学成果的反思，我以为并不等同于哲学对自然科学成果的概括和总结，也不是一般地把自然科学的成果作为再认识、再思考的对象，而是反思在科

研成果中所蕴含的思维和存在的矛盾关系，阐发在科研成果中所蕴含的认识成分的哲学意义，从哲学层面向科学研究提出新问题，即探讨在科学成果中蕴含着怎样的研究方法、概念框架、解释原则和价值概念；探讨它怎样变革了人类的世界图景、思维方式和价值观念，及它表达了怎么样的时代精神、并探究从何种角度推进了哲学对思维与存在、人与世界相互关系的理解，展现自己对时代真、善、美的理解，对人类提供新时代的理论。值得注意的是：哲学对自然科学的反思，必须坚持以唯物主义为基础的反思原则，既要敏锐、切实地从自然科学成果概括出蕴含变革人的思维方式和价值观念的哲学理论内容，又要防止片面、简单地“提升”，做到辩证地对待科学成果及其所提供的认识成分，防止哲学未加反思地、片面地扩大科学成果中的认识成分，因为把认识的某一特征、方面、部分片面地、夸大地……发展（膨胀、扩大）为脱离了物质、脱离了自然的、神化了的绝对，就会使哲学陷入唯心主义。要从“思维与存在的关系问题”去反思科学成果，揭示和阐发它所蕴含的变革人类的思维方式和价值观念的哲学意义，即实现哲学对科学的超越，也就是把科学成果转化为哲学原理，又实现哲学的自我超越，随着科学的发展而变其自身。

三、哲学对自然科学发展逻辑及科学精神的反思

哲学对科学发展的逻辑反思，按照美国当代科学家瓦托夫斯基的观点，他强调的是从人类的一般认识活动去理解科学认识活动，从科学以前的认识方法去探索科学的认识方法，从人类的一般性概念去透视科学的基本概念，也就是把认识作为人类活动的一般规律去沟通科学认识与其他认识之间的联系。从用某种臆想的原因来解释观察到的事实，进展为某种单一或者统一的解释原理来概括整个自然现象领域；从共同的经验概括而形成描述和规范实践的常识概念框架，进展为明确性，可反驳性和逻辑解释力的框架，从对经验的事实理性反思，进展为针对描述和规范实践的各种规则和原理的批判。

自然科学中也凝聚和升华了人类的精神，因自然科学活动，是科学家付出心血的艰苦活动，是一种体现人类智力最高成就的活动，其中蕴含了探索真理的求真精神、尊重事实的求实精神、自我扬弃的批判精神和超越现状的创造精神，哲学则有必要对蕴含在自然科学中的诸多精神进行反思。原因有二，其一是自然科学在于消解神秘、说明事实，哲学则昭示意义、表达自然。但就自然科学知识而言，正如希腊哲学家芝诺所说，人的知识好比一个圆圈，圆圈越大圆的面积越大，人的知识就越多，但圆圈所接触到的外界空白也越多，所以越会感到未知的东西越多，自然科学再发展，也不能穷尽世界的所有奥秘，而人的理性总有一种追根求底，对世界做出一劳永逸的终极解释的冲动，自然科学能满足人的理智需要，但很难以情动人、以善感人、以圣洁人，而哲学则能对自然科学知识进行反思，从具体的、实证的、有限的知识中超越出来，悲天悯人，民胞物与，确立起对人生宇宙的终极关怀。其二是，哲学虽不能归结为经验之思，但也不能归结为纯超验之思，因哲学不仅具有形而上，“形而上”只是哲学的一种规定，哲学还有形而下，哲学之源来自于经验，来自于对自然科学的反思、提升，所以哲学是“形而上”和“形而下”，也就是“超验之思”和“经验之思”的中介和合取，从而才能发挥它从个别到一般、从有限到无限、从相对到绝对，同时又使后者回到前者的转化功能。

自然科学是技术之母，而技术可以转化为生产力、转化为巨大的物质力量、物质财富，给人们带来了生产的效率和生活的舒适，但同时也把人类带到了自我毁灭的边缘；愈演愈烈的环境污染、资源枯竭、生态失衡等问题，使我们看出一个人如果只知道自然科学，“偏食”科学，就会可能成为“麻木不仁”的单面人。哲学必须也对此进行反思，因为自然科学中所蕴含的精神是多元的，所以不能观之一面。科学技术的水平标志着社会发展的水平，不仅深刻地影响经济的发展，而且深刻地影响政治机制、文化状况、人们的生活方式、思维方式，影响着社会发展。当代科学技术的最显著特点是：它的发展呈指数增长的趋势，而且在此指数增大的过程，科学的分支化与整体化同步展开，研究的完整性、研究对象的多学科性、学科的多对象性、科学研究的信息化，成为当代科学研究的认识特征，思维方式的特点也随之变化，当代科学认识论的特征、思维方式的变化，意味着当代的科学精神也发生了变化，当代科学中不仅蕴含了求真、求实、批判、创造的精神，而且也具有了“从绝对走向相对”、“从单义性走向多义性”的宽容精神，也就是真正的激励批判与创新精神等等。进而要求哲学对自然科学进行不断的反思，跟上自然科学的步伐，进行形而上的追问，真正促进自然科学和哲学本身的发展。综上所述，自然科学的对象是自然，自然科学是建立在事实的基础之上的，运用理论思维方法和数学、实验工具探索自然奥秘的活动，它是自然存在变化的知识体系。它的任务就是揭示自然存在、运动、变化的规律，形成关于感性对象的普遍必然性的知识，并使这些知识作为思维规律而与存在的规律相一致。而哲学从经验出发，又高出经验，哲学与自然科学之间存在着不可分割的联系，二者的关系可以从不同视角进行分析，本文仅从特定视角下分析了哲学与自然科学之间的反思关系，希望给读者以启迪。

（原文约5000字，发表于《德州学院学报》2002年第1期）

文摘编辑：灵杉

形式美的生成

张玉能

[作者简介] 张玉能，湖北华中师大教授，文学博士生导师，中华美学学会理事，湖北省美学学会副会长。

[内容提要] 本文认为，形式美不是自然属性，而是社会属性，与人的社会实践密切相关，并从其与劳动、情感和自由的关系方面对形式美的生成做了论述。

[关 键 词] 形式美；劳动；情感；自由；生成。

形式美并不是自然事物或社会事物的自然自在的属性，而是在社会实践中生成出来的社会属性和社会价值，形式美是在以生产劳动为中心的社会实践中、对象的形式方面通过情感的中介而逐步生成的，而且是恒新恒异的创造之中生成的形式的自由显现。

一、形式美与劳动

马克思说："劳动生产了美"（《1844年经济学—哲学手稿》），审美对象的任何方面的美，包括形式美在内，都离不开人的生产劳动及其各种展开形态——社会实践。

人们为了自己的生存，他们就不得不从事物质生产劳动，以获得生活资料。还是在这种生产劳动中，自然界的对象逐步由满足人们的物质需要的东西，即与人发生实用关系的对象转化为能使人产生审美快感的、与人发生审美关系的对象，就在这种人与对象的审美关系之中，对象的性质、状态、形状等形式因素就成为人们审美欣赏的对象，从而产生出对象的形式美。

第一，对生产工具的加工是形式美生成的主要途径。第二，对劳动收获品的加工是形式美生成的又一重要途径。第三，对生活用具的加工是形式美生成的另一重要途径。

二、形式美与情感

人类的以生产为中心的社会实践并不直接地产生出形式美，而是以情感为中介，在同时产生和发展美感的创造性过程之中，使得自然的形式生成出形式美。正因为如此，形式与情感、形式美与情感就具有了不可分割的密切关系，形式美及其规律不仅必然引起人们的审美情感，而且审美情感也必然指向形式和形式美。这便是形式美和形式的情感反应维度以及形式和形式美的移情现象的内在历史的因子和根由。

三、形式美与自由

正是实践的自由使得人们能够对形式的人为创造及其相应的自然状态产生满足的快感，即肯定的审美情感。所以形式美与实践的自由是密切相关的，也正因为如此，人们一般认为，美的形式就是自由的形式，形式的美也就是形式所体现出来的自由。

在美学上，自由有这么三层含义：其一是，运用规律来达到一定目的就是自由，即自由是合规律性与合目的性的统一。其二是，自由是超越实用的、功利的目的来对待对象。其三是，自由是个人与社会的统一。

因此，形式美也应该是合规律与合目的相统一的、功利性与超功利性相统一的、个人与社会相统一的形式的属性和价值。

在长期的以生产劳动为中心的社会实践中，人们逐步发现，生产工具、生产收获品、生活用具，具有了一定的形式和形式组合，就更能实现其实用目的，如对称、光滑、比例适当、均衡和谐的器具可以更好地实现其实用目的，因此，在不断的形式改进的实践之中，形式和形式组合规律就会逐渐摆脱实用功利目的，而能满足人们的审美需要和目的，并且在一个群体之内得到普遍的认同和赞赏，因此，形式就逐渐地成为人们自由的体现者，也成为人们自由地对待的共同对象，也就成为了美的形式而具有了形式的美。

（原文约1万字，发表于《云梦学刊》2001年第2期）

文摘编辑：石新中

事象、关系、过程
——兼论“物”、“心”和“人”

赵仲牧

[作者简介] 赵仲牧，云南大学人文学院教授，主要从事哲学和美学研究。

[内容提要] 事象、关系、过程是三个基础性的哲学范畴，事象理论、关系理论和过程理论是研究哲学问题的三个重要的理论前提和审视方位。由此出发，重新考察“物”、“心”和“人”三个古老的观念，分析传统哲学对三者作出的实体主义解释和本体论预设。进而指出，所谓物、心、人不过是事象中的三个“相”，关系网络中的三个“极”，动态过程中的三个“态”。

[关 键 词] 事象；关系；过程；物；心；人；实体主义。

“事象”包括实物、现象、行为和事件。一般地讲，事象是有象的，有可见、可闻、可嗅、可尝或可触的形象。事象总是处在各种关系中的事象，有了关系网络才能促使分散的事象连结起来。“事象”是一个外延极广的哲学范畴。日常用语中所说的“事物”，不论是指个别事物还是指事物的类别，均可容纳于“事象”这个词项的所指层面的范围之内。事象范畴不是本体论范畴或认识论范畴，提出事象范畴并不意味着必须对它作出某种本体论或认识的预设或承诺。“关系论”和“事象论”是一脉相通的，“关系论”中涉及的“关系”，专指事象世界里的重要关系。世界上和宇宙中没有绝对孤立和绝对独立的事象。

事象之间总是相互依附和相互作用的，既有相互关联的一面，又有相互离异的一面。“过程论”与“事象论”也是息息相关的。“过程论”谈到的“过程”，专指事象世界中的种种过程，即一个个、一类类或一群群事象运行演化的过程。“过程”同样是一个外延很广的哲学范畴，宇宙事象的演变，物理事象的运行，生命事象的进化，社会事象的发展，人生的经历，心理的活动，凡此种种，无不包容在过程范畴之中。关系是事象间的关系；反之亦然，事象是关系网络中的事象。过程是事象演变的过程；反之亦然，关系网络是动态过程内的关系网络。

从“事象论”看，三类事象是统一的事象世界分化出来的三种“相”。事象世界里的物、心、人，皆非孑然自立的“实体”，也没有无依无傍的“本性”。就“物”而论，宇宙间并无独立自足的“物理世界”，也无孤立绝缘的“物”之“自性”。就“心”而论，宇宙间找不到独立自足的“心灵世界”，也找不到孤立绝缘的“心”之“自性”。就“人”而论，普天之下决没有独立自足的“人文世界”和孤立绝缘的人之“自性”。从“关系论”看，三类事象是统一的关系网络里的三个“关系极”，步入“关系论”的方位定能发现，三元化的事象世界里有一张将三类事象统合起来的关系网络。从这张“网”里可以梳理出三元事象之间的三个“维”的关系。第一维是物与人的关系，第二维是心与物的关系。第三维是人与心的关系。

遵照“关系论”的路标继续往前走，就会发现另有一片能大力强化事象世界统一性的新天地。三维多重的关系编织成一张包罗三个事象世界的关系网络，三元化的物、心、人，以及它们各自的所谓“自性”，无非是宇宙或世界这张“巨网”里的三个“极”。从“过程论”看，三类事象是大化流行过程中的三种“过程态”。彻底的“过程论”与彻底的“关系论”相仿，同样拒斥一切实体观念，不接纳各种与实体主义结盟的本体论、“自性论”与“决定论”。“过程论”将分布于各个领域中的运演过程导入大化流行的总体过程，又把物、心、人各自的运演过程，看成是统一的宇宙万象运演过程里分解出三种特殊形态的运演过程。“物”的运行过程与物化的“过程态”，虽有自己的特色，能同另外两种“过程态”区别开来，但宇宙间并无完全自立的纯然客观的自然事象和物的世界的“过程态”，也没有同其他两个“过程态”绝然分离的“物态过程”。

（原文约24000字，发表于《思想战线》2001年第5期）

文摘编辑：刘曙光

环境伦理学中的“人”观
——一种马克思主义的“人类中心”观点

林　兵

[作者简介] 林兵，吉林大学哲学社会学院副教授，哲学博士。

[内容提要] 在环境伦理学的理论中，人类中心论与非人类中心论争论已久，但它们都没有走出“人”的误区。解决双方争论的出路并不在于是否要坚持或反对人类中心观点，而是在于如何转变“人”的观念。马克思真实地指出了人类中心的思想基础，这就是人只有把人自身的本质作为一种价值存在看待时，才会有所谓的人类中心问题。以人的价值的实现作为人类中心的思想基础，才是一种合理的人道主义态度。

[关 键 词] 人类中心；自我中心；类价值；人道主义；功利主义。

所谓环境伦理学中的“人”观，就是指在人与自然的关系中人类所处的地位、作用及其所扮演的角色。反映在当代环境伦理学的理论内容中，表现为人类中心论与非人类中心论的理论对立。在非人类中心论看来，当前生态环境问题的凸现，以及人与自然矛盾冲突的加剧，缘起于人是宇宙万物主宰观念的作祟。它使得人类只关心人自身的存在和利益，而无视自然的存在与利益。当代人类中心论则认为，人类对于环境问题的反省，以及提出环境道德的要求，其实质还是出于人类自身的生存与利益的考虑。虽然双方都主张保护自然环境，要求维系自然界、生态系统的平衡，协调人与自然的关系。但是，当代人类中心论者主张以人的存在与发展为最终目的，其理论基础是人本主义的，只不过是一种功利主义的人本主义。非人类中心论者主张以环境整体主义为其最高目的，即以维护自然界、生态系统的整体稳定、和谐为最高目的，其理论基础是自然主义的。它们都没有走出“人”的困惑，仍然停留在一般的意义上孤立地、抽象地看待人，而问题在于怎样转变“人”的观念，而不是如何强调人或人类是否为“中心”的问题。在存在论的意义上人并不是宇宙的中心，与其他自然存在的物一样都只是“存在者”而不是存在的中心。人类是否能成为中心是一个判断、选择的问题，而不是存在的问题。在生存论的意义上，人类的“自我中心主义”并不等同于人类中心论。以“自我”为中心只是表明“自我”的存在是人和生命存在物生存活动的最高目的，“自我中心主义”对于人类而言既是人类本能的生存方式，也是人类基本的生存尺度。

马克思的“三形态”理论指出了从人的存在形态的历史发展中去理解人本身，把握人与自然关系的实质。按照马克思的看法，“人的依赖关系”是人与自然关系的最初形态，它是人以群体性的方式表达的一种本能的“自然中心”观念，而不存在所谓的“人类中心”问题。“以物的依赖性为基础的人的独立性”是人自身发展的“第二大形态”。“人类中心”的含义在此意味着人是以个体化的、独立的“自我”为中心，而把他人、自然视为非我的对象性的存在、为我的存在。人的“自由人联合体”是马克思所说的“第三个阶段”，即以“类”为“本位”的阶段。“人”不再意味着“人类自我”而是表现为以“类”为“自我”的存在状态，“类”既指称着人类自身，也容涵了自然于其中，这就是马克思所表达的“人类中心”思想，也是我们把握“人类中心”观点的理论基点。显而易见，这种人类中心论的基础在于一种价值论。“人类中心”含义在此意味着，当且仅当人是价值存在物时，人才能是以“类”为中心。“中心”表征着人的价值活动既是一种“为我”的活动，把一切“它物”对象化为我的存在；同时，它也是一种“为它”的活动，把人的自我外化为它物，变成为它的存在。这是由人的“类本性”所决定的，它所实现的其实是一种“类价值”，即把人与自然的同一性作为最高价值目的的价值取向。以人的价值的实现作为“人类中心”的基础，是一种合理的人道主义态度。只有如此，才能超越功利主义、自然主义的理论态度。但是，这种超越并不完全是一种理论态度的转变，而是要超越特定的人的存在状态，在人的发展、生成中，在人的存在方式的转变中完善人本身、拓展人的世界、实现“类价值”，这也正是马克思给我们的启示。

（原文约1万字，发表于《吉林大学社会科学学报》2001年第4期）

文摘编辑：刘曙光

悖论与人类对无限的认识

王宗烘

[作者简介] 王宗烘，厦门大学哲学系副教授。

[内容提要] 悖论与人类对无限的认识存在着密切的关系。科学领域中的悖论是引导人们探索未知领域的向导，具有重要的方法论意义。

[关 键 词] 悖论；认识无限；辩证关系。

在人类思维和科学发展史上，悖论是一个非常古老又常新的问题。悖论的研究范围也在不断地扩大，早期主要在哲学、数学和逻辑学领域，现代已发展到自然科学和社会科学的许多领域。涉及无限的悖论在古代、近代和现代都大量出现过，人类通过对这种悖论的研究，有效地提高对抽象无限对象和现实无限世界的认识。如果深入地探讨悖论与人类认识无限的关系，那么可以看到两者之间存在着密切的辩证关系。具体表现在以下几个方面：

1. 人类对无限认识的不足是许多悖论产生的重要原因。人们知道，无限概念是人类从现实世界中抽象出来的，并随着实践和思维的发展而发展。也就是说，人类对无限的认识经历了由较多不足到较少不足的过程。许多悖论的产生正好与当时人们对无限认识的不足密切相关。例如，古代的“芝诺悖论”主要来自于人们认识有限与无限的关系时，只看到对立的一面；近代“贝克莱悖论”来自于人们没有认清无限小量的本质；近代的“光度佯谬”和“引力佯谬”来自于人类对无限宇宙认识的不深刻；现代的“康托尔悖论”来自于人们看不到潜无限与实无限的辩证统一。

2. 悖论的提出和研究有力地推进了人类对无限的认识。涉及无限的悖论的提出，既表明人类对无限的认识尚不够完善，又必然推进人们加强对无限问题的研究，提升人类认识无限的水平。例如，芝诺悖论的提出，加快了采用数学模型研究无限的进程；贝克莱悖论的研究，推进了人类辩证无限观的形成，也推进了微积分理论基础的完善；光度佯谬和引力佯谬的提出，推进了人类对无限宇宙的探索，促进了现代宇宙学的形成和发展；康托尔悖论的发现和研究，进一步深化了人类对潜无限和实无限的认识。

3. 人类对无限的深化加快了语义悖论的消解。人类对无限认识的深化，既促进了语形悖论和经验科学悖论的消解，也促进了语义悖论的消解。在促进语义悖论的消解方面，主要体现在已出现了许多消解语义悖论的“无限”方案，并且可以用现代无限观看待这些无限方案的作用。对于无限方案作用的不同看法，集中表现在关于无限多值逻辑方案能否彻底消解说谎者悖论问题的争论上。作者认为，如果用实无限的观点看，妥善构造的无限多值逻辑方案可以彻底消解说谎者悖论（包括任何层次的强化说谎者悖论）；如果用潜无限的观点看，任何无限多值逻辑方案都不能彻底消解说谎者悖论。同时，这两种判断都是有道理的，不能肯定其中一个而否定另一个。

（原文约1万字，发表于《厦门大学学报》2001年第3期）

文摘编辑：石新中

试论科学技术的发展对于重构形而上学的意义

陈慧平

[作者简介] 陈慧平，厦门大学哲学系研究生。

[内容提要] 科学技术与形而上学都是由于人的生存与发展的需要而产生的，但长期以来，它们却以对立的形式存在着。转变形而上学的价值取向，使科学精神与人文精神从对立走向融合既是当今社会科学技术飞速发展的大势所趋，也是形而上学继续存在的理由和使命。

[关 键 词] 科学技术；形而上学；生活世界。

第一，科学技术的发展对形而上学的重构有启发意义。科学技术的崛起与形而上学的衰微似乎使科学与人文的对立达到了前所未有的程度，但这种对立也表征着融合的可能，“反者道之动”。“现代科学的综合化、主体化趋势内在地规定着科学理性与人文精神从冲突走向交融……科学的深化便包含着人化，纯科学的终极必然与人相通、与价值汇流。”科学技术的发展对重构形而上学更加具有启发意义，尤其在重构形而上学必须先要思考的问题上：在“人是什么”的问题上，科学技术的发展有助于我们有一个更深刻的认识。科学技术发展到今天已经由人的生存工具变成了人的生存依托，人的力量体现在技术发展的链条中，人必须适应科学技术系统的发展，否则将可能变成系统的异物而被排除。三种类型的形而上学：信仰的回归、理性的回归、诗性的回归，无一例外地是“以人为本”的形而上学，“以人为本”是形而上学从奴隶社会产生至今三千多年时间里天经地义的价值取向，但在新的时代的飞速发展面前却日益暴露出它的局限性，虚无主义、享乐主义及廉价庸俗的幸福观不是因为形而上学的缺乏，而恰恰是“以人为本”的形而上学的结果，是原有的形而上学无力整合新的形势所导致的。以科学技术的发展为标志的新的时代需要新的形而上学，这种形而上学能够超越“以人为本”的立足点，转变以人为目的的价值取向，走出主观精神自恋，体现人的甘为阶梯、功成身退的境界。新的形而上学是各种虚幻现象得以消除的形而上学，这种形而上学不再固执于主体的优越性。为时代所需的形而上学将是全面提高真、善、美的层次的形而上学，这种形而上学以充满力度的动态的“真、善、美”代替有惰性成分的静态的“真、善、美”，以人是自然界发展的过渡的观念取代人是自然界发展的目的的观念。

第二，科学技术的发展是重构形而上学的必要环节。提供重构形而上学的辅助设施。贝塔朗非的系统论、申农的信息论、维纳的控制论、普利高津的耗散结构论、哈肯的协同学、邓聚龙的灰色系统理论为形而上学的重构提供了新的思维方式。互联网的发展有利于形而上学的重构走出“主体自我中心”的困境。纳米成了21世纪新的精度标准，在认识上填补了人类在宏观与微观之间连接知识之不足。改变从事重构形而上学的主体。新的形而上学可以从二方面来理解，一是人的认识与“道”相符从而自觉转变思想意识，完成人的过渡性的使命。二是随着人本身经历着改变，一种新的现在无法想象的思想意识会自然产生。科学技术对认识主体的改变已初见端倪：在由原子到比特过渡的时代，人的感性的身体不断为抽象信息所侵入，身体成了一个发散性的思维组织过程和系统化的电脑知识连结起来的场所。科学技术的发展加快了电脑自我设计的时代的到来。目前已出现用实验方法将外源基因导入动物体内，使其在动物染色体基因组内稳定整合，并能遗传给后代的转基因动物。

（原文约14000字，发表于《贵州大学学报》2001年第2期）

文摘编辑：刘曙光

在实践中坚持和发展马克思主义

陶德麟 汪信砚

[作者简介] 陶德麟，武汉大学人文科学学院哲学系教授，博士生导师，主要从事马克思主义哲学研究。
汪信砚，武汉大学人文科学学院哲学系教授，博士生导师，主要从事马克思主义哲学研究。

[内容提要] 当前，在实践中坚持和发展马克思主义，首先必须坚持和加强马克思主义在意识形态领域中的指导地位；其次，必须切实加强马克思主义的理论建设；再次，还必须大力提高广大干部的马克思主义理论水平。

[关 键 词] 实践；坚持；发展；马克思主义。

什么是在实践中坚持和发展马克思主义？在当前我国条件下怎样才算是在实践中坚持和发展马克思主义？首先，对待马克思主义，有一个态度问题，即到底是在实践中坚持和发展马克思主义，还是这样那样地否定和背离马克思主义。作为对待马克思主义的正确态度，在实践中坚持和发展马克思主义，其首要之点就在于“马克思列宁主义、毛泽东思想一定不能丢，丢了就丧失根本”。牢固树立在实践中坚持和发展马克思主义的态度，要求我们认清并深入地批判马克思主义“过时”论的错误，因为马克思主义“过时”论就是各种背弃马克思主义的企图和做法的主要理论根据。其次，对待马克思主义，也有一个学风问题，即到底是在实践中坚持和发展马克思主义，还是把马克思主义当作僵死的教条，遇事都从本本上寻找答案。自觉养成在实践中坚持和发展马克思主义的学风，有赖于搞清楚什么是马克思主义的问题，因为教条主义的错误根源恰恰就在于对马克思主义的片面理解上。自觉养成在实践中坚持和发展马克思主义的学风，还有赖于深刻地认识教条主义的危害性。如果说各种公开地否定和背离马克思主义的企图和做法容易受到人们的批判，那么，教条主义的危害性则往往没有受到人们应有的重视，因为从表面上看，教条主义似乎是最“忠于”马克思主义的。但一旦从马克思主义的本本上找不到解决问题的现成答案或运用现成的答案不能完全解决新的实践中出现的新问题，就会要么指责人们的实践偏离了马克思主义，要么认为马克思主义“没用了”、“过时了”。因此，教条主义不仅会使人们思想僵化，导致用思想剪裁实际，从而会窒息马克思主义的生命力，而且它与那种否定和背离马克思主义的倾向之间也是内在相通的。再次，对待马克思主义，还有一个方法问题，即到底是在实践中坚持和发展马克思主义，还是抽象地空洞地谈论马克思主义、孤立地静止地研究马克思主义。作为对待马克思主义的科学方法，在实践中坚持和发展马克思主义，其根本要求就在于必须结合本国的实际和时代的发展来研究马克思主义，并在这种结合中既坚持马克思主义又发展马克思主义。

有效地运用在实践中坚持和发展马克思主义的方法来研究马克思主义，要求我们首先在思想上明确坚持马克思主义与发展马克思主义的关系。坚持马克思主义，是指坚持马克思主义的基本立场、观点和方法以及由它们组成的马克思主义的科学体系；发展马克思主义，是指运用马克思主义的基本立场、观点和方法创造性地研究发展着的实践中出现的新情况、新问题，从而丰富和深化马克思主义的有关原理，或由此作出新的理论概括，得出新的理论结论。在这里，坚持马克思主义与发展马克思主义是有机统一的，统一的基础就是实践。有效地运用在实践中坚持和发展马克思主义的方法来研究马克思主义，还要求我们深刻地理解和把握实践的具体性和历史性。

（原文约13000字，发表于《武汉大学学报》人文科学版2001年第1期）

文摘编辑：石新中

新时代呼唤新的思维方式

陈中立

[作者简介] 陈中立，中国社会科学院哲学所。

[内容提要] 本文从科学技术的突飞猛进，社会政治实践的成败及生产、科学实践的负面效应三个方面论述了新时代对新思维方式的呼唤。

[关键词] 新时代；新的思维方式；科学技术；社会政治实践；生产实践；科学实践。

人类社会的纪元历史，进入了一个新的世纪和新的千年。回顾过去的一百年，人类社会实践的状况，既有较之过去的巨大发展、巨大进步和巨大成就，也有在发展带来正效应的过程中带来的负效应。在总的前进过程中，也存在着曲折；在取得成绩时也提出了新的问题。但不管是发展、前进和成就，还是曲折和问题，都迫切要求人们有一个新的思维方式来面对现实，面对未来。

一、科学技术的突飞猛进，呼唤新的思维方式

科学技术是时代发展的标志，同时也是思维方式最切近的基础。尤其是在对自然界和对社会物质生产的认识方面，人们的思维方式为科学技术的发展状况所决定，表现得更为鲜明。就是各个时期的哲学的思维方式，也是和那个时期的自然科学的发展状况相适应的。有人以为，哲学思维方式的变更，是靠一些大哲学家纯粹思想力量的作用。其实推动哲学思维方式变革的真正力量，主要是自然科学和技术科学的迅猛发展。

恩格斯曾经在谈到哲学唯物主义的思维方式时指出，18世纪的唯物主义主要是机械唯物主义，这是和那时的自然科学的状况相适应的。因为，那时在所有自然科学中只有力学，而且只有固体（天上的和地上的）力学，达到了某种完善的地步。化学当时刚刚处于幼稚的燃素说的形态中。生物学还在襁褓中，对植物和动物的机体只作过粗浅的研究，并用纯粹机械的原因来解释。18世纪法国唯物主义者甚至以《人是机器》为题发表著作。总之，什么都从“机械的”方面去理解。这样，它也就不能把世界理解为一种过程。所以，机械唯物主义的思维方式，是“形而上学的思维方式”。它虽然比古代的朴素唯物主义的哲学思维方式要先进得多，但它的局限性，在自然科学的持续发展中，便很快显露出来。

恩格斯说：“现代唯物主义本质上都是辩证的。”这种现代的辩证的思维，是从康德的“星云假说”给形而上学思维方式的观念上打开了第一个缺口”开始的。康德开始学术生涯之初，主要还是一个自然科学家，他几乎熟悉当时各门科学的发展。他的“星云假说”，就是以他的自然科学知识为基础提出来的。19世纪，不仅天文学有很大进展，物理学、化学、生物学、生理学等学科也都有许多新的发现和发展。比如，生理学证明，死亡并不是突然的、一瞬间的事情，而是一个很长的过程。同样，任何一个有机体，在每一瞬间都是它本身，又不是它本身……科学发现的这些过程和思维方法都是形而上学思维方式的框子所容纳不了的。而只有辩证的方法，才能适应并有利于科学的发展。由康德开启的近代德国哲学的辩证思维，在黑格尔的哲学体系中得到了完善的形式。恩格斯称黑格尔为人们留下了“辩证的思维方式”。他还说，“黑格尔的体系只是一种就方法和内容来说唯心主义地倒置过来的唯物主义。”总之，“随着自然科学领域中每一个划时代的发展，唯物主义也必然要改变自己的形式。”就是说，哲学唯物主义的思维方式，总是随着自然科学的发展而发展的。

前面我们说到，虽然总体上说社会实践状况决定着人们的思维方式，但反过来，思维方式对社会实践的发展也有巨大的反作用。事实正是这样，19世纪形成的“辩证的思维方式”，对20世纪的科学发展，起到了非常鲜明的巨大的促进作用。

20世纪的科学技术获得了惊人的成就。它深刻地影响着人们的生活方式、行为方式、交往方式，同时也改变和要求改变人们的思维方式。特别是复杂性科学的兴起，更要求有一个崭新的思维方式来对待。那么，这个崭新的思维方式应该是什么样的呢？有人说，这个崭新的思维方式，仍旧是“辩证的思维方式”。然而，恩格斯早就告诫我们，甚至随着自然科学领域中每一个划时代的发现，唯物主义都必然要改变自己的形式。20世纪的自然科学有这么多的划时代的发现，对旧的科学理论体系有这么重大的突破，有这么深刻的变革，难道在19世纪便已形成的“辩证的思维方式”就不要“改变自己的形式”了吗？

二、社会政治实践的成功与失败，呼唤新的思维方式

20世纪的社会政治生活，经历了剧烈的斗争，发生

了翻天覆地的曲折的变化。这些社会实践活动也深刻地影响着人们的思维方式。

在过去的一百年中，在人们的社会政治实践活动方面，主要有这样几件大事：首先，发生了两次世界大战。这是人类有史以来的仅有的两次世界性的大战。这两次大战，都是一些帝国主义国家为了争夺殖民地，掠夺财富而发动的，最后都以侵略者的失败告终。其次，民族独立和解放运动蓬勃兴起，特别是在二战以后，更是空前高涨。从16世纪末开始到19世纪，在西欧一些主要国家，先后发生了资产阶级革命，确立了资产阶级专政。随着它们经济力量的增长，政治上逐渐向外扩张。到19世纪末，全世界比较落后的地区，差不多都被帝国主义瓜分完毕，成为它们的殖民地、附属国。到了20世纪特别是二战后，这些民族纷纷独立，50年代，全世界有90多个国家，现在则有190多个国家，这些国家的独立，经过了艰苦卓绝的斗争，但都是胜利了。第三，社会主义革命的胜利和苏联的瓦解。这也是发生在20世纪的一件大事。1917年，社会主义革命实践在当时经济上比较落后的俄国取得成功。二战后，中国、朝鲜、越南和东欧一些国家的革命，也先后取得胜利，并形成了一个社会主义阵营。到90年代初，苏联、东欧却又发生了剧变，社会主义在那里不复存在。这个问题到底应该怎样看待？革命的胜利和制度的胜利是不是一回事？社会主义取代资本主义的规律到底是什么样的？这些都是人们所关心的问题。这些变化，不仅直接影响着这些国家人民的生活方式，而且还引起了全世界人民的深思。第四，和平与发展是当今世界绝大多数人的共同愿望。全世界人民经过了两次世界大战，许多被压迫民族经过多次艰苦斗争才取得独立的胜利。所以，二战后，饱经战乱之苦的人们渴望和平与发展。但少数政客，为了个人或小集团的私利，倒行逆施。另外，还有一些其他原因，以致使当今的世界仍不太平，发展事业仍无法顺利展开。这是一个充满着矛盾的现实。

世界范围内社会实践的成功与失败、顺利与曲折，无不呼唤能有一种新的思维方式来重新审视这些问题，呼唤用一种新的思维方式来面对未来的社会政治实践。

三、生产实践和科学实践的负面效应，呼唤新的思维方式

科学技术的迅猛发展，一方面推动了社会物质生产的大发展，大大满足了人们物质生活以及精神生活（如文化、艺术、教育等）的需要，但另一方面，也暴露出了许多负面效应，表现在许多方面。比如，对资源乱开乱采，某些不可再生的资源已经或正在枯竭；环境污染和恶化；生态失衡；核污染，特别是核武器，严重地威胁着人类的安全；贫富差距越来越大；人口过分膨胀，等等，不一而足。这些情况，今天已经对人类的生存和发展构成了威胁。正如有的科学家指出的，“如果让这种趋势继续发展，自然界将很快失去供养人的能力。”造成今天这种状况的原因很多。其中一个重要原因，就是人们对科学技术的不当选择和利用。

科学和技术本身是中性的。但是科学技术又是被人操纵、被人利用的。哪些科学技术能得到更大的资助，因而能得到更快的发展？这是经过“人工选择”的。而能参与“人工选择”的，并不是所有人，而是有钱有权的人。而这些有钱有权的人，他们选择的标准，则是他们所追求的价值目标（在市场经济条件下，首先是利润）。所以，在一个充斥着“强权即公理”、“成王败寇”的世界里，科学技术的发展，决不可能都是从全人类共同利益出发来进行选择的。而且，从总体上看，它还受到人们的发展观的影响。人们片面追求发展生产力，发展经济，也是造成以上负面效应的重要原因。然而，不管它的原因如何，它的后果却关系到全人类的利益。它不仅涉及到目前全世界人的利益，而且还关系到子孙后代的利益。

据此，有学者指出，20世纪最伟大的科学发现，是人类对自己生存危机的发现。正是有了这个发现，人们才提出了可持续发展的问题。它要求人们不仅要顾及到今天我们自己的利益，还要顾及到子孙后代人的利益；不仅要顾及到一部分地区、一部分人的利益，还要考虑到全球问题，顾及到所有人的利益（在危及小小地球村存亡的时候，村里人的利益是无法分割的）；它要求人的全面发展，不仅要顾及自己，还要顾及他人，不仅要追求物质的享受，还要追求精神情操的高尚等等。这样，它也就要求经济、社会、环境、资源、人口以及科学教育，全面的相互协调的发展。也就是说，它的最终解决还需通过科学的发展、生产的发展以及社会政治实践的协调作用。在这里，意识形态的色彩虽然较淡，但它却直接涉及到人与人、国家与国家、地区与地区之间既得利益的冲突和调整。所以，在真正实践它的过程中，决不可能是一帆风顺的。说到底，它涉及到人的思维方式的深层次方面的世界观、发展观、价值观、人生观等问题。它要求人不仅要处理好人与自然的关系，还要处理好人与人的关系，处理好自己与自己素养的关系。

总之，生产实践和科学实践带来的负面效应，深深地教育了人、启发了人。同时，也要求人们必须建构起一种新的思维方式来处理这个问题，面对未来。

（原文约8000字，发表于《湘潭师范学院学报》2001年第1期）

文摘编辑：灵杉

新轴心时代哲学走向的特点

汤一介

[作者简介] 汤一介，北京大学哲学系教授，博士生导师，从事中国哲学与文化研究。

[内容提要] 新轴心时代的文化无疑是在全球意识观照下得到发展的；新的轴心时代将是一个多元对话、学科之间互相渗透的时代；21世纪将是精英哲学与大众哲学相结合。中国哲学必须在发挥自身固有的内在精神的同时大力引进西方哲学，以便跟上当前世界哲学发展的总趋势而成为新轴心时代的哲学重镇。

[关 键 词] 新轴心时代；哲学；走向；特点。

德国哲学家雅斯贝尔斯曾经提出“轴心时代”的观念。他认为，在公元前500年前后，在古希腊、以色列、印度和中国几乎同时出现了伟大的思想家，他们都对人类关切的根本问题提出了独到的看法。古希腊有苏格拉底、柏拉图，中国有老子、孔子，印度有释迦牟尼，以色列有犹太教的先知们，形成了不同的文化传统。这些文化传统经过两三千年的发展已经成为人类文化的主要精神财富，而且这些地域的不同文化，原来都是独立发展出来的，并没有互相影响。“人类一直靠轴心时代所产生的思考和创造的一切而生存，每一次新的飞跃都回顾这一时期，并被它重新燃起火焰。”

在某种意义上说，当今世界多种文化的发展正是对2000年前的轴心时代的一次新的飞跃。据此，我们也许可以说，将有一个新的“轴心时代”出现。这新的“轴心时代”的文化发展与公元前500年左右的那个“轴心时代”会有很大的不同。概括起来，至少有以下三点不同：

1. 在这个新的“轴心时代”，世界文化发展的状况将不是各自独立发展，而是在相互影响下形成文化多元共存的局面

各种文化将由其吸收他种文化的某些因素和更新自身文化的能力决定其对人类文化贡献的大小。原先的“轴心时代”的几种文化在初创时虽无相互间的影响，但在其后的二千多年中，却都在不断地吸收其他文化，罗素在《中西文明比较》中说到西方文化的发展，他说(译文稍有改动)：“不同文明之间的交流过去已经多次证明是人类文明发展的里程碑。希腊学习埃及，罗马借鉴希腊，阿拉伯参照罗马帝国，中世纪的欧洲又模仿阿拉伯，而文艺复兴时期的欧洲则仿效拜占庭帝国……”到17、18世纪西方又曾吸收过印度文化和中国文化。可以毫不夸大地说，欧洲文化发展到今天之所以有强大的生命力，正是由于它能不断地吸收不同文化的某些因素，使自己的文化不断得到丰富和更新。同样，中国文化也是在不断吸收外来文化而得到发展的。众所周知，在历史上，印度佛教传入中国促进了中国文化的哲学、宗教、文学、艺术等等诸多方面的发展。回顾一百多年来，西方文化的各种流派都对中国文化产生过或仍然在产生着深刻的影响，改变了中国社会和文化的面貌。在这个新的“轴心时代”，由于经济全球化，科技一体化，信息网络的发展，把世界联成一片，所以，不同文化之间的交流和互相影响构成了今日人类社会的文化宝库。新的“轴心时代”的各种文化必将是沿着这种已经形成的文化之间的交流与互相吸收的势态向前发展。

2. 跨文化和跨学科的文化研究将会成为21世纪文化发展的动力

由于世界联成一片，每种文化都不可能孤立地发展，因此跨文化与跨学科研究会大大地发展起来。每种文化对自身文化的了解都会有局限性，“不识庐山真面目，只缘身在此山中”，如果从另外一个文化系统看，也就是说从“他者”看，也许会更全面地认识这种文化的特点。因而当前跨文化研究已成为文化研究的热门。以“互为主观”、“互相参照”为核心，重视从“他者”反观自身的文化逐渐为中外广大学术界所接受，并为文化的多元发展奠定了重要基础。在各个学科之间同样也有这样的问题。今日的科学已大大不同于西方18世纪那时的情况了，当前科学已打破原先的分科状况，发展出来许多新兴学科，边缘学科。但正因为如此，原来的学科划分越来越模糊了，本来物理学就是物理学，化学就是化学，现在既有物理化学，又有化学物理学，在自然科学之间原有的界限被打破了。不仅如此，自然科学与社会科学、人文学科的界限也正在打破。因此就目前情况看，在不同文化传统和不同学科之间正在形成一种互相渗透的情况。我们可以预见，在21世纪哪种传统文化最能自觉地推动不同文化传统和不同学科之间的对话和整合，它将会对世界文化的发展具有更大的影响力。21世纪新的“轴心时代”将是一个多元对话的世纪，是一个学科之间互相渗透的世纪，这大大不同于公元前5世纪前后的那个“轴心时代”了。

3. 新的“轴心时代”的文化将不可能像公元前500年前后那样由少数几个伟大思想家来主导，而将是由众多思想群体来导演未来文化的发展

正因为当今的社会发展比古代快得多，思想的更替日新月异，并且是在各种文化和各个学科互相影响中发展着，已经形成了“你中有我，我中有你”的新局面。因此就没有可能出现“独来独往”的大思想家。由于当今思想面对的不是某一个国家或某一个民族，而是要面对全世界，它就不可能不吸收其他民族文化的某些因素，不可能没有全球化的视野，因此，真正有成就的思想家将既是民族的，又是世界的。我们可以看到，在西方，一二百年来各种思潮不断变换，其各领风骚最多也就是几十年，到目前为止看不出有那种思想能把西方流行的众多派别整合起来。在中国，一百多年来基本上是在学习西方文化的过程中，是在建设中国新文化的过程中，可以预见的是，在中国必将出现一个新的“百家争鸣”局面，文化多元的新格局。我们可以看到，自“改革开放”以来西方的各种学说、各种流派如潮水一般涌入中国，到目前为止，我们仍然处在大量吸收西方文化的过程之中，我们还没有能如在吸收印度佛教文化的基础上形成了宋明理学那样，在充分吸收西方文化基础上形成现代的新的中国文化。但在进入90年代之后，中国思想文化界的分野越来越明显，逐渐形成了若干学术小团体，这些学术小团体大都只是“一家之言”，能领导思想界的权威还没有出现。展望21世纪，在不久的将来，也许会出现适应中国现代社会要求的不同学术派别，但大概也不会产生一统天下的思想体系。这就是说，无论中外，由于文化的相互影响和不断变换，大概都不可能出现像柏拉图、孔子、释迦牟尼等等那样代表着一种文化传统的伟大思想家。那种企图把自己打扮成救世主的时代已经一去不复返了。众多的思想群体的合力推动人类文化的发展，这正是多元文化所要求的。与这种情况相联系，我认为也许和当前精英文化向大众文化转移不无关系。由于人类社会生活的节奏越来越快，传统的慢节奏的精英文化已不适应人们感情和精神的需求，因此，在文化的各个方面都表现出趋向大众化，哲学自然也不能例外。因而为满足人们这种快节奏的精神和感情上的需要，哲学问题也逐渐趋向简洁和通俗。我想，这也是不会出现像已影响人类文化二千多年，今后仍然会长期发生影响的柏拉图、孔子、老子、释迦牟尼等“圣人”的原因之一吧！可以预见，21世纪的哲学也许是精英哲学与大众哲学相结合的哲学。

在新的轴心时代，中国哲学和中国哲学界应该如何呢?

回顾20世纪中国哲学界的情况，我们可以看出，能够对中国哲学或中国文化的研究取得若干成就的学者，大都是能“镕铸古今”，而又能“会通中西”（接通华梵）者。哲学家之成为哲学家除了要靠他的悟性之外，我想还得靠其广泛的知识积累，即要掌握新材料、新方法，这样才能有新眼光来看学术发展的新方向，这样才可以具有对宇宙人生终极问题的新认识。前面说过，当今世界联成一片，某个国家、某个民族的问题，同时又是世界的问题。不同国家、不同民族对当前人类社会所面临的问题的思考路径、方法和着眼点可以不同，但他们考虑的问题，从哲学上看不可能全然不同。因此，20世纪在中国哲学上有一定成就的哲学家大都不仅有深厚的“国学”基础，而且对西方哲学也有较深的了解。正如雅斯贝尔斯所说，每种文化传统的“每一次新的飞跃都回顾这一时期（按：指公元前500年前后的轴心时代）并被它重新燃起火焰”。

中国哲学要在新的轴心时代能对人类社会起较大作用，必须在发挥中国哲学的固有的内在精神的同时大力引进西方哲学，以便跟上当前世界哲学发展的总趋势，而成为21世纪新轴心时代的哲学重镇。不仅中国哲学应如此，其他各国、各民族的哲学在新的轴心时代大概也应如此。

（原文约4500字，发表于《南昌大学学报》人文社科版2001年第4期）

文摘编辑：灵杉

现代生态思维方式的哲学价值

王国聘

[作者简介] 王国聘，南京林业大学人文学院院长，教授，从事科技哲学、环境哲学研究。

[内容提要] 生态科学形成了以有机论为特征，强调人类与自然之间的相互依赖和相互作用的整体论思维方式。这种生态思维方式富有独特的时代特征和哲学的整体转换意蕴，代表了人类在新的实践水平上对自身生存与外部世界关系的一种新的科学内省。

[关 键 词] 生态思维方式；有机论；复杂论；协同论。

科学技术是对人类思维方式影响最深刻的因素之一。近代以来的科学史表明，几乎每一个时代都有占统治地位的自然科学观念作为新的方法论支配着普遍的社会思维方式。如16世纪的日心说，17和18世纪的牛顿力学，19世纪的生物进化论，20世纪的相对论和量子力学等等。每一种新理论被社会接受后，无不使人耳目一新，逐渐改变一些旧时的观点，建立起新的观念和理解事物的方式方法，进而推动社会的发展和进步。

在现代，生态科学开始走出物理学和生物学方法论的圈子，填补了几个世纪以来物理学、生物科学所遗留下来的对于生命与环境、人与自然间复杂的系统关系研究的空白，形成了以有机论为特征，强调人类与自然之间的相互依赖和相互作用的整体论思维方式。在当代，这种生态思维方式富有独特的时代特征和哲学的整体转换意蕴，代表了人类在新的实践水平上对自身生存与外部世界关系的一种新的科学内省。

一、从机器论到有机论的本体论转换

我们面对的世界是一个复杂的有机整体，然而在工业文明占主导地位的思维方式中，以物理学为主导的自然科学对物理世界的动力学过程及结构规律的分门别类的研究，生物科学对生命形态、过程和组织机理的揭示，为我们生存的世界指任的是一幅机械论的画面。

这个世界只能是简单的、可逆的、精确的、确定的、静态的世界，没有目的、生命和精神。一切都可以严格预言，一切运动都可以还原为机械运动。这种观念在带给工业时代辉煌的同时，也给这个时代留下了巨大的阴影。人们只把地球看作是一种“资源”，割裂了人与自然界血肉相依的有机联系，结果在毁灭自然价值的同时，也使自己的生存蒙受了极大的伤害。

生态世界观摆脱和超越了机械世界观的认知模式。它依据生态科学对生命与无机世界之间联系的认识，把世界看成“人——社会——自然”构成的复合生态系统，是一个具有内在关联的活的生态系统，是一个由有机体和环境相互作用组成的复杂整体。世界的形象不再是机械世界观描绘的冰冷的机器，而是具有活力的“盖娅”，统一、和谐、相互联系、创造性、生命支持、辨证的冲突与互补、丰富性、共同体是生态世界的特征。

生态世界观为我们提供了关于地球生态系统基本特征和发展规律的新的知识，开启了一种与现代分析科学认识论模式完全不同的整体新思维方式，这被认为是自从工业时代之前人类与自然界之间农业上的亲密关系瓦解以来，使人与自然的共同体从赤裸裸的经济关系中摆脱出来的一条可行的大道。

二、从还原论到复杂论的方法论超越

机械论世界观把世界预设为一台机器，认为这台机器可以还原为它的基本构件，还原论就成了这种思维方式下的基本方法。还原论把事物分成各细部去找出它们是由什么组成的，把事物的整体性质归结为最低层次的基本实体的性质，用低层次的性质来解决较高层次和整体的性质，这种方法，普里戈金称之为“世界的简单性原则”，托夫勒称之为“拆零”。还原论方法导致我们对自然界的认识分离成越来越小的片断，以为这些分离成分之间的联系其实并没什么要紧。

还原论方法极大地简化了人的认识过程，帮助了人的认识，但在科学日益分化走向综合的时代，当我们需要更加深入准确地揭示世界的复杂本性时，特别是面对错综复杂的人与环境关系问题时，这种方法就显得力不从心了。

生态思维一开始就是以一种更为复杂的观察地球生命结构的方式出现的，在生态科学看来，无序、不稳定、多样性、不平衡、非线性关系以及暂时性是生态系统演化最基本的现象，因此，现代生态思维的基本方法是复杂论的方法，这种方法包容和运用了现代所有严格的分析技巧，但又超越了分析方法。复杂论方法的最本质特征是整体性和动态性，更强调事物的相互联系、相互作用和相互依赖；强调生态系统的不断生成、不断展开和不断转变。这种思维方法同传统思维方法比较有这样几个新特点，一是从线性因果分析过渡到网络因果关系分析。二是从整体的永恒变化过程去探求秩序。三是从追求数学推理的解析性、严谨性和完美性转向生态思维的灵活性、模糊性和模型化。四是研究的最终目的不是寻求系统的某种最终发现或解决问题的最优方案，而是着眼于对系统过程的学习、了解和探索合理发展的途径。它克服了还原论对人与自然的分离，对人本身的身心的分离以及对自然界各个要素之间的分离。这种方法促使我们把生态环境看成具有复杂性的整体来研究，当作由相互作用关系网络的整体来研究，改变主客二分的思维模式，同时也要求我们不能只注意过去和现在，而且要面向未来。

三、从支配论到协同论的价值更新

在对待自然的价值理念上，现代仍存在着两种对立的思潮，一种是近代以来到现代仍然具有巨大影响力的人类“支配自然”的思潮，另一种是排斥近现代文明，希冀“与自然一体化”的浪漫主义思潮。前者把“生存斗争”作为一个普适原则，不仅贯彻在生物世界，而且推导到人类社会的世界，甚至在人与自然的关联中，“生存斗争”概念都曾是一个基础音调，人们依从于产业需要去利用自然，从而抹去了人与自然之间的深刻联系，导致人类主体能力对自然的过度滥用。后者把生态化与科学技术完全对立起来，主张为了生态化的目的，放弃人工自然，再回到原始的天然自然，这是十分可悲的倒退。

生态思维并没有简单、抽象地否定人对自然的改造，而是历史地分析了人与自然关系的发展和转换的必然性，承认对人来说自然“从敌人到榜样、从榜样到对象、从对象到伙伴”的历史动态关系，反对的是在人类具有巨大的支配能力的时期，这种能力在对象上的过度滥用。为此，生态思维提出人与自然关系的新的时代定位——生态学的“伙伴”关系，并把人与自然的协同作为规范从现在到未来的人与自然关系的价值准则。协同意味着人与自然的协调、共存与和谐。人绝对不能象征服者统治异族一样统治自然，因为人类并非是脱离自然系统之外的另一个独立系统，而是自然系统中的一个因子，同该系统中的其他因子发生着千丝万缕的联系，系统中各要素间的协调和同一，是生态系统存在和发展的根本保证，没有自然的生存，就没有人类的生存；没有自然的发展，便没有人类的发展。人类必须与大自然一起生存，一起发展，这是人的根本利益之所在。正因为如此，人类有责任保护自然，保持自然进化的持续性，它既表示对人的目的、人的作用和人的未来的关切，又表示对生态系统，生命多样性和自然环境健全的关切。

历史上具有前瞻性文化观念的更新，往往是社会变革的先声。现代生态思维方式作为人类新世纪理性认识的一种新形式、新方法和新程序，以其关于世界的认知模式、认识方法、价值取向的生态化阐释，为可持续发展和生态环境保护提供了理论支撑。随着这一理论的不断普及和完善，必将带来哲学观念的深刻变革，为哲学的发展注入新的生机与活力。

（原文约 4000 字，发表于《南京工业大学学报》2002 年第 1 期）

文摘编辑：灵杉

论先验哲学的两重性

王子铭

[作者简介] 王子铭，山东工艺美院艺术设计学系讲师，研究方向为哲学美学。

[内容提要] 古典哲学是知识论哲学，现代哲学是生存论哲学。康德的先验哲学兼有古典的知识论和现代的生存论两重性。其中，作为纯粹理性和实践理性之中介的审美及目的论的第三批判和作为历史理性的第四批判具有突出的价值和作用。

[关 键 词] 先验哲学；生存论；知识论；两重性。

康德的二元论哲学源自他哲学的两重性。

康德是古典与现代的分界岭。前康德属于古典时代，后康德指向现代。康德一人兼备古典与现代双重属性。

一、“哲学是为知识寻找客观必然的根基”

西方哲学，就性质分阶段，无非是古典和现代两个阶段。古典哲学是知识论哲学，现代哲学是意义论哲学（意义是生存之意义，故可称生存论哲学）。古典的知识论哲学始于苏格拉底，终于黑格尔。其间除少数几个例外，大多从属于这一哲学传统。康德根本上也是这个传统的承继者。

知识论哲学的主旨在于追求客观必然的知识，实指关于事物本质的理性认识。它的客观性要由感性经验来确保，而它的必然性要由先验理性来确保。康德的功绩在于将两者综合在一起，从而克服了两方的片面性而确保了知识的客观必然性，为知识从而也为形而上学找到了根基。康德对知识论的主要判断形式即命题加以分析，提出“先天综合判断”是如何可能的，解决了该问题。如果仅到这里，康德即便是综合了他之前的经验主义和理性主义两派哲学，康德哲学仍然无足轻重。

康德的意义在于，他指出了知性形而上学的僭越，限制了知识论哲学，把现象之后的本体放在了古典哲学的视野之外。在这里，康德一方面是在为信仰留出地盘，另方面实际上已经走到了知识论的边缘，他倘若再跨一步就会摆脱知识论的纠缠，完全进入现代视界。可惜，他不仅没有意识到限制认知理性的历史性意义，反倒一头栽进了知识论的世俗根基即基督教道德。

知识论哲学有两大地基，一是由亚里士多德确立的形式逻辑，它被康德改造成先验逻辑，其实仍未脱其形式本质；二是由基督教所确立的世俗道德，这是知识论哲学赖依建立的更根本也更内在的根基。对此，康德不仅了无察觉，反倒以更加理性的形式加固了它。这里做两点说明。一是我以为，康德没限制知识，只是借知识限制而限制了知识论哲学即认知形而上学，但他的形而上学的立场并未因此而动摇。康德的积极意义正体现在这里，但他的不彻底性也由此暴露一斑。二是我以为康德只是论说了认知理性于神无能为力罢了，在康德本人从未怀疑过神的存在，因为本体的神是在现象界之外的。由此，可以从消极方面讲，康德从来就是个有神论者。正是这种有神论的立场最终拖住了康德前进的脚步，使他始终未能完全超越知识论的古典传统。这里还要申明一点。一般认为康德高扬了人的主体性，但只能在有限的意义上才可以做出认定。因为他只高扬了人的认知主体和部分感情主体（情感只做为中介而非单独的领域）却根本上限制了人的意志主体。叔本华对此有清醒的认识，他批评康德说：既说意志是自由的，又要理性为意志立法，这自由又从何谈起呢？说到底人只能体现上帝的绝对意志，也就是说人的主体是上帝主体的影子。只有不朽的灵魂——上帝才有绝对的自由可言。这样做其实质是基于知识论的立场。

二、“人的目的”

古典的知识论哲学将人与世界的关系确立为认知关系，作为主体的人也被认作是知识的容器，而作为客体的世界自然被看作是外在于主体并与主体相对的自在世界，只有在形成有关于世界的知识时，主客体才知性地相遇。前康德的知识论哲学或倒向主体的理性或偏重于世界的感性。前者将人理性化为神，而客体世界最终也是神的赐物；后者将世界感性化为神，而主体的人则沦为由神延伸出来的物。在这里，人、神、物三者合一，都实体化为物，人在古典世界没有获得自己的地位，从这个意义上讲，知识论哲学可以叫做“非人”的哲学，因为人尚未从物（即神）的世界中独立出来，所以古典哲学通常又被称作是客体哲学，即物本论。康德在人类历史上第一次将本体世界与现象界截然两分，从而为主体的人留出了一个独立的世界，将“非人”的哲学引向了突出人的主体的现代生存论哲学。虽然康德依然拖着古典的尾巴——因为他把本体世界嫁接到神的世界，最终又挤走了他曾一度提升出来的人——但他毕竟艰难地迈出了极其重大的第一步。我个人觉得这是康德哲学的真正的秘密和现代性之所在。

现代的生存论哲学的具体形态丰富多彩，但其基本的立场却是一致的，（尤其是人本主义一脉）都深切地关注现代人的生存价值、意义和走向。这是因了近代社会人的主体地位突显之后反映在哲学中的一股强劲的思潮。这种哲学把人的命运突出为哲学的主题，高唱人的哲学，认为人与世界的关系首先是一种生存的欲求关系，人根本上是欲望着的人；其次才是为着欲望即生存而去认知的人。这样就根本地翻转了人与世界的关系，把那种认知第一，欲求第二的情形彻底扭转成欲求第一，认知第二的现实情形。人不再只是无情无欲的知识容器而是一个情欲丰满的鲜活的生命。此时的世界也一变而成人的意义的世界，不再是与人相对的冷冰冰的自在世界，而是与人相遇的属人的对象世界即为我的世界，人与世界共处一体。而此时的神，绝对的理性者已无藏身之地，人与世界无须再受神的虚幻的钳制，各自获得到了真正的独立，从而真正地完全地摆脱知识论并得以展示一个人所创造的体现了人的价值的意义世界。

知识论哲学骨子里都是机械论的（神学目的论是认知机械的世俗根基）而现代生存论哲学根本上是目的论的，但与神学目的论不同，它并未把人物化为神，从而是人学目的论，也正是由于这一点，现代哲学才彻底摆脱了知识论的机械论，从而高扬了人的主体性。可以说现代哲学是关乎人的主体的哲学，而这一点正是起始于康德的。这就是康德自诩的“哥白尼式的革命”，即他的先验哲学的革命。康德先验哲学有一个最终的祈向，即在人的诞生，就是他本人所说的“自然向人的生成”。

人的生成的问题是康德哲学的目的论的体现，他之所以要限制认知理性，无非是要给人的意志主体留出地盘，在这里真正揭示了康德哲学的价值所在，即他把人的价值祈向看成人的完成了的本质，即人由自然人成全为道德人。难怪乎康德要审视理性的视域，严格区分认知理性与实践理性，他的重点放在了后者。因为他看到了传统哲学，尤其是近代独断论哲学单方面地无限地张扬了人的认知理性，使人完全地陷入了知识所织就的罗网里，失掉生命的根基，成为无根的飘萍。他把人由知性的天国拽回到实践的大地上，赋予人以生存的根基。所以他讲以知识的形态而呈现出来的科学的形而上学只是未来的属人的形而上学的导言而已。

三、康德美学的独特地位和价值

康德的目的论哲学充分而集中地体现在他的美学及目的论中。

康德美学整体上有个过渡：即由美的分析到崇高的分析，由纯粹美到依存美，由美是自由的形式到美是道德的象征。作为桥梁的审美及艺术一头牵连着主体的认知功能，另一头则指向了主体的实践价值。无目的的主观合目的性的纯粹的形式美并不是康德心目中的美的理想，相反那种充盈着主体的道德价值的依存美的崇高却是康德推崇的体现人的精神力量的理想美。因为在我看来，纯粹的形式美是知识者眼中的无人的物质美，这与知识论哲学同声相应，是典型的知识论美学。与认知理性最终要依靠到神学目的论上一样，知识论美学的最终归宿也是神学目的论。康德企图同在认知领域中一样，也要在审美领域里把人从神学目的论中解放出来建立一种人学目的论的审美观。这种努力的结果就是突出了人的地位和价值。在康德以前的西方哲学中，人从未被给予过真正的重视，是康德开始扭转这一局面，其哲学中的美学部分开始摆脱先前哲学体系的附庸地位，一跃而成为一个地位独特的相对独立的组成部分。可以说康德二元论哲学必然提升美学的历史地位。从此，美学就获得了真正的独立价值，逐渐成为与其他学科（包括哲学）相并列的一门独立的学科。

这里还是要提到康德的“第四批判”即历史理性批判。我个人认为，它是第三批判的直接延伸。在这里知识论的成分愈见其少而生存论的内容愈见其多。康德预言：“人类走向改善的转折点即将到来，它现在是已经在望了。”何兆武先生讲：“构成康德历史哲学的中心线索是历史的两重性即历史的合目的性与历史的合规律性。”这里再次体现了二元论哲学的两重性。康德毕竟生活在知识论的时代，在他讲目的王国与必然王国统一于普遍的理性王国时，康德还是陷入了知识论的世俗根基——基督教道德。尼采嘲讽康德是个“隐蔽的基督徒”，但就是这个基督徒的哲学却有着任何哲学所不具备的巨大的包容性。

（原文约4500字，发表于《山东大学学报》人文社科版2002年第3期）

文摘编辑：灵杉

中国现代化的哲学反思

黄保红

[作者简介] 黄保红，中共中央党校博士生。

[内容提要] 作为“后发式”现代化，中国是被外在强力抛入这一进程。中国的现代化过程受内在相关的三大因素的制约、影响和规定：一是中国与外部世界的关系；二是传统与现代的紧张矛盾；三是公私关系被僵化和简单理解，导致建国后我国现代化进程中公私矛盾长期尖锐。处理这三大关系的根本出发点是彻底抛弃教条主义的思维方式。现代化有自身的规律性，中国应该全面借鉴西方现代化的成功经验。

[关 键 词] 现代化；传统；外部环境；开放。

中国的现代化属于“后发式”现代化。与很多国家的现代化不同，中国的现代化有着自己的特质：首先中国不是自觉走进现代化的进程，而是被外在强力抛入这一进程，这就使中国在现代化过程中一直与外界的矛盾十分尖锐；第二，中国有悠久、深厚博大的文化传统，虽然朝代更替频繁，但我们的文化传统却从未断裂过，而现代化又有自身的共性，传统的强大惯性作用与现代化的共性的矛盾导致中国现代化过程中传统与现代的关系一直紧张；第三，建国后我们最初的现代化道路实际上是一条教条主义的和主观理想化的道路，公与私的关系被僵化理解，然而社会发展和现代化进程的必然性及规律性对公私关系有自身客观的要求，于是公私的矛盾抵牾尖锐并逐渐显现出来。上述三个变量的“合力”致使我们的现代化道路异常曲折、艰辛、漫长。

一

关于第一个变量在我国现代化过程中的作用，最合理的理解是系统论的解释。按系统论，中国这一系统要获得自身的发展和进步就必须是一个开放的系统。开放实质上是对环境的开放，即系统和环境有物质、能量和信息的相互交换：从环境中获得自己需要的负熵，把自己的正熵流引向环境，实现自身和环境的优势互补，获得发展的动力和能量，使自己不断从低组织状态向较高的组织状态演化，实现发展和进步。系统论已经成功地证明，和外界没有物质、能量、信息交换的封闭系统必然会走向死亡。中国的历史实践已经证明了这一点。从明朝实行海禁开始，中国就开始走向了封闭。由于与环境缺乏有效的物质、能量和信息的交换，西方初期的工业化革命的信息不能有效传入中国，对中国毫无影响，致使中国这一系统缺乏自组织的动力，无法自我更新、自我发展，无法从封建社会向先进的资本主义社会迈进，于是走向了衰败。鸦片战争后我们被外在的强力推向世界，从而开始了近代我国的世界化历程。从长远来看，这无疑有利于我们中华民族的发展。但由于推动我们的方式是坚船利炮，这就使我们首先感觉到民族安全受到威胁，民族的生存受到挑战。于是中国这一系统与其外在的环境的矛盾日益尖锐起来。系统之所以是系统，是因为系统有相对独立的边界。边界对系统的重要性在于：边界能对进入系统的物质、能量、信息进行筛选和过滤，把那些有害的物质、能量、信息挡在系统之外。也就是说当一个系统既开放，又相对独立，既与外界有大量的物质、能量和信息的交换，又能对外界的物质、能量和信息有所选择时，该系统才能是自组织的，才能向更高的组织状态演化。对一个国家而言，国家这个系统的边界就是它的主权。因为没有主权的国家就不成其为国家，也就是一个没有边界的系统，外界环境的各种有害的物质、能量、信息就会涌进这个国家，使国家难以向更高的组织状态演进。自鸦片战争后，西方列强几乎把中国变成了一个无边界的系统，向中国输入鸦片，在中国建立租界等，使中国社会达到了前所未有的混乱状态，无法进行自组织的演进。因此在中国这一系统与外界关系问题上，首先需要处理的就是要恢复中国这一系统的边界即恢复国家主权的独立和完整。这个任务的完成是与中国共产党分不开的，是与毛泽东的名字连在一起的。没有共产党就没有中国的主权独立和完整，这是毫不夸张的。

系统边界的恢复即国家的主权独立完整并不意味着系统与外在环境的关系的彻底解决。中国这一系统还得与外界环境保持紧密的联系，还得与外界环境有大量的物质、能量和信息的交换，使中国这一系统实现良性的自组织发展。这就是说中国必须开放自己，必须与外在世界有大量的物质、能量和信息的交换，尤其要从外界引进大量的物质、能量和信息。在近几乎 30 年的时间里，除了西方围堵我们以外，我们自己也是关起门来搞建设。这使我们与发达国家的差距更大，因为这 30 年恰好是世界经济高速发展期，我们周边的一些国家正是在这段时间里发展起来并实现了现代化。直到 1978 年后我们才逐渐认识并解决了这一问题。这是与中国共产党的自我反思和自我批评分不开的，也是与邓小平的名字连在一起的。

但中国这一系统与外在环境的关系到此仍然没有完全解决。主权独立了、完整了，我们的门户开放了，即系统的边界恢复了，系统成了开放的系统，也能对外边的物质、能量和信息进行选择和过滤。正因为如此，也出现了我们需要什么样的物质、能量和信息的问题，不过这一问题是与第二个变量联系在一起的。

二

传统与现代的紧张导源于中国历史传统的厚重和中国被抛入现代化进程这一历史遭遇。转型是指社会形态的转变，即从封建社会向资本主义社会的转变以及从农业社会向工业社会的转变。在此过程中现代性遭到了传统最顽强的抵抗。传统是前资本主义社会的生产和生活方式以及对其反映的文化思想和价值观念的总称，是以自然经济为支撑的农业社会的代名词。现代性则是发达的现代社会所表现出来的特征或特性，是支撑发达的现代社会的根本的东西。然而传统与现代的矛盾始终未得到很好地解决。现代化有其自身内在的客观要求，有它内在的共性，有其必然性的趋势。它使凡不符合其内在客观要求的传统都得发生改变，使符合其要求的传统因素得以保留。这不依人的意志为转移。从这一点上说，现代化又具有扩张性或侵略性。西方发达国家的昨天和今天的情景就是我们明天和后天的情景。对这一点，马克思早有断言，“工业较发达的国家向工业较不发达的国家所显示的，只是后者未来的景象”。马克思指出的实际上是现代化自身的必然趋势即规律性，他认为这是以铁的必然性发生作用并且正在实现的趋势。现在经济全球化一体化趋势不仅表明各国经济的相互依赖性日益强化，还表明各国经济的运行方式和机制及管理模式日益相似和趋同。

三

我们现代化思维的最大误区是对公和私的关系的扭曲。我们没有很好地考察公与私各自在人类历史发展进程中的作用，也很少客观分析二者在我国现代化进程中的应有的功能和影响，更多地是以道德和价值的框架及其抽象原则去考察二者的关系，简单地认为公就是好、是善，私就是坏、是恶。这一是由于教条主义的思维方式的影响。二是由于我国传统文化的影响和近现代空想社会主义的影响。

公私关系问题的完全解决是摆在我们共产党人面前的世纪难题。比较我国的公有制实践和其他国家的国有化和私有化实践应该能够给我们以启发。二战后欧洲的英、法、意大利和亚洲的日本都曾实行过持续几十年的规模较大的国有化运动。英国从1945年工党执政后就开始进行国有化运动，一直持续到70年代。国有化的产业主要集中在基础设施产业。那时工党也认为，生产、分配、交换的所有制关系是政治经济权力的基础，国有制可以控制资本主义制度对人民的剥削，国家垄断有利于实现规模经济，消除无效竞争，提高经济效率，弥补私人垄断牟取最大利润而带来的缺陷。这仍带有乌托邦空想色彩，所以事与愿违，到70年代末，国有企业成本高、效益低、资本回报率一直低于私营企业并严重亏损，给政府造成了越来越重的财政负担。原因是国有企业体制僵硬，干预过多，企业经营缺乏活力。英国国有制企业暴露出的弊端与我国很相似。不管在何种制度下，国有制一旦产生，就有它自己的运行规律和轨迹。而且在我们看来，国有或私有都是经济运行中的资源配置方式，不具有社会制度的性质。英国及其他很多国家的国有化运动并不是社会主义改革运动，而是被世界称为国家垄断资本主义运动。

邓小平留给我们的遗产是务实和智慧性的。他已经跳出从道德理想出发去理解公私关系，又从这种理解出发去把握社会主义和资本主义的本质的传统的思维框架，认为社会主义的本质是解放和发展生产力，达到共同富裕。他的三个“有利于”更是打破了传统的社会主义和资本主义二元对立的分析和思维框架。但我们现在对邓小平这一理解的实践远未到位。很多人抱着原有的公私关系的僵硬理解不放。现代化建设需要务实和智慧，任何理想化和激情化的做法都将是灾难。这是中国五十多年的现代化历程尤其是这二十多年的改革实践给我们的昭示。现代化有其自身的共性和规律性要求，不依人的意志为转移，其规律本身就像魔咒一样要人们遵守。

（原文约6000字，发表于《贵州师范大学学报》社科版2002年第1期）

文摘编辑：其实

简论中国古代的环境伦理思想

李祖扬　杨　明

[作者简介] 李祖扬，南开大学哲学系教授，主要从事科学技术哲学研究。
杨　明，南开大学哲学系硕士生。

[内容提要] 中国古代环境伦理思想的哲学基础是天人统一观，尊重生命、兼爱万物是这一伦理思想的主题。寡欲节用是中国古代珍惜自然资源的传统美德。中国古代就已形成了渗透环境伦理意识的政法理念。不同于西方传统伦理学所奉行的人类中心主义，中国先哲主张保持人和自然关系的和谐统一。

[关 键 词] 环境伦理学；儒家；道家；天人统一观；人类中心主义。

通常自然观和环境伦理观是统一的，前者是后者的哲学基础和理论基点，自然观制约着伦理观。如果说，人类和自然的统一性是现代环境伦理学的理论基点，那么与之大体相应的天人统一观，则是中国古代环境伦理思想的哲学基础。在中国封建时代占有意识形态统治地位的儒家学说，其历代代表人物尽管对于“天”的理解大相径庭，但是他们在坚持“天人合一”这一哲学理念上则是一致的。中国古代的儒家学者，虽有“唯物”与“唯心”之分，“理学”与“心学”之别，但是他们一般都认为，天地是万物和人的养育者，人与天地万物为一体，人的行为应当遵奉天时，效法自然。在中国古代儒、道等各家各派的思想中，尽管他们对宇宙本原的认识不同，在其他方面也有种种差异，但是在天人关系问题上，他们基本上持有共同的“天人统一”的观念。既然人来自大自然，人和自然是统一的，因此，我们就应该像对自己的血肉和头脑一样珍爱和保护大自然。“天人统一”是中国古代环境伦理思想的哲学前提和基础。中国古代环境伦理思想主张尊重自然、尊重生命、兼爱万物的伦理原则，尤其强调爱护生物，尊重一切生命的价值，并以此作为衡量人的行为善恶的准绳。中国古代不同流派的思想家虽然其学说和理念具有种种差异，但是他们有一共同的主张，即把爱的伦理原则扩展到生命世界乃至整个自然界。和“亲亲仁民爱物”思想相联系的一种珍惜自然资源的伦理准则。崇尚勤俭节约，反对“暴殄天物”，历来是中国重要的传统道德规范。在中国封建社会，稳固而发达的农本经济使古人经常面对与农业生产相关的生态问题，从而提出了丰富的以维护生态平稳为中心的伦理观念，值得注意的是，中国古代环境伦理思想不仅停留在伦理道德领域，而且向政治思想领域和法制领域延伸和扩展，形成渗透环境伦理意识的政治思想和法制观念，从而使环境伦理思想深入到社会生活实践中去，发挥了更强有力的作用。

总之，中国古代的环境伦理思想，就其丰富性和深刻性而言，都超过同时代的西方，而在总体上则比西方近代机械论自然观支配下的环境伦理思想更为合理。当然，由于时代的局限，中国古代环境伦理思想也存在缺陷和不足，但就整体的高度而言，东方的智慧传统，明显地要优于西方近代科学的理性精神，它在人与自然的整体性关系上具有一些重要的生态洞察力，可以对遭遇现代环境危机的人类提供许多宝贵的启示。我们将中国传统文化中具有现实意义的伦理价值观念弘扬光大是责无旁贷的。

（原文约 14000 字，发表于《南开学报》2001 年第 4 期）

文摘编辑：石新中

道与中国哲学

朱汉民

[作者简介] 朱汉民，湖南大学岳麓书院教授。

[内容提要] 寻求宇宙与人生的终极依据，是人类普遍性的精神需求。而中国人对此终极依据的思考而形成道论。所以，道论是中国哲学的基本形态。在中国哲学中，道是宇宙万物赖以依托的终极存在，是中国人建构文化知识的逻辑起点，是支撑价值体系的坚实根基。与其他文化体系中的终极依据不同的是，中国哲学之道具有天人一体、体用一源、古今一贯的思想特色。总之道论体现了中国人对宇宙与人生的终极依据的独特思考。

[关 键 词] 道；中国文化；中国哲学；终极存在。

一

人类能够从大自然中独立出来，是由于他们不是消极地以自己不断演化的生理状况去适应大自然，而是按照自己的观念、意志并通过社会实践去改造大自然，从而使大自然能够适合、满足人的种种需求。

当人类按照自己的观念、意志去改造大自然时，绝不会是一种随心所欲的任意行动，人的观念、意志必须解决两个问题：第一，明确改造世界的目的；第二，遵循客观世界的规律。人们所做的每一件具体事情，都有它的具体目的，并且必须遵循那些具体的规律。但是，人的每一个具体目的，都是为了实现一个更大的目的；每一件具体事物的规律，也都是在体现并服从一个更大的规律。那么，对全体人类而言其奋斗发展活动的最终目的是什么？那支配、主宰整个宇宙世界秩序的最高法则或终极原因是什么？这个最高目的和最终依托的存在依据是什么？这是具有独立精神的人类必须解决的问题，它们就构成了人类的精神追求和终极关怀。

在古希腊，这一文化精神的原点被称之为“存在”、“逻各斯”、“理念”；在古印度，则被称之为“梵”；在以色列，它又被称之为“上帝”；而在中国，它则被称之为“道”。无论怎样称呼，它们都有一个共同点，那就是它是宇宙世界的终极存在，它是自然法则的决定者，同时也是人文世界的完满体现。由于四大文明古国有了对这个终极存在的哲学思考，从而也就奠定了各个文明对宇宙人生的基本态度，建构了各个民族的精神文化世界。

确实，如果我们去审视作为“轴心时代”、“哲学的突破”的春秋战国时期，可以发现，尽管诸子百家各有自己的思想主张，但他们均是以“道”作为自己的思想基石和精神原点。中国的先哲们，早就确立了作为宇宙本原的“道”，建构了以“道”为原点的哲学形态。

二

“道”能够成为中华文化精神的支点，是因为它是一个终极意义的概念，它具有三方面的基本内容：第一，它是宇宙的终极存在；第二，它是天地自然秩序的总规律；第三，它是人文理想的体现。

首先，“道”是宇宙的终极存在。

中国古代先民在从事利用与改造大自然的实践活动时，他们首先面临着一个常变不息的自然世界，他们不能不思考这样的问题：万物的生灭是变动不居的，那宇宙之存在又来之何处、归向何方？每一个事物都有具体的自然法则，无数的自然法则构造出这样一个秩序谨严、精密无比的自然世界，那个自然秩序的确立者又是谁呢？无数的先哲们均在发出这样的疑问，他们必须找到这个宇宙万物的存在根源和宇宙秩序的最终依托，否则，他们苦心营造的关于自然、社会、个人的种种知识学问，会因此而变得没有依据；他们的心灵和情感也会因此失去依托而焦灼不安。

“道”就是中国先哲们找到的这个关于万物的终极存在的范畴。《周易·系辞传》就确认为道是形而下的器物世界的最终依托，肯定“是故形而上者谓之道，形而下者谓之器”。这一经典式的表述确立了“道”的终极存在者的地位。也就是说，形而下的器物世界是无限丰富的多样性，那作为统一世界的终极存在者又是谁呢？形而下的器物世界是变动不居、可生可灭的，那永恒不变的终极依据又是什么呢？中国的先人在追寻这个世界统一性、永恒不变的终极存在时，确认为它就是形而上之道，它是一切形而下的器物、经验世界的终极依托。这是儒家的观念。道家进一步从宇宙发生论的角度，确认了“道”是宇宙的终极存在，这里，道不仅是天地万物的形上依托，而且是宇宙化生的本始存在。

第二，“道”是天地自然秩序的最高法则。

“道”不仅是万物存在的总根源，而且是宇宙秩序的总规律，“道”是天地万物最终都得遵循的法则，那么，人也必须通过遵循自然之道方可获取现实的功用，故而它又是“善人之宝”。“道”不仅是宇宙天地的终极存在，同时也是天地自然规律的体现。“道”总是在支配、主宰着天地自然的运动变化，决定着天地万物、宇宙世界的秩序。不仅是儒道两家，其他各家各派也均是以“道”作为宇宙自然秩序的总依据。

其三，“道”是人文理想的体现。

“道”不但是宇宙自然的依据，在中国哲学中，这个宇宙自然是包括社会人文在内的，或者说，自然法则就是人文法则，天道也就是人道。古代的先哲在苦苦地探寻宇宙之“道”时，其实也是想为重建一个理想的人文世界寻找天道的依据。所以，当先哲们在大讲形而上之道，将“道”作为万物存在的根本和自然秩序的依据时，无疑，他们也是将“道”视为人们努力追求的理想社会、人文世界的依据。儒家对社会现实抱有一种深刻的忧患，他们忧患的原因就是“天下无道”。儒家所倡导的仁、义、礼、智、信的人文法则，所追求的“父子有亲，君臣有义，夫妇有别，朋友有信”的人文理想，其依据也都是“道”。儒家认为现实社会是不完善的，充满着各种私欲的贪婪、权力的争斗、利益的冲突，而那个“大道之行”的人文理想则会化解这一切的不完善。所以，儒家主张为“道”的理想而奋斗，孟子说：“天下有道，以道殉事；天下无道，以身殉道。”（《孟子·尽心上》）当然，儒家坚信，这个作为理想世界的“道”并不是难以企及的彼岸，恰恰相反，它就存在于人们的日常生活之中。“道”既是一种人文理想，又是一种宇宙法则。

道家所追求的理想世界不同于儒家，但是它们同样是以“道”为依托的。这个理想是克服了各种文明弊端的“小国寡民”的社会，在这个世界中，“使有什伯之器而不用，使民重死而不远徙，虽有舟舆，无所乘之；虽有甲兵，无所陈之。使民复结绳而用之。甘其食，美其服，安其居，乐其俗。邻国相望，鸡犬之声相闻，民至老死不相往来”（《道德经》第八十章）。庄子所推崇的合乎“道”的“至德之世”，与此十分相似，他认为：“至德之世，不尚贤，不使能，上如标枝，民如野鹿，端正而不知以为义，相爱而不知以为仁，实而不知以为忠，当而不知以为信，蠢动相使不以为赐。是故行而无迹，事而无传。”（《庄子·天地》）老子、庄子所追求的是一种消除了各种文明弊端的理想世界，渗透着道家之道的人文理想，而且，这个理想世界的“道”，同时也是万物始基、宇宙法则的“道”。

由此可见，在中国传统哲学中，“道”作为宇宙的终极存在，它既是宇宙法则，又是人文理想。“道”之所以能够成为中华民族的精神支柱，也就在于它是宇宙法则与人文理想的统一。

三

中国之“道”不同于“存在”、“逻各斯”、“上帝”、“梵”，它独具特色地表现出下列基本特征。

第一，天人一体。

“道”首先是宇宙法则，即是古人所说的“天道”。因此，日月周旋、寒暑更替、春播秋收等自然规律的体现，均属于“天道”。然而，“道”又可以指人文理想，即古人所说的“人道”，因此，仁义礼智、君臣父子、洒扫应对等社会准则，均属于“人道”。然而，在中国古代的精神世界中，从来不把“天道”与“人道”割裂开来，而是强调天人一体，也就是说无论是“天道”，还是“人道”，它们均是同一个“道”。

第二，体用一源。

西方文化往往将世界二重化：一个是形而下的现实世界，它是现实的但却是虚幻不实的；一个是形而上的超越世界，它是非现实的但又是真实完美的。中国文化也将世界划分为形而下的现实世界（“器”）和形而上的超越世界（“道”），“道”是形而上者，又称之为“体”；“器”是形而下者，又谓之为“用”。但是，中国文化从不将“形而上者”与“形而下者”、“体”与“用”割裂开来，而是强调“形而上者”与“形而下者”是一个世界，“体用一源”就成为中国文化之道的显著特色。

第三，古今一贯。

中国文化有着很强的历史性，这一点，特别体现在“道”的观念上。从比较文化史的角度看，印度人、犹太人、古希腊人的历史观念均比较淡薄，与中国文化之道对历史的强烈关注形成鲜明对比。

在春秋战国时期，诸子百家，学术争鸣，各家各派均提出了自己的学说，并各自有自己所服膺和推崇的“道”。但是，他们不把这些学术、道的发明权归之于自己，而是毫无例外地将其归之于远古、上古时期。先秦诸子将“道”归之于远古和上古，与中国古代思想文化源于当时的巫史文化有关。巫史是中华民族的第一代文化人，他们的宗教的、历史的职责，使得他们的文化遗产中具有浓厚的宗教情怀和历史意识。

以“道”贯古好说，而以“道”言今却难。因为在中国文化思想中，“道”总是代表着一种人文理想，而社会现实恰恰是对这种理想的背离。所以，孔子才会有“天下有道，丘不与易也”（《论语·微子》）的喟叹，老子才会有“大道废，有仁义”的困扰，那么，他们如何坚持“道”是一种宇宙法则与人文法则的统一时，从而坚持“道贯古今”的主张呢？孔子主要借助于一种人文信仰来解决，他说：“道之将行也与，命也；道之将废也与，命也。”（《论语·宪问》）他坚信“道”不仅是一种人文理想，同时也是宇宙法则（“命”），那么，他仍坚信天下最后必然会从“无道”而进入到“有道”。

（原文约8000字，发表于《湖南大学学报》社科版2002年第1期）

文摘编辑：其实

易学中的物极则反说

郑万耕

[作者简介] 郑万耕，北京师范大学哲学系教授。

[内容提要]“物极则反”是中国辩证思维的重要命题，战国时期的《易传》就阐发了这一思想。但它作为一个命题，是由汉代京房提出来的。至北宋欧阳修发展为“物极而必反”说，丰富了历史领域的辩证法思想。程颐继承此说，视其为事物变化的必然规律，所谓“物极而必反，理之常也”。王夫之依据其神化学说，重新检讨这一命题，认为物极必反并非普遍规律，而只是事物变化的一种形式，不能将它公式化。这标志着人类对事物变易法则的认识更加深化了。

[关 键 词] 易学；物极则反；物极必反；物极不必反。

《易传》认为，事物的盈虚消长是一个物极则反的过程，事物发展到极点，就要向反面转化。然而，《易传》却没有明确提出“物极则反”的命题。只是到了汉代，象数派易的创始人之一京房以阴阳二气说解《易》，方提出了“物不可极，极则反”的观念，并作了进一步阐发。

北宋中期，欧阳修著《易童子问》，进一步发挥“物极则反”说，提出了“物极而必反”的命题，强调“至极则反”这一法则的必然性。在欧阳修看来，事物之所以能够长久存在，是因为以变动不息为其根本法则。天地升降而不息，天地之道方能长久而不已；日月往来，与天偕行而不息，方能持久地照耀于天空；四时代谢，循环而不息，方能持久地成就万物。但他又将此种变动不息理解为对立面转化的过程。从易学史上看，欧阳修的贡献主要是进一步提出和论述了“物极必反”的命题。特别应该指出的是，欧阳修在这里明确提出“物极而必反”，用“必反”代替“则反”，强调向反面转化的必然性，是对汉唐以来“物极则反”说的进一步发展。其“物极必反”说的理论意义是，承认对立面的转化乃历史的必然，即不可抗拒社会规律，从而大大丰富了历史领域的辩证法思想。

北宋义理派易学的代表人物程颐著《伊川易传》，继承并阐发了欧阳修的“物极必反”说，强调对立的双方一发展极端，就必然向其反面转化。所不同的是，欧阳修着重从人事的角度进行论述，具有重人事而轻天道的倾向；而程颐则既讲人事，又言物理，更明天道，对其作了多方的阐释，视其为事物变化的普遍规律。

明清之际，宋明道学的集大成者、义理派易学的殿军王夫之，也详细讨论了历代易学所阐发的“物极则反”的命题，但他着重阐明的是“物极不必反”。王夫之在其《周易内传发例》12 中集中讨论了这一问题，就其内容说，包括卦爻象的变化、天道的变化和人事治乱三个方面。第一，就卦爻象的变化说，“不可云极则必反”。第二，就人事的治乱、进退而言，也不可说“泰极而否”，“否极而泰”。第三，就天道的变化而言，也不可说“盛而向弱”、“酷暑而冰”。王夫之关于“物极则反”说的辩论，在易学哲学史上有其重要的理论意义：第一，在王夫之看来，“物极则反”只是事物变化的一种形式，不能将它作为一种模式，用来解释一切事物的变化过程，他反对将“物极则反”这一观点公式化、绝对化。第二，王夫之认为，关于对立面的转化，是有条件的，其中积极的或消极的因素发展起来，对立的一方才能转化为其反面。第三，王夫之认为，“极而后反”这一观点，是鼓吹对立面的斗争，结果对立面之间日益相互为寇仇。其根本要义是反对“物极必反”这一命题，而认为物极不必反，不赞同用一个“必”字将世界复杂的变化规范化，反对死抱着一种固定的模式或僵化的公式，观察和预测事物的变易。此种物极不必反说，无疑是一种辩证思维，是王夫之易学哲学的一个贡献。从易学史上看，自从汉代京房提出“物极则反”说以后，扬雄、孔颖达又作了进一步阐释，汉唐以来并无人怀疑这一观点。到了北宋，欧阳修、程颐又将其阐发为“物极必反”的命题，几乎成为公认的普遍真理。一直到明清之际的王夫之，方依据其神化学说，重新检讨这一命题。王夫之提出物极不必反说而否定“物极必反”的命题，是人类辩证思维发展的又一次飞跃。王夫之的物极不必反说，站在更高的层次，既吸取了物极则反的思想因素，同时又扬弃了极而“必”反的独断论倾向，标志着人类对事物变易法则的认识更加深化了。这是中国传统哲学和易学的骄傲，值得我们认真总结和借鉴。

（原文约 1 万字，发表于《北京师范大学学报》人文社科版 2001 年第 2 期）

文摘编辑：石新中

论《郭店楚简》中的老子思想

王德裕

[作者简介] 王德裕，重庆师范学院教授。

[内容提要]《郭店楚简》表明，《老子》有三个版本，即老聃著竹简本、太史儋著帛书本和今本。竹简本《老子》将"道"看成是混沌之气，并认为事物运动变化的原因在于其内部的矛盾性，具有朴素唯物的倾向。从竹简本到帛书本，反映了先秦道家学派从朴素唯物论向客观唯心论的转化。竹简本不否定人为，主张"无为而无不为"，也与帛书本不同。总之，有了竹简本《老子》，道家学派的发生、发展和变化就有轨迹可寻了。

[关 键 词] 郭店楚简；竹简本；帛书本；发展轨迹；先秦道家。

《郭店楚墓竹简》的整理出版（荆门市博物馆编，文物出版社1998年5月出版），是20世纪末叶中国学术界的一件大事。它的出版不仅改写了儒学变迁史，也改写了道家学说发展史。

现在我们有了《老子》的三个版本。一个是竹简本，它出土于战国中期偏晚的楚国贵族墓，还没有"绝仁弃义"、反对"尚贤"一类的话，应是春秋末叶的道家先驱老聃所作。一个是帛书本，出土于马王堆汉墓，具有明显的战国时代的色彩，应是战国中期的周太史儋（他见秦献公在公元前374年）所作。一个是今本，即两千年来流传于世的河上公注本和王弼注本，它和帛书本基本相同，只在个别字句上有歧异。两千年来，对《老子》的作者是谁，争论很大。有了竹简本出土，这个问题终于解决了。

竹简本《老子》，包括了《老子》甲、乙、丙和《太一生水》等四篇著作，它明显的具有朴素唯物的倾向。至于帛书本和今本，我在《也论老子》（《人文杂志》1981年第5期）中已指出，主要是一个客观唯心主义的哲学体系。从竹简本到帛书本，反映了道家学派从朴素唯物论向客观唯心论的转化过程。

竹简本《老子》认为，"道"是物质性的混沌之气。"道恒无名，朴虽微，天下弗敢臣。"又说："天地者，太一之所生也。……下，土也，而谓之地；上，气也，而谓之天。道亦其字也。"这里的"道"或"太一"，就是指的混沌之气。混沌之气没有具体形象，因而也就没有具体的名，所以可以说"道恒无名"。"道"虽然非常微小，但天地万物却不敢使之臣服，因为天地万物都是"道"或"太一之所生"。天是苍苍的浮在上面的气，地是脚下的土，都是物质性的东西。把"道"或"太一"看成是"气"的别名，是由老聃开端的。后代一些朴素唯物的气一元论者都承藉了他的思想。刘安宾客所著《淮南子·诠言训》说："洞同天地，浑沌为朴，未造而成物，谓之太一。""一也者，万物之本也。"被列为儒家经典的《礼记·礼运》篇说："夫礼必本于太一，分而为天地。"这个"太一"，唐代孔颖达注，就是指"天地未分混沌之元气"。王充也说："元气未分，混沌为一。"（《论衡·谈天》）显然，这些思想和老聃是一脉相承的。有时，老聃也将"道"或"太一"看成是物质运动的规律或法则。"太一藏于水。"这样，"道"或"太一"就寓于具体事物之中，没有脱离物质而存在，变成事物自身的规律，而不是抽象的理性或法则了。这是和唯心主义者不同的。

竹简本《老子》说："天下之物生于有，生于无。"天下之物（包括天地）都是有形有象的。万类殊形，迭盛迭衰，形性殊诡，所为各异，"性命不同，皆形于有"（《淮南子·诠言训》）。但这些有象有形之物，又都是"生于无"，由无形无象的混沌之气，即"道"或"太一"分化而成。此处的"无"，是指无形无象的混沌之气而言，不是通常所谓的虚无。总之，老聃是把混沌之气作为天下万物的始基，在宇宙构成论上，具有朴素唯物的倾向。

帛书本《老子》也讲"道"，但朝唯心论方向进行了改造。它所谓的"道"，是在上帝之先、之上的（"象帝之先"）、永远不死不衰的（"谷神不死"）、非物质性的存在（"窈兮冥兮"，"寂兮寥兮"，"绳绳不可名，复归于无物"）。这样，"道"就被抽空了物质内容，而变成了纯粹抽象的精神实体或绝对观念。它将这种抽象的"道"安放在"一"、即混沌之气上面，认为是由"道"产生了"一"，由"一"分化出阴阳（即天地）两种气，阴阳二气互相作用，产生出它们的统一物（"三"），并由此生出万物。万物都是阴阳二气互相作用（"冲气"）的结果。这就是所谓的"道生一，一生二，二生三，三生万物。万物负阴而抱阳，冲气以为和。"这个命题有两重性，下半截是朴素辩证的，头却是唯心的。从哲学上看，"道"与事物的关系，实际上是一般与个别的关系，也就是思维与存在的关系在中国古代哲学上的表现。帛书本《老子》颠倒了一般与个别、思维与存在的关系，将混沌之气以及各种具体的物看作是思维、一般的产物，这就倒向了客观唯心论。

人的认识是从具体到抽象，再从抽象到具体。哲学史作为一门人类的认识史，也反映了这一过程。从管子的“水者”，万物之本原也”，到老聃的混沌之气的“道”或“太一”为“天下母”，再到太史儋将抽象的“道”看成是“万物之宗”，“是谓天地根”，正好反映了从具体到抽象的过程。西方哲学史上也有类似的现象。

二

事物的运动变化，在于其内部的矛盾性，还是由于外力的推动，这是导向唯物或唯心的分水岭。

竹简本《老子》说：“天下皆知美之为美，恶也；皆知善，此其不善也。有亡之相生也，难易之相成也，长短之相形也，高下之相盈也，音声之相和也，前后之相随也。是以圣人居亡为之事，行不言之教，万物作而弗始，为而弗恃也，成而弗居。夫唯弗居也，是以弗去也。”帛书本和今本都有这段话。而且帛书本在“前后之相随”后，还有“恒也”一句，就是说，事物的矛盾是永恒存在的，不是一时一地的现象，意义更长。竹简本《老子》还说：“返也者，道之动也。”就是说，向相反的方向转化是“道”的运动。这句话各本皆同。从这些看，无论是竹简本、帛书本或今本，都有朴素辩证法思想，这是它们的相同处。

但它们之间也有很大的不同。事物的运动变化是否由事物的内部矛盾引起？对这一问题，《老子》竹简本的回答是肯定的，帛书本则否。竹简本《老子》说：“太一生水，水反辅太一，是以成天。天反辅太一，是以成地。天地□□□也（按上下文义，□□□内文字应为“复相辅”），是以成神明。神明复相辅也，是以成阴阳。阴阳复相辅也，是以成四时。四时复相辅也，是以成沧（冷）热。沧热复相辅也，是以成溼燥。溼燥复相辅也，成岁而止。”这就是说，自然界的一切事物。包括天地、阴阳、四时、冷热、湿燥等等，都是对立同一的，而且正因为矛盾双方的“相辅”（交互作用），才能“成天”、“成地”、“成阴阳”、“成冷热”、成湿燥”、“成岁”等等。它把事物内部的矛盾性，当成了事物运动变化的原因，从而否定了抽象的“道”是天地万物的创造者和原动力。

在这点上，帛书本《老子》的认识是不同的。它也承认自然界的发展变化。“飘风不终朝，暴雨不终日。孰为此？天地，而弗能久，又况于人乎！”这就是说，天、地、人都像飘风、骤雨一样，是“弗能久”的，是运动变化的，那么，是谁在主宰世界的变化？它认为是“道”。“道”虽然自己没有生灭，是永恒存在的，但却主宰着万物的生灭。“道生之，畜之，长之，遂之，亭（成）之，毒（熟）之，养之，覆之。”这就是说，万物从长生、发育，直到成熟、衰老的整个衍变过程，都操纵在“道”的手中。这样，它就否认了事物的自己运动，将事物发展变化的动力移到了外部，移到“道”那里去了，从而陷入了客观唯心主义。

《老子》竹简本有夸大同一、贬低斗争的倾向。它认为“和曰常”，因此主张“和其光，同其尘，劊其颔（帛书本作“挫其锐”），解其纷”，即消除矛盾斗争，达到“玄同”境界。由于夸大同一，也就抹杀了事物之间的差异、对立和相对的质的稳定性。“唯与呵，相去几何？美与恶，相去何若？”从肯定事物的转化说，有一定的合理性。但由此否定事物（唯与呵、美与恶）的差异、对立和相对静止状态的存在，就有可能通向相对主义。竹简本《老子》还有量转化为质的思想萌芽。因此，它主张“畐难乎其易也，为大乎其细也。”“为之于其亡有也，治之乎其未乱。”这就是说，在问题刚刚露头，还没有形成气候之时，就要防微杜渐，加以妥善解决。这些都被帛书本继承并加以发挥了。

三

“无为”是道家学派的政治人生哲学，各种版本都有论述。竹简本《老子》甲本说：“为之者败之，执之者远之（丙本作“失之”）。是以圣人亡为故亡败，亡执故亡失。……是故圣人能辅万物之自然而弗能为（丙本作“而弗敢为”）”。看来，它所谓的“无为”，就是遵循自然法则，去辅助万物自己的发展变化，而不要凭借主观意志，恣意妄为。不顺应自然，勉强去为，必然招致失败；抓着不放，阻碍变化，也必然遭到损害。可见，还不是根本否定人为。它又说：“亡为而亡不为。”这是想以“亡（无）为”，去达到“亡（无）不为”的结果，或者说，“以无事取天下”吧！它和帛书本主张“上德无为而无以为”，彻底否定人为，消极被动地去顺应自然，听从命运摆布的宿命论观点，还是有所不同。这是老聃所处的时代使然。

“无为”思想运用到政治策略上，就是主张无为而治，与民休息，对人民的生产和生活动采取放任主义，尤其反对用暴力去进行干预。同时，要“行不言之教”，率先示范，做出榜样。这或许就是所谓的“德化”吧。竹简本《老子》是重视德化的。更进一步，则是：“我无事而民自富，我无为而民自化，我好静而民自正，我欲不欲而民自朴。”这就是说，“我”作为统治者要“无事”（不苛敛百姓）、“无为”（不劳民）、“好静”（不扰民）、“欲不欲”（少私寡欲），才能使老百姓“自富”、“自化”、“自正（定）”、“自朴”，达到人民安居乐业，天下太平。从表面看，这是在为民请命，其实他的着眼点还是在巩固贵族政权。

总之，竹简本《老子》的问世，不但澄清了许多疑团，而且道家学说的发生、发展和变迁，也可以大体寻出一些轨迹来了。

（原文约5500字，发表于《重庆师范学院学报》哲社版2001年第1期）

文摘编辑：灵杉

天籁之音　曲高和寡
——墨子伦理思想初探

詹正发

[作者简介] 詹正发，郧阳师专副教授，主要从事法理学和思想政治教育研究。

[内容提要] 墨子是中国古代伟大的思想家和政治活动家。秦汉之际，墨学突然中绝，中国传统文化开始走上畸形发展的道路，墨子所提倡的"兼爱、"非攻"、"交利"、"救小"等思想被人类遗弃达数千年之久。在和平与发展已成为时代主潮的21世纪，重读《墨子》，对完善并重构中国文化的优秀内核，重塑中华民族崇尚理性、热爱科学的健全人格，促进世界和平和人类共同发展具有重要的现实意义。本文试从"爱"、"利"、"权"、"行"四个方面对墨子的伦理思想进行初步探讨。

[关 键 词] 墨子；伦理思想。

一、墨子之爱：博爱无私

春秋战国之际，天下纷争，兵祸连年，礼崩乐坏，道德沦丧。诸子百家应运而起，以"治天下"为己任。在墨子看来，君臣、父子、兄弟、诸侯之间之所以"乱"，天下之所以"乱"，"皆起不相爱"。墨子说："天下之人皆不相爱，强必执弱，富必侮贫，贵必傲贱，凡天下祸篡怨恨之所以起者，以不相爱生也。"墨子自以为找到了天下纷乱的根源。墨子的治世之方就是"兼爱"，"兼以易别"。

墨子之爱贵在"兼"，非墨之徒恨其"兼"。在当时的历史条件下，提出"兼爱"思想，需要超凡的勇气。此论一出，毁之疑之者甚多。孟子骂曰："杨氏为我，是无君也；墨氏兼爱，是无父也；无君无父，禽兽也"；更多的人认为墨子之爱虽然博大，却陷入空泛，是乌托邦式的爱。

事实上，墨子之爱是以互爱为内容的，是所谓"兼相爱，交相利"，"兼者，相等也；交者，相互也，二者更为因果。兼而不交，则爱利之质不厚，交而不兼，则爱利之量不广"。墨子认为，"夫爱人者，人必从而爱之；利人者，人必从而利之；恶人者，人必从而恶之；害人者，人必从而害之。"可见，墨子之爱并非"糊涂的爱"，爱人不外己，爱己先爱人才是墨爱的真意。

墨子的"兼爱"思想本是为匡扶乱世而提出来的。人类进入21世纪，贫因、疾病依旧困扰着人类，战争、杀戮也从未停止过，人们不但要同贫困和疾病作无休止的斗争，还要面临战争与和平的艰难选择。墨子提出的"兼爱"思想和为实现"兼爱"所作的种种努力，无疑具有强烈的现实意义和深远的历史意义。

二、墨子之利：交利双赢

孔子曰："君子喻于义，小人喻于利。"孟子也说，"王何必言利？有仁义而已矣。"墨子在"兼相爱"的前提下，明确提出"交相利"，而且"广言利"。墨子交利思想涉及生产、交换、分配、消费等诸多内容，这在中国传统文化中是难能可贵的。墨子是中下手工艺生产者的代表人物，墨徒不仅熟知百家之事，而且颇知民间疾苦："民有三患，饥者不得食，寒者不得衣，劳者不得息，三者民之巨患也。"因此，"仁人之事者，必求兴天下之利，除天下之害。将以法乎天下，利人者即为，不利人者即止。"《墨子》通篇都体现出墨者对国计民生的关怀，甚至不惜用"天之意"来劝告人们兼爱尚利，"天欲人之相爱相利"，"爱人利人者天必利之"，墨子的利害标准是非常明确的，节用、富裕为利，贫、乱、奢侈为害。志士仁人，必兴利除害，为民造福。

需要指出的是，墨子之"利"并非单纯的物质利益，而是"利"与"义"的统一，既包括具体的利益，又涵盖众多属于社会理想的"善"的范畴。墨子说："夫利，有利者，有所利者，有所以利者，有所以利之者。利者，志也，所利者天下也；所以利者，能也；所以利之者，得也。利无大小，而所利者有大小。"墨子之利，利己者少，利他者多；在义利之间，有所为，有所不为。"道不行不受其赏，义不听不处其朝。"

耻于言利是中国人畸形人格的具体表现，这种伪善的心态无疑妨碍了中国人对科学的探索和对社会发展规律的认识。在市场经济条件下，交利、双赢已经成为不同社会制度、不同利益主体共同发展的黄金法则。墨子在两千多年前就已经提出了"交相利"的重要思想，不幸的是，对其中真意，我们至今还不能完全领悟。在经济活动中，狭隘民族主义、地方保护主义、极端利己主义还时有所闻，有些地区、有些部门还相当严重。墨子的伟大之处必将随着市场经济的发展日益显现出来。

三、墨子之"权"："断指以存腕，利中之取大，害中之取小也。"

墨子衡量爱利的标准是"权"。"权，非为是也，亦非为非也。权，正也。"墨子兼爱天下，但对于志功之大小，爱利之厚薄却不得不有所比较、取舍。"断指以存腕，利之中取大、害之中取小。害之中取小也，取利也。其所取者，人之所执也。遇盗人断指以免身，利也。断指与断腕，利之中取大，害之中取小也。利之中取大，非不得已也；害之中取小也，不得已也。于所未有取焉，是利之中取大也，于所既有而充焉，是害之中取小也。"

由此可见，墨子固然可以为兼爱天下赴汤蹈火，死不旋踵，却并不主张无谓的牺牲，权衡利弊得失，以最小的代价换取最大的利爱是完全必要的。如果事业需要，不妨留有用之身以利天下。"圣人恶疾病，不恶危难。正体不动，欲人之利也，非恶人之害也"。当有利于己而害天下时，墨子固不为；当有利于天下而害己时，墨子优为之。两利相权取其重，两害相权取其轻；人己俱利先利人，害己利人宁害己。墨家虽然计较，仍是义薄云天。

人人兼爱，谁是真爱？人人为善，何为至善？墨子的第一步是合其志功而观之。"鲁君谓墨子曰，我有二子，一人好学，一人者好为人财，孰可为太子？子墨子曰，未可知也。或所为赏誉为是也。钓者之恭非为鱼赐也，饵鼠以虫，非受之也。吾愿吾主合其志功而观焉。"有其功，未必有其志，有其志，未必有其功。动机与效果的统一是墨子追求的首要目标。巫马子问墨子："子兼爱天下，未云利也，我不爱天下，未云贼也，功皆未至，子何以自是而非我哉？"墨子反问巫马子："今者燎者于此，一人奉水将灌之，一个操火将燎之，功皆未至，子何贵于二人？"巫马子答曰："我是彼奉水者之意。"在效果不明显时，动机是重要的，动机一致，则要看效果如何，看谁发挥的作用大。

墨子的权与衡、志与功与近代功利主义有着本质的区别；与儒家"舍生取义"的思想也颇有不同。在进行重大决策或采取具体措施时，审时度势、权衡利害是完全必要的。"愿望是好的"、"交学费"是我们掩饰失误的借口，在人类认识水平不断提高，科学技术不断进步的前提下，用最小的代价换取历史的进步、社会的发展和人民生活水平的提高不仅是必要的，而是可能的。

四、墨子之行："自苦者墨"

自苦者墨。墨徒大都来自中下层劳动者，深知稼穑之苦，民生之艰，因此，他们平日生活清苦，"量腹而食，度身之衣"。

墨子及其门徒的自苦行为是墨子理想的积极实践。墨子的意图是通过自己的示范来规劝天下圣人、大夫、诸侯自苦、自律、节用、节葬、非乐。墨子警告说，"俭节则昌，淫佚则亡"；"凡五谷者，民之所仰也，君之所以为养也。故民无仰则君无养，民无食则不可事。故食不可不务也，地不可不力也，用不可不节也。"针对诸侯大夫厚葬久丧、送死若徒、习为声乐的风气，墨子认为"上考之不中圣王之事，下度之不中万民之利"，"足以丧天下"，故而坚决反对。墨子主张节用、节葬、非乐，非不知厚葬之爱其亲也，非以刻镂华饰文章之色以为不美也，非以刍豢煎炙之味不甘也，然厚作敛于百姓，暴夺民衣食之财，墨子故不为也。

有的学者把墨学中绝的原因归结为墨行之苦，是有一定道理的。节用、节葬、非乐在任何社会都是必要的，但发挥到极至，要人们完全去掉喜怒哀乐，手足耳目皆从事于义，违背人之常情，再好的理论，没有了群众基础，就得不到继承和发展。庄子评述说："其生也勤，其死也薄，其道大觳，使人忧，使人悲，其行难为也，恐其不可为圣人之道，反天下之心，天下不堪，墨子虽能独任，奈何天下？"钱穆也说墨子："他刻苦了人生却没有鼓舞着人生。"王桐龄说："孔孟学说寻常人皆能奉行。墨子学说非有精心毅力、热血至诚、肯牺牲个人以顾全社会者不能实践也。"

自苦非乐、节用节葬的思想与反腐倡廉、走可持续发展之路思想之间惊人的一致，充分显示出墨子思想的历史意义和现实价值。

墨子实践观的另一个重要特点就是言行一致。"兼相爱交相利"的思想固然可贵，但更重要的是言行一致，名符其实。墨子认为："言必信，行必果，使言行之合，犹合符节也，无言而不行也。"在这种思想指导下，墨子不计名利毁誉，不顾危难牺牲，在极力宣扬自己兼爱、交利、非攻、节用主张的同时，潜心研究逻辑、百工、救守，为提升中国古代自然科学水平、丰富军事战略思想作出了重大贡献。墨子的自然科学研究、逻辑思维和军事战略研究达到了相当的高度，在当时无人能及，即使用今天的眼光看，也具有相当的难度。

儒家取得独尊地位之后，改变了中国传统文化的基本结构和走向，以至于墨学中绝，科学技术被视为"奇技淫巧"，中国传统文化从秦汉之际就变成了一条腿的怪胎，科学、民主、思辨精神被摧残殆尽。天籁之音，曲高和寡。倘若墨学不衰，儒家不专，道家不隐，中华民族贡献给人类的又岂止是"四大发明"！

（原文约 6000 字，发表于《咸宁师专学报》2002 年第 1 期）

文摘编辑：其实

《成唯识论》的物质观与量子力学的物质观

林国良

[作者简介] 林国良，上海大学文学院中文系副教授。

[内容提要] 唯识学的物质观包括物质起源论和物质结构论。唯识学认为：物质和极微（物质基本单位）不具有实在性，因为它们不存在永恒不变、不可分解的本体，物质是由众生的第八识变现。唯识学的物质观与量子力学的正统派——哥本哈根学派的思想有某种程度的共通性。

[关 键 词] 唯识无境；哥本哈根学派；物质非实在性。

唯识学是佛学中最为精致的一个理论体系。近代弘扬唯识学的一些佛学大师，曾对此学说与现代科学的会通抱有极大的希望。而现代科学的发展，似乎正在为这一会通提供了一种可能性。本文将依据《成唯识论》（以下简称《成论》），通过唯识学与量子力学的物质观的比较，对这一会通的可能性作一描述。

一、唯识学的假实观

唯识学的物质观主要有物质起源论与物质结构论两方面的内容。从物质起源论来看，唯识学认为：物质非心外实有，而是由众生的第八识变现。从物质结构论来看，唯识学认为：物质不是由极微（物质基本单位）构成，而是由第八识变现色法中的实法（基本物质），再由实法形成假法（各种物体）。而此处的假、实概念正是理解唯识学物质观的一个难点，故有必要先对唯识学的假实观作一介绍。

唯识学的假、实概念，既有与佛教其他学派一致的含义，也有其独特的含义。唯识学是在两个层面上区分事物的真假虚实。第一层面的区分依据是永恒不变性和独立存在性，这可以说是在区分事物的假与真；第二个层面的区分依据是事物的成分和作用，这就是唯识学所说的假与实。这两个层面大体相当于佛教所说的胜义谛和世俗谛。首先，如按胜义谛来区分，则一切事物都属假而非真，即都没有永恒不变性，也没有独立存在性。其次，如按世俗谛来区分，唯识学将事物区分为实法、假法与非实非假法。此外所谓的实法，是指具有单一、独立的成分，能起现实作用的事物。如果一事物是单一成分（不是复合成分），能独立存在（不是依附性地存在），能起现实作用（不是幻觉等不能起真实作用），就说它是实法。所谓假法，指非独立存在、但有现实作用的事物。这类事物是一种没有实体的假象性的存在。假法分聚集假、分位假等。以聚集假为例，它们是实法的集合，如由色、声、香、味、触等基本物质现象聚集而成的世间各种物体。所谓非实非假之法，指根本不存在、因而没有现实作用的现象，即幻觉、想象等所显的事物，如由幻觉而见的空中第二个月亮等。

二、唯识学的物质起源论

1．物质非心外实有

《成论》开卷便是对我执与法执的批判。对于破我执，唯识学认为，无论识内还是识外，所谓的“我”都没有实体，都非实有。但对于破法执，唯识学强调，识外诸法（外境）无，识内诸法（内境）可有。因此，“唯识”的真实含义是“唯有内识并无外境”。《成论》一开始就对外道和小乘的心外法实有的观点进行了批驳，而这一批驳正是以上述二重假实观为基础的。例如，该论卷一在破胜论的观点时指出：胜论的诸范畴中，首先是那些始终不变地存在的范畴，如果那些范畴能产生结果，那它们就不是始终不变的，而应像它们所生的果一样有生灭；如不能生果，则其所谓脱离识的真实存在，既无作用，纯属子虚乌有。再说那些胜论也认为是变化无常的范畴，如果那些范畴有质碍（即具有质量、占据一定的空间而互不相容），那就能分解剖析，应非“实”；如果它们没有质碍，那就是与心和心所一样的非物质性的存在。

由此可见，唯识学是从“真”与“实”两方面来否定外部物质世界的实在性。即如果这些物质是“真”的（具有永恒不变的本体），那它们就不能变化而产生其他物质；既然物质世界生生不息，那物质就不是永恒不变的；既然物质不是永恒不变的，那就“非真”。再从成分来看，既然物质有质碍，那它们就不是单一、独立的成分，而有结构和组成成分，可分解剖析，所以“非实”。（但如果物质没有质碍，那就不具有物质性，也谈不上是物质）。既然物质与物质世界非“真”非“实”，所以不具有实在性。世人通常将他们感觉到的一切物质现象，都看作是“真实”的存在；唯识学不否认物质现象的存在，只是认为它们不“真”不“实”，是一种假象性的存在。因为物质并没有永恒不变、不可分解的主体。佛教常说“一切皆空”，其“空”的含义也正在于此，即不是说一切现象都不存在，而是说一切现象都没有永恒不变性。

2. 物质由第八识变现

如果物质不是一种客观、独立的存在，那它们又由何而来?《成论》卷二指出：“阿赖耶识因缘力故，自体生时，内变为种及有根身，外变为器。”即阿赖耶识由因缘的力量生起自己的主体时，在内变现为各类种子与物质身，在外变观为器世间。这里，“阿赖耶识”就是第八识。唯识学认为，在人们熟知的五种感觉（即五识）和意识（第六识）之外，还有第七识和第八识，而在八识中，第八识是根本识，是一切物质现象和精神现象的本体。一切众生都有各自的第八识。《成论》对第八识作了详尽的论述。引文中的“器”，即器世间，也就是物质世界。所以，唯识学认为，整个物质世界是由众生的第八识变现，并非脱离第八识而独立存在。

如果物质世界是在众生的第八识内，那究竟是怎样一种状态呢？按唯识学的“三分说”(为求简洁，此处不说“四分说”)，八识都可分为三种成分：相分，见分和自证分。识生起时，识的主体（即自证分）变现出相分和见分。见分就是识的认识作用，相分就是由识变现的认识对象。所谓认识过程，就是见分对相分进行认识，自证分则对这一认识过程进行证知。因此，粗略而言，每个众生在诞生时，其第八识就变现出了他自己的物质世界作为相分。由于共同的业力，同一世界的众生变现出的物质世界也有相同性，互相重叠在一起，犹如一间房内众多灯开亮后光线交织在一起一样。综上所述，唯识学并不是全然否定物质及物质世界的存在，只是不承认它们是一种客观独立的存在，而认为它们是一种依附于第八识的存在。

三、唯识学的物质结构论

1. 物质并非由极微（物质基本单位）构成

古印度的大多数学派、包括佛教小乘学派都认为物质是由极微（物质基本单位）构成，并认为这些极微是实有的。而唯识学则对此种观点作了否定。唯识学认为：极微决非实有，物质也并非由极微构成。《成论》指出：“谓诸极微，若有质碍，应如瓶等，是假非实；若无质碍，应如非色。”即如果极微没有质碍，那它们就是“非色”，即不是物质；如果极微有质碍，那还是可以分解剖析。所以极微也非实有。“既多分成。应非实有。”即只要事物是由多种成分合成的，就不是实有。

如果极微不是实有，那极微这一概念又是怎么回事呢?《成论》指出，对于那些认为物质存在着真实主体的人，佛说极微，让他们逐步分解剖析，排除假象，并不是说一切物质真实存在极微。“虽此极微，犹有方分，而不可析，若更析之，便似空现，不名为色。故说极微，是色边际。”即这极微虽然仍占有一定的空间，但无法再分析，若再对其分析，就有与空相似的形相出现，不能再称为物质了。所以说极微是物质的边界。

由此可见，唯识学认为：实际上不存在极微，极微只是思维的产物；或者说，极微仅是一种假说。《成论》还指出：“然识变时，随量大小，顿现一相，非别变作众多极微合成一物。”即第八识变现物质时，无论其体积是大是小，都是一下子出现全体，并非另外变作许许多多的物质基本单位，然后再合成一种物质。所以，物质也并非由极微构成。

2. 第八识只变现实法，由实法形成假法

如前所说，物质是由第八识变现。但更严格地说，物质现象有假有实，而第八识只变现物质现象中的实法。《成论》指出：“略说此识所变境者，谓有漏种、十有色处及堕法处所现实色。”其中，“有漏种”即世间一切事物的种子，“十有色处”即五根（眼、耳、鼻、舌、身）与五境（色、声、香、味、触)，“堕法处所现实色”即法处所摄色（意识所能认识的物质）中的定果色（由禅定而生的物质）。上述诸事物中，种子、五根与定果色均为实法，均由第八识直接变现。而五境有假有实，以色境（即视觉认识对象）为例，色境包括显色、形色、表色三类色。在色境三类色中，唯识学认为，只有青、黄等四种基本色为实有，其余均为假有。此外，五境中的声境、香境、味境、触境中也都有假有实。而第八识只变现五境中的实法，不变现假法。《述记》中举了一个更明确的例子：“即触处中，第八所变，唯能造，非所造，以无体故。”佛教所说的色法（物质），包括能造色和所造色。能造色是地、水、火、风四大种，所造色就是五根、五境等。能造色是实法，所造色中的五境有假有实，而其中的触境的所造色（如滑、湿、重、轻等）“无体”(即无实体)，均为假法。所以，在“触处”（即触境）中，第八识只变现能造色，不变现所造色。

这里，在讨论唯识学的物质结构理论中，必须注意到四大种与所造色的关系。因为粗略地说，是能造的四大种造就了所造色；但精确地说，四大种各有自己的种子，所造色中的实法也各有自己的种子，因此四大种与所造色中的实法都是由各自的种子而产生，那为什么说是四大种造就了所造色？唯识学认为，四大种有五种“因力”，据此可认为是四大种造就了所造色。这五种“因力”，一是生因，即所造色的种子要依赖四大种的种子引生，大种的种子生起时，造色种子才能生起。二是依因，造色生起后所占据的空间，就是引生它的大种先前所占据的空间，造色没有能力离开引生它的大种而去占据别的空间。三是立因，即当大种变异时，造色也随之变异；大种坏时，造色也坏。四是持因，造色能相似相续地生起不绝，是由大种摄持令住的力量，若没有大种的这种力量，造色就会间断。五是养因，即由于大种资养的作用，造色得以增长。由此可见，所造色虽是由因缘（即自己的种子）而生起，但四大种是它们生起和增长的极为重要的增上缘。

就这样，第八识变现了四大种与五境中的实法，后者相当于基本物质，再由这些实法形成了各种假法，这些假法相当于物质世界中的各种物体。所以整个物质世界，包括我们所见的各种物体，都是由五境中各种实法和假法聚集而成，是一种聚集假。

四、唯识学与量子力学物质观比较

比较唯识学与量子力学，唯识学持物质非实在性的观念，量子力学则面临困难的抉择，究竟是放弃物质实在性，还是放弃因果性，或是另找出路？而量子力学的主流派——哥本哈根学派则早已放弃了物质实在性的观念。更须强调的是，虽然唯识学的第八识变现物质世界的观念为千古绝唱，但其物质非实在论，却并非属荒诞不经，因为如果确切地理解其内涵，即物质不存在永恒不变、不可分解的本体，那么，这一观念不但不荒谬，而且完全符合科学迄今为止所能达到的认识水平。因为，照目前科学对微观粒子的认识来看，微观粒子或是有更深层次的结构，或是由场转变而来。因此，唯识学与量子力学在物质结构和基本粒子的认识上，还是有着某种程度的一致性。

进而将唯识物质观与现代科学物质观相比较，二者既有可比的一面，同时唯识学物质观也表现出一定的局限性，即此理论较为粗疏笼统。从可比性看，像现代科学物质结构论一样，唯识学物质结构论也具备了一个基本框架。如现代科学认为：存在着一百多种原子，由这些原子构成了形形色色的物体。唯识学认为：存在着色、声、香、味、触五类基本物质，由这些基本物质构成了形形色色的物体。而在再下一层次的物质结构中，两种学说便分道扬镳了。现代科学认为：原子层次以下，还有各种微观粒子，原子就是由这些微观粒子（如质子、中子、电子）构成的，而唯识学认为：不存在极微。触境是由四大种构成的。但四大种与其他四境的关系则不是构成与被构成的关系，前者只是后者的增上缘，因为四大种与上述四境中的实法均由第八识直接变现。这是两种学说在基本框架上的可比性。但在细节上，唯识学可说的东西就不多了，而现代科学在由原子和分子构成万物的问题上，形成了化学、物理学等一套完整的知识体系。唯识学的这种局限性主要根源于其总体倾向，因为唯识学的旨趣是在于说明“唯识无境”的道理，进而为其修行证果服务，而不在于形成相关的知识体系，不在于追求对物质世界有更为深入的了解。所以，尽管唯识学在一些问题上能有极为深刻的洞察，但并未在如何由实法聚集成假法这一问题上形成完整的学说。也就是说，在物质结构方面，它既没有形成一套与现代科学相同的知识体系，也没有形成一套有别于现代科学的、独立的知识体系，从而像现代科学那样在物质文明和技术发展中起至关重要的作用。

（原文约8000字，发表于《上海大学学报》社科版2002年第2期）

文摘编辑：范子奇

论宋初的文化忧患意识
——兼论经学变古的历史必然性

杨世文

[作者简介] 杨世文，四川大学古籍所副研究员。

[内容提要] 儒家文化的危机引发了宋初学者的文化忧患意识，这种忧患意识主要表现在三个方面。文化忧患意识形成一股潮流，引发和促进了经学变古和儒学革新，将宋代文化推向高峰。儒学文化被注入新的活力，终于在中国封建社会后半期战胜了佛、道等异质文化，儒学文化的主体地位更加巩固。

[关 键 词] 宋朝；文化；忧患意识；经学；新儒学。

华夏文化造极于赵宋之世，这是多数学者的共识。造成这种现象的原因是多方面的，诸如宋代有能够促进文化繁荣的客观历史环境、宽松的文化政策、发达的物质条件与技术手段，等等。这些无疑都是刺激中华文明走向巅峰的助长剂。而汤因比的文明挑战与应战理论无疑为我们解释宋代文化的高度发展提供了一种思路。在汤因比看来，文明遇到了挑战、刺激、于是产生应战、反应，进行自我调适，增强抵抗力，度过危机，从而在原来基础上更加发展、壮大。我们同样可以说，宋代文化之所以较此前有很大的发展，一个重要原因就是对各种挑战的成功回应。

在宋代以前和宋代，中华文化的主体——儒家文化就已经面临来自各方面的挑战。儒家文化的危机引发了宋代学者的忧患意识，这种忧患意识主要表现在三个方面：其一，异质文化的严峻挑战。宋代学者最大忧患，是他们赖以安身立命的儒学文化面临外来文化与异端邪说的挑战。如何维护儒学文化的主体地位，使儒学在应对挑战中处于有利位置，这是宋代很多儒学家思考的问题。这种忧患意识明显反映在他们排斥佛道及其他学说、攻击时文、强调儒家道统等学术活动中。其二，在批评异端邪说的同时，宋初儒学者还从儒家经学自身之中寻找导致儒学危机的原因，这即是对汉唐经学注疏中章句之学所造成的经学分裂及破碎大道进行了猛烈的攻击，可谓切中其病，其三，在宋初儒学家看来，繁辞丽句、声病对偶之文无法彰明圣道，羽翼圣学，因此他们高举卫道的大旗，对时文中声病对偶与浮华相淫的现象大加挞伐，表现出强烈的文化忧患意识，从而为儒学革新运动打下了坚实的基础。

宋初儒学家们的文化忧患意识是与古文运动、经学变古、儒学革新运动同步发生的。面对异质文化的严峻挑战，首先要起来维护儒家主体文化的神圣性，特别是发掘儒家文化的内在价值，这是一场保卫“圣人之道”的文化战争。其次，汉唐注疏之学既然没有真正把握圣人之道，没有穷尽经旨，而且没有阻挡住佛、道等异质文化的进攻，证明在它的框架内难以使儒学的基本精神得到阐扬，难以使儒学重现生机。因此。必须进行改革，包括经学观念、经学方法、经学内容方面的重大变化。综此，宋初儒学家们的文化忧患意识形成一股潮流，引发和促进了经学变古与儒学革新，将宋代文化推向高峰。从而为古老的儒学注入新的活力，终于在中国封建社会后半期战胜了佛、道等异质文化，儒学文化的主体地位更加巩固。

（原文约11000字，发表于《四川大学学报》哲社版2001年第5期）

文摘编辑：刘曙光

试论朱熹的哲学思想及其他

董瑞美

[作者简介] 董瑞美，聊城师范学院中文系副研究馆员。

[内容提要] 朱熹哲学思想的核心"存天理，灭人欲"，本意并不否定人对于物质生活的正当要求和欲望，可惜的是后来的统治者片面强调天理、人欲对立的一面，才造成"以理杀人"的恶果。作为一个政治家，朱熹生前从政时间极短，却也颇有政绩，身后被历代统治者吹捧；作为一个思想家，其思想（经改造后）最终成为历代的统治思想；作为一个教育家，他获得了巨大的成就；同时，朱熹还是一位学贯古今的学者、才华横溢的诗人。

[关 键 词] 朱熹；哲学思想；政治家；思想家；教育家。

著名史学家钱穆说："在中国历史上，前古有孔子，近古有朱子，此两人，旨在中国学术思想史及中国文化史上发出莫大声光，留下莫大影响，旷观全史，恐无第三人堪与伦比。"可以说，正是朱熹和孔子一起，塑造了中华民族心理结构、思维方式和生活方式的主要形态。然而由于种种原因，从学术界到普通民众，对朱熹抱有很多误解，或者敬而远之，或者厌恶甚至痛骂。人们一谈到朱熹，就想到吃人的礼教、三纲五常、贞节牌坊和道貌岸然的理学家。新中国建立后掀起批孔高潮中，朱熹的形象更是一落千丈。在近60年来的"进步学人"的眼光里，朱熹更是"万恶之源"，是"把生气勃勃的中华民族搞成个'东亚病夫'的罪魁祸首"。两种看法，孰是孰非？朱熹思想的本来面目是什么？我们到底该如何评价朱熹？本文拟就此谈一谈自己在学习中的一些体会。

一、朱熹：东方的黑格尔还是费尔巴哈？

朱熹思想博大精深，形成了一个严密的体系。全祖望称之为"致广大，尽精微，综罗百代"。这也是许多人不愿意去接触、了解朱熹，更谈不上全面深入地体会朱熹思想的原因之一。

简要地说，朱熹思想（这里仅限于哲学思想），远绍孔孟，近绍周（敦颐）、张（载）、二程（颢、颐），说到底是一种道德伦理哲学。正因如此，后世学者把朱熹纳入儒家道统之中。不过，他这种道德伦理更精致、更完善，表现在：其一，他以"理"释"天"，给予道德伦理以宇宙观上的论证；其二，他吸收了佛（释）、道在精神生活和自然观上的长处，融儒、释、道为一体，完成了他周密严谨的理学体系。这一体系的核心概念是"理"。理是什么？说来很简单，就是事物的规律和道德的规范、原则。

关于朱熹哲学的性质，一般认为是客观唯心主义。认为他讲的"理"，是一种超物质的精神实体。所以朱熹哲学是一种"头脚倒置的唯心主义"，有人比之为东方的黑格尔。

也有学者认为，朱熹哲学在自然观上是唯物的，在社会历史观上却是唯心的。他讲的"理"，类似于古希腊唯物主义哲学家赫拉克利特的哲学范畴"逻各斯"，因而把朱熹比于费尔巴哈。

两者的争辩集中于对"理"的解释，尤其是对"理气先后"的不同诠释上。"理"是先于天地而存在的。至于理与气孰先孰后？朱熹认为理在气先不是从时间上说的，而是从逻辑上来说的。综合朱熹这些论述，联系他的整个哲学体系，本文认为还是取"客观唯心主义"较妥，他与黑格尔类似，但不同于黑格尔。当然，如果一定要把朱熹哲学纳入唯心或唯物某一体系，都不能全面、准确地做出实事求是的评价。

二、存天理、灭人欲：是耶？非耶？

"存天理、灭人欲"是朱熹思想的核心观点。但正是这句话，受到的非难最多。

这实在是对朱熹的误解。朱熹并不否定人对于物质生活的正当要求和欲望，相反，他认为佛教的"寡欲"是"合不当如此"，而在人的正当要求和欲望中，存在着"天理"（食者，天理也）；朱熹所说的人欲并不等同于欲，而是指超过一定范围，违背一定道德原则的物质生活欲望。因而，简单地把人欲等同于一切感性欲望，从而把"存天理，灭人欲"说成是取消人的一切物质欲望，这与朱熹原意不合。

朱熹的确讲过天理、人欲的对立，但他也讲过天理、人欲互相依存、统一的一面，后来的统治者片面强调天理、人欲对立的一面，把维护封建统治的变了形的礼教作为天理，把老百姓的一般物质精神生活需求作为人欲，"存"天理、"灭"人欲，从而造成"以理杀人"的恶果。这是思想与政治结合、思想被政治利用后的产物，朱熹有一定责任，但不能完全归恶于朱熹，认为他是有意识地"为虎作伥"，这是违背实事求是精神的。

当然，朱熹的“存天理、灭人欲”，过于强调道德原则的一面，而且这一道德原则是以三纲五常为核心内容的，这就有一种压抑个人情感的倾向，说它有一种禁欲主义的色彩是可以的。但说它就是一种禁欲主义，把理学末流造成的恶果归于朱熹，那的确是对朱熹的极大误解。

三、政治、思想、教育：失之东隅，收之桑榆?

朱熹在几任地方官上，颇有政绩，显示了他的政治才能，但他终于没有“成其大有为之志”，在政治上有一番大的作为。这一方面是由于他做官时间太短，“登第五十年，仕于外者仅九考，立前才四十日”。他自己也不喜欢做官，屡次辞免官职；另一方面是他开出的正君心、立纪纲、明人伦的救世药方，从长远来讲，未尝不好，但在民族危亡的关头，在农民起义风起云涌、南宋王朝摇摇欲坠的时候，却非良策，的确有些迂阔，因而得不到统治者的采纳。晚年，他更被卷入政治斗争的漩涡，并因此落职罢祠，甚至有人上书“乞斩熹以绝伪学”。他死时，门生也不准为他送葬。

但朱熹死后不久，情况就发生了变化。1227年，宋理宗下诏封朱熹为信国公，后改徽国公。此后，追封不断，直追孔子。自南宋末，历元明清七百多年，朱熹哲学一直被奉为官方意识形态，并影响到国外。朱熹说过“非徒有望于今日，而又将有望于后来也”，这句话倒是应验了。这是作为思想家的朱熹的遭遇。

朱熹思想否极泰来，有很多原因。有学者提出，朱熹思想之所以对后世影响久远，是因为它回应了自唐末五代以来价值理想沦丧，外来佛教文明、传统经学理论形态转型等各方面的挑战。还有学者认为，朱熹思想是中唐文化转向，中国社会迈向“近世化”的文化表现。这些都很有道理。但不可否认，一个重要原因正在于朱熹思想“有补于治道”，它在整合社会秩序、提供价值信仰、维护封建专制制度等方面提供了一整套思想体系和理论依据，这正是历代封建统治者奉之为官方意识形态的原因。同样，也不可否认，由于朱熹思想本身的消极因素，由于统治者有意识的阉割、篡改和利用，影响所及，造成了许多恶果，如明清时的文字狱，贞节观念对妇女身心的摧残等。这是朱熹所想不到的。这是一个思想家的幸运，抑或不幸?

然而，作为教育家的朱熹，是有巨大成就的。在历史上，大思想家往往是大教育家，例如孔子、朱熹等。这是一个很有意思的现象。朱熹一生绝大多数时间都在讲学，即使是从政期间也不间断。他每到一地，都要整顿县学、州学，他创办了同安县学、寒泉精舍、武夷精舍、沧州精舍、考亭书院，恢复了白鹿洞书院和岳麓书院，被誉为“朱夫子”。他的教学方法，特别是读书法为历来学者所传诵。

朱熹一生热心教育绝非偶然。我们说了，朱熹哲学是一种道德伦理哲学，这种伦理哲学又与政治融为一体，“伦理政治化、政治伦理化”，从孔夫子到朱熹都是如此。教育的目的就是要培养有很高道德修养的从政人才，进而改良政治、改善民俗，达到理想的世界。政治、伦理和教育是三位一体的。朱熹对教育是寄寓了厚望的。教育正是他一生事业之所在。

这里有两点值得一提：其一，从孔子到朱熹，儒家都是重视教育的，这是与儒家本身理论特征相关的。李学勤认为：“中国的教育从传统上来说和儒学是不能分的。因为中国虽然有诸子百家，有其他学派，以及后来有佛学传入，可是从教育来说，主要还是儒学。不管我们今天怎样评价儒学，这一点是客观事实。”近世有人说儒学是一种宗教。实际上，从孔子到朱熹的思想都充满了理性主义的精神，与宗教是根本相异的。与其说儒学是一种宗教，不如说儒家把教育看做是一种宗教。其二，朱熹的教育实践，不仅促成了他自身思想体系的完善，在中国学术思想上也有独特的意义。从北宋胡瑗、范仲淹等人开始，兴起了一种讲学之风。他们热心教育，创办书院或从事私人讲学。朱熹的教育活动正是承接他们而来。这是又一次自由讲学之风的兴起（前一次是先秦诸子的民间讲学)，知识分子开始全面登上政治舞台（相对于唐以前的贵族)。随着这一变化，整个社会走向平民化、合理化、社会化。钱穆称之为宋明讲学精神，认为他们（讲学家）可以说是一种“秀才教”。朱熹无疑是这一精神的代表，是在这一社会文化转型过程中出现的伟大的思想家、教育家。

（原文约4500字，发表于《西南师范大学学报》人文社科版2002年第2期）

文摘编辑：其实

梁启超哲学思想四题

李 平

[作者简介] 李平，安徽师范大学文学院副教授。

[内容提要] 本文对梁启超哲学思想中的自然观、社会观、历史观和认识论作了初步分析，指出他的自然观虽然是唯心主义的，但是仍有进步意义；他的重变化发展的社会观，是以《周易》哲学和达尔文的进化论为基础的；他的历史观虽然以英雄造世为核心，然而也有一些闪光的珍珠；他的慧观认识论则是陆王心学的直接发挥，实际上是一种灵感思维。

[关 键 词] 自然观；社会观；历史观；认识论。

一、"三界唯心"的自然观

梁启超强调人的主观世界。在他看来，"心"（精神、思维）是第一性的，"物"（物质、存在）是第二性的，"境由心造"，以此为前提，他只能说："思想者，事实之母也"；"理论者，实事之母也。"

梁启超是如何陷入唯心主义泥坑的？大致有两方面的原因。一是受佛教唯心论的影响，他的"境由心造"的观点，正来源于佛教"三界唯心"的学说。梁启超走向唯心主义的另一原因是他对"心力"的过分崇奉，以致夸大了心对物的反作用。

唯心主义是生长在人类认识之树上的"不结果实的智慧之花"。梁启超"三界唯心"的哲学命题中同样凝聚着思想的智慧，它是在唯心主义的形式下，揭示了物质与意识之间的复杂关系，强调了为变革事业培养崇高的精神境界。梁启超不主张划分唯物主义和唯心主义，是因为在他看来，这样的划分会造成偏执一端的结果，无论是唯物主义还是唯心主义，都不能正确地说明现实问题。梁启超既重视物质的力量，承认物对心的制约；又强调精神的能动性，主张发挥心的创造作用。他的高明处在于他不仅反对绝对的唯心主义，而且反对庸俗的唯物主义。同样，他的问题也出在只把唯物主义看成是庸俗的唯物论，而把唯心主义当成理想主义。

把唯心主义当成理想主义，强调"心力"创造作用的哲学思想，在当时也具有一定的进步意义，因为这一思想是与当时的社会改良运动联系在一起的。先天发展不足而力量弱小的中国民族资产阶级，要在帝国主义和封建主义的强大统治势力之下进行社会变革，必然表现出信心不足、精神低沉。这就使梁启超认识到开展一场广泛的思想启蒙运动的必要性，通过思想启蒙来唤醒民众，以提高人们对社会变革的信心和勇气。在这样的背景下，梁启超片面地夸大了精神的作用，将"心力"无限膨胀、扩张，试图使人相信通过主观的努力，就可以挽救国家，振兴祖国。过分夸大精神的作用，性质虽然是错误的，但在当时却反映了进步阶级的利益和愿望，符合社会发展的客观要求，因而具有积极的进步意义。

二、"唯变所适"的社会观

梁启超在政治上是以鼓吹变法起家的，他为当时社会变革运动提供的一个哲学依据就是："凡在天地之间者，莫不变。"从自然界到人类社会，上下千年，无时不变，无事不变。在自然界："昼夜变而成日，寒暑变而成岁，大地肇起，流质炎炎，热熔冰迁，累变而成地球；海草螺蛤，大木大鸟，飞鱼飞鼍，袋兽脊兽，彼生此灭，更代迭变，而成世界。"在人类社会："紫血红血，流注体内，呼炭吸养，刻刻相续，一日千变，而成生人"；"贡助之法，变为租庸调，租庸调变为两税，两税变为一条鞭；井乘之法，变为府兵，府兵变弓广骑，弓广骑变为禁军；学校升造之法，变为荐辟，荐辟变为九品中正，九品变为科目。""故夫变者，古今之公理也"；"藉曰不变，则天地人类，并时而息矣。"梁启超就是用这种爽气逼人的语言，阐述变动不居的理论，为维新变法运动提供了哲学依据，揭示了社会的进步发展是天道所行，制度的改良变革是救国之法。

梁启超的社会变化发展观的理论基础有两个，一是《周易》"唯变所适"的求变思想，一是达尔文的进化论。先述其一：《周易》的这种在变中求生存、求发展的思想，成了梁启超鼓吹变法运动的理论武器。他在《变法通议》中说："法者天下之公器，变者天下之公理"；"变亦变，不变亦变"。这就肯定了变法的历史必然性，强调了变法是势在必行的事情，是人力不能阻挠的。因而他要求主动变法，在变法中充分发挥人的主观能动作用。在他看来，变法的途径有四种："其一，如日本，自变者也；其二，如突厥，他人执其权而代变者也；其三，如印度，见并于一国而代变者也；其四，如波兰，见分于诸国而代变者也。"他认定中国只有像日本一样，走"自变"的道路，才"可以保国，可以保种，可以保教"，避免为帝国主义列强所瓜分。

梁启超变化发展的社会观的另一理论基础是达尔文的进化论，他以此形成了以“动力说”为本体论的哲学思想体系。他曾撰《说动》、《释革》等文予以阐释。他认为动力是宇宙间的客观存在，是宇宙进化的始因，整个世界的发展是本着“物竞天择，适者生存”的天演论规律进行的，诸如“灭国者，天演之公例也”；“革也者，天演界中不可逃避之公例者也”，都是力本论思想的延伸。由此出发，“创新”、“变革”、“竞争”、“富国强民”等一系列范畴也就时常出现在梁启超的意识中。循进化之理，他不仅认为世界是变化的，而且认为会越变越好，今胜于昔。这种观点多少含有辩证因素，特别是晚年，他已认识到：“个人的生命极短，人类社会之生命极长，社会常为螺旋形的向上发展，阴然若悬一目的以为指归。”但是另一方面，完全用达尔文的生物进化观点来说明社会进步现象，就会出现只讲变化而不求飞跃的问题。所以他在变法运动中，坚持温和的改良，反对流血的破坏；主张稳健的变革，害怕激进的革命。他劝告清朝统治者主动实行有意识的变法，才能更好地维持统治秩序。这又暴露了资产阶级改良运动的妥协性和软弱性。

三、“英雄造世”的历史观

梁启超虽然认为社会历史是前进的、发展的，是一个由低级到高级的运动过程。但是在他看来，推动历史进步的动力不是社会矛盾，而是心理环境。一句话，英雄造时势，历史首先是英雄人物的历史。不错，梁启超曾经尖锐地批判过以帝王将相为中心的封建史学。遗憾的是，他欲建立的“新史学”仍然没有摆脱英雄史观，而是由资产阶级的英雄人物代替封建帝王将相来主宰历史。他早年的史学名著《新史学》有言：“历史者，英雄之舞台也”；“舍英雄几无历史。”流亡日本时写的随笔《自由书》亦曰：“世界者何？豪杰而已矣，舍豪杰则无有世界”；“吾读数千年中外之历史，不过以百数十英雄之传记磅礴充塞之。”晚年的史学名著《中国历史研究法》及其“补编”还是认为：“历史不外若干伟大人物集合而成”；“试思中国全部历史，如失一孔子，失一秦始皇，失一汉武帝……其局面当何如?”这一切表明，在梁启超眼里，历史的主人是少数英雄豪杰，广大人民群众只能奔走趋附在少数英雄豪杰的屁股后面，没有了英雄，历史将变得黯然无色。英雄豪杰靠什么来创造历史呢?梁启超认为靠的是“心力”。他说：“历史为人类心力所造成”，英雄豪杰的“心力”对世界的“征服”过程，也就是历史的创造过程。

在英雄与时势的关系问题上，梁启超提出了貌似调和折中的观点。他说：“英雄固能造时势，时势亦能造英雄。英雄与时势，二者如形影之相随，未尝稍离。既有英雄，必有时势；既有时势，必有英雄。”然而，就是在这相互为因，相互为果的英雄与时势的关系中，梁启超很快又分出了轻重缓急。他在《要籍解题及其读法》中说：“历史由环境构成耶？由人物构成耶？此为史界累世聚讼之问题。以吾侪所见，虽两方势力俱不可蔑，而人类心力发展之功能，固当畸重。”正是由于有所“畸重”，梁启超表示了对造世英雄的仰慕。他把英雄分为两类，一类是先时之英雄，即造时势的英雄；一类是应时之英雄，即时势所造的英雄。应时之英雄每代都有，先时之英雄则千载难遇。他认为中国历史上能称得上先时之英雄的，只有孔子和康有为两人。这两个圣人，一在古代，一在近代，是中国历史发展的两大动力。

由上可见，梁启超在英雄与群众、英雄与时势的关系问题上，都表现出历史唯心主义的观点。但是，由于梁启超生活在一个过渡的时代，受到古今中外各种思潮的影响，因而思想也显得极其复杂与矛盾。在他的唯心史观背后，也隐藏着一些“闪光的珍珠”。首先，他认为英雄对历史的主宰不是绝对的。他从历史发展的角度，分析了英雄的产生和消亡的过程。所谓：“英雄者不详之物也。人群未开化之时代就有之，文明愈开，则英雄将绝迹于天壤。”上古文明未开，英雄见重于世，故为“英雄专制时代”；近世则知英雄也是人，只是较一般常人更为优秀，故为世所珍；“二十世纪以后将无英雄”，因为那时人人皆英雄也就无所谓英雄了。常人之所以都能成为英雄乃是时代进步发展所致：“一由于教育之普及”，“二由于分业之精繁”。无疑，这种分析是接近历史唯物主义观点的。其次，在英雄与时势的关系问题上，梁启超并非一味强调英雄创造时势，而是同时注意到英雄的行为要受到时代环境的制约。他指出，研究英雄人物，“一方面看时势及环境如何影响到他的行为，一方面看他的行为又如何使时势及环境变化”。这就有一点历史辩证法的味道了。

四、“慧观致知”的认识论

梁启超“三界唯心”的自然观，必然导致认识上的先验论。在认识论方面，梁启超虽然认为世界是可以认识的，但是又强调这种认识是主体“慧观”的结果。所谓“慧观”也就是“善观”。他说人谁没有见过苹果坠地，而惟有牛顿能从中悟出重力之原理；人谁没有见过开水顶盖，而惟有瓦特能从中领悟蒸汽之作用。“故学莫要于善观善观者观滴水而知大海，观一指而知全身。不以其所已知蔽其所未知，而常以其所已知推其所未知。是之谓慧观。”梁启超说的“慧观”，并不是建立在观察、实践基础上的一种认识上的飞跃，而主要是主体心灵的直觉顿悟能力。他说：“人心之灵，莫不有知。”此“知”乃天授自成的认识能力，只要配以良好的心理状态，人就可以达到对事物的本质的认识。这一认识论的理论基础是陆、王心学。梁启超“慧观致知”的认识论，正是王阳明“致良知”学说的直接继承和发展。

（原文约7600字，发表于《安徽师范大学学报》人文社科版2002年第1期）

文摘编辑：其实

中国辩证法论纲

郭齐勇　丁为祥

[作者简介] 郭齐勇，武汉大学人文学院哲学系教授，博士生导师。
丁为祥，陕西师范大学经贸系教授，博士。

[内容提要] 本文对中国古代哲学中的辩证法思想做了概括。

[关 键 词] 中国哲学；辩证法；论纲。

1. 相依相待，天人一理：世界的普遍联系

中国先哲不把宇宙看成是一个封闭的系统，相反，把它看成是开放的、交融互摄、旁通统贯、有机联系的整体。中国先哲不把宇宙看成是孤立、静止、不变不动或机械排列的，而把它看成是创进不息，生化不已的。中国哲学家有一个信念，就是人类赖以生存的宇宙是一个无限的宇宙，创进的宇宙，普遍联系的宇宙，它包举万有，统摄万象，无限丰富，无比充实。

2. 天地絪缊，万物化醇：世界的永恒运动和变化发展

发展是唯物辩证法的又一总特征。在中国哲学中，变化、发展的特点是最为普遍的观点。中国哲学家认为，自然万物无不在变化迁流之中，无一刻停息；变易本身没有什么刻板的公式可循，变化的本质是创新；宇宙是一生生不已、日新无疆的历程，一切都在创造发展着。在中国古代哲学中，动静首先是事物存在的两种状态，即变动状态和静止状态。中国哲学大多肯定变化是实在的，宇宙是一如川的大流，一切事物都是变动不居的。很多思想家又认为变化不是紊乱的，而是有条理的。中国哲学家不仅肯定了变中之常，而且讨论了变与常的辩证关系。中国先哲注意到变化过程中的量的积累与质的跃迁的关系。

3. 一物两体，中庸和谐：对立统一的关系

中国哲学不仅以阴阳概念表现了“辩证法的实质”——矛盾概念，而且还通过“一”与“两”、“和”与“同”、“中”与“偏”、“过”与“不及”等关系的讨论，进一步对矛盾双方的性质作了总结，因而使人们对矛盾的认识更深入、更具体。矛盾双方的辩证关系从对立统一扩大到相互转化。互济互生、动态平衡、整体和谐等许多内容，使矛盾问题得到更全面、更充分的阐述，因而更具有认识事物规律性的能力。

总之，中国古典辩证法所强调的是整体、对待、过程、流衍、动态平衡。中庸辩证法的模式是中国辩证法的典范，承认内在矛盾推动事物发展，承认“一分为二”与“合二为一”是多层面矛盾发展中的诸环节，肯定事物即是涵盖了肯定与否定的辩证过程，使这一思想模式具有有机性、整体性、系统性和连续性。这是一个弹性很强的诠释模式和思想架构。

（原文约24000字，发表于《燕山大学学报》2001年第1期）

文摘编辑：刘曙光

哲学与科学之关系的问题史考察
——西方哲学解读的一个基本视角

宋宽锋　郝　娟

[作者简介] 宋宽锋，陕西师范大学政治经济学院讲师，哲学博士。
郝　娟，陕西师范大学政治经济学院。

[内容提要] 哲学的自我反思的自觉是西方哲学的一个基本特征。而对"哲学是什么"的不懈探问，在康德以来的西方哲学中，几乎总是和哲学与科学的关系问题的思考交织在一起。对哲学与科学之关系的问题史考察表明，这一问题的思考对于康德以来的西方哲学的自我反思和形态建构具有前提性和规导性的意义。而反过来，以哲学与科学的关系问题的考察为切入点，也为我们研究西方哲学尤其是康德以来的西方哲学提供了一个基本视角。

[关 键 词] 西方哲学；科学；问题史。

一、问题的历史发生

哲学与科学之关系作为一个问题凸显出来，这一点始于康德。那么，哲学与科学之关系为什么直到康德才成为一个问题呢？原因在于哲学与科学之关系要成为一个问题，没有较为成熟的哲学与科学形态，没有哲学与科学之间观念层面的分化，没有作为一门不同于各门具体科学的科学或学科的哲学观念，是根本不可能的。而在西方哲学与科学的历史发展中，哲学与科学之间观念层面的分化和明确区分，恰恰是从康德开始的。在康德以前，"哲学"与"科学"的概念虽早已出现，"哲学"与"科学"的理论特性等虽然也被系统地探究过，但是，在此前的"哲学家"和科学家的理论阐发和理解中，"哲学"一直是一个总括性的概念，它指称的是各门科学的总体。与此相联系，在康德之前的"哲学家"和科学家的心目中，并不存在区别于各门具体科学的一门独立的哲学学科。实际上，我们只有从康德以来的作为一门独立于各门具体科学的学科的哲学观念出发，回溯看待此前西方"哲学"（作为科学知识之总体）的历史发展，才可能谈论康德以前的西方哲学，才可能研究此前的西方哲学的历史发展。

康德在观念层面对哲学与科学的明确区分，是"哲学与科学之关系"问题化的逻辑前提；而反过来，我们对"哲学与科学之关系问题"的历史发生的探究，又是以康德对哲学与科学的区分及其理解为其点的。那么，康德又是如何来理解哲学的呢？在康德看来，哲学即形而上学。这样，哲学与科学的分化及其观念层面的明确区分，实质上就是形而上学与科学的分化和区分；因此，我们对"哲学与科学之关系问题"的历史发生的追问，就转变成了"形而上学与科学"之关系何以会对康德成为一个问题的回溯式探究，而这一回溯式的探究引领我们走向希腊"哲学"，因为在希腊，形而上学与科学皆有其确定的历史形态和观念表达。

在希腊的知识探求和理论思考的过程中，"哲学"与"科学"也是逐渐地才获得较为确定的理论内涵和理论规定的。"哲学"一词获得它的概念严肃性和明确的所指是从苏格拉底和柏拉图开始的，这一点是中外西方哲学史研究界的一个共识，同时，也正是在苏格拉底和柏拉图的哲学探究中，希腊思想家才第一次对科学知识的本性、科学知识可能性的根据等问题进行了自觉而有系统的反思和论述，并形成了明确的科学知识观。

希腊哲学之后的中世纪基督教哲学，其产生和发展根源于对宗教信仰进行理性解说和合理化的需要，而这种对信仰所进行的理性说明和论证所借助的概念架构和理论资源则是希腊哲学。与此相联系，中世纪哲学家对"哲学"的理解以及对形而上学与科学的关系的把握，大致上依然未突破希腊哲学对此的界说和规定。文艺复兴时期各种新旧思想和理论的相互激荡最终产生的近代科学及其研究方法，对于瓦解形而上学与科学之关系的希腊式理解，发挥了决定性的作用。换言之，形而上学与科学的分化，形而上学与科学之关系的问题化，正是近代科学产生和发展的必然结果。

近代科学与希腊科学有着本质区别。首先，近代科学的研究对象就是感性的现象世界，它试图把握的是事物实际上是怎样的，事物的存在样态具有什么样的确定性联系和规律；其次，近代科学具有经验的特性，即经验观察和科学实验是判定科学理论正确性的依据。因此，总是存在经验反驳科学理论的可能性；再次，在近代科学的自我理解中，科学理论被理解为具有或然性的理论假设或有限制的确定性知识。最后，近代科学强调数学在理论建构中的前提性和基础性作用。近代科学的所有这些特征都明显地使其区别于形而上学和康德以来的哲学。但近代科学的产生和发展，虽已在事实层面使形而上学与科学区别开来，并为科学与形而上学的关系的问题化埋下了伏笔，但这一结果在观念层面的自觉乃是一个逐渐实现的过程。这一分化过程是在两个向度上展开的：一方面，随着近代科学的发展，各门具体科学逐渐脱离哲学的母体而获得其独立地位；另一方面，在作为科学知识之总体的哲学内部，近代大陆唯理论对形而上学在科学知识总体中的基础性地位的强调，与近代英国经验论对形而上学之科学性的批判和质疑，从正反两方面使形而上学与科学的分化及两者之关系的问题化成为可能。

在我们所说的康德之前的近代哲学中，“哲学”依然被规定为科学知识的总体，但在唯理论哲学家对学科划分及其关系的表述中，形而上学被明确赋予了在科学知识总体中的基础性地位。这一点笛卡尔为我们提供了一个经典性的表述，他说：“哲学好像一棵树，树根是形而上学，树干是物理学，从树干上生出的树枝是其他一切学问，归结起来主要有三种，即医学、机械学和道德学。”在这里，笛卡尔为此后形而上学之学科定位和对其理论特性的理解，提供了一个基本的隐喻，形而上学是科学之树的树根。作为树根，它把汲取自大地的养料供给树干和树枝，而枝干和树枝正是依赖树根的存在和奉献才得到伸展和成长。笛卡尔对形而上学的如是理解和定位，是被斯宾诺莎和莱布尼茨所分享了的。

唯理论对形而上学的基础地位的凸显和近代经验论对形而上学的批判和否定，不仅促成了形而上学与科学的观念层面的分化和区分，而且也使得后来的形而上学家不得不面对这样的问题：科学性的形而上学是可能的吗？如果可能，它又如何使自身与科学相区别？而这正是康德为之殚精竭虑的问题。

二、在与科学的区别和联系中定位自身

不管是近代唯理论对形而上学在科学知识总体中的基础地位的确认和强调，还是近代经验论对形而上学之科学性的质疑和批判，都使得形而上学与科学之间的本质差异日益凸显，并使得形而上学与科学的观念层面的分化不可避免。而形而上学与科学的近代分化正是哲学与科学的分化得以实现的历史途径，因为当康德第一次把哲学与科学明确区分开来，并自觉探求独立于各门具体科学的哲学存在的合理样态时，他把哲学确立为科学性的形而上学。但是，康德所做出的这一对于西方哲学的发展异常重要的抉择，却同时使得哲学面临着一系列很难对付的前提性问题。近代科学的发展以及来自科学内部的对形而上学的拒斥，近代经验论对形而上学之可能性和科学性的质疑，都已经说明形而上学不是一门近代实证科学意义上的科学，也不可能成为与各门具体科学相并列的一门科学，而是与其有着本质差异的。这样，本质上区别于各门具体科学的哲学，如果试图成为形而上学的后继者，那么它就必须说明和论证形而上学与科学之间的区别，辨析和厘定形而上学的探究领域，指出形而上学的科学性何在，以及论证形而上学存在的可能性和合理性。所以，辨析和说明哲学与科学的区别和联系、换言之，对哲学与科学之关系问题的追问和思考，就成为阐发哲学这门特殊科学或学科的理论特性，成为论证哲学存在的可能性、必要性及其合理性的基本框架和理论进路。

康德之后德国古典哲学的集大成者黑格尔，同样也是在哲学与科学的区别和联系中来思考和说明哲学的理论特质的。他像康德一样认为哲学是关于理性自身的科学，哲学考察纯粹理性或思维的基本要素、原理及其运用；但与康德不同，黑格尔认为理性是世界的灵魂和共性，世界在他看来因而也是一个理性的体系。这样，哲学作为理性之自我展开和自我完成的体系，同时也就成为关于世界之内在必然性和规律的整体性揭示和展现。

以上我们以哲学与科学之关系的问题史考察为切入点，通过对康德以来西方哲学的两种主要范型的分析，概要地展示了康德以来西方哲学自我反思、自我理解和自我定位基本轨迹。这一粗疏的追索表明，哲学与科学之关系问题的思考对于康德以来西方哲学的自我反思和形态构建具有前提性和规导性的意义。而反过来，从哲学与科学的关系问题入手也就为我们研究和解读西方哲学，尤其是康德以来的西方主流哲学及其发展线索，提供了一个基本的视角。

（原文约13000字，发表于《陕西师范大学学报》哲社版2002年第2期）

文摘编辑：范子奇

利奥达与“后现代”概念的哲学诠释

汪堂家

[作者简介] 汪堂家，复旦大学哲学系教授，博士生导师，主要从事哲学和伦理学研究。

[内容提要] 本文探讨了后现代概念的起源，重点讨论了利奥达对“后现代”概念的解释及其不一贯性，分析了科学的后现代转折的发生过程及其内在原因，揭示了强调分歧的后现代语用哲学的基本特征。

[关 键 词] 现代；后现代；分歧；语用哲学。

“后现代”概念是一个外延模糊、内涵空疏的概念，它之所以难以理解，不仅是因为“后现代”一词的反常用法，而且是因为不同学者对它赋予了不尽相同甚至相互矛盾的意义。按照利奥达的理解，“现代”从狭义上讲仅仅指源于启蒙运动的思维模式、文化潮流、生活态度与价值取向。综合利奥达的观点，我们不难发现他所说的后现代性实际上是指从现代性内部打破现代性，它号召人们向总体性开战。打破同一，尊重差异，拒绝共识，激活分歧，拯救“名字”的光荣，为不可描述的东西作证——这便是利奥达心目中的后现代的应有特征。然而，这种表述并不完全适用于科学，因为科学虽然通过超越传统共识而进步，但它确立的理论与原则要通过共识才能发挥作用。也正是在这一点上，利奥达发现科学与启蒙叙事的关联性与矛盾性。因此，我们不得不提出第二个问题：科学的“后现代”转向是否存在？

利奥达有时也用“现代”一词表示通过哲学这种元话语使自身合法化的科学。对“现代”一词的这种狭隘使用表明他已把科学作为“现代”的重要因素。利奥达的论断只有部分是正确的。如果我们仔细考察一下“科学”一词的词义演变，研究一下哲学话语与科学话语相互借用词汇的历史，就会发现，科学只是在争取独立（而不是在幼年期）时才通过求助（不是利奥达所说的“创造”）哲学这种使它自身合法化的叙事而将自身与叙事区别开来。但哲学这种叙事曾拒绝将叙事归结为科学，相反，科学一度要借哲学之名才能立足：一方面，科学曾向哲学借用过不少概念和理论框架。另一方面，科学曾借哲学的威名来提高自身的地位。利奥达的“后现代”科学图景不仅完全抛弃了从哲学的元叙事中寻找建筑科学合法化根据的梦想，而且抛弃了稳定系统及其绝对确定性的观念，因为科学自身的发展表明，一个系统的完全确定所消耗的能量大于该系统本身所消耗的能量。然而，利奥达对科学的“后现代”解释并不能证明真有什么“后现代”科学的存在，它充其量是对科学的现象描述。

利奥达在批判地采纳维特根斯坦的语言哲学思想，特别是他的语言游戏理论的基础上，把“后现代”的考察最终落实到语言的层面上。利奥达反对哈贝马斯把合法化问题引向对普遍共识的寻求，因为哈贝马斯的做法基于两个似是而非的假设：第一，所有对话者都会赞同对所有语言游戏普遍有效的规则；第二，对话的目的是共识。然而，我们无时无刻不在有意无意地表达自己的立场，而不同的立场只能通过不同的话语来反映。反映现代国家生活，利奥达发现，法律话语同等强调公民的社会经济权利也许可以平息经济伙伴间的诉讼，但无法平息劳资双方的分歧。工人恰恰是在合法地被剥削。要求劳动与社会权利并不能制止合法的剥削，因为这种权利只规定了剥削的类型。为了反对剥削本身，利奥达试图提出但实际没有提出自己的话语公正性理论，这种理论要求取消经济话语的霸权。

（原文约 12000 字，发表于《复旦学报》2001 年第 3 期）

文摘编辑：刘曙光

当代美国主流人生价值观

吴 倬 韦正翔

[作者简介] 吴 倬，清华大学人文社会科学学院教授，博士生导师；
韦正翔，清华大学人文社会科学学院哲学系副教授。

[内容提要] 当代美国主流人生价值观追求的目标是幸福，幸福可分为精神快乐和肉体快乐。精神快乐是其社会倡导追求的主要目标，但不排斥对于肉体快乐的追求。金钱本身不是目的，只是获得肉体快乐和精神快乐的手段。财产私有被看成是社会公正的前提，获得金钱的主要方式是进入好的职业，进入好的职业必须具有好的教育。约束他们行为的手段主要是个人对行为污点的逃避以及对道德规范、法律规范和各种社会组织的行为规范的遵守。

[关 键 词] 当代美国；伦理学；人生价值观。

一

当代美国主流人生价值观的追求目标是幸福。在他们看来，幸福就是个人因为需要得到满足而产生的快乐，可分为精神快乐和肉体快乐。精神快乐具有社会性，来源于社会对个体本身拥有的素质的赞许。个人在他人和社会的这种赞许声中体验着精神快乐。没有他人的存在，没有社会的存在，个人则无精神快乐可言。美德、成功和知识都能够成为精神快乐的来源。具有美德的人是能够得到社会赞许的人，因此，美德成为追求精神快乐的人乐意追求的目标。个人不仅在生存意义上依赖于社会，而且在获得精神快乐的意义上也依赖于社会。

人的精神快乐还依赖于人的肉身的存在。人是通过其肉身的愉悦体验机能来享受精神快乐的。活着的肉身是精神快乐的基础。人也具有肉体快乐的需要，因为人具有动物性。人不仅是社会群体中的一员，也是动物群体中的一员。但是，由于人的肉体快乐是在社会生活中实现的，因此，在文明程度越高的社会中，个人越是会以社会赞许的方式来享受肉体快乐。精神快乐和肉体快乐都是当代美国主流人生价值观追求的目标，而精神快乐是其社会倡导追求的主要目标，但不排斥对于肉体快乐的追求。

对于当代大多数美国人来说，金钱非常重要，但金钱只是获得幸福的手段而不是目的。他们是金钱的主人而不是金钱的奴仆。金钱既是获得肉体快乐的手段也是获得精神快乐的手段。人的生存和肉体快乐对金钱具有绝对依赖性。在生存意义上，金钱对每个美国成年人来说都非常重要，因为他是独立的人，他必须养活他自己。依靠别人养活自己对他来说是人生最大的耻辱。在社会交往中，他们在金钱上既不愿意多给也不愿意多得。在他们看来，上等人给予好处，下等人接受好处，平等人之间各不相欠。企图通过小恩小惠的送礼行为来托人办事，等于是在羞辱被送礼之人。金钱也能够给他们带来精神快乐，因为他们的工作质量和工作的重要程度主要是通过工资的高低来体现的。工资高低在一定程度上代表着社会对个人才能的一种评价。

对于承担高风险获得高收入的人，人们会很佩服其勇气，而且认为他的所得是他应有的。因为如果自己愿意，每个人都可以自由进入这些高风险领域去淘金。而大多数能够获得较高工资的人，通常都受过较好的教育，具有较好的工作能力。因此，在美国，对于高收入群体来说，人们或者佩服他们的冒险精神，或者景仰他们的学识和才能。人们根据自己才能的大小和承担风险的高低来获得相应的收入。美国的年轻人通常都有干零活挣钱的经历。父母希望他们能从中培养节俭的习惯，告诉他们如果接受了工作，就要干好，要对得起自己所挣的钱，这样才能够懂得金钱的价值并明智地花自己所挣来的钱。由于他们知道金钱是自己的辛勤劳动的成果，随意浪费金钱就是在随意浪费自己的劳动，因此，大多数美国人都很节俭。多数富人的钱都被投放在各种产业之中，他们的生活方式相对于他们拥有的财富来说要简朴得多。人们一般不会通过浪费来刻意显示自己的富有，因为这样做不仅会使自己看上去更穷，而且显得很愚蠢。

财产私有被看成是社会公正的前提。因为财产分配也是对人的能力的一种社会评价方式。合理的财产分配意味着对实绩好的工作者的鼓励和对实绩不好的人的鞭策。美国人很注意把工作领域与慈善领域决然分开。在工作领域，通常只考虑效率，把最能干的人放到最能发挥作用的位置上。这里是强者的竞技场，没有对弱者的仁慈，没有对弱者的忍让，没有无能之人的生存空间。不在工作领域以隐性的慈善方式照顾不劳而获者。在这里实现公平的方式是机会均等，人们有通过努力向高层发展的机会，也有在行业之间自由转换的机会。实现机会均等的方式是公平竞争、先来先得或抽签定夺等。对老弱病残者的照顾由福利机构来考虑，由人们的慈善施舍来关顾。这样施舍之人能有种荣誉感，被施舍之人能够对社会抱有感激之情，因为他们能够明明白白地意识到自己的生存条件来自他人的帮助。

二

由于当代大多数美国人追求的目标是幸福，实现幸福的主要手段是金钱，获得金钱的主要方式是进入和保持住好的职业，进入和保持住好的职业主要是靠好的教育，这样对金钱的追求就转化成了对好的职业和好的教育的追求。在当代美国，能够不受高等教育又不承担风险而能够成为暴发户的事例很罕见。大多数人都在按照正规的游戏规则，通过努力学习和勤奋工作来获得自己应得的收入。

当代大多数美国人认为最理想的工作是自己喜欢的、自己能够干得最好的和挣钱最多的工作。大多数美国人可能因为不喜欢自己的工作，不适合自己的工作或找到了付钱更多的工作而自由辞去原来的工作。新的雇主通常会向旧的雇主调查拟用雇员的工作和职业道德情况，但对于工作流动本身来说是习以为常的。雇主没有要求雇员忠诚于自己的意识，因为人与人之间是平等的，雇员没有忠诚于雇主的义务。

相应地，雇主通常也不会因为与雇员的私人关系好而多付给他工资。雇主也在不断地物色好的员工。好的员工是具有职业道德并具有恰好能够完成其工作任务的技能的员工。雇主通常会合理计划自己所需要的人力资源的结构，根据实际需求雇佣不同层次的员工，并合理排序，按序用人。他通常不会雇博士生来干高中生能够干的活。而当他雇博士生来干高中生能够干的活时，他支付的工资只会是高中生的工资。雇员必须不断努力和不断学习才能始终保持优势，从而保持住自己的职位。在个人的发展过程中，当才能高于职位的需要时，通常能够被提拔，而当才能低于职位的需要或有更好的人选时，通常会被降职或解雇。在雇员中，几乎没有人能够躺在已经消逝的辉煌上保有职位。美国的公司是靠顾客的需求来支持的。没有顾客的公司只能倒闭。在满足顾客需求上，提供服务的公司要做到的是最恰当和最经济而不是最好。管理的目的是在最节省的情况下恰到好处地完成任务。雇主自由选择雇员，雇员自由选择雇主，顾客自由选择产品和服务，这就是美国人有权进行自由选择的含义。

为了工作需要而进行学习。在这方面，美国人不求完美但求效率。对于这种知识的学习，其目的在于付诸实践。学什么和学到什么程度完全根据实际工作需要而定。有用的才学，学到够用为止，没有用的不学。他们只想花最短的时间，用最好的方法，来学习绝对非学不可的东西。在大学里，他们主要想获得的是种综合的学习能力而不是要在大脑中储备资料信息。

三

当代大多数美国人对幸福的追求本身就构成了对其行为的约束。他们有选择痛苦的自由权利，但他们只会选择能够给他们带来幸福的行为。逃避痛苦尤其是逃避无法解脱的痛苦会构成对他们的行为自由的限制。对于大多数美国人来说，保持在法律和职业道德上的纯洁性对于他们的幸福来说是至关重要的。美国是个讲究个人信誉的社会。他们认为无论多么严密的管理都是有漏洞的。对人的行为的最好管理者是行为者本人。雇主愿意雇佣个人信誉好的人。在法律行为和职业道德行为方面有污点的人，通常被认为是不可信的人，从而会失去就业机会。如果一个人不可信，他的能力越强对雇主造成重大危害的可能性越大。

大多数美国人对其国家的法律和道德的看法也构成了对他们行为制约的主要因素。他们认为生活的目标是为了追求个人的幸福。但是，个人幸福只能在社会群体中才能实现，而在社会群体中生活就意味着每个人都要或多或少地进行妥协。妥协的尺度由共同利益决定。决定共同利益的方式是民主。民主在实践中意味着全体同意或大多数人同意。全体同意的决策具有最大的效力。而大多数决策都无法得到每个人的同意，此时由大多数人通常是2/3的多数人的同意的决策被视为是代表着共同利益的决策。大多数人遵守法律的原因来自道德而非强制，也就是说大多数人都心甘情愿地维护和遵守法律，只有少数人因为恐惧法律的制裁而守法，而当这些少数人违法时，他们几乎无法逃脱被法律制裁的命运。

对当代大多数美国人的行为制约还来自美国的各种组织。他们的思想是无拘无束的，而行为却受缚于各种严密的组织。他们不仅是其工作单位的一员，而且还是社区中的一员，还可能是各种职业规范组织中的一员，也可能是宗教组织中的一员，而这些组织都有着各种需要其成员遵守的行为规范。

在当代美国主流人生价值观体系中，其生活态度是积极、进取和乐观的；其公民意识在一定程度上体现了民主和法制、权利和义务的统一，社会意识比较成熟；其幸福观更偏重于物质追求；其行为的指导思想是实用主义的；私有制被看成是社会公正的前提。

（原文约6000字，发表于《清华大学学报》哲社版2002年第5期）

文摘编辑：范子奇

评史怀哲的敬畏生命伦理学

赵小华 郑维铭

[作者简介] 赵小华，华南师范大学政法学院硕士研究生。
郑维铭，华南师范大学政法学院教授。

[内容提要] 以生命意志及其分裂作为逻辑起点，以生命的普遍联系作为理论基础，敬畏生命伦理学强调对生命敬畏的绝对性，把伦理的范围扩展到一切动物和植物，并对生命的价值序列的区分加以否定。

[关 键 词] 敬畏生命；生命意志；伦理；普遍联系；价值序列。

阿尔贝特·史怀哲（Albert Schweitzert，又作阿尔贝特·施韦泽，1875—1965）是现代西方具有广泛影响的思想家。他创立的以“敬畏生命”为核心的生命伦理学是当今世界和平运动、环保运动的重要思想资源。1965年史怀哲逝世后，他的敬畏生命的伦理思想被贝尔收集在《敬畏生命》（以下引文均出自此书）一书中。本文拟从“敬畏生命”的逻辑起点、重要特征、理论基础等方面分析这一理念，并力图对其作一客观、现实的评价。

一

在茫茫的宇宙和无尽的时间长河中，生命的极其有限性和不可重复性有理由使我们将之看成是最重要和最宝贵的东西。不独是我们——人类的生命。

对一切生命都必须保持敬畏的态度。爱并且尊敬一切生命，保持生命，促进生命，使生命达到其最高度的发展——这就是史怀哲敬畏生命伦理思想的核心内容。

而史怀哲从小时候起便有成为这“另一种人”的倾向，他的哲学是自己一生经历的反照和结果。出生于牧师家庭的史怀哲天性敏感善良，经常因怜悯受虐动物而陷入沉思。还在少年的时候，他每天晚上都会用自己编的祷词为所有的生物祈祷：“亲爱的上帝，请保护和赐福于所有生灵，使它们免遭灾祸并安宁地休息。”二十余岁时，他已拥有神学及哲学博士学位，在大学担任讲师，且是一所神学院的院长，同时是巴哈管风琴演奏最佳人选之一。他的胸中时常升起一股深刻的幸福感，认为自己没有权利把幸运的青年时代、健康和才能当作理所当然的东西接受下来，而应当为缓解他人的痛苦服务，于是他决定：“30岁以前献身于传教、学术和音乐活动。然后，如果我在学术和艺术方面实现了预定的目标，就要作为一个人走直接服务的道路。”在30岁左右，他看到一幅反映非洲饥饿的图片，便毅然抛下自己所拥有的，进入医学院从头学起，用9年光阴获得第三个博士学位——医学博士。之后，38岁的他，向着未知之地——非洲出发了。他说：“我还债去了！”

置身非洲丛林与河水间勃发的生命世界，追念第一次世界大战蔑视生命的悲剧，史怀哲创立了“敬畏生命”的伦理学。

二

1. 敬畏生命伦理学的逻辑起点

史怀哲认为，一切生命都有生命意志，他们都能感觉到生命的存在并要求保存和发展自己的生命。然而，自然并不懂得敬畏生命，“它以最有意义的方式产生着无数生命，又以毫无意义的方式毁灭着它们。”包括人在内的一切生命等级，只有其对自身的生命意志，却对其他的生命有着可怕的无知。“自然抚育的生命意志陷于难以理解的自我分裂之中。”而人的生命意志的分裂是所有动物中最强烈的。人类不但对其他动物肆意作践，尽其虐杀之能而毫无同情和怜悯之心或从不听从内在良心的呼唤而听任自己的残忍；而且，人对其同类也同样地麻木不仁，往往将自己的欢乐建立在他人的痛苦之上。因为不懂得敬畏生命，人就会受制于盲目的利己主义的世界，所有的生命就必然生存于黑暗之中。正是从生命意志及其分裂的逻辑起点出发，史怀哲看到作为最高生命的人不仅能意识到自己的生命意志的分裂，而且能意识到其他生命的生命意志和生命意志的分裂，并能理解敬畏生命。因而，人类担负着摆脱其他生命苦陷于其中的无知的道德责任。

2. 敬畏生命伦理学的重要特征

——敬畏生命的绝对性。生命陷于生命意志的自我分裂之中。包括人在内的所有生命都无法避免自然律的必然性。道德的力量作为一种精神的力量与自然律的必然性相对立，才体现了人的生命意志的特殊性——人能意识到敬畏生命，并产生合目的的道德理想。

敬畏生命的伦理重新定义了善恶的概念。“善的本质是：保持生命，促进生命，使生命达到其最高度的发展；恶的本质是：毁灭生命，损害生命，阻碍生命的发展。”只有这样规定善恶的本质，敬畏生命的原则才具有最普遍的绝对的合目的性。

——把伦理的范围扩展到一切动物和植物，是史怀哲敬畏生命伦理学生命观的重要特征，也是现代环保运动的重要思想资源。

——对区分生命的价值序列的否定。敬畏生命是美好的理念。但人的存在是现实的，人不可能对一切生命都同等对待。为了人的存在，我们常常需要消灭一些生命。那么，是否应该区分生命的价值序列？是否可以认为有的生命不是那么重要呢？史怀哲的回答是否定的："敬畏生命的伦理否认高级和低级的、富有价值和缺少价值的生命之间的区分！"

3. 敬畏生命伦理学的理论基础

史怀哲认为，生命之间存在的普遍联系是敬畏生命的原由所在。在史怀哲看来，生命的联系是普遍的，人的存在不是孤立的，它有赖于其他生命和整个世界的和谐。人对其他生命的关怀根本上是对自己的关怀。

生命存在于相互联结之中，人应当懂得其他生命意志，并与他们休戚与共。"我们的生命来自其他生命，其他生命来自我们的生命，这一生理学上的事实在精神意义上特别重要。"作为伦理的生命，人应始终努力成为自觉和慈善的人，力所能及地扬弃生命意志的自我分裂，捍卫真正的人道和解救痛苦。不仅如此，人的生命是依赖于其他生命的。"我是要求生存的生命，我在要求生存的生命之中"，因此，"有思想的人体验到必须像敬畏自己的生命意志一样敬畏所有的生命意志。他在自己的生命中体验到其他生命。"

而对一切生命负责的根本理由是对自己负责，如果没有对所有生命的尊重，人对自己的尊重也是没有保障的。任何生命都有自己的价值和存在的权利，当生存必须以其他生命作为代价，当生命只有通过毁灭其他生命才能持续下来，谁还敢说，人类的存在是一种理性的存在？

三

史怀哲认为道德的直接目的在于调整人与人、人与其他生命之关系，在于重建人类自身以及人类与自然界一切生命之间的新秩序，从而促进和保证人类及自然界一切生命之存在和发展。敬畏生命伦理的精神正在于建立一种和谐、互助的新秩序。它把伦理的范围扩大到了一切生命；要求人对一切生命担负起道德责任，以伦理的态度对待生命世界，这对在百多年内获得了对自然的巨大力量却无视破坏生态将带来的严重后果的人来说，无疑是响亮的警钟。这一伦理思想的提出有助于鼓励人们投身人类和平事业和动物保护运动，有助于鼓舞人们追求至善的道德热忱，遏制由于人类无限膨胀的利己主义价值观所带来的灾难，其影响力在不久后兴起的生态伦理学和环境伦理学中得到了体现，史怀哲也因此被公认为生态伦理学的创始人。

史怀哲敬畏生命伦理学震撼人心的地方还在于他对人类精神文化的关注和对伦理人的呼唤。他深切地感到文化问题的实质是伦理问题，故现代社会中文化的衰落实质上是伦理精神的衰落。知识和能力的进步，必须与伦理精神的进步同一，这种文化才是完整的。这一对文化危机症结的认识，对我国当今的精神文明建设仍然具有现实的意义。

当然，作为伦理学来说，敬畏生命原则本身便包含了难以克服的矛盾。当人们必须在不可避免的必然性与道德的行为之间做出选择时，很难对人的生命需要的量及内容做出明确的规定和区分，因此只能要求人们对任何损害生命的行为承担道德责任，而无法对其行为本身做出规定。这就纯粹依靠行为者的道德自觉，其现实影响力是有限的。反映在理论上，它只是制定了敬畏生命的原则，而没有规则体系和范畴体系。其后发展起来的生态伦理学和环境伦理学都在不同程度上改变了敬畏生命原则的绝对性，并制定了相应的细则，使伦理原则更具有操作性。

（原文约 5500 字，发表于《华南师范大学学报》社科版 2002 年第 2 期）

文摘编辑：其实

后现代哲学的自然观

曾建平

[作者简介] 曾建平，江西师范大学副教授，哲学博士，主要研究方向为生态伦理学。

[内容提要] 后现代哲学自然观认为，当今的人与自然的矛盾应归咎于现代性，是机械自然观、人类中心主义造成的恶果。通过批判现代哲学的自然观，他们提出了自己的自然观，其主要内容包括：自然物是具有内在价值的有机论、人与自然的关系是具有内在联系的构成论、生命价值高于岩石价值的整体论。后现代哲学自然观具有一定的积极意义和现实价值，但也存在着理论上的矛盾性和局限性。

[关 键 词] 后现代哲学；现代哲学；自然观；有机论；构成论；整体论。

后现代主义不是一个具有完整的共同纲领的哲学流派，根据它们对待现代哲学的态度差异和自身理论的取向不同，大致可分为激进的或否定性的后现代主义和积极的或建设性的后现代主义。它们二者观察问题的角度、分析问题的方法不尽相同，但却有着共同的理论旨趣：都对人类及其生存于其中的地球的命运抱有深切的关怀。只是前者更多地意在解构，而后者则主要以建设为旨归。后现代哲学的自然观集中地反映了这种深沉的历史使命感。这里的"自然观"主要是指他们对于人与自然、人与世界关系的总的看法和主张。后现代哲学是通过批判和颠覆自17世纪笛卡尔以来的现代哲学的自然观来确立自身的哲学要求，这些要求表达了它对人类的存在和命运的忧虑，但是也暴露出其理论自身的缺陷。

一

首先，后现代哲学把当今的人与自然的矛盾归咎于现代性。近现代以来，由于人的主体意识的强化，作为人类理性之确证的科学技术促进了生产力发展，增强了人对自然的控制，为人类带来了富足的物质文明和丰富的精神成果。与此同时，尤其是20世纪50、60年代，人口问题、粮食问题、能源问题和生态问题逐渐显露并日趋严重，地球愈来愈变得不可居住，后现代主义者把这一切归咎于现代性（主要是现代科学世界观及现代思维方式）。

后现代哲学深刻检讨了机械自然观。所谓机械自然观就是认为，"自然界不再是一个有机体，而是一架机器：一架按其字面本来意义的机器，一个被在它之外的理智设计好放在一起，并被驱动着朝一个明确目标去的物体各部分的排列。"后现代哲学并不一味地全盘否定机械论模式曾经取得的巨大成功，认为这种思维方式在具体的科学研究中有着重要作用，但是作为一种关于自然的思想和哲学方法，由于它否认了自然事物有任何吸引其他事物的隐匿的力量，因而一方面它使"人类变得异化和自主了"，人的主体性和主体方面充分得以张扬和展示，另一方面又导致了世界和"自然的祛魅"，亦即否认自然具有任何主体性、经验和感觉，自然失去了所有使人类精神可以感受到亲情的任何特性和可遵循的任何规范。这样，人类打着科学需要和维护人类利益的旗号对毫无感觉、知觉的自然就可以大肆征讨，巧取豪夺。然而，自然在被撕裂得支离破碎时，人们并没有在富足的物质生活中找到在家的感觉，反而日益感受到精神在流浪，自然在濒危，人类失去了先前对存在的信心，愈来愈躁动不安。人类的这种命运现状正是由于这种僵硬的、绝对的、二分的思维造成的。具有讽刺意味的是，机械论启动了具有祛魅性质的现代科学的开端，同时也导致了祛魅科学本身结束的进程，因为在后现代主义者看来，科学不仅连苍白的真理都没有带给我们，而且由于现代哲学否定了人类活动的意义从而也否定了科学活动的意义。因此，我们必须重新审视人类的存在、自然的存在及其二者的关系，而要达到人与自然的"视界融合"就必须断然抛弃机械论、二元论、还原论等陈旧理论方法，寻求新的工具。

后现代哲学严厉讨伐了人类中心主义。被誉为后现代哲学先驱的海德格尔是西方最早批判人类中心主义的思想家。根据他的分析，人类中心主义是主客二分思维模式在人与自然关系上的表现；在对待自然方面，西方语言已浸透了作为主体的人对作为客体的自然和世界的绝对统治和支配的愿望，浸透了人对自然和地球进行利用和剥削的欲念。因此，他试图改变这种过分张扬人的主体性的语言，寻求一种新的可以成为人的存在之家的语言，他认为这种语言就是诗化的语言。海德格尔对人类中心主义的批判在建设性的后现代主义者那里得到认同和进一步发挥。他们认为，把人只看成是"自己的目的"（康德语）而不是实现他人的手段，把自然看成是缺乏任何经验、情感、内在关系而不是具有内在价值的物质构成的现代世界观必然产生"一种激进的人类中心主义伦理学：在决定对待自然的方式时，人类的欲望及其满足是惟一值得考虑的东西”。这种“掠夺性”的伦理学明确地指示人们，上帝只是为了人类的利益才创造了自然界，自然界是由人类来统治或掠夺的，人们不必顾及它的生命及其内在价值。这种伦理学不仅是人们虐待地球、掠夺自然的合理借口，也是导致现代殖民主义（包括新殖民主义）、大规模奴役和战争的原因。

二

积极的或建设性的后现代哲学自然观的主要内容主要体现在如下几个方面。

1. 自然物具有内在价值的有机论

以格里芬为代表的建设性后现代主义者视科学家出身的美国哲学家怀特海为后现代有机论的首创者。后现代有机论坚持认为，所有原初的个体都是有机体，都具有哪怕是些许的目的因。因而，从目的论意义上看，所有的生物都是生命的核心，都有其自身的利益，所有的生物都具有平等的内在价值。在这种有机论中，自然、科学、世界都开始返魅。大多数后现代主义者都赞成这种自然主义的万有在神论，这种观点认为，世界在神之中而神又在世界之中。

正因为如此，后现代主义者极为赞赏深层生态学。这种自然观强调生态系作为一个整体，个体是整体中的一员，它们只有在整体的复杂关系网中才有价值。每个个体因此而具有了“神圣感”。这是有别于那种认为人类在一定程度上凌驾于自然之上并有权利随心所欲地塑造自然的西方传统的主客二分自然观的。

2. 人与自然的关系是具有内在联系的构成论

“构成性”是后现代哲学中一个具有丰富内涵的重要范畴或特征。它包括三重内容。首先，人的关系是构成性的。其次，时空是世界的构成性。再次，人与自然的关系是构成性的。人与自然有着必然的、本质的“内在联系”。一方面人类扎根于自然，永远不可能脱离自然；人类也扎根于社会，永远不可能与历史和制度相分离。另一方面，人种不过是众多物种之一种，既不比别的更好，也不比别的更坏；人类并没有什么特殊的价值，那种自命不凡地视人类是万物中心，是一切存在的目的的观念是导致人类利益和所有物种利益赖以生存的生态秩序大规模破坏的根源。因此，评价人类行为的善恶就看它是否促进了人与自然的构成性，是否促进了生命的进化。

3. 生命价值高于岩石价值的整体论

后现代哲学倡导取消主客二分，强调万事万物既是主体又是客体，人类也不例外，指出人类、自然界和社会这三大领域是一个完整整体的组成部分，世界若不包含于我们之中，我们便不完整，同样，我们若不包含于世界，世界也是不完整的。

整体论所包含的另一个内容是，我们区分事物的价值性差异也是由整体观念决定的。根据整体论观点，人类具有比一般生命更高的价值，一般生命的价值又高于其他非生命的价值。这似乎又回到了古希腊的万物按“等级”分有世界心灵的有机整体论，相异的只是后现代哲学自然观不仅看到了自然的不同层次的个体被赋予了某种程度的有目的性的自由，还洞察到了人类所具有的不同于非人类的能力的后果性。正因为这种后果的不确定性（或善或恶），才需要把对人的福祉的特别关注与对生态的考虑融为一体。

必须指出，后现代哲学自然观三方面内容也是具有“内在联系”的。从它们的理论针对性看，有机论主要是针对机械论而提出的，构成论是挑战二元论、人类中心主义的有力武器，整体论则侧重于批判还原论。当然，它们并不各自出击，而是联合作战来否定现代哲学。从它们的理论诉求点看，有机论表述了自然万物并非仅是供人类索取的对象，也具有如同人一样的目的性，构成论则指出人与自然的内在关系，人并非可以在自然消耗殆尽后独立存在，整体论呼吁人与自然共为整体，但又指出人类具有其它万物不可比拟的能力。这三者合而为一共同构成了对人类文明的反思及对人类未来的忧患。

三

后现代哲学自然观是面对 20 世纪 50、60 年代以来世界性的人与自然的矛盾尖锐化的现实情况而提出关于人与自然关系的理论学说。它深刻地指出，人类今天所面临的危险恰恰是人类自己酿就的恶果，是由近代主义哲学滥觞，现代主义哲学高扬的工具理性主义、人类中心主义造成的必然结局。这些揭露展示了现代主义哲学文化的局限性和危害性，启迪了人类的思维。

同时，后现代哲学自然观在批判现代哲学片面强调人类改造、征服自然的理论倾向中所提出的许多观点，在作为哲学的崭新方向——生态伦理学中得到继承和发挥。如关于自然具有目的性、具有内在价值的看法，就被生态伦理学所吸纳、借鉴并整合为这样一种主张，任何一个生物体不仅具有对它者而言的工具性价值也具有自身的、内在于其个体的价值。此外，生态伦理学所提出的自然权利、自然利益等观念也可以在后现代哲学自然观中找到类似的主张。

毋庸讳言，后现代哲学自然观所强调的人与自然的内在性、整体性以及双向互动性等观念，所倡导的人与自然之间保持平等谐和的律动关系等主张，对于今天正在如火如荼地展开的生态运动具有积极的促进作用，对于提高人类的生态意识具有积极的指导意义。

但是，后现代哲学自然观并不是一个完整的、系统的、自恰的理论体系，它有着其自身的不可克服的矛盾性和局限性。

（原文约 5500 字，发表于《襄樊学院学报》2002 年第 2 期）

文摘编辑：其实

关于中西哲学与文化的对话

王元化

[作者简介] 王元化，华东师范大学教授，博士生导师。

[内容提要] 中西之间通过接触，能够彼此增进一些文化背景的了解。二者在不同的思维方式、抒情方式、表达方式中，存在着异中之同。如果不同文化的概念都是不同质的，那也就不存在文化上的比较研究了。一个时代的主导思潮对思想文化的兴衰会起决定作用。中西哲学之间存在着很大的差异，但就其所涉及的领域或所要解决的问题来看，都有某种类似或相同之处。

[关 键 词] 中西哲学；思想文化；解构主义。

编者按：2001年9月11日，法国哲学家德里达访问上海，与王元化先生就中西文化之异同进行了两个多小时的对话。《文汇读书周报》记者用问答方式与元化先生进了对话。

问：我想听听您对德里达的哲学思想的评论。您和德里达的谈话从餐桌到客厅，一直到他按预定安排去参观上海博物馆才结束，足足谈了两个多钟头，报上还说“意犹未尽”，那么谈的内容究竟是什么呢？

答：我们谈的自然不是他的解构主义，也不是我所研究的《文心雕龙》。这种题目，双方是很难对话的，因为彼此都不熟悉。听说德里达是为了想了解为十多亿人民所拥有的历史悠久的文化，才不远千里来到中国的。他今年71岁，我也有81岁了。我们都已经老了，但还想通过接触，能够彼此增进一些文化背景的了解。记得年轻时读到一篇鲁迅以丰之余笔名写的文章，记述清末民初的“老新党”，说他们不但读《学算笔谈》、《化学鉴原》，还要学英文，学日文，硬着舌头，怪声怪气朗诵着洋书而毫无愧色。这情况虽然有些可笑，但也令人感动。要了解一种异国文化就需要这种精神。可惜这种精神现在越来越少了。

问：您和德里达的对话着重哪些方面？有没有中心话题？这个中心话题又是如何形成的？

答：中心话题既不是事先预定的，也不是当场商定的，而是由德里达的一句话所引起，自然而然形成的。

问：这句话是什么？

答：我们在就餐时，他说了一句：“中国没有哲学，只有思想。”这句话一说完，在座的人不禁愕然。他马上作解释，说他的意思并不含有褒贬，而哲学和思想之间也没有高低之分。他说中国没有哲学，只有思想，这话丝毫没有文化霸权主义的意味。他对这种看法的解释是：西方的哲学是一个特定时间和环境的产物，它的源头是希腊。其实在他以前，黑格尔在《哲学史演讲录》中也曾经说过中国没有哲学，孔子的《论语》只是道德箴言，因为其中没有思辨思维，甚至也没有严密的逻辑系统。

问：我想德里达的这种解释是和他解构西方哲学思想有关的。他认为起源于古希腊的西方哲学的主要内容就是他所谓的“逻各斯中心主义”。

答：我同意你的说法。逻各斯中心主义是德里达批判的东西，也是他要解构的东西，他认为西方哲学就是以逻各斯为中心的。因而他说他并不认为哲学与思想之间有高低之分，这是符合他的理论的。至于中国究竟有没有哲学问题，这一点我要借用《庄子·天下篇》来阐述我的意见。《天下篇》称惠施有万物毕同毕异之说，我觉得有些后现代哲学在辨同异问题上，有时有些畸轻畸重的倾向。我在《与友人谈想象书》中，曾提到另一位法国现代哲学家弗朗索瓦·于连的观点。他曾批判中国学者用想象来阐释《文心雕龙》中的“神思”，认为这是比附。因为照于连看来，“神思”和想象是相异质的两个概念，而西方文艺思想直到浪漫主义兴起后才有想象的理论，从而他借此说明中国更不可能在那么早的时代，就会产生想象的理论了。我以为这也是在辨同异上过于偏重于异的偏颇。

问：在这一点上，德里达和您的距离似乎并不远。他认为“同”和“异”是共存的，没有共同的东西就没有谈论差异的必要。他不赞成每个民族每种文化只强调自己和他者的差异性，那样就会导致灾难性的后果。这和您有关共性和个性的论述基本一致。

答：我同意你的观点。不过我指的是特定的具体问题，即思想文化在不同的思维方式、抒情方式、表达方式中，是不是也存在异中之同的问题。比如，不同民族在创造语言文字时，有的是拼音，有的是象形，有的是会意。有的是横写，从左到右。有的是竖写，从右到左。尽管千差万别，但不论哪一种形式的语言文字，都还是语言文字，而不能说某种是，某种却是语言文字以外的另一种东西。我认为起源于希腊的西方哲学和中国从先秦发端的哲学，从基本方面来说，只是在思维方式和表达方式上不同，而在研讨的实质问题上，并没有太大的殊异，虽然两者往往会作出不同方面的探索，甚至是相反的结论。我不知德里达取怎样的观点。有些西方哲学家不承认中国有逻辑学。因为中国虽然在天文历算方面十分发达，但在几何学方面却十分滞后，直到明末徐光启始将欧几里德的《几何原本》译成中文（后来传入日本，曾影响了日本的明治维新）。几何学是和形式逻辑密切相关的，爱因斯坦曾提到过两者的关系。从表面上看中国逻辑学似乎很不发达。过去人们认为，自佛教传入中土，因明学大昌，六朝人著书，受到因明学影响，如《文心雕龙》、《诗品》等著作，始有严密的系统和完整的体系。所以章实斋称之为"勒为成书之初祖"。显然这些都被当作了中国缺乏逻辑学的证据。但是，事实并不如此简单。中国思想史常常发生断层。先秦时代曾有大批名辩学者出现，如邓析子、公孙龙、惠施等，尤以《墨辩》为最。可惜《墨辩》这部书自晋鲁胜作注后即已亡佚，直至清代毕沅始将残篇断简整理成文。只要读过这些尚存的残篇，就不能不承认它包括有逻辑的命题和公式在内。

问：可是先秦十分发达的逻辑学后来中断了，您能说说原因吗？

答：这是今天仍需要探讨的问题。我想两汉定儒术为一尊是有一定影响的。一个时代的主导思潮对于思想文化的兴衰有时会起决定作用。解放初，艾思奇在刚刚被接管的清华大学作报告，按照当时斯大林的理论痛斥形式逻辑，使拥有金岳霖教授的清华再不能讲授逻辑学了。但断层不意味着中国没有逻辑学存在。近代学者（最早似乎是章太炎）认为西方、印度、中国存在着三种不同类型的逻辑学。这亦即我所说的仅仅是在思维方式和表达方式上的不同。所以中国学者（如胡适、冯友兰等）也都把自己的著作称为"中国哲学史"。这就是我在对话中向德里达讲述的一个内容。

问：中国哲学和西方哲学不同，还在双方的名词概念，在翻译的时候往往没有对应的字词。比如西方的Sein、Dasein、Füsichsein等等，就很难在中国哲学中找到现成的概念。

答：这种差异往往成为翻译的最大困难。但也不能说两者是无法沟通的。比如西方哲学的Sein（贺麟译作"有"），在我国魏晋时代的玄学中，就有着有无之辨。一般认为中国哲学缺乏思辨思维，很少接触本体论方面的问题，其实魏晋玄学中的本末之辨、有无之辨、言意之辨等等都涉及本体论的讨论。玄学在两汉经学之后出现，实际上与先秦的名辩哲学有着一定的关联，后者是前者的发展。我以为这可能是当两汉定儒于一尊的局面瓦解后，使得消沉已久的诸子学重见天日，而名辩之说也就随之得以复昌，受到人们的关注。自然，也不容抹煞，当时传入的佛学对玄学也发生了推波助澜的作用。另一方面从中国的许多名词概念来说，在外语中也很难找出对应的字，比如中国古书常常出现的"气"，就很难译成对应的外文。过去有人译作Quintessence，固然不准确；李约瑟译成Vital Energy也不恰切。但外国美学中黑格尔说的"生气灌注"和中国画论中的"气韵生动"还是比较接近的。如果不同文化的概念是不同质的，那也就不存在文化上的比较研究问题了。

问：您谈的中国和外国哲学名词和概念的对应问题当然非常重要。但我觉得您讲的玄学中的本体论成分及其与先秦名辩学派的前后相继关系，是前人没有说过的，很值得做深入的研究。这是一个思想史上的极其重要的课题。

答：我还要谈谈这方面的问题。中国有没有哲学问题，这自然指的是德里达说的类似哲学性质的那种哲学。我以为魏晋时代的玄学可以作为一个例子。可是研究玄学的人不多，所以往往被忽视了。汤用彤是研究玄学的大家，他在西南联大讲授玄学时，常进行中西比较。据汤门弟子说，他曾以斯宾诺莎的上帝观念，来对照王弼的贵无论。以莱布尼兹的预定和谐说，来对照嵇康的声无哀乐论。以休谟对经验的分析，来对照郭象的破离用之体。在比较研究中，生搬硬套，用比附之法，妄生穿凿是很坏的学风（这一点连胡适早期所撰的《中国哲学史大纲》也未能幸免，比如称韩非历史观为进化论，称荀子天道观为培根的戡天主义等等皆是），但汤用彤（基于早年留学国外钻研哲学的深厚基础和治学的严谨学风）却并没有这样做。他的比较研究和《中国哲学史大纲》中的那种比附是截然异旨的。他只是以西方哲学为参照系，而不是采取同一标准来进行衡量。在对照中，虽然可以看出两者之间存在着很大的差异，但就其所涉及的领域或所要解决的问题来看，却有着某种类似或相同之处的。从汤的上述说法可以推知，如果中国玄学和西方哲学是完全不同质的，那也就无法进行这种比较了。

问：您讲述之后，在德里达和您之间有没有什么争论？

答：我向德里达阐述了中西文化中的一些问题，不是为了争论，而是企图提供给他对中国文化能有大致了解的一点参考意见，因为他是为了解中国而来的。

问：他对您的阐述提出了什么问题吗？

答：基本上他在听我讲。但当我从思维方式来谈中国传统戏剧的虚拟性程式化写意型的表演体系，说到中国先秦时代的《周礼》以及《诗序》提出的比兴之义，与亚里士多德《诗学》提出的模仿说不同，从而阐明了一个是写意型的，一个是写实型的时候，他表示了不同意见。但这个问题太复杂，时间到了，没有再谈下去。

（原文约6000字，发表于《文史哲》2002年第2期）

文摘编辑：范子奇

“言说”的言说
——孔子与柏拉图对话文本比较研究

林新华

[作者简介] 林新华，台州学院中文系。

[内容提要] 本文对《论语》和《文艺对话集》两个对话文本进行分析，指出孔子的思想言行主要集中在其弟子记叙、编录的《论语》中，而柏拉图的文艺思想主要是通过《对话集》中的主角苏格拉底与其他人的对话来体现，并对对话文本中话语空间的留置及对话主体“自我”的离异做了论述。

[关 键 词] “言说”；孔子；柏拉图；苏格拉底；对话文本。

一、文体的元言说

对话中语言的本质在于交往，是说话者相互作用的产物。由于这种相互作用，形成了文本，产生了意义。“话语理论家们主张，意义不是被简单的给予的，而是在大量的制度性场合中，通过大量的制度性实践被社会地建构起来的”。因而从“对话”切入，去透析思想者的文艺思想的内在底蕴未免不是一个较新颖的角度。本着这样的原则从文本的原始含义出发来进行言说，以阐明其诞生之后在参与当时历史时的原有意义，这就是本文以下要进行的“元言说”，即从《论语》和《文艺对话集》出发透视孔子、柏拉图，以还其本色。

孔子的思想言行主要集中在由其弟子编录的《论语》里。其目的是为了记叙孔子的言行。“每一表述充满了他人的话语，注入了另一个表述的回声，和对他人的回答。……我生活在他人话语世界里。”学生在叙述当中受到孔子教导的观念的影响，置入了孔子的思想话语世界之中。与此相对，孔子形象的创造却置入到了学生的话语世界中。因此，只有从对话中理解孔子、体验孔子必须从学生记载的文本的原始的“当下”出发，才能真正理解孔子。而在柏拉图的著作中，有关文艺的思想主要集中在《文艺对话集》里。其中对话体占绝对优势。在绝大多数对话中，主角都是苏格拉底，柏拉图的思想主要是通过苏格拉底和其他人的对话来体现的。苏格拉底靠得是柏拉图的“理念”令其对手信服。因此从某种意义上他就是灵魂的显现形式。

巴赫金认为：人们生活，意味着相互交往，进行对话和思想交流，人的一生都参预对话，人与人的这种关系，应当渗人生活的一切有价值的方面。人真实地存在于我和他人的形式中；个人的真正生活，只有对话渗入其中，才是可以理解的。由于人类生活本身的对话性在言语的交往中显现出来，从而言语、话语与表述确证了人的具体存在方式，确证人是一种言语交往中的存在、对话的存在。确实，对话是一种情境，是历史的现在时。因此，我们要理解孔子，把握柏拉图，廓清历史的迷雾，就须从对话入手。

二、话语空间的留置

对话的主要原因在于对话主体自身的匮乏，缺失和对话主体间的距离。主体通过对话交流联系在一起，通过他者认识自我，丰富自我。“强有力的人物由于他们确立意义的语境这一事实而名副其实；被治理者是那些在此语境中活动的人。”在文本的对话之中所谓的“确立意义的语境”即占有了话语空间。

《论语》这部著作，从文本的显性空间看，孔子的弟子在编录时将话语的空间留置给孔子，以达到记载其言行的目的。其弟子们无意识地自动地将孔子转向话语权力的高势位，也就是孔子在文本中控制了话语权力。这首先显现的是《论语》的基本内在结构上。《论语》文本的基本结构一般都是：开始是“子曰”，然后是弟子某问，最后是“子曰”。据统计，文本《论语》中“子”共用431次，特指孔子就375次。“曰”字用755次，大都作“说”、“道”解。“问”字用120次，作“发问”讲用117次。可见，整部《论语》孔子的话占绝对优势。孔子是主要的发话者，由他来引导学生的思维，因而他也就占有了文本的话语空间。其次，“何谓也”是典型的孔子学生的话语，只起到了为孔子的言行提供契机的作用，即成了必须由孔子的观点来充实的“空白地带”。孔子的学生通过这种对话中自动的主体性消解，恰好留下话语的隐性空间。

柏拉图却又是用另一种方式占有了话语空间。柏拉图是一个赋以理念底蕴的对话话语的制造者。苏格拉底是柏拉图理念的代言者，而理念又控制了话语，从而苏格拉底占有了话语的高势位。由他控制了整个文章的话语空间。虽然对话当中的另一主体也有“是”“对”等表述，甚至也有一些象征性的辩论。但是，最后的结果并非是辩论中得到的共识，而是一种非共识。也就是说苏格拉底在辩论当中借用了话语权力，间接地用一种理念控制了对方的思维。因此，这不是一种理念的空间共存，而是一个个封闭的意识系统为苏格拉底在对话中击破。他的对话者原先即使有一点小小的话语空间的领地，此时也不得不拱手相让。

三、对话主体“自我”的离异

在对话的关系中，所实现的是一般和个人的辩证关系，而不会不考虑自我同一性。但是由于这种对话语空间的占有的不同，形成话语权力的失衡，在这两个文本中，对话主体的“自我”不但没有达到相互的承认，却发生了“自我离异”。对话主体在话语的交往中使自己的言语与自身想要表达的理念发生了悖离，话语主体成了某种非自身理念的传达的工具，从而使其话语的主体性也丧失了。

从叙事学的角度来看，叙述者是叙述作品的创造者，他对底本中的全部信息拥有解释、选择、处理讲述的全权。《论语》中的叙述者应是孔子的弟子们而非孔子，但他们却并未拥有这样的权力，这实际上是一种叙述角度所造成的权力自限问题。由于儒学对于“自我”的严格要求，他们的视角也是进行了“重外”（人关注世界）向“重内”（注重自己内部修为）的转化。再者，他又用“礼”这样一种带有文化传承的仪式去规范人的行动，难免使人的个性在这种仪式的传承中消磨甚或失去，从而使个体消融于群体之中。从这种心态返观之，作为叙述者也难以逃脱这样一种心理阴影的挟制——孔子的光辉思想已经遥控了他们。这就造成了他们以此理念为指导的观照世界的视角，同样也限制了他们记录《论语》的叙述视角，于是造成了一种权力的自限，使其弟子们的“自我”产生了离异。

话语体现了一种权势，在话语中描述的客体是被话语权势所支配的。《论语》中是孔子通过控制其弟子的思想拥有了话语，而其弟子就丧失了言说的真正能力。与此相对，苏格拉底同样是一个受他者理念控制的对话者，从表面上看他并没有遭此厄运——成为话语主体的失落者，反而成了对话文本中的主要的发话者，使对方在对话的进行中丧失了主体性。柏拉图笔下的苏格拉底对话中竭力展示自己的带有真理性的存在。而他的对话者已经意识不到自身了，即在对话中他的自我已经为苏格拉底所解构。苏格拉底的“自我”在柏拉图理智的神剑的护卫下得到了极度的张扬。这种将对话的另一主体置于了对话之外的状况可称其为“单向度”对话。再从苏格拉底自身来看，苏格拉底并没有沿着自己的轨道前进，而是跟着柏拉图的理念走，他自身的感性经验的成分被清除了，成了他理念的代言人。苏格拉底是表面上的“自我”，实际上的“他者”话语，是一种“自我”的无意识的剥离，是对话中主体自身的分裂与反悖。由此，两者发生“自我”离异的方式却大不一样；在《论语》中是因“自我”的自限而造成的；而在《文艺对话集》中却是意识不到的潜伏的“自我”的分裂。

四、结语

孔子和柏拉图的对话文本都是一种观念的传递，孔子通过其弟子的反照，通过他自己的口说出来；而柏拉图这里却是通过苏格拉底这一传声筒，用自己的“理式”清除了苏格拉底的感性成分，表达了自己的理念。就艺术而言，在我看来没有比跌落到历史之外更为可怕。而人一出生就在能指的包围之中，能指的形成就有自由飘浮的可能性，就导致了话语表达的模糊性，从而形成了意义的多重性。正因如此，我们不能无拘束的“飘浮”，必须抓住“当下”，在话语设置的情境中来解读文本。只有这样，才能正确地把握孔子、柏拉图，才能亲近思想，又不至于将其异化。

（原文约3500字，发表于《台州师专学报》2001年第5期）

文摘编辑：灵杉

叔本华和朱光潜早期美学

宛小平

[作者简介] 宛小平，中共安徽省直党校副教授。

[内容提要] 本文打破了学界一般把朱光潜对克罗齐和尼采美学的整合看作是一种简单地"凑合"，而认为在克罗齐理性美学和尼采非理性美学之间有若干"中介"环节，叔本华美学便是这种"中介"。朱光潜通过对叔本华的审美直观的经验化诠释，得出"形象的直觉"，这既和尼采的"从形象中得到解救"，又和克罗齐"美即直觉"贯通起来。同时指出，朱光潜心目中的叔本华和尼采在人生观上是有本质差别的，叔本华是悲观的，尼采则是化凄苦为快乐。后者才是朱光潜的早期艺术人生观的观点。

[关键词] 叔本华；朱光潜美学；人生观。

一、在朱光潜美学中，叔本华是连接克罗齐和尼采美学的中介环节

尽管克罗齐对尼采美学吝啬得连一句话都不愿说，而他却对叔本华大加赞许："可以肯定，在这个体系里，可能不时找到使一个较佳的和较深刻的艺术探讨得到发展的机会。作为明智和敏捷的分析者，叔本华有时指出，对理念，对静观，不能加之于时间和空间的诸形式，而只能加之于表象的一般形式。由此可推知，艺术不是意识的高级的、特别的程度，而是意识的较直接的程度，是那个在意识的本质的单纯性中以它在时间和空间系列里的安置而先于一般认识的程度。"

朱光潜早期美学的中心概念是——直觉。他虽然自己常把这一观念的来源归之于克罗齐，但实际上他更多地从"叔本华——尼采"这一思想发展线索的人生解脱观去把握这一观念，因而更倾向于以叔本华的纯粹直观去解释和分析美感经验。当然，他也看到了克罗齐和叔本华的直观概念有相似之处：如排斥理性，瞬间占满意识的全部，消除物我（主客体）的界限，呈现清晰的表象等。这些共同点足以使朱先生把看来多少有些不同的两个美学系统联系起来，并整合到一个体系中去。

那么，我们要进一步考问，是什么原因促使朱光潜在克罗齐直觉说之外还要加上叔本华的纯粹直观观点呢？显然，朱光潜不愿放弃在他出国以前就已确定的解除人生烦恼的"超脱"的观点，而这一观点在西方文化中鲜明的表现形式当然是尼采美学。现在，通过叔本华的纯粹直观的审美观既可以和尼采的"从形象中得解救"相联系；又可以和克罗齐的"美即直觉"挂上钩。朱光潜终于找到了他出国前后所信奉的两种美学之间的理论"中介"模式。接下来就是怎样通过"批判的综合"来对待叔本华的美学了。

朱光潜通过对叔本华的审美直观的诠释，把美感经验定义为"形象的直觉"。这就既和尼采"从形象中得到解救"，同时又和克罗齐的"美即直觉"统一起来了。

二、朱光潜是通过"扬弃"叔本华悲观主义的美学才达到和认同于尼采的酒神和日神调和的观点

早在1923年朱光潜就写了《消除烦闷与超脱现实》一文，阐述了对旧中国黑暗压迫青年心理而如何求得解脱的看法。他指出艺术活动是超脱现实苦难和解除烦闷的一个好方法。这就是说，艺术有它非功利（实用目的）的"引起快感"一面。

问题在于：朱光潜这个"超脱"的人生观能像他在解放以后反省时所说的那种属于"逃避主义"的消极观点吗？

朱光潜认为叔本华揭示了在审美经验中暂时消除实际的利害计较是一个贡献，但这并不代表叔本华的人生观是正确的。相反，叔本华在肯定"表象"的客观化同时，却要否定求生的意志，而否定意志，就是否定生命，这是与叔本华本人美学观点相矛盾的，在事实上也不能得到证明。这样，朱光潜指出："意志可以表现为肯定，也可以表现为否定。"叔本华不能容忍表象和意志的不一致，尼采则从另一个角度肯定这种矛盾的合理性，承认叔本华所说的人生是植根于痛苦观点，但不同意叔本华企图用伦理的标准批判生命的合法性。从而，朱光潜相信尼采的一句话是正确的："在道德的法庭面前，人生必不可免地永远是败诉者，因为它在本质上就是不道德的。"于是，从逻辑上朱光潜也就把审美与道德区分开来了，这反映了他早期受克罗齐影响的思想痕迹。

从另一个角度讲，朱光潜认为尼采没有叔本华那样悲观，他肯定意志，把酒神艺术（意志）和日神艺术（表象）都视为逃避现实苦难的手段；酒神艺术沉浸在不断变动的旋涡之中以逃避存在的痛苦；日神艺术则凝视存在的形象以逃避变动的痛苦。从这个意义上说，尼采既是悲观主义的，同时又是乐观主义的。他把人生引向善，同时也引向恶。矛盾！然而合理。

看来，叔本华和尼采的思想渊源关系在朱光潜心目中有点类似康德和黑格尔的关系。叔本华和康德惧怕矛盾，认为矛盾就是不合理，从而要用消灭对立的一方来求得矛盾的解决。尼采和黑格尔则肯定矛盾，认为这个世界本来就充满着矛盾。显然，朱光潜通过对叔本华悲观主义观点的“批判的结合”，最终也站到尼采一边。

三、叔本华的悲剧观对朱光潜悲剧心理观的影响

应该指出，朱光潜美学独特之处并不在于他善于理论思辨与逻辑的缜密分析，而常常在于他运用一些抽象的理论（尽管他并不完全赞成这种理论）去对一些具体的艺术形式进行创造性的阐述。这其中一个主要艺术形式便是戏剧。朱光潜的文艺思想的起点，以及《文艺心理学》和《诗论》的萌芽也是一部研究西方悲剧的著作——《悲剧心理学》（英文）。在这里面他专辟一章讨论了叔本华和尼采。甚至，当有人责怪他在解放后所写的《西方美学史》为什么不给叔本华和尼采留有位置时，他推荐了这部“处女作”，认为“略可弥补前愆，作为认罪的表示”。

朱光潜在《悲剧心理学》里认为：在悲剧理论的方面，叔本华也许比黑格尔更接近真理，至少，他有两大贡献。“一是他比别人更能使我们生动地感受到悲剧悲观的一面。”另一方面，“叔本华还比以前的任何论者都更清楚地说明，悲剧的欣赏主要是一种独立于个人利害之外的审美经验。也正确地驳斥了‘诗的正义’的观念，并且把怜悯等同于审美同情或直觉认识。”这就是说，叔本华把握了悲剧主要是表观苦难，是能引起人振奋的情绪。朱光潜认为：“要是看悲剧而没有感受到由人类的尊严而生的振奋之感，那就是没有把握住悲剧的本质。”

究竟是什么因素促使朱光潜如此肯定这种悲剧的庄严感呢？显然，这与朱光潜在《悲剧心理学》里对亚里士多德悲剧是两种情绪——怜悯和恐惧所激起的观点有所发展有关。在朱光潜看来，悲剧的恐惧除了唤起“振奋鼓舞”的情绪之外，然后会有一种“惊奇和赞叹”。因而，亚里士多德的定义应改为“在怜悯和恐惧之外加上赞美。”无可否认，叔本华是见到了悲剧这种“引人振奋”的情绪。不过，叔本华往前走就陷入了错误，他用一种“淡泊宁静”的处世态度弃绝生命和意志，得出了悲观主义的结论。朱光潜同样是从悲剧令人振奋开始，但得出的却是“伴随着洋溢的生命与紧张的活动而起的快感”。

至于叔本华的另一贡献——悲剧的欣赏主要是一种独立于个人利害之外的审美经验，我们前面已大致讨论过，这里不妨再重申一下：叔本华讲的独立于个人利害之外（超功利）就是明说在审美直觉到来的一刹那沉入到一种“逆狂”的状态（超时空），同时却又是聚精会神，不旁迁他涉的对意象观照的精神活动。就其特质来说，是超功利、超伦理、超概念，甚至是排斥联想作用的。朱光潜虽不完全同意形式主义美学的这些观点，试图用布洛的心理“距离”来“纠偏补正”。但总体上人们仍然认为朱光潜早期美学烙上了形式派美学很深的印记。

总体上说，朱光潜只是肯定了叔本华悲剧中包含某些合理因素，但他把悲剧看作是“为我们揭示一切皆虚妄的道理，教导我们弃绝求生的意志”，这未免有些悲观。所以，朱光潜认为像叔本华这类哲学家在“试图探讨悲剧问题时，总是不那么成功”。

无论如何，我们指出了忽略朱光潜对叔本华美学的批判吸收是不明智的，因为在朱光潜美学体系结构中，叔本华是处于从克罗齐到尼采两种截然不同理论整合的“中介”。缺少了这一环，就很难理解这之间的“过渡”。况且，叔本华的直观和克罗齐的直觉虽有共通之处，毕竟一个是非理性的，一个是理性哲学里的一部分。朱光潜就是通过“扬弃”叔本华的美学理论，使理性和非理性成功地融入到自己的体系中去的。

（原文约7000字，发表于《安徽大学学报》哲学版2002年第3期）

文摘编辑：范子奇

试评儒家生态哲学思想及其现代价值

葛荣晋

[作者简介] 葛荣晋，中国人民大学哲学系教授，博士生导师，主要从事中国思想文化研究。

[内容提要] 儒家以“仁爱”思想为基础，以“爱物”为原则，以“天地万物一体”为境界，形成了自己的生态哲学思想和生态伦理原则。发掘和弘扬儒家的生态哲学思想，对于建构新的生态伦理学具有重要的现代价值。

[关 键 词] 儒家；“爱物”；“天地万物一体”；生态哲学思想；现代价值。

生态环保危机是21世纪人类面临的重大社会问题。要解决这一社会问题，除了从法律和科学技术层面采取措施外，更为重要的是要从哲学价值观层面上建构新的生态伦理学，增强全人类的地球环保意识，重建人类与自然的良性互动、协调发展的关系。中国古代儒家思想体系中含有极为丰富的朴素的生态哲学思想。正如国际环境协会主席科罗拉多教授所指出的那样：建立当代生态伦理学的契机和出路在中国传统的哲学思想中。所以，发掘和弘扬儒家生态哲学思想，对于建构新的生态伦理学具有重要的现代价值。

一、儒家“爱物”的生态伦理原则

儒家的生态伦理观念是以“仁爱”思想为基础的。儒家既讲人际道德，亦讲生态道德。孟子根据“人皆有不忍之心”的性善论，并通过“仁者以其所爱及其所不爱”的逻辑推理方法，提出了“君子之于物也，爱之而弗仁；于民也，仁之而弗亲。亲亲而仁民，仁民而爱物”(《孟子·尽心上》)。孟子认为道德系统是由“爱物”的生态道德和“亲亲”、“仁民”的人际道德构成的。这是一个由人际道德扩展到生态道德的依序上升的道德等级关系。他认为“爱”的内涵不限于“亲亲”、“仁民”，还应当包括“爱物”。他主张“恩足以及禽兽”(《孟子·梁惠王上》)，反对任意残杀动物，指出：“君子之于禽兽，见其生，不忍见其死；闻其声，不忍食其肉，是以君子远庖厨也。”(同上）这一“远庖厨”的观点，含有重视生命、保护动物的合理思想。《易传》作者进一步发挥孟子的“爱物”思想，提出了“厚德载物”的命题，认为人类应当效法大地，把仁爱精神推广到大自然中，以宽厚仁慈之德爱护宇宙万物，才可以保护动植物资源，促进人与自然之间的良性生态循环，“舜之为君子也，其政好生而恶杀……是以四海承风，畅于异类，凰翔麟至，鸟兽驯德。无他也，好生故也。”(《孔子家语·好生》)

那么，如何实施“爱物”的生态伦理原则呢？

1. 依据“中庸”原则，儒家主张“取物不尽物”

孔子的“钓而不纲，弋不射宿”(《论语·述而》)以及“刳胎杀夭，则麒麟不至郊；竭泽涸渔，则蛟龙不合阴阳；覆巢毁卵，则凤凰不翔”(《史记·孔子世家》)，孟子的“数罟不入洿池，鱼鳖不可胜食也”(《孟子·梁惠王上》)，荀子的“网罟毒药不入泽，不夭其生，不绝其长也”(《荀子·王制》)，都是“取物不尽”原则的体现。《礼记·月令》篇在孟、荀思想的基础上，规定在万物复苏的春天，“昆虫未蛰，不以火田、不麛不卵、不杀胎、不殀夭、不覆巢”；“天子不合围，诸侯不掩群”，要求天子诸侯打猎时不要杀伤过多，以免灭绝宇宙生灵。这一切都是“中庸”原则在生态环保中的具体体现。儒家极力反对人类对动植物生态资源的掠夺，造成动植物灭绝，以保证生物的持续发展。这一“取物不尽物”的“中庸”生态思想，在今天仍有重要的现实意义。

2. 根据“天人合一”原则，儒家主张“取物以顺时”

儒家认为，要想做到“爱物”，人就必须“与天地合其德”，“与四时合其序”。孔子十分热爱生命，对于谷物瓜果之类，坚持“不时不食”(《论语·乡党》)。孟子根据动植物依“时”发育成长的生态规律，主张“不违农时，谷不可胜食也”、“斧斤依时入山林，材木不可胜用也”、“鸡豚狗彘之畜，无失其时，七十者可以食肉矣。百亩之田，勿夺其时，数口之家，可以无饥矣”(《孟子·梁惠王上》)。孟子在这里描绘了一幅“谷物——时——食谷”、“林木——时——胜用”、“畜——时——食肉”、“田——时——无饥”的良性的生态循环的画面。荀子进一步发挥孔、孟的生态思想，从制度层面，更加系统地阐述了“取物以顺时”的“爱物”观点。他说：“圣王之制也：草木荣华滋硕之时，则斧斤不入山林，不夭其生，不绝其长也，鼋鼍鱼鳖鳅鳣孕别（产卵）之时，网罟毒药不入泽，不夭其生，不绝其长也；春耕、夏耘、秋收、冬藏，四者不失时，故五谷不绝，而百姓有余食也；污池渊绍川泽，谨其时禁，故鱼鳖优多，而百姓有余用也；斩伐养长不失其时，故山林不童，而百胜有余材也。”(《荀子·王制》）他和孟子一样，明确地把自然生态保护分为三种类型：一是森林资源及其具体保护措施；二是动物资源及其具体保护措施；三是农谷资源及其具体保护措施，构成了一幅农业社会的完整的自然环境保护思想体系。儒家提出的“取物以顺时”的生态环保思想，不仅在长达两千多年的农业社会有重要意义，而且在现代社会也有重要的参考价值。

二、儒家“天地万物一体”的生态哲学思想

宋明时期，儒家的生态哲学思想更趋于成熟，更加哲理化。宋明儒者将佛、道的“本体”观念引入哲学，并且吸取了墨家的“兼爱”、庄子的“天地与我并生、万物与我为一”以及惠施的“泛爱万物，天地一体”的观点，从本体论和境界说相结合的高度，提出了“民胞物与”和“天地万物一体”之说，进一步补充和发展了先秦儒家“爱物”的生态哲学思想。

张载从气本论出发，认为人只是宇宙万物中的一物，人与万物都是“一于气”而生的。从生成论而言，正因为人与万物都是由气而生，同属于息息相关的有机系统，具有平等的地位，所以，他才提出了“民胞物与”的生态哲学思想。他说：“乾称父，坤称母；予兹藐焉，乃混然中处。故天地之塞，吾其体；天地之帅，吾其性。民吾同胞，物吾与也”（《正蒙·乾称篇》）。在这里，张载把历代儒家主张的“人贵物贱”的观点加以根本改造，重新定位人与天地万物不是主人与奴仆、征服者与被征服者的关系，而是“民胞（同胞）物与（同伴、朋友）”的平等和谐的关系。这样定位人类在宇宙中的地位和作用，对于建构现代生态伦理思想体系具有重要的指导性意义。现代生态伦理学的创始人、美国著名学者莱奥皮尔特（1887—1948）在他的《大地伦理学》一书中，针对现代“人类中心论”的弊病，重新反省人与自然的关系后指出：“大地伦理学改变人类的地位，从他是大地——社会的征服者，转变到他是其中的普通一员和公民。这意味着，人类应尊重他的生物同伴，而且也以同样的态度尊重社会。”即认为应消除人与人、人与自然之间任何等级差异，肯定人不仅是社会大家庭的一员公民，而且也是宇宙这个大家庭中的成员。人类不应以征服者的姿态把自己孤立起来，应与宇宙万物建立朋友般的和谐关系。只有把他人看成自己的同胞，把宇宙间的一切生命看成自己的朋友而加以尊重的时候，他才是一个真正步入天地境界的有道德的人。罗马俱乐部的重要代表人物奥佩西在他的著作中，从宇宙是一个系统的观点出发，也提出了人类应以尊重自然的态度来取代占有与征服自然的行为。他说：“对生命的保护和对其他生命形式的尊重，是人类生命的素质和保护人类两者所不可缺少的重要条件”。宋儒比现代生态伦理学家要早好几百年，就能够从本体论的高度提出“民胞物与”的生态哲学，不能不令人赞叹与敬佩，这对于建构现代生态伦理学无疑是一份珍贵的历史文化资源。

在孔、孟的“爱物”和张载的“民胞物与”思想的基础上，北宋理学大师程颢进一步提出了“仁者以天地万物为一体”（《河南程氏遗书》卷二上）的观点。“仁者以天地万物为一体”的哲学命题，蕴含着极其重要的生态伦理思想。

明代心学大师王阳明也“一宗程氏仁者浑然与天地万物同体之旨”（《王文成公全书》卷三十七）。王阳明立足于他的心性本体论，将人心固有的仁爱之性扩展到宇宙万物，把人与天地万物构成一个有机的整体。他认为“大人之能以天地万物为一体也，非意之也，其心仁本若是，其与天地万物而为一也”。大人“见孺子之入井，而必有怵惕恻隐之心焉，是其仁之与孺子而为一体也”；“见鸟兽之哀鸣觳觫，而必有不忍之心焉，是其仁之与鸟兽而为一体也”；“见瓦石之毁坏而必有顾惜之心焉，是其仁之与瓦石而为一体也。”（《大学问》）由此可见，宋明儒者的“天地万物一体”之说，是建立在“心之仁本若是”的基础之上，都是由“父子兄弟之爱”的仁爱本性中推衍出“不忍之心”、“悯恤之心”和“顾惜之心”的生态伦理思想。现代生态伦理学家、法国著名学者施韦兹（1875—1965）提出“敬畏生命的伦理学”，认为大自然中的任何生物都具有天赋的内在价值，拥有生存权利。人类应当像敬畏自己的生命那样去敬畏所有拥有生存权利的生命，把人类天赋的博爱精神推广到一切生命身上，使宇宙中的所有存在物都得到人类的伦理关怀。他认为人类无故地杀害动物和随意地毁坏植物都是一种极不道德的行为。现代生态伦理学创造人莱奥皮尔特在《大地伦理学》一书中也主张把人类之爱，由社会领域扩展到整个大地。他指出：“大地伦理学只是扩大了社会的边界，包括土壤、水域、植物和动物，或它们的集合——大地。”宋明儒学大师提出的“仁者以天地万物为一体”的哲学命题，不仅承认植物、动物乃至整个自然界都有内在的价值和生存的权利，而且也自觉地把人的天赋爱心由传统的人际道德向生态伦理扩展，从而构成了现代生态伦理学的最主要的内容，成为现代生态伦理学的基石，其功伟矣！这种“以天地万物为一体”的“大我”意识，对于21世纪全球的生态环境保护具有重要指导意义，对于建构新的生态伦理学体系也有重要的借鉴意义。

（原文约5500字，发表于《长安大学学报》社科版2002年第1期）

文摘编辑：乐山

语言文学篇

目 录

汉语复句理论的发展轨迹

李 敏

[作者简介] 李敏，烟台师范学院中文系副教授，语言学硕士。

[内容提要] 本文着重梳理了汉语语法研究中有关复句理论自身发展、演变的轨迹，既充分考虑了汉语语法学发展的阶段性特征，又充分考虑了复句理论发展的自身特点及规律，从而将复句理论的发展、演变划分为三个时期，即初步建立时期（1898—1936），讨论定型时期（1937—“文革”），深化转型时期（1979—现在）。

[关 键 词] 汉语；语法学；复句理论。

一、汉语复句理论的初步建立时期

这一时期从19世纪末汉语语法学的创建到20世纪30年代的文法革新大讨论前，其特点是借鉴西方句法体系，创建了汉语复句理论。

《马氏文通》是中国语法学的奠基之作，也是第一次把复句问题引入汉语语法理论领域的语法著作。《马氏文通》是借鉴西方文法之作，因此在关涉汉语复句问题的理论上必然带有模仿的痕迹；但是，我们也不难看出，《马氏文通》在复句问题上并不是简单的“移中就西”，而是充分关照到了中国传统句法观，把复句理论问题的研究与传统的句读研究、虚词研究成果结合起来，一定程度上体现了汉语语法的特点。当然，在复句理论创建之始，《马氏文通》只是论及到汉语复句理论的具体内容，并没有建立“复句”这一名称，无论是确立的标准、包含的内容，还是与单句的划分问题都不是很明确。

“单句”、“复句”的概念作为一对术语正式确立，始于王应伟《实用国语文法》。“复句”这一术语的确立及与单句（简句）的对立使用，结束了过去术语上的混沌状态，对建立稳定的汉语复句理论起了很重要的作用。

这一时期在复句理论方面最具代表性的是黎锦熙的《新著国语文法》。与前人相比，该书在复句理论方面较突出的是建立了完备的复句体系。它把复句分为“包孕复句”、“等立复句”、“主从复句”三类，等立复句又分平列句、选择句、承接句、转折句四种，主从复句又分时间句、原因句、假设句、范围句、让步句、比较句六种。该书分专章论述了包孕复句、等立复句和主从复句，不仅术语完备，定义、分类明确，而且还就连词在复句中的作用等问题作了深入的论述。可以说，《新著国语文法》，标志着汉语复句理论建立的初步完成。

二、汉语复句理论的讨论定型时期

这一时期从1937年文法革新到60年代“文革”，其特点是对前一时期建立的汉语复句理论进行全面的讨论，从而推动了复句理论的发展，使复句理论趋于基本定型。

汉语复句理论上的讨论是在语法界30年代开始的“中国文法革新讨论”这个大背景下进行的，其代表当推何容的《中国文法论》。该书立专章讨论了复句理论问题，在全面评述前人的复句理论后，主要提出了以下几方面的质疑：一是对复句定义的质疑；二是对包孕句的质疑。《中国文法论》将包孕句从复句中分离出去，奠定了汉语复句内部两分法的基本模式。

对汉语复句理论的讨论在50年代又有了更进一步的发展。1957年展开的“单句复句问题的讨论”可以说是40年代复句问题讨论的继续和深入。这次讨论主要涉及以下几个问题：一是单复句划分的标准问题；二是包孕句的归属问题；三是关于语音停顿在划分单复句中的作用；四是关于紧缩复句的问题。这场讨论后因社会、政治的原因而草草收场，并没有取得一致意见。但总的来看，开阔了人们的视野，引起了大家对这一问题的进一步思考，对以后的研究工作起到了促进作用。

在对复句理论进行讨论的同时，五六十年代，出版了大量的语法著作，如吕叔湘、朱德熙的《语法修辞讲话》、丁声树等的《现代汉语语法讲话》等。这些著作与创建时期相比较，在复句的很多问题上已经达成共识，标志着复句理论的基本定型。具体表现在以下几个方面：一是复句的范围明确了；二是确定了“成分划分法”在划分单复句标准中的重要地位，使许多在单复句问题上有纠结的句子得到了明确的划分；三是复句内部分类基本稳定。

三、复句理论的深化转型时期

这一时期从70年代末到90年代。十年动乱之后，被迫终止的语法研究得到了恢复，语法学界空前活跃，在理论和方法上呈现出多元化、深化的趋势，从而推动复句理论的研究不断深入进行。复句理论的研究在思维方式、研究方法上都有了很大的变化，进入了深化转型时期。

吕叔湘先生的《汉语语法分析问题》是粉碎“四人帮”后第一部重要的语法理论著作，该书对语法学创建以来语法研究中几乎所有的问题作了一个总检讨。在单复句问题上，吕先生不仅指明了其复杂性的原因所在，并且提出应该把眼界放宽一些，应该注意句子结构的复杂性和句子格式的多样性。《汉语语法分析问题》标志着复句理论研究新时期的开端，自此以后，许多学者纷纷对复句理论展开研究，不断地将其深化、推进。归纳起来，这一时期汉语复句理论研究包含以下几个主要方面。

1. 对单复句划分的反思

单复句的划分是汉语复句理论中的一个核心问题。它的始终纠葛不清，80年代引起了语法学者的深入反思。一些学者认为，汉语中根本就没有单复句之分，应该取消单复句的划分，这以孙良明、沈开木等人为代表。他们认为，从理论来源上看，汉语单复句的划分是因袭西方语法学而来的，汉语的句法单位只有词、短语、句子，没有分句这一级，单句、复句都是由短语构成的，无须作单复句之分；单复句划分是人为的将语法结构分析复杂化。

多数语法学者认为单复句的划分是客观存在的，值得反思的是划分单句复句的标准问题。他们普遍认为，单句和复句的划分是一个复杂的问题，它涉及到结构、意义、语音停顿、关联词语、语序、功能等多方面的因素，很难用一个简单的标准来完全解决这方面的问题，但结构应作为区分单句和复句的主要标准。但是，这些学者对于结构标准的具体阐述又不尽相同，如王艾录提出了“谓语形式”的标准，张静等提出“结构中心”的标准等。现在来看，这些标准虽然仍未统一，但它们的提出本身，还是使汉语复句理论得到了进一步的深化。

2. 对复句语法地位的再思考

复句语法地位的思考也是此期学者关注的一个主要问题。有学者如张宗正等提出“把复句从句子一级语法单位中请出来，安排到句组这一级语言单位里去。”这种思考是值得重视的，在词、短语、单句教学与研究中，我们分析的主要是结构、功能，尤其强调这三者的语法构造是一致的，而到了复句，则不得不抛开语法构造，而转为逻辑分析，显然，单句与复句的语法地位是有差别的。

对于复句的语法地位，也有学者的思考结果是肯定的。如范晓认为，汉语的复句结构与单句结构的构造原则是一致的，可以把复句与单句做同样的分析，并把复句也按内部结构关系分为状心复句、补充复句、主谓复句等。但是，这样分析存在的最大问题是，按照复句的定义，分句之间是相对独立的，而实际分析时又要让分句之间发生结构关系，这显然是相互矛盾的。由此可见，要解决复句问题，还必须对复句的语法地位进行深入的思考。

3. 对复句研究新途径的探索

一些学者虽然也看到了单复句划分的问题存在剪不断理还乱的纠葛，但不是消极的“取消”，而是探索新的解决途径，这方面可以以邢福义为代表。他避开单复句划分问题的纠缠，把精力集中在对复句自身规律的挖掘和解释上。他用逻辑的方法直接对复句内部关系做深入研究，提出了“从关系出发，用标志控制”的分类标准，构建了一个新的复句分类体系：因果性复句、列举性复句、转折性复句，并提出了判别复句的四种方法：直断法、减除法、添加法、替代法。邢福义以逻辑方法研究汉语复句，为汉语复句理论的研究开辟了一片新天地。

在这一时期，教学语法系统中的复句理论也得到进一步的深化。这方面的代表是黄伯荣、廖序东主编的《现代汉语》、胡裕树主编的《现代汉语》、邢福义主编的《现代汉语》等。这些著作，有的对复句定义有了更为科学的揭示，有的在分类标准上更趋完善，有的在内部分类体系上更为全面，有的在复句的关联手段等具体问题上有所创建，突出反映了深化转型时期汉语复句研究的成果。

（原文发表于《烟台师范学院学报》2001年第3期）

文摘编辑：王佃启

"N+V"偏正结构构词考察

萧世民

[作者简介] 萧世民，井冈山师范学院中文系副教授。

[内容提要] N+V偏正结构可以构成合成式的动词、成语、社会习惯语。N具有多种功能：可表示V的情状或态势，V所凭借的工具及材料，V发生的时间、处所，V凭借的方式途径，以及对人的态度等。此构词法的动因有二：1、汉语由单音节派生词向双音节合成词发展的内在规律是其内在原因；2、此类词具有形象性直观性特点，具有生命力，是其外在原因。

[关键词] 偏正结构；名词状语；构词功能；合成造词。

一、N+V偏正结构构词的基本情况

笔者全面调查了《现代汉语词典》《汉语大词典》《汉语成语词典》中的双音节合成动词、成语和社会习惯语后，有了两大发现：第一，《现代汉语词典》与《汉语大词典》已经把N+V的偏正结构看作一个双音节动词收入了词典中。第二，符合本标准的合成动词、成语和社会习惯语的数量很多。据此可见，这类结构构词的有关情况有考察的必要。

二、N+V结构中名词的表达功能

1、名词可表示动作的情状或态势，一般通过比喻来进行，有"像……一样……"的意思。

(1) 以动物植物作譬：（限于篇幅，仅举一例，下同）

A 蜂起——像蜂飞一样成然地起来：义军～。

B 狼奔豕突——像狼和野猪那样狂奔乱窜。

以上A类为双音词，选自《现代汉语词典》（下同），B类为成语，选自《汉语成语词典》。

(2) 以自然物体为喻的：

A 山积——东西极多，堆得像山一样：货物山积。

B 风流云散——像风吹走，像云消散。比喻分别离散。《红楼梦》第106回："众姐妹风流云散，一日少似一日。"

(3) 以其他事物作喻的：

A 壁立——（山崖等）像墙壁一样陡立：壁立的山峰。

B 珠圆玉润——像珍珠那样圆转，像美玉那样光润。明祁彪佳《远山堂剧品·妙品·烟花梦》："词则珠圆玉润，咀之而味愈长。"

2、名词表示动作所凭借的（具体的）工具或材料，含有"用……"，"通过……"等意思。理解时，可以在名词前面加上一个隐藏的关系词"以"。

A 笔录——用笔记录：您口述，由我给你笔录。

B 车载斗量——用车装，用斗量，形容数量很多。《三国志·吴书·孙权传》裴松之注引《吴书》："（魏文帝）又曰：'吴如大夫者几人?'（赵）咨曰：'聪明特达者八九十人，如臣之比，～，不可胜数。'"

3、名词表示动作行为发生或进行的时间。含有"在……时候"之意。

A 春游——春天到郊外游玩（多指集体组织的）：明天去香山春游。

B 春华秋实——春天开花，秋天结果：～，没有平日的辛劳，哪有今天的优异成绩。

4、名词表示动作发生或进行的处所（或趋向），含有"在……"、"从（向、到）……"等意思。

A 馆藏——图书馆或博物馆等收藏：～中外书刊70万册。

B 道听途说——从路上听来（别人）的话，在路上就传播给别人。

5、名词表示动词凭借的（抽象的）方式或途径，表明事物的情势或道理，含有"按……""用……办法""通过……"的意思。

A 标定——根据一定的标准测定：车间成立了技术小组，对装置进行全面～。

B 绳趋尺步——跟着墨线跑，按照尺度走：把理论当教条，～，那就谈不上实践的灵活性和创造性了。

6、名词表示对人或事物的态度，含有"当作……"的意思。

A 仇视——以仇敌相看待：互相～。～侵略者。

三、结论

1、N+V偏正结构可以构成双音合成词、成语和社会习惯语。

(1) N+V偏正结构在古代文献中具有较强的构词能力。

这种构词法所构之词在现代汉语中所占比例虽然不

大，却是使用频率非常高的一批词，并且在古代文献中占有较大的比重。仅以《汉语大词典》与《现代汉语词典》若干相同词头所收的双音词的比较便可窥一斑以见全豹。

下面仅举“云”字对比观察：

《现汉》 云集 云散 云游

《大词典》 云屯 云布 云回 云行 云合 云卧（高卧于云雾缭绕之中）云来 云委 云征 云沸 云居 云赴 云飞 云起 云从 云集 云竦 云翔 云摇（像云一样地飘）云积 云举 云兴 云扰 云归 云靡（如云之分散。谓广布）云腾 云骞 云属（zhǔ 连接不断）云骧

从以上的对比中可见，在古代文献中这种名词+动词偏正结构构成的合成词的数量远比《现代汉语词典》所收多得多。由此看来这种结构在古代文献中还真有较强的构词力。

2. 在现代社会中仍有一定的构词能力。

笔者据以调查的《现代汉语词典》为 1994 年修订本。由于改革开放，社会发展迅速，新生事物层出不穷，新词新语不断涌现。笔者又调查了几本 90 年代出版的新词新语词典，发现了一些词目是《现代汉语词典》所未收的，现列于后，分为两类：

A 双音词和新造词 磁疗 冬贮 冬学 德治 蝶泳 电传 光疗 函调 函询 柬邀 机耕 机播 机插 机灌 家访 理疗 内储 内化 内控 内参 内迁 内联 内销 内招 炮打 炮轰 盆栽 蹼泳 声控 食雕 食疗 庭讯 体疗 校访 外运 外购 外引 外招 蛙泳 雪雕 野炊 邮售 药补 鞭打快牛 内查外调 内联外引 内移外吸 外逃内潜

B 社会习惯语 见于《现代汉语词典》的有：电唱机 电唱头 电动机 电动势 电熨斗 核潜艇 核燃料 虹吸管 喉擦音 喉塞音 后坐力 火烧云 粉蒸肉 胶合板 胶粘剂 脚踏车 龙卷风 棉织品 毛织品 内聚力 内流河 内燃机 汽化器 铅垂线 前奏曲 球磨机 人造革 日记账 肉搏战 实生苗 水电（电用作动词）站 水落管 水磨石 水洗布 水压机 丝包线 丝织品 外来语 外来户 外听道（外耳道）夏至点 夏至线 先行者 先行官 现行法 现行犯 野战军 夜游神 油压机 液压机 医疗队 针织品 棕绷床

不见于《现代汉语词典》的有：磁疗器 磁疗鞋 刀削面 电烤箱 电炊具 电捕鱼 电热（用作动词）炉 电热褥 电热杯 电热毯 电热器 电灌站 歌伴舞 电算机 豆制品 蛋炒饭 机动车 理疗室 理疗器 蜡染布 人造革 人造棉 人造肉 人造板 手抄本 手提包 手提式 手提箱 手推车 手写体 手抓饭 声讨会 声讨书 实证法 纱包线 乳制品 体疗室 漆包线 线装书 外来户 外来客 医疗室 医疗站。

四、N+V 偏正结构构词的原因

1. *内在原因——单音节派生词向双音节合成词发展*

那么，这种原本很松散的两个词（成语是四个词）为何会凝固成一个词（或一个成语）？其内在原因何在？这里，我想引一段王宁先生的论述便大概能说明问题了。

“汉语词汇的积累大约经历过三个阶段，即原生阶段，派生阶段与合成阶段。三个阶段之间没有绝然分清的界限，只是在不同的阶段，各以一种造词方式为主要方式。……合成阶段的到来是汉语词汇发展的必然结果。汉语词汇在原生与派生造词阶段都是以单音节为主的。由于音节数量是有限的，区别同音词的手段必然非常贫乏。而且，派生造词阶段正是古代汉语文献大量产生的时期。在书面里，孳乳造字伴随派生造词，成为区别同源词与同音词的一种措施，这便使汉字的造字也极快增长。词与字的增长一旦超越了人的记忆可能有的负荷，凭借音变与字变而进行的派生造词便不能符合词汇继续增长的需要。恰好也正是在这一阶段，汉语的构词元素积累到了一个足够的数量，为合成词创造了必要的条件，于是，在两汉以后，合成造词取代了派生造词，成为汉语主要的造词方式。随之而来的是汉语由单音词为主逐渐转变为双音词为主，同时，大规模造字的阶段也就随之结束了。”

2. *外在原因——N+V 结构构词的自身特点使然*

N+V 偏正结构构成双音合成词、成语和社会习惯语具有显著的特点。

第一，简便经济。这种构词方式大多由于早期是以松散的一个单音节名词用作状语附着于一个单音节动词前，当时是两个单音节词。因为长期习用，后来逐渐凝固成一个双音节合成词，这时它只是内部结构关系改变了，二个词分别变成了词素组成一个词，从外部结构形式上来说，无需作更大的改换和变更，只需直接套用便可。所以方法简便，经济实用。

第二，具有形象性和直观性。这类词当中的名词词素具有多种功能，或表比喻，或表工具，表时间，表场所，表态度，表方法，等等，可以让人一看便了解新词中动词词素所表现出的形象性、状态，所用工具、具体时间、处所、方法等，具有强烈的修辞效果，从而能加深读者对该新词词义的准确理解。

N+V 偏正结构的构词法带有极大的或然性，没有必然性。即哪些名词和动词的组合能够造词，没有一个规定性，全凭社会的自然选择。一般来说，使用较多的名词多为常见习用的一些表示动物、植物、自然现象、日常用具、工具、物品的名词。社会使用频率不高的、冷僻、生涩的名词则很少用来构词。这是因为这种构词特点具有形象性、直观性，有较强的修辞效果，能让人一看便了解名词的鲜明功能特点，加深对新词的理解。如果使用一些偏僻的名词构词，则很难达到这一目的。

因此，对这种构词法应作辩证的分析，要充分肯定其优点、长处，也要清醒地看到其局限性，辩证地确认其在构词法中的一席之地。

（原文发表于《井冈山师范学院学报》2001 年第 4 期）

文摘编辑：王佃启

20世纪汉字结构类型理论的新发展

林志强

[作者简介] 林志强，福建师范大学文学院副教授，中山大学文学院博士研究生。

[内容提要] 本文以唐兰、陈梦家、裘锡圭先生的“三书说”和詹鄞鑫先生的“新六书说”为例论述20世纪汉字结构类型理论的新发展，认为20世纪汉字结构类型理论的研究体现了后出转精的态势，既有继承又有创新，逻辑更加严密，系统性更强，理论色彩更加浓厚，同时也提高了汉字结构理论在分析汉字中的解释功能和实用价值，为汉字结构理论的进一步完善奠定了良好的基础。

[关 键 词] 20世纪；汉字结构类型理论；发展；三书说；新六书说。

一

20世纪中国古文字学的空前进步和作为传统小学的一般文字学的深入研究，为探索和建设新的汉字结构类型理论提供了丰富而又翔实的素材。20世纪的文字学家，为了突破两千年来以小篆形体作为分析对象而归纳总结出来的“六书”理论框架，做了许多改造“六书”的尝试，为汉字结构类型理论的新发展做出了贡献。总体上看，整个研究呈现出丰富多彩的局面。

回眸20世纪对汉字结构类型理论的研究，可以看出其角度是多样的，探讨是深入的，成果是丰富的。当我们进入21世纪的时候，需要对它们进行总结，以便在新的世纪里能更好地继承已有的成果，作出更好的成绩。但是全面的总结需要较大的篇幅，非本文所能胜任。本文只能以点带面，重点谈谈唐兰、陈梦家、裘锡圭三先生的“三书说”和詹鄞鑫先生的“新六书说”，因为“三书说”和“新六书说”都与传统“六书说”有密切关系，各种新说之间互有联系又各不相同，比较清楚地体现了前后学者之间的继承和创新的关系，从中可以看出20世纪汉字结构类型理论的发展态势。

二

唐兰先生在《古文字学导论》和《中国文字学》中都阐述了他的“三书”理论。他的“三书”指的是“象形文字”、“象意文字”和“形声文字”。象形、象意是上古期的图画文字，形声文字是近古期的声符文字。他认为形、意、声是文字的三方面，三书足以范围一切中国文字，不归于形，必归于意，不归于意，必归于声，这样可以避免按“六书”分析所造成的混乱。

对于唐兰的“三书说”，后人并不是很满意，因为他的学说并没有解决很多实际的问题。其理论缺陷还是比较明显的。比如他认为象形最谨严，其实他所定的三个标准都未必适合。但是，唐兰是第一个全面系统地对传统“六书”进行大胆改造的人，开风气之先，其功不可没。

陈梦家先生在《殷墟卜辞综述》第二章“文字”里阐述了他的“三书说”，即象形、假借和形声。他认为象形字以它自己的形象表示意义，大约包括了许慎所说的象形、指事、会意。假借字把象形字或形声字当作一个音符，读出来的音相当于语言中的某个词。形声字的形符表示事物的类别，音符乃是事物在语词中的发音。此三者同样达到文字的目的，即表达出语言的某一内容(即意义)，但用的方式是不同的。象形是由形而得义，形声是由形与音而得义，假借是由音而得义。可见陈氏的“三书说”是把唐兰“三书说”中的象形、象意合并为象形，多出假借，形声是一样的。把假借列为一类，是陈氏学说的一个重要特点。

裘锡圭先生在唐氏和陈氏“三书说”的基础上建构了自己新的“三书说”，他在《文字学概要》一书中系统地阐述了他的“三书说”理论。裘先生认为唐兰的“三书说”有问题，而陈梦家的“三书说”基本上是合理的，但应把”象形”改为“表意”。这样，裘氏的“三书”就是表意字、假借字和形声字。陈氏的假借字不包括本有其字的通假字，而裘氏则也把它包括在内。

裘氏对“三书说”中的表意字进行了更详细的分类，共分六类：1. 抽象字；2. 象物字；3. 指示字；4. 象物字式的象事字；5. 会意字；6. 变体字。其中的会意字按其会意方式的不同，又可分成六个小类：A. 图形式会意字；B. 利用偏旁间的位置关系的会意字；C. 主体和器官和会意字；D. 重复同一偏旁而成的会意字；E. 偏旁连读成语的会意字；F. 其他不能归入以上各类的会意字。此外，裘先生认为还有少数字不能纳入三书的范围，它们包括：1. 记号字；2. 半记号字；3. 变体表音字；4. 合音字；5. 两声字；6. 特殊来源字。

裘锡圭先生认为他的“三书”中的“表意字使用形符，也可以称为形符字。假借字使用音符，也可以称为表音字或者符字。形声字同时使用形符和音符，也可以称为半表音字或形符音符字。这样分类，眉目清楚，合乎逻辑，比六书说要好得多”。

詹鄞鑫先生的“新六书说”见于《汉字说略》一书。他以裘锡圭先生构建的三书系统作为基础而作了一些局部调整。他认为假借仍是用字法，不应列入结构类型之中。这样，三书只剩下“表意”和“形声”两大类了。由于形声字的形符具有一定的表意功能，有些声符也具仍把“表意”与“形声”对立起来就显得不很合理。于是他又将三书系统中属于“表意”的各类分开来与“形声”作为并列的结构类型。“表意字”中的“抽象字”数量很少，且与象事字没有本质的区别，因此把它归并到象事字中。在裘氏三书系统中属于“表意”的“变体字”，现在既然不再属于“表意”，就可以包含裘氏认为不能纳入三书范围内的“变体表音字”，甚至还可以包含“半记号字”及“记号字”（按詹氏在以后的分析中并没有把“记号字”包括在“变体字”内，与这里所说有矛盾。见《汉字说略》，辽宁教育出版社 1991 年版，第 217 页），最大限度地缩小无法归类的汉字范围；同时，“变体”还包括形声字的变体。经过以上的调整，他将汉字结构类型分为六类：象形、指示、象事、会意、形声、变体。这六类正好也合“六书”，为了区别于传统的六书，遂称之为“新六书”。

“新六书说”中的象形字相当于传统六书中的象形字，可分为：(1) 象单体全形；(2) 以部分代整体之形；(3) 象群体之形；(4) 附加形体的象形。指示字是指在象形符号（极少数可能是抽象符号）上加比较抽象的指示符号来表现字义的文字，大体相当于传统六书指事字中偏于“指”的那类字。象事字是指表面结构与象形字相似，但所代表的不是有形之物而是无形之事和名称的独体字，相当于传统指事字中偏于“事”的那一类。它还包括只像某种状态的字，即裘先生所说的“抽象字”。会意字是指会合两个或两个以上的构字符号（即形符）来表示一个跟这些构字符号本身的意义都不相同的意义的字，包括以形会意、以义会意和会意兼声三类。形声字是指由一个形符（个别由两个形符）和一个声符构成的字，与传统的形声字没有太大的区别。变体字包括裘先生所说的“变体字”和不能纳入其“三书”范围的变体表音字和半记号字，包括三类：(1) 取形变体字；(2) 取义变体字；(3) 取音变体字。

三

对汉字结构类型的研究是一个理论性的问题，从不同的角度得出不同的结论是很正常的，也有利于学科研究的深入发展。从传统“六书”说发展为三种“三书说”，从“三书说”又发展为“新六书说”，各位学者都力图以新的理论框架来概括汉字的结构类型。他们在研究中既有继承又有创新，大家的分析越来越趋于细致，逻辑上更加严密，系统性更强，理论色彩更加浓厚。比如陈梦家对唐兰象形字三个标准的批评、裘锡圭把陈梦家的“象形”改为“表意”、“新六书说”缩小了裘氏“三书说”中无法归类的特殊汉字的范围等，都明显体现了后出转精的态势。在注意理论建设的同时，大家都注意联系古今汉字的发展演变情况以及汉字与汉语的关系，努力挖掘汉字结构类型理论的合理性，提升它在汉字分析中的解释功能，因而也提高了其理论的实用价值。毫无疑问，20 世纪出现的“三书说”和“新六书说”，为汉字结构理论的进一步完善奠定了良好的基础。

同时也应该看到，20 世纪关于汉字结构类型理论的探讨，也有未臻至善之处，许多问题仍需我们继续努力。比如假借的问题就经历了一个否定之否定的过程，仍然未获得统一的认识：陈梦家否定了唐兰的做法，把假借作为汉字的基本类型列入其“三书”之中，裘锡圭先生承之而又有所订正，把本有其字的通假也包括在内，而詹氏又把假借排除在他的“新六书说”之外。这个问题在历史上的认识也不一致。东汉的班固认为“六书”是造字之本，假借当然也是造字之法。明代杨慎在《六书索隐》中则把“六书”中的前四书视为经，后二书视为纬，假借非经而是纬。清代戴震明确提倡“四体二用”说，假借被认为是用字之法而非造字之法，影响很大。但由于假借的方法能促使新字的产生，因此又有人认为把假借归为单纯的用字之法也有偏颇之处。今后这个问题如何处理，仍然值得我们进一步探讨。至于上述哪一种理论比较合理，它们能不能取代传统的“六书”，也仍然有待时间的考验。

（原文发表于《福建师范大学学报》哲社版 2001 年第 3 期）

文摘编辑：王佃启

关于汉语词源研究的几个问题

王 宁

[作者简介] 王宁，北京师范大学中文系教授，博士生导师。

[内容提要] 本文根据作者自己的经验，对汉语词源研究谈一些客观问题。

[关 键 词] 词源研究；训诂学；历史比较学；词典海纂。

一、当代汉语词源研究的两个学术渊源

当代汉语词源研究，是从两个学术源头发展起来的：一个是基于西方历史语言学的词源学研究；另一个是基于中国训诂学的传统词源学研究。二者的研究任务本来是一样的，但观念和方法均有较大差别。

西方词源学研究在方法上重视活的语言材料，采用方言、亲属语言的比较探讨词的语音演变轨迹，以寻求词的早期语音形式和音义结合的理据。传统词源学则从汉语书面文献出发，以汉字为线索，以古音音系研究的既有成果为工具，采取系联的办法，立足汉语内部词的同源关系，来探讨汉语词的构词理据。从他们工作不同的特点可以看出，他们的研究任务虽然都是要探讨语言中的词在发生时的状态，但西方语源学着眼语音更多一些，传统词源学着眼意义更多一些。之所以有这样的侧重，是由于语言发生久远，人类对词的原初状态的探讨几乎是不可能的，可靠的材料必定是有文字记载的材料。西方的语言学大国多半使用拼音文字，语音信息保留较全面、准确，所以西方语言学家对语音十分敏感。语音不只是保留在拼音文字里，更重要的是保留在活的口语里。亲属语言和方言都是现存的语言，都有口语形式，它们又是源语言分化的结果，它们的共时状态，反映的是源语言不同历史阶段的面貌。建立在这个原理和事实上的历史比较语言学，把探讨音系演变作为探究词源的手段，作用是显而易见的。而汉语的相应文字是汉字，汉字是表意文字，保留意义信息比声音信息要准确得多，所以，中国的传统语言文字学自古对意义就十分重视。汉字的表音机制极不完善，但是，在周秦时代，汉语词汇的分化是伴随着形声造字的。表意汉字能够让人们直接感受到的是意义。传统训诂学对意义问题和形体问题的重视自然也很有道理。其实，这两种不同方法的侧重并不意味着西方不重视意义、中国不重视语音。研究词源问题必须语音与词义并重，这一点恐怕东西方没有区别。二者的区别只是取材的着眼点和由哪里起步的问题。

二、汉语词源研究中的音义关系问题

词的同源关系以音近为必要条件，判断音近必须动用历史语音学的研究成果。可是，判断同源词的音近关系谈何容易！

第一，“音近”是一个模糊概念，什么叫“近”，近到什么程度可以列入同源探讨的范围，都难以定出一个标准。传统词源学的大家们定了一些条例，诸如“旁转”、“对转”、“同纽”、“同类”……不一而足，可一旦操作起来，还是仁者见仁、智者见智，都不可避免“无所不转”。

第二，古代汉语的语言系统——特别是古音构拟，都带有一定的“假说”性质，有些结论属于难以证实又难以证伪的疑案，这就必然影响“音近”的判定。

第三，同源孳生呈网络状，既多层，又多向，演变层次越多，轨迹越长，距离越远。如分化孳生，声音肯定是近的，但把漫长岁月的多层次演变的头尾衔接起来，还能保证音近吗？

第四，个别词音变化的原因含偶然因素，任何条例都难以穷尽概括。也就是说，都有例外。

基于以上四个原因，纯粹用音系研究的成果来判断音近，又用语音为纲来进行同源系联，免不了滥与漏并存。为此，词源研究必须关注另一个条件，即义通的条件。意义的内在性、个体化给人们带来一种错觉，认为它无规律可循，所以有些研究者不但不把它作为系联同源词的纲，连纬都不予考虑。的确，义通规律由于意义研究的薄弱、演变轨迹的难以把握、偶然因素的存在，比音近更容易有例外，探讨起来更容易带随意性。但它有规律可循是不能否认的。避免随意性的出路在于音近和义通两个条件并重，两个条件互相制约，两维交叉。

在词源研究中，义通的探讨有不少误区，影响系联准确性的有两点：一是把汉字的造字理据与汉语的造词理据混同；另一个是把词源意义与词汇意义混同。造词理据、词源意义，传统词源学又称“意义特点”，它带有具象性，居于义素这个层次上，是与词汇意义不同的吸取传统词源学义通研究的成果，将传统词源学已有的理论阐发清楚，同时将其经验升为理论，是使汉语词源学研究方法科学化的关键。

三、汉语词源问题的历史时代特征

汉语词汇的积累大约经历过三个阶段，即原生阶段、派生阶段与合成阶段。这三个阶段之间没有绝然分清的界限，只是在不同的阶段，各以一种造词方式为主要方式。

汉语和世界其他任何一种语言一样，有过一段为时很长的原生造词时期。这是汉语词汇的原始积累时期。在这段时期里，词汇如何从无到有，呈现什么状态，这是语言学家和人类学家反复探讨而又难以确证的命题。关于原生造词的理论只能是一种无法验证的假说。我们所能知道的只是，原生词的音义结合不能从语言内部寻找理据，它们遵循的原则即所谓“约定俗成”。

派生阶段是汉语词汇积累最重要的阶段。在原生阶段的晚期，就已产生了少量的源生造词，而当词汇的原始积累接近完成时，派生造词逐渐成为占主导地位的造词方式。这一阶段，汉语已有的旧词大量源生出单音节的新词，并促进了汉字的迅速累增。周秦时代是汉语词汇派生的高峰，在纷繁的派生活动中，积累了大量的同源词。

合成阶段的到来是汉语词汇发展的必然结果。汉语词汇在原生与派生造词阶段都是以单音节为主的。由于音节数是有限的，区别同音词的手段必然非常贫乏。而且，派生造词阶段正是古代汉语文献大量产生的时期。在书面语里，孳乳造字伴随派生造词，成为区别同源词与同音词的一种措施，这便使汉字的造字速度也极快增长。词与字的增长一旦超越了人的记忆可能有的负荷，凭借音变与字变而进行的派生造词便不能符合词汇继续增长的需要。恰好也正是在这一阶段，汉语的构词元素积累到了一个足够的数量，为合成造词创造了必要的条件，于是，在两汉以后，合成造词取代了派生造词，成为汉语主要的造词方式。随之而来的是汉语由单音词为主逐渐转变为双音词为主，同时，大规模造字的阶段也就随之结束了。

汉语同源词系联主要系联单音节词和语素，这就是为什么词源研究一直属于先秦汉语研究领域，这也就是为什么同源词系联都用《诗经》音系为线索。特别要提出的是，汉语的派生阶段，是与汉字的孳乳造字同步发生的；所以，中国传统语言文字学早就发现了“右文”现象，非常重视形声字声符的同源词系联上的线索作用，而且取得了不少成果。历史上的“右文说”，由于缺乏理论阐释，话说得片面一些，语例举得不一定全对，接受这个说法确实需要分析；但是，有一些偏重接受西方学术渊源的学者只相信声音，全盘否定字形的作用，也有一定的片面性。

汉藏语系中语种的分化、汉语中方言变体的分化，应早于汉语标准语内部单音词的分化，所以，要想把词源探讨的历史时代再行推前，必须学习西方语源学的历史比较学法，进行民族语言的比较、方言的比较。这种比较可能会得到早于周秦的语音和词义状况。这就是两个学术渊源必须相互补充的原因。

汉语词汇的派生分化，主要是在周秦阶段，少数是在其他不同的历史阶段进行的。因此，解决词源问题还要涉及历史文化背景的问题。探求词源，逐一分析可能追寻到的造词理据，在具有大量成果之后，逐渐建立起一个个局部的词族系统，这属于语言词汇的本体研究；而词源，对这些造词理据的真实性与合理性从文化历史的背景上加以证明和阐发，这已涉及到语言与文化的关系。把阐释词源的诸多成果集中起来，可能大致看出以语言为中心的文化网络，形成语言与其他文化的互证关系。这就超出了语言的本体研究，具有了宏观语言学的意义与价值。

这一步工作必须涉足民族文化的大网络、巨系统，不应当简单化。解决这一问题，重要的是对词源与文化的关系有一个清楚的认识，并找到由语言本体出发深入到民族文化历史总体的可靠途径；还必须从分析微观事实入手，继而达到宏观认识的目的。这是词源研究中难度更大又不可缺少、必须面对的课题。

四、关于汉语词源辞典的编写

近年来，有些人想编汉语词源辞典——有中国人，也有外国人。要编好这样的辞典，必须具备以下几个最基础的条件：

(1) 科学汉语词源理论及可操作方法的初步完善的系统化。(2) 已被证实的个体词的词源积累到足够的数量。(3) 词的词源意义、文化阐释都有一种模式化的表述形式。(4) 词的原初语音形式构拟有了共识，不再众说纷纭。

就目前汉语词源研究的现状看，编写这样一部辞典的队伍还没有形成。有三个方面的准备工作似乎没有到位：第一，语料的准备工作。第二，正确的理论指导。第三，编写体例的设计问题。

(原文约 8100 字，发表于《陕西师范大学学报》2001 年第 1 期)

文摘编辑：王佃启

略论世界文字的发展轨迹与汉字

陈蒲清

[作者简介] 陈蒲清，湖南师范大学文学院教授，长沙大学特聘教授。

[内容提要]“表形文字——表意文字——表音文字”三阶段说是不符合实际的。文字的发展轨迹应该是：从以形表义开始，发展到盛行借音表义，然后在本民族发展为语素文字，在外族发展为表音文字。这与语言心理、语言特点有关。两种文字不能简单地划分优劣。汉字是语素文字的典型。

[关 键 词] 发展轨迹；语素文字；表音文字；汉字。

世界文字的发展轨迹，文字学界流行一种“表形文字——表意文字——表音文字”发展三阶段说，这是值得商榷的。由此而认定汉字是表意文字，处于落后阶段，则更是错误的。为什么说值得商榷呢？第一，把表形文字与表意文字并列，不符合语言文字的性质与实际。语言本来是语音与语义的结合，无形体可言；文字是记录语言的书写符号系统，并不直接记录客观事物，形只是它的记录语言的手段，决不是它要表示的内容。任何文字都有形体，或用形体表示词语的意义，或用形体表示语音。哪里有既不表义又不表音的表形文字呢？又哪里有不要形体的单纯表意文字呢？象形文字与表意文字又怎样从本质上区分呢？美国语言学家布龙菲尔德早已发现上述概念的不合理性。他在《语言论》中说：“词显然是首先用符号表现在文字里的语言单位。用一个符号代表口语里的某个词，这样的文字就是表意文字，这是一个很容易引起误会的名称。文字的重要特点恰恰就是，字并不代表实际世界的特征（‘观念’），而是代表写字人的语言特征。所以，不如叫做表词文字或言词文字。”他还说：“汉字发展了完善的表词文字体系。”赵元任先生发展了布氏的观点，在《语言问题》中提出：现在世界上只有记录词素（即语素）和记录音位的两种文字，汉字是最典型词素文字，“它跟世界多数其他文字的不同，不是标音、标义的不同，乃是所标语言单位的尺寸的不同。”中国语言学家吕叔湘先生等则把汉字称为语素文字。第二，这三个阶段的划分，不符合世界文字发展的客观实际。世界上没有任何一种文字经历了这样的三个阶段。古埃及字从公元前3000年使用到公元5世纪，没有变成拼音文字；古苏美尔楔形文字从公元前3000年演变到公元初，也没有成为拼音文字；汉字历史同样古老，而且使用到现代，更没有变成拼音文字。那些使用拼音文字的国家，它们的文字却不是自己创造的，从来没有经历过所谓表形文字和表意文字的阶段。

我们认为世界文字的发展的确可以分为三个阶段，但是不是上述的三阶段。我们提出的新的三阶段说是：第一阶段是以形表义阶段，即从图画脱胎为象形文字；第二阶段是借音表义盛行的阶段，即大量运用假借的方法；第三阶段是分化阶段，古文字在本民族发展为形音义结合的词素（语素）文字，传到外族发展为记录音位或音节的记音文字。论证于下：

上古时代的汉字、古埃及的象形文字、苏美尔人的楔形文字，首先都是由图画脱胎而成的象形文字，它们有固定的语音和语义，不同于图画；但是又借助图形表达语义。如：仰韶文化遗址（距今6000年）所发现的陶文，有一百多个文字符号，大多数是象形字或指事字，没有形声字。这说明当时汉字处于“以形表义”的第一阶段。然而，象形文字有限而事物与词汇无限，特别是有些词不表示具体事物，无形可绘。于是，后来人们只好借用同音字表示，于是就进入了盛行借音表义的假借阶段。如：古埃及：“遗留”与“棋子”同音，就借用表示“棋子”的字表示“遗留”。又如：汉字“余”本为木柱支撑屋顶的象形文字，但是在甲骨文中它假借为第一人称代词，甚至根本不表示与房屋形体有关的意义。据统计，汉字发展到甲骨文阶段，假借使用率高达70%以上。这就是由第一阶段“以形表义”发展到第二阶段“借音表义”了。

第三阶段则语素文字与记者文字分道扬镳。借音表义的文字，既有表义因素，又产生了表音因素。它向音义结合发展，就成为语素文字；向纯粹表音发展，就成为记音文字。其分化条件是民族环境。

我们首先看语素文字的发展概况。在发明象形文字的本民族中，人们觉得假借造成的同音字多了，引起语义表达上的模糊，于是就增加表示类别或词义的形旁，发展成语素文字。如：古埃及由于借音表义而出现了大量同音字，引起阅读困难，于是加上义符、定符（类似汉字的部首）表示区别，有些义符又演变为声符。古埃及圣书字在公元前500年，发展到有了2000多个义符与声符，这说明它已经是形音义结合的语素文字了，虽然还不完备。古苏美尔楔形文字也由于借音造成了大量同音字现象，“为了分别起见，有些字是专作类别符号而没有发音的。表示类别的字，有的写在本字之前，有的写在本字之后……这些表示类别的字，与汉字里的‘偏旁’或‘字头’相似。”（周有光《字母的故事》）这也说明它已经是比较初级的形音义结合的语素文字。可惜，埃及与苏美尔亡于异族，它们的文字发展的历史也中断了，没有发展为完备的语素文字。汉字则发展成为世界上最完备的语素文字。殷墟甲骨文中，假借使用率高达70%以上，造成了大量同音字，引起表义模糊，给认读造成麻烦。于是，人们就给同音字加上表示类别或词义的义符（形旁），甲骨文时代就已经出现了少量的形声字与转注字。如：给表示水名的字加上“水”旁，给表示女性的字加上“女”旁，给表示植物的字加上“木”旁。它们又启发了另一类形声字的创造，就是给以形表义的字加上声旁，如给表示鼻子的“自”加上声符”畀”，成为“鼻”字。后来的人们在此基础上大量创造形声字，方法多种多样，有的是加上形旁（如“要”加上月肉旁成为“腰”)，有的是更换形旁（如“说”表示喜悦意义时更换为心旁成为“悦”)，有的干脆另起炉灶选择形旁与声旁制造新的形声字（如造出“腋”字代替表示胳肢窝意义的“亦”字)。形声字是典型的形音义结合的语素文字。到《说文解字》时代，形声字已经占汉字总数的80%以上。现代汉字中形声字占总数的90%以上。这就说明汉字已经成为世界上发展完备的语素文字。

我们再看记音文字的发展概况。古埃及和苏美尔的文字，传到外族塞姆人（闪米特人）那里，他们受到假借的启发，使文字脱离语义（这在外族是非常自然的)，只表示语音，就创造出表示22个辅音的“腓尼基字母”。后来，希腊人引进“腓尼基字母”加以改进，从中提取5个字母表示元音，完成了拼音文字的创造。后来的拉丁字母、斯拉夫字母等拼音文字都是由它们发展来的。如：古埃及象形字（aleph)，本为牛头形，意义是“公牛”或“牧畜”。腓尼基人只取其读音，作为第一个字母。再传入希腊，传到罗马，就成为拉丁字母的A。中国的汉字传到日本，也使该民族从假借受到启发，抛弃汉字的原义，创造了“假名”。“假名”在初期就是整个地假借汉字表示同音字，后来发展到假借汉字的笔画与读音，而创造出一种音节文字。如：日语的元音i，其片假名就是“伊”的偏旁，其平假名就是“以”字的左半边。辽国924年创造“契丹小字”，金国1139年创造“女真小字”，朝鲜王朝1446年创造“谚文”，这些拼音文字都是在汉字启发下创造的。

为什么借音表义，在本民族发展为语素文字而在外民族发展为记音文字呢？这跟语言心理有关。本民族创造文字时，字与具体词义形成对应关系，人们逐渐形成了把文字看成是以形表义的心理定势。因此当假借大量出现后，他们就觉得模糊了文字的功能，于是加上表义的形旁，发展成语素文字。而外民族则不同，文字所表示的原来的意义跟他们自己的语言无关，语音完全可以脱离语义，因而可以自由地选择一部分字来代表自己语言中的音节或音位，没有任何心理障碍。

一个民族使用语素文字还是使用记音文字，跟民族语言特点密切相关。如：汉语有两个突出特点，一是重视意义组合，而没有什么形态变化；二是语素和古汉语的词基本上都是单音节。因此，可以创造出数量不太大而表义明确的单音节的汉字。那些音节繁复、形态变化复杂的语言，如印欧语系的语言，则不可能创造并使用这样的语素文字。日本语的情况比较特殊，它音节整齐，可以使用汉字；汉字表义明确，可以弥补其音节比较少的不足，所以创造假名之后还要使用汉字：但它有复杂的词形变化，所以又不得不创造出假名，以弥补汉字描写日本语的不足。

总之，语素文字与记音文字是由于不同发展条件与发展线路所形成的，不代表文字发展的不同阶段，没有先进落后之分。这两种文字各有优缺点，本身没有优劣的区别。评价一种文字，应该看它能否准确、简明记录语言，是否便于应用，而不能简单化。我们应该在明了世界文字发展轨迹的宏观认识的基础上，客观地分析汉字，给以正确的定位。至于汉字改革问题，则不是本文研讨的范围。

（原文约9000字，发表于《湖南师范大学学报》2001年第4期）

文摘编辑：王佃启

论声训的性质

孙雍长

[作者简介] 孙雍长，广州师范大学中文系教授，中国训诂学会副会长。

[内容提要] "声训"相对于"形训"和"义训"而言。其主要原理是"声义同源"。它是中国古代训诂学对汉语声义同源规律的一种素朴的、直接的体认和解释。并非一切以音同、音近之字相释的训诂形式都是"声训"，因为取音同、音近之字相释只是"声训"的外在形式，而非"声训"的全部内容，更不是"声训"的本质属性。"声训"的性质、旨趣是以音同、音近之字来揭示语调在其命名之初的"所以然之意"，即命名立意之义。这一点，才是"声训"与"形训"、"义训"之不同的重要标准。

[关 键 词] 训诂学；声训；声义同源；命名立意。

目前训诂学界给声训下的定义有三种。一种把声训界定在"推原"的范围里。"古代许多训诂学家，在训释字义的时候，往往利用音同音近的字来解释被训的名物，希望在音训的原则上，推寻出那一名物'命为此名的所以然'来，因此，音训又可以称之为'推因'或'求原'。"以上各家对声训名称及其性质的三种解释尽管内涵有异，但在外延举例时却又有着一定的共同之处。对声训的三种解释实际上还归结到了凡音同或者近之字相训即是声训这一种解释上；甚或把一切"读如"、"读若"之例都视为声训，所以便有了把声训与"因声求义"之法完全等同起来的意见。

我们认为，不能把一切用音同或音近之字相释的训诂材料都视为声训。因为取音同或音近之字相释只是声训的一种形式特征，而不是声训的全部本质属性。声训的训诂原理是语言中的"名之于实，各有义类"即声义同源规律，而且声训的旨趣是描示语源，是解释语词产生的命名立意之义。因为旨在揭示语源之义，所以无涉于词的所指之义（即在具体语言环境中的表达之义）；因为旨在揭示语源，所以用来训释的字必定与被训释的字具有古音相同或相近的关系，训释字所代表的词与被训释字所代表的词也就具有本枝源流的关系。这才是声训的本质属性所在。

据我们的理解，所谓"声训"，是指用音同或音近之字来推阐某一语词产生之初时命名立意之义的一种训诂方式或训诂条例。如"日、实也"、"月、阙也"、"木、冒也"、"水、准也"等等，便都是声训。明用字通假及"读如"、"读若"之例，明古今音转之例，乃至以音同音近之近义词相训者，因为并不是为了探求该被训词的命名之所以然，所以，仍非"声训"这一特定的训诂条例或方式。

声训旨在探求语源，刘熙在其集声训大成之作《释名》一书的《叙》中早已说得很清楚。他著述《释名》一书，所释之词是"名"，主要也就是日常通用的名物之词；解释这些名物之词的目的是"论叙指归"，亦即解释它们命名之时的"所以然之意"。可见，《释名》一书的训诂方式专为"声训"，其旨趣即在"推源"。因为声与义同源，推寻的语源义作为源词便自然与被释词具有音同、音近（一般为叠韵）的关系，于是便形成了声训这一特定的训诂方式或条例。所以，"声训"的性质或旨趣便是用音同或音近之字来揭示某一语词在其命名之初的"所以然之意"，即命名立意之义，而不是为了解释语词在产生之后使用于言语中时的所指、表达之义。这一点，应是区分"声训"与"形训"、"义训"之不同的一个重要标准。

声训的性质是旨在揭示语词的命名立意之义，不是为了解释词的表达所指之义，这一点，自古至今并不是所有的学者都能认识得很清楚，而是常有误解，乃至提出一些与声训旨趣相背的苛责。例如，明代方以智所说的'以韵解字'，他认为声训都是以己意牵合。

当今有些学者认为"声训之义多未行"，也是对声训性质不甚了解而产生的一种看法。关于声训的性质，我们认为朱宗莱的论述是正确而中肯的："音训者，字属恒言，义亦共晓，心知其意，不烦详说，因推求其命名之由，而以声类通之。盖古者未有文字，先有语言，事物名称，往往定于造字之先，诚明其语原，期字义亦著。音训之法，盖自此起。"

（原文发表于《徐州师范大学学报》哲社版 2001 年第 2 期）

文摘编辑：王佃启

试论普通话朗读的再创造

翁燕

[作者简介] 翁燕，鄂州大学文法系助教，主要从事现代汉语教学与研究。

[内容提要] 普通话朗读是一种再创造的审美活动，作为审美主体的朗读者正是在对文本主题的体悟和文学艺术空间的想象中进行逻辑思维的再创造，在朗读技巧的运用中实现了共性与个性的创造性的统一。

[关键词] 朗读；再创造；文本；意象。

普通话朗读是一种再创造的活动。“文学创作是作家创作的，属第一次创造。朗读者应将自己对作品的体会读给听众听，就是再创作。”这种再创作不但要求朗读者尊重原作，而且要求朗读者通过原作的字句用有声语言传达出作品的主要精神和艺术美感。成功的朗读能通过有声语言弥补文字所表达不出的意蕴，使静止在纸面上的人物、事件、情节活起来，而且还能引起听众的兴趣和联想，把听众引人作品创造的艺术境界，从中感受到艺术美的魅力。本文试图从语言的认知过程和审美的意识，阐释朗读者在朗读过程中如何进行再创造的。

一、在文本理解过程中的再创造

朗读是化无声的文字为有声语言的阅读方式，因此在朗读中，离不开文学作品的解读。而此时朗读者所参照的文本与作家最初所创作的文本虽然在文字上没有发生改变，但其内在本质和意象已随着时间、空间、社会的文化背景，以及朗读者审美的内在尺度的不同而发生了变化。这种变化实际上就是朗读者在朗读过程中对文本主题理解的再创造。

马克思说：“生产不仅为主体生产对象，而且也为对象生产主体。”在朗读中，作为审美客体，作品是作家生命体验的凝结，能够唤起朗读者的感知力、想象力、思考力、创造力，从而释放出情感的力量、意志的力量、智慧的力量、道德的力量、自我实现的力量。作为审美主体——朗读者，主要是通过阅读优秀的言语作品并与作者“对话”，经由情绪体验、逻辑领悟、联想与想象的激发，获得一种生命意识的觉醒，获得一种人性、人格、人情的深刻体验和感悟。因此朗读并不是单纯地读作品，简单的再现或还原文本内容，而是一种对作品和朗读者主客体之间互为揭示，相互生成的解读过程，是朗读者主动、能动参与的行为，具有主观的“再创造”性。

朗读者作为再创造的主体，首先必须熟悉它所要创造的对象，通过具体的感性的文字材料去理解文章所要表达的主题，并不断从作者创作思路的“原型”中得到启发。高尔基说：“主题是从作者的经验中产生，由生活暗示给他一种思想，可是它蓄积在他的印象里还未形成，当它要求用形象来体现时，它会在作者心中唤起一种欲望——赋予它一个形式。”这种形式就形成为文字作品。朗读者通过观照作品的文字、结构、韵味、节奏等所构成的形式美，来调动其审美直感，通过作者所描写的对象结合个人的审美特质去体味作者的情志、情味和精神境界，进行审美观照，进而领悟到作品的整体风格，作者的思想感情。

只有彻底弄清了作品的主题思想和作者的创作意图以后，才能了解作品的意义，才能使朗读者有了再创造的基础，通过再现作者情感，把握作品的思想内涵，感知作者的生命体验，赋予作品更深层次的主体感受和主题思想，实现对作品的再创造。

二、在对作品艺术空间展开想象过程中的再创造

人们对尚不完整的事情，总是努力作出种种猜测使之完整，作家也总是抓住人们的这种“完形心理”，在作品中留有一定的“空白”，让读者发挥想象，见仁见智。这种发挥想象其实就是一种再创作。这些空间需要读者根据自己的生活经验，知识积累，审美情趣去体会、领悟、补充，从而发展自己开掘语音的潜能。古诗题画“深山藏古寺”、“赏花归去马蹄香”等都是极好的诠释：看不见林中的庙宇，看得见汲水的老僧；看不到争奇斗艳的百花，看得见追随马蹄的蝴蝶，这些“空白”之处，都是非常耐读，令人寻味的。朗读者应擅于利用这些“空白”，激发自己的想象，联想的能力，使其更完整，达到对作品的再创作而产生共鸣的艺术效果。

康德说过：想像力是一种创造性的认识功能。黑格尔说：“想象是创造性的。”在对作品的解读过程中，朗读者不仅要将自己的人格、气质、品性和对社会的认知程度融进作品，对作品所包含的思想内容和美学内涵进行充分的体悟，而且还要对作品进行能动的创造，发挥自己的想像力和联想力，借助联想和想象浮想联翩，“笼天地于形内，挫万物于笔端”，创造出生动的形象和感人的意境。想象之于文学作品的欣赏和理解是十分重要的。

这是因为文学作品的物质材料，是既与感知、认识情感相联系，又与现实感性世界相联系的文字。文学作品之所以能呈现形象，唤起感情，使人获得审美的享受，全靠欣赏者心灵的再造，使文字转化为意象。

如朱自清的《春》中描绘“春草”的一个句子：“小草偷偷地从土里钻出来，嫩嫩的，绿绿的。”仅仅看到这个“钻”字呈现出小草从土里一点点生长出来的意象内容是不够的，还需要以此为意象中心展开丰富的想象，体会春草不屈不挠的性格；体会春草不甘寂寞，充满自信的个性；还可以浮想春草像战胜严寒，迎接春天的战士……通过想象使文字所唤起的意象内容更丰富、更生动，由此所唤起的朗读者的感情也越强烈了。

三、在运用朗读技巧时，进行有声语言的再创造

朗读技巧的运用是一个克服文本的无声语言与朗读的有声语言的矛盾，实现创造性统一的过程。所谓“有一千个读者，就有一千个哈姆雷特”，每个朗读者的生理心理素质，文化世界，生活境遇和人生阅历都会不同，那么对作品的解读就会存在着个性差异。我们不能要求朗读者对作品达到一种共识，更不可能要求朗读者达到声音效果的统一。我们应该尊重这种个性差异，让朗读者在自由广阔的个性空间中，去尽情地创造、发挥，在有声语言的世界里实现美的愉悦。

不同的朗读者在进行朗读创作时，在技巧运用上有其一致性，也有其特殊性。一致性是指必须会运用有声语言的停顿、连接、轻重音、语气、语调和节奏等；特殊性则是在朗读者对朗读作品的独特体悟的再创造的基础上，针对不同的文本需要进行的特殊技巧的处理。在有声语言中，运用技巧是很重要的，朗读者要想进行成功的朗读，必须对有声语言的技巧有足够的认识。“因为技巧是桥，可以直接通向听者的耳畔；技巧是摆渡，可以直接搭乘到听者的脑中。”了解和掌握了有声语言的技巧，不仅可以进一步加强朗读者对文学作品的理解和感受，而且可以增强作品的感染力，使形象更鲜明，情节更生动。

如高尔基的散文诗《海燕》中描写的画面“狂风怒吼……雷声轰响……”这里的两个省略号是用来增强这两种自然现象的音响效果的，朗读时停顿要稍长。但其中也有细微的差别，前者“狂风怒吼”是发自地面，读时声音不宜太高，后者“雷声响”是发自天上，应提高语调，加大气流，使气流自鼻后腔喷射而出，形成一种浩大气势，以增强电闪雷鸣的音响效果。如果朗读时不注意声音技巧上的处理，就无法感受到作者要表达的意境。

朗读者正是结合审美主体的内在尺度、生活体验等因素，对作品进行主动的、能动的再创造，最终通过有声的语言，在作者与听众之间架起一座桥，达到朗读者、作者与听众三者间的共鸣，实现朗读这一审美活动的审美愉悦。

(原文约3500字，发表于《鄂州大学学报》2002年第1期)

文摘编辑：王佃启

评“近义”说之误

黄金贵

[作者简介] 黄金贵，浙江大学汉语史研究中心。

[内容提要] “近义”说是目前对汉语同义词最流行的界说，以为同义词是“意义相同、相近的词”，同义词=等义词+近义词。这种同义词观界域含糊、概念混乱，误解等义词，误用、误解近义词，以（或“兼顾”）整个词为辨析单位。若干年来，它对汉语同义词，特别是古汉语同义词研究带来了很大的危害：理论上模糊、混乱；词义辨释上使同义词的构组、立义、辨异诸方面产生种种弊病，因而不能出现精审的辨释成果，至今无法产生一本科学的中型古汉语同义词词典。因此“近义”说在理论和实践上都表明是误说，应当坚决、彻底废弃。

[关 键 词] 等义词；近义词；同义词；一义相同。

所谓“近义”说，完整的意思为：同义词是意义相同或相近的词。这是目前对汉语同义词最流行的界说，过去和现在都占主流的同义词观。“近义”说者几乎众口一词地使用“相同”、“相近”或“义同”、“义近”的词语，具体的识断则是如此：所谓“相同”，指词义相等，又称等义词，这是极少数，也没有辨析的价值；所谓“相近”，指词义同中有异，故又称近义词，这是大多数，是辨析的重点；可简化为公式：同义词=等义词+近义词。由于持此说者实际上将同义词作为意义“相近”类的词，因此我们称其为“近义”说。

“近义”说首先见于现代汉语诸多教材、专书。从现代汉语同义词研究伸展出来的古汉语同义词研究，也是一脉相承。当今充斥各种古汉语教材、专著的，实质都是“近义”说。然而，当今古汉语同义词辨释成果平庸、弊病丛生，以至今日尚不能产生一部超过百万言的科学的中型同义词词典，这是毋庸讳言的事实。

实践表明，“近义”说是一种误说，其说误区多多。界域含糊、概念混乱是其第一误。

无论古代汉语或现代汉语同义词持“近义”说者，他们的表述都是含糊浑说词义的“相同”、“相近”。“近义”说总共使用了三个概念，却都是一名指二事，自肇混乱。“近义词”，全指时包括同义词之外一般所称的近义词，而在同义词=近义词+等义词的公式中，将“等义词”作为没有辨析价值、可以不计的同义词，以“近义词”为有辨析价值的同义词，则实际上以“近义词”指为同义词。

透过一名兼二指，可以窥见“近义”说之误解等义词。此为其二误。

什么是等义词？学者们大致有三说：一种认为理性意义相等同、附加意义有微别者是等义词。一种认为理性意义与附加意义都全等无别，可以互换。第三种则认为词与词之间全部义项相等者是等义词。

那么，在“近义”说及其“同义词=等义词+近义词”公式中表示词义“相同”的等义词指什么？显然不是第一种。“近义”说者以等义为全等，往往将第一种等义归入近义词，而一无例外地主第二或第三种等义词说，即以为理性意义与附加意义都要相同；并且认为等义词数量少、又因等同无异，没有研究价值，也没有使用价值，因而被逐步淘汰。

但是，二、三说实误而不可取。三说以为等义词要以词为单位、所有意义重合，近乎荒诞。王力先生提出“一义相同”说的那段著名论断就已指出：“所谓同义，是说这个词的所有意义和那个词的某一意义相同，不是说这个词的所有意义和那个词的所有意义都相同。”

等义词之间的相同义，并非完全等同无别，也不可以完全替换。各有微异就是任何同义词包括所谓等义词的共同特点和存在价值。因此，将现代汉语同义词的“近义”说的等义词观挪到古代汉语更成了问题。古汉语同义词有许多与现代汉语同义词不同的特点。其一，时间跨度几千年，“在古汉语中，意义完全相同的等义词是非常罕见的。大多数等义词，从用法、搭配、形成历史等方面都能找到一些差别。”从理论上说，古汉语中根本不存在理性意义与附加意义完全相等的等义词。其二，古汉语同义词包括其中的所谓等义词，一般都是单音节词；而古汉语的单音节词大多是多义词。在古汉语词汇中，没有通过辨释的俗所称等义词一概都不可信；而当你认识到是真正的“等义词”，辨析也完成了。既然所谓的等义词一般都有差别，并且识别也要通过辨释，因而将不需辨析的等义词（即上举的二、三种）作为古汉语同义词的一类，在古汉语中没有任何意义，也行不通。

由此看来，作为同义词一部分的所谓等义词，应当是理性意义相同而附加意义有别者，即上列的第一种。而“近义”说的所谓等义词，既误解现代汉语的等义词，更误解古代汉语中真正的“等义词”。

透过一名指二事，可以窥见“近义”说也误用、误解近义词。此为其三误。

从本质上说，同义词与近义词是一组对立的概念。凡同义词辨析就是解决异与同这对矛盾。它表现为两个层次或阶段：一是将某一意义的同义词从词汇系统中区分出来，类聚为同义词群，此由异而同；二是将类聚的同义词群，从某一相同义中区别开来，即揭示该义的同中之异，此由同而异。在这第一对异同矛盾中，众多的明显的异义词与某一意义的同义词没有关系，在广大的异义词词域中最接近同义词的是近义词。所谓近义词，“从本质上看，则是所指不同一而又在意义上有某种相近关系的一个词群”。可以说，同义词就是在近义词（包括类义词）的迷雾中被慧眼识别，实现科学组合的。因此，同义词与近义词的对立就成了第一对异同的矛盾。“近义”说者却将人们千方百计要区分的“近义词”公然引入同义词，作为同义词的一类，横肇混乱。

“近义”说者不仅是误用近义词，本质上更是误解近义词。多数持“近义”说者所谓的“近义词”，实在也是个模糊概念。其中，一、有真正的等义词——理性意义全同而附加意义不同的同义词。二、有理性意义主要的、基本部分相同的一般同义词。三、还有真正的近义词。第一、二与第三种所谓的“近义词”的混合，无疑混淆了两种异同关系，即将同义词的组内之异与组外之异混为一体。同义词的组外之异，即同义词与近义词之异；同义词的组内之异，即同义词组内诸词的同中之异。这是两种不同性质的语言现象，一概称以“近义”，其结果必然是将同义组合变为“名副其实”的同义、近义的混合，即是将同义词近义化。

奉从以词义为单位的同义词辨析方法，为“近义”说之四误。

“一义相同”说，本质上为词中的同义关系，故同义词就是研究一个同义词群在一个相同义上的同中之异，采取的方法是以一个相同义为单位的辨析。而“近义”说，本质上以同义词为有同义或近义关系的词，故同义词就是研究有同义或近义关系的一个同义词群之异，采取的方法是以同义词群的整个词为单位的辨析。所谓以词义为单位辨析，就是明确地按某一个词义构组、立义的比较辨析，而不论诸词的其他词义。所立某一个共义上诸词的同中之异就是辨析追求的惟一目标，因而所辨必趋精深。所谓以词为单位辨析，就是从整个的词着眼，在构组、立义上虽然也立一个共义，但往往不想也不能严格掌握一个相同义为标准。在辨异时，对组合的同义词的各个词义包括近义、类义进行全面的比较、辨析所追求的惟一目的，只占很小的比重；并且揭同中之异难，惟用力不重，故往往还不能深入揭示诸词在一个相同义的同中之异。

长期以来，古汉语同义词构组中的一个通病就是近义杂糅，以致一组多义。不少辨释只引录古代文献的同义连用、互训、同训、递训等，未予科学地同义鉴别，率予组合。这使同义词变了质，沦为实际上的近义词组合。这是以词为单位辨析的必然结果。

迄今二十多年的古汉语同义词辨释实践表明，以一个词义为单位还是以一个词为单位，是两种完全对立的模式，无法折衷，不容调和；由于一个共义的同中之异完全可纳入以词为单位的辨析之中，“兼顾”的结果必然喧宾夺主，导致主要以词为辨析单位。以词为单位的辨析方式，是同义词辨析的歧路，是造成当今古汉语同义词辨释不如人意的现状的直接原因。

同义词本质上不是同义的词，而是词的同义关系。科学地说，同义词就是按一个意义（义位）系统组合的词群。所谓“系统”，指这个词群是以各自不同的异点表现某一个意义的完整组合。所谓“词群”，指同义词只能在按一个意义类聚的群体即同义词组中存在。根据同义程度的不同，所谓“一义相同”的同义词——无论古今汉语，都可以分为两类。一类是理性意义全同而附加意义有异的同义词，一义相同的程度最高。可称为之异名别称词，简称为异称词。这一类在现代汉语同义词中确实不是辨析的重点，但在古汉语同义词中也是辨释的重要对象，通异名历来是我国传统义词辨释的一项重要任务。另一类是理性意义有微别类的同义词，同义程度较次，但必须是在某一个意义上的主要、基本部分相同。可以称为一般同义词。这一类是古今汉语同义词辨析的主要对象。

由上所论，我们按“一义相同”的同义词观，也可以得出同义词的一个新公式：同义词＝异称词＋一般同义词。

“一义相同”观必然要求按一个词义为单位进行同义词辨析。即严格、始终按一个相同义构组、立义、辨异，旨在揭示按一个相同义类聚的系统的同义词组的每个词，在这个相同义上的同中之异。

（原文约4000字，发表于《杭州师范学院学报》社科版2002年第5期）

文摘编辑：达飞

现代诗学的两个课题

吕 进

[作者简介] 吕进，重庆市文联主席，西南师范大学新诗研究所所长，教授。

[内容提要] 在新世纪，中国现代诗学明显地面临两大理论课题：实现“精神大解放”以后的诗歌精神重建和实现“诗体大解放”以后的诗体重建。“诗歌精神重建”以对诗歌和社会、时代关系的科学性把握为中心；“诗体重建”以提升自由诗、成形现代格律诗为美学使命。在探索完成两大课题中，现代诗学应当继承中国诗学重人文精神的传统，又恰当地吸取西方近现代诗重科学分析的精神。

[关 键 词] 现代诗学；诗歌精神；诗体；重建。

对于中国而言，20世纪是文化转型的世纪。几千年来存在于物质文化和精神文化当中的架构日益消解，新“型”文化日益浮出水面。作为中国文化与文学在上个世纪中现代转型的急先锋，新诗在“转型”上的文化价值已是公论。然而这一价值绝对不能取消这样一个艺术事实：只有八十多年历史的新诗只是有待成熟与完美的中国诗歌的现代形式而已。

在新世纪，中国现代诗学明显地面临两大理论课题：实现“精神大解放”以后的诗歌精神重建和实现“诗体大解放”以后的诗体重建。

从新诗诞生以来，现代诗学就在重建属于现代的诗歌精神。在较长的时期里，新诗比古诗更加强调诗的政治属性，更加看重“大我”，更加张扬“炸弹”和“旗帜”的社会功能，这是当时的历史环境使然，有其历史的合理性。但是，以“文革”时代为极至，庸俗社会学困扰着、折腾着、毁灭着诗歌，诗偏离了诗的艺术轨道。在上个世纪的初期，现代诗学在思想解放运动中获得精神大解放。诗学界批判“左”的桎梏，打破习惯定势，围绕诗歌本体成功地解决了一系列诗学理论问题，推动诗歌摆脱长期以来的诗外承载，使诗回归自身。从80年代后期始，新诗渐入困境，精神重建中的某些偏颇因而就暴露在人们面前，主要表现在新诗的社会身份和承担精神的危机。在艺术上有了长足进步的同时，新诗又在相当程度上脱离了社会与时代。诗回归本位，绝不是诗回到诗人狭小的自我天地。回归本位以后的新诗如何更好地体现先进文化的前进方向，重建与社会、时代的诗学联系，重建诗的承担精神，在“诗就是诗”的前提下，增添诗的社会含量和时代含量，从而保持在新世纪中的发展，这是有社会责任感的诗人和诗评家的共同担忧和共同思考。

当前诗歌精神重建的中心，是对诗歌和社会、时代关系的科学性把握。诗是一种心灵性、情感性很强的非常特殊的文学品种。如果说，散文是世界的反映，诗则是世界的反应。“反映”更具客观性和逻辑性，“反应”则更具主观性和随意性。和散文相比，诗歌最缺乏宏大叙事的本领。散文叙述世界，诗咏唱世界；散文的第一原则是情节，诗的第一原则是抒情；散文具有较强的历史反省功能，诗则以它对世界的情感体验来证明自己的优势。散文作家要将他们对外界世界的感知在作品中还原为外界世界，使他的故事虽非实有之事，却是应有之事；诗人却是文明的原始人、开放五官的通感人，他的美学使命是化客观为主观，化事件为体验，他的旨趣不在世界本来怎样，而是世界在诗人看来怎样。但是，无论有多么个性化的文体特征，诗却与其他文体一样，与社会、时代处于无须、无法割断的联系中，其区别无非是联系通道的不同而已。并非诗歌一沾上社会与时代就会贬值甚至毫无价值。因为，一方面，诗歌是一种社会现象，诗人总是属于某一时代；另一方面，关心中国改革开放的中国读者要求诗歌不仅要具有生命关怀，也要具有社会关怀和时代关怀；最后，中国新诗发展史上的不少名篇佳作都是以关注社会、拥抱时代来获得读者的承认和喜爱的。拒绝所有社会和时代维度的诗学和当年流行的庸俗社会学诗学一样是片面而荒唐的。

应当正确处理诗歌与社会和时代的关系。诗不应充当政治和政策的工具，但也不应与社会和时代隔离，更不应将此一种隔离当作诗的“纯度”。当下的中国正处在文化转型的剧变期，政治文化、体制文化、意识形态文化以及狭义的文化，都在发生巨变。文化转型冲击着小生产者的习惯势力及其思想方式、行为方式、生活方式，促进竞争、创新、效益、个性等等新观念的产生，有助于社会的发展。但是它也容易诱发道德评价的失范。文化的本质是人化。作为心灵艺术的诗歌理应在这个大时代中对嘲弄意义、反对理性、解构崇高、取消价值的思潮，承担自己的美学责任。应当指出，杰出的诗歌都具有“不纯性”——杰出的诗人不仅要关怀艺术技法，还要关怀人的终极价值，更要发挥公共文化人、社会良知的功能，通过诗的渠道投入时代大潮，消解旧价值观，建构新价值观，参与对现实的“诗意的裁判”（恩格斯语）和人们“人性地栖居在这大地上”（海德格尔语）的精神家园的建造。

和其他文学品种一样，诗歌与政治和时代是一种对话关系。诗不能逃避社会和时代，但是诗歌常常超越现时政治与时代。诗歌以它的审美通过对社会心理的精神性影响来对社会进步、时代发展内在地发挥自己的作用，实现自己的社会身份，从而成为社会与时代的精神财富。

诗歌园地里正常的生态平衡是：有大树，也有小草。由诗的文体可能所规定，一般情况下，相当部分诗歌作品肯定不会选择社会和时代的重大事件作为直接题材，更多的诗是对人性、人情、人道、人格的歌唱。但是我们可以发现，生命关怀的优秀诗作之所以优秀，就在于它们往往有两个通道保持着与人群、人际、人世、人间的连接。

第一个通道是它们的普视性。诗的生命在诗中，而不在诗人的身世中。诗人发现自己心灵和秘密的同时，也披露了他人的生命体验。他的诗不只有个人的身世感，还富有社会感和时代感。这样的诗人就不会被社会和时代视为“他者”，对于读者，诗人是唱出“人所难言，我易言之”的具有亲和力与表现力的朋友与同时代人。难怪朱光潜要说：“普视是不朽者的本领。”

另一个通道是诗人的内省和自我观照。诗离不开诗人的个性张杨。没有个性张扬，何来诗与诗人？但是，这一张扬显然要以内省和自我观照为条件。对于诗人而言，内省和自我观照的过程就是以社会与时代的审美标准提炼自己，提升自己，实现从现实人格向艺术人格的飞跃与净化。现实与艺术之间总是存有“缝隙”。现实不等于艺术，现实人格不等于艺术人格。作为艺术品的诗歌是否出现，取决于诗人对自己的提炼程度，取决于诗人的艺术化、净化、诗化的程度。1929 年，闻一多在一封致梁实秋的信中这样称道宋代诗人陆游：“放翁真诗人也。彼盖时时退居第二人地位以观赏自身之人格，故其作品个性独步。”“观赏”二字的分量是相当重的。

诗体重建是当前诗坛又一引人瞩目的课题，海峡两岸的诗界都在热烈讨论。

新诗本是“诗体大解放”的产物。诗在中国从来被视为“文学中的文学”，中国文学是具有诗化特征的文学，因此，“诗体大解放”的意义远远超出了诗歌范畴，它为中国现代文学杀出了一条血路。总体而言，新诗的诗体重建在上世纪里进展比较缓慢。极端地说，不少旧体诗是有形式而无内容，而不少新诗则是有内容而无形式，诗体的重建的缺失不仅使诗人感到新诗诗体缺乏审美表现力（所以不少诗人在晚年出现了闻一多说的“勒马回僵写旧诗”的现象），也使读者感到新诗诗体缺乏审美感染力（所以不少读者在走出青年时代后就不再亲近新诗）。诗体问题是关涉到新诗文化身份和民族归属的大问题，以“热爱自由，反对束缚”为由来避开此一问题是无济于事的，歌德的“在限制中才显出能手，只有法则能给我们自由”之论对于当下的中国新诗特别适用。

提升自由诗、成形现代格律诗是诗体重建的两大美学使命。自由诗的冠名并不科学。凡艺术都没有无限的自由。当自由诗体被误读为随意性诗体的时候，它就必然缺乏审美规范力，也必然失去具有几千年审美积淀的中国读者。自由诗体的自由必然建造在语言的不自由，即诗的美学提升上。自由诗是舶来品，因此，与西方近现代诗歌的沟通与对话是自由诗体的美学提升途径之一。现代格律诗成熟的标识是成形，成形的关键是诗语的音乐性。任何一种诗歌，其音乐性总来自该民族语言的语音体系，因此，实现现代格律诗的建构，必须与中国古代诗歌进行沟通与对话：虽然古诗的艺术媒介是古代汉语，新诗的艺术媒介是现代汉语，但二者在同为汉语上是遥相呼应的，因此新诗在寻求诗体形式时与中国古典诗歌的不期而遇是题中之义。诗体重建的目标是富有弹性的无限多样的诗体建构。敏感多思的现代人的丰富复杂的诗情断然拒绝诗体的单一与刻板，诗体的美学提升和规范化只有在无限多样化中才有希望得以实现。

在探索完成两大课题中，现代诗学应当继承中国诗学重人文精神的传统，又恰当地吸取西方近现代诗重科学分析的精神。

现代诗学与传统诗学的对话之所以成为可能，是因为虽然二者在基本概念和基本术语上大相径庭，但关注的基本问题，如诗与现实、诗与社会、诗与人生等却是相同的。再者，二者的感悟式的重人文、重个案、重鉴赏品评、重批评实践的理论思维方式也十分接近。中国传统诗学定位灵活，视域开阔，符合诗歌这一特殊文体的直觉内视、活泼通脱、空灵自在的艺术本质，比西方近现代诗在这方面高明得多。但中国传统诗学却在理论升华与抽象程度上显现了不足，它缺乏程序和逻辑论证的一贯性，虽然它也有一个潜在的理论体系，然而科学性、系统性不够理想。由此看出中国现代诗学与西方近现代诗学对话的必要性。西方近现代诗学的重研究方法、重逻辑推理、重系统原则、重取法哲学的研究成果，对中国现代诗学科学的、系统的理论形态的建构不无裨益。反过来说，西方近现代诗学轻视诗歌的外部研究，集注于对诗歌进行修辞学式的内部研究，在“语言学转向”以后，更是只集注于语言研究。西方近现代诗学背对诗歌的人文精神、条分缕析的科学主义倾向，这些弊端又正需要中国传统诗学予以扬弃。

（原文约 4500 字，发表于《重庆三峡学院学报》2002 年第 1 期）

文摘编辑：乐山

马克思主义文学理论的哲学基础

胡玉伟

[作者简介] 胡玉伟，沈阳市师范学院中文系讲师，博士生。

[内容提要] 如何创构中国马克思主义文学理论的当代形态是文艺理论界积极探讨的一个重要课题。特定的哲学基础对于建构特定的理论形态具有重要意义。当下的社会文化语境为马克思主义哲学的实践论及人学思想的全面展开奠定了现实基础，也为文学理论的深化与完备提供了新的思想与动力。

[关 键 词] 马克思主义文学理论；实践论；人学思想。

马克思主义文学理论作为具有生命力的开放的学术体系，其最大特色之一即是人们“通过独立的研究必然可以掌握它甚至创造它”。依据时代和文学的发展而不断提升与丰富，是马克思主义文学理论特有的思维品格，如何创构有中国特色的马克思主义文学理论的当代形态，已成为理论界积极探讨的一个重要课题，多数研究者都会自觉或不自觉地涉及到马克思主义文学理论的哲学基础问题。

马克思主义文学理论的哲学基础，即是以马克思主义哲学为其理论基点的。为了研究的具体需要，人们通常把马克思主义哲学分为三大部分，即作为本体论的辩证唯物主义和历史唯物主义，作为认识论的反映论和实践论，以及作为方法论的唯物辩证法。马克思主义文学理论在中国的传播与发展，首先是与中国先进知识分子探求启蒙救亡的革命真理联系在一起的。所以，以往的中国化的马克思主义文学理论研究，多是从历史唯物主义和唯物主义反映论的角度出发的，在文学理论的观念系统中则具体表现为对文学是社会生活的反映的认定，注重文学的社会功利价值等等。此种理论基点确实较好地适应了五四以来中国社会的变革需求以及文学现代转型发展的内在要求，但在当代已是不够了。如果仍停留于这种认识论的思维模式，忽视在其他方面做出更深入具体的研究，就很难使中国马克思主义文学理论保持旺盛活力。从广义上讲，将历史唯物主义或唯物主义反映论作为马克思主义文学理论的基础是完全正确的。但是，由于历史唯物主义是一个庞大的思想体系，其理论内容多是从宏观角度对人类社会的基本规律的把握，缺少对人的具体存在的剖析。反映论的文学本体观在涉及文学的某些特殊性质，特别是主体感受性、创造性特征以及文学的审美特质等问题时，也总是显得有些隔膜和笼统。当代复杂多变的文学现象，此起彼伏的文学思潮，使理论建设须不断寻找新的生长点，提出并回答各种文学问题。崭新时代的文化状况，也呼唤具有阐释效力的理论话语的生成。

文学艺术与世界的关系问题，是古今中外的艺术家、理论家所共同面对的一个基本且常新的话题。通常来说，人类通过对外部世界的改造，实践地或观念地把外部世界变成人的世界，用以满足自己生存发展的需要，满足人的全面物质需要和精神审美的需要。在人对世界的这种关系中，历史地产生了人对自然、社会生活以及人本身的种种掌握形式，其中文学艺术也是人掌握世界的一种方式。本文以为，着眼于人的实践活动，以及作为实践主体的人，无疑会推动理论的转换与更新。作为观念形态的文学艺术是对社会生活的反映，但是，谁来反映、反映什么，以及反映何以发生和发展，这就必须从一般的本体的物质与精神关系的分析，过渡到实践活动中的主体与客体及其关系的研究了。

从马克思主义学说本身的理论内涵与基本精神来看，唯物主义认识论固然是其重要内容，但马克思主义哲学并未仅限于此。马克思没有满足于只是从精神与物质的自然关系上坚持唯物主义，而是把精神与物质关系推进到比前者更为深刻的社会性关系，即人与客观的实践关系。马克思把生产实践的观点引入到人的存在的全部领域，一切人为活动，都可以从人类的生产实践中寻找其终极根源。同时，承认实践主体的作用，承认人的自主性是进行真正的创造历史活动的前提。因为不仅是“感性的存在”，更重要的是“感性的活动主体”，是与客体发生对象性关系的，进行改造世界的创造性实践活动的人。马克思所特创的实践概念，在当下已被诸多研究者确立为马克思主义哲学的基础与核心范畴。

当人在实践基础上作为主体与客体发生关系时，既有物质的掌握，即实际地改造物质世界，又有精神、艺术的掌握，即创造精神的、艺术的世界。不论是物质实践还是精神的审美创造，都是主体与客体相互作用的产物，都是人的对象化活动，现实的人的实践，在对对象进行符合有用形式改造的同时，也会自觉不自觉地出于审美的需要，使对象世界自在形式不仅向有用的形式，而且向审美的形式转化。这正是马克思所说的“人也是按照美的规律来建造”的思想。植根于人类实践的文学活动，正是人本身的一种精神性的高级审美活动。文学艺术的创造正是作家在实践的基础上把自己的个性、生命，自己的审美需要、情感与理想灌注到对象客体中去，在自由自觉的状态下，使主体客体化，客体主体化，并在物我交融的体验与感受中，在观念中创造出新的艺术形象，再通过对象化和物质手段，创造出超越现实的新客体，也就是文学作品。他具有客观反映性与主体建构性双重特性，也就是说是反映性的建构与建构性的反映的有机结合。此外，在这里也可以看出，文学艺术活动与一般意义的实践活动的区别，这主要表现在其本质上不是一种主客体的物质交换活动，不具有直接的物质现实性，常常作为实践活动的一种特殊方式而存在着。简言之，立足于马克思主义哲学实践论这一理论基点去构建文学理论，不仅坚守了物质第一性的哲学原理，而且有助于从主体性方面，从人的审美活动的意义上更确切地呈示文学的特征和价值等问题。

马克思主义文学理论的当代转换，同时还离不开与其实践论哲学相通的丰富的人学思想。文学艺术与社会生活的关系，归根到底是文学艺术与人的关系。人无疑是文学的出发点、扭结点和归宿点，正是在这个意义上高尔基称文学是人学。但文学是如何表现人、所表现的“人”的本质规定性究竟为何，却是一个值得不断探讨的问题。马克思主义人学观以“现实的个人”为思想起点，视“自由自觉”为人的生命活动特性，以“人的解放和自由全面发展”为理想目标与价值尺度。个人“在其现实性上，这是一切社会关系的总和”为马克思对人的本质特性的基本规定。的确，个人的活动不可能是彼此孤立进行的，须结成一定的社会关系，“社会关系的含义在这里是指许多个人的共同活动”，“这一方面揭示了人是社会实践基础上的自然、社会、精神的矛盾统一体，另一方面又揭示了人是一种合规律性与合目的性相统一的存在”。人为了满足自己的生存和发展的多种多样的需要，就必须对客观世界进行物质的和精神的审美改造。人在实践中改造世界时，总是处处把自己的需要、尺度运用到对象中去，使实践活动朝着既符合客观事物的发展规律，又符合主体人的需要和目的方向进行。实践和改造创造出了在现实社会生活中不存在的新的价值，并逐渐积淀为人类的物质文明与精神文明。可见，人的物质存在与精神存在，以及合目的与合规律性存在的统一，构成了人作为“社会关系的总和”这一论断的主要内涵，而文学艺术作为人对自身的情感体验与审美观照，即是以反映人的这种总体存在方式为自己存在的本体的。

马克思主义从某种意义上可以说是一种从现实的个人出发，批判地考察个人与其现实生存条件，从而指出个人终将从现存的生存条件解放出来，达到个性自由发展的学说。马克思的“人的解放与自由全面发展”的人学思想价值目标，主要包括“人身”的解放和“人性”的解放两个方面。从我国的历史实践来看，20 世纪前半期主要以社会革命的方式，使人民群众从不合理的社会制度中解放出来，以获得“人身”自由。历史发展到今天，现代化进程与社会生活的多元拓展已为人性的充分发展，人的主体选择、文化创造等提供了更为广阔的自由空间，市场经济带来了以往时代难以想象的社会景观与人文景观，此种时代环境为马克思主义哲学的实践理论与人学思想的全面展开奠定了现实基础，也为马克思主义文学理论体系的完备与深化提供了新的动力。强调文学实践品格的思潮已在当下文学界悄然兴起，但这并不意味着对文学艺术的认识可以到此为止，因为理论研究永远没有终结的时候。

（原文约 3600 字，发表于《鞍山钢铁学院学报》2002 年第 2 期）

文摘编辑：王佃启

关于“文学理论”学科界属问题的思考

李 凯

[作者简介] 李凯，四川大学中文系博士生。

[内容提要] “文学理论”学科在中国出现和发展已近百年，但“文学理论”学科界属很不明确，它与艺学、美学之间界属不清，时至今日仍未得到解决。文章分析造成这一状况的四点原因，提出建立和明确“文学理论”界属的根据，并对跨入21世纪的“文学理论”研究提出了几点思考。

[关 键 词] 文学理论；文艺学；学科界属。

“文学理论”学科在中国出现和发展已近百年，但“文学理论”学科界属很不明确，它与文艺学、美学之间界属不清，早在80年代，即有研究者谈到如何确定和规范文学理论学科的界限问题，时至今日仍未得到解决。

造成“文学理论”学科“名”与“实”不清、界属不明的原因何在呢？有四个主要原因：首先，是由“文艺学”的译名及“文艺”一词词义的多样性而引起的。文学理论本属文艺学的一个分支。在汉语中，文艺至少有三义：一是文学艺术的简称，即文学和艺术；二是指艺术，即运用各种媒介塑造形象来表达情感及认识的审美意识形态；三是专指文学，即语言艺术。由于汉语中“文艺”一词的多义性，于是以“文艺”来命名的“文艺学”遂发生歧异、混乱。

其次，“文学理论”学科在中国百年来发展不够成熟是造成其学科界属不清的重要原因。19世纪末、20世纪初期西学的大量引进，当时学者在西方学习各门学科时(无论是自然科学，还是社会科学)，并不注意学科的规范化建设，而主要着眼于对社会的改良的推动、促进。新时期以来，“审美中心论”的再次确立以及新时期西学的大量涌入，新思潮、新方法的全面引进，使文学理论被淹没在美学研究、文化研究的洪流中，文学理论成了美学研究的附庸、文化研究的附庸。文学理论与政治的过分紧密结合，美学的中心地位和文学理论泛文化研究倾向，这些都是造成文学理论学科界限不清的重要原因。

第三，中国人的学科观念淡漠和中国人的整体思维观，也是造成文学理论名实不符、学科界属不清的原因。中国人系统思维的思维特征，表现于学术上，就是重综合、轻分析，学科观念淡漠。长期以来，尤其是传统学术，文史哲不分家，舍经学而外无学问就是其表现。这一传统使中国人的学术研究重视内容的探讨，而忽视对学科界限的划分。

第四，美学与文学理论难分难解的密切关系也是造成文学理论学科界属不清的原因。长期以来，美学界一直未能明确区分美学与艺术家、文学理论的界限。同样，文学理论也长期未区分开文学理论与美学的界限。美学和文学理论确有密切的关系，但二者的研究对象和中心内容各不相同，不可混为一谈，泯然不分。

判定一门学科是否成立，应从其研究对象、研究目的、研究的逻辑起点、中心内容、研究的独特视角和方法去看。应进一步廓清文学理论的形态，明确文学理论研究的范围和内容；警惕文学理论的研究被淹没在美学研究及泛文化倾向中；文学理论的研究和文学批评的实践紧密结合；文学理论研究者应有世界性的眼光。

(原文约9500字，发表于《四川大学学报》2001年第1期)

文摘编辑：王佃启

马克思主义与中国当代文论发展

赖大仁

[作者简介] 赖大仁，江西师范大学文学院教授，文学博士。

[内容提要] 在特定时代背景和历史语境中，对马克思主义思想理论资源在不同层面上进行开掘，运用某一方面的基本原理观照阐释文艺问题，形成一定的文论形态或研究思路，主要有以唯物反映论为基础的认识论文论，以实践论哲学为基础的活动论文论，以及人学的文论研究思路，它们各有一定的时代特点，从共时态关系看，它们之间并不矛盾，其内在理路可以彼此互通；从历时态发展看，是后者在前者基础上的推进、深化和超越。在当今各种理论走向对话与综合的时代，马克思主义文艺学的各种理论形态或思路，也应寻求在当代语境中的相互对话与融合，以实现进一步的创新发展。

[关 键 词] 马克思主义；当代文论；人学。

一、马克思主义唯物反映论原理与认识论文论

马克思主义唯物论学说对中国现当代文论发展的影响，我以为主要有这样两个基本观点：一是“意识形态论”，即把文艺看作是一种阶级的意识形态，从而在一定的社会结构中发挥作用；二是“反映论”或哲学认识论，即认为文艺作为社会意识形态是社会生活的反映，它是作家艺术家对生活认识体验的结果，因而具有认识现实以及促进现实变革的功能。这种观念的逐步形成，及至50年代以此为理论基石构建起一个完整的文论体系，是经历了一个比较漫长的过程的。

实事求是地说，中国人接受马克思主义学说并加以宣传阐发，最早是从功利主义立场，也就是从中国革命的实际需要出发的，这在文艺领域也是如此。早期的中国共产党人如邓中夏、恽代英、肖楚女、瞿秋白等人，几乎都是从改造社会的愿望出发而倡导“革命文学”，然后则是从革命文学的立场出发来强调文艺的意识形态特质及功用。

在民主革命阶段，真正比较全面地运用马克思主义唯物论及哲学认识论思想阐述文艺问题，形成比较系统的以唯物反映论或哲学认识论为理论基础的马克思主义文论形态，还是首推毛泽东《在延安文艺座谈会上的讲话》。应当说，构成毛泽东思想学说（包括文艺理论）的文化资源是多方面的，其中包括中国传统文化的深刻影响，但对他影响最大的显然还是马克思主义学说。《讲话》阐述了文艺的普及与提高、文艺的源泉、文艺与政治的关系、文艺批评的原则与标准等一系列问题。很显然，《讲话》中对这些问题的论述，是建立在毛泽东的唯物论哲学理论基础上的，始终贯穿着他对马克思主义文艺观的深刻理解与阐发，其中最主要的就是两个基本原理。一是以“唯物反映论”的基本原理阐明文艺的本质，提出“作为观念形态的文艺作品，都是一定的社会生活在人类头脑中的反映的产物。革命的文艺，则是人民生活在革命作家头脑中的反映的产物”。二是以“意识形态论”的基本观点阐明文艺的社会本质和社会功用，提出文艺为政治服务等一系列命题。《讲话》的文艺思想，不仅对当时及此后一个时期的文艺创作与文艺批评实践产生了深刻的影响，而且直接导引了后来中国文论的发展方向。

应当说，与过去的一些文论形态相比，这一理论始终从社会生活出发来看待和说明文学活动，同时又特别关注和强调文学对于认识现实、促进社会变革的能动作用，从而解决了一些带根本性的重大问题，如文艺源泉、文艺与现实的关系等，廓清了在这些问题上的唯心主义谬说和神秘主义观念，其基本原理是正确的；并且它也有力地促进了现实主义文学思潮的发展，而这一思潮又正是与中国社会的变革进步及现代化发展进程联系在一起的，具有历史的合理性和积极意义。但从另一方面看则显然也存在局限性，比如它基本上是文艺社会学（甚至是文艺政治学）的单一视角，过于强调客观生活的决定作用，过于强调文艺的认识功能和文艺为政治服务的价值取向，而忽视了从别的视角看待文艺问题，忽视了文艺的审美创造特性，容易导致文艺主体性的弱化乃至失落，等等。在极“左”思潮的影响下，这种局限性显得愈益突出。

二、马克思主义实践论哲学与活动论文论

进入新时期以来，当代文论发展一方面是对原来的认识论文论进行补充修正，另一方面则是适度突破既有的理论框架，寻求向纵深层面上拓展，其中的一个努力趋向，就是一些学者致力于运用马克思主义“实践论”哲学思想来阐释文艺问题，逐渐形成“实践论”或“活动论”的文论形态（或理论思路）。

本来实践论的文学精神在原来认识论的文论系统中

也是有机包含着的，比如在《讲话》中，就十分注重和强调文艺家的实践精神，以及文艺家作为艺术实践主体的能动特性，但在后来的社会条件下和认识论文论的演变中，反映与认识的特性和功能被极大地强化了，而艺术实践的特性以及艺术实践的灵魂即主体精神则逐渐被遮蔽乃至失落了。因此理论的发展就是需要有一个返归本真的过程，需要特别凸显和强调原本被遮蔽或失落了的方面，因而就有了向实践论文论层面的推进。

如果把这一理论思路放到80年代的文艺背景之下来观照的话，那么就可以发现这种理论转向并不是孤立发生的，而是与当时文艺创作中的实验探索以及理论界关于文学主体性问题的探讨相关联的。新时期以来以真理标准讨论为突破口解放思想促进生产力发展，表现在文艺实践上，是一系列的实验探索：朦胧诗、实验戏剧、先锋小说、寻根文学，等等。不管这些实验探索的实绩如何，至少显示了当时创作主体极力要进行创新实践的一种内在要求。而这种文艺实践上的要求则又迫切希望在理论上得到回应和阐释，正是在这样的现实语境中，同时也是在哲学界“实践论”讨论不断深化的背景下，文论界提出了“文学主体性”命题并展开深入的讨论，引起了人们广泛的关注。文学主体性理论的精神实质，正在于把文学活动作为一个系统来看待，主要从文学活动的主体方面入手揭示整个文学活动系统的特质，认为文学活动并不只是单纯反映、认识生活，而是文学主体的一种更为自觉积极的实践活动方式，其中体现着主体的审美价值选择及对自我实现的追求。由此可见，文学主体性理论恰与马克思所强调的从人的感性活动、从实践、从主观方面来理解事物的思想相暗合，也与当时哲学界讨论“实践唯物主义”、美学界讨论“实践美学”在基本精神上相通，可归于一种“实践论”的探索思路。

实践论文论在探索发展的进程中，还与另一个理论资源，即美国当代文论家艾布拉姆斯的文学活动系统的理论相贯通。艾布拉姆斯在其代表作《镜与灯》中，从文学批评的角度分析了构成艺术活动的“四要素”，以此构建艺术批评的坐标，并按艺术“四要素”的内在或外在关系以及这一批评坐标的不同向度，区分出几种不同的批评理论。艾氏的这一理论在80年代末被译介进来后，引起了我国文论界的关注，由于这一理论从宏观上把握文学的基本要素并构建文学活动系统的框架，与我国当代文论从实践论视角看待和理解文学活动系统的理论思路恰相吻合，因而被纳入到实践论文论的视野中，并且那种过于哲学化的“实践论”理论范畴也随之转换成为一种更具有艺术意味的“活动论”的理论范畴，此后一些系统性的理论建构，往往都是在“活动论”的名义下展开的。但不管用什么名称，其理论思路主要是由实践论发展而来，并且也是以实践论思想为内核的。

三、马克思主义人学思想与人学的文论研究思路

我们以往对马克思主义哲学思想的理解是存在较大局限性的，先是仅限于唯物反映论与认识论层面的读解与阐释，进入新时期后才推进到实践论层面的理解与开掘，由此而突出了社会生活的实践性，以及实践活动中人的主体性，为解放生产力，为激发人们投身于改革开放实践并充分发挥主动性、积极性、创造性，为改革开放实践中的大胆闯大胆试及各种实验探索，提供了理论上的重要支持。但这只解决了实践动力的问题，还未能解决价值目标的问题。因此随着对实践论哲学讨论的逐步深化，对于马克思主义理论学说的进一步开掘，也逐渐推进到人学的层面。80年代中期以后，我国理论界日渐形成“人学”研究的热潮，其中尤为重视对马克思主义人学思想的阐发（也包括对现代西方马克思主义学派中有关人学理论资源的借鉴），借以研究探讨人与人类社会的健全合理发展问题。

在此背景下，文论界也致力于从马克思主义人学思想出发来思考探讨文艺问题，以寻求中国当代文论发展的新思路。

从本体论方面来看，我一直认为，“文学是人学”这一传统命题，完全可以在马克思主义人学视野中作为一个文学本体论命题来理解，具体来说就是文学的本体存在与人的本体存在是一致的，把文艺放到人的生存发展（人生实践）的根基上，与人对自己自由自觉生命活动的观照体悟及对自由解放的追求联系起来思考，就有可能对文艺活动作出比认识论文论或实践论文论更深入切实一些的阐释。倘若我们基于对马克思主义人学本体论的理解，从马克思主义实践论哲学和人学统一的基础上来理解文艺活动的本质特性，则可以说文艺活动是人的自由自觉生命活动的一种实现方式，是人（民族乃至人类）生存的审美表达方式，具体说就是文艺活动的主体对自身、民族乃至人类生存状况进行审美观照与体悟的一种传达。与实践论联系起来看，则文艺活动既是主体人生实践的一种结果，同时也是这种人生实践本身，是主体的实践选择与审美创造。其次，从价值论方面来看，过去认识论文论既以反映生活为文艺本体，更以认识生活作为文艺的价值目标。然而我认为，虽然“认识”也不失为文艺的价值功能之一，但它并非文艺价值功能的全部，更不是终极价值；实践论文论以人的文艺活动实践为本体，以文艺活动中的自我实现为价值目标，应当说这也还没有涵括文艺的价值功能，也仍然没有抵达文艺的终极价值。只有超越社会学的意义，深入到人学价值论的层面上，从人的自由自觉的生命活动的本性着眼，以“自由”（在文艺活动具体表现为“审美自由”）为基本的价值坐标，以人的解放和自由全面发展、追求人性的完善与完美为尺度来看待文艺活动的价值，或许更能切入文艺价值的本质，从而抵近文艺的终极价值。

（原文约13000字，发表于《江西师范大学学报》2001年第4期）

文摘编辑：王佃启

当代中国文艺美学的学术拓展

王岳川

[作者简介] 王岳川，北京大学教授，博士生导师，从事文艺美学研究。

[内容提要] 本文通过中国文艺美学研究的学术史的梳理，分析和把握文艺美学的逻辑起点和价值终点，力求站在当代美学发展的前沿，注意吸收相关学科和新兴科技研究新成果，在价值论上将艺术审美同人的审美生成联系起来。认为：文艺美学的学术定位并不是缺乏理论体系，而是缺乏运用文艺美学这一学术视角来透视和剖析当代中国的文艺现状中的种种问题，在新世纪的学术话语中，文艺美学应承担的一系列极具现实意义的理论和实践课题，使文艺创作实践和文艺理论建设形成良性互动。

[关 键 词] 文艺美学；学术拓展；逻辑起点；学术定位；价值论；方法论。

文艺美学从诞生之日起，就在学科的交叉性质、学科的知识谱系定位、学科研究的方法论、学科的未来前景等方面遭遇挑战，这些问题引发了学科更深层次的问题。即：怎样在跨学科或者交叉学科中给文艺美学的研究对象、研究方法、核心范畴、相关领域提出更具有体系性的理论？如何对当代艺术中的复杂问题加以深层面的研究，不停留在创立一门新兴学科上，而是深入到学科内部，探索它的形成原因和未来趋势？怎样避免经院哲学般的理论僵化性，创建具有中西文艺美学视界融合的新思维，更多地对现实文艺现象文艺思潮发问，参与当代文艺批评和后现代文化研究层面，审视已经出现或者将要出现的生命意义和艺术价值新问题。显然，在文艺美学成为中国文艺学和美学界中的分支学科以后，问题不是简单了，而是更为复杂了。因为关于学科定位和学科基本问题的问题，时常产生一些学术争鸣，难定于一尊。

文艺美学的学科定位并不像有的人所说的是缺乏理论体系，相反，我觉得缺乏的却是运用文艺美学这一学术视角来透视和剖析当代中国的文艺现状中的种种严重问题。20世纪90年代是一个特殊的时期，在这10年间，中国文艺美学研究有自己的影响力。毕竟中国已经不再仅仅处于从前现代到现代转型的过程中，而要面对现代性自身的诸种困惑。其中，不仅有政治、经济、文化的转向，还有人们审美心态的转向和艺术趣味的转向。

文艺美学与美学和文艺理论相辅相成。一般而言，哲学领域的美学学科研究哲学美学，哲学美学关注美的本质、审美心理和艺术三方面内容，它研究普遍审美原理、审美范畴和某些特性，因此它强调的是普遍性。文学领域的文艺理论主要研究四方面问题，即作家与社会、作家与作品、作家与自我、作家与读者的关系，它研究的是文艺的一般规律和特性。在我看来，作为中介的文艺美学研究是人的现实的审美处境和灵魂归属问题，它是通过艺术这一中介达到的。在美学中，有自然美、艺术美、社会美，最高境界是艺术美。文艺美学就是通过对艺术美的研究来对人的处境和灵魂问题加以审美解决。但在科学飞速发达的今天，文艺美学要解决现实处境似乎比不上政治经济，解决灵魂归属又比不上宗教。所以，文艺美学的学术定位变得很难。那么，文艺美学存在的依据是什么呢？我想说的是，文艺美学是特殊的审美意识形态——它总是从更高的法则来检验现在，总是以未来理想的光亮洞烛现实的黑暗，以边缘的身份对抗中心话语权力。这种特殊意识形态的正面效应是带来群体的自我身份的确认，负面效应是显示某些事物的扭曲和变形——作家以自己笔下人物的沉沦来展示世界的真相，通过对自身的扭曲来展示黑暗。但文艺美学的最高境界不是后现代式的调侃、调皮、哗众取宠，而是本真状态的“童心、慧眼、傲骨、柔肠”。只有具备这样的文艺美学理想的艺术家，才可能有真正的未来。而很多当代艺术家只是在做秀，做秀的结果就是“秀”的时间非常短——昙花一现而已。

在现代性“理性”面前，张扬“感性”生成的文艺美学总是需要面对以下问题。第一，关注工具理性未来辉煌的时候，感性艺术怎样关注人的灵魂复归。追问科学在制造了一个辉煌神话之后，是否是把人类引向了一个更大的片面化。第二，为什么历史理性关注终极乌托邦而不关注个体生命的内在痛苦，关注分工的巨大利润却不关心日益严重的人性空洞。后工业社会究竟应该怎样发展？是在工具理性中不断“追新逐后”？还是在文艺美学中不断精神怀旧、不断人性复苏？比较高明的学术定位当在理性学和感性学之间形成一种巨大的文化张力，这一力量的合力的方向，可能是人类未来发展的一个方向。在这种向前和向后的话语权力空间中，可能构成人类精神发展的双元。

在文艺美学中需要警惕的是：对传统美学轻率地打

倒骂倒的虚无主义做法，是缺乏创造力的“审父”。但半个多世纪以来，人们审来审去却发现父亲（传统）没有审倒，结果却是文化之根的总体遗忘。审父时代后人们开始了“自审”时代。这一代审视什么？人们在摇滚中成长，在随身听中长大，在学英语中漂白。这代人能够为未来世界提供什么？有没有前人那种博大而深厚的文化积淀？但是自审的时代刚刚开始就变成了自虐。很多行为艺术家开始了反文化的行为主义自虐，通过艺术自虐的方式来显示艺术是一种抗议。但又不知抗议什么，抗议之后该怎么办。如行为艺术家编《不合作方式》。在自审与自虐之间，中国文化面临了决裂与选择的双重困惑。然而，决裂很容易也很姿态性，而创造却相当艰难。这表明21世纪的中国文艺美学的痛苦将是“试验的痛苦”。在传统经典之外我们要建立自己的合法性，我们必须找到历史的缝隙，并将自己的心性智慧的思考铸成我们的新历史。

在文艺美学为自己定位的过程中，文学理论的文艺美学却有着被文化理论或者文化研究所取代的阴影。今天文艺理论逐渐泛化为哲学、心理学、社会学等等。在我看来，文艺美学不会消亡，但是会成为一种知识型，在社会实践层面逐渐变成边缘，而走向中心的将是文化研究。文艺美学将从关注小文本的阐释，即词语、修辞、人物、寓意等小文本阐释走向关注大文本的文化阐释，即阶级、性别、文化、民族、华语压迫、权力运作等，这是因为文学的接受对象变了，文学的研究对象变了，文学传播的机制变了，因此文学价值的功能也就转变了。这无疑使得文艺美学在今天也是“难”的。文艺美学不是无限的，它只是让人认识到自身的有限性，以及人审美超越的可能性。

文艺美学有自己的方法，主要以审视人的现实审美处境和价值归依问题为宗旨，具体分为作家——作品——读者——社会等几个层面的审美关系研究，尤其重视读者和社会审美问题的研究。正惟此，文艺美学注意吸收相关学科和新兴科技研究新成果。

近年来，文艺美学将解释学美学作为自己重要的方法论原则，认为不了解解释学精神就有可能使文艺和美学研究停留在客观文本意义层面，其结果就是没有发展和创新。对文艺美学意义的解释的另一极端是解构主义方法。解构方法进入文艺美学理论中，不再注重过多的现实政治企图，而注重文本的政治文化解读——从最小的脚注开始进行解构文本和理论体系，看其是否出了问题。同样，女权主义研究对文艺美学研究中研究女性被压抑声音的揭示有敞亮之效，但不能泛滥，如果把这种理论方法变成为一种性战争契机，一种权力的争夺，就将失去这一研究视角的意义。

当代文艺美学受后现代主义、后殖民主义和新历史主义方法影响很大。尤其是在后殖民理论视野中，关于东方主义与西方主义、文化霸权与文化身份、文化认同与阐释焦虑、文化殖民与语言殖民、跨文化经验与历史记忆等问题，都与后殖民语境中的“主体文化身份认同”和“主体地位与处境”紧密相关。后殖民主义文化研究方法成为当代文艺美学研究的重要话语，是其对社会文化理论文本解读的新方式：重新将阶级、阶层、文化冲突变成国与国的关系、第一世界和第三世界的关系来分析，强调文化审美的差异性。而新历史主义同样是讲文化、意识形态，它强调的是，被压抑的那部分权利和声音通过一种支离破碎的方法说出来的时候是怎样言说的。在当代中国有不少新历史小说和新历史电影，值得文艺美学深入研究。

文艺美学必须吸收新的方法，使自己能够从边缘处去审视处于中心的话语，在边缘性问题的剖析中逐渐消解中心话语。但是我们仍然得问：这些方法能为文艺美学提供一个完整的方法论体系吗？文艺美学去吸收挪用他者的方法，而文艺美学自己的独特方法是什么呢？是否存在中国本土性的文艺美学方法论呢？这是我们面临的困惑和需要解答的问题。

但也大可不必悲观，21世纪留给我们文化复兴的契机，这个契机就是文化“试验”。21世纪前面的10年很可能是中国文化的试验期，我们将能够提出自己有创见的文艺美学体系，这是有作为的文艺美学家必定要做的工作。当然，在文化试验中有两个问题需要解决，就是各国美学差异性与全球化审美共识性的问题。如果说传统美学是以内容胜，现代美学是以形式胜，那么到了新世纪的文化和美学试验可能会出现这样的情况：在形式方面去寻找人类的审美共识，而将民族的精华体验熔铸为审美差异性内容。中国文化已经进入必须试验必须创新的文化进程中，因而只有从文化和美学的“拿来主义”走向“文化输出主义”，21世纪中国的文化和美学才能具有世界性意义。

我仍然坚信，在反艺术和反美学的“后”时代，文艺和文艺美学仍有其不可取代的存在价值，真正的文艺仍然是一种灵魂唤醒的本真生命活动，是人的寻求生命意义和自我审美生成的过程。只有在艺术本体与人的本体紧密相连之处，文艺美学才有可能在中国本土文化资源中真正寻找到自己的思想地基，才会有新世纪东学西渐式的理论播撒和学术辉煌。

（原文约5000字，发表于《深圳大学学报》人文社科版2002年第1期）

文摘编辑：王佃启

文学史分期之我见

严家炎

[作者简介] 严家炎，北京大学中文系教授，博士生导师，中国现代文学研究会会长，主要从事现当代文学研究。

[内容提要] 文学史分期应以文学自身的演化状况为依据，不必与历史分期强求一致。20世纪中国文学虽有曲折，“现代性”（“人的觉醒”、“文的觉醒”）仍是其根本标志。“五四”新文学的主流肯定文学的“独立价值”，本着作家“内心要求”行事，并不接受“工具”论。这种观念也影响到后来的许多作家。90年代文学大体上仍在“五四”设下的轨道上运行。

[关 键 词] 现代性；人的觉醒；文的觉醒；文学的独立性价值。

文学史应该采用什么样的原则来划分时期或段落？关键要看文学自身有无重要的演化，甚至有无新形态的文学出现。也就是说，文学史分期必须从文学自身的实际状况出发，看重“首尾贯穿的特色”，可以与历史的分期不一致，不一定跟着朝代走。近代就有这样的例子：1911年的辛亥革命虽然推翻了清朝，建立了民国，却很难成为文学上划分不同阶段的依据。文学史的新阶段——现代文学阶段，只能从“文学革命”后新文学的诞生算起，虽然它的受孕可能远在19世纪末年和20世纪初年。同样，1949年新中国的建立当然对包括文学在内的整个文化事业产生了重大的影响（尤其在1976年以前的时间内），但长远来看，它未必能成为文学史上区分“当代”与“现代”的里程碑，因为非文学的外力控制毕竟不可能持久，八九十年代中国大陆文学重又向“五四”文学回归，就是显著的例证。虽然在一段时间里，将1949年以后的中国文学称为“当代文学”——以区别于此前的现代文学，确也有方便之处，但却恐怕很难成为文学史意义上的划分。而且任何阶段的历史都有自己的“当代”、“当代文学”这类概念，暂时借用则可，无限期地使用就很不科学。谢冕先生之所以抱怨“被称为‘当代文学’这个文学研究学科……眼看就要超过半个世纪”，原因大概就在这里。

谈蓓芳教授文中曾作过一个基本的判断：“从1917年的文学革命到80年代的文学都属于现代文学的范畴，而从该世纪初到文学革命的发生，则可视为现代文学的酝酿期。”美国哥伦比亚大学王德威教授也写过《被压抑的现代性：没有晚清，何来五四?》（载《学人》第10辑），看来，“五四”和晚清的文学关系如同现当代文学关系一样，确实很值得讨论。我个人很赞同两位教授的这一见解，并愿意借此机会披露一件“旧闻”。还在王瑶先生尚健在的80年代，中国现代文学研究会的学术刊物——《中国现代文学研究丛刊》编委会就曾作过一个不成文的决定：允许刊发1917—1949年时段以外的论文，向上可推进到20世纪初年，向下则延伸到70年代末期（后来又延伸到80年代），从那时起，《丛刊》上已刊发了一批这样的稿件。这样做不仅为了拓宽学术视野，更因为这八九十年的文学中毕竟有一条“现代性”的线索可寻——“人的觉醒”、“文的觉醒”就是其突出标志。可见学界对这个问题似乎隐隐约约存在着某种共识。当然，用“现代文学”这个概念来概括20世纪绝大部分时间的中国文学，同样还存在类似“当代文学”内涵上的模糊不清之处。而且，我们所谓的“现代”，在日本就叫做“近代”。中国史学界不少学者，也将1919—1949年30年归属于“近代”。为了避免过于含混、不确切，我主张，将来还是先改用“20世纪中国文学”（时间从19世纪90年代到20世纪90年代，下限暂不设定）这个相对稳定的概念为好。

至于20世纪90年代文学是否已经“逐渐与‘五四’新文学传统产生距离”，是否“已进入了一个异于‘五四’新文学传统的时代”（谈蓓芳语），我倾向于陈思和先生的意见，持一种比较谨慎的态度，暂时不下断语。这一方面是因为90年代文学本身相当复杂，它的发展方向并不明朗单一，思潮本身也有待沉淀，目前就进行总体性的判断似乎为时尚早；另一方面，对所说的“五四”新文学传统的理解（谈教授认为“五四”新文学的主流仍有“工具”论倾向），人们可能也存在着某些分歧。

在我看来，“五四”新文学本身（包括它的文学观念）是非常宽广多样的，不宜过于简化。“文学革命”先驱者就主观愿望而言，曾倡导写实主义，主张新文学与国民性改造相结合。但由于中国设定现代目标时，西方已开始进入“后现代”，欧美二百年间历经的思潮几乎在“五四”时期同时涌入了中国，每一个文学社团、每一位作家接受的影响也就极为复杂多元：既有“为人生的文学”，也有“艺术无目的”论；既强调文学的社会使命，也强调文学的“自我表现”；创作中既有写实主义（包括主观性很强的写实和客观的为写实而写实），也有象征主义、新浪漫主义（包括罗曼罗兰式和梅特林克式），还有表现主义、唯美主义、神秘主义等等。如果借用陈思和先生的语言，“五四”在文学上其实是个“无名”的时代。

拿陈独秀来说，在强调文学的社会写实功能的同时，他也强调文学必须保持独立地位与独立价值，不赞成只把文学当做“工具”。他在《答曾毅信》中说：“状物达意之外，倘加以他种作用，附以别项条件，则文学之为物，其自身独立存在之价值，不已破坏无余乎？”在《文化运动与社会运动》一文中还说：“文学艺术里面，也许有人喜欢加上一点社会化的色彩，描写到妇女问题和劳动问题；从事社会运动的人，也许要很留意文学美术做他们社会运动底工具；但这两类事业底本身，仍然是两件事，不可并为一说。”“一个人若真能埋头在文艺、科学上做工夫，什么妇女问题、劳动问题闹得天翻地覆他都不理，甚至于还发点顽固的反对议论，也不害在文化运动上的成绩。”可见陈独秀并不是个单一的“文学为社会改造服务”论者。

起草了《文学研究会宣言》的周作人，当然是主张“文学为人生”的了。但他在《新文学的要求》中又说：“人生派说艺术要与人生相关，不承认有与人生脱离关系的艺术，这派的流弊，是容易进到功利里边去，以文艺为伦理的工具，变成一种坛上的说教。正当的解说，是仍以文艺为究极目的；但这文艺应当通过了著者的情思，与人生有接触。换一句话说，便是著者应当用艺术的方法，表现他对于人生的情思，使读者能得艺术的享乐与人生的解释。这样说来，我们所要求的当然是人的艺术派的文学。”足见周作人还是相当清醒的，他所阐释的文学目的功能也是较为贴切的，并没有回到“文以载道”上去，无非主张文学是具有社会性的作用的“自我表现”而已。

鲁迅确实赞同“文学为人生”，但其涵义极为宽泛，包括启人思索，促人觉醒，予人“兴感怡悦”的审美享受等内容。他始终重视文艺的特征，认为创作是作者内在感情的自然流露（“从喷泉里出来的都是水，从血管里出来的都是血”），还指出过“文艺与政治的歧途”。他的小说创作，自谓从“回忆”引起。像《孔乙己》、《故乡》、《祝福》、《在酒楼上》、《孤独者》等，写的都是某种刻骨铭心的人生经验或内心体验，绝无先驱者特意向人“启蒙”的姿态。他1922年写的《不周山》（《补天》），其创作心态恐怕也同后来莫言之写《透明的红萝卜》并无多大差异。只有首篇《狂人日记》，无论在发表时或今天读来都极具震撼力，“呐喊”之意明显了一点，鲁迅自己不满意，一再说它“太逼促”，反过来也可见出作者定下的艺术标准之高——他实际是按“纯文学”来要求自己的。

创造社在初期倒是认为“艺术无目的”，创作只应该本着“内心的要求”行事，但他们又不否认“文学的社会使命”。事实上，他们的小说、诗歌也没有脱离时代，脱离社会生活。

这样说来，“五四”作家在文学思想上大多具有二元论倾向。他们从西方接受了“纯文学”的观念，但中国的现实又没有为他们提供“象牙之塔”。国运的忧虑，社会的黑暗，人民的苦难，与作家个人的遭际交互渗透，这些感受和体验不能不流泻到他们的笔下。国外和国内都有学者将“五四”作家的“感时忧国”精神与传统的“文以载道”观念相联系甚至相等同，这在我多少有点不敢苟同。不是说“五四”作家的作品一定没有“载道”的成分。像一部分“问题小说”、“问题剧”所表现的新思想较为浅露，蒋光慈小说明显具有某种宣传意味，这些都可以说没有脱离“载道”的气味。创造社作家的有些作品直抒胸臆而过于直白，那只能说是艺术上的幼稚，而“五四”时期从鲁迅到彭家煌、台静农、陈炜谟以及稍后叶绍钧、郁达夫等作家的一些较圆熟的作品，不但内容上与封建之“道”相对立，而且情志、意象、语言水乳交融，内在天成，毫无外加的“载”的成分，因此，可以说与“文以载道”的旧观念并无瓜葛。而且，这种态度也影响到稍后的废名、沈从文、凌叔华、林徽因等京派作家和一部分优秀的左翼作家如吴组缃、艾芜、萧红。直到40年代，沈从文的《看虹录》，汪曾祺的《绿猫》，骆宾基的《乡亲康天刚》等，也都承传了这一相当“个人化”的看似“无所为”的作风。“五四”作家如果要讲有共识，大概也只在“文学写人生体验并具有独立审美价值”这一点上。按照这种理解，那么，我们也许可以认为，90年代文学最突出的部分大致也仍在“五四”设下的轨道上运行，似乎很难说已经开始了一个崭新的阶段。

总之，我认为近百年中国文学的发展尽管有曲折，一段时间内甚至还有严重的倒退，但确实贯穿着“现代性”的线索，构成了有别于古代文学的独特段落。

（原文约5000字，发表于《复旦学报》社科版2001年第3期）

文摘编辑：王佃启

少数民族文学在中国文学史上的地位

赵志忠

[作者简介] 赵志忠，中央民族大学少数民族文学研究所所长，副教授。

[内容提要] 中国文学是由汉族文学和少数民族文学共同构成的。少数民族文学是中国文学的重要组成部分，没有少数民族文学，中国文学是不完整的。神话、英雄史诗、叙事长诗是少数民族对中国文学的独特贡献。曹雪芹、萨都拉、李贽、文康、纳兰性德以及老舍、沈从文、萧乾、舒群、端木蕻良等不同时代的少数民族作家在中国文学史上占有重要的地位。

[关 键 词] 少数民族文学；中国文学史；地位。

在民间文学领域里，中国少数民族民间文学显得尤为突出。那绚丽多姿的少数民族神话，那令世界震惊的少数民族英雄史诗，那多姿多彩的少数民族叙事长诗等等，都是不可多得的艺术珍品，在中国乃至世界文学史上都占有一席之地。

中国到底有没有神话？中国神话为什么不发达？对此近代中外学者的观点不尽一致。问题在于他们所讨论的只是中国的汉族神话，没有涵盖中国少数民族神话。但仅就汉族而言也不可能没有神话。神话作为原始初民在生产力低下的条件下征服自然和人类自身的产物，在每个民族历史上都有可能产生。而汉族作为一个具有悠久历史的民族也不例外，说汉族无神话是不符合事实的。

在《山海经》、《淮南子》、《楚辞》等汉族文献中关于神话的记载大都是零碎的、不完整的，个别的只有神话片断和神名。如“盘古开天辟地”、“女娲补天”、“夸父逐日”、“精卫填海”、“刑天舞干戚”、“羿射十日”等神话，在一些史书记载中只有几十字、上百字。在《楚辞·九歌》中所保留的神话，大都是一些神话人物的名字，如湘神、山鬼、河伯、日神等等，却缺少神的具体故事。多数学者认为，中国汉族神话不丰富的原因，主要是由于古人将神话“历史化”了。而历史化的主要代表人物就是儒家学说的创始人孔子。他的“不语怪、力、乱、神”的主张，直接影响了儒家的历代思想家。他对“黄帝四面”、“夔一足”等神话人物的解释，可视为将神话历史化的典型。事实上汉族在历史上并不缺少神话，汉文文献中所记录的大量神话片断、神话人物，就足以构成一个庞大的神话体系。遗憾的是，这些神话由于种种原因，并没有完整地流传至今，致使人们还看不到它的本来面目。

而保留完整的多姿多彩的中国少数民族神话，却足以弥补“中国神话不发达”的缺憾。少数民族神话与汉族神话一起所构成的中华民族神话，绝不比世界上其他民族、国家的神话逊色。中国少数民族神话不论在数量上，还是在质量上都相当可观。从数量上看，55个少数民族几乎都有自己完整的神话；从质量上看，少数民族神话几乎包括了所有神话的种类，如开天辟地神话、人类起源神话、洪水神话、宗教神话等等。南方民族的洪水神话，北方民族的萨满神话都别具特色。不但有散文神话，而且还有韵文神话。长篇韵文神话在众多民族中流传，成为少数民族神话的一大特色。

中国少数民族神话不仅弥补了汉族神话的缺憾，而且还以内容之古朴，种类之繁多，色彩之鲜明，神系之庞大，在世界神话领域里居于不可忽视的地位，甚至可以与古希腊神话、埃及神话、印度神话等相媲美。

到目前为止，在汉族民间文学中还没有发现英雄史诗。而在少数民族民间文学中，英雄史诗却大量地存在着。中国少数民族英雄史诗的产生和发展，丰富了中国文学的内容和表现形式。

英雄史诗在许多少数民族中都有流传，在藏族、蒙古族、柯尔克孜族、维吾尔族、哈萨克族、纳西族等民族中流传更为广泛。其中，藏族的《格萨尔王传》、蒙古族的《江格尔》、柯尔克孜族的《玛纳斯》被称为中国三大英雄史诗，并已引起各国学者的关注，成为世界著名的英雄史诗。这三部英雄史诗不论从篇幅上，还是从艺术表现上都足以与古希腊罗马史诗《伊利亚特》、《奥德赛》相抗衡。而《格萨尔王传》更是以60余部，120多万行的鸿篇巨制，为世界英雄史诗之冠。

除了三大英雄史诗外，蒙古族还有《格斯尔传》、《勇士谷诺干》、《宝木额尔德尼》、《英雄希林嘎拉珠》等数十部长、短篇英雄史诗。哈萨克族有《英雄塔尔根》、《好汉康巴尔》、《霍布兰德》等数十部英雄史诗。柯尔克孜族有《库尔曼别克》，维吾尔族有《乌古斯传》，纳西族有《鲁般鲁饶》等英雄史诗。这些英雄史诗构成了中国少数民族英雄史诗群。

中国少数民族民间叙事长诗的高度发达，与汉族民间叙事长诗的极不发达形成了鲜明的对照。汉族民间叙事长诗作品较少，到目前为止能够称得上叙事长诗的只有《孔雀东南飞》和《木兰辞》两部，而且比起众多的少数民族叙事长诗来既显得孤单，又显得简短。

在中国少数民族民间文学中，几乎每一个民族都有自己的民间叙事长诗，个别民族甚至有几十部、上百部，如傣族和哈萨克族。据不完全统计，傣族民间叙事长诗共有五百多部，如《召树屯》、《娥并与桑洛》等。哈萨克族民间叙事长诗共有二百多部，其中《巴克提亚尔的四十个故事》、《四十个大臣》、《鹦鹉故事四十章》、《克里木的四十位英雄》被称为哈萨克族的“四大奇书”。其他民族中流传的作品还有《成吉思汗的两匹骏马》、《成主传》、《艾里甫与赛乃姆》、《阿诗玛》、《马五哥与尕豆妹》、《嘎达梅林》等。这些民间叙事长诗多层次、多角度地反映了我国少数民族的社会历史与生活，是我国各族人民的宝贵精神财富。

中国少数民族作家文学没有汉族作家文学历史悠久，也没有庞大的作家群，以及类似诸子散文、汉赋、唐诗、宋词、元曲等一以贯之的文学发展序列。但在少数民族古代作家文学中，也曾出现过像石君宝、李直夫、杨景贤那样的元杂剧作家，像萨都剌、耶律楚材、纳兰性德、顾太清那样的诗词作家，像李贽、哈斯宝、裕瑞那样的文学理论家，像曹雪芹、文康那样的小说家。这些少数民族作家与同时期的汉族作家相比毫不逊色，曹雪芹等甚至代表了那个时代文学的高峰。

在中国现当代文学领域内，少数民族作家也占有重要的地位。老舍、沈从文、端木蕻良、萧乾、舒群等一大批老作家，以及玛拉沁夫、晓雪、李乔、李准、赵大年、霍达、张承志、乌热尔图、孙建忠、阿来等一大批当代作家，他们都在各自的文学领域做出了自己的贡献。值得一提的是满族作家老舍和苗族作家沈从文。在中国现代文学史上历来有“鲁郭茅、巴老曹”之说，其中的“老”，就是指老舍先生。可见他的文学地位之高。由于历史的原因沈从文一直没有在正统现代文学史中占有一席之地，偶尔提及，远远不能反映其文学成就与影响。就其文学成就而言，他与上述作家完全可以相提并论。

老舍，满族现代小说家、戏剧家，被誉为“人民艺术家”、“语言大师”和“京味小说大家”。从满族文学史上看，他是继曹雪芹、文康之后又一位著名满族作家。在他几十年的创作生涯中，共写出了一千余部（篇）各种体裁的作品，总字数达800万。其小说《骆驼祥子》、《四世同堂》、《正红旗下》及剧作《茶馆》、《龙须沟》等作品具有很高的文学成就。老舍不但是一位杰出的文学家，还是著名的社会活动家和学者。他曾先后在齐鲁大学、山东大学担任教授，到英国、美国教书讲学，并且翻译过萧伯纳的剧作。早在抗日战争期间他就担任过全国文化界抗敌协会的主要领导，后来任中国作协副主席，并主要负责少数民族文学工作。他还多次出访日本、印度和前苏联等国，促进了国际间的文化交流。

沈从文，现代小说家、散文家、历史文物研究家，湘西苗族人。他是继鲁迅之后，中国现代文学史上最有成就的“乡土文学大家”。他的小说、散文具有浓郁的湘西风情和少数民族特色。在他不太长的文学创作历程中，先后写出了六七十本小说、散文集。小说《边城》、《神巫之爱》、《长河》以及散文《从文自传》、《湘行散记》、《湘西》等都是难得的艺术珍品，在中国现代文学史上占有特殊的地位。由于历史的原因，沈从文在后半生近40年中没有进行文学创作，而改行从事文物研究工作。他的文学成就被排斥在中国现代文学史外，他的文学作品屡遭禁止。但历史是公正的，20世纪80年代在中国乃至世界掀起了一股强大的“沈从文热”。人们开始重新认识沈从文，他的作品也受到了国内外专家、读者的好评。

作为少数民族出身的作家，老舍与沈从文在中国现当代文学史上的地位是无法取代的。他们作品中的地方色彩、乡土气息、民族气质是其他作家所不及的。他们虽然都与诺贝尔文学奖擦肩而过，但他们的文学成就是举世公认的。

在中国少数民族年轻一代作家中，霍达、张承志、乌热尔图、孙健忠及阿来十分引人注目。他们的创作日趋成熟，以其鲜明的个人风格和民族特色先后在国内获得大奖。《穆斯林的葬礼》、《黑骏马》、《一个猎人的恳求》、《醉乡》、《尘埃落定》等作品，在中国当代文学中占有重要的地位，并且预示着中国当代少数民族作家群的成熟。

总之，中国少数民族文学在中国文学史上的地位是不容低估的。无论是在民间文学，还是在作家文学领域里，少数民族文学都做出了自己的贡献。

（原文约5000字，发表于《中央民族大学学报》社科版2001年第5期）

文摘编辑：王佃启

古代诗文中女性肖像描写变异考

杨菊

[作者简介] 杨菊，南通师范学院中文系教师，上海师范大学中文系在读研究生，主要从事写作学研究。

[内容提要] 肖像描写讲究的是“以形传神”，但如果以历史的眼光审视大量存在于文学作品中的女性肖像描写，它折射出男性的审美观随着社会历史的变迁而变化的轨迹，“以形传神”几乎是个悖论。女性因为父系社会确立后被迫沦为“第二性”，在家庭、社会各个领域遭到男性的全面压制，从而被异化。这种变异在女性肖像描写中的主要表现：一是弥漫着浓郁的色情味，男性从欲望出发把女性视为纯粹的审美对象；二是千人一面，男性中心主义的角度使他们很难有独具特色的女性美的描写。

[关键词] 古代诗文；女性；肖像描写；审美态度。

写作学中的肖像描写指的是对人物外形特点的描写。它包括人物的容貌、姿态、神情、服饰等。肖像描写历来讲究以“形”传“神”，即从人物外形，展示人物的精神气质，性格特点。在“形似”的基础上追求“神似”，力求做到形神兼备。

这种传统的写作理论，在我国的古今文论中多有阐释。叶圣陶说：“描写人物以性格为主。容貌、态度、服饰等等常作为性格的衬托，在足以显出人物性格的当儿，这些才属真正的必要。”王蒙说：“仅仅从外表判断一个人常常不可靠，但也常常可靠；而且不论可靠还是不可靠，几乎没有人不这样做——人们无法抑制这种直观判断的诱惑，这本身就包含着审美的愉悦与思辨的超思辨的，经验的超经验的快乐。”这种有关肖像描写的写作理论有它的合理性，古人云：“人心之不同，如其面焉。”俗话也说：“未知其人，先观其貌。”“在中国人的传统观念中，人的容貌体态与人的性格心理之间，有着一种神秘的隐喻、象征关系。于是，在文学作品中，人物形象的容貌体态也往往被用来暗示人物的性格特征。正因为如此，几乎所有的文学作品都或多或少地对人物进行肖像描写，一开始就给读者画出人物的肖像，就像戏剧中的“亮相”一样，一开头就给人一个鲜明的印象，使读者对他的身份、性格有个基本的了解。

古代文学作品中的大量的女性肖像描写，她们的容貌体态与性格心理之间绝对不是容貌与性格的互相对应。女性的肖像描写反映出社会对女性美认识的发展变迁，特别是男性中心主义使女性美呈现出变异的特征。

《诗经》是我国第一部诗歌总集。其中《诗经·卫风·硕人》是写国人对“硕人”，卫庄公夫人庄姜美丽的称赞。《诗》言庄姜之美，必先言“硕人颀颀”。言鲁庄之美，必先言“猗嗟昌兮”、“颀若长兮”，所谓“好而长”也。由此可知，在《诗经》产生的年代，男性对女性的“审美”标准主要是作为健康标志的“长大为美”、丰满为美的观念，此外还可能包括五官尤其是表达神情的眼睛的美，也还可能加上对肤色白皙的要求。这说明那时对女性外貌美的描写，男子的态度是客观、严肃、尊重的，审美观是自然朴素的。以“硕”、“颀”、“长”为美也带着原始质朴的遗风。因为，女性是历史的开创者，在最初人类文明的历史时期女性是绝对的主宰者，掌握着人类历史的第一柄权杖。她采摘果实，发展农业；她繁衍后代，排解纠纷。她高大、慈祥又威严。在原始社会女性是生命、富饶、丰收的象征。

但自从父系社会确立以后，人类历史的权杖转移到了男性手中，女性便失去了独立的社会地位，沦为“第二性”，处于从属的、被支配的、甚至被奴役的地位。到春秋战国后期，女性，尤其是美貌的女性被领上男性政治斗争的祭坛。西施成了吴越争霸的政治工具，开创了利用女色帮助男性达到一定政治目的的先河。随着女性在社会政治家庭生活中地位的改变，男性对女性的审美观也发生了变化。《诗经》的女性描写只提及女子的肤色、手、五官，只有脸部的整体印象以及颀长的形象。《左传》也只提到过女子的肤色、发色。而在《楚辞》和宋玉作品中充斥的女性描写，却明显转向体态方面。宋玉《神女赋》中女性形象是战国时代最具艺术魅力的女性形象，也由此开创出一种全新的女性美描写。

宋玉笔下的神女形象的总的特点是体态轻盈，风姿绰约。同硕人相比，宋玉的描写不但铺排，从各个角度描写了神女的容貌、服饰、体态和气质，而且几乎细腻到了某种猥亵色情的地步，带着非常明显的赏玩意味。如果说《诗经》中对女性的外貌描写更多的是表现一种男女基本平等的朴素的恋爱关系，作者的态度是严肃客观的，那么，宋玉笔下的女性形象无疑反映的却是一种奴役性的男女关系，女性已不再是男性的情爱对象，而是男性欲望的对象，同时也蜕化成男性的纯粹的审美对象。男性从生理欲望出发来审视女性，使女性不由自主、无可奈何地被对象化，“在人类之外毕竟不存在一个把人当作认识对象的非人族类，所谓神意也只是人类自我认识的折射。”但女性却成了男性统治世界里的某样被认识的对象。“人类把女性视为纯粹的审美对象本身就是一个可悲事件。”这样女性要么是被男人赏玩的艺术品，要么是被他们弃之如敝屣的垃圾。宋玉的神女形象在某种程度上，标志着女性沦为女奴时代的开始，神女形象同时也规范了后世男性对女性的审美范式以及审美标准。

唐传奇中对女性的肖像描写不似宋玉的《神女赋》那么繁复铺陈，一般都比较简单。描写简单的原因可能是传奇作为小说发展的初级阶段，在艺术上还不够成熟，故借鉴了诗、赋等艺术形式对女性的描写手法。但最本质的原因恐怕应该是汉唐是我国历史上的强盛时期，其气象之恢弘是其他朝代无法相比的，由于社会经济的繁荣，政治生活的稳定使得男性变得强大自信，从而在对女性的审美观上也相对平和宽容，尽管历史上从“楚宫腰”开始，在女性的身材方面向来以细靡，也就是苗条为美，唐代男性却也颇能欣赏武则天、杨贵妃的肥硕之美，并且由于武则天和杨贵妃特殊的身份地位，这种肥硕之美影响了整个唐代。

随着宋明理学的盛行，表现在文学作品中对女性外貌美的认识又开始由相对宽容变得单调苛刻。明代洪楩的《清平山堂话本》所录多为宋元话本的原始形态。在早期的宋元话本里女性的形象不论其道德感是善还是恶；也不论其身份是妓女还是闺秀，是仙还是怪亦或是佛；更不管其性格是要强还是软弱，她们的外貌都是一样的明眸皓齿，一样的金莲春笋，一样的仪态妖娆。

作者一方面似乎特别重视对女性的肖像的描写，刻画女性形象必画其外貌。但另一方面，却把她们描写得千人一面。女性的“美”本应是千姿百态，绚烂多姿的。但男性即使在把女性作为他们的审美对象，那他们的审美观也是非常僵化的。在男性的心目中，所有的女人都是一样的，她们不是一个个具有鲜明个性的个体，而是一个群体，最多把她们分成美或丑两个不同的群体。同样，宋元明初时期的文人如出一辙地描写女性肖像，把女性形象群体化、雷同化，也正在于此。由于传统文化和社会政治、经济等多方面的影响，女性被局限在家庭的一隅，女性角色被固定为“女儿——妻子——母亲”的三重复合，角色限制她们失去了与男性共享这个美好世界的机会，同时也不能与他们分享艰难，交流对话的可能性与必要性由此丧失，男性面对女性这个弱势群体，居高临下、不屑一顾，势必不会去用心观察女性千姿百态、独具个性的外貌特征。

另外，作者对女性肖像描写的重心总是落在对体态妖冶的描摹上。即使对出嫁那天坐化的莲女的肖像描写也是“体态妖娆，妖艳有十分之美”，这与自荐枕席于楚襄王的“旦为朝云，暮为行雨”的神女的性偶像身份又有何区别呢？连坐化成佛的莲女都可以是男子的性偶像，正如周国平所说：“男权主义者在‘女’人身上只见‘女’不见‘人’，把女人只看作性的载体。”

这种状况直至明天启年间冯梦龙的《古今小说》中对女性形象的描写还是没有多大改变。个个天姿国色，面若桃花，腰若柳条，如蕊珠仙子，似月殿嫦娥。男性仍是以一种纯粹从欲望出发的对女性的审美态度炫示着他们对女性至高无上的统治地位。

明末清初的李渔在《闲情偶寄》卷三中把姿色分为肌肤、眉眼、手足、态度，从这几个方面对女性的容貌进行了规范。

李渔赤裸裸地津津乐道于女性的肌肤、眉眼、手足、态度应该是什么样子的。而且有的完全是从他变态的生理欲望、变态的审美观念出发，把女性的身体当作一种非生命的存在，一种无生命的物质。她可以按照男性的生理欲望、社会需要与审美理想任意改变、任意塑造。上品的是可供鉴赏把玩的花瓶，下品的则是供人取笑玩耍的对象。中国封建社会对女性足部的伤害——缠足，在戕害女性身体的种种行为中，它是最刻毒、最残忍、最不人道的，却也是李渔最欣赏的，“瘦欲无形，越看越生怜惜，此用之在日者也。柔若无骨，愈亲愈耐抚摩，此用之在夜者也。”这种表白赤裸裸地反映了李渔对女性变态的、畸形的审美观念。

当然也有男性为女性的这种被奴役的悲惨境遇鸣不平。王阳明心学对程朱理学提出了挑战。李贽、袁宏道等多著文论述反对封建礼教对女性身心的束缚和迫害。曹雪芹更是从自身的遭遇出发发出了“女儿是水做的骨肉，男人是泥做的骨肉”这样的惊世之言。李渔是承宋玉而来的玩狎，曹雪芹却是人性解放的先驱。故他笔下的女性美比较丰富多彩，无论瘦弱的黛玉，还是丰盈的宝钗，俱是美的典范。而且，人物的容貌体态暗示出了人物不同的性格特点，苗条瘦弱的黛玉多愁善感，肌骨丰盈的宝钗大智若愚。

“美”从来就是丰富多彩的，尤其“女性美”更应是千姿百态。古代诗文中很多的女性肖像描写之所以千人一面，社会对女性的审美观显得单调，狭窄，甚至于变异、僵化，原因正是父系社会男性对女性的全面压制。在封建社会几乎所有男性认为女性除了自然存在（身体）以外，不会如同他们一样也有社会存在和精神存在，可悲的是女性那惟一的自然存在也受到男性的欲望支配，并且由于男女之间关系的极不平衡，男权的极度膨胀导致他们欲望的极度膨胀，他们的欲望的极度变态也导致了古代诗文中女性肖像描写的极度变态。

（原文约5000字，发表于《南通师范学院学报》哲社版2002年第1期）

文摘编辑：王佃启

论《孔子家语》的真伪及其文献价值

王承略

[作者简介] 王承略，山东大学古籍研究所副教授，文学博士。

[内容提要] 王肃注本《孔子家语》是对刘向校本《孔子家语》的"增加"，但并非所有的"增加"都出自王肃之手。王肃注本《孔子家语》中某些语句的改易和添加，当是王肃所为，其目的在于为自己的学说辩护，或别有用心地让郑玄出丑。幸而王肃篡改的范围不算太大，今本《家语》的大部分内容尚保持着刘校本的原貌，因而未可笼统地将其视为伪书而全盘否定，应该重新审视并充分肯定其重要的文献价值。

[关 键 词] 古典文献；孔子家语；王肃；辨伪。

《孔子家语》最早见于《汉书·艺文志》，被著录在"六艺略"《论语》类。从著录的类别和书名上不难看出，《孔子家语》的性质与《论语》近似，较多记载了孔子及其弟子的言行。《艺文志》所录之书，除刘向、杜林、扬雄三家而外，都是经过刘向、刘歆父子校理过的，受当时书写条件和政治上、学术上种种因素的制约，"六艺"之外的典籍大都流传不广，加以两汉之交的动荡和汉末的董卓之乱，为数众多的书籍毁于兵燹，《孔子家语》有幸忝附"六艺"之尾，故其流传不绝如缕。三国时魏王肃从他的学生、孔子二十二世孙孔猛处得到了一部《家语》，凡四十四篇。王肃以书中所论与自己的学术观点"有若重规叠矩"（《孔子家语序》），乃为之注，至今传于世，且基本首尾完具。

王肃是继郑玄之后著名的经学大师，学识号称渊博，政治地位亦极显赫，但人品却不无可议之处。治经一味排斥郑玄，超出了心平气和的学术争鸣。又涉嫌制作多部伪书，所以对于他得到的《家语》的真实性就引起了后世学人的怀疑。为数众多的学者认为今本《家语》是王肃伪造的，目的是托古以自重，从而攻击郑玄之学。当然也有学者认为《家语》渊源有自，决非王肃伪造。其成书的真实情形究竟如何，其真伪的比例到底如何裁定，直接关系到了对这部书的认识、评价和利用，所以有必要进行细致入微的分析。

当王肃利用自注《家语》肆意批评郑玄时，郑学的捍卫者、晋中郎马昭奋起驳斥王肃之说。马昭与王肃并时，又是学术劲敌，他的话应该是判断《家语》真伪的最重要的尺度。《礼记·乐记》正义引马昭曰："《家语》，王肃所增加。"值得注意的是，马昭用的是"增加"二字，而不是"伪造"二字。可见马昭只断言《家语》中有王肃的增饰成分，而不曾认定王肃伪造了《家语》全书。从王注本流行以后利用情况看，学者们大都广征博引，毫不排斥，《史记》三家注、《五经正义》等莫不如此。可见自南朝至于李唐，学术界尚未因《家语》中有王肃的增饰成分而摒弃不用。怀疑《家语》是彻头彻尾的伪书，持全盘否定之态度，肇始于南宋。

王注本较之刘校本到底"增加"了些什么，王肃以前是否就已经有所"增加"，把这两个问题考辨清楚，是评价王注本乃至恢复刘校本原貌的关键。我们通过考察学术发展的历史进程，《家语》本文与其他先秦两汉文献的互见，以及王肃与郑玄学术观点的对立，就不难发现王肃"增加"的某些痕迹。

四十四篇中有整篇增加者，如《庙制》，论天子立七庙，诸侯立五庙，大夫立三庙，士立一庙，庶人无庙，为有虞至于周不变之制；论郊以配天，论禘为五年大祭等，皆是两汉经学争论的焦点问题。《家语》托为孔子之言以为定论，而不曾想到汉儒之所以聚讼不决，纷纷论争天子七庙到底是那七庙，三代之制是否相同，等等，正在于文献无征，难以稽考。若有孔子明文可据，何用群言沸腾，呶呶不息（参皮锡瑞《经学历史》）。郑玄所论与此绝不相同，可见此篇应该是郑玄以后才增入《家语》的。又如《五帝》篇，论古帝、三代与五行的搭配关系，只能出现于王莽"篡汉"以后。也就是说，刘校本中不可能有此一篇。那么这一篇增加于王莽到王肃之间。增加者可能是王肃，也可能另有其人。李学勤先生指出：王肃自序称《家语》得自孔猛，当为可信；《家语》很可能陆续成于孔安国、孔僖、孔季彦、孔猛等孔氏家学之手，有很长的编纂、改动、增补过程，是汉魏孔氏家学的产物（见《竹简〈家语〉与汉魏孔氏家学》）。假若我们不论青红皂白，把《家语》中所有新增入的成分归咎于王肃一人，那就极有可能冤枉了他。

当然，有足够的证据表明，某些增饰的成分，特别是语句的改易和添加，只能出自王肃之手。他增饰的目的，是特意为其学说辩护，或别有用心地让郑玄出丑。比如，关于嫁娶之正时，毛亨在《诗故训传》中不止一次地指出在冬季，郑玄则根据《周礼》"中春之月，令会男女"的记载，认为当在仲春之月，所以他笺《诗》时每每改易毛《传》。在这个问题上，王肃旗帜鲜明地反对郑玄，而以毛亨为是。王肃在《家语》中挖掘出最具权威性的孔子之言以证成毛亨之说，其文云：“霜降而妇功成，嫁娶者行焉。冰泮而农桑起，婚礼而杀于此。”圣人既有言在先，郑玄自属大谬不然。今按，这段文字出自《本命解》，此篇亦为《大戴礼记》所录存，但《大戴礼记》中恰恰没有王肃称引的孔子之言。王肃又引《家语·礼运》“冬合男女，春颁爵位”之语进一步佐证嫁娶之时，按《礼运》又见《礼记》，二者文字大致相同，惟独王肃引以为据的这句话，《礼记》作“合男女、颁爵位必当年德”。王肃为一己之私，曲意篡改《家语》文字，可谓昭然若揭，一目了然。

王肃挖空心思篡改《家语》本文，对郑玄的学术和人身进行攻击，确实有失一代学者的风范。幸而王肃篡改的范围不算太大，并非凡是动用《家语》攻驳郑玄之处都经过他的改窜。实际情况是，王肃每每称引《家语》本文以批评郑玄。

如《礼记·礼运》：“礼……其居于人也曰养。”郑注：“养当为义字之误。”王肃不同意郑玄字误之说，因《家语·礼运》篇亦作养，与《礼记》合。又如《礼记·乐记》论《大武》之乐，“六成复缀以崇天子夹振之而四伐”，郑注释“崇”为“充”，并云“凡六奏以充《武》乐也”。按，依准郑注，则“天子”下读，成为“夹振之而四伐”之人。王肃见到的《家语·辩乐》文字作“六成而复缀以崇其天子焉众夹振焉而四伐”，多出“其”“焉”“众”三字，“天子”就只能上读了。大概因为郑玄破字创义过于曲解，天子亲自“夹振之而四伐”又不太合乎情理，所以清代学者孙希旦、朱彬及中华书局标点本《史记·乐书》，都一致采用王肃之说。能令古今学者折服信从，可见《家语》中文字原当如此。

综上所述，可以得出如下结论：今本《家语》的大部分内容还保持着刘校本的原貌；今本较之刘校本多出的篇目和文字，有的确实是王肃所为，有的则可能是孔氏家学中人所为；王肃为攻驳郑玄而篡改《家语》的文字，其情形和数量是有限的；王肃伪造全书的观点不能成立。

今本《家语》确有来历，有相当一部分篇章结集于西汉之时，其文献价值之高，也就不言而喻。首先，《家语》保存了某些独一无二的文献资料，是研究孔子、孔子弟子及先秦两汉文化典籍的重要依据。例如《本命解》篇载颜征在、叔梁纥、孔鲤的事迹，不见于先秦两汉其他典籍，自魏晋以下，学者们一般认为这些材料是可信的。又如《七十二弟子解》篇与《仲尼弟子列传》所记人物名字不同，籍贯不同，少孔子年岁不同，比比皆是，可以互相补充。其次，《家语》保存了比较准确可靠的文献资料，可以对传世的其他典籍匡谬补缺，具有足资参考利用的史料价值。例如《七十二弟子解》记樊须“少孔子四十六岁”，《史记》作“三十六岁”。考《左传》哀公十一年，季氏以“须也弱”为由，不同意樊须为车右，则当孔子 68 岁时，樊须 20 岁左右，所以《家语》的记载是可信的，《史记》的传本则将四十讹变成三十了。复次，《家语》保存了一大批比较原始的文献资料，有许多地方明显地胜于其他相关古籍，具有重要的版本、校勘价值。如《贤君》篇“孔子见宋君”云云，《说苑·政理》作“梁君”。清俞樾曰：“仲尼时无梁君，当从《家语》作宋君为是。”(向宗鲁《说苑校证》引)《家语》中与先秦两汉典籍重出的材料不在少数，经过千余年的流传，他书文字有误而《家语》或不误，这就不徒有助校勘而已，其保存正确的史料之功，尤应给予足够的重视。

《家语》的大部分内容是切实可靠的，而且具有不可替代的文献价值，所以它在孔子、孔子弟子及古代儒学思想研究中的重要地位，应该予以肯定，若仍一味地以人废书，全盘否定，显然是极端不负责任的。当然对于其中非刘校本原貌的部分我们一定要区别对待，尤应注意参取旁证，并结合地下出土文献《儒家者言》等，细加审视，以期剔伪存真。当前学术界对《孔子家语》给予了较多的关注，将有助于把孔子及其弟子和古代儒学的研究推向深入。

(原文约 4500 字，发表于《烟台师范学院学报》2001 年第 3 期)

文摘编辑：王佃启

《子虚》、《上林》的分合及其相关问题新探

富世平

[作者简介] 富世平，天水师范学院中文系助教，在读硕士。

[内容提要] 传统上所说《子虚》、《上林》当为一篇作品。前145年左右的“子虚之赋”乃《天子游猎赋》前一部分的部分初稿，具体讲，当是前一部分中子虚所对的主要内容。

[关 键 词] 司马相如；《子虚赋》；《上林赋》；《天子游猎赋》；分合。

《子虚》、《上林》确切地说应称作《天子游猎赋》或《上林子虚赋》，这里分开称之，只是为了叙述方便。《子虚》、《上林》最早见于《史记·司马相如传》，是一篇作品，名《天子游猎赋》。班固《汉书·司马相如列传》因之。萧统《文选》，始将其前后两部分分开，是为《子虚赋》、《上林赋》。由此，部分论者根据《史记》记载和它本身的内容与结构，认定其为一篇完整作品；有人则根据《文选》和《史记》中司马相如前145年著“子虚之赋”、前135年“请为《天子游猎赋》”的记载，认为其应是前后两个时期创作的两篇作品，孰是孰非，莫衷一是。《子虚》、《上林》当为一篇作品。对此观点以龚克昌先生的论述最为细致。

《天子游猎赋》之所以被当作汉大赋的典型代表（这一点恐怕没有人否认），就是因为它是“述客主以首引，极声貌以穷文”的一个整体。实际上就是认为其当为两篇作品的人，在谈到其特点时也都是自觉不自觉地将两部分合起来之后而言的。班固《汉书·司马相如列传》完全因袭《史记·司马相如列传》，说明班固对司马迁的记载亦无异议，其所见或他认为亦是一完整的作品。从赋本身的内容、结构来看，前后两部分并非如某些论者所言“合则一，分则二”，实际上两部分是不可分割的一个整体。可谓合则完美，分则俱伤。部分主张是两篇作品的学者，坚持如《文选》所分，但也看到了其构思的完整性。

我们说，《子虚》或《上林》当为一篇完整的作品，其名或可以从《史记》，曰《天子游猎赋》，或可从《西京杂记》，曰《上林子虚赋》。我认为，司马相如前145年创作的“子虚之赋”就是现在《天子游猎赋》的前一部分初稿，或者更具体地说，就是前一部分中子虚所对的那一部分。其内容主要描写了诸侯游猎之盛。而前135年的创作则在原有部分的基础上，经过修改加工，（独立成篇时或首尾具备，要融入新作就得经过剪裁）设置了新的结构安排，（如虚拟三人问对展开文章等）再补充以后面天子游猎之事而成。理由是：第一，《史记·司马相如列传》记载，“居数岁，乃著子虚之赋”。第二，史传录载传主的文章，一般说来多为其代表性作品。但对于武帝读后大为称赞的文章，《史记》不录者，恐亦当由于“子虚之赋”仅为《天子游猎斌》前一部分的部分初稿；其内容被《天子游猎赋》所包含，无录载之必要。第三，尽管说“子虚之赋”为《天子游猎赋》前一部分的部分初稿，内容相近，但它并不是如《文选》所分，为《天子游猎赋》的前一部分。第四，“子虚之赋”作于前145年左右。时司马相如在梁孝王门下。梁孝王由于为太后少子，再加上平吴反有功，“出从千乘万骑，东西驰猎，拟于天子”，在这种背景下创作的“子虚之赋”，当如《天子游猎赋》中子虚所对“云梦之事”或更甚。

（原文发表于《天水师范学院学报》2001年第4期）

文摘编辑：王佃启

论沈约文学活动的影响

常为群

[作者简介] 常为群，南京师范大学文学院博士生。

[内容提要] 沈约是齐梁之际的著名诗人和文坛领袖，其文学活动包括诗歌创作、提励文学新人、参与文学集团及倡导以“三易说”为主要内容的文学思想四个方面。他所提倡的“四声”，引起了声律说的广泛流行；求真向俗的文学思想更在当时起到了革除晋宋诗歌生涩僵硬的弊端的作用；而这种文学思想却又导致了后代诗人对沈约的批评与冷落。

[关 键 词] 声律说；文学思想；“三易说”；求真向俗。

一

沈约是齐梁之际的著名诗人，有“一代辞宗”、“沈诗任笔”之誉，特别是晚年享有崇高的社会声誉。这种崇高的声誉和沈约文学活动的成绩与影响是分不开的。

沈约的文学活动主要包括诗歌创作、提拔奖励新人、参与文学集团及倡导适时应变的文学思想四个方面。

齐梁间，沈约文名大盛，其中又以五言诗的成绩最为引人注目，不仅作品多，而且声律严格、对仗严谨，其声律论的理论主张在创作中得以贯彻与体现。

奖励人才、表扬后进，虽然是沈约为人方面的突出表现，然而这种提励行为本身客观上支持了大批后进文士，同时也进一步扩大了沈约自己的声誉与影响。何逊、王筠、刘显、吴均、何思澄、谢举等都曾得到沈约的褒奖，如《梁书·王筠传》载：“尚书令沈约当世词宗，每见筠文，咨嗟吟咏，以为不逮也”。《梁书·刘显传》：“（显）尝为上朝诗，沈约见而美之，时沈约郊居宅新成，因命工书人书之于壁。”《梁书·何逊传》：“沈约变复爱其文，尝谓逊曰：‘吾读卿诗，一日三复，犹不能已。’”沈约奖励提拔后进文士影响巨大，以至于得其褒扬成为后进文士学子立足扬名的一种途径。钟嵘求誉沈约不得，故而追宿憾而将之置于诗坛中品之说虽然不可尽信，然而刘勰《文心雕龙》书成，取定于沈约之事却是实有之事。沈约在当时文坛与当时文士心目中的地位由此可知。

参与文学集团的活动。对沈约而言，其意义已经超出了文学范围，而扩大到政治层面。永明年间，沈约以文才为竟陵王萧子良所赏接，与萧衍、王融、谢朓、萧琛、范云、任昉、陆倕共为竟陵王的宾友，史称“竟陵八友”，又称以此八人为中心的文人集团为永明文人集团。从表面看来，永明文人集团以抄书吟诗为主要活动，然而由于参与者或高贵或权要的地位身份，沈约在参与永明文人集团的同时便介入了政治活动的上层。

然而，永明文人集团毕竟主要是一个文学集团，沈约在此间的活动，除开诗文创作之外，最主要的文学成就便是声律说理论的发明与倡导了。声律之说，曹植、陆机时已有，但那时还只是零星的直感认识而已。其后，周颙对于声韵有了较多的认识。而到永明年间，沈约自觉讲求声韵四声，并撰《四声谱》，从而将声律说推向高峰。

声律说虽然自产生之日起，便不断遭到各种批评，然而其影响却日益扩大，并且由原先的仅限于诗歌领域而扩大到赋、词、曲等等文学样式与领域中。这当然是与声律说符合并挖掘了中国语言本身的音韵美的特质分不开的。“士流景慕，务为精密，襞积细微，专相陵架”的过分讲求，虽属病态，然而我们从中不是也可以想见声律论的巨大影响与沈约的崇高地位吗？

二

作为“一代辞宗”和文坛领袖，除开诗歌创作、包括声律技巧方面的示范与影响作用外，特别重要的是沈约在文学思想方面起到了创立时代新风的领导表率作用。

关于文学思想，沈约阐述不多，然而却包含着破前代积弊、立当前新风两个方面的内容，意义较为重大。

《颜氏家训·文章篇》：“沈隐侯曰：‘文章当从三易：易见事，一也；易识字，二也；易读诵，三也’。”沈约的三易说孤立来看，不过是从表达层面对创作作了三点平易的规定。然而这种规定在当时却体现了革除晋宋诗风生涩僵硬的弊端的努力，意义重大。

“三易说”从表达层面入手，着意于追求平易通俗，而这种追求实际上便是对于前代遗风积弊的革除、消弭。与这种破前代积弊相对应的，是沈约沿承葛洪“今胜于古”的文学观念，适时应变地倡导求真向俗的新诗风。

关于求真向俗的文学观念，沈约没有直接的陈述，但仔细推究一番也不难了解。《宋书·谢灵运传论》：“民禀天地之灵，含五常之德。刚柔迭用，喜愠分情。夫志动于中，则歌咏外发……虽虞、夏以前，遗文不睹，禀气怀灵，理无或异。然则歌咏所兴，宜自生民始也”，道出了沈约的文学本质观与文学起源论。虽然沈约的文学本质观沿承了《毛诗序》的观点，无甚新意，然而他并没有谈文学情志内容的社会内容与社会意义，而将之视为一种与生俱来的先天性的东西。在《传论》中，沈约以“情志愈广”为线索，论述周以后文学发展的历史及其得失成败。除对于遒丽之辞不闻的玄言诗心存异议外，沈约未对前后时代情志内涵的不同作任何高下评判，反映出对于情志内涵变化的普遍认同、接纳态度。而这，当然是与魏晋以来人的自觉并由此而来的肯定人的生存及各种需求的社会背景相一致的。而这种情志无高下差别的观念，便可导致前人严格区分的雅与俗的混同，而惟以“真”作为个人取舍的依据。而我们前面谈到过的“三易说”，从“立”的角度来看，其实也是表达层面的向俗倾向。而沈约向俗的另一重要表现在于他不仅大量拟作汉魏乐府，同时还吸收模仿南方新声之乐。他不仅作有《江南弄》这样的新声之诗，而且依据江南民间之曲，制《四时白纻歌》的曲调，而这是前代绝大多数上层文人所不能想象的，曹氏父子的诗作虽不乏俗调，然而那时是以汉末魏初的社会大动荡为其特定背景的，情况有所不同。

文学观念的求真向俗性，使得沈约这个贵族文人的诗作表现出与才秀人微的鲍照相类似的特点来。这种相似，不必有沿承传袭的关系，而只因彼此都贴近现实生活，不求其同而自然同。此外，在这种求真向俗的文学观念面前，不仅玄风消释殆尽，而且魏晋那样一种渊雅、高古之美也世俗化了，降低到日常生活与感官愉悦这一层面——一方面是诗格的降低，另一方面却又是日常生活的诗化，进退得失就这样辩证地交融在一起。

三

江山不改，人世变更。随着时间的流逝，沈约“一代辞宗”的声名却在身后急剧的衰落了。虽然说绝大部分诗人都是身前声名崇于身后，然而沈约文名失落的原因及意味却尤其值得我们玩味。

沈约文名失落的第一个原因在于其文学思想的求真向俗的特征。

其次，沈约文名失落的最根本的原因还在于他创作中的渐变性特征。

一方面是高古魅力的缺失。后代文人虽多是以当时的文学思想与标准进行创作，然而，宋代以来，高古魅力便成为士大夫们普遍的向往与眷念，萧散简远、意在笔外的高古风韵成为他们心向往之而力不能追的理想。这种心理与向往，正如苏轼所言：“苏李之天成，曹刘之自得，陶谢之超然，盖亦至矣。而李太白、杜子美以英伟绝世之姿，凌跨百代，古今诗人尽废；然魏晋以来，高风绝尘，亦少衰矣。”而令苏轼扼腕叹息、力不能追的高风古韵，在沈约诗中，却已很难找到较为明显的影踪了，文学新变的追求与实践，已将高古逐出，而着意于时代新声的吟咏。另一方面则是新的特质尚未形成。沈约诗歌作品中虽然不乏值得称道的清新丽句与巧构佳篇，然而那毕竟只是少数，作品中大量前人旧习痕迹与后代新风端倪的杂糅并存，都妨碍了诗歌意境的纯净优美和风格的鲜明统一。同时，我们还应当认识到，即便沈约的诗歌能够形成一致的特征与风貌，那也只能是类似于谢朓那样的“诗变有唐风”而已，而不可能实现唐人所达到的情景交融的圆熟、优美境界，更不可能是宋以后所激赏的主体特征突出、离形得神的“逸品”。而这，已不仅仅是沈约的局限，而同时也是时代的局限了。

（原文约8500字，发表于《盐城师范学院学报》人文社科版2002年第1期）

文摘编辑：王佃启

柳永的文学贡献及其成功之秘

曾大兴

[作者简介] 曾大兴，广州大学人文学院副教授，主要研究方向为中国古代文学、中国区域文化。

[内容提要] 从词的题材、语言、体式和平民风格等方面系统地归纳和总结了柳永对于宋词的重大贡献，又从时代环境、个人遭遇、个性心理等方面，深入地分析和揭示了柳永在文学上获得重大成功的几个主要原因。

[关 键 词] 柳永；贡献；成功；原因。

一、凡有井水饮处，即能歌柳词
——柳永的文学贡献与文学地位

柳永（约983—约1053），原名三变，字耆卿，福建崇安（今武夷山市）人。历北宋太宗、真宗和仁宗三朝，与词人晏殊、张先和欧阳修大体同时。柳永生前的政治地位远不及晏、张、欧阳三人，然其文学地位却迥出三人之上。一个词人的文学地位的高低，是由他对文学贡献的大小所决定的。那么，柳永的贡献主要在哪些方面呢？概括起来，有如下四点：

一是词的题材领域的大幅度拓展。和柳永同时的晏殊、张先和欧阳修等贵族词人，虽然也留下了一些脍炙人口的佳作，但是在题材方面，并没有超出西蜀词和南康词的范围，多数都是娱宾遣兴、流连光景之作。真正大幅度地拓展了词的题材领域的是柳永。是他第一次在相当大的程度上，突破了词为“艳科”、“小道”的樊篱，突破了贵族词人流连光景、娱宾遣兴的狭窄的创作路数，在自己的作品中披露了更为真实的、更为深沉的情感，展示了更为广阔的、更为丰富的人生。

二是词的语言的进一步丰富。就柳永的全部歌词来考察，于中自然不乏传统的词赋语言，但是通俗、生动、泼辣的市井语言却占了多数。这就不仅从另一个方面大大地丰富了词的语汇，使之获得了更多的生活感与现实感，找到了语言艺术的源而不是流；不仅亲切、平易、明白家常，使之赢得了更为广泛的读者和听众，而且昭示了中国文学及其语言的新的发展方向——由雅而俗，由贵族化而平民化。

三是慢词的大量创作及其一系列艺术法则的初步建立。慢词本身自有其独立的音律句度和发展途径，非由小令随意延长而成。而且，宋代慢词亦非由唐代慢词直接变化而出，而必须结合当时的市井音乐，才能产生自己独特的韵律与声情，不同于宋代小令的直接渊源于唐五代，并且体貌多同。在这种情况下，一个词人是否作慢词以及作多少慢词，既与作者本人对当时的市井音乐的态度和熟悉程度有关，更与其自身的创新意识和创新能力有关。当时整个词坛的情况是这样的：唐五代以来的文人小令已经达到鼎盛，再也没有多少新的发展空间了，而慢词又只是在市井艺人口中辗转传唱，并且水平不高。如果不是柳永勇于摒弃贵族词 人对民间艺术的偏见，大量地创制慢曲，填写慢词，从根本上改变唐五代以来小令的一统天下，宋词的命运，也许就不是我们后来所见到的这个样子了。

为着配合慢曲在音乐上篇幅大大加长的特点，柳永在吸收汉魏六朝抒情小赋和民间慢词之营养的基础上，创造了慢词的铺叙手法，以赋为词，层层铺叙，一笔到底，始终不懈。又首创领字和双拽头等等，为以后的词人开启无数法门。

四是平民风格的重建与平民意识的发扬。词，本是起源于民间的一种通俗的音乐文学样式，自从中晚唐以来的文人染指之后，这种文学样式便渐渐地丧失了它早期的真率、通俗、质朴与刚健的平民风格，而在雅化、诗化的道路上越走越远。只是到了柳永，才真正把它从贵族的歌筵舞席再次引向勾栏瓦肆、山程水驿乃至一切有井水的地方，扩大了它的社会基础，恢复并加强了它的平民色彩。他以自己的真率、朴素、清新的词句，以对普通市民的生活、情感与命运的深切关注，以及发自内心的对于人生忧患的深沉感喟，一扫贵族词坛的典雅、雍容、无病呻吟和装模作样，闪现着平民意识与人文精神的光芒。

毫无疑问，柳永是我国古代的第一流的文学家和艺术家，是大自然与人类社会的卓越产儿。按人才学关于人才的定义，柳永是一个比一般人的发展得更充分，更优越、同时又积极地影响了一般人的发展的真正的人才。而人才的成功，乃是各种不同层面的主客观原因综合作用的结果。那么，影响、促成和规定了柳永巨大成功的主客观原因主要是什么呢？

二、中原息兵，汴京繁庶，歌台舞席，竞赌新声
——柳永成功的时代原因

我们在对柳永成功的外部条件进行考察时，主要是

考察他的时代以及他所生活的环境。

北宋王朝建立之后，一方面在军事、财政各部门施行高度的中央集权，一方面则通过招抚流民、奖励垦殖等一系列比较开明的措施，恢复和发展农业生产。不几年，便出现了“四方无事，百姓康乐，户口繁庶，田野日辟”的兴旺景象。

终北宋一世，市民的文化娱乐场所非常之多。清人宋翔凤《乐府余论》指出：“词自南唐以后，但有小令。其慢词盖起宋仁宗朝。中原息兵，汴京繁庶，歌台舞席，竞赌新声。耆卿失意无俚，流连坊曲，遂尽收俚俗言语，编入词中，以便伎人传习。一时动听，散布四方。”这段话，正好为柳永在歌词创作方面的成功勾勒出了一幅清晰的音乐文化背景。

这类勾栏瓦肆艺术一方面成为宋时各种通俗艺术（词、诸宫调、杂剧、小说）的策源地，一方面也为文学艺术家们的创作实践提供了全新的参照。柳永第一次真实地多角度地图写了都市的繁华景象、节序风光和市井人物的晏安游乐，第一次深刻地生动地描写了以歌妓为代表的市民阶层的生活、情绪和命运，第一次不带偏见地满怀热情地讴歌了市民群众的价值观念、审美情趣和生活理想，从而既赢得了市民群众的由衷的爱戴和尊敬，所谓“自成一体，不知书者尤好之”，也因此而形成了自己独特的艺术个性和全新的审美风格，成全了自己的艺术功业。

三、忍把浮名，换了浅斟低唱

——柳永成功的个人原因

柳永出生于一个典型的奉儒守官之家，父辈七人，就有六人中进士，柳永幼时，非常勤奋，每夜必燃烛苦读。20岁左右时，柳永赴京师开封参加了第一次进士考试，出乎他的意料，这次考试失败了。在此之前，柳永一直自视很高，以才学自负，以“龙头”自期，谓功名可立就，似乎根本没有想过失败二字。所以一旦名落孙山，他的心理便发生严重的倾斜；表现在行为上，便是格外地沉不住气，歌呼叫骂，惊世骇俗。以“白衣卿相”抗礼皇帝的左肱右股犹不足以舒其怨愤，还要公然表示去“烟花巷陌”“浅斟低唱”。作贱功名，非薄卿相，亵渎礼法。这就捅了马蜂窝了。这种反抗虽然吐得一时之怨气，却为他下一次的名落孙山埋下了直接的祸根。直到仁宗景祐元年（1034），柳永才中了张唐卿榜的进士。而这个时候，他已经是50岁的人了。

一切幸运都并非没有烦恼，而一切厄运也决非没有希望。命运残酷地折磨了官场上的柳永，同时却慷慨地成全了词坛上的柳永。也就是在他踯躅于衰柳枯杨的长安古道、风雨潇潇的旅店驿楼的时候，他迎来了自己艺术生涯的第二个黄金时期，苍茫博大的自然景观，深沉悲凉的人生感慨，熔铸为一篇又一篇羁旅行役词的杰作。《雨霖铃》、《八声甘州》、《戚氏》等一系列千古不朽的慢词就这样诞生了。大自然赋予他的卓越才华，连同统治阶级强加给他的沉重不幸，为他浇铸了一座艺术的丰碑。

四、变化多方及其他

——柳永的创新意识与进取型道德

据宋人杨湜《古今词话》一书载：“无名氏《眉峰碧》词云：‘蹙损眉峰碧。纤手还重执。镇日相看未足时，忍便使鸳鸯只？薄暮投孤驿。风雨愁通夕。窗外芭蕉窗里人，分明叶上心头滴。’真州柳永少读书时，遂以此词题壁，后悟作词章法。一妓向人道之，永曰：‘某于此亦颇变化多方也。’然遂成‘屯田蹊径’。”从作品的情意内涵，语言和句式方面看，这首词十有八九是一首民间词。少年时的柳永能具此慧眼和勇气，把这样一首儒家经典之外的原不能登大雅之堂的民间歌词题写在壁，朝夕讽诵，这已经高出那些保守、封闭的贵族词人许多了，更何况他还能再进一步，于此而“变化多方”，可见他那开放型的个性心理在少年时代就形成了。这种开放型的个性心理与那种集中体现在《鹤冲天》等作品中的批判精神相结合，形成对于一个真正的艺术家来讲不可或缺的创新意识和进取型道德，为他在艺术上的最后成功奠定了情商方面的大前提。

如果没有这种创新意识和进取型道德，他就会在生机勃勃的市民文艺面前无动于衷，满足于做一个封闭、保守、陈陈相因的小词人，谨小慎微，瞻前顾后，不敢越雷池半步；他会在一个接一个的灾难面前委靡不振，形同槁木，像世俗所误解的那样，在花街柳巷醉生梦死，破罐子破摔。不！柳永之所以终于是柳永，就在于他既敏捷地抓住了时代提供的良机，又顽强地扼住了命运的咽喉，把悲剧的苦汁化作创造的甘泉。创新、进取、坚忍不拔，这就是作为杰出词人和艺术家的柳永留给我们的既深刻又简明的人生启示。

（原文约8000字，发表于《广州大学学报》社科版2002年第2期）

文摘编辑：王佃启

论刘辰翁对稼轩范型的总结、继承与发展

李 璞

[作者简介] 李璞，上海外国语大学国际文化交流学院教师。

[内容提要] 辛弃疾是南宋词人中的大家，其词作对后世影响深远，业已成为一种文学范型，而宋元之际的刘辰翁对这种范型归纳得最为详尽具体，共有四个方面：(1) 以诗文为词；(2) 用经用史；(3) 牵雅颂；(4) 入郑卫。而这四个特点也始终贯彻在辰翁自己的词作中，并为其所发展，形成了独具面目的须溪风格。

[关 键 词] 宋词；刘辰翁；辛弃疾；稼轩范型。

宋末刘辰翁在《辛稼轩词序》中具体指出了稼轩范型的四个特征：其一，以诗文为词；其二，用经用史；其三，牵雅颂；其四，入郑卫。这就令后人学辛，有辙可循。而从辰翁对稼轩这些褒赏有加的言论中，我们也不难看出，这几点也正是辰翁本人的词学主张，而且始终贯彻在他的词作中，并为其发展和深化。

一、以诗文为词

刘辰翁与辛弃疾一样，有着直率的个性和强烈的爱国精神，他曾称自己"平生触事感愤，或急欲语不自达，虽消磨至尽，终觉激至梗塞"。因此在作词时，他时常会以不羁的散文句法来表情达意。此外，刘辰翁还在词作中自拟对话、问答方式，用词来发议论，反复说理。如《霜天晓角·楼下梅一株》："却问寿阳宫额，两三蕊、怎能著?"寓典故于问话之中，表达对梅花乍放的欣喜。《减字木兰花·玩月答蒙庵和词》："君何忽忽？宇宙人生都是客。"通过自问自答，发出对岁月易逝、人生如寄的感叹。又《减字木兰花·有感》："佳人怨我，不寄江南春一朵。我怨佳人，憔悴江南不似春。"自拟对话，并融典于其中，婉转地表达出对故国沦陷的伤感。《沁园春·和槐城自寿》："年来好，莫做他宰相，便是全人。"在词中发议论，劝人退隐保节。

而且，辰翁还常以数字入词。《乳燕飞·寿周耐轩》："二百七十，又三甲子。"《金缕民·寿朱氏老人七十三岁》："四百四十五番甲子。"《酹江月·和朱约山自寿曲》："五朝寿俊，算生平占得、淳熙四四。三万六千三万了，胜有一千饶底。"《水调歌头·寿晏云心》："五五复五五，二八且重重。"通过计算数字来显示人的寿龄，这也是其词句散文化的明显特征之一。

辰翁还喜用赋的手法写词，回环吞吐、层层铺叙、以词记事、用词载史。如《摸鱼儿·酒边留同年徐云屋三首》，通过对少年、中年和老年与同年交往的回顾与铺叙，寄托了家国兴亡之感。这种以赋为词、借用比兴手法表现词人胸襟气魄的写法，显然是受了稼轩的影响，它增加了词的容量，扩大了词的表现力。

毫无疑问，刘辰翁的这种散文化的词作实践，来源于他因仰慕稼轩而产生的词学主张。其惟一的词论《辛稼轩词序》突出了稼轩在词坛上的贡献，但这番赞誉之辞无形中已流露出辰翁推尊词体的词学观，即把词抬高到了与诗文同等的地位，其词学主张与其诗文理论也是彼此贯通。

二、用经用史

熔铸经史百家、小说诗歌语入词，是刘辰翁继承稼轩范型的第二个方面。辰翁读书广博，纯熟地运用经史典故、诸子妙语，便成为须溪词的重要艺术特征。

在须溪词中，无论熟典、僻典、雅典、俗典，诸凡经史子集四部典籍中的成语、故事，俯拾皆是。据统计，须溪词所用之典涉及到经部典籍的有《诗》、《书》、《礼》、《易》、《论语》、《孟子》及佛家的《维摩诘经》；史部典籍中有《左传》、《史记》、《汉书》、《后汉书》、《三国志》、《晋书》、《南史》、《宋书》、《南齐书》、《陈书》、《北史》、《旧唐书》、《新唐书》和《乐史》；子部则有《庄子》、《荀子》、《淮南子》、《老子》、《列子》等；而所引之集部著作更是不胜枚举。而且，辰翁主张用典应力避"入手必先得一事，伏而后起"的弊病，所以他在作词时也力求典故熨帖浑化，从而避免"以中锋达意、以中声赴节"时出现的浅露生硬的弊端。

辰翁的这类通过运用典故来发现世情的词作，从一个侧面反映了他主张词作应像诗歌那样发挥其讽喻寄托作用的理论。所以，辰翁在亡国前后的词作中通过大量用典以寄托自己的讽喻之意和离黍之戚，希冀有补于世用。这正是"兴观群怨，迩之事父，远之事君，多识于鸟兽草木之名"的诗教的发挥；也是其"以诗文为词"的词学主张的延伸。

三、牵雅颂

刘辰翁作为一名宋遗民词人，他的词作系乎时代的

盛衰，深刻地反映了社会人生，这正涉及到他所继承的稼轩范型的第三个特征，即牵雅颂。

辰翁明确提出应将庄严的社会内容，如“悲笳万鼓”、“平生不平事”、“志气如虹”等雅颂题材灌注于词。正如明韩敬所说“（先生）点笔信腕，自以抒写灵灏，鼓吹风雅”。而辰翁自已也说：“必也区别裁正浮伪之体，而上亲风雅。”在他看来，一切社会生活、人生诸种情感体验，凡是诗文可以表现的，都可以入词。他借词讥讽贾似道作战不利、嘲笑宋京议和、缅怀北去皇室等，用词来直接反映当时社会重大的历史事件，这正是周济所说的“诗有史，词亦有史。”所以，用“宋亡词史”来评价辰翁词是不为过分的。社会历史内容的注入，使须溪词的题材范围空前开阔，词反映现实的功能大大提高，且极具史料价值，这是刘辰翁作为辛派词人在词学史上的重大贡献。

辰翁所倡导的“牵雅颂”的词学主张，很明显是承理学学说而来。早在北宋，理学家们就把诗歌看作是吟咏性情、涵养道德的工具，反对“溺于情好”的诗歌内容，南宋朱熹的诗论则继承并发扬了这个基本观点，认为诗歌当是“一时贤人君子闵时病俗之所为”，“其忠厚恻怛之心、陈善闭邪之意，犹非后世能言之士所能及之”。强调诗人的主观动机要合于“性情之正”才行。毫无疑问，理学家的诗论也不可避免地渗透到词的领域中来。

四、入郑卫

现在，人们通常认为，“牵雅颂、入郑卫”应理解为“牵雅颂入郑卫”，即是辰翁主张将雅正的思想内容引入词这种卑微低贱的体式之中。但是，笔者以为，“入郑卫”是辰翁提出的一项与“牵雅颂”并列的、独立的词学主张，它反映了辰翁对于词作语言风格的要求，即主张用接近民歌的、俚俗晓畅的语言来表现那些典故的雅颂内容。

这里的“郑卫”，当用其本义，即指春秋战国时郑、卫国的俗乐，而并非是指词体卑微尘下。如《礼·乐记》云：“魏文侯问于子夏曰：‘吾端冕而听古乐，则唯恐卧；听郑卫之音，则不知倦’。”可见，这些通俗的地方音乐，是为人们所喜闻乐见的，它们和庄严肃穆的雅颂之乐是有所不同的。而汉桑弘羊也说：“好音生于郑卫，而人皆乐之于耳，声同也。”这就是把郑卫之音视作一种人人都能欣赏的自然优美的音乐了。同样，那些与之风格类似的俚俗的民间歌词也是为人们所乐于接受的，所以，辰翁借言“入郑卫”主张，即使是雅词，其语言也应该通俗易懂、明白晓畅。

理学家崇尚自然平淡的审美要求，影响了辰翁的文学思想与词学主张，并使他以稼轩为典范，在歌词创作中不时地以浅俗语、俚俗语出新意。如其《南乡子》云：

> 香雪碎团箸，便合枝头带露餐。笑例那人和玉屑，金丹。不在仙人掌上盘。千树碧阑干，山崦朱门梦里残。花下主人都在此，谁看。天上人间一样寒。

用接近口语的语言抚今追昔，寄托了伤逝之痛。

此外，辰翁浅俗语、俚俗语的运用，还体现在他的寿词创作上。

然而，由于俗语、口语的大量运用，也使须溪词中出现了一些不应有的粗率之作，如“寿酒一杯胜服药”，“嚼得梅花透骨，何愁不会长生”，“冷冷清清冰下水，吞吞忍忍饭中砂”，这样的句子，多少有些不太高明。而《金缕曲·绝江观桃·座间和韵》中的“破手一杯花浮面，不觉二三四五”，更让人联想起杨万里的诗句“一杯至三杯，一二三四五”。但是，这样的作品毕竟只占少数，瑕尚不掩瑜。

总之，刘辰翁词的语言风格清新自然，不饰雕凿，正如清况周颐所云“多真率语，满心而发，不假追琢”。而这也正体观了辰翁对于词作语言风格的要求和主张。

辰翁仰慕与仿效稼轩并不是偶然的，这是因为辛弃疾当年长期活动于江西，给这一地区留下了很好的文艺传统，如辛派词人中的杨炎正、刘仙伦等都是庐陵人，再加之理学的共同影响，则继起的刘辰翁必然会承续稼轩范型，并在此基础上有所发展，从而形成独具面目的须溪风格。

（原文约 9000 字，发表于《湖南大学学报》社科版 2001 年第 2 期）

文摘编辑：王佃启

论丘逢甲诗歌的悲剧美

於贤德

[作者简介] 於贤德，汕头大学文学院中文系教授。

[内容提要] 复杂的悲剧美也是丘逢甲诗歌最基本的美学特征。在丘逢甲的诗歌创作中，他把现实生活的悲剧痛感转化为文学作品的悲剧美感；悲壮之美、悲愤之美和悲怆之美使其诗作具有更丰富的美学意义。

[关 键 词] 悲剧美；悲壮；悲愤；悲怆。

丘逢甲的诗歌不仅是他壮怀激烈的人生写照，也是他奇特伟岸的人格和慷慨悲壮的情感的流露。在谈到丘逢甲诗歌的美学特征时不能不对蕴涵在其中的复杂的悲剧美的因素作一些必要的分析。

恩格斯把“历史的必然要求和这个要求的实际上不可能实现”之间的冲突规定为悲剧冲突的本质。保卫国家的领土当然是符合历史必然要求的，但这一要求却由于日本侵略者残暴、贪婪与清政府的软弱无能，实际上并没有实现，一个崇高的行为最终只能成为一个悲剧事件。丘逢甲抗倭保台的正义行为是人民群众保卫家乡、保卫国家的正义之举，理应得到包括清廷在内的各级政府的支持，但丧权辱国的腐朽的统治者不但没有在道义上军事上支援义军，反而是制造种种牵制，使这场正义斗争最终失败。丘逢甲是这场义举的组织者，自然是处在矛盾旋涡的中心。对他来说，这场斗争的重要性和自己所承担的历史使命使他热血沸腾，但经多方运筹帷幄、数月浴血奋战之后惨遭失败的结果，只能给他造成极为巨大的心灵创伤。这一斗争过程中出现的悲剧冲突，简直是在撕裂他的心肺，五内俱摧的悲剧的痛感也就成为他日后无法排遣的情结，久久出现在他的诗歌里面。可以说，这种痛苦确实既是终身难忘的，也就必然浸透了他的诗歌创作的全过程，生活现实中的悲剧的痛感通过诗歌创作这一精神生产活动，也就转化为文学作品中的悲剧美感，成为丘逢甲诗歌艺术中不可忽视的美学特征。

这种悲壮之美，充分显示了诗人的创作中对自己的历史使命的清醒认识，对斗争的义无反顾的勇气和坚忍不拔的执著。读着这类充满悲壮之美的诗歌，我们看到了丘逢甲这个真正的英雄，在民族危亡的时刻，在斗争最残酷、环境最险恶的情况下挺身而出。沧海横流方显出英雄本色，临危不惧并主动跟反面力量挑战，才显示坚强的人格力量，虽然遭受失败，但仍是思想上表现出较高的斗争自觉性，以不达目的誓不罢休的顽强毅力显示出英雄博大的内心世界和充满力量的人格精神。这是丘逢甲诗歌的悲壮美的历史意蕴和艺术特质。

体现在丘逢甲诗歌艺术中的第二种悲剧美的要素是悲愤之情。从悲剧美感的构成来看，悲剧的产生总是由于那些本身具有存在合理依据的进步事物、善良人物却被代表反动、腐朽的否定性力量所压倒、所毁灭。这样的矛盾冲突本身就因为其不合理性引起一切有正义感的人们的愤怒，这种愤怒说明悲愤悲剧的发生常常显得很不合理，那种按照常理不应该发生、事实上却偏偏发生了的悲剧事件，具有强烈的荒谬性。这样的荒谬性在情感上让人感到异常气愤，在认识上使人们进一步看到生活的复杂性。以往的悲剧美学研究对这一类型的悲剧缺乏必要的关注，陆一帆先生在他的《新美学原理》一书中首先提出了这一概念。他认为：“这种悲剧的人物不是崇高伟大的人物，他们的认识和觉悟不是那么高，他们不满旧社会旧势力的压迫，也要起来反抗斗争，但不是为了广大人民和国家民族的自由解放，只是或主要是为了个人的幸福和利益，他们要打倒的不是人民或国家的共同敌人，而只是个别的坏蛋。”陆一帆先生首先提出悲愤悲剧这个概念，对于悲剧类型学的研究是很有意义的。但他对这一悲剧的主人公的分析还有待于进一步商榷。笔者认为，对于悲愤悲剧的整体把握应该注意下面两点：第一，这类悲剧的发生有一种完全不合情理但却成为事实的特征。如历史上岳飞抗金有功，本应记功表彰，却被昏君奸臣以“莫须有”的罪名杀害了。这种本不该发生却偏偏发生了的悲剧事件。显示出现实生活强烈的复杂性乃至荒谬性。第二，愤怒是这类悲剧主要的情感特征。悲剧艺术给人以悲伤、悲哀的心理反应，这是悲剧的根本特征所决定的。然而，对于不同种类的悲剧来说，确实有着细微的差异。对悲剧主人公的极不合理的命运的巨大同情和对黑暗势力的倒行逆施的强烈痛恨，往往让人在感到悲哀的同时会产生愤怒之情，而且是以悲促怒，愈悲愈怒。丘逢甲的诗歌中有相当多的诗篇正是通过对腐朽势力的控诉，有力地表达了怒不可遏的悲愤之情，显示了跟悲壮悲剧不同的审美情感——悲愤美。

丘逢甲毁家纾难，举兵抗敌，表现了崇高的民族气节和“义不臣倭”的爱国精神。这种以身许国的正义行动，理应得到清朝政府的支持，忠义之士理应受到应有的鼓励和表彰。但事实却与此相反，清廷为配合日军占台，不仅电令台湾文武官员内渡，而且电饬沿海各省不得向台湾运送兵丁饷械，极力牵制台湾人民的正义斗争。正是由于统治阶级的倒行逆施，使台湾军民的武装抗争遭到失败。面对失败的惨痛和卖国者的丑恶行径，丘逢甲感到悲愤交加，无法遏止，在他的诗作中不但一再表露出他的悲愤之情，而且对昏聩腐朽的统治者予以无情斥责。“宰相有权能割地，孤臣无力可回天。”不仅道出了诗人内心的愤怒，而且矛头直指签订媚日割台的《马关条约》的李鸿章。诗句中虽无“愤”、“怒”等字样，但愤恨之情跃然纸上，斥责的尖锐和深刻真可谓力透纸背。这样的痛苦和愤怒，是在经受了最巨大的伤害之后才会感受得到的，在民族创伤，国家的损失面前，诗人以天下兴亡为己任，才敢于对那些丧权辱国的人表示极大的义愤和无情痛斥。

悲怆之美是丘逢甲诗歌悲剧美的第三种表现。悲怆是指人们在对悲剧事件的痛切感受并经历了巨大的感情震动之后，心理活动更多地向理性层面的深入。这就是说，这种悲剧情感的出现往往是在悲剧事件已经过去相当一段时间之后，强烈的情感冲击逐渐缓和下来，一定的心理距离使人从开始时沉浸在悲剧的痛感中无法挣脱那种完全“入乎其内”的情感体验中，逐步向“出乎其外”的理性审视转化，是在壮志长存的豪放与敢于拼搏的崇高的精神激励下，在对那种天理难容的现实的愤怒控诉的过程中，悲剧事件遭遇者心灵中便出现一种更为深邃的孤独和揪心感叹。这种情感体验即带有“众人皆醉我独醒”的警醒与苦闷，又有着对悲剧痛苦的理性思索。人们对悲剧事件进行理性的审视时与事件本身所形成的心理距离，不是西方美学史上“距离说”的“非功利”论。对于黑暗的现实、悲惨的遭遇以及被颠倒了的历史，有谁能够站在“超然物外”的立场上，像看客一样用欣赏艺术的心态去对待它？我们所说的心理距离，是指随着时间的推移而出现的痛定思痛的理性作用的突出，是情感体验的进一步深化，这其实是对悲剧事件的另一种形式的深切关注。因此，在悲剧美感中，这是一种更深层次的心态表现，又是悲情艺术中较有难度的审美创造。

在丘逢甲的诗歌中，我们看到除了那些“未报国仇心未了”的悲壮和“桑海归来义愤存”的悲愤之外，还有大量诗篇表达了诗人苍凉慷慨的悲怆之情。诗人“沦落衹今”，确实感到远离了壮怀激烈战斗之后的某种失落与孤寂，在“天涯胡马正成群”的情况下，只能“又向山林作隐居”，无法继续从事轰轰烈烈的伟大事业，在闲散的境遇中“空洒东风泪满巾”。无可奈何，怆然涕下的心情，表面上看有一定的消极性，但这种悲怆之感，正是对消极的否定，对“壮怀未遂身将老”的深深的忧虑和可惜。由于时代的变故和个人的遭遇已融合在一起，丘逢甲诗篇中的悲怆之美也就表现得格外的深沉和痛苦，而高超的诗歌艺术更将这种悲怆升华为一种特殊的悲剧之美。

从悲剧美学的角度来看，悲壮之美最易得到接受者的认同，人们对豪情壮举总是会形成最广泛的肯定和最高度的赞誉。对于悲愤之美，从一般人的审美鉴赏的能力来看，接受的程度就要比悲壮之美更显得复杂一些。因此慷慨激昂的激情总是最能感染人，而怨愤之气的宣泄，不一定会得到每一个人的理解。至于悲怆之美，因为它不是战斗的号角，也不是对恶势力的鞭挞，而是一种对悲剧之所以发生的原因的追索，对悲剧主人公在悲剧事件中应负的责任的一种分析，以及对悲情抒发者的个人遭际和不公正的命运的叹息。它缺乏悲壮美的豪气，缺乏悲愤美的怒气，有时反会被某些人看作是个人的牢骚、斗志的消沉，从而否定这种悲剧艺术的美学价值。但是，我们从以下两个方面去看，就可以对悲怆之美得出比较合理的评价和正确的结论：第一，每一个生命个体都是活生生的血肉之躯，他在命运的经历中遭遇到悲剧事件，当然会引起感情上的激愤，并在正义的支配下产生反抗、斗争的豪情壮志。但是，人生的意义和心理活动的层次是复杂的，情绪性的反应在经过一定的时间之后，往往会上升到理性层面的思考。这种思考虽不是战斗激情的表达，但却是这种战斗行动的前奏。第二，悲壮、悲愤的情感主要是外向的，是指向悲剧制造者和产生这一悲剧的环境，而悲怆情怀更多的是内向的，是指向自己的命运、处境和内心世界的。由此可见，这样的悲剧情感也就有了独特的审美意蕴。

纵观丘逢甲的诗作，悲剧的经历深刻地作用他的一生，悲剧所造成的痛苦渗透到他的文学创作活动之中，并且成为他的诗歌艺术最基本的美学特征，而悲壮、悲愤和悲怆之情的不同表现，使丘逢甲诗歌的悲剧之美显得更丰富、更深邃，因而具有更丰富的美学意义。

（原文约 7000 字，发表于《华南师范大学学报》社科版 2002 年第 2 期）

文摘编辑：王佃启

论我国文学形态与观念的历史嬗变

张炯

[作者简介] 张炯，中国社会科学院文学研究所教授，博士生导师，中国作家协会副主席，著名文学史家，文学评论家。

[内容提要] 本文从我国文学形态与观念的历史嬗变的角度，论述了文学的审美特征及20世纪中国文学从内容到形式、从性质到形态、从生产到消费所发生的深刻变化。

[关 键 词] 文学形态；文学观念；历史演化。

一、我国文学形态与观念的历史演化

文学形态与文学观念在人类历史的发展过程中，也经历自身的不断变化。

我国古代很长的历史阶段，人们都文、史、哲不分。在中国古代，文学观念是相当宽泛的。“文学”所指涉的范围常与“文章”相同。可以说，古代把文字表述视为文学的大文学观念一直沿用了数千年，由于西方文化的引进，以审美为特征的文学观念才逐步明确地建立起来。

王国维较早地指出文学的审美特征。他不单介绍过叔本华的美学，而且在《红楼梦评论》一文中详细论述了《红楼梦》的美学价值，而鲁迅在《摩罗诗力说》中也指出：“由纯文学上言之，则以一切美术之本质，皆在使观听之人，为之兴感怡悦。”

以审美为特征的文学观念的确立，就使人们有可能把一般文章与美文学区别开来。

当然，从旧的大文学观念到以审美为特征的现代文学观念的转变是逐步完成的。经过30年代、40年代到50年代新中国成立以后，我国文学观念从旧到新的上述历史性的转变终告完成。而到八九十年代，人们更重视系统地考察文学艺术的不同层面的本质，更肯定审美性是文学艺术区别于非文学艺术的第一特征，同时也肯定文学艺术的社会意识形态性，并指出，文学区别于其他艺术的特征则在于它是语言的艺术，是通过语言符号的传媒而实现的艺术。总之，比以往任何时候都更加肯定文学的审美本质，并认为它贯穿于文学的生产和消费的全过程中。

从今天的文学观念来说，文学还是人学。文学从审美的视角来描写人，其特征是从整体形象上、从审美感觉上去把握人。文学作品中有哲学、伦理、宗教、历史，还有政治、经济、文化等广泛的社会层面的生活与知识。19世纪我国文学仍有许多作品不注意文学的审美视角，像许多明清艳情小说如《金瓶梅》那样去写性行为。这种情况到20世纪有很大改变。虽仍有极少数作家写性和暴力时忽视审美视角，而绝大多数作家都已注重审美视角了。

二、20世纪我国文学的广泛新变

正是文学观念的变化，加上新时代要求和社会生活的变化，使我国20世纪文学从内容到形式、从性质到形态、从生产到消费等许多方面都产生了广泛而深刻的变化。

首先是文学表现对象的变化。

在中国长期的封建社会中，帝王将相、才子佳人一向是文学描写的主要对象，20世纪是中国各族人民摆脱封建阶级、官僚资产阶级和外国帝国主义势力的统治，走向解放，走向自己当家作主的世纪。这种翻天覆地的变化必然要反映到文学的表现对象上来，这就使广大劳动人民及其知识分子在新的文学作品中得到广泛的描写。像赵树理笔下的小二黑、小芹，李季笔下的王贵、李香香，贺敬之笔下的大春、喜儿等，确实标志着挺起脊梁的一代劳动人民成了新文学名副其实的主人公。

在20世纪，我国文学题材开拓的广度和深度也是以往所不可比拟的。我国新时期文学的表现对象更加空前地广阔多样。

其次是文学表现形式和整体形态的深刻变化。

在我国古代，诗歌和散文是主要的文体。古代诗体经明清两朝，不再有新创，由于形式僵化，而时代又不断向前发展，它的衰落就难以避免。要求诗歌运用口语，与口语接近，在晚清之际便成为明智之士的呼吁。“五四”运动以后，白话诗日见增多，形式也走向多样化，既有放任不羁的自由体，也有句式比较整齐的四、五、七的押韵的诗。还出现了不分行的散文诗。

散文方面在古代包罗门类众多。而新文学中的散文由于排除了纯属说理的议论文，基本留下抒情与叙事两类。新文学中的散文语言传媒也从文言一概换成了白话。

小说的文体也变化很大。白话小说自宋代清平山堂话本可以追溯到唐代的说经变文。明清以来的章回体小说，也都是白话写的。而新文学中的小说则基本舍弃章回体，在写景和心理刻画方面引进了外国小说的细腻笔法，或用现实主义，或用浪漫主义，或用现代主义，在小说结构和人物刻画上都作了新的处理，更有灵活地运用书信体、日记体、对话体等去书写，这就使新的白话小说与旧的章回体小说产生相当大的区别。

戏剧领域中，本世纪初开展戏剧改革，先后引进了西方的话剧和歌剧，还引进了正剧、悲剧、喜剧等概念，引进了多幕剧、独幕剧和无幕剧，戏剧舞台的时空处理上也吸取了西方戏剧从现实主义到现代主义的不同表现方法和手法。从而使以白话为传媒的新戏剧比之传统戏曲大大丰富起来，而随着电子文化的大发展，体现综合艺术的电影剧本和电视剧本也应运而生。

在不到百年的时间里，我国文学出现了从古典形态到现代形态的转变，使得20世纪世界各国所拥有的现代文学样式，我们也都先后拥有了（如报告文学、童话、影视文学等）。这在我国文学发展史上不能不具有划时代的深远意义。

再次是文学的社会性质也发生了深刻变化。

封建时代的文学就其占统治地位的文化和文学而言，它的性质是封建主义的。本世纪随着民主革命节节走向胜利，特别是中国共产党领导的新民主主义革命的胜利，使民主主义性质的文学获得蓬勃发展。反封建是“五四”以来新文学最重要的也是最突出的时代主题。

然而20世纪中国文学性质的演变并非到此为止。新中国成立标志着我国从民主革命推进到社会主义革命和建设，一方面表现新人物、新世界的社会主义时代的文学所描写的主要题材正是人们争取社会主义所作的斗争及其英勇的事迹；另一方面，整个社会的上层建筑意识形态包括文学艺术在内，都要提倡社会主义的爱国主义、集体主义、人道主义，弘扬共产主义理想，为巩固和发展社会主义的制度和社会主义的经济基础服务。正因为如此，我们看到新中国文学的许多代表性的作品在倾向性与真实性的统一上跟上半世纪的文学有很大的不同。像《红旗谱》、《青春之歌》、《林海雪原》、《创业史》、《红岩》、《人到中年》、《乔厂长上任记》等小说，《丹心谱》、《报春花》、《谁是强者》等话剧，《向困难进军》、《雷锋之歌》等诗歌和发表于90年代的《抉择》、《风风雨雨太平洋》、《生命进行曲》等新作，莫不洋溢着上述昂扬的新的时代精神。充满爱国主义、社会主义、集体主义和人道主义精神的思想导向，在新中国文学50年的发展中，一直占有主导地位。

最后是文学的生产和消费方面的变化。

我国古典文学的生产者和消费者主要是“文章不为稻粱谋”的知识层及其达官贵人。只有通俗文学才接近逐渐兴起的市民阶层。新中国成立后，由于国家社会主义经济、文化建设的崭新发展，全民文化水平的迅速提高，文学的生产消费规模更空前增长。

百年之间，我国文学已从旧时代基本为统阶级所垄断生产、消费的奢侈品，变成了人民大众都能够参与生产和消费的广泛艺术读物，成为人民真正当家作主的一个不可匮乏的精神标志。

总而言之，从19世纪到20世纪，我国文学产生了观念、形态、性质和生产与消费规模的深刻变化。正是这种变化，使我国文学终于从古典走向了现代，完成了从旧文学到新文学的脱胎换骨的划时代的历史转换。

（原文约3000字，发表于《北京工业大学学报》社科版2001第2期）

文摘编辑：王佃启

大跃进时期文学史论略

赵俊贤

[作者简介] 赵俊贤，西北大学文学艺术传播学院教授。

[内容提要] 大跃进文学表现出鲜明的时代特色，文学创作违背艺术规律，以群众运动的形式来从事诗歌创作，小说、戏剧、散文等出现了粗制滥造的急就章，内容上以表现个人崇拜，歌颂人民群众改天斗地决心和“三面红旗”为主，人物类型化，结构公式化，语言普泛化，以空洞的说教代替了形象思维。大跃进文学彻底政治化，丧失了艺术的品性。

[关 键 词] 大跃进时期文学史；基本主题；艺术异化；文学的反思。

一、大跃进运动及其文学的发生

一般经历者记忆中的大跃进运动，是指1958年的大炼钢铁、生产“放卫星”等等。从历史的角度去看，应是1958年至1960年这一历史时期。

大跃进时期文学创作是为大跃进服务的工具，是大跃进的附属物，它随大跃进而兴而盛而衰。或者说，它是文学领域里的大跃进运动，它是整个跃进运动的一个有机组成部分。

发动民歌创作乃为文学大跃进之肇端。毛泽东认为新诗没有出路，他大力提倡民歌创作。1958年3月22日，毛泽东在成都会议上提出开展搜集民歌的工作，“我们来搞可能找到几百万成千万首民歌，这不费很多的劳力，比看杜甫、李白的诗舒服一些。”此后，他又多次提出“各省搞民歌”，民歌“各地要收集一批，新民歌要，老民歌要，革命的要，一般社会上流行的也要”。《人民日报》4月14日发表《大规模地收集民歌》的社论，向全国发出正式号召。4月26日，周扬主持中国文联、作协、民间文艺研究会的民歌座谈会，提出“采风大军总动员”，随之，全国各省、市、自治区党委发出“收集民歌”的通知。从此，全国各地以完成政治任务的姿态开展民歌创作与收集运动，很快形成了一场空前绝后的民歌运动。

文艺界的领导人郭沫若、周扬等也向全国发出号召“文艺也要大跃进”。他们二人还主编出版了新的“诗300”即《红旗歌谣》；郭沫若自4月3日起在《人民日报》连载诗《百花齐放》，以花喻事，牵强附会地以标语口号歌颂大跃进。文化部副部长刘芝明在7月14日的座谈会上，号召戏剧创作与演出要“大跃进”。在这种气氛下，不少专业诗人、作家也不得不投人“大跃进”的行列，或者订计划，或者匆忙发表急就章。文坛到处放“卫星”。一贯追求创作质量的田汉竟也参与赶潮流，奋战几天几夜，写出多幕剧《十三陵水库畅想曲》。

1958年，毛泽东在内部讲话中还提出文学创作要“现实主义和浪漫主义相结合，”接着，郭沫若公开了这一号召，并断言毛泽东诗作是“革命的现实主义和革命的浪漫主义的典型的结合”。文坛坛主周扬又论证这一“两结合”的提法是对文学历史的“科学概括”。郭、周又断言新民歌是“共产主义文艺的萌芽”。从此，文艺界又大力倡导强化“革命的浪漫主义”。这在事实上进一步地助长了文艺界的浮夸风，使文艺创作在泥淖中愈陷愈深。

文艺界大搞群众运动的民歌创作及其他文学创作放“卫星”自然难以持久。随着国民经济进人“调整”时期，文艺界也改弦更张，走上了“调整”的轨道。

二、大跃进时期文学的特定内涵

大跃进年代也出现过若干优秀的或颇有分量的文学作品，特别是长篇小说，如1958年，《青春之歌》、《山乡巨变》及《上海的早晨》出版，1959年，《创业史》问世。但这些长篇作品，并非创作于大跃进岁月，大跃进的时代烙印并不明显。所谓大跃进时期的文学，特指这一时期所发表的反映当时现实生活的文学作品，其主体是大跃进民歌创作。

广大人民，特别是农民感到解放后获得了幸福生活，认为大跃进将带来更为幸福的时光，乃至通过大跃进，共产主义到来也指日可待。农民把这一切功劳归功于共产党和领袖毛泽东，因之，在大跃进民歌中，歌颂党与领袖便成为一个基本主题。

这类民歌的诗作难免有感恩思想与个人崇拜的局限性，但也自然流露出农民质朴的真诚感情。

大跃进时期文学创作的另一个基本主题是歌颂“三面红旗”，即歌颂大跃进、总路线及人民公社。

小说创作也迅速加入歌颂“三面红旗”的行列。李准的《“0”的故事》表现刘大爷始则思想保守，对亩产5000斤持怀疑态度，把指标改为500斤，而经过一番思想斗争，他又充满信心地在它后面加一个“0”。《“跃进”号的诞生》写工人阶级大胆向总工程师挑战，把制造5000吨货船的时间由18个月缩短83天，大灭了知识分子的“威风”，大长工人阶级的“志气”。《在大饼油条店里》表现在平日炸油条的炉子里炼出了铁。《离家三天》表现公社化的神速进展，人间奇迹不断涌现。

戏剧创作由于容量大，原本比诗歌、短篇小说创作周期长一些，但它们也不甘落后，大步赶上，往往几天时日即编写一个大型剧本，或者在排练厅边排练边改脚本。老舍的三幕六场话剧《红大院》，王命夫的八场话剧《三八红旗手》，丁是娥等集体创作的九场沪剧《鸡毛飞上天》，傅昊平的独幕三场话剧《烈火红心》，段成滨、杜士俊的十三场话剧《降龙伏虎》等等，全部是速成的产品，他们以冲天的热情讴歌大跃进、总路线与人民公社的伟大与辉煌。

中央及地方的文艺刊物、报纸副刊上大量的散文更是全力直接表现与歌颂“三面红旗”。散文《卫星试验田——访河北省武清县周家务乡西狼窝卫星田》竟然写出亩产达到了5万斤！歌颂全民大炼钢铁的散文更如雨后春笋般涌现。

上述诗歌、小说、剧作及散文乍看起来，是歌颂“三面红旗”，实质上是歌颂浮夸风、共产风与瞎指挥风；在当时显得神圣、庄重，后来者读它们，则感到幼稚与滑稽。

这一时期的文学创作由于要表现兴修水利、改造农田、大炼钢铁等，必然牵涉到人与自然的关系。因之，人对自然的斗争、人定胜天的战歌便成为大跃进时期文学的又一个基本主题。1958年有一首非常著名的陕西民歌，表达了人民兴修水利、改造自然的至伟至大的气魄：“天上没有玉皇，/地下没有龙王，/我就是玉皇！/我就是龙王！/喝令三山五岳开道，/我来了！”

假、大、空成为大跃进时期文学特定内涵的基本特征。这些作品，特别是多到无以统计、遍及全国城乡的民歌，其时犹如色彩绚烂的肥皂泡在空中飘浮，但不久便破灭了。

三、大跃进时期文学的艺术异化

有人说：大跃进时期的文学不可以称之为文学，不可以称之为创作。从总体而言，这并非只是愤激之辞，而是一个合乎事实的判断。文学本属于艺术范畴，属于审美活动，而这一时期的文学创作已完全蜕变为政治运动的工具，已彻底政治化，丧失了艺术的品性。

政治第一乃至政治惟一，以政治口号或政治思想取代艺术，这是大跃进时期艺术异化的最主要的，也是最根本的特征。

而小说、戏剧、散文，其题材也集中于歌颂大炼钢铁、兴修水利、大搞卫生运动，大搞粮食放“卫星”等等一系列大跃进的狂热活动。其时，文学创作不可写“三面红旗”之外的事物，而对于“三面红旗”的歌颂，表面上看是写了大炼钢铁等事物和人们的活动，实际上这些只是一种道具，是用来演绎“三面红旗”精神的道具。而所谓对“三面红旗”的歌颂，无非是歌颂党提出“三面红旗”的伟大英明，歌颂人民实现党的号召的冲天干劲即盲目蛮干的狂热状态。这样的创作以空洞的政治说教取代了丰富生动的形象思维，必然沦为廉价的政治宣传品。

表达公式化，是大跃进时期文学的又一特征。作品中为了表现人物的所谓共产主义劳动精神，几乎千篇一律地写人物废寝忘食、日夜苦战、推迟婚期，写新婚之夜小两口或各自或一同奔赴大跃进的工地，连当时的著名作家也不能脱俗。

人物类型化，是大跃进时期文学的另一个显著特征。除了历史题材的作品，大跃进时期文学作品中的人物基本上是两类，一类是英雄人物，一类是落后人物。

语言的普泛化，是大跃进时期文学作品的又一个共同基本特征。文学作品的语言应该形象化、感情化、个性化。而大跃进时期的文学语言恰恰背离了这一基本规则。甚至连文学作品的标题也以标语口号代替，毫无文学性可言，如《人人搞生产，户户无闲田》、《男人能干的活，妇女也能干》，以其作为工作总结一类应用文的标题岂不更为合适？

四、大跃进时期文学的反思

大跃进时期文学史留给我们的教训很惨痛，但并不复杂，要而言之，是以下几个方面。

其一，政治左右文学，乃至取代文学，严重地违背了创作规律。

其二，以空想为理想，惟意志论横行无阻，在强迫命令下，文学出现虚假繁荣，实则造成重灾。

其三，真实性与审美功能的缺失，导致文学功能的异化。只有以美为核心，将真、善、美统一起来，文学创作才能成功，才能正常发展。

其四，取消作家的个性即取消文学的独创性。大跃进文学创作犹如工业生产的标准化，然后加以组装，这种工业化的生产方式正是文学的大忌。文学的生存价值在于独创性，在于作家的情感与生命的个体化的凝聚。

大跃进时期文学的沉痛教训警示世人：文学创作不但不能消融作家个性，反而需张扬作家的个性；只有这样，才可能形成风格，才可能促进作家走向成熟，才能促进文学优秀之作的面世。

（原文约1万字，发表于《西北大学学报》哲社版2001年第2期）

文摘编辑：王佃启

近年来文学研究的主要特点及值得注意的动向

马自力

[作者简介] 马自力，中国社会科学杂志社副编审，北京大学历史系博士研究生。

[内容提要] 近年来，国内文学研究取得了历史性的进步，有比较突出的特点（如对文学本位和多学科多视角的研究方法的强调，开始反思重大问题和基本范畴，积极开展学术史总结等），同时也出现了一些值得注意的倾向（如消解主体意识形态，文学评论趋同于文化批评，非历史主义倾向，浮躁学风和商业炒作等）。作为身处当下的文学研究者，理应取严肃和科学的态度，在找到自己恰当的定位的同时，积极从事审美、历史逻辑和科学的文学研究。

[关 键 词] 新时期；文学研究；特点；动向；立场。

新时期以来，文学研究取得了历史性的进步。其20年的历程以20世纪80年代末为界，可分为两个阶段。前一个10年可称为解放思想、正本清源阶段，其主要标志是研究领域的扩大和外国哲学社会科学思潮、现代文论的大量引进；后一个10年可称为文学研究走向纵深和多样化阶段，其主要标志是研究方法的多样化和个性化。总的说来，20年来文学研究取得巨大成就的根本原因是重新正视了文学自身的特点和规律，把文学研究纳入到学术研究的正常轨道上来；而过分强调文学本位，使其走向与其他社会生活现象相脱离甚至对立的极端，也会造成文学研究出现一些不正常和错误的倾向。所以，把握文学本位的分寸感在文学研究中显得十分重要，它好像是一把双刃剑，既可以致胜，又容易自伤。这里仅就近年来文学研究的主要特点做一简要评述，兼及文学研究及相关领域里出现的一些值得注意的动向。

一、近年来文学研究的主要特点

对文学本位和多学科多视角的研究方法的强调，已成为学界的普遍共识。其比较完备的表述，可以新版《中国文学史》（袁行霈主编，高等教育出版社1999年8月出版）为代表。在该书“总序论”中，袁行霈说：“把文学当成文学来研究，文学史著作应立足于文学本位，重视文学之所以成为文学并具有艺术感染力的特点及其审美价值。”该书“总序论”第一节的小标题十分清楚地表达了作者的思想：“文学本位、史学思维与文化学视角”。应该说，这种文学本位观是有较好的分寸感的，既突出了文学研究的主体，又兼顾到与文学的发展和演进息息相关的方方面面。这种文学观和研究路数，在目前的古代文学研究领域是主流。与这种文学观和研究路数相一致，在近年特别是1999年关于“五四”文学的研究中，对于“五四”文学的审美特质以及它所开创的新型文体和话语模式的关注，成为值得瞩目的论题。如《中国社会科学》1999年第3、5期发表的《解构与重建——五四文学话语模式的生成及其嬗变》（文贵良）、《五四文学文体新论》（朱德发、张光芒）。至此，对于“五四”文学整体的研究，终于从社会文化思潮层面深入到文学自身及其内部。

开始反思重大问题和基本范畴。尽管近年文学研究十分重视研究领域的开拓和发掘，比如研究一些重大问题的“次层次”问题（如李怡《论“学衡派”与五四新文学运动》，《中国社会科学》1998年第6期），但对于重大理论问题和基本范畴的反思，仍然没有因文学轰动效应的丧失而淡化，相反，它们正逐渐走进学者的中心视野。这一方面表征了近年学术空气的活跃，另一方面也说明了作为学术问题的研究，经过新时期前10年的解放思想、拨乱反正和近10年来各个层面的研究积累，对重大理论问题和基本范畴的反思和总结，其时机已经成熟了。这方面比较引人注目的无疑是文学与政治的关系问题。《中国社会科学》1999年第6期发表了孟繁华的《政治文化与中国当代文艺学》，文章指出，“对于中国当代文艺学学术史来说，由于它的特殊性，即在政治文化的规约中，它并没有在学科的知识层面充分地发展，文艺学并没有被当作一个专门性的知识范畴。在50—70年代近30年的漫长岁月里，它直接延续的仍是40年代以来延安的传统，战时的文艺思想和建设一个现代民族国家的总体需求，也成为当代文艺学研究的主导思想。在这样的规约中，文艺学没有多少机会在自身的范畴内得以展开讨论，并取得相应的学术积累。我们发现，在近30年的时间里，文艺学学术专著的匮乏是一个令人吃惊的事实，我们不仅没有对诸如文学语言学、叙事学、修辞学、符号学、接受理论、阐释学、现象学、知识社会学等进行过专门研究，甚至文艺教科书的编写都成了一个问题，我们不缺乏的则是不间断的争论和批判，而每次争论的背后都潜隐着明晰可辨的意识形态话语，这样，也就形成了我们作为现代化后发国家文艺学发展的特色，也就是说，文艺学的发展始终是我们现代性焦虑的一部分，或者说，它是我们焦虑的表意形式之一。”基于这种情况，作者认为，政治文化作为中国当代文艺学发展的重要依据，既与当时中国特殊的社会境遇有关，又与长期以来我们的文艺思想不可分割。而文艺学虽不能从政治文化中分离出来，但它必须遵守学科自身的发展规律。张开焱则进一步把文艺与政治的关系确定为“召唤与应答”的关系：“文艺与政治的关系，既不是一种从属关系，也不是一种平行关系，而是一种召唤—应答关系，实际上是一种对话关系。它们中的每一方都在向另一方发出召唤，另一方也必定要作出应答，由此形成一种对话关系，正如巴赫金对对话的界定：对话就是同意、反对、争论、驳斥。对话的前提是对对方存在的独立性的确认，同时，也是对双方互渗互动关系的确认；对话双方既是你中有我、我中有你，同时又是我是我、你是你的关系，这种关系，既不是从属论所可概话，又不是平行论所可表述的，它是一种互动互渗的关系。”（《召唤与应答——文艺与政治关系新论》，《文艺争鸣》2000年第2期）应该说，这些对文艺与政治关系的探讨，基本上是在学理的层面严肃地开展的，所以大致做到了“随心所欲不逾矩”。

积极开展学术史总结，这里指各学科的百年研究回顾，以及从学术思想史的角度所进行的反思，包括研究方法和路径、学风的检讨。这方面的例子极多，兹不列举。

二、值得注意的倾向和应取的立场

消解主体意识形态。这一倾向在90年代中比较明显，近些年来逐渐趋于隐晦，而以淡化或独立于主体意识形态的面目出现。近来关于“民间的立场”的争论就表明了这一点，其实这一问题又往往和文艺与政治的关系问题互相纠葛在一起。汤奇云在《质疑“民间立场”》（《文艺争鸣》2000年第2期）一文中，针对陈思和的“民间立场”提出不同意见：“陈思和先生在1999年第3期的《东方文化》中发表的《中国当代文学：新的视角与描述》，系统地阐述了他用以描述中国当代文学的‘新视角’——‘民间的立场’。”“在陈先生的观念中，20世纪中国文化一直由三部分构成：国家权力意识、知识分子的‘启蒙意识’和‘精英意识’、民间文化形态。”“‘民间’主要由两种人构成：一种是乡下农民，一种是落难的或边缘化的知识分子。……所谓‘民间立场’的提出，实际上体现了当今学术界这样一种深层意识：在文学理论和批评中，人们总是试图寻找一种群体观念形态的支持，也许这种观念形态过去称之为‘人民大众’或‘革命’，如今变成了‘民间立场’。当然，有了这种群体意识的保护，文学自然安全多了，但它的个性却被一种无形的意识形态吞没了。我想，我们现在所需要的恰恰就是文学是独立的，敢于以自我的身份、个人的身份去担起文化精英责任，而不是去依附于某种人多气盛的‘民间立场’。”

文学评论趋同于文化批评。文学失去轰动效应以后，大众文化占据了广大受众的心灵。文学评论从文学研究的轻骑兵，泛化为一般的文化批评，文学评论家被媒体的指挥棒支使得团团转，以至有人大声疾呼：“谁来进行文学批评？”（王世诚、姚新勇《谁来进行文学批评——关于文学批评文化化的分析》，《文艺争鸣》2000年第2期）该文指出：“泛文化批评在当下几已成统治模式，它带来的一个令人不察的后果是，文学批评与文学批评家的‘退场’正在被无形之中认同，甚至被合理化。批评家们纷纷以挑起、发动、参与文化论争为荣，他们就像那些忙于‘走穴’的当红演员一样，在‘赶场子’的忙碌中乐此不疲；而不少文学杂志也乐于充当扮演舞台的角色，以出让文学批评或文学创作为代价，来换取所谓的‘繁荣’。”

非历史主义倾向。如近来有些人对于现代文学史诸大家的全面否定（葛红兵《为中国现代文学写的一份悼词》，《芙蓉》1999年第6期），尽管这种不顾历史事实和违背文学规律的做法受到了学界的广泛抨击（见《芙蓉》2000年第1期罗丽川文及《中国政协报》2000年2月4日秦弓文），但是其非历史主义倾向的确值得注意。

浮躁学风和商业炒作，以及制作或生产话题而使真正的文学研究和文学批评缺席或退场。

那么，对于文学研究我们应取何种立场呢？这个问题可能有各种解答。在当下的语境中，笔者认为，审美、历史、逻辑和科学的文学研究是我们的时代所需要的。过去文学的轰动效应固然使研究者引以为荣，但那毕竟是特殊的时代和特定的条件所造成的。真正的学术研究需要严肃和科学的态度，需要研究者为学术献身的精神。在目前大众文化占据人们的精神世界和广大的文化市场的时候，文学研究者从事文化批评，引领大众文化的走向，固然是知识分子的使命使然；但是历来大众化和化大众就是一对辩证的关系，文学研究者更应在其间找到自己的定位。

（原文约4000字，发表于《湖北大学学报》哲社版2001年第4期）

文摘编辑：王佃启

中国现代小说史研究中的若干问题

秦弓

[作者简介] 秦弓，中国社会科学院文学所现代室副主任，研究员，博士。

[内容提要] 中国现代小说史研究要想有所突破，必须解决重规律轻现象的问题，要善于发现有意味的现象、提炼典型现象，以现象来复现历史原生态与呈示规律；必须在现代小说内部新旧之间的关系、现代小说与包括民间文学在内的传统文学的联系、现代小说与外国文学的比较等方面加强研究。

[关键词] 中国现代小说史；规律；现象；内外关系。

在中国现代文学的四种体裁中，若论数量最大、读者最多、建树最突出、影响最深远，当属小说。与此相应，关于现代小说史的学术积累也最为丰厚。成绩毋庸置疑，但要想有所突破与拓展，须先明了以往的现代小说史研究存在着怎样的问题。

一

先来谈重规律轻现象的问题。

在一些学者看来，对于文学史研究来说，现象是表层的、无足轻重的，而规律才是深层次的，最重要的。规律的总结方能见出学术层次的高低，而规律总结的怎样，关键在于是否掌握了某种理论与方法。这其实是一种误解。这种规律意识的极端性表现，是在接触大量历史资料之前就有一个源自某种观念或某种需求的规律预设，然后到史料中去寻找例证，合则采纳，不合则视而不见。当把阶级斗争为纲、路线斗争为纲之类的政治观念作为初设规律之源时，其"规律"同文学历史的实际相去甚远，是无源之水、无本之木、沙滩之塔，也许在一定背景下因其符合时代"流行色"而能走俏一时，然而一旦事过境迁，立刻成为隔日黄花。历史已经证明，这种演绎式的"研究"是一条死胡同。

小说史研究，固然可以供助某些观念、方法，但即便是合适的研究工具也不能代替研究的对象，更不必说不能等同于研究的目的。小说史研究的对象是纷纭复杂的小说史现象，研究的目的在于再现历史的基本面貌，对于重要的文学现象给出科学的阐释，并就其来龙去脉做出规律性的总结。要达到这些目的，必须从现象入手。可是，实际上，由于规律意识过强，忽略了大量重要的历史信息的搜集、分析与利用，使不少小说史著作描述失之单薄、评价缺少足够的史实支持，因而规律提炼的准确性及其涵盖的广阔性不能不大打折扣，本来应该根深叶茂的小说史变得枝叶寥落甚至主干弯曲。作家是小说史的基本元素之一，谈及作家，应该关注其生存状态、心理状态同创作（创作过程、作品的题材、主题与风格）之间的关系。小说史研究应该纳入"生产流程"的考察，关注作家与报刊编辑、出版商、读者之间的关系，包括出版商获利与作家收益二者的比例，一部畅销书或经典之作究竟印行了几版，每一版有无改动及为什么改动，每次发行了多少册，对一般读者与小说发展产生了怎样的影响，其读者群的分布有何特点，等等。学术性不等于单纯的抽象性，上乘的历史著作不应排斥历史还原的丰富性与生动性。重规律而轻现象的问题不止于小说史，毋宁说是历史学科的通病。在当代许多通史著作里，历史被简约为政治史、军事史、经济史，读者从中看到的只有政坛人物走马灯似的你方唱罢我登场，至于黎民百姓的生活怎样，婚丧嫁娶、吃穿住行、言谈举止等等，皆属"小道"，入不了正史。而想一想《史记》何其丰富，何其生动，有多少错综交织的历史线索，有多少堪称经典的细节描写。相比之下，今人撰写的历史著作岂不是大为逊色？司马迁并非不重视寻找历史规律，"究天人之际，通古今之变"就是再清楚不过的表述，但他是潜入到历史的深层去体验、去探求，而不是先存一个什么预设；他是用历史现象来反映历史，而不是急于用所谓规律来概括历史、代替历史。原生态的湮没使得历史著作枯燥无味还只是问题的表层，问题的要害在于煞费苦心找出的规律是否符合历史实际，尚需存疑。真正的规律应是从历史实际出发归纳总结出来的，而且在历史著述中应有原生态的支撑。

时段不长的现代小说史，无论怎样发掘，具有典型性的作家毕竟有限，而对于作品典型性的辨析，却有着更为广阔的前景。《阿Q正传》问世80年来，海内外好评如潮，同时也不断遭到置疑、甚至是苛酷的贬抑，但后者并不能湮没这部经典的辉煌，反倒提供了走近经典的另一条途径。对《子夜》的评价起伏较大，但无论如何，现代小说史不能没有《子夜》。《金锁记》属于另一类经典，它不关注社会政治，但表现出鲜明的性别政治色彩——作者没有渲染曹七巧出嫁的包办色彩，而是通过她最初的认同来表现传统社会赋予女性的生存方式，通过她后来痛苦的挣扎与扭曲来质疑这种生存方式；它不理会社会现实，但异乎寻常地挖掘了人的心理现实，尤其是女性心理变态后的阴暗心理。萧红的《呼兰河传》较之《生死场》，艺术上更加成熟，是一部难得的佳作，但在相当长时间内没有得到应有的全面评价。茅盾就曾经在肯定其艺术之美的同时，对作者的“寂寞”心境及其投射的作品中的“暗影”表示过惋惜。其实寂寞的乡愁在抗战时期具有特殊的意义，“暗影”也未始不是战争阴云的折射。《呼兰河传》对启蒙主题的执著开掘再次表现，这一主题线索并未因“五四”落潮而中断，而是在新的历史条件下更为深沉地向前推进，其意义理应得到文学史研究的确认。以往小说史在主题、题材的勾勒、阐释上做了很多努力，但这方面仍有很大的空间。譬如暴力问题，现代小说的暴力题材很多，视角及叙事态度并非一律。有的揭露与抨击压迫者、剥削者对人民的滥施暴力；有的讴歌被赋予正义色彩的社会底层的暴力反抗，肯定以暴克暴；有的则对社会底层的暴力行为有所分析，如茅盾的《动摇》、端木蕻良的《科尔沁旗草原》、李劼人的《大波》里有对暴民趁机抢劫、施暴的批判性描写，赵树理的《李家庄的变迁》与丁玲的《太阳照在桑干河上》里有对群众在斗争地主的过程中的残忍的过火行为的批评，只是过去我们没有注意到或者有意掩饰了这方面的内容；有的对暴力行为给予精神分析的观照，如施蛰存的《石秀》；沈从文在早期作品中，有时为了渲染湘西野性，对底层社会的暴力行为不无欣赏之意，但后来对暴力则多了些冷静的分析色彩，对无休止的血腥复仇持有否定态度。现象是自然存在的，而典型现象则需要挖掘与提炼。鲁迅在《中国小说史略》中，兼顾小说的内涵与文体，以“志怪”、“传奇”、“话本”、“讲史”、“神魔小说”、“人情小说”、“讽刺小说”、“狭邪小说”、“侠义小说”、“谴责小说”等的演进，来梳理中国小说的发展历程。《汉文学史纲要》以“《书》与《诗》”、“老庄”、“屈原及宋玉”、“李斯”、“汉宫之楚声”、“贾谊与晁错”、“藩国之文术”、“武帝时文术之盛”、“司马相如与司马迁”等为篇名；计划中的《中国文学史》的分章是：(1) 从文字到文章，(2) 思无邪（《诗经》），(3) 诸子，(4) 从《离骚》到《反离骚》，(5) 酒，药，女，佛（六朝），(6) 廊庙与山林。这些标题所撷取或概括的，有的是经典文本，有的是经典作家，有的是文化氛围，有的是文化象征，均为能够反映当时文学面貌与特征的典型现象，所谓规律自然寓于其中。比较起来，现代小说史研究中虽然也有不乏精辟之见的典型现象概括（诸如思潮、流派与作家个性等方面），但总体看来，从理论框架与体系建构出发已经成为一种研究模式，而从文学史实中提炼典型现象则远远不够。

二

再来谈小说史研究中的内外关系问题。

近年来，有学者重审茅盾接编以前一段时间的《小说月报》，对其“鸳鸯蝴蝶派性质”的认定提出质疑。徐德明《中国现代小说雅俗流变与整合》进而注意到新旧小说“对峙”中的“衍生”，指出了现代大众小说中的传统的支撑与渗透，并以老舍为例，探讨了新文学作家雅俗诗学的整合。这些都给新文学发展过程中的新旧之间的关系提供了富有启发性的思路。我们循此可以进一步探索，不只张恨水等人的通俗小说有现代气息，《吕梁英雄传》、《新儿女英雄传》等有传统色彩，而且像茅盾、端木蕻良、路翎等人的一些作品，表面上看来欧化色彩明显，但内里却含有传统的底蕴。有学者主张捍卫现代文学的现代性，将旧体诗词与旧派小说排除于现代文学的研究框架之外。问题在于：即使把现代文学的“现代”不界定为时间概念，而是理解为性质，那么，在新旧文学的交替转型阶段，新旧之间并非那样水火不相容，而是相互对峙、相互渗透的关系，二者之间如何断得开？

新与旧的关系说到底是传统与现代之间的关系。近年来现代文学的研究向上溯及晚清，向下延伸到当代，历史性得到加强，这无疑是一个值得肯定的趋向。论及作家作品时也颇有一些同传统小说的比较，譬如《红楼梦》与巴金《家》、路翎的《财主底儿女们》等作品的比较，还有从现代小说看到传统文学的韵味，等等。但现代小说与古代小说乃至古代文学的整体性的历史联系怎样，则缺乏研究，诸如中国古代小说的渊源在神话，神话传统除了作历史小说（如鲁迅的《故事新编》）的素材之外，在内部机理、神韵等方面有没有影响？唐传奇及《聊斋志异》等小说的诗性与现代诗性小说有没有关联？沈从文、萧红等人的散文体小说与古代笔记小说传统是怎样一种关系？

现代小说研究不仅要注意内部的张力与历史的联系，也应贯穿与外国文学的横向比较。从目前所看到的比较文学研究来看，还远远不够。一是比较文学的参照对象大多为翻译文学，而事实上，有些产生重要影响的文学作品并未翻译过来，或翻译的很少，或翻译得走了样。研究者不懂外语，或外语不过关，或资料来源受到限制，无法占有外文方面的第一手资料，这都给比较研究带来很大局限性。二是比较研究大多停留在影响层面，而未能进入评价层面。

小说史研究要超越“时代背景＋作家生平＋作品”、“思潮＋流派＋作家作品”、“思想内容＋艺术特色”等模式，就必须从发现问题入手。而无论是要解决哪个方面的问题，都必须有宽阔的胸襟，有广博的知识，有历史的眼光，有自觉的创新意识，这无疑给研究者提出了更高的要求。

（原文约7000字，发表于《广播电视大学学报》2002年第1期）

文摘编辑：王佃启

试论《边城》的乡土特色及民族艺术

段春娥

[作者简介] 段春娥，郴州师范高等专科学校中文系助教。

[内容提要] 沈从文的乡土小说《边城》取材于湘西农村，小说中的人物纯朴、自然，没有半点对社会人生的愤恨，即使有怨，也是怨而不怒。这就使沈从文的乡土文学作品在同时代众多的乡土文学作品中独具一格。沈从文用一种独特的视角，将美融于自然之中，使人“见美然后悟丑”。作品在人物表现、风俗介绍、语言表达等方面，都体现了一种浓郁的民俗色彩。

[关 键 词]《边城》；乡土特色；民族艺术；沈从文。

沈从文写了许多以湘西社会生活为题材的小说和散文，这些作品声播遐迩、驰誉中外，放射着夺目的艺术光辉。尤其是他的代表作《边城》，不仅为中国新文学中的乡土文学增添了特有的光彩，为中国小说的民族化做出了较大贡献，而且对人们了解湘西地区特别是湘西少数民族过去的社会状况和风俗人情，也有着重要的价值。本文试从乡土特色、民族艺术方面，谈谈对《边城》的一些见解。

一

《边城》是中篇小说，写于1934年。作品描写了在湘西边境沅水流域一个名叫茶峒的小山城发生的一个曲折动人的爱情故事。船总顺顺的两个儿子天保、傩送，同时爱上老船夫的外孙女翠翠，然而，与事者都互敬互让、和善、诚挚、自足和重义轻利，结果故事的主人公还是没交好运，有的遇难而死，有的含疚出走，有的孤独孑然。《边城》是一部乡土小说，与其他乡土文学作品相比，具有其特异性。

首先，《边城》作为乡土文学，在题材的选取和题材的处理上很有特色。

鲁迅是我国乡土文学的开创者和奠基人。沈从文在其乡土小说创作过程中受到了鲁迅作品的启迪和影响，他在总结自己的创作收获时曾说过：“由于鲁迅先生起始以乡村回忆做题材的小说正受广大读者的欢迎，我的用笔，因之获得不少勇气和信心。”（《沈从文小说选集·题记》）这说明他明显受到了20年代鲁迅以乡村回忆做题材的“乡土文学”的影响。不同的是以鲁迅为代表的一批“乡土文学”作家包括王鲁彦、许杰、许钦文、柔石等更多地取材于内地农村。鲁迅取材绍兴一带的农村和市镇生活，描绘了一幅幅迷人的风景画，非常富于浙东的地方色彩；王鲁彦在浙江农村舞台上，导演了一场场小人物的悲剧；许杰截取了一块血腥的画面——浙江台州农民野蛮愚昧的原始性械斗；许钦文难以忘怀浙东家中的父母姊妹，不时忆及洋溢着家庭温情而已消逝了的父亲的花园……他们无论从哪一个角度出发，都在一定程度上真实地反映了20世纪一二十年代中国农村的生活。他们的作品不仅仅一般地表现农家的辛苦和物质的贫困，更重要的是揭示农民所受的沉重的阶级压迫及其精神痛苦。而《边城》则取材于偏僻山区。作者以其独特的创造个性，在文学领域里展示了当时别人未曾展示过且世人亦相当陌生的湘西农村民众生活，刻画出了湘西这块近乎封闭的热土的淳朴的人情世态，描绘出了湘西山光水色的新奇幽雅和健美独特的风俗习惯。作者“表现的是一种人生形式，一种优美、健康、自然而不悖于人性的人生形式”（沈从文《习作选集代序》）。

如果说，从鲁迅起始的，中经20年代与之一脉相承的，直至30年代表现“丰收成灾、谷贱伤农”的乡土文学，对社会人生丑态所持的态度是愤恨的话，那么，《边城》则是怨而不怒了。倘若说，以鲁迅为代表的乡土文学写农村的闭塞落后，意在“提出病痛，引起疗救的注意”，体现出作家是“战士”、思想家和革命家；那么《边城》则写农村的原始淳朴，意在纵情于幽古，主张“返朴归真”，可以说体现出作家更多的是“诗人”、道德家和哲学家。

其次，《边城》作为乡土文学，它的特异性还表现在人物上。

在沈从文看来，乡土文学中的人物决不会纯然地生活在一种阶级对立的社会组织结构中，也不会仅仅生存于一种只有自然地域景观的阶级对立之中，而是生活在一种自然与民俗、历史与现实，爱与怨、美丽与残忍、浪漫与严肃交缚而成的茫然混沌却又整合单一的具体的社会环境中。他认为“人”与“自然”之间有一种对应和默契关系，只有恰当地“处理”好这种关系，才能“达到一种艺术上的纯粹”，才不会因为只追求“理想”而放弃了“艺术”。这正是沈从文不同于其他乡土文学作家的创作思想基础。

沈从文走的是一条与以鲁迅为代表的一大批中国现代作家相异的文学创作道路。后者在文学上一开始就是取历史视角，对“过去”充满义无反顾的历史批判精神；而沈从文企图在当前的时代中寻找某种过去时代的东西，一种连绵不断的人类价值的纽带。他想：“即拟将‘过去’与‘当前’对照，所谓民族品德的消失与重造，可能从什么地方着手，《边城》中人物的正直和热情，虽然已经成为过去的陈迹了，应当还保留些本质在年轻人血里或梦里，相宜环境中，即可重新燃起年轻人的自尊心和自信心。”沈从文直面现实的精神，使得他在作品中采用文化视角的同时，必然也采用历史视角。因此，我们看到沈从文一方面仍然以道德的、人性的角度对湘西的“自然之子”大唱赞歌，另一方面又为他们的历史命运和前途而黯然神伤。

有的评论者认为20世纪中国的乡土文学，从主题上大体可分为两类：一类是“浪漫主义的”，一类是“现实主义的”。“浪漫主义的”重在寄寓一种“理想的感情”，“现实主义的”则体现为一种“批判的感情”。《边城》的特殊就在它将现实主义与浪漫主义紧密糅合在一起了。作品中既有一无所有，常年撑渡船的穷人，也有以碾房作陪嫁的富户，然而财产上的差距并不意味着茶峒人思想品德上的差距。富人与穷人一样的豪爽、慷慨和救人之急。即使是作妓女的，也永远是那样浑厚。作者笔下的《边城》多多少少带有“乡土理想化”的色彩：现实生活中比比皆是的邪恶、奸诈、腐朽都没有了，代之而出现的是人人向善求真，个个豪侠重义，美的自然和美的人水乳般融化在一起，构成一个优美、自然，充满美好人情、善良人性的诗情画意的世界。“见美然后悟丑”，小说中不遗余力地渲染、讴歌了这人世间的至善至美，从美学观念上看，正是在不遗余力地鞭挞着丑恶与腐朽。

二

从艺术风格上看，《边城》是现代文学中民族化的杰作。早在“五四”新文化运动和文学革命初期，鲁迅等进步作家就对中国小说的民族化作了极大努力，二三十年代的许多乡土文学作家也做了不同程度的贡献。然而，由于历史的、时代的局限，或此或彼的原因，文学作品的民族化并不尽如人意。而《边城》无论是写景、叙事、记人还是语言描写等，都具有浓郁的民族化色彩。

茶峒是边城，边城有边城的风俗。端午、中秋和过年是边地最有意义的几个日子，而端午更有特色：粽子、糍粑、渡船、吊脚楼、小背篓、对歌、赛龙舟等都是湘西特有的风俗，作家抓住了最具代表性的端午节，把边地的古朴、实在的风土人情，不加雕凿、条缕分明地道来，令人可信可亲。读到这样的文字，中国人的大脑是无须三回九曲地去思索，像理解诗经“坎坎伐檀兮，置之河之干兮”及陶渊明田园诗“采菊东篱下，悠然见南山”那样的，《边城》的含义靠民族审美经验全能领会。

《边城》中关于爱情的描写也具有民族化色彩。沈从文“善于以清新、优美的文笔抒写青年男女的细腻感情，以写人性美、人情美为创造的极致”（《中国现代各流派小说选》第三册，严家炎选编）。天真美丽的边城少女翠翠悄悄爱上了青年傩送，日有所思，夜有所想，而且对别人提起的凡是有关傩送的事情都相当留心，当人们闲话傩送时，她“脸发烧走到另一处去，又听有两个提及这件事，且说：‘一切安排好了，只需要二老一句话。’又说：‘只看二老今天那么一股劲儿，就可以猜得出，这劲儿是岸上一个黄花姑娘给他的！’谁是激动二老的黄花姑娘？听到这个，翠翠心中不免有点儿乱”。这是典型的东方式、中国式的思恋。《边城》不取现代文明、都市文明的方式，写翠翠与傩送的恋情几乎没有一句“我爱你”，然而，却深刻地表现了恋人炽热而又含蓄的爱情。

《边城》的民族化成就，还表现在语言方面。沈从文是一位自学成才的作家，他的语言才能是建立在群众语言艺术创造的基础上的。毛泽东曾在《延安文艺座谈会上的讲话》中指出：“应该认真学习群众的语言。如果连群众的语言都有许多不懂，还讲什么文艺创作?”沈从文是向群众学习语言并进行艺术加工从而形成自己的语言风格的典范。首先，他的语言在内容与形式上是和谐统一的。什么人穿什么衣，怎样的人说怎样的话。下层人民多民间谐趣，“乡下人”总是信奉约定俗成的成例。所以，《边城》的语言质朴自然而又含蓄蕴藉。比如翠翠与祖父的一段对话：“翠翠，你不记得你前年在大河边时，有个人说要让大鱼咬你吗?”“他是谁?”“你想想看，猜猜看。”“一本百家姓好多人，我猜不着他是张三李四。”“顺顺船总家的二老，他认识你，你不认识他啊!”接着，祖父呷了一口酒，像赞美这酒，又像赞美另一个人，低低地说：“好的，妙的，这是难得的。”祖父和翠翠谈论同一个人，翠翠假装不认识，而祖父又明知偏不说，这一方面把祖父那种洋洋得意，那种对未来的孙女婿称心如意，通过似乎对酒，又似乎对人的称赞反映出来；另一方面，翠翠装作不明白，又表现了一个少女在谈及自己的婚事时那羞怯和喜悦的心理。语言质朴自然、简洁明白，却含蓄蕴藉、令人回味。其次，作品采用的是叙述语言，基本是湘西方言，具有一种“天然去雕饰”的生动韵致。比如：“由四川过湖南去，靠东有一条官路。这官路将近湘西边境，到了一个名叫‘茶峒’的小山城时，有一条小溪，溪边有座白色小塔，塔下住了一户单独的人家。这人家只有一个老人，一个女孩，一只黄狗。”这里看似有些朴讷，但却用一种修辞格中所讲的顶针续麻的方式，从容不迫、活灵活现地实现了意象的流动，大大增强了作品的可信性和感染力。

（原文约5000字，发表于《郴州师范高等专科学校学报》2002年第1期）

文摘编辑：王佃启

不应忽略的女性形象
——从张资平小说《苔莉》、《红雾》谈起

范志强

[作者简介] 范志强，浙江万里学院文传系副教授。

[内容提要] 在“五四”新文化运动中，伴随着“人”的发现，妇女地位、妇女解放成为新文学创作最重要的母题之一。随之，女性形象也成为新文学人物画廊重要的人物谱系。但在我们的文学史论著中，这一谱系却是不完整的，被经常提及的仅仅是它的两极。而占取社会大多数的“中间人物”，却往往被文学家、文学史家所忽略。以《苔莉》《红雾》等为代表的张资平部分小说中的女性形象，填补了这一空白，完善了这一谱系。

[关 键 词] “五四”新文学；女性人物谱系；中间人物；张资平。

长期以来，提起张资平及其作品，人们往往为“汉奸文人”所囿，把他作为“中国现代文学史上一名反面教员”，其作品也因“污秽的性描写泛滥成灾”而被称为“恶劣的新大众文艺的代替物”。但在看到张资平上述不足的同时，我们不应忽略这样一个事实：

张资平是二三十年代最走红的小说家之一，其作品拥有大量读者；他给我们留下了24部长篇小说、5部短篇小说集；在其作品为人垢病的同时，不同的甚至完全相反的评论也不时出现。著名评论家李长之认为“从新文学的发展看，只有到了张资平，才是真正的小说家”。“有人说他迎合读者的心理，我以为倒不如说他恰抓着现在青年婚姻问题的时代。”阿英指出，“张资平先生的恋爱小说完全是‘五四’期间女子解放运动必然的要产生出来的创作。”

在接受美学看来，文学本文是一个多层面的开放式的图示结构，它的存在意义和价值，在于因时代发展而不断变化的读者（期待视野）对它的全新的理解。“对一部作品的时代的评判，不仅仅是其他读者批评家、观察者甚至教授的积累下来的判断，而且是一部作品之中所包含的意义潜势不断地展示，是作品在向理解性判断展示自身的历史接受中的现实化”。

如果我们认同于姚斯的上述理论，在今天把张资平的小说放在一个更为广阔的文学史背景上时，我们就会发现其作品“所包含的意义潜势”还未得到充分展示。尤其《苔莉》、《红雾》等部分作品中的女性形象，对于我们的文学史，有着重要的意义。

任何社会形态，每一段历史的演进，都不会呈现为截然分明的两极状态。“凡有人群的地方，都有左、中、右。”而事实上，中间人物其“精神状态还要复杂些”，其精神状态也更具有代表性和广泛性，可以说，正是在社会上占绝大多数的中间人物的觉醒与参与，历史才得以演进，社会才得以进步。由此，我们来观照现代女性人物谱系时，就会发现，这一谱系所缺少的恰是处于子君——祥林嫂这两极之间的，一方面受着西方各种社会思潮——尤其是恋爱、婚姻自由、个性解放等影响，尝试着走一条前人未尝走过的路；另一方面，她（他）们脚踏在具有几千年传统文化的中国大地上，无数条传统概念的绳索束缚着她（他）们的精神，使她（他）们迈出的每一步都那样沉重、艰难，甚至带着血迹的中间人物。从这个角度讲，张资平在《苔莉》、《红雾》等小说中所写出的女性人物，无疑填补了这一空白，完善了这一人物谱系。

长篇小说《苔莉》通过女主人公苔莉的悲剧，给我们真实地展现了那个时代有知识的青年女性的爱情婚姻生活、她们的精神追求与痛苦，和她们无望的挣扎。苔莉曾是“一个很时髦的女学生——高谈文艺和恋爱的女学生”。在个性解放、爱情婚姻自由思想影响下，她追求自由恋爱，但更注重爱的专一、爱的名分。在她看来，“男性的专爱在女性是比生命还重要的”。但她每每所遇非人。第一个情人，因为对她用情太不专了，于是各走各的路。又经过自由恋爱，与白国淳结了婚，谁知白国淳在家乡已是三妻四妾且生活放浪。苔莉一次再次追求男性的专爱都失败了。原因是什么？是自由恋爱的错误？是个性解放的错误？还是因为爱的过于专一？爱本身是无罪的，没有爱的生活不是真正的生活，但只有爱，甚而把爱作为惟一的生活的救命稻草，这样的生活对于那个时代的青年女性，其结果必然仍是悲剧。因为个性解放并不仅仅意味着青年男女的恋爱自由、婚姻自主，它更重要的是人的个性、人的独立意识的觉醒和解放。这种人在精神上是自由的，在人格上是独立的，有不可侵犯的尊严，他（她）不把自身依傍于他人而存在。苔莉在新思潮影响下，追逐着理想的光环，大踏步向着幸福的生活奔去，脚上却系着沉重的传统的铁链。她对爱的追求是正确的，但她的爱却缺少（或说她根本不理解）爱的基础与规则：人的尊严与独立。因此其结局也必然是悲剧性的。

《红雾》中的丽君，似乎比苔莉更勇敢，更富于娜拉精神。在18岁时，因“麻醉于自由恋爱的思想”，惑于“打倒夫妻制，拥护情人制”的口号，也因自己青春期的性的烦闷，拒绝了包办婚姻，大胆与青年李梅苓同居了。最初，他们向往着“共同生活定有不少的幸福和快感”，然而实际生活的平凡、单调、乏味，使他们很快就厌倦、失望了。丽君终于沦为中国传统的家庭妇女：持家、抚养孩子。而李梅苓却在外拈花惹草。爱，已从他们之间悄然离去。丽君不愿像传统的家庭妇女那样，做丈夫的附属品，做丈夫随意使用的机械。她要反抗，“想打破现社会的习惯”，要学做娜拉。但丽君的反抗是什么？她认为，在中国，“女人太过于敷衍男性了。今后的女性该自己振作起来，以叛逆的精神对付男性。丈夫如找一个情人，做妻的便要以叛逆的精神去找两个情人”，这才是男女平等。可以看出，丽君受到了新思想的影响，但她对爱对平等的理解是多么肤浅！她的所谓反抗，对于真正意义上的妇女解放来说，是风马牛不相及的。

《红雾》中的另一位女性潘梨花，无疑是作者把她与丽君相对照来写的。丽君追求爱，追求自由、平等，不愿做丈夫的玩偶，几经周折，由弱者、由男子的附属品变为鄙视男性，否定爱情，只重金钱，用钱让男人围着自己转的所谓强者。女伶潘梨花不谈爱情，从开始就认为“什么爱情都是假的，结局唯有金钱。金钱是恋爱的培养料”。她利用自己的美貌，周旋于众多男子间，目的只是为了钱，为了穷奢极欲的生活。她喜爱漂亮的李梅苓，也不拒绝腰包胀满的武夫杨师长。为钱她厌弃了成为穷光蛋的李梅苓，为钱她可投入任何一个男子的怀抱。而男人，则用钱来玩弄她于股掌之上。比起丽君她似乎有更大的自由度。但不难想象，一旦人老珠黄，年老色衰，她必然被男子抛弃，成为无人玩弄的木偶。由此看，无论是丽君的挣扎奋斗，还是梨花的堕落沉沦，成为众多男子手中传递的花儿，她们都是牵线木偶，被一只只有形无形的巨掌牵扯着，无论你怎样挣扎，最终都难逃玩偶的命运。无论苔莉，还是丽君，在新思潮影响下，她们向往着新的，却难以摆脱旧的。她们的行动看似新潮，实则传统，看似大胆勇敢，实则虚弱不堪。她们的眼睛追随着子君们发射出的时代之光，步履却游移于传统与现代之间，这是她们的悲剧所在！然而，“创造新陆地的不是那滚滚的波浪却是他底下细小的泥沙”。尽管她们没有走在时代最前列，是被时代巨浪裹挟而起的“细小的泥沙”，她们对“新”的理解也存在许多偏差，但毕竟她们向前迈出了可贵的、沉重的蹒跚的一步！正是她们的觉醒与参与，历史才得以演进，社会才能坚实向前。也正是她们的挣扎、犹豫，她们的复杂，她们的中间性，我们的现代女性人物谱系，才更为系统、完备！不可否认，张资平的作品在现代文学史中算不上最优秀之作，本文也无意为张资平做翻案文章。然而“一部好作品之所以好，并不在它没有毛病，而是在它有些好处”，对我们文学史有些贡献。这一点，无疑是我们面对历史、研究历史时必须注意的。

（原文约8000字，发表于《华北电力大学学报》社科版2002年第1期）

文摘编辑：王佃启

且看桃李闹春风
——近年军事题材长篇小说概评

汪守德

[作者简介] 汪守德，中国人民解放军总政治部宣传部艺术局副局长。

[内容提要] 近年来，军事题材长篇小说创作呈现出一种令人欣喜的颇为壮观的气象。这些作品的出现拓宽了军事文学的创作领域，体现了生活的独特性和新鲜感，对军事题材创作的思想内蕴做了非常有意义的深化。同时，在人物形象的塑造及艺术追求的努力上，也取得了诸多进步。我们有理由相信，军事题材长篇小说的未来，必定有更大的作为。

[关键词] 长篇小说；军事题材；思想内蕴；艺术追求；创新。

一、题材领域的新拓宽

虽不能说题材的拓宽对作品的突破具有终极的决定意义，但从创作的实际来看，追求生活的独特性和新鲜感确实是某些作品取得成功的很重要的原因。有人认为，经过几代作家多年来的精耕细作，战争生活特别是革命历史生活领域似乎已经成了一片熟地，人们对它的每一条脉络、每一道沟壑差不多都耳熟能详，再也没有什么处女地可言，要想在此弄出什么惊世骇俗之举已不可能。当代军事题材也没多少写头，到军营里呆上再长时间也没什么感觉，总也激动不起来。这些见解未免都失之片面。仅以远去的历史而言，它事实上是永远也不可穷尽的，其浩瀚与广博正如汪洋横无际涯，我们曾经进行的所有创作，加起来也不过是在这个无边汪洋上留下的一道道有些图案的航迹。历史生活对于文学的价值既在于它的深邃感和丰富性，它永远深不见底；也在于它的时代性和穿透力，它永远不会老去，其思想或审美的基因总是顽强地存活于现实之中，让我们因为历史而丰盈，因为生活而充实，因为感悟而深刻。

一些作家总是不知疲倦地探寻着历史，悉心地捕捉着从历史深处传出的种种讯息，并通过作品引领我们走进战争历史或军事生活之门，我们便瞥见了别样的风景。姜安的《走出硝烟的女神》的创作是一个很好的例子。

表现地下党革命斗争经历的作品在文学或影视作品中真是太多了，并且多以类型化的故事模式与人物形象同观众与读者见面，形成了相当固定的接受定势，以至于人们一接触这类题材，就大致能想象或猜度出故事的展开和结局，作品所具有的品貌与成色。其实这类生活并非只属于戏剧性、情节性、惊险性一路，它同样有着相当丰富的文学含量，同样有着充分的可开拓性。《英雄无语》正是走了这样一种截然不同的路数而出奇制胜的。

反映西藏的题材近些年走热的趋势不减，但裘山山的长篇小说《我在天堂等你》却是独出机杼之作。将当年十八军进藏的历史以长篇小说的形式加以表现，对于从未涉笔长篇的作者来说，既是一种吸引，也是一种挑战。作者很显然利用或发挥了自己写作的特长，即在作品的结构和抒情性上着力，拿历史与现实对接，来揭示与西藏有关联的两代人的经历和情感，以求产生很强的撞击力，打动和感染读者。其他长篇小说如乔良的《末日之门》对未来时态战争的假定，简嘉的《兵家常事》对“文革”中一个团球队悲喜剧的回眸，郭富文的《天净沙》对时代大潮下军人心态的把握，朱秀海的《波涛汹涌》对海军潜艇生活的表现，黄国荣的《兵谣》和陈怀国的《遍地葵花》对基层部队生活的切入，都可称作是对题材的一种拓展，都有独具慧眼的发现，殊可褒奖。而李亚的《金色大雨》对“98”大抗洪的表现，又是对最新重大事件的快捷反映，也是很值得首肯的。

二、思想内蕴的新深化

长篇小说由于其自身的优势便于容纳厚重博大的思想含量，也利于作者通过这一形式最大可能地承载对于作品主题不断加深的发现。军事题材的长篇小说在这方面似乎有着更为深厚的传统，并且许多军事文学作家也有着几乎是溶化在血液中的自觉。倘若一部军事题材的作品，特别是一部引起反响的军事题材作品，如果不在这一点上做出特别不同的贡献，它就很难获得应有的地位和持久的承认。从近些年的实际情形来看，注重主题的新开掘和思想内蕴的新深化是一些军事题材长篇小说作品获得成功，并受到好评的一条很重要的原因。如柳建伟的《突出重围》，一经出版便在社会上和军队内部产生了广泛影响。

正面反映现实军事生活的长篇小说还有徐贵祥的《仰角》，作品着重从提高军人的素质，以适应未来战争这一角度进行描写。那个熔炉一般的教导大队集中了从全军区几千名老兵骨干中遴选出的数十位干部苗子，在此接受体能、技能、智能方面的高强度训练和思想道德方面的严格规范，使其中相当一批人成为能够担负未来作战任务的高素质的基层军官。他们中的每个人都有自己的“前史”，都有各自不同的感情天空，但教导大队为他们铺设了向上的台阶，艰苦的磨练与摔打使他们实现了人生的跨越和升华。小说告诉人们，未来战争的需要不仅必须淘汰那些不适应者，还应除去优秀者身上的种种杂质。

反映东北抗联斗争生活的长篇小说并不多见，朱秀海的《音乐会》算得上是这种题材中一部虽稍嫌冗长却寓有深意之作。

三、人物形象的新塑造

成功塑造一些新的人物形象，是近些年军事题材长篇小说创作取得新成就的又一标志。小说塑造人物形象是否富于新意和个性特征，常常是作品能否成功的一个关键。缺乏新的血肉丰满的军事人物形象，是现阶段军事文学创作的薄弱环节，使关注军事文学创作的人们为此备感焦灼。人们不免思索其问题的症结何在，究竟是作家的创造力出了毛病，还是作为表现对象的中国军人的性格较为单一不甚鲜明，难以供作家在小说中进行充分性格化的刻画和表现。问题可能出在前者而不是后者，因此应当努力地去发现去塑造。在热切的呼唤声中，终于出现了让读者眼睛一亮的人物形象。都梁《亮剑》中的李云龙这个人物，就给人横空出世之感。

与李云龙这个人物的塑造有着异曲同工之妙的是徐贵祥《历史的天空》中的梁大牙，但他们又有着不尽相同的性格特征。梁大牙的人伍就颇有戏剧性，即他在逃脱日寇的追杀后，原打算参加国民党军队，却阴差阳错地投奔了共产党的队伍，这就预示了他命运的偶然性中包含着必然性。后来他在战争生涯中既顽强张扬自己原初的个性，又在复杂的政治斗争中逐步打磨和修炼自己，使自己逐渐走向老练与成熟。

中国的文学似乎擅长塑造母亲和奶奶这类的形象，项小米的《英雄无语》也是如此，作品借对爷爷形象的刻画，十分传神地写活了奶奶这个人物。

许多长篇作品也为读者奉献了各式各样的人物，如黄国荣《兵谣》中的古义宝，被精心描绘成一个富于心计而又努力工作的基层军人形象。陈怀国《遍地葵花》中的许家忠，为我们展示的是一个农家子弟步人军营后的人生历程，是“农家军歌”式的作品的延伸。许多长篇小说中的人物也都在塑造人物上下功夫，尽力描绘不同的形象特征，从而加长了军事文学的人物画廊。

四、艺术追求的新进步

阅读新近出版的军事题材长篇小说，人们有个明显的感觉，就是较之以往同类题材和作品，其可读性大为增强，文学性也有显著提升。

当前长篇小说创作的中坚力量大都是从中短篇发展而来，这仿佛是顺理成章、水到渠成的事情。他们大都有着从事中短篇小说创作的丰富扎实的经验，虽然两种样式的创作不可等量齐观，而且有的作家对长篇的过渡在时间的铺垫和准备上还不能算很充分，但从创作的实际来看，他们已经显示出一定的驾驭长篇小说的能力，并且通过作品显示了不凡的艺术才能。像朱秀海、柳建伟、徐贵祥等作家，都已用若干部厚实的长篇证实了操控长篇巨著的手段之强。尽管细论起来每位作者各有各的不足，但其创作意图与作品的实际呈现之间却是大体接近的。不少作品不仅思想内蕴丰厚，艺术上也可谓匠心独运，给人以较为新颖的艺术感受。

我们在阅读近些年的军事题材长篇小说时，还有一种突出的感受是作品的叙述张力在加大。长篇小说作为文艺形式中的宏伟建筑，既要有好的故事作为龙骨，也要有好的语言作为羽翼。特别是当代读者对作品的要求已今非昔比相当苛刻，因为多样性艺术形式的持久覆盖，使受众变得十分挑剔，要让读者接受、认可甚至激赏自己的作品决非易事。军队的作家们对此认识非常清醒，因此表现了很强的文本意识。

从近些年整个军事题材长篇小说创作情形来看，令人忧虑之处也是较为明显的，也应当明确指出，譬如反映现实军事生活的作品数量偏少，这不能不令人怀疑作家对现实军事生活在表现的能力和热情上都存在着一定的问题；譬如对被称为富矿的革命历史生活，小说从深度和广度上的开掘都还不那么尽如人心意；譬如对战争和军事生活这种特殊题材，文学应当深化表现何种人生主题，似乎有些搞不清指向，存在着一定的困惑；譬如有些长篇小说明显存在着这样那样的不足，只须稍作加工便可消除一些瑕疵，使作品尽可能完善一些，但作者却为了快速参评得奖或禁不住出版的催促和诱惑，不愿再作必要的琢磨修改便迫不及待地拿了出来；有的作品作者在动笔前显然没有经过深思熟虑，精心构思，创作的过程只是信马由缰写来，因而结构凌乱，不知行于当行，止于当止；有的作品还停留在简单叙述故事的水平，既无较为深刻的哲理含蕴，也无动人的文学魅力；有的作品根本没有达到出版的水平，或作者根本不具备写长篇的实力，但为了落著有长篇小说之名，也勉为其难，不是力不胜任，就是将书稿匆匆出手，使一些所谓长篇不是半成品，就是废品。也许存在上述问题是不足为怪的，浮出水面的优秀之作永远只会是少数。而且成功的创作经验有助于坚定作家的信心，支持其奋力前进，攀上新的高峰；存在的不足则可以作为一种借鉴，有利于作家们总结经验少走弯路，在创作上变得相对清醒和理智一些。从目前的现状来看，从长远的发展来看，我们有理由相信，中国军事题材长篇小说的未来，必定会有更大的作为。

（原文约 1 万字，发表于《解放军艺术学院学报》2002 年第 1 期）

文摘编辑：王佃启

军事文学的世纪理想展望

陈建光

[作者简介] 陈建光，温州大学管理学院讲师。

[内容提要] 本文通过考察当代军事文学于前17年和新时期的演变发展，借此反思军事文学在当代沿革中对于本体本质革新除弊上的局限性，进而探寻军事文学精神家园失落的深层原因。

[关 键 词] 军事文学；新世纪；展望。

翻开从中华人民共和国建国之初到“文革”这段时间的文学史，一股股英雄主义之风扑面而来。就军事文学而言，以发表于1957年的《红日》、《林海雪原》等为代表的一系列作品是这一时期的英雄颂歌的典范。我们可以看到，这个时期的军事文学的审美原则是极大程度地契合了当时的审美意识的，人物非常“英雄”，精神极度崇高。但我们同时也清楚地看到作品审美风格的单一化倾向，看到英雄人物的理想化、程式化模式，这个时期的军事文学审美品性的逐渐弱化而终于沦落为政治的“号角”。

随着“文革”的结束，英雄的神化与神化英雄的“神话”也到了彻底终结的一天。此时文坛上正铺天盖地地涌动着伤痕文学和反思文学浪潮。在这样的背景下，军事文学创作也一反“常态”，推陈出新。以《西线轶事》为发端，开辟了与17年文学判若天壤的军事文学审美新领域。政治为纲的痕迹显著淡化，英雄神话为“人的觉醒”所替代。新时期军事文学新风格新面貌的形成，应归功于时代的变迁，符合新的社会历史条件下民众的心理需求。不可否认，这个时期的军事文学作品仍有讴歌英雄的功利主义倾向，因为它所肩负的历史使命促使它必须重新构建被“文化大革命”彻底消解了的英雄精神。因而，此时的军事文学仍是以崇高精神的标举为旨归，以构建新英雄精神，疗救社会为最高审美目标。从这个意义上说，此时的军事文学仅仅是人们反“文革”意识的代言者，是伤痕、反思思潮的追随者。至于军事文学本体的觉醒，则依然处于一种朦胧状态。

20世纪80年代中期，对于中国文坛来说不啻是一次新的“文艺复兴”运动。“文化热”的兴起，不仅是历史转折、社会变异与现实变革的多种需要，更是文化自身规律的涌动，是“为人生的文学”对社会对自然，尤其是对人自身认识的强烈要求。反思与寻找仍是我们时代的总主题和各种文学流派的主导，而反思与寻找的第一要素是“人”。这个社会动因直接刺激了“文化热”，刺激了人性、人道主义复归主题的产生，而军事文学亦迅速作出响应。不妨观照此时军事文学三条战线上的代表作品：《第三只眼》、《绝望中诞生》、《两代风流》、《铁床》——和平军营题材；《皖南事变》、《灵旗》、《红高粱》——革命历史题材；《欲飞》——当代战争小说，无一不透露出反躬内心、寻求人性的信息，由此而形成了军事文学由单纯地讴歌胜利、崇尚英雄的功利主义创作倾向向人的精神深处探测的新的价值取向，形成发现人、崇尚人性的以人为关注焦点的新审美目标。这是向“文革”扼杀人性的一次讨伐，是新时期“人”的精神的一次心灵的呐喊，同时亦是军事文学的一次洗心革面、自我更新。尤其是莫言的《红高粱》，它用关怀人性的精神，讴歌了战争中的“人性”的崇高与壮美，张扬了以往文学中绝无仅有的人的生命意识。这是军事文学本体自觉求新的一颗信号弹。尽管莫言的《红高粱》更多的是在艺术技巧的创新方面取得成功，但它无疑给军事文学本体的觉醒带来了希望和信心。它明确地启示了军事文学新的审美趋向，昭示了军事文学作为文学的一种必然变革的前景，这是由“文化热”带来的文学本体的初醒。

进入90年代以后，骤然加速的社会转型带来了文学的失重，商业环境的强化和政治的淡化的双重夹击，使传统意义上的军事文学的组织形态（集群运作方式）和观念形态（意识形态色彩）都出现了相应的“解构”与淡化的趋势，在这个时期保持一贯旺盛的创作力的作家不多，其中阎连科、朱苏进是令人瞩目的两位作家。分析他们的作品，便可对90年代前期的军事文学有一个窥豹一斑的了解。阎连科是一位一直执著于探索“农民军人”生存状态的作家。但在其所塑造的农民军人身上，世俗人性的阴柔掩盖了英雄之气的阳刚，英雄气节、英雄精神荡然无存。同样的现象也发生在朱苏进的作品《醉太平》中，作品表面上以一军区大院为背景，实际上描绘的是一般大院内部的人的生活状态、生存境遇，当然作家不能不注意到“军区”大院的特殊性，然而作家似乎更醉心于描写非特殊性的世俗人性，诸如罗子建的性爱生活，夏谷的艳遇，世俗的尴尬等等。除此之外，更多的便是“军人”中的精英人物，如季墨阳、石贤汝、夏谷等为了争权夺势而展开的勾心斗角，他们为了达到目标所使出的明的或暗的手段与心计。作品透露出太多太鲜明的世俗化印记。如果说阎连科笔下的人物是为生存而抗争的话，那么朱苏进塑造的便是满足了生存与物质享受之后更高层次的弱肉强食的“人”的群体。

从充斥于90年代前期军事文学的“世俗人性化”倾向上来看，军事文学在关注人性上确实有一个较大的进步，然而我们又不得不痛心地看到这种进步同样是以英雄价值的彻底消解为代价的。不可否认，这种趋向必定有来自于90年代物欲横流、金钱至上、追求低迷、价值观念混乱的社会潮流及80年代末新写实小说余潮的影响。因而，初醒于80年代中期的军事文学本体革新意识实际上在90年代并未真正得以继承和发扬。

在对20世纪末军事文学反思的过程中，我们发现，当代军事文学在20世纪末大致经历了题材的扩展、突破传统英雄主义的人物塑造及审美趋向世俗化等新变，从而宣告了军事文学在艺术形式和艺术原则上与旧有形式及原则的决裂。然而，题材的扩展，毕竟不能决定军事文学的审美品格，而审美趋向的转变亦不意味着军事文学审美目标的确立。因而，经历了半个世纪的当代军事文学对于军事文学本质问题的认识，尽管不同时期的作品给出了不同的回答，但终究没能统一到一个最根本的观点上来，其革新除弊所取得的成就，实际上是一场军事文学的艺术形式的蜕变，只是艺术皮毛的调整；或者可以这么说，整个中国当代军事文学的发展还只处在趋同社会历史的发展而调整创作姿态的被动演进过程中。尽管出现了一些新变，这些新变充其量也不过是在无明确目标导引和自我定位情形下的量变，如果军事文学的本体意识依然处于一种懵懂不自觉的状态，那么军事文学的目标与自我定位就必然无法实现，而军事文学的量变也就终难发生飞跃而形成质变。由此我们可以说，承袭建国之初军事文学创作旧有模式长达半个世纪之久的当下中国军事文学，亟待一场本体觉醒、艺术更新的世纪风暴的到来。不仅如此，从整个当代军事文学流变的过程中，从建国初期英雄的颂歌与战歌到90年代英雄解构的演变中，我们还无奈地看到精神家园正在走向失落。军事文学的内核正一点点地被抽去，军事文学的目标也渐渐变得模糊。新世纪的到来，是军事文学救亡图存的危急关头。

当然，军事文学在发展的过程中仅仅关注自身规律的变化也是不够的。在不同的历史阶段，军事文学应根据不同的社会历史条件和哲学美学观作出适时的调整。作为与政治紧密关联的一种文学形态，军事文学在整个当代呈现出十分清晰的紧随社会历史的发展轨迹。从颂英雄到反英雄，无一不体现了社会历史与时代思潮、审美的影响。那么，21世纪的军事文学在反英雄潮流退尽之后会选择一条什么样的新的道路呢？成名于90年代中后期的邓一光的《父亲是个兵》、《我是太阳》、《走出西草地》等作品给我们带来了一些启迪的曙光，邓一光是有别于阎连科、朱苏进的又一位有执著追求的作家。他的执著，是反“反英雄主义”的“英雄主义情结”的执著——“英雄的时代结束了，英雄的道路如今荒芜了。我独自一人默默悼念英雄。”尽管作家笔下的人物无非也只是些“兵”，却全无朱苏进贵族军人的气质，倒有些类同于阎连科的“农民军人”，不时流露出农民的气息。然而在邓一光的笔下，兵的平民性和世俗性与英雄的高贵性和神圣性间的矛盾对立乃至冲突得到了相对的化合，在“父亲”身上，在关山林、桂全夫身上，那仿佛久违了的英雄气概又再现于我们面前。他们不像建国之初的英雄那样“高大全”，有一种凌驾于人之上的异样和陌生，也不像90年代前期的军人那样除了蝇营狗苟地生存别无他求，他们显得平凡又不平凡，显得如此自然而又如此可亲，仿佛就在我们身边，却又让我们不由景仰。“英雄人物”的再现涤荡了20世纪末颓废的污浊之气，这是否也正体现了21世纪的中国人民在取得了一系列改革开放成果，经济基础渐渐稳固，政治地位逐步提高的今天，在香港回归、澳门回归、祖国统一大业即将实现的今天，在国际政局动荡、周边邻国战事频繁而独享着安定团结局面的今天，终于走出观念混乱的阴影，重树激浊扬清的信念，笑迎新世纪的挑战的决心和自信呢？新的世纪，对中国人民来说，是机遇，也是挑战。“英雄人物”的世纪末再现是一种昭示，更是一种象征。它与20世纪初民族解放战争这个创造英雄的时期遥相呼应，是否正预示了中华民族新质的英雄主义的到来？

（原文约4500字，发表于《浙江师范大学学报》社科版2001年第2期）

文摘编辑：王佃启

扩大研究视野与确立研究重心

钱理群

[作者简介] 钱理群，北京大学中文系教授。

[内容提要] 本文对现代文学研究提出了三点意见：(1) 扩大研究视野；(2) 找准“生长点”；(3) 重视学科建设。

[关 键 词] 现代文学；研究视野；生长点；现代史料学。

关于现代文学研究，我想提三点零星的意见。

一要进一步扩大我们的研究视野。我想提一个“现代汉语文学”的概念。这里有两个意思。一是要强调现代文学对传统文学的变革首先是一个语言的变革，胡适曾用“国语的文学，文学的国语”十个大字概括变革的目标：即是要创造出适应现代中国人的思维、情感表达、交流要求的，具有思想与艺术表现力的现代文学语言，从而创造现代汉语文学，并进而为现代民族国家共同语言的形成与发展奠定基础。在我看来，这样的目标，正是规定了现代文学的本质特征的。现代文学发展的过程，正是现代汉语文学语言的逐渐成熟的过程，而现代文学最伟大的成就也正表现在它对促使现代汉语成为现代中国的共同语言、现代文化的载体所起到的历史作用，进而深刻地影响了整个民族的思维、言说方式与心灵世界。很显然，“现代汉语文学语言的研究”本应该成为现代文学研究的一个重心和基本课题，但这恰恰是我们研究的一个薄弱环节。这种状况亟待改变，这是一个很大的“生长点”。其次，我要强调的是，现代汉语文学从本土产生，以后逐渐扩大到海外：开始还是一种“华侨文学”、“留学生文学”；以后，随着绝大多数华侨加入侨居国国籍，一些土生华人加入汉语文学的写作，并开始有非华裔的外国作家尝试汉语写作，现代汉语文学成了所在国文学的有机组成部分，并显示了与本土现代汉语文学的不同特色，同时又存在着深刻的内在联系。

第二点意见，是当我们谈到“生长点”时，很容易把重点放在对陌生的作家作品的开发上，即通常所说的“炒冷门”。我不反对发掘边缘作家，这方面或许还有一定的开拓余地。但我始终认为，研究的重心还是应该放在支撑现代文学大厦的重要的作家作品上，而这些看起来研究得相当深入的作家作品研究领域，其实还是有许多“生长点”，有待我们去开发的。就以鲁迅研究为例，现在的问题恐怕不是研究得过深过广已经无话可说，而是研究得很不够，还有许多问题亟待探讨。人们很容易就注意到，在这世纪之交，出现了一个“鲁迅热”，无论在公开的报刊上，还是在网络上，人们围绕着对鲁迅的评价与认识，展开了激烈的争论，而且参与者已经远远超出了学术界的范围。这一事实已经构成了重要的当代文化现象，本身就很值得研究；而且它还向鲁迅研究提出了许多具有挑战性的问题，逼着我们作出学术的回应：当然不是情绪化的表态（我因此反对“保卫鲁迅”这类提法），而是由此产生我们的“问题意识”，进行充分的学理的探讨。比如在我看来，这次争论，有些是历史上的争论在新的历史条件下的继续，也与知识分子的现实选择上所发生的分化相关；因此有必要对当年鲁迅与现代评论派、新月派，与太阳社、创造社，与周作人、林语堂等“论语”派，与左联领导人的论战，重新进行历史的清理，鲁迅在这些论争中所发表的许多意见是可以作为我们思考当下知识分子选择问题的思想资源的。此外，世纪之交围绕鲁迅所展开的论争，实际上涉及了许多重大的思想文化命题，例如，关于“宽容”，关于“复仇”、“以暴易暴”，关于“爱”与“憎”，关于“信仰”等等，都是中国以及世界思想史上争论不休的重大课题，也是我们在现实生活中经常遇到的问题，是需要进行学理上的深入思考与充分讨论的。我在这里以鲁迅研究为例，是想强调我们的现代文学研究必须与当代现实生活保持一种有机的联系，我们学术研究的“问题”只能来自（或立足于）中国的本土的现实，而对问题的学术性的解决，则是学理性的，更带根本性的思考与研究。

最后要说的是，在学科建设上我们还有许多工作要做。会上有些先生谈到了建立“现代史料学”的问题，我很赞同。这里要补充一点，曾经有人否认现代文学研究有版本学的问题，这自然是一种隔膜之论。事实上，现代汉语在表达上的某些特点（如标点符号的特殊功能）决定了“现代版本学”有自己的特殊性，因此，如何建立现代版本学的规范，是一个重要的学术课题。我们中文系有的年轻教师正在通过《废名集》的校勘进行这方面的试验。在学风越来越浮躁的当下，能够这样实实在在地做一些基础性的学术工作，是应该鼓励与提倡的。

（原文约 2500 字，发表于《浙江师范大学学报》社科版 2002 年第 2 期）

文摘编辑：王佃启

论女性写作的生命意识和历史轨迹

张黎玲

[作者简介] 张黎玲，云南师范大学副编审，主要研究文学和教育学。

[内容提要] 女性写作以其特有的叙事风格和艺术创作取向，已经构成了当代中国文坛乃至当代中国文化领域的一道风景。女性作家不懈地对自我生命意识的叩问与求索及她们写作的历史轨迹，已清晰地呈现在20世纪的文学视域。

[关 键 词] 女性写作；主体；话语；性别；生命。

在几千年的封建社会时期，中国社会占主导地位的社会话语中不存在一个超越社会关系的抽象的“女性”概念，恪守三纲五常伦理道德规范的贤妻良母是一代又一代男权专制社会对女性角色塑造的社会性别内容。女性经济上不能独立，政治上没有地位，这在心理上对以男性为家长的家庭有极大的依赖。一直到1911年清廷的垮台和帝制的结束才使这种状况有所变化。

辛亥革命有着民族的成分在里面，但也包含了欧风东渐的内容，所以当时除了“驱除鞑虏，恢复中华”外，还有结束帝制“建立民国”的主张，这一与过去单纯改朝换代不同的变革也影响到了女性自身和女性文学的创作。紧接着8年后发生了“五四”新文化运动。新政权、新文化和受二者影响的新女性影响了女性文学。在“五四”这一广阔的文化大背景下，崛起了中国第一个女作家群：丁玲、萧红、凌叔华、冰心、黄庐隐等第一次以独立女性的身份登上了文坛。

经过“五四”人文精神洗礼过的女性作家，在她们身上，深烙着鲜明的女性自主意识，具有强烈的个性主义色彩，她们在时代的洪流中追寻女性的命运和出路，以张扬女性的自我生命价值为指归。

纵观“五四”时期的女性写作，她们在艺术表现上仍没有完全摆脱远较男性更为沉重浓厚的旧时代的精神阴影，如冯沅君回避了本该触及的性爱，表现出两性关系的话语空缺，在她潜意识里仍保留着传统道德的观念，虽然丁玲笔下的莎菲无疑是超越了传统女性角色的，但最终也没有建立起真正独立自由的人格，在莎菲身上仍带有不可磨灭的旧传统印迹。

毋庸置疑，从“五四”时代走过来的女性作家，在她们身上深烙着鲜明的女性自我意识，但内心却负载着中国传统文化的历史积淀，这使她们的书写更多地注重在心灵中追寻生命的感觉，对现实的人生、现实的生存状态作出自觉的艺术表现。这种对生命的领悟，一方面来自女性作家对女性生存问题的思考；另一方面来自于她们对正在经历着的那个时代女性命运的理解。虽然这种理解是层面的，无奈的，但，却是永恒的。这种对女性生命的关怀，是女性自身潜藏着的自觉与不自觉深沉痛苦的思索，也是女性作家从“五四”至今在文学创作上认同与自觉的求索。

1949年以后妇女解放进入了另一个特定的历史阶段，在经济上和政治上享有与男性同工同酬的权益。从表面上，她们已从传统文化的束缚中挣脱出来，表现出强烈的参与意识，实质上，在这种表面的权益和地位的可靠保障中，女性非但没有走出男权文化的藩篱，自我意识也趋于涣散和退化，在男性目光的观照下，她们几乎都成了完全泯灭了性别的“铁女人”。在许多成功的男性作家文学作品中为我们塑造了一系列区别于古典的具有现代感的女性形象，她们站在时代的前头，呼风唤雨，和男性一道表现出共同的精神气质。如李双双、阿珍、肖淑英等。在她们身上，作者洗刷掉了以往女性满身粉黛的娇气，具有了和男性一样的“雄姿”，从而获得了与时代协调一致的精神色调。这一时期女性意识完全走向一种迷失，女性意识作为一种单独的社会意识被“阶级意识”和“革命意识”所替代，作为女性形象所固有的那种特质，那种独特的感情世界完全淹没于时代的“洪流”之中，从而销声匿迹。

显然，在新时期到来之前的女性写作中，很少有正面描写女性自主意识的作品存在，由于过分强调政治对文学的决定作用和文学对政治的配合，也由于在这一规范下出现所谓“粉饰生活”的创作倾向，文学的“真实性”被抹煞和压制了，虽然也曾陆续发表过一些引起文坛和社会注目的作品，如宗璞的《红豆》、韦君宜的《女人》、《阿姨的心事》、茹志鹃的《百合花》、《春暖时节》等。但在今天来看，其主题和故事都是非常顺应时代大潮的，就那个时代的人们，无权也无暇对自身的人生价值、个人情感做出思考与选择的。

“文革”结束，作家们重新审视文学在社会生活中的地位与价值。这时期，女性文学也悄然升温，但无论从女作家的构成看，还是从创作的追求看，其创作显然不同于男性话语，本身虽是丰繁而多元，但在她们的话语中依旧传递出一个游离于流行趋势，更关乎自己命运的叙事主题。即作为一种文化现象来看，文化并没有由于社会的变化随即“改朝换代”，女性千百年来依傍男性寻找生命归宿的历史却不是政治和社会变动在一朝一夕所能改变的。历史与文化和女性特有的生理因素塑造了女性，使她们不仅更看中自我生命寄托的情感世界，同时也导致了她们对主流叙事写作倾向的疏离，使她们的创作更侧重于她们的自我生存体验，更关乎自己命运叙事的主题。新时期初期的张洁、张辛欣，以至后来的王安忆、谌容、铁凝、陆星儿等都以不同的创作特色展露了这一生命主题。

作为女作家，张洁对女性尤其是知识女性有一种潜在的认同心理，在她《爱，是不能忘记的》、《方舟》、《祖母绿》中都表现了同一主题——实现女性自我生命价值，即如何在以男性价值观为价值尺度的社会里最大限度地实现女性精神的解放。另一位有着相当女性主义意识的女作家张辛欣也较早地涉猎到了女性生存的状态，把对女性命运的深沉思考放到社会现实和历史双重制约的复杂环境中加以考察和描绘。她的《在同一地平线上》、《最后的停泊地》、《我在哪儿错过了你》等作品中都集中而深刻地体现了一个女性对自身命运的感受和思考。《最后的停泊地》以“停泊地”来象征女性寻找爱情归宿以及人生归宿，则体现了作者对女性生存的迷惘和悲哀。

在张洁和张辛欣的作品中，所表现出的对女性人生的自省与女性生命的反思，基本上是社会的、情感的、心理的层面问题，还未深入到女性灵魂生命的深层。在后来的王安忆、铁凝等作家抛开了世俗观念强加在女性身上的神秘面纱，冷峻地拷问着女性的灵魂，审视女性生命的本体，王安忆的《小城之恋》、《荒山之恋》、《锦绣谷之恋》，被称为“三恋”，在当时中国文坛是引人瞩目之作。王安忆以鲜明的女性生命意识第一次揭示了女性生命现象的内在冲突，把笔触直接指向男女间的情爱生活，力图从交织着现代与原始、精神与肉体的描写中剖析女性生命的形态；女性生命的欲望；追求作为社会主体人的意识，真实的生命。“三恋”中对人的生命意识的强化表现，确实使作品产生了强烈的冲击和震撼力量。在“三恋”之后的中篇小说《岗山的世纪》，作者更是把对男女情爱的冲突发展到了极致，男女主人公情欲的宣泄得到了正面意义的讴歌与颂扬。在这里，女性生命超越了历史或现实的限定，在王安忆创作的审美观照中，为女性生命意识的自我体认，展示了一个全新的视角。

90年代的女性文学被称为是自“五四”以来女性的第三次解放。在女性写作的作品中反映最多的是一种亲身历过、带有自传色彩的生活，这些作品具有强烈的个性意识和自我表现色彩，蕴含着鲜明的女性心理气质和情感体验。因此，事业、家庭、婚姻、爱情成为了女性写作永不厌倦的叙事主题。无论是王安忆、铁凝对艺术世界穷其究竟的追求，毕淑敏、方方、徐坤对女性自渐深刻的审视与反省，池莉、范小青对民间主题永不衰竭的体验与交流，还是陈染、林白、海男对人性的探索与袒露，都让读者体味到了那属于女性特有的敏感和易于激动的心绪，温柔而需要依偎的情感，思考而善于洞悉的理智。女性自身潜藏的生存境况及作者本人深沉痛苦的思索，都让人窥视到女性的本真面目，触摸到这个时代的女性在商品经济社会骤然裂变中所承受的所有思想重负，体现出前所未有的最痛楚、最难奈、最尖锐的灵魂叩问和探索。

铁凝的长篇小说《大浴女》以一种新颖的反思对话体形式，不以以往陈旧的“三角”恋爱叙事为重心，对作品中几个女性：尹小跳、尹小帆、章妩、康菲错综复杂的心理，以对话式的反思，揭示了她们那充满怨恨与羡慕相交织的心态，有了独特的出自女性视角的人性内容。在铁凝的另一篇作品《永远有多远》中，揭示了女主人白大省这个“好人”的生存的被动与无奈。王安忆的《长恨歌》，以女性特有的静态的叙事方式勾画出王琦瑶由琐屑人生经验所堆砌而成的不同于男性生活的生命轨迹。在《弟兄们》中王安忆以独立思考的视角对女性主义者盛赞的姊妹情谊或同性恋情谊进行着拆解。特别是徐坤的《厨房》从另一角度揭示了女性的另一终极处境。

徐坤在《关于〈厨房〉》一文中说道：“尤其是从那个充满了禁忌的旧时代走过来的女人，往往会莫名其妙地拎着情感的垃圾上路，拎着时嫌重，想甩掉时又哭。”在张抗抗的《银河》里，有着和枝子相同经历的狄总也感喟道：“这个世界上，究竟还有没有既非恩赐也非雇用的一双手呢？一双既能真正拥抱她，又能支撑她的手呢？”答案是没有的！当枝子、狄总们厌倦了做“与男人一样的人”时，希望回到原来的角色时，却又发现重蹈了“历史的旧辙”。这里，女作家感同身受的对女性生存体验，使我们豁然洞见了女性生命无所指归的历史文化的悲凉。

如果说，80年代的女性写作在张洁、张辛欣等人那里开始了女性“性别的自觉”，那么，90年代以王安忆、铁凝、陈染为代表的女性作家以更高于80年代的自觉性别意识，以一种更成熟、强健的笔致，通过对女性心灵内外“积垢”（传统的抑或是现代的）的叩问，对女性生命的感悟，以期达到对女性自己的全面认识，在性别自觉与文学自觉的双重意义上表现出更为成熟厚重的格局。这标示了女性写作从本质上有一种足以和以男性为中心的主流文化相抗衡的内力。顾往思来，我们期望女性写作一定能继续超越自己，走出“私人生活”，寻找它与历史、社会、文化的契合部，确立它在文学中应有的位置。

（原文约9200字，发表于《云南师范大学学报》2002年第2期）

文摘编辑：王佃启

郭沫若文学研究五十年

朱寿桐

[作者简介] 朱寿桐，南京大学中文系教授，博士生导师。

[内容提要] 郭沫若文学研究是中国现代文学研究的一个重要组成部分。新中国成立后的50年间，它应合着中国现代文学学科的发展节拍而发展。三次研究高潮取得了堪称辉煌的学术成就，演化了一个逐步摆脱政治化规约的建构学术品格的历史。

[关 键 词] 郭沫若；文学研究；理性；科学精神；学术评判。

郭沫若文学研究是中国现代文学研究的一个重要组成部分，它发轫于20世纪20年代，作为一门学问则随着中国现代文学学科的建立而确立，在新中国成立后的这50年间，也应合着中国现代文学学科的发展节拍而发展，同中国现代文学研究的主体部分一样，迄今已取得了堪称辉煌的学术成就。当然，由于研究对象的特殊性及其所提供的研究条件的特有制约性以及所要求的研究方法的特殊规定性等，郭沫若研究在这50年的发展历程中显示着自身的特点，展示着自身的逻辑节奏，体现着自身的前景。

郭沫若文学研究在近50年中，演化了一个逐步摆脱政治规约以建构学术品格的历史。在中国现代文学史上最著名的作家中，郭沫若无疑是政治色彩最浓厚的一个。新中国成立之初，郭沫若在政界和社会各界都显得声誉日隆。令人欣慰的是，此时的郭沫若研究并没有随着其政治地位的提高而急剧升温，相反，在新中国成立的最初几年，本来40年代便已十分热闹的郭沫若研究此时处于较为冷静的状态，报刊上除了有关郭沫若活动的报道和生平介绍外，学术论评性的文章迟至1953年才出现。1953年刊载于《文艺报》第23号上的臧克家的《反抗的、自由的、创造的〈女神〉》一文，应该被视为新中国建立以来郭沫若研究的第一篇学术性论文，该文固然有些论点打上了那个时代必有的政治化烙印，但更重要的乃是传导出了新时代郭沫若研究努力追求学术性的可贵信息。

50年代的郭沫若研究从1957年至1959年掀起了一个不大的高潮。尽管经历了包括反右在内的历次政治运动，研究者们也没有完全牺牲学术去追寻郭沫若研究的政治可靠性。这时期影响最大的郭沫若研究成果当数楼栖的《论郭沫若的诗》。

这一时段的郭沫若戏剧研究虽然没有像郭沫若诗歌研究那样将注意力集中于前期创作，可也同样体现出了将研究重心移向学术解剖和学术评判的努力。陈瘦竹的《论郭沫若的历史剧》是新中国建立以来郭沫若戏剧研究的第一篇颇有影响的学术论文，发表于1958年5月出版的《戏剧论丛》。

与新中国的政治气候大致协调，郭沫若研究由50年代末的小高潮过去之后，便进入了左倾倾向日益明显的60年代，这一期间所取得的学术成果一般可以视为50年代末小高潮的余绪，有一些论文径直就是对50年代末小高潮中出现的论点的商榷和讨论。

1978年，伴随着对他的悼念，也应合着科学的春天到来的脚步，郭沫若研究在此之后掀起了一个很大的高潮。其实，这不过是20年前郭沫若研究小高潮的一种接续，或者不如说一种更大力度的推进。

首先，承继着50年代末的郭沫若研究传统，对《女神》和郭沫若前期创作的研究依旧成为这一新高潮中的显著浪峰。以楼栖发表于1978年年初的《再论〈女神〉》开其端，《女神》研究论文以十分密集的样态出现于研究界。其次，在郭沫若前期思想研究中，泛神论等学术难点已然成为探讨的中心。再次，郭沫若戏剧研究继续沿着50年代末的路数展开，美学探讨占据了主导地位。

陈永志的《试论〈女神〉》1979年由上海文艺出版社出版，它开启了郭沫若研究专著出版热的先河。而且，以一部专著的篇幅论述一部作品，这不仅在郭沫若研究中首开先例，在中国现代文学的研究中也特别显眼。它是郭沫若研究成果量级增加的一种标志。此后，郭沫若研究专著纷纷涌现。

与郭沫若生平相呼应，有关郭沫若的资料性开发与编集，使得这一时期的郭沫若研究既显示出深入又体现出扎实。研究面上的拓展还体现在郭沫若小说、散文研究的启动。随着研究的深入，郭沫若小说研究和散文研究跃上了学术的平台。

直至80年代中后期，郭沫若研究仍然在不断出现新的成果，特别是在郭沫若诗歌和戏剧研究方面，还有关于郭沫若的资料建设方面。尤其值得注意的是，有关郭沫若创作心理的研究有了可喜的收获，黄曼君的《〈女神〉创作灵感试论》一文堪称代表。90年代初期的郭沫若研究是郭沫若研究的第三次高潮，它围绕着郭沫若诞生100周年而展开，虽然不如上一次高潮来得猛烈，却更全面和彻底地显露着学术的风采，郭沫若的研究因此得以走向深化。构成90年代初郭沫若研究新高潮的学术成果，许多都是80年代中后期以来相关研究的集成。

较充分地展示90年代郭沫若研究学术风采的，是郭沫若的人格研究，有关郭沫若的文化学研究和比较文学研究。作为全面、准确地把握郭沫若人格的一种学术努力，80年代后期便有人提出以郭沫若自己概括的“球形发展的天才”去认知他，这样的认知在王文英、王尔龄、卢正言所著的《郭沫若文学传论》中得到了较为圆满的实现。

由对郭沫若人格特征的把握直接引发了文化学研究的蔚然成风，代表性成果有黄候兴的《郭沫若——“青春型”的诗人》、周海波的《历史的废墟与艺术的王国》等专著。对郭沫若的文化学研究当然绕不开郭沫若与外国文化关系的考察，比较文学和比较文化方法的运用在郭沫若研究领域便属势在必行。这一方面最值得一提的是姜铮的《人的解放与艺术的解放——郭沫若与歌德》一书。

50年来郭沫若研究掀起过三次高潮。从中能够看出研究界的不够成熟。第一次小高潮无疑与“向科学进军”的时代鼓动有关，第二次大高潮则是郭沫若逝世引发的悼念思潮的集散，第三次新高潮又是郭沫若100周年诞辰纪念的学术回应。每一次高潮都不是来自郭沫若研究内部的学术激发，郭沫若研究界似乎还没有能形成有序整合的学术定力，这与高潮感并不那么明显的鲁迅研究形成了鲜明的对比。令人遗憾的是，郭沫若研究总体上是前进的，但毕竟与时代与政治挂钩较紧，有些时候受政治等因素的影响，会出现某种倒退现象。

这并不足以让我们气馁。建立“郭学”的构想至少可以促使我们在健全郭沫若研究学术格局上下功夫。重要的是如何建立起郭沫若研究的理论体系，探讨出适合于郭沫若研究的基本方法论。迄今为止，郭沫若研究基本上还停留在解析层次，针对郭沫若这一研究对象的理论营构尚未真正开始。这应是郭沫若研究今后努力的目标。此外，郭沫若作品的解析应广泛运用归纳推理的方法，郭沫若的许多作品及生活史迹应注重考订和考证，这对于准确地把握郭沫若文学至关重要，也是建立“郭学”方法论的基本要求。

(原文约11000字，发表于《徐州师范大学学报》哲社版2001年第1期)

文摘编辑：王佃启

胡适与中外文化交流

王艳芳

[作者简介] 王艳芳，徐州师范大学中文系讲师，南京大学中文系博士生。

[内容提要] 胡适将他从西方“拿来”的怀疑精神、实验主义、改良主义、教育思想、科学方法等文化思想用以沟通、整理中国的传统文化，张扬了“启蒙与再生”的文化交流精神，对促进中国文化、学术和教育的现代化和中西文化交流，有一定的价值和启示意义。作为一位对自由和民主怀着终极期望的世界化启蒙者，他始终不渝地坚守着那片精神息壤，孤独地求索和守望，终生不息地进行着中外文化交流的学理与实践工作。

[关 键 词] 胡适；中外文化交流；启蒙；学理；实践。

胡适是一位颇有争议的人物，在他生活的时代气氛中，胡适期望的是一种理智的“现代”文化，它的基础不是中国传统的价值准则，而是某种异域文明的理想和抱负。在东西文化的比较之后，胡适甚感惶恐，一边是自暴自弃的不思不虑，一边是继续不断的寻求真理。他所倡导的精神自由的实质，是对真理的积极追求。正是知识，也只有知识，才能使人打破一切束缚。胡适在上个世纪所苦心经营的正是我们才刚刚认识到的。终其一生，胡适致力于中外文化的比较、交流、汇合及研究，他的独立立场不因政治局势的风云变幻而改弦更张，亦不因“誉满天下，谤亦随之”的俗世声名而中途见弃。

存疑主义重在积极的怀疑的一面，实验主义则重在积极的建设的一面，两个方面的契合构成了胡适那个时代普遍被认为科学的思维程序，也构成了胡适思想的根基。尤其是杜威的《思维术》一书对胡适产生了更深远的影响。

早在1919年，他就写了长篇文章《实用主义》，详细介绍了实用主义的思想。胡适还着力介绍了易卜生的个人主义人生观。

胡适竭力主张输入西方近代文明，早在留美时就翻译了若干短篇小说，返国后，不时做些翻译工作，后结集为《短篇小说》（第一集）出版。他的翻译正体现了他这一文化交流的原则，故在“五四”期间畅销，风靡了无数进步青年学子。

胡适在1917年，完成了其博士论文的口试之后，即启程奔赴北大，在新文化运动的圣殿上开始他艰苦卓绝而坚忍不拔的耕耘。将他从西方“拿来”的怀疑精神、实验主义、改良主义、教育思想、科学的方法等文化思想用以沟通中国的传统文化，有春风得意的振臂一呼，应者云集；也有举步维艰的探索，孤掌难鸣的困窘。作为一位世界化的启蒙者，他始终不渝地坚守着那片精神息壤，孤独地求索和守望，坚守着自己的信仰，持之以恒地进行着文化交流的学理及实践上的工作，最终在现代文化史上写下不可抹煞的一页。

综观胡适一生的学术活动，他用力最多影响最大的是所谓的“科学方法”。他把一切学术思想以至整个文化都化约为方法，他所重视的永远是一家或一派学术、思想背后的方法、态度和精神，而不是其实际内容。胡适通过考据学方面的训练去接近杜威的方法论。

在进行中西文化交流时，胡适一面埋头于整理国故，一面又大力提倡“充分世界化”，看起来似乎自相矛盾，其实不然。因为胡适认为，中西方文化在经过激烈的撞击交流之后，必然会产生出一个的崭新的结晶体；但它既非纯粹的西化，也非故有的传统，而是一个与世界现代文化相接轨的全新体系。

二三十年代，迫于复古思潮的挑战，胡适竭力主张西化，但他实质上并非真正的“全盘西化”派、民族虚无主义者；当然，他也不是所谓庸俗的“折衷论”者，四五十年代，胡适渐生对传统文化的依恋，但决不是复归。中西文化的调和通融是他一以贯之的态度。有一点必须强调的是，“启蒙与再生”这一文化交流的精神并不是由胡适一人秉承的，20年代和30年代的中国自由主义者，他们有意无意地汇聚为一种时代潮流，共同引领了这一主题的深入。

胡适进行中西文化交流的圣地是北大，胡适为现代教育事业的改革和发展耗费了大量的精力。胡适曾在其自传中提到，康奈尔大学规定，在规定的18小时必修科的成绩平均达到80分以上，可以随兴趣选修两小时额外的课程，“这一规定，我后来也把它介绍给中国教育界，特别是北京大学。在中国我实在是这一制度的倡导人”。由此可见他对教育改革的重视和热心。早在留美时期，他渐生中国问题的解决发展教育该是比武力更要根本深刻的措施的思想。

在改革传统的国文教育方面，胡适也有若干方面可以说是开风气之先的。首先，第一个提出了我国现代文法并作了初步研究，提出采用新式标点符号。其次，以提倡先创造“国语的文学”的新鲜见解校正了文字改革的方向，对推广和普及国语教育有巨大的建树。再次，对于中学的国文教育，胡适也有专门的论述。他在《中学语文的教授》中提出了有关中学国文教育从目标到教程、教材、教法等的一整套设想。以上的一切可以体现胡适一点一滴改良教育的实绩，亦可表明他借西方文化为中国现代教育的转型和发展所做出的突出贡献。

在胡适为中西文化交流所做的工作中，还有一点必须提到，那就是从理论和实践的结合上倡导传记史学在中国的建立和发展。

在近代中国文化界和史学界，真正从理论和实践的结合上有力地倡导传记史学的，不能不首推胡适。胡适最早从理论上批判了中国旧传记，也最早且较系统完整地把西方近代传记的基本理论观念介绍给中国学者，与此同时，他也通过自己持续不断的写作实践，扩大了新传记在读者中的影响力。至于胡适提出的若干有独到见解的传记理论，在某些方面又是对西方近代传记理论的丰富和发展。总之，正是由于胡适几十年来身体力行的倡导，中国新旧传记的交替过渡才得以最后完成。“五四”以来，在胡适的影响下，中国近代传记史学开始作为一个相对独立的史学文体为越来越多的史学工作者和一般读者所接受，以至在30年代和80年代的大陆，以及50—60年代的台湾，三次形成了“传记热”。

胡适在中外文化交流史上的存在是一面镜子，这镜子可以折射出中国在走向现代化和世界化之初的艰难步履。

（原文约9000字，发表于《徐州师范大学学报》2001年第1期）

文摘编辑：王佃启

症候式分析：毛泽东的鲁迅论

蓝棣之

[作者简介] 蓝棣之，清华大学中文系教授。

[内容提要] 要完整地理解一个著作者的论述，就不仅要看他说出来的话，而且要看他没有说出来的话，用症候式分析的术语来说，就要看文体里的沉默、空白和沟壑，并从这里分析出他的“理论框架”。作者在这里则把症候式分析用来分析毛泽东的几篇关于鲁迅的论述。只有把握了毛泽东有关论述的相互联系以及其间的空白，才可能完整理解毛泽东在此问题上的“理论框架”。

[关 键 词] 毛泽东；鲁迅；文艺思想；症候式分析。

用症候分析的方法，可以从毛泽东论鲁迅的言论之中，看到一些空白、沉默和沟壑，它表现为：

1.《在延安文艺座谈会上的讲话》(1942年5月）是毛泽东在文艺问题上最集中、最重要、最带纲领性的一次讲话。我们本期望毛泽东在这里把他关于鲁迅的方向的论述具体化并落到实处，可是，在这篇讲话里，不仅没有把鲁迅提出来作为当时和今后的文艺的方向，恰正相反，毛泽东说杂文时代在革命根据地已经成为过去，“杂文形式就不应简单地和鲁迅一样”，“我们可以大声疾呼，而不要隐晦曲折”。在讲到小说创作的正确方向时，也没有举出任何一篇鲁迅创作当作示范，在这里毛泽东对鲁迅《呐喊》、《彷徨》保持沉默。在讲到这一问题时，毛泽东说读者不要听那些早已听厌了的老故事，而要表现“新的人物，新的世界”。在这里，毛泽东举出的经典之作是俄苏作家法捷耶夫的长篇小说《毁灭》。总之，毛泽东在《新民主主义论》里对于鲁迅的高度评价，与《在延安文艺座谈会上的讲话》对于鲁迅方向的沉默形成鲜明对照，其中的含义值得探讨。

2. 鲁迅身边的人，如胡风、冯雪峰、巴金、萧军、丁玲，甚至瞿秋白，都先后受到批判，这是否有某些必然性？而在《在延安文艺座谈会上的讲话》精神指导下成长起来，相对来说，算是受到毛泽东重视的作家，如胡乔木、周扬、陈荒煤、何其芳、刘白羽、张光年、贺敬之等，是否有某种同一性？此两种人的不同命运是否与他们对于“毛泽东论鲁迅”的不同理解有关？在这“沟壑”之中能否有着内部联系？

3. 在不同情况下，毛泽东对于鲁迅有多种称谓，文学家，思想家，革命家，圣人，急先锋，党外布尔什维克，民族英雄，方向，旗手，主将等等；但是，不能不注意到一个“沉默”，即毛泽东从来没有说过鲁迅是政治家。对比来说，高尔基、柳亚子都曾被毛泽东称赞为政治家。那么，在毛泽东的心目中，政治家是什么样呢？据胡乔木回忆，在延安整风运动期间，在一次会议上，贺龙、王震批评了丁玲的《三八节有感》，批评得很尖锐。贺龙说：丁玲，你是我的老乡啊，你怎么写出这样的文章？跳舞有什么妨碍？值得这样挖苦？话说得很重。当时胡乔木感到问题提得太重了，便跟毛泽东说：“关于文艺的问题，是不是另外找机会讨论？”第二天，毛泽东批评胡乔木：“你昨天讲的话很不对，贺龙、王震他们是政治家，他们一眼就看出问题，你就看不出来。”

4. 毛泽东关于鲁迅的论述、言论，与中国共产党其他领导人或文艺方面负责人，例如，与瞿秋白、成仿吾、郭沫若、周扬等有关鲁迅的论述，二者之间是什么关系？瞿秋白在《鲁迅杂感选集序言》里，高度评价鲁迅为封建阶级的逆子贰臣，无产阶级的友人，最后勉强带出“以至于战士”。瞿秋白还在被国民党军队逮捕之后，在被问到鲁迅是什么人时，回答是党的“同路人”。毛泽东不可能没有读过瞿秋白这篇重要论文，毛泽东的鲁迅论在何种意义上对于瞿秋白的论述有所继承，在此是一片空白。

毛泽东《在延安文艺座谈会上的讲话》对于鲁迅来说，最重要的有两点：一是杂文，毛泽东说杂文时代在革命根据地已经成为过去，鲁迅所用的冷嘲热讽，隐晦曲折不再必要了；二是创作，主要指小说创作，毛泽东说要求表现“新的人物，新的世界”，毛泽东举出的样板是法捷耶夫的《毁灭》，而不是鲁迅的《阿Q正传》或《狂人日记》。至于鲁迅的小说是否属于“那些早已听厌了的老故事”之列，毛泽东没有说。但是，我们看到毛泽东历来对鲁迅小说的引用，仅限于《阿Q正传》一篇，而这一篇也往往是用来做政治斗争的比喻，从未从文学或艺术创作的方向上去评价过。

可是，毛泽东对于鲁迅的评价，又都是很高的。那么，毛泽东在什么地方对于鲁迅作了很高的评价呢？这主要是在1940年发表的《新民主主义论》里，毛泽东讲了那段众所周知的经典性结论：鲁迅是中国文化革命的主将，他不但是伟大的文学家，而且是伟大的思想家和伟大的革命家。鲁迅的骨头是最硬的，他没有丝毫的奴颜和媚骨，这是殖民地半殖民地人民最可宝贵的性格。鲁迅是文化战线上代表全民族的大多数，向着敌人冲锋陷阵的最正确、最勇敢、最坚决、最忠实、最热诚的空前的民族英雄。鲁迅方向，就是中华民族新文化的方向。鲁迅正是在反革命的文化“围剿”中成了中国文化革命的伟人。

毛泽东是在什么语境里谈这番话的呢？是在谈到“五四”以来的文化革命时谈及的。他说，20年来，这个文化新军的锋芒所向，从思想到形式，无不起了极大的革命作用，而鲁迅就是这个文化新军的最伟大和最英勇的旗手。我们还必须再问：鲁迅任旗手的这个文化新军的政治性质是什么样呢？毛泽东说，是以共产主义宇宙观和社会革命论为思想指导的共产党人与一切可能的同盟军的联合战线，因此，这个新文化就是无产阶级领导的人民大众的反帝反封建的文化。这个文化就是毛泽东所说的新民主主义的文化。而毛泽东这篇《新民主主义论》的核心问题乃是讲新民主主义的政治与新民主主义的文化之间的关系；所以，原题为《新民主主义的政治与新民主主义的文化》。

从这里我们可以看出什么字面上难以看出的结论呢？合乎逻辑的结论就是，鲁迅是新民主主义文化革命的旗手，主将，是新民主主义革命的革命家，思想家和文学家，因此，毛泽东的意思说，鲁迅的价值在于反帝反封建，最值得赞美的性格是没有媚骨和奴颜，鲁迅作品的方向乃是新民主主义文化的方向。什么是新民主主义文化的方向呢？它既别于旧民主主义革命时期的革命文化，但同时区别于社会主义革命时期的文化。我们在此的误解和误读在于：毛泽东讲鲁迅是新民主主义文化的方向，而我们却误以为毛泽东认为鲁迅是任何广泛意义上的新文化的代表，以为毛泽东称他为任何意义上的新文学的方向。我想我们大大地把毛泽东的论述扩大化了。

我为什么注意到了毛泽东从未说过鲁迅是政治家，是因为这个问题无论从历史上还是从现实来看，都很重要，而且没有得到比较彻底的论证。30年代的自由人胡秋源和第三种人苏汶，他们的有关论述很难忘记。40年代在延安，王实味惹祸的第一篇文章乃是《政治家，艺术家》，而王实味在此前一直是个马列主义翻译家。这个问题，放开来说，叫做知识分子与政治家的关系吧。如果是这个问题，那就不仅是我们，而且在当代西方，仍然是一个跨越不过去，无法回避而且尚未解决的问题。在西方，知识分子可以说是对他们所处的社会中各种规范问题进行创造性和批评性思考的人，他倾向于超于眼前利益和经验来看问题。然而，在现实社会中，他只是同其他知识分子一起讨论那些被认为需要智力的问题，而他的地位则是由那些非正式地被认为是知识界的领袖人物所确认的。在今天，知识分子形成了一个独特的阶级，至于这种角色会怎样影响他们的历史作用，则是一个尚未解决的问题。

问题的另一个方面是，毛泽东闭口不说鲁迅是政治家，这是事出有因的吧。这里的原因，根据我的观察，就是鲁迅在抗战开始时，在“两个口号”论争中的表现。毛泽东赞成提出“国防文学”的口号，以“广泛联系群众”，但不赞成解散“左联”的做法，鲁迅不同意解散“左联”是正确的，“民族革命战争大众文学”也在这个意义上应该受到尊重。或许可以说，在毛泽东看来，王明只要统一战线，而且要一切通过统一战线，甚至不惜解散“左联”，那是左倾机会主义。而鲁迅看到了“左联”领导权不可放弃，但看不到统一战线的重要性，脱离现实，大概可谓多少有些列宁讲的左派幼稚病吧。再往下推论我们会看到，毛泽东认为，在政治方面的智慧和判断力，鲁迅，还有他身边的冯雪峰、胡风、萧军等，甚至还包括毛泽东当时所不了解的刘少奇，是不如高尔基、柳亚子，甚至也不如胡乔木、周扬他们的。周扬他们在与中央失去联系的情况下，看到《八一宣言》，凭直觉就提出了国防文学的口号，而冯雪峰，他还是中央特派员，却和鲁迅一起商量了另一个虽然正确却幼稚的口号，来与国防文学对抗，徒然引起外界的疑虑，所以，在心底里，毛泽东从没有想到鲁迅是一个政治家，因此，终身只能做个“文联主席”。

在对于鲁迅的评价上，毛泽东对于瞿秋白是否有某种继承性呢？两位领导人皆高度评价鲁迅杂文，瞿秋白选编鲁迅杂文并做长序，好像是说鲁迅的意义就在于他的杂文。瞿秋白对于“五四”文学，批评得很尖锐，毛泽东肯定“五四”新文学运动，但对鲁迅小说创作，仅只引证过《阿Q正传》一篇。而对于鲁迅杂文，又都着重于鲁迅对于旧世界的斗争。瞿秋白所认为的鲁迅革命传统有四个方面：最清醒的现实主义，“韧”的战斗，反自由主义，反虚伪的精神。而毛泽东最注重的是“没有丝毫的奴颜和媚骨”，是在敌人的文化“围剿”中变成了中国文化的伟人。从瞿秋白在《鲁迅杂文选集》序言里的话“从绅士阶级的逆子贰臣进到无产阶级和劳动群众的真正友人，以至于战士”，从这个话来看，他认为鲁迅是同路人，是合乎这里的逻辑的，瞿秋白这话里也有空白和沉默。毛泽东对于鲁迅最重要也是最高的评价是在新“民主主义”的框架内进行的。可以认为毛泽东与瞿秋白对于鲁迅评价的思路与精神是一致的。

我对于毛泽东的鲁迅论所做的症候分析，到此为止了；最后，由于这种方法对于大家的陌生性，我再在这里提示一句：我所说毛泽东论述中的空白、沉默与沟壑，并非他故意掩盖或什么别的，而是他并不自知的，因而无法通过“直接阅读”去理解。

（原文约11000字，发表于《清华大学学报》哲社版2001年第2期）

文摘编辑：王佃启

无奈的撤离与最后的守望

——张炜小说叙境的存在性悖论之三

郭宝亮 易 平

[作者简介] 郭宝亮，河北师范大学中文系，文学硕士，副教授，主研新时期小说。
易 平，河北师范大学中文系，文学硕士，讲师，主研文艺心理学。

[内容提要] 在张炜的小说叙境中，撤离与守望这两组意象，标志着作家的伦理纬度，带有明显道德情感判断的意味，是在善良与邪恶，清洁与污浊，正义与不义的最后决战中，诗人之价值取向以及由此滋生的情感倾向。一场悲壮无奈的撤离成为流浪的又一起点，而守望则是面对强敌进逼而对精神家园的最后看护。然而，守望以撤离（逃亡）为形式，则标志着守望的不可能性。由此滋生的失败感、孤独感、恐惧感、绝望感，构成张炜小说最具魅力的美学氛围。

[关 键 词] 张炜；撤离；守望；存在性不安；知识分子身份危机。

在张炜的小说叙境中，存在着多组存在性悖论：流浪/还乡，弑父/寻父，撤离/守望，野地/文明等意象。正是这些悖论构成张炜小说文本的全部丰富性和复杂性。本文着重探讨撤离与守望这两组意象，这两组意象标志着作家的伦理纬度，带有明显的道德情感判断的意味，是在善良与邪恶，清洁与污浊，正义与不义的最后决战中，诗人之价值取向以及由此滋生的情感倾向。一场悲壮无奈的撤离成为流浪的又一起点，而守望则是面对强敌进逼而对精神家园的最后看护。赫舍尔说："人的生存就是在尘世受到挑战，而不仅仅是存在于世，世界将它自身施于我，我无路可逃。人不断被暴露在世界面前，面临世界的挑战，感知并理解世界。他不可能逃避世界。世界似乎和人纠缠在一起，与人休戚相关。"在这场面对尘世的挑战中，张炜选择的撤离实质上是一种逃亡。在注定不能逃避的世界挑战面前，诗人的逃亡显然也只能是一种毫无效果的摆脱方式。但是，面对滚滚而来的世俗的浊流，诗人要坚守住心中那点惟一的火种，也只能步步退却。长篇小说《柏慧》形象地表明了这一点。这部小说具有明显的现实针对性。然而，这一现实针对性不是政治的，而主要是道德伦理意义上的，同时也是存在性的。诗人敏感地体验到了我们这一时代的空前"简化"特征，这一简化是说所有精神价值都简化为实用价值，永恒的怀想和追求简化为当下的官能享受和感官刺激，物欲横流、世风日下，而一个广泛倡扬和解放了物欲的时代，实质上是一个贫乏的时代。在这一时代中，上帝缺席，诸神隐退，世界趋于夜半。面对这一污浊的时代，诗人怎能不愤怒，焉能没有自己的声音？可见，《柏慧》正是这样一部彻底表明立场之作。诗人的立场正是对污浊现实的毫不妥协的抵抗，然而，由于张炜走在了与技术时代相反的方向上，所以他的抵抗显得势单力孤。力量的过分悬殊，使他不得不采取彻底拒绝的方式：他必须撤离污浊，才不会被污浊所淹没。因而，这一撤离从一开始就是被迫无奈的。这就是诗人不断地为自己的撤离申辩，把它说成是"转移"的缘故。

作为这场无奈撤离的愤怒的回声，《柏慧》采取了单向式倾诉的叙述口吻和方式。这一方式由于感受不到倾听者的反应，因而，只能呈现为"独语与自白"的形态。我觉得，作者之所以采取这种倾诉的方式，正是基于"没有一个人倾听他的独语"的恐惧和困惑，是对话语权力丧失的一种补偿，而归根到底则是基于一种强烈的存在性不安和焦虑。在阅读张炜的所有作品尤其是近期作品时，我始终感受到了张炜身心的强烈的内在紧张状态。作品主人公"我"的自我意识中，总有一种危机四伏、危险逼近了的紧迫感，犹如鲁迅笔下的"狂人"，被迫害性妄想始终压迫着"我"的神经。这一意识在《柏慧》中达到极限："当污浊埋上喉咙的时候，我的第一个反应首先是跳出来，对我，对任何不愿死亡的人而言，暂时也别无选择了。"（《柏慧》）跳出危险，逃避危险，构成宁伽逃离城市的潜在动因。在某种意义上讲，宁伽是一个具有精神分裂人格的人物形象。这种人格使他更内倾、更敏感、更易于被伤害，而他所敏感到的伤害则是一般庸众所难于体验到的。

莱恩认为，精神分裂性人格的自我，往往根源于一种深刻的存在性不安中。宁伽的逃离正是这种不安使然。但宁伽这种逃离污浊的行为却不被理解，这实在是一个时代的悲哀。

时代的悲哀还不仅在于广大庸众的普遍麻木，而且更重要的是担当启蒙角色的知识分子身份的危机。张炜的深刻之处就在于，他通过宁伽的焦虑，表征了当前商业化文化语境中，知识分子迅速边缘化、非中心化的真实处境。这一处境的实质是知识分子身份的危机，而危机的重要标志则是知识话语的非权力化。按照福柯的观点，所谓话语，就是一种压迫和排斥的权力形式。权力如果争夺不到话语，它便不再是权力。由此可见，所谓话语，归根到底就是说话的权力。知识话语的非权力化，就是说知识分子失去了说话的权力。一般而言，知识分子是一个社会的良心，是传播知识者和思想启蒙者。知识分子可以通过自己的知识而成为权力话语的持有者。但是，随着商业化大潮的冲击，使知识分子的身份危机空前加剧，知识贬值，斯文扫地，启蒙角色的尴尬，权力与金钱的联姻，都使知识分子在政治和经济上遭到双重遗弃。知识分子正义的声音为市场喧闹的叫卖声所淹没，商业话语的耀眼金光使知识话语的寒酸苍白相形见绌。文化转型期的无序和不平等竞争助长了急功近利的短期心理。一些如宁伽一样不愿同流合污的知识分子只能坚守着“举世皆浊我独清，众人皆醉我独醒”的清高感，高吟着“质本洁来还洁去，不教污淖陷渠沟”而踏上“忧愤的归途”。没有听众的“独白与自语”成为当下文化语境中知识分子的基本话语方式。由此可见，《柏慧》所采取的单向式倾诉的叙述口吻和方式，以及《家族》中大量的倾诉章节，其原因概出于此。这的确是一种“有意味的形式”。

没有听众的尴尬，使宁伽的命运甚至比不上五四时代的鲁迅等老一代先觉者，铁屋子里的一声呐喊，引发了一场意义深远的启蒙运动；而宁伽的愤怒的倾诉只能是一场毫无回应的自言自语。逃离成为一个人的孤独的抗争，而守望从一开始就是没有希望的最后的守望。逃离城市，走向荒原，使宁伽成了一匹疲于奔命的“荒原狼”。在张炜的叙境中，“荒原狼”与“羔羊”的意象反复出现，使这场逃亡和守望的意味倍加凄凉。“荒原狼”意象象征了作者巨大的恐惧性不安和彻底的孤独绝望心情。野狼被猎人追杀剿灭，四处奔逃而又无路可逃的悲惨处境，宣告了诗人守望之梦的最后破灭。而“羔羊”意象所象征的孤立无援、软弱可欺的人生无助感，则是荒原狼意象的补充。因此，孤独感和绝望感成为张炜小说的最强烈的生命体验。诗人所要抗争的不仅是日益逼近的外在危机，而且还要抗争孤独和自我内部可怕的堕落欲望。守望的艰难难于想象，逃离荒谬，逃离孤独，逃离自我将把这场艰难的守望碾得粉碎。

守望是艰难的，因为最后藏身的葡萄园已危机四伏。海水倒灌，工业污染，地下开矿的隆隆炮声已使田园坍塌凹陷，大地因掠夺者的凶残而呻吟，并且大地之女小鼓额也横遭强暴，盗贼登堂入室……所有这一切都注定了守望的无意义性，外在田园的毁灭，象征着内在精神的荒芜和颓败。“毁灭真是惟一的选择吗?”回答将是肯定的，因为诗人面对的这场侵犯，从一开始就注定了抗争的必然失败的结局。因此，失败感充斥着张炜作品的字里行间。其实，失败早已注定，两千年前的那场横扫六合的征战便已开始。徐芾东渡，东莱夷人的最后撤退使得眼下的逃亡成了历史的微弱余音。但他毕竟是撤离了，如果说，两千年前的那场撤离还算成功的话，那么，如今的这场撤离则是更为彻底的失败。老铁海峡的沉落，毫不留情地截断了一类人的退路。“我们已经无路可退了”，“未来会是一次有希望的迁移吗?”这正是对命运的彻底绝望。

失败感、孤独感、恐惧感和绝望感，造成了张炜愤怒的心理。这种心理最终转化为一种防卫性的攻击心理。在张炜的小说中，经常出现的“持枪者”形象，就是这一心理的体现者。这些人物看似强大，实则是生活中的弱者，是被侮辱与被损害者。他们虽然手持枪械，但却并不开枪，他们只是防卫。张炜善于将他笔下的人物写成面对强敌永不屈服的执拗的硬汉，一如海明威的硬汉崇拜。这些硬汉虽然势单力孤，在总体力量对比上属于弱者，但在个人人格和意志力上则无疑是强者。然而，张炜的硬汉崇拜只是一种“个人神话”，一种“自我戏剧化”，是他对自己生活于其中的实际矛盾的想象性解决。

在张炜笔下，这种攻击性心理有时转化为自虐性行为。自虐体现于那些理想型人物身上。这些人物在对自己近乎病态的虐待中，体验了生命意志力的粗粝与震颤，那种对信仰近乎宗教徒式的虔敬与笃诚，在身心的自我拷问中，完成了对大地神灵的义无反顾的皈依仪式。

攻击是向外的防卫，自虐则是向内的自我磨砺和拷问。这是一个镍币的正反两面，二者有机统一为一体。攻击心理基于对外在强敌的巨大恐惧，而自虐心理则是对即将守望的心之田园的虔敬的朝拜，行进在这朝圣路上所必须体验和忍受的苦难。许多论者都谈及了张炜笔下的苦难意识，这里毋庸赘言。但在我看来，张炜的苦难意识正是对守望精神火种所必须经历的炼狱。在早期创作中，由于外界的危机感还未逼近，作者可以让自己的人物从容地把捉和观照苦难，并加以哲学的冥思。而今，当危险压境，精神的领地即将陷落之际，守望所必须体验的苦难则以个体自虐的方式体现出来。守望完全成为个人的一种愿望，它不会产生任何社会效果。最终解决的方式是寄希望于大自然的最后惩罚。这是多么软弱无力的一声哀叹啊！可见守望最终成为泡影，那么张炜又将乞灵于什么呢?

（原文约5000字，发表于《河北师范大学学报》哲社版2001年第4期）

文摘编辑：王佃启

壮丽恢宏的英雄交响曲
——革命先烈、当代英模传记文学二题

全展

[作者简介] 全展，荆门职业技术学院中文系主任，副教授。

[内容提要] 英雄传记文学在建国后17年、80年代中期和90年代，曾掀起三次大的浪潮。作为英雄传记的“主流”，革命先烈传与当代英模传双峰对峙，蔚为大观。此外还有一条蜿蜒行进的“支流”，即发轫于80年代中期，至90年代兴盛的描写隐蔽战线的工作者和领导者的传记。90年代的英雄传记取得了突出成就：一是题材范围的进一步扩大，二是突破了以往作品的时代局限性。本文对英雄传记文学创作进行了扫描。

[关键词] 英雄；传记文学。

当代中国的英雄传记，是一支壮丽恢宏的英雄交响曲，在前17年、80年代中期和90年代，曾先后掀起三次大的浪潮。

英雄传记真正取得独立的个性与品格，形成五音纷繁的交响，是在90年代，它较之以往确实实现了更加全面与深入的发展与繁荣。这不仅表现在创作的数量上有了前所未有的增加，形成了英雄传记的第三个浪潮，而且表现在创作的质量上也有了大幅度的提高，取得了突出的成就。“百般红紫斗芳菲”，“千朵万朵压枝低”，借用这两句唐诗来形容这一时期英雄传记的出版盛况无疑是恰当的。以丛书为例，影响较大的就有长征出版社的《解放军烈士传》和《革命英雄人物文学传记丛书》，解放军出版社的《海军著名英烈文学传记丛书》，以及由兰州军区政治部文化部主编、敦煌文艺出版社出版的《中国人民解放军六位英模丛书》。特别是后套丛书，以生动、丰富、翔实的资料，真实记录了张思德、董存瑞、黄继光、邱少云、雷锋、苏宁等6位英模光辉的一生，多侧面塑造了有血有肉的英雄形象，可视为对英模传记文学的一次全新诠释。除了军内组编出版的英雄传记外，各地还出版了一些地方性英雄传记，如《东北抗日英杰传记文学丛书》和《八桂俊杰丛书》，前者分别为赵一曼、李兆麟、赵尚志、杨靖宇、关向应等12位英杰立传，后者中的英雄传主则有壮族英雄侬志高、抗倭女杰瓦氏夫人和中华英魂韦拔群等。

我们说90年代的英雄传记取得了突出成就，其标志主要体现在以下两方面：

一是题材范围的进一步扩大。17年和80年代的英雄传记，传主主要是革命烈士——从热血与战火中走来的一代英雄。这两个时期虽有一些描写在和平环境中涌现的新一代英雄，但相对先烈传记而言，毕竟数量少，影响小，难以与之相提并论。90年代的英雄传记，传主除了革命烈士之外，一大批在社会主义革命与建设事业中涌现出来的英模人物成为新的传记主人公，英模传与烈士传可谓双峰对峙，并驾齐驱。究其原因，一方面是英模人物以平凡而伟大的人生谱写的壮丽篇章，已化作号角与鼙鼓，催人深思，催人亢奋，正鼓舞着亿万人民投身到振兴中华的伟业中去；另一方面，是作家们也更加关注社会现实，近距离地呼吸英雄的气息，与英模精神契合产生了创作的冲动。河北人民出版社的《人生楷模丛书》是这一时期的成功之作，它既有描写全国著名劳模的《时传祥》（马自天）、石油铁人的《王进喜》（修来荣），又有描写伟大的共产主义战士的《雷锋》（陈广生）、县委书记的榜样《焦裕禄》（屈春山））；既有描写知识分子楷模的《罗健夫》（尹一之）、见义勇为的英雄战士《徐洪刚》（阎金久），又有描写模范团长的《李国安》（郭建跃）、人民的好公仆《孔繁森》（陈允传等）。一批已较有文名的中年作家，在用传记文学的形式重新抒写英模题材方面也做出了重要贡献，代表作家作品有殷云岭的《焦裕禄传》（与陈新合作）、《雷锋传》，映泉写农业劳模的《陈永贵传》，吴宝山、曹锋写林业劳模的《马永顺传》，徐光荣写全国首届烹饪冠军刘敬贤的《烹饪大师》等。

在上述体现共性和时代精神的英雄传记的“主流”之外，还有一条不容忽视的“支流”，那就是发轫于80年代中期，至90年代兴盛的描写情报特工即隐蔽战线的工作者和领导者的传记文学。它们的出现，无疑拓宽了英雄传记的题材领域，丰富了英雄传记的表现内容，给英雄传记带来了新的特质和新的美学情趣。1985年，施文淇的《张露萍传》，首次为战斗在敌人心脏的英烈立传，惜未能引起人们广泛的关注。十年之后，修来荣的《陈龙传》成功地再现了这位我国隐蔽战线的卓越指挥员传奇式的一生，大大开扩了人们的眼界。接下来又出现了柯兴的《魂归京都——关露传》、殷云的《红色情报王李克农》，以及包括张云的《潘汉年传奇》在内的数种潘汉年传等。伴随着长篇电视连续剧《潘汉年》的适时播出，有关潘汉年的传记作品销售看涨，极大地扩张了它们

的传播速度和覆盖领域。在这类传记中，人们了解了许多类似陈龙、关露这样默默无闻、奋不顾身的英雄人物，并记住了他们为建立和建设新中国曾经立下的不朽功勋。

二是突破了以往作品的时代局限性。撰写英雄传记，确实是一项艰苦的工作。特别是为那些生命短暂而辉煌的革命英烈立传，更是有着相当大的难度，如文字资料不足，史实核实不易，档案资料的开放程度不够等等。过去有些传记作品真中有假，给人留下了不少缺憾。或把“人”写成“神”，似乎革命英烈从小就是“天生”的革命者，从参加社会活动的第一天起，就是领袖群伦的先驱。或想当然地为英雄添油加醋、张冠李戴，回避某些所谓给烈士“抹黑”的东西，用虚构的事实以显其“美”。90年代的英烈传记更加注重真实性，不少作者对烈士生平的有关事实作了广泛深入的调查研究，“存真”“求实”的方针得到更好贯彻，有效地匡正了此前传记创作的一些弊端。张羽、铁凤著的《恽代英传》和丁少颖的《红岩恋：江姐家传》是其中的两个典型代表。为写好《恽代英传》，作者之一的张羽50年代中期便开始研读资料，广泛调查；“文革”期间，在干校劳动之余仍不忘把过去访问的材料做了一些整理；新时期更是费时半年溯踪采访，取得了大量第一手材料，同时他多次参加恽代英生平、思想研究方面的学术活动。长达36年的写作准备，使这部传记不仅具备了翔实厚重、朴素无饰的史学品格，而且具备了勾画明晰、尽传精神的文学神采。特别值得称道的是，作者在描摹恽代英这位“中国革命青年的楷模”时，始终坚持仰视其精神，平视其形骸，把他作为一个有血有肉，有成长过程，有优点有缺点，有理性也有感情的活生生的年轻人来写，使人们不致对革命先烈感到高不可攀，而是有范可循，能够效法。丁少颖的《江姐家传》与他人80年代初写的《江竹筠传》的最大区别，就是十分真实客观地写出了江姐、彭咏梧（江姐丈夫）以及幺姐（彭的原配妻子谭正伦，江姐之子彭云真正养身之母）三人之间的情感故事，撩开了一直笼罩在他们身上的人们始终“说不得”的复杂迷雾，还历史以事实真相。这是一本很难写的英烈传记，因为江姐的事迹早已随着小说、电影、电视剧、戏剧等家喻户晓，妇孺皆知，作者勇于突破长期以来的禁区，终让人们看到真实英雄的真实生活。原来“他们像我们一样地工作，一样地吃饭穿衣，一样地欢乐，一样地痛苦，一样地品尝着爱情的酸甜苦辣，一样地承受着婚恋的焦虑不安，一样地生儿育女，一样地被家事亲情所困所累……不同的是，他们在信仰大局面前常能舍己忘私，保持凛然正气，在伦理人际中显得仁慈博爱，在平凡普通中体现超群伟岸！”

（原文约10500字，发表于《荆门职业技术学院学报》2001年第5期）

文摘编辑：乐山

鲁迅与扬州学派中坚

张杰

[作者简介] 张杰，鲁迅博物馆副研究员。

[内容提要] 鲁迅与扬州学派有着或显或隐的渊源关系。鲁迅的金石学研究，得益于王念孙的音韵训古；鲁迅轻儒重墨，在一定程度上也受启于汪中，或与汪相契合；鲁迅研究古小说，与焦循的戏剧理论相关联；而阮元对自然科学的重视，他的金石著录，他的文学观点，都曾为鲁迅所关注，在鲁迅的思想与著述中留有印痕。

[关 键 词] 鲁迅；扬州学派；王念孙；汪中；焦循；阮元。

鲁迅与清儒的关系，距离最近的当属浙东学派，其次就要算扬州学派。这一点迄今似乎尚无人关注。

鲁迅接受过西学的洗礼，在总体上已很难再用传统的学术门户观念衡量 。不过，鲁迅毕竟出生在清末传统文化的氛围中，即使他从青年时代开始就被西学所吸引，在中国传统文化的接受方面，并未随之进入现代层次。例如，他在国学方面对章太炎的师承，无论在接受的内容上，还是在传承的方式上，传统的色彩就极为浓重。如果深入“中学”一隅考察，在学术承传上，鲁迅与扬州学派依然渊源有自。鲁迅师承章太炎 ，章太炎师承俞樾，而俞樾则私淑王念孙、王引之父子。这种自下而上的溯源，可径达扬州学派的开端。在所治之学的脉络上，也可由上而下寻到端倪。以传统学案的门户承传看，鲁迅与扬州学派的渊源清晰可辨。

如果将以上情况参照鲁迅的自述和生平，结果却较为复杂。一方面，鲁迅终其一生对扬州学派以及自己与扬州学派的关系都未置一词；另一方面，鲁迅与扬州学派的主要人物，如王氏父子、汪中、焦循、阮元等清学重镇，确实存在着这样那样的联系 。而这后者，较之鲁迅的师承渊源，更加切实地说明了他与扬州学派的关系，也因此构成了本文的基本内容。

一

扬州学派是以王念孙的音韵训诂学为开端的。鲁迅关注王念孙的著作，是在 1915 年初。当年《鲁迅日记》1月2日记载：“往留黎厂直隶官书局买《说文解字系传》一部八册，二元；《广雅疏证》一部八册，二元五角六分。”这是鲁迅与王念孙关系的最重要的记载。

在鲁迅研读金石学著录和收藏金石拓片的过程中，此前曾有一个渐进的序曲，此后是一个高潮，而研究金石的基本功，恰恰是以古文字学为基础识读铭文。显而易见，鲁迅在 1914 年与 1915 年之交购进《广雅疏证》等书，目的在于金石学的研究。

问题是为魏晋时期魏国张揖所撰的《广雅》加以校订疏解的《广雅疏证》，能否对识读金石铭文有所裨益？答案是肯定的。鲁迅在谈到清代学术时另有角度，却承认以下的事实：“解经的大作，层出不穷，小学也非常的进步；史论家虽然绝迹了，考史家却不少；尤其是考据之学，给我们明白了宋明人决没有看懂的古书。”鲁迅与《广雅疏证》以及王念孙的联系，就是建立在鲁迅以上所说的背景和需要之上的。

二

汪中是扬州学派的代表人物，鲁迅与他的关系，较之与王念孙稍显深入和密切。

《鲁迅日记》1912 年 9 月 24 日载：“午后同稻孙至留黎厂 购《述学》二册。”当年 10 月 26 日 载：“夜修订《述学》两册，至一时方毕。”以《鲁迅日记》所记情况推测，鲁迅购得《述学》后阅读月余，阅后该书松散，鲁迅亲手装订后收藏。此书至今尚存，系同治八年扬州书局重刻本，亦即曹聚仁所说的“后来行世的《述学》内外篇”。查版本学著述可知，由于此前《述学》的版本已甚难寻觅，同治八年重刻本，系《述学》现存最早版本。

以鲁迅对传统文化的观点与汪中相较，最契合处当属对儒学的质疑。清初汉学的复兴 ，本来就是以反对宋学（ 程朱理学、陆王心学）的空疏为前提的，这也是乾嘉学派产生的缘由之一。但清学的壁垒与门户，也以此为主线。扬州学派学人，门户观念淡薄 ，不以门户不同相排斥，专以事实论是非，汪中即是这一做法的先行者。他最早跳出清儒全力注经的樊篱，重视研读史籍。他一反儒家传统，否定《大学》为孔子所作，认为《大学》和《中庸》在《礼记》中并没有特别的意义。他厌恶程朱理学，抨击封建礼教，着力驳斥理学家的妇女殉节说、死节说。鲁迅在阅读《述学》时，凡遇诸如此类的论述，恐怕无不会心。

汪中影响鲁迅的内容之一，是他率先重新重现墨子。墨子为先秦显学，鲁迅在《汉文学史纲要》和其他著述中多有论及，但这离不开起自汪中的学术背景。

鲁迅论汉代文学，《汉文学史纲要》中将贾谊、晁错列为专章，其中介绍贾谊的生平，材料出自《史记》、《汉书》，以及谢无量的《中国大文学史》、儿岛献吉郎的《支那文学史纲》等书，似乎与汪中无涉。其实不然，在清儒中，对贾谊生平事迹考证最力的是汪中。在《述学》中，有考释经传与先儒的文章八篇，其中《贾谊新书序》一文是对贾谊及其那个生活时代的考证，对丰富贾谊的史料作用巨大。读过《述学》的鲁迅对此不会毫无记忆，或许只是由于在厦门大学撰写《汉文学史纲要》时，《述学》不在手边而未作征引。

汪中也曾涉足金石，《述学》中收有《古玉释名》、《石鼓文证》等金石研究文章。鲁迅除读过汪中此文，还于1915年3月6日购进张燕昌撰《金石契附石鼓文释存》一部五本，反映出他对金石学中"石鼓文"这一品类的关注。更重要的是，由于石鼓文的所用字体为籀文（大篆），因而是鲁迅腹稿《中国文字变迁史》中的一个不可或缺的重要阶段，这涉及到鲁迅对籀文的重视。鲁迅藏书中有关的著述有庄述祖的《说文古籀疏证》、孙诒让的《说文古籀拾遗》、吴大澂的《说文古籀补》、丁佛童的《说文古籀补补》和孙诒让的《古籀余论》等，这体现了鲁迅为研究大篆字体而作的资料准备。而汪中的《石鼓文证》，即便从鲁迅十分重视的文字变迁史的脉络上，也是十分重要的一环。

三

鲁迅由于研究古小说，与扬州学派的焦循构成联系，却也不限于这种联系。

20年代初，鲁迅为研究古小说与胡适多有交流。1922年8月14日致胡适信谈道："昨日偶在直隶官书局买《曲苑》一部（上海古书流通处石印），内有焦循《剧说》引《茶余客话》说《西游记》作者事，亦与《山阳志遗》所记略同。从前曾见商务馆排印之《茶余客话》，不记有此一条，当是节本，其足本在《小方壶斋丛书》中，然而舍间无之。《剧说》又云，'元人吴昌龄《西游》词与俗所传《西游记》小说小异'，似乎元人本焦循曾见之。既云'小异'，则大致当同，可推知射阳山人演义，多据旧说。"鲁迅这里说到的《剧说》，系焦循辑录的汉唐以来古籍中关于论曲、论剧的杂录，辑录者通过资料的排比，探讨了戏剧的诸多问题，在资料和方法上都产生过不小影响。《剧说》的大部分篇幅，是对剧目题材的考察。由于小说与戏剧在这一点上具有同一性，便为鲁迅考察小说题材提供了资料来源的可能。鲁迅得到此书，正是从中择取资料为研究古小说所用。这一做法，典型地反映了鲁迅对清儒的选择和接纳具有十分特殊的方式，即一切从个人治学的需要出发，而全然置清儒的名山事业于不顾。《剧说》的辑录，编排、考证的方法，完全采用乾嘉学派家法，由于对象并非经史小说而是戏剧，更可以用鲁迅古小说的研究，在方法上作近距离的稍许比较。

鲁迅的小说史研究，与焦循的戏剧史研究有着太多的相同之处，同样的上天入地下黄泉般的辑录与辑佚，同样的注重考据，并在成书前后几十年一以贯之的不断修订。可以认定，不管鲁迅的文学史研究有着多少和怎样的"不囿于清儒"的内容，但像与焦循等人的联系毕竟密不可分。

四

在扬州学派的学人中，最为鲁迅重视的是阮元。

阮元所以引起鲁迅重视，有外在和内在两方面原因。外在的原因是阮元曾任浙江学政和巡抚。在浙江期间除创办诂经精舍外，还主修《浙江通志》、主编《经籍纂诂》、撰写《两浙金石志》，不仅在浙江留有政声，还对浙江文化产生过较大影响。这种影响的余绪延及清末，鲁迅当有所感知。例如，鲁迅故家藏书中少有经书，却藏有《十三经注疏》，这与阮元曾影响于浙江学界并校刻该书不无关系。诂经精舍是阮元的精神与学术承传的载体和象征，例如《经籍纂诂》160卷，就是阮元任浙江学政期间，命诂经精舍的20多名学生分工编辑的。而鲁迅的老师章太炎曾在诂经精舍就读并学有所成，仅凭此端，阮元之名也会为章太炎、鲁迅师弟两代人难忘。当然，内在原因是主要的也是多方面的。

阮元的学术成果中，没有焦循的《加减乘除释》之类的著作，却以《畴人传》显示他科技方面的别具慧眼。《畴人传》，共八卷，是阮元编纂的我国从远古到清代的天文历算学者的传记，共400人，其中包括利马窦等52个留居中国的欧洲人。对于阮元，鲁迅置他的《皇清经解》、《经籍纂诂》于不顾，十分看重《畴人传》，这是他受西学洗礼后，以现代科学的眼光反观清学的选择。

鲁迅对阮元的重视，还由于阮元的金石著录。金石学本系史学旁支，在阮元治学中的作用却略有不同，阮元好经籍训诂，为此而求证于古代吉金、石刻。在他宦游浙江时，著有《两浙金石志》一书。鲁迅1914年4月购得该书，使用的频繁当在其他金石目录之上，原因是鲁迅收藏的起自三国时期吴国的六朝碑拓不少，亲手抄录的也十分可观，对这些拓本的稽考，离不开此书。

鲁迅对阮元的文学观点比较留意。阮元在文学上与扬州学派学人一脉相承，为文提倡骈偶，反对古文，因此一再为骈体的地位而辩证。他在《文言说》、《文韵说》、《与友人论古文书》等文中，都涉及"文笔之辩"。阮元之子阮福撰《文笔考》一书，坚持同样立场。鲁迅撰写《汉文学史纲要》，对何为"文章"以及它的发展和各种观点，梳理得十分清晰，这是得力于阮元父子的。

（原文约1万字，发表于《沈阳师范学院学报》社科版2001年第5期）

文摘编辑：王佃启

走向边缘的艺术
——鲁迅在小说文体上的创新

周进芳

[作者简介] 周进芳，湖北郧阳师范专科学校中文系副教授，主要从事文体学研究。

[内容提要] 鲁迅小说在艺术形式上具有某些突破传统小说构成模式和规范的因素，表现出一种偏离公众小说认同感的倾向。文章用“边缘化”一词概括鲁迅这种在小说文体上的创新特质，结合作品分别就其“边缘化”的表现形态和构成机制进行了描述和剖析，并指出：清醒的文体意识和永无止境的文体追求是鲁迅在小说艺术形式上创新的动力。

[关 键 词] 鲁迅小说；边缘化；文体；创新。

一、鲁迅小说文体的边缘化形态

边缘化总是相对的，具有多重表现形态。就鲁迅小说文体而言，其边缘化形态具体表现为这样几个方面：

题材形态的边缘化。题材形态是指各种生活现象在作品中的呈现形态。

鲁迅小说中一个个形象之所以给人以长时间的审美效应，与其对题材的特殊处理是分不开的。正如俄国艺术理论家西克洛夫斯基所说：“艺术方法就是使表现对象变陌生，在形式上对读者阻碍。”“把一个对象从通常理解的状态变成新的感知对象。”

题材的样态也就是人物的生存及其状态、事件情节及其展示状态和环境及其呈现状态。人物的生存状态是小说题材样态的重要表征。因此，考察鲁迅小说中的题材样态，就不能不考察其呈现的人生状态。

如果从更深层面上讲，鲁迅小说题材边缘化更鲜明的表征还在于他笔下的人物的精神状态。祥林嫂被虚空的灵魂有无问题纠缠，华老栓因儿子的病的无法医治而日子暗淡，七斤惶惶不安是为了头发，这些精神灵魂上之重负甚于物质重负，这种精神层面之“怪”，无论是“看守”的麻木，还是“疯子”的狂态乃至像陈士诚、四铭的心理变态，也是“边缘化”的一种显示特征。

考察鲁迅小说的题材样态，还必须同考察其笔下的“故事”或者说“事件”。我们知道，传统小说的题材存在的样态是故事性的，或者说是情节性的。无论是四大名著，还是明清其他小说，就连《儒林外史》也是故事性的。在鲁迅小说里，不能说没有“故事”，只是我们几乎看不到完整故事情节。鲁迅小说对于故事的边缘化处理，就是使显示人物性格历程的故事情节从传统小说非常讲究“巧合”、“误会”、“悬念”、“曲折”解脱出来，让故事情节在小说中“退居”二线，最突出的表现是把故事或者说情节的主体置于有限的篇幅之外，让读者通过自己的想象和联想去缀合那一个个故事的碎片。

此外，题材的样态还包括人物活动的环境——包括自然环境和社会环境在作品中的呈现样式。高明的作家在揭示人物的生存状态时总不会忽略这一点。鲁迅小说环境是“风景画”，也是“风俗画”，更是“写意画”。《狂人日记》之夜并无季节特征，但《狂人日记》所散发的冷冰冰的气氛，同样使读者感受到寒夜般的冰冷。《药》中荒凉萧瑟的坟墓在鲁迅笔下成了先驱者死后被人忘却命运的象征和符号。

构架形式的边缘化。所谓构架形式的边缘化，最简单的表述就是突破人们常用的小说构架方式，移植和借用其他文体的构架方式，以实现对小说题材布局的多样化。鲁迅小说对题材的组构几乎没有雷同的。从现象上看，《阿Q正传》为传记体，《狂人日记》为日记体，《头发的故事》是一种抒情性独白，《伤逝》仿佛一篇散文诗。凡此种种，足以见出鲁迅小说在构架形式上的确有其独特的一面。

叙事方式的边缘化。叙事方式是小说文体的鲜明特征。叙事方式不仅涉及叙述者、叙述视角、叙述时间，而且涉及小说的人物故事与环境，鲁迅小说叙事方式的边缘化自然也涉及这些问题，但从叙述者介入叙事的方式上讲，其边缘化主要体现在叙述者在叙述中身分的复杂化上。

话语体式的边缘化。小说文本是一定语境下的话语体式的凝定，因此，一定的话语体式既是内容的，也是形式的——更具体地说就是文体的。对话语体式的研究，有的着眼于作者的话语模式，有的则着眼于人物的语言表达。真正意义上的话语体式既是外显形态上的，也是内隐精神上的。

从外显形态看，鲁迅小说话语体式的边缘化，表现为一种“杂色语体”，即：既有汉语语体的特性，又有欧式语体的某些特征，既有文言表达的长处，也有白话语体的优势。从内隐层面看，其话语体式的边缘化，则表现为对传统精神文化的反叛，是忧患着的先觉者人格精神的交织。其中，既有像“狂人”、“疯子”、N先生等所显示出来的癫狂者的话语方式；也有如魏连殳、夏瑜等人物所显示的先觉者的话语方式；还有如《祝福》中“我”面对祥林嫂的问话无言可对的失语者的话语方式；更有如《阿Q正传》、《高老夫子》中所表现出的调侃者的话语方式。也正是这些不同的话语方式构成了鲁迅小说文体边缘化特殊形态。

二、鲁迅小说文体边缘化形态的构成机制

鲁迅小说文体为何呈现出一种边缘化形态？这或许是关注鲁迅小说文体的每个研究者都关心的问题。

我们可以说，独特的人生经历形成了鲁迅观照世界的独特方式。

我们也可以说，对西方异质文化的吸入，形成了鲁迅亦中亦西的艺术视界。

我们还可以从时代的特殊性上寻找答案。是国家不幸的时代使鲁迅先生把革命和艺术结合起来，从而直接导致了其小说文体形态的边缘化。现实的斗争促使鲁迅用一种与众不同的小说做武器。

这些诠释具有某种合理性。但是外因只有通过内因才能发挥作用，因此，要揭示鲁迅小说文体边缘化的根本原因，还必须对创作主体的构成机制——体验方式、思维方法、情感世界加以解读。

其一，博取众长的吸纳机制。

其二，情理相融的体验机制。

其三，重审现实与历史的批判机制。

他以批判的眼光来看待现实。《故乡》中的闰土，《祝福》中的祥林嫂，《孤独者》中的魏连殳，原来都曾有着充满光辉的人格，然而经过后天的重量打击，终于都变成了奴隶中的一员，他们一再受压迫、受剥削的过程，就是奴隶根性逐渐形成的过程，在他们的生命力和生命沉沦的悲剧的背后所潮涌发酵的，是对造成这种现象的封建统治的悲愤的批判的激情。由这里出发，鲁迅的批判锋芒实际上已经发展为对整个传统文化体系的全面否定（他劝青年人要少读或不读中国书），并有着不同层面的深广度：既从传统文化对中华民族的精神之养成的历史底蕴上来否定中国固有的“文明”，也从社会现象、社会问题中深深隐藏着的中国人的劣根性来揭示现实人生的病苦，更有像《阿Q正传》那样的集对国民性的批判于一身的作品。

以超人的意志审视民族的劣根性。鲁迅在对物质与精神、众数与个人等的反复探寻中，最终看清了健全、积极、独立的精神个体对民族振兴的根本性意义。这就已经在预示和传播着“五四”新文学运动的主题——个性解放思想。鲁迅认为，要使中国真正强大，当务之急是对民众进行思想启蒙，对中国人的精神世界进行重新塑造。中国自强，先要使国民觉醒，为此，必须从人性和国民性的高度对中国人进行改造。1907年鲁迅明确指出，“人各有己，万事才能立举”；中国要“角逐列国是务，其道首立在人”。中国和欧美的差距，首先表现在人的问题的解决上。这时鲁迅非常清醒地认识到“欧美之强，根柢在人”。人的素质的提高，人本身的强大，是国家强盛的基础。因此，“立人”，塑造新型的人才是拯救中国的根本之途。

总之，鲁迅小说文体边缘化形态的构成与其人生阅历、文化养成、思维方式、主体精神有着密切的联系。

三、永无止境的文体追求

从《呐喊》到《彷徨》再到《故事新编》，鲁迅小说文体在不断创新和发展。把这种变化联系起来就会发现，鲁迅小说文体的发展其实就是一个不断超越传统，不断超越自我，不断边缘化的过程。这种不断走向边缘的直接动力，来自鲁迅本人清醒的文体意识。

鲁迅是一名主张真诚地生活，真实地表现自我本来面目的现代作家。他在晚年，多次论述过艺术上的创新与继承的关系。“新的阶级及其文化，并非突然从天而降，大抵是发达于对于旧支配者及其文化的反抗中，亦即发达于和旧者的对立中，所以新文化仍然有所承传，于旧文化也仍然有所择取。”又说：“旧形式是采取，必有所删除，既有删除，必有所增益，这结果是新形式的出现，也就是变革。”（《且介亭杂文·论“旧形式的采用”》）而且他主张对待中外文艺遗产，都应当是兼收并蓄，大胆创新：“采用外国的良规，加以发挥，使我们的作品更加丰满是一条路；择取中国的遗产，融合新机，使将来的作品别开生面也是一条路。”

永无止境的文体追求当然也来自外国文学的影响。在谈到他自己小说创作的时候，鲁迅也说过，他写《狂人日记》时，“大约所仰仗的全在先前看过的百来篇外国作品和一点医学上的知识，此外的准备，一点也没有。”（《南腔北调集·我怎么做起小说来》）鲁迅在思想上非物质、重个人，张扬主体精神，推崇尼采、易卜生、克尔凯戈尔的主观主义理论，使他的审美趋向与西方现代主义思潮相一致；弗洛伊德的精神分析学说对梦及潜意识理论的阐述，又为他更深入地挖掘人物的内心世界提供了精细的工具，他以陀斯妥也夫斯基为榜样，力图将人的灵魂的深显示于人。

此外，鲁迅小说文体的创新追求还与他特殊的文学地位有关。由于鲁迅在现代文化中所处的特殊位置，也由于其他种种原因，鲁迅的“真正自我”消隐在社会各界对他或赞美或贬抑的种种“涂饰”中。褒之者称鲁迅为“青年领袖”、“文化旗手”、“思想界权威”、“战士”、“革命者”等等；贬之者咒骂鲁迅是“官僚”、“学匪”、“刀笔吏”、“绍兴师爷”、“世故老人”、“封建余孽”……。面对这汹涌而来的封号和冠冕，鲁迅也产生过迷惘和困惑。这种特殊的文学地位也驱使鲁迅本人不断地在小说文体上创新创新再创新，不断走向边缘。

（原文约11000字，发表于《武汉大学学报》人科版2001年第6期）

文摘编辑：王佃启

一道消逝的风景线
——“山药蛋派”文学的回眸与审视

张 恒

[作者简介] 张恒，山西大学文学院教授。

[内容提要] 山西“山药蛋派”文学形成于特定的历史岁月，有一定的时代局限性。赵树理作为一位真正的文学大家，与“山药蛋派”作家是不可同日而语的。到了新时期，“山药蛋派”固有的政治功利色彩与浅白直露的审美趋向，使之很难获得高层次的艺术突破；而所谓新一代的“山药蛋派”作家，实际上却是凭借着对这一流派的扬弃与否定而闪烁于中国文坛的。在日新月异的社会进步面前，“山药蛋派”再不能陶醉于已经消逝的辉煌，否则就可能作茧自缚，失去自我蜕变的可贵机遇。

[关 键 词] 现代文学；山药蛋派；赵树理；回眸；审视。

山西“山药蛋派 ”文学曾经热闹一时，如今实际上已经随着中国历史上那段特殊的岁月绝尘而去。但是，其起落兴衰能给我们留下什么样的思考呢？

一、成就在历史巨变的特定岁月

“山药蛋派”作家，有人认为应包括赵树理、马烽、西戎、孙谦、胡正、束为等人。他们中除赵树理外，创作活动均开始于上世纪 40 代初的革命老区，基本上都是革命队伍中的基层文化工作者。共和国成立后，旧的思想文化遭到前所未有的荡涤，过去的相当一部分文学作品面临着被逐出历史舞台的命运 。如此，就在特定时期形成一个巨大的艺术真空，亟需为广大百姓提供的文化食粮却面临着青黄不接之虞。正是这，给“山药蛋派”作家创造了一个大显身手的大好机会。

1949 年后几年，赵树理创作小说《传家宝 》、《登记》、《三里湾》等。马烽创作《一架弹花机》、《饲养员赵大叔》、《孙老大单干》、《韩梅梅》，西戎创作《麦收》、《宋老大进城》等。孙谦、胡正、束为也频频出手。正是在共和国建国伊始峥嵘岁月，被时代巨变所赋予的难得机遇所“照亮”，他们才一步一步地走向了自己的辉煌。

纵观他们的早期创作，其艺术旨趣、风格取向以及功能目的方面的一致性是显而易见的。他们充满了运用文学武器讴歌革命、配合形势、服务中心的强烈的自觉意识，他们中的大多数接受中华主体文化与舶来文化的系统教育有限，却长时间地为俗文化所熏陶濡染，美学思想相对单纯而不复杂多元，理论滋养则显得阙如。而在早年的革命岁月，彼此又建立起较牢固的战斗友谊，从而为以后“山药蛋派”的形成打下了人情方面的基础。到了上世纪 50 年代中期，马烽等人又取得了山西文艺界的高级领导职务，在一方文坛有了较大的发言权与指导权。加上当时政治气氛的推动，于是，他们长期形成的文学观念有了更自觉的运用和更自信的评估 ；写农村、写时代、崇“土”而蔑“洋”，成为他们明确的共识和非此无它的理想，先后发表了《三年早知道》、《我的第一个上级》、《灯芯绒》、《赖大嫂》、《伤疤的故事》、《好人田木瓜》、《老长工》等中短篇小说。另一方面，他们严格地以这种思想为指导，在山西创办刊物，巩固机制，取舍作品，筛选后继，这样“山药蛋派”作为一个文学流派才渐渐形成。

二、别贬低了文学大家赵树理

赵树理籍贯山西，又以写农村题材见长，与马烽等人在创作上有一定的相似性。因此，一些“山药蛋派”鼓吹者总想把大名鼎鼎的他拉进这个流派中来。但事实上，却很难说赵树理与“山药蛋派”有什么实质上的瓜葛。

有人声言，将赵树理纳入“山药蛋派”是以创作风格为依据的。可是在上世纪 50 年代，类似此等风格的作家并不鲜见，如柳青、康濯、陈登科甚至浩然等。为什么不能将他们纳入“山药蛋派”？道理很简单，他们不在山西工作。可见，“山药蛋派”只能是一个有着地域限定的地方作家群体。那么，能不能因为赵树理在共和国成立前在山西工作过而将其纳入“山药蛋派”？显然也是不能的。因为，当时在山西工作过的作家多得很；1949 年以后，许多人、也包括许多山西籍人士纷纷调往全国各地。这些人当然不能算作“山药蛋派”。

将这两点排除，能将赵树理纳入“山药蛋派”的最本质属性，就剩下共和国成立后他在山西工作这样一条了。

而事实是，赵树理 1949 年即调人北京。他本人上过师范，接受过较为系统的东西方文化教育。与后来成为“山药蛋派”中坚的那些作家，基本上没有任何感情上的交往，关系一直淡薄疏远。更主要的是，赵树理的文学理念要比他们深刻、厚重得多。因此，面对当时甚嚣尘上的错误倾向，赵树理表现出了强烈的抗争精神和批判意识。

试问，赵树理如果1964年不被“发配”山西，能将其纳入“山药蛋派”吗？所以，仅以其在故乡二年“工作”的不幸经历，将当之无愧的“国家级”作家赵树理强行裹挟进“山药蛋派”这个地方作家队伍，乃是对这位文学大家的最大贬低。

三、新时期的尴尬与意外

“山药蛋派”的形成，相当程度上是政治思潮的产物，功利色彩、宣教目的极其浓重，极易陷入浅白直露的窠臼，很难获得高层次的艺术突破和恒久不衰的文化价值。“文革”过后，中国历史掀开了新的一页，“山药蛋派”作家也重新披挂上阵，发表了不少作品。但是，马烽的《结婚现场会》虽获得1980年全国短篇小说奖，后来的小说却再难叫响，与孙谦合写的电影剧本，除《泪痕》外，其他几部均每况愈下。西戎、胡正、束为的几篇小说也属昙花一现。意欲东山再起实则事与愿违，“山药蛋派”作家根本没有能力超越他们既定的美学体系与创作模式，在新的瞬息万变的社会形势面前，他们就必然越来越感到捉襟见肘、难以为继而陷入尴尬。

其间，还有一个很耐人寻味的现象是，在上世纪50年代后期到60年代前期，“山药蛋派”作家曾经有意培养过为数不少的青年作者。这些作者基本上来自农村或小城镇，文化程度不高，知识结构单一，社会观、文学观与“山药蛋派”老作家如出一辙，在“文革”中也受过程度不同的冲击。但问题是，当阴霾散去之时，全国上下一大批当年遭到打击的青年作者如王蒙、刘绍棠、从维熙、邓友梅、张贤亮、陆文夫等纷纷复出，以一篇篇才华横溢之作显示着自己的不同凡响。而当年“山药蛋派”的这些青年作者，论年龄与上述诸人所差无几，但每有新作则多属内容老化，命意浅显，往往来不及闪烁就以更惊人的速度销声匿迹。这无疑乃是“山药蛋派”老作家炮制的又一份尴尬。

意外的是，就在这个时期，山西却有另外一批文学新秀突然崭露头角，脱颖而出。1978年、1980年，成一与柯云路以其处女作《顶凌下种》与《三千万》荣获全国短篇小说奖；接着，张石山、张平又获此殊荣。韩石山、周宗奇、田东照、李锐、燕治国等也影响不菲。这时，论家喝彩之声不绝于耳，山西的某些人士更是沾沾自喜地据此反复论证“山药蛋派”的又一次鼎盛。然而，只因为这些人在山西，就将其统统网罗到“山药蛋派”门下，这实在是一个极其荒谬的逻辑。

四、从否定中崛起的新秀

山西的这些文学新秀，与“山药蛋派”作家当年培养的青年作家不同，他们大多读过大学，或出身于高文化背景家庭，均获得后天的良好教育。他们阅读兴趣广泛，知识基础坚实，具有较高的人文素质与精英意识，有能力更真切、更深刻地把摸世间万象的腠理，感受人生使命的沉重，增进对社会问题的观照水准。因此，他们一出手就不像“山药蛋派”老作家那样“着眼于具体问题的解决和具体政策的解释”，而是洋溢着对人性真谛、世道凉热、民族忧患和时代创伤的无比关注和深邃的透视。就是写农村，他们也全然没有了“山药蛋派”老作家的那种玫瑰色的其实是粉饰性的描摹，而充满了一种对中华悠久传统的冷静审视以及对历史的不幸遗留、社会心理沉甸甸积淀的扼腕长叹以及悲怆的叩问和严厉的鞭挞。他们的作品中所包含的理性容量、所体现的美学认知，是“山药蛋派”老作家难以企及的，更是当年“山药蛋派”有意培养却终至沉寂的那些青年作者无法望其项背的。他们固然由山西起家，而实际上却是通过对“山药蛋派”创作思维的反拨和扬弃才熠熠发光于文坛的。想凭借这些人证明“山药蛋派”的鼎盛与谱系不绝，恰恰证明的是“山药蛋派”的被否定。

在日新月异的社会进步面前，“山药蛋派”的被否定，本是历史潮流奔腾前行的必然。可是总不免有一些自命正统者要顾影自怜，自赞自赏，甚至不惜打肿脸充胖子，用加倍的呐喊、牵强的证明、对不同声音的排斥以及对外面世界之精彩的视而不见或者管窥蠡测式的挑挑剔剔，来捍卫一种泡沫般的声名，保持一种“精神胜利”式的陶醉。须知，理论的偏谬必然影响到文学创作的是非判断，一种凝固与僵硬了的偏执思想环境必然会影响人精神的腾飞与心灵的舒展。人为地制造地域性的文学声势去渲染臆造的繁荣，则必然会作茧自缚，错过自我蜕变的可贵机遇。

（原文约7000字，发表于《山西大学学报》2001年第6期）

文摘编辑：王佃启

冷嘲与热讽
——钱钟书与王蒙的幽默艺术风格比较

余海乐

[作者简介] 余海乐，广西师范大学中文系副教授。

[内容提要] 钱钟书与王蒙是20世纪中国文坛上的两位幽默大师，而幽默风格各异；前者表现为“冷嘲”，后者呈现为“热讽”。这是缘于他们对生活的不同感悟，对笔下人物的不同情感，制造幽默效果的不同技巧。从两人的幽默文学所获得的成功里可得出一些关于文学创作的有益启示：确立幽默的生活观，可以调整作家的认知心态，从而增强作品的思想深度；确立幽默的艺术观，可以调整作家的创作心态，从而增强作品的审美效果。

[关 键 词] 冷嘲；热讽；生活感悟；情感投向；幽默技巧；文学启示。

中国的新文学在坎坷曲折中走过了近百年的历程，既有过自己的辉煌，也留下了某些不足，当我们在对其进行世纪的回眸时，记录下已有的辉煌，寻找出成功的启示，就成了我们最强烈的冲动和愿望。正是着眼于此，我们把出现于20世纪前期和末叶的两位幽默艺术大师钱钟书和王蒙的幽默艺术风格加以比较，以期引出一些关于文学创作的有益启示，亦算是我们置身世纪之交所作的关于文学的继往开来、瞻前顾后的一点随想。

一、偶然与必然

幽默文学虽然早在20世纪20年代就有林语堂等人的明确提倡和大力鼓呼，但由于“五四”之后文学阵营的急剧分化和文学朝向意识形态化方向的迅猛发展，能够真正坚持幽默文学创作的作家就微乎其微。在此背景下，钱钟书带着《围城》在20世纪40年代文坛的出现就更多地带有偶然性。这里融入了作家较多的个人坚持和文学操守，与当时主潮文学创作的战争主题和匆忙急就的情形大异其趣，《围城》的写作却是作家忧世伤生(远离战争主题)、历时较久（前后两年)、惨淡经营（锱铢积累）的结晶。而其幽默风格的形成，更是缘于作家对幽默效用的卓然发见：“别有会心，欣然独笑，冷然微笑，替沉闷的人生透一口气。”

与钱钟书幽默个性出现的偶然性不同，王蒙在20世纪末叶的幽默风格的确立却带有更多的历史必然性。因为钱钟书的时代，正是许多作家文学救国梦魇最酣的时候，而钱钟书能幽默独出，既见其高远，又确系偶然。而到了王蒙这里，情况却大不相同。他们这一代作家大多都经历了从“干预生活”到“被生活干预”的不幸命运，他们带着沉痛的生活教训对文学的功能和发挥功能的方式作出了重新的修订：“从文学本身来说，去直接地‘干预生活’，干预党的生活，去议政、议经、议文，并不是文学的特长”，“文学的特长是在于它发自作家心灵深处，它关心着、感受着、理解着和表现着许许多多的人的命运和灵魂。从而它打动着、潜移默化着千千万万读者的心，化为读者的内在精神力量。”对文学功能的这种理解，应该说比较地接近文学自身的实际，也正因为这样王蒙比较自觉地选择了幽默：王蒙小说幽默风格的确立，正是适应了文学观念在这个世纪末所发生的重要变革，因而具有时代的必然性。联系到钱钟书，两人历时有先后，殊途而同归；钱钟书是凭着他的学识和早慧，王蒙则是依托自己的丰富阅历，两人都不约而同地选择了幽默。

二、冷嘲与热讽

同样选择了幽默，但两人在幽默风格上却表现出了很大的异趣差别：这种异趣可以简括为钱钟书的幽默表现为冷嘲，而王蒙的幽默更接近于热讽。冷嘲的特征在于“冷”：作者的情感含蓄、敛束而不外放，嘲讽的对象无边、普泛而无处不在，嘲讽的深度砭人肌骨而入木三分；热讽的特征在于“热”：作者的情感浓烈、外显而又奔放，嘲讽的对象节制而有分寸，嘲讽的深度是小试锋芒而见好就收。下面就这种不同之处及其原因稍加辨析举证：

1. 对生活认知的不同而表现出幽默的差异。钱钟书是一位学者型的智慧作家，丰富的学识，广博的见闻，独特的感悟，帮助其形成了一种睿智通达的人生智慧。他在《围城》中所形成的那种苍凉的人生困境主题在整个20世纪中国文学里都是一种独响！而这种深刻的人生主题的生成提炼，既可见其源于异域文化的浸润启示，又能明显地感受到也有来自作者自己的对人生的洞观默察。小说带给我们的启示是：围城之境无时不有，无处不在，总是如影随形地追逐着你，使你追寻到的始终是一个又一个的幻灭的悲哀！正是对社会和人生所持的荒诞性理解，使他的小说创作带上了幽默辛辣的冷峻色调：讽刺的锋芒无所不向，讽刺的力度砭人肌骨。

与钱钟书不同，王蒙则始终是一个执著的理想主义者。他不仅有着少共的光荣历史，而且更有一颗历经劫难而九死不悔的赤子之心。一方面，对于生活他仍然持坚定的乐观态度："对于青春，对于爱情，对于生活的信念、革命的原则与理想，我仍然忠贞不渝，一往情深。""饱尝了生活的酸甜苦咸辣五味道之后，更感到了生活的甘之若饴。"这种生活观能使其坚定地把"生活多么美好"确定为自己"当今作品的一个主旋律"。但另一方面，王蒙也毕竟走过了那个"心浮气躁的青年时期，而进入了一种更平静、更坚韧、更冷峻、更自由的阶段"。"你一眼就能看透生活里那些畸形的东西，那些表面上堂堂皇皇，但实际上有问题的东西。如果马上就义正严辞加以声讨，你能什么东西都申讨吗？未必是好办法，也不可能。"那么应该怎样对待呢？"走出激愤，多给沉闷的人生透一口气来，幽默由此而生。"这是新时期的王蒙对生活矛盾的一种处理方式。与钱钟书不同的是，王蒙幽默针砭的对象仅限于生活中的那些假、恶、丑的乖谬现象，通过对这些丑恶现象的讥刺，我们仍然可以感受得到的是，作者那一而贯之的理想主义的热情！

2. 对人物情感态度的不同而表现出幽默的异趣。与对生活的看取态度相联系，由于钱钟书对生活取一种完全荒诞性的体验，他在作品中对人物的情感态度便取一种基本分离、皆取嘲讽的超然立场。当然，作者嘲讽的力度似有所分别。大致说来，对方遁翁、方鸿渐、赵辛楣、孙柔嘉等，作者的态度是在讽喻之中有维护，讽喻的是他们作为芸芸众生也难以脱俗的人性中的弱质，维护的是他们又能高出常人而能时常表露出来的情、善、义、真！而对李梅亭、高松年、韩学愈、汪处厚之类的伪君子、假道学、欺世盗名之徒，作者则作了毫不留情的揭露和抵死的挖苦嘲讽。总括起来，无论是前类有情的讽喻，抑或是后类无情的讥刺，作者对书中人物的基本情调是皆取嘲讽的态度，写进他作品中的人物也就多体现着人性的弱质与恶质，这就给钱钟书的幽默染上了一层浓浓的冷情色调。

虽然饱经了生活的磨难，但新时期复出后的王蒙并没有带有过多的激愤，相反却多了一些宽容的气魄和思辨的眼光。因此，在他的作品中，他总是满怀善意、谅解和期待地去嘲弄被批评的对象，而不愿施以冷峻而凛然的鞭笞："尖酸刻薄后面我有温情，冷嘲热讽后面我有谅解，痛心疾首后面我仍然满怀热忱地期待着。"由此观之，由于王蒙的嘲讽是抱着与人为善的态度，这就少了那种超然的达观和放纵的冰冷，而在给人产生忍俊不禁、一笑解颐的幽默效果时也同时感觉到了温馨情愫的回荡。

3. 因幽默效果生成技巧的不同而表现出幽默的异趣。钱钟书的幽默手法多种多样，但举其要者，主要有下述几种：第一，博采物喻。诚如夏志清先生所赞："钱钟书尤其是位编造明喻的能手。"他具有高超的联类取譬的能力，能够联系生活中的事事物物，信手采集，随形敷义，皆成妙喻。他的喻体普遍奇异、不落俗套，而且其比喻之多也是世所罕见的，它们广布在情节、肖像、心理、细节、景物等各个描写方面，令人目不暇接。第二，旁征博引。钱钟书能利用他丰赡的学识，旁敲侧击，引申发挥，常能制造强烈的幽默效果。第三，讥诮叙述。《围城》的叙述语言是含讥带诮的，通过作者的诙谐叙述，常能产生很强的幽默效果。如对三闾大学的校长高松年究竟是"老的科学家"还是"老科学的家"的咬文嚼字的辨析，就透着浓浓的讥诮意味。总之，从钱钟书幽默的这种种生成技巧上可以看出，钱钟书的幽默处处露着机巧、睿智和学识，是那种"世事洞明皆学问，人情练达即文章"的智者式的幽默，警拔而超俗，透辟而精妙，令人咀嚼不尽，回味悠远。

与钱钟书相比，王蒙要算那种阅历型的智慧作家。丰富的人生阅历填补了其因早年投身革命而在学识上的欠缺，能让其洞察生活的复杂性。王蒙在生活中获取的政治智慧在同时代的作家中大概罕有其匹者。他选择表现这种政治智慧的幽默方式主要有：第一，荒诞夸张。王蒙的许多幽默小说里都出现了一个荒诞离奇的故事形态。第二，轻松调侃。王蒙在许多小说中写到人物遭遇重大打击或面临关键抉择时，心情本来紧张沉重，但作者以调侃的笔墨写之，就能化紧张为放松，变沉重为轻灵，给读者带来轻松的阅读快感。第三，语言宣泄。王蒙的小说也经历了从优美到放肆的风格转变，这不仅从其探索的"意识流"和"散文体"的小说结构变化中能够看出，而且从其汪洋恣肆、放纵铺排的语言风格里更得到确证。他的语言不以凝练、简省取胜，而以自由放纵擅长：长短句参差、排比句奔放，造语奇崛，雅言和土语混杂，纯美和极俗并陈，并长于将那些用滥了的政治术语化腐朽为神奇，达到一种意料不到的幽默效果。仅从以上的所列当能看出：钱钟书与王蒙的幽默技巧也各有所别：一个主智，一个主情；一个内敛，一个外放；一个紧扣现实主义，另一个则更近于浪漫主义。阅读的快感也每有不同：一个有如品尝香茗、咀嚼干果，余香缭绕，回味悠久；一个则有如渴饮陈年老酒，辛辣爽口，淋漓酣畅。两人各臻其妙，莫能相下，实堪称20世纪中国幽默文学园地的两朵奇葩！

三、感悟与启示

钱钟书与王蒙幽默风格形成的背景和表现的形态虽然各异，但两人都是借助对幽默艺术的坚持而实现了创作的巨大成功。对于《围城》，海外著名学者夏志清先生曾有过极高的评价，称它是"中国现代文学史中写得最有趣、最细腻的小说，或许还是最伟大的小说"。这一盛赞决非是夏先生个人的偏爱和激赏，从《围城》在20世纪80年代后由海外到大陆、由小说到影视、由专家学者到广大读者的持续热潮中可见其被接受的广泛性。王蒙经由风格的变化所带来的成功与成就也是有目共睹的。其早期的作品如《组织部来了个年轻人》、《青春万岁》等，虽也不乏警拔的思想，生动的形象，充沛的激情，但总让人感到了过分拘泥于现实生活、粘滞于政治思考、呆板于激情叙述的某些局限，带给读者的思想启迪和审美都还是单纯有限的，甚至是阶段性的。但是到了《活动变形人》、《冬天的话题》、《坚硬的稀粥》、《莫须有事件》等晚近小说里，王蒙已放弃了对现实生活的具实摹写，而在历史题材和“莫须有事件”里展开纵横捭阖的自由联想，传递丰富深刻的人生智慧，发挥幽默诙谐的叙述机巧，因而使得自己的作品在思想内蕴和审美品格上都超越了单纯和透明而变得复杂和厚重。

从两人的成功里，我们可以引出如下一些关于文学创作的有益启示：

1. 确立幽默的生活观，可以调整作家的认知心态，使作家对生活的认识较为深入，从而增强作品的思想深度。

正如王蒙对幽默的理解：“从容才能幽默。超脱才能幽默。游刃有余才能幽默。聪明透彻才能幽默。”这里说出了幽默的两个要素，其一是幽默表现为一种从容不迫的淡泊心态。其二是幽默还表现为作家的一种聪明透彻的人生智慧。现当代文学史上有很多浮光掠影的体验生活之作，其成就不高，原因之一就是作家对自己所反映的生活并没有很深入的了解。

2. 确立幽默的艺术观，可以调整作家的创作心态，使其在艺术表现上更具活力和张力，从而增强作品的审美效果。幽默的叙述，也确能“多一点语言的丰富、美感”；“少一点千篇一律、倒胃口和干巴巴”。文学在某种意义上应是语言的艺术，那些在文学史上能够名垂千古的作品往往在语言上也都有自己独到的贡献。相反，“言而无文，传之不远”，在现当代文学史上，有许多作品，虽然也有新鲜的思想，美好的情感，但因其语言表现的苍白、单调、乏味，使其艺术价值大打折扣。增强语言表现力的方式有很多，但幽默叙述无疑是一个有效的途径。从钱钟书和王蒙的幽默语言里，我们看到，是幽默极大地提高了语言表现的生动性、趣味性，使其不仅很好地表达了作家的思想情感，而且也使这些语言本身成了极具欣赏价值的审美对象。

（原文约 8500 字，发表于《广西师范学院学报》哲社版 2002 年第 1 期）

文摘编辑：王佃启

20 世纪《三国演义》的版本研究

韩伟表

[作者简介] 韩伟表，浙江海洋学院中文系讲师。

[内容提要] 20 世纪《三国演义》的版本研究在版本的调查、辑录、整理和版本系统、衍变的考证以及罗贯中原本形态的探考等方面取得了丰硕成果，整理和总结其中的得失将有助于进一步推动、深化新世纪的《三国演义》研究。

[关 键 词]《三国演义》文献学；版本研究；版本系统；版本衍变；原本形态。

一、对版本系统及衍变的考证

关于《三国演义》版本系统及其衍变的研究始于 20 世纪二三十年代之交。1929 年，郑振铎在其《〈三国志演义〉的演化》（载《小说月报》20 卷 10 期）中，通过初步考辨，认为《三国演义》的版本系统及其衍变颇为简单：嘉靖本是《三国演义》的第一个刻本；后来刊行的诸本都是以嘉靖本为底本的；其与嘉靖本大不同的地方大都仅在表面上及不关紧要处，而不在正文。40 年来，郑振铎这一失之疏误的结论几乎成了定论。

直到 1968 年，日本学者小川环树在《中国小说史的研究》（东京岩波书店 1968 年版）中指出，郑振铎忽略了万历以后刊刻的若干《三国》版本包含嘉靖本完全没有的有关（花）关索情节的重大线索。他以此为根据，将《三国演义》版本分为三组：A 组，包括嘉靖本、周曰校本等；B 组，包括乔山堂本、联辉堂本和杨闽斋本等；C 组，包括李卓吾评本、李笠翁评本、毛本等 120 回的后期版本。尽管小川环树留下了没有详细论述三组版本衍变关系的缺憾，三个版本组的划分尚有不严谨处，但他能首先发现（花）关索情节的差异，修正郑振铎的观点，同时尝试给复杂的《三国演义》版本归类，无论如何，这都应该算是《三国演义》版本研究的实质性突破。

对《三国演义》版系衍变提出重要新见的是澳大利亚学者柳存仁。1976 年，他在《罗贯中讲史小说之真伪性质》（原载《香港中文大学中国文化研究所学报》8 卷 1 期，后收入刘世德编《中国古代小说研究——台湾、香港论文选辑》，上海古籍出版社 1983 年版）一文中，把《三国演义》的版本分为“志传”和“演义”两个系统。并初步勾勒了《三国演义》版本衍变的轨迹：“大约在至治本《平话》刊刻之后四十年左右，罗贯中颇有可能撰写《三国志传》，其后遂为其他各本《三国志传》之所宗。在此之后，始有《三国志通俗演义》出世。”柳存仁的研究结论尽管粗疏，但在《三国演义》版本研究史上具有转折意义。

80 年代中叶以后，随着中外学术交流的加强，尤其是 1987 年《三国演义》版本专题会议召开以后，国内外学者在版系衍变方面取得了较大进展，并逐渐达成了较为一致的意见。

首先，对《三国演义》的版本系统有了更科学的分类。国内学者如张颖、陈速、刘世德、厚艳芬等根据版本形态，认为现存的《三国演义》版本可分为“通俗演义”、“志传”、“批评本”、“毛本”等几个系统（见张颖、陈速《有关〈三国演义〉成书年代和版本演变问题的几点异议》，载《河北师院学报》1987 年第 3 期；刘世德《夜话三国·〈三国〉的版本系统》，书目文献出版社 1995 年版；厚艳芬《〈三国演义〉版本演变述略》，载《北方论丛》1996 年第 4 期）。海外学者则对“演义”、“志传”两大系统进行了更为细密的考察。如日本学者上田望根据周静轩诗、（花）关索故事、章回及正文本身的差异等，将“演义”系统细分为四类，“志传”系统另分为三类（见《〈三国志演义〉版本试论——关于通俗小说版本演变的考察》，原载 1990 年 12 月《东洋文化》第 71 号。中译本收入周兆新主编《三国演义丛考》，北京大学出版社 1995 年版）；另一日本学者金文京根据关索的出现情况，将“志传”系统分成四个子系统（见《〈三国志演义〉版本试探——以建安诸本为中心》，原载 1989 年 5 月《集刊东洋学》第 61 号。中译本收入《三国演义丛考》）。

其次，对嘉靖本有了较为客观的认识。金文京选择了“志传”系统中最具代表性的余象斗本与嘉靖本比勘后发现，虽然较之嘉靖本而言，建安本“是一个更不正确的本子”，但是嘉靖本也是“一个错误之多超出我们预想的本子”（同上）。日本学者中川谕也认为嘉靖本决非最优秀的版本（见《〈三国志演义〉版本研究——毛宗岗本的成书过程》，原载《集刊东洋学》第 61 号。中译本收入《三国演义丛考》）。陈翔华在《诸葛亮形象史研究》（浙江古籍出版社 1990 年版）一书中将嘉靖本与诸本《三国志传》比较后，指出“嘉靖本是一个修饰得更多的加工整理本”。沈伯俊在《〈校理本三国演义〉前言》中也指出嘉靖本“是一个经过较多修改加工，同时又颇有错讹脱漏的版本”。

再就是对《三国演义》的版本衍变有了更清晰的梳理。如周兆新在《三国演义考评》(北京大学出版社1990年版)一著中认为“志传”本与嘉靖本乃是由罗贯中原本演变出来的并列的分支。金文京在《〈三国志演义〉版本试探——以建安诸本为中心》一文中也认为“志传”本与嘉靖本“是来自同一源头的同系统版本的异本关系”。上田望认为“演义”系统本、“志传”系统本“是从一本祖本分化出来的”，“嘉靖本以外的版本都不是从嘉靖本分化出来的”(同上)。总之国内外学者已比较一致地认为嘉靖本并不是最接近罗贯中原本的版本；以后的各种版本并非都源出于此；“志传本”保存着更多的古本的面貌。

另外必须一提的是英国学者魏安的专著《〈三国演义〉版本考》(上海古籍出版社1996年版)。他在充分占有海内外藏本和吸收前贤时学版本研究成果的基础上，根据《三国演义》诸版本的共同特点，运用“串句脱文”的比勘方法，最终把存世的35个版本分为AB、CD两大系统，确定了《三国演义》版本的基本衍变关系：元末明初，罗贯中写成原本《三国演义》；经过很长时间的传抄，罗氏原本演化为现存版本的共同祖本——“元祖本”；“元祖本”分化为AB系统的祖本和CD系统的祖本；两个版本系统的祖本又各分为两支：A支、B支和C支、D支，分别在明中叶刊行，并逐步演化出各种版本。魏安的研究详实有据，方法科学，分析透彻，有很强的说服力和较高的可信度。尽管魏氏关于版本衍变关系的论断尚有可议之处，但他对现存版本的分类及分析方法应该是值得肯定的。魏安的《〈三国演义〉版本考》为新世纪《三国演义》版本的深入研究确立了一个新的起点。

二、对罗贯中原本形态的探考

清初毛纶、毛宗岗父子在《第七才子书琵琶记总论》和《三国志演义凡例》中自称得见罗贯中原本(《凡例》作“古本”)，并据以校正俗本之诸弊。尽管海内外学者均认为毛氏父子的“原本”之说不可信，但却激发了后世许多学者探考罗贯中原本的热情与兴趣。

郑振铎在《三国志演义的演化》中直接认为罗贯中的原本即嘉靖本《三国志通俗演义》；孙楷第在《〈三国志平话〉与〈三国志传通俗演义〉》(载1934年《文史》1卷2号)中对嘉靖本作了仔细的研究后，对罗氏原本提出了两点推测：(1)疑原本乃以百余回演之，后人把每回中各章分开，让它们各自独立，才成二百四十节；(2)原本或者是《三国词话》也未可知？孙氏所论虽有简单比附和臆测之弊，但较之郑振铎有更多的论证基础。

此后半个世纪中，大部分学者都简单化地把嘉靖本《三国志通俗演义》看作是罗贯中原作。另有学者则根据一些旁证和部分内证，认为罗贯中的原作是长篇的讲史话本。如夏梦菊《罗贯中〈三国志演义〉原本探考》(载《社会科学研究》1984年第6期)认为嘉靖本《三国通俗演义》不是罗氏原本，罗氏原本只能是一部长篇的讲史话本。日本学者上田望也认为“罗贯中撰写的原本也许为类似《三国志传》的巨型话本”。

80年代中期以后，随着版系衍变研究的逐步深入，研究者认识到完整的罗氏原本已失传，因此不再对罗氏原本作直接的、简单的整体判断，而代之以立足版系衍变的具体考证。周兆新通过详细考证，认为罗贯中原作的“重要特征之一，就是利用夹注的形式节录和复述史书，以供读者参考”，但嘉靖本的小字注释，不一定全是罗贯中原注；另外也没有引用范晔的《论》、《赞》和陈寿的《评》。他还通过联辉堂本、杨春元本、乔山堂本、余象斗双峰堂本、汤宾尹本与嘉靖本异文、注释及关羽、关索故事的比勘分析，考校出上百处罗贯中原作可能有的文字、情节(见《三国演义考评》)。澳大利亚马兰安以《花关索说唱词话》为参照，通过对诸版本中“花关索”或“关索”情节与文辞的细勘后，认为“原作包括了更多的传奇素材，使用更为简单、更为原始的手法创作的，只有较少的正史资料，以及仅有尚未发展完善的‘说书人风格’的形式”，“其中吸收了民间流传的关索或花关索故事”(见《〈花关索说唱词话〉与〈三国志演义〉版本演变探索》，原载1985年欧洲《通报》，中译本收入《三国演义丛考》)。魏安在《三国演义版本考》的最后，认为“罗本《三国演义》的特色是正文分为10卷，每卷首记录该卷的年代起讫，卷一首有总歌，有许多夹注，但是没有任何关于(花)关索的情节，也没有周静轩的咏史诗”。除上述内容外，陈辽还认为罗贯中《三国》底本分卷分节不分回，各节题目的字数是不整齐的；正文前有三国君臣《姓氏附录》，但无略、表；文字比较通俗，如称“宦官”，不称“中涓”；个别地方，文字多于后出的《三国志通俗演义》；某些情节与后出的《三国志通俗演义》本不一样，且比较合理，如关羽就义等。例外的是，陈辽认为罗贯中原作有关索的情节，但却没有具体展开论述(见《解罗贯中及〈三国志传〉底本原貌之谜》，载《安徽师大学报》2000年第2期)。整体而言，《三国演义》原本探考已具有了较好的认识基础，但具体考证尚有待深入。

20世纪《三国演义》的版本研究，既汲取了传统目录学、版本学的考据之长，又吸收了现代新的研究方法，在不断的搜集材料、怀疑、比较、论证中逐步接近了事物的本来面貌，成为《三国演义》研究中成绩较著的一个主要领域，同时为《三国演义》其他方面的研究培育了勃勃生机。

(原文约6500字，发表于《浙江海洋学院学报》人文科学版2002年第2期)

文摘编辑：其实

戴望舒《雨巷》的三重意蕴

李玉鸽

[作者简介] 李玉鸽，襄樊职业技术学院人文系讲师。

[内容提要] 戴望舒的名诗《雨巷》是我国新诗中一首较难解读的诗歌。本文依据美国学者阿布拉姆斯的“文学四要素说”及中国传统美学中的作品层次论来分析戴望舒的《雨巷》，从爱情层面、社会层面、人生层面揭示诗的意蕴。

[关 键 词] 戴望舒；《雨苍》；意蕴；爱情；社会；人生。

《雨巷》是一首脍炙人口的名诗，虽然它并不比李商隐的无题诗迷离朦胧，但人们对其解读仍多有不同。本文依据美国学者阿布拉姆斯的“文学四要素说”及中国传统美学中的作品层次论，从爱情、社会、人生三个层面来探析该诗的意蕴，从而为解读该类诗歌提供一种方法。

一、爱情层面——爱情的感伤者

这是从《雨巷》所描绘的特定意象及其与诗人的人生际遇关系角度出发来解读。在诗中“我”怀着一种痛苦莫名的希望，撑着油纸伞在悠长寂寥的雨巷踽踽独行，“希望逢着一个丁香一样地结着愁怨的姑娘”。这姑娘的颜色、芬芳、忧愁、眼光使“我”备感亲切，她凄清的心境也与“我”心相契相近。让人忧伤而又无奈的是，这姑娘梦幻般出现，复又梦幻般消逝，仅仅投来太息般的一瞥，便默然飘过。孤独的“我”仍然彷徨在悠长的雨巷，继续希望、期待着。细读《雨巷》，我们可以发现，诗中所描绘的似真似幻的美丽“邂逅”，实际上只是“我”的一段爱情“白日梦”，它使我们直观地感受到“我”对爱的追索与向往、憧憬与期待，以及因爱而生的痛苦莫名的希望、无奈和甜蜜的忧伤。蓝棣之先生认为，“戴望舒的诗确是表现了他的真情实感，甚至隐称的灵魂，但它不是直接的，而是吞吞吐吐的，是通过想象来暗示的。戴望舒的好些名诗，都写的是对他真实爱情的欢乐与痛苦生活的想象。他与诗友施蛰存的妹妹施降年曲折而徒劳的爱情，酿造了他的诗歌。”因而，从爱情层面去解读《雨巷》，把《雨巷》的第一重意蕴理解为对爱情的吟唱，把诗中的“我”理解为一个爱情的感伤者，是合情合理的。

二、社会层面——时代的迷惘者

这是从作品与宇宙（世界）关系角度出发去分析诗中所写意象所包含的超越于诗人一己之情感的特定的时代、社会内涵，也即探寻诗中意象所形成的境中之意(未形境)。1927年夏天是一个特别的时期——“国共分裂”，蒋介石对革命群众进行了血腥镇压，白色恐怖笼罩了全国，造成中国现代历史上空前的黑暗。原来积极响应革命的青年，一下子从火的高潮坠入了夜的深渊，找不到方向和出路，从而陷入苦闷、迷惘、彷徨、幻灭之中，“你往何处去”成了他们的普遍心结，他们在失望中挣扎，在失望中渴求着新的希望出现，在阴霾中盼望飘起绚丽的彩虹。戴望舒本人曾加入共产主义青年团，从事革命的文艺活动。1927年3月，因宣传革命而被反动当局逮捕拘留过。“四一二”政变后，他隐居于江苏松江，在孤寂中嚼味着“在这个时代的中国人的苦恼”(《望舒草·序》)。这种特定的时代氛围和作者此时特定的心境在《雨巷》中都可以找到对应物。在该诗里，那悠长寂寥、阴暗颓圮的“雨巷”实际上正是那个时代令人压抑的氛围的写照；而“我”的孤独、彷徨，对“丁香一样的姑娘”的追慕和希望破灭后的惆怅、忧伤，实际上正是当时一部分小资产阶级知识分子的精神状态的流露——苦闷、迷惘、失望着，又憧憬期待着。这种心境不禁使人想到金克木先生所译的诗句——“那黄金的青春与希望，今在何方？已如吹啸着的风，风去茫茫。”诗歌虽是诗人内心深处情感的流露，在所有文体中，最具私人性、个性化，但它必然会或多或少地打上时代、社会的烙印。从社会层面去解读《雨巷》，我们可以把诗中的“我”理解成一个时代的迷惘者，而且这种因同时代造成的失落、压抑、苦闷与因爱而生的憧憬、忧伤、无奈在情感格调上是暗合的，两者并不相互抵牾。

三、人生层面——人生的求索者

这是从读者与作品的关系角度去把握的。接受美学认为，文学作品的意义来源于两个方面：一是作者创作的作品本身，一是读者的赋予。伊瑟尔说：“作品的意义只有在阅读过程中才能产生，它是作品和读者相互作用的产物，而不是隐藏在作品之中，等待阐释学去发现的神秘之物。”作品之所以是意义的来源之一，是因为文本有一种潜在性，它是读者在读时实现意义的前提条件。这种潜在性就是文学作品中的“不确定性”与“空白”，因为“作品的意义不确定性和意义空白促使读者去寻找作品的意义，从而赋予他参与作品意义构成的权利”。因而，接受美学的文学观把文学的核心从作者、作品转移到了读者，它要求读者把自己的思想感情、生活经验、理想趣味融化到文本潜在结构中去，从而完成作品意义的生成和丰富。在解读时，读者不必囿于作者、时代、社会等外部因素，而应以读者自己对作品的感发来把握其意义。当然，这种解读也不是空穴来风似的自由发挥，还必须如“新批评”所做的那样，从作品的内部要素和构成中寻找依据。

对于“雨巷”一诗而言，要想解读其深层意蕴，还必须抓住“雨巷”、“我”、“丁香一样的姑娘”这三个意象来分析其境外意（无形），即中国古典文化所强调的“道”，这里所谓的“无形”之意也好，“道”也好，皆可解为人生意蕴。文学即为人学，其终极意义即是对人性的揭示，对人生意义的揭示，对生命的观照，但我们在阅读分析时，常常会将此忽略。

对人生而言，那悠长又寂寥的“雨巷”到底意味和象征着什么？如果我们把诗中的“我”和我们每一个自身都看作人生的赶路人，那么，这悠长寂寥的雨巷正象征着“长亭更短亭”的漫漫人生路。“我们从哪里来?”“何处是归程?”这是千百年来，代代无穷已的人类一直探寻追索着的“家园”意识。而对于我们每一个个体的人生来说，虽然少不了相互间的扶持，但实际上我们每一个人更多地是在孤独地赶自己的人生之路，促使我们前行的，是那不断升起、又不断陨落的希望。这正如诗中“丁香一样的姑娘”，“她”美好，“她”是我们前行的理想或者希望，而这理想或希望并不是实实在在，伸手可触的，“她”隐隐约约，朦胧迷茫，迷离恍惚，似真似幻。“她”带给我们那么多希望、期待又带给我们那么多的失望、忧伤。“她”会有因无因地杳然而失，使我们遭遇“山重水复疑无路”的痛苦、困顿，又会不经意地悄然亮起，使我们拥有“柳暗花明又一村”的惊喜、执著。惟其如此，“她”才成为我们追寻的动力。这让我们想到希腊神话中西西弗斯的故事，他受天神惩罚，必须把一块大石头推上山顶。每当太阳升起，西西弗斯满怀希望，甚或唱着歌儿将大石头推向山顶，太阳落下时，西西弗斯终于将石头推到了山顶，他行将结束自己的苦役。然而，仅仅在一瞬间，天神又让石头滚下山坡，希望顿成失望。第二天，第三天……，当太阳升起时，西西弗斯依然满怀希望地推石上山，可结果依然不改。西西弗斯不断希望着又不断失望着，不断失望着又不断希望着，他别无选择，这正是他命运的悲剧性所在。这则神话实际上也深刻地揭示出我们人类命运的悲剧性所在。人的一生总会面临诸多的希望，当希望破灭，我们失意之时，新的希望又会重新升起，使我们不断前行，这正是人生的过程和意义。

《雨巷》中“我”寻觅求索（希望逢着“姑娘”）——与“姑娘”相逢（惊喜）——“姑娘”消失（失望）——再度寻觅（希望飘过“姑娘”）这一过程正是人生寻寻觅觅的隐喻，而诗中的“我”则是人生的求索者。蓝棣之先生认为，“戴望舒是一个理想主义者，他对政治和爱情作理想主义的苦苦追求，但其结果，都是双重的失望。在他的诗中，姑娘的形象往往寄寓着他的理想，而孤独的游子形象则往往是诗人自己。他的诗常常表现出游子追求理想的命定的徒劳，而这里的特点恰好又是对没有希望的理想付出全部的希望与真情……他的成名作《雨巷》里的那位丁香一样的姑娘，显然受到命运的打击，但她没有乞求或颓唐，她是冷漠和高傲的，她仍然是那样的妩媚动人，她在沉重的悲哀下没有低下人的尊贵的头，像一面旗子一样地忍受着落到头上的磨难。诗人在这里坚持了人的尊严和顽强生命力的思想。人和理想，惶惶不安的人和无法实现的理想，这就是戴望舒诗的悲剧主题。”绵绵的雨，无尽的长路，乡关何在？希望在有无之中闪烁，乡愁在寻觅者——游子心中弥漫，这正是我们的真实处境。我们该何去何从？其必如屈原所吟：“路漫漫其修远兮，吾将上下而求索。”过去，我们在解读李商隐的无题诗时，有诸多主题说，如“人生感遇诗”、“爱情诗”、“政治诗”……实际上这些都是相通的。“香草”、“美人”，说她们是美丽爱情的寄托可以，说她们是高洁的人格象征也可以，说她们是黑暗中亮丽的政治理想依然可以，说她们是苦涯人生的彼岸所在也无不可；而且，开创这一传统的正是上下求索、一路行吟的屈原。回过头来，我们再看《雨巷》，把它解读为诗人对心中爱情的怀想和向往，这是一种美丽；而站在那个特定岁月的角度，把它解读为彼时的一代青年人对前途幻灭无依的苦闷和彷徨，我们会感到亲切；而当我们把它解读为对终极人生价值的追寻求索及对这一过程悲剧性的阐释时，我们则感受到一种别样的忧伤与深沉。

（原文约6000字，发表于《襄攀职业技术学院学报》2002年第2期）

文摘编辑：乐山

论吴组缃小说的人物创作

谢金荣

[作者简介] 谢金荣，云南农业大学讲师，主要从事中国现当代文学研究。

[内容提要] 吴组缃的文学创作关注的核心始终是“人”，始终充满着对“人”的命运的真切关怀，尤其是对封建宗法制度下妇女命运及经济衰败中下层普通民众命运的关怀。在人物悲惨命运的展示中，也表现了作者对伦理道德等文化方面的问题的深层思考。

[关 键 词] 吴组缃；创作；人；命运。

在群星璀璨的中国现代文坛，吴组缃以其严肃的创作态度和高质量的艺术作品越来越受到研究者的关注和重视。他20世纪30年代出版的作品，“在今天看来，几乎都是第一流作家的第一流作品”。他一生只创作了二十余篇短篇小说和一部长篇小说《山洪》，但“其小说几乎一篇有一篇的匠心”，“几乎所有各篇都值得一读”。半个多世纪过去了，读吴组缃三四十年代的作品，时间的流逝仍掩藏不住其所洋溢着的艺术魅力！

不论是把吴组缃看为“社会剖析小说家”，还是“乡土社会小说家”，“风土人情画家”，他都以冷峻的现实主义的创作方法，为我们描绘了旧中国农村一幅幅动荡社会的历史画卷，在这些生动的画卷中，文化意识、经济衰败、生存危机，都通过人物形象得以生动而深刻地展现。在这一点上，吴组缃受到两位新文学现实主义大师鲁迅和茅盾的影响。他曾说过：“中国自新文学运动以来，小说方面有两位杰出的作家：鲁迅在前，茅盾在后。”在现实主义创作方面，鲁迅和茅盾都关注着中国社会历史的发展和变化，都从历史的发展过程中把握和表现人生，但鲁迅小说是在动态中把握着中国社会思想意识的静止的侧面，以表现中国固有的传统思想意识为重心；茅盾小说则是在静态现实的基础上紧紧追逐着社会的动态的发展，以表现经常处于流动状态的现代社会历史和社会思想意识特征为重心。吴组缃的创作似乎糅合了二者的特点，注重在流动的状态中表现人物内心深处的思想意识，以引起人们关于在动态现实中对于人性和现实的思考，如《樊家铺》、《官官的补品》、《天下太平》等。尤其值得一提的是《樊家铺》。茅盾认为《樊家铺》的中心点不在那“惨变”，而在樊家铺的衰落及其不可避免的“人心大变”，线子母女俩的矛盾是一个眼中惟有一位赵老爷的女佣与一个被赵老爷之类剥削的贫农之间的矛盾。这当然是有道理的，但只是问题的一个方面，线子母女俩之间的隔膜其实在发生经济问题之前就已产生，线子的弑母也并非因反抗压迫而设下的预谋行为。一个善良的农村妇女，为50元钱救丈夫而杀死了自己的母亲，即使是一个偶然事件，也不能作简单的判断或结论。夏志清认为：“尽管全书充满了无产阶级的回声，其《樊家铺》所表达的，与其说是女儿的经济需要，毋宁说是一个更能吸引人的道德课题——线子嫂对于母亲的仇恨。”虽有些言过其实，但这也是不能忽略的问题的一个方面。吴组缃在说明《樊家铺》的时代背景时，曾提到几个人们不能忽视的问题，否则此篇主旨就失掉意义了。一个是线子是“奶头上”送到婆家的养媳，与娘家感情疏远；一个是“此篇为中心故事铺开一个颇广阔的社会背景，写了多方面的社会形态”；一个是当时处于“革命低潮时期，人们的悲观情绪是很普遍的”。综合起来看，《樊家铺》的主题就很清楚了：经济的崩溃使生活在底层的人们陷入绝境，加之社会的动荡，绝境中挣扎的人们的行为和心理往往会发生变异，并且这种变异给传统的伦理道德观带来一定程度的冲击，很难用一种简单的是非标准来衡量，从而引发人们更深层次的思考。《官官的补品》和《天下太平》，也有相类似的情况。正是这种通过流动状态中的现实中的人性的开掘，使吴组缃的现实主义创作别具特色，达到了一个很高的水平。

吴组缃来自于农村，对农民的生存状况和心理有深切的感受与体会，他喜欢他们的优点，也了解他们的弱点，他创作的所有文学作品，几乎都是以农民为题材的，少数几篇反映军人生活的，其主人公也来自农村。他说：“看一看社会的内状，使我们意识到我们现在这种生活的内里，并不是多么美满，我们实在不能偷生苟安，视现状而麻然木然，我们该在现有的生活中抓住苦痛、悲慨，在我们现有的灵魂里，抓住它的矛盾处，而后用 serious 的笔向沉着处写。”吴组缃的创作一开始就真诚地站在中国最穷苦的广大的农村劳动人民一边，真实地写出了农村的宗族关系与社会矛盾，写出了农民生活的艰苦与辛酸。在人物塑造上，他不但追求一种生活层面的真实，而且更强烈地探求人们心灵底层蕴藏的喧嚣和骚动。苦难农民心灵中无言的坚忍和凌厉的风暴，在吴组缃的笔下，被写得那么亲切，真实而又尖锐。

如前所述，吴组缃是一个重质量的小说家，小说创作中，他又特别注重人物形象的塑造，认为人物比情节和环境描写更重要，“什么是写小说的中心？我个人以为就是描写人（他的人和他的生活），因为时代与社会的中心就是人。没有人，就无所谓时代与社会；没有写出人物，严格地说，也就不成其为小说。把人物真实地，具体地，活生生地描写了出来，时代与社会自然也就真实地具体地活生生地表现了出来。人物愈写的深刻入微，则时代与社会亦愈表现得深刻入微，其动人之力亦愈大，而其价值亦愈不朽。”因此，吴组缃的创作中，他的笔端始终充满着一种对“人”的命运的真切关怀，尤其是对普通人的关怀。他喜欢从小处细处入手，选取他们生活中的一个侧面或片断，来表现出他们的生存状态，表现出他们的性格和灵魂。他写过在生死线上挣扎的农民（《官官的补品》、《樊家铺》），善良而朴实的奶妈（《两只小麻雀》），堕入风尘的女子（《金小姐和雪姑娘》），触犯礼教的少妇（《卍字金银花》），因人性压抑而灵魂扭曲的寡妇（《菉竹山房》），失业而无路可走的店伙计（《栀子花》、《天下太平》），曾经奸淫掳掠但危急时刻英勇献身的逃兵（《铁闷子》），具有强烈的小农意识但终舍弃个人利益为抗战出力的章三官（《山洪》），等等，作者无一不在人物中倾注自己深厚的感情，即使是令人生厌的人物，作者在叙述时也充满了深深的同情。

吴组缃是一个进步的左翼作家，在一定意义上说，正是他对艺术创作的严格要求和对于“人”的深沉思考，使他创造出了那些属于时代，也属于个人，既进步又精彩的那些精致圆熟的艺术品。使用热爱人生的眼和忠实于生活的笔，为我们描画出一个个平凡真实但却能震撼心灵的人物。

吴组缃生于安徽泾县茂林村，这里风光优美，山色秀丽，却长期沉积着封建宗法制的陈规陋习，宗法关系严重。而在宗法制社会中，受害最深的是妇女。少年时代他曾目睹村里的一些青年妇女因触犯礼教和族规，被扔进石灰坑内活活烧死的惨剧。他有一个姐姐，16岁出嫁，即年守寡，有着受宗法礼教压抑而扭曲的心理。因此，对封建社会中妇女命运的关注，成为吴组缃创作中一个很重要的内容。反映妇女命运的小说有《离家的前夜》、《两只小麻雀》、《小花的生日》、《金小姐与雪姑娘》、《菉竹山房》、《卍字金银花》等。

封建宗法制对人性的摧残表现得最充分的是《菉竹山房》。小说没有弗洛伊德式的说教，也没有震撼人心的心灵剖析，却把二姑姑灵魂深处的凄苦与人欲的萌动栩栩如生地表现出来。正是这人欲的萌动，使这篇小说的主题具有更深刻的意义；正是这人欲的萌动，让我们对封建社会中妇女的命运有了更深刻的体会；正是这人欲的萌动，让我们看到了“作者透露的爱心和爱憎褒贬的态度”。

由于受世界经济危机的冲击及各帝国主义国家对中国的经济侵略，加上连年的旱涝灾害等原因，20世纪30年代初中国的城乡经济一片萧条，大小企业纷纷破产，店铺倒闭之风日甚。吴家在经济上也受到严重的打击，父亲在家境败落中死去，这使得吴组缃对经济衰败的社会现实有切身的感受。也正是在经济破产大潮中，吴组缃考入清华大学经济系，读了《资本论》、《经济学大纲》、《苏联之经济组织》等经济论著，并参加了其兄吴半农等青年经济学者创办的刊物《中国社会》的编辑工作，更多地了解了中国社会的经济状况。与同时代的大部分作家一样，吴组缃也用文学的方式自觉地反映了这一动荡剧变的社会现实，从经济的角度再现社会生活，揭示社会现象背后的经济动因。但与同时代更多作家的艺术眼光集中于政治经济层面不同的是，吴组缃并不以揭示社会现象背后的经济动因为目的，而是以较为冷静深沉的眼光谛视和探究着经济动荡中人的灵魂，关注着经济动荡中普通百姓的命运，着重表现他们在社会环境冲击下个人的命运波折，因为归根到底，个人行为还是受周围社会条件的制约，社会的遽变，也更多地是通过无数个人的命运而表现出来，因此在一些涉及经济题材的小说如《小花的生日》、《栀子花》、《官官的补品》、《黄昏》、《一千八百担》、《天下太平》、《樊家铺》等作品中，吴组缃只是用曲隐笔法点写了洋麦倾销、“夹收旱”、苛捐杂税、兵祸匪患等一些经济与社会矛盾，更多的是通过现实生活的再现，展示出经济崩溃下挣扎生存的普通百姓的悲苦与辛酸。他们生活的苦痛，处境的艰难，并非由他们自己的努力而可以改变的。《小花的生日》中，闲住了五六个月的小花爸找工未果，把满腔的怨愤发泄到美容嫂身上；《栀子花》中，祥发满怀的希望在北京碰壁破碎后回到家里，家已变成一片断垣残壁；《天下太平》中的王小福，贫病交加中母亲死了，婴孩死了，为了即将死去的儿子想吃一口米粥偷了邻居半罐子米，饱受一顿皮肉之苦，绝望中想到去偷村中那神庙的顶子——“一瓶三戟”，结果坠入了深邃的黑洞。他们都曾经是店铺中勤恳、能干的伙计，如今却都陷入走投无路的绝境，他们的境遇正折射出社会经济的衰退。社会是个人生存的基础，普通百姓个人命运的不可逆转性，就使小说中的个人悲剧带上了显著的社会色彩，具有普遍的社会意义。虽然吴组缃在谈到自己的创作时，认为对把握到的主要矛盾不能予以正面的直接的描写，有时接触到激烈尖锐的斗争，只反映了那侧面，但正是这种“选择了他最熟悉的乡里的乡绅和农民，来作为小说中的人物，一开始便避免革命浪漫主义式的题材”的重大人物描写的现实主义创作方法，使他的小说创作经得起时间的检验。

（原文约6000字，发表于《曲靖师范学院学报》2002年第2期）

文摘编辑：王佃启

浩然对文坛的贡献

朱旭晨

[作者简介] 朱旭晨，文学硕士，华北科技学院图书馆副馆长，副教授。

[内容提要] 浩然是中国当代文学史无法回避的一个名字。浩然的创作体现了文学的历史性和政治性及大众化在某种程度上的叠合。浩然的创作经历是十分独特的，他对文坛的贡献也是不可忽视的。浩然的农村题材作品与他坚持贴近农村生活、培育农村文学新人的炽热情感和艰苦实践既是京东文化的产物，又丰富和发展了新时代的京东文化，在新中国文学史上也应当占有特殊的地位。

[关 键 词] 浩然；创作；贡献。

四十余年来，浩然笔耕不辍，以写作安身立命，以小说闻名于世，文学成为他生命的最高追求，成为他生命价值的体现。只要不是怀着偏见，应当承认，他的文学创作在当代文学史上写下了重要一页。总结浩然对文坛的贡献，主要有以下几点：

首先，以文学的样式反映和追随当代历史。文学的历史性为我们提供了看待文学现象的一个角度、一个尺度：历史进步的角度和文学进步的角度。从这样的角度去观察，以这样的尺度去衡量，时代精神、时代意识便成为了很重要的一个标准。当我们拿着时代意识的尺度去寻找文学演变的来龙去脉时，首先找到的往往是一些“具有历史文件性质”的作品。而浩然的作品正具有这样的特性，它们及时准确地反映了农民的政治要求，我们不妨称之为“农民政治文学”。

建国后一体化的社会政治情势，使浩然的作品被纳于主流政治话题框架之内，呈现出与主流政治话语高度一致的特征，站在那一时期特定的主导意识形态的角度和立场上来把握和塑造了现实。作为对50年代农村历史的一种描述与塑造，浩然小说可以说极富典型性和代表性，其真实性与真实感来自于那一时期主流的政治话语的公开确认以及这一意识形态实践所导致的特定的社会舆论、时代氛围的背景支持。

浩然的一生充满对共产党的感激之情，发自肺腑地忠于党忠于社会主义，自觉地执著地以文学的样式将这种感情表现出来。他以一个当家作了主人的自豪感和责任感，倡导和歌颂当时的主旋律，描写为政策所渗透而改造过来或正在改造中的农民的生活。同时向一切偏离共产党的方针政策的势力进行抵制和斗争。其大部分作品叙述了当时的农民如何在党的领导下走过了一条没有先例的社会主义改造的探索之路。他的创作动机与生活积累同主流话语完全契合，一切都显得自然天生。

其次，走出一条农民也可以通过自学成为作家的路，为当代文学青年尤其是农村文学青年树立了榜样。作为一名知名作家，浩然可以说是“先天”不足，但他凭着多年来的刻苦自学，在艺术形式上不懈追求，用“后天”的努力弥补了自身缺陷。特别是由于他一直生活在农村，扶犁杖，撸锄杠，当农民，写农民，与农民同呼吸、共命运，1959年在郭小川的介绍下浩然成了专业作家，但除了“文革”时陷于“斗批改”的运动中，直到今天，浩然每年仍有80%左右的时间在农村生活和写作。他从中国农民身上继承了勤勉刻苦的优秀品质，把农民吃大苦耐大劳的作风带到创作中来。在文学园地里，他像农民一样辛勤耕耘，日以继夜地开垦，因此，他的创作园地更加枝繁叶茂，硕果累累。他以农村现实生活为题材，描写他所熟悉、关心的人和事，述说农民的心里话，他的作品多反映京东农村现实，带有遮盖不住的新鲜浓郁的泥土气息，形成了属于自己的独特个性。

第三，创办《苍生文学》杂志，培育文学新人。新时期以来，浩然在身患疾病、行动不便的情况下，扎根河北三河，克服重重困难，1990年6月倡议成立了三河文联，并亲任主席，举起“文艺绿化”的旗帜，开始“有组织有计划”地实施“文艺绿化工程”。几经努力，又于1991年创办《苍生文学》杂志（季刊），以“播撒文学田苗，呼唤农村文学，扶植农村文学青年”为宗旨，“让苍生写，给苍生看，抒苍生情，立苍生传”，给普通文学创作者一块园地。这正是目前商品经济大潮中，许多文学刊物难以做到的。此外，他还主编了《三河泥土文学丛书》、《文艺绿化丛书》、《潍坊文学丛书》，培育了数以百计的文学新苗。目前，三河市作协已有会员67名，其中38人加入了廊坊市作协，10人加入了河北省作协，17人成为中国大众文学学会会员，形成了一条波及周边和全国各地的“文化绿地”辐射链。浩然曾在《我的人生》中说：“要使文学事业在农村生根开花、不老不死、青春永驻，就须有新的、年轻一代的文学爱好者一个接一个、一批接一批、一代接一代地降生、长起。这才是我们这代人所思考的至关重要的大问题！”“三河没有出过作家，但我知道，这里有苗子，缺的是引导和机会。回想我自己初学写作时，也是闷头乱撞找不到门路。《北京文艺》、作家出版社、巴人、萧也牧的指导和帮助使我认识了文学的规律和自己努力的方向。这些我也要提供给三河热爱文学的年轻人！我希望通过自己的努力帮助那些需要帮助的人们。”应该说浩然为祖国为家乡的文学事业付出了极大的努力，做出了艰辛的工作和巨大的贡献。而许多工作都是在病魔缠身中进行的，这一份精神是多么可贵！

第四，在当时书籍匮乏的情况下，为使相当一部分农村和城市青年学习和进行文学创作提供了可资参考的对象。“文革”期间，浩然的作品频繁出现于广播、杂志、书店和课堂上，填补了广大群众尤其是青年人荒芜的心灵，部分满足了他们的精神需求。“文革”期间有一句话是“鲁迅走在金光大道上”，说的就是很长一段时间内书店只能出售鲁迅和浩然的著作。鉴于鲁迅作品的深刻性与历史背景等因素，那些文化程度相对较低的读者更容易走近浩然。因此，浩然的作品就成了大家学习和模仿的样板。

特别值得提及的是浩然一生都非常关心少年儿童的成长，为他们创作了数量丰富的作品。这或许是由于浩然自身成长的艰难，走上文学之路的不易，但我想更主要的是他那一份关爱儿童的责任意识。他认为“通过文学艺术，配合社会教育的各个方面，来哺养孩子们的美好的心灵，让他们能够成为无产阶级的优秀接班人”是“神圣的使命”。所以浩然一直把儿童文学创作当作自己的分内之事来做，先后出版儿童文学集《小河流水》(1962年)、《“小管家”任少正》(1964年)、《翠绿色的夏天》(1964年)、《翠泉》(1966年)、《七月槐花香》(1973年)、《弟弟变成了小白兔》(1980年)、《花朵集》(1980年)、《花皮大西瓜》(1981年)、《机灵鬼》(1983年)、《浩然儿童小说选》(1986年)、《大肚子蝈蝈》(1988年)等十余部。可以说儿童文学创作在他的整个创作中占有很大比重，这也是浩然对文学事业极为珍贵的贡献。

近几年，学术界又出现了两次对浩然及其作品的强烈反响：一次是1994年浩然长篇小说《金光大道》由京华出版社出齐时；一次是浩然自传体长篇小说进入创作后。1998年9月20日《环球时报》发表了该报记者访问记《浩然要把自己说清楚》。这篇4000多字的长文以浩然为何要写《文革回忆录》为新闻苗头，全面披露了浩然的几个惊人观点：(1)迄今为止，我还从未为以前的作品《艳阳天》、《金光大道》、《西沙儿女》后悔；相反，我为它骄傲。我最喜欢《金光大道》。(2)我认为我在“文革”期间，我对社会、对人民是有贡献的。(3)我想我是一个奇迹，亘古未出现过的奇迹。一石激起千层浪。浩然的这些“新观念”，使已淡出社会的浩然重新为思想文化界人士所关注，这恰恰说明作为与新中国文学共生共长的作家，浩然四十多年起落浮沉的文学生涯及围绕浩然产生的是是非非，清晰地投影出新中国文学的成就与缺陷。对浩然评价的争议，实际上也透露出对半个世纪来中国文学的歧见，这或许正是我们研究浩然的意义所在。

(原文约8000字，发表于《华北科技学院学报》2002年第2期)

文摘编辑：达飞

现代化早期实践者的心声
——读刘鹗《登太原西城》

王子淳

[作者简介] 王子淳，南京理工大学学报（社科版）副主编、副编审。

[内容提要] 刘鹗在《登太原西城》一诗中反映了作者作为现代化早期实践者的心声，表明了其思想来源于太谷学派。

[关 键 词] 太谷学派；刘鹗；诗歌。

《登太原西城》全诗如下：

山势西来太崒嵂，汾河南下日悠悠。
摩天黄鹄毛难满，遍地哀鸿泪不收。
眼底关河秦社稷，胸中文字鲁春秋。
尼山渺矣龙川去，独立苍茫岁月遒。

"山势西来太崒嵂，汾河南下日悠悠。"首联从山水起笔。崒嵂，原为嵂崒，高峻貌。汉班固《西都赋》："岩峻嵂崒，金石峥嵘。"（《文选》）刘鹗为押韵，写成："崒嵂"，其原意不变，就如现代诗中有人将"光荣"写成"荣光"一样。汾河，又称汾水，黄河支流，源出山西宁武县管涔山，南流至曲沃县西折，在河津县入黄河，中经太原。汾河是一条古老的河，汉武帝《秋风辞》就曾描写过它："泛楼舡兮济汾河，横中流兮扬素波。"（《乐府诗集》）眼前巍巍群山从西向东横空而来，险峻高耸；脚下浩浩汾河由北向南滔滔流去，从容不迫。这是诗人刘鹗登太原西城所见，这山这水分明融进了作者的感情色彩、个人感受。联系到作者来太原的目的是"欲以开晋铁谋于晋抚，俾请于朝"，一方面"国无素蓄"，积贫积弱，国势危于累卵，亟待振兴；一方面，却是闭关锁国，蕴藏丰富资源而得不到开发、利用，却又束手无策，醉生梦死，优哉游哉。

此情此景，刘鹗心中也许只能是"惟有长江水，无语东流"。

然而，刘鹗毕竟是刘鹗，笔锋一转，诗人又写出颔联："摩天黄鹄毛难满，遍地哀鸿泪不收。"鹄，天鹅，鸟类，形状像鹅而体形较大，全身白色，上嘴分黄色和黑色两部分，脚和尾都短，脚黑色，有蹼。生活在海滨或湖边，善飞，吃植物、昆虫等等。《史记·陈涉世家》中有"燕雀安知鸿鹄之志"句，鸿鹄常比喻志向远大的人。此处的黄鹄，我以为实即鸿鹄，因下句有哀鸿，故用之。且用"摩天"加以形容，跟天接触，更见志向高远。

虽是"摩天黄鹄"但是却"毛难满"，羽毛难以丰满，实际还是飞不高——"我是一只小小鸟。"——刘鹗只是同知（候选道），官小位卑，提出了吸收外资、兴建铁路、发展经济的改革方案，清政府又不采纳，奈何奈何？"摩天黄鹄毛难满"分明是刘鹗的自况、自嘲。

自己固然不说，但广大百姓却是"遍地哀鸿泪不收"。鸿，本是大雁，《诗经·小雅·鸿雁》："鸿雁于飞，哀鸣嗷嗷。"哀鸿，哀鸣的大雁，又指流民、灾民。

同是太谷学派中人的蒋文田作于1898年的《舟过宿迁，流民满道，岁已暮，雪将繁，四顾怅然，得绝句二首》之一为：

风紧雪将逼，云重天欲昏。
哀鸿何处集，归客不堪闻。

很清楚，蒋文田诗中"哀鸿"即指流民，是"舟过宿迁"，见"流民满道"，而刘鹗此诗中的哀鸿即可泛指全国的流民、灾民了。

"泪不收"，我以为是诗人为之而哭泣，为人民群众的苦难生活而悲鸣。

刘鹗在《杂感四首之一》、《题谢平原尺欧馆读书图》中写道："百姓含辛空有泪，九门茹苦尽无哗。""南山鲤鱼长尺半，生不逢辰类孤雁。相逢一哭为苍生，宁戚依然贫且贱。"

可以说，刘鹗忧国忧民，应该是他的一贯思想。

颈联将诗意推进一层，借景生情，写出了刘鹗平生的抱负："眼底关河秦社稷，胸中文字鲁春秋。"

眼下关塞、河流（亦可理解为黄河）曾经是秦国的天下，而我胸中最佩服的文章是鲁国的《春秋》。

为什么这里提到秦、鲁？我以为这是全诗关键句，或谓诗眼亦可。秦，周朝国名，在今陕西中部、甘肃东部，公元前221年，相继灭掉六国，统一中国，建立秦朝，车同轨，书同文，统一货币、度量衡，大刀阔斧，推行改革，"秦王扫六合，虎势何雄哉"，秦始皇成为千古一帝。登太原西城，看秦时故地，刘鹗多盼望清王朝能够像战国时代的秦国，虎虎有生气，而现实却是"蒿目时艰"，灾民遍地，形成多么强烈的反差！如何挽狂澜于既倒，救黎民于水火？刘鹗的"胸中文字"，就是"教天下"、"养天下（《刘鹗致黄葆年》），兴办实业，筑路办矿，以达到"风气大开，民富国强"的效果，他还明确提出发展经济的一些具体措施，这可见（《刘铁云呈晋抚禀》）以及后来写的《矿事启》、《风潮论》等一系列文章（见刘德隆、朱禧、刘德平编《刘鹗及老残游记资料》，四川人民出版社1985年7月第一版)。

而且，因为太原之行，他一度显得很有自信，对开办路矿满怀信心。刘鹗的另一首诗《太原返京道中宿明月店》这样写道：

南天门外白云低，揽辔东行踏紫霓。
一路弦歌归日下，百年经济起关西。
燕姬赵女双蝉鬓，明月清风四马蹄。
不向杞天空堕泪，男儿意气古今齐。

诗中特别是“百年经济起关西”一句，真可谓某种意义上的“西部大开发”，刘鹗在当时已经认识到，也预见到，实属难能可贵，独具慧眼！我想，这就是刘鹗的一篇“胸中文字”，若用《老残游记》中的说法，也是他救世的“向盘”。“鲁春秋”，是说这是继承了孔子的原始儒家学说，比如教民、富民，比如施惠于民，比如仁政，等等等等，——“孔子成《春秋》，而乱臣贼子惧。”(《孟子·滕文公下》)

“尼山渺矣龙川去，独立苍茫岁月遒。”诗的尾联，刘鹗直接点明了自己思想的来源，即使一时不被理解，意见不被采纳，也会振奋精神，百折不回，坚持到底，有所作为，决不虚度年华。而在写作上以人名的山水遥接首联自然界的山水，形成首尾呼应之势，亦属佳构。

尼山，在民间有尼山老祖的说法。这里指周太谷，太谷学派的创始人、鼻祖。周太谷(1762?—1832)，安徽池州人，著有《周氏遗书》。1832年去世，因去世较早，“渺矣”，刘鹗生于1857年，虽崇拜，但未见过。

龙川，即李龙川。生于1808年(嘉庆十三年)卒于1885年(光绪十一年)，字晴峰，人称龙川先生，江苏仪征人。与同里张积中(石琴)同为太谷学派周太谷的嫡传弟子。同治五年黄崖教案后，只身讲学于大江南北，著有《李氏遗书》、《龙川弟子规》、《龙川诗钞》等，刘鹗即从其学。

据《龙川夫子年谱》，刘鹗是在光绪八年(1882)当他25岁时，正式拜李龙川为师的。此后即笃信太谷学派学说，并身体力行。

刘鹗有《述怀》诗，其中写道：

余年初弱冠，束脩事龙川。
虽未明道义，洒扫函丈前。
无才学干禄，乃志在圣贤。

这里也将拜李龙川为师一事，作了明确记载。其实，刘鹗其他诗词亦有涉及，此不赘述。

由于太谷学派的创始人周太谷、主要传人李龙川都相继去世，加之自己的思想特别是经济思想既得不到清王朝的采纳，又得不到同是太谷学派中人的理解，“不停地为自己辩解”。因此，刘鹗时时有一种“独立苍茫”、“荷戟彷徨”的感觉，但是刘鹗并没有放弃自己的努力。在吸收外资兴办实业的主张失败以后，他又作了发展民族工商业的种种尝试，开百货商店，办织布厂、钢铁厂、电车公司、自来水厂，甚至购地开辟商埠。

诚然，在中国近代史上，在刘鹗之前，已经有人提出兴办工业。魏源(1794—1875)，目睹了鸦片战争的全过程，提出了一套“师夷之长技以制夷”的具体方案。这套方案，不仅包括由清政府官办军事工业，“还包括有兴办民用工业，并允许商民自由兴办工业的内容”。1859年，太平天国干王洪仁玕在《资政新篇》中提出了二十多条革新方案，其中，最主要的是效法西方，发展资本主义的近代工、矿、金融事业。1897年，康有为的变法主张中也包含“发展近代工业”内容。以上仅仅都是蓝图，不管是魏源、洪仁玕，还是康有为，都没有实践。我们知道，19世纪70年代，洋务派开始兴办民用工业，一些中小官僚、地主、商人也开始兴办一些商办性质的近代工矿业。但是发展极端缓慢，其中及其以后也不乏成功者，如南通张謇。

可惜刘鹗的经济实践，由于外国商人的竞争和封建势力的压迫，屡屡败北，可以说，几乎无一成功。

但我们还是应该记住他，刘鹗是我国清末的改革者，从他的太原之行，从他的发展民族工商业的种种尝试，从他的《登太原西城》等诗歌中，我们听到了一位现代化早期实践者的心声，也看到了一颗忧国忧民，为国家民族的振兴而不懈奋斗的拳拳之心。

太谷学派的诗词，从目前陆续发现的看，已有相当数量。我认为，刘鹗《登太原西城》应是其中翘楚，无论是反映社会生活的深度、广度，还是抒发诗人的情感、抱负，都可执牛耳，堪称代表作。——这，既是刘鹗自己的，也是整个太谷学派的。

(原文约5000字，发表于《南京理工大学学报》社科版2002年第5期)

文摘编辑：达飞

20 世纪西方文学批评的四种范式

周 宁

[作者简介] 周宁，厦门大学中文系教授，文学博士。

[内容提要] 20 世纪西方文学理论纷繁复杂，主要有四种批评范式，这四种批评范式的传承过程，构成西方文学批评发展的线索。第一种范式假设文学的意义内在于文本结构中；第二种范式以文学意义产生于阅读经验为前提而展开；第三种范式认为文学的意义是读者主观的派生品；第四种范式则主张文学的意义存在于历史权力的话语之中。

[关 键 词] 文学的意义；范式；文本；语境；话语。

20 世纪是西方文学批评的世纪。百年间理论纷呈、流派林立，若想从中发现某种内在的规律，必须从不同范式及其基本概念入手。这个基本概念就是文学的意义。

俄国形式主义、英美"新批评"和结构主义批评都有一个共同的基本假设，即文学的意义内在构成于文本中，是其语言形式的产物。德国接受理论与美国读者反应批评的理论前提是：文学的意义是阅读过程中文本与读者相互作用的生成品。后结构主义或解构主义批评认为，文本是消解中心的，意义产生于读者的主观创造。新历史主义则把文学看成历史的一个组成部分，他们研究文学文本与社会文化语境的关系。基于上述四种理论假设构成四种批评范式，各自将批评的注意力分别投注在阐释文本、分析阅读、研究读者、诠释历史语境上。四种范式的递接演变，揭示出西方现代批评发展的一条内在线索。

一、自足的文本与形式意义

当世纪初俄国形式主义者将批评的注意力转移到作品的形式，并认为诸如语音格律、韵脚节奏之类纯形式的技法不再是表现意义的手段或媒介而本身就构成意义时，他们反复强调的"文学性"实质上已经有了全新的含义，文学研究要研究"文学性"，也就是文学之所以成为文学的形式或"技巧"。俄国形式主义的代表舍克洛夫斯基认为，诗歌通过诗性语言的陌生化处理，使诗的意义超出并脱离现实生活，诗的技法或形式本身成为意义，诗就是技巧，就是形式的自足体，而不是我们借以感知其他实体的媒介。俄国形式主义尽管没有明确运用"自足文本"这一术语，但这方面的含义已相当清楚了。俄国形式主义成为西方现代批评的开山祖，原因恰在他们提出了一种文本自足论的新的文学观念，而不是简单的形式主义视角问题。

俄国形式主义的历史挫折，并没有断送他们开启的批评新范式的命运。文本意义自足的观点被英美"新批评"发扬了。"新批评"推出"意图谬误"与"感受谬误"，明确地切断了文本与作者，文本与读者之间的必然联系。在主张纯形式主义批评的"新批评"家面前，自足的文本成为意义的来源与释义的权威，成为文学活动的本体。从某种意义上说，"新批评"之所以又称为"本体论"批评，其根据便是"新批评"从作品即文本中分析出文学的意义。在文学活动中，文本是惟一可靠的，科学地分析文本形式的意义，在他们看来是批评作为一门科学的真正使命。"新批评"将文本作为批评的惟一对象，语言学方法为惟一方法，意义阐释为惟一目的。"新批评"尽管没有像结构主义那样将文本彻底封闭起来，但封闭自足的文本，无疑寄托着他们的诗歌理想，并作为基本假设规定了他们的批评范式。

不管怎样，结构主义与"新批评"都假设文本自足与意义产生于文本内在结构或形式关系。就这一点上，他们属于同一批评范式。

文本意义自足的批评范式不仅将批评阐释为复述先在意义的智力游戏，还为自己设置了一个难题：文本的意义一方面是内在于文本之中的，另一方面又必须经过读者或批评家的"发现"。

二、开放的文本与阅读中的意义

形式主义文本自足意义的批评范式显然难以维持。主张开放文本，阅读生成意义的接受理论批评范式应运而生。作为一种新的文学研究范式，接受理论出现于 20 世纪 60 年代的德国。姚斯挑战性的文学史观念请读者作为主角，文本开放于历史的接受活动中，意义成为期待视野交融的产物。伊瑟尔专注于具体的阅读活动的分析，认为文本的意义只有在阅读的文本——读者相互作用中方能生成。姚斯与伊瑟尔的研究侧重点不同，但理论的基本假设是相同的：文本开放，意义有待于读者的阅读来完成。

在现象学、诠释学启发下的接受与读者反应批评范式，是建立在开放文本与阅读生成意义这一基本假设上的。新范式开辟了读者与阅读这一研究新领域。然而在新的理论假设中，也暗含新问题从他们理论中推出的某些结论，往往又超出他们理论规划的界限。新范式开放了文本，但又不得不在文本中寻找意义的确定性依据。

接受理论与读者反应批评范式完成了从自足文本到开放文本，从文本意义到阅读生成意义的理论假设的转换过程。它导致对文本意义的探讨由确定趋于不确定，由绝对变为相对，由单义变成多义。他们完成了自身的历史使命，至于如何摆脱以“作品”、“作家”为中心的形而上学而又不至于陷入意义的相对主义和虚无主义，开放的文本会不会消解？生成的意义会不会主观化？这些他们不愿意承认的理论与价值观，已不是他们力所能及的了。他们理论自身的疑难正困惑着他们。一种全新的范式，一种主观相对意义论的新范式即将出现。

三、解构文本的意义

德里达认为，否定文本的终极意义，就可能为探索意义开创无限广阔的空间。旧范式陷入困顿，预示着新范式的产生。以费史和解构主义者德里达、布鲁姆为代表的后结构主义批评，提出了一个完全不同的批评范式。其理论假设是：阅读中的文本只是一个触机，意义是由读者主观创造的。批评的研究对象是读者与读者主观的意义创造过程。在他们看来，文本不具有意义的规定性与一致性，文本趋向消解，产生于阅读的意义不过是读者视野内的。从“新批评”到解构主义，人们发现西方现代批评隐藏着这样一个内在线索：文本从自足到开放到最后消解，意义从文本到阅读过程最后成为读者主观的产物。如果阅读就是阐释，读者经验也就是文学的意义。以这种意义概念作为批评前提，新的批评范式研究的对象便从文本分析转移到读者经验结构分析上。

所谓解构，意味着文本与意义的消解。解构主义认为：结构主义所认定的那种词语与物之间的约定俗成的对应关系极不可靠，语言往往无法表达它要表达的东西，在解构主义这里，意义失去了可依据的确定性。如果有人接受了在根本上属于后弗洛伊德主义有关语言及其来源的观点，那么模糊性本身就会变成一种品德。当作者不再在其虚幻般的纯粹性中把他的教条强加于我们的时候，“反逻各斯中心主义”剥夺了释义的统一性，阐释成为一种随意发挥的“自由游戏”。因此，解构主义就不需要在可以理解的范围以外去寻求某种能够“解释”一切的潜在意义和终极意义；他们既不相信任何事物都是可以解释的，也不相信对历史的目的论解释。意义是偶然的，无限延伸的，没有一元的、统一的和具有支配地位的意义，只存在有限的一组现象中衍发出来的意义群。批评就是在作者的模糊性中不断摸索，不断把意义汇集起来。这种工作绝对不是繁殖性的，而是“播撒性”（德里达语）的。

四、超越文本，重构意义

20世纪初俄国形式主义曾使文本越出“历史”的轨迹而滑入“形式”的旋涡。其后新批评、结构主义、解构主义、后现代主义，也都是在文本无关联语义的支离破碎的文字片断中进行着一种互文性实验。经过“作家——作品——读者”的中心位移，“作家权威”早已如明日黄花，“文本崇拜”也已成幻梦。文本意义可以无限扩张，“误读”成为现代解读的“独特钥匙”，历史主义在语言的解析中变成了意义的碎片，让位于形式主义。80年代初，新历史主义作为形式主义、解构主义的新的挑战者出现，以“历史—文化转型”清算半个世纪以来的形式主义，重新关注艺术与人生、文本与历史、文学与权力话语的关系，重新赋予文本意义以开放的社会历史内涵，新的批评范式产生了。

新历史主义初露端倪，在文艺复兴研究领域中逐渐形成一种新的完全不同于旧历史主义和形式主义批评的文化诗学。80年代，它借鉴西方马克思主义文论、女权主义文论、解释学和接受美学，不断完善批评范式。它将理解和阐释构成作品的意义和价值这一命题作为理论基石，把注意力集中在被形式主义所忽略的产生文学文本的历史语境，将批评从孤立的文本分析中解放出来，使文本与社会文化语境、其他文本、文学史联系成一个意义整体。他们既不满形式主义只顾文本结构及技巧，也不满结构主义“以单一作品概括天下作品”的做法，更不满解构主义以形式分析去瓦解传统的作家与文本权威、把文学批评变成揭示符号的差异本质和语义的含混等无休止的逆向消解的循环游戏。他们批判解构主义“为了文本而放逐历史”，回归新的历史意识，实现了文学研究话语的转型。

20世纪在“主体”与“结构”二元上，形式主义和“新批评”选择了形式和语言，而解构主义选择了“文本之外一无所有”的文本中心论，历史主义批评选择了历史客观决定论，而新历史主义选择了主体与历史，并以其前提“历史是一种文本”来关注文本中的历史意义，这种批评范式日益得到西方文化界认可。

任何一种批评范式，都必须假设一种意义观为理论前提，因为批评本质上是一种释义过程，在这其中，批评对文学的意义何在的理解决定了他们对批评的功能—本质的理解。以俄国形式主义、“新批评”、结构主义为代表的文本自足意义的批评范式，假设意义是由文本的形式结构关系自主的。以接受理论和读者反应批评为代表的批评范式，从现象学哲学出发，认为文学作品的意义是由主观读者—客观文本在阅读的相互作用活动共同生成的。解构主义的批评范式则假定意义纯粹是读者与批评家主观的产物，而以新历史主义为代表的批评范式则假定意义不能超越历史的鸿沟，离开了历史语境，不存在“原意”。从纷纭的西方现代批评中找出一条范式演变的内在线索，就像找到一份理论地图。

（原文约1万字，发表于《厦门大学学报》哲社版2001年第2期）

文摘编辑：王佃启

论西欧中世纪的三次文艺复兴

王亚平

[作者简介] 王亚平，东北师范大学世界中古史研究所所长，教授，历史学博士。

[内容提要] 文艺复兴是西欧中世纪历史上的重要思想运动，在西欧社会经济和政治发生重大转变和飞跃的时期，都会伴随出现复兴古典文化为特点的思想文化运动。然而，由于社会历史发展阶段的不同，复兴古典文化的内容和内涵也有所不同：8、9世纪的文艺复兴注重恢复学习拉丁语，由此为古典文化的传承保留了最基本的载体；12世纪的文艺复兴促进了对古典哲学的学习，创立了中世纪的科学；14、15世纪的文艺复兴在创新古典文化的同时，深刻地探究了人的本质。

[关 键 词] 西欧；轴心时代；中世纪；三次；文艺复兴。

西欧中世纪的历史上出现过三次文艺复兴：8世纪中期至9世纪初期的加洛林文艺复兴；12世纪的文艺复兴；14、15世纪的文艺复兴。笔者认为西欧这三次文艺复兴运动并不是简单的文化现象，而是在不同历史时期发生的深刻的思想运动。社会的思想运动总是与社会的经济运动和政治运动同时发生的，西欧中世纪三次文艺复兴运动都是在三次大规模的拓荒运动的期间，也是在封建政治体制出现重大转变的时期发生的。三次文艺复兴的内容都与当时的经济活动和政治体制有着密切的内在联系。

一、学习古典文化是中世纪西欧人自我认识的一种形式

学习和复兴古典文化是西欧在中世纪这个历史条件下，人的自我认识的一个重要的表现方式。从表面上看，西欧中世纪的三次文艺复兴都是对古典文化的再学习和追忆，但实际上它们的内容并不完全相同，所起的社会功用也有差异。加洛林文艺复兴的主要内容是恢复学习拉丁文，通过建立宫廷学校和修道院学校使古典拉丁文化在西欧得到了最基本的保存，没有对拉丁文学习的恢复，古典文化的延续就失去了最根本的基础；12世纪文艺复兴使古典文化回归，在对古典文化的学习和研究的过程中建立了中世纪的大学，为学术和知识提供了栖身和衍生之地；14、15世纪文艺复兴的主要内容是对古典文化的利用和创新，建筑、绘画等艺术方面的辉煌成就，体现了那个时代人们对人的形体的和精神的、外在的和内在的探究和洞悉。人类的每一次新的飞跃都是在现有经验积累的基础上发生的，对这些经验的思考和反思，自然要回顾以往的历史。人们在进行社会生产活动的同时也要思考，也要想象，社会生产运动和思想文化运动总是如同一对孪生兄弟一样同时发生。西欧中世纪有三个经济发展阶段，每次经济发展阶段都是以拓荒垦殖的形式开始的。在这三次大的拓荒垦殖运动的同时，出现了三次文艺复兴运动，文艺复兴和拓荒运动之间有着密切的内在联系。

二、奠定西欧统一的基督教文化基础的加洛林文艺复兴

8世纪的西欧，被日耳曼人武装迁徙搅动的社会动荡逐渐地尘埃落地，经历了查理·马特确立的采邑制、丕平建立的加洛林王朝以后，西欧开始向封建制度迈步。正是在这同一时期，西欧出现了一次大规模的拓荒运动。在拓荒运动中基督教教会和修道院所起的组织作用、教士和修道士在组织农业生产方面所取得的成就，增强了社会的宗教意识。另一方面，法兰克王权与罗马教廷的结盟所建立的二元政治体制结构，使教会在国家政权中有了举足轻重的政治影响，西欧社会全面的基督教化不可避免。随着教会政治和社会影响的扩大，获得教会的神职成为踏上仕途的重要途径之一，学习读、写拉丁文也就成为教士的必修课。从8世纪中叶起，西欧各地大主教教堂和修道院都开办了学校。

被西方历史学家一再强调的加洛林文艺复兴的一个重要的内容是，查理大帝设立的宫廷学校恢复学习古代七艺，建立了宫廷图书馆，收藏了圣经、教父学和古典文化方面的书籍。法兰克王室的宫廷学校聚集了来自西欧各地的学者：学识渊博的盎格鲁—撒克逊的教士阿尔古因；比萨的文学家佩特鲁斯和阿奎勒斯的保罗伊努斯；伦巴德的历史编撰学家保罗努斯和迪雅克努斯，以及撰写查理大帝传的艾因哈特，等等。这些教士学者带来了各地的文化，并在宫廷学校中进行了融合，为西欧奠定了一个形成统一的基督教文化的基础。

三、创造中世纪学术的12世纪的文艺复兴

12世纪，在西欧社会中形成了一个与社会生产没有直接关系的新阶层——知识分子。

知识分子阶层的产生源于人们对自我认识的需要，人们在努力满足物质需要的同时，也在满足精神的和理

智的需要。

在新的生产方式、新的社会交流和交往方式形成的过程中，人们在有目的地、有意识地进行了解和认识，而对社会的了解和认识是从对自我的了解和认识开始的。中世纪早期西欧社会的基督教化，把人们的精神和思想都禁锢在基督教的教义中，因此，对自我的了解和认识必然要涉及到宗教问题，这是12世纪西欧各地普遍兴起社会宗教运动最根本的历史原因。12世纪文艺复兴最重要成果在于，它创造了中世纪的科学。正是出于对罗马法和教会法教学的需要，11世纪末在意大利的波罗那建立了第一所中世纪的大学。此后不久，为了教授经院哲学的需要而建立了巴黎大学。西欧现代的一些人文学科：神学、哲学、法学、诗歌、文学，都是在12世纪建立的大学中创立的。天文学、数学、医学和建筑学等自然学科也都是在12世纪的大学中有了第一块基石。12世纪的大学为这些学科培养了众多的知识人才。可以说，西欧的知识分子诞生于12世纪的文艺复兴中。

四、强调人的本质的中世纪晚期的文艺复兴

人文主义思想在西欧各国普遍流行于15、16世纪，这个时期的西欧正在经历经济制度和政治制度的转型，转型的开始是15世纪在西欧普遍开始的第三次大拓荒运动。

新的拓荒活动在粮食价格的指引下改变了土地的使用制度和经营土地的方式，货币对社会的支配作用日益突出。货币几乎改变了所有人的法律身份和社会地位，货币解除了中世纪社会人与人之间的依附关系。法律制度的这一变革增强了人的自我意识，人们活动的社会秩序由人自己来制定，人真正成为社会的主宰。综上所述，西欧中世纪的三次文艺复兴运动都不是孤立的文化现象，是人们在从事社会活动和生产活动过程中表达思想、表达思考的具体方式。中世纪三次大的拓荒运动是西欧封建社会经济发展的三个重要历史阶段，社会的经济发展必然要带动封建政治制度的发展，生活在发展中的人们必然要对其进行了解和认识，就会有思考，就要学习。这就是发生文艺复兴运动最根本的历史原因。

（原文约9000字，发表于《东北师范大学学报》哲社版2001年第6期）

文摘编辑：王佃启

抗争
——19世纪英国小说中的女性形象

董淑铭

[作者简介] 董淑铭，温州大学大外部副教授，主要从事英美文学研究。

[内容提要] 自人类进入父权制社会以来，男尊女卑便成为一个世界性话题。各国的文学艺术家和社会活动家都在竭力促成妇女的解放。由于历史的原因，19世纪的英伦三岛上，女性文学特别繁荣，出现了许多栩栩如生、具有反抗精神的女性形象。

[关 键 词] 抗争；觉醒；女性意识；平等；独立；人格尊严。

当女性从女神的梦境中走出时，往往走向两种境地：一是由于自身的渺小软弱和缺乏自卫意识，沦为被男性玩弄和奴役的对象；二是能及时意识到自身的致命弱点，从而用不合世俗的行为来奋力摆脱套在身上的精神枷锁。她们的抗争主要表现在两个方面：争取婚姻自由和参与社会活动。奥斯汀笔下的伊丽莎白、丽迪雅，乔治·爱略特笔下的卡苏朋夫人、玛丽·高思，夏洛特·勃朗特笔下的简·爱、疯女人，哈代笔下的苔丝等都属于第二种，也就是说女性的觉醒是从第二种人开始的。英国的女性文学在世界女性文学中独占鳌头，其真正起点要追溯到勃朗特姐妹的创作。她们的作品能够成为妇女解放运动的旗帜，归功于《简·爱》的创作，因为《简·爱》成功地塑造了一个敢于反抗、敢于争取自由和平等地位的妇女形象。

一、伊丽莎白·班纳特——女性个人反抗形象的早期雏形

由于生活环境和性格阅历的不同，加之英国妇女解放运动尚处于萌芽阶段的历史背景，奥斯汀和乔治·爱略特笔下的主人公对父权文化的叛逆是含蓄的，有保留的。奥斯汀的作品题材较窄，主要描写小镇中产阶段的家庭生活。其代表作《傲慢与偏见》中的主人公伊丽莎白是个富有个人反抗精神的人物。“她可算得上现实主义文学中给人印象最深的个人反抗形象的早期雏形。”伊丽莎白对父权文化的叛逆主要表现在其婚姻观上。

伊丽莎白曾拒绝表哥柯林斯牧师的求婚，又曾一时钟情于韦翰，和达西的关系，则从冷漠、疏远、和解，最后到结婚，这种婚姻态度的基础还是对个人幸福的追求，对人格尊严、平等独立的坚持。她的婚姻观“反映了英国社会在资产阶段革命过程中文化变迁的两重性：既依恋于过去的贵族绅士的风度和教养，又钟情于文艺复兴以来资产阶级关于人性和人道的思想观念”。

二、多萝茜娅——不愿为鲜艳而牺牲力量和作用的女性

被称为“一位取得了在女人以往的历史上无人可比的成就”的乔治·爱略特在其代表作《米德尔马契》中，刻画了一系列栩栩如生、不靠裙带关系、自食其力的新女性，她们不愿做那种“养在过分肥沃的土壤中的花儿，为鲜艳而牺牲了力量和作用”。她们为了自己的尊严，不惜放弃地位及财产，如多萝茜娅、玛丽·高思等。多萝茜娅在婚前就在她伯父的田庄上进行改革，企图改善佃农的生活。“把钱花在耕作方法上，使大家赖以生存的土地得到充分的利用，……为了众人的利益进行实验，哪怕会使自己穷些，这终究不是坏事。”到头来这只不过是一种空泛的理想罢了。在她所处的那个时代，女子从事社会工作几乎是不可能的。在得知卡苏朋主教在编纂《世界神话大全索引》时，仰慕之情油然而生，所以，当卡苏朋向她求婚时，她不顾年龄的差距及众人的反对，毫不犹豫地答应了他。她并非爱他的地位及财产，而是一心想帮助他完成那部旷世之作。当她伯父提起卡苏朋因读书太多而眼睛不好时，她说：“这样更好，我帮助他的机会就更多了。”可惜的是这位先生只需要在他夸夸其谈时有位忠实的听众而非助手，他也根本无力完成这部巨著，多萝茜娅看透了其夫无能和卑劣的性格。在卡苏朋去世后，她冒着失去名誉、财产、地位的危险，与自己所爱的人拉迪斯拉夫结了婚。这一举动也的确使她失去了财产和地位。但这也使她能更加自由地协助拉迪斯拉夫的工作。“既然世上还有恶，那么她的丈夫能够深入斗争的核心，与恶相对抗，她作为一个妻子理应支持他。”作为一教区的议员，他所提出的许多改革措施都是在其夫人的影响下形成的。

三、简·爱——男性传统的挑战者

夏洛特·勃朗特塑造的简·爱更是一个形象鲜明的角色。简出身贫苦，从小失去双亲，寄住舅妈家，再加上她相貌平平，使她失去了在那个社会一个女子凭借的一种资本。残酷、险恶的环境时刻向她提醒这一切，强烈地刺激她那孤独、敏感的心灵，这反而使她更加珍视自己作为一个人的权利和尊严，其反抗意识也会更加强烈。

她反抗的第一个对象便是她那骄横残暴的表哥约翰，她敢怒斥那个将她当丫头使唤的小魔王。为了以后不再受他欺负，她跟他打了一架，但她的行为受到人们的指责。她抗议道："不公平！不公平啊！"其结果是被关进红房子受惩罚。正是在这里孕育和锤炼出简勇敢无畏、嫉恶如仇、不与恶势力妥协的顽强的反抗性格。

简在舅妈家反抗的结果是被送进孤儿院。在这里，靠"慈善"施舍的孩子们受到非人的待遇。简用敏锐的目光审视着学校的一切：贪婪的校长用"惩罚肉体以拯救灵魂"为由虐待孤儿。简对这个人间地狱及其统治暴君怀着强烈的鄙夷和仇恨。眼看好友被罚站，她心头的怒火化为反抗的呼声："当我们无缘无故地挨打的时候，我们应该狠狠的回击。……可以教训打我的人永远不再打了，不公平地惩罚我的人，我一定要反抗。"劳渥德学校艰苦的生活练就了简不屈不挠的顽强性格。

爱情是人类生活不可缺少的组成部分。因此爱情主题最能展示人性的力量，而选择对象的标准，可以衡量一个人的全部精神。矮小贫穷的孤女简，尽管出身寒微，但却丝毫没有自惭形秽。她以家庭教师的身份从容地出现在桑菲尔德。在高傲的主人面前从无一丝媚态，从不说一句虚伪的取悦于主人的奉承话。正是她的坦诚、直率赢得了主人的心。罗切斯特先生曾四处徘徊，在流浪中寻找安宁，在放荡中寻找快乐。但结果只是一次次的失望。在心倦神怠之余回归故里，却意外地结识并爱上了简，正所谓"众里寻他千百度，蓦然回首，那人却在灯火阑珊处"。简的心灵火炬重新点燃他生命之烛，给了他新生的勇气和力量。

作为家庭教师的简敢于爱上主人，就在于她认为人在精神上是平等的。在那个等级森严的贵族社会里，这本身就是向社会及其偏见的大胆挑战。她不在乎他的金钱地位，更没有把他当作跨入贵族社会的阶梯。在她成为罗切斯特的未婚妻时，依然保持着清醒的自我，坚持自己人格的独立，不肯接受罗切斯特赠送的贵重礼物。并且还要求继续履行家庭教师的职责。她寓骄傲于谦逊，珍惜个人的人格独立及尊严，渴望用自食其力的诚实劳动以保持独立。

这个"穷、低微、矮小、不美"的家庭教师，以非凡的勇气向读者传达了关于人、关于妇女在爱情中的地位的新观念。这一切都使简具有特殊的魅力。

正如我们所看到的，主"仆"要结婚了，但事情却发生不测。在此情况下，尽管罗切斯特疯狂地爱着简，然而，她的想法是"我关心我自己。越孤独、越没有朋友、越没有人帮助，我越要自重"。环境越是险恶，她越向厄运挑战，宁为玉碎，不为瓦全——不做他的情妇。离家出走带给她种种灾难和苦痛，她决不后悔，甚至连每分钟噬咬着她的相思的绞痛也不能使她改变主意。在此，简的反抗性格得到最充分的展现。

通过以上分析，我们看到，简和传统小说中的女主人公有所不同。在传统的英国小说中，女主人公不是被描写成美丽善良、温顺的天使，就是塑造成伪善、怪诞的女魔王，而且大多依附男性，缺乏独立人格（夏洛特作品中的疯女人也有更为独特的含义），而简却以一个崭新的女性形象出现在读者面前。作者塑造的这个人物形象，实际上是对父权社会压抑扭曲妇女个性的抗议，深刻地表现了当时英国下层妇女不甘屈辱，敢于同环境和不公平待遇进行抗争，勇于维护做人的权利，她实际上是妇女觉醒的标志。

许多读者也许忽略了小说中的另一个人物，那就是罗切斯特的疯妻子。她出身于有钱人家，美丽、漂亮，但智力有些问题，家人为了摆脱她，也为了实现传统妇女所扮演的角色，用一笔丰厚的嫁妆将其嫁了出去，实际上无异于将她卖给了罗切斯特。新婚不久，罗切斯特便发现她的问题，并将其锁进三楼的一个房间里，请人看守，害怕她逃走。然而"疯子又狡猾又恶毒；她从来不放过利用看护人的一时疏忽……"，她利用各种机会向罗切斯特反抗。在罗切斯特的探访中，有一次差点将他掐死，另一次在深夜放了一把火"企图烧毁桑菲尔德——男性传统的中心，女人的监牢和地狱"。幸好被简及时发现。在简与罗切斯特结婚的前夜，她将简的面纱撕碎，这哪是疯子的行为。这表明她表面上虽然疯癫，但内心却很明白，任何企图忽略她的存在的行为都是行不通的。最后终于实现了她的愿望，一把大火烧毁了桑菲尔德，她自己也与这座监牢同归于尽。

无论是伊丽莎白、丽迪雅、多萝西娅，还是简和疯女人，她们都是觉醒了的女性的代表。她们不甘于自身的卑贱和低微，勇于向社会抗争、呐喊，以争取自己的权利和幸福。

由于所处的社会环境及自身经历的影响，19世纪妇女文学的代表们，其女性意识也不尽相同，这其中要数夏洛特·勃朗特最大胆、彻底。夏洛特·勃朗特虽处远离伦敦的乡间，但她注意到了当时的社会问题。她在《简·爱》中所提出的妇女地位问题并非偶然，《每季评论》就指出："正是在滋养了宪章运动的那种思想情绪的推动下才写出了《简·爱》这样的书。"法国评论家欧仁·福萨德在《两世界杂志》1848年10月号上说，《简·爱》"描写了英国妇女一个人数众多而值得注意阶层中的人，把她们那可怜的依附地位写活了"。正是这点，使夏洛特·勃朗特成为了19世纪英国出色的小说家，其代表作《简·爱》由此也成了西方女性主义文学运动的一面旗帜，但妇女要获得彻底的解放，其道路还很漫长。

（原文约5000字，发表于《四川外语学院学报》2002年第1期）

文摘编辑：王佃启

从生态视角重读《猎人笔记》

卢兆泉

[作者简介] 卢兆泉，杭州师范学院人文学院中文系副教授，主要从事外国文学研究。

[内容提要] 从自然生态优化人性生态和爱惜、保护自然生态两个层面探讨作品的生态意蕴，并认为《猎人笔记》是俄罗斯文学中第一部富有生态意蕴的小说。

[关 键 词]《猎人笔记》；自然生态；生态破坏；生态意蕴。

一

探讨《猎人笔记》的生态意蕴，必须从小说的风景描写说起。

在俄罗斯文学，乃至世界文学中，屠格涅夫都被誉为风景描写的大师。屠格涅夫的写景往往三笔两笔，一幅栩栩如生的画面就呈现在面前，情景交融，富有抒情的诗意。诗意美是屠格涅夫作品的一个突出而公认的审美特征，风景描写正是生成这一特征的重要机制。《猎人笔记》的风景描写，篇幅长，密度大，可称是俄罗斯文学中风景描写最多的一部作品。作家精确把握自然特征，摹写自然界声、光、色、味的细微变化，生动美妙、艳丽动人，反映了作家对祖国大自然的热爱。而从生态视角加以观照，《猎人笔记》风景描写的特点，主要在于它的对象，这里的自然景物，不是城市的某个景点，也不是贵族花园，而是莽莽的森林，无际的草原，辽阔的田野，荒僻的乡村以及出没其间的走兽飞禽。这些虽是常见的森林草原，但与作家其他作品，乃至其他俄罗斯作家作品的写景对象有所不同。

从生态学观点看，这些景物，尽管是平常的森林和草原，但是，它们却是没有、或基本没有遭到生态破坏的森林草原。小说中的这种景物，令人强烈感受到一种原生的自然美，特别有意思的是，作家主要不是记述主人公猎人如何追逐猎物，如何满载而归，如何大快朵颐的乐趣，而是主要叙述他的农村见闻和对大自然的感受。

马克思和恩格斯在评论欧仁·苏的《巴黎的秘密》时，谈到女主人公玛丽花与大自然之间的审美关系："在大自然的环境中，资产阶级的锁链脱去了，玛丽花可能自由表露自己固有的天性。因此她流露出如此蓬勃的生趣，如此丰富的感受以及对大自然美的如此合乎人性的欣喜若狂。"这段话移用在屠格涅夫笔下这位猎人身上，某种程度上也是合适的。屠格涅夫正是在对猎人在原生美前的生命感受中，肯定了生态没有破坏的大自然畅舒情志、寄慰人生的精神家园作用，这也正是作家通过作品借自然生态以"调适"、"优化"人性生态的重要反映，因此，突出自然生态优化人性生态的描绘，构成《猎人笔记》生态意蕴的一个重要方面。

二

在《猎人笔记》中，屠格涅夫不仅通过猎人的视角如诗如画地描绘了森林、草原的原始自然美和他的身心感受，而且多处涉笔自然生态遭到破坏和对这一现象的批判。

《猎人笔记》中，屠格涅夫描绘了自然灾害对自然生态的破坏。1840年冬天严寒，到12月底还不下雪，摧毁了许多美好的橡树林。作家通过猎人的视点，记述了它的后果：这"摧残的、无雪的冬天，竟不饶赦我的老朋友——橡树和桦树；它们枯萎了、凋零了，有几处还盖着消瘦的绿叶，悲哀地高耸在'取而代之，但远不如昔'的小树林上面。……有些树下面还生着叶子，它们的无生气的、折断的枝条仿佛怨尤而绝望地向上矗立着"；"有的树简直全部倒下来了，象尸体一般在地上腐烂着"。猎人"望着垂死的树"，心想"你们大概感到可耻和悲哀吧"。(《死》) 主人公这段充满"哀愁"感伤的情绪化叙述，正反映了作家对因自然灾害而生态被破坏的无限惋惜。特别值得指出的是，结合这段描述，屠格涅夫增加了一个"自注"，强调这"无情的冬天"又摧毁了许多美好的橡树林，要"恢复旧观很困难"。从前"高贵的树木"不见了，如今只有一些自然生长的树木，因为"我们还不懂得造林"。这一"自注"特别提出"造林"问题，足见屠格涅夫对生态问题的深切关注。

在另一篇中，一株"横在地上的橡树"，"特别引起"猎人的"怜惜"。他看到一位甲长对此却"保持着不动声色的安闲态度，一点也不悲叹"，他"竟高兴地在它们上面跳过，又用鞭子抽打着它们"(《死》)。通过上面的描写，特别是猎人和甲长对被砍橡树态度的对比，我们可以读出作家对森林被毁的痛惜和对甲长麻木不仁的憎恨。

《猎人笔记》中，作家还描述了毁林者被毁的事件。猎人来到一个伐木的地方，忽然，在树木"轰隆一声倒下"之后，传来呼喊声。原来，被砍的"梣树的树梢就压在伐木者身上了”。这棵树“倒得这么快”，“大概树心已经烂空了”（《死》）。应该说，这是伐木者的无知，导致自身的悲剧，这似乎是对伐木者的惩罚。屠格涅夫通过甲长的“安闲”和伐木者的悲剧，从一个角度揭示了森林被毁的原因。

应当特别指出的是，小说还着力描述了卡西央对猎人猎杀禽兽的批评反对，他对猎人说：“你们杀上帝的鸟，流无辜的血，不是罪过吗?”“秋鸡和树林里的野鸟……还有许多树林里的生物、田野和河里的生物、沼地里和草地上的、高处和低处的——杀它们都是罪过……”猎人感到卡西央“是一个很明白道理的人”，他的话“不象是农人说的”。他的“语言审慎、庄重而奇特”。猎人“从来没有听见过这样的话”。（《美人梅奇河的卡西央》）可以看出，屠格涅夫不但认为森林不应砍伐，自然界的生物也不应捕杀。今天看来，卡西央的形象是对猎人形象的批判。如果滥伐森林，滥猎动物，自然生态优化人性也无从谈起。这样，爱惜大自然，保护自然生态，构成《猎人笔记》生态意蕴的另一重要方面，因此，这位被作家诗化描绘的卡西央的富有哲理性的谈话中，回响着小说《猎人笔记》的主旋律。猎人对大树被砍，感到惋惜。但他听过卡西央的话，却照样行猎不误，这才符合这个猎人的性格。另一方面，猎人对自然美热情赞美，在原始自然美中忘情陶醉，客观上也构成对他破坏自然美的自身行猎行为的反讽嘲弄。

关于《猎人笔记》的主题，论者都指出它的反农奴制，这是正确的。但现在看来，这还是不够的。小说还包蕴着更深一层的主题，即保护自然生态的主题。这两个主题是有内在关系的。《猎人笔记》是19世纪40年代俄罗斯文学中第一部关注自然生态，富有生态意蕴的小说。

笔者在一篇关于屠格涅夫创作的文章中提到，在俄罗斯作家中，作家独占几个第一。今天，根据生态视角，我们可以补充一点：在关注自然生态问题上，屠格涅夫又早早地开了俄罗斯文学风气之先河。

（原文约4000字，发表于《杭州教育学院学报》2002年第2期）

文摘编辑：王佃启

《哈利·波特》与后现代文化寻根

叶舒宪

[作者简介] 叶舒宪，中国社会科学院文学研究所研究员，主要从事比较文学研究。

[内容提要]《哈利·波特》是后文学时代出现的一个文学奇迹。它的风靡世界表明反叛现代性的潜流已经获得广泛的社会认同，它的后现代文化寻根思想主要体现在两个方面：让基督教的上帝退隐不见，让异教女神所代表的新生态自然观取代西方传统的人类中心主义；用麻瓜世界与魔幻世界的对立来批判现代性，针对理性的异化和资本主义生产生活方式所导致的人性痼疾——“过度增长癖”而开出一剂猛药：用复归巫术幻想的万物有灵世界的方式来克服人对物欲的痴迷，来对抗市场魔鬼的力量。

[关 键 词]《哈利·波特》；异教女神；麻瓜世界批判；文化寻根。

一、《哈利·波特》：后文学时代的文学奇迹

2001年，作为新世纪和新千年的双重开端，有两件始料不及的事件撼动着人们的心灵。一件是被定义为恐怖主义的“9·11”事件；另一件就是《哈利·波特》席卷全世界的图书与影视市场。

笔者以为，目前媒体对这部书的热切关注和讨论似乎局限在儿童文学写作和图书营销术方面，无法解答上述问题的所以然。而跳出单纯的文学视野，从广阔的思想文化背景着眼，会把问题引向更深入的层面。《哈利·波特》的作者罗琳来自苏格兰首府爱丁堡，那里正是英联邦的生态运动的重要大本营，而苏格兰也正是70年代以来流行欧美的“新时代”运动的一个主要发祥地。在全球媒体共同刮起的《哈利·波特》旋风背后，其实还有积蓄已久的文化思想风潮在起作用。了解新生态运动的返朴归根性质及其对后现代艺术思维的巨大牵引作用，是理解《哈利·波特》所蕴涵的后基督教自然观的一个前提。

“新时代”这个词组，预示着基督教时代终结以后全新历史时期的来临。那是一个与追求物质繁荣的资本主义现代性相背反的、寻找新的精神觉悟的时代，其重要标志就是异教想象、法术思维的全面复兴以及生态意识的大觉醒。新时代人要求重新建构人与自然关系，并且自觉地将各种非主流的、边缘性的思想资源有效结合起来，比如生态主义与女性主义的大联合、东方宗教与西方巫术传统的结合，等等。《哈利·波特》恰好同时满足了新时代理念的这几方面的特征。她的巨大社会影响力不光是儿童文学创作上的成功，而且也可以看作是一个标志新世纪文化冲突与走向的重要信号。还可以看作体现后基督教自然观的一个文学标本。

作为对抗现代性和片面发展的高科技社会的内在要求，自20世纪中期以来，有一种愈演愈烈的生态觉悟与文化寻根激情，激荡在处于迅猛文化变迁中的西方社会物质繁荣表象之后。《哈利·波特》这部书也只有还原到反叛现代性的激进民间运动的脉络里，才有可能获得透彻的理论把握。其基本的文化寻根主旨，用霍格沃茨学校全体师生们高唱的校歌之词来说，就是“把被我们遗忘的，还给我们”。以下从自然观和社会观两方面加以论说。

二、上帝的引退与新自然观的确立：从屠龙到养龙

西方文明在技术上的优越地位很大程度上取决于这样的事实：欧洲不像世界上其他地区那样根深蒂固地依赖于巫术。由于西方社会自启蒙以来以理性的名义压制巫术已经有数百年历史，所以到了20世纪中叶，“科学对于自然界的控制程度已使得它在某些人眼里成了神灵”。这种取代上帝的科技“神灵”究竟能把我们人类引向何方呢？过去一直是乐观的看法占上风，而经历了两次世界大战，特别是21世纪第一年的“9·11”事件之后，对科技神灵的信念已从根基上动摇了。有没有新的选择呢？新时代人选择了回归巫术。

以古希腊文学和基督教文学为两大源头的西方文学，有一个最常见的英雄叙事母题——屠龙。因为西方人的神话动物谱把龙视为恶与暴力的象征，因此战龙或杀龙，就成为一切男性大英雄的第一重要的过关考验了。无论是赫拉克利斯，还是圣乔治，从上古神话到中世纪传奇的基本情节总是围绕着屠龙而展开。在《哈利·波特》这里，基督教的上帝及其往昔的无上权威几乎完全缺席了。过去一直是上帝对头的魔鬼化身——巫师们，反倒成了正面的形象。霍洛沃茨魔法学校的格言用拉丁文表达，意为“千万别招惹一条龙”。故事的主人公不再与龙为敌，而是成了龙的豢养人和放生者。如果说恐龙代表着人类出现之前自然生命的辉煌，那么在人类陷入生产主义“增长癖”所催命下的不归之路而不能自拔的时刻，

恢复龙的生命辉煌也就意味着恢复人类中心主义之前的自然秩序，那其实也是道家憧憬的“天与人不相胜”的原始和谐境界。

上帝和科技神灵离去后的世界是异教复兴的天下。有学者指出，当代的异教主义是20世纪的一种创造，提供了对占支配地位的西方思想模式的一种回应。

三、反叛现代性：麻瓜世界批判

在《哈利·波特》中，异教女神与基督教上帝的对立大致影射为两个不同的世界。从出身上看，异教女神通常以隐形化身的方式出现为女巫。魔法世界与麻瓜世界的对立，如果从性别尺度去划分，那么魔法世界也就可以认同为女巫的世界，阴性的世界，而麻瓜们的世界则为阳性的世界。

当我们赖以生存的这个惟一负载着生命的星球，到处都布满开发区、工业区的时候，那也就快到了给大自然的生命多样性敲响丧钟的时候。当我们脑子里只有利润和定单的呼唤时，人也就难免丧失人的本性了。而资本主义的生产逻辑是无情的，开发市场和占有市场成了今天所有人关注的焦点。姨夫德思礼既是这个疯狂生产的社会制度的千千万万推动者之一员，其实也是它的受害者。人类向自然进军的步伐由于市场魔鬼的召唤和科技手段的突飞猛进而到了毁灭自然的边缘。如何“给现代化减速”，而不是再提速，已经成为面临“增长极限”和患上“过度增长癖”而不能自救的现代人类的大难题。

从这种后现代立场判断，晚期过度增长癖实在相当于晚期癌症。虽然学者的理论性诊断方式与艺术家的感觉诊断方式不同，但是对病症及其严重性的把握还是基本一致的。如此看来，《哈利·波特》为我们描绘的为推销钻机而生存的德思礼一家与受魔法使命召唤的哈利·波特之间的对立，其所要表达的显然不再是简单的灰姑娘一类孤儿逆境受虐的主题了，而是为了治疗理性异化和现代性痼疾——“过度增长癖”而开出的一剂猛药：用复归巫术幻想的万物有灵世界的方式来克服人对物欲的痴迷，来对抗资本主义市场魔鬼的诱惑力量。

总之，《哈利·波特》所掀起的这一场空前浩大的魔法风暴，是在全球化时代对晚期资本主义的市场疯狂、科技痴迷和理性强制的全面解构与背叛。在它那“满纸荒唐言”的文学表现形式中，毕竟能够引发出值得深思的现实问题。

（原文约8000字，发表于《海南广播电视大学学报》2002年第2期）

文摘编辑：王佃启

开拓外国文学主体性研究的新方向

赵沛林

[作者简介] 赵沛林，东北师范大学文学院副教授，博士研究生。

[内容提要] 文学的主体性是文学赖以存在的基础，内在变化的依据，也是理解文学的关键所在。在外国文学的教学和普及中，亟待加强主体性的研究和倡导。文学主体性在历史生活推动下，与人的主体意识一道发展，经历了历史性变迁，代表着文学历史水平。对外国文学的主体性研究将深化对作家、作品、人的本质以及文学存在条件的理解。

[关 键 词] 文学主体性；外国文学；自觉；人格。

一、问题的提出

很久以来，外国文学的教学和教材编写一直存在着忽略文学主体性的弊病。例如，介绍文学的创作基础时，多半只笼统概括社会背景和作家自然出身，很少涉及作家的独特经历和深邃个性，似乎不是作家主体在创作，而是时代和阶级在创作，全然忽略了创作主体的特殊性和重要地位，抽掉了创作主体和作品间的血肉联系。由于抛开了创作主体，特别是只概括时代特征而忽略了文学现象的直接成因，再加上对文学现象间的纵横关联不够重视，结果就只能是甲乙丙丁的特点罗列，到头来使文学的主体性、文学的契机、文学的传统与继承等完全被空泛的时代特征和作品特征所取代，仿佛一部文学史只是天才创作的大事记。实践证明，这种肢解作品、抹杀个性、割断传统的教学弊病极大地损害了学生和读者对外国文学的真切理解，压抑了他们的阅读热情。学生难以深刻理解外国作家及其作品，致使他们的外国文学知识结构远远落后于社会变革和文化更新的要求。这种不正常的状况有着极为复杂的成因，从直接原因来说，是对文学现象的教条理解和教学体制僵化的结果，是哲学世界观的偏颇造成的。

教育者，师生相传以至无穷，因而忽略创作主体的做法贻害极为深远。科学可以理解万有引力定律而不知道牛顿，理解进化论而不知道达尔文；文学则不同，它以揭示人的生存状况为己任，表现着创作主体的情感世界，而且恰恰以这种揭示和表现作为自己的主题和灵魂，因而，从广义上来说，文学即是人学。文学的研究若是割断了对作家的了解和对主体性的理解，就谈不上研究文学。为此，加强外国文学主体性研究已成了迫在眉睫的任务。

正是出于这种形势需要，笔者在吉林人民出版社的委托下，与吴元迈先生一道主编了《外国文学史话》一书，如今书已出版，却仍有未尽之意萦绕心头，因而欲在撰写史话的初衷——揭示外国作家的人生道路，再现外国文学活的灵魂，由史话进入心灵，由事件进入主体——的基础上，提出加强外国文学主体性研究的建议，以期引起学界的关注。

二、文学主体性研究的理论意义和实践意义

何谓文学的主体性？简要地说，文学的主体性乃是作者及其体现在作品中的艺术人格自觉，其核心是文学家的审美要求和审美创造力，它是伴随着人类社会生活和审美文化的发展而逐步成熟起来的。

从实践上说，文学主体性是随着社会生产力的进步和古代审美主体从原始文化的束缚解放出来而出现的。人类不仅以主体意识为存在的标志，而且其主体意识和审美文化的发生有着必然的联系，人类正是以主体性的确立和审美文化的创造为标志走出原始时代，跨进文明门槛的。从这个意义上说，一切文化的创造都是建立在哪怕是朦胧状态的主体意识基础上的，而主体意识的成熟又是和审美文化的创造相伴随的，文学——各民族最早的诗歌——不啻是人类从客体意识到主体意识获得解放的报晓曙光。

从理论上说，文学主体性的概念是和文学本体论概念直接相关的，主体性研究的必要性是被文学的本体论特征所决定的，主体性的研究也直接关系到对文学的本质的理解。笔者在多年前曾将这一结构定义为具有开放性和衍生性的“审美象征结构”。无论是“审美”还是“象征”，都离不开审美主体和审美客体，离不开形象和意义，都是主客体的统一。正是这种统一性要求其主体必须是历史地产生的，并能基于审美客体的要求和创造自己的审美对象，同时，主体性固然以审美对象的客体性为前提，但是却能动地主宰着审美对象，是审美活动中的灵魂，决定着文学的性质和历史发展水平。

审美活动就是文学主体得到认同并实现自身对象化的过程，是文学主体占有审美客体，并通过审美客体改造自身的过程。文学主体性正是在同文学客体性的交互提升过程中实现进步的。

在古代，人类主要受到相对孤立的环境的制约，个人严重地依赖着自然和社会环境，很少有自己的独立人格，因而文学的主体性受到严重的限制；在现代，人类的自主能力由于经济上和政治上的解放而获得了巨大飞跃，个人的独立性也随着对自然的超越和对社会的游离而发展起来，按道理文学的主体性应该获得极大的提高，可这种自19世纪以后得到的提高并未维持多久，人的自主能力和独立性很快就受到社会关系的异化、社会体制的高压、物质关系的恶化和精神危机的加剧而遭到极度破坏，文学作品的主人公也从英雄主义的人物形象（主人公具有理想化的、非凡的性格）转变为资本竞争和异化社会中的反英雄的孤立人格（但更为深刻而复杂），传统的朴素现实主义由此让位给了更为深刻复杂的现代主义。

现代美学思想中的表现主义和经验主义就是这种文学潮汐激荡起的理论反映。前者与现实主义对现实的忠实描写不同，主体的内在直觉的表现是高度个性化的，艺术家服从表现的要求也由此而显现得更充分，为我们认识文学的主体性提供了真实依据。与表现主义相对应，经验主义批评家注重个人的经验和基于经验的理性意识，注重作家的个人自主性，认为真正的艺术品是在内在力量与环境条件的相互作用中形成的完整经验的产物。

将两者的合理因素兼收并蓄则可见出，当代优秀的文学创作站在人的主体性立场上，依据经验和表现的原则审视生活，不惟对传统的机械唯物论和环境论，也对传统的唯心论和意志论做出了反拨，因而重新发现了与人的需要和发展相悖的社会荒谬和舛误，打破了传统观念中奉为理想或视为合理的秩序，做出了更为深刻的社会批判，从这一点来说，现代主义文学的主流事实上是丰富和深化了传统的批判现实主义文学。

研究文学的主体性的道理还是文学本身的性质所决定的，因为它是进入作家的个人情感世界，帮助人们用性灵接触性灵，用感性体会感性的必由之路。

文学是有灵魂、有性情的创造，一部文学史首先是一部灵魂史，一部艺术人格史。从源头来说，文学固然是响应着集体的共同命运和共同挑战应运而生的，但更是在个人生活体验特别是刻骨铭心的经历中孕育而生的。例如，歌德在谈到他创作《少年维特之烦恼》的情形时说过："使我感到切肤之痛的、迫使我进行创作的、导致《维特》的那种心情，无宁是一些直接关系到个人的情况。原来我生活过，恋爱过，苦痛过，关键就在这里。"他还说："现实生活应该有表现的权利。诗人由日常现实生活触动起来的思想情感都要求表现，而且也应该得到表现。""我们不认识任何世界，除非它对人有关系；我们也不想要任何艺术，除非它是这种关系的摹仿。"在中外文学史上，类似的例子不胜枚举。

文学主体性的研究还是由创作主体的地位决定的。

很多现代文学理论也曾强调过主体性的重要地位。精神分析理论认为，艺术家个人的本我和自我在创作中都起着重大的作用，除了现实主义的、实证主义的创作外，但凡富于幻想的和浪漫的创作都是作家幼年回忆、白日梦想、无意识欲望或性的力比多的变形体现，文学史上的大量证据表明，除了泛性的主张之外，关于作家本能的变形宣泄的说法有一定的真实性，在同构显现的基础上实现的实在与幻想的艺术统一也未尝不是一种人性的解放。

按照格式塔完形心理学的看法，在艺术创作中，某种客观的东西需要艺术家来创作，这是文学的对象基础，而艺术家也必须服从这一要求，这是艺术品的反身要求，艺术家在此受到艺术对象的要求，便使得艺术实践不仅为主体生产对象，而且也为对象生产了主体。艺术家创造出另一个世界，这个世界便包含了他的自我。虽然过分强调艺术的主体性会将艺术与一般社会历史因素割裂开来，但是若把艺术内涵的再现看做一般社会历史因素"经由"艺术家心理结构的再现，而不把两者看做分别开来或割裂的事物，那么这种个人和社会、心理和现实、核心和背景的统一是完全合理的，也是完全应该实现的。

最后，但凡创作出伟大作品的创作主体总有深刻的人生体验可以借鉴，甚至很多诗人小说家还具有人生教育意义的经历和教训，了解这些无疑会丰富文学的感染力，增进人们对美和正义事业的追求，这一点原本是文学的应有之义。

（原文约7000字，发表于《东北师范大学学报》哲社版2002年第3期）

文摘编辑：王佃启

文本的颠覆与重建
——美国女权主义文艺理论研究

柴 焰 焦勇勤

[作者简介] 柴 焰，山东大学文学院博士生。
焦勇勤，山东行政学院学报编辑部助理研究员，现为山东大学文学院博士生。

[内容提要] 美国女权主义文学批评侧重于对文本的分析，其发展轨迹也非常清晰，从60年代的反理论倾向到80、90年代的理论复兴，其发展变化大致经历了三个阶段：第一阶段是60年代末到70年代早期，主要是以妇女形象为主导；第二阶段是70年代中期到80年代中期，主要是重建女性文学史；第三阶段是80年代中期以后，主要是发掘被人忽视和遗忘的女作家。虽然在三个阶段中，美国女权主义文学批评家的思考焦点和理论主张有所不同，但都力图揭示男权文化传统中的男权思想，针对“男性构筑的文学史”进行了颠覆，并力图重建女性的文学传统，寻求女性自我表达的途径。

[关 键 词] 美国女权主义；文本；颠覆；重建。

西方女权主义理论是多元的，女权主义文学批评因而也是多样的。美国女权主义文学批评从60年代的反理论倾向到80、90年代的理论复兴，其发展变化大致经历了三个阶段。第一个阶段是60年代末到70年代早期，主要是以妇女形象为主导；第二阶段是70年代中期到80年代中期，主要是重建女性文学史，代表人物是伊莱恩·肖瓦尔特等人；第三阶段是80年代中期以后，主要是发掘被人忽视和遗忘的女作家。

一、“厌女现象”的颠覆和“性政治”的清算

美国女权主义文学批评的初期阶段极力避免陷入传统男权理论的思想模式，它不但作品评论多于文学理论，甚至还具有反理论的倾向。归结起来，妇女形象批评以从性别入手重新阅读和评论文本为主要方法，以将文学和读者个人生活相联系为主要特点，以批判传统文学、尤其是男性作家的作品中对女性的刻画以及男性评论家对女性作品的评论为主要内容，以揭示文学作品中女性居从属地位的历史、社会和文化根源为主要目的。

在这一批评阶段，主要是揭露文学实践中的“厌女现象”，即在文学作品中把妇女描绘成天使或怪物的模式化形象，在古典和通俗的男性文学中对妇女进行文学虐待或文本骚扰以及把妇女排除在文学史之外的事实。妇女形象批评家认为，这两种截然不同的妇女形象是以男性的臆造来认识和再现女性的现象，反映了现实中男性对女性的偏见、惧怕、压迫和不公。为打破传统上男性作家在文学中再现妇女形象的权威和可信性，“妇女形象”批评家将文本阅读当成一种提高读者和评论者女性意识，增强他们识别文本谎言能力的主要手段。

凯特·米勒特于60年代末推出了标志着女权主义文学批评正式诞生的重要著作《性政治》，该书从男女生理差异出发，重点揭露男性中心文学对女性形象的歪曲，抨击传统的“阳物批评”，进而批判男权制社会，成为妇女形象批评的经典之作和理论源泉。

米勒特一反盛行于60、70年代的英美“新批评派”所采用的结构主义的批评方法，主张将社会、文化、历史等外在因素作为文学研究的重要方面。她认为，性别与“种族、阶层和阶级”一样，具有“政治”属性。并由此创立了性政治的理论：以男性和女性与生俱来的性生理差异为借口，占统治地位的男性无论是在政体结构、权力结构、历史发展、社会心理、文化生活、教育手段、宗教思想和两性关系中，还是在文学作品中，都将女性置于附属的，可被征服的和屈辱的地位。她从性别差异的角度入手，通过解构的方式，极力打破以男子为中心的创作、阅读和批评的规范，以建立在写、读、评三大主要文学活动中考察妇女的角度和模式。此后的美国女权主义文学批评大都在这三大类的范围内进行。托里·莫依这样评价性政治，她认为这本书“创立了女权主义文学的批评方法，并使女权主义发展成了一支举足轻重的批评力量。此书的影响使它成为后来美国女权主义文学批评论著之‘母’和先驱”。

《性政治》在考察文学作品中指出，应首先注意两种文学现象：第一，文学价值和文学常规已经由男人决定，因此妇女常常可能以不适宜的形式表达她们关心的问题，例如在叙事作品中，关于冒险和爱情追求的发展，一般都有一种“男性的”动因和目的性。第二，男性作家心目中的读者似乎永远是男人，而且妇女读者可能无意识地也像男人那样阅读作品。针对这种情况，米勒特在《性政治》中重点指出，亨利·詹姆斯、亨利·米勒、诺曼·梅勒、D·H·劳伦斯和让·热奈特等男性作家所塑造的妇女形象，是建立在男女间性别权利关系的基础之上

的。在他们的一些小说的性描写里，男性统治的情况无处不在。而男性的统治地位和女性的从属地位这一理论通过作家的描写，通过对读者在阅读中的潜移默化作用而代代相传。所以，读者的评论绝不应该被动地接受作品的权威、描写、理论和论点，而应该以自己的经历和角度对作品进行阅读和剖析。米勒特作为文学批评家的重要性在于她不屈地捍卫了读者加入自己见解的权利，拒斥了那种文本和读者间的广为接受的等级制度，赋予读者以相当的权利，才使得从女性视角对男性文学作品进行颠覆性的阅读有了可能，并且使男权制的性政治策略能够在这种颠覆性的阅读中，得以清算。米勒特的女权主义文学批评实践确立了重新认识文本、重新认识性别身份对妇女形象的再现的重要性。

二、女性文学史的重建

美国女权主义文学批评的第二阶段，在于发现了女作家拥有一个她们自己的文学，其历史和主题的连贯性以及艺术的重要性一直被那些主宰我们文化的男权价值观所淹没着。虽然几个世纪以来批评家和作家们一直在讨论着有关妇女的作品，但只有当女权主义文学批评开始勾画女性想象的范围和女性情节的结构时，它才真正地步入了一个全新的领域。女权主义文学批评把妇女作品当作一个特定的领域加以探索，结果引起了人们对各个国家和各个历史时期妇女文学的大规模的重新挖掘和重新阅读。随着大批被湮没的女作家的重新发现，随着大批信札和日记的重见天日，随着探索女性个人才能与文学传统之间关系的新文学传记的不断涌现，妇女作品中的连续性才有史以来第一次变得清楚明了。

在60年代女权运动和70年代书写妇女文化史的历史环境下，埃伦·英尔斯的《文学妇女》首次描述了女性文学写作的历史，她逐个研究分析了从18—20世纪英、美、法“伟大”女作家简·奥斯汀、乔治·艾略特、夏绿蒂·勃朗特、薇拉·凯瑟和G·斯泰恩等人的创作，把她们看作是富有生命力的女性写作的先驱，认为她们的作品汇成一股与男性主流文学传统不沾边却同样不断前行的湍急而强大的潜流，一种女性写作自己的传统，女作家们可以从中吸取力量和信心。妇女作家享有共同的“文学传统”，这个传统成为她们作品中的一大优势，而非劣势。这些论述确立了重评妇女文学家的重要性，标志着重建经典文学书目的到来。在英尔斯看来，进入20世纪以来，女性写作的传统正日趋壮大，影响也逐渐扩大。妇女共同的文学传统背后蕴藏着一部共同的妇女史，而要了解妇女文学史，就必须先了解妇女史。《文学妇女》在方法上突破了新批评把文本看作封闭系统的形式主义框架，对女作家的生平、传记和个人情况十分重视。虽然此书略嫌零乱，不系统，但它作为率先寻找、探讨女性写作传统的开拓性著作，对后起的女权主义的文学史研究，起到了奠基作用。桑德拉·吉尔伯特和苏珊·古芭合著的《阁楼上的疯女人——女作家与19世纪的文学想象》以更加标新立异的方法来探求妇女文学传统。两位批评家一方面研究了西方19世纪前的男性文学中的两种不真实的女性形象——天使和妖妇，揭露了这些形象背后隐藏着的男权制社会对女性的歪曲和压抑。她们指出，从但丁笔下的贝雅特里齐、弥尔顿的人类之妻到歌德的玛甘泪等都被塑造成纯洁、美丽的理想女性或天使，但“她们都回避着她们自己——或她们自己的舒适，或自我愿望”，即她们的主要行为都是向男性奉献或牺牲，而“这种献祭注定她走向死亡”，这“是真正的死亡的生活，是生活在死亡中”。她们认为，这种把女性神圣化为天使的做法，实际上一边将男性审美理想寄托在女性形象上，一边却剥夺了女性形象的生命，把她们降低为男性的牺牲品。她们又分析了男性作品中的另一类女性形象即妖女恶魔，如斯宾塞笔下半人半蛇的 Error、莎士比亚的高奈瑞尔和丽甘及萨克雷的贝基·夏普等形象，认为她们体现了男性作者对不肯顺从、不肯放弃自私的女人的厌恶和恐惧，然而，这些女恶魔形象实际上恰恰是女性创造力对男性压抑的反抗形式。可见，在吉尔伯特和古芭看来，历来男性作家笔下的女性形象，无论是天使还是恶魔，实际上都是以不同方式对女性的歪曲和压抑，这反映出男权制男性中心主义的根深蒂固和对女性的歧视、贬抑。

吉尔伯特和古芭另一方面又分析了从简·奥斯汀到爱米莉·狄金森等19世纪女作家的创作，探讨了她们采取的在遵守男权制文学标准的方式下向男权制发起挑战的复杂而微妙的写作策略。不过，对一些古道热肠的女权主义文学批评家们来说，这不是卖弄机智或学问的文学游戏，而是在力图诊治一种植根于具体的压迫和具体的痛苦的病态的文化现象。男作家们所创造出来的文化传统是知识妇女在精神上的“父亲”，她们不能不受其影响，并向之表示依恋和忠诚，但另一方面，她们又不能不感受这种传统的异己性。女作家痛切地意识到社会地位、教育水准及谋生机会等等各方面自己与男作家都悬殊的差距，她们也很难全盘接受男作家笔下的妇女形象。

吉尔伯特和古芭不但批判了男权文化下被歪曲和压抑的女性形象，而且以一种新的女性视角重新阅读并阐释了19世纪一些著名的女性作家的作品，对女权主义理论的发展、完善起了重要作用。她们的研究可以看作是女权主义文学史研究的成熟之作。

三、女作家的发掘

美国女权主义文学批评发展的第三个阶段注重发掘受到忽视和被人遗忘的女作家用女性的视角来重新评价她们的作品，从而确立能更好地反映女性视角的另一种文学创作和阅读传统。在这方面伊莱恩·肖瓦尔特进行了有效的尝试。她的论著《她们自己的文学》从宏观的角度 把妇女的创作概括成三个阶段：第一阶段的妇女作家只是模仿男性的写作，肖瓦尔特把它界定为“女性”写作阶段。尔后的“女权”阶段中，她们对旧传统的标准和原则发出抗议，描写女性自身的觉醒并反抗男性的压迫。在第三个“女性”阶段，妇女作家终于采用了她们自己独立的女性视角，以妇女特殊的感受方式（女性经验）来观察世界、表现女性意识，从而对男性文化及整个人类文明进行检讨。

肖瓦尔特的这本书的贡献在于，她把关注的重点不再像以往的研究者那样放在个别“伟大”作家及其作品上，而把目光扩大到了那些重新发现的作家身上。这不仅是对女权主义文学批评理论的贡献，也是对整个文学史的研究的贡献。

但是，肖瓦尔特对于妇女文学史的研究虽然注意到了一些名不见经传的作家和作品，但其对阶级和种族因素的忽略也是有目共睹的，这一点使她受到了来自黑人和同性恋女权主义者的指责。同时，从肖瓦尔特的这本书中，我们还可以看到：“她倾向于以20世纪后期自我发展和性觉醒的理想为参照系来衡量她研究的女性作家，因此在她看来，20世纪60年代以前写作的所有妇女对她来讲都没有获得完全的成功……作为一个持历史方法的批评家，肖瓦尔特自己时常看上去奇怪地违背历史性。”这儿实际上涉及一个如何评价女性传统的问题，肖瓦尔特不仅在此书中，而且在许多论文中都认为，女性文学传统是女权主义批评理论得以立足的出发点，也是女性文学得以发展的精神和物质基础，但是她又不自觉以她的学院的批评标准衡量她所寻找和发现的女性创作，并且不得不对之表示失望。她面临的是这样一种窘境：一方面是女性传统被赋予很高的价值，另一方面发现的又是女性创作的式微。随着文本研究的深入，批评家们又注意到莉莲·鲁宾逊在60年代提出的一个问题：美国女权主义文学批评是否需要针对其实践制定一套系统的理论，形成统一的学派？尤其在进入20世纪80年代以来，女权主义批评更是百花争妍，对心理学、解构主义、马克思主义哲学和黑人研究的学术成果的吸收使女权主义理论形成多种模式，如社会女权主义、符号学女权主义、心理学女权主义、马克思主义女权主义、黑人女权主义、女同性恋女权主义等，似乎女权主义是个纯粹的运动。因此，有人怀疑借用其他非女权主义批评中男人确立的理论假设、范畴和策略会削弱女权主义批评与其他文艺批评对等的地位。然而不是所有的美国女权主义文学批评家都认为当务之急是创建统一的理论。肖瓦尔特将历史批评方法应用于女性批评的成功尝试表明，批评家可以根据非女权主义的文艺批评原理进行女权主义的批评实践。

美国女权主义文学批评侧重于文本分析，并且具有经验主义的倾向是与美国妇女运动注重改造社会的行动分不开的。在60年代的美国，妇女运动与争取民族权利的社会运动结合在一起，妇女在反种族歧视的过程中，也深刻地意识到性别歧视的存在，由此而展开了大规模的妇女解放运动。这次女权运动的深度和广度使广大妇女真正对男权制思想文化本身提出了质疑，直接引发了理论化的女权主义文学批评的诞生。美国女权主义文学批评在反对“男性批评理论”的同时，力图寻找“真正以妇女为中心的、独立的、思想认识上一致连贯的女权主义批评”。她们从文本入手，通过建立妇女自己的题目、自己的体系、自己的理论，发出自己的声音来思考和回答女性经验中涌现的问题。可见，寻求自我表达一直是美国女权主义批评的思考焦点和理论目标。

（原文约5800字，发表于《山东省青年管理干部学院学报》2002年第4期）

文摘编辑：王佃启

人的困境与人性的悲哀
——论英美文学自然主义的共同主题

许庆红

[作者简介] 许庆红，安徽大学外语学院英语系讲师，硕士。

[内容提要] 欧美自然主义文学有两个共同主题——人的行为与遗传及环境的主题，其悲观思想及宿命情调在艾米莉·勃朗特、托马斯·哈代、西奥多·德莱塞以及尤金·奥尼尔四位作家的作品中有着突出的反映，共同表现了人的困境与人性的悲哀。

[关 键 词] 自然主义；遗传及环境；悲观及宿命情调；困境；悲哀。

文学自然主义是由19世纪的法国作家埃米尔·左拉首次提出的，是左拉“有目的创建起来的一种自觉的，标新立异的文学主张”。自然主义文学家把人当作受到遗传和环境两种力量左右的自然界中的动物加以描写，人既无法驾御也不完全理解这两种力量。故而自然主义文学作品大多低沉、灰色。笔者认为，具有自然主义内涵的文学作品，其基点在于表现人的困境与人性的悲哀。

一、人的行为与遗传及环境的主题

文学自然主义者在作品中力图揭示在特定条件下主宰人的行为的两种力量：一方面是遗传，是人内在的力量，是自然主义文学家对人之自然本性即天性的研究，具体来说是描写人对其生物本能的依赖，即人追求爱情、金钱和享受的不可压抑、无法阻挡的欲望，如同自然主义代言人左拉1868年为自己第一部小说做宣传时所说的，“我笔下的人物完全受他们神经和血液的支配，被剥夺了自由意志，他们的情欲把他们推向一个又一个宿命的行动中去。”另一方面是社会环境，是外在的力量，是作家对人所生存的社会的研究，具体来说，是描写高度文明的社会给人造成的威胁与围困。人在这两种力量的驱使与推动下，毫无自由意志或自主行动，会身不由己地陷入困境之中。

首先，英国19世纪中叶的艾米莉·勃朗特虽非自然主义作家，但其作品《呼啸山庄》却明显地具有这一自然主义的主题。

在这部小说中，女作家赋予人的本性以自然的内涵，她认为大自然的勃勃生机和势不可挡与生活于其中的人的本性是相通的。凯瑟琳和希思克利夫被描写成具有自然精神的人。他们最大快乐就是像两个野孩子在荒野上自由地嬉戏或乘着猛烈呼啸的风暴赤脚狂奔。希思克利夫被描写成风暴与烈火，他举止粗野，少言寡语，性格执拗暴烈，行为残忍，凯瑟琳她任性，疯狂又野蛮。

他们这些相似的自然品质维系着他们的生命、爱情与命运。凯瑟琳如同女作家本人，既生活在现实世界里，又出入于梦幻世界中，她有着双重性格。一方面，她有着极其强烈的精神愿望，于是她猛烈且狂热地追求与希思克利夫之间那种精神上的共鸣与灵魂上的融合；另一方面，她又无法摆脱现实世界里的物质欲望，受着虚荣心的驱使，嫁给了艾德加·林敦。可是婚后她抑制不住对希思克利夫铭心刻骨的渴望，于是在精神上她背弃了丈夫，重新根植于希思克利夫的心灵。可见，她这前后两次背叛一是由于她的天性，二是社会环境的影响，二者共同构筑了她生命的悲剧。

同样，希思克利夫的生命悲剧也可以从这一层面上进行剖析。希思克利夫对凯瑟琳怀抱执著强烈的爱欲，这种爱欲支撑着他的生命也主宰着他的命运。有着凯瑟琳的爱情，希思克利夫过着安分、平静的生活，他愿意在残酷的社会环境中挣扎着忍受一切敌视，凌辱与折磨；但是失去了凯瑟琳的爱情与生命之后，希思克利夫的生活环境遭到了无情的破坏，他的爱情与生命的幸福被社会剥夺了，心灵受到了巨大的创伤。于是，他的心中升起了一股强烈的复仇欲，他任凭本能摆布，对呼啸山庄和画眉田庄两家展开了残酷的复仇。可见，他的复仇行为一是出于桀骜不驯的性格，二是由于被伤害与被凌辱的结果以及欲爱不能的命运。前者可以说是遗传力量，而后者则是社会环境力量，这两种力量的共同作用，诱惑他一步步走向深渊，直至最后的自我毁灭。同时，希思克利夫的依赖于本能的复仇行为所表现的不可理喻、无所不包的恨，用令人发指的手段迫害弱者，折磨与陷害无辜并以此为乐，突出表露了人性的恶劣与悲哀。

由此可见，艾米莉在《呼啸山庄》中对人的爱恨情仇所作的描述具有自然主义特色，她“越出时代的限囿，以精湛的文学技巧戏剧性地表现出来弗洛伊德所说的人的本能冲动。她发现了人心理上存在的隐私——人们自己还未意识到的精神和活力源泉，并通过男女主人公的近乎疯狂的形象表达出来”。这可以说是《呼啸山庄》的伟大之处。

其次，这一自然主义的主题在英国19世纪末、20世纪初的托马斯·哈代的作品中也有所体现。

哈代作品中的荒原可谓英国社会的缩影，代表着19世纪末英国农村中一个称为“多塞特”落后地区的社会现实。生活于其中的人们遭受着类似荒原的社会环境的围困。若像《还乡》中的克莱姆和《卡斯特桥市长》中的伊利莎白·简那样采取对生活妥协的观点，尚可以幸免于难；倘若像韦迪、尤斯塔丝和亨恰特那样有梦想、有激情、敢于同无情的社会制度及其虚伪的道德观抗争，就会遭到无情的挫折和践踏，最后命归黄泉，因为荒原和社会无法忍受无拘无束的理想或者浪漫的情怀。

可见，哈代虽非自然主义流派的作家，但其作品所揭示的性格与环境决定人的命运这一现象与自然主义文学主题十分吻合。

第三，西奥多·德莱塞常被誉为美国自然主义的作家，美国自然主义文学创作在他的作品中趋向成熟，并得以延续。他认为，“每一个人的行动都是对一连串内在冲动和外在诱惑的直接反应，所以没有一个人能够深思慎行，能够进行选择。环境不再限制欲望，而是充分表现欲望，并且最终证实了欲望本身是无法满足的。”他的代表作《嘉莉妹妹》中嘉莉的故事便是最好的证明。

德莱塞的自然主义思想同样可以通过赫斯特伍德的悲剧命运得到论证：赫斯特伍德从享受上层生活渐渐败落到街头的乞丐，最后在贫民窟里了结生命，他之所以落到如此地步是由于无力与遗传和环境力量作抗争：第一，他从认识嘉莉的那天起，就受本能欲望的驱使，嘉莉的年轻、美貌与成就让已入中年的他神魂颠倒，陷入情海，不能自拔；第二，他虽然身为酒吧经理，经济富裕，但家庭生活并不幸福。出于这两种原因，他不惜丢弃家业和地位，与嘉莉漂泊他乡。然而，失去了家庭、工作和社会地位，他在身体、精神及经济各方面每况愈下，身处劣境的他受到纽约上层社会的排挤，又遭嘉莉的遗弃，逐渐落魄，最后别无选择，在贫困潦倒中结束一生。赫斯特伍德的悲剧“则是达尔文‘适者生存’的典型体现，他理智不足，本能有余，摇摆于人与兽之间，因而不宜生存下去”。

可见，德莱塞的自然主义是现实主义的深化和发展：更忠实、不加选择、不加评价地反映真实生活的侧面，体现了美国的价值观。19世纪末的美国经济迅猛发展，社会迅速工业化，人们受美国梦的影响，纷纷涌入大城市，追求物质财富和享受，但在社会和经济出现紊乱这一严酷的现实面前，他们的梦想几乎都成为泡影。德莱塞在他的作品中揭示的就是这种理想与现实之间的鸿沟给人们带来的信仰危机和精神危机。

第四，美国戏剧之父尤金·奥尼尔的《榆树下的欲望》也是一部自然主义的力作，奥尼尔自然主义的一大特点是对人性的探索，强调人的本能和兽性导致人的悲剧。在该剧中，他将人的行为动机归结为人性中强烈的物欲、复仇欲和情欲，以此来表露人性的悲哀，展现他的自然主义观点。

首先，他着意将他的人物当作动物加以刻画，以此来突出人外表上的兽性。在《榆树下的欲望》中，奥尼尔以19世纪中叶新英格兰的一个农场作为背景，他赋予人物的外表以兽性。

其次，他更侧重于说明人行为上的兽性，挖掘人暗藏的心理动机对外在行为的影响，在此剧中表现为人的欲望导致人物情感扭曲，心灵变异，作出种种禽兽般的行为。

《榆树下的欲望》因为描写了欲望、杀害婴儿以及乱伦现象而被有些人指责为一部猥亵、违反宗教、道德与伦理的剧本，可是奥尼尔的理想之一却在于关注人的生存和痛苦，探索人的野兽般的本能欲望给人带来的毁灭性结果，表达了他对现代美国社会物欲泛滥、人欲横流、人的精神与情感遭受巨大创伤的状况深感忧虑与悲观。

二、文学自然主义的悲观思想及宿命情调

文学自然主义者在描述人的行为时有点“宿命论”，试图将人物的悲剧命运归于某种无形的不可知的外部力量的作用，人物深陷其罗网之中，“命运和偶然性剥夺了人的自由意志，决定着人的生死沉浮”。比如，人生在世，战胜不了本能的诱惑，而这种诱惑超越了人的自由意志，导致人作出种种行为，促成这些行为成败的因素正是冥冥之中的命运之神。

综合以上四位英美作家的自然主义观点，可以得出一条结论：文学自然主义的基点在于极端彻底、原原本本地反映现实，探索人的困境的根源。其一是在于人的自然本性，反映在人的本能和欲望，这显露了人性的阴暗与悲哀；其二是在于社会环境力量，暴露社会的发展所带给人的威胁、恐惧和无奈。具有自然主义内涵的文学作品对现实持有消极的描写态度，指出人本身脆弱，既无法阻挡本能欲望的诱惑，又无力反抗社会的压力以及命运和偶然性对人的自由意志的局限，因此只能无休止地痛苦与绝望下去，走不出困境，这是文学自然主义一脉相承的主题。当然这一共同主题也体现了作家的局限性及态度：他们无法也不主张为现实中暴露的问题给予妥善解决，因为自然主义作家仅“如实表现每一事实，而不一味解决，这样才能听到由灵魂的深渊传来幽微沉痛的嗟叹之声”。然而，有一点是肯定的：具有自然主义特色的文学作品通过强调遗传和环境的影响，发展新主题和新技巧，力求逼真，贴近自然，以悲剧震撼人的心灵，以艺术直观人生，以期思考、体味生存和生活的价值与意义，“希望人们能够冲破环境、遗传、现状的束缚获得自由”。这是作家们的希望，也是人类的共同梦想。

（原文约6500字，发表于《安徽教育学院学报》2002年第4期）

文摘编辑：王佃启

“人性”与“神性”的抗争
——从《巴黎圣母院》、《红字》、《荆棘鸟》看西方宗教下的爱情悲剧

陈秀敏

[作者简介] 陈秀敏，鞍山师范学院中文系讲师。

[内容提要] 爱情，是人类永恒的话题，而在西方宗教的禁欲主义压制下，爱情每每带有悲剧色彩。在西方文学作品关于神职人员的爱情的描写中，便有了“人性”与“神性”的抗争。本文试从三部作品诠释西方宗教下的爱情悲剧。

[关 键 词] 爱情；人性；神性；抗争；悲剧。

爱情，永远是人类生活中最美好的情感之一。爱情与“谈爱色变”的禁欲主义一直在作着努力的抗争，即“人性”与“神性”的抗争，尽管这种碰撞都带有悲剧色彩。本文试从这个角度出发探讨《巴黎圣母院》、《红字》、《荆棘鸟》中笼罩在宗教统治下的爱情悲剧。

一、扭曲、变态的爱情——人性悲剧

19世纪法国浪漫主义作家雨果在《巴黎圣母院》中塑造的副主教克洛德一直被看作邪恶势力的代表，也是人们极力鞭挞的对象，但如果认真考察他的内心世界及同周围环境的联系，就不难发现，他身上不仅有牧师的虚伪，也有着人性遭到压抑之后的悲哀。

纵观14世纪后期的欧洲，资产阶级掀起人文主义运动，这场运动直接抨击了中世纪的教会的精神独裁和禁欲主义，追求个人的现世幸福已成为普遍现象，而克洛德作为社会的一员，也有了人性的要求。但他一直过着远离女人的清修生活，节制自己的各种欲望，并且自以为是快乐的。直到见到了在巴黎街头跳舞的艾斯美拉达，人的意识才觉醒了。他被这种强烈的爱折磨着，无论是白天还是黑夜，都在忍受着一种比死亡力量还要强大的苦刑。作为一个神职人员，这可谓是大逆不道。但是副主教也是一个人，宗教的知识不能满足他对生活的要求，作为一个人，他也有人的感情、人的欲望、人的爱。基于这种爱，他才念念不平，发出人性的呼喊：“究竟，一个男人爱上了一个女人，这并不是他的错。”

然而，正因为他所要求的这种爱是他所代表的那种势力和环境所不能允许的，因此，它的表现出来的方式便是扭曲的，变形的。人要想得到解放，就必须消灭集中表现在他本身处境中的一切违反人性的生活条件，但是戴着十字架的副主教既没有这样的勇气，也没有这样的能力和觉悟。他一方面憎恨宗教的非人性，一方面又在心里激起了对自己人性要求的憎恨。他极力把这双重的憎恨搅和在一起，使自己成为一个无法解脱的疯狂的人。于是在他爱而不得中，他设置了一系列阴谋，劫持爱斯美拉达，诬陷她，直到把她送上绞刑架，处在“人性”与“神性”双重压迫下的克洛德，最终也在自己布下的宗教网中毁灭了。

雨果曾经宣称：“人是生来善良、纯洁、公正和诚实的，如果他的心变得冰冷，那是因为有人熄灭了他的火焰……”正是教会势力的“非人性”，才决定了克洛德的畸形可怕爱情观，才有了他为人性而丧失人性的追求。

二、内疚、自责的爱情——处境悲剧

与克洛德的悲剧不同的是，美国19世纪浪漫主义作家霍桑的《红字》中则描写了海丝特·白兰与神职人员亚瑟·丁梅斯代尔的爱情悲剧，他们的爱情，可谓处境艰难，举步维艰。

作品以严酷的清教政权统治下的北美洲殖民地时期为背景，女主人公海丝特·白兰，由于犯了通奸罪，坚决不交待同犯，被清教徒政权关进监狱，终生戴上耻辱的红A字示众（A字是英语通奸Adultely一词的第一个字母），作为劝戒世人的活标本，受到人们的鄙视和摒弃。

海丝特是年青、美貌的女郎，却嫁了一个年纪衰老、体态畸形的丈夫，她感受不到爱情，在她丈夫失踪以后，青年牧师丁梅斯代尔闯进她孤独的生活，她爱上了牧师。追求纯真的爱情，渴望幸福的生活，这是一个活的女人的生活权利和合理要求，可是，她却遭到清教政权的惩罚，终生戴着红字示众。

丁梅斯代尔是一个博学多识、前途无量的教师，很早地就立下了献身宗教的志向。但是，清苦的教会生活，呆板的教条，虽然一时禁锢了丁梅斯代尔这样虔诚教徒的内心，但一看见“身体修长，容姿完整优美到堂皇程度，乌黑丰茂的头发那么光泽，闪耀出阳光的颜色，她的面孔，除去润泽的肤色与端正美丽的五官之外，还有清秀的眉宇和深黑的眼睛”的海丝特时，他的“人性”就复活了，并且最终战胜了“神性”，与海丝特发生了关系，但是，宗教精神像鸦片一样毒害着他的心灵，他头脑中根深蒂固的宗教观念早已扼杀了他对爱情和幸福的渴望，他把自己与海丝特的爱情关系看成是“冒犯了一条神圣的法律”。他把自己看成一个罪人，应该受到惩

罚，但又不敢公开承担自己的罪责。他既害怕和海丝特一起戴红字示众，又怕上帝不饶恕他。为了悔罪，他在密室中用血淋淋的鞭子抽打自己，不断折磨自己，他的良心丝毫得不到安宁，“可怜的牧师一面受着肉体疾病的痛苦，一面受着灵魂极度烦恼的折磨，同时又听凭他的死对头任意摆布”。“而在这时，他在他的神圣职务上，却获得了灿烂的声誉”，更使他陷入无边痛苦深渊之中，他几乎丧失了理智，他的精神一直处在罪恶的痛苦和徒然的悔恨之中，心灵备受折磨，终于心力交瘁，成了宗教毒害的牺牲品。

透过这两个人物的处境，让我们看到了两颗破碎的心灵怎样在痛苦中呻吟，在绝望中挣扎，丁梅斯代尔在自己的头顶的一片天空上，又掀起了他自己无法平息的风暴，海丝特内心的迷惘、猜疑和疯狂则也搅暗了她自己头顶的天空，内心世界处境和外部环境的处境的艰难，注定了他们悲剧的结局。

三、执著、偷猎的爱情——结局悲剧

正如黑格尔说：“情欲是人的自然本性，具有原始本能的特性，情欲是能动的，躁动不安的，本质上讲是不安于现况的。”1997年，澳大利亚女作家科林·麦考洛在美国出版了她的长篇小说《荆棘鸟》，这篇小说一经出世即引起轰动，被誉为一部“澳大利亚的《飘》”。

男主人公拉尔夫同样无法摆脱禁欲主义的束缚，但作为一个情感丰富的男人，他不能灭绝情欲，不能不爱梅吉，他的灵魂长期处于“神性”与“人性”的尖锐对立之中，他曾想“既不作一个男人，也不作一个教士，只作一个兼存二者的人”。同丁梅斯代尔一样，他也无法摆脱强烈的权力欲望和爱情需求，当富翁玛丽·卡森死后，把财产留给了罗马天主教会，其条件是“教会必须赏识拉尔夫神父的价值和才干”时，在他身上展开了上帝与情欲、权力与爱情的激烈搏斗，占有他整个身心的是“神性”与“人性”的厮杀，对他来说，两方面都是无法割舍的，放弃任何一方都是痛苦或毁灭……最终，“神性”战胜了“人性”，他摒弃了梅吉，虽然他爱她。

在小说中，梅吉的形象最富魅力最激动人心之处，是她对爱情的大胆追求和对爱情的忠贞不渝，与海丝特·白兰一样，爱情给她带来太多的痛苦，但她仍然爱得执著，她说过：“我生来就是为他的，只为他”，她苦苦思念，久久等待。从青春妙龄到白发苍苍，痴情不改，无怨无悔。为此，她无畏地闯入宗教禁区，与上帝争夺拉尔夫。

值得一提的是，与前面两例爱情不同的是，拉尔夫与梅吉毕竟有过刻骨铭心的两天。深秋的麦特带克岛是旅游的淡季，在友人的帮助下，拉尔夫来看望在这里独自休养的梅吉，这时候的拉尔夫为了保持灵魂完美而进行的令人苦恼的斗争、意志对愿望的长期压抑，全都不要了，一辈子的努力在顷刻间冰消瓦解，于是在这20世纪的伊甸园中，亚当偷吃了禁果，结果则是他否定了上帝，他认为“上帝不过是一个骗局，一个幽灵，一个小丑”。两天的欢愉也使梅吉“从上帝那里偷到了拉尔夫”，尽管天主教会是那么的不可一世，上帝是那么的威严神圣，她却以傲然的力量与之抗争，并从心底喊出“我能战胜上帝！”

《荆棘鸟》之所以引起轰动，还在于其“人性”与“神性”冲突的最终结局上，尽管梅吉从上帝那里偷到了拉尔夫——有了他的孩子，但作家最后还是把有价值的东西毁坏了给读者看，那就是戴恩的死。梅吉一直瞒着拉尔夫有了两个人的结晶——戴恩，戴恩长大后，无比优秀，出于对拉尔夫的崇拜，也要献身于上帝，作一个教士，梅吉答应了儿子，并给拉尔夫写信要他照顾他，“我偷来什么，就归还什么。”戴恩在神学院毕业后，在希腊由于救两个溺水的女孩而丧生。梅吉来到罗马要拉尔夫想办法运回戴恩的尸体，并告诉了拉尔夫：戴恩是他的儿子。拉尔夫失声痛哭，“从椅子上向前跌落在地上。”失掉了情人，又失掉了儿子，他感到出卖了自己，他为上帝付出了高昂的精神代价，到头来一无所有，埋葬儿子后，极度的痛苦使他麻木了，他倒在梅吉的怀里，喊着“梅吉，梅吉……”合上双眼而死去。宗教以禁欲主义为工具，残害了法国中世纪的克洛德，又钳制了19世纪美国殖民地上的海丝特与丁梅斯代尔，在20世纪同样践踏了澳大利亚土地上的梅吉与拉尔夫。

《巴黎圣母院》、《红字》、《荆棘鸟》三篇小说都写到了神职人员的爱情，写出了“人性”与“神性”的冲突，其中一个重在写追求“人性”的过程中对“人性”的扭曲，一个写内心处境与外在处境的抗争中的毁灭，另一个则写险些抗争胜利后结局的失败，但在充满悲剧的追求中所表现的无所顾忌的勇气和不屈不挠的精神必然令人振奋，使人的形象变得崇高伟大起来，从而赋予了宗教下的爱情悲剧美的内涵。这正是我要写作这篇文章的主旨所在。

（原文约5000字，发表于《辽宁教育学院学报》2002年第5期）

文摘编辑：王佃启

中国传统文化对朝鲜族书面语表达的影响

陈维新　金德子

[作者简介] 陈维新，延边大学《东疆学刊》编辑部编审。
金德子，延边大学出版社。

[内容提要] 中国传统文化对朝鲜族书面语表达的影响源远流长，特别是汉族语言文化丰富了朝鲜族语言的音韵、词汇、语法、修辞，从朝鲜族书面语言表达也反映出中国传统文化的深层内涵。

[关 键 词] 中国传统文化；朝鲜族；书面语。

中国传统文化对朝鲜族书面语表达的影响源远流长。历史上朝鲜语和汉语关系密切，据历史记载至少早在公元1世纪前后，朝鲜人就用汉字汉文书写了本民族史书、诗文。在人类的文明历史开始以来，中原文化有了很大的发展并影响了周边其他文化。汉文化形成之后，除了汉文化外，周边民族中其文化达到相当水平的要数朝鲜族文化。当时朝鲜族的古代文化已经达到先进水平，而且其水平仅次于汉文化。崔羲秀先生在研究朝鲜语与汉语的关系时认为，吸收外来文化方面，一个民族只有在自己的生产力水平与对方的生产条件相近时才能易于接受，否则，就很难接受对方的先进文化，东方许多民族当中朝鲜族有能力接受汉文化的事实充分说明朝鲜族的生产力水平已达到汉族的水平。在这种客观的条件下，朝汉两个民族之间的文化交流比其他民族更加频繁是很自然的。

朝鲜的建国年代虽然不很明确，但从中国的文献记载来看至少也要溯及到公元前7世纪左右。在朝鲜和中原之间的政治经济、文化交流无形中为汉字、汉文的输入创造了客观条件。可是朝鲜民族到底从什么时候起借用汉文进入书面语言的，崔羲秀先生认为最晚也在公元前。公元前194年，燕国的卫满赶走古朝鲜的准王篡夺了王位。公元前108年，汉朝又推翻了卫满朝鲜，并在那里设置了四个郡。卫满朝鲜的建立和汉四郡的设置客观上促进了朝汉两个民族之间的相互接触，文化交流以及两种语言之间的相互影响。从古朝鲜到三国时期的数百年间随着朝汉两个民族政治、经济、文化方面的密切交流，汉语对朝鲜语的影响也增强了。三国时期，位于朝鲜北部，中国大陆东北部的高句丽首先接受汉文化的影响，其影响又经过百济传播到新罗及日本。早在公元1世纪前后，朝鲜人就学了中国的诗经、书经、春秋等。因此他们早年编写的史书——高句丽的《留记百册》、百济的《书记》、新罗的《三国史》自然都用汉字写成。高句丽瑠璃王的《黄鸟歌》，乙支文德的五言律诗又说明，当时高句丽上层人物已能够自如地运用汉字、汉文。

汉族文化对朝鲜族书面表达影响如此深远，其重要原因之一是推崇儒教。高句丽小曾林王二年，国家设立太学，表彰了儒教。旧唐书记载，当时在高句丽汉字、汉文已普及到平民阶层，在局堂（高句丽首都迁到平壤后，为平民开办的私学）平民子弟也学中国的经典和弓术，他们所读的书有五经、史记、汉书、三国志、晋春秋、玉篇、字统、字林、文选等。公元6世纪，百济人就拿中国的诗、尚书、礼、传等经典来教育自己的子女。三国时期朝鲜人除了汉文化的影响外，又受到经过中国大陆远道而来的佛教文化的影响。佛教先后传播到高句丽（公元378年）、百济（公元384年）、新罗（公元518年）。中原文化和佛教文化的传入基本上是以汉字、汉文为媒介进行的，因而汉字、汉文对朝鲜语的影响越来越大。

汉语言文化对朝鲜族书面语表达的影响可上溯上古语言，汉语和朝鲜语这两个系属不同的语言各自具有不同的语音体系。朝鲜民族开始借用汉字时，最初的读法接近于汉语音，但二者毕竟是语音体系不同的语言，汉语语音不可能原原本本被移到朝鲜语音中。例如，汉语韵尾［t］在朝鲜汉字音里发音为［l］等。因此朝鲜汉字音和汉语上古音之间的比较研究也就非常困难。不过朝鲜人开始借用汉字、汉文是汉语的上古音时期，所以可以肯定朝鲜语汉字音是在汉语上古音的基础上形成的。朝鲜汉字音中有一些音不同于汉语中古音或中古以后时期的汉语语音，例如，吏读音中“喻”读为［ti］，“役”读为［kjək］，“只”读为［ki］“折”读为［kjəl］。这些音很可能是汉语上古音的残留。在中世纪朝鲜语汉字词中我们也可以找出一些受汉语上古音影响的词，这也是上古音的残留。此外在声调体系中我们也可以发现朝鲜汉字音和汉语上古音之间的类似性。王力先生在他的《上古无去声例证》中指出过一些汉字的上古音声调。其中与朝鲜汉字音声调保持一致的平声字有梦、讼、巷、甸、信、听、姓等，上声字有事、锻、见、宴、处、济、旦、化、照等。汉语上古音是形成朝鲜汉字音的基础，也是朝鲜借用汉字进入书面语的佐证。

崔羲秀先生在研究史读的产生时说：朝鲜民族过去没有自己的文学，因此只好借用汉字、汉文。然而固有朝鲜语词汇和富有民族特色的歌曲、诗歌的标记遇到了种种限制，于是为了解决这一难题，人们创制出了新的标记法叫吏读式标记法。所谓吏读式标记法就是利用汉字的音和义记录固有朝鲜语的一种书写体系。它包括乡扎、吏扎、口诀等。人们利用这种标记法记录了朝鲜语的人名、地名、官名和固有词汇。这也是汉族语言文字进入朝鲜族书面语表达时最早形式之一。

由于历史文献记载的局限和史料的缺乏，在探讨中国传统文化（主要是汉族文化）对朝鲜族书面语影响的源与流上只能这样粗线条简述，有待进一步研究。

16世纪末，西方文化开始传播到朝鲜。这些文化里不仅包括自然科学和社会科学知识，还包括西方宗教。起初以中国和日本为主要通路的这些西方文化，到了19世纪后半期就不再通过中日两国而直接进入了朝鲜。在外来文化的影响下，近代朝鲜语虽然出现了很多变化，但以汉字、汉文为媒介的输入形式依然占着优势。汉语对近代朝鲜语的影响比任何一种外来语都大而广，为什么呢？摊开史书，不难看到中国的传统文化对朝鲜民族的影响。特别是统一后的新罗与唐朝之间的经济文化交流得到了极大发展，据《唐会要》记载，在公元840年间，朝鲜来唐朝的留学生人数甚多。这些人在中朝文化交流中起到很大作用，到了高丽时期发展最大的是中国佛教，其次就是儒学，公元958年，高丽政府开始实施科举制度，并把儒家经典定为考试科目，这就刺激了儒学文化的进一步发展。李朝统治阶级实行的是“斥佛扬儒”政策。他们广泛地宣传和普及了程朱理学。为了培养封建官吏，他们非常重视教育，从中央到地方学校教育普遍得到加强。学校里的主要课程是儒学，文官科举考试的主要内容也是抄写汉诗和对儒教经典的解释。无论佛教、儒学、程朱理学，都是通过汉字、汉文在朝鲜传播学习。在古代朝鲜韵书、字书是学习汉字、汉文必备的工具书。《千字文》是中国商朝梁国人周兴嗣编写的字书，传入朝鲜后长期被用作汉字学习的教科书、工具书。《礼部韵略》是中国宋朝丁度编写的，在《洪武正韵》以前广泛用于科举考试，并出版了多种复刊本。《古今韵会》由宋朝黄公绍编写，《古今韵会举要》由元朝的熊忠编写。这两本书很早以前就已成为朝鲜人重用的韵书，其中《古今韵会举要》有复刊本。从中古到近代，朝鲜人自己也编写了不少韵书、字书、玉篇类书籍。其中韵书有《三韵通考》、《三韵遗补》、《增补三韵通考》。著者不明的《三韵通考》据说是朝鲜科举考试中必不可少的课本。对《三韵通考》作了补充的便有朴斗世的《三韵遗补》。金济谦、成孝基编写的《增补三韵通考》是在《三韵通考》的基础上再参考《韵会》、《字汇》、《正字通》而完成的。这些书籍全用汉语写成。从文化发展的渊源来看，朝鲜文化是汉族文化圈。包括流传的神话故事如：开天辟地神话、人类起源神话、日月神话、诸神争斗神话、图腾神话、族源神话、巫俗神话等等，都有深厚的中国古老文化底蕴，金柄珉、金宽雄主编的《朝鲜文学的发展与中国文学》探讨了新罗末期高丽初期殊异传与中国的古怪、传奇，高丽拟人传记体散文与唐宋假传，高丽汉诗发展与陶渊明，高丽汉诗发展与李白，高丽汉诗发展与杜甫，高丽汉诗发展与苏轼，李朝稗说文学与《太平广记》，李朝梦幻型“启悟小说”与中国小说之关联，李朝军谭小说与《三国演义》，李朝神魔小说与《西游记》，李朝时期小说叙事模式与中国史传传统，李朝时期金正喜、申纬与清代文人交流，朝鲜近代小说与梁启超，20年代朝鲜文学与中国新文学，现代朝鲜文坛与鲁迅等等，说明中国传统文化与朝鲜文化息息相关，密不可分。就因为有这个文化蕴涵，朝鲜民族接受汉语言文化产生一种内在的必然需要，也只有接受汉语言文化的影响，才能与朝鲜民族历史所形成的固有文化底蕴一脉相承，可以说也许这就是体现中国传统文化在朝鲜族书面语表达的影响的深层根源。

（原文约11000字，发表于《东疆学刊》2001年第1期）

文摘编辑：王佃启

略论古代中日文学中生死意识的异同

张文初

[作者简介] 张文初，湘潭师范学院中文系教授，文学硕士，主要从事文艺美学、比较文学研究。

[内容提要] 感叹生命短暂、人生无常是古代中日文学中同样常见的主题。区别在于：中国诗人的忧思更多地与现实政治、人生境遇相连；日本诗人的忧伤则更多源自于自然生命本身的悲剧性。自然风物的感怀与生死忧思的萌发交汇、融合亦是中日文学共有的艺术思维方式，所不同者是：中国诗人凸现自然的永恒、宁静、万古不易的品格，以之与生命的短暂、脆弱构成反衬；日本诗歌则关注自然的变易、飘零、毁灭，在物我命运同一的体验中追求主体生命意志的高扬。

[关 键 词] 中日文学；人生无常；风物感怀。

中日文学中的生死意识有着许多值得注意的共同性，也有着许多值得注意的差异性。

感叹生命短暂、人生无常是古代中国文学、特别是古代中国诗歌常有的主题。中国先秦时期的诗作表明，生死的忧惧源自远古时代："俟河之清，人寿几何?""天式纵横，阳离爰死，大鸟和鸣，夫焉丧厥体?"汉末魏晋时期由于特定的社会文化原因，人生无常的悲哀弥漫了整个社会，成了当时的诗人们集中表现的情绪。"人生非金石，岂能长寿考。""人生处一世，去若朝露晞。""功业未及建，夕阳忽西流。时哉不我与，去乎若云浮。"就连叱咤风云的英雄豪杰在横槊赋诗之际也会悲从中来，抒发功业未竟时不我待的感慨："神龟虽寿，犹有竟时，腾蛇乘雾，终为土灰。老骥伏枥，志在千里。烈士暮年，壮心不已。"中国古代的诗人不管接受什么样的哲学观与宗教信仰，不管他对现实事务的沉迷达到何种程度，也无论他多么达观，乐天知命的信念多么坚固，心里总抹不去生命与时间匆匆消逝的感觉。

人生无常的悲哀同样是日本文学集中表现的情绪。日本文学史上最早最著名的诗集《万叶集》荟萃了表现这种情绪的佳作："无数人间事，飘然似白云，/春花飞散落，人死亦纷纷。"(第十七卷)"远从天地始，世间即无常。/此语世代传，传来永不忘。/放眼望天原，盈亏现月光。/春来山树巅，花开扑鼻香；/秋来红叶落，白露兼风霜。/现身亦如此，红颜转老苍。/黑发转灰白，朝荣暮即亡。/风吹不可见，水逝不可防。/世事皆如此，变幻无常方。/见此长流泪，泪下百千行。"(第十九卷)这些诗，一方面让人感受到忧生畏死的浓烈情绪，另一方面又让人体悟到一种对宇宙时空诸多变化的思虑；诗中的忧伤畏惧源自个体心灵，但又已经不再是纯粹个体的自然情感，具有了一种能让人普遍感怀的格调。

中日文学中的这种共同的生死感怀显示了中日民族在把握时间、生命这些问题时所依据的一种特有的思维方式：在时间经验化的基础上对生命作整体的观照。由于时间经验化了，对生命的整体观照就可以随时进行。看到春花飘落，就想到生命的结束；看到秋叶枯黄就想到死亡的来临。当自我意识因为春花飘落秋叶枯黄而进入到对生命作这种整体的观照的时候，其时其地主体所进行的现实活动、所忙的具体事务就被搁置了。这就是上述中日诗歌在人生无常的感叹中所包含的思维模式。欧美民族很少这样的思绪，很少因整体的生命慨叹形成具体人生事务的搁置。

但在中日人生无常的感叹中，仍有民族的差异。

中国诗歌中的忧伤更多的与现实政治、社会变革、个人遭遇、人际关系相互连结。《古诗十九首》、三曹父子的作品、阮籍嵇康的诗歌都充分地显示了这一特点。《古诗十九首》的作者们因为看到社会动乱、灾祸频繁、饥寒交迫、人命如草的情景，就有了"生年不满百，长怀千岁忧"的哀叹，有了"出郭门直视，但见丘与坟"的恐怖。三曹父子同样是因为看到军阀混乱、民不聊生、尸横遍野、人命危浅，才有了"对酒当歌，人生几何；譬如朝露，去日苦多"的哀惧。阮籍的忧生之嗟更是典型的与黑暗现实政治相连。

日本文学中的忧伤则更多的源自自然生命本身的悲剧性，较少与现实政治、社会变革、个人遭遇相关。如上文引用的《万叶集》十七卷、十九卷中的诗句，或从白云、香花、月光、红叶等角度构想生命的存在与消失，或从古往今来的现实变化去显示人生不可逃脱的命运，作者所揭示的都是生命的本体性悲剧。一方面作者所思考的是整个人类普遍共有的命运，不是哪一个体特有的不幸；另一方面作者不期待赋予他的主题以现实政治历史事件等具体社会生活的内容。同样的模式也表现于丰臣秀吉这样的以辉煌功业名世的武人的作品中："吾以朝霞降人世，来去匆匆瞬即逝；大阪巍巍气势盛，亦如梦中虚幻姿。"

中国人的生命无常的感叹源于中国人对生命的重视与眷恋。因为感觉到生存的美好，便感觉到死亡的恐怖，便对生命的结束怀着畏惧、抵触的情绪。在这里，生与死的内在逻辑同一以完全经验化的形式呈现出来。日本则不同。日本的人生无常的虚幻感并不走向对死亡的情感对抗。日本文化对死亡反而采取了一种崇拜的态度。它以“对死亡的尊敬（尊死）、崇拜以及病态的美化和爱恋”为其突出的音调。日本的武士道是此种崇死精神的集中体现。

中日文学中的另一共同点是生死忧思的萌发与自然风物的感怀交融在一起。中国诗人有“感物”的传统，面对日月山川、风霜雨雪、花草虫鱼，常会联想到自我的命运。王勃登滕王阁，“天高地迥，觉宇宙之无穷，兴尽悲来，识盈虚之有数。”东晋桓温看到昔年种柳皆已十围，“慨然曰：‘木犹如此，人何以堪，’攀枝折条，泫然流泪。”苏东坡夜游赤壁，面对白露横江、水光接天的壮美江山，想起历史上舳舻千里，横槊赋诗的英雄豪杰，一种“哀人生之须臾，羡长江之无穷”的强烈情感便激荡内心。

日本文学也是如此。山川草木、花鸟虫鱼、日月星辰是日本人寻找人生寄托和审美体验的重要去处。对自然风物的欣赏同样寄托了日本人的生死忧思，在风云雷电和雨雪冰霜的背后浮动着他们哀伤惊悸的心。井原西鹤《辞世》一诗写道：“吾生爱赏浮世月，五十为数余二年。”丰臣秀吉感叹：“与露飘零与露消，吾生一世何名扬。”词人日下部梦香《青玉案——江村春感》对黄昏风物的描写流露出浓重的人生将尽的悲哀：“短长亭半斜阳暮，苔壁空残旧时句。楼指韶光今几许？杨花态薄，梨花梦淡，岂可堪风雨。”

中日古代文学中的这种“情”景交融、“情”物交融，为古代欧美文学所不及。当然并不是说古代欧美文学中就完全没有同类的作品与艺术表现，只是说，在广度、深度上，在质与量上，在文学的内在机制上，古代欧美文学并不注重于此方面的艺术探索。

但区别同样存在。

中国古代文学的基本模式是：以自然同生命的反衬来凸现生命的悲哀。中国诗人欣赏自然的永恒、宁静及其万古不易的品格，体现在：“秦时明月汉时关”、“窗含西岭千秋雪”、“年年岁岁花相似”、“念天地之悠悠”、“青山依旧在”。这些诗句脍炙人口。同年年盛开的鲜花、亘古不易的明月、千秋长在的积雪、悠悠无尽的天地相比，生命是短暂的，转瞬即逝的：“大江东去，浪淘尽千古风流人物”；“千古江山，英雄无觅孙仲谋处”；“旧时王谢堂前燕，飞入寻常百姓家”；“人世几回伤往事，山形依旧枕寒流”。这一类吟唱在中国诗史上如恒河沙数。自然风物的千秋长在同人世繁华肉体生命的转瞬消亡之间构成的鲜明对比，成了一个永远解不开的情结折磨着历代诗人的心。在诗人们的慨叹中，有深深的迷惑，有执著的思考，有无尽的怨恨，但更多的是建立在无奈的基础上的悲怆与哀痛。如北宋晏殊的下列名句：“一向年光有限身”；“不如怜取眼前人”；“无可奈何花落去，似曾相识燕归来”；“一樽酒醒青山暮，千里书回碧树秋”。

日本文学不同。日本诗人欣赏自然，着眼点恰好相反。“他们关注自然的变易、飘零、毁灭。一位日本画家在谈到本民族的生死情怀时说，在很早以前，人们就认为世上一切事物都是转瞬即逝的。在认识到对方和自己一样是要离开这个世界时，就不由自主地产生了相互之间在瞬间是一起生存着的紧张感。于是，彼此的心开始相通，并产生出‘连带感’、爱心和美感。”樱花恋是此种情绪的典型表现。

中国诗中物我的尖锐对比，认同了自然的坚韧、顽强、不可征服，同时也认同了自我生命的卑微、脆弱、不堪击打。这种“厚物薄我”的观念既源自于中国人的自然主义生命意识，同时也最终形成了中国人的自然主义生命意识。这种自然主义生命意识既表现为中国诗人的“湖山情结”，也表现为中华民族的“永恒建构”。当生命还在的时候，中国诗人把自然的审美价值置于人事的审美价值之上。他们向往山林，渴望隐匿，企求在优美宁静的田园生活中获取幸福与诗意。

日本诗人物我同一的体验，认同了自我生命的坚韧、顽强、不可征服。日本诗人写花写草即使悲怆，仍然昂扬着不屈的头颅，笔底闪射出倔强与坚韧的意志之光。日本俳句大家松尾巴蕉一俳句云：“叹今秋，白发增，忍见孤鸟伴云行。”日本学者小西甚一解释说：“在无际的天空中，孤鸟与流云朝不定的方向飘去。这一浪迹天涯者的寂寥之情，以令人生畏的深度与力度迫向读者。它甚至使人感到作者对即将悄然面临的死神足音有一种静穆的谛观。”所谓“令人生畏的力度与深度”，所谓“寂寥之情”，固然离不开生存境遇的恶劣（孤独、萧瑟、衰老），但更主要的是来自于主体在恶劣的生存境遇中依然勇毅前行的身影与意志。再如松尾巴蕉的《病中吟》俳句：“浪天涯，忽卧病，我梦萦绕荒野行。”疾病的后面是死神，松尾巴蕉最终就是病死在旅途之上。然而人格精神不容许死神的意图轻易得逞，它要让生命的脚步永不停息，即使身体动不了，梦魂也还要在原野上奔走。内藤吐天《俳句评释》一书阐释这一俳句时说：“自我孤独的身影在荒野中蹒跚而行，其中有一颗顽强的灵魂，它不向万劫不复的命运屈服，要冲破那无际的空寂。”也正是由于有这种抗争，“疾病的痛楚与死亡的恐怖已抛却了它们可憎的暗影”。由于自然与“我”命运同一，由于在物我的对比中我的地位与价值得到了无可辩驳的确认，所以日本文学在审美上最终向自我回归，向自我的生命回归。通过自我生命的开展来创建诗意的世界，这同中国文学向自然回归的审美取向形成了鲜明的对比。

（原文约7500字，发表于《湘潭师范学院学报》社科版2001年第2期）

文摘编辑：王佃启

从朗吉努斯的《论崇高》看屈原的《离骚》

张世英

[作者简介] 张世英，北京大学哲学系教授。

[内容提要] 西方美学一般把审美意识区分为优美与崇高两类。古罗马时代的希腊文艺理论家朗吉努斯在其名著《论崇高》中，早已勾勒了崇高之不同于优美的基本特征。本文作者受朗吉努斯著作的启发，对屈原的《离骚》作了细致的分析，认为《离骚》不是一般的优美所可以概括的，它所体现的是一种崇高之美。文章最后强调，崇高在西方源于希伯莱文化，以忧患意识为其思想根源，《离骚》的崇高与屈原所遭遇的忧患也有密切联系。作者希望我们今天能够多一点忧患意识，能在文坛上出现像《离骚》一样崇高宏伟的诗篇。

[关 键 词] 优美与崇高；愉悦与狂喜；有限与无限；现实与幻想；忧患意识。

一

朗吉努斯认为文学作品的崇高风格之所以不在于娱人耳目而在于征服人、感动人，重要原因之一是：人非“卑微人物”，人所崇尚的对象是“伟大的”，是“比我们自己更神圣的东西”，崇高风格就是对这伟大的东西的“热爱”，它“使人不满足于人力所能及的整个宇宙”，而“还要游心骋思于八极之外”。“八极之外”者，无极，无限之意也。所以朗吉努斯所讲的崇高风格实即以无限为对象。朗吉努斯曾经很形象地指明崇高风格所欣赏的对象“不是小溪小涧，尽管溪涧也很明媚而且有用，而是尼罗河，多瑙河，莱茵河，尤其是海洋”。我以为屈原的《离骚》所展现在我们眼前的，决非令人愉悦的明媚的小溪小涧，而是波涛汹涌，常常被沉郁、黑暗笼罩的令人惊畏的海洋。这种磅礴的气势，非“游心骋思于八极”之外者，不可及也。《离骚》可以说是表现了崇高之追求无限的特征的典型之作。

二

朗吉努斯认为，文学作品为了追求无限，达到感动人、征服人的效果，必须具备五个因素，五者中最重要、最根本的是“形成宏伟思想的能力”亦即“高尚的灵魂”。轻视荣华富贵、名利权势，固然是一种美德，但人们更赞赏那些既拥有这些光彩夺目的东西却又能轻视它们的人，这样的人才是真正高尚的人。“崇高是高尚精神的回声。”这也就是说，没有高尚的精神或灵魂，就不可能有崇高。

《离骚》的文章风格之崇高性与作者“志洁”、“行廉”、“可与日月争光”的“高尚灵魂”是分不开的。值得特别指出的是，屈原的人格决非一般远避尘世的自命清高，而是出污泥而不染的斗士。

吹捧自我、华而不实之所以不能与崇高相比，在于前者来自虚伪的感情。因此，朗吉努斯认为崇高的第二个重要因素是与“虚伪感情”相对立的“高尚的感情”或“强烈的、有灵感的感情”。朗吉努斯在《论崇高》中并没有对这一点多所论述，但他关于高尚感情之重要性的一句简短的断语却是意味深长的：“我确信，没有什么东西比适当环境中所表现的高尚情感对于宏伟的风格而言更具决定性的作用，这种感情……能给作者的言词注入神圣的灵感。”屈原一则为悲泪所浸染，一则为怒火所燃烧，他的感情诚如王邦采所说，“如怨如慕，如泣如诉，忽起忽伏，忽断忽续”。然而他对无限崇高理想的执著之情，则一以贯之。“指九天以为正兮，夫唯灵修之故也。”说明他在悲痛欲绝之中，呼天地、告神明，以鉴其忠贞。“虽体解吾犹未变兮，岂余心之可惩!”说明他为了崇高的理想，愿以死殉之的高尚情操。

在关于崇高的上述两个因素（“高尚的灵魂”与“强烈的感情”）的论述的最后，朗吉努斯谈到想像力对风格的重要作用。他说：“严肃、宏伟和说服力都在很大程度上来自想象，……但按当前流行的用法，想象这个词应用于这样一些章节，在这些章节，由于你在情感上被打动，你能想象你看到了你所描写的东西，并使你的听众也同样看到了它。想象对于演说家来说是一回事，而对于诗人来说则是另一回事。诗的目的是打动情感，演说只是造成描绘的生动性，尽管两者都有激动情感的尝试。”诗人展示许多浪漫的夸大，并且处处超越确实性的眼界。而最好的演说家的特征也总是执著于现实。《离骚》是屈原作品中最富有想像力的一篇宏著。除自开首“帝高阳之苗裔兮”起的一段直说他身世、怀抱、遭遇等现实外，其余大多是采取类似神奇故事的写法，驰骋其想象和幻想于天地之间：忽而想见古人重华，忽而又想到上天，忽而想去仙山求“美人”，忽而又占卜于巫师，忽而飞龙驾车，凤凰承旗，奔向天际，忽而又临睨旧乡，仆悲马怀。上天下地，光怪陆离，实际上说明了屈原由于追求理想的感情之真挚和强烈而在现实与超现实之间、在天上与人间上下翱翔、上下求索的浪漫主义气质。屈原的浪漫主义气质和丰富想像力当然与现实有着紧密的联系，但又“处处超越确实性的眼界”而不像一般演说家那样“执著于现实”，这正是《离骚》之所以不仅以“描绘的生动性”而具有“说服力”见称，尤以其能“打动情感”的“严肃、宏伟”的崇高风格为后人崇敬和传诵的关键。

三

朗吉努斯认为崇高的上述两个重要因素——“高尚的灵魂”和“强烈的感情”——“主要是天生的”，此外，崇高还需要具备三个“靠技艺或人力”才能获得的因素，这就是“文体的格和修辞格的有效运用”和“高尚的文词”以及“庄严而高尚的布局”。

关于“文体的格和修辞的格的有效运用”，朗吉努斯谈到“发誓”、“连接词的省略”、“倒装句法”、“单数与复数的相互转换”、“时态的互换”、“人称的变换”、“迂回说”等诸多项目。除“发誓或祈求”和“迂回说”在屈原的《离骚》中屡见不鲜外，其余的项目与《离骚》很难有直接联系，而朗吉努斯对“发誓或祈求”与“迂回说”又没有什么概括性的论述，我拟略去不谈。

关于“高尚的文词”，朗吉努斯特别谈到了通俗语言(朴素语言)、隐喻和夸张对崇高风格的作用。

《离骚》大量采用楚国方言即当地人民的口头语言，所以它特别给人以亲切感。《离骚》的崇高风格及其高尚的思想之能为后世千百代人所理解和接受，是和他大量运用通俗语言或朴素语言密切相关的。《离骚》中所吸收的神话、传说也都是民间的口头创作，既是幻想，又反映了当时社会生活和生产的实际，这也是《离骚》之能为人民大众所喜爱的重要原因之一。

朗吉努斯关于隐喻尽管举了一些实例，但论述得比较简单。他只是结论式地断言：“比喻性（形象性）语言是宏伟的自然源泉，隐喻促成崇高。”但他对这个论断未作理论上的说明。《离骚》的内容之雄伟，几乎全都是用形象性的隐喻装点起来的。《离骚》满纸的隐喻，既有讽谏的现实意义，又给人留下无限想象的空间。

朗吉努斯在讲述“高尚的文词”这一崇高因素的最后一章谈到了夸张的意义。“夸张既可应用于大事，同样也可应用于小事，其共同的因素是对事实的过度伸张。”夸张能起到讽刺作用，“在一个意义下，讽刺就是对琐小的东西的夸大”。屈原的《招魂》和《离骚》以及他的其他辞赋都富有铺张的特色。铺张、夸张与屈原的丰富想象和幻想有密切关系，其现实作用和隐喻一样在于讽刺，但它又由于对事实的“过度伸张”而超越了现实的界限和界定，而使人驰神纵意，翱翔于八极之外。

朗吉努斯认为崇高的第五个因素是“庄严而高尚的布局”。“促成崇高的第五个要素是语词的适当布置”，就像音乐的和谐节奏一样。“这个来源（第五个要素——引者）囊括着前面所说的一切要素，它是一种产生于庄严和宏伟的全部效果。”“布局是一种语词的和谐。”“形成宏伟风格的主要原因之一是各种成分的适当组合，就像人和它的肢体一样。单独的一个部分本身如果离开了其他部分，就没有任何可以值得引人注意的，但是当它们被全部相互结合在一起时，它们就构成一个完美的整体。同样，当构成宏伟的各个因素相互分离时，它们就会使崇高性消散，而当它们结合成一个单一的有机体时，特别是结合成一个谐和体时，它们就会形成一个完满的整体，于是它们的声音洪亮而清晰，并且在这样形成的期间各种因素仿佛都促成了宏伟。”朗吉努斯关于文章布局的这段话，我以为完全适用于屈原的《离骚》。《离骚》373句，2490字，是一篇体制宏伟的长诗，其结构之严密、段落之分明，为中国历代诗作中所仅见。它就像朗吉努斯所说的那样，把“高尚的思想”、“强烈的感情”、“高尚的文词”诸因素融合为一，构成一个宏伟的整体。

四

在西方，崇高源于希伯莱文化。希伯莱人在无边无际、荆棘丛生的磨难中，把一切美好的幻想寄托在万能之主耶和华的信仰上，这种信仰是一种对有限的超越和对无限的向往的精神，正是这种精神产生了希伯莱人的审美意识形态——崇高。所以，崇高对无限所产生的敬畏感，自始就是以一种忧患意识为基础的。朗吉努斯在《论崇高》中只是一般地谈到崇高源于“高尚的思想”和“强烈的感情”等五种因素，但他并没有指出这种思想和感情的具体形态，我以为这种思想和感情就是忧患意识。其实，从朗吉努斯所举的例子中也可以看出，他所说的“高尚的思想”和“强烈的感情”是一种忧患意识，只不过他没有作出这样明确的概括。屈原的一生，虽然不能与荷马所描写的战争相比，不能与希伯莱人的流亡相比，但他所经历的屈辱以及与屈辱作斗争的种种令人悲愤的洁行芳志，亦应属于崇高的范畴，其思想感情上的来源也是忧患意识。我们评价《离骚》的崇高，应与这种忧患意识相联系。中华民族是一个伟大的民族，也是一个几千年来历经患难的民族，我希望我们今天能多一点忧患意识，能在文坛上出现像《离骚》一样崇高宏伟的诗篇。

（原文7500字，发表于《北京大学学报》哲社版2001年第3期）

文摘编辑：王佃启

东西方文化比较：论中国文学的忧患意识

杨丽萍

［作者简介］杨丽萍，北京联合大学职业技术师范学院副教授。

［内容提要］本文从哲学角度，揭示人类寻找精神家园与文学忧患意识之间的必然联系，并进一步从中西文学、文化的对比中，探讨中国文学的忧患意识以及忧患意识的表现特征，从而确定在东西方文化和文学相互交汇、碰撞的历史时期，中国文学在世界文化格局中日益突出的位置及意义。

［关键词］精神家园；忧患意识；文学与文化；比较；表现；特征。

一、寻找精神家园与文学的忧患意识

纵观古今中外数千年的文化历史，人类为寻找精神家园而表现出来的忧患意识似乎始终是文学作品中亘古不变的主题。我们在读到这样一些诗句时，可以透过诗中所传达的乡愁冲动，领会出其中对精神家园的忧患情愫。譬如李白的诗："床前明月光，疑是地上霜，举头望明月，低头思故乡"（中国——东方文学）；华兹华斯的诗："我在陌生人中间，孤独地旅行，英格兰呵！那时我才明白爱你至深！"（英国——西方文学），在这种常为人们称道的思乡文学里，我以为思乡只是形式，忧患才是内核，才是本质，才是诗的灵魂。不论是在东方还是在西方，不论是科学家还是文学家，对精神家园的寻找，就必然会产生一种深沉的忧患意识。

作为一种文学现象，忧患意识更是贯穿在东西方两大文学的发展之中。虽然东西方两大文学的特点、形态、发展进程有所不同，然而忧患意识的现象则是共同的。叹息、独白、质询，作为一种方式，则意味着一种情绪，一种主动地透过人类生活表层的和谐而探寻到其内在的不和谐、不完满，进而向更高层的和谐、完满迈进的忧患情绪。这种情绪周而复始，永无止境。它规定了人类寻找精神家园的情感价值取向，也构成了东西方两大文学所共同拥有的文学忧患主题。

二、从中西文化、文学比较看中国文学的忧患意识

就总体而言，西方文化是一个在剧烈的斗争中发展进步的文化。整个西方文化的发展历史，呈现出不断毁灭而又不断更新的历史发展形态。文化重心的不断转移，理论学说的不断否定，如同浮士德不断追求的精神那样，西方文化始终是在这种肯定、否定、否定之否定的历史进程中发展着。西方文化的这种性质，决定了西方文学的忧患意识形态特征，即西方文学的忧患意识在对自然、社会和人类自身命运的忧患当中，多侧重表现出对其本体存在合理性的深深忧虑，就像基督教文化所着重强调的"原罪"意识那样，往往在个体生理—心理层次上，在形而上学的哲学层次上，总是怀有一种深感其内在的不完满性的忧患意识，存在着一种与自然、与社会、与自身相抗拒、分裂的心灵冲突形式，并且通过忧患的主题思路，以对自然、社会和人类自身命运的终极性探寻来作为寻找精神家园的方式或象征，从而使文学的忧患意识在表现人类探寻困惑，承受困惑，预见困惑，不断发展前进当中，具有一种巨大的透视功能和预言意义。不同历史时期的西方作家都几乎是不约而同地把巨大的忧患意识与以"个体生存绝望"情绪为代表的人生虚无感结合起来了。从而将寻找精神家园的人生终极追求，置于个体不断被毁灭又不断被创造的人生历史的链条上，不断地获得新的历史涵义。西方文学的这种忧患意识，其艺术审美形态呈现为"真"和"美"的形态结合，表现出符合规律性的认识倾向。这种审美形态往往具有崇高性特征的审美意向，即在人与自然、人与社会、人与人、人与自我的分裂或对立中呈心灵挣扎式的抗争，倔强和虚无的审美心理定势，使西方文学总是带有强烈的人生痛苦和绝望的感觉。

与西方文化不同，建立在内陆农业社会和血缘宗法制度上的中国文化，是在社会政治思想基本稳定，在"天不变，道亦不变"的社会体制中平缓稳步发展的文化。中国文化的这种性质，决定了中国文化的忧患意识的形态特征，即中国文学的忧患意识在对自然社会和人类自身命运的忧患当中，多侧重表现出对其伦理规范和目的性的深深忧虑。人们常常称道中国文化为"乐感文化"（与西方的"罪感文化"相对），其实，所谓的乐感文化并非纯情的浪漫幻想而没有对现实人生的忧患意识，只是由于这种"乐感文化"性质所决定，中国文学的忧患意识不像西方文学那样集中在个体的生理到心理层次、形而上学的哲学层次上——以与自然、社会、人类自身相抗拒、分裂的心灵冲突形式来进行表现，而是紧紧扣住伦理、政治的层面，怀着对国家、民族和社稷民生的强烈关注之情，展开以"国泰民安"为中心内容的忧患

主题思路，并用“先天下之忧而忧，后天下之乐而乐”的博大胸怀，承受历史留下的那种精神重担、承受人世间一切精神苦恼，使文学的忧患意识处处都表现出以国家、民族和社稷民生为重的人道主义精神。中国文学的这种忧患意识所导致的艺术审美形态，偏重于“善”和“美”的形态结合，表现出契合目的性的伦理认识倾向。这种审美形态具有优美、和谐、精致小巧的审美特征，即在人与自然、人与社会、人与人、人与自我的和谐统一中，呈心灵超然式的恬静、超脱或消沉、无为的审美心理定势，并在强调“悲而不伤”、“乐而不淫”的和谐节奏中，使中国文学在表现人生苦难时，其巨大的忧患意识中仍然闪耀着理想主义和乐观主义的光辉。

三、中国文学忧患意识的表现特征

孔子从人生哲学的角度，指出了忧患意识的重要性，他说：“人无远虑，必有近忧。”孟子在此基础上，还提出了著名的“生于忧患”的命题。儒家所奠定的这种忧患意识，体现了以国家、民族、社稷民生为忧的特点。从理论的角度来分析，儒家把华夏民族的忧患意识建构在以下两个方面：一是建构在人的血缘情感与自然以及历史感与生命严肃性相结合的基础上；二是建构在人与世界存在的真实性及其潜在完整性的信仰之上。

儒家所奠定的这种深沉而浩大的忧患意识作为在相对不变的中国社会历史条件下，代代相承的深层文化心理结构，已积淀成一种“集体无意识”，渗透到文化的各个方面，同时也决定了中国文学“以忧为美”的审美基调。事实上，从屈原到杜甫，再到鲁迅，忧患是他们创作中的一根红线。离开了忧患意识，中国文学也就会失去它内在的活力。中国文学的忧患意识至少应该有以下几个方面的表现特征。

1. 伦理性情感与理性精神相统一的特征

中国文学的忧患意识往往具有较强的伦理色彩。当外在的恐惧、敬畏转化为内在的自觉和欲求时，对于自然、社会和人类自身命运的忧患，其表现形式就主要是面对客观外界的缺陷而萌发的内心情感冲动。但这种情感又不表现为与客观外界的对抗，而是在强调作为对立面的人与自然、社会和人自身必须相互渗透的前提下，在“天人合一”中，使情感导向日常的伦理，并且通过实践理性来表现一种崇高的精神力量，而不是像西方文学那样在人与自然、社会和人自身的对抗中通过以个体生存价值为核心的人生探索来表现精神力量。

中国文学忧患意识的这种伦理性情感与理性精神相统一的表现特征，体现在艺术审美的过程中，便形成了艺术审美境界谐和性的特点。所谓的“忧而不伤”，正是中国文学审美理想的一个重要方面。

2. 高度的社会责任感和献身精神的特征

受中国文化观念所制约，中国文学的忧患意识，不是强调走向自我的忧患，而是强调由自我走向社会的忧患。在这种走向中，特殊的表现是高度的社会责任感和献身精神相结合的特征。具体地说来，这种表现特征主要体现在两个方面：一是展示忧国忧民的伟大抱负。二是展示居安思危的预言意义。

高度的社会责任感与献身精神是密不可分的。既然忧患不是局限于个人的天地，那么，走向社会的忧患，也就应当承担对于社会和人生的某种义务、责任。在中国文学中，从屈原的“上下求索”，范仲淹的“先天下之忧而忧，后天下之乐而乐”，一直到鲁迅的“肩住黑暗的闸门”，都鲜明地表现了他们在忧患当中所展示的献身精神。可以说，这种精神不仅使他们最终获得完美的人生价值，而且也同样使他们的艺术创作获得新的价值取向，并为中国文学增添独具特色的艺术光彩。

3. 浩博雄浑、囊括宇宙的特征

在中国文学中，走向心灵的自由，不是像西方文学那样，将个体与社会相对立的忧患推向极端。而是在强调个体与社会的和谐统一中，通过忧患逐步挣脱社会的束缚，把一切人世间的利害得失提升到宇宙空间尺度上来衡量，让心灵与广阔浩渺的宇宙融为一体，产生浩博雄浑、囊括宇宙的伟力，从而真正实现自我的升华。像陶渊明的世外桃源式的憧憬，范仲淹的“不以物喜，不以己悲”的自慰宽怀，均属于这种类型。这种现象，在中国文学表现生命有限性与精神永恒性的内容时，尤其突出。中国文学这种使忧患意识朝着主体内心世界延伸、升华的表现方式，也就在个体与社会的相融合当中，进而突破一切束缚而导向博大精深的心灵宇宙空间，在人与自然、社会和自我和谐统一的艺术境界中，实现了自我升华，实现了生命对一切束缚的精神超越。

四、中国文学忧患意识的运行趋势

西方文学重在追求个人价值和幸福的忧患意识，往往在形而上的哲学层次上显示出人类忧患意识的深刻性，应为中国文学所汲取和进行创造性的转化；而中国文学重以追求国家、民族、社会和谐的忧患意识，突出了人类向往社会安宁、有序的理想，应自觉地同西方文学的忧患意识相交融、相补充。从世界文学发展的总趋势上来看，这也是中国文学的运行趋势。这种运行趋势必将更进一步地丰富与发展人类共有的忧患意识和文学的忧患主题。

（原文约13000字，发表于《北京联合大学学报》2001年第4期）

文摘编辑：王佃启

印度古代文学在中国的传播和变异

王 宗

[作者简介] 王宗，解放军外国语学院在读硕士研究生，讲师，主要从事尼泊尔语言文学研究。

[内容提要] 印度是以印度教为主的国家，印度文化对包括中国在内的亚洲国家产生了深远的影响，源于印度的印度教和佛教，在亚洲各国的传播过程中，佛教文学和印度教文学也传播到了这些国家，对这些地方的文学艺术、哲学思想、语言、历史等产生了广泛的影响。印度古代文学在中国的传播过程中，由于接受语境的差异又产生了相当程度的误读和变异现象。

[关 键 词] 印度古代文学；在中国的传播；变异。

印度文化的传播，一是从克什米尔进入我国的新疆和敦煌，这是“四个文化体系汇流的地区”，是佛教传入我国的主要通道；二是东传，即从东孟加拉经缅甸、泰国、老挝等国传入东南亚，或经缅甸和云南传入我国。

一、通览

据季羡林先生考证，印度的民间文学和民间传说在先秦时代便已开始传入中国。印度是寓言、童话最丰富的国家。中国和印度自古以来都有月兔的传说。屈原的《天问》中有“而顾菟在腹”这样的句子。“但据估计，印度的月兔故事早于中国，至迟到了屈原时代已传入中国。”至于时间上限到何时，则无定说。《淮南子》、《连山易》中都有不死之药的传说，《吕氏春秋》中有刻舟求剑的故事，《山海经》记载着巴蛇吞象，《庄子》中有大鹏鸟，还有狐假虎威等寓言故事，许多学者都认为它们同印度有着千丝万缕的联系。季羡林先生认为，“国家民族间的文化传播早于文字记载”。

在汉明帝以前，佛教就通过新疆一带的少数民族传入中国。随之而来的，还有印度文化。同时中国文化也开始传入印度，相互之间都产生了积极的影响。佛教传入中国后，到了南北朝时期，发展迅速，影响遍及全国。随着佛教的传播，印度文化也伴随着它的寓言、童话和故事等大量涌入中国。

从六朝到隋，中国产生了一种特殊的文学形式，即鬼神志怪的故事。最著名的有张华的《博物志》、王嘉的《拾遗记》、干宝的《搜神记》、陶潜的《搜神后记》等等。这些书里有很多奇闻异事，幽明报应和鬼怪故事。好多故事都与佛教有关。

唐代最有特征的文学体裁是传奇故事，它有点像后代的短篇小说。这一时期，印度文学对中国文学最具有影响的是传奇文学，它表现在两个方面：一是形式；二是内容。

在形式上，以流传全世界的《五卷书》为代表，它的结构特点是以一个物件为线索或中心，叙述几个不相干的故事。在内容方面，季羡林先生把传奇文学归为7种类型：(1)“黄粱梦”型。(2)“魂游”故事。(3)灵魂出窍的故事。(4)借尸还魂的故事。(5)幽婚故事。(6)龙女故事。(7)杜子春故事。在以上7种类型的传奇文学中，既有中国自己的创造，又有印度的影响。

二、印度史诗对中国的影响

《罗摩衍那》的梵文本除了宣扬三纲五常等教条之外，着重宣传一夫一妻制。而佛教的《十车王本生》则似乎把重点放在宣扬忠孝上。罗摩故事传到国外后，几乎毫无例外的都宣传的是佛教思想。罗摩故事传入中国后，各民族都加以利用，为自己的政治服务。傣族利用它来美化封建领主制，美化佛教。藏族通过对罗摩盛世的宣传，美化当地的统治者。在和阗文本中最后十车王被打败，称臣纳贡。这种宣传也有利于统治集团。汉译本特别强调伦理道德的一面。而且，罗摩故事在印度是一个悲剧，但到了中国却多被改成喜剧结尾，以适应中国人的口味和爱好，最突出的是插曲睒子故事。这本来是一个悲剧，但在《六度集经》里却让天神出面干预，使被射死的睒子复活。

关于孙悟空形象原型争执颇多，主要有国产说和印度影响说，印度影响说中又有史诗影响说和佛经影响说。最早提出佛经影响说的是陈寅恪先生，他在《〈西游记〉玄奘弟子故事之演变》一文中认为，孙悟空大闹天宫的故事受《贤愚经》等佛典中的顶生王故事影响。后来有学者进一步研究孙悟空形象中的佛经影响，发现系由佛大弟子目连形象脱胎而来。但季羡林先生通过对《罗摩衍那》中神猴哈奴曼和《西游记》中孙悟空的对比研究，认为孙悟空的原型同哈奴曼更为接近。如果是这样的话，《罗摩衍那》在这方面也影响了中国文学的创作。

我国云南的傣族，由于与缅甸接壤，而缅甸受印度文化影响较早，又因傣语与泰语同系，泰国较早地接受了印度的文学、宗教等等。印度《罗摩衍那》虽然没有全部传入中国内地，却传到了傣族地区，在这些地区的民间流行极广。对比《罗摩衍那》和傣族的《兰嘎西贺》，可以发现二者在主题思想、故事内容、人物形象上基本上相同，甚至连名字都差不多。当然，故事已经中国化了，其中有许多内容是中国的创造。

在我国西藏地区，由于同印度接壤，在文化交流方面，具有特别有利的条件。公元5世纪，佛教开始传入西藏，7世纪松赞干布时期大规模传入。许多梵文古典文学也传入西藏，比如迦梨陀娑的《云使》就有藏文译本。《罗摩衍那》也在这个时期传入了西藏。一方面，有根据梵文或其他印度语言的本子翻译并加以创造的《罗摩衍那》，另一方面又有自己的创造，如1980年四川人民出版社出版的雄巴·曲旺扎巴（1404—1469）所著《罗摩衍那颂赞》就是在印度传统的基础上自己创作的。

三、佛经文学对中国的影响

印度文化对中国的影响，主要是通过佛教的传入实施的。而佛经的翻译和改编（有人称其为佛经文学），对中国文学的影响是深刻的。从总体上看，中国文学自魏晋以后从主题、题材、形象、文体以及思想情趣等方面，都受到了广泛而深刻的影响。

首先，在文学的题材和主题方面，佛经为中国文学增添了不少新的内容。如善恶有报是中国文学中常见的主题，主要是受佛经“业报”思想的影响。另外，“业报”也是中国古代叙事文学大团圆结局的思想和审美基础。其他受佛教影响的文学主题还有轮回、因缘、无常、慈悲等。

其次，佛经为中国文学增添了许多艺术形象。一是佛经文学中的主要角色，包括佛、菩萨、罗汉等；二是天王、金刚、罗刹、夜叉等通过佛经传入中国的印度神话形象；三是中国文学中许多家喻户晓、脍炙人口的艺术形象，如孙悟空、哪吒等传入中国后，有的发生了深刻的变异。

第三，在文体形式上，佛经的影响也随处可见。前文已例举，这里不再赘述。但在本世纪初发现的敦煌变文（基中佛经讲唱占有重要地位）则对中国说唱文学乃至戏曲和小说的发展都产生了很大的影响。

第四，佛经的传入丰富并发展了中国的文学语言。唐以前佛经的翻译主要是意译、直译，不大主张在经文中夹杂音译字。到了唐代，玄奘首次提出了关于音译的“五不翻”原则，在佛经翻译上进行了一次大变革，从而开辟了一个译名规范的时代。由于佛教文化的涌入并与中原固有的儒、道文化相结合，使中国文化开始了一个新的传统，也就是出现了第二传统文化。

第五，在文学思想和审美趣味方面，佛经对中国文学的影响也非常深刻。中国传统文论中的许多概念学说，如滋味说、妙语说、韵味说、性灵说、境界说等等，都与佛经思想有关，其中或者借用佛学概念，或者汲取佛教思想，或者借鉴佛理的思维方式，从而形成别具一格的中国文艺美学范畴。

受中国传统文化的人本主义和人文精神的制约，印度文化在中国的传播过程中，中国人接受了《罗摩衍那》中罗摩忠孝的一面，并将它发挥到了极致。在对待佛教流派的态度上，中国人比较能够接受自利利他的大乘佛教，而不容易接受自我解脱的小乘佛教。这样，主张入世住世的人间佛教《维摩诘经》、调和矛盾的《法华经》、主张圆融无碍的《华严经》在中国最容易被接受，流传也最广泛。

外来文化要想在当地站稳脚跟，一方面受接受语境的制约，另一方面外来文化本身也会自动改造一部分，以适应接受者。这足以说明，为什么印度文化在中国的传播过程中，会发生较大的变异。

变异产生于误读和改造。从语言文化本身来看，汉语词音长度的最佳区间，汉语的语素单音节倾向，汉语的语词系列化或系统化要求以及中国人的认知特点，大多有利于意译词，而不利于音译词。这种先入为主的特性，使佛经的翻译者，尝试着用已知的东西去翻译未知的不熟悉的异文化，不可避免地要产生误读和变异。在华夏人无法完全用汉语固有成分去表达一些全新的事物时，不得不引进大量的外来概念以及外来词语。如在早期的佛典翻译中，为了沟通两种文化，翻译家经常采用中国传统文化中的概念去翻译佛教的概念术语，如将真如译为“无为”，将性空译为“本无”，将波罗密译为“道行”等。这样必然会产生许多误解。

为了便于理解，把中国固有的类似概念与佛经中的名相相对应，由于文化观念不同，最容易产生误读。在此基础上发生的文学变异，主要发生在佛教融入中国文化之后，其中有佛教义理思想的变异，有文学意象的变异，也有故事母题的变异。

文学意象的变异可以龙王为代表。佛经中的龙，是介于动物、人、神、怪之间的一种形象。它们一般住在水里，江河湖海都有，以海为主。它们有自己的国度，统治者是龙王。龙神通广大，能上天入水，能行云布雨，能变换形体。在中国，公元前3000年以前，人们就创造了龙的图腾。炎黄子孙被称为“龙的传人”。佛经传入中国，Nāga被译为“龙”，从而与中国传统文化中的“龙”发生混合。后世神话小说中的龙，如《封神演义》和《西游记》中描写的东海龙王，都是佛经中Nāga形象的演化，与中华民族是“龙的传人”的龙并不是一回事，只是这两种龙经过长期流传，在民间信仰的层次上已经融合在一起了。在中国的传奇小说中，龙的外形也发生了很大的变化，一般是头上有角，身上有鳞，与佛经中的龙相比，其形象发生了很大的变异。

（原文约6000字，发表于《解放军外国语学院学报》2001年第4期）

文摘编辑：王佃启

影响与再创造

——《五卷书》与《一千零一夜》之比较

李俊璇

[作者简介] 李俊璇，解放军外国语学院硕士研究生，研究方向为亚非语语言文学。

[内容提要]《五卷书》是印度著名的寓言故事集，《一千零一夜》则是阿拉伯的民间故事集。《五卷书》在结构、内容、思想、手法四个方面对《一千零一夜》产生了影响。然而在成书时间、写作目的、情节安排以及故事题材四个方面两部作品又有着各自的鲜明特色。通过对两部故事集的对比分析得出的结论是，在文化的传播过程中文学之间会产生影响，但影响的结果是创造出具有各民族自己特色的民族文学。

[关 键 词] 五卷书；一千零一夜；比较；再创造。

《五卷书》分为《朋友的决裂》、《朋友的获得》、《乌鸦和猫头鹰从事于战争与和平等六种策略》、《已经得到的东西的丧失》及《不思而行》五卷。

《一千零一夜》旧译名为《天方夜谭》，是一部著名的阿拉伯民间故事集。它的内容包罗万象，涉及冒险、恋爱、历史等各个方面的故事；形式活泼，有寓言、童话、抒情诗等；故事的背景变化多样，时而在巴格达，时而在埃及，有的甚至远在中国。

两部书分别产生于两大文明发源地，既存在很多相似之处，又有着巨大差异。

一、结构——故事套故事

在结构方面两部作品有着惊人的相似，都采用故事套故事的形式。

《五卷书》的骨干故事是婆罗门教育王子。每一卷都有一个骨干故事，穿在这个骨干故事上的是许多中小故事。这些故事多是短小的寓言和童话，同骨干故事穿插起来，形成了《五卷书》庞大的结构。

在《一千零一夜》中，故事之间的连贯与《五卷书》相同。主线讲的是王后山鲁佐德为了引起国王的兴趣，夜夜讲述不同的故事，一旦国王对故事失去兴趣，王后就有被杀的可能，所以故事不能一次讲完，在一个故事还未结束的时候就引入了另一个故事，而讲到高潮的时候，常常是欲言又止，用悬念紧紧扣住读者和听众的心弦。

在《五卷书》中，每个故事总是以一段训诫话语结尾，结尾会有一个类比的形象，从而引出下一个故事的主人公。每个故事末以“常言道……”与下面的故事紧密衔接。而在《一千零一夜》中，到了故事的高潮将要解开谜底时就会出现另一个让人迷惑不解的怪事或怪人，像在《渔翁的故事》中渔翁、宰相、国王和着魔王子的奇遇环环相扣，颇有一波未平，一波又起的味道。故事结尾常常以“你们听过比这更稀奇的故事吗?”来引出下一个故事。

二、内容——很多相似情节

两部书中有很多相似的情节，比如说《五卷书》中有《金翅鸟》的故事，说的是织工依靠车匠制造的机器金翅鸟得到了被“一群宫女围绕着”的印度公主的爱情故事；在《一千零一夜》中，波斯王子骑上乌木马，飞到遥远的萨乃奥伍国遇到了一个“被一群女奴簇拥着的”公主，经过一番波折，终于娶到了公主。两部故事集有着诸多相似之处的主要原因，是《一千零一夜》的部分故事是由波斯故事集《赫左尔·艾夫萨乃》翻译而来，而这部故事集就源于印度。然而，即使是相同的情节，两部作品也体现着巨大的差异。在《一千零一夜》中很多脱胎于《五卷书》的故事有了更具体更生动的叙述，这是由于阿拉伯人在印度故事的基础上根据本民族特点进行了加工处理；另外还必须考虑到的一个因素是，神话是古代人民精神生活的产物，它反映了人类在童年时代对世界起源、万物生灭、日月运行、气候变化以及社会生活的一种认识和理解，不同民族生活在不同的地域，即使相互之间不可能有文化信息的交流，但是他们与大自然的斗争有着相似的认知和体验，这就可能在集体无意识下产生相同意象和原型。当两个民族进行文化交流的时候，最先产生影响的正是那些有着相似的生活体验的故事和情节。

三、思想——宣传教义，惩恶扬善

在思想方面，两部书也有某些共同之处，最显著的一点是，这些故事都充满了教诲。《五卷书》的成书目的就是教人立身处世和治国安邦的技巧。在《一千零一夜》中，当商人和游牧民讲述自己的奇遇时，国王也总是教人记下“以诫后人”。印度和阿拉伯两个民族的文化都充满了浓郁的宗教色彩，因此在他们的文学作品中，宣传教义成了一项必不可少的内容。在《五卷书》中，我们能够看到宣传印度教教义，渲染印度教习俗，赞美印度教大神的现象，甚至在动物语言中也是这样。与此相同，在《一千零一夜》中，人们在成功或失败时、欢乐或悲伤时总不忘赞美真主，歌颂伟大的安拉，这些均出现在广为流传、妇孺皆知的寓言神话故事中，对于宣传宗教起到了潜移默化的作用。

四、手法——叙事与抒情相结合，小说体与诗体相结合

两部书在表达方式上也相似，都是叙事与抒情相结合，小说体与诗体相结合。在《五卷书》中，散文用来记述故事情节，诗体用于渲染感情和讲述道理，全书的开头就有一首诗，每一卷的开始也有一首诗，在叙述中常常加上一些“人们说得好”、“常言道”、“常言说得好”等插入语，以便下文衔接诗歌。

在《一千零一夜》中，诗歌多用于抒发情怀。比如在《渔翁的故事》中，渔翁捕鱼撒了三次网，共吟诵了五首充满哲理的长诗。诗中感慨生活的艰难，赞美真主的伟大，极富文学气息。这种韵散交互使用的方式，使故事散发出高雅的气息，体现了故事产生于民间百姓，整理于文人学士，服务于达官贵人的特点。

《一千零 一夜》在故事的情节、结构等方面受《五卷书》的影响，因而两部书有着诸多共同之处，但文学影响不等于作品翻译，在文化交流的过程中，同一题材可能会随着时间流转、地域变迁以及民族特质而不断发生变化，因而差别还是巨大的，各自又都体现出鲜明的独立性。笔者试从以下几个方面对其差异进行比较：

1．产生时代不同

《五卷书》在印度有很多不同的传本，完成于不同的时代，因此说它具体产生于某一时代是不确切的。根据史料考证，最古老的本子不超过公元2世纪，现行的本子大约是9世纪中叶至12世纪之间编成的。

《一千零一夜》的成书时间晚于《五卷书》，其中部分故事明显脱胎于《五卷书》，但故事情节更加完整、成熟。《五卷书》的故事大多是动物寓言，短小精练，以说明道理为目的，情节性不强，往往就是生活中的一个小场景；而《一千零 一夜》的故事富于曲折变化，有完整的开篇和结尾。

2．写作目的不同

《五卷书》的写作目的，是一个国王为了教导“三个笨得要命”又“对经书毫无兴趣”的儿子而请智者编纂而成的。《五卷书》是“统治论”的一种，这是国王为了把统治人民的权术传授给皇太子们，让国家中有德行和智慧的人把人民创造出的寓言和童话加以改造、编撰，以便王位继承人能够在尽可能短的时间里学到尽可能多的知识，懂得治国驭民的道理，更好地持续统治。

《一千零 一夜》是阿拉伯游牧民族在游牧迁徙、经商游历过程中，把亲身经历与所见所闻融合移植，把神话传说和人民美好的梦想有机结合，在旅途中作为排遣寂寞的手段，广为流传。而宫廷诗人又将这些传奇加以整理，配上诗歌，为王公大臣们讲述吟诵。虽然也有说教的成分，但教化不是主要目的，其主要目的是供人们消遣娱乐，以情节的生动离奇来吸引听众，扣人心弦。

3．情节安排不同

《五卷书》的故事短小简练，其形式更接近于寓言，情节并不曲折多变，以能够说明道理为目的，一个故事往往只有一个情节。故事数量多、情节少，各个故事是由讲述者旁征博引，相互之间没有内在关联。在每一章节中占有大量篇幅的是训诫和谚语，叙述性的小故事倒像是论说文中的例子，成为阐释道理的工具。

在《一千零一夜》中，其故事离奇、悬念迭起、引人入胜。情节错综复杂，环环相扣，枝节蔓生，紧紧扣住一个“奇”字。讲的多是游历商人的所见所闻，尽收天下之奇人奇事。一个故事可以称为一个系统，主系统下面又有子系统，曲折的情节是由故事主人公的离奇经历连串起来，相互之间是有关联的，一个故事的主人公常常会成为下一个故事的讲述者。

4．题材不同

《五卷书》取材于当时的印度社会民间生活，故事的主人公多为鱼、鸟、虫、兽，但其行为方式、道德取向与人无异；以人为主人公的故事中，几乎涉及了印度古代社会的各个阶层：国王、帝师、婆罗门、刹帝利、吠舍、首陀罗、商人、农民、法官、苦行者、猎人、渔父、小偷等。故事中还对统治阶层进行大胆的批驳，有的反映婆罗门祭司的贪婪、懒惰、虚伪、不劳而获。

《一千零一夜》则取材于牧民和商人的游历生活，其涉及地域范围广，背景常常不限于一个国家。讲述的多为牧民、商人和手工业者经历的奇闻轶事，王公贵族、男女青年的恋爱婚姻、家庭生活；时空跨度也比较大，有的故事讲的不只是一代人、一个地方的事。与印度的农耕文化不同，在《一千零 一夜》中所体现出来的是典型的城市商业文明。

（原文约1万字，发表于《解放军外国语学院学报》2002年第3期）

文摘编辑：王佃启

理想者的人生悲剧
——于连与盖茨比的性格对比

余劲草

[作者简介] 余劲草，成都大学外语系。

[内容提要] 本文通过对于连和盖茨比行为与心理的分析，对这两大著名文学人物的性格进行三方面的比较，揭示出两者的个性差异，并探讨造成两人悲剧结局的共同原因。

[关 键 词] 于连；盖茨比；对比；悲剧。

著名的文学评论家勃兰兑斯曾将法国小说家司汤达的《红与黑》看作是“1830年代的代表作之一”。近百年后，美国爵士时代的歌手菲茨杰拉德贡献出被T·S·艾略特认为是“自亨利·詹姆斯以来美国小说所迈出的第一步”的传世杰作《了不起的盖茨比》。有意味的是，这两部作品中生活于不同时代的两位主人公于连和盖茨比在许多方面有类似之处。尽管两位主人公命运相似，但由于各自的生活目标和性格经历的差异，他们在相似命运归属中却存在着许多不同之处，这正是本文所要探究的问题。

一、梦想与生活

梦想是生活在贫穷与不公的社会中人们精神上的安慰剂。无疑，两位主人公对于生活都有无穷的梦想。

出生于法国孔泰地区小城维里业的木匠之子于连·索黑尔从小就崇拜已被流放的拿破仑，渴望有朝一日可以穿上红色军服，凭借战场上的出生入死而飞黄腾达。但是他清楚地意识到拿破仑的流放已经意味着他的“红色梦想”只能是空想。而在七月王朝复辟后，“当青年们谈到光荣，荣誉，希望，爱情，权力和生命时，答复永远是同样的：成为教士吧。”现实使于连意识到，穿上教士的黑袍才能出人头地，他的梦想也就自然由红变黑了。

而詹姆斯·盖茨比则来自美国北达科他的一个农民家庭，他“从小就认为自己是上帝的儿子，因此必须为他的天父效命，献身于一种博大、庸俗、华而不实的美”。在盖茨比“夜晚躺在床上的时候，各种离奇怪诞的幻想纷至沓来，一个绚丽得无法形容的宇宙展现在他的脑海里”。甚至于“他的想像力从来也没有真正承认过他们是自己的父母”，盖茨比来自于他对自己的柏拉图似的理念。

可见，于连的梦想是现实而具体的，他追求的不外是凭自身的本领去搏个封妻荫子，再狠狠回击那些蔑视他、羞辱他的贵族老爷们。相比之下，盖茨比穷其一生都在追求从镀金时代到爵士时代盛极一时的“美国梦”。但与其他人不同的是，盖茨比追求的并不是一般意义上物质生活的丰裕或是事业上的高歌猛进，而是一种虚拟的、只存在于他心中的“华而不实的美”。

某种意义上，于连接近于一位彻底的现实主义者，在生活与梦想之间，于连更看重的显然是前者，他的一切梦想都是为了过更好的生活。

盖茨比在本质上更像一位不能自拔的幻想家。在梦想与生活中，盖茨比强调梦想，这也正是他与于连最大的区别。

二、爱情与野心

在两位主人公短暂的一生中，爱情始终扮演着极其重要的角色。他们的梦想、事业和最终悲剧都与爱情密切相关。正是因为与德瑞那夫人相爱，于连才得以在国王驾临时以木匠之子的身份获得参加仪仗队的荣誉。侯爵小姐的委身相与更使他获得每年20600法郎的收入，以及中尉的军阶和骑士的头衔。如果不是市长夫人违心发出的告密信，将有一条通往上层社会的金光大道展现在于连面前。而一旦没有与黛西的爱情悲剧，盖茨比也不会下定决心用金钱复仇，从而与沃尔夫山姆等不法之徒搅到一起，成为被正人君子看不上的“大私酒贩子”，并且为了虚幻的爱情而最终死在威尔逊的枪口下。可以说，是爱情造就出于连和盖茨比，但也是这种感情成了最后毁灭他们的导火线。

值得注意的是，他们的爱情都与各自的野心紧密相连。与雄心勃勃、将爱情赋予了多种功能加以利用的于连相比，盖茨比的感情要单纯得多。他的终极目标就是夺回已经嫁作他人妇的昔日恋人黛西。在步步实现野心的过程中，冷静而理智的于连收获了爱情，而浪漫而狂热的盖茨比却在追求爱情的艰难历程中产生了用金钱复仇，夺回爱人的野心。于连的爱情是野心的副产品，盖茨比的爱情则纯粹得多，是野心产生的诱因而非结果 。

三、清醒与狂热

虽然于连生活的年代早于盖茨比近百年，他告别人世时也比后者更为年轻，但是在对现实环境的认识和对具体事物的操作上，于连体现出远胜于对方的老辣。我们可以说于连在清醒面对人生，而盖茨比则终其一生都是生活在狂热中的梦想家。请看，面对人间最崇高而神秘的爱情，于连可以"成为冷酷的政客"，在他离开维里业前往巴黎前，他爬进了市长夫人的寝室，"心里不断盘算，故意把时间拉长"，用尽各种手段后使得"昔日柔情，现已回归"。而在他与侯爵小姐玛蒂尔德陷入情网之后，于连通过故意疏远对方，假装追求他人等等方式从心理上征服了玛蒂尔德，使得这位骄傲矜持的贵族小姐心甘情愿地放弃了根深蒂固的等级观念，拜倒在自己脚下。

而深爱黛西的盖茨比虽然也使用了一些手段来试图引起对方的注意，包括夜夜在家设宴款待陌生人，主动结交黛西的远亲卡洛威等等，但当两人真正相遇时，这位"31岁的汉子"却像个情窦初开的少年。他只会在黛西和卡洛威说话时躲在一旁，"用紧张而痛苦的目光看来看去，战战兢兢"。在他们4年后再次相逢时，盖茨比起初"局促不安，继而大喜过望"，最后"又由于她出现在面前感到万分惊异而不能自持了"。他的举动正可以说是"近乡情更怯，不敢问来人"。

某种意义上，死时年仅22岁的于连远比30出头时被枪杀的盖茨比成熟。他一直很清楚该如何来实现自己的野心，达到自己的梦想。因此，他并非虔诚的基督徒却可以用拉丁文将《圣经》倒背如流，看不起自命不凡的贵族又服服帖帖地为德·拉摩尔侯爵办事。当发现除了扮演伪君子自己再也没有创建事业的机会后，于连"在伪善这门艺术上逐渐发展到相当得心应手"。更为重要的是，于连在即将成功跻身于上流社会又意外失败后清楚地看到了自身悲剧的根源。

盖茨比却始终是一个"敢于梦想的人"，他的梦想是如此狂热而浪漫，因为向往以黛西为最高代表的华而不实的美而使自己生活在海市蜃楼之间。富于美国气质的盖茨比"竭力把个人的梦想强加于他所在的社会现实"，就像爱默生和麦尔维尔一样，他不以为然地认为自己可以重复过去。为了达到这样的目标，盖茨比在黛西家对面修建豪华别墅，邀请素不相识的人在那里夜夜笙歌，他所做的一切都令人感动而又可笑。直到黛西重回汤姆的怀抱后，盖茨比还坚持认为她不爱丈夫汤姆，或者说更爱的是自己，而此前黛西在广场饭店已经亲口承认自己爱过汤姆，盖茨比也已经认识到自己多年梦想的意中人不过是个"声音里充满了金钱"的黄金女郎。在清楚意识到自己在做一个梦，而现实已经将这个梦撞得粉碎之后，盖茨比"仍然不能忘怀，无力自拔"，最后为了这个无法实现的梦而丢掉了自己的性命。与清醒而现实的于连相比，盖茨比始终有些不切实际，他不明白"那个梦已经丢在他背后了，丢在这个城市那边那一片混沌之中不知什么地方了"。也许直到自己惨死在威尔逊的枪口下，盖茨比仍然没有认识到汤姆和黛西代表的上流社会决不会让他旧梦重温，而只是"砸碎东西，毁灭了人，然后让别人去收拾他们的烂摊子"。

不过，无论是清醒而理智的于连还是浪漫狂热的盖茨比最后都在残酷的上流社会面前一败涂地。于连因一时冲动枪击市长夫人而被阴险卑鄙的华勒诺之流置于死地；盖茨比出于对黛西一以贯之的爱情而被汤姆教唆威尔逊枪击身亡。两位企图从草根阶级通过个人奋斗跻身花果阶层的贫民英雄最后殊途同归，倒在血泊中结束了悲剧的一生。

造成悲剧的，并不是于连和盖茨比各自的性格和经历，而是他们相似的贫贱出身和勃勃雄心的巨大反差，是主观幻想与客观现实不可抗拒的力量。尽管1830年前后的法国七月王朝远远不同于上世纪20年代的爵士美国，但上层社会对于妄图挤入他们中间的"穷小子"总是又恨又怕，既定的社会阶层结构和利益驱使，使他们感到有必要维护权力机器的威严，他们要告诉世人的是：不管是渴望建立个人功勋的于连，还是追求上流社会女性的盖茨比，他们在等级森严的社会里注定都只能以悲剧收场 。

然而，尽管本文探讨的两位主人公都是失败者，是各自梦想的牺牲品，但是于连身上体现出的个人英雄主义和不甘流俗的坚强意志，盖茨比对梦想执著追求的理想气质和对自身精神超越的渴望，却始终让后世的读者难以忘怀。"他们有着某种真正的，虽被歪曲了的英雄主义，有着某种振奋情绪的渴望的力量；而在尽力考验的时刻，他们却表现出比大多数人有更高的感情和更坚强的心灵。"这才是理想者的人生悲剧所要告诉我们的，是于连与盖茨比的价值和意义所在。

（原文约5000字，发表于《成都大学学报》社科版2002年第3期）

文摘编辑：王佃启

中国现代散文源流论

傅瑛

[作者简介] 傅瑛，淮北煤炭师范学院图书馆馆长，教授。

[内容提要] 中国现代散文的源与流是现代散文研究界一个看似简单、实则分歧颇大的问题。它首先要认定“什么是散文”。在论证了这一大前提之后，本文作者大胆提出中国现代散文的真正源头是古代文学中的“骚”与“赋”，而“五四”以来外国文学的介入又为这一文学样式注入了新的活力。正因为历史如此源远流长，现代散文才可能在问世之初即表现出迥异于其他文学样式的特殊的繁荣。

[关键词] 现代散文；“五四”；新文学；裂变；个性；自我。

现代文学创造者与研究者对新散文的来龙去脉表示了强烈的兴趣。早在1922年，胡适就于《五十年来的中国之文学》一文里，探讨了现代白话散文的发展渊源，认为这一发展脉络大致有如下五步：由严复、林纾的翻译文章——谭嗣同、梁启超的政论文章——章炳麟的述学文章——章士钊一派的政治文章——现代白话散文。以后，周作人又从明代小品这一历史背景上寻找现代散文的源头，认为“现代的散文好像是一条淹没在沙土下的河水，多少年后又在下流被掘了出来，这是一条古河，却又是新的……”，朱自清却在《论中国现代的小品散文》里，强调指出外国散文对中国现代散文的“直接影响”。

此后，随着现代散文创作的日趋繁盛，创作理论的日渐丰满，研究者对中国现代散文源流的探讨也日益深入，终至众说纷纭。1986年，佘树森先生在《现代散文理论鸟瞰》一文中，将它们概括成三种有代表性的论点，即：“公安派与英国小品合成论”、“‘文学革命’影响论”、“历史使命论”。

那么，究竟什么才是中国现代散文的真正源头？其实，诸种分歧意见的一个关键问题正是“什么是散文”。在高等院校中文系的讲台上，“散文”常常有三种解释：广义、次广义和狭义。广义的散文指一切无韵的文章，它最早见于南宋《鹤林玉露》，专指与骈文相对的文章体式。自南宋至“五四”运动七百年间，这一阐述几无变化。“五四”新文化运动在意识形态领域里掀起的革命风潮，将中国文章学推进到一个崭新的历史时期，随着文言文的衰落、白话文的兴起，古代文章学的旧有的体式全被打乱，各类文体处于大裂变、大融合的动荡中心。1919年的“五四”运动在空前的程度上唤起了“人”的自觉，以这一觉醒的思想为中心，时代迫切需要一种以抒发作者自我情感为特征的文学品类出现，以满足广大读者不断提高的审美要求，满足作家不断增长的“言志”需要。1921年6月8日，现代散文的一代宗师周作人率先提出“有许多思想，既不能作为小说，又不适于作诗”，便可以写成“美文”。他呼吁在“现代的国语文学里”，治新文学的人试一试这类文章。他为“美文”的内涵做了最初的解释，即“用艺术的方法表现个人的感情”。周作人的这一倡导受到创作者的一致拥护。既然如此，本文提出散文的特质应当是“个人的，一切都是从个人的主观发出来；和那些非个人的，客观的批评文、议论文、叙事文、写景文完全不同。因为它是由个人的主观散漫地、琐碎地、随便地写出来，所以它的特质又是不规则的，非正式的。又从表面看来虽然平常；精细的考察一下，却有惊人的奇思，苦心雕刻的妙笔”。

与理论同步却又比理论更加繁盛，20年代初期一大批作家从人生各个角度落笔，写出了灿若群星的散文佳作，从实践的意义上说明着中国现代散文的突出个性。所有这些散文作品，主旨都在自我情感的抒发，本质都是作者“心弦上乐谱的记录”。由此可见，狭义的散文——美文——絮语散文——文学散文，自上世纪20年代初期已经展现了它那卓然不群、优雅清新的独特身姿，取得了独立于世的资格。

如上所述，时代思潮冲击下的文体裂变使现代散文迎春风破土而出。但这些种子之所以能在短期内勃发、繁盛，自然还得力于本身遗传基因的壮健，得力于可以视为现代散文渊源的历史的内蕴力。

一提起现代散文的历史渊源，人们往往首先想到先秦诸子与历史散文。其实，先秦诸子散文与历史散文之所以被称为“散文”，最重要的依据来自它们是“散行的文字”，与现代以表现创作主体感受的文学散文有形式上的相似，少本质的相通。从严格意义上来说，我认为作为现代散文历史渊源而存在的首推“骚”、“赋”。

屈原的《离骚》崛起于我国思想发展史的第一个理性觉醒时期。奴隶制衰落、封建制兴起的特定历史时代，作为个体的“人”的初步的自我表现意识，是《离骚》得以问世的社会思想基础。它“把最为生动、鲜艳、与最为炽烈深沉、只有在理性觉醒时期才能有的个体人格和情操，最完满地熔化成了有机整体”。远在屈原时代，伴随着理性的初步觉醒、人的自我意识出现，我们的祖先已经感到有那么一些思想、有那么一种感情，是一般文体所难以表现的。屈原找到了骚体，一种介乎于诗与散文之间的体裁。

以骚为祖的赋不同于《子虚》、《七发》、《长林》等铺张扬厉的大赋，它们没有歌功颂德、润色鸿业之心，独具抒情写志、自鸣不平之意。汉初这类赋的代表作当推贾谊的《吊屈原文》。该文表面上是说屈原，实质上是讲自己，生不逢时之感是全篇基调。沿着这一基调发展下去，西汉时又有严忌的《哀时命》、董仲舒的《士不遇》等，均以抒发个人情思为特征。这些赋是赋而又为骚体，明显地留下了由骚向赋的转化痕迹。吴小如先生以为，赋的形成，“乃是在《诗经》与《楚辞》这两种诗体的基础上，在先秦散文十分发达的影响下，由韵文渐趋散文化的结果”。他还认为“赋，原是韵文的一体，虽说它是‘古诗之流’，其实质与散文非常接近”。值得注意的是，东汉以后，魏晋人生活上、人格上的自然主义和个性主义，使赋“与散文非常接近”的实质也日益鲜明。由于解脱了汉代儒教统治下的礼法束缚，当时一般知识分子能够超脱礼法观点，直接欣赏人格人性之美，尊重个性价值，出现了更多托物言志、述景抒情之作。

骚、赋之后，唐代柳宗元的山水记伴随古文运动而出现，八大家散文抒情写意各尽其妙。尔后，又有晚明小品体制精微、性灵独到，提出文学作品应有作家“性命的影子”，成为“人之注脚”，“言人之所欲言，言人之所不能言，言人之所不敢言”的真声、真情、真趣，这显然是与现代文学散文一脉相通，其理论要点，也为现代散文评论者频频使用。因此，从这个意义上来说，周作人认为“现代的散文好像是一条淹没在沙土下的河水，多少年后又在下流被掘了出来，这是一条古河，却又是新的……”的说法，实在是持之有故、言之成理。考察中国现代著名作家，正是因为他们具有良好的传统文学修养，因而才能于创作中“信手信腕，皆成律度”，迅速将现代散文创作推向繁荣，而现代散文一进入成长期即陆续出现一流作品，成绩居于其他一切文学品类之上，也不能不归功于它那深远悠长的历史渊源。

自然，现代散文的兴起与繁荣，还得力于外国文学的输入，尤其是西洋散文的影响。另一方面，外国散文理论对现代中国散文的发展也起了重要作用，然而，外国文学的影响毕竟是流不是源。

综上所述，具有悠久历史传统且不断丰富发展的中国古代抒情言志的骚、赋及其后的散行文体可称是中国现代散文最古老的源头，“五四”新文化运动使这一濒于淹没的河流重新注人活力，得到汩汩涌进的外国文学清泉的滋润。

（原文发表于《淮北煤炭师范学院学报》哲社版 2001 年第 2 期）

文摘编辑：王佃启

历 史 学 篇

目 录

“母权制”质疑

王家范

[作者简介] 王家范，华东师范大学历史系教授，博士生导师。

[内容提要] 本文是针对目前大学通史教材中普遍流行的“母系制时代”提出的一项质疑。全文围绕“母权论”的三个支持论点，综合人类学与考古学的资料，逐一进行辨识与驳难。作者之所以要提出这一问题，除了专业建设的需要外，还有感于两性的社会分工与社会地位的协调，也是贯串于人类生活始终的一项永恒难题。追溯其历史的最初源头，也许对这一社会问题的正确理解和对可能出现的偏向，不无认识论的借鉴价值。

[关 键 词] 母系制；母权制；质疑。

归纳支撑“母权论”的理由主要有：(1) 种族繁衍功能；(2) 血缘认定；(3) 女性的经济地位；在特定的族外群婚和农耕早期，女性占有优势地位，因此享有最高的“母权权威”。

我们先从第一、二两条相关的理由说起。特别应当指出的是，这里存在着一个“概念陷阱”：“母系”与“母权”两个内涵不同的概念常常被混淆。

毫无疑问，女性社会地位的特殊性，首先是由她们的生理特性以及生育和抚养后代的功能决定的。生物进化造就的人类直立姿势，造成女性骨盆增大、腹腔位置改变，同时也给女性的生育带来了极大的困难。母亲难产与孩子感染疾病而死亡的机率大大增加。正是原始时代女性生育的困难，使生育对种族繁衍的意义变得更加突出。这也就是女性生殖崇拜，不论在母系制还是在父系制社会组织中都非常盛行的根本原因。此外，也必须注意到，人类婴儿对母亲的依赖性比之任何哺乳动物都要严重。繁重长期的儿童抚养和早期教育的任务主要地落在妇女——母亲的身上。母爱与“母子纽结”是人类的天性和永恒的主题，即不随社会体制变化而消失，也正是基于这一点。

以上两点似乎也可以成为支持“母权论”的理由。但是，我要说，即使在父系社会里，女性由性别带来的特有社会功能也仍然得到男性成员的充分承认，并非为“母系制”所独有。

必须澄清的是，“知其母而不知其父”，在原始时代也不是绝对的。一夫一妻或一段时期相对稳定的配偶关系很为古老，父亲的身份不难确认。即使当时因男女双方从青春期起就有相当开放的“性自由”，给父亲身份的清晰认定会造成一定的困难。但是，原始人还会以我们想象不到的方式去指认父亲。这里重要的一点，就是：女性需要男性共同监护和教育孩子，社会合群的功能得到凸显。人类学家惊奇地发现，在他们调查过的母系社会组织中，人们“发明”了多种多样确认“父亲”的方法 。被象征地指认的“父亲”更多地意味着社会责任和监护能力，因此勇猛和赡养能力是选择的重要标准。完全“知其母不知其父”是少数特例。

回到第三条理由，也是最关重要的理由，即经济领域中男女的社会分工。

“母权论”截去了农耕发明前的一段历史，然而正是在这段时期铺垫好了以后两性社会学变化的根据。此时，一般说女性除生育和看管孩子外只负责采集，而狩猎则是清一色男性的“特权”。除了体格和力气方面的差异外，更主要的是，由于没有像现代那样的避孕手段和人工喂养方法，从性成熟期起女性就不得不为不时怀孕和哺乳、照管孩子所拖累，只能在大部分时间留在基地。还有一点也不能忽视，就是狩猎的危险性，让妇女处于危险境地之中，也意味着让她们的后代，现有的与潜在的后代，处于可能绝灭的危险之中。因此，女性被排除狩猎之外，是两性共同的意愿。

现在再回到“母权论”的关键性理由上来。是不是在发明农耕之后，妇女的社会地位产生过一个“黄金时代”，以至于“母亲的权威高于一切”？这需要分几个层次具体分析。

首先是实证的层面。流行的说法，妇女在早期农业经济中占主导地位，并没有获得充分的实证支持。西方人类学的“母系集团热”持续得相当久，各方报道却普遍反映出，男子均参与农业劳动，其作用并不低于女子。在我国，仰韶文化半坡类型时期属于母系氏族社会似乎已成定论，但从其出土的考古材料来看，不仅不能有力地支持妇女在农业劳动中占据主导地位的传统论点，相反，还显示出男子在农业生产中也非常活跃。

同时，还必须充分注意狩猎经济的地位及其带来的社会变化。就维持基本生存条件而言 ，仅靠采集需要数量多而所费时间又多，而且采集的稳定性也是相对的，有限的植物生态资源经不起长期、大量的采集，必须有所节制。因此，采集只是对狩猎经济的补充，往往起着近乎“救饥”的功能。

人类学从各方面证明，刚刚从生物进化树上被迫分手走来的“陆地猿”，只有转变为肉食的“狩猎猿”时，才真正跨上了向人类进化的关键一步，即完成大脑的进化。由于狩猎具有的风险，男性表现出勇敢者的风范，容易赢得声望方面的荣誉（包括女性的垂青）。更不用说，原始人不时会遇到凶猛的兽群（有时也可能是别的狩猎群体）的袭击。保卫群体的安全，自然是男人们表现高度责任感和无畏勇气的绝好舞台。在工具原始的状态下，狩猎又多数是一种通过集体协作的围猎，需要有“威信”的组织者。“英雄”和“领袖”式的人物最早就是从这里脱颖而出的。狩猎与群体之间在狩猎冲突地带偶发的“战争”，诱导产生出的原始的不平等，即生理的、天赋的“功能性不平等”。由于妇女在子女的生育和抚养方面的无法替代，“心甘情愿”地牺牲了有可能成为熟练的猎手和勇武战士的机会。一个极端的案例，就是某一终身不婚的印第安女子充当了部落领袖与英雄，它从反面说明：女性如若不满意依赖男性的地位，要与男性一争高下，必得舍去原先独立承当的性别“功能”。在这位印第安“勇士”妇女背后，我们是不是依稀看到了今日“女强人”的身影？

再次，从学理上分析。“母权论”还有一个传统的说法，便是种植业是由采集发展而来，农业的发明者妇女理当享受最高荣誉。20世纪下半叶以来，重新检讨狩猎采集经济向种植经济转变的原因，成为早期人类史研究一个聚讼的焦点。尽管至今还未最后定论，但至少已经不再把转折的情景看得那么简单。舍去各家论点的具体情景分歧，可以过滤出一个具共性的认识：原始人类虽然早知道种子落地可以再生的“植物学知识”，但生产方式的大转变，并非自然发生。它一定发生在群体竞争、自然淘汰的大背景下，该群体面临整体性的生存危机的紧要关头，因此必须由全体成员共同做出在他们生活经验中被认为是生死攸关的历史抉择。个别人物在其中会说服、决断甚至强制做出果敢选择的作用，但这种角色，并不一定是妇女，而恰恰最大可能是“原始父亲”式的领袖人物。谁最早认识植物可以种植，并非是该“事件”的关键；而且也没有证据非出于妇女不可。

也许，“母权论”者还会反驳，母系集团的客观存在又该作何解释？首先得“正名”。“母系”是指血统继嗣，这在历史上和民族志方面都可以得到例证。但“母系制”并不能自然引申出“母权论”。早在马林诺夫斯基（他是传播母系制最有影响的学者）的早期研究中已经指出：特罗布里恩德人虽然是以单系从女性来追溯亲属关系的，但“母亲的哥哥是戒律执行者和权威人物”，而且男性首领地位的继承也是先传给外甥，或者是姐妹的儿子。

恩格斯特别提到了酋长的推举，以及妇女参加共同体的集会。这里，我们应当注意到，酋长都是由男性担任；女族长的提名最多受到不一般的重视，但也必须以不违背共同体成员自愿接受为前提，也是明确的。至于女性的“性自由”，其实同时也意味着男性具有同等的权利，并无单方面的“特权”。男子也有自动离开的权利。总之，在那个时代，婚姻和家庭还没有后来那么多的约束，这对男女双方都一样。

假若与文明时代妇女地位的滑落相比，马克思说“女神的地位乃是妇女以前更自由和更有势力的地位的回忆”（这里只要不把“势力”一词作“权势”解），在特定的意义上是可以成立的。但必须补充的是，无论在同一血缘的母系集团还是父系集团内部，是如此。然而，在不同血缘群体的“战争”中，则完全是另一番情景。如果说在原始人那里有什么“不平等”的发展，主要发源于不同群体之间的“战争”。这也就容易解释在原始人群体中，为什么女性需要男性的保护（安全感的需要），为什么酋长（包括母系集团）总是要由男人担任，为什么会有“原始父亲”真正的权威人物，如此等等。人类社会中社会成员身份的不平等，以及社会特权、男女地位的不平等等复杂社会现象的产生，原因完全在社会演进的其他环节的变化上，而“战争”则是一种强烈的催化剂。

再次，如果对“母权论”所描述的妇女地位重新作一番审视，却不难发现，所谓“母权”的种种表现，主要的还是体现她们负责照料和看管“基地”的功能，实质仍没有脱出以抚育后代为主旨的“家务”的总体框架。许多“母系制”的人类学材料表明，女家族长主管着仓库，即当时惟一的共同财富：粮食或其他食品。我国永宁纳西族的情景与此相仿。他们围着火塘由女家族长分食的镜头，正显示出，所谓“母权”，乃是“一家之主”的“权威”，即主管家务的“权威”。

总之，女性社会地位的特殊性，首先是由她们的生理特性以及生育和抚养后代的社会功能决定的。她们社会地位的荣辱，从其产生的那一刻起，就得失相兼。男女社会地位随着情势的变异，确实有越来越向男性倾斜的趋向。在这方面，男性变动的余地明显比女性大得多。女性前述的优势一定条件下会变成劣势：这并不是女性减少了什么，而是男性增加得太多。追溯最初的历史源头，也许对两性社会学今日面临的种种新问题（包括“单身族”和不育倾向）作理性的考量，不无认识借鉴价值。

（原文发表于《华东师范大学学报》2001年第5期）

文摘编辑：栾贵川

中国史前文明“多元一体”探源

李大春 袁 宝

［作者简介］李大春，长春工程学院基础部讲师，主要研究中外文学、中国传统文化。
袁 宝，长春工程学院基础部。

［内容提要］针对中国史前文明“一元发生论”与“满天星斗论”的提出，文章在分析了新时期考古、科研工作成果的基础上，通过对史前文明部族、方国间在政治、经济、文化诸方面融聚轨迹的阐述，从而得出中华民族千古共谱、万姓同宗的“多元一体论”实践观点。

［关 键 词］一元发生；满天星斗；多元一体；史前文明；探源。

一

西汉史学家司马迁根据“金匮石室”的秘藏记载以及遍及全国各地的调查采访，在《史记》“五帝本纪”、“秦本纪”、“高祖本纪”、“殷本纪”、“周本纪”、“南越列传”、“东越列传”、“匈奴列传”、“西南夷列传”等纪传中，为中华文明的发展史勾勒了一个清晰的轮廓，即始自炎黄、下迄秦汉、旁及中原汉族政权之外的各少数民族政权，其文明源头均滥觞于黄河流域，中国各族政权的创立者均系黄帝族裔。

司马迁首倡的中国古文明“一元发生论”并非面壁虚构，自《史记》问世后，随着晋代魏冢《竹书纪年》的出土和近代殷墟甲骨卜辞的重见天日，司马迁在《史记》中列具的五帝谱系和夏、商帝王谱系，再得到证实。故自汉代以来，尽管有不少疑古派学者对《史记》的上古体系提出异议，但终因缺乏理论依据而无法动摇司马迁的上古史观。

大浪淘沙是历史长河的运动规律，实践是检验真理的惟一标准，历史真相的揭露往往需要漫长的时间。新中国成立前后，特别是最近20年来田野考古发掘的丰富成果，终于向传统的中华文明“一元发生论”提出了挑战。继黄河流域姜寨文化、仰韶文化、大汶口文化、马家窑文化、龙山文化、齐家文化、二里头文化和长江流域屈家岭文化、良渚文化、马家浜文化、河姆渡文化等先夏古文明遗址发现之后，中国考古界近20年来可谓捷报频传。

接二连三的考古新发现，如平地春雷，强烈地震撼了中国学术界，并极大地拓展了人们的学术视野。它向世人昭示：中国文明时代的上限不仅已找到距今五千年的考古实证，而且中国文明的原始发生也绝非如《史记》所载，仅仅局限于黄河流域一带，然后再呈墨迹漫散状向四周缓慢扩展。辽西大型祭坛、女神庙和积石冢群址，湖南澧县古城山遗址，四川广汉三星堆，以及江西、云南、贵州、香港青铜器文明遗址的发现有力地证明，早在远古时代，中国的黄河流域、长江流域、辽河流域、珠江流域人类均在新石器文化的发展基础上，或先或后，各自独立地步入了文明社会的门槛，形成了南北部族方国林立、交相辉映的动人局面。司马迁首倡的中国古文明“一元发生论”，终于被无情的考古事实摧垮。最近20年来，中国上古史研究领域中蔚然兴起的“满天星斗论”开始占据主导地位。

事实上，中国史前文明的发生与发展，具有多元复合的显著特点。早在先夏时代，中国的原始部族文明即经历了星散于全国各地、融聚于黄河中下游流域、然后再辐射于中国各地乃至环太平洋地区的活动轨迹。因此“一元发生论”与“满天星斗论”虽各有所据，但这两种静态的古史现，均难以解释中华民族与中华文明“多元一体”的独特成因。

中华民族拥有一种特别强大而坚韧的凝聚力！这种凝聚力形成的主要因素，不断发展的内在规律，其原因是多方面综合而形成的。但其中起核心作用的，笔者认为有二点：一是特殊的地理环境，部族迁徙融合，方国间的政治、军事斗争促进了国家的统一；二是经济交流，文化互相影响、渗透，导致中国文化、民族精神一脉相承，形成了“大一统”的中华民族整体观念。

二

中国是一个相对独立的地理单元。由于它三面环山，一面临海，构成了天然的屏障。西高东低的自然地理构架，形成了长江、黄河及其他河流的冲积平原。得天独厚的地理位置和十分优越的自然条件，构成了中国古人类繁衍生息、成长壮大的历史画卷。

古老的炎帝部族原为甘青高原羌人的一支。其文化遗迹为姜寨文化—仰韶文化。炎族从甘青高原迁居陕西岐山下的姜水流域后，由游牧业转入农业，并率先发明了木制耒耜农耕工具和刀耕火种的耕作方式。距今5000

年左右，炎族因生存与发展的需要，即高擎起“烈山泽而焚之”的火把，刀耕火种，开始了由关中向黄河南部平原转移的部族大迁徙。经过五百余年的辛勤拓垦，到神农氏的第十七代首领炎帝榆罔时，黄河南部平原得到开发。炎族以陈为都城，建立了幅员广大的部族方国政权。

黄帝族亦源自西羌的一个强大的支系，游牧与农耕并存，因其迁居在陕西姬水流域，故黄族为姬姓。黄族以发明车辆而著名。该族文化遗存亦为仰韶文化。继炎帝族东迁之后，黄帝族因生存与发展的需要，也举族朝黄河南部迁徙。距今4500年左右，黄族东迁至洛水和黄河交汇的阪泉一带，在这里遇到了炎族的强力阻遏，双方展开大战，这便是历史上有名的炎黄“阪泉之战”。

“阪泉之战”后，黄帝乘胜东进，在河南新郑建都立国。炎族兵败后，其族民一部分归顺黄帝，余众则分东、南、西三路溃逃。朝西者重返关中平原，再取道甘青，远遁西北大漠及青藏高原一带，与原有的羌人融为一体，成为后来匈奴族、羌族、藏族等西北游牧民族的先民。朝南者溃退至汉水流域的湖北厉山一带，与南方苗蛮族相融合，建立起新的炎族方国，其首领亦称炎帝，并借助“刀耕火种”的耕作方式，开发江汉平原。朝东溃逃者则系炎帝榆罔率领的炎族主力余部，该部因生存发展的需要朝山东半岛转移，在转移中融合少昊夷黎族，在此建立了方国政权。

统一是历史发展的必然规律。此后不久，黄帝又与炎帝榆罔结成联盟，同蚩尤展开规模更大的“涿鹿之战”。

涿鹿之战后，黄帝族旋师南归。黄帝南征北战，“凡五十二战而天下大服”，终于奠定中原方国盟主的地位。在前后1500余年历史中，以黄河中下游流域为冲突、交流和融聚核心的方国统一战争始终绵绵不绝。部族间血缘与文化的交流往往是与频繁的迁徙与战争相伴随的。龙山文化出现的城堡，就是战争的产物。已发现的河南淮阳故宛丘城墟、基址为大汶口文化，城堡为龙山时代的建筑。战争既是人类的巨大灾难，但也往往成为人类文明更新发展的动力和催化剂。在中国史前的“多元发生”及其融聚轨迹中，始自炎黄时代的阪泉、涿鹿之战，并延续至商周之际武王伐纣等长达1500余年的部族迁徙融合及方国统一战争，具有十分重大的历史进步意义。

三

由于中国的特殊地理环境，部族从生存与发展的需要出发，先后开发黄河流域、长江流域的华夏族，凭借得天独厚的地理位置和优越的自然条件，在发展中遥遥领先，对周边民族产生了巨大的吸引力和内聚力，而周边民族受到外围的地理环境阻隔，容易产生向内地发展的倾向性。在部族的迁徙、冲突、融合的过程中，导致经济交流、文化渗透，加强了各族之间的政治联系，促进了民族精神凝聚力的形成。

1．史前部族迁徙、冲突导致的血缘旋涡，造就了华夏族和以华夏族为主体的多民族大家庭——中华民族

中国史前部族的千年战争，导致了一个巨大的运转不息的血缘旋涡。阪泉之战与涿鹿之战结束后，地处中原的黄帝部族、炎帝部族、苗部族、夷黎部族主体部分归属黄帝中央方国政权，其逸散部分则消溶于周边部族，各部族打破了以往的地理阻隔和种族界限，互为通婚与联姻，形成旋涡式的血缘融会态势，并在此基础上催生出一个新的民族——中原华夏族。随着部族统一战争的加深与扩大，以中原华夏族为凝聚核心的血缘旋涡以急剧的速度向四周扩展，经过夏商周秦各统一王朝的开疆拓土与民族融合，到西汉封建统一王朝建立时，华夏族（汉族）已成为占全国人口绝大多数的主体民族，并与周边各兄弟民族形成彼此渗透的血缘关系。在世界民族之林中，中华民族已成长为汉族为主体、以其他各兄弟民族为枝叶的参天大树。

2．史前部族迁徙、冲突导致的政治突变，规范了以中原华夏族政权为主体的历代大统一王朝的发展模式

黄帝击败蚩尤后，又针对周边戎、蛮、夷、狄各族的反抗，东征西讨，“天下有不顺者，黄帝从而征之，平者去之。披山通道，未尝宁居”，最后终于统一黄河中下游流域，铸鼎中原，成为众多方国盟主。这种军事征服导致了政治上的突变，故在黄帝时代已出现国家政权的萌芽。

黄帝建立的中原华夏方国联盟政权，尽管还比较松散，但它毕竟打破了远古时代各部族方国彼此隔绝的局面。从此发轫，中华民族由分到合，逐渐走上了从“多元到一体”化的发展道路。历经夏王朝的“茫茫禹迹，划为九州”、“远方图物，贡金九牧”，到西周时代，终于建立了以中原华夏族政权为凝聚核心的统一的多民族的奴隶主政权并形成“普天之下，莫非王土，率土之滨，莫非王臣”的大一统观念。从黄帝至西周，中原华夏族政权同宗共谱，一脉相承，从而造就了中原华夏族政权登正统地位和非凡的同化力，使之在与多元文化的交往中，始终处于主导的地位。自西周始，历代各族统治者为夺取天下，均以黄帝的嫡系传人自居，逐鹿中原，并自觉仿效黄、炎、尧、舜、禹、汤、文、武、周公之制，相继建立了周、秦、汉、唐、宋、元、明、清等大一统的奴隶制或封建制王朝，将史前时期多元发生的中华文明，纳入统一发展的道路。

3．史前部族迁徙、冲突导致了经济交流，开创了中华民族以农业立国的发展道路

中国的史前农耕文化虽属南北多元发生，但因当时生产工具的落后以及原始草本的封荫只能呈现星散状态，这也是远古时期方国林立、互为隔绝的重要经济原因。这种封闭的原始农业局面直到炎黄部族战争后才逐渐得到改变。如前所述，炎族较早从游牧业转入农耕业，其突出贡献是发明了木制耒耜工具和“刀耕火种”的耕作方式。这在使用石器和蚌器垦林耕种、步履维艰的原始

社会，无疑是社会生产力发展的重大进步。炎族借助进步的生产工具和耕作方式，率先迁徙中原，开发黄河中下游流域。阪泉之战和涿鹿之战结束后，耕牧并举的黄帝族统一中原，混融诸族。盖因保障族民生活，维护国家安定的需要，黄帝亦紧承炎族余绪，重视发展农耕业。随着中原华夏族政权的巩固和发展，农耕业进一步得到交流和传播，渐渐遍及整个中国，并以其明显优势逐步取代游猎业和采集业，使这些经济活动降为农业的附庸和补充部分，从而开创了中华民族“农业立国”的发展道路。

中国的重农思想在商代即已形成。因神农氏首倡农业，且为开发中原的先驱，故在商代即已被人们奉为农神，受到人们的顶礼膜拜。这种源远流长的重农思想既有利于中国古代农业的交流传播和发展，同时也促进了中华民族的融合。

4．史前部族迁徙、冲突导致的文化交流，奠定了中华“文明古国”和“礼仪之邦”的思想文化基础

中国史前部族迁徙、冲突主要发生在中原地区，这样就以中原为核心，华夏族及周边各部族的文化在这里得到交流和传播，并由此生发出新的文明因素。如仰韶文化的彩陶、龙山文化的黑陶、红山文化的白陶，从炎黄时代始，已不再为某一个部族所专有，逐渐形成交错传播的状态；另仰韶文化、龙山文化、河姆渡文化等遗址出土的陶符文字，亦殊途同归，成为夏商文字的母体，在殷墟甲骨文中均能找到其影响痕迹。中华民族之所以以五千年文明古国著称于世，追根溯源，中国史前部族迁徙、冲突导致的文化交流和传播功不可没。与此相适应，在史前部族统一迁徙、冲突时期，中国的伦理文化因适应时代需要出现萌芽。仁政礼义思想经颛顼、帝喾、尧、舜、禹、汤等远古帝王的继承和发扬，到西周奴隶制统一王朝建立时，随着宗法制的确立，初步形成了“父慈子孝，兄良弟悌，夫义妇听，长惠幼顺，君仁臣忠”的礼教思想。后经春秋时期孔子等人的进一步阐发，强调“忠、孝、仁、义、礼、智、信”的伦理道德准则遂成为中国礼教思想的精髓，并影响了中国社会达数千年之久，至今尚保存着强盛的生命力。

炎黄至西周，是中国史前文明首次发生突变的重要历史时期。长达1500余年的部族迁徙、融合和方国的冲突，将多元发生的中华民族和中华文明初步纳入了政治统一、民族融合和经济文化交流发展的道路，由此形成中华民族强大而坚忍不拔的凝聚力。

（原文约6000字，发表于《长春工程学院学报》社科版2002年第2期）

文摘编辑：王一丁

禅让制与儒家理想探析

杨建宏

[作者简介] 杨建宏，长沙大学人文系讲师，硕士，研究方向为先秦秦汉史。

[内容提要] 在原始社会英雄时代，国家已处于形成的前夜，权力不可能无偿地实现转移，所以尧、舜、禹之间的禅让传说极有可能是儒家根据自己的政治需要而编造出来的戏剧性的历史。这段历史的出现与儒家的后瞻式思维、孟子的地主阶级立场和儒家的中庸哲学有密切的关系。

[关 键 词] 禅让制；儒家；实质。

根据中国古代文化典籍《尚书》、《孟子》以及《史记》等书的记载，在传说中的原始社会末期的英雄时代，曾经存在过禅让制。笔者认为英雄时代的禅让制仅仅是儒家思想家的理想中的权力转移模式，建构这一理想模式与其后瞻式思维、战国时期地主阶级地位上升和儒家中庸哲学等有密切关系。

一、尧舜禹禅让与儒家理想之关系

禅让制是原始社会早期的部落联盟民主选举首领的一种军事民主制，但在英雄时代有关尧舜禹之间的禅让传说却有不少儒家的理想主义因素在内。

1. 尧舜禹禅让传说与儒家的道德理想

儒家的最高道德理想是仁。孔子说："仁者，人也。"孔子弟子有子说："孝悌也者，其为仁之本欤?"可见，"孝悌"就是仁的根本内容，人只有遵循孝悌之道才能成为区别于动物的人。尧、舜、禹之间的禅让传说与儒家所宣扬的孝悌观念之间存在着十分密切的关系。根据《尚书·尧典》、《孟子·万章》、《史记·五帝本纪》等典籍的记载，舜之所以被尧选定为继承人，是因为舜的行为符合孝道伦理。

2. 尧舜禹禅让传说与儒家的政治理想

儒家的政治理想是以自我道德不断完善的办法来完成天下的统一。儒家把最高的政治目标定位在平治天下之上，实现这一终极目的基本措施是格物、致知、意诚、心正、身修。而在这一系列的措施中，又尤以修身为最根本的前提。根据《尚书·尧典》及《孟子·万章》和《史记·五帝本纪》的有关资料记载来看，舜在修身齐家上与儒家的理想是一致的。舜不仅能保持一个充满杀机的家庭的稳定，而且还成功地处理了与其嫔妃和亲属的关系。禹之所以能成为舜的继承人就是因为他有过人的治国平天下之才能。

中国古代社会结构是家国一体，或者叫做家国同构。家是国的延伸，在家能够孝悌，在社会便能够忠君。孝与忠的观念同一，实质就是国与家的观念同一。既然国与家是同构的，能够治理好家，自然也就能够治理好国。亦即《史记正义》中所云的由"理家"而"观国"。可见，史籍中有关舜的治家才能和禹的治国才能的记载与儒家的政治理想是一致的。

3. 儒家记载的尧舜禹禅让传说与百家语之间的矛盾

《竹书纪年》称："舜囚尧，复偃塞丹朱。"《韩非子·说疑》说："舜逼尧，禹逼舜，汤放桀，武王伐纣，此四王者，人臣之弑君也。"唐代刘知几《史通·疑古篇》称："尧之授舜，其事难明，谓之让国，徒虚语耳。"这些记载说明在尧舜禹的权力传承过程中曾经出现过残酷的血腥争夺，并不是像儒家所设想的那样在权力的转让过程中是十分文明和雅致的。但千百年来，由于儒家思想被奉为经典，百家思想被当成异端，所以儒家的禅让传说深入人心。其实仔细研究一下，并不难发现在原始社会末期，是根本不可能存在什么禅让制的。

我们知道尧舜禹时代已经进入国家的形成前夜，有的学者甚至认为舜的时代，已经初具了国家的规模。按照列宁的说法，国家是阶级矛盾不可调和的产物，换言之，即国家是阶级利益冲突到达极点时的产物。如果说启建立的夏朝是中国第一个奴隶制国家的话，此前无疑也有阶级的划分，也有阶级的斗争，只是阶级之间的矛盾没有上升到要用国家的力量来调和罢了。而在私有制阶级社会里，权力是一种最好的谋利的手段。试想，在一个能以权谋利的时代，有谁会轻易地把权力拱手让人呢?

二、儒家理想化禅让制之原因解构

1. 禅让制与儒家的后瞻式思维有关

所谓后瞻式思维是相对于前瞻式思维而言的一种思维方式，前瞻式思维是一种以发展的观点看问题的思维方式。其最突出的特点是今世胜于往昔，后世超过前代，前瞻式思维的代表人物当数战国时期的法家思想家韩非子。与前瞻式思维相反，后瞻式思维是以倒退的历史观来看问题的思维方式，其最突出的特点是，一代不如一代，一朝不如一朝，其代表人物当数春秋时期儒家创始人孔子，用孟子的话说孔子的思想是“祖述尧舜，宪章文武”，一切以尧舜和文王、武王为效法对象。这样一种思维方式产生于春秋时代是有其历史的必然的，其时天子衰微，诸侯争霸，四夷内侵，“天下无道”、“礼崩乐坏”，奴隶制行将土崩瓦解，而孔子又特别重视西周的礼制，声称“郁郁乎文哉，吾从周”。他本人也“信而好古”。在孔子看来，古代社会才是最理想的社会，他的政治目标就是恢复古代社会政治。为此，他必须设想一个完美的古代君主来作为效法对象。这样便产生了后瞻式的思维方式，尧、舜、禹等完美的君主化身也便应运而生。

2. 与代表地主阶级政治立场的孟子的刻意编造有关

关于禅让的传说，在《尚书》中的记载虽然很明确，但关于舜和禹的人品人格，却直到战国中晚期的孟子时代才开始完善，这在《孟子·万章》中有详细的描写。孟子所以不遗余力地完善舜与禹的人品与人格也不是偶然的。战国时期地主阶级的政治经济实力空前强大，已经从春秋时代的自在阶级发展成为一个能够独立自为的阶级，此种条件下不可能再提出“复周”了。孟子审时度势提出了为政不难，不得得罪王室的主张，坚决地站在地主阶级立场说话。此外，战国中晚期统一局势已经十分明朗，孟子早就预言天下将“定于一”，而此时周天子已经在政治上失去其对诸侯的控制，天下想要恢复为周天子的一统江山已经没有可能。换言之，周天子的天下将让位于实力强大的诸侯。而禅让制就其实质而言，就是公天下。此时主张禅让无疑就给地主阶级夺取政权提供了一种理论上的武器。

3. 与儒家的中庸哲学有关

中庸是由孔子提出来的处世哲学。所谓中庸就是“执其两端，用其中于民”，要求掌握事物两方面的极端，采用折中、恰当的道理去治理天下，认为“过犹不及”，反对走极端。儒家认为中庸是处世行事治天下的最高准则，所以孔子说：“中庸其至也。”至汉代独尊儒术以来，儒学从先秦百家中超升出来，成为经典学术，成为地主阶级的统治思想，号称为经学。其中庸之道也被上升为全社会的最高行为准则。因此，在政权转让这种天下国家的头等大事中当然应该运用这一原则。在政权更迭时，也存在着两个极端，一个极端是失去地位的帝王，另一个极端是得到权力的帝王。前者由君而沦落为臣，后者由臣而上升为君。在家天下的社会中前者由于丧失权力而愧对列祖列宗，无面目见先人于地下。后者则有以下犯上，为臣不忠之嫌。采用禅让制，丧失权力的君主可以保留体面。因为在此之前，已经存在过所谓的尧舜禹的禅让，而尧舜又是地主阶级政治家与知识分子的理想化身，能够让出政权不但不是见不得人的事，反而是明主贤君的表现。总之，这是一个对丧权者和夺权者都有利的双赢的权力转移方法。

(原文约4000字，发表于《常德师范学院学报》社科版2002年第3期)

文摘编辑：王一丁

尧舜禹及其生活年代

蒋南华

[作者简介] 蒋南华，贵州省社会科学院教授。

[内容提要] 距今四五千年前的“龙山文化”时期，是我国历史上的尧舜禹时代。尧舜禹时期，国家实行“禅让”，这是一种“议会民主”式的选举制度。社会出现了“箫韶九成，凤凰来仪”的美好景象。禹去世后，禹的儿子夏启，废除“禅让”，世袭了帝王之位。社会形态因之而发生了新的变化，城市的兴盛和青铜文化的辉煌成就，成了这一新兴社会制度的伟大象征。采矿、冶炼、琢玉、制骨、髹漆、纺织及农、牧业等生产技术和工艺水平已达到相当惊人的高度，音乐、美术、司法、教育、宗教、礼仪等等也已发展到相当高的水平，天文历术及其推算亦已进入更加系统、科学和精微的法制阶段，文字也已流行。尧舜禹时代是中华文明承前启后、继往开来的辉煌时代。

[关 键 词] 尧舜禹；生卒年月；中华文明。

距今四五千年以前，即考古学家通称的“龙山文化”时期，是我国历史上著名的尧舜禹时代。这时我国的社会文明与进步，进入了又一个新的历史发展阶段。城市的兴盛和青铜文化的辉煌成就，是这一历史时代最显著的两大特征。

“龙山文化”的尧舜禹时代，是我国社会各阶级大分化，大组合，并由旧有的社会制度向一种新型的社会制度大步迈进的时代，其社会形态与殷商和西周前期是相行一致的。有专家提出，它是封建社会的初级阶段，我们认为这是不无道理的。

尧舜时期，国家实行的是一种“禅让”制度，国家领导人由四岳会议推荐、选举产生。可谓是一种“议会民主制”。这种举贤授能，“终不以天下之病而利一人”（《史记·五帝本纪》）的“禅让”，即（《尚书·尧典》）所称道的美政，成了我们中华民族共同认可和向往的道德规范和行为准则。

帝尧时代，社会管理得井井有条，农业、手工业、天文历术、音乐、法律和教育等等都委任有专门的官员管理，“天下大和，百姓无事”（《高士传》），全国出现了一派和平、安定、兴旺“箫韶九成，凤凰来仪”的美好景象。帝舜即位之后，“行厚德，远佞人”，大举贤才，任禹为司空，后稷“播时百谷”，契为司徒，皋陶作士，倕为共工，益为虞，伯夷为秩宗“典三礼”，夔为典乐，龙为纳言，“三岁一考功，三考绌陟”（经三次考核决定职位的升降），社会文明有了相当进步，无论是农、工、商等社会生产或是音乐美术、天文历术等等，都达到了更高水平，国家出现了“蛮夷率服”，“百兽率舞”的团结、繁荣局面（以上见《尚书》和《史记·五帝本纪》）。

大禹在根除水患的基础上，兴建水利、改革赋税和行政管理制度，建城池，发展工农业生产，国家强盛，“天下于是太平治”（《史记·夏本纪》）。

大禹去世后，他的儿子夏启凭借自己的才干（“启贤”）和父亲生前的崇高威望，在上层统治阶层的支持下，废除“禅让”，世袭了帝王之位，并兴兵将“不服”而反的唐氏一举剿灭。于是，“天下咸朝”于启。

由“禅让”到王位世袭的转变，是我国从旧有的社会形态过渡到一种新的社会形态的标志，城市的兴盛和青铜文化的光辉成就，便是这一新兴社会制度出现的伟大象征。此外文字、玉器制作业和谷物酿酒业的兴盛也很有典型意义。《五帝纪》曰：“古有醴酪，禹时仪狄作酒，禹饮而甘之，遂疏仪狄，绝旨酒，曰：后世必有以酒亡其国者。”《尚书·夏书》“五子之歌”也说太康失国时，宫廷已是“甘酒嗜音，峻宇雕墙”。而中康之时，就有星历官羲和“沉乱于酒，畔宫离次；俶扰天纪”而“干先王之诛”的事。

近年，考古学家们在黄河和长江中下游地区发现了距今四五千年的“龙山时代”的数十座城址和大型祭祀遗迹或遗物以及一些遗物上的文字。吴春明同志《关于中国文明起源的考古考察》一文说：“距今4700—4000余年间，即广义的龙山时代，迄今已在黄河、长江范围内发现近50座该时代的城或相当于城的遗迹。这是中国早期城池的繁盛时代。”“在等级群落单位的中心都修造了面积20—30万平方米以上的大型城址，石家河城达到了120万平方米，尤为壮观。中心城址都修建了高大的城墙、宽阔的城壕、大型高台建筑与祭坛。大型工程的全面实施意味着动用大量的劳动力从事非生活资料的直接生产，蛋壳黑陶、精雕玉器、祭坛里包含的复杂礼仪，表明在手工业、宗教祭祀等领域已经分化出许多满足上层社会特殊需要的专业阶层。如果不是以社会生产高度发展、物质财富大量积累为基础，再复杂和强有力的统治机器也很难支配它的社会成员去创造如此辉煌的物质文化成就。”

2000年6月，考古工作者在连云港藤花落地区发现一座龙山文化古城遗址，“城址分外城、内城两部分，外城平面呈圆角长方形，总面积约15万平方米，内城位于外城内南部，城址平面呈圆角方形，面积约4万多平方米，城内众多房址中有一座‘回’字形大房址，面积约110平方米。此外，城内还发现有供排水用的水沟、道路、石埠码头、水稻稻田……等遗迹200多处，动植物标本、玉器等共计1200余件。”据说这是目前发现的保存最好、面积最大的“中国第一座内外城结构的史前城址”。

1983年，辽西牛河梁东山嘴角发现的距今五千多年的大型祭坛，女神庙和积石冢群，“其布局和性质与今天的北京天坛、太庙和十三陵很相似，有象征‘天圆地方’的祭坛和按南北轴线分布、注重对称的建筑群”。

1959年，河南偃师里二里头尸沟乡发现的夏代宫殿群遗址，多数人认为是夏代的都城。从“发掘的两座各自逾万平方米的大型殿堂建筑遗址、铸铜遗址、多座包含丰富随葬品并含朱砂的墓葬以及大量房址、窖穴、水井、龙坑、祭祀遗迹、中小型墓葬中出土的一些青铜容器、大型玉器和陶质礼器等”所展现出的王都恢宏气势证实：这是一处“具有高度发展水平，饶具特征的青铜文化遗存……”大型宫殿（宗庙）建筑群是二里头曾作为一代王都最具有说服力的证据。

1978—1980年，考古学家在山西省临汾县发现的陶寺遗址，出土了十分丰富的陶器、玉器、木器（其中以礼乐器居多）以及富有明显的地方特色的扁陶壶、釜灶、双鋬陶鬲和为别处龙山文化遗址所罕见的石鼓、石磬、蟠龙盘等。专家们认为：“陶寺遗址年代其晚期与夏代早期相当，早中期则与古代典籍所说的尧舜时代相应。”早些时候，考古工作者在山东历城县城子崖村和河南登封阳城王城岗发现的城堡，也都是夏代的古城遗址。历代典籍如《淮南子·原道训》所载：“夏鲧和三仞之城”；“禹作城，强者攻，弱者守，敌者战，城郭自禹始”，已为今天的大量考古发掘所证实。

20世纪80年代在四川成都平原广汉市发现的三星堆遗址，是一座相当于夏商时期，具有内外城的宏伟城池，城内面积至少在4平方公里以上。城内有大小型不同规格的建筑物以及大量精美的饮食器、漆器、玉器、礼器、乐器和陶塑艺术品等社会上层人物享用的物件，还有神巫们在祭祀后埋下的成吨的青铜神像、人像、神树和礼仪器，以及罕见的黄金权杖、黄金面具和金箔等。冶金术、城邑、礼仪中心、艺术和文字等文明社会的标志说明，此城已是当时的中心城市。

在四川，与三星堆遗址同属于距今4500—4000年间的龙山文化期的古城址，还有新津县宝墩遗址的龙马古城、郫县三道堰遗址的占城、温江县鱼凫村遗址的凫城、都江堰芒城村遗址的芒城、崇州市的双河村遗址的下芒城和紫竹村遗址的紫竹古城。这些城池都有“设防的聚落”，居民们过着安定的“农业定居生活”。例如宝墩的龙马古城“城墙周长达3200米，宽处约25米，高处约5米以上”。“郫县古城中的大型庙殿建筑已经耸立在文明时代的门道上，城邑已成为当时政治权力与宗教文化的中心”。而1999年6月在河南新密县发现的距今四千多年前的古城寨城址，规模宏大，墙高沟深，气势雄伟，城池面积17650平方米，周围环绕护城河，南河宽34至90米不等。从城中出土较多酒器而少生产工具来分析，此城是当时的一处政治军事中心。

尧舜禹时代的采矿、冶炼、琢玉、制骨、髹漆、纺织及农业等生产技术和工艺水平，已达到了相当惊人的水平。铜器的分布，“迄今在黄河、长江流域至少发现20多处……仅齐家文化中就发现了50多件铜器，器型包括刀、凿、锥、钻头、匕、指环、带銎釜、铜镜等”。广汉市三星堆出的大量精美绝伦的饮食器、漆器、玉器、礼器、乐器和陶塑艺术品以及巨大的青铜神像、人像、神树、礼仪器和罕见的黄金权杖、黄金面具、金箔等等，其制作之精巧，造型之优美，种类之繁多，风格之独特，真是令世人称绝！

这个时期的文字（如山东莒县的陶尊文）也已“超越了仰韶时代写实、图形化的初始阶段，会意、抽象化的程度提高，笔画工整、规则、……与三代象形文字越来越接近”，并“已摆脱了单字孤立存在的阶段”，“出现了多字成行的文句……最重要的发现是山东邹平丁公一块龙山陶片上的11个原始文字，三排排列，是龙山时代象形文字已经基本成型的证据”。据《逸周书》载，夏代不仅已有成型的文字，而且已有《夏箴》等书籍刊行于世。《逸周书·文传第二十五》还引用了该书的部分内容，如“《夏箴》曰：‘中不容利，民乃外次’”等等。

尧舜禹时代的天文历术，也在前人“敬顺昊天，数法日月星辰，敬授民时”，“以闰月正四时”成岁的基础上，进一步推向了更为系统、科学和精微的法制阶段。此时期“礼制的复杂化，也达到了先夏时期的顶峰阶段”。在中华文明的发展史上，“龙山文化”的尧舜禹时代，绝不是文明的起点，而是中华远古文明七千年的中续，它上承炎黄，下启汤武，是一个承前启后继往开来的辉煌时代。

（原文约1万字，发表于《黔南民族师范学院学报》2002年第1期）

文摘编辑：栾贵川

论殷周的文祭
——兼再释“文献”

靳青万

[作者简介] 靳青万，福建省漳州师范学院学报副编审。

[内容提要] 从对殷商甲骨文、金文的研究中可以看到，在殷商的祭礼中有用文章典册祭祀祖先神灵的内容。从《周礼》、《礼记》等古代文籍中看，周代亦仍有以文章典籍祭祀祖先神灵的情况。因而，文祭应是殷周祭礼中的一项重要内容。《周礼》、《礼记》中有“羹献”、“玉献”、“饩献”、“禽献”、“币献”等祭品名称，“文献”一词的构词法与它们相同，因而“文献”亦应为祭品之一种，即用以祭祀祖先神灵的文章典籍名。自郑玄以来对古“文献”一词的解释当是错误的。

[关 键 词] 商代；周代；文祭；文献。

文祭，即以文祭祀，也就是用文章典籍来祭祀祖先神灵。“文章”一词，古时有多种涵义；一是指花纹，青与赤相配谓之“文”，赤与白相配谓之“章”；二是指文辞，命其形质曰“文”，指其起止曰“章”；三是指礼乐法度；四是指军中车服旌旗，等等。本文中“文章”一词皆指书于甲骨、简册之文辞。笔者研究的结论为：在中国的殷商和西周，文祭曾是一种长期存在的祭祀方式，或者说在当时的祭礼中有文祭的内容。后来，大约是在春秋战国以后，这种祭祀方式逐渐淡化湮没，以至于终被历史尘封掩埋而不为人所知，致使后世对“文献”一词产生了种种错误的理解，弄不清楚它的本来面目了。本文试予追寻之。

一、殷代的文祭

商朝的统治者极端迷信鬼神。在当时生产力水平极其低下，科学文化极不发达的情况下，由于许多自然力的不可抗拒性和自然现象的不可知性，使当时人类的认识水平局限在极其狭小的范围之内，于是就产生了鬼神意识并逐渐愈益强化和无限扩大，希望求助于神的力量来解决自己生存中的许多难题。作为商朝的统治者，他们更是“尊神率民以事神”，事无大小，皆卜以问神，希望借助神的力量来维护和加强自己的统治。尊神、崇神和对鬼神的祭祀成了商王和王室贵族生活中的重要活动。

在殷商时代如此大量的祭祀活动中，有没有“文祭”这种内容呢？史料上没有明确的记载，亦未看到前人讲到过这个问题，但本文的答案却是肯定的。经过对甲骨文献的研究我们发现，以文章典册祭礼祖先神灵的情况在殷商时代是长期存在的史实，它是殷王室祭祀活动中的一项重要内容。

甲骨文字中的“示”字，徐中舒先生解其为：“象以木表或石柱为神主之形……卜辞祭祀占卜中，示为天神、地祇、先公先王之通称。”此解甚是。正因为“示”字具此种涵义，故凡与神、庙、祭祀有关的字，其字形也一般都为与“示”的合体字，也就是说，大凡以“示”字作偏旁的字，一般都与祭祀有关。

甲骨文献中的“䎸”字，正是“册”与“示”字的合体字，其所表之义也必然是与祭祀有关的。《小屯南地甲骨》下册第一分册释其为：“䎸：祭名。”这应当是正确的，从该字系“册”与“示”的合体来分析，其即应为用“册”来祭祀天、地、祖先、神灵之意，这便是殷商时期“册祭”也就是“文祭”的显著踪迹。至于当时“册祭”是怎样进行的，我们目前尚不得而知，但从甲骨文献中有“祖丁岁䎸”的记录来看，用典册对祖先的祭祀是每年末要进行一次的。而又从甲骨文中献中多处有“䎸”所记录的内容来看，这种祭祀仪式又似不单是在岁末，在平时也是多次举行的，并且在用“册”作主祭品的同时，还另备有“牢”（牺牲）、“卣”（美酒）等极为丰盛的副祭品。

甲骨文献中的“典”字，该字的上部为“册”形，下部为桌案形，其下部可能就是神灵牌位前的供案。将“册”置于供案之上，那无疑也就是用“册”来祭祀了。这应视为殷商文祭之再证。

甲骨文献中有一“晋”字，且出现的频率极高。徐中舒先生解其曰：“《说文》：‘晋，告也。从曰从册，册亦声。’甲骨文从册从口……盖以册告神也。”其解甚是。“以册告神”，就是用典册对神灵进行祭祀，也就是“册祭”亦即文祭了。此应为殷商文祭之又证。

综上所述，殷商时代用文章典册来祭祀祖先神灵，应是的确存在的事实。

二、周代的文祭

周代是否有以文章典籍来祭祀祖先神灵之事？史料上也没有明确的记载。但从周公旦所说的“唯殷先人，有册有典”，和孔子所说的“周因于殷礼”来看，周人对于殷商的政治文化制度相当了解且十分崇尚，并且基本上继承了殷商的政治文化制度，这里面自然也应该包括其祭祀制度。虽然如孔子所说的“周因于殷礼”而有“所损益”（即“增删”），但周人之重视祭礼，比殷人实有过之而无不及，他们是将“礼”更加明确地提到“治人之道”的高度来认识的。《礼记》中就说：“凡治人之道，莫急于礼。礼有五经，莫重于祭。”将祭礼摆在头等重要地位。因此周人在继承殷礼时，对于其中的祭礼应该说不仅不会减损，反而还会有所增益。关于周代的文祭，我想也许并非是史料全无记载，而可能是由于后人对古史内容不解其义而误训误读所致，而今我们只需从此角度重新审视纠正，还其本来面目即可得之。

如：《礼记·乐记》中说：“簠、簋、俎豆、制度、文章、礼之器也。”此处“文章”之义，一不可能指花纹，因花纹必附于物，不可独立为“器”；二不可能指礼乐法度，因其前已有“制度”，此必不会重复；三不可能指军中车服旌旗，因该句显非言军中之事。因而只能是指书于简册之文辞。为什么将“制度、文章”都并置于礼器之列呢？以往我们并不十分明白。而今看来，这里就是说周代有关的制度、文章，和各种牺牲、礼器、祭品一样，都是用以祭祀祖先神灵的重要物品。制度是写在简册上的，文章也是写在简册上的，简册就是当时的文章典籍，由此可见文章典籍也是周时祭礼中的重要祭品之一。这就说明了周代和殷代一样，是仍然存在着文祭的。

又如：《礼记·礼器》中说：“孔子曰：诵诗三百，不足以一献；一献之礼，不足以大飨；大飨之礼，不足以大旅；大旅具矣，不足以飨帝。”对于该句中的“诵诗三百”，唐孔颖达疏其曰：“诵诗三百不足以一献者，假令习诵此诗虽至三百篇之多，若不学礼，此诵诗之人不足堪为一献之祭。”将“诵诗三百”解释为习诵诗歌的篇数，这是值得讨论的。因为，与其下文连贯起来看，这段话里并列比较了五种行为，即“诵诗三百”、“一献”、“大飨”、“大旅”、“飨帝”，这五种行为的后四种全都是当时的大型祭祀行为是毋庸置疑的，那为什么独有第一种即“诵诗三百”不是祭祀行为呢？这是不好解释通的。我认为：首先，其第一种行为即“诵诗三百”和后四种一样，也是祭祀行为，是祭礼的一种，是周代祭礼的活动中的某个组成部分，就是以“诵诗三百”的形式来祭祀祖先神灵，是周代文祭的表现之一。其次，这里的“诗三百”并非指诗的篇数，而应指的是《诗经》。因为“诗三百”在先秦时期就是《诗经》之本名。孔子自己在《论语》中就曾说过：“《诗三百》，一言以蔽之曰，思无邪。”学界历来的解释，也都是将这段话中的“诗三百”释为《诗经》的。上引《礼记》中的这段话恰好也正是孔子的话，可见其“诵诗三百”就是指“诵读《诗经》”，这应该是没错的，倒是孔颖达们将其搞错了。

将诵读《诗经》并列入五种大型祭祀活动之一，足证周代是存在以文祭祀的。再联系如前所举“制度、文章、礼之器也”的记述来看，在当时很有可能是将《诗》、《礼》以及朝廷新定的制度、记录重大事件的文章、王室册立或废止的册命等等，都拿来作为祭祀祝告祖先神灵的祭品的。

三、再释“文献”

知道了殷周文祭的大略情况后，我们再来看“文献”。

“献”字原本就是专为祭祀而造的，是一个祭祀专用字。甲骨文的“献”字，是一幅极其生动的象形图画，为正在熬煮狗肉羹汤之意。这狗肉汤，正是专门用来祭祀祖先神灵的，是宗庙祭祀中专用祭品牺牲之一种。《礼记·曲礼下》曰：“凡祭宗庙之礼，牛曰一元大武，豕曰刚鬣，豚曰腯肥，羊曰柔毛，鸡曰翰音，犬曰羹献……玉曰嘉玉，币曰量币。”把祭祀宗庙之犬称作“羹献”，“羹”就是肉汤，可见是将狗熬成肉汤来供祭的。《说文》也说：“献，宗庙犬名羹献，犬肥者以献。”将“献”字释为宗庙祭祀中所用之犬。这就是“献”字的原始义，是专指“狗肉汤”这一祭祀用品的，用如名词。

后来又有所推广，狗肉汤（即“羹献”）以外的一些祭品亦可称之为“献”。《周礼》中有“玉献”、“币献”、“饩献”、“禽献”等称谓，与“羹献”之组词结构相同，显系由“羹献”的推广而来。在祭祀中“以玉致献”，可知“玉献”就是将玉作为祭品来祭祀“大神示”、“先王”等祖先神灵的。“饩献”、“禽献”、“币献”等当亦如此。“献”字在此过程中由祭祀用品之专用名词，又引申发展为指祭祀活动中执祭品供致神灵的祭祀专用动词，后又引申发展为普指各种以下贡上、以卑贡尊的“贡献”意义的普用动词。

那么孔子所说的“文献”究竟是指什么呢？由前述我们已知在殷周时代的祭礼中有文祭，即以文章典册祭祀祖先神灵之礼，由上述我们又知如“羹献”、“玉献”、“饩献”、“禽献”、“币献”等皆为祭祀用品。那么，与上述祭品名词同类且构词方式完全相同的“文献”，毫无疑问就应该也同样是祭品，也是由“羹献”推广引申而来的。至此，我们完全可得出结论：《论语》中孔子所说的“文献”，就是指殷周时代用以祭祀祖先神灵的文章典册。孔子到杞、宋去想要征集到的“文献”，正是这种曾经充当过夏殷祭祀用品的，可反映夏代和殷代的礼仪制度的文章典册。

（原文约6000字，发表于《文史哲》2001年第2期）

文摘编辑：栾贵川

《周易》的历史思想管窥

崔 波

[作者简介] 崔波，郑州大学历史系。

[内容提要] 本文从古代史料价值、历史忧患意识，历史变通思想及历史价值诸方面对《周易》的历史思想做了论述。

[关 键 词]《周易》；历史思想；古代史料；历史忧患 ；历史变通；历史价值。

《周易》被尊为六经之首，是中国古代哲学的正宗，同时也是传统文化的活水源头。它弥纶群言，笼罩百家，涵古盖今，包裹天地，对传统文化的方方面面都产生了深远的影响。

一、《周易》具有丰富的古代史料

《周易》保存了许多古代的史料，有特别重要的价值。其卦爻辞多与当时的社会、政治、军事等活动有关系，因而能够反映一些当时社会生活的实际情况，在古代史料十分缺乏的情况下，已发掘的历史资料更显珍贵。这些史料的缺点在于它所记之事过于简略，并且缺乏系统性，时代也不明确，因而使用起来就显得有些困难。即使如此，其中有些事也是可以了解的。这些仅有的事例为我们提供了卦爻辞撰成时代的线索，所以尤为值得重视。例如：(1) 商先王亥丧牛羊于易的故事。(2) 殷高宗伐鬼方的故事。(3) 帝乙归妹的故事。此外，《周易》又多次讲到殷末周初时人，如《明夷》六五："箕子之明夷，利贞"，箕子是反对纣王残暴统治的著名人物。又如《晋》卦卦辞："康侯用锡马蕃庶，昼日三接。"康侯名封，为文王之子，武王之弟，原封于康，武王灭商后又封于卫。从这些能够参验的事情来看，卦爻辞的主要部分，应为西周初年的史巫所编撰。《周易》卦爻辞的来源比较复杂，后来被人编纂在一起。编者很可能是西周的一个或一些卜史。卜史在周代是负责占筮的官吏，《周礼》讲太卜"掌三易之法"，《左传》中记载卜筮的活动大多与卜史有关。中国史学还处在初创时期，就和《周易》结下了不解之缘。先秦时期，史官是具有两种身份的人。一方面，史官担任着"记言"、"记行"的职责，要求做到"书法不隐"，就这一点说，他和巫祝不同，表现出"世俗人"的品格。另一方面，史官兼掌卜筮之事，因而又具有巫祝的身份。所以文献上常常将史巫、史祝并称。《周易》就在这样的记录："巽于床下，用史巫纷若。"（《周易·巽·九二》)《左传·定公四年》说："祝宗卜史，备物典籍，官史彝器 。"《左传·昭公十八年》辞："使公孙登徙大龟，使祝史徙主于周庙，告于先君。"这是史巫、卜巫、祝巫并称的记载，像这样的文字在先秦文献中屡见不鲜。可见，《周易》卦爻辞对史官观察、预占历史事件产生了多种影响。一是用对卦爻辞解说的办法评论事件；二是《周 易》卦爻辞中的历史变革、事在人为的思想，使史官较好地体察出历史大变动时期历史变化的趋向；三是用《周易》卦爻辞中殷鉴不远、民心可畏、存亡事在人为的观点观察，预占诸侯兴衰、历史人物的命运。所谓"八卦可以识凶吉，知祸福"，只是一种形式，先秦史官和后人有些已明白这层秘密，孔子曰："不占而已矣。"（《论语·子路》）荀子曰："善为《易》者，不占。"（《荀子·大略》）

二、《周易》蕴含强烈的历史忧患意识

《周易》说"亢龙有悔"，"盈不可久也。"《左传》说："社稷无常奉，君臣无常位，自古以然。故诗曰：'高岸为谷，深谷为陵。'"（《左传·昭公三十二年》）孔子说："逝者如斯夫，不舍昼夜。"（《论语·子罕》）这里有哲学式的教诲，有史学式的怀旧，也有积极进取的自勉，但其中最为核心的意义却是对历史之变的忧患。中国文化对历史之变的谨慎态度，表现为特殊的历史关怀，形成一种极强的"历史忧患"文化。《系辞》的作者特别注意了《易经》深深蕴含并处处辐射出来的忧患意识，除"作《易》者，其有忧患 乎"（《系辞·下》）等语之外，又谈到《易》卦之"周流六虚，上下无常，刚柔相易"（《系辞·下》）时说："其出入以度，外内使之惧。又明于忧患之故，无有师保，如临父母。"（《系辞·下》）就是说每一个六爻之卦，其内外出入所示的行、藏、显、隐，都依据一定的法度，提示人们时刻常存一种戒惧心理，以免违背所规定的法度，又使之明晓将来的忧患和历史的经验。推测"《易》之兴"可能是"当文王与纣之事"时也说："是故其辞危。危者使平，易者使倾；其道甚大，百物不废。惧以终始 ，其要无咎，此之谓《易》之道也。"（《系辞·下》）这里又提到的卦、爻辞多含警诫危惧的意义，忧患意识贯穿其终始。用《乾》卦九三爻辞具体地说，就是"君子终日乾乾，夕惕若厉"。的确，《周易》中的忧患意识具有承前启后的意义，因为它是对先民"日用而不知"的生活经验的总结和抽象的结果，

也为后来的儒家所继承和发挥。《周易》的这种“存亡继绝”的历史文化态度，既是一种生命的忧患，也是一种生存的忧患。忧患意识可以时时提醒人生不忘安危、盛衰的转化，即使在发达顺境之中也要随时准备迎接危亡和衰败的挑战。所谓“危者，安其位者也；亡者，保其存者也；乱者，有其治者也。是故君子安而不忘危，存而不忘亡，治而不忘乱，是以身安而国家可保也”（《系辞·下》），说的就是平安之时忧患意识的重要价值。

三、《周易》的历史变通思想

经历了春秋战国时期社会经济、政治、思想大变革的《易传》作者在历史认识上富有特色的观点，是变通的思想。《系辞上》说：“生生之谓易”。万物皆新陈代谢，生生不已，是谓变易。作者认为《周易》之《易》即变易之义，以其讲万物的皆变之道也。“易”本有变易、不易、简易等解释，实则“易”的中心观念是“变”，“变”而后“通”。所以《系辞下》说：“《易》，穷则变，变则通，通则久。”此举《易》道以明变化之必要。《周易》变通思想内容大致可概括为：《周易》的作者在历史认识上富有特色的是通变思想。通变史学思想首先体现在对历史过程的认识上。《系辞下》说：“神农氏没，黄帝、尧舜氏作，通其变，使民不倦，神而化之。使民宜之。易穷则变，变则通，通则久，是以自天佑之，吉无不利。”这是《易》的变通思想的典型表述。《周易》认为，世界是一幅穷通变化的流动场景。《系辞上》：是故阖户谓之坤，辟户谓之乾。一阖一辟谓之变，往来不穷谓之通。《系辞上》：广大配天地，变通配四时，阴阳之义配日月，易简之善配至德。《丰·象》：日中则昃，月盈则食，天地盈虚与时消息，而况与人乎，况于鬼神乎？《革·象》：天地革而四时成，汤武革命，顺乎天而应乎人。自然天象的各种变化在变通中呈现出盈虚消息的波动；社会历史与自然一样，也是在变，它表现为盛衰的变动，历史既有兴盛时，也有衰败时，表现为历史兴亡的交替。见盛观衰的历史思想后来也就成了史家总结历史变通思想的来源。《周易》作者以历史变通的思想观察历史的变化、趋向，认为这种认识对治理国家有重要意义。这是“前言往行”总结的深化。“夫《易》彰往而察来。”（《系辞·下》）彰往，表明往事也。察来，观察未来也。记载往事的历史是预见未来的条件。考察历史“要明于忧患与故”，进行“顺乎天应乎人的变革”。（《革·象》）天地以顺动，故日月不过，而四时不忒。圣人以顺动，则刑罚轻而民服（《豫·象》）。“通变之谓事。”（《系辞·上》）此言通即事物之变化，采取行动，是谓之事。作者强调对历史变通的认识，对治理国家有重要的意义。《周易》的作者表现出对历史前途的关怀，《系辞·下》说：“《易》之兴也，其当殷之末世，周之盛德邪，当文王与纣之事邪，是故其辞危。”又说：“《易》之兴也，其于中古乎，作易者，其忧患乎。”《易》中充满了忧患意识，表现出对历史命运的关心，对历史前途的瞻望。后世史家根据这些认识，论证历史变革的必要与必然，成为一种历史变革的理论。

四、《周易》的历史价值

《周易》一书在历史上的价值是多方面的，围绕其内容，这里仅谈以下几点：《周易》是一部占筮之书，用《周易》算命，虽然不是科学的预测，但它对凶吉的说明可以在一定程度解除人们心中的疑惑，给人以精神上的慰藉。第一，《周易》并不是一部一般的迷信著作，与龟卜相比，它突出了人为因素的作用，如就占筮而言，不仅揲蓍成卦的过程需要一定的数学计算知识，而且，用卦象及卦爻辞来说明吉凶更需要具有类推的能力。基本上来说，用《周易》算命都会流于联想和附会。但是，占筮仍然有其积极的作用。人们之所以去占筮，乃是因为对某些事情的成败吉凶没有把握，心有疑惑，而通过用《周易》占筮，通过《易经》对吉凶的说明，人们首先可以在心理上感到稳定与满足，对要发生的事情有了充分的准备。或者用一句古话说，《易经》可以帮助人们安身立命。第二，《周易》学说，最终是为政治服务的。《汉书·艺文志》称它是“王教之典籍”。孔颖达在《周易正义序》中也说：“故《易》者，所以断天地，理人伦，而明王道也。”《系辞下》说：“天地之大德曰生，圣人之大宝曰位。何以守位曰仁，何以聚人曰财，理财正辞，禁民为非曰义。”从天地的自然规律说，由于《周易》阴阳互相争胜负而不断变化，才使日月四时运动而万物生生不穷。人类社会也是如此，由于上下尊卑互相斗争的推动，才使“社稷无常奉，君臣无常位”而不断转换，促进了历史的发展。一些有建树的帝王将相，都从中汲取了思想营养。第三，《周易》是中国古代文化的一个源头。《周易》虽然是一部卜筮之书，但是由于其中包含了大量理性思维的内容，如生活智慧、辩证思维等，因而成了中国的一个重要思想来源。特别是古代重要哲学著作《易传》，以解释《易经》的形式出现，更可以说明《易经》对于哲学发展的重大作用。《周易》所涉及的领域非常广，从自然、社会到人生无所不包，其中有很多生活智慧，对人们有启发指导作用。另外，《周易》对谦、节等德行都很赞赏，认为谦虚节俭对人、对国家都有利，这无疑是生活经验的总结。

（原文约9500字，发表于《河南师范大学学报》哲社版2002年第2期）

文摘编辑：栾贵川

试论商鞅变法的负面影响

刘国祥

[作者简介] 刘国祥，湖南湘乡人，吉林大学古籍哲理研究所博士研究生，从事先秦史研究。

[内容提要] 商鞅变法的成功对秦统一中国有不可否认的历史作用，但是，这场变法也给秦及秦以后的中国社会的发展带来了不可低估的负面影响，主要有：以愚民为手段的变法最终导致整个民族创造性意识的萎缩和窒息；以农耕为主，压制工商业发展的变法举措最终导致整个民族的民主意识的弱化；商鞅变法奠定了中国自秦以后二千多年封建社会在政治、经济、思想文化方面的发展模式。在现代的社会中，只有充分认识到封建社会所遗留下来的弊端，才能从前人成功的光环中走出来，冷静地反思历史文化，这有利于新世纪史学的研究。

[关 键 词] 商鞅变法；创造性意识；民主意识；发展模式；负面影响。

商鞅变法产生的负面影响概括起来主要有三个方面。

一、以愚民为手段的变法最终导致整个民族创造性意识的萎缩和窒息

变法是一场深刻的社会革命，它的成功与否将对当世及以后的历史发展产生重大影响，因此，变法要达到的目的和使用的手段是什么就成了变法的决策者和指导者必须认真考虑的首要问题。一般说来，开启民智、富国强兵是变法的最终目的，为达此目的所使用的手段也必须围绕这一目的而展开，可商鞅变法却把二者割裂开来，通过以愚民为手段，以尊君富国强兵为目的形式来实行变法。

商鞅变法涉及的面很广，在这众多的变法条文中，有一个总的指导思想贯穿于变法的全过程，那就是：严刑峻法、强化君权，奖励耕战，以愚民众，最后达到富国强兵的目的。

在《商君书》中，以“愚民”、“弱民”为手段以达富国强兵之目的的条文充斥全书，因此，把“富国”、“尊君”与“弱民”对立起来确是商鞅变法一大特色。在这种变法思想指导下，秦国全国上下成了一架运转井然有序的机器和步伐整齐、服色一致的演练场。这种用人为的办法把全国上下各种力量和因素集中于一个方向的举措，确 能在一定时期内产生排山倒海般的巨大力量。秦昭王借此，攻破了中原六国；秦始皇恃此，统一了中国。但物极必反，这种强制性的变法最终会给国家、民族带来迟滞其发展的严重的负面影响，丧失了使社会发展的最原始的动力——个性的创造性潜能。

这样一来，秦国整个社会的成分构成就非常简单了，只剩下三种类型的人，即“循规蹈矩”的“以耕战为务”的“顺民”和食君禄、委君命的各级官吏以及高高在上的握有生杀大权的国君。老百姓如果变得十分听话时，整个社会的活力也就没有了。纵观商鞅以愚民为手段的变法运动，尽管在一段时间内收到一定的效果，但最终的历史性负面影响却显而易见。

二、以农耕为主，压制工商业发展的变法举措最终导致整个民族的民主意识的弱化

春秋战国这段历史时期除了战争多、制度变化快之外，还有一个重要特点就是城市林立、商品经济十分活跃。据清朝顾栋高《春秋大事表·都邑》所统计：当时中原各国共有商品经济因素比较活跃的城市是332座；司马迁《史记·货殖列传》也列举了全国24个主要商业城市，即长安、洛阳、临淄、蓟县、陶、睢阳、陈县、江陵、寿春、吴县、番县、颍川、宛县等，并把当时的中国划分为七大经济区，同时对这些地区的物产作了详细的介绍。

有了众多的城市和各地富有特色的物产以及当时没有太多清规戒律的社会环境，于是，一个特殊的崭新的阶层即商人阶层产生了。一些惟利是图的商人走南闯北，流通物产，牟取暴利。

生活在这样的环境中，人们的心情是宽松的、自由的，个体的主动性和创造力得到了多方面的释放和发挥。在这种商品经济十分活跃的形势熏陶下，当时社会的民主意识也有了长足的发展，“民为贵，社稷次之，君为轻”，有民主意识的国君首先考虑的是“苟无岁，何以有民？苟无民，何以有君?”“天生民而树之君，利之也”。根据现代经济学的观点，商品经济带给社会的不仅是琳琅满目的财富，更重要的是社会的高速发展和人的创造性的最大发挥，作为这种创造意识的最好表现形式就是整个社会民主意识的增强。

奇怪的是，先秦时期活跃的商品经济因素在秦汉以后并没有作为社会发展主流持续下去，作为从秦汉一直到20世纪初的社会生产的主流是重复式的农耕模式，而重复的、分散的农耕生产则又是封建专制主义的天然沃

壤。之所以会出现这种2000年只有一种停滞不前的生产模式，是因为商鞅变法时所制定的残酷的法律把秦国商品经济的活跃因素窒息了的缘故，而商鞅的这种治国的理念又是秦汉以后的历代王朝始终遵守不渝的信条，都向它看齐。

商鞅变法有一项重要内容就是打击商贾。在这种重农轻商的思想的指导下，秦国的商品经济极不发达。司马迁列举的当时全国24个大商业都市中，秦国一个也没有。可秦国地处关中膏腴之地，物产丰富，灭蜀后，巴蜀的丹砂、铜、铁、竹、木、锦缎等物产又都是中原的紧俏货。因此，仍有不少商人被厚利驱使冒杀头的危险，把这些东西贩到中原去。秦政府开始是阻止，后见阻止不住，就以设“司市”（相当于工商管理和税收部门）的办法加强对商人的剥削。一则可以打击经商风气，二则国家可以得大利。为了满足统治者 的骄奢淫逸的需要，秦政府把那些罪犯的家属子女“没官为奴”，然后把这些人组织起来生产物品，供统治者享用。所以，秦国是有物品的生产却没有商人阶层，有商品流通却得不到国家法律的支持和保证。

这种重农抑商的变法举措被商鞅死后的历代秦国国君所继承，在此基础上统一中国的秦王朝的这种政策又对后世产生了深远的影响。所以，我国几千年来形成的农是本、商是末的传统思想，如要追本溯源则是商鞅变法的直接产物，是这种思想窒息了整个民族的民主意识的发展。

三、商鞅变法的成功奠定了秦统一中国的基础，同时也奠定了中国自秦以后二千多年封建社会在政治、经济、思想文化方面的发展模式

把中国二千多年封建社会的发展模式与商鞅变法联系起来，似乎是把不太相关的两件事扯在一起。其实，这两者之间的关系大得很，完全可以这样假定：如果不是秦国那场变法奠定了统一中国的基础，那中国社会发展这艘航船可能驶向另一个港湾。

商鞅变法的内容广泛，实施彻底，只有20年的时间就彻底改变了一个民族的落后面貌。到商鞅变法的后期，秦国国力已经大增。可以这样说，如果没有强大的国力，要支撑上百年的统一战争是不可想象的，而秦国强大国力的获得完全来自于商鞅变法的成功。

秦始皇统一中国后，据史载做了以下几件有关制度方面的大事：（1）改“王”为“帝”，创造了“皇帝”这个称谓，“诏”、“朕”、“制”等词成了只能皇帝一人使用的专利品。（2）建立了“三公”、“九卿”这种中央政府官僚体制。（3）在全国普遍建立了郡、县行政机构和乡、里基层组织。（4）进一步确立了土地私有化的法令。（5）书同文，车同轨，统一全国的文字与度量衡。（6）焚书坑儒，“以愚黔首”。

在这些开天辟地的所谓改制中，除了“皇帝”一词是秦始皇首创外，其他基本上都是商鞅变法条文的延续和完善。

秦王朝覆灭后，西汉王朝在废墟上建立起来了。西汉开国皇帝刘邦除了在进军咸阳时因收买人心而与民“约法三章”这种做法与“暴秦”有别外，他称帝后的治国理念和模式“皆从秦律”。因此，西汉王朝在本质上是秦王朝的继续，而秦、汉二朝又是中国封建社会在定型、发展过程中的两个“里程碑”式的朝代，因汉王朝与秦王朝的关系是“萧制曹随”，所以秦汉以后的历代王朝的各种政治、经济、思想文化及制度基本上是秦汉模式的再现。

比方说，在政治权力及组织结构上，以皇帝为首的“三公”、“九卿”的官僚体制和郡、县两级政权制这种社会政治组织结构一直延续到清末，即使有变化也是换汤不换药地改个名称而已。如汉武帝为了削弱丞相的权力，就加重中书内阁的权力分量，把自己的贴身侍从中书令当成了事实上的丞相；唐代称宰相为“中书门下平章事”，宋代名为“枢密使”、“参知政事”，明代称为“内阁大学士”（首辅），清代叫“大学士、军机大臣”。

在经济上，秦以后的中国一直恪守以农业为主体和以一家一户为生产单位的小农经济生产模式，商品经济成了不务正业的“左道旁门”和“奇技淫巧”；至于思想上则秦、汉稍异；秦始皇不准人们读书，到汉武帝时略有改变，允许人们可以读一种书即儒学。然而武帝的“罢黜百家、独尊儒术”在麻醉、毒化老百姓思想的功能与效果方面，比秦始皇的“焚书坑儒”有过之而无不及，正是这种思想文化方面的麻醉、毒化功能，使秦汉以后的中国老百姓在几千年里变成了十分温顺的“良民”和“麻木的看客”。

所以，“统一的、贯穿于封建社会两千年之久的专制制度的基本特征，则是秦汉时期形成的”。对于这一点，20世纪初的著名史学家夏曾佑曾深刻总结道：“故中国之教，得孔子而立；中国之政，待始皇而后行；中国之境，待汉武开而后定……自秦以来，垂二千年，虽百王代兴，时有改革，然观其大义，不甚悬殊”，而秦以后那几千年中国封建社会的历史文化早已被思想家称为“乡学”、“乡愿”。当代思想敏锐的学者更认为秦以后的中国社会发展模式是先秦时的“圣贤”培育出来的“一棵难噬的酸菜”，这些先秦的“圣贤”当中就有商鞅。

综上所述，尽管商鞅变法对秦统一中国有不可否认的历史作用，可是它在中国历史上产生的负面影响也是显而易见的、不可低估的。只有充分认识到这一点，才能从前人成功的光环中走出来，冷静地反思历史文化，这样，也许更有利于新世纪的史学研究。

（原文约5500字，发表于《长春师范学院学报》2002年第1期）

文摘编辑：王一丁

论秦始皇兵马俑的主体精神及相关问题

黄今言

[作者简介] 黄今言，江西师范大学中国经济史研究所教授，博士生导师，中国秦汉史研究会副会长。

[内容提要] 多年来，学术界对秦俑的研究取得了丰硕成果，但也还存在一些问题有待商讨。(1) 秦俑各坑的布局或秦俑的主题，主要是象征京城中央军的构成。它不是野战军，而是宿卫军。视1、2、4号坑为左、中、右三军的军阵，确乎尚欠慎审。(2) 4号坑的性质目前有多种说法。看来，它当是属于尚未建成的“武库坑”。(3) 秦俑的营造时间，当分前、后两个阶段，但大规模的营造是在统一之后。之所以不惜人力营造三十多年之久，其意图，并非单纯是为了“表彰军功”，“防神驱鬼”，而是奉行“事死如生”的思想，试图使它们永久护卫着秦始皇这位不可一世的亡灵。

[关 键 词] 秦始皇兵马俑；军阵；中央军；武库；俑坑营建。

一、秦俑的布局与左、中、右三军问题

秦俑1、2、3号坑象征着什么，其整体布局所反映的军事内涵如何？从目前检索的一些文章来看，不少学者多以“军阵”言之，如“三阵说”，“五阵说”。其中尤以前者较为流行，将秦俑的各坑视为左、中、右三军，已被不少论者所认可。对此，很有必要作进一步商讨。

首先，秦俑的整体布局和结构统言之为“军阵”或“布阵”，尽管有一定道理，但难于说明秦俑固有的实质性军事内容。我们认为秦俑各坑的布局或秦俑的主题，在总体上不是反映战时状态下的军阵，而是象征着秦代京城驻军——中央宿卫军的构成。

大量史实表明，秦俑1、2、3号坑是象征秦代中央军的三个组成部分，象征着当时的宫城卫士、京城屯兵和宫廷郎卫等三种武装力量。其中兵力，卫士最多，戍卫兵次之，郎卫最少，这种以皇帝为中心所形成的三层保卫圈制度，与秦制正合。故秦俑所反映的军事内容，主要不是战时军阵，而是中央宿卫军的构成。这和秦代的军事制度也是一致的。

此外，将1、2、4号坑俑视为战争状态下的“军阵”，视为秦军出师时的“左、中、右三军”，则有不少问题令人费解，甚至与史实相悖。

其一，左、中、右三军中的“中军”，通常是统帅或主将之所在，不可或缺。但考古发掘证明，4号坑是尚未建成的武库坑（后详），其中没有一兵一卒，更无主将。怎能称为“中军”？再者，中军既然是“中坚”力量，地位重要，为何比1、2号坑后建，以致成为“废坑”？还有，“拟议”中的4号也不在1、2号坑之间，并未构成左、中、右的关系。因此，将4号视为“中军”确乎难于成立，更难说是1、2、4号坑俑“象征着左、中、右三军的体系”。

其二，军队战时左、中、右的编列，通常当有相应的兵力配置。但秦俑各坑展示出的兵力规模、兵种、布局等相差极为悬殊。如果说1、2号坑是左军、右军，而4号坑为中军所属，则作为主力部队的中军，却营中未见有人，而且没有指挥部，在中军所属的4号坑之间不存在统帅，更无幕府。这种情况显然谈不上它是左、中、右三军的军阵布局。假若果真如此，乃说明秦俑设计者或指挥主将完全不懂得战争的阵法。

其三，左、中、右三军的编列，多为春秋时代作战的阵法，不是秦代的通制。春秋时期战争的主式主要是车战，战斗队形的编列比较简单，通常是左、中、右或上、中、下的“三阵法”。《左传》中这种事例甚多，不必赘举。但自战国以降，随着生产力发展，战争范围和规模空前扩大，除车兵外，普遍出现了独立的步兵和骑兵。各国战法多样，迂回、包围、突击、奇袭等战法层出不穷。而阵法有“二阵”、“四阵”，也有“五阵”者，不当统论。由此说明，战争中采用左、中、右的军队编列，是春秋及其以前的古制，自战国至秦代已有明显改变。战争中的“三阵法”，并非亘古不变的通例。因而将秦俑1、2、4号坑视为左、中、右三军的编列或军阵，是缺乏足够根据的，难以令人信服。

最后还当说明的是，“三军”的字样，在文献中确实多有记载。但这些文献中所讲的“三军”，往往是对所有军队的统称或泛指，不一定就是指左、中、右三军的编列，“三军”是兵家习惯用语，似无疑问。当然也有例外。所以对三军的用语，要作具体分析，不可统论。

二、四号坑的属性与坑内遗存问题

秦俑4号坑和1、2、3号坑是否有关，其属性如何？对此目前存在多种说法。有的认为：这“是一个未建成的废坑……有可能是拟议中的一个军阵”。有的认为：“四号坑可能是计划要修的后勤部队。”还有的认为：“四号坑是修建秦俑坑时取土用的土壕。”面对诸说，多年

来，笔者对4号坑的定性问题一直处于迷惑不解之中。

应该看到，因为考古发掘提供的材料有限，要弄清4号坑的性质确实有一定的难度。但综合现有资料，仍可对此进行考察。秦俑设计者在布局上为什么要在1号坑之北，2号、3号坑之间挖掘4号坑，其用途何在？就笔者的初步考察，这当与存放武器或武器的储备有关。如前所述，它是一个武库坑。武器装备是战争的工具，也是决定战争胜利的重要因素。重视武备建设，自古皆然。考之史籍，早在先秦时期，凡都城皆有重兵和武备。因此，为适应战争的需要，自春秋战国以降，各国都普遍有武库，以收藏、储备武器，且形成了多层级、广分布式的武库网络。而武库的建址，往往是在统治阶级居住的宫室、宗庙区内。重视武器生产和储备的秦始皇也当不会例外。为体现秦代象征地下中央宿卫军的实力，在构建秦陵、秦俑时，设置"武库坑"乃是奉行先例。在秦陵附近建筑武库，这是试图将地上咸阳的"少库"、"北库"往阴间宫城进行移植。目的在于使地下中央军有足够的武器保障。西汉立国之后，随着中央军的组建，在京师长安也建有武库，而且该武库所处的方位大体上和秦俑4号坑一样，二者均在中央军驻地的北向。从方位观之，二者的布局十分接近。从秦俑考古资料来看，西汉不仅南北军之制是"踵"秦而来，而且长安武库的方位也基本上效法秦的4号坑建置。只不过一个是地上中央军的武库，一个则为地下中央冥军的武库罢了。这不难看出其中有它的历史沿袭。这是我们判定秦俑4号坑为武库坑的又一重要根据。武库对武装力量的建设有重要意义。秦俑4号坑的规模不小，占地面积有4608平方米，若建设完工，意味着它的武器储备量相当可观，也意味着其地下王国握有一支庞大的物化了的军队。4号坑不是多余的，它和其他各坑组成一个有机整体。秦始皇生前的一切成就都和他拥有一支强大军队密切相关。因此，他死后也必然会把大量武器带入地下，建立庞大的武库，这是俑坑设计者的指导思想使然。

秦代不仅重视武库建置，设有主管武库的机构和吏员，而且对武器的储藏和保管也有明确规定。地上王国的秦朝对武库管理如此严格，但地下王国的武库即4号坑，经考古工作者发掘的结果却仅有土坑，而未见武器遗存。综观史实考之，其原因有二：（1）4号坑的修建尚未完工，便爆发了陈涉、吴广起义，这使武库工程中断。（2）章邯将武库内的武器发放给了骊山徒，用以镇压起义军。在战急的情况下，因为将武器全部发放完了，所以4号坑成为一个空坑。至于4号坑南面斜坡门道的形成，大概是因众多的"骊山徒"从一个方向进去拿武器所造成的。由于受到人为的扰乱，故该坑层面交错叠压着不规整的土层。综上两种可能性，似乎前者为大。所以我们认为4号坑当是一个尚未建成的武库坑。

三、俑坑营建的时间和意图问题

秦始皇兵马俑坑营建于何时？这也是学界有争议的问题。目前主要有两说。一种意见认为俑坑的营建在统一之前或统一过程中即已开始；另一种意见则主张在统一六国之后才有可能。

秦始皇兵马俑坑与秦陵有密切的联系，这是现在多数学者的看法。关于秦始皇陵的始建时间，文献有明确的交待。秦始皇于公元前246年即位，这时已开始"穿治郦山"，而且在统一过程中，"每破诸侯"，在咸阳附近大量兴建"离宫别馆"。就秦俑坑的地理位置看，正处在离宫别馆的范围之内，它也许是秦诸多宫殿中的有机组成部分，或者是秦陵整体布局的重要构成。如此庞大的建筑规模，当非短期之功，俑坑和秦陵的设计与动工，应该是同时进行的，也就是早在拟议之中、统一布局的。秦俑坑始建于统一六国之前，还可从考古资料中获得信息。据俑坑出土的兵器铭文，有秦始皇纪年者达二十余件。这些兵器放进坑内的时间，可能不会太晚，当在兵马俑营造的过程中，或在消灭六国的进军声中放进去的。这同样表明，秦俑坑的设计、动工是比较早的。不过，秦俑各坑的大规模营造，不是在秦始皇二十六年（前221年）统一六国之前。因为那时战争频繁，秦的主要精力是逐个消灭东方各国。在这紧张的十年统一战争中，不可能投入大量的人力、财力修建秦陵、秦俑是很自然的。从大量史实观之，秦陵、秦俑营造的高峰期是在统一六国之后。首先，秦灭六国之后，从事该工程的人数空前增多。其次，营造秦俑的工匠来自各地。自全国统一之后，征调的地域范围扩大到全国各地，其中不少来自关东各地。再者，秦俑的造型及面部表情，颇为真实，又复杂多样，反映了士兵来自全国各地。这进一步证明秦俑的大量营造是在全国统一之后。

由此，我们认为，秦俑的营建时间大体上可分前、后两个阶段。前期从秦始皇即位到全国统一，此时忙于战争，投入较少，工程进展缓慢；后期乃全国统一到秦始皇死后，此时营建规模浩大，是秦俑的主要营造时期。

统治者构筑俑坑之意图，看来并非单纯为了"显示皇威，表彰军功"，也不是什么"辟邪压胜，防神驱鬼"。该工程之所以不惜人力修建三十多年之久，最基本的一点是出自"事死如生"的思想。兵马俑和整个秦陵一样，每项设计内容都体现着"事死如生"的原则，都是把人间世界投入地下世界的缩影。为体现出秦始皇生前拥有强大的中央军，便在地下营造秦俑，包括宫廷侍卫、宫廷卫士、京城屯兵，试图使他们永久担负起保卫这位"千古一帝"的使命，忠实地护卫着不可一世的亡灵。它想说明，即使秦始皇已死，但他仍能像生前一样握有强大的军队，拥有绝对的军事大权，可以主宰着阴间的一切，这就是秦陵、秦俑设计者的真实意图和出发点。

（原文约12000字，发表于《江西师范大学学报》2002年第1期）

文摘编辑：栾贵川

秦汉简牍的文化价值

王鹏江

[作者简介] 王鹏江，沈阳大学艺术学院院长助理。

[内容提要] 本文阐述了自19世纪简牍陆续出土以来，(通过对秦汉时期简牍的研究)，简牍作为文字与文化的时代载体，对于中国文化的详细记录体现出其特殊的文化价值。

[关 键 词] 秦汉；简牍；文化；价值。

"书契自刻画始，金石也，甲骨也，竹木也"，三者不知孰为后先，而以竹木使用为最广。"竹木之用亦未识始于何时，以见于载籍者言之，则用竹木者曰册。"我国古代，在纸张尚未发明和普遍使用之前，竹木简牍是主要的书写材料。至于简牍的使用起源于何时，现在也未有统一的结论。从甲骨文中（作册字)，象征着用编在一起的简，(作典字)《说文》训为"册在亓（几案）上"。"唯殷先人，有典有册，殷革夏命。"说明殷商时代，已有典册。"文武之道，布在方策。"这说明周文、武王的治国大政是写在方策之上。("策"是"册"的通假)《墨子·明鬼篇》曰："故书之竹帛，传遗后世子孙。"《韩非子·安危篇》曰："先王寄理于竹帛"，其文中之竹指的就是竹木简牍。这说明它在战国时代用来记载事理，就已十分通行了。

秦汉是简牍的黄金时代，在出土的云梦睡虎地秦简《内史杂》中，已有对于下级有所请示，必须以书面形式报告，以记录备案的严格规定："有事请也，必以书，毋口请"。据史书记载，当时秦始皇执政时，每天批阅的写在简册上的公文，达30公斤重。

汉代继承了秦的政体，随着生产力水平的提高。社会财富与日俱增，经济繁荣，国力雄厚，文字的使用范围空前扩大，而使用材料主要为竹木简牍。汉武帝时，就有"文书盈于几阁，典者不能遍睹"，以及"持牍趋谒"、"手书对牍背"的有关记载。汉武帝以后，纸张开始出现，造纸业的发达，使纸张得以广泛流行，纸与策牍并行使用。史籍载，"章帝令"达公选《公羊》从颜诸生高才者20人，教以《左传》与简纸各传一通。直至东晋恒玄帝下了"古无纸，故用简，非主于敬也，今诸用简者，皆以黄纸代之"的明令，规定以纸代简，我国古代的简牍时代才告结束。

如从殷商算起到东晋，简牍使用的时间长达一千六、七百年。由于时代久远，沉埋于地下的殷商简牍早已腐烂，至今没有发现实物。现在据出土所能见到的简牍，主要是战国至晋初的简牍实物 。从出土情况看，秦汉时期是简牍的盛行阶段。秦汉简牍的出土不仅有着极其重要的文化价值，而且对我国古今的文字的演变和书法研究提供了可考的实物资料。

秦汉时代是中国封建文化的第一个鼎盛时期，在这四百年间形成了自己成熟的、独特的体系。70年代前出土的秦汉简牍没有早过汉武帝后期的，70年代后秦汉简牍的大量出土，填补了我国古文献的一段空白，具有重大的意义。

从云梦睡虎地秦简《编年记》中我们可以看到其中《秦记》、《日 书》属于数衡，其余多为法律，如《律说》、《封诊式》，还有讲授为吏之道的课本《吏道》。这些内容清晰地论证了秦始皇焚书坑儒的事实。阜阳双古堆汉简的出土证明了汉惠文帝时期采取了新的文化政策，"于是壁藏者纷纷出世，口授者亦得书之简策矣。"充分说明了学术的复苏不能一蹴而就，两汉前期只能是秦文化的传统过渡阶段。双古堆汉简中的《诗经》对于经学史的研究自然极为重要，而汉简中关于小学的《仓颉篇》，已是把李斯、赵高、胡毋敬三书合一的本子，确实证明了"汉兴，闾里书师合《仓颉》、《爰历》、《博学》三篇，断六十字以为一章，凡九十五章，并为《仓颉篇》"的记载。定县八角廊出土竹简内容保存有《论语》全书的大半，这也是重大收获。江陵张家山汉墓中记有《庄子·盗跖》的竹简，时间为文帝时，说明庄子一系的道家思想在那时已有相当广泛的传播。至于墨子的影响见于临沂银雀山汉简中的《守法》，其文字不少处引自《墨子》城守各篇，研究墨子的流传，必须对这一事实给以足够的认识。

银雀山所出简牍中有佚书《田法》篇，篇中讲到政府授田给农民的制度，农民的各种负担，以及农民不能完成生产任务时应受的处罚。在现存的史料里，《田法》是具体地记录这些问题最早的资料。这篇佚书对于研究当时的社会状况和政治制度具有极其重要的意义。睡虎地出土的《秦律》和有关文书，是研究秦代的社会制度和治国政策的极为重要的史料。秦代统治时间短，流传下来史料较为贫乏。因此这批史料的重要性就显得更为突出了。江陵凤凰山简牍记录的记赋税、徭役等事项的文书，是现在所能看到这类文书最早的一批，这批文书对研究西汉前期的社会经济和政治制度有非常重要的价值。

西北科学考察团在额济纳旗发掘的居延汉简，木简数以万计，对于居延屯田性质、举烽燧方式、戍卒的来源、俸钱与口粮、赵过代田法的推行、算收家赀与官吏之得算负算、张掖太守与农都尉及国都尉的关系、农民起义的新史料、贯卖衣服的券约、戍卒的服装和兵器、用黄金布帛代替货币、本父的助边、居延的物价问题以及过所、符传、邮驿、名籍、天田上计、秋射葆官、民爵、亭长、社祭等制度均有详细记载。秦汉简牍的出土对于古文献学上的价值还表现在出土秦汉的简牍，大量地保存了已失传的佚书。如其中有目前能看到的最早的法律文书《秦律》，最古的字书《仓颉篇》（西北地区过去也曾发现一些零碎的《仓颉篇》残简），最古的日历谱《元光元年历谱》，最古的医书、相畜书、日书、占书和房中术著作；另外还有亡佚多年的先秦重要著作《齐孙子》（即《孙膑兵法》）、《孙子》佚篇等等。

通过简牍记录来看我国古代先人对于天文、地理、数术、方技、医药等诸方面已具备了相当精确的观察了解和掌握能力。如张家山汉墓竹简历谱，记录的时间早到吕后至汉武帝初年。而且在张家山竹简中还有一部数学专著《算数术》，比《九章算书》成书更早，且其内容与《九章》有密切的关系，《算数书》的出现使人们能追溯《九章》的渊源，堪称数学史研究上的一大发现。秦汉简牍中医药学著作，数量较大并且内涵丰富珍秘。有许多传统的中医理论诊断方法和药方，这批宝贵的医书大大地加深了我们对中国古代医学的认识，对于探索一些重要中医理论的形成过程有极其重要意义。此外，从睡虎地秦简中的某些治狱文书，还能看到法医医学在当时已经有了比较显著的萌芽。另外，马王堆出土的“相马”书，银雀山出土的“相狗”书，反映出当时人对家畜形体与性能之间的了解，已有了很精细的观察。

（原文约2200字，发表于《辽宁行政学院学报》2002年第1期）

文摘编辑：王一丁

论司马迁的文化性格

童光侠 吴晓棠

[作者简介] 童光侠，景德镇高等师范专科学校副校长，副教授。
吴晓棠，伊犁师范学院中文系讲师。

[内容提要]《史记》是司马迁的主要著作，能代表性地反映司马迁的文化性格。司马迁十分重视人物的内在价值及其实现程度，其文化性格除有着史学家共有的实证态度和历史使命感之外，还有着明显的浪漫情调，浓郁的平等意识，强烈的英雄色彩，深深的悲剧印记和复仇情怀。这种文化性格的形成，除了受时代精神的激励和儒家传统文化的熏陶，受楚齐文化的影响外，也与家学渊源和父亲的嘱托以及自身遭遇直接相关。

[关 键 词] 司马迁；史记；文化；性格。

一

《史记》的素材来源：书本与实证并重，以实证补书本资料不足。后人写历史，必然要借助前人留下的历史资料，而不能随意创作。但历史资料可以是文学典籍，也可以是实物或其他。考察古人当年的活动场地，凭吊前人留下的历史遗迹，体悟当年古人的生活氛围，以求找到人所共有的一些感觉，也不失为一种搜集资料的方法，这种方法有时既能使所记内容更生动形象，也可弥补某些史料的不足。司马迁早在出仕之前就有过壮游的经历，他在《太史公自序》中称："二十而南游江淮，上会稽，探禹穴，窥九疑，浮于沅湘，北涉汶泗，讲业齐鲁之都，观孔子之遗风，乡射邹峄，厄困鄱薛彭城，过梁楚以归。"仕为郎中后，他更是或奉命出使，或扈驾巡行，足迹几乎踏遍西汉当时的大半版图。每到一处，只要可能，他都会访问老者，缅怀前贤，我们在《史记》中能够看到不少这类独具特色的实证文字。

在素材的搜集整理中，常会遇到书本记载与实际情况不尽一致之处，有时不同的文献对同一情况的记录也不尽相同。每当遇到这种情况，司马迁更看重的是实地证据。如：

> 太史公曰：《禹本纪》言河出昆仑，昆仑其高二千五百余里，日月所相隐避为光明也，其上有醴泉、瑶池。今自张骞使大夏之后也，穷河源，恶睹《本纪》所谓昆仑者乎？故言九州山川，《尚书》近之矣。至《禹本纪》、《山海经》所有怪物，余不敢言之也。
>
> ——《大宛列传》

司马迁认为《禹本纪》所记与张骞所见不一致，当以亲眼所见为准，并指出，古书中有关九州山川的记载，《尚书》中的记载更近于实际。至于《禹本纪》、《山海经》中的一些有关怪物的记载，实在不敢轻信。这一段内容，唐代司马贞在《史记索引》中也有一些论证，但这已是后话了。

应该指出的是，司马迁写作《史记》时，可供参考的文献资料还是比较丰富的。秦汉时期的史官一般为祖传世袭，司马迁继任太史令后，有条件"抽彻旧书故事而次述之"，但他既信书又不尽信书，还是尽可能地搜集第一手资料作为写作内容和观点的重要参考。写作这样的一部通史，从某种意义上说是我们中华民族文化的一次大整合，司马迁实际上意识到这一工作的严肃性和神圣性，为力求全面反映我们民族三千年的文明史，他自觉以严谨的作风规范自己的行动，从而使自己的著作达到了不朽。

二

《史记》的选材原则：重视建功立业和实现自身价值的程度。司马迁写史书，学习前人又未囿于前人，面对纷繁的历史资料和汉代五光十色的现实生活，司马迁无论是选材还是叙事，都遵循一个原则：有价值则取，无价值则舍；价值大的详写，价值不大的则略写。

作为帝王，史书不能不提及，但有的又无多少值得可写（如属远古内容，也有史料不足而无法写的可能），对这些人物，司马迁一笔带过，如：

> 中康崩，子帝相立。帝相崩，子帝少康立。帝少康崩，子帝予立。帝予崩，子帝槐立。帝槐崩，子帝芒立……
>
> ——《夏本纪》

即使是汉代的有些地位曾十分显赫的王侯将相，如无特别值得一写的，司马迁也或者根本不写，或者作为附传。有学者就作过这样的统计："从汉初到天汉年间，汉相凡23人，《史记》仅为9人正式立传，像审食其、陶青、刘舍、许昌、薛泽、庄青翟、赵周等人都没有传记，像王陵、申徒嘉、卫绾、李蔡、公孙贺等人都是附在别人传记之后顺便提及，有的仅寥寥数字。从汉初到天汉年间御史大夫29人，《史记》仅为10人作传。高祖功臣侯者143人，惠景间侯者93人，建元以来侯者73人，建元以来王子侯者162人，总共是471人，《史记》为之作传者大约是1/15。”可谓惜墨如金。但司马迁认为值得一写的，则不惜笔墨。写吴王世系有《吴太伯世家》，写张良计谋处世有《留侯世家》，写李广才能遭际有《李将军列传》，即使生活于社会底层的侠客义士、伶人倡优，司马迁也分别为他们写有《刺客列传》、《游侠列传》和《滑稽列传》。侯王将相们名垂史册，这在封建士大夫看来当属正常，而对刺客游侠倡优之流入史传，一些封建文人则有些忍无可忍了。班固指责这种做法是“退处士而进奸雄”，高嵣也称“刺客非圣贤之道”。刘勰则认为《滑稽列传》“……辞虽倾回，意归正义意也，但本体不雅，其流易弊”。其实，司马迁将这类社会底层人物写入《史记》正是其文化性格的反映，他不以宗法等级作为人物的评判标准，而是根据人们的智慧、能力、品格、事功、精神去予以评价，其平等意识和浪漫情调显而易见。现仅就底层人物略加展开论述。

先看刺客。战国时代是中国历史上第一个文化繁荣，思想活跃的时代，也是中国历史上第一个自我意识觉醒，人格力量张扬的时代。豪门贵族竞相养士蔚然成风，唤醒了士林的自主意识。士子在为主人排忧解难的同时，也看到了自己的人生价值，看到了一种比金钱地位更为珍贵的人格尊严，看到了比物质利益更值得珍视的知遇之恩。“嗟乎！士为知己者死，女为悦己者容”，此话虽出自豫让之口，道出的却是战国士林的共同心声。知与不知，是刺客是否以身相许的前提，也是司马迁所向往的英雄人生。司马迁笔下的五位刺客，特别是战国时期的豫让、聂政和荆轲，写得那么惊心动魄，慷慨悲壮，其重要原因之一，在于司马迁对这三位刺客，不仅写出了恩主与他们之间的知与被知的关系，更写出了他们自觉意识到的自我价值和肩负的使命。“范、中行氏皆众人遇我，我故众人报之。至于智伯，国士遇我，我故国士报之”。这是豫让为刺客赵襄子而不惜自毁其容的原因。“夫贤者以感忿睚眦之意而亲信穷僻之人，而政独安得嘿然而已乎！……政将为知己者用”。聂政深感人生价值得到充分的肯定，故甘愿冒着生命危险以报主恩。司马迁将刺客的感情世界写得如此丰富细腻既是出于对“士为知己者死”含义的深刻理解，也是作者对战国文化特点的准确把握，同时还是自己渴望被人理解而不得的寂寞心境的真实流露。

再看游侠。《史记》中的刺客和游侠，粗看颇多相似，但细辨还是有差异的。其最大的差异在于刺客受主子之恩而舍身相报，主子对刺客施恩也多有所求；而游侠则志在主持正义济士于厄困，施恩于士而不图报答。虽然游侠的行为往往与国家法令相抵触，但从中华民族文化的背景看，中华民族是个注重道德情感的民族，所谓“君之视臣如手足，则臣视君如腹心；君之视臣如犬马，则臣视君如国人；君之视臣如土芥，则臣视君如寇雠”。所谓“士为知己者死”，说的就是这个道理。解人之难，救人之危，正直的人从来都视之为一种美德。这种道德情感，是游侠产生的一个重要原因，而游侠的作为，又使这一美德得到更广泛的张扬。就司马迁本人而言，尽管他与李陵“素非能相善也”，但激于义愤，他竟然不顾李陵降敌一事性质之严重而为他说情；尽管他知道游侠总的说来其行“不轨于正义”，但他有感于游侠舍己为人不伐己功的品质，而热情为之立传扬名。可见，司马迁文化性格中有着浓郁的道德情感成分，亦有着较强的侠义情怀和英雄色彩。

三

司马迁生活的时代，正值经济得到全面恢复和发展的时代，人们既然已无衣食之虞，无生命之忧，更高的精神追求必然会随之产生。汉武帝时代是个充满理想的时代，也是个浪漫的时代。而司马迁性格中的浪漫色彩也是浓厚的。从他的著述中，我们不难发现他不仅具备精深的历史知识，而且具有广博的相关学问，包括天文历法知识，地理学、哲学、经济学、社会学、民俗学、军事学，其扎实的文学功底和语言表达能力更是无可挑剔。这许多方面的知识，不是仅仅靠看书学习所能掌握得了的，可以说，广泛的游历，扩大了眼界，给司马迁写作《史记》增添了不少素材，也使他学到了不少书本上学不到的知识。

司马迁文化性格的形成，当然还离不开他家学的影响和名师的指导。尤其凝聚着父亲司马谈的苦心。延及西汉王朝，中华民族已经有了三千年的文明史，述往事，思来者，作为史学家的后裔，司马谈自己也早已有整合中华民族历史的想法，并已开始付诸实施，只是时运不济，过早地离开了人世，但家学和遗命却促成了司马迁的不朽。

（原文约8000字，发表于《伊犁师范学院学报》2002年第2期）

文摘编辑：王一丁

试论王莽新朝的工商管理政策

张弘　靳力

[作者简介] 张　弘，济南大学副教授，博士。
靳　力，山东师范大学图书馆馆员，硕士。

[内容提要] 王莽新朝时期，工商管理政策主要有两部分组成。一是在原有工商管理政策的基础上，略加损益而成的五均六筦之法；二是王莽独创的货币改制。王莽横暴干预社会经济的这些工商管理政策，不仅进一步激化了国内的阶级和社会矛盾，而且也使对外贸易和民族贸易陷于绝境、民族矛盾激化，从而加速了新朝政权走向灭亡的步伐。王莽新朝的工商管理政策，在历史上留下了惨痛的教训。

[关 键 词] 王莽；新朝；工商管理政策。

一

西汉后期，政治腐败，外戚专权，王莽利用裙带关系，因势乘便，于公元9年，代汉建立新朝。面对西汉二百多年积累下来的难以解决的社会和阶级矛盾，为了维护和巩固封建统治，王莽进行了一系列政治、经济等方面的改革，工商管理政策也发生了巨大变化。这主要表现在两大方面。一是在原有工商管理政策的基础上，略加损益而成的五均六筦之法；二是王莽独创的货币改制。

始建国二年（公元10年），王莽颁布了城市经济政策：五均赊贷之法。五均是由政府对工商业经济和物价进行统制与管理。其执行集中于几个主要城市——长安、洛阳、邯郸、临淄、宛、成都。这些地方设立五均司市师，京师下面设立交易丞五人，钱府丞一人，其主要任务是：(一) 平抑物价。各市以四季的中间一月的商品价格为基础，根据各种商品的质量，定出上、中、下三种标准价格。如果商品超过标准价格，国家就抛销货物；如果商品低于标准价格，则任其自由买卖。(二) 以成本价格收购滞销的重要民用商品，使生产者不致受损。(三) 经营赊、贷两种经济活动。赊是借钱于城市居民作非生产性的消费之用；贷是给予中小工商业者的生产性贷款。对后者收取一定的利息。王莽对工商业经济活动管理的这些措施，后来发展为六筦。即盐、铁、酒由政府专卖，铜冶钱布由国家铸造，山林湖沼由国家管理，五均赊贷由政府办理。

王莽执政期间，共进行了四次货币制度改革。

就五均六筦来看，从理论上说，五均所具有的平抑物价的作用，有助于抑制商贾囤积居奇，而赊贷则可抑制高利贷活动。六筦中的盐、铁、酒、铸钱等都是人民日常生活和生产的必需品，这些物品非一人一家所能生产，加之豪民富商常以此作为剥削贫民的手段，故应由国家加以管理和控制。总起来看，这些管制措施的主要内容都是汉武帝的工商管理政策中所固有的，目的是抑制富商大贾的过分剥削，将工商之利收归国家。政策本身并无太大过错，但执行结果却证明它是一个以聚敛财富为目的的搜刮政策。这主要是因社会环境的不同所致。汉武帝时期，西汉的政治、经济和军事力量已达巅峰，特别是吏治较为清明，因而使政令畅达，行政效率较高，工商管理政策的实施取得了较好的社会效果。与之相反，王莽施政的环境较之汉武帝时期已大大恶化，贪污腐化的贵族官僚群体，令政令阻隔；而王莽任用的主持工商管理事务的官员，大部分是原来的大工商业主，如拥资五千万的临淄伟姓、家资十万的洛阳张长叔、薛子仲等人，都当上了经办六筦的羲和命士，进一步打破了西汉初期禁工商业者做官为吏的法令。这类人本来就是囤积居奇，贱买贵卖，哄抬物价并以高利贷对人民进行掠夺的老手，而今穿上政府官员的服装，便更加肆无忌惮地以权谋私、贪赃枉法、巧取豪夺。

如果说五均六筦从表面上看，尚有抑制富商大贾对一般平民百姓过分剥削之意，那么，王莽的货币改制，则充分运用政治权力加强了对人民的剥削，不仅完全违背了货币运行的客观规律，而且给自己的统治带来了崩溃的命运。其错误主要表现在以下几个方面：其一，王莽的币制改革是以劫掠为手段，以聚敛财富为目的。他将黄金、白银宣布收归国有，不予兑换，是一种公开的强盗行径。而他任意规定币值，使币值大于金属货币所含的金属量，造成货币贬值，则是对工商业者和劳动人民的一种明火执仗的抢劫。例如，在第一次币制改革时，用新铸的重12铢的大泉兑换50枚重5铢的钱，就是相差二十多倍的不等价交换。以后的每次改币，各种类型货币的比值都十分不合理。第三次改革中发行的货泉，重一铢的小泉值一，重12铢的大泉就定值50，比值相差4倍多。其布币中重15铢的小布值100，重23铢的次布则值900，比值相差7倍多。类似的例子不胜枚举。金属货币作为一般等价物之所以起价值尺度的作用，是由其本身所含的金属量决定的，同一种币材的货币，不管其种类有多少，每一种的金属含量与其价值量的比必须是相等的。币值大于金属量就等于货币的贬值。王莽用任意规定币值的办法造成货币贬值，并用这种办法对工商业者和劳动人民进行劫掠。因此，尽管王莽使用严刑峻法强制推行新币，依然遭到人们的激烈反抗，私铸货币的事情层出不穷，什么办法也难以禁止。这就影响了社会经济和政治的稳定。其二，币材太滥，品类太杂，徒然制造出不少矛盾和混乱。在通常情况下，流通中存在两种不同币材的货币已与货币作为价值尺度的职能相矛盾。而王莽一次竟用5种不同的币材、6种不同的货币和28个品类同时投入流通，把早已被历史淘汰的龟、贝等重新拿来使用，而各类货币之间的比价又无合理规定，也难以得出合理比价。这种币制改革给社会经济生活只能带来灾难性的后果。其三，改革频繁，手续繁琐。社会经济生活要求一个长期使用的稳定货币。经常改革货币是币制政策的大忌。可是王莽在6年之中就进行了四次币制改革，其变动之速在中国封建社会的历史上创下了空前绝后的记录。第四次币制改革后，王莽为了防止废币和私钱的流通，还规定了非常繁琐的检查制度。官吏和百姓由一地到另一地，要检查布钱和符传，否则，旅店不准住宿，关隘予以扣留。甚至政府官员出入宫门，也要检查验符。这样繁苛的禁令，必然给社会经济的正常运行，尤其是流通带来很大困难。

二

从以上论述可以看出，王莽所制定的工商管理政策虽然有许多缺陷，执行过程中也产生了许多弊端，但在社会经济生活中，似不足以使其迅速遭到彻底的失败。王莽政治素养的缺乏、选择改革路径的失误、强权政治干预经济生活及幻想通过对外战争重树威信等，实是导致王莽新朝工商管理政策在现实生活中完全失败的又一根源。

王莽作为儒士阶层的政治领袖，难免犯有儒生治国的某种通病，即把道理当成措施，把药理当成药方。毋庸置疑，儒家经典中确实包含着许多治国平天下的内容。但是，儒家文化、儒家经典中所包含的，只是治国平天下的道理，即基本原理，而不是具体的运作方式和手段。它对社会病变的治疗，只起药理的作用，而决不是现成的药方。如果把道理当成措施，把药理当成药方，那非但不能奏效，反而会造成更大混乱。王莽的失败恰在于此。

任何改革都必须选准突破口，对症下药。西汉后期的社会问题在时人批判的笔下虽纷纭繁杂，但在工商业等经济问题的背后，却主要是社会离心力日益增大和分配领域中的不公平两个互动因素。王莽在全社会共同拥戴下上台，短期内当然不存在离心力问题，其改革的重点应该放在分配不公问题的解决上。王莽改革不从整饬吏治进一步减少官府对经济事务的干预入手，使社会分配趋向合理化，反而人为地急于打破被实践证明行之有效的工商管理政策，结果不仅没有立竿见影，给社会各阶层带来实际的好处，相反，却触犯了不少人的既得利益，而且也脱离了时代条件，失败难以避免。

为推行工商管理政策，王莽依靠强权政治，求助于苛法酷刑。进一步激化了国内的阶级和社会矛盾。

西汉时期，中央政权与周边少数民族建立了和平友好的交往。然而，王莽却承袭了历史上“内诸夏而外夷狄”的大汉族主义政策，在对工商业管理等受挫时，竟幻想通过对外战争重新树立威信，无端挑起与匈奴、东北、西域和西南诸少数民族的战争。与王莽的愿望相反，这些祸国殃民，破坏民族友好关系的战争，不仅未给他带来财富与威信，却促使民族矛盾和阶级矛盾进一步激化，为大规模农民战争的爆发创造了条件。

总之，王莽新朝的工商管理政策，多是不合时宜的主观意愿之产物，加之各种外因的共同作用，加速了新朝政权走向灭亡的步伐。王莽横暴干预社会经济的工商管理政策，在历史上留下了惨痛的教训。

（原文约5000字，发表于《中共济南市委党校学报》2002年第1期）

文摘编辑：王一丁

正确估价两汉农业生产水平

马 新

[作者简介] 马新，山东大学出版社，历史学博士，教授，博士生导师。研究方向：秦汉史。

[内容提要] 研究汉代乡村社会，对农业生产水平的认识是一个重要前提。我们既要注意代表当时农业水平成就的内容，如铁犁、牛耕等等，也要注意两汉时代农业水平的另一侧面，如水耨火耕、蹠耒而耕等等，也就是说，必须真正深入到当时的乡村社会，去把握其实际生产水平与生产状况。

[关 键 词] 两汉；农业生产水平；工具；耕作技术。

一、铁犁牛耕与耒耜并举

铁犁与牛耕代表着农业生产力的一次飞跃，战国时代社会生产力的迅速进步与社会历史的巨变，与之有着密不可分的关系。但我们也必须看到，直到秦王朝时代，铁犁与牛耕的使用还只局限在某些特定的地区，主要是黄河中下游一带，在幅员广大的其他地区并不通晓铁犁与牛耕，而且即使在黄河中下游地区也只有少数农家有能力使用它们。当时民间最基本的劳动工具，还是耒耜、铫、镰、耨、椎、铚、锄等等，这种情况到西汉前期仍未有多大改变。西汉前期的铁犁出土极少，到目前为止，仅有山东滕州古薛城遗址等寥寥数处。到武帝末年，在搜粟都尉赵过的主持下，开始了比较广泛的推广牛耕与改进田器活动。史称赵过之推广牛耕，“率十二夫为田一井一屋，故亩五顷，用耦耕，二牛三人，一岁之收，常过缦田亩一斛以上，善者倍之”。这里所谓的耦耕，应当是指二牛抬杠，即一人在前牵牛，一人在后扶犁，一人在辕头的一侧掌握犁辕，以控制犁头入土的深度。赵过之推广牛耕，先是在三辅公田，后又及于“边郡及居延城”，最后，“边城、河东、弘农、三辅、太常民，皆便代田，用力少而得谷多”。自此以后，牛耕的范围不断扩展，到西汉后期，铁犁与牛耕已普及到了比较广阔的地区。

然而我们还要看到，迄西汉时代，牛耕还只是推广到北方地区，江南的广大地区还不晓牛耕，经过东汉一朝的努力，基本改变了汉王朝疆域内尚存的“不知牛耕”的现象，铁犁与牛耕技术推广到了东汉王朝内的主要地区。到目前为止，东汉的牛耕图与铁犁已有近60处发现，分布地区北到辽宁、内蒙古，西到新疆、甘肃，南到四川、贵州、广东、福建，东到山东、江苏。而且，在这一时期，牛耕与耕牛的意义也越来越引人注意。

根据上述记载，我们可以对两汉时代铁犁与牛耕的推广过程及范围有一个清晰的了解，可以这么说，这一历史时期，牛耕已十分发达，而且也占据着主导地位。但我们必须看到，中国乡村社会的发展是极不平衡的。就牛耕而言，一方面，是要了解与认识其推广的地区与范围；另一方面，则是要深入到乡村社会内部，去考察在牛耕的推广过程中，或者是在牛耕已经推广的情况下，铁犁与牛耕在农业生产中的普及率。只有这样，才能对两汉乡村社会的发展状况有一个比较客观的把握。

从文献与出土资料看，两汉时代，翻耕土地除牛耕外，还较多地使用着耒耜，这是两种十分古老的耕作工具。西汉时代，耒耜的使用率恐怕要大于牛耕。人们在谈到耕作时，每每以耒耜言之。至东汉时代，虽然牛耕得到了更为广泛的普及，但耒耜仍存在于相当一部分农户的实际生产中。

从现有史料分析，不难看出，在两汉时代，采用铁犁与牛耕的主要是一些大土地所有者，尤其是到西汉后期及东汉时代，这一先进生产技术的采用者，主要是那些“陂池灌注”、“膏田满野”的田庄主。这一时期牛耕的迅速推广与田庄的发展是同步出现的。另外，在一些富裕的农户中，亦有使用牛耕者，但乡村中的大部分自耕农，特别是那些“常衣牛马之衣，而食犬彘之食”的贫困农户，连起码的生活都难以维计，当然就没有余力购置耕牛、铁犁这一类的大型牲畜与农具了。

二、耕作与栽培技术

讲到汉代的耕作与栽培技术，史家自然要推出赵过与氾胜之。赵过以代田法著名于史，氾胜之则以区种法闻于后世。

在耕作方面，汉代的贡献是开始出现和土保墒技术。

在播种技术方面，汉代有较大的提高。播种之前，人们很重视对种子的处理。《氾胜之书》记载了后稷法和伊尹法两种溲种法，所用原料主要有兽骨、缲蛹汁加雪汁煮沸成稠粥样，在播种前多次溲种。据现代农业科学试验，证明这种溲种法具有种肥效应，还有催芽、促苗以使种子提前出苗的作用，并能促进禾苗的分蘖、长高、实穗等。这种处理种子的办法很有发人深思之处。

在选种留种技术方面，汉代的一个重要收获就是发明了穗选法和藏种技术，并一直为后世所沿用。

汉代耕作技术的发展具有较强的不平衡性，我们在分析与评价这一时期的耕作技术水平时，不可一概而论，尤其不能以某些局部的先进来代替乡村中一般农家的普遍面貌。

三、两汉粮食产量的基本估价

粮食产量是估价一个时代农业发展状况与乡村生活水平的重要参数。长期以来，史学家们对两汉的粮食产量众说纷纭，一直未达成一个一致的意见，有主张亩产一石者，也有主张二石者、三石者等等。对此，我想有三个问题必须明确。

第一，是所谓的大小亩问题。许多研究亩产量的学者，将上述材料所记产量的差异，以亩制的不同来解释，殆成公论。但从两汉的实际情况看，两汉时代实行的实际上是大致划一的亩制，也就是240步为亩。此制在战国时即已出现，主要行于秦国，是为大亩；当时东方六国多是百步为亩，是为小亩。西汉建立后，亩制材料不详，江陵张家山出土的一批简书，向我们昭示了西汉前期的亩制情况。在吕后至文帝初年的一座墓葬中，有一汉律残简云："田广一步，袤二百四十步为畛。"同时出土的一部《算数书》中的计算题，也是以240步为亩。这些都表明，自西汉建立，即承继秦制，实行了大亩之制。

第二，对古人所言汉代产量，尤其是汉代人所言汉代产量，我们不必是此非彼，更不必要得出一个放之四海、通用于两汉四百年的一个亩产量。事实上，两汉四百年间，地区差异、时代差异以及不同农户之间的差异都比较明显，因此，史料所言产量的不同，不可理解为记载的相悖，多数情况下应视为地区与时代的差异。

第三，对两汉亩产量的材料，应当区别看待，也就是说可以将其分为特型材料与一般材料两类。特型材料即特定条件下的高产记载，这些材料容易区分。这些高产记录，对于我们了解乡村社会农产量的基本状况没有太多的意义，所以，这儿可以略而不论。上述材料的剩余部分都可视为一般材料，也就是带有一定普遍性的材料，从这些材料看，亩产量自一石至四石不等，其中以三石者居多，这个数字就比较接近当时的生产实际了。也就是说，两汉时代粮食亩产的低限在一石左右，上限在四石左右，中田通常年景在三石左右。

（原文约12000字，发表于《山东大学学报》哲社版2001年第4期）

文摘编辑：栾贵川

魏晋薄葬原因探析

蔡明伦

[作者简介] 蔡明伦，湖北师范学院历史系。

[内容提要] 中国历来倡行厚葬，魏晋的薄葬给人以革故鼎新之感。本文对魏晋薄葬盛行的原因做了多方面的分析论述。

[关 键 词] 魏晋；薄葬；厚葬。

魏晋时期是中国封建社会中丧事最为俭薄的时代，较之于以前的秦汉时代和以后的隋唐元明清诸代，给人一种革故鼎新之感。

导致魏晋薄葬发生的原因是多元的，主要有以下几个方面：

一、历史的经验教训是直接导致魏晋薄葬风气盛行的主要原因

在中国古代，厚葬和盗墓犹如一对孪生兄弟，形影相随。一方面丧葬者的珍宝玉金银财物等陪葬入墓，作为尽孝夸富的手段；另一方面盗匪、贫民及反抗者都把挖坟盗墓作为谋生救急的方法，同时也将其作为发泄仇愤怨恨的手段，所以，凡是厚葬之墓没有不被挖掘的。盗墓之风在易代之后和动荡之世更为突出。

二、社会的不稳定和皇权的衰落也是导致魏晋薄葬风气盛行的重要原因

魏晋时期社会极为动荡。连年的军阀混战使人民惨遭其害，一派凄凉景象。这种不稳定的社会形势，一方面使人们因害怕掘墓而不敢厚葬，另一方面，当戎马倥偬之际，即使欲精心于葬事亦无可能。当时统治者为适应这种形势，也有必要在葬事上采取相应措施，曹操令禁厚葬和身行薄葬的重要出发点就是他遗诏中所言的“天下尚未安定，未得遵古也”。

另外，魏晋薄葬风气的盛行也反映了皇权的衰落。皇权强盛之世，帝陵与臣墓规格的区别十分显著，陵寝制度较为完备，皇帝于丧事几乎是随心所欲，充分显示出皇权至上的威仪，此在秦汉以及后来的唐代表现得颇为明显，而当皇权衰落时，帝陵的构筑则有较多的顾虑，魏晋时代便是如此。当时豪强大族的势力十分强大，他们对政府的态度直接关系到政权的稳固与否。这一现象的出现，标志着战国以来皇权至高无上的陵寝制度也随着皇权的削弱而衰落了。魏晋政权的帝陵都较俭薄，与豪强大族墓葬差别不大或还略逊一筹，其用意之一，恐在于不与豪强大族造成明显的等级沟壑，以免激起他们的反感。皇权衰落对于帝陵俭薄的影响作用还可以从另一个角度考虑，这就是陵墓被毁坏的潜在危险性较大，皇权衰落，其统治地位则不得稳固，一旦发生动乱或改朝换代，奢华的陵墓将难保安平。

三、魏晋薄葬风气的盛行，与当时社会的经济状况有密切的关系

一般说来，社会经济状况的优劣与葬事的普遍厚薄有着密切的关系。东汉末年开始的社会大动荡绵延半个世纪之久，中原地区遭受到极其惨重的破坏，农业人口锐减，“天下户口减耗，十裁一在”。以至终魏之世，经济状况一直未能恢复到汉代水平，不仅一般劳动人民不富足，就是许多高官贵族的经济实力也很有限，在这样的经济条件下，薄葬之风易于形成。魏晋令禁厚葬的重要原因之一就是顾及当时的经济形势，史载“魏武以天下凋敝，下令不得厚葬，又禁立碑”。西晋前期，社会经济状况开始有所好转，出现“流民归还，关中富实”的现象，但这远不能跟汉代一统江山、国势昌盛时的社会经济相比。西晋末年，由于“八王之乱”和北方少数民族的入侵，中原地区的社会经济再一次受到较大的破坏，“苍生殄灭，百不遗一”，到处是一片萧条景象，“井堙木刊，阡陌夷灭”，“荆棘成林，豺狼满道”。反映在葬事上则是较西晋前期更为俭约。

四、春秋战国以来的薄葬思想对魏晋的丧葬风气产生了一定的影响

薄葬思想是伴随着厚葬风气的兴起而产生的，在中国历史上，厚葬虽然左右着中国丧葬民俗的导向，但一些有识之士对此痛加抨击，并提出薄葬的理论，对后世产生深刻的影响。

在先秦诸子中，孔子是薄葬思想的先导。孔子反对当时社会上盛行的崇尚物质的悼念观：“礼，与其奢也，宁俭。丧，与其易也，宁戚。”在谈到丧葬礼仪时，也往往强调“丧礼唯哀为主矣”。如他最得意的门生颜渊死时，孔子哭得很伤心，但当学生提出厚葬颜渊时，孔子

却坚决不同意，他认为丧葬应该“称家之有亡。有，毋过礼。苟亡矣，敛首足形，还葬，县棺而封”。孔子不仅反对厚葬颜渊，而且连给颜渊用椁都不同意。孔子的这种薄葬观念和态度对西晋时期的司徒石苞产生了很大影响，他高度评价孔子说：“延陵薄葬，孔子以为达礼；华元厚葬，《春秋》以为不臣，古之明义也。”

墨子的薄葬思想更是墨家理论学说的精华之一，《孟子·滕文公上》云：“墨之治丧也，以薄为其道也。”墨子对当时厚葬久丧的严重危害进行了淋漓尽致的剖析，明确提出“节葬”的主张。与墨家一样，先秦时期的道家也主张薄葬，如庄子认为“夫事其亲者，不择地而安之，孝之至也”。对此，他自己身体力行，据说庄子临死前，门徒们想从世俗厚葬他，庄子极力反对。稍后的《吕氏春秋》，亦对厚葬多有抨击，提倡“节丧”，其出发点是“为死者虑”，避免死者的坟墓被掘，达到“安死”的目的。先秦诸子的薄葬言行，对魏晋士人产生了极大的影响，深入人心，为封建统治者所接受。

到了距魏晋更为切近的两汉时期，薄葬理论也发展到了一个新的阶段，杨王孙、刘向、王充、王符等是这一时期的杰出代表。刘向的薄葬思想是在先秦墨家、道家和《吕氏春秋》的基础上发展而成的。他希望最高统治者能够“去坟薄葬，以俭安神”，认为薄葬是圣帝、明王、贤君、智士之所为。东汉王符、王充等人也痛数厚葬之弊，倡导薄葬，王充还把葬之厚薄提到关系国家安危的高度来认识。这些人的思想，对身行薄葬的曹丕、杜预等人的影响和启示作用是很明显的。

五、魏晋薄葬风气的盛行与一些封建统治者的倡导和模范行为是分不开的

魏晋时期的封建皇帝和封建官僚贵族，他们中的一部分人的个人品行也颇有值称道之处。从许多为帝为官者身行薄葬的原因看，与他们立身清俭不无关系，而这些人的清俭作风对于社会风气又有重要影响。这方面的典范首先数魏武帝曹操。作为当时地主阶级中最为杰出的政治家之一，曹操可谓魏晋时期薄葬风气的倡导者。

魏文帝曹丕也力主薄葬。他在终制中明令丧事一切从简：“无施苇炭，无藏金银铜铁，一以瓦器，合古涂车、刍灵之义。棺但漆际会三过，饭含无以珠玉，无施珠襦玉匣，诸愚俗所为也。”同时，曹丕还清醒地认识到厚葬之事往往是由君臣双方共同造成的，因此吩咐将终制诏书抄成数份，分别藏于宗庙和尚书、秘书三府中，以防阿谀拍马之徒有所变更，于此可见曹丕薄葬之心是何等坚定。

上行而下效。曹操父子的薄葬言行对曹魏的葬事产生了积极的影响和约束作用。曹丕妻郭皇后的外甥孟欲厚葬其母，郭后止之，认为曹丕“首阳陵可以为法”，曹操子陆思王曹植和中山恭王曹衮也皆遗令薄葬，依父兄终制。

在皇族的倡导影响下，一些大臣贵族纷纷效法曹氏父子，实行薄葬，见于史书的有司空王观、尚书令裴潜、光禄大夫徐宣、太常韩暨、右将军徐晃、豫州刺史贾逵、兖州刺史司马朗、议郎沐并等人。其中，韩暨更是在临终遗言中提出了“生有益于民，死犹不害于民”的主张，实属可贵可嘉。

晋袭曹魏之风，以薄葬为尚。晋宣帝司马懿去世前，预作终制：“于首阳山为土藏，不坟不树，作《顾命》篇，敛以时服，不设明器。后终者不得合葬。”景、文二帝皆遵奉成命，没有厚葬。景帝崩，其“丧事制度，又依宣帝故事”，东晋帝后的葬事大多依遵西晋的制度。这些人生而节俭，死则薄葬，对当时的社会风气不能不产生重要影响，因而在帝王模范行为的带动下，两晋士大夫自为终制，遗命薄葬，蔚然成风，诸例不胜枚举。

在上述种种原因中，社会不稳定性、皇权的衰落及当时的社会经济状况是魏晋薄葬兴盛的主要原因，其他原因则是在这种特定的政治形势和经济状况下发挥作用。前代尽管不乏厚葬禁令和提倡或身创薄葬之人，终因不具备这种特殊的条件，因而未能造成如魏晋时代这般较为广泛的薄葬局面。

（原文约4500字，发表于《湖北师范学院学报》哲社版2002年第2期）

文摘编辑：栾贵川

隋朝在海南建置考略

林日举

[作者简介] 林日举，琼州大学政史系副教授，主要从事魏晋南北朝隋唐史、海南史的研究。

[内容提要]《隋书·地理志》记载隋朝在海南的建置有“珠崖郡”及义伦、感恩、颜卢、毗善、昌化、吉安、延德、宁远、澄迈、武德十县。本文认为：该志所载有误；隋朝二世均在海南建置地方行政机构，其中，隋文帝开皇年间立崖州及义伦、临振二县；隋炀帝大业三年改崖州为珠崖郡，至大业六年增至三郡十县。三郡即珠崖、儋耳、临振郡；十县即义伦、昌化、感恩、毗善、宁远、延德、澄迈、舍城、临川、陵水县。

[关 键 词] 隋朝；海南；建置；考略

《隋书·地理志》所载文字过于简约，“珠崖郡”下无注隋朝之沿革，十县下无注建置时间及沿革，使读者无法得知“十县”建于哪一世和具体的建置时间。此外，还有见于其他史志所谓的隋郡、县是否《隋书·地理志》漏记等问题。故著此文加以考证。

首先是隋文帝之世仍立崖州，设立临振县的问题。据《陈书·方泰传》载，陈宣帝太建四年（572年），方泰迁使持节、都督广、衡、交、越、成、定、明、新、合、罗、德、宜、黄、利、安、建、石、崖等十九州诸军事。崖州即十九州中之一州。《隋书》、《北史》《韦洸传》记隋灭陈朝后，韦洸安抚岭南，绥集二十四州。将岭南诸州加以统计，二十四州包括崖州在内。又《隋书》、《北史》《谯国夫人传》记：裴矩平息番禺渠帅王仲宣之乱的那年，冼夫人处置贪虐的赵讷并安抚岭南有功，隋文帝为之加封，“赐夫人临振县汤沐邑一千五百户，赠冯仆为崖州总管、平原郡公”。另外，《资治通鉴·隋纪》记载隋平陈后得州三十，而胡三省所按中也包括崖州。据此，隋文帝平陈后沿立崖州应是肯定的。

关于隋文帝世在崖州设立“临振”县，除《隋书》、《北史》《谯国夫人传》记载隋文帝“赐夫人临振县汤沐邑一千五百户”外，又《舆地纪胜》注引高州诚敬夫人庙碑记：隋文帝“赐临振县汤沐邑一千五百户”。如果当时不建立临振县，管理一定数量的编户，何来汤沐邑？因此，笔者认为，隋文帝开皇年间不但有临振县之名，而且有建立之实，这一县就在今海南省三亚市境内。

关于设立临振县的时间，有关史料说法不一。据考，当在开皇九年四月份之前的二月。

其次，关于珠崖郡的建立时间、“十县”是否都是隋县的问题。《隋书·地理志》中记载隋朝在海南置“珠崖郡”，立义伦等十县。而《舆地纪胜》云“隋炀帝更开置珠崖郡，立十县”，“《元和郡县志》在大业六年”；在“吉阳军”条下记“炀帝置临振郡”，“《元和郡县志》云炀帝大业六年开置珠崖郡，又置儋耳、临振二郡”。但查考该书记隋朝将“番州”改为“南海郡”、“循州”改为“龙川郡”、“潮州”改为“义安郡”、“端州”改为“信安郡”、“交州”改为“交趾郡”、“爱州”改为“九真郡”、罢“封州”以县属“苍梧郡”均云“大业三年”，与《隋书·炀帝纪》记大业三年夏四月“壬辰，改州为郡”合，而《舆地纪胜》记“《元和郡县志》云炀帝大业六年开置珠崖郡”，未免令人对《舆地纪胜》有把时间记错之嫌；又《舆地纪胜》在“昌化军”条下云“炀帝分珠崖置儋耳郡”，“《元和郡县志》在大业六年”，把这一条和“琼州”、“吉阳军”等条下所云结合起来看，珠崖郡与儋耳、临振二郡置立的时间是不同的，即先有珠崖郡，之后才建立儋耳、临振二郡，所以在文中表达时用“又置”和“分置”之语，从此看来，《舆地纪胜》有可能把大业三年将崖州改立珠崖郡与大业六年又分置儋耳、临振二郡之事扯在一起了。此外，《隋书·炀帝纪》记大业三年六月丁亥隋炀帝下诏，其中有“恢夷宇宙，混壹车书”和“韬戈偃武，天下晏如”之语，如果隋文帝所沿立的崖州延至大业六年才更置珠崖郡，那怎么能说“混壹车书”呢？据上分析，《元和郡县志》及《舆地纪胜》所记误也，隋炀帝将崖州更置为珠崖郡在大业三年无疑。

《隋书·地理志》关于县的写作体例，是在县名下详注建置时间和沿革，只有郡与县同时置立，郡名下已注置立时间，县名下才省注。如果不属这种情况，而在县名下无注者，在其他郡仅是个别，惟珠崖郡下“十县”全无这方面的注，由此可见，作者对珠崖郡十县的记载是很模糊的。

在这“十县”中的“义伦”，《隋书·地理志》中记其“带郡”，据考，在梁朝时它就是崖州治，同时又是崖州下的一个县，并为陈朝和隋文帝所先后沿袭，它是与“临振”同在开皇年间所确立的建置的。昌化、感恩、毗善、宁远、延德五县，《舆地纪胜》分别在琼州、昌化军、吉阳军、万安军条下引《元和郡县志》云在大业六年所置；新旧《唐书·地理志》和《太平寰宇记》也记这五县为隋旧县，可见这五县为大业年间的建置无疑。“颜卢”，仅见于《新唐书·地理志》，但未述及这是隋旧县。可见，颜卢非隋县。“吉安”，《舆地纪胜》在昌化县条下注“《唐志》云：正观元年析置吉安县，寻省。”所谓《唐志》实即《新唐书·地理志》，如上所说，吉安也非隋县。“澄迈”，《旧唐书·地理志》记为“隋旧县”。《太平寰宇记》中记“隋置”。从《隋书·地理志》中把“澄迈”排列在昌化、感恩、毗善、宁远、延德五县后面来看，这一县置立的时间不会比这五县早，估计与这五县同时置立或稍晚。“武德”，在《隋书·地理志》中排列最后，《舆地纪胜》注引《元和郡县志》中无记，新旧《唐书·地理志》中也无记，仅《大清一统志》中记，但所云缺乏根据。

综上所述，《隋书·地理志》所记“十县”中，惟“义伦”是开皇年间所立。感恩、昌化、毗善、宁远、延德乃大业六年所立之县。澄迈，依新旧《唐书·地理志》、《太平寰宇记》所记，也是隋朝所立之县，时间与以上五县同时或稍晚。颜卢，乃唐初所立。吉安，乃唐贞观元年始立。“武德”，隋、唐时海南均无此县，《隋书·地理志》无疑是误记。清人徐文范《东晋南北朝舆地表》中云开皇末崖州下辖十一县：义伦、感恩、颜卢、毗善、昌化、吉安、延德、宁远、澄迈、武德、临振。所记毫无根据。估计徐氏以为《隋书·地理志》中“十县”无注建置时间，都属开皇年间旧县，以这十县加上《隋书·谯国夫人传》中所见的临振县，得出开皇末“十一县”这一结论。

再次，关于不见于《隋书·地理志》而见于其他史志的大业年间的建置。不见于《隋书·地理志》而见于其他史志的大业年间的建置，有儋耳、临振二郡及琼山、平昌、舍城、陵水、临川五县。

儋耳、临振二郡，《舆地纪胜》中记并引《元和郡县志》为据。该书认为隋炀帝分珠崖郡置儋耳郡，又举《元和郡县志》所记儋耳、临振二郡置于大业六年及《琼管志》所记隋复置儋耳领五县之言加于说明。依《旧唐书·地理志》所载，可知隋炀帝分珠崖郡置儋耳郡后，珠崖郡移至舍城，儋耳郡治义伦；临振郡治宁远。此外，《太平寰宇记》、《方舆胜览》亦记隋炀帝置儋耳、临振郡，与《元和郡县志》合。从此可见《隋书·地理志》漏载此二郡。另外，《隋书·地理志》开头志文中记：大业五年，“大凡郡一百九十，县一千二百五十五。……隋氏之盛，极于此也”。然而，该书从“京兆郡”至“熙平郡”共计才 188 郡，其实该志漏记二郡，即儋耳、临振郡，将此二郡加上该志上所列出的 188 郡，正好是 190 郡了，与志文中所谓“大凡郡一百九十”合。又《隋书》及《北史》之《滕穆王嗣伦传》记，滕穆王嗣伦于大业七年后被徙朱崖和天下大乱后被逼携妻子窜于儋耳的经过，可印证隋炀帝大业六年分珠崖置儋郡之史实。

前面已考证了在隋文帝开皇十年置临振县。关于《隋书·地理志》中无临振县而仅见宁远、延德二县这一问题，《元和郡县志》中关于大业六年置临振郡及又置宁远、延德二县的记载，实际上解开了这个“谜”。即依《元和郡县志》可知，临振县于大业六年升格为郡，而作为临振郡治的宁远随之被立为县，同时境内分置延德县。《隋书·地理志》仅记宁远、延德二县，不记临振郡，实是漏记。

关于“琼山”为隋县，仅见于《旧唐书·地理志》和《舆地广记》。然而，《舆地纪胜》、《元和郡县志》、《新唐书·地理志》皆云琼山县创于贞观五年，《琼管志》认为琼山为县始自唐，笔者认为可信。

“平昌”为隋县仅见于《太平寰宇记》卷一六九。《舆地纪胜》引《元和郡县志》记述中无载。从新旧《唐书·地理志》记载来看，“平昌”是唐初崖州五县之一，在武德五年置，贞观元年更名。依此可见，这一县并不是隋旧县，《太平寰宇记》有关记载不足为据。

关于舍城、临川、陵水为隋县，见于《舆地纪胜》引《元和郡县志》所云。新旧《唐书·地理志》中所记唐初的州县中有舍城、临川、陵水三县，其中《旧唐书·地理志》中明确记舍城、临川为“隋旧县”，与《元和郡县志》和《舆地纪胜》合：《明一统志》、《大清一统志》和清光绪十九年成书的《广东考古辑要》也沿《元和郡县志》之说，记“陵水县”置于大业六年。据此，笔者以为三县是在隋炀帝大业六年所置无疑。所谓隋炀帝时置珠崖郡立“十县”，事实上就是前面所考证过的义伦、感恩、昌化、毗善、宁远、延德、澄迈等七县和舍城、临川、陵水三县。

根据以上考述，可知隋朝在海南的建置经历了三次变更，即隋文帝平陈后仍立崖州，开皇十年析置新县，共拥有义伦、临振二县；至大业三年，隋炀帝改崖州为珠崖郡，大业六年，分珠崖置儋耳郡，又升临振县为郡，同时增置舍城、昌化、感恩、毗善、宁远、延德、澄迈、临川、陵水九县，在海南形成了三郡十县的统治格局。

三郡所辖及十县所属，历来记载极为模糊。为此，笔者特将此三郡十县之分属如下：

珠崖郡，领县二：舍城、澄迈

儋耳郡，领县四：义伦、昌化、毗善、感恩

临振郡，领县四：延德、宁远、临川、陵水

（原文发表于《海南大学学报》2002 年第 1 期）

文摘编辑：栾贵川

从儒家和谐观看唐王朝的盛衰

贾艳红

[作者简介] 贾艳红，济南大学文学院副教授，山东大学历史文化学院博士研究生。

[内容提要] 唐太宗以儒家和谐思想为基础，制定了符合社会需要的国家体制，君臣之间“和而不同”，使唐王朝内部和谐，充满朝气，推动了大唐帝国走向兴盛：玄宗后期“同而不和”，君臣离心，决策失误，唐王朝逐渐失去生机与活力，迅速走向衰弱。

[关 键 词] 和谐；唐朝；“和而不同”；“同而不和”。

儒家先师孔子说过：“君子和而不同，小人同而不和。”（《论语·子路》）这里的“同”指顺从、盲从”；而“和”是和谐、协调之意。孔子认为与他人和谐相处而不苟同者为君子；一味附和、人云亦云者是小人。在这里，孔子道出了社会稳定发展的一个基本原则——和谐。后世儒家发展了孔子的和谐思想，认为人与自然、人与宇宙只有保持和谐一致，万物才能繁衍生长。同样，人与人之间也需保持一种和谐关系，社会才能稳定发展。否则，等待他们的将是动荡和衰弱。下面我们就从儒家和谐观的角度来分析唐王朝的盛衰。

一

唐太宗在位23年，由于采取了正确的指导思想，制定了符合社会发展所需要的各项政策，从而奠定了唐王朝强大、昌盛的基础。唐太宗制定国策，处理人际关系的基本原则就是儒家的和谐思想，下面就此试而论之。

唐太宗经过隋末农民战争的洗礼，总结了隋炀帝独断专行所引发的君臣不和，进而导致众叛亲离使隋王朝迅速垮台的经验教训，要求臣下忠于君主，但不要一味盲从。629年（贞观三年），针对中书、门下等机要之司惟“阿旨顺情”的状况，太宗大为不满，认为“诏敕如有不稳便，皆需执论……若仅署诏敕，人谁不堪”？要求大臣“自今有不便处，必须执言，无得畏默”，鼓励大臣发表不同意见，直言极谏。他曾对长孙无忌说：“朕闻主贤则臣直，人若不自知，公宜面论，攻朕得失。”要求逆鳞而谏。一时间，君主从谏如流，大臣直言敢谏成为贞观时期最具特色的政治风尚，涌现出像“孜孜奉国，知无不为”的房玄龄、“聪明识达，王佐（之）才”的杜如晦、“才兼文武出将入相”的李靖、“敷奏详明，出纳惟允”的温彦博、“处繁理剧，众务必举”的戴胄、“激浊扬清，嫉恶好善”的王珪等一大批净臣。其中，尤以魏征进谏最为突出。魏征原属太子李建成东宫集团核心人物，玄武门之变后，李建成失败被杀，秦王李世民即位。他捐弃前嫌，将魏征纳之麾下，信之不疑。魏征亦“喜逢知己之主，思竭其用，知无不言”，前后进谏二百余事。他们进谏的内容相当广泛，上至军国大政，小到宫廷琐事，知无不谏，及时纠正和避免了太宗在制定国策，采取措施时可能出现的错误和偏差，为开明政治和贞观之治局面的出现奠定了基础。贞观大臣皆以匡弼君主，忠于事上为己任，他们之间亦能和谐相处。总起来看，贞观时期，君臣之间、大臣与大臣之间能够和谐相处，皆能以国家利益为重，顾全大局，从而推动了社会平稳有序地发展。

此后，高宗、武后时期，执行的是太宗时制定的方针路线，社会经济不断繁荣。但这种和谐局面至唐玄宗统治后期被彻底打破。735年（开元二十三年），“口蜜腹剑”的李林甫登上相位，使太宗以来实行的任人唯贤的用人政策完全遭到破坏。李林甫行事，以“同”为原则，以揣摩玄宗心思为己任，完全看君主脸色行事，而置国家利益于不顾。为取悦玄宗，他在奏事之前，都要贿赂玄宗身边之人，以伺察君主之意，然后按君主意图进奏行事，因而讨得君主欢心，逐渐取得玄宗的信任。而唐玄宗执政多年，年事已高，倦于万机，遂将军国大事完全交给李林甫。李林甫久居高位，实行任人唯亲的用人原则，李林甫提拔的党羽亲信要惟命是从，一旦对其权位构成威胁，就会被毫不留情罢斥乃至丧命。在他的“同”化教育下，谁也不敢发表不同意见，上书进谏，这就完全闭塞了玄宗的视听。大臣惟君主之命是从，惟李林甫之令是听，完全成为君主专制的工具。

接替李林甫掌权的杨国忠是一个“无学术拘检，能饮酒，蒱博无行，为宗党所鄙”的无赖之徒，因靠了杨贵妃的关系而一步登天，骤履清显。他也专以取悦玄宗为已任，媚上剥下。身兼平卢、范阳、河东三镇节度使的安禄山深受玄宗宠信。杨国忠畏其逼己，乃搜罗证据，状告安禄山悖逆无状，包藏祸心，以至激怒安禄山，致其早日起兵。对于安史之乱的爆发，杨国忠负有不可推卸的责任。

正是由于贞观君臣“和而不同”，和谐相处而不强求相同，注重发挥多人的智慧和力量，才使唐王朝内部和谐，充满朝气，推动了大唐帝国走向兴盛。而玄宗统治后期君臣“同而不和”，使内部离心，决策失误，唐王朝逐渐失去生机与活力，迅速走向衰弱。

二

唐初的各项制度大体承袭隋代，又根据社会现状加以补充修改，建立了一套更加完善合理的国家体制。经济方面，在政府掌握大量官田荒地的基础上，实行均田制和租庸调制，既稳定了自耕农经济，有利于农业生产的恢复和发展，又增加了政府收入，同时还巩固了府兵制。总起来看，唐初制定的各项政策法规充分体现了儒家的和谐精神，能够符合社会发展的需要，同时也进一步推动了社会的更快发展，使大唐帝国迅速摆脱隋末暴政的阴影，医治战争的创伤，向着繁荣昌盛的目标迈进。

唐初建立的一整套国家制度是统治者总结了历史的经验，尤其是隋灭亡的教训，又根据现实生活的原则而制定的，在当时是适应社会发展需要的，这从贞观之治和永徽之治局面的出现、社会经济的迅速恢复发展、社会的安定等方面都可得到印证。但经过百余年的变迁，随着时代的进步，适应唐初形势而建立的这套国家体制逐渐落后于社会生产力的发展，出现了与之不和谐的表象。这种表象自武则天时即已出现，到玄宗时全面展现出来。首先是均田制日趋破坏。由于唐代均田制对土地买卖的限制越来越松弛，使贵族、官僚、地主、富商得以大量兼并、掠夺农民的小块耕地，致使农民大量流亡。政府手中掌握的可供还授的均田亦越来越少，农民授田严重不足。随着大土地私有制的发展，均田制逐渐遭到破坏。其次是建筑于均田制之上的府兵制也日益瓦解。随着均田制的解体，农民占有土地越来越少，自备武器军粮的府兵制日益成为均田农民的一项沉重负担。同时，府兵服役年限的延长和处境待遇的恶化，也使人们视兵役为畏途，或脱籍逃亡，或摧残肢体。在兵源枯竭的情况下，唐政府遂以募兵制代替业已破坏的府兵制，招募的士兵是长期服役的职业兵。军事格局也发生逆转。随着对外战争的频繁，到玄宗时，唐政府的主要兵力都聚集边镇，由节度使统率掌握。天宝初，唐朝共设立九节度使和一个岭南五府经略使，兵力达49万，占唐朝总兵力的86%，而中央和内地控制的兵力只有8万多，占唐朝总兵力的14%，仅及边镇兵力的1/6。唐初以内制外的均衡格局被打破。军力分布的不和谐是导致安史之乱爆发的重要原因。再次是使职大量出现，侵夺了原中央各级机构的职权，使诸部司几成闲曹。唐初的政治制度是在承袭前代基础上，又根据社会现实的要求而制定的，因而是适应唐初社会发展的，但经过百余年的发展，社会运动速度明显加快，社会生活日益复杂多变，根据唐初社会实际而制定的政治制度缺乏应变能力，渐渐不能满足社会发展的需要。在此情形之下，政府遂临时设使，消极应付，以使职差遣来弥补行政体制之不足。这些使职，有的为处理应急事务的临时性差遣，有些则逐渐演变为握有实权的固定机构。大量使职的设置分割、侵夺了原诸部司之职权，对唐代行政体制产生很大冲击。它使“原有国家机构的职能范围缩小，功能萎缩。两种不同类型的机构，两套人马共同而又不很协调地作用于国家事务，其结果只能引起政治制度上的紊乱”。

总之，唐代国家体制由适应社会发展走向僵化，由和谐走向背离的过程正是唐王朝由兴盛走向衰弱的历程。安史之乱是唐朝由盛而衰的转折点。此后，由不和谐而引发的社会危机全面爆发：中央有宦官专权，朝政黑暗，朋党之争，互相倾轧；地方有藩镇割据，尾大不掉。整个唐朝呈江河日下之趋势。虽然唐宪宗时出现过短暂“中兴”，但毕竟是积重难返，覆水难收。“中兴”只不过是昙花一现，很快消失。此后，唐王朝就一步步由衰变弱、由弱而亡了。

和谐是社会发展、进步的基础。我们现代社会尤需重视国与国、人与人、人与自然之间的和谐相处。只有和谐才能发展，才能共同创造一个环境优良、人心稳定、经济繁荣、前景美好的人类大家园。

（原文约4000字，发表于《济南大学学报》2002年第1期）

文摘编辑：王一丁

试析唐代海路贸易兴起的原因

周保明

[作者简介] 周保明，西北师大文学院历史系硕士研究生。

[内容提要] 唐代海路贸易的兴起在中国对外贸易史上具有划时代的意义。唐代海路贸易的兴起有其五方面深刻的社会基础：唐中期以前大批外商涌入沿海、唐中期陆路受阻而航运条件却大大改进、政府的鼓励政策以及南方商品经济的发达，说明唐代海路贸易兴起与发展有其历史必然性。

[关 键 词] 唐代；海路贸易；社会基础。

中外海路交往的最早记载见于《汉书·地理志》，所记航线已远至“已程不国”（苏继倾、朱杰勤考定为“锡兰”，即今之斯里兰卡）；东汉时与欧洲大秦国建立了联系；三国时吴国曾派使臣出访南海诸国；两晋时开辟了绕朝鲜半岛至日本的航线；南朝时交广地区与阿拉伯湾沿岸有了较频繁的贸易往来。长期以来缓慢发展的海路贸易与朝贡有着密不可分的联系，这是与陆路贸易相同的中国古代对外贸易的特点之一。由于多种原因，唐代以后海路贸易有了新的发展并在性质上发生了深刻的变化。

一、唐前期重西北经营，大批外商遂趁机涌入广州等沿海港口，推动了海路贸易的兴起

尽管自汉以来海路贸易有所发展，但直到唐前期，仍然以西域陆路通道为中外交往的主要交通线。为了扩大帝国的影响，维护道路的畅通，唐政府积极拓疆政策，在西域长时期地投入了大量的人力、物力和财力，经营西域成了唐的政治重心。由于北方局势的变化和六朝以来江南开发的突出效果，中唐以后全国粮食生产基地由河北、河陇向江南地区转移；又由于交通不便，大量北方移民并未逾岭继续南下，导致岭南依旧是一片蛮荒之地，更谈不上较好地开发或经营。原始的生存状态和极不便利交通状况，严重影响了政令的畅达和南北经济文化交流，直到唐中期以后才稍稍有了些变化。

可以大胆推断，政府对西北边疆的这种“过分关注”，和其对“市舶之利”认识的淡漠再加上自然阻隔，从而不能也无力加强对岭南地区直接有效的管理，使得已有一定海路贸易基础的东南沿海城市存在一宽松环境是可能的。开元十七年后，岭南岭北始有一较便捷的通道。《新唐书》卷43《地理志七（上）》载曰：“有大庚岭新路，开元十七年，诏张九龄开。”这条路的开通意义无疑十分重大（后述）。在有关岭南较少的记载中我们还可以看到，唐末采取了一项旨在加强对其管理的措施，目的显然有包括加强对沿海地区管理在内的许多方面。

广州是有着长期外贸基础的港口城市，大批胡商番客（主要是大食、波斯及南海诸国商人）接踵而至广州，由此散布于交、扬、泉州等一些重要海港。正是这些为数众多的外商与当地商人一起，直接推动了海路贸易的兴起。到东南沿海的外商，除来自海路外，也有大量从内地辗转而至，这一方面说明外商活动的自由，另一方面说明北方的经商环境有可能已受到了威胁。

二、八世纪后半期西域通道的艰难加速了海路贸易的进一步发展

唐朝太宗时期，曾取得了对西域各派势力的极大胜利。

从龙朔初至开元年间，唐蕃在西域地区展开了反复的激烈争夺，安西四镇两度废设，唐在西域初步丧失了主动。

始料未及又不可避免的安史叛乱动摇了帝国的根基，打乱了唐边疆经略的部署。安史叛乱的严重后果在于唐正式认输中亚；国势急转而下的唐王朝理所当然地接受了陆路交通繁荣局面结束的事实。

正因为如此，唐初以来已有一定规模的海路贸易日益受到重视，中唐以后的西域情势已不再具备陆路贸易繁荣的条件，海航风险随着航海技术的改进而逐渐减弱，已非陆上交通可比，而且海上贩运量大、利厚的优势吸引了越来越多的中外商人从事海路贸易。

三、航海技术的改进与航运条件的改善成为唐海路贸易发达的重要基础

从造船业发达的地区分布看，唐代已遍布东南沿江、沿海港口，主要有宜州、洪州、江州、台州、杭州、越州、润州、福州、泉州、广州、登州、莱州等城市。唐时海路商人已经掌握了利用季风航船的技术。时人的海洋知识已较前丰富，主要表现于对海洋地貌的了解和对潮汐现象认识的进一步加深。在航行技术上，中国处于领先地位。

这一时期，中外造船技术都有了很大提高。其时中国的造船技术似为更胜一筹，唐人已采用水密隔舱设置，在接合技术上利用了铁钉和石灰桐油，并创制了舷侧板和人力推动的轮船等。唐代国内造船技术的提高首先归功于漕运业发达对之提出的更高要求。“帆”的大规模使用和大型轮船之用于远洋航行，这在古代阿拉伯人的游记中得到印证。大型船舶的制造适应了海路贸易进一步扩展的需要。

四、唐及其主要贸易伙伴的对外开放政策鼓励和保障了海路贸易的发展

唐代（618—907）在中国历史上号称经济发达，国势强盛，政治开放，文化灿烂。当时和唐友好的国家达七十多个，主要包括新罗、日本、大食、波斯、天竺、泥波罗、骠国、真腊、室利佛逝、林邑、狮子国、护密、乌长国等。

唐朝本着“九州殷富、四夷自服”原则开展外交，同时对外商也采取了较为宽松的政策，太宗时就开放关禁，对西域诸国“听其商贾往来，与边民互市”（《资治通鉴》卷193），以后历朝基本上受到太宗政策的影响而沿袭之。后来外国商人在中国可以长期寄居于“蕃坊”列肆而市。对外商予以种种优惠政策，惩治贪官，任用良吏，禁其重征，目的只有一个，即鼓励并保护外国人在华的经商活动。这主要是因为海路贸易日益为政府创造出了丰厚的税利收入，因此对之进行规范管理越来越成为必要，市舶机构的设置则是中国历史上对海路外贸进行有效管理的开始，它的主要职责在于“籍其名物”、“纳舶脚”、“禁珍异”，征收货税和保管外商货物及管理其在华贸易活动。海路贸易从要么禁断、要么放任转而为官方开始干预，前后不可等同。政府关注的重点也从“求珍”向“赢利”转变，在意识上淡化了朝贡的概念，充分反映了海路贸易性质上的深刻变化。

伊斯兰教产生前，也门地区和阿拉伯半岛西部的“汉志路”曾经是繁华的商业要道，波斯帝国强盛后改变了这一局面，主要致力于经营波斯湾航路，该地区建成了许多优良的贸易港，航船还可溯底格里斯河而上直至巴格达。巴格达成了世界上最大的工商业城市之一，其几英里长的码头经常性地停泊着包括中国商船在内的几百艘各式各样的船只。不难推断，如此强大的海外贸易伙伴无疑是推动唐代海路贸易的兴起与极大发展的重要因素。

五、江南岭南农业、手工业的发展为海路贸易提供了近便的商品来源

安史叛乱后，唐丧失了河北农业基地，河陇又陷于吐蕃，而江南经济得到了较快发展，南方赋出超过北方的进程加快了。中唐以后，政府对南方的开发力度进一步加大了。

江淮农业的发展推动了江南手工业的繁荣。丝织品种更为繁多，花样更奇艳，染色技术更高，能生产十分精美的绫、罗、锦、绣；矿冶业大多民营，受政府保护，矿产量增大，种类增多；铁农器、银饰品、铜镜等金属制造进一步发达；瓷、漆器等高贵工艺品制造更为精美；造纸业进一步扩大规模；扬州成为最大的造船业中心。绝大部分的手工业生产，都是要行销于全国广大市场甚至海外市场的商品，手工业的发达为活跃国内经济、拓宽海外贸易市场提供了丰富的商品来源。陶、瓷器同丝绸一样成了远销海外的商品，而且它具备只适合于海路运输的特点。同时期的阿拉伯也是经济上一派繁荣，统一的帝国沃野千里、物产丰盛，为经济的发展提供了条件，倭马亚王朝前期，农业发达，商业兴旺。阿拔斯朝初期积极发展农业和手工业生产，纺织业和玻璃、皮革、珠宝制造业兴旺，银行业发达，推动了其商业贸易的发展。如果没有广泛的国内工业和农业的生产做基础，对外的商业活动，是不会达到相当大的规模的。

唐代海路贸易的兴起不是突然的，它是自汉以来长期海上交往的积累。唐代海路贸易有此成就更是由于上述五种主客观原因所致。唐代对外贸易的重心由陆路向海路的转移意义并非仅存于唐代，而是整个中国对外贸易历史长河中的分水岭，从此海上航路成了中国对外经济联系和贸易往来的主要渠道。

（原文约7500字，发表于《上饶师范学院学报》2002年第2期）

文摘编辑：王一丁

略论唐宪宗平定藩镇的个人作用

李天石

[作者简介] 李天石，南京师范大学社会发展学院教授，历史学博士。

[内容提要] 本文从平定藩镇的历史条件与个人作用两个方面，分析了唐宪宗元和年间平定藩镇的原因，认为讨伐藩镇的成功，是宪宗充分利用中唐以来社会、历史所提供的有利条件，发挥个人杰出的组织领导指挥才能，充分依靠群臣及广大将士，共同奋斗的结果。

[关 键 词] 唐宪宗；平定藩镇；历史条件；个人作用。

自唐中叶代宗宝应元年（762年）始封河北降将、藩镇割据局面正式形成，至唐宪宗元和末年扫平藩镇，天下再归一统，前后经历六十多年。其间代宗、德宗、顺宗都曾进行过消除藩镇、重新统一天下的努力，最终都未能取得成功。而唐宪宗执政以后，却在短短的十多年里，先后平服西川、夏绥、镇海、淮西、成德、平卢、卢龙等大河南北数十个藩镇，使安史之乱以来中衰的大唐国势重新为之一振，宪宗成为唐中后期惟一一位再度统一天下、初步实现国家中兴的君主。唐宪宗平定藩镇成功的原因何在呢？这是人们及史学工作者都十分感兴趣的问题。这里，笔者谈谈唐宪宗在平定藩镇中的个人作用。

第一，元和年间（805—820年），宪宗自始至终抱着“以法度裁制藩镇”、一统天下的坚定信念和果敢意志，从不动摇。这是宪宗能够取得平定藩镇成就的前提。

宪宗即位伊始，即把“举贞观、开元之政”作为自己奋斗的目标，把平服天下藩镇、重振大唐国威作为自己的首务。十几年里，孜孜以求，从未间断。在顺利的情况下，宪宗能一鼓作气、毫不懈怠，努力争取对藩镇斗争的更大成功。在失利的情况下，决不气馁，总结教训，积蓄力量，重新准备新的斗争。元和初年，征西川，定夏绥，平镇海，宪宗敢于决断。元和十一年（816年），讨淮西三年不下，罢兵呼声弥盖朝野，宪宗几乎成为孤家寡人，但他坚持继续作战方针，终使吴元济授首。铁城之败，举朝文武皆有惧色，宪宗却以大家风度处之，坦言胜败乃兵家常事，岂可因一败丧失信心。元和十年（815年）河北藩镇刺宰相于京师，谋暴动于东都，颇有天下大乱之势。宪宗临事不惊，果断处置，终使平卢、成德企图动摇宪宗讨叛决心的阴谋破产。可以说，如果没有宪宗始终如一的坚定信心和坚强意志，藩镇的征讨很可能会像德宗时那样半途而废，功亏一篑。

第二，努力制定正确的战略决策与方针，随时纠正失误。

宪宗以法度制裁藩镇，大体坚持先近后远、先易后难、先招抚后用兵、先重点后一般的方针。元和初，首先解决了号称朝廷“回翔之地的”西川及家门口的绥夏。不久又解决了关系江淮财赋来源的镇海。一年多中更换三十多个藩镇的节度、观察、招抚之使，使天下藩镇为之一震。元和中，进讨成德失利以后，宪宗积蓄力量、招抚魏博，切断了河北与淮西的联系，使淮西陷于孤立。讨淮西，围而困之，弱而击之，虽多少是出于无奈，却也不失为一良策。讨平卢，注意分化瓦解敌军，重点打击李师道，终于导致刘悟举义。

当然，宪宗十几年的征讨藩镇也屡有失误，其大者便有：元和四年（809年）不待淮西即将出现的替代良机，急于决策征讨强大的成德，招致官军受挫，此为一误；讨淮西，组军太杂，兵力分散，西线连易二帅，皆不得人，屡致失败，此为二误；不顾淮西战事尚未结束，二征成德，分散兵力，耗费军资，此为三误；平郓州，沂帅任用不当，导致兵变，又不审原委，滥杀无辜，大损朝廷声誉，此为四误。然而，宪宗的可贵之处在于，一旦发现决策失误，在多数情况下，能够不失时机地予以克服与纠正。一征成德，官军失利，宪宗利用拘捕卢从史之机及时罢兵；征淮西，一旦发现命帅不当，便及时予以调整，终于发现了李愬这样的智勇之将；二征成德再次失利，宪宗不惜有损自己的尊严，接受大臣的劝告再次罢兵。成功的战争指挥者，并不在于他完全不存在失误，重要的是他能够从失误中吸取教训并予以及时纠正，从而取得最后的胜利。

第三，善于发现和利用优秀人才，发挥集体智慧，博采众人之长。

宪宗即位以后，用人的基本原则是“任人唯贤”。虽然在一定的条件下，宪宗也会本着权力平衡的原则支配部分官员的任免，但在征讨藩镇的过程中，总的看来用人是恰当的。征西川，宪宗听从宰相杜黄裳的推荐，征用无名之将高崇文，终获平西川、擒刘辟的成功。讨淮西，数撤败军之将，终使李愬夜袭蔡州、活捉吴元济而显名。在平定藩镇的过程中，宪宗特别重视发挥宰相的作用，前后所用杜黄裳、李绛、李吉甫、武元衡、裴珀、裴度等都是有智有谋的人才，他们在协助宪宗讨平藩镇方面，发挥了杰出的作用。在用兵的重大问题上，宪宗一般都能够广泛听取宰臣的意见，尽管这并不排除在一定的情况下，不为群言所左右、坚持主见的例外。

第四，注意经济、军事、政治诸方面条件与因素的细致充分准备，保证讨伐藩镇这一主要战略目标的成功实施。

在平定藩镇的财政基础方面，宪宗既有“因德宗府库之积”的一面，也有为筹措战争经费而苦心经营的一面。这不仅表现在制度上对财政体系的整顿，而且宪宗本人在各个方面带头节俭，正像宪宗自己所讲：“朕所以恶衣非食，蓄积货财，正为欲平定四方，不然，徒贮之府库何为?”由于宪宗注意到了物质基础对于平定藩镇的重要性，采取了多种有力的措施，因而在平定藩镇的战争中，能够源源不断保证前方的各种供给。仅以元和中期以来平服藩镇的主要开支来说：元和四年（809年）至元和五年，第一次征成德，支出七百万缗，战后赏赐诸道军兵二十八万匹绢。元和七年（812年），魏博归服，支出一百五十万缗；征淮西三年，支出超过一千万贯石；成德归服，赐钱一百万缗；收复平卢，开支也不少于数百万缗；卢龙归服，赐钱百万缗。此外，尚不包括宪宗多次从内库中拨出的动辄数十万贯、匹的供军钱物。

宪宗朝一年所入约三千五百万缗，属上贡者约1/3，即一千多万缗。而以上用于藩镇的部分经费已超过二千万缗，这样大的开支所以能够得到保证，固然反映元和年间朝廷对百姓征敛的严重，但也说明宪宗在平定藩镇过程中，在财经方面准备的充分。同样，宪宗在军事上，每次发动对藩镇的战争，也都是尽可能作好充分的准备。除在总体战略上给予规划、指导外，对各路兵马的调配，将领的任免及其具体战略的实施，都在尊重宰臣及前方将领意见的基础上亲自加以过问。在政治方面，宪宗始终以“举贞观、开元之政”、讨平藩镇为中心，所有具体政策的制定，人员的任免，官员之间及朝官、宦官之间诸种矛盾的处理，都以不影响这一大局为前提，从政治上保证讨伐藩镇的成功。

总之，元和年间宪宗讨伐藩镇的成功，是宪宗充分利用中唐以来社会、历史所提供的有利条件，发挥个人才智及领导指挥才能，充分依靠群臣及广大将士，共同奋斗努力的结果。

当然，由于宪宗的时代尚不存在从根本上彻底解决藩镇割据问题的社会、历史条件，宪宗并不能超越社会及历史提供的客观条件发挥个人的作用，因此，宪宗虽然在平服藩镇、一统天下方面取得巨大成功，然而这种成功是难以持久的。随着他的去世，随着他的继承者在个人品格及才智等方面的大为逊色，藩镇割据的局面终又恢复。当然，这一历史责任并不是宪宗所应负担、所能负担得了的。

（原文约3500字，发表于《浙江师范大学学报》社科版2001年第6期）

文摘编辑：栾贵川

理学迷信与人的现代化

同 甫

[作者简介] 同甫，本名严国荣，西安联合大学学报编辑部副主任，陕西师大文学院博士研究生。

[内容提要] 作为传统道德文化主干的程朱理学，在中国封建社会后期，成为人性解放的桎梏。在需要大批高素质现代化建设人才的今天，必须高举科学与民主的大旗，反对封建迷信，抛弃理学传统负面影响，解放思想更新观念，建立符合时代精神的新的道德文化体系。

[关 键 词] 理学传统；程朱；天理；人欲；人的现代化。

说起传统文化道德，常人较为熟悉、对常人影响较大的莫过于理学传统。而理学中程朱之学在政治生活层面和道德生活层面的影响更大，几乎触及人们日常生活的各个方面，因此，要廓清源流，还要从头说起。

理学产生在封建社会成熟期的宋代，在其集大成者朱熹死后不久，就被封建最高统治者深所重视。宋宁宗嘉定二年（1209），朱熹被追谥为“文公”，嘉定五年，其《论语集注》、《孟子集注》被列为法定教科书。随着时间的推移，统治者愈来愈认识到理学思想对维护封建正统有着巨大的理论价值和现实意义。自宋以来，理学不仅是统治者的官方哲学，更对汉民族的文化心理的形成，对国人的禀性、人格的铸就，带来了不可估量的负面影响。

从根源上讲，理学并不是宋儒的新发明，而是以先秦儒家伦理哲学为核心，吸收了道家、五行学的宇宙生成论和对立统一思想，以及佛教的逻辑学、思辨哲学而建立起来的较为精致的、有思辨性的、有逻辑体系的新的儒学，可以说是对旧经典的新发挥。理学的主要命题，在先秦典籍中大多都已出现，但是，理学家们新的阐释，比之先秦诸家，一方面更精微、更系统、更完整、富有思辨色彩，另一方面，又将其更具体地落实到社会、政治、伦理、人生的终极目的等各个层面上，使其更具有危害性和欺骗性。如被理学家垂青有加的《大学》、《中庸》，就其原本意义来看，确实闪现着一些富有启示意义的人生哲理，但一经程、朱等人的阐发，便使其与社会、政治联系起来，沟通天人，成为其政治伦理哲学的注解。

在理学的内部建构中，其基本命题如“理”、“气”、“格物致知”、“居敬、“天理”、“人欲”等，乍看起来都有合理之处，然而，其出发点是唯心主义和先验论，其落脚点是政治学和伦理学，根本目的是为了维护封建等级制度。程、朱眼中的“天理”，实质就是封建制度下的社会秩序和伦理准则。本来自然界的天地，只是一种方位上的差异，高、下也只是相对的（就站在地球表面而言），而程颐却赋予天地以具有伦理色彩的高下尊卑的价值判断，并以君臣、父子、夫妇的关系来比附，借道德的力量，使“三纲五常”等封建伦理披上了合理的外衣。本来天子作为最高统治者，完全是强权统治的产物，没有丝毫法理上、民意上的依据，但经过程颐的这一番论证，天子成了公理和正义的当然代表者，成了人民意志的体现者。朱熹的“格物致知”，并不是指认识客观物质世界或探寻事物发展的规律，而是如何维护“三纲五常”，明了为君为臣之理，不仅如此，朱熹还赤裸裸地说：“且如今此学而不穷天理、明人伦、讲圣言、通世故，乃兀然存心于一草一本一器用之间，此是何学问?”明确指出“格物”的目的，就是为了“穷天理、明人伦、讲圣言、通世故”，各自守着“君、臣、父、子”的本分。这种“格物致知”论，表现出典型的“重道轻艺”倾向，只重视人伦关系、道德准则“守分”，忽视探求自然规律，只要求人们趋于“善”，而不重视提倡、甚至于压制人们求“真”，只重视“形而上”的探讨，忽视形而下的研究。其结果，使中国的自然科学研究在近代严重滞后，把“修、齐、治、平”的愚民之术发展到炉火纯青的境地，却把追求真知的科学技术视为“奇技淫巧”。一部近代史，就是一部因科技落后而挨打的耻辱史。

自从张载把“天理”与“人欲”两者对立起来以后，二程、朱熹都从各自角度论述了“天理”和“人欲”的关系。他们关于这对命题都有一个共同的结论，即“存天理”，“灭人欲”。这种论点将“天理”和“人欲”对立起来，认为来自“天理”的人的本性是“天命之性”，是至善至美的，但由于“气”化过程中受私欲之蔽，便变成了“气质之性”，如同打开后的潘多拉盒子。要想复归到“天命之性”，就得革除“人欲之私”，压抑和遏制人的自然本性，放弃人的自然权利，“天理”至善，而“人欲”至恶。这就在富有人情味的道德说教中将人的独立性和自由意识取消，把人变为道德的工具，把有血有肉的、有七情六欲的活生生的生命个体，变成纯理性的精神僵尸，其结果是人不成其为人，或者是异化的人，畸形的人。“存天理”的目的，就是为了维护“三纲五常”。

这种“天理”与“人欲”的对立，实质就是“专制”与“民主”、“集团”与“个人”的对立。这种“天理”，没有文艺复兴时期人文主义者所倡导的“天赋人权”、“人生而平等”等观念；没有“个人的权利是与生俱来的，是自然的，神圣的不可剥夺的”等认识；反对个人是目的，集体是为个人服务的手段，集体的利益最终服务于个人的利益；不认为个体与集体的关系，是一种契约关系，靠法律来调节，而是认为，个人应绝对地从属于一个集体，个体与集体的关系，实际就是个人隶属于集体，隶属于“君 ”、“父”和各级“父母官”，而不是个人与法律的关系那样双向制约，集体完全可以代表个人，集体的利益就是个人的利益。因此，凡是以集体的、人民的名义处理事情，就是合理的，个人的利益没有法的保障，随时可以被剥夺。而这个抽象的集体，总有一个权威的代表者，或者是帝王，或者是特权利益集团，以及家长、族长、封疆大员等。这就是所谓：“君为臣纲，父为子纲，夫为妻纲”，是所谓“朕即国家”。当“天理”与“人欲”，即“集体”与“个体”发生冲突时，就要靠权力意志的力量来抑制“个体”。既然“集体”能够代表“个体”，那“集体”就是善的。而试图冒犯“集体”权威的“个人”就是恶的。所以，理学的精髓就是维护“集体”的绝对权威、绝对利益，抑制个人权利的实现，随时防范一个想 自作主张、自己掌握自己命运的个体。与此相联系，二程所说的“饿死事极小，失节事极大”也就顺理成章了。“存天理”，“灭人欲”的结果，就使家族本位制、皇权本位制神话成为每个人必须维护的“天理”。而“集体”压制“个体”，群体扼杀个人也就成为根深蒂固的文化意识、生活规范和道德准则。历史上不断上演的无辜的抄家、灭族、清洗、充公、专政等血腥的悲剧，也就变成了合理合法的正剧了。

程颐为了要求人们“明天理”、“灭私欲”，主张加强个人的身心修养，这就是“居敬”。他借《易》中“敬以直内，义以方外”来说明“涵养须用敬”。这种修养是从外部到内心的，只要存“敬”便自然“天理明”，这种“居敬”的修养论，其实质还是把“自我”与“天理”对立起来，是个人的精神状态时时处于临深履薄的境地，要经常反省，“斗私批修”，“狠斗私字一闪念”。自我灵魂反省，时刻把自我当作斗争的对象，个人的心灵经常在诚惶诚恐、紧张不安和原罪感中备受煎熬。在这种修养论的影响下，国民人格便有先天的缺陷，不是由智慧、意志、情谊、道德等多种成分构成，而是有严重缺憾的片面道德力量型人格。这就使得人的求知欲日益萎缩，不敢求真，缺乏创造精神，只知道“克己”，“忍让”，“慎独”，丧失自主性和独立性，这种片面的克己，自制，表面看是一种道德自律，而实质却强调的是他律。即“自省”的出发点并不是为了实现个人的价值，而是为了遵从个体从属于集体的隶属关系，亦即强调的是一种外在的道德约束力量，即所谓的“非礼勿视，非礼勿听，非礼勿言，非礼勿动”，这种他律的道德要求，既造就了大量的“谦谦君子”，“温良恭俭让”者和道学先生，又使人们的心灵残缺不全，心灵需求还停留在低层次的生理需要、安全归属上，根本产生不了或不允许产生自尊、自我实现的需要。从封建时代的假道学到十年“文革”中的斗私批修、早请示、晚汇报，无不隐隐闪动着先哲“居敬”论的影子。

周敦颐在谈为“圣”之道时，强调“主静立人极焉”。“静”就是“无欲”、“无为”。才能达到“圣人”的境界。“主静”还是讲个人的修养，希望通过道德自我完善，而忽视对个人力量的培植，重德轻力，重道轻智，重义轻利，把统治者的最高利益推尊为“义”和“道”，要求人们为之献身，却反对人们去谋求个人价值的实现，反对人们去追求自己的“功”和“利”。“正心”、“诚意”、“修身”的目的，就是为了“治国平天下”，把动机与效果分离，只强调动机，不检查效果，认为人格的确立要比智识的获得、真理的证明更重要，认为道德是“质”，而智识、力量是“量”，量的改变无关紧要，而质的改变才是大事。所以陆九渊认为有德无识，尤可成为“一个堂堂正正的人”，朱熹认为有知无德便是“炊沙成饭”、“游骑无归”了。“文革”中什么“宁要社会主义的草”，什么“干不好是水平问题，干不干是态度问题”以及批判“白专道路”，树立白卷上大学的典型等，可谓其来有自。其结果是引导人们只求道义上的胜利和道德上的完善，漠视功利与生命的特质——力量，造成文人士大夫空谈仁义、心性，轻视实践躬行，不敢求真的软弱、圆滑性格，扼制了人们探索改造外部世界、勇于追求真理的勇气和创造精神。这也正是思想家顾炎武所批评的“空谈误国”。

总之，尽管理学把儒家的政治学和伦理学上升到哲学本体论的高度，但由于其先天的因素，使其在政治上表现为“人治”的特点，在文化上表现为浓厚的伦理学特质，使中国封建社会后期在政治的无序和文化的超稳定结构中艰难跋涉。在近代文明史上，其负面的作用远远大于正面作用，这也是“五四”先贤们在启蒙国智、救亡图存的奋斗中反对封建礼教而矫枉过正的原因。在解放思想、更新观念，把富强、民主、文明的社会主义新中国带入现代化进程中的21世纪的今天，反对封建礼教残余，廓清理学余毒的道德文化建设的任务依然很艰巨。要提高全民族的道德文化素质，实现人的现代化，还得高举反封建礼教、反神学迷信的科学、民主大旗。只有破除浓雾重重的理学迷信，才会轻装疾进。对于个人而言，扫清自身观念中的理学残余，依然任重道远。

（原文约4000字，发表于《唐都学刊》2001年第4期）

文摘编辑：栾贵川

朱元璋的廉政建设
——教育、监察、惩奖

薛国中

[作者简介] 薛国中，武汉大学人文科学学院历史系教授，主要从事15、16世纪世界史的研究。

[内容提要] 廉政建设，是古今中外所有国家必然面对而又必须解决的政治问题。这问题解决得如何，直接关系到人民的命运和国家的前途，官廉则政举，官贪则政亡，莫有例外。朱元璋虽是600年前的一位封建帝王，但其廉政建设的经验，颇有历史借鉴的意义，很值得后世重视。

[关 键 词] 廉政建设；勤政爱民；官廉政举；官贪政亡。

一

朱元璋原是个贫苦农民，曾目睹元朝政府之腐败，其官吏像恶狼一样，吞噬着广大人民的生命和财产。他愤激而起，领导农民推翻了元朝，建立了大明王朝。明王朝虽然仍是剥削阶级统治人民的政府，但开国皇帝朱元璋从自己的经历中，深深了解广大农民的要求，深刻认识到人民群众能载舟亦能覆舟，深知创立国家之艰难和守业之不易，从而把勤政爱民、崇俭抑奢作为其治国纲领，并以此教育和要求其政府的各级官吏，因为只有如此才能维护其王朝的长治久安。所谓"勤政"就是忠于职守，尽其全力做好国家交付的各项工作，以达到国泰民安之目的。国泰是以民安为基础和前提的，只有使人民安居乐业，丰衣足食，国家才会有真正的安定太平局面，用朱元璋的话说，"善政在于养民"。这就要求从皇帝到各级官吏，都须怀爱民之心，兢兢业业为国家和人民做些实事。朱元璋说，爱民决不是空话，而是要使百姓得到实惠，"不施实惠而概言宽仁，亦无益耳"。

朱元璋从不把奢俭视为生活小事，而认为是关系到国家治乱兴衰的原则问题。他反复强调指出，"夫奢俭不同，治乱悬异"，"自古王者之兴，未有不由于勤俭，其败未有不由于奢侈，前代得失可为鉴"，这些话至今还有重要的参考价值。

作为皇帝，朱元璋时时掂量自己肩上担子的分量，不容许有半点马虎和懈怠，必须以身作则为臣僚树立勤政爱民的榜样。为处理政务，他每日天明临朝听政，黄昏时才回宫。就是躺在床上，还要回顾一天内所理政务是否有错办或漏办，记载下来留待次日补救，真可谓心力交瘁。朱元璋常感慨说："吾自有天下以来，未尝暇逸，惟恐处事少有不当，以负上天付托之意"，"苟非有疾，不敢怠惰，以此自恃，犹恐不及"。每逢发生自然灾害，他忧心如焚，以千百万生灵为念，常减膳素食，直到灾害平息为止。洪武三年（公元1370年）六月发生严重旱灾，作为万民之主的朱元璋，深感自己有莫大的责任，"亢旱为灾，实朕不德所致"，寝食不安，便身着素服，脚穿草鞋，徒步到郊外祭祀天地的圣坛上长跪祷告。"设藁席露坐，昼暴于日，顷刻不移；夜坐于地，衣不解带。令皇后与妃执爨为昔日农家之食，皇太子捧榼杂麻麦菽粟以进。"三日始还宫，仍斋于西庑。后虽大雨"四郊霑足"，然禾苗"焦损实多"，"乃令免民租"。祈神降雨乃迷信行为，不值得称道，但这种为民祛祸求福而自己甘愿受苦的精神，不能不令人感佩。朱元璋以历代王朝兴衰为鉴，得出深刻的认识："自昔有国家者，未有不以勤而兴，以逸而废，勤与逸理乱盛衰所系也。"

身为帝王的朱元璋，一生生活俭朴，不好声色，认为"声色，乃伐性之斧，易以溺人，一有溺焉，则祸败随之，故其为害，甚于鸩毒"，创业之君，尤不可不谨。不准对宫殿作豪华装饰，衣帽、车轿、马具等日常用品，不准镶嵌黄金，只准以铜代替。他常说："惟俭养德，惟侈荡心"，"节俭足以养性，崇尚多靡必至丧德"。寿终遗诏，叮嘱丧葬从简，陵墓不作大的修建。

朱元璋的垂范行为，无疑加强了他以勤政爱民和崇俭抑奢来教育和要求政府各级官吏的力度。他告诫群臣说，"凡居官者，任之大小虽不同，要皆尽其职而已"，要求官吏们以宋代范仲淹为榜样，"昔范文正公居位，凡日之所为，必求与食（俸禄）相称，或有不及，明日必补之，其心始安。贤人君子，于国家尽心如此，朝廷岂有废事，天下安得不治。"他要求臣僚们"官之所治，必尽其事"，只有如此才无愧于国家给予的俸禄。所谓国家俸禄，实际上是终岁辛勤劳动形体憔悴的农民以赋税形式提供的。出身于农民的朱元璋自然十分清楚，为使官吏们也深知这一点以防贪赃渎职，他命户部将文武大小官员每人每年的俸禄，按谷折算出是若干田亩、若干农民生产出来的，汇编成册，"赐名为《醒贪简要录》，颁示中外（全国），俾食禄者知所以恤民"。

二

政府官吏之最主要的品德是廉洁奉公，这点朱元璋十分明确，并予以高度重视。明王朝开国之初，全国各级官吏来朝廷晋见皇帝毕，陛辞回任，临行时朱元璋告诫说："唯廉者能约己而利人，贪者必朘（肃削）人而厚己。况人有才敏者或尼于私，善者或昧于欲，此皆不廉害之也，尔等当深戒之！"从建国伊始，朱元璋就把廉洁作为选拔和培训官吏的首要准则。洪武元年（公元1368）闰五年，朝廷征集了一批天下贤才来京，拟从中选任一些府州县长官，朱元璋指示中书省："布衣之上，新授以政，必有以养其廉耻，然后可责其成功。"

朱元璋从多角度对其官吏进行监督考察：一是发挥政府监察机构的作用。明朝政府继承了中国历代王朝设立监察机构的优良传统，一开始就建立了御史台，其最高长官为监察都御史，下有监察御史110人，分别到浙江、河南、山东、北平、山西、陕西、湖广、福建、江西、广东、广西、四川、云南等13道，考察地方"官吏之贤否，政事之得失，风俗之美恶，军民之利病"，尤其注意是否有贪赃枉法行为，以"强恣纠缪"。洪武二十九年（公元1396年），南直隶宜兴主簿王复春，因有政绩而受到提拔，经监察机关审查，"知其贪肆，旋置重典"（依法严惩），以戒其他官吏。监察都御史官秩原为七品，洪武十六年（公元1383）改为正三品，第二年又升为正二品。官秩的提高，反映明王朝对监察工作的重视日增。各省设提刑察司，考核一省之吏治。洪武十五年（公元1382年），社会反映地方官吏"贪鄙不法"，朱元璋闻知，"特置天下府州县提刑按察分司"，派出531个官员至各地考察吏治状况，"官吏贤否，军民利病，皆得廉问纠举"，主要是查办贪官污吏。朱元璋对这些派出的官员说："吏治之弊，莫甚于贪墨，而庸鄙者次之。今天下府州县官斯上者往往有之，是以弊政日滋，民受其害，故命尔等治其地。"提刑按察分司只是临时性机构，第二年就撤销了，但在当时无疑起了积极作用。

二是定期考核官吏。洪武四年（公元1371），吏部建议对地方官吏3年考核一次，朱元璋采纳了这个建议，并作为制度确定下来，称为"大计"。其后又制定对在朝京官每6年考核一次的制度，称为"京察。"考核的结果分别进行处理："称职者升，平常者复其职（任原职不变），不称职者降，贪污者付法司罪之。阘茸（品格卑鄙）者免为民。"洪武十八年（公元1358），召集全国地方官吏共4117人来京接受考核，结果是称职者仅435人，平常者2897人，不称职者471人，贪污者171人，阘茸者143人，可见考核之严格。

三是鼓励官吏相互监督弹劾，尤其鼓励下级弹劾上级。洪武十三年（公年1380）年，广东番禺知县道同，向朝廷举报出镇广东省的永嘉侯朱亮祖有受贿等数十桩不法罪行，朱元璋大加称赞，说道同"职甚卑，敢于言大臣不法事，其人骨鲠可用"。洪武十九年（公元1386年），常州知府范好古，向朝廷弹劾行人（朝廷派出传达皇帝圣旨的官）主良"至郡奉职不谨，黩货（贪污）无厌"，朱元璋称赞他"能守邦宪以尊朝廷，发奸贪以安黎庶，其不屈于无能之下可见矣"，命礼部遣人去奖赏。

最后，在一定程度上准许人民群众揭发贪官。政府设置"申明亭"，刑部将包括贪官在内的犯官罪行，在申明亭公布于众，借以激发民众对贪官的仇恨。人民群众发现贪官可立即扭送至有关官府衙门；若该衙门3次拒绝收审，可到京师直接向朝廷提出指控。当然，由于社会制度与政治制度的限制，人民群众监察官吏的作用，不可能得到充分的发挥。

三

朱元璋执政时期，对贪官污吏惩治之严酷，在中国历史上是罕见的。也有个基本观点，认为贪官污吏都是一些"不知廉耻，终无忌惮"的小人。他们"奸诡百端，无所不至，其有犯当按法去之，不尔则遗民患"。按照《明律》，凡犯罪官吏，轻者按情节各施以笞刑（用小竹板打臀部）、杖刑（用大竹板打臀部）、服劳役（"俾历艰难，省躬悔过"）、流放等；而犯贪赃罪者，服刑期间，虽遇国家大赦亦均不赦免，刑满后不再录用为官，重者处以各种死刑，如枭首示众、凌迟（先断四肢再割其头）、弃市（处死后暴尸街头）。朱元璋出于对 贪官污吏的深恶痛绝，曾表示，"我欲除贪赃官吏，奈何朝杀而暮犯。今后犯赃者，不分轻重皆诛之"。虽未这样做，却在《明律》所规定的刑罚之外，实行"法外用刑"，如挑筋、剁指、刖足、断手、打碎膑骨、铁帚扫皮、钩肠、去势（阉割）、剥皮等。朱元璋自己也承认，"惩创奸顽，或法外用刑，本非常典"。以上种种法外之刑，自然是很不人道的，绝对不可取；但在当时却起了很大的震慑作用，有利于整肃吏治。

朱元璋在严厉惩戒贪官的同时，还大力表彰和奖励廉洁奉公的官员。凡为官清廉者，虽犯其他罪过，只要不是十恶不赦之罪，不仅可以得到宽宥，而且不罢官减秩。这样的事例很多，如"逝江布政使司右布政使（即省长）杨允、左参政罗钟、右参政李文华、湖州知府王祯，俱以事被逮，上以其罪非贪墨，俱宥之。复其官"；汉中知府柴庸，"以事下刑部狱，其僚属与同狱者咸言其在官廉介，尚书杨靖以闻。上特宥之，复其官"。明朝制度规定，在任官吏丧亲守孝期间，停止俸禄，而洪武十三年（公元1380年）正月一道诏令说，"该官在任三年之内无贪赃行为，守孝期间，给予全俸三月，以养其廉"，并作为定制。

官吏的贪与廉，关系到国家兴衰存亡，官廉则政举，官贪则政亡。毛泽东说得好："历史的经验值得注意。"朱元璋的廉政建设经验于后世颇有可取之处。

（原文约6000字，发表于《武汉大学学报》人科版2001年第3期）

文摘编辑：栾贵川

浅论宋初“三先生”的教育实践

杨朝亮

[作者简介] 杨朝亮，聊城师范学院历史系讲师、中国社会科学院历史研究所博士生。

[内容提要] 北宋王朝自开国后80年间，专重科举，不注意兴办教育。而由科举选拔出来的人才，往往不适世用。同时，国家又面临着严重的内忧外患。在这种情况下，胡瑗、孙复、石介“三先生”勇敢地提出兴办学校，培养各种专门人才，以整治国家，无疑在当时是有一定积极意义的。“三先生”的教育活动为北宋统治阶级培养了一大批济世治国的人才。同时，他们对北宋学校教育及书院教育的发展产生了重要的影响。他们的某些成果成为北宋和北宋以后朝代官学及私学教育制度的有机组成部分。

[关 键 词] 宋初“三先生”；苏湖教法；泰山书院；徂徕书院；安定学派；泰山学派。

在中国儒学发展史上，胡瑗、孙复、石介被后人合称为“三先生”。胡瑗（993—1059）字翼之，泰州如皋（今江苏如皋）人，一说为泰州海陵（今江苏泰州）人，因其远祖世居安定（今甘肃泾川以北），学者习称其为安定先生。孙复（992—1057）字明复，晋州平阳（今山西临汾）人，曾客居泰山讲学多年，学者习称其为泰山先生。石介（1005—1045）字守道，兖州奉符（今山东泰安东南）人，家居徂徕山下，故学者习称其为徂徕先生。据说，三人年轻时曾在泰山同学十年，一道学习经术。三人积极从事于教育活动，不仅为当时统治阶级培养出一大批通今博古的人才，而且他们的教育思想及实践对以后的学校教育具有重要影响。

一、胡瑗的“苏湖教法”

宋仁宗景祐元年（1034），范仲淹知苏州，创建苏州府学，延聘胡瑗担任教授。胡瑗制定了详密的学规。庆历二年（1042），湖州知事滕宗谅奏请立湖州州学，胡瑗又以保宁节度推官的身份被聘为州学教授。在州学的9年里，胡瑗声名日显。庆历四年兴学时，朝廷下诏正式建立太学，诏请有司取胡瑗在苏湖两地制定的学规作为太学法，这即为后人习称的“苏湖教法”。

于“苏湖教法”中，其分斋教学最为有名。胡瑗在湖学任教时，对学生进行分斋教授，一反过去学风，设经义、治事二斋。经义斋是专门以研讨儒家经典为主；治事斋实行分科教学，科目主要有治兵、治民、水利、算术四类，根据学生特长，让学生专治一门主科的同时，还必须兼治一门副科。其教法颇得后人赞赏，黄宗羲曾说：“盖就先生之教法，穷经以博古，治事以通今，成就人才，最为得当。”胡瑗在教学中也很有特点，他循循善诱，真诚恳切，抓住重点，深入浅出，引古证今，以理服人，深受弟子们的欢迎。在授课之时，他要求学生认真听讲，同时还要做笔记。《胡氏口义》就是当时其讲授“五经异论”时学生们所作的笔记，也正是如此，胡瑗的思想学说才得以保存下来，成为研究胡瑗思想的重要资料。胡瑗还把学生分成组，互相提出问题进行辩难，有时师生也进行讨论，并且常常结合时政加以阐发。除此之外，胡瑗还十分重视游学考察，他说：“学者只有一乡，则滞于一曲，隘吝插陋。必游四方，尽见人情物态，南北风俗，山川气象，以广其闻见，则为有益于学者矣。”胡瑗的“苏湖教法”，不仅为宋代太学及州郡府学提供了依据，而且对后来的学校教育也产生积极影响。欧阳修称赞道：“教学之法最备，行之数年，东南之士莫不以仁义礼乐为学。”

二、泰山书院和徂徕书院

景祐元年，孙复第四次应试失败后到处流浪。此年，石介于南京任幕职官，见到了流落南京的孙复。石介感慨孙复的遭遇，又十分钦佩其道德和学问，遂决定在泰山筑室，延聘孙复客居讲学。二年，孙复来到泰山脚下，开始聚徒讲学。四年，在东岳庙东南隅兴建学馆，名曰“信道堂”，后来，由于岱庙扩建，孙复又到泰山南麓的栖真寺重整院落，构筑厅室，这就是泰山书院。宝元元年（1038），石介在家居父母丧时，于徂徕山北，创建徂徕书院，聚徒讲学。到庆历二年，孙复、石介均到京任职，二书院随之停办。

孙复、石介在书院中都积极提倡仁义礼乐之学，以继承儒家的道统自居。在当时，二书院勤奋好学的学风是值得称道的。其次，尊师重道，一切以儒道而论，并不计较职务的高下。如石介自己也执弟子礼，拜孙复为师。石介恭事孙复在当时影响很大。最后，解说经义不拘泥于古训，而以己意解之。欧阳修对孙复不盲目信从古注的态度十分称赞。比如石介在解经时也敢于向郑玄发难。他们的这一精神对后来的疑经思潮有一定的影响。《泰山县志》称：“泰安旧称淳朴，士习于孙、石遗风，多好经术，重气节。”

三、“三先生”任教太学

庆历二年夏，石介服除，被召为国子监直讲。同年十一月，孙复亦由布衣超拜试校书郎、国子监直讲。在太学，二人提出太学实行举人发解要有听课日限，放宽太学送考人数等规定，使太学人数由原来的二三十人骤增至数千人。二人又把自己的道德、学识和主张传授给太学生们。太学由此益盛，造成一时“新进后学不敢为杨（亿）刘（筠）（按：即四六美文），亦不敢谈佛老”。

皇祐四年（1052）胡瑗被授予光禄寺臣、国子监直讲之职，专为太学生讲授《五经正义》，开始，士人很是不服，后来听其讲课后，众人皆钦佩，使得“太学至不能容”，不得不“取旁官舍处之”，嘉祐四年（1059）正月致仕东归，“东归之日，弟子祖帐，百里不绝，时以为荣”，就连宋神宗也被深深感动。

四、“三先生”教育实践的意义

“三先生”在长期的教学活动中，由于各自学术风格的不同，因而形成了不同的学术派别。胡瑗在教学中，以自己独特的方式教授弟子，“先生倡明正学，以自先之”，注重“明体达用”之学，而且“严师弟子之礼”。形成了其独特的沉潜、笃实、淳厚、和易的学术风格。于此，胡瑗和他的弟子以及再传弟子，形成一个巨大的学术派别，因学者习称胡瑗为安定先生，所以也就称其学派为安定学派。孙复于泰山之阳，不守古训，以自己的理解授《春秋》于弟子，其目的在于“讲明周孔之道以为世用”。石介躬耕徂徕山下，以《周易》教授其徒，并且师事孙复。二人于泰山讲学多年，同弟子一道研讨学问，联系时事，解答疑难，开创了疑传惑经、尊师重道、勤奋好学的学风。从而形成为北宋时期对理学形成具有重大影响的一个学派，因学者习称孙复为泰山先生，所以就称其学派为泰山学派。

“三先生”的教育活动，为北宋统治者培养了一大批济世治国人才。胡瑗在湖学，“四方之士，云集受业”，在太学，天下之士“不远数千里来就师之”。石介在太学也是“门人弟子从之者甚众”。他们的弟子以及再传弟子，有的成为一代名宦，有的成为一代大儒。如滕元发、范纯仁、文彦博、刘牧、胡安国、程颐。尤其是程颐则是后来被称作“程朱理学”一派的真正奠基人。“三先生”的教学原则和教育方法对后世也产生很大影响。继孙复、石介之后，于泰山建书院者甚多。胡瑗的“苏湖教法”，以及他们在太学所采取的一些规定，在宋及宋以后产生一定影响。如王安石主持熙宁变法，颁行“三舍法”，创办和恢复各种专科学校，这一切都是在“三先生”教学原则和教育方法基础上提出来的。

总之，“三先生”的教育实践对北宋书院和学校教育发展造成很大影响。人们评价他们的功绩，上承孔孟，下启程朱，是宋明理学的先驱。南宋末年的黄震说：“师道之废、正学不明久矣！宋兴八十年，安定胡先生、泰山孙先生、徂徕石先生始以其学教授……继而伊洛之学兴矣。故本朝理学虽至伊洛而精，实自三先生始。故晦庵有‘伊川不敢忘三先生’之语。”即使在兴学运动被否定时，“三先生”的某些成果仍以不同形式保留下来，成为宋代及宋以后学校教育制度的有机组成部分。

（原文约 3000 字，发表于《聊城师范学院学报》2001 年第 2 期）

文摘编辑：栾贵川

宋代太湖流域农村城市化现象探析

陈国灿

[作者简介] 陈国灿，四川大学历史系副教授，博士生。

[内容提要] 在宋代太湖流域，随着社会经济的繁荣和城镇的发展，出现了一定程度上的农村城市化现象，其主要表现是：州县城市的空前兴盛以及由此引发的农村商品经济的发展和城郊都市化趋势；农村镇级中心地的大量涌现及其城市化特征的初步形成；乡村草市的广泛兴起和农村市场的快速成长。到南宋时期，太湖流域的农村城市化率已达到10%左右。

[关 键 词] 宋代；太湖流域；农村城市化；市镇。

一、州县城市的空前繁荣及其对农村的影响

宋代的太湖流域，包括苏州（平江府）、常州、秀州（嘉兴府）、湖州（安吉州）和江阴军（熙宁四年即1071年废为县，南宋初复升为军），共21个县。除吴县、长洲、晋陵、武进、嘉兴、归安、乌程等7个附郭县外，其他13个县均有独立的县城。

太湖流域的不少州级城市早在隋唐五代时期就已相当兴盛。如苏州、湖州、常州、秀州等。特别是苏州城，到北宋中期，其城市人口已达10万户，远非一般州府城市所能比。宋室南渡后，又有进一步的发展，“虽前代与全盛时，犹不可同年语”。

与州级城市有所不同，太湖流域的县城在宋代以前大多只是小规模的政治据点。如华亭城周回仅160丈，海盐城仅170步，常熟城仅240步，宜兴城仅1里90步。迨至宋代，随着社会经济的持续发展，商品流通的空前活跃，人口的快速增长，太湖地区的县城普遍由政治据点向城市形态转变，逐渐发展成为具有一定规模的经济和社会中心。

在北宋中期，太湖流域县级城市的工商业发展水平就已远远超出江南其他地区的县级城市。宋室南渡后，由于乡村市镇的迅猛发展，太湖流域县级城市的工商业发展趋缓，但相对于其他地区的县级城市，仍处于领先地位。如到南宋中后期，无锡、宜兴城的年商税额分别为近万贯和9 000贯；常熟城约1万多贯；华亭全县为4.8万余贯，除去市镇税额，县城亦当在万贯以上。而同期号称富庶的浙东绍兴府所属县城的年商税额，最多为8 600余贯，最少的仅2 000余贯。

州县城市的空前繁荣，对广大农村的经济和社会发展产生了巨大的影响。一方面，由于州县两级城市体系的形成，有力地推动了商品经济的发展，使农村经济越来越多地卷入市场，商品化、专业化生产日趋活跃。以粮食生产为例，太湖流域是宋代最重要的粮食产区，所谓“苏、常、湖、秀、膏腴千里，国之仓庾也”，“岁一顺成，则粒米狼戾，四方取给充然有余”。尤其是到了南宋时期，“湖、苏、秀三州号为产米去处，丰年大抵舟车四出”。都城临安每年所需的数百万石粮食基本上来自太湖流域，浙东等地也常常需要从太湖地区输入大批粮食。如乾道九年（1173年），温州地区从苏、湖等地输入的大米多达25万桶。这种大规模的粮食交易和流通，主要是通过州县城市进行的，故太湖流域几乎每个州县城市都有颇具规模的粮食市场。在这种情况下，农村粮食生产日益呈现商品化的特点。不仅豪强大族将大量粮食投入市场，而且一般小农家庭也纷纷出售余粮。另一方面，随着城市经济的发展，工商活动也由城内向城外扩展，由此出现了城郊都市化现象。不少州县城市的郊区，居民繁多，市场林立，其繁华程度甚至不亚于城内。

很明显，太湖流域镇级中心地大量兴起及其城市化趋势，表明城市活动开始由州县政治中心深入到乡村腹地，它与州县城市的扩张互相结合，使农村城市化不再是孤立和局部的现象，而是波及到越来越多的乡村，影响到越来越多的农村居民的生活。

二、乡村草市的广泛兴起和农村市场的成长

在镇级中心地大量涌现和快速发展的同时，各种草市也在太湖流域农村地区广泛兴起，并与镇级中心地一起，共同推动了农村市场的发育和成长。

所谓“草市”，主要是指规模较小的乡村集市和商业点。它在汉代就已出现，但其真正广泛兴起是在两宋时期。特别是在太湖流域，表现得尤为兴盛。具体可以从两个方面来看：第一，草市数量的急剧增加和地区性密集网络的形成。第二，草市的商业发展水平不断提高。宋代太湖流域的草市已不再是邻近几个村落农民互通有无的孤立贸易点，而是彼此互相联系，构成了乡村商品流通的基层网络，进而将农村分散的商业活动纳入到更大范围的区域市场体系之中。从宋代太湖流域农村市场

的发展来看，随着草市的广泛兴起，逐渐形成了较为完整的两级市场体系，即由县级城市和镇级中心地构成的中心市场网络和由草市构成的初级市场网络。这表明，太湖地区的农村市场已达到当时历史条件下的高水平。而农村市场的快速成长，正是农村城市化趋势在经济领域的一个重要表现。同时，就草市的发展趋向而言，尽管绝大部分尚不具备城市的特征，但已表现出乡村新兴经济都市的某种特点，这对农村城市化的进一步发展来说，显然具有重要意义。

三、农村城市化水平的基本估计

城镇人口在农村总人口中所占的比重，是衡量一个地区农村城市化水平的一个重要标准。就整个太湖流域的人口而言，据《宋史·地理志》记载，到北宋崇宁元年（1102年）共有603 085户。宋室南渡后，又有进一步增加。其中，苏州地区淳熙十一年（1184年）有173 042户。到元初有466 158户，估计到南宋中后期已在30万户以上；常州地区崇宁元年有165 116户，到元初有209 732户，增幅不大，估计在南宋中后期当不超过20万户；秀州地区南宋中期有163 415户，到元初有459 377户，估计南宋后期亦已在30万户以上；湖州地区淳熙九年（1182年）有204 509户，到元初有254 345户，估计南宋后期约为20余万户；江阴军宋代户口不详，从元初53 821户的情况来看，估计南宋时当不会超过此数，以此推算，到南宋中后期，太湖地区的人口约有100余万户。就州城人口而言，苏州城北宋景祐元年（1034年）已有10万户，虽北宋末一度遭兵燹之祸，“城中几于十室九空”，但进入南宋后，很快恢复并有进一步的发展，估计其人口当不少于北宋时。南宋中后期太湖地区的人口除州、府、军级城市居民外，约有近90万户左右。再来看县级城市和市镇的人口数量。南宋时县级城市的人口一般在数千户左右。据有的学者对部分南宋县城人口的统计，最多的有5 000余户，最少有1 000余户，平均约3 000户。以此推算，太湖地区除附郭县外的13县级城市的人口合计约有4万多户。镇级中心地的人口规模差别较大，多的有几千户，少的只有数百户、乃至百余户。由此可以推断，南宋时期在太湖地区除州府城外的近90万户人口中，县城及市镇人口约有近9万户。这就是说，从人口结构的角度讲，此期太湖流域的农村城市化率已达到10%左右。

县级城市和镇级中心地的数量与农村地区人口的比例，也能从一个侧面反映出农村城市化水平。根据前文的分析，南宋太湖流域近90万户农村地区人口，共拥有13个县级城市和40多个镇级中心地，平均约近7万户即有一个县级城市，约2万多户即有一个镇级中心地，约1.5万户即有一个县镇。这在同期江南其他地区也是不多见的。

当然，宋代太湖流域农村城市化的突出表现是商品经济的空前发展以及由此引发的农村经济非自给自足化趋势。这可从两个方面来看：一是农村市场的数量。前文曾提到，县级城市和镇级中心地属于较为成熟的农村中心市场，草市属于较为成型的农村初级市场，因此，到南宋中后期，整个太湖地区已有260个以上的农村市场，平均约3 5000户左右的农村地区人口即拥有一个市场。二是商税收入。据《宋会要辑稿·食货·商税》记载，北宋熙宁十年（1077年），在太湖流域各州的商税总额中，县城和乡村市镇商税所占的比重，苏州为33.8%；湖州为49.4%；常州（江阴及所属市镇除外）为48.1%；秀州为58%；江阴为27.5%。除秀州外，均低于50%。秀州县城和市镇的商税所占比重之所以高，主要是因为青龙镇的异常繁荣，其一镇的商税额就占了全州总额的24.3%。到了南宋时期，县城及市镇所占的比重大幅度上升。

总之，宋代太湖流域的农村城市化在当时历史条件下已达到相当高的水平，尽管从古代太湖流域农村城市化的整个历史进程来看，这一时期尚属于起步和开始阶段，到明清时才达到高潮。

（原文约8000字，发表于《史学月刊》2001年第3期）

文摘编辑：栾贵川

元代回回人与中西文化交流

丁明俊

[作者简介] 丁明俊，《西北第二民族学院学报》主编，副编审，主要从事回族伊斯兰文化研究。

[内容提要] 本文论述了在元代中西文化交流中，回回人所做的多方面贡献。

[关 键 词] 元代；回回人；中西文化交流。

13世纪初，成吉思汗统一蒙古各部后在世界舞台异军突起。成吉思汗和他的继承者多次征服中亚、西亚等地穆斯林国家，打通了中西文化交流的通道，大批阿拉伯人、波斯人和伊斯兰化的突厥人及有一技之长的工匠、科学家、天文学家、医学家随蒙古军队进入中国。元朝建立后，又有大批穆斯林知识分子、商人通过丝绸之路源源不断地进入中国。元时，人们把世界各地来华的穆斯林通称为回回人，其政治地位、经济力量、人口总数大大超过了唐宋时期来华的穆斯林"蕃客"。元代回回人在中西文化交流中扮演了重要角色，他们带来了阿拉伯伊斯兰世界一些先进的科学文化技术，极大地丰富和发展了中华文化宝库。

1. 天方历法：回回历法是公元7世纪伴随着伊斯兰教的创立而产生于阿拉伯半岛的一种历法体系，又称"希吉拉历"或伊斯兰教历。据史料记载回回历法于北宋初年传入中国。由于"西域推测天象最精，其五星纬度又中国所无"，在元代一直被人们采用。

2. 医学："回回人入中国者，多以卖药为业，其俗至今尚存。"元代由于回回医药学的大量传入及临床应用，至元七年设置广惠司，专掌"修制御用回回药物及和剂，以疗宿卫士及在京孤寒者"。至元二十九年又设"大都、上都回回药物院二……掌回回药事"。元至治二年复将二药物院划归广惠司辖领。说明回回医药传播很广，除回回外。畏吾儿人、也里可温人、汉人也都接受了回回医药科学，对回回医药的传播起了推动作用。

3. 造炮术："回回炮"因回回人制造、使用并首先传入中国而得名。所谓回回炮，是一种木制的抛石机，源自于中亚阿拉伯国家。蒙古西征时已发现这种抛石机的威力。元军将回回炮用于征服南宋的各个战场，成为元军攻城的有力武器。

4. 语言文字：元朝由于大量中亚回回的内迁，中国与中亚穆斯林关系日益密切，元初国中通行汉文、蒙古文和回回文三种文字，鉴于回回文字的重要性，元政府在一些重要机关内部设有回回椽史、回回译史和回回令史等官职，他们的职责就是用回回文起草文书、翻译文书。可见元政府与中亚蒙古汗国联系还是比较密切，它们之间文书往来既有蒙古文，也有大量波斯文或阿拉伯文。

5. 文化艺术：元代回回人在文化艺术方面也有较大成就，一方面汉化的回回人用汉文创作了许多传世作品，如文学家高克恭、马九皋、萨都剌，回回剧作家丁野夫等。在书法、绘画方面也是人才辈出。这些回回人入华时间较早，追其先辈有唐宋时期入华者，有蒙古西征初期入华者，历经几代后，已完全接受了汉文化。元回回人还带来了中亚地区的一些音乐和乐器。元时有许多西域乐器传入，拉弦乐器有胡琴，弹弦乐器有箜篌、琵琶、火不思、七十二弦琵琶，兴隆笙等。随乐器东传的必定有许多回回乐人和乐曲。回回音乐与中原音乐一同构成元代宫廷音乐。元代回回乐不仅供宫廷蒙古统治者欣赏，也传入民间，受到全国各地人民喜爱。

6. 数学的传入：数学是天文学的基础，天文学是与数学同步发展的。公元8世纪，印度算术及数字体系和零号传入阿拉伯国家，而这些数字的应用遍于阿拉伯世界大概要归功于花拉子密和海伯什的天文表。艾哈迈德·奈赛威（卒于1040年）在他所著的《印度算法释疑》一书中介绍分数除法、开方和立方的方法时，几乎是采用现代的方法。花拉子密是阿拉伯数学史上最初的主要人物，他不仅编写了最古的天文表，而且编写了关于算术和代数学的最古书籍。阿拉伯数学也是借花拉子密的著作传入西方。元时一些阿拉伯数学著作也传入中国，据《元秘书监志·回回书籍》记载，元代传入我国的26种科技书目中，有四种是数学方面的。元代传入我国的数学知识不仅有阿拉伯数码，还有土盘算法、六十进位制、几何学、三角学等方面的数学知识。

7. 其他：元代由回回人东传的科技文化除上述外，还有大量建筑学、地理学方面的知识或技术。

（原文约6000字，发表于《西北第二民族学院学报》2002年第4期）

文摘编辑：栾贵川

明前期朝鲜族移居辽东的原因、途径及开发贡献

李婷

[作者简介] 李婷，中央民族大学图书馆古籍部副研究馆员，博士生，研究方向：民族学。

[内容提要] 中国境内的朝鲜族，是从朝鲜半岛迁入的“跨界民族”。关于中国境内的朝鲜族的起点，大体上存在三种看法：第一，认为应追溯至元代明代；第二，认为起于明末清初；第三，始于19世纪中叶迁入。本文根据史料进行分析，阐述了明代朝鲜族移居辽东的原因，迁徙途径及其开发辽东的贡献。

[关 键 词] 辽东；明朝；移居；朝鲜族。

一、移居辽东的原因

朝鲜族移居辽东，有明朝和朝鲜两方面的原因。

1. 明初对辽东的政策

其一，设置辽东都司。明朝建立后，明太祖洪武四年（1371），即派人招抚辽阳行省等外军民。故元辽阳行省刘益归降明朝，“上览表嘉其诚，诏置辽东卫指挥使司，以益为指挥同知”。同年七月，刘益被杀，设“定辽都卫指挥使司”，马云、叶旺为都指挥使，“总辖辽东诸卫”，定辽都卫指挥使司治所在辽阳城。从此，明朝正式接管元辽阳省。洪武八年（1375）——明军大败纳哈出于辽南，给辽东的故元势力以决定性的一击。同时，随着全国“都卫”改为“都司”，同年十月，改辽都卫指挥司为“辽东都指挥使司”。并在辽东都司下设立许多卫所，安集前来辽东之民。在洪武至永乐年间，明朝安置朝鲜人的卫所有东宁、自在、三万、广宁、铁岭等州卫。

其二，划分疆界。谈到“迁人”，必须涉及国界。因为这里所讲的朝鲜族“迁人”，并非指远古就有的一般往来，而是指中朝两国有较明确而稳定的国界后出现的现象。洪武二十年（1387）设“置高丽疆界。其铁岭以南人，悉归之”。这是中国第一次正式与朝鲜明确地划分以图们江、鸭绿江为两国疆界，图们江以南地区仍是女真族与朝鲜族所杂居的地区。疆界的划分，确立了对辽东朝鲜族人民统治权的归属。

其三，经济上采取“屯田防戍”的政策。明太祖洪武三年（1370），太祖对中书省曰：“屯田以守要害，此驭夷狄之长策。”并进一步向群臣提出：“辽阳早寒，土旷人稀。……尔等其议屯田法。”洪武二十七年（1394）六月“兴辽东各卫屯田。”洪武三十年（1397）派杨文前往辽东练兵屯田。明朝为了其对辽东的军事统治而采取的经济政策，客观上为朝鲜人民的迁入提供了有利条件。

2. 高丽朝、李朝的统治、战争及天灾

其一，繁多的赋税及徭役。蒙古1274年和1281年的两次东征日本，给高丽人民增加了负担，中央、地方官吏和土豪的封建压迫和剥削进一步加重，各地农民大量流落至山城、海岛和他乡。鉴于流民的急遽增加，高丽末年实行四次“田民辨正”办法。即是说查清“田民”的所有者，纠正非法占有的部分，重新将百姓束缚于原地，但未能奏效。这时期有不少人流亡到辽东。平安道兵额在李朝世宗年间由约36，000人到1500年仅约有18，900人，其中部分人就近逃亡辽东。

其二，边民纳贡、迎送之弊。朝鲜自古有名的特产山参，主要产自江界地区以及江原道和咸镜道的山区。随着李朝统治者竞相奢侈，王室对名地特产的需求更加增长，多方役使沿边地带的平安、咸境二道人民纳贡人参、貂皮等贡品，农民纳贡和进上的负担十分沉重。当时，朝鲜边民流传一句民谣：“宁做胡家庸，莫逢貂鼠役。”“胡家”即是居住在辽东边地的女真人。据记载，洪武一朝，高丽贡马13次。破产的农民不能生存，只好逃亡，有的就逃到辽东地区。

其三，战争和自然灾害，从14世纪中叶至末叶的半个世纪朝鲜遭到倭寇的入侵，两次被迫进行防御战争，此外还遭受契丹族和红头军等掠夺者的大规模侵袭。除战争外，从1408年开始，朝鲜曾多次发生严重的天灾和瘟疫，灾害频繁，饥民无以聊生，只好越境谋生。

二、朝鲜族迁入辽东的途径

1. 重新被遣还的高丽人

明代以前在辽东地区就曾经居住过许多朝鲜族先民，因辽东地区处于元与高丽要道，距高丽较近，土地肥沃，物产丰富。在元代就有不少高丽民众移居辽东。到元末明初，东北陷于战乱，居住在元朝境内的高丽人为了躲避战乱又回到朝鲜。这些人经元末明初战乱逃到本土后重新被遣还。

2. 逃亡到辽东的朝鲜边民

由于不堪高丽朝、李朝的统治，朝鲜边民经常越境开垦，以求自救 。据载：“义州至江界之临江居民，对岸朝往夕来之，许耕种。”同时，明朝边关的不断拓展及空余的诸

多土地，到明朝开拓辽阳到鸭绿江边的东八站之地，移东宁等卫民户于东八站，以至许多朝鲜族人民随之而来。

3．被女真掳夺的朝鲜人

明初，女真人从黑龙江迁徙到辽东地区。当时，朝鲜的东北，居住着兀良哈、兀狄哈等女真人部落，李朝政府对女真人实行怀柔政策，1406年在庆源、镜城两地设置互市，同时对女真人的上贡土物给以丰富的回赠，赐给衣服、笠、靴、麻布等。但是，开市和回赐，毕竟不能完全满足日益发展的女真社会的物质要求，女真各部伺机对朝鲜边城进行持续不断的骚扰和掳掠。这些被掳来的朝鲜人主要充当奴隶，从事农耕。

三、卫所朝鲜人生活状况及对辽东的开发

1．卫所的生活状况

据明《辽东志》记载："辽东人口，华人十七，高丽土著归附女真野人十三。"当时被称为高丽人的朝鲜族和一部分女真人已占辽东总人口的3/10，他们构成了辽东人口的重要成分。

明设置辽东都司，辽东都司辖境南起旅顺口，北至开原，东临鸭绿江，西至山海关，即相当于现今辽宁省的大部，其地理位置十分重要。明政府把屯田制度与卫所制度相结合，在辽东实行了军政合一的管理体制，修城练武，招民实土，屯田防戍。辽东都司的设立，对进一步开发和发展辽东地区的经济起到了巨大的促进作用。

2．对开发辽东的贡献

明为了恢复和发展辽东经济，巩固边陲，保境安民，采取"今诸番国人，愿入中国者听"的政策，积极招募各地人民迁居到辽东，并且对迁居辽东的朝鲜人采取了安抚措施。

辽东都司辖境内的朝鲜及各族人民同属明疆之内，明代的卫所是都司所属的军政合一的地方机构，这些卫所的官员都由明政府委派任命。辽东都司卫所必须服从明朝调发，或戍守，或从征，或护卫京师，有时还要担负国家劳役，各卫所还需要缴纳粮食和食盐。居住在辽东卫所的众多朝鲜族人民和其他各民族一样，担负着屯田防戍的重任。为了使民众休养生息，恢复生产，明朝对东宁等卫所给予宽松的政策，促进了生产的发展。

为了满足辽东屯田耕种的需要，明朝多次购买耕牛。这从另一个方面也说明了辽东屯田发展得十分迅速。在辽东各族人民，也包括迁入辽东的朝鲜族人民的共同努力下，辽东农业经济迅速恢复，一改洪武前期"辽东地遐远民以猎为生，农业次之"的局面，到太祖洪武三十年（1397），出现了"家给人足，都鄙廪庾皆满，货贿羡斥，每岁终替至京师，物价为之减半"的繁荣景象。朝鲜族人民在辽东与其他民族人民一起垦荒，为开发辽东做出了贡献。

（原文约5000字，发表于《鄂州大学学报》2002年第3期）

文摘编辑：王一丁

晚明士人生计与士风

刘晓东

[作者简介] 刘晓东，东北师范大学明清史研究所讲师，历史学博士。

[内容提要] 晚明社会变迁与商品经济的发展在很大程度上造成了士人生计的贫困化，并对晚明士风的嬗变产生了极大影响。于生计促迫下，士节的沦丧、士心的尚利与士行的污贱构成了晚明士风的主要内容。这一方面导致了晚明士人自身人格精神的消解与没落；另一方面也促动了其生存观念的转化并走上了世俗化的生存道路。这对晚明士人健全经济人格的形成与社会出路的拓展具有积极意义。

[关 键 词] 晚明；士人；生计；士风。

晚明士风，以其所处那个时代所给予的独特的内涵，不论在当时还是后世都是一个颇为引人关注的话题。“士风”作为一种群体性的精神风尚，不惟源于传统文化与价值观念之影响，还源于“士”群体自身于现实社会生活中所处生存状态之濡染。因此，以“生计”这一士人最为基本的生存要素为着眼点，从社会学的角度来探讨晚明士风之演变及其社会影响具有重大意义。

一、“贫者，士之常”：晚明士人之生计状况

“重义轻利”与“安贫乐道”在儒家的生存理念中无疑具有经典化的原则意义。这一原则在历经宋儒的改塑与推广后，更形成了“学不谋食”（颜元：《颜习斋先生言行录·教及门》）与“以治生为俗累”的士林风尚与规范。然而，洎至明代，“治生”这一极度敏感的话题却引起了士人一种群体性的普遍关注，甚且从“义利”这一伦理层面更深刻地转入到了“贫富”的实存层面。不论他们各自秉持着怎样不同的道德准则与观念，于这纷纷议论之中，尤其在它引起了一种群体性共鸣的时候，我们却不难想见隐含于其后的源地所在。

士人生计的困窘与贫困，在中国封建社会中本不足以为奇。但在明代却具有了普遍化的趋势，“贫者，士之常”。否则亦不会引发“士”群体对自身生活状况的广泛而迫切的关注了。士人生计的贫困化在明代初叶表现得尚不明显。但在中叶后，尤其晚明却因积重式的发展日渐显露出来。

从根本上说，“贫困”更应是一个横向而非纵向比较的结果。晚明商品经济的发展与社会变迁，也促动了社会等级观念从“万般皆下品，唯有读书高”的身份标准向“四民之业，惟士为尊，然无成则不若农贾”标准的转化。

二、晚明士人生计贫困化形成之社会原因

除却传统社会结构的影响，晚明士人生计的贫困化亦有自身的时代因素所致。首先，明代学校体系的相对开放与“士”阶层社会构成的变化是造成晚明士人生计贫困化的一个内在基因。其次，生存竞争的加剧与商品经济大潮中“文化”的贬值，促动了晚明士人生计贫困化趋势的增强。士人社会构成的转化，在一定程度上也导致了其生计模式的转化。明代尤其晚明士人无法如前代士人那样更多地依靠家庭经济的遗承来获取足够的物质与文化生活资料，不得不转向自我生计的开拓，从而导致了知识、智能与社会之间供需关系的严重失衡，并于士人内部展了激烈的生存竞争。

三、生计维艰与士风之嬗变

生计的窘迫在很大程度上也促动了晚明士风从恬淡退向燥竞，从清高向世俗的社会转化，这主要表现为如下几方面：

1. 士习之燥竞与士人人格精神之消解

晚明士人人格精神的消解主要体现于“三百年文士精神尽耗于场屋之学”的对“程墨”、“房稿”等应试文字的揣摩与诵咏，而非对“四书”、“五经”的融会与体悟。对此黄宗羲曾从政治层面将其归结为“上以奴婢畜之”的恶果，固然亦不乏道理。但“上以奴婢畜之”，士何以必以“奴婢”归之？而且晚明国家社会控制能力的下降，使文化氛围较之以前已相对宽松，但士人对“程墨”、“房稿”的揣摩与诵咏却达到了前所未有的程度，可见，单从文化专制的角度是无法对晚明士人人格精神的消解作出全面解答的，它更应从士人自身的生存状态中寻找内在根源。

在现实社会生活中，无论传统儒家如何宣扬“安贫乐道”的人格意义，物质的贫困往往导致道德的贫困与人格精神的消解却似乎更具有法则的意义，正是于这种窘困与压抑的双重作用下，士习之燥竞不可避免地激生了。

2. 治生为本与士心尚利

当晚明士人于自身的生存历程中感悟到“生计”与

"节气"之莫大关联时,"学者以治生为本"也便成为晚明士人一种相对普遍的共识。

于是,"重财尚利"也随着"治生"论的深化成为晚明士人一种相对普遍的社会风尚。晚明士人相对普遍的"重财尚利"的社会风尚是十分可信的。这固然源于"世利交征"的社会氛围之濡染,但在很大程度上也源于其自身生计维艰的生存境遇的影响。

3. 世俗人生与士行污贱

生计对晚明士风的另一个重要影响,时人好以"士行之污贱"来概括。这主要表现为士人于生计催迫下的自我道德的沦丧与腐败。有的巧缘结纳、依托官府,"以营求关说为治生计"。而一些身份较低的士人,由于夤缘官府的机会较少,吃不上"官饭"便不惜自坏道德,另寻生计。甚至文化艺术也于这"贾道昌隆"中日渐呈现出商品化的趋势,晚明社会中大量出现的市民文学作品就大多是一批"知识流民"应市场之需、"因贾人之请"(冯梦龙:《喻世明言·序》),基于谋利基础上而创作的。这从传统的价值观念来看,无疑也是一种士行的污贱。而这种"污贱"在一定程度上又何尝不是于生计窘境的促动下,晚明士人自身生存观念与行为的一种异化呢?

"生计维艰"的贫困与"士惟有成"的社会压力,极大地深化了晚明士人对"仕途"与"仕途经济"的向往与依赖。这在很大程度上不能不说是士群体生存与发展的一个重要阻滞。晚明士人文化生存历程中呈现出的以"自弃"代替"思考"的精神自食与人格精神的消解不能不说是与之有着莫大关联的。不过,从另一个角度来看,晚明士人生计的贫困化及其普遍化趋势的增强,也使其于"为士不振,俱失养"的生存窘境中体悟到了"治生"的意义所在,并促动了其从"以言利为深耻"、"以治生为俗累"的清高中走上了"人必有私"、"以治生为本"的世俗化生存道路。尽管于这世俗化的进程中,亦不可避免地导致了士人某些非理性、非道德理念与行为的衍生。但它同时对士人健全经济人格的形成也起到了莫大的催化作用。

(原文约 2500 字,发表于《东北师范大学学报》哲社版 2001 年第 1 期)

文摘编辑:栾贵川

康乾盛世的吏治腐败

胡解旺　欧清华

[作者简介] 胡解旺，嘉应大学社科部副教授，历史学硕士。
欧清华，嘉应大学社科部副教授，历史学硕士。

[内容提要] 康乾盛世是中国封建社会最后一次鼎盛时期。然而，在“盛世”的表象下，吏治腐败却十分惊人。本文分析了腐败产生的原因、特点及其危害性。

[关 键 词] 康乾盛世；吏治腐败。

与汉代“文景盛世”、唐代“开元盛世”、明代“永宣盛世”并称为中国封建社会四大盛世的清代“康乾盛世”，历经康熙、雍正、乾隆三朝近百年。此期，经济有所发展，疆域辽阔，形成了统一的中央集权。然而，“盛世”之下，吏治腐败却日甚一日，在大批巨蠹无休止的蛀食中，清王朝成了一具空皮囊，迅速走向衰败。

一

汉、唐、明的盛世，吏治较严，官吏贪赃之事较少，而康乾盛世的腐败现象却非常严重，乃至于与乱世相比，有过之而无不及。整个清朝的重、特大腐败案件大量产生在盛世，何也？

1. 皇帝、王公贵族、官吏和其他统治阶级的奢侈生活是腐败产生的温床

以皇帝为首的皇室成员的生活最为奢靡。在皇帝眼里，“普天之下，莫非王土；率土之滨，莫非王臣。”人民创造的财富完全可以由自己侵吞和挥霍。康熙爱好出行，南巡、木兰秋狩、东巡、西巡不绝，甚至隆冬季节犹出塞打猎。仅六次南巡，费用就十分浩大，花钱如流水。

雍正即位，下诏罢鹰犬之贡。他不事游猎，也不四出巡幸，甚至乃父康熙每年举行的北狩他也不进行，雍正少出京门，主要是为了提防允禩集团趁空乱政、夺权。但是，雍正对大兴土木却不惜民脂民膏。其中，特别注重大修圆明园，雍正年间完成28处重要建筑群落的兴建。到乾隆时再加扩建，使圆明园成为当时世界上最华丽的皇家庭苑，有“万园之园”的美誉。雍正除了滥用国库内府的银两之外，自己还保留“雍邸藩库”作为“小金库”和私房钱，奢靡之情可见其一斑。

到了好大喜功的乾隆时代，其花天酒地的生活“青出于蓝而胜于蓝”，可谓无以复加。

乾隆在位60年，共巡幸150次，平均每年出巡两次还多。所费无计，仅6次南巡，国帑开支就达2 000万两，再加上其他支出，共约6 000万两。地方政府为此而付出的人、财、物力更是无法估量。他退位后感叹道：“朕临御六十年，并无失德，惟六次南巡，劳民伤财，作无益害有益。”看似自我批评，实则轻描淡写，一句带过。

此外，乾隆承继乃父乃祖的嗜好，大兴土木，主要集中京城和承德。在京城，对皇宫进行大规模改扩建，包括建福宫、重华宫、慈宁宫、宁寿宫等，还增修了西苑（包括今北海和中南海）的建筑群，有人估计，至少花费7 600万两白银，乾隆对香山静宜园、万寿山清漪园、玉泉山静明园、圆明园和畅春园投巨资修整、扩建。又耗资几百万两，对承德避暑山庄扩建、改建总面积达8 400亩，由康熙时36景扩充为72景，至少用去白银3 000万两。

“上有所好，下必甚焉。”除以皇帝为首的皇室成员骄奢淫逸的生活外，王公贵族、文武百官的生活也很奢华。其中满族亲贵最为突出。于是，权力“寻租”、政以贿成、贪污公行的现象便会屡禁不绝。

2. 皇帝的放纵成了官吏贪污腐败的催化剂

康熙亲政时，腐败之风已经蔓延，康熙也曾有志于整饬吏治，煞住贪风。他把治河与惩贪作为两项要政，希望做到“河清”与“官清”，曾一度惩办了一批贪官，并将于成龙、彭鹏、张伯行、张鹏翮等，树为清官的榜样，到了后期，康熙的思想发生了变化，更多地注重“从政为宽”，不再强调澄清吏治，对官吏的贪污纳贿行为多加宽容，多一事不如少一事，睁一眼闭一眼，不加深究。由于康熙的放纵宽容，各级官员肆意勒索敲诈，吏治更加腐败，以至于“各省库项亏空，动盈千万”。

雍正上台后，采取严厉的“鹰式”政策，着力革除积弊，整顿吏治，限各省按期补足藩库的亏空银两，严厉打击贪官，追赃索赔，查没家产。同时，还对财政和税收制度进行了改革，即耗羡归公和发放养廉银。“耗羡”又称“火耗”，是指征收税赋、交纳钱粮时对合理损耗部分的补贴。耗羡统一交布政司库后，又从中提取一部分给官吏作为生活补贴和办公费用，称作“养廉银”。这一措施使官吏收入达正俸的几倍或几十倍、上百倍，对于

整顿吏治、减少贪污，确实起了一定作用。可惜，好景不长，“养廉银”制度实施不久，贪墨之风又起，比较大的贪污受贿案就有4起。

乾隆则调整了吏治政策，回到了乃祖的老路，主张“宽严并济”而且是“朕主于宽”。基于这一指导思想，乾隆对各级官吏采取了温和的“鸽式”政策，以至于雍正时因钱粮亏空而受到处分的2 100多名官吏，全部得到宽赦。皇帝的宽容态度，无异于对贪官的纵容，使得已有贪污行为的官员更加为所欲为，也使那些“有贪心无贪胆”的人大起胆子贪污起来，倒是为官清廉者屡屡受到排挤，连明哲保身也不容易了。在这种情况下，贪贿之风日炽，“侵贪之员，比比皆是。”降至乾隆后期，乾隆批准“议罪银”制度。所谓议罪银就是议罪罚银。罪官出赀多少赎罪，其标准视官缺肥瘠、收入多寡而定，少则1.55万两，多者达38.4万两。只要多罚银两，不但可以留任，甚至可以超擢升官。这一制度与其说是惩治贪污，毋宁说是鼓励贪污，官员简直是不贪白不贪了。吏治败坏已难遏止，到了无法收拾的地步。

3. *薪俸太低是贪污腐败的原因*

清朝的俸禄制度，存在重大缺陷。俸禄过低不足以维持官员本人及家属的生活，这无疑是驱使他们贪贿的推动力和牵引力，一个七品知县岁俸银仅45两，即使是巡抚、总督这样的封疆大吏，每年俸银也不过150两至180两，还不够大富人家一餐之费。有的学者曾把清代与唐、明两代的官俸进行比较，结果发现，清朝官吏的俸禄实在太低。参见下表：

唐明清三代官俸对照表

官级	唐官员月俸（米石）	明官员月俸（米石）	清官员月俸（米石）	唐俸、明俸分别为清俸倍数
正一品	110	87	22.5	4.9和3.87
正二品	90	61	19.38	4.65和3.15
正三品	60	35	16.25	3.7和2.15
正四品	40	24	13.13	3.1和2.83
正五品	36	16	10	3.6和1.6
正六品	24	10	7.5	3.2和1.33
正七品	21	7.5	5.63	3.73和1.33
正八品	18.5	6.5	5	3.7和1.3
正九品	15	5.5	4.13	3.63和1.3

据薛瑞录先生研究，清前期中央和地方官员的家庭正常用度，是他们官俸的33.3倍，一方面奢侈之风盛行，一方面是俸禄还不足以维持家计，在这种情况下，大小官吏便想方设法贪污纳贿，巧立名目层层搜刮。

二

一方面是人人称道盛世，一方面又是政以贿成，贪污公行。两者不相称地统一成中国历史上特有的“怪圈”。康乾盛世的吏治腐败突出地表现为以下特点：

其一，贪婪性。这一时期，官吏的贪婪、敛财的门道、搜刮民脂民膏的恶行不仅在大清一朝，就是在整个封建社会也是罕见的，“三年清知府，十万雪花银”是最好的写照。

乾隆时期，吏治更加败坏，贪婪之徒层出不穷。其中，以和珅案为最。和珅权倾朝野，敛财颇多。嘉庆将其治罪，查抄和珅的整个家产折合白银达8亿多两！远远超过朝廷十余年的总收入（每年7 000万两）。甚至和珅的两个仆人抄没的家产也值银700万之多。因而有：“和珅跌倒，嘉庆吃饱”的谚语。

其二，集团性。各级官吏常常是一贪俱贪。上层官吏肆意攫取，下级也不甘落后，而且建立攻守同盟和利益群体，官官相护，你捞、我捞、大家捞。形成为害极大的“窝案”和“窜案”。

其三，广泛性。贪污腐败的流毒，从一品大员到九品芝麻官乃至于衙差，从朝内到朝外，从政府到军队，可谓遍及各个角落，几乎无官不贪，无吏不贿。

三

吏治的严重腐败极大地改变了清王朝的发展轨迹，不仅动摇清朝的经济基础，也动摇其政治基础，社会经济在缓慢发展之后直线下滑，迅速走向衰败之路。首先，导致国库空虚。康、雍、乾三代都曾不同程度出现财政吃紧、国库空虚的局面。为了应付庞大的开支，清政府采取了一系列开源措施，除屯垦尚有一定成效外，其余均弊端百出，以额外加征和捐纳的后果最为严重。

其次，鸦片趁机大量涌入。吏治的腐败，使鸦片贩子行贿容易得逞。受贿的官吏不仅不予检查，反而掩护和参与走私鸦片，从此，鸦片的危害已难以遏制了。

第三，军队战斗力急剧下降，武备废弛。贪污腐败的风气，严重侵蚀军队。八旗兵越来越腐败无能，除了追逐锦衣玉食、斗鸡走狗的奢侈生活和中饱私囊、营置田产的贪污行为外，别无所长。

第四，农民起义不断。由于吏治腐败加重了广大人民的负担，也由于军队战斗力不强，大大削弱了镇压的作用，所以，康乾盛世的人民反抗斗争风起云涌，此伏彼起。沉重打击了清朝的统治。

（原文约6500字，发表于《嘉应大学学报》哲社版2002年第1期）

文摘编辑：徐婷

雍正时期养廉银制度简论

吴 敌

[作者简介] 吴敌，四川师范学院历史系讲师，主要从事明清史研究。

[内容提要] 养廉银制度是雍正对我国官吏给俸制度的一次重要改革，它的实行，相对地减轻了人民负担，对整饬清代吏治有一定积极作用，同时有利于清代国家财政收入的增加，有利于加强中央对地方的管理，其积极作用是明显的。

[关 键 词] 雍正时期；养廉银制度。

雍正是我国历史上有作为的帝王之一，在位13年间，对清代政治、经济、文化等方面进行了大刀阔斧的改革，为乾隆"盛世"奠定了基础。养廉银制度便是其改革措施之一。养廉银制度对清代廉政建设起过积极作用。

一

雍正继位之初，国家面临严重的财政危机与吏治腐败问题，一面是国库日益空虚，亏空增大；另一面则是地方官吏滥征耗羡，挪亏国库，中饱私囊。据记载，康熙六十一年，户部存银800万两，而堂司官员侵渔即达250万两。雍正元年，"各省库项亏空，动盈千万"，仅苏州一地，亏空即达690万两。造成亏空的主要原因，便是地方官大肆挪用正赋与滥征耗羡。

"耗羡"即"羡余"与"火耗"的合称。羡余，大致始于唐开元间，是一种正供之外增加的杂税。火耗则产生于元朝，盛行于明中后期，火耗之征主要有两个用途：其一，用于本色改折时补足散银熔铸为银锭时之损耗；其二，用于支付征解钱粮时所需开支。其征收数量与比例往往由地方官私定，因此，其中弊端严重。

入清以后，清统治者有见于明末火耗征收弊端，曾多次严申"加添火耗之禁"，下令"力减火耗，尽革私征"。然终顺康两朝，火耗私征却从未停止。究其原因大致有三；第一，清初官员俸禄过低，其所入往往不能敷其所出。第二，清代地方办公开支甚大，而中央拨给地方的办公经费却十分有限，造成地方办公经费开支的巨大缺口。第三，由于耗羡全系州县私征，既无花册报销，也无由单载明分数，限制额外加耗成为一句空话。况且，州县官征收火耗后，将其中一部分以"规礼"形式进献给上司，上司为其下属所掣，利益所在，耗羡之禁自然无法执行。

但是，耗羡之征的确给国家和人民带来了巨大灾难，造成"天下之财，尽没于火耗，是皇上之天下，其财半入于有司"的严重局面，雍正清楚地看到，"历来火耗皆州县经收，而加派横征，侵蚀国帑，亏空之数，不下数百余万"。更为严重的是，耗羡私征严重腐蚀着国家官僚体制，"州县即有耗羡，而上司官员无以养廉，势不得不收州县之馈送"，于是"州县有所藉口而肆其贪婪，上司有所瞻徇而曲为容隐"。地方官沆瀣一气，贪污受贿，盘剥人民，国家统治基础被动摇。改革这一弊端成为历史必然。

康熙六十一年，川陕总督年羹尧、陕西巡抚噶什图就曾提出过耗羡归公的主张，康熙帝以"迹近加赋"之由未予采纳。雍正元年五、六月间，山西巡抚诺岷上奏，"疏请将通省一岁所得耗银提存司库，以二十万两留补无著亏空、余分给各官养廉"。尽管雍正认为这一建议"上不误公，下不累民，无偏少之弊，无苛索横征之扰，实通权达变之善策"，然而一些地方官及中央部分官吏却加以反对，内阁甚至提交了一份"请禁授解火耗"的条呈，"以耗羡为州县应得之物，上司不宜提解"为由加以阻挠。山西布政使高成龄于雍正二年六月又上提解火耗疏，七月，雍正下旨各王大臣，九卿、科等，对高成龄条奏进行讨论，并对各种阻挠意见进行了批评，在雍正支持下，耗羡归公与养廉银制度在全国各地逐步推行开来。

二

养廉银制度正式推行大致始行于雍正二年。此后不断补充完善 ，到雍正十三年最后确立。其基本原则是"为官员定养廉之资，为公事留办公之费"。具体做法是"将州县之火耗重者严行裁汰"，并将原由州县私征之耗羡提解归公，收贮于各省司库，从解公之火耗中"酌中量留耗羡抵补无著之亏空"，然后再由各省长官根据下属不同级别，各地事务繁简程度定立分数，从司库提取相当部分作为"养廉银"分发各官，以为各级官员的"日用之资"，从而达到"不使累及民间"、"上不误公，下不累民"的目的。根据只能减少不能增加原则，各省依据赋税多寡与事务繁简自行规定火耗加征分数，并将耗羡征收与开支情况上报中央，中央原则上不干涉地方制定的方案。各省官员养廉银的分配办法，起初是按比例提成。如湖南即在田赋中每两加耗一钱，其中三分解司公用，其余一分五给藩司，六厘臬司，以下巡道四厘，知府一分，同知三厘，州县三分二厘。由于各省情况不一，提成比例也有区别。

为加强对耗羡征收与分配的管理，雍正曾多次组织讨论，修改完善养廉银制度，至雍正十三年，令户部查明各省公费及养廉银开支情况。勒令各省自该省议定公费与养廉数目之年起，将额征公费、完欠杂支、余额等按年归款，并将各官养廉起止月日、应得分数，扣除空缺后逐一彻底清查，嗣后"按年分晰造册，随同奏销钱粮各册咨送户部核销"。至此，一套相对完善的养廉银制度基本确立。按规定，上自总督，下至笔帖式、佐杂各员均可领到一份数额 不等的"养廉银"。因各省赋税多寡不同，事务繁简各异，养廉银数额差距颇大。江南赋重事繁，其总督养廉银高达 3 万两 ，而四川总督只有13000 两。州县为管民之官，具体事务繁多，其养廉银数额有时超过道、府官员，实行养廉银制度后，地方各级官吏的个人正常收人比之原来增加了几十倍至上百倍。可见养廉银实际上成了各级地方官吏的主要收入。由于各地养廉银数额差距过大，在一定程度上人为造成了地方官位肥瘠之分，拉大了地方各级官僚之间的收入差，人们为得肥缺而不择手段，银少之地常常眼红于银丰之地而更行滥派。如雍正时期的贵州，因"钱粮额寡，耗羡无几。或几养廉不足"，地方官便"加派民苗"，百姓负担反而加重，此为日后养廉制度破坏埋下了祸根。尽管如此，养廉银制度在雍正时期的积极作用是十分明显的。

三

养兼银制度的实行，具有以下积极意义。

第一，相对减轻了人民负担。养廉银制度实行前，由于各地耗羡属于私征，征收比例往往很高，一般为正赋的 30%—50%，山东部分地区甚至高达 80%。养廉银制度施行后，在火耗只允许减轻不允许加重的情况下，地方耗羡征收确有减轻。如山西，原来"每正项一两竟加耗三四钱"，此后"上以加二为率"，"较之昔日减大半"；四川"从前贪吏有加六七者"，改革后减至加三。养廉银制度实行后，因按规定征收火耗，"与未定以前相较尚不逮其半，是迹近加赋而实减征也"。

第二，对整饬吏治有一定的作用。澄清吏治是养廉银设立的重要原因之一，雍正曾经表示："自朕即位以来，严饬官方禁止私贿，又恐督抚等官用度不敷，暗中巧取，是以给与养廉之项，俾其公私有赖，俯仰从容，庶永杜苞苴，以为澄清吏治之本。"为此，雍正多次严饬地方官，"岂有朝廷既给养廉而仍收受属员陋规之理，……倘再有私收规礼者，将该员置之重典，其该管之督抚亦从重治罪"。在雍正大力推进下，吏治建设收到一定效果。章学诚曾评价说："我宪皇帝澄清吏治，裁革陋规，整饬地方，惩治贪墨，实为千载一时。彼时居官，大法小廉，殆成风俗，贪冒之徒，莫不望风革面，时势然也。"雍正自己也曾讲道："自行此法以来，吏治稍得澄清。"

第三，有利于国家财政收入的增加。由于过去耗羡为地方私征，地方官往往借口办公费用不足挪用国家正项钱粮，至康熙晚期，各省亏空已积千万。自提耗羡行养廉后，"取之有定数，用之有定款"，且其中一部分用于补亏空，是以数十年无着亏空，数年间补额完毕，国库日见丰裕。魏源曾说："康熙六十一年，户部存银仅八百万两，雍正间渐积至六千余万两，至乾隆五十一年，虽经南巡、蠲免、西北用兵等巨额开支，仍存七千万两"，其中首要原因是耗羡归公，因此，乾隆时财政丰盈，"皆雍正十余载清厘整饬之功"。

第四，有利于加强中央对地方的管理。从前因火耗私征，国家几乎无权过问州县对火耗的征收，州县将火耗中一部分以种种方式进献上司，上司因受进献而"容隐"州县，从而形成强大的地方保护势力，中央政策很难在地方贯彻执行，无形中削弱了中央对地方的控制权力。实行耗羡归公时，雍正不仅确立了"与其州县存火耗以养上司，何如上司拨火耗以养州县"的原则，而且规定"直省正佐各官养廉俱由司库支领，不得在属库自收自支"，同时还规定地方每年必须向中央报告养廉银分配情况。这些措施体现了国家对官僚体制的控制权力，打破了地方长期形成的"下养上"的局面，增强了地方对中央的向心力。

总之，养廉银制度的施行，在雍正时期 对当时社会起了积极作用。但要指出的是，此制度从一开始就没有确立明确的严密法规，也无专门组织具体监督执行，尽管后来有"各省耗羡掌于户部湖广司"的规定，然湖广司实际上只负责各省耗羡征解报销，无权监督养廉银制度的执行，是以执行效果全凭皇帝喜好与皇权强弱。正因如此，雍正以后，养廉银虽仍在继续执行，但贪污受贿之风却愈演愈烈，以致出现如和珅之类的大贪，这不能不说是一大遗憾。不过，我们由此可知：任何一种制度，不管它多么优越，只有认真贯彻执行才会收到应有效果，否则将是一纸空文。

（原文约 7000 字，发表于《喀什师范学院学报》2002 年第 2 期）

文摘编辑：徐婷

清廷四川移民政策的演变

——兼论客家迁徙四川问题

宋 超

[作者简介] 宋超，中国社科院历史研究编辑部研究员。

[内容提要] 明末清初，由于战乱等诸多因素的影响，四川人口损失严重，引发了清前期著名的“湖广填四川”的运动。客家作为移民骨干大量徙居四川，对四川人口增殖、经济恢复等产生了巨大影响；但同时也带来一些新的社会问题，清廷移民政策也随之发生变化。从清初积极鼓励“客民”入川，至雍正年间开始采取一些限制性措施。再至乾隆中期，向四川大规模移民行动基本停止。清朝中后期，为了缓解由于移民而引发的社会矛盾，更多地是采取防范措施与遣回原籍安置的方法，不再鼓励移民入川了。

[关 键 词] 清廷；四川；移民；客家。

一

四川自古号称“天府之国”，以幅员辽阔、物产丰富、户口殷盛见称。在经历了明末清初的多年战乱之后，四川人口呈现出严重的下降趋势。明洪武二十六年(1393)，四川人口约有146.6万，至万历六年（1578），增至约310.2万人，但至清初顺治十八年（1661），四川人丁数骤减为约1.6万。虽然上述数字不能完全反映四川人口变化的实际情况，但明末清初四川人口骤减则是一个不争的真实。

明末清初大乱之际，户口凋零、田地荒芜、地旷人稀的现象比比皆是，非仅四川一地。不过四川由于“屡经兵火”，情况更为突出而已，又据《流离传》作者韩相国说，上起明末大动荡，下迄三藩之乱，四川民众“流离奔窜三十六年”，可见四川经历战乱时间之长、破坏之惨烈，以致荒芜萧条的景象，较之其他地区更为严重。

为了稳定天下粗定的形势，迅速恢复农业生产，招徕流民垦荒是清廷当务之急。自顺治十年时起，清廷从法令上已经允许四川招募流民，开垦荒地。

二

清廷虽然于顺治十年就制定了四川“荒地听民开垦”的政策，并给予一定的物资赈济及减免优待之策，但主旨还是招抚四川流亡在外的民人归籍之上，似乎尚无明确鼓励他省移民入川垦荒意图。

在招徕流亡民人复业成果不甚显著的情况下，清廷实际上也在不断地调整政策，以图迅速恢复各地、当然也包括四川在内的凋残的经济。由于以“兴屯”来带动“垦荒”的方式收效并不理想，顺治十八年，裁省设于各直省的兴屯道厅，次年改民屯田为民田，课额租赋照民田起科，不再推行民屯。这一变动对于因屯租繁重而导致民众再度弃田、兴屯官吏虚报邀功等弊端起到了积极的作用，更重要的是针对四川流民归籍复业进程缓慢的现实，清廷在继续招徕流民归籍的同时，也加大了鼓励它省移民入川垦荒的力度。

康熙二十年，长达8年之久的三藩之乱彻底平定，原本经济尚未恢复、户口凋零的四川再次经受沉重打击，移民入川更成为清廷当务之急。同年七月，“清廷重申‘招民议叙’之例，并规定内地诸省不再实施‘招民议叙’，只有四川和云南、贵州三省例外。”再次将向西南地区的移民与地方官员的政绩联系起来，表明朝廷决意进一步加速移民进程。康熙二十九年（1690），清廷“以四川民少而荒地多，凡流寓垦荒居住者，将地亩给为永业”；同年，又“定入籍四川例。四川省民少而多荒地，凡他省民人在川垦荒居住者，即准其子弟入籍考试”。土地产权的明确，以及移民入籍子弟可一体参加科举等法令措施的实施，极大刺激了移民入川的积极性，从而掀起了延续康、雍、乾三朝，长达数十年的移民浪潮。

三

在向四川移民的过程中，得地利之便、民户又相对众多的湖南、湖北两省自然成为移民四川的主要力量(除两湖地区外，江西、广东也是移民入川的重要地区)。湖北由于毗邻四川，“其中由长江水路入川的‘楚省饥民’，‘日以千计’。湖南的百姓多道经贵州。乾隆八年(1743）到十三年，包括广东在内的湖南人户，‘由黔赴川就食者共二十四万三千余。’有人曾估计，仅湖南、北两省，‘百姓携家入蜀者不下数十万’。”参之《清史稿》卷一二〇《食货一·户口》：“四川经张献忠之乱，孑遗者百无一二，耕种皆三江、湖广流寓之人。”可见两湖民众在向四川的移民中占有主导地位，故民间有“湖广填四川”之谚。

值得注意，在向四川移民的进程中，主要来自粤、赣、闽三省所谓“客家大本营”的移民也是一支重要的力量，尽管其数量远不能与来自两湖地区的移民相比。据罗香林先生研究，徙蜀的客家主要分布于涪陵、巴县、荣昌、隆昌、泸县、内江、资中、新都、文汉、成都等10县。“这些地方的客家人，都是清初自粤赣二省迁去的，亦与湘赣系人杂居。”徙蜀客家人及其后裔繁衍的数量，迄止20世纪二三十年代，约为200余万人。至于清代客家移民四川的具体数量，罗先生没有作进一步的探讨。王东则认为：“在这数十年的移民运动中，闽赣粤三角地区的客家人，究竟有多少人迁入四川，由于材料的缺乏，我们很难知道周详。”而在闽赣粤客家移民四川过程中，“移入四川的客家人主要来自广东。根据民国年间编修的《合川县志》、《简阳县志》两书氏族志材料的统计，由广东迁来的移民氏族共93个，远高于其他省份的移民氏族 。在来自广东的移民中，绝大多数都是客家人。……在广东之外，来自赣南和闽西的客家，也占有相当的比例。”黄良友则具体分析了迁入四川24个客家氏族的时间及家居地。其中康熙年间迁入者8族，雍正年间迁入者7族，乾隆30年（1765）以前迁入者8族，30年之后迁入者仅一族。这些客家氏族主要居住在内江、绵阳、资州、简阳等县，即四川的西部地区。

综合上述研究，似乎可以认定：首先，客家移民四川的时间，大致上与湖广人入川的进程同步。但考虑到客家主要聚居的闽赣粤三角地区，大都位于交通不便的多山地区，且距四川又路途遥远，举家迁徙较之与四川毗邻的两湖地区更为艰难的现实，移民入川的时间可能更为晚些。

四

随着各省大批移民蜂拥入川，对四川经济的恢复、人口的增殖、土地的开垦、国赋的增收无疑起到了重要的作用。但是随着四川人口不断增多，清初四川地旷人稀的现象不复存在，土地等资源的再分配又面临新的问题，所谓土客矛盾开始凸现，朝廷的移民政策随之发生一些新的变化，而这一变化在雍正朝时已经逐渐显示出来。

康熙初年，四川由于地多人少，对于移民入川垦荒不仅没有数量上的限制，也不需经由原籍官府批准，入川的移民可以随意占田垦荒。但是到了康熙末年及雍正初年，这一情况已经悄然发生变化。“康熙五十一年，以湖广人民往四川开垦者甚多，嗣后该抚查明年貌姓名籍贯，造册移送四川查核。有自四川回湖广者，四川巡抚亦照此造册，移送湖广查对。”这种对湖广移四川及由四川回原籍的双向查对，固然是加强对移民的有序流动管理，但也隐含着某些限制的因素在内。

雍正初年，除了沿袭康熙末年所定需经移民原籍官府批准，方可移民入川的限制性措施外，并且有进一步强化的趋势。

到乾隆中后期，向四川大规模移民的行动基本停止。这固然与朝廷实行一些限制“客民”入川的政策相关，但更重要的是经过多年的移民及休养生息之后，四川大多数地区已人满为患，可以开发的土地基本上开垦殆尽，耕地紧张成为限制移民入川的一个重要因素。据梁方仲先生统计，乾隆十八年（1753），四川人均耕地33.57亩；三十一年（1766），人均耕地则减为15.55亩；至四十九年（1784）人均耕地5.93亩。在不过三十余年的时间里，四川人均土地由33.57亩骤减为5.93亩。再至嘉庆十七年（1882），四川人均耕地降至2.17亩。可见人口不断增殖对有限耕地产生的巨大压力，是清廷中止向四川大规模移民的一个主要动因。

综观清廷移民入川的政策，总体而言是较为成功的。来自各省的“客民”，手足胼胝，通过辛勤劳作，与蜀民一起使曾长期饱受兵燹祸乱困扰的四川迅速恢复了生机。客家作为入川移民的一支重要力量，在开发建设四川的过程中同样发挥了巨大的作用。

（原文约8000字，发表于《重庆师范学院学报》哲社版2001年第3期）

文摘编辑：栾贵川

林则徐外交思想的形成和特点

马彦丽　刘素军

[作者简介] 马彦丽，刘素军，濮阳教育学院。

[内容提要] 本文论述了林则徐在禁烟过程中其外交思想的形成过程及其近代特征。

[关 键 词] 林则徐；外交思想；形成；特点。

在禁烟过程中，林则徐出于对敌斗争的需要，对西方资本主义国家进行了力所能及的考察和了解，这就为他冲脱出传统夷夏旧观念的束缚，提出带有某些近代意义的外交思想，提供了必要的前提条件。

林则徐刚到广州时，仍然以天朝大使的自豪感来审视自己的对手，存在着中国之“茶叶大黄，外国所不可一日无也”的糊涂观念，和其他士大夫的认识一样，天朝若闭关绝市，则能制敌于死命。但是，随着英国驻华商务监督义律对禁烟运动的抵制破坏，使林则徐感性地认识到自己所面临的对手与先前的犬性夷狄尚有不同之处，“必须时常探访夷情，知其虚实，始可以定格控制之方”。正是出于这种对外交涉的需要，促使林则徐去探求和认识西方资本主义国家，成为被后世史家誉为近代睁眼看世界的第一人。“睁眼看世界”的兴起，无论看成是一种思潮，抑或当作一种运动，它的意义远远超过其本身。向西方学习，谋求国家独立和社会进步的中国近代化运动的行程，就是由此起步的。

林则徐在广州期间，就开始有意识地放下天朝大吏的架子，打破清长期以来对夷狄不屑一顾的惯俗。“日日使人刺探西事，翻译西书，又购其新闻纸。”他指示洋商、通事、引水工 30 人“四处探听，按日呈递”，尽其所能地搜集外国的书和报纸及其他情况。另外还聘请略通外交的中国人和当时在广东活动的传教士、医生等人，尽速将获得的情报译成中文。林则徐还聪明好学，不辞劳苦地多方探求。当他在穿鼻港考察时，不失时机地指示自己的秘书、随员，“搜集英国的情报，将英方商业政策，各部门详情，特别是他所执行的政策可能的后果，如何赔偿鸦片所有者的损失，都一一记录”。1834 年 12 月，林则徐在广州天后宫接见了 15 名在中国海域遇险的英国船员。他仔细地询问英国朝野人士对中国禁烟问题的态度，以及其他有关情况。这样，林则徐的对外知识大有长进，其外交思想也初步形成。

如前所述，在当时的形势下，清政府所面临的鸦片流毒和货贸问题，实属重大的外交范畴，林则徐对海外情况的了解和知识的掌握，为他容纳西方资本主义世界业已形成的某些近代外交观念的礼制创造了条件。

首先，维护国家主权和民族尊严，是林则徐外交思想的集中体现。一个国家制定执行的对外政策，不仅反映整个民族的利益和愿望，而且代表了国家对外部世界所持的态度。林则徐在广州禁烟过程中，就以钦差大臣的身份晓谕在广东的外国商人、鸦片贩子呈交烟土，符合《国际法》中“各国皆有当禁外国货物之例”的精神。

其次，区别对待鸦片贸易和正常贸易，赋予传统的“以夷制夷”外交方针以新的内容。林则徐制定了正确的对外方针，将鸦片贸易和正常贸易区别开来，孤立、打击前者，提倡、保护后者。他执行“奉法者来之，拒法者去之”的原则，反复强调外国商人至内地，“欲图长久贸易，必当懔遵宪典”。应该说，这一方针的贯彻执行，不仅争得了个别英国正当贸易商人对中国禁烟政策的理解，而且对鸦片贩子的斗争争得了主动，使传统的“以夷制夷”外交策略具有了新的内容和近代特征。

第三，反对封关禁海，主张贸易互利，具有近代中国人所特有的开放意识。众所周知，自我封闭、与世隔绝曾是中国封建政权得以延续和保存下去的首要条件。但时至近代，那种封关禁海，断绝与外贸易以求苟安的愚论已不适应了。林则徐在对外交涉中，看到了贸易在西方各国占有极其重要的地位，因而他不止一次地申明，来华外商“不但以尔国之货，赚内地之财”，并以内地之货，赚各国之财。因此，林则徐在提倡国人出海贸易的同时，也十分明智地以“贸易”来确定自己的外交方针。

综上所述，林则徐作为封建地主阶级的一员，由于时代和阶级的局限，他的外交思想不可避免地带有不少封建意识。但是他多方了解西方各国状况，自觉利用国际公认的法律进行斗争。由此可见他的外交思想，是中国的外交观念、外交政策开始面向世界，从传统走向近代的历程中迈出的艰难而又可贵的第一步，在中国近代外交史上占有重要的地位。

（原文约 2000 字，发表于《濮阳教育学院学报》2002 年第 1 期）

文摘编辑：徐婷

关于曾国藩评价的几个问题

茅家琦

[作者简介] 茅家琦，南京大学历史系教授，博导，从事中国近代史研究。

[内容提要] 史学界从不同的视角对历史人物曾国藩进行评价，自然会出现不同的意见，但所有的评价最终都应归结到这样一个标准上来：研究对象的思想理论与实践是否有利于社会历史的发展与进步，他是否能向社会提供比前辈更多的东西。立足于这个标准，正确评价曾国藩还应客观地解决三个问题：其一，对金田起义的辩证评价；其二，曾国藩在“洋务运动”中是创新思想的提出者还是实践者？其三，曾国藩在学术、道德、文章等方面的成就是否超越了前人？只有将以上三个关键性问题作实事求是分析，才能将曾国藩研究向更深层次推进。

[关 键 词] 曾国藩；评价标准；太平天国运动；洋务运动。

一、意见分歧源于评价的视角不同

历史人物评价从来就是一个十分复杂的问题，仁者见仁，智者见智。在曾国藩评价问题上的分歧显得更为突出。

从各个不同视角评价历史人物会得出不同的论点。问题是：有没有一个总的标准用以统率从各个不同视角的评价，即从各个不同视角评价历史人物都必须服从于这个总的标准？我个人认为这个总的标准就是衡量他的思想理论与实践是否有利于社会历史的发展与进步？他是否比他的前辈向社会提供更多的东西？

要阐明这个观点必须从社会历史发展与进步的标志说起。

我多次陈述过如下的观点。社会历史发展与进步的标志有三个方面：社会客体、社会主体和社会载体。就社会客体论，衡量一个社会发展程度的是经济与政治民主化发展程度。社会主体指的是人自身。社会是由人组成的，人是社会的主体。社会的进步发展当然要包括人自身的进步与发展。人自身的进步发展包括三个内容，即人的文化科学知识技术水平的提高、人的思想品质伦理道德水平的提高以及健康水平的提高。社会载体即人们赖以生存的自然环境。自然环境的改进也是社会进步的标志。在中国古代，大禹治水、李冰修筑都江堰、潘季驯“以堤束水、以水攻沙”的治水思想与方法推动了社会载体的进步。以上三个方面是社会发展进步的主要标志。当然在一个具体的历史阶段，这三个方面的发展并不会是同步的，往往呈现参差不齐的态势。

这三个方面是社会发展进步的主要标志，也是历史学家评价历史人物的主要标准，或者说是总的标准，从各个不同的视角分析历史人物，最终都要归结到这个总的标准上，衡量他在各个方面对社会发展与进步是起了推动作用，还是阻碍作用？如果是起促进作用的话，还要分析他比他的前辈向历史多提供哪些东西？

二、评价曾国藩需要解决的三个关键性问题

以上述总的标准衡量曾国藩，我个人认为，需要解决三个关键性问题：

第一个问题是：金田起义是一场危害社会的动乱，还是一场正义的事业？

这个问题是导致在评价曾国藩问题上意见分歧、对立的根本。下面说一下我个人的见解。

清王朝自中叶以后日益腐朽。经济上，大地主巧取豪夺，田连阡陌，贫困者无立锥之地；政治上，各级官吏苟且谄媚，贪污腐败；学术上空疏无用，脱离实际。1840—1842年的鸦片战争进一步暴露了清王朝的腐朽。太平天国农民战争就是这种形势逼出来的。从现象看，农民活不下去，除了“造反”别无出路；从实质上看，则是清王朝成为历史发展的阻碍，社会停滞，只有自下而上发动武装起义，推翻腐朽王朝统治，社会才有前进的可能。太平天国顺应了这个历史发展的要求。无疑，它是正义的事业。如果将以暴力为手段，自下而上地推翻腐朽的政权扫除历史发展的障碍视为革命的话，那么，太平天国战争无疑是一场革命。

大清王朝已沦落为社会发展的障碍，中国传统文化没有使中国社会走上现代化，太平军冲击清王朝统治，冲击传统文化，亦即冲击中国社会历史发展的障碍，应该说是十分清楚的。

曾国藩竭力维护清王朝统治，反对太平天国，从《讨粤匪檄》看，他倡导的是中国传统的、一成不变的文化，维持现状——停滞不前的社会。这也是非常明显的事实。

太平天国，从其兴起开始，并不是没有缺点和错误的，但不能因为它有缺点和错误而否定其革命性。

农民军兴起以后本来有两个发展前途：一是不断克

服缺点和错误，将旧王朝推翻，达到扫除中国社会发展障碍的目的；二是缺点与错误逐步扩大，在推翻旧王朝统治以前就逐步腐败灭亡。太平天国走的正是后一条道路。太平天国到了后期，内部矛盾激化，政治紊乱，官员腐败，经济萧条，文化停滞。李秀成总结“天朝十误”，其中四条属军事指挥方面的，其余六条均为政治方面的失误。李秀成、洪仁玕和容闳都向洪秀全提出改革的建议，但这一切都没有得到实施。十分明显，太平天国已不能完成推翻清王朝腐朽统治、扫除社会发展障碍的历史任务，而太平天国自身也成为社会发展的阻力。在这种情况下，早日结束内战，为社会取得休养生息、恢复经济的和平环境，也是对社会发展的有益选择。曾国藩完成了这一项历史任务。

第二个问题是：在“洋务运动”方面，曾国藩是实践他人的创新思想，还是他自己的思想创新？

曾国藩创办中国第一家近代兵工厂、派遣第一批出洋留学生、制造出第一条大轮船、设立江南制造局并翻译泰西科学书籍，因此有人誉之为“中国现代化之父”。

我个人认为，这一点应予辨析。远早于曾国藩就有人提出中国现代化的思想。远一点的学者，如魏源、徐继畲等人且不说，就以太平天国时期而言，洪仁玕提出了《资政新篇》——一个具体的推动中国现代化的方案。

曾国藩与李鸿章奏准清廷派遣出洋留学生。这一举动的思想来源则是容闳的建议，推动这一工作的人物也是容闳。

可见，最初提出现代化思想并提出具体规划的人并不是曾国藩。曾国藩的作用在于将这种先进思想付诸实践。

第三个问题是：曾国藩在学术、道德、文章等方面的成就是否超越前人？是否比前人提供更多东西？

是否比前人提供更多的东西？这是评价历史人物一条很重要的标准。在学术道德文章方面，曾国藩有很高的造诣，这是毋庸置疑的。问题是这些成就有没有超越前人？哪些方面超越前人？这是值得认真研究的。

根据梁启超与钱穆的分析，曾国藩的学术成就在于破除汉学与宋学之门户，谋求两者之会通，其用力点则在于应用——转移风俗、陶铸人才。我个人赞同这两位大师的观点。曾国藩在学术上有成就，但有多少超越前人的地方仍值得深入研究。在道德伦理与军事理论方面也有同样的问题。

如对以上三个关键性问题有一个实事求是的分析，那么，一定会将曾国藩研究的水平提高一步。

（原文约5000字，发表于《江苏大学学报》社科版2002年第1期）

文摘编辑：徐婷

太平天国与吏治

谢世诚

[作者简介] 谢世诚，南京师范大学政治系。

[内容提要] 晚清道光、咸丰年间吏治的腐败，是太平天国农民起义兴起和发展的一个重要原因。然而太平军占领南京后，靠反清朝腐败吏治起家的太平天国领袖们，却忽视了自身对吏治的整饬。从而严重削弱了太平天国自身的力量。这是太平天国最终失败的根本因素之一。与太平天国领袖们不重视吏治整饬的态度相反，清统治者特别是湘军代表人物在太平天国起义爆发后，痛定思痛，在整饬吏治上狠下功夫，取得了相当成效，从而奠定了战胜太平军的政治基础。1864年太平天国的失败，最终说明重视整饬吏治与否的重要性。

[关 键 词] 太平天国；吏治；腐败；失败。

一、晚清吏治腐败导致太平天国起义的发生发展

晚清官员贪污婪索，引发了阶级矛盾的空前激化，太平天国的领袖把反对清朝腐败的吏治作为号召民众参加起义的主要动员令。太平军是以吊民伐罪的姿态出现在历史舞台上的。

晚清官员的颟顸，客观上保护了太平天国起义的发生。

如道光中叶以后，广西动荡不安，各种小规模起义已此起彼伏，但从道光十六年至三十年（1836—1850）间，梁章钜、周之琦、郑祖琛三任广西巡抚，皆玩忽职守，不理政事，一味隐瞒实情。在他们的示范下，广西各级官吏更偷安苟且，实际上庇护、纵容了太平天国起义的酝酿、准备。如冯云山宣传拜上帝教、组织起义时，为政治嗅觉十分灵敏的当地地主绅士所侦知，道光二十七年十一月，冯云山被桂平县秀才王作新率人捕捉，随即被拜上帝会成员卢六等夺回。王作新遂向桂平县知县王烈告发冯云山图谋不轨，但王烈却意存消弭，将王作新原控冯“结盟聚会”的大罪说成是双方争踏社坛的一般民事纠纷。随后，在浔州府知府顾元凯的示意下，继任桂平知县贾柱以无籍游荡之名将冯押解回原籍，冯云山却在途中说服了两名解差皈依了拜上帝教，一起返回了紫荆山。可以说，是清政府官员为太平天国的起义保留了一位至关重要的领袖。

晚清官员的自私自利，促进了太平天国起义的进一步发展。

如太平天国起义发生后，清政府为镇压起义花费了巨额军费，最后到了国库空虚、罗掘殆尽的地步。在此情况下，清廷一度号召大臣捐输钱财，结果响应者寥寥，要清朝官员出钱固属不易，要其卖命更难。在太平军进攻面前，文官武将争相逃命，不相伯仲。有些官员因贪生怕死失职后，为逃避清廷惩罚而搞的种种诡谋，实属匪夷所思。如湖北提督博勒恭武、其婿署参将阿克东阿双双弃岳州逃跑，博勒恭武改换姓名逃至京郊，阿克东阿更指使亲信伪报其杀敌阵亡，煞有介事装棺运尸回籍，差一点蒙混过关。正因为晚清吏治如此腐败，才使得太平军在起义两年后即打到了南京，随后东征、西征、北伐，皆所向披靡，清王朝面临灭顶之灾。

二、太平天国的吏治腐败

太平天国领导层与腐败始终如影相随，无法摆脱。

首先，高层领导一贯腐败。前期的洪秀全、杨秀清诸人，后期的李秀成、洪氏弟兄皆是如此。

如定都天京后，洪、杨即鼓励下属送礼，各王生辰也是如此，根据记载，天京城内送礼队伍几乎殆无虚日，所送礼物争奇斗艳，竞相攀比。又如大起宫室，洪秀全拆毁明故宫及周围的大量民房，修建了金碧辉煌、占地极广的天王宫；杨秀清则连续换了多处王府。一直到太平天国后期，在位各王王府修建，皆未停止。陈玉成、李秀成在天京本建有王府，但在此时又为他们建新府。

其次，这种腐败带有一种小农乍富暴发的低级、贪婪性。

如特别讲求排场。以出行为例，太平天国官员大概是对坐轿最感兴趣者。诸王的奢侈程度，比清统治者有过之而无不及。

再如揽财。太平天国领导人对金银特别感兴趣。洪秀全所用“各种物品大都是金制的。”“天王有王冠，以纯金制成。重八斤，又有金制颈练一串，亦重八斤。他的锈金龙袍亦有金钮。他由内宫升大殿临朝亦乘金车名为圣龙车，用美女手牵而走。”洪仁玕的“一张苏州制的大床，镶满玉器及其他装饰品，上盖黄帐”。“床上则有多块银的元宝锭，以布包着。”桌上则摆满“龙冠，银镶的扇子，玉杯、玉碟、金杯、银杯”等。李秀成更是拥有巨额财富：“除了天王之外，只有忠王具有一顶真金的王

冠。以余观之，此真极美品也。冠身为极薄金片，镂成虎形，虎身及尾长大可绕冠前冠后，两旁各有小禽一，当中则有凤凰屹立冠顶。冠之上下前后复镶以珠宝……其重约三磅。忠王又有一金如意，上嵌有许多宝玉及珍珠。………各室内置有雕琢甚工的玉器及古铜器多件。”有人估计李秀成家资超过百万，殆非虚言。

其三，这种腐败是以极端的赤裸裸的封建专制为支撑。

封建吏治的本质当然是为了维护封建统治。但是，为了调节官吏与民众的矛盾，使之不至发生根本冲突而危及王朝安全，所以，封建统治者除了宣扬忠君思想外，对官吏至少在形式上还要有一些关于爱民的说教。然而，太平天国的领导人自诩是上帝之子，代上帝、耶稣行使治民权力。因而强调的是极端的、赤裸裸的封建专制思想。太平天国所设立的官民、上下等级之森严，避讳之繁苛，皆是空前的。他们宣扬：“贵贱宜分上下，制度必判尊卑。”规定民间不准乱用红、黄二色，违者斩首不留。各王、官外出，百姓、士兵及下级官员要回避，如回避不及“当跪于道旁，如敢对面行走者斩首不留”。“如不回避或不跪道旁者斩首不留。”杨秀清即因牧马某甲见其“同庚叔”未起立，而将其五马分尸，并责罚相对公正处理的高级官员多人。更为荒唐的是，他们对下制定种种严酷、不近人情的规定，但自己却从不实行。如他们拆散百姓家庭，不准夫妇相聚，自己则实行多妻制，洪秀全在金田起义后不久即选民间女子建立后宫，至天京，共娶了88位皇娘。其他各王也多如此。

三、清政府整饬吏治与其起死回生的教训

与太平天国领袖不重视整饬吏治的态度相反，清统治者在太平天国起义爆发后，痛定思痛，在整饬吏治上倒狠下了一番功夫。如咸丰帝即处决了前述临阵脱逃后又要弄诡谋避死的博勒恭武、阿克东阿，又因顺天乡试舞弊案而处决了大学生柏葰等，对扭转官场腐败风气，确实起到了震慑性作用。而镇压太平天国的主力——湘军的代表人物，对吏治的整饬，更是不遗余力。

以湘军头目为代表的地主阶级中的有识之士，深刻认识清澄吏治，是战胜太平军的关键所在。曾国藩说“今春以来，粤盗益复猖獗。……推寻本源，何尝不以有司虐用其民，鱼肉日久，激而不复反顾?”胡林翼讲得更干脆，说这是“官作乱于上，民思乱于下”。如湖北“其已被贼扰之三十余州县，吏惰民骄。其未在贼扰之三十余州县，官仇民，而民且仇官。夫吏治之不修，兵祸之所由起也”。左宗棠也指出：“惟吏治不修，故贼民四起。”所以他们一致要求整顿吏治。曾国藩称：“细观今日局势，若不从吏治人心上痛下功夫，涤肠荡胃，断无挽回之理。”胡林翼则称：“吏事尤为兵事之本。”左宗棠则称：“此时再不严治奸民，慎择牧令，事更不堪问矣!”在此思想指导下，湘军代表人物通过采取一系列措施：参劾庸劣官员，保举任用贤员，革除胥吏积弊，革除地丁漕粮弊政等。取得了相当成效，使得在其权力所及范围特别是两湖地区内吏治有所清澄，从而缓和了这些地区的阶级矛盾，动员起一切能动员的力量，为扑灭太平天国起义，奠定了牢固的基础。1864年太平天国的失败，最终说明重视吏治与否的重要性。

从太平天国与晚清吏治的关系，可以看出：

第一，吏治确是封建社会的一项要政。任何朝代，如果不重视吏治的整饬，反对腐败，就不可能维持政权，反之，在一定条件下则能起死回生，而不管这一政权的性质是革命，还是反动，皆不能例外。

第二，农民起义领袖，由于不代表先进的生产力或文化较低和缺乏经验等原因，往往对整饬吏治的重要性认识不足，这就必然给其所领导的运动带来致命的影响。

第三，农民起义从本质上说，根本不可能真正推翻封建制度，农民起义领袖向地主阶级转化倒是必然的。

（原文约5000字，发表于《南京医科大学学报》社科版2001年第4期）

文摘编辑：徐婷

试论太平天国革命对近代江西农村社会的影响

吴 雯 谢敏华

[作者简介] 吴 雯，宜春学院宣传部干部，主要从事中国近现代史研究。
谢敏华，赣南师范学院经法系。

[内容提要] 太平军在江西的十多年时间里，将革命的烈火几乎烧遍了江西的每个角落，造成很大的革命声势。但是，囿于当时的形势和农民自身的阶级局限性，使其在战争实践中难以找到新的出路而不得不重新寻求封建体制的帮助，致使太平天国的优势难以获得制度上的保障而持久，由此给近代江西农村带来的积极的深层次的影响十分薄弱，最终丧失了江西这块重要的粮食补给区。

[关 键 词] 太平天国；近代；江西农村；影响。

江西富饶丰产。太平天国革命时期，江西是太平天国的重要粮食补给区，曾国藩也恃江西为饷源，所以在江西农民革命力量和封建地主阶级间的斗争异常激烈。太平军在十多年的时间里，多次进出江西，曾取得很大胜利，高潮时占领过江西的八府五十多个县，将革命的烈火几乎烧遍了江西的每个角落，造成很大的革命声势。然而与此形成较大反差的是，它给江西农村社会带来的积极的深层次的影响却非常弱，这使得太平军尽管在江西多次进出，却难以在广大农村立足久驻。太平军在进入江西初期之所以深受群众支持和拥护，不无原因。

首先，太平军是一支农民阶级反封建斗争的正义之师，农民理所当然地成为它最坚定的支持者。

其次，太平军有着严明的纪律，注重恢复维持地方秩序。

再次，经济上减轻了农民的负担。

由上可知，太平军在江西初期特别是在石达开进驻江西时，还是获得了部分农民群众的拥护和支持，得以在江西大部分地区建立或久或暂的统治。但是，在后来的统治期间又逐渐失去了这些优势。这是因为农民尽管是一个阶级，但又不能算是完全意义上的阶级，并不具备阶级的功能，没有形成政治组织，不能以自己的名义来保护自己的阶级利益，难以摆脱封建影响，并且在斗争实践中不得不重新寻找封建体制之帮助。正是由于这一局限性，太平天国的优势难以获得制度上的保障而持久，反映在当时江西农村社会，其带来的积极的深层次的影响非常薄弱，与此同时，清朝军队的疯狂镇压，又使社会经济遭到严重破坏。

一是封建的土地关系未变，从《天朝田亩制度》来看，太平军最初设想是要通过废除封建土地所有制，实行“天下田天下人同耕”的小土地所有制来建立一个“无处不均匀，无人不饱暖”的大同之世，是有强烈的反封建精神，也反映了农民一直梦寐以求的理想：获得土地。但是太平天国的这种试图将小土地所有制作为经济生活的主体，以维持社会成员相对平均的生活水准，势必使整个社会陷入贫困匮乏、毫无生机的状态，实际是一种倒退的一厢情愿的社会构想，在现实生活中也不可能实现。农民阶级难以凭借自己的力量寻找到真正能使他们彻底摆脱封建束缚的途径，当理想碰壁后，他们惟有回归传统。这样进入江西后政权尚不稳固的太平军在面临急筹饷需国用情况下，不得不有所变通。1854年秋，杨秀清、韦昌辉、石达开在给天王本章中说：“弟等细思，安徽、江西米粮广有，宜令镇守佐将，在彼晓谕良民，照旧交粮纳税”，获得天王首肯。也就是在实际执行中，洪秀全不得不暂依旧例，即使有些地方农民因地主被镇压或逃亡而获得土地，太平天国也承认其既成事实，但这仅是农民的自发行为，而不能作为封建土地关系改变的“例证”。改剥夺地主土地为承认地主对土地的所有权，农村的经济基础并未得到改变，这就大大地削弱了太平天国的革命性，严重挫伤了贫苦农民尤其是佃农参与革命的积极性，也极大地局限了革命的冲击波可能给乡村带来的变化。

二是农村基层政权的实质基本未变。太平军进入江西的一个重要目标就是粮食，在后期更纯粹是为粮食，他们获取粮食的途径主要是战场上夺取和地方上征收。因此进军江西后，为保障粮饷军需有效征收，迫切需要尽快恢复地方秩序，较进入江西前更加注重设置“乡官”为标志的乡治。但是，尽管太平军在江西活动长达十多年，在江西的政权并不稳固。据史料记载，江西的武宁、宜黄、樟树、萍乡等大部分地区都经历过多次反复，几易敌手，在戎马倥偬之际，急需筹饷的太平军胁迫旧时绅耆、富室、原里正图保、狡猾经造之流充任乡官就成为主要选择。太平军之所以如此，在于认为他们对本乡情况熟悉，征赋抽捐内行，即使一时征取不到手，还可使之“有财应抵”，“有赋税不完结者”，都可“责任”在他们身上。太平天国在江西的大部分占领区就是由这些乡官来“暂依旧例章程”，“催办粮漕，兼收赋税”，与清朝征收的种类并无多大变化，有所改变的只是征收的税额有所降低，征收的方式有所改变，即禁断了浮收勒折。这就是在封建王朝也同样可能做到，封建的根砥既未清除，枝节的变化就难以巩固持久。事实也证明，在革命形势高涨，天国当局能牢牢掌握局势时，特别在石达开控制江西时，这种变化还能维持，人民也能获得实惠，而当形势逆转，天国当局缺乏足够力量掌握，乃至难以掌握时，这些原本就是浮收勒折的行家里手胁迫而来，对太平天国充满阶级仇恨的所谓“乡官”势必会重操旧业，甚至变本加厉。极大败坏了天国声誉。太平天国最能获得群众拥护的这一优势因图一时便利、择人不当而逐渐丧失，这时的乡官体制在实际内容上，与原来的保甲、里甲制度也就没有什么本质的差异了。

三是乡村民俗并未大变。太平军专拜上帝，不信邪神，在行军征战中也采取了相应的措施。这就是沿途焚烧庙宇捣毁神像，这可以算是太平天国内部少有的能始终如一地贯彻执行的一项政策，在群众中造成的冲击也非常大。泥雕木塑的神像可以轻而易举地毁坏，而人们心目中具有超自然力量的神佛的地位摧毁并非一蹴而就。显然，太平天国是太低估了传统宗教观念在人们心中的地位和影响，这种简单而粗暴的方式不仅没有破坏旧迷信，又因焚拆庙宇的同时宣传拜上帝，用新迷信取代旧迷信更加剧了人们心理上的排拒力。面对太平军的这种雷厉风行的焚拆庙宇的行动，农村更多的反映是带有一种农民的狡猾，默默而顽固地抵抗。一是掩藏，一是改名，尽力予以保存。最能反映人们思想观念的民间风俗难以改变，固然因农民固守传统，而重要的在于太平天国的变革方式过于简单化、理想化，面对具有传统畏兵思想本来就深持疑虑处于观望状态的民众缺乏正确的心理把握，缺乏细致深入的宣传，必然很难引起农村社会的认同感。

太平天国的阶级局限性使其给江西农村社会带来的新的积极的变化极其有限，而清朝政府的严刑酷法、狡诈多变，更进一步局限了其可能产生的积极影响。

四是近代江西农村社会经济遭到严重破坏。战争的残酷无疑会对当地的经济产生极大的破坏性，在江西太平军和清王朝的激烈争夺，使这种破坏尤为明显。首先，清军在血腥镇压中大肆焚烧抢掠。其次，战争耗费巨大，清政府对江西人民大量征索，官吏又乘机中饱私囊。再者，因战乱贻误农时，加上天灾，许多地方收获无期，贫灾交困，苦不堪言。

综上所述，正是基于当时的形势和农民自身的局限性，使江西近代农村面貌难有根本改观，削弱了农民参加革命的积极性，从而使得太平军在清政府的疯狂绞杀下，1865年10月被迫全部退出江西，丧失了江西这块重要的粮食补给区。

（原文约5000字，发表于《宜春学院学报》社科版2002年第1期）

文摘编辑：徐婷

康有为与袁世凯的帝制复辟新论

江　峰　汪全模

[作者简介] 江　峰，兰州大学历史系讲师。
汪全模，柞水县黄龙山学校高级教师。

[内容提要] 康有为的尊孔言论一方面不自觉地迎合了袁世凯的帝制复辟的需要；另一方面对袁世凯的军阀统治进行了猛烈抨击，他自己也并未与袁世凯同流合污；相反，他却联冯倒袁，从而成为倒袁之役的主力之一。联络军阀冯国璋倒袁则又体现了文人的智谋，因此从某种程度上说，康有为是军阀政治的参与者（并非拥护者）。

[关 键 词] 康有为；袁世凯；帝制复辟。

19世纪末，康有为曾巧妙地利用了孔子的声望在神州大地上进行了一场亘古未有的资产阶级改革。但面对辛亥革命后的形势，康有为在《复教育部书》中对其大肆攻击，污蔑民主思想是"洪水猛兽"，叫嚷"数千年中人心风俗，政治得失是非，皆在孔教中，融铸洽化，合之为一"，"孔子之道……率由而不能须臾离"。

康有为让其学生陈焕章于1913年11月12日成立孔教会，为尊孔大造舆论，嗣后报北洋政府教育部批准立案，并遥推康有为任总会会长。康有为不遗余力地对孔教进行宣传，其目的是要国人立孔教为国教。他认为中国的一切文明，皆与孔教息息相关，若抛弃孔教，不仅招致中国文明的丧失，且会引起亡国灭种的惨祸。

孔子是中国思想传统的最大权威，被神圣化的孔子对世俗的人们有着异乎寻常的威力；皇帝则是国家权力至高无上的象征，孔子与皇帝有着密不可分的内在联系。于是历代世俗的皇帝都借祀孔以加强对全国人民的统治，从而达到巩固君权的目的。康有为通过创办《不忍》杂志，创立孔教会，对孔教进行大肆宣传，直接为袁世凯的帝制复辟创造了舆论先声。这样才出现了袁世凯数电康有为，请其来京主持名教。

袁世凯为了早日实现帝制，除了康有为大加吹捧外，还亲自做出示范，于1913年6月22日正式通令尊崇孔圣，宣称孔子"为万世之表"，其学说"放之四海而准"。因此要举行"祀孔典礼，以表尊崇，而垂久远"。袁世凯所发布的许多尊孔命令和所进行的一系列祀孔活动，表明其用心之险恶已昭彰在人耳目，因为祀孔是登上皇帝宝座的敲门砖。

袁世凯对康有为的大肆吹捧，不过是想拉拢孔教巨子康有为为自己帝制复辟装潢门面，阻止清室复辟之意。因为民国后的政坛上存在着两种复辟群体：一是袁世凯要帝制自为，一是要复辟清室。

虽然袁世凯曾数电康有为，请其来京主持名教，但事与愿违，康有为此时却成了倒袁复辟势力的主力之一。当袁世凯第一次电请康有为时，康有为在1913年11月的《致总统电一》中婉言谢绝了袁的"盛情"。

1915年，在全国人民反对袁世凯帝制复辟自卫的斗争中，北洋系里实权派人物段祺瑞、冯国璋与袁世凯的矛盾逐渐激化。北洋系中论资历、地位、威望，只有徐世昌可以与段、冯二人相提并论。在共和制度下，段、冯二人都有继袁而为总统的可能。但袁世凯的改行帝制，皇位世袭，严重损害了段、冯二人的切身利益，使得他们做国家元首的希望破灭。加上袁世凯对他们心存疑忌，担心二人势力膨胀，形成尾大不掉的局面。因此袁世凯对段祺瑞极力排斥，对冯国璋则欺骗、笼络。

冯国璋为了保全计，在江苏都督署设谘议厅，罗致名流为幕僚，如重要谋士中有康门弟子潘若海、麦孟华。潘若海居中牵线，冯国璋与康有为暗中结成了反袁联盟。"在冯则为求自全计，在康则为达到虚君立宪之目的。"

尽管康、袁二人尊孔的目的不同，康有为也并未进京与袁同流合污（因袁世凯曾出尔反尔地破坏了戊戌变法，导致了康梁逃亡海外、危及光绪，出现了"戊戌六君子"的惨局），但康有为的尊孔言论却不自觉地为袁的帝制复辟大造了舆论，间接迎合了袁的需要。康有为的联冯倒袁，说明了虽然倒袁之役并非康有为的策划，但康有为却符合了全国人民的需要，对护国战争起了极好的推动作用；同时也说明了康有为在某种程度上是军阀政治的参与者（并非军阀政治的拥护者）。因康有为的尊孔言论在舆论上不自觉地加速了袁世凯的帝制复辟进程，在一定程度上起了间接的催化作用；同时行动上参与了军阀政治，成功地利用了军阀集团的内部矛盾，策动冯国璋中立，从而加速了袁世凯的帝制复辟行动覆灭。

（原文约4800字，发表于《兰州教育学院学报》2002年第1期）

文摘编辑：徐婷

论戊戌变法期间的政治体制改革

梁严冰 刘 蓉

[作者简介] 梁严冰，延安大学文史系讲师，中国近、现代史教研室主任。
刘 蓉，延安大学文史系。

[内容提要] 19世纪末，在内忧外患的刺激下，以康有为、梁启超为代表的维新志士高举救亡图存和维新变法两面旗帜，掀起戊戌变法运动，其终极目标是富民强国。虽然变法维新昙花一现，但它在中国社会近（现）代化进程当中却留下了辉煌的一页，历史意义不容忽视。特别是戊戌变法中的核心内容——政治体制改革，更是影响深远，给我们留下了许多值得思考的历史经验与教训。

[关 键 词] 戊戌变法；政治体制；近代化；经验；教训。

一

学术界过去一直认为康梁宣传变法思想发动维新运动的主要思想武器和理论方法是托古改制，这无疑是正确的。但北京大学历史系教授王晓秋先生依据北京故宫博物院发现的《日本变政考》、《波兰分灭记》、《杰士上书汇录》、《俄彼得变政记》等史料，认为康有为鼓吹变法的另一思想武器和理论手法是仿洋改制。无论怎样讲，“变”已经成为时代的主题，而其中一个基本内容就是要改封建君主专制制度为君主立宪制度。而实行君主立宪，就要学习和仿效西方资本主义制度，特别是日本的政治制度模式，对中国原有的传统政治体制进行变革，使之符合世界潮流。

近代化（或称早期现代化）作为一场深刻的社会变革，尽管目前学术界对其定义尚有分歧，但考察世界各国的近代化道路，变革制度则是共同遇到的一个课题，而政府改革或政治体制改革则是其中最为敏感的部分。中国以鸦片战争的爆发为标志而开启了自己的近代化进程。到戊戌变法先进的中国人经过几轮对中国近代化道路的探索，在认识上比以前有很大的提高。维新志士认为，中国走向近代化最大的障碍是封建专制制度。故为了确保近代化纲领的实施，必须对专制政体进行改革。

总之，到戊戌变法前夕，“许多人士感到不对封建政治制度进行改革，徒然仿效西方军事技术、生产技术已不足恃……所以，要求学习西方、进行政治体制改革的呼声越来越高”。康梁等人的主张和要求正是这种呼声的典型代表。它反映了民族资产阶级要求改革封建专制政体学习西方民主政治的愿望，为戊戌变法作了思想上和舆论上的准备。

二

政治体制的改革是戊戌变法时期维新派和顽固派斗争的焦点，也是变法中的重中之重。因为它涉及到权力再分配和用人权问题。清承明制，建立了以皇帝为核心，宰辅制与部院制相结合的一整套官制。它曾有效地维系过多民族国家的统一和稳定，但近代以来又以其体制的臃肿、行政效率的低下阻滞了中国社会的近代化。愈到后来，其腐朽性和落后性表现得就愈明显。戊戌维新时期维新人士试图以一种崭新的制度来改造它，并且最终取而代之。

据不完全统计的资料表明，戊戌变法期间，有关政治体制改革的条陈折件不下七八十种，光绪皇帝采纳了其中的一部分建议和意见，并根据自己的权力所及进行了部分的调整和实施。主要有以下方面。

第一，裁减机构、精减冗员。裁减机构又分中央和地方两级。

机构的裁并和冗官冗员的裁减，对于窘迫的晚清政治来讲，无疑可大大减轻国家的财政负担，同时也可提高办事效率。当然，这些措施在具体操作过程中因其既直接牵动国家机器又影响众多官吏的生计，遭到守旧势力的阻挠与反对。

第二，增设适应资本主义经济发展的新机构。康有为鉴于光绪皇帝受到慈禧太后的多方挟制，建议“就皇上现在之权，行可变之事”。“勿去旧衙门，而惟增置新衙门，勿黜革旧大臣，而惟渐擢小臣；多召见才俊志士，不必加其官，而惟委以差事，赏卿衔，许其专擢奏事足矣。”新衙门“假日本为向导，以日本为图样”，在中央设立农工商局、切实开垦荒地，提倡开办实业，奖励新发明、新创造；设立铁路，矿产总局，修筑铁路，开采矿产；设立全国邮政局，谕令沿江沿海各省督抚于通商口岸，大小城镇设立商会，在上海、汉口设立商务总会；谕令各省开设医学堂、官报局、官书局等。不管这些机构在当时实际所起的作用如何，它在中国官制历史上都具有划时代的意义。这些机构无疑是符合时代潮流和资本主义经济发展需要的。

第三，主张“删改则例”。因则例是清政府处理问题衡准定结的依据，带有法规性质，故修改则例实际涉及国家体制。在戊戌变法期间提出修订，无疑是具有进步意义的。

第四，停开捐例。维新人士认为要“肃清仕途，自以停止捐纳实职官阶为要”。

第五，中央给予地方一定的用人权限。有清一代知县以上地方官吏的分发、迁转、黜陟大权均集中于中央吏部。维新人士奏请以后吏部对于地方官的升调改委应听取地方督抚的意见。这对于中国传统的封建专制政体的人事制度而言，无疑是一次巨大的变革，透露出一些人事制度近代化的气息。

另外，戊戌变法期间维新人士还提出了改革与现行政治体制不相适应的规章制度的条陈意见，比如建立近代国家意义上的对官员的薪俸制度；改革教育制度，开设大学教育，培养近代国家政治需要的新型官僚人才；破除办事任人讲资格、门第、等级的制度，健全具有近代化国家意义上的官员退休制度等改革措施和设想，对于推动国家体制、国家法制的近代化作用巨大。

总之，在中国近代历史上，戊戌变法期间的政治体制改革具有承上启下的重要意义。如果把鸦片战争时期龚自珍、魏源、林则徐等地主阶级思想家、政治家们要求改革政治体制的呼声，作为晚清改革的滥觞的话，那么，19世纪60年代初总理衙门之设只是对衰迈、腐朽的清王朝的政体进行的一次局部性的改革，而此次戊戌新政则是对中国政治体制第一次进行全面的、系统的、近代化的改革，它把全面进行政治体制改革这一敏感而严峻的课题摆在了中国人面前。

三

我们在充分肯定戊戌维新对中国政治体制近代化所起的积极作用时，也应该看到其失误和不足。

第一，在近代化进程当中，尤其是政治体制改革中，处于改革前沿的政治领导人物和领导集团的主导作用，直接影响着改革的本质和面貌。戊戌变法一百多年后的今天，我们理性地思考改革的全过程，可以看出改革自始至终并未形成一个强有力的领导集体来推进改革向前健康地发展。戊戌变法期间，名义上是光绪帝亲政，实际上真正的权力核心是守旧势力的代表人物——慈禧太后。所有的重大问题的裁定，高级官员的任免都掌握在她的手里。当时在中央的高级官员中，光绪皇帝的老师、协办大学士、户部尚书——翁同龢是惟一支持变法的人物，而就是这样一个人物，在变法诏书下达后的第4天，在顽固派头子西太后的威逼下，光绪帝以自己的名义下诏撤除翁同龢的职务，送回江苏老家。康有为、梁启超被称为戊戌变法的旗手，但康只是个地位很低的工部主事，到后来也只封了个总理衙门章事，这样的小官，以至根本不愿意上班，梁启超则是个举人，没有任何一官半职，维新派的最高成员也只不过是四品卿衔军机章京，没有任何实质性的权力，更不要说进入权力核心了。难道维新人士不愿占据要位，处于核心地位吗？答案当然是否定的。

第二，任何改革无可避免地要触动既得利益和传统价值，必然会遇到既得利益者和传统文化这两方面的阻挠。而这些问题的解决与改革者自身的素养、社会阅历和政治经验有着密切的关联。维新志士大多是一些饱读经书，但缺乏政治实践经验的知识分子，以至于出现急于求成的心理和现象。在戊戌变法的103天中，110多道谕令像雪片一样洒落下来，很多诏令民众还未来得及领会，变法即以失败而宣告结束。

第三，鸦片战争后的几十年时间，国际环境相对比较有利，日本正是利用了这一有利时机，奋起直追，实现了民族的腾飞。而到19世纪末的戊戌变法时期，国际环境就变得对中国的维新运动非常不利了。此时，世界资本主义已经开始向垄断阶段过渡，列强通过争夺殖民地的高潮，世界基本上已被它们瓜分完毕。中国这头沉睡的雄狮，一时间成了他们瓜分的主要对象。所以，帝国主义国家不愿也不想看到一个强盛的中国屹立在世界的东方。

（原文约6000字，发表于《信阳师范学院学报》哲社版2002年第1期）

文摘编辑：郭子涵

论晚清三次变法新政的关系

徐松荣

[作者简介] 徐松荣，广东社会科学院历史所研究员，主要从事中国近代史研究。

[内容提要] 本文从背景与动因，发动者与主持者，形式与内容，影响与效果，性质与特点，以及在中国近代化进程中所处的地位，集中论述了晚清三次变法新政，即洋务运动、戊戌维新与清末改革之间的关系，指出它们是一种继承与发展的关系，它们之间相互关联，不可割裂。

[关 键 词] 洋务运动；戊戌维新；清末新政；关系。

晚清同治、光绪年间推行的变法新政，历经半个世纪。这就是通常所说的洋务运动、戊戌维新和清末改革，亦可统称“同光新政”。三次变法新政虽充满了矛盾和斗争，有曲折和反复，发生的背景与动因、发动者与组织者、形式与内容、影响与效果亦有区别，但不存在根本性质的区别。他们是中国近代化进程中的三个阶段，从低层次到高层次，继承、扬弃与发展，紧密关联，不可割裂，不应该对立起来。

一

洋务运动虽然持续到清末，但作为一次独立的变法新政，主要发生在19世纪60至90年代。

洋务运动虽然打着“采西学”、“制洋器”、“求强”、“求富”的旗号开始，但随着洋务活动范围的扩大，客观形势的变化，提出的变革主张和口号也逐步深化。进入70年代，李鸿章等人正式提出“变法”的要求，其纲领概括为“外须和戎，内须变法”，将变外交政策与改内政方针结合起来。他们强调“变法”的迫切性，“办洋务，治洋兵若不变法，而徒骛空文，绝无实际”，要“自强则必先变法与用人”。从“自强”到“求富”，是洋务派的实际活动，从“变计”到“变法”，是洋务派的改革纲领。

首先，学习西方，效法西方。第二，排除陈腐观念，推行近代外交。第三，变革经济制度，发展先进的生产力。第四，改革科举，兴办学堂，遣派留学，培养新型人才。

“借法自强”，是洋务派宣传变法新政的重要口号。

“中体西用”，是洋务派推行变法新政的指导思想。

“安内攘外”，是洋务派推行变法新政的双重目的。

“借法自强”，“中体西用”，“安内攘外”，构成洋务新政的主体思想和基本内容。

在这场变革与反变革的斗争中，洋务派终究代表了进步潮流。他们在经济、政治、军事、文教领域推行了比较全面的改革，迈出了中国近代化改革的第一步，给中国带来了亘古未有的新事物。中国的洋务运动和日本的明治维新、俄国的农奴制改革，几乎同时发生，都迎合世界潮流，表现了资本主义改革性质。由于时代的局限，传统的约束，洋务派不可能把变法改革深入下去，提高到更高的层次。洋务运动处在中国近代化的初级阶段，终究为戊戌维新奠定了物质基础，准备了社会力量，也作了思想理论上的初步准备。

二

戊戌维新是在1895年甲午中日战争中国战败，签订屈辱的《马关条约》，民族危机、清朝统治危机再次出现的形势下发生的。维新派顺应时势发展的要求步入前台，发起维新变法运动，成为时代的主角。光绪二十一年(1895)，维新派发动“公车上书”，洋务派参与活动，光绪帝亦颁布推行变法新政的谕令，迎来了第二次变法新政的高潮。

以康有为、梁启超、谭嗣同、严复为代表的维新派，是第二次变法新政的发起者、推动者和主导者。他们提出比洋务派更高的目标和更响亮的口号，提出了与洋务派有根本区别的维新变法纲领，把维新变法推向社会，推向政治领域，

置身于戊戌维新运动的除了维新派，还有洋务派、后党和帝党，对维新运动起着举足轻重的作用。至于封建顽固势力，是变法新政的反对派和阻挠者。

洋务派是维新运动的支持者和参与者。他们与维新派也存在着尖锐的矛盾冲突，集中反映在阻挠和反对激进的民权宣传和政治改革。到了后期，他们虽没有参与封建顽固派发动的戊戌政变，陈宝箴等人还被迫害，但其妥协退让，屈从于后党势力，却有利于后党和顽固派发动政变，将变法新政扼杀在摇篮中。以慈禧为首的后党，在“外患日急，群情激昂”，自身难保的情况下，对维新变法正如对待洋务运动一样，表示了认可和默许。如果没有大权在握的慈禧的支持、默许，维新运动将会遇到更大阻力，也不会有短暂的“百日维新”。连梁启超

在戊戌政变后也承认，慈禧并没有做出反对变法的事来。

慈禧善于利用政治形势，看风使舵，也善于利用各派的矛盾冲突，玩弄权术加以操纵。只要不动摇清朝统治，说白了只要不动摇她的统治地位，即采取宽容态度。这与封建顽固派是有区别的。政治上幼稚的维新派没有利用好这个局面，甚至提出“非去太后不可”，把她推向对立面。

帝党是变法新政的促进派和主持者，却又是没有实权的傀儡集团。

光绪二十三年冬，德国强占胶州湾，外国列强掀起瓜分狂潮。以此为契机，到次年五月，在维新派、帝党和洋务派的联合参与下，终于进入“百日维新”高潮。可是，变法新政刚刚开始，就迅速转向权力争斗的轨道。面对尖锐复杂、险象环生的政局，帝党与维新派束手无策，洋务派则袖手旁观，政变发生了。引发政变的焦点不是变法新政本身，而是权力之争。

戊戌维新既是对洋务新政的继承与超越，又比洋务运动更深入广泛，层次更高，是属于新兴资产阶级政治代表发动和组织的，具有完全资本主义性质的变法改革。戊戌维新虽然受到挫折，但比洋务运动意义更大，影响更深远。既是爱国救亡运动，也是变革封建专制制度的政治运动，还是资产阶级的思想启蒙运动。

三

戊戌后，洋务派利用其实权地位和他们的政治影响力，继续举办新政，并成为新的变法改革运动的倡导者和策划者。重新掌权的慈禧太后为挽救舆论，稳定统治秩序，只好顺应洋务派的要求，停止对改革派的镇压，缩小打击面。并下令“实系有关国计民生者，即当切实次第推行”。在新的危机后，变法新政也就重新揭幕。

促成第三次变法新政的兴起，是义和团运动和八国联军入侵。在国外各种势力的压迫和影响下，第三次变法新政应时而发。开始了历时10年的清末改革。

清末变法改革以光绪三十一年（1905）为界，划分前后两个阶段，形成两个重心，前是“推行新政”，后是“预备立宪”。

从光绪二十七年三月到三十一年十一月的5年间，清政府出台了一系列新政措施，重要的达25项以上，涉及军事、行政、法律、教育、经济五大制度方面的改革。相比洋务新政、戊戌新政面更宽，内容更广泛，并在政治体制改革上动了真格，其实际效果也大得多。

这些变革引起经济、政治、社会各个方面的变革、进步和发展，其深刻，其影响，洋务、戊戌新政是不可比拟的。慈禧政府推行变法新政，目的是适应西方国家和国内新兴政治力量的要求，扩大统治基础，消弭人民革命，挽救濒临崩溃的清王朝。但客观上唤醒和促进了人民的改革意识和民主意识，促成了立宪运动，也为民主革命准备了条件。

清末10年的变法新政虽然是形势“逼”出来的，却是戊戌变法新政的继续、发展与提高，比戊戌新政更深刻，更具实际效果，亦是一次资本主义性质的变法改革。它不仅“触动”了社会经济各个领域，也“触动”了整个上层建筑和根本体制，政治变革终于提上日程。

四

任何一种社会变革都是从经济基础到上层建筑。一般说来，前一个运动为后一个运动创造社会经济条件，奠定物质的、思想的基础，开辟前进道路。洋务运动、戊戌维新、清末改革三者之间，就是这种关系。每次变法新政亦有共性。也有各自的特点，具体反映了它们之间的联系。

首先，三次变法新政都是在民族危机和清朝统治危机并发，十分严重的情况下发生的，没有危机就没有变法。

其次，三次变法新政都是在清朝最高当局的主持下进行的，是统治阶级的自救运动，同时又与改革派的维新变法运动发生“共振”与结合。

第三，三次变法新政都是在改革派的倡导、推动和具体组织下进行的。包括洋务派、维新派、帝党和立宪派。但对各次变法新政起主导作用的派别不同，先后是洋务派、维新派和立宪派（清末改革的前段洋务派官僚起了主导作用）。正是在他们的推动、组织下，晚清变法改革运动才兴起一次次高潮，才向更深入、更高层次发展。同时，每次变法改革，改革派与封建顽固派、传统旧势力均展开了激烈斗争。

最后，三次变法新政只是中国近代化的不同阶段，都具有资本主义性质。这种性质又不是处在同一层次、水平上。洋务运动是中国近代化的初级阶段，初具资本主义性质，戊戌维新才具有完全意义上的资本主义性质，清末改革从客观效果方面说，资本主义性质是十分明显的。尤其表现在政治体制改革和宪政运动方面，洋务运动是萌发时期，戊戌维新还处在理论宣传时期，清末改革才进入了实践和实施阶段。封建专制制度的堤坝一旦动摇和溃决，洪流就会一泻千里，不可阻挡。洋务运动动摇其基础，戊戌维新打开了决口，清末新政与立宪运动一旦与民主革命潮流汇合时，这个堤坝也就被彻底冲毁，结束了封建专制制度。

尽管三次变法新政各有不同的特色，有不完全相同的内容，其效果、作用和影响也不尽相同，但可以把它仍看做一个循序渐进、不可分割的整体，反映晚清半个世纪中国近代化的主要轨迹。

（原文约9000字，发表于《长沙电力学院学报》社科版2002年第1期）

文摘编辑：郭子涵

辛亥革命前革命派力倡共和政体及其历史抉择之评析

季云飞

[作者简介] 季云飞，南京政治学院历史学系教授，博士生导师。

[内容提要] 辛亥革命前，孙中山为首的革命派力倡共和政体，基于三方面认识：清政府是满族建立的政府，革命成功之后，不能再建立由满族人作为君主的君主立宪政体，必须建立共和政体；采取共和政体，可抑制“豪杰”争雄之“野心”，达到“一劳永逸”之目的；中国社会已具备了实现“共和政体”的基本条件。辛亥革命烈火中诞生的资产阶级共和政体，虽是进步的、革命的抉择，但却无法与中国社会机体有机地结合。资产阶级“共和政体”是不符合中国基本国情的尴尬抉择。

[关 键 词] 辛亥革命前；资产阶级革命派；共和政体主张；历史性抉择；名存实亡。

孙中山追求在中国建立资产阶级共和政体，始于1894年。1894年檀香山兴中会盟书中有“创立合众政府”一语，表明孙中山倡导革命的目的在于建立美国式的联邦制政府。这一点，戴季陶曾把“合众”解释为“联邦”，“明乎合众之组织，而联邦之观念明矣”。1897年8月，孙中山在与日本友人宫崎寅藏、平山周的谈话中，明确表明他追求“共和政体”的政治思想。他说：“余以人群自治为政治之极则，故于政治之精神，执共和主义。夫共和主义岂平手而可得，余以此一事而直有革命之责任者也。”不过，在此阶段，孙中山对“共和政体”的追求，并不是那么“执著”，实现政治理想并非执意采用“暴力”。他曾谋与康有为、梁启超等人相联络。1900年6月，还提出“我们的最终目的，是要与华南人民商议，分割中华帝国的一部分，新建一个共和国”的主张。直至1903年前后，孙中山才坚定不移地追求在整个中国建立“资产阶级共和国”。1903年秋天，明确规定了东京军事训练班的誓词：“驱除鞑虏，恢复中华，创立民国，平均地权。”

以孙中山为首的资产阶级革命派为什么坚持要在中国实行资产阶级共和政体，竭力反对立宪派主张的君主立宪政体呢？他们的出发点、理论和事实上的依据是什么呢？

综观革命派的言论和主张，出自于救国的目的自不待言。除此以外，其原因在于：

第一，革命派认为，清政府是满族建立的政府，对于汉族来说，无异是亡国。因此，要救国救民必须诉诸武力。革命成功之后，不能再建立由满族人作为君主的“君主立宪”政体，而必须建立“共和政体”。

第二，革命派认为，采取“共和政体”，可抑制“豪杰”、“英雄”争雄之“野心”，可减少破坏性，达到“一劳永逸”之目的。

这可谓孙中山为实行“共和政体”而提出的一种新理论。

再次，孙中山认为，中国国民有自治能力，其文化程度甚至超出美国某些州的国民。1904年，他在《驳保皇报书》一文中指出：“彼又尝谓中国人无自由民权之性质，仆曾力斥其谬，引中国乡族之自治，如自行断讼、自行保卫、自行教育、自行修理道路等事，虽不及今日西政之美，然可证中国人禀有民权之性质也。又中国人民向来不受政府之干涉，来往自如，出入不问；婚姻生死，不报于官；户口门牌，鲜注于册；甚至两邻械斗，为所欲为：此本于自由之性质也。……中国民权自由之事件，未及西国之有条不紊，界限铁［秩］然，然何得谓之无自由民权之性质乎？惟中国今日富于此野蛮之自由，则他日容易变为文明之自由。”

孙中山上述认识，粗看起来不无道理。但深入分析，可以发现孙中山对中国国情缺乏深刻的认识和正确的估计。

先说国民的自治能力。中国乡族之自治是封建小农经济的产物，在儒学“三纲五常”支配下的自治。这种自治同共和政体下所要求的自治，在本质上是截然不同的。后者必需较高的文化素质、参政意识。前者靠封建的纲常伦理相维系，即使是文盲，长者、有声望者，亦能充任自治首领。由“野蛮”的自治转变为“文明”的自治，并不是一蹴而就的，决不是如孙中山所说的：“惟中国今日富于此野蛮之自由，则他日容易变为文明之自由。”20世纪初年，中国人由于贫穷落后，封建专制主义的禁锢，程度是低下的。文盲占绝大多数，为维持生活，成年累月束缚在土地上，除了实在难以生活下去才揭竿而起外，一般很少有什么参政要求。从整体上看，当时中国人的程度比美国人差。再则，中国人的文化心理与美国人的文化心理也有较大的差异。

由此可见，20世纪初年孙中山对中国国情的了解和估价是肤浅而又不准确的。对“共和政体”所必需国民程度的基本要求，孙中山也是不甚了解的。直至1924年，孙中山还认为知识程度低下的国民能够适应“民主政治”。他说：“许多人以为中国不适用民主政治，因为人民知识程度太低。我不信有这话，我认为说这话的人还没有明白‘权能’两字的意义。……譬如坐汽车的与开汽车的，坐汽车的是主人，他有的是权，不必有能，他只要说得出要到的地方，就可以到要到的地方，不必知道汽车如何开法；开汽车的是雇员，他有的是能，他能摇动机关左右进退迟速行止，但是他并没有开到哪里的权。……人民是民国的主人，他只要能指定一个目标来，象坐汽车的一般。至于如何做去，自有有技能的各种专门人才在。所以，人民知识程度虽低，只要说得出‘要到哪里’一句话来，就无害于民主政治。”

综上所述，我们认为：一，革命派为挽救民族危亡，提出资产阶级共和国方案，并为之实现而进行着前赴后继的斗争，其创造精神、奋斗精神永远值得中华民族子孙所讴歌和发扬；二，力倡“共和政体”，反对“君主立宪”，其根本的政治原因在于清政府是满洲贵族主持的政府，这反映了革命派具有狭隘的种族主义，这是不可取的。但由于无法摆脱狭隘种族主义思想束缚，且适应了绝大多数国民的“反满”政治心态，因此，在这一问题上我们不能苛求革命派，更不能无端地加以指责；三，革命派为了实现“共和政体”而提出的诸如毕君宪、民宪之功于一役等理论是不成熟的，甚至是幼稚可笑的；四，孙中山为首的革命派对于实现“共和政体”所具备的条件，了解是不够的；对中国基本国情的了解也是肤浅的。因此，可以这样说，资产阶级共和国方案脱离了中国的国情，孙中山推行共和国方案似属急于求成、操之过急之举。

如果仅从理论上和当时中国基本国情考察，似乎实现“君主立宪”政体比实现“共和政体”更顺当一些。然而，1911年的辛亥革命在国家政治制度上作了“共和政体”的抉择。

那么，如何评说“共和政体”的历史抉择呢？

第一，辛亥革命烈火中诞生的资产阶级共和国政体，是辛亥年间国内外阶级斗争形势所规定了的，并非个别人主观意志的产物。这种抉择是进步的、革命的抉择。辛亥前几年，国内人民为挽救国家危亡，在“反满”政治心态的驱动下，展开了全国性的各种形式的反清斗争。在这些斗争中，处于主导地位和决定性作用的是革命派策划或在其影响下的武装斗争。全国范围内的反清斗争矛头所向和根本目的，就是要推翻整个清王朝，而决不是要保留一个满清皇帝，留作日后“君主立宪”制度下的“君主”。立宪派为争取君主立宪的斗争运动，尽管声势浩大，但它并没有成为整个反清斗争的主流。随着武昌起义的爆发和各省独立响应，立宪派并没有死死抓住“君主立宪”不放，而是顺应潮流，转向革命，放弃了对“君主立宪”政体的追求。这一点，1911年10月至11月间梁启超发表的《新中国建设问题》一文比较典型地表露了立宪派的思想转变。梁启超说：“吾中国大不幸，乃三百年间戴异族为君主，久施虐政，屡失信于民，逮于今日，而令此事殆成绝望，贻我国民以极难解决之一问题也。……夫国家之建设组织，必以民众意向为归。……现皇室既不能戴，则我国行虚君共和制之望殆绝也。”短暂的“共和政体”替代了清朝封建专制政体，其进步性、革命性是无与伦比的。

第二，如前所述，与“共和政体”相比，“君主立宪”政体较符合中国国情。那么，是否光靠立宪派的立宪运动，就能使中国走上君主立宪道路呢？笔者的回答是否定的。事实上，1908年，清廷之所颁布《钦定宪法大纲》，宣布九年预备立宪期，后又决定于1913年召开国会，在国会召集之前，先行成立责任内阁，主要还是由于革命派的武装起义，而不是立宪派的请愿运动。清廷欲以预备立宪达到“消弭革命”的目的。这一点，载泽在《奏请宣布立宪密折》中毫不掩饰地认为立宪的好处之一在于“内乱可弭”。倘若20世纪初年的中国政治舞台上仅仅是立宪派的立宪请愿运动，没有革命派的暴力斗争作为后盾，请愿活动不是遭清政府的暴力镇压，就是即使进行10次、20次请愿也不会成功。所以，尽管君主立宪政体较符合中国的国情，但光靠立宪派的请愿活动，历史不会抉择“君主立宪”；尽管1905年以后立宪派的和平请愿搞得轰轰烈烈，但它在整个反清斗争活动中只能充当配角，不能充当主角。因此，辛亥年间，中国人民反封建专制斗争的惟一的历史趋向和抉择只能是“共和政体”。

第三，“共和政体”的抉择是辛亥年间客观阶级斗争形势所规定的，是历史逻辑发展的必然结果。但是，资产阶级“共和政体”无法与中国社会机体进行有机的结合，“共和政体”很快成为名存实亡的东西，即便以后蒋介石实行了“五院制政体”，也掩盖不了蒋介石政权的独裁专制的实质。从这个意义上讲，资产阶级“共和政体”是不符合近代中国基本国情的尴尬的抉择。历史事实告诉我们，为挽救国家危亡，中国民族资产阶级尽管作了不懈的努力，但它无法充任旧民主主义革命成功的领导者，无法完成历史赋予的使命。这是中国民族资产阶级的悲剧。只有中国共产党领导下的工人阶级以及广大人民群众进行的民主革命，才能结束名为“共和政体”，实为独裁专制的蒋介石的反动统治，建立起崭新的、人类历史上最进步的、符合中国国情的、真正的民主政体——社会主义制度。

（原文约9000字，发表于《南京政治学院学报》2001年第5期）

文摘编辑：栾贵川

论清代长城沿线外侧城镇的兴起

陈喜波　颜廷真　韩光辉

[作者简介] 陈喜波，大连理工大学人文社会科学学院讲师。
颜廷真，北京大学城市与环境学系历史地理中心。
韩光辉，北京大学城市与环境学系历史地理中心。

[内容提要] 清代以来，长城沿线地区得到前所未有的开发，人口的增加、农业的兴起和商业的发展都使长城沿线外侧经济发展呈现繁荣景象，这就为城镇的兴起和发展奠定了坚实的物质基础。本文从历史地理研究的角度，主要介绍了长城沿线经济、人口、农业和商业发展的过程以及长城沿线一带城镇起源的背景、条件，以及城镇兴起的因素和其他相关原因。

[关 键 词] 长城沿线；城镇；起源；背景；清代。

清代以来，随着国家大一统局面的形成，长城不再是游牧民族和农业民族的天然分界线，这就为长城外的开发创造了客观条件。内地往长城外的大规模移民、塞外土地的开发以及农业和商业的发展，为长城沿线地区城镇的形成提供了物质基础。因此，伴随着长城外侧的开发，沿长城一线的许多城镇就开始兴起并得到蓬勃发展。

一、长城沿线外侧城镇兴起的背景

1. 长城外侧人口的增长是城镇兴起的前提

长城以外地区，“田土高，而且腴，雨雪常调，无荒歉之年，更兼土洁泉甘，诚佳壤”（《清圣祖实录》卷二二四，康熙四十五年三月乙未）。自清初以来，就有内地民人越过长城，在塞外一带垦种土地，借以谋生。一方面，口外蒙古王公的田地和八旗官田需要佃给汉人耕种以获取更大的利益；另一方面，明末清初北方各省灾害频仍，加上战乱以及畿辅大规模圈地，清初清政府实行口外招垦政策，于是大批破产的直隶、山东、山西、陕西农民大量涌向口外地区。康乾盛世以来，人口急剧增长，这就造成了内地人地关系的紧张，更促使移民流入到长城外开发程度较低的地区。在荒歉年份，灾民无法生存，不得不外出觅食。康熙后期，在长城外耕种的内地农民越聚越多。

从康熙朝到道光朝近二百年的时间内，尽管封禁令不断，但是大量流民依然出口垦荒，从事农耕，长城沿线的人口也迅速增加。

道咸之后，清政府实行移民守边与口外放垦政策，更是推动北方人口向口外的迁移。

2. 土地的开垦和农业的发展对城镇出现的支撑作用

清代前期，内地农民开始越过长城，来到塞外垦荒种田。清政府也允许少量内地农民到长城外垦种，令春种冬归，并且制定了严格的制度，强化对民人管理。康熙十年以后，陆续有为数众多的关内民人迁移到此处，垦地种田，主要是向蒙古王公租地耕种。这样就造成牧场改为农田情形。

张家口外牧地，由于招垦，也形成了大片的农业区和半农业区。

内蒙古西部地区，地广人稀，土地肥沃。山陕农民赴蒙地耕种，清廷也不加以阻拦。内蒙西部的农业逐渐发展起来，形成一定规模的农业区。

3. 商业的繁荣是促进城镇发展的主要因素

蒙古以畜牧为主，粗放而又单一的生产方式决定了蒙古牧民对其他地区物资交换的迫切性。

清代的统一，为蒙古与内地的商业贸易活动创造了有利的条件。蒙古与内地的贸易活动主要有“通贡”与“官市”两种形式。“通贡”是蒙古各王公在值年班、朝觐或其他事件进京时，朝廷通过“赏赐”，回报各种丝织品、棉织品、农产品等。由于“通贡”得到的“赏赐”的数量有限，因而贡使一般都要随带人数众多的商队，从事另一种“官市”贸易。“官市”贸易又分为京师互市和边口互市。其中对城镇形成有影响的是边口互市。

清代沿袭历代王朝“马市”贸易的传统，在长城沿线设立边口互市。蒙古各部把边口互市作为与内地贸易的主要场所。蒙古商人以畜牧产品等换取生活必需品。康熙时，法国人张诚记载，“我们在路上遇到一些蒙古商人，他们是去归化城卖骆驼和马匹的”。与蒙古各部进行贸易的主要边口有张家口、古北口、杀虎口、八沟、塔子沟、三座塔、乌兰哈达、归化城、走边、花马池等地。

蒙古地区的集镇和集市贸易在蒙古民众中的影响很大。初期的集镇贸易点如归化城、多伦诺尔等地都发展为商业城市。

张家口、归化城、多伦等贸易中心，大小商号林立。

另一种贸易形式是定期的集市，即以寺庙和兵营为中心，进行定期交易活动。每逢集市，牧民和商人驱赶牲畜驮载货物前来贸易。一些比较有名的集市或庙会有：大板（巴林右旗）、经棚喇嘛庙（克什克腾旗）、准噶尔庙（鄂尔多斯）、百灵庙（乌兰察布盟）等等。

二、长城沿线外侧兴起城镇的类型

历史上，蒙古地区城镇建设是不发达的，这主要是因为蒙古民族的生产方式和地理环境的不同所决定的。清代以来，随着漠南蒙古地区的生产方式的改变，社会经济的发展，城镇的兴起也就成为势所必然。由于长城沿线历史条件和地理区位的不同，城镇兴起的方式也各有千秋，下面拟以几个典型的城镇为例来论述。

1. 因商业贸易发展而兴起的城镇

优越的地理位置和方便的交通是商业中心形成的重要条件。清政府在中国北部广大地区设立许多台站、驿道，形成一个四通八达的交通网络。蒙古各部众的商人，前往内地纳贡或者进行贸易，通过驿道南行，沿途就以驿道上的台站为休息场所。内地商人到蒙古地区贸易，经过多伦诺尔可以到漠南蒙古东部各盟旗以及漠北蒙古各地；经归化城可以到漠南蒙古西部各盟旗及漠西蒙古。而清政府也在这些重要的台站中心或沿长城重要关隘设立商业贸易场所。长城沿线蒙古城镇的兴起，一般都是在交通台站的中心，如归化城、多伦、张家口等等。

2. 因政治、行政因素而兴起的城镇

承德，早期叫做热河，是随着避暑山庄的营建而兴起的城市。清朝统治者在入关之前就已经和漠南蒙古结成联军。建都北京后，在提高蒙古王公地位的同时，更加强了对蒙古地方的行政管理。翁牛特、敖汉和喀喇吣等部落也把大片土地划为围场，便于清朝统治者于秋季行围打猎，号称“木兰秋狩”。康熙二十二年（1683），设木兰围场，康熙皇帝每年夏天都来塞外避暑，在喀喇河屯行宫处理政务，还要在秋初由蒙古王公轮班陪同前往围场行围打猎。借此机会，操练满蒙八旗军队，密切中央与蒙古各部落的联系。

康熙四十二年（1703），开始兴建避暑山庄，作为每年夏季北巡时长期驻跸和兼理政事的地方。在此之前，这里是一个小居民点，叫做热河上营，当初这里不过几十户人家，随着避暑山庄的兴建，这个小居民点迅速发展起来，承德就在这个居民点上开始成长起来。经过半个多世纪的发展，承德已经十分兴盛了。

有些城市的兴起，并不是由于商业或者政治因素的作用，而是随着人口的增加，需要设立行政区加强管理，因而就在设立治所的地方逐渐形成市镇。如在长城东部一带，随着人口的增加，为加强对农业移民的管理，调解蒙汉民族之间的社会矛盾与经济纠纷，雍正以后清政府在汉人移入集中、垦殖开发较早的农业区设立了厅、州、县乃至府等行政建制。

清政府设立治所的直接后果，就是治所所在地的快速发展。如塔子沟、三座塔就是在荒野上成长起来的新城镇。

3. 因资源开发而兴起的城镇

长城沿线地区自然资源非常丰富，木材、矿产、食盐等自然资源在蒙古地区都有分布。在清代前期，长城外西起多伦经围场坝上到克什克腾旗北境，方圆几百里之内都是茂密的原始森林。长城以外的蒙古地区多处分布煤矿，如东部地区的热河厅属蟒牛窑等六处，四旗厅属高儿场等三处，塔子沟等三处，皆有煤苗。长城沿线的其他地区也有广泛分布。此外长城沿线还有铝矿、金矿和盐等资源。伴随着长城外的开发，自然资源也得到开采和利用。自然资源的开采对人口具有聚集作用，对城镇的兴起产生了一定的作用。今河北兴隆镇就是在长城外森林开发过程中，逐渐发展成为市镇的。

以上探讨了促进长城沿线城镇兴起的几种主要因素，当然长城沿线城镇兴起并不局限于以上讨论的三种因素，城市的出现也不是单一因素起作用，而是在各种因素综合作用下所产生的结果。侯仁之先生曾说，研究城市的起源和发展，绝对不能忽视对于整个地区的开发过程以及由此而引起的地理环境的变化和经济活动、交通状况等历史文化景观的变迁。城镇的出现是经济发展到一定阶段的客观产物，清代长城沿线城镇的兴起是特定历史条件下产生的，城镇的出现具有积极的意义，是长城外蒙古地区经济发展的产物，是蒙古族和汉族为首的多民族共同创造的经济文化发展的客观结果，也是时代进步的标志。

（原文约 1 万字，发表于《北京大学学报》哲社版 2001 年第 3 期）

文摘编辑：栾贵川

从我国的治史传统看清史纂修

颜　军

[作者简介] 颜军，中国人民大学清史研究所博士研究生。

[内容提要] 纂修清史是一项重大而艰巨的文化工程。本文借鉴我国历代的治史经验，对如何做好清史纂修做了论述。

[关 键 词] 治史传统；清史纂修。

纂修大型清史是一项意义深远、任务艰巨的文化工程，做好这项工程需要全国各界通力合作，在学术、人员、组织、资金等方面做好规划组织工作。在此过程中，借鉴古今中外相关的治史经验，有助于我们更好地完成这项工作。

一、易代修史与清史纂修

易代修史是我国治史的传统。历史上每一个新王朝建立后，往往都会设立史馆，纂修前史，希望从中总结经验教训，以为后代提供借鉴。我们今天重修清史，也是对这一传统的继承。从修史的角度来看，易代修史有许多好处，它为公正客观地修史提供了空间。历史纂修是以主观形式描述客观事实的一种行为。虽然历史纂修的目标是要求主观不断地接近客观，但是，在修史的过程中，主体和客体则要保持一定的距离。主客体之间的距离太近，观察者则不易审视历史的全貌，分析立论会有很多局限。特别是当纂修者身处某一环境时，由于各种利害关系的影响，修史之中必然会有很多忌讳。而易代修史则为避免此种弊端创造了条件。此外，由于易代修史"去古未远"，许多当事人仍还健在，资料搜集整理都很方便，为修史也提供了极大的便利。

但是，从目前的情况来看，清史纂修已经不是一个应不应该的问题而是一个事不宜迟的问题。清朝灭亡至今已经将近百年，由于多种不可抗因素的影响，能反映当时历史的史料和了解当时社会情况的人已愈来愈少，这对纂修清史来说，无疑是一个非常不利的因素。因此，纂修清史宜早不宜迟。从我国治史的传统来看，历朝修史也多是本着这一原则的。大多数史书的纂修，都是在旧朝结束不久即开始的。唐修隋史，距隋灭亡仅四年；后晋修唐史，其间相距为五年；明修元史，在灭元当年即开始；而清在入关后第一年，就开始设馆纂修明史。

二、清史纂修与政府的参与支持

在我国历史上，历代统治者都非常重视修史。早在东汉时期，汉明帝就曾令班固等人在兰台、东观等处修史。魏晋以后，国家对修史愈加重视，设立了专门负责修史的史职，并且职掌日渐明细。唐贞观三年，唐太宗"别置史馆于禁中，专掌国史"（《册府元龟·国史部·总序》）。自此以后，由政府设立史馆，并组织专人纂修史书的制度开始确定，官修正史逐渐成为定制，而且机构、制度愈来愈完备。宋代设有编修院，元代设有翰林国史院，明代设有翰林院，清代设有国史馆，这些都是专门负责国史纂修的机构。在这些机构内，设置了编修、纂修、检讨等修史人员，分工明细，资料丰富，资金充足。而且为了表示对修史的重视，从北齐开始，统治者就指令宰相监修国史，并逐渐形成一种定例。如唐修梁、陈、北齐、周、隋等五朝史时，以宰相尚书左仆射房玄龄和魏徵为监修；宋修五代和唐史时，以宰相薛居正和欧阳修为监修；元修宋史时，以宰相脱脱为监修；明修元史时，以宰相李善长为监修；清修明史时，则以大学士兼军机大臣张廷玉为监修。最高统治阶层的重视，使得官修正史的制度逐渐完备，对中国传统史学的繁荣起了极其重要的作用。

当然，我们应该看到，封建统治者对修史的重视，是有其目的和局限性的。他们垄断修史的权力，是为了维护其统治，在其专断下，史官修史不得不以统治阶级的意志为标准，纂修之时，曲笔回护，虚美隐恶。

但是，我们决不能因封建政府在历代修史中的消极作用而否定政府参与在清史纂修中的必要性。因为无论从修史本身还是从其影响来看，纂修清史已不仅仅是一个学术研究问题，而是整个国家民族的事业，其涉及面广，影响大，牵一动万，离开政府的支持参与，许多工作是难以展开的。时代的不同，社会的发展，性质的差异，决定了政府的参与对修史的作用和传统时代是完全不同的。我们今天重修清史之所以需要政府的参与，并不是说要以行政命令来影响主导历史纂修的客观性和严肃性，而是希望能在政府的支持参与下，使得清史纂修工作能引起全社会的关注和重视，为清史纂修创造条件，解决困难，尽快尽早、保质保量地完成这一意义重大的文化工程。

三、清史纂修与广集人才

在我国历史上，个人修史曾取得过辉煌的成绩。司马迁、班固等人纂修的《史记》、《汉书》等著作，都是中国史学纂修史上以一人之力成一朝之史的典范之作。这些史书在许多方面开创了我国历史编纂的先河，对史学的发展产生了深远的影响。但是，随着社会的发展和史学研究领域的扩大，个人修史逐渐暴露出其局限性，已很难胜任历史纂修的要求，集合各方面人才修史已经成为一种必然趋势。从我国历朝修史的传统来看，自唐以后，每一次大规模的修史，采取的基本上是汇集各方面人才集体纂修的形式。

唐初，太宗下令设馆修史，除了在制度、机构方面实行了一系列措施外，还结集了如魏徵、褚遂良、令狐德棻、李延寿、姚思廉、李百药、李淳风、颜师古、孔颖达等一大批名家。李延寿、姚思廉、李百药皆有家学渊源，专于治史；令狐德棻长于文学；李淳风则是著名的星历专家。唐初之所以能在短时期内修成多部史书，众多人才的参与是其中一个重要原因。

宋修《新唐书》，同样也召集了如宋祁、欧阳修、王畴、吕夏卿、刘羲叟等一大批人才。宋祁、欧阳修是著名的文学家，他们负责撰写《新唐书》的本纪、志、表和列传部分；刘羲叟则"精算术、兼通大衍诸历"（《宋史》卷四三二，《刘羲叟传》）；吕夏卿"学长于史"，"又能谱学，创为世系诸表，于唐书最有功"（《宋史》卷三三一，《吕夏卿传》）。

清代修《明史》时，则通过开"博学鸿词科"等形式，广延天下名士，尽管许多人没能应征，但还是网罗了如万斯同、毛奇龄、汤斌、彭孙通、朱彝尊、潘耒、尤桐等一大批名重一时的人才，此外，黄宗羲、顾炎武、全祖望等人也参与了讨论。这批人大多是当时的经史名家。他们的加入使得《明史》的纂修很快步入正轨，对整个《明史》的纂修发挥了极其重要的作用。《明史》之所以能成为二十四史中较好的一部，这与参与纂修的众多名家的努力是分不开的。

当然，以集体形式纂修史书也存在着许多缺点，如观点笔法难以统一等。但是，其优点也是不言自明的。首先，各个领域专家的参与，保证了修史的质量。其次，众多人才的参与，也使得短时期内纂成大型史书成为可能。这些都是个人修史所难以比拟的优势。

清朝是我国封建社会发展的末期，社会形态的发展非常成熟，同时，清朝又处于中华文明从传统向现代的转型时期，社会结构经历着剧烈动荡，因此，其政治、经济、文化、边疆、民族、外交等各个方面，都需要我们投入极大的精力加以研究。所有这些因素决定了任何个人和单位都很难独自完成纂修清史的任务。所以，我们今天重修清史，也必须集合全国各地乃至海外各个领域的专家学者，共同完成这一大的文化工程。

四、清史纂修的时限

纂修一部高质量的清史需要多长时间呢？对于这个问题，我们目前很难给出一个准确的答案。从我国历代修史的情况来看，《隋书》100万字纂修用了约14年，《旧唐书》300万字则用了4年多时间，《新唐书》360万字用了约17年，《新五代史》50万字用了约18年，《宋史》800万字用了约两年半，《元史》260万字用了三百多天，《明史》500万字则用了约95年。从这些统计数字来看，因各自的对象、篇幅、标准、人员、社会局势等因素的影响，各部史书修成所费的时间各不相同，彼此之间甚至出现了较大的差异。

上述的例子中，《明史》是其中纂修质量较好，同时也是花费时间最多的一部史书。如果从顺治二年开馆算起，到乾隆四年刊行为止，前后共历时九十五年之久。指出这一点，并不是说我们现在重修清史也必须耗时近百年。因为从《明史》的实际纂修过程来看，其起步虽早，但由于着手仓促，用人不妥，资料缺乏，再加上当时社会局势还不稳定，所以最初的几十年，其纂修实际上处于停滞状态。在随后的过程中，由于纂修人员的频繁变动，也影响了修史的进程。因此，其花费的时间和纂修真正所用的时间并不完全等同。从效率上来看，《明史》并不能作为我们参照的标准。

我们现在重修清史已具备了非常有利的条件。首先，从大环境来看，经过了几十年的改革开放，我国政治、经济、文化、科技发展迅速，社会局势稳定，这些都是封建时代修史所不具备的。其次，经过几十年的学术积累，清史研究取得了长足发展，从研究队伍、专题研究和资料整理来看，都为纂修大型清史打下了坚实的基础。因此，我们今天重修清史，不应该出现类似清修明史那样旷日持久的局面。完全有理由相信，在目前诸多条件具备的情况下，只要规划得当、组织周密，完全能极具效率地修成一部高质量的大型清史。

重修的清史，必须是在唯物史观的指导下，在吸收前人研究成果的基础上，通过对材料的整理分析而写成的一部反映我们这个时代最高学术水准的新的清史。重修清史，不仅仅是续写历史，同时也要通过这种纂修，培养一种严肃踏实的学风。

（原文约4500字，发表于《中国人民大学学报》2001年第6期）

文摘编辑：栾贵川

留学生与中国现代新史学

安 宇 家 齐

[作者简介] 安宇，徐州师范大学科技处教授，南京大学历史系博士生。
家齐，浙江大学古籍所。

[内容提要] 留学生是中国历史学由传统向现代转型的主要推动者，中国现代新史学的诞生分为两大流派：一为实证史学，一为马克思主义史学。以王国维、陈寅恪、胡适、傅斯年等为代表的留学生对于中国现代实证史学的形成起了决定性的作用；以李大钊、郭沫若、吕振羽、翦伯赞、侯外庐等为代表的留学生则对马克思主义史学在中国的形成和发展做出了重大的贡献。

[关 键 词] 留学生；现代新史学；实证史学；马克思主义史学。

19世纪末至20世纪初，中国历史学完成了由传统史学向现代新史学的嬗变，成绩斐然。留学生创荆披莽，前驱先路，是中国历史学向现代转型的主要推动者。

导致中国传统史学发生嬗变的直接动力是西学的传入，西学对中国史学转型产生巨大影响的是进化史观，19世纪末，严复翻译《天演论》，系统地介绍了西方的进化论思想。进化史观认为，历史是进步的，而且是有因果关系的，这种变化发展的历史观大大开拓了中国学术界的视野与思路，推动着中国史学从晚清的经世史学向社会进化观为指导的现代新史学过渡。

20世纪初叶，以社会进化史观为理论基础，建构起新的史学理论体系，首开中国史学革命之先声，中国历史学步入一个新的时代。实证史学和马克思主义历史学的形成与发展，标志着中国历史学基本上完成了由传统向现代的转型，中国现代新史学由此而诞生。

一、留学生与实证史学

实证史学是中国传统考据学与西方实证主义史学观有机结合而形成的中国现代史学体系。

留学生将西方实证主义史学传入中国后，为许多史家所接受，并得到广泛传播，蔚为风气。胡适曾说："史学有两方面：一方面是科学的，重在史料的搜集与整理；一方面是艺术的，重在史实的叙述和解释。"他的"大胆假设，小心求证"和"拿证据来"的观点影响了不少人。傅斯年提出了"史学即史料学"的论断，在史学界产生了深远的影响。由于他们的身体力行，西方实证主义史学与中国传统的考据学相结合，形成了中国现代实证史学体系，并成为中国现代新史学的主流。

留学生王国维、陈寅恪、胡适、傅新年等人对中国现代实证史学的形成做出了巨大的贡献。

王国维是中国现代实证史学创立的奠基人。王国维的治史方法主要是"二重证据法"。所谓"二重证据法"，即以传世文献资料与地下之考古资料互相印证，研究古史。王国维运用"二重证据法"不仅在商周史研究上成就卓著，而且对两汉史、隋唐史及西北地区民族史的研究，也取得丰硕成果。王国维的"二重证据法"的治学方法，审慎的治学态度，史学研究上的丰硕成果，为实证史学体系的创立奠定了基础，史学界由此而称他为中国新史学的开山祖。

陈寅恪的学术活动促进了实证史学的发展与完善。他重视以史料为基础研究历史，主张以新观点与固有史料互相参证，在民族源流研究方面，运用民俗学研究神话传统的方法，与顾颉刚"层累地造成的古史"论点不谋而合。在对历史现象的分析和解释上，主张和当时历史环境诸因素相联系，以求历史的真实。在史学研究中，他不仅善于拓宽史料范围，对私家著述甚至伪书，都能看到其中的价值，而且还援诗证史，以诗释史，诗史互证。陈寅恪的史学研究方法和研究成果，拓展了中国现代历史学的研究领域，推动了实证史学的发展和完善。

胡适治学，特别重视方法的训练。在史学研究上，他甚至把历史发展的基本规律问题完全抛开，只对史事的考证和史籍的整理、校勘与文字训诂等感兴趣。"五四"以后，胡适极力提倡整理国故，主张"用精密的方法，考出古文化的真相；用明白晓畅的文字报告出来……"他还说："科学的方法说来其实很简单，只不过'尊重事实，尊重证据'；在应用上，科学的方法只不过'大胆的假设，小心的求证'。"这种治学方法虽有不尽科学的局限性，但体现了尊重证据、讲求实证的治学精神。

傅斯年的史学思想直接源于兰克学派的主张，"史料即史学"是傅斯年史学理论的基本点。他声称："史料的发现，以促成史学的进步，而史学之进步，最赖史料之增加。"傅斯年引进兰克的一套治史方法将之与中国传统史学的考证方法相结合，总结出考辨、比较和由语言文学入手辨析史料的方法等等，为中国传统史学注入了新的生命力。

二、留学生与马克思主义史学

中国马克思主义史学的诞生是与马克思主义在中国的传播紧密相连的。1919年以后，以李大钊为代表的接受了马克思主义的留学生，努力宣传唯物史观。李大钊以唯物史观批判旧史学，他认为，马克思主义的理论解释了许多以前旧唯物主义者不能解释的地方，以经济为中心来考察社会的变革，能够像自然科学那样发现因果规律，可以“把历史提到科学的地位”。

李大钊在不断增强对马克思历史观的认识和以往历史理论研究的基础上，逐渐形成了自己的史学思想。其标志就是1924年由商务印书馆出版的《史学要论》，这是中国第一部马克思主义史学概论，是马克思主义史学的萌芽。李大钊系统论述了什么是历史、历史研究法、史学的社会功能和史学体系等内容。李大钊对历史的解释，体现了他对历史的本质问题的科学认识和对马克思主义唯物史观的正确理解。

在中国现代新史学形成、发展过程中，涌现出郭沫若、范文澜、翦伯赞、吕振羽、侯外庐等马克思主义史学家，他们对马克思主义史学在中国的形成、发展做出了重大的贡献，被后人誉为建国以前马克思主义史学五大家或五大先锋。他们中除范文澜外，均为留学生。

《中国古代社会研究》是郭沫若的第一部马克思主义的史学著作。该书从分析生产工具和生产关系入手，揭示了中国从远古到近代的社会经历过原始共产制、奴隶制、封建制和资本制几种生产方式的更替，从而在中国史学上第一次以生产力与生产关系的发展阐明了中国历史演进的规律性。

吕振羽在中国社会性质以及中国社会史论战中，以积极勇敢的姿态捍卫马克思主义的理论，同郭沫若等一起，创立中国马克思主义历史学。1934年，他写成《史前期中国社会研究》和《殷周时代的中国社会》两部专著，前者是吕振羽的第一部马克思主义史学著作，后者是一本系统阐述殷商奴隶制社会说和西周封建说的专著，提出殷商奴隶社会说，在当时古史分期中是一个具有创新意义的观点。它们是把马克思主义唯物史观和中国历史的研究相结合的一次成功尝试，从而把中国历史的研究，尤其是古代社会的研究大大向前推进了一步。

翦伯赞的《历史哲学教程》和《中国史纲》是其中国马克思主义史学形成和发展时期的代表作。《历史哲学教程》是作者运用马克思主义阐述历史哲学基本问题的一部著作。该书从正面阐述了马克思主义的历史理论，并对当时各种歪曲马克思主义、反马克思主义的历史理论进行了深刻的批判，在当时产生了巨大影响。《中国史纲》一、二卷，是记叙史前到秦汉历史的专著。作者以科学的态度，扫除了历史中“飘浮于神话与传说中扑朔迷离的阴影”，将史前史“从神的历史还原为人的历史”，把中国的历史推到了它的出发点，恢复了原始社会、奴隶社会和封建社会前期的面貌。该书在资料运用上最大限度地使用了中国古文献资料，并对它们进行了进一步的考核，同时又充分、科学地利用了考古资料，利用了地质学、古生物学、人类学、民俗学等方面的新发现。该书可以称得上是马克思主义理论和史料结合较好的一部通史著作。

以郭沫若、翦伯赞、吕振羽等为代表的留学生在史学研究上取得的卓越成就，是中国马克思主义史学发展的标志，尽管有的成果在某些方面还不够成熟，但正是由于他们的不懈努力，才使马克思主义史学的发展在中国渐成燎原之势，推动了中国现代新史学的不断发展。

（原文约3500字，发表于《徐州师范大学学报》哲社版2001年第3期）

文摘编辑：栾贵川

土地情结——中国文化的一个重要原点

杨存田

[作者简介] 杨存田，中国人民大学对外语言文化学院副教授。

[内容提要] 日本当代著名哲学家、思想家梅原猛先生认为森林思想是日本文化的原点。反思中国文化，森林思想在中国文化中所占份额极少，而土地情结是中国文化诸多原点中最主要的方面。土地情结之浓厚程度不仅在观念、信仰、文学艺术、户口管理等方面有多种突出的表现，而且对中国文化的统一性、连续性及多样性的形成，起到了决定性的作用。

[关 键 词] 森林思想；土地情结；中国文化。

一

反思中国文化，我觉得，森林思想在中国文化中所占有的份额远远小于在日本文化中所占有的份额。相反，土地思想应该说是中国文化诸多原点中最主要的方面。用著名学者钱穆先生的话说："中国文化是自始到今建筑在农业上面的。"森林思想远远没有土地思想来得那么强烈。为什么这么说呢？

我们知道各种文化的不同，究其根源最先是由于自然环境的不同影响到生活方式，再由生活方式影响到文化。文化研究家一般把人类文化的源头分为游牧文化、农耕文化和商业文化三种。而以种植农作物为主的农业民族属于农耕文化。那么中国古代的情形怎样呢？中国幅员辽阔，地理位置比较优越（位于欧亚大陆的东部和太平洋的西岸，大部分地区处于中纬度）。不仅山地、高原、丘陵、平原、盆地及江河、湖泊应有尽有，而且季风气候发达，气候温和，雨量充沛，适宜人类的生活和农作物的生长。据殷墟甲骨文记载，那时"农业显然成为主要生产了"。此后，农耕经济一直是国家经济的主体，那么土地的有无和多寡自然成了人们最关切的问题，因为它直接关系到人们的生存问题。在过去的几千年里，对于土地的争夺往往成为各诸侯国之间、统治者与被统治者之间引发战争、斗争的主要原因，而对于每个家庭和每个人来说，有无土地是能否生存下去的先决条件，拥有土地的多少则直接关系到人们的贫富和社会地位的高低。因为那时人们的生活所需几乎全部来源于土地。砍伐森林，开荒种田，"向荒山要粮、向土地要粮"，世世代代中国人都是这么干的，于是，凡能开垦的荒地几乎都变成了耕地。而没有土地或失去土地成了人生最大的悲哀，往往被说成是"身无立锥之地，死无葬身之地"。无论哪个家庭，在基本温饱问题解决以后，手里一旦有了多余的钱，首先想到的是购买土地。土地成了首先要置办的家产和主要财产。在这种重土地观念的基础上又产生了重国土的观念。

其次是中国人乡土观念浓重。

由重土地思想派生出重农业的观念。中国自古以农业为立国之本。无论南方还是北方，农业人口都占绝对优势。农耕经济不仅开始早，而且持续时间长。从甲骨文里就可以找到"'黍、稷、稻、麦、蚕、桑'诸字，又有用黍酿造的'酒'字，有耕种用的'耒、耜'诸字"。《周易》曾说农耕是财富的来源（"不耕获，未富也"），战国中期的商鞅提出了以农为"本"，以工商为"末"，重农抑商的政策，"对于农民'致粟帛多者'，免除徭役或租税。对不努力耕作，和弃本逐末者，全家都要被罚为奴"。他的主张被后代继承并被不断地重复和强调，由此形成了中国人世世代代重农、尚农的观念。

由对土地的浓厚情感还产生了强烈的地域观念。中国人的地域观念的强烈程度自古至今都未曾减弱过。无论你走到哪里（不管在中国还是在外国），人们时刻不忘自己是什么地方的人。只要遇到祖籍或家乡与自己相同（如北方、东北、江南等）的人，即使彼此互不相识，但都会立即以"老乡"相称，双方都像遇见老朋友一样的亲切，更不要说遇到同省、同市、同县、同村的人了。只要有了"老乡"这层关系，无论你需要得到什么样的帮助（想找工作还是想加官晋爵，或是要借钱做生意等），对方都会慷慨解囊，热情相助。即使远离祖国、客居他乡的海外游子，也在这种地缘、亲缘思想的支配下，不仅用"一人带一人去，一家带一家去"的方法，把家人、同乡带到世界各地，而且还在各国成立了许多宗亲会、同乡会或中华会馆等。这给身在异乡为异客的中国人的生活和工作带来了极大的便利。据统计，1980年全球华人组织增至8916个，比1946年增加了一倍多。他们中的每个人都有浓浓的思乡、怀旧、寻根、问祖情结，许多人从万里之外回国祭拜中国人祖先黄帝的陵墓——黄帝陵。由此不难看出中国人的地域观念、故土观念是多么的强烈。

二

中国人对于土地的这种强烈的依赖和眷恋之情，在中国的民间信仰中也有极为突出的表现，最主要的是对土地神的信仰。

早在周朝，人们就尊称土地神为地母、后土、社神等，并常把土地神和代表五谷的稷神合称为社稷神。国家有专门负责祭祀社稷神的机构和官员。祭典每年分春秋两次举行，分别叫春社和秋社。春社在春耕之前举行，为的是祈求社稷神保佑丰收，秋社在秋收之后进行，以表示对社稷神的感谢，故叫春祈秋报。国家设有专坛叫社稷坛，它是国家的象征，每当旧王朝灭亡时，其社稷坛就被废掉，即使有时不被废掉，也要用房屋把它遮盖起来，因它得不到阳光的照射而得不到生机，以此作为亡国的教训，新建的王朝必修自己的社稷坛。社稷坛中级别最高的是国家的社稷坛，叫太社，是帝王祭祀土地神、稷神之所，供奉的是总管全国的土地大神。其坛用青、白、红、黑、黄五种颜色的土代表国家东、西、南、北、中五方大地。在未实行郡县制前，天子以下各级都有社稷坛，最低等的是乡村社稷坛。宋代以后，乡村的社稷坛渐废，代之而起的是大大小小的土地庙，据记载，明代全国有土地庙数量很多，仅北京有名的土地庙就有四十多座，位居全国第三。

另外，中国人的风水信仰也是独一无二的。风水信仰的内容虽很多，但其主旨是地脉说，通俗地说就是土地的位置、地势的高低、地面和四周的景物等等。所谓的风水宝地说法有很多，如《营造门》中说：凡住宅，左有流水谓之青龙，右有长道谓之白虎，前有污池渭之朱雀，后有丘陵谓之玄武。这是最贵之地。凡地，东高西低，生气降基。东低西高，不富且豪。前高后低，必主寡妇孤儿，门户必败。后高前低，主多牛马。凡住地，平坦名曰梁土。后高前低名曰晋土，居之并吉。东高西低，名曰楚土，居之凶。四面高中央低，名曰卫土，居之先富后贫。中国人在选择墓地时也讲究风水，最好的是龙脉之地。有人为得到龙脉不惜出重金。风水信仰不仅流传久远，而且范围极广，可以毫不夸张地说，世界上凡有中国人居住的地方，风水说就一定很盛行。历史上因怀疑风水不好把建好的房屋拆掉或改建的为数不少。把土地的自然境况说成有如此之大的神力，恐怕以中国为最。

三

在土地情结的影响下，中国自古到今在户口管理方面也有独创。那就是把每个人紧紧地束缚在他出生的那块土地上。远在西周时期，周天子就对土地实行分封制。分封土地时，“是把土地连同土地上的人民一同封赐的”，分封后，那时的人民完全依附在土地上，“是附着于土地的农奴阶级”。战国后期，秦国建立了“户籍相伍”制度，就是在“农民的户籍中增加了年纪和土地占有状况，……户籍制度从此成为地主阶级及其国家把农民牢牢地固着在土地上……”。就是说，统治阶级是采用户口和土地联系在一起的方法把人民固定在土地上的。汉代继续沿用户籍制度控制人民。到了北宋，王安石提出了保甲法，其目的是“用‘什伍之法’，把各地人民编制起来，固着在土地之上，封建社会的秩序便可以得到稳定”。明初，太祖朱元璋认为“要发展农业，必须把流散的农民重新编制在土地上，使之进行生产”。“明洪武十四年(1381年)，政府经过普遍的户口调查，编制了黄册，详细登记了各地居民的丁口与产业情况。”加强了对人民的严格控制。过了6年，“政府又经过普遍丈量土地，编制了鱼鳞册，详细记载每乡每户土地的亩数和方圆四至，并绘制成图。明朝政府即根据黄册和鱼鳞册来限制人民的迁徙和进行赋税徭役的剥削”。此外，政府还实行了里甲制和关津制。“里甲内的人民都要互相知保，不得隐藏户口，亦不得任意流徙。关津制是在全国‘冲要去处’分设巡检司盘查行人，没有政府颁行的路引不能放行。越渡者以逃民律论。里甲制和关津制把人民牢固束缚在土地上，强制他们屈从于地主和封建国家的统治，不能离开乡土一步。”明律中还规定国家有权逮捕逃户。到了清朝，政府更是加强了对百姓的控制。严厉地实施了保甲法。“不论城乡，……每户门上悬挂一牌，上书户主姓名丁数，同时登人官府册籍，以便稽查。”据载，实行的结果“保甲无藏匿，里户不逃亡”。可见，历代朝廷都采用了各种办法把人民牢牢地禁锢在土地上，虽然其主要目的是为了进行赋税、徭役的剥削和防止人民的反抗，但客观上却是把人民紧紧地捆绑在了土地上。当然，历史上因战争、自然灾害和暴政等原因而屡次发生百姓逃亡他乡或被政府强迫迁徙的事，但总的来说，还是世世代代被固定在某一块土地上的人多。可见，中国历代统治者都是使人附属于土地。而中国这种严格的户口管理方法大概同中国独有的浓厚的土地思想在历朝历代产生的影响有关系。

四

中国人为什么会有如此强烈的土地情结呢？我以为主要有以下几个方面的原因。

第一是中国独特的地理环境造成的。中国虽幅员广大，但山地、高原和丘陵约占全国国土面积的65%。每年都有干旱、洪涝、病虫等自然灾害发生。土地的数量和质量就成了人们赖以生存的基础。人们要生活下去就只有不断地垦荒，扩大耕地面积。所以垦荒一直是摆在历代中国人面前的首要任务。各朝各代的统治者都为此采取了很多措施。到汉末全国垦田数已达到827万多顷。明朝“洪武时，各州县每年垦田‘少者亩以千计，多者至二十万’。据不完全统计，从洪武元年至十六年(1368—1383)，各地新垦田土共达1805216顷。约占当时全国土地数额的一半”。清朝更是加紧垦田，“从顺治到乾隆的一百余年中，全国垦田面积的总额在不断上升。

顺治十八年为549万3千余顷，……到了嘉庆十七年(1812)又增至790余万顷，这已超过了明代万历时期耕地面积的数字”。少数民族地区的耕地、官田和地主隐瞒的部分还未计算在内。人们每天和土地打交道，必然对土地、对自然表现出特别的依赖与亲和。

第二是中国农业文明范围广大而且开始得早，使农耕生产、生活都和土地紧密地联系在一起。所以中国人的土地思想不仅产生得早，而且是在很辽阔的范围内形成的。这与日本的情况正好相反。梅原猛先生在分析日本为什么会保存那么多森林时说：除去日本文化中的森林思想外，还有“一个原因是日本输入农业比较晚，另一个原因是输入日本的农业除了养猪外，是不附带牧畜的水稻农业”。并说：“由于不附带畜牧，所以日本基本上没有砍伐森林，改为牧草地。”直到今天，中国人口中的绝大多数（八亿多）仍生活在农村，即使有一部分人离开农村到城市打工，但仍自称是“离土不离乡”的人。

第三是来自人口的巨大压力。在过去的几千年中，虽战争、天灾不断，人口数量短时间有所下降，但从总体来看，中国的人口数量都一直位居世界各国之首。“据西汉末年的统计，当时全国有户1220多万，口5950多万。”加上未列入的少数民族和汉朝设置政区之外的几百万人，总数就已超过当时世界人口约1.7亿的1/3。“到12世纪初的北宋末年，其境内人口已经超过1亿，加上辽、西夏境内和其他少数民族地区就更多，而当时世界人口约有3.2亿，也占1/3以上。1850年，世界人口达到12亿，而中国人口已突破4.3亿，所占比例也没有减少。”到1949年前后，人口已增加到6亿多。人口的不断大量增加势必给粮食的供应带来巨大的压力，而要想增加粮食就只有向土地伸手。

第四是信仰和思想方面。中国人自古每天就与土地打交道，很自然产生一种特别的亲天亲地的感情。不仅视土地为生命，比喻大地为母亲，而且崇拜土地为神灵。可见，对土地的热爱和感激之情简直到了无以复加的地步。另外，中国人很早就有了“天人合一”、“天、地、人”一体的思想，强调人和自然的和谐统一而不是相互对立。但也不消极、被动地等待自然（包括大地）的恩赐，而是主张既要顺应自然又要改造自然。这就是“人定胜天”的思想。相信依靠人类自身的智慧和力量是可以战胜大自然的。《愚公移山》故事的产生和流传就是很好的例证。所以中国人为了追求现世的幸福（而不是来世），采取的是积极入世，而不是消极遁世的人生态度。面对恶劣的自然环境，提出了“战天斗地、改造山河”、“让山河重新安排”的响亮口号。

第五是中国文化是以人为主体的文化，而不同于那些以神为主体的文化。可以说占中国统治地位几千年的儒家思想是这方面的主要代表。具体说就是一切以人的实际需要为中心。为了人类自身的生存和生活的需要，不仅不停地开荒种田，而且尽最大可能地提高土地的使用率，所以在现代农业科学推广之前，中国的农作物和栽培方法在世界上是最优秀的，农业文明也达到了很高的水平，在很长时间里养活了占世界1/3的人口。而有些以神为主体文化的国家则不同。如《深圳商报》登载的文章说，信奉基督教和伊斯兰教的尼日利亚人，虽然拥有储量大、油层浅且油质好的石油，但每年却要大量进口石油。虽有平坦肥沃，很适合耕种的大片土地，却宁愿过着贫穷无比的生活。眼看着大片的土地长着一人多高的蒿草和杂树林，却不去开垦种植。即使种上了粮食的地方，也不去管理，而是任其自然生长。其原因是他们把宗教信仰看得比什么都高，他们认为一切都是上帝恩赐的，要顺其自然。当然这是一个比较极端的例子。但试想，如果我们的先人也有尼日利亚人的观念，那么，我国古代的农业和农业文明还能达到如此高的水平吗？

（原文约13000字，发表于《北京大学学报》哲社版2001年第5期）

文摘编辑：栾贵川

民间资本在近代社会转型期的作用

沈 毅

[作者简介] 沈毅，北京工商大学教授。

[内容提要] 鸦片战争后的百余年中，现代化进程不断取得阶段性成果，社会结构性震荡或被化解，或被推延，或被降压。民间资本起到了积极的作用：增强国家经济实力，振奋民族自信心；吸纳失业人口，减轻社会就业压力；促进观念转变，增强心理弹性。

[关 键 词] 民间资本；近代社会；转型期；作用。

一、增强国家经济实力，振奋民族自信心

19世纪70年代民间资本机器工矿业悄然兴起，尽管最初阶段清政府不闻不问，社会各阶层也未给予更多的关注，但民间资本这一崭新的事物却凭借与生俱来的巨大生命力，在逆境中艰难、顽强地搏杀、成长，终于赢得了朝野的刮目相看。从清政府到北洋政府，再到国民政府，也都被迫或自觉地予以扶助和支持。

据吴承明先生的研究，1894年至辛亥革命前后，民间工矿交通产业资本主义经济占中国境内全部同类型资本的16.08%，增长率达到15.08%，超过同类型国家资本的14.54%的增长率，但低于外国在华同类资本的15.83%的增长率。辛亥革命前后到1920年，民间工矿交通产业资本主义经济的增速仍然较为强劲，为10.54%，比重达到22.48%，而国家资本和外国资本的增长率仅为3.8%—4.5%，比重分别为25.96%和51.56%。1926年至1936年，民间工矿交通产业资本增速有所放慢，为8.21%，比重为28.80%，但仍高于国家资本和外国资本的增速（此两类资本增速分别为7.78%和4.31%），比重仍低于国家资本和外国资本（二者分别为35.87%和35.32%）。八年抗战期间国民政府实行战时统制经济，国家资本得以迅速发展。抗战后国民政府接收敌伪资产，势力陡增。这些都属于非常时期的特殊情况，尽管这样，民间资本抗战八年在后方仍有较大发展。

近代历史上民间工矿交通产业资本在较长时期里保持较快的发展速度，对中国近代社会进步的作用是显而易见的。据刘佛丁先生的研究，近代中国国民经济总体上也有所发展，只是速度极其缓慢。中国国民收入的年均增长率，1850年至1887年为-0.64，1887年至1914年为1.00，1914年至1936年为1.45，1936年至1949年为-2.40。以上四个历史时期中国人均国民收入依次为-0.54、0.51、0.92、-2.787。考虑到民间工矿交通产业资本较快发展时期与上述国民收入、人均国民收入较高时期基本吻合，我们有充足理由认为民间资本对国民经济发展、进步的贡献率是非常可观和重要的。

在洋务国有企业兴办的整个过程中，有识之士关于重视、推动民间资本的呼声一天也未停止过。郑观应批评洋务派“创一厂，设一局，动称官办，既有督，又有总，更有会办、提调诸名目。岁用正款以数百万计，其中浮支冒领供挥霍者不少，肥私囊者尤多，所以制成一物价比外洋昂率过半”。晚清曾任湖北自强学堂监督、吴淞电报局长等职的钟天纬批评国有企业：“中国欲借官厂集事，虽百年终无生色”，他大声疾呼给民间资本充分的发展空间，“必须广开民厂，令民间日为讲求。如国家欲用枪炮、船械、机器，均托民厂包办、包用。”在强大的社会舆论的压力下，清政府有所醒悟，对民间资本较为重视起来，一定程度上顺乎了民心，舒缓了民愤，原来极度对峙、互不信任的官民关系有所调整，这是有助于营造现代化所需社会环境的。

二、吸纳失业人口，减轻社会就业压力

中国近代社会始终面对着庞大的失业人口和严峻的就业压力。生齿日众，人多地少的矛盾在鸦片战争前就已相当突出，封建土地兼并不断把小农推入破产的深渊，而频繁的自然灾害也向失业队伍持续输送新的成员。20世纪三四十年代中国失业人口总数大致有三五千万人。规模如此之大，除因上述传统社会顽疾不治外，外国对华日益加深的侵略则扮演了十分凶狠的角色。外国对华勒索巨额战争赔款，仅《马关条约》赔款和《辛丑条约》赔款两项本利合计即达15亿两白银，约相当于当时中国国家年财政收入的20倍，政府转嫁危机，加重盘剥，势必加速人民的破产。此外，外国对华商品输出，在华兴办企业，凭借特权和较高生产率，夺走了众多小生产者的传统生计。

庞大的失业人口和严峻的就业问题，严重影响到社会的稳定，直接关系到现代化进程能否持续。怎样解决呢？加速城市化是惟一出路。据估计，1843年中国城镇

人口2072万，1893年为2351万，1949年为5765万，以上三年份城镇人口比重分别为5.1%、6.6%、10.6%；1843年至1893年间城镇人口年均递增率为0.25%，1893年至1949年间年均递增率达1.61%。这样的城市化速度当然是非常缓慢的，但却对缓解社会巨大的就业压力起到了一定的作用，而民间资本吸纳就业的作用尤其引人注目。

民间工、商、金融资本总值在1894年、辛亥前后、1920年三个时期分别为8.7亿元、24.6亿元、39.0亿元，同期国家资本总值分别是0.4亿元、5.2亿元、9.0亿元，外国在华企业资本分别为2.1亿元、18.4亿元、23.9亿元。民间资本规模居首位。1936年，外国在华企业资本总值为50.1亿元，国家资本和民间资本大致相当，分别为76.5亿元和74.7亿元（当年外资、国家资本、民间资本总值均不包括东北地区）。民间资本总值长期居首位，其对解决失业问题的贡献率也应是最大的。不仅如此，民间工矿企业多数都是中小企业，资本有机构成低，因而活劳动的使用量更大，资本就业率比之外资和国有企业会更高。据笔者研究，1939年大连市中国民族工业资本1302万元，职工总数11550人，人均1128元；而当地日本工业资本38943万元，职工59509人，人均6544元。显然，等量的民间资本实际雇用工人的数会大大多于其他资本。此外，民间资本中的商业资本的比例一直很高（1894年商业资本是产业资本的30多倍，辛亥前后为5倍，1920年为9倍，1936年为2倍多），并大大高于外国在华商业资本与产业资本之比。国有资本一向在商业领域投资微乎其微。商业是典型的劳动密集领域，资金就业率远高于工矿业，所以在全部城镇人口中，民间资本经营的第二、第三产业所吸收的工人及工人赡养的家眷的数量，肯定会遥遥领先于外企和国企。尽管较高的资本就业率意味着不高的劳动生产率，但在近代中国劳动力大量过剩这一特殊就业形势下意义却非同寻常。

三、促进观念转变，增强心理弹性

现代化是社会进步和人类自我提升的一个必然过程，但对于中国这样一个经历了数千年整合的稳定的传统社会，现代化枝头上的每一颗果实，无不饱含着新思想与旧观念搏击的风霜雪雨。小生产者对现代化的抵制情绪，除了来自对家园丧失的愤懑外，还产生于传统价值观受到冲击后的失落，以及古老生活方式被强行改变后的幽怨。化解小生产者对抗现代化的情绪，民间资本在观念层面上也有不容忽视的积极作用。

小生产者祖辈男耕女织，厌恶商品经济，追求经济上的平均主义。中国儒家的道德哲学也强调“不患寡而患不均”。晚清、民国的官办企业中的管理官员贪赃枉法，蚕食鲸吞国有资产，很多人昼夜之间竟成巨富，从而极大地冲淡了现代化前景对小生产者的魅力。民间资本的活动都让小生产者体味出另一番感受。私人资本家按经济规律办事，投资谨慎，惨淡经营，有的企业衰败破产，有的人步步发迹。小资本与大资本虽是对手，但并非不共戴天。失败者没有极端的报复，成功者也一再否定“为富不仁”的古语，他们往往还回报社会。实业家们高扬“实业救国”的大旗，以昌盛国运为己任。张謇就称自己办厂的目的之一在于“养九州数百万之游民”。资本家对财富差别的坦然接受，令小生产者脆弱的平等心理防线多了一丝弹性。资本家的奔波经营使小生产者依稀看到自己躬耕勤穑的身影。小生产者也慢慢看到了在金钱多寡背后起支配作用的机遇、风险、知识和能力。他们也看到国家、民族在民间资本的发展中慢慢地崛起。这一切都有助于提高民众对商品经济、现代化的认同感和亲和度。

鸦片战争后中国的现代化在某种意义上可以说必然是西学东渐的过程。然而，传统观念像天然屏障，强有力地抵挡着欧风美雨的浸润。有的国人闭目塞听，昧于天下大势，却极度蔑视域外先进的生产力；有的国人抱残守缺，明知落后，却担心“以夷变夏”；还有众多小生产者找错了因果关系，误把大机器生产及机制品当成自身苦难的万恶之源。

民间资本的投资者开矿建厂，开风气之先，所用机器设备大多购自外洋。这就在告诉人们，外国文明不可怕，应该学，也学得来。他们与外国人合资开办企业，是在一定的条件下求生存，求发展，其结果往往是华商、外资的双赢。人们会通过中外合资的现象，对外资在中国的作用有更深入、更全面、更理性的认识，诚如张謇所言：中外合资乃“利用外资最普通的办法”，中国“资力不足，外国人有资力，又有技术”，可以“合并利用之”。民间商人往往通过充任买办，积累一定资本，再自办企业。这都说明与外人有经济往来关系，并非一定会变成本民族的异己力量。私人企业家在经营过程中，时刻要与外资竞争，其结果或华商惨败，或外商受挫，或中外双方一段时间内高持免战牌，在妥协中寻求发展。这表明民间资本具有鲜明的民族性和顽强的生命力。

总之，民族资本的生产经营活动，开阔了人们的视野，充实了人们的胸襟，改变了人们的偏见，有助于拉近民众同商品经济和西方物质文明的距离。

（原文约4500字，发表于《中国社会科学院研究生院学报》2001年第4期）

文摘编辑：栾贵川

日本制造的“满蒙问题”与国际法

陈友华

[作者简介] 陈友华，南昌大学旅游学院讲师，主要从事日本史和当代世界史的研究。

[内容提要] 近现代史上，日本在中国东北地区采取种种手段一步一步地攫取侵略权益，从而形成了所谓的“满蒙权益”。由此“使人不得不对日本在其现代对外关系上学习和运用欧洲外交最恶劣的特点及在某些制度上融会西方文化的比较优良部分的聪明智慧，具有深刻的印象”。

[关 键 词] 国际法；“满蒙权益”；日本；中国。

在近现代史上，随着国际关系的发展，国际社会日渐感到有必要制订一些用于调整国家之间关系的行为准则，于是形成了一般意义上的国际法。它主要是通过国际条约或国际惯例的形式来表现许多国家的得到协调的意志，但在欧美列强——这些所谓的“文明国家”向帝国主义过渡，并占统治地位的时期，国际法却被它们操纵。曾经公认的由资产阶级自己所宣布的国际法的民主原则和规范遭到蹂躏，为它们实行强权政治服务的反动原则反而得以确立，从而使那个时期的国际法蜕变成了帝国主义国际法，以利于维护它们弱肉强食的成果，欧美列强在对外侵略扩张过程中，往往把弱小民族和国家排除在“国际社会”（国际法效力范围）之外，任意对它们进行处置。所采取的措施包括动用武力胁迫弱国签订不平等条约，以此作为攫取特权、掠夺殖民地的法律依据，并强迫它们执行，以维护列强所取得的所谓的“正当”权利，否则，便以违约相威吓，然而，它们自身却动辄破坏条约、违背国际法准则，根本不遵守“条约必须恪守”的原则。

日本也不例外，它在中国东北地区常常挑起事端，制造了一系列大大小小的事件，并利用这些事件强迫当时软弱无能的中国政府同意“转让”各种权益；甚至强行占有某些地区，强迫签订不平等条约，或破坏现有条约等，由此从中国攫取了许多权益，从而形成了所谓的“满蒙权益”。然而，时至今日，日本国内仍有不少人声称这些权益为“正当权益”。因此，笔者从日本攫取“满蒙权益”入手，以揭示其侵略本质及其对国际法的破坏，并对国际法作些简要的论述，以期阐明日本在对待中国和亚洲国家方面比欧洲列强更胜一筹的所谓“亚洲解放者”的实质。

一、“满蒙问题”与“满蒙权益”的由来

所谓“满蒙问题”，即是日本在中国东北（即“满洲”）和内蒙古东部地区制造的一系列事件的统称；“满蒙权益”则是日本在近现代史上通过精心策划的诸多事件（包括“满蒙问题”）一步步从中国上述地区攫取的各种垄断权力和权益的总称。其采取的手段五花八门。

二、评价

综上所述，日本在华权益几乎都是通过非法手段所取得的。首先，便是与沙俄一道背着中国政府、在朴茨茅斯和会上将中国东北的权益私相授受；接着，又强迫中国政府接受这种非法转让，并无理取闹，进一步扩大侵华权益，而按照日俄1905年9月签订的《朴约》和同年12月中日签订的《事宜条约》（正约和附约），日本政府充其量只能得到经中国政府被迫同意的，按照《朴约》由俄国转让给日本的原俄国按约在华拥有的那部分“正当”权益；对于未经中国同意、由沙俄非法强行占有的权益，是不能继承的。然而，日本帝国主义不仅全部继承了沙皇的衣钵，继续违约侵占中国所管辖的复县5个岛屿，而且进一步违约非法强行扩展租借地界和满铁附属地面积，如公然违约越过租借地界线，侵入隙地，擅自将隙地划区，使其扩展到“关东州”地界内，从而脱离中国的管辖，并将金州城强行划入“关东州”租借地界内，致使租借地界和满铁附属地的面积分别扩展了260余平方公里（俄占时为3 200平方公里，日占时达到3 462平方公里）和374平方公里强（1907年满铁初创时149.7平方公里，到1936年末时为524.3平方公里）。

总之，日本是通过不择手段，非法地从中国攫取权益的。正是如此，日本才获得了如此丰厚的“满蒙权益”，而不仅仅拥有与欧美列强同等的特权。可见，日本是“后来者居上”，成为了帝国主义国家中最蔑视和任意践踏国际法的国家。当时，日本和其他帝国主义国家皆口口声声地声称“尊重维护中国的独立与领土完整”，但在彼此之间或与中国签订条约时，无不违背国际诺言，将侵害中国主权的条款塞进条约，特别是在中国非法划分“势力范围”、设立租界、享有领事裁判权、关税权和驻兵权以及片面最惠国待遇等等。这是帝国主义、殖民主义者贯用的手法。它们总是不择手段，把其所采用的非法方式（包括不平等条约下的特权、附属国、保护国、

租借地、势力范围等，特别是帝国主义毫无条约根据地在租界内驻扎军队）法律化。其实，这些方式只是代表帝国主义、殖民主义的政策，根本不属于法律的范畴；而且从一般国际法原则的观点看，是根本非法的。而所以非法，就是因为它从根本上代表了帝国主义的利益，侵犯了别国的主权，违反了国家主权原则。因而，从这种意义上说，这个时期的国际法，充其量只能称作帝国主义国际法（笔者将其称为特定的国际法）。正如清末思想家郑观应所言："（国际）公法乃凭虚理，强者可执其法以绳人；弱者必不免隐忍受屈也。"事实正是如此。当殖民地、半殖民地国家人民要求取消其侵略权益、废除不平等条约时，列强一再强调"条约必须遵守"原则，甚至动用武力强迫它们继续执行。例如，当中国代表在1923年华盛顿会议上强烈要求废除《民四条约》（即1915年的21条）时，日本代表币原喜重郎则声称："一旦承认由条约郑重给予的权利，得随时以该项权利的让与有违让与国的自愿为理由而予以废除，则将树立一个非常危险的先例，对亚洲、欧洲以及世界各地的现行国际关系的稳定，均将造成深远的后果"，致使中国数年来力争取消21条的愿望未能实现，列强对于自己的非法行为，则另有"法律依据"。列强为了扩大自身侵略权益，往往突破条约的规定，乃至全面废约，要么阳奉阴违，丝毫不讲"国际信义"。更有甚者，帝国主义国家往往私订密约，不惜损害弱国的主权（已如前述）。日本不仅常常破坏其胁迫中朝两国签订的条约，而且对自己主动加入的国际条约也不愿遵守。至于对其行为有所约束的国际公约，如《九国公约》、《国联盟约》和《非战公约》等更是阳奉阴违甚至公开提出挑战，以至当时拥有政治约束力的国际常设机构——国联（由英法意日操纵）因美英法采取绥靖政策而形同虚设；国际法则成了一纸空文。如果德意日法西斯不对上述三国的切身利益构成巨大威胁、不同它们作战，英法美三国最后能同苏联一道主持战后大局，按国际法原则审判法西斯国家及其战争罪犯吗？倘若最后失败的不是法西斯国家，而是反法西斯国家，国际法又会被置于怎样的地位呢？时至今日，国际社会仍没有强有力的国际军事法庭来审判和制裁战争犯罪和种族灭绝罪。从上述推断和曾经发生的大量事实而言，国际法始终对强者有利。它维护的只是资本主义世界旧的政治、经济秩序。而日本对于这种于己于列强都有利的（帝国主义）国际法还不满意，对此肆意进行践踏。由此可见，当时的日本是个目无法纪、破坏国际秩序（稳定）的极不安分国家。正是因为如此，日本才走上了毁灭的道路。现在的日本如果不从中吸取教训的话，势必重蹈覆辙。

（原文约7000字，发表于《南昌大学学报》人文社科版2002年第2期）

文摘编辑：郭子涵

试析中国近现代史上的两次“统一”

王立民

[作者简介] 王立民，北京机械工业学院学生处，学士，主要从事学生教育管理工作。

[内容提要] 1928年，国民党南京政府宣布“统一”了中国。1949年，中华人民共和国成立，中国大陆实现统一。通过政治、经济、外交等方面的比较，分析两次统一的本质区别，会更加清楚地认识1923年“统一”的虚假性和1949年祖国大陆统一的重大意义。

[关 键 词] 中国近现代史；两次“统一”；本质区别。

从1919年“五四”运动到1949年中华人民共和国成立，短短30年间，中国历史上就出现了两次“统一”。1927年蒋介石发动反革命政变，之后进行“二次北伐”，北伐进展神速，奉军败退。在日本关东军炸死张作霖后，1928年12月29日张学良毅然通电全国，宣布“服从国民政府，改旗易帜”，至此，国民政府“统一”了全国。八年抗战胜利后，以毛泽东为首的中国共产党领导广大人民推翻了国民政府的反动统治，成立了中华人民共和国，开创了中国统一新局面。从历史的角度看，两次虽都名为“统一”，但二者却有着本质的不同：1928年的“统一”只是名义上的统一，而1949年则实现了真正的统一。

一、政治上两次“统一”的本质区别

1928年张学良“东北易帜”，国民党宣布“统一”。然而就领土和主权来看，国民党政府远未实现统一。租界素有“国中之国”之称，当时国内租界林立，如汉口日租界、上海法租界以及众多的公共租界。武汉国民政府曾收回汉口、九江英租界，但南京政府成立后，又恢复了以前的状态。帝国主义在租界享有一切权力，国民政府不得过问租界事务。国共和谈时国内外舆论关注的上海周公馆就坐落在上海法租界。国民党政府在租界内毫无主权，其“统一”从何谈起？从地方和中央的关系来看，国民党政府也未实现“统一”。大大小小呼风唤雨、拥兵自重的地方军阀与中央貌合神离，及至抗战前，国民党政府所能直接控制的仅湘、赣、江、浙、皖、豫数省，其他大多数省则无法直接控制。地方军阀无视中央，在自己的辖区内委任官吏，建立自己的统治，而国民党先后派往各省的人员都受到排挤和压制。英国驻华大使评说：“在目前，中央政府的影响只限于军事方面……（地方）民政问题只有在军事控制得到保证后才能解决。”连蒋介石也不得不承认“当今中国的病源就是地方割据”。军阀混战彼伏此起，日益加剧，蒋桂战争、蒋唐战争直至中原大战，给人民带来深重的灾难。之后又开始倾力围剿红色根据地，企图消灭共产党和红军，接连发动了五次全国范围的反革命“围剿”。蒋介石的内战政策最终引发了日本帝国主义的全面侵华战争。在中共的推动下蒋介石被迫实行联共抗日政策。在抗日民族统一战线的伟大旗帜下，经过八年艰苦抗战，日本帝国主义被打败，而蒋介石却在美帝支持下又发动了反共反人民的内战。从南京政府“统一”到其政权彻底覆灭，战争始终伴随着它，国家政局一直动荡不安，人民始终不得安居乐业，又谈何统一？

早在“紫石英号”事件发生时，人民解放军发表声明，要求英国、美国、法国在长江、黄浦江及中国其他各处的军舰、军用飞机、陆战队等武装力量，迅速撤离中国的领水、领海、领土、领空。经过人民解放军的英勇作战，到1949年新中国成立时，实现了除台湾、澎湖、金门、马祖等岛屿和港澳地区外的各民族前所未有的统一。1949年中华人民共和国宣布成立，我国建立了人民民主专政的国家政权，即对“帝国主义的走狗即地主阶级和官僚资产阶级以及代表那些阶级的国民党反动派及其帮凶们实行专政，实行独裁，予以制裁。对于人民内部则实行民主制度，人民有言论、集会、结社等项的自由”。同时，我国实行共产党领导的多党合作和政治协商制度，共产党和各民主党派是执政党和参政党的关系。第一届中央政府中，有3位副主席是民主派，24位部长中有11位是民主人士。这充分体现了民主党派的参政程度。毛泽东在《论十大关系》中深刻阐述了中国共产党和各民主党派“长期共存，互相监督，当然不是单方面的共产党可以监督民主党派，民主党派也可以监督共产党”。新政权的民主性表露无遗。新中国成立后，很快建立了一整套从中央到地方的行政机构。中国人民一直渴望和平，厌恶战争，新中国的成立使这一梦想得到了实现，中国人民的生产和生活有了一个和平稳定的社会环境，人民安居乐业，国家安定祥和。

二、经济上两次“统一”的本质区别

经济是基础。1928年南京政府“统一”后，经济上的半殖民地半封建性没有发生丝毫改变。南京政府凭借其政治、经济权力，依靠帝国主义的支持，迅速集中了大量的财富，形成以蒋宋孔陈四大家族为代表的官僚资本。它通过控制金融，发行公债，买卖军火，垄断工商业等手段，完成了对国家经济的垄断。到1949年新中国成立前夕，官僚资本约占全国工业资本总额的2/3，占全国工矿、交通运输等固定资产的80%。这严重阻碍了中国经济的发展，同时也给中国民族工业以沉重打击，使中国民族资本呈现衰退状态。上海丝织业最盛时有丝厂112家，1936年开工的只有三四十家，1936年全国失业工人589万人，而到1949年全国仅城市失业人数就达400多万人，整个中国经济几乎处于停滞状态。国民党统治时期的中国经济同帝国主义有着千丝万缕的联系，中国的经济命脉被外人所操纵。海关、盐税和统税是中国财政收入的三大支柱，但中国海关总税务司一直由外国人担任，海关权完全操纵于外人之手，中国的关税不能自主，同时中国海关中的外国人员在为各自国家利益考虑的情况下，阻挠中国关税政策的实施。

1949年新中国成立后，通过没收官僚资本等建立了社会主义国营经济，社会主义国营经济集中了国民经济中绝大部分近代化的大工业，控制了社会生产力最先进最强大的部分，为新中国发展生产、繁荣经济奠定了基础。据1949年统计，国营工业的固定资产占全国工业固定资产的80.7%，在全国大型工业总产值中占到41.3%，在全国生产资料生产中占48%，这标志着社会主义国营经济已经建立。同时，人民政府废除了帝国主义在华的经济特权，收回了长期被帝国主义盘踞的中国海关，征用了美国在上海的三个石油公司的部分财产并征购其全部油料，接管了上海法商电车电灯公司并代管其全部财产。到1952年底，基本上肃清了帝国主义在华的不法经济，改变了一百多年来帝国主义对中国的经济侵略状况。新中国成立后，对私营工商业有利于国计民生的生产经营活动执行了正确的扶持政策。之后，对现有的工商业进行了合理的调整，使私营工商业摆脱了困境，走上了发展的道路。如私营工业总产值，1951年比1949年增长了48.2%。在国民经济恢复时期开始了对资本主义工商业的社会主义改造。到1956年，全国各大城市及50多个中等城市先后实现资本主义工商业的公私合营，这表明我国资本主义工商业的社会主义改造已经基本完成，资本主义企业变成了全民所有制的社会主义企业。在顺利进行资本主义工商业改造的同时，共产党领导人民进行了另一项伟大的革命措施即土地改革。土改使约3亿无地少地的农民获得了约7亿亩土地，免除了每年向地主缴纳700亿斤粮食的地租负担。土改彻底推翻了封建土地所有制和地主阶级的统治，促进了国民经济的发展。

三、外交上两次“统一”的本质区别

国民党政府“统一”后，实行妥协投降的外交政策。实际上这一政策由来已久，1928年5月发生了“济南惨案”。当国民党政府所派交涉员蔡公时被日军割耳拔舌、削鼻挖眼，与其他17名外交人员同遭杀害后，蒋介石一一满足了日方的要求，同时严令部下，绝对不使日军误会，声称“为救一日人，虽杀十人亦可，若遇有事，日本要求枪支，即以枪支与之，要求捕捉俘虏，即听其捕捉俘虏”。可见其妥协投降到了令人发指的地步。而1928年的“改订新约”是国民政府妥协外交的又一重要体现。南京政府不敢要求帝国主义废除不平等条约，以“修订”代替废除，根本不能使中国成为独立自主的国家。“九一八”事变发生后，蒋介石继续对日妥协，推行其“攘外必先安内”的政策。在蒋介石看来，“中国若亡于帝国主义，我们还能当亡国奴，尚可苟延残喘。若亡于共产党，则纵肯为奴隶亦不可得。”而在三年内战时期，国民党为了取得美援，大肆出卖国家主权，与美国签订了丧权辱国的《中美友好通商航海条约》。国民党政府对帝国主义摇尾乞怜，其卑躬屈节的投降主义政策，超过了清末以来的历届政府。

早在新中国成立前夕召开的中国人民政治协商会议上，即已订下了新中国的外交方针。《共同纲领》中规定：“凡与国民党反动派断绝关系，并对中华人民共和国采取友好态度的外国政府，中华人民共和国中央人民政府可在平等、互利及相互尊重领土主权的基础上，与之谈判，建立外交关系。”1949年10月2日，苏联首先表示与中国建交，之后，中国陆续与各民主共和国建交。1950年2月14日，中苏在平等基础上签订了《中苏友好同盟条约》。1953年中印就关于在中国西藏地方的关系举行会谈时，周恩来首次提出互相尊重领土主权、互不侵犯、互不干涉内政、平等互利及和平共处五项原则。之后，无论在中美会谈、中苏争论还是在其他一系列外交活动中，我国始终坚持这五项原则，坚决维护国家主权。而这五项原则的倡导，在国际上也产生了深远的影响，被广泛认为是解决国与国之间关系的基本准则。

此外，在文化方面，南京政府推行封建的法西斯文化专制政策，大肆宣传“四维八德”，还将法西斯主义贩卖过来，毒害广大人民。同时加紧文化围剿，严重禁锢了人们的思想。新中国成立后，毛泽东提出在学术文化领域实行“百花齐放，百家争鸣”的方针。这使广大知识分子受到鼓舞，促进了我国文化事业的蓬勃发展。

（原文约5500字，发表于《雁北师范学院学报》2002年第4期）

文摘编辑：栾贵川

大革命失败后共产国际对中国革命的功与过

程静贤

[作者简介] 程静贤，呼伦贝尔学院社科部。

[内容提要] 大革命失败后，共产国际对中国革命继续产生影响。本文论述了大革命失败后共产国际在我党领导的秋收起义、工农红军的创建、第五次反围剿失败中的功过是非。

[关 键 词] 共产国际；秋收起义；工农红军的创建；第五次反围剿的失败；功与过。

从1921年建党到1934年与共产国际失去联系，共产国际对中国革命影响达14年之久。对于中国革命，共产国际有功也有过，这已是史学界的共识。全力促成第一次国共合作，从而掀起第一次大革命高潮，这是共产国际对中国革命的重大功劳；而由于重视国民党，轻视共产党的右倾错误导致大革命失败，这是共产国际对中国革命所犯的重大错误，这些，史学界已有许多评述。本文拟谈谈大革命失败后共产国际对中国革命的功与过。

一、秋收起义中共产国际的功与过

1927年9月，我党领导了湘赣边界的秋收起义，这次起义，共产国际起到了很大的作用。大革命后期，共产国际对中国的政策发生了重大转变，并在1927年7月14日作出了《共产国际执行委员会关于现阶段的中国革命的决议》，此后，又派罗明那兹来华。共产国际政策转变点主要在于："结束国共合作的局面，确立武装反对国民党的方针，实现党对军队的领导。"7月23日罗明那兹来华后，中央根据共产国际的精神做出了《最近农民斗争的议决案》，根据这个议决案精神，在"八七"会上做出了《湘鄂赣粤四省秋收暴动大纲》。可以看出，秋收暴动计划是中共中央根据共产国际的指示精神决定的。秋收起义计划是分路会攻长沙，目的是割据湖南。可以看出，十月革命的模型，明显地影印在秋收起义计划的蓝图上，共产国际强调以城市工人阶级为主体，其指导思想是"全党工作重心在城市"。共产国际代表罗明那兹更是坚持以城市为中心。秋收暴动开始后，攻打长沙外围得手，但攻打长沙失利。在这种情况下，毛泽东提出暂时放弃攻打长沙，在9月19日的文家市会议上提出把部队转移到敌人统治力量薄弱的农村去，积蓄革命力量。长沙暴动停止，共产国际代表马也尔认为这是错误的行为，不顾情况的变化仍要求湖南省委继续进攻长沙。中央根据马也尔的意见做了坚持长沙暴动的错误结论，在9月19日给湖南的指示信中说："中央认为长沙暴动虽已不幸失去很好的机会，但客观上湖南暴动的前途仍然尚有希望，此时省委应一面命令萍、浏、平一带工农军进攻长沙，一面立即爆发长沙暴动。"在"八七"会议后，是瞿秋白主持中央工作，他原则问题配合共产国际工作，中央的意见就是共产国际的意见，即中央是按照共产国际的意图，坚持了城市中心的错误路线。而以毛泽东同志为首的前委认真分析了形势，采取了与共产国际和中央不同的策略，果断地把部队带向农村，从而拯救了中国革命。

综上所述，共产国际在秋收起义的提出上起到了积极作用，推动了中国革命的发展，而在秋收起义计划的实施上坚持攻打中心城市则是对中国革命犯下的又一重大错误。

二、中国共产党创建红军过程中共产国际的功与过

大革命失败后，中国共产党开始了独立领导武装斗争的新时期。1927年—1930年是中国工农红军的创建时期，经过3年的努力，到1930年工农红军发展到十几个军，约10万人，大小根据地共15块，遍布全国三百多个县。中国工农红军的创建有着特定的国际环境，共产国际的指导对中国共产党创建红军的路线、方针产生了重要影响。在整个红军的创建过程中共产国际的指导有成功也有失误。大革命失败后，共产国际提出了武装工农的思想，1927年3月共产国际在致中共中央的文件中，明确指示："必须坚持工农武装、把各地农民委员会变成拥有自己武装的实际权力机关等方针。"1927年5月在《共产国际执行委员会第八次全会关于中国问题的决议》中，指示中国共产党"必须注意的是，要建立由革命工农组成的绝对可靠的部队，输送共产党员和坚定的国民党左派加入军队，清洗军队中的反革命分子并建立工农自己的军队"。在这次会议期间，共产国际在给中国共产党发来的重要指示中，特别提出："必须根除对不可靠将军的依赖性，动员两万左右的共产党员，加上湘南湘北约五万的革命工农……，组织（目前尚不迟）一支可靠的军队。"可是党中央并未重视这个指示，以至于未能制止住汪精卫背叛革命，而使大革命彻底失败。1927年7月共产国际根据中国共产党已失掉改编国民革命军的有

利时机，又及时提出了武装工农的问题。在《共产国际执行委员会关于中国革命当前形势的决议》中，要求中国共产党必须做到："通过平民的方式，即工农和城市贫民在无产阶级领导下采取的革命行动，并继续争取完成资产阶级民主革命斗争，并有步骤地把工农武装起来。"显然，共产国际在大革命失败后很重视中国共产党创建自己的武装力量问题，它对中国共产党1927—1930年创建工农红军产生了重要影响。当毛泽东，朱德上井冈山，在创建红军方面取得了成功以后，29年10月26日在《共产国际执行委员会给中国共产党中央委员会的信》中，又指示中国共产党要"加强扩大游击战争"，"要重视对士兵进行工作"，"要把广东、福建、湖南和湖北工农军队分散的行动协调起来"。这些指示，对加强红军的建设和发展起到了极大的指导和推动作用。但共产国际代表在工农暴动的总体指导上又有重大失误，在广州起义期间，当起义军不能坚守广州，准备向海陆丰撤退时，共产国际代表纽曼坚决反对，教条主义地搬用马克思主义的暴动原则，说"广州起义是进攻，应该进攻，进攻再进攻"。结果造成了起义的重大损失。

三、共产国际对第五次反围剿的失败负有不可推卸的责任

王明是在共产国际的直接扶持下上台的，以后在共产国际的支持下，王明的"左"倾路线在中央苏区和红军中得到了进一步贯彻。1933年1月上海中央在白色恐怖中难以立足，经共产国际批准，迁往中央苏区。这时，中央苏区连续取得了四次反围剿的胜利，中央根据地日益巩固发展，王明在共产国际的支持下开始插手对红军的指挥。1933年9月共产国际派驻中国的军事顾问李德从上海来到瑞金，从此李德掌握了苏区的军事指挥大权。第五次反"围剿"开始，李德、博古推行单纯防御的军事路线，使红军作战初期就处于不利地位。这时十九路军将领发动福建事变："1933年11月十九路军将领联合国民党内李济深一部分势力，公开宣布与蒋介石决裂，他们在福建成立中华共和国人民革命政府，并与红军成立抗日反蒋协定"，福建事变使中央苏区的战争形势发生了对我有利的重大变化。但是由于共产国际和王明错误估计形势，没给十九路军以支持，错失良机，结果使红军作战又处于不利地位。这个错误的发生与共产国际第十三次执委会有着密切联系。1933年11月28至12月12日共产国际执委会召开第十三次全会，这次会议虽然提出了建立世界反法西斯统一战线，却仍把下层统一战线的策略和团结社会民主党领导的策略对立起来，仍要求各国共产党用革命方法建立无产阶级专政和苏维埃政权的方针摆脱政治危机。王明参加了这次会议，他把福建事变说成是"十九路军上级将领玩弄手腕和左倾词句"，"以求得保证自己反蒋斗争的胜利"。这次会议精神传到中央苏区，对"左"倾关门主义和"左"倾冒险主义起到了推波助澜，火上浇油的作用。由于丧失了战争初期对我有利的时机，由于博古、李德违反了中国革命战争规律，进行错误的军事指挥，致使第五次反围剿失败，红军被迫进行战略大转移。毛泽东同志在1936年同斯诺的谈话中曾回顾了这段历史："这个时期，我们犯了两个重大错误，其一是1933年福建事变中我们没有同蒋廷锴的部队联合，其二是放弃了我们以前的运动战术，而采用单纯的防御战略，……由于犯了这些错误，由于蒋介石在'围剿'中采用了新的战术和战略，加上国民党军队数量上技术上占压倒的优势，到了1934年红军就不得不去改变它在江西的迅速恶化的形势了。"这其实就是从主客观两方面总结了第五次反"围剿"失败的原因，而这里的两个主观原因都与共产国际有着直接联系。

（原文约3500字，发表于《呼伦贝尔学院学报》2002年第3期）

文摘编辑：郭子涵

20世纪后半期世界性战争未起之原因浅析

张国安

[作者简介] 张国安，信阳师范学院政法系副教授，从事世界近现代史和美国史研究。

[内容提要] 20世纪后半期世界性战争未起之原因是多方面的，主要有：世界经济一体化趋势的空前发展；科学技术的高度发展；帝国主义国家对两次世界大战经验教训的总结和吸取；美苏两极世界格局的长期维持；第三世界的崛起和发展；世界民主化进程的发展等。探讨该问题对于反思过去，面对现实，展望未来具有重要的现实意义。

[关 键 词] 20世纪后半期；世界性战争；原因；一体化；世界格局；第三世界；民主化。

一

20世纪后半期世界经济一体化趋势的空前发展，使各国经济发展相互依存的关系大大加强，对新的世界性战争的爆发起了根本性的制约作用。

战争的终极目的在于谋取经济利益，经济利益是驱动战争，特别是世界大战爆发之根本所在。20世纪前半期的两次世界大战皆根源于帝国主义列强的争霸。

然而，二战结束后，世界经济形势发生了巨大变化，各国经济的相互联系和相互依存越来越密切，整个世界经济一体化的趋势空前加强，其表现为：

第一，跨国公司的迅猛发展。

第二，资本国际化的高度发展。

第三，市场的国际化。

跨国公司的迅猛发展，资本和市场的国际化，使世界经济一体化的趋势空前发展。虽然20世纪后半期资本主义各国争夺世界市场、投资场所和原料产地的矛盾和斗争依然存在，由此而产生的爆发战争的可能性仍然存在，地区冲突和局部战争接连不断，甚至爆发了有较多国家参加的海湾战争、科索沃战争等，可谓炮声隆隆，硝烟滚滚。然而，世界经济这条法力无边的“魔绳”把各民族、各地区和国家紧紧地缠绕和扭结在一起，形成了你中有我，我中有你，一损俱损，一荣俱荣的关系，这种经济格局的存在和发展使新的世界性战争成为不可能。若要发动新的世界战争，即等于集体自杀，各方经济将彻底崩溃，直到毁灭。因此，世界经济一体化成了抑制新的世界性战争爆发的物质基础。

二

20世纪后半期，科学技术，尤其是军事科学技术的高度发展，遏制了新的世界性战争的爆发。

二战后，主要资本主义国家发生了第三次科学技术革命。这次科技革命以亘古未有的速度、广度和深度迅猛向前发展，对国际社会产生了重大影响。它不仅有力地促进了生产组织、经济体制、社会生活各个领域的变化，而且对关系世界命运和人类存亡的战争与和平问题产生了重大影响。

第一，科技的发展使世界各国相互依存性大大加强。特别是在战争中发展起来的、杀伤力极强的核武器的发展，改变了“消灭别人，保存自己”的战争法则。产生了人类新的生存法则。你活也要别人活，要毁灭别人，也难免自己灭亡，自己的安全不能建立在他人的不安全上。战争已不再是实现政治继续的手段，因为在核战争中，这种政策的决策者也将化为灰烬。因而，在战后核对抗时代，美苏对新的世界大战及其后果都有顾虑，任何一方都不敢轻易挑起战争，都把限度控制在战争边缘为止。

第二，军事科学技术的发展使武器由战争的工具异化为制约战争的因素。人类武器经历了从冷兵器到热兵器，进而发展到今天的核武器。核武器比常规武器具有无可比拟的破坏力，它除了具有冲击波、光辐射、贯穿性辐射、放射性污染和电磁脉冲五大破坏因素外，还具有第六大破坏因素——“核冬天”。因此，核武器对战争起着重要的制约作用。可以这样说，自从有了核武器，是安全感最缺乏的时候，但反过来也是安全保障最充分的时候。

第三，科学技术的高度发展，使得用战争手段掠夺别国资源市场，重新瓜分势力范围的“野蛮”、“原始”方式已经过时了，依靠科学技术的优势，通过“文明”的和平手段获取市场、原料和高额利润已有了现实的可能。

第四，科学技术革命制造的社会文明，成为排除世界大战的销蚀剂。现代科技革命，加速了决策民主化和科学化的进程，集体决策代替了个人决策，科学决策代替了传统的经验决策。因此，掌握高科技的文明人类是排除世界大战的决定性因素。

总之，科学技术高度发展所带来的这些变化，使制约战争的和平因素大为增强，特别是由此引起的人们对战争的思维方式的变化，使对抗日趋下降，对话日渐上升，世界大战发生的可能性越来越小。

三

20世纪后半期，一些帝国主义国家总结和吸取两次世界大战的经验教训，不断调整政策，采用经济手段以达到战争所要达到的目的，这在客观上有利于世界局势的缓和。

如前所述，帝国主义国家发动战争的终极目的是谋取经济利益。在经济上抢占更多殖民地和原料产地，霸占世界市场，在政治上争霸称霸，但两次世界大战的结果表明，发动大战的帝国主义国家非但未能达到目的，反而使自己一败涂地。这使他们不得不承认这样一个严酷的历史事实：要想获取经济利益、称霸世界，靠发动世界大战是达不到的，靠用武力抢占殖民地和原料产地来实现经济利益的观念和做法也是行不通的。

因此，资本主义各国的当权者和统治集团不断调整其政策和策略，如果说二战前帝国主义国家是要用战争手段来达到政治和经济目的来称霸世界的话，那么今天恰恰是要以经济手段，用另一种人们意想不到的经济和资本渗透的方式，来达到战争所要达到的称霸世界的目的。这对世界局势的缓和起了重要的促进作用。

四

20世纪后半期形成的美苏两极世界格局，作为一种均势体制，有利于战后国际关系的相对稳定和世界和平的维持。

20世纪前半期的两次世界大战都是在多极世界格局下爆发的。第二次世界大战使德国败降，英法衰落，在反法西斯战争中贡献最大的苏美两国脱颖而出，相继成为超级大国，组成了两极世界，取代了战前的多极世界。

1991年苏联的解体结束了苏联作为超级大国之一极的存在，两极格局随之瓦解，冷战结束。之后，国际上各种力量重新组合，美国作为惟一的超级大国和其他几个强国之间形成了“一超多强”的国际格局，即单极多元的国际格局。这是一种介乎单极格局与多极格局之间的过渡性格局，既带有单极化的倾向，又具有多极化的趋势，单极化与多极化是两个可能在较长时间内并存的过程，是一种趋势不可能战胜另一种趋势的过程。因此，尽管可能爆发诸如北约侵略南联盟那样的有限战争，但不可能发生大国之间的世界大战。各国几乎都把发展经济放在首位，军事竞争已让位于以科技为先导、以经济为基础的综合国力的竞争。引发世界大战的因素在减少，和平与发展越来越成为当代世界的两大主题。

五

第三世界的崛起和发展，从根本上改变了世界力量的对比，是制约战争的重要力量和维护和平的基本因素。

第三世界崛起于20世纪50年代末60年代初。一些战后新成立的社会主义国家和新独立的国家在反帝、反殖、反霸和建立新型国际关系的共同斗争中加强了团结，通过1955年的亚非会议及其后的不结盟运动，七十七国集团、各种地区性组织和专业性组织等联合形式，使原来分散的弱小力量逐步结成一支举足轻重的国际政治力量，即第三世界。第三世界发展至今已有近130个国家，占世界独立国家的77%；拥有30亿人口，占世界总人口的75%；面积约1亿平方公里，占世界陆地面积的67%。第三世界是反对国际强权政治的主力和维护世界和平的重要力量，它通过自己的团结斗争，与其他和平力量一起，在世界各地筑起一道道长堤，制止着霸权主义的扩张和战争因素的增长。这种斗争突出地表现在：

第一，不结盟运动的开展。

第二，有力地还击了两个超级大国在全球范围内挑起的局部战争和武装冲突。

第三世界的兴起和发展，促进了世界政治力量的重新分化和组合，冲击了战后形成的两极对立的国际关系格局，客观上加速了世界帝国主义殖民地体系的瓦解过程，为保卫世界和平事业做出了贡献。中国属于第三世界，是世界上人口最多的发展中国家。是维护世界和平的第三世界的重要组成部分。在战后紧张动荡的局势中，中国始终是一个可靠的、有力的和平因素，起着制约战争的作用。

六

世界民主化进程的发展，促进了世界和平，抑制了新的世界大战的爆发。

实现民主化是世界各国人民长期奋斗的一个目标，自近代以来这一进程就在一步步发展。二战之后，民主的潮流更是汹涌澎湃，席卷全球，世界民主化的进程已不可阻挡，其主要表现在：第一，民族民主意识大大增强。第二，国际关系民主化的发展。第三，政治民主化的发展。

总之，正是由于上述诸种错综复杂因素的综合作用，才使得20世纪后半期世界维持了半个世纪的和平而未发生新的世界性战争。当然，我们也应该看到，当今世界上的一些国家和地区仍处在连年战乱之中，引发世界大战的因素并未消失，“世界和平和发展这两大问题，至今一个也没有解决。”因此，要在21世纪继续维护世界和平局面，促进人类的进步与发展，仍然需要世界各国人民的共同努力与奋斗。

（原文约7500字，发表于《信阳师范学院学报》哲社版2002年第2期）

文摘编辑：郭子涵

论“文化大革命”的潜在历史影响

吴鹏森

[作者简介] 吴鹏森，安徽师范大学经济法政学院教授。

[内容提要] 本文从“坏事变好事”的角度，分析了“文革”从反面给人以警醒，并在客观上所发挥的潜在历史影响。

[关 键 词] “文化大革命”；改革开放；现代化；潜在历史影响。

在当代中国史上，历时十年的“文化大革命”是一场给党、国家和各族人民带来严重灾难的内乱。经济上，国民收入损失约为5000亿元，人民生活水平下降，国民经济陷入崩溃的边缘。文化上，科教文化事业遭到严重摧残，知识分子大批遭受迫害，科技水平同世界先进国家的差距进一步拉大，历史文化遗产遭到巨大破坏，政治上，党和国家政权被严重削弱，民主和法制被肆意践踏，整个国家和民族处于失范和无序状态，陷入全面的政治和社会危机。它对中国社会的安定团结局面，对中国共产党在全国人民心目中的政治威信，以及对中国人的精神信仰都具有极其恶劣的影响。

放眼世界，20世纪六七十年代正是世界科技发展突飞猛进，东亚经济崛起腾飞之时。“文革”前与中国大陆基本还处于同一水平线，经济基础甚至比中国大陆还要落后的韩国、新加坡和中国的台湾、香港地区，正是此时开始了经济起飞，成为东亚“四小龙”。日本更是在这个过程中快速发展为资本主义世界中的第二大经济实体。由于对国内外形势的判断失误，中国错误地发动了“文化大革命”，彻底打乱了新中国的工业化、现代化计划，造成中国社会现代化进程的人为中断，痛失了大好发展机遇。

但是，如果我们把“文化大革命”放到当代中国的整个历史过程中进行考察，把它作为当代中国一系列重大历史事件中的一个链条来看待，乃至把它放到国际大背景下来审视，又会发现，“文革”这一历史事件除了其直接消极后果之外，它在中国当代历史进程中，特别是对中国后来的改革开放和现代化建设在客观上还发挥着一种独特的历史作用与影响。这正好印证了毛泽东的一句名言：坏事可以变成好事。或者如恩格斯所说，没有哪一次历史的灾难不是以历史的进步为补偿的。“文革”在带给中国人民痛苦和灾难的同时，也给中国人民带来教训和智慧。

一、“文革”把我国旧的经济、政治体制的弊端以浓缩的形式推向极端，加速了传统社会主义旧模式、旧体制的衰落解体，使中国提前进入改革开放的新时期，形成特有的“历史时间效应”，从而使中国的改革开放获得了比较宽松的国际环境与良好的国内环境。并由于这10年的物质与信心的积累，使中国有效地抵御了苏东剧变的历史旋风。

正如《中国共产党七十年》一书所说，“文革”以尖锐的形式，相当充分地暴露出我们党和国家的工作、体制等等方面存在的缺陷，并且提供了永远不允许重犯“文化大革命”或其他类似严重错误的深刻教训。

由于“文革”以极端的形式使中国旧的体制走到了历史的尽头，从而对中国的改革产生了两个方面的重要影响。

第一，由于中国共产党通过“文革”对旧体制弊端的认识比较深刻，使中国的改革不同于苏联在50—70年代对旧体制的修修补补，而是把改革看作“第二次革命”，从改革一开始就努力寻找一条新的出路。中国改革虽然是走一条渐进式道路，但改革从一开始就有一个正确的方向，这不能不说是中国改革最终成功的首要原因。

第二，“文革”的历史作用不仅在于把中国旧体制的弊端淋漓尽致地表现出来，促使中国第二代领导人下决心进行“第二次革命”，而且导致中国的改革提前了10年时间，这是关键的10年，它在各种国内外因素综合作用下，产生了特殊的“历史时间效应”。

按照制度的生命周期理论，一种社会制度或体制在其生命力没有完全释放出来之前，它所固有的弊端是不会被人们所认识的，也不会被人们所抛弃或被新的制度与体制所取代。苏联体制历经七十余年才轰然倒塌，在某种意义上也说明了这一点。中国革命比俄国十月革命成功的时间晚了30年，但中国对这种体制弊端的认识却比苏联深刻，不能不说是源于“文化大革命”这一历史事件（当然还有“大跃进”）。正是“文革”把旧体制的种种弊端以浓缩的方式推向极端，在“文革”中全面地、集中地暴露出来，深刻地震撼着中国共产党和全国人民，促使人们警醒和深刻地反思。这使中国比苏东社会主义国家至少提前10年走出了传统社会主义的误区。这10年时间所形成的特有的“历史时间效应”，给中国带来了两大不可估量的影响：

一方面，中国进入改革时期后，世界还没有走出冷战的阴影，整个世界仍然被冷战思维所左右。这样，中国的改革便被西方认为是削弱以苏联为首的社会主义力量的历史机遇，因此，中国的改革在一开始便获得了良好的、宽松的国际环境。

然而，中国在改革之初期获得的外部支持，并非西方国家的由衷，而是出于冷战的需要。

另一方面，中国十年改革的显著成果，为中国抵御各种错误社会思潮的冲击，特别是使中国能够在上世纪90年代苏东剧变中顶住多米诺骨牌效应奠定了坚实的物质基础和社会基础。

二、"文革"过程中，一大批老干部蒙冤受屈，促使他们在身处逆境中对中国的前途和命运进行深刻地反思，在"文革"结束以后，这批共和国的缔造者带头推动中国的改革开放，从而最大限度地减少了我国新时期改革开放的阻力，保证了改革开放的顺利进行。

更重要的是，中国由于革命成功时间不久，还没有形成根深蒂固的既得利益者集团，即使出现这一势头，也在"文革"中被彻底摧毁，而"文革"中形成的两大政治集团又在"文革"中期和"文革"结束时被彻底粉碎，所以，当"文革"结束以后，这些共和国的缔造者重新走上各级领导岗位，成为新时期的开创者和改革开放的领导者时，由于他们在"文革"中无一例外地都受到过打击迫害，和普通老百姓一样，都是旧体制的受害者，这就使得中国政治领导层在改革过程中，虽然也有小的分歧，但总体上讲，没有形成特别强大的保守势力，更不存在所谓既得利益集团的巨大压力。党内的分歧只在于如何改革，这就最大限度地降低了中国改革开放的代价，加快了中国改革开放的历史进程。

更重要的是，在"文革"中，一些党的第一代领导集体中的重要成员和革命家对旧体制进行了深刻的反思，使他们在对中国今后向何处去，发展的道路如何选择等关键问题上的认识，达到了前所未有的深度。这一点在邓小平身上表现得最为突出。当"文革"结束，他第三次复出时更是显示出杰出的领导艺术和高超的战略决策能力，对中国的改革开放和社会主义现代化建设提出了一整套的路线、方针和政策，对改革开放中的重大问题和社会主义现代化建设的战略布局和蓝图规划，都提出了自己深思熟虑的意见，充分展现了高瞻远瞩、雄才大略的伟人风范。

三、"文革"中的"大民主"是一场大混乱、大动荡，它导致当代中国史上一系列不该发生的悲剧和闹剧。但这场大混乱，也在客观上促成了中国传统政治权威的衰落，使之成为中国走向现代民主与法治的新的历史起点，奠定了社会主义民主政治建设的社会心理基础。"大民主"还促使当代中国的政治家、思想家、理论家们对如何保持中国的长治久安进行深刻的反思，提出了加强社会主义法制建设和依法治国的基本国策。

四、"文革"期间，广大干部和知识分子下放农村和基层、大批知识青年上山下乡，客观上促成了中国社会不同阶层的相互交往与交流，为中国的社会中坚力量和精英阶层了解国情，推动中国的现代化阶层与传统社会阶层的相互融合提供了历史契机，并对中国后来的改革开放和社会主义现代化建设产生了意想不到的效果。

（原文约7000字，发表于《安徽师范大学学报》人文社科版2002年第4期）

文摘编辑：郭子涵

中国古代治河思想
——朴素唯物主义应用于实践的典范

李云峰

[作者简介] 李云峰，武汉大学水利电力学院政法系副教授，主要从事哲学与水利思想史研究。

[内容提要] 中国古代治河思想是中国古代朴素唯物主义应用于实践的典范。中国古代治河思想主张“期尽人事，不诿天数”，在顺其水性的基础上重视主体的作用；提出从动态上把握河流，黄淮运统筹治理，全面规划；重视钻研治河理论，注重实践，这在中国思想史、科技史上都是独树一帜的。中国古代治河思想中关于水的哲学思考，无论是深度，还是广度，都是对其他自然现象研究所不能比拟的。

[关 键 词] 中国；古代；治河思想。

一、中国古代治河思想中朴素唯物主义自然观

中国古代治水思想是中国古代朴素唯物主义自然观的一种具体表现形式，具有中国古代哲学唯物主义自然观的特色。

1.“期尽人事，不诿天数”

天人关系是中国古代唯物主义与唯心主义斗争的焦点之一。天人关系的斗争也反映到中国历史上的治河活动中。治河是信天命，靠神佑，还是不信天，不靠神，相信人类自身对大自然斗争的能力，这是天人关系在治河活动中的具体表现。历史上，历代皇帝祭河神，求天佑，香火不断。西汉武帝元光三年（公元前132年）五月瓠子决口，当时丞相田蚡提出“强塞之未必应天”；宋神宗赵顼提出“纵水所之”，即放任行流之说。与这些唯心主义观点相反，中国古代的治水之人大都坚持唯物主义态度。如针对明代有人提出决口不可塞，“一切任河之便”，潘季驯驳斥道：“一切任天之便，而人力无所施焉，是尧可以无忧，禹可以不治也。归神归天，误事最大。”清初黄河状况十分惨坏，在大多数人看来，河不能治已成定论。面对当时的形势，靳辅说：“惟期尽人事，而不敢诿之天灾；竭人力，而不敢媚求神佑。”事在人为，重在发挥人的主观能动性，这表现了他们对人类与自然斗争的充分信心。“期尽人事，不诿天数”这一思想是我国古代哲学中传统的天人关系在治河思想中的具体体现，也是“人定胜天”这一古老唯物主义命题在治河实践中的发挥和运用。

2.“顺其水性，而不参之以人意”

治河中如何“期尽人事”，也就是如何发挥人的主观能动作用，做到人定胜天呢？中国古代的治水之人在治河中进一步提出了“顺其水性，而不参之以人意”的思想。孟子“行其所无事”的思想对我国古代治河活动有着深远的影响，唯心主义认为按照“天”、“神”的意志行事便“无事”，唯物主义认为只有按自然界本身规律行事才“无事”。陈潢说：“所谓行者，疏浚排决是也。所谓无事者，……一顺之水性，而不参之以人意焉，是谓无事也。”并进一步阐述了“河之形有古今之异，河之性无古今之殊。水无殊性，故治河无殊理”。这里靳辅、陈潢从治河实践中已体验出规律这一哲学范畴，且对这范畴给予了正确的解释，并把它运用于指导治河活动中。潘季驯也提出了“求顺治”的观点。

古人多处提到“治河之理”和“治河之道”，二者是一个意思，就是顺其水性。陈潢说：“千古知治水道者莫孟子若也。孟子曰禹之治水道也，传曰顺水之性也。”“今昔治河之理虽同，而弥患之策亦有不同。”潘季驯说：“水有性，拂之不可；河有防，弛之不可；地有定形，强之不可；治有正理，凿之不可。”靳辅、陈潢、潘季驯等把“顺其水性”作为治河的基本原则，反映了他们治河中坚持唯物主义基本方向，认识到了治河中遵从自然规律的重要意义。

“顺其水性，而不参之以人意”的思想反映了中国古代治河人物对于自然规律的正确态度。这些体现在我国古代治水思想中对于规律的认识，不失其在中国思想史上的光彩，他们的这些论述是中国古代朴素唯物主义对具体自然规律论述的精彩之笔。

二、中国古代治河思想中丰富的辩证法

黄河是一条世界著名的多泥沙河流，治理黄河首先碰到的就是水流与泥沙的矛盾，我们的祖先在治河过程中抓住治河中所遇到的主要矛盾——泥沙与水流的矛盾，以及矛盾的主要方面——泥沙，从相互对立的事物中看到联系，利用它们的相互联系、相互作用，促成其相互转化。辩证思维方法在中国古代治河思想中得到了充分的体现和发挥。

1.分水与合水互补，疏浚与筑堤束水并行

“合”与“分”、“障”与“疏”是治河中两对重要范

畴，围绕这两对范畴我们祖先付出了昂贵的代价，也积累了经验，使这两对范畴得之不断丰富和发展。我国有史记载最早的治水活动共工“壅防百川，随高堙埤”，“鲧作城”，“障洪水”，这些都是以“障”为主。大禹治水时则主要用疏导的办法，“决九川距川海，浚畎浍距川”。疏导增强了河道泄洪能力，减轻了洪水危害，但还不能有效地控制洪水。战国时堤防得到了系统修建，加大了河床容纳的水量，提高了防洪标准，堤防逐渐成为人类与洪水斗争的主要手段，人类与洪水斗争的主动性加强了。明代潘季驯等人总结前人经验，系统地提出了“束水攻沙”的理论。根据现代河流泥沙工程理论，水流挟沙力与流速的高次方成正比。“束水攻沙”就是提高水的流速，从而提高水流挟沙力，使河床冲刷不至于淤积。潘季驯是“束水攻沙”理论的主要代表，他对该理论作了系统论述。靳辅、陈潢基本上继承了潘季驯“束水攻沙”的治河方略；但对“合”与“导”、“障”与“疏”关系的处理比前人大大前进了一步，丰富和发展了潘氏理论。

“束水攻沙”的具体措施就是“筑堤束水，以水刷沙”。水合流大刷沙才会有力。靳辅、陈潢治河中一方面坚持筑堤束水、合流刷沙的原则，另一方面也不完全否定适当形式的分泄水在治河中的作用。靳辅、陈潢治水时修减水坝颇多。在他们看来，堤防的防洪能力是有限的，为了保证全河不分，应人为地进行局部的小分；为了全河合流刷沙，应有意识的部分分流。减水为保堤，分流为合流，体现了他们对“分”与“合”关系的辩证思考。历来被认为是对立的减水坝与堤防在目标一致的前提下得到了统一，对立的因素在整体功能上取得了一致。减水坝是堤防的一种补充，是保护堤防的一种手段与措施，它使人类取得了与洪水斗争的主动权。减水坝与堤防相辅相成，融为一体，起到了一种互补效应。

潘季驯提出“束水攻沙”强调的是筑堤，是导流，目的在于固定中常水位河槽。当河道严重淤积时，如只筑堤，而不疏浚河道，水无去路。如不考虑河道通畅，水行疾缓，仅强调水力刷沙是不行的。靳辅、陈潢认识到清口疏浚的重要性，认识到疏浚与筑提束水的关系。从他们治河实践看，他们辩证处理了二者的关系，疏浚清口以下历云梯关至海口河段，挑浚清口，挑挖中河，他们都是用疏浚时所挖河段的泥土筑本段堤防，疏浚筑堤并行，以疏为筑，寓筑于疏。引河之法是“束水攻沙”思想在实践中的灵活运用。用挑引河之法堵口，主流顺引河趋向故道，保证了堵塞的进行，是以疏为筑，筑原于疏；借塞筑之势水顺引河而下冲刷故道，则是以筑为疏，疏本于筑。疏与筑关系的辩证统一在此得到了体现。

2．清释浊以清刷浊，浊济清助清刷浑

中国古代对于泥沙与水流这对矛盾的辩证处理还体现在对含沙量大的黄河与含沙量小的淮河浊清之水关系的处理上。公元1128年黄河南决，经泗水入淮，清口就成了淮河入黄之口，黄淮运交汇于此。明清之际，这里是黄淮要津，漕运咽喉，全河治理的关键。时潘季驯在总结前人经验的基础上，提出“以清刷黄”、“逼淮注黄”的治理方案，利用淮河清水注黄，加强黄河下游河段的水流挟沙力，又保证清口处运河口畅通。靳辅、陈潢继承了潘季驯“蓄清刷黄”的思想，上任即疏黄河下游河道，后又排浚清口，打通淮河出口，堵塞高家埝及洪泽湖东南周围河堤及湖堤所有决口和天然地形缺口，加培高埝大堤，创筑高埝坦坡，提高了洪泽湖大堤的御洪能力，保证了淮水能尽出清口，会黄刷沙。

在处理清浊关系时，靳辅、陈潢在水利史上第一次提出了“以黄济淮”的主张。黄强淮弱，为防黄水倒灌，清代把黄河在徐州上下减水闸所减之水引入洪泽湖，以黄助淮，以浊济清。从中国古代治河中对“蓄清刷黄”与“以黄济淮”的分析论述及具体措施可以看出，他们对“黄”与“淮”、“清”与“浊”的关系认识已经比较深刻了，他们一方面看到了黄淮二河的矛盾，另一方面又看到了它们相互联系，相互作用。在处理二者关系时采取了一种积极的态度，把相互矛盾的双方联系起来，用其利而治其害，变害为利。在这个过程中，利用淮河清水助黄刷沙，这是用其利，用其长；又通过沉淀黄河浑水济淮水，以浊济清，这是变害为利，助其长。对立的双方在这里得到统一。

3．以修筑为防守，寓防守于修筑

在河务活动中，所有的活动可分为两大类：一类为治河和修筑，一类为防河和守护。中国古代治河之人对它们的关系有比较清楚的认识，具体治水活动中，着眼于“修”和“治”，立足于“防”和“守”，把保持河道稳定，保证河防工程长治久安作为治河活动的一个重要原则。一方面他们疏浚河道，修筑加固堤防，堵塞决口等，从事一系列的重要治理活动；另一方面，制定堤防维修养护制度，增设护堤人员，在堤上广泛植柳，进一步发挥缕堤、遥堤、月堤、格堤作用，层层设防，约拦洪水，增强防御洪水的能力。他们的治河活动及言论反映出，治与防、修与守不仅相互联系、相互影响，而且在一定条件下还相互转化。如靳辅、陈潢一方面认为“治河者必以堤防为先务也”，另一方面又认为“防河之法首在于堤”。堤防既是治河之手段，又是防河之屏障，以治为防，以防固治，寓治于防，寓防为治。坦坡的修筑就体现出治河与防河、修筑与守护关系的辩证统一。坦坡修筑的具体方法是：背水面培高培厚，迎水面则从顶起向前铺筑坦坡，坡度1:8，旧有石工椿工埋入土中，为堤骨，然后夯实。坦坡的修筑的确符合科学道理，作为一项土坝防浪技术，它在湖泊水库的治理修筑工程中，仍有广泛的实用价值。坦坡的修建既是治河之工，也是防河之举，是积极地治与积极地防有机的统一。

4．顾全局抓重点，辩证处理全局与重点的关系

由于黄河、淮河、运河三者在明清两代关系复杂，相互交错，息息相关，所以明清两代如何妥善处理黄淮运的关系就成为治河中的一个重要问题，也是治河活动

中争论较多的一个问题。明清大运河航道卡脖子段有两处：一处是苏北地区的淮（安）扬（州）运河段；一处是从淮安到徐州的五百里河段；清初治河中基本上黄淮运统一规划，综合治理，制定出一系列基本可行的方案和措施，他们对清江浦至海口两岸筑堤，并疏浚河道，排浚清口使淮水尽出清口刷黄，堵洪泽湖周围及黄河两岸决口，培筑高埝大堤及黄河两岸堤防等，这些主要通过对黄淮的治理来达到保运这个目的。明清两代，重点加强黄淮运交叉河段治理，疏河道，疏运口，加强堤防工程，以保漕运。高家埝是洪泽湖的东堤，清口是洪泽湖的出口，也是淮河与黄河相会之处，在明清两代，它们是治理的重点。

通过以上对中国古代治河思想中辩证方法的分析可以看出，在中国古代的治河思想中，辩证的观点得到了具体而生动的发挥，自然界的关系得到了正确反映，事物矛盾的双方得到了辩证的统一。

三、中国古代治河思想中的认识论特色

1. *亲临实践，重视治河经验的获得和总结*

中国古代治河人物对实地考察、获得第一手资料对治河活动的重要作用是有所认识的。潘季驯曾说："臣窃谓天下之事皆可以揣摩测度而得之，而惟治河一事，非亲自经历，足遍而目击之，则文移调度之间，终属影响。"此一语道破了实地考察、获得第一手资料在治河活动中的重要实践意义。在具体工程决策时，注重考察历史，吸取经验教训。

2. *因势利导，"鉴于古而不胶于古"*

河流是一个动态系统，河水有涨有落，河床有冲有淤，黄河下游河道又常有大规模的迁徙，"三十年河东，三十年河西"很形象地反映了黄河下游河道的变化。河流不仅随时间变化而变化，影响治河活动的政治、经济、社会状况也都客观变化着。因此，治河活动成功与否很大程度上取决于是否根据变化了的情况立论。对此，古人是有所认识的，"宇宙万物皆有变，……况水属动者乎"。既然万物皆有变，那么治河就应"逐细筹酌，其间修举情况有当必师古者，有当必酌今者，有须必分别先后者，有须一时并举者，总以因势利导，随时制宜为主。"从客观实际出发，因势利导，随时制宜，这是中国古代治河思想中积极、合理的因素。

清人靳辅、陈潢认为"贾让治河策只可行于汉世"，从清初情况出发选择自己的方略。从其治河方略实施过程看，王景选择了汛期堵口，这是少见的。潘季驯采取了坚筑堤防的治理措施。靳辅、陈潢认为："今昔之患河虽同，而被患之地不同；今昔治河之理虽同，而患之策亦有不同。故善法古者惟法其意而已。"这就是他们对前人治水经验的态度，"鉴于古而不胶于古"。

3. *从全局出发，"治水应审其全"*

中国古代治河思想中从全局出发，"治水应审其全"的思维方法，体现了现代系统方法的特点。系统方法的提出是20世纪人类认识的成果，但系统方法的自发运用则很早就开始了。我们的先人们基于客观的认识，窥视到了自然界与人类社会的相互联系，相互作用。自然系统中黄、淮、运相互制约，相互影响，作为这个系统的基本要素水流、泥沙、河床边界条件又对黄、淮、运的状况起着决定性的作用。中国古代成功的治河人士在治河中正是从这个系统的情况出发，立足于全局，着眼于局部，从黄、淮、运全局出发，把各部分要素放到整个系统考虑，正如他们所说的："有全体之势，有一节之势。论全体之势贯彻始终，见贵周远近。宁损小以图大，毋拯一方而误全局；宁忍暂而谋之，毋利一时而遗虑于他年"，他们对黄、淮、运这个庞大的动态系统的规划、施工都体现了系统方法的整体性、综合性的特点，他们整个治河过程追求的正是最佳化这个目标。中国水利史上有许多对系统方法运用的事例，不仅表现在我们上面谈到的中国古代的治河活动中，四川都江堰和广西灵渠的规划、设计、施工也都体现了系统方法的特点。

（原文约7000字，发表于《武汉大学学报》人科版2001年第1期）

文摘编辑：栾贵川

论历史时期汉水流域的文化政治地位

马 强

[作者简要] 马强，汉中师范学院历史系副教授，研究方向为汉魏唐宋史及汉水流域历史文化。

[内容提要] 李家村与龙岗等仰韶文化遗存的分布表明，汉水流域是华夏文明的重要发祥地之一。对建都秦岭以北关中平原的周秦汉唐等王朝来说，汉水流域一直是第一政治后方，起着重要的政治缓冲和后院屏障作用；汉水流域历史上曾几度辉煌又几度衰落，代表着内陆腹地区域发展的一个典型；而作为沟通与中原、中南与西部的交通大动脉，又与中国的西部的开发具有重要意义。

[关 键 词] 汉水流域；历史地位；发展模式。

一、汉水流域与早期中华文明的起源与发展

20世纪大江南北的大量考古发现证明，华夏文明的起源并非完全在黄河流域，而是呈现多元的大面积多散点分布，其中汉水流域就是华夏文明的起源的重要地带，在我国考古学上占有举足轻重的地位。20世纪60年代至80年代，在汉水上游汉中地区先后发现西乡县李家村和南郑县龙岗寺两处新石器仰韶文化遗址，据科学测定，距今年代分别在7500年和6500年左右。其中龙岗遗址中大量的水稻碳化遗物以及其红陶器皿，李家村遗址中造型精美的骨雕人头像等都颇受考古学界重视，在“文革”后中国第一届考古学年会上分别被命名为“李家村文化”与“龙岗文化”，并且还被农史专家认为是中国水稻起源长江中游的重要证据。此外，在汉江沿线的安康、郧西、竹溪、襄樊、南阳、枣阳一带也发现有不少新石器遗存，这些史前文化带有明显的从半坡仰韶文化向屈家岭文化过渡的特征。龙岗文化从类型上属西安半坡文化，而李家村文化则与秦岭北麓宝鸡老官台文化十分相似，又被考古学界命名老官台—李家村文化。此外，新近在汉水上游支流湑水之滨的城固宝山一带又发现以新石器时代文化遗存为主的宝山遗址，经西北大学文博学院考古发掘，已经发现了大量新石器时代至商时期的文化遗存，其中发现的回烟式陶窑还被考古学家赵丛苍教授命名为“中华第一窑”。这说明在华夏史前文明形成阶段，汉水流域就是一个不容忽视的重要区域。夏商时代是中国上古国家出现和形成时期，汉水上游的褒国相传就是大禹所封。关于商王朝的政治疆域，传统学术观点一般认为在淮河、秦岭以北中原——关中一线，文化所及也相应在这一平行区域。然而上世纪80年代以来在陕南汉江支流湑水沿岸城固、洋县一带连续发现大量精美的商代青铜器，时间大约在武丁前后，打破了商文化西南不逾秦岭的定谳，从而把商文化西南波及范围推到汉水上游，目前已为国内外商周史界所认可，并被写入大学历史专业课本。另据著名学者李伯廉等研究，商周巴、蜀等方国均在汉水上游的城固、南郑一带，后来才迁徙到大巴山以南的川东、川西定居下来；此外商周之际楚国也最早发祥于今陕南商洛丹水之阳，后来经过其先祖熊绎、熊嗣等艰苦创业，才不断东扩，终于在春秋时雄踞江汉，成了南方赫赫大国。西周时汉水流域分布着褒、巴、蜀、酉、庸、濮、邓、楚、唐、骆、随等大大小小三十多个方国，大致属于周南、召南之域，其中楚的迅速发展壮大已构成对周王室的严重威胁，周昭王曾率师南伐，竟溺毙于汉江；春秋战国时期，楚的发展更加迅猛，曾几度北上与晋齐秦等大国争霸中原，到战国时期更是七雄中之强国，与强秦相抗衡。而汉水下游的唐、随、邓等国文化也十分发达，1972年发现挖掘的春秋随国曾侯乙墓中精美绝伦的大型编钟，已被国内外考古学界公认是代表春秋音乐文化的绝响。而以楚辞及鲜明的楚地浪漫奔放民风为代表风格的汉水流域文化独领风骚，则构成先秦华夏文明色彩斑斓的一大板块。秦汉时期是中华文明第一次大整合阶段，由于特殊的地理方位，汉水流域成为秦、楚、巴、蜀乃至三晋文化的交汇地带，特别是两汉时期，融合战国秦楚两大文化流风余韵而形成的刚健豪放兼激越浪漫风格的汉代民族精神成为中华文明主旋律，而汉代文化精神基调却是楚文化。两汉王朝均崛起于汉水流域，西汉王朝发祥于汉水上游汉中一带，秦亡后刘邦被西楚霸王项羽封为汉王，领汉中、巴蜀之地。刘邦集团在汉中用张良、韩信计，明修栈道，暗度陈仓，反击三秦，最终歼灭项羽，建汉立国。西汉末年农民起义风潮中，光武帝刘秀集团同样兴起于汉水中游的南阳地区，依靠南阳颍川豪门大族支持起家，以重建汉祚为政治目标，奋战天下，终于建立东汉王朝。由于两汉时期是中国文化由先秦华夏多元文化向汉民族统一文化过渡并定型期，因此这一时期华夏文化这一概念逐渐被汉文化替代，出现了诸如汉人、汉语、汉族、汉家、汉文、汉诗等称谓。汉水流域在两汉王朝建立与

汉民族文化整合中所起作用是不言而喻的，可以说，离开了汉水流域，汉王朝、汉文化将无从谈起。

二、汉水流域的历史政治、军事地位

汉水流域在中国早期政治版图上的重要地位已渐露端倪，战国秦汉之时，汉水流域已成为天下瞩目的政治军事战略要地。战国后期秦统一六国战争的转折即发生在汉水中上游的秦楚争战。公元前316年秦惠文王诏令司马错伐蜀，西南进军途中一举兼并汉水上游，进而自南郑与武关两路东进，步步对楚形成压迫之势。不久秦将白起又与楚决于商地丹江一带，大败楚师，夺得汉中郡，占领商地六百里，楚国从此国势日蹇，被迫将国都由郢（湖北江陵）迁往淮河流域的寿春，秦实际上已取得灭楚战争的主动权，进而一跃为七雄之首。秦在战国时能后来居上、由弱而强，固然与商鞅变法、奖励耕战军功有关，但占领巴蜀、汉中之地无疑是一个重要转折，汉中郡的得与失甚至直接决定了楚秦两国的盛衰。秦国统一前夕，秦王曾几次亲临新城（今陕西安康市）视察，以示恩重；秦灭六国后，划分天下为三十六郡，十分重视对汉水流域的行政管理。

三国时期汉水流域更是魏、蜀、吴三方面角逐的战略要地，汉中、魏兴（今陕西安康市）、房陵、襄阳、宛城、夏口等都是重要的军事重镇。三国初，先是曹操西征降服张鲁，夺得汉中之地。不久刘备率军北攻汉中，与曹军激战于沔阳，斩魏大将夏侯渊，占领汉中，并在沔阳设坛称汉中王，达到了蜀汉霸业的顶峰。诸葛亮的隆中战略就是以汉水为中轴线、东西北伐曹魏的军事宏图，从汉川和荆襄出击北伐都要以汉水为基地。而三国末期蜀汉国很快被魏军所灭亡，又直接与姜维忽视汉中军事设防有关。汉水中游的荆襄扼南北交通之咽喉，三国政权均视其为政治军事地图上的必争之地，特别是刘、吴荆州争夺乃三国前期政治军事的焦点。关羽痛失荆州后，实际上已经意味着蜀汉北伐统一大业的失败。南北朝时期汉水流域的梁州、荆州地等依旧是南北政权争夺的军事要地。唐代汉水流域分别属山南西道与山南东道统辖，山南西道治南郑，山南东道治襄阳，为唐王朝山南政治屏障。尤其是唐中叶以后，汉水流域对屏护唐中央的意义日渐显著。

入宋以后，鉴于唐末五代藩镇割据、叛离中央的教训以及山南特殊的地理形势，北宋朝廷对汉中、巴蜀地区格外警惕，选派官员慎而又慎，甚至很长一段时间内禁止蜀、汉地区修建城垣。靖康之变，金人南侵，全国很快形成淮西、鄂襄、川陕三大抗金战场，汉水流域即有后两大御敌战区，军事战略地位急剧上升。襄阳对偏安江左的南宋来说至关重要，绍兴四年（1134），岳飞率军一举击败李成，收复襄阳六郡，控制汉水中游，为在鄂襄战场北伐中原扫清了障碍，成为南宋抗金战争史上一次决定性大捷。南宋末年宋元双方在襄阳对峙长达六年之久，襄阳最后陷落于蒙古人之手，南宋的亡国也就指日可待。汉水上游的汉中，南宋前期为西北国防战区，战略地位极其重要，而宋蒙战争爆发后，由于南宋后期川陕帅臣昏庸无能，在蒙军集中兵力猛攻下，汉中很快陷落。蒙军自汉中打开缺口后，很快进入四川，控制长江上游，完成了对南宋的迂回包围，同样决定了南宋的败亡结局。

唐代以后随着国家政治中心的东迁，特别是宋元以后，汉水流域远离政治中心，政治军事地位相应下降，重大历史事件发生频率也大大降低，逐渐退缩成一条区域性交通地带。虽然明清时期汉水流域又相继有白莲教农民起义转战驰骋鄂楚与太平军西征陕南，但总的说来，其政治地位已难与周秦汉唐相比，流域的军事战争也只有区域性的影响。20世纪抗日战争与三线建设期间汉水流域虽一度又风云际会，颇受当局重视，但战争与紧张状态一结束，暂时的喧哗很快又趋于平静。因此，汉水流域的政治、军事地位升降，与国家政治中心的所在及其国家的治乱兴衰密切相关。

（原文约5000字，发表于《汉中师范学院学报》社科版2002年第2期）

文摘编辑：郭子涵

论中国传统行政思想的基本特征

朱仁显

[作者简介] 朱仁显，厦门大学政治学与行政学系讲师，主要从事政治学研究。

[内容提要] 在漫长的古代中国，行政思想尽管历代有差异，但尊君、重民、治吏的思想是一以贯之的，这三者构成了传统行政思想的基本特征，也成为传统行政思想的基点。其中，尊君是前提，是统领全局的行政原则，重民是尊君原则的补充，也是行政管理的指导思想，治吏则是贯彻执行尊君重民行政原则的关键。三者相辅相成、互相联系，对数千年中国行政体制的形成、发展、成熟，对人事制度的日趋完善以及政治家的行政行为影响殊深。

[关 键 词] 重民；尊君；治吏。

一、强调尊君

在中国传统行政思想中，尊君思想根深蒂固，绝大多数的杰出政治家和思想家都主张行政管理要以君主为轴心，要依君命行政，这是行政管理的首要原则。一般的政治家和思想家都用这一原则分析行政问题，遵循这一原则设计行政制度，制定行政方案，提出改革主张。尊君思想的基本内容有：

第一，君王是上帝在世的化身，是“天子”。董仲舒说：“古之造文者，三画而连其中，谓之王。三画者，天地与人也。而连其中者，通其道也。取天地与人之中以为贯而参通之，非王者孰能当是。”把王描绘成沟通天地人的超人，使之从普通人中游离出来而凌驾于普通人之上。

第二，君权是神圣不可侵犯的。《礼记·表记》称“唯天子受命于天”。董仲舒认为：“《春秋》之法，以人随君，以君随天。”“王者天之所予也。”韩愈、朱熹更将此说哲理化，君权既然是神圣的，自然也是不可侵犯的。

第三，君权是绝对的。所谓“普天之下，莫非王土，率土之滨，莫非王臣”。帝王对土地、财富具有独占权，对子民拥有操纵权。至于政治权力，诸如政令、人事、财政、决策、刑赏、军事等大权，更是不容转让和剥夺的君权。法律是帝王的意志和工具。君主口含天宪，法自君出，君意为法，君王发布的赦令、策令、诏书、谕旨等就是法律文件。君主主义发展到极点是顺之则昌，逆之则亡；以君为师，王权超越认识过程和逻辑，成为认识的最高权威和终极裁决者。

第四，君主是政治安定和社会发展的决定力量。孔子认为君主能“一言而兴邦”，“一言而丧邦”；孟子说：“一正君而国定矣。”《礼记·中庸》说，“文武之政，布在方策，其人存，则其政举，其人亡，则其政息。”唐甄认为：“治下天者唯君，乱天下者唯君，治乱非他人所能为也，君也”。不同的论说都强调君主是治国安邦的决定力量。

二、主张重民

中国历史上的杰出政治家和思想家在主张尊君的同时，也十分强调重民。从殷周时期《尚书》的“民惟邦本”，春秋战国时期孔子的“仁政”、“爱民”，孟子的“民贵君轻”，荀子的“君舟民水”，到汉唐时期贾谊的“民为政本”，唐太宗的“国依于民”，柳宗元的“吏为民役”，明清时期张居正的“知人安民”，康熙的“以足民为首务”等等，可以看到重民思想源远流长，一脉相传，是治国安邦的指导思想。重民思想的核心内容是：承认“民”对整个政治体制具有重要作用，强调施政要顺乎民情民心，实行爱民、利民、富民、恤民政策。具体内容有：

第一，民生君，而不是君生民，君为民而设。重民论的理由之一，就是认为君主来自人民，是人民秉承天意或根据自己的意愿推选出来的，君是为了“利民”、“养民”而设的。《左传》说“天生民而树之君”。墨子说古时人民“选天下之贤可者，立以为天子”。《管子》指出“国之所以为国者，民体以为国”。《商君书》认为，古时候，人们既私且乱，故而立之君，既然立君是为了应民众之需，那么君主就应以为民办事为己任。这一思想观点在后世不时为人所发挥和发展。如柳宗元提出“吏为民役”，意即官吏是人民的仆役，而不是奴役黎民的老爷。人民出钱雇他们，是让其为民公平办事。王夫之认为“君以民为基……无民而君不立”。

第二，民是国家政治统治的基础。《尚书·王子之歌》云：“民为邦本，本固邦宁”，意即百姓是立国的根本，根本稳固，国家才会安宁。孟子认为人民是组成国家的基本要素，没有人民就没有国家，“诸侯有宝三：土地、人民、政事”，“民为贵，社稷次之，君为轻。”韩非从反面论证无民不成其为国的道理：“无地无民，尧舜不能以王，三代不能以强。”汉朝贾谊认为“闻之于政也，民无不为本也，国以为本，君以为本，吏以为本。”唐甄则概括性地写道：“国无民，岂有四政！封疆，民固之；府库，民充之；朝廷，民尊之；官职，民养之，奈何见政不见民也！”也就是说，人民创造财富以供养朝廷和官僚，人民组成兵勇以捍卫国土，人民服从朝廷以维护君王的统治。总之，他们普遍认为，人民是立国的基础，失去人民的支持，政治统治就失去根基。

第三，民心向背是政治兴衰成败的根本原因。孟子强调政在得民，失民必定亡国灭身。他说“得乎丘民而为天子”，“桀纣之失天下也，失其民也；失其民者，失其心也。得天下有道：得其民，斯得天下也。”荀子的“君舟民水”的比喻，生动地说明了民心向背与君国兴亡的密切关系。还有一些政治家和思想家从战争胜负的角度阐述民本思想。荀子认为，攻战之本，也在于人民，“士民不亲附，则汤武不能以必胜也。故善附民者，是乃善用兵者也”。即使是汤武革命这样的正义战争，没有人民的支持也不会胜利，因此，善用兵者，必善抚民。贾谊也指出：“夫战之胜也，民欲胜也；攻之得也，民欲得也；守之存也，民欲存也。”士卒来自民间，战而能胜，源自人民的支持。反之，如果失却人民支持，虽欲胜不能。表面上看，夏桀是被商汤所灭，商纣王是被周武王所灭，周幽王是被戎狄所灭，秦朝为刘邦、项羽所灭。实际上，是百姓对其残酷统治不满，揭竿而起，最终导致昏君们身死国灭。正如贾谊所说：“民者，至贼而不可简也，至愚而不可欺也。故自古至今，与民为伍者，有迟有速，而民必胜之。”正是从这个意义上，古代政治家和思想家强调民心民意难违，为政重在顺民心，因民情。

此外，传统中国政治家和思想家提出了许多具体的重民主张，主要有：

利民：强调制定有利于民众的政策，采取让民众受惠的措施，包括在思想上正确认识利民与利国、利君，取民与予民的关系；行动上努力为民谋利，而不与民争利；施政上兴办诸如水利等公共工程，选拔贤能官吏理政，让民休养生息，革除各种弊害等。而最重要的则是富民，使民众丰衣足食。关于富民之道，传统中国大多强调发展农业生产。

恤民：即体察百姓疾苦，关心民众生活，使人民安居乐业。

除此之外，还有各种安民、保民、通民、教民、养民、取信于民等具体的论述和方案，都是重民思想的具体化。综上所述，可以看到传统中国重民思想不仅内容十分丰富，而且也无所不在地影响和指导着政治家和思想家们对行政方案的设计。不过传统重民思想与尊君思想并不是对立的，往往是互补的，重民是在尊君前提下的重民，重民的目的也在于尊君并维护君主专制统治。所以尊君重民在实质上是一致的，是一个问题的两个方面。重民思想虽然在历史上发挥了协调社会矛盾、限制和弱化专制暴政、培养“贤臣”“明君”的作用，富有价值，但它不等于民主思想，也无法升华为民主思想。

三、重视治吏

在行政执行的环节上，中国传统行政思想特别重视治吏，主张通过治吏达到理政驭民的行政目标。荀子认为“有治人无治法”，“法不能独立，类不能自行，得其人则存，失其人则亡”。良法固然重要，但法不能自行，还要靠人来执行。韩非提出“明君治吏不治民”；王安石在论及官吏对于治国理政、执法的重要性时表述得更明确，他说：“理天下之财者法，守天下之法者吏也，吏不良，则有法而莫守，法不善，则有财而莫理”，强调的也是“为政在人”。可以说，狠抓吏治，培养公忠体国，勤政爱民，德才兼备的官僚队伍，进而实现对行政事务和平民的有效管理与统治，是中国历代政治家和思想家的共识。本着这个精神，他们大都主张采取下述措施：

第一，尊贤任能。其基本精神是要求统治者重用贤才，不断擢拔贤能之辈到重要岗位，充实官僚队伍，提高其整体素质。

第二，严考课、明赏罚。韩非曾提出要循名责实，参验群臣，严明赏罚。

第三，强化监察。

第四，褒廉惩贪。为了巩固政权、发展经济、稳定社会，中国历史上的政治家和思想家大都认为要建立一支清廉不贪的官僚队伍。

上述措施、主张都是围绕着吏治问题而展开的，足见传统行政思想中对吏治的重视。他们之所以如此重视治吏，是因为人治政治客观上缺乏恒常有效的制度规范，行政举措能否贯彻执行，行政目标能否实现几乎完全仰赖吏治的好坏。在尊君的思想和政治背景下，除了治吏别无选择。

总之，尊君、重民、治吏贯穿着中国行政思想史，成为中国传统行政思想的基本特点，传统行政思想大都由此而展开。其中，尊君是前提，是统揽全局的行政原则；重民是尊君原则的补充，也是行政管理的指导思想；治吏则是实现尊君重民行政目标的途径。三者是相辅相成、互相联系的有机整体。它们对数千年中国行政体制的形成、发展、成熟，选官制度的日趋完善以及历代政治家的行政行为产生了不容低估的影响。

（原文约8000字，发表于《史学集刊》2001年第4期）

文摘编辑：徐婷

论现象史学

常金仓

[作者简介] 常金仓，陕西师范大学历史文化学院教授，博士生导师。

[内容提要] 传统史学的外在表现形式都是以事件为中心的叙事史，叙事史只追求事件真实性而对理论概括缺乏兴趣，因而它不仅是历史学变成科学的严重阻碍，而且连它追求的真实性也只能是一些推测。历史学要想更好地为社会服务，必须把它的重心由关注事件的细节过程转向关注历史现象上来。现象史学首先要从复杂的历史事件中识别和确定一些相对稳定的历史现象，进而通过现象的分解发现构成现象的各因素的关系，最后在对现象多次分解的基础上概括出一些规律来，像自然科学那样靠发现规律指导现实生活。

[关 键 词] 叙事史；现象史学；历史规律。

科学研究一般要从最简单的概念和事实开始，现象在历史研究中并不是最简单的东西，一个现象往往是由若干更简单的文化因素组成的。因此，当一个现象被确定下来以后，紧接着就要对这个现象加以分解，而历史学材料在现象分解过程中较其他社会科学具有明显的优势。数年前我研究中国传统建筑形式的思考过程可以作若干方法的一个例证：中国传统建筑的最基本特征有二，一是土木结构，一是四合院平面布局，这两个基本特征时至今日仍被顽强保存了下来，这种建筑模式是怎样形成的？建筑史上有许多想当然的解释。运用历史的、要素分析的方法，我们断定它必由若干最原始的文化因素综合而成，于是我们发现《庄子·盗跖》、《韩非子·五蠹》、《礼记·礼运》追述古代宫室起源时都谈到远古时代我们祖先的两种居住习惯：冬居营窟，夏居橧巢，穴居的目的是避风寒，巢居的目的是避禽兽。当我们看到7000年前半坡遗址的居室复原图时，便立刻领悟到它正是穴居和巢居的结合。比半坡稍晚的姜寨村落遗址上，呈现在我们面前的依然是半坡地穴式的房屋，平面布局是一座大房居中，若干小房不规则地环列四周。历史发展到偃师二里头时代，那座标准的中国式宫殿的平面布局已呈很规则的长方形（东北缺一角），仍然是主殿居中，小房环列四周，这一变化使我想到中国古老的天圆地方观念和居室效天法地的种种迹象，于是我们终于明白穴居、巢居、天圆地方在历史上不同时代相互综合形成中国独具特色的传统建筑。文化要素的分解方法取决于研究者的目的，如果想知道西瓜内部籽粒的分布状况，取横断面还是纵切面呈现出来的将是不同的景象。

现象分解的首要任务是设法弄清特定现象由哪些因素综合而成，以及这些因素在综合体中分别发挥什么作用，弄清楚这些问题不仅有助于更深刻地理解各国历史文化之间的差异，辨别形似而实非的事物，而且很快就能将这些认识运用到现实社会的整治工作中来。历史现象分析的实践一再表明，构成一现象的因素不可能一次性识别出来，有时要进行多次分解，从一个层面深入到另一个层面才能穷尽。不过，投入分解过程的现象要分解到哪个层面，只要能够充分解释所要知道的事情就可以了，不必盲目求深。现象的分解应当成为历史学家思考问题的出发点。

现象分解的最终目的在于历史的通则、原理或规律。历史规律并不等同于自然科学中的规律。它的基本特征如下：（1）历史规律应该是可重复出现的现象，它的价值在于人们可以驾驭它实现自己预期的目的；（2）规律应该是有前提的命题，历史的多样性决定了不能有放之四海而皆准的规律；（3）历史是个新陈代谢的过程，故历史规律有其适用时限；（4）历史规律的作用只限于解释过去并对当前事务做出对策；（5）历史规律只存在于构成现象的历史要素之间，而不存在于前后相继的历史事件之间，历史事件从古至今都是独特的、一次性出现的、永不重复的，而构成历史现象的历史要素尽管在不断重新综合，但要素本身却总是一再重现的，根据第一条特征的要求，我们只可能在分解历史文化现象时发现规律，根本不可能在叙述历史故事和简单的事件因果分析中得到历史规律。

21世纪的新史学应该以发现历史规律服务于社会，对历史学家工作的评价也应以此为标准，当然历史学上也需要做一些材料整理和考订工作，一文一字的识读、一事一物的考证作为史学的自身建设永远不可缺少，它们应交由有专长的学者去完成。

（原文约12000字，发表于《宝鸡文理学院学报》社科版2001年第3期）

文摘编辑：栾贵川

资治·创新·求真
——中国传统史著编纂的三项基本原则

刘太祥

[作者简介] 刘太祥，南阳市师范学院学报编辑部。

[内容提要] 本文论述了中国传统史著编纂的三项基本原则：资治是灵魂，创新是生命，求真是骨骼。

[关 键 词] 资治；创新；求真；中国传统史著；编纂；基本原则。

中国传统史著何以连绵不断，汗牛充栋，内容繁富，形式多样，社会功能巨大？就是因为编纂史著坚持了资治、创新、求真的三项基本原则。资治原则是编纂传统史著的灵魂，创新原则是编纂传统史著的生命，求真原则是编纂传统史著的骨骼，三项基本原则互相依赖，共同促进了传统史著的编纂，使传统史著为封建社会的发展提供了强大的精神动力和智力支持，对封建社会政治的安定、经济的发展和文化的繁荣起到了一定的积极作用。

一、资治原则：传统史著编纂的灵魂

资治原则就是编纂史著要“鉴于往事，有资于治道”，也就是要通过历史著作的编纂为政治提供服务。没有正确的政治观点就等于没有灵魂，史学著作没有灵魂就没有生命。因此资治原则对中国传统史著的编纂起着决定性的作用。资治原则在编纂史著中主要表现在借鉴和教化两个方面。一是借鉴。从历史的治乱兴衰中，总结经验教训，寻找治国方略，以资治道和推测未来，为统治者的决策提供依据。二是教化。通过历史著作的编纂，褒奖真善美，贬抑假恶丑，为人们提供伦理道德规范，使史著蕴含中华民族的精神底蕴和众多历史人物的人格魅力，教化人民，赞助政治。

二、创新原则：传统史著编纂的生命

创新原则在传统史著编纂中表现在编纂方法、编纂内容、历史观点三个方面。(1) 编纂方法的创新。传统史著编纂方法主要从史体和史例两方面创新。史体是史著内容的外部表现形式，史例是史著内容的内部结构形式。通过形式的创新，更全面、真实地反映历史内容，更好地总结封建政治的成败规律。(2) 编纂内容的创新。首先，二十四史内容的创新。其次，典制体内容的创新。最后，编年体内容的创新。由上可知，史著编纂内容的创新，不仅有各种类型的人物传记，详尽的历史事件，而且对政治、经济、思想、文化、制度、民族关系、邻国交往等都有记载，全面地总结了历史智慧。(3) 历史见解的创新。历史著作的编纂必然反映当代人的思想，人类对历史的认知判断和价值判断也会随着时代的进步、思想的变化而不断深入和有新的变化。传统史著从历史的发展中不断总结出可资现实借鉴的新的历史见解，为社会需要提供服务。

三、求真原则：传统史著编纂的骨骼

传统史著编纂坚持求真原则，用实事求是的态度，采取科学的方法，广泛搜集史料，精审考证和选择史料，保证史料的科学性。秉笔直书，探求历史发展的规律，使史著编纂的内容既确凿可靠，又合乎情理，真实全面地反映历史面貌。求真原则为史著编纂的政治原则和创新原则提供了科学的依据。没有求真原则，资治和创新两个原则就成为无源之水，无根之木。求真原则在传统史著编纂中主要体现在以下两个方面：(1) 对资料搜集广泛，考证精审；(2) 秉笔直书，探求真理。

综上所述，我们部分地考察了传统史著编纂坚持三项基本原则的具体表现，可以得出如下结论：中国传统史著的编纂以儒家思想为指导，根据不同时代政治、经济、文化发展的特点，采用多种编纂形式，记载真实、丰富、具体的历史内容，客观地总结历史兴衰的经验教训，阐发人生哲理和启迪人们的智慧，使各阶层人都能从中得到有益的启示和教益，提高人们从事政治、经济、文化、生产、人际交往和应付各种事变的能力，增加成功的机会和少走弯路，充分发挥了史著的社会功能。这给我们当代史著的编纂提供了有益的借鉴：编纂史著要用马列主义、毛泽东思想、邓小平理论作指导，根据时代的需要，不断创造新办法，发现新材料，提出新的历史见解，实事求是地研究历史，反映时代的要求，探讨历史发展规律，编纂出既具科学价值，又能经世致用的历史著作，为社会主义物质文明和精神文明建设提供有力的思想文化保证和智力支持。

(原文约2000字，发表于《南都学刊》2001年第4期)

文摘编辑：栾贵川

日本社会对“五四”运动的态度简析

于耀洲

[作者简介] 于耀洲，齐齐哈尔大学历史系副教授，主要从事中外关系史研究。

[内容提要]“五四”运动发生后，日本社会内部不同的阶级从各自的角度出发，对运动发表了不同的看法：以日本政府为代表的一派，从军国主义立场出发，对运动进行了歪曲；日本部分有识之士，则对运动进行了比较客观的分析。

[关 键 词]“五四”运动；日本社会；政府；军国主义。

日本政府对“五四”运动的态度，完全是基于对华侵略政策而来。日本政府是从日本政府所代表的军阀、财团的利益出发，将“五四”运动视为中国青年学生的消极性运动，而没有也不可能从中国的国情出发，去认识和理解中国人民反对外来侵略和本国反动腐朽统治的意志、信心和决心；不可能认识“五四”运动反帝反封建的彻底性和不妥协性以及这场运动的人民性；更不可能看到“五四”运动给中国革命带来的巨大转机和对中国发展进程所产生的无比深远的影响。第二，明显无视中国发生“五四”运动的内在动因，反而认为是中国政客和英美等国煽动的结果。这也清楚地表明日本帝国主义与其他帝国主义国家争夺中国权益的野心。日本政府所以认为“五四”运动为第三者所煽动，据分析可能是根据当时日本驻华公使小幡酉吉及“支那浪人”宗方小太郎等人的报告所得出的结论。

“五四”运动发生后，小幡酉吉对这场运动持强硬的态度，他认为最初由学生发动的救国运动，已变为推动社会各阶层的“一大国民运动”，同时以“五四”运动为契机，抵制日货运动已发生了重大的变化，进入了“慢性的排日运动时代”。因此，当“抵制日货”、“外争国权，内惩国贼”的口号喊出后，小幡立即派人警告北京政府，要求取缔反日言论，制止抵制日货运动。继京津之后，全国其他大中城市发动反帝反军阀运动，小幡又屡次向北京政府提出强烈抗议。特别是在运动之初，由于英美和日本在争夺中国问题上有矛盾，因此对这场运动的干涉不像日本那样露骨，并有利用中国的斗争打击日本在华势力的考虑，所以还对运动表示了一定的同情，这就引起了小幡的不满，他谴责美国朝野在精神上、物质上给中国种种援助，多方煽动反日情绪，并指出排日运动实为亲美运动的一环。小幡既为日本驻华大使，那么他的这种认识不可能不对日本政府对中国“五四”运动的认识和态度产生影响。

宗方小太郎是日本有名的“支那浪人”，也是军事间谍，自1890年起至1923年其死亡为止，30年来一直作为日本海军军令部的“嘱托”（特约人员），潜入中国大陆从事间谍活动。“五四”运动发生以后，他曾在1919年5月4日、14日写出两份报告呈送海军军令部，他的见解是：第一，此次运动为美国人所煽动，排日思想即为亲美运动；第二，运动的原因虽然复杂，却发端于政争，尤其民党、亲美派，拟借机扩充其实力，纯属一幕“闹剧”；第三，策动者为一批自东京回国而不满现状的“不良”留学生组成的“留日学生救国团”，《民国日报》则为煽动机关。宗方小太郎的报告，突出强调了美国在运动中的作用问题，并把“五四”运动的原因归结为中国内部的政争，这种错误的认识导向，对日本的对华政策也不能不产生影响。

“五四”运动发生后，作为日本政府喉舌的报纸，对运动也大多持诋毁抨击的态度，成了与日本政府遥相呼应的阵地。

“五四”运动发生后，在日本反映最敏感，而且即刻采取对应行动的是其军事部门。日本参谋本部在“五四”运动期间，曾向在华情报机关发出命令，要求从四个方面详细调查中国各地的形势。四个方面是：第一，“中国之思想”；第二，“各国对华设施经营的现况，尤其自欧战停战以来，认定为新侵入的列强势力之设施”；第三，“本年5月以来，因排日运动日本所受的影响”；第四，“中国的对外尤其对日感情”。这次调查遍及北京、上海、旅大、天津、青岛、溪口、台湾等地，根据调查的结果于翌年3月撰写成《中国思想问题及其对外尤其对日感情》一文，作为秘密文件，传送各有关机关 。这篇文书汇集了日本在华各地情报机关的报告结果，其中“青岛报告”这样认为：“吾人以为今日的排日风潮，并非基于中国青年的国民自觉，并深信绝非每个中国人都对日本人怀有恶感。然而细察此次排日运动的动因，实为冯玉祥一派的野心政客，利用中国最近社会混乱，人心的腐败，思想界的恶劣倾向所发起，至于助长此一运动的，则为英美人的活动。”其他各地的报告与此基本相同，这里的内容较之原敬内阁的阁议决定事项更明显地否定了“五四”运动所具有的革命性和群众性，错误地强调了这场运动是由中国内部官僚政客的政争和第三者的煽动而发起。但在“关东报告”、“天津报告”和“汉口报告”中，着重强调了西伯利亚方面流入共产主义的问题，并考虑了其与“五四”运动的关联，从中可以看出当时日本军事情报机关对共产主义对中国的影响显得更加关切并予以重视。

与日本政府、舆论界及军事部门的评价相左，积极对“五四”运动进行了解、并作出比较正确的评价的日本在野的有识之士亦有，尽管这部分人是少数，但是他们的观点是值得称赞的。其中代表人物为吉野作造和清水安三等人。

吉野作造是东京大学教授，曾任教于天津北洋法政专门学堂，因此对中国的国情有相当程度的了解。“五四”运动爆发后，吉野积极撰文，从民族民主的观点出发，对运动进行了深刻的分析。他的《北京大学骚扰事件》一文认为，“五四”运动“与从来类似此等盲目的暴动不同”，“从前之排日运动，其目标专在日本，而未尝波及彼等所欲扑灭之祸根乃存于国内。故彼等之运动，为排日的‘排日运动’，究竟于中国民众有何利益，殆未遑顾及。换言之，即纯粹感情的运动是也。而这次则大不然。”所以不同于历次类似的运动，吉野认为有三：“第一，纯然为自发的，并无何人煽动于其间，虽我国报纸照例载称某国之煽诱，实则毫不相干。第二，此次运动具有一定的精神，彼等欲达此确信之目的，而所定之方向未尝有误。第三，此次运动其结果非单纯的排日，彼等之主张，乃在除去国内之祸根。……此次风潮表象虽极狂暴，而其精神仍不外政治上之开明运动。我等正未可因同情于二三亲日者，遂漠视此等新运动之价值。”从吉野的文章中，不难看出他认为“五四”运动是一场具有全新价值的政治运动。吉野作造的认识在当时来说是颇具胆识的。

清水安三对“五四”运动的看法，比吉野作造的认识更向前迈进了一步。时清水安三任《北京周报》的主笔，在“五四”运动爆发后，指出“五四”运动虽是以排日为目的所掀起的民众运动，但这种排日思想已成为爱国思想，而此爱国运动已经开始策划“中国的改造”运动。

日本有识之士对“五四”运动作出的正确评价，是极其难能可贵的。这些正确的认识，无疑在道义上、舆论上支持了中国人民的民族民主斗争。

从以上的介绍和分析中，我们可以得出这样的结论：“五四”运动发生后，日本政府和军事部门及舆论界均一致指责运动为反政府政客煽动的或英美（尤其是美国）唆使的“排日运动”，同时对共产主义思想对中国的影响和传播予以莫大的关注，并深怀恐惧。只有吉野作造等极少数人，对“五四”运动进行了比较公正的评价，认为“五四”运动是自觉的爱国运动或国家改造运动。但吉野作造也有错误的认识，认为运动“采用的手段极为狂暴，未尽文明”。而当时无论是日本官方或民间（除极少数有识之士外），虽然表面上标榜不干涉中国内政，倡导中日提携，却始终没有放弃侵略中国的“大陆政策”，时刻妄想侵吞中国，称霸全球，这就是近代中日关系恶化之所在，也是日本军国主义在“五四”运动26年后站在历史审判台的悲剧所在。

（原文约5500字，发表于《史学集刊》2001年第4期）

文摘编辑：栾贵川

日本明治维新成功的又一重要原因
——封建二元政体结构及其后果

吴彩香　张必松

[作者简介] 吴彩香，金华市青春中学，中教一级。
张必松，金华职业技术学院人文师范学院副教授。

[内容提要] 日本明治维新成功的原因错综复杂，有关学术成果颇多。本文以二元政体为视角，分析幕府与朝廷、幕府与藩的关系和矛盾，着重说明二元政体结构是明治维新成功的又一重要原因。

[关 键 词] 明治维新；成功原因；二元政体。

一、封建二元政体的形成和矛盾关系的产生

中世纪的日本，随着庄园的兴起，庄园主为了统治庄民，保卫自己的权益并侵吞他人的土地，纷纷组织自己的武装力量。许多中小贵族的子孙充当武士，并以此为荣。他们以“忠、义、勇”为信条，与封建主相互勾结，逐步发展成以地方豪强为核心的封建军事力量。到12世纪初，日本已形成了两大武士集团，一个以源氏为首的关东集团，另一个以平氏为首的关西集团。1185年，以源赖朝为首的关东集团击败了以平盛清为首的关西集团，并在自己的城堡镰仓建立起武士政权。1192年，镰仓武士政权为了使自己政权的合法化，又从衰弱的京都天皇朝廷中取得了“征夷大将军”的封号。从此，镰仓幕府成为日本合法新政府。于是，“幕府”与“朝廷”同时并存，幕府将军掌握实权，天皇朝廷大权旁落，日本封建社会独特的二元政体由此产生。

自镰仓幕府建立以来，幕府成为日本封建社会的最高统治机构，将军掌握全国的军政大权，天皇掌管意识形态。幕府的统治基础是武士阶级，即守护、大名和各阶层的武士。在地方建立藩国，各藩主必须效忠于将军，执行幕府颁布的各种法令，各藩主直接对幕府负责。幕府通过各藩大名，掌握全国的行政权、兵权和财权。天皇朝廷虽名存实亡，但在意识形态方面，天皇仍具有至高无上的权威，“天皇神授”在日本人的心目中具有根深蒂固、神圣不可侵犯的地位。“天皇是制造日本国家神的子孙，具有超人的身份”，“天皇就是国家”。因此，幕府也不得不承认天皇的权威，不仅“不想”推翻天皇自任国君，而且只能“请”天皇封一个“征夷大将军”，使幕府的最高统治合法化。当幕府取得封号、确立其统治地位后，又千方百计地限制和削弱天皇的权力，势必造成天皇对幕府的不满和愤怒。幕府与朝廷逐渐走向了对立。这种对立有时在调整中暂趋平稳，但由于根本利益的冲突，对立是不可调和的。失去军政大权的天皇，并不甘心于听幕府摆布，时刻不忘壮大自己的实力，恢复昔日至高无上的皇权。这是封建二元政体结构必然产生的矛盾和对立，并贯穿幕府统治的全过程。只是在不同时期，所表现的对立程度不同而已。

二、二元政体下幕府和藩的关系和矛盾发展

从镰仓幕府到德川幕府，经历了六百多年的武家政治。作为中央幕府和地方的藩国，一直存在着矛盾和斗争。

镰仓幕府（1192—1333）前期，实行“御家人”制度，御家人对将军“忠”，负担公役和军役，无条件地服从将军；将军对御家人“信”，保证御家人的世袭领地和财产不受侵犯，并按战功赐以新的领地。幕府势力强盛，基本能够控制全国的局势。但到了镰仓幕府统治后期，随着御家人制度的衰弱，地方封建主（国司）与天皇联合反抗幕府，镰仓幕府于1333年被推翻。

室町幕府（1336—1573）时期，幕府机构基本仿效镰仓幕府旧制，各地方首脑为守护大名，室町幕府是各地方守护大名的松散联合政权。在其统治期间，战乱不止，动荡不安，形成战国大名领国制。最后大名彻底摆脱了幕府的束缚，实行地方独裁统治。

德川幕府（1603—1867）统治时期，幕府实行“幕藩体制”。作为中央政权机关的幕府，对全国各地二百多个藩国拥有最高的统治权，各藩的藩主——大名必须效忠于将军，执行幕府颁布的一切法令。但是幕府体制下的二百多个藩国仍有很大的独立性。在经济上，大名是领地所有者，并有权向领地内的农民征收年贡；在政治上，大名虽然要服从幕府将军的统治，但在藩内，他们称得上是专制独裁的“君主”；在行政、军事、司法、税收等方面拥有广泛的权力。为了行使这些权力，大名在藩内建立一套独立的政权权构，并拥有自己的武装力量。藩内的武士只服从自己的主人——大名，不对将军负责。德川幕府为了加强中央集权，采取一系列削弱大名实力的措施，使藩国大名与幕府将军之间的矛盾不断加深。将军限制大名，不信任大名；大名要发展自己，增强实

力，对将军不满。这一矛盾长期存在，并不断加深。

由此可见，二元政体下的幕藩体制，一方面存在着作为中央政权机构的幕府，具有中央集权政治体制的某些特征；另一方面，全国又被分割成二百多个藩国，保留大名在藩内实行全面统治的政治格局。将军虽然是日本的最高统治者，但大名也有很强的独立性。特别是外样大名，他们所统治的藩国与幕府长期对立，也为维新势力提供了生存和发展的条件。这些藩国也逐渐成为后来武装反幕的基地。

三、维新派利用二元政体的矛盾，联合朝廷推翻幕府统治

德川幕府从1633年颁布锁国令到1853年美国叩开锁国大门的二百多年，日本在国际环境中完全处于孤立状态。实行锁国政策，对幕府统治来说，无疑为了防范西方殖民的渗透，稳定封建统治，造成一个相对和平局面。但锁国政策严重阻碍了日本社会生产力的发展，导致社会矛盾和民族危机加深，最终成为幕府统治的掘墓人。

德川幕府建立初，令播四方，全国一统，政局稳定，宇内升平，有利于商品经济的发展。商品经济的不断发展，又促使封建社会结构变化和社会矛盾的激化。在商品经济发展中形成的豪农豪商，成为封建社会中代表资本主义的新生力量，直接威胁幕府封建统治。

日本武士不像中国的地主，都有一份属于自己的土地，而绝大多数的武士没有土地，只从领主手里领取一定数量的禄米。当领主财政日趋贫困，首先牺牲的是武士的利益。随着武士地位的下降，他们对幕府由不满发展到“恨之如仇”，要求改革现状，寻求新的出路。至于日本社会中受封建主和新兴地主双重剥削压迫的农民，更是痛苦不堪，“食不果腹，衣不蔽体”，为了生存，不断进行反抗和斗争。可见，幕府成为众矢之的，面临崩溃。

与此同时，西方列强一再侵犯日本的主权，民族矛盾不断加深。面对内忧外患，德川幕府无能为力，束手无策。随着民族矛盾的不断加深，一批主要是下层武士出生，接受西方资产阶级思想较早，在天保年间藩政改革中崭露头角的维新派，开始寻求救国方略，提出“尊王攘夷”论和“富国强兵”的口号。但在尊王攘夷过程中，他们逐渐认识到，盲目排夷决非上策，并不能实现民族独立。要实现民族独立，必须开国进取；要实现富国强兵，必须改革幕藩体制；要革除弊政，必须借“王政复古”之名，行改革幕藩体制之实。

随着民族危机的加深，二元政体的天皇朝廷作用发生了显著变化。孝明天皇于1846年向幕府第一次下达了加强海防的敕书，这意味着天皇向幕府表明，外交权属于朝廷，幕府只能是根据朝廷的旨意实施具体的外交措施。从此，不管拥护还是反对幕府的政治势力，为了使本集团的政治见解具有正统权威，都加强了与朝廷的联系。从此，几个世纪以来，一直大权旁落的天皇朝廷，一跃进入政治核心的行列，京都真正体现了二元政体的一个政治中心，真正发挥了二元政体的作用 。特别是西南强藩抬出天皇以对抗幕府，随之社会各种反幕的政治势力，日益向天皇朝廷靠拢，天皇作用与日俱增。

美国培理到日本后，幕府面对“开国”问题，手足无措，只好一反独断专行的常态，破例请示天皇，并通令大名出谋献策。过去一直被排斥在中央决策之外的天皇、宫廷贵族、外样大名，取得了政治上的发言权。天皇朝廷地位上升，将军幕府地位下降，维新派和天皇形成合力，把反幕运动推向了高潮。

1867年1月，16岁的明治天皇继位，维新派很快与朝廷公卿取得了联系，建立了反幕统一战线。12月9日，在萨摩、长州藩军队的协助下，反幕派发动政变，以天皇的名义发布“王政复古”的诏书，宣布废除幕府将军制，将政权归还天皇。诏书还宣布天皇下面成立“总裁”、“议定”、“参与”三种官职组成的明治新政府。新政府的官员，大多是维新反幕派的领袖。新政府下令德川庆喜“辞官纳地”，庆喜拒不接受。最后决战于鸟羽、伏见，幕府军以失败告终。至此，统治日本长达六百多年的幕府被彻底推翻，日本历史上特殊的二元政体也宣告结束。以天皇为首的明治新政府，通过改革，逐渐排斥公卿和藩主，维新派成为新政府的实权派，为进一步改革铺平了道路。接着又进行了一系列代表新兴资产阶级利益的改革，制定了“殖产兴业”、“文明开化”、“富国强兵”等政策，使日本摆脱了民族危机，逐渐成为亚洲的强国。

（原文约5000字，发表于《金华职业技术学院学报》2002年第2期）

文摘编辑：徐婷

英国大宪章人权思想的产生、发展及其世界影响

李世安

[作者简介] 李世安，中国人民大学历史系教授、博士生导师，主攻方向为世界近现代史。

[内容提要] 英国大宪章的诞生，宣告了人权时代的到来，标志着人类的人权实践进入了一个新的阶段；大宪章的诞生，是人权发展史上一个伟大的里程碑，具有深远的世界影响：大宪章莫定的人权原则，很快传遍欧洲大陆和美国，成为西方文明的基础；第二次世界大战后，由于联合国的努力，大宪章的原则被世界各国认可。联合国人权委员会在制定《世界人权宣言》时，认真研究了英国大宪章的内容，采纳了其主要观点。英国大宪章影响了美国的人权政策，也影响着世界各国人权政策的发展。

[关 键 词] 英国大宪章；人权思想；历史；世界影响。

1215年英国国王约翰在英国贵族的压力下，签署了一个被称为“大宪章”的人权文件。这个文件是一个划时代的人权宣言：它在人类历史上首次确立了人权的基本原则，提出了保护个人的尊严、反对国王滥权的基本精神；它要求恢复人的权利，并制定一个宪法来保证这些权利。英国大宪章所强调的人权中，不仅包括了人的消极权利，而且还包括着人的积极权利，对后世有深远的影响。然而长期以来英国大宪章在人类人权发展史上的上述作用并没有受到充分的重视，因此有必要对英国“大宪章”的人权思想及其对世界人权思想发展的影响进行深入的研究。

1199年，无地王约翰担任国王。约翰担任国王后进行专制统治，践踏一切习惯与成例，破坏亨利宪章的内容，引起教会和贵族的不满。当时英国正在进行对法战争，约翰的军队节节失利。同时，约翰由于干涉选举坎特伯雷大主教的工作，被教皇英诺森三世下令革除教籍。上述两件事使国王约翰在英国威信扫地。贵族和教士乘机联合骑士和市民，掀起了反对国王约翰的斗争，提出了一系列限制王权的要求。为了保住王位，国王约翰被迫妥协，接受了这些要求，并于1215年6月签署了由英国贵族起草的限制王权、保障臣民权利的文件。这个文件史称“大宪章”。大宪章的主要内容是要求给予贵族权利，限制王权；其目的是保卫贵族利益，结束约翰滥用权力的局面。大宪章虽然是为了保卫贵族的利益，诞生大宪章的内容既包括了人民应该享有的消极权利，也包括了人民应该享有的积极权利。

大宪章确立了国王必须遵守法律的原则，以及等级会议有权监督财政的原则。整个大宪章的精神，都在于保护个人的尊严，反对国王滥用手中的权力。大宪章强调尊重人权，保证个人不受侵害。大宪章要求制定宪法来保证上述权利的实现。这种法治的思想，不仅是为贵族、骑士等人的利益服务，而且从长远的观点来看，有助于人民争取人权的斗争。

大宪章签署后，国王与贵族的斗争趋于激烈。英国国王约翰并不喜欢这个宪章。但是他懂得，在当时，不签订这个大宪章不行，因为他的统治能否继续下去，完全取决于他是否签订这个宪章。英国国王约翰并不甘心其专制权利受到大宪章的限制，他在签订大宪章后感到十分后悔，随时准备进行反扑，废除大宪章。但是反对约翰的贵族和教士们也知道，他们的命运不仅取决于国王是否签订这个宪章，而且取决于国王是否遵守这个大宪章，以及国王下属的法官、行政长官和其他的官员是否遵守大宪章。因此，他们随时准备为捍卫大宪章而战斗。

果然，不久国王约翰就公开否认了大宪章。于是英国贵族和骑士又起而捍卫大宪章，内战重新开始。很快约翰战败，1216年亨利三世继位。英国贵族强烈要求新国王遵守大宪章。在贵族的压力下，亨利三世被迫于1258年订立《牛津条例》，承认大宪章，并把国家权力交给由贵族操纵的“15人会议”。《牛津条例》规定，非经“15人会议”同意，国王不能做出任何决定。《牛津条例》严重削弱了君权。

但是要真正实施《牛津条例》还需要进行战斗。1263年，英国又发生了内战。经过内战，贵族的力量占了上风，《牛津条例》得以真正执行。这时传统的僧俗大会在国家政治生活中开始发挥越来越大的作用。到1265年，英国国王召开僧俗贵族大会，这个大会就成为英国国会的雏形。这表明大宪章的人权思想促使了英国议会的诞生。

为了进一步贯彻“大宪章”的内容，1297年英国贵族又提出了著名的“无同意课税法”。英国国王爱德华一世被迫签署了这一法案。该法规定：“凡贡税或补助金，如未经本王国大主教、主教、伯爵、男爵、骑士、市民及平民中其他自由人之惠然同意，则国王或其嗣君不得于本王国内征课之。”这一原则强调了国王要服从全体人民的主权，未经人民同意，国王不得征税。

1628年，在国王查理一世统治时期，英国通过了

“权利请愿书”，重申了爱德华一世确认的“无同意课税法”。权利法案请愿书特别强调了以下原则：未经审判，或依国法外，国王“不得任意拘捕、监禁任何人；不得剥夺其管业权、各项自由及自由习惯，或置诸法外，或加以放逐，亦不得以任何方式加以毁伤。”权利请愿书还反对海陆军队强住民宅；反对不依法律任意处人死刑和肉刑，要求无论什么人犯什么罪，都应该经过通行的审判程序审判。

1689年英国又通过了《权利法案》，进一步重申了人权原则。这样大宪章的思想就发展到一个比较全面的阶段。

“大宪章”影响了欧洲大陆的人权思想，使欧洲的文艺复兴的人文精神更加灿烂辉煌。随着北美殖民地的建立，“大宪章”的精神又传到了这块新大陆。

移民美洲的欧洲人带去了大宪章的人权思想。在殖民地时期，美国人民为了实现这些原则，进行了反对英国专制统治的斗争。例如美国人民开展独立战争的主要原因之一，是反对英国政府在美洲殖民地征税。英国大宪章第12条的规定，非经“大会议”的同意，国王无权征税。北美殖民地人民根据这一条款，要求非经殖民地议会同意，英国国王无权在北美殖民地征税。北美人民高呼“无代表就征税，是专制统治”、“无代表不纳税”等口号，英勇地进行了独立战争。北美独立战争胜利后，根据英国大宪章的精神，美国人民要求制定宪法以保护人民的权利。接着美国人民把大宪章的原则和内容写进了美国宪法，并使这些原则得到部分的实现。

美国独立后各州都制定了宪法和各种权利法案，其中影响最大的是美国弗吉尼亚州1776年6月12日制定的“权利法案”。这个法案不仅重申了英国大宪章的人权原则，还强调了英国1628年的权利请愿书和1689年的权利法案的内容。在此基础上，弗吉尼亚权利法案提出了：“人生而平等、自由和独立，有某些生而俱有的权利，即享受生命、自由，获得和拥有财产的手段，追求和获得幸福和安全的权利”的思想。这一思想影响着各州宪法的制定，更影响着1791年美国权利法案的制定。

美国的人权政策，在消极权利上吸收了英国大宪章和英国权利请愿书和权利法案的内容，强调人民的公民权利和政治权利。美国1791年制定的“权利法案”第三条规定：“未经房主同意，士兵平时不得驻扎在任何民宅，除依法律规定的方式，战时也不得驻扎。”这一条的内容基本上引自1628年的权利请愿书。又如美国权利法案第四条规定：“人民的人身、住宅、文件和财产，不受无理搜查和扣押的权利，不得侵犯。除依据可能成立的理由，以宣誓保证之外，并详细说明搜查地点和扣押的人或物，不得发出搜查和扣押状。”这一条的内容也来自1628年英国的权利请愿书。

英国1689年的权利法案，对美国权利法案和其他宪法修正案的影响更大。英国权利法案第十条规定：“不应要求过多的保释金，亦不应强调过分之罚款，更不应滥施残酷非常之刑罚。”美国宪法第八修正案的内容，甚至连语言都与这一条相似：“不得要求过多的保释金，不得处以过多的罚金，不得施加残酷的和非常的惩罚。”

1689年英国权利法案第八条规定：“国会议员之选举应该是自由的”。第九条规定：“国会内之演说自由、辩论或议事之自由，不应在国会以外之任何法院或任何地方，受到弹劾或询问。”上述规定在美国宪法第14修正案、宪法第15修正案和宪法第19修正案中都有体现。

美国的人权政策未能充分吸收英国大宪章的积极权利的思想。在美国宪法的前10条修正案中，不谈和很少谈人民的积极权利，忽视了美国人民的经济、社会和文化权利，使美国人权政策存在不少问题。但是也应当承认，在英国大宪章的影响下，美国的人权政策在人的消极权利上，得到了充分的发展，这对整个世界人权事业的发展，是有进步意义的。

总之，英国的大宪章及其他人权文件对美国的人权政策有巨大影响。美国人权思想家黑兹尔廷（Hazeltine）在其论文《论英国大宪章对美国宪法的影响》一文中指出：“权利法案是成文法的组成部分，是美国各州宪法和联邦宪法的组成部分，这是坚持了英国人体现在大宪章中的基本权利。美国宪法中的权利法案可以追溯到英国大宪章。”

英国大宪章的影响远远不止于此。他对全世界都产生了积极的影响。1948年联合国大会通过的《世界人权宣言》采用了英国大宪章的许多观点和内容。例如在消极权利上，《世界人权宣言》第九条采纳了英国大宪章第39条的内容，它宣布：“任何人不得任意逮捕、监禁和放逐任何人。”根据英国大宪章第30条和31条的内容，《世界人权宣言》第17条第2款规定：“任何人的财产不得任意被剥夺。”《世界人权宣言》的第40条援引了英国大宪章的第40条内容：“人人有权享受法律保护。”在积极权利上，《世界人权宣言》基本采纳了英国大宪章的所有内容，并用现代的语言加以表述。《世界人权宣言》的第22和第23等条款中都有明显的体现。在第25条中，《世界人权宣言》还专门规定了保护妇女和儿童。《世界人权宣言》第28条更明确地宣布：“人人有权要求一种社会的和国际的秩序。在这种秩序中，本宣言所载的权利和自由能获充分的实现”。

《世界人权宣言》制定后，得到世界绝大多数国家和人民的认可。《世界人权宣言》的原则正在全世界大多数国家普及。英国大宪章开创的人权原则正在影响着世界上许多国家人权政策的发展。

（原文约9000字，发表于《河南师范大学学报》2001年第5期）

文摘编辑：徐婷

19世纪英国工业城市环境改造

陆伟芳　余大庆

[作者简介] 陆伟芳，扬州大学人文学院历史系副教授，南京大学历史系博士生，主要从事英国经济和社会史研究。

余大庆，扬州行政学院科研处副教授，主要从事社会学与比较文化研究。

[内容提要] 由于私有制的制约，英国城市发展呈现出盲目、自发的特色：城市建设无规划、无秩序；住房拥挤；卫生状况差，环境恶劣。为此，英国在19世纪展开了对工业城市的环境改造运动。其一系列有力措施成效显著，改变了工业城市“丑陋”的外观，赋予其现代城市的形貌。

[关 键 词] 环境改造；工业城市；英国。

近代英国城市化是工业化的孪生姊妹。1800年，全英还没有一个人口逾10万的大城市，1837年维多利亚女王登基时已有5个，1891年则达到了23个，其城市化的速度之快、规模之大，给人留下深刻的印象。在从传统农业社会跨入现代城市社会时，英国的“鲁滨逊”们各显神通，精力充沛地投入到工业社会中去，全神贯注地发展生产，追求利润，而对周围的世界——城市和环境等无暇顾及，经济发展与城市建设和城市管理严重脱节。首先，城市发展和建设毫无规划可言。其次，住房拥挤。最后，缺乏相应的城市公共设施。

19世纪英国的城市环境建设分为两个阶段：40年代以前是起步阶段，主要由自治市、改善委员会和教区委员会从事路政、照明、沟渠等专项改造，工作重点在市中心和通衢大道。从40年代起，城市环境问题引起了从中央到地方、从官方到民间的广泛关注，中央颁布各种条例，责成地方当局担负起更多的职责，处理城市的自来水、下水道、垃圾和建筑问题，以改善城市的卫生状况和提高人民的健康水平。19世纪英国城市环境改造工作涉及面广，各城市的情况千差万别，没有统一的模式。我们仅就城市的规划、卫生设施的建设以及公用基础设施的市营作一初步的分析。在城市规划及环境建设方面。利物浦是第一个关注城市环境改造的大城市，其任务是美化市容，改造现存的居民住宅，规范并确保新建筑的标准。第一步，从18世纪末到19世纪初，它主要致力于对市中心的改造，拓宽市中心的街道，铺设人行道。第二步，从40年代起，利物浦着手处理居民住宅的狭窄问题。第三步，是解决屋子的“背靠背”问题。1864年《修正条例》规定：每所房子的屋后必须要有一个10英尺进深，面积约150平方英尺的后院。这样，既增加了生活休闲空间，利于空气流通，还可以在此造厨房、厕所等附属房屋，从而拉开了“背与背”之间的距离，大体上解决了“背靠背”的问题。在城市卫生建设方面，1843年，皮尔政府任命了一个皇家委员会来全面调查城市卫生状况，并于1844、1845年发表调查报告。它对下水道、清洁、供水、建筑等的管理工作提出建议。根据建议，政府于1848年颁布了第一个《公共卫生条例》，把公共卫生置于国家的监督之下，开中央干预地方事务、解决城市问题之先河。同时，卫生保健也日渐引起重视，1847年利物浦任命了第一个保健医官。到1854年，保健医官成为必须任命的职务。正是由于卫生条件的改善，城市卫生面貌大有起色，60年代后，城市居民的死亡率显著下降。关于公用事业市营问题，从1846—1865年，一共有51个市政府新建或购买了私人供水公司。经过19世纪中下叶的供水市营后，英国大体上解决了城市的用水问题。50—60年代，煤气作为城市人民的生活资料和生产资料越来越重要，于是，煤气市营又成了新的热点。到19世纪末，由于水、煤气市营，自来水已日益在工人中普及，煤气不仅用来照明，而且用来炊煮了。

经过19世纪工业城市改造工程，现代都市整洁卫生舒适的物质环境初露端倪。城市居民的住宅有了改善，标准住宅得到普及。地下室大多被禁止居住，贫民窟得到清理，住房拥挤状况得到缓解，疫疾得到控制，城市人口的死亡率明显下降。公园、动植物园、博物馆、艺术馆、音乐厅、医院等公共设施开始在城市普及开来。公共设施的建设，初步解决了工业革命以来新兴工业城市中基础设施严重滞后、与工商业发展不适应和不协调的问题，改变了工业城市“丑陋”的外观，赋予其现代城市的形貌。

(原文约1万字，发表于《扬州大学学报》2001年第4期)

文摘编辑：徐婷

英国19世纪的社会立法

赵 虹

[作者简介] 赵虹，云南师范大学历史系副教授，硕士。

[内容提要] 在英步入“福利国家”的历史进程中，各项社会立法的提出、确立、不断完善是其主要途径之一。其中，英国19世纪的几项社会立法无疑处于这一社会立法轨迹中的起始阶段，有其不容否认的渊源关系，对其研究具有重要理论价值和现实意义。

[关 键 词] 英国工业革命；社会立法；新济贫法；工厂法；公共卫生法。

19世纪是英国资本主义发展史上的“黄金时期”，该世纪的中后期英国完成了工业革命。然而，在人类历史上，第一个进行工业革命的英国，在首先感受到大工业带来的经济高速增长、国力日益强大的同时，也第一个品尝了伴随工业革命同行的诸多苦果：贫富悬殊的拉大，贫困化的加剧，童工、女工的遭遇，国民健康状况的下降，环境的污染及与之相关疾病的肆虐，等等。

不容否认的是，由于英国工业革命的先行性与开拓性，加之那个时代整个社会集中追求经济效益的社会取向和政府“自由放任”的政策取向，使这些问题显得严重。但是也正是这些问题的出现及其严重性，激起了劳动人民的不满和反抗斗争，也促使一些资产阶级有识之士出来揭露、批判和呼吁寻求解决的道路。更由于工业革命带来的许多负面影响也危及到了包括统治阶级在内的整个国民乃至国家的利益和经济的进一步发展，最终促使统治者转变认识（尽管花了很长时间），开始着手寻求解决问题的办法。19世纪英国的社会立法正是在这样的背景下陆续出台的。

一、新济贫法

英国的济贫法可以追溯到都铎王朝时期，先后经历了1601年伊丽莎白济贫法、1795年斯宾汉姆兰法、1834年“新济贫法”这样一个轨迹。

1834年“新济贫法”（又称“济贫法修正案”）是在1832年皇家济贫调查委员会提交的《改革现行济贫法的报告》的基础上出台的。其主要内容有：

第一，废除斯宾汉姆兰法，新设济贫院，废除院外救济。1837年7月1日起一律停止对济贫院外所有壮年男子的救济。

这是这一修正案的核心也是关键内容，即不再向有劳动能力的穷人提供院外救济，要使一切人哪怕是极端贫穷者也要拼命挣扎，有一点办法都不肯进入济贫院。这样才能最大限度地减少救济。故“新济贫法”有了“巴士底狱济贫法”的恶名。

第二，改进济贫管理。规定撤销教区对济贫工作的管理权，按地区设立地方济贫管理机构（管理员制度），由国家济贫管理机构统一管理。

从管理的角度看，“新济贫法”无疑使济贫工作的管理上了一个层次，即使济贫工作由原来的混乱状况向国家统一有序管理的方向发展。

但从某种角度看，正是“新济贫法”内容和实践的不尽如人意，加之随着工业革命的扩展，促使人们对原来的贫困概念有所反思和改变：即更多地从经济增长和社会秩序的角度来考虑贫困和与之相关的问题，从谴责穷人的懒惰或者无能转向考虑经济结构本身的问题，即强调穷人通过自助和艰苦工作摆脱困境转而强调政府干预以支持穷人摆脱经济困难的必要性，并进一步研究确立更为科学的贫困标准，为制定更为合理的济贫法打下了基础。这些政策虽然与后来的福利政策相比差距很大，且并不意味着国家对财富的再分配，但它表明，统治者已将通过社会立法，保障劳动者的最低生活限度作为缓解社会矛盾的一种重要方法。这与后来英国福利国家的建立不无渊源关系。

二、工厂法

与贫困问题联系在一起的，是工作条件问题。这个问题随着工厂的出现而变得日益严重。

可以说几乎从工厂刚出现起，工作时间和童工问题，工作条件和环境问题，就成为工厂制的恶性肿瘤，这不仅引起了工人的反抗，也引起了许多有识之士的重视，并最早站出呼吁社会注意这些问题，一部分政府立法人员也积极参与到寻求解决问题方法的行列中来，促进了一些早期社会立法的出台。

最早在议会中提出了工厂法的是罗伯特·皮尔爵士。他以议员的身份，努力使议会于1802年通过了英国历史上第一个与工作条件、工作时间、工作对象有关的法律，即“学徒健康道德立法”。该法旨在纺织业中缩短学徒的工作时间和改善他们的工作条件。

这项法令的通过当时虽几乎不被人注意，也未实际实施，但却具有重要的历史意义，因为“它创立了一个在英国19世纪期间起了很大作用的制度，而且各文明国家都采用了这种制度，即对工厂的监督。这项法令规定了有关工厂卫生，学徒教育，劳动时间的限制等义务原则。当它对工业家的专断权加以一种不管怎样轻微的限制时，它就在这样一条路上走了第一步：路的起步和终点就是绝对放任主义和国家社会主义”。

这以后，工人阶级开始组织起来，开展声势浩大的斗争，运动策略地把限制童工工时作为斗争的目标。1833年，运动取得了重大胜利。这一年，英国诞生了第一个有效的工厂法。该法规定了使用童工的法定年龄（9岁）和童工的工作时间（9—13岁不得超过9小时；13—18岁不得超过12小时）。该法成为英国社会史上工厂法的一个界标。从此以后，工厂的各项规章必须服从工厂法。

1844年，议会立法将13岁以下童工的工时减为6个半小时，并第一次规定女工工作工时为12小时，还规定一切机器必须安装防护设置，不允许女工和童工在机器开动时清洗机器，这应是第一次对工人安全问题作的立法，意义重大。

1847年，议会通过“10小时工作法”。1848年的“菲尔登工厂法”实现了女工、童工10小时工作制的限制。另外，1842年还通过了禁止在矿井中使用女工和10岁以下童工的“矿业法”。同期，这一时数已成了其他行业标准的工作时数。至此，10小时工作制已成为法定的工作时间。

尽管上述一系列工厂法还有很多漏洞和弊病，合理的工厂法的路途还很遥远，以至在许多探讨英国社会立法的著述中鲜有提及，但是不应否认的是，它们为19世纪末20世纪初相关的立法打下了基础，也在解决相关问题上起了一定的作用。

三、公共卫生法

在英国工业革命期间，英国的社会立法中还有一项意义重大的立法，即1848年英国国会出台的最早的旨在解决环境问题的“公共卫生法”。

19世纪是英国人引以自豪的“黄金时代”，在这个时代的中期，英国实现了由农业——乡村社会向工业——城市社会的转变，在1851年城市人口达总人口的50%，初步实现城市化。这无疑是人类历史上的巨大进步，然而工业革命时期城市中的条件是令人吃惊的，其污秽拥挤成为通病。19世纪中叶，城市卫生协会对英国主要城市当时状况的报告中是这样概括的：“博尔硕市——实在糟；布里斯托尔市——糟极了，死亡率很高；赫尔市——有些地方坏得不堪设想，许多地区非常污秽，镇上的沿海排水系统都极坏，严重拥挤和普遍缺乏通风设施。”过分拥挤的人口，对城市居民的健康构成一种威胁。

其实，一方面随着工业的发展，社会生产对人力资本的质量要求越来越高；另一方面，在一个把个人与社会比以往任何时候都更紧密地联系起来的大工业时代，如果不在最起码的限度上解决诸如公共卫生、住房、教育和社会秩序等问题，这个社会就无法维持下去。而要解决这些问题，任何个人都无能为力，只有求助于国家的力量。于是英国政府在推行严厉的济贫法的同时，又不得不对影响公共卫生的环境问题进行干预，“公共卫生法”就是在这样的背景下出台的。

在19世纪初，尽管天花、结核病正在被制服，但是，1831年始于桑德兰工人贫民区并迅速流行于全国的霍乱，在利物浦夺去了1500人的生命。次年又在伦敦肆虐，导致5300人死亡。这引起了人们，包括统治者的关注。19世纪40年代就此进行了大量的调查。1842年，由受德温·查德威克和济贫法委员会提供的“英国流动人口卫生条件的调查报告”详细列举了成千上万的劳动者生活环境的惊人状况，并指出，较高的死亡率、生产荒废和疾病降低了整个民族的效率。大量的调查表明，新市镇里贫民窟是导致流行性疾病的源头，而祸根是极其恶劣的公共卫生状况，表明公共卫生立法的紧迫性。

1848年，英国议会通过了“公共卫生法”，并成立卫生部。该机构被授权在死亡率超过23‰的区域，或者有占人口10‰的居民提出要求的区域设立地方性卫生委员会。这些委员会必须提供新鲜水并负责处理污水、居住环境等问题。

虽然卫生法的作用基本上是照顾性质的，英国议会总是十分尊重地方当局的意见，只要当地的死亡率未超过23‰，就不强迫他们执行中央规定的卫生标准。

综上所述，在19世纪英国的几项社会立法无疑处于近现代英国社会立法轨迹中的起始阶段，二者有其渊源关系。其地位应予以肯定。

（原文约6500字，发表于《楚雄师范学院学报》2002年第2期）

文摘编辑：王一丁

“百日政权”建立原因探究

陈 涛

[作者简介] 陈涛，北京师范大学历史系学生。

[内容提要] “百日政权”是拿破仑伟大一生的重要组成部分，它能在短期内建立，原因很多。拿破仑的个性、心态及其爱国精神，拿破仑的政策、法规及其成就、影响，复辟王朝的倒行逆施和特定的历史环境等，都对百日政权的建立产生了影响。

[关 键 词] 拿破仑；百日政权；建立原因。

1815年3月18日，拿破仑·波拿巴奇迹般地从流放地厄尔巴岛返回巴黎，再登帝位，重掌政权，直到6月22日第二次宣告退位，历时97天，史称“百日政权”。“百日政权”为什么能在短期内建立，这是中外“拿破仑史学”研究中的一个重要课题。

一、拿破仑的个性、心态及其爱国精神的作用

作为“百日政权”的建立者，拿破仑是这一历史活动的主角，他能够突然从厄尔巴岛重返法国，并非心血来潮、一时冲动的结果，而是有深层原因的。拿破仑的个性、心态及其爱国精神，就是一个非常重要的内因或必然因素。

拿破仑对士兵非常关心，与士兵们同甘共苦，时常到部队里去检阅，和士兵们亲切交谈。在他的部队里，不仅有法国战士，还有不少慕名投奔到拿破仑麾下、为之效劳的外国斗士。

不仅如此，拿破仑还胸襟开阔。他明明知道富歇(Fouche) 阴险狡诈、善搞阴谋，在“雾月政变”以后，仍留用了富歇。这些都为拿破仑建立“百日政权”打下了群众基础。

拿破仑本人权力欲极强。早在离开埃及之时，他“就有一个坚定不移的念头，就是推翻督政府，掌握国家的最高权力”。他曾说过：“权力是我的情妇，我象一位艺术家那样热爱权力。我爱它就象一位艺术家爱他的小提琴一样。”然而，莱比锡“民族之战”失败，拿破仑因失去昔日的大权而深受打击，心灰意冷，以至于企图自杀解脱。但在自杀未遂后，拿破仑萌发了寻找时机、东山再起、报仇雪耻的念头。

1815年2月，坚决拥护拿破仑返归执政的政治家马雷等人派夏布隆乔装成水手到厄尔巴岛谒见拿破仑，并向他汇报了国内的情况。他告诉拿破仑重返祖国的时机已到，全国上下都会拥护他的统治，并请拿破仑当机立断，采取行动。这大大增强了拿破仑的信心，使他最终下定决心回国。拿破仑在儒安港登陆后，受到了人民的热烈欢迎，这些都表明，拿破仑不甘心失去权力，不愿屈辱地活下去，他的行动不是轻率、鲁莽的，而是早有准备的。

除此以外，拿破仑还具有强烈的爱国精神和民族情结、民族意识。早在巴黎军校学习期间，在社会思想方面，拿破仑就深受启蒙思想家卢梭、孟德斯鸠等人思想的熏陶，卢梭的《论人类不平等的起源和基础》、《社会契约论》中所阐述的人民主权和革命权利思想，对他的影响尤为深远。同时，拿破仑在青年时代就悉心研究过法国的历史文明和民族传统，那时的他就痛恨腐朽的封建制度和社会的不平等，形成了非常强烈的民族情结、民族意识。在外国干涉法国革命、侵犯法国主权时，他提出“举起武器，保卫祖国，反对国内外敌人，宁死不屈”的口号，表现了高昂的爱国精神。

拿破仑还曾多次表示：“我是属于国家的”，“除了祖国以外，我没有挂心的事”，“不管作为第一执政或作为皇帝，我一直是人民的君主；我一直为民族及其利益进行统治……为了法国的利益，我准备作出任何牺牲，甚至我的生命”，“它（指法兰西）的幸福是我唯一的希望，也始终是我的心愿”。甚至到生命的最后一刻，他还念念不忘自己的民族和国家，坚信“民族自尊心必将获胜”。拿破仑“象珍爱自己的光荣一样深深地珍爱法国的光荣”。波旁王朝复辟后推行反动政策，加上反法联军进驻法国，法国面临着严重的内忧外患，具有强烈爱国精神的拿破仑又怎能坐视不理，不采取行动呢?

正因为拿破仑有勇有谋、顽强果断，善于深谋远虑、周全计划，能够审时度势、把握时机，因而在权力欲和不服输心理的支配下，靠着坚强的意志、非凡的勇气、不屈不挠的爱国精神和强烈的民族情结、民族意识，使他能够赢得民心，并成功地重返首都，再掌政权。

二、拿破仑的政策、法规及其成就、影响的作用

拿破仑统治时期，推行了一系列政策，颁布了《法典》，使法国经济有了明显的发展，人民的生活水平有所

提高。这使拿破仑在民众中有了颇好的形象和巨大的影响，从而使他在“百日政权”建立时得到人民的支持。

法国议院于1804年通过《法国民法典》，主要目的是保护资产阶级的私人财产，“关于这方面的规定，约占条文的三分之一，其中最重要的一条，就是确认在革命时期购得的财产一律归新占有者所有”。《法典》的颁布，彻底消灭了封建土地制度，把土地和农民从封建束缚中解放出来。

《法国民法典》和随后颁布的几部《法典》，对维护私有财产，提倡自由贸易，强调法律面前人人平等，稳定社会秩序，促进资本主义发展，都起着积极作用。在拿破仑统治时期，国民经济有了相当大的发展。拿破仑曾骄傲地说：“我的真正的光荣并非打了四十次胜仗，滑铁卢之战抹去了关于这一切胜利的回忆。但有一样东西是不会被人忘却的，它将永垂不朽，那就是我的法典。”

不仅拿破仑的法典永传后世，而且他的宗教政策也深得民心。宗教问题在法国历史发展中占有相当重要的地位。

拿破仑上台后，特别重视同天主教会的关系，这是维护资产阶级统治的需要。但是，必须迫使法国教士放弃他们在旧秩序下享有的特权，承认国家世俗化所取得的不可抗拒的进步。拿破仑深感利用宗教来维护道德和巩固社会秩序的重要性。为此，他与教皇签订了“政教协定”，规定天主教是“大多数法国人所信奉的宗教”，但又不是国教。这既以法律的形式维护了法国人民的宗教信仰自由，又使天主教从属于国家政权。同时，拿破仑还与新教组织签订协议，承认新教与天主教拥有同样的地位，享有同等的权力，新教牧师的薪给也由政府支付。法国政府还颁布了保护犹太教的法律，宣布犹太教与天主教、新教享有平等的地位，犹太教祭司同样受到政府的照顾。他的宗教政策不仅有力地消除了国内的宗教纠纷，促进了人民的和睦相处，增强了民族的凝聚力，而且在国际上缓和了天主教国家的敌对情绪，提高了法国的国际地位。

正因为拿破仑具有雄才大略，他推行的政策、法规有利于经济发展、社会稳定、民族团结，所以产生了巨大的社会影响。

因此，我们不难理解，当复辟的波旁王朝不顾法国人民不想恢复旧制度的愿望而倒行逆施，以至于民怨沸腾时，人们自然期望拿破仑从厄尔巴岛归来，重新执政，给他们带来幸福。

三、复辟王朝倒行逆施与特定历史环境的促成

复辟王朝推行的反动政策加速了拿破仑“百日政权”的建立。

波旁王朝在普通民众眼里，早就一文不值，倘若复辟政权“不恢复种种特权，也不再征收什一税和各种封建租税”，或许民众暂且会对它听之任之。然而，路易十八政府却不顾现实地恢复封建旧制度，恢复旧贵族的头衔，夺走农民的土地归还给旧贵族和教会，并增加赋税和什一税，加重对工人的剥削和压迫，镇压资产阶级民主派。在拿破仑时代，“人们在村庄里度过的那些岁月，他们都能有面包和酒”。加上，经过二十余年的革命洗礼，“自由、平等、博爱”的资产阶级民主观念得到了广泛传播。在法兰西第一共和国成立之后，国民公会就曾逐渐把博爱与共和国，博爱与自由、平等联系起来。这个口号不仅体现了资产阶级的要求，而且反映了劳动人民的愿望，法国人民毕竟摆脱了封建枷锁的桎梏，取得了一些民主权利。然而，复辟王朝置现实于不顾，“冒天下之大不韪”，恢复旧制度，“人们顷刻间便又感到了一种难以名状的愤怒”。

复辟王朝的确“什么也没有忘掉，什么也没有学会”。它一意孤行，推行反动政策，结果把人民和军队推向了拿破仑一边，加速了拿破仑百日政权的建立。难怪拿破仑曾说：“人民和军队把我送到巴黎！”“在各个方面我都应感谢人民和军队。”

不仅如此，复辟王朝的种种做法还伤害了法兰西人民的民族情感。

三色旗被看作是革命的象征。波旁王朝复辟以后，“以白旗代替了三色旗，白旗被看作是从前国王的旗帜”，这就极大地刺伤了佩戴三色徽的法兰西人民的民族情感，人们终于忍无可忍，厌弃了波旁王朝的“白旗”及“百合花”徽标。

波旁王朝为了取得政权，不惜向同盟各国摇尾乞怜，奴颜媚骨地出卖国家、民族利益，这自然要招致热爱祖国、维护民族利益、捍卫民族生存的法兰西人民的强烈反对。

复辟王朝在国内的倒行逆施帮了拿破仑一个大忙，而国际形势骤然间的微妙变化也为拿破仑提供了契机。拿破仑政权垮台后，获胜的同盟各国因在维也纳会议中分赃不均而矛盾重重，昔日强大的“反法联盟”出现了分裂。在维也纳会议上，战胜拿破仑的欧洲四大强国——俄国、英国、普鲁士和奥地利，为各自攫取更多的利益而明争暗斗、争论不休，同盟各国之间在对待拿破仑的态度上意见不一，客观上为拿破仑重掌政权提供了一个外部条件。

（原文约8500字，发表于《四川师范大学学报》社科版2002年第4期）

文摘编辑：郭子涵

近代英国城市化中的精神关怀

陆伟芳　王桂山

[作者简介] 陆伟芳，南京大学历史系博士生，扬州大学历史系副教授。
王桂山，扬州教育学院历史系讲师。

[内容提要] 18世纪下半叶以来，英国经历着巨大的社会历史转型，由传统农本乡村社会发展为现代工业城镇社会，从而对社会精神关怀提出巨大的挑战。城市化社会不仅带来经济多样化和政治民主化，也为人们提供了多元化的精神关怀形式和场所。从18世纪起，新宗教运动不仅满足城镇大众的精神需求，而且还具有一定的社会控制功能和促进社会发展的作会，特别是遍布城乡的小教堂在一个快速变迁的社会中，提供了某种形式的领导和权威体系，起着某种形式的社会机构和组织作用，有助于近代英国的社会稳定和经济发展。

[关 键 词] 城市化；宗教；精神关怀；社会功能。

随着英国传统乡村工业，即原工业化的逐渐解体，新型的工厂制诞生了，它要求生产要素集中到特定区域，尤其是物化资源和人力资本的相对集中，现代城镇于是大量涌现，并逐渐构筑成一个互为依托、互相促进的城镇网络体系，英国社会进入城市化时代。城市化社会的来临，极大地改变了英国社会的经济地理结构，新兴的工业、矿业城镇，大多数坐落在北方，全国的经济重心从东南向西北移动。

英国经济地理迅速改观，但宗教地理却没有相应的改变。人们在满足基本的生存需求后，必然会追求相应的精神食粮。纵观英国乃至欧洲的历史，宗教长期以来主宰和控制着人们的头脑和精神世界。英国的迅速城市化，人口的大批流动与转移，给城镇精神关怀的基础设施——教区和教堂的建设提出了挑战。

一

长期以来，宗教是人们的精神寄托所在，维系着英国社会的道德价值标准。因此社会舆论大多把社会转型时期产生的城市问题看成是道德和精神问题，因此也力图从精神领域入手解决它们。国教会既无法满足人们的精神需求，于是福音运动和卫斯理宗等新宗教接过了这付重担，担负起关注民众精神世界的职责。

从19世纪中叶起，原始卫理公会、公理会、浸礼派和救世军等新宗教派别充当了精神关怀的主力，架起国教会的"精神殿堂"和外部世俗世界的桥梁，成为国教会与世俗世界之间的中间环节。遍布城乡的非国教小教堂的兴盛，说明它能满足人们的精神需求，尤其是满足城镇独立工匠和技术工人的精神需求。

这样从传统的国教教堂，到福音派的布道，再到卫斯理派的小教堂，从浸礼派到救世军，使英国在社会转型时期基本具备了一套精神关怀网络体系，为不同阶层的人们提供宗教服务。如果说国教教堂更多地是乡村社会的精神殿堂的话，那么非国教小教堂则是城镇大众的精神安慰所。

二

在英国社会的转型时期，卫斯理宗等新宗教运动为英国城镇民众提供了一定的精神食粮，利于社会的稳定和平稳发展。

首先，小教堂在一个快速变迁的社会中，提供了某种形式的领导和权威体系，成为社会活动的中心，起着某种形式的社会机构和组织作用。教区原是维持社会安定与进行社会控制的利器，工业革命以来的巨大历史变迁和社会转型，使人口的流动动性大大增加，打破了原有的社会组织机构和人际关系，但并没有相应的新的安全机制来予以替代，在此情况下，非国教的小教堂就成了某种替代和补充。这种小教堂在一个变动不居的社会里提供了特定条件下的精神关怀，有利于社会的稳定。

其次，它给社会大众提供了终极关怀，满足了居民的心灵渴求。传统的国教已不能有效地给变动着的社会提供必要的精神关怀，无法维系传统的社会道德规范。不仅城市的贫民区有酗酒、赌博和浪费等"罪恶"，高级社区也非净土。有产阶级唯利是图，过着奢靡的生活，还把万物之灵当作商品买卖（奴隶贸易）。面对这些"罪恶"，福音运动寻求用宗教来予以补救——布道、主日学校、改善学会及更多其他形式的宗教关怀，还有祈祷会和圣经学习班。这些措施有助于恢复上流社会的道德严肃性，重塑全社会的道德规范，给人以道德尊严。即使在最贫穷地区，即使大多数人目不识丁，但几乎家家仍然拥有一本《圣经》！在某种程度上，拥有《圣经》成了城镇穷人尊严的标志。更有意思的是，即使是破旧的《圣经》也不轻易丢弃，而成为家庭成员的出生、婚嫁和死亡的记事本。阅读《圣经》成了维多利亚时代家庭尊严的重要标尺之一。

再次，非国教小教堂为信徒们提供了某种心理价值补偿。这些新宗教运动给社会大众提供了自尊与被尊重、归属感等基本的精神满足。

第四，它提升了民众的道德境界，引导人们采取健康的生活方式，在一定程度上缓解了赌博、酗酒甚至偷盗犯罪等城市问题，减少了暴力，维护了社会稳定。

最后，近代英国的精神关怀活动还直接促进了工业化和城市化的发展。承前工业化时期宗教改革、宗教宽容的余绪，在工业化、城市化的浪潮中，社会世俗化过程飞速发展，宗教信仰作为个人私事不再受到外在干预。宗教多元化既是人们自主决定其信仰的结果，又为人们自由选择其信仰提供了可能性。从此，一个人的信仰状态，不再根据社会权威的外在灌输，而源自自己的内在信仰、根据自己独立思考作出决定。这些非国教徒思想活跃，善于独立思考，是当时社会上最富于活力和创造精神的人，正是他们发起并完成了产业革命，使英国从农业世界中脱颖而出，成了城市化的先行者。

宗教的多元化，即各宗各派能突破传统国教的樊篱，使个人"因信称义"，在理解的基础上真正信仰教义。这种虔诚态度不仅对宗教的复兴，而且对社会经济的发展都是有益的。

英国的宗教意识与其他因素一起发生作用，推动了工业民族精神的形成。这是特别切合城市化社会需要的民族精神，为近代英国的社会进步做出了贡献。

三

总而言之，"城市的空气使人自由"，城镇本身为人们提供了多样性的选择，工业化和城市化造成了人口的流动性，扩大了人们生活选择的自由度，物质财富的丰富又支持着人们物质消费的自由选择，经济基础和社会生活的这种变化为精神生活的多元发展奠定了基础。同时，几个世纪的宗教运动的余波和后果，为人们主观上自主和自由选择宗教信仰和各种精神关怀提供了支持。当福音主义和卫斯理宗从高高的神学殿堂走向民众的时候，也就实质上宣告了精神关怀从神学、从纯信仰追求转向更大众化更世俗的方向，那么就可以隐约听见一个精神关怀世俗化、多元化的时代足音了。近代英国宗教这种世俗化、多元化的发展，使人们拥有了充实的精神生活，有力地保障了转型期的社会秩序和社会稳定，促进了工业化、城市化的顺利发展。

另一方面，英国近代城市化进程中的宗教发展状况表明：城市化不仅是一项经济运动，城市化社会像其他任何社会一样，都需要一定的精神支柱。人生在世，不但要有物质保障和享受，还要安身立命，有强烈的精神渴求；对人生形而上意义的探究和信仰，是人类的天性，也是人的高级需要。一个物欲横流的社会必然道德沦丧、乱象纷呈。然而，传统社会那种政教合一、或拥有广泛世欲权力，靠外在权威强迫灌输的信仰，在自由流动、见多识广的市民社会失去了市场。一些新的，具有较灵活的组织结构、较紧密的群众关系的大众信仰体系必然起而代之。福音主义运动就反映了这种变化趋势。这种变化如果是稳健平和的，就不但不会激起社会纷扰，而且还有助于社会稳定，能促进社会发展。当然，这就需要各种信仰间的宽容，传统社会的信仰体系不但不能挟权力之威压迫异己，而且还应凤凰涅槃地自我更新；新的大众信仰体系也不能过于激进、急于挑战传统信仰。所幸英国新宗教运动从其开端的卫斯理兄弟起，就是所谓"循规蹈矩者"，他们并不刻意表明与国教的差异，只对国教已不能再发挥的社会功用作有力的弥补，不破而立。

（原文约 8000 字，发表于《扬州教育学院学报》2002 年第 1 期）

文摘编辑：郭子涵

论美国法形成的历史轨迹

白雪峰

[作者简介] 白雪峰，南京大学历史系世界史专业博士研究生。

[内容提要] 美国法是英国普通法的美国化，它的形成始于殖民地时期，完成于19世纪70年代。其间，美国法从最初对英国普通法的排斥逐步转为对其加以吸收和改造，并最终形成了适应美国社会发展的法律形式和观念。因此，从总体上讲，美国法并未游离出普通法的框架之外，而是保留了普通法的精髓，成为普通法系的重要组成部分。

[关 键 词] 美国法；英国普通法；美国化。

一

英国普通法是在诺曼征服后的11—13世纪，由司法判例和盎格鲁－萨克逊人的习惯、惯例形成的适用于全国的法律。

随着英国和殖民地之间定期航运的频繁，大量普通法书籍和法律报告传入北美。到18世纪中期，许多普通法经典之作摆放到了殖民地律师们的书架。如爱德华·柯克爵士的《英国法概要》和《案例报告集》、布莱克斯通的《英国法释义》以及弗朗西斯·培根的《英国普通法原理》等。这就使英国普通法的原理、概念和程序等逐渐为殖民地人所熟知和掌握，在法律事务中运用普通法的观念也为殖民地人所接受，从而为英国普通法在殖民地推行奠定了法律基础。

殖民地人民争取民主自由权利，需要借助英国普通法。从第一部《弗吉尼亚宪章》（1606）颁布之日起，北美殖民地人民就得到保证，他们将享有英国人“所有的自由权、公民权和豁免权”，“就全部目的和意图而言，他们就像出生于并始终居住在这个英格兰王国里一样”。1639年的《马里兰人民自由权法案》也明确表述了这一主旨。早期殖民地虽未完全接受普通法，但“依普通法享有英国人所享有的权利”的观念已深植于殖民地人的思想中。在18世纪反对英国专制暴政的斗争中，殖民地人正是从这一观念出发，坚持他们应“享受到英国人在判例法中和在1689年英国人权法案中所享有的权利以及其他重要法规中的权利”。这样，随着殖民地和英国斗争的不断加剧，反而出现了一种有利于英国普通法为殖民地人接受的逆向作用力，即殖民地人民愈来愈倾向于依赖普通法，视其为争取民主自由权利的有力武器。

由上述可见，经过一个半多世纪的发展，英国普通法已逐渐成为北美13个殖民地法律的主体，使早期美国法无论在法学思想、法制观念还是在法规条文等方面，都深深地植根于普通法范畴之中。但是美国独立战争的爆发，使普通法在北美的主导地位发生动摇，美国法随即走上了一条具有美国特色的发展道路。

二

1775—1783年的独立战争使北美13个英属殖民地获得了民族独立，究竟怎样创建新型美国法呢？是继续套用英国普通法，还是完全抛弃普通法另起炉灶，抑或是在继承普通法的基础上对它进行改造呢？这些问题成为萦绕在独立后美国人头脑中的难题。各种争论不绝于耳，不同观点纷至沓来。

一部分保守主义者主张完全借用英国普通法。

而改革派观点在美国优势地位的最终确立，使新型美国法的构建走上了一条以英国普通法为基础，通过改造使之适应美国现实的普通法“美国化”道路。

19世纪30至70年代是美国深入改造普通法和新型美国法的定型期。在这半个世纪中，美国经历了“杰克逊民主”、远西扩张、第二次大觉醒运动和南北内战等重大社会变革，它们无一不对美国法的形成产生重大影响。至19世纪70年代，美国基本形成了自己的法律形式、法制观念和较完整的法律体系，现代意义上的美国法趋于定型。

19世纪30至70年代，美国对普通法的改造还表现在美国民主化的现代法制观念的逐步确立。突出地表现在三个方面：

第一，绝大多数州相继确立了普选权观念。英国从15世纪就规定了选民的财产资格（从40先令至20英镑不等）。但在美国西进运动中，西部州宪法取消了选民的财产资格限制，实现了白人男子的普选权。在此影响下，东部各州也纷纷采取了类似措施。1828年总统选举时，56%的白人成年男子参加了投票，经过杰克逊民主改革，1840年参加投票的白人成年男子比例达到了78%。

第二，保护妇女权利逐渐成为美国现代法制观念的重要组成部分。英国普通法在19世纪中叶以前没有保护妇女的社会政治权利。但在美国，从19世纪30年代开始，许多州就已注意保护已婚妇女的财产权。到1850年，已有17个州制定了相关立法，允许已婚妇女合法拥有和处置自己的财产，如密歇根州就禁止丈夫用妻子的财产偿还其所欠债务。随着权利意识的觉醒，美国妇女也开始进行争取平等权利的斗争。虽然妇女争取平等权利的斗争在70年代以前收效不大，但保护妇女权利的思想已开始融入美国现代法制观念之中。

第三，消除黑奴制、保障黑人公民权利是该时期美国法制观念的显著特色。黑奴制是英国殖民统治遗留给美国的一个顽疾，维护黑奴制是早期美国的一项重要内容，但在南北战争后，黑奴制被废除。1863年1月林肯总统颁布“解放黑奴宣言”；1865年的第十三条宪法修正案明确废除了奴隶制；1868年的第十四条宪法修正案规定了“正当法律程序”和“平等法律保护”原则，奠定了保护黑人公民权利的宪法基础；1870年的第十五条宪法修正案又保障了黑人的选举权。上述法令虽未使黑人的社会地位得到真正彻底的改变，但它们所确立的保障黑人民权原则却是该时期美国现代法制观念中最耀眼之处。

19世纪30至70年代，经过对普通法的长期改造，新型美国法逐渐定型，对此做出杰出贡献的是美国著名法学家、联邦最高法院法官约瑟夫·斯托里。从1832年至1845年，斯托里连续出版9部著作：《财物委托》、《宪法释义》、《法律抵触》、《衡平法法理学》、《衡平法诉讼》、《代理》、《合伙契约》、《期票兑换》和《期票》，内容涉及从宪法到法律冲突的各个方面。斯托里将大量英国判例中的原则应用于美国多变的现实环境，既遵循了普通法传统，又使古老的习惯法适用于美国的种种新问题。正如布尔斯廷所说：如果“詹姆斯·肯特那本通俗易懂的基础读物证明，确实存在着一种美国法”的话，那么“斯托里则发展了这套法律”并“使之运作自如”了。斯托里9部法学著作的出版，使美国法学界依赖英国法学家柯克、布莱克斯通等人的法学著作进行司法实践和法律教育的时代成为过去，系统完善的新型美国法开始呈现。

综观美国法的形成过程，美国针对自身实际对普通法进行了众多改造，但这是建立在承袭普通法精髓基础上的，即美国法是普通法的“美国化”，它始终未游离出普通法系的框架之外。英美法一脉相承，只不过英国法较注重法律传统，美国法则更强调法律的社会适应性。只有透彻地理解这一点，才能准确衡量美国法在普通法系中的重要地位。

（原文约1万字，发表于《史学月刊》2001年第3期）

文摘编辑：栾贵川

西方实证主义史学与20世纪初中国新史学思潮

刘 磬 宋勤霞

实证主义史学是19世纪西方历史学的主流。实证主义强调历史的科学性在于阐明历史发展的规律，历史研究的目标也应当是探求此规律；史学研究应当以史料为基础，广泛收集资料并给予严格的考证是必不可少的。与传统史学相比，实证主义史学把史学从考核史实、记叙历史现象之学引向探索规律、研究历史本质之学。但“实证主义史学规律概念是人为想象的，而不是从历史科学的现实需要，即首先应该注意发展的内部机制中产生的”，因而，不能正确地揭示历史发展的规律。

20世纪初，中国史界在猛烈抨击封建史学的同时兴起了一股新史学的思潮。以梁启超为代表的新史家旗帜鲜明地提出了新史学的宗旨，即提倡“民史”、反对“君史”，探求历史发展的规律，比较系统地提出了新史学的理论，进行了编写新体中国史的实践，将中国史学带入了一个新的发展阶段。新史学在内容上，力图突破封建史学以帝王将相为中心和以政治史为基干的狭隘格局；在方法上，充分吸收地理学、地质学、人类学、考古学、语言学、政治学、宗教学、法律学、经济学以及伦理学、心理学、物理学、社会学乃至生物、化学、数学等各种现代科学新成果和新方法，提出了历史学“科学化”的主张。

胡适倡导的“实验主义史学”可以说是中国近代史学发展的必然趋势。在新史学追求“致用”的前提下，史学出现了空疏、浮泛和忽视史料建设等方面的弊病。二三十年代，许多史家认为史学应该纠偏补过，而当时又恰逢新史料的大批发现，因而，对史料考证的重视，主张历史的目的在于“求真”，坚信历史学完全可以成为同自然科学一样严谨的实证科学，成为实验主义史学的主要特点。实验主义史学在日后的史料考证中取得的辉煌成就，让人们易于认为实证主义史学对中国的影响始之于此，这显然是由于对实证主义史学的片面理解而造成的。新史学和实验主义史学各有侧重地发展了实证主义史学的两个宗旨，只有将二者结合在一起去认识，才能够比较全面地了解实证主义史学与中国史学的复杂关系。

（摘自《山西师范大学学报》社科版2002年第1期）

文摘编辑：徐婷

晚清重商思想与西欧重商主义之比较

刘季富

[作者简介] 刘季富，安阳师范学院历史系讲师，从事世界近代史教学和研究工作。

[内容提要] 晚清重商思想虽源于西方，但它和西欧重商主义在内涵上存在很大的差异。西欧重商主义是顺着西欧经济发展的自然轨道而出现的，而晚清重商思想则是在中国民族危机和社会危机日益严重的情况下形成的。因此，晚清重商思想带有明显的反对西方军事、经济侵略的特征，要求政府支持、干预，发展近代工商业。

[关 键 词] 晚清；重商思想；重商主义。

晚清重商思想是受西欧重商主义的影响而萌发的，它和西欧重商主义相比较，有许多相似之处。二者都崇尚货币主义，把财富和货币等同起来，把金银等硬通货视为财富的惟一形态；强调财富源于流通，商业是富国之本，对外贸易是通商致富的主要途径；注重工业的发展，认为工业是商业竞争的基础。但是，由于晚清重商思想和西欧重商主义的内在动因不同，西欧重商主义是随着西欧经济发展的自然轨道而出现的，晚清重商主义则是在中国门户被打开以后，民族危机和社会危机日益严重的情况下形成的，由此造成了二者在内涵上的差异。

一、晚清重商思想是在严重的民族危机的情况下萌发的，因而带有浓厚的兵战色彩

西欧重商主义是在民族国家形成过程中，为适应中央集权统治需要和商业资本的发展而出现的一种经济思潮，它要求封建政治和商业资本家结成政治和经济联盟，对外开拓市场。而近代中国通商决不是简单的和西方国家之间的贸易，由于列强强加给中国的不平等条约，使中国在贸易过程中处于不利地位，不仅主权丧失，而且民穷财尽，国家面临亡国灭种的危险，这就使晚清重商思想带有明显的反侵略特征。自清政府、洋务派到维新派，从不同的角度提出了反侵略要求，洋务派创办洋务，从军事角度入手遏制西方列强。随着认识的深入，人们开始意识到反侵略应从多个方面展开，兵战、学战、商战等观点随之产生，并交织在一起。商战之中有兵战，兵战之中有商战，此即以商养兵，以兵翼商，即“寓兵于商”的兵战思想。无论是兵战还是商战，目标都是一致地反对列强侵略，这一点与西欧重商主义完全不同。

最早提出“寓兵于商”的是耆英。1846年他在谈到英国五口通商时指出“该夷寓兵于商”。后来，周兴誉、李璠对“寓兵于商”有了比较清楚的论述，到郑观应时，这一思想逐渐成熟。他指出“各国兼并，各国利己，借商以强国，借兵以卫商。其订盟立约，聘问往来，皆为通商而设。英之群臣又以商务开拓疆土，辟美洲，占印度，据缅甸，通中国，皆商人为之先导。因而必须“练兵将，制船炮，备有形之战以治其标，讲求泰西士、农、工、商之学，裕无形之战以固其本”。也就是通过以商养兵，达到“不战而屈人之兵”的目的。可以说，“寓兵于商”、兵商一体是当时有识之士的一致看法。其他言行，如收回权利，保护关税等都有反侵略的特征。

二、在对外贸易上，晚清重商思想具有浓厚的商战色彩

晚清重商思想总是和反对西方经济侵略联系在一起的，无论是为增加出口，限制进口，还是强调发展工业生产，修改协定关税等，无一不打上商战竞争的烙印。

站在这场反经济侵略最前沿的当然是洋务派。洋务派不仅感到军事压力极大，而且在创办近代企业过程中，处处感到西方经济的侵略性。

从19世纪70年代起，洋务派创办了一些民用企业，就是在内外交困之时为解决财政困难之举，很富有时代性，具有鲜明的和西方人竞争、反对西方经济侵略的特色。轮船招商局是李鸿章为了反对西方列强垄断中国航运业而创办的，目的是排斥西方在华势力，挽回权利。轮船招商局成立后，左宗棠感慨地说：“宗棠原奏请以新造轮船运漕，而以所雇沙船之价给之，并听商贾薄取其值，藉以护商捕盗，与见设之招商局所议略同。”左宗棠创办福州船政局是为了自造轮船与外国人竞争，同时解决漕运问题，因而建议自造兵商兼顾的轮船，以维护海运主权抵制外国经济侵略。

洋务派创办轮船招商局以与西方列强进行商战，只是一种单从贸易差额考虑、担心“西人独据利薮”的低级形式，许多思想家开始从市场竞争的角度考虑问题。陈炽指出，外货因系机器生产，故“工”而且贱，土货“绌”而“贵”，系人工生产，不能与外货竞争。因此，中国必须发展近代工业，以“熟货”出口，才能在外贸上取胜。仿照洋货，须以“机制”然后能收回权利。后来，谭嗣同又从“惜时”的角度入手，从生产效率的高

度阐述了机器生产的优越性，可谓独特。他说，使用机器“一世所成就，可抵数十世，一生之岁月，恍阅数十年”。惜时与不惜时，其利害相去甚远，肯定了机器生产的巨大效力。正是基于这种认识，19 世纪 70 年代以后，最初的早期洋务理论家到洋务派及社会的其他各阶层，一致要求振兴实业，发展商业以抵制西方的经济侵略，商战思想发展到了一个新的高度。

当然，晚清对外贸易思想具有很强的竞争意识，主要是由于中外贸易逆差，白银外流，中国在贸易不利及当时人们对西方贸易理论只是一般了解的情况下而发的议论。其认识也只是停留在西方经济常识的水平，商业理论既不成熟，也不完备。随着中外交流的增加，西方经济思想的传播，尤其是在甲午战争后，人们开始冷静地思索，不再是单纯地激于民族义愤，少数有远见卓识之人提出了自由贸易的观点，主张实行贸易自由。谭嗣同在《仁学》一文中指出：“故通商者，相仁之道也，客国利，主尤利也。西人商于中国，以其货物仁我，亦欲购我之货物以仁彼也，则所易之金银将不复持去。”这种贸易观，是从他的“中外通”、“人我通”的哲学思想引申出来的，这在当时可以说是惊人之论。同时，它也与西欧晚期重商主义的某些观点相吻合。

三、晚清重商思想论者要求加强政府干预，其主要形式是“官督商办”

19 世纪晚期，随着欧美主要资本主义国家过渡到帝国主义阶段，对外贸易成为这些国家经济生活中的重要因素，并由此导致工业发达国家与初级产品生产国家之间的国际分工以及世界各国间相互依赖程度加强了。但是，以第一次科技革命成果为依托的垄断组织瓜分世界市场的愿望也日益强烈。一方面，垄断资本家为了攫取高额垄断利润，反对政府过分干预经济生活，经济上的自由主义思潮仍然有很大的影响。另一方面，他们又要求加强政府权利，提高政府效率，为垄断资本家开拓海外市场提供政治、军事上的保证。这对私人资本极其薄弱的落后的国家来说，无疑带来了巨大的压力。

两次鸦片战争之后，中国丧失权利既多，加之国内资本不足，商业、工业等难与外商竞争。具有重商思想的人主张官府给民间一定支持和帮助，这种愿望和政府大吏的想法及中国传统经济干涉政策基本一致。

马建忠很欣赏西方国家公司的经营方式，他举西方国家为例，赞成政府支持、帮助民间的作法。有的由于无贸易之利可图，“于是官自办之，则德、俄概行此法。”有的“官先创造而交商经理，商先创造而官为经理，则德国参用此法。”有的由于“利入甚微，制造经理之费难于取偿，始有官商合办之法，则法人创行之，而德、奥仿行之”。这些是西方经济后进国家发展近代工业的成功先例，马建忠也希望清政府能仿效这些国家，由政府出资出力参与企业经营，扶持民间公司。因为当时中国是“民贫于下，财绌于上”，政府的帮助是不可缺少的。

郑观应是官督商办的积极号召者和拥护者，一向主张官商合力经营。在他看来，采矿业“必须官督商办，各有责成”。对于一般工业，他认为应准“招商承办”乃至准“民间开设，无所禁止”。而官督商办的积极实践者当首推李鸿章。客观地讲，官督商办、官商合办是历史的必然。在当时西方国家竞争压力之下，对于落后的中国要迅速发展商业殊为不易，因而希望政府出于责任和善意能助民间一臂之力，民间希望借政府的资助发展势力和西方国家都是出于同一种心态，愿望是一致的。但是，由于清政府不仅未能像西方国家政府那样在支持近代工商业中起到应有的作用，反而衍生出许多弊端，进而使官督商办这一政策开始遭到谴责，而且给后人留下了更为艰难的发展商品经济的重任。

总之，晚清重商思想是一种全新的理论，它虽源于西方，但它是中国特定时代的产物，是西方军事、经济侵略刺激的被动反应。它既不同于明清以前的重视商业的言论，也不同于以后的资产阶级经济思想。继早期维新派提出重商言论，到 90 年代维新思想家进一步发展了重商思想，它们的目标不再是以商立国，而是要实现国家工业化，康有为将“定为工国”作为变法经济纲领的重要内容，经济思想由重商向重工转化。到 20 世纪初，张謇由设厂自救到提出自己实现工业化的主张——“棉铁主义”，大大丰富和发展了以往有关资本主义工业化的思想。

（原文约 5500 字，发表于《殷都学刊》2002 年第 1 期）

文摘编辑：栾贵川

全球化趋势与新世纪史学

吴怀祺

[作者简介] 吴怀祺，北京师范大学史学研究所教授，博士生导师。

[内容提要] 本文对在全球化趋势下如何把中国史的研究置于世界史的进程做了论述。

[关 键 词] 全球化；中国史；世界史。

一、全球化趋向推动史学的发展

全球化首先对中国史研究提出新的要求，迫使中国史的研究置于世界史的进程中去思考。中国历史是世界历史的重要组成部分，又是在全球变化中向前发展的，中国与其他国家的影响是双向的互动的。这种情况到了近代更为明显。甲午战争影响中国对日本的历史走向，并且对以后世界历史的变化埋下了伏笔。诸如此类问题应当从全球化的高度做出思考。

20 世纪以来，中国历史与世界历史相互影响。20 世纪史研究是一个十分重要的课题，大型中华民国史、大型中华人民共和国史，以及其他各种相关的史书，都应在全球化进程中进行研究。对 20 世纪的中国社会生活及其各个时期的重大事件、重要人物以及各种思想和制度，都要站在新的时代高度，以世界史的眼光进行研究，进行总结。

20 世纪全球范围内的社会结构发生了巨大的变动。俄国十月革命后苏维埃政权建立与 80 年代末苏联解体；中国新民主主义革命胜利后新中国建立，并且在 80 年代走上建设有中国特色社会主义的道路；冷战结束后，世界格局发生了变化，但美国霸权主义的扩张以及由此带来的世界动荡并没有消失，而且在某种程度上还相当激烈。中外关系史的研究成为迫切的任务，这使得对中苏、中美、中日等关系史的研究不仅应注意到双边关系的变动，还要写出这类关系变化是怎样影响全球历史走向的。

90 年代后期，由于香港、澳门回归，香港史、澳门史的研究成了热点并且取得了相当大的成就。但如何从世界史的角度重新认识也还是有新的问题需要探讨。

从全球发展总趋势展开世界史的研究，是近年来世界史研究学者很敏锐地注意到的一个新角度。我们国家于 1998 至 1999 年，由商务印书馆再版了美国菲利普·李·拉尔夫等人著的两卷本《世界文明史》；1999 年，东方出版社出版了美国威尔·杜兰著的 11 卷本《世界文明史》；1999 年，中国社会科学出版社出版了由我国学者集体写作的 11 卷本《世界文明大系》，“这是我国史学界系统而全面地研究和论述世界文明发生发展过程的一次尝试。”其他如巴勒克拉夫主编的《泰晤士世界历史地图集》和斯塔夫里阿诺斯所写的《全球通史》以及麦克尼尔的《人类群体史》等著作，都可以视为全球化趋向的产物。我们国家的学者正在以全球化的视角，编撰《世界文明史》和《世界历史》，可以预期这些作品将以全新的面目出现在世人面前。

在全球化趋向下，各地区历史研究、文化史研究、文明史研究、社会史研究以及移民史、海洋开发史研究等，呈现出繁荣的景象。

二、全球化趋向促进史学研究方法的更新

全球化趋向要求用相互联系相互作用的系统方法认识历史的变动，要求把中国历史的盛衰放在世界史的变动过程中来考虑。中国古代史家、近代史家意识到，一个王朝的兴衰和周边地区民族的兴衰相关，这就是“兴衰连环论”的观点。用全球化的眼光来看，这种盛衰连环论所涉及的就不只是一个国家的问题，两次世界大战及战后的历史发展，都应当从世界史的范围予以说明。没有这种综合系统的方法，就很难说明历史的实际进程与特色。

学科交叉的方法在一定意义上是近代史学研究的一个重要的方法，在全球化趋势下，这种研究方法的重要性更为明显。全球化问题使得经济、政治、文化和科技成为相互联系的整体。随着日趋严峻的环境恶化和资源、能源等全球问题的凸现，学者们意识到人类对他们赖以生存的地球生物圈所应承担的责任，这促使历史学家也开始用生态学的眼光，关注历史上人类活动与自然环境的关系及其影响，并且对历史做出反思。近年来，在各断代史的研究中，不少学者关注经济开发与环境保护问题。有的秦汉史学者，关注秦汉时代都市环境污染、环境治理与环境保护等问题；在隋唐史研究中，一些学者研究全球气候环境的变迁对唐代政治生活的影响，讨论与珍稀动物生存有关的问题。近年来自然灾害的频发对经济发展产生的巨大破坏，也激发学者们重视灾害及赈灾史的研究。这些问题要求在全球范围内，用历史学、历史地理学、人口学、生物学以及天文学等学科相互联

系的观点进行研究。只是从人文历史或者局限在政治变动范围内研究，就难以完成任务。

三、全球化趋向有利于弘扬传统史学的精华

知识创新对于全球化具有举足轻重的影响，这也促使人们的思维方式发生变化，现在人们经常谈论创新的基本条件，这不仅包括科学技术方面，还涉及人文科学，包括历史学、政治制度方面的内容。全球化下的文化创新必然吸收各民族的文化精华作为营养。中国是一个具有悠久传统文化的民族，中国民族传统文化具有的凝聚力、亲和力在长期历史实践中发挥了重要作用，在全球化过程中，对人类历史进程的影响将更为明显，它和世界各个民族的优秀文化一道将成为人类文明的重要因子。

在20世纪100年的历史过程中，中国传统史学的命运很可以说明这个问题。中国传统史学适应了中国中世纪社会的情形，它在完成自己的历史任务后，退出了历史舞台，从这个意义上说，中国古典史学发展到本世纪初，就已经终结了。有的西方学者注意到中国近代史学发生的变化，杰弗里·巴勒克拉夫说："中国传统史学体系的崩溃如果不是从1905年开始的话，至少可以追溯到1919年。"1930年，张荫麟在追溯近代史学的变化时说："就中国史学的发展看，过去的十年可算是一新纪元中的一小段落；在这十来年间，严格的考证的崇尚，科学的发掘的开始，湮沉的旧文献的新发现，新研究范围的垦辟，比较材料的增加，和种种输入的史观的流播，使得司马迁和司马光的时代顿成过去，同时史界的新风气也结了不少新的虽然有一部分还是未成熟的果。"从现象上看，司马迁、司马光史学是过去了，但传统史学难道真的是"崩溃"了吗？事实是，传统史学的变化绝不是传统史学体系的崩溃消亡。传统史学经历了火的洗礼，在接受了一阵狂风暴雨式的批判后，更新了原有的形态，它作为民族传统的因子融入到新时代的史学中去了。传统史学的积极因素促进了新时代史学向前发展，显示了史学近代化的民族特色。

全球化既是对民族史学的吸纳，同时又是一种扬弃，只有适应时代的民族史学精华才能被发扬光大。这正是新世纪史学发展、创新的突破口。

四、全球化趋向为深化史学理论思考提供了新的可能

全球化趋势加速的事实，丰富了人类对历史进程的认识。在古代，人们生存是相互依赖的，但没有今天所说的全球化问题。随着近代工业的产生，世界市场的出现，航海交通联系的密切，文化交往的频繁，出现了全球化问题。全球化本身是一个过程，这就产生了一系列历史理论问题。以前在各种世界史及历史哲学著作中，关于历史进程有社会形态说、文明形态说、世界体系模式说等等。这里涉及的理论问题有：人类历史发展过程与全球化过程是怎样的关系；全球化过程是体现为社会形态的发展，还是表现为文明形式的演进，或者是世界体系模式的转换。社会形态与文明形态之间有没有关系，有怎样的关系。在全球化过程中，历史学研究必须对这些问题做出回答。

另一个重要问题是所谓世界史的"中心"问题。以前流行的是"欧洲中心"论或称"西方中心论"，在讨论全球化的未来走向时，还出现了"华夏中心"说或"东亚中心"说。对这一问题，我以为要从理论上对全球化现象做出解释。应当看到，"欧洲中心"论的提出是殖民主义时代的产物，它不仅以欧洲作为历史进程的中心，同时包含着人种优越论的成分。历史发展的进程总是不平衡的，一个时期某个地区的历史发展较快，成为影响世界进程的主导方面，但不等于说是"中心"。这是从全球角度研究世界史无法回避的问题。既要对各种"中心"论做出分析，又要区别古代世界史与近现代世界史发展历程的差异，以动态眼光来处理类似问题，可能会更符合实际。

（原文约5300字，发表于《新视野》2001年第2期）

文摘编辑：栾贵川

经济全球化对全球文化的影响

——兼论中国文化发展战略

孙景峰

[作者简介] 孙景峰，河南师范大学学报编辑部副编审，华东师范大学法政学院博士研究生，主要从事编辑学和国际政治研究。

[内容提要] 构成文化核心的深层结构的价值观念与取向、思维与行为模式、宗教信仰、审美情趣等，具有很强的稳定性，有一种独立发展的内在惯性与规律，不会轻而易举地被同化；而以消费为中心的文化的浅层结构则容易被“全球化”。研究者不同的视角也会影响到对经济全球化背景下全球文化的走向的判断。全球文化将在冲突与融合的交互中走向与经济全球化相适应的新阶段。在经济全球化背景下，中国要充分利用体制文化的混合时机，构建有中国特色的社会主义文化；既要反对文化部落主义，又要反对文化霸权主义；在维护文化安全的同时，努力搞好文化开放；与广大发展中国家一起努力建立国际文化新秩序。

[关键词] 经济全球化；全球文化；冲突与融合；中国文化。

人类的文化与社会意识形态依赖于社会存在，随着社会存在的发展而发展。经济全球化所带来的资本、技术、人才、知识、信息等生产要素跨国界的流动与配置必然会在不同程度上带来各国民族文化和价值观的改变，使各国文化呈现出与经济全球化相适应的新的发展态势。迄今为止，研究全球化问题的著作还很少涉及道德、文化领域。而文化在未来的国家发展中又占据着重要地位，是一个国家综合国力的重要构成要素；文化产业可获得巨大的经济利润，持续地创造国内生产总值，增加社会财富；促进社会消费，拉动内需增长；还能产生巨大的民族凝聚力等。所以研究经济全球化对全球文化的影响与中国文化发展战略就不仅仅是一个文化问题。

文化作为一个整体性概念，存在着深层结构与表层结构。构成文化核心的深层结构是那些将不同民族文化加以区别的文化的根本性特质，它包括价值观念与取向、思维与行为模式、宗教信仰、审美情趣等，具有很强的稳定性，它是一个民族文化中根本的、主要的、深层的内涵，是早已存在着的历史文化事实，是不容易动摇的，民族传统文化独特的形成与发展规律决定了文化现象一经产生，便获得了相对独立发展的可能性，有一种独立发展的内在惯性与规律，它能够不断吸取外来文化的精华来丰富自己、发展自己、优化自己，却不会轻而易举地被同化。正如美国的价值观要征服世界各民族决不像推销麦当劳那样轻而易举。

文化的浅层结构则与大众文化相近似，以消费为中心、以大众传媒市场流行为走向、以文化时尚为内容、以社会大众为对象的文化样式，这是一种表面的、浅层次的、无深度感的“精神快餐”，这些与大众生活方式密切相关的表层文化最容易发生“趋同”现象。我们认为，经济全球化所带来的文化全球化主要是在这个层面上。即使在这个层面上，外来文化在传入一个国家时，由于其经济发展水平的差异，肯定会出现文化变异，甚至会出现不同于外来文化与本邦文化的第三种文化形态。

如果把人类作为一个整体来看的话，随着经济全球化的加速度深层次发展，人类会面临许多共性的问题，这些问题构成了人类文化的重要方面，需要全世界各民族来共同对付，如生态、资源、人口、毒品、艾滋病等，从这个意义上说，由于经济全球化将世界各民族的利益连在一起，人们开始从人类整体考虑问题，承认人类文化的某些共同性。相应地，人类文化在这个层面上显现出全球化趋向，这些全球性问题的解决要求有相应的文化与价值，如全球意识、法理主义、制度主义、对话与合作等。当然，这些新观念和新价值的认同度目前还很有限，但其趋势性已经很明显了。

如果从民族国家的角度来看，尽管一些全球问题引发了一些全人类的共同利益，但这些尚未构成人类利益的主导形式。相反，由于全球化条件下差异的加剧和利益多元格局的存在，反而会使文化发展的多样化有了更为牢固的基础。经济全球化并不能使民族国家间经济发展的差距变小，反而存在着差距变大的可能性。只要这种差距存在，文化的多元性就存在。外来文化被引进的过程其实就是其结合本国经济发展水平、历史传统等本国国情实际异化的过程。在经济全球化背景下，各种文化的交流越广泛、越深入、越频繁，他们之间的互动和冲撞就越多向、越多元、越多层次。简言之，经济发展水平的不一致与南北差异的扩大是当今全球文化呈多样化的物质基础。

文化与生产的密切联系决定着一种生产方式总是要求相应的文化价值观、思维方式的支撑，随着经济全球化程度的提升，各民族的文化都将被带入全面的交往之中，技术、人员、资本和经济的世界范围的流动，使得各国的交往比以往任何时候都更加密切，使得冲突的机会较以前会增加；同时，各民族文化之间还存在被“误读”的可能性。这样，在全球化背景下，各民族文化间的挑战、摩擦和冲突势必不可避免。这是文化冲突存在可能性的客观方面。从主观方面来讲，文化霸权主义是文化冲突的潜在的动因。以美国为代表的西方发达国家出于统治全球的霸权主义需要，凭借其科技实力、经济实力和对全球传媒的垄断性经营，在文化领域向全世界倾销、灌输其生活方式、价值观念和欧美中心主义的意识形态，人为地制造各民族、国家之间在文化上的隔阂、矛盾和对立。

同时我们也必须看到，全球化促进了人类的普遍交往，使得不同文化之间，尤其是东西方文化之间大大增加了相互了解的机会，文化发展规律和各国政府、国际社会为消解冲突做了大量的努力，通过大家的共同努力，不同民族文化之间的冲突的可能性会大大减弱，世界文化会在冲突与融合中走向新的发展阶段。在这个新阶段，东西方文化在求同存异的原则下会走向互相融合与互补，彼此间对立和冲突的可能性将会大大减弱。

经济全球化使得人类的区域文化和地域文化不再相互隔离，各民族文化被吸纳进全球文化这个大系统之中，其发展既会遵循各自民族文化发展所固有的轨迹与规律，又必然会受到全球文化的影响和冲击，甚至在某种情况下在某些方面会受到外来文化及全球文化的主导与决定，同时，经济全球化和全球文化是一个互动的过程，全球文化对于推动经济全球化和民族经济的发展都有一定的积极作用。因此，我们必须依据经济全球化及其对全球文化的影响来制定中国文化发展战略。

——充分利用体制文化的混合时机，构建有中国特色的社会主义文化。在全球化进程中，市场经济法则成为世界经济规则和相同的制度语言，从这个意义上讲，中国社会主义市场经济体制的确立和完善为中国更好地融入经济全球化提供了前提条件。随着中国社会主义市场经济的逐步发展，由市场经济派生出来的与其相适应的价值观念与思维方式等文化要素逐步得以确立，市场经济体制下的竞争观念、法制观念、时间观念、分配观念、用人观念等都会在人们思想中占据越来越重要的地位，进而形成市场经济体制文化。而与此同时，中国长期以来实行的是社会主义计划经济，而在社会主义计划经济体制下形成的一些观念在市场经济条件下并没有过时，甚至两者是相通的，是相辅相成的，如重视社会公平的理念、大公无私的胸怀等，不仅不能被抛弃，还应该在市场经济条件下予以发扬光大。在经济全球化这一背景下，我们在进行社会主义文化发展战略的制定时，首先就是要将这两种体制文化有机地进行整合，将市场经济的优秀理念与计划经济的优秀理念有机地糅合在一起，形成“自由与控制”有机统一的新型文化。

——既要反对文化部落主义，又要反对文化霸权主义。在经济全球化趋势下，文化一体化和文化多元化并存并相互作用，昭示我们在制定文化发展战略时既不能过分强调多元而产生文化部落主义，也不能过分强调趋同而容忍、接纳文化霸权主义。文化部落主义过分强调保存固有文化，无视各民族文化的相互交往与影响，反对文化交往与沟通，不加分析地提倡“越是民族的越是世界的”，结果自然是束缚了本民族文化的进步。文化部落主义在中国有着深厚的历史根源。中国自清以降长期处于受压抑的境地，直到现在，还在政治、经济、文化各方面处于劣势，这样，就很容易出于保护自身的本能的需要，滋生出文化部落主义。每种文化都有其历史局限性，每一种文化形态都应当自觉地将自身文化与外来文化放在同等的水平上进行比较，寻找文化差异的内在原因，找出自身文化相对于外来文化的不足 。与文化部落主义相对应，文化霸权主义也是一种潜在的影响中国文化发展的倾向。文化霸权主义就是依仗自己政治、经济、文化方面的优势，企图以自己的意识形态一统天下。经济全球化背景下，西方国家在经济上的强势为他们实行文化霸权找到了理由，他们认为，其经济发达的原因就在于其文化理念和价值观念的先进性，世界上各民族文化的发展都要向他们看齐，同时，由于其物质上的强势，也为其文化理念的传播提供了强大的物质后盾和技术支持，尤其是美国运用经济等手段向中国渗透其价值观念、政治模式和制度理念。

——在维护文化安全的同时，努力搞好文化开放。文化安全是构建中国先进文化的未来走向和总体发展脉络的基本保障。没有文化安全，就谈不上建设先进文化。发展中国家在参与由西方国家主导的全球化进程中，要保护自己的民族利益，要顾及自己民族经济发展的特点和水平，采取一定限度的国家保护主义，注意发挥民族传统文化在实现经济发展中的作用。我们在扩大对外文化交流的同时，要把确保国家文化安全摆到重要的位置。要确立以国家利益为最高原则的文化发展战略；要建立积极的文化安全预警系统，能够准确预测国际文化商品市场的流动趋势及其对我国的影响，实行文化市场和文化产业的适度准入原则；要完善国家知识产权保护体系，全面推进国家文化创新能力系统建设；要建立具有中国特色并能有效维护国家文化安全的综合管理机构，以增强对那些对我国文化安全构成威胁的各种因素的综合处理能力及对突发事件的快速反应能力。

——与广大发展中国家一起努力建立国际文化新秩序。目前的国际文化秩序是由西方发达国家主导的，它们牢牢地主导着国际文化秩序。这种旧的国际文化秩序阻碍了广大发展中国家文化的发展，削弱了它们文化发展的自信心，不利于丰富多彩的全球文化格局的形成。中国是最大的发展中国家，有着丰厚的文化底蕴，应该为建立公正合理的国际文化新秩序做出自己的贡献。应该积极参与国际文化事务的管理和国际文化规则的制定，加强同广大发展中国家的文化交流与合作。

（原文约12000字，发表于《思想战线》2002年第3期）

文摘编辑：范子奇

经 济 学 篇

目 录

新世纪我国面临的挑战与任务

李京文

[作者简介] 李京文，中国工程院院士，北京工业大学经济与管理学院院长，教授，博士生导师。

[内容提要] 进入21世纪，中国加入WTO，经济运行将打破长期以来不规则的运行方式，融入经济全球化潮流，社会主义现代化建设也步入新的发展阶段。本文在总结20世纪中国社会主义现代化建设取得伟大成绩的基础上，以全新视角展望21世纪中国经济发展的若干特征，并提出了我国经济发展的目标、任务、必要条件和政策。

[关 键 词] 经济政策；经济全球化；产业结构；可持续发展。

一、21世纪中国经济面临的挑战

1. 综合国力和国家竞争力的挑战

尽管中国的经济总规模已居世界第七位，但人均GDP仅为800美元，经济水平和技术水平仍然比较低(发达国家人均GDP为2万美元左右)，综合国力还较弱。根据瑞士国际管理开发院的研究成果，1998年—2000年在国际竞争力综合水平的世界排名中，中国分别为第24、29和31位。据设在日内瓦的权威机构——世界经济论坛（WEF）所发布的有关全球竞争力的排名中，1999年中国为第32位，2000年下降为41位。而据中国现代国际关系研究所最近对美、日、中、俄、德、法、英7国的综合国力进行的评估结果显示：中国居7国之末，约为美国的1/4、法国的1/2、俄罗斯的2/3。可见，无论是国际竞争力，还是综合国力的比较中，中国均比较脆弱。

2. 产业结构不合理的挑战

中国的产业结构比较落后，1999年在GDP构成中，第一、二、三产业的比重按产值分别为17.4%、49.7%和32.9%。而国外的三产比例一般为10%以下、30%和60%左右。在工业结构中，一般的加工业比重大，高新技术企业比重低，目前只占到13%左右。由于中国的产业结构层次较低，出口产品以劳动要素密集的制成品为主，其产品与产业结构将受到伴随着经济全球化而来的、越来越多的低成本国家加入国际市场竞争后对于中国出口产品的冲击，以及伴随着世界经济周期变动而来的对于传统制成品的世界性需求下降的冲击。

3. 科学技术方面的挑战

在技术水平上，中国与发达国家还存在较大差距，科技进步对经济增长的贡献率不高。用全要素生产率增长率来表明科技进步的快慢，1953—1978年我国经济增长来源中，全要素生产率的贡献为负值。90年代中期，达到35%左右，尽管已有很大进步，但与发达国家相比仍然较低，特别是来自知识与技术自主创新的份额就更低。此外，科研经费不足也成为制约科技发展的重要因素。1999年，我国的科研发展经费占GDP的比重仅为0.71%，科研支出占国家财政总支出的比例，1998年仅为4.06%。

4. 来自人口素质和数量的挑战

据预测，中国总人口要到16亿才会缓慢下降，就业压力很大，且老龄化进程加速，到2010年，65岁以上人口将超过1.1亿人，占总人口的8.2%。而庞大的人口数量中，文盲半文盲 近2亿，在25岁以上的人口中，受过高等教育的，我国不足3%，而美国已近50%，这一问题将严重制约我国经济的发展。

5. 经济与环境发展不够协调的挑战

我国资源按人均水平并不富足，淡水资源总量为2.8万亿m^3，居世界第6位，但人均仅2400m^3，相当于世界平均水平的1/4，居世界第121位；森林面积1.34亿km^2，覆盖率为13.92%，人均林木蓄积量只相当于世界平均水平的13%；耕地面积共9500万km^2，人均仅为0.07km^2，不到世界平均水平的1/3。据测算，1993年中国因破坏生态污染环境造成的经济损失达306亿元，占当年GDP的8.92%。开发与资源环境的矛盾日益尖锐。

6. 利用外资和金融市场方面的挑战

中国利用外资数量虽然不少，但存在两个突出问题。一是“市场换技术”策略不够成功。由于技术转让的过程存在着严重的信息不对称问题，以致我国出让的市场份额很大，而真正得到的先进技术却很少；二是跨国公司来华进行直接投资的产业结构不合理。一般以制造业为主，造成外资企业与内资企业在国内市场上激烈竞争。同时，中国金融市场的发展现状也难以抵御国际资本的冲击。

7. 国防力量和政治、经济、国防安全上的挑战

在21世纪全球竞争中，国家间的力量较量仍然是主要方面，因此，国家的作用呈强化之势。只有拥有一个

强大的国防安全体系，才能实现国家政治独立、经济和社会的稳定。此外，解决台湾问题，实现祖国统一也需要强大的军事实力做后盾。

8．腐败问题的挑战

腐败问题是世界各国普遍存在的一种历史现象。中国在向社会主义市场经济转变的过程中，出现的较为严重的权钱交易、以权谋私等腐败现象，损害了党和政府与人民群众的关系，对改革开放和经济建设造成了消极影响。

二、21世纪我国经济发展的目标与主要任务

1．发展目标

在新世纪里，中国将建成政治自主、经济强大、文化繁荣，富强、民主、文明的社会主义现代化强国，全面赶上并进入发达国家的行列。据预测，到2050年，我国经济总规模有可能位于世界前3名，到21世纪末跃居前2名。这个目标的实现，大体上要经过以下5个发展阶段：

第一阶段：从2001年到2010年，即第十、十一个五年计划期间。根据党的十五大提出的远景目标，第十个五年计划期间（2001—2005年）经济和社会发展的主要目标是：国民经济保持较快发展速度，经济结构战略性调整取得明显成效，经济增长质量和效益显著提高，到2010年，国内生产总值比2000年翻一番；国有企业在建立现代企业制度方面将取得重大进展，社会保障制度比较健全，完善社会主义市场经济体制将迈出实质性步伐，在更大范围内和更深程度上参与国际经济合作与竞争；就业渠道拓宽，城乡居民收入持续增加，物质文化生活有较大改善，生态建设和环境保护得到加强；科技教育加快发展，国民素质进一步提高，精神文明建设和民主法制建设取得明显进展。

第二阶段：从2011—2030年，实现人均国民生产总值再翻一番的目标；建立起成熟的社会主义市场经济体制；人民生活达到比较富裕的水平。

第三阶段：从2031年至2049年，实现人均国民生产总值再翻一番的目标；工业、农业、科学技术、国防基本实现现代化，人民生活达到中等发达国家水平。

第四阶段：从2050—2079年，即到中国以经济建设为中心，实行改革开放100周年，实现人均国民生产总值再翻一番；全面推进国土改造；人民生活达到普遍富裕的程度。

第五阶段：从2080—2100年，大约20年时间，即到下世纪末，赶上发达国家经济水平；人民生活达到全面富裕程度。

2．主要任务

为实现上述目标，今后100年里，在经济社会发展方面，至少需要完成以下10项重大任务：

第一，全面发展国民经济，不仅经济总规模要接近当时最发达国家（可能仍是美国），而且人均国民生产总值也有巨大提高，达到人均2万美元（按目前汇率计算）左右，进入世界先进水平的行列。

第二，全面完成工业化和基本实现信息化，进入知识经济新阶段。高新技术产业和其他知识产业成为经济上的主导产业，传统产业用高新技术加以改造提高，全面实现产业结构高度化。

第三，全面展开对各个地区的开发和现代化建设任务，使东、中、西部差距缩小到正常状态，实现区域经济的协调发展。

第四，完成农村的现代化改造，使城市化水平赶上世界平均水平，全面实现城乡一体化，基本消除城乡差别。

第五，完成国土改造任务，实现全国绿化、水土保持、环境保护，基本控制大灾大害。

第六，建立具有中国特色的、比较完善的社会主义市场经济体制。

第七，建立成熟的适合中国历史文化背景的现代政治、文化、法律、福利保障制度，建成民主法治的社会。

第八，实现人口优生低增，教育高度普及，消灭文盲和半文盲，1/3以上成年人接受高等教育，使全民的健康、文明程度普遍有所提高。

第九，科学技术全领域（包括自然科学和社会科学）达到世界先进水平，部分领域达到领先水平，成为科学技术强国。

第十，人民的物质文化生活需求得到比较充分的满足，基本做到安居乐业，实现国泰民安。

总之，通过100年的努力，实现全国环境全面优化，经济全面发展，社会全面进步，国家整体富强的目标。

三、21世纪中国经济发展的若干特征

从可预见的因素看，未来中国经济发展可能会出现以下特征：

1．经济增长将继续在较高速度的增长区运行并呈现平稳减速趋势。经济发展将在20—30年内全面转到集约型轨道上来，标志着由粗放式生产向集约型的转变基本实现。科技进步对经济增长的贡献将从1995年占产出的39.85%，逐步提高到2030年的50%和2050年的60%以上。以知识为基础的经济将占经济总规模的一半以上，经济走入可持续发展的轨道。

2．产业结构将发生本质性变化。按1995年价格计算的三次产业结构将由1999年的17.4:49.7:32.9转变为2010年的14:52:34，2030年的9:48:43和2050年的6:42:52。

3．多层次的消费需求结构带动多层次的产业结构递进升级。改革开放以来，中国“大锅饭”的分配方式已被逐步打破，地区之间、不同行业和企业、不同技术水平和不同岗位的从业人员之间的收入差距逐步拉开，消费档次出现了多层次性。同时，人们的消费领域也日益

扩大，住房、汽车、通讯设备等各种各样的耐用消费品和不同层次消费的服务成为不同收入阶层消费的追逐对象。而且由于我国的技术水平在未来100年基本上处于赶超阶段，对外开放已经达到了很深入的程度，国外的新产品投入市场后很快即传入我国市场，新奇刺激引起的蜂拥消费效应下降了。可以预计，如果不发生突发性的重大技术变化，产业结构转换与升级将会在消费结构渐进变化的带动下，采取比较平稳的多层次递进方式。

4. 多层次的技术进步推进产业结构加速高级化。未来100年，我国将在高新技术及其产业化的领域达到世界先进水平，引进技术和自主研究与开发相结合，必将极大地推动我国高技术产业的发展。

5. 超前实现现代信息化。按照发达国家经济发展的过程，经济信息化发生于工业化完成以后。到2030年前后，中国的现代信息产业规模，以及经济、社会的现代信息化程度将接近美国并于2050年以后有可能赶上美国。

6. 生产由大企业主宰，新兴产业逐步取代传统产业的支柱地位。同时，一大批具有活力的中小企业在经济中发挥重要作用。据预测，到2030年前后，由于人口逐步趋于零增长和负增长，工业化过程基本全面完成，居民的消费偏好也会发生巨大变化。因此，经济发展对传统重工业产品的需求转为下降。到那时，由于企业技术进步和市场的作用，包括钢铁、水泥、煤炭、石油化工、陶瓷等在内的每个传统工业产业内部，规模经济效益低下的小企业将被淘汰，生产将由若干个大型企业集团主宰，规模经济效益进一步提高。同时一批以高新技术武装起来的中小企业将迅速成长 。

7. 就业结构逐步向第三产业倾斜，新增就业对知识化程度的要求越来越高，失业率增加不可避免，就业竞争日益加剧。

8. 国民经济发展中的主要任务将是农村现代化和农村居民向城镇的转移问题。即使到2010年，我国也仍然有约60%的人口（8亿多）生活在农村，农业就业劳动力仍将占全部就业劳动力的33%左右，而且农村居民与城市居民的绝对收入差距将进一步扩大，我国的社会经济二元化结构将更加明显。如果不使大量农业劳动力转入非农业，农民收入水平得不到相应提高，国内市场需求就难以快速增长，整个国民经济也必将难以实现持续快速稳定增长。

9. 东中西部地区的经济发展水平和生活水平的绝对差距将会先扩大，尔后随着西部和中部的开发而逐步缩小。同时，居民收入的差距也将经历先扩大后缩小的过程。

10. 经济持续增长将导致生态环境压力日益增大，2030年以后才能逐步有所缓和。由于2030年以前我国的经济增长仍然伴随着高污染的传统产业生产规模的不断扩大，以煤为主的能源结构不可能根本转变。各种矿山的开采，地面建筑的大量增加，对生态环境的破坏也将增多。人口绝对数和人均能源消耗量的增长都将增加有害物质的排放。因此，2030年以前，我国生态环境污染和破坏的压力将日益加大，发达地区的污染有向落后地区转移扩散的趋势。2030年以后，随着技术水平的提高和经济实力的加强，保护环境、资源的措施将更加有力，情况将逐步好转。

11. 国际合作日益广泛，在国际经济分工中的地位上升。在加入WTO后与各国的经济合作和竞争将不断增加，经济增长将更加依赖内需拉动，特别是要加强与亚太地区的联系与交流，促进亚太经济贸易自由区的形成与发展。

12. 国家综合实力和国际竞争力大幅度上升，由人口、地理和政治大国走向富裕的世界强国，人民群众生活水平大幅度提高，由小康、宽裕小康向富裕水平过渡。

四、政策选择

为了实现上述目标，我们建议近期内在经济上采取以下10个并举的战略方针，即：

1. 在经济发展模式上，工业化与信息化并举，以信息化带动工业化，以工业化支持信息化。

2. 在经济增长方式上，支柱产业、新兴产业量的扩张与依靠技术进步实现整个经济质的飞跃并举。

3. 在技术发展模式上，引进消化吸收国外先进技术与自主研究开发并举。

4. 在产业发展模式上，基础产业与加工产业并举，改造提高传统产业与大力发展新兴产业并举。

5. 在城乡发展模式上，城市现代化与农村城镇化并举，大中小城市并举。

6. 在市场开发模式上，加快进入国际市场与促进国内市场高速成长并举。

7. 在社会利益分配模式上，效率与公平并举。

8. 在区域发展模式上，继续发挥东部沿海地区优势和加强对中西部的扶持并举。

9. 在宏观经济管理模式上，在充分发挥市场机制作用的前提下，改善与发挥政府宏观调控作用并举。

10. 在国际经济关系上，进一步融入经济全球化洪流与保持我国经济、政治的独立自主并举。

（原文约1万字，发表于《北京工业大学学报》社科版2001年第1期）

文摘编辑：曾祥玉

中国农业形势及农业的进一步改革与发展

陈吉元

[作者简介] 陈吉元，全国政协委员，中国社会科学院研究生院农经系教授，博士生导师。

[内容提要] 近些年来，中国农业取得了重大发展和重大成就。但是，我国农业基本设施脆弱、抗灾能力不强，农民收入增长缓慢、城乡收入差距拉大的问题十分突出，为此，我们应该在坚持农业家庭承包经营制的前提下，逐步推进农业现代化进程；继续深化以市场为取向的农产品流通体制改革，进一步积极推进农村经济市场化；把实现农业产业化作为实现农民增产增收的有效途径；认真贯彻中央发展小城镇战略思想，积极推进农业剩余劳动力转移和农村城市化进程。

[关 键 词] 农业形势；改革与发展；家庭承包经营制；粮食流通体制改革；农业产业化；农村城市化。

一、对近年来中国农业形势的分析与判断

这里拟着重分析一下近年来我国农产品的供求形势。中国农产品当前出现了供大于求、出现卖难、价格下滑的情况，但总的来说，这还不是农产品的绝对过剩，而是一种阶段性的相对的过剩。其主要特征是：(1) 这是一种人均农产品和消费低水平条件下的过剩。目前中国仅有少数农产品达到世界平均消费水平。食物结构中热量较高，而蛋白质偏低。现在畸形消费仍然存在，例如白酒总产量超过了牛奶，人均白酒消费量超过了牛奶消费量。(2) 这是一种区域性过剩。目前农产品相对过剩主要集中在城乡经济较为发达的地区，而在有的区域，特别是贫困地区，虽然近年来反贫困取得了明显成效，但迄今有的地方农产品依然短缺，有的地方甚至吃饱穿暖问题还有待继续解决。(3) 这是一种质量结构性过剩。现在过剩的农产品主要是一些市场不需要或需求不旺的低质量农产品，譬如早籼米、春小麦以及口感差的水果等，而质量高的农产品仍然能够销售出去，价格水平也不低。在中国，海外进口的优质农产品仍然占有一定的市场份额。(4) 这是一种暂时性过剩。中国历来是个多自然灾害国家，靠天吃饭的格局尚未根本改观。历史上总结的经验规律是：两个丰年，两年平年，一个歉年。在农业基础仍然较为脆弱、“老天爷”也不可能年年帮忙的情况下，现在已连续出现的农产品过剩局面，不可能永远保持下去，仍然需要常备无懈，未雨绸缪，重视粮食安全，作好防灾，特别是防大灾的准备。

二、在坚持农业家庭承包经营制的前提下，逐步推进农业现代化进程

在长期坚持农民家庭承包这种小规模生产经营的基础上，中国能否实现农业现代化目标，这是目前人们存在的一种思想疑虑。同时，也是近年来家庭承包土地再延长30年不变这一农村政策在现实经济生活中落实不够理想的一个重要原因。

其实通过近年来的农村实践，以及制定土地流转的相应政策，农业生产经营规模过小与实现农业现代化目标的矛盾是可以解决的，在坚持土地家庭承包的基础上同样可以推进农业现代化进程。(1) 现在，中央的政策已明确宣布土地使用权可以有偿流转，这是土地经营规模可以扩大的政策前提，在实际经济生活中农民已通过股份合作制、土地股份制、反租倒包等形式，在不损害土地承包者利益的基础上适当扩大了农业生产经营规模。(2) 通过变革建立一种新型的农业生产经营组织形式，从实质上扩大农业生产经营规模。近年来在全国建立推广的农业产业化这种新型的农业生产经营组织形式，农业生产经营的基础仍在家庭，但是通过多种形式的经济组织充当“龙头”，带动千家万户生产同一规格、品种农产品，并对农户实行产前、产中、产后服务，事实上也是扩大农业生产经营规模的一种有效形式。(3) 通过科技兴农，加大农业投资，提高农业科技含量，实行农业集约经营，包括建立设施农业，一亩耕地可以当作几亩耕地使用，这也是从实质上扩大农业经营规模的一种形式。

依据邓小平理论，中国农业发展的路径是走“两个飞跃”的道路。农业的“第一个飞跃”，是废除以“一大二公”为特征的人民公社，实行家庭承包经营，这是一个很大的进步，要长期坚持不变，同时也要清醒地看到，巩固和完善家庭承包经营是一个很长的历史过程。农业的“第二个飞跃”，是在家庭承包经营的基础上适度扩大农业生产经营规模，以适应科学种田和生产社会化的需要，这又是一个很大的进步，当然也要经历一个很长的历史过程。中国农业发展需要经历两个“飞跃”的思想，提示了中国农业发展的道路与前景，鉴于中国幅员辽阔，各地情况千差万别，实施两个“飞跃”必须从各地实际

出发，因地制宜逐步加以推进。然而在前几年，中国有的地区不是从实际而是从主观愿望出发，竞相去实现农业的“第二个飞跃”，冲击和影响了农业承包经营要长期坚持不变政策的落实。我们一定要牢记改革开放以前中国不从实际出发，通过群众运动的办法去发展经济，一哄而起又一哄而下，给经济发展带来严重损失的历史教训，不再犯这类历史性错误。我们必须清醒地认识到，中国农业能否以及在何时实现“第二个飞跃”，不是凭主观愿望，而是需要以下条件的：（1）农村非农产业要有一定程度发展，农业剩余劳动力能够有条件向非农产业转移，这是适度集中土地、扩大农业生产经营规模需要的最重要条件；（2）保证扩大农业生产经营规模所必需的农业生产资料供应，这里既有质的要求，又有量的要求，既要在物质形态上保证农业生产资料的供应，又要在价值形态上保证农民使用先进农业生产资料有利可得，不受使用机器的“经济界限”的制约；（3）农民文化、生产经营素质的提高，特别是农民驾驭规模经营所需要的管理素质的提高；（4）建立、完善农村社会保障体制，解除农民放弃土地后可能产生的实际问题以及后顾之忧；（5）农民，特别是中国农民眷恋土地的传统观念的彻底转变。从中国目前农村全局看，除少数沿海地区和大城市郊区已逐步具备实现农业“第二个飞跃”的某些条件，中国大部分内陆地区目前还远未具备或尚未完全具备实现农业“第二个飞跃”的条件，巩固和完善家庭承包经营制仍然是今后一个相当长时期的任务。

三、继续深化以市场为取向的农产品流通体制改革，进一步积极推进农村经济市场化

这里需要专门讲一下近年来各方面极为关注的中国新一轮粮食流通体制改革的情况。这一改革的内容，概括说来是三句话：用保护价敞开收购余粮；粮食顺价销售；粮食收购资金封闭运行。（1）用保护价敞开收购农民手中余粮，主要是为了保护农民利益，促进粮食继续增产。这一政策在执行中，有的地方仓容不足限制了收购量，同时，收购资金到位情况还不理想。而且这一政策也导致了一些农民生产了一些不符合市场需求的低质粮食的情况。而且由于近年来有些地方粮食市场价低于国家收购价的情况，又出现了有的农民低价收购粮食又转手高价卖给国家的情况。（2）粮食顺价销售。这一政策的出台，主要是为了解决长期难以解决的粮食企业亏损、国家财政补贴包袱越来越重的问题。但是在全国粮食大范围出现相对过剩的情况下，顺价销售困难重重，特别是中国一些地处边陲的商品粮基地，由于运价高、低质粮食多，顺价销售更加难以启动。（3）粮食收购资金封闭运行政策的颁布，则主要是为了防止粮食收购部门挪用粮食收购资金盖楼堂馆所，购置高级轿车等腐败行为发生，实施这一政策已收到了较为明显的效果。

关于粮食安全与适度进口。在中国，粮食流通体制改革市场化除了研究、解决国内一系列相关问题，还要研究解决与国际市场接轨问题。中国加入WTO后，中国粮食流通体制改革必然会面临许多新情况、新问题，要未雨绸缪，尽早预谋对策。关于粮食安全与进口问题，中国国内目前存在着两种截然不同的意见：（1）对12亿人口的大国来说，粮食安全问题必须摆在突出地位来考虑，粮食生产的基点仍应放在国内，从国外进口粮食越少越好；（2）在中国，生产粮食的比较利益不高，因此多进口一些粮食符合中国利益，粮食进口越多越好；（3）立足国内，适度进口，把二者内在地、有机地结合起来。中国进口粮食，是为了调剂品种，调剂丰歉，调剂区域不平衡之需，在粮食生产基本立足国内的大前提下，有的年份可以多进口一些，而有些年份则可以少进口一些，但不必对进口量限制过死，应从实际出发允许粮食进口有一个弹性幅度。我个人较为倾向第三种观点。

四、农业产业化是推进农业现代化，实现农民增产增收的有效途径

农业产业化是90年代以来，中国对市场经济条件下农村兴起的一种生产经营组织形式的称谓，其主要特点是把农业生产、加工、分配和流通再生产诸环节内在地有机地结合起来。

近年来，对农业产业化这一中国新兴的农业生产经营组织形式的内涵，人们在认识上还不一致，对其表述五花八门。在我看来，农业产业化的内涵主要有下述三个方面：（1）农业的市场化，即依据市场的需要决定生产什么，生产 多少；（2）农业的社会化，包括农业生产经营规模的适度扩大，以及把农业生产、加工、分配和流通等农业再生产环节紧密联结起来；（3）农业的集约化，通过加大资金和技术的投入，通过结构优化、技术进步和科学管理，提高农业经济效益。

在中国农村，近年来无论农业产业化的经济类型，还是农业产业化的组织形式，都呈现了多样化的格局：（1）合作经济组织+农户；（2）公司+农户；（3）农民专业技术协会+农户；（4）农场+农户；（5）农产品专业批发市场+农户；等等。在我国目前农业产业化中，虽然其经济类型和组织形式呈多样化格局，但其实质则是共同的，即在家庭承包经营制的基础上，通过“龙头”（充当“龙头”的可以是合作组织、公司、技术协会、市场……）对分散的、为数众多的农户，发挥引导、组织、服务的功能，引导组织广大农民进入市场，推动农村经济体制向市场经济体制转变，经济增长方式向集约增长方式转变。

在推动农业产业化进程中，需要处理好以下几个关系或矛盾：（1）处理好经济组织形式、所有制经济类型的单一化与多样化的关系。应先允许多样化的存在，然后再考虑规范化问题。事物发展规律一般都是先多样化，然后再逐步规范化。（2）处理好规模经营与农业发展关系。所谓规模经营，就是在社会、经济、技术等条件既定的情况下，选择和建立生产力诸要素最佳组合规模，

以取得最高的经济效益。因此绝不能把中国传统上的土地归大堆与规模经营相提并论。实行农业产业化，通过“龙头”的引导，以利益为纽带把分散的农户组织起来，这是在中国当前条件下，扩大农业经营规模的一条重要途径。(3) 处理好“龙头”与农户之间的关系，其中二者之间的利益关系是本质；“龙头”与农户之间的利益关系要通过契约关系固定下来，相互之间平等协作，利益均沾，不侵犯对方的利益。处理好相互之间的利益关系，这是农业产业化这一生产经营组织形式能否巩固和发挥积极作用的关键。(4) 处理好传统农业与现代生物技术，特别是转基因技术的应用关系。考虑到当前中国经济的现实，采用现代生物技术只能是一个方面，绝不要赶浪潮，至于转基因的应用，国内外还有一些争议，应持慎重态度。

五、积极推进农业剩余劳动力转移和农村城市化进程

在中国人多地少这一基本国情下，农村非农产业的发展不充分和不平衡，农业剩余劳动力大量滞留在农村，这是中国实现农业现代化目标的一大难题。

据 1996 年中国第一次农业普查资料综合提要披露出下述事实：(1) 中国从事生产经营的农村住户 21383 万户中，农业户为 19309 万户，占 90.3%，非农业户为 2074 万户，占 9.7%。(2) 19309 万农业户中，纯农业户为 12672 万户，占 65.6%；农业兼业户 3901 万户，占 20.2%；非农业兼业户为 2736 万户，占 14.2%。(3) 中国农村从业人员总量中，农业从业人员为 56148 万人，其中劳动年龄内从业人员为 49892 万人，劳动年龄外从业人员为 6256 万人。(4) 对中国农业剩余劳动力数量，由于估算方法和依据资料不同，结论也不一样，除已转入乡镇企业就业的约 1.3 亿人，概括多家统计尚有约 1—2 亿农业剩余劳动力需要向非农产业转移。从以上数据可见，中国农业户和农业剩余劳动力数量之多，向非农产业转移任务之巨，在世界范围内是罕见的。要从中国实际出发，并借鉴国外有益经验，研究解决之策。

从过去一些年社会经济结构变动的基本趋势看，中国产业结构和就业结构的变化大体上仍属于一种正常的结构转换过程，二、三产业比重稳步上升，农业比重持续下降。

但是，用霍利斯·钱纳里和莫尔塞斯·塞尔昆所提出的结构模型为标准来衡量，中国国内生产总值及就业结构方面则存在偏差。主要是：(1) 第一产业就业比重偏高，而产出比重偏低；(2) 第二产业发展相对充分，第三产业发展相对不足，不论产出还是就业结构都存在同向偏差。

中国的城市化比率一直滞后于国外相应发展水平的标准结构国家中的城市化比率。自 90 年代以来，城市化的滞后程度不仅没有缩小，却反而日益扩大。城市化比率的偏差为：1985 年为 -28.1%，1990 年为 -24.6%，1995 年为 -27.8%，1996 年为 -29%，1997 年为 -29.5%，1998 年为 -30%，1999 年为 -30.4%。

中国城市化滞后的主要原因是：(1) 计划经济体制下长期实行城乡隔离体制的后果尚未完全消除；(2) 非农产业发展缓慢；(3) 改革现行的户籍管理制度及对流动人口的管理政策滞后。

在中国，通过乡镇企业发展和在农村建设小城镇，是加速农业剩余劳动力转移和推进农村城市化进程的主要途径。

(原文约 12000 字，发表于《中国社会科学院研究生院学报》2001 年第 4 期)

文摘编辑：曾祥玉

我国农业发展新形势与加入 WTO 的机遇与挑战

卢良恕

[作者简介] 卢良恕，中国工程院院士。曾任中国农业科学院院长，中国工程院副院长等职。现任中国农业专家咨询团主任，国家食物与营养咨询委员会主任等职。

[内容提要] 本文分析了中国农业进入新阶段后的突出特点，阐述了中国农业发展的指导思想、战略目标和工作重点，提出了我国农业和农村经济结构调整的新方向、新内涵及新途径，全面分析了中国农业在加入 WTO 后所面临的机遇和挑战，并提出了对策建议。

[关 键 词] 中国农业发展新阶段；结构调整；加入 WTO；机遇和挑战。

一、对当前我国农业发展进入新阶段的分析

今后 5—10 年，是我国社会经济发展承前启后打基础的关键时期，我国的经济结构能否顺利调整，国民经济能否发展得更快一些、更好一些，在很大程度上取决于农业基础是否稳固。

1. 我国农业与农村经济发展新阶段的突出特点

(1) 我国农业和农村经济与世界经济的关联度日益增强；(2) 农业和农村经济与国民经济的互相推动、共同发展的关系越来越紧密；(3) 农业发展的制约因素由过去主要是资源约束变为资源需求和环境约束；(4) 农业和农村经济的专业化程度提高，一体化经营步伐加快，混合经济趋势显现；(5) 科技进步成为农业和农村经济发展的主要推动力量；(6) 金融对农业和农村经济发展的制约增强；(7) 农业发展已由单纯追求产量，向产量和质量、效益并重，积极推进农业产业化经营，大力发展高商品率、高附加值、高创汇率的产业和产品的新阶段转变；(8) 农民收入的增加，已由主要依靠农产品产量的增加和价格的提高，向根据市场调整结构和发展多种经营转变。

2. 21 世纪初中国农业发展的战略目标

就农业而言，到 2030 年左右，我国农业整体上要逐步形成以公有制为主体，以家庭承包经营为基础，并加快产业化进程，以当代科技、先进装备与高素质农民合成的现代农业生产力为主力，以农产品市场体系、支农工业体系、农业社会化服务体系，国家对农业的支持和保护体系为支撑的，能够适应人口峰值期全国人口小康生活（部分中等富裕）需求的，能够应对国际国内农产品市场激烈竞争局面的，向着可持续发展和现代化方向大步迈进的社会主义现代化农业。

3. 当前我国农业与农村经济工作的重点

进入“十五”后，我国的农业和农村经济工作要以增加农民收入为中心，以推动农业和农村经济结构战略性调整为主线，以改革开放和科技进步为动力，以确保国家粮食和食物安全为前提，进一步巩固和加强农业基础地位，保持农业和农村经济持续、稳定、健康发展。而农民增收和粮食与食物安全则是“十五”期间两件关系国民经济发展和社会稳定全局的大事。

二、面向 21 世纪，调整我国农村与农业产业结构

1. 21 世纪我国农业和农村经济结构调整的方向

按照党的十五届五中全会的要求，21 世纪我国农业和农村经济结构调整的方向是：(1) 要面向市场，依靠科技，不断向生产的广度和深度进军。(2) 以优化品种、提高质量、增加效益为中心，大力调整农产品结构。(3) 加快发展畜牧、水产业，提高农产品加工水平和效益。(4) 合理调整农业生产的区域布局，发挥各地农业的比较优势。(5) 深化农产品流通市场改革，发展农产品销售、储运、保鲜等产业，大力发展食品工业，实现农产品多次增值。(6) 引导乡镇企业推进结构调整、技术进步和体制创新，实现健康发展，加快农业富余劳动力的转移。(7) 大力推进农业产业化，促进以科技和信息服务为重点的农业社会化服务体系建设。(8) 支持农业科技创新和技术推广，使先进适用技术进入广大农户。(9) 加快建立农产品市场信息、食品安全和质量标准体系，引导农民按市场需求生产优质农产品。

2. 农业进行战略性结构调整的新内涵

农业结构是农业各生产部门以及部门内各生产项目间的构成比例和组合，是农业资源的转换器。市场决定结构，结构决定功能，功能决定效益。不同层次的社会需求将形成不同的产品和服务需求结构。农业产业结构的变动，将导致农业和农村产业结构的逐步合理化、多样化和高级化。

合理化是指农业产业间具有较强的相互转化能力和互补协调关系，例如种植业、养殖业和加工业的结合与

互补，生产、加工和销售的结合与互补等，合理的农业结构有利于农业的科技进步，也有利于农村经济的稳定增长。

高级化是指农业产业通过主导增长部门的更替与演进，发生一系列的质变，导致农业和农村产业的高附加值化、高技术化、高集约化和高加工化。

新时期农业结构调整具有以下特点：

(1) 结构转换是有序的过程；(2) 结构调整是不断向农业的广度和深度进军的过程；(3) 结构调整是实施科教兴农的过程；(4) 结构调整是农业从粗放经营向集约经营转变的过程；(5) 结构调整是农村经济新体制建立和完善的过程。

3. 农业进行战略性结构调整的新途径

——满足直接需求，在农业结构调整中要以多品种、高质量、高效益为主。

——满足间接需要，应由二元结构向粮食作物—经济作物—饲料作物三元结构调整。

——满足工业加工需求，要向区域化、专业化调整工业原料作物结构和布局。

三、中国农业加入 WTO 的机遇与挑战

1. 加入 WTO 为我国农业发展提供的机遇

第一，享受 WTO 现有成员已经享有的好处，改善农产品出口环境。加入 WTO 后，能够享受绝大多数国家的无条件的最惠国待遇和发展中国家的优惠待遇，减少歧视性待遇，利用有关机制解决贸易争端等，优化我国农产品出口的外部环境。同时，在我国农业参与国际化的进程中，为我国有效利用国际农业市场与资源，创造有利的国际环境。

第二，利用 WTO 成员资格，参与 WTO 多边谈判以及制定 WTO 新规则。被动遵守和执行他人谈判制定的规则，往往处于不利地位，相反，在充分发表意见的情况下，自主参与制定新规则，明显有利于在多边体制下争取和维护自身利益。

第三，有利于扬长避短，加速调整国内农业产业结构。我国维持粮食高自给率是以一定程度的环境破坏为代价的，加入 WTO 后，有利于中国进口资源，特别是土地和水资源密集型的比较利益低的农产品，有利于国内生态环境的改善；有利于我国劳动密集型产品的出口。

第四，有利于农业国际交流与合作渠道的拓宽，加速提高农业科学技术水平和农业科技含量。加入 WTO 后，一方面，外资进入中国将会更容易，有利于提高我国农业的管理水平和生产水平，提升我国农产品质量；另一方面，与国外农业教育、科研、技术的交流与合作将更为紧密和频繁，有利于加速我国农业科技进步，促进我国农业科技进步贡献率的提高。

第五，有利于抓住机遇，进一步深化我国农村经济体制改革。根据 WTO 的基本原则，参照国际规范，我国农业和农村经济体制将按照市场经济的基本规则，建立和完善国内农业宏观调控体系。另外，WTO 规则对贸易体制的规范化也有相关要求，对加快农产品外贸体制和国内流通体制改革也会产生积极的推动作用。这对于实现我国农业的两个根本转变，增强国内农业综合素质，提高农业国际竞争力，具有积极的促进作用。

2. 加入 WTO，我国农业发展面临的挑战

第一，国内农产品市场面临开放的压力，农产品生产也将面临国际市场的严峻挑战。根据 WTO 农业协议的规定要求取消非关税措施，各成员的农产品进口控制措施只能通过关税措施。WTO 要求的这种进口控制方式的转变，本身就意味着各成员国将逐步开放国内农产品市场。我国加入 WTO，国内农产品市场面临对外开放的压力已不可避免。另一方面，随着我国农产品市场开放程度的不断加大，国内不具有比较优势的农产品生产将面临世界市场的冲击。这种冲击主要表现在两个方面：一是对不同农产品生产的影响。具体而言，耕地密集型的、比较利益低的种植业产品所受到的冲击将比较明显；二是对不同地区、不同经营方式的农民的影响，比较突出的是大豆、玉米的生产区，这些产品进口的增加会给这些地区的生产造成直接的压力，而且，加入 WTO 后，中国玉米的流通格局也将可能发生一些变化，南方一些需要饲料粮的省区可能直接从国际市场进口玉米、大豆，而不再从东北调进。这两方面的因素都极有可能造成农民收入在短期内的下降。

第二，国家农业发展政策有可能受到被动调整，调整的空间也将受到规则约束。我国现行农业政策措施大多符合农业协议绿箱政策的规定，但是，今后我国在农产品价格保护制度、农民收入支持、生产资料价格补贴等方面的政策措施的制定与实施将受到 WTO 有关规则的约束。

第三，我国粮油等农产品进口的增加，直接加重国家外汇的支出负担。一方面，在 WTO 框架下，随着农产品贸易自由化程度的不断扩大，各国给予国内农业生产和农产品的出口补贴就逐步减少，被扭曲压低的世界农产品市场价格（尤其是粮食价格）将呈上涨趋势；另一方面，从中长期趋势看，我国资源密集型的粮油产品国内供需将存在一定缺口，进口部分粮油产品将是一种趋势。随着我国农产品市场开放程度的进一步扩大，外国优质低价农产品很容易挤进国内市场，增加我国进口粮油的外汇开支。

3. 对策建议

第一，以加入 WTO 为契机，深化农业和农村经济体制改革。我国现行的农业管理体制、农业政策法规、农产品流通体制，很难适应新阶段农业发展的客观要求，更难适应加入 WTO 后对农业生产、流通、贸易进行灵活、有效的宏观调控，应尽快建立一个对农业生产资料供应、农业生产、农产品流通和农产品国际贸易进行协

调统管的政府机构，真正能够对农产品的生产、流通、进出口贸易实施有效的宏观调控。

第二，根据市场经济规则，进一步推进农业市场化改革。加快培育农产品市场的步伐，建立和完善市场秩序和交易规则，制定农产品交易法规，建立主要农产品特别是粮食储备调节体系，保障政府宏观调控农产品市场的能力；改革我国农产品内外贸脱节的管理体制，建立国家农产品内外贸协调一致的管理体制和机构；培育和壮大农业要素市场，逐步形成政策性银行、商业银行、农业合作金融组织并存的多元化的农村资金市场，培育多元化的平等竞争的农用生产资料市场，培育多元化的自主经营、自负盈亏的农业生产和经营的市场主体。

第三，加强国内农业支持政策的研究，用好用足WTO规则。(1) 加大国内农业发展政策对农业的支持力度，尤其是绿箱政策范围的农业支持措施，如加强基础设施建设，增加农业科技教育投入，提供农业科技服务。(2) 建立主要农产品价格保障体系。尽管我国在农产品价格支持方面的回旋余地非常有限，但WTO允许提供粮食安全储备补贴（绿箱政策），把保障价格体系（主要是农产品目标价格、最低保护价格）的设计，与粮食安全储备政策紧密配套。(3) 进一步加强进出口动植物检疫工作，利用WTO对动植物检疫的规定，一方面，加强出口农产品的质量检测，促进农产品质量的提高；另一方面，加强对进口农产品的检测，严把进口关，确保国内环境和人民健康及动植物的生命安全不受危害。

第四，依靠科技进步，全面提高农产品品质，增强农产品的国际竞争力。加入WTO以后，国内农产品将面临国内外两个市场更为激烈的竞争，要解决我国农业和农村经济发展中存在的问题，实现我国农业和农村经济结构战略性调整的目标，必须紧紧依靠农业科技进步，用现代科学技术改造传统农业，用现代科学方法管理农业，用现代科学文化知识武装农民，大力提高农产品的科技含量和附加值，全面提高我国农产品的国际竞争力。

第五，加强市场研究，建立和完善国家农产品市场监测和预警体系。应建立国内和世界农产品生产、消费、价格、贸易等信息体系，分品种建立国内外农产品市场资料档案；定期发布国内外农产品生产、消费、价格、品质、贸易动态等监测、预警信息；选择有关主要国家跟踪研究其农业政策动向和其农产品市场状况，以及有关农业生产和贸易的政策取向与相关对策建议。

（原文约1万字，发表于《北京工业大学学报》社科版2001年第4期）

文摘编辑：曾祥玉

论工业化与信息化的关系

周叔莲 王伟光

[作者简介] 周叔莲，中国社会科学院工业经济研究所研究员，博士生导师。
王伟光，中国社会科学院研究生院工业经济系博士生。

[内容提要] 党的十五届五中全会提出，要以信息化带动工业化。这对于我国快速和高质量地完成工业化任务，实现社会主义现代化目标具有重要的战略意义。经过二十多年的改革，我国完全具有推进信息化，以信息化带动工业化的能力，完全有可能充分发挥后发优势，实现社会生产力的跨越式发展。

[关 键 词] 工业化；信息化；跨越式发展。

当前，我国尚未完成工业化任务，却又面临信息化的挑战。为什么要以信息化带动工业化，信息化能否带动工业化，信息化如何带动工业化，这些问题都值得我们认真研究。

一、处理工业化与信息化的关系是我国面临的一个重要问题

根据配第、克拉克、霍夫曼、钱纳里等人的研究成果，可以这样理解工业化：在经济和社会发展中，工业逐渐取代农业而成为社会生产力发展的主导力量，它是一个历史的发展过程，主要是工业逐渐取代农业，并对整个社会生产方式和社会生产关系产生深刻的影响，实现了机器化大生产，创造了空前的社会财富。工业化可以分为以生产工业消费品为主的“轻工业化”、以生产原材料为主的“重工业化”、以深加工为特征的“高加工度化”以及“知识技术集约化”等四个阶段。一般认为，信息化就是信息资源、信息技术及其产业在国民经济和社会中的作用不断加强的过程。通常，信息化包括信息基础结构（信息资源、信息网络、信息人才和信息设备等）、信息技术（IT）产业（信息设备制造业、邮政和通讯业、大众传媒和文化娱乐业以及相关的各种 IT 服务业等）和信息社会环境（社会文化、法律、制度等）等三个方面的内容。人们常用 IT 产业在 GDP 中的贡献程度来衡量一个国家或地区的信息化水平。

对于我国这样一个发展中的社会主义大国，现在还需要继续完成工业化的任务，而信息化则是当今世界经济和社会发展的大趋势。工业化尚未完成，却又面临信息化的任务，我国应该怎样处理工业化与信息化的关系呢？工业化是信息化的基础，但信息化又是在工业化过程中发展起来的，后进国家可以利用先进国家的技术和经验，实现跳跃式的发展，使两者同时推进，即以工业化培育、支撑信息化，以信息化促进、带动工业化。

美国信息产业对 GDP 的贡献率已经相当高了，但制造业对国民生产总值的直接贡献仍大于 20%，拉动其他产业增长 40%左右，而且制造业的研究开发经费占全部研究开发经费的 70%，推动美国科技进步高达 40%。以信息化带动工业化的一个重要方面是对传统产业进行信息化改造。信息技术产业在国民经济中的地位不断上升，进而成为支柱产业，但这并不意味着传统产业就不重要了。相反，传统产业由于采用了先进技术和其他高新技术的成果，将会得到更高层次的发展，同时也为信息技术和其他高新技术产业的发展创造了更加广阔的市场。例如，信息电子技术及其产业向汽车产业的渗透，不仅使汽车产业重焕生机，而且汽车电子部件市场也异常火爆。每辆汽车电子装置从 1990 年的 1383 美元上升到 2000 年的 2000 美元，仅此一项就为整个汽车电子业带来数千亿美元的产值。

二、以信息化带动工业化的必要性

当前，我国以信息化带动工业化是非常必要的，这种必要性体现在以下几个方面：

1. 是加快经济结构调整，推动产业结构转换和升级的需要

根据世界经济发展的一般规律，随着科学技术的进步和时间的推移，三次产业结构应该由“一、二、三”和“二、三、一”向“三、二、一”转变，而且在第二次产业内部，以信息技术产业为代表的高新技术产业其产值份额不断提高，即实现主导产业的更迭，也就是实现由劳动、资本密集型向知识技术密集型过渡。我国产业结构，在 1978 年，一、二、三次产业占 GDP 的份额分别为 28.10%、48.16%、23.74%，转变为 1988 年的 25.66%、44.13%、30.21%，到 1998 年为 17.97%、49.21%、32.81%。这一结构水平与国际平均水平尚有很大差距。根据《1999/2000 年世界发展报告》，全世界农业、制造业和服务业（相当于我国一、二、三次产业）占 GDP 的比重，1980 年为 7%、25%、56%，1998 年为

5%、20%和61%。由此可见，我国第三次产业水平较低，第一次产业比重过高，产业结构升级指向不明显。一般说来，高技术产业增加值在GDP中占有的份额反映着产业结构现代化的程度。我国该项指标从1993年到1997年基本保持在1.5%—1.7%的水平，低于90年代美国3.1%和日本4.6%的水平。而且反映工业"技术集约化"的指标之———高技术产品占制成品出口额的比重，我国也与国外有相当差距，该项指标虽然已从1991年的11.3%上升到1995年的13.6%，到1998年为17.6%，但仅相当于巴西、智利等国1996年的水平（18%），与韩国（39%）、泰国（36%）则有很大的差距。此外，地区经济发展不平衡，中西部与东部地区的差距不断加大。

上述结构性问题，根本原因在于信息化和工业化程度低。这就需要通过工业化和信息化并行发展，发展高新技术产业，提升产业内部结构的技术集约度，进而推动产业结构合理化和高度化，缩小地区和城乡差距。

2. 是加速完成工业化历史任务的需要

一般认为，我国已经处于工业化中期阶段，将要向后期阶段过渡。我国现阶段的工业化，从某些指标看已经达到了较高的水平，但总的来看还不发达，仍处于一种较低层次。尤其是我国工业结构升级缓慢，这不仅存在于制造业结构中，而且也存在于各个产业的内部结构，以及产品结构和品种结构中。例如，我国虽然能够生产2500多种金属切削机床，但代表高技术高附加值的数控机床却仅占2.8%，分别低于日本和德国27.2和47.2个百分点。同时工装设备水平也相当落后，以造船行业为例，我国船舶国产设备装船率不足40%，而韩国和日本则分别高达85%和98%。由此可见，必须把工业化和信息化结合起来，用信息技术改造传统工业，提高传统工业的知识技术密集程度，实现生产力跨越式发展。否则，将会影响我国国民经济和社会发展战略目标的实现。

3. 是转变经济增长方式，实现可持续发展的需要

我国工业化虽然为国民经济发展做出了巨大贡献，但由于它在高度集中的计划经济体制下，过分追求速度和数量，忽视效率和质量，长期走的是粗放型经济增长道路。由此带来了不少问题，如资源浪费、重复建设、生产率低下、规模结构不合理等。1998年我国年销售收入为500万元以上的工业企业有15.5万户，其中520户国家重点企业的销售收入之和仅与世界500强的前二名大体相当。以信息化带动工业化则会促使粗放型经济增长方式向集约型增长方式转变。一方面，信息化的发展将会使生产要素综合利用效率得到提高，加速信息技术的进步和人力资本的积累，是一种质量速度统一的集约型增长方式。信息技术将逐渐向工业扩散和渗透，从而加速工业化进程，优化技术结构和产业结构。另一方面，由于信息化的生产力是一种先进的社会生产力，它将使生产要素配置方式和生产组织形式以及劳动手段、劳动对象都发生重大变革，更加发挥"科学技术是第一生产力"的作用。为了适应和促进这种先进生产力的进一步发展，生产关系和上层建筑中某些不适应因素和环节，也将进行相应调整，促进政府职能转变和管理体制变革。因此，以信息化带动工业化，有助于推动和实现经济增长方式转变，提高工业经济效益。

以信息化带动工业化，也将有利于实现可持续发展。可持续发展需要实现人、自然、社会和经济的协调发展。信息化是一种高附加值、高增长、高效率、低能耗、低污染的社会经济发展手段，以信息化带动工业化，可以更好地满足可持续发展的要求。现在甚至可以这样说，离开了信息化的工业化，只能是一种资源浪费，生产率低下，经济效益不高，缺乏竞争力的低层次的工业化，实现可持续发展是比较困难的。

4. 是增强我国国际竞争力的需要

随着国际竞争日益激烈，以及加入WTO步伐的加快，我国的企业和产业将直接面对国内竞争国际化、国际竞争国内化的双重挑战。这就要求以信息化带动工业化，提高工业和其他产业的国际竞争力。最近，瑞士洛桑国际管理开发研究院发表了2000年度国际竞争力报告，中国国际竞争力由1999年的第29位，下降为本年度的第31位，除科技投入与创新能力不强外，另一个关键原因就是我国工业化水平低，产业结构不合理，信息产业等高技术产业不发达。现在世界各国都纷纷推出各种"信息化"战略，以获得新世纪的竞争优势和先行优势，并积极利用信息技术的倍增性和渗透性积极改造传统产业，使劳动生产率迅速提高。

新一轮世界范围的经济结构调整给我国工业化与信息化的发展提供了一个良好的机遇。50年代的经济结构调整，产生了日本、德国等经济强国；60、70年代的调整培育了亚洲"四小龙"及其他一些新兴工业化国家；开始于80年代的经济结构调整，以"信息技术的应用和扩散"为典型特征。美国、日本、西欧及一些新兴工业化国家，纷纷由劳动密集型产业向信息技术密集型产业过渡，经济增长更加依靠科学技术进步。有资料显示，发达国家信息部门的贡献占国民生产总值的40%—65%，新兴工业化国家为25%—40%，发展中国家低于25%，而且信息产业正在成为一个新兴的产业群。据统计，1995年，全世界信息产业的销售额已达8500亿美元，1996年增加到1万亿美元，已经超过汽车、钢铁等传统产业部门。世界上许多国家都正在由工业化向信息化过渡，经济结构的"软化"趋势增强。在这种调整中，谁能抓住机会，谁就能实现超常规发展。韩国的经济腾飞，就是利用半导体、微电子等技术，以信息化促进工业化，加速产业结构调整的结果。我们也应该利用新一轮科学技术革命带来的机会，跟踪和掌握先进信息技术，促进工业化进程。

三、怎样实现信息化带动工业化

以信息化带动工业化，其核心是加速发展信息产业，用信息技术改造传统产业。

1. 加速发展信息产业

要实现信息化带动工业化，首先必须保证信息产业的迅速发展，这是前提。同时要利用信息技术产业的高成长性、高关联性和高渗透性带动传统产业的升级，催生出一批“新产业”——光机电一体化产业、光学电子产业、汽车电子产业等等。

其次，要加强各地区各部门的协调，加速信息网络基础设施建设，如高速信息传输骨干网络和宽带高速计算机互联网；加强软件业、集成电路设计业和超大规模集成电路生产。

再次，要大力推进技术创新，促进信息产业发展。推进技术创新要加大科技投入，加快科研体制改革，加强产学研结合，还要重视技术创新与技术引进及技术改造相结合。

2. 利用信息技术改造传统产业

传统产业由于技术水平限制，常伴有低效率、高能耗、高污染的特点。例如，我国能源综合利用率仅为32%左右，比国外先进水平低十多个百分点；每万元国民生产总值能耗比发达国家高出4倍多，主要产品单位能耗比发达国家高30%—90%；工业排放污染物超过发达国家10倍以上。为此，需要用CAD/CAM、CIMS、柔性制造、精益生产等先进信息技术，对传统产业的生产过程进行改造，同时要应用MIS、DSS、ERP等先进管理技术对企业施以信息化改造，提高管理水平。就整体而言，目前我国装备工业综合实力只相当于美国50年代初、日本60年代初的水平，为了更好地装备中国工业，需要对装备工业进行优先改造。

3. 信息技术产业和传统产业相互渗透、相互促进、协调发展

一是传统产业进军相关信息技术产业，也就是传统产业通过技术多元化战略来调整内部结构。二是实现传统产业与信息产业的结合，这是一种“嵌入式”改造，其特点在于改造的目标直指传统产业的某些薄弱环节——企业信息化程度低，资本周转时期长等问题。

4. 因地制宜地选择信息化带动工业化的恰当途径

以信息化带动工业化的途径是多种多样的。各地区和各行业应该结合比较优势，寻求工业化与信息化的适宜结合点，集中力量在基些层面上获得突破，走出一条适合于自己的信息化与工业化结合之路。

四、为信息化带动工业化创造良好的制度和环境

以信息化带动工业化是一项复杂的系统工程，需要创造一种良好的制度和环境，以保证发展过程的协调性和适宜性。

1. 加快国有企业改革，增强企业活力

无论是发展信息产业还是以信息技术改造传统产业，都要求加快国有企业改革的步伐，增强企业活力，尤其是创新能力。这样才能为信息化带动工业化提供坚实的制度基础。为此，必须根据“有进有退”、“有所为，有所不为”的原则，继续调整国有经济布局，合理确定国有企业的产业分布。同时要进一步深化国有企业改革，按照产权清晰，权责明确，政企分开，管理科学的要求，建立现代企业制度，使企业真正成为自主经营、自负盈亏、自我发展、自我约束并有活力和创新能力的市场竞争主体。还要大力发展民营科技企业。民营科技企业以其灵活的组织形式，较强的创新能力，有力地推动以信息化带动工业化的进程。

2. 转变政府职能

政府应积极转变政府职能，以推动信息化带动工业化。当务之急是要实现政企分开，政府对经济的宏观调控形式应由直接控制为主转变为间接控制为主，并强化服务与监督职能以及各种制度安排，以为信息技术产业的发展、信息化带动工业化创造更加灵活的、规范有序的、开放竞争的市场环境。根据国外经验，政府在推动信息化带动工业化进程中常承担以下一些职能：一是制定国家信息化战略，如美国的信息高速公路计划，日本的“研究信息流通新干线网”计划等引导信息技术产业发展。二是推行技术创新政策，大力扶持信息产业。主要的政策工具包括政府拨款、政府合同、政府资助、税收优惠和政府采购等。这些政策大多侧重技术创新的“需求”层面，而我国则更加偏重技术创新的“供给”。三是重视产业标准制度。例如在高清晰度电视（HDTV）标准的竞争中，美国联邦通信委员会在AT&T、汤姆森、通用仪器等5家公司厂内标准的基础上，制定了美国市场的HDTV标准，从而确定了“标准领先”优势，并促使外围配套企业调整生产标准以求发展。四是调整信息产业组织结构，放松管制，促进竞争。如美国将AT&T一分为三，英国允许电信经营商（PIO）经营广播电视业务，韩国政府出售韩国电信股份1/3。五是强化知识产权保护。

3. 积极推进城镇化

抓住加快发展国民经济和社会信息化的有利时机，将工业化、信息化与城镇化结合起来。要充分发挥大城市对周围的信息、技术辐射能力，带动周边地区整体经济水平的提高。还要积极发展中小城市，发挥中小城市对小城镇发展的带动作用，使之成为地区的经济和信息资源中心。并要注意用信息技术改造农业，促进农业和农村产业结构优化升级。

4. 为企业家创造一个良好的发展环境

企业家承担着信息化带动工业化的具体指挥职能。企业家善于创新，从而使企业获得潜在的利润增值机会。他们具有创新精神，能够将科学和发明由潜在的生产力变成现实的生产力，以适应和创造市场，从而使企业进

入良性的发展时期。企业家一方面可以通过创新促进信息技术及其产业的发展，另一方面能够发现传统产业中新的市场机会。现在我国还缺少一大批企业家。为此，需要为企业家的发育和成长创造良好的条件和环境，包括建立和完善企业家市场，让市场评价企业家，让企业和企业家实行双向选择。

5. 重视开发人才资源和发展教育事业

实行信息化带动工业化，必须与人才资源开发和发展教育相结合。要创造良好的创新、创业环境，以留住人，用好人，并积极采取措施吸引国内外优秀人才。还要增加教育投资。如美国教育总投资已从1989年的3530亿美元增加至1999年的6350亿美元，占GDP比例高达7.7%，巴西的教育投资也占其GDP的4.6%，而我国教育支出占GDP的比重却不足3%。正如《第三次浪潮》作者托夫勒所说的那样，“中国能否从第一次浪潮跨到第三次浪潮，关键在教育”。

6. 建立和完善风险投资机制

风险投资的主要功能是支撑和促进高新技术产业等一些有良好发展前途的高风险、高收益的产业。风险投资者根据产业的不同生命周期（种子期、成长期、成熟期和衰退期）选择不同的融资方式。据美国风险投资协会1996年的一项统计：在风险投资所资助的628个项目中，信息产业占65%以上。风险投资的一个重要作用是加速创新成果的商品化，增强传统产业对新技术成果的吸纳能力，带动传统产业的技术和产品结构调整。建立和完善风险投资机制，要拓展风险投资来源。在风险投资体系尚未建立的初期，可以先建立国家主导型的风险投资基金，由国家科技财政拨款和金融机构、企业、社会资金等构成，采取契约式经营方式。当风险投资体系建立后，国家投资部分要适时退出，风险投资基金采取公司制形式运作，积极吸收其他各种类型基金，如养老保险金等参与。政府要采取措施促进风险投资的健康发展。根据国外经验，可以采取政府对R&D进行补贴，实行税收优惠，提供信息服务和信用担保等措施，鼓励风险投资企业的发展。还要积极探索风险投资方式，建立二级市场，完善风险资本退出机制，加强风险投资的立法工作。

7. 重视解决信息安全问题

首先，要警惕和预防信息技术犯罪。由于信息网络的防护能力很弱，许多应用系统处于不设防状态，给黑客以可乘之机，信息技术犯罪案件增多。

其次，要开发和拥有核心技术。我国信息技术在很大程度上依赖进口，以信息技术为代表的高新技术产业的外贸依存度很高，达250%左右，并缺乏拥有自主知识产权的核心技术。

又次，要警惕信息技术霸权。有的信息技术发达国，利用其信息技术和信息产业的优势，推行文化殖民主义，宣传其价值观念和生活方式，干预别国内政。

（原文约18000字，发表于《中国社会科学院研究生院学报》2001年第2期）

文摘编辑：曾祥玉

试析迈入21世纪的世界经济主要发展趋势

王怀宁

[作者简介] 王怀宁，中国社会科学院世界经济与政治研究所研究员。

[内容提要] 人类社会在充满希望并面临巨大的挑战中送走了20世纪，迎来了一个新的世纪。进入21世纪世界经济的主要发展趋势，可以简要地概括为“四化”，即信息化、全球化、一体化和多极化。在21世纪，发展中国家总体的经济发展速度已经快于发达国家，今后必将有更多的国家能够做到这一点。所以，发展中国家的经济前景是乐观而大有希望的。穷国与富国在经济上的严重不平衡，一定会在新的世纪里，通过世界经济更快的发展，走上逐步缓解的道路。

[关 键 词] 21世纪；世界经济；发展趋势；信息化；全球化；一体化；多极化。

进入21世纪世界经济的主要发展趋势，可以简要地概括为“四化”，即信息化、全球化、一体化和多极化。信息化表明社会生产力所达到的水平和发展趋势；全球化反映的是国际经济关系正在发生的变化，表明世界各个国家和地区在经济上已越来越结合成一个整体；一体化是适应信息化和全球化所必须建立的世界统一的经济运行机制、规则、制度和秩序，是由经济信息化和全球化构成的经济基础所要求的上层建筑；多极化则指的是各个国家和地区在世界经济统一体中的地位和作用所构成的一种态势。这些都是动态的发展过程而不是静态的概念，是未来的发展趋势而不是已经完成的现状。

一

在世界经济已经高度发展的今天，社会生产力提高的决定性因素已经是科学技术，科学技术正在成为名副其实的第一生产力。从现有的情况看，在各种高新科学技术领域中，信息技术正在起着最为重要的作用。

现在，在经济信息化的道路上走在世界最前面的是美国。在最近的一二十年，信息产业在美国获得了极其迅速的发展。在美国的国民经济总量中，信息产业所占的比重已达10%左右，而在国民经济增长中的贡献率则已在1/3以上，比过去美国经济三大支柱（钢铁、汽车和建筑业）加在一起的总和还要大。信息产业因之已经成为美国经济中名副其实的新的龙头和支柱。不仅如此，信息产业还改造了众多的传统产业部门，使它们从生产流程到经营管理都发生了很大的变化，从而重新焕发了活力，并大大提高了劳动生产率。美国的劳动生产率在过去的10年中平均以每年大约2.7%的速度增长，比七八十年代高出近一倍，与此就有很大的关系。近年来，美国的国际竞争力重新跃居世界第一位，也应归功于此。在世界第二经济大国日本，信息产业已经成为最大的产业部门。现在日本惟一一个年产值超过100万亿日元的产业部门就是信息产业。欧洲发达国家的信息产业也在蓬勃地发展，其在国民经济中所起的作用虽然还赶不上美国，但并不亚于日本。即使是在发展中国家，信息产业也在加速地发展着。一些国家，如印度，甚至已成为世界软件业中的佼佼者。中国的信息产业发展也在加大力度和速度。

信息产业的出现和发展，主要是科学技术创新的结果，但也离不开大量的资本投入。离开了必要的资本投入，没有科学技术与现实资本的结合，不仅科学技术的创新不大可能，就是有了科学技术创新，也难以转化为现实的社会生产力，从而在实际经济生活中发挥应有的作用。近几年来，美国每年用于研究开发的投入已在2500亿美元以上，比日本、德国、英国、法国、意大利和加拿大6个国家加在一起的总和还要多。近年来，美国每年用于信息产业的投资已经高达2000亿美元以上，在美国投资总额中所占的比重已超过40%，年增长率则在10%以上。正是由于在这一领域的投资如此巨大而集中，美国的信息产业才能异军突起，一跃而为最主要的产业部门，并主导了世界经济未来的发展方向。

二

经济全球化作为世界范围的社会经济关系，它和人类社会向信息社会过渡一样，也是由于科学技术进步使社会生产力不断提高的结果。一方面，迅速发展的社会生产力与各个国家和地区有限的资源和市场产生着越来越大的矛盾，从而要求突破民族国家疆界所形成的限制，以能在世界范围内实现各种资源合理、有效的配置，共享更加广阔的世界市场，为社会生产力顺利地向前发展创造更大的、必要的空间和余地。另一方面，社会生产力的不断发展还推动国际分工不断地扩大与深化，把世界上所有的国家都逐渐吸纳到世界范围的分工和协作体系中来，形成了一个镶嵌精细而严密的世界经济的统一整体。任何国家离开了这一世界分工体系，不要说充分发挥自己的比较优势，就是要顺利地发展自己的国民经济也不大可能。同时，科学技术的进步，不仅对经济全球化提出了要求，而且也为经济全球化提供了必要的手段和物质保证。经济信息化就是其中最重要的手段之一，它大大推动了经济全球化的发展，使经济信息化和经济全球化成了当前世界经济中同时存在的两个发展趋势。

经济全球化的发展可以大体上反映在国际经济交往的规模迅速扩大上。现在，国际贸易总额，包括服务贸易在内，已经接近8万亿美元一年，超过10万亿美元一年的日子已为期不远。国际资本市场每年的融资额已超1.5万亿美元，每年的国际直接投资流量已经超过3500亿美元，其存量则已达3.5万亿美元以上。外汇市场每年的交易额更已在500万亿美元以上，是每年国际商品贸易额的大约100倍。这些方面在21世纪肯定都会比20世纪获得更快、更大的发展。应该看到的是，如果说商品资本和货币资本的国际化早已有之的话，那么，生产资本的国际化则成了当前经济全球化的主要内容和特点。跨国公司的迅速增加与扩大就是其最集中的表现。跨国公司实行世界范围的经营和发展战略，把世界各国和各个地区都纳入了它的活动范围，从而在实际上把它们在经济上联结成了一个整体。联合国贸发会议发表的数字显示，现在，世界各国的跨国公司已超过6万家，其在世界各地的子公司更已多达50多万家，其对外直接投资的存量则已在4万亿美元以上。跨国公司控制的世界生产总量已达40%左右，有些跨国公司的年产值甚至比一些中、小国家一年的国民生产总值还要多。跨国公司据有着国际贸易的大约一半，其中跨国公司的内部贸易又占有着2/3。还有人估计，现在世界的科学技术创新已有90%被控制在跨国公司手中，从而在未来的世界经济发展中，不仅将起举足轻重的作用，而且也占据着极为有利的地位。这些简单的数字和情况表明，跨国公司确实已经成为世界经济活动的重要载体和微观基础，是经济全球化的有力推动者和重要组成部分。

由于经济全球化是社会生产力高度发展提出的要求，因此，由于社会生产力发展水平和经济实力不同，世界各国在经济全球化中所处的地位是不一样的，它们从中获得的利益也不可能是均等的。获益最大的当然是社会生产力高度发展的发达国家；而经济相对落后的发展中国家则可能暂时获益不多，甚至有时还会因之使自己的经济受到一定的损害和冲击。这种不平等的状况是世界经济长期发展过程所形成的后果。因此，要解决经济全球化中的这一问题，也只有通过世界经济的进一步发展来解决。这将是一个漫长的发展和变化过程。

与在经济信息化方面的情况一样，在经济全球化方面，现在也是美国走在了世界其他国家的前面，并占据着较大的优势。它拥有的跨国公司最多，也最大，进行的国际直接投资则居世界之首。因此，美国在经济全球化方面也就成了当前的最大受益者。

三

经济信息化和经济全球化要求世界各国有统一的经济运行机制，有共同遵守的经济规则、制度和秩序，也就是要求有世界经济的一体化与之相适应。

世界经济中的一体化有两种不同的表现形式。一是世界范围的经济一体化；再一是地区性的经济一体化。

由于东欧剧变、苏联解体，中、东欧和独联体国家重新回到市场经济的运行机制中来，中国等社会主义国家也开始实行市场经济，世界各国的经济运行机制遂逐步趋向统一，从而使世界范围的经济一体化获得新的有利的发展条件。可以预见，在新世纪里，世界范围的经济一体化必将有较快较大的进展。现在已有的各种国际经济组织（如世界贸易组织、国际货币基金、世界银行等等）及其为世界经济正常运转所制定的各种规则和制度，必将进一步得到加强、改进并逐渐趋于完善。

由于国际经济秩序如何制定和修改，归根到底是由参与其中的各个国家的经济实力对比所决定的，因此，现行的国际经济秩序必然有利于占世界经济绝大比重的发达国家。这种状况在经济实力对比发生大的改变以前是不会得到根本性扭转的。在新的世纪里，随着科学技术的进步和经济全球化的发展，发展中国家经济十分落后的状况一定会逐步得到改变。在广大发展中国家经济发展水平逐步提高并在世界经济中的地位不断加强的情况下，国际经济秩序中不利于发展中国家的各种规定和内容一定会逐步得到削弱、修正甚至取消，从而使各类国家都能在新的国际经济秩序中得到大体上相对平等的发展机会，使世界经济的一体化朝着有利于逐步缩小发展中国家与发达国家在经济上差距的方向发展。这样，在新的世纪里，世界经济的发展就会逐渐出现相对较为平衡的局面。

与世界经济一体化同时存在的还有大量的地区经济一体化。由于地域相邻，经济发展水平相近，经济关系越来越密切，这使得现在所达到的世界经济一体化水平已经不能满足一些国家进一步发展相互之间经济关系的客观要求，再加上一些其他政治和经济因素的作用与影响，地区性的经济一体化组织便开始出现和发展起来。现在，世界上各种各样的地区性经济组织已经多达四五十个。

在现有的地区性一体化经济组织中，最重要的当数欧洲联盟，其他的地区性经济组织，包括北美自由贸易区在内，无论是在包括的国之多、还是在一体化的水平之高上，都还无法与之相提并论。在进入21世纪之后，欧洲联盟在规模上，其成员国将扩展到20个以上、覆盖大半个欧洲。在经济一体化的水平上，它更是处于遥遥领先的地位。它现在不仅已经在成员国的范围内建立起了统一大市场，而且还建立了统一的中央银行，并已开始实行欧盟国家统一的货币——欧元。今后它还会沿着进一步提高经济一体化水平的方向继续发展。欧洲联盟除了在经济一体化方面有了高度的发展之外，现在在政治上已经建立了欧洲议会，在军事上则正在逐步建立共同的防务，而且法国又已提出了要制订一部欧洲宪法。看来欧洲联盟很有可能会在新的世纪里朝着准国家的方向发展。这是其他任何地区性经济组织在经济一体化和政治联合上都望尘莫及的。

北美自由贸易区未来的发展也值得引起人们的关注。它是由现在世界上惟一的超级大国——美国所组织和领导的，现在虽只有美国、加拿大和墨西哥三个国家参加，却包含了发达国家和发展中国家两种不同类型的国家，创造了世界上一种新的经济集团类型。在经济实力上，它是现在世界上惟一能和欧洲联盟相抗衡的一个地区性经济集团。更值得注意的是，它还有着发展成世界上地域最广、国家最多的一个地区性经济组织的潜力和前景。不仅美国已经就此发出了倡议，而且众多美洲国家也已表达了这种愿望，要把北美自由贸易区发展成囊括整个南北美洲的地区性经济组织，并且还拟订了初步的发展日程。

除了欧洲联盟和北美自由贸易区之外，当前还有一个有较大影响的区域性经济组织，那就是亚太经济合作组织。现在，亚太经济合作组织已有21个成员国，是目前拥有成员国最多、涉及地域最广的一个地区性经济组织。但是，也正由于此，其成员国不仅在经济发展水平上差异很大，而且社会政治经济制度也不一样，要实行经济一体化难度就更大了。因此，在经济一体化的水平和层次上，它都无法与欧洲联盟甚至北美自由贸易区相比。它在承认多样性原则的基础上，更多采用的是自愿参加、协商一致的办法，而不特别强调法律化和机制化，其协商的成果也往往不具有约束力。这虽然是一种层次较低的经济一体化组织，但却是从亚太地区现实的情况出发所采取的符合世界经济一体化发展方向的一种形式。

世界经济一体化和地区性经济一体化的发展，既有统一的一面，也有矛盾的一面。在当前世界社会生产力的发展水平要求实现经济一体化的情况下，地区性的经济一体化可看作是达到最终目的的一个步骤。它可局部地缓解世界经济一体化水平达不到应有要求引起的一些矛盾，从而有利于成员国的经济增长和相互经济关系的发展。同时，各种地区性的经济组织又都必然会带有一定的排他性，因此，地区性经济组织的存在，或多或少都会给统一的世界经济带来一定的割裂和不利的影响。应该看到，地区经济一体化作为世界经济一体化的一种补充，它还会对世界经济的一体化起到一定的推动作用。

四

21世纪将是经济多极化的时代。由一二个超级大国独揽国际经济和政治事务的时代正在逐步成为过去。

世纪之交，往往是世界政治、经济格局发生新的重大变化之时。在刚刚过去的20世纪，世界政治、经济格局曾经历了几次大变化：第一次变化发生在19世纪末、20世纪初，那时由于大英帝国的相对衰落、而美国作为一颗冉冉上升的新星却又一时羽翼未丰，致使世界进入了群雄争霸的局面，导致了两次世界大战的爆发。第二次变化发生在第二次世界大战之后，战争使美国成了资本主义世界的霸主，而苏联则统领了一个社会主义阵营，形成了美、苏两个超级大国争夺世界霸权的两极格局。这一格局延续了近半个世纪，才在20世纪的最后10年里，由于苏联的解体而走向了终结。这样，便在世纪之交使世界的政治与经济格局发生了新的重大变化，开始进入了多极化的时代。这种多极化的格局在21世纪将持续相当长的时期。

在两霸之一的苏联解体后，两极格局的终结并未顺理成章地使作为另一极的美国成为主宰国际事务的惟一霸主，这是美国的国际地位相对衰落的结果。由于战后的不平衡发展，发达国家在经济上已形成了三足鼎立的局面，迅速崛起的日本和欧洲联盟国家都已不再是美国惟命是从的小伙伴；广大的发展中国家，在经济上也有了相当大的发展，有的发展中国家还成了新兴工业国，一些发展中的大国（中国、印度、巴西等），则在迅速增强自己的经济实力。由于政治与经济上的共同利益，发展中国家还常常联合起来进行争取合法权益的斗争，这就更不容国际社会忽视它们的存在和利益；苏联虽然解体了，但俄罗斯继承了它的绝大部分政治与经济遗产，不仅在独联体国家有着不可替代的影响，其在世界范围的影响力也仍然不小，其军事实力更不应低估，现在它在经济上非常困难，但若理顺关系、处理好各种矛盾，其发展的潜力是很大的。如此等等，都使美国无法颐指气使，让其他国家惟美国之命是从。世界就是在这种情况下进入又一个新世纪的。在21世纪来临之时，一个多极化的世界政治与经济格局就这样不可避免地降临于人间。

当然，世界的政治与经济格局虽是多极的，但各个极的力量和影响并不是均衡的，也不可能是均衡的。它们之间的力量对比今后还将不断地发生变化。正是由于各个极之间的力量对比总是在不断地发生变化，从而使多极化在其长期发展过程的各个时期里，必然会具有不同的特点和性质，呈现出明显的阶段性。

在现阶段，世界多极化的主要特点是一超多强，既有一个惟一的超级大国美国，同时还有许多强国和国家集团与之抗衡。这种局面在可预见的将来很难从根本上加以改变。

（原文约14000字，发表于《中国社会科学院研究生院学报》2001年第2期）

文摘编辑：曾祥玉

关于经济结构战略性调整的思路

杨伟民

[作者简介] 杨伟民，国家发展计划委员会发展规划司司长。

[内容提要] 结构调整是决定我国“十五”期间经济发展的关键所在。本文对结构调整的指导原则、基本方向和重点以及战略性调整的政策措施提出了思路。

[关 键 词] 经济结构；战略调整；基本思路；政策措施。

我国已进入必须通过结构调整才能促进发展的阶段，结构调整是决定“十五”期间经济发展的关键。

一、结构调整的指导原则

从新世纪开始，我国将进入全面建设小康社会，加快推进社会主义现代化的新的发展阶段。随着新阶段的到来以及国际、国内经济环境的变化，结构调整的内容、深度、方式也发生了新的变化。与以往的结构调整相比，新阶段的结构调整，是一种积极、主动性的调整，是长远的和全局性的调整，而不是被动的、短期的适应性调整；是发展中的调整，是通过调整求发展，在发展中促调整，而不是全面压缩和整顿；是全面的、范围广泛的调整，不仅要继续调整产业结构、产品结构和企业组织结构，而且要调整过去较少触及的城乡结构和地区经济结构；是在世界科技革命，特别是信息化迅猛发展条件下的调整，是用信息化带动工业化，实现跨越式发展的调整，是融入经济全球化进程中的调整，而不是孤立的国内产业结构的自我调整。

面对结构调整的新课题、新任务，必须采用新思路、新办法。关键是要对以往结构调整中的一些指导原则进行必要的调整。

1. 从重视产业结构调整，转变为更加重视城乡结构的调整，以加快推进城市化为主要着力点，带动产业结构和地区结构调整。为此，必须推进城市化，调整严重失衡的城乡结构。这样，才能使产业结构的升级，建立在包括12亿人的大市场基础上，而不仅仅是3亿多城镇居民的市场和国际市场。

2. 从重视供给结构调整，转变为更加重视需求结构的调整，以引导和扩大消费需求为切入点，带动产业结构升级。要从引导消费需求入手，达到生产结构升级的目的，使经济发展更多地建立在消费需求不断增长的牢固基础上。

3. 从追求行政区完整的经济体系，转变为更加重视专业化经济区域的形成，以西部大开发为契机，促进地区经济布局调整。

4. 从孤立的国内产业结构调整，转变为更加重视融入到经济全球化进程中，抓住贸易组织可能带来的机遇，提高产业竞争力。

5. 从重视物质产品生产，转变为更加重视服务产品的生产，以加快第三产业改革和发展为主要着力点，增强产业结构的协调性。

6. 从政府主导转变为市场主导，准确界定政府职责，更加重视发挥市场机制的作用，形成经济结构自行调整优化的机制。

二、结构调整的基本方向和重点

1. 调整农业和农村经济结构。农业和农村经济结构的战略性调整，应把增加农民收入作为首要目标。要稳定提高农业综合生产能力，鼓励和支持农业产业化经营，加快形成不同区域各具特色的主导产品。要大胆推进组织创新，鼓励民间各类协会、合作社等农业服务组织发展，积极发展农业经纪人组织。要重点支持以销售为龙头的产后服务，培育农产品营销企业，加强农业服务体系建设，要大力转移农村富余劳动力，重点是向城镇转移，把发展乡镇企业、建设农村市场和发展小城镇有机地结合起来。

2. 推进经济社会信息化。要把推进信息化作为关系全局的重大战略问题，放在经济结构调整的优先位置，以信息资源开发利用为重点，全面加快推进经济社会信息化、网络化和数字化，在全社会大力推广信息技术应用，推进政府、社会、企业、家庭信息化，加快金融、证券、商贸等领域电子商务的发展。要加强信息基础设施建设，在信息技术和信息产业有优势的领域实现技术突破。加强生物、新材料前沿技术、先进技术的研究开发、推进产业化。在生物农业、生物制药以及以纳米技术为代表的新材料等新技术应用领域，形成具有一定规模的新兴产业。

3. 改造提高传统产业。传统产业，特别是劳动密集型产业是我国具有比较优势和国际竞争力的产业，是就业、经济增长和出口的主体，仍有相当的发展空间。应采用先进适用技术，围绕产品新、质量优、成本低、污染小为中心，加速改造，提高水平。加强新产品、新技术的研究开发、设计和制造，培育和壮大名牌产品，扩大其在世界市场的份额。通过市场竞争，压缩和淘汰技术落后、严重过剩以及污染环境、浪费资源的生产能力。同时，要以国内市场为基础，采取与大跨国公司合作及全球采购等方式，有重点地振兴装备制造业。

4. 加快发展第三产业。把加快发展第三产业作为经济结构战略性调整的着力点和经济政策的重要出发点，促使第三产业的增长快于第一、第二产业增长。

5. 积极稳妥地推进城市化。提高城镇化水平，转移农村人口，是优化城乡结构、促进国民经济良性循环和社会协调发展的重大措施。我国推进城镇化的条件已渐成熟，要不失时机地实施城镇化战略，加快城镇化进程。

6. 调整地区经济布局。西部开发要重点在基础设施和生态环境建设及基础教育等方面取得实质性进展。要开发优势资源，使资源优势转化为经济优势，提高工业化水平。依托交通干线，发展和完善一批中心城市，提高城市化水平，以形成各具优势和特色的经济区域为目标，着力调整区域布局。应突破按行政区划为界追求国民经济各门类全面发展的思路，按照比较优势，形成各具特色、专业化分工明确的经济区域，包括工业密集区和城镇密集区、农业区、牧业区、旅游区和生态区等。

三、经济结构战略性调整的政策措施

推进经济结构的战略性调整，关键要做好两个方面的工作：一是深化改革，通过体制创新，使市场机制更好地发挥在结构调整中的基础性作用，为经济结构营造宽松体制环境；二是制定政策，引导和调动企业、农户等市场主体力量，积极主动地进行结构调整，为经济结构调整营造良好的政策环境。

继续建立和完善现代企业制度，使企业真正成为市场竞争中的主体。调整和完善适应社会主义初级阶段的所有制结构，继续推进国有经济布局的战略性调整和国有企业的战略性重组。打破行业垄断、破除地区封锁和城乡分割，消除阻碍资本、劳动力、技术等生产要素流动的体制性障碍，建立全国统一的市场。改革投融资体制，缩小行政审批范围，建立企业自主决策、银行独立审贷、政府间接调控的体制。按市场经济的原则，推进教育、科研、文化、教育、医疗卫生、市政等领域中适宜产业化的领域加快产业化的进程，加快机关、企事业等单位后勤服务的社会化进程。改革户籍管理制度，实现按居住地划分城乡人口、按职业确定身份的户籍登记制度，并逐步消除阻碍城市化进程的其他体制性和政策性障碍。在稳定土地承包关系基础上，鼓励有条件的地区积极探索土地流转制度改革，鼓励离农进城农民将承包地使用权有偿转让。加快制定和调整有关法律法规，废止不适应市场经济和不符合国际通行规则的法律法规，用法律手段保障结构调整的顺利进行。

要围绕经济结构战略性调整，制定和实施包括产业政策、地区政策、城镇化政策以及西部大开发政策等在内的政策体系。各种经济政策应适用于各种所有制、内外资，统一、透明。对加入世界贸易组织后受冲击较大的行业，要采取措施，尽快提高其竞争力。完善规范、透明度高的财政转移支付制度，提高转移支付能力，加大对中西部地区和城镇低收入人口的转移支付力度。取消对消费领域的不合理干预。对确需国家扶植的领域，制定优惠政策，引导市场配置资源的方向。

（原文约8000字，发表于《经济与管理研究》2001年第1期）

文摘编辑：贾金思

"十五"期间中国信贷市场发展展望

宋清华

[作者简介] 宋清华，中南财经政法大学新华金融保险学院。

[内容提要]"十五"期间，我国金融机构贷款总量将继续增长，但增幅有所回落，贷款在企业资金来源中所占的比重与贷款占金融机构资产总额的比重将趋于下降。贷款结构趋于优化，不良贷款比率趋于下降，非国有企业贷款和外币贷款的比重快速上升。信贷市场与证券市场的关系日趋紧密，信贷资产证券化趋势增强。

[关 键 词] 信贷市场；贷款总量；贷款结构；资产证券化。

一、贷款总量继续增长，但增幅有所回落，贷款的"两个比重"趋于下降

新中国成立以来，我国金融机构各项贷款余额除了1961、1962、1963年连续3年下降外都是稳步增长的。我国有学者通过对1997年以来我国中长期信贷总额进行时间序列分析，发现我国中长期信贷规模的增长基本上呈线性递增。我们认为，我国信贷总量持续增长的这一趋势在未来几年时间内肯定会持续下去。

贷款总量虽然继续增长，但贷款增幅有可能回落，"贷款的两个比重"（即贷款在企业资金来源中所占的比重与贷款占金融机构资产总额的比重）将趋于下降。原因主要有：

1. 资本市场的发展。

2. 金融机构信贷资金的主要来源——存款增幅下降。

3. 积极的财政政策的实施解决了部分企业的资金来源，信贷资金财政化的倾向有所遏制。

4. 金融机构的资产日趋多样化。

二、贷款结构趋于优化，非国有企业贷款和外币贷款的比重快速上升

1. 贷款质量结构：不良贷款占比趋于下降

不良贷款的处理既需要技术，也需要资金。在未来的几年时间内，我国金融机构的部分不良贷款将得到消化和处理，不良贷款在贷款总额中所占的比重将趋于下降。我们作出这样一种判断主要是基于以下几个方面的理由：

第一，银行资本不断增加，效益不断改善，银行自身消化不良贷款的能力增强。1998年，财政部发行了2700亿元特别国债，所筹集的资金用于充实了国有商业银行的资本金，使国有商业银行的资本充足率得以提高。上海浦东发展银行和中国民生银行的股票先后在上海证券交易所上市，使我国的上市银行增加到3家。目前，还有多家股份制商业银行正在筹划上市。可以预见，在未来的几年时间内，我国上市银行的数量会不断增加，商业银行将从资本市场上筹集更多的资本，增强其消化不良贷款的能力。同时，由于存贷款利率7次下调，目前的存贷款利差较大，一年期存贷款利差有3.6个百分点，为改革开放以来一年期存贷款利差最大的时期，国有企业的经济效益正在趋于好转，三年脱困的目标基本实现。我国商业银行正在进行机构重组、撤并，人员也在裁减过程之中，经营成本趋于下降，使得商业银行的经营效益开始止跌回升，我国商业银行终于可以获得"喘息"和"疗伤"的机会，可以用自身的盈利逐步消化不良贷款存量。

第二，金融资产管理公司的运作，既减少国有商业银行的不良贷款，又为金融机构盘活不良贷款积累经验。四家金融资产管理公司的运作，已经剥离了国有商业银行14000多亿元的不良贷款，使得国有商业银行的不良贷款数量减少，比重降低。同时，金融资产管理公司对不良贷款实行专门化处理和公司化经营，将为我国金融机构盘活不良贷款积累正反两方面的经验，这必将有利于金融机构减少不良资产存量。随着金融资产管理公司的运作逐步走入正轨，我们完全可以考虑将除了四大国有商业银行之外的其他金融机构特别是股份制商业银行的不良资产按市场价值出售给现有的金融资产管理公司，既剥离和减少我国金融机构现有的不良资产存量，也使金融资产管理公司能够实现规模化经营。

第三，金融环境的逐步改善，有利于建立防止不良贷款再生的机制，使新增不良贷款的数量和比例得到一定的控制。近年来，为了改善我国的信用环境，加强对我国金融债权的法律保护，有关部门做了大量工作，如金融部门联手打击企业逃废债行为，中国人民银行推出银行信贷登记咨询系统，有的地方推出了个人征信管理系统，金融环境逐步改善，信用制度会慢慢健全起来，加上商业银行内部的贷款风险管理机制逐步加强，贷款存量质量恶化、新增贷款安全得不到保障局面会有所改

观。

2．贷款品种结构：非国有企业贷款比重上升

“十五”期间，国民经济要实施战略性调整，国有企业战线会有所收缩，非国有经济将继续保持快速发展的势头。从贷款的品种结构来看，国有企业贷款在金融机构贷款总额中所占的比重会明显下降，非国有企业贷款的比重会上升，特别是消费信贷和私营企业贷款的比重将迅速提高。

在国外一些发达国家，私人银行业务或零售银行业务发展迅速，在银行业务中已占有相当大的比重，是银行利润的重要来源，其消费贷款在银行贷款业务所占的比重在20%左右，而我国这一比重还不到3%。我国各银行正在以拓展消费信贷为切入点，大力发展私人银行业务。中国工商银行已明确提出在未来5年内要使其消费贷款占贷款总额的比重提高到20%。随着我国个人信用制度的逐步完善，保险公司介入消费信贷业务，中央银行继续鼓励和支持消费信贷业务的发展，商业银行更加重视发展消费信贷，并加强对消费信贷的管理，可以预见，消费信贷在我国将获得更快的发展，消费信贷有着广阔的发展空间。

3．贷款区域结构：信贷向西部倾斜

实施西部大开发战略，是我国跨世纪发展的一项战略部署，也是“十五”计划的一个重要内容。国务院为促进西部大开发陆续出台了一系列政策措施，其中支持西部大开发的金融信贷政策主要有：银行加大对西部地区基础产业建设的信贷投入，重点支持铁路、主干线公路、电力、石油、天然气等大中型能源项目建设；对投资大、建设期长的基础设施项目，根据项目建设周期和还贷能力，适当延长贷款期限；国家开发银行新增贷款逐年提高用于西部地区的比重，国家开发银行将在向西部贷款现有余额1400亿元的基础上，在“十五”期间向西部地区增加1400亿元贷款；扩大以基础设施项目收费权或收益权为质押发放贷款的范围；农村电网改造贷款和优势产业贷款中金额较大的重点项目，由农业银行总行专项安排和各商业银行总行直贷解决。西部大开发需要信贷政策的支持，随着信贷向西部倾斜政策的实施，各金融机构必将加大对西部地区的贷款发放，西部地区贷款在我国金融机构货款中所占的比重将提高，我国贷款的区域结构将更加合理，从而促进我国区域经济结构的合理化。

4．贷款币种结构：外币贷款增长迅速

我国即将入世，“十五”时期我国对外开放将进入新的阶段。经济的对外开放要求金融的对外开放与其相适应，经济全球化与金融全球化是相辅相成的。金融的对外开放毫无疑问包括信贷市场的对外开放，外币贷款比重的提高是我国信贷市场对外开放的必然结果。实际上，我国信贷市场已经开始了对外开放的进程，外汇贷款迅速增长就是其中一个重要例证。截至2000年9月末，我国境内各项外汇贷款余额为649.9亿美元，如果按9月末人民币汇率1美元兑8.2798元人民币换算，外汇贷款余额为5381亿元人民币，占我国金融机构各项贷款余额95995.5亿元的5.6%。在我国的外汇贷款中，大约有20%左右是在华外资银行发放的。

“十五”期间我国外汇贷款将以较快的速度增长，外汇贷款在金融机构各项贷款中所占的比重将迅速上升。这里我们想强调两点理由：一是我国金融机构外币存款增长迅速。截至2000年12月末，我国境内中资金融机构外汇各项存款余额为1282.6亿美元，比上年末增长24.3%。其中企业外汇存款余额为459.8亿美元，比上年末增长15.5%；居民外汇储蓄存款余额为729.5亿美元，比上年末增长31.8%。12月末，境内中资金融机构外汇各项贷款余额为611.5亿美元，按可比口径比年初下降55.6亿美元。据统计，从1992年至1999年，工商银行外币储蓄存款余额平均递增28%。随着我国开放型经济的进一步发展和我国金融的进一步开放，外币存款将大幅度增加，从而为金融机构发放外币贷款提供更充足的外汇资金来源。二是一旦我国加入世界贸易组织，将会有更多的外资银行进入到我国更多的地方开展更广泛的业务。外汇业务是外资银行的优势所在，外资银行会带来更多的外汇资金，发放更多的外汇贷款。

三、信贷市场与证券市场的关系日趋紧密，信贷资产证券化趋势增强

1．信贷市场与证券市场逐步走向融合

20世纪七八十年代，新技术革命和金融创新浪潮风起云涌，国际资本流动日趋活跃，金融市场之间的联系日益增强。各国金融管理当局在内外压力的推动下，纷纷对本国金融体制实行了重大改革，其中一个重要内容就是打破银行业与证券业之间的界限，形成合业经营的趋势。

从改革开放以来到1995年前，中国银行业和证券业走的基本上是合业经营道路，银行信贷资金直接或间接流入证券市场。几乎所有的专业银行及其分支机构都设有各自的信托投资公司，这些信托投资公司大多有证券部。而全国性和区域性的商业银行也设有证券公司或证券部。但是，1995年5月10日第八届全国人大常委会第十三次会议通过的《中华人民共和国商业银行法》第四十三条明文规定：“商业银行在中华人民共和国境内不得从事信托投资和股票业务”，由此奠定了中国金融业分业经营的基础。之后，我国在立法和监管实践中不断强化分业经营、分业管理的体制，信贷市场与证券市场于是被人为地隔离开来。

分业经营不等于市场分割，分业经营阻断不了资金在信贷市场与资本市场之间流动。近年来，我国信贷市场与证券市场的关系也已越来越密切，主要表现在：（1）随着证券市场的发展，储蓄开始分流，老百姓的闲散资金有一部分不再存在银行，而是用来购买证券，这部分资金的相

当一部分以企业存款、证券公司存款的方式又回流到银行，成为银行信贷资金的重要来源。截至2000年9月末，仅工商银行的对公存款和同业存款分别比年初增加1523亿元和739亿元，同比多增382亿元和984亿元。(2)银行信贷资金有一部分直接或间接用于购买证券。银行直接购买国库券、金融债券和企业债券，企业甚至个人以股票质押向银行申请贷款，贷款所筹集的资金有一部分继续用于购买股票。2000年前8个月金融机构购买的国债、政策性金融债比上年多2133亿元。(3)证券公司进入全国银行同业拆借市场，以及证券公司股票质押贷款的开办，为银行信贷资金间接入市提供了一条通道。

"十五"期间我国信贷市场与证券市场走向融合的趋势仍将进一步发展，理由是：(1)金融业混业经营是必然趋势，信贷市场与证券市场的关系将更加紧密。(2)商业银行排队等上市，商业银行将从证券市场上筹集更多的信贷资金，用于发放贷款。(3)银企关系也更加密切，在不久的将来，银行与企业可以相互持股。未来的融资体系，将呈现直接融资与间接融资有机结合、相辅相成的局面。由于直接融资与间接融资的结合越来越紧密，逐步变成"你中有我，我中有你"，因此我们可能分不清某一项融资活动到底是直接融资还是间接融资，直接融资与间接融资的划分可能变得不太容易甚至没有必要，"直接融资"与"间接融资"这两个概念可能从现实的经营生活中消失。

2. 信贷资产证券化是未来信贷市场的重要发展趋势

所谓信贷资产证券化，是指将一组流动性较差的信贷资产经过一定的组合包装在证券市场上转让出售。信贷资产证券化实质上是对融资模式的转化，将原有沉淀的流动性差的信贷资产通过证券化方式转化为可流动资产。信贷资产证券化是解决银行业不良资产的重要渠道，也是信贷市场与证券市场走向融合的重要途径。

发达国家的信贷资产证券化发展已有了几十年的历史，品种和规模都趋于成熟。但由于中国资本市场发育不成熟，加上中介机构资信度不高，技术力量薄弱，信贷资产证券化的推行存在一定难度。同时信贷资产证券化对信贷资产质量有一定的要求，长期沉淀的信贷资产质量差，无法满足证券化的金融资产标准化、高信用的合同条款。信贷资产证券化是将间接的信贷融资与直接的证券融资相结合的有效手段，我国可以以住房抵押贷款证券化为突破口，积极推进信贷资产证券化的进程。

(原文约6500字，发表于《中央财经大学学报》2001年第4期)

文摘编辑：曾祥玉

中国证券市场的世纪性难题如何解决?
——论国有股流通问题

李茂生

[作者简介] 李茂生，中国社会科学院研究生院博士生导师，教授，中国社会科学出版社总编辑。

[内容提要] 中国证券市场规范化发展遇到的最大难题是如何解决国有股流通问题。国有股减持的几次努力都遭挫折，是由于减持方案存在先天不足。为了中国股市的稳定、规范、公平和效率，本文提出了两步走方案：立即杜绝国有股增量；用“5年缓冲、10年转化”的方法逐步消化存量。与之相关，还提出了弥补社会保障基金缺口的新思路。

[关 键 词] 证券市场；国有股流通；世纪性难题；国有股减持。

一、现有国有股减持方案评析

解决我国股市的不公平，实现规范化发展有两条重要措施，一是政策资源共享，二是逐步实现国有股的全流通。但迄今为止尚未取得共识，试行的方案均与此不合。

1. 关于官方的“6月办法”

2001年6月13日国务院发布了《减持国有股筹集社会保障资金管理暂行办法》(为简便计，以下简称“6月办法”)。该办法的核心是其中的第五条：“国有股减持主要采取国有股存量发行的方式。凡国家拥有股份的股份有限公司（包括在境外上市的公司）向公共投资者首次发行和增发股票时，均应按融资额的10%出售国有股；股份有限公司设立未满3年的，拟出售的国有股通过划拨方式转由全国社会保障基金理事会持有，并由其委托该公司在公开募股时一次或分次出售。国有股存量出售收入，全部上缴全国社会保障基金。”这个办法遭到了市场的消极抵制，引起股民强烈不满，股指4个月内跌去了近1/3。为挽救市场，有关部门不得不叫“暂停”。问题究竟出在哪里?

“6月办法”的根本缺陷在于，它不是立足于解决国有股的全流通这一难题，而是在继续大量增加不流通的国有股的绝对量的前提下，采取“扬汤止沸”的办法从股市“提款”，既使问题更加积重难返，又重挫了投资者的信心。而解决国有股问题的惟一正确的途径，第一是杜绝增量，其次是分期逐步转化完存量，对于这两条，“6月办法”没有一条沾边的，因此，其失败是必然的。第二大缺陷，是本末倒置，本来应该是在将不能流通的国有股变可流通的普通股的大前提下，才去进一步考虑根据需要决定是否卖掉、卖掉多少国有股。现在是反过来，国家要用钱，所以要将不流通的国有股的一部分强行流通。这样一来，公众指责国家“圈钱”、与民争利，认为不公平，就并不是没有根据。要而言之，“6月办法”是“二不”：对股市的规范化发展不利，对投资者不公平。对于这后半句，那就是，在国家对上市实行政策歧视或不合理倾斜、国有股暂不流通的前提下，投资者对剩下的可流通的少数股票众星捧月，在总体上供不应求的博弈中将股价抬得过高，现在国家突然要插进来分享股民抬高价格带来的利益，那当然有失公平。

2. 对中国证监会从民间征集的主要方案的评论

“6月办法”暂停之后，中国证监会开始在全国广泛征集国有股减持办法。从已收到的4300多件建议，归纳出的7大类（主要是4类）方案，到最近中国证监会公布方案的“阶段性成果”来看，现有方案主要是一些业内人士从只保护股民的既得利益出发，为国有股现在就减持而设计的。这两大局限性决定了国有股存量减持的这些办法理论上讲不通，实践上不可行，勉强而行之，则绝无成功之可能。

我之所以认为这些方案理论上不正确，是由于它们共同的基础有问题，这个基础就是，减持价格以每股净资产值为基础（基数），然后进行所谓适当调整。大家知道，净资产值只是总资产减去负债后的余额，它并不能说明公司的价值，股价决定的基础是每股收益而不是每股净资产，这是理论常识。

二、可供选择的能兼顾各种利益的方案

自1999年以来，国有股减持已三次重创股市，广大投资者也因此谈“减”色变。因此，现在流行的国有股减持的思路，有必要做根本性的调整。一个成功的或可行的方案，必须兼顾市场发展和稳定、各类投资者的利益，而不是某一单方面的利益。我认为，无论是市场规范发展的要求，还是投资者利益的保护，从根本上讲，需要的都不是国有股的“减持”，而是它的“流通”，最终使“国有股”成为历史（但可以有国有股东）。在1996年7月国家证券委召集的“国有股法人股流通专家座谈会”上，我曾提出过国有股“在增量全流通的前提下，分五年解决存量问题”的方案。当然，现在已不可能原封不动地搬用那时的方案解决当前的国有股问题，因为

最佳时机已经错过。由于那时是股市从试验转为加快发展的初期，求略大于供，对国有股逐步入市有利，而且当时上市公司国有股存量也不算大，只有600多亿，需要流通的不过四五百亿，“九五”期间宁可基本不发新股，花五年时间逐步解决国有股流通问题，市场完全能够承受得了。但耽误了五六年，由于两市快速扩容，上市公司国有股存量剧增了几千亿，想要短期内解决其流通问题确实不太现实。但是，当时提出的“立即杜绝增量、逐步消化存量”的两步走的思路是正确的、可行的。鉴于时间后推了5年（1997—2001），目前国有股存量远远大于1996年时的水平，其解决方法可以调整为“5年缓冲、10年转化”。我设想的解决国有股问题的具体方案要点如下。

1. 立即杜绝国有股增量

所谓立即杜绝增量，就是从方案实施之日起，立即停止新增国有股，所有新发行上市公司的股票，只要是普通股，就都是全流通的。当然，通过市场竞价发行，全流通股的发行价不可能像以前少量流通时那么高，原来卖10元的，现在可能只有2—3元，国家会因此少收一些钱，但它能给二级市场留有获利空间，这种“让利”行为本质上就是“放水养鱼”，没有什么不好。至于大盘股全流通会否对市场冲击过大，我看不必担心。新股发行价降到较合理的水平，本质上有利于市场的规范发展，易于对外开放。

2. 逐步消化国有股存量

前已述及，目前国有股问题几乎是积重难返，考虑到股市的承受能力和股民的心理，必须慎重抉择“逐步”何时起步及其如何分步。所谓“5年缓冲、10年转化”，就是这方面的一种抉择。

第一，“5年缓冲”，就是给予5年缓冲期，5年后（即2006年）才开始解决现有国有股存量问题。这当中的问题是：为什么要有一个5年的缓冲期？第一，设立一个5年的缓冲期，可以收到告示效应。目前股市人心不稳，信心锐减，如现在马上减持，无论采取何种方案，股市都不会景气；若明确告诉大家5年内不解决国有股存量问题，我坚信股价马上就会出现普遍的恢复性上涨，这就能为我们解决股市其他问题赢得时间。第二，缓冲期为什么选择5年？我们主要是考虑到加入WTO后，金融服务贸易的开放有5年的过渡期，即到2006年才全面开放。到那时候，我国股市容量更大了，外国投资者开始全面准入，股市的资金也会发生新的变化；有了这5年时间（而且也只能给5年），我们多数上市公司可以通过深化改革进一步转换机制，提高竞争力和盈利水平，为解决国有股问题提供一个较好的基础。

第二，“10年转化”，就是从2006年起，用10年时间逐步完成国有股从不流通到全流通的转化工作。必须声明，最早提出这种具体的国有股减持时间表建议的是上海金新金融工程研究院的王林先生。他在2002年1月26日的一次研讨会上提出了“从源头截住非流通增量，新股低价全流通发行；非流通存量5年后解决，按年限15年上市流通”的方案。这与我的想法不谋而合。我1996年7月提出5年解决国有股全流通，但未实施。从1997到2001年又增加了5年的筹码，自然需要增加到用10年时间来解决：2006年解决1992年及以前年度发行的国有股存量流通问题，2007年解决1993年的，依此类推，到2015年，上市2001年发行的国有股为止，国有股流通的问题就彻底解决了。本方案的关键是给出了明确的减持时间表（如“深发展”国有股2006年上市流通、“中国石油”国有股则为最后一批于2015年流通），便于投资者按市场预期进行投资决策，纯市场博弈行为也有利于稳定市场预期，有利于恢复投资者信心，促进当前股市回升；加之10年的充裕时间，市场完全能够承受得了，冲击肯定不大。至于存量减持中的价格问题，自然完全交给市场，能卖多少价就卖多少价，市场是最权威最公正的，对所有股东都是公平的。

3. 拓宽弥补社保基金缺口的思路

毋庸讳言，弥补社会保障基金缺口是这次最高决策层同意国有股减持的主要动因。因此，任何解决国有股问题的方案必须对此有所考虑。有些学者认为：国有股属全民所有，而加入社会保障体系的人员迄今只是城市居民的一部分，因此，不应拿全民财产来解决小部分人的社会保障问题。持这种不正确意见的人，可能不大了解我国计划经济时期的历史。那时国有企业实行的是不完全工资制，本应预留的社会保障基金却变成了利润上缴国家财政，财政则用它新建国有企业，所以，包括国有股在内目前这6万多亿经营性国有资产，有相当一部分是国有企业职工养老的钱形成的，现在变卖相应的一部分国有资产充实社保基金是天经地义的。我主张从全部6万亿元国有资产中，而不仅仅从国有股中变现一部分，来弥补社会保障基金的不足。不过，这样做需要有一个过程，特别是解决国有股存量要推迟到5年后进行，而解决社保基金不足的问题又迫在眉睫，所以，我主张通过发行特种债券来充实社会保障基金。当然，发债必须事先就考虑债券的偿还。我认为可以建立偿债基金，它来自3个方面：结合国有经济的战略性调整，变卖部分国有独资企业、减少新改制上市公司的国有股份和将来国有股存量的流通变现。发债筹资解决社保资金不足，需要科学设计和周密计划。

（原文约15000字，发表于《中国社会科学院研究生院学报》2002年第3期）

文摘编辑：曾祥玉

关于我国后短缺期治理通货紧缩的政策建议

戴园晨 俞亚丽

[作者简介] 戴园晨，中国社会科学院研究员。
俞亚丽，中国社会科学院。

[内容提要] 我国从建国以来到1996年一直处于短缺经济和通货膨胀的困扰之中，然而到1997年却出现了通货紧缩现象。我国在短缺经济时期形成的宏观调控已经不适应后短缺时期，为此在1998年断然采取了以扩张性财政为主的扩大内需的宏观调控，遏制了经济下滑的势头。经过分析，本文提出了积极推进体制转轨；创造条件促进民间投资；推动从限制消费向促进消费的战略转变；从需求管理转向供给管理，促进结构调整；金融政策与财政政策协调配合等政策建议，以激活经济。

[关 键 词] 通货紧缩；宏观调控；扩张性财政政策。

如同短缺经济时期微观经济的运行会导致宏观经济运行中持续出现通货膨胀的冲击那样，到了后短缺时期，微观经济运行中的扩张冲动大大减弱，投资饥渴症受到了消费不足症的制约，从而使得经济运行中的实际产出增长低于潜在产出能力增长。这样，宏观经济调控目标也就从过去的如何抑制通货膨胀，转向如今的着力扩大内需以克服通货紧缩。为此，提出如下几点政策建议：

1. 积极推进经济体制转轨

这几年出现经济增长乏力，供需失衡，物价下跌，一个特殊之处是经济体制转轨过程中出现种种新问题引起的摩擦，导致经济运行中需求增长低于供给增长。显然，推进转轨才是治本的措施，如果忽视改革的推进，一味强调扩张性财政政策的调控功能与调控成果，有可能形成政策依赖，使扩张性财政政策长期化。推进经济体制转轨包含多方面的内容，其中最主要的是减少政府对经济运行的直接干预，这几年在市场化的过程中出现某些乱的现象，政府的任务是制定规则，创造一切条件让市场起作用，由市场来调节，而不应当是取消或者限制市场。

从宏观经济运行角度来讲，市场竞争淘汰机制本身能够推进供需均衡和资源配置优化，我国之所以会出现供大于求状况的长期化和价格的持续下跌，在相当大程度上是市场自动均衡机制受到了行政力量的干扰，因此，治本的首要措施是推进市场化改革。

2. 创造条件促进民间投资

在短缺经济时期高储蓄率是高投资率的基础，然而到了后短缺时期高储蓄率却未必能带来高投资率，储蓄向投资转化的机制受到阻碍。我国这几年之所以仍旧有较高的投资率从而保持较高的经济增长幅度，是靠国债投资支撑的，然而积极财政政策迟早要淡出，国债投资迟早要削减。作为接替的政策措施，需要激活储蓄向投资转化的机制，鼓励和促进民间投资。

民间投资能够进入的产业和行业，受到种种限制，有必要扩大市场准入范围，鼓励民间投资。

在投资领域，政府和企业两个不同投资主体所追求的目标不一致，必然导致其投资范围不相一致。政府注重项目的社会效益，而企业注重项目的经济效益。按照各类建设项目不同的经济效益、社会效益和市场需求等情况，把建设项目分为社会公益性项目、基础性项目、竞争性项目三类，便于各类投资主体按照市场运行机制要求进行资源配置，并选择相应的投融资方式。

不同的投资主体都要有自有资本金，并允许不同投资主体向金融机构申请投资贷款。同时拓宽筹资融资渠道，如让BOT方式在基础设施领域中发挥作用；发展租赁公司，开拓融资租赁；组建股份公司通过股票上市从资本市场筹集资金扩大投资；发展投资基金包括产业投资基金和风险投资基金。其中最主要的是拓宽民营经济向金融机构申请投资性贷款的渠道。总之，我国目前并不是没有钱去投资，而是把居民的金钱转化为投资的机制不活、渠道不畅，这才造成了投资需求不足。因而，应致力于投融资体制改革以创造条件促进民间投资，从而承接积极财政政策淡出之后的缺口。

3. 推动从限制消费向促进消费的战略转变

扩大内需的最根本动力是消费，我国这几年宏观经济运行稳定的基础是消费增幅一直保持在8%左右，但是我国的消费率远低于发达国家和发展中国家，增加消费的潜力是很大的。

消费的基础是收入，消费在收入中占什么样的比例，是经济理论讨论的课题并且有着种种见解。不过，用这些消费理论来分析中国的消费问题时，往往有着两张皮的感觉，其原因在于：西方经济学家的消费理论是在完善的市场制度下形成的，它不受制度变迁影响，具有稳定的制度预期，消费者行为是内生的，其面临的市场风险应由其内生行为进行调整解决，不会因制度变革带来较长期的外部冲击而改变理性预期，改变风险的性质；消费者收入是其人力资本的函数，消费者在收入约束下追求消费效用的最大化，消费支出自由属于“天赋人权”；消费者行为具有前瞻性，可计算的预期长度为一生，并可能为下一代做准备，形成所谓“生命周期”或“跨代模式”，预期长度加入到收入—消费关系中，消费者按生命周期配置资源、规避风险、追求生命周期的消费效用最大化。

但中国的消费者处于制度变迁的过程中，理性预期的制度前提往往处于不断的变动之中，制度变迁直接影响或外在地决定了消费者行为。消费者的风险可能来自于制度风险，对此消费者只能被动地做出反应。

在传统计划经济体制下，制度对城镇居民消费行为的约束甚至超过原苏东国家，一方面是“管”，另一方面是“包”，严格限制消费者的选择自由。在这种体制下，城镇居民作为消费者与作为劳动者被完全分割。消费者行为特征一是消费品实行配给制，消费者支出是外生配给，居民没有选择权；二是居民的收入仅仅够消费，储蓄很低；三是政府给居民提供了无风险预期，居民的预期长度可以压缩在一个月，跨时段的收入配置没有必要也不可能。

经过二十多年的变革，尤其是近十余年“市场取向”的改革，确立了市场经济制度的框架，从根本意义上改变了居民消费行为的制度基础。消费者已经具有了消费的自由选择权，收入开始与人力资本成正比。人们开始对自己一生中的收入和在社会中所处的水平有了一个稳定的认识。因此，中国人在消费行为上和改革开放初期是大不一样了。但是，多年来在认识和宣传上提倡的是勤俭持家，艰苦朴素，在政策措施上是限制消费，设置了不少条条框框以抑制消费需求的膨胀。这样，我国在上世纪80年代和90年代的消费迅猛增长，具有补偿在此之前消费欠账的性质，而补偿性消费增长具有暂时性，居民消费欲望得到满足之后，抑制消费的种种因素所起作用便会显性化，导致消费增速放慢。

因此，进入后短缺期必须推动从抑制消费转向鼓励消费的战略转变。消费需求作为有支付能力的需求，在既定时期里只取决于收入水平和消费倾向。由于收入水平是宏观调控的结果，加以收入水平的升降只构成需求增加或减少的上限，对消费需求的影响仍旧取决于消费倾向，因此，对消费需求进行宏观调控的着力点只能是消费倾向。鼓励消费也就是鼓励多消费少存钱，提高消费支出占收入的比重。

鼓励消费需要观念转变，宣传方向转变，并且取消对消费的种种限制，如今凭证凭票供应的商品已经很少了，但并未绝迹，消费环境已经改善，但还有一些地方因为缺电而影响家电销售，因为路况差而影响汽车销售，改善这些方面将有力地促进消费。我国目前因住房、医疗等项制度改革对于消费的影响相当大，改革是不能倒退的，但改革中的不确定性是可以克服的，为此要加快相关的规范化制度化建设，减少不确定性从而给居民以稳定的收入和支出预期，作为预防性的储蓄就不会那么高了。

开展信贷消费是鼓励和刺激消费的一项重要措施，特别是我国正处在向住房和汽车消费升级阶段，是采取存够了钱再购买，还是采取先购买再陆续还贷，在消费上将形成好几年的时间差。这几年我国曾经多次降低利息率，但刺激消费的作用不明显，其中一个原因就是信贷消费刚刚起步，即使人们想增加消费支出，却因为借贷困难而无法实现。所以，必须推进消费信贷的开展，降息和消费信贷相配合，才能有效地刺激消费。

从限制消费转向鼓励消费，才能适应我国告别短缺以后的新情况，并且实现从投资推动型的发展模式转向消费推动型的发展模式。

4. 从需求管理转向供给管理，促进结构调整

我国在后短缺期出现的供需失衡，在一定程度上说是结构问题。而新一轮的经济结构调整，已不同于以前，不再是解决瓶颈产业的问题，而是各行各业的全面的产业升级。如果说以前在短缺经济下克服瓶颈制约的主要力量是政府，那么，现在要实现全面的产业升级和结构调整，单靠行政力量就十分单薄，必须充分依靠市场力量。

我国前几年面对通缩困境所进行的宏观调控，采取的是需求管理的做法，由增发国债而扩大的需求是由政府来安排的，其重点是改善基础设施而不是调整产业结构。因而，有必要将需求管理和供给管理结合起来，在财政政策的运用中增加减税的内容。

我国这几年出现收入差距拉开的状况，理论界不少人士主张提高个人所得税税率和开征遗产税。但是从税收和宏观经济运行的关系来说，供应学派批评高额累进个人所得税是“一切罪恶的渊源”，美国政府推出减税政策主要是降低个人所得税，经过几次下调，美国联邦个人所得税的最高税率已由70%降为28%。至于遗产税的开征，由于缺乏财产登记等基础，在收入效应上极其有限，而对人们的心理压力则很大，从而与供给管理的目标相悖，在通缩期推出是不明智的。

5. 金融政策与财政政策协调配合搞活经济

这几年，针对通缩趋势，采取了一系列的金融宏观调控措施，主要是：(1) 取消了对各级商业银行贷款规模限额控制，代之以推行资产负债比例管理和风险管理，从而扩大商业银行资金营运的自主权，使商业银行具备了按信贷原则自主增加贷款的条件。(2) 从1996年5月到1999年6月，先后7次下调金融机构存贷利率，各档次存款平均利率累计下调5.73个百分点，贷款平均利率累计下调6.47个百分点，从而减少企业贷款利息支出，对改善企业经营状况起了重要作用。(3) 改革存款准备金制度，恢复了准备金存款原有的支付和清算功能，法

定存款准备金率先下调 7 个百分点，如按 1999 年末存款金额计算，相应增加金融机构可用资金近 8000 亿元。(4) 积极推进货币市场发展，大力发展了同业拆借市场和银行间债券市场。(5) 加大公开市场业务操作，以调控基础货币的供应量。1998 和 1999 两年通过公开市场操作扩大基础货币投放累计 2600 多亿元。

尽管国家采取了种种搞活金融支持经济的措施，可是，有鉴于国际上金融风险的频繁出现，我国又采取了防范和化解金融风险的措施，又影响了货币政策的有效性。由于国有企业改革滞后，机制转换慢，经营状况差，亏损严重，欠债不还，导致国有商业银行不良贷款比例较高。为了化解金融风险，我国在 1999 年成立中国华融、中国长城、中国东方、中国信达四家金融资产管理公司，收购了中国工商、农业、中国和建设银行剥离出的不良贷款本息共 13939 亿元，以改善国有商业银行的运营状况。对信托投资公司和城市信用社也进行了整顿，化解了金融风险。

从费雪的“债务—通货紧缩”框架来看，我国的银行原来对国有企业是放开手贷款的，国有企业负债率高达 70%—80%。东南亚金融危机爆发后，国有商业银行的金融风险意识增强，起初是个别银行的惜贷行为，然后是大规模的银行集体惜贷行为。低效的国有企业得不到贷款，企业的财务流动性受阻，经营日益困难。这样，宏观调控要求财政和金融双松，而实际执行则是金融货币有松的措施又有紧的倾向。

从这几年治理通货紧缩的过程表明，增强我国金融宏观调控的有效性，需要从以下几方面推进改革：

1. 发展完善货币市场。尽快建立起全国统一、面向所有金融机构的多层次的货币市场体系允许非银行金融机构进入货币市场，扩大货币市场交易主体；尝试建立货币市场经纪人和做市商制度；增加银行间债券市场的交易品种；发展金融机构面向企业和个人的柜台债券交易和结算代理业务；支持商业信用票据流通，发展票据市场。

2. 发展和完善资本市场，推进从资本市场直接融资。针对上市公司质量不高、机制不善等问题，通过市场退出机制，不断淘汰劣质上市公司，并且反过来优化上市公司质量，吐故纳新，维护市场的生机和活力。加强对上市公司信息披露的监管，提高信息披露的质量，并且对制造虚假信息的上市公司给予严惩，从而促进资本市场的健康运行。

3. 加快推进利率市场化改革，形成市场化利率体系和形成机制。这是提高我国金融宏观调控水平的关键一步。利率市场化是指作为资金价格的利率由市场供求双方自由决定，中央银行通过货币政策工具对市场资金供求和利率总水平进行间接调控。目前我国银行间货币市场的拆借利率，国债和金融债券的回购和现券买卖利率，央行公开市场操作利率都已经放开；加以目前物价环境宽松，放开利率不会引起通货膨胀，因而，逐步推进利率市场化的条件已充分具备。

4. 完善人民币汇率制度。目前我国实行的有管理的浮动汇率制度，实际上是一种盯住美元的固定汇率制度。因而有必要加以改进，使之完善。在我国尚不具备实行完全自由浮动汇率的情况下，可以扩大人民币汇率波动的区间，从而提高汇率生成机制的市场化程度，降低公众对于汇率失调的心理预期，并且促进外汇市场的发展和完善。

5. 通过股份制改革推进商业银行的产权制度改革。目前我国银行系统主要是国有独资商业银行，按照建立现代企业制度的要求，要逐步使之改造成为国家控股的股份制商业银行，并且发展民间中小金融机构，使银行按照市场原则经营。与此同时，尽快建立符合我国国情的存款保险制度，把中小金融机构纳入存款保险机制，减少因防范金融风险而对中央银行制定和实施的货币政策的干扰。

通过以上这些措施，可以标本兼治，改善宏观经济运行状况，为积极财政政策的逐步淡出创造条件。

（原文约 13000 字，发表于《中央财经大学学报》2002 年第 10 期）

文摘编辑：曾祥玉

农村公共产品、农民国民待遇与农业发展

何秉材

[作者简介] 何秉材，中国人民大学。

[内容提要] 农村公共产品的供给不足和农民自我负担也是农民负担。随着中国加入WTO，政府对农业产业的支持和保护应由过去的流通领域转移到生产领域，为农业再生产提供必需的外部条件，使农业投资大体可获平均利润。为此，政府应当为农村提供充足的公共产品，并在其他方面给农民以国民待遇。

[关 键 词] 农业；农村公共产品；国民待遇。

一、农村公共产品问题

公共产品是相对于私人产品来说的，是具有非竞争性和非排他性的社会产品。公共产品和私人产品是社会产品中的典型两极。就公共产品来说，按照其“公共”程度，又可以分为纯公共产品和混合公共产品。农村公共产品中的纯公共产品包括如农村基层政府行政管理、社会治安、农村计划生育、农业基础科研、农村环境保护、农村义务教育、农村公共卫生、社会救济等。农村公共产品中的混合公共产品包括如大江大河治理、防洪防涝设施建设、大型水库及各种灌溉工程、农村道路建设、农村电网建设、农村医疗、农村社会保险、农村高中教育、职业教育及成人教育、农业科技成果推广、农村自来水供应等。

公共产品按照地域还可分为全国性公共产品、区域性公共产品和地方性公共产品。农村公共产品中的全国性公共产品有如农业基础科学研究等。农村公共产品中的区域性公共产品如大江大河治理、大型水利工程、跨地区的病虫害防治等。地区性的公共产品如农村医疗，地区性的道路建设等。

我国城乡经济的发展处于一种二元结构状态，长期以来，政府在公共产品的提供方面，也采取二元供给的做法。城市公共产品完全由政府提供，如城市基础设施等公共产品，完全由政府免费提供。城市的一些本来应当并可以由政府和居民共同提供的混合公共产品，也是由政府免费提供的，如传统体制下的城市职工社会保险。而政府在农村公共产品供给上则是缺位的，其中不少公共产品如大江大河治理、水利工程，尽管农民和农业生产对其具有高度的依赖性，但在政府不能供给或不能充分供给的情况下，农民自己是无法解决的，只能听天由命，靠天吃饭，遇旱不能防旱，有时颗粒无收，遇水不能防洪，每到汛期，不仅正常的生产和生活秩序无法保证，甚至连农民的生命财产都受到威胁。1998年水灾的情景人们也许还记忆犹新。全国有1.8亿人（次）受灾，直接经济损失达2550.9亿元。另外许多公共产品，如农村道路、电网建设、农村义务教育等，在政府不能供给或不能充分供给的情况下，虽然农民试图自己解决，但力不从心。其结果是，农村基础设施落后，学生失学严重。农村公共产品的政府供给不足和农民自我提供不仅使农业再生产的外部条件遭到严重破坏，而且加重了农民负担。按照现行规定，乡（镇）政府可以就教育、计划生育、优抚、民兵训练、道路建设五项公共事业所需费用在全乡（镇）“统筹”，这些费用就其所对应的公共产品来看大多属于纯公共产品。如农村基础教育和计划生育，都是国家的基本国策，优抚工作是拥军优属和拥政爱民工作的重要组成部分，民兵训练属于国防事业的组成部分，这些都是典型的纯公共产品，而且其中的计划生育、优抚和民兵训练属于全国性公共产品，不属于地方性公共产品。按照分级财政管理原则，事权和财权应当对应。这是中央政府的事权，支出应由中央政府来承担，应当纳入中央政府预算。道路建设属于地方基础设施，是地方性公共产品，其费用也应纳入地方政府预算。但我国目前对这五项公共产品的供给并没有纳入公共预算，属于制度外供给，由农民税外负担。

改革开放以来，政府逐步提高农产品的收购价格，这对于提高农民的生产积极性的确起了重要作用。近些年来，政府为了对农业进行产业支持和保护，对农产品采取了保护价格制度。这里姑且不论保护价格制度存在的问题，诸如政府补助被某些粮食部门所吞食，不能完全落到农民手中。随着我国加入WTO，以保护价格制度作为对农业进行产业保障的主要形式将是不可行的。从长远来看，政府对农业进行产业支持和保护，最根本的途径是为农业的再生产提供必需的外部条件，以提高农业的盈利能力，为农业投资（包括内资和外资）大体可获取平均利润创造条件，否则，将来在国外大量的价廉物美粮食的供给面前，相当多的农民将面临破产的危险。为使为农业投资大体获取平均利润，政府需要做出多方面的努力。比如推进农业产业化，提高农业劳动生产力

水平，促进城市化和农村剩余劳动力转移，等等。但其中的前提条件是政府为农村本身的发展提供必须的公共产品。农村公共产品重点包括两方面：一是农业基础设施，包括农田水利基本建设、农村电网、道路和农业生态环境保护建设等。二是农村基础教育，包括小学教育和初中教育。

我们在谈到农民负担时，往往指的是农业税、各种收费和剪刀差。但实际上，农村公共产品的农民自我供给或政府供给不足，也是一种农民负担，因为它直接导致了农业的高成本和低收益，是政府应当承担的费用向农民的转嫁。如上所述，长期以来我国实行城乡有别的公共产品供给制度，这似乎已成为一种“惯例”。如果说在传统体制下，这一“惯例”尚能适应当时体制的话，那么，在市场经济条件下，随着各种生产要素可流动性的增强，这一“惯例”已经日益成为农业发展的障碍，因此，必须尽快改变这一现状。

二、农民的其他国民待遇问题

我们通常讲国民待遇，似乎是应该给外国公民以国民待遇。实际上，首先最应当考虑的是占中国人口大多数的农民的国民待遇问题。如上所述的农村公共产品，其本身就是农民国民待遇的重要方面。此外，农民在户籍、就业、升学、纳税（含缴费）和社会保险等方面都应当和城市居民享受同等待遇。

1. 户籍、就业和升学

我国城乡分割的户籍制度原本是计划经济的产物，可却一直延续到今天。长期以来，我国实施严格的人口管理政策，在传统的计划经济体制下，农村劳动力根本不允许自由流动，广大农民实际上是被束缚在人民公社体制下进行强制劳动，为国家工业化提供原始积累。改革开放初期，虽然农民可以脱离农业生产领域而从事非农产业，但受严格的城乡隔离制度的限制，不仅农村劳动力不能够到城市安家落户，他们活动的空间仍然被限制在农村，就连其他生产要素也不能在城乡之间自由流动。20 世纪 80 年代以来，乡镇企业 90% 以上都建在自然村，出现了所谓“村村点火”、“户户冒烟”、“遍地开花”的“繁荣”局面。这是在农村劳动力、资金等生产要素在无法流入具有聚集效应和扩散效应的城市的情况下所做出的一种无奈的选择。这一选择使我国的发展无论是在经济、社会、人口还是生态环境方面都付出了沉重的代价。

从经济发展的规律来看，既然城市化是我国经济发展的必由之路，那么，为了加快城市化和农村剩余劳动力的转移，就应当加快户籍管理制度的改革。不少农村劳动力已经在城市工作并居住了 3 年 5 年甚至更长的时间，有的已经在城市经商或是办厂，甚至雇佣了城市职工，为城市居民解决了就业，为政府提供了税收，但他们仍然属于城市的“外来人员”，不具备“合法”的居住身份。近年来，一些省份试点以“准入条件取代入城控制指标”的做法是可以借鉴的。对于农民个体户、私企业主，或具备一定文化水平或有一定专长的农民，或在城市具有稳定职业和收入来源的农民，可优先解决户口安置。暂时不符合准入条件的农民，也应允许他们在城市合法就业，不能对他们进行歧视。他们都是中国公民，他们应当和城市居民一样，可以享用城市基础设施，可以选择就业机会。

在升学方面，对于义务教育来说，农村学生和城市学生应当享有同等的权利。农民只要在城市就业，他们就在为城市的经济发展做贡献，为城市所在地政府提供税收，其子女就应当和城市公民的子女一样，可以在城市小学或初中接受免费教育。为此，政府应当根据城市发展的需要，加强基础教育投资。对于高等教育来说，农村学生和城市学生应当站在同一条起跑线上进行竞争。我国高等学校招生采取按省（市）分配指标的做法，实际上是城乡区别对待。从全国来看，城市的录取线明显低于农村地区的录取线。目前，我国的高等教育总体上仍属于政府投资，高等教育虽然属于准公共产品，其公共程度仍然较高，并且相当部分资金是由中央政府提供的，是全国性公共产品。既然是全国性公共产品，就应当无差别地为全社会考试成绩相同的每一个社会成员所享用，而不应当按其家庭出身的不同而区别对待。

2. 纳税（含缴费）

在纳税（含缴费）方面，同样应当给农民以国民待遇。目前我国实行的是城乡二元税制（含缴费）。农民除交纳农业税外，还要缴纳“三提五统”。此外，还有各种“三乱”。城乡有别的纳税（含缴费）负担违背了税收的公平原则。税收公平原则要求纳税条件相同的同类纳税人，应当交纳相同数额的税。农村个体农民和城乡个体工商户一样，都属于个体经营者。农业企业（农场）和工商企业一样，都属于法人经营者。因此，他们都是经营者，在销售阶段，他们都应就其销售的货物或劳务按同一税法交纳增值税。按现行税法规定，个人纳税人增值税起征点是月销售额 600—2000 元，折合年销售额 7200—24000 元。一般小农户如达不到这一起征点，就不应该交纳增值税。在分配阶段，农村个体农民应当和城乡个体工商户一样，按个人所得税税法纳税。农业企业（农场）应当和城乡工商企业一样，应按企业所得税税法纳税。对个体农民来说，除了和城乡个体工商户一样依法交纳增值税和个人所得税以外，就不应该承担任何其他税收和费用。对农业工人来说，除了和城市居民一样依法交纳个人所得税以外，不应该承担任何其他税收和费用。不言而喻，城市工商企业、城乡个体工商户和城市居民不需承担的“三提五统”和各种“三乱”，农业企业、农民个体经营者当然也没有任何理由去承担。有人可能会认为，农民作为个体经营者，财务核算不健全，征收增值税和所得税不具有可行性，会造成偷税漏税，增加征税成本和纳税成本。实际上，这种担心是毫无理由的。与城市工商企业和城乡个体工商户的财务核算相比，农产品的产量、成本和价格，农民的收益是再透明不过的了。应该说，我国农业税按产业设置，是过去计划经济的产物，是和市场经济不相适应的。从逻辑上说，既然有“农业税”，那么，是否还应当有“工业税”和“服务业税”呢？既然农村有“三提五统”，那么，城市是否还应当有“四提六统”呢？

3．社会保险

社会保险通常被称作社会的“安全网”和“减震器”。近年来，我国正在逐步建立起社会统筹与个人账户相结合的城镇企业职工基本养老保险制度和城镇职工基本医疗保险制度。城镇企业职工失业保险制度也在建立之中。相对而言，农村社会保险制度十分落后，绝大部分农村地区的社会保险属于空白。对于我国来说，如果社会保险这张“安全网”让占总人口70%的农村地区落“网”，其“安全”性则是值得怀疑的。因为大部分人落“网”，因而也无法“减震”。关于这一点，我们从城乡计划生育政策的执行情况便能够得出一些看法。我国计划生育政策的执行在城市基本上是顺利的，但一到农村，执行起来就有一定难度，有时甚至是非常困难，其中一个重要原因就是，农民无法依靠自己来实现社会保险，更无法依靠社会来实现保险，惟一的希望是寄托在下一代身上，通过繁养后代来实现养老。尽管我们把计划生育政策提到了“基本国策”的高度，但是，在这样一项“基本国策”面前，一部分农民并没有完全站在政府的一边，而是打了折扣，这就是一个警示。当然，由于我国农村落后于城市，农村社会保险的建立，其标准暂时可以比城市低一些，但无论如何，应尽快建立起与目前农村生活水平相适应的基本养老保险和基本医疗保险制度。建立农村社会保险制度，首先遇到的就是财力问题，可采取国家、农民个人和农村集体共同负担的原则。如果说，城镇职工社会保险的资金可以由国家承担一部分，那么，农村社会保险的资金当然也应由国家承担一部分。近年来，政府通过减持部分国有资产来弥补城镇职工社会保险基金的缺口，其理论依据是，城镇职工过去实行低工资，一部分社会保险金转化成了国有资产。而实际上，这些国有资产的积累，不仅城镇职工做出了贡献，农民同样做出了贡献。我国工业化体系的建立，相当大程度上是以人民公社化作为制度保障，迫使农民在低收入水平上强制劳动，通过政府集中农业剩余来完成的。因此，在由国有资产转化而成的社会保险基金的分享方面，农民和城镇职工一样，拥有同等的权利。

（原文约5500字，发表于《中央财经大学学报》2002年第11期）

文摘编辑：曾祥玉

政府经济作用定位的分析

魏农建

[作者简介] 魏农建，上海大学国际工商与管理学院副教授，博士研究生。

[内容提要] 在我国体制转轨的进程中，政府在经济发展中应当发挥怎样的作用，政府如何进一步掌握好经济调节工具和宏观经济政策去影响经济事务，政府在提供经济运行的制度基础上如何处理其与企业的关系，这些问题不仅需要在理论上作出说明，更需要在实践中作出定位解释。

[关 键 词] 政府经济作用；财产权；定位。

政府的作用在保障和推动经济的稳定与发展中是重要的，不容置疑的。现在我们所要思考的，是政府如何去发挥它的既定职能——政府的经济作用应该如何定位。通过定位，尽可能地去避免政府在其职能落实过程中可能出现的“错位”“移位”乃至“缺位”现象的产生。

一、基于历史与现实的思考

政府作为社会最大的最主要的组织者，肯定需要有权威。然而毫无疑问，这种权力还应该受到制度性限制，而不应该是无限的。这种限制在一个成熟的社会中，来自于法律和社会机能的制约，表现出法律的明文规制，社会的监督与制约，同时具有修复的机制。如果政府的权力是无限的，那么，权威就成了一种专制，也就无从谈起政府作用的定位。

在中国古代，皇帝的权力是最大的，至高无上的。皇帝之下的各级官员只受上一级官员的约束。而由这些官员所组成的各级政府，理所当然的只对上一级乃至皇帝负责。如此，皇帝可以按照自己意志“随心所欲”地行使自己的权力；而当出现“天高皇帝远”时，各级官员就会按照自己的意志行使权力（注意，这种行使权力的权力，同样是由上一级官员乃至皇帝赋予的）；当“县官”不在时，“现管”就会出来按自己的意志行使权力。这种逻辑化的动作过程反映了中国特有的“农耕文化”思维方式，以群居氏族部落式的组织结构去寻求生存的力量源。而当这种封建文化的烙印无可奈何地深深地沉淀在中国现代文化中时，就会表现为一种高度的政府集权，反映在经济事务中，会在一定程度上抹杀经济（社会）的活力，导致“无效率”的经济运作，并且不时地显露公开化。

由此带来的一个关键问题是政府权力的这般较少约束下的“无限”扩张，使政府越来越多地承担本来完全可以由社会、企业或市场自己去履行并完成的事情。间或把政府的权力深入到纯属个人生活的私人领域，直接导致了政府的机构越来越庞大，当然官员也会随之增多，膨胀的机构给经济社会带来了沉重的负担。如此这般的权力制度极大地增加了社会成本，用一种近乎无效率地运转，以民间有限的资源养活着膨胀的政府。政府为了维持这个膨胀，换来的结果是权力更加不愿受约束，而官员们则有可能利用于此去游戏于“利禄”之中，套用经济学的一个专用词，叫做“权力寻租”，这在我国的历代政府中表现尤为透彻。

“中国历史上的每一个封建王朝的终结无不与政府的无限制膨胀联系在一起。”所以，一个国家，一个民族，若是找不到一个有效限制政府权力的制度安排，就不可能真正摆脱历史的沉疴影响。

历史的轨迹，衬垫出政府的作用是一个演化的过程，它受制于社会历史的条件和背景的环境，并作出相适应的反应、调整。任何不相适应这个环境的政府作用都将被历史所淘汰，否则淘汰的将是政府本身。

二、政府在“知识时代”的作用

在知识经济的时代，由于知识分工和知识分散在广阔的背景下更深化的交互影响，政府在传统的乃至具体的经济事务中必定存在着淡化的倾向，而在一些新的领域则会加强，具体表现在：

1. 知识的极端重要性在知识经济时代显然已经开始改变经济组织的结构（公司结构）。经济结构的分子化，经济活动的单元微观化，内部分工的外部分工取代倾向使得政府在经济事务中的作用必须立足于“集体”的基点，表露出那种维护公共利益和维持政权为依归的本质性的体制形象。

2. 由于知识发展的不可充分预料性（表现为一种突变性和传播的迅捷性），使任何个人或组织都不可能预见今后知识发展的空间和时间。因此知识的创造靠市场竞争进行演化，而不靠计划去重点“扶持”或“培养”，政府对经济发展的调控只能是建筑在一种趋势的战略规划上，而不是它的具体化。

3. 从知识分工的协调要求来看，降低交易费用的关键在于制度知识的获取和积累，因为它能够持续地减少博弈中的不确定性，虽然自由的价格体系是一种有效的信息传导机制，但广义上的信息交流机制才是最有效率的市场运转所需的信息传导和知识传播经济性的保障。因此，政府通过制定规则，保证制度的知识具有公共产品的性质，有目的和有效率地降低由分工深化所带来的交易费用增大的可能性。

4. 由于知识本身的信息化要求，其在传播中是否会被扭曲（不论是否是选择性扭曲还是针对性扭曲）成为知识时代的重要课题。我们认为，特殊利益集团出于个别的目的，在决策过程中往往要比个人或市场单个组织（企业）的决策迟缓，而且又往往具有保守性。由此，在知识分工深化的时代，信息也就愈发地不对称、不完善。信息传递的层次越多，信息的耗散程度也就愈高，失真的可能性也就越大，并且，那些对利益集团活动拥有“垄断”优势的人便可以利用其达到私利的目的。因此，政府须加强其追求扩大共同利益的倾向，推动共同利益群体的产生，而不是特殊利益集团的存活。

5. 从知识的信息化使用程度看，有效的激励体系必然能够诱导社会经济成员真实地披露其“私有信息”。一个好的社会经济秩序理当最大限度“诱使”信息公开化，允许每个成员利用原本的“私有信息”。政府通过其激励体系的建立，尽最大可能地在现有生产力条件下将信息的“私有产品”逐步转化成“准公共产品”或者直接转化为“公共产品”，以此发挥出政府在解决经济事务中的“不对称信息”方面的主体作用。

三、政府与企业的关系

如何看待和处理政府与企业的关系呢？在这里，笔者认为首先必须引入“权利”这一概念。

哲学家们分析，权利是一种道德原则，用来确立和准许社会关系中的主体行为自由度。而在此，自由度的涵义又成为了经济活力和创新的象征，也就是说，没有了权利也就没有了自由度，逻辑推论表明：权利同时具有活力和创新根基的象征涵义。

在任何的社会制度的条件下，人类的文明总是意味着三种权利的充分化：即生命权、自由权和财产权，它们的逻辑思路循着生命权是人类文明的源泉，没有了生命，也就没有了自由权和财产权拥有的可能性；自由权是人类文明的活力，只有自由地运用生命权，才能够推动人类文明的发展和进步；财产权是人类文明的工具，任何生命和自由，离开了财产权的拥有和运作，生命和自由也就成了一堆无任何实质意义的符号。所以，人们必须通过自己对财产权的努力拥有来维持生命和自由，如果没有权利占有和支配劳动成果，当然也就失去了维护生命的正当手段。人类生命的独特性在于他的精神必须能够在物质世界中找到表达的方式，而财产正是这种表达精神的物质依托。本人认为，在构成人类文明这三种权利中，财产权是最根本性的权利。因为，财产权的赋予在相当高的程度上限制了专制下的对人类的生存权利和自由权利的剥夺。正因为如此，企业作为一种经济组织，在经济社会中难道不也必须具有上述三种权益的特征？所以，产权理论的重要意义之一就在于通过“产权的界定”，划分了人类经济活动的范围边界，从本源上对相应的经济活动进行了规模定位、范围定位、层次定位。

我们进一步分析，财产权作为抵制统治权力无限度扩张的屏障，事实上造就了一种政治权利，一种经济法权，一种制度权利。怎么认识呢？企业的财产权确立，分散了社会中的经济权力，从而在相应的程度上避免了由经济权力归集而成的高度集中，而使得政府对经济的干预成为有限。所以，没有了财产权，企业也就不具备生命权和自由权，活力与创新也就成了空洞的说教，从这个意义上分析，企业的产权制度建立与完善，是政府处理与企业关系最佳的吻接点。

我们对此做一简单的归纳：财产权是企业作为支配物的拥有权利，不是物本身的权利；财产权的明晰，成为抵制政府权力无限扩张的屏障；财产权制度是一切社会制度中最为重要的制度；财产权是经济繁荣与效率的关键，是构成效率市场的源泉，因为它总是分立的，服从于占有者的目的。

前已有分析，作为国家代表的政府，它不应该也不可能按照利润最大化的经济准则运用其拥有的特殊和庞大的经济资源，它的本质职能就是制定和监督“市场游戏规则”，对政府的权力必须在一定程度上给予限制，就必须准确合理地界定企业与政府的关系，这是限制政府权力的重要的支撑点。

归纳上述的认识，我认为政府对企业的关系体现在两个层面，一是权利对立层面，它们之间的关系应该是顾问与服务；二是社会活动的管理层面，它们之间的关系应该是监督与执行。

四、政府经济作用定位的分析

从经济学原理的一般分析中得知，政府经济作用的产生源自“市场失灵”，而政府的被批评则源于“公共失灵”。我们认为，不论是哪一种状态下的失灵，都是因为政府作用定位不准确而导致的。前已有分析，政府的作用是客观的，政府对经济干预产生的浪费或低效率、无效率的本身就在于缺乏一种调节的机制而不是干预本身。事实上，我们应该建立起一种这样的机制，即在“市场失灵”时，通过政府的行为缓解或修正“市场失灵”状态，而在“公共失灵”时，同样也通过政府的行为缓解或修正“公共失灵”的状态，而这些行为的运作或影响，又都是以“定位”为其起点的。

何谓定位？它的本意是对某种进入交换领域的东西进行预先设计，从而让其能在既定的范围内占有一个有价值的具备独特位置的优势而起作用。

从上述涵义延伸至政府经济作用的定位，我认为可作如下解释：政府经济作用定位，是指政府对其可对市场起作用的内容、范围、方式等进行预先的设计，从而让政府的经济作用能够在推动社会经济发展提升的过程中成为一种有价值的无可替代的资源，发挥出独特的优势。

我们下面的“定位”分析，是建立在这样的假设前提下：政府的经济作用表现在两方面，一是作为作用的主体，政府是公共利益的集中代表，政府尽管有一定的强制力，但这种强制力要依赖除政府之外的其他经济组织认可并自愿遵守去实现的，所以它的作用应体现在维护公共利益之上；二是作为作用的客体，政府的经济作用应体现在公共物品之上，又由于公共物品本身也是在环境中变化的，所以，现阶段经济条件下的政府作用就是要将公共物品适当转化为准公共物品或私人物品，依托自我利益的实现完成共同利益的最终实现。

此外，政府是信息的规范者和集大成者，是惟一在信息不对称沟通条件下依赖自身的权威拥有自主权的主体，因此，政府的作用应在于保证它的存在会给予市场交易成本的下降带来好处。也就是说，它的存在将会具有效率和有价值的。

1. 服务，政府经济作用的核心定位

服务，是本质上不可感知和不涉及实物所有权转移，但可区分界定和提供满足的活动组合。服务的目的是提高市场交易的效率，它的本质特征是无形的并且不会发生所有权的转移，所以，服务具备有四个特性，即无形性、不可分性、易变性和时间性。从政府的经济作用定位来看，服务是它的核心。因为政府是市场活动参与者中一个不可替代的组织，这一组织拥有着同样不可替代的作用和特权，利用这些作用和特权，它可以向市场活动的其他一切参与者提供诸如信息服务、监督服务、监管服务、效率服务、政策服务、调控服务以及制度服务等服务体系，以解决市场失灵和公共失灵所带来的效率与公平的损失。换句话说，政府是通过它的服务实现它的经济职能的。政府经济作用核心定位在服务，关键在于政府要有服务的意识，那种借政府职能之口行“缺位”、“错位”、“越位”之实的服务是不足取的。

2. 竞争，政府经济作用的本质定位

政府在其向社会经济组织提供的一系列服务中，以竞争性的方式提供服务也是其作用实现的途径。政府经济作用的本质定位，在于通过满足竞争需求的规制建立提供一个科学与合理的竞争环境与氛围。

3. 顾问和助手，政府经济作用的市场定位

政府经济作用的市场定位，应是企业（或其他经济组织）的顾问和助手，它的存在，应该让企业明确什么是该做的，什么是不该做的；什么是可以做的，什么是不可以做的；什么是现在做的，什么是未来做的；什么是为社会做的，什么是为自己（企业）做的。总之，在多元价值观、生存方式和目标的多彩世界中，政府要找准自己的位置，不要对企业的发展或生存直接地进行干预（不论是何种所有制），你所起的作用，仅限于顾问和助手的范围。

4. 规则制定，政府经济作用的基本定位

政府是政权的保护者，同样也是经济秩序的稳定者，政府完全可以依赖他的权威，进行制度框架乃至基本经济活动规则的制定。政府的这一作用定位，有一点是很重要的，因为政府制定的规则不仅决定何种经济活动是可行的，会赢利的，而且这些规则还将决定着企业或其他市场经济组织的内部结构安排及其结构转变的效率，政府所制定的各类市场游戏规则通过对市场进入的控制（基本规则一），占统治地位的结构形式（基本规则二），管理组织的灵活性安排（基本规则三），以及市场道德约束（基本规则四）等用来鼓励增长知识，增长经济，培养有创造力的企业家的政府经济作用目标的实现。政府经济作用的这一基本定位，关键在于适应市场竞争，政府制定的规则应使效率低下的市场活动和组织无法生存，这应该成为规则制定的核心。

（原文约8000字，发表于《上海大学学报》社科版2002年第3期）

文摘编辑：曾祥玉

我国社会保障制度面临的严峻形势

宋晓梧

[作者简介] 宋晓梧，国务院经济体制改革办公室宏观体制司司长。

[内容提要] 本文通过对我国现行社会保障制度存在的三个“难以”(难以渡过人口老龄化高峰，难以满足经济体制转轨的要求，难以适应宏观经济的波动）的分析，论述了其所面临的严峻形势。

[关 键 词] 社会保障制度；人口老龄化；经济体制；转轨；经济波动。

我国社会保障制度面临三个重大挑战：从长期看，要解决人口老龄化造成的一系列社会经济问题；从中期看，要减轻计划经济转向社会主义市场经济带来的巨大社会震动；在近期，则要考虑如何根据宏观经济形势波动适时调整各有项目的收支水平，以保障经济的稳定增长。这三个问题往往交织在一起，如何妥善安排其中的轻重缓急，既解决好当前的紧迫问题，又完善制度和机制，以利于长远发展，是决策的难点与关键。

一、现行社会保障制度难以渡过人口老龄化高峰

1. 我国人口老龄化的特点。与其他国家相比，我国老龄化具有两个显著特点：一是基数大、速度快；二是底子薄、负担重。发达国家的人口老龄化是在人均国民收入较高水平情况下出现的，而且建立了较健全的养老保险体系。我国的老龄化是在人均国民收入较低的情况下出现的，到 2000 年，65 岁人口占总人口的 7% 以上，人均 GDP 不过 800 美元，这迫使我国在经济还不够发达的时期解决比发达国家还严重的老龄化问题。

2. 人口老龄化对社会保障的压力。这里再提人口老龄化，是想强调人口老龄化对社会保障制度的压力是全面的，并不仅限于养老保险方面。医疗保险也直接受到人口老龄化的影响。如果考虑到各年龄组的医疗费用按 GDP 年增长率同比增长，我国医疗需求量费用到 2025 年将达到 6 万亿元以上，占当年 GDP 的 12% 左右。再有，人口老龄化还直接带来劳动力市场供求关系的变化，从而影响到失业保险。我国经济发展处在产业和技术结构调整的重要时期，必然要求对劳动力的产业和技术结构相应进行调整。而老年职工在这样的调整过程中处于相对不利地位，大量中老年职工过早退出就业的趋势和老龄化所要求的推迟退休年龄形成了尖锐的矛盾，不论政策导向偏重于哪一方，最终都是对整体社会保障制度的压力。此外，人口年龄结构的变化对社会福利 、社会救济以及优抚安置等社会保障项目都将产生不同程度的影响，而这些问题目前研究得还很不够。

3. 养老保险基金不能满足人口老龄化的要求。90 年代中期，在设计基本养老保险基金模式时，曾反复测算过人口老龄化对养老基金的压力，选择了社会统筹和个人账户相结合的部分积累基金制。当时认为采用企业约 20% 的统筹缴费率与个人 8% 左右的缴费率比较适中。但实际情况是不仅个人账户中企业缴纳的部分没有填实，连职工个人缴纳的部分也被挪用发放养老金。到 1999 年个人账户空账已近上千亿元。预计今后一段时间个人账户还将以每年名义积累 500 亿元左右的速度增加，实际积累却在减少，个人账户“空账”规模在迅速扩大。从长远看，个人账户基金“空账”将导致改革的初衷落空。从我国人口金字塔所显示的发展趋势看，至少到 2030 年之前，人口老化的压力都不会减弱。应当充分认识人口老龄化始终是我国社会保障制度改革和社会保障事业建设的一个客观背景，把当前的紧迫问题和长远的重大问题结合起来统筹解决。

二、现行社会保障制度难以满足经济体制转轨的要求

一是国有企业改革的任务还远没有完成，行政机构和事业单位的改革起步不久，改革初期要求国有单位在内部消化冗员的政策已经转变为下岗分流，尽快将隐形失业转化为社会失业；二是非公有制经济的迅速发展，要求尽快把长期只适用于国有单位和部分集体企业的社会保险制度扩大覆盖范围；三是居民收入分配格局发生了巨大的变化，解决平均主义已经逐步被防止或克服两极分化所代替。当前，经济体制转轨进入攻坚阶段，以上三个问题对社会保障制度的建设提出了新的要求。

1. 转型期间的高失业风险。国有企业和机关事业单位的改革将进一步向社会释放大量冗员。此外，据国家信息中心经济预测部的测算，“十五”期间仍是劳动年龄人口增长高峰期，每年将净增 1000 多万人。如果“十五”期间我国国内生产总值平均每年增长 7%，按“八五”时期每增长一个百分点可新增 75 万就业人员估算，5 年只能容纳 2600 多万人。这样，经济体制转轨所造成的体制性失业和人口自然增长、产业结构调整造成的就业压力，有可能使我国的失业率在近 5 年内实际达到

12%左右。据劳动部门的典型调查，一些城市领取养老保险的人员平均年龄仅 51.4 岁。这说明有大量人员在 40 岁或更小的年龄就过早退休了。这是把失业保险对社会的近中期压力扭曲为养老保险对社会的长期压力。这是经济转型期间必须尽快认真解决的重要问题。

2．转型期间的社会保障覆盖面。在经济转型时期，扩大社会保障覆盖面问题主要表现在社会保险方面：（1）基本保险制度改革不到位，扩大覆盖面可能产生“高福利、广覆盖”的问题。（2）劳动力市场不健全，隐形就业、退休人员再就业现象大量存在，使许多地方扩面工作严重受挫。（3）社会保障立法滞后，现有的法规立法层次不高，扩大覆盖面的法律约束力不强。

3．转型期间的公平与效率问题。改革初期，收入分配方面的主要问题是平均主义。经过二十多年的努力，我国的收入分配格局发生了巨大的变化，尽管在一些行业和部门内部依然存在一定的平均主义，但从全社会看，近年来，城镇居民收入增长趋缓，特别是低收入户收入增幅较小、减收面较大，贫富差距呈现扩大趋势，贫富悬殊问题日益突出。历史经验证明，平均主义不能调动广大职工的积极性，贫富悬殊同样不利于全社会提高经济效率，不利于国家的长治久安。面对日益扩大的收入分配差距，我国社会保障制度改革的着力点没有及时得到相应调整，在总的原则上，还停留在改革启动时期，强调效率高于公平，注意向低收入者倾斜不够，在某种程度上还有加大分配差距的问题。例如，据国家统计局 1995 年对 2.5 万户的调查，城镇居民从国家和单位得到的各种保障和福利收入有逆向转移倾向，富裕户比贫困户多得 87%，其中养老保险待遇高低两组相差 42 倍，医疗保险相差 62%。再加上住房补助和其他福利，经过二次分配，我国居民收入差距，包括地区差距和国有经济内不合理的行业差距、部门差距反而进一步扩大了。如何通过保障和福利的转移支付缩小一次分配差距，同时避免重蹈“大锅饭”或陷入“福利病”，是经济体制转轨新阶段中社会保障制度面临的又一严峻挑战。

三、现行社会保障制度难以适应宏观经济的波动

我国社会保障制度是在计划经济下建立起来的，那时根本不可能考虑如何适应市场经济的宏观经济波动问题，改革以来，又长期处于通货膨胀的压力下，只是近两年才遇到通货紧缩形势。如何建立一整套正常的调整机制，灵活调节和运用社会保障资金，在经济过热时促使其降温，在经济下滑时促使其增长，还十分缺乏经验。

1．面临双重压力的社会保障制度改革。1998 年以来，在分析我国出现的通货紧缩趋势时，社会保险制度改革受到两方面的指责：一些人指责社会保障制度改革滞后，致使国有企事业单位养老、医疗以及冗员负担始终难以减轻，而同时非国有企业职工大多数未被社会保障制度覆盖，致使社会保障的二次分配作用难以发挥，这是助长通货紧缩的原因之一；另一些人则认为对传统社会保障制度改革的力度过大，养老、医疗、失业保险以及住房等都加大了国有企业职工个人的负担，致使职工收入预期减少而支出预期增大，直接影响到居民的当期消费，从而不利于启动经济。不论我国社会保障制度改革是滞后了，还是一些重要项目的改革力度过大了，中外学者以及政府有关部门都注意到我国的社会保障制度还不适应宏观经济波动的需要，也可以说，社会保障制度还没有发挥其在熨平经济波动中的应有功能。

2．提高职工个人缴费比率与增加职工支出预期。一般情况下，建立社会保障制度可以减少职工的支出预期，有利于职工把收入投向当期消费。但我国社会保障制度建立和变革的情况与西方国家典型的社会保障制度有很大的不同。我国在计划经济下建立的社会保障制度，其特点是国家出资、单位管理、主要覆盖国有职工。90 年代初中央把社会保障制度改革提到重要议事日程，提出资金来源多渠道、保障方式多层次、权利和义务相对应的改革目标，这是符合社会主义市场经济要求的。改革的一项重要内容，就是改变国家包揽的供款制度，实行国家、企业、职工三方负担。这样，我国社会保障制度的改革在一定时期、一定程度上必然要增加职工个人负担，例如基本养老保险，职工将从不缴费逐步提高到按工资的 8%缴费，还有医疗保险、失业保险和住房公积金等，按目前改革方案，职工个人的总缴费率将逐步提高到本人工资的 21%。同时，还明确要减轻政府负担，较大幅度地降低基本养老保险替代率，设定基本医疗保险统筹基金支付封顶线等。因此，对于国有单位职工来说，现阶段社会保障制度改革的具体措施增加了他们的边际储蓄倾向，减少了他们的边际消费倾向，再加上住房和教育改革的影响，这种倾向性变化就更加明显了。

3．坚持长远改革目标与调整具体实施力度。结合我国的具体情况，应当从两方面分析社会保障制度改革对宏观经济的影响：（1）对于原来国家包揽过多的国有单位职工，必须坚持经费来源多渠道、保障方式多层次、权利和义务相结合的改革目标，逐步降低国家的负担，适时增加职工的缴费水平。（2）对于原来没有被社会保障制度覆盖的群体，应适时扩大社会保障覆盖面，以利于他们消除后顾之忧，促进当期消费。但扩大覆盖面的重要前提条件是传统的“高福利”项目应基本改革到位。由于社会保障各项目的改革进度快慢不一，扩大覆盖面只能按不同保障项目的改革进展情况分别确定。

（原文约 9500 字，发表于《经济与管理研究》2001 年第 3 期）

文摘编辑：贾金思

社会主义市场经济理论发展史上的里程碑

郝万禄

[作者简介] 郝万禄，后勤指挥学院政治理论教研室经济学博士，硕士研究生导师。

[内容提要] 江泽民同志“七一”重要讲话，是全面推进党的建设的行动指南，是马克思主义的纲领性文献。讲话提出了一系列新论述、新观点。本文从社会主义市场经济理论历史变迁的角度出发，着重围绕“深化对社会主义社会劳动和劳动价值论的研究和认识”这一命题，对构建“新劳动价值论”的基本前提、制度背景以及主要内容等方面进行了深刻分析；进一步揭示了《讲话》在马克思主义政治经济学方面的理论创新，以及在社会主义市场经济理论发展史上所具有的里程碑的地位和意义。

[关 键 词] 社会主义；市场经济；新劳动价值论。

江泽民同志在“七一”讲话中明确指出：“我们应该结合新的实际，深化对社会主义社会劳动和劳动价值理论的研究和认识。”应该说这是社会主义经济理论发展史上的又一次革命，是一个重要的里程碑。

一、全面把握社会主义社会劳动和劳动价值论面临的新情况、新问题及其重要影响，是构建新劳动价值论的制度背景

第一，从时代的特点来看，我国还处在社会主义初级阶段，传统计划经济体制向社会主义市场经济体制转轨，所有制结构和分配方式发生了很大变化，要求深化对劳动和劳动价值论的认识。一切科学理论的产生都与时代有着深刻的内在联系。从马克思劳动价值论的创立到现在，一百多年已经过去了，世界的面貌已经发生了翻天覆地的变化。正如江泽民同志指出：“现在，我们发展社会主义市场经济，与马克思主义创始人当时所面对和研究的情况有很大不同。”我国由单一的公有制经济转向公有制为主体多种所有制经济共同发展的所有制形式，在分配制度上实行按劳分配与按生产要素分配相结合。在社会主义市场经济条件下，这种分配方式必然要通过市场机制来实现，因而要承认市场分配的作用，允许和鼓励资本、技术、信息和管理等生产要素参与分配。在这种新的经济条件下，怎样认识和把握马克思主义经典作家关于资本主义社会劳动和劳动价值的理论，如何研究和认识社会主义社会劳动和劳动价值的理论，具有重要的现实意义。

第二，从基本经济制度的特点来看，公有制为主体、多种所有制经济共同发展，是我国社会主义初级阶段的一项基本经济制度，非公有制经济所占比重逐渐提高，社会阶层构成发生深刻变化，要求深化对劳动和劳动价值论的认识。在我国实行多种所有制经济共同发展的过程中，非公有制经济所占的比重不断提高。它们在发展生产力、繁荣市场经济、满足人民生活需要等方面的作用日益显著。改革开放以来，我国的社会阶层构成发生了新的变化，出现了民营科技企业的创业人员和科技人员、受聘于外资企业的管理技术人员、个体户、私营企业主、中介组织的从业人员、自由职业人员等社会阶层，他们通过诚实劳动和工作，通过合法经营，在逐渐增加个人财产的同时，也为发展社会主义社会的生产力和其他事业做出了贡献，他们也是有中国特色社会主义事业的建设者。在这种情况下，怎样评价这些新的社会阶层的劳动和经营管理活动，是一个非常现实的、需要我们认真研究解决的重大问题。

第三，从社会劳动的特点来看，随着生产力的日益发展和生产社会化程度的不断提高，科技劳动和经营管理劳动在价值和财富创造中的地位和作用越来越重要，要求深化对劳动和劳动价值论的认识。一是产品中的活劳动含量日益减少。伴随社会生产力的进步，所包含的活劳动已经大大减少。随着新的科学技术的超常规发展和新经济时代的来临，这种趋势必将会进一步强化。二是生产要素的内容逐渐扩展。生产要素的构成理应是动态的、变化的，随着时代条件的发展而不断发展和充实，生产要素由物质资本、货币资本向知识资本转变。尤其是在当代，技术进步和经济发展的结果，使得不同生产要素在生产中的重要程度发生了极大的改变，传统的“三要素”已经被“多要素”所替代，过去被认为是微不足道的要素，现在却逐步成为独立的生产要素并开始发挥重要的、不可替代的作用。三是传统意义上的非物质生产部门在加速发展。传统的物质生产部门，在当代社会总劳动中所占的比重日益下降。与之相反，科技产业、信息咨询业、金融保险业以及为生产与生活服务的众多非物质生产部门在国民经济中所占的比重却日益提高。第三产业的劳动不仅成为生产劳动、创造价值，而且比第一产业和第二产业能够创造更大的价值。四是以科技创新为主体的知识经济日益凸现。作为经济发展与竞争

的主要方略，以科技创新为主体的知识经济已成为当今各国产业结构迅速演变与发展必须面对的挑战和亟待解决的重大课题。对于科学技术的重要作用，江泽民同志在讲话中指出：科学技术“是先进生产力的集中体现和主要标志。科学技术的突飞猛进，给世界生产力和人类经济社会的发展带来了极大的推动。未来的科技发展还将产生新的重大飞跃。”正因为如此，在现实社会出现了许多围绕知识聚集资本的现象。五是企业家的才能在企业间、国际间竞争中的作用越来越重要。一个国家能否拥有一批具有国际竞争力的、生命力持久的跨国企业和企业集团，以及后续的一大批创新力强的、充满活力的中小企业队伍，对该国的经济发展与经济增长来说至关重要。而要形成这样众多的优秀企业，只有在企业制度不断创新的基础上，通过培育一大批优秀的市场化的、职业化的企业家队伍才能实现。这就需要我们在理论上对企业家经营管理劳动给予充分肯定和评价。社会主义社会劳动和劳动价值论所面临的这些新情况、新问题，客观上要求深化对劳动和劳动价值论的认识。

二、深刻理解社会主义社会劳动和劳动价值理论的新特点和精髓，是构建新劳动价值论的主要内容

一是要拓宽社会主义社会劳动范畴的内涵与外延。劳动作为一个范畴，在马克思的政治经济学中具有极其重要的地位。马克思将其考察和研究的重点放在物质生产部门，曾经从不同的层次和角度，依据不同的标准，对劳动范畴进行了一系列区分，如具体劳动与抽象劳动、活劳动与物化劳动、简单劳动与复杂劳动、必要劳动与剩余劳动、生产劳动与非生产劳动等等。马克思的劳动价值理论、剩余价值理论、工资和分配理论等都是建立在这种认识的基础之上。在马克思所处的时代，可以仅将物质生产部门的劳动，以及为物质生产部门直接服务的运输业、邮政电信业、商品仓储业等服务业的劳动视为生产劳动。因为当时其他服务业在国民经济中的地位还微不足道。随着科技、经济和社会的发展，在对生产性劳动与非生产性劳动的界定上，应勇敢地挣脱过去那种狭窄的定义与范围的羁绊和束缚。在现实社会主义的条件下，劳动主要有以下几种形式：马克思所说的一般生产劳动；以第三产业为主的服务劳动；科学技术含量较高的科技劳动；企业家的经营管理劳动。这四种形式的劳动都是创造价值和财富的重要因素，都为发展社会主义社会生产力做出了贡献。

二是要深化对科技工作与经营管理劳动两大生产要素的认识。按照传统劳动价值论的观点，只有物质生产领域的活劳动，才是生产劳动，才是创造价值的惟一源泉，而绝大部分非生产领域的劳动属于非生产劳动，是不创造价值的。实际上，科学技术对经济发展和制度创新的贡献，是普通的活劳动无法比拟的；同样，一个优秀的企业家对企业的贡献也是普通工人所无法比拟的。当今，随着生产力的发展和科技的进步，科学技术日益成为创造和增进财富的决定性因素。与此同时，现代市场经济竞争日益激烈，经济运行变数增多，这使得企业经营管理职能愈加重要。从事科技工作和经营管理的劳动不但是重要的劳动形式，而且是复杂劳动，是简单劳动的“倍数”。科技工作者和经营管理者通过自己的创造性劳动，通过自身的本质力量在社会实践中的发挥，最终形成社会化、知识化、智力化的生产力，促进整个人类文明的进步。也正因为如此，马克思在《政治经济学批判大纲》中明确指出：科学是“最可靠的财富形态”，既是“思想上的”又是“现实的财富”，并认为“它既是财富的产物又是财富的生产者”。所以，科学家、企事业科技人员和专家型、知识型工人才成为最先进生产力、第一生产力的主体。现代知识经济的基础是知识，是知识创造的经济。我国要实现由经济大国向经济强国的转变，必须以此为“动力源”，实现工业科技的产业化、集约化和市场化，按照市场需求形成市场信息科技产业的发展机制；以持续创新能力和科技产业的发展，带动整个产业结构的升级，形成一种以知识经济扩张为主导的多元化产业创新体系；以产业结构知识化、内质性的变动和高度化发展，全面实现经济增长方式的战略性转变。

三是要完善生产要素市场、深化收入分配制度改革。实行 按要素分配是以各种要素在价值和财富创造过程中所做的实际贡献为基础。无论从各种生产要素在价值和财富创造中的实际贡献来看，还是从我国以公有制为主体、多种经济共同发展的所有制结构来看，都应鼓励和保障资本、技术、经营管理者等生产要素参与收益分配，这是市场经济的基本特征和必然要求，也完全符合“三个有利于”标准，能够更好地促进我国生产力发展，实现社会主义本质要求即共同富裕。这就要求加快生产要素市场的发展。因为没有完善的生产要素市场就不可能形成合理的生产要素价格，按要素分配也就不能有效地进行。收入分配制度创新的关键是促进和保障生产要素平等地参与收入分配。这不仅是因为生产要素在价值和财富创造中具有重要的地位，而且因为“实现人民的富裕幸福，是我们建设社会主义的根本目的。”在完善生产要素市场与收入分配制度创新上，要坚持“效率优先，兼顾公平”的原则。

四是要树立社会主义的新财产观。既然承认生产要素特别是科学技术和经营管理劳动等要素在价值和财富创造中具有重要作用，那么就应该承认个人财产的合理性并依法予以保障。正如江泽民同志指出：“随着经济的发展，广大人民群众的生活水平不断提高，个人的财产也逐渐增加。”在这种情况下，如何正确看待个人所拥有的财产是一个非常重要的问题。

（原文约 4200 字，发表于《后勤指挥学院学报》2001 年第 5 期）

文摘编辑：其实

我国资本外逃现象研究

肖凤娟

[作者简介] 肖凤娟，中央财经大学。

[内容提要] 资本外逃是一种不正常的资本流动。随着国际资本的频繁移动，许多新兴市场经济国家相继出现资本外逃现象。我国在20世纪90年代，尤其是90年代下半期也出现了较严重的资本外逃现象。资本外逃的一般动机是出于预防货币风险，我国的资本外逃虽然也存在这样的动机，然而，我国的资本外逃在原因和方式上具有与其他国家不同的特点。对于有效控制资本外逃，我国政府的明智选择应该是以提高居民和企业对我国经济的信心为主。同时，逐渐放松管制，完善法律和监管环境，并对外资企业实行国民待遇。

[关 键 词] 资本外流；资本外逃；假报货值；国民待遇。

一、我国资本外逃的原因

我国资本外逃现象被政府和经济学者重视并进行研究始于20世纪90年代，尤其是90年代下半期。根据国际货币基金组织（IMF）的经验统计，如果一国国际收支平衡表中“错误与遗漏”项数值超过该国进出口总额的5%，那么该国就存在资本外逃现象。90年代我国国际收支平衡表中，“错误与遗漏”项数额与进出口总值的平均比例约为6%，超出了IMF的经验警戒线。

我国资本外逃的原因与居民和企业希望获得不受本国当局控制的金融资产和收益的愿望以及躲避官方资本管制有关。具体来说，我国资本外逃的原因主要来自受管制的金融环境、发育不成熟的金融市场、不完善的法制监管环境以及不合理的对内资外资的制度安排。

我国金融体制改革虽然在很大程度上推进了“金融深化”，但在金融部门仍然存在大量的金融压制现象。主要表现在：（1）储蓄利率低。我国实际利率与发达国家相比普遍较低，1994年为－10.72%。在发达国家资本市场高收益的情况下，人们很容易产生转移资产的愿望。而在资本账户汇兑受到严格控制的情况下，非法资本外流就不言而喻。（2）对利率等金融资产的价格实行管制。金融资产的真实价值无法体现，人们可能出现金融资产贬值的心理预期，进而是希望将金融资产转移到利率更加灵活透明的国家。（3）对外汇实行管制，企业灵活用汇受到压制。夸克将外汇管制引致的资本外逃称为“老鼠夹子效应”，即居民不愿将外汇留在国内以避免丧失今后用汇的灵活性。

不成熟和欠发达的金融市场是我国资本外逃的另一重要原因。当个人和企业无法通过相应市场和工具规避风险时就会采取转移资产的做法。我国企业资产面临的风险主要有汇率风险、利率风险和通货膨胀风险。从1987年到1994年，人民币汇率有6次贬值，其中5次贬值幅度超过10%。1994年1月1日，人民币汇率从$100＝523.50￥贬为$100＝870.00￥，贬值幅度为66%。根据宋文兵的计算，1995年我国资本外逃数额为257.06亿美元，比1994年（144.31亿美元）增加了78%。1997年亚洲经济危机，虽然我国政府一再做出人民币不贬值的承诺，但国内外汇黑市价格的高升和周边国家货币的纷纷贬值加剧了人们对人民币贬值的预期。1997年我国资本外逃数额从1996年的186.36亿美元猛增至407.50亿美元。这足以显明汇率风险与资本外逃的相关关系。此外，我国中央银行从1996年来七次降息，降低了本币资产（存款与债券）的收益率，这使得90年代下半期资本外逃现象突显。最后，从1991至1994年，我国连年出现财政赤字，并且通过发行货币对财政赤字进行融资，通货膨胀压力增大，导致这几年资本外逃现象较之80年代明显严重。

不完善的法律监管环境一方面使企业或机构产生转移资产的想法，同时又为非法资本外逃留下可乘之机。从法律环境来看，我国对产权保护缺乏相应的法律制度安排，个人所得税较高，有产者对其资金无安全感，于是产生将财富转移到国外的想法。其次是监管法规不健全，与金融创新和资本多样化的要求脱节。从监管力度来看，我国海关、银行与央行外汇管理上存在着薄弱环节，各涉外管理机构之间未能有效沟通和协调，对政府部门贪污、法人走私、外贸企业与有关单位和个人违法乱纪打击不力。

最后，对内资外资不合理的制度安排导致了“过渡性”的资本外逃。“过渡性”外逃资本指通过非法渠道流出国内，再以外资形式流入国内的资本。“过渡性”资本外逃一方面对我国实际利用外资的规模造成假象，另一方面，因其再流出名正言顺而掩盖了资本外逃的实际规模。与国内企业相比，外资企业在所得税、关税、工商税、外汇管理、产业政策以及市场准入等方面享受着

“超国民待遇”，而且在具体工作中还受到各地的特别关照。内资企业实际上处于不公平的竞争环境中。因此，从某种角度来看，“过渡性”的资本外逃是企业的一种“理性”选择。

二、我国资本外逃的方式

我国资本外逃主要通过非正式，甚至非法渠道进行，包括非贸易渠道、贸易渠道和投资渠道。

非贸易渠道，如以支付佣金或国外旅游费用的名义，或者以外国投资者在我国的投资收益为名购汇汇出或携带出境。再比如，以支付投标保证金、海运、航运部门的国际联运费、邮电部门支付的国际邮政、电信业务费等名义向银行购汇或从其外汇账户中支出。而此类合同、文件和清单的真伪银行均难以核查。贸易渠道，主要方式有：假报货值、制作货到付款、信用证及托收项下的假合同和假进口单据，骗购外汇汇往国外。投资渠道，即通过在境外投资大量转移资本。统计表明，中国在境外兴办企业的家数和投资金额，和国外相应的统计数据之间存在很大差距。一些国有企业通过在国外开办的投资公司和贸易公司将资金转移到境外，进而在自己名下设立新公司。国有企业转移资产的方式：一是对外投资时低估资产的价值；二是隐瞒、截留境外投资收益和溢价收入；三是通过内部转移价格转移资产。

三、我国资本外逃的经济影响分析

一方面，资本外逃对我国经济产生了一系列负面影响，主要体现在：(1) 损害了国内的资本形象。对于我国这样一个急需资金的发展中国家来说，这将极大地削弱经济的发展后劲，减缓经济的发展速度。(2) 部分外逃的资本为了骗取税收的优惠，又以假外资的形式重新流回国内。从表面上看似乎并没有造成什么损失，但实际上，这一方面会造成大量的税收流失，另一方面又造成了假外资企业与国内企业的不公平竞争。(3) 资本外逃也给保持人民汇率稳定的努力造成了极大的压力，资本外逃一方面减少了外币的供给，另一方面又增加了对外币的需求。如果持续外逃造成汇率持续下降，必然会酿成金融危机。(4) 资本外逃也涉及所有者权益问题。事实上，相当多的国有资产在外逃之后，其资产属性发生了根本性变化，由“国有”变成了“私有”。(5) 根据国际经验，资本外逃还可能成为金融危机的引爆点。

另一方面，在正视资本外逃对我国经济产生负面影响的同时，我们也无需对此“谈虎色变”。首先，随着生产和资本的日益国际化，世界上没有哪个国家能够彻底消除资本外逃。其次，对于我国来说，持续的外资流入和渐进式金融深化改革极大地减弱了资本外逃的负面影响，使大规模资本外逃不至于阻碍我国的经济发展。随着我国渐进式的金融深化和开放、金融市场的成熟、外汇法律监管环境的完善以及对外资实行更加公平的国民待遇原则，资本外逃的规模及影响将得到有效控制。

四、政策选择

国际经验表明，政府能够干预和控制资本外逃的回旋余地是不大的，因为随着经济市场化进程的推进，越来越多的因素是政府所无法直接控制的。特别是当一国资本项目实现可兑换之后，试图对资本项目实施管制常常是事倍功半的。随着世界贸易总量的不断增长，尤其是贸易产品结构的多样性发展，加之服务贸易形式的日益多样化，使得通过价格或数量出口高报进口低报以转移资金的活动在实际识别中存在巨大的成本。由于影响资本外逃的最基本因素是国内外投资者对一国宏观经济的信心水平，因此，为了防范和控制我国的资本外逃，更需注意的是顺应对外开放的大趋势，逐步放松管制，并从多个方面强化投资者信心。其根本措施应该是大力调整法律和经济利益关系，积极推进整体上的经济改革，加快市场经济体制的建立，同时及时调整相关的宏观经济政策。具体来说，需要注意以下几个方面的问题：

1. 保证我国经济的持续、快速、健康增长，避免经济出现过大的波动。协调货币政策、财政政策和汇率政策，保持宏观经济政策行为的一致性，有效地化解银行不良资产，坚决抑制通货膨胀，维持稳定而合理的实际汇率，减少居民和企业的风险预期。

2. 深化金融体制改革，推进金融市场发展，促进利率和汇率形成机制的市场化。根据中国对外开放的进程，积极稳妥地放松外汇管制，减少在利率管理、市场准入、投资限制等方面的直接管制和行政干预。

3. 完善产权保护制度，并对不同所有者经济形式实行平等待遇，真正将我国宪法保护公民财产权的精神加以落实，打消私营企业对政策变化的担心，消除私人资本外逃的动机。

4. 加快建立现代企业制度，建立适应市场经济要求的国有资产管理体系，加强对国有资产运营状况的监管。

5. 根据WTO原则，统一对内资和外资的待遇。取消内资和外资之间的待遇差别，是减少“过渡性”资本外逃的根本措施之一。引进外资应从“优惠政策导向”向“市场导向”转变，不应再依靠优惠政策，而主要应依靠我国良好的投资环境和巨大的市场潜力。对于外商直接投资，应本着不歧视、不优惠的基本思想，逐步向公平公正和国民待遇政策转变。

（原文约6000字，发表于《中央财经大学学报》2002年第9期）

文摘编辑：其实

论中国反垄断的行为指向与结构规制

戚聿东

[作者简介] 戚聿东，首都经济贸易大学企业管理系副教授，经济学博士。

[内容提要] 本文认为，我国反垄断法的行为指向不应是作为资源优化配置结果的垄断结构，而应是对资源配置有劣化作用的垄断行为；在结构规制上，引入激励性规制具有紧迫性，并慎用非对称规制。

[关 键 词] 中国反垄断；垄断结构；垄断行为；指向；规制。

一、垄断结构是资源优化配置的结果，不应该成为反垄断的指向

垄断有结构与行为两个维度，二者没有必然联系，反垄断法的锋芒不应该指向垄断结构。垄断结构是资源优化配置的结果，具有一定的合理性与历史进步性。反过来，垄断结构也只能是维持资源优化配置和促进经济效益的组织载体和制度安排。具体而言，垄断结构对资源优化配置和经济效益的促进方面，主要体现在以下方面。

1. 生产效率的提高

垄断结构对生产效率提高的作用主要是通过规模经济机制实现的。规模经济存在的根本原因在于生产要素的不可任意分割性。固定成本总额是相对不变的，单位(平均) 固定成本是相对递减的。因此，随着企业规模的扩大，势必有助于生产成本的节约和生产效率的提高。

2. 交易费用的节约

垄断结构对市场交易费用节约的作用主要是通过范围经济机制来实现的。范围经济是指厂商在一定规模下同时生产经营多种不同商品的成本低于多家厂商分别生产经营其中一种商品的成本总和。范围经济存在的根本原因在于成本弱增性。具体而言，成本弱增性的产生在于具有不完全可分性的生产要素能够产生功能的多样性、经济价值的多重性、组装性能的多重性以及厂商的无形资本在扩大的品种范围上的重复使用性。对于企业来讲，利用组合经济最主要的形式是多角化经营。实践证明，企业实行多角化经营，有利于充分利用市场潜力和生产潜力，有利于产业间关联方式优化，有利于减缓和分散市场不确定性所带来的风险，一句话，有利于企业市场交易费用的节约。

3. 技术效率的提高

以往垄断理论认为，垄断组织缺乏同行竞争的压力效率，在技术上必然具有墨守陈规的守成倾向和高枕无忧的催眠作用，因而势必妨碍技术进步和创新。这种观点在现代产业经济实践面前已显得软弱无力。垄断本身就是技术进步的产物。技术进步一方面使得既定资源投入能够具有更大产出，从而覆盖更多的市场占有率；另一方面能够制造出差别化产品，包括全新产品、换代产品、改进产品、新牌子产品，尤其是全新产品（即新发明产品）的出现，使得现实中很难找到相关替代品。这两方面无疑都是促进生产和市场集中的因素。而在技术进步基础上形成的并且受到专利法保护的垄断，反过来又会促进技术的进一步发展，这不仅在于垄断保护了技术进步的动因，而且也在于业已形成的市场势力又为进一步组织技术开发奠定了雄厚的物质基础。

4. 经验曲线效应

经验曲线是指在一种产品的生产过程中，产品的长期平均成本随着企业累计产出的提高而逐步下降的趋势。这与规模经济有些相似。但规模经济依赖于每一阶段的产出规模，而经验曲线强调的是累计产出。二者的共同点都是引起企业的长期平均成本曲线下降，只是下降的原因或来源不同。经验曲线强调的是随着累计产出的提高，工人和管理者在熟悉了他们的工作时，吸收了新的技术、管理和操作知识，具有了更多的生产经营经验。所以，经验曲线表达的是企业累计产出与企业生产单产出所需投入数量之间的关系。

综上所述，由于垄断结构是企业追求规模经济、范围经济、技术创新和组织经验的结果。如果反对垄断结构，也就意味着对规模经济、范围经济、技术创新和组织经验的抑制，整个经济也就失去了增长的源泉。

二、我国反垄断法的行为指向

资源优化配置的垄断机制是就垄断结构而言的。而垄断行为作为滥用市场势力以谋求高额垄断利润为目的的一系列活动，既可以产生于企业数量较少企业规模较大的垄断结构，也可以产生于企业数量较多企业规模较小的竞争结构。因为垄断行为对资源配置具有劣化作用，所以应该成为反垄断法的指向。具体而言，垄断行为对资源配置的劣化作用表现在以下方面：

1. 福利损失

西方经济学理论认为，垄断结构下的厂商必然产量较低，价格较高，由此造成了垄断的福利损失。据介绍，垄断的福利损失也称无谓损失，是指实际收入的损失，或由于垄断、关税、配额或其他破坏所引起的消费者剩余和生产者剩余损失。有不少经济学家据此对垄断的福利损失进行了测算。一个概括性的结论是：在美国，由于垄断的资源配置失误所引起的浪费的福利损失大致占国民生产总值的0.5%—2%之间。在我国，垄断的福利损失更为严重。根据胡鞍钢的测算，我国主要自然垄断行业的垄断租金情况为：电力行业为900—1200亿元，交通运输业700—900亿元，邮电通讯业215—325亿元，民航运输业75—100亿元。上述四项合计为1300—2020亿元，占GDP的比例为1.7%—2.7%。

2. 垄断价格和消费者剩余的减少

在完全垄断或勾结型的寡头垄断中，垄断企业可能是市场价格的制定者，它们可以实行各式各样的垄断价格，如价格领导制、价格歧视、搭配售卖等等。无论是什么具体形式的垄断价格，都表现为垄断企业较高的垄断利润率和消费者剩余的减少。几乎所有的研究都表明，在各个产业的集中度和利润率之间都存在着一定程度的正相关关系。如果单纯从利润率方面进行考察，还无法判断高集中度下的较高利润率究竟合理与否。因为较高的利润率既可以是垄断价格的结果，也可能是资源优化配置的结果。但各种实际案例告诉我们，垄断企业的较高利润率中至少包含着消费者损失的成分。

在我国，垄断行为非常普遍，如竞争性行业的价格联盟，自然垄断行业的高价格、价外收费、强制搭售等以及形形色色的地方保护主义行为。根据国家计委对全国电信资费的检查，查出1998年到2000年7月底违法所得21.7亿元。另据国家计委对1998年以来的电力价格检查，截止到2000年5月底，从2637个单位查出价格违法金额27.4亿元。固定价格的结果，就是消费者的损失。

三、我国对垄断结构的规制

传统的规制手段一般是对收费水平、服务质量以及市场准入进行规制。在保证服务质量和控制市场进入的条件下，重点对收费水平进行规制。在收费水平规制上，大体上有两种办法。一是公平报酬率（ROR）方式，即以边际成本为基础决定收费水平，如拉姆塞价格、高峰负荷收费等。二是完全成本分配（FDC）方式，即对需求者公平地分摊共同费用，如二部收费、复合二部收费、三部收费和按距离收费等。每一种办法又有很多具体的做法。但无论是公平报酬率方式还是完全成本分配方式，由于规制滞后必然会带来被规制企业内部的低效率和企业损失。因此，如何解决受规制企业的效率问题成了规制政策要解决的重点问题。在这种情况下，激励性规制应运而生，到目前为止，各国实行过的激励性规制的具体办法主要有特许权投标、标尺竞争、价格上限规制和社会契约4种。通过实施激励性规制，既在一定程度上解决了受规制企业的激励不足和规制之后而引发的低效率问题，同时也有助于提高规制过程的效率。在我国，引入激励性规制方式具有紧迫性。

在市场进入的规制方面，近些年来出现了一种值得注意的趋向，即非对称性规制。在规制过程中，由于原有的优势企业与后来新加入的企业在实力上严重不对等，原有企业多为垂直一体化和多角化经营的企业，而新进入者是仅仅从事特定服务领域的独立企业。在这种情况下，原有优势企业很容易运用交叉补贴策略把新进入者排挤出市场。所以，仅仅从反垄断法的角度对优势企业的排他性行为进行监督和限制是不够的，还必须对原有优势企业进行严格的规制，而对新进入者实行宽松的或简化的规制，即非对称性规制。在美国和日本的通信产业，放松规制后都实行了非对称性规制。如在美国，政府对电报电话公司实行价格规制，而对其他新进入企业，在实质上没有规制，允许后进入者在收费上低于电报电话公司。非对称性规制的目的在于为竞争者之间创造公平的竞争环境，具体的办法很多，如对优势企业进行分拆，对优势企业各个事业部的会计分离等，以限制交叉补贴的运用机会。非对称性规制的出发点是创造公平对等的竞争条件，提高社会福利水平。但其运用的手段却是有悖于公平竞争和社会福利原则的。对此，很多经济学家已经提出了严厉批评。按照芝加哥学派的观点，反垄断法保护的是竞争，而不是竞争者。竞争性行为，就其本性而言，是要损害竞争对手的。所以，关键不在于看某种行为是否损害了竞争者或排斥竞争对手，而在于看它是否促进社会的经济效益。在最近几年美国司法部和法院对微软垄断案件的控诉中，经济学家也表现出同样的担心，其中一个重要原因就是证词往往都是竞争对手提供的。所以，对待非对称规制尤其是通过分拆垄断结构来实现非对称规制的做法，我国更要慎重起用。

（原文约8000字，发表于《经济与管理研究》2001年第6期）

文摘编辑：其实

论经济周期性波动的制度原因及政府的政策选择

张连城

[作者简介] 张连城，首都经贸大学经济系教授。

[内容提要] 本文对经济周期性波动的直接原因、制度原因及形成机制以及政府对此所能做的经济政策选择做了论述。

[关 键 词] 经济周期性波动；制度原因；政策选择。

一、中国经济的运行周期

中国是社会主义国家，按照传统的经济理论，中国不应当存在经济周期。但是，自从我国的所有制改造基本完成从而进入社会主义社会以后，经济的波动就从来没有停止过。如果依据波峰年计算周期的长度，从1958年到1992年的34年间，共完成了五个经济周期，周期的平均长度为6.8年；若依据波谷年计算周期的长度，从1961年到1999年的38年间，也已完成了五个经济周期，周期的平均长度为7.6年。显然，我国经济运行的周期性与朱格拉周期的时间特征已经相当吻合。

凯恩斯经济学把经济周期的原因归结为边际消费倾向递减、资本边际效率递减和流动偏好三大心理法则，尤其是把经济周期的根源归结为资本边际效率的崩溃和复苏；新古典综合派的代表人物萨缪尔森和希克斯等人把经济周期的出现归因为纯技术性因素，即乘数—加速数模型；而货币主义者如弗里德曼等人则把经济周期的原因归结为银行货币和信用的扩张与收缩；新古典宏观经济学派的经济学家们力图使人们相信，经济周期主要是由意料之外的因素造成的，因为宏观经济运行经常受一些“真实因素”的冲击，例如农业歉收、石油危机、还有战争、技术进步等等，其中最常见的波动源是技术冲击。目前在西方甚为流行的真实经济周期理论进一步表达了这一观点。

经济的周期性波动是植根于现代社会经济运行中的普遍现象，因此，无论是把之归结为人们的心理规律，还是归因于纯粹的技术性因素或是来自于社会经济运动过程外部的某些“真实”因素，都是不能令人信服的，也是不科学的。

二、经济周期性波动的直接原因和AD与AS的背离

如果从一个持续长的时间来看，任何一个国家的经济都是沿着一个特定的路径运行的，这个特定的路径即长期经济增长趋势。一个国家的长期经济增长趋势决定于长期总供给，而长期总供给的水平又是由生产要素的投入数量和效率决定的。由于上述决定长期总供给和长期经济增长趋势的因素都具有相对稳定性，因此，一个国家的长期经济增长趋势也必然具有相对稳定性。

虽然一个国家在一个持续长的时期内存在着一个相对稳定的经济增长趋势，但并不排除实际经济运行在短期内会偏离这个趋势，实际经济运行与长期经济增长趋势的偏离即为经济波动。并且，这种波动具有周期性，即经济周期。

实际总产出之所以会与潜在总产出不一致，是因为在短期内实际经济运行或实际总产出不决定于总供给，而是决定于包括消费需求、投资需求、政府支出和净出口在内的总需求。因此，实际经济运行与经济长期增长趋势相偏离即经济波动的直接原因应是总需求（AD）与总供给（AS）的不一致。

总需求与总供给的不一致可能有多方面的原因，例如类似于石油危机或农业歉收以及战争爆发等因素所形成的短期供给冲击和由于国际贸易环境恶化从而使出口骤然下降等因素所引起的需求冲击。虽然供给冲击和需求冲击能够说明总需求与总供给为什么不一致，但却无法说明这种不一致为什么具有周期性。因为短期的供给冲击和需求冲击并不具有周期性。而总需求与总供给的不一致亦即经济波动却具有明显的周期性。

三、经济周期性波动的制度原因和形成机制

总需求为什么具有不稳定性，从而周期性地与总供给发生偏离？这只能是经济制度本身的某些特点造成的。

实际上，经济周期既是与市场经济制度也是和计划经济制度相联系的现代社会的一种普遍的经济现象。但在不同的经济制度或经济体制下，经济周期的形成机制是不同的。在计划经济体制下，存在着这样一种机制，这种机制能够使经济每隔一段时间就自动地呈现出AD>AS即需求膨胀的状态，从而使实际产出高于潜在产出，出现产出正缺口。当经济运行至波峰出现过热状态从而使经济总量和经济结构出现严重失衡，以至经济的高增长不能持续下去的时候，经济就会进入衰退和萧条。即使政府不实行抑制经济过热的紧缩政策，这个过程迟早也会发生。经济的衰退和萧条实际上是对过热经济的一

种自行调整。当经济沉入谷底并在谷底运行一段时间，经过较充分的结构调整和能量积蓄以后，计划经济中固有的这种机制又会很快把经济重新推向复苏和繁荣，出现新一轮的需求膨胀和经济过热。

在市场经济中，存在着一种与计划经济机制不同的机制，这种机制不是自动地把经济首先推向需求膨胀和经济过热，而是把经济每隔一段时间就自动推进到 AD<AS 即有效需求不足的状态，使实际产出低于潜在产出，出现产出负缺口。当经济运行至波谷时，经济会呈现出过冷状态。在过冷状态下经过一段时间的结构调整和能量积蓄以后，经济就会缓慢地进入复苏和繁荣阶段。在这一过程中，即使政府不采用扩张性的经济政策对过冷的经济进行干预，经济的复苏实际上也会发生，只不过经济的复苏会更缓慢，人们所承受的社会成本会更高。当经济在繁荣阶段持续一段时间以后，市场经济中固有的机制又会重新把经济推向衰退和萧条，出现新一轮的需求不足和经济过冷。

计划经济和市场经济中存在的这两种对经济过程起不同作用的机制究竟是什么呢?

在计划经济体制下，公有制企业占有绝对统治的地位。无论是国家所有制企业，还是集体所有制企业，实质上都是“政府所有制”企业，它们不同程度地具有软预算约束的特点。在软预算约束的条件下，由于企业用于投资需求和消费需求的一切支出都不取决于企业的经营状况，因此企业中普遍存在着投资饥渴和消费攀比，强烈的投资饥渴和消费攀比势必会把整个社会的投资需求和消费需求推向膨胀状态，从而最终导致总需求膨胀和总供给短缺。当膨胀的总需求把经济运行拉向波峰时，由于资源短缺和结构失衡，经济运行迟早会进入衰退和萧条并沉入波谷。当经济在谷底运行一段时间，经过较为充分的结构调整之后，上述计划经济中固有的机制最终还会把经济重新推向复苏和繁荣，使经济再次呈现过热状态。如此循环不已，从而形成计划经济条件下以需求膨胀为特征的经济周期。

在以私有制为基础的市场经济条件下，企业都具有硬预算约束的特点。在企业硬预算约束的条件下，经济系统中存在着首先把经济推向过冷的机制。因为硬预算约束意味着企业必须自负盈亏并取得利润，才能够在市场经济中生存和发展。因此，追求利润最大化是企业的自然本能，企业对利润的追求必然会把工人的消费限制在一个相对狭小的范围之内。消费需求是一个经济社会的最终需求，因此消费需求不足必然会引致投资需求不足，并最终导致总需求不足，从而把经济推向衰退和萧条。当经济在谷底经过充分的调整和能量积蓄之后，经济最终会缓慢地进入复苏和繁荣。然而，企业追求利润的本能最终还会把经济重新推向总需求不足和经济过冷。如此循环不已，于是形成了市场经济条件下以有效需求不足为特征的经济周期。

在生产资料公有制的基础之上建立市场经济，其核心是建立硬预算约束的企业制度。社会主义市场经济制度下经济周期的形成机制与前述市场经济条件下经济周期的形成机制必定具有相同的特征。这就意味着，即使在社会主义公有制条件下，一旦建立起硬预算约束的企业制度，以有效需求不足为特征的经济周期也是不可避免的。1990 年和 1999 年以来我国经济两次运行至谷底所表现出来的产品过剩和劳动失业就已经证明了这一点。

四、政府的经济政策选择

任何一个国家的政府，都不可能消灭经济周期。在经济周期面前，政府所能做到的只能是运用经济政策“削峰填谷”，减小经济波动的幅度，以保持经济长期稳定的增长。因此必须对经济进行两个方面的调整：一是需求方面的调整，二是供给方面的调整。

就需求方面的调整而言，政府应主要运用总需求管理政策调节经济运行。一般地说，当产出出现正缺口时，政府就应运用紧缩性的经济政策抑制总需求；反之，当产出出现负缺口时，政府就应运用扩张性的经济政策刺激总需求，以实现经济的稳定增长。这应当是政府运用经济政策干预宏观经济运行的基本原则。就目前我国的经济运行而言，要使中国经济尽快地步入复苏，应当对我们现行的经济政策进行调整，把政策的重点放在增加消费需求、投资需求和净出口上面来。为此，我国当前应当更多地使用税收政策和货币政策来启动“三驾马车”，而不应当在增加政府支出方面一意孤行。

仅仅增加有效需求还不足以拉动经济增长，实现充分就业。有效需求不足的另一面是产品过剩，而要消除产品过剩，就需要进行供给结构的调整。供给结构的调整是使经济出现恢复性增长和推动经济长期增长的必要条件。假如没有供给结构的有效调整，政府运用经济政策刺激起来的国内需求就只能依靠增加进口来满足，两者相互抵消，从而使总需求不能有效增加；同时，投资需求的增加在未来形成新的生产能力后必然会导致新一轮的更加严重的产品过剩，这显然不利于经济的长期增长。

（原文约 9000 字，发表于《经济与管理研究》2002 年第 5 期）

文摘编辑：其实

关于国际货币体系改革的建议

叶春明 郑海青 孙 薇

[作者简介] 叶春明，河南财经学院财金系教授。
郑海青，复旦大学经济学院。
孙 薇，复旦大学经济学院。

[内容提要] 由发达国家主导安排的国际货币体系具有内在的不均衡性和明显的不平等性。在世界经济一体化浪潮的冲击下，这一货币体系的缺陷给发展中国家经济发展中的内外均衡带来了诸多不利的影响。在今后国际货币体系的改革中必须充分尊重和考虑发展中国家的利益和要求，以适应世界经济的全面发展。

[关 键 词] 国际货币体系；非均衡性；改革。

一、汇率制度的改革

在以浮动汇率制为主流的现行汇率制度下，钉住汇率制度实际上是发展中国家迫不得已的选择，越来越频繁发生的金融危机使得钉住汇率给发展中国家带来的风险越来越大，收益越来越小，而发展中国家又没有实力来避免由于实行浮动汇率制所带来的更大规模的汇率波动，由此陷入了汇率制度选择的困境。发展中国家要想从根本上摆脱这种困境，必须采取以下措施：

1. 加强“南南合作”，增强24国集团的作用。发展中国家要加强合作，特别是进一步加强货币合作，要加强对话，共同行动，在重大问题上缩小分歧，尽量取得共识。24国集团在二十多年来代表发展中国家就国际货币体系改革提出过计划和方案，但还不是一个组织严密、高度协调的货币合作组织。因此要进一步建立其组织机构，加强成员国相互协调，并扩大24国参与国，尽量增加发展中国家的筹码以便寻找对发展中国家有利的汇率制度改革。

2. 发展本国经济、增强自身实力。从根本上讲，发展中国家想增加在汇率制度改革方向的发言权，必须从发展本国经济和增强本国实力做起。如果发展中国家自身经济实力得到增强，经济发展水平相近，则联合起来的发展中国家在国际汇率改革过程中所起的作用就会大大加强。

3. 发展中国家应根据国际经济环境变化与本国经济需要妥善选择汇率制度。虽然现在的主流是浮动汇率制，浮动汇率存在着较多的优势，但多年的实践证明，相对稳定的浮动汇率制不仅是发展中国家的需要，而且对全球经济贸易的发展也是有利的。但并不是说每一个国家都必须实现浮动汇率制，不同的汇率制度各有优势，不能说哪一种制度适合每一个国家，所以发展中国家应根据国际经济形势的变化和本国的金融市场、本国政府的调控能力等条件来选择相应汇率制度，以改善在汇率制度的不利地位。

二、国际收支调节方面的改革

已经出现大量国际收支逆差的国家，要改变以往以引进短期资本来调节逆差的方式。从根本上来说，应改革发展中国家的经济发展政策和改变国际货币体系中有关国际收支逆差调节的非对称性。

1. 限制短期资本流入，减少债务风险。对发展中国家来说，国际收支逆差较大，往往通过引进短期资本来调节逆差。但短期资本流动具有很强的投机性，东南亚金融危机的爆发和短期资本的过量流入有密切的关系。所以发展中国家应对短期资本流入采取有效的监督和限制措施，以减少债务风险，保持金融的安全和稳定。

2. 继续发挥和改善IMF调节国际收支的作用。IMF自成立以来，一直把调节国际收支不平衡作为稳定国际货币体系重要一环，为此设立了多种贷款来满足会员国平衡其国际收支的要求。从发展中国家的实际情况来看，IMF所提供的贷款无法满足发展中国家调节国际收支逆差的需要。因此，IMF应增加对发达国家的筹资，以扩大对发展中国家的相应贷款。

3. 应改变收支逆差调节的不对称性。经济全球化的大潮把发达国家和发展中国家紧密地联系在一起。从当前的实际情况看，发展中国家股市、汇市的动荡，直接影响或诱发了发达国家的股市、汇市的动荡，发展中国家受金融冲击同时也使发达国家流出的总资本的安全性和盈利性受到了影响，甚至诱发债权、债务双危机，如印尼债务危机引发日本债权危机。所以，发达国家应认识到顺差逆差双方都应该担负起调节国际收支不平衡的责任，使调节责任分散化，促进全球金融秩序的稳定。

三、多种储备货币体制的改革

多种储备货币体系由于其储备货币由各国的国家货

币构成，储备货币的供应由不同国家的货币当局控制。各国通常根据本国经济发展的需要来调控货币供应量与国际储备的需求量之间往往存在着难以协调的矛盾。所以，这种分散的储备供应货币机制使各国相互协调不可能形成，那么，能否建立一种单一的储备货币体系来避免多元化国际储备货币体系带来的不稳定呢？

许多有远见卓识的国际经济学家早就断言：国际货币体系改革的最终结果必然是以某种形式为世界各国普遍接受的单一货币取代多种货币储备体系。因为只有这样才能从根本上彻底解决由国家货币作为储备资产的种种局限。现有的由各国共同创立的特别提款权（SDR）已在许多方面显示了强大的生命力和高效率。以SDR作为储备资产不仅可以杜绝多种货币储备体系带来的种种弊端，更重要的是能使国际货币兑换过程大为简化，而且其币值相对稳定，可以为世界经济的发展提供较有利的环境。以SDR为主要储备资产已取得了国际社会的共识，已越来越广泛运用于IMF会员国之间的交易和业务。由于放宽了会员国使用SDR的范围和逐步开放私人SDR计值的交易，进一步扩大了SDR的职能作用，SDR已在一定程度上发挥着特殊的“世界货币”的作用。

要使SDR体系取代多种货币储备体系，当务之急是扩大SDR的使用范围，使之成为可直接用于对外支付的交易媒介。首先，对于某些SDR限制使用和交易的法规应予废除，鼓励社会各方特别是私人部门扩大使用SDR。其次，必须增强SDR的流动性，为此，应该允许官方部门持有和使用SDR，可以建立SDR的远期市场，以促进其流动性。一旦SDR能在经济交易中自由广泛使用，它就能逐步过渡为法定货币，其定值方法也可从篮子货币的联系中摆脱出来，并由市场来决定其价值。IMF还可由此逐步具有世界中央银行的职能。最后，通过强制性资产结算规定，要求储备国货币国家以SDR换回本币，这就需要增加SDR数量，以抑制国际储备货币的数量增长，使其减少甚至退出储备货币的职能。

四、改革IMF的职能和作用

作为国际货币体系的重要载体，IMF应发挥其更重要的作用，但国际货币体系的不均衡决定了IMF职能的不平衡，因此需要对IMF进行广泛的改革，IMF改革可以包括以下几个方面：

1. IMF体制的改革。要改革不合理的份额制，IMF根据宪章规定，一国份额主要是由该国的经济规模决定的，份额制使美国作为IMF的主要股东而操纵IMF，所以IMF需要对份额制进行修订，更多地考虑一国国际收支状态来调整份额。但正是由于已形成的美国占绝对地位和经济规模决定份额的现状，发展中国家必须要发展本国经济实力，才能提高份额比例，才能加强发展中国家在IMF的地位，这还须一个很长的过程。

2. 贷款限制条件方面的改革。IMF应认真吸取近期发生的亚洲金融危机所带来的教训，充分考虑各国的特殊性情况确定他们应采纳的调整政策，在实施援助计划时，应改变短期内恢复受援国偿付能力并将它作为惟一目标的作法，而应将危机国中期内走出经济衰退的需要列入计划予以考虑，并把重点放在危机防范而不是补救上，从而使计划更宜于被受援国接受并能经受较长时间的考验，减少IMF与受援国不融洽状态。在这方面，IMF已经采取的一个改革方案便是1999年4月26日公布的新的备用信用限额法（CCL方案）。IMF允许成员国确定一个可以从IMF贷款的最高限额（通常为其份额的300%—500%），即在受到其他国家的经济萎缩的传播或国内经济萧条等未预期到的突发性冲击下出现国际收支困难时，可以向IMF贷款的最大限额。CCL方案为各国采取强有力的经济政策，IMF采取所规定各项国际标准，特别是加强处理能够引发金融危机的潜在的不稳定因素提供了激励机制，它使IMF能够从预防危机的角度出发而不是从危机发生的事后补救角度出发提供援助方案。

3. 加强信息透明度，建立全球资本流动的监测和预警机制。20世纪90年代以来发生的金融危机无一不与信息不充分和扭曲有着千丝万缕的联系。当成员国国际收支不断恶化，外债不断增加，外汇储备名不副实，国内经济增长出现泡沫时，IMF有义务对成员国及公众提出忠告，对其国内经济政策提供建设性的建议，并在其相应的出版物上反映这些信息，以便有关当事方警觉，作出正确的风险判断，这就要求各国公布更多的数据资料，并在更短的时间内公布最新的数据结果。还要公布借款方的数据资料和工业国的贷款机构的有关数据。

4. 加强IMF的合作协调作用。IMF在加强与成员国交流的同时，还应加强发展中国家与发达国家之间的协调，如在金融危机发生时，IMF应成为债务国和债权国之间诚实的中间人和有力的协调者，为两大对立集团十国集团和二十四国集团之间提供磋商协调的机会等等。

IMF应加强与其他组织之间的合作，比如与世界银行的合作。世界银行的项目援助是为成员国经济增长目的服务的，它的专家对财政政策和货币政策如何相结合才能促进经济增长可能比IMF专家通常只从货币这个角度考虑更有经验。IMF可通过与世界银行合作获得更有经验的分析和预测能力，以取长补短。

（原文约7000字，发表于《经济经纬》2002年第4期）

文摘编辑：其实

论我国银行不良资产对货币政策有效性的影响

周英章　金　戈　蒋振声

［作者简介］周英章，浙江大学管理学院博士研究生，主要研究货币金融、金融投资理论。
金　戈，浙江大学管理学院博士研究生，主要研究金融经济。
蒋振声，浙江大学管理学院教授，博士生导师，主要研究金融经济。

［内容提要］目前关于我国银行不良资产问题，人们更多是从金融风险角度来讨论其成因及化解等问题，而对于银行不良资产对货币政策有效性的影响则缺乏深入研究。从宏观经济总量角度看，我国银行不良资产的存在使市场化改革中的商业银行经营行为发生了变异，相应使商业银行作为主要传导中介的货币政策的实施效果受到严重影响和弱化。提高我国货币政策的有效性，强化宏观金融的调控效率，应充分考虑巨额银行不良资产所产生的消极影响，并采取相应的对策。

［关键词］银行；不良资产；货币政策；有效性。

一、我国银行不良资产的规模和成因

由于国有商业银行是中国货币政策传导机制的主导渠道，其不良资产构成了我国银行不良资产的最重要组成部分。本文重点研究国有商业银行的不良资产及相关问题。由于会计制度、账务处理、统计口径等方面的原因，目前还很难准确掌握全国商业银行体系所存在的银行不良资产规模。按照我国传统的“一逾两呆”（逾期、呆滞、呆账）统计，我国商业银行的银行不良资产数额是非常大的，而如果按照国际通行的五级风险资产分类办法，中国金融体系的不良资产数额将更大。据美林公司估计，1998年中国四大国有商业银行的平均坏账比率为29%，J.P. 摩根银行的估计数为36%。巨额银行不良资产使我国的商业银行背上了沉重的包袱。

我国商业银行的巨额不良资产是多年来逐步积累的结果。银行不良资产的成因很复杂，相关因素很多，但一般可以概括为三个方面：一是政策因素，如原有投资体制的弊端，地方政府对金融机构的行政干预等；二是银行因素，如银行在信贷管理上的内控机制不健全，缺乏必要的风险约束机制等；三是企业因素，如企业的投资决策失误造成的大面积亏损，企业改制过程中银行债务的悬空和逃废等。实际上，这些造成银行不良资产的原因常常是密切相关、共同作用的。从本质上看，国有商业银行的银行不良资产主要是由于对国有企业发放的带有隐性财政补贴性质的贷款造成的。随着20世纪90年代初国内由卖方市场向买方市场的转化，国有企业出现大面积亏损，在企业高负债和软预算约束的制度环境下，企业的亏损便直接转化为银行的不良资产。而90年代后期国内需求明显不足，国有企业的经营陷入了困境，不断迅速增加的巨额银行不良资产已逐渐成为我国银行业面临的严峻挑战。

二、不良金融资产对商业银行经营行为的影响

一般而言，银行经营行为的明显变异主要体现在四个方面：

第一，商业银行为保持足够的资本充足率将收缩信贷。由于1998年中国人民银行取消了对商业银行的贷款规模管理办法，取而代之以资产负债比例管理，因此银行经营行为的变化可以通过资产负债比率的变化来说明。随着金融体制市场化改革的不断深入，商业银行为保持足够的资本充足率，不良资产将迫使银行改变经营行为，引发其他不正常的资金占用，占用了银行本来可以投放的信贷资金，进一步缩小了可用的资金余额。银行经营行为由以前的过度放贷转为收缩信贷，客观上起到了紧缩的作用。

第二，商业银行扩大利差的动机增强。利差是我国银行体系的重要利润来源，平均占90%以上。巨额银行不良资产的存在，严重影响了银行的收益能力，为了维持银行正常的运转，就必须努力扩大利差来增加收益，以使银行在账面上恢复赢利。利差扩大表现为存款利息偏低而贷款利率偏高。前者会抑制银行存款储蓄的正常增长，后者必然会使企业投资的成本提高，阻碍了储蓄向投资转化的效率。虽然我国目前还存在着利率管制，利率尚没有市场化，但银行会在紧缩信贷的同时尽可能在浮动范围内提高企业贷款的成本。

第三，银行在必要的流动性压力下过度依赖新增存款。银行不良资产的居高不下，相应引发或者伴随着其他的不正常的资金占用，银行需要从社会吸收更多的资金来维持正常的流动性，否则就会发生严重的支付危机。目前我国银行的自有资本金，向央行借款，中介业务收

入等资金来源规模较小，而存款构成了银行增加流动性的最重要途径。实际上，目前我国商业银行为招揽存款进行的激烈竞争并不仅仅是为了拓展业务领域，而是为了通过新增存款来维持起码的流动性。

第四，商业银行的超额准备金将大幅增加。商业银行在不良资产不断扩大时，大量银行不良资产的存在将降低银行资产的流动性，在支付风险不断增大的情况下，银行不得不增加超额准备金以预防储户的大量提款。因此商业银行为保持一定的流动性还将被迫大幅增加超额准备金。

三、银行不良资产对货币政策有效性的消极影响

我国商业银行是货币政策赖以实现的主要传导途径，健全的货币政策传导机制是实现货币政策最终目标的前提和关键 。但目前我国商业银行的巨额不良资产已对其正常的经营行为产生重大影响，使货币政策的正常传导机制受到扭曲和阻碍。总的来看，银行不良资产对货币政策有效性的消极影响主要体现在四个方面：

第一，降低了扩张性货币政策的实施效果。1996 年以来，中国宏观经济进入了需求不足的阶段，中央银行出台了一系列刺激经济增长的货币政策，如先后 7 次降低存贷款利率，在合并法定准备金和备付金账户的基础上两次大幅度降低存款准备金率，大力开展公开市场操作等，积极引导金融机构调整信贷结构。但扩张型货币政策的实施效果并不明显。原因是多方面的，其中商业银行的不良资产实际上已构成了我国货币政策有效性不足的重要原因。在许多情况下，银行不良资产所具有的紧缩信贷作用使中央银行刺激经济增长的努力大打折扣，预期的政策目标与现实调控效果之间的偏差明显扩大。如虽然在 1997 年后中央银行适当增加货币供应量，但 1998—2000 年的贷款增长速度仅为 15.5%、12.4%、13.4%，呈现下降趋势。

第二，使货币政策的中介目标失效。货币政策的中介目标是中央银行设置的可供观测和调整的指标，是实现货币政策最终目标的中间性或传导性金融变量。要使中介目标能有效反映货币政策的效果，要求中央银行选择的中介目标必须与货币政策最终目标具有极为密切的联系，中间变量的变动能对最终目标起到显著影响和牵制作用，货币政策中介目标的选择与经济发展的主要矛盾密切相关。为实现我国“保持币值稳定并以此促进经济增长”的货币政策最终目标，我国从 1994 年逐步将货币政策中介目标由贷款规模转为货币供应量，一般选择 M_2 作为我国货币政策中介目标。但从 1996 年至 2000 年，我国 M_2 增长速度持续下降，分别增长 25.3%、17.4%、12.3%，这与我国货币政策调控目标远远不一致。同时，对 M_2 与物价波动的月度数据相关性检验表明，其相关系数分别为 0.78、0.74、0.68 和 0.59，与经济增长的月度数据相关系数分别为 0.83、0.79、0.81 和 0.75，相关性低且不稳定。

对以上 M_2 作为中介目标失效的可能解释是，我国商业银行沉淀的巨额不良资产限制了银行通过增加贷款扩大货币供应的渠道和能力，从而限制了派生存款的增长。同时，银行不良资产的紧缩效应也导致相应的居民消费和企业投资需求不足，从而制约了货币供应增长。因此国内学者对 M_2 作为货币政策中介目标的可行性提出了怀疑，有的学者甚至提出应该用 M_3 或其他变量作为货币政策的中介目标。实际上，即使用 M_3 或其他变量作为中介目标，如果银行不良资产对货币政策有效性的影响不能消除，M_3 或其他变量作为中介目标仍然不能排除信息失真的可能。

第三，货币乘数不稳定。商业银行由于不良资产比率过高而发生的经营行为变化，通过银行调整存贷比和准备金等变化对货币乘数产生影响，使货币政策有效性降低。近年我国银行的存款大于贷款即存差的比例不断扩大，其原因除了由于银行惜贷使贷款增长低于存款增长幅度外，还与商业银行的超额准备金增加有关。从微观看，银行增加超额储备的行为是商业银行市场化改革的必然结果，有利于提高防范金融风险的能力。但在宏观上，超额准备金的增加必然会引起货币乘数的下降，长期内超额储备增加可能使央行通过降低法定准备金来增加货币供给的货币政策失去效力，而且货币沉陷在金融系统内而不进入流通，也是导致货币流通速度下降的原因之一。中国近年来由于准备金制度改革和基础货币投放途径的变化，货币乘数的变动缺乏规则性，但货币流通速度的下降趋势却十分明显。货币乘数的不稳定增加了中央银行的货币政策调控难度。

第四，干扰了基础货币的正常投放，存在潜在的通货膨胀风险。商业银行大量的不良资产不仅影响商业银行自身的正常经营，还隐含较大的宏观金融风险。随着不良资产比重上升，银行抗击风险的能力下降，中央银行为了确保社会安定和金融稳定，不得不发挥最后贷款人的作用，被迫增加货币供应，化解支付危机。因此，银行不良资产的产生客观上会倒逼中央银行发放再贷款，投放基础货币，即产生所谓“金融倒逼机制”。如 2000 年中央银行共发放再贷款达 2860 亿元，其中给四大资产管理公司再贷款 1745 亿元。但基础货币投放多容易引发严重的通货膨胀，威胁着货币政策最终目标的实现。

四、提高中国货币政策有效性的政策建议

要强化货币政策的有效性，提高我国宏观金融对经济的调控效率，应充分考虑巨额银行不良资产所产生的消极影响，并采取相应的对策。

第一，中央银行在着力调节货币供给以促进经济增长时，应充分考虑到商业银行市场化程度提高后银行不良资产对其行为目标和方式的影响。由于我国商业银行系统普遍存在着资产质量不高，潜在风险大的问题，在实际资产经营活动中商业银行的经营行为发生了重大变异。一般商业银行对信用扩张采取了更加审慎的态度，

银行惜贷现象比较普遍，形成了货币供给的自动收缩机制，这在一定程度上会降低货币政策有效性。中央银行在继续加强对商业银行风险监管的同时，应尽快采取措施降低不良资产在银行资产中的比例，扩大商业银行的信贷意愿。

第二，发展资本市场、货币市场和中小金融机构，为企业特别是受银行信贷紧缩影响最大的中小企业开辟更多的融资渠道。中国金融体系存在着结构性缺陷，即金融市场不发达，银行是储蓄转化为投资的主要中介，经济增长对银行信用的依赖过大，缺乏必要的多种融资替代途径。企业尤其是国有企业的融资渠道单一化，使企业的经营风险易于向银行体系转移。在某种程度上可以认为，信用过分集中于银行就是银行不良资产的产生根源。因此，扩大信用渠道有助于消除信用过度集中于银行带来的弊端，改变国有企业和国有银行之间的行政性的资金供给关系，从而增强货币政策的实施效果。

第三，加快商业银行和金融体制的市场化改革，为货币政策的实施和操作提供微观基础和制度保障。目前我国商业银行在市场化改革中信贷收缩的主要目的是加强自我约束以逐步消除金融风险。虽然从短期看信贷收缩不利于刺激经济增长，但从金融体制改革的长期角度看，银行的惜贷行为是一种好现象，它表明银行的市场约束和风险意识在增强，经营机制开始发生转变。这种由于银行不良资产所引起的货币政策有效性降低，是我国为消除沉淀在金融体系中的不良资产所必然付出的一种代价。可以说，目前在我国金融体系面临巨额不良资产压力的条件下，货币政策的效果受到一定限制具有逻辑必然性，不能因此而否定银行市场化改革的方向。

第四，尽快果断处理银行不良资产。在某种程度上银行不良资产与货币政策的低效之间存在着一种恶性循环的因果关系：在宏观经济不景气时期，企业经营效益下滑，由于债务关联效应使企业向银行转嫁的不良资产也就相应增加；而银行不良资产的增加又会产生明显的信贷紧缩效应，使宏观经济陷入长期不景气阶段。因此处理我国的银行不良资产具有紧迫性，一方面应尽快处理银行不良资产的存量部分，方法可以有多种，如由四大资产管理公司对银行不良资产进行政策性剥离等；另一方面要防止产生新的银行不良资产，关键是硬化国有银行与国有企业之间的财务约束。

第五，宏观经济调控应由财政政策与货币政策密切配合。我国的银行不良资产是多年积累下来的，化解存量银行不良资产已是一项繁重的任务，而新的增量不良资产可能还在不断产生之中，有效化解和控制银行不良资产不是短期内所能顺利完成的任务。在银行不良资产问题得到解决之前，不能对货币政策刺激经济增长的效果寄予过高的期望。财政政策则相对具有明显的优势，因此在通过货币政策和财政政策配合以降低银行不良资产的同时，未来几年应充分发挥积极的财政政策刺激经济增长的关键作用。

第六，货币政策工具之间应注意互补协调，防范由于央行过度投放基础货币而造成的潜在通货膨胀风险。为实现金融稳定，避免出现金融动荡，中央银行会通过再贷款支持商业银行解决不良资产造成的流动性不足问题。但为避免由于基础货币投放增多而造成的潜在通货膨胀风险，中央银行有必要通过其他方式如再贴现、公开市场等进行对冲操作，削弱可能发生的通货膨胀风险。

（原文约 5000 字，发表于《中国流通经济》2002 年第 2 期）

文摘编辑：其实

亚洲金融危机五年后看人民币汇率保持稳定的原因
——人民币币值与中国进出口贸易关系的分析

徐康宁 施海洋

[作者简介] 徐康宁，东南大学经济管理学院教授，博士，研究方向：经济贸易理论、金融学。
施海洋，深圳华为公司市场部。

[内容提要] 本文从人民币币值与中国外贸关系的角度，揭示出在亚洲金融危机后人民币汇率保持稳定的基本原因。这种分析对于类似的国际经济与金融波动同样合适。

[关 键 词] 金融危机；汇率；马歇尔—勒纳条件；外贸特征。

一、马歇尔—勒纳条件与中国外贸特征和环境

虽然经济学一般原理认为，通过本币贬值可以增加出口数量，同时减少进口数量。但是由于进出口价格弹性的影响，本币贬值对经济项目的作用常常是不确定的。著名的马歇尔—勒纳条件指出：当进出口需求的相对价格弹性之和大于1，而经常项目最初余额为零时，实际货币贬值可以带来经济项目盈余（经济项目最初余额不为零时情况会复杂得多）。该条件的基本含义是在其他情况不变时，如果进出口对实际汇率有足够的弹性的话，实际贬值将有利于经常账户的改善。这一条件要求外国需求者对本国出口品的价格和本国需求者对进口品的价格比较敏感。因为只有在市场调节为主的国家里，进出口需求量才主要是根据价格来确定：只有贸易小国面临的国际需求曲线和国际供给曲线才是比较平缓的，亦即价格需求弹性较大。所以，马歇尔—勒纳条件暗含着两个前提：一是本国经济中市场的作用是主要的，二是采取贬值的国家应是贸易小国，尤其是出口小国。

一般认为，随着中国经济市场化进程逐步深入，市场体制、汇率调节的作用越来越大，许多专家主张用人民币贬值的办法来克服出口增长遇到的困难。但是，中国市场化进程的深入并不意味其经济范式就一定越来越符合马歇尔—勒纳条件。一国的进出口价格弹性还受外部经济环境变化的影响，人民币贬值对中国外贸出口的促进作用的发挥还有赖于国际市场的增长，贬值能否带来预期的效果，还得看外部市场能否吸收由此带来的出口增加量。只有当世界市场能有效吸收这种增量，且该商品的国际市场价格不因这种出口增加而变化时，贬值的促进出口作用才能充分发挥出来。中国前几次人民币贬值有良好的外部环境，所以能够成功地促进出口增长。当时的背景是世界经济、尤其是亚洲地区经济增长迅速，国际市场需求旺盛，中国货币贬值带来的出口增加较容易被国际市场消化。由于20世纪90年代初西方发达国家经济状况不好，1989—1990年的人民币贬值对中国外贸出口的促进作用比其他几次就要小许多。

这里我们重点对比亚洲金融危机前后与1994年前后中国所处的国际经济环境，分析亚洲金融危机后人民币贬值效应所受的外部环境制约。就中国实际情况而言，运用马歇尔—勒纳条件分析人民币贬值对经常账户的影响，更现实的是看它能在多大程度上带动出口的增长，而不是对进口的限制。1994年以前的3年内，发达资本主义国家经济逐步走出低谷，摆脱缓慢增长的阴影，经济前景趋于明朗，世界经济增长速度从1991年的1.8%逐年上升到1994年的4.1%。亚洲经济处于持续高涨阶段，1992—1994年其经济增长率保持在9.5%左右。这就奠定了世界进口需求增长的良好基础。在世界经济回升和亚洲经济高涨的背景下，中国1994年的人民币贬值非常有效地刺激了出口增长，当年外贸出口剧增31.9%，次年又保持了22.9%的高增长速度。

亚洲金融危机后，中国的主要出口贸易伙伴韩国、日本、香港及东盟国家的经济在1997年和1998年出现较大幅度下滑，甚至出现严重的倒退。日本、香港、韩国的经济1998年分别负增长2.8%、5.1%和5.5%，同期泰国、印尼和马来西亚等东盟国家经济也大幅度地倒退，导致1998年中国对亚洲地区的出口下降10%，中国对亚洲的出口占全部出口的比重也由1996、1997年的60%和60.6%下降到1998年的53.5%。可见，亚洲地区主要出口贸易伙伴的经济下滑，是抑制中国出口增长的最主要原因。

所以，亚洲金融危机之后，国际市场尤其是亚洲市场对中国出口商品的需求受制于其本身的经济状况，中国出口商品的需求价格弹性比1993—1994年时要小得多。此时，纵然人民币大幅度贬值也难于引起中国出口的较大幅增长。

二、金融危机后人民币币值稳定与中国外贸结构

亚洲金融危机后人民币币值保持相当的稳定，没有出现一些舆论预期的贬值，这与中国政府力图稳定币值

的决心有很大的关系，而这种汇率政策的实施，在很大程度上又与中国的外贸结构有密切的内在联系。

先看出口商品结构。中国的外贸出口有这样的一个特点：一方面，在许多劳动密集型产品上与受金融危机冲击的主要国家和地区之间存在着较强的竞争性，争夺相类似的市场；另一方面，中国又以这些危机国家和地区为最主要的出口贸易伙伴，在进出口贸易上有较大的互补性，相互的依赖程度较高。

马歇尔—勒纳条件的暗含前提之一是货币贬值国应是贸易小国，其出口量较小，不足以影响国际市场上该商品的供给规模，不致把竞争国家（或地区）的产品“挤出”市场，而出口大国容易对出口结构相类似的竞争小国产生较强的“挤出效应”。如果受到“挤出”影响的国家是出口导向型的，而且货币贬值国对其市场有较大依赖度，这种“挤出”就会通过经济传递反过来影响货币贬值国的出口，从而诱发货币贬值国的长期“出口受阻威胁”。

再看贸易方式的制约。目前，中国外贸结构中另一显著的特点就是加工贸易占有相当大的比重，同过去形成很大的反差，起初加工贸易在中国进出口贸易中的比重呈直线上升趋势，直到亚洲金融危机前后，加工贸易出口的比重才开始稳定在55%左右，加工贸易进口的比重则接近50%左右。

一般而言，以生产出口品为目的的进口部分越多，货币贬值对进出口贸易的促进作用就越受到限制。因为，虽然人民币贬值可以通过降低出口商品的相对价格，以提高中国出口商品的价格竞争力，但是这也增加了进口原材料等生产资料的进口成本，使加工贸易的出口成本提高，结果从另一方面削弱其价格竞争力。因此，对于加工贸易出口而言，人民币贬值降低相对价格的作用主要发挥在中国境内的增值部分，而中国加工贸易属于“粗加工”，附加值比较低，所以在加工贸易比重较大的情况下，人民币贬值对出口的影响要小很多。

另一方面，对于加工贸易来说，如果贬值减少原材料进口，一般也会引起出口数量的减少。而如果占全国出口总额一半以上的加工贸易出口如果出了问题，势必造成我国外贸出口大幅滑坡。所以，亚洲金融危机之后，货币贬值促进出口、抑制进口的作用也受到中国出口商品结构和贸易方式结构的制约，难于像过去那样有效地发挥出来，这为人民币币值稳定提供了另一条理由。

三、人民币币值稳定的其他原因

除了前述的出口价格弹性变小、外贸结构变化等因素外，还有许多其他因素促使人民币汇率能够在亚洲金融危机后数年内保持稳定。

第一，1997年以来，中国的通货膨胀率较低，真实利率水平较高，而且对外贸易保持较大的顺差，资本项目也一直保持较大的净流入，1997和1998两年的“双顺差”总和都接近900亿美元。因而，人民币实际汇率与均衡汇率基本吻合，人民币并不存在明显高估。所以，从汇率决定理论来看，人民币并不面临所谓的贬值压力。同时，中国资本项目仍未放开，采取有管制的浮动汇率政策，从某种意义上减小了亚洲金融危机对中国的冲击作用。

第二，货币贬值刺激出口有个时滞效应，称为“J曲线效应”。货币贬值的初期，国内企业对汇率变动还没做出反应时，出口不能立刻增加，而进口也不能立刻减少，但原有的进出口合同还要执行。这时，出口收汇还没有增加，而进口付汇反而增加，有可能暂时带来经常项目的恶化。根据东南亚国家的情况看，其货币贬值并没有带来预期的出口猛增。事实上，这些地区1997年货币贬值的效用到1998年下半年才逐步显现出来。

第三，人民币汇率稳定的条件下，可通过其他财政、货币政策（比如出口退税、出口信贷、市场多元化等）的作用，以保证外贸出口的增长。而且与货币贬值相比，这些替代政策发挥作用的时滞更短，相对容易较快地刺激出口增长。

第四，人民币贬值对吸引外资的促进作用很小。

第五，如果亚洲金融危机后人民币汇率下调，有可能对港币汇率和香港经济产生不利影响。

第六，人民币大幅度贬值，可能会产生（至少要承受）国民经济运行波动不稳的风险，因而不大符合政策取向标准。从政治和社会因素来看，人民币的大幅贬值也是不合时宜的。

五、结束语

关于人民币汇率能够保持稳定的多因素分析，特别是与中国外贸特征的内在关系，同样适用于外部市场与环境变化的其他情况。只要中国的经济能够保持稳定增长，中国的进出口贸易特征不加以改变，世界上的主要货币——美元、欧元、日元不出现普遍性的大幅贬值，或三种货币中之一种没有贬值到一个过分低的水平，人民币汇率都有稳定的基础和必要，除非中国国内的货币政策取向自有改变。

同时需要指出的是，保持人民币币值的稳定并不是没有困难的，实际上也付出了一定的代价和成本。从目前情况看，中国人民币汇率的浮动区间显得过小，从长远来看，应该适当扩大人民币汇率的浮动区间，以实行更加稳妥和更具应变能力的汇率政策，采用一个能及时对市场变动作出积极反应的、更有弹性的汇率机制。

（原文约8000字，发表于《东南大学学报》哲社版2002年第3期）

文摘编辑：其实

反思通货紧缩

刘迎秋

[作者简介] 刘迎秋，中国社会科学院科研局副局长，研究员，经济学博士。

[内容提要] 本文对我国持续数年的通货紧缩的深层原因和主要原因做了分析。

[关 键 词] 反思；通货紧缩。

一、融资收缩是通货紧缩的系统性基础

根据我们对大量统计资料的分析，当前我国经济运行中所发生的通货紧缩是与融资收缩紧密联系的。融资收缩是通货紧缩的系统性基础。在微观主体对国民经济运行前景看淡、其不景气预期也还继续加强的情况下，他们主动抑制自己的投资冲动、降低自己的信贷要求、收缩自己的融资行为，不仅是应当的和理性的，而且是必然的。从1996年5月1日开始，到1999年6月10日，中央银行先后7次降低金融机构法定存贷款利率，但企业并未因此而增加贷款需求。原因何在？一是因为民众的通货膨胀预期极低、通货紧缩预期较高，“买涨不买落”心理较强，推迟近期消费倾向明显。二是因为企业的投资收益预期下降，“多投多赔”的心理较盛，延迟现期投资倾向较为普遍。第三条则可能是由于贷款利率下调的幅度还嫌小了一点儿，特别是中央银行法定准备金利率还是偏高了一点儿，在客观上造成了企业仍然贷不起款、商业银行仍然不愿意放贷而宁愿将钱存到中央银行的倾向。

二、政策搭配不当是通货紧缩的政策性基础

货币政策和财政政策是短期宏观调控的主要政策手段。这两大政策的合理搭配是实现短期宏观调控的主要形式。近年来，为充分发挥两大政策对宏观经济的调控作用，我国政府、特别是中央政府还是进行了许多有益尝试。但同时也应看到，两大政策的搭配仍有不尽如人意、从而影响政策效率的地方。

首先，两大政策之间存在大量掣肘。在这方面，较为突出的问题是，作用方向极不相同的政策措施被同时使用，从而造成了宏观政策操作力度虽然不小，但作用程度却非常有限的结果。在这方面，一个典型问题，就是中央银行法定准备金利率偏高、银行贷款利率过高。这“两高”是从深层限制企业扩大支出（即投资）、造成财政投资“孤军作战”、民间投资启而不动局面的一个重要原因。当然，不能排除企业的投资收益预期下降，从而企业贷款需求不足对投资需求不足的影响，但更重要的一个问题是政策间的掣肘。

其次，两大政策内部也还存在一些不协调的问题。例如，在启动内需的大背景下，我们不仅需要有一个积极的财政支出政策，还要有一个积极的财政收入政策。然而，在实际操作过程中，我国却出现了财政支出是积极的和扩张性的，财政收入却是消极的和紧缩性的。两者的作用明显不对称。至于货币政策内部，同样存在类似的掣肘问题。存款利率以二倍以上的幅度下调，贷款利率仅以一倍的幅度下调，虽然方向上没有问题，但力度及其对市场的影响上却明显不同。存款利率持续大幅度下调，有助于挤出储蓄、增加消费需求；贷款利率小幅度下调，则不利于刺激企业增加贷款需求。这就是为什么在实行积极的货币政策的情况下，存贷差反而迅速扩大的一个重要原因，也是积极货币政策的积极作用极为有限的一个基本原因。

最后，还存在一些其他经济政策不协调的问题。如产业政策与就业政策不协调、就业政策与收入分配政策不协调等等。政策不协调，既是政策理论水平和操作水平还不够高的表现，也是现阶段国民经济运行存在较多易变性的一个必然结果，同时也是近年来我国持续性通货紧缩的政策性基础。

三、体制转轨是通货紧缩的制度性基础

我国目前出现的通货紧缩，既与前述经济方面的和政策方面的原因有关，也与体制转轨密不可分。

一方面，体制转轨改变了国民经济运行的传统联系方式。传统经济时代的“扩张冲动”顽症，在经济体制转向市场经济后消失或基本消失了。投资者投资不是取决于政府有什么偏好，而是取决于投资的未来收益率高低。如果投资者对投资前景普遍不看好，即投资的预期收益率下降，那么，作为市场行为主体的企业和个人就不会轻易做出投资决策，从而形成前面已经分析过的所谓“融资收缩”。

另一方面，体制转轨还造成了人们对未来前景不确定的预期。职工下岗、干部分流、就业制度和养老保险、医疗保险制度的改革陆续提到日程，并且都直接关系到

民众个人的生存性收入与支出的状况。在这种情况下，人们在手头持有一定数量资金的倾向必然上升，节制甚至推迟近期消费以防不测的偏好必然加重。于是，本来就表现为供给大于需求的货币，现在会变得更加供大于求；本来已经收缩的投资和消费，现在会变得更加收缩。

四、发展阶段转换和增长方式转变是通货紧缩发生的重要条件

经济发展阶段转换与经济增长方式改变是紧密联系在一起的。经济结构大调整是这一时期的首要任务和发展主线。结构调整的基本方向就是使经济增长方式更迅速地从粗放转向集约。

首先，经过二十多年的发展，我国经济已经基本上走完了超高增长过程，进入了一个持续的次高增长阶段。国民经济次高增长阶段的一个基本特征，是经济增长质量的提高将全面代替经济增长数量的扩张。虽然经济增长质量的提高同样离不开各项投入，但是，相对于经济增长数量扩张而言，它所要求的投入结构是不同的。在技术的酝酿、培育、找寻期间，资金的需求会更少。这就在客观上形成了投资主体融资要求下降的倾向。一旦这种现象普遍化，融资收缩就会成为通货紧缩的一个重要原因。

其次，伴随次高增长阶段的到来，粗放的经济增长方式向集约的经济增长方式转变也已全面提到日程。集约经济增长方式的一个突出特点，是投资者特别注重投资效率，尽可能避免一切无效率投资。由此导致的一个必然结果就是经济增长方式的集约化和投资需求的高质量化。“不见兔子不撒鹰”，“有钱花在刀刃上”，必然成为人们普遍的和理性的选择。在这种情况下，由外部环境影响而出现融资收缩，再由这种收缩导致通货紧缩，也就是自然而然的事情了。

当然，这里所说的行为收缩，总是以预算硬约束为前提的。如果预算约束是软的，企业可以任意申请贷款但不用到期负还款的责任，如果银行可以完全不管贷款质量与风险，那么，即使是在国民经济的次高增长阶段，投资主体也不会减少对任何形式的“免费午餐”的需求。这样，不仅没有融资收缩，而且也不会发生通货紧缩。

五、外部冲击促成了通货紧缩局面的形成

毫无疑问，任何事物的变化都是内因发生作用的结果。但是，这并不意味着外因毫无意义。特别是我国目前发生的这次通货紧缩，其原因不仅来自于内部，同时也有外部冲击的影响。特别是1997年7月东南亚金融危机爆发后，爆发危机国家的货币的大幅度贬值，对我国货币币值的影响。

（原文5800字，发表于《新视野》2001年第1期）

文摘编辑：其实

权钱交易的政治经济学分析

蒋学模

[作者简介] 蒋学模，上海复旦大学经济学院教授，博士生导师，国务院学科评审组成员。

[内容提要] 本文对我国改革开放以来经济生活中出现并有蔓延之势的权钱交易做了政治经济学的理论剖析。

[关 键 词] 计划经济；市场经济；权钱交易；政治经济学。

按照马克思主义政治经济学的传统观点，社会主义劳动是不受剥削的劳动，是排斥以任何形式去侵占他人劳动的。其实不然，我国改革开放前盛行的平均主义、大锅饭体制，就隐含着一种对他人劳动的侵占。陈云同志曾指出："平均主义'大锅饭'实质上也是不干活的人占有干活的人的劳动成果。"在传统的计划经济体制转变为社会主义市场经济体制的过程中，原先那种以平均主义形式出现的侵占他人劳动的形式逐渐隐退，而另一种侵占他人劳动的形式，即权钱交易的形式则勃然突起，且有越演越烈之势。为什么说权钱交易也是一种对他人劳动的侵占？它与平均主义有什么不同？为什么在高度集权的计划经济体制下权钱交易不十分被人注意？权钱交易的危害性是极其巨大的，需要创造什么样的条件才能刹住这股歪风呢？

权钱交易，正如字面所表明的，是一种特殊的交易行为。同货币相交换的，不是一般的商品和服务，而是"权力"。交易的一方付出金钱，购买的是某种权力所能给购买者带来的好处。出卖方作为商品出卖的，来自各级立法、司法、行政和经济管理机构，包括用人权和各种各样的权力，是可以使购买方获得十倍、百倍于所付代价的好处的。这种权钱交易由来已久，封建社会有，资本主义社会有，社会主义社会，作为经济上、精神上、道德上带有旧社会痕迹的共产主义社会第一阶段，也不可避免地存在这种现象。在我国社会主义初级阶段，权钱交易更是难以避免的。

权钱交易和平均主义都会造成侵占他人劳动成果，但两者有着本质差别。分配制度中的平均主义产生对他人劳动成果的侵占，是懒惰的人侵占勤奋的人的劳动成果，属于劳动人民内部的矛盾，涉及的是公平或不公平的问题。权钱交易导致国家财产或集体财产的流失，是损公肥己，触犯刑法的问题。而且，权钱交易这种对公有财产的损害，其后果比赤裸裸的贪污盗窃更为严重。贪污一百万，只有财产损失一百万。权钱交易中接受贿赂一百万，公有财产的损失往往是几百万、几千万甚至几亿。

权钱交易在高度集中的计划经济体制下不很突出，在由计划经济体制向市场经济体制转变的过程中开始蔓延，而且道高一尺，魔高一丈，尽管打击的力度越来越大，却有越演越烈之势。这又是为什么呢？这是因为，在权钱交易中，出钱买权得好处的一方必然是私人，或者至少是集团。在高度集中的计划经济体制下，个人不得开厂、经商、买地、建房，一切经济活动，除了个人消费行为，都是公对公，而且，在国有经济领域实行统收统支，连企业的小集体利益都是不存在的。在公对公的领域内，权钱交易是不大可能发生的。

在计划经济向市场经济转轨的过程中，一方面，出现了大量个体经济、私营经济等非公有制经济；另一方面，在经济改革过程中，要求国有企业成为自主经营、自负盈亏、自我发展、自我约束的法人实体和市场竞争主体；同时，在转轨过程中，国家机构不仅必须保持对国民经济宏观调控的权力，而且原先计划经济体制下各种经济管理机构对企来微观活动的管理权力，也不是一下子全部取消，而是逐步放开的。这样，国家管理机构中某些掌握权力的人同某些私营企业主、外商、承包商之间的权钱交易，就有了产生的条件，并在一定情况下滋生蔓延开来了。

在社会主义社会中，掌权的干部搞权钱交易的只是极少数人，但是极少数干部以权谋私、权钱交易、贪赃枉法等腐败行为，对社会主义事业却有极大的腐蚀作用。中共十五大指出："反对腐败是关系党和国家生死存亡的严重政治斗争。我们党是任何敌人都压不倒、摧不垮的。堡垒最容易从内部攻破，绝不能自己毁掉自己。如果腐败得不到有效惩治，党就会丧失人民群众的信任和支持。在整个改革开放过程中都要反对腐败，警钟长鸣。"党对于惩治权钱交易的决心是坚定的，问题是通过什么有效途径来对付权钱交易呢？

在我国社会主义初级阶段，权钱交易是在由计划经济向市场经济转轨的过程中产生和蔓延的。对付方法，就是充分发挥市场调节的作用，使权力经济让位于市场经济。这就是说，在微观经济领域，政府行政机构的权力应缩减到最小限度。原来计划经济体制下通过行政机构来调节、审批、考核的项目，放手让市场机制来发挥作用。行政机构手中丧失了管理企业微观活动的权力，就从源头上杜绝了权钱交易。政府手中主要保留宏观调控的权力，而宏观调控是在面上发挥作用，不是针对某一企业或某一个人的，这就大大限制了权钱交易的可能性。用充分发展市场经济来遏制由于实行市场经济而蔓延开来的权钱交易，这正是经济生活本身的辩证法。

权钱交易的彻底消灭，只有在社会主义向共产主义过渡的过程中，在社会主义商品经济和市场经济逐步消亡的条件下才有可能实现。在这之前，只要还存在着国家这种权力机构，存在着商品经济和市场经济，权钱交易这种特殊的商品交易就不可能彻底杜绝。但这决不是说，我们对它是无能为力的。采取经济的、政治的、法律的、道德的手段，多管齐下，就可以把它减少到极点。经济的手段就是在条件许可的范围内实行“高薪养廉”；政治的手段就是充分发挥社会主义民主，使手中掌权的人不仅处在各级监察机构的监视之下，而且时时刻刻处在人民群众的民主监督之下；法律的手段就是严惩权钱交易的腐败行为，使搞权钱交易的人明白，一旦东窗事发，必须付出惨重的代价。以上经济的、政治的、法律的手段，增大了权钱交易的机会成本，增大了权钱交易这种见不得人的腐败行为被揭露的可能性，使掌权者从得失相较的利害关系上自我约束，不敢轻易出手。道德的手段则是从提高国家干部的社会主义道德水平，增强他们廉洁自律的自觉性。这样多管齐下，必可见效。北欧和西欧的某些发达国家运用多管齐下的手段，已使权钱交易这种腐败行为几近绝迹。我们只要重视运用多种手段，也一定能在同权钱交易的斗争中取得日益更大的胜利。

（原文约 4000 字，发表于《浙江树人大学学报》2001 年第 4 期）

文摘编辑：其实

制度创新与条件预设

——中国金融业经营模式选择的深层思考

肖利秋

[作者简介] 肖利秋，广州市经济管理干部学院金融证券系讲师。

[内容提要] 本文从分析分混之争的是是非非入手，对现行体制下我国实行从分业经营向混业经营转制的基础进行论证。提出：第一，混业经营是我国金融业融入世界金融体系的必然选择；第二，制度固然重要，但条件尤为关键。

[关 键 词] 分业经营；混业经营；风险与效率；监管与创新；制度与条件。

一、混业经营：金融体制创新的世界性浪潮

20世纪80年代以来，随着全球金融市场一体化趋势的不断加强，国际金融界的混业经营浪潮不断高涨。

混业经营制度的特征是，国家对商业银行的经营范围如间接融资与直接融资业务、短期信贷与长期信贷业务、银行业与非银行业务之间不作或很少作法律方面的限制。混业经营制度之所以呈现出世界性的发展趋势，其中最主要的原因是出于金融业竞争的需要。随着金融市场本身的发展，国内、国际的金融竞争日趋激烈，鹿死谁手主要取决于提供服务的程度如何，混业经营以其能够为客户提供全方位的服务，且能降低信息收集成本和金融交易成本而备受客户的关爱。

二、分混之争：谁是最终的赢家

近年来，理论界关于中国金融业经营究竟采取何种模式的论争就一直没有停息过。特别是入世在即，这一争论的现实性和紧迫性就显得尤为突出。主张分业论者从我国金融业现状出发，认为监管制度、风险防范机制尚不健全的中国金融业如果实行混业经营必将给整个金融业带来不可估量的损失甚或灾难；而混业论的主张者则认为，为应对入世所造成的冲击，也出于与国际金融业全面竞争的需要，我国金融业只有彻底冲出分业经营画地为牢、各自为战的藩篱，实行混业经营，才能杀开一条血路，立强手之林而不败。

一般而言，分业经营的优点是金融服务专业化程度高，服务质量好而且可以有效避免金融机构自营利益与其经纪业务中客户利益的冲突，也便于监督管理，风险较小；但其弊端也是显而易见的：法律限制过多、业务发展空间较小、活力不足等。混业经营的优点在于能够体现规模效益，效率较高，市场竞争力较强，金融机构在一个业务领域的损失可以由它所从事的另一金融业务收益来弥补，有内在的抗风险能力。其不足则主要表现在：第一，金融机构同时经营不同业务易导致不公平竞争；第二，由于资源的有限性，混业经营难以保证其所有从事的业务都达到了效益的最大化或者说最佳化；第三，混业经营业务面广，经营形式多样，其自身管理和外部监管难度较大，极易出现金融风险。具体到不同国家的模式选择，就不仅要重视该国金融业的发达情况和监管现状，还要重视国际金融业的整体走向和对国际金融业竞争的参与程度。分业论者注重了现实的实用性，而忽视了我国金融体制所面临的问题，缺乏前瞻性。混业论者出于与国际接轨和增强中国金融业抵御列强实力的良好愿望，但无视改革的阶段性和现有实际，有拔苗助长之嫌。

三、中国金融业发展：敢问路在何方

有人认为，从我国金融界的现状来看，我国金融业已经初步具备了混业经营的必要基础。第一，我国金融监管体系已经比较完备。在法律体系上，《中国人民银行法》、《商业银行法》、《票据法》、《保险法》、《担保法》、《证券法》等法律已构成了一个较为完善的金融法规体系；在金融监管体系上，以中央金融工委为领导，由中央银行和证监会、保监会为主体的监管体系已经建立；在监管手段上，中央银行对商业银行建立了商业银行内部稽核、预防性监督和最后抢救三道防线。第二，我国商业银行目前普遍建立了资产负债比例管理和风险管理机制，经营行为日趋理性化、风险防范机制已比较完善。第三，我国各商业银行的业务经营正朝着综合化方向演进。目前我国不仅允许三类企业的资金在不违规的情况下向股市流动，允许保险资金有一定比例流入股市，同时还允许证券公司向商业银行以股票质押的方式申请贷款。对此，我们不敢苟同：第一，我国金融监管体系远没有达到混业经营下有效避免金融风险所要求的完备程度。就法律体系而言，虽然我们颁布了诸如《商业银行法》、《证券法》等一系列法律，但这些法律的颁行是在分业管理模式下完成的，是为更好地进行分业管理服务的；同时，这些法律都是单行法，互不统属，并没有一部混业经营所必要的统领性法规。就监管体制而言，中央银行、证监会和保监会都是分别对商业银行、证券业

和保险业进行分业管理的机构，三者之间虽然职能有一定程度的交叉，一方的政策也会对他方造成一定程度的影响，但三者是“铁路警察，各管一段”，在隶属上互不统属，三者之上虽然有中央金融工委，但工委只是隶属于中共中央的一个协调机构。可见高效统一的监管体系并没有真正建立。第二，不可否认，目前我国商业银行是在一定程度上建立了资产负债比例管理和风险管理机制（尽管是初步），但这种机制仅限于商业银行内部。服务于真正意义上的混业经营模式，一体规制银行、证券、保险等多业经营的风险管理机制尚付阙如。第三，至于“各商业银行的业务正朝着综合化方向演进”之论，且不说“演进”的过程是否就意味着目标的最终实现，单就“演进”的现有内容而论，与其说是混业经营的尝试，不如说是分业经营的灵活方式更为准确。

确立我国金融业经营模式应该遵循以下原则：一是有效性原则。二是创新原则。三是国情原则。

就我国而言，无论是从走出去还是引进来的角度考虑，经营品种单一、靠利差维持生计的国有商业银行都处于明显不利的劣势地位。《银行家》与《中国金融年鉴》公布的1997年的数字显示，世界十大商业银行的人均利润及人均存款分别是我国国有商业银行的36倍和6倍。1999年，中国工商银行的员工人数是全球最多的，但人均利润仅有170美元，而美国花旗银行为50130美元，英国的汇丰银行为49820美元。严峻的现实告诉我们，我国金融业已到了非改不可的地步了。

我们认为，我国金融业成功改革只能是立足于我国金融业现状作出现实的理性的选择。第一，就现实状况而言，目前我国金融业与实行混业经营的西方发达国家相比差距巨大是显而易见的：一方面我国金融监管水平较低，金融法规不健全，金融监管体系不完备；另一方面，我国银行等金融机构尚未建立起完善的内控机制，潜伏着很高的道德风险。第二，就经营模式生成机理而言，我国历史上的市场经济不够发达，从来没有形成过统一的大市场，因此，商业习惯全国并不统一。长期的计划经济，使原来就不健全不完整的商业习惯更加零落。

就我国金融业的现实而论，为将来真正意义上的混业经营模式的健康运行，我们必须构筑以下条件：

条件一，金融监管体系的完善高效和统一。混业经营制度运作的前提条件之一是银行本身具备较强的风险意识和有效的内控约束机制。在内部控制松弛，缺乏自律约束能力，同时外部监管能力不足的情况下，“混业”经营只能是越“混”越“乱”。因为在缺乏自律机制和监管不力的情况下，混业经营不是分散风险，而是加速了风险的积累，催化了证券市场、房地产市场“泡沫”的生成。同时，混业经营必然模糊了金融业的界限，因此建立统一的监管体制也势在必然。

条件二，国有商业银行产权制度改革的真正到位、法人治理结构的真正形成。走进21世纪的中国银行将面对新的经营方式、新的竞争者和新的银行概念的冲击。从国际金融市场来看，国际银行正向大型化、电子化、业务综合化和国际化方向迈进。我国银行要想在拓展国际业务、扩大市场份额上有所作为，也要走兼并重组的道路。通过兼并重组规范产权制度，确立法人治理结构；通过兼并重组增强资本实力，扩张资产规模，提高技术含量，最终达到混业经营所必须的增强综合竞争力的目的。

条件三，法律框架的科学与健全。改变现行的分业经营管理的立法理念，逐步向混业经营的立法理念过渡，制定统一规制银行、证券、保险等金融市场的基本法规，资金有序流动的法规、建立内控机制的法规和规范市场行为的法规。

条件四，证券市场的直接融资与银行的间接融资水平达到平分秋色的程度。人们反对混业经营的论点之一就是如果允许银行业进入证券业，庞大的银行资金将迅速催生出可怕的股市“泡沫”，最终导致金融风险。应该说，此种担心并非杞人忧天。只有在规模庞大的证券市场背景下，商业银行流入证券市场的资金只占其中的一小部分，不可能再主导证券市场走势，也就是说，当商业银行的力量对证券市场不再举足轻重时，人们才不会再过分关注银行资金进入证券一事，混业经营的标志——银行进入证券市场的时机就基本成熟了。

条件五，利率形成机制真正市场化。在利率生成机制未能真正实现市场化的情况下，拆除证券业与银行业之间的“防火墙”将严重扭曲市场参与者的市场行为，导致两个市场运作的混乱。只有利率实现了市场化，人为的垄断利润会消失，资金才会在银行与证券市场之间理性流动。

（原文约8000字，发表于《广州市经济管理干部学院学报》2001年第4期）

文摘编辑：其实

私营经济发展问题研究

佟成春

［作者简介］佟成春，北华大学教授，硕士。

［内容提要］私营经济发展中存在的问题有：缺乏总体规划，缺乏科学管理，一些私营企业产权不清，雇工和私营企业主的关系有待调整，管理制度不健全，个别私营企业主的生活方式已产生不良社会效应等。加快我国私营经济健康发展需采取如下对策：正确认识和处理发展私营经济发展的各种关系，制定和完善有利于发展私营经济的政策，实行产权明晰和重组，加强政府对私营企业的管理，协调雇工与业主之间的关系，不断提高私营企业主的思想素质。

［关 键 词］私营经济；发展；问题；对策。

一、私营经济发展中存在的主要问题

1．缺乏总体规划，私营企业发展不平衡

相当地区的私营经济至今还没有纳入国家总体规划和产业政策指导的范畴，仅靠经营者的趋利动机自发性发展，因此带来一定的盲目性，结构不合理，发展不平衡。

首先是地区发展不平衡。从全国的情况看，现阶段东南沿海地区发达，而西部地区仍然比较落后。在农村，平原地区比较发达，山区比较落后。

其次是行业结构不合理。过去，我们对允许私营经济发展的行业没有明确的产业政策加以指导，单纯的趋利动机已使一些行业出现混乱。过多投向有经济效益的产业，而具有社会效益的产业较少，对特殊性的产业只考虑到短期利益，而忽视长远利益，甚至破坏资源、生态及环境。

2．缺乏科学管理，乱摊派现象严重

对私营企业管理体制不完善，缺乏统一协调的领导部门，是目前各地区反映比较普遍、比较突出的问题。现在，税务、工商、检疫、公安、交通、卫生、城建、民政等部门都分管私营企业的一部分业务，各成体系。由于“政出多门”，统一协调不够，各收各自的费用，乱摊派现象比较严重。但如遇到正当的需求，有关部门又相互推诿，难以解决。

3．一些私营企业产权不清，戴“假帽子”

相当一个时期以来，在私营企业与个体户之间，私营企业与集体企业之间，产权的界定比较模糊。某些私营企业戴“小帽子”、“红帽子”甚至“洋帽子”，即私营企业以个体户、集体企业或“三资”企业的名义注册。

4．雇工和私营企业主的关系有待调整

现阶段我国的私营企业，在雇工问题上一般存在招聘雇工缺乏正常渠道；雇工劳动时间普遍偏长；雇工缺乏完善的伤残医疗保障，甚至完全没有保障；雇工与业主收入差距过于悬殊；有些企业劳保条件恶劣，甚至有使用童工等问题。

5．管理制度不健全，存在违法经营现象

与国有大中型企业相比，私营企业管理不够规范。一部分私营企业管理制度不健全，用工无合同，劳动无保险，财务管理混乱，产品质量低劣，生产经营带有较大的盲目性，造成了部分私营企业经营状况不稳。

6．个别私营企业主的生活方式已产生不良社会效应

对私营企业主的思想教育、守法教育工作，目前尚处于软弱无力甚至空白的状态。相当一部分私营企业主文化素质较低，成分比较复杂。因此这些人在经济上暴富之后，消费水平急剧提高。其中一些人斗富比阔，挥金如土，追求腐朽糜烂的生活方式，个别人甚至置国家法律于不顾，出现了经济富足、文化贫困；金钱至上，道德沉沦；物质殷实，精神空虚等消极倾向。

二、加快我国私营经济健康发展的对策

1．正确认识和处理私营经济发展的各种关系

首先，发展私营经济必须要坚持公有制为主体，否则私营经济的发展也将会走入歧途。具体说来：一是在社会总资产中要保持国家所有和集体所有的资产较之其他经济成分处于占优势的地位。二是要保持国有经济在关系国民经济命脉的重要部门和关键领域占支配地位，这是坚持公有制主体地位的关键。三是要保持国有经济对整个经济发展起主导作用。四是公有制经济特别是国有企业要适应社会主义市场经济发展的要求，不断发展和壮大自己，这是坚持公有制主体地位的基础。

其次，应该允许私营经济在某些地区、某些行业存在优势。只要公有制经济的资产存量及其所提供的国民生产总值和国民收入在社会经济总量中占有绝对的优势，就不要人为地限制私营经济在某些行业中的优势和发展

比例，否则将不利于我国经济的发展。

允许和鼓励私营经济的发展，与搞私有化有着本质的区别。虽然私营经济是私有经济，但从总的看，它是能够为社会主义经济服务的，有利于社会主义生产力的提高和综合国力的增强，是社会主义市场经济的重要组成部分。

2. 制定和完善有利于发展私营经济的政策，保障私营经济健康稳定地发展

具体说来，应强调以下几个方面：一是要平等保护财产权利，国家对私有财产也应像对公有财产一样予以保护，使之不受侵犯。二是要保障私有企业同公有企业的公平税赋。三是要保持私有企业和公有企业进入市场的机会均等和平等竞争的机遇；鼓励他们追加生产投资，向规范化的现代企业方向发展。

国家应当制定私营经济的总本发展规划，把它纳入国民经济总体发展规划之中，同时制定相应的产业政策和行业政策，使其更好地发挥社会主义市场经济重要组成部分的作用。

3. 实行产权的明晰和重组，慎重对待戴"假帽子"的问题

对私营企业戴"假帽子"的问题，应当引起各级政府的足够重视，应当进行认真的清理。要对戴各种"假帽子"的私营企业进行清理，通过明晰产权，划清其所有制界限。

解决"假帽子"问题，一是对新诞生的企业，在注册登记前规范化管理，防止出现新的戴假帽子的企业。二是对已经戴假帽子的企业通过资产评估和股份化改造，明晰产权，逐步清理。

4. 加强政府对私营企业的管理，严厉打击非法经营

首先，各级工商行政管理部门要进一步加强对私营企业的管理力度，加强对私营企业主经营活动的监督，严厉打击非法经营，取缔无照商贩。

其次，各级税务部门要进一步努力提高税管人员的素质，抓好私营企业的税收征管。

最后，针对普遍存在的对私营企业管理政出多门，又无统一主管的问题，建议各级政府要根据本地区私营经济的发展规模，从实际出发，设立非国有经济管理局或相应的办事机构，加强对私营企业的统一管理，统一协调，统一收费标准，统一处罚依据。

5. 通过工会和私营业主行会，协调雇工与业主之间的关系

在私营企业应普遍建立工会，在私营企业主中间可考虑建立社区性的业主行会。可通过劳动仲裁机构，保护雇工及业主的合法权益不受侵犯。坚决取缔非法使用童工的现象。

6. 不断提高私营企业主的思想素质

私营经济越发展，越要加强对私营企业的领导，注意帮助私营企业主提高思想文化素质。大力树立优秀私营企业家典型，并予以及时的宣传和表彰。

发展私营经济，政府要放管结合。在发展中引导，在引导中提高，在提高中规范。

（原文约 3000 字，发表于《北华大学学报》社科版 2001 年第 4 期）

文摘编辑：翔宇

论市场化利率体制确立的前提条件

赵尚梅　刘向前

[作者简介] 赵尚梅，山东大学经济学院。
刘向前，北京工业大学。

[内容提要] 只有在宏观经济稳定、国民经济市场化的成熟和有效银行监督体系的完善等前提条件基本具备时，市场化利率体制才能完全确立和有效运行；反之，如果贸然完全放开银行所有的存贷款利率，启动市场化利率体制，对正在进行的利率市场化改革有害无益。

[关 键 词] 市场化利率体制；宏观经济稳定；国民经济市场化；有效银行监督。

全面放开利率必须具备一定的前提条件，主要是：宏观经济稳定、国民经济市场化和有效银行监督等。

一、宏观经济整体处于较佳的运行状态

宏观经济环境是引起利率水平异常波动的最重要因素。当宏观经济稳定时放开利率管制，有助于银行和企业间维持稳定的关系，降低信息不完全对双方行为的约束，有利于保持市场利率的平稳。当宏观经济不稳定时，利率一旦全部放开，会使企业投资的不确性增加，引起企业对短期信贷的过度需求，导致短期利率骤升。宏观经济稳定包括各项宏观经济指标处于稳定、正常的水平，微观企业的经营运作状况也比较好，同时社会政治局势也较稳定。这些宏观条件会非常有利于市场化利率体制的确立。

“九五”期间我国宏观经济运行状况基本良好，近5年来国内生产总值平均年增长8.3%，2000年国有及国有控股企业实现利润2392亿元，为1997年的2.9倍。国家财政收入平均每年增长16.5%。2000年进出口分别比1995年增长69%和67%。农村居民人均纯收入和城镇居民人均可支配收入，2000年分别达到2253元和6280元，平均每年实际增长4.7%和5.8%。社会消费品零售总额平均每年增长10.6%。居民储蓄存款稳步增长，到2001年底储蓄存款余额已达到7万多亿元人民币，5年增长1倍多。银行存贷款利率较低，资金已从严重短缺过渡到资金出现宽松。目前物价水平稳步走低，出现了通货紧缩的趋势。因此，相当多的专家提出，这样一个宏观背景并不是经常具备的，目前是我国利率市场化改革进入实质性阶段的最佳时机。我认为，稳定的宏观经济环境只为利率市场化改革提供了有利的时机，而利率市场化的实质性推进应与整个经济体制改革的进程相一致。因此利率市场化改革不仅要求宏观经济整体处于较好的状态，而且同时要求整个经济机体本身必须具备较完善的市场化基础，否则，会损害整个经济体系，利率市场化改革也难以顺利推进。

从深层次上看，我国宏观经济整体运行的基础不够深厚，离市场化利率体制的确立所要求的较佳运行状态还有一定距离。我国的经济体制、政治体制、社会保障体制、产业结构等改革急需深化。

二、国民经济市场化

这一条件对于一直实行市场经济的国家来说已不成问题，但对于从计划经济向市场经济转型的国家来说，就显得尤为重要。国民经济市场化包括两方面内容：

第一，经济主体行为、商品价格、劳动力价格和物质生产要素价格都已市场化。经济主体行为的市场化，指企业的经营管理、政府的宏观调控都已有了基本的市场化观念，企业之间、银行之间、银企之间的竞争不断增强，同时也制定了较完善的经济运行市场化规则。只有这样，经济主体行为对利率的变动才能有灵敏的反应。从一定意义上讲，经济的市场化、货币化、信用化程度越高，经济主体对利率的敏感性也就越强。无论是资本市场上人们针对中央银行利率的变动作出资产组合调整引起市场利率变化，还是商品市场上人们针对市场利率变化调整消费和投资需求，都存在一个利率敏感性问题。如果消费、投资需求和金融机构对于利率的变化没有足够的敏感性，即使中央银行放弃利率管制，微观经济主体也不会做出相应理智的市场化选择。

我国改革至今，国有企业产权不清，预算约束、信贷约束软化，利益机制和风险机制不对称等问题还在一定程度上存在着，致使企业面对利率的变动不能及时、灵敏地调整自身的投资及消费行为，从而使投资的利率敏感性减弱，形成国有企业资金需求的黑洞。因此，市场经济制度的确立和企业微观制度改造势在必行。只有产权清晰、权责明确，才能硬化企业预算约束。

目前我国的国有商业银行更像是一个政府机构，离“自主经营、自负盈亏、自求平衡、自担风险、自我约

束、自我发展”的“六自”标准还差得太远。中央政府、地方政府和企业主管部门指令银行发放“安定团结贷款”、“清欠贷款”、“现场办公贷款”等戴帽贷款还时有发生，传统的资金供给制的融资机制并无本质的改变，这与市场化利率体制所要求的资金借贷制的融资机制是不相容的。尤其值得关注的是，国有商业银行的不良资产在进行了一定程度的剥离后，地方国有商业银行在上级行利润指标的压力下，面对企业的不景气，不得不靠发放新的贷款作为企业归还旧的贷款利息的资金来源，既形成了虚假利润又形成了新的不良贷款，这种恶性循环的状况是非常危险的。因此，要加快国有银行的商业化改造，彻底改变国有商业银行成为社会保险公司的现象。与此相关的社会保障体系的建立和政策性银行业务的完善迫在眉睫。

总之，只要国有商业银行与国有企业之间的产权结构均属公有产权结构，其所有者都是国家；只要资金供求双方并不是自负盈亏、自担风险的独立法人或经济人；只要风险与收益的不对称仍然存在。那么，国有企业投资对利率的低弹性就不会完全消失，商业银行就不会从自身的安全性、流动性和盈利性出发，对利率变动做出准确和灵敏的反应。因此，要加快经济主体行为的市场化改造，为市场化利率体制的确立奠定微观经济基础。

第二，发育完善的金融市场，尤其需要一个供中央银行进行货币政策操作的规范化的债券交易市场、票据贴现市场和同业拆借市场。只有存在发达、高效、统一有序的金融市场，才能使社会直接、间接的融资顺利运行，有利于促进银行间、企业间的资金运用效率，扩大资金在地区间的横向流动，利率政策实施才有传导媒介和扩散通道；只有存在发达、高效、统一有序的金融市场，商业票据、国库券、金融债券、股票才能顺利转让和交易，形成市场资金供求关系，利率的形成和决定才有市场基础，中央银行利率的确定才有准确的信息来源，中央银行公开市场业务的操作才有充分的载体和场所。

目前我国金融市场还不够完善，尤其是货币市场发展滞后，严重影响了市场均衡利率的形成和中央银行再贴现率和公开市场业务运用。首先，拆借市场仍然存在着市场交易主体单一、信息披露不规范、缺乏有效监管、市场信用风险较大、银行间拆借规模偏小等问题。其次，票据市场发展中存在的问题也较突出。一些商业银行现行的票据承兑授信管理方式，制约了商业票据业务的正常发展。表现为片面强调承兑风险；一些承兑行信用观念淡薄，拖延付款或无理拒付，扰乱了正常的商业票据流通秩序；票据市场仍表现为单一的银行承兑汇票，商业承兑汇票业务发展滞后等。这些都严重影响了中央银行再贴现政策工具的运用。最后，由于国债具有信用高、流动性强、持有者广泛等特点，使国债市场上形成的利率一般最具有代表性，常常成为其他债务工具、银行存贷款利率的市场参考。发育完善的国债市场为中央银行公开市场业务操作提供了最为合适的载体和场所。但我国国债市场还没有发展到可以承担如此重任的阶段。债券发行仍未做到均衡、滚动发行；目前我国发债总量累计很大，但能够流通的比例很小，大部分国债躺在账户上成为“不动产”，流通国债中，回购占主要比例，现券交易比例很小；债券利率没有与风险程度挂钩。国债利率仍普遍高于同期限银行存款利率1—1.5个百分点；国债分布的广度和深度远远不够。国债市场上存在的上述问题，影响了市场均衡利率的形成和分开市场业务的操作。

三、有效的银行监督

信贷市场上信息是不对称的，参与经济交易的一方拥有另一方所不知道的信息，使得一方可以利用这种信息上的优势来谋取经济利益，导致逆向选择和道德风险。因此，在市场化利率体制启动以后，由于政府对利率的直接控制被取消，银行监督就应进一步加强。有效的银行监督包括两个方面：

一方面是政府对银行的监管。包括：银行储备充分，足以防止贷款损失；银行自有资本相当充足；要对持股人、个人、大额借款者的银行收支差额和外汇收支差额进行必要的限制；要有适当的存款保险机制，这种保险机制要能反映出各银行贷款业务的风险程度；要有足够数量的训练有素的银行检查员和监督员；在实施银行监督过程中要没有政治干预和其他不必要的行政干预。一个国家如果能同时满足上述条件，那么这个国家的银行监管就是强有力的。目前我国政府的金融监管手段显得捉襟见肘。如分业监管形成监管真空、金融监管手段单一、金融监管人才缺乏、监管的“时滞”明显等等问题严重存在着。

另一方面是银行对企业的监督。市场化利率体制确立后，银行仅根据借款人过去的财务报表、信用等级、违约情况等外部信息是难以识别借款人“好”“坏”的，银行还必须尽可能多地获取与企业日常经营或与特定投资项目有关的各种内部信息。为此，要强化银行对企业的监督，但这种监督不同于传统计划经济时代的行政性监督，而是银行作为潜在的贷款人为取得与特定借贷决策相关的各种信息，或者作为现实的债权人为保障其自身利益，而采取的一种经济性“监督”，这种“监督”是弥补信息不完备和防止道德风险的必要措施，是市场化利率体制有效运行的重要保障。正如香港大学商学院恩来特教授指出，对中国的银行业来说，最重要的是银行业放款要基于业务，更贴近市场。与此相适应，中国要建立更好的监督、检查机制。

（原文约5500字，发表于《新疆财经》2002年第3期）

文摘编辑：翔宇

发展小城镇是促进我国城乡协调发展的有效途径
——兼谈城乡二元结构和农村城镇化滞后问题

张爱军

[作者简介] 张爱军，中共济南市委党校。

[内容提要] 城乡二元结构和农村城镇化滞后是影响我国城乡协调发展的突出问题。城乡二元结构和农村城镇化滞后的互相影响及其消极后果严重阻碍着城乡经济、社会的发展。发展小城镇是解决城乡二元结构和农村城镇化滞后、促进我国城乡经济和社会协调发展的有效途径。

[关 键 词] 城乡二元结构；农村城镇化；滞后；发展；途径。

一、城乡二元结构和农村城镇化滞后的相互影响和消极后果

1. 城乡二元结构和农村城镇化滞后的互相影响

(1) 城乡二元结构是造成农村城镇化滞后的重要因素。导致农村城镇化滞后的因素很多，如农村工业化发展的程度、对农村城镇化的认识等等，但我国长期存在的城乡二元结构却是不容忽视的一个重要因素。

第一，城乡二元结构阻碍农村人口向城市的合理转移。农村城镇化的核心之一是人口的迁移，即农村富余人口不断地由农村向城镇集中、聚集和实现职业转换。但是，我国的城乡二元结构（尤其是户籍管理等制度）却一直限制着农村富余劳动力的转移。尽管改革开放以来，随着经济和社会的发展，我国采取了一系列措施和政策，如放宽和改进户籍管理等，但城乡二元结构对农村人口向城市转移的限制未根本取消，致使每年转移到城镇的农村富余劳动力数量有限。以1998年为例，在我国12.8亿的总人口中，农村人口占了8.69亿，而农村和乡镇企业所能容纳的劳动力仅为3.3亿。可见，农村富余劳动力向外转移的数量很少。第二，城乡二元结构削弱了农村城市化的动力。农村城市化的动力主要包括：农业规模经营、非农产业发展、城乡经济要素的自由流动等等。从农业的规模经营看，随着农村人口的不断增加和耕地面积的不断减少，人多地少的矛盾日益突出，而城乡二元结构使农村富余人口大量滞留在越来越少的土地上，农业难以实现规模经营。从非农产业的发展看，城乡二元结构下的农村，科技落后，投入不足，农业效益比较差，农民走不出低收入的循环，农村劳动力难以向现代非农产业发展。从城乡经济要素的自由流动看，城乡二元结构对知识和技术自由流动的限制、对科技和管理人员自由流动的限制、对其他市场要素自由流动的限制等等，都制约了农村城市化的进程。

(2) 农村城镇化滞后又大大制约着城乡二元结构的整合。第一，农村城镇化进程的滞后使城镇难以按工业化的进程吸收本应吸收的农村人口，阻碍了农村剩余劳动力向城镇的转移。有人估计，在我国这个世界上人口最多的国家，城市化水平每提高一个百分点，可增加100—200万的城市人口。第二，农村城镇化进程的滞后导致城乡居民在人均收入、消费水平、受教育程度和整体素质等各方面的差距越来越大。单从人均消费水平看，1997年全国农村人均消费水平为1930元，仅占城镇居民的31.9%。第三，农村城镇化进程的滞后导致少数城市现代化水平不断提高而大多数农村依然落后，这样一种城乡失衡的社会格局直接影响着农村产业结构的调整和农村规模经营，影响着农村劳动生产率的提高。

2. 城乡二元结构和农村城市化滞后对我国经济、社会的消极后果

城乡二元结构和农村城镇化滞后的长期共存和相互影响，严重阻碍了我国城乡经济、社会的协调发展，成为制约我国城乡经济、社会协调发展的突出问题。其全局性的消极后果主要体现在：

(1) 扩大了城乡差别。城市化的滞后和城乡二元结构，使城乡居民在收入、消费、教育、福利、保障、医疗、就业、素质等各项指标方面，产生明显差别。从城乡居民收入差距看，1964年城乡居民收入差距是2.2:1；1978年扩大到2.4:1；到1994年再扩大到2.6:1；从人均消费水平来说，1985年城乡差距是2.3:1；1995年扩大到2.95:1；1999扩大到3.52:1。城乡之间不仅按绝对数计算差距越来越大，而且即使按相对数计算，相差的比例也日益悬殊。

(2) 加剧了供求矛盾。城市化的滞后和城乡二元结构，造成了农民的低收入，制约了农村需求的增长和消费水平的提高，使农民占人口多数的我国在人均国内生产总值只是700—800美元、大部分人口只是解决温饱的情况下，发生了较为严重的供给过剩、需求不足等现象。

(3) 导致了产业结构的不合理。城市化的滞后和城乡二元结构，阻碍了城乡资源的合理流动、开发与配置，影响了城乡比较优势的发挥和产业结构的调整，使我国

产业结构很不合理。在发达国家，第一产业在经济中的比重约为5%，第二产业约为30%，第三产业超过了60%；在发展中国家，第三产业一般也超过了40%甚至50%。而我国的第一产业仍占17%左右的比重，第三产业只占30%左右。第三产业的比重不仅比发达国家低30个百分点，比一般发展中国家也低10—20个百分点。

二、大力发展小城镇是促进我国城乡协调发展的有效途径

1. 城镇化是解决城乡二元结构和农村城镇化滞后的最佳切入点

尽管城乡二元结构和农村城镇化滞后的具体成因有别，但从根本上讲，城镇化是解决这两个问题、促进城乡经济社会协调发展的最佳切入点。

(1) 城乡二元结构问题的解决，显然不能靠削弱城镇而只能靠发展农村。农村发展的关键是农村的工业化和城镇化。通过这种工业化和城镇化使城乡二元结构向高层次的一元结构转变。因此，整合城乡二元结构是中国农村城市化的题中应有之义。

(2) 农村城镇化滞后本身就是城镇化的发展状况问题，其解决也就只能靠加快发展城镇化，以便与工业化、经济发展相适应。从城镇化内涵来看，农村城镇化主要是指以城镇为依托，实现农村人口的工作领域由第一产业向第二、三产业的职业转换过程和居住地由农村区域向城镇区域迁移的空间聚集过程，根本目的就是农民生活水平的提高、生活质量的改善和整体文化素质的增强，使农民过上与城镇居民无多大差别的生活。

2. 小城镇是解决城乡二元结构和农村城市化滞后的最佳选择

(1) 解决城乡二元结构和农村城市化滞后问题靠发展大城市不现实。从我国的国情看，靠集中发展大城市，解决城乡二元结构和农村城市化滞后问题是不现实的。我国的大中城市规模相对较大，人口趋于饱和，吸纳农村剩余劳动力的功能已十分有限，若涌入大批农村剩余劳动力，就会产生“城市病”。费孝通教授早就指出：大量农村人口集中到城市去是不可能的，以大城市为主来容纳农村人口的意见是脱离实际的空想。

(2) 解决城乡二元结构和农村城市化滞后问题，小城镇是最佳选择。第一，小城镇能解决农村剩余劳动力问题。通过加快小城镇建设，使农村剩余劳动力就地转移、就近转移，走农村非农化和发展乡镇企业的路子。如果仅以每个小城镇吸纳4000人计算，全国5万个小城镇便可以吸纳2亿个农业剩余劳动力。这样，既可以避免“城市病”的发生，又加快了农村城市化的进程。有的学者预测，我国在今后的3—5年内再发展1万个小城镇，就可以转移1—2亿人口，加上现有城镇的扩展，合计可转移2—3亿人口。第二，小城镇更能促进城乡融合。小城镇由于地缘关系紧密等各个方面的原因，更有利于城乡的交流和融合。它作为桥梁和纽带，一边连着农村，一边连着大城市；它既具有城市的特点、功能和作用，又遍布全国，和农村保持着较强的联系，在城乡之间发挥着关联互补作用。显然，农民进入小城镇比进入大城市需要付出的各方面的成本都要低很多。毫无疑问，经过这一现实的门槛，小城镇可以引导农民变革生产方式，改变生活习惯，将现代化城市文明向农村扩散，促使广大农村向工业社会、城市文明转化，进而促进城乡融合。第三，小城镇可以促进整个社会协调发展。通过综合改革打破城乡对立的二元结构，促进农村小城镇的发展，加快自给性消费的农业人口转变为市场消费的城镇人口的过程，无疑可以使我国的城市化道路呈现出鲜明的中国特色，即城市带动农村，农村包围城市，最后融为一体。小城镇作为周围农村社区的经济、政治、文化活动的中心，其发展可以大大促进城乡经济的繁荣和社会各项事业的发展。尤其不可忽视的是，以小城镇建设为中心的农村城市化还有利于进一步推进劳动就业制度和户籍管理制度的改革，有利于推进农村各项保障体系的建立，无疑可以尽快改变农民的生活方式，从方方面面使我国的城乡二元结构得到根本的整合，进而促进整个社会协调发展。

(原文约5000字，发表于《鲁行经院学报》2002年第5期)

文摘编辑：翔宇

论我国旅游业产业结构的优化调整

杨振之　陈　谨

[作者简介] 杨振之，四川大学旅游学院副教授，博士研究生，主要从事旅游规划与开发及市场营销研究。
陈　谨，四川大学旅游学院研究生，主要从事旅游资源开发与规划研究。

[内容提要] 我国旅游业经过二十多年发展，已初步形成了产业体系和产业规模，正在成为我国国民经济的增长点。但是由于我国旅游业发展从开始之初就是以一种先外后内、以赚取外汇为主的模式进行的，使得我国旅游业产业结构不甚合理。随着旅游业的快速发展，其问题已经凸现出来。本文着重论述了与我国旅游业产业结构调整相关的一些理论问题，重新认识了旅游产业结构的几大要素，深入分析了旅游产业结构的现状，提出了旅游产业结构调整的原则和具体思路。

[关 键 词] 旅游地；旅游业；产业结构；优化调整。

为了适应加入WTO后世界旅游市场的需求，适应正在日益成熟且购买力旺盛的国内旅游市场的需求，对中国旅游业产业结构的优化调整已提上议事日程。

一、旅游产业结构及其优化调整

旅游产业结构是指旅游产业各部门、各地区以及各种经济成分和经济活动各环节的构成及其相互比例关系。分析旅游产业的产业结构，在于保证旅游产业的总体发展规模和速度与国民经济发展的要求相适应、相协调，从而有利于旅游产业的快速发展。从产业供给出发，旅游产业的内涵应该是：以旅游业生产力六要素吃（旅游餐饮业）、住（旅游宾馆业）、行（旅游交通业）、游（旅游景观业）、购（旅游商品业）、娱（旅游娱乐业）为核心，以旅行社为产业龙头，由一系列行业部门组成的社会、经济、文化、环境的整合产业，是一个开放的复杂系统。

旅游产业结构优化调整有两个基本要点，即产业结构合理化和产业结构高度化。旅游产业结构合理化是使旅游产业内部保持符合产业发展规律和内在联系的比例，保证旅游产业持续、协调发展，同时促使旅游产业在国民经济中的比重加大，保证旅游产业与其他产业协调发展。旅游产业结构高级化是指在旅游产业内部协调发展条件下，新兴旅游景点和服务设施迅速发展，占有越来越重要的地位，传统旅游产业的技术水平不断提高，旅游产业产值在国民生产总值中所占比重不断提高的过程。

二、进一步认识旅游业的六大要素

吃、住、行、游、购、娱这六大要素，在旅游产业结构中可分为两大类：吃、住、行、游这四大要素是旅游业的基础要素，而购物、娱乐这两大要素是旅游业的提高要素。在旅游业的起步阶段，旅游者的消费能力较低，对购物和娱乐的需求十分有限，有的游客实际上在旅游过程中基本上不发生购物和娱乐的消费行为。在旅游业的初级阶段，基础要素的消费构成在旅游业中所占的比例远大于提高要素的消费比率。随着旅游业的不断发展和游客消费能力的提高，特别是旅游业从观光旅游为主转化为观光、度假、专项旅游齐头并进发展之后，提高要素在旅游业收入中所占比重会越来越大。

就入境旅游而言，从世界的角度来看，我国的旅游消费构成相对于旅游业发达国家来说，也不合理，主要表现在购物所占比例与世界平均水平相比较还有相当差距。

从入境、国内旅游的六大要素构成来看，我国旅游业产业结构离合理化要求还有相当差距，这是在对老旅游地产业结构进行优化调整时的大背景，同时也是我国旅游业产业结构现状的反映。目前，无论是涉外旅游还是国内旅游，游客的消费主要停留在六大要素的基础要素层面上。国内旅游是游客消费能力的现实反映，而涉外旅游则体现了我国旅游业体制、制度上的不合理。

三、我国旅游产业结构现状及成因分析

1. 旅游产品单一，产品组合未形成体系。

2. 旅游交通运力不足，制约了产业规模经济的形成。

3. 旅游接待设施与旅游业发展速度不相适应。

4. 旅游商品适应性欠佳，在游客消费构成中所占比重偏低。

5. 餐饮业量大、面广、质低，缺乏有特色和文化品味的产品，导致餐饮业竞争力不强。

6. 先导行业不够突出，经济效益不佳。

成因分析：旅游综合经济与部门分割存在矛盾；“先外后内”发展模式的影响；企业未真正成为市场运行的

主体。

1．综合经济与部门分割，是中国旅游产业运行的一个特征。

2．海外、国内旅游供给缺乏替代性。

3．相当一部分旅游企业没有真正进入市场，成为市场的主体。

4．教育、培训事业落后，人的素质不高。

四、旅游产业结构的调整思路

上述旅游业产业结构不合理的情形在各旅游地普遍存在。在当初规划与开发这些旅游地时，基本上是按照观光旅游体系进行规划设计的，没有想到还有度假旅游、专项旅游这些旅游形式，更没有听说过"生态旅游"这类的新概念、新理念。因此，在产业结构布局时，主要考虑的是观光游客的需求，就是在观光游客方面，也主要考虑的是外宾和国内公差人员的需求，所以使产业的供给体系很不完善。当我们再回头审视旅游地的产业结构时，就发现了结构的普遍失衡。因此，旅游产业结构必须进行调整，才能适应市场竞争的需要。

1．旅游景观业：发挥资源优势，强化产品特色，改变旅游地产品类型单一的现状，在发挥传统优势的基础上不断创新。

2．酒店业：形成合理的空间布局和产品体系。

3．交通运输业：降低门槛，加强服务，灵活机制。中国的交通运输业特别是在飞机票价上应实行低门槛策略，不能在交通费用的支付上让游客感到明显的经济压力。

4．餐饮业：挖掘文化特色，突出规模效应。

5．旅游商品：增加投入，创新机制，苦练内功。

6．娱乐业：完善产品体系，增加适合大众参与的娱乐项目；将一些节庆活动办成大众参与的、大众娱乐的旅游节庆活动，将节庆活动与招商引资区分开来，真正做好旅游节庆工作；提供适合青少年、儿童和家庭共同参与的娱乐活动。

7．旅行社业：壮大规模，提高竞争力。旅行社是旅游市场运作的主力军，是旅游业的先导行业，它与旅游业其他部门之间存在着天然的高度关联性，对其他产业在某种程度上具有带动、改造和变组能力。

（原文约6000字，发表于《云南民族学院学报》哲社版2002年第5期）

文摘编辑：翔宇

当代高技术经济的特征

刘诗白

[作者简介] 刘诗白，西南财经大学名誉校长，教授，博士生导师，国务院学科评审组成员。

[内容提要] 本文认为，科学力是现代生产力的独立要素。从知识稀薄的生产走向知识密集的生产，科学向生产的全面渗透，是大工业生产，尤其是当代高技术经济的特征。因此，发挥科学力在经济、社会进步中的功能是当务之急。

[关 键 词] 科学力；知识密集；全面渗透；现代生产力。

科学向生产各要素、生产工艺、管理方法的全面渗透是大工业生产方式的特征，特别是当代高技术经济的特征。

1. 劳动手段的创新与机器力的提升

科学（知识）在生产领域结出的硕果，首先是机器。机器是科学知识的物质实物存在形式，是人创造的用来在生产中利用自然物的性质、作用的实体结构。机器是发达的、先进的工具，它拥有复杂的实体结构，是由发动机、传动机以及工作机组成的体系。机器拥有复杂的结构，凭借人工创造的结构、设施，人们就能按照生产的具体需要，在生产过程中多方面的利用自然物质的性能和作用。科学的伟大力量在于它通过自身的发展，通过自然科学、技术科学的各个学科的知识的进步，使人类得以逐步地了解内涵无限广的自然世界的奥秘，发现和找到了有效地利用无限多的自然物的性质和作用的途径和方法。大工业时代机器的新陈代谢，更加完善、更加现代化的机器的取代传统机器，就是科学进步的结果。

现代科学的特征是对自然物质的更深层——微观层和宏观层的性质、机制和规律的揭示。20世纪自然科学基本理论的两大新发现，量子论、相对论，推动人们对自然物的微观层和宏观层的性质和机制的认识，特别是20世纪末信息论、基因理论的新发展，直接导致信息网络技术，克隆技术以及纳米、宇航等等高技术的出现，并由此把机器力提升到新的阶梯。

2. 原材料的创新与对象力的提升

科学合并于生产的另一个重要方面是原材料的创新。原材料作为劳动对象，在使用价值形成中有着重要作用。

大工业利用先进设备，不断改进生产方法来生产出质量更优的原材料。原材料品质不断的革新，性能不断优化，我们称之为劳动对象力的增强，后者直接地体现了科学的作用。

当代高技术生产方式，正在引发一场劳动对象的革命。当代生物学有关生物细胞分子的理论进步，物理学有关原子核科学及有关分子合成技术知识，特别是纳米技术的新发展，使人类能设计制造具有优异性能的新材料，后者会大大提高产品物质体的性能和形成新的性能，它成为计算机芯片、生物基因制品、航天器等等现代产品及其全新使用价值的物质基础。这种产品物质体的结构性质的改变，使其效用十百倍地提高。而且生物工程的科学、技术知识进步使人类得以利用生物分子的自然生长功能，一种不依赖和消耗土地资源的合成食品制造业正在出现。

可见，高技术生产方式正在制造一种新型的劳动对象，后者不是自然原生物质，也不只是经过现代最新劳动过滤的传统工业原材料，而是经过科学铸造和转化的人工原材料，是科学知识密集的劳动对象，这种原材料是高品质的现代使用价值的物质基础。高技术生产方式中原材料的品质及其在使用价值形成中的重要功能，极其鲜明地表现了劳动对象力的客观存在，而对象力也是知识、科学力的体现。

3. 生产、工艺方法的革新

科学在生产中的应用还表现在生产、工艺方法的革新上。机器生产改变了生产、工艺流程和劳动方法。机器生产把生产活动由手工生产中的个人生产变成社会化大生产，这就是把生产分化成各个不同的部分和一系列环节。机器制造要分成金属冶炼、铸造、加工总装等部分，加工又要分化为车、钳、铣、刨等不同作业，一些作业例如总装还要分成前后相继的流水线作业；适应生产方式和生产流程的变化，原先的个人劳动在大生产中也转变成“社会结合的劳动”，劳动组织也要适应生产活动进行细分、编组为不同的工种和不同的具体劳动方法，对每一种劳动的劳动强度、节奏等等都要作出具体的规定。上述生产、工艺流程和劳动方法，体现了对自然科学的运用。马克思说：“机器的原则是把生产过程分解为各个组成阶段，并且应用力学、化学等等，总之应用自然科学来解决生产问题。”他又说自然科学“体现在这些机器中或生产方法中，化学过程等等中”。这种新生产方法、工艺、劳动方法带来的新的生产力，体现了科学力。

4. 经营、管理的创新

现代市场经济中的大生产，体现有管理、经营（劳动）力。管理、经营劳动本身是一种智力劳动，管理、经营的品质和生产功能直接取决于管理者的知识和能力。

在当代，由于机器大生产发展，企业内使用的机器、设备越是复杂，也由于面对着越加发达的市场经济和越加复杂的市场机制，企业管理、经营的范围大大扩大了，包括：生产活动的组织，劳动力的编组，生产活动、劳动活动的监控与调节，财务活动的管理，市场营销，银行信贷，资本运作以及科技研发等等方面。上述管理、经营的每一个方面涉及到许多问题的处理，要求有高效率的管理劳动。当代经济中日益激烈的市场竞争和优胜劣汰，要求企业不断提升经营管理能力。经济越加市场化和全球化条件下形成的更加严格的市场行为规则，以及政府有关产品质量，环境保护的法规也强制企业加强经营管理。以上我们指出的是当代一般企业生产活动中管理经营的重要性。而对于物质技术密集和资本大规模聚集，以及全球性经营的大公司来说，优质的、内涵更广的管理、经营更是企业生存和顺利营运的首要条件。工厂制度下早期的经营管理依靠的是企业主本人以经验为基础的知识，现代大公司的经营管理则要依靠企业家及由科技人员、财经专业人员组成的管理层的科学管理，而用自然科学来解决生产中的科技问题，用财经科学来解决管理、营销问题，就成为现代管理的内涵。在当代，人们高度评价经营管理精英，杰出的CEO在确定企业发展战略、组织与整合企业内在和外在资源，提升企业竞争力和取得优异业绩中的重要作用，并给他们以“旷世奇才”、“经营之神”等等桂冠。但是基于严肃的经济学的理论分析表明，取得成功的企业家，与其说是依靠个人的聪明、意志，毋宁说是依靠经营智慧与知识——包括管理层的知识——本质地说依靠的是科学。马克思说机器大生产“第一次把物质生产过程变成科学在生产中的应用……变成运用于实践的科学”。马克思上述论述中提到的科学主要指的是自然科学，但在当代现代化大生产中，应用于生产的科学，显然不只是自然科学，而且包括经济管理科学以及社会、人文科学。

5．劳动力素质的提高

生产是社会的人和自然之间的物质变换，劳动者从来是生产的主体，主体的劳动能力从来是最基本的生产要素。主体的劳动能力，是指劳动者进行有用的具体劳动，创造产品和形成产品使用价值的能力，包括体力和智力；广义的劳动能力，包括劳动技能、熟练水平、知识文化水平、思想素质以及群体协作能力等等。主体的劳动能力从来是生产力的重要因素，因为任何一项特定生产活动的效率——即劳动生产率——除了决定于劳动的物质手段的性质和生产能力，即客体力而外，还决定于劳动者的素质和生产能力，即主体力。

人的劳动能力既来自人类天然禀赋，更主要是后天形成。人在生产实践和社会生活实践中形成有效运用体力的能力，形成和增进知识和智能，由此形成劳动力的特定素质，而使劳动力的素质和物质生产手段和生产方式的性质相适应，是社会经济顺利发展的前提条件。人类劳动力的潜能开发，素质的提高经历了十分漫长的历史发展过程，这是一个不平衡的过程。从总体说来，随着社会生产方式的进步，社会制度的创新，社会文化教育的发展，劳动力的素质逐步地得到提高，其主要表现是劳动者在知识增长的基础上，具体劳动技能和熟练获得增进。手工生产方式中的能工、工匠，较之一般工人，属于高素质的劳动力，他们特有的劳动技巧，来源于知识：从长期实践经验中获得的掌握操纵工具，运用、处理原材料等方面的知识。在这里，知识转化和体现在劳动力高素质之中。

机器大工业生产方式，开辟了劳动力素质提高的新时期，尽管资本主义初始阶段，滥用劳动者体力和压抑其智力表现得十分明显。但是工业化的深化，经济进一步的现代化，物质技术基础更加高级和复杂，要求一般劳动力智力素质的提高；另外，要求技术人员有更高的科学知识水平。因而工业生产方式的现代化是和劳动力的智力素质的提高相并行的，而劳动力素质的提升是由于劳动者掌握了更多知识和科学，或者说，科学（知识）转化和体现于增强的劳动能力之中。

在当代高技术生产方式中，为了有效使用以信息技术为基础的新的工业技术手段，掌握新的生产工艺，实行质量标准空前严格的劳动方法，要求一般职工有更高的智能。特别是科技研究与发展成为重要的生产活动，要求骨干职工层是高学历、高水平的智力劳动者——拥有卓越的创新能力的科技人员，不仅只是需要有自然科学专家，而且适应高技术经济中更加复杂的企业管理、营销，还需要有管理科学专家。可见，高技术经济发展中呈现出劳动者的智力素质的进一步提升，特别是起骨干作用的高智力劳动者素质的提升。高技术经济不只是生产现代高科学含量产品，而且生产、培育出更多的科学家。

总之，高科技经济加强了科学向劳动能力的转化，现代科学不只是转化为生产的物质要素，而且转化和形成生产的人身要素，培育和生产智力人群体，特别是科学人群体，他们是科学营养料所育成，是当代先进的劳动力。科学是强大的生产力，科学人群体是科学进步的泉源，科学人群体的出现和壮大，意味着科学进步更加强劲，它也预示科学力在财富生产中将要发挥更大作用。

（原文约6500字，发表于《经济学家》2002年第5期）

文摘编辑：翔宇

技术全球化与中国高技术产业的政策分析

陈 凡 邢怀滨

[作者简介] 陈凡，东北大学教授，博士生导师。

[内容提要] 本文探讨了技术全球化的内涵与性质，及其对中国高技术产业发展所带来的影响。认为我国高技术产业政策的制定应充分考虑技术全球化的时代背景，积极塑造新的竞争优势，树立全球视野的技术资源观，并要重视区域性产业聚集的作用，尤其是创新环境和营造。

[关 键 词] 技术全球化；高技术产业；政策。

一、技术全球化的内涵与性质

技术全球化是当代经济全球化中的重要内容之一，它的内涵和性质主要从以下三个方面表现出来。

一是研究开发的全球化。在世界范围内，企业是工业研发的主要力量。根据OECD的统计，在其成员国的工业研发中，来自于跨国公司的投资占75%。建立全球范围内的研发网络是跨国公司占领技术制高点，开拓海外市场的重要策略。自20世纪80年代以来，一些跨国公司纷纷在海外建立各种研发设施，如研究所、研究中心、工作实验室、研究开发公司等，从事产品开发、试验和科学研究活动。

国际性的技术开发合作是研究开发全球化的另一表现。非营利性机构之间的合作有政府之间的合作、国际组织之间的合作，企业之间的全球技术合作更多地表现为跨国公司之间的战略性技术联盟。在现代科学技术日益复合的时代，一项科研项目的费用支出额巨大，技术战略联盟成为解决这一问题的有效途径。由于联盟中的合作伙伴优势互补，研究周期可能会缩短，成功率也将提高；即使失败，风险也是联盟成员共担，从而降低了研发投资的风险性。

技术全球化的第二层含义是技术成果的全球共享，即在一定的规则和条件下，科技研究成果的应用是全球性的。国际技术转移是技术成果全球流动的主要途径，其最重要的形式是国际技术贸易。20世纪80年代以来，全球技术贸易额一直处于增长态势，包括技术许可、专利和商标出售，技术专家和智力服务在内的技术交易增长了大约3倍以上，而且通过设备进口所获得技术知识的重要性也呈不断增强趋势。

另外，为了阻止竞争对手或其他企业入侵自己的（或第三方）市场领域，企业也常把其专利拓展至其并不经营的市场。调查表明，在OECD国家中，企业在国外专利数量与国内专利数量的比率呈上升趋势，这在一定意义上反映了技术全球化的深入发展。

技术全球化的第三层含义是全球性技术管理，即不仅研究开发的组织形式是向全球开放的，而且各国均须在统一的制度框架和标准下，按照共同的国际规则进行科技成果的交易，并为科技成果的持有者提供知识产权保护等。

技术管理的全球化需要建立全球竞争与合作的体制，具体来讲，这种全球性的科技管理体制主要包括以下两方面的内容。一是要制定科技活动的学术规范和行为准则。二是市场规律将是科技活动中的基本准则。

二、技术全球化对我国高技术产业发展的影响

技术全球化给我国带来的影响主要体现在两种效应上：突生效应与溢出效应。

所谓突生效应，是指由于技术资源的全球配置，先进的科学技术流向技术落后的国家和地区，从而使这些国家和地区原来的技术演进与产业更替进程被打破，而突然出现新技术和新产业。突生效应一方面将破坏发展中国家的原有发展路径，如我国正处于工业化的中期阶段，以高技术产业为主体的信息化刚刚起步，在技术全球化的潮流中，全球范围内产业结构的升级使我国无法像发达国家当年那样完成工业化，而必须在国际背景下，将工业化和信息化同时推进。另一方面，突生效应为后进国家带来了跨越发展的可能。高技术产业的兴起是历史机遇，后进国家既有后发优势，也存在后发劣势。所谓后发优势，主要是在技术变革和新产业、新技术的发展中，发达国家和先进企业由于沉没成本和退出障碍的存在，有时会表现得保守和滞后，而后进国家和企业则具有强烈的创新倾向。所谓后发劣势，主要是因为技术发展需要相关知识的渐进累积和一定的生产与资本基础，在这些方面，后进国家远比不上发达国家。可以认为，各国之间原有技术基础的结构性落差是技术全球化带来突生效应的客观动因。

技术全球化所带来的机会突出表现在对东道国产生

的技术溢出效应上。首先，跨国公司的进入增加了东道国的竞争压力，迫使当地企业加强研发以提高自身市场竞争力，那些技术能力薄弱的企业则被淘汰，从而提高了当地企业整体研发水平。其次，跨国公司的进入带来了相应的技术文化，尤其是难以在地区之间转移的隐含类经验知识将逐步渗透到东道国。第三，跨国公司的人才本地化战略将使东道国的人力资源水平得到提高，这些人力资源在企业间流动时无形中就促进了技术的流动。另外，跨国公司的进入必然影响着其上、下游产业，为了能够向外国公司提供产品或服务，他们必须大力提高自身的技术水平。这样，通过产业间的前向与后向拉动作用，当地企业的技术进步将得到促进。可见，溢出效应的存在将为后进国家提供迅速提高其技术与经济发展水平的可能条件。

三、我国高技术产业政策的战略思路

面对技术全球化的形势，我国的高技术产业政策必须明确自己的战略思路。

首先，政策制定应在考虑我国比较优势的基础上，积极塑造新的竞争优势。在全球性技术分工的背景下，我们一直强调应该认清我国的比较优势，加强高技术产业和传统产业的融合，在提升传统产业水平上巩固高新技术基础。这种强调不无道理，然而，比较优势不是静态的，而是动态的，它如何发挥，如何持续，是需要我们深入思考的问题。加入WTO以后，尽管允许发展中国家对幼稚产业采取一定的保护措施，但关税的降低、贸易自由化步伐的加快，使具有比较优势的企业进入更为激烈的竞争中。而且，随着知识、人才和资本流动以及材料、货物运输成本的降低，许多传统的比较优势将逐步弱化。因此，在以前比较优势的基础上，积极塑造新的竞争优势，是时不我待的重要课题。在高技术领域，突生现象的出现，除去国外技术转移的原因外，也与高技术自身的特性有关。在全球化背景下，各类资源流动地理摩擦的降低使各地区在某种程度上具有了平等的发展机遇。比如，沈阳近几年信息产业发展很快，尽管跟国外先进技术相比还存在较大差距，但在传统重工业基地发展出如此规模的新兴产业却证明了这样一个问题，即许多新兴产业对原有产业基础的依赖并不强烈。继信息产业之后，新材料、生物技术、新能源等产业也展现出了广阔的前景，能不能搞，怎么搞，当然需要进一步具体分析。这里的启示是，我们应该积极利用技术资源全球流动的条件，寻找机会，创造机会。归根结底，未来一个国家或地区发展的依靠因素是什么？不再是传统的比较优势，而是发展能力，对政府而言，是战略的竞争，是思路的竞争。

其次，树立全球视野的技术资源观。树立这一观念，要求我们首先要处理好自主技术开发和技术引进的关系。显然，只有坚持自主开发和掌握核心的关键性技术，才能在国际科技竞争中居于不败之地；同时，应综合考虑进行自主开发和引进开发、原始创新与系统集成的比较分析，需要做和值得做的就自主开发，否则就引进。在技术全球化时代，尤其要重视如何提高我国企业的知识吸收能力，包括对外部知识资源的识别能力、与外部知识资源之间的合作能力以及对外部知识的整合能力。知识吸收能力的提高，将有利于学习和利用世界各国专门知识方面的种种优势，取长补短，从而不断缩短与先进国家之间的差距。高技术产业在全球范围内刚刚兴起，各国都面临着相同的问题，提高自身的吸收能力，及时吸取国外先进技术成果，发展自己的核心技术，是工业化时代落后国家在新产业革命之际抢占技术制高点的重要策略。

全球视野的技术资源观要求应切实树立知识产权保护意识，为高技术产业发展构建良好的法制环境。在全球范围内保护知识产权是技术全球化时代一项重要的制度安排，我国必须加快与国际知识产权制度接轨的步伐，积极推进与科技管理体制有关的制度创新，改进知识产权的管理，将其纳入科技计划管理工作的全过程；加强人员管理，着重解决好人才流动中知识产权，特别是技术秘密的规范管理工作；拓展科技的法律内涵和市场外延，利用法律手段适应与重视国际科技合作与交流中的知识产权保护和管理问题，等等。

再次，重视区域性产业聚集的作用。人们已经普遍认识到，企业是技术创新的主体，但单纯强调企业作为技术创新主体是不够的。最近的研究表明，区域在技术变迁中起着重要作用。在逐步深化的全球化时代，某一地区的资源可以分为两类：遍在性的和特有的。遍在性资源在各地区几乎可以同等地获得，而特有资源是赋予生产者竞争优势的主要因素。高技术产业的区域性聚集是全球范围内的一种普遍现象，其原因便在于区域所特有的资源，这种资源最有利于溢出效应的作用发挥。欧洲创新环境研究小组将这种特有资源归结为一种创新环境，它表现为地区内各类主体之间的信任、协作、创新精神、对竞争的共识等。这种创新环境中隐含的经验类知识难以被模仿和复制，这正是高技术产业密集区硅谷等地难以被复制的原因。因此，高技术产业的竞争力取决于其创新能力，而创新能力在技术全球化时代很大程度上与区域创新环境相关，结合不同地区的特点，营造积极的创新环境应是我国技术政策制定中充分考虑的因素。

（原文约4000字，发表于《东北大学学报》哲社版2002年第3期）

文摘编辑：翔宇

高科技的作用与价值创造

李秉濬

[作者简介] 李秉濬，厦门大学经济学系教授。

[内容提要] 物化劳动已经是死劳动，只有活劳动才具备二重属性，才有抽象劳动形成价值的问题。视价值量提高为经济效益的标志，是经济学研究的一个误区，说高科技会创造和提高商品价值量，其实是贬低高科技的经济作用。能够促发抽象劳动节省、商品价值量大幅降低的科学技术，才是名副其实的高新科技。

[关 键 词] 高新科技；物化劳动；使用价值增多；价值降低。

在高新科技蓬勃发展的今天，作为商品生产的物质要素的过去物化劳动的作用，有着愈加强化的趋势，鉴此，深化研究劳动价值论的正确性、科学性与时效性，理直气壮地回答过去物化劳动是否创造商品价值的问题，显然是非常重要的。但是这绝不是要把劳动价值论倒退到 1803 年萨伊的生产要素论。

一、着眼于提高商品价值量是经济研究的一个误区

劳动生产率指的是具体劳动的生产效率，而与抽象劳动无关；然而却只有抽象劳动才会形成商品的价值和增添价值量。在商品生产中，本期所使用的过去物化劳动，在其投入以前已经是死劳动，无论高新科技赋予它成为如何先进的生产物质要素，也都不能像本期投入的活劳动那样，分解为具体劳动与抽象劳动的二重支出。既然如此，它当然就不能自身改变或创造新使用价值，更不能形成新价值；即使是自动化的物质技术装备，也需要活劳动对它进行直接、间接或近距离、远距离的操纵与调控。其先进性的威力必然表现为促使本期投入的活劳动，作为具体劳动，必须适应先进物质要素高、新、精、尖的自然性质去进行操作，促使具体劳动的更加优化与精湛，创造出质优、量多、式新的使用价值；作为抽象劳动，可以达到最大限度的节省，最低的价值耗费。这样，综合本期活劳动二重性统一支出来看，就真真正正地达到低耗高产、低耗优产的境界。这种境界可能达到的高度与所使用的物质要素的先进程度成正比。

显然可见，在高科技条件下的商品生产过程中，既不是那些高新精尖物质要素本身，也不是驾驭它们的具体劳动在创造价值或增殖价值量，并且甚至也不是抽象劳动量增多而增加那些商品的价值量。恰恰相反，把那些剧增的使用价值较之新加入的抽象劳动量，单位商品的内含新价值量却是减少了；同时还应该看到，本期具体劳动转移那些高新物质要素原来的旧价值，由于这些要素的市场价值高昂，所以转移到新使用价值所承担的物质要素的旧价值就明显增多了。这很容易引起一种误解，认为过去物化劳动固然不创造和增多商品的价值量，但由于它们被转移的旧价值（原价格）增多，因而会增加所产商品的价格。其实不然，只要我们不忽视这时所产生的使用价值量剧增的事实，就会看到单位使用价值所承担物质要素的旧价值量也是减少了。因此，在这样的商品生产中，只要劳动生产率提高幅度超过物质要素消耗增加幅度与价值消耗增加幅度，只要价值量的增加低于使用价值量增加的程度，单位商品的价值构成（旧价值＋新价值或 c＋v＋m）的全部内含量就降低了。

以上情况是就生产商品的个别价值而言的，在同类商品的社会价值未下降以前，上述这种商品显然可获得超社会水平的价值效益。这就可以理解，为什么谁先接纳高新科学技术，谁先采用先进的生产物质要素，谁就先获得丰厚的价值效益；而且其丰厚程度是与其所利用的科技和物质要素的先进程度成正比的。如果我们不透彻地理解和把握劳动二重性理论，确实很容易认为有必要以过去物化劳动创造价值的观点去“补充”或“发展”劳动价值论。

为了生产商品所付出的劳动，除了作为具体劳动付出，因采用高新技术设备使商品内含的旧价值发生如上所述的变动外，作为抽象劳动的付出，活劳动消耗而形成在同一商品的新价值，也会发生相应变动。在采用先进生产设备与原材料后，单位产品无论是过去物化劳动还是现在活劳动的消耗都是下降的；或者说，在单位产品中，过去物化劳动旧价值的转移与现在活劳动新价值的形成，都是减少的。

以上分析表明：第一，采用先进物质要素，劳动生产率的提高，不是创造的价值增多，而是降低；增多的只是使用价值总量及其价值总量。第二，物质要素的先进，只是产生这种变动的条件；其变动的直接原因，是劳动二重性分别起不同作用的结果。

必须注意的是，这时先进的物质要素必然要求高素质劳动力与之相结合，这导致一方面构成劳动力价值的

劳动者教育训练费用提高；另一方面高素质劳动力所付出的劳动，其复杂性也相应提高。根据复杂劳动是倍加简单劳动的原理，这时不论是制造产品总量的劳动时间不变，抑或制造单位产品的劳动时间减少，在市场关系中，该企业相对于前期或其他后进企业，其活劳动形成的价值都是代表较多的价值量。把这个因素结合进去考虑，单位产品中的活劳动含量则不会出现大幅度地下降，如果劳动力价值提高幅度与劳动生产率提高幅度同等，上例出现的效益将会被抵消。

在雇佣关系下的商品经济中，商品价值构成里的活劳动所形成的新价值，还应该再分解为两个部分，一部分用于补偿劳动力的价值；另一部分则是剩余价值。

采用先进物质要素的结果将是：

1. 率先采用先进物质要素的企业，就可以获得高于正常水平的超额收益，即超额剩余价值。

2. 当先进物质要素被全生产部门乃至全社会普遍采用时，先进技术也就成为一般技术，超额剩余价值生产被相对剩余价值生产所代替。这时如果有更先进的技术出现，仍然又会有个别企业率先采用，并在此基础上追求新一轮的超额剩余价值生产。

3. 在相对剩余价值生产的条件下，先进技术设备等物质要素，在劳动二重性的作用下，其后果会使整个部门或全社会受惠，劳动者与企业主所能得到或可供消费的使用价值量均会增多；后者增多程度大于前者。

4. 不可以把劳动者消费数量与品种增多，等同于劳动力价值上升。在普及先进技术进行相对剩余价值生产的条件下，前者增多与后者降低，完全可以不悖地进行。

5. 把商品价值量增加看成是一种伟大功绩，这是经济学的一个误区；把价值量增加作为高新科技的巨大贡献，恰恰是对高新科技的亵渎。只有能够促发商品使用价值不断创新与巨幅增多，同时又能导致价值降低的科学技术，才是前卫的高新科技。这是把高新科技应用于商品生产的问题，置于劳动二重性理论指导下进行分析，所应该得出的科学结论。也只有劳动二重性理论，才会对高新科技的经济作用给以真正的充分的肯定，从而推动高新科技的发展，并迅速转化为现实的生产力。

二、要与时俱进不要回头倒退

如果放弃生产商品的劳动二重性理论而泛泛侈谈劳动创造价值，那么，过去物化劳动创造商品价值的理论就能够成立。因为不区分具体劳动与抽象劳动，对于商品的成形，自然就不必区分过去物化劳动与现在活劳动的不同作用与功能。不论是过去的物化劳动、死劳动，还是现在劳动力的支出、活劳动，统统都是劳动。它们对于商品的成形，都是不可或缺的生产要素，都是功不可没的劳动耗费，因而过去物化劳动与现在活劳动共同创造商品的价值，也就名正言顺了。随着科学技术普遍转化为现实生产力，商品生产中所使用的先进和新颖的物质要素，其比重必然有不断增加的趋势，而劳动力所占的比重当然会逐步减少。因此，先进的过去物化劳动逐渐不依赖活劳动，而成为商品价值的独立源泉或惟一源泉，也就成为无可厚非的见解了。在其立论者看来，这就是“劳动价值论”在高新科技时代应有的“发展”。

如果不区分不变资本与可变资本而泛谈资本，当然也就不存在它们在剩余价值生产中的不同作用的问题。这样，投资所带来的利润，自然而然地就是资本的产物。在持这种观点的人看来，资本是表现在生产资料等物质要素的，因而，商品价值就由它与劳动力分别创造的，利润则是物质要素的产物。与上述同理，在高新科技对生产作用日益显著的今天，企业用于生产资料的费用大幅度增加。鉴此，生产中所使用的物质要素、过去物化劳动创造商品价值，也就理所当然了。如果要用实例来论证这种见解，也是轻而易举的，只要把上例中的剩余价值（m）部分再分为两个部分，其中一部分说成是过去物化劳动创造，而另一部分才是劳动力创造的；或者也可以说在当前的新情况下，剩余价值全部都是过去物化劳动创造的，反正商品的总价值量并不增减，不致发生等式两边数字不等的矛盾，同时也不会影响到市场上交易行为的等价交换原则，似乎也不悖于马克思的劳动价值论。如果要证明高新科技会创造更多产品的价值量，也并非难事，只要把超额剩余价值说成是高新科技增加创造的价值，不就顺理成章了吗？

很遗憾的是，这种理论不是马克思劳动价值论的“发展”，而是向古典学派和效用学派的价值论倒退。

（原文约6000字，发表于《经济学家》2002年第4期）

文摘编辑：翔宇

抓住经济全球化机遇 促进社会主义发展

唐万年

[作者简介] 唐万年，解放军理工大学教授，解放军理工大学副校长。

[内容提要] 经济全球化促进了世界经济的互动，正确认识和把握它，趋利避害，这将是欠发达的社会主义国家更好地利用和借鉴资本主义文明成果，获得跨越性发展的历史机遇。21世纪的社会主义，只有适应经济全球化的大背景，广泛利用世界范围的文明成果，在坚持社会主义根本制度的前提下博采众长，充分发挥自己的优势，创造出属于自己的物质文明和精神文明成果，才能始终充满生机和活力，最终获得成功。

[关 键 词] 社会主义；经济；经济全球化；马克思主义。

一、经济全球化是社会进步的象征

从社会历史发展的角度来看，经济全球化是人类不断地跨越空间障碍和制度、文化等社会障碍，在全球范围内实现经济的充分沟通和达成更多共识的过程。它是生产社会化和国际分工的发展和扩大，是商品、技术、信息特别是资本在全球范围的自由流动和配置；它带来了一种人类生产和生活相互联系和相互依存的状态，造成了一种包括发达国家和发展中国家在内的各国经济你中有我、我中有你的相互交流发展局面；它是现代社会生产力和科学技术发展的表现，是市场经济在全球范围内的延伸。归根到底，经济全球化是现代化大生产的社会性的一种表现，推动着社会的进步与发展。

当然，必须看到，经济全球化是在西方发达资本主义国家主导和推动下发展起来的，主要体现和反映了发达国家的利益。西方国家力图利用经济全球化实现资本主义一体化，侵犯发展中国家的主权和利益，形成一种新的依附关系和剥削关系。正如江泽民同志在2000年9月召开的联合国千年首脑会议上的讲话中明确指出的：经济全球化使各国的经济联系更加紧密，也为各国的发展提供了机遇。但是在经济全球化的进程中，各国的地位和处境是很不相同的。在发达国家享尽全球化“红利”的同时，广大发展中国家却仍饱受贫穷落后之苦。发展资金匮乏、债务负担沉重、贸易条件恶化、金融风险增加以及技术水平的落后，使发展中国家总体上处于更为不利的地位。

二、经济全球化给社会主义国家带来难得的发展机遇

“开放性社会主义”思想是马克思科学社会主义理论体系的重要特征。从世界交往的视野上来看待社会主义的发展，我们会发现，经济全球化确实给社会主义国家提供了有利的国际环境条件。它有利于我们吸收外资，弥补建设资金的不足；有利于引进先进的技术和设备，实现技术发展的超越；有利于学习先进的管理经验，培养高素质的管理人才；有利于发挥相比较的优势，扩大对外贸易，开拓国际市场。自20世纪80年代尤其是进入90年代以来，我国经济从全球化中得到了较大利益。目前，我国已成为世界上最大的外资直接投资国之一。我国正是借助了源源不断的外资，建立起一个庞大的面向出口的制造业部门。也正是这个部门在我国外贸扩大和企业制度创新中，起了非常突出的作用。据统计，目前“三资”企业的出口贸易已超过国有企业，在我国对外贸易的增长中发挥了不可替代的作用。

经济全球化的实质是市场经济的全球化。从经济体制改革看，经济全球化有利于我国尽早实现向社会主义市场经济体制的全面转轨，充分发挥市场竞争机制的作用，激活我国的企业，激发更大的竞争力。从政治体制改革看，经济全球化有利于推动我国社会主义的政治发展，为我们健全体制、转变政府职能、精简机构、扩大民主提供重要的机遇和条件。

经济实力是一个国家综合国力的物质基础和核心。它既是长期积累的过程，又具有抓住机遇呈现“跳跃式”发展的特性。一般来说，当今作为世界经济大国，至少要具备两个条件：一是要有相当巨大的国民经济总量规模，国内生产总值通常应在年2万亿美元以上；二是要有相当密切的国际经济联系，外贸总额一般在年5 000亿美元以上。因为，若无巨大的经济总量规模，就谈不上其对世界经济的分量，若无密切的国际经济联系，就谈不上其对世界经济的影响力。目前，世界上只有美国、欧盟、日本同时具备这两个条件，可谓世界经济三极。而紧随其后的中国，2000年的国内生产总值约为8.94万亿人民币，进出口总额为4 743多亿美元。据我国权威部门预测，在未来十几年甚至二十几年内，我国经济还将维持一个较高的发展速度。今后10年，经济的年均增长率将在7%左右，国民生产总值将比2000年翻一番。只要我们充分利用国际国内一切有利于发展的良好机遇，

积极推进改革开放，集中精力发展经济，综合国力就会大大增强，有中国特色社会主义事业将生机勃勃，蒸蒸日上。

三、社会主义必须积极应对经济全球化的挑战，谋求可持续发展

经济全球化是一把“双刃剑”，它给社会主义带来发展机遇的同时，也给社会主义带来巨大的挑战。由于全球化使世界各国的经济活动紧密地联系在一起，因此，牵一发而动全身。任何一个国家的内部失衡都会反映成为外部失衡，进而很快影响到与其有密切贸易和投资关系的国家，最后极有可能将其他国家不同程度地引入危机的境地。1997年始于泰国的金融危机，先后蔓延到其他一些亚洲国家和俄罗斯，几乎摧毁了巴西的经济，这就充分地证明了这一点。另一方面，要参与经济全球化进程，必须首先实现信息化，而要实现信息化，对欠发达的社会主义国家来讲，并不是那么容易的。有关资料表明，许多由于经济技术落后不能有效利用互联网的国家，日益面临经济边缘化的危险。目前，在美国有30%的人口上网，而在发展中国家上网的人口只占0.6%。由此可见，全球化对欠发达的社会主义国家是一个严峻的挑战。

当前，资本主义在世界经济中占主导地位，资本主义总是按照它自己的面貌来塑造世界历史，而不可能对社会主义有任何同情和支持。在我们吸收西方发达国家的资金和技术，学习他们的先进经营管理方法的过程中，我们会受到西方发达国家经济优势和技术优势的压力。例如，加入WTO后，中国将享受成员国拥有的最惠国待遇，使得贸易大国对我国的歧视性做法逐步取消，使我国产品拥有更加有利的竞争条件，从而进一步扩大出口。同时由于国内市场的开放，投资环境的不断改善，它将有利于我国吸引更多的外资和引进先进的技术和管理经验，提高我国企业的技术水平和管理水平。但是，根据WTO的规定和我国政府所作的承诺，我国加入WTO之后，一般将在不超过5年的时间内大幅度削减关税，其中信息技术产品实行零关税，许多领域将基本实行贸易自由化和投资自由化。同时，外国高新技术产品进入中国的限制将放宽，外国在中国的直接投资将大幅度增加，高新技术跨国公司会纷纷进入中国，国内企业将面临极为激烈的竞争。尤其是那些成本高、技术水平低、经营管理落后的企业将面临更加严峻的挑战。不仅如此，跨国公司凭借其诱人的物质待遇和巨大的发展空间，将与我国展开一场激烈的高科技人才的竞争，这将造成我国高新技术产业所急需的高级人才短缺，严重影响我国高新技术产业的竞争力。

经济全球化对社会主义国家来说，机遇和挑战并存，正面影响和负面影响都有，只有抓住机遇，正确制定社会发展战略，加快发展，才是应对挑战的最好办法。事实上，随着全球化的发展，西方发达国家越来越注意加强对发展战略的研究，无论是制定经济战略还是政治、军事、文化战略，目的是非常明确的，就是要控制全球化的主动权。社会主义国家要在这样的形势下寻求发展，没有一套切实可行的应对战略，不能独立自主地选择适合自己的发展道路与方式，在全球化进程中不能牢牢掌握主动权，社会主义现代化就无法实现，社会主义事业就可能会被断送。

（原文约6000字，发表于《解放军理工大学学报》2002年第2期）

文摘编辑：翔宇

经济全球化的辩证观

甄朝党

[作者简介] 甄朝党，云南财贸学院副院长，教授，硕士研究生导师，清华大学管理学博士生，主要研究金融学和企业经济。

[内容提要] 世纪之交，经济全球化的第三次潮流已成为不可逆转的大趋势。西方秉承其全球化理论，认定经济全球化是世界历史文明发展的、几全其美的大好事。发展中国家则持正负效应说。发展中国家应持唯物辩证观点，正确分析和应对，坚持经济全球化的二重观，从历史发展趋势着眼坚持对外开放；坚持经济全球化的政治发展观，在确保国家主要权力、主要能力和主要权威的前提下顺应其发展；坚持经济全球化中文化的二元观，弘扬本土文化，强化本源文化，吸纳异质文化的积极成分，交融发展。

[关 键 词] 经济全球化；经济；政治；文化；辩证分析。

一、经济全球化的经济、政治和文化的效应分析

经济全球化的效应主要在经济、政治和文化等三个方面。在经济方面，经济全球化的效应主要表现在经济的集聚效应。导致世界财富在发达国家和发展中国家之间的不公平分配，尽管发展中国家在全球化中也会获得利益增长财富，但发达国家将愈来愈富有而发展中国家将愈来愈相对贫困化。其次表现在在全球化中由于金融资产国际流动的障碍和壁垒趋少，成本渐低，又加上由于信息技术的进步与发展和网络的扩展，使得金融资产的跨国流动具有充分的信息条件和物质技术基础，大大调动金融资产的流动积极性，大大加快了流动规模与速度，大大增强了流动的信息条件保障。这样资本就离实物经济愈来愈远，世界经济尤其是地区经济的虚拟化趋势就会不断加强。正因为这样，许多国家尤其是发展中国家，经济民族主义强化，经济主权意识增强，正在寻求和努力维护在全球化中和国际经济合作条件下国家的经济主权。

在政治方面，经济全球化的效应主要表现在对民族国家的影响，即对国家权力、国家能力和国家权威等的挑战。其理论深处是西方中心主义对国家主义的挑战。对这些方面的影响一是直接影响国家的政治发展，二是通过作用于经济、文化、社会等领域而形成的间接性的对国家政治发展的影响。

在文化方面，经济全球化的效应是对民族文化的挑战。一方面，经济全球化带来的文化影响，对于发展中国家具有批判性的借鉴作用和促进了开放思维与文化的发展与进步。另一方面，西方文化随着经济全球化进入发展中国家，给发展中国家带来对异质文化的新奇感，于是仿效和追逐风在一定范围和一定层面逐渐形成，促进了文化构成的变革，冲击着传统文化的传承与扬弃，对民族文化中的优良部分的地位形成极大挑战。

二、经济全球化的二重观

对于经济全球化的二重性，是发展中国家的基本共识，并且确实是利弊并存。究竟是利大于弊还是相反，则有不同的观点。其实，其有利之处包括有：经济全球化为发展中国家提供了更多吸引外资的条件和机会；为发展中国家的资本外投创造了外部环境和条件，使其对外直接投资规模不断扩大，增长迅速；促进了发展中国家跨国公司的发展，使其在世界市场的竞争力逐渐增强；使世界范围内的产业结构调整进一步深化，步伐加大；拉动了国际贸易的迅速发展。在经济全球化中发展中国家受益是较大的。同时，在经济全球化中发展中国家经济与世界经济发生紧密联系，相互制约和影响，对发展中国家就有负面影响和冲击。主要是由于全球贸易和全球生产体系的迅速发展，以及跨国公司及其资本的不断扩张，使发展中国家的民族经济面临越来越大的压力和冲击，其对发达国家的依附性也不断增大；金融全球化加快了国际资本流动速度，并使大量的资本流入发展中国家，而发展中国家不太重视防范金融风险和稳定金融秩序，金融管制和金融调控力很弱，形成对发展中国家金融的巨大冲击；使发达国家将越来越多的劳动和资源密集型产业以及污染环境的企业向发展中国家转移；导致和加剧了世界经济发展的进一步不平衡，加剧了不发达国家的贫困，贫富差距拉大，贫富两极分化恶化；给发展中国家的经济安全形成挑战，经济全球化越发展，世界经济一体化越深，这种挑战越大。于是，一方面必然参与经济全球化趋势，谋求经济发展，而另一方面又有负面的影响与挑战，所以，必须积极参与经济全球化进程。这从长远看和从全局战略看应是利大于弊。在全球化中要面对其负面效应，采取应对策略与战略，减少

负面影响。总而言之，应该从实际出发，立足发展观，站在长远和全局战略高度，谋求民族经济的不断发展，并正确应对发展中的问题，把西方国家推动的经济全球化过程变成解融西方中心主义的过程。

三、经济全球化的政治发展观

全球化问题，不论是经济的、政治的，还是文化的，特别是政治的，所关涉的深层次理论问题是全球主义与国家主义的关系。在两者的矛盾统一中，即在坚持全球主义与国家主义并存的前提下，我们倡导全球主义观照下的国家主义。这种主张包括对人类社会的发展，要以宏观的历史眼光审视，真正认清全球化和全球主义的大趋势；对国家主权的相对性要有自觉认同的观点，并用发展的眼光探究全球化时代主权的要旨及其新的表现形态；民族国家在相当长的时期里仍是人类社会生活的支点，观念和行动上都不能急于全面超越国家主义；正视国际社会秩序不公正、全球化中分配不平等的事实，理解发展中国家维护国家主权的要求，努力促进人类社会整体发展。全球主义与国家主义的关系全面体现并制约着人类的经济、政治、文化生活。在全球主义与国家主义的关系中，两者是一种矛盾关系，是全球主义的必然趋势与国家主义的现实的统一；为了顺应经济全球化的历史必然，国家主义必须顺应全球主义的一些要求，全球主义必须观照国家主义的自主要求；国家主义是国家存在和国家自主性的本质要求，全球主义必须符合国家主义的现实。

面对经济全球化，受影响的国家政治应坚持政治发展观。这种政治发展是在经济全球化以及各国与经济全球化接轨的前提下进行的，并且各国的政治发展决定着各自经济与经济全球化的合作与发展状况，因此，开放条件下的政治发展应有自己的价值取向和实践模式。由于在全球化中国家存在与发展的环境与条件发生了随开放程度不同而不同的变化，生产力的发展有赖于从开放的互动性的国际关系中取得，坚持有自主限制的主权对于发展中国家实现国家的充分利益是很重要的，但必须保有国家的主要权力。由于国家能力有别，利用国际机会的能力也就不同，国家必须发展政策制定能力，以便形成适应经济接轨要求、无损国家核心能力的有效运行机制。由于在经济全球化进程中，外来政治冲击会影响国家权威基础，引起认同危机，甚至会导致政治的不稳定，如民主价值取向会因市场国际化而改变，就应在民主政治建设中坚持发展的观点，根据本国实际情况，在发展中处理好民主政治发展与社会稳定和国家权威的关系。固守既有的民主政治主张，将会增加社会运行的摩擦，甚至障碍社会生产力的发展。但是基本的民主政治主张必须坚持，不得动摇。在这里，体现出上层建筑对经济基础要适应的要求。总之，坚持经济全球化中的政治发展观，就是要适时适当地调整上层建筑的不适应部分，顺应经济的发展。由于国家能力的有效性和国家权威理应维护，国家权力不能动摇其主体部分，因此这种政治发展观坚持的是适应性发展和调适性发展，不是也绝对不能全部放弃国家能力、国家权力和国家权威。

四、经济全球化的文化二元观

经济全球化推进的文化全球化，是以西方国家特别是美国为主导的经济全球化推动的仍以西方国家特别是美国为主导的文化的全球化，所以简捷地讲是全球文化意识的西化。由于文化本身具有开放性、动态性，不是封闭和停止不前的，对异质文化具有交融性，所以对经济全球化中的文化应如何正确看待，也是一个很重要的问题。全球化是全球不同民族互相依赖、互相合作的发展过程。但由于西方国家特别是美国具有国家经济、政治、军事和科技的强大优势，而发展中国家尤其是最不发达国家则处于弱小态势，在全球化中各民族国家地位极不平等，所以文化的全球化主要成为西方的文化输出。在这种文化输出的背后是利益追求与权利控制，通过文化输出及权利控制，从文化、经济、政治等方面使强势文化对弱势文化不断同化。尽管在经济全球化带动的文化全球化之外仍有不同民族文化的同化过程，但那种同化的双方从长期看和全局看基本上处于平等地位。在强势文化对弱势文化的同化过程中存在文化抗拒与冲突，也就是本土文化与西方文化的抗争，由于本土文化具有自己的经济、政治基础和深厚的文化底蕴，并已形成源远流长的文化传统及习俗，同时也存在民族文化之间的相互渗透，因此在一个民族国家中文化的全球化和本土化的二元结构将长期存在。文化的全球化和本土化两种趋势由来已久，但它们之间相互的抗争由于经济全球化的角触日趋广泛和深化而突显，成为跨入新世纪的国际社会的主要特征之一。文化的全球化和本土化形成鲜明的文化对立统一体，它们既矛盾、对立，又相互促进与发展，它们存在于国际社会和民族国家，形成民族国家文化的二元结构和国际社会的文化多元结构。它们存在自己相对独立的发展态势和发展规律，同时也存在经济、政治、军事和科技特别是经济发展的促进与制约；此外，值得一提的是人们知道但很少提及的文化的全球化和本土化发展对经济、政治、军事、科技等方面的发展的促进与制约。由此，我们应坚持对经济全球化有推动作用的文化全球化的唯物辩证观。

（原文约 8500 字，发表于《云南财贸学院学报》2001 年第 1 期）

文摘编辑：翔宇

全球化进程中的国际资本市场

徐国柱

[作者简介] 徐国柱，贵州财经学院教授，主要研究方向之一为资本市场与资本运营。

[内容提要] 随着金融全球化的全面推进，国际资本市场正在经历快速变革的过程。各国之间展开争取资本的竞争，促使国际资本以更大的数量与更快的速率在全球范围内流动。资本市场的全球化有利有弊，对各国经济增长和经济安全带来正负两方面的影响。对资本市场全球化进行国际协调，是各国尤其是发展中国家在新世纪必须直面的一个极为紧迫的问题。

[关 键 词] 全球化；资本市场；资本供求；国际协调。

一、资本流动的全球化态势

随着金融全球化的全面推进，国际资本市场正在经历快速变革的过程。其中一个重要标志是，资本流动在过去一直是由银行指导、政府控制的，然而现在却转为个人、机构或私人互助基金为主体，为了追求利润最大化，其流动的自由化程度空前提高，并且由于电子化的数据传递，更使这种流动能够在全球资本市场上以前所未有的速率进行。据统计，近 3 年国际资本市场交易规模已经翻了三番，每年融资额已超过 1.5 万亿美元。

资本市场的全球化，是世界经济发展的客观必然。各国之间开始了争取资本的竞争，开始了对资本市场体系及相关的制度安排的调整，从而促成资本市场的全球化发展。

首先，从全球资本需求看。发展中国家为全面推动经济增长和改善基础设施，谋求巨量的资本支持，形成对外部资本需求的庞大空间。90 年代，五十多个发展中国家相继建立了资本市场，成千上万的公司发行股票和债券，吸引追逐高额回报的投资者趋之若鹜地涌进，成为国际资本流入的热点。1990 年流向发展中国家的证券资本净额只有 62 亿美元，1991 年就增长到 225 亿美元，1992 年上升为 391 亿美元，首次超过了当年 380 亿美元的外国直接投资；到了 1993 年增速更快，达到 883 亿美元，1994 年以后则越过了千亿美元的大关，虽然有的年份有所起伏，但证券投资总额一直大大高于直接投资总额。应当说，90 年代是发展中国家资本市场国际化迅速发展的黄金时期。为了达到大量引资和提高资本市场效率的目的，不仅放松资本管制的国家数量增多，而且对外开放接轨的步伐加快。

对国际资本的渴求和热望，并不限于发展中国家，西方发达国家更为强烈，这在国际资本的大部分还是依旧滞留在发达国家的情况下尤其明显。国际清算银行统计，1998 年全球证券市场各种证券市价总值 25 万亿美元，成交 23 万亿美元，其中分布在发达国家和地区的十大证券市场的证券市值为 22.3 万亿美元，成交 20 万亿美元，分别占全球总额的 89% 和 87%。上述数据，尽管包容多种因素的复杂内容，但从中毕竟可以反映出国际市场资本的需求状况。

其次，从全球资本供给看。全球可供流动和投资的资本是充裕的。近几年资本在全球流动十分强劲，每天约有上万亿美元游资在寻求出路。更令人注目的是，私人资本将逐步成为国际资本流动的主力，是资本供应的主要来源。但是，私人资本要购买公司债券和股票而直接进入到世界投资市场上，在外部它是受到政府管制的。因此，作为投资主体和管理者，主要来自互助基金和保险基金，进一步说，又主要来自发达国家的相关基金。联合国秘书处 2000 年的一份资料称，美国机构投资者的资产数额约为 8 万亿美元，欧洲约为 6 万亿美元。到今天为止，这些资本在新兴市场（指发展中国家新出现的证券市场）投资比例不到 1%。所有项目显示，今后的 10 年里，在这些市场上的投资将有可能增加到总资产的 5% 至 10%，也就是说将有 1 万亿至 1.5 万亿美元的投资总量。因为国际投资者相信，新兴市场具有巨大的发展潜力，其投资回报率可望超过工业化国家，而且可以通过多元化投资策略控制和分散风险。因此，在发展中国家努力寻找和引入国际资本时，就有可能和机会获得来自发达国家的资本。

第三，从全球资本流量看。据估计，近年国际流动资本约为 3 万亿美元，这个数额在 30 年里已扩大了近 10 倍，它在美、德、法等 7 个主要发达国家的总预算中已经占到 75%。值得重视的是，这整个增长大都由私人资本所引起。银行贷款一般受到限制，而且需要政府、国际货币基金组织或世界银行提供担保，但私人资本是循环使用的，并能自主地进行自认为有利可图的投资。近些年不少国家开始研究资本构成问题，面对多种的资本构成部分——购买者依然保有控制权的直接投资、贷款（银行贷款或债），股票和股份，面对快速增长、年均流动超过500亿美元的股票市场，究竟何种构成比例较为合理和有利，是否需要对资本的输出或输入实施结构控制，至今各国的认识和实际作法仍大相径庭。在政府控制之外自由地进行资本流通，如联合国秘书处所言将导致权利概念的转变，即从政府的传统投资转向私人持有资本。这种转变，可以解释为什么中央银行难以制止投机行为的发生，而这种投机行为已经给近年的日元美元和欧洲货币的价值造成不利的影响。对此各国政府无不加强控制其预算和资本减少的能力，与私人资本相比，它们的财政资金相对减少了，使得其不能再进行某些必要的投资。在国际金融机构中，由各国共同注资的世界银行和国际货币资金组织也面临同样的情况。与此相反，跨国金融企业、私人基金管理公司和银行股东却拥有越来越大的权力。私人资本作为一个举足轻重的角色在国际市场上出现，其投资行为逐步从被动型转向主动型。过去人们普遍认为政府应当对资本配置负主要责任，现在却表示市场应当代替政府行使这一职责。这样，国际资本市场的覆盖范围越来越全球化，内在结构越来越多样化，交易规模越来越扩大化，而投资主体的行为越来越自由化。

二、资本市场全球化的利用与协调

资本市场全球化的深入发展，对各国与国际市场的关系提出相互联系的两个方面的历史性要求。

其一，发展中国家要善于利用全球化创造的新的国际条件。资本市场的全球化是世界经济发展的客观要求和必然趋势，这是回避不了的。发展中国家只能正视客观现实，积极参与建立国际资本市场新秩序和新规则，充分利用有利条件和化解不利因素，寻求多样化的方式和路径发展自己。

为了利用资本全球化的国际条件，发展中国家有必要调整和改善自身的利用基础和方式。(1)完善经济制度安排。按照经济全球化的基本走势和运行规则，立足本国经济实际过程和资本运动过程的配合，进一步深化金融体制改革，加强金融法律建设，健全和完善资本市场运行机制，因势利导外来资本的流量和流向，增加中长期资金来源的种类、层次和数量，在提高自身市场化水平的基础上，建构维护本国经济主权最大利益的管理体制和监督体系。(2)确立适应国情、国力的自由化进程和对外开放策略。要从本国的经济发展阶段和水平出发，结合国情具体特点和要求，极其审慎地对待和处理诸如资本账户开放等一系列金融自由化问题，依照需要和可能分阶段、分层次放松管制。在条件不成熟或者超越自身驾驭能力情况下过速、过度的自由化，将使资本市场泡沫化，最终导致市场的动摇甚至崩溃。(3)加大资本市场安全创新力度。针对资本流动瞬息万变的特点采取恰当的监管手段和方式，成立专门的资本市场安全研究和决策机构，制定安全政策和监控标准，提高现场和非现场监管的质量，加强现代信息网络的建设，完善资本流动风险预警系统，建立和健全多层次的资本市场风险防范，应急及处理体系。

其二，国际资本市场要加强协调和监管。众所周知，资本市场充斥着投机牟利，在国际资本交易中，真正与投资相关的不到10%，其余90%都与投机有关。而扮演投机主角的，大都是一些实力雄厚的基金。震惊全球的东南亚金融危机的主要肇事者就是美国的一些对冲基金。根据国际货币基金组织1998年5月的统计，截至1997年底全球共有对冲基金1115个，运作资产高达3000至5000亿美元，其中半数在美国。大量的对冲基金挟巨资以造市，借规模以做局，时而涌入，时而抽逃，给有关国家和地区的国际收支平衡和资本市场稳定带来严重冲击。面对不稳定的资本市场体系，面对不平等的市场竞争和不完善的调控手段，加强国际协调是资本全球化进程中必须高度重视并予以认真解决的问题。

（原文约6500字，发表于《贵州财经学院学报》2001年第5期）

文摘编辑：翔宇

加入WTO与我国金融国际化及其安全

张澜涛

[作者简介] 张澜涛，国际关系学院国际政治系。

[内容提要] 本文从加入WTO对我国金融业的影响及必须解决的重要问题两个方面，对中国在实现金融市场开放时如何规避风险，应对可能发生的金融危机做了分析。

[关 键 词] WTO；金融国际化；金融风险。

中国加入WTO后必定促动国内金融市场更快更全面地融入国际金融市场，因此，我国在实现金融市场开放时，如何规避风险，应对可能发生的金融危机，是我国“入世”和实现金融安全的战略要求所在。

一、加入WTO对我国金融业的影响

中国加入WTO后，金融业对外开放的内容主要有：(1) 逐步允许外资银行对国内企业开办人民币业务。(2) 向外资金现机构全面开放外汇业务，取消地域和服务对象的限制。(3) 逐步允许外国保险公司进入中国市场。(4) 允许外资合作企业参与基金管理、承销国内股票发行、参与以外币为面值的国内证券发行和交易。(5) 非银行金融公司可以开展汽车销售的贷款业务。显然，“入世”使中国金融业面临新的开放压力。正确认识这一现实，对维护“入世”后金融安全有着重要意义。

“入世”后，我国金融业主要问题在于：

第一，国有商业银行体制缺陷相当严重。我国国有商业银行的改革，由于各种原因至今没有实质性的进展，特别是国有商业银行的产权制度基本照旧，四大国有银行的垄断地位基本未变，各级管理体系缺乏必要的金融风险防范机制。当大量外资进入时，容易导致中资银行的市场竞争地位相对恶化。

第二，沉重的国有企业经济拖累。国有企业是我国金融机构的主要客户，据统计，四大国有银行业务的80%是通过低贷款利率投贷向国有企业。然而，目前国有商业银行与国有企业并不是真正的商业信贷关系，而是带有很强政策性的国家强制性投资行为，因而，造成企业信用观念和行为都很差。当国有企业发生亏损时，银行发放的信贷资金也就转变为相应的呆坏账，国有企业的亏损实际上由银行来承担。1999年底，四大国有银行的不良债权高达24%，使其背上了国有企业亏损的沉重包袱。

第三，分业经营的竞争劣势。目前我国金融业推行分业经营、分业管理制度，而国际商业银行的发展趋向却是多元化经营。原因为：(1) 具有高效的“广泛经济和互补效益的“合成效应”；(2) 更符合“不要把所有的鸡蛋放在一个篮子”里的分散风险投资定律；(3) 更有利于竞争和打破行业垄断。“入世”后，外资银行的多元经营，必然使我国分业经营的银行处于不利的竞争地位。

第四，我国保险业在产品创新、经营管理、人力资源和服务措施等诸方面都较落后，不利于我国保险业的竞争。

第五，资本市场主要问题是：(1) 许多上市公司的品质和产业定位很差；(2) 我国证券市场规模很小，市场制度不完善，违规行业严重；(3) 证券经营机构和监管机构水平较低。

第六，中央银行实施货币政策和金融监管的难度加大。“入世”后，随着我国金融业国际化和外资银行的大量进入，必然对央行实行有效的宏观调控监管提出更高更新的要求。

二、加入WTO后我国金融业必须要解决的重要问题

金融安全是指国家金融政策得以有效的贯彻执行，金融机构、金融市场和金融活动能够有效地抵御和消除来自国内外的各种风险冲击与侵害，确保国家正常稳定的金融制度、金融功能、金融秩序和金融利益。加入WTO后，为维护我国金融安全，必须解决好以下问题：

1. 利率市场化

加入WTO，实现金融国际化的首要问题是实现利率市场化。但我国利率至今仍是行政决策、统一管理、严格限制。(1) 利率管理最终决定权集中于国务院，央行仅是执行机构。(2) 存、贷款利差不合理，其确定利差水平的主要考虑因素是国有企业的承受能力。这样容易导致通货膨胀，并给企业造成转手放贷的机会；(3) 利率弹性小，使利率不能正确反映资本市场行情和资金使用的实际价值，从而缺乏经济杠杆的功能。

目前，虽然我国还不具备利率完全市场化的条件，但是，随着“入世”，利率市场化是发展趋向。同时，利率市场化也会加大金融风险，增加金融不安全因素。

2. 关于非国有商业银行的发展

"入世"后，发展非国有商业银行，打破国有商业银行的垄断，引入市场机制，开展市场竞争，对我国金融业的发展有着重要意义：第一，是建立健全现代金融体系的要求。我国金融体制改革目标是建立多元化、多层次、多类型的金融机构体系，营造开放竞争、分工协作、功能互补和服务效益的现代金融产业。而非国有银行则是这一目标体系的必要组成部分。第二，是创建现代商业银行动作模式的要求。现代市场经济要求商业银行必须是自主经营、自负盈亏、自我约束和自我发展的独立法人实体，面向市场，以追求利益最大化为目标，按照市场需求建立组织和经营业务。显然，非国有银行在探索建立现代银行制度中起着一种样板和参照的作用。第三，为民间投资金融业打下基础。从长远来看，"入世"后，金融业在消除对外资壁垒的同时，也应当取消对非国有资产的歧视，从而才能形成广泛的平等竞争，才能最有效调动社会资本的功能。

于是，"入世"后，外资的进入和非国有银行的发展，会使国有商业银行面临更大的考验。

3. 关于人民币自由兑换和国际化的问题

货币自由兑换是指取消对外汇交易的限制，即在市场上持币者可以按照市场汇率自由地把货币兑换成任一种主要的国际储备货币。一国货币可自由兑换的程度取决于该国政府所采取的汇兑制度。"入世"后，我国出于自由贸易的计价、报价和支付结算等基本业务的需要，必然要求人民币实现自由兑换。同时，这也是实现 WTO 自由化原则的基本条件和重要内容。

但是，当资本项目可自由兑换时，必然带来新的风险：(1) 资本自由流动将形成国际收支方面，或是大量国际游资涌入，或是本国资本大量外泄，两者都是形成金融危机的导火索。(2) 对国家外汇储备形成更大压力。(3) 为资本外逃提供更多的机会。(4) 容易导致经济美元化。以上现象都会对我国金融秩序构成威胁。

与资本项目自由兑换紧密相关的是人民币国际化问题，即人民币成为世界货币。人民币国际化是一个渐进发展的过程，实现人民币国际化是我国金融发展的战略目标，是使我国成为世界经济强国，并在世界经济中发挥更大作用，提高我国国际地位和竞争能力的重大举措。在加入 WTO 后，人民币国际化的进程很可能加快，从而对金融的风险防范和管理显得更加重要，这也是"入世"后维护国家金融安全的重要课题。

4. 关于新经济与金融

"新经济"是以高新技术和信息网络为基础和动力，并由此引发产业革命和整个社会经济发展的一种经济发展现象，对国际金融产生巨大的影响。首先，形成新的投资形式，即一种专门适用于高科技产业需求的新型融资方式——风险投资应运而生并迅速发展起来；其次，可创建新型的资本市场，即建立一种进退自由，企业不分大小一律平等的资本市场制度。典型的为美国的纳斯达克新型资本市场；再次，新经济促进了金融发展的多元化和网络化，提高了金融运营能力，降低了交易成本，扩大了市场范围，增加了金融运营效益，并促进了世界金融市场一体化。最后，新经济对金融安全提出了新的挑战。主要在于，国际金融风险不断加大加剧，从而形成对金融安全更新更大的威胁。加入 WTO 给维护金融安全提出了更高的要求与挑战。我们应加强国家对金融市场的监管，深化金融体制改革，从而确保我国"入世"后的金融安全。

（原文约 6500 字，发表于《国际关系学院学报》2001 年第 4 期）

文摘编辑：翔宇

加入 WTO 对我国资本账户开放的强制性制度变迁效应分析

王 兵 雷 静

[作者简介] 王兵，武汉大学商学院。
雷静，武汉大学商学院。

[内容提要] 一般而言，资本账户开放过程是一个诱致性制度变迁过程。但是，加入 WTO 以后，在其规则约束和随之而来的经济冲击下，我国资本账户开放将在一定程度上中断其诱致性变迁历程，而发生强制性制度变迁。这一异变使我国先前制定的资本账户开放的若干战略部署面临调整，资本账户开放（含人民币资本项下可自由兑换）可能在条件并不完全具备的情况下被迫提前进行。为了应付制度变迁过程异变带来的风险（或成本），我国在现阶段必须围绕如何降低转制成本这一问题，在不违背 WTO 基本原则的前提下来进行资本项目管理制度的改革和创新。

[关 键 词] WTO；资本账户；开放；强制性制度变迁；制度创新。

一、诱致性制度变迁：资本账户开放的一般历程

资本账户开放大致可视为一种诱致性制度变迁的过程，即这一制度变迁具有明显阶段性特征，从一个阶段向另一个阶段过渡需要一定的条件积累才能使制度变迁的成本最小化。以下对资本账户开放诱发性制度变迁特征进行简要说明。

首先，在经常项目实现可自由兑换以后资本项目管制在相当长的一段时间内还将存在。一般认为实行资本管制理论上的原因大致可以分为三类：(1) 经济中存在种种扭曲使得资本管制成为一个次优政策；(2) 资本管制可以保证国内经济政策的有效性和维护经济的稳定；(3) 当存在多种均衡时，资本管制对经济保持在高福利均衡点是有帮助的。对于发展中国家来说，为了避免国际游资的冲击、资本外逃和货币替代的消极影响，在一定时期实行资本管制更是必要的。

其次，资本项目开放需有一定的条件保障：(1) 政府必须要有充足的外汇储备；(2) 足够的经济规模和开放程度；(3) 稳定的宏观金融条件；(4) 完善、健全的金融监管体制；(5) 银行与企业制度的成功改革；(6) 合理的价格体系。这些条件成熟与否对资本项目开放过程具有重大影响。如果这些条件不具备或不完全具备的话，开放资本项目意味着巨大的潜在风险。因此，从经常项目开放到资本项目开放之间有一段准备时期。

最后，从其他国家开放资本项目的经验来看，改制成本最小的国家在资本项目开放过程中都呈现出明显的“路径依赖”特征。这正好从实践上证明了资本账户开放过程中体现出的诱发性制度变迁特征。

二、强制性制度变迁：加入 WTO 对我国资本账户开放的冲击

加入 WTO 对于我国资本账户开放的冲击可以视为一次强制性的制度变迁，即在加入 WTO 以后，在其规则约束和随之而来的经济冲击下，我国的资本账户开放将在一定程度上中断其诱致性变迁历程而发生突变。

规则约束是诱发这一强制性制度变迁的动因之一。这里规则约束主要是指 WTO 的一般准则和 WTO-GATS（《服务贸易总协定》），其中又以 WTO-GATS 的规则对我国资本账户开放的冲击最为显著。

加入 WTO 带来的一系列经济冲击是诱发我国资本账户开放过程发生强制性制度变迁的另一动因。在这一系列经济冲击下，现行的资本项目管理制度的有效性将面临挑战：(1) 由于资本流量增多、流速加快，目前逐笔进行的资本项目事前审核的管理方式的运行成本将大大增加；(2) 监管时滞将因监管人员知识更新速度落后于交易方式的创新速度而趋于增大；(3) 监管人员也会因交易方式的增多而更难把握监管力度；(4) 传统的资本管理方式，如对居民或非居民购买国外或国内证券的管制、对于与贸易相关的资本流动的管制等，在新的金融、经济形势下将日趋失效。总之，加入 WTO 带来的一系列经济冲击将使我国现行的资本项目管理方式应变性和主动性减弱，从而逐渐蜕变为一种被动应付型的管理体制，而资本管制制度的失效将使资本账户被强制性开放。

规则约束和经济冲击对我国资本账户开放的冲击是一种根本性的冲击，其原因在于它动摇了我国资本项目管理制度的基石——人民币资本项目不可自由兑换。因此，我国在积极争取加入世贸组织的同时，必须充分认识到入世对人民币完全可自由兑换的要求和压力，努力创造实现人民币资本项目下可兑换的条件。

三、降低改制成本：我国资本项目管理制度创新的目标

由于加入 WTO 使我国资本账户开放极有可能在条件并不完全具备的情况下被迫提前进行。因此，在资本项目管理制度由管制向开放变迁的过程之中，我国将可能

承受巨额的改制成本。一般而言，消除不必要的改制成本需要通过创造一系列保障资本账户开放的条件来实现（注：此条件在第一节中已经列出）。而我们已知在强制性制度变迁的背景下这些条件不可能完全具备。因此，通过制度创新来尽可能降低改制成本就成为转制时期我国资本项目管理制度改革的一个可供选择的目标。以下我们通过具体分析资本账户由管制到开放的变迁过程中可能面临的三种典型的改制成本来考察以制度创新降低改制成本的可能性。

如果把转制成本视为在转制过程中可能遇到各种潜在风险的话，那么，货币政策的独立性和汇率稳定之间的冲突是开放资本账户所可能遇到的第一大风险（或成本）。国际经济学中的“三元悖论”指出，在固定汇率、资本完全自由流动和货币政策独立性三大目标中，最多只能达到两个，不能同时实现三个，因此构成了一个“永恒的三角形”。通过“三元悖论”我们可以很自然的推论出，在加入WTO后，不论情愿还是不情愿，我国资本项目的管制会越来越放松，这时避免货币政策独立性和稳定汇率之间的冲突将变得越来越困难。

资本账户强制性开放可能带来的第二大成本（或风险）是实际汇率的升值及其对实际经济部门的影响。一般经济理论认为，由于发展中国家国内利率水平高于国际水平以及伴随资本账户开放而采取的各种结构调整措施和稳定所带来的投资环境改善，开放资本账户将带来大规模的资本流入，而资本流入将使一国实际汇率水平上升（以直接标价法计算汇率）。在实际汇率技术上升情况下，一国的资源将由可贸易品部门转向非贸易品部门从而使经常账户恶化。当经常项目赤字变得难以维持时，名义汇率的贬值将变得非常强烈，这又将导致大规模的资本外流和货币急剧贬值，并最终引发金融危机。

金融部门不稳定性增加是资本账户强制性开放过程中蕴涵的第三大风险（或成本）。随着资本项目管制的逐渐放松，一国资本流动的流量和频率都会大大增加，在这一过程中，银行体系的脆弱性和金融市场的不稳定性都将上升，而金融危机爆发的频繁程度也会加快。

四、关于转制时期我国资本账户管理制度设计的若干建议

面对加入WTO带来的强制性制度变迁冲击，应如何改革现有的资本账户管理制度，尽可能地减少转制的改制成本或风险呢？现结合前面有关减少改制成本可能性分析，对我国资本账户管理制度改革提出若干具体建议。

1．转制时期资本账户管理制度设计应有利于防范和处理开放经济中所可能遇到的各种经济、金融危机。由于我国利率和汇率市场化改革尚未完成、金融体系的健康状况还不十分理想。因此，在资本账户发生强制性开放过程中，即便是有条件地放松部分资本账户管制，我国也存在爆发经济、金融危机的可能性。在此情况下，建立一种可能发生的经济、金融危机具有极强应变能力的资本账户管理制度便成为转制时期资本账户管理制度改革的题中应有之意。换言之，新的资本管理制度应包含反危机能力这一制度评价标准。

2．加强资本流动监控和严格短期资本输入管理是转制时期资本账户管理制度的新基础。加入WTO以后，在传统资本账户管理制度的基础——人民币不可自由兑换被不断削弱的情况下，为了在不违背WTO的基本原则的前提下尽可能降低转制成本，可以考虑将加强资本流动监控和严格短期资本输入管理作为转制时期资本账户管理制度的新基础。为此，资本管理部门必须加强资本流动监测体系的建设，构建资本管理决策信息支持系统和外汇风险预警系统，通过该系统及早发现问题，从容应付。在建立较完善的资本流动监控系统后，可适时放松各种与贸易相关的投资活动的汇兑限制以及与实际经济活动关系密切的各种长期资本输出、输入管制；而对与虚拟经济活动关系密切、可逆性强的短期资本流入则应继续严格监管。这种在不同经济背景的资本流入项目间建立“防火墙”的制度安排有助于我国有效防范国际金融投机活动所引发的货币危机。

3．外汇管理部门以外汇指定银行为中介对资本账户进行间接监控、以各种金融工程工具为手段对资本账户开放可能诱发的金融货币风险进行防范应成为转制时期资本账户管理的游戏规则。具体建议有四点：（1）将目前实行的资本项目逐笔审批制改为部分限额管理制。外汇管理部门对与实际经济活动密切相关的长期资本项目交易根据特定的国际收支状况设定限额，凡超过限额的汇兑要求必须进行审验或审批，而未达到限额的则可免予审验或审批。对于短期资本项目交易依然应坚持逐笔审批。（2）借助商业银行的资源条件进行间接监管。除特大交易以外，资本项目的事先审批工作可授权外汇指定银行办理，外汇管理局则对其进行监督和控制。（3）同上述转变相适应，外汇管理的对象应逐步由目前主要面向企业和自然人转向主要面对外汇指定银行。（4）将金融工程的研究成果运用到资本项目管理工作去，以此提高资本项目管理工作的反货币危机能力。

4．加强保证转制时期资本账户管理有效性所必须的各种制度基础建设工作。这些制度基础建设工作包括：（1）全面提高外汇监管人员的素质，培养复合型的监管人才。（2）加快外汇管理法规建设，提高外汇管理法规地位，增强法规的公开性和透明度。（3）提高资本项目管理的电子化和信息化程度，减少监管过程中的信息传递时滞和空白。

（原文约8000字，发表于《广西财政高等专科学校学报》2001年第4期）

文摘编辑：翔宇

加入 WTO 与中国银行业的开放和发展

何秉孟 何德旭

［作者简介］何秉孟，中国社会科学院副秘书长，研究员。
何德旭，中国社会科学院金融研究中心副主任，副研究员，经济学博士后。

［内容提要］本文对中国银行业的现状、存在问题及中国加入 WTO 后银行业的改革与发展做了论述。

［关 键 词］中国银行业；不良资产；产权制度。

一、中国银行业（内外资）的发展现状

1. 中资银行业发展简况

在计划经济体制下，中国银行业实行“大一统”的体制——中央银行业务、政策性银行业务和商业银行业务集中在中国人民银行。改革开放以来，随着中国经济体制改革的深入和发展，中国银行体制改革也得以全面深化，一个以国有独资商业银行为主体的、功能互补、门类比较齐全的商业银行体系基本形成。

2. 外资银行基本发展状况

改革开放以来，与内资银行的发展趋势相适应，外资在华金融机构无论从数量上还是从业务上都有了较大的发展。目前，外资银行已经成为中国银行体系的重要组成部分和重要力量。截至 1999 年末，中国已有 23 个城市和海南省设有外资营业性金融机构，营业性金融机构总数已达 177 家（不包括外资保险公司）。其中，外资银行分行 157 家，当地注册银行 13 家（外资独资银行 6 家、中外合资银行 7 家）；允许从事经营人民币业务的银行有 25 家，其中上海 19 家，深圳 6 家；外国银行代表处 248 家。到 1999 年底，外资银行的总资产为 317.87 亿美元，占中国内地全部金融资产的比例为 1.53%；外汇贷款总额为 218.31 亿美元，占全部内地外汇贷款的 12.81%；存款余额为 51.98 亿美元。

二、中国银行业存在的问题

1. 国有独资商业银行在金融业中占据高度垄断地位

虽然 1986 年以后相继成立了一些新的股份制商业银行，但这些银行无论是在资产规模上，还是在人员数量、网点分布上等均无法与四大国有独资商业银行相提并论。从商业银行市场份额来看，国有独资商业银行仍然占据绝对主导地位和垄断地位，股份制商业银行、城市商业银行和城乡信用社则居于从属、补充和次要地位。更值得注意的是，近年来由于一些地方性中小金融机构的倒闭、破产、合并，城市居民对中小金融机构的信心下降，存款更大量向四大国有独资商业银行集中，进一步强化了其垄断程度。这种高度垄断状况，在很大程度上窒息了银行业规范、平等的竞争，也妨碍了中国银行业整体效率的提高。

2. 不良贷款比例偏高

我国国有独资商业银行不良贷款的规模庞大、比例偏高已成为有目共睹的事实。过多的不良资产已经成为国有商业银行进一步发展壮大的沉重包袱。

3. 国有独资商业银行资本金不足

资本金是否充足是衡量一个银行信誉好坏、实力强弱一个重要指标。1998 年以前，四大国有商业银行的资本充足率不足 8%；1998 年财政部发行 2700 亿元特种国债，将其资本充足率补充到 8% 以上。然而，由于国有商业银行效益欠佳，消化自身不良资产的压力太大，几乎不可能用经营利润来补充资本金，从而致使有的国有商业银行的资本充足率又降至 8% 以下。由于仍然未建立起国有商业银行资本金正常、有效的补充机制，所以随着国有商业银行资产规模的不断扩张，其资本充足率下降的趋势就不可避免。

4. 机构臃肿，效率低下

受传统体制的影响，在机构设置上，我国国有独资商业银行按行政区划层层设置——从总行到一级分行、二级分行、县支行、办事处、分理处、储蓄所多达七级，分支机构重叠、网点重复、职工人数多、人员素质低，造成国有商业银行决策迟缓、经营成本高、效率低下，从而难以发挥整体功能和综合优势，无法形成规模效应。

5. 银行机构组织体系功能不全

缺少规范的、高素质的推动企业资产重组、收购、兼并的投资银行；缺乏对民营中小企业、高科技企业发展起支持、扶持作用的民营银行；缺乏以中央银行及其他金融机构为基础的体外信用监督体系，未形成规范的企业信用和个人信用档案制度，各专业银行内部无成熟的产业研究部门，从而使贷款无法规避风险；缺乏促进金融稳定的存款保险机构。

三、加快中国银行业的改革与发展，迎接加入WTO的挑战

1. 改革国有商业银行产权制度

1978年以来，中国四大国有独资商业银行已经进行了一系列的改革，但基本上还未触及难度更大的、更深层次的、具有实质意义的改革。随着中国加入WTO后金融市场的逐步开放，国有银行仅有一些经营机制的转变是远远不够的，而且单纯的机制转变不能解决国有银行的根本问题，还必须进行以产权改革为核心的体制改革。这是中国加入WTO后绝对回避不了的制度安排。没有这方面的实质性突破，国有商业银行的“商业化”过程不可能真正完成。国有银行产权改革的重要途径是进行股份制改造，即在国家控股的前提下，实现国有银行股权的多元化。这是提高中国商业银行竞争能力的制度保证，也是堵住不良资产继续大量发生的制度保证。

2. 完善商业银行内部组织架构

产权制度的改革提供了建立现代商业银行的制度基础，但所有权的简单股份化并不等于现代商业银行的建立，所有权的改变也不等于商业银行治理机制就一定会促使效率的提高。中国在长期计划经济体制下形成的银行组织架构应做重大调整，要在董事会、监事会、管理层三权分离的组织架构的基础上，建立一套有效的适应市场竞争的激励机制和约束机制。在激励机制方面，要建立科学合理的劳动、人事和分配制度，包括公平竞争、优胜劣汰的员工聘用制度，全员劳动合同管理制度，科学合理的同工考核制度，动力和压力兼备的行员等级工资制度，任人唯贤的干部聘任、人尽其用的岗位调配制度和员工的培训制度等，培养人才，吸引人才，提高员工素质，稳定员工队伍。在约束机制方面，要加强过程控制，改革现有的内控制度，从以补救为主的控制转向以预防为主的控制，从以突击审计为主的控制转向以常规审计为主的控制，从滞后性管理转向同步性管理。在组织架构上，要实行“一级法人，多级经营，集中领导，分级管理”的总分行制，实行经营部门与风险控制部门分开、业务操作与管理分开的风险控制体系，力求使不同层次之间、同层次各岗位之间、同岗位各人之间相互约束、相互监督、相互制衡。进一步健全商业银行内部授权信管理，对总分行各营业部门和重要岗位实行全面的授权，对客户实现统一授信，保证资产运用的安全性。要有严格的岗位分工和明确的工作职责，加强银行内控电子化管理，保证银行业务的安全高效运行。

3. 加紧处理国有商业银行的不良资产

现行的以债转股为主的国有商业银行不良资产处理方式有以下风险需引起重视：(1) 债转股本身具有相当大的局限性，把解决银行特别是国有银行、企业特别是国有企业问题的希望都寄托于此是不切实际的。(2) 在资本市场不完善的条件下，实施债转股容易出现形形色色、方方面面的道德风险。(3) 资本市场上股权退出渠道的单一、狭窄是资产管理公司实施债转股的最大障碍。

评价债转股成功与否，成效大小，不能只看有多少债权被转成了股权，银行减少了多少不良资产，企业减轻了多少债务负担，而要看这些股权有多少被成功盘活，有多少被顺利变现。否则，金融资产管理公司自己拥有一大堆不良资产，最后还要国家出面帮助资产管理公司扭亏、解困，这样的结果显然不能算是成功的。从这个意义上说，债转股后的股权如何出售和变现才是债转股成败的关键。

基于此，在通过债转股方式处理国有商业银行不良资产，尽可能保全资产，减少损失的同时，也应尝试其他方式如资产证券化等来加快银行不良资产的处置。当然，最关键的还是要采取切实可行的措施防止新的不良资产的产生。

4. 加强联合以提高竞争力

为了应对经济多元化产生的银行经营的多元化、客户类型的多元化和服务需求的多样化、复杂化，中国的商业银行必须采取战略联盟的方式，通过发挥各自的专业特长，互相补充，共同发展，从而提高整体竞争能力。一方面，建立国内同类型银行战略联盟，在同城或异地形成广泛的清算网络，扩大服务范围，完善服务功能；另一方面，建立不同类型金融机构（包括银行、保险、证券等）间的战略联盟，为客户提供具有高附加值的新产品和全方位的综合服务；再一方面，发展与国外金融机构的联盟，包括建立全方位的业务合作和业务代理关系，有选择地与国外战略伙伴银行实行互相参股计划等，逐步实现在管理和经营上国际化。

5. 提高中小银行抗御外部冲击的能力

鉴于地方性商业银行抗御开放冲击的能力低下，因此，在自愿互利的基础上，可将若干地方性商业银行以适当方式（如金融控股公司）联合起来，提高其整体实力以应对挑战。

6. 建立存款保险制度

随着金融机构的多样化和市场竞争的日趋激烈，社会公众金融风险意识的增强，建立具有中国特色的存款保险制度，已成为深化金融改革、完善金融体制和制度的一项战略任务。考虑到国有独资商业银行的股份制改革，存款保险覆盖面不能仅限于中小银行，而应将所有商业银行纳入存款保险体系。存款保险机构不应仅作为一个提供事后补救措施的机构，还应该同时是一个高效的监督管理机构。通过存款保险体系，建立中国银行业的预警系统，防患于未然。

（原文约8000字，发表于《河南金融管理干部学院学报》2001年第1期）

文摘编辑：翔宇

WTO下的幼稚产业适度保护体系研究

侯云先　于英川

[作者简介] 侯云先，上海大学预测咨询研究所副教授，博士。
于英川，上海大学国际工商与管理学院教授。

[内容提要] 本文对幼稚产业概念进行界定，分析产业保护政策的本质；并分析了“过度”保护的实质和适度保护的控制；比较系统地、全面地分析幼稚产业保护体系及产业保护机理；提出WTO下的产业保护对策。

[关 键 词] 幼稚产业；过度保护；适度保护。

一、幼稚产业及其保护的政策措施

幼稚产业的概念主要是针对产业的发展阶段而言的。一般来说产业发展分为幼稚、成长、成熟和夕阳四个阶段，按发展阶段划分的产业类型有：幼稚产业、成长产业、成熟产业和夕阳产业。

GATT的例外条款认为，幼稚产业可以作为合理合法的保护对象。GATT第18条是专门为经济落后的发展中国家制定的。幼稚产业保护是国家为了发展某一幼稚产业而实行的支持措施，也就是国家为了使国内某产业由国际竞争弱势转化为国际竞争均势、甚至优势而实行的政策措施。

幼稚产业保护包括关税保护和非关税保护。在经济不发达或不太发达国家，关税的财政作用和保护作用更大一些；在经济发达国家，关税的保护作用和调节作用更突出一些，体现在调节国际经贸关系，促进进出口贸易；调节国内供求，促进国内产业的发展等方面。在双边和多边贸易谈判中，关税保护政策的制定受到了严格的限制，各国竞相采取非关税保护措施，限制商品进口，以抵消由于关税大幅度下降所造成的不利影响。总之，各国一般以灵活多变的关税手段为主，辅之以各种合理合法理由的非关税手段，来达到保护的目的。

二、“过度”保护与适度保护

一个国家的发展要求在文化、物质、政治、军事等多方面都达到发展，而工业力量的发展则是这些方面进一步发展的前提。经过相当时期的保护，一国建成了自己的充分发展的工业以后，生产力水平将有较大的提高，其收益足以抵偿因采取关税等产业保护措施所产生的损失；同时国家不但在物质财富的量上获得无限增进，而且一旦发生战事，可以保有工业的独立地位。就最重要的产业保护手段关税政策而言，它可能给一国经济发展带来的利益主要有以下三方面：从财政收入看，关税保护可以增加一国的财政收入，特别是发展中国家，关税收入在财政收入中占相当的份额。从静态角度看，通过产业保护等手段限制国外商品的流入，使国内企业能在国内市场上占有最大份额，获取较大的生存空间。面对激烈的国际竞争，后起国在工业发展的初期必须有适度的贸易保护，否则，本国的工业就很难发展起来。从动态的角度看，对新兴产业的保护还会出现技术转移和产业关联等外部经济效应，从而使一国的资源禀赋状况发生根本性的转变。

产业保护有其正面的作用，也有其负面的影响。产业保护的负面影响体现在以下几方面：(1)消费者福利的损失。贸易保护往往以牺牲消费者的利益为前提，进行对产业的保护，必然会损害消费者的利益。(2)利益分配的扭曲。受到保护的一部分产业的受惠往往以牺牲另一部分产业的利益为前提，造成利益分配的不公。(3)不利于国际分工，不利于各国按照绝对成本（或自然条件)、比较利益或要素禀赋状况，专门生产其最有利的产品，促成各国的专业化。(4)不利于扩大国民的真实收入。(5)不利于反对垄断，加强竞争，提高经济效率。通过产业保护抬高相关产品的价格，使受保护的企业不求进取，生产效率降低，长期下去就会造成落后，竞争力削弱。(6)刺激走私。

产业保护政策中最容易出现的偏差是“过度”保护。没有竞争激励机制的单纯保护，有可能造成无效保护，这时即使实行长时期的高保护，对促进产业发展也无济于事；这种无效保护常常称为“过度”保护。“过度”保护主要由于对产业的市场需求保护不足，没有一定的市场，自然不可能有市场竞争，产业不能发挥已有的优势生长壮大（假如有优势的话)，可谓“英雄无用武之地”，由此扼杀了产业发展的生命力。

从“过度”保护形成的原因中，很容易发现其危害。(1)由于“过度”保护主要是长期实行偏高的进口关税，却不对市场乃至市场竞争加以保护，从而使受保护的新生产业明显表现出不求进取的倾向，迟迟形不成国际竞争力，一旦取消贸易保护，这些产业就不能生存。(2)

“过度”保护不利于产业形成规模经济。(3)“过度”保护必然阻碍技术进步。(4)“过度”保护还会产生更广泛的关联效应。例如,“过度”保护诱导一国的资源流向效率低的部门;再如,保护关税在初行时会使工业品的价格提高,从而牺牲国民的消费剩余。

为防止产业保护政策的偏差——“过度”保护,就要研究另一个与“过度”保护反向对应的概念,即适度保护。产业适度保护指的是对不同的工业部门采取不同程度的、适合产业快速发展的保护措施。适度保护在适度性上包含两方面的内容。一方面指某一时刻保护大小的适度,另一方面指保护的持续时间,即保护时期的适当。

此外,应对产业保护的效果做出科学的综合评价,并制定适度保护的判断标准,这样,就可以从理论上实现适度保护控制。其步骤如下:(1)一个国家政府选择了某一幼稚产业的保护措施后,保护措施对产业发展起作用;(2)度量保护措施作用的效果,并制定适度保护的标准;(3)检查是否达到目标;若没有达到目标,调整保护措施,转(1);若达到目标,那么选出保护措施,结束。

三、适度保护体系的构建

一国产业保护的目标或目的是在与先进国家竞争的同时,确保国内市场,发展国内产业。保护的最终目的是促进发展。产业保护主要从四个方面对产业施加影响或作用。

首先,国家制定产业保护政策,为促进产业发展创造良好的环境。

其次,产业保护对产业发展的抑制效应及反抑制博弈。

第三,产业保护对产业组织结构的影响。

第四,产业保护对产业或企业的激励效应。

研究产业保护是一个系统工程,它不仅涉及到国家制定产业保护政策的问题,而且关系到国家与国家之间、产业内部之间、产业内部与外部之间等协调发展的问题,还包括产业保护政策实施过程的效率问题,同时又涵盖产业保护体系的反馈机制问题。

四、加入WTO后我国近期的适度保护对策

1. 加强关税稽征,加大打击走私的力度

走私使有限的关税屏障如同虚设,极大地降低了关税的保护作用和财政作用。更为严重的是,由于走私商品成本低,在价格上拥有优势,很容易挤占市场,必然影响国内生产者的销售,使受保护者损失利润,回收资金困难,这明显地降低了对产业的保护程度,影响产业乃至国民经济的正常发展。总之,国家必须加大力度,打击走私,使采取的关税措施发挥应有的作用。为此建议:(1)加强关税征管效率与机制研究。(2)建立关税征管信息系统。(3)加强反走私专门立法。(4)强化征管和缉私效率。

2. 加强非关税保护措施的系统研究

西方各国是以灵活多变的关税手段为主,辅之以各种合法的非关税手段,来达到保护的目的。随着GATT乌拉圭回合谈判的结束,关税壁垒与非关税壁垒出现了双向发展的新格局,在世界范围内出现了一股贸易保护的浪潮,即新贸易保护主义。在双边和多边贸易谈判中,关税保护政策的制定受到了严格的限制,各国竞相采取非关税保护措施,限制商品进口,以抵消由于关税大幅度下降所造成的不利影响。

非关税壁垒是指关税以外的一切限制进口的各种措施。它是与关税壁垒相对而言的。在目前的新贸易保护浪潮中,起着越来越重要的作用。非关税壁垒的特点主要有:(1)比关税壁垒具有更大的灵活性和针对性。(2)比关税壁垒的限制作用更加直接。(3)非关税壁垒更具有隐蔽性和歧视性。据有关方面统计,目前国际上使用的非关税壁垒措施已达2000多种,涉及4000种产品。因此,目前非关税保护手段在国际贸易保护政策中所占的地位越来越重要,并为越来越多的国家所用,其形式和种类也在不断增多。以非关税手段来达到产业保护,是世界保护思潮的新内容。因此,如何顺应潮流,灵活运用关税与非关税措施,达到既能避免国际纷争与报复,又能保护幼稚产业的发展,乃当务之急。我国必须加强非关税保护措施的系统研究。

3. 利用WTO的协议和条款保护产业

对幼稚产业的保护,既要适合我国的国情,又必须符合世界贸易组织的国际规范,做到适时与适度保护;以保护促竞争,在竞争中搞好保护,实行有选择性和时限性的保护,逐步将幼稚产业推向国际市场,让其在市场竞争中发展。

(原文约6000字,发表于《上海大学学报》社科版2002年第2期)

文摘编辑:翔宇

网络金融对传统金融理论的影响

樊玉红 王 晶

[作者简介] 樊玉红，东北大学讲师，经济学硕士。
王 晶，中国民生银行。

[内容提要] 本文阐述了网络金融对传统金融理论的影响，说明了在网络金融时代，货币形式虚拟化；货币供给控制难度加大；商业银行规模经营的作用减弱；中央银行货币发行的垄断地位将受到挑战。

[关 键 词] 网络金融；电子货币；货币供给。

一、网络金融对货币含义的影响

随着人类社会经济和科学技术的发展，货币的表现形式经历了商品货币、金属货币、代用货币、纸币、存款货币、电子货币等不同的发展阶段。在金属充当货币的前提下，马克思把货币定义为固定充当一般等价物的特殊商品，当人类社会进入到了纸币制度时代，这种定义失去了它的前提，货币含义发生了变化。在纸币制度时代，货币是由国家法律确定的、被广泛接受的、充当一般等价物的金融资产。

电子货币的发展对货币的含义又一次带来冲击。电子货币是适应人类进入数字时代的需要以及计算机介入货币流通领域后产生的一种电子化货币，它是货币史上的一次重大变革，它是通过0与1的排列组合，运用网络载体进行金融交易的货币。实际上，电子货币并不排斥实体货币（现金货币和存款货币）的使用，而是以实体货币为基础，通过其发行主体将货币的价值电子信息化后制造出来二次货币。目前，电子货币只具有有限法偿地位，是有限流通的货币，电子货币尚无独立的信用创造能力，它的信用是以实体货币的信用为前提的。电子货币在虚拟空间的流通应用，将促进虚拟空间经济活动的进一步发展，反过来，又会加深人们对电子货币的信任程度，从而使电子货币逐步脱离与实体货币的联系。未来电子货币成为新形式货币的可能性是存在的。当电子货币逐渐由有限法偿货币转化为无限法偿货币时，传统的货币概念、货币制度等都会发生变化。如货币可能变为只是一个抽象的计算单位，而不是什么固定充当一般等价物的特殊商品或货币符号。在货币制度中，货币的发行和流通将虚拟化，货币币材将会是无形的，货币只是一个单位，无需有含金量，甚至不需要有任何载体。

二、网络金融对货币职能的影响

马克思认为价值尺度与流通手段职能是货币最基本的职能。货币在执行价值尺度职能时，可以是想象的或观念上的货币，在执行流通手段职能时则必须是现实的货币，当然现实的货币可以是金属货币，也可以是纸币。对于电子货币而言，它也同样具有价值尺度与流通手段的基本职能；但是，电子货币的虚拟性增强，如其中的数字化货币完全是虚拟的，在认识电子货币的职能时，必须考虑其特殊性。货币之所以可以执行流通手段职能，在于人们对货币本身蕴含的价值尺度的信任和接受。所以，在电子货币时代，货币可以是虚拟的，但它也必须具备信誉性和普遍接受性，这是对货币流通手段职能的基本要求。而信誉性和普遍接受性是相互影响、相互依存的。一方面，电子货币若要取得信誉性，至少必须保证能够与具有一定价值的商品进行交换；能够与社会流通的实体货币进行兑换，这样，人们对电子货币的价值尺度才会产生信任感，电子货币从而取得信誉。另一方面，当人们使用电子货币时，已经无需考虑其是否能与实体货币兑换，电子货币本身可以不断地由债务人转移给债权人，不断地转手、传递、循环往复地被用于支付，则表示电子货币具备了普遍接受性，从而不断扩大电子货币在虚拟空间的流通应用。具备了信誉性和普遍接受性的电子货币在执行流通手段职能时，也完全可以是抽象的、虚拟的，而不一定是现实的货币商品或货币符号。

三、网络金融对货币供给理论的影响

货币供给量是一个存量概念，它是一个国家在一定时点上的货币存量的总额。对于货币供给，各国通常采用不同的口径进行划分，我国用 M_0 表示流通中的现金；用 M_1 表示现金与活期存款之和，也称为狭义货币；用 M_2 表示狭义货币与定期存款、储蓄存款和外币存款之和，也称为广义货币。在现代银行制度下，货币供应量取决于基础货币和货币乘数两大因素，如果用M表示货币总量，B表示基础货币量，m表示货币乘数，则全社会货币供给量可用公式表示为：

$$M = Bm$$

从金融角度讲，发行电子货币的目的是为了替代现金，因此，这将直接影响到中央银行基础货币的数量，并通过货币乘数对货币供应量产生巨大影响。

1．对货币乘数的影响

从理论上说，货币乘数取决于法定存款准备金率 r（包括活期存款法定准备金率 r_d，定期存款法定准备金率 r_t），超额准备金率 e，定期存款与活期存款比率 t，以及现金与活期存款比率 k 等因素。

货币乘数是由中央银行、商业银行和社会公众共同决定的。

网上金融工具即电子货币的发展将使 k 呈不断下降趋势；t 呈上升趋势；r 如有变动应是略呈上升趋势；e 呈下降趋势。由于这些因素的相互作用，短期内货币乘数不会产生太大的变化。

2．对基础货币的影响

基础货币是中央银行实行法定准备金制度以控制存款扩张和货币创造的一个特殊的货币层次。它是由流通中的现金（M_0）和商业银行存入中央银行的存款准备金（R）两部分构成，即 $B=M_0+R$。随着电子货币的不断完善和成熟，当电子现金可以成为新形式的现金货币，加入基础货币行列时，则可能使得基础货币虚拟化。电子货币的发展将减少流通中的现金，在银行准备金总额不变的情况下，基础货币将呈下降趋势。短期内，由于货币乘数变动不大，基础货币的减少，将会使货币供应量大为缩减。但从长远角度看，日益激烈的竞争会使银行适当减少超额准备金，流通中现金的降低会使 k 大为缩减，由于 e、k 与货币乘数的负相关关系，货币乘数将会加大，因此，从长期看，虽然基础货币量减少，但由于乘数的加大所产生的乘数效应将使货币供应变化不大，或稍微有所上升。需要指出的是，货币乘数决定因素众多，各种因素变化具有不确定性，因此对货币供应量的控制具有相当的难度。

四、网络金融对商业银行规模经济的影响

随着竞争日趋激烈，银行业出现了合并风潮，规模不断扩大，试图通过规模经济效应降低银行经营的成本，分散、减少银行经营的风险，有效调度和使用银行内部资金。而中小银行所占份额越来越少，在竞争中处于不利地位。在信息经济或电子商务中，尽管规模经济仍然是提高经济效益、优化资源配置的重要途径，但由于相关业务甚至不同业务的融合，当软件、多媒体、信息咨询服务、研究与开发、教育与培训、网络设备与产品等变动成本占总成本较高比例的信息产业、网络产业、知识产业在经济中起主导作用时，增加经济性效应的途径越来越多样化了。银行可以通过增加服务的差异性，来降低成本和增加利润；通过拓展其内外部的成长空间，来获取利润；通过抢先利用机遇扩大市场份额，来赢得竞争优势，提高经济效益；通过建立网上银行提供全方位的服务，降低银行设立以及经营的成本。这些途径不仅规模较大的银行在利用，而且它更有利于大量中小银行加以利用。不可否认，规模经济作为人类经济活动提高效益的基本途径的事实没有变，但它的相对重要性由于电子商务的发展确实有了变化，它不再是最重要的，更不是惟一的提高银行效益和竞争力的经济手段。

五、网络金融对中央银行货币发行的影响

传统上，通货的发行总是被中央银行（或货币局）所垄断。在网络金融中，电子货币的发展打破了这种垄断。虽然中央银行也可以强行垄断电子货币的发行权，但电子货币技术上的复杂性、涉及协议的多样性，以及防范伪币可能的高成本，都会使中央银行仔细考虑。而且，中央银行对电子货币的垄断极有可能阻碍电子货币的创新和新技术的发展，从而使本国电子货币的发展落后于他国电子货币发展的水平，并成为易受攻击的货币。同时，由于电子货币使用环境具有开放性，一国也很难防止外国电子货币的渗入。这些因素最终可能会影响到中央银行对货币发行权的垄断。

中央银行对电子货币发行主体的定位需要考虑发行主体的财务状况、资产规模和经营的稳健性。商业银行是最具备条件的发行主体，因为各国政府都通过中央银行等机构对商业银行进行严格的监管，商业银行自身也不断加强内部的管理。但是，近些年来，频繁出现的金融危机、银行倒闭等事件使银行经营风险增大。欧盟认为只允许银行发行电子货币可以使许多现行的货币政策和法规应用于电子货币。美国则认为限制电子货币的发行人就限制了竞争，对电子货币技术发展会产生不利影响。这样，一些有实力、有信誉的全球性跨国公司也可以发行购买其产品和服务的电子货币。

网络金融对传统货币银行理论产生了众多方面的影响，随着全球网络经济的进一步发展，网络金融也日益全球化。未来，货币的跨国发行与使用，网上银行的跨国经营将更为普遍，对货币理论，进而对各国货币政策将会产生更为深远的影响。适时加强对网络金融条件下金融理论的变化的分析，将有利于深入认识 21 世纪的新经济、新金融，并将对我国货币政策的制定与实施，对我国融入未来的全球新经济产生重大而深远的影响。

（原文约 4500 字，发表于《东北大学学报》社科版 2002 年第 1 期）

文摘编辑：翔宇

贸易自由化与农地制度创新

李明秋　吕学朋

[作者简介] 李明秋，焦作工学院测量工程系副教授，博士。
吕学朋，华中农业大学经贸学院。

[内容提要] 本文首先分析了贸易自由化对我国农业的影响，提出了农地经营规模狭小分散是造成我国农产品生产成本较高的主要原因，要降低农产品的生产成本，提高农产品在国际市场上的竞争能力，必须建立健全农地使用权流转市场；其次，在分析我国目前农地使用权流转的特点及农地使用权流转市场发育缓慢原因的基础上，提出了要建立、健全农地使用权流转市场，必须进行农地制度创新，并根据我国不同的区域特点，构建相应的农地制度创新模式。

[关 键 词] 世贸组织；贸易自由化；农地使用权流转；农地制度；土地股份合作制。

一、贸易自由化对我国农业的影响

加入世贸组织的一个重要义务是开放国内市场，实行自由贸易。大量的研究结果表明，贸易自由化对我国农业的冲击是不可低估的。

加入世贸组织是我国长期的战略目标之一，也是建立社会主义市场经济体制的必然选择。但我国大部分农产品在WTO框架下并不具有比较优势，大宗农产品如小麦、玉米、大豆等的价格已高于国际市场价格，并且近十年来这些农产品的价格上涨幅度也高于国际市场的上涨幅度。在国内市场受保护程度降低的情况下，国外质优价廉的农产品必然会对国内市场造成巨大的冲击，农业面临着严峻挑战。在这种形势下，为确保我国粮食的基本自给，有两个可供选择的方案：一是采取非关税手段来保护我国的农产品，以减缓国外农产品对我国农产品的冲击；二是采取有效措施，最大限度地降低农产品的成本和价格，提高农产品的比较优势，进而提高农产品在国际市场上的竞争能力，主动迎接贸易自由化的挑战。比较以上两个方案，从短期看，第一个方案有利于保障以种植业为主要生计的农民的收入和就业，而第二种方案则有可能导致我国农业的相对萎缩，农民的收入和就业减少。但从长远看，第一种方案将导致经济效率的损失，不利于由传统农业向现代农业迈进，第二种方案则可以加速我国尽早摆脱小农经济的束缚，实现农业现代化。因此，从我国农业和国民经济的长远发展考虑，第二种方案应该是我国加入世贸后的惟一正确选择。

二、农产品生产成本较高的原因分析

我国大部分农产品的价格高于国际市场价格的主要原因是农产品的成本过高。从农产品的生产环节看，造成农产品成本过高的原因有以下四个方面：一是农业技术投入不足；二是农业机械化程度低；三是农地经营规模狭小分散；四是不合理的价格体系，主要表现为农业生产资料的价格偏高。深入分析以上四个方面的原因可以发现，除了不合理的价格体系外，其他三个方面都与农地经营规模狭小分散有关。造成农民对农地投资积极性不高的主要原因是农业比较效益低下，而导致农业比较效益低下的主要原因则是农地经营规模的狭小分散。狭小分散的农地经营规模不仅严重地制约了农业机械的使用，而且也制约了农业新技术的推广应用。

要降低农产品的生产成本，必须逐步扩大农地的经营规模，积极推进农地的适度规模经营。而在我国现行的农地制度和市场经济条件下，推进农地适度规模经营的惟一途径是建立健全农地使用权流转市场。

三、我国目前农地使用权流转的特点及农地使用权流转市场发育缓慢的原因分析

建立健全农地使用权流转市场对于推进农地的适度规模经营，降低农产品的生产成本，进而提高农产品在国际市场上的竞争能力，具有重要意义。但分析我国目前农地使用权流转现状，可以发现具有如下特点：一是流转的数量少。农地转包是目前农地使用权流转的主要形式，但对6省184个村的随机抽样调查结果表明，到1995年，虽然接近80%的村有耕地转包现象，但实际转包面积仅占耕地总面积的2.8%。二是转包的价格低。大量的调查表明，目前大多数转包是低价转包，甚至是无偿或倒贴转包。三是转包的期限短。据调查，目前大多数转包期限最长也只有两年左右，有的转包没有固定的期限，随时有可能收回土地。四是转包对象的局限性。转包对象大多局限于村民小组内部的亲属或朋友。五是转包方式的随意性。目前转包的方式大多是私下协商达成口头协议，很少通过有关部门签订书面转包协议。以上特点说明，我国目前并没有建立真正意义上的农地使用权流转市场，农地使用权流转处于一种自发的无序的

状态。这种短期的、缺乏竞争的低价农地使用权流转不能给新的承包人以内在的动力和外在的压力，难以实现通过流转达到农地由低效益利用到高效益利用的目的，反而加剧了农地的粗放经营和掠夺式经营。农地使用权流转市场发育缓慢的原因概括起来有以下几个方面：

1. 流转立法滞后。尽管我国政府在1988年的宪法修正案中已增加了土地可依法转让的条文，并在80年代后期的中央政策性文件中提出了农地的有偿转让政策，但到目前为止尚没有法律文件规定农地转让的范围、形式、程序和管理方式，农地转让只能在基层的自发指导下进行，处于一种长期性、规范性都很差的状态。

2. 农地的有效供给不足。大量的调查表明，尽管我国目前有大批农民从事非农产业，但真正愿意放弃农地承包权的为数不多，造成农地使用权流转市场的有效供给严重不足。其原因一是没有建立相应的补偿机制。农地属于集体所有，农民作为集体的一员，其所拥有的农地承包权实质上是对农地所有权的分割，在我国目前尚未建立完善的补偿机制、放弃承包权不能得到相应经济补偿的情况下，农民是不会轻易放弃的。二是尚未建立农村多层次的社会保障体系。

3. 农民对农地的有效需求不足。我国上个世纪80年代初实行的土地承包制一般是以家庭为单位采用人均分配的办法，且不同等级的地块都要逐一均分。这种分配方法导致了农地的极度分散。农民通过流转市场所获得的土地很难集中到一起，难以形成适度经营规模的格局，农地的经营效益也就难以提高。加上农业的弱质性、农地产权的不稳定性、农民资本积累的不足、农地流转上的排外性等造成农民对农地的有效需求严重不足，从而制约了农地使用权流转市场的发育。

4. 中介组织发育滞后。目前农地使用权流转缺乏必要的中介组织，使用权交易缺乏透明度和公开性，社会交易成本高，交易量小。

由以上分析可以看出，我国目前在农地使用权流转上存在一个现行农地制度下难以打破的怪圈，即由于农业的比较效益低下使农地使用权的流转价格低，从事非农产业的农民不愿意放弃农地承包权。同时，农业的低效益也降低了农民对农地的有效需求，农地使用权难以流转，不能形成有效的农地集中机制，难以改变农地分散、狭小的经营格局。而农地狭小、分散的经营格局又是造成农业比较效益低下的主要原因。形成这样一个怪圈的原因是现行农地制度的局限性，要打破这样一个怪圈仅靠延长农地承包期和在承包期内实行增人不增地、减人不减地是无济于事的，必须进行制度创新。

四、农地制度创新模式的构建

农地制度创新不是对家庭承包制的否定，而是一个在继承原有制度合理内核的基础上对家庭承包制的完善过程。首先必须坚持农地的集体所有制，在此基础上寻求产权主体明确，产权权能完善的新型集体所有制实现形式。其次，在坚持家庭经营的基础上寻求农地资源的有效配置方式和有利于农业现代化实现的农地利用方式。

我国地域辽阔，农地资源禀赋状况、农村生产力发展水平等存在着较大的地域差异，而人地比例关系、非农产业发展水平、区域经济基础、农民思想观念等方面的差异，直接影响着农地的利用方式和利用效果。因此，在农地制度创新模式的构建上，应因地制宜，充分发挥各地比较优势，达到合理配置农地资源、逐步实现农地资源由分散经营到适度规模经营的目的，从而降低农产品生产成本，提高农产品在国际市场的竞争能力。

根据经济发展水平，我国农村大体上可划分为三个区域：经济发达地区、经济欠发达地区和经济落后地区。经济发达地区主要分布在东部沿海地区和大中城市郊区。这些地区一般人均农地较少，而非农业发展水平较高，大部分农村劳动力已转向非农产业并有稳定的收入，农业收入在农民总收入中所占的比重很小，农民对农地的依赖程度大大降低。但在这些地区农民对农地升值具有较高的心理预期，不会轻易放弃农地的承包权，农民的兼业化、农业的副业化在这些地区比较普遍。针对这些特点，在农地制度创新模式的构建上，经济发达地区宜采用土地股份合作制，即以集体经济组织的资产与土地一起折价入股，成立股份公司，统一经营农民的土地，并通过向农民配置股权，把土地承包权转换为收益权，以价值形态的形式把农民对土地的承包权长期固定下来。

经济欠发达地区主要分布在我国的中东部地区。这些地区的人均耕地面积高于发达地区但低于落后地区，非农产业具有一定的发展水平，但农业收入占农民总收入的比重仍然较大，大部分农民仍对农地具有较强的依赖性。这些地区在农地制度创新模式的构建上宜采用土地股份投包制。其基本内容包括两个方面：一是将现有的集体所有制改革为社区农民土地股份共有制；二是在土地股份共有制的基础上，实行农户对农地的承包经营，即通过招投标的方式配置土地经营权。土地股份投包制一方面在集体所有制的前提下比较好地实现了集体土地产权的明晰化，满足了农民平均占有土地的愿望；另一方面又将市场机制引入农地资源的配置，不仅大大提高了农地资源的配置效率，而且有利于促使兼业农户从农地上彻底转移出去，从而加速农地的适度规模经营。

经济落后地区主要分布在我国的中西部地区。这些地区在农地制度创新模式的构建上宜采用土地联片承包制。土地连片承包制与土地股份投包制有相似之处，但在土地经营权的配置上仍采用现行的人均承包制。该模式的优点在于每户承包经营的土地可以集中连片，相对地扩大了农户的经营规模，在一定程度上克服了农地经营规模狭小分散的弊端。

（原文约3500字，发表于《焦作工学院学报》2001年第1期）

文摘编辑：路人

城市农民工的失业与社会保障问题

李强

[作者简介] 李强，清华大学人文社会科学学院社会学系教授。

[内容提要] 城市农民工的失业与社会保障问题引起社会普遍关注。本文是作者就此问题所做问卷调查的分析。

[关 键 词] 城市农民工；失业；社会保障。

近年来，社会保障问题已经引起社会的普遍关注。然而，迄今为止，各种社会保障体制改革的思路，基本上还是以户籍为基础的，对于流入城市农民工的社会保障基本上没有考虑到。当然，人们会说，我们连城里人的社会保障体制顾及尚且不周，哪里顾得上流入城市外来民工的保障，可以不涉及他们。但是，我们面临的现实问题却是，离乡背井的外来民工，如果在城里遇到困境、没有工作、又得不到任何社会帮助，他们就会形成城市中社会不稳定的潜在力量。

为回答上述问题，笔者特设计了一次实证调研。笔者于2000年底组织中国人民大学和清华大学部分师生，在北京市丰台区的右安门、西罗园、东铁匠营、丰台镇、花乡，以及在此区域内的建筑工地、服装城、农民工集中居住点等地区作了问卷调查。丰台是北京地区外来民工最为集中的地区，外来流动人口大约有32万人。该调查采取配额抽样和问卷面访方式进行，共完成的有效问卷493份。下面就是对于问卷调查部分结果的一点分析。

一、流入城市农民工的失业与无保障现状

本次调查，询问了外来民工的失业情况和失业时间有多长。经我们调查33.5%的农民工在城市里都有过失业的经历，这样的比例显然比经历过失业之苦的城市居民高很多。从失业时间上看，多数农民工还是属于短期失业，调查表明失业1—2个月的人数最多，为47.7%。当然，一部分农民工的失业还是相当严重的，在有过失业经历的农民工中，将近30%的外来农民曾经遇到过长达半年和半年以上的失业。由于农民工多数是年轻人，所以，如此长时间的失业，其后果是令人忧虑的。

那么，在这样长的失业困境中，他们是依靠什么生活的呢？经调查城市农民工失业后，多数是靠自己过去的积蓄生活，其次是靠向亲友、老乡借钱生活。在所有的回答者中，没有任何一例是得到了劳动单位或地方组织的帮助，由此可以看到，城市农民工完全是处在城市的保障网络之外。调查还表明，即使遇到了失业危机，也只有很小比例（14.6%）的农民工表示愿意回家乡去生活。所以，外出的农民工，遇到经济困境以后，回家乡的可能性是很小的。换言之，当农民工在城市里失去生活来源以后，他们在农村的土地，也只能是“远水不解近渴”，实际上并不能保障他们在城里的生活。

更为严峻的问题是“天有不测风云，人有旦夕祸福”。城市农民工尽管是以青壮年为主的群体，但是，生病也是难以避免的。本次调查显示，虽然有63.6%的农民没有生过病，但是，与此相对应的36.4%的人却是生过病的。

本次调研显示，农民工生病以后，59.3%的人并没有花钱看病，而是仗着年纪轻，挺一挺也就过去了。当然，另外40.7%的人还是要花钱看病的。这部分人，看病人均支出是885.46元，而他们所劳动的单位为他们看病的平均支出却仅有72.3元，不足实际看病费的1/12。调查中最高的看病支出是15000元。由此可见在医疗看病方面，农民工根本谈不上有什么保障待遇。

另外，从劳动时间上看，农民工的劳动也谈不上什么劳动保障体制。农民工一旦有工作，他们的劳动往往是大大超时的。此次调研表明，从劳动时间上就可以看出，符合劳动法一天工作8小时的劳动者仅占1/4。也就是说，3/4的农民工都属于超时劳动。

二、农民工的违规活动与社会保障、社会稳定问题

此次调查再次显示，外来民工是一个主要由年轻人组成的群体。其中，30岁及以下的人占64%，31岁及以上的人口只占36%。这样一个年龄主要为20—30岁的高活力群体，如果失去经济生活来源，又不从属于任何组织系统，上文又证明他们中绝大多数失业后也不回家乡，显然，对于社会稳定是一种严重的威胁。年轻人的优点是“初生之犊不畏虎”，不太受规范的束缚，敢闯、敢冲。但是，与之相对应的缺点却是不稳定、遵循规范的能力弱，容易违规、越轨。

在问卷中，我们询问了这样的问题：您是否出现过身上一点钱也没有的时候？约1/3的城市农民工都遇到过身上一点钱也没有的时候。对于从小在城里长大的、社会关系比较广的城里人来说，解决经济困境的方法会比较多。但是，对于无根基的外来农民工来说，身上一

文不名，那是十分可怕的事情。在调查中，我们还进一步询问："当出现身上一点钱也没有的时候，您当时怎么办?"结果，回答都比较含混。当然，调查再次证明，即使身上一点钱也没有，也只有很小比例的人准备回家乡去。

在北京城，我们每天都可以看到大批的非正规经营者游荡于城市的大街小巷，在北京市丰台区的32万外来人口中，务工的估计有16.7万人，其中办了合法就业手续（领到就业证）的仅有3万人。也就是说，82%的丰台区外来民工是非正规就业者。当然，非正规就业也不一定就是坏事情，作为对于正规劳动力市场的一种补充，非正规就业也往往是不可缺少的。很多非正规就业对于社会是有正功能的，比如收废品，就起到了废物利用、保护环境、减少垃圾的作用。但是，在非正规就业者中，确实有一部分人是违法经营者。比如，我们随处可见的制假贩假者，严重的甚至制造贩卖假证件、假文凭、假发票、私刻假公章，等等。以往的调研已经证明，流动人口中确实有一部分人是以盗窃为生的，有些甚至形成"敲诈勒索团伙"、"打架斗殴团伙"、"抢劫团伙"。在问卷中，我们询问了农民工的违规与违法经营问题，有28.4%的农民工承认他们在经营时被城市工商、税务、治安管理人员等查抄过，违规活动的比例超过了1/4，在受到罚款处罚的农民工中，29.1%的人受到的处罚在1000元以上，有52.4%的人受处罚300元以上，对于收入不高的农民工来说，此种处罚的力度还是比较高的。

这样，就遇到了农民工职业的合法性与非法性的问题。我们知道，所谓"职业"是人们在现有社会分工体系中找到的一种活动位置，人们往往是依赖于此种位置才获得了生活的经济来源。我国城市市民由于其"近水楼台先得月"的便利条件，一般说来，很容易进入到正规就业体系中来。而对于外来的城市农民工而言，要想进入到正规的职业体系中来，则要困难一些。由于很难进入到正规职业体系中来，很多城市农民工从事的是非正规职业，有些甚至进入到违法职业体系中。在此有必要澄清一下所谓正规就业、非正规就业以及违规、违法职业问题。在我国，传统上，所谓正规就业是指由政府或各级组织正式分配的工作，一般都是转去正式的档案关系。近来，随着市场体制的演进，传统的正规就业比例已经大大下降了。而现今，相比较而言的正规就业是指，成为一个单位的正式职工、或申请了合法执照的就业，此种就业一般能够按照劳动法交纳医疗、养老等保险金，因此能够享受到一定的福利保障待遇。所谓非正规就业，是指仅仅是一种临时工性质的就业，仅仅是从劳动力的市场交换中获得劳动收益，基本上享受不到实质性的福利保障待遇。从这个意义上看，我国城市居民就业者大多属于正规就业，而农民工大多属于非正规就业。当然，世界各国的经验都证明，非正规就业也是劳动力市场的重要组成部分。只要所从事的不是违法的活动，也会对于经济运行起到很重要的作用。但是，我们一定要区分非正规就业中的合法部分与非法部分。所谓非法职业活动，就是在不同程度上违反了现行制度法规的就业活动。比如，上述的无照经营、制假贩假，推销违法商品等。当然，这类活动，因其违规、违法的程度不同而有所区别。多数从事违规活动的农民工，尚属于轻微违法，严重违法的只是一小部分人。不解决好农民工的保障问题，城市市民的生活也不会安全。

三、对策建议

针对上述情况，笔者特提出两方面对策建议。一条建议主要是应由政府管理部门实施的，这就是，在大城市里应建立"公共劳动"形式的流动人口的"最低生存保障"体制，另一条政策建议是针对雇人单位而言的，即雇人单位不管是公有体制的还是私人的，都应按照劳动法的规定，为受雇者支付一定的保障金、保险金，这方面已经有了明确的法规。问题是很多用人单位都只顾省事或多捞钱，拒不执行相应法规，所以，问题的关键是如何监督实施。虽然监督实施的责任主要应由各级政府的劳动部门来承担，但是，工会、青年团、妇联、各类民间NGO以及大众传媒等也应有所作为，而不应袖手旁观。

（原文7000字，发表于《新视野》2001年第5期）

文摘编辑：路人

农村税费改革是农民减负的治本之策

黄景钧

[作者简介] 黄景钧，全国政协委员，民盟中央法制委员会主任。

[内容提要] 本文认为，农民收入减少、负担加重的重要原因在于农村乱收费，并对作为农民减负的治本之策的农村税费改革做了论述。

[关 键 词] 农村乱收费；农民减负；农村税费改革；治本之策。

一、农村乱收费是农民收入减少、负担加重的重要原因

改革开放以来，由于实行了联产承包责任制的正确农村政策，我国的农业生产有了很大的发展，农民生活也有了明显的提高。农业生产的发展，主要表现在粮食等主要农产品供给不足的局面发生了历史性的变化，实现了“总量大体平衡，丰年有余”的稳固局面。但是，我们应该看到目前在农业、农村和农民方面存在的问题。

主要表现在：2000 年，我国粮食总产量比上一年减产 9%左右，主要原因是大部分地区因干旱严重造成的；另一方面，自 1997 年以来，农民的收入增长幅度持续下降，尤其是来自农业的绝对收入额减少，使农民发展农业生产的积极性受到极大的挫伤。要进行农业结构的调整，关键是要增加农民的收入。不过增加收入目前相当困难，但从一定意义上来说，减负就是增收。因为目前在农村乱收费的现象普遍存在，使得本来已经增收困难的农民更是苦不堪言。据测算，1997 年农民缴纳的各种税费大致是 1143 亿元，交纳的以资代劳的款项是 80 亿元，再加上按比例估计的“三乱”负担约 200 亿元，总额大约为 1400 亿元左右，人均 170 元以上。农村乱收费名目之多，举不胜举，那些不应该加在农民身上的负担全部加在农民身上。而农民负担加重的另一个原因是一些地方在统计农民纯收入时弄虚作假，使得乡统筹、村提留的绝对数额加大，加重了农民的负担。

二、农村税费改革的内容、意义和要求

从 1999 年以来，党中央、国务院针对农村乱收费的问题，开展了农村税费改革的工作，概括起来就是“三个取消，两个调整，一个逐步取消”，即取消生猪屠宰税、取消乡镇统筹款、取消农村教育集资，调整农业税政策、调整农业特产税征收办法，对原来统一规定的农村劳 动力积累工和义务工要逐步取消。农村税费改革的目标是：减轻、规范、稳定，按此实施，全国农民实际减负可望达 400 亿元左右，减负幅度近 30%。

三、农村税费改革中的难点和热点以及解决的办法

在农村税费改革中，农民最关心的问题主要有：(1) 希望合理的确定农业税的计税面积、常年产量和农产品的折价办法。(2) 关于调整农业特产税问题。对农业特产税的调整，应不以重复征收为原则，可以考虑在对非农业税计征土地上生产的农业特产品，继续征收农业特产税，对在农业计征土地上生产的农业特产品，可以由当地自行确定只征收其中一种，严禁平摊农业特产税的情况发生，并且要逐步减少农业特产税的品种，降低其税率。(3) 农村劳动力的积累工和义务工制度产生于战争年代，有其历史渊源，现在原则上应取消，但是要遇到重大的自然灾害，还是要实行。农村干部关心的是取消乡统筹以后，他们的收入来源靠什么。按照农村税费改革的要求，改革以后，对农民只能征收农业税和农业税附加，这两项加起来只不过是农民生产品价值的 8.4%，其他就不能向农民征收任何税了。而解决这些问题，一方面要坚持公平公正公开的原则解决土地计量等一系列问题，另一方面在中央经费的划拨同时，农村乡镇也要做到节约增效、精兵简政的工作。

四、健全法制，保证农村税费改革顺利进行

在农村税费改革过程中的另一个重要的问题就是亟须修改、制定和废除相关的法律、法规，以保证这一改革的顺利进行。有了立法保证之后，还要建立监督制度、举报制度、检查制度。在健全的法制条件下，“推进农村税费改革，适当提高现行的农业税和农业特产税税率，同时取消乡统筹、村提留和其他面向农民征收的一切行政性收费”，这个保障农民合法权益、减轻农民负担的治本之策便有望顺利进行。

（原文约 4500 字，发表于《新视野》2001 年第 4 期）

文摘编辑：路人

浅谈教育投入机制的创新

王守龙

[作者简介] 王守龙，安徽商贸职业技术学院，讲师。

[内容提要] 解决当今中国教育资源短缺的问题，要按照市场机制来配置教育资源，让民间资本按市场规则自由出入教育领域，推行教育券体制、发行教育公债。

[关 键 词] 教育投入；机制；创新。

教育投入是教育事业发展的重要保证。然而，教育投入不足始终是制约我国教育事业发展的重要因素之一。在教育经济学传统的理论模型中，“教育投资”被限定为对“人力资本”的投资，三类投资主体——政府、企业和个人（家庭），尽管各自的投资方式各不相同，表现为公共教育拨款、员工培训和学杂费以及相应的机会成本，但都是为了得到相应的“人力资本”增值。从这个意义上说，一切教育投资都是间接投资和非经济性投资。这一分析模型不能说明现存的多样的教育投资行为，也限制了政府制定相关产业政策以支持教育发展的可能性，存在严重的理论与逻辑缺陷：第一，它将非在校学生家庭和中小企业排除在个人（家庭）投资者群体和企业投资者群体之外，大大缩小了教育经费的筹资空间；第二，它将教育投资的目标限定为非赢利性人力资本投资，抑制了企业进行营利性投资的积极性，降低了投资主体的动机水平和缩小了投资主体的选择空间；第三，它将教育投资的实现形式限定为对教育活动本身的投资，排除了投资主体对教育活动要素、环节进行投资组合的可能性，堵死了教育投资进入资本市场的可能性，自我封闭于现代市场经济提供的融资空间之外。再加上长期以来，以国家垄断、计划分配、等级考核等为核心的体制与教条的教学内容，更使中国教育画地为牢、举步维艰。改革开放以来，其他领域风生水起，热火朝天，而教育依然我行我素，惟我独尊。在进入市场经济的今天，要解决教育领域的资源短缺问题，就必须打破垄断，引入竞争，按照市场机制来配置教育资源，树立教育投资是基础性投资而非消费性投资的观念。即使是财政提供的那部分资源，也要运用市场机制进行配置。

一、拆除市场准入的壁垒

要把市场机制引入教育领域，就必须为市场机制在教育领域发挥优化资源配置的作用创造条件。首先，要打开教育的“篱笆墙”，让民间资源能按照市场的规则自由出入教育领域。教育不能再由政府独家垄断，独家包揽。教育法规定的政府应努力使教育投入达到GDP的4%，显然是目前财政预算所不胜负担的，仅依靠政府财力，难以支撑与社会经济发展需求相适应的教育规模。多层次、多渠道、多元化依靠社会力量办学已是势所必然。同时，政府办教育也不能再无视效率。其次，要给予各种社会办学机构以公正的待遇。建立起私立学校、民办公助、公有民营、合作办学和重塑公学等多种形式齐头并进，共同发展的新格局，给予他们一视同仁的政策，让他们在相互竞争中，优化教育的资源配置。再次，在教育领域，让投资者、经营者、教学者三者分离。由投资者出钱办学校，自己或聘请善于经营者来经营学校的资产，聘请懂教育者来主持学校的教学，让市场机制促进教育的繁荣。最后，政府教育主管部门的责任，主要是制定发展教育的规划、方针和政策，对各类教育事业进行管理。教育作为一个特殊的领域，培育人与生产物质产品有较大差异。但只要把培育全面发展的人作为教育目标，那么把市场机制引入教育领域，允许社会资源在教育与非教育领域自由流动，允许在教育领域内部开展优胜劣汰的竞争，同样有助于提高教学质量，提升人的全面素质。对办教育者惟利是图怎么办？一方面加强监管，这是政府部门的责任；另一方面，让市场将其淘汰，“商海无涯信作舟”，一个寂寂无名或声名狼藉的学校，在竞争的环境里是没有市场的。

二、推行教育券体制

教育券体制是美国经济学家弗里德曼于1962年提出的，该制度的主要涵义是，所有的学生年年都将从政府那里获取价值若干美元的教育券，该券可在学生选择的任何学校里使用。例如，一张价值5000美元的教育券就足以支付地方公立学校的收费，或者由私人基金予以补足，达到竞争性私立学校的收费标准。因此不论学生选择什么学校，政府都为教育提供了最低限度的经费。这个制度中隐含的概念是，学生自主选择学校，引致学校之间的竞争，将有助于改善整个教育体制。学校之间的竞争靠什么？靠教师，师资力量是一个学校核心竞争力。学校吸引优秀教师靠什么？靠回报，靠提供一个能让教师人尽其才，才有所值的平台。经营者要想办好学校，必须聘请优秀的教师，优秀的教师将吸引更多的生源，更多的生源给学校和教师带来更丰厚的回报。这种良性互动，实质上建立了一个教师报酬的定价机制。

目前，财政提供的教育经费，基本上是吃饭经费，养人经费，而且饭吃得不怎么香，人养得也不怎么好。于是一些稍有长处的教师课上不讲，课下再说，开起小灶，另赚外快。产生这种麻烦的根源何在？一个教师是否乐意尽心尽职释放知识，是否乐意主动增加知识储量，取决于许多因素。其中一个基本因素，是社会对其拥有和运用知识的能力怎样定价。定价机制对头，教师就乐意启动知识存量，促进教学成效的提高。反之，他不但不生产，还可以“反生产”。对人的能力启动，靠强制和威胁收效甚微，靠宗教情怀或思想教育，也难持久，需要的是，平等交易。

现行的按教师人头由财政供给经费的预算分配方式，必须打破。政府的责任和义务是为适龄儿童和少年享受基本教育提供财力支持，而不能本末倒置、不分良莠地去包养教师。可以循着教育券体制的思路，重新分配财政对教育的投入。可先在一定的区域内，将财政安排的教育事业费，根据区域由适龄儿童和少年人数，区分小学、初中、高中不同层次，确定不同标准，折算到人头，财政按学校在册实有学生人数予以补贴。私立学校，在核定的收费标准内可另向学生收费。公立学校，除规定的收费外不得再收费用。最终，应在一国范围内，对适龄在校学生实行均等的享受教育财政补贴，体现政府补贴的公平。

推行教育券体制，可能出现的情况是好的学校门庭若市，差的学校门可罗雀，这正好为教育布局的调整提供了机遇，可以通过兼并、重组和所有制改造，优化教育资源配置，推进教育布局的调整。

三、发行教育公债

教育经费按用途可分为消费性支出和资本性支出两个方面。政府对消费性支出如教育事业费中的大部分，可以通过教育券体制改变投入方式。而资本性支出的来源，在加大对教育费附加征收的同时，可考虑由国家发行教育公债。资本性支出如教育基建投资等，能够在较长一段时间内产生效益。本着成本与效益对应的原则，其成本应分摊到它所产生效益的各个时期。如果用税收来承担当年的资本性支出，等于要求现在的人承担它的全部成本，而让以后的人无偿地享受它所带来的好处。从资源配置的角度说，它会导致教育基建投资的提供水平低于效率所要求的水平。可通过发行10—20年中长期教育公债，专项用于教育基本建设项目，以便逐步摆脱办教育投入不足的困境，提高基建投资效率。公立学校举债，由财政偿付。私立学校举债，财政可以予以贴息，以减轻学生的负担。这一条如能实施，对拓展教育的筹资空间，改变教育资金的投入方式，意义是重大的。

总之，要改变教育现状，解决教育面临的种种矛盾与问题，使教育真正成为新世纪中国走向现代化的根本动力，就必须加大社会包括财政对教育的投入。这一点是很重要的，但更重要的还是要创新机制，解决怎样投入的问题。而这种改革，更多的是需要勇气。

（原文约3500字，发表于《安徽商贸职业技术学院学报》2002年第3期）

文摘编辑：路人

“收支透明化”已刻不容缓

李志宁

[作者简介] 李志宁，中国社会科学院经济研究所。

[内容提要] 所谓在国外个人收入属于隐私，是个误解。个人收入的透明化，是科学的社会管理的重要一环，对于净化社会和保障税收具有重要意义。只有个人收入和政府收支的透明化，才能使中国做到“经济健康”。

[关 键 词] 个人收支；政府收支；透明化。

这里说的“收支透明化”，是指两个领域里的事情。

1．居民的收入和储蓄。

2．国家的税收和财政支出。

我国“居民储蓄”来源始终扑朔迷离。近年，居民储蓄的增长速度超过了经济增长。经济学家们对其继续猛增的势头感到不悦，希望“居民们”将这笔“百姓金融资产”拿去投资，例如买股票、办企业什么的。实际上做不到，因为多年来“内需”严重不足，国内已经没有任何“供不应求”的行业，86％的商品供过于求，全国库存积压商品已近4万亿元，达GDP的41％，而西方国家仅只1％。因此，任何方向上“新的投资”无疑都有很大风险，包括如电脑等组装行业为主的所谓“高技术产业”。此种情况下，纵使没有“腐败”方面问题，银行也难免会出现更多坏账，造成更为长远的损害。何况中国的“腐败”现在仍是一条巨大的活着的社会蠕虫。我国银行的不良贷款率已经很高，今年2月央行行长表示，2005年底一定要将其降到15％。而西方的银行呆账款率通常仅有1％。这就是说，中国从各种产业到金融投资业，都出现了经济困难的征兆。不过，对于储蓄超增长，有人快活地认为这是“人民生活水平提高”的明证。

我认为，我国居民储蓄的猛增，已经越出了常轨。它显示出，我国居民储蓄中主要部分并非真正是“广大人民”的储蓄。据我计算，90年代中后期，我国每年“工资总额”平均只比该年“新增储蓄总额”高1300余亿元。因此显而易见，“新增居民储蓄”中绝大部分并非来源于“工资总额”。1995年“新增居民储蓄”比“全国工资总额”还高出了44亿元，已属稀奇，但更奇的是2001—2002年的“年新增储蓄额”比一年的“工资总额”可能要高出3000亿元以上。

事实上，1995年全国职工平均月工资不到460元，直到2001年也就780元左右。甚至在生活费用颇高的北京，平均月收入仅约1000元。正是这个严峻的事实，使得我国“居民储蓄”既不能够冲到消费品市场上去“扩大内需”，又难以担当“金融资产”的投资角色。世界任何国家日用品消费的主力，都是普通的广大人群的工资收入，中国也不例外。但中国工资水平如此之低，“内需”消费力只能疲弱不堪。

每年“新增居民储蓄额”有几个主要来源：(1) 官员们贪污腐败的赃款。(2) 私企业主的红利。(3) 老百姓的灰色收入。(4) 某些高收入者的“合法”收入。(5) 个体户的部分钱财。(6) 某些自由职业者的收入。(7) 某些犯罪分子和堕落分子的部分不法收入。(8) 公款私存。问题是，这几个部分各是多少？应当查清楚，既应“定性”也应“定量”。对于一定数额之上的资金流动，国家银行和有关部门，应当予以监管，西方国家就是这样的，否则，国内银行就成了赃款黑钱的“洗钱”工具。这个问题多年来已非常严重。所以，中国的——

个人收入“透明化”与国际接轨。在西方，例如美国，个人收入对周围的人是个隐私，但对于政府税收、银行等有关部门来说，却并非隐私，而且被严格地予以管理。在美国，高收入也必须是“合法收入”，这是社会监管的原则和追求。美国人都有一个“安全号码”，任何个人收入都不能逃离这个号码。在美国，“合法收入”也总有个“来处”，不仅是各种工资和劳务收入，包括股息债券收入，除极小量现金往来外，人们总得有银行账户（储蓄实名制）来表明他的收入，因此总有案可查。当然，那里的银行非常尊重个人权利，甚至他的家庭成员都无权检查和支配他的钱款。但是，政府有关部门却必须掌握每个人的收入及其应当缴纳的税款，因此美国的个人收入和税单对于国家有关部门是“透明”的。在美国，工资是人民最主要的收入来源，而任何较大的其他劳务收入，也都必须依法缴纳高额累进税。如果税收部门不能通过安全号码掌握每人的主要收入，就会有大量税款流失。在理论上，这样做的好处是：能最大限度限制“非法收入”，并防止“腐败”现象大量发生。

美国的主要税种是个人所得税，所有有收入的人都是“纳税人”，共同养活国家机器。个人所得税的征收是“高额累进”的，收入越多，纳税越多，不少“高收入”者甚至要向国家缴掉一半之多。同时，收入少的穷人不仅缴纳较少的税，而且若是收入太低，符合某种条件，到年底还会“退税”，甚至还会再“奖励”依法纳税的低收入公民，使他们比缴税前的收入略高些。

与美国这种“收入透明化”相反，中国的个人收入正变得越来越晦暗，越来越迷迷糊糊。

税收、豪富与收入的“合法性”。在我国，主要的税收是工商税，另有关税与农业税，岁入规模相差不多。至于个人所得税，则是很小一块，在国家《统计年鉴》中未予列入，使人弄不清楚。令人吃惊的是，尽管中国的工资这么低，但据报道2000年的个人所得税中有43%竟是由低收入的工薪族所缴纳。难道我国个人所得税不是“高额累进”的吗？令人惶惑莫解。

至于中国富豪的高收入，其数量已经完全可与国际“试比高”。例如明星的一则十几秒钟广告，收入即达百万至数百万元。有人会以此自豪，但这并不能使民族也自豪。

中国多数家庭的工资收入，往往真正是“吃饭财政”。经济学家测算的“恩格尔系数”，常常不可靠。在中国职工人均月工资780元的情况下，一辈子工资收入，可能还不到明星们十几秒钟广告收入的1%，发布高酬广告的国企老总们有这个“花钱”的权利吗？这背后有什么交易吗？因此，该种收入的合法性可以受到质疑。在美国，任何“收入”都不能对联邦调查局和税务部门保密，从理论上讲，任何“非法收入”都不能在FBI的眼睛之外随意逃匿。

另一方面，任何国有的、股份制的和集体的企业，都没有权利将“广告费”提得过高，以至于国家的（也就是全民的）和股东的利益在“企业所有者不知情”的情况下受到损害。上市企业如此，非上市企业，只要有公有部分，经理人员就没有随意大规模处置资金的权利。

穷人收入太低，对富人并非福音。有人说，现在中国的个人收入的问题太复杂了，无法弄清楚。但正是因为中国的“居民收入”过于五花八门，所以，才格外需要在“居民收入透明化”的问题上大下苦功，建立起正常而有效的社会秩序。其实，中国个人收入的复杂性，主要体现在少数富人中，而大多数人民在不透明的分配格式中，收入很低，不少人甚至入不敷出，陷入生活困窘之中。据新闻报道，不少地方的下岗职工每月只能领到100多元、甚至60多元；有的家庭每天连2元钱菜金都达不到。中国需要政府实行“最低生活保障”的城市人口已在1500万左右。2002年中国政府提出“最低生活保障”要覆盖全部贫困城市人口，这很好，但也异常艰巨，因为时至2001年三季度，全国低保实际人数仅达604万，覆盖面1年里将增加148%！为什么现在要保障人们的最低生活都有困难？主要是国家必须保证有大量财政收入，才可能有财力进行救济。建立社会保障体系是保证“社会稳定”的最后屏障，这个体系需要大量的钱来建立。社会保障，通常是美国政府第一大财政支出，且高于军费和教育经费，因此，这是一件万万马虎不得的治国头等大事。

相比西方各国，中国目前还远不是一个富国。所以，贫穷对人民的威胁更大得多。2000年中国人均GDP已达809美元，好像已进入了“小康”。但当年全球人均GDP是5331美元；日本竟高达3.756万美元，超过美国；韩国也超过了1万美元；就是马来西亚的3472美元和泰国的1960美元也远比中国高得多。所以，中国的经济发展还“任重道远”呢。

依我看，大多数人收入太低，从根本上和长远上讲，对于富人也并不是福音。人民收入低，一时间，是可以腾出更多的钱让那些富人占有，使少数人先富起来。对于那些贪婪的官老爷，也有了更多的可贪的钱了。难怪一查到贪污案件，动辄就是数百上千万元，巨大的甚至数百亿元。在澳门和美国、澳洲的赌场上都出现了中国的“豪赌客”，输几十、上百万元毫不在乎。这表明人民的收入在GDP中占比例太小，钱都“省”给贪官污吏了。其实，这不仅可能带给贪官以个人毁灭的前景，还会带来由于“民穷”而引发的动乱。若真的发生了大规模的骚乱，那么，谁也过不好！

所以，我认为，现在是实行对于公民收入的“透明管理”的时候了。由于电脑的发展，技术上也没有任何困难。再拖下去，对人民、对国家都是不利的。说实话，可能也拖不起了，已经到了刻不容缓的时刻。

政府收支、公共投资的“透明化”也已不容躲闪。关于“透明化”，除上面说的“个人收入透明化”以外，还有另一个重要的论点是：国家的税收和财政支出、各机关的财政、收入和支出、各上市企业的投入产出和债权债务等都应当一起“透明化”。这样，全社会的经济才能真正走向健康。

任何事物都有两个面。例如纳税是一个方面，应当透明化；另一方面是税收的去向，也应当透明化。对于一个政府，除了国防和国家安全当然应当保密外，一般各种社会事业支出，完全应当向民众公开。纳税的透明化应和政府支出的透明化相配套，纳税人才会消弭“逃税”的冲动。

因此，只有“收支透明化”才是国家和民族的出路。

（原文约5000字，发表于《经济学家》2002年第4期）

文摘编辑：路人

三峡库区工业发展战略的几点思考

刘嗣明

[作者简介] 刘嗣明，华中师范大学可持续发展研究中心副教授，武汉大学商学院博士研究生。

[内容提要] 由于高山峡谷、河道型水库等自然地理条件和市场经济体制、WTO、环境保护等形势，决定三峡库区工业发展战略的定位总的应是：工业为次，突出其他产业。在库区内，可适当发展旅游工艺品等工业，要特别禁止污染严重的工业；在泛三峡库区，可多在上游的重庆、下游的宜昌至枝城布设工业，在宜昌至枝城可多发展高耗能、高耗水的工业。国家要对三峡库区的工业发展给予严格的规制，并对三峡库区由此而致的损失给予适度的补偿。

[关 键 词] 三峡库区；工业发展战略；定位；门类；布局；对策。

一、三峡库区工业发展战略的定位

1. 三峡库区不宜把发展工业放在重要位置

由于三峡库区处于长江上游，这种特有的地理、交通环境对长江中、下游广大地区的环境保护具有重要地位，可见，三峡库区不能发展污染大的工业，只能发展现代高科技产业，三峡库区在全国、湖北省、重庆市的经济、社会协调发展战略中，应是重点发展旅游业等其他产业。

2. 三峡库区应把旅游业等放在重要地位

三峡一直是我国乃至世界著名的风景名胜之地。然而，随着三峡工程的建成，著名的峡谷长廊风光将有一部分淹没水下，这不能不说是一大遗憾。然而事物又总是有其反面。当某些三峡风光被淹没水下之时，又会因三峡水库蓄水，导致山峦“浮出水面”，出现山中有水、水中有山的新的“平湖”风光。三峡风光过去就声名远播，由于建三峡工程导致三峡名声更为大振，“平湖”风光比峡谷风光另具一番景色，因此，三峡库区发展山水旅游、人文旅游业将是前景极为广阔的，这里有极大的品牌效应。

二、三峡库区工业发展战略的门类

1. 努力发展服务当地的生活服务型工业

三峡库区人们的日常生活用品是一个不小的市场，三峡库区的工业企业生产这类产品具有地缘上的优势，因而可以大力发展这类服务当地的生活服务型工业。不过，在市场经济的经济体制、规模经济的生产方式下，即便是日常生活用品，也不再完全是当地产、当地销的时代了，大的公司也会以规模化的生产方式把这类产品生产出来，并用有力的营销将这类产品销往四面八方，从而以低价格、高质量、各品牌、好服务占领市场，挤垮竞争对手。

2. 努力发展依托库区可更新自然资源的工业

三峡库区丰沛的林木、竹藤、茶草及廉价而充足的劳动力资源，可以用来生产手工编织、茶草加工等手工艺产品。这些产品既能利用本地资源与劳动力，又有别处难以生产的独特性，还能满足广大消费者青睐手工、回归自然的心理，因而会有广阔的市场前景，可望获得可观的经济利益。

3. 努力发展旅游工艺品工业

三峡库区旅游将是一篇做不完、永具魅力的大文章。三峡旅游工艺品工业具有就地取材加工、就地销售的便利，这对减少成本、获取利润有极大的好处。三峡库区发展旅游工艺品工业本身也具有得天独厚的资源优势。除自然资源外，三峡库区地处巴、楚文化的交汇地，独特的人文资源也为其发展旅游工艺品工业奠定了坚实的基础。

4. 努力发展高耗能、大耗水的工业

随着三峡工程的建成、蓄水、发电，三峡库区不但水资源丰沛，而且提取更为方便，电更是产在身边，因而在这里发展国民经济中必须的高耗能、大耗水的工业则会有更高的比较优势，因而宜在这里，特别是在枝城至宜昌之间建大城市，大力发展这类工业。不过，这里有一电力调配使用体制上的问题需提及。须知，三峡水电站的电力将来并不是准备首先满足三峡库区的消费，而是要经全国大电网送向东、南地区的。基于这种电力的整体调配体制，笔者建议：三峡库区乃至宜昌、枝城今后因该地的工业发展需增加电力供应，葛洲坝、三峡电站的电力分配给他们的数额又不能满足他们的需要而要自己建火电厂时，可考虑将其投资于建火电厂的等额资金交给国家电力部门换取相应的三峡电站、葛洲坝电站的电力，国家再拿这笔资金到外地去（捆绑使用）建相应的火力发电站、核电站、坑口电站等。这样可避免一方面三峡电站的电送往外地要增加输送成本，而另一

方面三峡电站附近又再建火电厂的不经济行为。

三、三峡库区工业发展战略的布局

1. 三峡库区工业结构调整和工业布局

在三峡库区之内即下起宜昌三斗坪即三峡大坝，上至重庆市之间的库内核心区，不宜搞大型工业项目，特别是不宜搞既没有资源优势、又污染环境的工业项目。到2003年三峡电站蓄水发电，库区合计淹没耕地5万km^2，搬迁库区居民102万人，淹没主要城镇县城有归州镇（已迁至茅坪）、巴东老县城信陵（新城在黄土坡）、万县老县城，香溪河淹没至兴山城下。峡江之内，交通要道也是旅游通道，能发挥防汛、航运、发电、旅游的主要功能。沿峡江可建工业产业为旅游业工业。旅游工业产品有竹藤棕草编织品、玉石产品、旅游食品餐饮、民族服饰等。

湖北省的大磷矿中的宜昌和兴山磷矿，储量各约11亿t，平均品位P_2O_5 20%，主要位于宜昌北部的樟村坪、瓦屋附近，可在荀家垭、古夫（兴山）兴建选矿场。磷肥化工厂必须设在葛洲坝以下的古老背、红花套或枝城。宜昌县与兴山县之间，三峡大坝北部一带，有优质的花岗岩可以开采。选矿场必须符合排放标准才能进行生产。

2. 三峡库区周边的工业结构调整和工业布局

在三峡库区，特别是在库内核心区不宜布设大的工业项目的同时，并不等于三峡库区的周边地区，或讲“泛三峡库区”也不宜布设工业项目。事实上，三峡库区周边地区或叫泛三峡地区，有些地方有发展工业的独特优势。

——三峡库区南面的清江流域。泛三峡库区生物资源和矿产丰富，尤其是清江沿岸，有大量的生产水泥用的石灰岩、熔剂灰岩、硅石、粘土、化石、花岗岩、大理石、煤炭、赤铁矿、有色金属等。工业区可分别布置在红花套、高家堰、野山关、红岩寺、恩施市、利川市、石坝镇一带。

——三峡库区下游的宜昌至枝城。枝城，有长江和我国第三条南北交通大动脉——焦柳铁路交汇。目前，从武汉至宜昌又在修经天门接轨荆门的新汉宜铁路，从枝城经恩施、利川至万县和万县至达州的铁路也将开工、开通。因此，枝城不仅有长江与焦柳铁路垂直交汇，而且还有沿长江平行的沪—渝铁路318国道在此过境，可以讲是具有与武汉齐观的优越地理区位。这里离三峡大坝仅百余公里，长江两岸为小丘陵，既较为平坦，也较为坚实。建议就近利用当地资源在枝城兴建大型水泥厂、玻璃厂、耐火材料厂，并利用焦枝铁路陆转水的煤炭兴建火电厂，以为三峡电站、清江电站调峰调频。

——三峡库区上游的重庆市的工业布局。重庆市区位于三峡库区上游边缘——库区与非库区的临界点，这里是一座有相当规模的老工业基地。随着三峡工程的建成，这里的水路交通条件将得到极大的改善，随着枝万铁路的开通并联通渝万线，这里的陆上交通也将更为便利。因此，进一步改造、加大发展重庆这一老工业基地，使其产生对三峡库区的更大的带动、辐射效能，将有极为重要的意义。

四、三峡库区工业发展战略的对策

1. 大力引进外资及先进的管理、技术乃至成熟的市场，走跨越式工业发展的道路

长期以来，由于我国资金紧缺，管理技术落后，发展工业习惯采取从落后到先进的渐进方式，落后地区更是如此。改革开放中，我国一些率先发展起来的地区，走出了这种传统的发展道路。他们通过大力吸引外资，引进先进的管理、技术，并直接进入外资成熟的市场，而取得了快速的发展。实践证明，这是一条行之有效的道路。三峡库区发展工业也必须更新观念，利用三峡库区开放区的优惠政策，大力引进外资和先进的管理经验、技术及成熟的市场，走跨越式发展的道路。

2. 国家对三峡库区的工业发展给予适当的扶持、补偿、开发项目支持和制约

一方面国家对三峡库区发展与三峡库区相适宜的工业应给予税收减免、金融信贷上的扶持；另一方面对三峡库区出于保护生态、环境的需要，淹没一些土地和城镇及工矿业、舍弃一些有污染的工业而牺牲一定的自身经济利益，要给予适当的补偿。

3. 将三峡库区的环保机构与三峡库区的地方政府脱钩

工业生产中，污染环境等于减少成本，反之搞好环保等于增加开支。因此，将三峡库区的环保部门隶属于地方政府，在是要减少成本多得利润与还是要增加开支减少税利的两权之中，环保工作雷声大、雨点小就是自然而然的事。只有将环保部门与地方政府脱钩，环保部门才可能真正履行它的职责。这一原则也适合全国的环保体制改革。

4. 大力发展教育事业，科教先行，引进人才

长江三峡库区诸县市，无论发展工业和旅游业，都缺乏大量的技术、管理人才。必须下大力气培养人才，引进人才，留住人才，制定人才培养、交流政策。要建立库区的高等学院、科研机构，从组织机构上保证人才的培养。

（原文约6000字，发表于《华中师范大学学报》自然科学版2002年第1期）

文摘编辑：路人

论现行税制对中西部经济发展的不利影响

黎开锋　徐长生

[作者简介] 黎开锋，华中科技大学经济学院在职硕士生，研究方向为发展经济学。

徐长生，华中科技大学经济学院教授，主要研究方向为发展经济学、宏观经济学。

[内容提要] 1994 年税改后形成的现行税制对中西部经济发展相对于东部地区具有一些不利影响，主要是中西部分税收入相对减少、财力削弱，现行增值税、所得税、资源税等主要税种的征收方式和优惠措施不利于中西部地区。必须深化税制改革，合理划分税收、税种及分享税比例，改进征税方法、调整税收优惠政策，以增强中西部财力。

[关 键 词] 现行税制；中西部地区；经济发展。

一、现行税制对中西部经济发展的不利影响

由于我国是一个大国，中西部地区与东部地区在区情、基础、条件等方面差异很大，因此统一的税制却具有不同的实际影响。概括起来，现行税制对中西部地区相对不利的影响主要有以下三个方面。

1. 分税收入减少，削弱了中西部财力

(1) 中西部的地方财税收入规模太小。新税制实施后，中央财政收入规模和比重均大幅上升，而地方财税收入规模相应减少，地方的相对收支状况明显不如税改以前。

(2) 基数返还法拉大了收入差距。现行分税制在 1994 年以后税收增量分配上向中央政府作了较大的倾斜，有利于加强中央宏观调控能力，但是，中央对地方政府的税收返还仍以 1993 年为基数，保留了旧财政体制下东部地区的既得利益。为抬高基数，各地纷纷增加 1993 年的税收收入，东部地区因其财政扩大基数能力较强而在这一轮“博弈”中占得相当大的超额利益。1994 年后的财政返还，又按无地区差别的 1:0.3 的统一比例执行，所以中央拿走的越来越多，地方得到的越来越少，东部获利越来越多，中西部得利相对越来越少。

3. 中央与地方两税交叉过多。目前，地方税是以营业税、城市维护建设税和个人所得税为主要税种，以增值税分成和地方企业所得税收入为主要收入来源。中央税是以增值税和消费税两税收入为主。在增值税、营业税、外商投资企业和外国企业所得税、城市维护建设税、印花税、企业所得税等 6 个税种收入的划分上，中央与地方都存在不同程度的交叉，有的划归地方的税种，中央也参与分配，形成了实际上的分享税种。中央与地方存在交叉，不利于清晰合理地划分中央与地方税种收入。

2. 税种设计欠妥，不利于中西部开发

(1) 现行增值税有碍企业发展。目前实行的是生产型增值税，对固定资产、专有技术等长期资本不予抵扣进项税金，因而仍存在重复征税的问题。对中西部地区而言，由于其工业结构中重工业占据优势，因此这部分企业在资本积累和技术进步方面承担的税负较高；而东部地区以轻工型经济为主，相对而言受现行增值税政策的影响要小。另外，中西部地区资源、能源占优势，但现行增值税对企业的劳务支出不予抵扣进项税金，致使在中西部较为突出的矿产采掘业、水力发电业承受较高的增值税税负，也不利于这些地区优势的发挥。同时，现行税收政策规定：农产品、运费分别准予按 10% 和 7% 的较低比例抵扣，使以农产品为主要原料和运费比重较大（中西部地区由于交通不便更为突出）的企业，增值税税负偏高，这影响了中西部地区农产品加工业和资源开发行业的发展。

(2) 现行所得税难以缩小收入差距。在现行税制结构下，所得税对于东、中、西部地区个人收入差距的宏观调控作用在弱化。所得税的宏观调控作用弱化，对于缩小地区差距，促进中西部经济发展是不利的。从企业所得税看，所得税优惠政策倾斜外资企业，这对外资企业少的中西部是不公平的。此外，企业所得税实行低档优惠税率，在某种程度上，诱导大中型企业分散经营，划小生产规模，不利于企业形成规模经济，从长远看有碍劳动生产力的提高和资源的合理配置，因此对以大中型企业为主的中西部是不利的。从个人所得税来看，也存在一些问题。一是对工资、薪金所得采用 5%—45% 的超额累进税率，而对利息、股息、红利所得税采用 20% 的比例税率，从最高边际税率看显然前者重于后者。二是按次按月征收，不仅不便计算，而且不利于个人所得税的规范管理。由于个人所得税存在分项、分次课征的问题，未能建立综合所得课征制度，从而对社会个人收入分配的悬殊差距未能起到应有的调节作用。这对于中西部地区来说，由于收入水平总体上大大低于东部地区，因此，个人所得税的这种制度，也不利于缩小不同地区之间个人收入间的悬殊差距。

（3）现行资源税有悖优势转化。一是资源税征收范围过窄。新税制将资源税的增收范围，由过去的三种扩大到七种，但总的来看，仍只囿于矿藏品，对大部分非矿藏品资源都没有征税。从而难以遏制中西部对自然资源的过度开采，造成资源后续产品比价的不合理，刺激对非税资源的掠夺性开采。同时也有悖于中西部地区资源优势向财政经济优势的转化。二是资源价格体系不合理，资源税单位税额过低。由于中西部地区的资源价格太低，资源的效益却在东部体现，对于资源的课税本应在西部进行，结果由于价格体系的不合理，对西部资源的税延迟在东部体现，实际上是东部在抽中西部的血。由于资源税税负不能随资源类产品的流通向下游环节转移，所以中西部地区虽然在资源上占有优势，却不能形成经济和财政优势。加上分税制的实施，税收任务与地方财政的可支配财力直接挂钩，结果是富裕地区不愿征足税而藏富于民，放水养鱼；贫困地区财源不足不得不竭泽而渔，导致富的愈富，穷的愈穷。

（4）现行消费税和证券印花税影响了东部对中央的财政贡献。现行消费税的征收范围较窄，却只对高档消费品课征，不对奢侈性消费行为征税，所以不能对东部地区的部分群体的消费水平进行有利的调节。由于消费税是中央税，这样也不利于增加东部地区对中央财政的贡献度。在证券交易税方面，目前尚未出台证券交易税，只对股票二级市场的交易征收印花税，对企业债券、投资基金、期权等交易行为没有相应的征税规定，税收调控也没有覆盖到一级市场。由于东部地区金融保险等第三产业比较发达，所以现行税收制度显然不利于中西部地区。同时，证券交易印花税只在中央与上海、深圳两地财政间分成，这对于包括中西部地区在内的其他地方是不公平的。

3. 税收支出偏东，中西部受益不多

（1）流转税优惠偏东。大部分中西部地区国有工业总产值占工业总产值的比重都在50%以上，其中宁夏、西藏、新疆和青海尤甚，大大高于全国的平均数。而国有企业流转税（包括增值税和消费税）负担明显高于其他经济类型企业，非国有工商企业的总负担率（指流转税或增值税占含税销售收入比重），只占国有工商企业负担率的60%左右。因此，中西部地区流转税负担较东部要重。对经济特区，国家规定特区内"地产地销"的商品实行免征增值税，在进口环节上可以享受减免关税、增值税等优惠政策。据测算，1994年深圳、海南特区工业企业应缴纳增值税为50亿元，而实际缴纳为14亿元。另外国家为照顾一些内资企业的实际困难，也制定了一系列的优惠政策，主要有民政福利企业和校办企业实行即征即退增值税政策等。由于这些企业绝大多数为集体企业，所以对国有企业占主导地位的中西部地区受益也是不多的。

（2）外资企业所得税优惠偏东。1994年，外商投资企业所得税负担率为14.64%，而内资工商企业为25%。外资企业所得税负轻于内资企业的主要原因是：一是外资企业可按24%或15%缴纳企业所得税，若以应纳税所得额为标准进行分析，在全部外商投资企业中，适用24%税率的应纳税所得额占全部应纳税所得额的比重为26%，适用15%税率的应纳税所得额占45%。二是外商投资企业享受着比内资企业优惠得多的税前扣除政策。三是外商投资企业其他减免优惠政策多，外商投资企业用税后利润进行再投资的，还可享受再投资退税的优惠，即退还再投资部分以纳税款的40%。由于外商到中西部地区投资较少，而以上面对外商投资企业的优惠政策，中西部地区就很难受其惠了。

（3）内资企业所得税优惠偏东。一是对规模较小的内资企业（年应纳税所得额在10万元以下）适用18%和27%两档照顾税率。二是经批准的股份制企业适用15%的企业所得税。三是对民政福利企业和劳动就业服务中心减免所得税的优惠政策。而这几类企业绝大多数为非国有经济的中小企业。由于中西部地区以国有大中型企业为主，东部地区以中小企业为主，所以上述税收优惠客观上更有利于东部地区。

二、深化税制改革、促进中西部经济大发展的建议

笔者认为，在加入WTO和实施西部大开发战略的大背景下，为促进中西部经济大发展，进一步深化税制改革的基本思路应该是：统一税法，公平税负，消除歧视，确立以产业政策为基本导向并切实照顾中西部地区落后现实的税收制度，配合政府有关政策，提高征管效率，为中西部经济快速健康的发展，充分发挥税收特定的杠杆作用。具体措施主要有三个方面。

1. 合理划分税收，增强中西部财力

（1）合理调整中央税、共享税和地方税三类税种，进一步理顺中央与中西部地区的收入分配关系。根据国际上大多数国家的情况和发展社会主义市场经济的趋势看，地方税收占整个税收40%左右较为妥帖。为照顾中西部地区，其地方税规模以占整个税收收入的50%为宜。

（2）确立地方主体税种。建议把对中西部地区经济调控较广，调控力度较大，税源征收简便的营业税、企业所得税和资源税作为主体税种。

（3）配置好其他税种。一是统一内外资企业所得税。二是合并城市维护建设税和教育费附加为独立的城乡建设教育税，以销售收入为计税依据，实行差别税率。三是开征新的地方税种，主要是开征社会保障税、遗产税和赠与税。

（4）重新确定分成比例。一是全额上交中央的消费税，可否全额留给西部地区，而50%留给中部地区。二是上交中央75%的增值税，不同地区实现不同的分成比例：可实行中央与西部5∶5分成，与中部6∶4分成。三是改现行的增量"基数法"返还，为"因素法"返还，并且适当提高中央对中西部地区税收返还的逐年递增率，"两税"递增返还系数可由现行的1∶0.3变为1∶0.6。四

是对中西部地区的能源、矿产品、原材料等企业征收的增值税，在2010年以前，对西部实行先征后退，对中部实行先征退半的政策。同时，增加财政对中西部困难地市、县补贴数额，对历史欠账过多、累计赤字超过财政收入总额的地方采取一次补助填平的办法，使其放下包袱，全力发展。

2. 科学设计税种，加速中西部开发

(1) 改进增值税。一是将生产型增值税改为消费性增值税。二是将营业税中的建筑安装、交通运输等税目改征增值税。三是将临时经营、修理修配、小规模纳税人列入营业税征收范围，并全部列入地方收入。四是提高农业产品、运费、废旧物的扣除率，使其与通用税率相一致，以降低中西部地区部分产业或产品的税负。

(2) 完善个人所得税。建议适当调高扣除额，提高累进程度，改分项、分类课征为按年分项同综合征税结合的办法课征。并适时将利息、股息收入纳入所得额，加大对高收入群体的收入调节力度。

(3) 扩大资源税。可适度授权地方政府在一定幅度内调高资源税税率，并结合“费改税”将地方政府对一些矿产品征收的基金等纳入资源税课征范围。尽快将土地、森林、草原、水源、海洋等自然资源纳入资源税征收范围，同时改变现行资源税的计税依据，由从量定额征收，改为从价定率征收。

4. 调整消费税。为扩大消费税的征收范围，对享乐型消费征收消费税。对奢侈品、高档消费品和高消费行为，税率应当从高。

3. 调整税式支出，扶持中西部快速发展

(1) 加大对中西部的倾斜。入世后要保留现有对“老、少、边、穷”地区的税收优惠政策以及对西部边境贸易的一些税收优惠政策，并采取有力措施保证优惠政策的落实。

(2) 调整流转税优惠。在增值税方面，应扩大中西部地区分享比例。在营业税方面，中西部地区可实行幅度税率，规定幅度在3%—12%。具体执行什么税率，由省级地方政府和税务机关根据财政需要与企业负担能力确定。

(3) 调整所得税优惠。企业所得税应在全国统一税率征收的基础上扩大中西部地区的分享比例，使中西部地区的实际税负与东部地区基本拉平或轻于东部。为减少当地人才外流，吸引外地人才来中西部地区创业，个人所得税可减半征收或全额返还。

(原文约5000字，发表于《华中科技大学学报》2002年第2期)

文摘编辑：路人

对增强西部地区自我发展能力的思考

鱼小强

[作者简介] 鱼小强，商洛师范专科学校社科部助教。

[内容提要] 本文提出了自我发展能力的经济学内涵；分析了西部地区自我发展能力的现状；阐述了增强西部地区自我发展能力的对策建议。

[关 键 词] 西部地区；自我发展能力；区域经济创新；资本聚集；决策能力。

一、西部地区自我发展能力现状

1. 要素凝聚能力较弱。主要表现在：资金积累和吸引外资能力差。首先是企业数量少，密度低，规模小而且盈利能力差，竞争力不强，企业经济效益普遍偏低，1998年，西部工业企业利润仅占全国的3.2%。其次，西部居民收入低于全国平均水平，储蓄能力相当微弱，1997年金融机构存款余额10742亿元，仅占全国的13.4%。最后，由于地方经济不发达，财政长期入不敷出，政府储蓄极为有限。可见，西部地区企业、居民、国家资金供给严重不足。在利用外资方面，西部与东部相比，利用外资的数量小，水平低，增速慢。1998年西部地区利用外资13.70亿元，占全国的3.03%，仅为东部的1/26、中部的1/3。更为严重的是，西部信贷资金的10%左右通过上存资金、资金净拆出、金融机构直接向东部企业贷款等渠道外流。此外，资本市场的东西差距，也使得资金通过资本市场更多地向东部聚集，加大了西部的"资金缺口"。对技术、高科技人才、企业家型人才的吸引力，西部与东部相比，也明显处于十分不利的地位。

2. 资源配置效率低。如1997年，内蒙古、广西、贵州、云南、西藏、青海、宁夏、新疆的国有工业企业资金利税率分别为4.58%、3.14%、6.46%、6.58%、4.5%、-1.27%、4.00%、3.15%，除云南外，普遍低于全国6.54%的平均水平。从资本边际产出看，1994—1995年，以上八省区的比值分别为0.40、0.58、0.38、0.47、0.35、0.43、0.32、0.37，除广西外，均普遍低于全国0.49的平均水平。

3. 科技进步能力偏下。科技人才严重匮乏，据统计，1999年全国专业技术人员中，东部占51%，中部东32%，西部仅占17%。而且教育水平相当落后，人均教育经费、教育经费占GDP比例等指标均低于全国平均水平，造成西部地区人口文化素质总体偏低。

4. 制度创新能力弱。表现在西部地区的经济体制改革始终处于滞后状态，制度创新所应该具有的促进经济发展的环境与制度保障作用没有充分发挥出来。

5. 决策能力不强。表现在政府对市场经济的规律认识不够，对经济干预过多；政府机构办事效率低、服务意识差、政策透明度低；软环境建设不能让投资者满意。

二、增强西部地区自我发展能力的对策建议

1. 以区域经济创新为突破口，提高西部经济的活力和竞争力

(1) 观念创新。西部干部群众思想观念落后已成为经济发展的"绊脚石"，要扫除这块"绊脚石"，就必须进行观念创新。观念创新的重点是树立与市场竞争相适应的现代观念。包括竞争意识、平等意识、效率意识、法律意识、信用意识及企业主体观念、企业无级别、无主管部门观念和智力劳动本位观念等。

(2) 科技创新。西部要建立以企业为主体的技术开发与创新体系，加大高新技术人才的引进和培养；适当发展高新技术产业，采用高新技术和先进适用技术改造传统产业；要注重加强有助于科技创新的"政策"建设，制定一系列配套的政策规章，激励科技人员的积极性与能动性。设立技术创新奖励基金，完善技术创新服务体系，为创新提供良好的社会氛围。

(3) 制度创新。制度环境已成为西部地区经济发展的最大无形瓶颈，大力推进制度创新对西部经济发展有着特别重要的意义。从当前看，西部地区制度创新应突出以下几个方面：一是大力发展非国有制经济，创新所有制结构；二是深化西部国有企业改革，建立现代企业制度；三是完善法律制度，创新法律手段，为经济发展提供法律保障。

(4) 管理创新。从政府层面看，要改革经济管理体制，调整政府角色，严格区分行政手段与经济手段、政府行为与市场行为、政治目标与经济目标，坚决剔除政府职能中的企业行为。政府不再做直接投资者，而应全力做好环境营造和高质高效地为全社会提供公共产品和公共服务工作；改革财税金融管理体制，拓宽融资渠道；

加快土地及其他自然资源管理体制的创新，盘活西部自然资源；改革科技管理体制，建立技术要素参与企业收益分配的新机制，推动科研成果向生产力的转化；积极改革人口劳动管理体制，改进人才引进与管理办法，调动各类人才的积极性，变“孔雀东南飞”为“孔雀向西飞”。从企业层面看，要以入世为契机，瞄准世界一流企业，大胆引进、建立和运用先进的企业管理体系和方法，充分发挥管理创新的积极作用，提高企业的经营管理水平，提高经济效益，增强市场竞争力。

2. 以资本市场为依托，提高西部地区资本聚集能力

资金是生产要素的粘合剂，是经济机器赖以运转的基本动力。资金短缺是落后地区经济发展中面临的普遍现象，也是西部开发面临的一大突出难题。据估计，未来10年西部地区开发建设所需资金高达数万亿元，而国家资金（包括国债资金、预算资金和政策性贷款等）仅能满足有限的一部分。弥补巨大的资金缺口，需要资本市场的有力支持。

资本市场是区域开发的内生变量，其重要职能体现在：第一，使储蓄有效地转化为投资，又使投资创造出高水平的物质资本，这些资本运用在生产力高的项目上，最终带动经济发展；第二，资本市场有助于在资金需求和资金供给之间建立一种均衡；第三，资本市场通过流动性和保证金融资产的安全，促进了储蓄和投资；第四，资本市场保证了资金从一个部门向另一个部门的流动，促进了金融的机动性，提高了资本配置效率。此外，资本市场还提供了一种分散风险的机制。发展西部地区资本市场，不仅可以为国内外各类投资者提供投资的有利场所，为西部经济发展提供巨大的资金支持，而且因资本市场具有较强的流动性，能促进商品、劳务和生产资料市场的建立和价格的形成，节约交易成本，提高交易效率和分配效率，提高西部地区资本形成和聚集能力。

（1）加强金融基础设施建设，建立健全金融支持体系。一方面用市场力量规范发展金融机构，建立和完善西部地区多元化的金融机构体系，例如组建西部开发银行，通过开发银行支持具有战略意义的重点项目，提高财政注资的效率；鼓励全国性股份制商业银行和外资金融机构在西部设立分支机构；积极发展西部开发基金；培植西部投资银行；大力发展西部保险事业等。另一方面，大力发展金融信息技术，加强金融人才的培养，降低金融交易的信息成本和技术成本，提高金融交易的效率。

（2）加强西部区域性资本市场中心的培育与发展。设法争取国家支持，在西部设立我国第三家证券交易所。在综合考虑交通、通讯条件、区位条件及现有金融业软硬件环境等因素的基础上，可在西安、重庆、兰州三城市中选择一个。依托资本市场，提高西部上市公司资产规模和科技含量，大力推动民营高科技企业上市，充分利用上市公司观念新、体制好的优势，使一个上市公司带动一个行业的发展，进而带动西部经济发展。

（3）资源证券化。所谓资源证券化，是指在明确界定资源产权的基础上，对那些已探明经济可采储量的资源，以其未来的现金流为抵押，在资本市场以“资源抵押证券”的方式进行变现性融资。是一种以产权换资金的有效的资本运营手段。

（4）通过资本市场投融资方式的创新，启动民间投资和外资。包括：中央政府批准西部地区发行地方政府债券，尝试设立产业投资基金和私募基金；建立场外交易资本市场等。

3. 以制定正确的经济发展战略为核心，提高西部各级政府科学决策能力

区域经济要加快发展，必须制定出正确的经济发展战略，这样，才能使各项经济活动符合经济发展的内在规律，才能有效配置社会资源。西部各级政府要认真学习市场经济理论，吸取发达国家及我国东部地区经济发展战略方面的有益经验，发挥决策咨询机构的智囊作用，借“天下人”之脑，特别是专家之脑为我所用，制定出符合西部各省、市、区实际的经济发展战略。

（1）可持续发展战略。西部是我国生态环境最为脆弱的地区，表现在两方面：一是严重的农村生态破坏，水土流失率、草原退化率都大大高于全国平均水平，而森林覆盖率低；二是严重的城市环境污染，单位GDP产出的各类污染强度大大高于全国平均数，省会城市空气污染指数大幅度超标，其中兰州、西安、银川这三个污染最为严重的省会城市都在西部。因此，大力加强生态环境建设，走可持续发展之路，是西部开发必须首先研究和解决的一个重大课题。

第一，加大水利设施建设力度，发展节水灌溉农业，改变大水漫灌的传统农业用水方式。为此，一要加大宣传力度，提高群众节约用水意识；二要积极引入市场机制，提高水价，以反映用水成本及外部成本；三要为农民节水提供技术指导、工程指导、信贷支持以及信息服务，激励农民节水，提高单位用水量的农业产出；四要强化水资源的统一管理，实行“计划用水、定额配水、量水到户、按方收费”的管理办法；五要实行水资源的适应性策略，使水资源开发利用与人口增长、经济发展、产业结构调整、城市化进程相适应，通过大量减少农业用水，适当增加非农业用水，提高用水效益。

第二，实施大江大河上游和内陆河源区保护政策，要像对待国防建设那样对待大江大河源头的生态保护建设。严禁在大江大河源头、上游和塔里木河区进行森林砍伐，对25度以上坡耕地坚决实行退耕还林还草；提高绿洲的森林覆盖率，在统一规划下开发和建设；国家财政专设大江大河源头及上游生态环境保护与建设专项基金，专用于水土保持、植树种草、退耕还林等生态建设，采取以工代赈的方法，使当地老百姓尽快摆脱贫困。

第三，加强环境保护。包括采取严厉措施治理西部城市大气污染，以“大扫除”方式关闭一批污染严重企业；取消对煤炭生产、运输、消费的各类补贴；披露环

境污染信息，鼓励公众参与监督，对污染者形成强大的社会压力；优先在西部城市开放环保市场，鼓励国内外投资者发展环保产业等。

(2) 区域特色经济战略。自然资源、地理位置、经济基础、技术水平等，是制定区域发展战略的基本依据和出发点。我国西部地区横跨12个省、市、自治区，地域辽阔，各行政区域内环境、资源状况很不相同，经济社会发展水平、文化差异很大，人口的数量和质量的分布也极不平衡，所有这些，对西部地区及其小区域的发展形成了互有差异的限制。因此，西部各省、市、自治区在制定经济发展战略时，必须因地制宜，制定和实施适合自身需要的，具有区域特色的发展规划，切忌“一切刀”或盲目效仿别的地区的发展模式。总之，要把西部开发置于全国各地相互协调发展的总体背景下，根据全球经济一体化和区域经济集团化对我国参与国际经济竞争的新要求，着眼于我国经济发展的未来，尤其是知识经济对人类生产、生活方式的改变，从更高的视角，更具前瞻性的制高点，总体观照西部的未来。基本出发点是适应市场需求，围绕区域特色，在比较优势上做文章，追求“你无我有，你有我优，你优我大”，通过优势挖掘，培植特色。

近年来，西部各省、市（区）从本地实际出发，初步制定出了各自的发展战略，如陕西省提出“科技兴陕、教育奠基”的战略方针和“重点发展关中，积极开发陕南陕北”的战略布局，甘肃提出了培育陇贷精品和大集团战略，青海提出建成七大资源工业基地战略，新疆提出了“一黑一白”（石油、棉花）战略。这些发展战略选择得当，通过实施取得了较好效果。实践证明，只有特色经济才能把优势凝聚起来，才能把潜在的资源优势转化为现实的商品优势和经济优势。

(3) “科教兴区”战略。西部大开发，科教要先行。科教兴区战略的实施，是两个根本性转变的重头戏，是事关西部未来发展的决定性因素。西部地区的教育发展应着眼于本区域经济社会发展的要求，制定出切实可行的发展规划和配套政策。当务之急，一是大力发展基础教育，普遍提高全民文化技术素质；二是利用有利条件，发展专业教育，加快人才培育的步伐；三是制定优惠政策，想方设法地稳住现有科技力量和专业技术人才队伍，充分发挥其作用。同时，通过设立人才开发基金和完善奖励制度，吸引人才回流，引进急需的高级人才，特别是企业家型的管理人才。四是努力建设与社会主义市场经济体制相适应的人才管理机制和人才开发机制，优化人才资源配置，打破部门和行业垄断，使人才向优势产业和经济开发点集中，形成人才聚合效应，使其释放更多的能量。

(4) 增长极战略。对于西部而言，其内部不同地区之间发展水平差异比较大，经济增长不可能同步进行，往往是以某一城市为中心的某一些地区发展较快，我们称之为“增长极”。西部地区可适当选择一些区位优势强、基础好、潜力大的地区作为增长极，优先发展，然后发挥其辐射带动作用，形成以点带面的发展格局。如：成（都）——昆（明）——贵（阳）大三角区，兰（州）——西（宁）——银（川）大三角区，陕西关中地区，乌（鲁木齐）——克（拉玛依）——伊（宁）小三角区可优先发展。其中可把以成都、重庆为中心，以农业、水电、矿产、旅游资源开发为基础，以重化工业、国防工业为主导，以较高的科技、教育力量为依托，以长江和成渝、宝成、成昆、成达、襄渝、川黔等交通干线为纽带的环四川盆地，建成中国西部经济力量雄厚、辐射带动作用强大的增长极。

(5) 以开放促开发、以开发促发展战略。落后与封闭紧紧相连，现代化则同社会化密切相关。扩大对外开放水平，对西部而言，不仅是适用的，在某种意义上讲甚至更为迫切。西部没有出海口上的优势，应在开发内陆口岸上下工夫，走向西开放和沿边开放的路子，与目前东南沿海的开放形成互补。可以内陆口岸为据点，以欧亚大陆桥为纽带，发展转口贸易；也可在边境地区和邻国共同投资，合作开发项目，还可以充分利用东部地区的出海口，发展海上贸易，通过全方位开放战略，让东部地区、东南亚地区乃至整个世界更好地了解我国西部地区，从而为西部地区吸引外资及与其他国家和地区开展经济技术交流、协作创造良好的条件，加快西部地区经济的发展。

（原文约6500字，发表于《商洛师范专科学校学报》2002年第3期）

文摘编辑：路人

西部大开发中的四川产业结构调整

赵国良

[作者简介] 赵国良，西南财经大学经济学教授。

[内容提要] 抓住西部大开发机遇，加快四川产业结构调整，首先必须深化企业改革，激活企业。调整产业结构，则必须调整优化所有制结构，四川在国有经济布局的战略性调整方面任重道远；要通过改革，坚决打破条块分割局面，从根本上制止低水平同类产品的"重复生产"，这是实现国民经济集约型增长的前提；同时要把科技创新与制度创新辩证地结合起来。

[关 键 词] 西部大开发；产业结构调整；对策建议。

一、西部大开发中四川面临的主要挑战

在西部大开发中，四川面临许多挑战，主要是来自三个方面：第一是观念的挑战；第二是体制的挑战；第三是结构的挑战，包括经济所有制结构、产业结构、产品结构、技术结构、企业组织结构，以及生产力的空间布局结构等。在四川面临的三大挑战中，调整和优化四川现存经济结构是主要的挑战，它不仅是四川实现追赶型、跨越式发展的难点和重点，而且是检验四川在观念挑战和体制挑战中，是否取得实质性突破的试金石。

二、四川产业结构调整中的深层次矛盾

四川产业结构调整中的第一个难点，是所有制结构的调整。在工业的所有制结构中国有经济比重过大，公有制经济比重过大，非国有经济比重不高，非公有制经济比重过低，是四川工业经济活动中政企不分特别严重、缺乏发展活力、竞争机制难于发挥作用、财政负担过重、银行呆坏账居高不下的一个深层次的原因。1998 年，四川非国有工业占全省工业总产值的比重只有 52.8%，这个数字远远低于全国非国有工业在全国工业总产值中的比重，更低于广东（非国有工业占全省工业总产值的 81.43%）、福建（79.2%）、江苏（73.07%）以及浙江（85%以上）等省。这种情况不仅不利于实现投资主体多元化，不利于构建社会主义市场经济体制，而且也直接制约着四川对外开放的深度和广度。因为沿海各省非公有制经济中，相当部分是外商投资企业，以及港澳台投资企业，而这正是四川同东部沿海各省在对外开放，吸引外资方面的主要差距。

四川产业结构调整的第二个难点，是低水平基础上的重复生产、重复建设、重复布点特别严重，而这又是条块分割特别严重的必然产物。

四川产业结构调整的第三个难点，是工业总体技术水平较低，高科技产品在全部工业产值的比重较小，市场竞争能力弱。据国家科技部对全国 31 个省市的四大指标综合分析和评价（这四大指标是：科技进步基础、科技活动投入、科技活动产出，以及科技促进经济发展的贡献等），四川科技综合实力处在全国第 15 位，其中高技术产品出口占工业制成品出口比重，全国平均为 6.08%，而四川仅为 0.21%，排在全国第 27 位。应当特别强调的是，在抓住西部大开发的历史机遇，全方位推进四川产业结构调整这场"攻坚战"中，技术改造，技术进步，特别是科技创新，对四川产业结构调整，产业结构升级换代，具有决定性作用。

三、加快四川产业结构调整的对策建议

1. 在这次西部大开发中，应当把搞活企业，加快企业制度创新，与优化资源配置，推进产业结构调整辩证地结合起来。把前者如实地看作是后者的真正支点和力量的源泉。

进一步说，在西部产业结构大调整中，政府制定正确的产业政策，充分发挥宏观调控作用，是完全必要的。但是应当清晰地看到，即使政府有了一个科学的适合国情省情的产业结构调整规划，也必须把这种调整规划，落实到新的产品结构上，并通过产品结构的升级换代，推动并最终表现为产业结构的升级换代。而企业，正是产品的生产者，是产品创新的载体和基地，这也是产业结构调整中的"企业本位论"。

产业结构调整，必须落实到企业。支柱产业的形成和发展，必须落实到这些产业中的骨干企业，有了一批"支柱企业"，才能支撑起真正的支柱产业。支柱企业愈多愈强，支柱产业才能发展、壮大，这是一个普遍的规律。

2. 四川产业结构调整，面临一个历史性任务，就是下定决心，解放思想，实事求是，调整优化工业中的所有制结构。使所有制结构适合社会生产力发展的客观要求，有利于增强经济发展的活力。按照这个目的，结合

四川的实际情况，就是要适当减少国有企业的数量，增大非国有企业，特别是非公有制企业产值在全部工业总产值中的比重。

适当减少国有企业的数量，第一个原因在于，四川工业中国有企业的数量，本来就多了，“适当减少”是对“本来过多”的否定。适当减少国有企业数量的第二个原因，是为了构建社会主义市场经济体制。市场经济就是竞争经济，如果只有单一的国有制，没有任何别的所有制经济，那在同一个所有者内部，很难说有实质性的竞争，而没有竞争这个决定性的要素，便根本不会有市场经济。适当减少国有企业数量的第三个原因，是为了实现国有经济布局的战略性调整，贯彻国有经济“有进有退”，“有所为有所不为”的原则，把国有资本集中使用在战略重点和效益的产业、企业和产品上去，从而完成国有经济增长方式的根本转变。

3. 西部大开发，必将推动西部经济的大发展，而四川正处在社会经济发展的一个历史转折点上。为了切切实实抓住西部大开发这个最大的机遇，四川要下定决心，通过深化改革，从根本上解决重复生产、重复建设和重复布点的问题，从根本上克服“条块分割”的弊端。不在这方面有所作为，就不可能扫除四川产业结构调整的体制性障碍。

“重复生产”已经成为资源优化配置和产业结构调整中的一个“老大难”问题，因此有必要对“重复生产”作一个较为全面深入的分析。这种分析应当包含三个层次。第一，就重复生产、重复建设、重复布点本身来说，是一个中性概念，无所谓对或不对，无所谓正确或错误。因为市场经济本身允许同类产品的公平竞争，从而不能排斥重复生产、重复投资，而且正是存在着同类产品的竞争，才使技术得以进步，市场充满活力，经济增长走向集约化；第二，同类产品的竞争，是不可避免的，但是在同一个低水平基础上的重复生产，而且是同类产品的重复生产，则不利于产品更新换代，应当并且也可能通过竞争，优胜劣汰，使处于不利地位的同类产品退出市场，减少投资或抽回投资，从而优化市场供求关系，实现对该种产品供求关系的动态平衡；第三，上述讲到的由产品供给过剩到动态平衡转变，有一个前提，即投资者对自己投资利益的关心，对投资盈赢利的追求。正是这种明晰的投资利益关系产生一种机制，促使同类产品生产的投资者，能够在不利形势下，断然采取市场退出的行动。就投资者个人，这是对自身利益的保护，而对整个市场供求关系来说，这是能够走出供给过剩，克服市场疲软的一种契机。

遗憾的是，在政企不分、政资不分背景下，由于国有资本的所有者缺位，国有资本投资的责、权、利关系不清晰，国有资本投资处于无人负责状态。因此，即使国有资本对某种产品（项目）的投资，属于低水平的同类产品的投资，甚至已经出现严重的亏损，仍然不会退出，仍然盲目扩大，人为地制造“过剩”。对这部分重复投资的政府部门、地区来说，也许他们获得了产值的增长，制造了政绩，而对整个社会经济效益来说，则只能是一种负效应，是国有资产的真正的流失，这也是一种腐败。

4. 上述关于加快四川产业结构调整的对策建议，大多同制度创新、深化改革这个主题有关。但是，应当明确，当我们强调制度创新较之科技创新，更为急迫、更为重要的时候，这个结论不是绝对的，而是相对的；不是无条件的，而是有条件的。当“制度”束缚了科技创新能力的发挥，使科技创新能量得不到充分发挥的时候，显然，制度创新对科技创新，科技兴川，科技兴国，起着主要的决定性的作用。但是，当制度因素已经基本上适合科技创新的需要，从而能够为科技创新创造广阔可能性的时候，科技创新对经济的发展，市场的开拓，新产品的开发，又起着主要的决定性的作用了。科技创新与制度创新，是对立的统一，谁是矛盾的主要方面，是有条件的，相对的，相互转化的。为了充分发挥科技创新在四川产业结构调整中的作用，应当研究和探讨科技与产业之间的内在关联及其转化形式。从四川实际来说，有一种方式，特别值得重视和推广，这就是科技研究单位与工业企业之间的相互并购，这是以产权（股权）为纽带，实现科技产业化的现代形式。对于工业企业来说，这是以最低成本，吸收高科技成果，实现优势扩张的最佳途径；对于科研单位来说，这是为科技成果市场化，尽快转化为现实生产力的最佳形式。把这两个方面结合起来，可以发现，这种并购引起的变化在于，这不是单纯地出卖科技成果，不是把科研成果的转让当作交易过程的终结，而是当作科技产业化的起点，融入新兴产业的开发与经营中去。这是一条科研与生产内在结合的道路，一条知识产权股权化、资本化之路。

（原文约 5000 字，发表于《经济学家》2001 年第 1 期）

文摘编辑：路人

第三配置及其路径依赖偏好

严清华 刘穷志

[作者简介] 严清华，武汉大学商学院经济系教授，博士生导师，主要从事中国经济思想史研究。
刘穷志，武汉大学商学院讲师，在职博士生，主要从事财政学与经济发展理论研究。

[内容提要] 对资源的配置除市场和国家外还存在着第三种力量，即本文所提出的“第三配置”。结合中国历史与现实考察，第三配置表现出明显的路径依赖偏好，对中国转轨经济中第三配置进行新设计乃是时代赋予我们的新的历史使命。

[关 键 词] 第三配置；路径依赖；新设计。

目前，我国正在集中精力建立和完善社会主义市场经济体制，并大力推行依法治国战略，即是说我国正在依据市场规律和国家的制度安排来治理社会经济。但是，人们已越来越清楚地认识到经济增长除了市场与国家制度以外，还存在着第三种配置力量。

从经济学研究稀缺资源配置的理论范式出发，新古典学派以亚当·斯密的理性“经济人”假设为前提，强调市场对稀缺资源的完美配置。基于对市场“失灵”的认识，凯恩斯学派推出国家干预理论，强调国家的自觉干预会有效地克服市场的盲目性、无序性、分配不公和社会公害等。然而，仅靠市场调节和国家干预似乎仍然不能有效地配置资源。马克思首先批判了市场，他认为资本主义社会的交换价值支配着生产关系和交往关系，导致社会道德的沦丧和危机，“使人与人之间除了赤裸裸的利害关系，除了冷酷无情的‘现金交易’，就再也没有什么别的联系了”。马克思还在批判国家权利时进一步指出：“权利永远不能超出社会的经济结构以及由经济结构所制约的社会的文化发展。”这就告诉我们，除了市场和国家以外，实际上还存在着第三种配置力量，即伦理道德等社会文化方面的配置力量。事实上，在人类历史上，在交换出现以前的长时间里以及在部落与部落之间的交换出现以后的一个部落内部，其资源配置既不是市场也不是国家，它只能是第三种力量。于是，便引出了本文在此所使用的“第三配置”概念，它所指的是除市场和国家以外的由习俗、伦理道德和思想观念等组成的力量对资源进行的补弃性配置。

第三配置存在于人们的经济行为之中，有其独特的作用领域。新古典学派假定经济行为本质上是理性的，但事实上经济行为乃理性与非理性的辩证统一。在理性领域，“经济人”由市场调控；在非理性领域，资源由第三配置决定。霍奇逊指出：“实际经济行为发生在制度范式的框架中，这一事实暗示了，这些与利益无关的动机因素在经济行为的决定过程中起着作用。”之所以如此，是因为理性经济行为所要求的信息及计算的容量大大超出了人们的能力，要对市场行为的所有方面都进行完全有意识的理性计算是不可能的。一般来说，第三配置适合于市场环境里的补充性因素或一般性交易，而理性的决策行为多数被用来作为限制性因素或关键性交易。

第三配置在运行机理上呈现出一种“从众”趋势和适时转换的特点。人们在认识他们所处的环境时，通常会基于既存习俗、伦理道德和思想观念，被已经形成为一定思维模式的“世纪观”所引导，从而呈现出“从众”趋势并使决策过程简捷明快。在通常情况下，第三配置与个人在观察世界时所持的习俗、伦理道德和思想观念总是交织在一起的，当人们的经验与其思想不符时，他们就会改变其思想意识，并试图去发展一套更“适合”其经验的新的理性。有悖于理性的持续变化或影响人们幸福的根本性变化会迫使人们改变其习俗、伦理道德和思想观念，从而使第三配置发生转换。但无论习俗、伦理道德和思想观念怎样变化，成功的第三配置必须是灵活的，以便得到新团体的拥护，或者作为外在条件变化的结果而得到旧团体的认同。尤为重要的是，它必须有助于克服“搭便车”现象。其基本目的在于促使一些团体不再按成本收益的简单的、享乐主义的和个人的计算来行事，无论维护还是推翻现存秩序，这都是第三配置的中心问题。

第三配置在现代市场经济中具有独特的功能：（1）它有利于降低交易费用。市场的运作是建立在刚性契约之上的，保障市场契约正常签订和履行的主要是大量市场行为者所存在的“共同意识”——习俗、伦理道德和思想观念的制约。（2）它通过制度化向社会提供行为准则信息。习俗、伦理道德和思想观念通过固定人类行为范式，或者设定人类行为界限，向其他当事人提供信息。（3）它引导市场消费心理取向，启发人们的消费预期。许多习俗、伦理道德和思想观念从主导价值上规范人们的行为，从而直接影响人们的消费行为，开启人们的消费预期。（4）在经济转型期，第三配置同样面临转换。传统的习俗、伦理道德和思想观念将面临新制度的检验，随着技术进步和制度变迁以及由此而引起的社会习俗、伦理道德和思想观念的转变，新旧第三配置的置换乃不可避免。

路径依赖是西方新制度经济学中的一个名词，它指一个具有正反馈机制的体系，一旦在外部性偶然事件的影响下被系统采纳，便会沿着一定的路径发展演进，而很难为其他潜在的甚至更优的体系所取代。

路径依赖的运行是由收益递增机制和不完全市场推动的。当人们选定某一制度后，该制度所带来的规模收益就决定了制度变迁的方向：当收益递增普遍发生时，制度变迁不仅得到巩固和支持，而且能在此基础上一环扣一环，沿着良性循环轨迹发展；当收益递增不能普遍发生时，制度变迁就沿着非绩效的路径发展，而且愈陷愈深，最终“闭锁”在某种无效状态中。前者称为“路径依赖Ⅰ”，后者叫做“路径依赖Ⅱ”。由交易费用所确定的不完全市场则强调交易费用的重要性，不完全市场使信息反馈分割，使市场不完全，使行为者的主观主义模型被不完全信息反馈及规定路线的意识形态所修正。这样，主体在收益递增的约束下很难通过行为修正以摆脱即使是意识到的非绩效制度变迁的路径。

习俗、伦理道德和思想观念是一种非正式的制度，由此而形成的第三配置理所当然地具备路径依赖属性。这是因为：（1）从生理特征上看，任何社会经济行为者都是生活在来自过去的事物之中，他们的所作所为、所思所想都是他们出生前人们一直在做的、一直在想的事情的近似重复，习俗、伦理道德和思想观念会随着社会进步和历史发展而绵延不断。第三配置的正反作用不会导致一个形态对另一个形态的全盘否定，其转换与更替也只是新旧间吸收与摒弃的统一，只是“扬弃”的结果。（2）高度发达的市场配置不仅不会扼杀第三配置，而且还会强化第三配置。因为市场经济关系的交换已不单纯是经济关系的交换，同时也包含着文化关系的交换，习俗、伦理道德和思想观念本身也是人们长期沿袭积久而成的社会文化的特有产物，不同社会文化和亚文化构造着社会经济行为者的文化心理模式，并在一定程度上影响和制约市场经济行为者。可见，第三配置具有明显的路径依赖偏好。

在党的十一届三中全会上，邓小平拨乱反正，提出市场取向的改革，立即得到公众的一致认可。经过二十多年的努力，我国市场配置已渐居基础性地位，国家进行宏观调控，第三配置 起补充作用，三者正在社会主义市场经济建设中进行重新定位与整合。

在新的历史条件下，我国第三配置随着国家配置和市场配置地位与作用的变化而理所当然也要发生转换。此次转换的导因大致可归纳为：（1）对计划经济体制弊端的厌恶；（2）产权变化，公有制经济的不断退出和非公有制经济的飞速成长；（3）信息成本降低，科技进步使人类即将进入信息时代；（4）交换条件变更，计划配给制让位于市场供求价格制；（5）特殊集团的相对收入发生前所未有的偏离，贫富差距、工农差距拉大，地区经济不平衡等。新历史条件下的第三配置在社会经济资源配置中的地位与作用正在日益增强与扩大，它正在逐渐发挥其应有的功能：（1）保障市场契约的履行，降低市场交易费用，规范人们的经济行为；（2）通过提供经济信息从而引导人们进行合理的消费与投资；（3）实现新旧习俗、伦理道德和思想观念的传承、转换，使第三配置沿着有利于市场经济建设的路径生成与延展。

新历史条件下的第三配置在克服“搭便车”等问题上同样面临着极大挑战：新的市场观念、价值观念使市场配置、国家配置和第三配置的边界与原则模糊，腐败滋生，道德沦丧，权钱交易，以情代法等仍难消除。

面对新历史条件下第三配置对市场配置和国家配置的不协调，我们必须认真审视其依赖的路径，针对新的习俗、伦理道德和思想观念的不兼容部分，对第三配置进行新设计：

1. 高度重视第三配置的地位与作用，充分利用新历史条件下第三配置的功能为我国社会经济建设服务。在我国将主要精力放在建设社会主义市场经济体制和社会主义法制的转轨时期尤其应当如此。

2. 对第三配置的内容进行重新设计。针对当前的腐败现象、失业问题、贫困问题和经济刑事犯罪等社会问题，一方面要在官员中加强“三个代表”教育的落实，在普通百姓中引导他们对现实经济制度的正确理解；另一方面，要提出切实可行的改革措施，以治理这些消极现象，并使这些措施被公众所认同。

3. 密切关注第三配置的易变性，并随时对其进行调整。调整的原则是既能克服“搭便车”现象，又能为公众所接受。

4. 注重市场配置、政府调控和第三配置的协调。尤其要在充分发挥第三配置积极作用的同时，消除其起阻碍作用的消极成分，如道德沦丧、“法轮功”邪教等。

总之，转轨经济对我国第三配置提出了新的任务和要求，我们应当适应社会主义市场经济的需要而对第三配置进行新的设计。

（原文约5800字，发表于《武汉大学学报》社科版2001年第3期）

文摘编辑：路人

论新中国的第三次农业制度创新

赵雪梅

[作者简介] 赵雪梅，武汉大学商学院经济系博士生，主要从事社会主义经济理论研究。

[内容提要] 建国以来，我国经历了三次农业制度创新。第一次是土地改革，第二次是以建立家庭联产承包责任制为主要内容的农村改革，两次农业制度创新取得了辉煌的成就。但是，随着我国社会主义市场经济体制的建立，农业和农村经济中的深层次矛盾日益暴露，农业产业化经营正是为解决这些矛盾而兴起的第三次农业制度创新。

[关 键 词] 土地改革；家庭联产承包责任制；产业化经营；制度创新；经济发展。

农业制度创新是农村经济发展的原动力，其基本内涵包括农业土地制度创新和农业生产经营组织制度创新两个方面。任何制度创新，都必须具备以下两个基本条件：其一是新制度适应生产力发展水平，形成强有力的生产者利益驱动机制；其二是新制度优化资源配置，产生强有力的成本约束，生产效率高。建国以来，我国农业土地制度与组织制度创新主要有三次：第一次是完成于1953年的土地改革；第二次是完成于1984年的以建立家庭联产承包责任制为基本内容的农村改革；第三次是正在兴起的农业产业化经营。每一次制度创新都对我国农业生产以至整个国民经济产生巨大的推动力。

新中国的前两次农业制度创新，特别是建立联产承包责任制的农户家庭经营制度，取得了辉煌的成就，引起了国内外的广泛关注。但是，随着我国社会主义市场经济体制的建立和城市经济的迅速发展，农业和农村经济中久已存在的深层次矛盾日益暴露出来，至少面临四个突出的不适应：一是农业投入与农业持续发展要求不适应，农业基础脆弱，比较效益低下，发展后劲和内在动力不足。二是分散的农户经营与市场经济发展要求不适应，难以进入社会化大市场。三是传统计划经济时期形成的农业宏观管理体制与市场机制配置资源的基础作用不适应，成为市场农业发展的制度障碍。四是居民的消费需求开始由温饱型向小康型转变，传统部门的生产方式与变化着的社会市场需求不相适应。

要解决这些矛盾问题，需要农业制度再创新，即在家庭联产承包责任制基础上，实行农业产业化经营。农业产业化经营是实现分户经营基础上的农业规模化、集约化经营，是促进农业生产向专业化、商品化、社会化转变的有效途径。尽管国内学术界对农业产业化经营的定义不一，但其核心是：以市场为导向，以提高经济效益为中心，以农业增产、农民增效和财政增收为目标，将农业产前、产中、产后诸环节，通过各种利益机制和组织方式联结为一个完整的产业系统，从而实现种养加、产加销、贸工农一体化经营。

我国农业产业化经营从上个世纪80年代中后期开始，逐步从沿海扩散到内地，从养殖业扩散到种植业等农业的各个领域。根据1997年农业部农业产业化办公室对全国29个省进行的一项统计调查显示，全国已有形成某种利益联结关系的一体化组织（以龙头企业为记数单位）11 824个。其中，东部地区占总数的55.9%，中部地区的占36.7%，西部地区的只有877个，占总数的7.4%；上述一体化组织在不同产品和行业上的分布情况看，水果、蔬菜业组织占总数的26.7%，畜牧业组织占25.8%，粮、油、糖业组织占21%，水产业组织占6.5%，其他产品行业组织2372个，占总数的20%；从这些一体化经营组织的内部利益机制来看，通过股份合作制方式实现企业与农民利益结合的占总数的10.4%，通过互惠合同实现两者利益联接的占70.8%；在互惠合同形式中，企业既实行保护价或优惠价收购，又为农户提供产前、产中、产后服务的占互惠合同关系的49%，仅实行保护价收购的占32%，实行优惠价收购的有1591个，占互惠合同关系的19%。

农业产业化经营是广大农民根据我国国情进行的市场取向的组织制度创新，是农业生产经营组织形式和制度的演变，是社会生产力和生产关系矛盾运动的必然结果。农业产业化经营有着重要的理论和实际意义：

第一，农业产业化经营是解决小生产与大市场矛盾的根本出路。家庭联产承包责任制奠定了农村经济组织的微观基础，农户成了独立的商品生产者和经营者。但是，分散的农户生产在变幻莫测而又很不完善的大市场面前，有先天的缺陷：（1）主体分散，势单力薄，物质技术基础脆弱，难以抵御以至化解市场风险；（2）一家一户难以科学准确地掌握市场行情，难以预测行情变化情况，具有较大的生产盲目性；（3）农户分散生产，组织化程度低，势必造成农产品交易成本高，利益大量流失。农业产业化经营的发展，弥补了家庭承包责任制推行初期存在的一些缺陷，又肯定了家庭生产的积极性，使之成为农业产业化经营的微观基础。发展农业产业化经营，可以通过中介组织、龙头企业、专业市场和生产基地，组织小农户，联系大市场，增强农户抵御市场风险与自然风险的能力和市场竞争力，使分散的家庭经营能方便地获得所需要的市场信息、资金支持、生产资料供应、产中作业服务与技术指导、产品储运加工销售服务，提高生产社会化水平，有效地克服小生产经营的种种弊端。农业产业化经营有助于全面提高农户经营水平，使小规模、大群体的户营经济，通过新的产业组织整合，形成管理科学、科技含量高、具有规模优势的综合经济实体。农业产业化经营，通过龙头企业或服务组织把分散的农户生产组织起来，形成专业化、规模化，纳入社会化生产体系，这无疑扩大了农户生产的外部规模。而且农业产业化经营还进一步把农业产前、产中、产后环节连接起来，形成一体化经营，这无疑进一步扩大了经营规模，从而使农业规模经营突破了土地规模经营的局限，以横向和纵向更广空间的要素配置实现规模效益，增强农户参与大市场的能力。同时，与农户联结的农副产品加工、流通企业，也因为与生产农户形成经济利益共同体而有了稳定的货源和原料生产基地，避免了产销波动，同样提高了企业抗风险能力和市场竞争力。

第二，农业产业化经营是提高农业的综合效益和农民的比较效益，多渠道增加农民收入的战略举措。农业产业化经营的发展，一方面延长了农业的产业链条，使农产品在加工、销售环节不断增值。将农产品由原料通过各种工序加工成方便食品、营养食品等，价值可增加几倍甚至十几倍。另一方面，使农产品的生产、加工、销售诸环节结成利益共同体，使农民通过产业化链条上的各个组成部分多层次获利。通过农业产业化经营，促进了主导产业的膨胀，扩大了农民就业的领域，增加了致富门路。走农业产业化道路，可以使农业成为一个相对完整的产业，增强了农业自我积累、自我发展的能力。这样，就可以有效地解决长期存在的农民增产不增收的问题。

第三，农业产业化经营是加快城乡一体化进程和农村剩余劳动力转移步伐的重要手段。农业龙头企业成为沟通城乡的纽带和桥梁，加速城乡之间、工农之间的资本、技术、人才、资源、设备等生产要素的合理流动和优化组合，实现了城乡之间、各产业间的优势互补、协调发展，大大推进了城乡一体化进程。农业产业化经营的发展，促使一大批农产品加工、贮存、流通企业的迅速崛起，促进了乡镇企业的发展。几亿劳动力都集中在农业和有限的耕地上，严重影响农业劳动生产率和农民收入水平的提高。解决农村剩余劳动力问题，不能走盲目流入城市特别是大城市的路子，必须立足农业和农村经济的发展，大力兴办乡镇企业，促进乡镇企业上规模、上档次，向农业的深度和广度进军。农业产业化经营有力地推动着农业向深度和广度发展。一方面，通过大力发展农林牧副渔各业，抓好多种土地资源的综合利用，不再把眼光仅盯在有限的耕地上；另一方面，通过农产品种养、加工、贮存、运输、销售、科技服务的多层次加工、多环节增值，大大扩大了对劳动力的吸纳能力。

第四，农业产业化经营是促进农业经营采用现代科学技术，加快传统农业向现代化农业转变的重要途径。农业产业化经营，可以发挥生产社会化、专业化、贸工农和农科教一体化的协同优势，全面提高人力资源素质和生产经营的整体素质，将适用有效的科学技术普遍应用于各个环节，提高农产品的科技含量，加快农业产业的升级转型，促进向现代农业转变。

纵观我国农业的三次制度创新历史，充分证明农业制度的任何变革必须适合中国农业的实际状况，才能产生积极的效果，促进中国农业的发展。第一，这种变革必须同生产力发展的现实水平相适应。这就是说，要同中国农业现有生产力发展水平的基础上产生的单门独户的生产组织形式以及小农耕作方式相适应，离开了现实的生产力发展水平去追求不切实际的“规模经营”，像人民公社化运动那样，只能是生产要素的“简单堆集”，这种“简单堆集”又以剥夺农民的生产经营自主权和产权来实现，必须遭致适得其反的恶劣后果；第二，这种变革必须是同覆盖当今世界的市场经济相衔接，以市场为导向，借助于市场机制发挥资源配置的基础性作用，按市场需求进行生产，才能降低生产经营成本，获取最大的限度的经济效益；第三，最为重要的是通过形成新的利益驱动机制，以充分调动农民的生产积极性，使同等数量要素投入取得更高的产出，这是一种新的生产组织制度有无强大生命力的根本所在。1952 年结束的土地改革，满足了中国农民几千年来对土地的渴求，调动了农民的生产积极性，帮助了中国新民主主义革命的胜利和建国后经济的恢复。起始于 70 年代末的家庭联产承包责任制，以家庭为基础，给农民带来一种土改中“似曾相识”的新的利益驱动，在中国农村爆发了前所未有的活力，创造了中国以至世界农业史上前所未有的农业增产、农民增收的奇迹。正在兴起的农业产业化经营，是多元经济利益主体参与而构成的经济共同体，它把农业生产与产品加工、运销、综合利用等环节有机结合，实行贸工农、产供销一体化，通过科学合理的利益机制，把“龙头”与农户的利益连接起来，并成为“风险共担、利益均沾”的一体，把分散的农户组织起来通过“龙头”走向市场，从整体上提高农业的比较效益，从而推动我国传统农业向现代农业转变。

（原文约 9000 字，发表于《武汉大学学报》社科版 2001 年第 3 期）

文摘编辑：路人

制度经济学在中国的应用

茅于轼

[作者简介] 茅于轼，北京天则经济研究所所长，教授，博士生导师。

[内容提要] 人类社会离不开价格。准确的价格，即一般均衡价格表现为商品的价值，只有以一般均衡价格才能使社会资源达到最优配置；计划经济失败的最根本原因就是没有均衡价格，没有市场作保证。所以产生价格的机制和相应的制度安排是必要的。

[关 键 词] 价格；一般均衡价格；价格机制；制度安排。

一、价格很重要

经济现象后面是人的利害关系，而人的利害关系决定了人的行为。制度经济学就是研究在经济现象后面的控制人和人关系的学问。

我举个例子说明制度怎么和日常生活有关。德国的一些城市，如柏林、法兰克福，它们的地铁使用自动售票机，买完票以后直接上车，无人或机器检票。北京的地铁有人在进口处检票。其他一些地方，如香港、华盛顿、新加坡，都是机器检票。但柏林、法兰克福没有任何检票设备，如果你不买票也能上车，一般车上也没有查票的。我在柏林呆了一个月，天天坐地铁，也没碰上查票的。这个制度能在那里行得通，如果北京地铁采用同样制度，估计行不通，恐怕大部分人都不买票。但是德国人老老实实买票，这就使德国地铁省了检票员和机器，成本降低了，其结果是每个柏林人享受到较低的票价。靠每个人都遵守规则，这样每个人也都从中得到好处，这种好制度在中国行不通。举一反例，大连是一个沿海城市，但非常缺水，大连市政府规定每家每月只许用3吨水，水价为1.6元/吨。超过3吨用量的水价是每吨16元，即涨10倍。显然一天一百公斤水很不够用。于是很多家庭偷水。它的毛病出在水的价格不合理，你应把价格定在水的成本上。因为得到水有很多办法，大连可用海水淡化的办法，一吨水据资料反映约需3元，那水价定到3元/吨，问题不就解决了？老百姓有足够的水可用，自然就不偷水了，按3元价格调整自己的用水量。这就是经济学解决的办法，即价格等于成本。

成本在经济学上讲应是边际成本，经济学要求的最有效率的价格应该等于边际成本。这是经济学里非常重要的一个道理，这样一个价格使得社会资源配置效率最高。我拿一样东西上市场上卖，我知道进货成本或生产成本，但卖时，在成本上加我的利润，这时我报的价一定会高于边际成本。你有什么办法让卖者报出成本价？这是个制度问题。用什么办法使供应商亮出底线？超市就报了价格底线，因为商品都是明码标价，而且不能讨价还价。超市为什么不能加一价码？因为有别的超市与它竞争。如果只有一家，做不到价格等于成本。但有好多家，价格通过竞争可降低到边际成本上，谁也不敢把价格定得太高。由此可知超市对改善资源配置起非常大的作用，它减少了交易费用，老百姓的生活水平得到提高，薄利多销，厂家、消费者均得到好处。超市被迫把自己价格底线亮出。价格是重要的。

商品供不应求，价格上升，供过于求，价格下降。供需均等，是好的价格（商品均衡价格）。一个商品达到均衡，叫局部均衡，所有都达到的均衡叫一般均衡，一般均衡价格就是价值，二者没有任何区别。一般均衡理论彻底解决了经济学里最根本问题——什么是商品的价值。

没有价格，无从判断什么东西值钱，什么东西稀缺。而价格给了你非常准确的度量。价格重要性在于保证我们用最少投入得到产品。

计划经济失败的最根本原因是没有价格，没有均衡价格（市场保证的）。

二、价格产生的制度安排

由于价格重要，所以产生价格的机制和相应的制度安排是必要的。

1. 谈"私心"

价格是人关心自己利益讨价还价形成的。它的背后是个利益问题。人必须追求自己的利益，人不追求自己的利益，就没有价格，这个社会是非常危险的。现在所有制度设计都是按照"人有私心"来安排的。

世界之所以丑恶，并不因为有私，而是因为侵犯了别人的私。要使我们社会安定，就要让每个人追求利益，同时不侵犯别人利益。这就是一个国家老百姓有无教养的差别。

2. 扭曲价格回归为均衡价格

在一般均衡价格引导下，人按照自己利益做出的选择是符合社会目标的。经济学公理第一条就是“经济人”假定，假定人都是追求利益的，人是有私心的；还有一条就是边际效用递减，这没有办法证明，只能当成公理。有这样两条经济学才得以建立。

那么我现在仍要问一句，如果价格扭曲的话，你按照扭曲的价格追求利益，是不是符合社会目标呢？不是的。但是如果政府不管制价格，当人们按照扭曲的价格追求利益时，价格会自动调整的，调整到一个均衡价格，这也就是均衡价格的存在性。存在的均衡价格是如何达到的？就是通过人追求利益达到的，所以我们按原来讲的，一般均衡价格下，追求利益符合社会目标，退一步哪怕不是一般均衡价格下，人追求利益也是符合社会目标的，因为在人追求利益的过程中，价格会恢复到均衡状态，这个证明就是一般均衡存在性的证明。而且它还证明这个解不但存在而且是稳定的。稳定的意思就是说它不会发散、它会收敛、收敛过程不会有震荡发生。中国改革正好就应用了这个理论。

3. 自发秩序

在供应和需求都是充分竞争的条件下，自由选择是最优的。但是许多商品不具备竞争性，比如说公共产品的价格。公共产品就是指社会服务产品，如道路、公安、警察、国防、天气预报等，这些产品都是公共产品，它不能通过竞争来实现均衡价格。另外还有外部性，有些交易牵扯到第三方的利害，叫做外部性。比如说养蜜蜂，就是有外部性的，因为养蜂的同时，附近的农作物是能够增产的。还有一种外部性就是生产中产生污染。第三个是垄断，就是一家提供产品，铁路部门就是，垄断使这种产品达不到一般均衡价格，不能自动实现，要有人去管他。

因为有外部性，有公共产品，有垄断这些原因，所以我们需要有一个政府来管价格，政府就是要管公共服务的价格，有外部性的价格，垄断产品的价格。与市场失灵一样，政府也有失灵的时候。哈耶克提出了“自发秩序”理论，反对人为安排的秩序。我们改革的成功，就是在“摸着石头过河”，其实就是自发秩序。总之，个人选择是自发秩序的基础，自发秩序的形成靠每个人按照追求个人利益且不侵犯别人利益的原则活动。

4.“给你所爱的人以自由”

每个人都有自由的愿望。如何实现你的自由？那就是不要有人干涉你的自由。你周围每一个人都不干涉你的自由，你作为周围人的周围也不要干涉别人的自由。所以，不干涉别人的自由就能得到自由。这个道理适用于个人，也适用于国家。

5. 尊重人权

产生价格的制度中还有一个特别重要的制度安排就是所有权，财产的所有权。因为市场经济或产生价格是靠交换的。交换的前提是要有所有权，所谓交换只不过是所有权的交换。一个物的所有权从一个人转移到另一个人手中，可能这个东西没移动，但交换已完成。所以，无所有权就无交换。所有权不能保障就会使交换无法进行。所以，发展市场经济要有交换，要有讨价还价，保护人的私心，保护人追求利益的权利。最重要的一条是保护财产的所有权。如果一个社会的制度安排允许一部分人去侵犯别人的话，这个社会将会是争权夺利的社会，大家都不希望通过劳动得到利益，而希望通过依靠权力侵犯别人利益得到利益。所以保护财产所有权关系到一个社会的进步。但一直到市场制度逐渐建立，人权才被逐渐尊重。在这以前，人类社会每个阶段都有特权阶级，拥有特权者可侵犯别人利益。

事实证明市场经济是一个效率最高的经济。全世界真正市场经济的国家都是富国。当然，有很多国家认识到市场经济的好处，想搞市场经济，但做不到，因为它们缺少平等和自由。

（原文约1万字，发表于《河北经贸大学学报》2002年第1期）

文摘编辑：曾祥玉

评安然破产案背后的金融风险

韩德宗

[作者简介] 韩德宗，上海人，杭州商学院金融学院院长，教授。

[内容提要] 美国安然公司申请破产保护是2001年全球企业界的重大事件，本文剖析了安然的经营活动在能源交易、资本结构、操纵利润和隐藏债务三方面隐藏着的巨大金融风险。安然金融风险的最大受害者主要是安然员工和银行界。成熟的、发达的资本市场同样离不开制度的建设和完善，离不开严格的监管。

[关 键 词] 安然公司；金融风险；监管。

2001年全球企业界最具爆炸性的事莫过于美国安然公司破产案。12月2日，安然向纽约破产法院申请破产保护，资产总额为498亿美元，超过了德士古石油公司1987年提出破产申请时的359亿美元的纪录，成为美国有史以来最大宗的破产案。

一、安然的经营隐藏着哪些金融风险？

1. 蕴藏金融风险的能源交易

1985年起，美国联邦能源监管委员会不但放开能源价格管制，而且允许能源用户签订长期能源供应合同。这些措施加剧了美国能源市场的竞争。1989年，价格改革覆盖了石油开采和提炼的每一个环节。安然利用能源市场放松管制的机会，发明了一个“金融创新”业务——能源交易，为能源产品（天然气、电力和各类石油产品）开辟了短期、长期、固定价格、指数价格等衍生金融工具的交易。天然气和石油产品的价格波动制造了能源交易的商机，也增加了能源商控制能源价格风险的需求。这就是能源交易兴起的背景。

在能源交易中，安然就像NASDAQ的做市商一样，任何时候都愿意卖给任何公司任何能源衍生证券，成为所有合同的交易对手，它建立了“商品的流动性和价格的透明性”。因此，它为能源需求创造了市场。于是，从20世纪90年代初到2001年的10年间，安然从一家天然气管道运输商逐渐演变成一个以经营能源类衍生金融工具为主的金融服务公司。安然的销售收入从1996年的132.89亿美元增加到2000年的1007.89亿美元，其中，80%是由金融创新业务创造的，安然的净利润从1996年的5.84亿美元上升到2000年的9.79亿美元。

为能源交易的合同定价并直接参与交易，既复杂风险又高。安然研究出一套为能源衍生证券定价与风险管理系统，加上其财力、资源上的优势，形成了它的核心竞争力，使安然垄断了能源交易市场。同时，金融风险也在积聚。高收益伴随着高风险。从2001年第一季度开始，美国能源和电力的价格出乎意料地下降，导致安然的能源交易业务利润大幅下降。由于能源交易是一种信用交易，能源供应者和消费者都以安然为交易对手达成合同，承诺在几个月或几年之后履行义务。安然手中握有大量的交易合同，交易标的从天然气、石油衍生商品到宽带服务等，除了安然的交易人员外，作为债权人的商业银行都很难搞明白这些合同到底有多少价值。安然的角色就如同一家借用储户的钱、并承诺在将来某个时间偿还本息的商业银行。但它毕竟不是现代商业银行，发生财务危机时，不能像商业银行一样可以得到联邦存款保险制度的支援。从事没有保险的金融活动，正是安然的能源交易业务蕴藏的巨大金融风险。

2. 包含财务风险的资本结构

20世纪90年代中期以后，安然选择了这样一种资本结构：不断地使用资本重组技巧，建立复杂的公司控股体系。安然成立了一个控股公司“安然全球能源和管道公司”，利用“金字塔”式多层控股链，发挥金融杠杆作用，以尽可能少的资金控制大量的公司。这样，安然各类子公司和合伙公司扩展到了三千多个。

在此基础上，安然推出最近几年在美国流行的金融工具——资产抵押证券。它将一系列如水厂、天然气井与油矿等不动产打包，作为抵押品，通过信托基金或资产管理公司，对外发行债券或股权。这样，流动性很差的不动产便“流通”起来了。与安然有关的两个著名的信托基金分别叫“马林”和“鱼鹰”。在马林基金中，安然将自己在英国的Wessex水厂和其他资产剥离给基金，由基金发行资产抵押债券，所筹资金由安然运用。但是，安然必须到期用可转换优先股或现金赎回不动产。安然试图使不动产在信托存续期内尽量增值，但不幸的是，事与愿违。2001年7月，马林信托基金的赎回期到了，安然无法偿还债务，只能建立马林二号信托基金，将赎回期延续到2003年。马林二号基金负债为10亿美元。鱼鹰信托基金以同样方式发行了24亿美元的债券。

可见，安然为了高速扩展，用多层控股链造成大量的关联企业，然后充分利用关联企业扩大了自身的债务。

20世纪80年代中期以前，美国联邦能源监管委员会对能源市场进行严格的价格的竞争地域监管。尽管安然负债率较高，但受到能源管制政策的保护，利润相当稳定，其债券一直属于“投资级”。即使需求减少，政府也允许安然对其占据垄断地位的地区能源提价，从而保证它的利润。能源管制政策放开后，安然失去保护，高负债率的资本结构包含着高风险，一旦资金链断裂，后果堪忧。

从美国长期资本管理公司（LTCM）1998年破产的经验看，用流动性差的资产去对冲流通性好的证券，风险极大，尤其在市场动荡时可能造成致命性打击。安然同样逃不了金融风险带来的厄运。

3．操纵利润和隐藏债务

由于安然使用自己的股票为多头提供担保，实际上是将公司收入与股价捆绑在一起。股价的表现又取决于华尔街对安然的盈利预测。所以安然产生虚构利润、推动股价上升的冲动是很自然的。因此，运用关联交易来操纵收入和利润额成为安然的手法之一。

安然虚报5.86亿美元的盈利是怎么回事呢？事实上，安然原先披露的利润大部分来源于被隐蔽的债务。为了扩张，需要资金。它不愿通过股权融资，以免股权稀释，失去控制；又不想过多地发行债券，以免降低债券的信用评级。它有意识地隐藏了大量的重要信息及高度复杂的关联交易，将许多与关联企业签署的合同保密，把大量债务通过关联企业隐藏起来。安然钻了美国通用会计准则的空子。虽然拥有许多子公司50%的股份，但无须合并财务报表。所以，这些子公司的负债状况在安然的资产负债表中得不到反映。

安然的负债总额实际上高达400亿美元，而资产负债表上只列了130亿美元，外界一直不知道另外的270亿美元的债务——其中30亿美元是银行贷款，70亿美元是公司债，170亿美元属于能源衍生商品以及其他各种复杂的债务。隐瞒归隐瞒，但极高的负债率（2000年安然的总资产是655亿美元）使得安然蕴含着潜在的致命性风险。它与关联企业签订的许多复杂担保合同，这些合同通常有关于公司信用评级、资产价值、安然股价的条款。这些条款看起来各不相同，但实际上相关性极高，一旦某项条款触发，其他合同及相应条款会像多米诺骨牌一样倒下。这种系统风险使它在能源市场波动太大时，由于金融杠杆而扩大的系统风险迫使各条款相继触发，要求安然在恰恰没有资金时以现金清偿巨额债务，引发清偿危机。

二、谁是金融风险的受害者？

1．安然员工是损失最大的股东

2000年11月，安然股价最高达90.5625美元，市值约700亿美元。随着安然真相的逐渐败露，股价最低跌到0.25美元，安然股票在纽约证交所最后一天交易的收盘价是0.67美元。就在2000年12月到2001年2月、5月到7月、11月期间，安然的29名高级主管却在抛售公司股票，共获得11亿美元的巨额利润。

安然破产案使老雇员的养老金付之东流。按照美国《国内税收法案》第401K节的规定，允许公司员工用养老金购买股票，并在没有兑现之前不纳税。但它规定50岁以下的员工不允许兑现。安然员工按照公司的建议。将其养老金保险中个人所付出的钱款都变为公司的股票，安然公司付出的部分也全部以股票形式支付。按理说上述养老保险制度本身是比较先进的，由雇员自己选择投资方式，可以购买股票、债券、专项定期存储等，如果投资组合得当，受益人可以取得很好的收益。但安然公司的员工把鸡蛋全放进了一只篮子里，这次股价暴跌使员工损失惨重。员工们忘了一个关键的问题：资产组合和分散风险。

当然，公司是有责任的，一方面高级管理人员在抛股票，另一方面当安然的股价从90美元跌至37美元后，公司的总裁肯尼斯·莱于8月14日向全体员工发送了一封电子邮件，他表示：“对公司的前景从未像现在这样感觉良好”，并声称要恢复公司股票的辉煌业绩；8月21日，他再次致信员工，称股票价格将大幅上涨。在安然申请破产之间，包括50岁以上人员在内的所有员工都被禁止抛出个人养老基金账户中的安然股票，这种欺诈手法实际上将公司的风险转嫁到了员工的头上。

2．银行业是企业界最大的受害者

安然若按照法律途径破产，部分能源公司可能无法回收安然在避险、商品掉期及未平仓现货能源等交易中总金额逾6亿美元的合同权益。这些合同权益中，约有4亿美元集中在五家能源公司。不过这些企业，大都规模庞大、财务良好。安然破产事件，还不至于拖垮它们。

银行遭受的损失则大多了。安然破产的影响在于世界主要银行集团都对其有巨额贷款，估计全球金融机构将为安然破产付出63亿美元的代价。安然的债权人中，花旗银行的债权最重，仅最近两笔贷款就高达30亿美元，纽约银行的公司债券总额也高达24亿美元。英国巴克莱银行和皇家苏格兰银行借给安然的资金总计达10亿英镑，安然的英国分公司向其他英国银行借了6亿多英镑。德国的最大银行集国——德意志银行贷给安然公司达数千万美元。

安然破产案再次告诉我们：一个成熟的、发达的资本市场也会暴出丑闻，金融风险时常会袭击、损害社会。为了保障所有投资者和整个社会的利益，再成熟的市场也离不开制度的建设和完善，离不开严格的监管。

（原文约5500字，发表于《商业经济与管理》2002年第6期）

文摘编辑：翔宇

加快工业改组改造和结构优化升级

吕 政

[作者简介] 吕政，中国社会科学院工业经济研究所长，研究员，博士生导师。

[内容提要] 本文对“九五”末期我国工业结构的状况及其调整的新特点以及如何正确处理发展高新技术产业与传统产业的关系做了论述。

[关 键 词] 工业结构；调整；升级。

一、加快工业结构调整和结构优化升级

工业结构调整的目的主要有两个，一是消除结构性短缺或结构性过剩，保证市场供求关系的平衡和国民经济各部门的协调发展；二是使生产要素向效率更高的部门转移。到“九五”末期，我国工业结构的状况及其调整的任务、环境和机制与90年代中期以前相比较，发生了显著变化，呈现出许多新的特点，而认清这些变化和特点，是确定“十五”时期我国工业结构调整目标和政策的前提。

1. 工业结构调整的重点由解决比例失调为主转向推进产业升级为主

按照通常的理解，工业结构主要指各个产业之间的比例关系，因此产业结构调整的主要任务不是使各个产业之间的比例转变为协调。从目前我国工业的实际情况看，各个产业之间比例失调的状况并不明显，结构性短缺的矛盾基本消除。当前工业结构存在的主要问题是发展水平上的矛盾，突出表现在三个方面；一是消耗大、附加价值低的产业比重高，技术和知识密集型的、附加价值低的产业比重低；二是企业生产和销售的市场集中度低，规模效益差；三是传统产业的技术结构和产品结构落后。因此，推进结构升级是“十五”时期工业结构调整的突出任务。

2. 工业结构调整从以消除短缺为主转向以消除不合理的重复建设为主

1995年以前的40年，我国经济发展一个主要作务是增加供给，消除短缺。90年代中期以后，工业品的供求状况生了重大变化，即由长期短缺转向了相对过剩，因此工业结构调整的对象也由增量为主转向对现有资产存量调整为主。在相对过剩条件下，必须对现有的资产存量进行重组，通过市场竞争，生产和销售向优势企业集中，淘汰一批效益差、缺乏市场竞争力的落后企业和落后产品。对现有资产存量的调整，一方面是对企业生产能力的调整，同时也是对于这些生产能力相联系的劳动力的调整。一部分职工将因结构调整而下岗待业，与增量调整能够扩大就业相比较，对存量调整的难度更大。

3. 工业结构调整面临着更激烈的国际竞争的压力

由于科学技术在工业生产中的作用日益突出，资源禀赋和劳动力便宜的比较优势的作用逐步减弱，国际贸易中的竞争力主要取决于产业组织方式和科学技术开发与应用的水平。我国已广泛参与国际分工和国际交换，我国即将加入世贸组织，入世以后关税水平将进一步降低。另一方面，由于大量“三资”企业在我国设厂，因此在国内市场也面临着跨国公司的竞争，即出现了国际竞争国内化的局面。随着对外开放的进一步扩大，中国工业将不再主要依靠关税保护来维持市场份额，而是要把立足点转移到提高工业素质上来。在出口产品结构中，要增强技术密集型的机械、电子等产业的竞争力，扩大高附加值产品的出口。

4. 工业结构调整的机制和主体发生了重大变化

工业结构的变化是生产要素在不同部门配置的过程。在转向市场经济以后，市场机制在资源配置过程中起着基础的和主导的作用，这种作用表现在企业成为结构调整的主体，生产什么，不生产什么，企业的退出和进入，主要由市场供求关系和价格信号来引导，直接的计划安排已基本退出微观的生产经营过程。市场机制在资源配置中发挥基本作用，并不是说政府在结构调整中可以无为而治，特别是发展中国家，在经济总量赶超工业发达国家的任务基本完成以后需要转向素质和水平赶超。政府产业政策应转向以提高经济竞争力为重点，其主要任务是：扶植幼稚芽期的高新技术产业的发展，对关系到国家安全的军事工业以及提供社会公共产品的产业进行直接投资；对衰退行业和破产企业实行必要的援助政策，在遵循国际贸易准则的前提下，维持本国的经济利益。

二、正确处理发展高新技术产业与传统产业的关系

积极发展高新技术产业，努力缩小与发达国家的差距，是跨世纪工业发展的战略性任务。目前我国高新技术产业存在的主要问题是：具有自主知识产权的核心技术开发能力不强，高新技术产业的技术来源主要依靠从国外引

进；缺乏完善的支持高新技术的风险投资体系；大中型企业还没有真正成为高新技术研究与开发的主体，大多数科研院所的新技术新产品缺乏工化和产业化能力。发展高新技术产业，必须突出重点，选择对经济发展和技术进步全局有重要影响的关键技术和产业；集中必要的人力、财力进行攻关。要逐步使大中型企业成为发展高新技术产业的主体，同时鼓励和扶植高科技型的民营企业的发展。在从事应用技术研究和开发的科研院所转型以企业为主，政府应为它们的发展壮大创造必要的条件。

科技创新还必须与创业相结合，才能实现科技成果的转化。因此必须培训和造就一批从事高新技术产业经营与管理的企业家，特别是形成有利于造就经营管理高科产业的企业家队伍的机制。

发展高新技术产业，并不意味着传统产业已经过时了，或者其重要性已经下降了。在我国，传统工业仍然有广阔的市场需求，仍然是我国综合经济实力的重要支柱，还需要发展。高新技术产业与传统产业不是替代的关系，而是改造与被改造的关系。我们既要使我国的高新技术产业在世界上占有重要的地位，同时要采用高新技术对传统工业进行全面的改造，推进传统工业的现代化，使我国真正成为一个现代化的工业强国。

目前，在传统产业的发展问题上，存在着一种无所作为的思想和畏惧情绪，认为传统产业的生产能力严重过剩，不愿意进行设备更新和技术改造。推进传统产业的设备更新和技术改造，需要对以下两个问题有正确的认识。第一，传统产业还有没有市场前景？回答当然是肯定的。即使是已经进入后工业化社会的美国，制造业也仍然是国民经济的支柱产业和国家综合实力的重要体现。据统计分析，在近年美国出现的“新经济”中，高新技术对经济增长的贡献率占33%，传统产业的增长对经济增长的贡献率占2/3。与美国相比，我国的工业化任务还远远没有完成，传统产业在我国仍然有广阔市场。问题并不在于传统产业要不要发展，而在于如何发展。我国资源条件和环境状况的压力，都不容许传统产业继续走过去低效式增长的老路。今后的发展如果没有素质和水平的提高，就难以实现数量持续的增长。还应指出，目前工业品的相对过剩掩盖着局部的短缺。从总体上看，工业品确实过剩，但从局部看还存在着大量短缺，短缺的大多是国内暂时生产能力不足或生产不了的性能好、附加值高的产品。只有通过对制造业的更新改造，才能逐步消除这些缺口。第二，在供大于求、激烈竞争的条件下，传统产业的生存空间和发展机会取决于企业自身的竞争力。在以创新能力为主导的市场竞争中，技术进步、创新能力强是保持暂时垄断地位和获取超额利润的基础。用高新技术改造传统产业，是使传统产业获得新的发展动力和市场空间的重要条件。因此，加强对传统产业技术改造、加快企业设备更新的步伐，对经济发展全局具有战略性的意义。

（原文约4000字，发表于《首都经济贸易大学学报》2001年第1期）

文摘编辑：吴冬梅

论中国企业如何反倾销

华 勤 吴 怡 梁益源

[作者简介] 华 勤，上海大学悉尼工商学院讲师。
吴 怡，上海大学悉尼工商学院讲师。
梁益源，上海浦东发展银行社保部经济师，中国注册会计师协会会员。

[内容提要] 中国加入世贸组织，对外经济贸易在面临重大机遇的同时，贸易摩擦的可能性增加，反倾销纠纷将成为中国与国外贸易争端的主要表现形式之一。中国企业如何采取积极的应对措施，妥善处理反倾销纠纷成为中国企业长足发展的关键问题。

[关 键 词] 世贸组织；中国企业；反倾销。

近年来，由于中国产品有巨大劳动力和原材料的比较优势，在竞争中往往处于明显的有利地位，中国产品已遭受众多国家反倾销的调查。自 1979 年到 2000 年底，已有 29 个国家和地区对中国出口产品发起反倾销调查 416 起。从 1990 年到 2000 年，全球针对中国产品的反倾销案约 450 多起，涉及金额高达数百亿美元。美国、欧盟、印度和澳大利亚是对华提起案件较多的国家或地区。这些调查严重影响了我国的出口。在裁定倾销成立案中，中国占总案件的近 20%，位于全球之首，成为反倾销最大的受害国。

一、中国企业屡受反倾销之害的主要原因

1.“非市场经济”问题

世贸组织反倾销协议的第 2 款第 7 条是专门适用于“那些对贸易实行全面的或大范围垄断且国内价格有政府制定的国家”，即非市场经济国家。该条款承认，在确定来自非市场经济国家的进口产品的价格比较，是存在特殊困难的。在这种情况下，世贸成员国可以将相同产品的价格，或以产自另一个国家（第三国际）的相似产品为基础确定的产品价值，作为从这个国家进口的正常价值。只要在任何一个特定的案例中确定正常价值所使用的方法是适当的而不是不合理的，这种确定就是有效的。这些条款事实上造成了在实行反倾销措施时，允许使用不同的标准。理论上应找经济发展水平相当的第三国作为替代国，但美国、欧盟国家、日本、澳大利亚、韩国、印尼、丹麦、智利、土耳其、新加坡、马来西亚、斯里兰卡等国都曾被选作中国的替代国。尽管是相同的产品，但生产条件、技术水平、原料选用问题及不同国家或地区的资本构成、资源开发方式和经济水平差异问题使我国很难得到公平公正的待遇。

美国在对中国产品调查时，将中国作为非市场经济国家对待。中美关于中国入世的双边协议规定，双方同意美国在中国入世后 15 年内可以沿用现行的反倾销规则，即仍可以将中国作为非市场经济国家对待，而中美协议的规定将自动适用于所有世贸成员国。因此，中国企业并不能立即获得完全平等的市场经济地位。在 1998 年 4 月，欧盟外长理事会通过决议，将中国和俄罗斯从“非市场经济国家”名单中撤销，但是并不立即加入“市场经济国家”名单，而是新设立了一个“特殊市场经济国家”名单并将两国加入其中。对于在判定中国产品是否倾销时采取个案处理、分别对待的办法，即在个案中出口商可以证明是依据市场价格来确定出口价格的，就承认该价格的合理性。国有、国家控股或是生产材料由国企提供都会成为拒绝给予中国企业“市场经济地位”的理由。

2. 不应诉或应诉不力纵容反倾销

反倾销是世贸组织赋予的一项合法权利，反倾销问题在本质上是一个法律问题。面对国际反倾销调查，我国企业应从法律的角度去寻找原因与对策，而不是逃跑或过分关注法律以外的其他动机与因素。我国企业由于各种原因如无力支付高额的律师费用、不懂反倾销的运行机制和法规、不重视受到反倾销调查的市场或希望坐享其成，借助其他企业的应诉保住自己的出口市场等原因拒绝应诉或应诉不力的后果，不仅引发高比例倾销案成立的裁定，还在一定程度上鼓励了进口国企业不断运用反倾销手段对我国施压。

3. 价格竞争诱发反倾销

中国企业长期以来，出口受国家宏观调控，一度出现亏本出口以求换汇的目的。虽然现在进入市场经济体制这种情况已发生改变，但中国企业，尤其是国有企业似乎还没有从市场经济中学会调整目标，重新定位自己的企业和产品，一味用从前的经营策略出口产品，主要表现在出口产品时，采取价格策略，即以低价作为进入市场的方法，将开拓国际市场的希望寄托在低劳动力成本所形成

的价格优势上。在具体产品出口时，部分企业又会恶性竞争，不断压低价格报价，甚至不惜成本地同国内企业或其他国家企业竞争，这种做法不仅造成国外对我国产品质量的质疑，而且使中国产品遭受反倾销的指控。

二、中国企业该如何应对

企业应对反倾销，应注意做好以下几个方面工作：

1. 提高产品质量，增强品牌意识，改变产品形象

中国产品在国际市场上历来形象不佳，长期以“低质低价”取悦国际市场。近年来中国经济持续发展，生产力得到很大提高，国内消费结构和消费层次也发生了巨大的改变。产品质量、包装、售后服务等越来越为消费者所重视。价格已不再是惟一的、重要的竞争手段。中国企业应考虑抓住机会，结合企业资源大幅度提高产品质量，增强后期服务，建立企业自己的品牌，这样既可以满足国内市场需求，又提高出口产品质量，从而改变原有的产品形象。在这里值得一提的是，中国出口产品在生产时，应使用国际质量标准，而不是国内质量标准。这样才能有效地提高产品质量。

2. 加强合作，做到“以销定产”

预防反倾销的发生，必先要研究国际市场的情况，这可以通过与国内企业驻国外办事处、国外有关代理商、市场调研机构、甚至个人合作收集当地消费变化的有关资料，加强对产品的设计，做到先有市场后有产品，以迎合国外市场的需求。

3. 运用国际标准，健全管理制度，健全商务档案

一旦遭受国外反倾销诉讼，是否存在倾销行为的证明主要掌握在应诉方手里。应诉反倾销案的关键是证明产品出口价格未低于“正常价值”。这需要企业多方收集数据和证据，而我国企业在这方面往往遇到困难。因此，出口企业应该按照国际标准健全管理制度，健全商务档案，包括公司的各种协议合同、商务信函、收支票据等。这样一旦发生诉讼，就可在较短时间内备齐资料。

4. 了解国外反倾销

由于世贸组织反倾销协议是成员国之间反倾销起诉的主要依据，因此，企业必须尽快了解世贸组织的反倾销机制。一旦遭受国外反倾销调查，至少应当了解如下内容：（1）被反倾销国家的有关立法规定和世贸组织的有关规定；（2）世界上一般通用的反倾销程序和被反倾销国家的反倾销程序；（3）我国出口产品在国外反倾销的基本特点和面临的主要问题。

5. 配合反倾销调查，积极应诉及时抗辩

据统计，全球反倾销案的成立率大约是53%，而在美国，一般只有27%的反倾销案件被裁定倾销成立，35%的案件被裁定倾销不成立，其余38%的案件由控告方中途放弃。这表明，反倾销问题可以通过进口国法律得到公平或适当解决。当反倾销调查开始时，中国出口企业应对调查给予配合。采用降低价格保持在当地市场份额，或改变其产品的某些配件的来源来改变原产地的做法都是不可取的。反倾销案件发生以后，最重要的就是要正确认识反倾销及其后果，积极应诉，尽量避免国外反倾销措施的滥用。反倾销立案以后，有关的中国企业要积极配合反倾销调查，争取最大限度地抗辩机会。

6. 按照标准调整企业经营和管理，尽可能争取“市场经济地位”

中国企业获得市场经济待遇极其重要。虽然迄今为止，中国企业申请欧盟和美国市场经济待遇的成功率很低，但究其原因，主要是因为对国际贸易惯例和有关规则了解不透彻，举证不充分。根据目前欧盟的法律规定，要取得市场经济地位仍必须符合下列标准：（1）企业可以根据市场需求作出决定，不必遭受国家的干预；（2）企业账目必须按照国际会计准则进行独立审计；（3）企业的生产成本和财务状况没有被前国营经济体制、易货贸易或债务补偿等扭曲；（4）公司遵守破产法；（5）外汇兑换率随行就市。

根据过去的应诉资料反映，那些被拒绝授予市场经济出口商待遇的公司，其主要原因是：（1）在国内市场销售受到保护。说明某些行业和产品受政府保护，这不符合企业自主经营的原则。（2）在决策过程中国家大量干预，包括国家强加的投资义务，强迫使用某些原材料供应商等。（3）政府规定强迫外商投资企业支付相当于国营企业同等职工的120%的工资，这违反工资双方商定原则。（4）账目得不到适当审计。（5）存在易货贸易。

7. 寻找、选择有利的替代国

如果申请市场经济待遇失败，那么替代国的选择也就成了确定倾销是否存在的重要因素。所以尽量根据替代国选择的方法，提供给调查机关合适的“替代国”选择意向，并对不合适的替代国选择作出及时抗辩。

（原文约5000字，发表于《上海大学学报》社科版2002年第4期）

文摘编辑：翔宇

论加入 WTO 后我国企业法制建设

顾华详　刘　鹏

[作者简介] 顾华详，新疆自治区党委政研室。
刘　鹏，新疆科学技术开发交流中心。

[内容提要] 我国加入世界贸易组织，对企业发展的影响是利大于弊，机遇大于挑战，但要抓住“机遇”则必须先解决“挑战”的问题。我国目前的企业法律制度亟须进一步健全和完善，实现与国际贸易规则相对接。必须在相关的立法中进一步深化企业法制的理念，积极健全和完善与企业法制建设相关法律。

[关 键 词] 世界贸易组织；企业；法制建设。

一、加入 WTO 对我国企业法制建设影响分析

20 世纪 70 年代末，我国开始了一场以适应社会主义市场经济为目标的经济改革和深刻的法制革命，即彻底否定了反映计划经济意志的法律制度，建立了反映社会主义市场经济意志的法律制度。经过二十多年的努力，我国已经初步建立了社会主义市场经济的法律体系，这其中自然也包括了企业的法律制度，主要有五个方面：(1) 确立了市场主体法律制度；(2) 建立了物权法律制度；(3) 完善了合同法律制度；(4) 确立了国家适度宏观调控经济的法律制度；(5) 逐步建立完善的社会保障法律制度。以上这五方面法律制度，构成了我国社会主义市场经济法律体系框架的基础，其中主要的都是规范企业行为的法律制度，尽管它还不尽完善，但却反映了市场经济的共同规律，规范了企业的共同行为，在这一点上是同世界贸易组织规则相同的。因此，从大的范围来讲，市场经济的法律体系在我国的初步确立，也为我国加入世界贸易组织创造了法制基础，从小的范围来讲，我国企业与国际接轨，在相关的法律制度建设方面，已经具备了基本的基础。

但是，我国现行的企业法律中，仍然存在着计划经济的内容，这与世界贸易组织规则是相抵触的。因此，加入 WTO 之后，必须对我国的企业法律中的一些内容进行修改、完善，有些还需要尽快立法。如《民法通则》、《公司法》、《海商法》、《劳动法》、《著作权法》、《合同法》、《产品质量法》和《消费者权益保护法》等还都不够成熟。目前我们还没有《物权法》和《投融资法》。这些涉及到调整和规范企业行为的基本法律与国际贸易规则相比，内外资企业区别对待、在法律面前不平等、立法缺陷较多和法律缺乏的现状亟须改变。

二、我国企业法制的理念有待在相关的立法中深化

1. 深化与国际经贸规则相符的原则

加入 WTO 之后，我国企业的法制建设首先遇到的关键性问题就是必须进一步与世界贸易组织规则相一致。虽然我国关于企业的立法一开始就坚定地采取了开放的立场，坚持从实际出发，以积极的态度吸纳世界上市场经济共同法律规则中的一切有益成分。但是，受我国经济体制从计划型向市场型逐步转变过程的影响，我国企业法治建设与国际贸易规则的对接不可能一步到位。加入 WTO 之后，为了适应国际双边贸易发展的需要，我国企业立法中必须进一步深化与国际经贸规则相符的原则。

2. 深化国民待遇原则

待遇平等原则是市场经济法制理念最基本的表现，也是世界贸易组织的基本原则之一。它要求任何成员方的进口产品在关税、国内税收、国内销售、购买、运输、分配、使用等方面，所享受的权利应不低于国内同类产品的待遇。我国为了吸引和鼓励外商投资，目前对外商投资仍然实行着一些超国民待遇，如税收优惠。国务院有关部门制定的《西部开发十大优惠政策》中就规定：“对外商投资企业实行税收优惠。对设在西部地区国家鼓励类产业的外商投资企业，按 15% 的税率征收企业所得税；对设在民族区域自治地区的外商投资企业，经省级人民政府批准，可以免征或者减征地方所得税。”这种税收优惠使我国的内资企业与外资企业处于不平等的地位，这在过去是可以的，但加入 WTO 之后，就显然是不合理、不符合国际贸易规则，修改则是必然的。为了适应我国经济社会发展对投资需求日趋增大的现状，我国将在贯彻国民待遇原则的前提下，根据国家开发建设的需要，适时地将目前按企业性质和地域不同设置税收优惠改为一律按产业设置税收优惠，同时适用于内外资企业。

3. 深化公平竞争原则

公平竞争是市场经济法制的基本理念，也是国际贸易规则的基本原则之一。我国的相关立法从一开始就注意体现了公平竞争的原则理念，并且在颁布的《反不正当竞争法》、《消费者权益保护法》、《招标投标法》和《合同法》等诸多法律中得到了体现。但是，由于我国的

社会主义市场经济体制仍然处在向成熟迈进的过程之中，企业改革与发展仍然处在攻坚阶段，相关立法中对公平原则的贯彻与国际贸易规则的规定仍然存在一定的差距。加入WTO，我国仍然需要在企业立法中进一步深入反映公平竞争这一市场经济法制理念。在企业法治建设中进一步深化公平竞争的原则，采取的主要措施是：加大反垄断的力度，制止有限制竞争的方式破坏公平竞争；加大反补贴的力度，制止以补贴的方式进行的不公平竞争；加大反倾销的力度，制止以倾销的方式实施不公平竞争；加大反歧视的力度，禁止用国别、地域和民族歧视的方式限制公平、公正的竞争。尽快建立起完备的企业法律制度，为内外资企业营造共同的公平竞争的法制环境。

4．深化法律透明度原则

法律的透明度是世界贸易组织基本原则之一。世界贸易组织的透明度原则要求成员方必须公布其有关对外经济贸易的法律、行政法规、规章和政策措施，让其他成员方得以了解该成员方的法律环境，提高市场的透明度。但是，这恰恰是我国法治建设和地方政府依法行政中存在的最大问题，也是一个难点问题。因为本国的信息面向世界发布后，就意味着对外国的公司（企业）打开了本国的治理方式，很明显地就把过去成功和失败的历史都暴露出来了，某些贸易的秘密可能将被公开了；同时，也有可能更多地受到国际贸易组织的批评或审议，甚至可能带来或造成一些问题和麻烦。因此，深化这一法制理念是我国企业法治建设的核心任务之一。我国目前存在着大量的地方保护、地方经济封锁的法规和政策，国内市场经济发展受到了严重的阻碍。这一状况是非常严重的，也是与国际贸易规则的具体规定及其基本精神极端相背离的。所以，如果深化法律透明度原则在我国的企业法制建设中贯彻不力、执行不力，那么我国国内的市场经济都将难以发展，何谈参与国际大市场经济的发展呢？深化我国法律的立法和执法的透明度，这个难点问题必须尽快攻克。

5．深化法制统一原则

法制统一是世界贸易组织的基本原则之一。世界贸易组织所要求的各成员方都必须实行统一的对外贸易政策。只有规范市场活动的规则统一了，才能够建立和维护统一的市场。市场经济法制统一，不允许不同地区不同法律规则的存在，不容忍不同市场主体不同法律规则的存在，不允许相互矛盾的不同阶位的法律规则存在，凡相同的市场行为均应遵守相同的法律规则。但是，我国目前的企业法制建设的水平、政府宏观调控的水平，以及市场经济法治建设的现状，都与深化法制统一原则有很大的差距。这种状况是与加入WTO不相适应的，亟待尽快改变。首先，应当按照《立法法》规定的立法程序和立法权限，对现行的国家和地方所立的法律和行政法规进行清理和整顿，从立法的源头上把住法制统一的关口。其次，对地方各级政府依法行政的情况进行清理和整顿，坚决废除与国家法律、法规相抵触的政策，规范地方各级政府的行政行为，为深化法制统一原则扫平道路，为我国企业进入国际市场弥补法制建设先天不足的缺陷，推动我国市场经济与国际市场经济接轨。

三、我国推进企业法制建设需要健全和完善的相关法律

一方面，我国现有一些法律需要进行修改；另一方面，还需要制定一些新的法律，其中与推进企业法制建设有关的法律主要有：（1）民法典亟待编撰。（2）保护知识产权的法律亟待健全。（3）尽快完善商事法律体系，编撰商法典。（4）完善经济法律体系。（5）尽快健全外商投资法律体系。（6）完善对外贸易法律体系。（7）加快劳动、社会保障法律体系的建设。

（原文约7000字，发表于《新疆财经学院学报》2002年第1期）

文摘编辑：翔宇

加入 WTO 后民营企业的对策研究

——再论民营企业应如何迎接加入 WTO 的挑战

黄 浩

[作者简介] 黄浩，宜宾学院民营经济研究室，经济学副教授，主要研究方向为社会主义经济学。

[内容提要] 作为我国国民经济新的经济增长点的民营企业，在中国加入 WTO 后应采取什么样的对策，关系到民营企业在新世纪能否实现新跨越。因此，为民营企业提供国民待遇，鼓励海外投资，将是对策研究的重点。同时，还要从多方面对加入 WTO 后民营企业的对策进行全面研究。

[关 键 词] 国民待遇；海外投资；挑战；对策。

一、国民待遇——民营企业发展中亟待解决的问题

解决民营企业发展中的国民待遇，就是要认真解决好以下问题：

第一，市场准入问题。在不同的时期、不同的部门中，对于某个市场民营企业能否进入，国家法律和实践的回答是不一致的，这与我们的渐进式改革有一定的关系。渐进式的改革，是一种逐步的改革，在不同的部门、不同的地区，在不同的产业部门，改革的进程可能是不一样的，没有一个统一的标准。但在改革日益成熟的今天，这种情况已严重制约了民营企业的发展。我国民营经济的发展过程可以说是有中国的特色，先是在小范围内的某个区域进行试验，如在广东、浙江等，然后得到地方政府的认可，在经济发展成效显著后为各地方所效仿，然后国家的法律才予以确认。无论是民营企业本身，还是民营企业的某一项政策无不如此。这样的试验过程，也就是渐进的过程，使民营企业的发展有平衡的一面，但另一方面，其局限性是法律不明确，根据统计，过去北京有关民营企业的法规被修改的次数达 62 次之多，法律的频繁修改造成了执法中部门和企业无所适从。

第二，民营企业的地位和财产保护的问题。相对于政府部门大力保护国有资产，私有财产的损失在我国法律上称为经济纠纷或是民事纠纷，基本上是属于民事的范围，通过行政诉讼进行财产保护在理论上是可行的，但在实践中却存在很多问题，成功的实例很少。正是因为这样，民营企业地位和私有财产的保护是我国市场经济发展中的一个大问题。

第三，融资问题，也就是资本的初始积累和拿什么来进行竞争的问题。没有资本，就意味着没有信用，什么违法行为都可能出现。长期以来的计划经济使民营经济的资金来源十分狭窄，这就使得通过非法渠道或手段融资成为了一种没有办法的办法。

第四，政府与市场的问题。政府是对政权的垄断者，它若进入市场，是没有其他竞争者与之进行竞争的，也就是说它是经济中的一种反市场力量，是一种垄断力量。市场不存在了，国民待遇也就不存在了。相对于民营企业在经济发展中的付出及其所做出的贡献，它所得到的政府的服务是非常不对称的。长期的计划体制造成了政府对于民营企业的不信任感几乎是根深蒂固的。这从民营企业的登记注册上就可看出来。与国外民营企业相比，我国的民营企业的注册非常不容易。所以很多企业的成立要采用戴“红帽子”方法，也就是挂靠某一部门或是国有企业，向其交纳一定的管理费，但实际上是民营企业。而且同样的原因还使国家公务人员对民营企业的态度随意，再加上现行法规在操作上弹性很大，使得公务人员对民营企业几乎有生杀予夺的大权。即使中央与地方以较大的热情来扶持民营企业，但如不形成一个制度，这种意志就很难转化为有效的行动。

二、海外投资——民营企业发展的新机遇

加入 WTO 后，民营企业在国内市场经营环境中将面对更加激烈的竞争。走出去，到海外去投资办厂或投资开店，亦不失为生存与发展的另一种选择。加入 WTO 给民营企业的海外投资带来了新的机遇。

首先，加入 WTO 后，中国既有应履行的义务也有应享受的权利，既面对挑战也面对机遇。应当看到，义务和挑战主要体现在国内，是遵守 WTO 规则和履行对外承诺的结果；权利和机遇则主要体现在国外，体现在外国向中国的产品、服务和投资更大程度地开放市场方面，这是中国成为 WTO 成员国的结果。中国企业要想享受加入 WTO 后的权利，要想抓住加入 WTO 后的机遇，就要向海外进军，企业只有走出去了才能享受权利，才能获得发展机遇。

其次，走出去也就是跨国经营和国际化经营。走出去可以大体分为两个层次：一个是贸易层次，包括对外货物贸易、技术贸易、服务贸易以及承包劳务；另一个是投资层次，主要指的是海外投资设厂开店。加入 WTO 后，民营企业除了在出口贸易方面可以获得大为改善的

市场进入机会以外，在开展海外投资方面也将获得比以往更有利的条件。因为根据对等开放的原则，加入WTO后中国企业将可以进入一些外国的服务行业进行投资，并且已创办起来的中国海外企业也可以在东道国享受到国民待遇。

第三，从理论上来讲，加入WTO后针对中国出口产品的反倾销调查将有所减少，遇到此类调查后，中国可以借助WTO的争端解决机制求得解决。但是，考虑到加入WTO后中国企业的产品进入国外市场将更加容易，以及美国和欧盟均保留了在中国加入WTO后15年内仍将中国视为非市场经济国家的条件，所以，加入WTO后中国出口商品仍将面对反倾销调查。对付反倾销调查的方法除了有关企业联合起来应诉以外，还有一个更为有效的方法就是变国内生产国外销售为国外生产国外销售，也就是进行海外投资，设立海外企业。民营企业应当学会通过海外投资的方式走出去，从而在一定程度上避免反倾销调查。

中国企业开展海外投资不仅具有必要性，而且也具有由多方面的比较优势（规模、资金、品牌和适用技术等）构成的可能性。海外投资的主体应多元化，除国营大中型企业外，民营企业也应成为海外投资的主体之一。经过二十多年的发展，我国一些民营企业已经初具规模，已经具备了开展海外投资的条件。企业做大之后必须进行国际化经营，国际化经营可以更好地配置资源，可以更好地寻找获利市场，可以使企业规避和防范风险，总之，可以为企业提供更广阔的发展空间。

中国的民营企业是在计划经济的夹缝中发展起来的，生命力极强，不怕市场竞争，在管理体制、用人机制、产品开发、市场营销和市场洞察力等方面具有明显优势。从这点来看，它们走向国外投资办厂，将更能适应国外成熟市场经济的环境。

三、直面挑战——民营企业的惟一选择

1. 对知识产权保护力度的挑战

加入WTO以后，我国要承担更多的知识产权保护的义务。在《与贸易有关的知识产权协定》中，就假冒、仿制、剽窃、盗用等侵权的不公平竞争行为作出了排除措施，以维护公平和正当的竞争。以任何形式出现的侵犯知识产权的行为都将受到惩罚。这将使研究开发和创新能力较弱的民营企业受到较大影响，也会使一些长期侵权、缺乏品牌、依靠仿制生存的民营企业难以为继。

2. 分销领域对外开放的挑战

随着关税的减让和非关税壁垒逐渐取消，将给国外的竞争对手带来抢滩我国市场的大好机会。他们可凭借资本、品牌、技术和管理等优势，向民营企业提出严峻挑战。尤其是在分销领域中，由于对外商经营限制、产品限制、地方限制和投资比例限制的大幅度放宽乃至取消，将给以经营批发和零售贸易、餐饮业为主的民营企业带来现实威胁。小型商业企业的淘汰率会较高，中小型、无特色的民营批发企业会受到冲击，规模小、网点少、经营不规范的民营连锁企业也处于竞争劣势。

3. 国有企业改革深入的挑战

我国加入WTO在某种意义上是以开放促改革。加入WTO以后，国有企业改革必将进一步深化，其“等、靠、要”思想将根本改观，建立现代企业制度的步伐也会加快，经营机制日趋灵活，这将加剧国内竞争，使民营企业“船小好调头”的竞争优势有所削弱。

4. 对民营企业经营者素质的挑战

由于我国的特殊国情，民营企业经营者大多是从其他社会阶层分化而来的，文化程度一般不高，经营管理方式来源于自身的经验和家族力量，法制观念有所欠缺，眼光不够长远，从整体上说素质偏低。加入WTO以后，面对拥有丰富国际商战知识和经验，熟悉国际经营惯例和现代经营管理方法的国外高素质经营人才，有可能产生心理上的不适应和经营决策上的贻误良机，更难以在国际市场搏击。

（原文约8000字，发表于《宜宾学院学报》2001年第9期）

文摘编辑：翔宇

我国实施“走出去”战略的若干问题研究

钟昌标

[作者简介] 钟昌标，宁波大学商学院副教授，经济学博士后。

[内容提要] 利用有关企业贸易扩张与空间行为关系的理论，结合我国改革开放以来出口贸易规模变化的情况，对我国企业“走出去”的国内外背景进行了论述；对我国实施走出去的产业和区位做了定量分析；对我国实施“走出去”战略存在的问题进行了分析并提出对策。

[关 键 词] 对外贸易；企业；空间行为；对外直接投资。

一、我国实施“走出去”战略的意义

从国际背景看，全球化已成为21世纪初世界经济发展的潮流。当今世界，一国仅靠对外贸易已难以显著提高在国际竞争中的地位。只有“引进来”与“走出去”并举，才能充分利用全球空间进行资源配置。

从国内背景看，我国实施“走出去”战略意义重大。随着国际经济发展不平衡加剧，世界各国生产能力扩张速度超过市场的扩容速度，出于各种借口的贸易保护主义不断出现，我国产品出口扩张遇到的关税和非关税壁垒越来越多。走出去，企业可以利用其内部化就地生产、就地销售，从而劳动出口，规避国际贸易壁垒。

从资本市场看，我国外汇储备显得相当充足，2000年底已过1700亿美元，连续几年居世界第2位，强大的外汇储备为我国企业走出去提供了资金保障。

二、“走出去”产业和区位选择的目标、原则和方法

就我国现阶段而言，走出去的目的主要有三个：一是为了维持和扩大市场，规避关税和非关税壁垒，实现市场内部化目标；二是为了稳定获得国内短缺的资源保障；三是获得那些难以通过外贸纽带传递的技术。基于此，我国可按以下原则选择走出去的产业及其区位：

第一，选择出口量大、市场容量和潜力大、市场饱和度低且直接出口受到贸易壁垒限制较多的地区。我国走出去的目的不同于发达国家的“资本过剩型”的投资，而是市场扩展——即维持和扩大原有出口市场份额。

第二，要素禀赋与要素质量相结合的原则，要素禀赋是区位中生产要素如矿石资源、原材料、劳动力资源的丰裕程度。要素质量是指要素整体素质和价格状况。我国自1995年起成为资源性产品的净进口国，随着经济的稳定持续发展，石油、天然气、铁、铜、铬、钾盐等的进口量将继续上升。凡是出于资源保障而走出去的企业，在区位选择上应考虑资源的丰度、矿床的品位、开采与运输的条件、东道国的政局、法规等因素。

第三，地缘经济原则。一方面，区位的远近直接影响到通讯和运输成本；另一方面，区位临近的地区语言、文化习俗有更多的共同点。企业因为地理文化差异引起的阻碍减少。当然，随着交通和通讯技术的发展，空间距离的重要性日益下降，企业在选择投资区位时，主要考虑的不是距离的远近，而是地缘经济联系的程度。

第四，有利于拉动我国产业结构的转换和产业联系的高度化。我国企业走出去，一个重要的宏观经济效应是通过技术传递和市场扩展来推动国内产业结构的提升。产业内垂直贸易量，即某一类产品生产所需要的初级产品、中间产品以及最终产品之间的贸易量，是判断这种宏观经济性是否实现的标准。

第五，成本最低化原则。企业走出去应根据自身的特点选择有一定基础的区位，使东道国原有产业成为走出去产业体系的组成部分，以减少产业初期建设成本，降低产业跨国转移成本，并形成跨国产业链。同时还应分析一些目标国家的优惠政策，选择东道国鼓励投资的产业一般有利于减少进入成本和进入难度。

从保障资源的稳定供应和资源开发利用的角度选择走出去的区位应考虑的因素包括：(1) 资源的丰裕度，它是影响区位选择的首位因子。资源开采业是资源导向型投资，遵循哪里资源量大、质优就走到哪里去的原则；(2) 开采与运输条件，主要考虑区位的自然地理、交通基础设施等因素；(3) 投资保障度，包括政治经济稳定度、法律政策透明度、对外投资倾斜度、本地化要求、股权比例等；(4) 劳动力状况，不同区位居民平均生活水平、平均工资差距很大，所以，我们必须考虑劳动力成本。

技术寻求型的区位选择应考虑的主要因素包括：(1) 技术创新的源地，接近于发源地能够更有效地获得研发的外溢，知识外溢会随着距离的接近而增加；(2) 研发机构与大学集中度，高素质的人才是技术创新的核心资源，选择研发机构与大学集中度高的区位不仅可以利用当地人才优势，而且风险相对较小。

三、目前我国企业"走出去"存在的主要问题

我国在吸引外资方面经过近20年的探索已经积累了不少成功的经验。而在"走出去"方面则起步较晚，政府无论在服务功能上，还是在管理政策上都存在问题。

第一，政府对"走出去"的产业和地区选择缺乏详细的规划。我国至今还未制订好实施"走出去"战略的中长期规划，实施步骤和产业目录。企业长期以来形成了依赖政府的习惯，特别是对国际市场的信息有限，在起步阶段很难作出灵敏的反应。

第二，企业办理对外投资的手续过于繁琐且不规范。由于国内的审批手续繁琐，有相当一部分企业和个人未在国内办理报批手续，就在国外注册开办了企业。

第三，目前不少有关扶持境外企业的优惠政策缺乏可操作性。有些可享受的政策，申报程序很复杂，待批下来时，形势已发生变化，错失良机；一些政出多门的政策，在具体执行时解释自由度太大，各部门意见不统一，企业疲于奔命，最后得到的实惠很少。

第四，资金不足，外语好的经营人才奇缺。目前企业都反映缺乏一批语言精通、具有驾驭市场能力和商务经验的营销人才和管理人才。

第五，缺乏高效的中介组织和信息服务机构。由于我国行业协会、同业工会、商会等组织发展较晚，至今还未形成气候，而政府相应部门办事效率低，满足不了企业走出去的市场需求。

第六，我国境外企业层次不高。目前境外企业中贸易性居多，生产性企业较少。发展带料加工贸易是我国企业"走出去"的一个发展方向。我国过剩工业生产能力的输出、劳务输出和境外投资扩大，更需要依靠生产加工型境外企业的发展和壮大才能实现。

第七，对境外人员的激励机制仍需加大力度。

四、对策建议

"走出去"应该是企业的市场行为，但我国企业因对国际市场信息了解有限，需要政府发挥特有的作用。从国际经验看，无论是美、日等发达国家，还是韩国等新兴工业化国家，在企业海外投资方面，都有配套的政策扶持。根据我国现阶段的情况，提出以下对策建议：

首先，积极营造一种良好的氛围。我们要善于抓住一些典型企业，将它们开拓国际市场的做法加以总结推广，形式一种鼓励企业"走出去"的舆论导向。政府还应加强国内外情报调研，根据我国各行业的发展状况，结合"十五"规划制定出比较详细的产业指导目录。

其次，深化境外企业产权制度改革，极力形成促进"走出去"的有效政府管理体制和企业内部运营机制。政府要在微观上放活，宏观上进行有效引导与管理，为企业"走出去"营造良好的体制环境。在所有制方面，对国有企业的境外投资应严格法规以防转移国有资产行为，同时鼓励经营者将国内资产（房产、存款和股票等）作为抵押，以自然人身份个人持股，以充分调动经营者的积极性；加速国有企业的战略性重组，提高企业的制度效率，让企业"先做猛龙再过江"；对股份制企业和民营企业应打破所有制的限制，鼓励经营者"走出去"；在人员出入境管理政策上尽快作些调整，为企业"走出去"人员出入境创造宽松条件。

第三，重视人才队伍的建设。走出国门，兴办境外企业，关键是人才。当务之急，要加快培养一支熟悉境外贸易业务、懂投资、懂技术、懂管理、懂市场销售和懂当地语言的高素质的人才队伍，为境外企业顺利发展提供人才保障。对外派人员的使用、收入分配、生活等实行科学管理，创造吸引人才、用好人才的良好环境。

第四，完善并加大金融财税支持政策。针对当前存在投入资金相对不足的问题，中央、地方政府以及同业工会应安排一定的发展资金，扶持"走出去"企业的信贷支持力度。银行对境外投资企业的出口信贷规模可以适当扩大，并且放宽使用限制，简化审批手续。对企业作为实物投资的出境设备、器材、原材料等散件，实行统一的出口退税零税政策。符合出口贴息条件的，允许享受贴息。保险部门应为企业"走出去"提供信用担保，适当调低保险费率。

第五，适当放宽境外投资购汇管理政策。建议对境外加工贸易装配和贸易中心项目免交汇回利润保证金；对境外加工贸易和境外贸易中心设备、技术、原材料、零配件等产品出口收汇核销期限从目前的6个月延长为1年。允许境外企业自开办之日起一定期限内（比如5年），将所获利润充实资本金。建议简化用汇审批程序，加强事后监管力度。对境外投资企业的流动资金货款进出境限制政策适当放宽，允许具有创汇能力且效益较好的境外投资企业在取得专项用于境外企业运营的银行流动资金款的情况下，经外汇管理部门核准后调出境外。

第六，规范"走出去"的地方性政策法规。目前我国各部门各地区对"走出去"的规则存在政出多门的随意性和不连贯性。建议中央成立统一的领导机构，归口管理，政策配套；同时约束政府部门依法行政。

第七，强化政府的服务功能，加强并完善中介机构为企业"走出去"服务。发挥商会和行业协会的作用：(1) 为企业提供有关境内外投资信息情报的收集与整理；(2) 为企业提供投资地区环境、税务、法规等的咨询服务；(3) 代办有关投资手续，使企业少走弯路；(4) 为企业提供学术研究与交流、培训等方面的服务。

（原文约1万字，发表于《宁波大学学报》人文科学版2002年第4期）

文摘编辑：翔宇

中国的名牌及名牌战略的实施

易志华

[作者简介] 易志华，武汉理工大学统战部，副研究员。

[内容提要] 名牌战略是企业参与现代市场竞争的一项重要战略。基于中国国内名牌与世界名牌的差距，本文对创建中国名牌应走出的误区以及应采取的相应措施进行了有益的探讨。

[关 键 词] 名牌；实施；战略。

一、我国名牌产品的客观现状

我国加入WTO后，国外跨国公司将更多地输出名牌，利用名牌抢占中国市场。我国与国外名牌在技术质量、服务等方面相差悬殊。中国加入WTO后，关税进一步降低，国外名牌产品将取得价格优势。除此之外，中国的名牌产品还主要存在以下几个方面的问题。

1. 产业结构等方面的差距

我国企业集团产品产业结构合理化、经营多样化、国际化程度与世界名牌之间存在巨大差距。如南京地区四家石化企业合并而成的最大型石化公司，年销售收入相当于埃克森石油公司的5%左右，而我国宝钢、首钢、鞍钢三家最大钢铁企业年销售收入仅为世界最大的冶金企业意大利伊利公司销售收入的15.7%。

2. 市场占有率的差距

我国名牌产品国际市场占有份额小，与国外名牌的国际市场占有率还存在巨大差距。我国名牌出口总额占全国出口总额不到10%，而发达国家出口商品一般占1/4以上。

根据几年来有关资料的统计数据，我国主要产品类别的国际市场占有率为：汽车为0.1%，计算机为0.1%，电冰箱为0.39%，钢铁产品为1.18%等。这些市场占有率远远不及通用汽车公司、IBM中一家公司的占有份额。全球最大的100家企业中，海外销售额占总销售额50%以上的企业多达一半以上，其中可口可乐公司的海外销售额占70%。

3. 高新技术含量的差距

我国名牌产品高新技术含量低，国内与国际标准未完全融合和接轨。知识经济时代，高新技术在产品中的投入不断加快，使得产品更新换代的周期缩短。名牌产品要保持生命周期长，必须在产品中投入高新技术，加强技术创新工作，占据科技、产业的制高点。在采用国际标准方面，由于观念、资金、技术、设备等原因，我国的许多名牌产品未采用国标。如上海7个行业259个名牌658个品种，未采标的301项占46%，这不仅不利于我国名牌参与国际竞争，也不利于消除国际贸易技术壁垒。

虽然我国名牌产品着实存在很多问题，特别在我国加入WTO以后，形势更加严峻，但是中国名牌企业以及中国名牌产品也面临许多机遇，中国名牌走向世界的潜力巨大。首先，全球经济一体化，使得企业将直接参与更多的国际分工与合作，并从中取得更多的市场份额；其次，国内市场在国际、国内两个市场的碰撞、摩擦更为剧烈并最终融合，这使得企业必须站在全球范围自我审视，例如战略布局和经营决策；再次，竞争对手集团化，世界上许多公认的名牌凭借优势抢占中国市场，这从客观上要求企业必须直面竞争，走出国门融入世界经济大循环中，力创世界名牌，占领国际竞争的制高点，这些都可以成为我国企业创名牌的机遇。

二、我国企业在创名牌过程中存在的误区

1. 观念认识上的误区

长期以来，我国企业界的“品牌意识”、“名牌意识”淡薄。随着消费者成熟度的提高，市场经济的完善，消费者会通过实际使用，反复比较，得出认同感，又转换成为购买欲望和购买行为，最终形成名牌产品现实的竞争力和经济效益。所以企业必须走出企图绕开市场和消费者，仅凭某个组织或政府机构的评选或认定来确定自己的名牌的误区。

2. 名牌就等于高价位的误区

我国不少企业和商家利用人们习惯把名牌与较高价格相联系，习惯从价格上判断商品的价值和名牌的心理，有意提高商品价格，显示其品质之高。事实上，名牌并不等于高价格，商品的高价值应表现为商品的效用与价格比，名牌价值的最终稳定性评价，是以其效用与价格比来衡量的。

3. 试图走捷径的误区

有的企业认为只要投入大量资金，大搞广告之战，把名牌的知名度扩散，把产品销售量的提升寄托在重磅媒体的广告轰炸上。一个牌子从鲜为人知到闻名遐迩，

需要有个过程，没有长期反复的考验，不可能获得广大消费者的偏爱，不可能成为信誉较高的名牌，名牌产品的品牌要永久地保留在人们的记忆里，就必须经得住时间的考验，有稳定的品质。还有些企业一说创名牌，就强调产品上档次，盲目开发高档产品，把质量、价格定位在超出消费者购买能力的水平上。日本松下电器是世界公认的名牌，但该企业在定价时坚持低价策略，美国IBM公司几十年来始终不遗余力地降低价格。

三、中国名牌战略实施应注意发挥的作用

所谓的名牌战略就是以名牌的创立与维护为核心，以赢得企业竞争力和高额利润为目标，在企业产品的开发、生产、销售、经营全过程中，围绕创立名牌产品，发挥名牌效应而做出的规划、谋划及策略。名牌战略的实施是一项复杂的综合性的系统工程，包括：名牌扶持、名牌扩散、名牌保护、名牌宣传等战略。只有企业、政府、媒体、消费者积极参与，发挥各自应有的作用，名牌战略才可能顺利实施并取得成效。

1. 实施名牌战略中应依靠和挖掘企业的主体作用

在市场经济条件下，企业是实施名牌战略的主体，名牌创造的成败对企业的生存和发展关系重大，名牌是企业经济效益的重要源泉，它也是企业社会效益的广泛外延，一个名牌往往使一个企业名声大振而成为名牌企业，也为一个地区乃至国家带来良好的社会与经济效益。

(1) 企业是名牌成长的母体，是名牌工程的主体，必须要把名牌意识的培养、强化和提高作为关键。首先名牌意识应是质量意识。产品质量是企业竞争力的基础，卓越的产品质量是企业竞争力的基础，而卓越的产品品质则是企业名牌战略的基础，它对于企业实施名牌战略尤为重要。

(2) 名牌意识又是管理意识。高度严谨的企业管理体系是企业创造名牌的重要保证。必须树立企业管理以质量管理为中心的指导思想。企业的组织建设和制度建设都要以提高质量为原则，并狠抓落实，同时采取措施，杜绝质量事故的发生，严格质量监督检验，保证产品质量。

(3) 名牌意识也应是市场意识。名牌是在市场竞争中诞生的，创名牌也须面向市场而不是依赖政府。这就要求企业把握市场发展态势，认真研究市场，选好市场定位坐标，制定科学的产品发展战略，形成自己的优势产业，并且不断增大技术创新开发力度，让技术创新成为企业的内在动力和外在压力，加大产品的科技含量和文化内涵，提高产品市场竞争能力。

(4) 企业要树立名牌就是资产的意识。美国万宝路集团总裁马克斯韦尔说："名牌是企业最大的资产。"1998年和1999年两度的世界十大名牌的价值都远远超出了其有形资产。可口可乐名牌价值就高达725亿美元。因此企业必须要注重无形资产的挖掘、培育和增值，做好牌子的投资、塑造和宣传保护工作。

2. 实施名牌战略要发挥政府的保驾护航作用

(1) 从政府的角度来看，创立名牌和保护名牌，不仅是企业行为，也是政府行为。创造中国的世界名牌，需要政府、协会和企业的共同努力。

(2) 政府要从宏观上营造一个有利于名牌的外部环境，要用法律、经济、行政的手段整顿市场秩序，积极创造符合WTO贸易规则的市场环境，制定相关政策法规，用法律保护企业名牌。

(3) 政府要加强规划、引导和保护。对中国名牌产品实施保护是政府工作的一项重要内容，这种保护在改革上的体现除了免检、优先出口、纳入"打假冒、保名优"的范围内；另一个方面就是允许中国名牌产品使用名牌标志，而这种标志应具有权威性、有效性和不可仿制性，使之成为中国名牌产品的载体。与此同时，本着择优扶强，重点扶强的原则，推动名牌战略的实施。要根据地区国有经济布局调整、产业结构调整、产品结构调查的需要，政府做好市场预测和调查研究，定性、定位、定量来确定一个地区哪些行业、哪些企业、哪些产品能够形成哪个层次的名牌产品，对确定的名牌企业、产品实行政策倾斜、引导资金流向，同时还要研究制定财政、税务、信贷、外汇投资方面的优惠政策，予以重点扶持。

3. 实施名牌战略要坚持规范市场并借助媒体宣传作用

(1) 实施名牌战略必须规范市场，保护名牌。名牌产品的实质是对消费者的一种承诺，它具有超额赢利能力，比同类产品有更高的售价和利润。由于受可观利润驱动，真正的名牌产品受到假冒伪劣商品的侵害，严重损害了名牌产品的形象和声誉，制约了我国名牌产品的发展。因此，要加大打击力度，保护名牌产品，为名牌产品生产企业的生存与发展创造良好的社会环境。

(2) 企业要造声势宣传自己。在通讯、网络等迅猛发展的今天，媒体是抓住大众注意力的最主要载体。企业的发展，名牌的塑造，离不开媒体的扶持。忽视媒体对名牌的扶持作用，认为"酒香不怕巷子深"的传统观念必须摒弃。

质优不等于名优，广告宣传是联系产品与消费者的媒介，一个产品再好但如果不重视广告宣传，就会"养在深闺人未识"，难以名声大振。

(原文约5000字，发表于《武汉理工大学学报》2002年第8期)

文摘编辑：翔宇

从股东利益最大化到利益相关者利益最大化

——我国公司法研究的一个不可忽视的问题

曲冬梅

[作者简介] 曲冬梅，清华大学法学院硕士研究生。

[内容提要] 依照传统主流经济学和法学的观点，公司仅是股东的联合体和为股东赚钱的工具。随着知识经济时代的到来，资本所有者的地位开始削弱，拥有知识资源的利益相关者力量日益受到重视。我国公司法应顺应现代公司发展的潮流，摒弃股东利益最大化的观点，使利益相关者成为公司必不可少的制度要素。

[关 键 词] 企业契约理论；利益相关者；人力资源。

按照主流经济学和法学的观点，公司是一个由物质资本所有者或股东组成的联合体。如何保证物质资本所有者或股东的投资得到回报，并且取得最大化利益是公司所要关注的首要问题，是公司营运的最终目标。

1937年，美国著名经济学家科斯提出了著名的“企业契约理论”，把企业的性质概括为生产要素的交易，确切的说是劳动与资本的长期的权威性的契约关系，在科斯理论的影响下，越来越多的学者开始将公司定义为一个由物质资本所有者、人力资本所有者以及债权人等利益相关者组成的契约组织。这一理论表明，公司作为一系列契约的组合，缔结该契约的当事人都应该是独立的、平等的，即缔结契约的当事人并不必然由传统的物质资本所有者充当，拥有人力、知识、信息等资源的所有者同样具备契约主体的资格。这些与企业相关联的主体组成了“利益相关者”（包括股东、债权人、经理、生产者、消费者、供应商及其他有关利益主体）。

一

在劳动与资本这两个基本生产要素中，为公司提供物质资本的“资本家”的权利是资本所有权；为公司提供“劳动”的雇员的权利只是一种对资本运用的他物权。由于所有权支配他物权，所以在法律上便确立了拥有所有权的股东地位的至上。股东本位成为公司法的重要原则之一。

股东利益最大化的理念是建立在传统公司理论的基础上的，随着物质资本的价值和重要性的下降，知识、技术等精神资产的力量的上升，公司各方契约的实力发生了明显变化。资本所有者的地位开始削弱，而拥有知识资源的其他利益相关者则力量增强。各方实力的此消彼长必然要突破原有的模式，股东利益至上在知识经济时代已失去了其赖以存在的经济基础。

二

受“资本基本主义”发展模式的影响，传统经济学、法学理论将公司看作是股东组成的联合体和为股东赚钱的工具。然而，随着技术的进步，知识经济时代的到来，资本主义发生了许多变化。如果说传统企业以赢利为目标，追求物质财富的最大化，现代企业则在组织内部注重企业各主体的民主参与，在外部关注企业与社会的协调，承担了越来越多的社会责任；如果说传统企业在委托代理关系基础上，借助权力使股东与其他利益相关者形成一种等级关系的话，现代企业则是全员参与、相互依存、相互促进的一个网络。

资本主义的新变化说明了利益相关者存在的合理性，但什么是利益相关者？从1963年斯坦福大学的一个研究小组首次定义利益相关者算起，迄今已有近三十多种定义，从范围上看：可分为广义的、狭义的、最狭义的三种。广义的利益相关者是指凡是能影响企业活动或被企业活动所影响的人或团体都是利益相关者。股东、债权人、雇员、供应商、消费者、政府部门、相关的社会组织和社会团体、周边的社会成员等等，全都纳入此范畴；狭义的利益相关者是指凡是与企业有直接关系的人或团体才是利益相关者。该定义排除了政府部门、社会组织及社会团体、社会成员等；最狭义的利益相关者是指只有在企业中下了“赌注”的人或团体才是利益相关者。从与企业的密切程度上看：可分为一级利益相关者与二级利益相关者。一级利益相关者是与企业之间拥有正式的、官方的或契约的关系，包括财务资本所有者、人力资本所有者、政府、供应商和顾客等。而其他利益相关者被划入第二级，包括社会公众、环境保护组织、消费者权益保护组织、所在社区、市场中介组织、新闻媒体等。从空间上看：分为内部利益相关者（包括股东、董事会、管理人员、职工、监事会等）和外部利益相关者（包括债权人、客户、供应商、合作伙伴、政府、媒体、社区等）。归纳起来，笔者认为利益相关者是指与企业存在一种或多种经济关系的个体或群体。这一界定告诉我们：公司作为契约的组合，不能仅仅以最大限度的为股东赢利作为自己的惟一存在的目的。而应当最大限度的增进所有影响公司利益且其利益受公司影响的行为人的利益。

纵观我国公司法的规定，在股东利益最大化的观念的指导下，遵循的依然是股东大会、董事会、高层经理之间的传统权力制约模式，涉及股东权益保护的条款是公司法的重中之重。而对于公司债权人，传统公司法除了就公司债权的持有人的权利及公司清算、破产时对债权人的受偿权的内容及其特殊性之外，一般未作特殊规定，特别是公司主要债权人为银行，而银行在我国是被禁止持有公司的股票的，所以银行作为主要债权人其利益却难以在公司法框架内得到保障。至于职工的参与，虽然在当今世界各发达国家已成为一种趋势，而在我国公司法中却是一种例外规定。消费者、当地社区等利益相关者的利益更是被远远地排除在外。如何克服上述缺陷，顺应现代公司发展的潮流，是我国公司法研究的一个不可忽视的课题。

首先，重构我国公司法的指导思想。受传统主流的公司理论的影响，股东本位的思想观念在我国学者中已经根深蒂固，成为法学界公司立法的指导思想。这导致了我国公司法人治理结构陷入无法摆脱的困境，成为我国公司治理结构中的一大障碍。笔者认为，改变现状必须摒弃股东利益最大化的理念，代之以公司利益相关者理论。利益相关者理论构架了企业与多元利益主体之间的一种新型影响互动关系，利益相关者不仅对企业有利益要求，而且有参与企业治理和决策的资格和权力。这一理论有利于协调公司中股东与其他成员的关系，改变当前股东本位名存实亡的状况，有效挖掘利益相关者的各种资源，共同促进公司利益的实现。

其次，要落实利益相关者利益最大化的具体措施。这包括：第一，推行职工参与制度。此处的职工参与制度包括职工资本的参加（职工股）与管理的参加（公司决策的参加）。借助资本参加制度，公司可以把人力资本与金融资本结合起来，确保大股东的利益在公司经营绩效动态增长的基础上与职工利益一并得到增进。建议立法机关及早制定鼓励内部职工持股的法律法规。在我国推行职工参与公司管理制度时应遵循这样的原则：一是把现行公司法中关于职工参与的“例外”规定改为“一般性”规定；二是将公司权力机关所拥有的权力平等的分配给物质资本所有者和非物质资本所有者，让他们平等地涉入公司权力机关。改变公司权力机关被物质资本所有者垄断的局面。第二，确立银行参与制度。作为公司的主要债权人的银行是公司最重要的利益相关者之一。银行除了具有借贷的功能外，还具有明显的监督优势。它的金融风险自我防范机制是其行使监督权的动力，而其作为“情报中心”，比其他人能更充分、更廉价的获取借款人的有关信息。然而，由于我国银行业与证券业实行分业经营，导致银行不能持有公司股票，使银行的优势无法得以发挥。因此，随着我国国有银行商业化改造措施逐步到位后，适时修改银行法和证券法的有关条款，让银行与企业的关系体现在相互持股，提供管理资源，董事的派遣，大宗贷款和信用，受托管理，担保，策划债券发行，投资顾问，参与重组等多方面，发挥银行作为利益相关者的应有作用。第三，导入社会利益代表参与公司机关制度。公司作为契约的组合，契约主体除了上述提到的职工、债权人外，供应商、消费者、所在经营活动社区的居民等都是公司的利益相关者，我们把他们称之为公司的社会利益代表者。我们在突破传统的股东代表操纵公司权力机关的模式时，应赋予公司社会利益的代表与职工、债权人一道参与到公司经营管理结构中来。当然，公司社会利益的代表参与到公司决策机关中并不意味着把公司权力机关办成一个大杂烩，而是根据不同的利益结构要求在公司决策中采取不同的参与模式。

（原文约5000字，发表于《山东师范大学学报》人文社科版2002年第2期）

文摘编辑：翔宇

中国企业融资与资本市场问题

梁定邦

［作者简介］梁定邦，中国证券监督管理委员会首席顾问，国际证监会组织技术委员会主席，香港特别行政区基本法委员会委员。

［内容提要］中国资本市场的发展应以制度性建设为基础，政府应制定与长期投资相适应的公共政策。企业做大做强要运用现代化的融资渠道和手段；充分借鉴国外和台湾地区做法，吸引全球的机构投资人进入中国的市场；以中国的投资者为主导，不断完善企业的融资制度；激励公司的代理人搞好公司治理。

［关 键 词］企业融资；股票市场；政府功能。

中国的经济增长现在正处于最快的一个阶段。但也面临着一些亟须解决的问题。主要表现是：一是中国社会竞争力比较薄弱，尤其是国有企业没有形成市场的竞争力；二是企业的融资渠道太少，以至企业很难筹集到资金，而任何国家保持经济持续增长的一个制度性基础就是企业的融资渠道必须保持畅通；三是缺乏一个经济持续增长的服务平台，主要包括教育、医疗的养老服务等。

过去的22年因为中国经济增长的起点低，所以快速增长就持续了好长的时间。在经济的快速增长经过一定的时期之后，速度必然会降下来，经济运行中的问题会暴露出来，例如结构调整方面的问题。我国进行产业结构升级需要解决三个问题：一是盘活企业资产；二是解决好企业的融资渠道问题；三是逐步提高税收比例，以便为今后经济持续增长提供强大的后盾。这三个问题都是相互关联的，因为融资渠道畅通之时，也就是各种制度相对完备之时，我们才能形成有效的税收跟踪体系，这样国家税收就会有保证。

从90年代中期开始，国有企业的比重在不断降低，非国有的比重在上升，从就业方面来看，非国有企业的就业比重已经超过国有企业的就业比重。2000年世界银行发表的测算报告显示，在1998年国有企业的比重占到GDP的37%，非国有企业的比重已经占到GDP的63%。这意味着非国有企业对GDP的贡献越来越大。为了保持非国有企业持续快速发展的势头，随着非国有经济的比重不断增大，一个亟须解决的问题是如何为非国有企业疏通融资渠道，使非国有企业不断地成长壮大。企业在融资中很容易想到银行、信托投资公司和股票市场，但是，股票市场能不能为大家融资呢？目前还非常难。

从股票市场来看，2002年1—5月份的A股和B股的指数基本上处于下滑走势，6月14日上证综合指数收市报1492点，这是相对很低的点数。与此同时，今年我国经济的增长趋势是上升的，速度达到7%；而股票市场总体处于下降的轨道，股票市场的走势和经济的增长是背道而驰的。而美国的经济增长速度达到4.5%—5%之时，道琼斯指数是增长最快的时候。股票市场和经济的增长是相当同步的。我国出现股市走势与经济走势背离这种现象，原因在什么地方呢？在大环境方面，就像上面提到的，政府的观念、功能的转变还不能适应经济发展的要求。

在小环境方面，是股市的融资渠道有问题。以数字来看，我们的股票市场的总市值在2000年达到最高峰，其后随着更多的股票上市，股票的市值却在下降。分析股票市值的结构可知，非流通总市值多于流通总市值，供求矛盾很突出，如果将来非流通股份变成流通股份后，供求矛盾就会得到根本性的解决。经济的供给在增长，而需求却在下降，市场缺失方向感，这是明显的需求引起的结构性的问题。

现在我们可以看到，股票市场的筹资能力是很低的。产业结构卂级，企业上档次，都需要大量的资金，需要更大规模的、正规的筹资渠道，但是目前的市场无法满足这种需要。

关于企业的融资问题，一般通过以下渠道来进行：

一是银行。二是股市。通过银行的融资涉及一个重要的问题，是利率的不完全市场化问题。在利率未完全放开的情况下，银行不可能根据市场需要和经营风险大小来调整利率。银行一般愿意贷款给大规模的国有企业，而不愿意贷款给稍有规模的民营企业，这是因为国有企业贷款的风险相对比较小。但是，在利率未完全放开的情况下，银行不可能通过更高的利率，贷款给民营企业。于是，担保公司的出现，起到了中间商的作用，他们收取一定的费用，而承担一定的风险，这等于为民营企业的融资搭桥铺路。然而，担保公司作为一个新的中介组织，必须要谨慎操作，才能减少风险。这就是要解决好如何认识每一个企业，如何为它们融资这个问题，目前对股市的一些担忧也根源于此。

因此，我们在解决股票市场的供求结构问题时，第一必须把非流通股有序地释放到市场中去。如果市场供求关系没有改变的话，解决的时间也许会更长一些。现在入市的人很少，甚至有许多人很不愿意入市，我们要采取一些方法，增加股市需求。第二要降低政策成本和代理成本。一般来说，没有利润的公司，只要还有生意可做，他们累计的“壳”资源仍然很有价值，仍然可以被兼并或收购。一旦退市，连最后的“壳”资源也随即消失。因此，从某种程度上说，退市制度是被迫一些公司制作假账的根源，政策性的退市制度不是市场中一个很好的激励制度，它存在着诸多的问题。第三是建立规范的信息披露制度。我们的股票市场本身缺乏完善的信息披露制度。机构投资人和一般的散户的操作手法差异不大，机构投资人和散户的平均换手率、基金投资人和其他市场的平均换手率相差不大。对于基本面的分析做得比较多的基金类投资者的换手率可能比市场的换手率只是低一点点，因为他们也看到了风险，大家都在做短线操作。为此，我们必须要选择一些机构投资人进行长远的投资，并逐渐把对长线投资者的要求纳入到市场制度中去。

我国现在的投资者是不会把资金放在公司里，大盘股占不到市场总交易量的5%，而许多国家的大盘股的市场交易量占到总交易量的54%，香港地区达到60%以上。由此来看，我国的大盘股的交易率是很低的，在我国，暂时还没有或者很少有做长线的投资人。今后，必须引导一些投资者做长线投资。

如果国外投资者进入我国市场，应采取有序的方式进入，即必须通过我们的中央银行将美元兑换成人民币来投资。汇回利润时再兑换成美元。这方面台湾做得很成功。10年多的时间已经有500亿美元存入股市，每个机构投资人可以做十多亿美元资金的投资。他们所投资的公司已经进入全球市场。

如果国外的机构投资者能进入国内市场，我们可以采取台湾的方式的话，我们的H股可能总体上会比A股的价格稍贵一点，而目前H股比A股的价格明显是偏低了，即使现在A股下跌不少，还是比H股价格会高些。现在A股价格比B股便宜了，主要是我们将A股和B股分为两个市场，这两上市场的供求关系不一样。将来我们要把全球市场搬到中国来，于是，供求关系会发生变化，这个市场是全球市场的一部分，而不仅仅是中国的本土市场，我们用全球市场的资源供给我们的本土市场，市场的投资人会更严格地要求那些公司的代理人。那些代理人治理公司业绩突出的将会受到奖励，他们公司股价就会上升。而在以短线交易为主的市场中，对于那些治理公司业绩卓著的，市场没有给予相应的奖励，业绩好的公司没有得到相应的回报。由此可见，短线交易不能有效地激励公司的发展壮大，影响生产要素的配置效率。相比之下，长远的投资有利于社会资源的有效配置，有利于公司的茁壮成长。我国的资本市场必须确立长期投资的理念。这一点很重要。我们的养老基金、个人储蓄、保险基金，可以在监管的条件下，做一些投资组合，进行比较长远的、风险相对均匀的投资。为此，我们今后必须做好以下几个工作：

首先，政府部门要调整思路，改变现行的公共政策。过去我们倾其财力、物力照顾国有企业，保持了国有企业的垄断地位，今后政府的职能要转变到制度环境建设方面来，搭建一个公平、公正的合作平台，不能给任何单位和个人营造垄断的地位和特权。当然，这需要一定的时间和过程。正是基于此，政府的政策有连续性，政策性的风险才会降低，人们才会对市场有信心。其次，引进国外的投资人进入我国市场，以我国的投资者为主导，不断地完善我国的资本市场制度。我们下一步也必须将全球的市场搬到我们中国来，我们没有必要把我们的股票卖到全球的市场上去，这肯定得不到好的价钱。要努力把全球的市场搬到中国境内，用全球发行价来发行我们的股票，并且由我们自己来监管，我们要做市场的支配者。通过阶段性运做，我们需要有步骤地建立健全我们自己的法律体系和监管机构。

再次，让市场机制真正成为衡量经济发展的评价机制。在美国的经济发展中，可以用道琼斯指数来衡量任何一个工业股票，而在我们的市场中，经济的发展和股票市场的行情是脱节的，因此股市整体不能作为衡量经济价值的一个指标。

有许多老总认为资本的运行是没有成本的，信贷是有成本的，股票是没有成本的，筹资不需要支付费用，这是一种非常错误的想法。

应当看到，我们的资本市场才刚刚起步，各方面的资源还很不够，与全球的市场水平相差相当的距离。我们在出台各种政策性措施时，很少进行成本和效益的衡量，往往容易主观臆断，我们的法律、税收、会计、保险等制度欠发达。在美国的市场中，资源配置的效率是很高的，原因在于，有很多的信息是很透明的，通过市场机制的作用，许多问题可以得到比较好的解决，市场比较理智，人们的经济预期与结果的误差不大。而我们的市场则相反，由于制度设施的不完善，人们的思维也不是遵循常规，许多信息很难预测。因此，健全市场机制，提高资源配置效率还需要做大量工作。

总而言之，全球的机构投资人要进入中国的市场，把全球的市场要挪到我们中国的市场中去；政府应制定与长期投资相适应的投资政策，并激励公司的代理人——总经理做好公司的治理；企业融资要运用现代化的融资渠道和手段。只有这样才能真正把企业做大做好。

（原文约7500字，发表于《当代经济科学》2002年第5期）

文摘编辑：曾祥玉

提升中小企业竞争力模式之一：价值链集聚

罗婉容

[作者简介] 罗婉容，福州大学管理学院副教授。

[内容提要] 中小企业根据价值链集聚的内在特点，遵循集聚的相应条件，通过生产型虚拟、营销型虚拟、采购型虚拟等集聚形式，能有效地克服规模小的劣势，使中小企业竞争力得以提升。

[关 键 词] 中小企业；竞争力；价值链集聚；虚拟经营。

有研究表明，中小企业集聚是中小企业获得规模经济效益的重要途径。依靠价值链活动外部化而获得的中小企业集聚规模优势的模式，我们称之为价值链集聚。

一、价值链集聚的特点

价值链集聚模式具有以下几方面的特征：

1．内部性。价值链集聚经济模式注重企业内部价值链增值活动的外部水平化分工，企业在保存核心竞争力的前提下，可以借助外部企业的资源和力量来高效率地完成企业内部的增值功能。这些外包的功能既可以是价值链中的基本活动环节，如设计、生产、销售、交货、服务，也可以是辅助活动中的人力、研发、采购、咨询系统；既可以是价值链中的某个环节，也可以是生产环节中的某些工序。企业可以将价值链的不同环节外包给不同的合作企业，实行精细的专业化分工，从而形成企业群体的集聚规模经济效益。在价值链集聚经济模式中，企业与合作者之间边界比较模糊。价值链集聚经济模式将企业内部功能外包给其他企业去完成，通过外部化利用外部资源、节约内部成本、获得规模经济效益。

2．虚拟性。价值链集聚经济模式实际上是一种虚拟经营的方式。即指企业在组织上突破有形界限，虽有设计、采购、生产、营销、服务等功能，但企业体内却没有完整地执行这些功能，企业仅保留价值链中最具有竞争力的战略环节，而把其他的功能虚拟化——借助外力进行整合弥补。企业借助于自身的竞争优势，吸引中小企业参与分工，参与分工的外部企业相当于企业的某个部门、某个工厂、某个车间，但却无须企业追加投资、增加成本。因此对于企业来说外包出去的价值链环节都是虚拟的。它不同于传统企业完整的内部价值链，与集群内的成员连接的节点是企业价值链之外的产业群间或产业链间的上下游产品或服务，这种连接透过市场交易或一体化方式来完成。当采取市场交易方式时，需要增加交易成本，当采取纵向一体化方式时，则需要追加投资，没有虚拟性。

3．超空间性。产业链集聚表现为空间集聚，也就是说产业群、产业链是在一定的空间范围上的集聚。区位优势集聚更是以区位的资源优势为特色的众多小企业集群，它与区位的资源禀赋、生产历史密切相关。例如意大利的玻璃器皿，美国硅谷的微电子，我国的晋江鞋城、德化瓷乡、海宁皮革、永嘉纽扣等。但价值链集聚并不局限于特定的空间，它可能是一种区位集聚，也可能是非区位集聚——外包给不同地域的合作者，这种集聚是一种抽象的、虚拟的集聚。外包对象的选择完全根据价值链各环节对生产要素需求的差异以及合作者的资源条件，空间位置并不是决定因素。如福建省德化冠福集团，其日用陶瓷的白胚2/3外包生产，承包的小企业分布于德化、江西、潮州、广西、云南等地。外包企业也不是固定不变的，常因市场需要而重新组合，集聚的区域空间因此而变动。

4．整合性。由于企业按价值链进行外部分工，合作的中小企业众多而分散，因此，需要企业对外包企业进行有序分工，做到外包企业之间的协调整合；同时企业价值链中的内部控制的战略环节要与外包的一般环节紧密配合，做到内外价值链环节的配套整合，使虚拟集聚的收益大于虚拟集聚的成本。它将企业外部其他企业的技术、生产、营销等各方面能力进行有机整合，使之为我所用，从而增强了中小企业群体生存、发展能力。在自身资源基础上，对企业外部资源实施整合，这正是突破中小企业单一企业实力较弱制约的有效方法，是提升中小企业竞争力的重要途径之一。

二、价值链集聚的方式

从实践看，价值链集聚作为一种虚拟经营的形态主要有采购型虚拟集聚、生产型虚拟集聚、营销型虚拟集聚。

1．采购型虚拟集聚。即企业将其采购功能外包给一个或数个供应商，将产业链的上游延伸到企业外部，由这些专业采购商为企业完成原辅料、零部件的采购任务。这样做的好处在于：（1）由于中小企业生产能力小，因此其每批采购量小，但所采购品种和采购的次数却跟大企业一样，表现出采购上的严重不经济性。而采购外包后，企业只要向数量有限的采购商进货，大大地降低采购成本；（2）专业采购商在组织货源与众多的原辅料和零部件生产厂家打交道的能力、组织配送等方面显然要比中小企业内部采购部门更为专业、更有经验。以福州青口的东南汽车厂为例，虽然它的大部分上游中间产品是由32家零部件生产企业供应的，但却有相当数量品种的零部件必须到汽车城外采购，这些因其需求量少、品种复杂，无法由集群内的企业专门生产供应。东南汽车将这一部分的采购任务委托给外部的汽车零配件供应中心来完成，这几个小供应商按东南汽车厂的要求，在全国范围内采购，并同样跟汽车城内零部件生产供应商一样，提前两小时将货送到东南汽车厂的生产现场。

2．生产型虚拟集聚。即企业将生产环节或某些工序虚拟化，委托外部企业代为加工生产，本身则专门负责技术开发、产品设计、市场营销。这种虚拟集聚方式具有普遍性。以福建省德化冠福公司为例，“福康煲技术”是冠福公司的竞争优势所在，具有人才和技术密集性的特点，需要投入资源保持持续竞争优势。该公司把有限的资源集中在核心竞争力——福康煲技术上，而把劳动密集型的产品——日用陶瓷餐具分包给当地或省外的合作企业，通过协约控制产品质量，使企业在不追加投入的前提下，增加了产量，获得了集聚规模经济。由于冠福公司有稳定的销售市场的支持，也使那些势单力薄的外包企业获得了生存、发展的机会。

3．营销型虚拟集聚。即中小企业自身掌握产品（服务）开发设计、生产，而把分销、配送的功能虚拟化，代由许多中小经销商组成的分销网或互联网来完成。如福建省德化冠福公司充分利用营销虚拟的功能，在全国26个省市建立了销售公司和配货中心，拥有二百多个一级代理商，产品进入二千多个商店，其中包括沃尔玛、上海农工商这样的大型连锁超市，构建了覆盖全国大中城市的销售网。依托这样广泛的销售网，公司获得了广阔的市场，以市场带生产，生产规模也随着扩大了。

三、价值链集聚的条件

1．培育核心竞争力是实现价值链集聚经济的前提。中小企业没有核心技术和专利就难以创造出企业竞争优势，获得差别利益，在市场竞争中就难以超越跟随模仿的被动地位。而要实现虚拟集聚经营，核心企业就必须拥有价值链中的关键环节的核心技术，这是占据价值链分工优势的前提，也是集聚其他中小企业围绕核心企业进行辅助分工协作的条件。冠福公司1997年开发了耐5000高温、适用微波炉的“福康煲”，获得专利权，并于1998年列入国家重点火炬计划项目。福康煲以其高质量和特殊性能纳入大型连销店采购名单，成为最畅销的煲类产品，国内市场占有率达60%，被评为消费者信得过的品牌。正是由于福康煲高科技含量高，不易模仿，形成了自身独特的竞争优势，成为价值链分工协作的基础。目前冠福公司已进入福建省百家重点企业行列。

2．价值链集聚核心企业必须具有整合管理能力。在形成价值链关键环节核心技术基础上，处于核心地位的中小企业还必须具有整合其他企业的综合管理能力。核心企业以其核心竞争力为圆点，在不同范围内整合利用其他中小企业的各种资源和能力。如果不具备这种资源的整合能力，这些中小企业通常只能单独生产、销售该环节产品，而处于被其他企业整合利用的地位，或者只能处于依靠自身力量不断扩大生产、销售能力，而难以借助其他企业的资源扩大自身企业规模，获取规模经济效益。这种整合外部资源的能力不只是单一企业的管理能力，更重要的是企业是否有能力根据价值链的内在要求，对其他价值链环节制定相应的技术、质量标准，并对外部企业提供的中间产品的质量进行有效的监控，以确保价值链其他环节能有效地为核心企业的核心价值链环节服务。企业这种整合外部资源的能力越强，那么以企业核心竞争力为圆点进行资源整合外部延伸的半径就越大，综合利用外部资源的能力就越强，借助外部扩大企业群体规模的机会就越多。这是决定中小企业实现价值链集聚经济成功与否的重要条件。

3．参与价值链集聚经济体的企业应具有良好的合作信用。中小企业经营较为灵活，利益导向十分敏锐，为保障中小企业集聚经济的稳定实施，一方面是核心企业通过建立核心竞争力确保其他中小企业的市场利益；另一方面需要核心企业通过增强自身整合外部资源的能力对集聚经济综合体的运作进行有效的监控。除此之外，价值链集聚经济体内的企业还必须建立起相互信任的合作关系。在价值链集聚经济经营过程中，难免出现经营的困难，这时需要参与的企业共同努力渡过难关；企业间的利益冲突也可能发生，这时需要企业相互之间理性对待，随机调整。换言之，参与价值链集聚体的企业在经营过程中要建立一种长期的互利互惠的关系，形成一个真正的利益共同体。只有这样，企业之间才能形成一种良好的合作信用关系。尤其在市场信用极为缺乏的市场经济体制下，建立良好的合作信用是实施价值链值集聚经济的缓冲润滑剂，是保证成功实行价值链集聚经济的重要条件。

（原文约5500字，发表于《福建行政学院福建经济管理干部学院学报》2001年第4期）

文摘编辑：翔宇

关于我国家族企业制度创新的思考

丁亚猛　周建华

[作者简介] 丁亚猛，苏州大学财经学院研究生。
周建华，苏州大学财经学院研究生。

[内容提要] 改革开放以来，民营经济为我国国民经济的高速发展做出了巨大的贡献，而在我国民营企业中70%为家族企业。近年来，随着民营家族企业的浮浮沉沉，有关家族化管理方式的利弊成为经济学界讨论的焦点。本文认为，家族化管理有利于创业，不利于发展，我国家族企业必须从企业实际出发，逐步建立现代企业制度。

[关 键 词] 家族企业；家族化管理；制度创新。

根据权威部门的统计资料显示，自1992年以来，民营经济对我国GDP增长的贡献率一直保持在60%以上，为我国国民经济的高速发展做出了巨大的贡献。在我国民营企业中，70%为家族企业。在经济学中，家族企业的定义是在稳定的经营条件下，资本的来源与积累均建立在家属与血缘的背景上，由家族出资、控制和管理的企业。进入90年代，一些原来出尽风头的民营企业纷纷落马，一时间"家族企业"、"家族化管理"成为经济学界讨论的焦点，众说纷纭，褒贬不一。

一、家族企业存在的合理性

家族企业的存在有其必然性，特别是对于初创阶段的中国民营企业，采取家族化管理方式尤为重要。

1. 当人类社会从农业社会演变为工业社会时，工业组织、贸易组织不可避免地要沾染家族生产的气息，在美国和欧洲的早期工业化过程中，企业大多采用家族化经营方式。家族企业在资本主义发展初期极大地促进了私有经济的活跃与发展。

2. 与西方文化相比，东方传统文化更注重亲情和家庭。在日本、韩国、新加坡等地的许多大企业中，家族化经营的色彩很浓。如台湾的王永庆家族、香港的李嘉诚家族等，作为东方文化发源地的中国更不能例外。

3. 家族企业自身存在着制度上的优势：

第一，由于创业之初的民营企业往往面临着较大的经营风险，资金和技术相当匮乏，家族成员的参与常常是创业时所能获得的最低成本的组织资源。

第二，经营权与所有权合一的创业结构，解决了经营者的激励问题，有效地避免了由于信息不对称造成的道德风险和逆向选择。

第三，依靠家族成员之间的忠诚信任简化了企业的约束机制，可以最大程度地降低管理成本。

第四，以血缘和亲情为基础的家族文化所形成强大凝聚力，使得家族成员之间有更多的认同感，容易建立共同的利益目标；在遇到风险时，家族企业往往比其他企业拥有更大的韧性，更能抵御外来的影响和冲击。

4. 当前我国社会主义市场经济制度还不够完善，社会信用低下，缺少有效保护私有产权的法律法规，实践中侵犯民营企业家权益的事件屡有发生，民营企业家为保护自己，宁用平庸亲属也不敢用能干的外人。

二、家族化管理的非理性

当我国民营企业发展到一定阶段，随着企业规模的不断增大，家族化管理的缺陷就日益突现。

1. 封闭式的产权结构

民营企业家往往具有根深蒂固的业主观念。"企业是我的"，希望完全、绝对地控制企业，不愿意吸收外来资本，必然导致企业产权的封闭化，给企业的经营管理带来了种种不良后果。首先，产权的封闭造成企业直接间接融资的困难，限制了企业的进一步发展；其次，由于非出资管理、技术人员不占有企业的股份，只能取得劳动收入，不能参与增量的分配，严重影响了他们的积极性。最后，更为重要的是，封闭式的产权结构是家族企业种种管理弊端的根源所在。

2. 集权化专制管理

家族企业的一大特征就是"家长式"集权管理。企业内部缺乏有效的制衡机制，管理权和重大决策权完全由一人掌握，组织结构模糊、职能部门授权有限。过分的集权一方面会挫伤企业中其他管理人员的独立性和创造性，影响组织成员的工作热情，降低组织的适应能力；另一方面，相对来说，民营企业家往往缺乏专业化管理和技术方面的职业训练，他们在初创阶段一般会选择自己熟悉的行业，但随着企业经营领域的多元化发展，仅仅依靠过去的经验和感觉很可能带来决策的非理性化，把企业带入高风险经营的危险状态。

3. "任人唯亲"的用人制度

在家族企业中，中高层管理人员通常是由家族成员来担任。暂且不论他们的素质是否能胜任这些岗位，用人唯亲必然带来两方面的弊端：第一，由于企业原来制定的规章制度难以对家族成员进行有效的约束，致使管理效率低下；第二，内外有别的用人制度使得外来人员缺乏安全感和归属感，打短工的心理感受十分强烈，不利于调动非家族成员的工作积极性和主动性，阻碍外来优秀管理人才的吸收。

4．缺乏战略规划

很多家族企业根本没有一个长远的符合市场和自身条件的战略规划，从创业初始就采用一种类似赌徒下注式的方法去经营企业，赌对了，企业就得到发展，赌错了，关门大吉。

5．经营权的内部传递

家族企业通常只会在家族范围内挑选接班人。然而，下一代却不一定适宜从事企业的经营管理，但即使在这种情况下，民营企业家们也不愿把企业的经营管理权交给外人。大多数家族企业只能传到第二代，90％以上传不到第三代手中，即所谓“富不过三代”。

三、家族企业呼唤制度创新

事实上，我国民营企业家在成长过程中所遭遇的困惑并不是中国所特有的，西方发达国家的家族企业在经历最初的成功之后也会面临类似的问题。正如弗莱姆兹教授所指出的：“有许多公司在辉煌的开端之后就开始为生存而挣扎，如大众快递、奥斯邦电脑等公司都曾一度被誉为伟大企业家的成功，但最终都遭受了失败。”管理大师彼得·德鲁克给出了家族企业管理的四条基本原则：(1) 家族成员不可以在企业里工作，除非他们和其他非家族成员至少一样的能干和勤奋。(2) 无论公司管理层有多少家族成员，也无论他们多么出色，至少有一个高层职位必须由非家族成员担任，典型的是财务主管和技术主管——这两个职位的技术性要求都是最高的。(3) 在家族企业中，越来越需要在关键的位子上安排非家族成员的专业人士，而这些非家族的专业人士必须受到平等的对待，他们必须在公司有“完全的公民权”，否则他们根本就不会待下去。(4) 当管理层在继承问题上发生麻烦时，把这个问题的决策权交给一个既不是家族成员也不是企业成员的外来者来决定。

1．产权制度创新

随着我国市场经济改革的不断深入和有关“私有产权保护”等方面的法制建设的不断完善，逐步建立明晰的产权结构；拓宽融资渠道，实行股本结构的多元化和资本的社会化；引入智力资本，让管理骨干和技术骨干持有一定的股份，参与利润的分配。调动他们的主动性和积极性，虽然表面上原始出资人的股份会减少，但由于企业凝聚力的增强和管理效率的提高，物质资本剩余索取的绝对量会迅速增大。

2．组织制度创新

产权的适度多元化可以改变民营企业家固有的观念。将“我的企业”理解为“我们的企业”，主动打破集权式家长作风，引进事业部制、矩阵制等分权化管理模式；对高层管理人员进行充分地授权，并以明确、科学的组织体制和决策程序保证其自主行使权力。从而激发企业各个部门的活力，增强组织的创新能力，提高企业的竞争力。

3．管理制度创新

第一，在产权多元化的基础上建立和完善董事会。董事会的组成成员除出资人和部分高层管理人员外，应注意吸收一定比例的外部董事参与，这样可以增强决策的权威性和合理性，提高决策质量。

第二，现代企业的重要特征是经营权和所有权的分离。因此必须由董事会制定明确、合理的标准面向社会(也包括家族成员) 招聘企业的经营者，并赋予经营者应有的权力。

第三，从根本上打破内外有别的用人制度。对于非家族成员中的优秀人才，一定要与家族成员一样委以重任，给他们以“完全的公民权”。最大限度地消除外人与“家里人”的界限，从而真正地建立起“能者居其位，不能者止”的公平的用人选拔机制，在企业内部营造企业大家庭的团结和谐的文化氛围，充分调动外来优秀人才的积极性，鼓励创新，促进企业的良性可持续发展。

第四，在家族内部建立家族理事会。通过家族理事会来制定全体家族成员的游戏规则和解决内部冲突的机制。

我们有理由相信，只要懂得了家族经营制的局限性，懂得了产权开放的必要性，懂得了制衡与效率之间的关系，民营企业家们就一定会顺应时代潮流，通过不断的制度创新，使企业朝向现代化管理方向迈进。

(原文约6000字，发表于《铜陵财经专科学校学报》2001年第1期)

文摘编辑：曾祥玉

农民收入分配的宏观调控

叶文辉

[作者简介] 叶文辉，四川大学经济学院，博士研究生。

[内容提要] 城乡居民不合理收入差距导致了严重的社会经济后果，由此，政府特别是中央政府应加大财政支持力度来增加农村公共品的供给，改善农村社会经济环境，促进城乡社会经济一体化。

[关 键 词] 财政支持；轻徭薄赋；公共品供给；新农村建设。

一、对农民收入初次分配过程的调控

农村初次分配的纯收入为：NR = PQ - C + W。NR代表农民初次分配的纯收入，P代表各种广义农业产品的价格行向量，Q代表农产品产出的列向量，C代表农民购自市场的要素成本，W代表非农业产业收入。

收入初次分配遵循生产要素报酬原则，收入决定于生产要素价格和拥有并投入市场生产要素的量。而农民拥有的主要生产要素是几乎没有任何竞争力的简单劳动力，而拥有的土地、资金、技术等其他生产要素因规模不经济难以获得良好收益。因此，根据上述公式，对农民收入分配过程的调控应该从以下方面入手：

1. 提高农副业总收入。根据经济发展的态势，从调整农业结构入手，随消费者收入变化增加正常物品的农副产品生产。政府应该制定有效的稳定粮价政策，有选择的实行最低保护价政策、平抑粮食的周期波动。

2. 降低农户购自市场的要素成本。农用生产要素市场价格直接影响农民来自农业的纯收入。这些要素供给多处于不完全竞争甚至垄断的市场，极大的侵害了农民的利益。在生产资料要素方面，应该针对农副业产出品和不完全竞争市场的特性，对农副业产品、投入品实行价格两头管制，稳定农民收入预期；在技术要素方面，应该培育农业技术服务市场，让农技人员和农业结成利益共同体，把支农成效和享受的政府财政资助挂钩，使政府对农业的保护体现在直接生产者上；在金融服务方面，应该通过农民自愿、政府资助方式适度开放农村金融服务市场，降低金融服务成本和农民成本；在基础设施方面，利用我国水电和电信的官办特点，采取同网同价政策，降低农业投入的要素价格。

3. 增加农户的非农收入。农业劳动力过剩，而从事非农产业的农民增加，既可以增加货币收入，也可优化农业土地等生产要素配置。政府应该促进城市化发展，加强城乡经济联系，吸纳更多的农民就业，防止农民与城市居民的心理隔阂。

二、对农民收入分配结果的宏观调控

农民收入的分配结果为：NR' = NR - T + Tr。NR'代表农户收入再分配结果，T代表农民交纳的税费，Tr代表政府对农民的转移支付。可以看出，农民交纳的税费数量直接影响农民可支配收入。高税费已经使农民不堪重负，农村的税费改革势在必行。农民税费负担的固定化长期化，能挤压基层政权收费的弹性空间，防止对农民生产剩余的压榨；在政府的转移支付方面，政府可以采取直接现金和实物扶持的形式，如通过兴建公共工程来增加农民收入，但应更多对农村公共品进行补贴、资助，如教育投入、医疗服务。

三、社会主义新农村建设与政府诱导的农村社会制度变迁

农村社会本身的封闭性和流动限制政策，阻碍了农村的发展。外来的因素和政府主导的制度改革将催生与传统小农社会不同的制度，降低农村自发的无序转轨的巨额成本，间接影响农民的收入分配。

在农村人力资本的软环境建设上，各种公立机构应该对农民进行各种教育培训，发挥既存组织的作用，弥补政府支农资金的不足；在提高农民的自组织程度上，应该给予并充分发挥农民的权利，提高村民的自组织水平，变政府单一管理为社会公共管理。

社区合作组织的重建是一个关键。社区组织能获得与政府的平等谈判权，降低政府管理社会事务的费用，维护农民的合法权益。社区合作组织既是经济组织又是社会组织，既能发挥资源整合优势又能代价较小的举办农村公益事业，从而降低农民在生产和生活方面的市场交易成本，逐步提高农民收入。适宜的农村社会的制度变迁，能在改变收入贫困的同时，降低人力资本贫困和人权贫困的程度。

（原文约7800字，发表于《北京航空航天大学学报》社科版2001年第4期）

文摘编辑：其实

管 理 学 篇

目 录

论党的三代领导集体对民主集中制建设的探索

李朝阳　励维志

[作者简介] 李朝阳，天津师范大学经管学院讲师，南开大学历史学院博士生。
励维志，天津师范大学经管学院教授，院长。

[内容提要] 自中国共产党成立以来，坚持不懈地对民主集中制建设进行了探索。坚持民主集中制原则中国化的方向，与时俱进，是党的三代领导集体在不同的历史条件下不断发展这一原则的宝贵经验，也是我们按照“三个代表”的要求，加强民主集中制建设必须遵循的根本原则。

[关 键 词] 三代领导集体；民主集中制；中国化。

一、艰辛开拓：党的第一代领导集体对民主集中制建设的探索

民主集中制是中国共产党的根本组织制度和领导制度。党自诞生之日始就贯彻了民主集中制的要求，并在成立初期对民主集中制建设进行了探索，这对党的发展壮大提供了重要的组织制度保证。

第一代领导集体初步论述了民主和集中的辩证关系这一民主集中制建设的首要问题。1937 年 5 月，毛泽东指出：要党有力量，依靠实行党的民主集中制去发动全党的积极性。在内战时期，集中制表现得多一些；在新时期，集中制应该密切联系于民主制。这段话，既阐述了民主与集中的统一，又讲了实行的条件。同年 10 月，毛泽东又肯定地指出：民主和集中之间，并没有不可越过的深沟。民主集中制是民主的，又是集中的，将民主和集中两个似乎相冲突的东西，在一定的形式上统一起来。在中共七大所作的《论联合政府》的报告中，毛泽东进一步指出，民主集中制是“在民主基础上的集中，在集中指导下的民主”。七大通过的党章又指出：“民主的集中制，即是在民主基础上的集中和在集中领导下的民主，”七大的这两个概括，如此明确地阐述了民主和集中的关系，这在无产阶级政党史上是第一次。然而，后者以“领导”代替前者的“指导”，使民主和集中由平等关系倏尔变为从属关系，并且是发生在同一次会议上，这表明中国共产党当时对民主集中制内涵的认识还未定型。

阐明了民主集中制原则在党和国家政治生活中的重要地位。刘少奇指出：我们的党，是由全体党员按照一定规律组织起来的统一的有机体，是党的领导者被领导者的结合体，是党的首脑（中央）、党的各级组织和广大党员群众依照一定规律结合起来的统一体。这种规律，就是党内的民主的集中制。从客观规律的高度把握民主集中制的极端重要性，这在无产阶级政党建设史上是首次。不仅如此，第一代领导集体还把这一原则从党内推广到了党外。毛泽东等在论述根据地政权、抗日的国防政府、新民主主义政权时，一再指出要采取民主集中制。建国后，毛泽东又提出要在我们党和国家政治生活中实现这样一个目标，即：“又有集中又有民主，又有纪律又有自由，又有统一意志，又有个人心情舒畅、生动活泼，那样一种政治局面”。这样，中国共产党人就创造性地把民主集中制从党内生活运用到国家政治生活中去，成为国家的根本组织制度，这既是对民主集中制理论的发展，也是对马克思主义国家学说的新发展。

二、继承和超越：党的第二代领导集体对民主集中制建设的探索

20 世纪 50 年代后期，中国共产党逐步偏离了民主集中制建设的正确轨道。第二代领导集体总结经验教训，继承前人，对在改革开放条件下如何加强和完善民主集中制建设进行了新思考。

第一，民主集中制是社会主义制度的重要组成部分，也是社会主义制度的优势。1979 年，邓小平指出：民主集中制是社会主义制度的一个不可分的组成部分。1987 年，他又指出，不能丢掉我们制度的优越性，“如民主集中制也是我们的优越性”。20 世纪 80、90 年代之交，国际风云变幻，要不要坚持民主集中制的问题尖锐地提到中国共产党面前。对此，邓小平坚定地回答，民主集中制是我们党和国家的根本制度，也是最便利的制度，最合理的制度，永远不能丢。把民主集中制作为社会主义制度的一个有机组成部分提出来，从而揭示出民主集中制对社会主义制度所具有的根本意义，这不仅有利于我们坚定不移地坚持民主集中制，而且为完善党和国家的领导制度、组织制度指明了方向与重点。

第二，强调充分发扬党内民主。邓小平指出，在过去一个相当长的时间内，离开民主讲集中，民主太少。有鉴于此，第二代领导集体在坚持毛泽东提出的“党内生活的民主化”基础上，明确指出：当前这个时期，特

别需要强调民主，这是我们党今后一个长时期的坚定不移的目标。同时，邓小平还明确指出，要创造民主的条件，宪法和党章规定的公民权利、党员权利，必须坚决保障。党的十一届五中全会制定《党内政治生活的若干准则》，中共十二大通过的党章，1988年制定的《关于民主评议党员制度的意见》等有关内容都体现了发扬党内民主的要求。

第三，加强民主集中制的制度建设。邓小平指出："我们过去发生的各种错误，固然与某些领导人的思想、作风有关，但是组织制度、工作制度方面的问题更重要。""不是说个人没有责任，而是说领导制度、组织制度问题更带有根本性、全局性、稳定性和长期性。"这样，就把制度建设放到了"关系到党和国家是否改变颜色"的前所未有的高度。党的第二代领导集体不仅在第一代领导集体初步探索的基础上，更深刻地揭示了民主集中制的制度建设的极端重要性，而且还具体阐述了加强民主集中制制度建设的措施：健全党的集体领导制度；健全党的代表大会制度；健全党内全方位监督制度等。

三、社会主义市场经济条件下的思考：党的第三代领导集体对民主集中制建设的探索

社会主义市场经济体制建立后，民主集中制建设面临了许多新问题，甚至有人认为民主集中制是计划经济的产物，在市场经济条件下过时了。对此，十五大报告指出，在改革开放和发展社会主义市场经济的条件下，民主集中制不仅不能削弱，而且必须完善和发展。2001年7月，江泽民又进一步指出："贯彻'三个代表'要求，我们必须坚持民主集中制。"第三代领导集体在马克思主义的指引下，按照"三个代表"的要求，结合新的实践回答了在社会主义市场经济条件下的新问题，进行了新创造。

沿着民主与集中相统一的思路，党的十四届四中全会对民主和集中的科学内涵作了阐释："民主集中制的民主，就是党员和党组织的意愿、主张的充分表达和积极性创造性的充分发挥。"它说明民主集中制中民主的主体是党员和党的组织，而不是领导。党员和党组织的意愿、主张的充分表达和积极性创造性的充分发挥的表述，使党内民主走出了仅仅是"允许有不同意见"、"让人讲话"的误区。"民主集中制的集中，就是全党意志、智慧的凝聚和行动的一致。""集中，就要集中正确的意见，使之成为多数人的共识，形成正确的决策，并坚决付诸实施。"这样，既防止了把民主集中制的集中理解为少数人说了算，也划清了党内集中同自发的少数服从多数的界限。这是党的第三代领导集体对民主集中制建设的一个理论突破。

第三代领导集体对集体领导、科学决策的运行规则进行了探索。党的领导，主要是通过制定正确的路线、方针、政策来实现的，确保决策的正确性是党在领导中必须着重解决的问题。党的第三代领导集体强调，民主集中制是实现决策科学化、民主化必不可少的制度保证。但是，作为党的一级组织，如何在本组织内实行民主集中制，以形成自己的决策，却是一个理论阐述不多，而又经常遇到的最实际的问题。江泽民指出，各级党委必须认真执行党委会的工作规则，做到"集体领导、民主集中、个别酝酿、会议决定"。这十六字规则既包含了科学决策的"集体领导"原则，又包含了发扬民主，实行"民主集中"，经过"个别酝酿"再到"会议决定"的科学决策程序。这使得民主集中制这一抽象的组织制度和领导制度更便于把握和执行，对进一步坚持、完善民主集中制提供了又一条重要思路。

（原文约8500字，发表于《天津师范大学学报》社科版2002年第1期）

文摘编辑：焦利

论邓小平对当代中国行政改革道路的设计

蒋建新 周宝砚

[作者简介] 蒋建新，南京政治学院经济学系教授。
周宝砚，南京政治学院经济学系助教。

[内容提要] 行政改革是一项艰巨而复杂的系统工程。对于当代中国的行政改革，邓小平主张从实际出发，选择“渐进式改革”的途径和方式。“渐进式改革”有其自身的鲜明特点和特定内容，坚持渐进式行政改革的道路，是保证当代中国行政改革走向成功的正确选择。

[关 键 词] 邓小平；行政改革；渐进式改革。

对于当代中国的行政改革，邓小平主张立足实际，从有利于促进经济与社会协调稳定发展出发，采取“渐进式改革”的基本思路和基本方略。

一、我国行政体制渐进式改革的特点

从我国体制改革的实践来看，邓小平所倡导的这种渐进式改革思路和方略，具有十分鲜明的特点：

一是科学性。我国行政体制的渐进式改革在改革方式和改革实践中充分体现了辩证唯物主义的科学思想方法和行动原则。体现了事物发展的质量互变规律的内在要求，有着坚实的哲学基础，保证了改革方式的科学性。

二是革命性。邓小平从“革命是解放生产力，改革也是解放生产力”的新视角出发，明确提出了“改革是中国的第二次革命”的命题。他指出：“改革的性质同过去的革命一样，也是为了扫除发展社会生产力的障碍，使中国摆脱贫穷落后的状态。从这个意义上说，改革也可以叫革命性的变革。”

三是实践性。遵循实践——探索——改革——再实践——再探索——再改革的原则，把改革不断推向深入，是渐进式改革的又一突出特点。

二、我国选择渐进式行政改革道路的原因

第一，这是由中国行政改革的行政生态环境决定的。行政生态环境是行政改革的的外部条件，也是一切行政活动赖以生存和发展的空间。行政生态环境与行政改革之间不仅存在着一定的互动关系，而且在很大程度上又制约着行政改革的发展。具体而言，行政改革中任何一项改革措施的制定、实施，都是在特定的社会经济环境下进行的，当时的改革进程、政治经济形势、人们的社会文化心态等，都会直接或间接地对行政改革产生一定的影响。从经济体制改革来看，我国经济体制改革走的是一条“市场取向，渐次推进”的改革道路。作为上层建筑重要组成部分的行政体制必然要做出与之相适应的阶段性调整，经济体制改革的渐进性决定了行政改革不可能一步完成，必然经历一个不断深化的过程。

第二，这是由中国行政改革自身的复杂性决定的。行政改革的复杂性首先表现在行政改革内容的繁杂上。就我国而言，行政改革是一项系统工程，它涉及的内容相当广泛，如下放权力、转变职能、精简机构、优化人员组合、改革干部人事制度、健全行政监督体制、加强行政法制建设等等，这些改革内容不是通过一次性改革就能够完成的，需要一个较长的过程。这就要求每一阶段的改革确定一个重点，或以一个重点为主，通过各个攻破的改革策略，达到全面推进的效果。

第三，这是保持社会变革中政治稳定的需要。任何一国的经济建设和其他方面的建设都需要一个稳定的社会政治环境。作为发展中国家，我国面临着改革开放的重要任务，安定的社会环境和政治环境对改革与建设事业尤为重要。邓小平多次强调社会稳定、政治安定的重要意义，政治稳定是改革和发展的一个必不可少的条件和保证。“中国的问题，压倒一切的是需要稳定。没有稳定的环境，什么都搞不成，已经取得的成果也会失掉。”中国要实现自己的发展目标，“需要两个条件，一个是国际上的和平环境，另一个是国内安定团结的政治恐面，使我们能有领导有秩序地进行社会主义建设”。可见，稳定对于中国的改革发展具有十分重要的意义。而行政改革作为国家整体改革的一部分，必须考虑到政治和社会稳定的要求。渐进式改革道路就是这一探索的结果。渐进式改革有助于消解矛盾，增强人们的心理承受能力，从而在平稳的社会环境中把改革推向深入。

三、渐进式行政改革的具体内容

第一，坚持中国共产党的领导。中国共产党不仅是经济体制改革的倡导者、领导者，同时，也是政治体制改革和行政体制改革的倡导者、领导者。

行政改革是社会主义政治体制的自我完善和自我改

造，是在坚持社会主义根本政治制度的前提下，通过改变国家行政制度内部的行政组织的功能、结构、行为来实现的。其目的是使各项具体行政制度更加健全，行政机构运行更加协调，行政活动更加高效。因此，在行政改革中必须坚决反对完全按照西方模式塑造当代中国政治制度的错误思潮，必须坚定不移地坚持四项基本原则，坚持党的领导。正如邓小平指出的，“改革党和国家的领导制度，不是要削弱党的领导，涣散党的纪律，而正是为了坚持和加强党的领导，坚持和加强党的纪律。在中国这样的大国，要把几亿人口的思想和力量统一起来建设社会主义，没有一个由具有高度觉悟性、纪律性和自我牺牲精神的党员组成的能够真正代表和团结人民群众的党，没有这样一个党的统一领导，是不可能设想的，那就只会四分五裂，一事无成。这是全国各族人民在长期的奋斗实践中深刻认识到的真理。”因此，把坚持党的领导作为渐进式改革的基本内容，是改革成功的基本保证。

第二，抓住时机，坚定不移。行政改革是在一定的政治、经济、文化背景中进行的，同时，社会政治、经济、文化的变迁也要求行政系统做出相应的变动。因此，行政改革只有抓住时机，才能取得成效。1982 年 1 月，邓小平在中央政治局讨论中央机构精简问题会议上的讲话中指出，这件事情必须解决，而且早就应该解决。特别是随着经济体制改革的深入，企业自主权不断扩大，企业机制逐步形成，政企分开，改变企业是政府机构附属物的状况的条件日趋成熟。所有这些都为行政改革创造了有利的条件。此外，邓小平认为还有一个条件，“许多觉悟比较高的老同志还在，能够带头，也能够克服阻力，只要大家取得一致意见，解决这个问题比较容易。”因而，邓小平认为行政改革的时机已经成熟，不能再拖了。

第三，善于总结经验，稳步推进改革。由于各国的具体国情不同，行政改革没有现成的统一的模式。要保证改革的成功必须不断总结经验，从改革的实践中总结出规律性的东西，用来指导改革的进一步深化，这是邓小平的一贯思想。他指出，“取得经验，集中集体智慧，成熟一个，解决一个，由中央分别作出正式决定，并制定周密的、切实可行的、能够在较长时期发挥作用的制度和条例，有步骤地实施。”1988 年 10 月，国家编委在邛崃、藁城等 9 个县（市）进行县级机构改革试点。1989 年，国务院又选择了 8 个省份的 9 个县作为全国县级机构改革的试点县。从试点县的改革中，总结经验，不断推广，不仅有助于降低改革成本，而且有助于改革的稳步推进。

第四，立足中国国情，借鉴别国经验。邓小平认为，政治体制改革必须从中国的实际出发，这是改革的最基本要求。“照抄照搬别国经验、别国模式，从来不能得到成功。这方面我们有过不少教训。”因此，改革一定要根据我们国家自己的实践、自己的情况来决定改革的内容、方法和步骤。

中国的行政改革强调要“走自己的路”，并不排除学习和借鉴别国经验。相反，邓小平一直十分重视借鉴发达国家行政管理的经验，以促进我国行政效率的提高和行政管理的现代化。他指出：“经济管理、行政管理的效率，资本主义国家在许多方面比我们好一些。”尤其是在现代社会中，科学技术的日新月异，经济社会交往的日趋广泛，对行政管理提出了许多新的要求。西方发达国家在这方面积累了大量经验，如“小政府，大社会”，减少行政机构层次，实行首长负责制和各种责任制，文官职业化，注重行政人员素质的提高，政企分开，把企业管理的成功制度和措施引进到行政管理中来，讲效益、讲效率等等，都是邓小平多次或从正面或从侧面讲到的。总之，行政改革既要立足于中国国情，又要借鉴别国经验，这是邓小平行政理论折射出来的最根本的思想方法，也是我们进行行政改革所必须遵循的基本原则。

（原文约 8000 字，发表于《南京政治学院学报》2001 年第 2 期）

文摘编辑：焦利

法治 政治 德治

宇 翾

[作者简介] 宇翾，中国人民大学法学院博士生。

[内容提要] 在现代社会，民主政治不能脱离开现代法治，而且，鉴于法治与社会客观发展之间的紧密联系，我国的德治实践也不应该把法治放在次要地位。不管是“讲政治”，还是“以德治国”，都应当维护宪法和法律的权威，都应当以兴民权、行民治为圭臬。

[关 键 词] 法治；政治；德治；民治。

我国目前的治道主张在理论提法上至少有三种形态：法治、政治、德治，亦即“依法治国”、“讲政治”、“以德治国”。如何处理好三者之间的关系将是对有中国特色社会主义实践具有重要意义的问题。

一

从历史分期上看，比较典型的“法治”实践先后出现于中国先秦、西方近现代和中国当代，而在理论上人们一般只区分了法治的两个种类：以法治国与法律之治。前者视法律为首要的治理手段，着意于以法律强权获得统一的社会秩序和社会行为，因之，国家和政府在此实践中担当主要使命。先秦法治大致属于此类。后者则主倡“法律至上”，强调任何个人、政治组织、国家机构的活动都受法律约束，着重突出人权、自由、平等等价值要素以及法律的民主性，因之，社会成员的“互动”与参与在此实践中扮演主要角色。西方近现代法治大致属于此类。我国现行宪法规定，“一切国家机关和武装力量、各政党和各社会团体、各企业事业组织都必须遵守宪法和法律。一切违反宪法和法律的行为，必须予以追究。”照此看，我国在宪法条文中其实已经明确认可了法律的权威统治。然而，要将我国目前的法治实践纯粹地归入上述模式中的哪一种似乎都很难，毋宁说它是“初级阶段”“中国特色的”法治，这也意味着，它还需要不断改进和完善。

我国的法治实践不能忽视如下两个方面的问题：

一方面，我国的法治实践不能仅仅注重法治的“形式合法性”方面，更应注重法治的“正当性”方面。这在立法上要求我们不能从纯粹的“主权者的命令”去理解法律的性质，而应当强调法律的“公意”属性。立法不能只是强权与个人意志或少数人意志的简单相加，而应当以民生的幸福为最终目标，要做到这一点，重要的是要完善有关立法的公众参与方面的制度，建立从公众到立法机关再到法律规定环环相扣的法律监督和互动机制，以避免出现不良的法律在社会中强行推行的情况。

另一方面，要实现从“自上而下”向“自下而上”的转变。这一转变意味着改变法律总是由国家自上而下进行规定和管制的局面，而重视社会成员的作用、参与和积极性。这至少要做到两点，一是立法主要应当是对社会成员在彼此的交往活动中所形成的规则的确认，而不能只是简单地出于立法者的主观意志而对社会生活事实的强行规制；二是在法律的实现上，改变法律完全由国家机关自上而下地强行推行的思路，加强对公民的授权，调动公民参与和利用法律的积极性。在后一点上，尤其要增强法律的可接近性和可利用性，拓展法律救济途径。法律的生命在于其实施，而法律的实施说到底是为了使权力的享有和运动合法化，从而保障公民的权利。权利意味着人的主体性的伸张，在权利受到侵害时如果没有合适的救济途径，权利就会落空，因此西方有法谚说，“没有救济，就没有权利”。就此而言，保障权利当构成为中国法治建设的首要内容。除立法保护外，法律权利主要通过诉讼予以实现。诉讼是实现“自下而上”法治的主要途径，它避免了“自上而下”的强制方式从而增强了法治的民主色彩，同时也有利于缓解社会冲突、促进社会稳定发展。

二

与法治的两种类型一样，政治也可分出两种样式。按照孙中山的说法，政治是“管理众人的事”，而管理众人之事在不同历史时期又有不同方式，既有由君主来治理的“为民作主”，也有由人民来治理的“人民当家作主”。在现代社会，不仅君主统治难以为继，即便是“精英统治”、“少数人统治”也常常遭到非议。现代民主要求的是“以人民管理政事”的民权、民治。然而，由于民众数量众多、地域辽阔以及其他一些原因，社会直接由人民来治理仍将只是一种理想，因之，选举制、代议制乃至官僚制仍然是现代社会的一种常态，社会契约论也仍将是西方国家治理的理论基石。这意味着“人民当家作主”仍将长期需要国家或政府的中介及其相关代表机制，民众参与将是民主政治的重要内容。

法律的地位和作用决定了古今政治的不同性质。因此，现代社会要真正做到“人民当家作主”，必须使政治屈从于法治，实现民主的制度化、法律化。换言之，民主政治必须与现代法治相联系。

据《论语》记载，子贡问孔子：要把国家治理好应当注意哪些方面？孔子回答了三点：丰衣足食、武备修整、人民信任政府。子贡又问，当这三项迫不得已而必须舍弃一项时，应该首先抛弃哪一项呢？孔子说应当首先舍弃武备。子贡又问，若再迫不得已，要在余下的两项中舍弃一项，又当首先抛弃哪一项呢？孔子说：“民无信不立”，宁可舍弃丰衣足食，也要存留百姓对政府的信任。后来司马光在评价商鞅“徙木立信”时也重申了“国保于民，民保于信，非信无以使民……善为国者不欺其民”这一重要政治思想。由此可见“政治声望”对一国政治的重要性。我国的政治实践尤其要注重在法律的执行与运作中捍卫和维护政治权威，不能以人废法，不能让少数执法者的贪污腐化和粗暴执法毁损政府形象。至为关键的是，要发挥法律和制度在政治生活中的作用，尽量避免以政治运动的方式替代法律来解决社会问题。

三

与法治和政治比起来，德治是一个更古老、也更中国化的概念。自先秦时代起，德治即是与人治紧密联系、并与法家的法治相对立的范畴。概括而言，传统的德治论至少包含如下两项内容：一是由有德者治理天下，正所谓“为政以德，譬如北辰，居其所而众星共之”（《论语·为政》）；二是以道德教化天下，正所谓“道之以政，齐之以刑，民免而无耻；道之以德，齐之以礼，有耻且格。”（《论语·为政》）相对而言，由有德者治理天下总比无德者治理天下好，但是，德治论不可避免地导致了将国家安危寄系于一人的危险，亦即“一人贪戾，一国作乱”、“一言偾事，一人定国”（《大学》）、“其人存，则其政举；其人亡，则其政息”（《中庸》）。此种人治状态给政治带来了巨大的随机性和任意性，从而使得社会发展总是难以跳出王朝兴替的“周期率”。

不可忽视的是，当前有中国特色社会主义实践都是在现代化、全球化的大背景下展开的，在此背景下，中国与国际社会有着频繁的交往与合作，更存在着激烈的竞争，就此而言，现代民主与法治建设是不应该被放在次要地位的，因为在法治与社会客观发展之间存在着至为密切的联系。明确这一点，中国的德治实践就不应该再走由道德入伦理的道德泛化路线，而应当着意于“权利”与“德性”的双重人格构造——张扬公民的权利意识、重建个人的“道德自我”。具体而言，我们认为，现代法治背景下的“以德治国”主要应当从社会、个人和共同体三个层面展开：

1. 在社会层面，通过法律保障和张扬个人和公民的权利的同时，也应当通过法律涵容基本的社会伦理，以为个体的道德自决创造良好的外在环境。将基本的伦理涵容于法律之中，这在一定程度上既有利于增强法律在道德上的说服力，也有利于基本社会秩序的维持。由于法律的国家强制性以及适用对象的普遍性，法律的道德基准不宜定得过高，而应当以一般人所能遵守的“底线伦理”为限。

2. 在个人层面，挖掘传统的道德资源，真正在民众（尤其是治理者）中重建“为仁由己”、“反身而诚”的精神态度。“权利”与“道德”都意味着人的主体意识的觉醒和主体性的伸张，但权利一般与利益纷争相联系，现代化建设如果一味强调权利，必定导致人与人之间你死我活的争斗，也可能将社会变为“每个人反对每个人”的私利战场。因此，中国现代法治在张扬权利意识的同时，如果不注意延续和转化传统道德资源，势必会走入“形式合理性”的困境。然而，鉴于古中国由道德入伦理（或者说道德社会化）路线对人的权利的忽视、对个体道德空间的压抑，现代社会不能也不宜再重建古代的那种蕴涵纲常伦理的社会政治秩序，而是应当利用传统的“修己以安人”的“为己之学”“挺立道德主体”，重建个体的“道德自我”。

3. 在共同体层面，加强职业伦理建设。随着社会分工的发展，盛行于古代社会的“集体意识”在现代社会会越来越淡薄，由此所导致的道德沦丧不可能再像古代社会那样通过在全社会形成统一的道德秩序来克服，要提高社会成员的道德水准，一种重要的方式在于在各种职业团体内部形成职业伦理。具体就法律领域而言，有必要在法律家（包括法官、律师、法学教授等）之间形成一个法律职业共同体，这一共同体的基础既在于法律家的专业知识技能，也在于其职业伦理。在一个有着共同的伦理背景和荣誉机制、视枉法违法为共同耻辱的法律职业共同体内，违背法律原则和精神的行为无疑会被减少到最低限度。

综上所述，在现代社会，不管是“讲政治”，还是“以德治国”，都不能不讲法治，都应当遵循宪法明确规定的“法治”。

（原文约 7000 字，发表于《国家行政学院学报》2002 年第 2 期）

文摘编辑：焦利

公务员管理的法制化

尹蔚民

[作者简介] 尹蔚民，人事部副部长。

[内容提要] 有中国特色的国家公务员制度已基本确立。在借鉴国外公务员制度改革发展成果的基础上，我国当前完善国家公务员制度的重点是：加强立法，强化执法，提高公务员管理的法治化水平；以能力建设为核心，深化培训制度；强化竞争激励机制，勇于创新管理制度。

[关 键 词] 公务员管理；法制化。

一、我国国家公务员制度的现状

1. 我国公务员制度的主要内容及其特点

建立国家公务员制度，就是通过制定法规，对政府中行使国家行政权力、执行国家公务的人员，依法进行科学管理。其基本依据是《国家公务员暂行条例》。该条例自1993年10月1日起施行，共有18章88条，对公务员从进入国家机关到退休的各个管理环节，都作出了明确的规定。

在公务员的"进口"上，规定了国家公务员的录用制度。要坚持公开、平等、竞争、择优和德才兼备的原则，面向社会，公开考试，严格考核，择优录用公务员，保证进入公务员队伍的人员具有良好素质。

在管理上，规定国家行政机关要在确定职能、机构、编制的基础上，进行职位设置，制定职位说明书，确定每个职位的职责和任职条件，以此作为对公务员进行录用、任免、考核、培训、晋升等的依据。公务员的考核要坚持客观公正、民主公开和注重实绩的原则。考核内容包括德、能、勤、绩四个方面。通过实施考核制度，检查公务员履行职责的情况，并将考核结果同公务员的奖惩、职务升降结合起来，鼓励公务员尽职尽责，勤奋工作。《条例》还对公务员的义务、权利、纪律、回避等方面作出了规定，有助于进一步促进公务员勤政廉政。在管理中，还通过建立严格有序的培训、交流制度，使公务员的政治和业务素质逐步得到提高。特别是通过逐步建立与公务员地位和所付劳动相适应的新的工资制度，吸引和稳定优秀人才到政府机关工作，提高政府决策水平和工作效率。

在"出口"上，国家公务员制度通过对部分职务建立聘任制，实行年龄梯次结构以及辞职辞退、退休等制度，为公务员队伍疏通、扩大了"出口"渠道，有助于公务员队伍的新陈代谢，增强机关的生机与活力。

我国公务员制度与西方公务员制度有着重要区别，主要是：(1) 国家公务员队伍是党的干部队伍的重要组成部分，必须接受党的领导，坚持社会主义方向，不搞政治中立；(2) 对国家公务员的管理，不是独立的管理体制，中央和地方各级党委负责对担任领导职务的公务员进行选拔任用和管理；(3) 国家公务员不分政务类和业务类，强调公务员无论职务高低，其工作性质是一致的，把对党和国家负责与对人民群众负责统一起来；(4) 国家公务员与其他类别的工作人员，可以根据工作需要和本人条件，进行相互交流调配，不搞封闭的管理系统。

2. 推行国家公务员制度取得的成效和存在的问题

按照党中央、国务院尽快建立、推行和完善国家公务员制度的要求，我们采取统筹规划，分期实施，突出重点，抓好配套的方针，根据各项改革的难易程度和基础条件，推动各项管理制度逐步落实，其中比较显著的有8个方面：

——公务员管理法规体系初步形成。

——法制化的行政机关人事管理基本实现。

——凡进必考的录用制度得到坚持。

——竞争择优的晋升机制影响广泛。

——"能进能出"的新陈代谢机制初步运行。

——激励向上的管理机制普遍实行。

——加强管理的监督制约机制初见成效。

——公务员的公共服务能力和服务水平稳步提高。

公务员制度建设是一个长期的、不断完善的过程。公务员制度在实践中遇到的问题还不少，特别是随着各项改革的不断深入，很多方面需要发展完善。

1. 制度本身尚不够完备。立法层次较低，强制性、权威性不强；有些制度需要改进，如公务员的职位分类和非领导职务的设置问题；尚缺一些单项配套制度，如国家公务员纪律、行为规范、国家公务员调任等具体规定都没有出台。

2. 制度执行还不到位。公务员制度的实施在全国不平衡，有的地方和部门已全面实施了这项制度，有的则只实施了这项制度的某些方面。还有一些制度执行了，但机制发挥不充分，效能作用不明显。

3. 制度创新中遇到了新问题。比如竞争上岗，它对打破论资排辈，促使优秀人才脱颖而出，营造富有生机与活力的用人机制，形成健康、积极、向上的用人环境具有巨大的推动作用。但是，考试与考核的关系、考试命题的科学性问题，都需要进一步研究解决。

二、国外公务员制度改革发展趋势

西方国家于19世纪中期开始相继实行文官制度，到现在已有一百多年历史，形成了比较完备的法制体系。随着以信息技术为代表的科技革命迅猛发展，国际经济结构调整加速，经济全球化明显加快，私营部门和公众对政府服务的期望增强。这一切都对行政体制和公务员制度改革提出了新挑战，对政府公共服务提出了新要求。

适应时代发展需要，从80年代开始，整个西方兴起了行政体制改革和公务员制度改革的潮流，试图建立新公共行政管理的模式。各国公务员制度改革尽管具体内容、重点和措施不同，但由于解决的问题具有普遍性，改革的思路大致相同。一是政府推动。如美国、日本、英国都是成立以总统或首相为首的委员会，研究改革的思路、措施，并负责改革的实施。二是以人为本。更加关心公务员，促进个人的职业发展，激励公务员的主动性和创造性。三是吸引人才。采取措施与私营企业竞争优秀人才，加速培养年轻公务员，通过提高公务员的能力、水平，增强政府的能力。四是强调灵活。调整公务员管理的政策，引入私营企业管理的经验，使制度更有活力。改革的共同特征是：

1. 精简机构和人员，分散和下放权力

精简组织与人事，伴随权力的下放与分散。从1993年到1997年的4年中，美国克林顿政府减少了30多万联邦公务员，精简幅度达14%。1979年至1997年，英国公务员队伍减少了37%。加拿大在1993年将联邦政府35个部调整合并为23个。日本10年中国家公职人员精简25%，并确定了从1997年到2001年中央政府精简人员35000人的目标。精简机构和人员的一个重要结果，就是行政支出大大减少。与此同时，各国还重新界定政府职能，分散和下发权力，将传统中央政府统筹的一些全国性事务，逐渐交由地方政府和各种利益团体承担。加拿大对联邦政府各部的各种方案、计划和服务进行全面审查，重新界定政府职能，清理出不应由联邦政府承担或承担不了的工作，并对政府的运作和服务方式进行改革。法国很多中央集权的管理机构也将更多的职能转交给各自的地区和地方办事处。美国政府再造的一条重要原则就是“社区政府”。

2. 注重人本管理，增加制度的灵活性

各国公务员制度在发展中面临着一个共同难题，就是管理体制僵化，制度缺少灵活性和必要的活力。为了适应私营部门对公务员吸引力的挑战，激发公务员的主动性和创造性，以便向公众提供更好的服务，各国在公务员制度改革中，将关注的重点由“制度”转向“人”，特别强调开放性、流动性，用企业精神改造政府，公务员的正当需要和合法权益受到重视，在公务员的待遇提高和职业发展方面，政策开始倾向灵活。

3. 加强能力培训，提高素质水平

公务员能力建设得到重视。随着政府管理社会事物面的不断扩大，范围越来越广，职责越来越重，公共行政开始进入电子化时代，公民作为雇主身份要求政府提供公共服务的期望值持续升高，各国政府的改革运动，开始高度重视发挥政府公务员团队的作用，并致力于挖掘公务员的潜能，提高公务员的素质。一个关键方面，就是公务员的在职培训得到加强。各国都加大培训投入，把公务员培训做为制度完善、队伍建设的重点来抓。

4. 完善竞争机制

为了吸收和选拔优秀的人才，各国都致力于完善竞争机制。如，美国改革录用方式，将原来的公务员录用考试，由联邦人事管理总署统一集中组织，改革为授权联邦各机构自己组织，提高录用的效率，与私营企业争夺优秀大学毕业生。

5. 改革分类制度

加拿大从1996年开始着手设计和开发“通用分类标准”，并将在2000年取代旧的分类系统。新的通用分类标准具有简单性、通用性、公平性特点，按照责任、技能、努力程度、工作条件等4个因素、16个要素对职位进行衡量，将所有公务员职位分成8大类。通用分类标准既为管理者提供了一个重要的管理工具，使公务员管理更加透明和有效，又为那些需要更多流动机会、更大的工作责任和成就感的公务员创造了机会。

6. 改革业绩评估制度

英国针对过去的业绩评估制度太复杂、各部门评估标准不一致、不能鼓励人员流动、不能反映不良业绩等弊端，建立了现代业绩评估体制。新的评估体制，使每个公务员和团队有可奋斗的目标，个人目标和业务目标紧密联系；激励公务员寻求更有挑战性的责任；工作期间，个人和直接上级经常谈话，参照所定目标评估工作的进展；年底进行正式谈话，其他人参与，如360度评估；平时工作业绩记录为今后的职业发展提供信息，为选拔用人提供信息；由直接上级对公务员全面的表现进行描述性评估等，并把评估的结果同工资相联系。

7. 建立灵活的工资制度

工资制度是调动公务员积极性和保持公务员队伍稳定的一个重要方面。新加坡从80年代开始，逐步改革，建立了一个灵活的工资制度。主要是取消抚恤金制度，取而代之“中央福利备用金”制度；从1994年之后，政府定期审查所有公务员的工薪水平，以确保跟上私营界工薪水平；实行“纯粹工资”政策，将公务员的工薪都直接用现金支付，不存在非现金工薪或隐蔽的奖金等。不仅每月有固定工资，同时在年中和年末还可获得额外奖金，奖金数量相当于3个月的工薪总和。并在所有公务员中推行了“个人工作表现奖金”制度，对表现超过本职要求的公务员给予一定的奖金。另外，新加坡政府在2000年还采用了在私营界普遍实行的工薪档次制度，政府有关部门将每年根据公务员的功绩调整工薪。

8. 提升道德标准

为了取得公众对政府和公务员的信任，遏制腐败行为，各国对公务员的道德水平提出了新的更高的要求，把公务员和政府的廉政建设，作为建立有凝聚力的社会和进步国家的重要措施。

三、完善我国国家公务员制度的重点工作

完善公务员制度要以邓小平理论和江泽民“三个代表”重要思想作为根本指导思想，着力抓好《深化干部人事制度改革纲要》的贯彻落实，主要目标是：力争用5到10年的时间，建立起体现“三个代表”的要求、充满生机活力、法制体系完备的公务员制度，造就一支具有公仆意识，廉洁、勤政、高素质、专业化的公务员队伍，更好地担负起我国改革开放和现代化建设的重任，为广大人民群众和社会提供优质高效的服务。今后一个时期的重点工作是：

1. 加快立法，强化执法，提高公务员管理的法治化水平

第一，抓紧制定公务员法。根据党中央、国务院和全国人大的要求，在认真总结公务员制度8年研讨试点和7年多实施所积累的丰富经验基础上，抓紧《国家公务员法》起草工作。

第二，研究制定出台尚缺的单项法规。如公务员纪律、行为规范、调任、竞争上岗等；对现有的单项法规要在实践检验的基础上，进行修改、补充和完善。

第三，坚持依法行政，巩固好制度。政府人事部门作为公务员主管机关，要加强对《国家公务员暂行条例》执行情况的检查，要确保公务员制度推行到位。对推行中问题较突出的单项制度，要加大依法行政力度。

第四，积极探索符合公务员管理特点的执法机制。建立人事执法责任制和评议考核制，用法律规范法律的实施，用制度保证制度的执行。扩大人事工作公开度和透明度，充分发挥群众监督和舆论监督的作用。

2. 以强化竞争激励机制为重点，推动公务员制度的完善

第一，完善考试录用制度，加强对应试者行政能力、潜力的测评。继续强化“凡进必考”，对不经考试进入行政机关的主任科员以下非领导职务人员要进行清理。完善公务员录用考试试题，探索建立分级分类考试体系，创新考试组织方式，降低考试成本，减轻考生负担。

第二，推进和规范竞争上岗，为优秀公务员的成长铺设“快车道”。从今年起，全国县以上各级政府工作部门内设机构的领导职位、国务院各部门副司（局）级以下领导职位出现空缺时，除不宜公开的职位外，原则上都要实行竞争上岗。同时，规范竞争上岗的程序和考试内容，探索完善竞争上岗的科学方法。人事部正配合中组部研究竞争上岗实践中出现的各种问题，年内要出台有关的法规，保证竞争上岗的公开、公平。

第三，改进考核制度，激励公务员奋发向上。去年，人事部下发了《关于进一步加强国家公务员考核工作的意见》，对考核的一些重要问题进行了规范。下一步的重点是检查《意见》落实情况，对实施中遇到的重点、难点问题进行研究，探索合理解决的方法和途径。

第四，搞好配套，优化竞争激励机制氛围。抓紧制定降职、辞职、辞退的配套措施，推动公务员社会养老、医疗、失业等社会保障制度建立。加强舆论宣传，促进观念转变，营造有利于竞争激励机制运行的良好环境。

3. 以能力建设为核心，深化培训制度

第一，研究制定各级各类公务员的能力建设标准。公务员能力建设内涵丰富，不同类别、级别公务员的能力标准也不一样，要研究公务员群体发展、成长的规律，根据不同类别、级别公务员的工作性质、工作任务和特点，提出能力建设标准框架，为公务员录用、竞争上岗、培训等提供依据。

第二，突出重点，规范和深化公务员培训工作。抓好公务员思想政治教育和行为规范培训；抓好公务员四类培训的深化：规范初任培训，强化任职培训，深化专业知识培训，拓展更新知识培训，继续抓好外语、计算机和办公自动化等方面的技能培训；抓好公务员依法行政培训；抓好MPA（公共管理硕士）教育的规划指导，培养一批高学历、高素质、复合型的高层次行政管理人才。

4. 根据不断变化的情况，勇于创新管理制度

要在巩固、健全并实施好现行制度的同时，着眼于全局，着眼于长远，针对新情况，研究新问题，勇于创新，使公务员制度充满活力和旺盛生命力。

（原文约11000字，发表于《国家行政学院学报》2001年第6期）

文摘编辑：焦利

全球化与中国公共管理模式的重构

褚松燕

[作者简介] 褚松燕，国家行政学院政治学教研部讲师，博士，研究方向为政治学理论和中国政府与政治。

[内容提要] 全球化从物质和观念两方面对包括个人、组织、民族和国家在内的各种关系产生着重大影响。公共管理的变革是各国政府展现新面貌所需要面对的首要任务。全球化从国际规则制约、权力权威的多元和国家控制力三方面对公共管理提出了挑战。中国应当借鉴西方"新公共管理思想"中的合理因素，结合我国实际，从政府和公民两方面努力，构建平视型公共管理模式。

[关 键 词] 全球化；公共管理；公民。

一、全球化对公共管理提出的挑战

全球化首先是经济的全球化，在世界大市场上，为了获得最大收益并为本国人民创造更好的生活环境，每个国家都希望其他国家对自己的贸易壁垒越少越好，但在各个主权独立的国家之上并不存在一个全球政府，而武力不仅不能促进贸易，相反，只能阻碍贸易。所以，各国之间就必须做出努力，通过谈判达成某些共同遵行的规则，其中，最典型的例子就是WTO的一系列规则。因此，平等的谈判、协商和遵行是全球化过程中的基本游戏规则。不管是民主国家还是权威国家，只要是受规则约束的成员，就必须遵守基本游戏规则。而对基本游戏规则的遵守必然反映在该国的内部制度和管理上，也就是说，各政府在本国进行管理的时候，不能不受这些国际规则的制约和平等精神的影响。这实际上是对各国的管理理念基础和管理结构提出了重大挑战。

由于全球化以科技和知识信息为主要依托，运用科技对知识信息的掌握程度就成为政府管理社会的一个重要基础。面对复杂的知识信息，政府在国内的治理中需要借助于进行信息交流，因此，从知识和信息角度看，公共管理已经不可能维持以往那种政府单一中心的格局和权威，政府只是多个管理中心中的一个相对的核心。深受全球化影响的国家内部的公共管理不可避免地将随之呈现出多元化和多层次的特点。

在全球化过程中，跨国的流动和联系越来越频繁，越来越紧密。世界市场对资本、人才的优化配置在这个过程中将越来越不受国家、政府的约束，而更多地依赖于在这个过程中形成和将要形成的各种民间组织。这在一定程度上无疑是对国家的控制力的一个重大挑战。如果对此无动于衷，仍然采取压制或限制措施，则容易造成国家与社会之间的对立和矛盾。所以，改革管理模式以适应跨国流动和联系，也成为国家在管理层面面临的现实挑战。

二、我国公共管理现状分析

经过二十余年的改革开放，我国的行政管理从机构设置、职能调整和人员配置方面取得了一定的成就，公共管理范围、方式等有所变化，但是，由于体制的惯性，目前我国的公共管理实际上仍然是以国家为核心来运作的，政府是公共管理的实施者，公民是公共管理的接受者，这种由政府向公民运动的单向性公共管理局面没有太大的变化。

从共公管理的理念看，传统管理理念中"当官为民做主"的"官本位"仍然盛行，掌握公共权力的人往往把自己当作权力的所有者和社会的主人，而把公共权力的真正主人——公民当作公共权力指向的对象，强调公民对政府管理的服从义务。公民也习惯于服从政府的管理，甚至依赖政府和官员替自己做主。经由二十余年的改革开放，作为公共权力体现的公职持有人的服务意识虽然也有所增强，但服务的出发点和服务的具体提供主要还是依赖于官员的主观意志。这样，在公共管理的观念上，作为公共管理主体的政府与公共权力的所有者——公民之间形成一种实际的距离。换句话说，由于公共管理权力的公共性意识淡薄，我国的公共管理在理念这个层面上表现为公民缺位。

从公共管理体制上看，首先，政府居于我国公共管理体制的核心，其结构设置表现为自上而下的单向层级制，这种结构有利于政令的传达和执行，保证政府管理的效率。其次，绝大多数社会组织——不论其在法律和性质上的归属有何不同——都仿照政府的层级官僚制结构设置，因此，官僚体制结构在公共管理部门之外也大行其道。公共管理的官僚制结构的泛化实际上使公共管理的效率不可能充分实现，甚至造成低效率和无效率。

从公共管理的运作看，政府在制定和执行公共政策基础上所依赖的信息通常来自制度性和非制度性两个渠道。制度性渠道包括人民来信来访机构和政府的调研部门，在一定程度上起着决策咨询机构的作用。非制度性的信息渠道也是决策信息的一个来源。例如党政领导成员同一些人（朋友、同事等）非正式的闲聊，有时通过这种方式获得的信息也会成为决策的信息来源——如果这些信息有价值的话。所有这些活动都是以政府为核心进行的。在信息的收集、取舍上，公共权力的掌握者主要从方便自己管理的角度出发，或者为积累政绩而按照上级的指示去采取相应的活动，公民的具体需求和愿望往往得不到足够的重视。这就有可能造成公共管理决策信息依赖的不完全性。其次，公共管理者有关公共管理决策所依赖的信息选择上，以迎合上级口味和需要为主，从而形成信息性质单一（例如报喜不报忧）、信息损耗等问题，这直接造成公共管理系统内部信息量和信息有效性的递减。这在一定程度上造成了政府的自我封闭。最后，以政府的需要为出发点的办事方式实际上造成政府公共管理决策的黑箱操作，形成一种生硬的命令型的公共管理方式。

三、借鉴“新公共管理”思想，构建平视型公共管理

西方发达国家从20世纪80年代开始，就以改革政府来回应全球化给各国（地区）的公共管理提出的挑战，在发达国家的带动下，世界进入了“新公共管理”时代。在这一背景下，我国的公共管理模式变革可以从中汲取理论智慧。

我国政府改革走到今天，实际上已经面临动力严重不足的困境。过去的20年，我们的政府之所以能够在功能和职能方面做出一些改革，那是因为这些功能和职能是直接指向经济发展的，而经济发展到今天，以前的动力机制已经变成了制约因素，关键就在于政府的功能性和职能性改革所提供的动力已经消耗殆尽。从这个意义上说，加入世界贸易组织的选择恰恰成了我们政府改革的推动力——虽然是外部动力。加入世界贸易组织，也就意味着我们最终接受并服从经由几百年市场经济发展而形成的通行规则，也意味着我们必然要加入全球化的政府改革浪潮中，从而更好地适应世界贸易组织的规则，并为以后推进国际合作做出自己的努力。

鉴于我国的公共管理现状，借鉴西方公共管理模式中的服务理念，我们在公共管理改革中，需要重新审视现有公共管理模式的不足，必须从中国的宪政安排即所有公民都是国家的主人这个基本前提出发，创造和疏通渠道，使公民能够充分实现法律、政治和社会权利，实现自组织的权利，从而以个体或团体、群体的名义和力量参与到公共管理中来。也就是说，让公民实现其让渡出的那部分权利，构建平视型的公共管理。在这一公共管理模式下，政府和公民在同一水平面上进行开放式的交流；与消费者和客户身份不同，公民参加到公共物品生产和公共服务的提供当中，与公共管理部门一起对公共事务进行管理，从而实现公共管理价值所在。

观念的转变是构建平视型公共管理模式的基础。从政府方面来说，树立权力公共性观念是当务之急。应当清醒地看到，我国公共管理的主体仍然是政府。政府必须认识到自己所掌握的公共权力是经由公民委托的权力，必须向公民负责，受公民的监督和制约；同时，政府还要认识到自己是由纳税人养活的，因此必须尽责为纳税人服务。对于公民来说，相对应的是树立权力所有者观念，认识到自己是公共权力的主人，是养活政府的纳税人，具有平等的政治表达权利和参与权利，有权利要求政府对自己负责和保护、实现自己的合法利益。只有在观念转变的基础上，才能实现公共管理模式的重新构建。

前文提到，我们公共管理体制的改革内部动力已经严重不足，全球化是一种外在的压力和刺激，但是，由于我国公民对政府的依赖心理一直较重，所以，在平视型公共管理模式的构建中，政府在这种压力和刺激面前仍然需要主动继续自己的改革，特别是在透明度方面需要加大信息公开的力度。这就要求政府改变仰视型的信息管理和信息处理，扩充信息输入渠道，让普通公民参与公共管理的渠道畅通无阻。同时，建立相应的信息公开程序，向公共权力的所有者报告管理过程和结果，接受公民的监督。这对于公民来说，就是要逐步放弃依赖性，培养对公共事务的关心和参与，从与自己切身利益相关的公共事务的管理参与开始，逐步形成对一定范围内公共事务实行权利的组织，以组织化的形式更为有效地参与到更为广泛的公共管理过程中。只有政府和公民的双向努力，政府才能逐渐向负责任的积极回应公民利益要求的公共管理者转变，而公民也就能够和公共管理部门一起实现公民与政府之间的平视型协商与合作。

建立平视型公共管理模式还需要有一种政府和公民之外的另一种力量的推动，这就是在我国具有最高权威的中国共产党。通过党在政府和公民两方面的推动，就能既发挥政府作为公共权力代表者和实施者的核心作用，又能有效地培育公民能力的发展，从而为平视型公共管理提供构建的基础，使政府和公民之间在同一水平线上进行协商和合作，实现有效的公共管理。

（原文约6500字，发表于《国家行政学院学报》2002年第3期）

文摘编辑：焦利

“新公共管理”与中国公共管理的理论建设

周生春　黄红华

[作者简介] 周生春，浙江大学经济学院公共管理学系教授，博士生导师，主要从事中国公共管理的理论与实践研究。黄红华，浙江大学经济学院公共管理学系行政管理学专业硕士生，主要从事中国公共管理的理论与实践研究。

[内容提要] 目前，作为西方特定时空产物的“新公共管理”理论已对我国行政学界理论发展的方向和管理者的行为方式产生了不容忽视的影响。对这一理论，我们既不能全盘、直接地移植，亦不可消极地加以排斥，而应立足于中国公共管理的实践，按照我国公共管理理论发展的独特理论思路，在深入研究和批判的基础上，有选择地撷取其精华，用以建设和完善中国公共管理的理论。

[关 键 词] 西方；公共管理；建设；中国；理论。

近几年来，西方“新公共管理”理论已对我国学术界理论发展的方向和管理者的行为方式产生了不可忽视的影响。我们应正视这一现实，采取正确的对策。

“新公共管理”理论是特定社会和一定理论发展阶段上的产物，它的出现及应用具有阶段性和区域性的特点，不能跨越时间和空间界限。公共行政的实践在不同历史发展阶段所遇到的问题各不相同，所以对理论的要求也不尽相同。而且理论的发展有其内在的连续性，后来理论的发展不但深受当时公共行政所面临的环境和社会需求的影响，而且深受已有理论的影响。又就区域性而言。在英美等国推行“新公共管理”运动时，欧洲大陆的法国、德国、荷兰、瑞士等国推行的是一种“渐进主义”的改革，意大利、希腊则力图实现行政的合法化和制度化。由于不同国家和地区公共行政的理论各不相同，其行政改革的内容、目标和重点也会有所不同。此外，公共行政理论的发展也会因不同国家和地区公共行政实践及其理论基础的不同而不同。这涉及到理论发展的阶段性和地域性的“路径依赖”问题。总之，“新公共管理”的理论不可能跨越时空而一成不变地应用于不同的时代、不同的国家和地区。

同时，“新公共管理”理论本身也有其局限性。“新公共管理”理论是建立在经济学“理性人”的前提假设和“公共选择”理论基础上的。但即使在经济学中，“理性人”和“经济人”的假设也因其对人性描述的简化主义而遭到越来越多的批判。对于研究对象及其关系更加复杂的公共行政学来说，这一假设带来了更多的批判。

在今天，科学技术尤其是信息技术的发展缩短了各国在时空和文化上的距离，各国政治、经济和文化的交往日趋频繁，世界已进入全球化和多元化并存，冲突和合作同步进行的时代。在这样的背景下，我们必须在自觉的层面上，立足本土，加快与国际接轨的步伐，从传统、现实和未来发展的趋势出发，在全面、深入研究的基础上，广泛、积极而有选择地汲取“新公共管理”理论的精华，通过将西方理论中国化的途径，建设和完善合乎中国国情，足以指导中国实践的公共管理理论。

要达到上述目的，必须具备以下两项前提：第一，注重理论研究。要尊重而不能亵渎理论。理论应在继承本土传统，吸收外来思想精华，对实践经验进行提炼、归纳的基础上产生，具有一定稳定性、超前性和前瞻性。理论超前于实践但又契合现实发展的趋势，应对实践具有长期的指导意义，而不能被随便用作因形势的变化而不断调整的当前政策和措施的注解。第二，坚持学术的独立和自由，使之不受其他因素的影响。学术的发展具有自身的“路径依赖”，不能人云亦云，跟在别人后面跑。只有学术研究的独立和自由得到保障，学者方能具有实事求是的心态，才能形成客观、独到的见解，得到科学的结论，其成果才具有稳定性、前瞻性，才能对实践具有指导意义。

要达到上述目的，还必须在上述前提下坚持如下原则：即只有对外来思想产生的背景、发展思路及其理论进行深入的研究，才能在反思、批判的基础上有选择地吸取其精华。

其具体体现和我们必须注意的是：

第一，“新公共管理”理论是特定社会的产物，是在部分西方国家行政改革的实践与公共行政学的发展过程中形成的。近20年来，由于科技、社会、经济和政治的进步，多数国家的行政体制和行政理论都在不断地变革，但由于不同的国家有不同的价值观和社会需求，其社会发展趋势也各不相同。各国改革的具体目标和所依赖的具体路径也各不相同，即使是与英美等国“新公共管理”运动同时的法国、德国、意大利、希腊等国的行政改革，其着眼点也互不相同。中国也不例外。我们在面对“新公共管理”理论时必须充分考虑中国的国情，从平等、公正、和谐、道德、民主、法制等中国人当前和未来都非常注重的价值观出发，根据目前和今后中国社会的需求，如社会经济的发展，政治、行政体制改革以及中国公共管理理论建设过程中必须解决的市场化、非政府中介组织、绩效、廉洁等问题，作出我们自己的选择。

第二，“新公共管理”仅为特定历史发展阶段的产物。西方“新公共管理”理论是建立在传统公共行政学、新公共行政学基础之上的。从传统公共行政学的注重机械效率，到新公共行政学追求社会公平、民主参与（在此期间又发展出政策科学、公共政策分析等），再到“新公共管理”追求有价值的效益的过程，也是从推崇市场，到政府干预以补救“市场失灵”，再到重新梳理政府与市场的关系及作用方式以补救“政府失灵”的螺旋式上升的过程。在这个过程中，市场与政府的作用在不同阶段得到了充分的发展和强化，社会中介组织发育充分，并形成了良好的规范，民主与效率的意识在不同阶段得到了不同程度的培育和加强，所以“新公共管理”理论在此时被付诸实施并不会在价值理性和工具理性上失之偏颇。而目前我国市场经济尚未得到充分发展，“法治”还处于起步阶段，“人治”、“官本位”的思想仍比较严重，“公民”和民主意识不强，非政府的社会中介组织不发达，能从事的社会管理活动非常有限。所有这一切都提醒我们，中国政府管理理论的发展和建设不能脱离其自身理论和现实的历史发展阶段。因此，对西方的“新公共管理”理论不能全盘“移植”和直接“挪用”，而只能根据中国的现状和未来的发展趋势，在不同的历史发展阶段采取不同的态度。

第三，“新公共管理”理论本身具有一定的缺陷。其理论主要以经济学、管理学为基础，建立在“理性人”、“经济人”的假设之上。它对人性的认识是片面的。它对经济、效率、效益和追求将导致对工具理性推崇和对价值理性的忽略。其结果将造成对平等、公正、和谐、民主、公民权利、人性尊严、道德、公共利益、公共责任，包括保护弱势群体和适度竞争等公共行政价值观的漠视，使人们在关注手段的同时忽视了对终极目的的关怀。因此，其理论只有在上述公共行政价值观业已牢固确立，并得到强有力的制度保障后，方能最大限度地显示其积极意义。此外，它还有过于迷信市场机制、混淆公私管理、顾客隐喻不当、缺乏完整体系、自相矛盾等问题。考虑到即使在行政理论经过“螺旋式上升”的发展，民主与效率意识在不同阶段得到了不同程度的培育和加强的西方，“新公共管理”理论在具体实施时尚且因难以掌握和取舍而导致各种批评，我们对其在中国实施的前景应有清醒的认识。

第四，应根据我国的需要，在不同的历史发展阶段，有区别地选择值得我们汲取的“新公共管理”理论精华。目前，我国学术界对“新公共管理”思潮的反应仅停留在对“新公共管理”理论及其运动作较全面、系统的介绍，和对部分问题的讨论上。人们对“非政府组织”和“市场机制”关注较多。而从相关文章的内容来看，它们主要是围绕“行政体制改革”、“管理方式的转变”、“效率的提高”等三个关怀点进行阐述的，前二者是市场经济发展和民主行政的必然要求。对社会中介组织的讨论则体现了公共管理理论的前瞻性。但值得注意的是：在强调改革和管理方式转变的同时，还应认识到在现阶段社会中介组织参与社会公共事务管理的条件还不够成熟。引进市场机制以提高公共行政效率势在必行，但目前中国市场机制本身尚有待发展完善。对效率的追求应以公平为目的，以民主和法治为基础，做到价值理性和工具理性的统一，而目前中国这一方面的状况也还不够理想。因此，在运用上述理论时不仅要考虑其可行性，而且更重要的是不能以牺牲公共性为代价。所幸的是，“当代行政效率研究正在超越管理学模式，在重点、内容和方法选择上凸显公共性，适应公共部门的环境和需求”。这意味着我们将面临双重任务，而建设和完善中国公共管理理论的工作估计要经过几代学者的不懈努力方能收到明显的成效，可以说任重而道远。

（原文约1万字，发表于《浙江大学学报》人文社科版 2002 年第 3 期）

文摘编辑：杨海洋

政府行为与博弈

任　敏

[作者简介] 任敏，贵州大学人文科学学院管理科学系讲师，复旦大学世界经济系硕士生，主要从事政府经济学和公共管理学研究。

[内容提要] 政府行为特别是政策行为，常常处于冲突与竞争的环境之中，这就为博弈论的运用提供了一个极大的空间。首先，政策从出台到执行的过程往往就是利益集团及政策相关人员多方博弈的过程。其次，政府可以通过对这类博弈进行分析而调整自己的政策行为，从而提高政策的理性和效率。第三，博弈论的一些基本原理可以为完善政府行为的制度化等问题提供理论依据。最后，政府行为的调整乃至社会制度的变迁亦是博弈的结果。在转型期社会，政府“出牌”的关键在于确立和完善博弈的规则。

[关 键 词] 博弈论；政府行为；理性和效率。

一、冲突与竞争——政府面临的政策环境

公共选择理论的创始人布坎南曾经指出：制度环境是一种把市场和政治混合在一起，相互交叉，相互冲突，关系极为复杂的网络中环境。从事政策理论研究和实际工作的人们常常会发现，现实中许多政策的实际运作情形与人们精心构筑的理论模型常常相去甚远。探寻起来，造成这一现象的一个重要原因是：理论模型常常忽视了政府——这一制定政策和执行政策的主体与政策相关的其他主体之间的互动关系，忽视了政策存在的冲突环境与政策生命的依存关系。人们考虑的常常只是：现代政府的基本职能就是通过对经济、社会生活的不同程度的干预来协调不同的矛盾和冲突，以达到社会的承平和发展。政策便是这种干预的重要体现，它如同一只万能的手，只要按照民主化的程序，并引入科学的分析手段，一切问题便迎刃而解了。实际上，政策运行过程常常比理论上的描绘复杂和难以捉摸得多，包含着许多随机的不确定因素。造成这一复杂现象的一个重要原因就是：政策过程触动、纠缠着许多冲突对抗的利益关系。特别在转型期社会，更是充满了私人目标与社会目标、个人利益和公共利益的矛盾冲突。事实上，许多政策的出台过程，往往是政府与政府之间博弈的结果（如一国政府与他国政府、中央政府与地方政府），抑或是政府与一特定博弈方（如官僚、不法分子）进行博弈的结果，或者是各个利益集团集体博弈的均衡结果。例如，一个国家国防预算规模的大小常常并非主要取决于该国的经济发展水平等宏观因素和国防开支的边际收益等微观因素，而是取决于国家与国家之间的博弈关系，美国和前苏联在冷战期间的军备竞赛就是证明。

此外，广泛流行的“上有政策，下有对策”的“民间定理”（民间定理的提法只是借用了博弈论的“民间定理”的名称，与该定理的涵义无关），则从一个侧面说明，政策的执行过程亦是一个充满了对抗与冲突的博弈过程。这样，一项政策最终能否达成目标、解决问题自然也取决于这个博弈过程最终与政策目标是否吻合。实际上，政治利益集团的存在可能会引起政策的不适当转化，并对政治发展产生扭曲性的影响。例如，中美之间就中国加入世界贸易组织的问题达成了“双赢”协议，而实际最终能否达成“双赢”的效果还取决于实际的运作过程。如何使这一过程沿着“双赢”的目标前行而不至于发生偏离和扭曲才是决策部门应着力解决的重心。

二、制度化的政府行为——重复博弈与长期行为

许多人常常有这样的经验：长期行为和长期关系较之短期行为和偶尔合作更稳定及更有效率，也更符合总体及个体的利益。对重复博弈的研究结论可以证实我们在实践中获得的直观经验。

博弈论中最为著名的“囚徒的困境”常常被用来说明当两囚徒都以实现自身利益的最大化为目标时就会使合作变得不可能，纳什均衡往往不是上策均衡。即使在有限的重复的囚徒困境博弈中，两囚徒之间的合作可能性依然无法存在（博弈论认为这是由惟一的纳什均衡策略组合的静态博弈构成的有限次重复动态博弈）。这一原理可以很好地说明石油输出国组织成员国总是处于突破生产限额困境之中的原因，亦可揭示屡见不鲜的市场竞争、环境问题、公共资源开发中的问题，它反映了一个深刻的道理：个人理性与集体理性的矛盾。但是，当这一博弈变成无限次的重复之后，博弈方就可以通过设置触发策略（报复机制）来进行合作，从而使博弈出现比较理想的结果。而且，对于有多于一个纯策略纳什均衡的博弈构成的重复博弈来说，可能会出现多个子博弈完美纳什均衡的路径，重复次数越多，这种路径越多。所

以，当博弈本身的机制中存在着博弈方合作的可能性，并且各博弈方比较着重未来的、长期的利益时，重复博弈就越有可能存在结果较理想，效率较高的均衡，这就是长期行为和长期关系之所以更有效率的理论依据。在重复博弈中，为了达成协议，促成有利于人类整体福利的合作发展，法律、权利界定，习俗、规范等制度安排是最关键的因素。结论是：变短期的政府行为为长期的政府行为——即政府行为的制度化正是解决这一问题的关键。政府行为的制度化旨在营造一个长期的行为环境，在这个环境中，冲突与对抗的因素虽然依旧存在，合作与对抗的可能性却大大提高，政策运行的过程就越有可能不发生与目标的偏离，政策失真的频率与幅度就会大大降低，从而可以大大提高政府行为的效率。

三、政府行为的调整以及社会制度的变迁总是博弈的结果

政策——政府的这只“看得见的手”在社会发展中总是不断修正、调适着自身的方向，从某种意义上说，左右着这个方向的绝不仅仅是政府自己，社会制度的演进同样也是如此，它们都是社会各种力量综合作用——博弈的结果。制度变迁既受到社会政治利益集团、文化传统、意识形态等因素的影响，更取决于各种利益集团的权力结构及其变化重组的过程。制度经济学派甚至认为，不同利益集团相对谈判力量的大小会成为决定社会制度演进的历史路径的决定因素之一。正是这种在不同社会中显出不同状况的利益集团的较量导致了每一社会对制度的边际调整也不同，在具有不同历史结果的不完全反馈下，行动者将具有不同的主观主义模型，会做出不同的政策选择。

赫希曼曾指出：改革将导致“现有特权集团的权力受到抑制，而非特权的经济和社会地位将得到改善”，成功的改革极为难得，其中的关键是把握制度和组织之间的互动关系。如果说制度是社会的博弈规则，那么各种组织和这些组织的领导人就是最主要的游戏参加者，正是制度和组织之间的相互作用塑造了社会制度的演化。有什么样的舞台才能有什么样的演员，制度框架决定了组织生存和发展的机会。什么样的组织会出现和发展，取决于制度框架提供的是什么的机会，这正是政府行为的基本生存环境。对于中国政府而言，这一基本生存环境恰恰为20年来的渐进式改革之路给出了一个生动的答案。中国的改革并没有从一开始就有一个确定的、始终如一的目标模式，这并不是说任何个别人（包括政府官员或理论家）在任何时候没有一个心目中确定的、不变的改革目标，而是说，作为一种“公共选择”（或社会博弈）而被政府以及社会上多数人所接受与认同的改革目标，一开始是不明确的，以后是不断调整、变化的。了解和把握这一基本环境对于政府行为的确立和调适将极有裨益。例如，当政府认识到政策的结果将是一个博弈的解的时候，规划政策目标的行为将变得更加理性和富于弹性，设计政策方案的过程也会具有更强的动态性和针对性；政府也将以一种新的视角来关注政策的执行：当政府本身就是博弈局的参加者之一时，它会充分考虑到对手的反应，不再是被动地适应而常常改为主动地调整；当政府仅仅是为局中人提供一次竞争的场所和机会时，它会以更加公正的身份出现，把重点放在设计和完善一个完美的博弈规则以及监督各参与方是否按照这一规则采取行动上来。这一点，特别是对于制度环境尚不健全的转型期社会，由于规则尚不完善或者常常处于变动的状态中，社会摩擦和冲突易引起较大的损耗，同时制度的间隙又为寻租者创造了较大的寻租空间，这些因素造成社会转型常常付出沉重的改革成本，在这样的环境条件下，确立和完善博弈的规则，引入良性的竞争机制，使改革在较短的时间内以较小的成本取得较大的收益，引导社会朝着发展的快车道演进是政府部门义不容辞的责任，也是其出牌的关键。有了这样的认识，无论在何种类型的社会博弈及制度变迁中，政府会始终保持睿智和警醒，其角色定位和行为策略自然也会到位和精确。这样的政府，即使不是万能的，起码也不会是平庸的。

（原文约8000字，发表于《武汉大学学报》社科版2001年第3期）

文摘编辑：焦利

论中国行政改革的目标是建立公共政府

李军鹏

[作者简介] 李军鹏，国家行政学院公共管理教研部副研究员。

[内容提要] 中国政府正面临着三个历史发展的重大机遇：首先，我国要在21世纪的最初10年，形成比较完善的社会主义市场经济体制；其次，我国将在实现工业化的同时，实现国民经济的信息化；最后，我国加入世界贸易组织之后，将融入世界多边贸易体系之中，实现经济的国际化。我们迫切需要改革传统的全能政府的管理模式，建立公共政府。

[关 键 词] 行政改革；公共政府。

一、全面改革全能政府的管理模式，尽快建立公共政府体制

全能政府是我国在改革开放前计划经济体制条件下形成的一种政府体制。其基本特点是：（1）政府对所有的国家事务、社会公共事务和各种经济活动实行集中的、统一的控制和管理；（2）政府负责所有社会产品的提供，政府不仅提供公共产品如教育、医疗、劳动保障等等，而且提供私人产品如彩电、钢材、汽车等等；（3）所有的个人和团体都纳入政府的统一权力控制之下，政府对整个社会经济的管理是政策性的管理。

全能政府不能适应社会经济发展的需要，它本身存在着许多的弊端，因此，我国必须改革全能政府体制，建立公共政府。建立公共政府的实质是建立起公共财政体系，也就是政府主要提供社会保障、社会救济、义务教育、基本医疗、基础科研、地区平衡发展方面的财政开支，而减少乃至取消对私人产品生产领域的各种财政补贴。

公共政府就是市场经济条件下提供公共产品、从事公共服务的有效政府。公共政府的主要职能是提供公共产品。公共产品是由以政府机关为主的公共部门生产的、供全社会所有公民共同消费、所有消费者平等享受的社会产品。

二、建立公共政府是形成完善市场经济体制的必然要求

21世纪的最初10年，我国面临着形成完善的市场经济体制的历史任务。为了形成完善的市场经济体制，要深化经济体制改革，对国有经济进行战略布局的结构性调整，发展以公有制为主体的多种产权结构，建立社会保障体系和公共财政体系，规范政府行为，使政府集中提供公共产品，为全社会平等公正地提供公共服务。

1. 适应现代市场经济的政府必然是公共政府。现代市场经济是一种混合经济，混合经济的含义是政府提供公共产品和市场机制提供私人产品的结合。各种运转良好的市场经济，都是国家和市场的混合物。

2. 经济体制改革的深化要求建立公共政府。首先，国有经济战略布局的结构性调整要求建立公共政府体制。其次，以公有制为主体的多种所有制结构共同发展的产权格局，要求政府对各种性质的产权进行公正、公平、公开的公共管理，实行国民待遇和非歧视原则。最后，政府导航职能的发挥和社会保障体系的建设，需要建立公共财政体系，使国家和政府的角色真正转到导航、扶持、服务上来。

3. 规范政府行为，要求建立公共政府。随着经济发展与市场经济体制的建立，政府管理规范化的需要日益突出。政府管理中一定范围内存在着的腐败现象、失范现象、不公正执法现象泛滥，已经到了非治理不可的程度。而治理的关键，就是克服原来政府管理中存在的全能主义的特征，使政府集中于提供公共服务，建立公共政府。

三、建立公共政府是实施现代化第三步战略目标的必然要求

我国经济比较发达的地方和城市，将在21世纪10—20年代率先实现社会主义现代化。这一经济社会发展的态势将迫使我国政府从全能政府向公共政府过渡。

1. 政府的基本职能是满足社会公共需要。从目前情况来看，我国政府所提供的政府公共服务与人民公共需要的矛盾日益突出。这种冲突迫使我们改变全能政府模式，使政府从私人产品的提供领域逐步淡出，全面地进入政府公共服务领域，真正承担起社会所需要的全部公共产品提供的任务，为此就要建立公共政府。

2. 社会主义的优越性不断发挥必然要求建立一个公共政府。社会主义国家具有资本主义国家不可比拟的优越性，就在于社会主义国家的生产目的是为了满足人民

群众的物质需要与公共需要，社会主义国家的根本目的是为了人民。因而，建立公共政府，是我国政府改革与建设的主要目标。

四、建立公共政府是适应世界贸易组织规则的必然要求

加入世界贸易组织，将使我国政府面临严峻的挑战：怎样适应世界多边贸易体系与国际通行规则的需要，遵守中国政府与世界贸易组织缔约各方的承诺，是我国政府加入世贸组织后的主要课题。中国加入世贸组织的实质是建立一个公共政府。

世贸组织协定是主要规范政府行为的国际多边贸易协定，国际通行的政府是公共政府，遵守国际通行规则的政府也是公共政府。加入世贸组织之后，我国政府将面临如下制约：我国政府对公营企业与公营产业的补贴将被禁止或受到严格限制；政府采购将向世界各国合格的供货商开放；政府各部门与地方各部门的各种形式的内部规定都必须公开和受到清理；政府垄断的部分服务贸易领域将向外国资本和国内社会资本平等开放；对政府执法的质量与水平要求提高，尤其要求司法程序的公正、公开与公平。因而我国必须建立公共政府。

五、建立公共政府的基本内涵与途径

建设适应社会主义市场经济体制的公共政府，要坚持社会主义公共行政的基本原则——人民主权原则、社会主义宪政原则、党领导行政的原则、民主集中制原则与责任制原则。

建设适应社会主义市场经济体制的公共政府，要与经济体制改革结合起来，适应国有企业改革和发展的需要，与国有经济的战略调整和经济布局调整结合起来，致力于实现政府公共服务的社会化、政府权力的分权化与民主化、公共事务管理的市场化。

中国公共行政建设的目标是建设一个公共政府，合理划分公共领域、公众领域、私人领域三者的界限与范围，使政府更好地提供公共产品。公共政府建立的标准有如下几个：政府权力公共化——要树立人民代表大会的权威，充分发挥人民代表大会作为最高国家权力机关的作用。政府职能公共化——政府应该集中精力提供核心公共产品，推进公共服务的市场化与社会化。政府财政公共化——政府的预算要建立在可预测的、透明的、人民监督的基础上。政府官员选拔公共化——竞争上岗和民主选举应该是社会主义市场经济体制条件下政府官员保持廉洁高效的根本条件。政府行为公共化——政府行为要体现合法、合程序和服务公众、保护人权的原则；行政执法活动要公开、透明；行政规则制定要实行听证会制度。

（原文约1万字，发表于《天中学刊》2001年第4期）

文摘编辑：杨海洋

现代化进程中
政府行政的十大特征

魏青松

[作者简介] 魏青松，中南财经政法大学。

[内容提要] 现代化进程中，我国政府行政呈现出十大特征：服务、民主、有限、责任、满意、公开、电子、引导、规范、高效。以这些特征为主的行政方式将成为我国政府主要的行政方式。

[关 键 词] 现代化；行政；特征。

一、服务行政

在传统的权力行政模式中，政府的行政行为往往表现为命令行政、人情行政、经验行政、多层行政、受控行政和身份行政，这种权力行政模式在特定历史时期起到一定的积极作用，具有直接性、迅速性等优势。但是，随着经济全球化和科学技术的发展，特别是加入WTO之后，我国政府管理开始探索适应社会主义市场经济体制的新公共行政模式。这样，服务行政模式就成了我国政府未来理想的公共行政模式之选择。

我国经济体制改革的目标是建立社会主义市场经济体制。市场经济的精髓在于充分利用行为人的自利本性，通过规范的自利行为谋求整个社会的发展与繁荣。市场经济基础上的政府行政就其本质而言，不是管制，而是服务。在我国现代化进程之中，尤其是在加入WTO之后，随着国际国内行政环境的变化，政府面临的事务将更加复杂化和多样化。政府必须转变行政理念，强化服务意识，推行服务行政。

二、民主行政

民主行政是现代国家公共行政管理的社会基础。民主行政的核心理念在于：不仅应当使民主和政治伦理道德规范成为一切公共行政价值的基础，而且应当使公共行政始终作为“人民主权的委托者”而发挥作用。为此，有必要通过政府实质性的制度安排确保国民的参政、议政权，推行开放式的政府公共政策议程，防止专业主义，亦反对任何以效率或成本为借口实行行政集权，甚至行政专权。基于中国悠长的封建专制的历史传统和崇尚权力的国民意识形态，政府抬升民主行政以作为国家主导意识形态的一部分，并通过体制改革强力推行，历史将证明是造福国家和民族的英明之举。

三、有限行政

市场经济的社会本位要求以及现代行政理念，促使我国对全能型的政府职能进行深刻的改革和重组，明确有限行政的基本倾向：（1）什么都管的政府往往什么都管不好。许多事务由政府管理反而不如由市场调节或由社会组织自主管理，因此，政府的行政的范围必须有限，有所不为才能有所为；（2）政府行政范围不能事先由政府单方面决定，而必须取决于社会自治的范围和市场原理起作用的程度；（3）政府行政的任何活动都必须出自社会、企业和公众的要求，无此要求，政府不得提供任何行政服务；（4）为了充分发挥市场机制在资源配置中的基础作用，充分发挥社会行为人的能量，在政府行政和社会自治之间的边界划分上，应始终坚持社会自治范围最大化，政府行政最小化的原则，把政府行政局限于弥补“社会不能”和“市场失灵”的职能定位上；（5）政府职能应由国家法律明确列举，除此之外的其他一切事务全部保留给社会，由社会自主管理。

四、责任行政

政府公共行政是责任行政。政府的独特属性，譬如垄断性、权威性、强制性、惟一性等等，都是源自政府对国家、社会和全体国民承担有独特的公共行政责任，并且，责任与权力在制度规范中成正比。但是，中国政府现行的行政责任制度尚缺少某些基础性的模块，因而在实际运动过程存在有权无责、权大责小、责任主体和责任范围不明，以及国家责任的主体、依据、程序、权限、时效、标准、方式等诸多的模糊区域。这就需要政府进一步修正行政理念，继续构造和完善政府的行政责任制度。在现代化进程中，构建和完善行政责任制度，推行责任行政，对于政府信誉和形象的提高以及行政水平的提高都有十分重要的意义。

五、满意行政

政府行政以提供公共服务为宗旨，政府所提供的公共服务只有满足了社会、企业和公众的需要，其价值才得以实现。因此，政府绩效评估的标准必须以服务对象的满意程度为惟一的根本价值取向。

对于满意行政而言，有二层含义：一是从接受政府公共服务的客体的满意程度讲，满意程度越高，政府行政的效果越大，进而说明政府“满意行政”的水平越高。二是从提供政府公共服务的主体的满意程度讲，主体对行为过程和行为结果的满意程度以及心理的满意程度越高，说明满意行政的水平越高。可见，从主体和客体两个方面来认识满意行政，才更全面、具体、准确。

六、公开行政

传统的行政多由政府单方面操作，社会和公众对行政的程序、规则、过程、执行、监督、反馈等各方面知之甚少，参与更不用提起。在经济全球化和科技日新月异的今天，政府要想获取公众的信任和支持，就必须由以政府为主体的“单向行政”转向由以“政府—公众”为主体的“双向互动式的行政”，而这就要求政府必须让公众积极参与政府行政的各个环节。为此，公开行政显得尤为必要和迫切。它既是市场经济和民主政治的必然要求，也是一个国家程序性民主建设的重要组成部分；既是确保政府行政合法合理、公正公平的有效机制，也是有效推动现代化进程的现实需要。

从实践角度看，公开行政包括两大层面：(1) 决策过程公开。广泛吸收社会力量参与行政决策过程，通过政府—社会之间反复充分的博弈，政策将具有最大的合理性和可接受性。(2) 执行过程公开，即政府的办事依据、办事程序、办事纪律、办事结果公开。政府行政公开化，从程序上大大限制了权利违规操作的空间，从而有力促进了公正、公平等行政价值的实现。

七、电子行政

现代化进程中，“电子行政”的出现对我国行政的影响主要表现在：(1) 推动了行政的柔性化。它一方面可以使社会公众和企业充分利用政府的信息资源，及时满足其需要，提高了政府的信誉；另一方面，在时间和空间上保证了政府的政策、法规、行政规章的宣传和落实的合理性与有效性，大大增强了政府适应社会和市场的敏捷性和柔韧性。(2) 优化了行政组织结构。电子行政促进了政府行政模式的优化，减弱甚至消除了传统行政组织结构中的层级制，从而形成一种扁平化的“动态网络”结构。(3) 提高了行政效率。(4) 促进了政府行政人员素质的提高。电子行政一方面要求政府淘汰冗员，另一方面要求政府撤并机构。二者都促使政府行政人员素质的提高，“低素质行政”将会被“高素质行政”所代替，政府行政人员的整体素质和整体形象将会大大高于任何一个历史时期。

八、引导行政

计划经济条件下，政府用行政权力和命令过多地干预经济行为，权力行政的色彩极其浓厚；市场经济条件下，政府必须校正在市场经济中的“错位”、“越位”、甚至“霸位”行为，将权力还给社会、企业和公众，由“政府→市场（社会）”两极互动简单模式，转为“政府→中介组织→市场（社会）”的间接化管理模式，由原来的强制性驱动管理对象沿政府规定的线路运行，以求实现政府主观意图，转为引导服务对象朝自我目标与政府目标和谐统一的方向前进，使服务对象在实现自我目标的同时实现了政府行政的目标。这种引导式行政方式将成为现代化进程中政府行政的一个主要方式。

具体说来，引导性行政要求：(1) 政府行政必须顺势而为，以求事半功倍之效；(2) 政府的政策必须合乎社会目的，合乎公众的普遍性价值偏好；(3) 当政府目标与企业、公众目标有分歧时，不以行政力量强求实现政府目标，而应运用经济杠杆，通过利益协调，通过说服引导缩小两类目标之间的距离，并努力从中找到一个最佳关联点，使两类目标一并实现。

九、规范行政

任何社会的法律皆有权威，法治所要求的法律权威是立于政府之上的权威；任何社会里的政府也皆有权威，法治所要求的政府权威是置于法律之下的权威。法治要求政府通过法律实行社会控制，政府的行政权不仅在法律之下，而且受到法律的严格控制。

政府公共行政是规范行政。其意义在于：(1) 政府存在难以克服的缺陷，因而不是万能的。这不仅因为作为自然人的政府官员，如公共选择理论所认定的那样具有“经济人”的一切天性，而且因为另如阿罗不可能定律所描述的那样，政府组织无法总是保证其效率；(2) 政府的公共权力不是无限的。因此，政府的公共行政行为不仅应当讲求“事出有因”，而且应当讲求“言之有理”，更应当遵守“行之有据”。为此，有必要改变权威主义公共权力体制的某些“强权”的特征，有效解决“行政过渡”问题。

十、高效行驶

行政成本的高低是衡量一个政府高效与否的重要因素。行政推行高效行政的行政方式，可以使其保持最大的整合效能和工作效率，使政府决策能对各种新情况和新问题保持灵敏高效的应对机制，使政府在充分选择市场配置资源作用的过程中保证各种社会资源获得最佳的经济社会效益。“经济理论以及经济术语衡量的运作事实表明，公共部门的供应品中存在着固有的成本，这一成本只有在严格界定的情况下才被证明是有理的。在宪法的框架中，政府权威有责任决定平衡经济效率及其他价值，但是相当的经济损失的程度将取决于公共部门的成本有效性。”

（原文约5000字，发表于《鲁行经院学报》2002年第4期）

文摘编辑：曾祥玉

当代中国政府与国有企业关系目标模式探析

程松彬

[作者简介] 程松彬，东北师范大学政法学院副研究员，博士研究生。

[内容提要] 经过二十多年的改革开放，我国政府与国有企业关系发生了很大变化。但囿于旧有模式的束缚，目前还有许多不尽如人意的地方。为了适应社会主义市场经济的需要，必须构建体现法制经济的基本特征，能够确保宏观经济发展战略的实施，有利于焕发国有企业的生机与活力，符合中国实际、有中国特色的政府与国有企业关系新模式。

[关 键 词] 政企关系；意义；原则；目标模式。

一、构建政府与国有企业关系目标模式的基本原则

构建符合中国国情、并能与国际接轨、将推动当代社会经济全面进步的政府与国有企业关系目标模式，必须坚持以下几项基本原则：

第一，必须充分体现法治经济的基本特征；

第二，能够确保宏观经济发展战略实施；

第三，有利于焕发国有企业的生机与活力；

第四，紧密结合当代中国社会经济发展实际。

二、政府与国有企业关系目标模式的理论构想

1. 从经济学上的生产函数引出

在西方经济学中，生产函数表示在一定时期内，在技术水平不变的情况下，生产中所使用的各种生产要素的数量与所能生产的最大产量之间的关系，一旦生产技术水平发生变化，原有的生产函数就会发生变化，从而形成新的生产函数。新的生产函数可能是以相同的生产要素投入量生产出更多或更少的产量，也可能是以变化了的生产要素的投入量进行生产。

经济学家和统计学家认为这种关系普遍存在于各种社会活动过程之中。现在我们把经济学上的生产函数原理引入到政府与国有企业关系上。

假定R表示政府与国有企业之间的关系，G代表政府，E代表国有企业，M代表市场环境，那么R与各相关因素之间的关系就可以表述为：

$R=f$（G、E、M）

从上述函数可见，G、E、M都是自变量，R是因变量，R的情况取决于G、E、M三个因素各自的状态以及它们三者之间的配合情况。换句话说，要想使R达到最优化，在其他条件不变的情况下，G、E、M三因素必须各自处于最优状态，而且三者之间的配合也是最优的，两者缺一不可。

现在我们将上述函数$R=f$（G、E、M）进行分解，可以得出R与各要素的函数关系：

$R=f$（G）……政府行为函数

$R=f$（E）……企业行为函数

$R=f$（M）……市场环境函数

我们分析$R=f$（G）函数，可以看出R与G之间的依存关系。在这个函数中，G是关键因素，G的优化决定R的优化。作为G来讲，所谓优化，就是指政府是一个有效力的政府。所谓有效力我们赋予它下列几个要点：第一，政府要有权威，能够依靠其权威来制定和执行政策，依法对国有企业进行管理，注重守信和公平。第二，政府要精干，只要能保证集中精力于建立法律基础，保持宏观环境的稳定，提供基础设施和公共服务，建立社会保证体系，保护环境，管好国有企业等方面就足以。第三，政府要有为，能够组织公共物品的供给，善于用间接管理手段引导国有企业，特别是政府有能力制定并监督执行宏观经济发展战略，并能注意防止政策的负面影响，能够自我防止因急功近利而损害长远利益和大局的行为，能够有效管理国有资产，有能力做好国有企业的社会保障工作，履行社会保险职责，政府的决策科学化、民主化和制度化。第四，政府要廉洁，有自我约束机制，能自觉控制腐败现象和滥用权力行为。这无疑表明，函数$R=f$（G）中，G越靠近上述几点，G越优化，而G的优化才决定了R能优化。

同理，在函数$R=f$（E）中，E的最优化我们定义为：全新意义上的国有企业，必须是真正意义上的独立法人。这种独立包括组织独立、财产独立，以及法律地位独立。企业具有创新能力，包括制度创新、管理创新、开辟市场创新、开发新产品创新，完全适应市场经济的需要。

而函数$R=f$（M）中，M的最优化可定义为：能为政府与国有企业活动提供规范、公平、信息充分的市场体系与规则。市场上自由、平等、公平的竞争能够得到有效的保护，信息供给平等、充分。

现在我们再回到函数$R=f$（G、E、M）上来，根据优化组合原理，当上述单个函数最优化，即f（G）→∞、f（E）→∞、f（M）→∞，而各个要素之间没有

协调、缺乏有机联系和组合，还不能保证 R 是最优的，也就是说 R 的最优化的充分必要条件是：不仅每个要素是最优的。而且各个要素的组合也必须是最优的，如果用数学语言来表述，即：

要保证 $R=f\ (G、E、M)\ \rightarrow\infty$

必须 $G\rightarrow\infty$

$E\rightarrow\infty$

$M\rightarrow\infty$

$(G+E+M)\ \rightarrow\infty$

由此我们可以得出结论，政府与国有企业关系是一个复杂的网络系统，涉及许多方面，要想使其达到最优状态，适应社会主义市场经济要求，必须以构建原则为指导，运用多学科理论，总体设计，统筹规划，科学合理组合各个系统。

2. 理论模式构思

从上述生产函数导出的政府与国有企业关系目标模式无疑具有重要的理论意义。为了更直观地使人们了解上述模式的含义，我们进一步给出政府与国有企业关系目标模式基本框架（如图）。

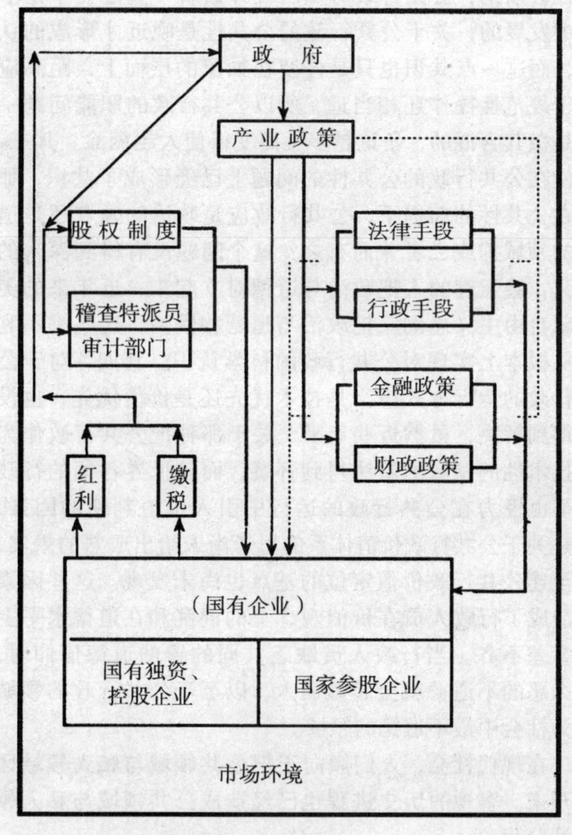

注：虚线表示政府间的配套和关联

从框架图我们可以看出，在社会主义市场经济条件下，政府与国有企业关系应该是：政府面向全社会实行大产业经济管理，建立综合性管理的组织形式，其手段主要是产业政策以及宏观经济政策（如财政政策、金融政策等）、法律和必要的行政手段。政府按投入企业的资本享有所有者权益，掌握企业经营的战略方向，对企业的债务承担相应有限责任。政府通过审计部门或通过向企业派出稽查特派员方式，激励和监督企业资产运营和盈亏情况。负责企业主要领导干部的考核、推荐和选拔，不直接干预企业的经营活动，各部门不再直接管理企业。取消政府对企业的行政隶属关系。企业依法自主经营、自负盈亏、照章纳税，对国有资本负有保值增值的责任，不能损害所有者的权益。

考虑到国有企业制度创新后，不同类型的国有企业具有不同的身份，政府与他们的关系也应体现其特殊性：

政府与国有独资、控股企业的关系。这类企业一般是关系国计民生的关键和重要领域或者是必须由国家控制的国有大中型企业，由于这类国有企业将要与政府一起承担一部分社会责任，企业在一定意义上是作为国家对经济实现宏观调控的一种手段。政府对这类国有企业在承担社会责任方面具有督促性，但这并不意味着会像传统经济体制下的命令与服从，而主要是通过两种途径来实现：一是政府作为出资人通过董事会做出执行政府意图的决策；二是政府从市场外部对这类国有企业给予政策引导，通过宏观调控政策来实现。国有企业在保证社会目标实现的前提下，还应尽可能地获得企业利润。政府不能侵犯其法人所有权以及经营自主权。同时，政府为了保障国有资产的保值增值，防止国有资产的流失。必须对国有企业进行必要的监督、稽查。

政府与国家参股企业的关系。这类企业大多数是国有经济战线收缩后不宜或不能完全退出的原中小型国有企业。这类企业一般不存在社会目标，其自身存在的基本目的在于尽可能获得自身企业的利润，而政府参股的主要目的则在于使国有资产增值。在两个目标中，企业的目标是主要的，因为，只有企业获得大量利润，才能使国有资产增值。因此，对国有参股企业而言，政府只是一个普通的出资人，不能直接就有关企业生产经营的事项单方直接做出决策。其作用，一方面是通过股东的权利和作用来影响企业做出正确决策，另一方面则是从外部以指导关系或合作关系，通过提供信息、技术、资金等方式来帮助企业实现自身利润的最大化。

（原文约 6500 字，发表于《东北师范大学学报》哲社版 2001 年第 3 期）

文摘编辑：焦利

行政改革中的道德诉求

张康之

[作者简介] 张康之，中国人民大学行政学系教授，博士生导师，从事行政学研究。

[内容提要] 在政治改革和公共行政的改革中，中介组织的发展是一个引人注目的趋势。但是，中介组织的发展并不是解决政府危机的根本出路，它只是一个随机性和权宜性的解决方案。公共行政的根本性变革取决于其价值的重新确定，其中，行政人员的道德价值是公共行政的内生价值。对于公共行政而言，制度及其体制的道德化固然是基本的方面，但是，这种制度和体制无非是行政人员行政行为的框架，最为关键的还是行政人员的行政行为。只有当行政人员是道德的，他的行为才是公正的，制度和体制的价值才能体现出来。行政人员的道德主要来自于他对个人权利与公共权力之间关系的正确处理。

[关 键 词] 公共行政；中介组织；行政人员；道德。

近20年来的行政改革开始出现了一个新的趋势，那就是通过大力发展中介组织，通过中介组织这个新的凝结点把整个社会重新凝聚起来。这的确是一个新的尝试，因为这样不仅可以起到限制政府权力的集中，抑制政府规模膨胀等方面的作用，还可以通过非政府的试错机制来探索加强社会联系纽带的可能。但是，我们必须指出，上述这条出路只是政府为了摆脱其科学化追求所制造的困境而发现的一条权宜性的、临时性的出路，它并不能从根本上解决问题。

我们要问的一个关键问题是：政府为什么总要到外部去寻找自身摆脱困境的出路，为什么不能够彻底改变自己，朝着它本应有的价值目标前进呢？

削减政府职能，发展社会中介组织是行政改革的外向型出路，而机构改革则是行政改革的内向型科学调整。但是，在行政改革的内向型出路中，除了科学化的调整之外还有没有其他出路呢？回答是肯定的，那就是对公共行政以及行政人员重新进行价值定位。

公共行政的价值定位主要是对公共行政的公共性的恢复，这个问题关系到公共行政的性质，是公共行政的基本价值，属于形而上的问题。而行政人员的道德定位则是公共行政中具体的内生的价值。当然，行政人员的道德定位是根源于公共行政的公共性的。但是，行政人员的道德价值却是公共行政中不可缺少的因素。

行政人员的价值一直处于未被认识和理解的境地，那是由于公共领域长期以来存在着理论认识的混乱。其一，关于公共领域与私人领域的差别未得到充分的研究，行政人员与一般社会成员的差别没有得到承认，甚至个人主义的自由主义的理论极力抹煞行政人员与一般社会成员之间的差别，在抽象的一般的意义上来谈论人的权利、义务等问题。其二，关于公共领域的职能定位问题未得到解决，在历史上，当公共行政尚未出现之时，政府及其行政管理担负着统治的职能，行政管理的目标是非常清楚的，那就是一切都从属于维护王权的需要。近代社会以来，公共行政自从出现开始就一直是在争论不休中发展的，关于公共行政的公共性是晚近才形成的认识，而这一点共识也只是停留在抽象的层面上，距离应用于规范性操作还相当远，所以公共行政的职能问题一直是极其含混的，争论越多反而变得使人越糊涂。其三，即使在公共行政的公共性的问题上已经形成了共识，那么在公共性的前提下，公共行政应是政治的领域还是道德的领域抑或二者兼而有之？这个问题没有得到深入的研究，甚至有的人把政治与道德对立起来，近年来的美国新自由主义思潮又把政治与道德相混淆，这些都不利于从根本上实现对公共行政的科学认识。其四，对于公共行政的运行方式应当是技术优先还是价值优先，也没有得到解决，虽然近些年来，关于那种把公共行政作为纯技术性的领域的看法得到怀疑，而且世界各国的行政改革也极力在公共行政的运行中引入价值判断的因素，但是关于公共行政价值体系的思考尚未给出成熟的果实，甚至连公共行政价值定位的基点也尚未发现。这些因素都造成了行政人员在价值观念上的混乱和在道德水平上的参差不齐。当行政人员缺乏共同的善的道德信仰时，那么恶的不道德就会趁虚而入，以至于公共行政的领域成为社会中最不道德的领域。

在现代社会，人们倾向于把公共领域与私人领域区别开来。客观的历史进程也已经造成公共领域与私人领域的分化。

私人领域是个人的利益的领域，不仅如此，而且在个人利益的追求中，私人领域中表现为一个充满差别、分歧、甚至竞争和对峙的文化、道德和价值观念的领域。在某种意义上，公共领域存在的价值也恰恰是建立在这种差别、分歧、竞争和对峙的基础上的，如果没有这些对立性的因素，公共领域也就没有存在的必要性了。既然这样，那么作为公共领域中的活动主体的行政人员，其基本职责就是维护和提供公正。公正是公共行政的第一要义，其他一切行政行为和原则，都只有从属于公正才是有意义的。公正自何而来？当然需要有相应的法律制度，但法律制度并不是万能的，它必须辅之以行政人员的行政道德才能充分发挥作用。

可以说，在任何一个社会中，都存在着多元的价值观念和道德原则，特别是在现代社会，谋求一个社会必须建立统一的价值观念和道德原则已经变得非常荒诞了，因为它在客观上是不可能的。但是在公共领域中却完全不同，公共领域是一个特殊的领域，公共领域中的从业人员是经过专门挑选 之后才赋以职位和职权的，要求这个领域中的全体人员拥有共同的价值观念和信奉统一的道德原则不仅是完全可能的而且也是完全必要的。因为公共行政本身就包含着把不具有这种价值观念和道德原则的人清除出去的机制。只是由于公共行政长期以来并没有把视线放到这个问题上来，它的这个机制才没有发挥作用。

对于行政人员来说，他的个人权利与他所掌握的公共权力之间的关系问题是他的全部行政行为价值定位的基础。在他的行政行为中是优先突出他的个人权利还是优先突出公共权力的性质和功能，决定了他的行政行为的道德化的状况。他要突出个人权利，就必然会在其职业活动中以个人利益为取舍，他要突出公共权力的性质和功能，就会在他的职业活动中以公共利益为主导。当然，作为社会中的一员，人会有着个人的利益追求，而且私人领域中人与人之间的关系本来就应当是一种功利关系。但是，“把所有各式各样的人类的相互关系都归结为唯一的功利关系，看起来是很愚蠢的。”事实上也确实是这样，功利性表明了人的一种价值追求，是人的活动的普遍原则，人的活动总是有目的的，人一般说来不会去做那些徒劳无益的事，除非他这样做是由于对客观的外在原因的不自觉而造成的。但是，如果把人的活动的功利性绝对化为社会生活的基本原则，并用它来理解人的一切关系，显然是不合适的。特别是用来理解公共领域与私人领域的关系、理解公共领域中的各种关系和理解行政人员的行政行为，不仅是不合适的，而且会造成误导。

个人可以提出自己的权利要求，可以通过正当的途径维护自己的权利，但个人不可能自己为自己确立某些权利，更没有理由运用公共权力来扩展自己的权利。在公共行政中的问题恰恰是行政人员总是运用公共权力来扩展自己的权利。权力是一种强制性的力量，正如克特·W·巴克所说，权力是“在个人或集团的双方或各方之间发生利益冲突或价值冲突的形势下执行强制性的控制”。但是，权力作为一种强制性的力量是建立在公共意志的基础上的，特别是在现代社会，一切权力都应当是公共权力，是公众力量的凝聚，代表着公共利益和执行着公共意志。只有这样，权力才是合法的权力。

当然，权力是权利不可或缺的基础与保障，但是只是公共权力才是每一个个人权利实现的条件，因为公共权利是公共的，是属于每一个人的。但是，如果公共权力被用来优先维护行政人员的权利的话，那么公共权力的性质就会发生改变。从公共领域与私人领域分化的现实来看，如果说在私人领域中个人权利是第一位的话，那么在公共领域中公共利益则是第一位的，在这个领域中奢谈个人权利，不仅无视了公共领域的特殊性，把公共领域混同于私人领域，而且会在公共领域中造成全面的价值混乱。

总之，行政人员需要正确处理他作为社会一员的权利和他作为行政人员所掌握的权力之间的关系，需要拥有公共职业责任和公正职业道德。因为，行政人员在公共权力机构中担任公职不是一种纯粹的雇佣关系，而是一项肩负公民赋予的重任职业活动，是有着崇高的伦理精神意义的崇高职业，因此，要养成为公众服务的个人献身精神，努力牟取公共利益的最大化。哈耶克认为，市场经济最重要的道德基础就是责任感，这种责任感源于每个人对自己行为的一切后果负责的道德感。没有基于道德感基础上的责任感，任何职业都将失去它的社会价值，社会生活也会失去高尚的生存意蕴。因此，行政人员只有明确自己的权力价值和权力地位，才能确定承担公共责任，维护社会公共等行政道德，价值取向，形成健康、完善的道德人格，成为公民的忠实代理人。

（原文约6000字，发表于《北京科技大学学报》社科版2001年第2期）

文摘编辑：杨海洋

我国宏观政策积极效应及再运行制约因素分析

何永贵 刘 敏

[作者简介] 何永贵，华北电力大学经济管理系副教授。
刘 敏，华北电力大学经济管理系。

[内容提要] 面对通货紧缩，中国政府首先采用适度扩张的稳健货币政策，继而以扩张的财政政策为主刺激消费和投资需求。投资乘数因边际消费倾向的下降而不断下降，削弱了财政政策的扩张作用。在中国资本市场化程度低的情况下，货币乘数无法通过存款创造机制体现政府扩张经济的货币政策，从而制约中国景气的回升。在自发的、内生的经济增长启动前，积极的宏观政策仍有必要，而且相关政策措施随经济的再运行主动进行调整更有其现实意义。

[关 键 词] 投资乘数；货币乘数；政策效应；政策调整。

我国实行积极宏观政策3年来，抑制住了经济下滑，使亚洲金融危机对我国影响最小，保持了一定经济增长目标。2000年经济增长率达到8%，表明中国经济已趋稳回升。但是，失业规模的扩大，民间投资、居民消费需求的低迷，显示扩张经济的目标还远未达到。

一、投资乘数对财政政策效应的制约

扩张性财政政策的效果主要取决于投资增量和投资乘数。

1. 看财政支出引起的社会投资增量。社会投资分为政府投资和民间投资。政府投资主要体现在增发国债上，主要用于基础设施和基础产业。国债的使用方向影响着政府投资对经济的拉动强度：（1）基础设施的产业关联度小，对经济的拉动弱，投资乘数小；（2）基础产业及基础设施属于服务型产业，若没有支柱产业、先导产业的相应发展，难以发挥应有的功能，相反带来利用率低下的不良后果；（3）基础设施建设中相当一部分设备需进口，带动的是国外的投资，对我国的组装加工业来说则是一大损失，还可能影响其产业结构的优化。

2. 看投资乘数。所谓投资乘数，即国民收入的变化与带来这种变化的投资支出变化的比率（收入的改变量与投资的改变量之比）。在投资增量一定的情况下，投资乘数越大，财政政策效果就越大。决定投资乘数的因素主要是边际消费倾向，投资乘数也可谓边际储蓄倾向的倒数，即（1－边际储蓄倾向）的倒数。

表1 1995—1998年边际消费倾向和投资乘数

	边际消费倾向			投资乘数			国家预算用于
	城市	农村	全国	城市	农村	全国	固定资产投资
1995	1.04	0.81	0.85	－	－ 5.26	6.67	621.05
1996	0.39	0.71	0.73	1.64	3.45	3.70	625.88
1997	0.85	0.05	0.58	6.67	1.05	2.38	697.74
1998	0.58	－0.12	0.35	2.38	0.89	1.54	1197.39

资料来源：《中国统计摘要》（1999）

可以看出：全国边际消费倾向不断下降，特别是农村边际消费倾向已出现负值，投资乘数也相应下降。1998年国家预算用于固定资产投资的绝对量尽管大幅度提高，但由于投资乘数只有1.54，削弱了政府投资对经济的拉动作用。

若考虑时间因素，单位时间的投资乘数还受商品周转速度（货币周转速度）的影响。一笔投资引起的次级消费循环次数越多，投资乘数/年就越大。我国近几年商品周转速度明显呈下降趋势。

表2 GDP周转速度（货币周转速度）

年份	1995	1996	1997	1998	1999
GDP/MI	2.39	2.34	2.1	2	1.81

资料来源：中国社会科学院经济所宏观课题组《寻求有效的财政政策——中国宏观经济分析》（《经济研究》2000.03）

3. 投资乘数逐年下降的原因。从我国的实际情况看，主要有以下几点：（1）物价持续下降，人民币储蓄保值的功能增强，造成居民边际储蓄倾向递增；（2）政府机构改革、国企改革引起的下岗分流，加大了职业流动性，使居民对未来预期不确定，从而减少当期消费，增加储蓄以防未来的投入波动；（3）随住房、医疗、教育等各项改革的逐步推进，原先由国家、政府、企业负担的支出，大部分改由个人负担，实际降低了人们的当期收入；此外预期未来支出增加减少了当期消费；（4）高收入者边际消费倾向低，消费增加速度低于收入增加速度，随收入的增加消费减少；低收入者边际消费倾向高，收入的降低使其减少消费，造成了收入差距的扩大，引起边际消费倾向降低；（5）储蓄转化为投资的机制不健全，导致投资乘数下降的循环。投资乘数下降，储蓄增加，消费减少，供大于求而引起一般价格水平下降，企业利润降低，投资收益率降低，企业减少投资，增加储蓄，投资乘数再次下降。

从一定意义上讲，投资乘数代表市场效率，市场效率高，经济活动的交易费用越低，市场交易越容易进行。对消费者而言，表现为消费的顺利实现。反之交易困难必然影响消费的实现，降低边际消费倾向，也会减慢投资引起的次级消费的循环速度，进而削弱投资乘数的作用。中国正处于向市场经济转轨的进程中，市场机制还不健全，巨大的体制变迁在许多方面影响着经济的运行。

二、货币乘数对货币政策效应的制约

1996—1999年9次降息，其力度不可谓不大，但效果却不明显，储蓄余额继续增加，民间投资也未启动。利率手段在西方尤其美国，近10年来调控经济，特别是调控股市的效果非常明显，这与其金融业市场化程度高密不可分。而我国的资本市场一直处于非市场化状态，利率是官定利率而非市场利率，不能真正体现投资需求的变化，货币政策的力度相应降低了。

扩张性货币政策一方面通过降低官定利率刺激投资需求，另一方面通过增加货币供给降低实际利率。利率刺激投资的效果主要取决于投资对利率的弹性。尽管目前我国商业银行逐渐脱离政府直接控制，利率降低了，商业性目标得到增强，但由于国有企业的投资与利率的相关性基本不存在，民间投资对利率也不敏感，刺激投资的效果大打折扣。货币政策在中国市场化程度还较低，金融系统呆坏账问题短期无法解决的情况下，其作用力度有限，因此以积极的财政政策为主导、稳健的货币政策为辅的宏观经济政策手段有其现实意义。

三、景气回升中经济政策措施的调整

进入2000年以来，已有诸多迹象表明我国经济开始启动回升。但从民间投资还远未启动、主导性消费热点尚未真正形成看，我国经济目前仍缺乏内在的、自发的经济增长动力。在这种自发增长启动前，积极的宏观经济政策仍需存在，而且，相关政策措施随经济运行的主动调整尤其必要。

1. 国债政策是财政政策的重要组成部分，目前也是政府启动经济的主要手段。如前所述，主要用于基础设施建设的国债，因产业关联度小，投资乘数低，难以启动民间投资，弱化了公债刺激经济的作用。并且基础设施在一定阶段内需求是有限度的，应该重新确定国债的使用方向。可考虑发行特别国债，或将增发国债的一部分用于建立社会保障基金，推动社会保障体系的建设，从而稳定居民预期，启动消费。同时由于国债市场作为金融市场的一个组成部分对货币市场、资本市场发挥作用，因其发展缓慢，交易限制太多，流动性差，使用效率低，市场化程度不高，使得通过公开市场业务买卖国债进而调节利率和货币供应量的货币政策受到制约，影响其效果发挥。国债作为扩张性财政政策的资金来源，要受到财政赤字规模的限制。因此国债发行不仅在数量上，更要从国债品种、结构及使用效率上加强管理，确实发挥国债政策对经济的促进作用。

2. 一般扩张性财政政策的另一手段是减税，在经济衰退期，通过减税刺激企业投资、个人消费；刺激外需的一项重要工具是关税，降低关税效果既显著又及时。1996年4月1日关税税率从35.9%下调至23%，但关税收入却增长了16.45%。这与关税降低后，逃税动机下降、走私减少有关。提高出口退税（可视为减税），使出口企业税务减轻，刺激了出口，同时通过国内需求的乘数作用，对国民经济的增长有一定的贡献。而国内税收作为刺激内需的工具，其作用不甚明显。从近几年看，我国实际宏观税率是提高的，税收的增长每年都超过GDP的增长。

税负构成企业成本，挤压了企业利润，在投资利润率本来不高的情况下，税收政策降低了企业的利润预期，造成民间投资无力响应扩张性财政政策。而以赤字为支持的扩张性财政支出规模又限制了减税政策的实施。因此，税制改革的要求比以往更强烈。我国应在此轮世界性税制改革的浪潮中抓住时机，借鉴国外成功经验，将税收政策作为经济结构调整、刺激经济长期增长的有力工具。

但是通货紧缩现象背后的深层次问题不是扩张性宏观经济政策能够在短时期内能够解决的，它需要各种政策工具的相互配合，发挥各自优势，使其不利的影响最小化。在景气逐渐开始回升的情况下，应将注意力重新放回改革方面来，从体制入手，从重构微观经济主体的活力入手，从需求和供给、特别是产业结构优化升级等根本矛盾入手，才是解决经济增长后劲不足的关键。

（原文约6000字，发表于《华北电力大学学报》社科版2001年第2期）

文摘编辑：杨海洋

管理“四要素”对管理效能的影响及控制

吴发科

[作者简介] 吴发科，华南师范大学教育科学学院副院长，副教授。

[内容提要] 在管理系统过程中存在着四个基本要素，它们有机地结合在一起，相互依存发展，并通过不同形式共同作用于管理过程和影响管理效能。管理要达到最佳效能，就要从体制、机制和人的素质等方面对其实行有效控制。

[关 键 词] 管理；效能；管理者要素；对象要素；介体要素；关系要素；影响；控制。

一、管理“四要素”对管理效能的影响

管理是一个系统工程，也是一个过程。在这个系统工程中存在着四个管理基本要素，叫管理的“四要素”。即管理者要素——领导层、决策层；管理对象要素——被管理的“人”和“事物”（本文讨论的对象主要是人）；管理介体要素——管理目标、方案、政策、法规、制度、措施等；管理关系要素——管理者、管理对象、管理介体之间的关系，即管理体制、管理机制、管理模式。“四要素”在管理系统过程中既相互联系又相对独立、既相互依存又各自发挥效能，它们之间有着内在联系，并通过不同的形式、途径作用于管理系统过程之中。一旦管理开始，四要素就始终制约和作用于管理系统过程，并影响管理效能。只要“四要素”中一个要素出现偏差，管理就难于达到预定目标和效果，只有四个要素协调作用和发展，管理才能顺利进行和达到最好效能。

1.“管理者要素”对管理效能的影响。一是管理者对客观事物的认识水平的局限及管理手段科学性的局限，使管理在决策阶段就已潜伏着管理效能的隐性缺陷——这叫决策性错误。例如，“风险性投资”，不管论证方案如何科学，都面临投资、风险、利润大小的两难选择，其选择取决于投资者的经验、胆略、财力和对客观事物的认识水平，其选择不是纯粹的“科学选择”，而是夹杂着投资者主观的“价值判断”，其选择受管理者人为因素的影响。二是管理者自身的管理水平差异，使管理在执行阶段中存在的管理效能的显性缺陷——这叫管理不善。如管理者的能力魄力、主观意志、人格力量、方式方法等因素均能影响管理的效能。因此，不论论证过程如何严谨、决策过程如何科学、管理程序如何严密，管理者人为主观因素自始至终都渗透在管理之中，管理者主观局限性造成管理对目标的偏离，影响了目标的管理效能。

2.“管理对象要素”对管理效能的影响。“管理对象要素”在管理中是十分活跃和不稳定的：一方面管理对象的自然属性——事物，它随着时间空间的变化、随着科学技术的进步、随着社会客观环境的改变而不断的变化，并影响着管理目标、过程和效能。另一方面管理对象的社会属性——对人的管理，是一项极为复杂的社会管理工程。由于“管理对象”——人，存在着社会文化背景的差异、人生观和世界观的差异、价值趋向的差异以及看待事物角度和态度的差异，导致人的思想行为素质、文化知识素质、传统习惯势力、团结协作精神、对管理目标的认同感等程度均不同，故任何一项管理决策、管理措施都有可能存在着两种以上的不同看法和意见，不同的群体对同一事物和管理制度的反映和评价不同，同一的群体对同一的事物和管理制度的反映和评价也不同。管理对象——人的认同感、积极性及管理对象的素质对管理效能起了影响作用。

3.“管理介体要素”对管理效能的影响。其一，“管理介体”自身的技术局限性影响管理效能。管理介体本身受科学技术条件的限制，介体本身未能达到管理目标方案的要求，影响管理者决策和管理效能。例如某一工程的管理决策方案，由于受工程技术性条件能力的限制，科学技术手段不够先进，造成论证过程和管理方案本身存在着技术性缺陷，不完善的决策方案制约了管理的质量效果。其二，“管理介体”自身的缺陷影响管理效能。管理介体是人为制订的，由于人的主观因素的制约，法规、制度本身有可能存在着不尽科学和不尽完善合理的方面，“管理介体”就不可能绝对正确，只有相对正确和相对合理，这给管理效能造成一定的影响。其三，“管理介体”时效性影响管理效能。任何一种管理介体都受时间因素的影响，具有管理的时效性，因而对管理效能产生影响。如在实际管理执行过程中，往往由于法规制度过时、未能适应新形势的需要，使之出现管理的“效能递减”。其四，“管理介体”的合理性与认同性的矛盾对管理效能的影响。尽管管理者主观努力上要让“管理介体”正确合理，但是任何一种管理介体，都难以让全部群众认同和满意，这种合理性与认同性的矛盾间接地影响管理的效能。

4.“管理关系要素”对管理效能的影响。“管理关系要素”是指管理各要素在管理系统过程中的联系。在实

际管理中，容易把“管理关系要素”混同于“管理介体要素”。两者截然不同，“管理介体要素”是法律、政策、法规、条例、措施、制度、规定的条文；“管理关系要素”是谁有权力职责制定这些政策和制度条文——谁是立法者，谁有资格执行这些政策制度——谁是执法者。从理论上说，显性的权力在“管理介体”——即外显权力在政策、法规、制度的条文之中；隐性的权力在“管理关系”——即实际权力在管理体制、机制之中，也即谁具有立法、执法权。政策、法规、制度等“管理介体”仅仅是“管理关系”体制、机制的工具，真正的权力在“管理关系”。从职能权限上看，管理体制大于管理机制、管理机制大于管理制度、管理制度大于任何一个管理者，管理者行使权力，在立法时必须置于体制、机制（管理关系）之下，在执法时必须受制于法律法规（管理介体）之内。管理关系理顺与 否影响管理效能。

二、管理要素对管理效能影响的控制

管理要素对管理效能的影响有可能是积极的，也有可能是消极的。因此要进行有效控制，努力扩大积极面和缩小消极面，提高管理效能。

1．要从体制上对其控制。从体制上控制，主要是对“管理各要素”的权力职能进行合理划分和控制。就我国当前管理体制来看主要是对“管理者要素”的权力范围加以限制，又对“管理者”权力范围内的职责给予加强，做到“权小责大”，同时对领导行为、领导效果实施有效监控。从体制上控制要做到：（1）“各要素”的权力分割。即做到“立法与司法”分离，做到决策权与执行权分开、管理权与监督权分开。要减少“管理者要素”的权力，赋予“管理对象要素”——被管理者的知情权、参与权、监督权。这不仅是一个国家要做到立法与司法分离，而且是一个部门或组织内部也要做到立法与司法分离，部门和组织的领导者只有执法（执行制度）权力没有立法（制订制度）资格，立法权力要从领导层剥离出来，并将立法权（制订制度）赋予部门或组织的职代会。目前许多部门或单位的领导层，自己制定管理制度，自己贯彻执行，自己监督自己。这样一方面造成领导权力过分集中，给贪污腐败有机可乘，且容易出现干群关系紧张；另一方面造成领导精力分散，既要立法释法又要贯彻执行，容易出现管理精力不足，影响管理效能；再一方面造成“领导换一任、法规改一遍”的现象，使“管理介体”中断，出现“政策不连续”的现象。（2）“各要素”的职能要分明。即做到“管理者增强执行职能削减决策职能，只有司法（执行制度）职能没有立法（制订制度）职能；管理对象（职代会）具有决策职能和（工会）具有监督职能”。作为集体企业、国有企业和事业单位，如果管理者的决策权、管理权、执行权和监督权集于一身，这将有百害而无一利，经营不善、分配不公、乃至贪污腐化的现象将不可避免。而作为私营企业，老板是领导，老板与职工是主雇关系，在投资经营方面老板可以有一定的决策权力，这是因为老板要承担企业盈亏风险，但若权力过大，也会出现经营不善、分配不公和剥削现象——侵贪工人的“剩余价值”。现代管理，老板对员工的工资分配不再是单方决定，而是要与工会协定、遵守政府的最低工资规定，这是对老板权力的控制。因此体制控制就是把决策权、监督权从管理权中剥离出来，做到“管理者要素”权力职能 单纯化和“管理对象要素”具有权益化，从而控制和提高管理效能。

2．要从机制上对其控制。从机制上控制的目的主要是：（1）提高管理的运作效能、质量、经济效益，全面提高管理效果。从体制上对权力、职能进行合理分工之后，就是提高管理效能的问题，使管理各要素的职能得到正常、顺利、合理、高速运转，这就要靠管理机制起作用。（2）利用机制来调节“各要素”的关系，减少“各要素”之间的磨擦，减少管理过程对目标的偏离，使管理过程沿着管理目标高速运转和前进。（3）从机制上使决策科学化、程序化、管理民主化公开化，努力使“管理介体”合理化公道化，充分发挥“管理对象要素”在管理中的作用。从机制上控制管理效能，实际上是利用机制的功能，加强和发挥“管理关系要素”的重要作用，调节单位内部领导、群众、制度之间的关系，提高组织内部管理效能。

3．要从人的素质方面对其控制。提高人的素质要做到：一是提高管理者、管理对象的思想道德、观念习俗、文化知识、能力技术、行为规范、个性修养等综合素质，只有高素质的人，才能谈得上高效能的管理；二是领导层要加强管理知识理论的学习，提高管理的水平与能力，提高管理效能；三是决策层管理层要掌握先进科学技术，用先进的技术手段来制定“目标决策方案”和“管理控制方法”，使“管理对象要素”在管理中发挥良好作用。

（原文约 5300 字，发表于《广东行政学院学报》2002 年第 1 期）

文摘编辑：杨海洋

浅谈管理创新

古丽斯坦

[作者简介] 古丽斯坦，新疆大学经济与管理学院副教授。

[内容提要] 管理的实质表现为计划、组织、领导、协调和控制的结合。在现代化管理当中，管理的实质又增加了创新的意义并包含了多方面的内容。主要可归纳为：发现新事物、采用新制度等。

[关 键 词] 管理；创新；制度；组织。

所谓管理，是管理者行使职能的过程，是引导组织适应外部环境和内部条件的变化，有效地配置和利用可得到的有限的资源，进行整合，以实现本组织既定目标的动态的创造性活动。这种创造性的整合活动包括了组织目标、结构、制度、市场诸方面的内容。管理也是通过计划、组织、领导、协调、控制等职能的发挥，保证组织按预定的方向和规则运行。但是，随着经济发展速度的不断加快以及组织自身发展的需要，创新这一新的内容正被不断的充实进管理的职能当中。组织在管理和资源整合的过程中遇到的问题都可以分为程序性问题与非程序性问题两大类，两者除了依靠一般的管理职能外，实际上管理的创新，即管理主体发挥创造性并付诸实践。从程序的产生和变迁的全过程来分析，对于程序性问题，管理主体只要按既定的程序来配置、利用资源，便可达到预定的目标。对于非程序性问题，对管理主体而言，就需要依靠自己的创造性，去发现配置资源的新方案和途径，以达到预定目标，这就是创新。

一、管理创新的体现方式

管理的对象为某个组织，属于社会系统。而每一个系统都是处在不断变化之中，并逐渐导致系统整体的变化，并且与它所处的外部环境要不断发生物质、能量和信息的交换。社会系统所处的外部环境是不断变化的，它会对该系统的内容、要素等产生不同程度的影响。所以，系统就需要及时根据内外变化的要求，适时进行局部或全局的调整，这种为适应系统内外的变化而进行的局部或全局的调整，这正是管理中的创新。

人类社会已进入知识经济时代，知识和信息已成为公认的最重要的资源，知识的生产和利用已带动了一个新的产业——知识产业。知识资本的价值正慢慢超过传统资本的价值，正是由于这种变化，管理者的思想观念也需经历根本的变化，意识到管理创新的作用，在各项管理工作中重视创新，追求新发现、探索新规律、创立新学说、创造新方法、积累新知识，尽快实现管理的最终目标。

二、管理创新的动因

动因包括内在的与外在的，管理创新也会受内在动因及外在动因的驱使。

基于管理创新的对象，内在动因主要是人的需求的客观存在。马斯洛的需求层次理论认为，人的需求分为若干层次，包括生理需求、安全需求、社会交往需求、尊重的需求、自我价值实现的需求。这些需求都是无穷无尽的，这成为人们不断追求新的事物，以满足这些无止境的需求的永不衰竭的动力源。而实现自我价值的需求，更强化了管理主体即创新主体对成就的向往、对自我价值实现的向往，从而产生创新的内在动力。根据需求层次理论，人的多层次需求经历一个从低到高逐级强化的过程，当低一层次的需求获得基本满足之后，新的需求会突显出来，而实现自我价值的愿望是需求的最高层次，它会成为追求创新的永恒的动力。人们希望从创新中获得成就感，显示自己的价值，从而得到满足，并且通过这种不断的满足，在思想上产生强大的激励力量，促使创新主体为了社会、组织的使命而付出不懈的努力。

除了内在的动因，管理创新还有着多方面的外部动因。对某个具体的组织来说，创新的外部动因会包括以下几个方面：其一，外界环境的变迁。经济的发展会引起外界环境的变迁，并直接地影响人们的生活方式、消费观念，人们的价值观念、行为方式等发生变化，从而促使人们发挥创新的才智，去发展生产力以满足上述丰富多彩的企盼，而这种变化要求社会组织的行为必须随之作相应调整，不断进行管理创新，来推动生产力的发展以适应这些变化。其二，自然资源的约束。在经济发展中的某些短期行为，导致了自然原料日益短缺，运营成本日趋提高，环境污染日益严重，这些对企业都将形成巨大压力，迫使企业进行管理创新，改变现有的运营方式，以适应严峻的形势。其四，不断发展的科学技术。一方面，科学技术的进步会为人类开辟了更新更广阔的新天地，作为管理主体，有责任通过不断创新，来引导和加速科学技术进步的过程。另一方面，由于科技的进步导致大部分产品的生命周期明显缩短，技术与信息贸易的比重逐渐增大，对管理主体形成强有力的挑战。其四，由于科技的进步，劳动密集型产业面临更大的压力，我国劳动力费用低廉的优势将逐步减弱，竞争将面临更大的压力。上述种种，都将迫使管理主体注重管理创新，通过创新，迎接挑战。

三、管理创新的内容

为了达到管理的最终目标，管理创新应包括以下几方面的内容：

第一，在管理理念中引进创新思路并加以有效实施。人的行为来源于思想，创新作为管理活动之一，需要管理主体正确认识创新在管理中的地位，形成一整套完整的思路，才有可能在各项活动中有效实施。第二，改变现有的组织机构，使之有效运转。组织创新是指组织规则、交易的方式、手段或程序的变化。这种变化可分为两类：一类是不改变原有规则结构的性质前提下的组织进行一定程度的创新；再一类是根本改变规则结构的彻底性创新。那么创新将会随着管理的各项职能渗透到组织运转的每一个环节，使创新真正发挥它的强大的威力。如突破以组织过程为中心的组织创新，按“过程”作为构件来构造组织。以这种思路来重新设计组织，可以带来组织构形扁平化和组织机构的精简。这种企业再造理论使组织各机构从原来的职能部门变为以任务为导向，聚集多种适用人才的“过程小组”。当然，组织创新要注意掌握适度的原则，过于频繁的大规模的组织变动会使组织经常陷于动荡状态，不利于组织功能的发挥与组织目标的实现。第三，设计新的管理方式，创立或引进一项新的制度。如引入新的制度（组织的结构与运行规范）安排，企业的组织形态、运行机制等以及解决组织的产权制度和组织形态问题等，改善组织的运行方式，从而提高管理的效率。第四，通过应用新的技术，采用新的方法、新的流程、新的技术包括这些方法的实施过程体现创新的成果，并且通过这些新技术成果的商品化、产业化的扩散过程，结合市场创新寻找、强化新的需求和采用新的营销组合，创造更好的经济效益。它包括技术及生产要素创新、要素组合方法的创新即生产工艺与生产过程、产品创新（包括品种、结构、效用诸方面）。

综上所述，管理创新的目标，是通过改变组织中人员的行为来提高组织的绩效，它包括了思路创新、组织创新、管理方式创新、制度创新、技术创新等内容，通过这些创新把组织的各种资源条件、各种生产要素进行“整合”，创造新的更有效的运行范式，以追求效率更高的组织运行结果。

（原文约3500字，发表于《湖南财经高等专科学校学报》2002年第4期）

文摘编辑：焦利

德鲁克管理思想中的人本主义追求

李　涛　张宗建

[作者简介] 李涛，东南大学哲学与科学系在职博士研究生，徐州空军后勤学院政治理论教研室副教授，研究方向：管理思想史。

[内容提要] 人本主义是贯穿德鲁克管理思想的一个基本追求。这一追求从以下三个层面展开：管理的核心和最终目的在于它对人的意义；组织与个人的和谐关系是达到人本目标的实践基础和条件；自我管理是人自我实现的根本途径。通过对上述三个基本信念及其具体体现的分析可以发现，德鲁克人本主义管理思想呈现出四个极有启示意义的特点：有机的系统性、鲜明的实践性、睿智的和谐性和不懈的发展性。

[关 键 词] 德鲁克；管理思想；人本主义。

从上个世纪20年代起，西方管理思想中逐渐形成一股可以与科学主义相匹敌的人本主义思潮。德鲁克吸收并综合了早期的人本管理思想，在理论的系统性、实践性、深入性方面有所超越。德鲁克首先确立了以人为管理核心和归宿的原则，随后提出建立积极的个人与组织的和谐关系，并将管理的责任最终归结为个体的自我管理。从而形成了由外到内，从组织到个人的有机而一致的思想体系。尤其是德鲁克对自我管理的理解和重视使其人本主义管理思想实现了质的升华。

一、寻求将人作为组织核心的管理人文观

德鲁克充分认识到，管理中最重要的问题都是来自人的方面，决定管理成功的不是机器，而是人；所有管理的成功在根本上是人的成功，所有管理的失败都是人的失败，而非物质和事件本身的成败。对于人同日益进步的管理技术的关系，德鲁克有十分清醒的人本意识，认为尽管随着后资本主义社会的到来，信息处理技术将十分先进，但它只能是一种管理工具，决不可能取代管理者的决策行为；如果我们不去致力于把人类活动协调起来，纯技术的进步是徒劳的。

人在组织中的中心地位，决定了管理的宗旨就是最大限度地发挥人的能力。领导的责任不是对人的控制，而是激励人，使工作人员有成就，应该将蕴藏在员工内部的力量和才智挖掘出来，并使之得到最大的发挥。在德鲁克的道德信念中，对员工的潜力抱有宽厚的态度，并用蕴涵着人性的温暖去培养人，应该是管理者必备的品德。对于管理在组织社会中的作用，他回答道，准则只有一个，它是组织运作的指导思想，也是管理权威的基础，即发挥人的优势。

对人的重视不仅是手段，更是目的。这体现在德鲁克对企业及管理者的社会责任和道德义务的要求之中。在他的世界里，经济必须体现为社区和社会服务这一人本要求，即人为第一，商品随列第二是一个基本信念。他相信这种理想主义，即建立一个尊重人类尊严的社会是有可能的。在契约理论中，当个人追求自我利益时，人性的优点被市场的“无形之手”调制成和谐之音，使业主能自动地为公共利益服务。而在德鲁克的基本理论中，无形的良心代替了无形之手。现代企业的管理者们，必须有意识地自动担当起对公共利益的责任。而且每当他们行使权利将会侵犯公共福利和个人片面自由时，就要克制自身的利益和权力。对企业社会责任的这种强调，被称为德鲁克管理思想的一块试金石，即判定企业的好坏不能只根据自身生意，还要“根据其对社会的好坏来判定”。

在德鲁克的管理人文观中，组织的中心是人，组织的宗旨是发挥人的能力和优点，组织的目的在于对人的责任。这种责任在组织内部是促使个人潜力和人格的发展，在外则是对整个社会的义务。因此，管理决不仅仅是做交易的手段，它深深地影响到人们的生活，不可能与人同人之间的关心和情感，与人的追求和信念相割裂。管理必然同人对自由和理想、同人的发展和自我实现联系在一起。

二、谋求个人与组织积极协作的有机和谐观

当以人为组织核心的管理人文观得以确立，必然要解决个人与组织的关系问题。对此，古典管理学派不论是泰罗、法约尔还是韦伯都强调组织优先。到行为学派时，尽管注意到了人在管理中的重要作用，但是在作为其思想根源的伦理观念中，团体还是优于个人，认为组织的努力和控制可以解决所有问题，对意见一致性的关心使个人的创造性受到忽视。另一方面，一些人本主义思想家在指责组织对个性的压抑和自由的剥夺时，只看到了工业管理的弊病，夸大了组织与个人的对立。德鲁克则力图用有实际意义的努力，通过个人和组织的积极

协作来促进人类自身价值的实现。

德鲁克确信人类社会价值的实现，人类的尊严和个人的成就感是不可能脱离组织而独立存在的。他所谋求的目标就是要实现组织与个人、人性理想和公司现实之间的协调，并将它作为个性发展和完善的一个立足点。

德鲁克关注实际的态度使他提出了在其管理思想中占重要地位，并在管理实践中得到广泛运用的目标管理。通过个人融入管理工作之中，他要拆除组织与员工，拆除劳方与资方间的那堵墙。德鲁克认为，古典管理学派偏重于以工作为中心，忽视了人的一面；行为学派反过来强调以人为中心，忽视了同工作的结合。而目标管理则结合了以工作为中心和以人为中心的管理技能、管理制度，使职工在工作中发生兴趣和价值，从工作中满足其自我实现的需要，也使企业的目标更好地得到实现。目标管理原则能够使个人的力量和责任心充分地发挥出来，它指明了共同的观点及努力方向，建立合理的协作关系，以协调个人目标和共同利益的谋取。由此，可以实现有效性与价值观的统一，解决绩效和人本的两难问题，并最大限度地将其间的冲突转化为互利。

在德鲁克的“组织的社会”里，组织不能代替个人，但个人的意义也不可能绕过组织而达到，组织的成长和个人的自由是可以协调的。组织和工作应该有利于个人发展，个人则通过组织实现自己的价值。只有谋求组织与个人的和谐，才能开发和激励人性中积极的一面，个体的价值和理想才能更加有效地实现。效率与价值、工作与人、任务与理想、组织与个人、终极追求与现实目标不但不应该分离，而且是可以在实际管理过程中得到统一的。管理就是要寻求这些矛盾之间的平衡，通过“中庸”的智慧，努力实现各对要素之间的协调。

三、力求由自我管理来实现的个体发展观

德鲁克早就认识到，大多数人如果不工作就会在精神上和生理上崩溃。这就是说人们不仅要工作，还要从工作中获得满足和成就感。对于员工的社会需要，人际关系学派曾给予了重视。但是在德鲁克看来，人际关系学派把管理从邪恶的错误观点中解放出来，可是没能成功地代之以新的概念，没有能真正关注如何使员工及工作本身体现出重要性。人际关系学派的思想及心理控制方法，还有可能造成“实施统治的方法从以权压人转为思想操纵”。

对此，德鲁克找到的出路是强调从组织内各层传递下来，从根本上讲，归结于每个人的自我管理。目标管理作为一种自我管理，它注重管理行为的过程，而不是对行为本身的监控。因而它给了下属和个人通过自我控制实现目标的权力。不是别人逼你去做，而是任务的客观需要使你去做，是你自己决定必须做。换句话说，你是作为一个自由的人而做事。这必然有助于员工积极性、创造性和个性的发挥与充分发展。自我管理意味着更强的激励，它使对工作的投入来自员工自身的责任心，使得个人用发自内心的动力代替外加的恐惧和压力。

德鲁克认为不仅经理必须管理自己，一般员工也需要自我管理，即每一个人实际都是管理者。个人的进步和完善在更大程度上依赖于自己的管理。你同组织可以进行良好的合作，但是组织不可能解决你的全部理想和人生意义，而且许多企业组织的寿命不会比其员工的生命更长久。德鲁克认为，获得成就的人不是百万富翁，而是能做出贡献，享受了充实的人生和实现了自己人生意义的人。而这种成就需要围绕如何发挥自己的优势和实现自我价值，依靠好的、自觉的自我管理来获得。作为管理思想家，德鲁克所说的这种自我管理，既指可运用于具体情境的实践方法，也有生涯管理和贯穿整个人生的内涵。因而，它具有根本性的人本意义。自我管理、自我完善、自我实现构成一个同一的过程，自我管理是基础和途径。

我们可以把德鲁克自我管理思想的人本特点归纳为以下四点：目的性，即由自我管理达到个人的生命意义和全面发展。主体性，通过反省和自我评价唤起个人的主体意识，调动个人的自主性、积极性和独创性。责任性，个人的选择是以自己的职责义务和对社会价值的态度为基础的，成就感是以责任感为前提的，责任感带来主动性。有效性，必须最大可能地激发和使用自己的潜力和优势，通过成就来追求自己的价值观。一个寻求自由的全面发展的人，必须是能够有效自我管理的个体。人的价值和理想的实现与否，人对自主性、实践性和能动性的追求，从本质上来讲取决于一个需要不断进行的自我管理过程。

德鲁克强调自我管理是认识到了管理的最终责任必然地归结于个人，而自觉自愿的活动则是人类管理的最高境界。德鲁克的人本主义管理思想将管理的涵义从组织层面扩展到个人，并强调自我管理在个体发展和完善中的决定性意义，他的人本主义管理思想因此较前人有所突破也更为深刻。

至此，德鲁克不仅强调了管理的人本前提，还通过从组织到个人的管理方法和原则的设计，给出了人本管理的可能性和实现的路径。管理和组织的核心是人的问题，组织与个人的关系是达到人本目标的实践基础和条件，自我管理则是人自我实现的根本途径。在德鲁克的整个思想体系中，各个层面缺一不可：管理的根本目的在于它对人意义；只有在实际组织的实践活动中，人的潜在价值才能得以实现；只有通过表现本身积极力量的自我管理，人的真正自由，主体价值和工具价值的统一，自我价值和社会价值的统一才能实现。

（原文约 7200 字，发表于《东南大学学报》哲社版 2002 年第 5 期）

文摘编辑：杨海洋

人本管理功能与人力资本属性

马新建　时巨涛

[作者简介] 马新建，东南大学经济管理学院副教授，研究方向：人力资源开发与管理。
时巨涛，东南大学经济管理学院。

[内容提要] 人力资本区别于物质资本的特有属性，必然会冲击和修正人类在以物为本的漫长旧社会经济形态中所形成的管理理念、功能、方法和原理体系。因此，就人力资本的属性特征研究入手，去探求和完善人本管理的基本功能，具有一定的理论和实践上的价值。

[关 键 词] 人本管理；功能；人力资本；属性。

一、人力资本的多重资本性与人本管理的吸纳功能

人力资本一般具有以下属性：其一，人力资本是一种独立存在的知识形态的商品，它具有使用价值和交换价值。它的使用价值主要体现在，它应用于生产经济领域时必然带来新的经济效益。它的交换价值则主要表现为，需求方必须付出一定的代价才能换取它的开发使用权，转而生产创造新的物质财富。其二，人力资本亦有趋利性。人力资本要去的地方则是人才价值较高，人力资本能较好保值增值的地方。其三，人力资本具有比较收益率问题。同质的人力资本只有流动到该类人力资本比较稀缺、价格较高的地方，才能进行较好的价值转换，获得相对较高的人力资本收益率。其四、人力资本具有变现性。人力资本主要是一种具有时效性的生物性无形财富，只有适时地利用开发，个人把所拥有的人力资本变现——为社会做一定的工作，以自身体力和智力去创造财富，才能获得社会承认和报酬，投资代价才可在提高生产力过程中以更大收益收回。最后，人力资本具有流动性。人力资本在适当的人才流动中可以保值和增值。

上述人力资本特有的多重资本属性会影响到人本管理的吸纳功能——一定的组织根据自身的维持与发展的需要，努力以合理成本收益比率从组织外部吸纳或获取所需人力资源的职能。吸纳到的人力资源数量和质量是人本管理的基础，是组织目标能否有效实现的先决条件。要想有效收纳组织所需的人力资源，就必须对人力资本的多重资本属性加以透彻研究，对人的个体、群体和组织的心理与行为加以准确把握，对人们的知觉、价值观、态度、行为决策模式等人性特征加以全面的洞察和应用。具体而言，人本管理的吸纳功能主要应包括以下要点：一定的组织参照人力资本的多重资本特性，制定与之相适应的人力资源规划，进行组织结构和工作分析，确定所需人力资源的数量、质量、类型、特性，形成人力资源的供需计划，并以此为根据开展人才的招募、考核、选拔、录用与配置工作，从而吸收到组织最为需要，“投入产出比”最佳的工作候选人。

二、人力资本的综合匹配性与人本管理的配置功能

一般来讲，单纯的人力资本投入在任何时候都不能形成生产能力，一定量的人力资本只有与一定的物质资本相匹配，与其他适当的人力资本互补，才能综合产生人类的生产活动，才能真正体现人力资本的效能和价值。

人力资本的使用须与其他资本要素综合匹配的特性，可称之为综合匹配属性。这一属性与人本管理的配置功能相对应。此功能应强调以下内涵：首先，抓好人与人的配置——把不同特点的人恰当组合，优势互补，协调合作，形成团队精神和组织合力。其次，抓好人与事（工作）的匹配——把工作要求与个人素质相匹配，因事得人，人适其事，才尽其用；谨防人事脱节，浪费资源，贻误工作。第三，应抓好人与物的匹配——人力资源与物质资源的合理配置。其中有两层意思：一是须把人的需求和其工作绩效与劳动报酬相匹配，使得酬适其需，酬偿其绩，人尽其力；二是要使完成一定工作所需要的人与所需要的资金、信息、设备、原料等物质资源合理配置，科学高效地组织好诸种生产力要素资源，充分发挥人的作用，为组织创造更多的价值。第四，应抓好事与事——工作与工作的合理配置，对工作内容进行整体设计，使之丰富化、多样化和扩大化，有目的有步骤地将组织的各项工作合理分工，协调统一，在目标、战略、政策、程序、方案、预算的结构框架下系统集成，安排好组织的各种事由，力求人行其事，事奉其轨，权责有序、轻重有度，灵活高效地利用好人力资源。第五，还应注意物与物之间的配置——围绕组织目标需要和人力资源的开发利用，把工作所需的技术、信息、时间、工具、资金等物质资源进行合理配置，协调使用，从而保证人力资源开发利用、价值转换的基本物质条件。

三、人力资本的时效损耗性与人本管理的开发功能

人力资本的形成、开发和使用都受制于时间，具有

时效性和自然损耗性。这种损耗是由人体衰老所造成的体力、智力等有形损耗，以及知识、技能、经验等老化所造成的无形损耗两部分构成。有形损耗难以抵御，无形损耗可以设法延迟或弥补。只要适时而恰当地开发和利用人力资本，连续不断地进行人力资本投资，就能减缓人力资本损耗，提高和延长其使用价值和使用寿命。

人本管理的开发功能一般是指：对整个组织人力资源数量与质量的开发，对组织成员的技能与素质的培训提高，对组织成员工作积极性、创造性的发掘。此外还应涵盖以下基本内容：其一，组织直接和间接投入费用，不断提高成员的知识、技能、道德、信誉和社会关系，减缓其人力资本损耗，促使其人力资本流量加大、存量增殖的各种投资行为与活动。其二，组织通过多种形式和手段，对其成员灌输组织文化，提供思路、信息和技能，帮助他们提高工作效率，发挥内在潜力的各种教育与培训活动。其三，努力把组织目标和任务与成员的个人需要和职业抱负融为一体，正确处理组织、团队和个人之间的利益关系和发展关系，提供有针对性的职业信息和升迁机会，建立和改善职业生涯设计，用多种方式为每位成员提供一个不断成长，有所作为，建立成功事业的机会，使人们真正感到自己工作和生活的意义重大，感到自己的职业理想与现实工作紧密联系，提高工作的满意感和价值感，在促进成员个人职业生涯发展中，为组织保留和开发富有忠诚感的员工的各种职业生涯管理活动。其四，为了实现组织目标和发挥成员潜能，对组织内部的组织结构、责权利关系、信息沟通、工作配合，决策制度等“网络体系”以及员工的工作内容、工作方式、工作环境、工作职责等进行组织设计和工作设计，旨在提高组织与员工的工作效率和工作积极性。

四、人力资本的生物财富性与人本管理的激励功能

人力资本是以人身为载体，与人的生理特征相联系，受到人的意识支配的生物性财富。它是由人的体力、健康等有形部分与人的知识、技能等无形部分所组成，其中最具价值的是其知识技能形态的无形资产部分。

人力资本的生物性财富属性，影响着人本管理的激励功能——根据个人的心理特征，运用恰当的管理手段和条件，激发员工的动机，诱导员工的行为，调动人的积极性，发挥其内在潜力的人力资源管理职能。具体而言，人本管理的激励功能应包括以下内涵：依据对员工的工作绩效测评，尊重人的价值、需求和尊严，“效率优先，兼顾公平”，从实际出发，推行实绩绩效工资制、浮动工资制、技能工资制、员工持股计划、灵活组合福利等公平合理、形式多样的薪酬和福利形式。除了物质激励外，还须注意非物质性激励。搞好人力资源规划，更加注重个人的需要和发展，帮助员工进行职业生涯开发与设计，提倡个体和团队业绩相联系的绩效评估模式，加强内部团结，营造和谐友好的组织氛围，实施工作内容丰富化、扩大化、多样化设计，实行目标管理、团队建设、组织文化建设、员工参与和民主管理等全方位、多种类的激励模式和方法，以充实人本管理的激励功能。

五、人力资本的环境依赖性与人本管理的调适功能

人是社会存在物，其智力和体力所凝集的人力资本受到所处的生存条件、学习工作条件、领导作风、人际关系、专业对口等组织环境条件的重要影响。一般而言，人们对于环境的抵御和影响力是十分有限的，而环境对于个人却有着决定性影响。

基于人力资本这一属性，任何组织奉行人本管理时必须设法调整和适应人与组织、人与环境、组织与环境的作用与反作用的关系，加强组织工作、生活、文化和人际关系的环境条件建设。通过价值观、思想理念等文化环境建设，潜移默化地塑造成员的行为，营造对人才富有吸引力并能有效开发利用人力资源的组织环境和机制，形成具有共同的价值体系，有别于其他组织的价值标准、行为准则、基本信念与制度，科学合理地进行组织成员的素质与绩效测评，实事求是地对员工进行晋升、调动、奖惩、进退、调适好个人与群体，个人与组织之间的行为关系。

六、人力资本的精神能动性与人本管理的整合功能

人是情感生物，人的活动，人力资本的效用会受到个人、群体、组织的心理、需要、动机 、情感等精神因素的交互作用和影响。人本管理的整合功能就是要从人力资本的精神能动属性出发，重点研究组织内外部存在的各种相互影响、相互依存的人际关系的内容、性质及其影响。协调并整合人与人，人与群体、人与组织之间的工作关系、发展关系、利益关系和精神文化关系，塑造一种积极向上的组织氛围和精神动力，提高组织的信息交流、资源交换和信用机制水平，增强组织的凝集力和向心力。人本管理整合功能的要点有三：一是组织同化，即使个人价值观趋同于组织理念，个人在组织中产生认同感和归属感，从而使个人行为服从于组织行为规范。二是人际关系协调，即通过组织文化、团队建设、信息沟通、增强互信感等途径和方式使人与人之间和睦相处，精神合一，形成合力。三是矛盾冲突处理。组织是由人组成的，任何时候，组织中总会存在这样或那样的矛盾冲突。功能正常的冲突会提高组织和个人的活动和动力，功能失调的矛盾冲突则会损害组织和个人的能力和关系，阻碍组织和个人目标的实现。这就要求我们在以人为本的管理实践中，要积极主动地处理矛盾、冲突，善于有效整合由于个人发展、个人利益追求、个人价值实现所引发的个人与个人、个人与群体、个人与组织之间的矛盾冲突，有效地整合三者之间的利益关系和动力机制。

（原文约 1 万字，发表于《东南大学学报》哲社版 2002 年第 2 期）

文摘编辑：杨海洋

信息化与管理现代化

蒋正华

[作者简介] 蒋正华，北京师范大学管理学院教授。

[内容提要] 为设计符合中国国情的管理方案，必须充分研究各国尤其是西方的管理科学理论，正确认识信息技术在商务中的应用及其对管理的影响。西方管理科学主要有科学管理、企业文化、战略管理理论、信息经济与现代管理等四个派别，我们应在学习与借鉴的基础上，结合中国国情，创造出有中国特色的管理理论。在经济实践方面，以计算机网络为主的信息技术的发展，已经或正在对商务和管理产生着越来越重要的作用，我们亟待从技术、管理、法律和机制方面加强电子商务环境建设，以适应国际商务环境的变化和推动经济建设的健康发展。

[关 键 词] 信息化；信息经济；科学管理；现代管理。

一、西方管理科学的发展

自有人类社会以来就有管理，从商务和企业管理角度看，只是现代化的大生产出现以后，才有系统的管理思想和科学。大体而言，管理理论和实践可以分为以下四个派别：

1."科学管理"或"任务管理"

18世纪詹姆斯·斯图亚特观察了许多工人和小组的工作情况以后得出结论："如为每人每日的劳动规定一定数量，工人就会以一种固定的速度工作，永远不想改进其工作方法。若采取计件付酬的办法，工人就会想出一千种办法来增加产量。"以撰著《国富论》而出名的亚当·斯密也提出类似的观点，他将人类这种行为总结为"经济人"，即劳动者是按经济规律行事。由于这一理论正好与当时资本主义自由竞争时期的环境合拍，为许多管理人员所崇尚，在实践中创造了许多具体的做法。泰罗加以总结，提出了"任务管理"的制度，以后被许多人称为泰罗制度。这一制度的基础是把人看作"机械人"和"经济人"，采用严格的管理手段。1910年，这一制度正式定名为"科学管理"制度。直到今天，仍有一部分人认为泰罗理论将卷土重来，成为推动新世纪经济发展的力量。

2.企业文化派

以企业文化激励劳动者的劳动热情，造成职工对企业的亲和力和职工队伍的凝聚力，进而推动企业发展的思想源自罗伯特·欧文，以后还有梅贝·马斯洛，他们提出许多有创造性的观点。认为人不仅是为经济利益而行动，也即不仅是"经济人"，还有社会的需要，还是"社会人"。马斯洛将人的需要从低到高分为五级：第一级是最原始、最基本的生理需要，这是人的本能；第二级则是达到一定消费水平后产生的安全需要；第三级是感情的需要；第四级是更进一步的要求是地位，希望得到社会的尊重并获得相应的社会权利；最高层次的第五级则是自我实现的需要。欧文曾写信给他的监工们，指出人比机器远为复杂，监工们应当以比关心机器更甚的心态来改善工人的生活和社会环境，并指出这样做的结果将会产生惊人的经济效果。

3.战略管理理论

随着社会经济的不断发展，环境日益复杂化，发展战略的制定和实施也日益得到管理者的重视。研究战略管理的学者中，有一些特别注重于心理运动的分析，逐渐形成认知学派；另一些学者则更多的发展企业文化的研究，被称为文化学派。不管是哪一学派，其共同之点是发展战略管理时不但看到物质对经济的影响和在制定、实施战略中的作用，而且更加强调人在战略管理中的作用。这一点越来越为社会各界所认同，可以将此种观念归结为人本主义。

从技术角度来看，战略管理充分利用了各个学科的成就，十分重视财务分析、生产管理、技术规范、风险研究。由于计量经济学、金融工程、管理工程、技术经济学、会计学、统计学等学科的发展和大容量应用的管理软件、数据库、专家库、统计分析软件以至决策支持系统的出现，战略管理在这方面得到了强有力的技术支持，已经产生了许多研究成果。

4.信息经济和现代管理

1946年世界第一台用于计算炮弹飞行轨道的电子计算机投入运行，为现代化管理提供了全新的强有力的工具。20世纪50年代初，香农和维纳相互独立地提出了信息论，为此后席卷全球的信息革命奠定了理论基础。20世纪80年代美国托夫勒的《第三次浪潮》和奈斯比特的《大趋势》著作的问世，在全球掀起了一阵信息热，学者、政要、企业家等各界重要人士都在大声疾呼，世界即将进入后工业时代、信息时代。

社会经济的发展提出了综合运用各种方法管理复杂事务的要求，信息技术的发展则为满足这种需求提供了手段。当前，管理思想从对人的认识方面经历了“机械人”、“经济人”、“社会人”、“决策人”、“复杂人”直至认识到人是生产力中最具有决定性力量的过程。管理组织方面则经历了从封闭到开放，并运用系统论对外部环境的影响加以研究。决策分析方法方面则从定性发展到定性与定量分析相结合，将程序性决策、半程序性决策与非程序性决策相结合，并发展了模糊决策、群决策、风险决策等许多具体的技术方法。决策理论基础从过去学派纷杂，令人无所适从，以致被讥为“理论丛林”过于茂密，难以通行，逐渐走向综合运用。复杂系统的观念，权变灵活运用的思路得到承认。

近年来，信息与物质、能量并列被称为构成现实世界的三大要素之一，越来越得到重视。企业管理方面近年来相继流行的三类管理软件就反映了这一趋势。这三类管理软件是：ERP（Enterprise Resource Planning），CRM（Customer Relation Management）和 GPLM（Group Personalized Information Management），从这些软件产生的顺序就可看出当今企业管理思路变化的脉络。

二、信息技术在商务中应用的发展及其对管理的影响

从经济发展而言，信息技术在当代最有代表性和影响力的就是计算机网络、通讯网络与电视广播网络，其中尤其以计算机网络的发展对商务和管理已经产生并将要产生越来越重要的作用，可能完全改变商务和管理的面貌。

从 20 世纪 80 年代至今，电子商务大体经历了三个时期；第一个时期，网络被企业用于注册域名，在本企业的主页上介绍产品和公司情况，网络的作用基本上是被用作广告栏。第二个时期因服务器和终端系统的发展，使客户可以方便地在网上发出个性化的订单，并可通过网络跟踪自己的订单处理的过程，这无疑大大提高了效率和客户的满意程度。第三个时期则与全社会计算机网络的发展相联系，客户与供应商之间可以用电子化的形式全部联结起来，双方都可以充分利用各种信息获得最大利益。

下一代电子商务发展方向是计算机网络与无线网络的结合。计算机、通讯、电视三网融合是议论已久的题目，国际技术协议的达成已为三网融合奠定了技术基础，目前的发展势头良好。据有关方面估计，到 2003 年无线设备将占全球互联网接入设备的 2/3，在 5 年之内，1/4 的电子商务将经无线接入。

电子商务在 20 世纪 90 年代迅猛发展，其根本原因是当前具备了适当的环境，总结起来主要是四方面：适用的电子工具及网络设施；跨地区的市场需求；大企业经营扩张的推动；社会信用、安全体系的健全。这四个环境条件反映了技术、消费方需求、供给方需求和社会环境四个因素，这些条件的成熟导致 B2C、B2B、B2M 等商务活动的成长，并推动了社会、企业思想意识和管理体制的变化，无疑对新世纪全球经济、社会发展将产生意义深远的影响。

中国高度重视信息技术的作用，在第十个五年发展计划纲要中提出：“以信息化带动工业化”。我国目前已有 1000 多个商务网战，也建立了各种基于无线网、移动网及各领域垂直应用的电子商务平台，但尚未形成规模。这些技术设施的主要问题是，只在本地组网，业务和应用领域单一，缺乏核心技术，技术标准不开放，系统不开放，因此造成各种平台间无法互相连通，各种业务不能统一接入，极大地约束了电子商务的发展。今年 4 月，在北京召开了“下一代网络 2001 中国高层研讨会”，最近又召开了电子商务研讨会。会议提出了六个关键作为发展网络的主要问题：即认知关键特征、寻找关键技术、优选关键方案、拓展关键应用、把握关键机遇、规避关键问题。从会议讨论情况看，许多问题还没有得到满意的解决，需要各方面共同努力。我国已加入世界贸易组织，为适应国际商务环境，亟待从技术、管理、法律、机制等方面加强电子商务环境建设，从近年来的态势来看，我们有信心在短期内取得重大进步，推动经济建设进入一个新的持续、快速、健康的发展阶段。

（原文约 8000 字，发表于《北京师范大学学报》人文社科版 2002 年第 1 期）

文摘编辑：杨海洋

中小企业信息化刻不容缓

黄津孚

[作者简介] 黄津孚，首都经济贸易大学教授、中国人民大学兼职教授、博士生导师。

[论文提要] 中小企业在经济发展中具有重要作用，但面临“数字鸿沟”，信息化已刻不容缓。信息化对于提高企业效益和竞争力有多方面作用。中小企业信息化要解决思想观念问题、投入问题、技术选型和实施策略问题。

[关 键 词] 中小企业，数字鸿沟，信息化。

在各国经济发展中，中小企业在活跃市场、解决就业、推动创新方面始终发挥着重要而无可替代的作用。以亚太地区为例，中小企业占企业总数的95%，雇佣80%的劳动力，占国民生产总值的30—60%，出口总值的35%。到目前为止，中国中小企业已超过800万家，占全国企业总数的99%；中小型工业企业在全国工业总产值和实现利税中的比重分别为60%和40%左右；中小企业提供的就业岗位约占全国城镇就业总数的75%。

一、中小企业面临数字鸿沟

中小企业在知识经济时代正面临严峻挑战，大企业利用信息技术正在克服自身弱点，这就是所谓‘数字鸿沟’。在2001年召开的APEC中小企业工商论坛上，IBM大中华地区董事长兼首席执行官周伟先生说，存在于中小企业与大企业之间的数字鸿沟如今正在成为阻碍中小企业追赶大企业的主要障碍之一。从IBM公司最近一次对它的主要客户的调查显示，当今世界各国大企业都已经采用信息技术武装自己。据统计，大企业平均每年用于IT上的开支在1990年还只占企业总开支的10%左右，到了2000年，这个数字已经接近50%。与此同时，大部分中小企业在IT方面的开支相对“吝啬”，即使在英、美、法、澳等发达国家，也只有半数的中小企业在使用电子邮件和上网；不到1/3的中小企业建立了自己的网站或网页；仅有不到1/10的中小企业在实施电子商务。中小企业与大企业之间的“数字鸿沟”就这样产生了，并且有逐步加剧的趋势。中小企业原本拥有的反应迅速、应变灵活等“船小好掉头”的独特优势，面对用信息技术武装起来的大公司，已经逐渐消失。互联网的发展，使大企业发生了根本性的变化。他们凭借雄厚的财力、人力后盾与IT提供商进行合作，充分利用IT工具提高自身的运营效率，优化内部程序，构建更科学有效的管理模式，并通过与供应商和合作伙伴保持高效的双向沟通，所有的内部、周边资源被充分利用，新的市场也不断被拓展。大企业变得更加灵敏、快捷和容易接近。中小企业要追赶大企业，应当下定决心加快信息化步伐，努力进入电子商务市场。

二、企业信息化的作用和意义

企业信息化对于提高企业竞争力，具有多方面的作用和意义。

1．应用计算机软件可以直接提高经营效率

例如应用CAD可以大大缩短汽车的研发时间。信息技术比较容易地模拟新车以及零部件运作时的各种情况，对设计进行多次修改，简化甚至取消了一部分研制开发工作。此外，利用电视会议、企业内部网等网络手段，可以加强数据、设计图的信息沟通，减少时间与资源上的浪费。1997年，福特公司将三维计算机辅助设计系统引进研制开发中，从计算机上对设计细节、组装动作以及设备运行进行检查，并据此修改，使新车研发时间从37个月缩短为20个月，该公司1999年模型试制成本比1998年下降25%；通用公司引进网络技术，使新车开发从原来的4年缩短为2年。

利用计算机技术，甚至可以提高营销效率。2001年美国肖普科商业有限公司推行的降价促销战略出奇制胜，大获成功，就归功于“现场解决方案公司”提供的降价控制软件。

季节末减价促销如今已经成为美国零售商店推销商品的一种策略，被认为是清除库存、回收现金的有效方法。然而什么时候该减价促销，直接影响效益。如果某种商品降价太晚，商店库存就会大增，货卖不出去压仓就会出现亏损；但降价过早，消费者把降价商品过早地抢购一空，商店便无利可图。2000年初，亏损严重的肖普科公司找到了降价控制软件领域的领先开发商“现场解决方案公司”，就如何管理库存、如何减价促销和如何改进供应链向其咨询，并由其提供了相应的软件。结果公司准确地预测到市场需求变化，利用该软件在男孩羊毛背心和弹力尼龙运动裤实施新的减价促销策略，销售利润率高达31%，高出预期两倍。

2．互联网可以提高决策的反应速度和成功概率

当今消费需求细分化、生产能力过剩，按照顾客订单组织生产和销售，成为企业的必然选择。互联网技术通过

缩短时间，提高了研发、生产以及物流等过程的快速反应能力。

例如 Ingersoll—Rand 生产设备集团公司应用 Digital 公司的 AlphaServer 系统和 Pilot 公司的 LightShip 组件的 OLAP（在线分析进程）技术和商务智能软件，可以就客户、产品和销售人员几方面的销售情况进行评估，准确地知道一种产品销售得如何，客户正在做什么，以及公司实际的利润有多少，帮助公司作出以信息为依据的基础决策，从而保持其在市场的顶尖地位。再例如汽车行业，以往企业大都根据需求预测来组织生产和销售，而需求预测与实际需求量之间往往有差距，导致产品汽车在一些销售店紧缺，在另一些销售店堆积。通过网络销售，消费者可对车型、颜色、内饰等进行特别订货，企业可及时调整货源配置，也使顾客收货时间得以大大缩短。

3. 利用信息技术可以节约采购成本和时间

汽车企业用于零部件采购的资金及时间，不仅超过了石油、电器制造、零售等企业，甚至与飞机制造企业相仿。因此，以网络技术为手段的全球采购，可降低零部件的采购成本，缩短零部件的采购时间。2000 年 2 月，通用、福特和戴一克宣布，终止各自的零部件网络采购计划，转向共同建立零部件采购的电子商务市场科比新特。这两家公司认为，通过电子商务市场采购，其原材料及非组装部件的年采购成本，可以降低 2500 亿美元，每辆车可节约 1200—3000 美元的成本。

4. 信息技术可以促进价值链延伸

由于目前世界汽车生产能力严重过剩，据统计世界 40 家大的汽车企业中，只有 10 家赚钱。汽车企业仅仅依靠生产和销售汽车，已不可能为自己带来更多的利润，必须向金融、保险、租赁、维修等服务领域延伸，才有可能获取更大的利润。目前，金融、汽车租赁、电子商务等业务，已成为汽车巨头们的主要业务。1998 年，在福特公司主要业务的销售额和净利润总额中，前两项业务已分别占到 14.4%、20.3%。丰田汽车公司近几年在电子商务和金融业务两方面加大了投资。他们拥有自己的网络销售公司、保险公司、信用公司和证券公司，同时还是由日本三大信息通信公司合并组成的信息通信公司的第二大股东。尽管金融业务的营业利润在丰田营业利润总额中还只占到 6%，但预计很快会翻番。通过网络销售公司，丰田不仅向汽车消费者提供诸如新车及二手车的信息、价格估算、库存查询、手续代办等与汽车相关的所有服务，而且还提供礼品及书籍销售、音乐播卖和旅游预约等服务。他们还给汽车消费者在指定的证券公司设立可决算的账户，以及提供购买股票的优惠。

福特、丰田之所以加紧向服务产业渗透，在很大程度上是希望利用其下属的保险、信用以及网络销售公司所提供的信息，建立强大的顾客信息库。以往，消费者的信息都掌握在各销售店手中，汽车企业很难了解到消费者购车后的消费动向。拥有自己的保险公司和信用公司，就能够掌握一部分消费者的购物信息。从这个意义讲，信息技术促进了世界汽车企业利润链的战略性延伸。

5. 通过信息技术可以实行虚拟经营

相对于大企业而言中小企业拥有的内部经营资源相对缺乏，他们惟有把有限的资源用在刀刃上，才有可能提高自身竞争力，虚拟经营正是一种能克服资源缺乏的劣势、提高企业核心竞争力的现代经营模式。所谓“虚拟经营”是指企业在组织上突破有形的界限，只保留其中最关键最核心的功能，比如生产、营销、设计或财务等功能，而努力将其他功能虚拟化，借助企业外部提供。对于某些已经掌握核心资源或具有核心竞争力的中小企业来讲，采用虚拟经营无疑是一个事半功倍的极佳战略。中小企业可以虚拟人员，借企业外部人力资源，以弥补自己智力资源的不足；也可以虚拟功能，借企业外部力量，来改善劣势的部门；还可以虚拟生产，集中资源专攻附加值最高的设计和营销。美国耐克公司为“虚拟经营”提供了成功的典范。耐克是一个既无生产车间又无销售网络的企业，只拥有在全球具有核心竞争力的运动鞋设计部门和营销部门，生产和销售全部通过外部组织来完成。

研究表明，任何一个产品其整个生命周期中成本开销的 70—80% 在设计阶段已经定下来。通过网络可以在企业内外促进合作，例如开展合作设计，最大限度的缩短项目开发周期，降低开发成本，改进产品性能，降低产品价格，更快的把产品推向市场。许多公司通过合作设计取得了显著效果。Seagate 公司声称，在过去两年时间里，合作设计已使其产品开发周期从过去的 2—3 年减少到目前 1—2 年；娱乐型汽车制造商 Fleetwood 公司在设计 Southwind2002 家用汽车系列中，采用合作设计使这一新款汽车部件减少 30%，并将新产品与最新的技术如流线型的加热/冷却系统和 DVD 自动换片机包装在一起，产品设计周期从过去 10—12 个月减少到目前的 5 个月。

6. 信息化可以大大提高管理水平

信息化对企业影响是多方面的。由于信息传递速度和质量的提高，以及信息量的增加，企业管理扁平化，减少中间环节，提高运作效率；通过网络树立企业形象，扩展市场空间和竞争机会，开展全球合作，利用全球资源整合供应链，加强知识学习，提高质量、降低成本。信息化还有助于推动人们观念的转变，建立包括全局观念、效益观念、效率观念、服务观念在内的企业文化；有助于完善企业监控体系，防止内部腐败。

三、中小企业如何信息化

中小企业信息化，首先要解决观念问题。长期的计划经济体制造成企业决策者对企业信息化的认知程度比较低，很大一部分传统企业的老总，对于信息化、信息技术还是相当的漠视，对信息化投资与回报之间的关系缺乏明确的认识和预测。很多企业感觉在产品销售、增加新产品、公关等方面的投入会很快产生效益，投入 IT 难以在短时间内获得回报，因此很少将钱用在IT建设上，中小企业信息化要有紧迫感。敏锐的观察力、迅速的反应及简单、高效的管理是中小企业过去取得成功的主要因素。但是由于结构的简单化和管理的随意性比较大，这些优势反过来可能成为网络时代掣肘因素。大企业利用因特网和信息技术，提高自身运营效率，优化内部程序，构架科学有效地管理模式，从而变得更加灵敏、快捷和容易接近，可能克服自身弱点使中小企业相形见绌。另外，由于协作共赢观念成为主导，中小企业往往成为大企业供应链上的一环，大企业要求在信息化技术方面与之接轨。中小企业面临规范业务流程、改善经营管理、实现管理理念和模式创新的艰巨任务。

中小企业信息化要破除迷信。信息化并不神秘，只要参与就有收获。例如北京市平谷县建立了自己的信息平台，出现了像桃园村那样的网络村，村里一个专业果品运销公司通过信息平台，迅速打开和扩大了市场。

其次，中小企业信息化要保证足够的投入。有些企业的自动生产系统或是工艺设计用上了计算机，但是没有在管理信息系统的建设方面投入必要的人力、物力、财力，以致影响了企业的发展。企业信息化是资金密集型和智力密集型工作，而目前除少数企业，北京市企业普遍存在信息机构不健全、专业人员不足、资金投入不足等问题。

第三，中小企业信息化要有系统规划。有一些企业领导认识到了信息化的重要性，但对于信息化的复杂性认识不足，缺乏系统规划，对人员缺乏培训，花巨资买了一堆IT设备回来，结果并没有能够实现原先预计的效果。

第四，中小企业信息化要搞好技术决策。企业在选择运用管理软件之时，要综合考虑软件的技术含量、可扩展性、系统的安全性和稳定性以及各模块的集成度。要走的第一步是，充分考虑软件财务系统的核算项目管理功能和数据分析功能。

第五，中小企业信息化一定要从实际出发，分步实施、循序渐进。

企业信息化要先找到突破口，优先解决企业发展的瓶颈问题，然后打通上下游，循序渐进。在企业领导重视，但企业总体信息管理水平不高的情况下，一般可以从容易入手的、业务比较规范、人员素质相对较高的部分，如财务、人事、产品辅助设计等领域突破，发挥示范作用。

（原文约7200字，发表于《经济与管理研究》2002年第1期）

文摘编辑：范子奇

激励是现代管理的核心技巧

陈 荧

[作者简介] 陈荧，中共哈尔滨市委党校副校长，教授，从事经济管理研究。

[内容提要] 随着管理现代化的不断推进，激励日益成为管理活动成败的关键和管理者必须掌握的核心技巧。在管理实践中，激励手段是多种多样的，需要根据外界环境变化和组织内部实际情况来选择适用的方法；同时，还要把激励的实施控制在有效的范围之内，不当激励给组织和个人带来的伤害往往大于无激励。

[关 键 词] 激励；现代管理；核心技巧。

一

激励对于一个组织来说，是维持其生命不可或缺的养分，其作用至少有三个方面：

第一，激励手段的运用能最大限度地调动员工的积极性、创造性。随着知识经济时代的到来，人的创造力的发挥日益成为一个组织前进的不竭动力。而现代心理学认为，创造性是人人都具有的一种“潜能”，激励是促使人们创新的最重要的动力，如果缺少这种动力，最有才华的人也会一生平庸，其创造力找不到可以发挥的领域。美国哈佛大学的詹姆士经过研究发现，在缺乏激励的岗位上，员工仅能发挥其实际能力的20%—30%，而受到充分激励的员工，其潜能可以发挥到80%左右。

第二，激励手段的运用可以提高工作效率与管理效率。管理者的工作不仅要完成任务，而且要使这一过程符合人们的意愿。当员工做得很好，或需要加倍努力工作时，管理者不要吝啬得连句鼓励的话都不说。同仁的尊重、上司的赏识，是每个人前进的助推器。

第三，激励手段的运用，有利于事半功倍地实现组织目标。激励的意义就在于对有益的、积极的行为进行强化，从而使之得以重复出现。而这种有益的积极的行为，必然是指向目标实现的。

二

一般来说，行之有效的激励手段有以下几种：

第一，民主参与激励法。这种方法就是通过建立公平、协调、平等的人际关系，给员工以责任与尊重，鼓励大家参与组织内部的决策与管理。美国伊斯曼柯达公司建立了建议奖励制度，规定每个员工可以给公司提出某一方面或全局性的改革建议，一旦被采纳就予以奖励。结果，该公司每年这种奖励支出高达150万美元。给员工参与管理的权利，会促使他们对自己的工作多加考虑，不仅能产生更大的生产力，而且会使他们在心理上有满足感，从而产生对公司的向心力，俗话说：“凝聚了人气，才能凝聚财富。”

第二，情感关怀激励法。这种方法就是在管理中贯彻“人性化”原则，对员工的思想变化、生存状态、发展要求等予以真诚关怀，通过沟通实现情感交流、营造和谐的环境和人际关系氛围，以调动员工的积极性。在20世纪30年代，日本松下电气公司受到经济危机的打击后，没有采纳裁员一半的急救方案，而是采用了半日工作制。员工们深受感动，他们中的很多人放弃了休息时间，千方百计为公司推销积压产品，帮助公司渡过难关。在著名的“霍桑试验”中，进行管理实验的人员找工厂的员工谈话，倾听他们对工厂及管理者的感受和意见，尽管在倾听中他们没有发表任何评论，此后，也没有为之解决任何实际问题，但员工的精神状态都发生了很大变化，他们感到自己受重视，被关切，而且劳动生产率也提高了。可见，采用多种方式强化其对组织的归属感和对管理人员的认同感，提高其敬业精神和组织的凝聚力是很必要的。

第三，工作任务激励法。对那些把自我实现作为人生需求的人来说，激励他们最好的方法就是让他们在最乐于奋斗的岗位上去承担极具挑战性的工作，这就是工作任务激励法。其出发点是承认人们志趣偏好不同，承认人的独立性和对工作岗位的选择权。人们处在不适合意愿的岗位时，他们的热情和创造力就会被扼杀，任何激励手段都会全部失灵，无法让他们创造出一定的工作质量和生产率。在诺基亚员工独立的意愿和决定受到应有的尊重时，如果他们在某个岗位感到不适，就可以随时应聘其他任何岗位。对于那些不安于现状，乐于创新、挑战自我的人来说，繁重的工作、艰巨的任务、巨大的风险就是对他们最好的激励，在创业、开拓和拼搏中，他们得到的最好奖赏就是事业感和成就感。

第四，提升发展激励法。没有人愿意止步不前，人们希望，他们的事业正在进步，个人与组织共同发展。通过公平合理的职务提升，进修培训，岗位轮换等方式促进人的素质提高和全面发展就是提升发展激励法。这种方法强调关心员工对自身地位的感受，关心其在年龄、资格、成就或成长期服务方面是否得到了尊重。组织一定要有一个科学合理的制度，以保证员工能够有不断晋升的机会，也是承认员工业绩的一种有效方法。让员工在一个有变化的环境中工作，有奋斗的目标和实际进步的阶梯，他们就会在一个岗位上工作更长时间，并工作得更有效率。微软公司的人事部制定了“职业阶梯文件”，详尽地列出了员工一级一级向上发展所有可以选择的职务及应具备的能力和经验，使员工明确自己的发展前景很乐观，所以很少有人跳槽。联想集团也设计了“多跑道”的提升路线，他们让有突出业绩的业务人员和销售人员的工资和奖金比他们的上司还要多，使他们能安于现有的工作，而不用煞费苦心去谋求领导岗位。

第五，提薪加酬激励法。没有人认为自己的薪水已经很高，不需要再增加了。采用提高薪金、福利和支付额外报酬等经济手段对员工予以激励，就是提薪加酬激励法。人们虽然不是完全为钱而工作，但物质利益仍是许多人行为的直接动力。人们的工资水平和待遇状况往往体现人的价值和成功与否，也是对个人能力的一种社会承认方式。制定公平合理的报酬制度，对员工的贡献予以及时回报和奖赏，是十分必要的。济南农行靠“固定工资保吃饭，绩效工资靠实干，奖励工资凭贡献”的分配方式稳定了队伍，挽留住优秀人才。美国微软公司对把持核心技术的软件开发人员给予巨额回报，在最初加盟者中有不下2200人在短短两年内变成百万富翁。他们还创立了“低工资，高股份”的典范，率先用股票、期权来激励员工，使个人利益与企业效益紧密结合起来。此外，组织还可以采用专项奖金、额外福利等形式激励员工，如提供健康保险、人身保险、增加养老金；配备车辆、移动电话、手提电脑；提高工作或外出的支出水平，提供外出旅游机票和适当休假等等，都可以起到很好的激励作用。

第六，精神荣誉激励法。这种方法是指组织对表现突出的员工，通过表扬、公告、授予荣誉称号、宣传其事迹等方式予以高度评价，满足其自尊心和成就感等心理需要。金钱的激励是外在的，而且由此调动起来的热情不易长久，特别是随着人们收入的增长，物质需求基本满足时，金钱激励就显得软弱无力。而通过赞扬来强化人的成就感，对成就加以承认，往往会产生更好的激励效果。对于成绩的承认可以简单到说声“干得不错，我知道你能行!”但如果这种成绩可以成为全体员工效仿的榜样，就要在公开场合大张旗鼓地加以宣传。这有利于形成益于组织发展的文化和价值观念，提升员工的精神境界，调动他们持久的工作热情。

三

激励是一把双刃剑，不当激励给组织和个人带来的伤害往往大于无激励。在管理实践中，我们要把激励的实施控制在有效的范围之内。

第一，激励要注意按“需”激励，论功行赏。一般地说，对普通员工，应侧重于物质奖励和及时的认可与赞赏，提供给他们个人发展的机会；而管理者的需要更多集中于权力和成就，晋升对管理人员是最具吸引力的激励手段，这意味着能得到认可，能得到更多授权，可以有创造更大成就的机会。

第二，激励要坚持正态分布，控制范围。正确的激励要面向先进人群，这部分人的比例以15%—20%为宜。如果激励的面过于狭窄，把各种光环反复叠加在几个人，甚至一两个人头上，那么这种激励对他们来说过于频繁，刺激的效果就会依次递减。何况“构大厦者，必资于众工；治天下者，必赖于群才”，激励过于集中还会影响次先进层乃至众人的积极性，甚至还会导致被激励者受孤立，出现“枪打出头鸟”的情形。如果激励面过于宽泛，会降低激励的作用，大家都得了就等于谁没得，使激励演变成“大锅饭”，不但提高了组织的运营成本，领导层的威信也要受到影响，同时激励面过宽也会孤立落后者，形成敌对情绪，不利于鞭策落后，使之转化。

第三，激励要做到公开公正，标准统一。在管理活动中，缺乏公开透明的激励往往达不到应有的效果，还会产生很多猜疑和流言。所以，激励本身要有一个民主参与的过程，排除人情、地位、关系等人为因素的干扰，自觉接受各方监督。同时，激励的标准不可以前后不一，因人而异，相同的成绩给予不同的奖励。

第四，激励要调动全员，名利分流。激励本身要有示范作用，体现组织的价值导向，因而受激励的形式可以不同，但影响面是针对全员的，受激励的机会对每个员工来说应是平等的。要尽可能使每个员工获得心理上的平衡，适当做到名利分流。有德者高扬其名，获利者专获其利；少获利者多得名，多获利者少得名。不可以让少数人名利双收，而多数人名利全无。

第五，激励要兼顾物质与精神，找准结合点。在古典管理时期，人被视为“经济人”，而行为科学把人看成是“社会人”，现代管理的众多学派，认为人是“复杂人”。现代人的需要是一个多侧面的矛盾统一体，既不可能靠“物质刺激”、“利益导向”解决一切问题，也不能仅靠精神激励去调动人的积极性。物质和精神是激励过程两个相互配合的手段，应当发挥其综合效应，找准两者的结合点。激励应当两手抓，通过多种激励手段方式的立体组合，满足组织成员的多方面需求。

（原文约5000字，发表于《哈尔滨市委党校学报》2002年第3期）

文摘编辑：张克帆

澳大利亚 TAFE 管理模式浅析

黄永刚

[作者简介] 黄永刚，天津职业大学副校长，副教授。

[内容提要] 文章从行政管理系统、教学管理系统、师资管理系统三个方面介绍了澳大利亚 TAFE 教育模式的基本情况，并对它们的特点进行了归纳和分析。

[关 键 词] 澳大利亚；管理模式；技术与继续教育。

TAFE 是技术与继续教育（Technical And Further Education）的简称。它既是澳大利亚职业教育的基本组成部分，又是职前、职后技术训练的主要机构。由于 TAFE 办学的成功经验，澳大利亚的职业教育与培训已经在世界上赢得一定的声誉。因此，学习澳大利亚 TAFE 的教育模式，对我国职业教育的健康发展将有所裨益。

一、行政管理系统及特点分析

从中央一级看，澳大利亚联邦政府主管职业教育和培训的部门为教育、培训与青年事务部（DETYA），这是一个具有多种职能的管理机构，它从体制上将澳大利亚企业员工的培训与教育统辖在一起，负责国家职业教育宏观政策的制定与推行。为了使联邦政府、地方政府、培训机构和产业界之间建立密切的合作，联邦政府还成立国家培训局（ANTA），它是国家法定授权的职业教育和培训的管理实体，主要负责管理国家职业教育和培训特别基金，并制定使用基金、优化培训资源的导向政策。

国家培训局是具体实施职业教育和培训的权威机构，但是，具体项目的实施过程中，还要依靠国家/州或领地的行业培训咨询机构（ITAB）。这些机构是政府资助和支持的、代表各个行业对培训提供咨询服务的权威组织。它代表企业向 ANTA 和 TAFE 学院提供企业职业教育和培训的需求信息，并且协助政府加强对职业教育的培训单位的质量监控。

澳大利亚各州/领地政府司法独立，主办职业教育和培训的部门名称不尽相同。有类似联邦政府 DETYA 的管理机构，也有如昆士兰州的职业、培训和劳动关系部，西澳洲的培训就业部，但同时各州都设有行业培训咨询机构。

澳大利亚职业教育的办学实体 TAFE 学院由各州政府管理，它们对 TAFE 学院内部的行政管理系统没有统一的要求，允许学院根据各自办学目标的要求设置相应机构。但是通过考察我们也发现，他们从学校发展的战略出发，从更紧密地贴近社会经济及最大限度满足服务对象的需求出发，所设置的关键部门有着一致的共同性，如：一般学院都设有学生服务中心，总体负责学生从专业咨询到结业安排的一切事项；每个学院也都设有市场调研和战略研究的部门。此外我们还注意到，许多机构从管理职能上改变了旧的观念，赋予其新的内涵，如：图书馆改为学习资源中心；人事处改为人力资源开发部。

考察澳大利亚 TAFE 的行政管理系统，给我们带来一些思考，其中核心的问题是要树立职业学校管理的科学观念。一要树立学校管理的经营观。通过考察我们得到这样一个深刻印象，澳大利亚 TAFE 学院不再是单纯受国家政策保护的事业性单位，他们已真正形成面向社会，主动走向市场的意识。二要树立协调发展的战略观。澳大利亚对 TAFE 的宏观管理注重从战略的角度，通过定位好各学院的发展方向，协调好它们的关系。以西澳开办的 15 所 TAFE 学院为例，每个学院都有自己鲜明的特点，其中 CENTRAL TAFE 以人文科学、艺术设计为主；EAST SOUTH TAFE 以旅游、餐饮专业享誉全州；澳康纳学院（TAFE 性质）在澳大利亚是惟一的粮食行业职业培训机构。但同时在西澳专门成立独立的 TAFE 国际学院，统筹全州 15 所 TAFE 学院国际学生的培训工作，最大限度地避免了教育资源的浪费。这对于我们这样经济并不达的国家，更是值得借鉴的经验。三要树立职能设定的发展观。要从新的思维角度，考虑部门设置和职责划分。在那里没有传统的图书馆，而设有学习资源中心。这个中心不再是静观的书室，而是可供学生之间研讨的场所。对它的评价不再是以图书数为标尺，而是学习资源的有效利用率。从学校发展出发，许多学校成立有培训趋势展望机构。如 CENTRAL TAFE 成立有研究与工业分析部，主要职能是研究学院未来发展方向，掌握学生潜在市场的最新信息，这类机构在学院制定发展规划，明确学院近期目标的工作中起到重要作用。

二、教学管理系统及特点分析

TAFE 学院教学管理的主要任务是培训计划的开发、课程开发、学生管理、质量科研、灵活性学习方式的管理。其中课程的开发、设置是教学管理的核心内容。

TAFE课程开发有明确和严格的依据，主要是指行业培训咨询委员会（ITAB）制定的，经ANTA批准后颁发的培训包（Training Package）。培训包确定了课程评估基本标准、学习资料内容、学习进程、师资培训材料、教师手册等。其中能力标准、考试指导和资格证书三项内容是必须包括的，而学习计划、考试参考资料和师资培训资料是可选择的内容，供师生参考。

作为办学实体的TAFE学院，自身也有课程开发的权利与义务，每一所TAFE学院一般都设有课程委员会和课程开发的专门机构，定期召开有各教学系部代表、有关企业人员参加的课程开发会议。委员会的成员要对课程的文件材料进行审议，所有材料通过后做出最后的认可。当然，为了确保培养的学生能符合劳务市场的要求，澳大利亚政府对TAFE学院的课程开发与课程设置进行严格规范的审批管理。

通过考察我们认为TAFE课程设置中最突出的特点：一是灵活多样，短小实用。TAFE学院专业门类齐全，课程设置具有科类多、每门课程课时少、必修课与选修课共存的特点。专业课程多，体现了学生必须具备专业知识面广的要求，而每门课程课时少，又符合循序渐进的原则，有利于学生分阶段逐步充分消化每门课程的知识，也利于学生专业方向的调整；二是面向市场，服务社会。TAFE课程的开发，根据市场与社会发展努力，始终强调必须一方面满足工作岗位对劳动力的要求，另一方面满足劳动力流动的需要。三是突出“必须”，满足“够用”。“必须够用为度”是职业教育课程设置的基本原则，通过考察我们对此有了更深刻的理解。在那里每一个依行业需要而开发的“培训包”，都是以该行业能力标准为基础，由基本能力单元、核心能力单元、专业能力单元组成。其中基本能力是指该行业各岗位的人员必须达到的基本要求，核心能力和专业能力是行业中不同层次的技能要求。

三、师资管理系统及特点分析

澳大利亚TAFE学院十分重视教师队伍的建设，各个学院都把师资队伍建设放在学校工作的重要位置。从介绍中我们了解到，他们都有着这样一个共同的认识——人才是学校在竞争中的最大优势，占有了这个优势，学校才能持续稳定的发展。总结他们教师管理的经验，我们认为体现在以下几个方面：

1. 注重学校教师队伍建设的规范化。我们走访过的TAFE学院都有教师队伍建设的中长期计划，它在总结上一战略规划执行情况的基础上，提出今后5年战略发展的总思路，并以周年为单位明确阶段目标。它对每一阶段教师的数量和质量作出基本规定，其中心是加速提高全体教师适应学校发展变化的能力，鼓励新教师和经过再培训的原有教师创造性地工作。

2. 注重从整体结构上保证“双师素质”队伍的形成。TAFE学院十分重视教师的实践经验，教师队伍以35岁以上，具有十几年工作经验的教师为主（如：CENTRAL TAFE 80%的教师在40岁以上；35%超过50岁。37%的教师有10年以上工作经历，60%超过5年）。学院在师资队伍建设总体规划中，除了对专职教师提出“双师素质”的基本要求，建立定期到工矿一线参加实践锻炼的制度外，还通过从各行各业招聘兼职教师，讲授专业课程。

3. 注重教师培训和评估工作的开展。TAFE对教师（也包括行政人员）的培训十分重视，不仅把它列为“人力资源管理战略”的重要内容，而且还从人力、物力上给以支持。如：CENTRAL TAFE 20多人的人力资源部，有6个人专门负责培训工作。每年TAFE都制定年度培训计划，定期征求教师意见，了解培训需求，采取自愿和学院安排相结合的原则，确定培训人选。TAFE一般不从大学毕业生中招聘教师，考虑到社会招聘人员教学经验的相对缺乏，学院对新聘任的教师都要进行基本教学方法和职教常识的培训，并通过考核环节，取得证书后方可任教。

TAFE对教师的管理还体现在对教师教学质量的评估。每年一般学院都要对教师进行两次系统评估。在TAFE不论是长期的结业课程，还是短期的培训课程，都要求学生在学习结束时填写满意程度调查表，调查表涉及教学工作和教学管理工作的各个环节，最后还有向学生了解达到满意的要求。正是由于评估机制的保障，TAFE学院的教学质量逐年提高。

（原文约6000字，发表于《天津职业大学学报》2001年第1期）

文摘编辑：杨海洋

官僚制的精神与转型时期我国组织模式的塑造

魏 娜

[作者简介] 魏娜，中国人民大学副教授，主要研究公共组织理论。

[内容提要] 韦伯提出的官僚制的组织形态是与现代化大生产相适应的组织模式。作为近现代社会中一种占支配地位的组织形态，官僚制以其形式合理性和技术化的设计在西方社会取得了极大的成功。虽然官僚制在当代也因其自身的某些局限性而面临着改革，但是，官僚制中所包含的理性精神、民主意识以及科学化的设计思路和要求，对于转型时期我国组织模式的塑造仍有其存在的合理性。

[关 键 词] 官僚制；转型时期；组织模式。

一

马克斯·韦伯提出的官僚制组织理论奠定了现代组织理论的基础，对整个20世纪乃至更久远的未来产生了深刻的影响。官僚制又称科层制，是指一种以分部——分层、集权——统一、指挥——服从等为特征的组织形态。官僚制组织具有以下基本特征：(1) 专门化。(2) 等级制。(3) 规则化。(4) 非人格化。(5) 技术化。(6) 公、私分明化。

官僚制的组织形式避免了任性专断和感情用事，其基本精神与价值就是理性。官僚制的理性精神体现在：第一，秩序化价值。理性的意识就在于个人对秩序保持了它是一种合法性秩序的信念，这也是一种对秩序正当性的认识。在正当性秩序信念的支持下，来自于权威的命令都得到了遵从，不管这种权威的命令是来自于统治者，还是以法律、规则以及契约的形式出现。第二，注重形式的合理性。韦伯区分了两种合理性，即形式上的合理性和实质上的合理性。所谓形式合理性，是指在统治关系中行动方式倾向于手段和程序等方面，并尽可能地加以量化，从而使得行动本身以及对行动结束后的效果可具体衡量。而实质合理性则是一种关乎伦理主义或道德理想的合理性，它更注重对行动进行价值判断。在韦伯看来，实质合理性是前资本主义社会秩序的本质特征，在资本主义社会已经失去了其存在的基础。随着资本主义的发展，社会管理和社会结构必然愈来愈理性化、科层化，日常生活中的一切领域都倾向于纪律严明的等级制度，合理的专业化，个人本身及其活动的条理化和工具化。

二

自18世纪以来，官僚制在西方社会取得了极大的成功，但由于其自身存在的缺陷以及现代社会环境的发展和变化，官僚制的组织模式也面临着危机。主要表现在以下几个方面：

1. 组织的僵化、臃肿难以适应社会环境的变化。这是因为官僚制组织是以层级节制式的组织形式来维护组织的权威性，以组织的规模和等级来体现官僚组织的优越性，因此，导致组织规模的无限制的膨胀。同时，官僚组织的技术性与神秘化又使官僚制组织丧失了对环境变革的适应性，从而表现出对整体的无效率。

2. 理性主义的极端化和对人性的损害导致了人的异化。官僚制犹如一只巨大的铁笼和精密的机器，将人固定于其中，成为其附属品和零件。官僚们只会例行公事而丧失感情，成为“没有精神的专家，没有情感的享乐人”。

3. 知识和专业技术的“精英”统治在民主政治中的危机。官僚制是社会合理化、民主化过程中的产物，它对知识化和专业化的要求，以及广泛地从社会普通阶层中选拔公务人员的做法，是对身份制和世袭制中重视门第、血统、出身、特权的否定，在社会民主化和缩小社会差别方面起到了积极的作用。但是在它的发展中也导致并加强了反民主的趋势，成为民主进程的障碍。这是因为掌握公共权力的官僚组织在社会中形成了一个独立的利益群体，官吏阶层总是在维持并扩张自己的行政地位和权力，以拥有知识和经验以及保密为借口而暗中为自己及其利益集团谋取特殊的利益，从而形成“文官专政”。

4. 目的和手段的倒置使形式合理性步入误区。组织的规则、程序是实现组织效率与价值的手段，但是，由于官僚制组织的自我膨胀和对自身利益的追求使得目的与手段倒置，当官僚制为实现其目标而不断完善其手段时，手段日益成为管理的目的。

既然官僚制在现时代存在着上述各种问题和不足，影响了其效率和可预计性，那么，应当如何解决这些问题以重新焕发出它潜藏的活力与生机呢？自80年代以来，对官僚制的改革成为世界各国政治与行政改革的主要潮流。政府改革除了下放权力、精简机构、减少规制外，还对官僚制中的文官制度进行了改革，主要体现在：弱化政务官与事务官（文官）的界限、不再过分强调文官的“政治中立”，使文官有更多的自主精神和价值追求；改革职位分类制度，使其更具有弹性和灵活性，实行绩效评估，等等。

三

相对西方各国的官僚制及其对官僚制的改革与矫正，中国的官僚体制的建立与改革呈现出复杂性与特殊性。

首先，我国社会组织模式的确立是与我国经济、政治发展的具体情况分不开的。中国属于世界现代化进程中的后发展国家，同时又是以农业经济为主的相对封闭和落后的国家。因此，中国现在是由农业经济占主导地位向工业化方向发展，而信息技术的发展与世界经济的一体化，又使这一转变带有明显的外部推动的特点。中国既要在工业经济和知识经济时代背景下回应世界发达国家经济和社会发展的挑战，又要正视中国的现实，以发展和解放生产力、改变落后面貌为主要任务。因此，我国组织管理模式的创新具有非常明显的复杂 。当前在中国应当首先建立与社会化大生产相适应的官僚制。

其次，客观地看待官僚制发展的阶段性，处理好继承和改革的关系。当西方在进入后工业社会，对与工业社会相适应的官僚制组织体制进行反思并对其弊端进行矫正和改革的时候，我国还处于由农业社会向工业社会的转型时期，真正意义上的官僚制还没有建立起来。因此，在中国，“官僚制不是太多，而是太少”，当然，这种官僚制是指以理性和法制化为特征的官僚制。我国正处于市场化、工业化、法制化、民主化的发展阶段，需要处理好补课和创新、继承和超越的关系。我们只能从我国的社会发展阶段出发来设计我国行政组织体制的改革方向。

第三，清醒地认识到我国目前组织模式中存在的问题。由于转型时期中国社会的“二元结构”，所以在组织形式和组织文化方面受传统的影响更多一些或更重一些，主要表现为：(1)“家长制”的影响。(2) 组织活动中的人格化倾向。(3) 组织活动的非理性和缺乏效率。(4) 对组织与领导者行为缺乏有效的监督。

正确地认识官僚制的基本精神，结合我国当前的实际，现阶段应从以下几个方面来进行组织结构的塑造：

1. 培养理性精神，树立尊重法律和秩序的价值观。培养和倡导实事求是的客观化取向，培养重程序和秩序的组织观念，倡导轻人情、重契约和规则的价值取向。树立法律优先或法律优越的观念，自觉维护组织工作的秩序，而不是人为地破坏它。秩序本身就是效率的重要体现，是一种按照规则去有效实施组织行为从而实现组织效率的过程，是现代化大生产对组织活动的最基本的要求。因此，要完善组织内部的各项规章制度，以规范管理者行为。

2. 发挥官僚制的技术优势，形成尊重知识和人才的组织理念。我们的各级公职人员的知识和技术水平还远远没有达到现代化管理的要求，我们还不能称为专家治国和技术治国。因此，在公务员的选拔、录用和晋升中，要坚持德才兼备原则，重视对各级管理人员的知识和技术培训，重视其能力的提高，从而保证在各级管理岗位上有高素质的技术和专门人才。

3. 建立与社会主义民主政治相适应的官僚体制。官僚制与民主政治并不是相排斥的。在韦伯看来，要想真正实现民主就必须一要防止官员这个封闭集团的发展，二要缩小官场的权力，以有利于“公共舆论”的影响范围在尽可能行得通的情况下扩展。

我国实行的是社会主义的政治制度，能够从制度上保障人民群众民主权利的实现。目前在中国更多存在的是受封建制影响的反民主的现象，它与社会主义的民主制度是格格不入的，也正是我们在官僚制建设中要反对的。在官僚制的建立过程中，要防止官员作为封闭的特殊利益集团出现，要把专家治国与人民群众的民主参与结合起来，将权威管理与基层参与结合起来；同时有必要对各级管理人员的权力进行有效的分割，防止某些人和某些部门权力过大。把权力的划分和有效的监督控制结合起来，可以保障人民群众对被委托人进行有效的监督，尤其是当被委托人违背委托人的意愿，去追求个人利益时，委托人能够随时按照法律收回被委托的权力。

4. 建立一个“廉价”、高效率的政府组织。借鉴当代西方发达国家权力下放、职能调整、精简机构、减少管理层级的某些做法，我国原来实行的与计划经济体制相适应的权力集中、职能过多、管理层级过多的行政组织体制必须改变。在这一点上我们比西方发达国家的改革任务更重、更复杂，改革的力度也相应更大。

5. 严格区分组织中的公、私行为，使公共组织中的财物与私人财物严格区分开来；把公事的办理与私人活动区分开来；以对公共事务处理的理性和规范代替感情和随意性；通过建立和设计有利于公、私分明的制度与组织机结构来规范政府组织的行为。

（原文约 8500 字，发表于《中国人民大学学报》2002 年第 1 期）

文摘编辑：杨海洋

组织中的心理契约

李　原　郭德俊

[作者简介] 李　原，首都师范大学教育科学学院博士研究生。
郭德俊，首都师范大学教育科学学院教授，博士生导师。

[内容提要] 组织中的心理契约是联系员工与组织之间的心理纽带，也是影响员工行为和态度的重要因素。近年来在管理领域中对心理契约的研究出现了新的高潮。新一代的研究者对定量研究予以更多重视，研究主要沿着两条主线展开：心理契约的内容构成；心理契约的动态发展过程。研究结果对于在组织中形成良好的雇佣关系、完善人力资源战略、制定薪酬福利政策、改进招聘及培训手段均有指导意义。

[关 键 词] 心理契约；交易型心理契约；关系型心理契约；心理契约的违背。

一、心理契约的概念、类型

心理契约这一术语60年代初被引入管理领域。使用这一概念是为了强调在员工与组织的相互关系中，除了正式的雇佣契约规定的内容之外，还存在着隐含的、非正式的、未公开说明的相互期望，它们同样是决定员工行为的重要因素。一些研究者根据绩效要求和时间结构两个维度将心理契约划分为四种类型。时间结构维度指的是雇佣关系的持久性程度；绩效要求维度指的是作为雇佣条件的绩效描述的清楚程度。根据两个维度划分的心理契约类型如下：交易型、变动型、平衡型、关系型。(见图1)

		绩效要求	
		具体明确的	不具体明确的
时间结构	短时的	交易型 特点：低工作模糊性 高流动率 低员工承诺 低身份感 例：销售旺季时临时雇佣的售货人员	变动型 特点：高工作不确定性 高不稳定性 高流动率 例：处于组织减员或公司购并过程中的员工
	长久的	平衡型 特点：高员工承诺 高身份感 不断开发 相互支持 动态性 例：高参与性工作团队中的成员	关系型 特点：高员工承诺 高情感投入 高身份感 稳定性 例：家族企业中的成员

图1　心理契约的类型

二、心理契约的研究焦点

最初对心理契约的研究主要采用员工访谈法对契约的内容进行描述。在沉寂了二十多年后，新一代的心理契约研究者对定量研究予以更多重视。研究主要沿着两条主线展开：心理契约的内容构成、心理契约的动态发展过程。

1. 心理契约的内容构成

这方面的研究主要考察心理契约包括的具体内容和结构，以及各内容之间的相互关系。Robinson & Morrison对心理契约的内容进行研究。他们将在访谈基础上概括出的“组织的责任”的25个项目进行聚类分析，得到7个项目：丰富化的工作；公平的工资；成长机会；晋升；充分的工具和资源；支持性的工作环境；有吸引力的福利。因素分析也证明了7个因素的存在。将员工认为的“员工的责任”进行聚类分析得到8个项目：忠诚；加班工作；自愿去做那些非要求的任务；接受工作调动的要求；拒绝为竞争对手提供支持；保护组织的私有信息；离职前提前通报；在组织中至少工作两年时间。

Robinson等人指出组织中的心理契约包括两种主要成分：交易型成分和关系型成分。不同心理契约之间的差异主要基于两种成分所占比例的不同。交易型成分更多关注具体的、短期的和经济型的交互关系（如组织因为员工提供的服务而支付报酬）。关系型成分更多关注广泛的、长期的、社会情感型的交互关系（如奉献、信任等等）。研究表明，交易型取向的心理契约与关系型取向的心理契约相比，员工对组织的信任度更低，对组织变革更加抵制。

不少研究者探讨了近年来在全球竞争和组织变革的大背景下，心理契约在内容上发生的巨大变化。过去在心理契约中非常重要的内容，正在逐渐消失或居次要地位。同时，一些新的内容，如对灵活性、公平性、变革创新、不断尝试的要求，在心理契约中占据的权重越来越大。表1概括了这些研究结果。

表 1 心理契约构成的变化

特点	过去构成	当前构成
关注的焦点	工作安全性，连续性，对组织忠诚	相互交换的可能性，未来雇佣的可能性
形式	结构化的，可预测的，稳定的	无固定结构的，灵活的，可以广泛协商的
建构基础	传统，公平性，社会评判	市场导向，能力与技能，附加价值（增值）的可能性
雇主职责	工作连续，工作安全，培训，职业发展前景	对于附加价值（added value）的公正奖励
雇员职责	忠诚，全勤，服从权威，令人满意的工作绩效	创业精神，技术革新，锐意变革，不断尝试，优异的工作绩效
契约关系	正规化，大多数通过工会或中介代理机构	认为双方服务的交换（内部及外部）是个人责任
职业生涯管理	组织职责，通过人事部门的输入来规划和促进职业生涯的内螺旋发展	个人职责，通过个人的再培训和再学习而形成职业生涯的外螺旋发展

2. 心理契约的动态发展过程

这方面的研究主要考察心理契约形成、改变和违背的过程以及影响因素。Freese 和 Schalk 在研究基础上提出，正常情境中员工对于组织为他们提供的内容的认识与员工认为自己为组织提供的内容是平衡的，在此范围内可能有一些波动但能被双方接受，不需要修改心理契约中的内容（即平衡型）。当员工感觉到组织（或员工）提供的内容超出了被认可的范畴（正向或负向），则会出现两种可能性：或者重新修订心理契约（修改型），形成内容与过去有所不同的新契约；或者终止已有心理契约（遗弃型）。Thomas 和 Anderson 考察了入伍英国部队的新兵在组织社会化的过程中心理契约内容上的变化。发现总体上“新来者”的心理契约越来越接近老兵的社会规范，变化的内容尤其在前 8 周时间里最为显著。在社会化过程中，“社会信息的获取”是重要的影响因素。因此，组织在这个时期与新成员进行充分沟通和交流，对于理解相互责任和建立相互关系十分关键。

在这个领域中，心理契约的违背尤其成为研究热点。其原因在于为了适应当前激烈竞争和不断变化的外界环境，大多数组织不得不改变已有的管理模式、人员结构以及雇佣关系，这些变化增加了原有心理契约被违背的可能性。另外，变动的环境也增加了员工对组织产生误解的可能性，即使客观上没有出现心理契约的违背，也可能主观上认为这种情况出现了。研究表明，关系型取向的心理契约被违背后，契约中的交易型成分加强，关系型成分减弱。员工对组织的情感投入减少，更多关注于经济利益方面。不过，也有研究结果表明，心理契约的违背通常是不可避免的，而且未必产生消极的不良反应。

Morrison & Robinson 指出，由于契约违背的界定上存在一定的分歧，因此造成一些研究结果的不一致。她强调应将心理契约的违背与契约未履行的感知两个概念区分开来。契约未履行的感知指的是，个体对于组织未能完成其在心理契约中应承担的责任的认知评价。心理契约的违背指的是，个体在组织未能充分履行心理契约的认知基础上产生的一种情绪体验，其核心是愤怒情绪，个体感觉组织背信弃义或自己受到不公正对待。

另外，还有研究者对心理契约的违背与后续行为之间关系的中介变量进行了探讨。Robinson 的纵向研究表明员工对组织的信任度会影响到员工对于契约违背的认知、解释以及后续行为。高信任感的个体更不容易觉察到契约被违背（警觉性低），对契约违背的解释更多寻求外界环境因素，对于接下来的工作绩效、组织公民行为的负向影响也较弱。Turnley & Feldman 也对心理契约的违背与员工行为的关系进行了考察，指出另两项因素（未实现的期望、工作满意度）是影响二者相互关系的中介变量。

显然，有关心理契约的研究对于如何在组织中形成良好的雇佣关系、完善人力资源战略、制定薪酬福利政策、改进招聘及培训手段均有指导意义。但是，尽管这方面的文献不断增加，而且在其内容、结构、动态发展过程和影响因素方面的实证研究越来越多，总体上这一领域的发展依然处于初级水平，尚存在不少分歧意见，有待统一。

（原文约 8500 字，发表于《首都师范大学学报》社科版 2002 年第 1 期）

文摘编辑：杨海洋

中国城乡人力资源结构大调整的特点、成因及趋势

王知桂　李建平

[作者简介] 王知桂，福建师范大学经法学院副教授，经济学博士生。
李建平，福建师范大学副校长，教授，博士生导师。

[内容提要] 中国城乡人力资源结构大调整是我国社会进步和经济结构调整的必然产物。改革开放以来，农村人力资源向城市转移已呈现出大规模、跨时空、谋求多元目标等新特点。其原因在于：长期形成的城乡人力资源分布结构不合理严重阻碍了我国现代化进程；改革中农村大量剩余劳动力的出现使城乡人力资源重新配置成为必要；而城乡分割的户籍管理制度壁垒的松动则为该结构调整提供了可能。农村剩余劳动力转移的根本途径在于农村城市化和农业产业化的发展。

[关 键 词] 人力资源；结构调整；剩余劳动力；城市化；产业化。

一、我国城乡人力资源结构大调整的特点

我国城乡人力资源调整始于80年代初的大量农村剩余劳动力向城（镇）市流动。经过二十多年的发展，这一进程具有下列特征：

1. 从流动的规模来看：从开始时的小规模向大规模方向发展。

2. 从流动的组织程度看：由盲目流动逐步向有序流动发展。

3. 从流动的时间跨度看：由“候鸟型”迁移发展为以“移民型”为目的的转移。

4. 从流动的空间分布看：逐步由区域内就地转移向跨区域转移发展。

5. 从流动的动力机制看：由比较单一的以追求增加收入的利益动机发展为学技术，学经营管理和接受城市现代文明熏陶等多元化目的。

二、我国城乡人力资源结构变动的成因

中国农村人力资源之所以如此大规模地涌向城市，形成城乡人力资源结构的巨大变动，是有着多重的深刻原因。

1. 长期以来形成的不合理的城乡人力资源分布结构已严重阻碍了现代化进程。新中国脱胎于一个重农轻商、小农经济占主导地位的国度，建国初，我国选择的前苏联实现国家工业化的模式，把农业剩余产品强制性地转移到工业化积累。这种战略的实行使得旧中国业已存在的二元经济结构更加固化，现代经济部门与落后的传统农业部门长期并存。

2. 改革后农村剩余劳动力的形成使得城乡间人力资源重新配置成为迫切需要。家庭联产承包责任制的实行，使农村剩余劳动力显性化。从内部原因看，首先是人地矛盾十分突出，劳动生产率提高后，使得每年可从农村分流出大量的剩余劳动力。其次，农业的比较利益低。这主要表现在：第一，工农业产品剪刀差。第二，农业与非农产业的收入差别悬殊。第三，农民负担过重。第四，消费支出中的商品性支出的比重增加，自给性的产品比重下降，为增加货币收入只能从非农产业获得。

如果说内部原因是导致农村剩余劳动力流动的直接驱动力的话，那么外部原因则使得这一趋势得以加速和强化。

1. 城乡经济发展不平衡。由于工农业生产力基础的差别，现代工业部门对科学技术的吸纳能力进而增殖效能远远大于农业部门，使得业已存在的城乡经济不平衡问题更为突出。加上城乡分割的二元户籍管理制度，城镇居民享有由国家财政负担的各种补贴和福利，强烈的反差，使农民渴望能有机会与城里人一样从事工商，以期获得较务农更多的收入。

2. 劳动管理制度等城乡壁垒的松动。改革开放后，农民可灵活安排自己的时间，1984年中共中央一号文件允许农民自理口粮到城镇落户，从事二、三产业。城乡壁垒逐渐松动，农民跨地区流动成为可能。

三、我国人力资源城乡间结构调整的趋势

1. 从长期趋势看，农村剩余劳动力向城市和非农产业大规模转移是历史必然。作为一个发展中国家，中国“二元经济结构”特征十分明显。要想走向现代化，必须由“二元结构”向“一元结构”演进，即实现工业化与城市化。我国城乡人力资源结构调整实际上是这一历史进程发展趋势的内在要求。

2. 从近期态势看，我国城乡间人力资源结构调整减缓、速度放慢。立足于特定主客观现实条件，我国现阶段城乡间人力资源结构调整规模增幅会减缓、速度会放

慢。其原因是：第一，从流出地的农村看，劳动力转移的内在动力在弱化。初期，农村中高素质的人力资源大多转移，而低素质劳动力转移的风险及成本却在提高。第二，从流入地的城市工业看，其对“农民工”的吸纳能力也在减弱。伴随着国有企业和政府机构改革，过剩经济的出现，产生了许多富余人员，城市本身也面临巨大就业压力。而在过剩经济中，需求无热点，投资无热点，无法再造饭碗。总之，城市工业吸纳再就业冲力严重受到影响。

3. 根本途径：在于实行农村城市化和农业产业化。如上所述，城乡间人力资源在流动和配置的必然进程中不可避免地遇到诸多困难，那么，如何使城乡间人力资源合理配置，同时又适应产业结构演进规律从而推动现代化进程呢？笔者认为，基本思路是：实行农村内部的工业化，将农村剩余劳动力的产业转移与空间转移结合起来，推动农村城市化进程，走“小城镇——中小城市——大城市”的道路。

小城镇是广大农村地区与小城市的结合部位，它在消化吸纳劳动力上有很大的潜力和优势。如由于接近农村，劳动力转移成本和风险较小，并可充分利用农村的资源优势，实行以专业化、市场化为纽带的生产经营，带动城镇就业水平的发展。

然而，小城镇毕竟不能作为工业社会的载体，它规模小、社会化分工水平低，难以形成大中城市的聚集效应和规模效益。同时，劳动者“离土未离乡，进厂不进城”的生产方式，并未实现摆脱农业联系的职业上的彻底转换。由于要求集中的固有特征，必然促使小城镇向中小城市发展，劳动者向中小城市集聚。随着分散工业化向集中工业化发展，乡镇企业向城市延伸，中国城市化进程进一步加快，中小城市又会向大城市发展。大城市由于其占地面积小，基础设施好、社会化程度和劳动生产率高，规模效益好，对社会生产力的推动作用大。同时，它的辐射力强，可以有力带动中小城市及农村经济的发展，还能吸纳更多的劳动力。据有人推算，城市越大，对劳动力吸纳力越强。每一直辖市、省会城市、地市对劳动就业吸纳力分别为县和县级市的90倍，25倍、4倍，呈几何级数递增。

从近期看，农村应走内涵式就业路子，即通过农业产业化、专业化来扩大就业增加收入。如前所述农村剩余劳动力转移的内在动力是为了获得较高收入水平。农民收入低的原因：一是农产品品质差、科技含量低、属“大路货”，附加值不高。例如我国大米和水果一般每斤1—2元，而国外进口优质大米和水果则每斤5—10元，甚至更高。其实，我国地域辽阔，许多地区自然条件独特，发展绿色农业、精品农业等特色农业极具资源优势，这无疑是农村剩余劳动力从传统农业转向现代农业极具潜力的途径。这当然需要国家加大农业科技投入和推广应用，加强对农民科技素质的培养。二是以家户为单位的分散经营，未形成细密的专业分工从而实行产业化的规模经营，使得农民生产成本高、效益差、收入低。这就要求大力发展农村工业，提升初级农产品附加值，发展和完善农业中介服务机构，将农产品的产供销一体化，充分利用社会分工、发挥专业组织的规模优势降低单个农户的市场风险，使农民既增产又增收。总之，这一思路是以延伸和扩大农业产业链为农村剩余劳动力就地配置创造更多机会。

（原文约9000字，发表于《福建师范大学学报》哲社版2001年第2期）

文摘编辑：焦利

环境消费政策：国际比较与中国选择
——选择可持续发展的环境消费政策新探索

司金銮

[作者简介] 司金銮，南京财经大学经济与统计学院教授，可持续消费研究中心主任，主要从事大消费循环理论与可持续发展战略研究。

[内容提要] 当今世界实现可持续发展的环境消费客观地需要科学的经济政策、行政手段、法律手段来建立有效的联动引导和推进机制。而我国目前尤其需要采用经济政策工具，即环境消费税政策、环境产品价格政策、环境损害保险政策等，来实现可持续发展的环境消费。

[关 键 词] 环境消费政策；消费制度；国际比较；中国选择。

一、国际环境消费政策的比较

1. 环境消费税与管制、补贴、补偿等政策的比较

环境消费税与直接管制政策的比较。政府管制政策措施是政府利用法规、禁令以及许可证制度，达到直接避免或限制有害的活动目的。直接管制政策要求绝对遵守标准，而非寻求经济性诱因。与直接管制政策措施相比较，课征环境消费税的优点主要有：一是使环境污染者能选择经济上最有利的解决方法，或缴纳环境消费税或自行处理，因而激励厂商采用降低环境污染量的方法，或是着手发展无外部性成本的生产方法；二是使制污者负担支出，形成成本分摊，而不再由社会全体负担污染的损害成本，从而符合公平合理的原则；三是环境消费税的课征额度随厂商生产数量多寡而定，因此富有弹性；四是课征环境消费税可使产生污染物的产品价格上升，从而引致市场转移到不会产生环境外部不经济的产品；五是课征环境消费税可以增加财政收入，为政府治理环境污染提供资金来源。直接管制措施由于缺乏弹性和效率性，无法导致经济上最合适的选择方式，这是因为适度是要求外部效果达到最适当的数量水平，例如环境废弃物的排放以不超过自然界自净能力或不危害人体健康条件为准，若完全禁止排放废弃物，对自然界的自净能力而言也是一种浪费。再者，直接管制由于对管制对象不能有所选择，对全体厂商采取一视同仁方式，这容易导致经济资源分配扭曲，同时环境污染者为了自身利益，将不会修理防治污染的设备，政府因此实行定期检查，必然增加行政管理的成本。政府为了使既定环境污染物排放数量减少，采取直接管理措施所耗费的行政成本，往往高于课征环境污染税的成本支出。

环境消费税与补贴政策的比较。有学者主张政府应补贴厂商为进行防治环境污染所支出的费用，其理由是整个社会将因环境品质的改善而获益，对于这种有益于社会的整体行为，政府应针对其废弃物排放数量的减少直接予以货币补贴（注：此处所谓政府直接补贴与本文提出的“治污税收抵免”有所不同）。补贴政策与课征环境消费税的性质相似，都是从价格层面去影响厂商的生产行为，但在对污染物排放的厂商课税情况下，会促使该厂商生产的产品价格上涨，进而使得厂商生产量下降和整个产业环境污染物排放数量的减少；反观在补贴政策之下，由于政府给予补贴，使得原本已无利可图的污染性厂商获得机会，继续以低效率的方式使用有限的经济资源，还可能诱使新的污染性厂商进入该类产业以期获得补贴，结果可能是虽然个别厂商会减少产出及排放污染物的数量，但是整个产业的总污染物排放数量却可能反而增加，与防治污染的初衷相背离。

环境消费税与补偿政策的比较。消除外部不经济的另一项方法是制造污染者设法补偿受害者的损失。假定污染者与受害者双方能够自愿谈判补偿，达成资源适度调配，污染者所获利益抵消受害者损失及政府课税后其净利益极大化，但是补偿或协商谈判方式本身尚有一定的条件和困难：一是污染者与受害者双方必须能接触才能谈判，同时双方力量必须相当，否则很可能无法达成协商一致的意见；二是如果一方拒绝谈判还须设置行政机构规定谈判的程序，这会增加行政管理支出；三是谈判费用的多少也影响补偿方法成功与否，若谈判成本过高，也不可能达成协议。至于补偿制度是否真正公平也影响到所得分配是否合理，而课征环境消费税显然没有上述各种缺点。

2. 环境消费核算与传统消费计算的比较

传统消费计算隐含在国内生产总值核算之中，而GDP核算因不涉及环境成本的投入与产出问题，所以也不存在环境消费核算。传统的GDP指标体系并不能正确反映一个国家在经济、社会、生态等方面的进步程度及可持续发展能力，因为它没有核算砍伐森林、污染环境、水土流失、资源枯竭和破坏臭氧层等而对可持续发展带来许多负面影响，而这正是环境消费核算的缺失。环境

消费核算应该包含在绿色GDP核算框架之中。绿色GDP略同于EDP（经济环境调整的国内产出），以调整GDP、反映自然资产存量变化为目标的价值核算，通过环境因素的引入，使国民经济核算的内容发生变化的是，改变了现有的生产核算，把经济过程对环境的利用作为生产中的投入处理，由此实现了对GDP的调整，形成了经环境因素调整的国内产出绿色GDP的新的总量指标。环境的破坏意味着环境这一特殊资产的流失，进而意味着实际GDP在流失，即：实际GDP＝名义GDP－环境资产流失，或实际GDP＝名义GDP＋环境资产增值，而实际GDP的流失最终导致的是人们福利的流失和消费质量受到损害。因此，推进全球可持续发展进程必须加强对环境消费核算政策的研究。

二、中国环境消费政策的战略选择

1．中国选择环境消费政策的客观必然性

中国目前针对环境污染问题所采取的经济政策除了资源税与消费税部分税目外，主要是征收排污费。作为一种普遍性质的收费，征收排污费缺乏应有的法律效力，且因其征收有很大随意性，收入又不稳定，使得原本就很紧张的环保资金更得不到保障。另有近20个城市开征了性质与排污费相似的生态环境补偿费，它的征收范围有限，不利于生产要素合理流动和产业结构调整。可见，利用征收排污费的方法保护消费环境不易达到理想效果。国外的很多财税学者主张设置环境污染税制，以使环境污染者自行负担控制污染的成本。事实上，正因为环境消费税具有税收的无偿性、强制性和固定性的特点，治污税收抵免能调动企业治污积极性，对中国环境消费的保护具有更大的积极作用。

2．中国环境消费政策的选择重点

其一，税收政策。税收政策对国民经济各部门和产品结构均有持久影响，可广泛作用于总供给和总需求。政府对那些希望利用环境的人出售所有权，即要求污染者按社会对环境的评价付出附加成本，从而迫使他们调整生产决策，减少污染程度，体现“谁污染谁治理”的原则。这里提出开征环境消费税的构想是：以排污量征税，基于征税技术上的便利原则，环境消费税依据排污数量进行课征，将污染成本予以内部化纳入价格体系中，其纳税主体是污染物的制造者和因使用该商品而导致环境污染的商品生产者。建立治污税收抵免机制以加速解决环境的“瓶颈”制约，即允许排污企业将其所得（利润）中用于环境保护和污染治理的部分（包括治污的科研开发、试验设计、基础设施等费用）从所得税的应税额中一次性或分次按比例予以扣除，或允许其作为日常生产性经费列支，通过国家间接引导投入的调控办法，以达到降低其实际所得税税负、提高其治污积极性的目的。一般而言，这种再转化治污期越长，抵免率相应越高，反之则抵免率越低。此外，要将环境消费税的税收纳入环保专项基金账户，用于环保科研、治理环境污染和环保设施建设。

其二，价格政策。与传统价格不同，适应可持续发展的价格政策在于国家通过有效的经济手段在产品价格中反映“环境（生态）价值”，主要包括自然资源和为生产要素被利用的价值、维护生态平衡和治理环境污染等而付出的人类劳动，其构成要素包括生态生产成本、流通费用、税金和利润等要素，其中，环境生产成本既不是个别企业的生态生产成本，也不是一些企业在生产过程中的支出环境成本，而是在原有成本的基础上加上环境成本以后之和。中国推行体现“环境（生态）价值”消费品价格政策的措施是：从可持续发展的战略高度，尽快提高企业广大消费者的环保意识，逐步树立起可持续消费观念；推行生态化生产与生态化消费的标志制度，制定此消费品与普通消费品之间的合理差价体系。考虑在推进该政策的进程中企业需要支出额外的环境成本且环境成本投入大、见效慢，政府在现阶段应加大各项政策的扶持力度。

其三，保险政策。环境损害责任保险作为一种保护可持续消费环境的政策工具在经济学上是有其理论基础的，即它可以作为冒险赌注委托体制的保险业而被估定。中国建立环境损害责任保险政策至少要涵盖四个方面：一是企业，企业参加此保险既可规避其意外的经营风险，又约束企业采取对环境更加负责的态度；二是民众与消费者，既可以使其增添一份安全感，又可以极大地限制其有损环境的消费行为（从《中国环境状况公报》对比1995与2000年的废水及COD排放量看，经过5年的努力，工业的排放量均减少30%以上，而生活的排放量则分别增加65%和21%以上，这说明“九五”时期国家对居民消费者有损环境的责任行为缺少约束机制与处治政策），促进环保民众化；三是国家体制，与国家法律法规、价值取向、消费体制、组织体系等相协调；四是国际关系，与国际环保公约、保险市场、经济生态化进程以类如WTO等组织颁布的一些准则相衔接。中国确立环境损害责任保险政策，应通过由产业群体和消费团体逐步估定而建立与潜在环境危机相对应的共同保险基金。从国外已有的经验来看，环境损害责任保险作为一种保险项目虽有风险，但易为消费者和生产者所接受，其影响广泛的“超级税收”将有益于未来危险废物工业的消除，同时也作为一种保险费发挥作用。

（原文约9600字，发表于《武汉大学学报》社科版2001年第6期）

文摘编辑：焦利

建立政府采购监督制度之构想

赵肖筠 沈国琴

[作者简介] 赵肖筠，山西大学法学院教授。
沈国琴，山西大学法学院研究生。

[内容提要] 随着政府事务的急剧增多，政府采购项目与数量也随之增加，政府采购制度因此也备受关注。文章以此为背景，提出完整的政府采购制度必须包含健全的法律监督制度的观点，并论证了政府采购法律监督的范围，设计了政府采购法律监督的框架。

[关 键 词] 政府采购；监督；政府职能。

由于政府分散采购制度在其运行过程中显露出诸多弊端，人们开始积极地寻找更为科学合理的采购方式；亦由于在现代社会中政府事务急剧增多，政府与社会关系日益密切，仅靠分散采购难以实现采购本身所蕴涵的采购与调控二位一体的积极作用，因此人们开始关注一种新的制度，即政府采购制度。政府采购制度作为一种新制度，其本身蕴涵着许多合理因子与制度优势，但并非这种制度一经建立，所有相关问题都能迎刃而解。只有建立规范完整、运用良好的制度才能实现建立新制度的预期目标。因此在构建政府采购制度时，建立健全的配套制度成为关键。

一、政府采购监督制度建立之必要性

1. 政府采购制度中采购权之本质决定必须对其进行严格监督。政府采购是政府财政支出的一个重要方面，目的是使用公共资金实现政府职能和社会公益。这时政府所行使的权力本质上是行政权力，具有扩张性、占有性与腐蚀性之本性特征，如不被控制与监督，就极易走向腐败。正如法国思想家孟德斯鸠所说："一切有权力的人都容易滥用权力，这是万古不易的一条经验。有权力的人们使用权力一直遇到有界限的地方才休止。"因此对权力必须给予必要的警惕。同时，在大量社会稀缺资源由政府掌握这一事实在短期内无法改变的环境下，规范政府权力、监督政府行为显得尤为重要。

2. 政府采购制度中政府职能的真正实现与发挥，需要监督制度的保障。政府采购是指政府部门、政府机构或其他直接或间接受政府控制的企、事业单位，为实现其政府职能和公共利益，使用公共资金获得货物、工程和服务的行为。政府采购的主要目的是实现政府职能，不仅实现采购公共物品，以最少成本换取最大效益之目的，而且通过政府采购实现扶持民族工业，促进国内就业，对市场进行宏观调控之目标。可见政府采购涉及政府诸多目的之实现，关系重大，如不能正常运作，影响颇多，有必要加大监督之力度。

3. 为保护公民合法权益，有必要建立政府采购监督制度。我国的招投标法已于 1999 年 8 月 30 日经九届人大常委会第十一次会议审议通过，并已实施。其中确立的透明性原则方便了投标人和社会大众的监督。但是仅此仍不能避免投标人合法权益受损害之可能性，如政府采购机关对投标人的歧视性对待，政府机关向竞争对手泄露各种秘密的关键性的信息等，也严重侵害政府采购相对方的合法权益。因此为保护政府采购相对方合法权益，有必要扩大监督范围，建立完整的监督制度。

4. 为避免社会公共利益的巨大损失，维护政府形象，有必要加强对政府采购的监督。政府采购主要以集中方法进行，如控制不严，监督不力，则可能出现权力集体寻租的现象，比起原来的分散采购可能带来的权力的分散寻租，其恶果更为可怕，给社会的健康发展造成的打击更具灾难性。况且政府采购除包括购买这一环节外，还包括立项，作计划，进行招投标，签订合同，合同履行，合同完成并验收等诸多环节，都直接关系到社会公共利益，关系到政府形象。因此有必要建立健全的监督制度。

新制度要发挥其制度优势，必须形成其严密的制度体系，监督制度是政府采购制度得以正常运转的一个重要支撑点。

二、政府采购监督制度之范围

应当认识到政府采购是一个连贯性的行为，不仅包括招投标，而且包括招投标之前、之后的行为。而后者常常容易被立法所忽略，因此，有必要明确监督范围，以实现对政府采购全方位全过程监督。

1. 当政府采购货物时，监督主要集中在两个阶段。一个是在政府采购之前，使用单位申报采购物品与采购主管部门根据经批准的预算与其他财政性资金使用计划编制和公布采购计划阶段；一个是政府进行采购阶段。针对不同阶段采用不同的监督方式。购买货物时，不存在一个长期的合同履行期，货物交付即告结束。所以，一般不需在采购之后设立监督程序。但是，如果货物在使用过程中的质量问题是由于采购机关与采购相对人合谋造成的，或者由于采购机构故意或过失造成的，这里就存在一个对采购机构监督的问题，由哪个机关调查，由哪个机关诉讼，其追溯时效是多久，便需法律明确规定。

2. 当政府采购工程和服务时，对其监督范围相对广泛些。因为工程和服务的提供并不是一个瞬时的动作，需要有一个合同的履行期限。在这个履行期内，直到验收结束，行政机关和采购相对方之间关系密切，既然有行政权的存在，权力就有滥用的可能，对这个阶段的监督就成为必要。所以，对政府采购工程与服务的行为进行监督，主要集中在三个阶段：招投标之前采购部门编制采购计划并公布采购计划是一个阶段；政府采购机关主持采购的招投标、直接磋商、邀请报价的工作是一个阶段；合同的履行与验收是第三个阶段。

同时应该注意，监督的目的是保障政府采购工作正常顺畅运行，防止政府采购主体滥用职权。因此监督主体不能随意干预采纳内部事务，阻碍政府采购的正常开展，避免监督成为政府采购活动的负累。

三、政府采购监督制度之框架

对于政府采购进行监督，应充分调动各方面监督力量的积极性，形成有效而严密监督之网。

1. 加强人大的监督。这主要针对政府采购货物、工程与服务的第一阶段。“人大及其常委会的监督权从本质上说是人民当家作主的权力，是管理国家事务的重要表现。”特别是行政机关在使用公共资金时，这种行为背后所隐藏的是政府如何正确行使委托权的问题。人民权利作为政府权力的源泉，对于通过纳税而获得的公共资金，人民当然有权利监督政府行使委托权的正确性。但鉴于人大及其常委会的性质，并非事无巨细，一切均成为监督对象，只对政府采购计划予以审议，以监督政府实现宏观调控功能之目的。

2. 设置透明的采购程序，方便社会大众，新闻媒体以及政府采购相对人之监督。这是一种事中监督方式，有其特殊的意义。因为公开是限制行政的一种手段，阳光是最好的消毒剂，一切见不得人的事情都是在阴暗的角落里干出来的。通过设置这种程序使政府采购机关必须将采购信息、采购法规、采购文件定期向社会公布，使公众及当事人的知情权得以满足，有效减少工作人员寻租的可能性与机会，保证采购廉洁，维护政府形象。

3. 设置不同的诉讼途径，实现司法权对行政权的监督。首先，针对政府采购相对人来讲，如果其认为政府采购机关在采购过程中，侵犯了其合法权益，就应当能够获得诉讼权，提起诉讼，将司法权引入监督制度之中。其次，设置行政公诉制度，监督政府采购的全过程。在有些情况下，没有明确的受害人，而政府采购行为又违法，侵害社会公共利益或国家利益，这时如果没有监督机关对其进行监督，任由违法行为存在的话，我国的法治建设将受到极大的危害。日本行政法的居民诉讼能为我们提供有益的思考，这种诉讼不以保护私人权利为目的，以监督地方公共团体的议会、首长及其他职员的违法的财产管理行为为对象。借鉴其制度中所蕴涵的精神非常重要，至于提起公诉主体由谁来承担，具体的运行规则如何确立等等问题还需要结合我国的实际情况予以合理规定。最后，人民检察院对政府采购过程中的刑事犯罪进行立案、侦查和提起公诉。

4. 建立政府采购制度组织管理体系中内部监督机制。这种内部监督机制贯穿于政府采购活动的整个过程中。由于它具有灵活性与及时性的特点，所以更容易在监督与效率之间求得平衡。采购主管机关，采购机关以及使用采购物品机关，验收采购物品机关是整个采购过程中持续推动采购有序发展的关键性主体，通过他们之间的相互关系实现监督。比如：政府采购主管部门可以通过采购政策、制定预算计划以及反馈信息对采购机关予以监督。采购机关可以通过监督合同的履约情况，对使用采购物品机关予以监督。使用采购物品机关通过具体履行合同对采购机关予以监督。验收采购物品机关通过验收合同对前系列主体均予以监督。通过如此一系列的内部监督，使各方主体在履行自己职责的同时达到监督他方主体的目的，使整个采购过程环环相扣，有条不紊，以期对政府采购行为进行规范化管理。

5. 加强对政府采购人员财产申报制度的实施。政府采购人员掌握公共资金的使用，权力很大，为避免其利用职权获得各种非法收入与不正当利益，有必要经常对其监督，财产申报制度是其中强有力的监督方式之一。

（原文约6000字，发表于《山西大学学报》2001年第3期）

文摘编辑：焦利

对完善国有企业监督机制的思考

李福安

[作者简介] 李福安，湖北师范学院政法经济系。

[内容提要] 本文从所有者监督、经营者监督及生产者监督三个方面对完善国企监督机制做了论述。

[关 键 词] 国有企业；监督机制；完善。

国有企业的发展壮大，需要有一个完善的企业监督机制。怎样建立这样一个国有企业监督机制？基于国有企业是由所有者、经营者、生产者组成的一个利益共同体，本文主要从所有者监督、经营者监督、生产者监督三个方面对此进行探讨。

一、完善国有企业监督机制与所有权监督

完善国有企业监督机制，最根本的是要建立一个有效的国有企业所有权监督机制。国有企业所有权监督机制包括所有权内部监督机制和所有权外部监督机制两个方面。建立有效的所有权内部监督机制，首先是要健全公司股东大会——董事会——经理层相互制衡机制。为了保证这一制衡关系机制正常运行，一是必须打破国有股权高度集中于某一国有资产管理部门的状况，实行国有股持股主体多元化，以健全公司股东大会运行机制；二是董事长和总经理必须分设，董事会要有一定比例的独立董事，董事会要配备必要的工作机构，对经理的聘用任免要引入市场机制，以健全董事会运行机制和由经理层所组成的执行机构的运行机制。

其次是要强化股东大会——监事会——董事会和经理层的监督机制。监事会是公司的监督机构，它受股东大会委托，检查公司财务和业务营运，对公司董事会、经理层的违法、违规和违章行为进行直接监督，其自身则受股东大会监督。这一制度安排本身有利于强化所有权内部监督，但是目前国有企业，其收效甚微。要改变这种状况，关键是监事人选要得当，要有对监事的激励与约束机制。

第三，必须建立股东大会——会计——审计监督机制。会计、审计是企业监督机制中的重要环节。企业经营者的败德行为总是要与企业财务相联系。严格的会计审计制度能较有效地防止企业经营者侵吞国有资产损公肥私的败德行为，其所提供的准确及时的财务报表，也有助于所有者了解企业经营情况，更好地监督经营者。然而，在现行体制下，会计审计部门作为公司的职能机构，负责人直接听命于企业经营者，这是会计审计信息严重失真的一个重要原因。为了改变这种状况，一个重要的措施是必须进行企业财务体制改革，修改公司法第46、50、112、119条关于公司经理提请聘任或解聘公司财务负责人，董理会根据经理提名聘任或解聘公司财务负责人的规定，由公司股东大会直接聘任或解聘公司总会计师（或主管会计），总会计师受公司股东大会委托，直接对股东大会负责，行使会计监督职能；同时，由公司股东大会直接聘任或解聘公司审计员，审计员作为公司的高级职员对股东大会负责，行使其对公司会计账目和报告的专业审查监督职能。

二、完善国有企业监督机制与经营者自我监督

关于国有企业监督机制，人们通常强调的是所有权监督，而较少论及企业经营者自我监督。其实，国有企业经营者自我监督机制，应该成为国有企业监督机制中的一个十分重要的环节。首先，建立这种自我监督机制有助于更好地达到监督的目的。国有企业监督的实质在于通过监督防止经营者的败德行为，并促使经营者服从于所有者利益，实现国有资产的保值增值。然而，国有企业的监督机制不可能做到完美无缺，即使这种监督机制再完善，也总会有些漏洞，这就会给那些败德动机的经营者以可乘之机。只有在不断完善国有企业所有者监督的同时，努力建立一个有效的经营者自我监督机制，才可能避免上述情况的发生。其次，建立这种自我监督机制有助于降低国有企业监督成本。没有经营者自我监督机制，经营者败德行为更容易发生，由此国有企业监督难度加大，任务加重，监督开支加大；如果存在一个有效的经营者自我监督机制，经营者败德行为减少乃至消失，国有企业的监督成本必然大大减少。

怎样建立国有企业经营者自我监督机制？首先，引入竞争机制，把好经营者的素质关，这是经营者自我监督的前提条件。在社会主义市场经济体制下，国有企业作为国有性质的股份有限公司和非国有独资的有限责任公司，只能依照《公司法》的规定，由股东大会选举董事会，由董事会选举董事长和聘任经理。为了最大限度地减少不合理经营者人选，必须在制度上作出两项规定：一是按照市场经济的国际惯例，引入竞争机制选拔公司

经营者，竞争出人才；二是公司选人者对经营者人选失误以及由此对公司造成的损失，依据不同损失情况分别负包括行政处分、辞职、经济赔偿在内的个人连带责任。

其次，经营者收入与经营绩效挂钩，形成经营者自我监督的动力机制。国有企业经营者不是所有者，要想使其能像对待自己的资产一样尽心尽力地搞好经营，必须给予足够的利益激励。令人遗憾的是，迄今为止，国有企业还没有建立这样的利益激励机制，面对国内民营企业、“三资”企业经营者十几万、几十万，甚至百万元以上的年收入，国有企业经营者一二万元或二三万元的收入难免相形见绌。巨大的反差使得一部分国有企业经营者——现实的或潜在的经营者纷纷流失，还有相当一部分国有企业经营者，或者无所作为，坐失国有企业发展的市场良机，或者大肆挥霍公款，在职消费膨胀，严重损害所有者利益；或者铤而走险，以种种方式损公肥私，侵吞国有资产，“穷庙富方丈”现象、“59岁现象”由此而生。凡此种种充分说明，没有足够的利益激励，经营者难以自律。要想使国有企业经营者自我监督，首先应参照市场经济的国际惯例，并结合我国初级阶段的基本国情，建立与经营者责任、权力和经营绩效相适应的分配制度。其具体形式包括年薪制、利润分成制、股票期权制（国企上市公司）、股份奖励制（国企非上市公司），这是经营者自我监督的基本动因。其次应建立对经营者精神激励的机制。其内容包括：建立经营者组织，吸收其参与政府制订经济计划和经济政策的讨论；选送经营者代表进入各级人大政协，对优秀经营者由政府予以表彰、授勋等。这将大大提高其 社会地位，满足其社会荣誉感，为其自我监督提供精神动力。在这样的物质动力和精神动力作用下，国有企业经营者必将倍加珍惜自己的经营者职位，从而大大增强自我监督意识。

再次，培育经营者市场，形成经营者自我监督的压力机制。必须加快培育经营者市场。其主要措施应包括：建立国有企业经营者竞争聘任制；建立与社会主义市场经济相适应的企业经营者收入分配制度，建立经营者评价考核制度，实行淘汰制，建立经营者培训制度；国有企业经营者职业化，一般不再调任党政机关任职，建立经营者人才信息库，建立企业经营者协会，建立引进国外企业经营者机制，根据需要和可能，国有企业亦可聘用国外经营者。

三、完善国有企业监督机制与职工监督

怎样建立有效的国企职工监督机制？首先，职工代表必须进入公司治理结构。国有企业职工作为本公司的持股者当然应该参加股东大会，如果不是持股者，国企职工代表也必须进入公司董事会和监事会。国有企业职工代表直接进入公司决策机构的董事会和监督机构的监事会，有权得到董事会和监事会成员所了解的一切信息，并参与一切决策，有助于国有企业职工更好更直接地监督企业经营者。要发挥这方面的监督作用，目前应解决以下三个问题：一是修改《公司法》，使董事会成员中应有职工代表的规定不仅适用于国有性质的有限责任公司，而且也适用于国有性质的股有限公司，以保证职工代表能进入国有控股的股份有限公司董事会；二是解决公司治理结构不规范，监事会流于形式的问题，使职工监事能真正发挥作用，三是选好职工董事、监事，让具备条件能真正发挥参与决策和监督作用的职工代表进入公司治理结构。

其次，适应现代企业制度要求，规范和发挥职代会监督职能。职代会作为国有企业民主管理的基本形式，在加强企业民主监督中具有极其重要的作用。要发挥职代会的这种作用，有必要对职代会的职能、作用形式、作用范围作出调整。其一，规范职代会职能。国有企业改制为现代公司后，职代会不应继续成为公司决策机构，而应专注于企业民主决策、民主管理和民主监督，这样更有利于发挥其民主监督作用。其二，由职代会推荐职工董事和职工监事，参与公司决策和监督。其三，职代会行使对企业经营者及各级行政领导干部的民主评议权，评议结果作为公司奖惩和任免干部的重要依据。其四，修改《公司法》使职代会适用范围由国有性质的有限责任公司扩大到国有性质的股份有限公司。

再次，企务公开制度化。从健全国有企业职工监督机制角度看其意义在于：企务公开，除商业秘密外，企业经营中的人财物产供销各环节方面都要公开，从而为企业职工监督提供了前提；企务公开，企业经营者领导班子收入、交通、通讯工具、业务招待费用，职代会评议监督企业领导干部情况一律公开，使经营者置于广大职工的监督之下，要把企务公开作为职代会的重要活动内容。对企务公开不能单靠文件推动，要搞制度建设要立法，使之有法可依，以更好地发挥其威力和监督作用。

（原文约4500字，发表于《湖北师范学院学报》哲社版2002年第2期）

文摘编辑：张克帆

试论我国金融监管体制的构建

叶 菲

[作者简介] 叶菲，惠州学院经管系教师，西南财经大学金融学院在读硕士研究生。

[内容提要] 面对国内外经济发展的新形势，我国金融业既存在前所未有的良好机遇，又存在严峻的挑战，潜在的风险无时无处不在。因此，必须加大监管力度，构建我国金融业的监管体制。

[关 键 词] 金融风险；金融监管；金融监管机构。

一、为什么要特别强调金融监管

1．监管是防范和化解金融风险的需要。金融风险，主要表现在资产、存贷、债券等方面的风险。近年来国际金融危机，促使我国对本国金融风险的防范和化解作出了许多卓有成效的努力，使金融业得以平稳的发展。据报道："2001年底，国有独资商业银行不良贷款余额和比例首次出现了双下降，……；股份制商业银行和农村信用社不良贷款比例分别比年初下降3.42和4.93个百分点，……。金融资产管理公司已处置不良资产1707亿元，收回现金357.7亿元"，要求2002年"继续下降2—3个百分点"。但从总体上看，我国四家金融资产管理公司，要接收从国有独资商业银行剥离出来的1.4万亿元不良资产（如果考虑到某些基层支行借新还旧的一些情况，恐怕还要超出这一数目），应该说这个不良贷款比例显然偏高，资产风险仍然较为突出。此外，银行资本金不足引发的信誉风险，曾使中小金融机构多次出现挤兑风潮。在这种情况下，一旦外资金融机构进入，就会很难改变存款者和投资者的最佳选择。产生这个问题的原因固然是多方面的，但属于监管方面的乏力是显而易见的。有些人倡议：重整中资金融机构，广为合纵连横，打造中国"金融航母"，用以抗击外来可能侵袭的风暴。应该说这种忧心值得重视。

2．监管是遏制金融违法犯罪的需要。近年来，金融业违法犯罪势头有所上升，"仅去年金融系统立案查处挪用、贪污案件分别占经济案件总数的47%和31%"，去年农村信用社各类违法、违纪经济案件占金融系统经济案件总数48.5%，这种情况不能说不严重，究其原因同样是多方面的，但其中的一个重要原因，就是内部制度不健全，监管不力。

3．监管是入世后与国际金融接轨的需要。国外发达国家金融机构的发展有几百年的历史，商品与资本市场发展到很高程度，它们的金融业无论在机构设置、监管体制和人员的竞争能力上都具有丰富的经验，对中国这块肥肉不会轻易松口的。相反，我们的国内市场经济才刚刚起步，作为WTO成员国参与涉世贸易也仅仅是开始，无论从机构设置、监管体制、经营人员素质一时都难以适应，这就必须依据世贸的各种规则，结合我国国情认真研究，定出可行的监管制度与措施，确保互利互惠，避免不必要的损失。

4．监管是发展我国经济实力的需要。由于历史原因，特别是高度的计划经济和产业结构的不合理，使我国有相当一部分大中型国有企业，长期靠"输血"过日子，负债累累，给银行造成大量的不良贷款，有的企业还用不正当的手段欺诈骗贷或逃债活动，更加重了金融业的负债率，导致银企的"双亏空"。出现这种情况，无疑同监管软弱有关。

近年来，为什么特别强调金融监管是"重中之重"？这是由国内外经济发展形势决定的。以亚洲为重灾区出现的金融危机，虽然对我国冲击不大，但风险是潜在的，千万不能低估。何况入世以后，在巨大利益的吸引下，外资金融机构早已虎视眈眈，在内部缺乏"免疫力"和"病毒侵扰"的情况下，风险很有可能加大，这就必须引起金融界和全国人民的高度关注。

二、怎样建立我国内部与外部相结合的金融监管体制

1．要建立权威的综合性的金融监管机构。目前我国金融业的监管由人行、证监会、保监会等分兵把守，面对外国混业经营和金融国际化趋向，有必要打破它们独立分业经营界限，在中央党政企业工委的统领下，组建一个有权威的、高效率的、综合性的金融监管机构，统一协调金融业的大政方针和监管制度。要求金融业各级领导干部依法行政，正确行使权力，逐步运用现代技术手段，把金融监管搬上网络平台，并试行建立不良债权的担保抵押机制，逐步建立存款保险制度。坚持"以加强金融机构法人监管为主线，以降低不良贷款余额和比例、消化历史财务包袱、提高盈利水平为重点，规范监管标准，加大检查力度，落实监管责任，提高金融监管水平"。（戴相龙语）监管机构应该尽快完善风险评测、预警系统，为及时发现和处理风险创造条件，积极参与

国际金融监管的交流与合作，提高自己的防范与应变能力，走自己有特色讲实效的监管之路，不摆花架子。

2. 要尽快建立完备的金融法律法规体系。自1995年有关金融“五法一决定”颁布以来，国务院和部门发布了一系列金融法规和规章，使我国的金融法制建设日臻完善，金融法监管网络基本形成。但是，同改革与经济发展及入世要求相比，无论在立法执法上都存在一定差距。表现在：对市场准入、运作、退出缺乏明确的界定；由于权限受限，对金融业违法犯罪行为打击乏力；监管法条不完善，有些业务规范往往用行政文件代替；对金融内部控制和同业自律机制存有疏漏；法律法规少规章多，有些还缺乏可操作性；对借破产之机逃废债务的恶意破产行为，只是在最近才由高法作出解释不予受理；与国际惯例相悖的一些金融原则，还有待于进一步研究设定。

由此可见，要弥补法制的疏漏，提高立法和司法质量，严防入世后外资钻法律的空子，就必须尽快完善我国金融监管的法制体系，达到事前和事后都有监管规范可循。现在国际间金融投机行为无处无时不在活动，洗钱状况愈演愈烈，抵御国际金融违法犯罪活动和国际金融霸权主义行径，将是入世后金融监管新增的一项更为艰巨的任务。

3. 要按组织结构的科学性和管理人员的高素质性来组建金融业队伍。按照《公司法》的要求，金融企业应该逐步建立一套严密的依照科学规范运作的公司治理结构。党中央最近出台的《干部任用条例》，对各行各业国家工作人员都是适用的，结合金融专业，当然还要讲求“精干、内行、务实、忠诚”。对他们的任职资格要实行严格的管理和定期的考核，建立必要的人事和业务信息档案制度，逐步达到联网查询。对他们要实行竞争上岗，逐步吸收有道德懂业务且有法律外语等知识面较广的复合型人才。对在岗人员要定期培训经常“充电”，对不合格或难于培养的，特别是经不起糖弹攻击的，要及时辞退决不姑息。在业务活动中，上下级之间层层实行“一把手”对口负责制，在单位内部各部门各组合之间，要实行自控互控监控的内控制度。每个业务人员都必须依法经营、合规操作，坚持“授权有限、相互制约、事后复核、反馈调整”的授权审批制度，对他们必须实行聘任制和责任追究制，在较大的金融机构应该设置纪检监察室设立检察员。

4. 要按行政区划层层建立半官方的金融行业协会。目的是为了维护国家和人民的根本利益，促进金融事业的共同发展。它既然是一个自律性的社会群众监督组织，就应该由人行或同级的综合监管机构牵头，不仅有银行、信托、证券、保险等单位参加，还应该有社会中介机构和新闻媒体单位参与，不仅有上述单位的头面人物参加，还应该有这些单位的忠诚人员和实业家、专家学者参与。要使这一协会起到应有的监督作用，首先必须能够了解情况。凡不涉及国家保密事项的，应该通报信息、交流有关资料，增加透明度，体现它的公正性和群众监督性，加强交流、沟通与合作；其次，协会要有责有权。根据有关规章制定的行业协会章程、公约和自律性规则，参加单位及其人员都应遵守。对违纪违规单位和人员有批评教育权，对被监督对象有向有关单位反映情况权，对取得国家行政或司法授权的事项有依法处置权，对某些经调查分析的专项材料有移送权，对某些重大现实问题有研讨权，对侵犯国家、集体、职工、群众利益的行为有控告权等。因此，它不应该是某系统某单位的领导联席议事机构，也不应该是无责无权的空谈俱乐部，而是一个实际的群众监督实体。

5. 要研究市场管好市场。纵观近年来我国周边国家的金融危机，金融市场是瞬息万变的，对于投机者来说像是一座暴富与赤贫共存的“魔法场”，可以带来福音也可以带来血痕，不可等闲视之。要管好市场，首先必须摸透市场的“脾气”，看它是怎样“阴晴圆缺”的；其次，必须研究投资趋向，只有完善本国的产业结构，打好自己的经济基础，才能防止泡沫经济的孳生与蔓延；再次，对外要实行固定汇率，严格外来资本的进入与退出。因此，防范和化解金融风险，不仅要求内外监管的有机结合，而且在发展实物经济与健全货币经济方面、防止经济过热与可持续发展方面、实现企业盈利率不断上升和金融呆、坏账不断下降方面、金融开放与金融监管方面都应该有机结合。我国近年来，特别注重产业结构的完善，由劳动密集型转向技术密集型，由粗放型转向集约型，这都为管好市场、壮大国力、抵御风险提供有力的保障。我国鼓励外资投向农业、大西部、基础设施和高新技术产业，防止过度投向房地产和股市，都是管好市场的极为重要的措施。

总之，可以考虑把系统论与控制论原理运用到金融业监管中来，以内涵监管为基础，建立外延性扩大与内涵性提高相结合的“大金融”大监管体系。

（原文约6000字，发表于《惠州学院学报》社科版2002年第5期）

文摘编辑：曾祥玉

WTO规则下我国外贸体制改革与审计应对

课题组

[作者简介] 课题组，国家审计署2002年重点研究课题，课题负责人周英虎，课题组单位广西审计科研所、广西财政高等专科学校、广西商业高等专科学校，课题组成员周华楣、马世俊、陈茜、邓文勇、周英虎，执笔周英虎、周华楣。

[内容提要] 经过二十多年的改革我国外贸体制有了长足的进步，但是与WTO的要求依然存在着比较大的差距，因此需要进行新一轮改革，其重点是：规范关税体制，健全法律法规体系，深化外贸经营体制改革，完善外贸协调服务机制，深化国有外贸企业改革和加快投资自由化的步伐。与外贸体制改革相配套的审计主要对策是：按照WTO规则的要求调整和完善与外贸体制相关的审计法规，强化审计队伍的建设，提高审计人员的素质，重视社会审计力量的作用，拓展审计领域，加强环境审计理论方法的研究并使之尽快地转化为现实的审计力等。

[关 键 词] WTO；外贸体制；环境审计。

一、我国现行外贸体制与WTO的差距及其改革方向

综上所述，经过了二十多年的改革开放，我国外贸体制发生了极其深刻的变化，有力地促进了我国国民经济的发展。但是，面对加入世界贸易组织的新形势，我国外贸体制改革仍然不是很到位。中国要想完全融入国际贸易社会，更深入地参与世界经济事务，就必须建立起一个与世界贸易组织体系保持一致的法制健全、高透明度、公开且公平竞争的外贸新体制。与迅速发展的WTO多边贸易体制相比，我国现行外贸体制与WTO之间存在着诸多的差距。

1. 对外贸易的宏观调控手段不规范。主要表现在经济调控手段、法律手段和外贸管理体制等三个方面。(1) 经济调控手段方面的差距。一是汇率制度仍然比较僵化，缺乏灵活性；二是涉外税制中的关税水平偏高（目前我国的名义关税为15.3%，不仅高于发达国家的平均水平，而且高于发展中国家的平均水平），关税化程度较低，关税的征管未完全采用世界贸易组织的《估价协议》规则；三是在执行出口退税政策上仍然带有浓厚的计划经济色彩，出口退税的范围也比较小。此外，在出口信贷和信用保障等方面也存在着一定程度的问题。(2) 法律手段方面的差距。我国目前外贸在法制建设仍然不够健全和完善，许多对外贸易活动缺乏法律依据。就是在已有的法律法规与WTO规则相比，也存在着程度不同的缺陷和不配套的问题。另外，在外贸立法中存在着透明度不高的问题，在保证市场公平竞争和交易，反对地方和部门保护主义方面的法规方面则存在着执行不力的问题。(3) 外贸管理体制方面的差距。政府管理体制不能适应外贸发展的要求，在许多方面仍然延续层层审批和计划管理的模式，政府直接插手和管理外贸事务的行为依然过多，而对于一些新的实际问题却又往往缺乏有效的解决办法。特别是实行配额和许可证管理的进出口商品贸易的范围仍然过宽、国营贸易（指指定公司经营）还在一定范围存在，进出口管理的透明度仍然不够高，进出口政策的统一性仍然未能最终解决。

2. 外贸经营体制不够健全。放开外贸经营权，一直是我国对外贸易体制改革的重点和难点。专业外贸公司型的传统垄断性的经营体制依然根深蒂固，公平的竞争外贸环境基本上还没有形成，外贸竞争的市场秩序比较混乱。

3. 与外贸相协调的服务机制不够完善。(1) 外贸的中介组织发育不够良好，特别是缺乏权威性强的行业自律组织；(2) 外贸的信息公路网络建设滞后，不能满足我国加入世界贸易组织后的贸易发展需要；(3) 国有外贸企业改革缺乏应有的深度，普遍存在着经营效益差、举步艰难等方面的问题，企业由于产权不清、责权不明、历史遗留性重负债和管理混乱等问题，而尚未形成自主经营、自负盈亏、自我约束和自我发展的现代企业机制。

4. 现行《对外贸易法》存在着一定的局限性。(1) 内容不完善，不能满足开放性经济运行对法制建设的要求；(2) 程序性的规定不够详细，实体性的规定很难执行得力，程序性法律条款的规定有待完备；(3) 对外经济贸易立法分散，缺乏系统性，相互之间没有一个统一的协调和制约机制；(4) 法律赋予法人的地位不平等，国内投资企业与外商投资的待遇不一致，外商往往享有比国内企业多得多的优惠政策，从而造成事实上的不平等竞争；(5) 对外经济贸易法律透明度和稳定性普遍不高，法律缺乏权威性，执法力度不强。

上述差距要求我们必须根据中国加入世界贸易组织时的承诺，遵循强调权利和义务全面平衡的原则以及相

应的国际惯例对我国现行的外贸体制进行新的改革：

1. 规范关税体制，深化非关税措施的改革。应当按照进一步大幅度削减峰值关税和加大各类产品的税率级差的原则，努力使关税尽快降低到略低于发展中国家的平均水平，加快提高关税化速度的步伐，建立符合WTO规则要求的关税机制；进一步减少和规范非关税措施，在加快出口退税步伐的同时进一步提高出口退税率和扩大出口退税税种的范围，直至实行全额的彻底退税，以强化我国出口产品在国际市场上的竞争力。

2. 健全适应WTO的法律法规体系。应当按照公开透明、经营加速实行商品平等待遇、政策统一和司法审议的原则对现行的外贸法律法规体系进行调整和改革。就现行的外贸法而言，其需要调整和改革的基本内容一是按照世界贸易组织的规则，加快制定对外贸易法实施细则；二是积极稳妥地拓展对外贸易法的管辖范围。

3. 深化外贸经营体制的改革。首先，需要进一步打破专业外贸公司的垄断地位，继续加大下放外贸经营权的力度，增加自营外贸形式所占的比重；其次，对专业外贸公司要继续实行科工贸一体化的改革，在组建科工贸一体化的企业集团的同时，以现有生产企业为主体通过联合或兼并使专业外贸公司成为生产企业的下属国际营销机构；第三，在规范和完善的基础上继续大力发展外贸代理制，代理制应当成为中小生产企业进出口的主要形式。

4. 完善外贸协调服务机制。要健全功能齐备、服务周到的中介组织体系，充分发挥外经贸各商会和行业协会的协调指导和咨询服务的作用，建立和完善外经贸行业的律师、会计师事务所等机构。要加快全国性的外经贸管理机构和海关、金融、税务等相关部门的计算机联网和专用信息网络的建设。

5. 深化国有外贸企业的改革。要进一步解放思想，采取有效的措施，强化改革的力度积极构建国有资本的营运体系。对于大型企业，应当通过建立现代企业制度的方式，解决企业中的国有资产无人负责等方面的问题，并为政府以后从中推出创造条件；对于中小型企业，则应采用兼并、重组、拍卖、股份、租赁和承包等多种方式进行改革。

6. 加快投资自由化的步伐，健全相应的保障机制。投资自由化是贸易自由化及贸易与投资融合的客观要求，为了更好地迎接经济全球化的挑战，提高我国的国际竞争力，今后在利用外资方面应当从片面地追求数量的增长转向注重质量并考虑长远利益，应当鼓励外资投向基础设施与开发领域。应当鼓励国内企业对外投资，以扩展企业的生存发展空间和更好地利用WTO权利发展我国的经济。

二、审计如何应对加入WTO后的我国外贸体制改革

我国加入世界贸易组织要求外贸体制必须进行改革，而作为专职经济监督的审计也必须适应这种改革，积极应对面临的挑战。

1. 按照WTO的国际贸易规则，调整和完善相关的审计法律法规。与国际惯例接轨，是审计面对我国加入世界贸易组织现实而需要解决的首要问题。必须按照世界贸易组织贸易统一性的原则对我国现行的包括审计准则、审计规范在内的外经贸法律法规进行必要的调整和修改，以符合国际惯例的要求；必须按照世界贸易组织法律透明度的原则和政务公开的原则，依法对政府的职能行为进行审计监督，不断提高审计经济执法的力度，强化其权威性。

2. 强化审计人员的培训，提高审计人员的素质。随着中国入世和外贸体制改革的深化，需要大量熟悉和掌握WTO规则的审计人才，以适应新的监督环境，防范审计风险。因此有必要强化审计人员的培训，不断提高审计人员的素质。其主要的内容包括：WTO的基本规则，国际贸易通行的法律规则，主要发达国家的产业和外贸政策，先进国家的企业管理方法、经验和教训，外贸专业外语知识的普及与提高，国内新出台的外经贸法律法规，计算机操作技能的掌握和外经贸专门计算机审计人员的培养等。

3. 重视和强化社会审计力量的作用。加入世界贸易组织意味着我国已经融入国际经济一体化的大背景之中，并由此将对我国审计服务的对象和市场格局和未来发展趋势产生比较大的影响，带来许多新的变化。作为市场经济条件下财务审计主体的社会审计组织必须正视这种影响和变化，积极应对挑战。为此，首先需要组建有社会影响和诚信度高的国内大型会计师事务所，积极融入国际审计体系，提高审计服务质量和水平，形成和保持国内社会审计的主导地位；适度发展多元化、专业化服务的中小型会计师事务所，积极开展中小规模企业审计和相关的验资、代理记账、会计咨询、税务代理和企业登记等专项服务；其次要整肃和规范现有的会计师和审计师事务所，提升社会审计的诚信度，提高社会审计组织的风险和责任意识。

4. 拓展审计领域，开展专项审计。随着外贸体制改革的深入，外贸投资的形式将呈现多元化的趋势，并伴随着经济利益主体的多元化和分配方式的多元化。这种变化可能会因为企业资金流转关系的复杂化，财务管理漏洞多，外经贸活动管理控制难度大和虚假财务报告等方面的问题而引发贪污舞弊和挪用国家和企业法人资金案件增加。为了防治此类腐败问题和加强对企业产权法人代表和企业经营者审计监督，有必要拓展审计的领域，开展专项审计。从政府审计方面看，应当把经济责任审计和财政审计（尤其是预决算审签）作为专项审计的重点；从社会审计方面看，则应当把绩效审计和舞弊审计作为专项审计的重点；从内部审计方面看，则应当在完善和强化内部控制制度的基础上，以会计报表的真实性、法人资产的完整性和安全性以及投资风险分析为专项审计的重点。

5．加强 WTO 规则下的环境审计理论和方法的研究并使之尽快地转化为现实的审计力。我们认为，这是审计面对对加入世界贸易组织的外贸体制改革所需要研究和解决的新问题。

世界贸易组织在其章程的前言中尽管强调了可持续发展的重要性，然而却并没有规定它有任何法律责任而必须去努力实现这个目标。虽然世界贸易组织在“技术贸易壁垒协议”、“卫生与植物检疫措施协议”、“关于贸易与环境的决议”、“补贴与反补贴措施协议”、“服务贸易总协定”、“农业协定”等规定为保护人类的健康或安全，保护动植物，或保护环境可以采取一定技术性措施，但是世界贸易组织并没有就贸易与环境达成任何协议。从而不可避免地使贸易与环境对多边贸易体制在现实的运转过程中产生了许多对环境有影响的问题。

例如，中国加入世界贸易组织所带来的外贸体制改革，可能会产生外贸盲目发展的情况。由于这种盲目发展不是以可持续发展为基础的，因此无论是进口还是出口贸易都会对生态环境造成严重的影响，主要表现一是资源的不合理开发或过度开发对自然环境的破坏，野生动植物资源及矿产资源等的盲目出口给生态环境带来的灾难性后果；二是盲目生产和出口中的许多化工、纺织印染、电镀、制革、造纸等高污染产品对环境的破坏；三是盲目进口野生动植物产品对生物自然生态平衡环境的破坏，盲目进口食品和水果给人民生活和健康安全所带来的潜在问题等。

再比如在对外商在中国投资进行的调查中发现：有30％左右的投资是污染密集型产业；有不少投资是转移来的臭氧层损害物质产品的生产与消费；有一些外商投资企业参与国外危险工业废弃物的进口；还有一些外商将国外淘汰的、或严重污染的、或禁止使用的产品、技术和设备通过投资的方式转移到我国；一些外商投资企业本身就忽视环保管理，严重污染环境等。

上述伴随着入世和外贸体制改革深入出现和将要产生的一系列环境方面的问题，是国家审计面临的新课题，它客观上要求审计必须重视和加快对环境审计的研究，并尽快地转化为现实的审计力。

就与外贸体制相关的环境审计而言，我们认为主要的对策是：（1）建立和健全对外开放与环境保护协调发展政策相适应的审计监督机制，完善外贸环境政策制定的配套性和执行的保证性。（2）建立出口贸易产品生产企业派驻人员或委派代表审计制度，专门负责对出口贸易产品生产企业环境管理制度的健全性和有效性，工业三废排放标准制度的合理性、科学性和三废排放法规执行的有效性和管理的严肃性进行审查。（3）建立外商投资项目报批程序审计制度，由专人负责对外商投资项目环境保护内容的科学性、合理性，审批程序的合规性进行审查，应特别注意审批过程中有无舞弊等腐败问题的存在。（4）建立生产企业的环境审计制度，定期或不定期地对外贸产品生产企业进行环境追踪审计，对于弄虚作假的企业必须严肃处理；对于存在环境污染的企业如果能够通过整改解决的应当限期进行治理，如果不能解决的则应坚决关停和取缔。（5）建立健全外贸口岸审计制度，对进出口产品的检疫和检验实行审计监督，严格把好外贸产品的进出口关。（6）建立一支由绿色专家组成的环境审计决策咨询组织，不断对未来外贸发展中与环境相关的问题进行调查研究，定期或不定期地为政府审计部门提供决策的依据和建议，推动环境审计理论和方法的不断完善。

（原文约6500字，发表于《广西财政高等专科学校学报》2002年第5期）

文摘编辑：曾祥玉

国家政权建设与乡村发展

——对革命后中国乡村社会现代化进程的反思

龙太江

[作者简介] 龙太江，衡阳师范学院法学院副教授、博士。主要研究政治学理论与当代中国政治。

[内容提要] 有效的合理化的国家政权建设是乡村现代化必不可少的重要内容。革命后中国乡村社会的国家政权建设是以国家对乡村政治、经济、文化等领域的高强度动员与监控为根本特点的，国家力量的特殊作用保证了国家政权建设任务的基本完成，但这一过程中也有一些问题值得深思，如传统与现代的关系问题、国家动员与监控的深度问题、集权与分权问题。总结建国以来乡村社会国家政权建设的经验教训，当前我们应在已经集权的基础上适当扩大社会的自主空间，实现国家与社会的权力互强。因此，以发展基层民主为主要内容的国家政权建设战略是符合中国国情的，我们应以名副其实的村民自治来推动国家对乡村社会的整合与乡村现代化的实现。

[关 键 词] 乡村社会；国家政权建设；现代化；乡村发展。

“国家政权建设”是指现代化过程中以民族国家为中心的制度与文化整合措施、活动及过程，其基本目标是要建立一个合理化的、能对社会与全体民众进行有效动员与监控的政府或政权体系。在欧洲社会的经验里，国家政权建设主要表现为政权的官僚化、渗透性、分化以及对下层控制的巩固和资源汲取能力的提高。在中国，乡村社会的国家政权建设始于清末新政，展开于民国时期，其主要内容是建立合理化的官僚制度，使国家行政权力深入农村基层，加强国家对乡村社会的动员和监控能力。但20世纪前半期这一进程很不成功，它导致的是杜赞奇所说的国家政权的“内卷化”之类现象。新中国成立以后，现代化的推进特别是依靠农业积累来支撑工业化的赶超型战略对乡村社会的动员与控制提出了更高的要求对刚赢得革命胜利的共产党的执政能力提出了挑战。

建国后至改革开放前这一时期乡村社会的国家政权建设具有以下主要手段和特点：

1. 高强度的政治与行政控制。这表现在如下几个方面：一是政权组织及其辅助组织全面深入乡村。其中基层党政组织是政权体系中发挥领导作用的核心力量，这一力量又为各种辅助组织如共青团、妇联、贫雇农协会、民兵连等所加强。正是凭借这一体系，党和国家的决策、指示，通过垂直高效的政权体系能够在极短时间内迅速传到乡村社会的每个角落。二是在新的政治与行政权力深入基层的同时，原有的以家族、乡绅为代表的乡村传统权威被打倒、摧毁，新的政治与行政权力在乡村确立起绝对权威。三是以身份控制、户籍控制等超强的政治与行政手段进行全面控制。广大农民在公社、大队、生产队的全方位管理下，在“组织军事化、行动战斗化、生活集体化”的情况下，一切都由集体安排，集体的活动空间几乎就是个人的全部活动空间。

2. 高强度的经济控制。随着农业集体化的完成，生产资料几乎全部公有化，农业生产被纳入计划经济的严格控制，公社、大队在生产、经营决策方面发挥着决定性作用。国家还以行政手段控制了城乡之间的物资流动。随着农产品统购统销政策形成与扩展，越来越多的农产品被纳入国家统购范围，城乡之间乃至乡村内部自发的商品交易被限制、取缔，城乡之间的物资流动都要通过公社以及供销社等国营、集体商业机构来完成。

3. 以全新的文化与意识形态对乡村社会进行有效的整合。在全国绝大部分农村，生产大队都办起了小学，公社办起了中学，以全新的教育形式和数学内容面向农民及其子弟开展新式教育，新的价值观在比以前大为普及的学校教育中得到广泛传播。经过新的革命政权的不断努力，社会主义、集体主义、爱国主义的新价值观成为乡村社会的主流意识形态，各种非主流意识形态在急风暴雨般的扫荡下归于沉寂。

4. 以不断的政治运动作为贯彻国家意志的重要手段。革命后的中国，是一个充满“运动”的国家，“运动”成为贯彻国家意志的重要手段。有学者指出，50年代以来中国的历史断代及社会实践基本上可用“运动”的更替加以概括。经过大大小小的运动，在大众传播媒介和行政网络的强力作用下，乡村社会已没有国家管不到的角落和人，乡村社会已被国家高度动员起来了。

革命后中国乡村社会的国家政权建设还存在许多问题：

1. 传统与现代的关系问题。革命后中国乡村社会的国家政权建设是以对乡村传统的全面否定为前提而进行的。人们试图在把传统全面清除的空地上以新的组织、权力与文化来构建新的乡村社会。对于中国这样一个乡土性浓厚的国家，寻求传统与现代的平衡点应是乡村现代化的重要内容之一。乡村传统其实是既定生产力水平下的一种生活方式，在生产力水平没有发生根本性变化之前，它是很难人为地加以革除的。如果说，20世纪前半期国家政权“抛开、甚至毁坏文化网络以深入乡村社会的企图注定是要遭到失败”的话，那么，20世纪后期人民公社解体以后乡村传统的复归及社会一定程度的无序化也给了人们大致相同的教训。看来，国家政权建设中如何有效整合和利用乡村传统仍然是一个值得关注的问题。

2. 国家动员与监控的深度问题。人民公社体制下，基层社会与民众被纳入到了国家监控的有效范围之内，这在动员民众实现国家决策、保证足够资源汲取以支持工业化积累以及巩固新生政权等等方面无疑是高效率的。但过度的动员与监控也带来了一系列消极后果：一是过度的动员无法以体制内手段来完成，从而只能依靠不断的政治运动，但运动并不是以制度建设为基础而且往往是以对制度的超越为前提进行的，这既不利于运动成果的巩固（从而只能以又一轮的运动来解决问题），也不利于乡村社会现代化。二是过度动员在经济上只能依靠国家对乡村社区资源的垄断。政社合一使得基层政权代替农民成为生产经营决策的主体，集体化的平均主义必然压抑农民的劳动积极性。而且计划经济及“城乡隔绝”体制的实行，进一步巩固了农村经济的“过密化”倾向，因而尽管农业总产在增长，但并没有带来乡村的发展。三是过度的动员必然带来组织的泛化、机构的增加与“公务”人员的增多。在集体制下，这些大量增加的脱产半脱产以及不脱产社区“公务”人员的报酬是以“工分”形式来实现的，这些为数不少的“管理工分”的加入，必然会相应降低普通农业劳动者的劳动分配，事实上增加了他们的负担。不过，由于有工分和集体分配这些迂回形式的掩盖，它并没有造成农民的普遍不满。但改革开放以后，这些人员的报酬只能靠“乡统筹”、“村提留”之类形式直接向农民收取了，农民负担因此而显性化。与过度动员相伴随的机构增加、人员增多带来的直接后果必然是农民负担的增加。

3. 集权与分权问题。谈到乡村社会的国家政权建设，人们自然会想到这是一个集权的过程。中国乡村社会的“国家政权建设”尽管与西方早发国家的模式有很大区别，但在国家对乡村社会的动员、监控或者说国家的集权方面是大致相同的，而且，由于后发国家急于迅速现代化的愿望和压力，中国乡村社会的国家政权建设的集权特征由于其人为的、“计划”的痕迹而更为明显。也正因为如此，人们一谈到乡村社会的国家政权建设似乎以为这就是一个集权过程。然而，当代中国国家政权建设的实践表明，我们以往对国家政权建设集权特征的理解过于简单化了。把乡村社会的一切权力都集中于国家，国家包办乡村社会的一切事务，其实并不利于国家权威在乡村社会的贯彻落实，最明显的是，这将使得乡村基层国家代理人的牟利行为及其他不合法行为都被视为“国家行为”，从而直接影响到国家权威合法性在乡村民众中的确立。而且，这也使得基层国家代理人在没有民众监督的条件下可以较方便地逃脱国家的监控而任意胡为，从而在个别地方出现农民“中央政策很好，基层政策好狠”的矛盾评价。因此，根据中国乡村社会的特点，在国家集权的基础上，还应强调国家与社会的适当分权，应既以分权促进基层民主的发展，又以分权监督、制约国家代理人。

在当前乡村社会的国家政权建设中应强调分权化的体制改革，应在已经集权的基础上适当扩大社会的自主空间，形成合理的国家与社会关系，实现国家与社会的权力互强。为实现这一目标，发展基层民主是必然选择，因此以村民自治为核心内容的国家政权建设战略是适应我国国情的。正是在村民自治的宽松的政治环境下，被破坏的乡村传统在部分恢复，而且这种恢复其实是在新的生产方式与社会环境下的一种自然生长，传统与现代的平衡点也在缓慢演化中逐渐生成。同时，村民自治的发展也将使民众与社会的自我管理能力大大增强，以往过度动员体制下基层政权的许多职能由此而可以逐渐收缩，膨胀的机构与冗员以及过重的农民负担有望因此而得到根本缓解。而且，以村民自治为主要内容的基层民主的发展，将形成对基层国家代理人的有效监督，这种监督与政权体系中自上而下的层级监控相结合，将形成一股强大的合力，共同保证困扰乡村发展的代理人“问题行为”从根本上得到遏止，从而将极大地推动着国家政权建设任务的完成和乡村现代化的实现。因此，我们应努力使村民自治的战略决策真正贯彻落实，应从形式化的仅仅作为赋予既有权威以合法性的“工具性”村民自治走向名副其实的、以现代民主精神与理念为核心内容的“价值性”村民自治，以规范的村民自治实现国家对乡村社会的整合和乡村社会的发展。

（原文约5000字，发表于《衡阳师范学院学报》2002年第1期）

文摘编辑：曾祥玉

构筑现代物流业发展的政策框架

黄国雄

[作者简介] 黄国雄，中国人民大学工商管理学院教授，博士生导师。

[内容提要] 现代物流业将成为新世纪国民经济一个支柱产业。构筑现代物流业发展的政策框架，要正确处理好发挥传统运输业的优势与发展现代物流业、发展国有物流业与发展民营物流业、发展干线物流与终端物流、发展国内物流业与国际物流业等八个方面的关系。

[关 键 词] 现代物流业；政策框架。

现代物流业将成为新世纪国民经济一个支柱产业，它不仅构成现代供应链、价值链管理的载体和基础，把生产、流通、消费有机地连接起来，加速社会再生产过程，而且以最快速度、最佳时间、最优组合完成商品从生产领域向消费领域的转移过程，最大限度地节省流通费用。中国物流业正在起步，为了促进我国物流产业稳步发展，有必要构筑现代物流产业发展的政策框架，以进行必要的政策指导、法律保证，建立开放、畅通、自由、有序的物流市场，迎接加入WTO后对中国物流业的挑战。

构筑现代物流业发展的政策框架必须正确处理好以下几个方面关系：

一、发挥传统运输业的优势与发展现代物流业相结合，逐步实现我国物流产业的现代化、网络化和信息化

现代物流业是集运输、储存、加工、整理、配送于一体的综合性产业，是一项系统工程，它必须以运输业为基础，因此，它既不能是传统运输业的“翻牌”公司，也不能离开运输业另搞一套，必须充分发挥传统运输业的优势，利用它们的设施、网络、技术和管理人才，通过转轨、创新、完善，奠定中国物流产业的基础，同时，根据城市发展的需要，结合现代分销体系的建立和连锁商业的发展，在一些重点城市建立一批以现代理念和现代设施武装起来的物流中心或配送中心，成立一批严格按照现代企业制度建立起来的物流专业公司。切不可你上我上大家上，因为现代物流时空性极强，又是微利行业，一拥而上，必然导致重复建设，使新兴行业一开始就陷入资源浪费的泥坑。

二、发展国有物流业与发展民营物流业相结合，当前重点要扶持民营物流业的发展

作为国民经济的命脉和支柱产业，没有国有物流业是不行的，深化国有物流业的改革，必须转换机制，增强实力，加速市场化进程，发挥以干线运输为主体的国有物流业的主导和示范作用。同时，要制定相关政策，鼓励支持民营资本、民营企业进入物流产业，特别是在资金、税收、土地征用上要予以政策倾斜。要形成国有物流业、民营物流业与外资物流业三足鼎立，互相补充、互相竞争、相互制衡、共同发展的市场格局。特别在加入WTO前后3—5年内，物流业外资引进需注意：一要适度；二要保证急需项目；三要重点放在学习国际的先进管理经验上。

三、发展第三方物流与部门物流相结合，以发展第三方物流为重点，加快物流业的社会化进程

不搞“处处办物流”、“行行办物流”、“层层办物流”，要充分利用社会运输与仓储设备，充分发挥第三方物流力量，发挥整合效应和规模效益，最大限度地降低流通费用。三方物流的出现是社会分工和专业化的必然结果，也是物流社会化的方向，它是创造“第三利润”的主要源泉，是物流产业社会化、规模化和系统化的具体表现。除了大规模连锁企业、大宗产品有条件、有必要建立附属于企业发展的物流体系以外，一般的企业，特别是中小企业（包括厂商、供应商和销售商）都不要大而全、小而全地建立自己的物流业，完全可以利用第三方物流以较小投入达到最大的经济效益。政府在制定物流产业政策时应给予第三方物流极大的关注，实行必要的扶持政策。

四、发展干线物流与终端物流相结合，以重点发展终端物流为主

干线运输已具规模，网络结构基本形成，除发展西部交通外，关键在于现有运输企业如何向两头延伸，扩大服务范围，开拓新的服务领域，构筑连接生产与市场的供应链，与现代物流业接轨。而终端物流是现代物流的基础和标志，包括区域物流和市内配送，面对的是点多面广的零售商店或千差万别的最终消费者，由各自分散的供货商，进行高频率、单品种、多门点的送货，不仅交叉、重复、迂回、空载，浪费运力、增加费用，同

时也给城市交通增加压力，加大管理难度。而终端物流集储存、整理、补货、配送、送货于一体，实行区域、线路、数量、品种的大组合，可以最大限度地利用运力、减少车流量、降低成本、提高效率。因此，它应该成为现代物流业的发展方向和最佳的切入点，并应引起社会和企业重视，政府要制定政策，落实相关措施，重点扶持，鼓励发展。

五、发展国内物流业与国际物流业相结合，以发展国内物流业为主，有重点地发展国际物流，促进物流产业的国际化，迎接入世后市场双向开放对物流业的挑战

物流产业国际化是必然趋向，是全球经济一体化的内在要求。结合我国国情，一方面要加快物流业对外开放的步伐，通过合作、合营、合资等多种形式，引进世界一流的物流业，加强大型仓储、加工等物流基础设施的建设，发展薄弱环节，完善物流市场结构；同时，引进国际先进的管理经验和管理手段，激活我国物流业的运行机制，规范物流业的经济行为。另一方面，通过市场运作、调整、兼并、组合，扶持和发展一批有经济实力，按照国际惯例进行运作，网络结构合理的物流企业、物流园区和配送中心，走出国门，承担与我国作为贸易强国所匹配的国际物流任务。中国物流业必须走出国门，中国物流业能够走出国门。

六、发展现代物流业与培养物流管理人才相结合

中国物流业的发展既无成熟的实践经验、典型引路、示范效应，也缺乏符合中国国情的系统的理论指导，更缺乏一批有理论、会经营、懂管理的物流管理人才，甚至原来已有高校储运专业也给“调整”掉了。人才问题已成为制约我国物流业发展的瓶颈，当务之急是：第一，要采取定课题、下任务、给资金的形式，保护和支持仅有的几位物流专家和学者，让他们围绕课题带动和培养一批中青年学者，深化对中国物流理论的研究；第二，恢复和建立大学本科物流专业，扩大产业经济硕士点、博士点物流方向的招生名额，有条件的高校，可以单独建立物流专业硕士点和博士点，加快对现代物流管理人才的培养；第三，在现有大型的国有或国有控股的物流企业中，要引进一批具有国际水平的物流专家，加强和充实对现有物流业的管理，加快其接轨转制进程。

七、物流业建设发展要硬件软件相结合，同步、协调、配套发展，加速我国物流业现代化的进程

由于我国经济发展起步晚、基础差，物流硬件设备投入少，不仅铁路、公路、港口、机场、仓库和配送中心等基础设施总量不足、手段落后，软件差距更大，绝大多数物流企业仍处于手工操作阶段，缺乏统一与规范。传统运输与现代物流的区别除了功能不同以外，根本的标志在于现代物流是以现代技术管理和设备武装起来的商品实体运动，网络化管理、信息化运作和全过程组合是它的基本特征。这就决定了物流业的发展硬件软件必须同步进行，协调发展，逐步实现基础设施的标准化、物流过程的规范化、互联网的普及化。

八、企业行为与政府导向相结合

随着连锁商业的发展和电子商务的兴起，为我国物流业创造极好的机会，也提出了艰巨的任务，技术、信息与规模将构成未来物流企业发展的决定因素。一方面作为企业行为，以市场为导向，加快传统物流企业的转轨、变型、创新和发展，加快外资、民营资本的引入，加强重点项目、薄弱环节和落后地区的建设；另一方面，还要加强政府支持、引导和管理的力度，制定我国的物流产业发展整体战略，加快物流业立法进程，规范行业管理和企业的自律行为，建立自由畅通、规范有序的物流市场，促使中国现代物流业健康、快速发展。

（原文约4000字，发表于《北京工商大学学报》社科版2001年第4期）

文摘编辑：焦利

建设以城市为中心的现代物流中心

陈柳钦

[作者简介] 陈柳钦，中国管理科学院人文研究所特约研究员，经济学硕士，主要研究方向为宏观经济、金融理论。

[内容提要] 城市是现代物流的汇聚地，要建立多功能、高层次、集散功能强、辐射范围广的社会化综合物流中心，必须充分利用城市。物流中心的规划布局应本着有利于该区域物流的改善，有利于全国性物流体系的形成和改善的原则，充分考虑物流中心的类型、辐射半径、特别是交通等方面的因素。城市总体规划中应对城市物流中心总体格局、物流中心功能定位、物流基础设施平台、物流信息平台、物流业发展政策等方面作出原则安排。城市型物流中心的服务区域划分原则是应该按“经济区域”而不是按“行政区域”进行。

[关 键 词] 城市；物流；物流中心。

一

一般来说，城市是商品集散和加工的中心，而且物流设施和基础建设齐全，流通人力资本高，消费集中而且需求量大，交通与信息发达，城市与周围地区存在不对称性，在这种非对称结构中城市扮演着“中心地”或“增长极”的作用。以其为核心枢纽将其他地域“极化”成一个商品流通整体，所以在此意义上讲，城市型物流中心所辐射的经济区域属于法国经济学家布德维尔提出的“极化区域”。德国学者克里斯塔勒曾指出要有益地组织生产与流通，必须形成以城市为中心、由相应的多级市场区构成的空间市场结构，优越的市场空间结构对产业配置可以产生巨大的吸引力，而且他认为任何产品和劳务必定有一定范围的市场区，在此范围内可能达到的最大销售额和营业额就是该产品和劳务的限界值，未来经济发展越来越呈现城市化、市场化、国际化的大趋势，其中城市化起主导作用。城市化水平是物流业发展的一个重要条件，反过来物流产业的发展也伴随着城市化，促进城市工业生产、金融、服务等其他经济的协调发展，提高社会分工协作水平，充分满足社会需求。城市的发展可以带动周边地区、中小城市和农村的繁荣发展，从而形成一个有机的商品流通体系。

现在我国正处于加速城市化增长的阶段，在今后20—50年内我国城市型的物流中心将会成为物流产业增长点的核心之一。中国已初步将发展商品物流配送作为国民经济发展计划的一项重点内容，列入“十五”规划整体蓝图之内，并首先勾画出物流配送的总目标和具体目标，希望在未来5年内建立30个现代商品综合物流配送中心示范项目，提高物流综合效益。所谓综合物流中心，是指多功能、高层次、集散功能强、辐射范围广的社会化物流中心。国际性的物流活动一般都倾向于集中在地理位置优越的港口枢纽城市，利用自由港提供的海关、仓储以及货物进出便利等条件形成配送中心；利用中心城市四通八达的高速公路、铁路、水运和空运等运输网络，迅速将大批的货物分流送至目的地。

二

城市型物流中心的服务区域划分原则应该是按“经济区域”而不是按“行政区域”进行，虽然经济区域和行政区域可能出现某种重合和一致，但这完全是两个不同的概念。经济区域不像行政区域划分有着明确具体的界限，经济区域的界限是模糊的，是一条过渡带，这形成了经济区域的开放性。它们之间的另外一个差别是行政区划分常以自然地势、人口数量、物产富饶程度、交通运输条件以及行政管理作用等因素的依据，具有相对长期的稳定性，而经济区域的发展表现得相当活跃。物流中心如果按行政区域进行划分，计划区域的资料更易于收集，容易为政府所关注和支持，但强化了行政干预力量，往往会违背市场规律的作用。尤其是对物流中心这样的企业化组织来讲，市场化运作会受到严重制约。按经济区域发展物流中心则适应了生产力的发展，体现了自然资源禀赋状况、经济发展和布局条件、经济结构和地域结构、劳动力素质和技能、市场化程度等方面的发展，同时也体现了物流中心的完整性和开放性。

物流中心的规划布局应本着有利于该区域物流的改善，有利于全国性物流体系的形成和改善的原则，充分考虑物流中心的类型、辐射半径、特别是交通等方面的因素。一般来说，物流中心的选址应处于市区边缘和交通枢纽结点。

三

根据传统分类方法，物流中心可以划分为流通型配送中心、加工配送中心与储存型配送中心三大类型：(1) 流通型配送中心。流通型配送中心通常用来向客户提供库存补充，基本上没有长期储存功能，仅以暂存或随进随出方式进行配货、送货的配送中心。这种配送中心的典型方式是，大量货物整进并按一定批量零出，采用大型分货机，进货时直接进入分货机传送带，分送到各用户货位或直接分送到配送汽车上，货物在配送中心里仅做少许停滞。因此，流通型配送中心应充分考虑市场因素，在地理上定位于接近主要的客户地点，可获得从制造点到物流中心货物集中运输的最大距离，而向客户的第二程零货运输则相对较短，从而方便以最低成本的方法迅速补充库存，其规模大小应取决于被要求的送货速度、平均订货的多少以及单位用地成本。(2) 加工配送中心。加工配送中心定位于制造厂，通常临近生产工厂。作为装配加工与集中运输生产材料的基地，这种配送中心存在的基本原因是支持制造厂，以可以集中运输的费率将产品混合运往客户，这种分类产品的集中运输促进了大宗货品交易。但是加工配送中心的实例，目前见到不多。我国上海市和其他城市已开展的配煤配送，配送点中进行了配煤加工，上海六家船厂联建的船板处理配送中心、原物资部北京剪板厂都属于这一类型的中心。(3) 储存型配送中心。在买方市场下，有很强储存功能的配送中心一般需要有较大库存支持企业成品销售，其配送中心可能有较强储存功能；在卖方市场下，企业原材料，零部件供应需要有较大库存支持，这种供应配送中心也有较强的储存功能。大范围配送的配送中心，需要有较大库存，也可能是储存型配送中心。瑞士 CIBA－GEIGY公司的配送中心拥有世界上规模居于前列的储存库，可储存 4 万个托盘；美国赫马克配送中心拥有一个有 1.63 万个货位的储存区，可见存储能力之大。我国目前拟建的配送中心，大都采用集中库存形式，库存量较大，多为储存型。这种物流配送中心为广泛的库存品种提供集中运输，用最小总成本的方法可以决定区位。

四

物流能力是现代企业的核心竞争力，物流发展水平是一个国家和地区综合实力的重要体现。随着中国加入 WTO，物流业市场也将逐步放开，国际大型物流企业就会大举进入。现代物流的国际化趋势，不但为世界上一些传统的国际货运集散中心城市如汉堡、鹿特丹、香港等全力扩展物流产业化功能提供了新的发展动力，而且也使一些新兴的地区和城市如亚洲的新加坡、釜山、上海、高雄等获得了凭借其港口、区位等优势，发展成为新一代国际性物流集散中心的时代机遇。如台湾在构建亚太物流中心的同时，还有意推动其成为全球物流运筹中心。意大利的巴塞罗那为正在建设的物流园区打出了响亮的口号：“巴塞罗那，欧洲的南大门。”可以预料，一些国家和地区为取得和巩固国际或区域性物流中心地位的竞争将日趋激烈。而我国国内的现代物流企业大都处于起步阶段，就企业规模和技术水平上都难以同其竞争。因此必须抓住入世前的 3 年缓冲时间，尽快形成规模。现代物流强调物资供应链相关活动的综合运作，即整体比局部考虑更重要。这种方法强调物资流动的总成本而不是考虑每一步骤的成本最小化，这就需要参与供应链或配送的所有组织制定详细的规划。城市是现代物流的汇聚地，城市总体规划中应对城市物流中心总体格局、物流中心功能定位、物流基础设施平台、物流信息平台、物流业发展政策等方面作出原则安排，并在物流业发展专项规划中进行深化和落实。

(原文约 3500 字，发表于《北京市财贸管理干部学院学报》2002 年第 2 期)

文摘编辑：曾祥玉

国内外大城市交通发展战略及政策研究

韩 皓 哈 斯 杨东援

[作者简介] 韩皓，哈斯，内蒙古工业大学。
杨东援，上海同济大学。

[内容提要] 我国城市交通的发展和其他国家城市交通的发展有着惊人的相似之处，通过研究发达国家城市交通发展战略和政策，总结其经验和教训，对我国城市交通的发展有着巨大的指导作用；同时，在大量调查和研究的基础上，提出了呼和浩特市城市交通发展战略和政策，对促进呼和浩特城市交通建设科学化有积极作用。

[关 键 词] 城市交通；发展战略；发展政策；回顾研究。

一、国内外城市交通发展简述

1. 美国的城市交通发展

美国是随美洲新大陆开发而兴起的国家，对新技术的开发和使用较快，在交通发展上也同样如此，其城市交通的发展可以归纳为三个阶段：

第一阶段，早期发展的城市，道路网密度大，有轨电车是市民普遍使用的交通工具，曾在19世纪末占统治地位。

第二阶段，随着汽车工业的崛起，公共汽车以快速灵活、初期费用低、不受轨道线路限制的优势，开始与有轨电车竞争，到1918年后有半数有轨电车企业破产，20年代末，终于被公共汽车所取代。

第三阶段，30年代后，小汽车迅速发展，特别是二战以后，在美国特定的历史条件下，由于有中东的廉价石油；汽车采用分期付款的“赊购”方法；城市布局松散，大量复员军人安置在条件较好的郊区居住，需要快速交通工具进城工作；军工技术转为民用，以及制造技术的改进和驾驶技术日趋简单等原因，使小汽车的增长势不可挡，导致公共汽车的全面萧条。

美国的城市布局和生活方式已决定了美国把整个国家建在4个汽车轮子上。但是，随着交通公害、能源危机的增加，美国也在逐步改变城市交通方式。历届政府都对复苏公共交通作过努力，早在60年代，政府颁布了“公共交通法”，引导大城市交通向大容量快速轨道转化。80年代，按照《环境保护法》的规定，要求相应发展公共交通代替小汽车出行，但代价极其巨大。每年60亿美元以上的投资用于公共交通建设，也只能解决1.5—2.0%的小汽车乘客量，所以收效甚微，短时期难以改变现状。

2. 西欧各国的城市交通发展

西欧各国早年有轨电车和自行车使用较普及，小汽车问世后，同样存在市区交通骤增的问题，他们采取了建设和管理并重的办法，并且重视发展公共交通，从而形成了不同于美国的交通发展过程。

50年代初，城市交通由自行车、摩托车向小汽车迅速转化，人们热衷于拥有小汽车。如法国曾提出“要使每个职工拥有一辆小汽车”的口号，结果导致了严重的交通堵塞。经过反思，反过来又选择发展公共交通，致力于快速轨道交通和地铁的建设。联邦德国在1963年当人均国民收入大于1300美元时，对全国二十多个城市的有轨交通系统进行全面改造。70年代后，人均国民收入超过2500美元时，开始大规模修建地铁。这些轨道交通构成了市区内、市区与效区间的客运骨架，并通过换乘站点紧密衔接公共汽车和长途汽车线路，联系着全国各地。

英国在40年代战后城市恢复及新城建设时，吸取了美国雷特邦新城的交通观念，对道路系统注入了人车分流的思想，人车分流的思想体现在以下几方面：首先，设置独立的步行系统，居民在日常活动中不与汽车交通相混；其次，开辟独立的自行车和行人道路，与汽车道路相交时，建简易立交；第三，市中心开辟禁止机动车通行的步行区，保证行人活动免遭车祸；第四，增设公共交通站点，使居民到公交车站的步行距离不超过400米；第五，分散交通集散点，减轻交通负荷。将产生交通量大的工厂、仓库、就业中心等分布在市区边缘。有的大城市还将市中心的功能分散出去，形成新的行政管理中心、商务中心等，避免交通过于集中拥挤。

从政策上鼓励和扶持公共交通的发展，主要表现在以下几个方面：西欧大城市都建有完善的公共交通系统设施，几乎所有的市际客运交通都深入城市内部，在市中心区边缘设站，方便旅客进入市中心商业步行区；大城市地铁和快速轨道交通可以方便地换乘其他交通工具，地铁从市中心延伸到建成区边缘，衔接郊区快速轨道交通以延伸到更远的地方；车站周围设有免费停车场，供开汽车进城的人们在此存车换乘，以减少市区小汽车交通量和停车量；城市道路网密集，等级、功能分明，有利于公共汽车线路分布；交通站点密布，并将各种车辆的运行纳入统一的行车时刻表，使乘客出行有交通主动权。

3．日本的城市交通发展

重视发展战略的制定。70年代，日本制定了《第三次全国综合开发计划》，提出交通设施应与城市的发展保持协调。日本首先考虑了轨道交通系统，再综合布置高速道路及其他交通方式，依靠交通干线把大城市及其影响地区组成为一种多中心的结构体系，长期以来，日本重视开发地下和高架的轨道交通，使它们承担了城市60％以上的客运量，大大减轻了道路的总交通量和交通引起的社会公害。

在发展城市交通的过程中，日本运输省交通局确定了三令原则。首先，缓解大城市客运紧张状况，必须大力发展以大运量公交为主的高效交通系统；第二，客运交通的服务质量和服务水平，要服从国民经济的发展水平，尽量做到多样化；第三，从政策上稳定和强化交通运输企业的经济效益和投资能力。

日本极其重视综合换乘枢纽的建设，有效地将地面公交、汽车停车、自行车停车和商店布局组织在一起，缩短了乘客的换乘时间，方便了乘客也促进了物业的开发。换乘枢纽还有助于交通合理组织，保证交通安全。

4．深圳的城市交通发展

深圳市位于珠江三角洲南部沿海，东连惠州、南邻香港、西濒珠江口、北接东莞，是我国建立的第一个经济特区，也是全国惟一拥有海陆空海岸的城市，承担着内地与香港交通枢纽和经济桥梁的重要职能。

近年来，在政府部门的大力扶持下，深圳市城市交通得到了迅速的发展。到目前为止，深圳已建成各种交通协调发展的立体化、高效率的综合交通网络，连接城市各组团和功能区域，满足城市不断增长的交通需求，促进、引导城市有序、合理地发展。特别是特区内公共交通的服务水平已走在全国的前列，公交分担率也属全国第一。

二、优先发展公共交通

1．公共交通优先产生的背景及原因

“公共交通优先”是自60年代以来世界各大城市普遍采用的一项很有效的城市交通基本政策，并已成为交通工程中交通管理的一项重要内容，已经形成了城市交通学的一个重要的研究领域。“公共交通优先”作为一种公共政策的选择，有其历史背景和社会需要。它与人类城市化进程，尤其是大城市的发展有着密切的关系。在当今世界，城市交通问题已经成为一个普遍性的社会问题，主要表现在交通拥挤、事故率高、环境污染等方面，并由此引发了社会生产效率低等一系列问题。总之，实行公共交通优先主要有以下几个方面考虑：是解决城市交通拥挤的需要；是解决大多数居民出行的需要；是缓解城市土地资源相对短缺的需要；是减少机动车污染、改善城市环境质量的需要。

2．国外公交优先发展情况和经验

——公共交通优先发展的形式。

各国公共交通优先，具体做法虽有所不同，但其基本内容及最终效果是一致的。主要表现在以下几个方面：首先是政策优先，主要是投资优先、运营亏损补贴、税收减免。其次是公共交通规划优先，欧美各国大城市对交通用地规划非常重视，并以法规形式固定下来，尽可能按照交通系统的布局予以优先满足。第三是道路使用与交通管理上对公共交通优先，开辟公交专用道，采用公共汽车专用线或专用车道；优先通过交叉口的措施，采用电磁感应装置，使公交车经过交叉口时信号灯自动发生改变或者在交叉口附近划出公交专用等待车道，以便绿灯时优先通过交叉口。

——公共交通优先发展策略。

在大力发展公共交通的策略方面，主要有以下内容：首先是公共交通优先政策，包括优先投资公共交通设施项目；优先通行公共交通车辆（公交专用道、公交专用交通信号等）；优先开发公共交通新技术（全自动无人驾驶轨道系统、轻轨与公共汽车两用系统、智能调度系统、GPS卫星定位导航系统、交通GIS和车路间通信技术系统和新技术诱导乘客系统等）。其次是重视换乘枢纽设施建设并与土地利用相结合，近年来世界各大城市都建设许多不同规模的换乘车场，最高级的是多种交通工具转换的枢纽站，周围集中设置金融、商业、咨询、娱乐等各种服务设施。乘客可以利用换乘时间，一次性完成多种出行目的，从而减少出行次数，大大减少了交通量，既推动了土地的开发，又繁荣了城市经济。第三是推行政企分离的公交运行机制，公交企业化是当前城市交通发展的趋势，在加强政府监督管理的前提下，运营企业从事区域专营交通服务，经济上自负盈亏，如果违反政府收费标准和服务要求，便立即取消经营权力。政企分离的机制已在欧洲很多大城市实行，效果极为明显。第四是重视城市生态型交通方式的发展与接驳。21世纪城市发展对城市生态与环境的要求越来越高，自行车与步行又重新被广泛提倡，对于上下班通勤交通而言，自行车、步行方式与城市公共交通的接驳尤其重要。日本快速通勤轨道交通系统的各站点附近均设有自行车换乘车场，自行车换乘公交出行高达40％以上。西欧的荷兰、丹麦、德国等国家，自行车与公交换乘的比例也很高。当然，在我国，由于自行车本来就很多，不应再提倡，但需要考虑与公交的接轨。

（原文约1万字，发表于《内蒙古工业大学学报》2001年第1期）

文摘编辑：焦利

新公共管理对我国地方政府改革的启示
——论“政务超市”在中国的兴起

钱再见

[作者简介] 钱再见，南京师范大学公共管理学院，主要从事公共管理研究。

[内容提要] “新公共管理”作为一种社会思潮和实践运动，是以市场化为导向、以为顾客（公民）服务为核心理念的。如何引用新公共管理理论来促成我国政府推动行政改革，提高行政效率，具有重要的现实意义。近期我国在一些城市中相继建立的“政务超市”就是这方面的有益探索。但是，推广“政务超市”必须注意其现实限度及所需要的配套措施。

[关 键 词] “政务超市”；新公共管理；公共服务。

一、新公共管理的兴起及其基本理念

新公共管理理论这一理论思潮的基本理念包括以下几个方面：

1. 转变政府职能。新公共管理理论认为，政府的主要职责是制定政策和监督政策执行，而不是执行政策。传统政府管理模式下那种既制定政策又提供服务的全能主义政府必须要向职业化管理转变。政府职能的转变有利于缩小政府规模，减少开支。同时，政府职能的转变还有利于政府专注于公共政策的制定、监控和评估，进而提高政府管理和服务的效率。

2. 提供公共服务。新公共管理理论强调公共服务，其主要目标就是要克服公共服务供给方面存在的问题，“把权力中心主义转化为服务中心主义”。同时，新公共管理理论还强调顾客至上或顾客导向，它通过把公民变成消费者（顾客），以市场取代政府，提供回应性服务，满足公民（顾客）的不同需求。它还建立明确的服务标准，然后通过调查，倾听公民（顾客）对公共服务的意见，测量其满意程度，并且给公民（顾客）提供“以脚投票”即自由选择服务机构的机会。“新公共管理”还通过建立执行机构或半自治性的分散机构，让它们负责公共项目的执行和公共服务的提供，缩小官僚机构的规模和集中化程度；通过“一步式商店”（“一站式服务”）提高公共物品和服务供给的效率。

3. 导入竞争机制。新公共管理理论主张在政府公共服务中导入竞争机制，取消公共服务供给的垄断性，让更多的私营部门参与公共服务的供给，进而在公共部门与私人部门、公共部门机构之间展开竞争，有利于精简政府机构、缩小政府的规模，进而缓解了政府的财政压力。

4. 实施绩效评估。新公共管理反对传统公共行政只计投入、不计产出和重遵守既定法律法规、轻绩效评估的做法，主张放松严格的行政规制（即主要通过法规、制度控制），实行严明的绩效目标控制，即确定组织、个人的具体目标，并根据绩效指标对目标完成情况进行测量和评估。其评估的主要内容包括效率和成本效益、顾客满意度、投入—产出比率、公共服务质量等方面。新公共管理理论主张建立企业家式的政府，这种企业家式的政府是具有使命感的政府，它能够改变政府只重规则、不重结果的弊端，它根据效果投入拨款；它规定自己的基本使命，然后制定能让自己的雇员放手去实现使命的预算制度和规章。

综观上述，“新公共管理”的核心价值就在于转变政府职能，增强服务意识，提高服务效率和服务质量。

二、“政务超市”：新时期中国地方政府公共管理的新模式

去年以来，继南京、沈阳等地推出“政务超市”以来，全国各地区已有不少城市纷纷仿效。“政务超市”出现以后，把原先市民或企业需要办理相关审批或证明的环节集中在一起，并且采取导办、代办等形式，简单明了地把政府提供的服务内容公开展示出来，让来办事的市民或企业用最短的时间、最高的效率把事情办好。笔者认为，新时期我国各地正在建立的“政务超市”作为公共行政社会化服务的新模式，正是新公共管理理论在中国的实践探索。

1.“政务超市”有利于促进政府职能转变。“政务超市”体现了政府角色或职能的转换。过去，我国的政府行政管理体制中长期存在“既掌舵又划桨”的现象。正如邓小平同志所指出的：“我们的各级领导机关，都管了很多不该管、管不好、管不了的事，这些事只要有一定的规章，放在下面，放在企业、事业、社会单位，让他们真正按民主集中制自行处理，本来可以很好办，但是统统拿到党政领导机关、拿到中央部门来，就很难办。谁也没有这样的神通，能够办这么繁重而生疏的事情。这可以说是目前我们所特有的官僚主义的一个总病根”。

现在，“政务超市”把政府各部门、科室集中在一起，职责分明，人员到位，铲除了产生推诿、扯皮现象的土壤。这样，既有利于简化各种审批手续，提高了工作效率，也让“掌舵者”和“划桨者”能够更好地各司其职，同时还为进一步深化政府机构奠定了基础。

2.“政务超市”有利于增强政府管理的公共服务意识。市场机制的导入，以及顾客至上、结果导向、绩效评估等原则的采用，改变了传统公共行政中公民的被动服从地位，公民变成了顾客，政府与公民形成了对等的关系，政府提供公共服务（政务），公民以平等的方式选择和接受这种公共服务（政务）。近来我国各地所建立的“政务超市”，实现了由过去“多头操办”向“一门式”服务的跨越，使公民（或企业）可以像在超市买东西一样在政府那里买（得）到服务。如南京市下关区的“政务超市”将政府部门特别是街道五十多个服务项目集中在一个大厅内，有的事情只需要在一个窗口就可以办完。“政务超市”以最大限度地满足“顾客”（公民或企业）的需求作为工作的出发点和归宿，提高了公共服务的效率和质量，实践了“三个代表”的要求。

3.“政务超市”有利于推动我国的政风建设。新时期我国“政府超市”的建立，可以进一步增强政府机构公共服务的使命感，切实注重管理工作的实效，从而有利于推动我国的政风建设。

首先，“政务超市”的建立，有利于克服官僚主义现象。“政务超市”把政府公共服务的职能和权限放到了“顾客”（公民或企业）最需要的地方，由过去的“民求官”转向了现在的“官为民”。

其次，“政务超市”的建立，有利于消除腐败。“政务超市”为公民开启了一扇“政务公开”的窗口，在这里，政府的政策规定、办事程序、优惠条件等都集中上墙，使得“顾客”（公民或企业）都能够真正享受“知情权”和“知政权”，从而便于对政府公共服务的监督，杜绝乱收费、乱罚款、“暗箱操作”以及权力与利益挂钩等现象。

最后，“政务超市”的建立，有利于反对形式主义。“政务超市”将政府的公共服务和管理活动直接呈现在“顾客”及社会各界面前，接受方方面面的评估。促使政府机关进一步转变职能和工作作风，扎扎实实地推进各项工作，办任何事情都要务实，大力精简会议和文件，切实解决“以会议落实会议”、“以文件贯彻文件”的问题。“政务超市”的公共服务着眼于创造一流的工作业绩，接受全面的绩效评估。“政务超市”的每一位服务人员都要勤政，兢兢业业、孜孜不倦地工作，忠于职守，乐于奉献，努力实践全心全意为人民服务的宗旨。所以，“政务超市”的建设，有利于建设“廉洁、勤政、务实、高效”的政府，提高政府公共服务的效率和质量，也有利于政风建设。

三、推广“政务超市”应注意的几个问题

“政务超市”是办理各种公共事务最为便捷、公开的公共服务场所，具有公正性、选择性和公开性的特点。它是“新公共管理”理论与模式在我国地方政府管理中的一种实践探索，也是我国社会主义市场经济发展的必然产物。推广“政务超市”的实践经验，是我国在“入世”新形势下政府管理改革和政风建设的现实要求。但是，在推广“政务超市”模式的过程中，必须注意以下几个基本问题。

第一，政府公共部门和私营部门有许多本质上的区别。政府公共部门所提供的政务，是一种特殊的公共服务，它不可能像企业生产的商品一样被任意选购，也不可能像到超市一样可以买或不买，有些服务是国家规定的必经程序，因而“顾客”（公民或企业）就必须去办理。政府的一部分公共服务项目具有天然的垄断性，并非所有的公共服务领域和项目都能够导入市场机制和竞争机制。所以，重塑政府不能有回到“小政府”的幻想。在推广“政务超市”的过程中，必须进一步强调依法办事，强化公共服务的意识和理念，实行政务办理的公开化。在政府和社会组织之间建立伙伴关系，对于大量复杂的社会事务，要由介乎政府与企业之间的第三部门承担。从政府单独管理，转向社会共同治理。

第二，“政务超市”依赖于进一步深化行政体制改革，特别是行政审批制度改革。行政改革意味着分权、放权，行政审批制度改革，说到底就是政府权力的下放。如果没有权力下放，也就谈不上所谓的“权力中心主义”向“服务中心主义”的转变。因此，“政务超市”的发展有赖于政府行政体制的改革。政府要进一步转变职能，实现政企分开，不能“越位”、“缺位”或“错位”，政府机关不能既当“裁判员”又当“运动员”。政府职能要切实转变到经济调节、社会管理、公共服务上来。从而真正能够减少一些审批环节，减少一些不必要的程序。建立“无缝隙政府”，打破部门之间的分割，实行政府“单一窗口”服务，走进一个政府部门即可得到全程服务。

第三，“政务超市”的建立，不能忽视政府的责任和义务。“新公共管理”主张建立企业化政府，但是，政府的企业化是有限度的。如果政府完全以企业型政府自居，就有失去政府应有角色和责任的危险。所以，在推广“政务超市”模式的过程中，应着重于提高政府的公共服务意识及公共服务的效率和质量，但是不宜将顾客导向的行政方式无限扩大到所有的政策领域。“政务超市”把公共服务工作的触角伸向弱势群体，为弱势群体办急事、难事和好事，体现政府对老百姓的亲和力。

（原文约 5500 字，发表于《江西行政学院学报》2002 年第 2 期）

文摘编辑：曾祥玉

关于经营城市的思考

付晓东

[作者简介] 付晓东，中国人民大学公共管理学院区域经济与城市管理研究所副教授，经济学博士。

[内容提要] 经营城市作为一种新的城市建设和管理模式，在我国一些城市正在积极探索并取得可喜的成效。本文围绕这一新事物，对经营城市的一般概念和意义、经营城市的方式、经营城市存在的矛盾和问题以及开展经营城市等方面作一粗浅的思考。

[关 键 词] 经营城市；城市建设；城市资产。

一、经营城市的概念和意义

一般而言，经营城市是指在市场经济条件下，城市政府充分利用市场机制、市场规律和市场化的方法解决城市建设、发展和管理中存在的各种问题，从而满足居民对城市环境的各种需求的行为。具体来说，就是城市政府通过运作城市内的土地、房产、市政设施及其延伸的无形资产等各种资源，使城市获得迅速发展。这些运作包括城市发展的各种谋划、规划、开发、建设及至管理等等。

从目前看，经营城市至少有以下四方面的意义：

1. 经营城市有利于政府转变职能

经营城市是城市政府运用一些经济手段，解决城市建设发展问题的新探索。

经营城市要求政府必须从过去对企事业直接插手的微观管理转向对城市整体资源的开发、利用、经营，转向对城市设施、生态环境的整体化的经营管理；真正实现政企分开，实现城市整体资源的可持续发展。经营城市是城市经济由僵化的计划经济转向市场经济，政府行为方式由微观模式转向宏观模式的具体表现。

2. 经营城市有利于建立集约经济

从社会进步的角度上讲，城市发展追求的目标不仅是单纯的生产生活便利、经济化，而且还包括全社会降低交易成本、居民精神物质环境质量全面提高等方面内容，并以城市发展带动其所在地区的整体经济的发展，促进整个社会的进步，使城市真正成为其所在区域的经济增长极。这也是城市经济由粗放经营转向集约经营的必然趋势。

"入世"之后，在经营城市的范围上，城市政府也要从城市内部为主转向城市所在地区、全国及至全世界寻求生产要素的优化组合。经营城市是塑造城市竞争力的快速、有效手段。

3. 经营城市有利于人们重新认识城市资产，开发城市资产

在市场经济条件下，城市中的各种有形与无形资产会发出新的价值光芒。对这些资产进行聚集、重组与运营，以城建城，以城兴城，发展城市，来实现城市的自我滚动，自我积累，自我增值，自我发展，不失为一个良策。可见，经营城市的理念，不仅可以使人们的资产观念发生深刻的转变，而且使人们对城市发展和管理的观念产生深刻的转变。

4. 经营城市有利于城市摆脱建设资金的困境

城市建设由于它的投资大、周期长、公益性强的特点，长期以来都是政府的一大包袱。而且，随着人们对城市品位和城市功能完善要求的提高，城市建设所需资金更加庞大，而单纯依靠城市财政的老路子搞城市建设已越来越难以适应发展的需要。因此，要改变这种局面，就必须抛弃城市建设只有政府投入、居民无偿使用的旧模式，走经营城市的新路子。城市政府依据掌握的可控资源，对城市资产进行运营，开辟城市建设资金的来源。城市建设既可以由政府投资，也可以由企业、个人投资；既可以运用内资，也可以引进外资。总之，就是要改"一方投资"为"多方聚资"，改政府"一方包建"为"全民共建"，进行多元化开发建设。

二、经营城市的主要方式

经营城市的具体运作方式有：

——利用城市规划指导开发；

——利用招投标方法；

——利用外资形式；

——利用内资形式；

——利用公开拍卖方式；

——利用资产置换方式。

三、经营城市的主要矛盾与问题

目前，经营城市正方兴未艾，但在其积极地向前推进的过程中，也遇到了一些矛盾和问题。主要矛盾有：

1. 政府职能转变滞后同城市化加速发展之间的矛盾

许多城市包括大量的小城镇都在大力推进自身城市

的现代化，不断提升城市的品位，不断完善城市的设施，由此经营城市的范围日渐扩大、手段也日见丰富；相对于此，城市政府职能的转变则表现的相对缓慢，还不能很好地适应发展的要求，制约了经营城市的发展。

2. 经营城市的扩展性与城市资产的不确定性之间的矛盾

随着经营城市理念越来越受人关注，不断加大的市政建设为经营城市提供了用武之地；但城市资产的划分、分割及其价值不清，甚至权属不清，影响了经营城市手段的发挥。

3. 经营城市的收益性与城市消费者的承受力之间的矛盾

我们知道，许多城市的各类基础设施亟待完善和提高，需要加大投入。经营城市是一种能够利用现有资源、较快见效的方式，当然采用方式不可避免会引起部分市政设施由于提高服务水平和档次而提高收费标准，也就是不再会"无偿使用"，从而产生城市消费者的购买力与城市设施舒适度之间的矛盾。

主要问题有：

在经营思想上，政府是经营城市的主体，这一观念尚未确立起来；在经营体制上，城市中的"管养合一"体制尚未破除；在经营对象上，比较严重地存在着重视物质性资源利用，轻视社会性资源（文化、品牌等）经营的情况与现象；在资源经营上，存在资源开发利用过度与闲置浪费并有的现象。

四、开展经营城市的思考

1. 开展经营城市需要转变观念、转变政府职能

经营城市需要一定的氛围和环境，这不仅是经营上的需要，更是拓展城市建设方式的需要。观念可以使人增强信心、激发创造力。因此，转变观念不可忽视。对于经营城市来说，一是改变城市基础设施"无偿使用"的观念，形成"有偿使用"的观念，视市政基础设施为"特殊商品"；二是改变城市资产由政府"独家管理"的观念，形成"多家管理、开发、发展"的观念；三是改变"等钱开发建设"的观念，形成"借力开发"的观念，开放某些收益前景好的市政设施项目，允许国内外投资者进行开发、建设；四是改变城市规划属于纯"技术规划"的观念，变成为"社会经济规划"的观念。

城市政府职能的转变对于塑造良好的经营环境至关重要。这方面主要表现在：一是实行"政企分开"，按照中央的要求，政府从企业经营的所有领域退让出来；二是引入竞争机制，以切实提高政府的管理运作能力，真正"精兵、简政"，实行组织领导机构的少层次和权力下放，"小政府，大服务"；三是改造和提高政府信息化能力；深化城市规划的变革，为经营城市提供依据。

2. 开展经营城市需要深化改革

首先，改革市政设施的经营机制。在城市基础设施的管理与运行方面，积极建立现代企业制度，建立城市基础设施合理的产品价格体系；其次，改革城市建设的投资体制，开放市场，允许国内外投资者公平进入城市市政建设领域；三是挖掘盘活存量资产，以资产换资金，以资金建设施；四是扩大城市市政公用设施有偿使用、有偿服务范围，使其在使用过程中得到合理补偿；同时改进行业管理，引入竞争机制，促使公用事业的健康发展。

3. 开展经营城市需要掌握资本运营

经营城市，即从市场经济思路考虑并运作城市资产，使其货币化、资本化，以获得合理的收益。这就要求遵从市场经济规律，按经营的意识、机制、主体与方式，对资产进行资本化、货币化，进而进行集聚、重组、营运，使其得到重新配置与优化组合，这就是国外惯常采用的资本运营。资本运营的方式主要有：变基础设施无偿投入为有偿投入，变政府独家投资为社会多方投资，成立城市建设发展基金和投资公司，实行路、水、电、气、房地产综合成龙配套开发，吸引内外商投资于城市建设与发展。

4. 开展经营城市需要做好城市总体规划

从经营城市角度看，科学合理的城市规划中蕴藏着许多商机，可以说是城市的"聚宝盆"，而质量不高的城市规划则暗藏着许多危机，可以说是城市的"风险洞"。城市总体规划，不仅要达到其应有的技术规划、艺术规划要求，而且要体现其经济与社会规划要求。因此，对城市规划科学性、指导性、战略性及其重大作用和价值，应引起足够的重视"。

5. 开展经营城市应当做到"三个要求"和"四个化"

"三个要求"是：一是要有科学的总体规划，所有建设都要成为精品；二是严格对土地和资金的管理；三是不要好高骛远，不求最高最大，必须求最好。

"四个化"就是：城市资产商品化；经营活动资本化；经营手段市场化；经营目的效益化。只有这样，政府的投入和累积的资产才会有回报、有增值，就能在增加经营效益的同时创造社会效益。

为了加大市场化筹资力度，还可成立一个综合性的（法人）单位，其作用是负责城市资产（主要是基础设施）的开发、建设和运行，并进行城市内部的统筹协调。

（原文约9200字，发表于《中共济南市委党校学报》2002年第3期）

文摘编辑：焦利

"武汉·中国光谷"创新系统建设的对策研究

邹德文　陈要军

[作者简介] 邹德文，陈要军，武汉东湖高新区战略发展研究院。

[内容提要] 进一步发展和完善创新系统，是"武汉·中国光谷"发展的活力之源，也是应对国内外高新技术产业激烈竞争的一项基本策略。文章分析了"武汉·中国光谷"创新系统建设的现状，提出了"武汉·中国光谷"创新系统建设的基本目标、创新系统建设需要坚持的原则和采取的重大措施。

一、"武汉·中国光谷"创新系统建设现状

武汉有丰富的科教资源，将这些科教资源优势转化为高新技术产业的优势，是"武汉·中国光谷"建设的一项基本任务。特别是在2000年提出建设"武汉·中国光谷"，标志着东湖高新区的创新进入了一个崭新的阶段。

但是，光谷的创新体系从系统整合的角度来分析，还存在以下问题：

一是政府与市场在创新中的互动关系尚未确立起来，创新资源的利用水平低。根据有关研究资料，2000年湖北省的科技基础全国排名第6位，具有较强的科技实力，但经济发展水平却位于第15位，经济发展水平与科技水平极不对称；

二是企业作为技术创新主体的地位尚未真正确立，企业的研发机构建设滞后，与高科技企业以研发为主体的特点不相符；

三是在高层次上科技与经济相结合的体制问题还没有很好解决，产学研结合还不密切，创新系统各要素之间良性互动的机制还不完善，中介服务体系薄弱；

四是投融资环节还存在重大缺陷，技术与资金集成困难，计划经济体制下依靠国家投资和银行贷款的投资渠道已不复存在，而新的产业投资渠道主要依靠股票上市募集资金，或过分依靠招商引资，风险投资的机制还未形成。

二、"武汉·中国光谷"创新系统建设的思路

创新系统建设的基本思路可以概括为建设"四个机制"：

一是官、产、学、研结合的机制。在这种合作机制中，政府的职能主要是制定合作发展的战略规划、重大政策，协调重大合作项目等；大学和科研机构的职能是着眼高技术的基础研发工作，提供最新的技术和研究成果；企业的职能是着重应用技术的研究开发和工艺创新，并将科研成果商品化。

二是灵活方便的融资机制。核心问题是解决资本市场缺乏层次结构的缺陷，建设区域性的资本市场，为中小型科技企业的发展提供方便灵活的融资渠道，为技术创新的各环节提供有效的资金支持，完善风险投资机制，通过风险投资、债券、股票上市、银行贷款等多种形式，为创新提供支持。

三是人才激励机制。要进一步建立并完善对各类专业人才特别是科技人才的培养激励机制和相应政策体系，使知识价值能更充分地体现出来。要制订并完善科研成果产权归属和成果转化效益分配为重点的知识产权法规，加大知识产权执法力度，保护专利权人合法权益，实行职务成果完成人按比例获得报酬的规定，允许和鼓励知识分子业余兼职，试行弹性工作制，探索通过契约明确所在单位和兼职双方权益义务的协议管理机制。

四是高效服务机制。要通过服务，加快实现各创新资源的结合。要按照市场法则，积极建立和完善各种服务系统和技术信息网络系统，包括孵化器网络、科技信息网络、科研协作网络、人才培训网络、融资协商网络、国际合作网络等，为企业提供优质服务。通过努力，逐步建立和完善高新区不同专业、不同形式的创新支撑服务体系和技术中介服务体系。

三、对策建议

1. 构建以企业为中心，产学研紧密结合的技术创新体系

要选择大中型企业或企业集团，同高校、科研院所和跨国公司全方位合作，高标准建设技术研发中心和博士后工作站，提高企业持续创新能力。要选择科技型中小企业以及民营科技企业与国内外高校、科研院所合作建立数量众多的技术创新能力强的科研生产联合体，使之成为一批高新技术产业群的中坚力量。要积极探索产学研结合的方式。

2. 推动光电子企业集群的发展，促进区域创新网络的生成

企业集群是高新技术产业发展中的一个重要特点和规律，也是区域创新系统的核心构成部分。要实现光电子信息产业跨越式发展，推动中小企业快捷而健康发展，必须高度重视中小企业群的集聚及其区域内具有较强竞

争力的创新网络的构建，并在此基础上壮大企业，从而形成一个大中小相联系的光电子企业网络集群。在企业集群中，大企业是龙头，小企业是基础，大、中、小不同类型的企业在体制、机制和发展模式上既相互竞争又相互学习，在人才、资金、技术等方面互利互补，在产品、产业上协作配套，并且共享共用各种基础设施和知识、信息，从而通过企业之间多层次的协同作用和技术、产品的交叉繁殖，形成企业集群，使区域产生较强的竞争力，推动区域发展。

3. 大力发展风险投资，建设完善的资本市场体系

风险投资是光电子产业化的“孵化器”，是新经济增长的发动机。完善资本市场体系，主要是建好三个层次的资本市场。一是要充分发挥现有主板市场的作用，积极筹措社会资本，解决产业大规模发展的资金来源，二是要积极推进创业板市场的建立，解决风险投资的退出机制，促进高新技术成果的产业化；三是要建立技术产权交易所，解决创业活动中技术和资金的有效对接问题，进一步激发创新创业活动。

此外，要建立一套科学可行的评估系统，提高风险投资的成功率。要建立和完善会计审计制度，增强投资者信心。

4. 开放大学资源，建好大学科技园

大学科技园的建设，一是改革高校管理制度，鼓励师生入园创业，创造一种鼓励大学生创业的社会环境。二是建立现代企业制度，放弃事业单位式的管理模式，以现代企业制度为指导进行科技园建设与运作，奠定科技园可持续发展的基础。三是政府部门积极参与，营造有利的外部环境。国家要把建设大学科技园作为建设国家创新体系、实现高新技术产业跨越式发展的一项重大战略举措，有计划地建设一批国家大学科技园，并要出台相配套的政策法规。地方政府应优化大学科技园的社会经济环境，对园区建设所涉及的水、电、路和通讯要纳入城市建设整体规划，对园区建设用地国家应给予相应的政策优惠。

5. 建设人才特区，实施创新人才集聚战略

实施创新人才集聚战略，顺应世界高科技经济全球化的潮流，要在全球范围发掘创新人才资源，彻底改变人才使用的地域观念。要营造创新人才脱颖而出的机制和舞台，不重名气重才气，不看资历看业绩，破除传统的人才所有制观念，开创一个人尽其才、才尽其用的新局面。同时，还必须实施全民创新教育工程，大力发展科技教育事业，培养众多的跨世纪创新人才和高素质劳动者，把较重的人口负担转化为巨大的人力、人才资源优势，彻底改变创新人才短缺、现有人才知识陈旧的局面。要结合光谷产业发展和产业结构、专业结构调整的需要进行创新人才的战略储备。

6. 建立完善的创新环境

首先要加强政策法规建设。

二是要构建适应市场经济规律、与国际惯例接轨的社会化创新服务体系。

三是要加强基础设施建设。

四是要加强“武汉·中国光谷”的创业文化的建设。“武汉·中国光谷”的发展离不开一流的文化氛围，要吸收高科技文化精髓，兼容并蓄，形成一种独特的“光谷”文化：冒险、创新、敬业、诚信，鼓励冒险、容忍失败、广泛交流、拼命工作，并以此为核心营造一流的文化氛围，使“武汉·中国光谷”成为创新者的乐园、创业者的天堂。

（原文约5600字，发表于《中国地质大学学报》社科版2001年第4期）

文摘编辑：曾祥玉

中国基层纵横涵义与基层管理制度类型浅析

王乐夫

[作者简介] 王乐夫，中山大学行政管理研究中心主任，中山大学政治学与行政学系教授，博士生导师。

[内容提要] 该文在阐发基层的涵义横向上不等同于政权、纵向上不等同于乡镇的基础上，论述了基层治理制度的广泛而丰富的内涵，提出了相应的基层治理制度就是表现为政党、国家的基层机构和社会团体与企、事业单位以及城乡群众性自治组织按一定的相互关系直接行使管理权的制度规定。

[关 键 词] 基层；纵横；涵义；基层治理制度；类型。

表面上看，基层是为人们所熟悉且经常使用的一个概念，然而在内涵的把握上，却普遍存在着偏差。从纵向来说，有相当多的人把“基层”等同于乡镇；从横向而言，不少人把“基层组织”等同于“基层政权”。这就是颇有代表性的片面的基层观。总的来说，基层的概念是指国家、社会管理体系中的最低层次。相对于间接性管理为主要特征的中上管理层，直接性是基层的最突出特点，即直接面对人民群众，直接接受人民群众的监督，即这些管理活动具有直接性而没有什么中间环节。就具体涵义而言，可以从纵横两个方面来分析。从纵向上看，基层并不能简单地等同于乡镇。因为除了乡镇而外，下还有群众性自治组织——村民委员会和居民委员会，上还有县、城市的区、不设区的市。从横向上看，基层并不简单地等于政权。因为除政府外，还有其他基层的党组织、国家机构、社会团体以及企（事）业单位等。总的来说，县、城市的区、不设区的市的党组织、国家机构和社会团体、企（事）业单位以及村民委员会和居民委员会都具有管理活动的直接性。因而，理所当然均应属于基层的范畴。

根据以上这些基层单位在我国政治运行机制中所处的地位和所起的作用的不同，我们可以把它们归纳为以下几个不同的类型：政党、国家机构和社会团体的基层组织；企（事）业单位的基层组织；城乡群众性自治组织。

党的基层组织，除众所周知的街道、乡、镇党的基层委员会和村党支部外；还包括企（事）业单位中的党的组织，人民解放军连队的党的基层组织，以及在第一部分所述的基层涵义范围内的国家机构中党的组织。

关于国家机构的基层，根据我国宪法和地方各级人民政府组织法的规定，乡、民族乡、镇是处于我国行政区划层级体系最底层次的行政区划单位，这个层次的国家机构是我国的基层国家机构。中国的国家机构包括各级人民代表大会和各级人民政府两个大方面。根据以上关于基层纵向的涵义，不仅包括乡镇的国家机构，还包括县、城市的区和不设区的市的国家机构。

关于我国基层组织的社会团体，它们是中国共产党领导下的群众组织。它们既要通过各自的组织活动，直接带领群众为社会主义建设事业努力奋斗；同时，它们又是各方面群众利益的代表，应当维护和反映自己所联系的那部分群众的正当要求和权益。正是从这个意义上说，社会团体也属于我国基层组织的范畴。如我国的工会、青年团、妇女联合会等就属于这类基层组织。

就企（事）业基层组织来说，企（事）业单位都是以本单位的组织及基层成员为直接管理对象。企业以直接从事工农业生产、交通运输、城乡建设和商品流通等为主要活动内容；事业单位以从事非物质生产、为社会提供精神产品和劳务服务为主要内容。企业以商品生产的价值规律和基本的经济规律为自己活动的基本依据；事业单位主要以自己所特有的科技、教育、文化、艺术、新闻、体育、卫生等各项事业的发展运行规律为其活动的基本依据。企业的目的是为社会提供物质财富和赢利，兼顾社会效益、经济效益，强调经济效益；事业单位不以赢利为存在的基本条件，目的在于向社会有偿提供精神财富，以社会效益为目的。随着社会主义市场经济体制的确立和发展，企业逐步摆脱政府附属物的地位而成为自我管理、自负盈亏、自我约束、自我发展的实体。各种事业单位也实行所有权、经营权与管理权相分离，走政事分开新路，有更多自主权。由以上所论，企业、事业单位无疑地也应属于我国基层组织的范畴。

就群众性自治组织来说，城乡群众性自治组织，在我国城市就是居民委员会，在农村则是村民委员会。群众性自治组织既是基层政权的基础，又是党和国家联系人民群众的桥梁和纽带。群众性自治组织直接地、经常地接触城乡社会，是党和国家联系城乡社会最直接、最广泛、最经常的基层组织，亦是国家在城乡的落脚点。党和国家可以通过群众性自治组织贯彻执行国家的法律政策，群众也可以通过自治组织向国家机关反映自己的意见和建议；同时，群众性自治组织本身又有自己的固有事务，其中有直接与当地人民福利有关的社会事务和按法律规定的自治团体应有的事务，如办理本居住地区的公共事务和公益事业、调解民间纠纷、协助维护社会治安等。因此，城乡群众性自治组织理所当然也属于我国的基层组织。

基于以上对基层涵义的认识，笔者认为，基层民主管理制度的类型主要表现为基层的政党、国家机构和社会团体，企（事）业单位基层组织，城乡群众性自治组织等直接行使管理权力的制度。基层管理主体之间相互制约、相互补充形成了错综复杂的基层管理体系。基层民主管理制度包含了主体之间的关系。为了便于对基层民主制度有更加深入的认识和理解，在此，我们可以把它概括为基层的党组织同基层国家政权、社会团体、企（事）业单位、群众自治组织的关系制度；中央人民政府、地方人民政府同县、城市的区、不设区的市以及乡镇的政府之间的权力分配关系制度；政府同社会团体、企（事）业单位、群众自治组织的关系制度；党和政府同群众自治组织之间的关系制度。这几种关系构成了基层民主制度的最基本的内容，建立和发展基层民主制度，主要是围绕这几种关系而展开，主要表现为处理好这几种关系的措施、办法与规定。

从基层党组织同基层国家政权、社会团体、企事业单位、群众自治组织的关系来看，由于各个基层单位情况的不同，相应地党的基层组织的地位与作用也就不同。具体表现为如下的差别：街道、乡镇党和政府的基层组织，村党支部和村委会，其职责是领导本地区的工作，支持和保证社会团体和群众自治组织充分行使民主权力；企业和实行行政领导人负责制的事业单位中党的基层组织，其职责是发挥政治核心作用，领导工会、共青团、妇女联合会等社会团体，积极开展所在单位的思相政治工作；实行党委领导下的行政领导人负责制的事业单位中党的基层组织，其职责是：对重大问题按法定程序作出决定，同时保证行政领导人充分行使自己的法定职权；各级党和国家机关中党的基层组织，协助行政负责人完成承担的各项任务，改进工作，对包括行政负责人在内的每个党员进行监督，不领导本单位的业务工作。全民所有制企业中党的基层组织，发挥政治核心作用，围绕企业生产经营开展工作，监督党和国家的方针政策在本企业贯彻执行，支特厂长（经理）依法行使职权，坚持和完善厂长（经理）负责制，全心全意依靠职工群众，支持职工代表大会开展工作，参与企业重大问题决策，加强党组织的自身建设。

从中央人民政府、地方人民政府同县、城市的区、不设区的市以乡镇人民政府之间的权力分配关系来看，必须认真研究社会的需要和国家结构形式这两方面的有机结合的问题。如果我们从权力运行现象的角度去观察，就会看到，民主主要表现为一种自下而上运行的权力活动。它是在政治管理系统中处于被管理地位的多数人对于处于管理地位的少数人的制约。根据我国的具体国情，特别是社会发展的需要，随着我国社会主义市场经济体制的确立和发展，一方面要求中央政府具有国民经济宏观调控和维护市场秩序的职能，要求凡是对国民经济进行宏观调控的事务，都应划归中央政府及其在全国各地的分支机构负责，地方政府不得染指；另一方面要求地方政府在中央统一法制规范下，领导与管理本地区的各种经济社会公共事物，主要负责与本地区公民生活直接有关的公共事务，为本地区公民提供社会公共产品和公共服务。因此，构筑当代中国基层民主制度，必然会存在着既有对一般事务的管理，从集权型走向分权型的趋势，又有对宏观事物务的管理，从分权型走向集权型的趋势。

从政府同社会团体、企（事）业单位及群众自治组织的关系来看，构筑当代中国基层民主制度，必须取消政府在计划经济体制下侵占的权力，毫无保留地、实实在在地归还给这些基层组织；把过去一些属于政府的权力转移给社会中介组织去行使；政府在加强宏观管理的同时，逐步将对社会团体、企（事）业单位和群众自治组织的微观管理权归还于社会，扩大和加强各类基层单位的自主权；建立和强化政府对市场经济宏观调控的权力，建立与加深管理与监督国有资产的权力和社会公共服务的权力，而且必须用法律的形式加以确立。在此基础上，建立和完善职工代表大会制度。

就党和政府同群众自治组织之间的关系来看，作为我国基层民主制度中重要内容的群众自治制度，是马克思主义自治理论与我国城乡实际相结合的产物，是社会主义民主在我国基层社会生活中的重要体现，其组织形式就是城市的居民委员会和农村的村民委员会。这种群众性自治组织的建立，就是要让人民群众充分享有民主选举、民主决策、民主管理和民主监督的权力。当代中国基层民主制度，就是要通过这种群众性的自治组织，改变政府包办群众性事务的传统做法，真正让人民群众享有自治自理、当家作主的权利，从而有效地推动我国民主政治向更高层次的发展。

以上是从基层治理的领域和主体的角度来分析中国的基层治理制度的，事实上还可以从另外的角度来分析。一个深入分析基层治理类型的办法是从要件入手。笔者认为基层治理的要件有三：规则的提供、基层领导人的产生、基层治理资源的获得。从这三方面我们可以确立分析这一问题的理论框架，将治理类型分为三类：基层自治型、基层半自治型和基层他治型。自治型基层组织内规章制度由本单位或本共同体制订和确立；领导人由本单位或本共同体成员选举或推荐产生；管理资源由自己解决，如村民自治、社区自治。其上层领导机关只对本基层内各项工作实行指导。而半自治型基层组织在三个要素方面不完全由本单位或本共同体解决，上层机关握有某方面的实际控制权。他治型基层组织则是在三方面受到上层或上级控制，领导者只负责在自己辖区贯彻上级意图、完成上级交付的工作任务。

（原文约 8000 字，发表于《中山大学学报》社科版 2002 年第 1 期）

文摘编辑：杨海洋

以治理视角看城市社区管理体制创新

王永生 何西雷 宋 涛

[作者简介] 王永生，南京经济学院院办讲师。
何西雷，南京经济学院社科部讲师。
宋 涛，南京大学政治与行政管理系硕士生。

[内容提要] 计划经济条件下形成的城市社区管理体制已经越来越不适应市场经济的要求，迫切需要对此加以改革。近年来在西方社会中兴起的“治理理论”为之提供了崭新的理论视角，民政部在全国范围内推行的基层社区建设实践是推动城市社区管理体制创新的现实基础。

[关 键 词] 社区建设；治理；创新。

随着社会主义市场经济的逐步确立，城市社会环境发生了重大转变，国有企业改革，使“单位人”向“社区人”回归；大量外来人口涌入城市；城市居民居住的空间结构发生变化；城市人口构成发生变化以及相伴随的家庭结构功能的变化，使城市社会复杂性加剧。计划经济时代形成的城市社区的管理体制模式日益受到挑战。市场经济的发展与依靠政治的方式来治理社会的模式越来越不相容，社区建设的发展使得宏观管理体制与基层体制衔接不顺凸显。面对这一环境的转变，城市社区管理体制的创新势在必行。20世纪90年代兴起的治理理论在西方社会的管理实践中收到良好的效果，这为我国城市社区管理体制的改革提供了崭新的视角。

近年来，全国各城市在大力推进城市基层社区建设，它对于促进城市经济和社会协调发展，提高居民生活质量具有重要意义，涌现了一批带有地域特点的“上海模式”、“青岛模式”、“沈阳模式”等社区建设示范模式，这些新型的基层管理模式都是人民群众的创举，但社区建设的进一步深化，最终要依赖于城市社区管理体制创新。

国家——市场——社会之间关系发生了根本性的变化，意味着出现了重要的经济与社会的情况和与之相伴随的问题，这些问题再也不能借助于自上而下的国家计划或凭借市场中介无为而治方式寻求解决了。

治理的概念最初源于城市环境背景，是用来更有效地解决地方上问题的。作为社会—控制体系的治理，指政府与私人部门之间的合作与互动。作为自组织网络的治理，它指的是建立在信任与互利的基础上的社会协调网络。因此用治理的视角来观察我国当前的城市社区管理体制的改革是恰如其分的。就治理来看，目前的城市社区管理体制的改革中应重点处理好以下几个问题。

一、管理主体的多元化

在社区管理中，政府承担重要责任，但又不局限于政府本身，逐步由多个主体共同承担。

政府。政府在社区管理过程中发挥着关键的作用。政府在财政和人员经费方面支持是社区发展的重要前提。治理能力首先有赖于政府在公民中享有合法性和受信任的程度，同时政府在政策引导等方面也扮演着不可替代的角色。

街道办事处和居委会组织。宪法规定在基层社区实行群众自治。在单位制逐步消解之后，“单位人”开始向“社区人”回归，社区自治受到关注，街道办事处和居委会组织社区内各类居民充分发挥积极性、主动性和创造性，营造良好的生活环境，从社区服务入手，引导私营和志愿机构愈来愈多的参与其中，过去全然属于政府的若干责任，许多已和他人分担。

民间组织。按照他们不依靠政府手中的正式资源而为集体关切的问题所做出的贡献的规模和范围得到承认，并成为社区内的自治力量。如保洁、保安和物业管理等，部分民间组织就承担了其中一部分功能，社区中的公益性服务和有偿性服务结合起来，同时成为社区内的各类组织的信息交流的中介。

驻街企事业单位。因此驻街企事业单位在社区管理中具有十分重要的作用。一方面它们向社区释放责任——将原属于单位的职工的生活服务及退休职工的管理等交给社区，另一方面又要承担对社区的责任，特别在环境改善及外来人员管理方面加大对社区的投入，最大限度地实现社区资源的共有共享。驻街企事业单位对社区建设的投入多少一般是成为社区发展水平的关键所在。

二、权力的范围及划分

社区管理中主体的多元化必然带来权力划分的不均衡。这是与它们在社区管理体制中的地位、责任联系在一起的，但权力的划分并不意味着权力的分割：相反则是权力的相互依赖，即多元化而互动的权力观，种种非官方势力在城市和基层社区层次以上结成网络，以种种方式互相依存而共同参与公共的行动。主要表现为：(1) 致力于社区建设的组织必须依靠其他组织。(2) 为了实现共同的目标，各个管理主体必须交换资源，谈判共同的目标。(3) 交换的结果不仅仅取决于各个参与者的资源，而且也取决于游戏规则以及交换的环境。

三、组织间关系的协调

治理理论认为，办好事情的能力并不取决于政府的权力，不在于政府下命令或运用其权威，而是动用新的工具和技术，构建和协调自治网络。

政府不能直接或间接为社区发展下命令，社区的治理结构的构建是一个复杂的过程，各类组织具有相对独立性——拥有自己的组织机制和管理机制，独立的经济来源，保持政治、管理上的一定程度的独立性。各组织只有在长期的合作与互动中才能真正找准自己的位置。政府要重新认识在社区管理中地位与角色，其责任是协调各方，制订各种政策，充分利用公营部门、私营部门和民间组织的优势，实现各部门之间的合作。社区内的各类组织关心自身利益时必须兼顾其他各方的利益。由于全国各城市、各社区所面临的环境差异很大，制定出普适的模式几乎不可能。与此同时，由于改革的渐进性，改革过程中必然是一种混合体制，不同体制有着不同的运作逻辑，因此协调在治理过程中就显得尤为重要。社区内协调的典型是分散进行而且是多元的，它取决于治理的形式。

四、社区自治——目标取向

治理理论认为只有相关各方共同承担起对社区的责任时，社区才能真正自治。所以必须动员社区各类主体承担起共建责任。法律规定居委会是城市“自我管理、自我教育、自我服务”的群众性自治组织，是培养居民的主体意识、参与意识和发扬基层民主的重要场所。各方应积极主动营造良好氛围，培育社区内各类自治力量的成长。

作为群众性自治组织，理论上应代表全体居民，并主要服务于居民自身，但长期以来居委会承担了大量的行政职能，在居民生活中是经常以政府的“脚”出现的，因此居民缺乏对社区的认同感和归属感，更倾向于把居委会视为一级政府而不是自己的组织。培养居民的主体意识的重要途径是社区参与。依法组建有社区各方代表参加，以居民代表为主体的社区管理委员会，通过社区管理委员会的民主选举、民主决策、民主管理和民主监督“四个民主”来实现社区居民的自我管理、自我教育和自我服务。通过社区管理委员会等形式把居民组织起来，开展各种形式的经济、文化，环境、体育和政治参与活动，充分体现居民是社区建设与管理的主体。同时调动了社区居民的积极性，加强社区居民间的邻里关系，增强社区成员间的凝聚力。居民参与是社区组织的核心内容并成为社区发展的真正持久的发展动力，这是实现社区自治的重要前提。社区还是培养公民民主意识、民主习惯的重要场所，社区成员最初是通过社区内政治活动来认识政治，并进行政治社会化。近年来在许多社区开展的民主选举和居民议事活动有力地促进了城市社区民主自治。

治理虽然给我们提供了一种分析框架，但治理并不是万能的，治理也存在失败。首先不同机构和体制间存在矛盾和紧张关系。其次是信任。社区内的各管理主体特别是各组织之间要做到内部既有凝聚力又有适应性已经不易；要使它们各自的运作保持统一和独立，同时又要与其他组织在物质、社会和空间一时间多方面相互依赖，和谐共存，就更加困难。再次是责任。人们期待治理能够推动有关各方合作，共同承担起对社区发展的责任。公、私部门既可以为居民服务，也为自己带来好处，这就模糊了二者的界限，在责任归属上也难以理清。第四是与民主政治的矛盾。治理是依循市场模式的协调，重在不同局部利益间的交流协商，而民主政治涉及的是普遍利益的代表和中介。“私人化”的公共服务从长远说是与民主政治不相适合的，因为它造成了政治官员与居民之间的鸿沟。

(原文约 6500 字，发表于《云南行政学院学报》2002 年第 5 期)

文摘编辑：焦利

基层社会自我管理与依法治理

解志勇

[作者简介] 解志勇，中国政法大学行政诉讼法博士研究生。

[内容提要] 基层社会依法治理主要是广大人民群众依照宪法和法律的规定，通过各种途径和形式，参与管理本区域、本行业、本单位内的各项事务，并逐步走上法治轨道。在这个过程中，要正确处理自我管理与依法管理的关系，解决好组织机构、管理规范、实现途径和相关的监督问题。

[关 键 词] 依法治理；基层社会；关系。

基层社会依法治理是指广大人民群众依照宪法和法律的规定，通过各种途径和多种形式，参与管理本区域、本行业、本单位内的各项事务，逐步使本区域、本行业、本单位的各项工作，走上法治轨道，从而促进我国建设社会主义法治国家的进程。

基层社会的依法治理的内容，可以依据各类组织或团体的法律性质及其活动规律，分为如下几个类别：一是基层群众性自治组织的依法治理，包括农村的村民委员会和城市的居民委员会的依法治理；二是社会团体的依法治理，包括各类群众团体和社会中介组织等的依法治理；三是国家事业单位的依法治理；四是企业单位的依法治理，这类企业包括全民所有制企业、集体所有制企业、个体私营企业、"三资"企业以及各种新型的企业组织形式。要想搞好基层社会自我管理，必须处理好以下几个问题。

一、处理好"自我"管理与"依法"治理的关系

基层社会在运用章程、内部规章制度进行"自我"管理时，应当注意，一定要在法律限定的框架之内活动。在广泛参与的情况下所制定的章程、内部规章制度，首先要符合法律的规定，不能超越法律的授权，或者自我授予"法外之权"。比如，有的地方的中学规定，对于经常迟到的同学，将给予每迟到一分钟罚款一元的处罚。每学期累计迟到10次以上的学生，将受到开除或者勒令退学的处分。这是学校进行自我管理的手段，但却是一项典型的、超越法律授权的违法"内部制度"，具体说就是该中学超越行政处罚法的授权，"自封"为行政处罚主体。因为这项制度不但违反了《行政处罚法》关于处罚法定的规定，而且也违反了《未成年人保护法》和《义务教育法》等有关未成年人的合法权益（合法的财产权、人身权、受教育权）不受非法侵害的规定。学校依据这项制度对迟到学生采取的任何罚款行为，都是违法行为。

二、制定自我管理的规范问题

广大的基层社会依据法律，结合自身实际所制定的内部规章制度、村规民约等，对弥补法律不足起着重要作用。这种规范，最大的特点就是细致、灵活、可操作性强，而且一般以易于该单位内成员普遍接受和认可的简单语言及方式作出规定，因而成效巨大。当然，法治的本质属性决定了，这种内部规章制度，只能涉及某些琐细的问题，而不能逾越法律为其设定的界限。

在制定内部规章制度时，要把两个方面结合起来，其一是法律依据，其二是结合自身实际。前者是后者的基础和前提，后者是前者获得生命力的是重要保障。

三、自我管理的组织机构问题

基层社会的依法治理主要依靠力量是广大人民群众，因此，加强基层社会自我管理的组织机构建设至关重要。

第一，各基层单位都要按照《村（居）民委员会组织法》、《工会法》等法律法规的要求成立自我管理机构。我们以村民委员会组织法的规定为例，来说明这个问题。村民委员会组织法规定，村民会议是村民管理农村事务的最高决策机构，是村民行使民主权利的有效途径，是村民主人翁地位的直接体现。在其他基层自我管理组织中，也要依照法律的要求，成立相应的组织机构，确保依法治理工作的正常开展，使村民、居民和职工充分享有宪法、法律授予的各项民主权利。

第二、自我管理的组织机构的工作应当以制度化、规范化为基本特征。根据村民委员会组织法和城市居民委员会政治法的规定，村（居）民委员会可以制定和修改自治章程、村规民约或居规民约，并报乡镇人民政府或城市的街道办事处备案。应当看到，基层社会的依法治理不是一蹴而就的工作，而是一项长期的社会系统工程，这就必然要求基层社会对各项事务进行管理时，切实做到规范化、制度化、民主化和法制化。由村民会议、居民会议或者村民代表会议、居民代表会议、职工代表大会主持制定各项规章制度，并负责组织其实施，不但能够保证所制定的规章制度更符合人民群众的意愿，符合本地方、本单位的实际，还有利于促使村民、居民和

本单位职工自觉遵守。

第三，自我管理的组织机构在开展工作时，不能超越权限。如《村民委员会组织法》详细规定了涉及村民重大利益的八项事项，必须提请村民会议集体讨论决定后，村民委员会方可办理。如果村民委员会违背这个规定，对某些应由村民会议决定的事情，径行拍板定案，就属于超越了法律的授权，应当承担相应的法律责任。自我管理组织机构依法工作，有利于减少纠纷，化解矛盾，保障基层社会的稳定与繁荣。

四、自我管理的监督问题

自我管理的监督问题，集中在两个方面：主管司法行政机关或基层人民政府对基层社会自我管理的监督和人民群众对所选出的自我管理组织机构的监督。前者主要是保证自我管理的方向和依法进行，究其实质是一种行政监督。一定要防止将行政监督异化为行政管理或者行政领导、行政指令的倾向。后者主要是保证权力行使者（自我管理的组织机构），切实按照权力所有者（基层社会的村民、居民、职工等）的意志，来行使权力，管理所授权的各项事务。这种监督的实质是一种民主监督，也是最重要、最基本的一种监督。群众的民主监督，具体表现在以下几个方面：

首先，可以通过行使罢免权，来监督自我管理组织机构及其成员的行为。

其次，可以通过行使审查、审议权，来监督自我管理组织机构的具体工作。群众可以将法律、内部规章制度、自治章程所确定的工作目标，列入组织机构的主要工作内容，保证自我管理组织机构各项工作的开展，围绕既定工作目标进行，并且定期或不定期听取汇报，或者进行检查，发现问题，及时处理和纠正。对于某些重大利益问题，如果认为组织机构的决定错误，应当行使否决权，予以否决和改变。

第三，每一个公民都可以行使检举权，要求对组织机构成员的违法违纪问题进行查处。

五、自我管理的途径问题

基层社会居于推进依法治国和两个文明建设的第一线，在这一层面开展依法治理工作，除了要全面动员，营造氛围，制定规划，建章立制以外，还应密切联系实际，有重点、有针对性地开展自我管理工作。

首先，要与加强基层组织建设相结合。要加强党支部、村委会、居委会等基层组织建改，充分发挥其在依法治理工作中的组织领导和骨干作用。

其次，要与党和政府的中心工作有机结合。当前，则要围绕我国现代化建设的第三步目标，切实加强基层民主政治建设，重点解决村（居）民自治、村（居）务公开，使村（居）务管理逐步走向规范化，法制化。

第三，要与精神文明建设有机结合。依法治理与精神文明建设同属上层建筑范畴，两者互相促进，互为保障。现在各地在这方面创造了许多好的做法，如在把法制引进文明社区、文明村镇、文明家庭的评比当中，用法律法规和社会主义道德调整人与人、户与户之间的关系，创设“法治十星户”、“法制一条街”、“法治墙”等，收到了很好的社会效果。

第四，要与社会治安综合治理有机结合。依法治理的主要任务是通过组织群众学法用法，促进各项事业的依法管理；社会治安综合治理则是通过政治的、经济的、行政的、法律的、道德的、文化的等多种措施综合运用，促进社会治安的根本好转。依法治理搞好了，可以促进社会的稳定，达到运用法律手段实现社会治安综合治理的目的；进行社会治安综合治理，维护社会稳定，可以有力地保障依法治理工作的顺利进行。在基层，二者可以充分发挥各自的优势。相辅相成，互相促进。

第五，要与普法教育有机结合。依法治理是在普法实践中产生和发展起来的，是普法工作的升华。因此，基层的普法教育和依法治理要有机结合，普治并举。

第六，要与专项整治工作有机结合。依法治理工作涉及范围广、时间长，必须从实际出发，本着积极、稳妥、切实可行和富有成效的原则，先从解决现实生活中最突出的问题入手，逐步推开。基层单位开展依法治理一定要抓住基层民主建设、减轻农（居）民负担、打击假冒伪劣、强化社会管理、惩治腐败现象、维护社会稳定、发展社会主义市场经济等“热点”、“难点”问题，有计划、有步骤地集中进行专项整治，让人民群众亲身感受到依法治理的实际作用。做到学习宣传一个方面的法律，解决一个方面的突出问题，推动一项事业的依法管理，从而真正树立起法制的权威，增强依法治理的社会效果，激发广大人民群众的参与热情。

（原文约 6500 字，发表于《国家行政学院学报》2002 年第 3 期）

文摘编辑：焦利

组织试验、经济场域与企业技术创新

王大洲

[作者简介] 王大洲，哈尔滨工业大学技术创新与公共政策研究所副教授，博士，主要研究方向为技术创新与科技政策。

[内容提要] 本文从场域的视角探讨了持续创新的制度基础。作者认为，对技术创新而言，有效的企业制度安排固然重要，但有效的组织试验和企业制度创新机制的营造则更为关键，而这又有赖于一个自主的经济场域的建构。

[关键词] 技术创新；组织试验；经济场域。

所谓场域，指的是社会世界中各种位置之间存在的客观关系所构成的网络，社会世界可以被看作是由一系列具有相对自主性的场域如经济场域、科学场域、政治场域等交叠而成，而支配各场域的逻辑则各不相同。本文试图从场域的视角探求一个社会形成持续创新机制的制度条件。

一、组织试验与企业技术创新

企业技术创新总是要求制定层次的制度安排与其相适应。渐进式的技术创新往往伴随着企业内部组织方式的相应调整，激进式的技术创新常常要求企业内部全新的制度安排的建构，而新技术范式的出现与扩展则通常伴随着企业制度和产业组织的重大调整，伴随着新的企业形态和产业组织的出现。只有适时调整阻碍创新的制度安排，才能有效推动企业技术创新的持续开展。

但是，设计和学习使用一种意义重大的新组织形式包含着极大的不确定性。这些新组织形式只能是开放性试验的结果，而无法在需要时从备选方案中作出“理性选择”，并且也无法事前确定谁将是特定组织形式的创新者。就此而言，创新者拥有试验的权力至为重要。其实，企业作为企业家能力的间接定价方式，进而作为技术知识的间接定价方式，其自由创建的经济意义十分重大。如果行动者无权试验各类组织形式并受到法律的严格保护，那么技术创新的有效开展无异于一句空话。

由此，我们就可以理解为什么我国企业缺乏创新能力这一现象了。在过去，国有企业是国家“制造”出来的，国有企业几乎没有任何组织试验的权力，自然也难以创造出适应技术创新的组织形式。自改革开放以来，虽然国有企业已经发生了不小的制度调整，但所有这些调整仍主要是按照某种模式由政府加以合法化并强制推行的，因而也始终未能营造出组织试验的有效机制。当然，随着企业自主性的增强，国有企业确实赢得了相当的组织创新权力。一些企业在优秀企业家的带领下，建构出了有效的内部制度，从而推动了技术创新。另有一些企业则被专营私利的企业领导人所把持，他们也建构了一系列内部制度，但却服务于一己之私，终使企业毁于一旦。对于前一类企业，急需使企业家岗位市场化、制度化，使企业组织试验制度化；对于后一类企业，则急需强化政府监控，并使监控社会化。无论前者还是后者，均需从人治走向法治，形成一种制度创新的有效机制，保证总是优秀企业家占据领导岗位，保证对企业行为的监控力度。只有这样，才能使组织试验、创新利益及相关风险对应起来，才能使企业具有持续创新的动力和能力。

二、经济场域、组织试验与西方的兴起

组织试验可以分成两类：一是传统计划经济时代的垄断性试验，二是试验权力分散状况下的试验。前者由于其垄断性和强制性，其结局常常是不断出现的国家合法性危机；后者才能使各种试验真正具有竞争性，更具“试验性”的特征。总的看，中国改革开放以来的组织试验正在走向分散化试验。但从技术创新和持续发展的观点看，一个自主的经济场域，才是激发社会高效率地开展组织试验的基本制度安排。

在自主的经济场域中，组织的多样性和组织试验的开放性是保证宏观经济活力的根本源泉。老组织的毁灭和新组织的创造这个微观机制，支持着场域水平的稳定性和创新性。由于学习的路径依赖和专业化优势，特定组织进入刚性困境几乎难以避免。而恰恰是这些老组织的脆弱性，又增进了新组织立足的机会。新组织并非一定得摧毁老组织，而是往往建构在老组织之上，形成整个经济的开放性和革命性增长。

要形成组织试验的开放格局，就要求进行制度创新的分工。在制度环境的稳定框架下，赋予行动者以制度创新的权力，由他们去创建各种各样的组织，捕捉经济场域中的获利机会。由各个行动者在各自方向上的自由搜索，将大大增加整个社会发现有效组织的机会。如果为了追赶，一味强调国家的协调和组织，那就会大大降

低组织搜索的空间和发现成功组织的概率，社会也就只能步入僵化的境地。

其实，近代以来西方的成长，就是随着一个有自主的经济场域的出现而开始的。在这个场域中，试验所需的资源和权力分散在个人和企业手中，市场是试验成功的惟一检验标准，它使成功的试验得到丰厚回报，同时也使失败的试验血本无还，结果是企业规模和类型的巨大多样性。这种多样性恰是经济适应性效率的根本体现。

这个自主的经济场域导源于中世纪后期。那时，世俗政权和教权逐渐放松了或者说失去了对社会的控制，随之科学、艺术、教育、经济等都日益建构出自主性。到19世纪中期，西方社会已赋予经济行动者相当的自主权。其中包括：个人有组成企业的权利，政治限制越来越少；企业有权收购货物并储存起来以便重新出售；企业有权增加业务，也有权从一种行业转向另一种行业；企业财产不受政治当局无端占有或剥夺。正是这种创新权力与预期收益及相关风险的结合，使西方走上了富裕之路。

三、走向一个自主的经济场域

传统的计划经济国家对整个社会进行理性建构，但其运行结果却使这种设计黯然失色。变革同时在社会底层和高层展开。这包括两个层面，一是政治分权，即中央向地方的分权；二是经济分权，即政府向企业的分权。由此，富有中国特色的中央与地方、政府与企业间的谈判机制逐步形成。国家逐渐演变为不同利益集团的调解人，企业制度安排也渐渐变得更具契约性。可以说，政治与经济生活中理性建构因素的退却和契约因素的生长，才是中国经济奇迹的核心要件。

但到目前为止，政企不分仍然是制约我国技术创新的症结所在。“政府型企业”或“企业型政府”之间的竞争，虽然曾对经济发展做出过贡献，但它决不会把中国经济带上持续创新之路。首先，政治与经济场域不分，使国有企业难以成为创新主体，使企业的生存往往依赖于特定的技术，依赖于特定的能人。其次，政企不分所引发的寻租行为带来了十分严重的宏观经济后果。即，国有经济总资产由于财产权利的自发私有化越来越少，而其总负债却由于财产责任的国有化而越来越多，从而使国有经济担负着巨大风险。这些深层次问题提醒我们，要从经济场域层次考虑企业改革问题，从适应性效率的角度去分析经济场域中的持续创新机制问题。

据此，可以说，我国制度创新的方向在于建构相对于政治场域的自主的经济场域。这意味着需要“赋予”、“维护”个体行动者的基本权力。只有这样，才能在经济场域中生发出创新活力。这决不是不要国家，恰恰相反，正是国家的暴力潜能，捍卫着经济场域。缺少了国家，行动者也就不会有长远和稳定的预期，其创新空间反将变得狭小。这就要求我们突破公有/私有的人为对立，充分把握其间的辩证关系。其实，经济场域正是经济主体的“公有”平台，而国家则是经济场域得以维持的另一种“公有”装置。基于规模经济和实施成本考虑，国家应该尽量退出直接经济活动，由控制每一个代理人转换为控制整个经济场域。只有这样，微观经济才有活力，宏观控制才能奏效，政府则可以坐视场域中各主体间的严酷竞争而稳收其利。

构建一个相对于自主的经济场域，是营造组织试验和技术创新机制的前提，同时还是避免“控制风险”的最佳安排，因为这将使经济风险消散于经济场域之中，而不致因某产业的危机或经济的一时衰退而伤及其他场域，尤其是政治场域。

（原文约3500字，发表于《中国地质大学学报》社科版2001年第3期）

文摘编辑：曾祥玉

高科技企业中的人才激励

张　娜　窦胜功

[作者简介] 张　娜，东北大学硕士研究生。
窦胜功，东北大学教授。

[内容提要] 对高科技企业及其人才做了界定，针对高科技人才的特点，提出了高科技企业应采取创新薪酬体系的设计，为员工提供充分的发展空间，关注员工职业生涯发展等一系列独特的激励措施，激发员工的积极性、创造性，以最大限度地发挥其潜在的能量，为企业创造出更大的价值。

[关 键 词] 高科技企业；高科技人才；高科技企业；人才激励。

高科技企业是知识密集、技术密集的经济实体。在我国高科技企业主要是指从事信息技术、生物工程技术、新材料技术、宇航技术、辐射技术等高科技领域的研究工作的实体。在上述领域中拥有着大量的、高素质的科研人员、管理人员及其营销者，这些拥有现代科学理论知识和现代科学技术水平，并且具有丰富实践经验的高素质的科研、经营及管理人才被统定为高科技企业人才。高科技企业中聚集着大批高科技人才，这些人才具有如下特点：（1）富于创造性；（2）较强的成就动机；（3）注重能力的持续提高；（4）较强的独立工作能力；（5）流动意愿强。

高科技人才的特点决定高科技企业必须采取相应独特的激励方式，以留住人才，并保证充分发挥他们的作用。高科技企业的人才激励对策主要有：

1. 创造一种催人奋进的企业文化。文化是一种强大的力量，企业文化是企业发展的动力和源泉。它体现了企业核心价值观、管理体制、企业精神与作风、市场观念、服务观念、品牌形象等多个方面。只有企业的员工意识到这样的企业文化及其行为准则是他乐于接受和遵循的，企业文化才能够真正融入每个员工个人的价值观，员工才能把企业的目标当成自己的奋斗目标，奉献自己的力量，用业绩和忠诚来回报企业。

2. 提高工作的创新性和挑战性。高科技人才喜欢富有新意的工作，他们觉得重复性的工作索然无味。分配给他们的任务应有一定的难度，使他们把工作压力看成是对自己能力的挑战，否则，他们将会在极短的时间内完成而变得无所事事。因此，企业应设法避免工作的单调乏味，要通过各种方式对工作内容进行扩展，如增加一些与现任工作前后关联的新任务；增派一些原来由经验丰富的员工、专业人士，甚至经理所做的工作；可以设定绩效目标，让员工用适合自己的方式去实现它们；也可以通过内部流动等方式，对员工的工作技能提出更高的要求。只有当员工面临富有挑战性的任务，并决心去努力解决它的时候，才能迸发出个人智慧的火花，激发员工的主动性、创造力，为企业创造更多的价值。国际著名的跨国集团3M公司，鼓励技术人员花15%的时间进行自己想做的、有可能成功的研究和试验，这些研究不一定与公司的长期项目有关。许多这样的研究成果后来成为公司的主打产品，以致学术界和企业界称3M公司为“增变机器”，将其当年的领导人威廉·麦克奈特誉为“创新精灵”。

3. 创新薪酬体系的设计。高新技术企业管理者应更加注重加大薪酬中的激励成分，促使员工内在价值和创造力的挖掘，换取员工对企业的认同感和敬业精神。传统的以岗位和职务为基础的薪酬应逐步转变为以员工的业绩和技能为基础，激励员工的工作动机，使企业在激烈的竞争环境中得以生存。在薪酬体系中固定成分的比重应缩小，浮动成分的比重应加大，固定成分的比重占到薪酬总额的60%时，薪酬体系应该具有一定的激励作用；如果固定成分降到薪酬总额的40%时，专家认为薪酬体系会产生强大的激励效果。不过，固定成分的比重再降低的话，可能会适得其反。浮动成分的比重加大，作为激励员工学习动机的手段，鼓励员工学习更多、更广、更深入的知识和技能，以应付知识经济时代变化无常的挑战。有效的薪酬体系应该对内具有公平性，对外具有竞争性。

4. 提供充分的发展空间。高科技企业的人才凭借自己的专业知识和能力，比较容易获得较高的收入和晋升的机会，所以，他们往往期望获得更广阔的发展空间，充分发挥个人的专业技能，不断提高自己的能力和素质。公司如果提供充分的发展空间，使员工的个人能力和素质随着公司的发展而成长，员工对组织的认同感也就越高，公司的凝聚力也就越大。如鼓励员工参加继续教育，尽可能获得各类证书，并对成绩优良者给予一定的奖励（增加考核分、报销学费等）；对于大型集团化企业，可以借鉴正大集团的做法，建立统一的培训基地，各地分公司可按照总部安排分期分批派员参训。由于集体参训，既降低了培训成本，又有利于各分公司之间的交流；鼓励员工向更高层次发展，对做出突出贡献的员工，公司应给予一定的奖励，同时要切身关注员工的个人发展机会，挖掘员工的各种潜能，让员工在公司内部尝试各种他们感兴趣的、更能发挥他们才能的工作，吸引并留住人才。

5. 让培训成为一种奖励。在高科技企业中，高科技人才往往把公司对他的培训看成是公司对他以往工作成绩的认可。因此，要想使培训成为一种有效的激励因素，就应尽可能地把一些有吸引力的培训项目作为一种奖励措施。如让一些有培养潜力的员工参加高级管理培训班、高级技术培训班；定期选拔优秀员工出国深造等。通过这些培训项目的给予来激励员工。例如，摩托罗拉公司，在公司各部门下放资源和决策权的背景下，总部仍然对雇员的培训倾力而为。公司设立的“摩托罗拉大学”在世界各地都设有分部，而且保证经费充足。每个雇员，包括高级行政主管，都必须参加正式的培训，每年至少40小时。培训课程，到内容广泛的通用管理课程，足以确保摩托罗拉在全球的所有员工及时地更新其知识和技能。正是由于这种开发员工潜在价值的培训活动，才使得摩托罗拉公司能够创造并成功地实施以“6”为核心的全面质量管理。同时，“摩托罗拉大学生”与日俱增的声誉，也使公司在吸引和招募全球最知名大学的优秀毕业生时比其他公司更具竞争力。

6. 实行员工持股计划（ESOP)。一些高科技企业，为了防止员工一旦有了新的发明创造之后，脱离原有的企业，自立山头，对高科技人员实施长期激励计划。其常用的做法是实行员工持股计划，一方面让高科技人员拥有公司的部分股权，感到自己是企业的拥有者，从自身利益出发去关心企业的效益与发展；另一方面提高员工的积极性和创造性，增强员工的归属感，增强企业的凝聚力，减少人才流失。实行员工持股计划，更为重要的是让经理层持有较大的股份，这既有利于企业实现产权多元化，又有利于充分调动企业骨干的积极性。公司还可以实行期股制度，进一步奖励经理的工作，这样也就解决了对企业经营者鼓励的问题。

7. 开放反馈渠道。企业应安排机会使员工跟自己工作的对象直接接触，使他们能获取有关工作效率和绩效信息的第一手反馈资料，而且也能锻炼他们的人际关系技巧并增加他们对处理这种关系的自主权。这样员工就会对自己的工作进行自我检查，意识到自己所负的责任。如果员工能体验到工作的意义、重要性，体验到自己对工作结果的责任感，那么当任务完成时所做出的成就对员工将有很大的激励作用。

8. 创造学习型组织。在当今强手如林的企业竞争中，立于不败之地的企业必定是那些帮助其员工充分发挥自己全部潜能的企业。企业员工所面临的最大挑战之一是科学技术不断更新，应用技术的人也只有不断更新知识，才能跟得上科技的发展。因此，公司必须提供一个学习环境，使企业成为工作、学习一体化的组织，使员工能够在这个环境中相互学习，取长补短，共享知识和经验，以提高员工在组织内、外就业的能力。

9. 关注员工职业生涯发展。职业生涯是每个人职业发展的历程，是高科技人才最为关注的问题之一。在高科技企业中，员工对自己的工作及其工作环境都有较高的要求，他们不愿随遇而安，渴望新的挑战，如果在一个岗位上觉得没有发展，就会重新寻找更有发展的工作。现代的成功企业往往十分重视对员工的职业生涯管理，聘请外部专家和内部专职人员为员工提供职业生涯指导，包括帮助员工做好自我分析，提供企业中可供选择的发展途径的信息，以及为员工拟订有预见性的培养计划。因此，企业应重视员工个人发展的要求，帮助和指导员工进行个人职业生涯的设计，把员工的个人需要与组织的需要统一起来，做到人尽其才，才尽其用，以最大限度地调动员工的积极性，使员工感到在该组织中发展前途无量，从而增强员工对企业的归属感。

（原文约4800字，发表于《东北大学学报》社科版2002年第1期）

文摘编辑：杨海洋

核心竞争力观念对当代企业管理理念的影响

王秉安

[作者简介] 王秉安，福建行政学院教授。

[内容提要] 本文认为，核心竞争力观念对企业管理，尤其是企业的战略管理理论与实践正产生着极其深刻的影响，21世纪的企业管理者将因此在企业管理的理念上发生八个重大方面的转变与变化。

[关 键 词] 企业；核心竞争力；管理理念；变化。

自1990年C.K. 帕汉拉德和G. 哈默在《哈佛商业评论》一书中提出核心竞争力以来，核心竞争力观念对企业管理，尤其是企业战略管理理论与实践正产生极其深刻的影响。21世纪的企业管理者之企业管理理念将因此发生八个重大方面的转变与变化。

1. 争夺最终产品市场占有率转向争夺核心性中间产品的市场份额。帕汉拉德和哈默在《竞争大未来》一书中指出，企业间的竞争表现在四个层次上，并构成一个竞争层级。一是开发构成核心竞争力要素的竞争，二是对这些战略要素整合的竞争，三是核心性中间产品的竞争，四是核心性最终产品的竞争。传统管理观念重视对最终产品市场占有率的争夺。认为，企业应将自己独家生产的最优秀的关键性中间产品牢牢地控制在自己手中，只许用于自己的最终产品生产，以此确保企业在市场中的竞争主动权。

核心竞争力理论认为，核心性中间产品的竞争是企业竞争层级中最关键的竞争环节，把握了核心性中间产品的竞争主动权，就把握了整个市场的主动权，并将实现最终产品的竞争主动权。只要企业生产的关键性中间产品具备有核心竞争力的独具性质（难以模仿或模仿的代价极大），企业就应该鼓励竞争对手采用本企业的关键性中间产品作为他们的生产部件，并使他们逐步形成对本企业所提供的关键性中间产品的依赖性。

2. 从重视企业对环境的适应性转向强化企业自身素质的提高。传统管理观念强调企业战略对环境的适应性，侧重于将竞争分析的注意力重点放在企业的外部环境上，认为市场结构分析是企业制定竞争战略的主要依据。但现实中，随着市场环境的变迁，行业内长期利润率的差异程度要比行业间的利润率差异程度大3到5倍。这与传统管理观念的市场结构解决论假设是相悖的。同时，传统管理理论把竞争战略制定的立足点过分地偏向外部分析，这极易由于环境波动加大和环境不确定性因素增多而导致企业决策的易变性和战略的非连贯性。

核心竞争力理论认为，决定企业长胜不衰的根本性要素是企业自身的素质。换言之，对于企业的竞争优势来说，企业内部条件比其所面对的外部条件更具决定性影响，企业获取超额利润和保持长期竞争优势的关键就在于企业能力、资源和知识的积累。与传统管理理论不同，核心竞争力观念强调将竞争分析的注意力集中到企业自身上来，以培育企业核心性的竞争能力为主方向，以创造企业可持续性的竞争优势为战略目标，不断提高企业自身素质，以确保企业在激烈的竞争环境中长盛不衰。

3. 从注重做好全面管理转向注重集中做好关键环节的管理。传统的企业管理注重管理的全面性，要求企业做好经营管理方方面面的工作。这必然分散管理层的精力和时间，影响对关键部门、关键环节的投入，并制约其发展，进而对全局产生负面影响。

核心竞争力理论提倡集中的原则，它强调企业要把自己的物力、人力、财力投向企业经营管理的关键环节，而对非关键的环节仅要求做到合格，达到正常运转状态即可。只要关键环节得到强化，就能带动其他环节的提升。从竞争角度考虑，一个企业方方面面的工作不错，只能保证企业的一般性竞争力较强，仅能具备一般性的竞争优势。只有企业某一关键性竞争力比竞争对手优越时，才能使企业具备独特的竞争优势，才能确保企业获得长期的竞争主动权。而要做到这一点，就必须集中使用资源、精力和时间，创造关键环节上的绝对优势，形成企业的核心能力。

4. 从垂直多元化发展转向对价值链关键环节的把握。垂直多元化发展是企业多元化发展战略的重要形式之一。传统管理理论提倡垂直多元化发展战略，但强调的是全方位控制产业价值链，力求在产业链上有更长的伸展。

而核心竞争力理论突出强调的是：企业必须成为产业价值链的某一环节，尤其是关键环节上的最优秀的生产厂家，这样企业就能把握竞争的主动权，确保自己在行业中的强者地位。因此，企业应该努力创造在产业价值链关键环节上的独特优势，把握这一环节生产经营的核心技术，从而获取这一关键环节中间产品的最大市场份额。"虚拟经营"核心竞争力战略正是由此而产生的。虚拟经营战略是指，企业通过对核心竞争力的把握，集中于核心产品的制造，非核心业务则应用外包的方式生产。它是一种借用其他合格厂家的生产能力来完成企业经营和发展的战略，通过以核心竞争力为基础的虚拟经营方式构造出了一种全新、"无形"的产业组织形式——虚拟企业，从而奠定企业在行业中的领导者地位。

5. 从横向多元化扩张转向业务归核化发展。许多研究与现实证明，企业横向多元化经营战略是风险性最大的一种发展战略。当企业迈进一个自己不熟悉的事业域时，尤其是新事业域要求企业所应具备的关键性能力与企业现有能力不相吻合时，企业就会失去自身优势，难免遭致失败。即使情况没有如此糟糕，企业也因此分散了管理层的时间与精力，摊薄了资源，弱化了主业，使企业根基动摇，最终可能导致全盘被动。

核心竞争力观念提倡企业经营业务归核化，它有两层涵义：一是回归主业，二是回归以核心竞争力为"轴心"的同心多元化。回归主业者认为，强大的主业是企业生存的基础，强调要集中精力将主业做好做强。值得指出的是，归核化并不是简单地反对多元化，而是反对没有根基的多元化。同心多元化比无关多元化成功率高，这一点早已为人们所共识。但这"圆心"是技术，是市场，还是别的什么，并没有定论。核心竞争力概念明确指出：企业成功同心多元化的"圆心"就是企业所具备的核心竞争力。凡是企业核心竞争力优势能得到较好发挥的事业域，就是企业多元化战略有把握成功的新领域；凡是企业核心竞争力优势无所作为或不能很好发挥作用的地方，企业多元化战略往往要失败。因此，企业在考虑选择多元化战略的新事业域时，必须准确判断该领域（行业）所要求的关键性能力是否能与企业核心竞争力相匹配。

6. 从争取分散企业风险转向努力增强企业实力。传统管理理念认为，企业横向多元化经营能分散企业风险。这种应对风险的经营思想，是一种消极的经营理念，充其量只能得到平庸的业绩。而一旦每一个事业域都遭遇到困难时，企业就会完全陷入被动。为回避风险，分散力量，将可能导致每一部分都被削弱的结局。

核心竞争力理论强调应对风险要从消极被动转向积极主动，只有强化企业自身的素质，才能增强抵抗风险的能力。这样，即使在行业大起大落的情况下，企业也能取得超过行业平均水平的市场回报。企业要努力把核心业务做大、做强，通过集中对核心业务领域内资源与能力的整合与升华，加快对核心产品、核心技术和核心能力的培育，形成自己的核心竞争力。以不变应万变，才是应对风险的根本性对策。核心竞争战略要求企业对其所在行业内外环境的未来变化有深刻的洞察预见力，要及时准备未来所需的核心竞争力；要求企业对现有的核心竞争力不断地进行调整、补充和完善，以确保其在行业中的领先地位，使企业具备有更强的预防和应对风险的能力。

7. 从产品组合管理转向技术组合管理。传统战略管理十分注重产品组合管理，并提出了许多很有影响力的产品组合管理模型，这些模型从产品的市场潜力和企业自身实力两个角度来判别企业产品的战略地位，以作为企业制定战略的依据。然而由于产品寿命周期的有限性造成了产品组合的脆弱性和不稳定性，因此产品组合限制了企业发展的视野，企业的发展空间往往局限在现有的事业域上。

核心竞争力理论认为，因为企业间的产品竞争从深层次上可以归结为企业间的技术竞争，不断创新的技术组合将给企业的产品组合赋予持续性的活力，所以技术组合管理能给企业带来更多的发展商机。技术组合管理指的是，对实现企业产品组合生产的技术进行分解归类，确定企业技术组合的构成，进而从这些技术中确定出哪些是关键性的，同时又是企业拥有相对优势的技术；哪些虽是相对薄弱，但在企业现有产品组合中又是非常重要的技术；哪些虽然对现有的产品组合优势不那么要紧，但对即将出现或未来要出现的商机却是至关重要的技术；哪些是经过重新整合和补充，能够使企业迈进一个崭新的有发展潜力的领域中去的技术等等。在这一分析判断的基础上，企业就能制定出它的技术组合发展战略，确定出哪些是要集中强化的技术，哪些是需要开发的技术，哪些是需要储备的技术，哪些是需要追踪的技术，哪些是作为一般安排、甚至要放弃的技术等等。通过这些技术的整合、充实、完善和创新，培育出自己的核心技术，形成企业核心竞争力。

8. 从追求规模经济效益转向培育持续性竞争优势。规模大的企业具备产品单位成本低的优势，能获得规模经济效益。然而，在很多情况下要把企业做大是很困难的。建造大规模企业需要大的投入，即使资源没问题也要受到市场的制约，能否在激烈的市场竞争中获得足够大的市场份额来支持这样大的规模，能否避免"大企业病"等等，都是很难以解决的问题。

核心竞争力理论认为，企业首先要"做强"，而不应该是"做大"。企业只有做强了，才有条件做大。即便是受条件限制，无力做大，中小企业仍然可以通过培育自己的核心竞争力来取得独特的竞争优势，保持长期性的竞争主动权，获取高于行业平均水平的利润回报，这是一种"核心竞争力经济效益"。因此，核心竞争力理论不但对大企业，对中小企业同样具有十分积极的意义。

以上八个企业经营管理观念上的变化可归纳为两个根本性的要点：一是从资源优化配置角度出发，企业将从原先分散配置战略资源转向集中配置战略资源。另一是从竞争优势培育角度出发，企业将从原先的培育全面性竞争优势转向培育差异化优势。

（原文约6800字，发表于《福建行政学院福建经济管理干部学院学报》2001年第2期）

文摘编辑：杨海洋

论基于知识的企业核心竞争力与企业知识链管理

刘冀生　吴金希

[作者简介] 刘冀生，清华大学经济管理学院教授，博士生导师。
吴金希，清华大学经济管理学院助教，博士生。

[内容提要] 文章在回顾战略管理理论资源学派以及知识管理的有关理论基础上，指出战略管理和知识管理殊途同归，企业最重要的资源是知识、企业的核心能力的关键是知识管理能力，提出了知识管理战略的概念；认为企业知识管理的重点在于企业知识链管理，提供了知识链的理论模型。

[关 键 词] 核心竞争力；知识管理；知识管理战略；知识链；知识链模型。

一、企业核心能力的“核心”在于对知识的管理能力

企业核心能力理论是随着企业战略管理理论的发展而发展的。20世纪80年代末、90年代初，战略管理理论发展进入了一个全新的阶段，以Prahalad和Hamel为代表的企业能力学派，成为战略管理理论的新的主流学派，标志性的事件是：1990年Prahalad和Hamel在哈佛商业评论（HBR）上发表了“企业核心能力”一文。该学派指出企业战略管理理论分析的重点应该在于企业内外部环境的匹配、企业应该注重内部资源和能力的培育。该学派认为，企业竞争优势的源泉在于企业具有基于企业内部资源的竞争对手难于模仿的能力。

十几年以来，对能力理论的进一步深化研究，使得越来越多的人认识到，隐藏在企业能力背后并决定企业竞争优势的关键是企业掌握的知识。事实上，无论是能力理论还是“基于资源的企业理论”都强调企业的能力来源于企业的“独特资源”。但是，人们不难看出，在所有的企业的资源中，重要性是不一样的。在知识经济时代，知识无疑是最具战略性的资源和资产，有形的物质资源是无法和它相比的，机器、原材料即使是非常稀缺的，但是相对于知识而言，企业的这些资源也是可以较为容易地通过市场交易行为得到的。同时，那些非知识资源离开了拥有知识的人的有意识地有目的地寻找“经济租金”的活动，是不能产生任何生产力的。而知识则不同，它更具有稀缺性和难以模仿性，每个企业内部的显性知识和隐性知识，尤其是隐性知识是难于交易和模仿的，因此，能力学派的所谓的“独特资源”不是别的，归根到底是知识，正是由于企业内部知识的独特性，才使得企业在面对同样的市场环境，反应不同，表现出竞争能力的优劣。因此，惟有知识和知识管理才是企业核心能力、核心竞争力的最终的逻辑归宿和惟一源泉。

另外，正确认识基于“知识”的能力观还需把握住这样一个概念：即企业的核心能力是一个动态的知识系统。正是由于企业的知识体系的不断新陈代谢才保证了企业核心竞争力的先进性、有效性和持久性。

二、企业知识管理的重点在于形成核心能力和竞争优势

近10年来，人们对知识的概念、知识的特性、知识与信息的区别、知识的分类、知识的转化等基本概念已形成了较为成熟和一致的看法。对于知识管理，人们一般认为，它是一个组织作为一个整体在组织内外知识的海洋中，充分利用各种工具和手段，对知识的捕获、应用和创新的过程，目的是将最恰当的知识在最恰当的时间传递给最恰当的人，以便使组织中的个人能够做出最恰当的决策，而作为组织则提高了应变能力和创新能力。

从不同的背景出发，国内外的学者对知识管理理论的研究呈现纷繁复杂的局面，研究的角度和重点不同，形成的理论体系和看法就各异。目前就企业的知识管理，国内外就形成了至少以下几个学派：技术学派、行为学派、传播学派、综合学派。

我们认为，研究知识管理不能就“知识”论“知识”，正如Carl Frappuolo所说，“知识管理就是利用集体的智慧提高组织的应变能力和创新能力”。企业的知识管理的出发点和最终归宿应该是提高企业的核心竞争能力，知识管理必须与一般的职能管理，如信息管理、人力资源管理等区别开来，应该将其提升到战略的层次。

持这种观点的原因不仅仅是由于我们的战略管理理论背景使然，更重要的是，我们客观地认为知识管理是战略管理理论历史发展的逻辑必然。在知识经济条件下，企业的生存、成长、竞争内涵、长期绩效等战略管理范畴的概念在离开“知识”和“知识管理”以后都无从谈起，知识管理战略不应是部门层次的职能战略。在某种程度上，它与企业的竞争战略的内涵基本上是等同的。这时，企业就是一个知识的集合体和学习的组织系统，企业的持续竞争优势和长期绩效根本上就是企业的知识管理的效果，企业的战略管理实质上变为企业知识获取、积

累、整理、学习、应用、共享、创新的知识管理的过程。

因此，知识管理的研究应该跳出技术和信息管理的范畴，从战略的角度研究知识管理，提出知识管理战略的概念。所谓的知识管理战略就是在知识经济条件下，在企业外部环境变化的情况下，尤其是企业面临知识爆炸式的增长和知识传播的手段出现革命性变化的情况下，为了企业的长期生存，以企业内外的知识作为最重要的资源进行管理的一系列的战略谋划、策略、战术和管理方法的集成，以此来提高组织的知识创新能力、形成并保持企业的核心竞争能力，最终使得企业赢得市场竞争的胜利。从定义可知，知识管理战略研究的核心在于通过企业知识管理提高企业的核心竞争能力。只有这样，才能抓住知识管理的重点。

更进一步的研究表明，企业所处的内外环境是一个知识的海洋，为形成企业的核心竞争能力，如何有效地进行知识管理操作才是问题的关键，这也是目前企业管理实践最需要的。在这里，我们将企业的知识管理简化和概括为对知识链的管理。

三、知识链概念及其理论模型

从系统的知识管理出发，认为企业的知识链不应该仅仅停留在“供应链”的层次上，它应该是一个抽象化了的完整的知识管理系统模型。如果下一个定义的话，知识链是这样的一种知识链条（网络)，在这个链条形的网络中，企业对内外知识进行选择、吸收、整理、转化、创新，形成一个无限循环的流动过程。在这个过程中，企业与外部环境之间、企业内各组织之间、人与人之间、人与组织之间被一种无形的知识链条所连接，企业对这条知识链的管理的质量将决定了企业的核心能力。

在这个意义上，美国学者 C.W.Holsapple 和 M.Singh 在 1998 年提出了一个系统的知识链的概念，该知识链是从组织内的知识和组织的核心竞争能力的关系出发构建的，C.W.Holsapple 和 M.Singh 构建的知识链如图 1 所示，知识链中的主要活动和辅助活动的功能如表 1 和表 2 所示。其中，知识链的产出包括两个方面，一是“学习”，即所谓的“识”；二是“知”的产出，正是由于“知”和“识”的结合，才形成了企业的竞争能力。

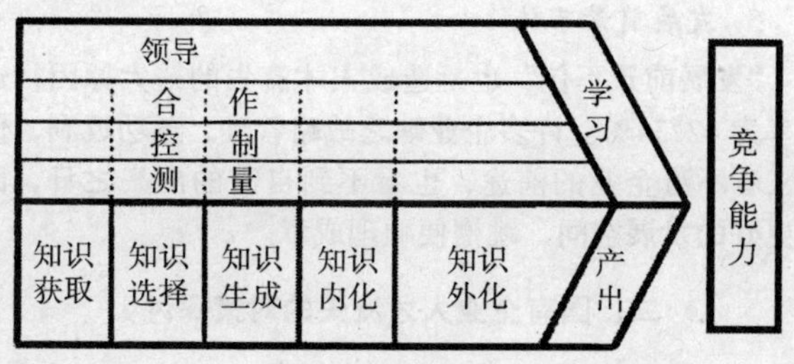

图 1 知识链模型

表 1 知识链模型中的主要活动功能

知识获得	▲	从组织外部获取知识，并使之变得易为组织所用
知识选择	▲	从组织内部选择知识资源，并使之易为组织所用
知识生成	▲	从现有的知识中发现、分化出新的知识
知识内化	▲	将已经“获得”、“选择”、“生成”的知识通过分发、储藏等方式进行整理，从而改变组织的知识资源状态
知识外化	▲	将知识融入组织的产出中

表 2 知识链模型的辅助活动的功能

领导	▲	建立条件使得知识管理的引导工作更富有成效
合作	▲	在知识管理活动中，加强合作管理，将合适的过程和资源在合适的时间带到合适的地点，并充分加以运用
控制	▲	使知识的质量和数量满足要求，并符合安全性的要求
测量	▲	评估知识资源、知识生成、知识新陈代谢的价值

C.W.Holsapple 和 M.Singh 构建的这个知识链模型有很多可取之处，但是，它尚不能全面反映真正的知识链概念，其缺陷主要有两点：

第一，该知识链缺乏环境的适应性。第二，该知识链缺乏动态性，它没有反馈，没有表现出知识的无限循环。基于此，我们认为较为完善的知识链应该是这样的，如图 2 所示：

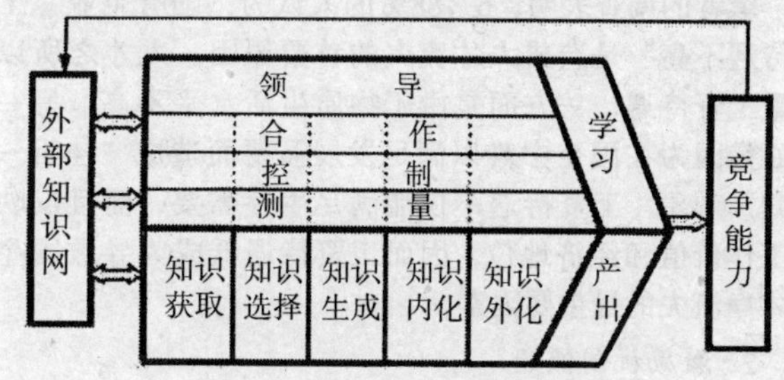

图 2 改进后的知识链模型

改进后的知识链克服了图 1 的不足，体现了知识管理的动态性、联系性、系统性，较好地反映了企业核心竞争力和知识的本质联系，在知识和竞争能力之间为人们架起了一座桥梁。当然，这个知识链并不是，也不应该是研究的终结，许多研究有待深化，例如，知识链内部知识获取、选择、生成、内化、外化等的内部机制及相互之间的联系机制的研究等，需要进一步探讨。

（原文约 7000 字，发表于《清华大学学报》哲社版 2002 年第 1 期）

文摘编辑：杨海洋

国有企业人才流失的成因及对策探析

罗 帆 罗静媚 吴兰玉

[作者简介] 罗 帆，武汉理工大学管理学院副教授，博士生，研究方向为组织行为学和人力资源管理。
罗静媚，武汉理工大学管理学院。
吴兰玉，武汉理工大学管理学院。

[内容提要] 当前，我国国有企业的人才流失问题比较严重。若不能尽快扭转这种局面，必然会影响国有企业的生存和发展。文章根据问卷调查统计结果和相关数据，对我国国有企业人才流失的主要原因进行了分析，涉及工资待遇不高、激励机制低效、人事管理不力、能力发挥不足、发展前景不佳等方面，探讨了通过企业文化、薪酬待遇、激励强化、制度优化、人力开发等方式来稳定人才的对策。

[关 键 词] 国有企业；人才流失；成因；对策。

一、国有企业人才流失的成因分析

为了反映我国国有企业人力资源管理现状，笔者于2001年6—9月对湖北、江西、河北、广东、辽宁、天津等地的近200家企业进行了抽样调查，其中有来自国有企业的有效问卷276份。通过对问卷调查统计结果及相关数据的分析，可知国有企业人才流失的主要原因，在于工资待遇不高、激励机制低效、人事管理不力、能力发挥不足、发展前景不佳等方面。

1. 工资待遇不高

笔者的调查表明，67.88%的人认为，国有企业“工资待遇不高”是造成人才流失的首要原因。人才之所以看重工资待遇，一方面是由于物质生活水平不高，另一方面是因为在国企中难以满足发展需要而造成“挫折—回归”现象。工资待遇不仅能满足生存需要，而且反映了工作价值和经济地位，因而工资待遇低成为导致国企人才净流失的最主要因素。

2. 激励机制低效

调查表明，缺乏有效的激励机制，是国企留不住人才的关键因素。在人员激励方面，国企的主要问题有“工资激励制度缺乏力度”占57.66%、“奖惩不够公平合理”占35.77%、“对职工的精神激励不够”占25.91%。国企领导习惯于搞“平衡”，致使各级别的工资拉不开距离，多干与少干、干得好与不好在工资报酬上的体现不明显。“奖惩不够公平合理”，这与激励制度不合理、考核方式不当、领导作风不正等因素有关。美国社会心理学家亚当斯的公平理论认为，当人将自己对工作的投入与获得的奖酬与他人进行比较而感到不公平时，他就要寻求心理平衡，一是设法增加奖酬，二是降低工作投入；而当他在国企中增加奖酬无望时，就会跳槽另谋高就。精神激励原是国企的强项，但随着市场经济体制的建立，许多国企一味强调“经济杠杆”的制约作用，忽视了对员工的精神激励。许多国企把奖金作为首要的激励方式。然而，国企中的人才大部分流失到外资企业。由于财力的限制，国企采取物质激励为主的激励机制与外企进行对抗是不明智的。

3. 人事管理不力

在人事管理方面，国企最主要的问题是“绩效考核工作不力”占68.61%。其次是“选拔或招聘人才不当”占45.62%，其根源是缺少工作分析和工作设计，还有“职工培训的效果不佳”占43.80%，“人事制度不健全”占32.85%，都是导致人才缺乏工作满意感的重要因素。此外，35.77%的人认为，“用人机制僵化”是造成人才流失的重要原因。

4. 能力发挥不足

在调查中发现，44.53%的人反映“不受重用”，12.04%的人反映专业不对口。这种现象在国企尤其严重，相当多的专业人才工作饱满度不够，专业能力和潜力发挥不足。根据要素有用原理，在人力资源开发与管理中，任何人员都是有用的，关键是为之创造发挥作用的条件。

5. 发展前景不佳

“发展前景不佳”也是造成人才流失的一大原因，选择率为42.34%。许多企业缺乏战略管理，急功近利，使员工看不清企业的前途，也看不到自己的出头之日，面对更好的发展空间，跳槽便顺理成章。

二、国有企业人才流失的对策探讨

1. 企业文化留人

营造企业文化，就是在企业中形成共享的价值观、信仰和行为准则，包括企业环境、价值观、经营理念、企业精神和道德风尚等要素。努力形成以企业文化为核心的"社会场"，使员工们产生归属感和整体感，形成一种共有的生活方式，从"为了生存而工作"，变成工作而生存。企业文化建设有利于解决组织目标与个人目标的矛盾、领导者与被领导者之间的矛盾。是解决人才流失问题的有效途径。

2. 薪酬待遇留人

通过提高人才的工资待遇，合理运用薪水、奖励、住房、期权等，解除人才的后顾之忧，可以吸纳和稳定人才。针对不同的职务，企业应采用配套的工资形式，以最佳的方式激励员工。

随着住房制度的改革，国企可采取"住房补助基金计划"，即职工购买住房时按一定比例及在职年限申请补助基金，提供低息贷款，对具有特殊贡献的人才进行住房奖励。国企应配合社会保障体系，设法为员工提供养老保障、失业保障，为有突出贡献的人员提供特殊的保健和医疗服务。可采用自助餐式的福利政策，即由企业给予员工一定的福利点数，员工可在一定范围内选择自己中意的福利项目，满足员工需求多元化，使福利的效用最大化。

3. 激励强化留人

根据激励强化原理，激励可以调动人的主观能动性，强化期望行为，从而显著地提高劳动生产率。激励过程的关键一环是设置目标，它应该符合组织目标的要求，又包含较多的个人需要，为多数职工所看重，于是可以激发出职工追求目标的动机，使目标导向行为大量出现。国企在建立奖励机制时，一要根据美国的心理学家马斯洛的需要层次理论，认识、分析和预测员工的需要，根据企业所拥有的奖酬资源来设计具体的奖酬形式；二要根据美国心理学家佛隆的期望理论，精心设置目标，提高奖励的效价，使期望概率保持在较高的水平，密切工作绩效与组织奖酬之间的联系，将绩效考核作为报酬分配及人力资源开发的依据；三要根据美国社会心理学家亚当斯的公平理论，按照员工的实际贡献给予相适应的报酬，谨防奖励的错位。为了使员工不仅从工作环境获得满意感，而且从工作本身提高满意感，应注重内在激励，激活人才的潜力。此外，可以通过工作扩大化和工作丰富化，提高员工的工作热情和责任感，也使员工能得到多方面的锻炼，培养跨专业解决问题的能力，便于发现最适合自己的工作岗位。针对研发人员的独特性，可采取弹性工作时间，以此吸引人才和激发工作热情。

4. 制度优化留人

要优化改革人事制度，首先要更新国企人力资源管理人员的传统观念，重构知识体系；其次是制定科学客观的人才选拔标准，明确岗位工作标准，使有志成才者获得清晰的目标空间，也为人才选拔提供科学评价的依据；第三是公开公正地选拔人才，使以往的"暗箱操作"转变为人才公开应聘。具体可通过举贤任能制度、双向选择制度、绩效管理制度等吸纳和稳定人才。国企要改变凭经验、凭主观印象判定员工业绩、能力、态度的做法，建立科学合理的评价标准，综合应用交错排序、成对比较、关键事件和行为瞄定等方法，以实际工作结果为依据确定量化的考评指标，客观地评定员工工作质量和数量；建立不同意见的反馈渠道，使员工提出的建议及时得到反馈；既重视考评个人业绩又重视考评团队业绩，使个人目标与团队目标协调一致，合理利用员工流动制度，可以降低人才流失率，对于人才流出，人力资源部门应积极诚恳地挽留，并了解人才流失的原因，建立人员流出档案，为改善人才管理和流动制度提供依据。值得注意的是，在人力资源的开发与管理中，人与事的不适应是绝对的，从不适应到适应是一个动态的适应过程。学用不对口、人员结构比例失衡，岗位增减等现象，都要求对人员进行动态调整，因此应根据动态适应原理对制度管理进行补充和调节。

5. 人力开发留人

知识经济时代要求企业加大人力资本投资，注重人力资源开发，把培养人才当作人力资源管理的重心，强化"造血"功能，要吸纳和稳定人才，就要拓展事业发展领域，不断创造出知识与科技含量高的岗位，帮助员工实现"终身学习"。国有企业应实行开发重于管理的领导方式，协助员工开发各种知识和技能，向员工提供发挥个人专长的机会，将企业的战略规划、人力资源计划和个人的职业生涯发展计划结合起来，注意职业发展阶梯的设计和教育培训。职业发展阶梯是根据员工个人的条件和背景，由人力资源部和员工共同协商，为员工在企业的发展制定计划和线路。教育培训是比物质投资更重要的人力资本投资，是员工发展的必要途径，也是企业凝聚力的源泉。通过教育培训，为员工提供新的知识、信息、技能，增长员工的才干和敬业创新精神。

(原文约6000字，发表于《武汉理工大学学报》社科版2002年第2期)

文摘编辑：杨海洋

绩效评估对员工工作满意度的影响

骆 兰

[作者简介] 骆兰，重庆大学贸易及法律学院讲师，主要从事行政管理研究。

[内容提要] 绩效评估是对员工在某一时期内的工作情况进行评价的过程，是人力资源开发与管理中的重要内容。这一评价过程受许多因素影响，其评价结果对员工下一阶段的工作效率有直接影响，特别是对员工的工作满意度有很大影响。

[关 键 词] 绩效评估；工作满意度；影响。

一、影响绩效评估的因素

员工工作满意度是指员工对他所从事工作的一般态度。员工工作满意水平高，对工作就可能持积极的态度，对工作不满意的人，就可能对工作持消极态度。在实际工作中，人们更多谈论人的工作态度，这里的“态度”是指员工在工作过程中形成的对工作较稳定的、持续的、内在的心理状态，这种心理状态可以通过员工的言行观察到，包括认知、情感和行为倾向三个组成部分。认知是员工对工作的理解和认识，是形成态度的基础；情感是员工在对工作认知的基础上形成的喜恶评价和情感反应；而行为倾向则是员工对工作的行为准备状态。员工在对工作的理解认识过程中会伴随一种情绪体验，这种情绪体验会长期作用于人的行动。如员工在对工作认知过程中，产生了喜欢的情绪体验，则工作中会表现出积极的行为准备状态，投身于工作；如员工在对工作认知过程中产生了厌恶的情绪体验，则工作中不会表现出积极的行为准备状态，其行为会表现出消极怠工甚至拒绝工作。这说明情感成分在员工的工作态度中所起作用很大。美国斯蒂芬·P·罗宾斯教授认为：“决定工作满意度的重要因素是具有心理挑战性的工作、公平的报酬、支持性的工作环境和融洽的同事关系”以及“人格与工作的匹配”。其中，公平的报酬对工作满意度的影响来自于组织的分配制度与组织的晋升政策是否公正、明确，同时也与员工的期望值有关，而组织的分配制度与组织的晋升政策则依赖于组织的绩效评估体系的建立。

绩效评估又称员工绩效考核，即对员工在一定时期内的工作情况进行评价的过程，是人力资源开发与管理中的重要内容。员工绩效考核需从员工工作成绩的“质”与“量”两个方面加以考核，应对员工在工作中的优缺点进行系统的描述。工作业绩考核涉及观察、判断、反馈、度量、组织介入以及人们的情感因素，是一个复杂的过程。目前，许多组织在绩效考核中偏重于对员工工作成绩“量”的考核，此类考核，由于有具体的数量变得易操作一些。如高等院校教师的工作量是以教师上课的时数来计算。而对“质”的评估，由于影响因素较多，不易评判，不易操作而被相对忽视。恰恰是被忽视了的“质”的评价，使得绩效评估体系的建立缺乏根基，使员工对绩效评估的结果不能满意地接受与认可，从而影响员工对工作的满意程度，不利于员工工作积极性的提高，使绩效评估未起到应有的作用。

作为组织中的一员，几乎每个员工都希望自己工作出色，得到组织的认可与接纳，希望通过自己的工作绩效和工作能力提高报酬水平和获得晋升机会，因此，他们都愿意了解自己目前的工作成绩是否得到认可，也想知道自己如何才能工作得更好。而绩效评估可以为员工提供反馈信息，帮助员工认识自己的优势和不足，发现自己的潜在能力，同时让员工感到工作的乐趣与满意，从中寻求满足感。作为管理者，也可以通过绩效评估发现员工的优缺点，了解员工实际工作情况，同时能发现员工需要培训的方向，更好地进行人力资源开发与管理。但是，任何一个组织中的员工，其工作业绩水平实际上存在较大差异。就横向而言，组织内由于分工不同，工作性质不同，工作难易程度不同，给员工工作成绩的评价带来了一定的难度；就纵向而言，一个员工在组织中的表现涉及过去、现在、未来，而在这一过程中，员工的工作情况与工作成绩也不是一成不变的，这就给绩效评估的公平、公正、准确带来了难度。目前高校的教育体制改革，正在逐步改变只重“量”不重“质”的评价，是对教师工作成绩进行系统描述的一种尝试。采用设岗聘任的方式，通过某一岗位的职务分析，要求教师在课时数、科研等方面完成既定工作任务，同时对教师上课效果进行反馈，收集学生意见、同事意见、领导意见，力求综合考察教师的整体工作情况，这样的绩效评估显然优于过去只重“量”的评价。不过，目前高校的体制改革，还处于起始阶段，对员工的激励动力，主要来源于物质奖励，其报酬的发放，更多的仍然依赖于工作量的统计。作为从事脑力劳动的知识分子，在物质生活基本满足情况下，更多的还有着精神上、心理上的需求，这有待于绩效评估方法的进一步改进和完善，以提高员工的工作满意度。

二、绩效评估对员工的影响

绩效评估与员工工作满意度二者相互联系，相互影响，互为因果。工作满意度影响绩效的高低，而绩效评估的结果又影响下一阶段的工作满意度。工作满意度高→绩效高→评估结果好→报酬高→工作满意度就高……由此形成良性循环，从而提高工作效率，减少缺勤率和离职率。在这一循环链条中，报酬成为连接绩效评估与工作满意度的环节。员工的报酬分为两类：外在报酬与内在报酬。外在报酬有两种形式：其一是组织提供的金钱、津贴和晋升的机会；其二是来自于同事和上级的认同。内在报酬则来自于任务本身，如：成就感、影响力、胜任感及一项工作完成之后的自我满足感。因此，绩效评估可以在成就感、薪资报酬、组织认可程度等方面对员工工作满意度产生影响。

1. 对员工工作成就感的影响

员工工作成就感是指员工完成工作任务后的满足感，这种满足感不是一成不变的，它取决于员工内在需求的层次，需要的层次不同，其在工作过程中获得的满足感就不同。不同的员工，成就感可能会不同。一些人认为只有不断晋升或加薪才有成就感，而另一些人则认为只要同事、领导认可工作成绩就有成就感，还有一些人认为只要自己对所干工作自得其乐、自我满足，无所谓晋升加薪，无所谓同事、领导的评价，一样获得成就感。尽管如此，大多数人在工作过程中仍把自己的努力过程作为获得某种相应报酬的过程，期望通过施展自己的才华将自己的自我价值转化为社会价值，得到组织的认可，从中获得满足感。因此，组织的绩效评估结果是衡量员工是否得到组织认可，工作任务完成得是否好的标准，一旦这种评估结果失真或评估不公平，就会带来很大的负面影响，会让员工感受到挫折感，产生失落感，从内心产生对工作任务的逃避、厌烦等情绪，进而产生逃避行为，如缺勤、离职等。

2. 对员工薪资报酬的影响

人的物质需要是人赖以生存的首要条件，薪资报酬相对而言容易定性、衡量，可以在不同个人、工种和组织之间进行比较。因此，不管是员工还是组织管理者都倾向于注重这种外在报酬形式。许多组织为满足员工在物质方面的需求，将薪资报酬作为员工工作绩效的直接体现，而员工也将薪资报酬作为自己工作结果的体现。许多组织在工资、佣金、物价补贴、奖金等上面投入了大量费用，然而，大多数组织中，至少有 50% 甚至更多的组织，其员工对收入不满。据路易斯·哈里斯 1991 年对美国、欧共体成员国、日本等 15 个国家的 3707 名办公室员工进行态度调查中发现：对报酬感到满意的员工，美国占 44%，欧共体成员国占 26%，日本占 15%。这说明员工对报酬感到不满意是一种普遍现象。许多人认为，他们的收入是不公平的，他们没有得到公平的提薪，绩效的改善并不会带来更高的收入。有资料显示，美国排名前 500 家的大公司，有 42% 的公司没有使用正式制度来评估专业人员和技术人员的绩效，41% 的公司对蓝领工人使用单一薪资制，工资的增加只能通过全面调资、提升或主观绩效的评估来实现。在美国这样经济发达、注重管理的公司里尚且如此，那么，对刚刚进入市场经济的中国来说，要做到公平的绩效评估，还有一段很长的路要走。

总之，由于绩效评估与工作满意度的相互影响，组织管理者要使二者形成良性循环，关键是要建立科学的绩效评估体系，在对工作进行"量"的考核与评估的同时，还必须重视对工作"质"的考核和评估。只有"质"与"量"的统一，绩效评估才会公平、公正、准确，才会真正起到激励的作用，员工也才会感到满意，从而达到提高工作效率的目的。

（原文约 3400 字，发表于《重庆大学学报》社科版 2002 年第 1 期）

文摘编辑：杨海洋

不完全雇佣契约下雇员认知能力的发展与流动性的关系

张立富

[作者简介] 张立富，天津大学管理学院博士后。主要研究方向为现代企业理论、比较经济体制、社会保障制度。

[内容提要] 雇佣合同是一种不确定程度很高的隐含和约，雇佣契约不完全性使雇员具有劳动自决权。雇佣契约的不完全性既为逃避责任提供可能，也隐含着诚实与守信。企业组织的稳定性有利于降低不完全雇佣契约所造成的效率损失。不完全性雇佣契约使雇员认知能力的发展具有动态特征，这种特征导致劳动力的异质性和高度流动性。

[关 键 词] 雇佣契约；不完全性；认知能力；流动性。

一、不完全雇佣契约的特殊形成原因

用契约理论研究现代企业越来越被人们所接受。现代契约理论将企业看作是一组合约，或“一系列合约的联结”。雇佣契约规定资源所有者之间权利和责任相互交换关系，如财产所有者、控制者与劳动者（劳动力所有者）之间的关系。雇佣契约与其他契约一样，具有不完全性。除了所有契约所具有的共性原因（如有限理性、不确定性和不完全信息等）之外，雇佣契约不完全性的形成还有以下一些特殊原因：

1. 雇佣契约需耗费更高的交易成本

企业与雇员之间签订一个全面、详细的雇佣契约所耗费的成本很高，这使理想化的契约难以形成。企业购买的是工人的劳动时间及工作能力，而生产需要的却是劳动努力。问题是，在雇佣契约中是无法规定雇员的努力程度的，同样，报酬与努力之间的联系也不能在契约中明确说明。这决定了雇佣契约的高度不完全性和复杂性，也是雇佣契约与其他契约的不同点。

2. 工作内容及工作条件不能被预测

劳动协议一般很少提及工作的性质、质量及工作方式。在劳动协议中规定工作内容及工作质量，在法律上或理论上是可以实现的，但在实际经济运作中却难以操作。这并不是谈判者不重视，而是工作的内容、质量、努力程度等既不能说明清楚，也不能以规定的方式执行。在未来的随机状态下，只有少数工作（如分包合同或独立的手工艺工作）需要在雇佣契约中试图详细规定需要满足的条件，如价格、数量、交付日期等。在大多数类型的雇佣契约中，只能说明雇佣关系的主要方面或一般条款，这些条款一般包括工作的承诺、调节程序、标准工资率、工资支付方式、工作时间、假期、健康及医疗保险、退休金、雇佣期限等。从根本上说，一般的雇佣契约只能规定基本目标、报酬制度及表明权力责任等。

3. 签约的雇员具有劳动自决权

自决权是指雇员在一定程度上有权解释和决定与工作相关的一些问题。雇佣契约条款的一般化为雇员的自主决策留有空间，随着预期契约期限的增长，这种空间也随之增大。雇佣契约的明显特征是允许雇员根据报酬与事后生产率的关系讨价还价，并使雇员的工作条件进一步改善，报酬提高。这种开放式的契约更能为企业收益与雇员收益的动态发展提供更大的空间。

4. 雇佣合同是一种不确定程度更高的隐含和约

不确定性是理解企业组织的核心，企业组织在雇主与雇员之间分配风险，风险的分配在企业组织中被内化，使雇佣合同成为一种不确定程度更高的隐含和约。分配风险有助于解释企业内权威的存在，承担风险较大者必然拥有较高的权力，但企业实质是雇员与雇主之间的风险共同体，难以从根本上划清责任的归属。由于存在不确定性，就需要选择和决策。雇员必须决定工作速度，在各种任何之间分配时间，及如何处理已经出现的风险。他们在决策时必须在支出成本与潜在收益之间、机会成本与失败的概率之间进行平衡，而雇主要承担雇员劳动成果不能实现市场价值的风险。

二、不完全雇佣契约下企业的运行效率

不完全雇佣合同的履行既有交易成本又有交易收益，员工规避责任会产生一些交易成本。如果雇员根据企业的利益进行决策，他们的努力就会给企业带来收益，也将大大提高企业的运行效率。

1. 雇佣契约的不完全性既为逃避责任提供可能，也隐含着诚实与守信

雇佣契约的不完全性，使雇员工作效率及工作质量较大程度上取决于其个人。许多雇主认为雇员总是尽可能逃避责任，认为他们在工作中追求自身利益的最大化，偷懒是主要表现之一。

人们对偷懒的认识常常是：因为雇员偷懒，所以他们必须被监督；因为监督是不可能的，所以雇员偷懒。这是一个矛盾的说法。其实雇主和经理人员也有机会主义行为，如雇主追求不公平的利益，经理人员追求创造

一个权力和威望的帝国。很明显，懒惰、欺骗、旷工、偷窃、剥削等是存在的。如果最初的合同是在强迫的情况下制订的，这些情况更容易出现。人们对雇员逃避责任的认识主要是以行为主义为基础的，以人类行为为出发点的，具有偏见性。

有许多证据表明，在不完全合同下，人们并不规避责任，而是双方都需要或期望有责任的行为。没有任何理由假定规避责任是普遍的现象。在没有监督下的有责任心的行为反映了雇员对自己、对合同、对其他人及雇主的尊重。

当交易频繁发生时，一般说来，双方对同一交易的行为是一致的。亚当·斯密说，无论什么时候，商业被引进任何国家，诚实和守信总是伴随着它，……因为商人交易是如此的经常，以致他发现诚实是最好的策略。在雇佣合同中，双方的行为通过信任、诚实的“看得见的握手”取代市场的“看不见的手”。在一定程度上相信他人可节省大量麻烦。

2. 企业组织的稳定性有利于降低不完全雇佣契约所造成的效率损失

弗良茨认为“X低效率”的存在并不是因为人们既不知道也不能说明生产函数，也不是因为懒惰或机会主义行为。每个员工都有自己的标准，以此在内心做出道德上的妥协，或来自企业和同伴的期望和压力。工人所选择的“努力水平”是与工作的特点相一致的。由于存在信息成本和来自监督者的垂直约束及同事的水平约束等，努力水平不可能达到最优，所以，员工趋向于停留在一个惰性区域，一旦管理者建立一个稳定合作的团体，他将会获得满意的努力水平。

三、不完全雇佣契约下认知能力发展的动态性提高了雇员的流动性

1. 不完全雇佣契约下，认知能力发展的动态特征

雇员的能力主要反映在对工作的认识、对解决问题方法的设计及是否能创造性地设计一些有利于提高效率技术等，这实质上是雇员从工作的不确定性中学习，认知能力随着不确定性事件出现的增多而不断扩展。当生产经营问题与已有的认识明显不一致时，认知能力还会获得更广泛的发展。这就是认知能力发展的动态特征。

雇员获得一些特定的知识和能力，并且在下一次工作中使用和修正。这一顺序不断进行下去的结果使雇员的认识能力不断与特定的工作相分离，雇员的认知能力不断得到提高。雇员形成了个人的特殊的认知能力。雇员的这些能力并不属于雇主，只有被雇佣时才归雇主所有。

2. 认知能力的动态特征提高了雇员的流动性

主流新古典经济理论假设劳动力是同质的和流动的。内部运动力市场理论的依据是假设技术具有专用性，当资产专用性理论把员工看作是企业的一项资产时，员工的流动性就降低了，知识技能日益成为工作专用或企业专用了。但是，当认识能力日益成为员工的专有个性特征，将使劳动力成为异质的和流动的。

在不确定性中获得的具有动态特征的认知能力决定了雇员都有自己的特质，使劳动力具有异质性。认知能力对每个员工都是专有资产，但这并不降低员工的流动性，而是使员工的流动成为可能。从某种程度上看，非熟练工人在企业内部及国内劳动力市场中均是同质的和可替代的。中等水平的管理人员、技术工人及辅助人员在各种岗位间轮换可以发展他们多方面的才能。而专业工人、工程师、技术人员不仅在国内劳动力市场流动，而且在国际劳动力市场上也有很高的流动性。有证据表明员工现在比以前更经常、更普遍地变换工作和职业，员工流动程度的提高意味着沉没成本的减少。对于流动性而言，最重要的难题是分离成本，如企业的雇佣成本和解雇成本。

（原文约6300字，发表于《哈尔滨市经济管理干部学院学报》2001年第4期）

文摘编辑：焦利

企业管理发展的两大趋势

姚建峰

[作者简介] 姚建峰，讲师，专业为企业管理，研究方向为企业发展。

[内容提要] 国际经济的发展促使企业管理发生深刻变化。新世纪企业管理发展的主要趋势是：企业经营发展战略将围绕企业核心竞争力制订；企业组织形式将向扁平化、柔性化、虚拟化、网络化发展。

[关 键 词] 发展趋势；企业管理；理论分析。

随着全球经济一体化进程的加快、信息化、网络化的发展，企业的经营范围、经营观念与经营方式都产生了极大的变化，企业管理正在经历着一场持久而深刻的变革。在众多的变化趋势中，我认为主要有以下两大趋势：

一、企业经营发展战略围绕企业的核心能力来制定

企业战略管理的关键在于培育和发展能使企业在未来市场竞争中居于有利地位的核心能力。在战略管理过程中，企业应该首先识别现有的资源和能力，并判断出在一定的市场机会中这些资源和能力的价值，然后确定自已现有的能力和资源与未来市场对企业资源和能力要求的差距，最后制定出弥补这些差距的战略决策。所谓核心能力是指企业通过对其组织资本和社会资本的有机结合与发挥，而能有效地获取、协调和配置各种资源和技术一体化的优势能力。核心能力包括四个方面内容：(1) 知识与技能，即企业特有的技术诀窍与技术状况，包括技术理解能力和学习能力；(2) 管理体系，即企业内部管理控制系统，包括合理的激励机制、内部培养计划及管理方法等；(3) 技术体系，即有形的技术系统（例如设备）和无形的知识系统（例如专利技术）；(4) 价值观念与企业文化，即企业内占统治地位的态度、行为和规范。这四个方面的相互作用决定了企业的核心能力。具有核心能力是企业追求的长期战略目标，是企业持续竞争优势的源泉。培育企业核心能力主要从以下几个方面着手：

1. 技术创新。技术创新是培育和提高核心竞争力的关键。实施技术创新，一要充分认识技术创新的重要性，增强创新意识，积极建立研究和开发机构，同时应采取各种有效的激励手段，调动科技人员的积极性。二要瞄准国际先进企业，准确把握国内外市场变化趋势和主导技术发展方向，找出与国际先进企业的差距，制定科学合理的发展战略和技术创新规划；要重视利用外国先进技术，坚持走引进、消化吸收、再创新的道路；三要加大对技术创新的投入，加强高新技术研究，不断开发适应市场需要的产品；要以市场需求为导向，做好将技术转化为适销产品，促进企业技术创新能力持续提高，核心能力不断增强。四要高度重视企业人才培养。科技的竞争是人才的竞争，技术创新需要人才来实现。

2. 文化创新。文化创新是提高核心能力的基础，今后，企业文化很可能成为决定企业兴衰的关键因素。

当前，国有企业实施文化创新，一要塑造新的企业价值观。形成符合实际、独具特色、能为企业广大员工理解和接受、能容纳全体员工利益要求的企业价值观。二要塑造更个性、特色的企业精神，体现独特的文化魅力。三要培养团队精神。团队精神可最大限度地激发员工的积极性和创造性。四要使企业真正成为学习性组织。当今，作为学习性组织的企业文化更加受到关注，未来最成功的企业将是个“学习团体”，学习越来越成为企业生命的源泉。企业每个人都要学习，而且要变个人学习为企业团体学习，使企业成为学习性组织。五要培养和造就企业家队伍。国内外成功的企业证明，优秀的企业家和优秀的企业文化往往是互为因果。

二、企业组织结构向扁平化、柔性化、虚拟化、网络化发展

随着经济的发展，生产力水平的高涨和企业规模，经营范围、经营方式的变化，传统的组织结构已经不能适应当今时代尤其是日后变化迅捷的经营环境，综观国内外企业组织结构设计发展方向的变化，当代企业组织结构设计的发展方向可概括为：

1. 扁平化。古典的或传统的企业组织结构多为高耸型，已经不能适应现代企业的要求。组织结构由高耸转向扁平，已经成为企业发展的必然要求。所谓扁平化，就是减少中间层次，增大管理幅度，促进信息的传递与沟通。高耸型组织结构的优点是：结构严谨、职责分明、分工明确、稳定度高、纪律严明、便于控制等。但是，随着社会的发展和时代的变迁，特别是经济全球化进程的加快和市场竞争的加剧，这种组织结构的弊端已日益显露。主要是：层次间和部门间的协调任务重，计划和控制工作较为复杂；管理费用升高，降低了管理工作的

经济性；信息交流不畅且易失真；整个组织的决策民主化程度不够；管理工作的效率也会降低。

近些年来，西方一些发达国家正在着手对这种高耸型的组织结构进行改革，趋势之一就是削减层次，实现组织结构的扁平化。扁平化的优点是：节省管理费用开支；高层领导可以较容易了解基层情况；有利于促进基层管理人员的成长；有利于提高决策的民主化程度；纵向沟通联系渠道缩短。

就我国目前的情况来看，多数企业组织基本上还属于高耸型结构，虽然这与我们传统文化有着一定的联系，但已经无法适应发展市场经济和迎接知识经济的要求，严重地束缚了员工的手脚，极大地挫伤了下属的积极性，阻碍了人才健康成长，不利于优秀人才脱颖而出，其弊端已日益凸显，到了非改不可的时候。按照扁平化的原理变革传统的组织构架，已成大势所趋，势在必行。

2. 小型化。改革开放以来，中国企业组织结构已经发生了积极的变化，但是目前仍然不尽合理，重复设置、大而全、小而全的问题至今仍未得到根本解决，企业专业生产、社会化协作体系和规模经济的水平都还较低，市场竞争能力不强。之所以如此，其中一个重要的原因就是传统的“官本位”思想根深蒂固。长期以来，我们有很多企业在一直追求组织规模，因为规模决定级别，级别决定待遇。时至今日，这种一味追求企业组织规模的做法已经不合时宜了。面对日趋复杂多变的信息时代，压缩企业规模，已经成为现代企业的一种时尚，正在受到企业界的百般青睐和广泛推崇。在竞争激烈的今天，众多企业家对“船小好掉头”的认识越来越深刻。小型化的组织架构已成为当今世界一切组织的普遍追求。可以预料，随着传统观念的逐渐破除，企业的组织结构将会逐步走向小型化。资产运营、委托生产、业务外包等已经成为企业组织小型化提供了实现的条件。据悉，世界有些资产几十亿、几百亿美元的大公司也不再直接组织生产，而开始走委托生产之路，甚至连销售也采取一次性买断的做法，千方百计地降低企业运营成本。特别是企业用工制度的改革为建立小型化组织提供了人事保证。固定工人数普遍在锐减，合同工、季节工、计时工、计件工等在增多，减员增效内涵发展已经成为众多企业的选择。

3. 柔性化。所谓柔性化，就是说企业为了实现某一目标而把在不同领域工作的具有不同知识和技能的人集中于一个特定的动态团体之中，共同完成某个项目，待项目完成后团体成员各回各处。这种动态团队组织结构灵活便捷，能伸能缩，富有柔性。随着知识经济的日益临近，企业内部知识共享呼声越来越高。知识共享、人才共用已经成为当今时代的重要特征，传统的刚性管理已经不能适应现代企业的发展，柔性组织便应运而生。我们中国的情况也是如此。改革开放20年来，随着跨国经济的发展和企业集团的壮大，一种跨地区、跨部门、跨行业、跨职能的机动团队如同雨后春笋般遍地萌生。这种机动团队的优点是灵活机动、博采众长、集合优势，不仅可以大大降低成本，而且能够促进企业人力资源的开发，还推动着企业组织结构的扁平化。

4. 虚拟化。未来学家托夫勒说，在知识经济时代，经营的主导力将从经营力、资本力过渡到信息力和知识力。到了知识经济时代，大量的劳动力将游离于固定的企业系统之外，分散劳动、家庭作业等将会成为新的工作方式，虚拟组织将会大量出现。电脑软件及其网络技术的蓬勃发展，将加快这一时代的到来。届时的诸多企业都不必再去建造庞大的办公大楼，取而代之的是各种形式的流动办公室。组织形式将由以往庞大的外壳逐渐虚拟，流动办公、家庭作业必将受到广泛青睐。随着组织结构的虚拟和家庭作业人数的增多，如何利用网络技术来实施管理将成为企业领导者和管理者需要认真解决的新课题。

5. 网络化。企业组织结构的网络化主要体现在：一是企业形式集团化。随着经济全球化和经营国际化进程的加快，企业集团大量涌现。企业集团是一种新的利益共同体，这种新的利益共同体的形成的发展，使得众多企业之间的联系日益将密起来，构成了企业组织形式的网络化。二是经营方式连锁化。很多企业通过发展连锁经营和商务代理等业务，形成了一个庞大的销售网络体系，使得企业的营销组织网络化。三是企业内部组织网状化。过去高耸型的组织结构特点是直线构架、垂直领导、单线联系，很多机构之间老死不相往来。由于企业组织构架日趋扁平，管理层次跨度加大，执行层机构在增多，每个执行机构都与决策层建立了直接联系的关系，横向的联络也在不断增多，企业内部组织机构网络化正在形成。四是信息传递网络化。随着网络技术的蓬勃发展和计算机的广泛应用，企业的信息传递和人际沟通已逐渐数字化、网络化。

（原文约5000字，发表于《云南财贸学院学报》2002年第2期）

文摘编辑：焦利

关于建立新型国有企业领导人员管理体制的思考

裴铕才

[作者简介] 裴铕才，北京市经济管理干部学院院长。

[内容提要] 我国宏观经济环境和国有企业的深刻变革对国有企业领导人员管理体制提出新的要求，现行国有企业领导人员管理体制上存在着管理体制不顺、管理范围过宽、选任方法单一、激励机制不足和缺少有效监督机制等不适应性。改革企业领导人员管理体制要实行分层管理，理顺管理体制；组织选任与市场配置相结合，形成竞争上岗机制；定性与定量相结合，建立科学考核评价机制；激励与监督相结合，形成有效管理机制；强化教育培训，提高整体素质，形成人才成长机制。

[关 键 词] 管理体制；企业领导人员；问题与对策。

从传统的工厂制到建立现代企业制度是一种带有根本性的制度创新，企业的资产组织形式、领导体制、经营管理方式都发生了深刻变化。新型国有企业领导人员管理体制应朝着科学化、市场化和法制化方向努力，具体讲，应当抓好五个方面的工作。

1. 坚持党管干部原则，改进管理方法，实行企业领导人员分层分类管理，理顺国有企业领导人员管理体制。

其一，按照政企分开的原则，取消国有企业和企业领导人员的行政级别。为了积极稳妥地推进这项工作，可采取“老人老办法，新人新办法”：转制前对企业领导人员所确定的行政级别可在档案中予以保留，享受有关待遇，但在企业内部实行“能上能下”制度；转制后新任用的干部履行其岗位职务所相应的政治待遇原则不变。同时，对企业的政治待遇实行动态管理，根据企业资产规模、经营业绩以及对国民经济的重要程度，按一定程序，调整企业的政治待遇。

其二，按产权关系确定企业领导人员管理关系。在管理中体现“管少、管精、管好、管活”的原则。按照产权关系，坚持谁出资、谁派人、谁控股、谁管理，理顺国有企业领导人员的管理体制。

其三，按照决策层和经营层分离的要求，逐步实行产权代表委派制和经营者的聘任制。不搞董事长和经营者的“同级任命”。确保董事长对总经理和财务总监的提名权，总经理对副总经理的提名权。这些人选经党委预审同意后，由董事会聘任和解聘。企业党组织、工会组织的负责人按《党章》、《工会法》规定的程序和干部管理权限进行管理。企业党组织的书记均要依照法定程序进入董事会，符合任职条件的可以担任董事长或副董事长，保证企业党组织有效发挥政治核心作用。

2. 改进企业领导人员的选拔方式，把组织选任与市场配置人才结合起来，形成经营管理者竞争上岗机制

首先，应建立企业经营者市场。加快培育企业经营管理者人才市场，建立企业经营管理者人才库，为各类企业特别是国有企业选择、配置厂长、经理人才，为企业和企业经营者双向选择提供中介服务。要在坚持党管干部原则的前提下，按照市场规律，以市场运作的机制和手段，达到企业经营者人才配置市场化的目的，逐步实现企业经理人才的职业化和市场化。

其次，采取多种任用方式。积极探索适应现代企业制度要求的选人用人新机制，把组织考核推荐和引入市场机制、公开向社会招聘结合起来，把党管干部原则和董事会依法选择经营管理者以及经营管理者依法行使用人权结合起来。要由单一任命制发展为选举制、委任制、竞聘制和聘任制多种方式。选举制主要适用于企业党委和群众团体领导班子成员的选拔任用；委任制主要适用于董事会、监事会成员和财务总监的选择任用；竞聘制主要适用于企业经营者的选拔任用。

第三，规范竞聘程序。选拔任用企业领导人员，要坚持“公开、平等、竞争、择优”的原则。在实际竞聘工作中，要形成一套规范的操作程序：一是确定标的。由董事会确定经营目标、责任和风险等要求的标书。二是资质认定。党组织按照班子结构、岗位要求、任职条件等要素对应聘人员进行预审和资质认定，把好“入口关”。三是经营方案。经营者要提出完成经营目标的措施。四是专家评议。董事会组织由专家和职工代表组成的评议组进行公开评议，评议结果提交董事会作决策参考。五是董事会聘任。落实董事长的提名权和董事会的用人权。六是签约上岗。在聘任、激励、约束和培训几个重要环节上，以合同方式确认董事会和经营者双方的责任、目标、权利、义务。合同一经双方签订，立即具有法律效力。以此对竞争上岗的经营者实行岗位契约化管理。

3. 确立以业绩为主的考核制度，把定性考核与定量考核有机地结合起来，逐步形成科学的考核评价机制

要改变长期以来用考核党政机关领导干部的办法考

核企业领导人员，应建立企业经营业绩考核评价指标体系。这一指标体系，除了有财务性指标外，还要有能够反映企业长远利益和重点改革内容的非财务性指标，反映企业出资者（董事会）对现阶段任务的标的指标，以及反映企业行业特点和生产经营特殊要求的指标。

评价指标体系的指导思想：在市场经济体制下，企业是独立的市场主体和利益主体，企业的目标应该是通过合法、合理经营，在考虑资金的时间价值和风险报酬的情况下不断增加企业财富，使企业价值最大化。要紧紧抓住在市场经济体制下，企业的根本目标是追求自身价值最大化这样一个核心，将考核重点放到是否具有“自主经营、自负盈亏、自我约束、自我发展”的综合素质上，不仅要考核企业即期经济效益和资金营运情况，还要考虑企业将来偿付债务情况和后续发展情况。

要从企业获取利润的能力（获利能力），资金综合运营能力（营运能力），偿付债务的能力（偿债能力）和后续发展能力（发展能力）来综合评价企业经营状况，从而对企业经营者进行考核评价。

4. 把激励机制与监督机制结合起来，调动国有企业领导人员的工作积极性和创造性，规范经营管理行为

目前对国有企业领导人员物质激励的方式还比较单一，主要是年收入为主的形式。随着现代企业制度的建立，还要积极探索股权激励和职务消费货币化激励方式，采取政策措施，适当提高企业经营管理者的养老保险和医疗保险。

在物质激励方面，年薪制和持股方式是一种很好的激励和约束并存的机制。近年来，上海、北京等地对按劳分配与按要素分配相结合的期权期股激励机制进行了积极探索，并取得一定成果。对于一般子公司经营者如果经营成功，可分得企业期股，以后一旦经营失败，要在期股中按比例相应扣除。对于上市公司的经营者，可以按公司股票市价获得与特别奖励额等值的上市公司股权，未经控股公司同意，不能上市交易流通，但享有分红、增配股权。期权分配奖励的获奖者，任期中因个人原因离开企业，则自行丧失未兑现的期权。若发现虚假情况及隐性损失，视损失情况予以扣减期权。经营者在离开企业一定时间后，通过审计，方可按控股公司规定的办法兑现期权。

在事业激励和精神激励方面，要注意在全社会宣传学习优秀企业家的先进事迹，增强搞好国有企业的信心；积极倡导优质资产向优秀经营者集中，提高经营者的社会知名度和职业信誉度，激发经营者的成就感和事业心。

激励与制约监督必须对称，否则不仅容易造成国有资产的流失，甚至会产生腐败。要加强和完善监督机制，把外部监督和内部监督结合起来。健全法人治理结构，发挥党内监督和职工民主监督的作用，加强对企业及经营管理者在资金运作、生产经营、收入分配、用人决策和廉洁自律等重大问题上的监督。根据上海市的经验，可建立监事会监督、财务监控和审计监督“三位一体”的分工监督体系。它是国有资产监督体系中出资人监督、企业内部监督和行政（政府）监督相结合的具体形式。

5. 强化教育培训，提高企业领导人员整体素质，优化队伍结构

强化教育培训，提高企业领导人员的整体素质，优化经营管理者队伍结构，是建立社会主义市场经济体制的历史任务。党的十五届四中全会要求：“采取多种形式加强教育培训，全面提高经营管理者素质。”要改革培训内容和方式，提高培训质量。加快经营管理者队伍智能结构的调整和对高科技、现代化手段的掌握。要制定系统科学的企业经营管理者培训计划，建立培训基地，制定经营管理人才储备方案。在企业经营管理人才教育培训上给予较大物质投入，为企业经营者创造良好的教育培训环境。注意突破传统的培训局限，对企业管理者的教育培训要面向世界、面向未来、面向现代化，与国际接轨。除加强在职培训，还可选送条件较好、年纪较轻、有一定业绩的经营管理者脱产进入高等院校定向培训，或把最优秀、最有培养前途的中青年干部选派到国外、境外进行比较系统、较长时间的培训。要把对国有企业领导人员教育培训工作作为长期的战略目标落到实处。

（原文约4500字，发表于《北京市经济管理干部学院学报》2002年第3期）

文摘编辑：曾祥玉

论国有公司制企业内部监督机制的构建

程　蹊　陈全功

[作者简介] 程　蹊，武汉科技大学文法与经济学院讲师，经济学硕士。
陈全功，武汉科技大学文法与经济学院。

[内容提要] 目前国有公司制企业内部监督机制中存在的主要问题有：严重的内部人控制；代理成本过高，代理效率低下；企业主管机构没有制约机制，也没有更换经营者的明确标准和硬约束机制；制度安排不到位，新老“三会”关系不明确，等等。笔者认为，国有公司制企业内部监督机制的构建应从以下方面着手：一是控制内部人控制；二是重构国有资产所有者代表机构，减少代理成本；三是增强监事会力量；四是处理好新老“三会”关系，确立董事会的最终决策权地位；五是加强职工参与民主管理等具体措施。

[关 键 词] 国有公司制企业；内部监督机制；构建。

一、国有改制企业内部监督机制存在的主要问题

1. 严重的内部人控制问题

一般地讲，所谓内部人控制，是指经理人员事实上或依法掌握了控制权，他们的利益在公司战略决策中得到充分的体现，这种控制往往通过经理人员与工人的共谋而实现。内部人控制作为现代股份制公司的内生现象，是公司制不成熟、不规范的产物，在经济转轨过程中尤为突出，也更难解决。

我国国企内部人控制问题产生的原因很多。首先是公司内部治理机构中的缺陷。有相当多公司的董事会和经理层几乎是由原企业的原班管理人员组成，由于缺乏对代表股东利益的董事会成员的考核、奖惩、任免等具体规定，董事会往往滑向内部人一方而难以起到对经理层的监督作用，而公司内部股东大会未能对董事会形成有效约束；监事会则形同虚设。其次是国有资产的“所有者缺位”。国家对国有资产实行多部门管理，缺乏能真正对国有资产保值增值负责的人格化代表的专职部门。同时股东不能“用脚投票”和转让股权，致使改制国企内部人控制问题更为严重。

2. 代理成本过高，代理效率低下

我国国企公司制改造过程中存在两类代理问题。一是国有企业“所有机虚置”所产生的代理问题。在中国，一般由各级地方政府或国有资产管理部门对国企行使实际上的所有权，但改制后企业的实际控制权逐步转移到了企业经理层手中，这样就出现了所有权与控制权的分离，产生了代理成本。二是经过改制后的股份公司由于存在“理智的冷漠”和“搭便车”问题，股东难以有效监督公司管理层而产生的代理成本，这是公众公司存在的一般意义上的代理成本。这两种代理问题混杂在一起，使得国企的代理问题格外突出。如：代理成本过高，代理效率低下，缺乏制约机制，制度安排不到位，新老“三会”关系不顺，导致企业内部组织失效，等等。

二、我国国有公司制企业内部监督机制的构建

1. 有效控制内部人控制

需要从企业内外两方面同时着手。内部要健全公司治理结构，加强对经理人员的控制；外部要构造一个良好的市场环境，使经理人员面临强大的竞争压力。当然，控制内部人控制并不等于要根除内部人控制。在目前的情况下要达到后一目的，是不现实的；而且，对内部人控制进行控制，有时不仅要削弱其程度，还要使其性质发生积极变化，如使“事实上”的内部人控制向“法律上”的内部人控制转变。

——改善股权结构，实现大股东结构多元化。

(1) 有步骤、有计划地降低国有资本在上市公司中的持股比率，相应增加非国有资本尤其是私有资本和各种投资基金的持股比率。这样，将从根本上逐步解决股份公司“所有者缺位”问题，也为提高董事会的监控效率提供了前提。非竞争性领域的国有独资公司，采取计划经济体制下的企业管理模式，可能更有利于保护国家利益。(2) 降低第一大股东的持股比率，提高第二大至第十大股东的持股比率。一方面可以降低内部人控制度，另一方面使股东、董事之间相互制衡，以提高董事会的监控效率。(3) 提高董事和高层管员人员的持股比率，逐步实行经理股票期权制度，从而真正有效地提高董事监控经理、经理经营业务的积极性，最大限度地减弱事实上的内部人控制。(4) 引导银行对股份公司进行适量股权投资。

——完善董事会结构。

要控制内部人控制，就必须对现有董事会结构进行调整完善，提高其质量，充分发挥其监督、制衡和决策作

用。(1) 减少内部董事人数，相应地增加外部董事人数，特别是一定数量的专业知识扎实、工作经验丰富并具有独立判断能力的董事。(2) 董事会设立若干独立委员会。(3) 董事长和总经理予以分设，建立和健全制衡机制。

2. 以减持国有股为契机，重新构建国有资产所有者代表机构，尽量减少代理成本

目前我国国有资产名义上由国务院所有，实际上仍处于条块分割状态，没有一个统一的所有者代表机构从宏观上统筹把握，产权主体并未具体落实，也拉长了委托—代理关系的链条，增加了代理成本。因此，建立一个明确、统一的所有者代表机构来行使国有资产所有者职能，是构建国有公司制企业内部监督机制的当务之急。这里有两个转变：一是从管实物资产转变为管产权；二是从突出企业利益转变为突出股东的利益。为加强国家作为国企的最大股东对企业的最终控制权，应尽力减少代理成本，第一是在中央政府层面上设立统一的国有资产所有者代表机构，作为国务院的一个职能机构。第二，在这个统一的国有资产所有者代表机构的宏观管理、监督下，各行业主管部门代表政府行使所有权，尽可能使出资人“人格化”。第三，减持国有股，最大限度地把国企改造成投资主体多元化的“股份制企业”，使股东间相互影响、制约、监督、尽力避免企业主管机构没有制约，随意更换经营者的现象出现。第四，强化国有产权代表为核心的董事会管理体制。

3. 适应股东大会地位日益削弱的趋势，设立监事会，加强对董事会的监督管理

按照《国有企业监事会暂行条例》的规定，国有重点大型企业监事会由国务院派出，向国务院报告，代表国家对国有重点大型企业的国有资产保值增值状况实施监督。监事会以财务监督为核心，对企业的财务活动及企业负责人的经营管理行为进行监督。监事会与企业是监督与被监督的关系，不参与、不干预企业的经营决策和经营管理，尊重企业的经营自主权，保护企业负责人搞好企业的积极性。通过检查企业财务状况、经营效益、利润分配、国有资产保值增值、资产运营等情况，监事会对企业负责人的经营管理业绩进行评价，提出奖罚任免建议。监事会每次对企业检查结束后，要及时作出检查报告。

4. 正确处理好新老“三会”关系，确立董事会在公司中的最终决策地位

当前国企的实际运作情况是，国有独资公司没有股东会，外派监事会是有关政府部门人员兼职，基本不干预企业事务，公司管理层之间关系处理问题实际上就是董事会与“老三会”的关系处理问题。也就是说，在国有公司制企业中，“新三会”实际上只有董事会一家。而处理新老“三会”关系的关键在于处理董事会与党委会的关系及董事长与党委书记的关系问题。在处理董事会与党委会关系及董事长和党委书记关系时，应以能否保证董事会的决策质量，是否有利于董事会进行快捷科学的决策为指针。

5. 加强职工参与民主管理

首先，职工可通过职代会与工会形式参与民主管理，但职代会与工会职能需在现有的基础上进行调整。职代会和工会是群众意见机关，但它们享有对公司重大决策的建议、质询等权利；其次，职代会与工会可派代表进入董事会与监事会参与民主管理（《公司法》中已明文规定），以保护职工的切身利益并对公司管理层加以制衡；再次，推行职工内部持股制度，也是加强职工民主管理的有效形式。从国际上公司治理经验来看，德国在1976年的立法中，就要求将监事会中劳动要素与资本要素之间的比率调整到1∶1，从而全面实现了劳动与资本共同治理公司这一项基本原则；在日本，“全员参与”已被看作公司制的根本特征。职工参与制度日益得到认同与重视，已是公司治理发展的新趋势。我国是社会主义国家，强调以生产资料公有制为主体，职工是国有企业的主人之一，因此，应进一步完善职代会和工会的职能，让职工参与民主管理和监督，从而有效地遏制企业腐败，提高企业效率。

（原文约6500字，发表于《武汉科技大学学报》社科版2002年第1期）

文摘编辑：曾祥玉

高等学校管理中几个问题的组织行为学分析

王志成

[作者简介] 王志成，扬州大学成人教育学院院长，副研究员，主要从事教育管理研究。

[内容提要] 高等学校如何在新环境中求生存、谋发展，有效的管理是十分重要的措施之一。对来自底层的管理、科层制弊端的革除、以简驭繁的功用、组织状态的激活、既得利益的调整和工作群体的使用等问题进行组织行为学分析，有利于高校的管理创新。

[关 键 词] 高校管理；管理效能；组织行为学。

一、来自底层的管理

高等学校的管理和其他社会组织的管理一样，取决于其底层对于上级的服从。高等学校在生存发展的大政方针确定之后，其实际发展状况往往取决于底层，从这个意义上来说，我们将其称为来自底层的管理。而高等学校与企业及政府机构不同，首先在权力的配置上，企业和政府机关是一元化权力，而高等学校是二元化权力，在高校内部既有管理的行政权力，又有以著名学者或教师为代表的学术权力。其次在权力运作方式上，一方面，高等学校与其他社会组织一样，必须对人力、财力、物力资源的配置做好组织、管理工作；另一方面，高校与其他大多数正式组织不同，它的产品是人，这也就造成了其管理上的特殊性。

高等学校中“来自底层的管理”是不可忽视的力量。高校要有良好的生存环境并获得较快的发展速度，必须重视中、基层人员对上级命令的服从程度，而要做到这一点，必须扩大他们的无差异区域。所谓无差异区域是指把所有能够合理执行的行动命令按作用人的接受程序排序，就会发现有许多命令是明显不能被接受的；还有一些命令差不多处于中间地带，既不是完全可接受，也不是完全不可接受；第三类则是那些确实可以被接受的命令，此类命令就位于“无差异区”。作用人会接受位于这个区域的命令。在高等学校管理中要扩大命令接受者的无差异区域，可从以下方面着手：其一，高校校级领导者的新角色是设计师、公仆和教师。他们为高校的发展设计蓝图，通过服务与教育，使高校组织中“人人都具有大于个人的目的意识，共同的使命感会把他们连成一体。他们具有其他方式无法做到的那种认同感和连续感”。其二，对底层人员进行培训，使他们在更高的层次上认同学校的发展目标，使学校的发展目标不断内化，以至形成理念，提高服从命令的自觉性。

二、科层制弊端的革除

德国社会学家马克斯·韦伯曾对科层制作过深刻的研究。他认为，在他所发现的组织结构中，这种结构类型是最适当的人类组织，它的发展产生了对稳定的、严格的、集中的和可靠的管理的迫切需要；它能实现最高的效率，“它是对人实现强制控制的最合理的已知手段，它在精确性、稳定性、纪律的严格性和可靠性方面都优于其他任何形式”。我国高校和其他社会组织一样，通常采取科层制的权力结构。

科层制模式的优点是明显的，弊端也是客观存在的，其表现有以下几点：其一，层次性带来的负效应。组织层次的特点要求下属表现出与其领导者的区别。例如，校领导可以在任何他所选择的时间，到教师的工作场所去检查教师的工作，而教师则不能到校领导的工作场所去检查校领导的工作。那些认为自己的技能与他们的上级相同甚至略高一筹的下属人员，还可能会对其上级产生反感甚至敌意。革除这一弊端的做法在于缩小由于层次性造成的上、下级心理距离。其二，升迁中的观念错位。在科层制中人事的升迁有其规定性，而组织的金字塔型的结构不可能使所有人一直上升到组织的顶端。那种以级别、工资、地位来衡量其成就的旧观念，造成众多人的心理挫折，不仅影响其工作，还影响其身心健康。其三，对规章的理解不同造成冲突。高校的科层制结构有一个显著特点，即具有较为完备健全的规章制度。按其本意人们都应该认识这些规章而且对之都有相同的理解。然而在现实生活中，每个人都了解所有规章的现象是很少有的，而每个人对规章都有相同的理解就更为罕见了。在高校中加强各种渠道的沟通，是人们消除或减少由于对规章制度理解不同造成冲突的有效办法。

三、以简驭繁的功用

当代高等学校的管理，已不同于管理学经典学者所提出的科学管理和一般管理，也不再是在封闭系统内实行有效管理就能求得生存与发展。它已处于一个知识全球化、经济一体化、科学技术飞速发展的开放的系统环境之中。它需要不断地与外部环境进行信息、能量和物质的交换，使其保持有序的运作和良好的发展，其管理的复杂性大大增强。因此，在高校管理中要充分运用以简驭繁的智慧，善于将复杂的事物和问题化繁为简。可做可不做的坚决不做；能与别的工作合并做的，决不分开做；能用简便方法做，决不用繁琐的方法做。总之，能将复杂问题简单化的人是不简单的人，以简驭繁就能抓住主要矛盾，管理就会有节奏和效率。

四、组织状态的激活

高校管理中组织状态的激活主要有以下几方面的内容：其一，创新的激情。高校的管理人员既要有遵章守纪、按章办事的素质，又要有不断进取、努力创新的激情。法约尔认为："想出一个计划并保证其成功是一个聪明人最大的快乐之一，也是人类活动最有力的刺激之一。这种发明与执行的能力就是人们所说的首创精神，建议与执行的自主性也属于这个范畴。"其二，工作流程重组。人们会受制于自己制定的程序，组织必须通过某种方式避免这种情况的发生。规章制度越多，人们的主意就越少。其三，权力再分配。管理过程是权力的运用，由于实际情况的变化，原有的权力渠道和权力关系有可能会发生某种淤滞堵塞和僵死硬化现象，这就有必要加以疏浚和重组，使其重新活跃畅通起来，这就是权力的再分配。权力再分配的一般方式为权力的再集中和权力的再分散两种。高校在管理过程中，进行各方面和各个层次的改革，无疑提高了管理的效能，若再进行经常性的权力再分配可能会非常有益。

五、既得利益的调整

对既得利益进行调整是高校管理中的重要的组织行为。高校组织和其他社会组织一样也有其生命周期，它既有精力旺盛、适应性强的青年时代，也有枝繁叶茂的中年时代，还有饱经风霜的老年时代。所不同的是高校组织的衰败是可以避免的，停滞也是可以避开的，组织可以不断地更新自我。然而，在组织更新中最困难的是对既得利益的调整。从长远看组织保持活力才是每个人最重要的既得利益。组织不能保持活力，则所有的人都会蒙受损失。

六、工作群体的使用

在高校中无论教学、科研，还是社会服务工作，不再是个人单枪匹马的奋斗所能奏效，而要组成不同的工作群体，运用集体的智慧和众人的力量才能成功。这主要是因为一些工作任务内容复杂，各部分互相依赖，不能分解为独立部分由个人来单独完成。很多问题需要处理复杂的信息，需要掌握不同信息的人相互沟通，需要对解决问题的方案进行严格的评定。因此，高校经常通过设立课题小组、工作小组、专门委员会以及诸如此类的工作群体来解决一些重要问题或特殊问题。工作群体还能使其成员获得交往的需要，巩固认同感及维护自尊。通过与他人讨论、交换意见以至形成一致见解，以降低竞争带来的心理压力。如果一个组织经过精心设计，使得下属群体的心理力量与组织的目标协调一致，就能提高组织的长期效能。

在高校管理中虽然使用工作群体能提高效率，但要注意使用工作群体也可能出现的负效应，这种负效应主要有"冒险性迁移"和"小团体意识"。冒险性迁移的实质是：人们发现，在许多问题上，群体的集体行为要比所有个别反应的平均水平更具有冒险性。小团体意识主要是压抑不同意见，其决策仅仅代表了取得支配地位的小部分人的观点。因此，工作群体也并不是可以解决一切问题的万能良药，在高校管理中可视具体情况而用。

（原文约9500字，发表于《扬州大学学报》高教研究版2002年第1期）

文摘编辑：焦利

西方大学学生参与学校管理探析

李 宁

[作者简介] 李宁，北京科技大学文法学院硕士研究生，从事教育经济与管理研究。

[内容提要] 学生参与学校管理是高等院校内部管理研究中一个十分重要的方面。在西方这种学生参与的管理模式早已为许多大学所采用。本文以西方大学学生参与管理为研究对象，从历史、思想、权力和大学发展趋势几方面对其形成的基础进行了探析，介绍了学生参与学校管理的三种形式：生评师、选课制和学生组织，并分析了学生参与管理对学校的影响。

[关 键 词] 西方；学生参与；管理。

一、学生参与学校管理的基础

1. 历史回溯

学生参与学校管理最早可追溯到中世纪。中世纪的欧洲，两所最古老的大学——波隆那大学和巴黎大学是当时欧洲大学教育的两驾马车，欧洲其他大学的建立无不与之有关。以民法和宗教法专业享誉欧洲的波隆那大学和以神学及哲学闻名于世的巴黎大学，有着两种截然不同的内部管理模式。波隆那大学是学生管理校务、教师服从校章的“学生大学”的鼻祖，而巴黎大学则是等级分明，由教师掌管校务、学生服从管理的“教师大学”的榜样。作为近代意义大学的先驱，它们对欧洲及世界各地大学的创立和发展有着深刻的影响。后来的学生参与学校管理，或多或少是波隆那大学管理模式影响的结果。

2. 思想根源

自由主义一向为西方所崇尚，而被称为“自由主义始祖”的洛克，他的思想对人们的影响更是深远而不可止，尤其是他提出的“有限政府论”，长期影响着人们对政府、国家等由人组成的联合体的认识。

洛克的“有限政府论”在人们的思想意识中深深地打上了一个服务与权利的烙印，即政府服务于受政府管理的公众，否则，公众有权解散管理他们的政府。这一思想不仅影响了一些国家的治国理念，同样也规范着教育中的治校理念。正如沃尔夫在《大学的理想》中说的：既然“所有政府的合法权利都来自被统治者的同意，那么所有与学生有重要关系的决策都应该征求学生的意见”。由此看来，洛克的“有限政府论”不仅是西方国家治国理念的基础，也是西方国家学生参与学校管理的思想基础。

3. 权力基础

高等教育不是义务教育。这一前提界定了学生和学校的关系并不限于寻求知识与提供知识的关系。学生向学校缴纳的学费即教育支出为学生和学校建立了另一种关系。

事实上，对教育支出的理解存在两种意义：一种认为教育支出是消费支出，因为教育本身只消耗人力、物力和财力，却不直接生产任何物质财富；另一种观点认为教育支出是生产投资，因为教育支出可以提高劳动力素质和智能，以后能够创造出更多的价值。但不论从哪种观点出发，关于学生权力的推理总会回到一点。消费观把教育视为学生通过货币向学校购买商品，因而学生是教育的消费者，学生也即成为提供教育的学校的顾客。顾客/消费者的权利已深入人心，学生在要求与教育有关的课程确定、教师任命等方面的管理中有一定的发言权当然也是合理的。投资论的基点在于投资与回报。投资是投向那些能够使投资者获利的客体上，回报也是以客体能够增值为前提。也就是说，学生付学费接受教育，是为获得知识，提高自身素质，为将来更大的回报打基础。获得的知识越丰富越有用，将来的回报也就越大。这就使教育质量与将来回报建立了直接联系（投资——教育质量——回报）。学生要求将来的高回报，必然要求学校教育的高质量，从而构成了学生参与教育质量管理的权力基础。

4. 学生参与学校管理符合服务型大学的发展趋势

在知识经济时代，国家最重要的资源是她的公民，社会需要大力开发人力资源。这样的时代要求大学重新理解其服务对象，从“赠地学院”转向“赠学学院”，从“以教师和科研为中心”的研究型大学文化转变为“以学生和知识的最终使用者为中心”的服务型大学文化。正如王英杰教授在《试谈理想的大学》中写到的：“大学不能只为了教师及其学科而存在，大学之所以存在，第一是要为学生服务，坚持人本主义的哲学概念，使学生获得全面发展；第二是要为社会发展服务。”在面临激烈竞争，传递垄断能力消失的时候，大学的发展道路也应该向服务性转变。“以学生为中心”的服务型培养模式将成为未来大学的主要培养模式。在这种培养模式下，学生的发展成为学校教育的主要环节，学生个体的需要成为学校关心的重点。而学校向学生最大程度地提供符合学生需要的服务的最佳方式莫过于让学生亲自参与到与其有重要关系的学校内部管理中来，将学生的意愿直接反映到管理中去，从而达到教育服务的直接性、有效性。所以说，服务性大学的发展离不开学生参与学校管理的管理方式。

实际上，这种“服务型大学”的概念已远非只出现在美国。服务型大学作为一种新的大学模式逐渐为国际理论界所关注和讨论。澳大利亚、新西兰、加拿大、英国、瑞典、挪威、法国、德国的大学，都在某种程度上以不同方式向服务型大学的方向发展，服务型大学很可能成为全球大学发展的共同趋势，学生参与学校管理也很可能成为全球大学的共同特点之一。

二、学生参与学校管理的形式

1. 学生评价教师教学

目前，系统的、全方位的生评师在美国的大学已形成一种制度——对大学教师应聘和提升职称所进行的教学工作表现审查评定，必须征集学生的意见；每门课程结束前或每学期的最后两周都要求学生对课程和授课教师的教学工作进行评价，以便为进一步改进教学提供反馈信息或作为人事决策的依据。

教师对学生的评价不满，可向决策者上诉，由决策者判断是否为重新评价提供机会。

2. 选课制

目前，在选课制的具体形式方面，西方国家普遍采用限制选修课与自由选修课相结合的方式，以此来弥补因选择的过度自由而导致的学生知识结构的欠缺。就连最早实施选课制的美国，也认识到选修课比重太大，影响学生的知识构成和教学质量的普遍提高，近些年来，纷纷增加了必修课的设置，重新设计和安排教学计划。

3. 学生组织

学生组织不仅是锻炼学生工作能力的场所，也是学生能够有效地参与学校管理的重要保证。因为在西方，学生组织的一个极端行动是为人所惧的，那就是在学校不听取学生的意见。或听取了而没有照办的情况下，学生组织就有诉诸“学生权力”的可能。来解决他们与教师和管理机构之间的分歧。因此，学生组织的意见往往会受到校方的重视，从而确保把学生建设性意见运用到学校的管理实践中去。

三、学生参与管理对学校的影响

1. 积极的影响

作为大学成员之一的学生参与到学校管理中，对学校的发展能够起到促进作用。

——促进学校教学质量的提高；

——促进学校内部管理的民主化、效率化。

约翰·S·布鲁贝克在《高等教育哲学》中说：“明智的分享权力并不等于削弱权力，反而可以多出成果。”学生参与管理是大学管理实现民主化、效率化的重要步骤。由于学生的参加，他们的意见得到了充分的反映，大学管理者的意图也获得了他们的理解，易于达到上下协调一致，有助于大学管理效率化的实现。同时，学校管理权在管理者、教师、学生之间进行分配，还可使学校管理者在制定政策时全盘考虑，兼顾各方面利益，保证学校的有机运作、协调发展。

2. 消极的影响

克拉克和特劳曾对学生做过这样的定义：学生“既是顾客，又是同事，同时更是受监护者”。这种多重身份导致了学生参与管理的复杂性。

实际上，许多人认为学生参与学校管理对学校会造成灾难性的后果。学生之所以来到学校，是由于他们缺少知识和希望获得知识，他们对学科和标准的理解力有限，如果让他们拥有与那些经过长期实践、并已由他们的同行根据充分的证据证明能在教学和科研中完成高质量工作的大学教授去共同参与学院课程管理，将会导致学术的短期发展，近视发展，从而造成学术水平的下降。1972年，荷兰政府修改了大学管理条例，制定了权力均等的实施办法，几年之内，许多质量较好的研究院校失去了他们的教授，即为此论的佐证。

事实上，如果学生参与学校管理的权力分配不当，确实会对学校起到负面影响。这一问题的产生将有助于我们进一步认识学生参与管理的“参与”二字。

（原文约9600字，发表于《北京科技大学学报》社科版2002年第2期）

文摘编辑：焦利

政 治 学 篇

目 录

三大任务的跨世纪接力
——从邓小平到江泽民关于三大任务的战略思想

李忠杰

[作者简介] 李忠杰，中共中央党校科研部主任，博士生导师。

[内容提要] 本文对邓小平同志在80年代初提出的三大任务在第二代到第三代的跨世纪接力从战略思想的高度做了论述。

[关键词] 邓小平；江泽民；现代化建设。

一、继续推进现代化建设

现代化建设，是三大任务中的第一项任务，也是最重要的、核心的任务。邓小平当年提的是"加紧社会主义现代化建设"，江泽民同志提的是"继续推进现代化建设"，内容完全一致，表述上则体现了两者的阶段性和连续性。

实现现代化，是中国人民长期梦寐以求的理想。邓小平高度重视现代化建设，围绕现代化建设提出了一系列重要的战略策略思想。其基本的要点可以概括为：第一，把现代化建设作为压倒一切的中心任务；第二，规定了现代化的各项内容和任务，强调坚持以经济建设为中心不动摇；第三，制定了分"三步走"基本实现现代化的发展战略；第四，提出了推进现代化建设的基本手段是改革开放，政治保证是四项基本原则。

在不断推进现代化建设的进程中，以江泽民同志为核心的党中央提出了许多重要的战略思想，不仅坚持、而且丰富和发展了邓小平关于现代化建设的理论：第一，进一步提出了未来50年的新的"三步走"战略；第二，进一步提出了现代化建设的许多新的思路和方针政策；第三，紧跟时代潮流，提出了一系列重要的发展战略；第四，坚持社会的全面进步，提出了正确处理现代化建设中各种关系的重大方针。

二、完成祖国统一

"完成祖国统一"，是我们进入新世纪后必须继续抓紧的又一项重大任务。创造性地提出"一国两制"的战略构想，是邓小平对祖国统一做出的最大贡献：首先，坚持把实现祖国统一作为我们坚定不移的目标；第二，坚持用"一国两制"的办法解决统一问题；第三，香港、澳门、台湾实行高度自治，保持繁荣稳定的局面；第四，"一国两制"至少保持50年不变；第五，力求用和平方式解决台湾问题，但决不承诺放弃使用武力；第六，建议举行国共两党的平等谈判，实行第三次合作。

"一国两制"构想的提出是从解决台湾问题开始的，但首先运用于解决香港和澳门问题。1997年7月1日，中国政府恢复了对香港行使主权。1999年12月20日，澳门也顺利举行了政权交接仪式。香港、澳门的回归，是中华民族的盛事，标志着邓小平"一国两制"构想的巨大成功，标志着中国人民在完成祖国统一大业的道路上迈出了重要一步。香港、澳门回归祖国后，"一国两制"、"港人治港"、"澳人治澳"、高度自治的方针正在得到切实的贯彻执行，香港、澳门继续保持着繁荣稳定的局面。

以江泽民同志为核心的党中央，坚持邓小平的战略思想，并灵活地加以运用，从各方面着手努力解决台湾问题。在党的十五大报告中，江泽民同志郑重呼吁：作为第一步，海峡两岸可先就"在一个中国的原则下，正式结束两岸敌对状态"进行谈判，并达成协议；在此基础上，共同承担义务，维护中国的主权和领土完整，并对今后两岸关系的发展进行规划。希望台湾当局认真回应我们的建议和主张，及早同我们进行政治谈判。在一个中国的前提下，什么问题都可以谈。只要是有利于祖国统一的意见和建议，都可以提出来。祖国统一问题，应当由两岸中国人自己解决。江泽民同志的这一呼吁，表达了中国共产党人对于早日实现祖国统一的真诚愿望和对于保持台湾现行制度及生活方式不变的最大宽容，也使邓小平同志"一国两制"的构想在台湾问题上进一步具体化。

进入新世纪，台湾问题更加突出地摆在我们面前。因此，将完成祖国统一作为进入新世纪后我们必须抓紧的三大任务之一，表明了我们解决台湾问题的决心。以江泽民同志为核心的党中央对解决台湾问题作出了一系列部署，强调解决台湾问题要有时间表，要考虑复杂的国际背景，要善于进行政治斗争和外交工作，同时抓紧进行军事斗争的准备，以促进台湾问题的早日解决。

三、维护世界和平与促进共同发展

中国是国际社会的重要一员。中国进行现代化建设，完成祖国统一大业，都需要和平稳定的国际环境和周边环境。所以，进入新世纪，“维护世界和平与促进共同发展”，是我们必须抓紧的三大任务之一。

改革开放以来，邓小平高屋建瓴，从宏观全局把握国际战略形势，从中国和世界的实际出发，科学分析世界战略形势，确认和平与发展是当代世界的两大问题，为我们国家制定了一整套反对霸权主义、维护世界和平的外交战略和独立自主的和平外交政策。

在邓小平国际战略思想的指导下，二十多年来，我国的对外关系日益发展，我国所处的国际环境不断改善，为改革开放和社会主义现代化建设的顺利进行创造了良好的条件。

90年代以来，特别是世纪之交，世界形势进一步向前发展，出现了许多新的重要的特点。以江泽民同志为核心的党中央，坚决贯彻邓小平的国际战略思想，同时，根据实际情况灵活地加以运用，在走向新世纪之际，提出了许多重要的方针政策，使我国的国际战略理论得到了进一步丰富和发展：第一，全面把握世界形势的发展变化，坚持时代主题的判断，提出高举和平和发展两面旗帜；第二，推动世界向多极化方向发展，全方位地发展与不同类型国家之间的关系；第三，顺应经济全球化的潮流，提高中国对外开放的水平；第四，把握科技革命发展的新趋势，提高中国的科技创新能力；第五，提出尊重世界文明多样性的主张；第六，继续坚持反对霸权主义、维护世界和平的主张。

需要注意的是，反对霸权主义、维护世界和平是我们外交政策的重要内容，但并不能作为我们外交政策或全球战略的中心目标。反对霸权主义的目的是为了改善我们的国际环境和维护中国的国家利益。无论多么必要，都不能提升到最终目标的程度。反对霸权主义要从属和服务于我们的中心目标。要讲究策略，要有理、有利、有节。在斗争的同时，也要讲联合，讲合作，讲妥协，讲双赢。所以，江泽民同志在提出进入新世纪后的三大任务时，对80年代所提的“反对霸权主义，维护世界和平”作了适当的调整，改称为“维护世界和平与促进共同发展”。这样的调整是必要的，也是正确的，应该引起我们必要的重视。

（原文约8200字，发表于《新视野》杂志2001年第2期）

文摘编辑：安平　许放

中国共产党与中国革命和建设
——三代中央领导核心对社会主义革命和建设道路的探索

谢建社

[作者简介] 谢建社，江西师范大学教授。

[内容提要] 本文对中国三代中央领导核心对中国革命和中国社会主义革命、建设道路的探索做了概括。

[关 键 词] 中国共产党；中国革命和建设；毛泽东；邓小平；江泽民。

一、毛泽东：农村包围城市——中国革命的新道路

毛泽东对中国革命道路的认识，是从对中国农民问题的深刻认识开始的。早在大革命时期，毛泽东就对农民问题予以了高度的重视并运用马克思主义的阶级分析方法，对农民问题进行了深入的研究。他认为："农民问题，乃国民革命的中心问题，农民不起来参加并拥护国民革命，国民革命不会成功；农民问题不在现在的革命运动中得到相当的解决，农民运动不赶快的做起来，农民问题不会解决；农民问题不在现在的革命运动中得到相当的解决，农民不会拥护这个革命。"毛泽东曾在湖南作了为期32天的调查，写下了《湖南农民运动考察报告》，给农民运动予以高度评价，他针对一些人攻击农民运动"糟得很"、是"痞子运动"的说法，大声疾呼农民运动"好得很"。毛泽东之所以能在湘赣边界秋收起义失败后立即把队伍拉上井冈山山区，把武装斗争同农民运动结合起来，正是基于毛泽东对农民问题的认识同武装斗争的认识结合在一起。在井冈山斗争时期，毛泽东进行了认真的社会调查，进一步探索中国革命的道路，总结了一年多来工农武装割据的经验，先后写下了《中国的红色政权为什么能够存在?》、《井冈山的斗争》等光辉篇章，对中国的国情、对中国革命发展的特殊规律作了深入的探讨。特别是对一国之内，在四周白色政权的包围之中，有一小块或者若干小块红色区域的长期存在，作了科学的剖析，指出这是一种奇事，是世界其他国家所没有的。这种特殊的原因，构成了中国国情的又一明显特点，毛泽东后来把它从理论上进行概括，即：政治、经济发展的不平衡。基于这个特点毛泽东提出了"工农武装割据"的思想。1929年1月，毛泽东率军离开井冈山，向赣南闽西进军，开辟了中央革命根据地。1930年1月，毛泽东写下了《星星之火，可以燎原》的著名篇章，进一步指出农民是中国革命的主要力量，农民是左右中国革命的局势、决定中国革命成败的最主要和最基本的力量。这就为把中国革命的战略基地放在农村，走以农村包围城市、最后夺取全国胜利道路提供了一个重要的客观依据，从理论与实践的结合上解决了中国革命的道路问题。

二、邓小平：农村改革——中国社会主义建设的根本出路

如何认识社会主义？怎样建设社会主义？这是邓小平同志经常讲的一句话，改革是中国的出路，不改革中国就没有出路。改革如何进行，从何处入手？我国是一个农业大国，农业是国民经济的重要基础。新中国建立后，党在国民经济恢复时期，致力于彻底废除统治中国长达二千多年的封建土地所有制，解放农业生产力，领导亿万农民在全国范围内进行了大规模的土地改革。广大农民第一次成为土地的主人，获得了生产资料，劳动热情大大提高，农业生产迅速得到恢复和发展。可是，由于我们后来犯了急性病的错误，从1958年起，我们搞了以"一大二公"为特征的人民公社化运动，违背了生产关系一定要适应生产力状况的原理，否定商品经济，否定按劳分配原则，出现了高指标、瞎指挥、浮夸风和"共产风"的局面，结果极大地损害了广大农民的利益，挫伤了农民的生产积极性。后来，十年浩劫给中国农业带来了新的灾难。到1978年，全国人均粮食大体上只相当于1957年的水平，平均每个生产大队的集体积累不到一万元，有近1/4的生产队社员收入在50元以下。

就在中国农业面临这种严峻的形势下，党的十一届三中全会遵循邓小平同志强调恢复马克思主义思想路线的精神，完整地准确地理解毛泽东思想，全会认为，中国发展，取决于农村的发展，农业及农村的发展与中国稳定协调发展密切联系。全会重新确立实事求是、解放思想的思想路线是促进农业和农村发展的前提条件。全会还突出地研讨了当时十分严重的农业问题，指出：全党目前必须集中主要精力把农业尽快搞上去，只有大力恢复和加快发展农业生产，才能不断提高全国人民的生活水平。为此，必须首先调动我国亿万农民的社会主义积极性，必须在经济上充分关心他们的物质利益，在政治上切实保障他们的民主权利。从这个指导思想出发，全会制定了《关于加快农业发展若干问题的决定（草

案)》，提出了发展农业生产的25项政策和措施。可见，我们党在农村工作指导思想上的拨乱反正，标志着我国农村工作出现了历史性的转折。安徽省凤阳县梨园公社小岗生产队农民创造的“农业大包干”揭开了农村改革的序幕。这个队的社员冒着挨批被斗的风险，率先签订了分田到户的协议书，规定除了完成每户全年上交的公粮外，产量结余全部归自己。一年之后，这个有名的多数人家“身背花鼓走四方”、到处逃荒要饭的穷队，一下变成了当地的冒尖队。邓小平同志对家庭联产承包责任制给予了充分肯定，这标志着我国农业终于打破了30年徘徊不前的局面，使农村改革和发展突破了两个禁区：一是以为所有制越公越好，越大越好；二是以为一个“包”字是指私有制。从而找到了一条既继承了二十多年来农业合作化的积极成果，又克服了集体经济经营管理集中过多等弊病的农业发展道路。

从1985年开始，以邓小平同志为首的党中央不失时机地引导广大农民开始了第二步改革，这就是调整农村产业结构，积极发展多种经营，大力发展农村商品经济。从此，农村的乡镇企业异军突起，很快地发展成为农村重要的经济支柱。所以邓小平同志说：“农村改革中，我们完全没有预料到的最大成就，就是乡镇企业发展起来，突然冒出搞多种行业，搞商品经济，搞各种小型企业，异军突起。”乡镇企业的兴起是中国农民创造的伟大奇迹，举世震惊。邓小平同志高瞻远瞩，从当代中国的具体实际出发，探索出一条先农村后城市的经济体制改革的新路子。农村改革适应了广大农民向往生产经营自主权，解决温饱的迫切愿望和要求，符合当时中国农村的生产力水平，它不但解决了农民自身的温饱，使农村发生了翻天覆地的变化，实现了农村改革与发展的“第一个飞跃”，而且鼓舞了全国人民的改革和建设热情，使整个国民经济进入“快车道”。如果说农村经济改革还只是一个序曲，那么，随之而来的城市经济体制改革则标志着改革的交响乐进入了高潮。所以，邓小平同志自信地说：“农村改革的经验使人们相信城市改革能够做好。”这是由于：第一，农村改革为城市经济体制改革提供了宝贵经验。第二，农村改革的深入发展，要求城市经济体制改革尽快起步，与之相适应。

三、江泽民：“三个代表”——支撑新世纪中国的“强国路线”

面对东欧剧变、苏联解体的国际共产主义运动的低潮，面对西方敌对势力的“西化”、“分化”，面对21世纪的竞争与挑战，如何巩固和提高社会主义执政党的领导地位？怎样建设社会主义？以江泽民同志为核心的第三代中央领导集体，高举邓小平同志的理论旗帜，提出了“治国必须先治党”的“三个代表”理论，把党的先进性、党在21世纪执政的历史使命性和具体历史时期的具体历史任务相联系，作出了既具有科学理论价值，又具有新的时代特点的概括，它从生产力、生产关系、上层建筑三个角度对党的性质、宗旨、使命作出了新的表述。“三个代表”重要思想的提出，是在邓小平同志提出的“什么是社会主义”基础上的创新，是面向21世纪中国共产党人对建设有中国特色社会主义的新回答，反映了我们党对社会主义建设认识的进一步深化，在邓小平理论的基础上，赋予建设有中国特色社会主义和党的建设以新的内涵。

第一，在新的世纪里，中国共产党只有敏锐地把握先进生产力的发展要求，把握其发展的特点、趋势和内在规律性，并在自己的路线、方针和政策中充分体现这一发展的要求，才能跟上时代发展的步伐和历史进步的潮流，才能真正保持党的先进性，保持党的生机与活力，才能无愧于在中国社会主义现代化建设事业中的领导核心地位。中国共产党也只有始终成为先进生产力发展要求的代表，才能拥有突出雄厚的物质力量。

第二，在新世纪里，中国共产党只有清醒地把握先进文化的前进方向，在主要意识形态方面真正树起中国人民所必需的、体现历史进步和具有民族凝聚力的精神支柱，推进社会主义物质文明和精神文明的全面发展，才能真正体现党在21世纪中国历史进程中的先进性，才能真正团结和领导中国人民建设一个民主、文明、富强的现代化国家。

第三，在新的世纪里，中国共产党只有始终坚持全心全意为人民服务的根本宗旨，使自己的路线、方针、政策始终代表人民的根本利益和愿望，才能获得广大人民的真心拥护，才能获得人民群众对党的执政地位的广泛而充分的政治认同。中国共产党只有始终成为广大人民根本利益的代表，才能拥有广泛稳定的社会力量。江泽民同志“三个代表”的重要思想，是从建设有中国特色社会主义的经济、政治、文化三个方面对我们党如何确保先进性提出的具体要求。建设有中国特色社会主义经济就是要在社会主义市场经济条件下，解放生产力和发展生产力，这就要求我们党必须成为先进生产力发展要求的代表；建设有中国特色社会主义文化就是要以马克思列宁主义为指导，发展“三个面向”的科学的文化，这就要求我们党必须成为先进文化前进方向的代表；建设有中国特色社会主义政治就是要在人民当家作主的基础上，发展社会主义民主政治，这就要求我们党始终代表最广大人民群众的根本利益。

江泽民同志“三个代表”的重要思想，是对马克思主义建党学说的新发展，是对党的性质、宗旨和根本任务的新概括，是对新形势下中国共产党领导中国人民建设有特色社会主义、加强党的建设提出的新要求，是支撑新世纪我国建设有中国特色社会主义现代道路的“强国路线”。

(原文约9000字，发表于《江西师范大学学报》2001年第3期)

文摘编辑：许放 余小江

权利，抑或公益？
——一种政治理念的比较

王怡心

[作者简介] 王怡心，北京大学哲学系2001级博士生。

[内容提要] 儒家与自由主义分属我国与西方的文化传统，又分别构成了我国当代政治建设的主要传统资源与一种现代语境，二者在政治思想上的主要分野是：前者以公益为目标，后者以权利为基点；前者是整体主义的，后者是个体主义的；前者富于理想色彩，后者带有现实特征。马克思主义克服了二者的缺陷，实现了个体与社会的统一。

[关 键 词] 儒家；自由主义；公益；权利。

任何政治思想首先要面对和解决的，都是个人与社会的关系问题，儒家与自由主义也不例外。对二者在这个问题上表现出来的不同的分析和探究，无疑会为我国当代的政治建设提供一个参照的视野和深刻的启示。

一、儒家——公益政治

儒家基于对人性善的理解和认同，对人及其前景似乎充满了信心，相信每个人都有可能成就完满的德性。孟子说，“人皆可以为尧舜”，通过不懈地修身，扩充“善端”的践履，达到圣人的境界——“内圣”，就可以王天下——“外王”，而德性完满的圣王用道德教化统治的世界可以达到至善的境界。《大学》开篇即说，“大学之道，在明明德，在亲民，在至于至善”。《礼记·礼运》中所描述的大同社会，就是被儒家视作最高尚的、终极的、至善的政治世界。

儒家的最高政治理想就是一个至善的大同社会。儒家相信这样的社会是每一个人都需要、因而也是值得追求的。对于通向这样一个完美社会的路径，儒家将其还原成了个人的德性修养和齐家的手段。“自天子以至庶人，壹是以修身为本。”“欲治其国者，先齐其家，欲齐其家者，先修其身”，“身修而后家齐，家齐而后国治，国治而后天下平”。儒家希望通过“格、致、正、诚、修、齐”的功夫，达到“治、平”的结果，个人德性修养与家庭成员之间的仁爱、责任和义务等被儒家推衍到了社会，具有了社会治化的功能。

儒家修身成治的标准是与等级制度相应的、以“忠、孝”和“三纲”为核心的身份道德。个体达到了社会对不同的等级和身份规定的不同道德标准，社会也就达到了治化和稳定。身份道德规定的是卑者对尊者、幼者对长者的绝对服从，个人对家族、国家的责任和义务，强调牺牲和奉献，强调在对他人和社会亦即公益的奉献过程中成就高尚的人格。在这里没有一个明确的私人领域，也不讲个人权利。在这种文化背景下，个人不可以有，也不可能有自我意识，正如梁漱溟所说：“中国人初不曾像西洋人那样认清了我，初不曾像西洋人那样人与人划清界限。”作为现代新儒家的开山，梁漱溟用充满赞赏的口气说道：“中国人是不要我的。在母亲之于儿子，则其情若有儿子而无自己；在儿子之于母亲，则其情若有母亲而无自己；兄之于弟，弟之于兄，朋友之相与，都是为人可以不记自己的，界己以从人的。他不分什么人我界限，不讲什么权利义务，所谓孝悌礼让之训，处处尚情而无我。”

以上分析使我们看到，儒家文化中人与社会是通过身份沟通的，人的身份性规定使人在认识自身时首先要面对的是他人、群体和社会，人就是在与他人、群体、社会的相互关系中被规定的各种角色之和。人的价值的实现——也就是德性是否完满，惟一的判定标准就是看他是否合乎“族”、“类”及“群”的要求，这种标准表现出了强烈的整体主义倾向，消解了个人的主体性与独立性，个体诉求被牢牢地限定在整体利益的范围内。

二、自由主义——权利政治

自由主义的权利政治首先与社会契约论有着天然的联系。自由主义常由社会契约论的观点出发，虚拟一个国家产生前人类存在的状态来解释国家的起源。从早期的古典自由主义者霍布斯和洛克的“自然状态”，到当代新自由主义者罗尔斯的“原初状态”，自由主义者试图论证在社会和国家之先，存在着这样一些拥有天赋权利的个人，“人类天生都是自由、平等和独立的”，“放弃自己的自由，就是放弃做人的资格，就是放弃人类的权利”；“平等在于人人都享有同等的权利”；“谁想剥夺别人的权利，别人就有权剥夺他的权利。”生命、自由和平等是人的基本权利，正是为保障这些基本权利，个人才结成社会，组成国家。

西方自由主义的权利政治还有一个深刻的基督教思想背景。与儒家对人性充满信心而期冀一个完满的社会相反，基督教思想对人性抱持一种幽黯意识，因而滥觞于基督教传统的自由主义认为，正是人性的先天缺陷和不可祛除的恶，才使政府的存在成为必要。政府的最高目标是防恶，而不是扬善。同样，也正是因为人都是有缺陷的，由人建立和构成的权力集中的政府也必然不会是完美的，它同样可以作恶，甚至做大恶，因为权力极易诱发人性中的恶。美国19世纪晚期的大史学家阿克顿爵士曾写过一句不朽的名言："权力使人腐化，绝对的权力绝对会使人腐化。"因此，自由主义并不幻想出现一个绝对完美的人来拯救社会和人民，因为只有上帝才是绝对完美的。在自由主义看来，对权力的制约只能够靠权利。

自由主义者对个人权利的伸张，实质上在于把个人作为解释整体的出发点，从个人的特征推导出整体的特征，从而设定了一套个人主义的秩序。因此，自由主义以权利为基础的政治思想，其核心就是个人主义。个人基本权利至高无上，不受任何专断权力侵犯。政府存在的目的在于保护个人的权利，实现个人的利益；政府权威的合法性必须来自公民的同意；政府存在的全部合理性和评价它的标准，就是它为个人所提供的服务。可见，在自由主义的政治学说中，个人是首要的，第一位的，社会是次要的，第二位的，它只是某种形式的联合体，是个人追求自我利益的舞台、工具和手段，本身没有目的价值。

三、启示——个体与社会的统一

以上比较，我们可以看到，儒家的公益政治富于理想色彩，它采取了整体主义的态度，认为整体利益是个人行为的根本出发点和最终目的，个人隶属于整体，为了整体而存在。而自由主义的权利政治则带有现实特征，坚持个人主义的立场，认为个人权利至上，社会为了个人而存在。马克思主义从社会有机体观点出发，认为二者的理论都是片面的。

首先，马克思主义坚持唯物主义的自然发生论，肯定"整个所谓世界历史不外是人通过人的劳动而诞生的过程"，强调有生命的个人的存在是全部人类历史的第一个前提，因此第一个需要确认的事实就是这些单独的个人的肉体组织。

同时，马克思主义认为，实践是解读人与社会关系的钥匙。人总是在现实社会中实践着的自主的，能动的人，正是这种自主性和能动性创造了一个流动着的活的历史。在实践过程中，个人通过与其他个体的联结与置身其中的社会相互作用，社会塑造着个人，个人也在能动地创造着自身和社会历史的过程中，不断丰富和创造着自身。二者的关系就如同分子与有机体间的关系一样：有机体赋予各分子以生命，各分子则赋予有机体以活力。因而整体并不是空洞的、没有生命的、淹没个体的，相反，类与个体、个人与社会是统一的。所以，儒家整体主义取向的公益政治是不健全的、有害的。一个消解了自我的无"我"的群体，终将会因为缺少个人的独立人格、"我"的动力支撑及由此而来的创造和进取精神，不仅无法最大限度地维护和发展整体利益，而最终导致整体性的衰弱。

同样，马克思主义不赞同在思考人与社会的关系时虚拟一个自然状态，不承认即使只是在理论上有这样抽象的自然人的存在。马克思主义认为，社会对人具有先在性，正是社会群体生活赋予了人以人的本质——"人的本质不是单个人所固有的抽象物，在其现实性上，它是一切社会关系的总和。"现实的个人在其本质上是一个社会存在物。而且，只有在社会中，这些个人才是"作为人的人"。离开社会联系和社会关系、在社会之外的人，只能是非现实的抽象的人，因而也谈不上任何天赋的、自明的权利。自由主义的全部错误来自其关于个人与社会关系的基本假定，声称在社会存在之前存在享有自然权利的个人，并基于个人的自然权利构建社会政治的原则，这完全是一种头足倒置的理论。它对社会存在意义的弱化，必然会削弱社会秩序和社会稳定赖以存在的基础；对个人权利的过分张扬，走向极端，则会导致个性冷漠，道德滑坡，乃至社会崩溃。

马克思主义相信，未来的理想社会是一个自由的个人的有机联合体，社会是个人才能获得全面发展，走向自由的手段，个人也是社会充满活力的惟一渊源。社会与人是一体两面，彼此通过对方发展和完成自身。因而，个人权利与社会公益的结合与相融，正是我们的政治改革与建设的理论基石。

（原文发表于《山东科技大学学报》社科版2001年第2期）

文摘编辑：许放

“马克思列宁主义”提法的来龙去脉

高 放

[作者简介] 高放，中国人民大学国际关系学院教授，博士生导师。

[内容提要] “马克思主义”和“列宁主义”都是在马克思和列宁逝世后提出的。“马克思列宁主义”的提法，则源起于1924年共产国际“五大”。其后，基于理解上的原因和实践发展的需要，上述三种提法都曾各领风骚。今后，随着世界共产主义运动的新发展，“马克思列宁主义”的提法还会发生新变化。

[关 键 词] 马克思主义；列宁主义；马克思列宁主义；共产主义运动。

一、“马克思主义”和“列宁主义”都是在马克思和列宁逝世后提出的

众所周知，马克思主义诞生于19世纪中叶的西欧，列宁主义形成于20世纪初期的俄国。为什么要把马克思主义与列宁主义这两种源于不同时间和空间的社会思潮和科学理论跨越时空地联结一起、合成一词呢？这就要先从“马克思主义”和“列宁主义”二词的出现以及人们对它的理解说起。

德国思想家卡尔·马克思和弗·恩格斯从1842年起创立了无产阶级和全人类解放的科学。然而他们及其战友在很长时间内都没有把这门博大精深的科学称为马克思主义。因为马克思决不会同意这种突出他个人的提法。直到1883年3月14日马克思逝世后，一些国家的先进工人和社会主义者为了肯定马克思在理论上的伟大贡献，才开始从褒义上使用“马克思主义”的提法。恩格斯本来曾经用过“马克思的经济理论和历史理论”等提法，从1886年起他也用“马克思主义”。随后“马克思主义”被各国马克思主义者广泛采用。

无独有偶，“列宁主义”起先也是由列宁的反对者作为贬义词使用。布尔什维克自己直到1923年列宁病重时才开始从褒义上使用“列宁主义”。这时列宁已经不能视事，否则他是不会同意这种突出他个人的提法的。俄共（布）中央政治局委员加米涅夫于这一年3月24日在《真理报》上发表《对列宁主义的修正》一文。党的领导人斯大林、季诺维也夫、布哈林随即发表论述列宁主义的讲演和论著。可见列宁主义是在列宁病重、病危和病故后才提出并流传开来的。

二、1924年共产国际五大为什么提出“马克思列宁主义”？

在列宁谢世后5个月召开的共产国际第五次代表大会上，才第一次把“马克思主义”与“列宁主义”合称为“马克思列宁主义”。大会在1924年7月8日闭幕前通过的《关于共产国际及其支部的宣传活动提纲》中指出：“共产国际及其各支部的首要任务之一，就是把这种先进的理论——马克思列宁主义变成自己党员的共同财产。”“使每个共产党了解到精通马克思列宁主义理论的意义，乃是宣传工作建设的前提。”

共产国际五大为什么把“马克思主义”同“列宁主义”这两种理论跨越时空地组合为“马克思列宁主义”呢？从当时文件和有关论著的阐述来分析，我认为有以下五个原因。

第一，第二国际在1914年世界大战爆发之后和1918年战争结束之后背叛了马克思主义，第三国际提出“马克思列宁主义”旨在表明“跟第二国际的伪马克思主义相反，列宁主义是革命的马克思主义的复活，它所包含的每一个论点，都是对于无产阶级的日常斗争具有实际意义的”。既然列宁主义是马克思主义的复活，自然两者应该联成一体。

第二，是为了“避免把马克思主义跟列宁主义对立起来，更确切地说，也就是避免把马克思和恩格斯时代的马克思主义跟列宁主义对立起来”。即是说，应该把马克思主义同列宁主义看成是一脉相承的科学理论，两者都是无产阶级的思想体系，都是为了实现无产阶级和全人类的解放，而且列宁主义还是马克思主义在新条件下的新发展，不能像孟什维克和第二国际各国党那样把列宁主义视为背离马克思主义的异端。

第三，是为了表明列宁主义具有普遍国际意义。

第四，是为了“避免任何机械的划分”，例如认为：马克思主义是理论，而列宁主义则是工人运动的实践。共产国际五大提出“马克思列宁主义”也是针对这种把理论与实践割裂开来的倾向。

由上述可见，1924年7月8日共产国际五大第一次提出“马克思列宁主义”，是针对当时国际共产主义运动中各种不同的思想认识，用以统一共产国际及其所属各国共产党的指导思想。在五大之后，各国共产党也都以此为准，先后使用“马克思列宁主义”的提法。在我党

文献中，第一次使用“马克思列宁主义”提法见诸1925年1月中共四大对于宣传工作的决议案；在毛泽东著作中第一次使用“马克思列宁主义”提法见于1929年12月他为红四军第九次党代表大会起草的决议案。至于把“马克思列宁主义”简称为“马列主义”，这大概只是根据中文特点和中国习惯的称谓，连采用很多汉字的日文也都没有这种说法。

三、1924年后为什么又很少用“马克思列宁主义”的提法？

“马克思列宁主义”这个提法自从1924年出现后，在10多年时间内共产国际和苏联共产党的文献中都不常用。经常用的还是“马克思主义”，更多场合是用“列宁主义”。这是什么原因呢？对此，1925年3月间共产国际执行委员会第五次扩大全会通过的《共产国际所属各国党的布尔什维克化提纲》中作了说明：“共产国际各支部在当今时代只有站在列宁主义的旗帜下才能成为真正的共产党。”“没有马克思主义便没有列宁主义。但列宁主义首先是用俄国三次革命的经验，以及自20世纪初到目前时期其他一系列轰轰烈烈的革命运动的经验，丰富了马克思主义。”（以下列举了列宁主义在11个方面对马克思主义的丰富和发展）列宁主义还纠正了第二国际领袖考茨基之流对马克思主义的篡改，所以应该说，“在目前形势下，如果没有列宁主义，便不可能有革命的马克思主义”。共产国际当时要求各国共产党布尔什维克化，实际上就是要使它们苏共化，因此更多地强调列宁主义。其他场合，大多是用“列宁主义”，也有用“马克思主义”的。

从20年代中期到30年代中期，如果说在苏共控制下的共产国际和苏共文献中极少用“马克思列宁主义”、更多使用“列宁主义”的话，那么这一段时间在各国共产党、尤其是西方发达资本主义国家共产党的文献中则更多使用“马克思主义”。在他们领导人的思想深处多少都还认为列宁主义更多只是适用于俄国或与俄国近似的较为落后的国家，而且过多使用列宁主义大有脱离马克思主义之嫌。

四、1938年重新强调“马克思列宁主义”的原因和这一提法的演变

由于苏共和共产国际多年来过分突出宣扬列宁主义，的确又出现了使列宁主义与马克思主义相脱节的倾向。因此从1938年起苏共和共产国际重新响亮地提出要高举“马克思列宁主义”的理论旗帜。这一年10月1日苏联出版了由联共（布）中央特设委员会编（实际上由斯大林主编）、联共（布）中央审定的《联共（布）党史简明教程》。11月14日联共（布）中央作出了《关于〈联共（布）党史简明教程〉出版后党的宣传工作的决议》，其中指出：党中央编写这本教程“所要解决的基本任务是：消除宣传工作方面最近几年来把马克思主义与列宁主义割裂开来的不良现象。这样割裂开来的结果，就是在讲授列宁主义时把列宁主义者当作独立学说而同马克思主义……分离开来，竟忘记了列宁主义是在马克思主义基础上成长和发展起来的，马克思主义是列宁主义的基础，不懂得这个基础，就不能了解列宁主义”。编写这本教程就是要“把人为地分割开来的统一的马克思列宁主义学说的组成部分……重新统一成为整体”。

还有另外一种提法从30年代中期起出现。即随着斯大林在苏共党内斗争中取得胜利、随着斯大林个人集权的加强和对斯大林个人崇拜的盛行，已有人开始把斯大林学说、斯大林主义加进到马克思列宁主义之后。联共（布）中央委员、莫斯科州委书记兼莫斯科市委书记赫鲁晓夫于1936年10月28日在莫斯科党委员会书记和莫斯科基层组织党组织成员会议上的讲话中，已经“用相当大的篇幅谈到思想教育工作，谈到对宣传马克思、恩格斯、列宁、斯大林学说的安排”。这是联共（布）党的领导人把马、恩、列、斯四个人的学说合称的开端。然而历史的发展往往带有戏剧性的变化。再过3年，到1954年2月，苏共二十大揭发批判了斯大林的一系列严重错误之后，斯大林主义或斯大林学说却变成为贬义词或含有贬义的词，人们不再把它同马克思列宁主义或马恩列学说并列。不仅如此，而且随着苏联社会主义模式弊病的暴露，尤其是1991年苏共的解散和苏联的解体，世界上有越来越多的共产党，尤其是发达国家的共产党，如法共、西共、日共等，认为列宁主义的某些基本观点已不适用于他们的国情，因此不再提马克思列宁主义，而只提马克思主义，或科学共产主义、科学社会主义。而另外一批共产党，特别是发展中国家的共产党，则继续坚持马克思列宁主义提法。中国共产党一向强调把马列主义同时代特征和我国国情相结合，先后实现了两次思想认识上的飞跃，形成了毛泽东思想和邓小平理论。1997年中共十五大指明：我们党“以马克思列宁主义、毛泽东思想、邓小平理论作为自己的行动指南”。

人们的认识都由主客观历史条件所决定。基于理解上的原因和实践发展的需要，“马克思主义”、“列宁主义”和“马克思列宁主义”这三种提法曾经各领风骚。实践是检验真理的惟一标准，又是发展真理的惟一源泉。今后随着世界共产主义运动的新发展，马克思列宁主义的提法还会发生新的变化。

（原文约9000字，发表于《文史哲》2001年第3期）

文摘编辑：许放

中国特色社会主义建设的实践探索和理论建构

周　宏　应宇芳

[作者简介] 周　宏，常熟高等专科学校社科系副教授，博士。
应宇芳，常熟高等专科学校副教授。

[内容提要] 社会主义革命的胜利为中国进行社会主义建设提出全新课题。这个课题的完成具有开创的艰巨性和探索的长期性。以毛泽东为代表的中央第一代领导集体在曲折的道路上艰苦探索，为中国特色社会主义实践的展开和理论的建构提供了有益的经验和教训。以邓小平为核心的中央第二代领导，站在时代的前列，在中国开创了社会主义建设的新局面，并在此基础上，创立了建设有中国特色社会主义理论——邓小平理论，从而使中国社会主义建设走入了科学的时代。

[关 键 词] 社会主义；中国特色；建设；实践；理论。

一

中国共产党从实际的社会状况出发，实事求是地提出，新中国建立以后的相当长的历史时期内，我国的社会性质是新民主主义，我国的政权是人民民主专政的政权。在经济上，在大力进行社会主义经济建设，使社会主义经济迅速取得主体地位的同时，允许资本主义和半资本主义经济在一定范围内的适度发展。

在制定过渡时期总路线时，中国共产党重视将生产力的发展和生产关系的改造结合起来，同时强调了过渡的长期性和逐步性。在社会主义改造时期，我党又具体分析我国阶级的具体情况，在对资本主义工商业的改造中，创造性地把无产阶级和资产阶级的矛盾处理为人民内部矛盾，通过和平的方式来解决；把农业和手工业的改造建立在“很长时间和细心的工作”上，使社会主义的改造过程能够在比较稳定的社会环境内顺利地完成，确立了社会主义制度。在理论上丰富和发展了马克思主义关于社会主义革命和社会主义建设理论。当然，在实际的实践中，我们也有一些教训。例如，社会主义改造的进程过急，实现国家工业化的任务并没有相应得到完成，这使得我国在社会主义改造以后的相当长的历史时期，社会生产关系和生产力出现脱离的状况，给社会主义建设带来不小不良的影响。

50年代，我国在学习苏联社会主义建设经验的同时，也对苏联的一些弊病进行了认真的思考，并努力探索克服苏联弊病的、中国特色的社会主义建设道路。毛泽东先后做了《论十大关系》和《关于正确处理人民内部矛盾的问题》等报告，为中国社会主义建设走自己的道路开启先河。在经济方面，特别应当注意的是在1956年党内曾设想建立一种以计划经济为主体、个体经济为补充，以国家市场为主体、自由市场为补充的经济形式。毛泽东将这种经济形式称为中国式的“新经济政策”。与苏俄的“新经济政策”不同，毛泽东强调这种政策的长期性。在政治上，毛泽东对社会主义的民主政治建设也有过不少很有价值的设想。他希望“造成一个又有集中又有民主，又有纪律又有自由，又有统一意志、又有个人心情舒畅，生动活泼，那样一种政治局面……”。特别是我党从中国政治的历史和实际出发，十分重视与各民主党派的关系，提出“长期共存，互相监督”的方针。在文化上，我党提出“百花齐放，百家争鸣”的指导方针，繁荣学术文化。可以看出，当时中国共产党对社会主义建设的过程已经有了一个整体的、具体的，具有自己特色的思路。历史表明这些思路在总体上是正确的。但是，后来，这些思路并没有得到有效的实施。历史走了一条远离这些思路的曲折道路。

二

随着对社会主义建设实践经验和教训认识的不断深入，70年代末，中国共产党重新确立了实事求是的思想路线。以邓小平为核心的第二代中央领导集体，领导全国人民开创出一条建设有中国特色社会主义的新道路。

从十一届三中全会到十一届六中全会，我党实现了工作中心的转移，确立了以经济建设为中心的基本方针。在1982年党的十二大上，邓小平提出了“建设有中国特色社会主义”的基本概念，把社会主义建设的实践和理论带入到一个新的阶段。邓小平说：“把马克思主义普遍真理同我国的具体实际结合起来，走自己的道路，建设有中国特色的社会主义，这就是我们长期历史经验得出的基本结论。”

党的十二大以后，我国的社会主义建设在改革开放中全面展开。在农村经济改革基本成功，农村经济复苏、发展，乡镇企业异军突起的有利条件下，党中央适时地提出《关于经济体制改革的决议》。《决议》继承了50年代中期的经济思路，冲破了长期将计划经济和商品经济相对立的传统观念，确认我国的经济是社会主义有计划商品经济，强调重视价值规律的作用，提出建立合理的价格体系，发展多种经营等思想。在《决议》的指导下，我国的改革开放和社会主义现代化建设取得了伟大的成就。党的十三大，在认真总结改革开放以来的实践经验基础上，提出了社会主义初级阶段理论，并将其作为建设有中国特色社会主义的理论基础；明确提出以“一个中心，两个基本点”为基本内容的社会主义初级阶段的基本路线。这说明我党在社会主义建设中，已经在实践的基础上进入了理论的总体建构阶段。

然而，历史跨进90年代，社会主义在世界范围内遇到严重的危机。苏联和东欧的社会主义国家由于内部或外部的因素遭到了灭顶之灾。资本主义世界有关“社会主义已彻底失败”、“共产主义已被埋葬”、“马克思主义已经破产”的鼓噪不绝于耳。但是，正如约翰·罗默所说的：“苏联模式的社会主义社会是垮了，但这并不意味其他的……社会主义也应该为它殉葬。”面对着严峻的国际形势，中国共产党人在冷静吸取苏东剧变教训的基础上，坚定不移地走建设有中国特色社会主义的道路，坚持以经济建设为中心，发展社会生产力，坚持四项基本原则，坚持深化改革，扩大开放，以提高综合国力来捍卫社会主义制度。邓小平指出：在社会主义初级阶段，“说到最后，还是要以经济建设为中心。离开经济建设这个中心，就有丧失物质基础的危险”，要坚持发展，只有发展才是硬道理。他提出，社会主义的本质就是解放生产力，发展生产力，消灭剥削，消除两极分化，最终达到共同富裕。从这个基点出发，邓小平提出了在社会主义社会建立市场经济体制、改革是一场深刻的革命和“两手抓”等等战略观点。邓小平的这些观点，使“建设有中国特色社会主义”由概念具体化为社会主义的建设理论。党的十四大和十五大把“建设有中国特色社会主义理论”即邓小平理论作为中国进行社会主义改革开放和现代化建设的理论指导，作为党的又一面旗帜。这标志着中国共产党从本国的实际出发，在实践探索的基础上基本完成了社会主义建设理论的建构，使中国社会主义建设在观念上由思想走向了科学理论。

三

以建设有中国特色社会主义为主题的邓小平理论是马克思主义社会主义建设理论的科学形态，是当代中国的马克思主义。它从社会主义的发展道路、发展阶段、根本任务、发展动力、外部条件、政治保证、战略步骤、领导力量和依靠力量，以及祖国统一等方面全面地、系统地、科学地解答了什么是社会主义，如何建设社会主义的历史课题。

中国社会主义建设的实践和理论不但使中国走上了一条通往富强、民主、文明的社会主义大道，同时，“必将对世界社会主义事业和人类进步事业做出重大的贡献”。

（原文约6000字，发表于《常熟高等专科学校学报》2001年第3期）

文摘编辑：许放

论"三个代表"和党的建设
——纪念中国共产党成立80周年

杨焕章

[作者简介] 杨焕章，中国人民大学哲学系教授，博士生导师，主要研究马克思主义哲学的基本理论及其历史发展。

[内容提要] 本文从党的建设的角度，对"三个代表"做了较为全面的论述。

[关 键 词] 三个代表；江泽民；中国共产党；党的建设。

党的建设，是我们革命取得胜利的一个重要的"法宝"。1939年10月，毛泽东同志在《〈共产党人〉发刊词》中说："十八年的经验，已使我们懂得：统一战线，武装斗争，党的建设，是中国共产党在中国革命中战胜敌人的三个法宝，三个主要的法宝。"

毛泽东同志所开创的党的建设这个"伟大的工程"，一直延续了下来。1997年12月，江泽民同志在党的十五大报告中说："以邓小平为核心的第二代领导集体，把马克思列宁主义、毛泽东思想创造性地运用于当代中国，围绕在改革开放和现代化条件下建设一个什么样的党、怎样建设党的问题，开创了党的建设的新的伟大工程。面向新世纪，党中央领导全党正在继续推进这个新的伟大工程。"在"继续推进这个新的伟大工程"中，江泽民同志提出了"三个代表"的重要思想，把党的建设推进到了一个新阶段，提高到了一个新水平，在党的建设的历史上具有里程碑的意义。

2000年2月21日至25日，江泽民同志在广东考察工作时说："要把中国的事情办好，关键取决于我们党，取决于党的思想、作风、组织、纪律状况和战斗力、领导水平。只要我们党始终成为中国先进社会生产力的发展要求、中国先进文化的前进方向、中国最广大人民的根本利益的忠实代表，我们党就能永远立于不败之地，永远得到全国各族人民的衷心拥护并带领人民不断前进。"此后，江泽民同志又在各种不同场合，多次反复强调了"三个代表"的要求，强调了实践"三个代表"的意义，强调了要把"三个代表"的要求贯穿到党的建设的各个方面。江泽民同志关于"三个代表"的历次谈话，是一个完整的整体，从理论形态上构成了关于"三个代表"的重要思想。我们在理解和贯彻这一思想时，应当把阐述它的历次谈话联系起来全面理解。只有这样，才能深刻、完整、准确地把握它的精神实质。

1."要把中国的事情办好，关键取决于我们党"。江泽民同志说："要把中国的事情办好，关键取决于我们党，取决于党的思想、作风、组织、纪律状况和战斗力、领导水平。"这是中国共产党领导中国革命几十年斗争历程的基本事实，是从正反两个方面对中国革命经验教训的基本总结。中国革命的胜利，从根本上说，是中国共产党正确领导的结果；而在夺取胜利的过程中所经历的许多失败和挫折，除了客观上的具体原因外（例如敌我力量过于悬殊等），也多是由于党的领导犯了这样那样的错误造成的。改革开放以来我国各方面所取得的伟大成就也有力地证明"关键取决于我们党"。毛泽东、邓小平、江泽民这三代领导集体的核心在谈到党的建设问题时总是把它提到"国家前途命运"的战略高度来对待的。江泽民同志在这里不仅指出"要把中国的事情办好，关键取决于我们党"，而且具体明确地指出"取决于党的思想、作风、组织、纪律状况和战斗力、领导水平"。为了提高党的领导水平，就必须从思想、作风、组织、纪律等方面全面加强和改进党的建设。为此，我们就必须"按照'三个代表'的要求去抓党的建设"。

2."'建设一个什么样的党，怎样建设党'，是一个重大的现实问题。"2000年6月9日，江泽民同志在全国党校工作会议上讲话时说："在实行改革开放和发展社会主义市场经济的条件下，'建设一个什么样的党，怎样建设党'，是一个重大的现实问题，直接关系到党和国家的前途命运。"可以说，"建设一个什么样的党，怎样建设党"的问题是党的建设的一个永恒的课题。1939年，毛泽东同志在《〈共产党人〉发刊词》中总结党的建设的经验时，明确地把这个问题提了出来。十一届三中全会以后进入改革开放的新时期，邓小平同志就多次提出这个关于党和国家前途命运的大问题并就这个问题的解决作过许多原则性、根本性的指示。面对新世纪，国际形势已经并正在发生广泛的深刻的变化，国内改革和建设也出现了许多新情况，新问题，国内国际形势都表现出一些新的特点，我们党也面临着一些新的困难、新的考验、新的挑战，江泽民同志又一次提出"建设一个什么样的党，怎样建设党"的问题，并给予了具有新时代的新特征的新回答。

江泽民同志关于"建设一个什么样的党，怎样建设党"的全部论述集中到一点就是在新的历史条件下继续保持党的先进性。在当代，在改革开放和社会主义现代化建设的历史条件下，党的先进性，就具体体现在她能够代表中国先进社会生产力的发展要求，能够代表中国先进文化的前进方向，能够代表中国最广大人民的根本利益。

3. 坚持“三个代表”“是我们党的立党之本，执政之基，力量之源”。“三个代表”作为我们党的“立党之本”，深刻地揭示了我们党存在和发展的根据或存在和发展的必要和可能。中国在当代之所以需要有共产党，就是因为中国先进生产力的发展方向、中国先进文化的前进方向、中国最广大人民的根本利益需要一个忠实的代表，而中国共产党能够忠实地代表这三个方面的要求。同时，共产党也只有担当起这个代表，她才有存在和发展的内在根据。“三个代表”作为我们党的“执政之基”，深刻地揭示了我们党作为执政党地位的根基。中国共产党作为中国的执政党，其执政地位能否巩固，共产党能否继续执政，其执政地位能否一直维持下去，不取决于别的，从根本上说，就取决于共产党本身能否做到“三个代表”。“三个代表”作为我们党的“力量之源”，深刻地揭示了我们党之所以具有无坚不摧、无往而不胜伟力的深厚的根源。共产党的全部力量都来自于她所代表的先进的社会生产力，来自于她所代表的先进的文化，来自于她所代表的最广大的人民。先进的生产力为党提供了巨大的物质力量，先进的文化为党提供了巨大的精神力量，最广大的人民为党提供了她所需要的全部力量。

4. “坚持‘三个代表’的要求，最根本的就是要统一体现在不断实现人民群众的根本利益上。”全心全意为人民服务是我们党的宗旨。江泽民同志把群众观点和群众路线作为“三个代表”的“最根本的”“统一体现”特别地突出出来，对于在新的历史条件下我们党的建设具有特别重要的现实意义。代表先进生产力的发展要求，讲的是物质生产。代表先进文化的前进方向，讲的是精神生产。人民群众是物质生产和精神生产的承担者，是物质财富和精神财富的创造者。他的根本利益集中体现了前两者的要求和方向。因此，代表最广大人民的根本利益就成了“三个代表”的出发点和落脚点。

5. “推进党的思想建设、政治建设、组织建设、作风建设，都应贯穿‘三个代表’的要求。”江泽民同志关于“三个代表”的要求就是新形势对于我们党的建设提出的新的要求。这些要求在党的建设问题上能不能得到落实和贯彻，就看能不能在思想建设、政治建设、组织建设和作风建设这几个方面都真正地贯穿这“三个代表”的要求。

（原文约9000字，发表于《天中学刊》2001年第3期）

文摘编辑：许放

“三个代表”重要思想和马克思主义理论创新

徐崇温

[作者简介] 徐崇温，中国社会科学院研究生院哲学系教授，博士生导师。

[内容提要] “三个代表”的重要思想，把我们党从作为工人阶级先锋队的性质规定，深化和细化成为忠实代表先进社会生产力、先进文化和最广大人民根本利益的功能要求。这就不仅为在改革开放和社会主义市场经济的条件下，建设一个什么样的党、怎样建设党指明了方向，制定了纲领，而且还在这一过程中，使我们党的基本理论能够适应形势的发展，充分体现了马克思主义理论创新的精神。

[关 键 词] “三个代表”；马克思主义；理论创新；江泽民。

一、“三个代表”理论上渊源于马克思主义的党建学说

从理论渊源上说，江泽民同志提出的“三个代表”重要思想，是和马克思列宁主义、毛泽东思想、邓小平理论一脉相承的，是对马克思主义基本理论、特别是对马克思主义党建学说的忠实继承。

国际共产主义运动史和我们党的历史以无数实例清楚地说明，党所领导的社会主义事业在坚持这“三个代表”的时候，就取得胜利和成功，反之，就会犯错误和遭到失败。

为什么说我们党是中国工人阶级的先锋队，而不是任何别的阶级的先锋队？首先是因为我们党的纲领代表了工人阶级并用它的指导思想去教育广大党员。为什么我们党要成为工人阶级的先锋队而不是别的阶级的先锋队？那是因为，只有工人阶级才最没有狭隘性和自私自利性，最有远大的政治眼光和最有组织性，也最能虚心地接受世界先进的阶级及其政党的经验，把它用之于自己的事业，而使革命和建设事业走上胜利的道路，而其他阶级或则因其自私自利性、在政治上和经济上缺乏独立性，或则因其小生产的特点而限制了其政治眼光，从而承担不了这样的艰巨任务。

至于说我们党要成为中国先进社会生产力的发展要求、先进文化的前进方向、最广大人民的根本利益的忠实代表，那是就我们党应当在现实生活中具有的功能来说的。所谓党所具有的功能，是指党在现实生活中发挥的作用。它是由党的性质所决定，但又是随着形势和环境的变化而变化的。例如，在民族解放战争中，我们党的功能，就在于要自觉地担负起团结全国人民英勇作战、奋勇杀敌，团结全国人民打倒日本帝国主义，使无产阶级和劳动人民、使我们整个民族获得解放。而就当前来说，我们党的功能就是要发挥“三个代表”的作用。所以，“三个代表”的功能和作用，是从我们党的阶级性即“一个代表”的阶级性质中演化出来的，是它的深化和细化，而这种演化、深化和细化之所以必要，则是由我们党在新的历史条件下所面临的任务决定的。

二、由党是工人阶级先锋队的性质规定，深化和细化为党要“三个代表”，体现了马克思主义理论创新精神

之所以说“三个代表”重要思想体现了马克思主义理论创新精神，最根本的还是在于，在国内外形势发展变化和我们党的地位发生变化的新的历史条件下，它在继承马克思主义基本理论的基础上，吸取了新的实践经验、新的思想，向前推进了马克思主义的党建学说和基本理论，把党在性质上作为先锋队代表工人阶级，深化和细化成为在功能和作用上成为中国社会先进生产力的发展要求、先进文化的前进方向和最广大人民的根本利益的忠实代表。所谓马克思主义理论创新，是在继承马克思主义基本理论的基础上向前推进马克思主义。所以，它既不是丢掉了老祖宗去标新立异，又不是不顾形势的发展变化，躺在老祖宗的原话上面不敢越雷池半步，而是要在不丢掉老祖宗的同时，又说出老祖宗没有说过而又符合时代精神和客观实际的新话来。

我们党作为工人阶级先锋队，要代表先进生产力、先进文化和最广大人民的根本利益，作为我们党言行中的一些成分和因素，在我们党过去几十年的光荣传统中早就存在。但是，适应于形势发展的需要，把这些成分和因素凸现出来、突出起来和连接起来，成为在新的历史条件下我们党全面加强党的建设的完整纲领而提出来，却是一项极其重要的理论创新。

“三个代表”重要思想作为马克思主义的理论创新，它从根本上回答了在世界走向政治多极化、经济全球化和科学技术日新月异的时代背景下，在我们全面深化改革、发展社会主义市场经济的条件下，我们党如何进一步认识、加强、提高自己，更好地肩负起领导重任的问题，它为全面加强和改进党的建设提出了基本要求，指明了前进方向，为我们党迎接新世纪，接受新考验，赢

得新胜利，提供了强大的思想武器。

三、提出“三个代表”的背景之一：党的地位的变化

那么，在时代和形势的发展变化中，到底有哪些是“三个代表”据以提出的背景和依据呢?

首要的变化是我们党的地位的变化。从一个在建国前为夺取全国政权而奋斗的党，变成建国以后执掌着全国政权的执政党，这种地位变化既是一个新的极大的考验，也给党的自身建设提出了新的课题。应当提出，对于我们党成为执政党这种地位变化所带来的影响和考验，早在1956年我们党的八大上就已经指出。但由于种种原因这个问题一直没有解决好，尔后“左”的思想的恶性发展，更把对它的解决引入歧途。

之所以说党的地位变化是一个新的极大的考验，是因为它使我们党面对许多前所未有的、错综复杂而又相互交织的矛盾和问题。20世纪80年代以来，世界上一些国家执政几十年的老党、大党先后失去了政权，引起国际社会的广泛关注，也应引起我们的密切注意，以便从中引出有关执政党的兴衰成败教训的启示。

我们党作为执政党所面临的矛盾和问题千头万绪，但归根到底是要求我们党作为执政党在领导我国人民进行社会主义革命、建设和改革的过程中，承担起正确认识和处理在新的历史条件下解放和发展生产力、调整和完善生产关系，以及根据经济基础的发展需要自觉地改革和调整上层建筑中不相适应的部分的责任。

总之，我们党作为执政党，只有正确把握生产力和生产关系的矛盾运动，正确把握物质和精神的辩证关系，正确把握党和人民群众的血肉联系，坚持“三个代表”，才能不断提高领导水平和执政水平，始终走在时代的前列，真正保持工人阶级先锋队的性质。

党的15大提出了面向新世纪，全面推进党的建设的新的伟大工程的总目标，提出要把我们党建设成为用邓小平理论武装起来，全心全意为人民服务，思想上政治上组织上完全巩固，能够经受住各种风险，始终走在时代前列，领导全国人民建设有中国特色社会主义的马克思主义政党。江泽民同志提出的“三个代表”重要思想，则为在新的历史条件下怎样实现我们党作为执政党建设的总目标，进一步指明了方向，它丰富了总目标的内涵，解决了实现总目标的方向和途径，明确了朝总目标前进的基本任务和要求。

四、提出“三个代表”的背景之二：国际环境的变化

我们所处的时代，仍然是由十月革命开辟的人类由资本主义向社会主义过渡的时代。但是，在第二次世界大战以后，特别是自20世纪70年代以来，世界主题已经由战争与革命逐渐转换为和平与发展。当前，虽然天下仍然很不太平，霸权主义和强权政治还有新的发展，但各国人民要和平、要发展的时代大趋势却没有改变。世界走向政治多极化、经济全球化的客观进程正向人们迎面走来，科学技术在日新月异地发展着，酝酿着新的革命，为世界生产力的发展开辟新的广阔前景。但是，由于冷战结束以后，世界力量对比严重失衡，美国在经济、科技、军事上处于超强地位，世界走向政治多极化必将经历较长的发展过程，而不会一帆风顺；在经济全球化的问题上，西方发达国家也力图加以主导，在总体上处于弱势的发展中国家如果没有正确的对策，就会落入更加不利的地位；在世界科学技术的发展中，西方发达国家的科技实力也明显处于优势，发展中国家在面临技术跨越的机遇的同时，又承受着巨大的压力。在这种国际环境下，世界各大国之间的关系，将集中表现为包括经济实力、科技实力、国防实力和民族凝聚力在内的综合国力的较量和竞争。而就社会主义中国来说，西方敌对势力加紧对我实施西化、分化的战略图谋不会改变，我们同它们之间的渗透与反渗透、颠覆与反颠覆的斗争将是长期的、复杂的，有时甚至是十分尖锐的。在这场国际斗争中，我们既要坚持原则立场，又要讲求斗争艺术。然而，最根本的，却是要坚定不移地抓住机遇，加快发展。一般地说，抓住机遇、加快发展，是一个国家、一个民族赢得主动、赢得优势的关键所在，特殊地说，解决我国的所有问题，关键都在发展，甚至解决人们的思想认识问题，坚定人们对社会主义和祖国未来前途的信念和信心，最终也得靠发展。

“三个代表”重要思想，正是针对着我们党在这样的国际环境中，承担起领导全国人民实现改革开放和社会主义现代化的历史任务提出来的。

五、提出“三个代表”的背景之三：国内环境的变化

随着改革的深化和社会主义市场经济的发展，我国社会生活中出现了和发展着社会经济成分的多样化、利益主体的多样化、社会组织方式和社会生活方式的多样化、就业岗位和就业形式的多样化。这四个方面的多样化给我国政治、经济、社会、文化生活带来深刻影响，向我们党执政和领导的各项事业提出新的更高的要求。“三个代表”重要思想正是针对着这种形势变化而提出来的。

人民群众在根本利益上的统一和具体利益上的分化，要求我们党在推进改革开放和社会主义现代化的时候，既要代表最广大人民群众的根本利益，又要正确处理和调整不同利益之间的矛盾，例如正确处理地区之间、社会成员之间的收入悬殊问题，正确解决下岗职工再就业、社会保障问题和安排农村富裕劳动力的出路问题，如此等等。与此同时，这四个方面的多样化，这种复杂的社会环境，还不可避免地给人们的思想观念和人与人之间的关系带来一些消极影响，并对党员、干部保持共产党员和人民公仆的革命本色提出严峻挑战，也使党的建设遇到许多前所未有的新矛盾和新问题，从而给党的自身建设提出新的课题。例如，当前，有些党员干部在理想信念、价值尺度、是非界限上出现混乱，其中有些人淡

化甚至背离了党的宗旨，把个人利益凌驾于党和人民利益之上，以权谋私，欲壑难填，甚至不惜铤而走险，以身试法。这样，能否全心全意为人民服务，就成了事关我们党生死存亡的大问题。

在国内环境中发生的另一个变化，是随着生产力的发展，社会结构、产业结构的战略性调整，我国工人阶级的状况和结构也在发生着重大变化。在这种变化的过程中，符合于生产力发展要求的行业得到进一步的发展，而不符合这种发展要求的行业则遭到淘汰；但是，高新技术产业既淘汰传统工业产业中的某些行业，又通过信息化带动工业化，推动着对传统工业的改造，推进着广大工业产业向新的更高的阶段发展。在此过程中，我国工人阶级本身经历着深刻改造，知识分子，包括掌握现代先进科学技术的知识分子和经营管理者，在社会主义现代化建设中成为中国工人阶级的一部分，所以，工人阶级的整体素质和优势将得到进一步提高。中国工人阶级的先进性和历史使命并没有改变，党作为工人阶级先锋队的性质也未改变。

六、正确把握“三个代表”的内在联系，全面推进党的建设

分开来讲，“三个代表”中每个代表的要求，都是在总结我们党长期奋斗的经验和世界社会主义的实践的基础上，着眼于现实需要和未来发展而提出来的。而合起来讲，“三个代表”又相互联系，相互促进，构成为一个有机的统一整体。在这个统一整体中，先进社会生产力是基础，因为它既是发展先进文化的物质条件，又是实现人民利益的物质基础，我们要在正确处理解放生产力和发展生产力的关系中，成为中国先进社会生产力的发展要求的忠实代表。另一方面，生产力的发展又是离不开教育、科学、文化的发展，离不开思想道德建设和人们崇高精神的培养的，先进文化为生产力的发展提供精神动力和智力支持，又满足广大人民群众日益增长的文化生活的需要，我们要在正确把握社会主义物质文明建设和精神文明建设的关系中，成为我国先进文化前进方向的忠实代表。而我们党致力于发展先进生产力和先进文化，又是为了不断满足人民群众日益增长的物质文化生活的需要，实现和维护最广大人民的根本利益。离开了这个根本目的，没有人民群众的支持和积极性、创造性的发挥，先进社会生产力和先进文化的发展就会成为一句空话。坚持“三个代表”的要求，最根本的就是要体现在不断实现最广大人民的根本利益上。历史和现实都表明，一个政权也好，一个政党也好，其前途和命运在最终都取决于人心的向背，不能代表最广大人民群众的根本利益、赢得最广大人民群众的支持的，必然垮台。所以，我们要从“三个代表”的这种内在联系上去正确把握它们，自觉地把它们统一到建设有中国特色社会主义的伟大实践中去。

（原文约1万字，发表于《中国社会科学院研究生院学报》2001年第4期）

文摘编辑：许放

中国共产党关于创新的理论

师吉金

[作者简介] 师吉金，锦州师范学院政法系。

[内容提要] 创新是一个政党永葆生机的源泉。本文论述了创新的必要性、创新的内容和创新的原则及方法。

[关 键 词] 中国共产党；创新。

创新是一个政党永葆生机的源泉。任何一个政党要想在错综复杂的社会中有所作为，必须进行创新。80年的历史证明，中国共产党是创新精神的提倡者和实践者。在中国革命和建设的实践中，中国共产党形成了关于创新的理论。

一、关于创新的必要性

第一，创新是马克思主义认识论的基本要求。马克思主义认识论告诉我们：人类社会是不断发展的，人的认识也是不断深化的。中国共产党人正确地认识到，真理不是一次完成的，而是逐步完成的。由必然王国到自由王国的飞跃，是在一个长期认识过程中逐步完成的。而创新是认识深化的体现和要求。正是由于世界在不断变化，实践在不断发展，“我们的政策措施和思想观念、工作方法必须适应这种变化而不断发展和勇于创新”。只有不断创新，才能真正坚持马克思主义的认识论。

第二，创新是对待马克思主义的科学态度。马克思主义是科学，其重要原因之一就在于它是开放的、随着实践的发展而不断发展的。毛泽东和邓小平都说过，马克思不能解决他去世后世界上所发生的所有问题。因此，真正的马克思主义政党必须既要坚持马克思主义、又要发展马克思主义。而要做到这一点，就必须创新。同时，要特别注意马克思主义基本原理中所蕴涵着的科学精神和创新精神。“坚持马克思主义，最重要的就是要坚持马克思主义的科学原理和科学精神、创新精神。”具体地说，就是“任何国家的共产党，任何国家的思想界，都要创造新的理论，写出新的著作，产生自己的理论家，来为当前的政治服务，单靠老祖宗是不行的。

第三，创新是对待其他国家经验教训的正确方法。对于中国共产党来说，如何对待其他国家的经验教训，是一个过去和现在都必须回答的问题。要解决这个问题，必须创新，而不能照搬照抄。因为“每个国家的基础不同，历史不同，所处的环境不同，左邻右舍不同，还有其他许多不同。别人的经验可以参考，但是不能照搬”。而要做到不照抄照搬，就要有独创精神，学习与独创结合。

第四，创新是一个民族的灵魂，走一个国家兴旺发达的不竭动力。从人类社会发展史来看，整个人类的历史，就是一个不断创新，不断进步的过程。对于任何一个民族来说，不创新就难以兴盛，难以屹立于世界民族之林。对于中华民族来说，其发展、繁荣，与中国人民的创新精神和创新实践息息相关。“创新精神，是我们民族几千年来生生不息、发展壮大的重要动力。”对于中国共产党来说，能否创新，涉及到能否领导革命和建设取得胜利的问题。中国国情的特殊性，决定了在中国革命和建设的实践中，必然会遇到其他国家所不能遇到的问题。这就要求中国共产党人根据革命和建设形势的变化，创造性地制定出符合中国实际的路线、方针政策。

二、关于创新的内容

第一，理论创新。就是要根据实践的发展，不断总结过去的经验教训，总结新的实践经验，预见未来的方向，创造出适合实际的新的理论。对于中国共产党来说，就是把马克思主义普遍原理和中国实际结合起来，创造出指导中国革命和建设的理论成果。中国共产党理论创新的成果是有层次的。第一个层次，是党的指导思想毛泽东思想、邓小平理论，以及第三代领导集体以“三个代表”为核心的新的理论；第二个层次，是在第一个层次理论指导下的具体的方针、政策。这两个层次是互相促进、相辅相成的。理论创新是十分重要的，“其他的一切创新都是在这种理论创新的指导下和推动、影响下进行的。”

第二，体制创新。就是要建立符合实际的新的经济、政治、文化和其他方面的体制。这是在理论创新指导下的实践。在新民主主义革命时期，我们的任务是打碎旧的国家机器，建立新民主主义的社会制度和体制。在社会主义革命时期，我们的任务是建立社会主义制度。在社会主义制度建立后，打碎旧的生产关系和上层建筑的任务已经完成。但是，我们各方面的体制都不完善，这就需要改革。改革，就包含着体制创新。

第三，科技创新。就是要适应现代科技发展的要求，不断发展新的科学技术，使科学技术成为社会发展的强大推动力量。科技创新在创新体系中具有重要地位。其原因，一是由于科技对于创新的要求最明确，创新思维、创新意识、创新精神在科学技术中的体现最突出。二是科技创新对于社会变迁、社会发展具有重要作用。科技创新越来越成为社会生产力解放和发展的重要基础和标志，决定一个国家和民族的发展进程。“科技进步与创新是发展生产力的决定因素，是经济和社会发展的主要力量。”

第四，观念创新。就是“必须一切从实际出发，正确把握客观事物的本质和规律，打破思想禁锢，打破习惯势力和传统偏见的束缚，勇于探索，勇于开拓”。能否进行理论创新、体制创新和科技创新，首要的一点是看中国共产党人是否具备创新思维、创新观念和创新精神。如果没有创新观念，或者是教条式地对待马列主义基本原理，甚至把已经过时的、马列主义经典著作中的具体的、个别的结论当成普遍原理；或者是过分强调过去的经验，不知道根据新的实践总结出新的经验、创造出新的理论。

三、关于创新的原则和方法

第一，处理好破旧与立新的关系。创新的过程就是打破旧的理论、建立新的理论的过程；就是反对教条主义和经验主义的过程；就是正确认识客观世界和主观世界的过程；就是科学总结历史的经验教训和新的实践经验的过程。在创新的过程中，首先遇到的问题是“破旧”。不打破旧的习惯势力、思维模式创新就是一句空话。但破旧并不是创新的完成，在破旧的过程中和破旧以后还要“立新”。只有“立新”，总结出新的经验，形成新的理论、新的方针政策，结出新的硕果，并用新的理论指导新的实践，创新的一个阶段的任务才算完成。

第二，坚持独立自主。要创新，必须坚持独立自主，这是因为：只有中国人最了解中国国情，如果盲目地服从其他国家政党和其他政治组织，就不能根据中国情况进行创新，就不能制定出符合中国情况的路线、方针、政策，就不能取得中国革命的胜利。

第三，动员全社会力量进行创新。在当今的中国，创新是全党的事业，首先是党的各级领导者的任务。同时，创新也是全社会的任务。“理论创新的源泉在实践，实践的主体是人民群众。”人民群众的实践是创新的基础和原材料，也是创新的具体行动。没有人民群众的实践，创新就会成为无源之水、无本之木。所以，中国共产党十分重视人民群众的创新实践。刘少奇指出：“共产党员的精神，是积极向上的精神，独立创造的精神。”这既是指党的干部，也是指普通党员。江泽民也号召“在全党和全社会大力弘扬科学精神和创新精神”。这就不仅仅指党的干部和党员，而是包括全体人民群众了。

第四，坚持“三个有利于”。“三个有利于”是判断改革开放和一切工作是非得失的标准，也是创新必须坚持的原则。需要不需要创新、用什么方法创新、所创造的理论是不是符合客观实际的新理论，其最终是要看符合不符合“三个有利于”。理论创新、体制创新、科技创新和其他创新是否成功，最终也要靠“三个有利于”来检验。只有坚持了“三个有利于”，我们才能够自觉地创新，才能够有目的地创新。

（原文约 7400 字，发表于《锦州师范学院学报》2002 年第 4 期）

文摘编辑：郭小凡

论社会主义的历史命运
——纪念中国共产党诞生80周年

赵明义

[作者简介] 赵明义，山东大学政治学院教授，博士生导师。

[内容提要] 世界社会主义运动遇到的新情况、新机遇、新挑战，要求人们对社会主义历史命运问题认真研究。社会主义历史命运之科学含义，就是科学社会主义在历史发展中是否经得住实践检验，获得新的证明，并使自己得到丰富、完善和发展创新。研究社会主义历史命运问题，应围绕“科学社会主义是发展的理论”这一主线展开。科学社会主义发展的“两个70多年”，是纵向检验、证实科学社会主义历史命运的；有中国特色社会主义的兴起与苏东剧变的正反两方面的经验，是横向检验、证实科学社会主义的历史命运的。社会主义的命运与工人阶级政党的命运紧密相连，它们是“命运共同体”，党兴，社会主义兴；党亡，则社会主义亡。

[关 键 词] 社会主义；历史命运；中国共产党。

一

研究马克思主义或社会主义历史命运问题，首先应围绕“马克思主义的科学社会主义是发展的理论”这一主线来展开。

“马克思主义的科学社会主义是发展的理论”这一命题是恩格斯在1887年1月27日致弗·凯利－威士涅威茨基夫人的信中提出的。

这一命题的内容与精神实质具体表现在纵向和横向两个方面：

就纵向说，是指科学社会主义在无产阶级解放运动的各个不同的历史阶段实际运用过程中，不能作为教条去硬套，而应根据各个历史时期或历史阶段的不同特点加以运用，在无产阶级解放斗争实际运用过程中，加以检验、证实、创造性地发展，使之不断丰富和完善。从横向方面说，是指马克思主义的科学社会主义的基本原理在全世界各个不同民族、不同国家运用过程中，必须结合各个民族、各个国家的民族特点和具体国情，不能将其当作教条在各民族、各国家中生搬硬套。对照马列主义、毛泽东思想的经典作家的以上论述，再来理解邓小平创立的建设有中国特色社会主义的伟大理论，就可以充分说明，邓小平既继承和捍卫了马列主义、毛泽东思想的普遍真理，又结合中国新时期的具体实际，创造性地发展了马列主义、毛泽东思想。由此可见，马列主义的普遍真理同各国、各民族的具体实际相结合，走具有各国特色的革命和建设道路，建设有各国特色的社会主义，则是各国共产党人和一切马克思主义者必须遵循的普遍原则，谁违背了这一原则，谁就将会把本国革命或建设事业引向失败。

二

科学社会主义的第一个70年（1847—1848年《共产党宣言》问世至1917年俄国十月社会主义革命）、科学社会主义的第二个70年（1917年十月革命至1987年苏共通过经济体制改革的决议），是从纵向方面检验、证实马克思主义的科学社会主义历史命运的；苏东剧变与建设有中国特色社会主义之正反两方面的实践及其经验是从横向方面检验、证实马克思主义的科学社会主义的历史命运的。

第一，科学社会主义的第一个70年，是其创立、形成和得到初步发展的阶段。该阶段社会主义运动的中心任务，是工人阶级及其政党为取得建设社会主义的政治前提——推翻资产阶级政治统治和建立无产阶级专政的国家政权而斗争。

第二，科学社会主义的第二个70年，是重点实践与检验马克思和恩格斯关于社会主义发展进程的理论。人们知道，马克思和恩格斯一致认为，社会主义革命将首先在西欧和北美等经济文化较发达、工人阶级占多数的资本主义国家内发生。就是到他们晚年在同俄国革命家讨论俄国村社命运问题的过程中，提出关于俄国等东方、半东方国家有可能跨越资本主义“卡夫丁峡谷”（即跨越资本主义充分发展的阶段），直接过渡到社会主义的思想时，仍然认为必须是西方发达国家先发生社会主义革命，并作出积极示范和给予俄国等经济、文化落后国家以巨大援助，再加上这些国家本身发生人民革命等内部条件，原始社会遗留下的村社的命运才有可能同未来的社会主义联系起来。

在第二个70年中，俄国、中国等东方、半东方经济文化较落后的国家，在20世纪一方面获得了三个历史性伟大胜利，另一方面又遭受到三次严重危机。

经济文化较落后的国家在社会主义历史进程中所取得的三次胜利和所遭遇的三次危机说明什么问题呢？（1）马克思、恩格斯关于无产阶级革命的第二个设想的条件是正确的，既并不是所有落后国家都能跨越资本主义“卡夫丁峡谷”，而是资本主义有一定程度发展的经济文化较落后的国家，在客观形势和主观条件具备的情况下才可能实现“跨越”。(2) 经济文化落后国家跨越资本主义“卡夫丁峡谷”问题是指社会制度有可能“跨越”，但生产社会化不可“跨越”。社会制度跨越后，必须集中精力发展社会生产力，实行对外开放政策，充分吸收和利用资本主义的一切肯定成果，迅速补上生产社会化不发达这一课，否则，即使社会制度“跨越”了，由于长期缺乏雄厚的物质基础，也会重走回头路。(3) 有中国特色社会主义的探索所取得的理论与实践成果证明，经济文化落后国家在社会制度方面跨越了资本主义的“卡夫丁峡谷”后所面临的“什么是社会主义和如何建设社会主义”这一历史难题，已开始找到了解题的方法。

第三，“苏东剧变与建设有中国特色的社会主义”，是当代世界社会主义发展中的两件大事。它们对科学社会主义的检验与发展来说，其功能类似一副双面镜。就整体说，苏东剧变是镜子的反面，建设有中国特色的社会主义是镜子的正面。如欲充分而又很好地发挥这副双面镜的功能与作用，其前提条件就是：对待它们的立场、观点、方法必须对头。就是说，只有以马克思主义的立场、观点、方法，紧密结合苏东剧变与建设有中国特色社会主义的具体实际，对两者进行周密的考察和科学的分析，从中找出规律性的东西，以便在运用这些规律性东西的人们之实践中扎根、开花、结果，才能算是真正发挥了这副双面镜的既有功能和作用。

三

社会主义的历史命运与工人阶级政党的命运紧密相连。“科学社会主义是发展的理论”，这是关于工人阶级政党的指导思想或思想路线问题。以共产主义命名的工人阶级政党既共产党，是工人阶级的先进部分、先进部队或先锋队。“先进”、“先锋”之含义就在于它是被马克思主义即广义科学社会主义这种先进理论武装起来的，没有这一条就谈不上“先进部队”或“先锋队”。科学社会主义在“两个 70 多年”的运动与制度实践中的检验与发展之结果说明，150 多年的社会主义实践，都是在工人阶级政党领导下进行的，实际上是检验工人阶级政党如何运用和发展科学社会主义理论的；它还说明这 150 多年的社会主义实践不管是正确还是错误，都同工人阶级政党有直接联系。苏东剧变和建设有中国特色社会主义这两大事件，是从横向来总结工人阶级执政党领导建设社会主义新世界过程中积累的正反两方面的丰富经验的。纵向和横向两个方面的总结可得出如下真理性结论：没有工人阶级政党，工人阶级就不可能实现自己破坏资本主义旧世界和建设社会主义新世界的伟大历史使命；而工人阶级执政党的历史使命就在于，它是工人阶级和广大人民群众建设社会主义新世界的领导力量或核心力量；没有它就不可能有科学意义上的社会主义。工人阶级政党与科学意义上的社会主义是密不可分的“命运共同体”。党兴，则社会主义兴；党亡，则社会主义亡。这是已被历史与现实充分证明了的不可辩驳的真理。因此，只有共产党永葆革命青春，社会主义、共产主义事业才能在任何情况下都会立于不败之地。

（原文约 13000 字，发表于《山东大学学报》哲社版 2001 年第 4 期）

文摘编辑：许放

对权力的制约是依法治国的重要方面

张宝海

[作者简介] 张宝海，山东省农业干部管理学院副研究员。

[内容提要] 依法治国已成为我国既定的治理方略。要依法治国，首先要抓住对权力制约这个关键。权利制约包括对权力的管理、约束、控制和监督。

[关 键 词] 依法治国；权力制约；社会形态；政治制度。

依法治国已成为我国既定的治理方略，并正全面实施。这是我国里程碑式的历史性进步。依法治国是一项浩大的多方面的社会系统工程。要实施好这项工程，首先要抓住对权力制约这个关键。

一

1. 任何社会形态下权力都受制约。权力从它诞生的那天起就带来了制约因素。在奴隶社会，权力受神、政、礼、乐、刑（法典）的制约。在西方和我国的商、西周都认为，国王之权是上帝、上天所授予的，除受天的制约外，国王还受图腾、自然崇拜的制约。在政权内部，无论是东方还是西方，都没有从中央到地方以及同级的不同职能的权力机构，它们在纵向、横向方面互相制约。统治阶级内部还有大宗、小宗、嫡庶之分的宗法制约。在法律约束方面，各国都制定了法。其中，最著名最完整的是古罗马的《罗马法》。在古希腊雅典，贵族权力、公民大会、陪审机构形成了三分制约制。法律、宗教、道德礼仪等规则对权力的制约也是不可忽视的。教权有时凌驾于皇权之上。值得提出的是，在奴隶、封建社会里，权力一旦走向极端、违背了多数人的意志，则制约也走向极端：暴力制约，出现奴隶、平民、农民的暴动或起义。其后果导致这个政权的覆灭，或者是在大伤元气之后，对多数人作出让步。在资本主义社会，有三位理论大师——英国的洛克、法国的孟德斯鸠和美国的杰斐逊，他们的理论从两权分立一直发展到立法、行政、司法三权分立，并得以公认，付诸实施。这就是今日西方国家和受其影响的国家所实行的“三足鼎立”、互相掣肘的权力制约模式。综上所述，可以说，随着社会形态的递进，对权力的制约也相应递进；且随着人类社会文明程度的提高，对权力的制约也越来越完善化、法律化、规范化，制约力也越来越大，直至权力无越轨之举。

2. 权力制约是权力本质属性的必然反映。权力的本质是公共组织对社会的强制性管理资格。一旦取得权力，权力必然是公共的、针对社会的，具有强制性、管理性和至上性。权力的这种属性使其容易产生负效应；而这种属性又使权力本身含有利益，为掌权者攫取自身利益提供了无可比拟的条件和不用其他投入便可获取任意可得的各种利益，为其无序扩张、渎权、滥权提供了可行性与无比的便利；这种属性容易使掌权者产生凌驾于社会和民众之上的优越感和权势感，容易产生主观性、随意性和膨胀性。因此，给社会造成危害的情况随时都可能发生。正如孟德斯鸠所说：“国家的权力不被滥用的时候才存在。但是一切有权力的人都容易滥用权力，这是万古不易的一条经验。有权力的人们使用权力一直到遇有界限的地方才休止。”所以，一旦出现负效应，权力所威胁的是每个社会主体的自由、安康和幸福。严重者，甚至造成社会停滞或倒退。这种惨痛的教训在古今中外史上俯拾皆是。

3. 权力制约是由权力与权利的反比关系所决定的。从法学的范畴看，权力必须制约的深层底蕴在于权力与权利从来都是一种反比例关系。权力具有支配与强制功能，而这种功能只掌握在极少数的掌权者手中，他们处在主导地位；权利是属于被支配、被强制的大多数人的一种利益，而这大多数人则处于受制的地位。这是一对反比例的矛盾。即权力扩张，权利必然相对地缩减；反之，权利扩张，则权力必然地缩减。而在实践中，经常地、大量地表现则是权力的扩张和权利的缩减，即权利受损。在这种情况下，权利必然要求制约权力，其制约的真正目的是在公正、合理、合法的权力运行中实现人们的权利，确保人们的权利。

4. 权力的责任使其必然受约。这里指的是与权力相对应的责任。世上没有无责任的权力。这是同一事物的互相对立的一体两面。这不可分割的一体两面存在着截然相反的三种形状：一是责任的功能是收缩性的，而权力的功能则是扩张性的。二是责任的被动性和权力的主动性。三是责任的给付性和权力的利得性。

5. 权力制约是由我国我党的性质所决定的。我国宪法第二条规定：“中华人民共和国的一切权力属于人民。”这种权力的所有者与权力的行使者即主人翁与公仆之间的关系就决定了权力必然受人民的监督和制约。

6．现阶段的中国尤其需要对权力的制约。

二

失去制约的权力必然导致堕落腐败，这是被历史反复证明了的一条颠扑不破的真理。我党和我国政府历来对此十分重视，并保持清醒的头脑，采取了种种措施，取得了举世瞩目的成绩。但由于历史的原因和现实的状况，由于我们所面临的形势任务和所要达到的宏伟目标，在这方面还有大量的工作要做，还有加大力度的必要。从我国的目前情况看，应着重抓好以下工作：

1．必须建立一套完整的能够规制一切国家权力运行的法律体系，以法制权。

2．以责任为依据，以法律为准绳，实现责任对权力的制约。

3．加大干部人事制度改革力度，制定出一套切实可行的约束机制。

4．对权力运行实行全程制约。

5．以人代会制度为中心，全面实行对权力的监督。

6．加强政党、群众团体组织对权力的制约。

7．加强新闻舆论对权力的监督。

（原文约 12000 字，发表于《马克思主义与现实》2001 年第 4 期）

文摘编辑：许放

试论个体政治社会化

崔 英

[作者简介] 崔英，北京科技大学文法学院讲师，硕士。

[内容提要] 个体政治社会化的进程直接影响整个社会政治社会化的发展。个体政治社会化是通过家庭、学校和社会环境的影响等途径实现的。个体政治社会化是随年龄的增长、受教育的增加、社会阅历的丰富而逐渐完成的。

[关 键 词] 个体；政治；社会化。

一、个体政治社会化的作用与意义

个体政治社会化是指个体学习政治文化的过程，首先是个体政治心理产生和发展的过程，它包括个体政治认识系统的建立，政治价值系统的形成等，具体表现为个体对政治知识和政治技能的学习和认识。

个体政治社会化是社会化的一个组成部分，在一般社会化的关系中处于核心地位，当一个人与特定的政治关系发生联系，形成一定政治信念、政治态度及形成一定的政治价值判断标准时，也就扮演了一定的社会政治角色，他就会用这些观点去指导其他观点和态度，如对家庭、生活、工作观念和态度的支配，甚至对一个人的世界观、人生观、伦理道德观、价值观也会产生制约作用。

个体政治社会化的意义在于提高个体心理健康水平和适应社会的能力。如果个体不能顺利完成这个政治社会化的过程，就会产生不适应的现象，出现种种不健康的心理或病态心理，与社会格格不入。政治社会化对于个体来说是必须完成的，对于社会本身或者对于统治阶级来说也是非常必要的，社会成员的政治社会化水平直接影响这个社会的稳定与巩固，甚至关系到它能否存在下去。如果社会成员对社会统治阶级不信任、不支持甚至厌恶、反对，它就会失去权威性。人们的政治不服从行为会使社会处于动荡不安的状态，因此，任何一个希望自己能够巩固和维持下去的社会都会努力使它的社会成员完成政治社会化，从而心甘情愿的接受它的价值标准、传统、规范，承担起他的责任和义务。

二、个体政治社会化的途径和方法

任何国家在政治社会化过程中，都存在主导政治文化和亚文化——非主导政治文化、反主导政治文化的相互影响和斗争。

在我国，主导政治文化是社会主义政治文化，非主导政治文化是封建主义政治文化，反主导政治文化是资本主义政治文化，封建复辟思潮、资产阶级法西斯主义思潮、无政府主义思潮都要受到批判、抵制和反对。

个体政治社会化一般分为两个层次，即精英人物的政治社会化和普通公民的政治社会化。政府、政党、宗教、社团、民族、种族的领袖人物的政治社会化对全社会具有关键性的影响，他们在普通公民政治社会化过程中起着桥梁、骨干作用。我国的共产党员、高级知识分子，特别是各级领导干部的政治社会化尤为重要，他们的政治社会化状况直接影响到全体公民的政治社会化状况。

实现个体政治社会化的途径非常丰富，一般是人们在社会生活实践中受诸方面因素的影响而逐步完成的。家庭、学校和社会是三个最主要的途径。

首先，家庭是个体政治社会化的初始途径。家庭作为社会的细胞，是个体成长的主要环境，也是人生的第一学校。儿童在父母的关怀与指导下，学习日常生活技能，体验人类的社会性情感，从而迈出社会化的第一步。父母的政治态度、政治价值观念和社会政治地位及社会行为模式，对子女的政治心理的影响是潜移默化的和无法抗拒的。子女无意识的接受父母的政治影响后，一般很难改变。父母的文化素养、对子女的教养方式及与子女的关系直接影响其子女的政治社会化进程。

其次，学校是个体政治社会化的最初社会群体，也是个体政治社会化的主要途径。在学校个体接受的教育是集体性的，接触的社会面更广，所接受的教育和家庭比起来更为科学、系统，更具权威性。学校有一套完整的课程体系，有比较严格的纪律，它从正面灌输统治阶级的政治思想。对个体从家庭教育中所形成的政治情感、政治倾向、政治态度进行强化和校正，以此来保证所培养的人才为本阶级服务。学校在向学生传授知识的同时将国家所倡导的世界观、人生观、价值观、伦理观充分体现在课本中，用民族英雄和榜样人物影响学生的政治心理。此外，学校组织的各项活动无不带有政治色彩。

一般个体所受教育越多，时间越长，权力欲越强，政治参与的兴趣越浓，其政治态度和政治行为越明显。反之，政治参与意识较淡，更多的是以自己的物质利益是否受损作为行为的出发点。学校教育与个体世界观的形成紧密相连，由此而产生的政治心理、政治观念所起的作用是长久的，因而学校教育对个体政治社会化的影响与家庭比较起来是深刻而持久的。

第三，社会是扩大化了的学校，社会环境是影响个体政治社会化的基本途径。社会管理体制、社会舆论和大众新闻媒介都对个体政治社会化产生政治影响，是促使个体政治社会化的重要途径。因为人是社会关系的综合体，社会环境无时无刻不给人以各种影响，一方面同辈亲友在日常交往中会潜移默化地相互影响；另一方面个体通过参加各种不同的社会组织。如政党、工会、学会、协会、俱乐部等直接或间接地参与各种政治活动，积累政治经验，提高政治技能。这些社会共同体在个体参与政治生活、形成政治态度的过程中起着强化的作用。大众新闻媒介是舆论的制造者和传播者，既能促进社会潮流的变迁、赋予价值和地位、维持社会规范，又能激励、麻醉公众精神。广播、图书、报纸、杂志、电影、电视和计算机网络等信息传播手段，一方面因其反映信息快、与政治生活贴得紧，时刻关注生活中的热点和焦点，受到人们的喜爱；另一方面因其注意效果，艺术性强，易于模仿，易于使人动情而不知不觉地受到其影响。大众新闻媒介对家庭、学校所推行的社会化历程具有强化作用，因为大多数社会成员以新闻媒介的报道、评论所表达的看法、观点来决定自己的言论和行为。

一般在城市长大的人与在农村长大的人受环境影响在性格、品质、作风、知识结构方面具有较大差异，政治个性也不同。城市独生子女家庭独门独户的居住环境与农村多子女家庭睦邻友好的居住环境，对儿童个性形成和人生观的塑造都有不同的较大影响。随着科技发展，卫星电视和电脑的普及，计算机网络会缩小不同国家、民族、地域、经济、文化的差异，为个体政治社会化提供更全面、更开放的条件，加快个体政治社会化的进程。

三、个体政治社会化的阶段和过程

个体政治社会化的完成是从自然人转化为合格的社会人的一个动态过程。自然人在学习社会规范的过程中，一方面将这些外在的社会要求不断内化为自己的心理内容和行为习惯，形成自己的道德观念和法律意识；另一方面又不断将这种心理内容表现为自己的政治态度、社会行为作用于整个社会生活中。这种持续不断的内化和外化的过程使自然人的思想意识、价值观念不断变化、丰富，不断地形成独立的自我，在参与社会活动、与人交往中使自己能够适应错综复杂的社会关系，取得社会所承认的身份，从而成为一个社会人。这个过程一般要经历一个较长时期，分为对社会规范的表面顺从、主动认同和真正接受内化三个阶段。个体一旦形成某种政治态度和行为方式，就成为其个性的重要组成部分，具有相对的稳定性和持久性，轻易不会改变。

个体政治社会化随年龄的增长、受教育的增加、社会阅历的丰富而逐渐完成。在人生的不同时期表现出不同的特点。

首先是儿童时期。子女最初是从家庭里父母的言谈举止、服装仪表、待人接物的方式中接受政治、道德概念的。其判断好坏的标准以家长的好恶为标准，看问题较片面，带有明显的感情色彩。随着年龄的增大，逐渐由感性上升到理性，判断标准也逐渐由他律转向自律，态度也较冷静、客观。

其次是青年时期。随着身体发育成熟，人的思维、情感也越来越丰富，内心冲突较多，情绪波动也较大。青年人在升学、就业、求偶、升迁、交友、培训、住房、个人与社会、理想与现实等一系列问题上不再轻信盲从，凡事要经自己独立思考。这一时期，青年人勇于表现自己，渴望别人理解，获得社会承认。一旦受到挫折、失败，容易灰心失望，陷于孤独和自我封闭中。心理学家把这一时期称为青年人的“心理断乳期”。社会环境对青年人的影响较大，优良有序的环境，勤奋向上的伙伴，高雅文明的兴趣爱好，崇高的奋斗目标，良好的人际关系有助于青年人协调心理矛盾，顺利完成从自然人向合格的社会人的转化。反之，不良环境极容易使青年人受到吸引、诱惑，在其内心愿望不能得到满足，理想无法实现时，容易激起怨恨和反社会性，甚至不惜违法犯罪，制造动乱，影响社会安定。因此，家长、学校、社会要关注青年人的心理健康，帮助协调心理矛盾，这有助于促进社会政治稳定。

第三是中年时期。随着年龄增长、工作经验的积累、阅历的丰富，青年人逐渐步入成熟期。中年人精力充沛、年富力强，思维敏捷、善于行动，在家庭中上有老下有小，承上启下的特殊地位使其能够吃苦耐劳，艰苦创业。这一时期，中年人成为社会人的转化已基本完成，政治信念、政治态度也更明确和坚定，权力动机也更为强烈。他们渴望施展自己的才能，实现自己的政治抱负，社会也为他们提供了广阔的舞台。中年人作为社会的中坚力量，应自觉加强政治思想修养、法制观念、科学民主意识，慎重对待手中的权力，努力带动广大社会成员走向富裕、繁荣、现代化的明天。

第四是老年时期。老年人工作、人生经验丰富，社会关系广，子女一般长大成人，家庭负担轻，在工作中多退居二线，当顾问参谋，他们对政治权力的运用、对政治问题的见解一般较全面、深刻，青年人、中年人应认真、虚心地向老同志学习、请教；老同志对后来人也应无保留地扶上马送一程，做好传帮带工作，使良好的社会秩序得以延续。老年人对家庭、社会成员的个体政治社会化的引导教育负有义不容辞的责任和义务。

（原文约6800字，发表于《山西高等学校社会科学学报》2001年第4期）

文摘编辑：许放

邪教对国家安全的危害

姬小工

[作者简介] 姬小工，国际关系学院教务科研处。

[内容提要] 当今世界，邪教已成为社会的一大毒瘤。为保护公民合法权益及公众整体利益和国家安全，各国都在根据本国的法律和国情，依法治理邪教。在国际反邪教斗争缺乏专项法律武器的情况下，我国颁布的《关于取缔邪教组织、防范和惩治邪教活动的决定》和《关于办理组织和利用邪教组织犯罪案件具体应用法律若干问题的解释》，具有重要的理论创新意义和实际指导意义。

[关 键 词] 邪教；国家安全；国际社会。

一

我们现在所论述的“邪教”，并非宗教概念，而是政治概念。它特指那些在非传统化的非理性信仰和秘密结社状态下采取的，用邪恶的、破坏的手段达到反科学、反社会、反政府目的的社会异己群体。邪教与宗教是有本质区别的。

第一，邪教与传统宗教的最显著区别是信仰对象问题。传统宗教世界中的信仰对象是一个超越现实的终极精神偶像（一般表述为“神”或“上帝”等），而那些实行“教主崇拜”的邪教组织，则是用欺骗的手法把一个同常人一样吃五谷杂粮、一样生老病死，且生活在现实世界中的凡夫俗子吹捧为无所不能的“超人”、“救世主”。因此，区别体系完善的宗教和粗劣拼凑的迷信，只要看其“至高无上者”是无限的、超越现实的“神”，还是有限的、贪图功利的人就足以了。

第二，宗教与邪教的又一显著区别在于其社会作用。传统宗教与社会是融合共生的，而邪教是与社会对立的，并往往带有极端的反社会性。世界的几大宗教，在其漫长的形成和发展过程中，吸收并表现出许多人类创造的精神财富，因此，几大宗教已成为世界传统文化的重要组成部分，并已成为社会众多信仰者的一种特定的生活方式。由于传统宗教意识已经溶于各种社会形态，使得社会各阶层的人对其都有较好的适应性，因而它们可以在社会中发挥其特有的协调功能和平衡作用。纵观人类历史，各种传统宗教虽然在具体信仰、教义教规和组织形式上不尽相同，但是几乎所有的宗教都有一个共同的性质，即顺生应世、循规守法。也只有这样，宗教才能受到国家有关法律的保护，才能得到所在社会的认可，才能和谐地融入主流社会，也才有其生存和演进的基础。而邪教的突出标志之一，就是反社会、反人类。无论什么社会制度下，在什么国家产生的邪教，无一例外都具有着强烈的反社会、反政府的倾向。

第三，宗教是人类文明的组成部分，邪教则是一种社会病变。宗教与人类社会的文化、文明和生活是不可分割的，是人类社会文明的重要组成部分。弗洛伊德认为，人类文明是人的本质存在。文明不是生物性的，而是精神性的。我们把宗教作为人类文明整体的组成部分来看待，就在于宗教在人类发展中，在信仰、知识、道德、风俗等精神追求方面曾起过积极的作用。各种宗教在历史上，都曾在哲学、文学、语言、生活方式、艺术、文化等方面做出过重要且辉煌的贡献，而这些文明与文化至今在全世界仍有重大影响，发散着人类文明的光辉。邪教从一出现，总是先树立起一个活的“神”——教主，一开始，教主往往会信口开河地宣讲一番与现实宗教学说相悖的观点来欺骗人，以对信徒进行精神控制，然后再使用类似于黑社会组织的教规教义，对信徒进行肉体、财产包括家庭的全面统治，甚至直接操纵信徒的生死。在这一欺骗到统治过程中，充满了暴力、欺诈、威迫，其言行总是十分诡秘，其布道场所总是阴暗恐怖。几乎所有的邪教教主都是文化程度不高、不懂历史、性情怪谲、心理变态和厚颜贪婪的人。因此，邪教实质上是对人类文明的一种背叛，是对人类历史的一种反动，也是对宗教的一种亵渎。

第四，宗教是开放、公开和松散的社会团体，而邪教是一种封闭、隐藏和较严密的违法组织。历史上，任何宗教，如果要生存，就必须将其“理想之国”与现实之境有机地结合起来：广泛争取民众，关注人们的现世生活，赋予人们以精神上的劝导、安慰和鼓励。如基督教提倡的“博爱、宽容、忍耐、勤劳”，佛教的“大慈大悲、普渡众生”，伊斯兰教的“两世吉庆”等，都表现了宗教在融于现实生活时，在某种程度上有着稳定社会、扶助人生的作用。同时，宗教的这种作用，从来都是开放的、公开的、社会化的。有的宗教虽有严格的教规，但也是建立在信则有、不信则无的基础之上，大都坚持自愿、自持和自律为主的松散组织原则。而邪教则不同。

邪教大多采取封闭隐秘的组织形式，并要求信徒死心塌地地皈依其组织。邪教一般都制定有严密的组织原则和组织方式，形成脱离社会、与国家对立的共同生活团体。这种团体一般都要求其成员断绝原有的一切社会家庭关系，并绝对服从团体的一切规则。显而易见，这种邪教组织实质上是一种反国家、反社会的秘密王国，它同黑社会组织一样，都是属于违法的秘密结社和反政府的组织。

二

邪教的一大危害是对人实行精神控制，使常人变“邪”，摧残公民健康乃至生命，严重侵害法律赋予公民的正当权益。各国的邪教在吸引、诱骗信徒时，都声称可以提供和平、安全和对所有疑难问题的解决办法，可以控制思想和肉体，帮助其用精神战胜物质，最后获得超能力，达到完美和完善。邪教组织先是用一些精神、物质对修炼者进行诱惑，然后就是进一步操纵，对其进行人格解体和强制，通过“洗脑”和恐吓，逐渐扭曲信徒的心理和人格，剥夺他们的自主性和判断力，剥夺他们的独立思考能力。以“法轮功”为例，为使练习者对李洪志惟命是从，李洪志及“法轮功”组织以欺骗的手段，先是声称练“法轮功”能祛病健身，然后又称要靠“真、善、忍”来祛病、“消业”，而后又称为了“消业”就必须“弘法”、“护法”、“上层次”、求“圆满”，否则就会“形神全灭”，就会永远消亡。受蒙骗的练习者听信了这些歪理邪说，沉湎于成“仙”成“佛”的美梦，在精神上把自己视为李洪志的奴仆，把对社会、对家庭的责任视为桎梏。一些本来心理正常的人，精神被完全控制了，丧失了人所特有的思想，泯灭了亲情人性，自绝了人的尊严。李洪志还无视练习者的健康，恐吓练习者说看病吃药会把“业力压回去”，会造成不可救药和彻底毁灭的下场。

从依法治国的角度看，邪教的所作所为，严重侵犯了公民的人权。它不但不尊重法律而是公开蔑视法律，是对公民信仰和言论自由的侵犯，对公民思想的禁锢，对公民生命健康权的侵犯，其产生的恶劣后果，还给许多家庭及社会活动造成了严重危害。

三

安全是人类社会生存和发展的最基本目标和条件之一。无论个人、社会还是国家乃至整个世界，都离不开安全。对于一个国家而言，国家安全是对国家现存的领土主权、法律制度、生活方式、经济利益和道德意识的一种肯定状态及保障措施。拥有安全的国家，则具备了生存和发展的客观条件，拥有了国强民富的美好前途；而没有安全保障的国家，国家和人民必然处于动荡、多灾多难之中。因此，国家安全是人民利益的根本所在，是国家、民族和人民命运与前途最重要的体现。

在现实生活中，邪教危害国家安全，最主要体现在其反社会、反人类、反科学的恐怖活动方面。从“奥姆真理教”的沙林毒气到“太阳圣殿教”的焦尸，从乌干达邪教几百人的“集体自焚”，到我国“法轮功”信徒在天安门广场自绝，都表明邪教邪就邪在其欺世盗名，打着宗教的幌子，却从事着种种愚昧、血腥、丑恶的恐怖活动，而这些恐怖活动直接危害了国家和人民的利益，形成了对国家安全的严重威胁。

四

邪教在许多国家滋生蔓延，逐渐呈现国际化趋势，形成了一个能量巨大、危害深重的社会“毒瘤”。“奥姆真理教”以日本为大本营，在俄罗斯、美国、德国、斯里兰卡等国设立了海外支部。“太阳圣殿教”的势力则遍及欧美12个国家。“基督教科学派”在57个国家设立分部。“法轮功”等邪教组织也在多个国家和地区设立了分支机构。

各国政府在认识到邪教危害的基础上，先后采取法律行动，严厉打击邪教的违法犯罪行为。澳大利亚、比利时、德国、法国、英国等西方国家对邪教问题高度重视，制定法律，规定邪教属于异端的教派，并采取各种措施进行限制。1996年，法国政府成立了全国邪教观察中心，监控和防范邪教的危害，进行调查并对政府提出建议。观察中心由政府总理主持，每年须向内阁提出一份报告。法国将打击邪教并消除其影响作为一项长期的工作并依法进行治理。为了打击邪教组织的嚣张气焰，以色列政府在2000年内曾三次驱逐在其境内的邪教组织成员，以维护社会的安定和国家安全。日本政府破获“奥姆真理教”使用毒气杀人，致使12人死亡、多人受伤罪案后，逮捕了这个邪教的教主麻原彰幌，并坚定地把犯罪者推上了法庭。乌干达邪教“恢复上帝十戒运动”制造了惨绝人寰的集体自焚事件后，受到乌干达政府的重拳打击，警方悬赏重金捉拿在逃的邪教头目。2000年10月，乌干达防暴警察又捣毁了“世界末日”邪教指挥部，并逮捕了一名领导成员。

2000年11月，“邪教问题国际研讨会”在北京召开，来自法国、美国、加拿大、俄罗斯、乌干达、日本、韩国以及中国香港、澳门特别行政区及中国内地的六十多位专家、学者围绕着“邪教与社会”、“邪教概念”、“邪教的历史传统与现状”、“邪教的危害”、“治理对策”等主题，从多角度、多层面对邪教问题进行了广泛而深入的研讨。这说明，面对邪教这个恶魔，国际社会将联合起来，从理论上和实践上予以批判和铲除。

（原文约9000字，发表于《国际关系学院学报》2001年第3期）

文摘编辑：郭小凡

邓小平与中苏论战

王惠宁　谢世诚

[作者简介] 王惠宁，中国人民解放军理工大学理学院讲师，南京师范大学硕士研究生。
谢世诚，南京师范大学政治与行政学院。

[内容提要] 中苏论战是中苏关系史乃至世界政治史上的一个重大事件。邓小平作为中共中央政治局常委、中共中央总书记在这一事件中扮演了举足轻重的角色，对论战起到过重要的作用，而这场论战也对邓小平产生了深刻的影响。认真回顾、总结和研究这段历史，有助于人们全面认识邓小平的伟大人格，加深对有中国特色社会主义理论的全面理解和领会。

[关 键 词] 邓小平；中苏论战。

1956—1966 年，中苏之间发生了激烈的论战。这场旷日持久的大论战堪称中苏关系史乃至世界政治史上的一个重大事件，而邓小平同志在这一重大历史事件中起到了关键性的作用。

一、邓小平在论战中的地位与作用

引发中苏间这场大论战的主要原因起源于中苏双方在意识形态领域中的一些分歧。以 1956 年赫鲁晓夫所做的秘密报告而引发的两党对斯大林问题的不同态度为开端，中苏之间在意识形态上的分歧越来越大。至 1960 年，中苏之间的争论由内部讨论转而发展为公开的大论战，分歧也终于扩大到了国家关系方面。

为了批驳苏共的观点，中共中央很早便成立了专门的写作班子，负责撰写理论文章和有关文件。公开论战开始后，中央将写作班子调整为“反修文稿起草小组”，成员有胡乔木、吴冷西、熊复等人，而这个小组的直接领导者便是邓小平。

从 1957 年起草莫斯科会议宣言起，凡是中共中央理论性的文章、文件和发言的起草工作，基本上都是由邓小平具体负责的。邓小平将政治局常委会议的精神传达给写作小组的成员们，并就写作中遇到的一些具体问题组织小组成员开会讨论。在起草中苏论战的重要文献——一至九评苏共中央《给苏联各级党组织和全体共产党员的公开信》时，每篇文稿皆是由邓小平组织并主持写作小组开会，进行反复讨论和修改，经邓小平认可后，才将修改稿送给毛泽东、刘少奇、周恩来等同志分别审阅，然后根据他们的意见再由邓小平主持订正和修改，经过多次反复后才能定稿。

在中苏两党彻底进行公开大论战之前，双方还举行了一次两党会谈。在这次会谈中，邓小平代表中方作了发言。他着重分析了中苏两党的分歧从何而来，分歧的实质是什么，并用大量的事实说明了苏共在处理与兄弟党的关系上存在的一些问题。邓小平的发言非常朴实，切中要害。

二、邓小平在论战中的精神风貌

1. 国际主义

国际主义是中国党和政府在处理国际关系中一贯遵循的原则，邓小平在这场论战中充分体现了这一原则。

在中苏论战期间，尽管双方争论得非常激烈，但邓小平不止一次地表示要尽可能地维护团结。在布加勒斯特会议上，邓小平本着无产阶级国际主义的精神，认为国际共运力量的团结十分重要，不宜公开分裂，使亲痛仇快。他向中央提议，为维护大局，允许代表团在公报上签字，但要用另外发表一个声明的办法来表达中共的观点。中共中央接受了邓小平的意见。为了消除中苏两党之间的分歧，避免社会主义阵营的破裂，邓小平受命七赴莫斯科，为寻求团结而努力。

2. 爱国主义

爱国主义是贯穿邓小平一生的闪光精神，他曾经发自肺腑地说过：“我是中国人民的儿子，我深情地爱着我的祖国和人民。”通过其在中苏论战中的表现我们也能深刻体会到这一点。

中苏分歧扩大化的重要原因之一，是苏联领导人推行大国沙文主义乃至霸权主义，企图损害中国的主权利益。1958 年苏联提出的在中国建立长波电台和“中苏共同舰队”的要求就是最典型的例子。毛泽东为此两次专门召见了当时的苏联驻华大使尤金，赫鲁晓夫也曾为此专程到中国与毛泽东会晤。邓小平参加了这三次活动，亲眼目睹了毛泽东为维护国家主权和利益而与赫鲁晓夫进行的面对面的交锋。在随后的中苏斗争中，邓小平的爱国主义精神得到了充分的展现。他虽然一直强调团结的重要性，努力地寻求消除分歧的途径和方式，但并未因此而屈服于苏共的压力，而是始终坚持和维护中国的主权和民族尊严，理直气壮地对苏联做出的有损中国主权和利益的行为予以坚决的抵制。

3. 坚持独立自主

独立自主是毛泽东思想的一个重要内容，也是共产主义政党之间处理党际、国际关系的基本原则。但在81党代会上，匈牙利代表团在苏共的指使下炮制并提出了一个关于兄弟党关系的决议草案。这个草案的主要内容是规定当两个党之间的意见分歧不能得到解决时，须请第三党来仲裁；仍不能得到解决时，就提交国际会议，按少数服从多数的原则进行表决。而赫鲁晓夫则在讲话中支持这种处理各国党之间关系的所谓“少数服从多数”的原则。针对苏共抛出的这个包藏祸心的“少数服从多数”的原则，邓小平严正指出：“在各国党之间的关系中引用少数服从多数的原则是完全不正确的。这个原则在各国党的内部是可以并且应当遵循的，但在各国党之间则不适用。”在国际会议中实行这样所谓的“少数服从多数”的原则，实质上是将大国意志强加到别党、别国身上，从而形成了“父子党”、“父子国”的关系，而不是平等、独立的关系，这是中国共产党永远不会接受的。

三、中苏论战对邓小平的影响

1. 赢得毛泽东的信任与欣赏

在中苏论战的过程中，邓小平始终是中方站在最前线的领导人之一。他不仅在论战中充分地表达和展示了自己的立场、思想和才能，而且也很好地领会、贯彻和执行了毛泽东的意图、思想和策略。

邓小平在双方面对面的较量中所表现出的坚定的立场令毛泽东非常满意。中苏之间的这场大论战在毛泽东的心目中占有非常重要的地位。邓小平得以在1973年复出，是与他在中苏论战中的表现以及毛泽东对他的评价密不可分的。

2. 从对斯大林的评价中吸取到经验教训

赫鲁晓夫秘密报告的主要内容是揭露斯大林的错误。客观地讲，纠正斯大林的错误是必要的，但是，赫鲁晓夫对斯大林不加分析地全盘否定，把一切错误归咎于斯大林一个人，乃至对其实施人身攻击，而不作任何自我批评的做法，则十分欠妥。因为斯大林毕竟是苏联社会主义进程中一位重要的领导人，是列宁的接班人。他在领导苏联的社会主义建设以及苏联人民进行反法西斯战争中起过重要的作用，在苏联乃至世界人民的心目中占有重要的位置。突然对斯大林进行彻底推翻，必然引起社会主义阵营内部思想上的混乱，造成不稳定因素。在这一问题上，邓小平的认识是深刻的。

3. 重新认识社会主义

1989年，邓小平会见戈尔巴乔夫回顾起当年的中苏论战时指出，双方都讲过一些空话，对意识形态的一些问题“我们也不认为自己当时说的都是对的”。这表明邓小平对那场论战从内容到实质都在进行认真的总结和反思，而对社会主义的重新认识便是其中重要的一部分。

对于什么是社会主义这一问题，毛泽东是更多地从生产关系的角度来考虑的。他认为，社会主义社会只应该存在单一的所有制形式，即社会主义公有制，并由此断定南斯拉夫当时正在进行的改革实际上是在走修正主义路线。因此，论战中中方也对南斯拉夫的经济改革进行了批判，指责其在农村实行的以废除农产品计划收购、解散合作社为主要内容的改革，实际上是在农村发展资本主义，是典型的修正主义，并进一步断言南斯拉夫已经不是社会主义国家了。

在这一时期，邓小平虽然负责主持批判国际、国内的修正主义，但同时他对如何正确认识社会主义的问题也开始了自己的思考。大跃进之后，对农村中出现的“包产到户”、“责任到田”的现象，邓小平认为：“生产关系究竟以什么形式为最好，恐怕要采取这样一种态度，就是哪种形式在哪个地方能够比较容易比较快地恢复和发展农业生产，就采取哪种形式；……在生产关系上不能完全采取一种固定不变的形式……要承认多种多样的形式。”由此可见，本着实事求是的原则精神，邓小平在社会主义所有制形式这一问题上并未完全亦步亦趋于毛泽东的看法，而是通过认真的思考，形成了自己关于社会主义社会多种所有制形式的独立见解。

邓小平在文革期间复出，为了促进社会主义的发展，把国民经济搞上去，邓小平将实现社会主义的四个现代化提到全党工作重点的高度，将党的工作重心切实地转向了经济建设，并把实现“四化”作为实现真正的社会主义的重要标志。由此可见，对于社会主义生产力和生产关系理论，邓小平有了自己的初步想法，并逐渐放弃毛泽东时代奉行的“以阶级斗争为纲”的模式，开始更加强调社会主义生产力对生产关系的重要作用了。

邓小平在第三次复出后，对这一问题进行了更深层次的思考。邓小平此时已经更多地从生产力的角度来重新认识社会主义了。马克思主义最基本的原理之一就是“生产力决定生产关系”，将马克思主义的基本原理同中国革命的实践与具体国情相结合，邓小平进一步提升了对这个问题的认识，指出：“我们是社会主义国家，社会主义制度优越性的根本表现，就是能够允许社会生产力以旧社会所没有的速度迅速发展，使人民不断增长的物质文化生活需要能够得到满足。”生产力在这一思想的指导下，社会主义市场经济体制开始在中国逐步确立。

“实践是检验真理的唯一标准”，正是基于自大论战时期开始的一系列关于社会主义认识的总结和反思，邓小平得以在1992年得出了对社会主义本质的全新阐释：“社会主义的本质是解放生产力，发展生产力，消灭剥削，消除两极分化，最终达到共同富裕。”

（原文约8000字，发表于《南京医科大学学报》社科版2000年第1期）

文摘编辑：曾祥玉

邓小平依法治国思想研究

王云飞

［作者简介］王云飞，大连大学人文学院副教授，主要从事法理学研究。

［内容提要］在邓小平理论的科学体系中，其核心、实质和第一要义，是中国的社会发展问题，即发展经济，实现“四个现代化”。而发展经济的第一保障是民主法制建设。邓小平实事求是地总结了我国建国以来社会主义民主法制建设的经验教训，客观地分析了实现“四个现代化”宏伟目标和保证国家长治久安所需要的基本条件，提出：发展社会主义民主与法制是建设现代化的需要；坚持人民民主专政是中国国情的需要；建立健全法律体系是经济建设的需要；加强政治体制改革是保证经济体制改革顺利发展的需要等一系列依法治国理论。

［关 键 词］邓小平；民主；法制；依法治国。

一、发展社会主义民主与法制是建设现代化的需要

法制文明是现代文明的重要组成部分，一个现代化的社会，必然是一个法制社会。法制建设是现代化建设命题中必具之义，它反映了现代化建设的内在要求。具体表现在高度的物质文明和精神文明的完美统一，即包括政治、文化、法律、道德等。每一要素，缺一不可。必须立足于世界综合之竞争和中国现代化总体布局，坚持“三大文明”（即，物质文明、精神文明、制度文明）并举和“三大目标”（即，富强、民主、文明）统一，充分体现了邓小平民主法制思想的系统、综合、协调发展思路和原则。他的思路核心是：从简约的经济的发展到综合的社会发展。经济发展是社会发展的基础和条件，社会发展是经济发展的出发点和终极目标，两者相辅相成。同时，他一再重申要坚持社会的全面进步。他认为有两个基本方面的协调、持续、平衡的发展：其一，经济发展应同政治发展相协调。我们要建设的现代化社会是“现代化的高度文明、高度民主的社会主义国家”，经济发展需要政治环境、高效的政府机构、归根结底有赖于民主政治建设。其二，经济发展应同文化、教育发展相结合。邓小平把国富民强作为现代化核心目标，认为现代化的“实质是搞四个现代化，最主要搞经济建设”，始终将经济建设摆在中心位置。这是邓小平对马克思主义的重要发展。现代民主是政治现代化的标志。用“富强、民主、文明的社会主义国家”为宏伟目标的理论涵盖现代化，是这一理论的一次飞跃。

二、坚持人民民主专政是中国国情的需要

邓小平在 1978 年中央工作会议上的讲话中指出：“为了保障人民民主，必须加强法制。必须使民主制度化、法律化，使这种制度和法律不因领导人的改变而改变，不因领导人的看法和注意力的改变而改变。”这一精辟的论述指出了我国今后一个历史阶段法制建设的重要任务。

法制是民主的保障思想，是邓小平法治思想的精髓。他指出“马克思主义理论和实践经验教育我们，只有绝大多数的人民享有高度的民主，才能够对极少数敌人实行有效的专政；只有对极少数敌人实行专政，才能充分保障大多数人的民主权利。”在论述民主与法制，法制与法治关系时，他针对我国实际，提出了科学的民主与法制的辩证关系理论。其一，民主与法制是统一的，民主必须受法制的保障。其二，法制建设的中心工作是规章制度的建设。改革开放以来，我们党、政府从根本上改变了“人治”、“权治”这种弊病丛生的状况。重点从制度方面着手，逐渐形成有章可循、违规必究、党纪、政纪、法纪相结合的教育方式。帮助、处理和改造相结合的治理格局，使相当一部分违纪、违法、犯罪的人员，通过改造回归社会为经济建设服务。这就是邓小平关于法制与法治关系的理论，即法制的根本内涵是制度建设，法治的根本内涵是综合治理。

三、建立健全法治体系是经济建设的需要

邓小平在提出新时期加强法制建设任务的同时，针对党的十一届三中全会前一时期我国的立法情况指出：“现在的问题是法律很不完备，很多法律还没有制定出来。往往把领导人说的话当作‘法’，不赞成领导人说的话就叫‘违法’，领导人的话改变了，‘法’也就跟着改变，所以，应集中力量制定刑法、民法、诉讼法和其他各种必要的法律，例如工厂法、森林法、环境保护法、劳动法、外国人投资法等。”他在《我国方针政策的两个基本点》中强调：中国要发展起来，要实现“四化”，政治局面不稳定，没有纪律，没有秩序，什么事情都搞不

成功。为此要特别抓紧立法，包括集会、结社、游行、示威、新闻、出版方面的法律和法律规范，违法的要取缔。加强控制是为了稳定，是为了更好地改革开放进行现代化建设。他的这些论断的核心就是立法，就是“有法可依”。而且提出了立法工作要从实际出发，既要有紧迫感，又要实事求是，循序渐进的指导思想。他说：“修改补充法律，成熟一条修改补充一条，不要等待，成套配备；总之，有比没有好，快搞比慢搞好。”他强调“法制要在执行中间逐步完善”，“中央和地方可以分别立法，只要遵守宪法就可以了。”他说：“现在立法的工作量很大，人力很不够，因此，法律条文开始可以粗一点，逐步完善。”“有的法规地方可以先试搞，然后经过总结提高，制定全国通行的法律。”“要多找一些各方面的专家参加立法工作。”

邓小平科学、正确的立法思想指导着十一届三中全会以来我国的立法工作。改革开放二十多年来，我们的立法工作良性发展。截至2000年，制定的法律、法规逾千部。依法治国写进了宪法，法治国家已初具规模，在坚持“有法必依，执法必严，违法必究”的原则上，党和国家在邓小平的倡导下，制定了一系列具体方针、规则和措施。主要有：第一，党组织必须在宪法和法律的范围内活动，党员、干部必须自觉遵纪守法。第二，一切国家机关和武装力量、各政党和各社会团体、各企事业组织都必须遵守宪法和法律。第三，明确提出遵守宪法和法律是每个公民义务。第四，强化司法机关和行政执法机关的职能作用，维护法律的尊严和权威。第五，建立法制监督机制，做到违法必究。第六，建立健全公、检、法机关分工负责，互相配合，相互制约机制，保障执法权的独立行使，并制定了司法工作公正、公平、公开等廉政建设机制。邓小平在一贯坚持“法律面前人人平等”的同时，更重视权利和义务的一致性。遵照邓小平这一思想，党的十一届三中全会以来所制定的法律、法规都坚持了这一原则。1982年的宪法重新规定：“中华人民共和国公民在法律面前人人平等。”从而使这一原则成为我国的一项宪法原则，也是指导我国法制实践的基本原则。

邓小平十分重视法制宣传教育，明确指出，加强法制的根本问题是教育人，使公民养成依法办事的良好习惯。同时，从中央到地方逐级成立了政法委员会，普法领导小组和社会治安综合治理办公室，形成了“打”、“防”结合的整治社会治安格局，保证了经济建设的持续发展。

邓小平关于深入发展法学教育，加强政法队伍建设的思想十分丰富。他始终关心人才问题。健全法制必须要有人才，是邓小平始终关注的一个重要问题。邓小平这一理论在“九五”“十五”规划中已经全面实施。

综上所述，邓小平民主法制思想的核心是依法治国。它不仅内容丰富，并具时代的特征，是马克思主义与中国具体实际结合的产物。他继承了优秀的传统法律文化，又体现着现代化建设的法制需要，是马克思主义法制思想体系的一个重要组成部分。

（原文约7000字，发表于《辽宁师范大学学报》社科版2002年第1期）

文摘编辑：曾祥玉

试谈政治体制改革与权力的制衡机制

刘妙玉　李晓菊

[作者简介] 刘妙玉，福建公安高等专科学校副教授，主要从事马克思主义基础理论教学与研究。
李晓菊，福建闽江大学。

[内容提要] 随着经济体制改革的不断深入，我们必须同时进行政治体制改革。我国的政治体制改革在坚持共产党领导和社会主义制度不变的前提下，其目标是进一步加强和改善党的领导，建立合理的权力制衡机制，建立社会主义民主政治。

[关 键 词] 政治体制；权力；制衡机制。

一、我国政治体制改革的指导思想及其主要成果

我国的政治体制改革是从我国的实际出发，依照邓小平同志关于政治体制改革的有关思想进行的，并已取得了一定的进展和较大的成果。早在1980年8月18日的中央政治局扩大会上，邓小平同志作了题为《党和国家领导制度的改革》的重要讲话，第一次比较系统地发表了对政治体制改革的见解，初步确立了政治体制改革的指导思想和基本思路，为我国进行政治体制改革的伟大实践指明了方向。邓小平从1986年5月至1987年10月党的“十三大”召开，集中精力反复思考、谈论和强调政治体制改革问题，从而把政治体制改革问题提到前所未有的高度，郑重地推上了党和国家的紧要日程。邓小平对政治体制改革的必要性、紧迫性以及政治体制改革的重要地位和作用进行了深刻阐述；阐明了政治体制改革的艰巨性和复杂性，并指出政治体制改革是一项长期的任务；特别在谈到政治体制改革的目的时，邓小平指出：“总的来讲是要消除官僚主义，发展社会主义民主，调动人民和基层单位的积极性。要通过改革，处理好法治和人治的关系，处理好党和政府的关系。党的领导是不能动摇的，但党要善于领导，党政需要分开，这个问题要提上议事日程。”关于政治体制改革的目标，邓小平把它区分为长远目标和近期目标，长远目标或总目标主要有三条；第一巩固社会主义制度；第二，发展社会主义社会的生产力；第三，发扬社会主义民主，调动广大人民的积极性。关于政治体制改革的主要内容，邓小平对这个问题的考虑十分慎重，缜密，在他看来，党政不分和权力过分集中是政治体制的主要弊端之一，也是经济体制改革的主要障碍之一，而正在蓬勃开展的经济体制改革无疑为消除这一弊端，实现权力下放创造了条件。因此，邓小平指出：“改革的内容，首先是党政要分开，解决党如何善于领导的问题。这是关键，要放在第一位，第二个内容是权力要下放，解决中央和地方的关系，同时地方各级也都有一个权力下放问题，第三个内容是精简机构，这和权力下放有关。”这些为推进我国政治体制改革指明了方向。邓小平还指出政治体制改革应遵循的原则和方法，这一问题成为邓小平同志当时强调的重点。即：政治体制改革既要坚决又要慎重；要从我国的国情实际出发进行改革；政治体制改革必须坚持社会主义方向，不能照搬西方模式，不能搞自由化；政治体制改革必须在共产党的领导下有计划有步骤地进行。邓小平的政治体制改革的思想成为我国政治体制改革宏伟蓝图的总体框架，对于我们今后进一步深化政治体制改革仍然具有十分重要的指导意义。

二、政治体制改革与权力制衡和约束机制的建立

我国的政治体制改革如何继续深化，成为我们下一阶段要继续探讨的主要问题。我们在新的阶段，政治体制改革既要从中国的实际出发，加强共产党的领导，又要有所创新，与时俱进。

现阶段我国政治体制改革的方向，要围绕着加强和改善党的领导，巩固和加强执政党地位以及推进社会主义民主化进程，因此，首先必须进一步健全党内民主体制、当今世界政治发展的特点之一就是政党政治，我国也不例外。我们过去习惯的是党内高度集权的党员管理体制，虽然我们把民主集中制作为党的组织原则，但在一些党组织的实践中并没有得到认真的贯彻。党内民主少，社会上民主就会更少，因此，我们必须首先进行党内的管理体制的改革，健全党内的民主机制。党内管理体制的改革就是要确立和强化党员在党内的主体地位。要通过改革，完善党内的选举制度。我们完全可以从党的基层组织的选举入手，在党内平等民主的基础上，把党员群众公认的党内最优秀的分子推举到党的管理最需要的地方去，让党员群众从党的根本利益和自身要求的双重角度去选择党的负责人，只有这样的党员干部才会真正对党员群众和各级党组织负责。我们要通过党内党

员的自觉审视，把那些不能忠诚于党的事业的人堵塞在党的管理权力大门之外，为党实践自己的宗旨，忠实地代表人民的利益，保持同人民群众的密切关系，保持党的公正廉明提供条件，保证我党的长久执政地位。

优化国家机构的权责配置。政治体制改革的实质是权力的调整，它包括三个层面：一是党政关系；二是中央和地方关系；三是国家与社会的关系。政治权力又是通过国家机构来实现的，国家权力机构的配置是否得当，很大程度上左右政治权力作用的力度和效果。从前两个层面关系看，在党的十一届三中全会以前，都强调党的一元化领导，党政不分、其他国家机关的作用受到很大的约束，国家职能职责不清，权限不明。受党内民主机制弱化的影响，由党内延伸到国家机关的民主集中制在实践中并没有得到很好地贯彻。在党政关系和中央与地方关系中，其体现的是权力在政治结构内部的分配关系，而国家与社会关系则是指政治结构与社会结构之间的权力分配关系。对于如何处理三个层面关系看，我们要在党内改革的基础上，调整国家机关职能划分。无论社会怎么发展，充分代表民意的人民代表大会制度都是我国民主政治的最佳选择。近年来人民代表大会的地位和作用都有了明显改善，改善党和人大的关系，首先要进一步改进和优化党对人大的政治领导，其次党的领导必须在宪法与党章规定范围内行使权力，党必须尊重人大制定的各项法律法规，并执行人大制定的法律。在政府改革方面主要是，改变政治权力在社会领域渗透过度，社会自主性不足状况，要进一步削减政府对资源分割的垄断权，坚决地实行政企分离，使政府从部门利益中解脱出来，成为公众服务的忠实代表。

改革国家机关的监督机制，建立合理的权力制衡和约束机制。法国思想家孟德斯鸠有一句名言：“不受制约的权力必然走向腐败。”我们要确保政治制度人民性，也要对国家权力进行分解制衡，形成合理的权力制衡机制。长期以来，人们头脑中存在一些观念。即建立权力制衡机制，似乎会削弱党的领导，这完全是一种误解。其实，进行这样的调整，决不是要削弱中国共产党的领导，而是要有效地加强和改善党的领导。这是因为，中国共产党的执政地位是近代中国社会、中国革命的必然选择，在当代中国社会，没有任何一种政治力量可以取代。建立科学有效的权力制衡机制，只会进一步改善中国共产党的执政方式，更好地加强其领导地位，推动社会的进步，而不是相反。(1) 建立权力制衡机制，首先要对执政党的执政方式进行必要的改革，以接受来自党内外更多的监督。具体讲，就是要更好地发挥权力机关（人大）和参政机关（政协）的作用，使国家的政府机关（国务院）真正对人大负责；使政协及各民主党派真正成为监督执政党的参政力量。也就是说，要通过政协的参政权制约执政党的执政权。与此同时，中国共产党内部，一方面要扩大党内民主，发挥党员在党的路线、方针政策制定以及重大人事安排中的重要作用；另一方面，将现行的党的纪律检察机关的政治体制加以改革，变同级党委领导为上级纪委垂直领导，进一步强化监督职能。(2) 权力机关的改革，主要是要加强国家权力机关对行政机关和司法机关的监督制约功能，反映人民的意愿。目前国家权力机关的权威之所以不强，究其原因，一是人大对政府组成人员及司法机关的的领导成员，缺少真正意义上的选择权；二是对向其负责的政府及其司法系统，没有建立起一套行之有效的监督机制。为了改变这种状况，对人民代表大会制度有必要进一步健全和完善。比如，要扩大全国人大及其常委会选择行政机关政府组成人员及司法机关领导成员的权力，对各方面推荐出的候选人实行普遍的差额选举制或竞争任命制，使被选举或被任命者从中产生压力；还可以考虑将目前设在行政机关的审计机关归属权力机关直接领导，从组织体制上加强权力机关对行政机关的监督；制定弹劾政府组成人员的实施细则；加强人大对司法机关的监督，并保证司法机关的相对独立，另外，人大与政协都应有强有力的舆论阵地，通过媒体，加强对国家行政机关、司法机关以及执政党的舆论监督。(3) 通过改革，在国家机关之间形成相互硬制约的监督机制。要通过国家权能的科学划分，使国家权力形成多重相互制约体系。在权力分解后的硬约束链中，一旦某机关或它的某一分子逾越法定界限滥用职权，就会受其他机关的惩处，倘若执行监督的机关监督不力，形成监督工作上的失职，它就会受到监督它的机关的制裁，这就可以形成各级国家机关之间有效相互监督的良性循环。在这一循环系统中，每一职权机关既是职权者，又是被监督者，各个机关的监督职责、监督权限、监督方式、监督责任都有法律明确界定，使所有的国家机关及其工作人员既严格要求自己，又严格约束他人，从而保证国家权力的规范运行。我们要通过改革，尽快优化有中国特色的权力监督系统，把对各权力机关及其工作人员职责要求，具体化为操作性强的组织系统的组织保障。

总之，在新的世纪，在新的情况下，中国共产党要保证其执政党地位不变，必须要加强党的领导，而改善和加强党的领导又必须进行政治体制改革，建立同我们改革开放相适应的权力制衡机制，并加快我国民主政治建设。

(原文约 6000 字，发表于《鹭江职业大学学报》2002 年第 2 期)

文摘编辑：曾祥玉

论“以德治国”

黄家泉

[作者简介] 黄家泉，研究员，《广州大学学报》编辑部主任、社会科学版主编，广州大学高等教育研究所所长，主要研究方向为世界现代史及高等教育。

[内容提要] 文章分析了“以德治国”的内涵与现实意义；论述了中国共产党“以德治国”与历代剥削阶级所鼓吹的“以德治国”的本质区别；“以德治国”与“依法治国”的关系以及在社会主义市场经济条件下，中国共产党要实现“以德治国”需要重视解决的问题。

[关 键 词] 德；治国。

江泽民在庆祝中国共产党成立八十周年的讲话中(以下简称“七一”讲话)强调：“要把依法治国同以德治国结合起来，为社会保持良好的秩序和风尚营造高尚的思想道德基础。”对此，我们须深入思考的是：什么是“以德治国”？在“依法治国”的今天和全面推进社会主义现代化的进程中，中国共产党为什么还要强调“以德治国”？它与“依法治国”存在什么关系？处于执政地位的中国共产党，怎样才能做到“以德治国”？

一、“以德治国”的内涵与现实意义

在我国历史上，“以德治国”是一个古老的话题。古人对此曾有过很多论述。《论语·为政》篇说：“道之以德，齐之以礼，有耻且格。”意思是说，如果以“德”来教化人民，以“礼”来规范人民的行为，那么一旦出现违背道德、礼教之类的事情，就会受到抵制和阻止。因此，儒家学派认为，一个国家的政、刑只能起到强制性执行或镇压的作用，而德、礼则能更好地笼络人心。正是基于这样的看法，所以儒家极力推崇以道德来教育、感化人民。《左传·隐公十一年》也说：“既无德政，又无威刑，是以及邪。”这里又把德政与威刑看得同样重要，认为要治理好国家，不仅要有威刑，同时又要推行有益于民的政策措施。否则，社会就必然会产生邪恶。北宋范仲淹在《奏上时务书》中则说：“臣闻以德服人，天下欣戴，以力服人，天下怨望。”可见，范氏甚至认为，以“德”治国要比以“力”治国的效果好得多。值得我们思考的是，既然“以德治国”是个古老的话题，并且是以儒家为代表的古代思想家、政治家们治国的一条重要主张，那么什么是“以德治国”呢？

笔者认为，尽管上述说法主要是强调“以德治国”的重要性，并没有论及其具体内涵，但只要我们仔细琢磨一下，就不难在其字里行间发现，所谓“以德治国”，实际上包含着两层意思：一是指德政，即要造福于人民，尽可能推行有益于人民的政策措施；二是指要以一定的社会理念去建立相应的道德标准，用以教育人民，以便为巩固社会秩序而营造相应的道德基础。

事实上，上述两层含义本来就是相辅相成的。因为一个国家如果没有造福于民的政策措施，要想在人民群众中营造良好的道德基础，固然很难；反之，如果社会没有良好的道德基础，即使执政者要推行造福于民的政策措施，同样不易落到实处。可见，两者互为条件，相互促进，不可或缺。这应当就是“以德治国”的本质内涵。

尽管“以德治国”是一个很古老的话题，但中国共产党所强调的“以德治国”，则是对历史的推陈出新，并有其特殊的政治意义，因而它与历史上一切剥削阶级及其思想家们所鼓吹的“以德治国”，有着本质的区别：

第一，中国共产党在“依法治国”的同时，强调“以德治国”，是由党的宗旨决定的。

正是由于党的奋斗目标和广大人民的根本利益具有高度的一致性，因而党要实现自己的宗旨，就不但应该而且必须推行有益于民的政策措施；不但应该而且完全能够取得全国各阶层人民的支持，进而在全社会营造出最能体现最广大人民根本利益的思想道德基础。因此，尽管以往的统治者及其思想家们也提倡“以德治国”，但中国共产党的“以德治国”与剥削阶级的“以德治国”，实际上有着本质的区别。即剥削阶级鼓吹的“以德治国”，大多流于形式，并在“德政”的后面，隐藏着剥削阶级的利益要求，因而对广大人民群众具有一定的欺骗性；而中国共产党的“以德治国”，则是实现党的宗旨的需要，是“全心全意为人民服务”的真实体现。

第二，中国共产党提倡“以德治国”，也是贯彻、落实“三个代表”重要思想的内在要求。因为“始终代表中国最广大人民的根本利益”，不仅是“三个代表”的重要内容之一，而且也是“三个代表”的出发点和归宿。

不仅要科学地审时度势，正确地制定和坚决实施真正体现最广大人民根本利益的各项政策，而且还必须高度重视建设好能够体现、维护广大人民根本利益的道德基础。否则，就会背离“三个代表”的要求。

第三，在市场经济条件下，中国共产党提倡“以德治国”，更是促进社会主义精神文明建设的迫切需要。

二、“以德治国”与“依法治国”的关系

在“德治”与“法治”问题上，中国共产党与历代剥削阶级的最大区别，恰恰就在于其倡导的立法精神与道德基础，都必须代表和体现最广大人民的根本利益。这便决定了其“德治”与“法治”的基础与出发点，具有高度的一致性，进而说明，只有“全心全意为人民服务”的中国共产党，才能使两者在实践中真正起到相辅相成、互相补充的作用。具体而言，两者的关系和相互作用，主要表现为：

第一，社会主义国家的“德治”虽然不能代替“法治”，但由于“德治”和“法治”都必须体现和维护最广大人民的根本利益，其出发点的一致性，必然会促进两者之间的良性互动。

第二，社会主义国家的“法治”虽然也不能代替“德治”，但由于两者都必须代表、体现和维护最广大人民的根本利益，这也就决定了社会主义的“法治”，不仅在一定程度上体现社会主义的道德精神，而且通过依法打击犯罪，扶正抑邪，又必然会为促进社会主义的道德建设，起到正确的导向和有效的保障作用。

第三，“以德治国”与“依法治国”之所以不能相互“代替”，首先是由于“二者的范畴不同”：前者“属于思想建设、属于精神文明”，后者“属于政治建设、属于政治文明”。其次是由于两者的职能不同：“德治”的职能主要是通过教育和宣传的手段，以社会主义道德教育和影响人民，并对不道德行为进行舆论谴责和社会监督，以营造良好的社会道德基础；“法治”则要根据相关的法律条文，对违法行为进行强制性惩处。再其次是公民的不道德行为与违法行为有着程度与性质的不同，一些不道德行为在还未达到违法的程度时，当然不能依法惩处，而只能以道德标准来评判其是非，并通过社会舆论的监督，减少或防范不道德行为的滋生。然而，我们必须看到，社会主义的“法治”和“德治”尽管有着这样或那样的不同，其根本目的，都是要维护最广大人民的根本利益。这便决定了它们之间既可以相互促进，又可以相互补充，因而，正如江泽民指出，两者的“地位和功能都是非常重要的”。

三、“以德治国”须重视解决的问题

在“依法治国”的同时，中国共产党怎样才能做到“以德治国”，并使二者紧密结合起来呢？

第一，党和国家的各级领导干部，必须牢记并切实贯彻“全心全意为人民服务，立党为公，执政为民”的宗旨。中国共产党执政的实践表明，要实现这个宗旨，除党和国家的政策与措施必须符合最广大人民的根本利益外，各级领导干部能否真正做到淡泊名利、无私奉献，真正代表人民掌好权、用好权，而绝不以权谋私，这对实现党的宗旨及党所提倡的“以德治国”，无疑至关重要。

第二，“以德治国”必须重视普遍提高公民的思想文化与道德素质。实践证明，没有一定的思想文化与道德素质，人们在复杂纷纭的世界中，就很难正确判断社会上的是非曲直。因此，普遍提高公民的思想文化与道德素质，乃是有效地解决改革中出现的矛盾和更好地实现“以德治国”的坚实的社会基础。

第三，要实现“以德治国”，必须加强理想信念教育和制定相应的道德规范。在市场经济条件下，在深入开放改革的进程中，只有在全社会加强理想信念教育和制定必要的道德规范，才能让广大人民群众明白为什么要这样做和应该怎样做，进而不断提高其行为的自觉性。毫无疑问，这种自觉性，恰恰就是实现“以德治国”的必要条件和坚实的思想基础。

（原文约 9000 字，发表于《广州大学学报》社科版 2002 年第 9 期）

文摘编辑：博文

对中国政治社会化的评估

赵海立

[作者简介] 赵海立，中国人民大学博士研究生，主要从事中国政治文化研究。

[内容提要] 政治社会化对中国而言是一个新概念。分析中国的政治社会化实践，其特点主要有：政治社会化功能主要通过思想政治教育工作来实现；政治社会化的内容偏重对政治道德和政治观点的培养而对政治技能的培养重视不够；政治社会化的主流渠道的作用十分明显，但非主流渠道的作用十分有限；政治社会化的方法以传统的灌输为主，对其他方法重视不够，其作用未能充分发挥。

[关 键 词] 政治社会化；思想政治教育；政治技能。

政治社会化这个概念是在20世纪80年代以后，随着中国政治学的恢复与发展，通过介绍西方政治学理论而传入的。它给我们研究与推动中国的政治发展提供了一个新视角，对建设社会主义民主政治具有积极的借鉴意义。

一、从政治社会化的形态来看，中国的政治社会化工作在总体上是通过思治教育实现的

思想政治教育是社会或社会群体用一定的思想观念、政治观点、道德规范，对其成员施加有目的、有计划、有组织的影响，使他们形成符合社会要求的思想品德的社会实践活动。中国共产党历来高度重视思想政治工作，称其是“经济工作和其他一切工作的生命线”。中国的思想政治教育担当了政治社会化的任务。

二、从政治社会化的内容来看，中国的政治社会化注重思想道德和政治立场、观点的培养而对政治技能教育重视不够

从政治社会化的含义可以看出，政治社会化不仅要使社会个体通过对社会政治生活的认知而形成一定的政治情感、政治态度和政治信仰，而且要使其掌握参与政治生活的知识和技能。只有这些内容融为一体，才能形成完整的政治人格，而任何一部分的缺失，都会对政治人格的形成带来消极影响。

中国是一个比较重视道德教化的国家，注意培养人们的美德。这种美德过去以“忠”、“孝”为衡量标准，现代则以爱国主义和对国家的认同为基本的衡量标准。这对于培养人民的无产阶级世界观当然是必需的，也是坚定人们走社会主义道路信念所必需的。然而，实际上，我们却没有详细介绍人民当家作主的具体方法和技能，国家对于人民参与政治的渠道、途径以及防止渠道阻塞的法律规定较少且宣传不力，以至于相当一部分大学生在选举活动中，手足无措，甚至都不知道该如何填写选票。大众传播媒体在政治社会化过程中所宣传的内容与学校并无多大区别，也较少关注政治技能的培养问题。这说明我国的思想政治教育还不能完全替代政治社会化的职能。

政治艺术与技能属于政治学研究的微观领域，西方国家在“二战”以后就比较注重这方面的研究，如“行为主义革命”的风起云涌就得益于此。我国在这些微观领域的研究则处于起步阶段，应用于政治社会化还要假以时日。

三、从中国政治社会化的渠道来看，政治社会化网络已经初具规模，但有些渠道的作用还没能充分地发挥出来

政治社会化是以获得相应的政治信息和政治文化为前提的，然而，政治信息和政治文化要得以广泛传播，必须有赖于众多的渠道和媒介。这些媒介主要有家庭、学校、大众传媒、政治组织和政治实践等，是一个立体交叉、纵横交错的网络系统。在中国，这些政治社会化的渠道虽然已形成初步的网络，但从各个传播媒介和渠道的作用来看，则大小有别，程度不一，有些渠道没有能发挥它应有的作用，且各渠道间缺乏系统地整合。

大众传媒是传播政治信息最快捷、最方便的手段，在政治社会化过程中担当着重要的角色。为我国的政治社会化做出了巨大贡献。但我们还必须正视我国大众传媒所完成的任务与公众对它们的期望相比还有一定的差距。比如有些媒体还存在着严重的功利主义观念，注重经济效益先于注重社会效益；政治社会化的目标还不太明确，方式上封闭、呆板；宣传效果上片面追求舆论一致、思想统一，无形中对人们思维的求变品质和创新能力产生了抑制作用；宣传主体的一元性和单向性往往将民众单纯当成被改造对象，而民众的观点和声音却常常得不到及时全面的传播与表达，从而体现不出政治社会化双向性的特点；传媒所拥有的专职从事政治社会化工

作的专家还不足等。这些都需要进一步改进。

政治社团是在社会政治生活中按照特定的利益集合在一起，有组织地参与并影响政府政策制定、变动和执行过程的社会团体。它是现代政治体系的重要组成部分，也是政治社会化的重要参与者。我们必须看到，虽然我国的政治社团组织很庞大，组织形式也较严密，但仍存在不少问题。这主要是因为这些政治社团功能过于单一，自立性不强，且没有反映社会利益分化的格局，不能很好地聚合和表达其成员的利益。同时，在组织活动的形式上也以机械协调为主，缺乏有机协调。这就使人们在有组织的外观后面呈现出分散化的倾向。表面上，虽然公民大多隶属一定的政治社团，但他们在政治见解和政治要求方面却可能截然相反，他们的政治行为，也很少经过组织协调。同时，由于社团自立性差，在利益聚合和利益表达方面功能不强，在实际上很难对其成员的各种政治要求做出积极反应。因而，不少公民对这些政治社团的主张和信仰认同程度比较低，对其政治教化更是不屑一顾。这就使得我国政治社团的政治社会化功能受到很大的限制。

四、从政治社会化的方法上看，灌输方法仍占主要地位，参与式等自我教育方法未能受到应有重视，方法单一，效果欠佳，亟待改进

政治社会化方法，可分为直接的和间接的两种。直接的政治社会化是指人们通过直接的、公开的、明确的方式接受政治知识和政治训练，形成政治人格。它包括政治模仿、政治教育、政治专业训练和政治实践等；间接的政治社会化是指人们通过非政治性的经历和学习，把获得的特定社会心理、社会思想和行为方式移用于政治生活的过程，如人际转移、价值转移和规则转移等。就中国的政治社会化方法而言，其特点主要表现在以下方面。

1. 重灌输式教育而轻视参与式自主学习

在灌输的问题上，我们党积累了许多行之有效的经验。但是，我们应该看到，政治社会化的形式是多种多样的，除了理论灌输，还有大量的实践活动和环境熏陶的教育。通过让受教育者亲身参加丰富多彩的政治实践活动（如选举、组织社团活动、观摩代表咨询、模拟各国家机关的运行机制等）受到教育，以达到提高认识、培养感情、养成良好的行为习惯和掌握政治技能的目的。

2. 重群众运动而忽视日常细致的思想政治工作

群众运动曾经是中国共产党争取群众、调动群众积极因素以在短期内达到某一目标的有效方法。但是，在社会主义改造基本完成以后，政治性群众运动就逐渐发生了偏离的倾向。

第一，这些运动多被宣布为阶级斗争的某种表现形式，许多无辜的人被迫害，运动结束后，虽有部分被迫害者得以平反，但也不可避免地产生了某种被愚弄、被摆布的感觉，从而对政治生活产生了不信任感和冷漠感，害怕成为“政治人”。

第二，政治运动不是靠制度、靠程序，而是靠群众运动一哄而起地解决问题，往往刚刚建立了某种制度，设立了某种程序，只要运动一来，就会被冲刷一空，一切又要从头开始。这样的现象历经反复，会形成公民对政治原则和政治制度不信任的心态。

第三，每一次运动都使国家的政治力受到冲击，权威的合法性被削弱，社会秩序陷入混乱。等到不可收拾之时，只能借助于非程序方法甚至专政的力量使运动平息下去，此后，往往还伴随着一个政治上严加控制的时期。中国的民主政治发展多次经历这样的恶性循环。

第四，政治运动虽然能迅速改变人的政治观念，但又会矫枉过正，生成一些畸形观念。

事实证明，中国频繁的政治运动无助于政治社会化的进行，反而在一定程度上起妨碍作用，同时也说明了我国政治社会化方法的缺乏与无力。

3. 政治社会化的口号化、简单化倾向严重

社会政治口号对政治社会化有着积极的意义，如果运用得当，可以在短期内发挥出巨大的作用。但是，应该认识到，政治口号的提出不是随便的，而应是科学的。否则，政治口号就可能偏离原定方向，引导政治社会化走向邪路，甚至是反社会化。在这方面，我国的教训是非常深刻的。

4. 基层民主发展不充分，其政治社会化的功能较弱

政治文化的传承和发展靠社会的每一个成员来进行，要使每个人都能感受政治文化、利用政治文化、推动政治文化发展，就必须发展基层民主。

（原文约 8000 字，发表于《郑州轻工业学院学报》社科版 2002 年第 2 期）

文摘编辑：博文

对国家主权的再认识

吴玉英

[作者简介] 吴玉英，广东湛江市委党校讲师，主要从事政治理论教学与研究。

[内容提要] 随着全球化趋势的迅猛发展，国家主权已受到前所未有的巨大挑战。该文在对经济全球化、非国家行为体发展、人权挑战主权进行分析的基础上，揭示国家主权的发展趋势，并提出国家主权的理性选择。

[关 键 词] 国家主权；发展趋势；理性选择。

一、国家主权面临的挑战

国家是国际社会的基本行为主体，其本质属性就是绝对拥有主权。换句话说，主权是国家存在和发展的根本保证，是国家利益的主要内容。然而，随着经济全球化的迅猛发展，国家主权的这种绝对性正面临着前所未有的挑战。

1. 经济全球化对国家主权的挑战

在自然经济时代，各国的政治、经济等活动一般局限在一国范围内，这样土地与主权成了不可分割的整体，土地的界限也就是主权的界限。在工业经济时代，土地对经济活动的限制作用日趋下降，货币、技术、信息等因素发挥出越来越大的作用，各国的经济活动越来越多地遵循国际条约和国际惯例来运作，从而使民族国家自主决定经济活动的空间日益缩小。

知识经济时代的到来，经济的全球化使得人类面临人口、资源、环境等全球性问题日益突出。为解决这些共同问题，各国之间相互依赖、相互制约的程度加深，从而对主权国家的自主权力产生约束以服从全球共同利益。世界各国家、各地区、各民族日益表现为相互依赖、相互渗透、相互依存，他们是一种开放性、合作性的关系。很显然，这种全球化开放性、渗透性对国家主权的排他性、专属性提出了挑战。

在世界经济中，市场和国家是两种不同的制度安排。作为全球化重要动力之一的市场经济是一种极富穿透性的经济力量，具有很强的地理扩张倾向，其本质要求是将经济活动集中于一切有利于生产并能够获得高额利润的地方，因而往往超越政治藩篱和国家界限。而国家行为的要求则是获取并控制经济增长及资本积累的进程，并且对经济的管理往往服务于某种意识形态的目的。主权是国家的灵魂，对内享有最高权威性，对外具有最高独立性。因此，市场和国家在现实中往往发生冲突。

在全球化进程中，国家固有的“核心机能”正逐渐演进为“协调机能”，有些甚至被废弃，成为“空白国家”。国家对本国经济的管理不再享有绝对排他权，其政策的制定必须与国际环境相协调。全球化对国家更深的挑战还在于“无国界经济”正逐渐侵蚀公众对母国的忠诚感。罗伯特·莱克认为：“我们正在经历一场变革，这场变革将重新安排即将到来的世界政治和经济……每一个国家的基本政治使命将是应付全球经济的离心力，这种力量正在拆散把公民联在一起的纽带。”因此，虽然世界政治地图还是由民族国家来构建，但全球化进程已经对民族国家的主权产生深刻影响。

2. 非国家行为体的发展对国家主权的挑战

非国家行为体是指除主权国家外的能独立地参与国际社会活动的政治和经济实体。20世纪以来，随着国际交流的不断加深和国际关系的多向拓展，非国家行为体迅速发展并日益呈现出多元化的趋势。其一是种类趋多。其二是数量剧增。到20世纪90年代全球国际组织已增至近五千多个。

在日益全球化的国际社会中，非国家行为体的多元化对长期以主权国家为主导的国际关系，形成了很大的挑战。国家拥有绝对而又排他处理国内外事务的权利，开始程度不同地流失到许多国际组织手中。

3. 人权原则对国家主权原则的挑战

人权是指人依其自然属性和社会属性享有和应该享有的权利。人权概念最早是由资产阶级于二百多年前在反对封建神权、君权和等级特权中的政治革命中提出来的。1945年，人权原则得到了《联合国宪章》的确认，并被规定为联合国的宗旨之一。从此，人权问题进入国际领域。1948年和1966年联合国大会分别通过了《世界人权宣言》、《公民权利和政治权利国际条约》与《经济、社会、文化权利国际公约》，这标志着国际人权法作为国际法的一个分支开始形成较为完备的体系。在联合国的主持下，一系列有关人权问题的国际公约、宣言和决议得以制定和通过，并被越来越多的国家所确认，不少国家还通过宪法和法律来保障国民人权，人权的内容与地位受到了普遍重视。但从严格意义上讲，人权原则还不足以构成国际法的基本原则，而主权原则是国际法的基本原则。尽管如此，人权原则作为国际法的一项非常重要的原则是毋庸置疑的，且其重要性还在不断加强。

主权是国家生存和发展的必然条件，而人权则是公民、民族生存和发展的前提。主权是人权的根本保障，人权是主权的最终目标。目前，国际人权法的发展已超越了国内管辖权的界限，使个人权益直接受到国际法的保障。

从近几年的联合国实践来看，人权人道主义干预的价值取向已经被普遍接受。然而，西方所鼓吹的“人权高于主权”事实上侵犯了发展中国家的主权，从而对国家主权的传统理论与国家主权的当代实践提出了新的挑战。

二、国家主权的发展趋势

在全球化迅猛发展的时代，在国家主权受到上述诸多严峻挑战的情况下，其演进、变化的主要趋势可归纳为如下几个方面。

1. 国家主权内容和表现形式、使用范围不断充实深化

在相当长一个时期，尤其是在君主主权时期，“主权”概念一般是强调其“统治”属性。而随着历史的发展，现代社会除了主权的“统治”属性外，已开始较多地提及主权的“管辖”、“管理”职能。20世纪中叶以后，“贸易国家”取代“领土国家”成为了一种趋势，因而“经济安全”取代“领土安全”，成为各民族国家优先考虑的问题。1966年联大通过的《经济、社会、文化权力国际公约》规定了经济主权原则。随着经济全球化，经济主权受到的侵蚀和制约逐渐加深，经济主权便越来越受到各国的普遍重视。到20世纪末，主权的实质性内容则更多地由经济主权来体现；国家主权的内涵更延伸到文化领域，文化作为一种软权力，在政治、经济、军事诸多相关因素中所占的地位越来越重要。互联网的普及，使信息主权日益成为国家主权概念中的重要内容。在文化主权、信息主权等概念被普遍认同的背景下，主权的内涵已日益拓展成为一个涉及政治、经济、社会、文化等方面多元立体概念。

2. 国家主权自愿让渡与自主限制

国家主权的让渡是以“自主性”、“平等性”和“共享性”三个原则为其本质特征的，它与主权的丧失与割让有着本质的区别。这种主权的让渡是对传统国家主权本位的超越，是对国家利益本位的更高层次上的共享，以谋求国家长远的和更大的利益。全球化时代，国际社会在经济、科技、教育、文化等诸多方面的相互关系日益密切。为保障经济的良性运行和有效调解国际经济冲突，各国的经济活动必须越来越多地遵循国际条约和协定惯例运作，于是各国在自愿基础上自主地部分让渡与共享国家主权，日益成为一个不容回避的现实问题。

主权的自主限制是当代国际大趋势下民族国家的理性选择，其本质是对国家主权的保障与强化。表面看，主权的限制与保障是相悖的，而实质上它们是辩证统一的。对主权的自主限制，关键在于“度”，即保持国家的独立自主与国家间的权力对等与地位平等。

3. 主权由排斥人权开始吸纳人权，主权与人权的关系由对立走向统一

在国家主权学说发展的早期，主权还只是由君主或政府掌握的最高统治权，是个别统治者或统治阶级意志的体现，人民是“主权的奴仆”。而到了主权发展的新阶段，国家主权已经属于人民，是人民意志的体现。人民已经成为“主权的主人”，是主权的行使者。在西方国家的概念中，人权只是指个人权利。但是，人权除了个人权利外，还应该包括集体权利（人民权利）。例如生存权、发展权、平等权等权利既是个人权利，又是集体权利，也是国家权利。因此，从这个意义上讲，主权也是一种人权，是各国人民自我管理、维护国家独立统一、促进社会进步的权利，主权、人权已经实现了辩证的统一。

无论是国际关系史还是国际法都充分表明，主权原则是世界各国和平共处的基础，也是保障人权的必要条件。主权是人权的基础，人权是主权的体现。如果一个国家能够充分实现和保障法律赋予公民的各项权利，人民的意志能够充分得到体现，那么不仅对外能够防止国际干预，对内也能得到人民的拥护，实际上是巩固和加强了国家主权的地位。因此，主权与人权可以相辅相成，互相促进。

三、国家主权的理性选择

现代国际社会对国家主权主要存在两种偏见，即“主权过时论”和“绝对主权论”。主权过时论作为“新干涉主义”的理论基础，强调“人权高于主权”，实质是抛弃主权观念，为西方国家的自身利益服务。绝对主权论是将主权绝对化的一种片面理论，它过分强调主权的至高无上，从而主张主权是不受任何约束的，而且是不可让渡的。需要特别澄清的是，绝对主权论与现代国际法上的主权观有根本区别。现代国际法的主权观在承认主权是“最高权威”的同时，还强调主权的行使必须符合国际法规范，强调“坚持权力与义务相统一的观点来解释主权原则”。由此可见，绝对主权论是与国际公认的国家主权原则相违背的。

（原文约6500字，发表于《石河子大学学报》哲社版2002年第3期）

文摘编辑：博文

冷战后中国独立自主外交战略新特点

李爱华

[作者简介] 李爱华，山东师范大学政治法律学院教授。

[内容提要] 冷战后中国独立自主外交战略的实施呈现出一些新特点：既坚持反对霸权主义，又强调不搞对抗；既要尊重世界的多样性，又要维护人类的共同利益；既反对以“人权”为借口干涉我国内政，又努力促进人权事业的发展；既坚持奉行不结盟的政策，又适应国际形势的需要广泛建立各类“伙伴关系”；既坚持“不当头”的方针，又始终代表第三世界的利益；既坚持“不称霸”的基本立场，又强调“有所作为”。这些新特点，体现了冷战后我国的独立自主外交战略的原则性与灵活性、务实性的辩证统一。

[关 键 词] 中国；独立自主；新特点。

一、既坚持反对霸权主义的斗争，又强调不搞对抗

我们坚持反对霸权主义的斗争，是为了维护独立自主的国家主权原则和平等互利的国际关系秩序，而不是为了寻求对抗。冷战结束以来，我们不仅坚持了反对霸权主义的立场和勇气，而且更注重反霸斗争的策略和方式；做到了既敢于反霸，又善于反霸，与之进行有理、有利、有节的斗争。霸权主义国家在哪些方面表现出蛮横的强权行径，我们就在哪些方面同它们做斗争，而不是事事处处都与它们对立对抗。我们还是致力于在和平共处五项原则的基础上同所有国家都搞好关系。可见，反对霸权主义与不搞对抗、努力发展同世界各国的友好合作关系并不是矛盾的，而是辩证的统一，反对霸权主义是前提和手段，发展与各国的友好合作关系是结果和目的，不同霸权主义进行坚决斗争，就不会有各国友好合作关系的发展；而不努力争取各国友好合作关系的发展，反霸斗争就会失去其正义性和进步意义。

二、既强调要尊重世界的多样性，又强调要维护全人类的共同利益

冷战后，世界呈现出多样性发展的趋势，这是各国独立自主意识和能力增强的突出表现。世界多样性实质上是国家主权平等原则的展现。国家不分大小、强弱、贫富，都具有相同的国际法的主体地位。各国都有权选择符合本国国情的社会制度、发展战略和生活方式，各国的事情要由各国人民自己作主，国际上的事情要由大家商量解决。我国一贯强调要承认世界的多样性，反对少数强权国家干涉别国内政，垄断国际事务，企图把自己的社会制度、发展模式和价值观念强加于他国。

当然，尊重世界的多样性不是绝对的，而是有条件、有前提的，即一个国家无论选择什么样的社会制度和发展道路，奉行什么样的内外政策，都不应损害全人类的共同利益；在行使本国主权的时候，不得侵犯别国的主权。要反对某些国家的当政者借口世界多样性，不顾世界和平与发展的大局和总趋势，滥用国家主权的行为。当前，世界各国联系愈益密切，全球化趋势愈益加强，人类面临的共同利害问题越来越多，这就要求每一个国家都必须把自己的独立主权的行使同世界共同利益的需要结合起来考虑，自觉地依照公认的国际法原则来规范和约束自己的行为。

三、既强调“国权”重于“人权”，反对以“人权”为借口干涉我国内政，又注重改善我国的人权状况，努力促进国际人权事业的发展

冷战结束以后，美国等西方国家打着“人权高于主权”的幌子推行霸权主义和强权政治，大搞所谓“人权外交”，肆意干涉包括中国在内的众多国家的内政，这是对独立自主国际行为准则的严重挑战。中国同美国等西方强权势力进行了坚决的“人权斗争”。

我们在同美国霸权主义的“人权外交”作积极斗争的同时，也以极其认真的态度来看待和从事我国人权事业的发展。我国认为，对于一个国家和民族来说，生存权是首要人权。而生存权首先又表现为争取和维护国家的独立主权，在此条件下，大力发展经济，提高人民生活水平，使国强民富。现在，中国人民的生存权已基本解决，这是中国人民和中国政府在争取和维护人权方面取得的历史性的成就。此外，中国人民也获得了广泛的政治权利，并享有经济、文化、社会等方面的权利。我国还特别注重保障妇女、儿童、老人及残疾人、少数民族的权利。中国的人权具有广泛性、公平性和真实性三个显著的特点。当然，我们并不认为我国的人权问题已经解决得十分理想了。

中国在努力发展我国人权状况的同时，也积极参与

国际人权活动。中国一贯尊重并切实履行《联合国宪章》的宗旨和原则，积极参与联合国系统内国际人权法律文书的起草和制定工作。

四、既坚持奉行不结盟的政策，又积极探寻与各大国发展合作关系的新形式，广泛建立各类“伙伴关系”

奉行真正的不结盟政策，这是邓小平对外战略思想的重要内容，也是我国独立自主的和平外交原则的鲜明体现。在国际关系中，没有永恒的朋友，也没有永恒的敌人，只有永恒的利益。我们完全按照和平共处五项原则的要求，同所有国家一道在寻求共同利益的基础上发展友好合作关系。国与国之间进行这样那样的战略结盟，是冷战的产物和反映，实践证明，这种做法是不利于国际关系的正常发展的。只有真正不结盟，才有利于我国与各大国保持正常关系。

中国不与任何国家建立同盟关系，绝不是再封闭起来，不与任何国家发展必要的交往了。恰恰相反，不结盟，是为了更好地扩大交往，开展正常有益的交流与协作。为了适应冷战后国际形势和大国关系调整的变化，我国积极探索与各大国关系发展的新形式，建立了各类“伙伴关系”。建立广泛的“伙伴关系”是世纪之交中国独立自主外交战略的新体现。

五、既坚持“不当头”的方针，又强调始终站在第三世界一边，代表第三世界的利益

中国是一个发展中国家，属于第三世界，中国同大多数第三世界国家有着相同的命运，过去都遭受过帝国主义的侵略和压迫，今天又都面临着发展本国经济和提高人民生活的任务，也都受着霸权主义和强权政治的侵害，都迫切要求建立和平、稳定、公正、合理的国际新秩序。这就决定了中国必然要和广大第三世界国家站在一起，把与第三世界国家的团结与合作作为我国外交的基本立足点。然而，中国又是第三世界中一个最大的国家，还是联合国安理会五人常任理事国之一，在国际上一直代表第三世界讲话，发挥着举足轻重的独特作用。因此，有些国家认为中国是第三世界的头目，或希望中国当第三世界的头。对此，邓小平又明确提出了中国“永远不当头”的主张。这是我国独立自主的和平外交基本国策的要求和体现。只有这样，我们才能真正做到对一切国际事务，切实从我国人民和世界人民的根本利益出发，根据事情本身的是非曲直，来决定我们的立场和政策，而不受其他因素的干扰和影响。

六、既坚持“不称霸”的基本立场，又强调要“有所作为”，争取为人类做出更大的贡献

永远不称霸，是毛泽东等老一辈领导人为我国所确立的基本原则和立场。邓小平也一再强调，霸权主义是对独立自主的严重践踏和破坏，我们奉行独立自主的原则，必然要反对霸权主义，而反对霸权主义的人不能搞霸权。我们过去、现在仍然受着霸权主义的气，反对霸权主义一直是我国对外战略中的重要任务。中国现在还是一个落后的发展中国家，也没有条件称霸。我们致力于本国的经济建设，虽然取得了较大的成就，但远不够称霸的资格。一些国家别有用心地散布“中国威胁论”，是极其荒谬的。再说，即便是以后中国发展强盛起来，也绝不会搞霸权。富裕强大并不是一个国家搞霸权主义的必然条件，关键是看一个国家的统治集团进行外交活动的目的。中国进行外交活动的目的，就是要维护世界和平。中国是维护世界和平的坚定力量，中国越发展强大，就会越有力地同霸权主义作斗争，会越有利于世界和平。这是中国的国家性质和外交目的所决定的一种必然趋向。当然，永不称霸绝不是对国际事务袖手旁观，该说的不说，该做的不做；更不是低声下气做人，自轻自卑，任人摆布。中国在国际上还要发挥自己必要的作用，做出应有的贡献，要有所作为。

冷战结束以来，我们在坚持韬光养晦、永不称霸的前提下，也敢当敢为，积极活跃于国际舞台，至少在以下几方面显示了我们的作为：(1) 继续坚持反对霸权主义和强权政治的斗争，也声援和支持一切国家的反霸斗争，有力地遏制了霸权主义的嚣张气势；(2) 在坚持和平共处五项原则的基础上，努力推动建立和平、稳定、公正、合理的国际政治经济新秩序；(3) 极力主张并通过做各种实际工作，敦促地区热点冲突和平解决；(4) 在致力于本国经济建设的同时加强对外经济、科技的交流与协作，促进了世界经济的共同发展繁荣；(5) 积极探索、大力推进建设有中国特色社会主义的发展进程，引领世界社会主义的复兴之路。

以上特点体现了冷战后我国独立自主外交战略的原则性与灵活性、务实性的辩证统一。可以说，冷战后我国把独立自主的外交战略切实推进到了一个全新阶段。

(原文约 7000 字，发表于《山东师范大学学报》人文社科版 2002 年第 4 期)

文摘编辑：博文

强化科技反恐意识
加强反恐装备研究

·宋知才

[作者简介] 宋知才，武警工程学院科研部部长。

[内容提要] 本文针对当代恐怖活动的突出特点，对如何加强反恐装备的研究做了论述。

[关 键 词] 当代恐怖活动；科技反恐；反恐装备。

当代恐怖活动的一个突出特点是千方百计地猎取现代科技的最新成果，以期造成最大的社会、政治影响和恐怖气氛。强化科技反恐意识，加强反恐技术装备研究，提高武警部队反恐斗争能力，已经成为一项十分紧迫的课题。

一、当代恐怖活动的新特点

当代恐怖活动大量使用先进技术。一是利用因特网进行联系协调。二是爆炸物的技术含量越来越高，破坏力越来越大。三是运用生物、化学制剂制造的恐怖事件时有发生。四是一些新型武器出现以后被立即用于恐怖活动。当代恐怖活动的上述特点，给我们提出了一个新的课题，这就是反恐斗争必须走科技制胜的路子。

二、反恐装备研究的方向

恐怖活动有多种类型，处置不同类型的恐怖活动，应该有相应的装备。立足我国反恐斗争的实际，着眼反恐斗争的发展，要注意加大以下装备的研发力度。

1. 针对爆炸恐怖，加强反爆炸技术装备研究。重点是研制可早期探明爆炸物藏匿地点的技术和手段，抵御恐怖分子大型爆炸的措施，先进的监视技术及基础设施的保护方法。具体讲，一是编制可模仿多层民用建筑遭恐怖分子炸弹攻击后状况的计算机软件；二是制定可确定汽车炸弹特性的计算机分析模型；三是研制便于单兵携带的微型探测器和高清晰度的扫描仪。

2. 针对信息网络恐怖，加强信息网络技术装备研究。把研发信息网络安全和技术防护产品作为反恐装备研究的内容，力争在加解密技术、电子邮件智能检索、网站智能监控、网页智能阅读等方面有所突破，以提高防护、监控能力和侦察、查处能力。

3. 针对生化恐怖，加强反生化恐怖技术装备研究。反生化恐怖装备研究，要突出四个重点：一是监测鉴定技术，二是清理致害物技术，三是对现场残留的生物战剂、化学毒剂进行转移的技术，四是对污染区地面、道路、建筑物和各种物体表面进行洗消的技术。

4. 针对常规恐怖活动，加强非致命武器装备研究。为有效打击这类恐怖活动，应加强三个方面装备的研发：一是要加强非致命枪械的研发，主要包括激光武器、电子手枪、电飞镖枪、麻醉镖枪、次声波枪等；二是要加强对非致命弹药的研发，主要包括枪榴弹、闪光声响弹、光学炸弹、生化子弹、光学子弹等；三是要加强对非致命器械的研发，主要包括单兵自卫器、激光照明器械、催吐警棍、电休克枪械、火炮发射铝箔布装备等。

三、加强反恐装备研究的组织领导

加强反恐装备研究的组织领导，一是要成立专门的组织机构，负责部队研究活动的计划、组织、协调。二是要依托三个方面的力量，形成高素质研发队伍。一方面是依托院校。院校知识、人才信息密集，可组织相关学科、专业教员，利用现有实验室的仪器设备，结合教学进行关键项目的科研攻关。同时，可以从国外有选择性的引进一些装备，进行吸收转化，形成自主知识产权，缩短研制过程。另一方面是依托部队。部队处在反恐斗争的第一线，对作战中需要什么样的武器装备最有发言权。可组织力量以小型、简单装备的研究、以对现有装备的改进完善为主要任务，进行一些技术含量比较低的项目的研究。第三个方面是依托社会力量，进行无危害技术项目的研究。三是要疏通渠道，加大经费投人。总部要拨给专项经费，保证重大项目的研究。要给院校增拨专项经费，扩建和完善相关实验室，改善院校的科研条件。院校要拓宽经费渠道，采取吸引地方投资联合开发、开展科技有偿服务和科研成果转化等方式，多渠道、多层次地筹措科研经费，努力增强科研工作的造血功能和持续发展能力。部队也要从教育训练经费中安排适当经费用于装备研究。

（原文约 4500 字，发表于《武警工程学院学报》2002 年第 5 期）

文摘编辑：吉川

腐败问题探讨

王寿林　樊石虎

［作者简介］王寿林，北京大学马列主义学院邓小平理论研究中心特聘研究员，法学博士。
樊石虎，北京大学马列主义学院。

［内容提要］本文揭示了腐败滋生的经济、政治和思想根源。指出腐败在经济上是一种吞噬剂，在政治上是一种离心剂，在思想上是一种腐蚀剂。认为腐败产生的原因是综合的，造成的危害是综合的，对它的防治也应当是综合的，即破立结合，打防并举，标本兼治。

［关 键 词］腐败；权力；交易；改革；制约。

腐败是权力主体运用公共权力谋取私人利益的一种行为和现象。当权力主体把公共权力当作自己的私有财产来支配，搞权钱交易、权物交易、权人交易、权权交易，为私人谋取特殊利益时，腐败便产生了。因此，腐败的实质是滥用权力，以权谋私。

一、腐败的滋生条件

腐败是一种历史现象，它的产生具有复杂的社会原因，准确地探明这些原因，是有效地进行防治的基本前提。

首先，政企不分，官商合一，是新的历史条件下腐败产生的经济原因。一般地说来，腐败的主体同时也是权力的主体。但掌握权力只是腐败产生的必要条件，而不是充分条件。在高度集权的计划经济体制下，政府手中的权力要比现在大得多，但那时权钱交易并不像现在这么严重。这是由于没有形成多元的利益主体，政府手中的物资、资金、项目的分配权和审批权并不能给权力主体带来直接的好处。随着以市场经济为取向的经济体制改革的发展、权力的下放和政策的放宽，经济主体开始由一元向多元转变，促使体制外迅速崛起一批以盈利为目的的相对独立的经济主体。然而，此时发展经济所必需的物资、资金仍控制在政府手中，大量的生产要素仍由国家配置。这就使初始形态的市场经济与原有体制交织在一起，市场机制与行政机制同时对经济生活起作用，以致在市场竞争与行政干预之间产生明显的经济落差，造成了权钱交易的内在冲动和外部条件，由此导致权力向经济领域、金钱向政治领域双向渗透，使腐败得以迅速滋生和蔓延。

按照西方“寻租理论”的观点，腐败现象产生的过程，就是权力主体进入市场，利用自己的垄断地位干预经济，创造经济租金，从而诱使经济主体从事寻租活动，通过向他们行贿，获得这种租金的过程。寻租的存在依赖两个基本前提：一是货币化的市场经济；二是行政化的市场管制。这两个前提只有同时具备，才能产生租金和寻租活动。如果只有货币化的市场经济而没有行政化的市场管制，就形不成差价，也就无租可寻；如果只有行政化的市场管制而没有货币化的市场经济，就无法形成巨额租金，同样无租可寻。寻租就是用较低的贿赂成本，获取较高的经济收益，其实质是一种权钱交易。

政府对市场的管制，大大增加了官员对经济进行种种干预的权力，为设置租金提供了方便。由设租到寻租，产生了一个因果联系的恶性循环圈，即行政部门对经济的干预产生租金；人们为了寻求租金向官员行贿；从共同分享租金中得利的官商既得利益者又力求保持原有租金制度并设置新的租金制度。这就形成了设租、寻租的“滚动效应”。目前一些地方和单位设立的办事审批程序，较之以前不是变得更为简捷，而是变得更为复杂了，需要经过更多的行政机关审批。原因是凡有权参与审批的机关都可从中得到好处。由此可见，设租、寻租的“滚动效应”不仅为深化改革制造障碍，而且还有吞噬掉已有改革成果的可能。

其次，权力的运行缺乏有效的制约，是新的历史条件下腐败产生的政治原因。在社会主义现阶段，个人利益和公共利益既存在着共同的基础，又存在着一定的差异和矛盾，决定了谋求个人利益的动机仍然是构成人们主观世界的一个重要因素。而权力本身具有内在的矛盾性，它一方面同社会的公共利益相联系；另一方面又是由社会中的一部分人所直接掌握，因而同掌权者的个人利益相联系。权力的运行过程也就是社会价值和社会资源的分配过程，分配社会价值和社会资源的过程就为一些人利用手中的权力牟取私利提供了条件，如果对此不加限制，谋求个人利益的动机就会转化为以权谋私的客观行为。按照新制度经济学的观点，腐败实际上是公职人员和那些参与权钱交易的人在追求个人利益最大化的自利动机驱使下经过成本和收益的计算后所作出的一种合乎理性的选择，而制度通过影响个人对收益与成本的计算最终影响个人选择。目前我国出现的大面积腐败，这是因为有相当一部分公职人员选择了以腐败的方式来满足个人利益和需求。它表明现行的制度结构和制度安排存在着重大的缺陷，不仅诱使越来越多的公职人员从事腐败活动，而且提供了相应的机会，使从事腐败活动被发现和受制裁的机会很小。换言之，腐败已成为一种有利可图、有机可乘的达到个人利益最大化的行为方式而被许多公职人员所选择。

由于我国正处于计划经济向市场经济过渡时期，国家对经济生活的管理和调控还缺乏经验，因而难以很快制定出适应市场经济发展需要的法律法规，甚至国家机关自身的运转也难以很快形成适应市场经济发展需要的活动规范，使国家机关及其工作人员的行为往往缺乏周密、健全的制度约束。从现有的监督法规制度来看，大部分侧重于追惩，一些具有预防功能的监督法规制度，如党政干部家庭财产申报登记制度、家庭重大事项报告制度、亲属回避制度、职务开销制度还没有普遍实施。而追惩性的监督法规制度在规定上也往往过于原则，空隙多，弹性大，难以把握和操作。这也为腐败的产生提供了机会和条件。

再次，在改革开放新的历史条件下，资产阶级拜金主义、享乐主义、利己主义思想意识和生活方式也乘机渗透进来，并与封建思想残余遥相呼应，兴风作浪，共同毒害着人们的灵魂，对腐败的滋生和蔓延不能不产生直接的助推作用。

同时，随着市场经济的发展，等价交换原则的贯彻，经济联系开始由实物形态向货币形态转换，使货币的作用得到了充分的显现。货币天然的诱惑力在有了肥沃的土壤后，往往会本能地诱使人们见利忘义、惟利是图。由于货币既不受实物的自然技术的限制，也不受个人的生理需要的限制，促使一些人对金钱的追求变本加厉，因此，金钱的腐蚀和诱惑也是滋生腐败的一个重要原因。

二、腐败的防治对策

腐败现象是一种综合症，其产生的原因是综合的，造成的危害是综合的，因而对它的治理也应当是综合的，即破立结合，打防并举，标本兼治。

首先，要加快经济体制改革，不断铲除滋生腐败的土壤。在这些土壤中最值得注意的是权力主体充当经济主体，直接卷入经济活动。按照“寻租理论”的观点，寻租活动是与政府对经济的过度干预密切相关的。实践表明，那些经济体制改革滞后的领域，往往是腐败大肆泛滥的领域。因此，惩治腐败关键在于深化经济体制改革，尽快走出两种体制交替并存的旋涡，努力创造一种难以凭借权力牟取私利的经济环境。只有完善的市场经济体制建立起来了，官场与商场联系的脐带割断了，才能给权钱交易以釜底抽薪，从根本上遏制腐败。

其次，要建立健全有效的权力制约机制。根据我国的国情，建立健全有效的权力制约机制：

1. 以法制制约权力。缺乏必要的约束，就为一些人徇私舞弊提供了条件。而建立健全法律制度，就使掌权者办事有了可以遵循的统一标准、明确的范围和既定的程序，从而减少权力行使的盲目性和随意性，有效地堵塞各种漏洞，确保权力在正确的轨道上合理运行。比如，政府采购制度，即政府以公开招标投标的方式从国内国际市场上购买商品或劳务的制度的实行，对于打破“暗箱操作”的采购模式，规范市场行为、企业行为和政府行为，从源头上防治腐败将起良好的作用。

2. 以责任制约权力。无论何种权力主体，无论何种权力行为，只要启动了权力，就应当承担其责任。美国研究发展中国家腐败问题的专家罗伯特·克利特加德列出这样一个等式：腐败条件＝垄断权＋自由裁量权－责任制。因此，必须建立健全责任制，使权力和责任相结合，由此形成层层相依、环环相扣的权力责任关系，使各种权力行为都成为行使法定权力、履行法定责任的行为；使掌权者在主观上明确、在客观上承担由行使权力所产生的各种后果，审慎地运用权力。

3. 以权力制约权力。比如，建立健全监察审计机关，以强制力量抗衡强制力量，才能产生满意的制约效果，有效地杜绝各种滥用权力的现象发生。

4. 以人民群众的民主权利制约权力。在掌权者的办事权限公开、办事依据公开、办事过程公开、办事结果公开的基础上，接受人民群众的民主监督，是杜绝以权谋私等腐败现象的一种有效手段。充分发挥人民群众的民主监督作用，不仅可以形成得民心者上、失民心者下的选择机制，而且还可以使掌权者充分体认到人民群众的力量和权威，引导其自觉地按照人民的意志办事，全心全意为人民服务。

再次，要加强廉洁奉公、遵纪守法的教育。通过教育，使广大干部破除拜金主义、享乐主义和利己主义，树立马克思主义权力观和金钱观，充分认识到自己手中的权力不是个人的，而是党和人民的，党和人民授权于自己，是为了执行公务，服务于人民；如果利用这种权力谋取私利，就玷污了权力，使权力发生变异。由此提高党政干部的政治素质和拒腐防变能力，使之警钟长鸣，时刻保持清醒的头脑。

此外，要充分发挥惩戒在反腐败斗争中的作用。通过惩戒，治病救人，这也是一种教育形式。在市场交易活动中，所有经济主体的行为准则都是趋利避害，权钱交易主体也不例外。如果这种交易给个人带来的利益大于受到的损害，那么，交易行为便会继续进行；如果这种交易行为受到了严厉的打击，就会被有效遏制。建立严密的监控系统和制定严厉的打击措施，以增加腐败的成本，是反腐败的一种有效途径。

（原文约7600字，发表于《华北电力大学学报》社科版2001年第1期）

文摘编辑：许放

论集体腐败的经济学根源

倪　星

［作者简介］倪星，武汉大学法学院政治学与行政管理学系讲师，主要从事行政学原理、组织与人事理论方面的研究。

［内容提要］集体腐败是当今社会中的一个严重问题。根据公共选择与集体行动理论，人们的利己主义动机与经济租金相结合，促使公共权力与经济财富之间互相交换，并通过小集体活动的方式表现出来，这是导致集体腐败的根本原因。因此，完善市场经济体制，加强各种监督机制，加快反集体腐败的立法，强化道德约束等等，是当前遏制集体腐败的有效对策举措。

［关 键 词］集体腐败；公共选择；集体行动理论。

腐败被称为“政治之癌”，它是人类社会健康肌体上的毒瘤，也是困扰世界各国政府的普遍问题。值得注意的是，一种新的腐败形式正在我国呈现出一种蔓延的趋势，那就是国家机关中的工作人员集体腐败行为。集体腐败是相对于单个个体的腐败而言的，它是指拥有一定公共权力的某政府机构中的一些人或全体成员，共同利用本机构的公共权力谋取本单位成员私利的行为。与个体腐败相比，集体腐败有以下几个明显的特征：（1）行为的主体大，人数多；（2）个人之间相互联系，发生交互共同作用；（3）对社会的影响危害更大；（4）比个体的腐败行为更复杂，而且更难于查处。

一

一种良好的政治制度应是：它不否认政府官员及其他个人存在追求自身利益的动机，但它能够保证他们追求自身利益的结果是实现国家和集体利益，而且这种非自主性的追求效果要大于自主性的追求效果。

政府官员在现实社会中同样扮演“经济人”的角色，他们也具有利己主义动机，在法律、制度、道德等约束下寻求自身利益最大化，这种假设才更符合实际情况。在当前，一个政府官员的效用目标可能是：本单位或地区经济实力扩大、表现政绩、个人升迁、实际收入或隐性收入增加、对资源的支配权力、为子女及亲友着想，等等。政府官员具有利己主义动机并不是不正常的，我们没有必要总是从道德上加以谴责，当然也不能仅从道德上采取措施。腐败问题的关键在于“经济租金”的存在。只有利己主义动机与经济租金两种因素相结合，通过寻租活动的方式表现出来，才能真正导致腐败行为。

二

寻租理论是西方新政治经济学的一个贡献。所谓租金，从经济学意义上讲，是指某生产要素所有者获得的收入中，超过这种要素的机会成本的那部分剩余。寻租是指人类社会中非生产性的追求经济利益的活动，即是维护既得经济利益或对既得利益进行再分配的活动。从行政学角度来看，租金泛指在政府干预中，由于行政管制市场竞争而形成的级差收入，而一切利用行政权力谋取私利的行为都被称为寻租行为。

亨廷顿在《变革社会中的政治秩序》中指出：“腐败的基本形式就是政治权力与经济财富的交换。”这种交换得以形成的纽带就是寻租活动。寻租活动实质是权钱交易。有钱的一方为经济当事人，他们是这种交易的主要受益者；有权的一方为政府官员，他们也是受益者，可获得贿赂费用。由此，寻租活动在掌握政治权力的人和拥有财富的人之间架起了一座桥梁，一方用政治权力换取金钱，另一方则用金钱换取政治权力以谋求更大私利，这是经济人追求利润最大化行为的异化表现。

对于经济当事人而言，寻租就是用较低的贿赂成本获取较高的收益或者超额利润。这种寻租活动不是通过创造物质财富来增加利润，而是通过各种合法或非法努力，如游说与行贿等，促使政府出面干预经济活动，帮助限制竞争，增强自己的垄断地位等方法，来获取高额垄断利润。对于政府官员而言，寻租就是运用自己手中的行政权力来谋取私人经济利益。政府官员在寻租活动的过程中不仅仅是扮演一个被动的、被利用的角色，而往往是主动地去进行“政治创租”和“抽租”。政治创租是指政府官员利用行政干预的方法来增加私人企业的利润，人为创造租金，诱使企业向他们进贡作为得到这种租金的条件；抽租是指政府官员故意提出某项会使私人企业利益受损的政策作为威胁，迫使企业割舍一部分既得利益与之分享。

寻租腐败行为有强烈的示范效应，具有恶性循环的趋势。寻租活动本身是企图获得一种垄断和特殊利益，它破坏了市场竞争的公平性，其他人或部门就会感到“吃亏”，进而也想“不拿白不拿”，这样促使更多的人参与寻租活动。比如，一个项目审批要盖几十、上百个公章，只不过是政府机关中各个部门之间争着吃租的一种外化表现；又如个人和企业行贿的金额越来越大，也是他们之间为寻租而进行的一种竞争和攀比。

寻租腐败行为之所以在我国呈现出一种急剧增长的势头，除了有其深刻的历史原因（诸如封建思想的遗留等等）外，主要还有以下几个方面的原因：（1）政府对市场的行政干预。（2）对行政权力缺乏有效的监督。（3）社会规范的僵化。

在当代中国，寻租腐败行为已达到触目惊心的地步，成为妨碍社会进步、经济发展和政治稳定的公害。

三

下面我们运用集体行动理论，从行为主体的心理方面分析集体腐败的内在主观原因。

分利联盟与阶级、政党这样一些集团相比，相对来说，人数少得多，而且每一个个体的作为都会对联盟的利益产生极大影响，联盟也会对每一个个体的作为或不作为采取有针对性的奖励或惩罚，从而敦促个体为联盟的利益而努力工作。而当联盟的利益与个体的利益趋于一致，并且个体能从联盟中获得选择性刺激时，个人理性便很容易地转化为集体理性了。分利联盟有着强大的凝聚力和协调一致性，它的行动往往比单个个体的行动更有效率，这种规模效应能够节约更多的交易成本。

然而，分利联盟的活动不可避免地损害着社会整体利益，尤其是政府机关中产生的分利联盟对国家政治、经济生活产生的负作用更是显而易见的。因为，分利联盟往往只求获得自己的更大份额而置社会总体收益的下降或“公共损失”于不顾，如此一来，那些游离于分利联盟之外的其他社会成员则受到了损害。

当前，我国的个体腐败行为越来越多地受到来自法律的、行政的、社会的压力，个体的国家机关工作人员很难、或者说不敢直接拿自己手中掌握的权力去换取个人的经济利益。虽然受到了某种程度压抑，但他们依然是经济人，他们内心深处仍有追求个人利益最大化的动机。当他们的工资、奖金、福利等物质收益不能满足实际生活需求，而手中又掌握着随时可转化为物质财富的权力或者说是掌握着大量租金的时候，在个人追求利润最大化的行为受到来自社会各方面压力的情况下，有着共同利益的国家机关工作人员便会因制约集体腐败的社会规范还不健全，经过一段时间的博弈过程，最终形成了牢固的“分利联盟”——一个个以公共权力牟取私利的小集体。他们利用手中的行政权力干预市场，有意识地进行政治创租和抽租使公共权力发生异化，蜕变成为谋取小集体利益的工具。正如恩格斯所说：“社会起初用简单分工的办法为自己建立了一些特殊机关来保护自己的共同利益，但是后来，这些机关，而其中主要是国家政权，为了追求自己的利益，从社会的公仆变成了社会的主人。”比如，公款吃喝、公费旅游、集团高消费、乱摊派、乱收费、乱罚款、单位小金库等等，凡此种种，都是集体寻租腐败行为的表现。

腐败行为由个体化逐渐向集体化发展，从行为主体方面看，也有其深刻的心理方面的原因：

1. 政府官员的“经济人”角色。政府只是一个抽象的概念，在现实中，政府是由政府中的政治家与公务人员组成的。他们都是经济人，都有自己的私利，往往以追求自身利益极大化作为行为的直接准则之一。这是人之常情，无可厚非，而且，社会还应对人们追求自身物质利益的正当权利和要求提供保证。然而，政府官员又掌握着国家权力，在失去必要监督的情况下，则可能会将对自身利益的追求凌驾于对国家利益的追求之上，甚至异化为对他人或国家利益的侵犯。

2. 责任扩散心理。个体的腐化行为因为责任主体分明，人们往往要考虑到自身行为所负的直接责任、其后果对个人的影响及心理能否承受等问题。而在集体腐败行为中，客观上由于责任主体分散，所有行为个体都不同程度地负有责任，但相对于个体行为所承受的巨大压力和风险而言是极其有限的，其后果对个人的影响也相对较小，这种责任分散心理容易使行为主体对行为责任抱无所谓的态度。

3. 法不责众的心理。由于集体腐败客观上行为主体分散，后果对个人的影响较小，集体腐败的行为主体又会自然增加一种平衡心理，减弱对行为后果的惧怕，即产生一种对后果惩处的法不责众的预期心理。因而集体腐败行为主体往往是知法犯法，甚是猖獗。

4. 从众心理。在新旧文化冲突和社会转型时期，变化中的社会各方面缺乏稳定的、成熟的行为规范，行为主体的社会感知能力减弱，难以把握行动目的和方向，经常产生盲目从众心理。加之责任分散心理、法不责众心理以及传统的攀比心理等，又加剧了这种从众心理。

政府官员的集体腐败行为严重地危害着社会政治、经济的健康发展，为人们所深恶痛绝。对集体腐败行为的恶性扩展和膨胀，要在体制上下工夫，以制度创新消除经济租金的源泉，同时采取各种措施来遏制分利联盟的发展，从而最大限度地防治集体腐败行为。

第一，完善市场经济体制，加速政府职能转变。

第二，加强监督机制。

第三，加快制定反集体腐败法律，严惩主要责任人。

第四，强化道德约束。

（原文约 9000 字，发表于《武汉大学学报》社科版 2001 年第 1 期）

文摘编辑：许放

网络化趋势对我国政治文化的影响

刘 彤 赵学琳

[作者简介] 刘 彤，东北师范大学政法学院教授，博士生导师，法学硕士。
赵学琳，东北师范大学政法学院研究生。

[内容提要] 本文从网络的不平衡性，解构性，快变奏、差异性和虚拟性，以及它的丰富消费资源等方面，分析了近年来网络化趋势对我国政治文化的影响。

[关 键 词] 网络化；政治文化；思想政治教育。

政治文化是指人们对于作为整体的政治体系、作为过程的政治输入和政治输出、作为参与者的自身角色的认识导向、情感导向和评价导向。在社会主义初级阶段，网络作为一种积极先进的变革力量，正在构造着一个新鲜陌生的世界，深刻影响到我国的政治经济环境、社会生活状况和个人的思想观念，影响到人们对待整体的政治体系和自身政治角色的认识、情感和评价的导向。主要有以下几个方面。

第一，网络的不平衡性扩大世界格局中的事实差异，改变着中外政治文化的背景形势。以欧美为代表的西方政治文化通过政治、经济、文化的交往在其传播、竞争和较量中处于主动位置，在表现为对弱势政治文化的排挤和渗透的同时，也对弱势文化主体产生了强大的吸引力，一度在我国学术界和民众中引起一定的反响。势能的强弱虽然不能决定政治文化的性质优劣，但事实上的不平衡在一定程度上必然会对不同制度政治文化的平等、独立和自身的合理性产生倾向性影响。不顾具体国情和历史条件照搬照抄西方的民主政治模式，导致一部分人不注重政治文化的学习和修养，政治忠诚感和归属感淡化。

第二，网络以极强的解构性冲击着国家对信息的控制，并体现着国际社会中制度文明和民主观念的矛盾与斗争。作为信息的载体和媒介，网络给人们带来极其丰富的信息量，鄙视一切国界的“数字化空间”和信息跨国流动，冲破了传统政治设置在宣传媒体上的信息壁垒。政府像以往对待报纸、广播、电视那样运用行政手段、思想管制来控制人们的思想，排除异质政治学说或敌对性政治文化的侵蚀，将会变得越来越困难。在网络世界中，开放自由的空间在为不同文化进行交流和比较提供机会的同时，也使得各种文化和取向的差别和对立更为彰显。“文明的冲突”在网络上体现得淋漓尽致。人们在网络中可以接触各种模式的政治体系、各种取向的政治学说，进而影响到他们对自己国家的政治比较和评价。

第三，网络世界的快变奏、差异性和虚拟性加剧了人们的信仰危机，增加了人们政治文化建设的复杂性。人们的认同信仰危机是目前国际范围内存在的问题，是社会生活的剧变与社会规范的滞后相矛盾的产物，而网络化趋势却加剧了这一矛盾。

网络的丰富内容和复杂结构造成个人在政治、经济、社会、家庭等角色上的重叠与混淆，使得经济利益、政治信仰、民族感情、个人尊严之间的冲突更为具体和突显，再加上网络世界缺少统一的行为规范和解释规则，从而深化了人们的思想矛盾和自信危机。同时网络以丰富多彩的内容、变幻多端的视角和虚拟的存在形式，将每一位网民置于多重的身份和多变的角色中，从事不同的工作、生活和理想诉求，构造着相互差异的生存环境，必然导致人们在认知模式、知识结构、人文精神和价值取向的不同。

第四，网络以其丰富的消费资源助长了消费文化、享乐主义的流行，对精英文化、政治文化形成了强大的冲击。网络从感性的层次上分解人们的政治信念和政治热情，人们对政治生活和政治权利漠不关心，政治观念淡化。

针对全球网络化趋势对我国政治文化的具体影响，为建设健康、积极的社会主义政治文化应开展认真细致的工作。

第一，利用网络加强思想政治教育，提高人们抵御反动言论和腐朽思想的政治鉴别力和政治敏锐性。

第二，加强网络礼仪和网络伦理的规范和教育，营造健康向上的网络文化氛围。

第三，重视信息技术，加强网络的技术建设，清除和防范有害信息。

第四，利用网络加强民主政治建设，创造广泛的政治参与机制，丰富人们的政治实践。

（原文约4000字，发表于《东北师范大学学报》哲学社会科学版2002年第1期）

文摘编辑：许放

创新是加强高校思想政治工作的切入点

张保芬

[作者简介] 张保芬，山东省政法管理干部学院。

[内容提要] 21世纪是知识经济时代，知识经济呼唤素质教育，素质教育的核心就是培养具有创新精神和创新能力的德才兼备、全面发展的高素质创新人才。高校思想政治工作是高校一切工作的生命线，是高校深入改革和发展的精神动力。当前发展变化了的新形势、新情况，客观上要求高校思想政治工作不断创新，高校思想政治工作创新主要应从观念、内容、方法、机制、队伍和环境等方面进行。创新是高校思想政治工作灵魂，是高校思想政治工作得以加强的切入点。

[关 键 词] 思想政治工作；创新；创新精神；创新能力；切入点。

一、高校思想政治工作创新是当前形势发展变化的客观要求

1. 知识经济呼唤素质教育，素质教育要求高校的思想政治工作改革创新。知识经济时代是一个不断创新和崇尚创新的时代，创新是知识经济的灵魂。在知识经济时代，随着世界经济全球化步伐的加快，高科技的迅猛发展，国际间在经济和科技等领域的竞争日趋激烈，国家之间的竞争将主要从有形产品的竞争转向无形的知识竞争，科技和知识的占有程度、创新能力，将成为经济增长的核心，成为促进经济发展的最基本的生产要素，成为竞争的基础。而占有科技和知识的人才是未来经济的制高点，是这场新的国际竞争的焦点，是竞争决胜的关键。人才的创新精神和创新能力在人才的诸要素中尤为重要，其作用远远超过资金的投入与积累、市场的占有与扩张。在人的综合素质中，思想政治素质起着价值导向作用，是人的综合素质高低的决定因素。

2. 信息网络技术的发展，世界政治思想环境更加纷繁复杂，要求高校的思想政治工作改进和创新。在我国，接受网络文化最快、受网络文化影响最新、最广的，莫过于有较高文化层次的大学生。网络文化对人类和社会的影响是双重的，既有积极健康的一面，也有消极不利的一面，可以说是一把“双刃剑”。其对高校思想政治工作的影响也是如此。近年来，我国互联网日益普及，传播媒介和传播形式日益先进化，一方面为高校开展思想政治工作提供了现代化手段，拓展了思想政治工作的空间和渠道；另一方面，互联网是开放的、全球的，能超越民族和国家界限传播各种思想文化信息，东西方文化在这里交融。西方发达国家利用互联网的这一特性，将其许多政治与文化的不良信息夹带上网，以资本主义思想观念、反共反社会主义观念和政治谣言，加紧对我进行文化、思想渗透和侵蚀，在意识形态领域西化、分化和弱化我们，加紧同我们党和政府争夺群众，争夺青年。高校大学生好奇心强，求知欲旺，接受新事物快，最容易受“网络殖民文化”欺骗、蒙蔽，有的甚至迷失方向，造成人生价值观的扭曲。这是一场没有硝烟的战争。这种情况为高校思想政治工作赋予了新内涵，无疑对高校的思想政治工作形成了挑战性的影响，决定了高校思想政治工作的复杂性，从而增加了高校思想政治工作的难度。对此，高校的思想政治工作要增强紧迫感，解放思想，实事求是，开拓创新，要深入掌握和探索网络文化的宣传规律和特点，密切关注和研究信息网络发展的新动向，善于利用网络开展创新性的工作。

3. 我国改革的深入和市场经济体制的逐步建立，人们思想道德的嬗变，要求高校思想政治工作改进和创新。我国社会主义市场经济体制的逐步完善，改革开放的不断深入和发展，使社会经济成分、组织形式、利益关系和就业分配方式呈现多样化，也使得人民群众的自主意识、竞争意识、效率意识、民主法制意识和开拓创新意识进一步增强，各种社会矛盾集中突现，从而带来了人们思想认识、道德准则、价值取向、思维方式的多变性。此外，一些社会腐败现象的滋生蔓延，拜金主义、享乐主义、极端个人主义抬头，非法宗教活动和封建迷信活动猖獗，这些都会给资产阶级思想、封建主义迷信思想和歪理邪说以可乘之机。高校大学生的思想也不可避免地会受到冲击和影响，这在一定程度上抵消高校思想政治工作的实际效果。因此，高校的思想政治工作应认清当前我国变化了的经济政治形势给大学生思想带来的影响和变化，紧紧围绕高校改革和发展这一中心开展工作，转变观念，充实内容，更新方法，充分调动大学生学习的积极性，让大学生的体力、智力和爱国敬业精神全部凝聚在为祖国的“四化”建设之中，使高校在激烈的竞争中站稳脚跟，求得发展，并不断与国际教育接轨，为我国高等教育全面国际化打下坚实的基础。

二、新形势下高校思想政治工作创新的主要方面

1. 观念创新。进行高校思想政治工作创新，首先是观念上的创新，如果观念不转变，不创新，则内容、方法、机制、队伍和环境的创新就失去了前提。因此，在新思想、新观念层出不穷的当今社会，高校的思想政治工作必须坚持以邓小平理论和江泽民同志关于“三个代表”的讲话为指导，必须坚持从实际出发、实事求是的马克思主义思想路线，以面向未来的战略眼光，立足于大学生的思想实际，率先在思想观念上吐故纳新，与时俱进。只有主观和客观相符合，才能体现出“新”字，只有观念与工作实践相贴近，才能实现高校思想政治工作观念的真正创新。

2. 内容创新。当前，高校思想政治工作要增强时代感，加强针对性、实效性和主动性，在内容上就要调整侧重点，扣紧时代主题，在继承以往优良传统的基础上有所创新，在充实完善的基础上有所创新，在加强提高的基础上有所创新。即从全面素质教育的角度重新思考高校思想政治工作的教育内容，赋予高校思想政治工作崭新内容，新的思想政治教育内容，不仅要用全新的视角、全新的逻辑思维继续突出马列主义、毛泽东思想和邓小平理论教育，爱国主义、集体主义、社会主义教育，职业道德、社会公德教育，艰苦奋斗、勤俭建国和基本国情教育，而且要把最新的社会科学知识如最新的经济知识、法律知识、哲学知识、现代市场经济和国际金融贸易知识等，最新的自然科学知识如计算机、生物工程、高新技术、现代工农业知识等融入其中，提高高校思想政治工作的知识含量，用科学知识开启大学生的心智，增强高校思想政治工作的新颖性、吸引力和活力，从而实现用现代科学理论武装人、说服人和教育人的目的。

3. 方法创新。一是由单一向立体的创新，变传统单纯依靠高校思想政治工作人员的说教、教师的灌输和高校自身力量为高校全面参与、学生自我教育和全社会的沟通与协作的方法，形成一种全员全过程全方位立体教育新模式，从而使高校达到教书育人，管理育人，服务育人的教育目的；二是由封闭教育向社会实践的创新，变传统的课堂讲授、形势报告等偏重理论灌输形式为丰富的校园和社会实践活动，使思想政治教育以生动的实践为载体，使思想政治工作寓教于乐，寓教于行。三是充分利用现代化信息技术，逐步建立高校思想政治工作的快速反应系统。

4. 机制创新。目前高校的思想政治工作要加强，必须根据变化了的新形势，建立起一个覆盖面广、渗透性强、灵敏度高的组织体系，把思想政治工作延伸到各个学生、各个学生宿舍、各个班级、各个系部及高校的各个领域，实现运行机制的不断完善和创新。一是领导机制创新，就是高校思想政治工作要坚持党委的统一领导，树立“大政工”概念，建立健全总揽全局，协调各方，各有关部门共同负责、齐抓共管机制。二是运行机制创新，就是指在高校政工部门内部的结构关系上，要建立健全一个科学、合理、高效的工作运行机制。主要应在完善和创新教育机制和渗透机制上下功夫。完善和创新教育机制要求在内容上将政治导向、思想教育、道德风范、法纪约束和文化陶冶有机结合起来，构成“大教育”网络，达到大学生自我教育、相互教育的目的；完善和创新渗透机制要求把思想政治工作渗透到高校各具体工作之中，以影响大局和大学生关心的问题为突破口，建立高校思想政治工作的调研、咨询、反馈机制，加强高校思想政治工作及其有关领域信息的收集、加工、处理、反馈，确保高校思想政治工作决策科学，指挥灵敏，反应快速。三是自律机制创新，就是高校思想政治工作要充分利用抓培训、抓典型的方法，组织竞赛活动的方法，评优树先的方法，精神鼓励和物质奖励相结合的方法，实施法制宣传和查处违纪案件的方法等，为大学生创造表现自我、施展才华、实现自身价值的机会和条件，提高大学生自我修养的自觉性和能动性。四是管理机制创新，就是高校思想政治工作在发挥教育功能的同时，要辅以严格的管理，把教育与管理有机地结合起来，以弥补教育的缺陷。管理是优化教育环境、强化教育的手段，由此可见，管理也是教育。严格管理主要体现在建立和完善高校的基础文明日常行为准则上，高校的制度建设是高校思想政治工作的一项重要课题，在当前应根据时代和形势的发展变化，在以往行之有效的基础上，制定和完善一套具有时代教育特色的综合规章制度，综合管理大学生的学习、生活，引导大学生积极主动参与学校各项活动，提高大学生自律自主的能力。

（原文约8000字，发表于《政治论丛》2002年第1期）

文摘编辑：博文

清末中国对反犹主义的了解
——兼与《犹太文明》一书的作者商榷

李长林

[作者简介] 李长林，湖南师范大学文学院教授。

[内容提要]《犹太文明》一书的作者认为20世纪初之前中国对世界各地的反犹主义一无所知。作者这一论断不符合实际，事实是从19世纪末到20世纪初，中国对世界各地犹太人遭受迫害而处于十分悲惨境地的情况多有记述，对反犹主义持反对和谴责的态度，对犹太复国主义持赞赏态度。

[关 键 词]《犹太文明》；反犹主义；犹太复国主义。

《犹太文明》一书第十五章第三部分“中国人眼中的反犹主义和锡安主义”中，作者指出：20世纪初之前中国人对世界各地反犹主义一无所知，直到20世纪初俄国人为逃避迫害来到中国之后，中国人才开始听说外部世界存在有反犹主义。后来，在20世纪20年代个别文章才开始谈及反犹主义，但一般中国知识阶层对反犹主义，仍知之甚少，并表示不可理解。我认为这些论断不符合实际。事实是，从19世纪末到20世纪初年（20年代以前）中国人对世界各地犹太人遭受迫害而处于十分悲惨的境地多有记述，对反犹主义有所了解。

19世纪以来，居住在欧洲各地的犹太人基于宗教上、经济上、民族上的原因，受到更加残酷的迫害，尤其在俄国备受虐待，曾引起中国旅外人士的关注与同情。

1889年到1893年受清廷委派出使美国、西班牙和秘鲁的崔国因曾写有《出使美日秘日记》，崔氏有15则日记以同情的态度记述了犹太人在俄国等地遭受迫害与虐待的悲惨境遇，其中重要者有下列6则：

(1) 1890年五月初八：查一千八百年前，耶稣游历说教，至犹太而被戕，犹太国灭，奉犹太教者，遂散而之四方。今又为俄所不容，是犹鼠入牛角，渐自窘矣。(2) 1890年十一月二十日：俄廷新定则例，自明年正月一号起，国中田地不准质卖与犹太人。犹太商人前受俄廷优待，准置田地，以后不准。另画一地，令犹太人居之，他处均不许居之。闻犹太人见此苛例，多思离俄云。(3) 1890年十二月初二：俄人议逐犹太之民。已有出境者，饥寒所迫，伤亡甚多。(4) 1890年十二月三十日：俄国来电云：俄户部大臣因俄廷苛待犹太人，于本国商务有碍，因请俄皇暂罢逐客之令，俄皇已经批准。

因谨按：观此而知泰西之重商务也。俄之君、臣所以罢逐客之令者，非有所爱于犹太人也，亦为商务耳。若曰“吾欲投鼠而忌器”云耳。(5) 1892年五月二十四日：欧洲报言：俄国饥民，弱者为饿殍，强者为盗，商旅难行。犹太人去俄者尤多，由俄入德国境界约四十万人，德人拒之不从，致用枪毙数人，始不敢入境云。

因谨按：俄之民苦矣。犹太之民亦苦矣，中国前此河南、山东之荒尚不至如此也。客民安居之久，忽逐之出境，至无所归，流离道路，均仁者所不忍也。(6) 1893年三月二十六日：俄廷二月间出示通谕：所有保阑者（即波兰）犹太人之散处各村者，一律迁入城镇，俾官府得以约束云云，其实欲以转徙不安者，迫之出境，此项犹太人又必来美，美国亦设法禁阻云。

19世纪末到20世纪初的俄国发生过两次大规模的屠杀犹太人事件，第一次发生在1881—1884年，第二次发生在1903—1909年。崔国因上列记述当为第一次屠杀犹太人事件的余波。继崔国因之后，对境外犹太人备受虐待情况进行过记述的是单士厘。她1903年以后去欧洲时，曾目睹过犹太人在各地辛酸悲惨的生活，写了专文《罗马之犹太区——格笃》。所谓格笃即居住犹太人的隔离区。这篇专文自罗马帝国时代虐待犹太人写起，历数罗马皇帝喀里古拉、谛度、中世纪教皇虐待犹太人的种种行径。

这篇专文还详细记述了19世纪居住在罗马格笃内的犹太人的悲惨的生活情况，没有完全财产所有权的低下社会地位。作者明白表示，写这篇专文的目的是为了以示亡国遗黎受辖于白人治权下之惨况。

在清末，中国对犹太人的悲惨处境不仅寄予关注与同情，由于当时中国不断受到列强的欺凌，一些有识之士还提出中国务以犹太人的悲惨境遇为鉴，奋力救亡力图存。这时，中国发行的一些报刊也注意报道关于犹太人在世界各地，尤其俄国在1903年屠杀犹太人的事件。《新民丛报》第三十号，三十二号（分别出版于1903年5月10日和5月25日）有专文报道了俄国敂西涅甫（今译基希涅夫）俄国虐杀犹太人的消息，类似的报道和评论又见于1903年出版的《国民日报》第四集，1903年出版的《浙江潮》第7期，1904年出版的《江苏》第四期和1904年出版的《警钟日报》第13号，第41号，第44号，第59号，第77号，第79号上。《浙江潮》第7期上的《呜呼犹太人》一文中，开头特别提到俄国虐杀犹太人一事，上海各报有详细报道。《江苏》第四期发表的题为《俄人虐杀犹太人》的评论中，揭露了俄国政府支持、怂恿反犹活动的情况。评论说：基希涅夫屠杀犹太人事件导致出现了“八万无家乡无生命之不幸儿”！“在残杀前三星期，俄国内务大臣封氏亦预知有此事，不惟不为秩序之维持，且逞其极阴恶之手段，仅于杀戮二日以后，颁布禁止之令，所派遣前往之军队，惟对空中鸣枪而已。”《警钟日报》第13号上记载的专文《犹太人之遗民》还提到东三省之犹太人曾与华工共结团体，在日俄战争期间同抗俄兵。（此专文又载1908年出版的《东方杂志》第1年第4期）。《警钟日报》第79号上的评论《论俄人虐杀犹太人事》，记述了俄国政府支持反犹主义的真相。俄国法庭在审判1903年基希涅夫地方虐杀事件的参与者时，竟处以轻刑：仅1人被判四年禁锢，16人被判4月到1年的禁锢，其余36人无罪免议。评论揭露说：此种惨杀事件震动全球耳目者，所定之罪如此其轻是无异于俄国政府公认杀虐犹太人为合理之事，而鼓励其民恣其暴行以杀犹太人也。这篇评论还披露了俄国首都一个名叫明乞哥夫的记者反犹主义的思想言论。他的思想言论概略如下：现在俄国所居之犹太教人其数及八百万，此八百万人之宗教语言皆与吾俄异趣。彼对俄罗斯帝国尝有怀敌之心，其人既不适于耕作农业，其下等社会生事艰苦往往为卖淫欺诈之事，其高等社会多蟠踔于俄都或就高等职务或主持银行，俨然忘其所自，而为俄国之地主。岂如此种人心眼中固以独立之俄国与希腊教为彼之仇敌。吾俄有此种人宛如纯美狮子其毛间有败害肢体之虫云云。这一评论最后还揭露俄国实行反犹主义还有剥夺犹太人财产的动机，是为了“锱铢之获”。上列报道和评论都发表了中国应以犹太人为鉴，力求救亡图存的议论。有的还把俄国虐杀犹太人与八国联军期间俄军虐杀中国人民的暴行，与檀香山美国排华事件相提并论。

中国应以犹太人为鉴，力求救亡图存的思想，也反映在一些文艺作品中。陈天华在1903年撰写的鼓词《猛回头》的一段即为：“怕只怕，做犹太，没有家乡。”留日学生在东京创办的月刊《新白话》第三期（1905年出版）上刊登有适时子写的诗词《无题》。诗中吟诵道：天胡不吊，使我四万万生灵，罹此奇殃！……君不见，印度，波兰，埃及，犹太无限凄凉。不刹那蹈覆辙，我同胞岂少天良。亟起亟起！试一试长剑，扫妖氛还我乐乡。1903年出版的《杭州白话报》第2年第21期上发表有以犹太爱国女怜罗情为主人公的小说《儿女英雄》，小说歌颂了罗情唤醒犹太人民族感情的英雄事迹。柳亚子读后大有感慨，他在《中国灭亡小史》一文中说“罗情以青春弱质之女伶，而葱葱郁郁，抱无穷故国之悲。天命方新，人心未死，宁敢谓悲歌叱诧之民族，卒藏其自由独立之铁券于奴海千寻之下也！吾念及此，吾誓以亡国之观念，救我祖国。”柳亚子还诗兴大发，写下了七绝《题犹太爱国女怜罗情传》。

康有为在戊戌变法期间，1898年5月谨呈光绪帝的《波兰分灭记》一开头，就提到“窃闻波兰分灭后，其民散走欧美，俄人虐待之，几同犹太”。康氏在出游欧洲时，注意考察犹太人的处境。1909年康有为游历至耶路萨冷时，目睹犹太人在“哭墙”群声痛哭的场面之后，见景生情写下了长诗《耶路萨冷畔男妇哭城感赋百一音韵》。

康氏在叙述了中华文明兴衰过程之后，大声疾呼，中国必须以犹太人亡国史为鉴，奋起救亡：“犹是中国人，临倪旧乡园。睊睊啼被席，耿耿伤我神，愿告爱国者，犹太是何人。”林纾在1905年写的《撒克逊劫后英雄略序》中也提到“且犹太人之见唾于欧人久矣，狗亦而奴践之，吮其财而出其家，欧人顾乃不怜，转以为天道公理之应尔。……犹太人之寓欧，较幕鸟为危，顾乃知有家，而不知有国，抱金自殉，至死不知国为何物”。犹太人亡国惨状跃然纸上。

在20世纪初，中国有识之士还注意到了当时犹太人参加俄国革命的情况。宋教仁在1906年2月间写的《一千九百0五年露国之革命》一文中，在分析革命爆发原因时，指出原因之一即为“犹太人等以种族不同，故多年苦露国之虐政而起暴动”。宋教仁在文中赞许的提到西俄西南俄犹太人劳动团体反抗的情况。

19世纪末，犹太人中间产生了强烈的民族主义思想，兴起了复国主义运动，这个运动在中国的报刊中也有反映。1901年10月1日出版的《集成报》第19册转载了《循环报》刊登的一则消息，题为《犹人复国》。消息报道了犹太复国主义运动创始人哈借鲁（今译西奥多·赫茨尔）开展犹太复国主义运动的情况，编者称赞赫茨尔“有志者事竟成，不见夫美国有华盛顿乎！”

综合以上情况，可以得出两点结论：第一，19世纪末20世纪初，中国人对世界上的反犹太主义有所了解，认识到反犹主义是一种民族压迫。最早是旅外人士对反犹主义有了解，他们了解的渠道一为传媒报道，一为实地见闻。而一般的中国人的了解则主要是依靠书刊介绍（包括文艺作品）。第二，19世纪末20世纪初，中国人民对反犹主义持反对谴责的态度。对备受虐待的犹太人寄予同情，并引以为鉴，对犹太复国主义运动抱赞赏态度。

（原文约5000字，发表于《西南交通大学学报》社科版2001年第3期）

文摘编辑：许放

20世纪50年代初大陆与台湾土地改革比较

栾雪飞　刘　颖

[作者简介] 栾雪飞，东北师范大学马克思主义学院教授，博士生导师。

刘　颖，长春光机学院经法分院副教授，东北师范大学马克思主义学院在读博士研究生。

[内容提要] 20世纪50年代初，国共两党几乎同时在大陆和台湾进行了土地改革。由于两党所代表的阶级利益不同，大陆与台湾的土改有很大差异。我党主要是为了完成民主革命的历史任务，采取了自上而下和自下而上相结合的方式，彻底废除了封建土地所有制，发展了生产力，使农民在政治上、经济上获得了解放。国民党进行土地改革的初衷主要是为在台湾站稳脚跟，解决生存危机，其土改兼顾了地主和农民的利益，具有阶级调和改良主义性质，国民党当局成为土改的最大受益者。

[关 键 词] 大陆；台湾；土地改革。

一、国共两党土地改革的依据

消灭封建土地所有制是资产阶级民主革命的历史任务，这一任务本应由资产阶级领导人民来完成，但由于中国的特殊国情，国民党在大陆统治时期并未完成这一历史重任。新中国成立之初，我党就着手在新解放区进行了土改，而败退台湾的国民党也进行了其称为“一场不流血的革命”的土改。民主革命的历史任务由两个阶级性质不同的政党完成了，但二者进行土改的客观依据是不同的。

1. 大陆进行土改的客观依据

——进行土地改革是发展经济的客观要求。

——土地改革是巩固人民民主专政的需要。

建国初期，在《中华人民共和国土地改革法》公布以前，已经完成或基本完成土改的地区约有农业人口1.45亿，尚有2.64亿农业人口的地区没有土改，这些没有土改的地区，主要分布在华东、中南、西北、西南的广大新解放区。建国初的土改，同党在各根据地进行的土改相比具有一定的有利条件：人民革命战争的胜利，为土改的进行提供了政治上的保证；党在各根据地和解放区进行的土改，积累了丰富的经验，为在新解放区顺利进行土改提供了有益的借鉴。

2. 国民党进行土地改革的依据

——败中求稳，解决生存危机，是台湾土地改革的主要原因。

——国民党反思大陆溃败的原因得出的结论。

国民党在台湾的土改，得以顺利推行的原因主要是因为国民党与台湾的地主没有多大的联系，土改并不触动自身利益，所以来自高层的阻力小了，再加上国民党听取并接纳了诸如蒋梦麟、沈宗瀚等农业专家的建议，国民党败退台湾时带走的5亿美元资金及美国农复会提供的大量美援，为土改的顺利进行提供了资金保障。

由此可见，20世纪50年代农业在大陆与台湾都是处于经济基础地位。而农村的封建土地所有制，束缚了农业生产力的发展。解放农村生产力，使农民在政治上、经济上得到翻身解放，是大陆进行土地改革的初衷，是我党按历史客观规律办事的必然结果；而台湾土地改革的初衷，是迫于内外交困的压力，其实质是求得在台湾生存的手段，政治目的远远大于经济目的。

二、国共两党土地改革的具体步骤

1. 大陆土地改革的具体步骤

——减租减息、肃匪反霸，作为土改的准备阶段。

——划分阶级。

——没收和分配土地。

这样，到1953年春，，除一些少数民族地区（约700万人）外，土改工作在大陆顺利完成。

2. 台湾土改的步骤

第一，三七五减租（1949年1月—1949年9月）。三七五减租主要内容是减轻租额负担，佃农向地主交纳地租，一律不超过主要作物正产品全年收获总量的37.5%；保障佃农权利，耕地租约一律为书面租约，租期不得少于6年；兼顾地主利益，佃农如积欠地租达两年之总额，地主可中止租约。三七五减租的目的是为了改善租佃条件，保护土地所有者和使用者双方的利益。

第二，公地放领（1948年6月—1958年1月）。把接收的日伪政权及日本在台机构所占的土地发放给承担现耕的农民。放领地价为土地全年正产物收获量的2.5倍，分10年逐步偿还。从1948—1958年，先后共放领公地6次，放领土地71666万甲（1甲约0.97亩），承领农户139688户。

第三，耕者有其田（1951年1月—1953年12月）。

征购地主水田超过3公顷或旱田6公顷的多余土地，按承领公地的办法转给需要土地的农民，对地主地价的补偿按七成实物土地债券和三成公营事业的股票搭发，年息4%。国民党为保障土改的顺利进行，颁布了《三七五减租条例》、《台湾省放领土地扶植自耕农实施办法》、《耕者有其田法》等法律文件，保证土改依法实施。土改的权威性组织和领导机构是中国农业复兴委员会。

从大陆与台湾实施土改的步骤、方法可以看出：台湾的土改是在不发动群众的前提下，采取自上而下，贯彻法令强制推行，用和平的、渐进的方式进行的。对地主的土地，采取的是征购的办法，对分给农民的土地采取的是有偿的原则，台湾的土改是在保护地主阶级根本利益的前提下进行的，是一种资产阶级性质的改良主义措施。台湾土改的根本目的是为了缓和农村的阶级矛盾，以求生存，并促使封建地主资产阶级化，用资本主义剥削代替封建剥削，这是由国民党的阶级本性决定的。

大陆的土改，是在充分发动群众的前提下，采取自上而下和自下而上相结合的方法，运用阶级斗争的手段，无偿地剥夺地主的土地分配给无地少地的农民。大陆的土地改革是新民主主义革命的主要内容，彻底废除封建的土地所有制，借以解放生产力是土改的根本目的。这是由我党是无产阶级政党，代表广大劳动人民的根本利益的阶级本质决定的。

三、大陆和台湾土地改革的结果

1. 大陆土改的结果

大陆土改的完成，结束了几千年的封建土地所有制，农村发生了深刻的变化，对我国经济政治生活发生了深刻的影响。

第一，农村社会关系发生了根本变化。土地改革的胜利，结束了中国社会半封建的性质。经过土改，农村中的生产关系发生了巨大变革。地主阶级的土地所有制改变为农民的土地所有制。占农村人口9%的地主、富农占有耕地面积仅为8%左右，占农村人口90%以上的贫雇农、中农占有耕地面积90%以上。广大农民免除了每年向地主交纳的地租即达3千万吨以上的粮食，经济上翻了身。农村的阶级结构也发生了巨大变化。地主阶级已完全被消灭了，中农在农村人口中所占的比例由20%上升到80%左右，贫雇农则由70%下降到10%-20%左右，老区富农已有上升的趋势。土改中，广大农民组织起来，形成了以贫雇农为骨干的优势，建立了农民代表大会和人民代表大会，广大农民已成为农村人民政府的支柱，从而巩固了工农联盟，巩固了新生的人民政权。

第二，解放了生产力，促进了农业生产的发展，改善了农民生活。通过土改，消灭了封建半封建的土地关系和生产关系，建立了新民主主义的土地关系和生产关系，解除了束缚生产力发展的障碍。土改后，全国3亿多农民无偿地获得了7亿亩土地及大量生产和生活资料，广大农民在自己的土地上劳动，生产积极性高涨，农业生产迅速得到恢复和发展。农业生产呈现出逐年上升的趋势。从1950—1952年，粮食比上年增长分别为16.7%、8.7%和14.1%，棉花增长为55.8%、48.8%、26.5%，全国农业总产值从1950—1952年分别比上年增长为17.8%、9.4%、15.2%。随着农业生产的发展，农民生活也得到改善和提高。1949年农民消费品购买力为65.3亿元（人民币新币），1952年增为117.5亿元，农民净货币收入1949年为68.5亿元，1952年为127.9亿元。农民改进生产技术的积极性也普遍高涨，到1952年，全国22个省，已推广12种新式农具400529部，增添水车293000部，新凿和修复水井668000眼，新建和整修小型渠道和储水塘堰共336万余处，增强了抵抗自然灾害的能力，提高了单位面积产量。

第三，为新中国工业发展创造了有利条件。农业生产的发展，为工业提供了原料。以棉花为例，棉纺织业是当时我国的重要工业，1950年我国棉花产量已接近自给，这样就从根本上扭转了依赖外棉的情况。随着农村购买力的提高，为工业品提供了广阔的市场，从全国范围看，1951年全国人民的购买力比1950年增长了25%左右，花布、热水瓶、肥皂、自行车等日用品在农村已成为畅销品。农民对房屋的修理和建造及农业机械、农药的使用，也大大地促进了工业的发展。农业也为工业的发展提供了大量的资金。1950年，仅东北一地出口物资即达到1.6亿美元。换回工业化所必需的机械器材。

2. 台湾土地改革的结果

台湾的土改，在一定程度上解放了生产力，促进了农业生产乃至整个经济的发展，缓和了阶级矛盾，稳定了国民党在台湾的统治。

——基本上消灭了封建生产关系，提高了生产力，改善了农民生活。

——为资本主义发展创造了有利条件。

——台湾土地改革的最大受益者为国民党当局和地主。

——台湾土改存在很多隐患，导致其对经济发展的推动作用受到限制。

从以上可以看出，从本质上讲，土地问题的解决本是从封建土地所有制的桎梏下解放生产力，为资本主义的发展提供劳动力、市场、资金和原料。

（原文约8500字，发表于《东北师范大学学报》哲社版2001年第6期）

文摘编辑：许放

浅析联合国维和行动

陈世跃

[作者简介] 陈世跃，国际关系学院管理系。

[内容提要] 联合国在解决严重的国际争端或冲突的过程中，曾多次采取维和行动。冷战前的维和目标不是“建立”和平，而是维持和平。冷战后的联合国维和行动在职能上发生了一些变化，由维持和平向缔造和平和用强制性的手段“促进”和平的方向转化，表现出了新一代维和行动的主要特征，使联合国维和行动陷入困境。

[关 键 词] 联合国；维和行动；历程；存在问题；发展方向。

一

联合国维和行动是第二次世界大战后出现的新生事物，它在《联合国宪章》中并没有规定，而是在后来的联合国维持和平实践中不断发展起来的。《联合国宪章》第六条规定和平解决争端，第七条规定用集体安全的强制措施维持或恢复国际和平，但实际运作表明，第六章规定的程序经常不被理会和重视，第七条的严厉措施又无执行可能。于是，在这种和平解决争端不可求，强制解决争端又无法求的情况下，维和行动在两者的边缘之中应运而生。实际上，维和行动填补了《宪章》关于调解条款和强制条款之间的一个空白。曾被哈马舍尔德形象地称之为《宪章》六、七两章之间的“第6.5章”。由于《宪章》的有关条款中没有对维持和平作过明确规定，只是在《宪章》序言中有“维持和平与安全”的字样，因此长期以来国际社会对什么是维和行动以及维和行动的形式和它的职权范围等问题众说纷纭，至今还没有一个使所有成员国都认可的定义。笔者认为，维和行动是由联合国安理会或者大会通过决议创建的、并由秘书长指挥的、使用武装和非武装的军事人员包括警察部队和文职人员、从事解决国际冲突、恢复和维持国际和平的一种集体行动。联合国在解决严重的国际争端或冲突的过程中，曾多次采取维和行动。维和行动可以归纳为两个类型：一类是军事观察团，一类是维和部队。军事观察团是由被当事国认为公正的会员国应秘书长的要求向联合国提供的非武装军官组成的，其主要职能在于观察某一地区维持停火的状况，如有破坏停火的事件发生，应进行调查，并尽力加以改善。军事观察团应由秘书长向安理会提出观察报告。联合国最早建立的一个观察团是1948年的巴勒斯坦停战监督组织。联合国维和部队一般情况下是由秘书长按照安理会的决定建立而由若干会员国提供的武装部队分遣队组成。这支部队须接受联合国的统一部署，处于联合国（主要是秘书长）的直接管辖之下。它们的职权范围与功能虽因形势需要有所不同，但其主要职责是通过联合国的有形存在所产生的影响以及通过对停火、停战协定或撤军的监督，来防止局部性冲突及敌对行动的再度发生或扩大，从而进一步恢复正常秩序，以稳定国际局势。维和部队在法律上的基本特征，是非强制的和中立的。它的驻扎与基本活动，必须以有关国家事先同意为前提，其有效性完全基于自愿的合作，对武器的使用有着严格限制，非在自卫必需的情况下不得使用武力，并且一经驻在国政府要求，该部队须立即撤出驻在国；它的组成须由与争端无利害关系的国家提供分遣队，大国一般不参加这一任务；它作为中间力量，必须以公正姿态出现于各争端当事国之间，在驻扎期间，不得利用其方便条件干涉驻在国的内政。历史上第一支维和部队，是1956年至1967年在埃及与以色列之间执行任务的联合国紧急部队。

二

冷战后的联合国维和行动在职能上发生了一些变化，由维持和平向“缔造和平”和用强制性的手段“促进和平”方向转化。

冷战后联合国的维和行动表现出新一代维和行动的主要特征：

1. 维和行动的职权范围扩大，政治因素比重增加。它不仅限于监督停火，还包括监督公民投票、解除冲突各方武装，监管并销毁武器、遣返难民，维持社会治安，护送人道主义援助，有时还与强制实施和平行动、裁减军备、制裁措施相配合。

2. 更多地介入一国内部冲突。冷战后一些地区的国内冲突，有的是外部势力插手酿成冲突加剧；有的是机构瓦解、派系林立，社会处于无政府状态；有的是种族和宗教冲突。联合国维和行动未经冲突各方的同意直接进入后，面对的往往是一些武装派别。这些派别出于自己的需要，对停火协议往往不遵守，或者上级控制不了下级，这就增加了维和行动的难度。事实证明，一国内部的冲突原因是十分复杂的，仅靠维和行动或强制性行动根本不能解决那里的冲突，其结果反而使原先规定的人道主义救援工作更难进行。

3. 维和行动带有更多的强制性，更多地强调使用武力。传统的维和行动基本属于《宪章》第六章和平解决争端的范畴，而新一代维和行动更多地带有第七章强制措施的色彩。

4. 部分偏离了在冲突中保持中立的基本立场。波黑冲突归根到底是一个国家内部民族矛盾激化的结果。冲突各方对波黑冲突的加剧及相互残杀造成的严重恶果都负有一定责任。以维持和平为己任的联合国部队首要任务应当是阻止冲突的加剧，促成停火并保持中立，而不是判定谁是谁非，惩罚某一方或单独遏制某一方。只有这样才能为各方所接受，才能有利于停火的实现。但实际上联合国在波黑的维和行动一开始就具有一定的倾向性，其采取行动基本上是针对波黑塞族。在波黑建立的安全区，用英法快速反应部队加以保证，甚至动用北约空军对塞族武装实施大规模空袭。1995 年 8 月，联合国授权北约对塞族的大规模空袭行动中，共出动飞机 3000 多架次，发射战斧式巡航导弹轰炸大批军事目标。在索马里行动中，联合国维和部队被允许直接进攻艾迪德派武装，甚至要将艾迪德本人捉拿归案，维和部队的中立性荡然无存。

三

那么，究竟是什么原因使维和行动出现以上特征，处于进退两难的境地呢？首先，是国际社会的过高期望值与维和行动自身承受能力之间的差距。冷战后国际社会进入了一种无序状态。旧的格局瓦解之后，原先被两极体系所掩盖的民族、宗教、领土争端纷纷迸发出来，联合国所肩负的维护国际和平与安全的责任日益重大。联合国的维和行动由于曾有过良好的声誉，成了应付冲突与危机的较好选择。因此，面对此起彼伏的冲突，国际社会对维和行动寄予了过高的期望。某些大国正是利用了这一点，将那些看似与他们利害关系不大，而国际社会呼声强烈地区冲突的任务，打着联合国的旗号进行干预，并把一些本不属于维和范畴的任务统统压在维和行动上面，使其充当“消防队”的角色。再加上迄今为止，国际上对维和行动尚无一致的严格定义，存在着不少模糊与灵活之处，使得维和行动担当了十分沉重的职责。这种不断增加的负担与维和行动现实承受力之间的矛盾，造成了维和行动时而软弱无力而有时又强硬过分的混乱状况，严重损害了维和行动的名声。维和行动目前的危机在一定意义上可以说是一种定位危机。

其次，维和行动的困境也是安理会在维护国际和平与安全的执行机构这一机制上的缺陷造成的。安理会对于每次维和行动的授权、目标和采取的手段缺乏一个明确的标准和指导方针。进行维和行动的决议多数情况下都是仓促起草的，维和行动在进行过程中，它的使命及任务不断扩大，这就使得某些安理会常任理事国往往把自己的意愿强加于安理会，赋予了维和行动很多附加的职责。另外，安理会对维和行动也缺乏一个明确的指挥和控制机制，只是对维和行动作了原则上的规定，而实际行动的指挥，乃至目标的实现则由拥有并提供了最有力支持的某些大国来决定。由于安理会本身在维持国际和平与安全方面缺乏必要的工具与手段，它也必须借助于大国的力量才能进行。这些机制上的缺陷使联合国在波黑、索马里、科索沃的维和行动一开始就缺乏明确的目标，在实施过程中又不断追加任务，它已脱离了联合国的控制，成为美国主宰的行动。

维和行动陷入困境还有一个不容忽视的原因，即国际社会在解决危机中过于专注采取军事手段来实现目标，而忽略了相应的政治与外交解决办法。

四

尽管维和行动目前处于一个十字路口，但从总体上看，它仍是联合国在维护国际和平与安全方面最成功的行动和最可行的选择。只要国际社会认真对待维和行动中出现的新问题，吸取教训，找出症结，维和行动在今后维护国际和平与安全的努力中仍将发挥不可替代的作用。

首先，要解决安理会在维和行动中的作用问题。由于目前安理会在决定维和行动中缺乏严格的标准和指导原则，对维和部队的组建、指挥、监督、控制等亦缺乏一套有效的机制，容易造成维和行动偏离其初衷或采取多重标准的情况。因此，在要求安理会制定出一套明确的维和行动标准和指导原则的基础上，可以考虑建立一个受安理会与秘书长双重领导的维和行动中心，授权其根据既定的标准和原则，对维和行动规定切实可行的目标，并负责每次维和行动的筹划、指挥和监督。

其次，应该对维和行动的定义及基本原则和目标作出明确的规定。维和行动之所以处于目前这种进退两难的局面，与它的职责不明确以及滥用是分不开的。正是由于维和行动定义上的模糊和解释的随意性，才使得维和行动的任务不断扩大，包袱越背越重，每次维和行动都没有一个统一的标准和明确的任务规定。

为保证维和行动向更加健康的方向发展，坚持以下原则是十分必要的：第一，只有当冲突各方愿意并要求联合国帮助和平解决争端，且予以积极配合时，维和行动才有基础，才能发挥有效作用；第二，联合国不能光靠自己的威望或依靠使用武力、制裁等强制性手段来解决争端，维和行动必须坚持尊重国家主权、不干涉内政的原则，应维护这一行动的中立性；第三，明确维和行动的性质和目的，不能滥用联合国宪章第七章。

（原文约 8000 字，发表于《国际关系学院学报》2001 年第 1 期）

文摘编辑：曾祥玉

从美国对华政策调整看中美关系中存在的问题

施 欣

[作者简介] 施欣，国际关系学院政治处。

[内容提要] 美国新总统执政以来，美国对华政策出现了重大调整。但是，从上半年中美之间发生的种种事件看，中美关系的基本框架没有根本变化，中美之间存在的基本战略利益分歧以及影响中美关系的一些基本问题如台湾问题、人权问题、安全问题等依然存在。因此，竞争与合作仍将是未来中美关系的主旋律。

[关 键 词] 中美关系；基本问题；走向；国际关系。

一、上半年中美关系回顾

第一，美国对华政策沿用了冷战思维，明确把中国作为今后美国的主要威胁和对手。

布什总统竞选时就提出中美两国既不是“战略伙伴”也不是“潜在敌人”，而是竞争对手。布什政府执政后，其外交决策班子和对华政策幕僚里，右翼保守派、对华强硬派占多数，布什政府也刻意做出同克林顿政府对华政策拉开距离的姿态，在人事安排上排斥对华温和派。新政府继续坚持冷战思维，以政治“现实主义”作为其政策的理论基础，强调以实力为后盾，维护美国的利益，巩固美国在全球的优势地位，在政策上，霸权主义、单边主义倾向突出。美国国内反华势力也趁机活跃，一时间，美国的政策研讨和舆论界“中国威胁论”甚嚣尘上，一些官员也发表了一系列破坏中美关系的言论，认为中国将对美国构成威胁，提出对中国实行“接触”和“制约”的双重战略。

第二，美国调整全球军事战略部署，并向亚太地区倾斜，加强了对中国的遏制与防范。

2001年3月2日，美国国防部公布了四年防务力量评估报告，提出美国军事战略的重点要从欧洲转到亚太地区，将美国在东亚的军事重心向台湾海峡方向转移，在东亚地区组建新的安全机制，重点防范中国。布什政府认为，当前世界各国中，能够在今后对美国构成重大威胁，并具有潜在威胁能力的大国就是中国，因此，美国需要对中国采取更为强硬的军事预防措施。

第三，美对台政策趋于明晰，美国政府利用台湾问题制衡中国的意图更加强烈。

美国对台政策正出现大幅调整，即从“战略模糊”走向“战略清晰”。“战略模糊”本来是美国在对待台海两岸关系时一种灵活策略，让大陆与台湾都揣摩不清在两岸出现重大纷争甚至武装冲突时美方的态度，以此使两岸有所克制和顾忌，达到美国“维持台海现状”、“不统、不独、不战”的战略目标。而布什政府对台的所作所为表明，美台军事合作从暗到明，将台湾纳入TMD的计划更加明确，主动利用台湾问题制衡中国的意图更加强烈。

从布什政府执政半年多以来的中美关系看，中美之间在人权、台湾以及安全等问题上出现了摩擦，中美关系再次面临严峻考验，这促使我们再次思考中美关系中存在的基本问题和趋向。

二、中美关系中存在的基本问题

纵观中美关系50年的发展，可以看出，自新中国成立后，中美关系经历了五六十年代严重恶化、七八十年代全面改善、1989年政治风波后严重对立三个阶段，进入90年代后，中美关系发展呈现出比前三次波折更为复杂的态势，时起时伏，变化莫测。苏联的解体使冷战时期中美战略合作的基础逐渐消失，这一发展与1989年政治风波相结合，使中美政治关系变得十分脆弱。由于迄今为止的中美关系都是政治主导型的，因此，政治关系的脆弱直接导致了冷战后的中美关系起伏不定，难以走上稳定、健康发展的轨道。

1. 中美之间存在着基本的战略利益分歧

中美两国，一个是最大的发展中国家，一个是最大的发达国家。从综合国力角度看，美国是现实世界中惟一的“全能型”国家，而中国是最有可能成为另一个“全能型”国家的大国。在中国方面看来，美国在冷战后的“一超”地位和美国对“单极”世界的追求，对中国的国家利益和政权利益都有威胁。在中国核心利益之一的国家统一问题上，美国公开声称其最终目标是改变中国政治、经济制度的性质，并把中国纳入美国主导的国际关系体系，这促使中国政府对美国的政策意图始终保持警惕的心理。因此，无论从哪种利益的角度出发，中国都确实希望出现真正的多极格局，至少是出现不断趋向多极格局的“多极化”趋势，以缓解“一超”的压力。

在美国方面看来，中国的崛起至少意味着三重挑战：一是作为后发型现代化国家，中国的崛起构成了地缘政治挑战。按照西方的地缘政治理论，一个大国的兴起无论如何都会对现有国际秩序的稳定带来冲击。二是作为冷战后硕果仅存的社会主义大国，中国的飞速发展对于美国推行其价值观念和生活方式构成最大的障碍。从国家利益的角度看，美国人认为不实行西方民主制的国家在政治运作方面不透明，内部制约力差，因而其对外政策制定和执行中的不确定性和危险性更大。三是作为儒家文明的发祥地，中国最有可能成为挑战西方文明的国家。基于上述判断，决定了美国永远会对中国保持戒心，即使表面上高唱“全面接触”，在行动上也会始终留有防范中国的一手。

2. 影响中美关系的一些具体问题

中美之间的问题既多又复杂，归纳起来，影响和干扰两国关系发展的主要因素一是台湾问题，二是人权问题，三是国与国之间经常出现的“正常”问题，如经贸问题、军控问题等。

台湾问题始终是中美关系中最敏感的核心问题，它是冷战时期中美对峙的结果，也是两国关系中最具破坏性的问题。美国对台湾问题的产生和发展应负有历史责任，迄今为止它仍是我实现祖国统一的最大障碍，作为中美关系基础的“三个联合公报”，其实都是以台湾问题为核心的。中美关系能否平衡稳定地发展很大程度上取决于台湾问题能否得到妥善处理。事涉中国的主权和核心国家利益，中国在这个问题上没有让步的余地。从过去50年历史的发展看，中美关系发展顺利时，也是台湾问题处理得比较好的时候；而当台湾问题凸现出来成为矛盾焦点时，中美关系就会走向低谷，严重时出现尖锐的对立甚至引起军事对抗。中美在这一涉及双边关系核心问题上的死结解不开，两国关系将难以真正健康稳定地发展。

人权问题来源于两国的制度差异、文化差异和发展阶段的不同。自89年政治风波以来，人权问题一直是中美关系中最突出和最易引起争论的问题之一。由于“自由”、“民主”、“人权”等价值观问题在美国对外政策中占据重要地位，因此，人权外交一直是美对华外交政策的主要目标之一。它对中美关系的影响虽不像台湾问题那么激烈，但是其影响是广泛而深刻的，它影响两国关系对于对方的长期态度，容易造成误解、曲解和敌视，从而可能出现无事找事、小事闹大、大事失控的危险。在今后相当长时间内，中美在人权问题上的矛盾和斗争仍将是持续的。

另外，中美之间在经贸问题、西藏问题、军控问题、美国建立TMD、NMD及美日同盟等问题上也存在矛盾分歧，它们也是影响中美关系健康发展的重要因素。其中，中美争论比较多的是经贸问题，这属于国家间的“正常”问题。中美关系始于经济，两国在经济上既有合作，又存在严重摩擦。美国作为现存的超级大国，确保其“一超”地位，领导世界是其战略目标，因此，随着中国经济实力的快速增强，美国既把中国当作现实的合作伙伴，又越来越把中国视为潜在的竞争对手。总体看来，这些问题是可以通过谈判加以控制甚至解决的，但前两个问题是不可能通过谈判解决的，至多只能加以有限的控制。

三、中美关系的趋向：竞争与合作

中美关系向何处去？我们应该站在历史和战略的高度看待这一问题。中国和美国都是世界大国，在意识形态、价值观和外交战略目标等方面都存在着分歧，尤其是美国谋求世界霸权，而中国主张独立自主的和平外交政策，因此中美之间的摩擦不可避免，中美关系不可能一帆风顺。同时应该看到，中美在维护世界和平，尤其是维护亚太地区的安全方面存在着非常多的共同利益，发展经贸合作符合两国人民的利益。因此，既斗争又合作仍将是中美关系的主旋律。

第一，发展中美关系是两国领导人的共识。中美两国仍将致力于建立“建设性战略伙伴关系”，这并非一厢情愿的产物，而是共同的需要，有助于两国政府从大局上把握双边关系发展的大方向。

第二，对中国而言，作为经济迅速发展的大国，中国无意挑战美国现存的地位，中美关系是中国外交工作的“重中之重”，推动中美关系稳步发展符合中国的国家利益。对美国而言，美国需要中国。改革开放已经使中国经济和社会发生根本变化，中国不仅蕴藏着巨大的市场潜力，而且在国际舞台上发挥着越来越重要的作用，在亚太地区安全问题上更是不可或缺。美国民主、共和两党长期以来形成了一种共识：发展对华经贸关系，符合美国的经济利益和安全利益，冲突和对抗对中国和美国都不利。

第三，与中美之间大量的复杂问题对应，中美之间又确实存在非常多的共同利益。两国间的共同利益决定了合作是双方关系的主导面。共同利益决定中美双方合作面会越来越大，中国以一个崛起中的“负责任的”大国的身份建设性地参与全球、地区和国际事务决定了中美双方合作会更有成效。

第四，执政的共和党主流派主张与中国发展关系，加强与中国的合作。从传统看，共和党代表了美国大企业的利益，这些企业主张拓展中国市场，发展对华经贸关系。美国是中国第二大贸易伙伴，中国是美国第四大贸易伙伴；美国在华投资协议金额已超过400亿美元，中国也开始在美国投资设厂。中美经贸关系的发展，将为双方开展多方面的合作奠定有力的基础，势必会促进两国关系在各个领域的合作。

（原文约5500字，发表于《国际关系学院学报》2001年第4期）

文摘编辑：曾祥玉

10 年来中外学者关于苏联演变原因的述评

刘昀献

[作者简介] 刘昀献，河南大学国际政治系教授。

[内容提要] 本文以广阔的视角，对10年来中外学者有关前苏联演变的根本原因的几种有代表性的观点做了分析评述。

[关 键 词] 苏联；社会主义；演变。

1917年11月7日夜，“阿芙乐尔”巡洋舰的炮声和着斯莫尔尼宫的欢呼声，宣告了世界上第一个社会主义国家的诞生；1991年12月25日，在沉沉的夜幕中，作为苏联象征的镰刀锤头国旗伴着瑟瑟的寒风，从克里姆林宫悄然降下，宣告了社会主义苏联从世界上的消失。

苏联作为世界上第一个社会主义国家，在其存在的70多年中，历经外国武装干涉、经济封锁及世界大战的磨难，从一个经济文化落后的国家，迅速崛起成为能与世界头号资本主义强国美国抗衡的经济、科技、军事强国，曾在国际舞台上叱咤风云，令帝国主义胆寒，令世界人民向往。然而，为什么它会在转瞬间土崩瓦解呢?

苏联演变曾被人们称为20世纪的“历史之谜”，对其演变原因的分析探讨，引起了世界各国的广泛关注，可谓众说纷纭。当然，不同的人从不同的阶级立场、不同的审视角度、不同的利害关系出发，得出的结论是不尽相同的。10年来中外学者有关苏联演变的根本原因的观点，有代表性的主要有12种，认真分析评价一下这些观点，对于我们正确总结国际共产主义运动的历史经验教训，把握其内在规律是大有裨益的。

1. “乌托邦说”。持此观点的人认为马克思主义的社会主义、共产主义理论是兑现不了的“乌托邦”支票，苏联的悲剧在于把这种本来是“空想”的东西当做现实的东西去追求、实践，实际上从一开始从事的就是一种没有前途的事业。因而，苏联的演变最终根源于马克思，苏联的演变证明了共产主义的失败。对这种观点，一百多年来我们已听到得太多了。从马克思主义诞生的那天起，无产阶级的敌人一直都是这么攻击的，只不过苏联的演变，又为他们提供了一些攻击的新材料、新借口罢了。人们不会忘记，1871年巴黎公社被镇压后，梯也尔曾以嗜血成性的口吻叫喊道：“社会主义从此休矣”，但没过50年，梯也尔的狂叫余音未散，世界上第一个真正意义上的无产阶级国家便在十月革命的礼炮声中诞生了。社会历史的发展具有自身的规律，它是不以任何人、任何阶级的意志为转移的。世界社会主义运动的发展已经证明并将继续证明马克思主义理论的科学价值和社会主义制度的必然性、优越性。只要世界上还存在剥削、贪婪和不公正的社会现象，社会主义就永远具有感召力和吸引力。

2. “原罪说”。认为苏联演变是由于其本身不具备条件而违反规律进行社会主义革命这个“原罪”造成的。持此观点的人把苏联演变与列宁及其领导的十月革命联系在一起，认为正是因为十月革命的“先天不足”才导致了社会主义在苏联的演变。这种观点把马克思主义与列宁主义人为地区分开来，认为马克思所说的社会主义是资本主义生产社会化与资本主义私人占有之间的矛盾尖锐化的结果，是以资本主义的顶点为起点的，而列宁所建立的社会主义不是马克思所设想的社会主义，因而把苏联的演变归因于七十多年前十月革命的“先天不足”和“早产”。这事实上是一种由于缺乏对马克思社会主义理论的全面理解而产生的误解。在马克思那里，实际上有两种社会主义。一种是建立在西方发达资本主义经济文化基础上的，作为生产的社会化与资本主义私人占有之间的矛盾尖锐化的产物的社会主义；另一种是在东方落后国家跨越资本主义“卡夫丁峡谷”所建立的社会主义。马克思认为，东方落后国家，在资本主义条件下，可以利用历史提供的“最好的机会”进行无产阶级革命，跨越资本主义“卡夫丁峡谷”，建立社会主义。20世纪东方国家社会主义革命和建设的实践已经证明并将继续证明这条道路的正确性。

3. “葬送说”。认为戈尔巴乔夫是导致苏联演变的主要原因，是他葬送了苏联的社会主义事业。其中一部分人认为，戈尔巴乔夫葬送社会主义事业是不自觉的。另一部分人认为，戈尔巴乔夫完全是自觉地使社会主义苏联走向覆灭的。这两种意见尽管在戈尔巴乔夫葬送社会主义事业是否“有意识”这一点上不一致，但都认为戈尔巴乔夫是苏联演变的“主因”。马克思主义认为，在重大历史事件中，个人特别是领导人起着重要作用，但深层的根源还要从“总的社会状况和生活条件中去寻找”，不能过分强调个人的作用。恩格斯在《德国的革命和反革命》一文中指出：革命失败的原因“不应该从几个领袖的偶然的动机、优点、缺点、错误或变节中寻找，而应该从每个经历了震动的国家的总的社会状况和生活条件中寻找”。戈尔巴乔夫是马克思列宁主义的叛徒，是乱党乱国的罪魁祸首，这是毋庸置疑的，但一个由列宁缔造的、有93年光荣历史、1800多万党员的大党，为什么凭总书记个人一句话，说解散就解散了呢？看来，问题并不这么简单。如果党自身没有出现危机，即使戈尔巴乔夫有天大的本事也不可能彻底地摧毁它。也就是说，对于苏联的演变来讲，尽管戈尔巴乔夫罪责难逃，但关键原因还不在于他个人的作用。

4.“和平演变说”。认为苏联演变的主要原因是西方推行“和平演变”战略的结果。毫无疑问，二战后，以美国为首的西方国家为使苏联“和平演变”，投入了大量的人力、物力和财力，设置了各种机构和设施，使用公开和秘密的、合法和非法的各种手段，处心积虑地促使苏联演变。1989年美国总统布什提出著名的“超越遏制”战略，抓住苏联改革之机，诱压兼施，促使其演变并达到了目的。但事物发展的根本原因，不是在事物的外部，而是在事物的内部。“社会的发展，主要地不是由于外因而是由于内因。”西方国家推行的“和平演变”战略终究只是苏联演变的外部原因，而像苏联这样一个具有光荣革命传统和强大实力的大国，任何外部力量，想搞垮它是不可能的。不深入研究苏联共产党和社会内部的危机，以及造成这些危机的原因和发展过程，就不可能真正认识苏联演变的原因。

5.“民族矛盾说”。认为苏联解体是苏联实行大俄罗斯主义，对内搞霸权主义的结果；苏联演变的过程也就是苏联民族关系日趋紧张、民族矛盾日益激化、民族分立日见增长的过程。历史已经说明，想使苏联解体的不是少数民族，苏联不是因民族问题解体的。苏联解体必然导致传统政治经济联系的中断，政治上，尤其是经济上受害最大的，是少数民族国家。苏联是被解散的，当年解散苏联的是以叶利钦为首脑的俄罗斯联邦以及乌克兰和白俄罗斯，正是叶利钦等人在明斯克会议上宣布要苏联停止其存在，而哈萨克共和国总统纳扎尔巴耶夫则曾多次表示应该保留苏联。由此看来，把民族问题看成苏联演变的主要原因是不符合实际的。

6.“上层自决说”。美国麻萨诸塞大学大卫·科兹教授认为苏联演变的真正原因来自苏共内部，“是苏共的上层精英在对苏联的发展方向进行讨论所作出的决策结果”。叶利钦之所以能够采取较为和平的方式迫使苏联解体，就是由于共产党内那些主张资本主义道路的“精英”们的支持。应该说，这种说法是比较接近苏联演变的实际的。以戈尔巴乔夫为首的改革发起者主要代表的是苏联党政上层官僚的利益。80年代他们在对改革发展方向进行讨论时，放弃了当初宣布的、受到人民支持的目标，采取了改变社会制度的方针，把苏联引向了资本主义。但科兹教授认为这个精英集团是80年代形成并出现蜕化的，其实不然，冰冻三尺非一日之寒。苏共二十大全盘否定斯大林使整整一代人的心灵受到巨大冲击，他们对共产主义的信念从此开始动摇。戈尔巴乔夫等人从那时起对社会主义已持怀疑态度，他们只相信自己，个人主义代替了集体主义。时至70年代末苏联社会已形成一个特权阶层，这个特权阶层后来又逐步蜕化为既得利益阶层，正是这个既得利益阶层自觉地推动苏联一步步走上了复辟资本主义的道路。

7.“经济没搞好说”。著名的依附理论家弗兰克认为，苏联剧变中首要的决定因素是现存社会主义在同西方经济竞赛中失败了，特别是在最近的技术革命期间，苏联的中央集权经济不能同西方发达资本主义并驾齐驱。国内学者肖枫等人也认为“苏东的悲剧能够发生，经济没有搞好是深层根源，于是在同资本主义的竞争中败下阵来”。经济因素是历史发展的决定性因素，这是从归根结底的意义上说的，但并不是说是惟一的决定因素。如同恩格斯所说：“经济状况是基础，但是对历史斗争的进程发生影响并且在许多情况下主要是决定着这一斗争的形式的，还有上层建筑的各种因素。”对于苏联演变这一具体历史事件来说，客观地讲，经济没搞好不是根本的直接的原因。苏联在其存在的七十多年中，经济成就是举世瞩目的。事实说明，经过短短几十年的努力，苏联经济虽然仍落后于美国，但差距已明显缩小，苏联已经成为经济实力雄厚的世界超级大国。说苏联经济没搞好无论如何是说不通的。把苏联演变归因于经济落后，还会在政治上得出极为有害的结论。

8.“斯大林模式说”。张伟垣、曹长盛、杨阴滋等学者认为苏联演变的原因是由于实行“斯大林模式”的结果，苏联高度集中的政治经济体制窒息了社会主义的生机和活力，阻碍了社会主义优越性的发挥，70年代末80年代初，这种模式的潜力已经发展到了顶点，“已经面临着全面的危机。可以断定，如果没有戈尔巴乔夫的‘改革’，苏联也许会存在更长一段时间，但那样模式的社会主义的失败却是不可避免的。”应该说斯大林模式是苏联演变的原因之一，但不是主要原因。以是否符合世情和国情，是否有利于社会生产力的发展，是否有利于社会主义国家综合国力的提高，是否有利于提高人民的生活水平为客观标准来衡量，斯大林模式在斯大林领导时期(1926—1953年)，大体是适应苏联实际的。如果斯大林不实行高度集中的计划体制和管理体制，在12年时间实现工业化，就不可能打败希特勒德国300万机械化部队的进攻，保住社会主义苏联，就不可能在战后迅速医治战争创伤，使人民生活水平迅速改善和提高。斯大林的功绩，是人所共知的，甚至连最反共的人都不能不承认。英国前首相邱吉尔在斯大林诞辰80周年那天，即1959年12月21日，在英国下院发表的演讲中说：“在艰苦卓绝的年代，有斯大林这样的天才，这样坚定不移的统帅领导国家，是俄罗斯的巨大幸福。”“斯大林能力极强，以致在各个时代和各个国家的领导人中，无人可望其项背……他接收的是老牛破车的俄国，而留下的是拥有原子武器的俄国。历史，人民是不会忘记这种人的。”问题在于，随着社会的发展，特别是到了70年代末，应该对“斯大林模式”进行改革，却没有及时改革。由于斯大林的后继者们没有及时改革使苏联经济出现了“停滞”，但这能怪斯大林及“斯大林模式”本身吗？邓小平同志指出：“绝不能要求马克思为解决他去世之后上百年、几百年所产生的问题提供现成的答案。列宁同样也不能承担为他去世以后五十年、一百年所产生的问题提供现成答案的任务。”同样的道理，斯大林也不应当承担他去世几十年后苏联出现的问题的责任。前苏联克格勃主席、紧急状态委员会成员弗·亚·克留奇科夫在狱中自述中也认为：“斯大林处于一个非常时期，所以他的选择也是不同寻常的……不能把一切事情的责任都让他担负，更不能让他为几十年后的一些事件的发展负责，因为这些事往往与过去没有任何的因果关系。”此外，把苏联演变的原因归结为斯大林模式，也无法对同样实行过这一模式的中国等国家在改革中坚持和发展社会主义作出解释。

9．“错误路线说”。靳辉明、周新成、李会滨等学者认为苏联演变的决定性因素是党的主要领导人推行错误的“改革”路线，即所谓“人道的、民主的社会主义”，把国家引上了资本主义复辟的道路。苏联演变的过程在某种程度上说，就是所谓“人道的、民主的社会主义”路线和纲领产生、泛滥和破产的过程。的确，正是由于苏共奉行了一条错误的思想政治路线，把党的指导思想由马克思主义、科学社会主义改变为“民主社会主义”，导致党内思想混乱，启动了国内全面的政治危机、经济危机、民族危机和社会危机，使局势日益恶化，最终导致党变质、国变色。然而，一个有几十年斗争经验和光荣传统的党，为什么会相信并贯彻执行这样一条背离马克思主义的路线呢？苏共的上层领导中不乏老布尔什维克，难道他们就看不出戈尔巴乔夫“全人类的价值高于一切”、“全人类利益高于阶级利益”的荒谬和欺骗性吗？再者，错误路线的制定和贯彻执行是由人来实现的。看来，苏联演变的关键原因是苏共内部出现了危机，特别是掌握大权的高层领导中出了问题，关键的原因是在这里。如果党自身足够强大，充满生机和活力，即使路线错了，党也完全有能力纠正它。

10．“意识形态说”。马岩等学者认为苏联的演变是意识形态演变的结果。从苏联的演变过程来看，意识形态的变异的确起了极其重要的作用，敌对势力的确是从制造反共反社会主义舆论开始，在搞乱人们思想的基础上，瓦解党的组织，制造动乱，乱中夺权，复辟资本主义的。但这只是一种表面现象，我们不能过分夸大意识形态的作用。苏联演变的原因是多方面的，如经济的、政治的、历史的、苏共自身的原因等等，相对这些来讲，意识形态的原因只是其中的一个且不是最重要的。

11．“抛弃说”。黄苇町、包心鉴、刘靖北等学者认为苏共败亡，苏联演变的原因，归根到底在于苏共违背了先进生产力的发展要求，背离了先进文化的前进方向，脱离了广大人民群众，丧失了人民群众的信任。苏联共产党被她一直代表的工人阶级和苏联人民所抛弃，是导致苏共亡党、苏联演变的决定性因素。对苏联演变原因的这种分析，对于我们加深对江泽民总书记在“七一”讲话中关于“三个代表”重要思想的科学阐释的理解，无疑有很大的帮助；但以实事求是的态度来分析，这种说法也是缺乏说服力的。

事实足以说明不是苏联人民不愿意走社会主义道路而抛弃了苏共，而是苏共上层精英要走资本主义道路而背叛了人民。如同1993年2月俄共“二大”通过的《纲领性声明》和1994年3月的俄共党纲提要所说：“苏共的瓦解始于党的上层发生蜕变”；“苏联是苏共上层统治者叛卖行径的牺牲品”。

12．“历史合力说”。认为苏联演变是多种原因交错在一起作用的结果。赵曜等学者指出：苏联演变的深层次原因有“苏联模式日益缺乏生机和活力”；“戈尔巴乔夫时期的错误理论、路线和政策”；“执政党的蜕化和变质”；“推行霸权主义和进行军备竞赛”；“民族政策的失误”；“西方的和平演变战略得手”等方面。对于像前苏联这样强大的国家来说，在外无战争内无抵抗之下“一夜之间”骤然倒塌和解体。从一种社会制度变为另一种社会制度，这种情况在历史上的确罕见，可以肯定地说，苏联演变绝不是单一原因引起的。但我们也应考虑到，在一个复杂事物的发展过程中，各种因素所起的作用是不同的，因而在探讨苏联演变原因时，应坚持唯物辩证法的两点论和重点论相统一的原则。只有从错综复杂的内外原因中，找出对事物的发展起到决定作用的根本原因，才能认清事物的本质，解开苏联演变这个“历史之谜”。

苏联演变是世界社会主义运动史上世纪性的悲剧。今天，对于世界无产阶级政党和社会主义国家来说. 对这一悲剧主要的不是哀之，而是鉴之，而鉴之的关键是要找出悲剧产生的根本原因。10年来，中外学者对苏联演变的原因已进行了多方面的分析研究，取得了一系列成果。上述12种说法，除“乌托邦说”和“原罪说”明显地带有敌意和偏见外，其他说法都从不同的领域、不同的层次、不同的视角对苏联演变的原因作出了探讨，都包含有正确的因素。但不可否认的是，有的研究往往停留在浅层次和表面现象上，并未挖掘出反映事物本质的深层原因。对此我们应以实事求是的态度，从事物本身的因果关系出发，通过对大量的最新的材料的占有和分析，找出事物内部的本质联系，认清事物的本来面貌。

（原文约11000字，发表于《河南大学学报》2002年第1期）

文摘编辑：许放

联合国第二代维和行动的任务、问题及应对措施

姜桂石　韩志斌

[作者简介] 姜桂石，内蒙古民族大学人文学院教授，硕士生导师，从事世界现代史研究。

韩志斌，内蒙古民族大学人文学院历史系1999级硕士研究生，研究方向为世界近现代史。

[内容提要] 1988年以后的联合国维和行动被称为第二代维和行动。与传统维和行动相比，它增加了许多新任务。第二代维和行动也出现了许多新问题。针对这些问题，联合国应该采取下列应对措施：把预防冲突、维持和平与建立和平结合起来；要尊重被维和国家的主权和领土完整，禁止干涉他国内政；解决联合国维和经费短缺等问题。其中最关键的是树立联合国的权威，真正发挥联合国维和行动的作用。

[关 键 词] 联合国；第二代维和行动。

当今世界全球化的趋势日益明显，处理各国共同事务的现象日益增多。同时世界也呈现出多样性，地区冲突不断发生。因此，联合国发挥的作用越来越大，特别是联合国维和行动引起了世人的关注。1988年以后的维和行动被前任联合国秘书长加利称为第二代维和行动。它与传统维和行动相比其“质的变化比量的变化更加显著”。第二代维和行动不仅包括军事方面而且也包括政治、经济、社会、人道主义和环境等各个方面。

一、联合国第二代维和行动的新任务

传统的维和行动是按照哈马舍尔德三原则（即中立、同意、自卫三原则）实施的维和行动。其所起的作用一般仅仅是在短时间内阻止危机的恶化，主要采取监督、调解的方式，关键是取决于双方的善意合作，一般不采取强制性干预和诉诸武力。如1948年6月在中东建立的联合国停战监督组织，其任务就是监督停火。但是，第二代维和行动却增加了许多新任务，所采取的方式也同传统维和行动有所不同，甚至是强制干预或动用武力。

1. 监督或组织选举

许多陷入冲突的国家在联合国维持和平部队介入后，冲突暂时平息，但是国内的选举问题仍然是潜在的隐患，一些国家由于选举问题出现了新的矛盾和冲突，因此联合国第二代维和行动增加了监督或组织选举的任务。它包括对选举中的一些程序性问题提供咨询服务，对选民的登记、选举人名单、计票等事宜进行监督，以确保选举在安全、公平、信任的气氛下进行。当然，联合国参与监督或组织选举的程度是根据联合国与冲突双方事先签订的协议而定。事例表明联合国通过监督或组织选举来解决地区冲突取得了一定成效。

2. 协助裁减军备、军人复员和武器控制

一些发生冲突的国家因为国家军队、武装团体及武装民兵数量较多，冲突双方实力较强，使得国内政局动荡，社会秩序混乱，国家的正规军受到挑战，甚至国家中央权威的合法性丧失。因此，联合国在维和行动的过程中采取了协助裁减军备、军人复员和武器控制等措施，其对象包括冲突国家的军人、武装团体，民兵武装和武器装备。

3. 帮助排雷

长期以来有些国家在国内外冲突中布设了地雷，因此，冲突结束以后，当地人触雷爆炸事件屡次发生，造成了许多人不幸伤亡，使雷区附近的居民惶恐不安，成为一大不安全隐患。布雷容易排雷难，排雷不仅需要专门技术人员和设备，而且需要一大笔资金，这是一些落后国家自身难以办到的事。这就需要联合国在维和行动中帮助解决排雷这一棘手的难题。联合国一方面派人带去设备帮助排雷，另一方面告诫本地人提高警惕，向本地人讲授排雷的技术，宣传排雷政策，使联合国排雷工作收到了良好的成效。

4. 进行预防性部署

预防性部署是联合国所倡导的预防性外交的具体措施。1992年6月加利在他的《和平纲领：预防外交、建立和平与维持和平》报告中表示联合国应发展预防性外交，要全面地介入地区性冲突，并把冲突消灭在萌芽之中。

5. 参与行政管理

联合国维和人员参与所在国政府行政管理的事务是在刚果行动开始的，到第二代维和行动期间发展起来。参与行政管理的范围包括控制行政、财政、外交以及提出对外政策的建议等等。

当然，联合国第二代维和行动的新任务还不止这些。此外，还有人道主义援助，在一国建立“安全区”、“粉红区”来保护该地区居民等等。这些任务同传统维和行动比较都是新的内容。

二、联合国第二代维和行动存在的问题

联合国第二代维和行动增加了一些任务，采取了一

些措施，收到了一定的成效，但是也存在着许多问题。

第一，联合国第二代维和行动日益倾向于动用武力的问题；

第二，联合国第二代维和行动运行机制不健全、关系不协调、信息不畅通等问题以及待命安排制度存在的问题；

第三，联合国第二代维和行动中的人权问题；

第四，联合国未能有效制止某些国家打着维持和平的旗号侵犯他国主权的问题；

第五，联合国维和行动经费方面存在的问题。

三、应对措施

从以上问题的分析中可以看出，联合国在维持和平的过程中既有成功的经验也有失败的教训，尤其在第二代维和行动中失败的事例日渐增多。联合国办事艰难且程序复杂，联合国维和行动本身有许多问题和缺陷。但是迄今为止，联合国维和行动仍然是解决冲突的最可行的选择。认真分析其出现的问题，总结其教训，采取改进措施，提高维和行动的效率，对于树立联合国的威望，建立公正、合理的世界新秩序是十分必要的。

1. 联合国应该在重点加强预防行动的同时把预防冲突、维持和平与建立和平等各方面结合起来，使维和行动真正收到成效

预防冲突、维持和平、建立和平三者密不可分。安南在其《千年报告》中说："成功的预防战略要求我们确保旧的冲突不会重新爆发，并为冲突后的建立和平提供必要的支持。"维持和平和建立和平也是密不可分的，维持和平行动使冲突各方回到谈判桌上，从而为建立和平创造条件，后者通过建立和平，和平解决冲突来巩固前者的工作成果。因此，建立和平没有维持和平的支持建立和平就无法运行，维持和平没有建立和平的支持维和行动工作就无法退出。

2. 联合国要尊重维和国家的主权和领土完整，禁止干涉他国内政

传统的维和行动一般是联合国派部队非强制性地解决冲突。但是，第二代维和行动大国往往在联合国的名义下采取干预行动。

因此，如何维护联合国的权威是国际社会所面临的一项重要课题。在维持和平问题上，联合国及安理会的权威和主导作用必须受到尊重。今后对于违反联合国宪章，干涉别国内政的国家联合国和国际社会要加以制裁。

3. 理顺协调联合国内部各部门的关系以及完善联合国待命安排制度

前面已经论述尽管联合国维持和平行动已有五十多年的历史，但联合国第二代维和行动仍然存在着运行机制不健全、关系不协调、信息不畅通等问题。针对这些问题，首先，应改变联合国系统庞杂、职责不清的状况，提高联合国的办事效率；其次，建立联合国独立的、功能性强的信息网络，向决策中心提供准确的信息，使联合国能对复杂的形势做出决断；最后，完善联合国待命安排制度。

4. 采取有效措施，解决联合国维和经费短缺的问题

尽管有许多人对维和费用的改革提出种种设想，但到目前为止，维和经费的短缺仍然没有摆脱困境。笔者认为维和费用的解决，首先，各大国要支持联合国并主动交纳会费，联合国要严格制定维和经费交纳制度，对于违反者要加以惩罚；其次，扩大并疏通联合国经费来源渠道，使联合国经费来源固定化、程序化、制度化；最后，联合国要有自己固定的维和预备资金，以应付紧急事态。只有这样才不至于使秘书长为经费而四处乞讨，形成被动的局面。

5. 完善联合国的各项规章制度，树立联合国的权威

联合国是世界上惟一被赋予维护国际安全的国际组织，这是任何其他国际组织都不能代替的。加强联合国的作用，最关键是要树立联合国的权威。因此，首先要改善联合国的形象，使世界人民看到联合国是维护和平与公正的权威性组织。其次，应该加强联合国的执行职能，对联合国、维和会员国、秘书长的权利和义务进行明确的规定，防止大国践踏联合国的权威。再次，在维和行动的监督权和执行权上要扩大国家，尽可能反映大多数国家的意愿，赢得多数国家的支持。

联合国第二代维和行动目前仍在进行，但是从当前的世界态势可以看出它还不能也没有能力为当前社会的矛盾冲突负责。今后维和行动的成功与否取决于多种因素，关键是树立联合国的权威、联合国对维和行动的改革成功以及大国对联合国的支持与合作。汉斯·摩根索 20 年前就指出："维和行动只有在政治利益和国家势力想让它成功，想依靠它时，它才能奏效。"1988 年联合国维和行动由于获得了诺贝尔和平奖而名声大振，被认为是解决冲突的法宝，但是在索马里等地维持和平时又陷入了尴尬的境地。尽管如此，我们在对联合国第二代维和行动中取得的成绩应该给予肯定。今后应该采取有效的改进措施，树立联合国的权威，发挥联合国在维和行动中的作用。

（原文约 8800 字，发表于《内蒙古民族大学学报》社科版 2001 年第 2 期）

文摘编辑：许放

中俄关系：冷战结束后大国关系的调整与组合

李翔宇　朴永春

［作者简介］李翔宇，延边大学社会科学基础部硕士生。
朴永春，延边大学社会科学基础部硕士生。

［内容提要］比较中苏两国在1950年和中俄两国在2001年签订的两个条约，人们可以进一步了解中俄战略协作伙伴关系的内涵、特点及宗旨。中俄关系的发展前景还是看好的。

［关 键 词］中国和俄罗斯；调整与组合；战略协作伙伴关系；国家利益。

大国关系的结构是地区以及世界格局的核心，大国关系的调整与重组会导致地区乃至世界局势的巨大变动，因此，中俄间“平等互信、面向21世纪的战略协作伙伴关系”的建立，也将会对未来东北亚乃至世界格局产生重大影响。

一、中俄战略协作伙伴关系的内涵

中俄（中苏）两国先后在1950年2月和2001年7月用条约的形式，确定了处理双边关系的外交规范。我们通过对两个条约的比较，可以掌握好处理不同时期两种不同形态的大国关系的重要政策依据。

这两个条约之间既有联系又有区别。两个条约都指出，遵守《联合国宪章》，以和平共处的有关内容作为指导两国关系的基本准则，不参加反对对方的同盟（或联盟），反对可能对国际和平、安全的行为。同时还认为，友好合作对地区与世界和平、稳定有着重要意义，符合两国人民的根本利益。

两个条约虽然都是中俄（中苏）间为规范对外战略而签订的条约，但反映出来的时代和外交思想却是不同的。两个条约不同之处突出反映在两点：尊重对方所选择的发展道路；双方遵循领土和国界不可侵犯的国际法原则，严格遵守两国间的国界。

此外，根据目前国际国内形势的需要，条约还补充了以下内容：

第一，在条约的基础上，《中苏友好同盟互助条约》规定的是针对共同的敌国，而《中俄睦邻友好合作条约》的基础是潜在的危险；第二，《中俄睦邻友好合作条约》中指出相互支持双方维护国家统一和领土完整政策；第三，在对两国关系中可能出现的分歧或矛盾所采取的方针上，《中俄睦邻友好合作条约》指出分歧只能遵循《联合国宪章》的规定及其他公认的国际法原则和准则，以和平方式解决；第四，两国协作方面，《中苏友好同盟互助条约》对有关中苏两国共同利益的一切重大问题，均将进行彼此协商，而《中俄睦邻友好合作条约》则指出，缔约双方将利用并完善各级别的定期会晤机制，就双边关系和共同关心的重要而迫切的国际问题定期交换意见、协调立场。此外，双方在《中俄睦邻友好合作条约》中补充了一些以前未涉及的条款，即在政治、经贸等方面的内容。

中俄关系的中心内容是睦邻友好与互利合作。《中俄睦邻友好合作条约》反映出不结盟、不对抗、不针对第三国的本质特征，为构筑“世代友好、永不为敌”的和平理念和永远成为好邻居、好伙伴和好朋友制定了方针和原则。

二、中俄战略协作伙伴关系的前景

近些年，中俄关系的稳步发展是有目共睹的。两国在反对美国实行的“单边主义”、建立公正合理的国际政治经济新秩序的观点上显得尤为突出。作为近邻，两国经济上的互补性很强。加上双方能本着平等协商、互谅互让的精神共同努力，相互尊重并考虑彼此间的利益，从而基本解决了历史遗留下来的复杂的疆界问题，制止和消除了这一地区现实和潜在的冲突和争端。但是，在两国关系向前发展中的一些阻碍因素也不容忽视。如两国经贸关系落后于政治关系、远东一些反华分子和亲西方势力散布所谓“中国威胁论”等问题使得中俄间的战略协作有些局限性。两国战略协作伙伴关系构筑了新型的大国关系的框架和安全模式。它的构筑，有利于国际政治经济新秩序的建立和维护世界和平；有利于两国人民成为永久的好邻居、好伙伴和好朋友；有利于两国提高自身竞争力。因此，笔者认为中俄关系的发展前景还是看好的。

（原文发表于《延边大学学报》社科版2001年第4期）

文摘编辑：许放

冷战结束以来国际恐怖主义问题探析

陈本红

[作者简介] 陈本红，湘潭师范学院历史系副教授，主要从事世界现当代史研究。

[内容提要] 冷战结束以来，国际恐怖主义活动变得越来越猖獗，被称之为“20世纪的政治瘟疫”，对国际秩序和人类安全提出了尖锐的挑战。现代国际恐怖主义泛滥的主要原因是民族、宗教、领土纷争；外部势力干预他国内政；高科技的普及及先进武器技术的扩散和日趋严重的社会问题等。它表现出范围日益扩大、方式更为隐蔽、手段更为残忍、大量使用高科技产品和新式武器及美国成为主要攻击目标等特点。国际反恐怖斗争任重道远。

[关 键 词] 国际恐怖主义；特征；原因；反恐怖问题。

冷战结束以来，国际恐怖主义活动日趋猖獗，有人把它称为“20世纪的政治瘟疫”。它与政治腐败、环境污染一起构成21世纪人类的三大主要威胁。

一、冷战结束以来国际恐怖主义的主要特征

冷战结束以后，国际恐怖主义在性质、形式、规模、方式、手段、范围等方面发生了显著的变化。

1. 范围日益扩大

冷战时期，恐怖主义主要集中在中东和亚非拉一些不发达国家。冷战后，世界范围内各种类型的种族、宗教、领土和国内冲突此起彼伏，其间一些原已销声匿迹或日渐衰弱的恐怖组织和网络再度兴起，同时形成了一大批新型的恐怖组织。而美、英，法、西班牙等发达国家的本土及海外利益经常成为恐怖主义打击的对象。

——西亚中东：伊斯兰极端势力趁巴以冲突掀起恐怖浪潮。

——外高加索、中亚；民族分裂主义再趋泛滥。

——东亚、南亚：民族分裂后宗教极端势力借此兴风作浪。

——西班牙：“埃塔”再度活跃。曾于1998年9月宣布无限期停火的“巴斯克民族与自由组织”（简称“埃塔”）在停战一年半之后，重新开展恐怖活动。

——北非、阿尔及利亚：伊斯兰极端组织的恐怖活动愈演愈烈。

2. 方式更为隐蔽

由于国际社会对恐怖活动的危害已逐步达到一定的共识，尤其是进入90年代后，慑于国际社会的压力，一些国家对恐怖活动的支持、资助有所减少或变得更为隐秘，许多臭名远扬的国际恐怖组织的活动明显减少，或销声匿迹。90年代以前，国际恐怖主义主要着眼于引起新闻媒体广泛注意，即“要更多的人看，而不是要更多的人死”；进行示威性恐怖活动后即有组织发表声明表示承担责任。近十年来则不同，一方面，恐怖主义者“既要更多的人死，也要更多的人看”；另一方面，匿名的恐怖活动大量增加。

3. 手段更加残忍

以往的恐怖活动大多针对政府首脑、高级官员和恐怖者认为十恶不赦的刽子手，而现在则残忍到滥杀无辜，现在恐怖手段已残忍到以身体作武器，进行自杀式恐怖袭击。自杀性恐怖主义活动是一种具有政治动机的极端暴力行为，通常的方式是，攻击者引爆绑在身上的炸弹，或者驾驶汽车用炸弹冲向目标，偶尔也用自行车等交通工具携带炸弹搞爆炸，更为使人心惊胆战的是恐怖者劫机，连人带机直接撞击目标。

4. 大量使用新式武器及高科技产品

恐怖分子在实施恐怖活动中使用了许多先进的高技术产品，他们不仅拥有移动电话和无线电设备，而且还有加密传真机，高性能解码器，截听电话电子传真和监听当地航空通讯等业务的多功能信号扫描装置、大型电脑主机和特制的单线联络密码。恐怖组织武器先进，装备精良。恐怖分子还使用大规模杀伤性武器，包括化学武器、生物武器以及核武器等。

5. 美国成为国际恐怖主义的首要攻击目标

1955年，全球共发生恐怖主义事件440起，其中涉及侵犯美国利益的恐怖案件占22.5%左右；1996年全球恐怖事件共296起，其中涉及侵害美国利益的约占24.7%。因此死亡的美国公民，1995年为10人，1996年增加到24人；因此受伤的美国公民1995年为60人，1996年则达250人。据统计，80年代，31%的国际恐怖活动是针对美国和美国人的。90年代，则达到37%。这些恐怖主义行动绝大多数发生于美国海外，但近来已有越来越多的恐怖主义行动发生在美国本土。2001年9月11日四架劫持的飞机几乎同时向美国本土纽约、华盛顿的世贸大楼、白宫和五角大楼发动攻击，这是迄今为止人类最大也最为惊心动魄的恐怖事件。在各种恐怖主义

袭击中，伊斯兰原教旨主义组织对美国利益的威胁最大，本·拉登被美国人视为恐怖主义的魔头。

二、国际恐怖主义猖獗的原因

冷战后，在苏东剧变和西方“民主化”浪潮的冲击下，一些第三世界国家政局动荡，加上其经济贫困、政局动乱、政治腐败，使中东、中亚、拉美等一些国家和地区恐怖主义加剧发展；而西方发达国家由于社会矛盾加剧，社会危机深化、裂痕加大、主流规范缺失等，使恐怖事件也时有发生；具体原因是：

1. 民族、宗教、领土纷争

冷战结束后，世界一下子从美苏争霸的罗网中挣脱出来，国际制约力和控制力下降，原先被东西矛盾压制着的各种次要或局部冲突，都从潘多拉的魔盒中释放出来。而民族、宗教与领土争端一直是困扰当今国际社会的难题，这三个问题往往交织在一起，错综复杂。由此引发的恐怖活动规模大、危害广。

中东地区的阿以矛盾、东欧巴尔干问题及苏联解体后的民族分离浪潮都成为恐怖主义活动的导火线。据统计，全世界有案可查的恐怖组织多达一千多个，其中30%以上是由极端民族主义者组成的，近四成的恐怖活动为他们策划。另外，世界主要宗教之间的文化差异、意识形态分歧、宗教势力内部的派别纷争，孕育了恐怖主义。90年代，有约1/4的恐怖主义源于宗教目的。伊斯兰原教旨主义是冷战后发展最快、影响最大的恐怖集团。

2. 一些国家干涉他国内政，助长了恐怖主义的嚣张气焰

由于各国政府对民族矛盾、宗教冲突等问题看法不一，当某种势力从事的暴力活动被当事国界定为恐怖活动时，其他一些国家则有可能视之为争取民族自决运动。被占领土上的暴力活动为土地占领者及其支持者认为是恐怖活动，而有些国家则认为是争取民族解放的正义战争。

3. 高科技的普及与先进武器的扩散

4. 日趋严重的社会问题

生态失衡、人口爆炸、粮食短缺、道德规范缺失等日益成为全球性问题；精神空虚、贫富悬殊、分配不公、高失业率等社会现象亦司空见惯，这些都成为恐怖主义泛滥的温床。世界上许多五花八门的组织或个人不再具有所谓的崇高“理想”或“主义”。进行恐怖活动，只是为了发泄内心积累已久的痛苦和受挫的情感，或者仅仅是为了证明自身的存在。

三、反国际恐怖主义任重道远

冷战后恐怖主义的泛滥，破坏了国际社会的稳定和发展，损害了人类的基本权益，并引发了全球性的危机和局部的纠纷或武装冲突，激起了普遍的谴责和反抗。

国际社会采取强硬态度，加大了对恐怖主义打击的力度。许多国家成立了反恐怖主义的特种部队，如美国的“三角洲特种部队”和“海豹第六特种队”，俄罗斯的“阿尔法别动队”，法国的“国家宪兵突击队”，英国“皇家海军陆战队突击旅”和“海军陆战队特种小舰队”，德国的“第九边境防卫队”，意大利的“陆军空降轻骑兵团特别行动组”等，这些部队规模小，但人员最精干、装备最先进、资金最雄厚，在国内外反恐怖主义的行动中大显身手、立下赫赫战功。美国还通过法案，增拨经费用于联邦和州政府的反恐怖行动。

随着国际恐怖跨国活动的日益增加，任何一个国家单靠自己的力量已无法真正消除民族分裂和恐怖主义，因此，国际反恐怖合作也进一步发展，合作层面由双边逐渐发展到多边和全球，合作的内容扩展到包括情报交流，引渡罪犯，切断恐怖组织资金来源和联合反恐怖军事演习等方面。

在国际反恐怖合作中，以“上海五国”机制的加强较为突出。1996年4月26日，中国、俄罗斯、哈萨克斯坦、吉尔吉斯斯坦和塔吉克斯坦五国领导人在上海举行第一次首脑会议，以打击国际恐怖主义活动、越境犯罪和贩毒活动作为五国合作的主要内容，开启了“上海五国”元首会晤机制。2000年7月五国在杜尚别发表的会议声明中强调：将统一行动，联合打击宗教极端势力、民族分裂势力和国际恐怖势力。

2001年6月14日，中、俄、哈、吉、塔，乌六国首脑在上海举行峰会，签署了《上海合作组织成立宣言》和《打击恐怖主义、分裂主义和极端主义上海公约》。六国确定建立相应的多边合作机制，定期举行执法、边防、海关、安全部门负责人会晤，并举行反恐怖和反暴力演习。“上海合作组织”是国际反恐怖合作的一个典范。

（原文约1万字，发表于《湘潭师范学院学报》社科版2002年第1期）

文摘编辑：博文

全球化时代的恐怖主义：挑战与回应

王立新

[作者简介] 王立新，南京师范大学国际政治与国际关系研究所所长，副教授。

[内容提要] 全球化作为一把双刃剑，既促进了全球经济和政治的发展，也孕育了全球化的恐怖主义这一副产品。当前恐怖主义产生的根源、活动、手段及其危害都具有全球性，并成为后冷战时代影响国际关系的一个新的重要因素，全球化时代的反恐怖斗争的成功需要共识、理性、公正和智慧。

[关 键 词] 全球化；恐怖主义；挑战；选择。

一、恐怖主义的全球化

现代恐怖主义的根源具体表现为政治斗争、民族分裂、宗教矛盾和领土争端，这些问题原来大多是国内问题或地区性问题，但从20世纪70年代以来，随着全球化的加速发展，上述问题不只是与一国或几国利益相关，而是与众多国家的利益紧密相连，对全球产生了一定的作用和影响。恐怖主义根源的全球化推动了恐怖主义迅速向全球扩展，使其与人口爆炸、环境污染、资源危机等共同成为困扰人类的全球性问题。

在全球化时代，恐怖组织及其成员已具有全球性。在此之前，恐怖组织基本上是由单一国家的成员构成，甚至存在一些所谓独行侠式的骑士或刺客。而在当代，不少恐怖组织已难以界定其国别，其成员往往来自众多国家，成为跨国性的恐怖组织。恐怖主义活动也已跨出了国界。恐怖分子借助于全球化提供的各种便利条件，在民主、自由旗帜的掩护下，自由出入各国国境，在全球各地开展活动，筹集经费，密谋策划，袭击世界各国政府和国民，其行迹遍及全球。恐怖活动已远远超出了原先多发生在伊斯兰国家和发展中国家的范围，打破了一些西方发达国家标榜的“文明”、“安全”的神话，几乎无一国家能够幸免。恐怖主义的手段也是极其先进的。恐怖袭击是金融战、信息战、贸易战、生态战等，使用的武器从刀子、橡皮艇到核武器、生化武器等。

恐怖主义带来的危害和影响也是全球性的。与传统恐怖主义相比，由于世界各国之间的联系、依赖日益加强，利益关系十分紧密，一荣俱荣，一损俱损，现代恐怖主义的危害性极大。加上信息传媒业的发达，使恐怖袭击的影响十分巨大。如“9·11”事件发生后，不仅美国股市大幅下挫，三大股指创近3年以来的最低，而且世界各地股指也狂跌不止。袭击给美国带来的直接损失约300亿美元，间接损失数千亿美元，全球经济损失先后达1万亿美元。

全球化不仅使恐怖主义全球化，而且由西方主导的全球化其自身也是全球性政治恐怖的根源。全球化不仅加剧了国内社会的两极分化，更为严重的是，它加大了南北国家的差距。发达国家凭借雄厚的资本、先进的技术、先行制定的游戏规则，占据了有利位置，大获其利，成为全球化的受益者，多数发展中国家从中获益较少。发达国家与发展中国家的差距的进一步扩大，引发这些国家群众的严重不满，千百万人被贫困化推至生存的边缘，他们把自己的贫困归因于发达国家的盘剥，他们无力摆脱这一困境，往往采取极端的手段谋取利益。可以说，全球化导致的南北关系恶化和不发达国家贫穷的加剧是产生恐怖主义的温床。特别是美国，冷战后成为全球惟一的超级大国，借着全球化的东风，在全球硬性推广其领导的政治经济秩序和文化价值观念，到处插手别国事务，四面树敌，招致许多国家和群众的不满，这也是美国频频遭受恐怖袭击的原因之一。

二、影响国际关系的新因素

1. 破坏国际社会的安全与稳定，诱发冲突与战争。与以前相比，后冷战时代的恐怖主义制造的恐怖残杀触目惊心，使长期存在的民族、宗教矛盾更加激化，导致一些地区和平进程停滞不前。它还与民族分裂主义和宗教极端主义相结合，以恐怖手段谋求民族独立和自身宗教文化的优越性，分裂主权国家，激化民族、国家之间的矛盾，加深不同宗教、文明之间的敌意，造成相互间的对抗，引发局部战争甚至全球性冲突。

2. 对一国的对外政策产生重大影响。鉴于恐怖主义的巨大危害，世界主要国家在制定对外政策时，不能不把恐怖主义作为一个新的重要因素考虑进去，甚至会对原来的对外政策作适当的调整，这是后冷战时代的一个显著变化。

3. 成为影响国际关系的一个重要变量，导致国家间关系的调整和变化。与以前相比，恐怖主义所造成的危害巨大、影响深远，严重威胁着后冷战时代世界的和平与发展，引起各国政府的高度重视。

4．反恐怖主义推动了世界格局的局部变动。后冷战时代，一超多强的格局初步形成，多极化仍在继续。鉴于反对恐怖主义已成为全球前所未有的共识，因此反恐斗争不但进一步加强了美国与欧盟的关系，而且在美国与中俄关系改善的基础上，形成了比从前更加协调紧密的“新三角关系”。在这一关系中，以往的中俄联手牵制美国的模式可能发生变化。由于俄罗斯对美国反恐战争的全力支持，俄美关系趋于密切，俄罗斯将会进一步融入欧洲。更为令人关注的是，美国借打击恐怖主义之名建立了一个世界反恐怖联盟，虽然这一联盟比较松散、脆弱，但无论就其范围、数量还是影响都是空前的。可以预见，反恐怖斗争重塑了后冷战时代的国际关系格局，预示着国际关系一个新时期的来临。

三、艰难而现实的选择

自从恐怖主义产生之日起，国家的反恐怖斗争便开始进行。随着恐怖主义的全球化，反恐怖主义已渐成国际社会联合之势。数十年来，国际反恐怖合作尽管取得了一些进展，但从整体上看，国际反恐怖合作仍以双边为主，多边地区合作进展缓慢，且这种合作大大滞后于恐怖主义活动蔓延的速度，反恐怖斗争存在不少的障碍和困难。全球化时代的反恐怖斗争需要理性、共识、公正和智慧。

国际社会在对反恐怖主义的认识上尽快达成共识，是反恐斗争取得成效的前提。目前，各国对恐怖主义认识不尽一致，影响了联合反恐怖的行动和效果。要开展卓有成效的反恐怖斗争，首先必须明确何谓恐怖主义。迄今为止，关于恐怖主义的定义有100种之多。多年来，联合国各成员国除了就恐怖主义事宜达成一些协议，发表一些声明外，并没有确定一个能在国际上得到普遍认同的明确的定义。即使在“9·11”事件后，联合国大会也未形成反恐怖决议。这种认识上的差异往往使国际反恐怖斗争难以步调一致，无法共同采取行动。尤为突出的是，各国对恐怖主义的不同判断是基于各自不同的利益采取的不同立场，因此在判断恐怖主义问题上存在严重的“双重标准”。对于同一组织、同一事件，有的国家认为是恐怖主义予以打击，有的国家则予以支持。即使是对同一组织，一国在不同时期也会根据不同的利益作出不同的甚至相反的判断。反恐怖主义的“双重标准”不但不能有效地打击恐怖主义，反而会助长恐怖主义的气焰。

当前世界反恐怖斗争存在一定的局限性，采取理性的态度，是有效打击恐怖主义，避免冲突扩大导致国家、民族冲突甚至文明冲突重要的选择。失去理性的报复易导致冲突的扩大。由于恐怖主义大多与领土、民族、宗教和文明等问题纠杂在一起，某些恐怖主义就是上述矛盾尖锐化的表现，打击恐怖主义很有可能导致冲突的蔓延，引发大规模的地区性甚至全球性冲突。当前突出的是恐怖主义可能引发基督教文明与伊斯兰文明之间的冲突。理性的态度是克制，把恐怖主义与民族、宗教区别开来，把恐怖组织与同情恐怖主义的国家区别开来，严格限制反恐怖斗争的范围、规模和手段，特别要防止将反恐斗争扩大为国家间的战争。

充分利用全球化这把“双刃剑”，建立公正的国际政治经济新秩序，努力消除恐怖主义的根源。全球化既可能使恐怖主义全球化，甚至孕育了恐怖主义，但全球化也能消除恐怖主义的土壤。全球化在经济上的实质是经济活动突破一国范围，进行跨越国家和地区界限的生产要素和资源的优化配置和重组，在政治上的实质是国际体制和国际组织的增多以及国家主权的侵蚀。在总体上，全球化有利于世界经济的发展和政治民主化进程。由于目前的全球化是由经济实力和竞争力最强的发达国家主导的，现行国际机构和规则也是由他们制定的，全球化主要对他们有利，导致反全球化的恐怖主义产生。因此，发达国家应正视全球化的负面影响并进行反思，调整全球化的方向、方式和速度，使其朝着更为公正和可控的方向前进，使全球化的利益分配更趋合理。

打击恐怖主义需要综合运用政治、军事、金融等多种手段。由于恐怖主义活动范围是跨国界的，其活动特点具有很强的隐蔽性和灵活性，其手段是无限手段。在这种不对等的战争中，依赖强大的军事打击虽然起到震慑恐怖分子，消灭其部分力量的作用，但并不能彻底消灭恐怖武装。不对等敌人是不能用粗暴的武力战胜的，更不能凭没有政治计划的技术战胜。因此，单纯采取军事手段是无法消灭恐怖主义的，必须运用政治、军事、经济、外交、财政和金融等多种手段，长期在多条战线开战，并且需要众多国家联合起来持续不断地共同努力。

（原文约5600字，发表于《新疆大学学报》社科版2002年第1期）

文摘编辑：博文

日本为何不肯正视侵略战争事实

王坚德

[作者简介] 王坚德，福建师范大学历史系副教授。

[内容提要] 二战后，由于对发动侵略战争的军国主义势力打击不够彻底，留下各种隐患，日本朝野为侵略战争歌功颂德之风迭起。日本既不愿放下历史包袱，又想一圆“大国梦”，是造成这种奇特现象的根本原因。

[关 键 词] 勿忘历史；正视现实；和平共处；开创未来。

一、美国的扶日反共政策，使战后日本对军国主义的清算极不彻底

二战后，美国独占日本达7年之久。占领初期，美国为日本的非军事化、民主化、经济复兴曾起过重要推动作用。但随着东西方冷战格局的明朗化，美国从自己的利益出发，决定把日本建成远东“反共产主义的桥头堡”。特别是朝鲜战争爆发后，美国急于把日本变成美国的“亚洲兵工厂”和反共盟友，把日本放到主要的亚洲潜在盟国的地位。于是，美国由铲除军国主义的社会和思想基础转向不顾一切地扶持日本，起用右翼势力，在惩治战犯、赔款、政治制度改革等方面加以偏袒和包庇，使日本错过了一次举国彻底清算侵略战争历史和战争罪责的机会。

首先，天皇制被保存下来。天皇制的保留使日本没能同过去传统彻底决裂，也使日本战时体制没有被彻底铲除。

日本战败投降后，如何处置天皇是国际上和日本国内十分关心的问题。国际舆论和联合国许多国家代表都强烈要求把日本天皇作为首要的战争罪犯判处死刑。许多国家主张废除天皇制，日本国内一些群众组织也要求推翻天皇制，建立共和国，日本统治阶级内部也有人主张天皇退位。但是，美国统治集团为了利用天皇为其控制日本的战略服务，决定限制并保留天皇制。

其次，对日本战犯的处理很不彻底，右翼势力伺机复活。战后日本对战犯清洗和打击程度远不如德国，相当一部分战犯、旧军人后来重新步入政界，有的甚至在美国扶持下掌握了日本的政治大权。这些人一有机会就跳出来为二战洗刷罪责，为侵略战争史翻案。

再次，在赔偿问题上，美国竭力阻挠和反对向日本索赔。

战败的侵略国向被侵略国赔偿，这可以说是国际上的惯例。赔偿不纯粹是经济目的，它具有政治和道义上的责任，并可以不断告诫国人，发动侵略战争将自食其恶果。在普遍认罪的基础上，联邦德国政府从成立之初就主张全面承担战争赔款，第一任总理阿登纳说：“赔偿是我们的责任，它虽然不能洗刷我们的罪恶感，却是和解的前提。”据统计，西德和统一后的德国已支付950亿马克（约合675亿美元）的赔偿金，至2030年，预算赔偿总额共为1222.6亿马克。从战后日本来看，情况却完全不同，由12国组成的远东委员会曾决定拆迁日本工业设备以充赔偿，但到1948年，美国为了重新武装日本，竭力阻挠和反对向日本索赔，并排斥最大的受害国中国参加。美国强制其他国家根据片面的《旧金山和约》放弃向日本索赔，免去了日本国民应承担的历史责任，这给人一种错觉，既不要赔偿，又不要严惩战犯，这样的战争能算是侵略战争吗？

美国占领当局对日本的这种庇护态度，使日本未能根除军国主义残余，日本右翼势力就借助这种环境肆意为二战翻案，企图复活军国主义，使日本社会右倾化。

二、日本政府不肯认真反省历史，影响国民对战争责任的认识

德、日同样是二战的发起国，对战争都负有不可推卸的责任。战后德国历届政府都明确承认，德国应负发动那场世界大战的主要责任，公开反省侵略罪行，实施赔偿，制定了《反纳粹和反刑事犯罪档案》来对付新法西斯暴力分子，避免新法西斯组织活动和悲剧重演，并以多种方式教育下一代正视那段历史，而日本却反其道而行之。

1. 战后日本天皇和历届政府都不肯正确对待二战侵略史实

1945年8月15日，裕仁天皇被迫向日本人民宣读终战诏书。但是，他根本就没有使用“战败”或“投降”的字眼，代之以轻描淡写的却是“终战”二字。1963年，裕仁天皇借助重新评价历史时说：“打第二次世界大战已不再像1946年时那样看来是一个大错误，而是积极地加速完成日本工业化的治国之道。”天皇的言行深刻影响和决定着日本人的“战后历史观”，使日本右翼否认侵略、美化战争的浊潮有了最大的靠山。

战后日本历届首相未从根本上正确对待二战侵略史实，在言词上显得相当“微妙”。早在1971年9月，田中角荣首相来华谈判中日建交时，曾说：“遗憾的是在过去几十年间日中关系经历不幸的过程。其间，我国给中国国民添了麻烦。”当时，周恩来总理对田中“添了麻烦”的轻描淡写代替谢罪和反省，曾当场予以严厉反驳。自那以后，日本历届首相对侵略战争的表述大多停留在“添了麻烦”的水平上，或者干脆玩起“文字游戏”。其“典范”作品是竹下登的表述，他说“日本通过战争给近邻各国人民造成了重大损害，对日本的上述行为，国际上认为是侵略并进行了严厉的批评，这是事实，日本要充分认识这一事实。”这里的“这是事实”是指国际批判日本的事实，还是指日本承认侵略战争的事实？

2.“放言大臣”，放言不断

近10来年，日本的政坛上滋长着这样一种怪现象：不少日本大臣不断重演“失言”——“收回”——“辞职”三部曲。日本报界指出：“近年来日本阁僚围绕战争的‘失言’与‘收回’，宛如逢年过节似地反复出现。这已不是失言，而应视为真心话。”时至今日，日本一些政客及右翼势力仍在宣扬“侵略有功”的“皇国史观”，误导和蒙骗了日本年轻一代，使他们不了解历史的真相。

3.阁僚不断地参拜“靖国神社”，助长了右翼势力否认侵略的气焰

靖国神社前身是“东京招魂社”，1869年为追悼明治维新前后内战中阵亡的将士而建。1879年明治政府把其改称为靖国神社。靖国神社的教义，源于日本民间的“御灵信仰”，即通过祭祀来安抚冤魂，以免给人们带来灾难。但出于统治阶级的需要，靖国神社的性质已由安魂变为效忠天皇的所谓“忠节”。靖国神社祭祀的“神灵”有246万之多，其中绝大部分是死于对外侵略战争的，如甲午战争、日俄战争，侵华战争等对外战争中的战死者，其中包括东条英机等14名二战中甲级战犯的幽灵。

在日本近代、现代史上，天皇和历届政府官员参拜“靖国神社”，决不仅仅是为了宗教祭祀，其实质是以宗教祭祀的形式，以达到由国家管理的“祭政一致”的神道体制，天皇政府通过“招魂”祭祀来宣扬和强化“国家神道论”。而参拜供奉东条英机等甲级战犯“亡灵”的靖国神社，事关日本对侵略战争的认识和反省问题。

从1951年吉日茂开始，日本历届首相几乎都到靖国神社参拜，并不断升级。《日本国宪法》规定：“国家及其机关都不得进行宗教教育以及其他任何宗教活动。”因此，首相前往宗教场所并以宗教仪规参拜神灵，与宪法的“政教分离”原则也是明显不符的。日本政府以各种形式参拜靖国神社没有诚意反省战争历史，妨碍了国人对这段历史的认识，在青年一代人眼里，这不啻成为一种传统。

4.日本妄图修宪，走出“和平宪法”的禁区

1946年11月3日，依照驻日美军的指令，日本通过新的《日本国宪法》，该宪法的核心条款是象征天皇制（第1章第1条）和永久放弃一切战争和战备（第2章第9条）。故称之为“和平宪法”。

从二战结束以来，在宪法范围内的“专守防卫”一直是日本防卫政策的一项基本方针，但日本国内一些右翼势力和别有用心的政客极力鼓噪“修宪”。20世纪80年代中期以后，随着日本经济大国地位的进一步巩固，呼吁走出有“一国和平主义”之嫌的“专守防卫”宪法框子，在国际社会中获得与其经济地位相称的政治地位之声不断地高涨。日本政府试图对国家战略和防卫方针进行调整和重新定位。

日本在增强军备的同时，又想把军旗打向海外，又怎么会愿意去正视过去侵略战争事实呢？

5.屡次修改历史教科书，也影响到国民对战争的认识

历史教科书决定着一个国家、一个民族将建立怎样的历史观，将怎样看待本国本民族的历史和未来。它更是教育下一代人生观的重要工具。德国明确把二战的侵略战争历史写进历史教科书并不断进行反省，而日本却为了掩盖侵略战争史实，多次发生篡改历史教科书事件。

三、不愿正视侵略战争史实，想圆“大国梦”

1.“皇国史观”，使日本的右翼势力视侵略和扩张为天经地义的事情

何谓“皇国史观”，有的学者认为，它指的是：“大和民族是由神选定的民族，都是天照大神的子孙；天皇是现实人间的神，是国家一切的中心；‘八纮一宇’是最高理想，以天皇的名义统一世界，是走向人类恒久和平的大道；日本民族所进行的战争，是为完成历史使命而进行的圣战。”日本统治阶级在二次大战结束前把“皇国史观”奉为全民族纲领。在这种情况下，日本右翼分子和一些政客“理所当然”认为，二战是“皇军”“答谢皇恩”“进入亚洲”、“解放亚洲”，去建立“大东亚共荣圈”，何罪之有，如果谢罪并承认侵略，无异于“自虐”行为。在此怪异的温床上衍生出这样一种“政治怪现象”，就像“传染病”一样流传至今。

2.随着经济的发展，“大国主义思潮”重新抬头

从1955年开始，日本经济从复苏进入了起飞阶段，迎来了近20年的飞速发展的“黄金时代”。高速的增长使日本经济在世界经济中的地位迅速上升。1967年，日本的国民生产总值超过英国和法国。1968年，即明治维新后的100年，日本国民生产总值超过西德居资本主义世界第二位。1987年，日本又超过前苏联而居全球第二。

日本民族历来争强好胜，总想跑在别国的前面，其民族心理的深层积淀中充满大国意识。当它发现自己落后了，就会奋起直追；当它国力略显优势时，就会恃强凌弱。经济强势激发出的大国情结，不仅在民间蔓延，也很快在政坛上体现出来。一些人的日本民族优越感再度抬头，使“新国家主义”和大国意识膨胀。

20世纪70—80年代，在经济大国目标已成为现实后，日本便开始通过“综合保障”计划等，逐步向政治、军事大国挺进。

20世纪90年代以来，日本走向政治大国的主要目标之一是争当联合国安理会常任理事国，取得现有安理会五大常任理事国同等的地位，并企图通过联合国插手各种国际事务。此外，日本为实现“政治大国”梦，竭力突破“和平宪法”禁区，打着“维和”旗号向海外派兵，并为“修宪”打开突破口。这样，日本就可以名正言顺地发展军事力量。

1976年，日本《防卫计划大纲》规定，军费开支不得超过当年国民生产总值的1%。1987年，这一限制已正式突破，军费支出达35174亿日元，占当年国民生产总值1.004%。此后几年，日本军费以6%的增长率增长，1990年达300亿美元，1994年猛增到460亿美元，现已超出500亿美元。成为仅次于美国的军费开支大国。如此大的军费投入，不可能不造就一个相当规模的军事力量。据专家推测，扩充一支600万人的军队，对日本来说并非难事。日本已成为一个潜在的军事大国。

日本一贯强调“质量建军”，在充足的财力支持下，日本军备的现代化程度居于世界一流的水平。表面上，日本并没有真正的军队，只有“自卫队”。但近年来，日本不断开发高科技装备，使“自卫队”实际上已经成为一支拥有强大作战能力和威胁力的武装。日本《追求》半月刊最近一期报道说，从“素质比较”的角度看，日本自卫队的实力不仅超过俄罗斯，而且在不少方面有着比超级大国美国还强的实力，其中七个方面堪称“世界第一”(扫雷行动、反潜作战、常规潜艇、F2战斗机、高技术导弹、一流飞行员、入选自卫队)。

此外，人才和高技术优势也是日本拥有的宝贵军事资源。在当今世界23个尖端科技领域中，日本已有16个领域占优势。在人工智能、电子技术、超导技术的开发方面，日本已远远超过世界各国。韩国的《东亚日报》刊文指出，日本已经成为一个军事技术强国，在许多方面，它正在或者即将超过美国。日本还突破“无核三原则”成为一个“准核大国”。如果国际社会不加强监控，日本拥有核武器将会在短时间内成为现实。一些核专家认为：“他们仅仅用一星期时间就能把现存的部件组装成一颗原子弹。”可以看出，日本已决意告别战后体制，谋求与政治大国相适应的强大军事力量。

(原文约14000字，发表于《福建师范大学学报》哲社版2002年第1期)

文摘编辑：博文

论日本靖国神社与“历史教科书”问题

王春良

[作者简介] 王春良，山东师范大学历史系教授。

[内容提要] 日本的靖国神社始建于1869年。它是天皇制国家机构的一部分。这里供奉着240多万名日本对外侵略战争中死亡官兵的“灵牌”。参拜靖国神社和篡改历史是日本右翼势力美化侵略，为复活军国主义招魂的蠢动。

[关 键 词] 靖国神社；祭政一体；篡改历史。

一、日本靖国神社的历史与性质

日本的靖国神社是1869年（明治二年）6月根据明治天皇的旨意建立的，原称“招魂社”，位于日本首都东京市中心千代田区九段北。

从1867年12月9日（阴历）日本“王政复古”政变（通常被认为“明治维修”开始）建立明治政权，特别是1858—1869年的戊辰国内战争中，天皇军（当时主要是萨摩，长州两藩的讨伐德川幕府的军队）打败德川幕府军，并初步稳定明治维新政权。在这一过程中，天皇军（后被称为“皇军”）为明治政权的建立和初步稳固战死了许多官兵。明治天皇政府为使活着的军民继续矢忠于天皇决定对战死的“皇军”建立招魂社。于是，明治天皇敕令在首都东京由政府正式建立招魂社，专事祭祀“阵亡将士”。1879年（明治十二年）改称“靖国神社。”

在第二次世界大战结束前的日本近代现代史上，天皇和历届政府统治者，修建和参拜靖国神社，并不仅仅为了宗教祭祀，而是有其特殊政治作用的。它是日本统治阶级进行军国主义思想和“皇国史观”教育的重要组成部分，是日本近代天皇制的主要支柱之一。天皇和日本政府通过靖国神社宣扬“为天皇制国家战死是最光荣的”，这也就是所谓“武运长久”的军国主义“大和魂”，也被战前和战后右翼集团称作是“日本国民精神”。

明治维新以后，从19世纪70年代中期开始，日本便由原来被西方资本主义列强所侵略的封建落后国家，逐步演变为侵略其邻国的军事封建帝国主义国家了。从那时起直至第二次世界大战结束，日本入祀靖国神社的“亡灵”几乎全是在侵略战争中战死的军人。

在这一系列的侵略战争中，日军战死的官兵都被入祭靖国神社，计有240多万名。其中包括甲午战争中战死的13619名，甲午战后侵占我国台湾时战死的1130名，镇压义和团运动战死的1256名，日俄战争和镇压朝鲜人民时战死的88429名，第一次世界大战期间和反苏武装干涉出兵西伯利亚战死的4850名，侵占我国山东济南时战死的185名，“九一八”事变以及侵占我国东北时战死的17161名，“七七”事变开始的大规模侵华战争、1941年太平洋战争至1945年战败投降合计战死的2311847名。

日本天皇正是利用靖国神社进行军国主义宣传，特别是在对外侵略战争高峰时期，天皇总是亲自参拜（“亲拜”）靖国神社。1945年8月15日，当日本宣布投降时，在靖国神社，许多受军国主义思想毒化者以及所谓“遗族”趴在地上哭泣。那些死心塌地的军国主义分子，包括当时的陆军大臣阿南惟几，首相近卫文麿、东条英机，海军大臣岛田繁太郎等均切腹、服毒自杀“殉道”（神道），以示矢忠天皇。而这些二战中的甲级战犯的“亡灵”都被入祀靖国神社。因此，靖国神社是名副其实的日本军国主义幽灵渊薮。

由于国家神道和靖国神社的军国主义性质，因此在日本投降后，占领日本的盟军总部，盟军总司令麦克瑟于1945年11月发布《神道指令》，下令对靖国神社停止“祭政一致”，即不允天皇和政府要员参拜靖国神社，停止国家（日本政府）对神道和靖国神社的财政资助。

二、参拜靖国神社和篡改“历史教科书”是日本右翼势力美化侵略，为复活军国主义招魂的蠢动

1975年，三木武夫首相在“终战纪念日”（8月15日）参拜了靖国神社，但他宣布不是以首相身份参拜，而是以私人身份参拜，以表示“政祭分离”、“政教分离”的宪法原则。然而，这却是二战后参拜靖国神社的第一个日本首相。之后，日本一些公职人员去参拜靖国神社时都宣称以私人身份参拜。

1985年8月15日，时任首相的中曾根康弘正式参拜靖国神社之后，遭到中国、朝鲜、韩国等亚洲国家的强烈谴责。此后11年，在职首相再没有参拜靖国神社。但与此同时，20世纪80年代发生了篡改历史、美化侵略的中学历史“教科书问题”。

1996年7月29日上午，日本首相桥本龙太郎参拜靖国神社。桥本对记者关于这次参拜是以公职身份还是私人身份参拜的提问的回答是：“怎么说都行。”不过在参

拜登记时，桥本却写上了“内阁总理大臣”。

桥本等105名自民党国会议员还在1995年，针对日本“战败”50周年之际，编辑出版了由“自民党历史研究委员会”撰述的《大东亚战争的总结》一书，书中竟然有“满洲不是中国领土”、“日本是为了自卫而出兵亚洲的”。“南京事件是虚构的”等等歪曲篡改历史、妄图复活军国主义的言语。

1996年8月，日本政府有9名内阁大臣参拜了靖国神社，还有分属自民党、新进党和先驱新党的共80多名国会议员参拜了靖国神社。

进入2001年，日本右翼势力恶性发作。8月13日，小泉首相参拜靖国神社；而在4月13日，日本政府文部省宣布，由“新历史教科书编纂会”编写的“新中学历史教科书”（供初中使用）审定“合格”。该“编纂会”系日本右翼文人团体。该“教科书”有一百多处公然篡改歪曲历史，美化侵略战争，妄图为侵略战争翻案。如：该“教科书”故意不提南京大屠杀事件，而是在“远东国际军事审判”部分附带写到：“东京远东国际军事法庭的审判认定，日军在1937年（昭和12年）南京攻克战中，杀害了20多万名中国民众。但是，根据当时的资料，南京那时人口只有20万，在日军攻克南京一个月之后，人口增加到25万人。除此之外，这个事件的疑点多，其争论持续至今，因为在战争中即使杀了一些人也不算是大屠杀。”“战争是悲剧。然而，战争难分善恶。不能说哪方是正义的，哪方是非正义的。它只是国与国利益摩擦的结果，当政治上解决不了的时候，作为最终手段只能发动战争。”

关于日本侵略中国的“九一八”事变和建立伪满洲国。该“教科书”如此写：“满洲事变（即九一八事变）与日本政府的方针无关，是日本陆军的派遣部队关东军发动的战争。对政府软弱抱有不满的国民热烈支持关东军的行动，向陆军捐献了220万元的援助。”“（满洲国）这是（日本）想在中国大陆建立第一个现代的法治国家，由此满洲国取得了快速的发展，人们的生活得到了提高。”

关于日本侵吞朝鲜。该“教科书”这样写道：“1910年（明治43年），日本合并了朝鲜。作为实现东亚稳定的政策，合并朝鲜得到了欧美列强的支持。合并朝鲜在保卫日本安全和满洲权益上是必要的，但在经济方面和政治方面未必带来了利益。合并朝鲜时，日本是遵照国际关系的原则合法进行的。”

关于日本发动扩大侵略的太平洋战争。该“教科书”这样写道：“太平洋战争不是侵略战争，而是不得已而为之的战争。日本政府进行大东亚战争的目的是自卫自存和为了把亚洲从欧美统治下解放出来。”“日军开战不久就把解放亚洲当作战争的目的之一。但是，什么时候，怎样使亚洲各国家实现独立，缺乏具体的计划，一直处于摸索状态。……（东南亚）发生了抗日游击活动。尽管如此，日本还是同意缅甸、菲律宾、印度、越南、柬埔寨和老挝这些国家实现了欧美国家过去几百年间绝不可能批准的独立。”

该“教科书”审定通过“合格”公布后，遭到日本人民的强烈反对。日本一桥大学教授浜林正夫等889位历史学家联名呼吁：“日本不能用这种教科书进行历史教育”。

该“教科书”遭到绝大多数学校和教师的拒用。

日本政府审定通过篡改历史、美化侵略的历史“教科书”，遭到中国、朝鲜、韩国、新加坡等国政府和人民的强烈反对和严厉谴责。

2001年4月日本“历史教科书”事件与同年8月小泉首相参拜靖国神社再次说明，日本国内存在着一股否认和美化侵略历史的极右势力，至今仍十分嚣张，冥顽不化，拼命为军国主义招魂。对此，我们大、中、小学的历史教学工作者，务必提高警惕，要在我们的历史教学中使学生认识到日本右翼势力篡改历史、美化侵略的“教科书”的严重危险性和危害性。

（原文约8500字，发表于《聊城大学学报》哲社版2002年第2期）

文摘编辑：博文

台湾问题与中美关系

杨守明

[作者简介] 杨守明，安徽师范大学经济法政学院讲师，北京大学国际政治学硕士。

[内容提要] 台湾问题对中美关系具有重要影响，但台湾问题本身还在很大程度上受着中美之间其他问题的影响。综合考察以上两个层面的问题可以看出：按照传统观念，台湾问题有可能使中美走向对抗或战争。但两国关系是否能真正走到那一步，还取决于美国政府能否顺应时代的发展，以新的思维方式来认识和处理台湾问题。

[关 键 词] 台湾；中国；美国；关系。

一

台湾问题的实质是美国干涉中国的内政。但在不同时期，它对中美关系的影响是不同的。50年代初到70年代初，中美之间在台湾问题上的对抗主要是由于社会主义中国要实现国家统一，而美国要在全世界遏制共产主义。又由于当时中美关系中只有对抗性因素却很少有合作性因素，并且在对抗方面又都坚持自己的立场不变，即中国实现国家统一的信念坚定不移，美国干涉中国内政的做法死守不放，所以台湾问题导致中美两国20年的严重对抗状态。

20世纪70年代初到90年代初，中美在台湾问题上的对抗性因素仍然存在，但新出现的战略合作因素，使两国原来的对抗因素降到第二位。

20世纪90年代以后，中美之间原来的对抗因素几乎没有大的变化。其一是中国仍然坚持统一台湾的大政方针，而美国继续推行干涉中国内政的霸权政策；其二是美国不因“冷战”结束放弃对中国的冷战思维，而中国始终坚持社会主义制度并把它作为四项基本原则之一写进中国宪法。但是中美之间的战略安全合作因素却发生了转折性变化。由于苏联解体，不再对中国和美国安全构成威胁，中美之间自70年代以来的战略安全合作基础不复存在。不仅如此，中美两国在两极体系解体后各自所确定的国际战略目标又是相互对立的，中国主张建立多极世界，美国强调建立单极世界。于是中美之间在战略方面就由70年代以来的“合作”，转变到90年代以后的“对立”。这样，中美之间不仅原来的对抗因素没有消失，而且又把过去的一些战略“合作”因素转变为战略“对立”因素。多种“对抗”和“对立”因素叠加在一起，反映到中美关系的“晴雨表”——台湾问题上，加剧了解决台湾问题的困难。90年代初老布什批准向台湾出售F—16战斗机，现在小布什同意向台湾出售具有进攻性的潜艇；90年代中期克林顿政府允许李登辉以私人身份访美，现在布什政府同意陈水扁搞“过境外交”。总而言之，20世纪90年代以后，美国历届政府的对台政策和行为，分别在不同程度上增加了中国和平统一台湾的困难，因而台湾问题严重影响了中美关系的改善。

二

从根本上讲，中美在台湾问题上的矛盾，是美国霸权行为所致。而这一行为贯穿于美国整个的发展历史。美国从立国开始就通过战争与购买相结合的方式将英国、法国、西班牙、俄国等赶出北美大陆，又利用“门罗宣言”实现其独霸南北美洲之目的。19世纪末20世纪初美国通过“美西战争”和“华盛顿会议”实现了在亚洲太平洋地区的主导权。二次大战后，美国推行了近半个世纪的全球霸权战略，并认为这一战略的推行最终使苏联解体。200多年来美国都是依靠霸权手段，击败一个个对手，获得今天这样的实力和地位。这样的成功反过来又强化了美国的霸权思想，下一步的战略目标就是独霸世界。为了实现下一步目标，美国就要遏制在它看来有可能对其霸权地位形成挑战的国家。中国是新兴的大国，国民生产总值已跃居世界第7位，并且还有进一步提高之势。因而美国把正在崛起的中国视为其潜在的对手。当前中国提出要改变不合理的国际旧秩序，就是要求重新分配国际社会的权力；而美国不仅要维护它在旧秩序中的主导权，并且还要扩大这种权力直至独霸世界。中美之间在这些方面的矛盾是不可逾越的。另外，中美两国在思想理念上也存在着矛盾。中国人的思想理念是决不容许别国干涉，而美国人的思想理念就是要干涉别国，两种截然对立的思想理念共同反映在台湾问题上，必然又是一个不可调和的矛盾。

由以上可知：中美之间在战略利益和深层次思想理念方面都存在着矛盾。这些矛盾加剧了中美在台湾问题上的对抗性，按照传统观念，有导致两国走向战争的可能性。然而这种可能性是否能转化为现实，关键取决于美国是按照20世纪上半叶战争与革命时代的思维模式，还是根据当今和平与发展时代的思维方式来认识和处理中美之间的矛盾。

三

同样的国际矛盾，在不同时代有不同的认识和处理方式，这已在多个方面得到体现和证实。第一，就对战争必然性的认识来说，二战以前，国际社会普遍认为“战争是政治的继续”，是矛盾发展到一定程度合乎逻辑的自然延伸，也就是说战争有其必然性。第二，就近代以来的国际关系体系建立和崩溃的方式来看。第二次世界大战以前的维也纳体系、凡尔赛—华盛顿体系的形成与崩溃，无一例外地要借助于战争手段，第一次世界大战和第二次世界大战主要是用来调节帝国主义间的利益分配的。而第二次大战后的雅尔塔体系的崩溃就改变了以往的战争方式，是在没有枪炮和硝烟的环境中完成的。第三，现阶段战争手段一般不再能完全实现其发动战争的目的。对科索沃问题，美国等试图以战争手段达到其目的，但最终还是回到联合国采取协商的方式才暂时解决了这一问题。就台湾来说，中美两国如果因此而开战，其结果是台湾成为废墟、中美两国本土也都要遭到破坏，双方不仅达不到各自的目的，而且还都要蒙受重大损失。

国际现实已经明白地告诉世人，当今时代，战争不是解决矛盾的惟一必要手段。所以美国政治家，无论从思想认识上还是从处理矛盾的方式上都不能囿于传统的方式，而应该走出历史的“怪圈”，寻求适应时代发展的方式。中国采取“一国两制”方针实现港澳回归，就是适应时代要求，以非战争方式解决国际矛盾的伟大尝试。这也从一个侧面说明，当前各国已经开始用新的思路来认识和处理国际矛盾。事实上，随着时代的发展，中美之间已经缩小了传统观念上的分歧，客观上缓解了两国之间的固有矛盾。这主要表现在下列几个方面：第一，从对外关系方面看，中国已不再以社会制度和意识形态划线，而是在平等互利的基础上，与世界各国发展关系。这在一定程度上缓解了中美之间在政治制度和意识形态的对抗。第二，从经济改革方面看，中国为了提高劳动生产率，加速社会主义经济的发展，借鉴和吸收资本主义制度的一些方法，实行社会主义市场经济，积极吸收外国资金（鼓励外国对中国资本输出），允许私有企业发展（允许私有制的存在）等等。从而使中美一定程度上缓解了经济制度方面的对立，增加了共识范围。第三，从中国不断扩大对外开放，积极参加世界多种政治经济组织来看，由于世界上一些主要国际组织的章程、规则都是由美国参与制订，并且一直是美国起主导作用的，所以美国认为中国加入这些组织就可以按照组织的规则和章程约束中国的行为，这意味着中国在逐步“融入”美国领导的“国际社会”里。例如中国要加入世界贸易组织，就必须降低关税、开放市场、增加政策透明度等，这些都是以美国为主制订，且符合美国利益的一些规则。第四，从中国采取“一国两制”方针实现港、澳回归来看，社会主义中国大陆，能够与资本主义的中国香港澳门相互协调、相互促进、共同发展。这使美国确信，中国大陆的社会主义在国内不排斥资本主义，那么完全有可能在世界范围内与资本主义和平共处，从而提高对中国的信任程度。第五，从冷战的结束和经济全球化的不断发展来看，世界各国都把经济利益调整到对外关系的首要位置。中美两国也不例外，两国经济交往的规模不断增大，经济上的相互依赖程度日益加深，从而使两国具有了深层次合作的基础。以上这些因素使中美都不愿意因台湾问题导致两国关系走得太远。

（原文约5000字，发表于《安徽师范大学学报》人文社科版2002年第2期）

文摘编辑：博文

冷战后美国亚太联盟战略的调整

王　帆

[作者简介] 王帆，外交学院国际关系研究所讲师，博士。

[内容提要] 冷战后美国的亚太联盟体系经历了过渡与调整两个阶段。与冷战时期相比，延续大于变化。冷战后美国亚太联盟的深化与拓展主要体现在两个方面：一是联盟内部的功能性调整；二是双边同盟之间的协调加强。今后美国亚太联盟的变革仍将以渐进方式进行，突出制度化建设，同时增加联盟合作的高技术含量。

[关 键 词] 美国；亚太；联盟。

一、美国亚太联盟政策的调整

冷战后亚太联盟的调整主要体现在两个方面，一是双边同盟内部的强化调整，另一个是双边同盟之间协调的加强，美国认为亚太地区矛盾复杂，分歧众多，只有加强协同性，强调共同针对性，以多边促双边，才能避免力量分散和重复，避免双边联盟的后劲不足。具体做法包括：

1. 由主导型向合作性发展，主要表现在强化盟国的职能和防务范围，同时让盟国承担更多财政负担。强调盟国承担更多责任日益成为美国联盟政策制度化的定型模式，这样做的目的既可以减少支出，避免背上战线过长，负担过重的包袱，又可以减少美国直接面对的风险；还可以从形式上显得更均衡更对称。但美式联盟无论怎样放权，其前提条件是保持美国的主导地位，如若有突破这一底线的危险，美国将采取对盟国打压的做法。

2. 以双边同盟为主，加强地区协作。美国在亚太地区的联盟体系以美日为核心，但既有分工也有协作，美韩同盟主要应对东北亚地区的朝鲜半岛危机，美日同盟既包括朝鲜危机也包括台海危机，而美澳新主要应对西南太平洋的危机，包括东南亚地区的海上运输线、中国南海区域的潜在危机等；在中国台湾问题方面，几个双边同盟将协同一致。扩大地区防务合作，将美日联盟作为亚太安全战略的基石，把同日本的战略同盟推进到地区乃至全球；继续由美日，美韩，美澳新构成亚太防御体系。同时重视多边安全机制的建立。

3. 更加重视东北亚地区，把它看成是该地区大国利益的聚集地，同时也是最有可能爆发敌对行动的地方。南北朝鲜在90年代中后期虽然出现明显改善，但北朝鲜仍然是一个“极不稳定”的因素，美国对其政策持怀疑和观望态度。为了防止朝鲜半岛再次成为大国力量的争夺场所，尤其要设法缓和朝鲜半岛形势，美韩同盟必须受到足够的重视。

4. 与欧洲的联盟政策遥相呼应。传统的两洋战略、海权与陆权之争仍然隐含在美国的联盟政策之中。在欧洲的北约东扩与亚洲同盟体系的强化，至少在客观上造成两大联盟体系遥相呼应的现实，构成了对欧亚大陆中心地带的钳制之势。这一切体现了美国冷战后联盟的一个新变化，那就是拓展联盟对象，丰富联盟合作方式。

5. 加强与台湾的军事合作。50年代起，美历来把朝鲜半岛作为东北亚第一热点对待，而在新世纪初开始，台湾成为美国在东北亚地区两个并行用力的着力点之一，与朝鲜问题一起作为两个重点安全因素综合加以考虑。

二、美国强化亚太联盟体系的动因

冷战后，美国在欧洲完善和充实北约职能之后，实现了首轮北约东扩，可以说调整后的新战略部署已基本到位。相对而言，亚太地区作为单极与多极碰撞，两种不同安全观不断较量的主战场，反而是美国全球战略的薄弱环节。因此，强化亚太地区联盟体系就成为美国亚太安全战略的当务之急。具体而言，主要基于以下考虑：

1. 继续发挥支配性作用，抑制潜在地区大国的产生。从战略层面看，美国在亚洲有三种关键利益。第一种关键利益是防止、遏制以及减少对美国本土及其广阔的领土进行攻击的威胁。第二个关键利益在于防止亚洲出现主导地区政治经济安全局势的国家。任何能够统治亚洲大陆及其通讯线路（无论内部还是外部）的大国都被认为是对美国的安全、繁荣和实力地位的巨大威胁。第三个关键利益是保证美国的盟国的存在。应该看到，美国的联盟战略是与其霸权战略密不可分的，而维持地区主导地位是美国保证其持续霸权的关键所在。再有就是亚太地区的力量结构及战略取向出现了转变，“与战后时期不同，当时地区参与者着眼点主要是对付接近边境的陆上威胁，现在亚洲军事化的重点是对付敌对国陆上边界有些距离的公海突发事件，大规模毁灭性武器能力的进一步发展与亚洲沿海的新取向相辅相成。”另一个长期趋势是，维持亚太地区安全的传统安全体系与利益的关系越来越密切。亚洲地区总体经济实力上升，政治和军事影响增大，而与此同时美国的实力却相对下降。实力升降的对比在亚洲比在欧洲体现得更为明显。

2. 保持前沿军事存在。其作用在于既可以按照“塑造，反应，应变”的要求随时预防突发危机，还可以在战略上对这一地区形成一种长期的威慑。美国的前沿军事存在对于美式同盟具有举足轻重的作用。美国的海外驻军是美式同盟存在的重要基础之一，有此前提存在，美国的亚太地区同盟就不会出现根本性的改变。失去了同盟，美国也就失去了海外军事存在的理由。

3. 捍卫美国的商业利益，为其在亚太地区的市场、资源和运输线提供保障。冷战后美国对东亚的政策体现了其全球经济安全的总体战略。它一方面继续在亚洲保持10万驻军作为前沿部署，其中4.7万人驻在日本，3.6万人驻在韩国；另一方面对亚洲地区进行大规模的经济渗入，以最大限度争取商业利益和市场利润。美国在东亚市场的利润要超过它为美日安全保障体制所付出的成本。

4. 选择性安全战略的需要。无论是冷战后新的国际背景还是美国国内政治经济压力，无论是预防性防御还是新干涉主义，都无法保证美国在任何时间任何地点随心所欲地行使霸权。只有依靠联盟，让联盟承担责任，并且尽可能使美国的利益与盟国的利益联系在一起，才能够达到美国的战略目的。“9.11”恐怖事件的出现也将会给美国的联盟战略带来新的影响，即在联盟的职能中突出对国际恐怖主义的防范作用，充分利用联盟的协同作用最大限度地压缩恐怖主义的生存空间。这将可能使联盟的强化在某种程度上获得新的动力。

三、亚太联盟体系的发展趋向

首先，就美国的军事战略而言，持续大于调整；其次，在美国一超单极主导世界的体制下，美国的联盟体系还有扩大之势。

布什上台后，在军事上持强硬路线，对传统的联盟政策极为重视，但对联盟的合作方针没有明显转变，因此，新世纪初的亚太联盟战略可以称为调整后的持续期。未来的美国亚太联盟将可能呈现出以下发展趋向：

1. 渐进为主。首先，美国的联盟政策将坚持持续与调整相结合的方针，重点进行全方位的职能转变，扩大联盟的干预职能，加强其对新形势的灵活性和适应性。主要特征是，发挥盟国的积极作用，但决不是减少对盟国的控制和利用。其次，无论是美日同盟还是美韩同盟，均存在战略目标上的明显分歧，目标上的不一致会限制联盟的进展。美国的亚太联盟政策既受到亚太盟国国内政治和民众的制约，也会引起周边国家的反应，可调整的余地十分有限。第三，美驻亚太地区军队的总体数量和军队结构在一段时间内将保持不变。第四，联盟的界定和变革主要限制在双边联盟的安全机构中进行，其他领域对其影响不大。

2. 多边合作为补充。现阶段美国支持的多边安全模式是建立在传统联盟体系基础之上的，它无法替代传统联盟体系，实际上只是传统联盟职能上的补充。

3. 由单纯的军事同盟向制度化的政治、经济和军事综合组织发展。

4. 军事合作由一般性的军事演习向综合的高科技合作发展。

（原文约9000字，发表于《外交学院学报》2002年第2期）

文摘编辑：博文

冷战后欧安组织的维和与危机处理

朱立群

[作者简介] 朱立群，外交学院国际关系研究所副主任，副教授。

[内容提要] 本文对冷战后欧洲安全与合作组织职能的调整、特别是其在危机处理及维和事务中所发挥的作用进行了探讨。文章认为，冷战后欧安组织在维和领域的作用虽一度突显，但由于各主要力量的核心利益不在欧安组织，因而其在维和领域的作用只能作为北约的一种补充，发挥早期预防和危机善后处理的作用。俄罗斯推动欧安组织成为欧洲安全结构中心的努力未能如愿，其在维和领域的决策地位随之被边缘化。

[关 键 词] 欧安组织；危机处理；维和。

一、欧安组织工作重点的转移

冷战后，欧安组织工作重点向危机处理方面转移是在美欧国家的积极推动下进行的。1991 年 6 月南斯拉夫内战的爆发，促使欧洲各类组织如北约、欧盟、欧安会等将工作的重点转向危机处理与维和行动上来。1992 年到 1993 年是欧洲各安全组织激烈争夺维和与危机处理主导权的两年，一方面各安全组织自身积极进行适应性调整，出台各种新的政策；另一方面想方设法排挤外部竞争者，抢占有利地盘。1992 年前后，正是北约内部就域外行动展开讨论，并开始积极寻求解决北约域外行动合法性的时候，美国看到了欧安会的可利用之处，因而积极推动北约奥斯陆会议达成了北约将在欧安会授权下维和的决议。自此后，北约的各种会议文件开始承认欧安会在维和与预防冲突领域的重要作用，并强调各种安全组织相互合作和连锁的重要性。正是由于北约需要欧安会在维和行动方面的授权，因而推动了 1992 年 3 月欧安会外长会议和 7 月欧安会赫尔辛基首脑会议成功召开，并推动了欧安会的机构化和组织化。

赫尔辛基会议对欧安组织的重要性，在于它为欧安会规定了维和的使命，从而为其在冷战后的生存和发展奠定了基础。这一时期欧安会作用突显，主要是因为其他安全组织还没有为维和做好准备，而这个任务因南斯拉夫问题迫切地提上了欧洲安全的议事日程，再加上北约需要从联合国和欧安组织获得域外行动的合法性授权，正是这些因素共同促使各欧洲主要力量为欧安组织赋予重要的使命。

二、维和使命的限度

尽管 1992 年的赫尔辛基文件明确了欧安会在冷战后的任务，并提高了它的组织化程度，但要想使一个拥有 54 个成员国并采取一致同意方式决策的组织在实际行动方面有所进展，并不是一件容易的事。欧安会面临着完善其组织机构、健全危机决策机制、提高组织行动能力、特别是形成成员国安全共识的艰巨任务。

1994 年底召开的布达佩斯会议被广泛认为是一次说明欧安组织在欧洲安全问题上表现“暧昧”的会议。这次会议既没有赋予欧安组织以法律条约基础，也没有加强其行动能力，使其能够完成 1992 年赫尔辛基文件中规定的承担维和的使命，只是将欧安会的名称改为欧洲安全与合作组织，因而被认为这只是“形式上而非实际上的”一种转变。

美国担心全面发展欧安组织的维和职能将威胁北约的存在，而保证北约的存在及其在欧洲安全事务中的主导地位，是美国冷战后欧洲安全战略的核心。美国尤其担心发展欧安会的维和能力可能使俄罗斯占主导地位的独联体发展成为与北约和西欧联盟平起平坐的安全组织，并导致俄对其周边地区的重新控制。因为在欧安会框架下的维和，最大块头的志愿者可能是在独联体旗帜掩盖下的俄罗斯。俄会因此而参与甚至主导欧洲安全事务的决策。这就是美国为什么在北约的框架下积极发展北大西洋合作理事会（简称北合会）与和平伙伴关系计划，而不愿在欧安会框架下发展维和与危机处理能力的真正原因。

随着北约和平伙伴关系计划出台后，北约与中东欧和前苏联地区国家的维和能力与军事合作与协调能力大大提高，欧安组织距离其 90 年代初所期望的成为欧洲地区危机处理决策中心的方向越来越远，欧安组织在维和方面所能发挥作用的余地相当有限，提高其行动能力的诺言一直未能兑现，因而它开始逐渐演变成一个监督地区危机发生和善后危机处理的组织。

三、早期预警与危机善后处理

总的来说，欧安组织的早期预警工具有限，有些预警工具难以发挥有效的作用，像两年才召开一次的欧安组织审议会议作为预警工具，显然因其会议间隔时间太长对于突发危机难以发挥作用，而磋商论坛往往成为相互指责的场所。在预防冲突方面，欧安组织主要通过现场了解情况，启动欧安组织机制、派出事实调查小组而发挥作用。

危机处理工作，主要由高官委员会和常设委员会负责，有时也建立个案指导小组专门负责处理某个危机。欧安组织从事的危机处理工作主要是危机升级前的调解和情报收集工作，以及危机后的民事重建工作，包括所谓民主建设和人权建设。

从欧安组织的实际行动到欧安组织的文件规定，可见其所发挥的维和作用实际上是对北约维和的一种补充，这一点在波黑和科索沃危机中都表现得很清楚。鉴于北约作为军事联盟从事维和带有不公正性，欧安组织对北约维和的补充作用也就不可能做到不偏不倚。

四、欧洲主要力量在欧安组织的利益

欧安组织在维和方面只能发挥补充作用，主要是因为欧洲各主导力量的核心利益不在欧安组织。

美国在冷战后始终把欧洲战略的重点放在北约的适应性改造上，决心把北约变成欧洲安全结构的核心，因而对欧安组织的发展采取利用、限制甚至排挤的政策。

俄罗斯长时期里主张加强欧安组织的作用。但俄罗斯的愿望不可能实现。建立类似联合国安理会那样的欧安组织执行委员会，会使俄罗斯对欧洲安全事务拥有否决权，这是美国和西方国家不愿看到的；在欧洲各安全组织之间建立明确的分工，也是美国早就反对的。对于俄罗斯利用欧安组织扩大其维和主导权的愿望，美国一直保持警惕。总的看，俄罗斯利用欧安组织反对北约的构想并没有取得任何实际的成效。

对欧盟来说，它更倾向由西欧联盟承担维和使命，欧安组织显而易见不是首要选择。

俄罗斯和美国等西方国家围绕着欧安组织地位和作用的矛盾，体现了冷战后争夺欧洲安全决策权的斗争。俄罗斯希望利用欧安组织参与欧洲安全事务决策，欧安组织的边缘化就意味着俄罗斯在欧洲安全事务决策上的边缘化。

冷战后北约一直从不同的方面挤压欧安组织的活动空间，并将其变成西方国家手中的工具。在安全磋商领域，欧安会始终是欧洲安全磋商的论坛，但北约通过建立北合会抢占了这一地盘，这可以从北合会与欧安组织具有相同的活动内容中表现出来。由于大部分欧安组织成员国又是北约的伙伴国，这些伙伴国在面临威胁和安全问题时，更愿意求助于北约，而不是欧安组织。那些迫切要求加入北约的国家就更是如此。

在维和方面，如前所述北约与欧安组织之间存在着合作。但实际上，北约基本上没有从事过欧安组织授权的维和行动，欧安组织在危机处理中也总是扮演北约的配角。欧安组织对自己在危机处理方面有严格的规定，它对出事地区或危机地区的介入必须由当事各方的同意，并要求采取不偏不倚的立场，同时它不具备军事武装能力，因而欧安组织在维和与危机处理中只能从事早期预警、协调谈判、冲突后的恢复与重建等民事方面的工作。而北约自军事战略调整和建立和平伙伴关系计划之后，积极发展危机处理能力和灵活反映能力，并通过计划、训练、演习发展与伙伴国的协调作战能力，并在指挥和控制系统方面进行了一系列的改革，使欧安组织根本无法与北约的危机处理能力相提并论。

（原文约7500字，发表于《外交学院学报》2002年第2期）

文摘编辑：博文

“9·11”事件后美国全球战略的调整及其对中国的影响

左　鹏

［作者简介］左鹏，北京科技大学文法学院讲师，法学博士。

［内容提要］“9·11”事件后，美国对其全球战略做了调整，保卫美国成为首要任务。但并没有改变美国称霸全球的战略目标。随着美国势力进入中亚，“战略包围中俄”的态势基本形成，中国的国家安全也将面临新的严峻挑战。

［关 键 词］“9·11”事件；美国全球战略；中国国家安全。

一、保卫美国：美国全球战略调整的首要任务

过去，美国统治精英考虑最多的，莫过于如何遏制中国的崛起和防止俄罗斯的东山再起。而今，国际恐怖主义的袭击使美国的国家安全陷入了自“珍珠港事件”以来最危险的境地，打击恐怖主义相应成了美国防务战略的首要任务。因此，必须把保卫美国本土免受恐怖主义袭击置于美国安全防务的“重中之重”。就这样，“9·11”事件促使美国重新认定了什么是它的主要威胁，并对防务战略做了相应调整，把打击重点移向了国际恐怖主义。在布什政府的本届任期内，反对恐怖主义将是美国国家安全战略的头等大事，布什政府将使用它所能使用的一切手段，集中它所能集中的一切力量，在国内防止新的恐怖主义袭击，在国外打赢一场反对恐怖主义的总体战争。

在此背景下，美国不得不对其对外政策作出调整，在外交、金融、情报、传媒、军事等多个方面加强与他国的合作，谋求建立一个尽可能广泛的国际反恐联盟。使得美国同俄罗斯和中国的共同战略利益相对增加，美俄、美中之间合作有所加强，冲突和矛盾暂时缓解。不能忽视一个基本事实，即美国对其全球战略和对外政策的调整，只是在美国遭遇恐怖袭击之后，出于“保卫美国”和组建反恐联盟的需要，在当前和今后一段时期内的调整。“9·11”事件以前被美国放在首要和次要位置上的一系列基本问题仍然存在，其最根本的冷战思维并没有因为“9·11”事件和国际反恐合作而改变。所以，对于“9·11”事件之后美国单边主义外交风格变化的期待值不能过高，当前国际关系的变动只是表面的、局部的，还不能肯定它是实质的、持久的。

二、威慑全球：美国全球战略调整的不变目标

“9·11”事件之后，尽管美国对其全球战略做了调整，但“在世界上发挥领导作用”这一“美国新世纪国家安全战略”的核心，非但没有任何改变，反而借助于反对恐怖主义之势，左右逢源，在多个方面取得了突破。

“9·11”事件一发生，美国舆论就宣称，恐怖主义分子是出于对世界自由灯塔的怨恨和妒忌而袭击美国的，鉴于其所针对的绝非美国一家，而是整个“文明世界”，国际社会就有义务和责任组成反恐联盟。布什还明确警告，“支持恐怖主义分子也是恐怖主义行为”，“中立是不公正的”。这样，美国利用世界上大多数国家对它遭遇恐怖袭击的同情，按照“要么站在美国一边，要么站在恐怖分子一边”的原则划分敌友，建立由它主导的反恐联盟。在这个联盟中，美国还特别把俄罗斯、中国、欧盟、日本等有可能在未来对其构成挑战的国际战略力量吸纳进来，试图加以利用、约束和监督，不让它们任何一个成为能同美国相抗衡的力量，由此推行美国的单极独霸战略，阻止世界多极化的发展趋势。

由于反对恐怖主义得到世界上大多数国家的支持，美国没有忘记抓住这一难得机会，迅速把打击对象从阿富汗扩展到其他被认为“威胁到美国安全”的国家。因“9·11”事件而起的反恐战争确实是一场“持久战”，美国要以此为契机，效仿“科索沃模式”（不同的是，以反恐战略替代人权战略），彻底降服冷战后仍不肯向其低头的少数国家，最终确立并巩固自己在世界的领导地位。

同样是借“9·11”事件的东风，美国最终得以单方面退出了1972年与前苏联签署的旨在维护全球战略平衡的《反弹道导弹条约》（ABM），从而为美国继续发展以至部署导弹防御系统（MD）扫除了法律障碍。事实果不出所料，当2001年12月13日布什宣布美国退出ABM时，俄罗斯作出的反应只是无力的抗议，美国民众对布什的支持率依旧攀升。就这样，“9·11”事件和反恐行动使得美国在没有遭到任何实质性反对的情况下，获得了全面部署MD的合法性、合理性。尽管从表面上看，美国研发MD是为了预防“无赖国家”和恐怖分子的袭击，但从长远看，显然是另有他谋，即实现美国威慑全球、领导世界的战略目标。“9·11”事件的发生，无疑更强化了美国实现这一目标的意志。很显然，随着美国退出ABM，大规模的军备扩充已经开始，而一些国家为了适应形势，肯定也会实施新的军备发展计划，今后的国际

安全形势必将更加难以预测。

三、占据中亚：美国全球战略调整的关键一环

英国战略思想家麦金德20世纪初曾论述道，中亚及其附近地区是国际政治的“心脏地带”，而亚欧大陆则是“世界岛”，“谁统治心脏地带，谁就能主宰世界岛；谁统治世界岛，谁就能主宰全世界”。90年代中期以来，美国为确保其全球领导地位，在欧洲，以俄罗斯为遏制目标，借助北约东扩，构筑由它主导的安全体系；在亚太，以中国为遏制目标，借助美日军事同盟重筑，推行地区霸权战略。这样，在基本稳住亚欧大陆东西两翼之后，仅剩居于“心脏地带”的中亚尚属美国军事控制的真空地带。若能进一步占据中亚，则可打通中间环节，衔接欧亚两翼，使美国的全球领导地位更加巩固。

以打击恐怖主义为契机，美国如愿以偿地占据了觊觎已久的战略要地——中亚。对于美国来说，占据中亚，固然是为了打击恐怖主义，但在打击恐怖主义之外，还可实现更宏大、更深远的战略目标。一则美国势力进入中亚，战略上打通了和海湾的联系，使得由西太平洋封锁链、印度洋封锁链、中东战略基地、北约东扩国家构成的“战略包围中俄”的态势基本形成。对俄罗斯而言，美国势力进入其“后院”之后，北约东扩和针对东北亚的军事基地链条就可连上，从而在西、东、南三个方向逐渐堵死俄南下的战略通道，独联体一体化的努力就会成为泡影，俄罗斯东山再起的希望也就更加渺茫。对中国而言，美国势力进入中亚之后，将直接同其西部边疆接壤，并可与在其东部已形成的战略包围圈相衔接，从而在西、东两个方向扼住中国的发展，破坏其边疆的稳定和统一大业的完成。二则中亚地区是当今世界最后一片尚未开发的油气宝藏，其探明储量仅次于中东，美国势力进入中亚，事实上就控制了21世纪的国际能源市场。美国深知，在波斯湾油气储量日趋减少的情况下，中亚地区的油气资源对实现其全球战略和经济利益至关重要，惟有占据中亚，才能绕开俄罗斯，远离伊朗，开辟一条从中亚经阿富汗、巴基斯坦，最终进入阿拉伯海的油气管道线路，从而打破俄罗斯对中亚油气出口的垄断局面，将中亚的油气资源源源不断地运往美国和西方世界。三则中亚国家与伊斯兰世界有着千丝万缕的联系，独立以来，泛伊斯兰主义和泛突厥主义一直在或明或暗地滋长蔓延，伊斯兰原教旨主义者更是把这里看成进行新圣战的沃土。美国占据中亚，既可以阻隔中亚与伊斯兰世界的联系，防止伊斯兰原教旨主义的扩张，又可以在发生地区冲突时，保证美国以地缘优势取得主动。

四、遏制中国：美国全球战略调整的重要步骤

2001年布什政府上台以后，即提出美国的军事战略重心应彻底从欧洲转向亚洲，认为在俄罗斯国力减弱的情况下，未来“来自中国的威胁”可能会进一步增强，而随着“中国取代俄罗斯成为美国未来最主要的潜在敌人”，美国决定放弃同时打赢“两场局部战争”的军事力量标准，转移在欧洲的注意力，更多地关注东亚。“9·11”事件后，伴随着美国战略重点和对外政策的调整，中美关系出现转机，紧张得以缓和，但美国对华防范、施压的战略和在台湾问题上的原有政策都没有改变。

事实上，“9·11”事件之后，美国在集中力量打击国际恐怖主义的同时，并没有忽视在“反恐”的旗帜下，继续编织遏制中国的战略包围圈。东北方向，朝鲜被称为利用大规模杀伤性武器威胁美国的“邪恶的轴心”之一，一旦成为美国反恐战争的打击目标，中国的安全必将遭遇新的挑战。在东方，日本利用反恐之机，一方面大大扩展了自卫队的活动范围，开辟了在战争期间向海外派兵的道路；另一方面随着美国退出ABM，与美国联合开发MD将成为现实，如果执意把台湾纳入MD的保护范围，必将给中国的统一大业带来更大麻烦。东南方向，“台湾牌”并没有因为反恐战争而被美国丢弃，在南方，菲律宾已经成为美国将反恐战争延伸到阿富汗以外的“第二战场”，在被指责藏有恐怖主义组织的十几个国家中，美国缘何首选菲律宾，其真实动机耐人寻味。西南方向，印度本来就是赞成美国推行MD的为数不多的几个国家之一，阿富汗战争的打响使美国进一步认识到印度的战略地位对其实施亚洲战略的重要价值，美印军事合作不断加强。在西方，巴基斯坦实际上已经成为美国对阿富汗采取军事行动的前沿阵地，尽管中巴关系“比山高比海深”，但如果美国能向巴基斯坦提供足够的诱惑条件，如满足巴基斯坦的安全和经济需求等，则很有可能将巴争取过去，成为美国全球战略部署的关键一环。西北方向，阿富汗和其他中亚国家直接同中国接壤，随着美国势力进入阿富汗和中亚，不仅会使中国苦心经营的上海合作组织大打折扣，而且会为美国在反恐问题上推行双重标准，纵容甚或支持“东突”恐怖势力、插手中国内部事务提供可乘之机。尤为严重的是，如果美国的“和平伙伴关系计划”得逞，最终把中亚国家纳入北约体系，那么中国将首次与北约集团直接对峙，不得不同时面对“新日美防卫合作指针”和“北约战略新概念”东西两个方向上的威胁与挑战。

所以，“9·11”事件之后美国全球战略的调整，并没有使中国的安全环境得以改善，原先存在的一些问题依然存在，新的问题又在“国际反恐”中产生。

（原文约9000字，发表于《武汉理工大学学报》社科版2002年第3期）

文摘编辑：博文

国际关系中的国家安全和个人安全

付艳丽

[作者简介] 付艳丽，国际关系学院国际政治系硕士研究生。

[内容提要] 自古以来，安全都是国家安全，而非个体安全。对个人安全的忽视是造成国家间为无休止追逐权势引发冲突和战争的根源。安全应从国家安全回归到安全最原始的出发点——个人安全。本文根据当今时代特征和国际社会发展的新趋势，提出了以人为本的个体安全观。

[关 键 词] 国家安全；个人安全；以人为本的个体安全观。

一、国家安全与权力政治

在西方文化发展史中，自古就有追求“逻格斯”的传统。在黑格尔那里，国家就是逻格斯/世界本质/绝对精神。但是现实社会既不会变成黑格尔理想的国家，也不会出现康德设想的永久和平。追求权力，才是国际政治亘古不变的主题。

首先，国家安全并没有像它的始创者和支持者设想的那样，给普通的公民带来和平、安定、福祉，相反，它成了政治世界权力争夺的手段和工具。国家安全就像一个被套上权力锁链的人，总摆脱不了政治的影响和权力的烙印。在国家安全与个人安全之间，政治家选择了国家安全，因为在人们心目中国家是至高无上的，是个人生存发展最坚实的依靠。至今，我们仍认为国家安全就是该国民众安全之和。事实是 $1+1\neq2$，国家安全≠民众安全之和。国家是个模糊的定义，国家意义上的个人安全也是个抽象的概念，无法具体到公民本身。国家追求的是实力、声望等不可量化的因素，它与普通公民没有必然的联系，更多地反映统治阶级集团的利益，有时甚至是以破坏民众安全获得的。此外，安全的定义有争议，但有衡量标准。在现代社会里，安全既是“不存在威胁和危险”，也包括生存和发展。现代社会是在解放人性、张扬主体之上建立的。国家首要维护的是国家主权独立和领土完整。在一定程度上，国家经济、政治、军事上的安全是大于个人安全的。就个人安全而言，国家对个人安全的保障本身就不平等。再者，国家安全的对应物是无政府状态的国际社会，它奉行的原则是以牙还牙，它的竞争者是其他国家。对国家安全的追求换来的不是国家的实际安全，而可能是战败、赔款、领土的瓜分以及民众的生命、财产的丧失和精神的痛苦。历史中许多国家都有这种情况。忽视个人安全追逐国家安全容易走极端。个人安全必须从国家安全中抽离出来，独立发展，真正回归安全的原始意义。

其次，国家安全造成的冲突和战争带来的不只是国家资源的损失，更是全人类共同体精神上不可抹煞的伤疤。因为国家安全不光与边界、领土、资源的获取有关，还与民族、宗教、文化价值认同有关。比如，中东地区长年混战的重要原因之一是以色列要求扩大所谓的“国家边界”。以色列不正当的要求遭到了阿拉伯人的反对，刺激了阿拉伯极端势力和伊斯兰原教旨主义的发展，引发了一系列恐怖事件。为了打击恐怖主义活动，美国联合主要国家建立世界反恐组织，摧毁阿富汗塔利班。这一系列事件像多米诺骨牌一样连锁反应，不仅伤害了阿拉伯人、美国人、阿富汗人，对世上所有有良知和社会正义感的人来说都有触动。对国家安全的绝对追求是当今世界民族、宗教、冲突加剧的原因，也是一种怪象——全球化和“碎片化”（一对作用力与反作用力）加速发展的最好解释。所以，一个国家对自身安全的绝对追求就是对他国的绝对损害，最终导致国家间的零和博弈和安全困境。

历史终归是历史，重要的是当我们站在高点审视的时候，必须保持清醒的头脑。当把国家安全置于全球视野中时，它代表的是少数人的利益；当把它置于历史中审视时，它的进步意义只体现于20世纪前。所以，需要一个更具普遍性和包容性的安全观。它的前提应当是没有个人安全就没有国家安全，而不是反之。当然，这种理念容易被利用。在全球化时代，我们更应该重视这个问题。如果说全球化为我们提供了分享全球福利的机遇的话，我们也要警惕和防止一些国家搭乘“全球化”的列车，谋求自己的利益。美国的国家战略报告指出其一超地位要保持到2015年，决心抓住战略机遇，巩固霸主地位，不失时机地抛出“新干涉主义”（以人道主义灾难为名，对其他国家进行主权干预）。“新干涉主义”藐视对人的生命与价值的关怀，事实上是为美国的利益和安全开路。

总而言之，无论过去还是现在，国家安全总是裹挟在政治权力的母体中，并没有真正独立地发展，更不能指望国家能给个人带来安全的保障。

二、全球化时代：引出对个体安全的关注

21世纪是全球化的世纪，全球化不仅对国家来说是一个崭新的课题，对个人来说，也是全新的生活。跨国界的频繁交流在给我们带来前所未有机遇的同时，也增添了跨国犯罪、恐怖主义、艾滋病、贩毒、走私等全球性问题，这些问题的直接承担者或受害者不是某个国家，而是个人。安全的主体——个人的地位正日益凸显。

冷战后，国际局势日趋缓和，世界大战爆发的可能性越来越小，传统安全的威胁降低，安全的隐患主要来自于非传统安全（生态安全、信息安全、金融安全等）。国家这样一部复杂庞大的机器，在新形势面前没能够及时调整。即使是适时的关注，也具有滞后性。美国是世界上安全体制最完善、反应最迅速的国家。但是也未能预料并防止突如其来的“9.11”爆炸事件。如今给我们的生存、生命带来威胁的已不是哪个国家、哪个阶级，更多的来自于个人、组织或集团。1997年亚洲金融风暴就是一场国家对个人的非对称的金融战，整个东南亚国家都没有敌过国际金融炒家索罗斯。这些都给我们以启示和思考：国家能做什么？国家能在多大程度上保护个人安全？我们与其苦心经营国家安全，不如把焦点放在更具体、更切实可行的个人安全上。

三、个人安全的回归

个人安全观是一种不以国家边界、领土为划分标准（即不分疆界、国籍、肤色、民族）的安全观，是一种以人为本的个人安全观。它体现了对全人类共同安全的终极关怀，有以下几个方面的特点：（1）以人为本的安全观以全球共同繁荣为理念，以满足个人生存发展的物质要求为核心。它认为安全的内涵、侧重点随着时代的变化而变化，个人的物质资料的满足比免遭军事威胁和政治迫害更为重要。它真正清除权力对国家安全的负面影响，切实地反映了广大第三世界国家的实际情况和迫切需要。（2）以人为本的安全观倡导全球的共同安全，与之对应的不是霍布斯状态下的人对人的斗争，而是人与人的对话和交流。它有些理想主义的色彩，但反映了人类未来的发展趋势。比如打击恐怖主义和解决环境问题等，就不能仅靠一两个国家。在以人为本的个体安全观指导下，通过国际合作，建立全球防范危机、整治生态的体制将更为行之有效。所以，它与时下流行的综合安全观并不相悖，而是融为一体、相互促进的。（3）以人为本的安全观反映了时代发展的特征。在人员、劳务、资金全球流动的情况下，安全/不安全不以国界来定。比如说，不能因美国建立了NMD、TMD，就说美国人就比他国人安全，而应说某人A比某人B安全或不安全。因此，这种安全观具有典型的全球意识。其次，安全/不安全也是有时限性、空间性、相对性的。所以，个人安全观更具道德关怀和应用价值。（4）以人为本的安全观反映了民众内心的基本需要和社会的形势，是进步的、符合历史发展规律的，具有远大的发展前景。当然这也不等于说在以权力为核心的现实政治中它不会遭遇阻力与风险，而是说它预示着未来发展的方向，是我们应该为之努力的方向。记得恩格斯曾把历史发展方向描述为历史合力论，哈耶克则说在社会演进中没有什么东西是不可避免的，使其不可避免的只能是思想。但愿对个人安全的努力不是无用功。

（原文约5000字，发表于《贵州师范大学学报》社科版2002年第5期）

文摘编辑：博文

反恐战争前后的阿富汗周边地缘政治形势

杨 恕 汪金国

[作者简介] 杨 恕，兰州大学国政系教授，主要从事中亚研究。
汪金国，兰州大学国政系。

[内容提要] “9·11”事件之后，阿富汗周边地缘政治形势发生了重大变化。本文从历史的角度探讨了这种变化的原因和特点，对美国在中亚和阿富汗的军事存在进行了评论。

[关 键 词] 反恐战争；阿富汗；地缘政治。

阿富汗地处中亚、南亚和西亚之间的交通要道，是多种文化的传播交汇地，地理位置十分重要，乃历代兵家必争之地。这在很大程度上决定了其国家命运。近代以来，阿富汗屡受大国的利用和争夺，充当着大国势力的缓冲带，这一方面保证了其国家独立，另一方面也决定了它始终动荡不安的命运。

一、苏联解体前的阿富汗周边地缘政治状况回顾

1. 十月革命前的阿富汗周边地缘政治状况。19世纪，阿富汗成为英国和沙俄的角逐场所，沙俄一向觊觎阿富汗，把它视为南下印度洋的必经之路，英国则视其为维护英属印度北方统治的天然屏障。

十月革命前，英俄两国在阿富汗及其周边的较量中，英国总体上是占上风的。

2. 十月革命后的阿富汗周边地缘政治状况。十月革命胜利后，苏维埃政权宣布废除沙皇政府强加于阿富汗的一切奴役性条约，公布了1907年俄英关于在阿富汗划分势力范围的秘密条约。可以说，列宁时代的苏维埃政权基本上保持了同阿富汗友好健康的合作关系。

斯大林执政后，苏联一方面让阿富汗在政治上保持中立，一方面在经济上加强对它的渗透力度。阿富汗保持中立实际上在苏联南部形成了天然缓冲带，避免了敌对者在其南部进行反苏活动；加强对阿的经济渗透既有利于苏联经济力量的增长，也可提高苏联在阿的影响。

随着战后苏美两国由盟国关系转入对抗，苏联对阿富汗的渗透遇到美国的抵制。

二、苏联解体至反恐战争期间的阿富汗周边地缘政治状况

苏联解体急剧地改变了阿富汗周边的地缘政治状况，结束了昔日始终有两种势力起作用的局面，阿富汗周边的地缘政治形势进入了全新的更加复杂的历史发展阶段。

亲苏的纳吉布拉政府垮台后，阿富汗抵抗力量接管政权。1992年4月组建了由阿富汗伊斯兰协会领导人拉巴尼为首的临时政府，但是很快，以希克马蒂亚尔为首的伊斯兰党游击队开始向拉巴尼政府发起进攻，拉开了阿富汗内战的序幕。

苏联撤军后，纳吉布拉政府一直发挥着把苏联中亚地区和阿富汗战乱地带相隔离的作用。在此期间，新俄罗斯联邦始终认为中亚地区是其发展和靠拢西方的“包袱”，欲弃之而后快，因此它对中亚地区，尤其是塔吉克斯坦的动乱和阿富汗内战基本持不理不睬的态度。因此，在这段时间内，阿富汗周边地缘政治发展中没有或少有俄罗斯的参与。但是，塔吉克斯坦和阿富汗的动荡不安影响到了整个中亚地区乃至整个独联体的安全和稳定。

在这种纷繁复杂的情势下，阿富汗新的政治势力“塔利班”运动于1994年在巴基斯坦的阿富汗难民营中诞生了。塔利班运动在美国、巴基斯坦、沙特、阿拉伯联合酋长国等国的支持下，很快在阿富汗内战中崛起。1996年9月，塔利班攻占阿富汗首都喀布尔。1998年夏季，塔利班又接连攻占反塔利班联盟在北方的主要阵地。塔利班运动成为向阿富汗周边地区输出动乱和恐怖的主要来源，这时，俄罗斯联邦开始反思先前的放弃政策，又主动参与到阿富汗周边的地缘政治调整中来。

中亚各国在俄罗斯的支持下，在阿富汗北方建立起一个类似于国家形式的体系——阿富汗北方反塔联盟。在此期间，阿富汗周边的地缘政治形势基本上就是围绕这样一种格局发展的。简言之，苏联解体至反恐战争开始期间的阿富汗周边地缘政治形势是在没有或少有大国参与和干涉的情况下，由阿富汗周边地区诸国通过自身的努力进行的。

三、反恐战争后的阿富汗周边地缘政治形势

“9·11”事件之后，阿富汗及周边地缘政治形势发生了重大变化，最主要的，就是美国在阿富汗和中亚的军事存在。到目前为止，美国除了在阿富汗的军事基地之外，已经在乌兹别克斯坦、吉尔吉斯斯坦和塔吉克斯坦设立了军事基地。舆论关心的是，美国是否会在阿富汗

和中亚长期呆下去。尽管美国官方多次表示在阿富汗反恐战争结束以后美军将撤离，美国不谋求其军事力量在中亚的长期存在，但各国担心的情绪并未降低。

美国在中亚保持军事力量，无疑会对区域安全、政治、外交、军事等方面产生影响。苏联解体以后，中亚成为各种力量角逐的大舞台。出于建立新的战略能源基地的考虑，美国积极参加了里海石油的勘探和开发。美国在中亚和阿富汗的军事存在无疑有助于其战略能源政策，但对它在里海周边地缘政治形势的作用不应估计过高。

美国军事力量进入中亚以后，舆论对其最终的战略目的进行了种种论述，其中之一是，美国的这一行动完成了对中国从东—东南—西的包围，同时实施了对俄罗斯由西北—西—西南—南的包围。虽然目前还难以对这种战略态势作出评价，但已经出现的一些结果是明显的。具体是：（1）打击和抑制了中亚各国的三股势力及毒品走私，这些问题已困扰中亚各国多年，且有发展的趋势；（2）对中亚不同的民主自由派政治力量是一种支持，而这些力量对现政权多持反对态度；（3）由驻军而带来的外汇收入有利于经济恢复，特别是对吉尔吉斯斯坦和塔吉克斯坦这两个小国来说作用就更大一些。除军事基地的使用费之外，美国会支付多少其他附加费用也要考虑；（4）有助于西方在中亚的投资增长；（5）在社会心理方面造成了美国在中亚存在的直接影响，有利于西方价值观、意识形态的扩大；（6）美国突然在中亚驻军会激起中亚地区亲俄、反西方、亲伊斯兰、亲穆斯林等思想和政治力量的反对；（7）在精神和心理方面对周边国家的三股势力会产生影响，从而增加斗争的难度。

美国在“9·11”恐怖主义袭击事件之后介入阿富汗，阿富汗周边地区的地缘政治形势将发生相当大的变化，原有的地缘政治平衡无疑会在这种介入下被打破。以美国为首的西方势力的介入将对俄罗斯原有势力范围内的中亚造成争夺之势，这是俄罗斯所不愿看到的。另外，美国势力介入阿富汗乃至进一步进入中亚，势必对中国也造成威胁，迫使中国不得不面对将变得更加复杂的西部周边形势。

我们认为，在阿富汗周边地区新一轮的地缘政治调整中，将会出现如下几对对地缘政治发展产生重要影响的矛盾：（1）俄罗斯同美国之间的矛盾；（2）伊斯兰势力同以美国为代表的西方势力之间的矛盾；（3）伊斯兰势力同伊斯兰势力之间的矛盾；（4）靠拢西方的中亚国家同靠拢俄罗斯的中亚国家之间的矛盾。这几对矛盾将在阿富汗国家未来的发展及其周边地缘政治的调整中逐渐明朗起来，并将起到重要的作用，这是需要我们予以关注的地方。

总之，“9·11”恐怖主义袭击事件使阿富汗自苏联解体以来基本形成的相对稳定的地缘政治平衡被打破，阿富汗周边地区地缘政治的新一轮调整随着反恐战争高潮的过去已经开始。在新一轮的地缘政治调整中，将不可避免地有大国，诸如美国、俄罗斯、印度和中国等国家（既有被迫的成分也有主动的成分）参与其中，与以往不同的是，美国和伊斯兰力量在今后阿富汗周边地缘政治的调整中会起越来越突出的作用。

（原文约6500字，发表于《兰州大学学报》社科版2002年第5期）

文摘编辑：博文

社　会　学　篇

目　录

关于汉民族研究的一些想法

——在“2000年国际汉民族研究学术讨论会”上的发言

费孝通

[作者简介] 费孝通，原中央民族学院副院长，现中央民族大学名誉校长，中央民族大学、北京大学教授，著名社会学家。

[内容提要] 汉族大多数人是农民，对汉族研究应较为集中在对汉族农民和农村的变化。中国的改革开放，不仅促进了对汉族和整个中华民族的研究，而且反映了汉族是中华民族团结、凝聚的核心，在最终完成祖国统一大业的进程中也是如此。

[关 键 词] 中国；汉族；中华民族；泉州。

汉族的大多数人是农民。我对汉族的研究，较为集中在对汉族农民生活和农村变化的研究，较为集中在农村和农民如何摆脱传统的小农经济生产和生活方式，逐步转向工业化、城镇化、集约化、逐步实现现代化。

我开始作少数民族调查和研究时是在广西的大瑶山调查瑶族。中华人民共和国建立后，全面推行各项民族政策，随之逐渐推行民族地区的民主改革。1957年以前我有机会参加大规模展开的民族识别和少数民族社会历史调查。当时，无论对我本人而言，抑或对整个民族研究工作而言，重点都放在对少数民族的调查研究方面，没有对汉族作平行的研究，但在进行民族识别时，我们需要从中国的实际出发，区分哪些是少数民族？哪些是汉族？在自报少数民族中，哪些是单一民族？哪些是某个少数民族中或汉族中有不同名称和地区性差别的群体？当时，我已感觉到中国的民族研究必须包括历史上影响最大和人数最多的汉族在内。

但在1957年，我离开了教学、研究的第一线，直到粉碎“四人帮”，到1980年才真正全面恢复工作；全面恢复工作以后，我个人的工作却侧重在汉族地区的农村与农民生活和城乡发展的研究。在民族研究方面，其实最近这20年中也没完全间断，1987年还提出了“中央民族多元一体格局”的观点。现在，中华民族大学历史系中国民族史博士点，以中华民族形成史为专业方向培养学科接班人。他们明确地以“中华民族多元一体格局”为核心理论。对中华民族的形成发展，开展专门性的教学和研究。事实上，要使这一观点或理论臻于完善，还需要几代师生共同努力，对于学生辈沿着我开辟的路子继续努力，我感到很高兴。

也曾有人提出疑问，我对农村与农民生活的研究，城乡发展的研究以及关于中华民族多元一体格局的研究，不是一个学科的理论和方法所能涵盖的。那么，我的这些研究到底归属哪个学科？我认为，现代学科研究发展的突出特点，是学科越分越细，对所研究的具体领域的观察、分析、研究越来越深入。但客观世界的事物，相互之间的联系千丝万缕，错综复杂，并不因为学科分得细，事物之间的联系也就不存在。因此，对所研究的事物，若要作全面的了解和分析，尤其是要对它在客观世界的定位作宏观的概括，就必须运用相关诸学科的理论方法和研究成果，来进行综合性的研究。我把重点放在对研究对象的准确定位以及对研究对象作出认真的调查和分析，至于这些研究及其成果究竟归属什么学科，则没有必要加以考究。重要的是要准确把握研究对象，使研究成果有益于提高对客观事物的认识，有益于当前社会文化的现代化进程，也就是注重研究成果实际的社会效用。

值得大家庆幸的是中国的改革开放，不仅促进了对少数民族的研究，使之在深度和广度上都有了明显的发展；而且也促进了对汉族和整个中华民族研究的发展。汉民族研究，自1994年成立学会，已开过4次国际学术讨论会，吸引了中国海峡两岸和国外不少专家学者参加。其中包括在海外的华人和华侨专家学者，并且已经出版了4本学术讨论会的论文集，每本论文集的内容和学术质量，都反映了每次学术讨论会的特点和研究成果，反映了国内外对汉族研究的关注和研究工作发展的基本情况。其中，1998年在南宁召开的汉民族研究第四次国际研讨会暨全国第五次学术年会上，李亦园院士所作的《台湾汉民族研究的回顾与前瞻》，言简意赅，不仅给我们勾画出台湾关于汉民族研究发展的基本轮廓，还十分醒目地给我们介绍了台湾的汉民族研究与大陆上的研究有深远的学术渊源联系。大陆改革开放以来，两岸学者的联系日趋活跃，研究工作上相互沟通与借鉴，必然促进相互的发展，这是有目共睹和令人高兴的。我衷心希望这种联系与借鉴随着时日的向前与日俱增。

本次学术讨论会，地点选在历史名城泉州，我认为这个选择很有意义。

福建地处东南沿海，与台湾隔海相望。在汉武帝以前，福建是闽越和东越的分布地区。汉武帝平东越把部分越人迁到江淮，汉人逐渐移居于此成了居民的多数。唐以前相对而言，这里是多山之区，人烟稀少，文化也相对逊色于中原。可唐代以来，中国经济重心逐渐南移，对外交通海路的重要性也与日俱增，东南沿海的发展大有后来居上之势。今日的福州和泉州，自唐以来，都日渐成为中国对外开放和交通的重要港口。经过长期的培育，文化发展也出现了前所未有的姿态。南宋时，闽人杨时、游酢等潜心求学于洛阳二程，不仅留下了“程门立雪”这样艰苦而专心学习的佳话，还使得程颢在亲自送杨时南归时，发出“吾道南矣”的感叹！杨时三传至朱熹，熔当时显学濂（周敦颐）、洛（二程）、关（张载）三学于一炉，冶铸出闽学，不仅与前述三学并驾齐驱，而且集其大成。朱子在元明清成为一代儒宗。闽学后来居上，在全国政治思想方面于元明清都居主导地位。闽地文化还有一点值得注意：海上交通的发达，固然刺激了经济和文化的发展，同时多种从域外传来的宗教与中国固有的宗教，也都在闽地落户。多种宗教并没有因其教义、教规和仪式的不同，而互相冲突；相反，在被称为“宗教博物馆”的闽地兼容并存。这些特点与儒学在八闽的发展，都体现了中国文化的区域发展既具有全国的同一性，又具有兼容性和区域间发展的竞争性。基本的同一性和不同地域特色相辅相成，又是汉族地区经济文化古今一贯的特点。

本次学术讨论会，恰逢世纪之交。这个时间也很有意义。20世纪，我们中华民族经过艰苦奋斗，终于获得了解放和复兴，并且实现了中华民族的大联合和兄弟民族的大团结。现在，中华民族现代化的事业，也已经走过了一个较为顺利的奠基阶段，使我们在展望21世纪的时候，获得了前所未有的民族自信心。

在21世纪，中华民族将会在世纪的中期，实现中央确定的现代化计划，成为中等发达的现代化国家。这个前景不仅已明朗地展现在我们面前，全世界也都看好这个前景。如果说在20世纪中华民族所获得的民族独立解放和实现了各兄弟民族的大团结，既是中华民族伟大的历史变革和发展，也在很大程度上使世界的面貌发生重要的改变；那么，21世纪中华民族将实现现代化和在现代化基础上的复兴，更是中华民族在历史上最深刻的跃进，同时也将对世界和平与发展作出更伟大的贡献。这个前景已经展现在我们的面前。

20世纪末叶，对我们的中华民族而言，还值得热烈庆祝的是香港、澳门的回归。这些历史性的胜利，不仅仅是雪了国耻，更重要的是实现了“一国两制”的基础，推进了祖国完全统一伟大事业的发展。我们有充分的信心，展望在21世纪使祖国的宝岛台湾与大陆统一起来，最终完成伟大祖国的完全统一。我深信，海峡两岸的中国人，终将会以最高的民族大义和智慧，找到实现祖国完全统一的途径和具体办法。

海峡两岸的同胞都希望早日看到祖国的大统一，少数策动和坚持搞“台独”的人，应该在民族大义面前猛醒和三思。对这个问题，与会各位专家都很关心，有自己的高见。愿我们大家都来做祖国完全统一事业的促进者。汉族是中华民族团结、凝聚的核心，在最终完成祖国大统一的进程中也是如此。

（原文约4000字，发表于《中央民族大学学报》人文社科版2001年第1期）

文摘编辑：曾祥玉

珠江三角洲合资企业中的族群与族群关系

——以深圳中成文具厂为例

孙九霞

[作者简介] 孙九霞，广东省民族宗教研究所助理研究员。

[内容提要] 在我国市场经济发展中，农村大量剩余劳动力向城市转移和城市人群流动性增强，由此产生了“族群”现象。本文作者通过实际考察所获资料，对族群的认同、关系、特征等做了较为全面的论述。

[关 键 词] 珠江三角洲；合资企业；族群；族群关系。

族群是指在较大的社会文化体系中，那些客观上具有共同的渊源和文化、主观上自我认同并被其他群体所区分的一群人。其中，共同的渊源是指世系、血统、体质的相似；共同的文化指相似的语言、宗教、习俗等。它既可以等同于我国的民族一词；亦可以指民族的下位集团“民系”，如湖南人、四川人、客家人、广府人等；还可以在超出民族的外延上使用，如华人族群等。改革开放以来，广东的珠江三角洲地区与周围地区和国家的互动关系日益频繁、与全球经济的整合日益加强，产生了对劳动力的极大需求，从而吸引了内地大量的农村剩余劳动力及各类专业人才流入本地区。广东本身就是由具有不同文化特征的几个族群构成的，族群关系原本就比较复杂；大量外来人口的汇聚使族群多元化的特点更加凸显，族群关系也就更加复杂。

涌入广东的“外省人”（如四川人、湖南人等）虽多为汉族的一部分，但仍可称为族群；来自境外的香港人、马来西亚人、新加坡人等同样也可称做族群。深圳中成文具厂，是香港宏达文具（国际）有限公司属下的一个加工厂，属于外资企业。该厂建于1994年，至1997年底，共有550人。中成厂的族群成分主要有：外省人、本地人、本省的外地人、香港人与外籍员工、少数民族。

一、中成族群的认同特征

1. 同时认同家乡与此地，族群认同具有“双边性”

首先，对于家乡的认同主要体现在对老乡的高度认可上。对这里的大部分人而言，故乡才是归根之地，他们最终还是要回归故里发展，老乡才是最有普遍性的关系。其次，对于流入地的认同有着实用性和强制性的特征。打工地有着高于家乡的经济收入、发达的物质文明，这是促成他们认同此地的主要因素。为了经济上的利益，他们尽力强制自己适应这里的一切。再者，他们对于家乡和此地的某些方面的认知程度都不高，如对原居地和现居地物产的了解均不十分明确，有的对现居地的了解程度甚至超过了家乡。对故乡和现居地的这种双边性认同也反映了外来族群的多重性和认同的动态性。外省人在某种程度上能够参与这里的许多群体，但又不绝对属于那些群体，因此有人称他们为“边缘人”。他们虽然难以进入当地社会，但在此生活久了，在情感上已经有了依附认同的倾向，回故乡也觉不太习惯。许多人往返于现居地与故乡之间：想回家，回去了又怀念这里所带给自己的一切。

2. 所认同的价值观念的重心发生了变化

传统价值观念的核心是族群、社会的利益优先，而今，在某些方面个人的自由权利优先。传统社会价值观对于中成厂各种族群个体的约束呈现松弛的趋势，在故乡很少发生的事情如未婚同居，在此地却很常见。

3. 中成族群的认同序列：由大范畴至“我群”再至“他群”

认同是一种复杂的、多层面的心理积累过程，它能够体现人们在个体、家庭、社团、民族、社会、政体、国体等多层面需要上的心理认可。中成厂的族群虽然异质性很强，但在市场经济的大趋势下，人们的认同取向从故乡（地域）、宗教、民族逐渐向多民族国家转移。不同族群的族群认同顺序是：一般首先认同的是最大范畴的中国人，其次，在同等范畴中，首先认同的是自己所属的族群，最后按照喜好排列他群。而对于饮食中菜式的认同序列则不同，其首选为家乡菜，即一概选择他们本族群的菜式。这表现出了具体文化特质与总体族群认同的差异性。

4. 阶层意识影响族群认同

职位的上升、阶层属性的改变会造成族群认同意识淡化，阶层意识强化。由于层级差别，工人与职员接触并不多，工人们称坐办公室的职员为“写字楼的”，甚至将所有的部门都叫做“人事处”。职员们也因自身职位高而对工人产生了俯视心理。

5. 在对本族群和故乡的认可上，每个族群内部都发生了分化

其一是较高文化素质者，他们的族群观念、老乡观念较淡薄，往往不以族群归属、地域划分作为与人交往的条件；其二是老打工者，他们在日常交往的实践中发

现，老乡不过是一个地域群体，可不可以信赖关键还是要看个人；其三是境外打工者，他们与大陆人交往少而浅，又加上他们所在地区具有高度发达的文明程度，这都使他们对族群的归属感较弱。他们最看重的往往是个体的感受。

二、中成厂的族群关系

笔者衡量族群关系的变量主要依据马戎先生所归结的戈登在他的代表作《美国人生活中的同化》中提出的衡量族群关系的七个变量，在使用时对有关的内涵和外延依据所涉及的具体内容进行了变通和取舍。

1．文化

中成的各族群间不可避免地进行着文化交流。这种交流先从有形的、比较容易接纳的文化成分开始，以此为中介逐渐变革本族群既有的文化形式，促进无形的文化要素的互动，如价值观、态度等日渐开放和相互渗透。服饰文化的相互借鉴比较容易，外出在异地的族群成员可以轻松大胆地穿上时髦的服装，不用担心会招致非议。但改变语言这个交流的工具则没这么简单，尤其是说话方式、语调、用语的改变。在某种程度上，语言的差异导致的这种抵抗影响了外省人对本省人的认同。语言技能体现了族群成员沟通不同族群的能力，也是谋生的手段之一。外来族群学习粤语的热情是高涨的，许多外省人的语言中加进了不少粤语的成分，如“老公”、“仔”、“拍拖”等许多粤语词汇使用频率极高。其实，在语言方面，差不多每个族群的沟通欲望都是很强的，香港人和外籍族群喜欢向国内人学习标准的普通话，后者还热衷于学习汉字的书写；而国内的职员们也向他们学习英语并模仿他们在工作中使用非常个性化的签名。语言的交融增强了文化的相容性。

2．社会交往或基层组织的相互进入

这主要指实质性的渗人，即指某一族群成员对其他族群私人性和带有感情色彩的非正式组织的参与。笔者在长期的考察中发现，中成较高层的管理者、职员间偶然出现这种互动，外省人之间也有这种情况，而本地人和其他族群之间几乎没有发生过。普通的外省人族群对于当地的一些事情一无所知，而本省的外地人或有所知，却也无从融人，外籍族群对此并不关心。外来人与本地人的交往多局限于经济层面，双方在主观上都没有密切交往的欲望，客观上也缺少深入交往的机会，实质性的渗入也就微乎其微。

3．通婚

在中成，外省人与外省人建立恋爱关系的较多，个别成家的也有。通婚过程变得简约。外来人与本地人通婚虽不会这么容易，但外来人对本地人的冲击还是有的。个别本地人娶了外省年轻貌美或素质高的女孩，而本地大龄女青年也有嫁本省的外地人或外省有能力的男性的事例。本省人与外省人之间的通婚也有一定的非对称性。

4．族群认同

认同是族群关系的核心，它包含着对内的自我认同和对外的识别与区分两个方面。族群认同是衡量族群关系的主要变量，也是反映族群性的主要指标，对此，笔者在前文已有较多讨论，此不赘。

5．偏见

这反映的是带有情感倾向的态度，它属于观念形态，大多是因人们在认知上发生了偏差而造成的。本地人对外地人的偏见主要是认为外地人的到来使他们的居住环境变坏和公共卫生恶化，外省人则给当地带来了许多社会问题。外地人则认为本地人没什么文化，只是有钱，这也只不过是靠地理上的优势得来的。外省人之间同样有偏见，就连本省的外地人之间也是如此，因为本省内部的不同亚群饮食、习俗等都有差别，族群关系也就不完全和谐。所有的偏见和排斥态度都是双方的，虽然比较常见，但敌意并不强烈，且不同的族群内部也有分化。

6．歧视

相对于偏见，歧视是现实行为，主要是由族群身分、经济地位、学历、语言等文化因素造成的。调查结果显示，有一半以上（56.6%）的人有被歧视的经历，这应该是一个很普遍的经历。本省人也有“外来人”的感觉。在访谈中发现，即使是地位很高的外籍人，有时也被广东人用白话称为“马拉人”。外籍人讨厌这种称呼。其实许多族群都有对他族群的蔑称，自己暗地里也同样用蔑称称呼他人。另外还有一些带有歧视意味的称呼并不是针对族群身分的，如“穷打工仔”、“乡巴佬”、“乡下妹”等，应算做是“城乡歧视”。此外，来自本省的有些人也明显地感受到了一种“学历歧视”。

7．资源与权利分配

由于所控资源的不同，外来族群与本地族群经济活动方式是不同的，前者的职业和工种是后者经济活动的补充，对本地的经济有很强的依附作用。本地人在择业上也具有一定的优势，所以，二者的机遇是很不相同的。外省人群体与本地群体及其他优势族群的这种差异强化了族群的分离意识，劳动的“文化分工”促进了不同群体对各自群体的认同。本地政府从服务部门和厂家那里可以收到可观的费用，各级政府部门也获得了对外省人进行管理的权利，大量外资进入的另一受益方是珠江三角洲的农民，这种天然的地缘优势为他们带来了丰厚的经济收入。凡此种种，使得珠江三角洲的本地人在外地人和外省人面前具有强烈的优越感。

大陆人面对香港及外籍人心理上也觉得不平衡，认为在权利的分配上是极为不平等的。特别是来自大陆的中层管理人员对自己与香港及外籍员工的巨大的工资差别深为不满，认为这是同工不同酬，是香港人和马来西亚人的特权。

三、中成族群关系的主要特征

1．外来族群之间、某族群内部成员之间文化互动频繁，社交网络得到扩展

族群成员外出后，不再囿于原来的社会关系，社交

网络大为扩展，与外族群的交往增多了，与本族群内部的交往也宽泛了。还有不少年轻人在外出过程中找到了恋爱对象或结婚对象。原先在故乡并无多少联系的远亲，由于共同外出，交往也密切了，而且这种交往还会继续延伸到返回故乡之后。

2．外来族群与当地族群看似是对立的强势与弱势，实则互为补充、互惠互利。这两大族群间是互相依赖的

外来族群与当地族群这种互相依赖还可以部分地从生态学的角度进行分析。在多元族群的社会中，各族群占有不同的行业，可以相互提供重要的服务，互惠互利。但由于族群边界的存在，同时由于本地人所处的优越地位，使得外地人缺乏参与竞争的条件，目前他们很多时候从事的是三D行业，这种依赖关系并不算密切。随着时间的推移，当外地人中的部分精英在财富和经验积累上达到了一定的程度，并且能够熟知当地族群的文化特质，在资源的占有上也能同当地人竞争时，这种相互依赖的互补共生关系就会更加密切了。

3．外来族群认同家乡，但未形成正式的同乡会

对家乡认同的同时，大部分外来族群没有形成同乡的社团组织。族群力量的集结是应付竞争、获得生存的一种有效方式，而中成族群未集结成同乡会的原因可能主要来自如下几个方面：（1）共同的中华文化大背景、文化根源的相似性，又加上依然共聚于国家之内，导致集结的愿望不强烈；（2）迁移目的以谋求经济收入为主，对其余关注较少，且很多时候无暇顾及；（3）流动性较大，族群内的交往也不固定；（4）族群力量不足以与本地人、本省人抗衡；（5）因未来定位于家乡，大多数外省人不会有“日久他乡是故乡”的感觉，况且外出的时间也不够久，所以缺乏建构组织、凝聚“我群”排斥“他群”的欲望。

4．目前的族群关系并不紧张，不同的族群间有误会、隔阂，但真正激化的冲突较少

总体上看，中成的族群关系没有太大的问题。当然，在这种表面和谐的后面，族群间的差异和紧张还是存在的，时有少量冲突，原因系工资问题、争夺生活空间、打工目的与当地提供条件不整合，但冲突的烈度不大。虽然双方存在不少对立，但由于中成厂族群在意识上的过客心理，认为外出不易、多一事不如少一事，使得族群间的整合相对容易，何况某些差异和不同本身包含着创新的成分，这为族群整体的向前发展提供了动力。

5．族群关系的前景是乐观的

族群成员对外地人和本地人这两个族群之间的关系的设想都是比较乐观的。调查发现，对于外地人和本地人之间是否存在相互理解的问题，有17.3%的人认为双方所有人的这种理解都加深了，有63.5%的人认为一部分人之间的理解加深了，只有19.2%的人认为相互之间的隔阂没改善。此外，大多数外地人还认为，当地人将来是会接纳自己的。由于对外来族群与本地族群关系的走向所持的这种乐观态度，使得族群成员中的未婚者有19.3%的人想把未来的家建立在打工所在地。这个比例虽然不高，但仍可反映出他们对未来与本地人间族群关系的信心。

6．与他族群交往过程中，民族身份弱显，基本上是隐性的

少数族群为了避免招致歧视，在外人不关注自己的民族身分时，自己也暂时性地予以淡化。这也是少数群体在族群互动中的一种生存策略。

（原文约40000字，发表于《广西民族学院学报》2001年第3、4期）

文摘编辑：石新中

论民族关系理论体系

金炳镐 青 觉

[作者简介] 金炳镐，中央民族大学民族学社会研究院教授，博士生导师。
青 觉，中央民族大学研究生院。

[内容提要] 本文从民族实体、民族交往、民族矛盾等七个方面论述了民族关系理论体系。

[关 键 词] 民族关系；理论体系。

一、民族实体

民族是客观存在的实体。民族作为一种人们共同体，具有语言、地域、经济、心理等方面的基本特征。这些基本特征及其表现形式（政治、经济、文化、社会等方面）是民族实体存在的社会内容，是民族联系的接触点，是民族关系的表现面。民族也有自己的基本构成方式和存在形式。民族内部结构状况决定民族关系的格局，民族关系状态影响（有时决定）民族内部结构的变化。

二、民族交往

民族交往包括政治上的联系、合作，经济上的分工、交流、协作，文化上的交流、影响、吸纳，社会生活上的族际婚姻等，是一种社会关系的整合过程。民族交往的影响因素是多方面的。民族经济发展程度与民族交往发展程度成正比例。民族文化的相异性、民族文化发展的差异性是民族文化交流的推动因素。民族偏见、民族主义是阻碍民族正常交往的重要因素。交错杂居的民族人口分布状况必然促进民族间的交往。

三、民族矛盾

民族矛盾是民族交往联系中民族间权益、利害摩擦等的总和。民族矛盾因素有民族内部因素和民族外部因素、历史因素和现实因素、经济因素和政治因素、思想因素和文化因素、地理因素和人口因素等。民族矛盾是可以调控的。调控方式和手段有政策调控、法律调控、行政调控或强力调控等。

四、民族关系的核心问题和特点

民族利益、民族权利、民族发展是民族关系的核心问题。我国的民族关系，从性质上说已是社会主义的民族关系，是以民族平等、团结、互助为基本内容的。由于它所处阶段的局限性，又表现出相对的不完善性，即民族平等的不完全性、民族团结的相对性、民族间互助合作的有限性和互助与竞争的共生性、共同繁荣的初步性等。

五、民族关系的影响因素

民族关系影响因素从宏观上可概括为民族自身因素、社会因素和自然因素；微观上主要有民族居住混杂状况、民族间互通语言情况、民族文化交流交融状况、民族间通婚情况等。影响我国现阶段民族关系主要有5对正负作用因素：民族平等的进一步完善与民族间事实上不平等并存；民族团结的大趋势与民族主义（包括民族分裂主义）思想滋长并存；民族间互助合作的发展与民族间（经济领域）竞争增强并存；民族共同发展的趋势与民族间差距拉大的趋势并存；民族联系交往增多与民族意识增强、民族内聚力增强并存。要“促正遏负”。

六、民族关系发展的对策

要合理确定协调民族关系的方针、政策，要贯彻好协调民族关系、促进民族发展的方针；要以优惠或特殊灵活政策造成有利于民族发展和有利于协调民族关系的客观环境和条件，促进民族地区经济社会发展；要完善和发展民族区域自治制度，加强民族法制建设，依法调控民族关系；要注意掌握民族关系发展中民族意识的发展轨迹，保持民族利益、民族权利的公平合理和民族发展的相对均衡，发挥各民族的知识分子、民族干部和民族上层人士的作用；要大力培养和大胆任用少数民族干部等等。

七、民族关系调控机制

民族关系调控中存在着以政策调控为主的机制，以政策、法律为主的调控机制和以法律调控为主的机制。民族关系调控机制应是以民族关系社会环境为前提，以法律、政策为依据，以相关工作机构为中心，以经济建设为核心，以疏导教育、平等团结为原则的协调社会各部门的调控机制。

（原文发表于《中南民族大学学报》人文社科版2001年第6期）

文摘编辑：其实

纳西族传统文化功能的转移

李 劼

[作者简介] 李劼，中央民族大学期刊社副编审，在读博士。

[内容提要] 云南省丽江县是纳西族的聚居区，近年来随着旅游业的兴旺，纳西族的传统文化也在发生着巨大的变化，传统信仰正在发展成为文化产业，纳西族世代栖居的古城的价值已经超越了纳西族文化本身的价值，人们的生活面临着前所未有的选择。人们在追求现代生活方式的同时，其实是不可能彻底摆脱过去生活的影响的。

[关 键 词] 纳西族；传统文化；功能；变迁。

云南省丽江县是纳西族的聚居区，而县政府所在地大研镇自宋代以来就一直是纳西族的政治、经济与文化中心。大研镇的变迁集中地反映了纳西族近千年来的社会面貌变化。1996年2月3日，丽江遭遇了7级强烈大地震，在经过不到两年的重建家园的努力之后，1997年12月3日，大研镇被联合国教科文组织世界遗产委员会收入《世界遗产名录》。

一、"众神下凡"

大研古城的居民主要是纳西族，在经过了50年的社会文化的变革后，尤其是经过10年"文化大革命"的涤荡，作为纳西族传统文化代表的东巴文化已近消失，旅游业的兴起，直接导致了东巴文化的复兴。古城东巴文化的复兴，其实质只是一种文化产业的兴起，兴办者在向外界宣传自己的同时，又有了经济收入。

既是文化，必然得有当地特色；既是产业，必然采用商业运作的方式。东巴文化借此揭开神圣庄严的面纱，变成一种文化产业走进千家万户，其直接结果就是使这些人家走上了脱贫致富之路。也就是说，今天的东巴文化已不再是大研古城人们精神生活中至关重要的一部分，而是与商业运作相结合，成为当地人们经济生活的一部分。传统的东巴信仰现象虽被移植到了现代文化运作体系，但却不是地位相当的移植，功能的转移势所必然。

二、超越时空的存在

一个城镇，其存在的价值一般说来与政治、经济和文化紧密相关，历史上的大研古城是这样的。而今天的大研古城，其存在的价值，或者说是功能已经有了某种程度转移。虽说政治、经济、文化的功能不能断然分开，但无可否认的是前两项功能已明显被削弱，文化功能却有了空前的扩展。应该说，大研镇是千百年来在雪山的滋养下，兼容各民族文化成分，经800年积淀的纳西文化的一个最为完整的物化形态，是对纳西文化的一个最直观形象的介绍。这一价值当然也是针对游客而言的。

在古城中，会发现一些非常气派的庭院，它们都有一个共同的特点，那就是漂亮的门楼几乎全都侧身对着主路，一些介绍纳西族风情的书上解释为以此避邪秽。但笔者认为，这与纳西族内敛谦和的性格亦有一定关系。房犹人也，侧身路旁，恭敬地"请您先过"。历史上大研古城的繁荣，与商贸有着密切关系，主街两旁都是鳞次栉比的铺子，由于都是木结构，历尽沧桑后，全都歪歪扭扭的，在这破败的铺子后头，则是明媚舒适的庭院。以商而兴，却并无商之喧嚣，还是与纳西人的性格有关。而如此性格的形成，当然就与明清以来的儒道文化的浸染有着直接的关系了。大研古城的街道呈放射状向四周延伸，这也与古城居民开放通达的心态有关。

古城依山随势而经营，兼顾了对自然的顺应及人们生活的方便，营造出一种亲切温暖的氛围，久居此间的人们已浑然不觉。实际上，他们与古城已结为一体，向所有的游客无言地宣讲着自己的处世之道。这可能是古城前所未有的功能。

三、大研古城居民生活的性质

生活在古城里的居民是古城的魂灵。现代文明社会提倡保护人们的隐私权，但在古城却存在着矛盾。古城本身是游客们参观游览的对象，但古城又不是公园，而是一座活着的古城，居住其中的6000余户居民，在过着自己的生活的同时，又何尝不是游客们参观游览的对象？

古城里的人对读书后在外地工作的人很佩服，但并不羡慕，认为这是离乡背井到别处去受苦。他们的言谈举止时时流露出很自得的感受。这在其他偏僻地方是很难见到的。他们平凡的日常生活细节，成了游客眼中亲切和暖的景象，让游客体会到一种生命存在的乐趣。

大研古城的居民60%以上是纳西族，纳西语是城中通行的交际语言，但大研古城的发展，离不开汉族、白族、藏族、彝族、普米族等邻近各民族的共同努力。大研古城里的纳西族，他们的祖先就有相当一部分是落籍于此的其他民族，孳息数代，就成了纳西族。这样一个过程其实到今天也还在进行之中。我们可以注意到，在古城的中心区经营店铺的那些操着各地口音的店主，他们有来自广东、福建、浙江、山东等省的，还有许多则来自云南省内的其他地区，他们多数已能听懂纳西语，并会使用一些词汇，更有一些人，则已会说流利的纳西语。如果他们儿子孙子一代一代地住下去，自然也就把这里当成了家乡。

考虑到为了保持古城的原有风貌，其间居民的传统生活方式，将因此而被要求保存下来。于是，他们的生活就受到了一种无可选择的限制，甚至给日常生活造成不便，造成居民因此大批迁出。政府已经在考虑给古城的居民以一定的经济补偿。据说，在北美的印第安人保护地，留居在保护地的印第安人，被当成文化保护系统的从业人员，即只要生活在保护地，过传统的生活，就是在从事文化保护的工作，就可以领到一份薪水。丽江目前还没有这样的财力，但如果没有相应的对策，古城原来居民的迁出持续下去，古老的大研镇很快就会成为一座空城。

应该说，古城的保护与旅游开发工作才刚刚开始，北部及东部的许多街道基本上还处于封闭状态，先前的住户多已搬走，天一黑，家家闭户。大研古城不再是纯粹的当地居民的栖居之地，而是全国乃至全世界的古城，她的存在与发展除了尊重当地人们的意愿外，还必须从更高的角度来把握其未来的发展趋势。这就要求这里的为政者还必须具有长远的眼光，保护好古城也就不只是丽江人民的事。但愿所有去丽江旅游过的人都能意识到这一点。

四、追觅传统的踪迹

有很多古老的文化传统之所以能保留下来，不能不说是地理的阻隔，起到了很大的作用。比如西藏的宗教文化，比如泸沽湖边的母系家庭。昆明至丽江高等级公路和航线的开通，在某种意义上，也就不能不说是丽江传统文化流失的一个“落水洞”，但如果没有这个“洞”的“漏”出，这古老的文化又如何才能更多地让外界了解呢？僻居一隅的纳西族又如何才能有效而又迅速地改善自己的生存状态？尽管“围城”的情景在这里也同样发生着，内出外进很频繁，但人们对生活的自由选择总是应该得到尊重的。也许，这些搬出古城的人们所选择的生活方式，正是“古为今用”的一种最具可行性的模式。

当地政府在城北郊规划了新的居民区，各家的位置、朝向、房基面积都已划定，但盖成何种风格则自选，多数人家还是选择了传统样式。庭院内花木扶疏，堂屋的雕花格子门古色古香；也有的外观虽然传统，但室内则完全是现代布置。在新开辟的40米宽、10多公里长的新城区香格里拉大道两旁，还有一些机关部门的宿舍区，多为庭院式建筑，正房为两层楼，一楼有客厅即传统中的堂屋，但传统堂屋的功能与客厅还是有一些不同，因为堂屋是让人一下肃然起敬的地方。还有老人的卧房，与老式宅院一样，都有宽宽的走廊——相当于客厅，二楼则为子孙的卧房。有的人家在庭院里用鹅卵石和碎砖块拼出所喜爱的图案，极富传统文化特色。

文化是一个整体，包括承载文化的人。就古城而言，这是一个完整的文化运作体系，居民穿纳西服装、说纳西话、住老宅，慢慢悠悠过日子，是一个文化运作体系的不同方面。如今相当一部分居民从古城这个整体中抽身出来，在新城区钢筋水泥的环境中，即便是那些老年妇女也很自然地不再穿传统服饰，也许在潜意识中想与新环境相协调，新城区居民的生活方式在发生着不易被察觉的变化。当然，他们还有许多亲戚朋友在古城，他们自身也还是古城的氛围熏染出来的。目前二三十岁以上的人身上，最明显的烙印就是纳西语，对他们来说，最能表情达意的还是纳西语。而只要是还在使用着这一语言，那么，传统的观念与意识就仍会在默默中影响他们的行为及思维方式，与古城居民在生活方式上基本保持协调。当然，他们后代多已不会讲纳西语。反过来，新城区新环境的影响也会通过亲友之间的来往，渗透到古城里去。最直接与突出的莫过于现代城市生活方式的诱惑。

五、文化功能转移所带来的一些疑问

尽管文化因子从所依存的传统的文化运作体系中被剥离出来后，其功能发生了转移，但从目前来看，这不失为一种有效保存民族文化的措施。民族地区要发展，借助自己优美的自然景观和独特的人文景观发展旅游业是一条可行之路，并且已经有许多卓有成效的实例。

但实际上，我们也很容易发现，通过宣传和旅游所了解到的纳西族文化，与实际生活中的纳西族文化是有一定距离的。不论是政府部门的宣传还是旅游机构的商业运作，都需要突出特色，于是就强调东巴文化，强调丽江古乐，实际生活中的丰富多彩及生活过程中的生动状态则无法描述。

外界认识与当地的实际面貌相脱节的问题，这在其他少数民族旅游区也存在着，客观上夸大了各民族之间的差异。其实，丽江古乐的源头之一是汉文化，东巴文化的发展也吸收了很多儒、释、道的内容，大研镇自明清以来就一直受到儒家文化的浸染。应该说今天我们所看到的丽江文化，是许多渊源有别的各种民族文化，在滇西北经千百年交融后形成的，她与交融前的各种民族文化不同，但却又有着千丝万缕的联系。

（原文约1万字，发表于《中央民族大学学报》哲社版2002年第3期）

文摘编辑：曾祥玉

藏族文化自然生态景观的保存和发展

——四川宝兴硗碛藏族乡的调查报告

段果云　段禹农

[作者简介] 段果云，成都行政学院副教授。

段禹农，四川大学艺术学院副教授。

[内容提要] 本文通过对硗碛藏族乡的实地考察，从文化自然生态景观保存和发展的角度，提出宣传开发该区域旅游资源。在整个社会主流文化经济现代化的时代，研究少数民族文化及其生态环境的目的是为了更好地使其保存和发展，有效的保存发展措施要有当地社会和经济的发展为条件，利用民族文化及其生态环境发展旅游是促进当地社会和经济发展的有效途径，同时社会和经济水平的提高反过来促使旅游业科学规划设计开发，从而达到更好保存和发展的目的。

[关 键 词] 区域经济；民族经济；藏族文化；文化自然生态保护。

在整个社会主流文化经济现代化的时代，研究少数民族文化及其生态环境的目的是为了更好地使其保存和发展，有效的保存发展措施要有当地社会和经济的发展为条件，利用民族文化及其生态环境发展旅游是促进当地社会和经济发展的普遍做法，同时社会和经济的水平提高反过来促使旅游业科学规划设计开发，必然会结合当地文化自然景观保存保护和传承发展考虑。硗碛乡目前基本谈不上有旅游业，但是从本文开头介绍的情况，已经有了变化的契机，因此硗碛藏族乡文化自然景观保存发展应积极开发旅游业。从发展的眼光看现代旅游资源，应该是既包括传统的自然风景区和历史古迹，也包括非景区范围的独特的气象、气候、乡村田野风光、民风民情、特色建筑等形成的环境和特殊文化氛围。而硗碛藏族乡正是具备有这样的历史自然环境条件。气象、气候鲜明突出，自然风光连续而富于变幻，以及多姿多彩的民族风情，符合所谓旅游资源要有视觉审美价值高的要求。因此该乡发展旅游有很好的前景。

从旅游资源评价的角度看硗碛藏族乡文化自然生态景观，有以下主要特点：

自然景观美丽丰富，连绵不断　从宝兴县经过硗碛藏族乡直至夹金山，公路伴宝兴河而行，沿途山峦重叠，层层天然屏障，至夹金山白雪皑皑，河水时而水流湍急，时而宁静开阔。两岸岭脊尖峭，石骨嶙峋，山形奇特，林木茂密，箭竹葱葱，有山花藤蔓，飞瀑跌水点缀岩壁之上，于险峻之中平添勃勃生机。此间有名的风景如“小黄山”、汉白玉矿山、蜂桶寨大熊猫、泥石流遗迹等等。空兴河硗碛水电站水库建成以后，形成大面积的水域更增加水色山光美，高峡出平湖，更增添人工与自然的和谐美，具备良好的发展自然生态旅游经济条件。

民族风情浓郁　藏胞们热情好客，非常乐意地讲述着五条溪谷五个寨子与五个仙女下凡的古老传说。笔者因这次调查活动，曾住在名叫泽根村的藏家寨子里，那里百分之百的藏族同胞，家家热情相邀，以有客人为荣。一进村口，路旁是“鄂博”石堆（坚定宗教信念的象征物），藏民在这里驻足默祷膜拜，祈求地方神保佑平安，求风调雨顺。在村民泽娘家品尝了美味酥油茶，腊香猎肉、锅圈馍馍、烘山芋……全家专门陪同上高山看牦牛、采野菜、看深山沟里成片奇艳的杜鹃花……寨子里谁家修房、牛马生病，有婚丧红白事，众家相帮，要请喇嘛做佛事。

万里长征的回顾　中国工农红军长征的史迹在硗碛藏族乡比比皆是，老人们还能记忆犹新，侃侃而谈红军路过的故事。在通向夹金山的公路旁一个名叫梁水井的地方，有一条清澈的溪水流淌在大树下公路边，当年红军在这里洗伤员绷带、补充给水，当地村民叫溪水是“红军水”、是能治病的神水。笔者看见过往路人纷纷倒掉携带的矿泉水，腾出容器充满敬诚之意地灌接红军神水，不远处就是当年红军踩着齐膝深白雪开始翻越夹金山的路口。另外还有村民指点毛泽东、朱德等革命领导人住过的锅庄楼等等。

古文化的体验　硗碛乡的文物、古迹能够展显该乡的历史悠久，引起人们怀古思今之情。

关于硗碛藏族乡文化自然生态保存坚持保护性开发利用的思考：

1. 加强对旅游文化的深度认识。在天然美丽的自然生态景观基础上，要充分利用硗碛藏族乡文化景观发展文化生态旅游，让人们在欣赏美丽自然风光的同时，在了解硗碛藏民族历史知识，欣赏、研究、考察硗碛藏族的文化景观获得文化教益的同时，促进乡境区域文化特色的保护和文明程度的提高。要认识到自然生态旅游和文化生态旅游的共同开发，才能最大限度地促进区域经济的发展。观念上还应强化对外开放，积极主动与周边景点区域沟通联络，谋求共同发展。地方政府是旅游资源的保护者，最重要的是坚决避免生态环境遭到破坏，主要是保护森林植被，减少地区污染，文化景观要保护好原貌，不要遭受人为地损坏，不要随心所欲地改变景观面貌，只有保护好旅游资源才能实现可持续发展。

2. 加大对硗碛藏族乡旅游资源的宣传力度。地方政府是旅游宣传促销的投资者。旅游业作为地方经济的组成部分，宣传促销也是一种政府职能。所以地方政府要运用各种媒介，大力宣传区域旅游整体形象，动员宣传、新闻、外事、外经、招商、文化等部门广泛深入开展宣传活动。(1) 宣传硗碛藏族乡自然文化生态景观的美丽新奇淳厚。(2) 宣传硗碛乡旅游地理位置，距红军长征翻越的夹金山口仅 60 公里（夹金山口一带即将建成国家夹金山森林公园）、距蜂桶寨大熊猫国家级自然保护基地仅十多公里，距邓池沟天主教堂二十多公里（1869 年，世界上第一具大熊猫标本出自这里并在巴黎展出）等等。(3) 借宝兴河硗碛水电站建设的东风宣传交通状况因水电建设会大大改善的情况。以往进宝兴到硗碛至夹金山便成为路险偏僻的死胡同，交通便利以后，从成都至雅安至硗碛藏族乡仅二百多公里，其中成都至雅安段一百多公里已通高速公路，旅游费用不高，路程不远不险，花时间不多。不用到很远的藏区，就对藏民族风情有所领略，又多了一个好去处，不少人如年老、体质差、经济条件等原因而无法远行和惧怕高山反应等等，或是不求冒险纯粹探奇类型的旅游，便可在硗碛乡领略一些高原风光、产生他乡异族的新奇感，可以得到游览的乐趣，美的感受。

3. 宗教的建筑、礼仪仪式、艺术作品等都是极具吸引力的文化生态旅游资源，此外，宗教思想、教规及氛围也同样能够触动游客的心灵。笔者在调查中与三位喇嘛交谈过，他们有忧虑的心情。喇嘛们现今共有 7 位，年龄最小也在 60 以上，高龄者已 90 多岁，喇嘛的资格要到西藏拉萨去获得，现在这里没有接班人。因此要研究硗碛乡藏族宗教文化的保护延续问题。

4. 文物的整理，古迹的保护立刻提上日程。峰桶寨大熊猫、夹金山森林公园等知名景点以及交通便利以后必将带来整个区域的旅游经济的大发展，人们对旅游活动中负面影响已有教训，文物古迹失而不可复得，宜早做保护措施。作为文化生态旅游资源，悠久的历史对不同年龄段的游客都适合，旅游者们很容易以丰富的想象，感受西部民族地区同样有人类文明的辉煌。文物的整理、古迹的保护工作要尽量做在水库建设之前，这方面的开发容易组织并且费用较低。

5. 保护传统的藏民族文化风俗。交通便利，游客较多地涌进，电视的普及，导致外来文化的冲击使藏族村民们有所茫然。调查中可以看到有些藏民把自己的锅庄房改成不伦不类的“客厅”，或为了多吸引游客住宿，在锅庄楼里面刷上刺眼的红绿油漆，摆上麻将桌，在楼外面用水泥糊成牢房似的冲澡间，这些做法与拙朴古雅的藏族文化景观极不协调，大大影响了锅庄楼本来的美感。尤其水电站水库的兴建会淹没硗碛藏族乡相当部分的区域，包括目前硗碛乡人民政府所在地咎落村全部。在调查中发现，部分藏民已有放弃再修建传统锅庄楼的意向，而改为花费少于锅庄楼的汉族房屋。那么作为传统文化的重要组成的民居建筑，应该有通盘统一的考虑。还比如，由于用电的普及，柴垛、小磨房等已经没有了实用价值，包括锅庄楼里的火塘，那么有意保留让其成为有旅游文化价值的山寨景观，也可以有事半功倍的效果。

6. 整理好中国工农红军长征路过的革命文物，记载下流传的红军故事，挖掘还原鲜为人知的、很有革命教育意义的事迹景点，比如“红军水”景点的开发。

7. 可观赏景物的挖掘开发。例如藏民们剪牦牛毛的时间在 5 月，其场地在山间平地，周围圈上一二米高的大石头，青壮年二人徒手将牦牛扳倒剪毛，情景壮观。这可以结合“五一”大假组织参观活动。

（原文约 7000 字，发表于《西南民族学院学报》哲社版 2002 年第 3 期）

文摘编辑：曾祥玉

近代中国少数民族家庭结构及其变迁

瞿明安

[作者简介] 瞿明安，云南大学人类学系教授，西南边疆少数民族研究中心研究员，博士生导师。

[内容提要] 近代中国少数民族形成了一种以核心家庭为主，主干家庭、扩大式家庭和多偶婚家庭为辅的多种形式并存的家庭结构。实行扩大式家庭的主要原因是：崇尚子孙满堂的大家庭理想，便于安排劳动力的使用，维持密切的家庭人际关系及少纳捐税。而经济的发展，汉文化的影响，天灾人祸，家庭财产纠纷及婚后分家则是近代少数民族实行核心家庭的重要原因。

[关 键 词] 近代；少数民族；家庭结构；变迁。

根据我们对中国55个少数民族家庭资料所做的统计，在近代中国部分少数民族中确实存在着扩大式的家庭，但其在所有家庭形式中所占的比例并不高。据统计，在中国55个少数民族中，到民国时期还普遍存在扩大式家庭的只有3个民族，仅占总数的5%，其中的锡伯族主要从事农业，柯尔克孜族主要从事畜牧业，塔吉克族则农牧业兼营。而核心家庭已占主导地位，但仍存在部分扩大式家庭的则有38个民族，占总数的69%。其中满、朝鲜、回、东乡、土、裕固、乌孜别克、珞巴、白、傣、哈尼、拉祜、纳西、景颇、阿昌、布朗、普米、德昂、独龙、基诺、苗、布依、侗、水、仡佬、壮、瑶、仫佬、毛南、土家、畲及台湾原住民等32个民族主要从事农耕活动；而蒙古、达斡尔、赫哲、鄂温克、鄂伦春、京等6个民族则分别从事游牧，狩猎采集和捕捞活动。另外，普遍盛行核心家庭而很少有扩大式家庭的则有14个民族，占总数的26%。其中保安、撒拉、维吾尔、塔塔尔、俄罗斯、门巴、羌、彝、傈僳、佤、怒、黎等12个民族属于农耕民族，而藏族和哈萨克族则属于游牧民族，这一统计结果表明，扩大式家庭与核心家庭在传统农业社会，游牧社会和狩猎采集社会中都有其存在的土壤，农业并不是扩大式家庭存在的必然条件，核心家庭也不主要存在于狩猎采集社会和现代工业社会，农业社会和游牧社会中核心家庭同样具有普遍性。从总体来看，在近代中国少数民族中形成了一种以核心家庭为主，主干家庭、扩大式家庭和多偶婚家庭为辅的多种形式并存的家庭结构，并且随着近代社会经济的发展及其他因素的影响，许多少数民族原有的扩大式家庭逐渐转变为核心家庭。为了对近代少数民族的家庭结构有一个初步的了解，这里着重对扩大式家庭和核心家庭两种主要家庭形式的特点及其变迁做一初步的探讨。

一、近代中国少数民族的扩大式家庭

扩大式家庭的一个显著特点是家庭中有两个或两个以上的子女在结婚和生育后不分家，而是与父母共同生活，形成一个祖孙三四代同堂共居的亲属群。近代中国少数民族中的扩大式家庭各具特色。其中锡伯、塔吉克和柯尔克孜等3个民族直到民国时期仍普遍存在扩大式家庭。人们通常把家大、人口众多看做是家庭兴旺发达的标志，并尽量避免出现分家的现象。

除以上3个民族普遍存在扩大式家庭以外，在属于第二类的38个民族中，虽然以核心家庭为主，但仍不同程度地存在着部分扩大式家庭和主干家庭，其中有的民族仍把扩大式家庭作为理想的家庭模式。

近代以来，在中国南方部分少数民族中还存在过家庭人口众多、且所有家庭成员均居住在同一幢超大型房屋中的扩大式家庭。其中拉祜族、德昂族、基诺族和独龙族具有一定的代表性。在这种大家庭内，一对夫妻为一个小户，即一个火塘，若干个小户共居在一座大房子内。其中规模最大的大家庭人口达120多人。

以上一些少数民族中存在扩大式家庭的原因多种多样。除了前述有的民族把人口众多、子孙满堂看做是理想的家庭模式以外，劳动力的合理使用、保持原先良好的家庭人际关系以及尽量减少政府所派捐税等等，也是有关民族实行扩大式家庭的具体原因。在农业社会和游牧社会中，劳动力的多寡对于生产的好坏起着重要的作用。家庭人口多，自然就有众多的劳动力可供使用，以适应农耕和游牧生产活动的需要。

拉祜、基诺、德昂、独龙等几个民族中之所以存在家庭人口众多、且所有家庭成员均居住在同一幢超大型房屋中的扩大式家庭，其中一个原因是在他们中存在着伙有共耕的生产协作方式，即属于同一个大家庭的人们，共同出力耕种某块土地，收获的粮食平均分配，是扩大式家庭劳动力众多的一种表现。

二、近代少数民族扩大式家庭向核心家庭的转变

民国以来，随着与汉文化接触的加强以及经济发展

的需要，一些少数民族原先三四代同堂的扩大式家庭逐渐向父母与未婚子女组成的核心家庭转变。满族喜合居的习俗到民国以后，因历史的变迁随之变化，渐渐由大家庭变成了小家庭。赫哲族由于受汉族和满族的影响。20世纪30年代以来，父系小家庭已成为基本的生产、生活单位。达斡尔族自民国以来，家庭规模缩小，核心家庭和主干家庭逐渐取代了大家族式的家庭。乌孜别克族过去多是三代同堂的父系大家庭。晚近以来，以夫妻关系为基础的小家庭取代了大家庭。

造成近代部分少数民族原有扩大式家庭向核心家庭转变的因素各不相同。在有的民族中扩大式家庭的解体与汉文化传播引起经济状况的变化以及家庭财产的纠纷有着直接的关系。

自20世纪20年代起，大家庭逐渐减少，个体小家庭成为达斡尔族社会的基本单位。白族三代以上的大家庭，常为财产而发生纷争。解决这种纷争的惟一办法便是分家，从而促成大家庭制的瓦解和小家庭制的逐渐确立。在有的民族中扩大式家庭的分化瓦解与新型生产工具的使用有关系，土族由于铁制工具增多，畜力广泛使用，家庭的规模随之缩小，大家庭即演变为父系小家庭。而在有的民族中扩大式家庭发生变化则与天灾人祸有关系。

除了以上有关少数民族的扩大式家庭向核心家庭转变以外，近代绝大部分少数民族的核心家庭和主干家庭更多是在分家自立门户的基础上产生的。在这些少数民族中既有农耕民族，也有游牧民族，还有狩猎采集民族，表明分家析产并非是农耕民族特有的现象。

扩大式家庭的一个显著特点就是人口众多，家庭成员之间的关系比较复杂，不仅有父母与子女之间的关系，而且还有兄弟姐妹、叔伯、姑嫂、妯娌、舅甥、姑侄、婆媳以及祖辈与孙辈之间的关系。家大人众使得内部的人际关系不容易协调，家庭成员之间在生产、生活方面往往会面临着许多棘手的问题，一旦处理不当就可能引起家庭成员之间发生矛盾冲突，使得正常的家庭生活受到严重的影响。因此，选择分家并组成核心家庭是解决家庭成员之间经济利益冲突和简化人际关系的一种有效方式。

（原文约5000字，发表于《中央民族大学学报》哲社版2002年第4期）

文摘编辑：曾祥玉

谈清代改译少数民族姓名事

启 功

[作者简介] 启功，北京师范大学中文系教授，博士生导师，中央文史馆馆长。
[内容提要] 本文对清代一些少数民族姓名改译问题做了论述。
[关 键 词] 清代；改译；少数民族姓名。

一、元人迺贤的改名

元代诗人迺贤字易之，色目人，葛逻禄氏，元代又译为“合鲁”，汉义为“马”。著有诗集，名《金台集》，还有《河朔访古记》，是从《永乐大典》辑出的残本。他有手写的《南城咏古》五言律诗一卷，刻入《三希堂帖》。我曾得到其原本墨迹照片一份，因原卷早已失踪，这份照片，即成至宝。不久又见到北京图书馆影印的于敏中自热河行宫致陆锡雄、纪昀（当时在北京主编《四库全书》）的手札，其中提到迺贤的名字改译为“纳新”，深为诧异。以为“贤贤易色”出于《论语》，此色目人全用汉文为名为字，何须改译。又见清初译本《太祖武皇帝实录》，稍后又有许多改译之少数民族词汇，如清始祖名“猛哥铁木儿”改译为“都督孟特穆”；太祖之名，明人译为“奴儿哈赤”，改译为“努尔哈赤”，则是嫌“奴儿”不敬。国号、帝号原称“后金国汗”，因明人犹念宋金之仇，改称“大清”，读音为“戴清”，不像大唐、大宋、大金、大元，语义是“伟大的某国某朝”。独大清之读为“戴清”，还有其他官名亦同此音，如“莫尔根戴清”，我至今尚不能解。如此等等是乾隆以前旧译、旧改。

及至乾隆朝时，改译少数民族语音之字更属常见了。

二、口语语音的改译用字

明珠之子成德致张纯修之手札，张氏在其札之上端批“明阿哥”三字，“明”指明珠，“阿哥”如云“少爷”。其后殆因“哥”字有兄长之义，易于混淆，乃改写为“格”。而女称小姐、姑娘，乃汉语，而满语则称“哥哥”（语音），又与兄长之义相浑，故写“格格”而读“哥哥”。清代内监多是河北人，其乡音虽称长兄，亦同“格格”（“阁阁”阳平声），故称少女亦作“格格（阳平声）”之音。非河北省人，亦作此音，闻之甚觉可笑。

三、清初满籍人曾用汉姓

金、元时，曾规定少数民族译用汉姓，如完颜为王姓、蒲察为李姓等等。元代作曲家有蒲察李五，清初有李荣葆，其后人则名傅恒，傅恒三子皆以“傅”字冠于名上，如傅长安、傅隆安、傅康安。乾隆不欲子孙俱沿用汉姓，改“傅某安”为“福某安”。在古代（至明末、清初）少有二字以上之名，姓有复姓俱与名字之义不联，只有滑稽戏之演员艺名，如“敬”姓者改为“镜”，名“新磨”。铜镜新磨，其光倍亮，正是艺人取笑之名，而士大夫则无此例。乾隆改傅恒之子时，盖未考虑到汉族古代习俗。又乾隆以前有大臣名阿克敦（满语），其后代即以“阿”为姓，名“桂”，阿桂之后名“阿彦成”，即沿“阿”为汉姓。乾隆于其满文奏折中“阿”字之满文字母旁加一点，便成了“那（阴平声）彦成”，与福康安之名同例。足见乾隆之前（实自金、元已肇其端）已曾有沿用汉姓之例，而乾隆特改之。又乾隆时一蒙籍官员名“运昌”，乾隆因其音与三国时关云长之“云长”同音，而改其名为“法式善”（满文音）。如此改法，未免多事。

四、《祭神典礼》与《三史语解》

清代有“堂子祭天祭神之举”。在宫内则于坤宁宫举行。官修之书初名《祭祀条例》，后定名为《满洲祭天祭神典礼》。又编了一部《三史语解》，是把辽、金、元三代历史中的少数民族语辞（读音）有所改译。在《祭神典礼》序中说：有许多神名是辽、金相传，其源甚远，但自“大金天兴甲午以来”，文献失传。如“武都本贝子”、“卓尔欢钟依”、“鄂啰啰”等。其实东北满族人还有知道部分译义的，如“鄂啰啰”即迎神之辞，如古代之“魂兮归来”。再现《三史语解》所改多是人名中汉语不雅之字。祭祀神名已多不解，而辽代更远于金，改译从何来呢？我的一位族叔恒煦先生与他的儿子金启综两代研究金朝文字，有很大的成绩。但辽代的大、小字还是不易认识的。因此三史的语言，能否全都了解，实属可疑。辽代的语言如此，元代色目人，种族不只一族，清代乾隆时能否完全了解，亦不可知。葛逻禄氏迺贤之汉文名字“迺贤”为色目某族语音为“纳新”，更不可知。前年故宫博物院收购迺贤《南城咏古》诗卷原迹，卷前签题为“纳延”，是乾隆时文臣之笔。是在四库改译“纳新”之前又曾改译为“纳延”。今无论纳延、纳新，俱与汉字迺贤音近，则乾隆改译“迺贤”为“纳延”，为“纳新”，俱未必是据葛逻禄（合鲁）姓之民族语音所改。又迺贤自署其“字”为“易之”。“贤贤易色”，语出《论语》，“迺贤”二字如为色目民族之语音，何以又取汉人古籍之典故为字呢？我曾听说元代诗人“萨都剌”的汉族语义为“上天所赐”，所以其表字为“天锡”（“锡”即“赐”义）。所以“迺贤”二字音果为色目民族之语，其义是否与“贤”有关，遂使其取字易之呢？如果“纳新”之民族语义与“贤”无关，则初改“纳延”更暴露出其据汉字之义只改其音了。或因“纳延”二字于“迺贤”之音更近，故改“延”为“新”，以泯其据汉字之音只改其汉字之迹，更为妥当了。

所以，乾隆时人未必真通元代色目各民族语言之发音，所改译之字，可能只有两类为最多，一为改易汉文旧译不雅之字，二为即据旧译汉字改其谐音而已。其中易改者乃女真语或蒙古语，有清仍在通行，只改其不雅之字，是改汉字，并非改译罢了。

五、迺贤在元代用“马”姓

迺贤姓“葛逻禄”，又译作“合鲁”，汉义是“马”。我求友人王连起先生代我翻阅元代和明初时文人的诗文集，他查了十个人的诗文集，其中七个元代人，三个已到明初的人。明唐桂芳称他为葛逻禄易之，元代余阙称他为合鲁易之。其他如元代张深、元代张翥、元代陈基、元代成庭珪、元代袁士元、元代沈梦麟、明代乌斯道、明代林弼都称他为“马易之”。这些人的诗文集并非某一个“出版社”统一出版的，也不是像《永乐大典》和《四库全书》统一编辑的。在统一编辑或同一出版单位所印，或有可能把某个作家的姓加以统一，像以上不同的许多人共称一人姓马，这在迺贤当时曾用马姓是毫无可疑的。

不佞昔撰《论书绝句》，有一首云：“细楷清妍弱自持。五言绝调晚唐诗。平生每踏燕郊路，最忆金台迺易之。”当时自注又误以其诗中所咏之“妆台”即今北京北海之琼岛，又不知易之固以马为姓，未曾有迺易之之号。后经详考，辽金都城在今北京之西南方，今琉璃厂之海王村乃因出土金人墓志，言其地名海王村，在金都之东北郊。始知今北京乃在元大都旧址上略加改建，与金都全无关系。迺贤所咏之妆台，大约在今京城西南郊外，荒烟蔓草，已不易寻觅其旧址了。

（原文约 3000 字，发表于《清华大学学报》哲社版 2002 年第 4 期）

文摘编辑：曾祥玉

20 世纪中国儒教的展开

张立文

[作者简介] 张立文，中国人民大学哲学系教授，博士生导师，主要从事中国哲学与文化研究。

[内容提要] 本文对中国现代新儒教的展开做了论述。分析了20世纪前50年儒教展开的三种形态及其兼融中西文化的基本特征和人文精神，对20世纪后50年先遭批判后得恢复的过程做了概括，并对儒教在新世纪的转生、发展提出了设想。

[关 键 词] 20世纪；中国儒教；展开；"和合学"。

20世纪中国儒教所碰到的传统与现代、古与今、中与西的冲突，在21世纪的前50年可能继续，仍是儒教所亟待解决的问题。然而，要化解传统与现代、古与今、中与西的冲突，必须站在新时代、新原理、新思维的立场上，重新审视这些冲突，超越传统、现代、古今、中西二元对立的思维模式。

一、儒教展开的三种形态

世界的现代化是由西方起步的。在强势西学的冲击下，中国传统儒学已无力抗衡。严复等认为，不管是中是西，是新是故，只要能"疗贫"，都可以为师。在这种视野下，西学便可无视中学而涌进；在这种新语境下，儒教如何争生存，怎样辩护陈辞，便陷入了去中（儒教为主导）不能，欲西不达的困境，而取融彻中西之学，或取"金盘性反传统主义"的态度。这大体上是20世纪前50年儒教展开的状况。

如果把孔子以来的儒家、儒学、儒教加以分梳，可分为三层次，即"道"、"政"、"俗"。对于此三层面的儒教价值系统，"五四"运动"打倒孔家店"的"革命者"，不仅没有加以分梳，而且予以全盘地打倒。其实，他们所反对和打倒的主要是指向"政"的儒教，如君主专制的典章制度、三纲五常、名教礼教、忠孝节义等宗法社会种种弊端，对于"道"的儒教和"俗"的儒教，并没有进行合理的、精微的清理和剖析。这种"全盘性反传统主义"，把传统与现代、古与今、中与西绝对化，对中国的政治、文化以及学术带来了负面的影响。

在儒教"花果飘零"的情境下，卫道者虽然门庭冷落，但仍苦苦挣扎。既有维护"政"的儒教，亦有维护"道"的儒教，"俗"的儒教在"五四"运动中并未真正触及。

梁漱溟在当时属于"本位文化"派，陈独秀、胡适等是属于"全盘性反传统"派。两派论争的要旨是中西文化的孰优孰劣问题，必然涉及对儒教和孔子的价值评价。一些留洋回来的学者以"周虽旧邦，其命维新"的社会责任意识，而展开儒教价值理想的探究。

第一，现代新儒学的新理学的建构。在民族危亡的抗日战争期间，冯友兰以忧国忧民的悲愿，完成《新理学》等"贞元之际六书"，以接续朱熹于南宋民族危亡之忧患。《新理学》作为冯氏哲学体系的总纲，突破了程（颐）朱（熹）新儒学而迈向新理学，从依傍西方新实在论的《中国哲学史》转向"接着"程朱理学讲。这不仅标志着冯氏从中国哲学史家向中国哲学家的转变。而且也标志着中国哲学在自我定位、自我发展的途径上迈出可贵的一步。

第二，现代新儒学的新心学的建构。"五四"后在西学的刺激下，"陆（九渊）王（守仁）之学得了盛大的发扬"，而成为时代思潮和哲学发展的主流。梁漱溟是倡导陆王心学最有力者，他"接着"心学讲，重在人文精神和人生态度。熊十力由释人儒，"接着"思孟、陆王血脉，以图构筑形上学于儒教心性，而开出新心学之基本精神。贺麟试图把中国传统儒教的程朱、陆王哲学与西方的康德、费希特、黑格尔哲学融合起来，提出了"建设新儒学思想"，开展"新儒学运动"，以及建立"新儒学哲学"等主张。

第三，儒教与佛教的会通。无论是梁漱溟，还是熊十力，都与佛教有一段因缘。在儒佛的互动中，两教互相对话、互相吸收，促使学术的发展。佛儒圆融，是20世纪儒教展开的特有现象。

现代新儒教展开中上述三种形态，既非纯粹意义的"文化保守主义"，亦非"国粹主义"。在某种意义上说，他们都兼综中西文化。以民族生存的关切情怀，融摄西方、印度文化之新，而归宗为儒教的精神价值，并以重建儒教形上学为理论核心，以重构儒教理想价值为职志，以开出现代新外王为标的。这就是现代新儒教的基本特征和人文精神。

二、儒教的发展和繁荣

20世纪后50年儒教的展开大陆与港台地区迥异。大陆在1949年以后大体可分为前25年与后25年两个阶段。前25年依据马克思主义两个“彻底决裂”的思想，对作为传统意识形态的儒教进行激烈的批判，其言词之刻薄，行为之粗暴，破坏之彻底，都是“五四”运动所望尘莫及的，也是世界上所独一无二的（指批判自己民族的传统文化而言）。

在1949年以后，由大陆到港台的现代新儒家，沿着熊十力“对陆王本心之学，发挥为绝对的主体”和贺麟所说的主观能动心路，并融摄西方哲学，发展完善了宋明新儒学的新心学。唐君毅和牟宗三以及钱穆等在心学中找到了其生命的慰藉和精神的家园。牟氏扬陆王而贬程朱，是港台现代新儒教对前50年来儒教的接续和发展。

20世纪后25年，儒教大陆的展开，柳暗花明，形势大好。出版了一大批关于孔子生平和学术思想的专著，亦出版了大批有关儒家、儒教的专著。随着中国大陆改革开放的深入，市场经济的建立，中国儒教史的研究方法也呈现代化，虽莫衷一是，但其宗旨都是为了更真、善、美地解释中国儒教思想。从方法所呈现的特征上看，可分为二：一是“我注六经”。这种方法通过对儒家、儒学文本、思想的理解和解释，尽量做到符合其本来的意思和以不违反恢复儒教思想的本义为宗旨，注重儒教的历史演变过程；二是“六经注我”。凸显了理解者、解释者主体自我，借历史上的儒教的文本以发挥自己的思想，重思想本身的建构，把历史上的儒教理解为儒教本身的呈现。从多元方法的形式上看：一是注重儒教思想的属性的确定，与社会等级划分的关系以及政治态度的影响等；二是关注儒教思想逻辑结构的分析，深入地把握中国儒教内在的逻辑脉络及必然联系的所以然。

中国儒教研究在化解现代社会各种冲突面前，激发了中国儒教的研究超越以往“我注六经”的模式，呼唤更多像陆九渊所说“六经皆我注脚”型的中国儒学的转生。中国儒教在现代发展中的自我定位、自我发展的主体自我（主公）地位便凸显出来。

三、21世纪儒教转生的机遇

百年中国儒教走过了衰落、毁灭、恢复的道路，迎来了儒教再次转生的机遇。儒教能否把握机遇，实现转生，是关系儒教前景命运的大问题。据此，我们提出几点设想。

第一，超越形上学，实现转生。儒教要实现转生，在现阶段要实现两个转变：一是从古董死物向当今活物转变；二是由不食人间烟火的形上学向现实的日用层面转变。

第二，时代精神的把握，社会冲突的化解。时代精神是指各社会历史阶段中具有独特精神内涵的生活世界的意义。它最直接的表征，就是对社会各种冲突的化解。现代人类共同面临严峻的冲突，即人与自然、人与社会、人与人、人的心灵、不同文明间的五大冲突，并由此带来五大危机，即生态危机、社会危机、道德危机、精神危机、价值危机。儒教不能回避此五大冲突和危机，惟一的选择是开发儒教的文化资源，吸收中外一些优秀文化成果，实现转生，由此我提出了“和合学”。和合学提出五大中心价值：和生、和处、和立、和达、和爱作为化解人类所共同面临的五大冲突和危机的原理，标志着中国文化的现代转生，儒教在中国文化的转生中实现了自己的现代转生。

第三，日新之谓盛德，生生之谓易。儒教的创新与转生，必须转换研究方法、思想框架、思维方式以及价值取向。儒教在21世纪的转生必须选择新方法、新结构、新思维、新思路、新视野、新学风。只有日新，才能有最大的获得；只有生生，才能适应社会变易发展，使儒教永葆生命的活力。

（原文约4000字，发表于《宝鸡文理学院学报》社科版2001年第4期）

文摘编辑：曾祥玉

进化论人类学的终结与中国社会形态研究

常金仓

[作者简介] 常金仓，陕西师范大学历史文化学院。

[内容提要] 本文认为，摩尔根理论是建立在社会发展单线论和文化要素平行发展说等假说之上的，缺乏实证依据。历史发展有其规律性，也有其多样性，科学研究不应从一个先验的理论模式出发，而应把握特定时代的本质，进而获得历史运转的法则。

[关 键 词] 进化论人类学；社会形态；历史分期。

产生种种欲进而又缺乏舍旧谋新勇气的心理可能来自两个原因：一是进行历史分期的古老思想流行太久，使人们觉得不把历史分出几个阶段来好像历史就失去了条理，从而人们也不知道该怎样去把握历史；二是自以为只要在这个圈子里转来转去，这项研究就仍在马克思主义指导之下。其实，马克思并未教导我们这样去认识历史。为了解除以上两个思想障碍，我们最好先了解一下古典进化论人类学尤其是摩尔根学说进入20世纪以后的境遇。

摩尔根的全部理论建立在几个假设之上，其中直接影响历史分期的假设一个是社会发展单线论，另一个是文化要素平行发展说。无论是简单的还是复杂的社会，不同民族中总有一些相同或类似的制度习俗，同时也有一些彼此不同的现象，怎样认识这些相同点与不同点有两种思维路线。第一种认为在那些地理上相互悬绝，历史上殊少联系的地方出现相同的文化特色是社会规律的外在表现，而彼此不同的制度习俗则表示社会发展的不同阶段，这是单线进化论者一致奉行的主张。第二种思维路线认为文化中的相似性只是表面现象，这些看起来相似的东西在各自的社会环境中发挥着不同的作用，至于那些彼此不同的东西它所体现的是文化类型的差异。这两个对立的思想表明，给历史划分阶段只是单线进化论的事情，对于主张历史多样性的人们来说，不同类型文化之间并不存在同一的发展阶段，谁要是既想赞成文化多样性，又想划分历史阶段，那就是逻辑上的混乱。对单线进化论第一个构成威胁的是19—20世纪之交兴起的传播论，这派学者用实证的方法得出结论，以往被进化论认定为相同的制度习俗绝大多数是文化传播的结果，其中并无规律可言，因而这部分学者就为文化多样性一边增加了一个筹码。从稍晚于传播派在20世纪20年代出现的功能派著作中我们看到，历史的多样性已被视为不言而喻的事实为人们接受了，而单线进化论则被越来越多的人摒弃。

文化平行发展说也是历史分期一个必备的假设。所谓文化平行发展，是指一个民族和国家全部历史过程中那些发挥不同作用的制度、习俗和观念齐头并进。应该说不平衡是文化发展的常态，平行发展恐怕只存在于人们的愿望之中。我们可以推翻一个皇帝并随后修改宪章建立起一个民主政府来，但是千百年形成的专制主义思想却还要在相当长时间内在这个新政府中发生影响，人们的生活习惯也不会因为一个新式政府的建立立刻改变。我们在解释历史时经常在所谓的两个阶段交替之际为了加强对比夸大新旧时期的不同，也是文化平行发展说的表现。

关于婚姻和家庭形态问题，摩尔根的杂交和血族婚两个发展阶段受到严厉诘难，而我国的史前婚姻史研究至今还在信守摩尔根的猜测，学者多喜用摩尔根特有的方式在那些死无对证的地方施展才智，往往忘记历史学最起码的规范是要拿出真凭实据。血族婚说原本是人类学调查中从未见过的事情，摩尔根的资料又得自未受过专业训练的传教士之手，误解是难以避免的。事实上，尽管一个孩子可以用同一称谓喊他的父亲、伯父、叔父、舅父，我们怀疑他们原来都是他母亲的丈夫或可能的丈夫，但是母亲、伯母、叔母、姑母、舅母同用一个称谓，我们决不能说他竟不知谁是他的生母，因而摩尔根婚姻制度进化阶段上的血族婚说是很难成立的。

财产的所有制和继承权问题是摩尔根书中证据最为薄弱、表述最为概念化的部分。作者沿着他在论述婚姻制度时配偶选择范围逐次缩小的思路，将人类社会描述成一幅由原始共产制逐次演化出私有制的连环画图。但是，我们从罗维著作中却看到部落社会极其复杂的所有制形式以及制约着这些形式的众多因素。第一，所谓原始共产制是集体所有而非社会公有。如平原印第安人，加利福尼亚的美杜人把猎场看作部落世代共有的财产，本族人在这片土地上可以自由行猎，但部落以外的猎人使用这个猎场就是侵入，美杜人甚至建立巡哨制度像文明国家的边防军一样保卫着疆界。第二，公有财产有时因为它是取之不尽的资源，而私有观念是从资源相对短缺的地方萌发的。如吉尔吉斯人夏季牧场为全地区人共有，而难以寻觅的冬季牧场则须花钱购买，这与摩尔根所谓随着物质财富的增加产生私有观念之说正好相反。第三，同居一地的土著对不同的资源享有不同的权利。如毛利人“有时一个家族在某地有掘取凤尾草的权利，同时另一族则在同一地点上有捕鼠之权”，人类学家名之为重复占有权。第四，政治因素在财产观念中发挥的作用也各不相同。如美拉尼西亚的酋长无尺寸之土，当他把土地分配给外来者使用，所得贡品尚需分配给全体居民。而达荷美人的酋长却可以在任何时候驱逐土地的使用者，把它重新授予他所喜欢的人。前者仅仅是土地的管理者，后者才是土地的名符其实的主人，财产继承的情况也异常复杂。在美拉尼西亚各部，古代的世袭土地与近世开垦的土地之间有明确的界划，前者是母系氏族的产业，土地使用者死后须留给外甥，后者则可传给自己的儿子。同样是在美拉尼西亚，土地按母亲继承，而果树则按父系继承；妇女的衣物、工艺品、田园传给女儿或女性亲属，男子的畜群、武器传给男性亲属，这里所体现的又是实用性原则。仅以上几例也可以说明以往我们把私有制的出现归之于生产力的提高是将复杂的社会简单化了。

进化论者在社会研究中的失败不应当归咎于对规律的追求和探索，而在于他们采用了一种根本不能得到科学原理的方法。

在众多的历史文化要素中确立某一个或几个因素，如发明或发现生产工具，作为划分历史发展阶段的标志本身就存在着不可救药的缺点。根据我近些年的思考，历史的真正规律并不存在于一去不返的历史流程中，而是存在于各种因素的相互联系中，我们不仅可以从相同现象中去发现规律，更可以从不同现象中得到它。另外，任何科学研究都不能从一个先验的理论模式出发，一旦有这样的模式渗入研究过程，就会诱导你对事实作出错误的判断。

我们一直相信中国社会形态的研究是在马克思主义指导下进行的，在我看来谓之注经解经则可，若说那就是马克思主义的方法则恐未必。这才是真正的马克思主义的方法。我们的学者总是囿于马、恩著作中诸如古典的、封建的那些概念，认为在历史上真能划出一个阶段来与以上概念相对应，哲学家的概念是不含任何杂质的，历史学家面对的事实却总是新旧因素的复杂联结。因而我诚心诚意希望在中国社会形态研究中放弃任何先验的理论模式，打消为历史分期分段的糊涂念头，先对构成社会的各部分加以深入的研究，再加以认真的比较，这项研究才不至重蹈摩尔根的覆辙。

历史分期不是研究工作的目的而是一个手段，把握历史上特定时代的本质进而获得历史运转法则才是最终的目的。因而，离开那个没有实际成效的分散方法，社会形态反而可以理解得更深刻、更科学。例如社会经济形态问题就有数不尽的课题等待我们去探索，某个时代同时存在着多少种所有制？这些所有制各自存在的条件是什么，公用的地产最初是一种什么样的财产，它后来以什么形式转化为不可侵犯的王田，在这一转化中为世代习惯所确立的个人田产在法权上发生了什么变化？森林、牧场、河流、湖泊的使用情况怎样，人民为维持社会正常秩序承担了哪些义务或经济负担？权利、义务与生存的自然条件以及人口密度之间有哪些联系，道德、法律等分别依存于上列哪种因素？等等。当我们对上述各种因素的复杂联系理清之后，我们就会懂得，它们不是一个“奴隶制”或“农奴制”所能概括的。

（原文约1万字，发表于《陕西师范大学学报》2001年第3期）

文摘编辑：博文

开展中国人口、资源、环境史研究

行 龙

[作者简介] 行龙，山西大学历史系教授。

[内容提要] 本文从人口、资源、环境的相互联系，论述了明清以来山西这三个因素互相影响的不协调态势。

[关 键 词] 山西；人口；资源；环境。

从区域角度开展中国人口、资源、环境史的研究，我们感到山西是一个颇具有代表性的区域。

山西地区不仅是中华民族重要的发祥地，而且是人口相对集中、文化较为发达的地区。就人口的演变来看，自班固《汉书·地理志》出现最早的该区人口数字，直到清代乾隆年间，除去辖区盈缩、重大灾害、战乱因素外，山西人口一直在200—800万之间起伏，其中明代以后人口稳步增长。乾隆中期，人口突破1000万，光绪初年自然灾害前达到1600余万，是为1949年前人口的最高水平。1969年山西人口突破2000万，90年代初期突破3000万。整体来看，与全国人口的演变一样，越到后来人口增长的速度越快。但山西人口发展也有其自身的特点。比如，经过元末明初十余年的战乱，全国人口有所下降，尤其是中原地区人口亡失最为严重，而山西此时少受战乱和灾害侵袭，人口一直保持较快增长的态势，这正是明初大规模“洪洞移民”的基础。进入近代，经过19世纪五六十年代的太平天国战争，全国人口，尤其是人口最为稠密的东南诸省损失惨重，直至1953年人口普查，东南数省人口仍不及19世纪50年代初期太平天国战争前的水平。而山西人口在整个近代仍然是一个继续增长的趋势，其间最明显的下降，不是战乱，而是光绪初年的自然灾害，而此次“两百年未遇之天灾”与生态环境的恶化不无关系。

山西在全国属于矿产资源丰盈之区，但其他自然资源，尤其是对农业生产具有举足轻重作用的土地和水资源却相对匮乏。山西人均占有耕地在全国属于中下等水平，但山西处于平均海拔在1000米以上的黄土高原地区，80%以上的土地属于丘陵和山地，土质不仅不能与江南及沿海各省相比，而且同邻省相比也有一定差距。在传统的农业社会中，此种土地资源严重影响着农业生产和农村经济的发展。

水资源的匮乏也是长期困扰山西社会发展的严重问题。“十年九旱”一直是相当长的历史时期内影响山西社会经济发展的重要因素，至今少数山区仍有人畜饮水困难的问题。

山西生态环境恶化的最突出表现是水土流失。山西境内有太行、太岳、管涔、吕梁、中条、五台和衡山等八大山脉，丘陵和山地占80%以上，仅汾河中下游有少数小平原，大部分地区为黄土所覆盖。明清以来，随着人口的增加，土地的开垦速度明显加快，毁林开荒、围湖造田，甚至焚烧森林以取得地肥成为南北各地的普遍现象。研究表明，隋唐时期，太行山森林覆盖率在50%左右；元明已由30%降至15%以下；清代由15%降至5%左右；民国已降至5%以下。森林面积的减少，尤其是汾河上游山地森林的开伐，引起土地资源的大面积破坏，土壤肥力降低，水土流失成为严重问题。水土流失不仅引起土地的大面积沙化，而且使汾河流域的含沙量急剧增加。河道和渠道的变更，由森林减少而引起的气候环境的变化，又加剧了旱灾及争夺水资源的各类“水案”的频发，这种生态环境的恶性循环一直是困扰山西农村社会经济发展的主要因素。

另外，近现代以来，随着煤、铁等矿产资源的开采，以及造纸、印染等行业的发展，环境的污染也日益成为山西地区严重的社会问题，且有愈演愈烈之势。

应当重视的是，人口、资源、环境三者之间有一种相互作用、相互影响的关系，任何一种因素都有可能在一定历史时期起到关键的作用，或曰成为矛盾的主要方面。明清以来，山西人口、资源与环境发展不协调的态势日益突出，其中最重要的因素即是人口的快速增长。在生产力发展有限的自给自足的自然经济社会，人口的增加就意味着社会消费总量的增加，要满足最起码的消费，维持起码的温饱水平，无论是简单再生产还是扩大再生产都必须开垦土地，扩大耕地面积，由此不仅引起土地资源、水资源及其他资源的日趋紧张，而且使生态环境日益脆弱，甚至出现恶化的局面，这是历史给予我们的教训。

（原文约6000字，发表于《山西大学学报》2001年第6期）

文摘编辑：博文

环境也要有“德治”

肖 巍 钱箭星

[作者简介] 肖 巍，复旦大学教授，博士生导师，哲学博士，研究方向：科学思想史和科学社会学。
钱箭星，复旦大学社会科学基础部。

[内容提要] 本文的第一部分概述了面对严峻的环境形势，必须动用看得见的法治手段，以纠正由“市场失灵”导致的环境问题，但这种强制性的“他律”亦有其缺陷；第二部分论证了环境问题为什么同时又是一个道德问题，以及环境道德的评价和绩效，强调只有配合以道德“自律”，德法兼备，才能进行卓有成效的环境治理。

[关 键 词] 环境法治；环境道德；环境德治。

环境问题的治理，不仅需要外在的、强制的法律手段，同时要配合以内在的、自觉的道德手段；只有把有关环境的法制建设和道德建设结合起来，才能遏制我国环境退化的严重趋势，实施经济、社会和生态的可持续发展的战略。

一

“九五”期间我国政府在环境治理方面投入巨资(1998年，环境投资已经占了当年GDP的1%)，并做了大量实事，使得我国环境质量恶化的速度仍然低于GDP增长的速度。但经济的迅速增长还是使我们付出了很大的环境代价，根据测算，这个成本大约占GDP的3%—8%，如果再加上由生态破坏引发各种自然灾害的损失，这个数字就可能超过10%。

最近，中国科学院课题组设计了中国可持续发展战略的三个零增长方案：2030年实现人口数量和规模的零增长——2040年实现能源资源消费速率的零增长——2050年实现生态环境退化速率的零增长。要逐步登上这三个台阶，中国的经济和社会发展必须探索出一条有中国特色现代化的新路，尽量减少经济增长对生态环境的负面影响，而肯定不能模仿强烈透支环境资源的生产方式和消费方式，因为这些消耗是未来中国无论如何承受不起的。

一般说来，环境制度包括环境法规和环境管理。环境法（规）是由国家制定并由国家强制力确保实施的法律规范，是建立和维护环境秩序的法理依据，是推进可持续发展的有力助推器。环境政策的法律化，及其制定的合法化是环境法治的一个特点，它使得政府可以干预环境产权和价格扭曲问题的解决。一方面，政府通过法律法规，实现间接产权界定，而一旦有了产权，就可以进行市场交易，促使生产者和消费者在利用公共物品时减少或尽量消除外部负效应。另一方面，有的环境资源价格长期偏低（主要是因为人们对自然资源的稀缺性估计不足)，低价甚至免费使用超过一定限度时，环境资源的边际成本就会急剧增大，政府可以制定政策法规，将环境成本计入商品价格。考虑到环境效益往往不会有短期回报，这些措施势必引起不满和抵制，没有法的强制支持是很难落到实处的。

我国已初步建立了从中央到地方四级环境和资源保护管理体系，但目前严峻的环境形势表明我们的环境法制建设和法治效率还远远不能适应可持续发展的要求。我们必须依法治理环境，不但有法可依，而且违法必究，执法必严，不管惩罚对象是个人、法人，还是地方政府，这已经是刻不容缓的大事了。

环境法治也是环境治理的一个最有效手段，但这种手段也有欠缺之处：一是法治必须付出相当大的成本，包括制衡成本（立法、司法、执法的组织成本)、法律成本（信息、谈判、强制和监督成本)、法律的修订成本、教育成本等等。如果一个社会时时处处都要靠法律来维持秩序，法律体制将不堪负担，法治效率也要大打折扣了。环境违法的一大特点是众人参与，所谓“法不责众”正表明了个中的尴尬。二是法律更多地是通过“禁止”和事后惩罚来约束人们的行为，而法的实施效果要受到社会文化、对法的认同等诸多因素的制约，很可能与立法的期待相距甚远。法律虽然提供了一种行为准则，但只是一种最低标准。特别是环境违法造成的环境损失，往往因为其长期性和隐蔽性难以衡量，而眼前的利益又更具有诱惑力，环境执法的难度就可想而知了。

也就是说，仅仅依靠法律治理环境是不够的。

二

环境问题为什么又是一个道德问题、而不是一个“非道德”问题？因为环境问题实际上是通过人与自然的矛盾表现出来的人与人之间的利益冲突。利益是一切道德的物质基础，而环境道德正是通过规范人的行为对环境利益进行再分配。某个“人”（可以放大为人群、利益集团，乃至民族、国家）对环境的破坏行为都将危害“他人”（也包括“后人”）的利益，构成对他人或后人的不公平。

事实上，人的违规（包括违法和违反道德）行为有三种情况：第一种是违法（广义的法包括各种规章制度），又违反道德；第二种是违法，但不违反道德，如生活中一些所谓“合情（情理，即道德）不合法”的事情；第三种是违反道德，但不违法。大多数破坏环境的行为就属于第三种情况，它们恰恰是环境法治的“盲区”，特别是在环境法规有所不逮或执法成本较高之时，道德的认同和自律就是守法的主要保障了。

可以用成本—效益分析来评价环境道德。经济人在为自己谋利的活动中必须支付必要的成本，而环境成本在过去往往是忽略不计的，这就导致了环境成本的外部化，或由社会来承担。以前人们不认为这是一个道德问题（非道德问题），但现在越来越多的人意识到，社会所承担的环境成本，可能远远超过某个经济人的短期获利。这在经济上是不合理的，即环境不经济；在道德上也是不公平的，构成了环境不道德。

某种行为只有当它不损害任何他人的福利，但至少使一个人的福利增加时，也就是社会的总福利增加时，才是“帕累托改进”的，这种行为于他人于社会都是道德的。获利总要破坏环境，这就必须承担自己行为的环境成本，或作出相应的补偿，这是道德的；而如果转嫁环境成本，试图达到损人利己的目的，就是不道德的。

环境道德认为，原则上凡有利于保护环境的就是善，凡不利于保护环境的就是恶，这种道德关怀旨在培育善待自然（环境）的道德情感和道德习惯，建立与环境承载能力相协调的生产方式、生活方式和思维方式。环境道德根据这个原则规范人们的生产、交易和消费等等行为、同时又体现了人与自然和谐进化、人与人合作相处的新型价值观念。环境道德既包括“代内公平”，人人都拥有平等的发展权和环境受益权，还特别强调“代际公平”，实现当代人与后代人的福利共享，这也正是所谓“可持续发展”的宗旨。

如果说，法治（制）代表了社会治理的“正式规则”（刚性的、他律的“必须”），那么，德治就是体现这种治理理念的“非正式规则”（弹性的、自律的“应当”），它们被用以规范人们的行为来达到有序治理的目的，这些约束条件就构成了某种约定俗成的“路径依赖”，引导人们的行为处事，形成相应的行为方式和思维方式。环境道德可以补环境法规之缺，它具有如下特点：

第一，节约环境治理的成本。较之法的惩戒，道德感化更具有防范的作用，提倡道德可以增进社会秩序，减少违规行为，而有助于降低制度运行的成本。

第二，环境道德的约束、调节和激励功能是从他律到自律逐步实现的。他律是社会对作为道德主体的人形成的约束力，不道德的行为将会受到公众的谴责，从而迫使个人意向顺着集体的共同意向来发展。培育环境道德的集体意识将对个人的环境行为具有导向作用，但道德更表现为某种内在的自我约束力，亦即自律，它意味着个人主动放弃某些自由，这不仅仅是指个人必须遵守环境法规，而且要求人们从保护环境的点滴小事做起，不以善小而不为，也不以恶小而为之。

第三，环境道德的可普遍化。道德本身就具备可普遍性的特点，环境道德是道德进化的一种现代形态，也反映了现代人改善生存环境的共同愿望，但任何普遍的道德原则都必须由具体的个人来实践：每个人都来关心环境，爱护环境，善待环境。这种情感有助于冲淡对自我利益的过分关注，并排除个体拥有普遍规则的例外选择权。

人们注意到，习惯和道德调节是市场调节（所谓“无形的手”）、政府调节（所谓“有形的手”）以外的第三种调节，它在现代社会经济生活中（特别是在大量非交易活动中）起着越来越突出的作用，这种作用是市场调节、政府调节所替代不了的，也是法律所替代不了的。

重要的是，我们不能把环境德治和环境法治分割开来，对立起来，更不能用环境德治来代替或者淡化环境法治。

（原文约4500字，发表于《中国地质大学学报》社科版2001年第4期）

文摘编辑：博文

走出对人类中心主义认识的误区
——对当代生态环境问题的反思

李旭萍

[作者简介] 李旭萍，山西大学哲学系硕士研究生，助教。

[内容提要] 如何看待全球性生态环境问题与人类中心主义的关系，在国内外学术界存在争论。这一争论与对人类中心主义概念的不同理解有关。应本着发展的原则和实践的原则，对存在的认识误区进行分析，赋予其应有的思想内涵；在现实中应正确认识人类中心主义的内涵，树立人类中心主义的价值观对践行可持续发展战略具有重要的现实意义。

[关 键 词] 人类中心主义；生态环境；人；自然；可持续发展。

二战后，随着科学技术和经济的迅猛发展，人类利用和改造环境的能力空前提高，创造了巨大的物质财富，极大地丰富了人类的物质生活。但同时也带来了许多始料不及的恶果与灾难；环境污染，生态失衡，人口爆炸，资源匮乏，能源枯竭，贫富分化悬殊，地区发展极不平衡……人类的生存与发展面临着严重的威胁。在对以往的发展战略与模式及其实践效应进行深刻反省的基础上，一种全新的发展战略与模式——可持续发展应运而生。其基本内容包括三层含义：第一，人类的发展不应干扰和削弱自然界多样存在发展的能力；第二，人类这一群体的发展不应干扰或削弱其他群体发展的能力；第三，人类这一代人的发展不能干扰和削弱下一代人发展的能力。

在反思这些全球性生态环境问题的根源时，人类中心主义被国内外学术界许多人认为是这一问题的“罪恶之源”。所以，要实事求是地说明人类中心主义与当代生态环境问题的关系，从而正确地评价人类中心主义，首先必须搞清人类中心主义的确切含义。

最初的人类中心主义，是人类最初摆脱因生产力低下而受到大自然困扰后逐渐产生的以自我为中心的观点，称为古代宇宙人类中心主义。其核心论点是主张人类在空间方位意义上是宇宙的中心，或者说人类处于宇宙的中心位置。这种观点是建立在以古罗马天文学家托勒密为代表的“地球中心论”基础上的，是地球中心论的逻辑引申。到欧洲中世纪，基督教又为人类在宇宙中的地位问题提供了一个具有至上权威的答案，它构成了人类中心主义的第二种历史形态即神学人类中心主义。到了近代，人类中心主义是以反对上帝、神为中心的，要把人从神那里解放出来。从笛卡尔提出人要“借助实践使自己成为自然的统治者”，到康德主张“人是自然界的最高立法者”；从培根提出“知识就是力量”，到洛克主张“对自然界的否定就是通往幸福之路”，人类中心主义又由一种素朴观念扩张为“人是自然界的主人，人能主宰一切”的主体主义观念。进入20世纪以后，特别是伴随着全球问题的出现和生态伦理学的发展，人类中心主义改变了传统的理论范式，发生了历史性的转向。以W.H. 墨迪、J. 帕斯莫尔和H.J. 麦克洛斯基等人为代表的现代西方著名人类中心主义生态伦理学者，明确反对“人类统治主义”、“人类征服主义”、“人类沙文主义”，断言造成人类生存困境的根源不在于人类利益本身，而在于人类对自然认识上的误区；为了人类的“共同利益”（当代人和后代人的利益）必须尊重自然规律。至此，人类中心主义已经演变为一种立足于人的利益需要及其满足来看待人与自然之间关系的价值观念。所以，我们今天对人类中心主义的认识必须本着发展的原则和实践的原则，不能只局限在传统观念上，必须走出对它的认识误区，赋予其应有的思想内涵。

一、人类中心主义不是存在论观念，而是价值论观念

人类中心主义演变至今，它的意向性含义，在其合理形式上，已不是一个关于世界存在的“实然的”事实判断，而是一个关于世界存在的“应然的”价值判断。人总是以人类为中心，以人为出发点，从人的角度来观察世界，对待世界的。这是人类特有、也不能不有的一种现象。试想离开了人类，离开了人类利益、需要，自然的“美丽”还有什么意义？

人作为与自然物区别开来的具有意识性、目的性、社会历史性等一系列特性的特殊存在物，为了自身的生存与发展，必然自觉地与自然界建立起一种目的性的价值关系，并在认识自然界的基础上，通过对自然界的积极能动的实践改造去实现自己的价值需求，如果没有人对自然界的改造，没有物质生产力的现实发展，人又如何生存和发展呢？人而且只有人是价值世界的“中心”，不论人们是否自觉地意识或把握了这一现象，它在客观上都是不可超越的，但需要指出的是，人类要维护自己

在价值观方面的“中心性”，就必须将人类主体活动建立在认识自然规律，正确利用自然规律的基础上。否则，“人类中心主义”这一价值命题就会变成无源之水、无本之木。

二、人类中心主义不等于个人中心主义、群体中心主义（种族中心主义、民族中心主义、国家中心主义等）

所谓“人类”，是指一切人的总和，不仅包括同一时代所有的人，而且还包括过去、现在和未来各个世代的人。与此相应，人类中心主义所强调的是人类的共同利益、整体利益与长远利益。人类利益是借助人类的需要或价值来界定的，而人类的需要既有合理的需要（如生存的需要、健康的需要、学习和发展的需要等），也有不合理的需要（如奢侈的需要等），人类中心主义的主旨就在于纠正人类对利益理解的狭隘性和对利益追求的近视性，坚持从人类及其子孙后代持续、稳定、健康地生存和发展的共同利益出发来协调人与自然的关系。人们所说的那种“以人的眼前利益为目的和尺度的人类中心主义”是近代人类中心主义，实际上是个人中心主义和群体中心主义。从历史上看，正是这种个人中心主义和群体中心主义的支配，各种不同的利益主体为了最大限度地追逐自己特殊的、眼前的直接利益，向大自然展开了残酷的掠夺和暴虐的征战，而丝毫不去考虑也不可能去考虑这种行为对自然环境的长远影响、对他人以及后代的影响。一些发达国家不仅疯狂开发本国和他国的资源并无节制消耗，而且对发展中国家实行危机转嫁，从而最终造成了全球性的环境问题。此外，我们还要看到当今生态危机成因的复杂性、历史性、现实性，不能一股脑地把所有责任加在近代人类中心主义头上，更不能不加区分地将现代含义上的人类中心主义拉来一起批判。

三、人类中心主义与环境保护并不矛盾，它为解决当代生态环境问题、建立人与自然和谐的关系提供了惟一现实可行的途径

人们之所以反对人类中心主义，认为人类中心主义是当代环境问题的“罪恶之源”，最有代表性的一个理由是人类中心主义必然导致“征服”、“主宰”、“摧残”、“掠夺”自然的物种歧视主义，而后者又必然导致环境破坏和生态危机。由上面的论述可知，生态危机是近代人类中心主义，即个人中心主义和群体中心主义造成的，而非现代人类中心主义。

笔者不能同意这样的意见：必须承认自然的自为价值，必须提倡自然界、生态链或环境物是和人一样独立的、平等的道德主体、价值主体，有其自在的权利，人的行为要符合自然物的利益，尊重它们的权利。笔者以为，自然根本不具备道德主体、权利主体、价值主体的条件。从理论上来看，道德、权利是只适用于人与人之间价值关系的概念。由于人有意识，才使人具有主体性；动物没有意识，也就不可能成为主体，不可能同他物形成主体与客体的价值关系。自然界的一切从来都是按自身规律运行的，比如动植物“天敌”之间从来就进行着生存竞争。如果不是最终以对人的“损”或“益”为根据加以鉴别，这些规律和现象并不具有价值意义，不可能成为人类任何道德原则的出发点。所以事实上的出发点只能是人自身。一个非常现实的例子：据欧盟委员会2001年3月的不完全统计，包括英国在内的欧盟国家为消灭口蹄疫，已经宰杀和销毁的牲畜就超过15万头。其出发点和归宿是为了保护国民的健康。如果不是从这个角度来想问题，那么这些无辜的牲畜是否应当为了人的健康而丧失自己的生存权利呢？从动物保护的立场出发，是否应当禁止食肉，进而禁止蛋和奶。有人还提出保护理论，那么，人类又该如何保持自己的生存权利?！事实上，人类不会也不应当“高尚”到为了别的什么非人类的存在而否定自己生存权利和根本利益的地步！任何超越人类利益的理论和实践，都是站不住，行不通的。

生态环境问题本身就是从人类角度提出的问题，它的答案也只能是要以人的方式、按照人的需要和能力来解决这些问题。人所具有的主动性、创造性和选择性特征，能使人正确认识人类在宇宙中的地位，在人与自然的冲突中，找到有利于“人与自然”关系发展的途径，重构人与自然的和谐。

（原文约5000字，发表于《山西高等学校社会科学学报》2001年第12期）

文摘编辑：博文

城市生态贫困研究

陈南岳

[作者简介] 陈南岳，南华大学讲师，南开大学博士研究生。

[内容提要] 本文从贫困的本质入手，指出生态贫困是贫困的一种基本类型。在界定城市生态贫困内涵的基础上，对我国城市生态贫困的特征、成因和治理对策进行了分析。

[关 键 词] 生态贫困；城市生态贫困；生态需要。

一、贫困的本质

贫困的本质就是人类的某种或某些需要得不到正常满足的状态。物质贫困和精神贫困分别表示人类的物质需要和精神需要得不到正常满足的状态。

二、城市生态贫困的提出

对于人类需要体系，比较典型的理论是需要“二元结构论”和马斯洛需要层次理论。前者简单地将人类需要分为物质和精神两个方面；后者把它们分为生理需要、安全需要、社交需要、尊重需要和自我实现需要五个层次。这两种理论都没有包括生态需要。这既不符合实际，也不利于从完整意义上去认识人，更不利于人类社会经济的可持续发展。

笔者认为生态需要是指人们对洁净的空气、清洁的水、安静的工作和生活环境等的需要。生态需要在人类需要体系中具有十分重要的地位和作用，它与物质需要、精神需要共同构成了人类需要的三元结构体系。众多的事实说明了人类的生态需要得不到正常满足的普遍性和严重性。笔者把人类的生态需要得不到正常满足的状态称为生态贫困。之所以提出这一新的贫困类型。首先是因为它已是人类社会的一种客观存在的现象，需要我们去认识。其次，这一概念的提出发展了传统的贫困理论，拓展了贫困研究的新领域，并把人类的需要和贫困对应了起来。

生态贫困就其发生的地域而言，如同物质贫困和精神贫困一样，既可能发生在农村，也可能发生在城市。笔者把城市居民生态需要得不到正常满足的状态称为城市生态贫困。

三、我国城市生态贫困的特征

1. 普遍性

近几年的环境监测结果表明，城市大气环境质量符合国家一级标准的不足1%，几乎所有城市的降尘、颗粒物、二氧化硫浓度均超标。2000年全国668座建制市中约有400座缺水。全国有30%的职工在噪声污染的条件下工作，有40%左右的城市居民生活在噪声环境中。据对中国381个城市的调查统计，全国城市垃圾的产生量平均每年增加10%，而清运量仅占产生量的40%—50%，50%以上的垃圾堆放在城市的一些死角甚至公共场所，97%的垃圾未经无害化处理就进入了环境，2/3的城市处在垃圾包围之中。除了上述四个方面的主要问题外，还存在热污染、视觉污染、城市绿地严重不足以及拥挤等环境问题。这些问题的广泛存在使我国城市居民的生态需要普遍得不到正常满足，形成了城市生态贫困普遍性的特征。

2. 严重性

从总体上看，我国城市生态贫困现象已相当严重。不久以前，设在美国华盛顿的世界资源研究所发布报告说，全世界10个污染最严重的城市中，有9个位于中国。再以大气污染为例，据监测，我国城市大气中总悬浮微粒1995年日平均值浓度，北方地区超过世界卫生组织规定的4.5倍，南方地区也达3倍多。

3. 地域和时间上的差异性

城市居民对生态需要存在质量上的要求。城市环境质量与城市环境污染的程度直接相关。由于种种原因，我国城市环境污染程度存在地域上的差异性。以城市大气污染为例：从大范围看，我国北方城市大气污染重于南方城市；从小范围看，同一城市不同区域其大气污染的程度也有差异；一般而言，工业区比文教区、商业区污染程度要高。

城市居民对生态需要也存在数量上的要求。比方说城市居民为了正常生活，总需要一定量的生活用水。因为气候的地域差异，生产和生活用水需求总量的地域差异，我国北方一些经济发达、人口密度高的城市缺水现象较其他地区严重。

另外，一方面由于城市环境质量存在时间上的差异性，如冬、春季城市大气污染较重，夏、秋季则较轻；白天的噪声污染较晚上要严重。另一方面由于满足城市居民生态需要的一些因素，其数量多少也有季节变化的特点。降水较多的季节河流径流量大，城市居民生活用水肯定比其他季节要充裕。由于这些方面的原因，城市生态贫困程度也存在时间上的差异性。

4. 治理上的艰巨性

这与我国城市生态贫困的普遍性和严重性有关，但也不能忽视城市生态系统特性的影响。城市生态系统是典型的人工生态系统，它从自然生态系统脱胎而来，但又与自然生态系统有着重要的区别，城市生态系统是不完整的生态系统，它缺乏第一性的生产者，消费者与分解者也是不完整的。在稳定的自然生态系统中，各营养级有机物总量递减，呈金字塔形，而在城市生态系统中，消费者（主要是人）数量很大，生物营养级呈倒金字塔形。因此，城市生态系统较之自然生态系统其生物物种单调，生态结构简单，因而不像自然生态系统那样稳定，自我调节能力较差。

四、我国城市生态贫困的成因

1. 城市人口迅速膨胀，城市经济快速发展，城市活动强度超过了城市环境容量

2. 城市布局不合理

不少城市缺少周密的、有预见性的总体规划，致使城市功能分区混乱。不合理的城市布局一方面加重了环境污染，造成环境负荷过重，一方面又破坏了环境的自净能力，使环境容量过小，从而加剧了城市生态环境问题。

3. 外部不经济

在环境经济学中，外部不经 济是指污染者强加于外部的不利影响。因外部不经济导致的不断遭到污染和破坏的城市生态环境得不到治理，这无疑促进了城市生态贫困的产生。

4. 企业技术水平落后，技术改造未受到高度重视

有资料表明，我国城市 60% 左右的企业，技术水平相对落后，许多高消耗、高能耗和高污染的老污染源，技术改造未受到高度重视。

五、我国城市生态贫困的治理对策

1. 贯彻可持续发展战略，树立人与自然和谐相处的观念

未来的城市应当充分体现生物圈与技术圈的协调，体现人与环境的和谐相处。只有贯彻可持续发展战略，树立人与自然和谐相处的观念，才能使城市生态贫困得到根治。

2. 控制城市人口的过度增长

对常住人口和流动人口应实行总量调控，建立和完善有计划地引导人口流动的机制。此外，要抓好城市中的计划生育工作，控制城市人口的自然增长。

3. 加速构建城市生态框架

工业结构生态化，就是通过法律、行政、经济等手段，把工业系统的结构规划成“资源生产”、“加工生产”、“还原生产”三大工业部分构成的工业生态链。

积极合理地发展城市农业。发达国家称城市农业为都市农业。它是靠近城市、依托城市、服务城市，以为城市提供农副产品和优美生态环境为主要目的的新兴区域农业，也是集经济功能、社会功能和生态功能于一体的现代农业形态。

搞好城市绿化。应加强如下三方面的建设：(1)“森林”入城。(2)“绿肺”建设。(3)“生态墙”建设。“生态墙”就是用大自然中的绿色植物来砌墙，是城市的“立体草坪”。

4. 建立城市可持续发展的经济机制

建立对可持续发展评估监督的机制。一是以人为本。树立“以人为本”的发展观，认识人的生存质量应是第一产品，只有这样，才能解决“资源低价”“环保无价”的问题；二是指标体系。我们应把资源资本、人力资本和环境资本等纳入到指标体系中，要有一个“城市宏观成本投入”概念；三是评估方法。可持续发展的评估方法主要采用层次和主要成分分析方法两种，运用可持续发展评估指标体系、测算方法和统计资料进行评估；四是公众参与。包括各级领导层和市民都参与，建立一整套检查、监督、反馈和协调机制。

改革现行的绿化机制，开创城市绿化新模式。

5. 做好城市规划，促进城市合理布局

城市布局问题非常复杂，涉及到自然、经济技术和环境等各方面因素。因此，必须统筹兼顾，全面规划。从环境保护角度看，应该注意解决以下问题。

首先，城市选址要考虑地形、气象、水文等条件对环境的影响。其次，城市内部布局应有利于保护城市环境。(1) 城市的形态布局要有利于生态平衡和环境保护。(2) 应结合城市总体规划，搞好城市内部的功能分区及其配置，根据城市的自然条件和城市性质，合理配置居民区、商业区、文教区、工业区、公共设施、休息场所、绿化带等。(3) 城市道路、房屋建设也应与环境保护相协调。

6. 把城市生态贫困的治理纳入国家扶贫计划之中

（原文约 6500 字，发表于《中国煤炭经济学院学报》2002 年第 1 期）

文摘编辑：博文

历史时期我国沙尘天气时空分布特点及成因研究

王社教

[作者简介] 王社教，陕西师范大学西北历史环境与经济社会发展研究中心。

[内容提要] 本文依据系统的历史资料，论述了我国历史上沙尘天气的时空发布特点及成因，并揭示：沙尘天气首先是一种自然现象，同时也是一种人文现象，应重视植被的保护和恢复，减少沙尘天气的危害。

[关 键 词] 沙尘天气；时空分布特点，植被保护。

自东汉班固在《汉书》中首次开设“五行志”，专门记载自然界中发生的一些灾异现象后，除《三国志》等少数几部外，二十四史中大多数都继承了这一传统，虽然名称有所不同，有的称“灵征志”，有的称“灾异志”，但所记内容都基本相同。在“五行志”中，有许多与沙尘天气有关的记载。由于二十四史自身的连续性和它们在我国史籍中所处的地位，因此其中有关沙尘天气的记载，基本囊括了我国历史上曾经发生过的重要的沙尘天气现象，根据这些记载，可以对历史时期我国沙尘天气发生的规律进行比较科学的研究。

从二十四史“五行志”的记载来看，可以判定是沙尘天气的除了“大风扬尘”、“昏尘蔽天”、“吹沙走石”、“扬尘翳空”、“尘沙噎日“、“黄尘蔽天”、“吹沙扬尘”、“黄埃涨天”等以外，还有“黄雾四塞”、“土雾竟天”、“风霾”、“雨霾”、“雨土”等。如果按现代气象学的划分，“土雾”、“风霾”等大致与浮尘天气相当，而“扬沙”、“扬尘”、“雨土”、“雨沙”等则属于扬沙天气（包括沙尘暴）。

根据二十四史“五行志”有关记载分析，历史时期我国沙尘天气的发生具有如下特点：

一、时间分布特点

从时间上看，我国沙尘天气的发生有愈来愈频繁的趋势，在公元前4世纪只发生过2次，4至10世纪700年里共发生过39次，11至15世纪500年里共发生过97次，16至19世纪400年里共发生过115次。不仅发生次数越来越多，而且程度也越来越严重，波及的范围越来越广，持续的时间越来越长。明清时期，经常见到相隔较为遥远的不同地区相继出现沙尘天气，沙尘天气持续数日乃至十余日、数十日的记载。如“成化二十一年三月戊子，大名风霾，自辰迄申，红黄满空，俄黑如夜。已而雨沙，数日乃止。京师自正月至三月，风霾不雨”。“弘治二年三月，黄尘四塞，风霾蔽天者累日。”“隆庆十三年二月，咸阳大风霾十余日。”“（康熙）十六年春，清河风霾四十余日。”“（雍正元年）四月初七日，献县风霾昼晦；恩县夜起大风，飞石拔木…；泰安大风霾昼晦。十一日，高密、高苑大风霾，昼晦。十七日，刑台、元氏大风霾拔木。”等等。这样的记载在明以前比较少见。

但这种增加又不是直线式的，其中存在着较大幅度的波动。历史时期我国沙尘天气大致有5个高发期，5个低发期。第1个高发期在公元301年至400年，共发生过5次；第2个高发期在公元451年至550年，共发生过9次；第3个高发期在公元701年至800年，共发生10次；第4个高发期在公元1001年至1350年，共发生86次；第5个高发期在公元1451年至1900年，共发生123次。在每个高发期之间，是5个低发期，分别是公元301年之前，仅发生过3次；公元401年至450年，发生过1次；公元551年至700年，发生过5次；公元801年至1000年，共发生过8次；公元1351年至1450年，共发生过2次。而在每个高发期和低发期期间，也存在着一定幅度的波动。特别是在14世纪下半叶至15世纪上半叶的约100年时间内（1368—1463年），未曾见到一例沙尘天气的记载，值得注意。

就沙尘天气发生的季节而言，春季是沙尘天气发生的最集中季节。在有明确季节记载的252次沙尘天气中，发生于正月（包括闰月，下同）的有41次，二月的有59次，三月的有57次，四月的有31次，加上发生于春季的6次，合计共有194次，约占全部沙尘天气的71%。其次是冬季，十一月发生过9次，十二月发生过9次，加上冬季1次，共19次，约占全部沙尘天气的7%；夏秋二季发生较少，五月7次，六月8次，七月6次，八月5次，九月7次，十月4次，加上夏、秋各1次，共39次，仅占15%。

二、空间分布特点

从空间分布上看，长江流域及其以北地区都有可能发生沙尘天气。其中黄河流域和海河流域是沙尘天气多发区。扬尘天气出现最多的地区虽然在杭州，为46次，但总体说来，黄河中下游地区和海河流域各地发生的次数都比较多，一般都在2次以上。其中北京24次，开封

19次，西安15次，仅次于杭州。浮尘天气分布的这种特征更为明显，黄河中下游地区和海河流域的大多数地区都出现过3次以上的浮尘天气，最高值为北京，12次，其次是开封，8次，再次是西安，7次。其他地区仅南京和杭州分别出现过4次和2次。

值得注意的是，历史时期我国沙尘天气多发区域还存在着明显的位置移动。在10世纪前，沙尘天气出现的地点大多位于黄河中上游，东经115°以东地区仅南京出现过。11至14世纪，沙尘天气出现的地点开始向东发生位移，西安以东，石家庄以西，郑州以北，呼和浩特以南地区是这一时期沙尘天气出现的集中区域。而到了15至19世纪，沙尘天气出现的地点更进一步向东部地区移动，河北、山东、北京、天津和河南东部地区出现的最为频繁。

沙尘天气的形成一般需具备四个条件，即强大而持续的风力、干燥的气候、疏松的土质和稀少的植被。强大而持续的风力是沙尘天气发生的直接动力。二十四史“五行志”和《清史稿·灾异志》中有115次沙尘天气是与大风天气一同记载，占沙尘天气总数（254次）的45%。根据现代观测资料，我国年平均风速和大风日数分布的基本特点是：东北、华北、西北和青藏高原风速较大，年平均风速2—4米/秒之间，年大风日数10—75天左右。西南、华南和长江流域风速较小，年平均风速1—3米/秒之间，年大风日数5—25天之间。各季平均风速和大风日数分布也不均衡，春季是平均风速普遍增大的季节，大风日数显著增加，特别是东北、华北、西北和青藏高原地区，平均风速普遍在3—6米/秒之间，大风日数可达10—15天/月以上。其次是冬季，全国平均风速多数地区在1—5米/秒之间，其中东北、华北、青藏高原和东南沿海风速较大，多在2—5米/秒之间，但大风日数很少。夏季和秋季全国风速普遍减小，大多在2—4米/秒左右，大风日数也较少。历史时期我国沙尘天气的分布特点与大风天气的这种分布特征相一致，表明二者之间有着直接的联系。加上春季地面回暖解冻，土壤表层干燥、疏松，地表植被尚未形成覆盖，地皮裸露，在强大气流驱动下，疏松干燥的沙粒和尘土随风而起，很容易形成沙尘天气。

历史时期我国沙尘天气的多发区域也是我国气候比较干燥、植被比较稀少、沙质土壤比例较高的地区。黄河中下游地区和海河流域气候干燥，由西向东分别属干燥、半干燥和半湿润地区，共同的特点是冬春特别干旱。由于气候干旱，植被相对稀疏，加上人类活动较早，植被破坏更为严重。位于黄河中上游地区的黄土高原土质疏松，位于黄河下游地区和海河流域的华北平原则主要由河流泥沙沉积而成，土壤质地多为沙壤土，都很容易被大风刮起。

历史时期我国沙尘天气的发生与人类活动的强弱和土地利用方式的改变也有着一定的联系。秦和西汉时期，在西北长城沿线大兴屯田，掀起了我国历史上第一次西北大开发的高潮，因而在汉成帝时期出现了我国历史上第一次沙尘天气的记载。东汉以后，逐渐放弃了对西北的经营，黄土高原地区农业人口大规模减少，地表植被状况有所好转，因而直到东晋初年才出现第二次沙尘天气的记载，其间相距达280年。在明以前，我国农业开发的重点一直放在西北地区，沙尘天气发生的地点也主要集中在黄河中上游一带。自明代开始，全国各地的土地垦殖都有大规模的扩展，特别是河北、山西、陕西和内蒙古毗邻地区，农业垦殖更是史无前例，植被破坏极为严重，许多地区都出现了严重的沙化现象。在这一时代背景之下，沙尘天气出现的地域较以前迅速扩展，而河北、北京、山东一带也不可避免地成为当时沙尘天气出现最频繁的地区。

但沙尘天气发生频率的波动与人类活动强弱的波动并不完全同步。自东汉末年至隋代初年，是我国历史上分裂割据时期，频繁的战争使农业人口大量减少，农业生产急剧衰退；黄河流域，尤其是黄土高原地区由于北方少数民族的大量南迁，土地利用方式发生明显改变，牧业比重增加。按理这一时期沙尘天气发生的频率不应高于以前的西汉时期。但恰恰相反，这一时期沙尘天气发生的次数不仅较以前增多，而且出现了两个明显的多发期（301年至400年，451年至550年）。而在14世纪下半叶至15世纪上半叶的约100年间，正逢明朝的强盛时期，人口增长迅速，土地垦殖规模扩大，但却没有出现一次沙尘天气。因此，人类活动虽然对沙尘天气的产生有一定的影响作用，但决定因素还在于自然界本身。

通过对历史时期我国沙尘天气的研究，可以显示这样一个事实，即沙尘天气的产生首先是一种自然现象，即使没有人类活动的干预，只要条件具备，它也会产生，人类很难凭自己的力量完全避免沙尘天气。但同时它也是一种人文现象，人类活动的加剧会破坏原有的地表植被，从而加速沙尘天气发生的频率，加重沙尘天气发生的程度。今后我们防治沙尘天气的着眼点应主要放在植被的保护和恢复上，通过调整土地利用方式，控制和改善沙尘天气易发地区的植被状况，将沙尘天气的危害程度降低到最小限度。

（原文约1万字，发表于《陕西师范大学学报》哲社版2001年第3期）

文摘编辑：博文

气候变化与中国的技术政策

顾海波　娄成武

[作者简介] 顾海波，东北大学文法学院副教授，博士研究生。
娄成武，东北大学文法学院教授，博士生导师。

[内容提要] 本文指出关于气候变化问题的国际争议产生的原因是科学的不确定性，实质是经济和政治利益问题，焦点是限制 CO_2 的排放；介绍了目前国际上对待全球气候变化的适应战略和限制战略，建议我国现在最好实施适应战略，之后逐步转到以限制战略为主。在此战略指导下，提出了我国应采用提高能源效率、节约能源，开发核能、可再生能源、替代能源，保护森林资源、扩大绿色植被、增强汇吸收能力等技术政策。

[关 键 词] 气候变化；中国；技术政策。

一、有关气候变化的国际争议

1. 争议的原因是科学的不确定性。这种不确定性表现在三个方面：一是对温室气体（如 CO_2、CH_4、CFC 和 N_2O 等）与全球气候变化总趋势尚存有不同的看法；二是对某些具体环境问题或环境变化的认识或解释有分歧；三是对全球气候变化的重要性及变化幅度的认识或估算有较大的差异，尚未达到指导决策的科学准确程度。如关于地球气候是否变暖就有“变冷”、“变暖”和“波动”三种截然相反的学说；对 CO_2 源的排放量不能准确估计，不能有效地判断各种温室气体对气候变化的影响；预测模型的假设条件有限，就连重要变量“云量”是增加还是减弱温室效应都有不同的看法；尤其是对海平面的上升预测，差异和分歧都非常之大。这明显地影响到国际社会的政策选择。

在科学论坛上，上述科学争论或科学的不确定性是十分正常的现象。但是，当我们利用这些科学“结论”作为行动或决策的指导依据时，问题就产生了。简单地说，在全球气温升高 1—5℃，在海平面下降 0.5m 和上升 5m 之间，全球所采取的政策措施和付出的经济代价是迥然不同的。所以，在我们制定应对全球气候变化的技术政策时，必须考虑温室气体和气候变化科学研究中的这些不确定性。

2. 争议的实质是经济与政治利益。大多数科学家认为，全球变暖的主要原因是由于 CO_2 等温室气体形成的，西欧科学家大都持这种观点，1992 年的《气候变化框架公约》（以下简称《公约》），也是根据这个观点而制定的。美国是 CO_2 排放的大国，反对对 CO_2 排放进行限制，因为在一定意义上讲，限制 CO_2 排放等于限制经济发展。美国科学家认为温室效应是自然因素造成的。

3. 争议的焦点是限制 CO_2 的排放。1995 年 3 月 6 日美国《世界观察》杂志报道说，欧洲工业国家自 1992 年以来已经削弱了他们的决心，许多国家依靠这项《公约》中含糊不清、没有约束力的文字来证明他们国家确定的目标是有道理的，而那些目标根本没有达到条约所要求达到的目标。一些国家把应该达到 1990 年排放指标的日期推迟到 2025 年，而另一些国家，如德国，则用以前一个排放量较高的年头作为基础，使它比较容易达到确定的指标。芬兰、法国和日本等国也都用各种方法来避免执行《公约》。

1995 年 11 月 27 日在西班牙召开了联合国政府间气候变化专门委员会科学小组会议。会议认为：“人类改变了地球气候，如果再不采取措施，那么地球平均气温在 21 世纪将上升 1—3.5℃”。关于气候变暖的原因仍在论争，但是科学与经济、政治利益关系越来越密切，因而区分它们之间的是非也相当困难。

二、面对全球气候变化的战略选择

1. 温室效应是真实的，影响是很大的。温室效应是可以根据基本物理定律解释的现象，并为观测事实所证实。即使没有人为的排放，大气中自然存在的温室气体已使地球比假定没有温室情况要温暖得多。

2. 人为的温室气体排放，已使大气中的温室气体大大增加。如 CO_2 目前的浓度已经比 1750 年的浓度增加了 26%。这种温室气体浓度的增加，将导致全球地面气温升高。另一种主要温室气体——水汽，预计也将随全球变暖而增加。

3. 虽然关于全球变暖仍存在着争论，但自从 1992 年签署《公约》以来，对温室效应的研究已迈进了一大步。

通过计算机，科学家可以模拟出最新的世界各地区气候变化。过去 10 年中，美国持续经历了各种天气灾害，损失几十亿美元。1986 年，美国东南部遭受 287 年来最严重的干旱。1988 年，密西西比河受旱灾影响一度停止航运。5 年之后，密西西比河洪水却又泛滥成灾。加利福尼亚经历了长达6年的旱灾之后，又在遭受水灾，而一系列破记录的飓风带来的损失更是雪上加霜。

尽管科学预示着将来的水灾和旱灾将会更为严重，更加频繁，但这里更重要的是让人们认识到，即使像美国这样拥有大量财富和高科技的国家，也不可能避免气候变化带来的灾难，更何况其他国家呢？

目前，国际上对待全球气候变化的战略对策有两大类：其一，适应战略，即对未来全球气候变暖作好适应准备，以尽量减少由于全球气候变暖可能带来的不利后果，并充分利用可能带来的有利影响；其二，限制战略，或称根治战略，即控制或停止大气中温室气体浓度的增长，以防止由此引起的全球气候的额外变暖。

到目前为止，绝大多数科学家和决策者主张采用适应战略，但很多国家也正在讨论或拟订计划，从适应战略转变到限制战略。因为由于CO_2等温室气体在大气中的生命周期较长，其对气候变化的影响将持续几十年甚至几百年，如果不采取一定的限制战略，将会导致灾难性后果。

根据世界资源研究所1991年的估算，1990年全世界人类活动导致的CO_2排放量将近57亿t碳，其中我国大约占10%。按人均排放量进行比较，我国人均排放0.496t碳，世界平均排放水平为1.047t碳，而OECD国家平均排放水平为3.582t碳（美国为5.3t碳，日本为2.3t碳），前苏联为3.7t碳。由此可见，与发达国家相比，我国的CO_2排放量和人均排放量均差距较大，但其增长速度却都比较快。我国目前能源供应主要依靠煤，并在今后几十年中不可能改变，因为能源结构的改变是一个很长的缓慢过程。若目前就采用限制战略，等于要关闭大部分工业，放弃经济增长，这是不现实的。因此，我国对待全球气候的变化，最好采用适应战略，以后逐步转变到以限制战略为主。

三、中国应对气候变化的技术政策

1. 提高能源效率，采用清洁工艺，减少温室气体的排放。通过技术改造和采用先进的工艺技术，降低钢铁、化工、建材、造纸和电力等主要能源密集型工业部门的单位产品的能源消耗系数，提高工业部门的能源利用效率；发展工业废气余热回收利用、热力和电力联产以及集中供热，改造高能耗的工业炉窑，改进热蒸汽保温系统，提高能源管理的现代化水平。

建立产品能源效率标准制度，大力推广高效节能的燃煤锅炉、鼓风机和泵、变速电动机、空调和冰箱，以及交通运输设备、照明装置和工业管网蒸汽阀等设备。

大力推进选煤、洗煤、型煤加工、煤气化等技术，使用清洁煤。积极发展和使用循环硫化床锅炉和水煤浆等燃烧技术；推行民用和商业建筑的能源效率设计标准，开发和推广优质双面窗、空心砖、隔热墙板材料以及太阳能热水器等节能产品。

2. 改变能源结构，开发替代能源。积极开发水力资源和原子能资源，提高水力发电和核能发电在我国能源生产中的结构比例；因地制宜地积极开发风能、太阳能、地热能、海洋能和沼气等新清洁能源。开发煤层甲烷回收技术，提高煤层甲烷的回收率；在农村地区，鼓励种植薪炭林和使用省柴灶，替代或减少化石燃。城市地区大力推行天然气和煤气，提高城市的燃气化水平。在电力资源比较丰富的地区，推行“以电顶气和以电顶煤”。

3. 保护森林资源，扩大绿色植被，增强汇吸收能力。全面停止一切砍伐天然林的毁林行为，禁止毁林开垦，毁林采石、采沙和采土，对毁林开垦的林地限期全部退耕还林；改进造林育苗、种植、培育和采伐技术，继续推行速生丰产林计划。实行封山育林，加强中幼林的培育管理；积极推行全国大面积植树造林，继续完善和实施“三北”防护林、长江中上游防护林、沿海防护林、太行山绿化、农田防护林和黄河中游防护林体系等林业生态工程。增加绿色植被，加强植物光合作用，吸收CO_2以平衡温室气体的排放。

4. 大力推行有利于减排温室气体的农业技术和土地利用技术。利用品种杂交和人工授精等生物基因工程技术，提高反刍动物的肉、奶生产率；禁止作物秸秆的燃烧，直接利用作物秸秆生产饲料，推广氨化饲料技术和蛋白质添加剂养牛技术，提高家畜的生长速度和牛的肉奶生产率；因地制宜地推广水稻半旱式栽培技术、稻田的间歇灌溉技术以及农田的精耕细作技术，以节约稻田用水和减少稻田甲烷的产生量；严格禁止开垦和破坏湿地和草地。对耕地开发、冻土层土地开发以及未开垦的大面积土地的开发，严格实行环境影响评价制度并落实开发中的生态保护措施。

在实施上述技术政策时，需要配套的政策和措施主要有：加强科学研究，减少气候变化的不确定性；建立气候变化的监视系统和数据库，实现国家站网地面监测自动化、高空探测自动化或半自动化、监测信息的自动化加工处理；继续推行经济改革，加快产业结构的调整，实现经济增长方式的根本改变，提高能源效率；逐步降低能源的价格补贴，合理调整能源的价格体系，使能源价格接近能源的真实经济成本；严格实施有关大气污染防治的法规和标准，鼓励企业采用清洁生产工艺和技术；加强政府有关部门之间的协调，统一采取减缓气候变化和削减温室气体的政策和措施；根据国际社会环境和可能的条件，研究和试行国家碳税政策和温室气体的排放交易政策。

（原文约4000字，发表于《东北大学学报》社科版2002年第3期）

文摘编辑：博文

谈公民的诚信道德

许亚非

[作者简介] 许亚非，重庆三峡学院党委副书记，伦理学副教授。

[内容提要] 本文对作为《公民道德建设实施纲要》提出的公民道德基本规范之一的诚信，从公民的立人之本、家庭之道、经商之宝、交友之道和为政之道五个方面做了论述。

[关 键 词] 公民；道德；诚信。

诚信是《公民道德建设实施纲要》提出的公民道德的基本规范之一。它既是对中国古代优秀传统道德的继承和弘扬，又是市场经济条件下公民与公民、公民与社会之间的基础性的行为规范。

诚信，即诚实守信。所谓诚实，就是表里如一，说老实话，办老实事，做老实人；所谓守信，就是言行一致，讲信誉，重信用，守承诺。从道德意义上理解，诚实与守信是同义等值的。诚实是守信之后所表现出来的品质；守信是诚实的依据和标准。

在《公民道德建设实施纲要》提出的基本道德规范中，诚信不仅具有深刻的内涵，而且具有重要的现实意义。

一、诚信道德应成为公民的立人之本

可以说，诚实守信是我们每一个公民做人立世的根本道德。孔子云："人而无信，不知其可也。"（《论语·为政》）在孔子看来，假若一个人没有信用，就不能与他人进行正常交往，就在社会中失去了立足之地。他把"言必信，行必果"（《论语·子路》）作为规范弟子言行的基本要求。"人而不能言，何以为人？言之所以为言者，信也"（《春秋谷梁传·僖公二十二年》）。也就是说，人们既然能够言，也喜欢言，那就必须讲究诚信。

我们清楚地看到，经过几千年的道德实践，诚信作为一种道德已成为中华民族的传统美德，成为公民与公民之间相安共处、互爱互助的基础，深深地积淀在公民的生活和意识里。人们常说："诚则灵"，"精诚所致，金石为开。"（《后汉书·王荆传》）这说明诚信道德是处理人际关系的精神纽带，至今在一定程度上影响着我们。在现实生活中，那些诚恳老实、言而有信者，受到世人的敬重和爱戴；而那些虚伪狡猾、言而无信者，受到世人的鄙夷和唾弃。因此，我们在公民道德建设中，更要大力倡导说老实话，办老实事，做老实人；大力倡导以信待人，以信取人，以信立人。

二、诚信道德应成为公民的家庭之道

就公民的家庭关系而言，无论是父母、子女，还是兄弟、姐妹，只有诚实无欺、信守诺言，才能和睦相处、团结合作、互相爱护、互相关心。特别是为人父，为人母，更应该在子女面前诚实守信，以身作则。

现代家庭不同于封建时代的几代同堂的大家庭，多半是以夫妻为核心的小家庭。一旦结成夫妻，不但具有自然属性需要，而且蕴含了越来越丰富的社会属性。它包括夫妻关系的信任性、排他性和纯洁性。夫妻相处，若不讲诚信，那就必会沦为无所不为的卑鄙小人。正如魏征所说："夫妇有恩矣，不诚则离。"（《群书治要·体论》）从人类婚姻史来看，两性的生理之欢，容貌的赏心悦目都是短暂的、易变的。夫妻之间要真正达到相敬如宾、白头偕老，就必须以诚相待、相互信任，这都是诚信道德对夫妻处理相互间关系的要求。

三、诚信道德应成为公民的经商之宝

笔者认为，在市场经济条件下，诚实守信是公民经商治业的不二法宝，是经商者的生命线。这是因为如果说顾客是水，经商者是船，那么，诚信道德就是船与水直接接触的壳。壳出了问题，船就会进水。假若处理不当，则会损失很大，甚至可能导致沉没。

从一定意义上说，社会主义的市场经济是一种法制经济，也是一种道德经济，因而需要诚实守信。实际上，明码实价、信守合同，讲的就是诚实问题；履行契约、信守合同，讲的就是守信问题。欺诈和背信绝非市场经济本身的内在要求，恰恰相反，这种悖德行为不仅不是市场经济发展的结果，而是市场经济不够发展，市场机制不够完善的结果。

令人遗憾的是，在现代社会中，假冒伪劣商品屡禁不止，坑蒙拐骗行为随处可见；合同得不到履行，借款人赖账，经理人缺乏诚信；如此等等，不胜枚举。不难设想，经商者不讲诚实守信，势必影响到市场经济的有序发展，造成社会生活秩序的混乱，尤其严重的是影响人的心理，使人无安全感，不知什么商品是可信的，什么人是可信的，导致诚信的危机，其后患无穷。正如中国入世首席谈判代表龙永图所说：入世后，如不尽快解决商业诚信问题，是没有人敢与你做生意的，与国际接轨也是一句空话。

恩格斯曾高瞻远瞩地指出："资本主义生产愈发展，它就愈不能采用作为它早期阶段的特征的那些琐细的哄骗和欺诈的手段。……这些狡猾手腕在大市场上已经不合算了，那里时间就是金钱，那里商业道德必然发展到一定的水平。"（《马克思恩格斯全集》第22卷第331—332页）其实，西方早就有个说法，叫做"诚信是最好的竞争手段"。中国宋代袁甫在《袁氏世范》中也指出："有所许诺，纤毫必偿，有所期约，时刻不易，谓之信也。"资本主义和中国古代尚且如此，何况我们今天的社会主义呢？对一个人来说，在市场经济条件下，靠假冒伪劣和坑蒙拐骗只能获得暂时的小利。从长远看，它可能是"一锤子买卖"、"一次性效应"，可能是玩火自焚。对一个社会而言，若假冒伪劣和坑蒙拐骗得不到有效的遏制，则人民的生活将为之受苦，企业的经营将为之遭殃，国家的声誉将为之败坏。因此，我们在公民道德建设中，突出强调诚信道德，无疑具有明确的建立社会主义市场经济体制的现实针对性。

四、诚信道德应成为公民的交友之道

毫无疑问，在我们每一个公民结交朋友时，诚实守信也是基本的价值之一。孔子的弟子子夏提出："与朋友交，言而有信。"（《论语·学而》）孟子也主张："父子有亲，君臣有义，夫妇有别，长幼有序，朋友有信。"（《孟子·滕文公上》）按照他的观点，朋友之间应该有诚信之德。这种思想对诚信的道德规范的发展趋向起了某种定格的作用。《吕氏春秋》还说："交友不信，则离散忧愁，不能相亲。"（《吕氏春秋·贵因》）意思是说，结交朋友要以诚信为准则，否则将会导致极大的混乱。这种说法无疑是从反面把诚信提升到一个极高的层次来认识，在一定程度上突出诚信在交友中的重要性。

在漫长的历史长河中，中国出现了许多诚实守信的信士。他们把朋友之间重承诺、讲信用的真情实感发挥得淋漓尽致。如"季札赠剑"就是这方面的典型。据《史记》卷三十一《吴太伯世家》记载，季札是吴国的宗室，在出使北方大国途中顺道拜会了徐国国君。徐君对季札的佩剑非常喜欢，却不好意思索要。"季札心知之，为使上国，未献。"等到季札返经徐国时，"徐君已死"。季札没有因此而改变自己内心已经决定了的赠剑的许诺，而是"解其宝剑，系之徐君冢树而去"。从道理上讲，季札没有作出赠剑的明确承诺，不必非得赠剑不可。退一步讲，即使作过承诺，徐君已死也就自然不一定再践诺了。季札重诚信如此，难怪几百年后的司马迁要在他的巨著中重要地留下一笔。

五、诚信道德应成为公民的为政之本

诚信道德不仅是公民的交友之道，而且是公民的为政之本。换句话说，作为公民中的领导者，必须视诚信为搞好政治的关键之所在。这是因为：

对于国家来说，"信，国之宝也。"（《左传·僖公二十五年》）荀子从国家强弱的角度，强调了诚信在政治生活中的重要性。他说："政令信者强，政令不信者弱"。（《荀子·议兵》）甚至主张，"政令已陈，虽睹利败不欺其民；约结已定，虽睹利败不欺其与。如是，则兵劲城固，敌国畏之；国一綦明，与国信之。"（《荀子·五霸》）意谓即使颁布的政令在实施中产生出某些不足，那也决不废弃，以取信于百姓；在国际上与他国订立的盟约，即使在履行中与己方有害，那也必得坚持，以取信于别国。如此，才能兵劲城固，外强不敢来犯，内部团结一致，共谋发展。概而言之，诚信在政治上有非常大的作用，是国家的珍宝。

对于人民来说，诚信是立民之本。孔子对于这一点作了精辟的阐述："子贡问政。子曰：'足食，足兵，民信之矣。'子贡曰：'必不得已而去于斯三者何先？'曰：'去兵。'子贡曰：'必不得已而去于斯二者何先？'曰：'去食。自古皆有死，民无信不立'。"（《论语·颜渊》）在孔子看来没有食物不过就是死亡。可是，自古以来谁能免于一死呢？然而，假若人民对统治者丧失了信任，那么，统治者是立不住脚的。可以说，统治者与人民的信任关系，是政治凝聚力形成的前提和关键。它在很大程度上决定了某一政权能否创建、巩固和发展。所以，中国历代统治者都特别注意取信于民。当然，孔子讲的是国家与民众的关系。我们把孔子的话引申开来，也可以说是国无信不立，统治者无信不立，领导者无信不立。王安石在《商鞅》诗中更是一针见血，"自古驱民在信诚，一言为重百金轻。"意在劝戒统治者要以诚信为重，要取信于民，切不可轻诺寡信，背信弃义。

（原文约4500字，发表于《重庆三峡学院学报》2002年第2期）

文摘编辑：博文

信任的危机与重建

吴 锋 赵利屏

[作者简介] 吴 锋，扬州大学政法学院副教授，博士，主要从事中国哲学史研究。
赵利屏，新乡市委党校。

[内容提要] 信任危机是目前社会研究中不可回避的问题，信任危机限制了个体之间的互动及其与群体的融合，而且影响政治、法律制度的实施，对社会经济的发展起着阻碍作用。因而应重视信道建设。而信道建设关键是要加强关于信义的法制建设，要注重个人品格修养和价值观的重建。

[关 键 词] 信任危机；崇尚与悖逆；价值重建。

信任以诚实不欺为本，诚实的丧失使信任出现危机。在本质上，信任危机就不只是人与人之间表面的冷漠和不能做到坦诚相待，而且是一种对待他人的观念和共同价值的动摇。

一、信任危机：来自现实生活而不可回避的课题

概括起来说，信任危机主要表现在以下几个方面：

第一，普通交往中的信任危机。这种信任危机首先要排除对陌生人的不信任和因信任所遭遇的教训的恐惧心理。本文所讲的普通交往中信任危机，指的就是本可以相信却不去相信或不敢相信的一种不正常的现象。具体表现为：首先，以家族为分界线，家族以内的人就可以相信，而家庭以外的人则保持一定的距离。其次，源于某种个人经历的片面的普遍适用，产生对他人的普遍怀疑和不信任感；或源于某种人生观的非理性推广，以为人与人之间是不能坦诚相待，不可理解的。这实际上是一种心理毛病。再次，为感情设防的扩大。信任是一种情感的投资。双方本来是基于某种共同的价值观和相互信任才走到一起来的，但是，一旦共同的价值观动摇了，感情也就变味了，不相信对方是常有的事，分手也不鲜见，这种现象在夫妻之间就更常见。

第二，对商业信用的不信任。这是经济社会的一种病态表现。讲求诚实、公平竞争是商业运行的基本原则。但是在现实的贸易活动中存在许多有悖商贸原则的事情。这首先表现在贸易业主相互之间。许多通过诚实劳动去挣钱的贸易业主，不敢贸然以诚实去对待自己的贸易对象，三角债和恶性透支使许多企业处于困境之中。其次表现在贸易业主与顾客之间。在商品的价格和品质等问题上，人们总带着怀疑的眼光，不敢贸然地去相信一个商人、一个贸易业主。信任危机使整个商贸活动不能正常地进行。

第三，对组织和政府的不信任。这首先表现为对决策者的不信任。组织和政府的决策者本来是人们选举出的代言人，但有些决策者决策时的因人而异、政策的多变、前后的矛盾等；加上“厚黑学”盛行，官员私欲熏心、贪赃枉法，根本不为其成员着想等，都必然引起人们普遍的对组织和政府的不信任。其次是人们对组织和政府中新出台的政策往往持怀疑态度，一些政策、法规缺乏公正和公开性，导致人们对组织和政府的对立和抵触。

第四，对科学和技术的不信任。科学是建立在假说的基础之上，但科学的技术转化及其结果是可以证明和表现为有效的。这是客观和不容辩驳的。但是，技术改进和提高后因技术使用者的不同而有不同的效果，所以，技术的可信度一下子就被打了折扣。其次，由于对现代科学技术的不了解，产生对新技术的应用的怀疑，如不相信新技术的准确性、不相信网上购物能兑现等。再次对科学技术的不信任还源于科技所产生的负面效应。

二、价值分析：信任危机的危害及产生原因

信任危机的危害是很明显的。概括地讲，主要表现为以下几个方面：

第一，信任危机限制了个体之间的互动及其与群体的融洽。从个体本身来看，个体发展的一个驱动力来自对外界的防御。然而，防御不等于拒斥，防御是开放性的，而拒斥是封闭性的。信任危机则表现为拒斥的特性。

第二，信任危机直接影响政治、法律制度实施。人民信任政府是政策得以运行的前提，如果禁不能止、令不能行，那么这个社会的各项机制必然处于停止的状态。现代社会的运行速度是前人不可想象的，如果一个指令不能到位，那造成的损失可能是不可估量的。从历史哲学的角度来看，信任危机直接关系到一个国家的兴衰成败、生死存亡。

第三，信任危机对经济的发展会起阻碍作用。缺少起码的非正式信任感，是很难造就现代化的经济生活的。在市场经济时代，自我利益是社会发展的驱动力和根本，

社会的正常运行靠契约规范的信任。

分析现存的信任危机，我们发现其产生的原因主要有二大方面：

第一，在心理及意志方面：信任危机是个体发展安全感需求的逆反表现。个体的自我保护意识导致个体不会轻易放任自己和将自己托付给别人。在文明时代，个体不只是个自然人，而且首先表现为社会人。社会人的基点是政治人，而政治与人性的远离是造成信任危机的首要原因，即使是在民主时代，黑箱操作、官员谋求私利、贪赃枉法等都造成了社会个体生存的心理防范。加上在现实中，一些德性和品行低下的人偏偏得势、得利，品学兼优者反而失其应得之位。这就造成了社会个体之间、个体与社会政治之间在心理上的抵触、对抗和拒斥。同时，技术的某些“恶性”后果往往被人为地心理放大，也使技术受人排斥和怀疑。

第二，在人性和价值观方面：说谎和造假的存在是诚实丧失和出现信任危机的主要原因。从人性的角度看，并不是说人天生就会说谎和造假，说谎和造假是个体生命体验追求不合理的价值造成的。比如，劳动使人痛苦、难受，这就会促使人好逸恶劳、趋利避害、逃避责任和有可能说谎和造假。但说谎和造假的蝇头小利会丧失对人生存非常重要的信任环境。

三、信道建设：个人品格修养和价值观重建

本文认为要能真正促进社会的良性运行，我们必须要消解信任危机，建立社会主体之间的信任规范。具体地说，我们可以从以下几个方面着手考虑：

第一，首先要加强法制建设，特别是加强关于信义法律意识建设。一个时代的道德建设与行政政策的指导、法律法规的规范和约束等有很大的关系，法制的健全能保护每一位社会成员道德意识的建立和道德行为的实施。在历史上，许多道德规范和行为习惯的形成，都是在政策约束和法律的制裁中逐渐形成的，更何况今天是法制时代。

但要注意的是：决策者、立法者要自觉地做到“正己”、“修身”、“讲信用”、“重人格”、“讲气节”等，做人民的表率。只有这样，才能上行下效，形成一种良好的社会风气。

其次，中国的传统法律是以人之情理为基础和重视关系、地位的伦理法律。在中国法律文化中，中国人讲情、理、法三者合一。情实际上是中国人法理认同的价值评价标准和文化基底。情、理是法意得以贯彻的根本，合情、合理、合法是中国人接受法律、法规的价值评价标准和原则。法律、法规不具有情理的可信任感就不会被人们接受，也就不能真正实施。所以，从中国法制发展的历程来看，法律并不只是外在的、强制的国家机器和工具，法的实施和法律意识的建立主要依靠于人们的信任和心理接受。这正是中国伦理法律的本质特征。当代中国法律在建设中提出以人为本的价值标准，为中国的法律的实施提供了良好的情感基础和信任前提。可见，法制是信任的保障，而信任又有助于法制的实施。这二者是相辅相成的。

再次，通过契约的普遍化和约束机制的健全，建立一种契约可实现性的信任心理。让人们在契约的可实现性习惯中养成普遍的信任意识和观念。这是既具有传统意味又具有当代性法制原则的信任意识建设途径。

第二，要注重个人品行的修养。人们常讲从我做起，从现在做起。所以，我们首先要做到使自己成为可信之人。这就是说，每个如果都成为可信之人，并都以诚实的心态对待人，那么整个社会就会形成良好的信任风气。但是要使每个人都能信任他人和让人信任，并不是说到就能做到的事。对信道建设来讲，首先必须要打破传统信任局限，打破宗法家族内以亲情为基础的信任的意识，以一种公平、公正的心态，不别亲疏，一视同人地对待别人言行。

其次，将信义作为人格建设的一个重要方面，在全社会实施“信义教育”。

再次，要相信别人，对别人要有信任感。

第三，对人们进行共同价值观的认同教育，提高社会成员对社会和他人的认同感。

（原文约8000字，发表于《湖北大学学报》哲社版2002年第4期）

文摘编辑：博文

中国城市化的制度障碍与制度创新

叶裕民

[作者简介] 叶裕民，中国人民大学副教授，经济学博士，主要从事区域经济学和城市经济学的教学与研究。

[内容提要] 制度障碍是中国城市化的最大障碍之一，其作用具有明显的刚性；制度创新是释放城市化空间的重要路径。当前对中国城市化影响力最大、最直接的制度主要有户籍制度、土地制度和社会保障制度。户籍制度改革的难点在于如何放开大中城市的户口管理以及改变必须购买商品房的规定；城镇土地制度改革的关键在于建立城镇土地的年租制，降低企业和个人进入城市的门槛；社会保障制度创新的关键在于扩大保障面，根据不同的保障内容实行不同的过渡性的保障办法，逐步将农民工人纳入社会保障系统，为未来20—30年中国切实实现由农村社会向城市社会转换提供制度保障。

[关 键 词] 城市化；户籍制度；城镇土地制度；社会保障制度；制度障碍与制度创新。

一、城市化与制度安排

一个国家的城市化进程，在根本上受到两个因素的制约，即工业化和制度安排。如果说工业化是通过非农产业就业人口的集聚而促进城市化的话，那么制度则是通过对各种经济社会运行规则的制定和执行来影响城市化的。工业化对城市化的影响具有一定的张力和韧性，而制度对城市化的影响则具有刚性。一个国家的制度一经形成，该制度对社会经济生活的影响（正面的或负面的）都是强制的和持久的；如果一个国家正处于制度的变革之中，那么制度变革本身就会作为一种最为重要和最为强烈的要素，影响着社会经济的发展。近20年来，中国正经历着一场重大的制度变革，许多旧的制度安排需要逐步摒弃和淘汰，一系列新的具体制度有待于建立和完善。研究和探寻这一历史巨变中有关城市化的制度障碍，合理构建制度创新的框架与内容，是大规模地释放城市化的空间，推进中国城市化进程的重要路径。

二、户籍管理制度的障碍与制度创新

1. 当前户籍管理制度对城市化的障碍

在传统体制下，城乡分割的户籍管理制度是限制农民进入城镇，从而限制城市化进程的主要制度障碍。改革开放以来，随着经济发展对非农产业就业需求的增加，以及农民进入城镇呼声越来越高，中央政府多次改革户籍管理制度，渐进式地逐步放宽对农民进入城镇的限制。但是，由于当前户籍管理制度的一些规定和内容，对乡村人口流动仍然有很大的限制作用，从而限制了城市化进程。

2. 户籍制度的进一步创新

第一，放宽大中城市对农民户口迁入的管制，允许具备一定条件的农民自由选择进入哪一级城市就业和生活（当然更允许城市居民在城市之间的流动）。第二，农村居民户口迁入城镇条件的重新设定。包括：一是户主夫妇（或者迁移者本人）必须受过12年基础教育，也即高中毕业，或者相当于高中程度的中等专业技术教育。二是户主在申报户口的城市工作两年以上，并且缴纳某些保险，表示户主已经有能力在城市中就业并且能够享受一定的社会保障，防止户口迁入后大的动荡。三是必须有合法的住所（租买均可）。第三，与户籍制度直接相关的制度改革要配套。这主要是指要淡化包括就业、社会保障、就学等制度规定中对户口的特殊要求，取消对外地户口的歧视。

三、城镇土地制度的障碍与制度创新

中国的土地制度改革分为城镇土地制度改革与农村土地制度改革两个部分。限于篇幅，本论文主要研究城镇土地制度改革对城市化的影响。

城镇土地制度改革及房地产市场的发展，可以从三个方面促进城市化进程：第一，为农民在城市购买或租赁房屋，进行正常的就业和生活提供了良好的条件。第二，城镇土地制度改革促进了企业的集聚。中国城镇房地产市场的开发，使一大批企业纷纷在城市购地置业，谋求新的发展空间。第三，中国城镇土地制度改革赋予了公司、企业乃至个人投资开发经营土地的权力，大大拓展了城镇建设的投资渠道。除了各类企业自有资金、贷款、商品房定金及预收款项之外，外商投资、发行债券、各种形式的集资也都成为城镇土地开发与建设的重要资金来源。充足的资金加速了城镇开发与建设的速度，增强了城镇对企业和个人进入的承载能力，从而有力地促进了城市化进程。

但是，从长期持续推进城市化的角度看，当前的城镇土地制度仍然存在严重的问题，突出地表现为城镇土地的批租制度提高了城市化的门槛。根据《中华人民共和国城镇国有土地使用权出让和转让暂行条例》，土地使用权出让最高年限视土地使用性质的不同为40—70年，并且“土地使用者应当在签订土地使用权出让合同后六十日内，支付全部土地使用权出让金”。这种土地使用权批租的意义在于，城镇政府作为国有土地所有权的代表，一次性获得较大的土地出让收入，可以用于基础设施投资和发展公用事业。但是这种批租制也隐含有重大的问题：（1）每一个城镇可出让的土地都是有限的，政府在城市化外延扩张性用地时期结束后，缺乏经营土地获得经济收入的空间，将在长期内难以获得土地收入，这将影响地方公用事业和城市建设的可持续发展。（2）开发商需要一次性交付很高的土地出让金，他们为了尽快收回高昂的土地出让成本，只能将其作为成本打入商品房价格或熟地价格中，昂贵的房价和熟地价格又使农民和企业投资者望而却步，从而不利于城市化。

因此，需要进一步深化城镇土地制度改革。其基本方向是国家按照所有权与使用权相分离的原则，实行城镇国有土地出租使用制度（即年租制），将本来一次性收回的土地出让金依据土地出让年限分40—70年收回（考虑利息）。这样既可以保证政府以地租的形式源源不断地获得土地所有权权益，保证公用事业的可持续发展和城镇的持久魅力，同时也大大降低了房地产商的开发成本，促进一级房地产市场的发展，并进而通过降低房价或熟地价格，促进二级房地产市场的发展，农民因此降低了进城买房或租房的成本，投资者因此降低了进入城镇发展企业的成本，从而增强城镇对企业和农村居民的拉力，促进农民和企业向城镇集聚，从而促进城市化进程。

四、社会保障制度的障碍与制度创新

1. 社会保障制度对城市化的障碍

改革开放以前，中国的社会保障主要是对非农业人口实行全面保障，广大乡村人口享受的保障范围则极其狭小。改革开放后，我国陆续以法律、法规和政策的形式，颁发了各种基本的社会保障制度。应该说，中国城镇的社会保障体系框架已经基本建立。但是，从城市化的角度看，中国社会保障制度还存在着一个重大问题，就是将进入城镇就业和落户的农民排除在绝大部分社会保障享受对象之外。其中最低生活保障明确不包括建制镇居民和农民工人，其他社会保障（失业保障、医疗保障、养老保险）对农民工能够享受的程度或者含混不清，或者干脆将他们排除在外。

2. 社会保障制度的创新

为了使进入城镇的农民能够真正走上城镇规范的生活轨道，使中国城市化稳步推进，必须逐步将进城的农民工人纳入保障对象。包括：（1）建立面向所有非农产业就业人员的失业保险和医疗保险。（2）吸收进入城镇就业5年以上的农民合同工参加养老保险。（3）为已经进城落户并将承包土地一次性出让的农民提供最低生活保障。

中国的城市化，是一个数亿人口由农村进入城市的过程，他们从开始离开农村到最后在城市里定居，必然有一个忧虑、徘徊和动荡的过程。在这一过程中，如果社会保障制度将他们排斥在外，必然会使他们延长徘徊期，甚至最终放弃进入城市的努力。相反，如果我们尽早建立起面向非农产业人口及其家属的社会保障制度，勤劳的农民们在城镇生活有了最基本的保障，那么，他们在感受温暖的同时，必然加快向城市迁移的速度，并且在城市中加倍努力劳动。数亿民众的努力工作，积极进取，遵守秩序，正是推进中国城市化进程、逐步建立城市社会的不竭的源泉。

（原文约1万字，发表于《中国人民大学学报》2001年第5期）

文摘编辑：博文

扩大社会保险覆盖面是完善社会保障体系的重要环节

刘宾志

[作者简介] 刘宾志，河北省劳动和社会保障厅办公室副主任，为此课题的主要撰稿人和研究人员。

[内容提要] 实现社会保险全覆盖，有其深刻的经济、社会背景和极强的现实意义，但当前社会保险参保工作同市场经济体制的要求和国务院规定相比，还存在很大差距和很多问题。

[关 键 词] 社会保险覆盖面；社会保障体系；重要环节。

完善社会保障体系不仅需要不断地对社会保险制度深化改革，而且需要扩大社会保险覆盖面，逐步将各类经济组织及其从业人员纳入社会保险系统，让符合条件的劳动者都能享受到社会保障。因此，完善社会保障体系应当特别重视社会保险覆盖问题。

一、当前社会保险参保工作存在的问题

1999年1月，国务院发布了《社会保险费征缴暂行条例》第259号令，具体规定了养老、失业保险制度的覆盖范围。两项保险制度的覆盖范围，均包括国有企业、城镇集体企业、外商投资企业、城镇私营企业和其他城镇企业及其职工。同时，根据两项险种的不同特点，养老保险覆盖范围还包括实行企业化管理的事业单位及其职工；失业保险覆盖范围还包括事业单位及其职工。此外，各省、自治区、直辖市人民政府可以根据当地实际情况，规定将城镇个体工商户纳入基本养老保险的范围，将社会团体及其专职人员、民办非企业单位及其职工、有雇工的城镇个体工商户及其雇工纳入失业保险的范围。我省已经将这些经济组织和从业人员纳入应参保范围。从以上情况看，两项保险的覆盖范围有所不同：失业保险包括除国家机关以外的各类城镇用人单位及其职工；基本养老保险覆盖范围包括城镇各类企业和部分事业单位及其职工，这是由不同险种的性质所决定的。经过劳动保障部门多年的努力，我省养老、失业保险制度基本覆盖了国有、集体企业及其职工，取得了很大成绩，但同市场经济体制的要求和国务院规定相比，还存在很大差距和很多问题。

1. 尽管社会保险扩面工作力度不断加大，但是近年来社会保险覆盖人数总量徘徊不前。出现这种情况的原因：(1) 国有、集体经济吸纳劳动力能力萎缩，在社会就业中的作用已不如从前，特别是一些企业生产经营困难，很难留住劳动力，造成国有、集体经济劳动力总量减少。(2) 随着经济体制改革的深化，一些国有企业通过改制、租赁、拍卖、重组等形式形成新的企业，甚至所有制性质发生了变化，一些地方没有继续为这些职工接续社会保险关系，造成参保人员流失；有的地方非公有制经济没有开展社会保险，造成社会保险参保人数下降。(3) 由于企业劳动力年龄结构的原因和部分困难企业、转制企业搞提前退休，造成近年来退休人数增加过快，既加重了社会保险基金的压力，也使参保人数下降。(4) 一些企业为了少缴纳社会保险费，瞒报、少报职工人数；一些地方通过这种办法，减少养老保险省级统筹上解调剂金，形成统计数字萎缩。

2. 社会保险扩面工作结构性矛盾突出。通过近20年的社会保险制度改革，我省的国有、集体企业基本实现了养老、失业保险全覆盖，即使由于种种原因参保人数徘徊不前，但国有、集体企业参保率仍然维持较高水平，覆盖任务较大的是外资、私营及其他企业。据河北省有关部门统计：2001年底河北省应纳入养老保险社会统筹的企业职工424.9万人，实际参加基本养老保险的职工414万人，覆盖率为97.4%。养老保险覆盖率较低的是非公有制企业，1999年有关统计资料显示，非公有制企业（包括私营企业）职工101.9万人，参加基本养老保险的职工27.6万人，覆盖率为27%；个体从业人员108万人，参加基本养老保险的职工0.87万人，覆盖率为0.8%。据此推算，我省还有近200万城镇非公有制企业职工和个体劳动者没有参加基本养老保险。失业保险覆盖率比养老保险还要低，到2001年底，全省参加失业保险的人数为512.9万人，覆盖率为91.7%。出现这种情况的原因：(1) 长期以来我国试行计划经济体制，国家对国有、集体企业直接管理，政府工作的重点局限在国有、集体企业，在所有制结构发生重大变化之后，有关部门的工作方式和工作重点没有转移到这方面来。(2) 一些地方政府对外资企业、私营企业参保工作有错误思想，认为让外资企业、私营企业参加社会保险会影响当地的投资环境，把外资企业吓跑，私营经济萎缩，有些地方甚至将不参加社会保险当作招商引资的优惠条件之一，制约了这些企业的参保工作。(3) 在企业产权变动过程中，没有相应的措施保证参保人员的社会保障手续接续，使得这些职工流失，同时对于目前新出现的社会

流动人员通过劳动力市场、人才中心寄存档案缺少配套的政策，造成这些人员不能参加社会保险。(4) 外资企业、私营企业从业人员数字不实，造成参保率低。一些地方希望通过多报人数体现发展私营经济和对外开放的工作业绩，数字不实，有的地方统计数字与真实情况相差很大。(5) 目前外资，私营经济参保工作缺乏有效手段，有关部门不能形成合力，非公有制经济参保工作力度不够。

3. 社会保险全覆盖工作还存在很多难点。突出的是一些集体企业长期经营困难，从未参加过社会保险，目前出现的退休人员和失业人员很难解决。如果让这些企业加入社会保险，补缴社会保险费用，企业又很难承受。随着我国劳动保障制度改革的深化，出现大量新的灵活的就业形式，如阶段性就业、弹性就业、钟点工等，这些人员参保工作没有现成的经验，开展起来困难很大。

二、扩大社会保险覆盖面的措施

1. 完善社会保险登记制度，提高参保工作法制化、规范化程度。实行税务登记和社会保险登记同步进行，明确税务机关配合进行社会保险登记的有关职责。建立用人单位参保信息库，将用人单位各类用人一律纳入社会保险登记，严肃社会保险登记的法律责任。借助执业资格管理部门和工商部门的力量，对自由职业者进行社会保险登记，并同个人信用挂钩，强制参加社会保险。严格依法行政，实现规范运作，使社会保险登记、申报、缴费等工作环环相扣，对不参保单位采取劳动保障监察、法院强制执行等多种手段，突出参保工作的强制性和法制性。

2. 规范企业用人，巩固完善劳动合同制。这是做好扩面工作的基础。将规范用人行为、全面推行劳动合同制作为扩面工作的重要手段，用人单位使用劳动力必须签订劳动合同，外资、私营企业要大力推行集体合同制度，明确用人单位的参保义务，为全面推行社会保险制度奠定基础。

3. 建立用人单位依法参保的制约机制。首先，设立政府部门、用人单位、工会组织和个体、私营劳动者代表参加的社会保险监督委员会，监督用人单位参保情况。其次，加强对社会保险登记的监督检查，各级劳动保障部门的劳动保障监察机构应定期对社会保险登记情况进行监察。各级统计部门也应承担对社会保险登记进行监督的职责。社会保险经办部门内部业务机构之间也要相互制约，防止出现随意改动参保人数情况。第三，将用人单位参保情况列入审计范围。第四，完善个人对账单制度，定期向职工发放个人账户资金对账单，让职工明白自己是否参保和缴费情况，主动监督企业参保。第五，劳动保障部门要会同统计部门，按照社会保险法律、法规规定的参保范围对参保数字进行分析研究，统计部门掌握的应参保人数同职能部门掌握的应参保人数有差距的，要找出原因，及时解决，逐步过渡到参保和应参保人数以法定统计数字为准。第六，充分发挥舆论监督的作用。

4. 结合就业形势的新特点，研究适应不同经济类型、不同人员从业特点的参保形式。针对新形势下就业结构和就业形式发生的变化，如阶段性就业、科技参股、弹性就业等，加强研究，采取对策，做到哪里出现新的经济增长点，社会保险就延伸到哪里，哪里有新的就业群体，社会保险就服务到哪里，适应新形势的需要。

5. 完善社会保险关系接续手续，减少和杜绝改制企业参保人员流失。改制企业要根据人员变动情况，制定劳动力社会保险关系接续方案，由劳动保障部门和改制企业的双方负责人签字生效，符合缴纳社会保险义务的劳动者，必须办理相应的社会保险接续手续，以后才能完成企业改制程序。

6. 对长期不缴纳社会保险费，现在又没有能力缴费的企业，要在严格审核的基础上，纳入当地城镇居民最低生活保障系统。审核的权限，纳入养老保险省级统筹的企业要省级社会保险管理机构和财政部门进行审核，实行市、县级统筹的，由当地负责。

(原文约 5000 字，发表于《河北师范大学学报》哲社版 2002 年第 3 期)

文摘编辑：博文

我国大城市人口控制与教育资源配置的协同研究

陈成鲜 王浣尘

[作者简介] 陈成鲜，上海交通大学安泰管理学院博士研究生。
王浣尘，上海交通大学安泰管理学院。

[内容提要] 几十年来，我国人口控制取得了举世瞩目的成就，部分大城市开始出现人口自然负增长，但是人口年龄结构却发生了峰谷交替的剧烈波动，从而对教育资源的合理配置产生了严重的冲击。本文从人口结构角度出发，对我国37个大城市的人口与教育资源配置进行了协同研究，并根据上海市的超前性与典型性，提出了若干对策建议。

[关 键 词] 人口控制；教育资源；协同研究。

人口与教育自从人类社会产生之日起，就有着不可分割的内在联系。当前，人口和教育已成为世界上两大社会问题。

我国的人口控制取得了举世瞩目的成就，但是，伴随着人口总量的严格控制，人口年龄结构却发生了峰谷交替的剧烈波动，严重影响了我国教育资源的配置与效益。从我国人口发展的这种态势来看，大城市平均领先于全国约25年，且其教育资源又集中了全国的大部分。因此，对大城市的人口控制同教育资源配置的协同研究就应及早提上议事日程。过去对此问题重视不够，缺乏系统研究，使人口控制和教育资源的配置不协调。因此，在强调科教兴国和可持续发展两大战略的今天，解决人口与教育的协同问题应予以高度重视。

一、我国各大城市与上海市在人口年龄结构上的相似性及其相位差

上海市人口的出生率、死亡率、自然增长率等指标，长期以来在我国大城市中均属最低水平，1993年起户籍人口整体出现自然负增长（-0.8‰），率先跨入“低出生率—低死亡率—低增长率”的现代人口再生产类型的行列。

北京等大城市与上海市人口年龄结构的峰谷交替具有相似性，只不过在年龄或时间上有所先后，即存在相位差。例如北京波动相位差比上海滞后约5年，人口自然负增长滞后约15年。

我国37个大城市（指市区非农业人口大于100万者）人口年龄结构相对于上海的相位差滞后0—10年不等，而出现人口自然负增长则滞后6—40年不等。

由以上分析可知，我国各大城市的人口年龄结构和发展态势基本相似，但存在着相位差，上海相对于其他大城市处于领先地位。

二、上海市人口控制与教育资源配置的协同分析

上海从1993年起，抚顺和沈阳从1999年起都已发生人口自然负增长，其他三十多个大城市也将紧接着相继发生类似情况，因而相应的协同不但具有紧迫性和长期性，而且更有局部性和全国整体性。因此，有关政策的研究可在上海先行试点，而后逐步推广。

1. 学龄人口数的峰谷交替对教育资源配置的重大影响

上海市人口年龄结构的峰谷交替，必然导致学龄人口数的峰谷波动。1982年前后，出生人口数出现了一个小高峰，每年出生人口数一般在15—20万人，但近几年出生人口数急剧减少，1995—1999年平均每年出生人口数只有6.61万人，形成低谷，对教育冲击极大。这样，1—3岁入托的人数和4—5岁入园的人数也就相应出现峰谷交替，因而原先适应15—20万幼托人数的教育资源严重多余。目前上海市的小学生源急剧减少，约为10万人左右。而原有教育资源却能适应15—20万人的生源，从而也导致了严重的多余。但按照上海人口规模目标的要求，15—20年之后的生源又将逐步回复到15—20万人的等级，因此，对多余的教育资源又不该任意搁置与浪费，应予更加合理的调整和配置。

上海市高中教育的调整也是一个关键的问题，其初中毕业生人数1998年已达最高峰值21万人，从1999年开始有一个小幅回落，2001年又将回复到较高水平。

上海高等教育也面临着挑战。由于80年代初上海人口生育的小高峰，大学学龄人口数的高峰期也将来到。而从上海市1993—1999年人口负增长的情况看，到2011—2017年，大学学龄人口数将急剧减少，如不采取有效措施，相应的教育资源也将难以得到优化的配置。

2. 外来劳动人口增长对人口整体素质提高提出的新要求

外来人口的稳步增长是影响上海人口总量的一个重要因素。1993年至1998年5年间，全市常住人口由1403万增加到1464万人，其中增加量的80%为外来人口。每年在沪务工的外来流动人口约有200万人，90%以上是中青年，其中60%—70%的人处在相对稳定的工作和生

活环境之中，已成为上海事实上的居民。外来人口子女就读的义务教育阶段平均每年级人数约达1.5万人，在一些外来人口聚居的区域，会给教育资源的布局带来较大的压力。

三、北京等各大城市人口控制与教育资源配置的协同分析

由于人口年龄结构上的相似性，北京等各大城市也会相继出现上海市目前所面临的教育资源配置的类似问题。抚顺和沈阳1999年已经进入人口负增长阶段，北京、大连、天津、长春和吉林5个大城市也将在7年之后紧接着步入负增长，形势也相当严峻；其他如哈尔滨、南京以及郑州等二十多个大城市也将相继出现类似情况。同时，各大城市的资源配置又互有关联，并非完全孤立，动作得好，可以在地区上时间上互补协同，发挥更大效益；反之，相互之间会形成冲突和冲击。因此，我们应从全国整体上高度重视教育资源的最优配置。

四、我国大城市教育资源配置的对策建议

1. 建立“中国人口与教育资源信息管理系统”

尽快建立大城市的“人口与教育资源信息管理系统”，跟踪人口控制的现状，及时掌握学龄人口数峰谷波动的情况，探索各地生源峰谷互补的可行性，发掘教育资源优化配置的可能性，强化体制机制改革与开放的力度，提炼或制订相应的指导性政策和法规。

2. 利用各种途径扩大和调剂生源

学龄人口数峰谷交替现象所导致的生源多余或缺乏已成为困扰各类学校生存和发展的普遍性难题。随着我国加入WTO，国外的教育资源也可能会进入一些大城市，争夺部分生源，导致生源结构发生变化，将对教育事业形成新的机遇和挑战。各大城市可以利用人口年龄结构在时间上的相位差，充分发挥各地生源在峰谷上的互补效应，可以跨省市扩大和调剂生源。各类学校应相应地完善软件设施，强化内部管理，充分提高原有教育资源的效率和效益。

3. 加大师资队伍培训和调整的力度

各类学校应利用生源在不同城市不同时期的峰谷现象，有序地加大师资队伍培训、调整和提高的力度；同时，各级政府和教育部门有责任加大对基础设施的投入，进一步改善办学条件。各类学校应针对老中青三代教师采取不同的方法，以确保教育队伍的全面可持续发展。

4. 强化教育资源的多元化动作——部分教育资源作为非营利性产业进行特殊动作

深化体制改革，强化教育资源多元化的动作方式，可有公办、民办、引进外资协办及混合办等多种方式，各种方式中的全部或部分教育资源都可作为非营利性产业进行特殊动作。

民办学校，在特殊运作时，要注意以下几个方面：(1) 认清民办学校的意义。要纠正“私立学校即贵族学校”和“私立学校即私有学校”等片面观点；(2) 民办学校要同时按照市场经济规律和教育发展规律进行运作，成为相对独立的实体单位；(3) 抓紧政府立法，大力加强民办教育的法制建设；(4) 政府应为民办学校提供适当的支持、资助和监督。

对于公办、协办和混合办等学校，情况更复杂，既有义务教育和非义务教育部分，又有教育资源的富裕部分，如何按照非营利性产业的方式特殊运作，相关政策应进行专项的研究。各大城市应把教育资源的配置提到重要的战略高度，使民办、公办、协办和混合办等学校互相补充，协调发展，合理运作，使其在提高全民素质方面做出巨大的贡献。

《中华人民共和国国民经济和社会发展第十个五年计划纲要》中特别强调：“教育是提高全民素质、培养人才的基础，要面向现代化、面向世界、面向未来，适度超前发展，走改革创新之路。”经过较为深入的分析研究，显然，上海市在各大城市中很有超前性，由此引发的教育资源配置的研究与试点极具紧迫性。同时，各大城市的教育资源互有关联，并非孤立，存在着全国的协同效应。因此，对我国大城市人口控制和教育资源配置进行协同研究，对加快整个国民经济建设步伐、提高我国的国际竞争力都具有重要的理论价值和现实意义。

（原文约3000字，发表于《上海交通大学学报》社科版2002年第2期）

文摘编辑：博文

研究与人口变量有关的健康问题是新世纪深化人口研究的必然趋势

苏 革

[作者简介] 苏革，中国人民大学人口研究所教授。研究方向：健康人口学。

[内容提要] 许多人口现象如生育、死亡、寿命、年龄、性别等都是以人口的生物属性为自然基础的。因此人口变量必然与健康问题密切相关。伴随社会进步与社会实践的深入，人们对人口变量的认识也正不断深化与拓展。人口科学必须要研究与人口变量有关的健康问题，才能透视人口现象的来龙去脉、前因后果，才能摸清和掌握人口变化的规律。因此，通过多学科的相互合作与互相渗透，研究与人口变量有关的健康问题是新世纪深化人口研究的必然趋势，也是21世纪人口科学研究的亮点之一。

[关 键 词] 人口变量；健康变量；多学科合作。

人口科学像任何其他科学一样，都是由于社会实践的需要而产生，并随着社会的发展进步而不断深化和拓展的。新中国成立以后，由于社会相对稳定，人民安居乐业，生活和健康水平提高很快，人口增长十分迅速。1949—1953 年 4 年间的人口年平均增长速度相当于1840—1949 年间年平均增长速度的 8 倍，人口问题就开始受到学术界和政府部门的关注。并由此出现了新中国建立后第一个探索和研究人口问题的高潮，这也为 70 年代后人口学研究的迅速恢复和发展奠定了基础。70 年代后人口学研究与我国计划生育实践紧密结合，为全面实施计划生育政策提供了理论支持，并大量研究了生育和与生育有关的人口数量问题，取得了巨大的成绩。随着社会的进步及科学的发展，逐步显示出人口研究与其他交叉学科之间相互合作、互相渗透的重要性与必要性。因此，人口研究的领域逐渐拓宽到经济学、社会医学、生态环境学等学科领域中去，多学科的合作研究已有了十分可喜的开端。时代的列车已把我们带入 21 世纪走可持续发展道路的今天，仍有许多问题还是未知王国，还需不断深入探索才能真正总结出其内在规律，从而找出解决问题的办法或途径，为我国走可持续发展的道路或披荆斩棘，或添砖加瓦。这既是人口科学在新世纪的广阔前景，也是所面临的严峻挑战。

我国著名人口学家邬沧萍教授早已指出：人口学应当以人口变量为中心来研究社会、经济、资源、环境等因素是如何影响这些变量的，同时人口变量又是如何对社会、经济、资源、环境等方面的发展发挥作用的。因此，对人口变量本身的确定，及其影响因素的研究，就显得更为重要了。随着社会的发展，人口变量也在不断变化之中，人口变量所反映的人口特征也随之发生了变化。1949 年中国人口死亡率为 20.00%，预期寿命为 39.10，1988 年死亡率为 6.64‰，1989—1990 年的预期寿命为 70.06。不同时代死亡率发生这么大的变化，其原因很复杂，与社会、经济、资源、环境等因素都有关，但所有这些复杂的因素归根到底都是引起了人体生理和病理的变化才导致死亡到来的。因此一些健康变量对死亡的分析很重要。例如，早期人口死亡的原因主要是急性传染性和寄生虫病，其特点是发病急、传播快，从发病到死亡的时间间隔较短。而现代人口的死因主要是慢性非传染性疾病（以心脏病、脑血管病、恶性肿瘤为主）。从发病到死亡的时空距离很长。这些慢性病是与不同人口特征的人群的社会、心理、生活方式密切相关的。由于不同时代其死因不同，死亡率所反映的人口健康状况也不一样。早期人口（在长寿时代以前）由于高死亡率与高生育率，人口结构是年轻的，平均预期寿命都不高，死亡的人与存活的人实际上都还没有进入自然衰老的阶段，所以他们的寿命长短在一定程度上可以反映出他们的健康状况；可现代（长寿时代）人口的预期寿命，就不完全能反映这些人群的健康状况了。因为有些人是健康而长寿的，而另外一些人却长寿而不健康。正如王梅的研究指出，老年人在 60 岁以后的寿命中约有 60%—80%的时间是在带有各种慢性病状态下度过的。因而现在要用健康预期寿命才能反映老年人群的健康状况。如果不了解这些变化着的健康问题，还用老办法来分析人口变量，就有可能走入误区。例如，美国 1977 年预测的 1990 年 65 岁以上的老年人数比 1990 年实际观察到的少了 170 万，预测的 2020 年 65 岁以上的人数比 1990 年预测的少了 700 万，这主要是由于美国 1977 年的预测没有考虑慢性病患者死亡年龄推迟的影响。在长寿时代我们还必须用生物—心理—社会三维健康概念来分析人口的衰老和死亡，才能找到其真正影响衰老和死亡的因素，从而了解其变化的规律。例如，在医疗条件相同的情况下，在患同一种疾病的人群中，有的治愈率高，康复快；而有的则不易治愈而死亡。不易治愈者很可能与其本身的心理素质有密切关系。心理健康者，其免疫功能强，容易康复；心理不健康者，其免疫功能低下而容易死亡。这样，人口科学就必须要研究具有不同人口特征人群的健康状态和健康相关行为是如何影响其病程的发生、发展与转归，进而探究其确切的死亡影响因素。这些研究数据不是单一的人口调查或医学的流行病学调查就能得到的，而是要由多学科共同协作才能收集取得。从社会经济状况来分析，一般认为社会经济发展程度（如收入水平、城市化程度、受教育程度等）越高，死亡率越低。但也有这样的情况：社会经济水平达到一定程度后，人们的行为及环境对死亡率的决定作用可能更大。例如50年代初，欧美一些经济发达国家或地区的居民，由于片面追求高热量、高蛋白、高脂肪等“三高食品”，而谷类食品、碳水化合物和纤维素成分多的食品不断减少，造成营养过剩，导致肥胖病、糖尿病、心脏病、结石症以及癌症等“富贵病”的发病率和死亡率逐年上升。后来日本和“亚洲四小龙”等一些国家和地区也有出现“富贵病”的类似情况。我国改革开放以后，经济迅速发展，像广东省珠江三角洲等人民生活首先富裕起来的地区也成为这些“富裕病”的高发区。这些“富裕病”的高发和死亡率的增多，与这些人群的不健康生活方式、行为因素有关。相反的，有些学者在研究广西巴马县百岁老人长寿原因时发现，当地经济虽然不发达，但由于自然环境宜人，当地人保持优良的文化传统，如家庭和睦、邻里关心、尊老爱幼、生活有规律、保持豁达平静的心理，因而出现了有较多的百岁老人长寿地区。不良的社会环境也是致病的重要原因，在我国经济转型期的激烈竞争、紧张忙碌等社会环境会导致人体肝肾精气亏损、内分泌紊乱、新陈代谢不足、免疫功能下降。如不及时调适，严重的会导致过劳病、过劳死发生。由于社会压力增加等因素的影响，我国精神疾病发病率呈上升趋势，精神病患病率从70年代中后期的3.2‰—7.2‰，上升到90年代的15.56‰。由此看来，人们的健康水平，寿命长短，人口疾病死亡模式变化的原因是多方面的，除了经济水平外，与人们的生活方式、与健康相关的行为因素、自然环境与社会环境因素，以及国家的卫生方针、妇幼保健制度、卫生宣传、健康教育等方方面面都有密切关系。总之，在21世纪中国人口学者要揭示人口死亡规律，必须要多学科合作地研究与人口变量有关的人口健康状况、健康相关行为及心理因素，并多学科合作来收集掌握准确的与人口特征相关的健康变量的统计资料，只有这样才能深入地研究人口死亡发生率，发生原因、发生的决定因素及其发生规律。才能有的放矢地制定卫生政策与人口规划。这是深化人口研究的必然趋势。至于人口科学如何与其他相关学科恰当地渗透与结合，瞄准哪些健康变量，正是未来人口学要开拓、创新之亮点。

（原文约4500字，发表于《人口学刊》2002年第4期）

文摘编辑：博文

开发西部是降低我国人口压力的根本途径

蔡增正

[作者简介] 蔡增正，美国伊利诺州大学经济学博士，深圳大学经济学院副教授。

[内容提要] 开发西部最大、最长远的利益是通过改变人口分布降低我国人口规模大、密度高的压力，即在西部开发农业和旅游业，让西部变得宜于人们居住。开发西部的顺序：建设交通设施，引西南之水进西北（将惠及我国北方），发展旅游和农业。基础设施建设应由政府牵头，同时采用市场招标的方式。其他开发应最大限度地利用市场。

[关 键 词] 西部开发；人口密度；资源；旅游业。

关于我国西部的概念并不统一。如果仅仅将内蒙古、新疆、西藏、宁夏和青海——四个自治区、一个省计算在内，国土面积将近480万平方公里，够得上“半壁江山”，但人口仅有0.5亿，而其余的12亿多集中在东部和中部。为什么人口分布如此不均衡？答案也比较清楚：西部不宜居住，国土承载人口的能力低。如果将半壁河山重新收拾，解决的问题远远不是内需不足的短期问题，而将彻底缓解我国人口规模过大所带来的种种已经危及到生存环境的大问题，即彻底解决人口、经济发展、环境保护和合理利用西部资源的长期协调发展问题。

一、解决人口问题的希望在西部

中国人口过多，不仅总体规模大，而且集中在东南沿海。为此，城乡已经不遗余力地推行了近30年的“独生子女”政策，成效极为显著：1999年人口自然增长率仅为0.877%，在发展中国家属于最低水平；但由于人口基数大，净增人口仍然高达1099万人。经济相对发达地区的污染也日趋严重，已经危及到生存环境。东部沿海地区有陷入“地日蹙而人愈多”的恶性循环之中。

解决人口压力过大的问题至少要从两个方面入手，即人口自然增长率和人口分布。“独生子女”政策固然降低了人口自然增长率，但是，这种政策的长期影响必须引起政策制定者的高度重视。举个简单的例子，现在第一代独生子女已经进入婚嫁年龄，等到他们的子女再成立家庭时，一对夫妇将负担赡养至少12个老人，即这对夫妇的父母（4人）和这4人各自的父母（8人）。这幅图景不过是二三十年后的情景，并不遥远。试想，一个社会要具有多高的生产力才能应付这种负担？因此，不仅要考虑“独生子女”政策的长期后果，更要认识到，解决人口压力过大的问题应另辟途径。事实上，从人口分布上想办法应是可行的。

我国学者、政府官员较少考虑人口分布与人口规模、人口密度之间的关系问题，而人口分布正是加剧或缓解人口压力的重要因素。试想一下，倘若仅仅西部的“四区一省”也像东部地区一样宜于耕种、居住，中国的人口压力从何而来？这里还没有考虑中部陕西、甘肃等省的国土面积。那样，人口密度将下降一半，等同于中国东部仅有6亿人口，相当于我国50年代的人口水平。倘若如此，解决人口太多、密度过高造成的环境污染问题就不会像今天这样困难。我们可以在保护环境、治理污染的同时，又不加剧失业问题。

二、开发西部的关键在于水

开发西部的最大经济利益是能够创造就业机会，从而彻底解决我国人口过多、东南沿海人口密度过大的问题。将西部变成宜于耕作、居住的地方，可以创造大量的就业机会。如果西部宜于耕作，农业作为劳动密集型的产业，将提供难以记数的工作机会。西北地区具有良好的农业资源（历史上曾存在楼兰、西夏等民族），三北地区不算戈壁，仅沙漠、盐碱荒漠地带就有三十多亿亩，开发一半就抵得上现有的全国耕地面积。多么惊人的潜在资源！有水就是绿洲，没有水就是现在的荒漠。一旦西北的农业资源被开发出来，中国人口就不再是经济继续发展的负担，而将是推动经济增长的巨大动力。想一想，再有十几亿亩土地等待种植，需要多少劳动力、多少农业投入，有了农业做基础，旅游业就可以更顺利地发展。不言而喻，旅游业也是劳动力密集型产业。

更为重要的是，当这片土地适宜人类居住时，我国人口将更为均匀地分布，而这是解决人口规模过大的简捷途径。

要在西部发展广义农业，必须有水。由于西北、乃至我国北方绝大多数地区缺水，南水北调问题已经议论了近半个世纪。这虽然是一个棘手的难题，但没有水很难开发西部，遑论充分利用西部国土资源。因此，向西部调水应是仅次于公路、铁路建设的大问题。

我国西南水资源异常丰富。全国水资源28000亿立方米，单单金沙江、澜沧江、怒江、雅鲁藏布江就占7000多亿立方米。一方面西北、北方严重缺水，已经到了影响工农业用水、影响人民生活的地步。另一方面，西南丰富的水资源未被利用，日夜不息地流走。

退一步考虑，假若永远不从西南或南方调水，北方的用水何以为继？请看一下我国现在的国情：黄河在80年代平均每年入海水量286亿立方米，1997年黄河有330天无水入海，入海水量不到20亿立方米；1998年黄河水流真正入海的时间只有5天；2000年的情况有些特殊，因为对黄河水进行了统一管理，不得随意截流、灌溉，因而没有发生断流。我国干旱缺水地区的面积500万平方公里，占国土一半还多，耕地总面积的64%缺水。20世纪90年代以来，我国每年受旱作物面积4亿亩左右，全国农村6500万人饮水困难，每年农业正常用水缺300亿立方米。

再过三四十年，我国人口将再增加4亿（按最高16.5亿计算），以人均占有粮食500公斤计算（发达国家1000公斤），需要8.2亿吨粮食。1999年我国粮食总产5.1亿吨，在此基础上还要增加3.1亿吨，约合3100亿公斤。按生产1公斤粮食需用水（我国现在的使用量）1.23立方米以及按水资源转变为可用水量系数（国际标准）35%—40%计算（取40%），则还需要水资源9532.5亿立方米水。即使将水利用率提高一倍（如利用喷、淋、灌等技术），也仍需近4700亿立方米水。我国全部水资源共有28000亿立方米，可控制水量是5500亿立方米，何来这4700亿立方米水？

从西南调水是庞大的工程，近半个世纪以来形成的调水路线近10个。由于地质条件恶劣，调水路线长，且交通不便，又加之调水路线为无人居住区，气候条件也差，投资是相当巨大的。

可能还需要研究的是，如此调水之后对生态环境的影响。倘若这方面没有大问题，开发大西北，加之调水成功，将使我国的国土资源价值大大增加。西北有了农业，有了人居住，矿产资源都将得到更充分的开发与利用。单单开发西北的水利与交通设施，就可以支持中国经济增长几十年以上；单单农业就能够创造出上亿个就业机会（按人均15亩耕地、开发15亿亩耕地计算），尚未计入工程本身以及由此而致的旅游就业机会。

旅游业一直被称作“无烟工业”，其含义无非是，创造价值高，成本低，而无工业污染，对于我国更具战略意义的是，她是劳动力密集型的产业。在西部开发旅游业具备相当好的物质条件，例如雪山、戈壁、大漠、敦煌、月牙泉、青海湖、布达拉宫等这些旅游资源已足以吸引游人。便利的交通是旅游业兴旺的物质条件，除去铁路以外，特别应提倡两种运输途径，其一为高速公路，游人自己驾车旅游。这样，沿途的加油站、饭店、旅馆、商店等会自然出现。一条公路，就是一条经济活动带。美国的高速公路密如网织，四通八达，这也是其服务业占GDP比例甚高的原因之一。其二为空中交通，这是为了满足时间价值昂贵的一部分高收入阶层的旅游需求。

三、开发西部的方式

无论将开发西部的目的确定为何，首先要进行基础设施建设。我国政府已经提出大规模修铁路，公路建设也颇具规模。

开发西部能源是否可行？从经济上讲，不是不可行，但从缩小东西部差异，从全面开发西部、充分利用我国国土资源的角度讲，不宜以单独开发能源或矿产资源为目的。即使开发矿产资源或已探明的能源，也需要基础设施建设（通路、通电、通水等）。将投入巨资形成的基础设施仅用做开掘矿藏，至少应承认是未充分利用，进一步讲，矿产资源耗尽时怎么办？

开发西北最终要靠非公有经济，靠市场，这应是一个基本原则。不过，最初的投资，如水利与交通，有必要由政府出面，但这并不妨碍利用招标、投标等市场方式进行，包括国际性的投标。我国西部一旦有了交通设施、再有了水，农业种植、养殖、加工等劳动密集型行业将自然发展。所谓自然发展，是指由市场调节、导向的发展。对正要开发和已经开发出来的耕地，应大胆地突破现有的框框，可以考虑不分地区、不分户籍，只要有生产能力就可以承包，对于承包的数量只以耕作能力为准。在地税、公粮以及其他农业费用提留上给予优惠，从几年到更长时间。还可以补贴一定的迁移费用等。总之，让开发西部的人有获得可观利益的机会，这也是市场调节的基本点。

旅游业的发展可以规划为三阶段：现阶段是小规模、零散的旅游。因为交通不便，食宿等设备相对简陋。下一阶段将在西部的铁路与高速公路建成之后，那时，即食宿条件不是很好，驾车旅游将吸引一批高收入者；铁路、公路交通便利后，旅游成本下降也会吸引更多的内地人。第三阶段是西部有了水、农业、甚至新的城市之后，将有大批的旅游者光顾。那时，农业、旅游等相得益彰。西部将是一块GDP产地、一块居家乐土、一块旅游胜地。

（原文约4500字，发表于《宁波职业技术学院学报》2001年第4期）

文摘编辑：博文

我国老龄产业研究评述及展望

陆杰华

[作者简介] 陆杰华，北京大学人口研究所教授，中国人民大学人口与发展中心研究员，人口学博士。

[内容提要] 根据对现有国内相关文献的回顾，我国老龄产业研究可以基本分为起步阶段、开拓阶段与发展阶段，各个阶段对老龄产业研究的主要内容与特点有着明显的不同。文章还对现有老龄产业研究的成绩与不足做了客观的评述，并对未来老龄产业研究的重点进行了展望。

[关 键 词] 人口老龄化；老龄产业；政策。

一、老龄产业研究兴起的内外在原因

我国人口老龄化速度的加快和老年人口规模的扩大是老龄产业研究兴起的重要客观基础，中国人口的急剧老化，会给未来消费带来重大的变化，尤其老年人口需求构成市场的变化是人口老龄化逐步加快的必然结果。据估计，在今后50年里，中国65岁及以上人口的总量将急剧增加，随着老年人口规模的扩大，老年抚养系数将明显上升，如2000年中国65岁及以上的老年人为0.9亿，而到2050年将达到3.3亿；与此同时，同期老年抚养系数也将从7.03%上升到20.8%，老年人总量和抚养系数的增加无疑意味着老年需求市场有着广阔的背景。我国老龄产业的兴起、发展与下面三个要素是紧密相关的。一是社会主义市场经济体制的逐步建立与完善迫切需要用社会化、产业化的新思路、新机制、新模式推进老龄事业的整体发展，其中老龄产业的启动和发展是满足转型时期老年人日益增长的物质与精神需求的重要保证。因为在转型时期内，过去单靠政府福利性的老龄事业发展模式已难以适应转型时期老龄工作的客观需要，必须通过多种形式的社会化、产业化的老龄事业发展模式，来推动老龄产业的健康发展。二是随着市场经济体制的发育与完善，微观层面的商家逐步培养了市场营销的意识，部分企业开始关注老年市场。进入20世纪90年代以后，我国市场运动体制已从卖方市场转向买方市场，这促使企业在设计、开发、生产和经营产品时必须认真研究消费者的购买行为和购买习惯，由于老年市场的需求特征与其他群体市场有着明显的差异，从而带动了商家对老龄产业研究的兴趣。三是居民购买力的增加全面带动了老年市场由潜在的需求转向现实的消费，因此研究老年人的消费模式也是老龄产业研究兴起的迫切需要。

二、老龄产业研究的阶段划分及研究特点

综合而言，我们将10年来老龄产业研究大致划分为三个阶段：

1. 老龄产业研究起步阶段（1997年前）

应当承认，1990年前，我国老龄产业的研究基本是一片空白，即使老龄产业相关方面的文献也是非常少的，并且非常零散，这种状况决定了我国老龄产业研究初期阶段的一个明显特点是将国外研究成果的介绍与结合中国国情的理论研究有机地结合起来。

我国老龄产业研究起步的经济背景是1990年之后国民经济呈平稳发展，人民生活水平在不断提高，而其人口背景是人口老龄化的速度在加快，一些经济较为发达的省区如上海、北京等逐渐进入老龄化社会，促使学界对满足老年人市场需求的关注。学界最初的研究还并没有提出老龄产业这一完整概念，当时比较关注的焦点是中国人口老化与老年市场发展的关系，学者通过数据分析认为，20世纪最后几年和21世纪的前20年是中国经济发展的最好时机，这一时期也是人口老化最快的时期，由于老年抚养系数的持续上升，老年市场将普遍看好。

这一时期学界对老龄产业的最初研究普遍对未来老龄产业发展持比较乐观的态度，因此一些研究结论需要更多的时间来检验，但上述研究对后来中国老龄产业的研究具有明显的借鉴和推动意义。

2. 老龄产业研究开拓阶段（1997—2000年）

老龄产业研究进入这一阶段的两个突出标志是：一是老龄产业作为一个规范和完整的概念被学界提出，并得到了广泛的认同；二是1997年召开的首届老龄产业研讨会对于推动与开拓老龄产业研究具有重要的意义。

在这一阶段，学界更加关注老龄产业理论和现实发展问题，其中引起比较深入探讨的是老龄产业概念的界定。比较有代表性的观点是将其界定为为老年人口提供产品或劳务、满足老年人口衣食住行用等各方面需求的各种行业，包括生产、经营和服务三个方面，其中老龄产业是许多行业、部门的通称。政府部门的专家也是比较认同上述老龄产业概念的界定，所不同的是，后者认为老龄产业所涵盖的内容应更为广泛。

这一阶段老龄产业的研究趋于理性化，对影响老龄

产业发展的各种因素给予了比较深入的思考。学者们清醒地提出，我们在积极发展老龄产业的同时，需要特别关注影响和制约我国老龄产业发展的因素，其中部分学者对老龄产业的发展前景持谨慎的乐观态度，认为中国老龄产业发展中的人口年龄构成因素对消费结构和市场结构的影响是不容忽视的，因此注重研究老年人随年龄变化而引起的消费内容变化是开拓老龄产业的关键。不过，从宏观层面上看，国家产业政策的制定和完善是带动老龄产业的最基本和最主要的要素，这也是我国老龄产业健康发展的可靠保证。

3. *老龄产业研究发展阶段*（2001年以后）

2001年之后，我国老龄产业研究进入了一个发展的新阶段，老龄产业研究能够在短短三年后进入一个新的时期，其原因不外乎3个方面：一是2000年8月份召开的“全国老龄工作会议”提出了发展老龄产业的指导思想、原则，从而推动了学界和政府对老龄产业领域的深入研究；二是老龄产业的研究呈现了学界、政府和商家的充分学术互动，加强了各个方面的交流和沟通，这是前两个阶段所少见的；三是2001年初召开的“第二届全国老龄产业研讨会”成为繁荣老龄产业研究的一个重要契机。

这一阶段老龄产业的研究更加注重其应用性和可操作性方面，尤其是关注老龄产业政策对开拓、培育老年市场的积极作用。我国老龄产业发展不但面临着机遇，也将面临挑战，因此必须确定适应我国国情的老龄产业发展的指导思想和基本思路，在这种条件下，我们应采取的政策体系包括建立和完善老龄产业的政策法规体系；加强政府的宏观引导、管理和监督水平；建立社会化、多层次的老龄产业模式；发展老龄产业文化，培育老龄产业新兴市场。值得肯定的是，学界经过深入的调查与分析提出了发展老龄产业的具体政策，包括法制制度保障、财政投入、专项基金建立、税收优惠、减免费用、信贷优先、吸引外资等具体政策建议，表明老龄产业研究更加侧重政策的现实可操作性。

关注老龄产业的优先发展领域是这一阶段老龄产业研究的一个明显特点。鉴于老龄产业在中国起步于一片空白以及我国经济发展相当落后、老年人及供养者收入低微，我们应当急需发展能够满足老年人基本需求的一些领域，老年服务业和护理业应是老年产业的重中之重，这不仅能够使长期照料护理社会化，提高老年人的社会质量，同时也可以为老年产业的发展积蓄必要的经验，促使其健康发展。同样，相关的政府部门也认为，发展老年服务业，尤其是照料服务、集中养老服务、紧急援助服务和文娱服务等是目前老龄产业发展的重点领域，这些老年服务业的开拓符合老龄产业发展“低成本”和“近社区”的原则。

第三阶段老龄产业研究的另一个明显特点是，研究不但得到了越来越多的学界和相关政府部门的重视，同时也得到了许多商家对老龄产业发展的兴趣以及投资。同时，老龄产业跨学科研究的特点已初显出来。

三、现有国内老龄产业研究成果的评述

客观地讲，正如前面所述的，学界在短短的10年间对老龄产业的研究取得了可喜的成绩：一是学界结合我国社会经济发展实际状况以及人口老龄化发展的现状与态势，开拓了老龄产业研究的先河，使之成为老年学以及相关老龄研究的一个重要研究领域。二是学界在老龄产业概念的界定、老龄产业涉及的基本领域、影响老龄产业的因素、老龄产业发展的重点领域等方面的理论研究上达成了一定的共识，这对于推动与完善老龄产业的理论研究奠定了坚实的基础。三是现有老龄产业的研究开始关注其应用性和操作性，同时受到了学界、政府决策部门与商家的普遍关注，这对于老龄产业研究的深入，尤其是面向实际，是有借鉴意义的。

现有老龄产业的研究存在着许多明显的不足，它们主要包括：其一，现有老龄产业的理论研究仍然呈现感性化的特点，鲜有深入、有创新的理论思考，尤其是对老龄产业发展的市场机理、途径与模式缺少系统的理论探讨。其二，宏观研究文献远多于微观研究文献，存在着两个方面的局限性：一方面，过多的总体研究不利于老龄产业的深层次理论思考；另一方面，难以提出有见解且可操作的政策建议。其三，现有的研究文献还主要是以定性为主，对于老龄产业的某一方面进行泛泛的探讨，缺少实证数据作必要的支持，显示出定量研究的明显不足，即使部分文献所涉及到的数据也基本是第二手的，这既不利于老龄产业研究方法的创新，也在很大程度上限制了数据的深入分析。其四，从总体讲，老龄产业研究缺少可操作性的政策建议。

四、未来老龄产业研究的展望

展望我国未来老龄产业研究的走向，我个人认为，应当强调以下四个方面：

第一，老龄产业研究必须加强前瞻性的理论研究，尤其是侧重研究未来中国老龄产业优先发展的领域。

第二，必须重视研究老龄产业发展与产业政策之间关系，按照产业发展的特殊规律来制定中国老龄产业发展的政策。

第三，必须将试点研究与总体研究有机地结合起来，特别关注特定条件下发展老龄产业载体的特殊形式、内容、手段等要素，以便能够将个案成功经验有效地推广开来。

第四，应当提倡学界、政府和商家携手联合攻关，这也是老龄产业发展的主要方向以及必要条件。

（原文约7500字，发表于《北京大学学报》哲社版2002年第1期）

文摘编辑：博文

关于我国就业问题的若干看法

胡鞍钢

[作者简介] 胡鞍钢，中科院—清华大学国情研究中心主任，教授，博士生导师。主要研究领域为中国经济发展与发展政策。

[内容提要] 作者认为，今后创造就业的主要方向是非正规就业或灵活就业，并提出三个重要建议：第一，应召开全国就业工作会议，全面讨论中国的创造就业目标，包括城乡就业目标，正规与非正规就业、固定与灵活就业、暂时与临时就业；第二，应定期公布调查失业率和就业信息，及时发布全国与地方各类劳动力市场信息；第三，促进灵活性、统一性、公平性劳动力市场，实行“平等国民待遇”的劳动力市场政策，建立有利于促进就业的失业保险政策。

[关 键 词] 就业形势；下岗职工；农民工；非正规就业；政策建议。

一、过去20年中国创造世界1/4新增就业岗位

从1978年以来的23年，我国新增创造了3.3亿就业岗位，其中创造非农就业岗位24678万人，可以说是世界上创造就业岗位最多的国家。1980—1999年期间世界总劳动力人数增加了8.59亿人，其中中国增加了2.12亿人，占世界新增总数的24.7%。这表明，过去二十多年中国经济发展所创造就业岗位占世界新增岗位的1/4。中国发展对世界发展特别是解决全球就业问题做出极其重要的贡献。

全球最突出的发展问题是就业与失业，今年6月第九届国际劳工组织年度报告认为，目前失业和就业不足状况影响全世界一半以上就业人口，全球约有10亿多人失业或就业不足；未来10年内全世界将需要创造5亿个新就业机会。这是中国失业与就业的全球背景。

从国际角度观察中国失业状况。经济转型国家都出现了劳动就业参与率和就业增长率大幅度下降，以及失业率大幅度上升的“转轨失业”状况。根据世界银行提供资料，在1989—1997年期间，中亚、东欧和俄罗斯都出现了这种情形。但是中国从改革一开始就避免了这种“转轨失业”，劳动就业参与率大幅度上升，就业正增长，失业率相对比较低；直到1995年以后，在国有和城镇集体企业出现“转轨失业”现象，中央和国务院领导人对此很快作出了反应。

江泽民总书记在1995年就提出要妥善解决企业富余人员分流和破产企业职工再就业问题。1997年12月朱镕基副总理明确提出：“坚定不移地走鼓励兼并、规范破产、下岗分流、减员增效、实施再就业工程的路子。”“国有企业下岗职工基本生活保障和再就业工作会议”更加明确两大项任务，即做好国有企业下岗职工基本生活保障和再就业工作，这是一个比较完善的政策体系。我认为中央采取这些措施是及时的、必要的，也是比较成功的。

根据国家经贸委资料（2002年3月），从1998—2001年期间，全国国有企业累计有2250万职工下岗，有1700多万人实现再就业；约占总数的2/3。我们根据《中国统计摘要》(2002)数据分析，1995—2001年期间，若扣除正常退休人数，全国城镇下岗职工累计在4500万人左右，约有3000—3500万人实现再就业或灵活就业，占全部下岗职工的2/3至3/4之间，目前还有1000万人下岗，应该说在这么大的下岗“洪水”面前能够解决这么多人的再就业已是很了不起的成绩。

二、我国就业形势十分严峻

目前对我国就业形势有两种不同的判断：一是认为我国就业形势十分严峻，已进入高失业阶段；二是我国就业压力增大，但就业形势比较稳定。从1997年以来我一直是持第一种看法，而且认为我国就业形势愈来愈严重。这一观点的主要依据是：我国就业供与需总量矛盾日益突出；我国就业与供给结构性矛盾也十分突出，一方面非熟练、低技能人数基数过大、比例过高、供给过多，另一方面熟练、高技能、新兴技术就业者得不到满足，且工资增长率过高；就业困难群体在扩大，许多国有企业下岗人员再就业比率愈来愈低，就业难度愈来愈大，加入WTO之后，在短期内我国城乡就业问题日益突出。

三、政府不必对国有企业下岗职工承诺“就业保障”

从1997年来，国家主要实行社会保障，是通过建立三条基本线，确保国有企业改革、结构调整中的下岗职工、登记失业人员、贫困人口基本社会保障。从现在起转向以创造就业为中心的积极的主动的发展政策。经济发展目标由经济增长优先转为扩大就业优先；劳动社会保障政策从社会保障为重点的被动性劳动力市场政策转

为创造就业为重点的主动性劳动力市场政策；劳动力市场政策从限制农民进城转向鼓励农民进城；主要新增就业渠道从正规就业转向非正规就业；从下岗分流、减员增效转向鼓励吸纳下岗失业人员。

需要指出的是，国务院领导人公开承诺：对国有企业下岗职工实行就业保障，用3—5年的时间基本解决他们的再就业问题。我认为，政府既无必要也不可能对所有国有企业下岗职工提供就业保障，劳动力市场总是存在着失业人员，特别是国有企业职工的劳动力市场，现在下岗比例和失业率远高于城镇农民工的失业率（只有1.5%）。国家只能提供保障人人就业机会平等、不受任何歧视、帮助具有劳动能力者提高就业竞争力，不论他（她）是国有企业下岗职工还是农民工，对所有人实行"国民待遇"。如果有什么特别的作法，那就是为下岗职工提供至少一次的职业指导、一次免费的职业培训，三次提供职业信息。必要时提供获得小额贷款信用担保或财政贴息。在中国城镇要坚持实行市场化导向的就业政策，公平竞争的劳动力市场政策。在处理国有企业下岗职工再就业方面，政府要分清哪些能做，哪些不能做，哪些不能说只能做，哪些既不能说又不能做。当然政府说了就要做，"取信于民"，但还需要计算一下成本和收益，包括机会成本和长期成本。

四、要充分估计解决国有企业下岗职工再就业问题的艰巨性、长期性和复杂性

企望用3—5年的时间基本解决国有企业下岗职工的再就业问题是不太现实的目标。1994年我国国有企业失业职工约180万人，相当于前7年失业人数的总和，平均失业周期由前几年的4个月增加到6个月；企业富余职工大量增加，其中约有300万人待岗。为此当时的劳动部就提出关于实施再就业工程，国务院于1995年4月批准。再就业工程初步设想从1995年开始，在5年时间内组织800万富余职工参加再就业工程。辽宁省准备计划在4年内解决75万失业职工和企业富余职工再就业和安置问题。现在回过头来看这个问题并不像当初想象的那么容易解决，我们还缺乏对国有企业下岗职工再就业问题的艰巨性、长期性和复杂性的充分认识，既要打"攻坚战"，又要打"持久战"，但是其本质应该是一场"持久战"。

现在全国下岗人数不是几百万人，而是几千万人，有的省就几百万人，不是花3—5年的时间就能够解决的，可能需要更长的时期；也不是能够彻底解决的，总要留一点后遗症。倒不如把重点放在创造总的就业目标上，不要使就业目标变成针对某些人群的就业目标。在世界上没有哪个国家的就业目标是针对某些人群的，而是针对全体人口的，这也比较公平。

相对于进城农民工，许多未再就业的国有企业下岗职工，虽然年龄偏大，但是工龄较长、有一定技能，文化程度也较高，平均文化程度11.27年，下岗时间长、不能再就业的主要原因是不能适应市场经济和就业竞争，就业收入预期过高。过去5年创造新增4000万工作岗位，许多大中城市是主要的新增就业岗位的地区，但是有工作岗位并不等于他们能够就业。他们下岗属于"非自愿性失业"，但在许多就业机会面前，他们常常属于"自愿性"失业。就业本身是就业者和雇主之间的自愿性的双向选择，在这种情况下，政府不能直接干预来保障他们的就业，也没有必要承诺保障他们的就业。在向市场经济转型中，必须坚持市场导向的就业方针，除非是那些丧失劳动能力或者劳动能力较弱的人（例如残疾人），才能给予必要的就业援助。

五、今后创造就业的主要方向是非正规就业或灵活就业

需要重新界定就业的定义。第一，将其世界上广为通行的灵活性就业引入中国，如过去一周曾从事过1个小时以上合法劳动获取合法报酬者可视为就业；第二，实行在市场经济国家更为通行的非正规就业制度；第三，实行更为灵活就业方式；第四，鼓励正规部门创造非正规就业，既可以提高工作效率和竞争力，又可以创造较为灵活多样的就业；第五，鼓励自谋就业、家庭就业、组织就业、临时就业、社区就业、小时就业、阶段性就业，采取更为灵活的优惠政策。

在中国城镇非正规就业占总就业人数比重可能达到45.5%。从统计口径看，非正规就业包括三部分：一是城镇私营企业，由1996年620万人增加到2000年的1268万人，增长了1倍；二是个体经济由1996年的1709万人增加到1999年的2410万人，而后下降到2000年的2136万人；三是其他人员是指城镇总就业人数减去国有、城镇、集体和其他单位以及私营和个体人员，是由进城农民工、下岗职工、再就业职工、其他灵活就业人员组成。据罗斯基（2002年）估计，1996年约3733万人，2000年为6286万人。那么1996年非正规就业6062万人，占总就业人数比重约28.5%，到2000年非正规就业人员达9690万人，比1996年增加了3628万人，占总就业人数比重45.5%，比1996年提高了17个百分点。这远比我们在先前的研究要高得多。这表明，中国城镇新增加就业主要岗位是非正规或灵活就业，极少量正规部门的正规就业，主要是大量进城农民工、正规部门下岗分流人员，还有相当部分的大中专毕业生以及具有专业技能的专业人才。

六、外出农民工已经成为转移农民的主要渠道

根据陈锡文、韩俊估计（2002年），目前全国外出农民工约占农村劳动力的13%左右，在中西部有的地区达到20%—30%。20世纪90年代跨地区流动农民共增加了4300万人，超过乡镇企业新增就业人数3192万人。

1984年中央1号文件准许农民自筹资金、自理口粮进入城镇务工经商；1994年实施以就业证卡管理为中心的农村劳动力跨地区流动就业制度；1997年《政府工作

报告》还是主张农村剩余劳动力转移的首要方向是向农村经济的深度和广度进军；2000年“十五”计划纲要，首次提出打破城乡分割体制，逐步建立市场经济体制下的新型城乡关系，改革城镇户籍制度，形成城乡人口有序流动的机制，取消对农村劳动力进城镇就业的不合理限制，引导农村富余劳动力在城乡、地区间有序流动；2001年11月中央经济工作会议，江泽民总书记提出“以城镇化促进农村剩余劳动力的转移，实现城乡劳动力资源的合理配置”；2002年中央2号文件规定对进城农民要“公平对待，合理引导，完善管理，搞好服务”。提出逐步形成城乡统一的劳动力市场。健全进城务工农民的劳动力合同管理，维护他们的合法权益。

七、三个重要建议

第一，应召开全国就业工作会议，而不是国企下岗职工再就业工作会议。全面讨论中国的创造就业目标，包括城乡就业目标，正规与非正规、固定与灵活就业、暂时与临时就业。各地区确定就业目标，不仅是本地，也包括外地，不仅是国企下岗职工，而且包括民工。提出全国就业战略、就业政策与相关政策。

第二，应定期公布调查失业率和就业信息，及时发布全国与地方各类劳动力市场信息。我国是1996年开始将城镇登记失业率作为国民经济和社会发展计划的主要宏观调控指标之一。但是该指标并不能反映失业的真实情况。为什么登记失业率偏低呢？其一是只限于在就业服务机构登记的城镇失业人员，没有包括未登记的在城镇中的非农业人口中的失业人员；其二是指失业人员只限于16岁以上、50周岁（女性45岁）以下的人员。在统计失业口径方面应参照国际劳工组织定义，不再出现下岗职工的口径，不是失业者就是就业者。

第三，促进灵活性、统一性、公平性劳动力市场，实行“平等国民待遇”的劳动力市场政策，建立有利于促进就业的失业保险政策。国外在领取失业保险金一般规定是：非自愿性失业，交纳一定期限的失业保险费或在受保职业工作一定年限；申请者具有工作能力并愿意寻找工作。领取失业保险金的时间有一定限制，一般为13—36周（3—8个月）。实际上中国政府对国有企业下岗职工已经采取了特殊的做法，如发放基本生活费3年、失业保险金3年的做法，相对城镇集体下岗职工和进城务工的农民是超国民待遇，相对国际上通行的失业保险期限也是时间长、成本高、再就业比例低。1988年国际劳工组织大会通过的《促进就业和失业保护公约》和《促进就业和失业保护建议书》提出失业保护制度尤其是失业补贴要有利于促进充分的、生产性的合资有选择的就业。因此，无论是发放基本生活费还是领取失业保险金都必须以促进再就业和就业为目标，中国应当向全社会全面介绍国际通行的做法，并逐步采取国际劳工组织推荐的促进就业和失业保护的方法。

（原文约6000字，发表于《宁波市委党校学报》2002年第5期）

文摘编辑：焦利

中国现代化中的就业目标设计

姚裕群

[作者简介] 姚裕群，中国人民大学劳动人事学院教授，主要研究职业指导与劳动政策。

[内容提要] 就业问题已成为当前中国最为突出的经济、社会和政治问题，在全面推进市场经济和加入WTO的大背景下，全面认识和正确设计就业目标至关重要。中国的就业目标可以概括为积极自主就业、取得多种效益、达到社会公平、促进充分就业四个方面。

[关 键 词] 就业目标；积极；公平；多效；充分。

一、充分就业目标

1. 充分就业——经济政策目标之首

市场经济国家在长期的经济发展过程中，由于受到经济周期波动的影响，经常遇到失业问题的困扰，减缓失业就成为各国的重要经济目标。在西方市场经济国家的经济政策中，由于就业问题的综合性与影响的深远性，“充分就业”经常被看作各项经济政策之首。按照经济学家的经验及数据估算，失业率在4%—5%以下时，即达到了“充分就业”。

2. 充分就业——社会政策目标的重要内容

失业这一现象，对社会危害极大。政府对于充分就业的重视，不仅在于充分就业是经济领域的核心政策，而且在于政府要对公民负责，要保障公民劳动权、就业权的实现，大面积减少失业，从而避免和解决多种社会问题。达到充分就业是减少困难群体的重要手段，因此，充分就业也构成政府社会政策的重要内容。

3. 充分就业——具有政治内涵的目标

劳动权、就业权，是应当保证的最基本人权，因为它是劳动者普遍追求的目标。“充分就业”作为国际劳工界追求的目标，实际上具有一定的政治目标色彩。不少国家把“达到充分就业”作为竞选口号和施政纲领，这更说明了“充分就业”的政治内涵。

二、多效就业目标

就业问题不仅是经济问题、政治问题，而且是重大的社会问题，这是一种世界性的重要认识。笔者认为，就业的目标包括经济效益、政治效益和社会效益三个方面。关注社会性，把就业问题作为社会问题，而且把搞好就业问题作为“公平的经济和社会发展的主动力”，这一思想是非常深刻的，值得我们在研究和处理就业问题时思考与遵循。

1. 就业的经济效益

就业的经济效益高，包括微观的经济效率高、宏观的社会总产值高、国民收入高、经济增长速度快，也包括社会劳动要素得到比较充分的利用，闲置和浪费较少。高效就业的数量目标，可以根据宏观、中观、微观的劳动生产率、全要素生产率和发展速度等指标确定。

2. 就业的社会效益

具体来说是指在就业领域达到社会平等、社会能够给困难群体以帮助、通过就业使社会成员的福利扩大和整体社会福利的扩大。在就业问题上，“平等”不仅仅是一般意义上的机会均等，更多地体现在对劳动市场上弱者的帮助、向弱者的政策倾斜。

3. 就业的政治效益

就业的政治效益，包括政治安定和社会安定。具体来说就是保证和谐的社会秩序，消除失业导致的社会动乱，维系政权的稳定。从我国的现实情况出发，就业的政治效益指保持改革和发展的良好社会环境与稳定的政治局面，最大限度地保证改革中的工人阶级的利益。

4. 就业三效益之间相互作用，不可分割

(1) 就业的经济效益是取得社会效益和政治效益的物质保证。在就业的三个效益中，经济效益是最根本的效益。就业的经济效益也可以表述为“有效就业”或者“高效就业”，这正是我国进行经济改革的根本出发点之一，是实行大规模下岗分流、排出上千万富余人员的目的，也是我国进行经济改革、结构调整和就业制度改革的努力方向与必然结果。(2) 就业的政治效益是取得经济效益和社会效益的保证。改革需要安定的政治局面和卓有成效的组织安排，政治效益在这里就成为实现经济效益目标不可或缺的重要保证。(3) 就业的社会效益是经济效益和政治效益的终极目的。社会效益是为了“人”，也就是为了广大公民、广大工人阶级的福利，是为了人的全面发展。这是我们进行各项改革、追求经济效益和讲求政治效益的终极目的。因此，我们应当对社会效益给予充分的、高度的重视。

据估计，我国的体制性社会保障欠款高达7 000多亿元，如果完全把城镇社会保险体系中无来源而应当承认、未来必须兑付的“中国人保”空账部分养老金计算在内，则社会保障欠款高达几万亿元，因此，对下岗职工和解困职工实行基本生活保障，是政府需要面对并加以解决的一个重要课题。

良好的社会效益不仅可以有利于政治效益，在一定意义上对经济效益也有着积极的促进作用。在既有的就业人数与产出量稳定的情况下，对富余劳动力进行失业保护（如实行下岗和计划分流）并伴以就业培训和创业帮助，比简单辞退的社会效益好，而且经济上也有利于增加新的有效就业岗位，取得良好社会经济效益。

三、公平就业目标

在中国加入WTO和大力推进社会经济现代化的形势下，全面塑造公平的市场环境至关重要，公平就业就是其中最为重要的内容之一。

1. 保证公平的就业机会

就业机会不仅仅是指一个“岗位”，而且体现在较多的方面。国际劳工组织指出，就业机会“包含得到职业培训的机会、得到就业的机会、得到在特殊职业就业的机会以及就业条件”。

各国政府应当大力发展经济，促进经济增长，扩大就业岗位，并直接干预社会的雇佣环节，反对和禁止其中一切不公平的作法。同时，政府作为人力资源市场配置的操作机构之一，也应在社会政策上、职业介绍机构的服务上对“公平就业”予以重视，把它作为一个具体的政策目标。

2. 反对就业歧视

按照国际劳工组织的看法，就业歧视是指“根据种族、肤色、性别、宗教、政治观点、民族血统或社会出身所作出的任何区别、排斥或优惠，其结果是取消或有损于在就业或职业上的机会均等或待遇平等”。歧视是社会的不公正现象，就业歧视则使一部分社会成员减少应得的收入，丧失较好的工作机会，以致被剥夺生活权利，这是一个非常严重的社会问题。

3. 反对不平等的报酬

工资歧视，是就业歧视的体现或延伸。公平就业，就应该有公平工资，但在劳动市场上，弱者和供给过剩类别者，其工资可能是较低的。各国政府一般都主张“同工同酬”，要求做出同样多工作的人获得同等数额的工资报酬，不得对妇女、青年、未成年人、非本民族本地区的劳动者给予较低的工资。但是市场经济条件下对他们的工资歧视，却是一种相当普遍的自然倾向。政府要通过实现“公平就业”的目标对此予以一定的矫正。

4. 反对非法雇工

非法雇工，是雇主利用不合法的企业、地下职业或者利用蒙骗政府的手段雇佣工人。在非法雇工的情况下，雇主为了获取高额利润，节约必要的开支，不给劳动者提供必要的条件，对劳动者的安全健康造成损害，而且克扣工资，严重剥削劳动者利益，赚取黑心钱。在非法雇工的情况下，劳资关系处于严重不对等的状态，劳动者失去法律保护，其权益失去保障，基本上没有“公平”可言。此外，从社会的角度看，非法雇工还影响了合法企业的生产和雇佣，对社会造成不良影响。因此，政府要坚决禁止并采取行动打击非法雇工行为，以保证就业的公平。

5. 反对不合理的解雇

在劳动市场上，从理论上说劳动供求双方能够平等地通过工资协商实现交换，从而实现个人就业。但是，个人一旦进入劳动岗位，就要由雇主使用和管理。尽管有劳动合同，雇主也可能在不愿意使用某个人的情况下将其解雇。这是对劳动者的侵害，也是对人权的否定。因此，政府需要做出规定，反对和禁止不合理的解雇。

6. 反对职业垄断

职业是就业的一种特定岗位，是与某种特殊劳动技能相联系的，是人的一种身份。当一些同类型的人结合在一起，形成一种公开或无形的组织，并为了自己的私利而排斥他人时，就形成职业垄断。例如采取限制或者抵制他人进入本部门行业、本地区、本职业就业的措施等。职业垄断的性质是劳动者之间的不公平，政府也要加以反对。

7. 政府是社会利益的协调者，是财政再分配的主持者

政府对社会中的“弱者”有关心、帮助的责任，也拥有完成这种职责的财力、行政权力和政策手段。政府对弱者的就业扶助，也是公平就业体系中不可或缺的一项内容，是实现社会公平的重要体现。

从社会的角度看，不是因为个人的懒惰，在劳动市场中处于不利地位、需要扶助的特殊群体有：学校毕业后缺乏就业技能的青年、中老年无技能者、残疾人、妇女、落后地区的失业者、文化技能条件较差者、其他处于不利地位的人（如有犯罪记录、少数民族等）。在上述处于不利地位的人群中，哪些人形成数量众多、生活窘迫、难以自救的群体，哪些人就成为社会救助特别是政府重点扶助的对象。例如上山下乡返城青年、中年出岗职工和残疾人。

四、积极就业目标

从现代社会的一般状态看，市场经济体制国家的就业状态，存在着公民的积极求职意愿和自主就业、自谋职业、自行创业的态度与行为不够的问题。这种问题是造成自愿失业、扩大公开失业率和强化社会惰性的原因。

为了实现积极就业，不仅要解决社会求职人员的思想观念问题，而且要采取多种物质手段，在求职人员的技能素质培训、社会需求信息的传播、社会就业资源的支持等方面给予有效的解决，从而为人们的积极就业创造良好的条件。从目前的情况看，主要问题已经不是下岗职工的观念陈旧了，而是我们应当给他们提供具体的职业指导、充足及时的供求信息，创造更多的合适岗位，从而实现积极的就业目标。

（原文约7000字，发表于《中国青年政治学院学报》2002年第2期）

文摘编辑：翔宇

入世后我国的就业压力及对策

郑 蓉

[作者简介] 郑蓉，杭州师范学院政治经济学院讲师，主要从事社会学研究。

[内容提要] 入世对我国的就业会产生较大冲击。这种冲击与劳动力的快速增长，国有企业的冗员等问题交织在一起，其影响是不可低估的。应从发展出口贸易、改变人们的就业观念、健全社会保障体制、加快城市化进程、培养社会工作者队伍等方面采取措施应对这一就业压力。

[关 键 词] 入世；就业；社会保障；城市化；社会工作者。

一、入世初期，我国所面临的就业压力

我们具体分析一下，入世前5年中，将面临哪些冲击。

第一，入世之初，我国经济格局将面临重组，结构调整力度将进一步加大，这会导致我国就业的结构性矛盾同总量性矛盾同时并发。

一是为抵御入世后来自外部的冲击，国内有关行业、企业（尤其是受负面影响大的企业）必须在此之前加大结构调整力度，进行重组，而这一过程必然带来大量的裁员与转岗问题，从而导致失业人员增加；二是在入世初期，外资的进入和货物、服务进口的转移效应将会大于出口的创造效应，“9·11”事件后，由于美国经济的不景气，给我国的出口贸易带来更大的困难，从而更加导致国内就业机会的减少；三是由于中西部地区传统工业及农业受到冲击，就业机会会相应减少。预计这三方面因素将使城镇失业人员比常年有两、三成的增加。

第二，入世初期就业负面效应的显现与国有企业下岗职工再就业的高峰不期而遇，带来巨大失业风险。

入世初期，正值我国新旧体制全面交替，20世纪90年代后期大量进入再就业服务中心的下岗职工，在2003—2004年将面临再就业的问题。入世导致的新一轮结构调整所产生的失业人员，与进入市场的下岗职工，农村转移的富余劳动力三股力量将不可避免地交汇在一起。90年代后期，我国劳动力供大于求的矛盾已相当突出，入世之后的冲击，将使这一矛盾更加尖锐。综合考虑上述几方面的因素，入世初期，我国城镇失业率有可能比目前水平升高一倍，最高可以达到一倍半。

第三，从就业结构来看，加入WTO将改变劳动力在城乡之间、产业之间的分布，短期内将会使失业人口激增。

“入世”初期，随着国外低成本，高效益农产品的逐渐涌入，我国农业的生产结构，技术水平、经营体制等将发生重大改变，农村劳动力必将随之大规模地向城市转移，但由于我国的城市化水平大大落后于工业化水平，所以，短期内无法消化这庞大的农村剩余劳动力。与此同时，就业构成变动规律表明，三大产业之间就业结构变化的一个突出特点是第一产业萎缩，第二产业基本稳定，略有调整，第三产业快速增长，加入WTO后就业结构的变化如能按照这一规律正常发展的话，第一产业中调整出来的人很大部分将被快速发展的第三产业所吸纳。可是，实际情况并不像人们所设想的那样。虽然，我国服务行业今后将得到飞速发展，但是，先期进入的电信，金融、法律、会计、航空服务等部门，国内冗员也较多，无法适应竞争的需要，因此，以电信为代表的服务行业，进行大幅度裁员的可能性也较大。所以，对第三产业在入世初期所能提供的就业机会我们并不能抱太大的希望。

上述冲击还只是问题的一个方面，更令人担忧的是，长期以来，我们实行的是低工资，高就业，我们的社会保障机制也是与人们的就业紧紧地连在一起的。所以，大部分人在面临上述冲击时，对失业的心理承受能力还是十分脆弱的。

二、缓解就业压力的对策

要想尽量减缓入世对就业的短期冲击力，除了保持经济不断稳定增长外，还必须在以下几个方面下功夫。

1. 发展出口贸易，积极开拓国际劳务市场

我们应利用加入WTO的机遇，大力发展出口贸易，积极进入国际劳务市场，减轻国内的就业压力。首先，我们应积极发展以劳动密集型为主的出口贸易，一国出口创汇能力愈大，就愈有利于扩大国际市场，这相当于扩大了人类的生产环境，使本国劳动力变相输出。在我国的出口商品结构中，劳动密集型出口产品比重较高，这种出口贸易的迅速发展可以吸纳大量劳动力，缓解就业压力。其次，我们可利用低成本优势，积极进入劳务市场，提高我国劳务出口规模。我国劳动力的低成本在国际劳动力市场上具有较大的竞争优势，但是，多年来，传统的劳务输出体制，只能通过单一的官办机构输出劳力，层次多，手续繁，审管严，严重压制了这一优势的

发挥。所以，应尽快改革这种管理体制。首先，在观念上，变国家有关机构单一控制的思想为多层次为劳务输出全面服务的思想；其次，在组织机构上，除国家级管理机构外，尽快建立健全省、市、县、各级劳务输出组织系统；再次，在信息上，国家应建立覆盖全世界的劳务市场供求信息网络，及时向国内各级各类劳务输出机构，提供国际劳务市场上劳务的需求数量、种类、价格以及中短期走势预测。这样争取在10年内，使我国劳务输出占世界市场份额从现在的0.3%提高到3%以上。

2. 改变人们的传统就业观，提高人们对失业风险的承受能力

几十年的计划经济所形成的就业观有两大突出特点：一是择业期望过高；二是苦恋“国有”“金”字招牌。有些下岗职工到现在还认为再就业是国家的事，是企业的本职工作。计划经济时期形成的“等、靠、要”思想仍然根深蒂固，长期的“统包统配”的就业制度，限制了劳动者自己创造就业的积极性，助长了他们在就业问题上的依赖心理，形成了以高依赖性，低风险性、弱竞争意识为主要特征的超稳定就业观。在他们的思想深处只有谋得一份公职，才叫就业。这些就业观念如不及时加以改变，很多下岗职工将难以重新就业，对社会的安定来说无疑是一大隐患。因此，一方面我们应加大宣传力度，使人们对目前的市场经济形势有一清醒的认识，要树立竞争就业观念。劳动者在竞争中择优上岗。第二，要树立开发就业的观念，应把再就业工程看作是人力资源开发工程。第三，要树立风险就业观念，转变从一而终的就业思想。第四，要树立平等就业观念，破除所有制观念。第五，要树立自主择业观念，转变完全依靠国家安排就业的思想。第六，要树立多次就业观念，不要安于现状，要不断发挥自己的潜能。第七，要树立危机就业观念，要居安思危，不断学习新技术，新知识以适应不断变化的市场经济的需要。第八，要树立多形式就业观念，破除八小时上班就业思想，只有树立了市场经济的就业观，才能在竞争中立于不败之地，才不会被暂时的失业所吓倒。另一方面，我们应大力发展教育，全面提高劳动者的素质，增强劳动者参与就业的竞争能力。健全职业技术开发体系，逐步形成劳动就业的培训机制。从理论上讲，一国劳动力素质较高，就更能推动国民经济的发展，能创造出新的就业领域，相应会带动新的就业机会。所以，大力发展教育，提高我国劳动者的素质，已刻不容缓。

3. 完善社会保障机制，筑好“安全网”

在失业问题不可避免的前提下，要想维护社会的稳定，必须尽快完善社会保障体制，为可能到来的失业大军提供适当的生活保障，为劳动力在产业、行业、企业之间的合理流动创造良好的社会环境。

完善社会保障体系，首先要尽快把养老、医疗、失业、工伤、住房等保障职能从企业中分离出去，使国有企业能够“轻装上阵”，参与平等的市场竞争；同时，劳动者也可以免除后顾之忧，自由流动，自主选择最适合自己的就业方式，使得劳动力资源能得到最佳的利用。其次是推进“低水平，广覆盖”的社会保险制度的实施。

4. 加快城市化进程，尽快建立一支专业的社会工作者队伍

加快城市化是解决庞大的农村剩余劳动力就业的必由之路。

首先，要改变传统的思维方式，以为农村人口进入城市一定会挤占城市居民的就业岗位。其次，加快农业结构调整的步伐，稳定农业从业人员队伍。第三，尽快建立一支专业的社会工作者队伍，随着社会转型和城市化的进程带来一系列的社会问题，而这些社会问题的解决，需要依赖于一大批有专业社会工作知识的人。

（原文约7500字，发表于《湖州师范学院学报》2002年第2期）

文摘编辑：翔宇

建构社会阶层分类体系的几个问题

李春玲

[作者简介] 李春玲，中国社会科学院社会学所副研究员。

[内容提要] 本文从建构阶层分类体系的理论意义和实践意义以及如何建立阶层分类体系方面对中国社会的分层问题做了论述。

[关 键 词] 社会阶层；分类体系。

一、建构阶层分类体系的理论意义和实践意义

为什么要在一个社会中进行阶层划分？提出阶层分类框架的目的是什么？这是我们在进行社会分层研究时首先需要回答的问题。根据我们的理解，阶层划分至少有下述几方面的意义：

1. 阶层划分对当代社会结构具有一定的解释力。阶级现象或阶层现象被认为是当代社会（工业化社会）的主要特征之一，这也就是为什么社会学家对此问题保持着长久的强烈关注的原因。自马克思以来的许多社会理论家和社会学家的大量分析研究说明，阶级机制或阶层分化机制在当代社会是一个重要的宏观结构性因素，基于阶层分类而建构的阶层结构对于整个社会结构的运作过程和特征有一定的解释力，这也适用于对当前中国社会结构及变迁的解释。

2. 阶层分类可以反映出社会经济不平等的综合布局。进行阶层划分的一个主要目的是为了对人们之间的社会经济差异进行系统分析并解释导致差异的原因，这种分析不仅有利于深化对社会不平等问题的研究，对社会政策制定也是十分必要的。20 世纪 80 年代以来发展出来的一些阶层分类框架对社会经济不平等有较充分的反映。

3. 阶层划分对群体及个体的态度和行为差异具有一定的解释力。大量的研究证实，阶层位置对人们的社会态度和行为有显著影响，因而，阶层分类对解释态度和行为差异、导致差异的原因、差异所可能产生的后果是有意义的。一些政治家和社会分析家也曾基于这种分析来预期可能的社会经济变动并采取相应的对策，这对分析当前中国社会政治问题也是有价值的。

此外，进行阶层分类的重要价值还更多地体现在实际应用方面：（1）阶层划分在广泛的社会分析领域中是一个有效的分类工具。当前，由社会学家提出的阶层分类框架被广泛地、成功地应用于社会问题研究、市场分析、预测分析和政策研究领域，某些国家的政府统计部门试图把相应的分类指标纳入人口普查。当然，其前提是阶层分类体系必须具有解释力、概念清楚、操作简易。（2）阶层划分是推进阶级阶层研究发展所需的工具，这对当前中国阶级阶层研究尤其迫切和必要。系统的阶层划分是伴随着计算机统计技术和社会调查技术的广泛应用而发展的，而阶层分类体系的精密化和普遍应用对于阶级阶层研究的研究模式和研究视野产生了重要影响。

中国的阶级阶层研究自 80 年代以来获得了极大的发展，但至今在宏观结构分析中还没有提出获得广泛认同的阶层分类框架。分类框架的不确定给我们的研究至少带来了三个方面的障碍。首先，它使国内各项阶级阶层调查研究之间的比较产生了困难。其次，由于分类框架的混乱和不稳定，影响了我们与国际社会分层研究领域的交流沟通。第三，宏观结构层面上的阶层分类框架的不确定，给与此有关的一些专题研究造成了困难。例如，社会流动研究必须基于某种阶层分类，由于缺乏现成的、可供选择的分类框架，研究者只能随意进行分类，而不同的分类会得出相当不同的流动率以及对社会结构特性的判断。在有关收入分配或社会态度等方面的研究中也存在类似的问题。因此，建构中国社会阶层分类框架对推进国内阶级阶层研究领域的学术发展是十分必要和迫切的，同时，也有助于推动深入理解当前中国社会经济变迁和相关社会问题及政策的研究。

二、建构什么样的阶层分类体系及其可行性

进行社会阶层的分类虽然必要，但在目前阶段是否能够提出一个在理论上站得住脚、对社会现实具有解释力的阶层分类框架呢？有些学者认为当前中国社会正处于急剧变迁的时期，社会分化加速，各社会阶层的特征或形态都处于不确定之中，难以对其进行归类和定位。还有学者认为当前中国社会不存在阶级或阶层，或者还未形成阶级或阶层，因而也就根本不可能进行阶层划分。另外一些学者认为中国的地区差异、城乡差异太大，发展不平衡，无法建构全国统一的阶层分类框架。应该说，这些现象都是存在的，它们使系统的阶层划分变得十分困难，但并不意味着完全无法做到。这里首先要解决的

是如何理解划分出的阶层这一概念，以及划分出的阶层在解释社会现象时的适用范围。

我们是这样来理解我们所建构的分类体系中的阶层概念的：

1. 阶层是分享着共同的社会经济状态和利益的社会群体，阶层分类是要反映出人们在社会经济权利、文化价值规范和行为及其他方面的系统差异，但这并不意味着同一阶层的人必须在任何方面都保持一致。长期以来，理论家们对阶级或阶层这种分类概念有着两种截然不同的理解。在古典马克思主义者看来，阶级以及阶级结构在现实社会中是实实在在存在着的，阶级在一定程度上是实体，其成员有着共同的集体意识，可以采取集体行动和形成自己的领导组织（政党）。要在当前中国社会中划分出这种意义上的阶级或阶层的确是不太可能的。与此相反的另一种理解是，阶级或阶层只不过是学者按照某种划分标准而做出的统计上的分类，韦伯在某种程度上有类似的看法，他认为阶级就是分享着共同社会经济特征的个人的群体组合，而不是马克思所说的实际存在的社会实体。现今多数社会学家所说的阶级或阶层往往是介于两者之间的某种东西，它既是按照某种社会经济指标所做出的分类概念，它也有可能带来确定的社会的、政治的、文化的后果。如果这样相对地来理解阶层这一概念，我们就不会要求在阶层分类框架中划分出的阶层必定具有高度一致的认同意识，必定在社会、政治、经济等方面完全同质。

2. 阶层分类体系中划分出的阶层有可能发展集体意识或采取集体行动，但这种情况也可以不发生。是不是社会群体必须发展群体认同意识并达到某种程度才能成为阶层或阶级，从而阶层划分才有意义？如果从吉登斯的阶级结构化理论来理解现实社会中的阶级或阶层现象，我们也可以这样来看待阶层分类框架中的阶层概念：在分类框架中划分出的阶层反映的是个人或群体在社会结构中所处的位置，这种位置状态被结构化为有着认同意识和采取集体行动可能性的阶级或阶层要经历一个过程，这个过程有可能发生，也有可能不发生；有可能结构化程度高，也有可能结构化程度低。阶级或阶层划分不一定要等到这个结构化最终完成时才能做出，正是存在着结构化的可能性，阶级或阶层的分类才具有现实的社会政治意义。

3. 阶层分类体系中划分出的阶层有其静态特征。快速的社会经济变迁给阶层分类带来了困难。在制度和结构的变动过程中，个人或群体可能正在各种交错复杂的结构位置之间游离移动，一些个人往往承担着多重职业身份和社会身份，这的确给阶层位置的确定增加了难度，使确定的阶层分类的解释力度受到了局限。但我们也应注意到，结构分析的一个特点就是在确定的时空范围内进行静态的系统描述，这既是它的长处也是它的不足。我们依据确定的定义指标、根据在某一时刻收集到的数据资料所做出的阶层分类，只能反映出这一时间的人们的阶层构成情况。

4. 阶层分类体系中划分的阶层可以包含有等级含义，也可以不包含等级含义，并非所有的阶层分类都必须按等级来加以排列。许多社会学家在进行阶层划分时都有一种等级分类的强烈愿望，从而可以验证当代社会等级构造的假设，因此，许多阶级阶层分类体系都包含有等级分类的倾向。而在实际上，在当代社会中，很少有哪个社会群体在所有种类的资源占有中都排列在第一位，不同种类资源拥有量排列的不一致性是当代社会结构的特征之一。把社会的所有成员排列为上层阶级、中层阶级和下层阶级只是一种简略的归类和描述方式，现实的社会结构远比这种归类错综复杂得多。社会学家们意识到，完全按等级排列的阶层分类对社会结构的解释力是极其有限的，目前最为流行的几种阶层分类体系虽然反映出资源拥有量的差异，但都不是严格按照等级来进行排列的。我们所要建构的阶层分类体系是要反映出社会成员在社会、经济、政治及文化等方面的综合差异，但并不必定要把划分出的每一个阶层按惟一的系列排出个高低上下。

5. 阶层分类体系可以考虑到地区差异和城乡差异。这是个理论问题，但更大程度上是个操作性问题，处理的好不好会影响到阶层分类的解释力，但地区差异和城乡差异的存在并不意味着不能进行阶层划分。

基于对上述问题的理解，我们希望我们所提出的阶层分类框架既要有解释力又要有操作的可行性。改革开放以来，主要有来自两方面的结构性变动引发了中国社会阶层结构的变迁，一方面是经济发展（工业化和都市化的推进）导致了产业、行业、职业构成的变化，另一方面是体制改革导致了所有制成分（经济部门构成）的变化，这两个结构动因对人口的社会构成产生了重要影响。考虑到中国在体制变迁过程中的特殊性，我们认为采取新韦伯主义理论取向及戈德索普的分类框架进行阶层划分具有某些优势，因为：戈德索普分类框架的阶级划分指标与宏观结构因素——如产业结构、行业结构、部门结构、职业结构等有较密切的关联，因此而划分出的阶级结构易于反映出上述结构因素变动所导致的人口社会构成的变化。这一分析框架既能反映出中国社会经济差异的综合情况，同时也便于与国内外同类研究进行比较。从长远来考虑，当阶层结构发生变化时，这种分类体系也可以通过操作手段来适应变化，与未来的调查数据进行比较研究。当然，必须强调的是，阶层分类是为了系统分析某一或某些确定的问题而采用的分类工具，任何一种阶层分类框架都不可能对所有问题具有解释力。

（原文约 6500 字，发表于《中国人民大学学报》2001 年第 2 期）

文摘编辑：石新中

关于中产阶级和中间阶层

李强

[作者简介] 李强，清华大学社会学系教授。

[内容提要] 中产阶级或中间阶层的概念对社会来说是一个有利于缓和冲突、化解矛盾的提法。本文对中产阶级的演变趋势，中国有无一个中产阶级以及中国发展中产阶级的社会意义做了论述。

[关键词] 中产阶级；中间阶层；白领阶层。

一、中产阶级的演变趋势

从世界近代历史看，中产阶级曾经发生过重大的结构变迁，这就是所谓"旧中产阶级"与"新中产阶级"的区分。旧中产阶级是指由小企业主、小店主等小资产者构成的社会中间层。直到19世纪末叶以前，他们一直是中产阶级的主要群体。20世纪初以来，中产阶级的主体地位却逐渐被新中产阶级所占据。所谓新中产阶级是指从事管理、专业技术、商业、办公室工作的白领阶层。150年前，白领还只是一个很弱小的群体，但20世纪以来，社会结构发生了翻天覆地的变化。到了第二次世界大战后，随着科技革命的发展，作为新中产阶级代表的"白领阶层"迅速地扩大起来。如在美国，白领阶层的总数从40年代的1608万人上升到70年代的5105万人，白领阶层占就业者总数的百分比也由40年代初的31%上升到80年代的超过60%。且不说理论家们对"中产阶级"的概念有着何种不同的看法，人们对这样的事实却是有目共睹的，即在经济发达国家，居于最富有与最贫穷阶层之间的是一个庞大的中间阶层，它成为社会的主体。同样是在美国，80年代以来，社会上最富有的阶层大约占6.7%，最贫穷的阶层大约占6.2%，其余87.1%的家庭，大致都处于一种中间阶层或曰"中产阶级"的地位上。

从以上分析可以得出两点结论，第一，中产阶级是由两种人组成的，即旧中产阶级和新中产阶级，而新中产阶级已成为今天中产阶级的主体。第二，自从白领阶层进入中产阶级以后，中产阶级人数剧增，目前，它是构成发达国家社会结构的最主要群体。庞大的中产阶级的形成，使得全社会的贫富差距程度大大缩小。作为贫富之间的过渡群体，中产阶级起到了使社会上层与下层对立和冲突得到缓解的作用。

二、中国有没有中间阶层或中产阶级

中国自农耕社会以来，农民一直是社会的主体，农民占到全社会的90%以上，因此，从社会结构上看，中国传统社会结构始终是一种金字塔型社会结构。即极少数皇权官宦阶层处于社会上层，广大农民处于社会下层。在此种两极分层的社会中，中间阶层的队伍人数比较少，当然，这不排除他们在社会上发挥比较大的功能。传统中国社会的乡村士绅阶层，就是居于上层官僚与普通农民之间的中间阶层。乡村士绅在上层官僚集团和下层农民之间起着一种缓冲作用，他们也起到了组织协调民间社会的作用，并倡导着社会上占统治地位的意识形态，维持着社会秩序。但由于在金字塔结构中，社会底层群体的人数和比例均较大，所以，乡村士绅所能起的作用也就有限。从结构图形上看，中国社会从来没有形成过中间阶层或中产阶级占主体的菱形社会结构，因此社会结构上总的问题还是上下层之间的矛盾和冲突问题。

80年代中期以来，我国工业化发展迅速，迄今为止，实际专门从事农业（农林牧渔）劳动的农民仅占全部就业人口的约40%，与以往的数据相比已经大大下降了。这样，中间阶层的相对比例也就有所增长，在大城市中白领阶层人数上升很快，如在北京、上海的居民中甚至出现了白领职业群体超过蓝领职业群体的现象。当然，从全国来看，距离中产阶级占主体的社会还有很遥远的距离。

那么，构成改革以来中国中间阶层的群体主要有哪些呢？一般说来，中国的普通知识分子（专业技术人员）和普通干部阶层一直是中国社会比较典型的中间阶层。其人数近年来虽有较大增长，但比例还不高，大约仅占中国有经济活动能力人口的5%。在80年代，所谓"万元户"、个体户似乎是当时中国社会的中等富裕者，到了90年代，各类中小型企业主、中小老板、中小公司经理、各类承包商、企业承包者、外企人员等似乎可以称为中国的新的中产阶级。

在发达国家，商业人员是属于白领阶层，也就是属于中产阶级的。而在中国，由于长期重农轻商的传统，即所谓"农本商末"的影响，商业不发达，商业人员地位不高，群体也比较弱小。1949年新中国建立以后，由于长期实行计划经济，商业仍然相对滞后。直到80年代中期以前，中国最大的两类商业机构是粮店和副食店，其雇员当然是属于蓝领而不是白领。90年代初以后，中国市场发展迅速，与此相适应，各类商业机构如雨后春笋般涌现出来，各类豪华大商场等白领雇员云集，这预示着，在21世纪，商业人员会在中国中间阶层队伍里占有相当大的比例。

那么，我国改革前与改革后的中间阶层发生过什么样的变化呢？我们知道，在多数发达国家，旧中产阶级是由独立经营者构成，而新中产阶级是由受雇白领阶层组成的。我国中间阶层的演变恰恰相反。中国改革以前的旧中产阶层是由类似白领的干部、知识分子、国营企业职工构成，而新中产阶层则是由独立经营者构成的。这是中国中间阶层变迁的第一个特点。与西方新、老中产阶级更替的第二点不同是，西方国家的更替是一个缓慢的过程，中国的更替是迅速发生的。因此在西方，无论是老中产阶级还是新中产阶级，都是由各种年龄群体构成的，而中国的老中间阶层是一个由40—50岁上下的、近于同龄的群体构成的；新中间阶层则是由一个30岁上下的年轻群体构成的。中国传统中间阶层衰落的第三个特点是，衰落的群体是整体性的。相比较而言，多数欧美国家社会中间阶层的成分复杂，因此，传统中间阶层的衰落表现为多重复杂社会群体地位的下降，而不是像我国这样，呈现为某一个巨大的“同质”社会群体，即人群比较集中的、主要是由国有企业职工组成的群体的衰落。由于我国传统中间阶层地位下降的上述特点，它所可能引发的社会后果会更为严峻。

中间阶层是个相对概念，从相对的意义上看，市场转型以前，国有企业职工是当时中国社会的典型中间阶层，也有人称之为“公有制体制的受益者”。无论是与当时占人口80%以上的农民相比，还是与城市中其他非国有企业的劳动群体相比，国有企业职工的经济地位、社会地位都占有明显优势。从受益的内容上看，无论就收入还是就福利而言，中国的国有企业职工都是当时城市社会中分享较多资源的阶层。仅从工资收入这一点上看，国有企业职工的收入高于当时的集体企业职工。国有企业职工可以从单位分得住房、享受低价格房租、享有很多劳动保护福利，可得到免费医疗，有养老金，子女还有入托、上学等照顾。他们是50年代至70年代中国社会的稳定力量，即使像“文化大革命”那样的社会动荡也没有对他们的生活形成重大威胁。当然，国有企业职工与一般意义上的中间阶层有明显区别。中间阶层通常是由白领阶层组成的，是管理者、技术人员、办公室人员等脑力劳动者，而我国的国有企业职工很多是体力劳动者。笔者只是在相对的意义上称之为中间阶层。在此意义上，我们也可以将当时的国有企业职工称为“类中间阶层”。

三、中国发展中间阶层的社会意义

一般说来，在任何社会中，中间阶层都是维系社会稳定的最重要的社会力量。而我国传统中间阶层地位的下降，显然是对当前社会稳定的最大威胁。近来，人们对社会保障体制变迁的种种忧虑，对住房、医疗、养老体制变迁的担忧，社会上流行的普遍缺乏安全保障感的心态，最主要的就是反映了类中间阶层的社会态度。由于传统的类中间阶层是我国以往消费上的最重要群体，因此，该群体经济地位的下降，造成了我国消费市场的萎缩。在一段时间里，社会上消费疲软，银行一再降低利率也不能带动需求的上升，其重要结构性原因之一就是：类中间阶层已不能再像过去那样构成消费市场的主要社会群体。当然，2000年中期以后，消费市场形势开始有所好转，这也可能意味着，新老中间阶层的更替已经大体完成，经过阵痛之后，新的中间阶层正在逐步形成。

从世界各国社会结构变迁的基本规律看，在身份分层解体进而向经济分层演进的初期往往是社会矛盾激化的时期。我们遇到的尴尬处境在于，当我们打碎了阶级体系的时期，社会上明明已不存在经济意义上的阶级了，而我们却在社会政策上大搞所谓“阶级斗争”；当中国从身份分层向经济分层演变的时期，我们最需要的是一个稳定发展的时期，而这一时期却又是矛盾最容易激化的时期。这就是中国在社会分层方面遇到的最大难题。从世界各国社会结构演进的一般规律看，走出这一困境的基本途径应是尽快使我国从经济分化时期转入白领阶层和中间阶层兴起的时期。中产阶级占据社会的主体，是现代社会走向稳定的重要结构性原因。

当然，白领阶层和中间阶层的兴起并不是由我们的主观意愿决定的，它需要一定的社会条件。首先，要有产业变迁的条件，即它一般形成于第二产业向第三产业转型的过程之中。正是在产业演进的过程中才形成了有规模的中间阶层，如管理层、技术层、商业层、职员层等白领阶层。第二，这实际上是一个职业变迁的问题。在现代社会中，现代职业结构取代了传统的职业结构，一个庞大的、不是直接操作生产劳动的阶层形成并扩张起来。第三，教育结构的改变。在传统的两极社会中，只有极少数的人受过高等教育，而在现代发达社会中，大多数人都受过大学教育，这是中间阶层形成的必要条件。大学是造就中间阶层的机器，大学教育非常重要的功能之一就是使人们接受社会主导规范或中间阶层的规范。但在亚洲，特别是东南亚很多国家，恰恰缺的就是这个。比如，泰国的有钱人都送子女去国外念书，贫苦人家的子女则根本没钱上大学，造成了教育上的两极分化。所以，大学不仅可以生产高层次人才，而且还可以生产“中间阶层”。总之，特定的经济结构、职业结构和教育结构，是中间阶层赖以形成的土壤。

（原文约6500字，发表于《中国人民大学学报》2001年第2期）

文摘编辑：石新中

当代大学毕业生择业心态研究

孙 鸿 柳明旺 张羽鹏

[作者简介] 孙鸿，工学硕士，讲师，现在大庆石油学院就业指导中心，主要从事大学毕业生就业指导工作和研究。

[内容提要] 从“服从分配”向“自主择业”转变所引发的自主权与就业风险、个人理想与社会现实、个人收获与事业发展等方面，剖析了当代大学生的择业心态；并从有利于广大毕业生个人成长和人才资源合理配置出发，提出了引导毕业生树立正确的择业心态的建议。

[关 键 词] 大学毕业生；就业；择业心态；双向选择；高等教育。

大学生在择业期间所产生的心理活动状态即择业心态，直接影响着择业与就业的顺利进行。在传统的“统包统配”的毕业生就业制度下，其就业心态比较专一，就是服从分配。改革开放以来，我国的经济体制发生了深刻的变化，多种经济成分并存，劳动人事制度正在改革。为适应这种形势，毕业生分配制度也作了相应的调整，从“切块计划，供需见面”到“在一定范围的双向选择和适当定向，未被录用的毕业生回家庭所在地继续就业”，最终过渡到“国家政策指导，毕业生自主择业”。在这些变化中都突出了毕业生在就业中的主体地位和作用，择业中个人意向更加突出。实行双向选择的目的就是要使毕业生找到发挥才能的最佳结合点，做到“人得其所，事得其人，人尽其才，人尽其用”。这是双向选择的核心和本质。笔者对双向选择中毕业生择业心态现状作了分析，旨在更好地做好大学生就业指导工作。

一、当代大学毕业生择业心态现状分析

由于毕业生正视社会与正视自我，以及受一些社会现象的影响，在双向选择就业过程中形成了一些矛盾的心态。

1. 希望自主择业与不愿意承担风险的矛盾

双向选择可以增大毕业生择业自主权，但由于目前的双向选择还只能在一定范围内进行，尤其是来源于边远地区、享受行业奖学金或地区定向奖学金的毕业生，择业范围更受限制，只能在指定范围内就业。所以，毕业生希望加大“自主择业”的力度，扩大择业范围，尤其是优秀毕业生和短线专业毕业生更是如此。双向选择给毕业生择业以充分自由，同时也将其推向了激烈的市场竞争。在绝大部分毕业生尝到双向选择的甜头的同时，也有一少部分各方面素质较差的同学吃到了苦头，在双向选择中遭淘汰，用人单位拒绝接收，只好被派回家庭所在地人事部门安排工作。这样的同学则更希望在竞争的同时，由国家统管，负责安排就业，保证充分就业。毕业生一方面要求加大自主择业的力度，另一方面又不愿承担任何风险和放弃国家的“包”。这是在政策转型时期的一种矛盾心态，也是“管而不包”的直接结果。

2. 高期望值与现实满足的落差

近年来，毕业生就业形势变化很快，基本上从“卖方”市场转向了“买方”市场，但毕业生并未能真正感受到这种变化对他们的挑战。相反，就业期望值有逐年上升的趋势。而随着国家经济结构的调整，企业优化与重组，用人单位对需求毕业生的质和量都发生了变化。近几年的表现是标准提高，需求减少。这一涨一落与毕业生过高的期望值产生了较大的落差，以致毕业生在择业过程中遭受挫折。纵观毕业生期望值过高的原因，主要是以自我为中心，没能把自己放到社会的大环境中去衡量自己的竞争力。缩小落差，有利于促进毕业生顺利走向社会。

3. 重物质待遇与轻才智发挥的错位

有些毕业生就业时首先考虑的就是地区，以用人单位所处的地域条件和都市文化、风光来衡量用人单位的吸引力。多数选择经济较发达的京津沪等大城市以及沿海开放地区，而不愿到老少边穷地区。为了留在某一地区，不惜放弃所学专业。也有些毕业生在择业中往往把经济效益的好坏、物质待遇的高低作为选择就业单位的惟一标准，只要该单位经济上实惠，条件优越，就作为选择的主要目标，如三资企业、经营性公司等，甚至为此而丢弃专业、特长于不顾，只讲眼前实惠，忽视了专业发展。

4. 渴望竞争与缺乏勇气的矛盾

双向选择确实为毕业生择业提供了公开、平等的竞争环境，这也是毕业生期望已久的。市场经济所倡导的竞争、效益的原则，已渗透到社会生活的各个方面，大学生也不例外。在校内通过刻苦学习、全面提高自身素质来增强自己的竞争力。他们已经意识到，如果没有强烈的竞争意识就很难成就事业，这是可喜可贺的。但是，在毕业生渴望参加就业竞争的同时，又缺乏勇气和信心，在社会为其提供的竞争机会面前顾虑重重。有的怕竞争

失败丢了面子，有的怕伤了同学之间的和气，有的认为社会上存在不正之风而很难真正形成公平、公正的竞争。一些同学在竞争中遇到困难时，不能及时调整目标，重振士气；而是压力重重，缺乏竞争勇气。渴望竞争与缺乏勇气的冲突，势必降低自身的竞争实力。其原因是对国家有关毕业生就业制度、社会需求情况了解的不够详细，个人期望值过高，存在急功近利和个人主义、功利主义倾向，缺乏全面素质的培养，心理素质亟待提高。

二、引导毕业生合理调整择业心态

针对上述实际情况，应采取有效对策，培养毕业生良好的择业心态，最大限度地发挥双向选择的优越性，为毕业生顺利就业奠定基础。一方面是从学校角度出发，加强学校的管理和教育工作，引导和调控毕业生就业；另一方面是从人才市场的角度出发，培育、健全人才市场，完善双向选择机制。

1. 引导毕业生全面准确地理解双向选择

双向选择必然造成一部分人在竞争中落选的局面。只想享受双向选择中成功的喜悦而不愿意承受风险是不现实的。所以要加强对毕业生的引导和教育，大力宣讲双向选择政策的本质含义。“双向选择”是把原来用指令计划分配毕业生到全民所有制单位就业的制度，改为在国家有关方针原则指导下，以学校为主导，在学校的组织监督下，经过学校推荐、学生选择职业，用人单位择优录用。这种制度使得毕业生有更多的机会和用人单位见面，未被录用的毕业生回家庭所在地继续就业。这种“管而不包”的就业方式，对“包分配”而言，在一定程度上是个突破。所以应引导毕业认识选择是双向的，是在一定范围内进行的，是有风险的。这样才能保证毕业生在择业过程中正确享受权利，履行义务，正视挫折。

2. 加强世界观、人生观和价值观教育

由计划经济向社会主义市场经济的转变，是一场巨大的社会变革。在社会转型期，受市场经济的影响，人们的思维方式、价值取向和行为准则也在进行调整。人们会根据自己的利益需要形成新的价值取向。这种取向体现在毕业生择业中，更加注重经济效益、地域范围，而忽视才智发挥、事业成就。所以要引导大学生树立正确的世界观、人生观和价值观，慎重选择职业，走好迈向社会的第一步。要通过思想教育、政策鼓励、经济调控和必要的行政手段，引导毕业生到基层去，到艰苦的地方去，到国家最需要的地方去，走与工农相结合的成才之路。

3. 加强与社会的联系，畅通各种就业渠道

对于绝大部分毕业生来说，他们的择业单位还只能依靠学校来提供，在人才市场还不健全的情况下，完全由个人来找单位还不现实。这就要求各高校正视人才市场由“卖方”转向“买方”的现实，主动出击，和更多的用人单位加强联系，为毕业生创造更多的选择机会。吸引更多的用人单位来校招聘人才，不断完善以高校为主导的毕业生就业市场。

4. 提高综合素质，增强双向选择的竞争力

素质教育在高等教育中变得越来越重要，大学生不但应具有良好的业务素质，还要具有良好的政治素质、身心素质。事实说明，全面发展、综合素质较高的毕业生在激烈的双向选择竞争中是可以立于不败之地的。这就要求学校要加强素质教育，全面提高大学生的素质，增强他们在双向选择中的竞争力。

5. 处理好政策调控与自主择业的关系

高校毕业生就业工作部门承担为社会合理输送人才的重要任务，为保证国家重点工程、边远地区和大中型企业对人才的需求，必要的政策调控是不能取消的。现在的双向选择还是毕业生走向人才市场的初级阶段，在现阶段市场经济发育尚未完全成熟的情况下，尤其要处理好保证国家重点需求和充分尊重毕业生自主择业权的问题。从根本上说，毕业生就业制度改革，最后要实现毕业生和用人单位直接见面，即市场化就业。但目前的社会条件、制约措施还不够完善。为避免失控，要重点培养广大毕业生的社会责任意识，明确政策约束力和应尽的义务。

（原文约3500字，发表于《江汉石油学院学报》社科版2002年第1期）

文摘编辑：翔宇

转型期中国农村养老模式研究

王亚柯 杨震林

[作者简介] 王亚柯，华中师范大学经济学院经济学硕士生，主要从事经济学研究。
杨震林，华中师范大学中国农村问题研究中心。

[内容提要] 在我国转型期间，农村旧的养老模式功能不断弱化，养老问题日益突出，现行的社会保障制度受财力所限无法有效地解决这一问题。借鉴发达国家社会保障市场化改革的经验，目前，我国农村养老可采用自下而上的内敛型养老模式，即以农民个人养老为起点，依次发挥个人、家庭、集体、社会和政府的保障作用，内敛式地满足农民养老保障需求。

[关 键 词] 中国转型期；农村养老保障；内敛型养老模式。

在我国转型期中，一方面，旧的以家庭养老为基础、集体和国家救济为辅的养老保障模式的保障功能日益弱化；另一方面，农村人口的老龄化又带来了巨大的压力，这就使得我国农村的养老问题凸现，同时也对现存的农村养老模式提出了挑战。

一、内敛型养老模式是转型期我国农村养老保障的可行性选择

目前，我国社会养老保障安排沿袭的是西方工业革命后出现的部门式保障体系，这是一种自上而下由国家财政供给的社会养老保障模式。但囿于条件所限，中央财政无力为广大农民提供养老供给，因此，我国农民基本上一直处于国家社会养老保障体系之外。

所谓内敛型养老模式，是指以农民自我养老保障为起点，由下到上经由个人—家庭（宗教）—集体—社会—政府的路径，整合各层资源，内敛式地满足个人养老保障需求的一种保障模式。根据这一模式，农民作为理性的经济人充分利用自身资源进行养老，一层级未被满足的养老保障需求即溢出部分，可以在下一层级继续得到满足，每一层级的资源经过整合都被最大程度地利用，以减缓最终一层级政府进行养老保障的压力。它要求政府逐步减少对农村资源的汲取，加大制度供给，强化各层资源的保障功能，更新提供社会保障的观念。这样，在优化农村内外制度环境和减少农村内部资源外流的情况下，尽量依靠农村和农民自身的力量实现养老保障。可见，内敛型养老保障模式的自下而上层层满足养老需求，其溢出部分再由外部调适的思路，既是对农村现存养老方式的整合，又是对转型期我国农村养老保障体系比较客观的可行性探索。

二、内敛型养老保障模式的路径选择

内敛型养老保障模式按照自下而上，经由自我养老保障—家庭（宗教）养老保障—集体养老保障—社会养老保障—政府养老保障的路径推行。

1. 自我养老保障

一般说来，农户会利用自己的各种资源，通过市场和非市场手段，为自己提供养老保障。这种以农户为基础的保障安排是许多发展中国家农村的自然选择。我国农民历来奉行“养儿防老”、“多子多福”的观念，一直把养老的重心放在家庭上，主要依靠子女的多少和“孝道”来获得家庭养老保障，普遍缺乏个人保障意识。在社会主义市场经济条件下，家庭养老保障功能不断弱化，要求农民个人培养和强化自我养老保障意识。一般而言，家庭中的经济资源大部分是老年人一生的财富积累，老年人不应一味地“无偿”转移给下一代，而应强化对经济资源的控制，利用这种控制权进行自我养老保障。同时，农村经济的发展也促进了我国农村老年人收入和生活质量的提高，为其实现自我养老保障打下了一定的基础。只有把养老保障的基础建立在受益人自己身上，才能真正体现“谁投资谁受益”的基本原则，才能发挥资源效用最大化。在农村，土地经营权和房屋产权具有极强的保障功能，尤其在欠发达地区和土地资源稀缺的地区更是这样，因此在一定程度上，土地和房屋可成为农村老年人实现自我养老保障强有力的经济资源，老年人可以通过控制这些资源来进行自我保障。

自我养老保障资金的来源一般有：个人养老保险、个人储蓄、个人劳动收入、个人资产收益和个人其他收入等。可采取的保障方式有参加养老储蓄、养老保险和营利性的不动产权利转让等。同时，这些保障方式的具体实施需要不断深化农村的配套改革，需要政府进行产权改革以提供权利方面的支持。

2. 家庭（宗族）养老保障

我国是一个具有儒家文化传统的国家，孝是社会基本伦理之一，父母为子女的成长承担全部责任，子女为

父母提供养老保障。自古以来，家庭养老在我国农村养老保障中一直起着基础性作用，具有深厚的社会心理基础，而且受到法律的保护。1996年10月开始实施的《老年人权益保障法》，对老年人被赡养的权利作出了明确的规定，子女对老年人的赡养具有不可推卸的责任。从经济学角度来看，父母对子女的抚养和教育是一种人力资本投资，通过子女对人力资本投资的回报获得家庭养老保障。在某种意义上，这种家庭内的财富代际转移应该是一个异期双向的过程，任何一方的输出残缺对家庭和社会都是一种不经济。在必要的情况下，农村老年人可利用法律的武器来维护自己的合法权益。在我国农村社会，宗族势力始终是一种特殊的重要社会力量，它在稳定农村秩序、协调宗族内部以及农村内部各种关系中发挥着“准政府”的功能，家庭纠纷包括养老问题往往先由“本家人”以及宗族来处理。由于具有切实的利益关联和信仰认同，这些非正式的组织力量常常会取得外部组织力量（村委会、法院、地方政府等）所无法达到的效果，这在一定程度上弥补了正式组织外部监督的缺陷。所以，农村老年人可以利用宗族在养老保障中的监督、激励作用。

家庭养老保障以子女、配偶和其他直系或非直系亲属为保障主体，为老人提供经济上的供养、生活上的照料和精神上的慰藉，其具体的养老形式可分为：保障主体与老人共同生活；保障主体与老人分住，月供钱粮；敬老院养老，保障主体负担一切费用等等。另外，宗族成员在发挥监督、激励作用的同时，也会进行相应的情感投入和提供必要的经济资助。这种功效是其他外部力量所不具备的。

3．集体养老保障

乡村集体组织在我国农村生活中发挥着巨大的作用。农村改革打破了原来集体组织集权化的经济基础，依附其上的原有保障功能也陷入了资金和管理方式上的困境。随着经济体制改革和市场经济的不断深化，农村公共收入、乡镇企业收益和土地资本增值成为农村集体经济的新基础，许多地区农村集体组织的经济实力有所增强。发端于农村内部的新的集体经济天然具有社会保障的功能。事实证明，凡是社会养老保障搞得好的农村地区，其集体经济大多较强。

集体养老保障的资金来源主要有农村公共收入、乡镇企业收益和土地增值收益三种渠道。乡政府可以把公共收入和土地增值收益的部分收入用来提高集体养老保障水平；随着集体乡镇企业的不断发展，乡镇集体企业可为其职工提供一定程度的养老保障。使其能充分发挥作用，地方政府必须进行相应的配套改革，如实行村民自治，进行村务公开，加大对土地转让、出租等行为的监管。在保障方式上，乡村集体组织可以完善和发展“五保”制度；发展老年公寓和敬老院以及其他形式的服务事业等；为有劳动能力的老年人提供适宜的社区工作岗位，如门卫、仓管员、清洁工等等。同时，乡村集体组织还可以利用经济的、行政的、精神上的方式对家庭养老进行激励、监督和协调，如结合物质奖励进行精神激励，凭借村委会的资源分配权力提供保障等等。

4．社会养老保障

目前，我国的社会养老保障主要停留在商业养老保险阶段。发挥商业养老保险的作用，主要是依赖市场经济的资源配置作用，但市场经济的主体是为了追求自身经济利益的最大化，这与社会保障制度侧重于追求社会利益的制度安排存在利益冲突。因此，依靠市场经济解决问题的作用是有限的。在允许私人、企业和社会团体投资兴办养老保险的同时，应不断完善相关的法律、制度以加强对养老保险项目的监管，而且还可以积极引导各种社会力量投入到公益性的社会养老保障工作中来，大力发展养老福利事业和慈善事业。

5．政府养老保障

在内敛型养老模式中，政府养老保障作为最后一层级，并不意味着政府的保障功能有所减弱，反而是政府保障功能的加重。政府目前所应该做的事情是：一方面要根据实际情况加大扶贫工作和扶贫力度，不断扩大和完善社会救济，由中央财政拨款，为农村中因各种不可抗力原因陷入贫困的老年人提供最低生活保障；另一方面要减少对农村资源的汲取、增加农民收入，强化农民拥有的可支配资源，同时通过市场和制度的手段来加强各层级的养老保障功能。尤其要注意的是，政府所提供的社会养老保障，不是对自我养老保障、家庭养老保障和集体养老保障功能的削弱，而是从外部加强这些层级的保障功能，以顺利实现农村养老保障由以家庭保障为主向以社会保障为主的转变。随着经济的不断发展，当国家整体经济实力增强时，中央财政将有能力通过财政转移支付来实现养老保障，农村社会养老保障系统就有条件真正地建立起来。

政府养老保障的资金来源主要是政府进行适当的财政转移支付和有组织地把城市财富向农村转移两种渠道。可采用建立医疗卫生设施和养老保障设施、实施社会优抚、社会救济、社会扶贫以及发行养老福利彩票等形式。同时，政府要加大对农村养老保障的政策和法律等制度投入，如对农村养老保障项目和机构进行宏观调控，完善有关养老保障的金融管理体制，加大法制配套建设和保障力度等。

（原文约6000字，发表于《信阳师范学院学报》哲社版2002年第3期）

文摘编辑：翔宇

农民生育行为中的制度化逃避

陈俊峰

[作者简介] 陈俊峰，中国农业大学社会学系。

[内容提要] 近几年来，在农民的生育行为中一直存在着制度化逃避现象。它虽然在表面上并没有违反国家的计划生育政策，而实际上为国家实现人口目标设置了障碍。更为严重的是，这种现象的蔓延可能会造成传统生育观念的回归。农民生育的制度化逃避，实质上是执行严格的计划生育政策与实现农民传统的生育观念之间的一条最佳的变通途径。文章从经济、文化、制度三个方面分析了这种现象产生的原因，提出农民生育观念由传统向现代的根本转变才能使它最终趋向式微。

[关 键 词] 生育；制度化逃避；生育观念。

一、国家人口目标与家庭生育目标的冲突

作为人类自身生产的生育行为和结果对社会的正常运行具有重要的影响作用。国家为了实现经济社会的协调发展，要以政策法律来规范生育行为；作为生育行为发生的基本单位家庭来说，生育首先体现了家庭和个人的生育目标。当家庭生育目标与国家人口目标不一致时便会产生冲突，这种冲突的解决不外乎三种：一是家庭迫于国家的强制力量而接受国家政策；二是家庭坚持自己的目标，引起国家的强制处罚；三是家庭在自身目标与国家政策之间找到一种折中方式，这就是本文所要讨论的农民生育行为中的制度化逃避现象。

二、农民生育行为的制度化逃避及其后果

所谓制度化逃避，是指在一个社会中，存在着一种违背社会规范的，又似乎行得通的现象。生育行为的制度化逃避即是说，在人们的生育行为中，在不违反计划生育政策不准多生的前提下，为了保证所生的孩子的性别为男性，而人为采取各种措施来选择胎儿的性别。不少一孩为女孩的农民，在政策允许生第二胎时，为了避免又生女孩，而寻求各种检测方法来诊断胎儿性别，甚至有的农民在生一孩时就采取这种手段，它也引发了诸如溺婴、弃婴等现象的出现。

农民生育行为中的制度化逃避现象，产生了几方面的严重后果。第一，它直接导致了出生人口性别比例失调的问题。第二，生育行为的制度化逃避具有很强的示范作用，它引起了农民生育观念向传统的部分回归，有可能造成这种现象的蔓延。传统生育观念延续了二千年，尽管它赖以存在的经济基础和制度保障不复存在，它还是表现出了较强的滞后性，尤其是在农村，留存了传统生育的深刻记忆。生育行为的制度化逃避，强化了农民生育观念中已经弱化的部分，并在严格的计划生育政策与农民的生育愿望之间找到了一条变通的途径以符合农民的需求，因而此举一出便具有生动的说服力和强大的示范性，引起其他农民的纷纷效仿，势必造成这种态势的愈演愈烈。第三，生育行为的制度化逃避违反了道德伦理规范，应当受到谴责。这一做法破坏了自然选择的法则，有损人类自身的尊严。更为严重的是，它煽动了男尊女卑的情绪，体现了对女性的蔑视和不尊重，有悖于宪法关于男女平等的精神以及计划生育政策所内含的尊重自然选择性别的前提。另外，生育的制度化逃避也反作用于国家的人口政策，使之不再神圣。

三、分析：农民生育行为的制度化逃避产生的原因

农民生育行为中的制度化逃避现象，归根到底是由农民的需求决定的，那么农民为什么会有一定要生个男孩的需求呢？

1. 经济因素

其一，劳动力需求。

家庭联产承包责任制的实行，发挥出了巨大的制度绩效。但目前我国农村生产力水平仍然很低。在大多数农村，手工劳作仍然是农民生产的主要方式。生产工具的落后，使得农民不得不投入较多的劳动力，来实现收入的增长。更进一步讲，家庭联产承包责任制的实行重新赋予了农民家庭生产单位的地位，农民需要有持续的劳动力供给。生产力水平的低下与家庭生产单位地位的重新获得，强化了农民对劳动力的需求。所以农民的劳动力需求指向男性并内化到生育需求当中，是符合经济理性的。

其二，养老需求。

传统社会里，养老是在家庭中进行的，男性的继嗣制度使儿子成为养老的实际承担者，所以农民需要养儿防老。改革开放后，社会保障制度逐渐建立起来，而在农村，由于国家财力所限，社会保障体系非常薄弱，养老问题基本上还未进入社会保障的范围。当前大部分村

庄尚不具备承担农民养老的实力，甚至在今后一段时期内，农民养老还是得由家庭来承担，所以农民希望生个男孩来降低养老风险性。

2. 文化因素

劳动力也好，养老也好，都是出于对经济的考虑。就劳动力的问题而言，如果说80年代农民对男性劳动力的偏爱还有着经济合理性的话，那么90年代中期以后经济事实已经改变。土地不再需要那么多的劳动力，再以增加男性劳动力为生育需求就不合时宜了，农民似乎也不会单纯为了日后的养老有保障而激发生男动机。这昭示着，单纯的经济方面的解释已无法把问题彻底说明，需要把目光投向更深层的文化结构中去。

美国社会学家威廉·奥格本在他的"文化堕距"理论中提出，在社会变迁的过程当中，文化各组成部分的变迁速度是不一致的，物质文化总是先于非物质文化发生变迁。在非物质文化的构成当中，制度总是首先变迁，其次是民俗、民德变迁，最后才是价值观念的变迁。景天魁在从时空特性角度谈传统、现代与后现代的关系时指出，它们的一个基本的含义就是连续性、非连续性及其关系问题。在社会发展中，传统代表了时间的连续性、空间结构的稳定性、时—空特性的同一性；现代性的一个重要特征，就是它对未来的开放性和对传统的断裂性。在传统社会中，时空参与建构了社会行动和社会事物，传统社会表现出了超稳定性和发展的连续性。只有当生产资料公有制否定了私有制，以新型的法律和政策否定了传统的礼治秩序和宗法制度，传统社会的发展才出现了断裂。但在价值观念层面，却无法以一种现代观念直接毁灭传统观念本身，而只能在社会变迁中弱化传统观念的影响，传统观念在一定时期内仍然具备连续性和稳定性的特征。因而生育行为中的制度化逃避乃是传统生育文化的核心——传统生育观念在现代社会的继续存留影响到了农民的生育需求，继而影响到其生育行为的表现。刚性的人口控制政策，可以将人口数量控制在正常的社会结构需求范围之内，却无法改变农民对生育子女的性别的偏好，这即是生育的文化边际性。

生育也连带着农民的人生幸福感和人生终极意义。生育在传统社会曾被赋予了十分的重要性，生育文化甚至是维系传统社会运行的基本力量。传统社会中婚姻家庭领域中的典型特征就是男性的单系偏重，这也成为整个社会关系的基本格局。农民的幸福感与生育相联系，可以说传统农民的幸福观就是生育幸福观，它仍然摆脱不了单系偏重的追求。农民的人生终极意义也孕育在生育之中，他们希望通过生育来延续祖宗的生命，并且希望子子孙孙能够不断繁衍，从而使自己也永享子孙后代的香火。

3. 制度因素

探讨生育的制度化逃避，还必须兼顾农民对制度的回应。一般来说，对农民的生育真正有直接影响的，一个是计划生育政策，一个是家庭联产承包责任制。

其一，计划生育政策。

计划生育政策往往被理解为政府的一种控制手段，但是，更深一层来看，这套人口政策的整个体系也是一种文化行为。它有着严密的组织体系，在执行政策的同时能够进行大力的宣传和教育活动。文化行为和政策行为的结合，给生育观念和生育行为带来了深刻的影响。计划生育政策更多的突出了人口数量的控制力度，这也正在成为农民生育观念的一部分，表明了政策的文化功能，但政策无法做到控制人口孕育的过程。所以生育的性别平等问题，通过宣传教育所产生的效果不如强制手段有效，而这一点又恰恰是传统生育观念的底线。生育的制度化逃避，便在寻求变通的同时，又损害了制度本身。看来，生男生女一样的观念，作为一种单纯的文化行为，在计划生育政策中不具备刚性，它继续寻求刚性控制手段的支撑。

其二，家庭联产承包责任制。

对多数农村地区来说，土地仍是最重要的生产资料。家庭联产承包责任制，确立了农户对土地的独立经营权。但这项土地制度的前提仍然是土地公有制，它将原来农民对土地的收益和福利均分权，显化为对土地的均分权，因而它使刺激人口增长的机制继续保留。它与生育的单系偏重结合起来，导致男性生育需求的增加。

四、相关建议

农民生育的制度化逃避，在各方面都有着存在的基础，但其中最根本的，还是文化原因，传统的生育观念的继续留存对农民的生育产生了影响，而且它还有着难以突破的文化底线。只有实现农民生育观念由传统向现代的根本转变，才能使生育的制度化逃避最终趋向式微。目前，这种根本性转变正在进行当中，我们也可以采取一些措施，来加速这个转变过程：

——在坚持现有计划生育政策的同时，对它进行完善，要在政策中明文规定，尊重自然选择胎儿性别的法则，禁止任何个人采取任何形式的人为选择胎儿性别的做法，否则予以法律的严厉制裁。

——在新一轮的土地延包工作结束后，坚持"增人不增地，减人不减地"的原则，坚持土地分配的现状，减轻土地制度对生育的刺激作用。

——建立和健全农村社会保障制度，降低农民养老的风险。

——大力开展农村社区内的文化建设活动，加大对男女平等的宣传力度。移风易俗，倡导现代的生活方式，提高农民的科学文化素质。

(原文约4500字，发表于《中国农业大学学报》社科版2001年第3期)

文摘编辑：翔宇

制约女性发展的结构性因素

张广利

[作者简介] 张广利，南开大学社会学系副教授，博士。

[内容提要] 现代女性虽然已经走向社会，广泛参与了社会生活和社会生产，并获得了诸如参政权、就业权、受教育权、婚姻自主权、继承权等，但在现实生活中，仍然存在男女不平等和歧视女性的现象，阻碍女性的自由全面发展。本文试根据社会经济结构、生育方式、婚姻家庭模式、社会化等结构性因素对这一问题进行探讨和分析。

[关 键 词] 社会经济结构；生育方式；婚姻家庭模式；社会化。

随着生产力的发展，社会的进步，男女平等的思想在很大程度上已为人们所接受，女性在法律上也获得了与男性平等的各种权利。但在社会现实生活中，男女不平等和歧视女性的现象仍普遍存在。究其根本原因，就在于使男女处在不同地位上的紧密结合在一起的结构性因素以及支持这种男女不同地位的文化价值观念。

一、社会经济结构与妇女发展

两性关系从本质上说，是人类社会发展进程中，建立在一定生产力水平之上的生产关系，是一定生产力发展水平所决定的人类物质生产和人口生产两种生产的关系。社会经济结构是一切社会现象中最本质的决定因素，妇女在社会生活中的地位如何，归根到底取决于在社会经济结构中的位置，社会经济结构对男女平等和女性发展的影响主要又受下面诸因素的共同制约。

第一，生产力水平。生产力是一切社会存在和发展的最终决定力量，生产力的水平决定着任何社会其他方面的发展，也是男女平等和女性获得全面发展的最终决定力量。根据生产力的不同水平，社会经济发展可以分为三个阶段：劳力经济阶段、资源经济阶段、智力经济阶段。劳力经济阶段，劳动生产率主要取决于劳动者的体力，生产的分配主要按劳力资源的占有来进行。在这一阶段上，男性凭借着天生的体力优势扮演社会的主角就成了某种必然。女性在体力上的先天弱势，导致了妇女地位的沦落，男女不平等关系随之形成。资源经济阶段一个最大的社会特点就是进行了一次社会大分工，出现了商业和生产的分离。在生产领域，劳动生产率仍然取决于劳动者的体力，生产的分配还主要是按劳力资源的占有来进行。在商业领域，生产的商品需要交换，交换需要信息，在科学技术不发达的条件下，人们获取信息最主要的途径就是流动、“走四方”。由于因两性差别而赋予女性的天然社会义务——“生儿育女”和家务劳动，女性不得不将闯荡市场和“走四方”的许多机会让给男性。男性因为“走四方”变得见多识广，眼界开阔，因为掌握了大量信息变成了社会财富的占有者和控制者，女性发展再一次受到制约。智力经济阶段，随科学技术的不断发展，生产力水平得到极大提高，生产的机械化自动化使生产日益非体力化，即对劳动者的依赖性日益非体力化，即对劳动者的依赖性日益减少，妇女因体力造成的在生产中的劣势正日益减少，从而为妇女就业、参加社会劳动提供了广泛的机会，使妇女地位获得了较大的提高。可见，生产力水平对妇女地位和妇女解放具有决定性作用，然而，生产力并不是决定妇女地位的惟一因素，妇女地位的提高与生产力发展的进程也并非完全一致，当今西方发达国家的妇女解放程度没有我国高就证明了这一点。

第二，产业结构和生产方式。不同的产业为女性提供了不同的就业机会和自身发展的条件。在以第一产业为主的农业社会，生产力低下，女性发展所受的制约多，妇女解放的程度低；以第二产业为主的工业化社会，生产力得到较大提高，社会化大生产为女性的发展提供了必要的条件；以第三、第四产业为主的信息化社会，为女性提供的就业机会大大增加，为女性参与社会生产和寻求自身的发展奠定了坚实的物质基础。

第三，社会分工和男女角色模式。纵观历史，两性的生理差异与社会分工似乎是一种必然现象。社会分工和男女角色模式对男女平等和女性发展具有很强的制约性。在漫长的人类社会进程中，逐渐形成的“男主外，女主内”的社会分工模式，“相夫教子”几乎成为女性人生的使命和信条，“贤妻良母”成为女性追求的理想角色模式。随着社会的进步，传统的社会分工模式和男女角色模式有所改变，但妇女在社会经济生产中的作用实质上没有发生多大变化。只有当女性走向社会大舞台，不甘示弱地要求与男性一起来主宰社会、主宰人生时，才能逐渐打破这种模式。

第四，经济体制。不同的经济体制对女性发展具有不同的影响。在自给自足的小农经济时代，物质资料的生产、分配、交换都是以家庭为基本社会经济单位而不是以个人为基本社会经济单位，这种经济机制导致只有男性家长才享有参与分配社会财产分配体系的权利，女性无论是否参与生产劳动，均被排除于该分配体系之外。这不仅剥夺了女性的经济地位，而且也剥夺了女性作为一个独立人的价值和尊严。新中国建立后，在计划经济体制下，家庭丧失了作为一个经济单位的重要性，这在客观上为妇女以个人身份参加社会劳动提供了前提条件。政府除在法律上明确保障妇女拥有同男子平等的劳动权利外，还制订实施低工资高就业和男女同工同酬等一系列政策，鼓励与扶持妇女广泛就业。使妇女能够大规模地参加社会生产劳动，经济上获得了独立，妇女解放取得了举世瞩目的成就。随着改革开放的深入，中国的妇女解放逐步进入一条新的发展轨道。在从计划经济向市场经济的转轨过程中，逐步改变了以往统包统配的就业机制，妇女就业在很大程度上失去了政府强有力的保护。市场经济的实行，向妇女提出了挑战也提供了新的机遇。但这并不是市场经济体制本身的问题，因为，妇女的解放不但受到社会经济结构的制约，同时还受到女性的生育方式、婚姻家庭模式和社会化等因素的影响。

二、生育方式与女性发展

生育方式和观念对男女平等及女性自身的发展具有重要影响，生育模式不随生产模式的改变而改变，尽管生产模式各不相同，生育模式实际上还是一样，是由不可抗拒的自然天性所决定的。只要生育仍然是一种自然现象，妇女就可能被生育所束缚并影响到自身的发展。由于家庭作为人类的基本组织结构，表面上具有普遍性，故生儿育女、操持家务已经成为女性的天职。人类生育方式只要没有改变，女性无疑就要承担人类、家庭生育的重任。

生育观念对女性的发展也产生重要影响，女性的生育观念直接取决于女性的文化素质高低。由于教育投资中的性别歧视（尤其是农村地区），导致妇女的文化素质的低下，使女性无可奈何地接受并承担传统的角色，认识不到计划生育对自身发展、家庭生活和社会发展的重要性，从而决定了她们对自身发展的认识程度和采取的行动。这主要表现在早婚、早育、多育并以家庭为主要活动场所上。早婚早育限制了妇女许多方面的自由，如继续受教育、获得职业等等，还对母婴产生不良影响。

女性的生育是制约女性发展的一个重要因素，女性为了自身的解放，就应积极计划生育，选择合适的时间，坚持一对夫妻只生一个孩子，尽可能从单纯的生育功能中解放出来，寻求夫妻共同教养子女的方式，以便走向社会，更充分地实现自我的家庭价值和社会价值。

三、婚姻家庭模式与男女平等

婚姻家庭是一种普遍的社会现象，对绝大多数人来说，结婚都是人生中的重要经历。作为男女两性的结合，婚姻家庭的建立有其生物性的基础，同时也是社会的需要。社会为保证人种的繁衍、社会生活秩序的稳定、家庭私有财产的继承等，采取婚姻家庭的形式，规范人类的两性关系。男女两性结成婚姻不是随意安排的，它是奠定在一定的利益基础之上的，通过婚姻结合的夫妻双方从一 开始就肩负起社会对婚姻所规定的相应义务。

在人类漫长的进化过程中，逐渐形成了“年龄上男大女小，能力上男强女弱，身材上男高女低”的婚配模式。从男女的生理差异因素来看，这种模式有其一定的合理性，但当它被人为地强化时，更多的是女性在婚配中遭遇不公平。“男强女弱”作为男女双方自愿选择的婚配模式无可厚非，但当女性的学识、能力普遍提高，很多方面超过男性时，婚配中仍固守男强女弱，不接受女强男弱的事实，就势必造成高学历、高层次、高素质女性的择偶困难。才干、能力、学识是男人骄傲的资本，是获取爱情的有力砝码，而这些却常常成为女性爱情婚姻的障碍。

四、性别角色社会化

社会化就是把一个自然人转化成社会人的过程。自然人要成为社会人需要经过长期的教育与学习，要受到家庭的、学校的教育，环境和社会的影响，要长期地学习本民族的传统文化，而且要学习人类所创造的有益的文化；要广泛地接触社会，要广泛地发生人际互动关系。这个过程就是获取知识、强化思维、开掘智慧的过程，就是认识社会、认识他人，同时也是认识自己的过程。社会化过程的一个重要内容就是角色化。角色化是指一个人进入确定的时空、人际环境时，从自我心态、自我行为转化为符合社会意识、社会心态、社会行为的具有特定身份、地位的社会成员。其中，性别角色社会化对将来的男女平等以及女性的发展具有重要作用。

所谓性别角色社会化是指在特定社会制度和文化背景下，家庭和社会给予人们的关于性别角色差异的教育。它是一种终身教育，这种教育伴随着人的社会化全过程。

综上所述，社会经济结构、生育方式、婚姻家庭模式、性别角色社会化模式相互影响，并紧密地结合在一起，共同影响着男女平等和女性的自由全面发展，如果只改变其中一个结构，则会受到其他结构的抵制而被削弱，结果就只是形式上的改变。在实践中，不能把制约男女平等的这些结构性因素分开来单独考虑，它们形成了一个特殊的相互关联的整体。其中，社会经济结构起决定作用，但是必须同其他三大因素相结合，这三大因素在特殊关头所起到的作用可能超过经济因素。每个结构都形成社会的一个环节，只单独改变某一环节的结构不可能解决问题。

（原文约12000字，发表于《安徽大学学报》哲社版2002年第4期）

文摘编辑：翔宇

丈夫对妻子施暴问题探析

陈少平

[作者简介] 陈少平，福建福州人，福州大学机械系副研究员。

[内容提要] 本文分析了丈夫对妻子施暴这一类家庭暴力问题的现状，探讨了此类家庭暴力的特点和形成原因，传统封建思想遗毒、男权文化、社会的宽容、某些男人素质太低、一些妇女太软弱是家庭暴力问题产生的内在原因。提出了建立防范家庭暴力的社会预防体系的几点建议。

[关 键 词] 家庭暴力；成因；预防体系。

一、现状

家庭暴力发生在同一家庭的成员之间，具有暴力的性质和特征：一方无合理理由而对另一方造成伤害或虐待的激烈的身体外部行为。本文主要探讨丈夫对妻子所实施的暴力行为，这是家庭暴力问题中最为常见的一种类型。

女人在生理上是弱者，莎翁的“弱者，你的名字是女人”的名言在男女生理上比较有其真理性、永恒性，在男女组合的家庭中女人经常成为家庭暴力的受害者。全国妇联接待处 1999 年共收到保护妇女权益信 28.78 万件，接待此类来访共 2800 人次。在这些数字中，涉及家庭暴力方面的占 43%。且这个问题呈增长趋势，1999 年数字比 1998 年的数字增加了三十多倍，其中四川、陕西、贵州、湖南等省份问题较多。

在无锡市的抽样调查中，1.5%的家庭存在着此类明显的家庭暴力，3.5%的家庭存在着暴力的倾向或迹象。辽宁省妇联的统计资料表明 1999 年辽宁省共发生家庭暴力事件 2400 多起。近年来上海市家庭暴力事件也呈上升趋势，1999 年上海市人民法院的民事纠纷案件中婚姻家庭矛盾激化，当事人扬言或有一定行为的伤害、凶杀和自杀的达 1300 多件。上海市妇女权益保护委员会统计，1998 年全市受理和接待家庭暴力事件 3899 件，其中发生在夫妻之间的 2398 件，占 61.5%。北京市社会学研究会曾进行调查，样本范围界定在北京市内 8 个区，发放问卷 2400 份，回收问卷 2118 份，有效率达 88.25%。资料显示：丈夫打妻子的占 21.3%，吵架现象占 81.8%。这项调查的双变量分析表明，男人自己承认打过妻子的概率大于女人承认自己被丈夫打过的事实。《中国妇女报》曾举行“家庭暴力问题公众调查”，调查数据表明有 11.2%的女性承认曾挨过丈夫的打，有 19.89%的男性承认打过妻子。而有 44.9%的男性认为妻子挨打总有其自身原因。上海市有一位被打的妇女自己曾作过一个粗略的统计，一年中被丈夫打过 98 次，其中有一个星期内被丈夫用皮鞭抽打 3 次的记录。《中国妇女报》的记者在四川省部分地区妇联组织采访时了解到，自 1998 年来，在各级妇女组织接待来信、来访中，婚姻家庭类占 70%—80%，而其中属于家庭暴力的案件达 40%左右，个别农村地方达 70%之多。这一采访记录表明，每一个此类家庭暴力案件都渗透着女性的血泪和呻吟，每一位来妇联申诉的女性都脸上淌着泪心里流着血。四川省荣县的一名农妇，由媳妇熬成婆，却仍然摆脱不了丈夫的打骂，结婚 40 年，挨打挨骂 40 载。

二、特点及原因

家庭暴力中丈夫对妻子施暴具有较强的危害性特点，对被害人造成身心的伤害。在四川，上百例此类家庭暴力受害者的女性中，面部、头部受伤的约占 35%，其中留下容貌伤痕的占 15%，受暴后引起其他病痛的占 5%左右。吉林省 1998 年因此类家庭暴力使被害人死亡或重伤的近 100 起。不仅对受害妇女的肉体造成了伤害，更使其心理健康受到不同程度的影响，有的对生活失去了原有的热情，有的产生自卑心理、仇恨心理，还诱发了离异的问题，破坏了家庭的稳定。离婚案中因遭受婚姻暴力而离婚的最多。在离异的近万个无锡家庭中，因家庭暴力而诱发的占 50%以上。同时家庭暴力还诱发其他犯罪的增多，破坏了社会的安定。女性有的在受辱后，纠集家属人员，对施暴者报仇；有的还出现了雇人报复的现象，酿成了不该有的血案。

此类家庭暴力还具有隐蔽性的特点。往往涉及血缘、隐私、经济、家庭面子，父系社会的男权权威等问题，且大多和更隐讳的性虐待纠缠在一起，取证困难，被害人或是害怕再遭报复，或是考虑到保持家庭的完整和家庭成员间的依赖关系以及自己的社会地位、人际交往、口碑形象等诸多复杂因素，而往往忍气吞声，不敢张扬。二是家庭以外的人受“清官难断家务事”观念的影响，视此类家庭暴力为一般的家庭矛盾而作“壁上观”，不愿调解或干预。此类家庭暴力亦具有多样性的特点。丈夫在客观上对其妻子使用了暴力，使被害人在肉体和精神上受到了伤害。现实中的暴力是难以尽数的，其行为大致有虐待、遗弃、强奸、杀人、伤害、精神折磨等。

揭示此类家庭暴力的本质原因，对于有效遏制家庭暴力是极为重要的，这就是：

1. 传统封建思想遗毒。中国数千年男尊女卑等封建思想留下的后遗症，封建的文化规范为家庭暴力打开了绿灯。在封建社会女子嫁夫随夫，妻子应服从丈夫，丈夫教训妻子是家常便饭，在潜意识里部分男人将妻子配偶视为可以任意支配的私人财产。

2. 男权文化产物。当今的社会文化基本上是男性中心本位化。李达在《女子解放论》中对男权文化有较深的分析。他认为："支配社会的一切道德、风俗、习惯、法律、政治、经济都以男子为中心"，以维护男子利益为转移，在这样的社会里，男女在家庭及社会中地位不平等。男性有经济基础有政治权力，女性则没有，男人决策，女人服从是男性文化的集中表现。家庭内部男女不平等与此类家庭暴力有直接的关系，而男权文化则是此一家庭暴力的深层次原因。

3. 社会宽容造成的肆虐。此类家庭暴力还一直被认为是家庭私事，邻居不问，居委会不问，单位也不管，不出人命政法机关也不受理。尽管此类家庭暴力肆虐，但它却成了四不管的真空地带，这种状态，实际上是对丈夫打妻子的一种默许。社会制裁机制乏力助长了施暴者的气焰，政法部门对家庭暴力处理偏轻，打击不力，实际上是对施暴者姑息纵容，失去了法律应有的震撼、预防作用。同时"清官难断家务事"的传统观念也在影响着人们，使社会十分宽容此类家庭暴力。

4. 素质低是其施暴的重要原因。上海市妇女保护委员会调查数据表明，家庭暴力中丈夫虐待妻子呈现"三多"特点，施暴者在30—40岁年龄多，初中以下文化程度多，普通工人多。这一些人文化素质低，不懂法，不畏法，不遵守社会规范。

5. 女方太软弱。在此类家庭暴力中长期忍气吞声的大多数是一些软弱的妇女。她们所遭受的家庭暴力往往形成了一种"虐待周期"，暴力行为重复发生，周而复始，女方的软弱是促使家庭暴力发生和升级不可忽视的原因。

6. 社会地位差别所带来的挫折感和压抑感导致家庭暴力。社会上有些人不能实现自己心中的目标，由于相对贫困和绝对贫困，由于恶劣的住房，恶劣的工作环境，由于缺少工作机会，一些人才会变得有暴力倾象，因此，对妇女施暴的现象较多发生在社会的下层。

三、建立社会防范体系

要消除对妇女的家庭暴力，建立防范家庭暴力的社会预防体系，就必须倡导尊重妇女，爱护妇女的社会风气，反对歧视妇女，建立男女平等的社会风气，谴责和惩治一切侵害妇女的暴力行为，要完善消除对妇女暴力侵害的专门性、预防性和行政性的法律、法规体系及执法监督体系，实现妇女人权保障的全面化，增强妇女的法制观念法律意识和以法维权的能力，重视受理妇女来信，为妇女排忧解难，伸张正义。

1. 要在全社会进一步实施男女平等，不断提高妇女的社会地位。要在接受教育就业等方面真正实现男女平等。要在全社会形成爱护妇女，尊重妇女的社会氛围，要提高妇女接受教育的比例，特别是要增加妇女接受较高程度教育的比例，要使妇女的就业率有一个比较明显的提高，从而提高妇女的社会地位和经济地位，增强妇女在家庭事务中的发言权和决策权。

2. 要加强对丈夫施暴的社会干预。从法律上看，家庭暴力不是有别于社会暴力的暴力，不因其发生在家庭中就不再是暴力。家庭也不应当是庇护所。尽管妇女不应当是社会的弱者，但与男士相比，确实存在体质上的弱性，这种弱性常常使妇女成为家庭暴力的受害者，对于利用妇女的体质弱点而对妇女实施的家庭暴力，应借鉴社会对弱者保护的法律观点，从重从严处理施暴者。

3. 要建立和完善家庭法规体系。反对家庭暴力，要重视预防暴力的发生，在家庭暴力发生后要从严从重处理施暴者，应注意救助妇女。要消除家庭暴力，还必须依靠法律武器，在我国已基本形成了以《婚姻法》、《妇女权益保护法》等为代表的保障妇女权益的法规体系，在这些法规的基础上还要具体立法，而且要可操作性强一些，条例要细化一些，以弥补上述法规宏观立论较多、实施细则较少的欠缺，增强专门法的威慑力，进一步完善法规体系。要着手研究制定我国的反家庭暴力法，从而使反家庭暴力真正有法可依，有法可治。

4. 要增强妇女的法律意识、增加妇女自身以法维权能力，增强防暴抗暴能力，树立自我保护的意识。

5. 要建立健全妇女维权机构。要组织维护妇女权力的网络，要将防治家庭暴力列入社会治安综合治理范畴，形成一个系统工程。全社会要从舆论、道德到法律、制度，从政法、社区、单位到家庭形成一个维护妇女权益的网络。居委会、单位对居民和职工中发生的家庭暴力应该管。社区要设置专门的机构管理家庭事端，处理家庭暴力问题。政法机关更应当充当起司法，执法者的角色，在家庭暴力案件中起执法作用，处罚施暴者。

6. 要建立妇女来信接待处理工作体系。在以往的工作基础上，要加强薄弱地区和环节的建设，特别是要注意一些偏 远山区和落后地区妇女信访工作的建设，使妇女信访工作网能全面覆盖整个社会。要注意搞好接待工作，及时与有关部门取得联系，及时处理信访工作中出现的问题，要定期召开信访工作分析会，还可以形成几家单位包括公检法司等部门参加的联席会议，重点解决信访中出现的家庭暴力问题难点和大案件，使反家庭暴力工作落到实处。

（原文约5000字，发表于《福州大学学报》哲社版2002年第1期）

文摘编辑：翔宇

我国农村妇女自杀问题探析

康 琼

[作者简介] 康琼，湖南师大法学院博士研究生，长沙教育学院讲师，主要从事中共党史研究。

[内容提要] 我国农村妇女自杀死亡率偏高是由多种因素造成的，国家与社会应在加强教育、社团关注、保护权益、医疗保障等方面给予重视，同时个人自我调适和培养良好的家庭环境也是非常重要的。

[关 键 词] 农村妇女；自杀；防治。

农村妇女的尴尬处境来自于她们的边缘身份。首先，她们是农民；其次，他们是妇女。正因为这种双重角色，农村妇女在社会群体中，也就处于更不利乃至更卑贱的地位。作为女人，可能会遭到性别歧视；作为农民，又难以逃避身份歧视，这就注定农村妇女处于一种“弱势群体”的困境 。农村妇女自杀问题集中反映了农村妇女的种种生存困境。

一、农村妇女自杀状况

据统计，我国农村平均每年自杀死亡人数为303047人，每10万农村人口中有28.72人因自杀而死亡。其中，农村妇女自杀死亡人数为173230人，每10万农村妇女中，有38.77人因自杀死亡。而每10万城市妇女中，只有10.65人因自杀死亡。这表明我国农村妇女自杀死亡率远远高于城市妇女，也远远高于城市男性以及农村男性。除匈牙利、斯里兰卡外，我国农村妇女的自杀死亡率比其他国家均高出数倍，中国出现的妇女自杀率高于男子的现象，在世界各国中是绝无仅有的。

我国自杀死亡人口——尤其是农村妇女自杀死亡人口在当今世界自杀人口中所占的比例也是十分惊人的。据世界银行等机构关于“全球疾病负担”的调研报告统计，我国年自杀死亡人数约占世界自杀死亡人数的43.6%，我国女性自杀死亡总人数更是高达全世界女性自杀死亡总人数的55%。

中国农村妇女的自杀率高，尤其是青年妇女的自杀率高。根据测算，我国15—39岁的农村妇女平均每年有99266人自杀死亡（60岁以上农村老年妇女自杀死亡人数为19309人），约占全国自杀死亡总人数的31%，约占农村妇女自杀死亡人数的57.3%。现在每10万名农村妇女中，平均每年有29.40名年龄在15—39岁之间的青年农村妇女自杀死亡，其自杀死亡率为同龄城市女青年的4.7倍，同龄城市男青年的4.9倍，同龄农村男青年的近2倍。

二、农村妇女自杀原因分析

农村妇女自杀问题是多种因素造成的，就农村妇女自身的原因来说，在于农村妇女的生存困境——相互冲突的两种存在状态对她们脆弱心灵的压迫和冲击。

1. 经济变革方面的因素

传统的小农经济文化在农村根深蒂固并仍然起作用。中国人以家庭为单位的农耕生活文化方式维持了几千年，这种田园牧歌般的生活方式不要长时间、长距离地离开家庭，不需要较大群体、较大范围地开展合作，也不会造成太大的贫富差别，因而限制了人的视野和人的想象力，抑制了人的竞争力和创造力。采取这种生活方式的人特别容易满足，即所谓“小富即安”。反过来说，他们对贫富不均的承受能力也差，特别容易滋生妒忌心理，即“不患寡而患不均”，安于现状。一旦社会发生重大变革，出现较大的贫富差异，他们的心态便会失去平衡，就会滋生许多心理问题。

城乡关系的变化也给农民，包括农村妇女以重大的影响。1978年至1984年农民收入增长速度快于城镇居民收入速度，以后逐渐减慢，城乡差距不断扩大。据1997年对城乡居民银行存款的调查统计，农村居民人均储蓄仅295元，不足全国平均水平的1/3，而城镇居民人均储蓄达1500元，是农村居民的5.08倍。在相当多的内地农村，农民仍住在简陋的平房里，日出而作，日落而息，而他们生活水平上升的速度远不能和城市相比，人们很难像过去一样安贫乐道，心理压力增大，尤其是农村妇女，由于承受不了贫富悬殊的压力，容易走上自杀的道路。

2. 文化道德方面的因素

当今农村，男尊女卑、生育至上、包办婚姻等封建残余思想及相关的道德规范仍在流行。男尊女卑使女性处于服从和低下的地位。反映在家庭内部即表现夫尊妻卑，女性成为男性的附庸，妻子遭虐待、遗弃及家庭暴力事件时有发生。现在农村仍存在比较严重的生育信仰，生育至上至尊的观念成为女性一生的锁链，无所谓个人意愿，必须生育是社会规定给女性的惟一选择，甚至生育信仰的核心也只是求子，有时女性被迫沦为生育的工具。包办婚姻也束缚了女性自由的翅膀，从而给他们的整个人生带来了巨大的伤害，于是家庭悲剧尤其是女性悲剧成为了必然的结局。

同时，金钱至上、惟利是图的现代实用主义文化及相关的道德规范也开始风行。今日农村出现了许多以追逐金钱为目的的畸形婚姻。一些妇女，她们对美满婚姻的理解几乎完全和金钱有关，男方经济实力的强弱，彩礼的多寡，成为她们婚姻的惟一选择。由于夫妻感情基础不牢靠，导致大量婚姻家庭问题，甚至酿成家庭悲剧。由于妇女意志薄弱，往往成为家庭悲剧的牺牲品。

3. 社会责任方面的因素

大批的青壮年“农民工”流向城市，在农村主要从事农村生产的是妇女，这无疑加重了她们的社会责任。据《寻求生存——当代中国农村外出人口的社会学研究》一文统计，在调查的280户人家中，即在8个村1022名男女中，完全或主要从事农业耕种活动的只有389人，而389人中有240人是妇女。换句话说，1022人中只有不到38%的人从事农村生产，而其中竟有60%以上是妇女。农村妇女既要承担作为妻子和母亲的责任，还要承担本是夫妻双方共同承担的责任，如生产劳动，教育子女等。负担的加重也是导致妇女自杀的因素之一。

4. 个性心理方面的因素

生活条件的困乏，生存的压力和农村人文教育的滞后，使农村妇女生活在一片精神的沙漠中。农村妇女由于缺乏健康的人格和心理素质，面对各种各样的社会问题，她们的窘迫可想而知，并且可能导致无法自拔，率然轻生。她们的心理承受能力往往被生活的困乏和生存的窘迫挤压得非常脆弱。另外，一直以来女性在社会上的从属地位使她们形成了服从的性格，恭顺、胆怯、逆来顺受等自身不可超越的障碍，也对她们的成长和生存极其不利。作为弱者，她们渴望得到亲人和社会的尊重和保护。而一旦受到伤害，则往往采取扭曲自杀、威胁自杀和惩罚自杀等方式进行反抗。

三、防治措施

1. 加大农村地区教育力度

人文教育的落后在农村非常突出。大多数乡镇没有像样的文化室、图书室。广大农民尤其是农村妇女的文化素质很低，思想观念陈旧、保守。虽然有的妇女受过九年义务教育，但并没有从根本上把观念转变过来，容易被传统意识和生活方式同化。加上经济浪潮的冲击，一些人认为读书无用，不如挣钱养家，于是又过早地放弃了学业。尤其是农村妇女一旦为生活琐事所缠绕就失去了精神食粮的补充和供给，生活越来越空白了。

应该向农民推荐或免费提供书籍，包括政治宣传类、政策法规类、先进人物类、农业科技类、医疗保健类书籍，以及心理健康类、人文科学类、经典文学类的普及读本等。除此之外，利用各种传播媒体尤其是比较普遍深入的电视、电影等，通过开展读书、讲座等文化活动，进行宣传和教育，从而提高农村妇女的文化教育素质。

2. 发挥社会组织和社会团体的作用

要有效地防止农村妇女自杀，必须充分发挥妇联、共青团等农村基层组织的支持和配合。妇联主要从事加强社会文化大环境的自杀预防工作，与基层政权组织紧密配合，把工作送到田间、地头、炕上，帮助农村妇女了解自己的生理和心理特点，认清自我的价值，认识自己的家庭责任，解决她们的实际困难和思想困惑，把妇女自杀意识消除于萌芽状态。共青团工作则重点放在青春期教育和家庭观念的正确引导上。

3. 合法保护农村妇女权益

制定相关的法律法规和正确地运用法律可以减低自杀率，保护受害者的合法权益。比如有关家庭内部暴力事件，必须加强和改进有关的法律和法规，维护妇女的尊严。又如在离婚的案件中，如果离婚原因是由于丈夫的暴力行为或丈夫的不忠行为，应当根据新婚姻法判定，从而维护妇女的权利。对于不幸婚姻状态中的年轻农村妇女，需要的帮助和保护包括：对丈夫施加社会压力，使他改变对妻子不公正的方式；提供实施离婚的法律帮助；提供庇护所来保护受丈夫虐待的妻子；财政资助，使独立生活成为可能；集体的关怀和帮助以处理感情上的压力。

4. 预防和救治并重

在医疗机构和医疗人员的配置上，应把自杀预防和自杀救治作为重点之一。应考虑在各县及部分乡（镇）级医院设立精神病专科，并在精神病专科中设立（生命）危机干预中心，选派具有专业知识、富有爱心的医护人员昼夜值班。在每个自然村，应培训一至两名自杀急救员，急救员应掌握急救的基本技能，随时赶赴出事地点，进行及时抢救。

（原文约4000字，发表于《吉首大学学报》社科版2002年第1期）

文摘编辑：翔宇

文化冲突与青少年犯罪

李晓明

[作者简介] 李晓明，苏州大学法学院教授，硕士生导师，从事刑法学和犯罪学研究。

[内容提要] 本文从文化和文化冲突谈起，系统地阐述了各种文化相互间的对立、冲突和撞击及由此带来的社会振荡。并根据各种文化间相互的作用和特点，依次提出了“诱发源”、“加速器”、“刺激物”、“古老源”等理论，较详细地分析了文化冲突对青少年犯罪的具体影响。

[关 键 词] 文化；文化冲突；文化控制；青少年犯罪。

一、文化冲突——无形的社会振荡器

文化冲突是指在文化传播与传递过程中，由两种或两种以上不同规范文化的接触、碰撞而产生的文化对抗现象。文化冲突是一个多层次、多角度的交融与撞击过程，它既包括不同时期因社会发展而产生的文化规范变迁上的纵向冲突，也包括同一时期因两种文化规范对立而产生的横向冲突。具体有异质文化的对立、本民族文化的变迁、外来文化的影响与传播、国民性格的差异与倾向等。文化冲突的本质是价值观的冲突，它容易使人产生严重的不适应症，如心理失衡、人格异常、行为越轨等。当人们依从某种文化规范的行为与体现现实社会文化的法律规范相左时，就必然产生越轨和犯罪行为。

由此可见，文化规范的冲突必然导致行为规范的冲突，进而给社会造成动荡不安的局面。因此我们认为，文化冲突实际上是一种无形的社会振荡器，而且由于文化的濡化、渗透功能，其振荡范围会波及到社会的方方面面。缘于青少年自身的特点，故其受到的影响会更大。从某种意义上说，尤其在一些特殊背景和历史条件下，文化冲突是青少年获得社会化成功的严重障碍。因为社会化成功的重要条件是社会文化的稳定性与同质性，而社会化承担的任务又是双重的：一是对青少年身体的养育及文化知识和劳动技能的传授；二是向青少年灌输各种社会规范和价值观念，使他们了解在社会群体中任何人都扮演一定的角色，且每一角色都有着相应的规则，大家只有服从和遵守这些规则，社会才能得以安定。要做到这一点，重要的是向青少年揭示确定这些规则的依据——社会价值体系，即通过社会文化向青少年灌输一种社会共有的思想、信念和价值观，这就是社会化和社会稳定所需要的同质文化。文化冲突带来的异质文化和多元文化将严重妨碍青少年社会化过程的成功。如对于婚前性行为，中国人和中国传统文化大都不能容忍，而西方人和西方文化却抱无所谓的态度，这种强烈的文化差异常常使青少年陷入困惑的境地。毫不夸张地说，文化的冲突及其变迁，使其传递功能在一程度上失去了意义；文化的多元化及其异质，又使得青少年无所适从。尤其是来自新奇文化的种种诱惑，往往使得青少年的判断能力、自控能力和选择能力出现紊乱，在这种情况下，青少年的行为失范、越轨与犯罪也就不可避免了。

二、异质文化的对立与撞击——青少年犯罪的诱发源

异质文化的对立与撞击是文化冲突的重要表现形式之一，主要是指特定时期和环境下中国传统文化与外来文化尤其是西方文化间的对立与撞击。具体表现为群体本位与个体本位的冲突、义本位与利本位的冲突、血亲本位与非血亲本位的冲突，近些年来，我国受非血亲观念的影响也愈来愈大，且经济越发展，非血亲观念越严重，社会关系也就更加复杂。社会关系复杂导致的社会矛盾加剧、父母与子女关系的紧张、青少年对家庭的挣脱和背叛等均是影响社会稳定的重要因素。大一统本位与多元论本位的冲突和农本位与商本位的冲突。

由此可见，中西方异质文化的对立与冲突，一是打破了原有的传统观念，这本身就是一种越轨；二是形成了多中心、多元化，这的确为青少年的人生选择增加了更多的机会，但同时也相对增加了选择与把握的难度——极易使青少年造成思想与行为上更多的失误。

三、传统文化与现代文化的冲突与变迁——青少年犯罪的加速器

文化变迁是文化冲突的重要表现形式之一，主要是指文化内容上的更替及数量上的增减所引起的结构性变化。现实生活中，文化变迁往往是社会变迁的先导。一般而言。相对封闭的农业社会文化变迁较为缓慢，并因此创造了极稳定的同质文化。相反，极端开放的工业社会文化变迁却十分惊人，科学技术不仅改变了生产力，且极深刻地影响着人们的生活方式、社会关系和价值观念的变化。如今我国面临着来自异质文化的冲突和同质

文化的变迁的双重压力，此种状态下人们心理的失衡，极易促使一些人尤其是青少年的越轨与犯罪。从这种意义上讲，文化变迁犹如一部社会加速器，对我国青少年犯罪起着直接的推波助澜作用，它不仅影响着青少年犯罪的数量，而且在一定程度上也决定着青少年犯罪手段、类型和特点的变化。具体来讲，这种变迁及影响主要表现在价值观念、权力观念、社会心理、消费观念、生活方式及交际观念等的变迁及其对青少年犯罪的影响上。

我国现代文化与传统文化间的冲突还表现在：一是网络型社会结构与大一统观念的冲突；二是平等原则与等级观念的冲突；三是人、财、物大流动与恋乡情、守故土观念的冲突；四是改革开放与闭守锁国观念的冲突；五是法制与人治观念的冲突；六是民主与专制观念的冲突；七是物质利益与伦理主义的冲突；八是个性发展与群体本位的冲突等。这些冲突最终都集中或体现或作用于青少年的价值观念体系上，且在促使、影响和加速着我国青少年犯罪的变化与发展。

四、外来消极文化的传播与蔓延——青少年犯罪的刺激物

随着我国改革开放的深入，在引进国外优秀文化、先进科学技术和管理方式的同时，一些腐朽的与我国意识形态格格不入的消极文化也乘隙而入。所谓外来消极文化是指从国外渗入的对我国社会发展与进步具有不利影响并可能导致犯罪产生和影响犯罪变化的不健康文化。此种文化对我国青少年犯罪起着直接的刺激与诱发作用。主要表现在：自由化和极端个人主义、西方生活方式、西方黄色文化、西方金钱观以及犯罪亚文化等对青少年犯罪的影响上。

五、封建文化糟粕的残余与影响——青少年犯罪的古老源

我国封建文化中的糟粕是显而易见的，且对当今社会尤其是青少年犯罪的影响根深蒂固。主要表现在：封建特权思想、封建家族观念、封建迷信及封建行帮意识对青少年犯罪的影响。

由此可见，封建文化糟粕是我国青少年犯罪的古老源，不仅滋长着诱发青少年犯罪的因素，而且在一定范围内直接产生着犯罪。因此我们必须高度重视，深刻认识其危害，从提高国民及青少年的文化素质入手，从更新封建旧观念和打击封建恶势力做起，进一步净化社会环境，为社会特别是青少年的健康成长创造一个良好的文化氛围。

六、文化控制——治理青少年犯罪的最佳方略选择

所谓文化控制既是为防止越轨、犯罪而进行的对文化的一种普遍选择，又是对文化产生、发展、变异过程的一种自觉管理和疏导。文化控制的内容和含义是极其广泛的，至少包括思想、道德、教育、信仰、行为规范、舆论宣传、风俗习惯、生活方式、价值取向等。有的学者认为，人实质是动物性与文化性的统一。动物性就是指人的肉体所具有的动物本能，包括食欲、性欲、私欲的本能等。文化性是指人在社会活动中表现出的超生物性、开放性和创造性的行为规范和规则。人类社会的健康发展就是要逐步强化人的文化性，而弱化其动物性。如果某些人无视文化性对动物性的限制或控制，只凭动物性行事，就不可避免地要导致违法和犯罪。因此可以说，人类历史实际上是一部文化性逐步克服其动物性的历史。要预防和控制青少年犯罪，就必须动员全社会的力量对文化环境进行治理和控制，以不断优化社会的文化环境。

当然选择的同时也就意味着丧失，正像当你选择一个人作自己的配偶时，你随之便丧失了与他人相爱的权利。文化控制也是同样。压制和放纵是文化控制的两个极端，需要的是如何掌握这个度或界限，做到文化控制与社会进步兼而有之。诚然，遵守规范并不等于扼杀欲望，张扬个性也不就是允许越轨，理想的模式是文化控制与社会进步相互促进、协调发展，犹如高水平的足球比赛，既要进攻猛烈，又不能出界犯规。

文化控制与治理青少年犯罪还是一项极其复杂的社会工程，需要从多方面、多角度地开展工作。如要从基础教育做起，要注意把住家庭影响关，更要重视学校教育，还要正确把握青少年行为规范和价值取向的舆论引导，以及提高他们辨别善恶美丑的能力等。只有全面而系统地开展对社会文化的整体控制，对青少年犯罪进行综合治理，才能收到应有的社会效果。

（原文约6500字，发表于《苏州大学学报》哲社版2002年第1期）

文摘编辑：翔宇

青少年上网交往之利弊

严仍昱

[作者简介] 严仍昱，安庆师范学院政法经济系教师。

[内容提要] 网上交往轻松、自由，能够促进心理健康，为人们提供了全新的交往模式，但无法实现传统交往的功能，不利于青少年责任意识、社会适应能力的培养。要合理使用网上交往，加强网络伦理道德和网络安全教育。

[关 键 词] 网上虚拟交往；利弊；网络安全；

1. 上网交往是一种全新的交往模式，但无法实现传统交往的功能

“天涯若比邻”网上无限交往满足了社会需求。网上虚拟交往是近十年才兴起的，通过网络进行交流和交往的一种新型交往模式。与传统的人际交往模式相比，网上虚拟交往的最大优点在于突破了时空的限制。网上虚拟交往能满足社会需要，为人们发展自身、了解世界，获取更多的信息提供了更多的机会和途径。

在传统的交往中，人们既要运用语言，又要运用表情、手势、姿态、动作、行为、文字等非语言交往手段。在这种运用多种手段进行交流的传统交往模式中，人们既可以获得准确的信息，拓展知识面；又可以进行思想和情感的交流，获得心理上的满足。

在网上进行交流、交往，人们无需直接面对面，彼此只是通过通信网络在一种虚拟的环境中进行交流，不再有面对面的情感交流，不再有心灵火花的撞击，不再有由于相处而产生的深厚情谊。因此，网上虚拟交往，这种长期的冷面无情的信息交流，将会导致人们对情感的麻木，造成人与人之间的交流、交往仅仅停留在信息的传递上，尤其是对青少年情感的培养极为不利。

2. 上网交往轻松、自由，但不利于青少年责任意识的培养

在网上交往，双方都是独立的主体。人们在这样的情境中，既可以不用彼此掩饰，也可以不用彼此真实面对，因为本来就看不见对方。因此，双方的交流完全是在平等、自由、安全的气氛中进行的。

网上虚拟交往具有随意性。一是交往对象的随意性，二是交流内容的随意性，网络在消除阻碍的同时，也失去了真实。这会导致人们产生强烈的破坏欲，淡化法律意识，最终导致犯罪。特别是青少年，由于他们的辨别力和自控力有限，往往容易上当受骗，甚至会放任自流，最终影响到身心的健康成长。社会是人与人之间各种关系的有机体。每个人在社会生活中扮演着不同的社会角色，形成不同的社会关系，每个人的存在与发展都不是截然孤立的，总是这样或那样在不同层面和程度上与他人和社会发生联系。人自身的发展，人与人的交往，人对社会的贡献都来自明确且认真履行自己的责任。人的道德自律，遵纪守法也有赖于责任感。正是“责任”使得社会成为一个相互规定，相互制约的有机组织。网络在给我们带来一个毫无阻隔的无比宽广的交流空间的同时，也给我们提出了严峻的挑战——如何在虚拟的网络中保持理性和优良品质，对他人、对社会负责。

3. 上网交往能够促进心理健康，但不利于社会适应能力的培养

由于网上交流的隐匿性，人们可以不见面，可以不用真实姓名，这样可以保护个人隐私。因此，在网络提供的这一虚拟空间里，很多人往往容易袒露心扉，倾诉衷肠，甚至可以表达对某些人或某些问题的看法和不满。减缓人们的心理压力，使失衡的心理得到调整，客观上起到了心理调节器或安全阀的作用，从而淡化了内心的矛盾和冲突，并产生安宁感和稳定感，得到心理平衡。但闭锁式的网上虚拟交往会导致社会适应能力的弱化。

网上虚拟交往是一把双刃剑，它在拓展人类交往空间给人类交往带来便利的同时，无疑也给人类带来了麻烦。尤其是对青少年的健康成长影响深远：一方面，网上虚拟交往为青少年提供了全新的交往模式，激发了他们的交往兴趣，空前地拓展了他们的视野；另一方面，网上虚拟交往将无法实现传统交往的功能，影响青少年责任意识的培养，甚至会改变交往的最初目的。互联网有利必有弊，关键在于合理地使用：首先，加强网络伦理道德教育，增强责任意识。其次，教育者要提高网络素质，正面引导，发挥互联网对青少年的积极作用。再次，进一步加强网吧管理，避免青少年受不良影响。

（原文约5000字，发表于《安庆师范学院学报》社科版2002年第1期）

文摘编辑：翔宇

浅议青年“文化反哺”现象

张志刚 郑 艳

[作者简介] 张志刚，大连理工大学人文学院副教授，硕士，主要研究思想政治教育和文化学；
郑 艳，大连理工大学人文学院硕士研究生，主要研究思想政治教育。

[内容提要] 目前出现的大量成年人向青年人学习的“文化反哺”现象，既是社会急速变迁的结果，同时又对这个时代生活的各个层面产生了深刻的影响。我们在肯定其对社会主义现代化建设的积极的推动作用的同时，应注意对其加以正确的引导。

[关 键 词] 青年；文化反哺；社会变迁。

一、“文化反哺”的内涵

“文化反哺”是指一种发生在疾速的文化变迁时代，年长一代向年轻一代进行广泛的文化吸收的现象，其实质是青年文化对成人文化的积极、主动影响的过程。“文化反哺”现象往往发生在变迁的时代，是一种反向社会化的过程。

自人类进入文明社会以来，文化传承在方向上总是自上而下的，年长一代以教化的身份将价值观、知识体系、谋生技能和生活方式传递给下一代，而年轻一代总是扮演着被教化的角色。但是，到了近代，由于科学技术的发展，社会发生了巨大的变迁。在这种急速的社会变迁面前，两代人不同的适应能力使年长一代在丧失教化的绝对权力的同时，却使年轻一代获得了前所未有的“反哺”能力。

1970年美国人类学家M·米德在《文化与承诺》一文中将人类社会由古及今的文化分为三种基本形式：前喻文化（晚辈主要向长辈学习）、并喻文化（晚辈和长辈的学习都发生在同辈人之间）和后喻文化（长辈反过来向晚辈学习）。M·米德指出，在急速的社会变迁的巨大推动之下，“后喻文化”正在出现。

二、青年“文化反哺”的表现

在我国改革开放的新时期，青年人用他们理解的方式对最新出现的现象最先做出了反映，变革传统，更新观念，实践新行为，流行新时尚，青年人具有先锋特征的行为使青年文化在社会各个领域形成了“文化反哺”。

在政治领域，现代政府所推选的社会运动，因民众中青年构成比例的实际增长多半也参照青年人的理想追求与活动状态来拟订，而青年人所积极倡导的奋发创新的改革精神、民主平等的参与意识、求真务实的价值观念也普遍获得了社会的认同。在我国的政治体制改革中，党和国家提出了干部年轻化的要求，并以此作为干部“四化”中的一条标准；在跨世纪人才工程中，一大批年富力强、德才兼备的青年走上了各级领导岗位，成为跨世纪的干部，在我国的政治舞台上发挥着重要的作用。从历史的眼光看，每一代青年人都增加了创造的东西，并不断将其增补到社会的核心价值中来，而到了以知识为中心的信息社会，情况更是如此。

在经济领域，以市场经济为主体内容的现代社会也不得不注视代表时代领潮者的青年本身。放眼今天的社会，流行的时装、风行的小说、热门的音乐、令人陶醉的电视、电影，迷人的广告、招贴可以说大部分都把自己的热情献给了青年人。究其原因，我们看到，在现代社会中，最广大最有活力的青年一代人的行为选择，将直接影响现代经济活动的价值效益。青年文化的领潮和带头作用，影响了大众文化，刺激了大众消费。当青年文化的性质决定了它处于大众文化的领头地位时，“文化反哺”不容忽视的作用使商业渗入到大众文化之中，给商业带来了巨大的利润。

在文化生活领域，青年人的价值观、生活态度、日常行为，以及他们对新器物的使用和对新潮流的了解无一不对成年人产生了影响，使其发生了明显的变化。现代青年率先改变“日出而作，日落而息”的传统生活模式，开始了丰富多彩的文化生活。图书馆、夜校、健美中心、咖啡厅、电影院、卡拉OK成为青年人流连忘返的场所；现代青年抛弃了那种安贫乐道或视钱如命的观念，他们既会创造生活也会享受生活。现代青年头脑灵活、吸收能力强，他们对生活的艺术鉴赏能力、对社会时尚的敏感程度、对未来生活的预知能力远远地超过了他们的父辈。受青年人影响，成年人意识到了安于现状就会落伍，成年人接受了创造与消费并存的观念，他们逐渐意识到，健全的生活应该是：既会创造，又会享受；受青年人影响，成年人在日常生活中也开始关注新的消费品，涉足新的休闲和社交领域，了解各种新的生活常识；而对于诸如计算机、VCD、移动电话、传真机、微波炉等新器物的使用和对包括明星在内的新潮流的了解上，成年人对来自青年人的“指点”只有无条件地接受。

三、青年“文化反哺”出现的原因

从以上的政治、经济、文化生活各个领域中，我们可以明显地感受到青年文化对社会发展的影响和推动作用，感受到青年“文化反哺”给社会带来的变化，而青年“文化反哺”现象在我国的出现是有着其特定的原因的。

第一，社会变迁的加剧，以及面对同样急剧的社会变迁两代人所做出的不同反应是“文化反哺”形成的重要原因。现代社会经济生活和物质生活发生了巨大变革，并由此引发了一系列的社会体制和社会结构的历史性嬗变。青年人头脑里没有旧框框，他们头脑灵活，敏感性和吸收能力强，能够以他们理解的方式对最新发展现象首先做出反映，并以其先进的思想观点、生活方式、时尚潮流来影响成年人。

第二，与同学或同伴交往是青年人获取各种新知识、新价值观念的途径之一，同辈群体是他们知识的“蓄水池”。据复旦大学社会学系主持的“当前青年交往方式”的调查结果，有87%的青年关系最密切的是同龄人。

第三，电视机的普及和大众传播媒介的广泛影响是青年获得“文化反哺”能力的最重要途径。大众传播媒介的改变使青少年对这一世界的了解比成年人更加敏感、更加深刻，他们比任何年代的年轻人都更容易创造出一种新的文化而对主流文化形成反哺。

四、青年“文化反哺”的意义

这种青年“文化反哺”现象对于我国社会主义现代化建设有着其特有的意义和推动作用。

第一，青年人全新的观念与变革精神，使他们成为现代新文化的先锋。青年“文化反哺”现象之所以能够实现，就在于当代青年正从前辈规范行为的从属者，朝着自我规范行为的主动者转化，并发挥着其他群体难以低估的作用。专业化而富有创意的青年群体正是以其高学历、高专业、高创新，创造出崭新的器物、观念与精神，切开了我国各种传统文化封闭的链环，形成与世界新文化的交流与融合，引导社会文化变迁，使中国社会在由他们引发的一系列文化震荡中走向新生，实现现代化。

第二，青年文化反哺推动了商业的发展，使商业利润从青年群体的文化消费扩展到社会大众，促进了经济的发展。青年人制造着时尚文化。青年人求新求异的特质，往往能够把世界潮流、审美倾向、价值观念以及未来信息注入到日常生活中，成为人们追求的理想化生活目标。

第三，“文化反哺”有利于打破成年人的僵化思维，提高他们的社会适应能力，推动社会的发展和进步。青年人在价值取向上较成年人有超前性、异质性、多元性的特点，在价值标准、价值评价和价值选择上与成年人有明显的不同。成年人遵循社会主体文化的价值标准，是一种理想化的、规范的、道德的价值标准；而青年人的价值标准是一种青年亚文化的价值标准，是一种未来理想的价值标准和异质文化的价值标准。在当代社会，较之于成年人，青年人的价值取向具有一定的优越性，更能够适应现代社会的发展，而“文化反哺”使得青年人的价值取向能够影响、作用于成年人，有利于打破他们僵化保守的思维模式，提高他们的社会适应能力，推动社会的发展与进步。

青年“文化反哺”现象是现代社会的一种特有现象，在改革开放的新时期，其在各个方面都对我国的社会发展有一定的推动和促进作用。但同时我们也该看到，青年人仍尚未成熟，青年文化存在着不成熟的一面，社会、学校、家庭不但不能放弃对青年人教育的责任，而且应该积极对其加以引导。在现代社会，经济的发展和物质生活水平的提高使得一些青年人追求高消费，物质欲望膨胀；西方资本主义思想观念和价值观念的涌入使得一些青年人政治觉悟淡化，价值观发生了偏差；多媒体、网络技术的发展使一些青年成为“甲壳虫”或“胶囊式人”，陷入了“现代孤独”；大量信息的泛滥使得一些青年力不从心、不辨良莠，从而出现角色认同错误和反社会的情绪等等。青年人在他们的亚文化生活中，一方面表现出他们“楷模”的积极作用，另一方面也表现出文化创造中的盲目性和任意性。为此，成年人（教育工作者、长辈和师长）应该用自己丰富的经验、较好的鉴别和判断能力，较强的信息把握、过滤能力，为青年人保驾护航，对其加以正确引导，在青年的政治观、世界观、人生观的确立方面，在青年的知识培养、智力开发方面付出艰苦的努力。

（原文约5000字，发表于《中国青年政治学院学报》2002年第2期）

文摘编辑：翔宇

近十年来我国儿童问题行为研究现状述评

李 梅

[作者简介] 李梅，徐州师范大学教育系副教授。

[内容提要] 我国近十年来儿童问题行为方面的研究虽然取得了一些成果，但还不够深入，尤其缺少实证性研究。随着心理健康教育活动在中小学的广泛开展，把问题行为放到行为障碍和情绪障碍中进行研究，可能是问题行为研究的一个新方向。

[关 键 词] 儿童；问题行为；研究现状。

一、关于“问题行为”的含义

迄今为止，“问题行为”尚未形成统一释义。在理解“问题行为”的含义时，应该考虑到下列几点。

1. 问题行为的特殊性

从笔者掌握的材料看，除一项研究涉及教师的问题行为，其余都将儿童和青少年作为问题行为的主体，因此就有其特殊性。首先，问题行为不同于成年人行为。它多发于儿童和青少年，有其自身的规定性，是发展的现象，教育的现象。其次，问题行为不同于犯罪行为。犯罪行为是违反法律的行为，行为的破坏性和稳定性程度比问题行为高，通常需法律制裁。再次，问题行为不同于变态行为。行为的变态与常态，是从心理卫生和精神病学的角度来衡量的，变态行为在临床上有一定的病理症状，比问题行为严重，往往需医疗手段来解决。当然，行为作为一个连续体，问题行为与犯罪行为和变态行为之间并没有截然界限。

2. 问题行为的影响面

问题行为的影响应包括主观和客观两个方面，在客观上影响正常的教学秩序，阻碍集体活动的顺利开展，给学校、家庭、社会带来麻烦；在主观上则影响学生自身的智能发挥、社会适应、品格形成和个性发展，妨碍学生的身心健康。

二、关于“问题行为”的鉴别与诊断

笔者认为，在判定某儿童的某种行为是否属于“问题行为”时可从以下几方面考虑。一是把该种行为与儿童所处年龄阶段的正常状态相比，若明显不同于同龄人的一般行为则可以看作是问题行为；二是与儿童自身行为发展相比，若较长时间存在行为发展上的退步现象，则可能预示着问题行为的出现；三是要看该种行为是否与家庭、学校、社会的合理要求相符，若严重偏离了行为规范则属于问题行为；此外，也要考虑到行为发生的经常性、表现的稳定性，对他人或自身的扰乱性等因素。总之，对“问题行为”的诊断要慎重，尤其要明确“问题”指向的是儿童的某些行为，而不是针对儿童本身，不能轻易给有某种问题行为的儿童贴上“问题儿童”的标签。

三、关于问题行为的分类与表现

由于研究者们对问题行为的内涵理解的分歧，在问题行为的分类上也就存在着差异。

笔者认为，各种分类都有其各自的特点和在具体情况下的适用性。而且，不同角度的分类之间也存在交叉现象，如“拖欠作业”既可归入“过失行为”，也可归入“学习问题”，还可归入“轻微的问题行为”等等。因此，没有必要强求统一。此外，问题行为的表现形式是复杂多样的，有些具体的行为表现很难严格归入某一个类别中去，也就是说任何分类都难以涵盖所有具体的问题行为。因此，对问题行为的分类只具有相对意义。至于采用哪种分类更合适，还应根据具体的研究目的和研究情境而定。

四、关于问题行为的成因分析

儿童的问题行为并不是与生俱来的，而是在成长过程中逐步形成的。那么，问题行为是怎样形成的，受哪些因素影响？其心理动因是什么？探明这一点既是问题行为研究的出发点和落脚点，也是预防和矫正儿童问题行为的关键所在。综合国内有关研究资料，关于儿童问题行为的形成原因有两方面的研究成果。

1. 从外部因素上分析儿童问题行为的成因

从行为总体上讲，问题行为与其他任何行为一样，都是儿童自身因素与外部因素共同作用的结果。相对于儿童的神经类型、性格特点、性别特征等不易控制的内部因素而言，研究者们更关注外部因素的影响，尤其是家庭因素与学校因素的作用。关于家庭影响方面的研究表明，有问题行为表现的儿童，其家庭环境、父母的教育态度和行为等都存在一些问题。我国一次大型的对儿童问题行为的协作调查发现：影响4—5岁儿童问题行为的最主要因素是父母的教育方式和教育态度是否一致；

其次是父母间关系是否和谐；再次是母亲妊娠时的情况、母亲的文化程度和养育类型等；另一项研究则用定量与分析方法专门探讨了亲子关系对少年问题行为产生的影响。研究发现：亲子关系期待型，即父母把自己的夙愿投诸于子女，其子女易出现非社会性行为、反社会性行为以及学力、能力方面的问题。此外，父母教育不一致型也会导致孩子的反社会性行为倾向。还有一项研究具体指出了导致儿童问题行为的四方面家庭原因：一是孩子没得到家长应有的关心；二是孩子感到独立自主的权利受到了限制；三是孩子受委屈后想报复；四是孩子失败后破罐破摔。上述研究成果为我们认识儿童问题行为的家庭原因，从而改进家庭教育提供了科学的参考意见。

如果说学前儿童的问题行为更多受家庭因素影响，那么当孩子入学后，学校因素就成为影响学生问题行为尤其是课堂问题行为的主要因素。有研究指出，课堂管理无序化，师生关系不和谐，教学方法不得当以及教师随意给学生贴上的带有导向性的“标签”都会导致学生的课堂问题行为。

2．*从内在机制上探索儿童问题行为的成因*

问题行为是相对于正常行为而言的。作为一类“特殊的”、“有问题的”行为，问题行为有其特定的产生机制和形成规律。相对于问题行为的外部影响因素的分析，对儿童问题行为内在形成机制的探索更有意义，也更难一些，我国这方面的研究还比较薄弱。有代表性的有下述几项研究。

学者孙煜明从动机和心理挫折角度分析了儿童问题行为产生的心理机制。她指出，学生在学习方面和人际交往方面的失败是其所受挫折的主要来源，有些学生在受到挫折后作出消极行为反应，这些行为可能导致学生又一次的失败和挫折……。一旦挫折后的消极行为形成相对稳定的行为习惯，也就转化成问题行为了。由此，该学者作出了“问题行为是以习惯了的行为方式对冲突和挫折的反应”的推论。

上述推论与林格伦指出的“问题行为的出现往往是作为逃避由挫折引起的紧张和焦虑的心理防卫机制”有相似之处。但它仅是一种推论，侧重于思辨性的理论分析。这种推论是否与实际情况相符呢？另一项研究用实证法对此作了检验。该研究发现，与学业成功者相比，学业失败者的问题行为更多、更严重。对这一结果，结合台湾学者的有关调查结论，该研究分析认为，经常遭受学业失败的学生，由于其成就需要长期得不到满足，不受老师同学重视，经常体验到由挫折引起的紧张、愤怒、焦虑等情绪，这些消极情绪状态引发了一些消极行为反应，该研究还根据归因理论，从因果关系上探析问题行为产生的心理机制不失为一条有效的研究途径。

此外，新近的一项关于学习困难儿童与非学习困难儿童问题行为的对比研究发现，与非学习困难儿童相比，学习困难儿童存在较突出的问题行为，主要表现为：欲求不满的耐受性差；明显的孤独感倾向；有压迫感；缺乏学习热情和成就欲求。学习困难儿童的很多问题行为都是在长期的学业失败中形成的。经常性的学习失败及由此招致的教师批评、家长指责、同学们的瞧不起，直接影响了他们的自我评价，严重地损害了其自尊心、自信心。这些消极的心理品质，又反过来进一步影响了他们的学习态度和学习成绩，最终使他们丧失学习动力，往往采取退缩、逃课等方式避免失败与挫折，或者通过攻击、破坏进行宣泄，表现出较多的问题行为。

总之，尽管上述研究采取的角度和具体方法不同，但在探析问题行为形成的内在机制上有着共同的结论，即都认为儿童的问题行为与其学业失败密切相关，长期的学业失败引起的挫折是导致有关问题行为的重要起因。

五、关于攻击行为的研究

由于“问题行为”是一系列具体的行为的总称，以“问题行为”总体为研究对象就比较笼统，难以深入。加之对什么是“问题行为”没有一致的看法，因而一些研究者采取避重就轻的做法，将“问题行为”分解为具体的行为表现方式进行研究。例如对儿童的攻击行为、说谎行为、吸烟行为、偷窃行为等行为问题的专门研究；以及从心理咨询和心理治疗角度对儿童的抑郁、焦虑、退缩、神经质等情绪问题的研究。其中，攻击行为是最常见的儿童问题行为，其破坏性和扰乱性比较大，因此也就成为研究者主要关注的对象。

从笔者掌握的材料来看，关于儿童攻击行为的研究存在着分歧，分歧点在于对“攻击行为”理解的不同。一种观点认为，所谓攻击行为就是侵犯行为，是指有意伤害他人身心健康的行为。从这一观点出发，研究者对攻击行为的特征、产生原因和心理机制作了进一步分析。另一种观点认为，“攻击行为”与“侵犯行为”在内部动因、表现方式及对个体的影响等方面均有差异。该研究者将问题行为概括为品德性和情绪性两大类，认为侵犯行为属于品德性问题行为，主要是影响一个人德性的发展，而“攻击行为”专用于情绪性问题行为，主要是影响性情的发展，德性和性情共同构成个性的核心品质——性格。该研究指出，在特定的条件下，“攻击型”的问题行为可以转化为“品德不良型”行为即侵犯行为，若教育者把情绪性的攻击行为看作是品德不良行为而贴上标签，恰恰可以促进这种转化。因此，对二者的性质加以区分，有利于防止“品德不良型”问题行为的发生，有利于学生德性的健康发展，最终促进学生良好个性的形成。

（原文约6000字，发表于《徐州师范大学学报》哲社版2002年第2期）

文摘编辑：翔宇

论阅读传统经典

王余光

[作者简介] 王余光，北京大学信息管理系教授。

[内容提要] 在新技术大发展的现代，传统经典是否还具有生命力的问题被提了出来。本文列举近现代学问大家的看法及开列书目，说明今人仍需阅读传统经典，不仅为获取知识，更是为“文化”的传承和“素质”的提高。

[关 键 词] 阅读；传统经典；书目。

长期以来，阅读一直是人们获取知识的主要途径。但到了20世纪末，新技术的发展、荧屏与网络的冲击，使得读书人，特别是青少年，阅读时间大大减少了。因而，阅读的必要性问题，引起了一些学者的重视。

阅读是必需的。但在20世纪，传统经典是否还具有生命力，是否还能拥有广泛的读者？这一问题在20世纪初就已被提出。随着科举与清王朝的结束，传统典籍与知识分子就越来越疏远了。有些知识分子甚至说要把线装书扔到茅厕里去。应该说，传统典籍所构建的知识体系，在20世纪，已经不能适应时代的需要了。但这不等于说，传统典籍就已失去了生命力。

“五四”运动前后，新教育制度的确立和白话文的推行，青年学生，特别是中小学生，已不把传统经典作为主要读物了。但由于传统教育的影响，当时一些中小学生仍然阅读大量的传统经典。当时，在中小学学校教育之外，学生们常常受到家庭或社会的影响，有较多的机会阅读传统经典。社会上一些知名学者也向中学生推荐传统经典。1920年，胡适曾开列一份《中学国学丛书》目录，列举古籍31种，从《诗经》、《论语》到《史记》、《汉书》、从陶渊明、李白到欧阳修、马致远，皆入其选。1924年章太炎在《华国月刊》第二期第二册上发表《中学国文书目》，收录39种古籍。

让中小学生阅读众多传统经典，特别是读那些专深的古书显然是不合时宜的。1949年以后，中小学生除阅读少量古诗文外，都是通过改编本、绘图本或白话本等形式，间接了解传统经典的内容。

“五四”运动以后，传统经典逐步退出了中小学生阅读的领域。对大学生或一般读者来说，传统经典仍然是他们阅读的重要读物，不少学者也很热心向他们开列推荐书目。其中比较有影响的有如下诸家。

20年代，胡适开列的《一个最低限度的国学书目》，收录古籍名著190种，后来作者在此基础上精简成《实在的最低限度的书目》（以下简称胡目）；与胡适同时，梁启超应《清华周刊》记者之约，拟就《国学入门书要目及其读法》，收录古书约160种，后来作者精简成《最低限度之必读书目》（以下简称梁目）；1926年，目录学家汪辟疆列举了国学基本书135种。他又提出国学的“最切要”的源头书10种（以下简称汪目）；40年代，钱穆在昆明给一个文史研究班的学生开列了一个《文史书目举要》。晚年在香港中文大学的讲座中又提出七部书是“中国人所人人必读的书”（以下简称钱目）；1947年，张舜徽先生在兰州大学为学生开列《初学求书简目》，此后又出版了《中国历史要籍介绍》、《中国古代史籍举要》，并主编《中国史学名著解题》（以下简称张目），向学生推介一些常见的史学要籍；50年代，北京图书馆曾推出《中国古代重要著作选目》（以下简称北图书目），这个书目是经过郭沫若、俞平伯、何其芳等人审订过的；60年代，屈万里在台湾出版《古籍导读》（以下简称屈目），推荐古代四部书38种；80年代，台北时报文化出版公司出版《中国历代经典宝库》（以下简称宝库），其青少年版选收古籍45种；蔡尚思在《书林》上发表《最能代表中国文化的40种书》（以下简称蔡目）；到90年代，教育部提倡大学生素质教育，一些大学推荐出名著导读书目，如武汉大学的《大学生文化素质教育百部名著导读》（以下简称武大书目），北京大学的《学生应读选读书目》（以下简称北大书目），清华大学的《学生应读书目（人文部分）》（以下简称清华书目）。

上述书目所收传统经典，大致可分为八类：（1）四书五经；（2）前四史与《资治通鉴》；（3）先秦诸子；（4）其他子部书，如《论衡》、《坛经》、《颜氏家训》、《明夷待访录》等；（5）唐宋诗文；（6）其他诗文，如《楚辞》、《文选》、《陶渊明集》等；（7）古典小说，如《三国演义》、《水浒传》、《红楼梦》、《儒林外史》等；（8）其他，如《左传》、《说文解字》等。

这八类书的收录情况如下：（1）四书五经，各目均有收录，其中《诗经》、《论语》二书收录次数最多。（2）前四史与《资治通鉴》，除胡目外，各目均有收录，其中《史记》与《资治通鉴》二书收录次数最多。（3）先秦诸子，除北图书目外，各目均有收录，其中《老子》、《庄子》、《荀子》、《韩非子》、《孙子兵法》诸家收录次数最多。(4) 在其他子部书中，被各目收录较多的书是：《论衡》、《坛经》、《颜氏家训》、《明夷待访录》。(5) 唐宋诗文，各目均有收录。1949 年以前各目多收个人文集，如李白、杜甫、白居易、韩愈、苏轼等人的文集。1949 年以后各目多收选本，如三家大学书目均收《古文观止》、《唐诗三百首》等，反映了大众读书的一个基本倾向。(6) 其他诗文，以《楚辞》、《文选》、《陶渊明集》、《世说新语》收录次数最多，宋代以后的诗文被推荐的较少。(7) 古典小说，1949 年以前，除胡目之外，其他书目均不收录。胡目推荐了《西游记》、《水浒传》、《儒林外史》、《红楼梦》等。1949 年以后，大多数书目都推荐了古典小说，四大古典小说《红楼梦》、《三国演义》、《水浒传》、《西游记》的影响与日俱增。(8) 其他书籍，以《说文解字》、《左传》二书收录次数较多。

从以上各类传统经典被推荐的情况来看，不少名著是有着持久的生命力的，如《诗经》、《论语》、《孟子》、《史记》、《资治通鉴》、《老子》、《庄子》、《荀子》、《韩非子》、《楚辞》、《文选》、《左传》等书，有些名著其影响力则随着时代的变化而变化，如《明夷待访录》、《古文观止》、《唐诗三百首》、《说文解字》及古典小说等。从总的方面来看，20 世纪传统经典的基本阅读倾向是：从艰深到浅显，从文言到白话，从原本到节本，从专集到选本，体现了传统经典阅读大众化的发展方向。

可以说，传统经典在 20 世纪不仅具有生命力，而且还拥有广泛的读者。那么，在 21 世纪的今天，我们为什么还要阅读这些传统经典呢?

1923 年，梁启超写了一篇《治国学杂话》的文章，就为什么要阅读传统经典，提出了两层意见。一是，作为中国学人，就有必要读一些中国传统经典。他在《最低限度之必读书目》后的附言中说：“以上各书，无论学矿学、工程学……皆须一读，若此未读，真不能认为中国学人矣。”1942 年，朱自清在《经典常谈》里也持有这样的观点。他在该书序言中说：“在中等以上的教育里，经典训练应该是一个必要的项目。经典训练的价值不在实用，而在文化。”对于中国的学人，阅读传统经典，正是在这“文化”二字上。二是，梁氏认为，不仅需要阅读必要的经典，对那些“最有价值的文学作品”和“有益身心的格言”，还需要熟读成诵。

那些传统经典中的好文学，浇灌和滋养着我们的心灵，使我们有涵养与情趣；而圣哲格言，在为人处事方面，给我们以指引，不致使我们陷入困惑的黑暗中。在 20 世纪 90 年代，经过多次动荡的中国教育界，多少已意识到素质教育的重要性。可以说，对于中国学人，阅读传统经典，正是在这“素质”二字上。

注重传统经典的阅读，或许源于中国悠久的传统所赋予我们与生俱来的情感。然而，在美国，习读经典名著，特别是习读传统经典，同样是受人关注的话题。早在 20 世纪初，哥伦比亚大学就创设了“文学人文”和“当代文明”两门本科生的必修课。前者致力于提供一个欧洲文学名著的标准选目，后者提供一个哲学和社会理论名著选目。这两个目录包含了大量的西方传统经典。40 年代，美国许多大学开设了这类课程。一位哥伦比亚大学的校友在谈到母校坚持开设这类课程的原因时说：“学校很清楚地知道，消费主义和平庸趣味的污染从来没有远离过这些经典著作名单。学校试图通过它组织和教授这两门课的方式驱除这种污染。首先，阅读常常是艰涩的，对当代的学生来说尤其如此。这是对西方传统的极度尊崇，而且校方坚持认为它是必要的。……它们应该成为每个人的教养的一部分。”

今天，我们阅读传统经典，不仅是为了获取知识，也是为了一个悠久文化的传承与发展。这或许是寻求一个完整、独立的自我与品格的最好途径。

(原文约 8500 字，发表于《北京大学学报》2001 年第 1 期)

文摘编辑：石新中

龙源考辨

仓林忠

[作者简介] 仓林忠，盐城工学院社会科学系副教授。

[内容提要] 龙不是远古人类想象出来的神灵，而是自然界中客观存在的水生动物。从龙的身体形态、行动方式、生活习性、人类对龙的驯化利用等方面来看，龙的原生形态是鳄不是蛇。现代东方龙的形象是中华故地上多民（部）族文化融合的产物，鳄的自身特点及其在图腾文化中的优势使它从原生形态走向东方神龙。

[关 键 词] 龙；灵；蛇；鳄；考辨。

我国古代龙文化源远流长。(1) 以龙为族徽标志。(2) 创龙形文字、以龙纪年、称氏命名、分司列职。(3) 以龙命名自然界的其他事物。(4) 造土龙求雨。(5) 美化器具、环境。体现了远古人类对龙的形态美和力量美的崇尚。

那么，远古时代的龙究竟是指自然界中的什么生物呢？

一、龙的原生形态是鳄不是蛇

1. 从龙的身形体态和行动方式来看，龙的原生形态是鳄不是蛇

自然界中较高级动物的身体形态，绝大多数都可分为头、身、肢（翼）、尾四大部分。判别龙的原生形态是蛇还是鳄，我们可先从龙身体的这四部分来比较。从体形看，龙长身有鳞细尾，近蛇。而鳄，大的身体长达 3—6 米，尾巴长；身体覆盖着表皮性角质鳞，鳞片保留终身，逐渐地生长以替换磨损；鳄长身有鳞细尾亦与龙同。龙“状鱼身”、“细颈”。鱼身形既有鳝、鳗等近于浑圆的，也多鲫鱼般的侧扁或鲉鱼般的扁平。蛇亦细颈，然身近乎浑圆而不扁。鳄同样颈部较细，但躯干部较扁平。说龙鱼身蛇尾而不是蛇身蛇尾显然就是指龙的身形扁平，近鳄而远蛇。从头首看，郭璞注蛟为“小头”，但早于郭的王充却在《论衡·龙虚》中云：龙，马、蛇之类也。《尔雅翼·释鱼》曰：世俗画龙之状，马首蛇尾。马首与蛇尾相对，龙头当不为小。山西襄汾龙山文化陶寺遗址出土的彩绘螭龙陶盘，龙头方大，可证王说。蛇头圆小或呈三角形、菱形，不似马头。鳄头虽扁，却大而有棱，脸面方阔。在彩绘中螭龙头呈方形，巨口露齿似鳄，龙近鳄而远蛇。从龙吻看，迄今所知年代最古的辽西发现的两条飞龙均为鸭嘴，鸭嘴即扁而长的嘴；内蒙古翁牛特旗三星他拉村出土的大型玉雕龙是长吻，惟其长吻，才可看出是扁嘴。蛇吻短，看不出嘴是扁的，鳄吻长而扁，龙近鳄而远蛇。从龙睛和龙的脸面看，《山海经》云烛龙“直目正乘”。直目，即纵目，指眼眶呈纵向开裂。正乘，指从龙的正前上方看，龙的脸面就像一个“乘”字。蛇大多头面部较光滑，瞳孔虽呈垂直椭圆形，但眼小，眼睑愈合为罩于眼外的透明膜，固定不能活动。鳄头面部粗糙多棱，目眶成纵向开裂。扬子鳄眼大，有上下眼睑及瞬膜，瞳孔垂直，双目位于额前两边，嘴阔大向两边开裂，类于后世的饕餮纹，从正面看确像一个“乘”字。传为龙属的夔，笔者以为其字乃象形，是活脱脱的一个头背生纵棱、直目对称、面多皱痕、阔嘴龇裂的鳄首形象。《山海经》中描述能食人的窫窳形貌时而为龙首，时而为人面；神鼍围状如人面；雷兽人面龙身。盖鳄头面部呈长方形，目生头额中后部，左右对称，鼻孔一对，开口于吻前端上方，鳄口在下颚前部向后开裂。人在岸上偶尔看到鳄从水中露出头部，朝位置较低瞬间即逝的鳄看去，鳄的面部五官摆布与人脸确有某种相似之处。蛇头圆小或呈棱形、三角形，不似人脸，龙近鳄而远蛇。从肢爪看，西水坡蚌塑龙，有雄劲的鳄腿，甘肃武山西坪出土陶瓶上的龙纹似蜥蜴高举两肢。龙有四肢而短，鳄亦有四短肢，蛇无肢；龙前肢五指，后肢四趾，鳄亦前肢五指，后肢四趾；龙指趾具尖锐的爪，趾爪间有蹼，鳄指趾亦具锐爪，趾爪间亦有蹼，龙近鳄而远蛇。从产卵看，龙卵于陵，卵形如石瓮。陵即水边高地，瓮当是“蛹”字通假，石瓮即如石壳包裹着的蛹。蛇卵壳一般为革质，不似石质。鳄一般产卵 20—50 枚于水边高地的腐草之中，卵长约 7 厘米，用石灰质或革质的壳包被。石灰质近石质，龙卵近鳄卵而不似蛇卵。从龙体表的颜色看，史籍中仅见赤、黄、青、白、黑等单色龙的记载，却未见过有杂色花龙的记载，其中时代最为久远的龙图腾是太昊氏部族的苍（青）色龙。自然界中不仅有青、红、黄、白、黑等单色蛇，还多见杂色斑斓的花蛇。鳄一般为青褐色，扬子鳄背面近黑绿色，散有黄色斑纹，亦近于青褐色，其他色彩的不多见，具鲜艳杂色的更是见所未见。从体表色彩的单纯性看，原初图腾龙是鳄而不是蛇。

龙有四肢，有力地证实了龙是鳄而不是蛇！

从古人误将蜥蜴、壁虎当作龙、鳄体形比蛇更接近蜥蜴、壁虎来看，龙是鳄不是蛇。

从古人对龙形体的比拟来看，龙是鳄而非蛇。

从龙的行动方式来看，汉代以前的彩绘、考古遗址中龙在陆地上多腾跃飞翔之态，龙在陆地与水中的身形姿态和行动方式证明，龙是鳄而不是蛇。

2. 从龙的生活习性来看，龙的原生形态是鳄不是蛇

从对水的依赖性看，龙近鳄而远蛇。

从对人类或其他动物的攻击性威胁性看，龙近鳄而远蛇。

从有无蜕皮习性和以毒液伤人来看，龙近鳄而远蛇。

3. 从远古人类对龙的驯化利用来看，龙的原生形态是鳄不是蛇

4. 从远古时龙蛇并提分列却未见鳄图腾的记载，证明龙是鳄不是蛇

在崇拜自然力的远古时代，人类既能以蛇熊牛猪等为图腾，以鳄为图腾乃是应有之义。但在我国古典籍中，有关蛇及其他图腾的记载俯触可见，为什么就偏偏不见鳄图腾的记载呢？这一历史之谜迟迟不能解开，就是因为鳄在它远古时代的名称不叫鳄，而被叫做了“龙”。

二、威猛矫健的现代东方龙的形象是中华故地上多民（部）族文化融合的产物

龙的原生形态是鳄，但到了近世，龙的形象与鳄相比发生了很大的移易，成了生有鹿角鱼尾、圆睛外突、嘴角生须、口中含珠、颔下有髯、背上有鬣、出于水而带火附云的神龙。龙形象出现这样的发展变化，与我国历史上多民（部）族的文化交流与融合有关。

我国古代史上曾经发生过多次各民（部）族交汇杂居与融聚合流的时期。这些最终汇聚成中华民族的各民（部）族，有远古时代的渔猎、农耕、游牧部族，包括黄帝尧舜禹时的太昊氏、炎帝、黄帝、蚩尤等部族，有西周春秋时期的华族与夷蛮戎狄，有两晋南北朝时期的汉族与匈奴、鲜卑、羯、氐、羌等，有唐时的突厥、靺鞨、吐蕃、回纥、南诏等，有宋元时期的契丹、女真、党项、蒙古等族，有清朝的满、蒙、回、藏及各少数民族。在漫长的历史融合过程中，与黄帝族一脉相承的华、汉族成为中华民族的主干成分，其他民（部）族有些消除了与汉民族之间的差异，逐渐汇入汉民族之中，却在历史文化上留下了自己的痕迹；有的保持了自己的民族特质，但又与汉民族在文化上长期相互渗透影响。各民（部）族文化长期交汇、碰撞、融合、积淀的结果，使我国历史上源远流长的图腾龙逐渐被打上了多民（部）族文化的深刻烙印。

伏羲氏“始作网罟”，渔猎是伏羲氏部族的重要生产方式。在渔业活动中，原始人类常会受到鳄的袭击，与鳄发生殊死搏斗，切身体会到鳄的凶猛，因而对鳄产生恐惧敬仰感，鳄成了东方伏羲氏部族图腾。鳄的本色是青褐色，故被称为青龙。龙性居于水，故饰以水波纹。伏羲氏崇拜太阳，又使图腾龙的口中含上了（或在龙前方闪耀起）一颗跳腾着火焰的浑圆宝珠。与伏羲氏部族同时共居于古中原东部地区的还有少昊、女娲、共工等小部族。史载伏羲、女娲兄妹通婚，当指伏羲、女娲两部族互为姻族，平辈男女间互称兄弟姊妹。少昊崇鸟，女娲崇蛇，共工崇水。这些部族文化的汇入使伏羲氏图腾龙的形象发生了第一次变化，即龙的躯体从鳄的平扁状演变为蛇一样修长椭圆，有的龙身上还被安上翅膀，龙爪变得像鸟爪一样细劲尖锐。随着炎帝族东渐，农业生产成为我国数千年来社会生产的主要方式。因了炎帝族农耕文化的传承衍化和长期影响，图腾龙头上蜥蜴的独角变成了牛的双角、扁平的鳄头变成饱满的牛头、纵向的鳄目变成牛的外凸大眼，薄薄的鳄唇变成牛的厚唇，龙的周身带上了火，出现赤色的龙。黄帝族入主中原后，崇云崇黄的意识在图腾龙身上得到反映，龙的身体四周出现了盘旋围绕着它的云彩纹饰，通体黄色的金龙成为最尊崇的龙。北方游牧民族文化在龙形象上的烙印也很明显，如认为龙头似驼（马）、鳄背上的棘刺为飘扬的马鬣所取代、龙头上的牛角演变成有分岔的鹿角、龙下颌出现了山羊胡子一样的龙髯等，皆为北方游牧民族文化积淀的体现。至于龙相互镶嵌着的方形鳞片变为鲤鱼的环形覆瓦鳞片，龙的尾巴变成带鳍的鸟鱼尾，龙的口中伸长出八字形的两撇龙须，显为江淮河济渔业地区文化影响的遗存。我国古代习惯于以中原为中心，用青红白黑黄分别代表东南西北中五个方位及居住在这五个地区的民族。随着龙图腾为各民族所接受，各民族亦以自己居住地为准则分别崇尚不同色彩的龙，原先青褐色的鳄发展成为青、红、白、黑、黄等带有区域民（部）族色彩的龙。我国历史上有龙生九子的说法，各地各族的图腾牛、狮、龟、鳖之类均成了龙。据孙海波《甲骨文编》，龙的异体字有41个，也印证了远古时代的龙文化确实汇集了我国古代多种图腾崇拜和民（部）族文化的特征，也从某个侧面暗示了我国远古时各民（部）族趋向融合混一的历史进程。所以，当代的中华龙，是我国历史上多民（部）族文化融合的产物。当然，远古时代的鳄变成当代中华龙，还与各地区历代民间艺术家的艺术创造有关，正是由于一代又一代受各民（部）族文化长期熏陶的民间艺术家的创造与再创造，远古史上的龙才得以逐渐摆脱鳄的原型，演变成现今人们常见的兽头蛇身鸟爪、跳腾出水、附火环云、世间不存却有迹可寻的威猛神奇的东方龙。也正因为现代龙的形象与鳄的原型发生了很大的差异，才使得人们对龙的由来扑朔迷离，猜疑莫辨，莫衷一是。

三、鳄的自身特点及其在图腾文化中的优势使它从原生形态走向东方神龙

许顺湛《中原远古文化》曾列举过炎黄时代33种图腾，到尧舜时期只剩下7种。到了近代，惟独只有龙图腾以其蓬勃巨大的生命力发展成为中华民族的共同象征。

其原因，笔者以为不在于拥有它的民（部）族强大，因为先后征服中原地区的炎、黄部族并不是龙图腾最早的拥有者，最后都不得不接受了龙图腾。所以，龙图腾之被发扬光大，有鳄自身方面的原因。鳄“是侏罗纪和白垩纪曾一度繁荣类群的幸存者。实际上它没有改变地生存了约1亿6千万年”。在人类处于蒙昧时期时它就与人类共处于地球之上。鳄行动迅速，进攻有力，惯吃任何鸟类和哺乳类，能够把猎物从岸上拖入水中并猛撕成块。可以说，在人类与大自然数百万年的斗争中，鳄一直是人类最常见最可怕的敌人。人类对鳄从恐惧到敬畏到崇拜到以之为氏族图腾，是一个自然发展的过程。除此之外，人类对鳄的崇拜经久不衰，还由于鳄的如下使古人感到惊奇不解的特点：鳄具有不同于其他动物的4个室的心脏；鳄属变温动物，能随外界气温的变化自动调节身体的温度；鳄能一次产卵多枚，1983年7月12日上海动物园饲养之鼍，竟一次产卵30枚；鳄依靠巢穴的温差决定幼鳄的雌雄；鳄不仅能长时间地屏息潜伏于水中，雌鳄还能在长达84—90天的孵化期中“不食不寝不息”，完全停止饮食；鳄很有灵性，可以驯化；能凭敏锐的嗅觉找到水源；听觉灵敏，能听到几公里外的声音；鳄很少生病，长寿，能活到一百多岁；鳄肉甲皮骨血都可以疗疾；鳄从水中出现时常伴有雷电风雨。再加上古人误将鳄与壁虎、蜥蜴当作同一种动物，认为它能大能小、登高入水、变色藏身等。鳄的以上这些特点使它不仅在形象上比其他生物图腾更有优势，而且使它在人们的心目中比其他图腾更神奇更具撼人心魄的力量。在无法战胜自然力而又不得不祈求自然保护的远古时代，人们必然将鳄看成神奇的具有超凡能力的神物。这种认识逐渐地为先后到达中原地区的各民（部）族所认同强化并取代了他们原先各自的民（部）族图腾，鳄也就成为远古时代中华大地上各部族共同的图腾并从它的原生形态逐渐走向了近现代的东方神龙。

（原文约11000字，发表于《江苏广播电视大学学报》2002年第4期）

文摘编辑：翔宇

吐鲁番绿洲文化的特点及其形成原因

尚衍斌

[作者简介] 尚衍斌，中央民族大学历史系副主任，教授，历史学博士。

[内容提要] 吐鲁番是东西方文化、农耕与游牧文化交融聚合的地方，是西域文化的缩影。该地具体文化现象和基本史实揭示出吐鲁番绿洲文化具有多元性、独特性、开放性的特点。分析这种文化形成的原因，对于从多视角认识西域文化无疑是一种有益的启示。

[关键词] 吐鲁番；绿洲文化；高昌；民族；中国。

吐鲁番位于新疆塔里木盆地的东北部，自古以来就是东西交通的要道，是古代“丝绸之路”必经之地，该地区北面有天山山脉，博格达主峰终年积雪，融化的雪水给盆地提供了充足的水源，加之土地肥沃，所以早在公元前2世纪就已是一个农业发达、人口众多的绿洲。就是这样一片十分有限的区域内，古代各民族以自己的勤劳和智慧创造出高度发达的绿洲文化，并为沟通古代东、西方文化的交流做出重要贡献。

一、吐鲁番绿洲文化的特点

众所周知，在人类历史上，影响深远、历史悠久的文化体系只有四个：即中国、印度、阿拉伯伊斯兰文化和希腊、罗马西欧文化体系。而这四大文化汇流的地方只有一个，这就是中国的新疆地区，它们之所以能够在这里汇流，则要归功于横贯东西方的“丝绸之路”。如果西域（本文指中国新疆地区）文化是一种十字路口文化的话，这一特点在吐鲁番绿洲文化上表现得尤为突出。吐鲁番绿洲文化的特点主要表现在以下方面：

1. 吐鲁番文化的多元性。首先，这里是世界上古代宗教最活跃、最发达的地方。据各种文字文献、壁画及出土文物证实，吐鲁番曾传播过所有世界性宗教。

其二，文字的多样性。根据汉文史书记载，公元5—6世纪时的吐鲁番地区同时使用汉文和胡书（当地民族文字）。

其三，从当时的行政体制、职官制度、婚姻、服饰诸多方面看，吐鲁番地区受中原、印度、波斯和北方游牧民族多种异质文化的影响。

2. 吐鲁番文化的独特性。吐鲁番绿洲文化的独特性，表现在融农耕文明与游牧文明为一体，并以绿洲文明为主。由于该地干旱少雨，农作物主要依靠天山融化的雪水灌溉。历史上吐鲁番经济、文化的发展与水利的开发和利用密切相关。《周书·高昌传》：“诸城各有户曹、水曹、田曹。”此处言及“水曹”显系专管水利之官。吐鲁番出土的汉文文书亦提到唐西州时期专管水利的机构，如贞观二十二年的“知水官”、“水子”、“掏拓所”。迨至蒙元时期，水依然是统治者直接控制的国有资源之一。蓝史铁刊布的一份蒙古文文书说：“完者帖木儿谕令火州亦都护真帖木儿、万能的达鲁花赤万户布伦海及其官员们……兹任命此阿桑职掌火州水务。”并命令阿桑保护诸王份地，其副手不得允许任何人私自用水。如有人私自用水，并使用诸王份地，将受到惩治。由这份蒙古文文献我们看到，诸王的份地是由亦都护负责保护的，亦都护手下还有掌管用水的管员，吐鲁番的农耕是绿洲农业，全靠雪水灌溉。灌渠沿线的农田用水孰多孰少、孰先孰后，极易引起争吵。因此，掌管用水是地方政府职能之一。吐鲁番本土当以农业为主，这是毋庸置疑的。但在王国管辖的天山以北地区则有辽阔的优良牧场，适宜畜牧业的发展。高昌回鹘政权极可能采取的是北方游牧民族常见的“双王制”，亦都护王室把西州（吐鲁番）作为首府，把北庭（吉木萨尔）作为夏都。所以，当北宋使臣王延德于公元984年到达高昌时，回鹘狮子王正在北庭避暑，让其舅舅阿多于越监国。据王延德报告，（高昌回鹘）王、王后、太子的马群放牧在百里草原上，马按毛色分群放牧。这说明王族还保持原有的游牧传统。

3. 吐鲁番文化的开放性。我国的漫长历史从来没有脱离过与外来民族、外来思想、外来信仰、外来风俗的交光互影，文献中也保存着与外来文化交际的丰富记录。这使中国认识了“他者”和异域，并且借助于与“他者”的来往和与异域的交往而更好地认识了自己。季羡林先生指出：“民族不论大小，也不管它对世界文化做出过多么大的贡献，他总是要接受外来文化的。”韩儒林先生也指出：“一个民族，如果自己不振作，停滞不前，不能吸收周围其他民族的先进科学技术以济己之短，那就必定要衰败没落。”吐鲁番古代维吾尔族就是一个善于进取、开放求新的群体，作为古丝绸之路上的活跃角色，他们对外来文化具有极强的吸收能力。

早在漠北游牧时期，回鹘汗国的牟羽可汗曾将摩尼教立为国教，与此同时，粟特商人也把摩尼教带入吐鲁番盆地。甚至怀信可汗在公元803年来到高昌，请求摩尼教大师前往漠北传教。公元840年回鹘西迁到吐鲁番盆地以后，摩尼教在亦都护高昌王的保护下更加兴盛起来。吐鲁番地区摩尼寺院遗址中发现的摩尼教壁画及许多带有插图的突厥语摩尼教文献即为明证。但十分有意思的是，9世纪中期回鹘西迁后，在当地居民的影响下全面接受了佛教，他们用回鹘文翻译了大量佛教经典。近代吐鲁番地区的佛教寺院遗址、石窟寺出土的大量佛教遗物充分说明了这一点。

4. 吐鲁番文化的放射性。吐鲁番犹如一个大的文化市场，不同民族、不同区域的文化在此交融和汇聚。吐鲁番的古代民族在吸收外来文化的同时，也将东西方的文化传入周边地区，被传播的文化有时又反作用于吐鲁番，文化交流之互动在这里表现得尤为突出。

二、吐鲁番绿洲文化形成的原因

1. 独特的自然生态环境与绿洲农业文明的有机结合，吸引许多商贾、僧侣、使节来到吐鲁番，使其成为文化传播的载体。“吐鲁番”一词在古代突厥语中的意思是“富庶丰饶之地”。对此，汉文史书有类似的记载。《汉书·西域传》记曰：“（吐鲁番）皆膏腴之地。”由于水利灌溉系统颇为完备，这里“地产五谷”。主要农产品有小麦、大麦、水稻、玉米、豆类等粮食作物和棉花、葡萄、西瓜、哈密瓜（哈密瓜的产地在吐鲁番的鄯善县，尤以鄯善东湖瓜品质最佳。哈密瓜名称的由来与明、清时期哈密郡王的进贡有关）、芝麻等作物。

由于吐鲁番优越的自然环境与经济条件使其不仅成为东西方各种文化交往的孔道，而且是北方游牧民族南下的咽喉之地。因此这里的民族成分十分复杂，其中包括土著的车师人，从中原、河西迁来的汉族大姓以及从中亚经商来此定居的粟特人。吐鲁番及西域大部分地区与中原的交往始于西汉时期，到南北朝时期（420—581年），众多汉人为避战乱从内地迁居于此。汉族人麴嘉建立的麴氏王朝（498—640年）存在一个半世纪之久，汉文化在这里影响很大。粟特人的故乡在中亚阿姆河和锡尔河之间的泽拉夫珊河流域，这一地区以撒马尔罕为中心，分布着大小十余个操粟特语的民族建立的城邦王国，中国史书上称他们是康、安、曹、石、米、何、史等“昭武九姓”。从吐鲁番出土文书可以发现，早在公元5世纪前半期粟特人即已进入高昌，其聚落的位置极可能在高昌城东部。此外，高昌“萨薄”制度的存在，以及麴氏高昌文书中常见的供祀天或胡天的记录，都透露出粟特胡人聚落的真实存在，他们曾将祆教信仰传入吐鲁番。显而易见，多民族的聚居是导致古代吐鲁番文化呈现异彩纷呈的重要原因之一。

2. 唐代以前，西域地区未能形成统一而又强大的割据政权。因此吐鲁番或为两大势力争夺之地，或隶属于不同民族的统治，这种较为松散的统治模式有利于外来文化的渗透。

公元前3世纪初，天山东部地区的土著居民是姑师人（姑师，后来称作车师），其活动中心在吐鲁番盆地。它的东面是定都长安的汉朝，西南、南面即是西域诸国，北面是士气强盛的匈奴。后来，汉、匈开始在西域角逐，争夺之交点就是车师人所在的吐鲁番。西汉时期，汉朝与匈奴为争夺车师交战五次，史称“五争车师”，结果匈奴降汉，汉朝控制车师之地。汉朝为了分而治之，把原来车师人的领地按地理形式划分为八国。其中，车师前王国就在吐鲁番盆地。从此，吐鲁番盆地开始成为一个独立的王国和政治实体。其后不久，前凉、后凉、西凉、北凉政权相继统治吐鲁番。尽管高昌当时是河西各地方政权的一个郡，由于长期以来与中原的密切联系，其行政制度、军事设施与汉、魏以来中原的设官立职基本相同。后来吐鲁番先后隶属于柔然、突厥、回鹘、蒙古等民族统治，各种游牧文化在此汇合。但就各种文化对其影响的力度而言，汉文化首当其冲。史书中说，高昌国中有《毛诗》、《论语》、《孝经》等儒家经典，这些记载的准确性被出土文书证明。在阿斯塔那古墓中，就发现过《毛诗郑笺》、《孝经》、《论语》等。高昌王大力提倡儒学，目的是利用汉文化的影响力巩固他在这个地区的统治。由上述可以看出，因为吐鲁番绿洲长期以来隶属于外族或外来势力，所以各种异质文化在此得以传播。

3. 民族迁徙乃至战争往往在客观上为吐鲁番文化的形成和传播提供了一种可能性。中国历史上的游牧民族多兴起于漠北高原，然而一旦纷争失败，往往西向迁徙，而吐鲁番极可能被其作为首选目标。公元460年，柔然立阚伯周为高昌王，可以说阚氏高昌国基本上是柔然的傀儡政权。公元487年柔然北部的高车族的副伏罗部叛离，西迁至吐鲁番盆地西北建立高车国。其后突厥、吐蕃、回鹘、蒙古等游牧民族的铁骑先后抵达吐鲁番盆地，从而促使这里的经济、文化走向繁荣。

（原文约8000字，发表于《中央民族大学学报》哲社版2002年第5期）

文摘编辑：翔宇

文化产业与现代城市的经济社会发展

石潇纯

[作者简介] 石潇纯，娄底师范高等专科学校学报编辑部主任，副编审，从事文学、社会文化学研究。

[内容提要] 文化产业是一种基于现代工业基础上的文化产品的生产方式，是当代国民经济新的增长点。随着世界经济文化发展的一体化趋势，文化产业的发展与现代城市的经济社会发展休戚与共。

[关 键 词] 文化产业；现代城市；经济文化一体化。

文化已成为世界范围内经济社会发展的价值。经济文化一体化发展、环境与文化协调发展，已成为当今全球一体化发展的重要趋势。

一、概念与特征

单纯就现象而言，文化产业是指随着大众传播技术和商品经济的发展，文化产品像其他产品一样，借助一定技术手段，按照一定生产程序与原则大批量生产，作为商品进入市场交换的现象。

文化不仅是物态的，同时也是精神的，具有意识形态属性，这是它区别于其他类商品的根本点所在，只有清楚地认识到文化生产和文化产品的两重性，既看到它意识形态属性的一面，又看到它的物质形态一面，既将它摆到精神文明建设的重要地位，又将它放到经济的层面进行考察，才能准确把握和理解文化产业的概念。

文化产业是一种基于现代工业基础上的文化产品生产方式，关于文化产业的定义很多，1997年芬兰教育部受欧盟委托，成立文化产业委员会，该委员会对文化产业的定义被世界广泛接受，这一定义认为文化产业主要包含三层含义：第一，文化产业是基于意义内容的生产活动，即是一个涵盖数个产业领域的综合性产业，从体育、服装、建筑到几乎一切具有现代文化设计标识的产品，世界贸易中的几乎所有形式。第二，文化产业是指从艺术创作到销售的传统与现代艺术和文化领域。从这一意义出发，文化产业既包括文学艺术和音乐创作、摄影、舞蹈、工业设计与建筑设计，以及其他各种创造性的艺术活动；还包括文化艺术活动的生产和销售，如艺术场馆、文博馆，以及各种形式的文化娱乐、演出、教育活动。第三，文化产业是对文化产品进行制作和传播的行业，包括新闻出版、广播影视、音像网络等。当代文化产业在发展中体现了如下特征：

1. 生产方式的重复性

文化产业是基于现代工业基础上的文化产品的生产方式，与手工时代的文化生产的最大区别在于其借助现代科学技术的重复复制性。重复复制使文化产品在较快的时间内广泛传播，引起大众关注，形成消费热点，从而创造较高利润。

2. 生产和消费主体的大众化

文化的市场化和大众传媒的发展，使文化的地域特征正在被铺天盖地的商业化大潮席卷而去，大众文化生产机制使原以高雅著称的文化具有了平均性、同质性、大众性和普遍性。同时现代科技在文化产品生产中也越来越占有重要地位，内容复制技术得到迅猛发展，使越来越多的人参与到文化艺术的生产中来，大众既可以是文化消费的主体也可是文化生产的主体。

3. 生产内容的休闲娱乐性

随着全球经济一体化发展，产业向下游化转移，大大改变了人们的生活方式和交往方式，休闲娱乐成为人们生活的重要组成部分。文化产业与现代生活方式相适应，以满足人们的精神文化生活需要为最终目的。以体育、旅游、演出、传媒为代表的文化生产和服务部门均在极大限度地满足人们休闲娱乐的需求。

4. 生产目的的逐利性

在市场经济条件下，文化产业服从资本的逻辑而追求"利润最大化"。文化商品化的根本目的是为了"增值"，这就使文化产品具有了两重性质和两种效益——精神价值与商品交换价值、经济效益和社会效益。在其生产、消费过程中，出现两种效益的分离和两种价值的倒挂。这正是我国发展社会主义的文化产业应引起高度重视和注意的。

此外，知识和人才的密集性、发展速度的裂变性、资源利用的可持续性等是文化产业随着现代科学技术的高速发展而呈现的新的特征。

二、文化产业与现代城市的关系

1999年由欧洲社会基金资助的ICISS项目的总结报告中指出：21世纪的成功城市将是文化城市。文化不仅仅代表着各种文化产品，更意味着生活、表达、思考和学习的方式。文化已成为城市发展战略的主轴，经济、社会、技术和教育战略与文化的关联越来越密切。在未来的竞争中，信息与知识是地方经济可持续发展的关键，只有那些学会了如何战胜文化挑战的城市才能得到最佳发展。

随着工业化时代的过去，城市的功能发生了划时代的变化。其服务功能的强化，则是最重要的变化之一，新的城市竞争以“后工业服务型经济”为特征。当今世界不少城市的第三产业的比重已达到70%到80%。从发达国家的经济发展规律来看，当经济发展到一定水平时，第三产业的发展速度普遍高于第一、二产业，对整个国民经济的发展，起到明显的促进作用。第二次世界大战前，第三产业主要集中在商业、交通、通讯业；60年代以后，第三产业重心转到金融、保险、服务业；70年代以来，第三产业主要以高科技、信息业、娱乐业、旅游业、广告业为主，亦即以知识、以人才密集性为主要特征的文化产业群。如果一个城市不能敏感到这些变化，及时捕捉到这些信息并及时调整自己的产业结构，则将导致城市后发力量的减弱并最终走向衰落。

概括而言，文化产业在城市经济社会发展中的地位和作用主要体现在以下几个方面。

1. 文化产业是现代城市发展的动力和基础

现代城市是现代文明发展的产物也是现代文明的物质载体，而随着经济的发展，城市的现代化水平的提高，文化因素在现代经济增长中的作用日益显著。著名管理学家赫曼·梅纳德认为“一个社会的发展是以企业为核心的，其意义已越过单纯盈利而不对社会负责的围城企业，具有政治、经济、文化的多种功能与作用。”现代企业已远远不是传统意义上的生产单位，企业的无形资产价值在企业发展中已处于重要位置，它除了与企业的产品质量、服务质量、市场占有份额有密切联系，也与企业的理念及价值观、社会声誉、形象等休戚相关。同理，城市经济的重构也改变了投资主体的投资参照标准，其中之一就是保持充满活力的、积极向上的城市形象，这不仅包括城市的基础设施，也包含“生活质量”和“环境”等更多要素。一个城市的文化资源中的某些要素，诸如文化氛围、建筑遗产、公共空间等越来越成为城市招商引资的焦点。

2. 文化产业的发展有利于优化城市的产业结构、广开就业门路、促进经济发展

知识经济的迅速兴起，给世界经济的发展和经济增长方式的转变带来深刻的影响，城市面临这一冲击的前沿地带、传统的产业结构明显落伍于时代的变化，因此产业结构的升级换代成为城市实现跨越式发展的首选策略。

文化产业具有知识密集、技术含量高、附加值高的特点。文化又是一种软资源，具有少污染或无污染，可以多次开发，重复开发和不断转换的长处，具有投入少、产业高、增幅大、带动力强的特点，文化产业的发展可以大幅度提高第三产业的比重，尤其是文化产业中广播电视、新闻出版、广告咨询等领域。由于技术密集、信息密集、人才密集，常常成为各种先进科学技术的实验物。它的发展将有力配合科技成果转化为生产力和市场优势，构筑人才基地，提高第三产业的技术含量和技术等级，使文化消费成为拉动经济社会发展的重要手段。文化产业的发展正是一个富有发展前景的增长点，产业结构的调整必然造成大量失业人员，而文化产业的发展，将开辟新的就业空间，缓解经济结构调整带来的社会压力。据资料统计：加拿大从事文化产业人数约75.2万人，占总就业率的6%；澳大利亚从事文化产业人数占总就业率的10%；新西兰文化产业就业人员8.7万人，占总就业率的5%。1987—1993年，美国文化产业的就业人数年增长率达2.7%，三倍于其他行业的增长率。在我国，1996年，上海的文化娱乐业为其创造了4万个就业岗位，1998年，北京市文化单位从业人员22.4万人，约占全市从业人员的5.1%。

此外，文化产业的增长也带动了相关产业的发展。如广播电视业将带动音像、影视、声像、游戏软件、家电、通讯设备、广告展览及服务市场；文化娱乐业将推动旅游、宾馆、餐馆、交通、演艺市场等，同时，文化产业的发展也为高新技术产业拓宽了市场、促进商业、金融业、房地产业的全面发展。

3. 有利于提高城市居民的文明素质，提升城市品位

文化产业是教育人、不断满足公众文化需要的根本途径。根据当代经济学家的研究，一个国家在步人小康水平后，人们对物质需求的增长会相对减弱，而对于精神文化需求包括文化娱乐、艺术欣赏、信息交流、旅游观光、教育进修等的增长会相对加快，进入“追求时尚和个性”的需求阶段，这就要求多品种的生产方式与之相适应，从而促进以满足人们精神文化需求为目的的文化产业的大发展。伴随文化产业的活跃而生的，是文化生活的进一步丰富，城市文化氛围的进一步增加以及城市形象的进一步完善。总之，伴随世界经济文化发展的一体化趋势，文化产业的发展与现代城市的经济社会发展息息相通、休戚与共。

（原文约4500字，发表于《娄底师专学报》2002年第4期）

文摘编辑：曾祥玉

民俗旅游的人类学探析

周　霄

[作者简介] 周霄，湖北大学人文学院中国文化研究所研究生，主要从事旅游人类学，旅游文化学研究。

[内容提要] 从人类学的角度系统阐述了旅游民俗的概念体系与类型，以及民俗旅游的本质与特征，并从文化变迁、组织重构、角色认同和社会控制等方面对民俗旅游的社会文化影响进行了简要分析。

[关 键 词] 旅游民俗；民俗旅游；社会文化影响。

民俗，即民间风俗，是由人民大众集体创造、相沿成习的一种生活文化。在人类的文化意识形态结构中，民俗处于最低层，具有混沌性和原生态的文化特点。它代表了至为本质的民族品格和地方特色，因而葆有丰富的文化底蕴和多彩的生活情趣。作为一种极具吸引力的文化资源，其开发价值在现代旅游中日益表露出来。

一、民俗旅游的本质与特征

1．民俗旅游的本质

民俗旅游是一种高层次的文化旅游，关于民俗旅游的具体概念和本质规定，学界尚无定说。在《中国旅游百科全书》中，对民俗文化旅游的定义是：观赏、考察、了解不同民族具有的传统性文化风俗习惯的旅游。也有学者认为，“民俗旅游是以特定地域或特定民族的传统风俗为资源而加以保护、开发的旅游产品”。这些定义从直观的角度对民俗旅游的形式与内容进行了基本界定。在意识形态层面，更有学者以人类学视野加以观照，提出“民俗旅游是全球化背景下权力政治、资本与地方性文化之间共谋的结果，是一种后现代文化现象，服务于民族——国家的现代化建设诉求”。诚然，民俗文化旅游作为一种具有独特文化意蕴与价值的符号体系，在民俗旅游消费的场景中继续着现代性话语对于民间、边缘文化的霸权性质。

笔者认为，民俗旅游标榜出一种值得我们进行深刻反思的意识取向——殖民化倾向。为了满足处于“文明”强势地位的外来旅游者的旅游需求，旅游地居民将自己生活区域的相当一部分转变为公共区域，成为旅游目的地（有时这种转变是考虑到经济增长的因素自愿的，有时则是迫于当地政府的宏观经济政策被动的）；而游客则在此无所顾忌的拍照、游玩，并大肆购买土特产和纪念品带回家，同时在与当地居民的接触过程中又将自己的文化经济价值观念“渗透”到其意识形态之中，这一点与“殖民主义”颇为相似，表现出权力膨胀下的一种空间扩张。基于上述各种认识，可以对民俗旅游的本质作出如下阐释：民俗旅游（1）是整合了“观光旅游”和“文化旅游”后的一种变体；（2）以与众不同的自然生态和民俗文化特性作为旅游开发的基点；（3）其目标所指的人群在自己居住的范围内不完全属于该国政治或社会意义上的主体民族；（4）表现了一种特殊的经济交换关系，旅游地居民通过出售自身民族文化的形式并提供展演场地，从而获取一定的经济利益和就业机会。囿于文化表演与文化体验本身的仪式属性以及民俗持有者和旅游者之间不可逾越的文化围城，民俗文化旅游的开发始终存在着真实性开发和扭曲性开发之间的矛盾，只要不超出某种可信程度和范围，适当对旅游民俗加以包装（而非臆造）应是可以接受的。

2．民俗旅游的特征

——地方性。俗话说“百里不同风，十里不同俗”，空间地理位置不同，人们的生活习俗可能存在很大的差异，这就是构成民俗旅游动机的主要诱因。作为旅游者而言，民俗旅游为其提供了一个良好的学习了解“地方化知识”的机遇，因此，只有使民俗旅游产品更具鲜明的地方特色，才能形成强烈的吸引激发。

——民族性。旅游民俗是“旅游民族”所拥有的经济文化资源，也是这些“旅游民族”生活原貌的仪式化展现，民俗旅游需对其产品进行正确的民族性定位，借以反映出较为浓厚的民族文化气息。

——民间性。这一特征是由民俗的本质属性所决定的，依据“大传统—小传统”、“精英文化—大众文化”的分类描述框架，民俗是和“官方礼仪”、“宗教盛典”相对应的，其基调是“俗”——即民间性，民俗旅游应取材于民间风俗，以显示这一项目的固有特色。

——真实性。尽管民俗文化展演不能完全还原民俗持有者的文化生态，但旅游开发者所推出的民俗旅游产品仍然需要是相对真实的，单纯为了满足旅游者猎奇的心理需求搞文化“杜撰”是绝对不足取的，民俗旅游的有关活动要与营造的建筑、服饰、器皿等相一致，共同合成逼真的文化情境。

——和谐性。对于旅游者，民俗旅游以“入乡随俗”为目的，旨在通过这种专项旅游的方式去体验“他者”

文化，在"娱己"的同时加深对"主人"的理解；对于当地居民，民俗旅游扩大了本民族与其他民族接触的机会，形成新型的"族际交际"。有鉴于此，民俗旅游可以被看作是一种双向的文化交流，它以主客双方的和谐共谋为终极目标。

二、民俗旅游的社会文化影响

旅游的社会影响是迄今为止国外旅游社会学与旅游人类学研究得最多、最充分的领域，其中绝大多数研究又集中在东道社区或社会，而且，旅游对目的地的影响还可分为三个方面来探讨，即社会文化影响、社会经济影响和社会环境影响。对比这三方面的影响，经济影响在一定时期内大体上是"双赢"的，社会文化影响大部分令人不快，环境影响则是混杂的。本文将着力论述民俗旅游的社会文化影响。

1．民俗旅游与文化变迁

显而易见，民俗旅游者和民俗持有者是生活在不同文化范式之下的，其观念形态、生活方式、语言习惯等因素通常带有不同的文化色彩，他们所代表的是两种内质和规则也不尽相同的文化系统。当旅游者进入民俗体验场景中，其自身所携带的"客位文化"必然性地会对当地的"主位文化"造成一定的冲击，影响到目的地的生活形态、社会构造等方面，由此又带来环境和人的联动变化，即引起文化变迁。笔者认为，东道社区或社会的民俗文化变迁实质上可以看作是旅游地原始文化和旅游者外来文化两个相互开放的文化系统之间随着其碰撞发生的持续地交互适应，且在变迁过程中，两个"对峙"系统内部是不断地进行自组织修复的。值得注意的是，民俗旅游所导致的文化变迁是不可规避的，要做好民俗文化资源的保护性开发，必须秉承费孝通先生提出的对待"他者"文化"美人之美，美美与共"的文化观，这一点与现代化的文化殖民刚好是相悖的。

2．民俗旅游与组织重构

随着时间的推移，开展民俗旅游对旅游目的地社会组织基础的动摇会日臻明显，尤其是在那些质朴的传统社会中，当地人的经济观念越来越强烈，原来不受经济法则制约的生活领域逐渐变得商业化和商品化了，经济上的计算成为人们处理人际关系的重要标尺。原有社会组织基础的瓦解，使得建基之上的社会分层结构和地区组织属性也相应地发生变异。民俗旅游确实扩大了社会分层，对经济价值的强调使家庭出身或社会地位等传统社会分层标准被"金钱"置换了，由此而产生了一个新的社会阶层：中产阶级。应该看到，民俗旅游的深入开展使地方资源的价值得以重估，从而使得许多人（包括地方精英）的地位产生巨大变动，新生的旅游企业家多数不是地方精英，而是"城市"中产阶级。民俗旅游对地区组织属性的影响主要表现在对城市化的促进上，在边缘旅游区，民俗旅游开发不但帮助社区留住了将要迁移的人员，而且将那些寻求工作与发展机会的外来人也吸引进来。这种城市化发展的显著标记是：社区的产业结构发生重大转型，农业的支柱产业地位逐渐被第三产业所取代。

3．民俗旅游与角色认同

全球化和世界一体化进程的加快，使许多边缘族群慢慢地为主流族群所同化，以中国为例，55个少数民族，大部分都已汉化，他们只在其生活领域中保留着比例极小的所谓"传统"的具有民族性的东西。但是，在民俗旅游开发的推动下，旅游民俗成了一种可供利用的市场资源和族群交往的外在符号，由旅游地居民高度参与的职业性民俗旅游活动，在很大程度上可以强化参与者对本民族群体身份及其传统文化的认同意识。一个显见的事实是：民俗旅游的发展为那些边缘族群提供了一种对内相互凝聚、对外扩大影响的途径，同时它还正在帮助其重新确立自己的民族认同。从社会分工的角度着眼，民俗旅游也改变了当地妇女对自我角色身份的认识，她们不再赋闲在家从事一些琐碎的家务，而是抓住旅游开发带来的就业机会，积极进行"角色再造"，于是，在当地的旅游服务业中，如旅游定点饭店、旅游工艺品纪念品生产厂家等地方，当地妇女占据了大量岗位。这些变化改变了女性在家庭中的"附庸"地位。

4．民俗旅游与社会控制

毋庸置疑，民俗旅游开发包含有拉动旅游地经济增长的初衷。经济落后地区旅游发展的一般模式是：最初自然发展，当地人主动地参与建设，到一定阶段后，当旅游地先赋资源不足以支持进一步发展时，外部的政治机构和经济集团以"投资者"或"扶贫者"的姿态介入进来，继而成为旅游战略的制定者和经营运作的操控者。在这一过程中，当地逐渐失去了对资源的控制权和对重大问题的决策权，相反，他们自己成了外来集团控制的对象，在许多存有分歧的地方，由于众所周知的原因，当地政府不得不作出一定的让步与妥协，以求基础设施建设或民俗旅游项目开发的投资能够顺利到位。但投资者关心的往往是其资金能否尽快收回并产生效益，这种考虑问题的思路极易导致民俗旅游开发中的短视行为，为追求经济利益的最大化而以当地自然文化生态的破坏为代价。因此，在关于当地民俗旅游开发与保护的原则性问题上，地方政府需重新争取主动、坚定立场，以资源的永续利用和可持续发展为计。

（原文约5500字，发表于《湖北民族学院学报》哲社版2002年第5期）

文摘编辑：曾祥玉

旅游际遇的社会文化意义

夏正伟

[作者简介] 夏正伟，上海大学文学院历史系副教授，硕士。

[内容提要] 现代旅游正以前所未有的平等、亲善、和平的姿态进入当今世界的社会生活。而世界规模的旅游，尤其是国际旅游所引发的主客际遇包含了丰富的社会文化价值。它不仅增强了不同文化间的交流和传播，而且有助于推动人类文化世界历史性进程，并可达到推动文化变迁的目的。

[关 键 词] 旅游际遇；社会文化；意义。

现代旅游已全面进入人们的社会生活，并形成了具有世界规模的人群的流动。正因为现代旅游的出现使人类的流动性真正回复到开放平等的状态。殊不知，近代以来，人群的流动更多是通过殖民、移民、战争等军事的、政治的和经济的形式表现出来。即使是表现为文化形式，也是带有野蛮性、强制性和被动性。"在这种情况下，文化往来往往践踏了弱小社会的信仰和习惯。"二次大战前后形成的现代旅游不仅排斥任何不平等的人际交往，而且排斥任何有违于和平目的或有损于促进世界各国之间尊重和信任基础的交往。大量统计数字和时事报道的案例不断反复证明这样的事实，任何暴力、血腥、战乱，或者哪怕是政治或经济的不稳定都会使人们远离旅游。因此，旅游在本质上反映了人类寻求亲善、和平的意愿。

至今仍在不断增长着的世界规模的旅游，尤其是国际旅游必然引发世界范围内各种不同文化的碰撞。事实上，只要旅游者与接待地居民之间发生主客的际遇，不论是群体还是个体，必定会造成各种文化价值的接触和碰撞，并且从中孕育着显著的社会文化意义。旅游主客际遇所闪现的社会文化效应，可以从以下几个方面加以阐释：

首先，我们可以看到旅游者身上透出他所在国的社会文化特性。尽管，人们对于人与文化关系的理解各不相同，但在旅游际遇中，旅游者作为文化的主体总是体现了特定的社会文化。在当今多元化文化的世界中，旅游者因承载并凝聚其母国文化全部特质而成为各种不同文化的代表和使者。旅游者在旅游主客际遇中与东道国居民之间的文化接触贯穿于旅游的全过程，从而构成今天世界文化交往的一道十分壮观的风景线。这就是旅游文化学所关注的社会文化现象。我们还可以从其他角度来认识旅游际遇中强烈的文化需求。我们知道，旅游者的出游包含了丰富的文化动机。按照麦金托什所划分的旅游动机类型，其中文化方面动机和人际方面动机关涉到旅游的社会文化内容。几乎所有社会学家和旅游界人士都把文化作为旅游动机的重要基本类型。因为，文化几乎成了所有旅游客源国旅游者出游的主要动因，如欧洲旅游区的旅游者把文化作为他们外出旅游的首要动因。同样，旅游接待地的文化功能越来越占有突出地位，以文化为中心的各种特殊旅游项目正在兴起，如考古旅游、宗教旅游、修学旅游、仿古旅游、古运河旅游、丝绸之路旅游等等。如果再作进一步探讨的话，我们发现，旅游与文化在哲学上达到惊人的一致。旅游被视为现代工业社会的"社会疗法"，旅游者因自我调节、防卫或逃避等心理趋向，纷纷离开常住地外出寻求满足其更换环境、愉悦身心、洗涤胸襟、陶冶性情等的自身需要。这一过程恰好是人自我释放，走向自由的过程。从文化的角度而言，自由也是文化的中心性主题。卡西尔在《人论》中说道："作为一个整体的人类文化，可以被称之为人不断自我解放的历程。"恩格斯则把自由与文化的关系表达得更为透彻，他说："文化上的每一个进步，都是迈向自由的一步。"因此，旅游和文化在人及其生命活动的本质上达成了内在的统一。

其次，从业已开展的国际旅游活动的实践中，我们可以看到，旅游主客际遇的文化碰撞普遍存在。文化是一种历史现象，它不仅为特定社会的所有成员所共同拥有，并以社会的形式得以传承、进化和发展，而且随着社会物质生产的发展，不同民族有不同的社会文化内容。旅游者一般都具有国籍的、民族的、地区的差异，这些差异常常在他们的衣食、忌讳、信仰、礼仪、习俗等方面表现出来。常言道，"千里不同风，万里不同俗。"而旅游者不同的文化背景是由于各地不同的地理条件、经济状况、生活习惯、民族意识、时代风格等造成的。旅游客源国与旅游东道国之间的文化差异是使旅游发展保持持续不断繁荣的文化动因，并引发旅游活动广泛的主客际遇和文化碰撞。旅游者与东道国居民之间密切的社会文化关系涵盖了旅游活动的全过程。对旅游者而言，它包括关于宗教、文学、艺术、教育等各类精神文化胜迹和文化产品；它涉及到有关道德、风俗、习惯和语言等因素的作为社会行为的规范文化产品；还包括建筑、机械、工具、器皿等物化形态的物质文化各种形式。此外，旅游际遇还与深层次的社会文化相关。从心理层面理解，它涉及到民族心理、社会心理和个体心理，从观念形态上看，它包括价值观念、思维方式、审美情趣等。当然，旅游东道国对旅游者的文化吸引首先在于两者之间社会文化的差异性。一般而言，旅游目的地和旅游客源国的文化差异越大，对旅游者越有吸引力。这已成为今天旅游资源开发遵循的一个基本原则，即把握住旅游吸引物的独一无二性，垄断性。也就是人们常说的愈是民族性，愈具有世界性。同时，旅游的文化价值还在于旅游际遇主客之间的文化的相似性，即在旅游中时常表现出来的文化认同和文化寻根。

第三，旅游者与东道国之间主客际遇的各种社会文化碰撞的表现形式十分错综复杂。从旅游文化学的角度看，它涉及到旅游活动的全过程，并与旅游的食、住、行、游、购、娱六个环节紧密相关。在旅游者与东道国居民之间发生文化碰撞的过程中，主客双方在文化价值取舍以及文化交往感受和体验方面则大不相同，出现了不对称关系。

旅游际遇是普遍的社会文化现象，并在世界范围内不断扩展。那么，究竟怎样看待上述旅游际遇的社会文化效应呢？又究竟怎样看待旅游际遇的社会文化意义？

第一，现代旅游是在当代世界一体化趋势下形成并发展起来的。在世界一体化潮流的推动上，形成了世界性文化交流的强烈需要。不同民族文化间相互渗透、交流和促进，构成了人类文化发展的一个主要内容。现代化的传播媒介和交通工具大大缩小了世界各民族文化间的时空距离。而社会和经济的深刻变化也使人们更强烈地希望通过文化交往来探索和解决面临的共同问题。同样，旅游活动中不同文化价值体系在世界一体化的主题下有着更多共性需要。现代旅游正是这一需要的直接体现。现代旅游带来的不断增强的流动性，迅速打破不同文化间的时空关系。同时，现代旅游以其无处不及的渗透力把那些遥远的、与世隔绝的文化融入世界文化的大家庭。文化交流的频度增强了，文化传播的周期缩短了。与此同时，人类文化的和谐与自由主要体现为人与人、人与国家及国家之间、民族之间等文化关系的和谐。旅游际遇的文化碰撞告诉我们，世界文化大家庭通过旅游直接交往形式表现出了世界文化的多样性，世界一体化也是以文化多样性为前提的。旅游以其开放、和平、善意、平等的姿态达到不同文化间的交往，这种交往必须承认不同文化具有同等价值的认同基础上的。旅游对在文化上实现国际关系的基本准则和和谐是大有裨益的。

第二，人类文化的世界历史性进程表明，世界不同民族文化的相互交流、渗透和融会不仅有助于世界各民族文化走出本民族、本地区的界限，被世界其他民族和文化了解和接受，而且还在于一种统一的、和谐的世界文化的建立，从而，促进和加速人类文化的整体进步和发展。迄今为止，旅游不失为推动人类文化世界历史性进程的一种最佳途径。首先，旅游是各国人民之间友好往来的主要形式。旅游以民间交往的方式对推动世界性文化交流的作用是不可替代的。旅游的非官方性质使它具有广泛的社会代表性，旅游者更多平民百姓的身份使他们比官方交往有更大的自由度和灵活性。同时，旅游本身包含了善意、和平和平等的本意以及哲学本源上的走向自由的本质。随着旅游面的扩大，旅游不仅对消除国与国之间，民族之间，人民与人民之间的障碍与隔阂，而且为世界各民族文化间的相互学习和建构统一的世界文化提供了重要的渠道。相比之人类文化的世界历史性发展进程中的其他方式，由旅游推动不同文化间的交往要优越得多。尤其它能对人类文化的历史性发展出现的盲目性和非和谐性作出了弥补和修正。其次，现代旅游的发展已不再是过去行业作坊式的规模，而是连成了社会和全球的整体。旅游际遇中所出现的文化碰撞和接触的不对称关系和现象已经可以由整个社会乃至整个世界来协调。旅游的社会支持和国际组织全球共同的宣言和行动成为将旅游际遇中文化交往纳入正常轨道的有力保障。正如1989年世界旅游组织海牙各国议会旅游大会宣言中所声明的，敦请各国政府在国家旅游发展总战略中控制旅游际遇的消极影响，同时，再次强调旅游是人际交往的重要手段，必将有利于在国际范围增进文化接触。

第三，旅游对不同民族文化的共时互补起到积极促进作用。文化变迁是学术界研究的焦点问题。在人类文化中，不仅物质文化、制度文化和观念文化是可变的，而且，就连精神文化在内的文化心理结构也存在着某些变数。在推动各民族国家文化的发展中，多种因素起到了重要作用。而文化变迁的深层动力则在社会物质性原因之中，其中，旅游通过特殊的人际交往形式凝聚并体现了影响社会文化生活的“进步的动力”。正是由于旅游达到世界规模的社会化形式，通过语言、文字、书籍等不仅表达和传递了丰富的文化符号，更可以达到文化的承传、交流、储存和增值。旅游活动中体现出强烈的心理因素诸如欲望、情感、求知欲、教育渴求、完善自我的信念等（这些都是美国心理学家马斯洛需要结构模式的重要因素）恰恰是文化变迁的心理动力的来源，它能使不同模式的社会文化在文化心理层面上密切沟通，形成互动，更可以调动这些因素，达到改变传统文化，创造新文化的目的。至于说到人的精神需要、美的要求等的文化动力因素，不仅可以在旅游活动中得到充分的满足和享受，而且可以把文化的演进和变迁引向文化哲学的层面。

（原文约7500字，发表于《上海大学学报》社科版2002年第2期）

文摘编辑：曾祥玉

网络伦理学初探

史云峰

[作者简介] 史云峰，郑州大学公共管理学院2000级研究生。

[内容提要] 网络行为的特殊性导致网络伦理学研究的兴起。网络伦理学已经具备了成为一门学科的特点，拥有自己特有的研究对象和范围，具有不同于传统伦理学的基本原则、范畴和基本问题。研究网络伦理学对加强社会主义精神文明建设具有重要意义。

[关 键 词] 网络行为；网络伦理学。

网络伦理学是一门全新的、以网络道德为研究对象和范围的学科，即关于网络道德的学说。而网络道德则是探讨人与网络之间关系，以及在网络社会（虚拟社会）中人与人的关系问题的。在网络社会中，网络道德主要依靠一般的善恶观念和个人的内心信念为行为标准。

一、网络伦理学的基本原则

1. 第一原则：资源共享原则

网络上的资源共享源于信息共享。包括软件、程序源代码等。凡是使用过网络搜索引擎的人都知道，搜索的过程，就是资源共享的过程，搜索结果就是大量免费的资源。而在一般的网络浏览过程中，资源共享也体现得淋漓尽致。只要上网，就可以得到大量的资源，这也许是网络社会中最大的特点。从另一个角度看，资源共享遵循的是“免费原则”。当然，这种免费具有约定性，它使用的是网络提供的默认值。如果超出约定的范围，这一原则就会受到挑战和限制。但是，无论如何，网络社会中的免费搜索、免费服务、免费信息等所体现的原则，毕竟不同于商品社会中的资源配置原则。后者体现的是利益最优原则，而前者却是以信息的最大化为出发点的。因而，作为网络社会所特有的资源共享，理应成为网络伦理学的首要的原则。

2. 第二原则：一致同意性原则

一致同意原则强调网络行为都应遵循一般的道义性，它必须是诚实的、公正的和真实的。尤其在那些通过网络交往的人中间。双方一般都被理想化成为具有上述优点的人，因而值得信赖。很显然，一致同意性被当做网络行为的前提和默认值而先人为主地存于网络人头脑当中。虽然这种认识不具有客观性，但是并不妨碍它成为网络伦理学的原则，只不过同时也是网络伦理学追求的目标罢了。这也是网络伦理学在当前遇到的最具争议性的原则。虽然通过网络交往的人都希望对方所描述的都是真实的，但是由于缺乏一定的监督机制和惩戒措施，网络人还是会按照自己的理解和意愿，而不是按照大家通常希望的规则那样行动。这样就给这一原则增添了许多变数，带来了许多问题。例如，利用网络进行诈骗、侵权等等。

3. 第三原则：自律性原则

自律性是伦理学的重要特点。在网络社会中，由于个人具有充分的自由，缺少约束，要达成一致同意，或完全享有整个资源，显然是不现实的。这就要求每个网络人都遵循自觉性，遵守一般道义原则，才能够达到自己的目的。所以，自律性原则可以看做一种最终的道德诉求而和其他原则共同构成网络伦理学的基本原则。如果说，传统伦理学中也强调这一原则的话，那么，网络伦理学无非是更加突出这一特点罢了。自律性的另一个意义是，遵循最小授权原则。即只在网络中获取应当获取的资源，而不越权去访问或者试图获取那些不应该获得的资源，否则就会被取消授权。因此，自律性为网络伦理学的终极目标和终极关怀。

二、网络伦理学探讨的基本范畴

1. 善、恶

在网络伦理学中，善恶观念符合传统伦理学的一般特征。善恶问题是伦理学研究的中心问题，是伦理学范畴的核心，因而也是网络伦理学应该研究的最主要的范畴。但是，在网络伦理学中，善恶问题又有自己的独特性，比如判断善恶的标准更加不明确。那些用来维护网络安全、维护网络规范、提供网络服务的行为才是善。反之，利用网络的便利对网络社会以及现实社会带来危害的就是恶。

2. 应当

即规范网络行为的内容，确定“应当”与“不应当”。“应当”这个范畴属于传统伦理学的内容，但是在网络伦理学中依然具有新的价值。甚至在这里“应当”更具争议性，以至于人们只好通过制定“不应当”来界定“应当”的范围。例如美国计算机伦理学会为计算机伦理规定的“十戒”可以看做试图界定网络伦理学“应当”范围的典型规范：(1) 你不应用计算机去伤害别人；(2) 你不应干扰别人的计算机工作；(3) 你不应窥探别人的文件；(4) 你不应用计算机进行偷窃；(5) 你不应用计算机作伪证；(6) 你不应使用或拷贝你没有付钱的软件；(7) 你不应未经许可而使用别人的计算机资源；(8) 你不应盗用别人的智力成果；(9) 你应该考虑你所编的程序的社会后果；(10) 你应该以深思熟虑和慎重的方式来使用计算机。

3. 价值

这也许是网络伦理学中最具有争议的范畴。一个人的网络行为有没有价值，是否恰当，换句话说，能否对这种行为做出道德判断，几乎没有什么定论。倒是这种行为从一开始就完全处在别人的评价当中。虽然“价值范畴最为重要的用途在于赞扬”，但是这里用“毁誉参半”来形容网络行为的价值却一点也不过分。但是，毕竟网络行为具有其特殊性，即遵循一定的价值标准：得到大家的一致同意，至少是大多数人的同意。这样的行为才具有网络上的价值。显然，多数人的同意和事情本身是否正确是两回事，但至少表明在这方面网络伦理学所遵循的价值具有其特殊性。

当然，确定网络行为的价值是为了引导它。通过制订规范固然能够主动防范网络违规行为，但是人们真正的目的应该是引导一种新型的道德倾向，以确定有价值的观念和理想，这是任何一个社会都无法避免的道德归宿。现代网络伦理自然也不例外。例如，美国的计算机协会在探讨其成员应支持的一般伦理道德和职业行为规范中这样规定：(1) 为社会和人类做出贡献；(2) 避免伤害他人；(3) 要诚实可靠；(4) 要公正并且不采取歧视性行为；(5) 尊重包括版权和专利在内的财产权；(6) 尊重知识产权；(7) 尊重他人的隐私；(8) 保守秘密。即用规范的名义对网络行为的价值作了区分，从而引导人们正确对待自己在网络上的行为，尽量避免无价值甚至损害他人价值的行为。

4. 平等

意即自由获得资源和服务，这是网络社会的普遍规则。一个人只要注册了 ID (即身分或身份 identification, identity)，拥有自己的密码，就可以“匿名进入”网络畅游、交友、聊天，发表言论，获取信息等等。这便于人们以平等的身份进行交往，并使交往变得更加自由和轻松。这在最大程度上形成了一种平等主义。免费信息资源也具有这种不分民族、种族、文化约束的特点（当然也具有一定的限制，例如语言，主要是英语，使得网络主要在受教育群体中存在）。进一步，网络社会中的人际关系简单为人机交流，面对冷冰冰的屏幕，一个人完全可以放开一切禁忌，平等地参与讨论，形成了网络无禁区的现实。换言之，网络给予进入网络社会的人们以道义上的平等权。

网络赋予人们的“平等权”还蕴含着另外一个不易被觉察的意义，即它有助于推动直接参与式民主的讨论和进程。网络毕竟是一个独立于传统媒体的力量，一定程度地缓解了公众的知情权，资源共享原则又从客观上有利于促进现实社会中的公平现象，例如电子政务的推广。这也许是网络社会带给网络伦理学的最深刻的影响。

5. 信用

这个范畴的应用集中表现在电子商务中，意即个人信用正逐步增强。在现实社会中，信用的实现由法律等社会规范保障，而在网络社会中，适用的法律、规范并没有建立起来，个人信用成为网络消费的惟一保证。虽然网络服务方要求被服务方提供基本的身份证号码、住址、电话等现实依据，甚至必须提供信用账号，但是这并不表明网络中个人信用的脆弱，恰恰相反，网络正逐步培养起个人的信用。实际上，进入网络消费，已经建立了信用。

6. 服务

这是网络社会产生于消费社会之后的典型特征。其中的含义之一是指：在网络社会中，消费同现实社会中一样，由一对一的形式构成，既有服务方，也有消费方。在这里，服务是传统的，机械的，网络只是一种媒介。含义之二是指：webservice，即网络服务，主要指未来网络提供的智能性的服务。比如，一个人在网络中打入“我想去西藏旅游”的语句，网络会提供一系列的信息，如去西藏的最佳季节、气候条件、最佳旅游路线，等等，供提问者进行参考。从而实现人机交互的智能化和互动性，这是网络服务的真正含义。

7. 批判

把批判作为网络伦理学的基本范畴确实有很大的争议。但是，这里批判已经异化为批评，而且泛化为道德判断，它总是不停地询问：“这种观点是好的吗?”“我(们) 应当这样做吗?”产生这个问题的原因在于网络是一个特殊的空间，虚拟的环境产生了特有的网络语言，而匿名性让真相融入无穷无尽的争论。加之网络没有强有力的约束机制，没有了管理者，没有了权威（authority），网络成了“自由”的空间，导致每个网络人都是他自己行为的领导者和评价者，任何人都可以以自己的判断来决定讨论的价值。造成批判的滥用和现实语言的萎缩，深层次的文化思考被肢解，代之而起的是肤浅的、无休止的争吵。BBS 就是这种批判滥用的典型。在那里，没有规则，没有标准，批评总是以自我中心，否定就是一切。

（原文约 8000 字，发表于《郑州大学学报》哲社版 2002 年第 2 期）

文摘编辑：曾祥玉

人文属性是中医学的最大特色

吉文辉

[作者简介] 吉文辉，南京中医药大学研究员，博士生指导老师。

[内容提要] 医学具有自然科学和人文科学的双重属性，而中医学的人文属性更加强烈。从本质上讲，中医学实际上是一门兼有自然科学属性的人文学科。充分肯定中医学的人文属性有助于全面地把握中医理论体系的本质，也有助于给现代科学研究中医学一个正确的定位。中医学应当冲出唯科学主义的阴影。

[关 键 词] 中医学；人文属性；唯科学主义。

一谈到医学的科学属性，人们便自然地想到它属于自然科学，这几乎已成为当代人的共识。医学既然归类于自然科学，人们也就理所当然地会以自然科学的诸种标准审视与要求医学。

医学果真仅属于自然科学吗？这要从自然科学的概念谈起。《辞海》对自然科学的定义是“研究自然界的物质形态、结构、性质和运动规律的科学”。请注意是研究“物质”的科学。其研究对象和学科内涵迥异于人文社会科学（简称人文科学）。人文科学研究的对象是以人的主观世界为中心的社会现象和文化艺术。在现代科学的发展进程中，自然科学与人文科学（尤其是社会科学部分）相互渗透、互相联系的趋势日益加强，但是，构成科学研究对象的物质世界与精神世界、实体存在与虚体存在却是不可变更的。把医学仅看作是研究物质世界和实体存在的一门学科，实在是科学分类上的一大误区。

医学研究和作用的对象是人，具体地讲是人的健康和疾病。而人则是精神和物质的共同载体，一身具有主观和客观、实体和虚体的双重属性。人，不仅是自然的、物质的人，同时也是社会的、精神的人。导致疾病的因素亦不仅仅局限于物理、化学以及微生物等外界物质因素，还有心理、精神、情感等非物质因素。从人生实际情况来看，后者更加恒常和普通。另外，治疗疾病的途径亦不仅仅局限于药物和器械等物质途径，还有心理、意识、精神、社会等非物质途径。50年代，性病在我们国家几近绝迹，并非是当时发明了什么治疗性病的特效药，而是一种社会措施和人们生活方式的改变。显然，无论是从研究对象，还是从致病因素以及治疗途径看，都不可以将医学仅仅局限于自然科学范畴。实际上医学同哲学一样，是跨自然与人文的学科。忽视医学的人文属性，就会把人降格为一般生物，甚至是无生命的智能机器，就会关闭诸多的治病的通道。

在古代，科学尚未全面发展，各门学科仅以不同知识体系各自独立地存在着，人们很少对各门知识本身的科学属性加以反思。随着近现代自然科学的迅猛发展，人类知识急剧增加，人们的思维观念也发生了巨大变化。人们开始以研究客观世界的眼光来审视各门知识与它们之间的区别和联系，确认各门学科的科学属性及其在科学体系中的位置。于是产生了科学分类的意识。19世纪初，自然科学的范围仅包括物理、化学、天文、地质、生物等，并不包括医学。当时西方各种科学分类表，一直将医学作为人类生命科学单独设置，或直接置于人文科学之中，属人的实践活动的学问。中国古代就是将医学作为人的技艺分人子部（诸子百家）中的，直到19世纪末20世纪初，随着科学决定主义在美国的兴起，医学才逐渐失去了以前与哲学和自然科学同等的地位，降为自然科学中的一科。1872年美国编制的《十进分类法》将医学定位于应用科学，1905年《国际十进分类表》正式将医学定性为自然科学。我国近现代编制的各种图书分类法均作如是观。这种将人降格为物的科学观，一直统治着现代医学到现在。这是当代科学分类史上的失误，它严重地窒息了医学人文精神的发挥，阻碍了医学向更加广泛的空间发展。现代医学如果再不注人人文观念，其发展将会陷人更大的困惑和怪圈。

所幸的是，由于现代医学形成和发展的基础是物理学、化学、生物学以及微生物学、解剖学等现代自然科学，因此，忽视医学的人文属性，对现代医学来讲，只是一种缺憾，尚不足以动摇其本根。目前，西方已注意到这一点，提出了生物—心理—社会等医学模式试图加以纠偏，当然还远未融人主体医学体系。问题在于，无视或取消中医学的人文属性，对中医学来讲，却是性命攸关的大问题。

中医学是中国传统文化的一个重要组成部分，它产生于现代科学技术形成之前，其哲学体系、思维模式、价值观念以及发展规律，与中国传统文化一脉相承，水乳交融，休戚相关。中医学的人文属性要比现代医学应有的人文属性强烈得多。这与中国传统文化具有鲜明的人文特征是相一致的。中医学的人文属性贯穿于中医学理论体系的各个方面，如影随形，不可分割。传统文化中的人文学科和人文知识，如阴阳、五行、易学、气学、道学、儒学、哲学、道德、养生等，与传统自然科学知识，如天文、时令、地理、生物（包括食物、药物）、形体，以及医疗实践等共同构成了中医药学庞大的文化背景和理论基础。可以说，没有传统人文知识作底蕴，中医学根本不可能建立起有自己特色的理论体系。强行取消中医学的人文属性，必然导致中医学理论的解体。

在几个最关键的对比项，如思维方式、研究方法、发展模式、权衡要素和文化特征上，中医学几乎与人文科学完全一致。这种大比例的与人文科学重叠的现象说明了什么呢？说明人文属性是中医学的最大特色，说明不可单纯以自然科学标准裁定中医，说明将中医理论全部纳入现代自然科学理论的观念是违反中医本质的。既然人文属性已占有如此大的比重，说中医学是一门兼具自然科学的人文学科又何尝不可？

中医学兼具自然与人文属性，古人对此早有论述："医也者，顺天应时，测气之偏，适人之情，体物之理"（清·吴瑭《温热条辨·解儿难》）。"不谙天理，不可与言医；不解人情，不可与言医……明乎医，可以治国家"（清·邵登瀛《四时病机·之一》）。我们还可以进一步从中医学的脏象学、病因学、诊断学、治疗学，以及养生学等方面进行剖析。有哪一处不体现着"天人合一"、"身心合一"的思想呢？中医是一种实践科学而不是实验科学，古人将其放在方技（个人的技艺）中，这是很客观的。中医临证注重的是医家的主体思维活动："以意治病，最为上一乘"（清·石寿棠《医原·用药大要论》）。"医者，意也。善于用意，即为良医"（唐·孙思邈《千金翼方·针灸上》）。在刘道清先生主编的《中国名言大辞典》上，载录直接明言"医者，意也"的著名医家就有陶弘景、孙思邈、朱震亨、万全、张介宾、刘纯、程杏轩、赵学敏等14位。实际上古代医家作如是观者远远不止此数。

按照唯科学主义的理念来看中医，中医学必然是不科学的，因为它不是建立在实验实证基础上的科学。中医学依靠的是主体直觉和感性积累，运用的是传统哲学思辨，其主要概念如阴阳、五行、道、气、脏象、升降沉浮、虚实寒热等都带有主体的思辨色彩，既玄奥又模糊，难以像现代科学那样用数学语言加以表达。中医学表述的方式形象化、意象化，与现代科学以公式、公理、定律的表述方式完全不同。中医学理论体系数千年不变，充满神秘感，与现代科学不断更新创造的发展模式亦不相同。基于以上特点，唯科学主义认为中医学必须接受现代科学的洗礼与改造，必须脱胎换骨，"变亦变，不变亦变"。于是，中医学就一直围绕着科学殿堂在打转转。废止中医者视中医为阻碍现代科学发展之洪水猛兽，而主张把中医扼杀于科学殿堂之外；主张中医现代化者则把中医的空壳拉入现代科学殿堂，而把中医的灵魂实质拒之于科学殿堂之外；而为中医辩护者，则大多牵强附会，一相情愿地论证中医的科学性，希望把中医拉进现代科学殿堂。这中间，过多的政府、政治干预，而使中医药这门学科很难像其他学科一样按照自身的规律自由自在地发展。试问有哪一门自然科学，是数学、物理学、化学，还是生物学、天文学、现代医学，是由政府、政治来决定其发展模式的？是否这些自然学科都已发展得完美无缺、毋需再发展了？凭什么中医学的发展要事先设定和限定发展模式？答案只有一个，就是认为中医不科学，就是中医不符合现代自然科学理论规范。从这点上也可以更加看出，中医学的人文科学属性的的确确是大于自然科学属性的。否则中医不会有如此众多变幻不定的口号和莫衷一是的困惑。人们只要冷静地回顾一下近百年的历史，便不难发现，只有人文科学才有不停变化的政治口号和臆想翩翩的发展模式；而自然学科，包括现代医学，都是在不声不响地按照自身的发展规律不停地前进着。

综上所述，医学本身具有人文和自然的双重属性，而中医学的人文属性更为突出。笔者认为，应当高度重视中医学的人文属性。发现和承认中医学具有强烈的人文属性，有助于更加全面地把握中医理论体系的本质，也有助于给现代科学研究中医药一个正确的定位。现代自然科学理论只能与中医学的自然属性衔接，而不可能与人文属性衔接。只要承认人文知识是人类知识体系中的一个组成部分，只要承认各门学科，无论是自然学科，还是人文学科都有着各自揭示真理的方式和功能，就完全没有必要回避或否定中医学的人文属性。自然界万事万物同周围环境的联系是多方位的、多层次的，人们对事物的认识也是多途径的、多视角的。因此，通过不同的审视角度，采用不同的研究方法，以不同的理论体系来研究、揭示事物的本质属性是完全可能的。把人类知识方式和认识途径单一化、绝对化，是唯科学主义的表现，它不利于科学的全面发展，不利于医学向人文社会空间拓展，更不利于中医学保持自己的特色健康发展。随着21世纪新的医学模式—生物—心理—社会医学的普及，笔者相信，中医学只要冲出唯科学主义的阴影，充分发挥自己的特色，在拓展医学发展的空间上完全可以大有作为，中医药对人类生命科学的贡献必将为世界瞩目。

（原文约1万字，发表于《南京中医药大学学报》社科版2002年第2期）

文摘编辑：赵德杰

唐人街经济结构中的五邑华侨因素

张国雄

[作者简介] 张国雄，五邑大学华侨研究室教授，主要从事移民史华侨史和岭南文化研究。

[内容提要] 唐人街具有自身的经济模式，它的形成与街区内华侨群体的行为方式紧密相关，同时，它又是华侨群体在街区内地位和影响力的重要基础。五邑华侨控制了美加和澳洲唐人街的洗衣业、餐饮业，在商业领域也有很大势力，是唐人街经济模式成长的重要力量。通过其经济运作可以更深入地考察唐人街华侨华人的社会状况。

[关 键 词] 唐人街；经济结构；五邑华侨；因素。

唐人街的形成与发展是中国国际移民的产物，而且与中国某一地域的国际移民关系极为紧密。

在五邑华侨分布很集中而且排华曾经形成全国性运动的美洲和澳洲，功能发生重大转变后的唐人街并不是简单的移民聚居区、避难所，它同时拥有生命力强大的民族经济模式。早期唐人街的经济结构从产业结构划分，主要有以洗衣和餐饮为主的服务业，以及基本上以唐人街华侨为服务对象的杂货店、屠宰店、肉店和各种零售商店等的商业。其中，劳动密集型的洗衣业、餐馆业以及零售杂货是三大支柱产业，它们吸纳了大部分涌进唐人街的华侨。这种经济结构的形成即是种族歧视政策的产物，同时又与五邑国际移民运动密切相关。

一、洗衣业与五邑华侨

在美国，五邑华侨即是唐人街这种经济结构的主要探索、创建者，又是受益者。从整体看，他们在洗衣和餐馆这两大支柱产业中占有绝对的优势。

洗衣作为一个行业是19世纪中期最初出现在五邑华侨最集中的加州旧金山，到70年代随着华侨的东移而在美国中部和东部的一些城市扎下根来，到20世纪初洗衣业发展成为美国华侨的第一产业。在洗衣业发源的旧金山，从业人员绝大多数是台山、新会、开平、恩平华侨，大部分洗衣店被他们所控制。东部的纽约是洗衣业十分发达而且最有组织的城市，台山华侨在当地洗衣业中有强劲的势力。在华盛顿，1884年台山梅姓华侨开设第一家洗衣店后，到20世纪的三四十年代达到五百多家，从业人员同样以台山、新会、开平、恩平华侨为主。五邑华侨对美国洗衣业的垄断是一个普遍的现象。

在加拿大，洗衣业的兴起与发展同样与五邑华侨有紧密的联系。如蒙特利尔的洗衣店，1891年以前有21家，1911年发展到1063家，在这座城市台山华侨居有主体地位，直到今天两个华侨中就有一个是台山人或台山人的后裔；早期来自台山、新会、开平的李、黄、谭被称为“蒙特利尔三大姓”。因此，有充分的理由相信五邑华侨对该城洗衣业的控制。这种情况还在温哥华、温伯尼等城市也有所反映。

当我们将视线转移到欧洲大陆，如英国利物浦洗衣业的兴起、发展就与台山华侨余进、梅轩利直接相关，台山话也因此成为英国洗衣行业的通用语。

二、餐馆业与五邑华侨

唐人街的餐馆业经历了两个发展阶段。第一个阶段是在19世纪50年代至19世纪末以单身华工为主要服务对象的形成期：排华之前多是为经唐人街中转的新华侨或到唐人街采购、度周末的华工提供服务，排华运动兴起后，大批华工涌入唐人街，餐馆的生意火爆起来，餐饮业便成为唐人街上又一个重要的支柱产业。第二个阶段是20世纪初至今的发展期：唐人街的餐馆服务对象由以单身华侨为主转为向广大美国人开放，进中国餐馆饱尝一顿中国饭菜成为美国人游唐人街的一项必不可少的重要活动。在洗衣业还没有衰落以前，餐馆业堪称为唐人街上的第二大支柱产业。

不论是在形成期还是发展期，五邑华侨对唐人街餐馆业的贡献都是功不可没的。旧金山餐馆的业主和工人以台山、新会、开平等五邑华侨为主体。芝加哥唐人街上餐馆的兴起一开始就受到台山梅宗周梅氏家族的影响，芝加哥餐馆业走了一条与旧金山、纽约等城市餐馆业不同的发展道路，一开始它就是以非华人为主要服务对象。

在加拿大的蒙特利尔，中餐馆从业人员的绝大部分也是来自台山、新会、开平。而澳大利亚墨尔本唐人街的70多座中餐馆业主中，来自台山、新会、开平、恩平籍的华侨最多，其中规模最大、最著名的中餐馆就是台山华侨所开。

三、商业与五邑华侨

从唐人街商业领域的总体情况看，五邑华侨所占的地位似乎不如前两种产业显著，在不同的国家、不同的城市又表现不同。

美国旧金山是五邑华侨最为集中的城市，他们在唐人街商业领域的表现，主要在杂货店方面，大部分杂货店业主和雇员是台山、新会、开平、恩平同乡。考察五邑华侨在美国唐人街商业领域的影响不能不提到西雅图。西雅图唐人街的开拓者陈程学1868年开设的华昌公司就是最老而且人人熟知的批发零售兼而有之的商号。它既经营茶叶、爆竹、葵扇等杂货，又制造雪茄，兼营缝纫服务，还办理中美间的进出口业务。陈程学的华昌公司后来的合作伙伴陈观、陈宜禧都是新宁（今台山）人。陈宜禧后来离开华昌公司与人合伙在华盛顿街开设了广德公司，成为有名的商业家。陈程学、陈观、陈宜禧被誉为开拓西雅图唐人街商业的核心。在这个清一色讲台山话的唐人街上，台山、新会、开平、恩平华侨在杂货、进出口等商业方面的发展很有成效。在纽约唐人街里，莫特街32号那间创办于1891年至今仍在经营的惟一一家百年老店“广源盛”号商店，就是台山人的产业。

而加拿大唐人街商业领域中五邑华侨的势力就不可小视了。台山籍的李氏华商就是加拿大华商界的开创者。同治年间，已在美国经商的台山水楼乡人李佑芹移师维多利亚，在科莫兰特街创立“广安隆”商店，专营中加贸易，李佑芹后来成为加拿大侨界领袖，发起成立了加拿大中华会馆并当选为总理。光绪元年（1875年），同样在澳门、香港、檀香山、旧金山开设商埠经营中美贸易的水楼乡人李天宝，从旧金山来到维多利亚科莫兰特街投资开设了“泰源号”商行，也专营中加贸易，李天宝位居加拿大华商领袖地位达30年之久。李天宝另一位族侄李奕卫也是在泰源号习商而成为华商界的领袖。光绪初年，李英三也从经商已有基础的美国加州奥克兰到达维多利亚，设“宝源号”于唐人街，专营杂货，后从台山将其子李勉辰带来，父子又合创“英昌隆”商号经营中加贸易，成为中国天津永利威五加皮、玫瑰露的加拿大总代理。光绪年间，水楼乡的李福基来到维多利亚，开设“广万丰”商店。他后来在日本参加同盟会，成为加拿大华侨参加革命的第一人。

在南美洲的秘鲁首都利马，鹤山、台山、新会等五邑华侨争得了商界的一席重要之地。1897年台山籍客家人邬子才来到秘鲁，第二年便创办了经营土产批发和中药材等商品进出口业务的保安公司，到本世纪初保安公司跻身于秘鲁华侨社会八大商庄之列。而秘鲁其他一些城市如兰巴耶克省首府契克拉约市的华侨多数来自台山和鹤山，家具商店和土产杂货批发零售是其主要职业之一。五邑华侨华人在这个国家商业领域中的地位，从秘鲁中华通惠总局编印的《秘鲁中华通惠总局和秘鲁华人》一书中所列当今工商界65位著名华人中，鹤山、台山、新会、开平籍就有21人，即可见一斑。与美国近邻的墨西哥到1947年约有华侨20000人，他们中以台山、新会、开平、恩平籍最多，台山又占其中的大多数。唐人街经营古玩、杭州刺绣、丝绸、药材、瓷器、茶叶、中式服装等杂货和百货商店，均为五邑华侨华人经营。

当我们将目光转向大洋洲的澳大利亚，在两大华侨华人中心的悉尼和墨尔本同样能够看到五邑华商活跃的身影。维多利亚省是以台山为主的五邑华侨很集中的地区，首府墨尔本不仅餐馆服务业为其所控制，在唐人街经营杂货和进出口业务的商业方面，同样有出色的表现。五邑华侨华人在澳大利亚第一大都市悉尼唐人街商界的表现，从总体规模看似乎在中山及南、番、顺等三邑人之下，但是其影响不可小视。侨领梅光达是五邑华侨华人在商界最出色的代表。1881年他在悉尼开设了一家规模颇大专营中国丝绸和茶叶的进出口商行，随之开张的中国茶楼吸引了大批游客和澳大利亚社会名流。随后，他又在悉尼其他街区和新南威尔士别的城镇陆续开设了多间分店，1894年他又积极拓展澳大利亚羊毛输往中国的业务。1892年悉尼成立了保护共同利益协调相互关系的商业社团组织——联益堂，它是由8家经营进出口业务的华侨商行组成，这8家商行中就有台山、新会、开平、恩平商人。1918年成立了由经营中澳进出口业务的商人共同发起的企业——中澳轮船公司，这个公司的顾问局由5个党团派别派出的15个顾问组成，其中台山、新会、开平、恩平华商就有7人。

东南亚唐人街的商业领域总体上讲，来自福建、潮汕、客家的华侨经济实力最强，但是这并不排除在一些城市或某个行业五邑华侨居统治地位的实情。马来西亚沙巴州西海岸内陆城市根地咬华人社区的商业活动基本上为五邑华侨的天下，1930年唐人街的商店有19间，五邑华侨就占15间；到1951年，全埠商店发展到24间，五邑华侨拥有18间。至1979年，该城唐人街经商人员中有70%还是五邑籍华商，开平最多，台山其次。古打毛津唐人街的缝纫业完全是五邑华侨的天下。在马来西亚的槟榔屿，台山端芬的梅氏家族在漆木街开设了家具商店和建筑公司；其中梅百星开设的“梅同安”号商店很快成为当地头号杂货商店，本人也成为该城的经济名人。新加坡的水仙门大街是一条主营西服的商业街，它的兴起和发展均与台山广海镇的郑氏家族有关。

四、小结

上述情况表明，对唐人街的经济结构，完全可以从侨乡地域人口角度加以讨论。来自某一地域的华侨对某一行业的控制，是唐人街经济的一大特色，这种经济构架是唐人街各种社会势力、各地社团得以生存并相互制约的基础，唐人街早年各地方势力的冲突，实质上也是经济领域控制与反控制斗争的表现。

同时，我们从上述分析中还感到，五邑华侨华人群体是研究美、加等国家和地区的华侨华人社会、政治、经济的一把重要的钥匙。

（原文约7000字，发表于《五邑大学学报》2002年第2期）

文摘编辑：赵德杰

合作互利：关于社会资本理论假设前提的分析

范 斌

[作者简介] 范斌，华东理工大学应用社会研究所。

[内容提要] 社会资本是近年来社会学、经济学和政治学等多学科的中心话语，它通过暗含合作互利的假设前提来说明个人理性和社会理性的和谐、个人利益和社会利益的统一，提供了解决激励相容问题的新视角。本文论述了社会资本与合作互利的关系，并对合作互利假设具有方法论上的整合功能做了分析。

[关 键 词] 社会资本；合作互利；理论假设；方法论整合。

近年来，社会资本这一概念不仅成为社会学、政治学和经济学等多个学科的中心话语，而且构成了经济社会学崭新的也是最重要的概念、理论和方法之一。"社会资本"作为一种新的解释范式，不仅为分析企业行为、社区组织和公民参与等提供了一个崭新的视角，同时也成为探索社会关系、社会结构和社会发展的重要理论。

一、社会资本与合作互利的关系

社会资本之所以能在现代语境中异军突起，主要得益于它提供了解决激励相容问题的新视角。激励相容追求的是个人利益与公共利益的协调 、利己与利他的统一，社会资本理论在解决这一历史难题上的努力，既不同于经济学的自利假设，也不同于传统社会学所存在的利己与利他两种对立的假设。其最大的特点是通过暗含合作互利的假设前提来说明个人理性和社会理性的和谐、个人利益和社会利益的统一的。可以这么认为，没有社会行动主体通过长期社会交往和合作互利形成的认同关系，以及这认同关系背后积淀下来的信任、规范和网络等，就不可能生成和发展社会资本。

从社会资本的性质和特征来看，社会资本实际上是指处在一定社会结构中的行为主体（个人或组织）通过内、外部的社会联系而形成的资源集合体，它具有生产性和潜在的获利能力，为行动者达到某种预定目标提供便利。它最鲜明的特征就是，存在于行动者之间持久的关系中；具有"公共物品"的性质。就社会资本存在于人与人的关系中而言，至少有两层含义：第一，社会资本一般不产生于单个行动者自身，而产生于行动者与其他行动者发生关系的过程中。当社会资本稀缺时，可以通过两条途径涉取：一是通过与利益共同体或组织内部的社会联系来获取，如人们依靠单位分得住房，通过教会获得救济等；一是通过人际关系网络涉取，如人们可以通过社会团体或组织外的接触、交往、交换等互动过程培育信任关系等。因此，社会资本一定是存在于人与人之间的关系中，其作用的发挥是直接通过不同主体间的合作实现的。第二，这种关系是建设性的，具有积极意义。社会资本一旦形成，将有利于该社会结构中的每一个行动者，或者说行动者参与这种社会关系是主动积极的，行动者之间通过合作来实现互利。就社会资本是"公共物品"而言，它具有供给连带性和排他不可能性。供给连带性意味着，一个人对社会资本的使用不减少或不影响其他人对它使用的数量。排他不可能性意味着，一旦社会资本被提供，就不能阻止任何个人使用它，即使他们没有对它的提供做出任何贡献。这些都说明社会资本可以被结构内的行动者所共享，反过来证明行动者在社会互动中背叛或不合作的激励不存在。

从社会资本的形式看，虽然它是无形的，但其质的规定性总是通过信任、权威、规范、网络等形式表现出来，在行动过程中，信任、权威、声誉等会为社会结构中的个人、组织的行动提供便利，有助于行动者特定目标的实现。其中信任是一种态度，是对某人的行为或周围的秩序符合自己愿望的相信，它是社会资本的一种重要形式，可减少社会行动中的监督和惩罚成本，增加行动者的效率。我们可以从分析信任关系包含着合作互利的假设出发，论述社会资本中合作互利的内涵。经济学研究表明，"理性人"在追求利益最大化时，难免会出现惟利是图的机会主义的倾向。但在一个信任度较高的网络中，行动者在利己的同时会自觉减少机会主义倾向，协调个人利益与社会利益的关系。所以人们在行动时，选择信任比选择不信任更普遍，对自己更有利。由于信任包含着一种道德风险，为了把信任风险降到最低，在社会网络中需要建立一定的规范，以激励维护信任者，惩罚破坏信任者，最后在规范的约束下信任得以张扬。由于社会网络中信任度提高，行动者可利用的社会资本也随之增加。从另一层意义上说，规范对个人行动起着重要的约束作用，它通过惩罚自利行为中的机会主义行动，奖励大公无私的行为，达到个人利益与公共利益的统一，使某些社会目标更加容易实现，从而构成了重要的社会资本。

由此可见，社会资本存量有自我强化和积累的倾向。“一次成功的合作就会建立起联系和信任，这些社会资本有利于未来在完成其他不相关的任务时的合作。”就这样，在持久的社会关系中，社会资本在行动者的互动中被产生、使用和享有。合作是网络中社会互动的必然结果，合作越多，行动者之间的联系越多，社会资本的扩展程度越高，网络中成员受惠越多。因此，社会资本包含着合作互利的假设前提。

它从经济社会学的视角提供了解决个人利益与公共利益关系的新方案。比如，科尔曼在《社会理论的基础》一书探讨了竞争中个人利益如何与集体利益一致的问题，在他看来，由于某些行动者的利益部分或全部被其他行动者控制，行动者为了实现各自的利益，相互进行各种交换，甚至采取“单边资源让渡”的行为，其结果形成了持续存在的社会关系，这种持久存在的社会关系就是诸如信任关系、权威关系、规范这样的“社会资本”，它不仅是社会结构的组成部分，同时也被个人所拥有。这个过程既有利己行为，也有单方面让渡资源的利他行为，是个人利益与集体利益协调的过程。因此，社会资本理论不仅包涵“经济人”自利的假定，而且也包涵“社会人”利他的假定，它是两者的统一。当然，社会资本不是暗指一种即期的、正式的法律或商业契约的经济交换，而是短期利他与长期自利相结合的产物。需要强调的是，社会资本理论不拒斥个人利益最大化的理性选择，如果否定这一点等于抽掉了社会资本的基石。只不过社会资本理论已经发现，只有在利他中才能真正利己，也只有在使他人充分受益中才能使个体利益最大化。

还需指出的是，社会资本理论讨论的利他是一种“互惠的利他”，指行动者为他人的利益牺牲了自己的利益，但一般来说，行动者期望这种牺牲能够在将来的某个不确定的时候，如果有需要，就能得到回报。这样就构成了义务与期望的关系：社会环境可信任的程度越高，人们履行义务的可能性就越大，义务与期望形式的社会资本也就越普遍；个人在社会结构中承担的义务越多，他拥有的可利用的社会资本就越丰富。

不仅如此，社会资本中的利他还是一种“合作行为”的利他。行动者发现只有考虑他人利益才能最终使自身利益最大化，只有合作才是对双方最有利的，这时风险降至最低，信任得以恢复，社会资本也快速增长。所以结论是，社会资本在其生成、维持、发展过程中，经过利己与利他的博弈达到互利的统一，从而有效地解决了个人利益与社会利益的矛盾。

二、合作互利假设：方法论的整合

合作互利的假设前提既使经济学避免了“理性经济人”假设的缺陷，也使社会学摆脱了方法论上的二元分裂。在经济学那里，假定人是有理性的，是以追求利益最大化为目的，这一假设为经济学构建了统一的方法论基础。但经济学关于理性人的假设并不能涵盖或穷尽人的非理性层面，故其必然受到来自其他学科的挑战。至于传统社会学的方法论基础，在历史上从来没有得到有效的整合与统一。自迪尔凯姆和韦伯时代起，它就一直在整体主义和个体主义之间作两难选择，其假设一直在利己与利他之间彷徨。从这一点来说，社会资本理论关于合作互利的科学假设具有方法论上的整合功能，致使经济学和社会学得到了真正的融合。

为进一步说明合作互利假设在社会资本理论研究中的不可或缺，笔者在这里借用美国威斯康星大学社会学教授布朗的分析策略。布朗把社会资本分析划分为微观、中观、宏观三个层次，并从系统主义的角度将社会资本定义为一种以个人间的关系模式在社会性网络中分配资源的过程体系。然后，他又将这一体系分成三个维度，即体系的要素、结构、环境。最后，他构建出与这三个要素相对应的分析层次：微观——嵌入性个体视角、中观——结构视角、宏观——嵌入结构视角。

如果从嵌入自我的视角来看，微观层面的社会资本建构在互利的基础上。这里，微观层面的社会资本是个体通过所嵌入的网络来调配资源的潜在能力，关注的是个体的结果。

从结构的视角来看，微观层面的社会资本分析也离不开合作互利的命题。这一层次强调的是个人之间的关系网络模式，关注作为特定的结构性后果和资源通过网络的流动。所以，结构视角关注的是社会资本的结构化及其配置后果。在这里，个人特点以及存在于他们之间的关系性质都不重要，重要的是个人在网络中如何合作以获得社会资本。

从嵌入结构的视角来看，宏观层面的社会资本分析同样贯穿着合作互利的预设。虽然这一层面的社会资本理论没有多少成果和进展，但它着眼于分析社会资本在其中运作的网络是如何嵌入到更大的政治经济或文化、规范体系中去的。它关注的是宏观的社会因素如何影响社会资本在网络内及网络间的分配，各个网络如何与宏观社会环境协调以提高利用社会资本的效率。这里，合作是必须的选择，互利是选择的结果。对外部的社会系统来说，各个网络的社会资本增加，意味着整个社会福利的增长、社会稳定的获得以及社会的全面发展。

（原文约11000字，发表于《华东理工大学学报》2001年第4期）

文摘编辑：赵德杰

美国社区建设中的非营利组织

侯玉兰

[作者简介] 侯玉兰，北京市石景山区委副书记，法学博士。

[内容提要] 本文介绍了美国社会中非营利组织的状况及其在社区建设中所发挥的重要作用，并总结了其对中国可资借鉴之处。

[关 键 词] 美国社区；非营利组织；社区服务。

自从20世纪30年代罗斯福新政问世后的几十年中，公共机构一直是美国社区服务的主导力量 。60年代以来，联邦政府开始重视非营利组织在社区服务和社区发展中的作用，特别是90年代克林顿上台后，为了实现精简政府机构的目的，将越来越多本应由公共组织（本文指各级政府机构）负责提供的社区服务、培训或有关社区发展项目的决策、计划、融资等公共服务转交给非营利组织承担。可以说，美国非营利组织通过提供教育、培训、咨询、扶贫济困等各类社区服务，在满足公民需求方面举足轻重，成为美国社会中一支重要的文化、社会和经济力量。

一、非营利组织的定义和分类

非营利组织是美国社会中既非政府亦非企业的机构和组织的总称，又称第三部门、独立部门、慈善机构、志愿者组织或社会组织。国际上一般称之为非政府组织（NGOs）或市民社会组织。其最主要的特点是：正规性、非政府、非营利、非政治、公益性以及自愿参与。

美国非营利组织约有150多万个，种类繁多，约占美国各类组织的6%。1999年通过募捐、接受个人和企业捐赠、基金会和政府资助以及服务收费，美国非营利组织共筹集6700多亿美元用于支付工作人员工资以及提供各种服务的费用，平均每12个就业人员中就有1人为非营利组织工作。

社区非营利服务组织主要分为三种类型：

一是传统的社区服务机构。较有代表性的是建于罗斯福新政前的慈善机构。这些机构通常都有社会捐助，很少依靠政府资金的支持。它们通常提供多种服务。

二是在70年代后成立，通常由一些社会活动家建立，旨在为社会改革献计献策，资金主要来自政府资助。

三是为满足邻里和其他社区需要而建立的组织。他们既可以是解决无家可归、饥饿或青少年出走等社区问题的团体，也可以是以扶助弱势群体，如受到强暴的妇女、残疾人、丧失劳动能力或生活能力的人以及艾滋病人等为主体的团体。这些组织一般都是由志愿者发起，并由自愿者或低薪工作人员来管理。他们出于强烈的人道主义精神，承担着减轻人们痛苦，或帮助他人打破社会条件限制、实现自身潜能的责任。这类组织往往财力有限，尤其是在初创时期，运作十分艰难。

二、美国非营利组织在社区发展中的作用

由于非营利组织在联邦、州和城市社区等各个层次都建立了组织网络并开展形式多样的社区服务和社区发展项目，因而其影响扩展到美国社会生活的各个方面。

第一，非营利组织大规模参与社区服务和社区建设，能更好地满足社区居民的多种需求，改善社区服务质量，使之更便捷、更有效、更易使人承受。

非营利组织致力于提供各种社区服务，如就业培训、抚养贫困儿童、成人教育、针对低收入者的房屋中介、医疗保健、照看老幼，培育邻里关系，保护生态环境，提供文化娱乐设施，关注精神需求，引导研究焦点，发表各种观点，整合社区力量，从事有价值的事业，代表众多团体利益，更代表市民组织和几百万志愿者的利益。

非营利组织最突出的发展势头之一，就是志愿者大规模参与社区服务的管理、运行和日常活动。数百万具有不同职业、知识、经历、观念和不同技能的美国人兼职于社区非营利组织理事会，使理事会成为高水平、高效率的社会组织管理机构。

1998年，美国18岁的以上的成年人中，将近56%的人加入了志愿者行列；1.09亿志愿者贡献了199亿小时，相当于900万全时工人一年的工作量，每年捐赠时间的价值约2250亿美元；志愿者平均每周工作3.5小时；41%的志愿者不定期到非营利组织工作，39%的志愿者则定期前往工作，每一周、两周或每月的固定时间做同样的服务。

美国各级政府主要通过向非营利组织购买服务的方式为居民提供各种各样的社区服务。1988年，马萨诸塞州15家政府机构向1200多个非营利组织购买酒精中毒康复治疗、干预家庭危机、教外国移民的孩子学英语、日托等服务，约有200多种服务项目被政府纳入社会服

务的购买体系中。最近，美国政府通过非营利组织扩展了社会安全服务的范围，囊括了从针对儿童不良言行、家庭暴力到无家可归等服务项目。如今，无家可归和饥饿问题一产生，政府的首要选择就是通过非营利组织提供相关服务以解决难题。

政府购买社会服务对许许多多美国人产生了影响。每个美国人在每年的实际生活中，都有可能接触非营利组织，或是医院、社区心理健康诊所、家政服务机构，或是育婴室、小学生的课后服务。非营利组织作为个人与国家之间不可缺少的中间环节，有助于培育居民自治意识和社区参与意识。同时，随着非营利组织数量的不断增长，它们之间为争取政府合同和公司及私人展开的激烈竞争，促使其不断提高服务质量，这必然导致公共服务越来越便捷、有效和可承受，居民深受其益。

第二，非营利组织从事社区建设活动，能大大增强社区居民的参与意识和解决实际问题的能力，使社区建设从整体上得到加强。

例如：AmeriCorp是国家社区服务项目，旨在通过为基于社区的服务提供教育来鼓励和推动美国公民特别是青年人投身于全国范围内的社区事业并使之取得成效。由前总统克林顿于1993年签署的关于建立AmeriCorp的法令规定：凡高中毕业生或大学生、研究生在学习期间提供每年7500美元的基本生活费外，还提供每年4725美元的教育奖励来资助他们接受更高的教育或替你偿还上大学的贷款。

AmeriCorp计划可实现三个目标，一是调动一切因素为社区服务；二是提高全国服务参与者的综合素质；三是增强社区凝聚力。这一计划以三种方式加强了社区建设：社区服务组织成员直接参与社区服务实践，塑造了社区成员的思想道德意识，促进了个人的全面发展；建设社区基层组织，培育各类组织之间的伙伴关系，更好地满足社区需求；针对特定社区对象，如低薪阶层、社区学校、儿童团体、青年团体、老年团体等，开展特定服务，加强社区建设。

三、非营利组织发挥重要作用的原因分析

非营利组织在社区服务和社区建设中之所以能发挥如此重大的作用，有其经济、文化、历史和社会的原因。主要原因有以下五点：

1. 历届总统和政府对社区发展高度重视

上世纪30年代以来，自罗斯福总统起，几乎每一任总统都在鼓励志愿组织和志愿者做出自己的贡献。1989—1990年，布什总统在白宫建立了“国家服务办公室”、“阳光基金”，以支持志愿者服务行动。1990年，经国会通过，布什总统签署了“国家和社区服务法”，从法律上明确了学校开设社区服务课的权利和义务。1993年，克林顿总统签署了“授权社区计划和社区项目法”，实施“国家社区服务计划”。1994年，国会通过了“King Holiday服务法案”，将马丁·路德金日作为志愿服务日，并由“国家服务合作组织”负责率先组织实施。

2. 政府采取了强有力的措施支持非营利组织的发展

除去免税，资金支持也是重要的方面。政府对非营利服务组织的支持在过去的20年中获得迅猛发展。联邦政府在社会服务方面的花费，50%以上投向非营利组织。

3. 社会广泛参与

众多大专院校、公司都以各自的方式支持志愿者。80年代中期，全美1/4的公立高校规定大学生在校期间必须参加一定时数的志愿活动。如纽约大学的社会工作学院要求全院800名学生每年到社区志愿服务600小时（约合75个工作日）。志愿服务的精神在青年人中显得尤为突出。

根据一项1993年的调查，被调查公司中，77%的公司认为志愿服务计划有利于公司战略发展目标的实现，82%的公司捐助志愿者行动计划，26%的公司给予其职员带薪从事志愿者服务工作的时间。

4. 非营利组织的管理者具备较高的素质

非营利组织的创始人、董事、管理人员和委员会成员，大多数是前参议院议员、前众议院议员、退休的联邦政府官员、大学教授、公司经理、社会活动家、律师及其他方面的专家。一般来说，他们知识层次高，社会阅历广，有丰富的经验，具有为社会奉献的精神，故其能对组织进行合法、高效的管理，使志愿者组织能够以最少的成本提供最多的服务。

5. 有效的管理和监督

政府运用税收和民事法律和劳动政策等手段，不断加强和改进对各类志愿者服务组织的管理和监督。

在全国各大城市，众多国家、地方的委员会、理事会负责监督和管理非营利组织活动，以确保这些组织的运作与其服务使命相一致，确保他们的活动符合法律要求和公共利益，信守公平原则，承担应负的责任，并据此给予他们免税待遇。各级政府，特别是州政府，对签订合同的过程和服务项目的实际兑现制定了详细的条款，不断完善他们的信息收集和管理系统，以进一步加强监督，提高管理效率，为非营利组织提供更好的服务。此外，其他组织和机构以及非营利组织本身也对非营利组织的运作进行严格的监督。

董事会的监督。非营利组织是由董事会领导的。董事会成员也是志愿者。他们的职责就是作出决策，监督和保证非营利组织的非营利性，使组织运作符合公共利益。

私人组织的监督。一些私人组织（本身也是非营利组织），也对非营利组织的项目实施过程及资金运用情况进行监督。如“国家慈善机构信息部”就是一例。

地方机构的监督。地方检察官或地方政府的有关部门持有当地非营利组织的名单，负责对有关欺诈和不正当行为的投诉进行调查，检察官通常充当初始调查的角色。几乎所有的州政府都有资金支持这项监督工作。

内部税收服务的监督。政府免税审批部门负责保证非

营利组织的行为合乎免税要求。税收部门的审计人员每年都要对成千上万个非营利组织的财务情况进行调查。如经查实有营利行为，非营利组织的免税待遇就会被取消。

捐赠者及其成员的监督。保证非营利组织诚实的最有力的措施之一，就是对成员个人的监督。由于手中掌握着给予或废止财力支持的大权，捐赠者能够让非营利组织按照捐赠者的要求使用捐款。

以上措施，有效地预防了欺诈与腐败行为，阻止了非营利组织为所欲为。

四、结论和建议

由于种种原因，我国非营利组织发展不足。

今天，我们可以借鉴美国的经验和方法，并与中国实际相结合，形成具有中国特色的非营利组织发展思路和社区建设模式。

第一，转变观念，鼓励和支持非营利组织的发展。美国及其他国家的实践证明，政府转变观念，从立法、资金、政策等方面支持和鼓励非营利组织的发展有诸多好处：（1）非营利组织能缓解政府的服务压力。（2）非营利组织为社会带来了利益。（3）减少政府的政治和经济风险。通过购买服务，政府至少将提供社会服务的一部分政治风险和金融风险转移到非营利组织。（4）降低服务成本，提高服务质量。为争取政府购买服务，各非营利组织之间会展开竞争。由于非营利组织付薪较低，且又能使用较多志愿者，因而可以与政府以低价签合同。其结果是政府节约了购买服务的费用，提高了服务效率，保持了公共服务的高质量。

第二，坚持培育发展与监督管理并重方针，制定和完善有关法律法规和政策条例，加大对非营利组织的管理和监督力度，使之走向规范化、制度化。非营利组织服务成本压力的不断增大和政府对非营利组织的不断渗透，有可能对非营利组织的服务效率和服务质量产生消极影响。因此，政府必须完善法律法规，改进管理体制，规范非营利组织的管理和运作，公正合法地保障社区居民权益。

第三，建立政府和非营利组织的伙伴关系，通过政府购买社会服务的做法，逐渐将政府承担的社会服务转交非营利组织去做。

第四，加大对非营利组织管理人员的培训力度，提高其整体素质。

（原文约 8000 字，发表于《北京行政学院学报》2001 年第 5 期）

文摘编辑：赵德杰

试论美国文化多元性的成因与特征

余志森

[作者简介] 余志森，华东师范大学历史系教授，博士生导师。

[内容提要] 美国文化从它的创造主体分析是一种移民文化。它在美国经过初步形成、成熟定型进入当前的多元文化发展阶段。美国移民的多“源”性决定了这种文化在民族认同基础上具有鲜明的多元性。影响移民文化形成发展的三个主要因素是：移民祖籍国的文化传统，移民与新环境的斗争以及在此过程中不同族裔移民间的融合。它对美国有双重影响：既有“海纳百川”的包容性与杂交性，也可以成为某些美国社会问题产生的文化因素。

[关 键 词] 美国；美国文化；移民；多元文化。

一、创造移民文化的主体——多源移民群体

综观全球众多移民国家，多源性是美国移民的一个重要特点。不同历史时期来美国的移民群体是很不同的，他们的结构与成分也与时俱变。与此相关的是美国移民迁徙的连续性，移民潮流不但没有随着美利坚民族形成而结束，反而因美国的发展与崛起而不断高涨。因此，美国人不仅吸取欧洲文化，也吸收了许多亚洲、非洲、地理大发现前的美洲和近来的拉丁美洲的文化“形成了广泛接受的价值观、观念和信条。”

二、构建美国移民文化的三个主要层面

第一层面：移民祖籍国文化传统的重大影响。移民祖籍国的文化传统是移民文化的直接渊源之一。移民总是自觉或不自觉地将自己的价值观念、宗教信仰、文化习俗甚至生活习惯一起“移居”到新土地上，企求按照自己的生存方式去创造新生活。

随着美国移民“源头”的不断扩展，美国文化得以继承的传统也不断扩大，以致发展到今天它几乎继承了全球的多数重要文化传统。

第二层面：移民与新环境的互动作用。在美利坚文化的形成进程中，移民与新环境的互动作用有着决定性的意义。这个过程首先是移民不断移居拓殖美国的进程，一边是老移民及其后裔从大西洋沿岸翻过阿巴拉契亚山，越过密西西比河，跨过大平原，翻过落基山，直达太平洋沿岸；一边是外来新移民源源不断漂洋过海，从太平洋、大西洋、墨西哥湾的不同沿岸来到美国，出现一种东西互动，海陆交叉的大流动。

第三层面：不同文化背景的移民群体间的融合。不同文化传统背景的种族、民族、族裔群体在与新环境互动中，因文化差异会有不同的社会经历与体验，他们积累的经验与知识也各不相同，保留取舍自己文化传统的程度也因“族”而异，吸收外来文化的力度由于各自的目光不同而各有千秋。

各种异质文化在移居与开拓过程中融合，形成了移民文化的核心部分，即我们今天所指的主流文化。这个过程在美利坚民族形成时期和19世纪末20世纪的“大熔炉”时期表现最明显。与此同时各种不同文化中的独特因素混存于同一社会中，形成一种类似拼盘式结构。“融合”与“混合”并存，主流与支流（文化）同在。

独立战争促使殖民地人民形成“我们是美利坚人”的共识，最后“所有民族的个人融合为一个新的人种。”19世纪末20世纪初，当时占主导地位的欧洲移民虽然有不同的国别与族裔，但文化背景大都为西方文明。“美国化”政策促使他们接受美国业已形成的价值观，最终在美国这个“大熔炉”里熔铸成了以盎格鲁—撒克逊文化为主流，以欧洲移民为主体的北美新文化——美利坚文化。它源于欧洲文化，但又别于欧洲文化。

三、美国移民文化的形成与发展阶段

在时间上大致可分为：初步形成、成熟定型与多元发展新阶段；在内容上经历了一个从多元——“同一”——多元的变化过程；在地域与发展空间上，则表现为从北美洲中部大西洋沿岸到太平洋沿岸的扩展。

美利坚文明初步形成阶段是指1607年到1783年前后的近两个世纪。这是第一个“多元合一”的过程。自1607年的英国探险者在弗吉尼亚詹姆斯顿登陆始，欧洲移民源源不断来到北美定居。这些不同民族、族裔、具有不同宗教信仰的居民生活在共同的土地上，由于经济发展统一市场的形成，英语逐渐成为大家共同使用的语言，在开辟新环境的过程中他们加强联系认识到共同的利益与追求目标，美利坚民族认同感在独立革命前初步形成。

美利坚合众国建立至第二次世界大战可以被认为是美利坚文化的成熟定型时期，所谓成熟定型，就是指美国文化脱离欧洲的“母胎”从内容到形式以全新的面貌

并带有明显美国特征出现在世界上。美国建国以后的一个世纪里发生了对美利坚文明成长具有决定意义的重大事件：波澜壮阔的西进运动，两次工业革命和一场政治革命——南北战争。它们也是美利坚民族融合的大熔炉，不仅使在大西洋沿岸初步形成的美利坚文明的轮廓和雏形得以充实与提高，最后扩展到太平洋沿岸；而且在移民开拓广袤土地与推进边疆线的进程中，铸就了美国人的性格特点。

第二次世界大战以后至今，美国式的多元文化发展到新阶段，影响美利坚文化继续发展的因素不仅有原来的欧洲传统，而且有美国自身的新文化传统；同时随着络绎不绝来美国的非欧裔新移民的到来，非欧文化传统对它的影响力倍增；移民面临的新环境也由以前的“荒野”变成了工业化的新美国。

四、移民文化的主要特征：多元性与同一性的统一

移民群体的多源性决定了这种文化的多元性。二次世界大战以来，移民的内部构成发生重大变化，来自拉美与亚洲的移民取代欧洲人成为多数，这种变化直接影响了美国的人口构成，同时不同族裔的通婚比例也呈增高趋势。

随着现代化与全球化进程的加速，地理上的距离日益缩短和信息交流的频繁使移民与祖籍国间的距离消失，国际上民族主义运动的高涨成了美国多元文化发展的主要外部条件。20世纪60—70年代民权运动的高涨，高等教育领域多元文化主义思潮的兴起，美国政府从政策与体制上保护少数族裔的民众受教育与就业的机会与利益，修改移民政策等等顺应了文化多元化的历史进程。

美国高等学校始终是领导美国文化新思潮的发源地。20世纪90年代，美国高校首先吹响多元文化主义的号角，社会学科的课程改革彰现了美国多元文化教育的发展趋势，在破除欧洲中心主义的过程中，社会学科课程的多元文化特色在日益增强，少数族裔的文化历史传统与优秀思想成果受到重视得到发扬，同时西方文明也重新受到关注。

从殖民地时代开始美国宗教就呈现多元态势并成为美国文化多元性的主要历史根源之一。多元文化的扩展促使原先的主流宗教影响力出现衰势。少数族裔的宗教信仰在美国开始扩张并显现一定规模。宗教裂变也在同一信仰内部发生。

美国语言的多样性反映了移民文化的多元性。即使是现代美国英语也因吸收了其他语言成分，而存在“美国人创造的新词”、“被美国人赋予了新含义的英语旧词”，“已被英国人淘汰的美国常用词”、“来自印第安语和其他非英国移民语言的外来词”等。此外新闻传媒的多语化也有新的进展。

思想文化学术界的多元性则因为多源移民带来不同祖籍国的文化而显现为流派林立，学风上的自由争论等。世界其他地区绽开的学术之花往往会在美国结果的现象值得研究。

美国社会的多元族裔结构对美国的政治文化与外交政策的影响也日益彰显，不仅美国政界人物少数族裔的比例不断增高，还出现了“多元文化外交政策”等。经济领域不仅企业成员的族裔多元化，最近美国经济学家还开展了“多元文化美国梦”（MCAD）的多项指数的调查研究。

综观美国历史的发展，多元化并非以损害美国一致性为前提的，在多元文化发展进程中，既有不同种族与族裔文化的交融，也保留有不同质的文化的某些特性。因为异质文化之间，有其相容性与非相容性的两个部分存在，相容性导致交流、吸纳与融合，非相容性引起冲撞、排斥与抵拒。多元化与融合的两个过程始终是同步存在与发展的，只不过有时多元化显得突出，有时融合成为主流，两者交替而行。

移民的多源性与移民文化的共创性还决定了美国文化的杂交性，表现为同质化与混合化两种形态。说美国是“大熔炉”，这是事实，但这是部分的事实；说美国是大拼盘，也是事实，但也是部分的事实；说美国既是“大熔炉”又是“大拼盘”才是较为全面的看法。纽约就是典型的移民城市与移民文化。它从印第安人的一个居民点成为荷兰人的新阿姆斯特丹，再发展到今天美国的世界大都市。移民们创造的纽约多元文化终于令那些视美国为毫无文化品位的“暴发户”的欧洲人刮目相视。

五、移民文化对美国社会历史发展的双重影响

没有移民就没有美国，就没有美国独特的多元文化。美国文化的多元性因它的广泛交流而具有“海纳百川”的包容性，吸收世界上各种文明创造的优秀成果充实自己。美国不仅具有世界上的各种种族、民族、族裔的民众，而且拥有各种文明的思想文化成果。杂交在某种条件下可以形成一种更为优越的新品种。

但是“种族和文化的多样性在给美国社会注入活力的同时，还带来前所未有的挑战。”多元文化给美国社会带来巨大优越性的同时也成了产生某种社会疾病的因素。外来移民既会带来祖籍国的优秀文化遗产，也会夹携文化中之糟粕；多源的移民结构势必造成内部族裔间的复杂关系处理不当就会酿成种族事端，国际犯罪团伙也总会利用美国是移民国家这个特点不断进行“渗透”。因此美国社会存在的黑暗面也可从移民文化中找到某些存在的原因。

（原文约14000字，发表于《华东师范大学学报》哲社版2002年第5期）

文摘编辑：赵德杰

美国历史上的西部大开发

金 华 邹 琪

[作者简介] 金华，江苏淮阴师范学院历史系讲师，主要从事中国近现代史研究。
邹琪，江苏淮阴师范学院历史系。

[内容提要] 美国的西部开发经历了密西西比河流域的拓殖、远西部的开发、大草原的开发三个阶段。美国西部的开发过程是美国国内的一次大规模移民拓殖运动，也是美国城市化、工业化和美利坚民族大融合的过程，这场运动对美国的经济、政治和社会都产生了重大而深远的影响。安定的社会环境、政府的积极扶持、重视科技和交通是美国西部大开发成功的主要原因。

[关 键 词] 美国历史；西部大开发；拓殖。

历史上，美国西部的概念是相对的，是随着边疆的西扩而不断变化的，但通常泛指从阿巴拉契亚山地到太平洋沿岸之间广阔的地区，它几乎包含其现在70%以上的国土。美国的西部大开发在历史上又称为西进运动，在这过程中，大批东部人口涌入西部，垦荒、开矿、筑路、架桥，把先进的资本主义生产方式推广到了西部。这不仅是美国资本主义发展的资本原始积累的过程，也是美国经济创业发展的过程，从而促进了美国西部地区的广泛开发和美国经济的快速发展。

美国的西部开发经历了三个阶段：

第一阶段：密西西比河流域的拓殖。

由于独立战争的胜利，英王的《敕令》不再有效，英国也承认了新独立的美国的西部疆界远及密西西比河。向西迁移在政治上和法律上的限制已经解除，到1800年，移居西部的人口已达64万人。他们之中，大多是贫苦的小农，还有一些土地投机者和奴隶主。

在密西西比河流域的开发中，不论是北部还是南部，虽然都以种植业为主要开发产业，但社会制度和经济制度差别很大：北部实行自由劳动制度，南部则实行奴隶制。这一差别最终酿成了美国南北战争。

第二阶段：远西部的开发。

密西西比河流域的土地被西进的移民占据完毕后，开发者们并没有循序渐进地向毗邻的密西西比河流域以西、落基山以东的大草原（现称“西部大草原”或“西部大平原”，也有人称之为“中部大平原”）推进，而是在19世纪40年代穿越了大草原，分别进抵俄勒冈和加利福尼亚等太平洋沿岸地区。造成这一现象的原因主要有两条：一是地质勘察的误差所造成的误解，美国人普遍认为西部大草原不适于移居和开发；二是加利福尼亚金矿的发现。

淘金热揭开了远西部开发的序幕，也使美国的西部开发在地理上越过了“西部大草原”地段，同时很自然地使得采矿业成为了远西部开发的主要行业。

第三阶段：大草原的开发。

19世纪50年代，为了修筑横贯北美大陆的铁路，铁路公司和军队的勘测队开始在西部大草原进行实地测量工作。结果发现，这里并非如以前人们所说的是“大沙漠”，虽然半湿半干的土壤说不上肥沃，但却牧草丰美，而且土地可以自由占领，用来发展养牛业甚至农业，绝非不能居住或开发。随着这块地区以东的密西西比河流域以及远西部的土地被占据完毕，美国人开始向堪萨斯城至落基山之间的大草原地带迁移。

1869年，第一条横贯北美大陆的铁路在犹他州的普罗蒙特里接轨；此后不久，又有另外4条横贯大陆的铁路建成；西部各州也相继修建了与这些干线相连的支线，这些铁路的建成沟通了东西部的经济联系，使美国形成了全国性的统一市场，为大草原的畜牧业产品提供了广阔的国内市场，也为全国各地的移民进入大草原提供了便利，从而加快了西部大草原的开发。

1890年，美国人口普查局正式宣布：美国未开发土地大多已被定居者占领，所以不能说还存在有边疆地带了。

西部大开发彻底改变了美国的面貌：大片荒地被开垦出来，大批的资本主义农场建立起来，西部农业的发展为工业的发展提供了大量的粮食、原料、出口产品和国内市场；使美国的劳动力布局有所改变：促进了国内统一大市场的形成，东西部互补性贸易迅速发展；西部资源的开发和利用还满足了工业发展的需要，交通运输业也飞速发展……美国的西进运动激发了美国人的创造力和经济活力，提高了美国的综合国力和国际地位，对美国整个国民经济的起飞具有重要的意义。同时，它扩大了美国领土，巩固了资本主义政权。此外，在西部新开辟的土地上，是按北方资产阶级生产方式经营还是按南方种植园奴隶制的生产方式经营，成为引发南北战争的原因之一，南北战争为美国资本主义发展进一步开辟了道路，使资本主义统治进一步巩固。更为重要的是，持久而艰巨的西部开发，磨练了美国人的意志品质，增强了美国人的民主意识，培养造就了美国人那种自力更生、不畏艰险、积极探索、锐意进取、勇于开拓的民族精神。同时形成的独特的西部文化，影响也十分深远，成为世界文化瑰宝之一。

但是，在西部开发的过程中，文明与野蛮、开发与破坏交织在一起。美国西部开发运动既留下了移民西进的辉煌业绩，也充满了血腥屠杀驱赶印第安人的罪恶。西部的开发，对世世代代居住在西部的印第安人来说，却是一场噩梦。他们的财物被掠夺，土地被霸占，大批印第安人遭到屠杀，剩下的也被强行赶到更为荒凉的“保留地”，印第安人的被迫迁徙之路就是历史上著名的“血泪之路”。美国西部开发之初，由于人们对环境保护问题认识不足，开发又是在一种自发状态下进行，因此大规模的开发造成了自然环境的破坏。人为灾害与自然灾害使得田纳西河流域内7个州的人均收入到本世纪30年代初还不足全国平均数的一半，成千上万的家庭年收入不到100美元。在西部大平原的开发中，也遇到了同样的问题。

美国西部开发尽管对印第安人是灾难，对某些生态资源是破坏，但是在美国近现代史上，这种消极作用是次要的。从整体上来说，美国的西部大开发是成功的。美国西部的开发成功因素有很多，概括起来大体有以下几方面。

第一，安定的社会环境。在一百多年的开发过程中，美国的国内国际环境总体上比较稳定，这为西部的开发营造了一个良好的社会环境。从国内环境来看，尽管美国社会经历了短暂的内战混乱，但是这并没有打断西部开发的进程。相反，南部黑人奴隶制的废除、西部蓄奴州的取消，以及美国政府为扭转战场的不利局面而颁布的一些法令都加速了西部的开发。而在此期间，19世纪上半期欧洲大陆经历了资本主义与封建主义的生死较量，19世纪下半期既有资产阶级与无产阶级的激烈斗争，又有资本主义国家间为利益之争扩军备战，欧洲社会动荡不安，使许多欧洲人移民到被誉为资本主义乐土的北美。他们的到来，带来了大量的资金和欧洲的先进技术，促进了西部的开发。从国际环境来看，整个19世纪没有发生世界大战，即使是局部战争也几乎没有波及北美大陆。而且美国极其有利的周边环境（东西是大洋，南北是弱国）使得它不用担心战争的威胁，集中精力进行经济建设。

第二，政府的积极扶持。在西部的开发过程中，美国政府发挥了巨大作用，主要表现为：政策鼓动，行动支持。西部开发之初，为了处理西部拓殖中的土地问题，美国国会曾于1784、1785和1787年通过了三个土地法，规定了土地国有制和向移民出售的原则。这些法令有力的促进了对西部的开拓。60年代林肯政府的《宅地法》所做出的给每个定居者免费提供160英亩土地的决定，以及对远西部的大肆宣传，给许多无地或少地的人带来希望和幻想，这些法令、宣传造成了大规模的移民运动，进一步刺激了对西部的开拓。1866年，联邦政府将土地出售政策扩大到了矿产地，推动了采矿业的资本主义开发。从1823年起，联邦政府为公路、运河及铁路的修建拨赠了大量的土地，推动了西部交通运输业的发展。1862年通过《莫里尔法》，加强政府对农业生产的指导。1887年，国会立法为州立高校中农业实验站的建立和发展提供资金，1889年，联邦政府正式设立了农业部，开始了对农业教育和农业科研的系统规划和指导。这些措施推动了农业生产的发展。此外，美国政府较为重视交通运输的改善，为西部开发提供便利条件。1825年，以政府投资为主的联结哈得逊河、大西洋与五大湖的伊利运河通航。1862年，国会决定成立联合太平洋铁路公司和中央太平洋铁路公司，负责修筑横贯大陆的铁路。经过30年的努力，终于打开横贯大陆的交通，从而打开了开发远西部的胜利之门。

第三，重视科技对生产力的推动作用。纵观世界经济发展史，科学技术一直是推动经济发展的重要力量。在美国西部的开发中，科学技术发挥了极其重要的作用。在西部大平原这个美国最重要的大农业基地的开发中，农业机械化和科学化以及科学种田方法的推广是提高农业生产力水平的最主要手段。在开发西部时，农场主广泛使用了农业机器，自1831年马拉收割机发明出来，各种马拉的农具如割草机、打谷等陆续问世。钙肥、轮作制等也推广开来。随着机器的使用，西北部农业在内战前已出现一个繁荣时代。旧西部的大城市芝加哥成为世界上最大的谷仓。内战后的30年是美国占领开发大草原时期。边疆人民为大草原的开拓提供了两大技术：一是找到了适用于该自然环境的经营方式——旱地农业耕作法；二是发明和改进了能克服该地区自然障碍的各种农机具，这些技术的推广应用引起了大草原的巨大变化。

第四，以交通运输为先导。很多经济学家称19世纪的美国基本是一部铁路成功史，美国西部开发自始至终是置于一个发达的交通运输基础之上的。从18世纪末的兰卡斯特大道建筑开始，到19世纪晚期全国铁路网络已基本形成，仅密西西比河以西地区的铁路通车里程就由1860年的不足3000英里猛增到1890年的7.2万英里，约占全国的43%，这对西部开发和国民经济产生了巨大的影响。交通运输业等基础设施的建设，一是促进了美国西部经济的地区专业化，比如到19世纪晚期美国西部生产的地区专业化格局已经形成了以小麦、棉花、畜牧三大“农牧王国”、落基山区的“矿业帝国”、大湖地区制造业的“制造帝国”等西部专业化的基础“经济走廊”。二是促进了全国统一市场的形成，大大加速了地区经济专业化和整个经济的商品化，从而也加强了美国各地区之间的联系。

（原文约5000字，发表于《枣庄师范专科学校学报》2002年第6期）

文摘编辑：赵德杰

我国姓氏的起源与发展

田亚岐 倪景杰

[作者简介] 田亚岐，陕西省考古研究所隋唐研究室主任，雍城考古队长，副研究员。
倪景杰，从事中学语文教学二十余年，中教一级。

[内容提要] 姓氏的发展源远流长，姓氏文化蕴藉丰厚，是中国古代文化重要的组成部分。姓氏的发端一是表明身份、地位；二是区别婚姻。自商周至春秋战国时期，形式多样的赐姓制度，使中国的姓氏不断增加。秦汉之际，姓与氏开始混为一谈，以氏代姓普遍出现，姓氏逐步稳定成现有的体制。中国姓氏多达6362个，但大姓比较集中，《百家姓》收录468个姓氏可以涵盖全国人口90%左右。

[关 键 词] 姓氏；起源；发展。

姓氏是中国古代文化的重要组成部分，是人类进入文明社会的标志之一。追溯姓氏的起源与发展，对于研究我国古代氏族、宗法制度和一些礼俗的形成及谱牒的出现与发展都有着密不可分的联系。

春秋战国到秦汉之际，我国的姓氏发生了明显的变化。一是姓氏大量涌出。据史料记载，当时的姓氏不少于3000个。原因在于那时的得姓受氏多得到了泛滥的程度。一个家庭一个人物的姓氏相当复杂。因官、因爵、因事、因地、因时而得氏的情况不断涌现。另外，随着少数民族和汉族交往的日益密切和统治集团对少数民族文化的兼收并蓄，具有各民族特征的二字姓、三字姓，甚至四字姓大量出现。东汉人应劭编纂的《风俗通义·姓氏篇》中收录的500多个姓氏中，复姓有150多个，占将近1/3。但不少姓氏的使用时间比较短暂，祖辈的姓氏有很多没有被子孙所沿用。二是姓和氏开始混为一谈。为什么会出现这种情形，原因很清楚。秦汉之前，拥有天下的都是君主们的后代。他们封地受爵都是世代相袭的。追溯到先祖，都有记载很清晰的年代顺序、祖系宗派。大家都明确自己族系拥有的姓、氏的来由。再加上那些专门负责国家历史和贵族世系的官吏们的详细记载，他们一代代的承袭关系和贵族化身份一点也不会紊乱。战国时期，特别是战国后期，诸侯蜂起群雄纷争，有关姓氏、族系方面的礼制、学说在很长一段时间里被废弃不讲了。等到秦始皇灭亡了六国，统一了天下，许多分封建制的体制被彻底废除。即便是名门望族，也根本不存在议定身份高贵的法律条文。汉高祖刘邦，农民出身，太祖父以上先祖的姓名都无从考稽，自己归之于何“姓”根本就搞不清楚。既然一代开国君主连“姓”都查不到，只能以“氏”代姓。称为“刘姓”。姓氏合而为一的情形就是很自然的事了。所以，司马迁在《史记》中对刘邦也直接称“姓刘氏”，没有去追溯他得姓受氏的渊源。可以说，从汉代以后，姓、氏合一的氏族制度就基本形成了。

中国古代的姓氏，除了表明身份，尤其是像虞帝姚姓、夏帝姒姓、殷朝子姓、周朝姬姓等这些神圣不可动摇的帝王的地位、身份，还有一个作用就是“别婚姻”。当时的礼制规定：“氏同姓不同者，婚姻可通；姓同氏不同者，婚姻不可通。”这里“姓”与“氏”的分野是相当清楚的。只要出身于同一个“姓”，无论是什么“氏”，互相通婚都是有悖于礼制的。顾炎武《日知录集释·卷二十三·姓》中记载，鲁昭公娶了同姓吴国的女子为妻，立即受到人们的讥笑，他只好把吴女姬氏改称为子姓的吴孟子来加以伪饰。崔武子打算娶棠姜为妻，东郭偃对他说：男女通婚要看是否是同姓。现在您出自于丁，我出自于桓，虽不同氏但却同姓，这门亲事是不能定的。

姓氏发展到今天，中国到底有多少个姓呢？编写于北宗初年的《百家姓》收姓468个；宋代郡思的《姓释》收姓2568个；现代统计，见诸于各种历史文献中的姓共有6362个。但可以断言，这6362个姓氏，绝对不是现在仍然还使用着的姓氏。它肯定包括曾经在历史上使用，但使用时间很短暂，有的甚至是昙花一现的姓氏。1982年第三次人口普查资料显示，我国人口最多的李、王、张、刘、陈、杨、赵、黄、周、吴、徐、孙、胡、朱、高、林、何、郭、马等100个姓氏中，上面列举的19个姓氏的人数已经占到全国总人数的1/2以上。这说明，我国姓氏虽然很多，但相对比较集中，大姓占据主流。估计《百家姓》中所收的468个姓氏可以涵盖我国人口的90%左右。

纵览中国姓氏的起源与发展，简言之，具有以下几个方面的特点。

其一，在姓、氏并存时期，姓是一成不变的。

秦汉之前，一个国家、一个族派一旦拥有某个姓，就世代沿袭使用它，以此作为贵族化身份的标志。天子分封的诸侯国，首先都享有一个姓，以表示与天子之间的关系和国与国之间的区别。比如享有“姬”姓的晋、魏、曹、雍、吴等这些诸侯国，肯定是黄帝赐封的。享有“夏”姓的杞、郑、越等这些诸侯国，肯定是颛顼帝分封的。关于这些诸侯国后来的得姓受氏，那又是由赐“氏”的种种情况所决定的。不论“氏”有什么变化，“姓”是一成不变的。

其二，姓的使用和称谓有一定的范围。

在姓、氏并存的时期，姓的使用和称谓都有一定的范围。即是女子称姓，男子称氏不称姓。从姓的构字上看，从“女生”。所以，姓以女字为偏傍的很多。如：姬、姜、嬴、姒、姞、妘、妫、姶、妊、嫪等。女子未嫁在家的时候，在姓前加上她的排行。如：叔隗、季隗；伯姬、叔姬。待到出嫁之后，如果嫁给国君，就在她的姓前加上嫁于国的国名。比如芈姓女子嫁给江姓国君就称“江芈”。如果嫁给国卿、士大夫之类的，就在姓前加上丈夫的氏来作为名字。比如“赵姬”“卢蒲”肯定就是姬姓女子嫁给了赵氏丈夫；蒲姓女于嫁给了卢氏丈夫。《左传》上说“郑武公娶于申曰武姜”，意思就是郑武公从申国娶了姜姓女子为妻。当然我们所了解到的都是有身份，有地位的女子的称谓情况，至于民间女子如何称谓就不得而知了。

其三，“氏”是可以变的，而且变化多端。

在一个大“姓”之下，可以有许许多多的“氏”。由于有赐氏的礼俗，氏便不断产生出来。即使在一个人身上，氏也有多种变化。比如商鞅这个人，因为他的封地是“商”就以商为氏，称作商鞅。又因为他祖籍卫国，而且是卫国的贵族，所以又因国得氏被称为“卫鞅”。又因为他是卫国国君的孙辈，所以称为“公孙鞅”。氏的称谓也有一定的范围。有身份的人可以有氏，普通老百姓不能称氏，只能称名。

其四，由姓、氏并用逐渐过渡到合而为一。

社会的发展总是不断走向进步的。由姓、氏并用到合而为一，一是体现了姓氏的普及化。姓氏不再作为地位、身份、郡望的标志，而仅仅是这个家庭有别于那个家族的一种代号。二是体现了姓氏的固定化。在一般情况下，一个家族的祖祖辈辈就只享有一个姓氏。这样既便于一脉相承又便于相互区分。三是体现了姓氏的平民化。一般庶民百姓都可以拥有自己的姓氏。这一方面使普通老百姓有了一种享有姓名的尊严，另一方面也为国家的户籍管理提供了方便。

在秦汉以后的封建社会里，姓氏虽然不像在这之前那样等级森严，但作为皇权统治者的象征之一，几个大的封建王朝的姓氏作为一种权贵和荣耀，也有过不少赐姓的先例。唐德宗贞元三年，骆元光作战有功，被赐李姓并更名李元谅。唐穆宗长庆二年，赐横海节度使王日简为李全略。这大概是我国几个大姓比较集中的原因之一吧。

其五，姓氏经历了由少到多，再由多到相对减少；由单姓到复姓，再由复姓到单姓的变化过程。

由于命氏制度的时间较长，命氏的形成纷繁庞杂，导致了姓氏的大量涌现和复姓的不断增加。但发展到姓氏合一的时候，一是一些含有贬义，或词义不雅和比较庞杂的姓氏被逐渐淘汰；二是不少复姓被简化单称。如上官简称上；柳下简称柳，东正简称东，子张简称张。一些少数民族的姓也被简化成汉族的单姓。如贺敦氏简称贺；素黎氏简称黎；石抹氏简称石。淘汰简化的过程使我国的姓氏逐渐稳定成现有的姓氏体系。

我国是一个多民族的国家。随着民族间的交流融会，姓氏这个具有汉民族文化特征的身份标志，也影响到了一些少数民族。习惯于称男性为“巴特尔”、“恩特尔”，女性为“红梅”、“红花”、“春花”的蒙古族。父辈如用“塔尔敦”、“乌力布”、“仁增”之类的名字，子女则以“塔红梅”、“乌明珠”、“仁文革”来称谓，明显地带上了和汉民族一样的姓氏，有的甚至祖辈沿用。

另外，随着独生子女的增多，现在城市中不少孩子用上了父母双方的姓氏。比如“孙倪莎”、“胡杨英杰”、“胡夏平”等。如果这些姓氏被沿袭使用，无疑又为我国现有的姓氏增添了新的内容。

寻根问祖，人之常情。古老的姓氏文化以其丰富的内涵历来受到人们的关注。我们这些一得之见能否为姓氏的诠释加上一个小小的注脚，还有待方家的评说。

（原文约7000字，发表于《西安教育学院学报》2001年第1期）

文摘编辑：其实

中国古城保护与西部大开发

阮仪三

[作者简介] 阮仪三，同济大学建筑与城市规划学院教授，博士生导师，国家历史文化名城研究中心主任。

[内容提要] 本文归纳了中国古城的历史特点；提出了现今在历史古城保护方面诸多认识上及做法上的新问题；指出为保护历史文化遗产和保护古城，须遵循四性原则：原直性，整体性，可读性，可持续性。随着西部大开发的掀起，如何有效地保护西部地区的历史文化遗存，以及筹集必要的保护资金，已提到重要的议事日程。

[关 键 词] 中国古城；历史文化遗产和保护；四性原则；西部大开发。

一、中国古城的历史特点和现今遇到的问题

中国历史悠久，源远流长，历史古城镇遍及全国，约有2000多个，数量之多，传统特色之丰富举世闻名。

中国的古城市大多是按规划建造的，据科学考古和史料记载以及证实，从春秋战国一直到明清时代的都城和地区的统治中心以及一些重要的边防城市，都是事先有周密的规划，先做地下供水排水设备，后做地面建筑。这些古城规划基本上遵循了中国儒家的传统思想，上下一脉相承，颇具有特性。

中国的历史古城具有重要的文化职能，无论是政治或经济类城市，都建有宗教寺观、学宫、坛庙，形成城市中最突出的建筑物，这些历史建筑的遗存也是今天的主要名胜古迹地。古城中留下很多不同时代的历史文化古迹。

但是，随着历史的演进，社会的发展，我国历史古城的保护与建设，现今也遇到了诸多认识上及做法上的新问题，主要表现在以下几方面：

其一，“五四”以来形成的“破旧立新”的文化倾向，尤其是解放以后对新建设的盲目热情，以及对历史文化遗产的价值和作用缺乏认识，造成对历史古城的摧残，大多已形不成完整的古城风貌。

其二，80年代以来，改革开放促进了中国与世界文化的沟通与交流，在重视历史环境保护的国际潮流影响下，保护历史古城的认识逐步在我国领导人和专家的头脑中得到提高，特别是近年来由于经济的全面繁荣，文化旅游业的发展，使保护历史文化出现了新的高潮。但是如何切实做好保护，却缺乏全面、正确的认识。

其三，有些领导对保护历史遗存存在许多不妥认识，如提出：要积极保护反对消极保护；保护与发展是一对不可调和的矛盾；保护要讲究实效，保护就是为了开发利用等等。有些技术人员不懂得如何做保护规划设计，不懂得正确保护维修方法，许多保护规划当成一般的规划设计来做，以致造成了建设性破坏，还茫然不知。

其四，由于城市大规模的建设活动，又由于技术的进步，信息的交流以及人们对时尚的追求，旧貌换新颜的推崇，许多古城改换了面貌，出现了雷同的建筑、布局相仿的格调。近年来又时髦开大草坪、做大花坛，许多城市变得千篇一律，分不清东南西北，原有的城市特色消溶了，历史风貌淡化了。

其五，在许多古城中错误地理解保护古城就是恢复古建、重建老街，拆了真古董去建假古董，热衷于盖庙修塔，建传统特色商业街，片面地认为保护古城就是为了发展旅游，获取经济回报。

二、保护历史文化遗产和保护古城的原则

首先，保护古城是政府行为，不能进行商业性开发。其次，要加强教育，特别是提高领导人员的思想认识。

保护历史文化遗产和古城还必须遵循四性原则：

1．原真性

要保持历史文化遗存原先的本来的真实的历史原物，要保护它所遗存的全部历史信息。整治要坚持“整旧如故，以存其真”的原则，维修是使其“延年益寿”而不是“返老还童”。修补要用原材料、原工艺、原式原样，以求达到原汁原味，还其历史本来面目。

2．整体性

一个历史文化遗存是连同其环境一同存在的，保护不仅保护其本身，还要保护其周围的环境。特别对于城市、街区、地段、景区、景点，要保护其整体的环境，这样才能体现出历史的风貌。整体性还包含其文化内涵及形成的要素，如街区就应包括居民的生活活动及与此相关的所有环境物件。

3．可读性

是历史遗物就会留下历史的印痕，我们可以直接读取它的“历史年轮”。可读性就是在历史遗存上应该读得出它的历史，就是要承认不同时期留下的痕迹，不要按现代人的想法去抹杀它，大片拆迁和大片重建就是不符

合可读性的原则。

4. 可持续性

保护历史遗存是长期的事业，不是今天保了明天不保，一旦认识到，被确定了就应该一直保下去，没有时间的限制。有的一时做不好，就慢慢做，不能急于求成，我们这一代不行下一代再做，想要一朝一夕恢复几百年的原貌必然是做表面文章，要加强教育使保护事业持之以恒。

三、继往开来，创造有中国特色的现代化的新城市

保护古城，不仅是为了保存珍宝遗存用作展览、观赏，开发旅游，开展文化活动，更重要的是留下城市的历史传统和建筑的精华。保护这些历史文化的载体，是为了从中可以滋养出新的有中国特色的建筑和城市来。

各个古城都要追寻、发掘、提炼、升华自己的特色；各个古城都要提倡、引导、鼓励规划师、建筑师、城市建设工作者、文化工作者，努力钻研，精心设计，不超时髦，不求功利，做出有自己城市的特色，自己地区的特点，自己民族风貌的新建筑、新景点、新城市。继往才能开来。在城市保护与发展上，要学习欧洲，不要去模仿香港。现代化要落在实处，而不在表面文章。中国特色的社会主义建设应落实在中国式的城市上。

四、西部大开发应重视历史文化的保护

1. 开发西部要保护历史文化遗存

中央在开发我国西部的战略决策中，提出了要特别注意保护自然生态环境，并提出保持水土植被的一些具体措施。这是考虑到前若干年只注重了经济发展，忽视了自然生态的保护，导致了生态环境恶化的结果。笔者认为，在这项重大决策中，还必须加上要特别注重保护西部地区的历史文化遗存和历史文化环境。因为在经济发展过程中，和自然生态环境一样，历史文化环境也变得非常脆弱，不经意中就会遭到无情的破坏。特别是历史文化遗产是不可再生的，树砍了可以再栽，草没了可以重种，而历史建筑、历史村镇拆毁了，再建造、再复原就不是原来历史的东西。要接受我国在东南沿海地区大开发中的教训，许多城市的历史环境在经济建设高潮中被改造得面目全非，在一些国家级历史文化名城中，也难以找到足以反映名城风貌的历史街区，更有许多具有很好历史价值的小城镇被完全毁改。近年来为发展旅游事业，又重新去建一些仿古建筑、仿古街景等等，许多地方粗制滥造，不伦不类。像湘西凤凰城、贵州青岩镇、黎平县隆里镇、云南的黑井镇、石屏县以及苗寨西江、侗寨肇兴等等，都保存着较为完整的传统历史风貌，应立即提出保护的要求，制定科学的保护规划，合理的开发，为祖国留下这些宝贵的历史财富和旅游资源。

2. 开发西部要进行历史保护的教育

在这些地区，所有的领导和群众对西部大开发都衷心地拥护，也充满了激情，并正在积极地行动。但主要精力和思想都集中在经济建设方面，对于要保护历史文化遗产却非常模糊，有的甚至于一无所知，如不认识这些历史文化遗产的价值，更不大明白如何保护和合理的开发利用，包括一些领导人和一些科技人员中也缺乏这方面的知识。譬如：贵州仅有的两座国家级历史文化名城遵义和镇远，当地领导认为历史街区原来的建筑面貌太破旧，要换成所谓清末历史风貌，规划设计人员就按这样要求去设计，又急于求成，半年内就把历史传统风貌全给破坏了。

因此，我认为当前迫切要加强这方面的教育工作，特别要对主要的领导者、决策者进行历史文化遗产和保护的教育，同时也要对许多科技人员、文物保护人员的业务教育，加强对人民群众的教育，以提高人们的认识，不使我们伟大祖国的优秀文化遗产在我们手中丢失，不要重蹈东南沿海地区经济发展了，历史文化遭到严重破坏的覆辙。

3. 开发西部要注意保护少数民族的文化传统

保护历史城镇、保护历史街区不能光保护那些物质形态的东西，还必须保护它所依存的历史文化内涵。云南、贵州是我国少数民族聚居的地区，许多城镇是以少数民族为主体的。我记得五六十年代到贵阳、昆明去，街上常见到许多少数民族同胞。现在却不多了，不是他们不去了，而是他们不穿民族服饰了。今天，在许多民族村寨汉族化得非常厉害，不少青少年民族语言不会说，更不用说认得本民族的文字，仅为了开展旅游才有一些人搞民族风情表演活动。而日常的生活习俗也汉化了，青年们不热爱民族的传统文化，热衷于赶时髦，少数民族的特色有逐渐湮没的危险。

保护是一种外加的行为，也一定是政府的责任和行为。我认为：西部大开发，先进地区的文化、科技的交流和影响会更增大，而我们如不注意保护这些地区的民族文化，不提倡发扬民族的文化传统，那么生产发展了，生活提高了，但民族同化了，从整体的人文观念看，伟大的中华民族也会受到不能弥补的削弱。即使从发展旅游事业来讲，如没有了这些民族的特色，旅游的观赏性也会大大的逊色。

4. 开发西部要筹集必要的保护历史文化的资金

保护要付出精力，也必须有必要的资金，特别是当前西部经济区还不发达，基本上没可能在保护历史文化遗产上投入资金。但有不少急需抢救的文化古迹和优秀建筑在濒临消失，国家和地方政府要舍得拿出一些钱来做这事，不能认为是多出来的负担。

（原文约6000字，发表于《同济大学学报》社科版2001年第3期）

文摘编辑：其实

中国建筑象征文化探源

居阅时

[作者简介] 居阅时，上海华东理工大学人文学院副教授。

[内容提要] 本文强调人的本体地位，把一切文化现象看作是人活动的产物，而支配人活动的是形成于头脑中的观念。人的观念是怎么产生的？本文追本溯源，认为本能是观念产生的原点。文章得出结论：建筑象征文化产生的源头是人的本能及其后发的观念。

[关 键 词] 建筑象征；文化本源；观念；本能。

建筑象征文化现象遍及古今中外，可谓俯拾皆是。在巴比伦，为体现集体团结建造高大雄伟的巴比伦塔；为表示对“七大行星”和“天体宇宙”的认识和崇拜，建造了以“七”数为主体的伯鲁斯塔和分别涂上白、黑、紫、蓝、红、银、金七种颜色的七重城墙。中国建筑象征文化从原始社会创造象征神鸟飞翔的人字坡屋顶开始，内容不断丰富。如秦始皇灭六国后，在咸阳北阪上复制六国宫殿，环列秦宫四周，象征臣服和侍卫秦国；秦都城横跨渭河，贯穿宫殿的河流象征天汉银河，阿房宫象征紫微，南山象征门阙。还可列举的如霍去病墓形似祁连山象征对匈奴的征服；孔庙蟠龙柱象征孔子的崇高地位；寺庙黄墙和黄色僧服象征宗教的特殊地位等等。

园林建筑象征文化同样源远流长，秦汉上林苑掘长池，池中垒土为山，刻石鲸二百丈，象征东海蓬莱仙境；东汉梁冀园中筑土山，象征二崤；圆明园建筑物“万事安和”仿效西方以十字架为教堂平面的做法，把佛教的卐符号作为建筑平面，表示对佛教的敬仰和寄寓万事如意等吉祥愿望……。

研究发现，所有的建筑现象都是一定观念的反映与体现，在建筑与观念的关系问题上，观念支配着建筑行为，日常生活中的思想和看法被凝固在建筑之中，建筑作为文化的载体蕴藏了历代的观念，所以，我们解读建筑象征符号时，必先追本溯源弄清作为建筑象征文化渊源的观念的产生及其内容。

建筑象征比较集中体现等级制和祈福纳吉愿望，本文将围绕与此相关的等级观、生命观和宗教神秘观展开讨论，剖析建筑象征文化现象的原因。同时，借建筑象征文化这个命题，尝试把解释人类文化起源的问题提升到哲学层面进行研究。

一、象征等级的建筑成因——等级观

皇家建筑侧重蕴含等级观念，建筑反映等级和社会地位的现象在中国比较突出，这与长达几千年以官本位为核心的奴隶、封建专制制度存在有关系，因为自周代以来就开始强调上下尊卑有序的统治秩序，儒家则把封建礼制推到了完备的阶段。封建礼制涵盖了人的全部社会活动和生活内容，所以在建筑上有很明显的等级印记。建筑规模和体量、建筑颜色、建筑式样及装修等都可看作建筑等级象征的要素。例如北京故宫太和殿和天安门是现存体量最大的古建筑，太和殿由三层汉白玉围栏拱卫，台基四周为刻有云纹龙凤的望柱，中间铺设镌刻蟠龙的巨型龙陛。殿面阔9间（清代改为11间），长63.93米，进深5间，宽37.17米，重檐庑殿顶，高35.05米。殿内金漆木柱与蟠龙藻井，中设雕龙金漆御座。屋顶覆黄色琉璃瓦，殿身绘和玺彩画，金殿建筑均显示最高等级，也是全国最大的木结构宫殿。明清两代重大典礼如皇帝即位、诞辰等都在此举行。天安门是明清两代皇宫正门，明成祖取“承天启运”、“受命于天”之意，命名为“承天门”。清重建后易名“天安门”，取“受命于天”、“安邦治民”之意。天安门高大雄伟，是一座重檐歇山顶门楼，高度为33.7米，东西面阔9间，进深5间。城楼底部为一座10多米高的红色大砖台，承以汉白玉须弥座。设5阙门，门前5座汉白玉桥横跨金水河上。天安门的体量和规格稍次于太和殿。历任帝王每逢登极、选纳皇后等重大庆典时，在此举行颁诏仪式。其中建筑面阔9间，进深5间；屋顶琉璃瓦的黄颜色和庑殿、歇山顶式样；围栏的层数及和玺彩画等都是建筑等级象征现象。究其本质，建筑等级形成的原因是等级观的具体化——礼制。

中国古代封建专制政治的“礼”制主要有两个方面构成。第一是天人合一理论，鼓吹君权神授，树立帝王至高无上的权威。第二是推崇儒家伦理纲常，把社会等级化，按封建社会秩序给每个人进行定位，以维持专制统治。

象征等级的建筑是礼制的具象化。

二、象征吉祥的建筑成因——生命观

私人建筑侧重蕴含生命观念，祈福纳吉是生命愿望的主要内容。台湾人迷信风水，大到建房选墓址，小到居室办公室内的一桌一椅安排，都迷信风水和位置的魔力。蒋经国对陈诚墓址十分关切，亲自到泰山同荣村山上作实地勘察，他看完后赞许墓址风藏气聚，山环水抱，龙虎比和，有万山朝拜，万派归源的气势，是不可多得的理想墓址。行政院长俞国华上任前一天，台北时代饭店发生大火灾，4 天后其他地方又发生大水灾，继而又有三起煤矿事故和“江南命案”爆发。风水先生进言：行政院办公楼前的“新闻局”大楼作祟，理由是“新闻局”大楼外形狭长，像条卧龙，卧龙挡路使行政院长运途受阻，如欲消灾解厄必须铲平“新闻局”大楼。还危言耸听道：不如此做还会影响到蒋经国的健康长寿。不久，“新闻局”大楼即被铲平。支配这些建筑现象出现的原因就是深植于人们头脑中有关祈福纳吉的生命观。

外部世界在中国人眼中始终是一个神秘的世界。中国是多神教国家，除本土道教外，又有外来的佛教、伊斯兰教和基督教等，宗教使世界变得更神秘。神秘观念世界都有“神”、“鬼”两套系统，因果报应和轮回是其最具影响力的内容，神秘世界一面以具有超自然力量的神鬼吓唬人，同时又以因果轮回引诱人，使人始终处在神鬼阴影之中不能自主人生，最终放弃体验生命的尝试，把自己生命托付给超自然力量：鲜活的现实生命交给执行神意的“天子”，死后的“生命”交由神鬼安置。中国人在无形的超自然力量和有形的礼教双重压迫下，生命观发生严重畸变，从“贵己”、“为我”的自主生命观，到“无我”的顺从生命观，个体全部放弃对自己的把握，变成匍匐在“神”和“天子”脚下，祈求福祉降临的精神奴隶，生命观内容流变成“祈祷”二字。“祈祷”的生命观是中国人生命观的终结。

建筑象征文化中祈福纳吉现象是“祈祷”生命观的体现。由于失去对自我的把握和对超自然力量的崇拜，生命观中渗透了许多迷信成分。中国传统建筑乃至现代建筑充分体现出这一特点。

三、产生观念的原点——本能

观念，是社会中人们对周围世界观察、思维后形成的思想和看法。上述等级观、生命观和神秘观作为建筑象征文化的原因，表明观念决定了建筑象征文化的产生。然而，我们尚未完成任务，因为必须进一步弄清与建筑象征文化相关的观念是如何产生的，才算真正找到了建筑象征文化的源头。研究表明，观念产生的原始出发点是本能。本能是人类历史发展的原点，恩格斯说：“我们首先应当确定一切人类生存的第一前提也就是一切历史的第一前提，这个前提就是：人们为了能够‘创造历史’，必须能够生活，但是为了生活，首先必需要衣、食、住以及其它东西。因此第一个历史活动就是生产满足这些需要的资料，即生产物质生活本身。”恩格斯说的第一个历史活动即生产物质生活本身就是指生命本能支配下的活动。生命观是人类最早产生的观念之一，因为生命存在和延续是不可回避的首要问题。生命观实质上是生命本能的反映。所以，本能也是观念产生的原点。

早期社会心理学家麦独孤认为人的本能有十多种，此后傅立叶、弗洛伊德、马斯洛等人都对人的固有天性作过研究和概括，许多人较一致认为人的最基本本能为三种，即食物、安全和性。出于本能的需要，人类喜欢群居。据研究，动物界有很多群居动物，如牛羚群、斑马群、沙丁鱼群、虾群、蚁群、蜂群等等，群居动物多为体小力弱或性柔不适合进攻的动物。在动物界不主动进攻就意味着被进攻，群居有利于加强弱小动物的力量和生存能力。人既缺乏大象那样坚实硕大的身体，也没有牛羊的角可供防御，甚至没有马或鹿的快跑能力，单独生活即意味着饿死或被杀死。人在发明有效武器前，群居是安全、猎取食物和性生活的保证。因此，依靠集体和自觉维护集体秩序的集体观念成为人类最早的生命观内容之一。

由于群居，直接造成血缘氏族制的形成，继而向民族和国家演进。同时，婚姻制在私有制产生后，由血缘婚姻和普那路耶婚姻向一夫一妻制婚姻过渡，家庭和国家一并出现，使群居时代具有个人和集体二元合一的生命观开始相应分成以家庭为核心的生命观和以国家为核心的集体观。随着地域开拓和集体日益庞大（集体的发展线路为：家族→部落→民族→国家），集体观的内容不断变化，西周时期，集体观认为建立金字塔般的等级制度能最有效地维护国家秩序，这时，集体观的主要内容演化成等级观。可表示为：

本能—群居（二元生命观）—私有制 ＜ 家庭—生命观 / 国家—等级观

可见，家庭和国家是原始社会个人和群体的延续，观念则相对应为生命观和等级观。

由上分析得出，中国建筑象征文化源自观念，建筑在表达观念时，采用特殊的符号和形式，象征使中国建筑文化深含意味。同时，与建筑象征文化相关的观念和其他观念一样，又源出人类的本能，本能才是人类文化的发源地，当然也是建筑象征文化的最初源头。

（原文约 6000 字，发表于《同济大学学报》社科版 2002 年第 2 期）

文摘编辑：其实

法 学 篇

目 录

论宪法价值发生的人性基础

吴家清

[作者简介] 吴家清，广东商学院副院长，法学教授，博士。

[内容提要] 本文从公民权利、社会权力和国家权力三个方面，揭示宪法价值形成的人性基础。人性综合体现为人的利益、自由、主张的需要。个体需要在相互作用过程中集合成公共需要，公共需要必然升华为共同意志，共同意志被国家以根本法的形式表现出来形成宪法价值。

[关 键 词] 宪法价值；发生；人性基础。

一、从公民权利看宪法价值发生的人性基础

公民作为自然人，作为不断创造自己的理想世界而实现自由的动物，必然有永无止境的属人性需要。而人的需要的对象又是作为不依赖于人的对象而存在于人之外，有其自身的规定性和规律，通常不会现成地满足人的需要。于是对人来说便有了内在尺度与外在尺度，“应有世界”与“既有世界”的矛盾。为了解决这个矛盾，人必须不断地去进行自由自觉的活动即人化活动。在人化活动过程中，人的需要不断发展。其高级发展形式就是基本权利的需要和宪政、法治的需要。这种需要通过多种形式如哲学的、伦理的、政治的、法律的形式表现出来。这种需要的法律表现形式的高级阶段就是宪法。人们按照自己的基本权利、法治、宪政的需要创设宪法规范的过程，即把自己的立宪意志转为人民立宪意志和国家立宪意志的过程，就是宪法发生过程，也就是宪法价值的发生过程。人性的直接表征即是人的利益、自由、主张的需要，这种需要主要在如下三个方面实现：

1. 在个人生活方面的需要包括六个方面的具体需要：一是生命安全的需要，在宪法上的表现就是生命权、人身安全权。二是人身自由方面的需要，在宪法上分别表现为人身保护权或人身自由、人身不受侵犯权或居住自由、迁徙自由。三是人格尊严方面的需要，在宪法上表现为人格尊严权和秘密通信自由。四是思想方面的需要，在宪法上表现为宗教信仰自由。五是财产方面的需要，表现在宪法上就是财产权。六是环境方面的需要，表现在宪法上就是环境权和健康权，如空气权、静稳权、净水权、日照权、眺望权等。

2. 个人在社会生活方面的需要，包括有机联系的两个方面。一是社会经济方面的需要，在宪法上表现为社会经济方面的权利。劳动需要在宪法上的表现就是劳动权利。休息需要在宪法中的表现就是休息权。物质帮助的需要在宪法中的表现就是获得物质帮助的权利。二是社会文化生活需要，在宪法上表现为社会文化生活权利。受教育的需要表现在宪法上就是公民有受教育的权利与义务。自我实现的需要表现在宪法上就是科学研究自由、文艺活动自由。个人有自尊的需要，而平等的需要是自尊需要的重要内容，包括男女平等及婚姻自由的需要、民族平等的需要，这些需要表现在宪法上就是有关男女平等、民族平等、婚姻自由的规定。

3. 个人在国家政治生活领域（公域）的需要，包括参政的需要和表达意见的需要。前一类需要属于人的自我实现的需要，包括选举的需要、被选举的需要和监督的需要，这些需要体现在宪法上就是公民的选举权、被选举权和监督权。后一类需要既具有自我实现需要的性质，也具有自由需要的性质。表达意见的需要具体表现为三个方面：一是言论自由的需要。狭义的言论自由纯粹是指通过语言形式表达思想和见解的自由。广义的言论自由，包括新闻、出版、著作、绘画等自由。言论的需要是公民表达思想、交流思想、传播信息的需要，也是联结人民群众，形成人民意志、提高国家管理水平、推动社会主义精神文明建设和物质文明建设的需要。出版的需要即指公民以出版物形式表达其思想和见解的需要，它是言论需要的延伸，相对于言论需要来说，有更深更广的影响。言论的需要和出版的需要在宪法上的表现就是言论自由和出版自由。二是诉愿的需要，如果从广义上理解，包括请愿的需要、诉愿的需要（狭义的）、诉讼的需要（这里主要指行政上的诉讼需要、宪法诉讼的需要和选举诉讼的需要）。这种需要属于个人对国家请求的需要，是个人为实现其利益或使其利益免受侵害要求国家作出一定行为的需要。这些需要表现在宪法上就是请愿权、诉愿权和诉讼权。三是团体活动的需要，包括集会的需要、结社的需要、游行的需要和示威的需要。这些需要的宪法表现就是公民享有的集会自由、游行自由和示威自由。

二、从社会权力看宪法价值发生的人性基础

社会共同体的产生实质上就是人性——人的社会性

的体现。公民集合体就是社会共同体，包括社会群体和社会组织。社会权力是公民权利的集合，集合的方式有经济性集合、政治性集合、文化性集合，集合的结果就有了如下三种社会权力。

1. 经济性社会权力。其社会主体主要是指各种企业和其他经济组织，是公民经济性权利的集合，所用资源主要是物质资料、物质产品、物质财富，作用方式是通过直接影响经济去间接影响社会其他层面。

2. 政治性社会权力。其社会主体主要是政治组织(如政党)、准政治组织（如工会)，它是公民政治权利的集合，所用资源主要是以物质资源、精神资源为载体的其他资源，作用方式是通过直接影响政治去间接影响社会其他层面。

3. 文化性社会权力。其社会主体主要是各种社会文化组织，它是公民社会文化权利的集合，所用资源主要是精神资源，作用方式是通过直接影响社会文化去间接影响社会其他层面。

社会权力反映人性的途径有二：一是在公民权利集合成社会权力过程中反映人性，即集合式反映；二是在人民主权决定国家权力，国家权力规制社会权力过程中反映人性，即规制式反映。政党组织的权力来自于公民的政治民主权利，尤其是来自公民的结社自由权，而这些公民权利和自由又恰好根源于人的自尊需要和自我实现需要，这些需要就是人性的具体内容或具体表现。

三、从国家权力看宪法价值发生的人性基础

从公民权利、社会权力向国家权力的转化是在一定条件下进行的。前提条件就是公民集合为人民，权利集合为主权。既然如前所述公民权利和社会权力是以人性为基础的，那么国家权力归根到底也是以人性为基础的。掌握国家政权的统治阶级，尤其是其领袖集团对人性的认识，是它们对国家权力进行不同规制的重要认知基础。在宪政实现以前，在治国方略上，有“王道”与“霸道”之分，“主德”与“主刑”之别。“王道”、“主德”是建立在人性善的基础上的，或者说是以人性善的假设为前提的；而“霸道”、“主刑”是建立在人性恶的基础上的，或者说是以人性恶的假设为前提的。即是说，掌握国家政权的统治阶级对人性的认识和假设，直接影响到国家权力的质的优劣和量的大小。在宪政时代，尽管有了宪法，尽管都支持人民主权、人权本位、权力有限、法律主治的基本原则，但由于不同立宪国家的历史传统不同，社会经济条件不同，由于掌握国家权力者对人性的认知有异，对公民权利的定位有别，对公民权利与国家权力的关系有不同看法，因此不同国家宪法在国家权力的设定上有不同的情况。国家权力都是有限的，即政府权力必须受到法律控制，这是现代宪政最直接的任务。国家权力有限原则要求严格区分和划定人民主权与政府权力，区分人民主权与代议机构的权力。过去那种无条件地谈论人民利益、国家利益的同一性，把人民主权庸俗化为代议机构的权力，或者把人民主权混同于政府权力的做法，是不正确的。应当看到，同一国家权力实际上体现了多重利益：一重利益是权力者代行的权益（即人民通过法律赋予的权力)；二重利益是权力握有者所属的阶级、阶层的权益；三重利益是权力所有者自身的权益。应当明确的是，我们坚持权力有限的原则，就是要限制后两重权益的恶意扩张，确保第一重权益的充分到位，并逐步最大化。当第一重权益实现最大化时，人民主权的原则才得以完全实现。

西方法学家在这方面进行了探索，提出了分权理论。近现代分权理论一般认为是由洛克首倡、孟德斯鸠完成的。孟德斯鸠认为，如果“制定法律权、执行公共决议权和裁判私人犯罪或争讼权”集中于同一机关，则一切都完了。西方国家宪法奉行“三权分立”原则，包括分权与制衡两个方面。分权就是把国家权分为立法、行政、司法三个部分并分别由三个国家机关独立行使。制衡是指这三个国家机关在行使权力的过程中保持一种相互平衡、互相制约的关系。除瑞士以外，资本主义国家都在宪法中以不同形式确认了这一原则。社会主义国家尽管具体的政治形式各不相同，但都实行议行合一原则。如我国的全国人民代表大会制定法律，作出决议，决定国家大事，它是议事机关；同时，又通过由它选举或决定并受它监督的其他中央机关执行它制定的法律和作出的决议，又是一个工作机关。人民行使国家权力的机关是全国人民代表大会和地方各级人民代表大会，国家行政机关、审判机关、检察机关都由人民代表大会产生，对它负责，受它监督。在议行合一原则下，最高人民代表机关即最高国家权力机关，代表全国人民行使国家权力，既不与其他国家机关“三权鼎立”，也不受其他国家机关牵制，因而议行合一原则的实际运用能够和人民主权原则相一致。应当看到，国情决定了我们绝不能机械地搬用西方式的三权分立，但议行合一与三权分立在形式上并不是绝对不相容的。我国宪法虽然规定了政府、司法机关向全国人大及其常委会负责并报告工作，但这与巴黎公社立法权、执行权、司法权高度结合的原则已经有了显著区别。我国宪法所规定的立法、司法、行政各机关职责法定、相对独立、互不干涉、互相监督、彼此配合的运作机制，是批判地吸收了分权与制衡原则的某些合理因素的。

综上所述，人性体现为人的利益、自由、主张的需要，不同的个人有不同的需要，个人需要相互作用的过程中形成公共需要，公共需要必然进一步升华为共同意志，而共同意志被国家以根本法的形式加以确认便发生宪法价值。即是说，人性是宪法价值发生的根源，是宪法价值发生的重要基础。

（原文约 9000 字，发表于《广东商学院学报》2001 年第 1 期）

文摘编辑：其实

论刑事诉讼法律观的转变

樊崇义

[作者简介] 樊崇义，中国政法大学诉讼法研究中心主任，教授，博士生导师。

[内容提要] 刑事诉讼法律观直接关系到刑事诉讼法执行的质量和效果。从刑事诉讼法的性质、价值、证据的适用和国际法与国内法的关系等方面转变刑事诉讼法律观，对于刑事诉讼法的正确贯彻和执行，推进我国依法治国方略的实现具有十分重要的意义。

[关 键 词] 法律观；价值观；法律真实；国际优位。

一

在刑事诉讼法的本质上，要从国家本位一元化的法律观转变为国家本位、社会本位和个人本位并重的多元化的法律观。

在刑事诉讼中，国家本位的价值观必然置诉讼参与人的诉讼权利于不顾。因为在一元化思想指导下，必然导致义务本位和权力本位，诉讼中的独立、平等和权利被取而代之，还美其名曰“为了国家”，“必然要牺牲个人”。早在上个世纪初陈独秀在分析这种义务本位和权力本位的价值观时就指出它的四大恶果：“一曰损坏个人独立自尊之人格，一曰窒碍个人意见之自由，一曰剥夺个人法律上平等之权利，一曰养成依赖性，戕贼个人之生产力。”

按照近、现代刑事诉讼的规则和标准的要求和对刑事诉讼法本质的认识，从一元化的国家本位的法律观转变为多元化的国家、社会、个人本位的法律观，是势在必行和客观所需。(1) 就刑事诉讼的概念而言，近、现代人们对刑事诉讼的理解，也决非只是国家说了算，它是由控诉、辩护、审判三种基本诉讼职能组成，取消或削弱了任何一种职能，就不是一个完整的、健康的诉讼，尤其是世界各国对诉讼中辩护职能的改革和加强的发展趋势，更说明了这一点。(2) 就参与和决定刑事诉讼进程的主体而言，以近、现代的标准，更非只由代表国家的侦查、检察、审判机关说了算，作为刑事诉讼的主体，除了专门机关之外，还包括所有的诉讼参与人，法律还赋予各个诉讼参与人享有应有的诉讼权利。在诉讼中剥夺或侵占了他们的权利，将直接影响诉讼行为的效果或效力。一部完整的刑诉法，对此都应有明确的规定。(3) 就刑事诉讼法的属性而言，20世纪90年代以来，我国法学界对传统的国家主义的法律观，进行了全面的、深入的反思，特别是1992年对市民社会的讨论，直接感染着法学界对法律本质研究的深化，即法学家们把对法律本质研究的探讨深入到市民社会，肯定了法律的多元化存在，打破了“法律是统治阶级的意志的体现”这个一元化的论断。通过对这一观念的锤炼和升华，作为国家基本法之一的刑事诉讼法的属性和本质问题，就不言而喻了。我们在执法思想上，必须完成从国家本位向国家、社会、个人三位一体的转变，对刑事诉讼法的实施，必须同时兼顾三者利益，向任何一方偏颇，都会导致不良的社会效果。(4) 在社会主义市场经济培育的过程中，市场主体资格制度确立。作为市场的法律主体，他们是相互独立的人，他们在法律地位上是完全平等的，他们有完全的行为能力和责任能力，他们没有行政依附，不存在因所有制不同而产生的身份差别，均可以以真正独立、平等的市场主体资格进入市场，与他人竞争，这与计划经济下的法律制度，即排斥市场、否定市场主体、禁止竞争是大相径庭的。当前，我国经济生活的这一重大变化，必然影响着刑事诉讼法的立法、执法。(5) 就国际社会而言，特别是我国改革开放方针的实施，我国已经批准或已经签署加入联合国有关公约，进入WTO也将临近，这些变化必然要求刑事诉讼法同相应的国际规则或标准协调一致，特别是对在诉讼中的人权保障以及程序标准的立法和执行，如果在刑事诉讼法律观上没有一个彻底的转变，它将直接影响着我们国家人民和民族的利益。

二

在刑事诉讼法的价值与功能上，要从单一的和从属的工具主义的法律观转变为多种价值和功能的法律观。

关于刑事诉讼法的价值与功能问题，长期以来，无论在理论研究还是法律的执行上，一直是沿用和秉承工具主义的法律观，认为刑事诉讼法是实施国家刑法的工具，是无产阶级专政的工具。这是由于人们对国家的法律在总体认识上的工具主义的法律观所造成的。

当今世界，东西方各国学者关于刑事诉讼法价值与功能的认识是不一致的，各持己见，各有可取，各有所短。结合我国当前的情况，尤其是民主与法治的进程，笔者认为，在刑事诉讼法实施的过程中，关于刑事诉讼法的价值与功能的认识中一个突出的问题，就是要克服绝对工具主义的影响，把单一的工具主义的法律观转变为多种价值多种功能的法律观，尤其是要充分地认识到刑事诉讼法的独立的、内在的价值，以充分发挥刑事诉讼法的作用。

实现和完成上述转变，首先要解放思想。程序法不仅仅是用以实现实体法的工具、手段或形式，它还具有一种独立于程序结果的内在价值。解放思想，开阔视野，一方面还要不断地清除“左”的思想的影响，中国数千年来流行的“法即刑”论，加之建国以来侧重于阶级斗争与刑事制裁镇压的社会现实，使人们对刑事诉讼法的镇压制裁格外钟情。在20世纪70年代之前，制裁与镇压，成为我国的首肯观念，即使在改革开放以来由于拨乱反正、保持社会稳定依然是中国社会所面临的基本问题，因而借助于刑事法律，加强制裁与镇压，保持高压态势的调整就不足为奇了。此时，我们更应保持清醒的头脑，要全面权衡利弊得失，全面发挥刑事诉讼法的作用和功能，正确贯彻党中央一贯坚持的“打防结合，预防为主”方针，排除一切干扰，在坚持刑事诉讼法工具价值的同时，更要充分发挥刑事诉讼法独立的价值作用，使它在社会主义民主与法治中独特的功能得以体现和实施。

实现和完成刑事诉讼法价值观的转变，要求我们在执法的过程中，博采各家之长，规避各家之短，以达多功能多效应的价值目标。即实施刑事诉讼法的执法思想，一要坚持刑事诉讼法的打击、惩罚和保护功能，使刑法得以实施，充分体现刑事诉讼法的工具价值（亦称外在价值），二要特别重视刑事诉讼法自身独立的功能，即程序的公正性（亦称内在价值），严格依法办案；三是不能忽视诉讼经济、诉讼效益，以实现刑事诉讼法的经济效益价值，三位一体，从而形成具有中国特色的刑事诉讼法的价值观。

目前，根据我国民主与法治的进程，在实施刑事诉讼法时，加强对刑事诉讼法自身独立价值的认识和研究，并付诸实施，对推进依法治国，具有非常重要的意义。因为诉讼程序独立的内在价值在人类历史上的出现就是一个进步，回顾和追溯刑事诉讼制度的发展史，在一定程度上可以说，就是从绝对工具主义到程序本位主义的发展史，可以说是诉讼程序的内在价值从无到有，从依附到独立的历史，这一理论的创设和实施，使诉讼秩序的贯彻与执行，从不自觉到自觉，从低级跨到高级，这是诉讼程序价值观的一个质的飞跃。独立的程序价值和品位，本身就是现代文明、现代法治的一个重要组成部分。

三

在运用证据的价值选择上，要从客观真实的实质合理的法律观，转变为法律真实的形式合理的法律观。

证据问题是刑事诉讼的基础和核心，在一定的意义上讲，整个刑事诉讼活动，基本上都是围绕着证据的收集、审查和认定进行的。但是，在证据运用的价值选择上，学界和司法实际工作者众说纷纭，做法不一。当前，我国学界在证明要求上，法律真实与客观真实之争，就是一个例证。双方争执的实质问题，就是在运用证据问题上之价值选择，是按照实质合理的法律观运用证据，还是按照形式合理的法律观运用证据。笔者主张后者而否定前者。

实质合理与形式合理是两种明显对立的价值观。所谓实质合理是人们对事物的认识在价值的选择上所追求的是事物在实质层面上的公正与合理。可是，事实的实质合理却是一个因人们的需求不同而具有多样性的问题，每个人的背景不同，认识能力不同，经验不同，世界观、价值观、人生观不同，对实质合理的需求和标准就不同。更何况，在人们认识的长河中，实质合理是一个带有终极意义的问题，即使在一时一事上能达到实质合理，按照绝对真理与相对真理的辩证关系，也只能是相对的。因此，过分地追求实质合理，非实质合理而不认同，有时就不可避免地走向形而上学，不可避免地走向专制。

形式合理是相对于实质合理而言的，形式合理又称程序正义或诉讼正义，它起源于古老的“自然公正”原则，形式合理所追求的是人们处理事情的形式上的公正标准，形式合理是一般性实质合理的标志，形式合理的标准甚至超过实质合理本身。因为实质合理在事实上只指向某一特殊性，并不指向一般性。

在我国，由于受传统文化的长期影响，人们在处理事情的价值选择上，习惯于追求事物的实质合理。就一个法学工作者或司法实际工作者而言，也注重和垂青实质合理的法律。譬如，在立法和执法中，特别是法律的实施中，人们就有“重实体法轻程序法”的倾向。就实体法与程序法的比较而言，程序法所体现的自然是一种形式合理，当然，广而言之，不难发现，整个法律都是形式合理的载体。但是，我们并不否认法律与实质合理的关系。离开形式合理而去追求实质合理，则必然走向片面，甚至是不可能实现的幻想。近年来，法学界对法律的形式合理的认识，已经发生了深刻的变化，这一变化过程就是从实质合理的法律观到形式合理法律观的转变。

按照实质合理和形式合理的辩证关系，就不难理解刑事诉讼过程中，在运用证据的价值选择上，是追求客观真实还是法律真实，笔者认为理应选择法律真实。

1. 法律真实顺应和符合从实质合理的法律观向形式合理法律观的转变。我国刑法关于罪刑法定原则的确立，正是实质合理法律观向形式合理法律观的一个转变。我国刑事诉讼法关于无罪推定原则合理因素的吸收和适用，非经人民法院依法判决，对任何人都不得确定有罪，以及刑事诉讼法第162条关于“疑罪从无”的确立，无不是在强化程序的重要性，强化证据的地位和作用，程序和证据的价值受重视，从这个意义上看，在诉讼过程中形式合理的思维和法律观正在形成。从刑事法律的立法和执法的法律观的转化和发展来看，在证据运用上价值的选择，也必然走形式合理之路，必然从客观真实转化为法律真实。

2. 在证据的运用上，离开形式合理去追求实质合理，而达到所谓客观真实，弊多利少，甚至是不能实现的虚幻。按照马列主义关于真理的绝对性和相对性的辩证关系的原理，笔者认为对一个刑事案件的证明要求，在价值的选择上只能达到近似于客观真实，而且越接近客观真实越有说服力。那种“必然”达到“就要”达到，“一定”达到客观真实的说法，在认识论上是不能成立的，更是无法实现的。

3. 法律真实是“程序正义”的要求，是刑事诉讼法内在价值的集中体现。所谓法律真实是指公安司法机关在刑事证明过程中，运用证据对案件事实的认定，应当符合刑事实体法和程序法的规定，应当达到从法律的角度认识真实的程序。我国刑法关于罪刑法定原则的确立，即修订后《刑法》第3条规定：“法律明文规定为犯罪行为的，依照法律定罪处刑；法律没有明文规定为犯罪行为的，不得定罪处刑。”这一规定的精神实质是在刑法中确立法治精神。作为定罪处刑根据的证据，理所当然地要以刑法为依据来调查、收集和运用。法律真实的主要根据之一就是刑事实体法，离开国家的刑法，去另外寻求什么客观真实，如前所述，那只能是一种虚幻的、无所遵循的想象。收集到的证据，最后达到的证据标准，只能用刑法的各罪的构成要件来权衡。至于如何收集、调查、审查、判断和运用证据认定事实，那就要遵循我国刑事诉讼法（包括证据的有关规定）规定的程序进行。我国刑事诉讼法的价值与功能，如前所述，就在于它外在的工具价值、内在的程序正义价值和效益价值。三位一体的品位和价值，反映着刑事诉讼法的地位和作用。因此，法律真实的另一根据就是刑事诉讼法规定的程序标准。诉讼程序上的法律真实，就是为了体现刑事诉讼法的程序公正的价值，就是刑事诉讼关于运用证据的规则、程序和标准等有关规定的集中表现。

4. 在运用证据的价值选择上，从客观真实转向法律真实不仅符合我国民主与法治的进程，而且也是司法实践所急需。在一定的意义上，不能不承认是我们在运用证据定案时，选择了客观真实所造成的。虚幻、神秘、不可预测的客观真实，原则、笼统、没法操作，人们认识不一，相互扯皮，贻误了时机，拖案积案在呼唤一个规范的、容易操作的证据标准，而法律真实就是以我国刑法和刑事诉讼法规定犯罪构成要件和收集运用证据的规则、程序、标准来认定案件事实。诚然，我国还没有一部完整的证据法，刑事诉讼法规定的原则、程序和标准还不易操作，这就是一个继续加强立法和完善立法的问题，并不影响在理论探讨上去选择法律真实、形式合理的法律观。

四

在执法中涉及国际法与国内法的关系上，要逐步地从国内优位的法律观转变为国际优位的法律观。贯彻和落实国际优位的法律观，在我国着重要解决的问题有三：一是要认清改革开放的形势，明确我国在国际社会中的地位和应承担的责任。要解决在刑事司法领域内，如何正确地处理联合国刑事司法准则与国内法的关系，牢固地树立国际优位的法律观；还要解决在刑事执法中的人权保障观念，特别是在诉讼中要“以人为本”，把人的尊严和权利的保障贯彻在诉讼的各个环节中，既要惩罚犯罪，保障被害人及社会公众的权利，又要注意保障被告人及一切诉讼参与人的合法权利，要完整、准确地理解和掌握人权保障问题。同时，在学习的过程中，还要正确理解联合国刑事司法准则，特别是对各国普遍采用的最低限度的一些刑事诉讼标准，同我国刑事诉讼法规定的一些作法的关系，不能借口“中国特色”、“条件不成熟”，“不能太超前了”等等，而把国际上普遍通行的一些惯例和作法拒之门外。二是积极地创造条件，促使我们已经参加、签署的国际公约批准生效并认真加以实施，特别是中国作为联合国的创始成员和安理会的常任理事国，对于联合国1945年6月26日签署的《联合国宪章》，1948年12月10日通过的《世纪人权宣言》和1966年通过的两项关于人权国际公约——《经济、社会和文化权利国际公约》和《公民权利和政治权利国际公约》等文件的约束力，必须要有一个明确的认识，已经加入并签字和批准的国家，必须遵守。三是对于国际上通行的带有普遍意义的作法，特别是刑事的一些最低限度标准，笔者的看法是不宜随意持保留意见。当前人们议论较多的是刑事诉讼中犯罪嫌疑人、被被人的沉默权问题，或曰“不被强迫作不利于他自己的证言或强迫承认犯罪”。不管人们对这两种称谓的含义如何理解，我认为在中国应当积极地创造条件加以实施，赋予犯罪嫌疑人、被告人这一权利，这对司法文明水平的提高，对遏止刑讯逼供，对消除口供主义，保证案件的质量有着非常重要的作用。再者，沉默权的创设，其本身就是人类历史的一个进步，就是一个反封建专制的产物，它对防止司法专横，促使刑事司法的民主和法治都有重要的作用。

（原文约18000字，发表于《政法论坛》2001年第2期）

文摘编辑：陆敏

理论缺陷与实践困窘
——刑罚个别预防论批判

邱兴隆

[作者简介] 邱兴隆，西南政法大学研究员，法学博士。

[内容提要] 个别预防论具有其理论缺陷与实践困窘。其理论缺陷在于它因否定刑罚的报应性而有失公正，因对一般预防的忽视而有失功利，因自相矛盾与以偏概全而不合逻辑；其实践困窘在于其以对人身危险性的预测为出发点，而人身危险性无法预测，因此，其不具有在实践中贯彻的可行性。

[关 键 词] 个别预防；理论缺陷；实践困窘。

一、谈何公正：理论缺陷之一

个别预防论对报应论持彻底的否定态度。尽管这是个别预防论作为一种刑罚理论的特色所在，也是其之所以能得宠的重要原因之一，但是，恰恰是对刑罚的报应性的否定给个别预防论自身的被否定埋下了伏笔。原因在于，这种否定使得个别预防论必然无视刑罚的公正性，从而使之不可避免地遭到了立足于公正观念而生的批判。

与公正包括对个人的公正与对社会的公正相对应，个别预防论基于对刑罚的报应性的否定而生的不公正性也表现在既失之对个人的公正，又表现为对社会的不公。

对犯罪者而言，个别预防论所导致的刑罚不公主要表现在如下四方面：其一，无罪施罚。个别预防论关心的是个人可能实施的即未然的犯罪行为，而不是其已经实施的犯罪行为，已然的犯罪只有在作为人身危险性的显示的意义上才与保安处分和刑罚的发动相关。因此，对虽未犯罪但有人身危险性的个人采取预防性的手段，即保安处分，既是个别预防论的逻辑结论，也是个别预防论者的明确主张。保安处分具有强制性，而且，往往涉及对人身权利的剥夺，因此，对未犯罪者施加保安处分，实际上也是一种无罪施罚，同样构成对个人人权的一种侵犯。其二，株连无辜。个别预防论主张犯罪的原因决定着犯罪的控制。个别预防论者主张对于因为家庭环境不良而导致犯罪，不只应由犯罪者本人而且应由其家庭承担责任。然而，无论让犯罪者的后裔还是让犯罪者的父母就并非本人的犯罪承担责任与受惩罚，都是株连无辜，有悖罪责自负的公正原则。其三，轻罪重罚。按照个别预防论，刑罚的轻重完全不受犯罪的轻重的制约，而仅仅取决于犯罪人的人身危险性的大小。如此，即使犯罪人所犯罪行轻微，如果其人身危险性大，对之也可以处以重刑，即使是犯罪同样严重的人，也可因人身危险性的不同而在处刑上相去甚远。其四，加重行刑。个别预防论要求刑罚的执行取决于犯罪人在行刑期间的表现。这样，所犯罪行轻微者，如果在行刑期间人身危险性未减轻，可能受到加重或者变相加重处理，以至行刑不公。

对社会而论，个别预防论所导致的刑罚不公也可以从刑罚的发动、分配与执行三方面加以说明：其一，有罪不罚。基于对报应论的否定，个别预防论以人身危险性的有无取代犯罪的有无作为决定刑罚是否发动的根据，因此，对于虽然有罪但无人身危险性者不发动刑罚是从个别预防论得出的必然结论。其二，重罪轻罚。与轻罪重罚一样，重罪轻罚不但是从个别预防论所持的人身危险性决定论中推出的必然结论，而且为个别预防论者所明确主张。这是因为，既然“决定刑罚分量的是危险性的强弱大小”，那么，在所犯罪行严重但人身危险性小的情况下，不顾犯罪的严重性而以人身危险性小为由处以轻刑，在逻辑上便是一种合理而必然的结论。其三，任意减刑。按照个别预防论，为了鼓励罪犯改造，刑罚的执行应该具有可缩性，亦即当罪犯的人身危险性消除时，可以将其予以提前释放。被西方行刑实践所广为采用的假释制度，便是减轻行刑期限的一种主要手段。在个别预防论得势之时，通过假释而缩短刑期，在某些国家与地区，尤其在美国，已达到了十分任意的地步。

二、求何功利：理论缺陷之二

个别预防论不是否定一般预防作为刑罚根据的正当性，便是贬低其作为刑罚的根据的意义。然而，正是对一般预防的正当性的否定或对其意义的贬低，构成个别预防的又一理论缺陷。其一，对一般预防的效果的否定或贬低没有根据。个别预防论与一般预防论的对立首先导源于其对刑罚一般预防功能的贬低或否定。然而，无论理性的推论还是经验的实证都不但证明了刑罚一般预防功能的客观存在，而且还证明了其效果不容低估。就理性推论而言，刑罚作为一种惩恶扬善的手段，既可以通过对犯罪的否定而晓谕所有社会成员，犯罪是社会所不能接受的行为，促成与强化对犯罪的道德禁忌与习惯性守法，起到一般鉴别的作用；又可以通过使既已犯罪者实际地承受惩罚之苦，使意图犯罪的潜在犯罪人不敢犯罪，起到一般威吓作用。因此，贬低刑罚的一般预防功能的意义乃至否定其存在，是个别预防论与一般预防论相对立的不合理性的首要表现。其二，对一般预防作为刑罚的目的的正当性的否定过于武断。个别预防论与一般预防论相对立也导源于其对一般预防作为刑罚目的的正当性的否定。但是，刑罚应否以一般预防为目的与如何运用刑罚来实现该目的是两个完全不同的问题。以一般预防为刑罚的目的必然导致残酷的、不公正的刑罚，这一立论只有在将一般预防作为刑罚的惟一根据的情况下才能成立，而不足以否定一般预防作为刑罚的根据之一。其三，对一般预防作为刑罚的目的的可行性的否定失之绝对。个别预防论与一般预防论相对立还导源于对一般预防作为刑罚目的的可行性的否定。的确，一般预防的需要是难以准确衡量的，以一般预防作为指导刑事实践的惟一目的只会导致用刑施罚的随意性，因而是行不通的。然而，一方面，如前所述，以一般预防作为刑罚的目的并不意味着将其作为决定刑罚的轻重的惟一根据，而只要一般预防不是刑罚的惟一根据，即使在一般预防不能提供精确的指南的场合，刑事实践也并非无据可依。另一方面，一般预防虽然不可能为我们在所有场合提供用刑施罚的精确指南，但是，它至少告诉了我们，正如故意杀人需要重于盗窃的刑罚来遏制一样，危害性大的犯罪比危害性小的犯罪需要更重的刑罚来遏制。严厉的刑罚的威吓大于轻微的刑罚，从而为确定刑罚的轻重提供了大致的方向。因此，以一般预防的需要无法准确衡量为由完全否定一般预防对用刑施罚的指导意义，进而否定其作为刑罚目的的可行性，显然失之绝对。其四，对一般预防的排斥有失功利。既然一般预防作用的存在是一种不容置疑的客观事实，既然一般预防作刑罚的根据之一具有正当性，那么，个别预防论对一般预防的排斥，便必然有悖功利原理。

三、逻辑何在：理论缺陷之三

个别预防论的理论缺陷不只表现在对报应论的排斥与对一般预防的贬低或否定的片面性，而且也表现在其相当一部分立论或此或彼地不合逻辑。个别预防论的不合逻辑性首先表现在其自相矛盾，亦即其据以反对报应与一般预防的理由往往可以作为驳斥其自身的理由。

个别预防论的不合逻辑性其次表现为以偏概全。个别预防论对一般预防论与报应论的否定源于对犯罪是人自由意志的结果的否定。然而，个别预防论者对自由意志的否定明显地是以偏概全。原因在于，这种否定几乎千篇一律地是采取例举的方式，即是通过证明某些犯罪中不存在自由意志而得出所有犯罪都不是出于自由意志的结论。

在个别预防论对一般预防效果的否定或贬低中，同样存在以偏概全的逻辑错误。否定或贬低一般预防，是所有个别预防论者所持的共同主张。然而，没有哪一论者对一般预防效果的否定或贬低不是以刑罚对特定的犯罪与特定的犯罪人无效作为论据。而正是这样的论证，使个别预防论者对一般预防效果的否定有失偏颇。

四、如何预测：实践异议之一

个别预防论不只是一种不合理的刑罚理论，而且是一种不现实的刑罚理论。其之所以不具有现实性，是因为被其奉为刑罚的重心的人身危险性无法预测。个别预防论将人身危险性作为刑罚的重心。而要对个人将来的行为的可能性作出预测是极其困难的。一方面，就人类至今为止的认识能力与手段而言，远未达到可以使我们作出这样的预测的程度；另一方面，虽然在某些情况下，人的犯罪行为带有一定的规律性，但是，在相当一部分情况下，犯罪行为并无一定的规律可寻，而是具有很大的随机性与偶发性。因此，即使在有规律性的犯罪的情况下，我们可以根据犯罪的规律性对犯罪人将来犯罪的可能性作出某种大致的预测，但在无规律性的犯罪的情况下，我们对这样的预测也无能为力。我们很难判断处于激奋状态下的杀人犯将来是否还会遇到同样的激奋状态以及在同样的激奋状态下是否还会同样地杀人。更何况即使是所谓有规律性的犯罪，其规律性也未必能让我们对将来可能发生的是什么犯罪、该犯罪发生的可能性有多大作出精确的判断呢？

五、有何效果：实践异议之二

个别预防论虽然存在以上多方面的缺陷，但是，这并未妨碍它在近一个世纪的时间内取代报应论与一般预防论而成为刑事实践的指南。因为这些缺陷在个别预防论得势的初期尚未暴露。然而，长达近一个世纪的个别预防实践以失败而告终，给个别预防论本身招来了灭顶之灾。个别预防的主要模式是矫正或称康复。事实表明，矫正模式只不过是一个失败的模式。个别预防的另一模式是剥夺犯罪能力。为了验证该模式是否成功，美国学者就刑罚的剥夺犯罪能力效果作了多项统计分析。考察结果虽不如对矫正模式的考察结果一样令个别预防论者沮丧，但也不令其过于乐观。按照李斯特的名言，个别预防的途径在于“矫正可以矫正者，不可矫正者不使危害”。然而，当矫正模式未能使可以矫正者得到矫正，剥夺犯罪能力模式又未使不可矫正者不使危害之时，我们不能不说，个别预防论指导下的刑事实践的失败宣告了个别预防论的破产。

（原文约2万字，发表于《法律科学》2001年第1期）

文摘编辑：陆敏

强化社会保险立法与执法
——兼论加入 WTO 对我国社会保险的影响

王守志

[作者简介] 王守志，首都经济贸易大学劳动经济学院劳动经济研究室主任，研究方向为劳动经济、劳动法学。

[内容提要] 社会保险立法与执法是社会保险事业发展的基础。强化社会保险立法与执法是我们促进经济改革、面对加入 WTO 的新形势的必然选择。

[关 键 词] 社会保险；立法；执法。

一、加入 WTO 与社会保险需求

社会保险是市场经济得以健康发展的条件。

中国加入 WTO 的所有努力表明我国经济体制改革向国际惯例接轨的决心。与社会保险相关性较强的影响可能是以下几个方面：

第一，企业财产组织形式更为多样化和复杂化；第二，企业的经营方式以及由此决定的组织结构方式、经营组织的地区分布呈现多样化、复杂化的特点；第三，用工主体与劳动主体地位将更为清晰；第四，竞争与资源的流动性无论在广度、深度都将获得新的发展；第五，生产力多层次性将成为经济结构显著的特征等等。上述这些变化都对我国社会保险制度带来挑战。面对即将加入 WTO 的形势，强化社会保险立法与执法可能是我们最好的选择。

二、强化社会保险立法

社会保险具有若干特点，其本质特点可以说是法律的强制性。由此使之区别于其他各类商业保险。社会保险事业是国家举办和发展的事业，是通过国家立法的形式强制实施的。综观各国社会保险事业都有立法基础，因此，社会保险制度的改革、完善与发展均离不开国家的法制建设。社会保险制度的运作是以社会保险立法为起点，以守法、执法、司法和法律监督为主要环节。国家的社会保险事业是以社会保险制度为中心的。

但从整体观察，特别是与经济运行机制的深刻变革、与加入 WTO 的形势及其需求相比，我国社会保险的立法工作滞后。其主要表现在以下方面：

第一，法律渊源层次较低；第二，法律规范不统一，中央立法薄弱，地方立法繁荣的格局已经成为当前社会保险立法的显著特点；第三，在缴费费基、费率等方面的自由选择权的设定仍需约束和检验；第四，社会保险法律责任规范弱化；第五，社会保险信息披露制度有失严谨，社会保险基金的支付、积累、运营情况应由何种机关、通过何种形式、并以何种周期即以何种标准向权利人公布的信息披露制度过于空泛。由此可能导致社会保险的监督机制失去基础，必须尽快改变。

三、正视权利义务对等原则

在严肃社会保险法规实施的过程中，普遍有效的法律规则要求同类主体具有相同的权利、履行相同的义务的规则具有重要的意义。从这个视角观察，社会保险一些类别的实施按不同等费基实行同等费率值得研究。社会保险的共济性原则与权利义务对等原则在内在关系上存在着矛盾。因企业间缴费工资水平的差异导致缴费绝对水平的不同，在基础养老金给付水平上却是相同的。同等的基础养老金给付要求承担相同的缴费费率的义务。但是缴费工资的差异导致了不平等的义务。

我国国情特点所决定的生产力结构的多层次性将会长期存在。高技术行业的有机构成不同与传统行业，传统工业文明如果说是“资本雇佣劳动”，那么新知识经济则具有资本追逐劳动、劳动雇佣资本的特点，人力资本在新价值的创造中占据主导地位。其报酬结构中人力资本的补偿与支付占有较大比重。此外，未来对外开放必将进入一个新的时期，具有较高生产率外资企业的涌入，其工资水平也比较高。面对多层次的生产力结构所决定的工资水平的差异，都以同等的缴费率对不同等的工资承担保险缴费义务必然造成矛盾。因此，解决这个矛盾可否考虑“低水平、广覆盖”的原则，基本保险、补充保险的层次性等因素，在缴费工资的选择和缴费工资的界定核算方面进行更为深入的研究。实际上企业补充保险层次的设计就考虑了企业可以根据自身经营及人力资源管理的需求，保证企业的某种选择权。不同等费基和同等的费率，束缚了企业的选择。

四、强化社会保险执法

我国社会保险立法虽然尚不很完善，但是颁布的社会保险法规和部门规章已经具有法律效力，但在守法、执法、法律监督等环节存在着缺陷。

法律的实施离不开国家强制力的保证，法律的尊严

与权威要有强制力来建立和维护。但必须明确法律的权威与尊严还要靠法律本身的优良品格如科学、公正、民主和效率来建立和维护。社会保险制度的改革已经获得了社会各方面的支持，但很多职工对社保制度改革的内容并没有深切的了解，包括经营者和劳动者对有关涉及自身利益的规则不甚了了，依靠法律自身的优良品格来推进法律的实施就受到影响。

法定权利一律加以保护、法定义务必须履行是严格贯彻法治原则的基本要求，我国在社会保险法规的实施中受到劳动法律关系主体的法治观念、法治心理状况的制约。由于传统以及其他原因，法律至上的法治价值观在一些人的观念中比较淡薄，“法不治众”的行为方式和观念在社会保险法规的实施过程中表现得比较明显；劳动关系主体独立与平等和雇主与雇员的管理与被管理、领导与服从的矛盾，更加大了问题的复杂性。例如，用人单位明知应承担社会保险缴费的义务，但就是拒不履行或不适当履行；享有社会保险权利的劳动者在权利受到侵害时亦不能明确提出权利主张。此种现象已经成为社会保险事业健康发展的一大障碍。特别是在物质利益原则渗透到经济生活的各方面、以及保险的共济性的影响，使得这一问题更为复杂。

社会保险法规规定的权利义务只是以观念形态存在的权利义务，只有转化为现实的权利义务，才对法律关系主体有实际的价值，才是实现立法者立法的目的。法定权利义务向现实权利义务的转变反映了法律的实效与法律效力的关系，法律一经生效即具有法律效力，但他只停留在规范的状态。只有权利义务指向的对象，权利得到保障、义务得到履行，才能说法律具有实效。如果说法律规范是“硬件”的话，法治心理、法治观念则可以说是“软件”。在某种意义上社会保险制度实施的关键在于法治心理、法治观念的建设。

五、切实实现工会职能的转变

社会保险法规的实施还需要自身机制的建设。重要的内容就是权利确认与权利保障做到统一。国家通过立法活动确立权利主体的权利以后，为权利主体创造实现权利的条件就是第一要务。在我国，相应的法律法规已经确认劳动者一系列平等的权利，但是，由于劳动关系自身的特点，以及我国劳动力市场长期存在的供给大于需求的状况，使得劳动关系的运行中劳动者权利的一些方面受到或明或暗的侵蚀。

市场经济中的劳动关系实质上是经济利益关系。建立现代企业制度，劳动关系最显著的变化是劳动关系双方作为具有相对独立物质利益的主体地位凸现出来，产权清晰、权责明确使得劳动关系的构成、运行都发生了深刻的变化：第一，资产所有权、法人财产权通过企业财产组织形式的变革和现代企业制度的法人治理结构得到界定；第二，劳动力产权通过就业市场化、劳动合同制得到界定；第三，资本与经营分离、经营者代表和维护资本的利益、并对资本负责。在实现资本的保值增值中实现经营者的利益；第四，依据平等自愿、契约自由的原则，劳动力产权的所有者通过劳动合同的方式、与具有法人财产权的代表建立劳动关系，并根据自身的劳动实现自己的利益。劳动关系双方相对独立的利益虽然从理论的视角观察具有一致性，但在每一微观领域则广泛地存在着对立与摩擦。最近两年劳动部连续发文规范劳动关系表明政府协调劳动关系的努力。但是，这种状况仅仅依靠政府劳动行政机关的行政执法是不够的，既影响效率、管理成本也比较高。市场经济国家，劳动条件的决定更多地从经济方面考虑，在劳动条件决定方面工会具有较大的权利的做法是可资借鉴的。《劳动法》第 33 条规定：企业职工一方与企业可以就劳动条件诸事项，签订集体合同。从这个视角看保障劳动者法定权利实现的条件之一是工会。工会是劳动关系矛盾发展的产物，是协调劳动关系重要的媒介力量。劳动关系双方在劳动条件决定上是权利义务对等的交涉，而不是行政隶属式的命令与指挥。依据劳动权利保障的要求，切实实现工会维护职工利益的职能，并使之落到实处同样是一项深刻的改革。适应市场经济调整劳动关系、提供劳动权利保障的要求，依据工会章程，克服工会职能的政治化、行政化的倾向，积极实现工会职能、活动方式、工作方式的转变。

六、我国面临劳动标准国际化的挑战

我国是国际劳工组织 ILO 的创始国，自从恢复在 ILO 的合法席位后，陆续批准 22 个国际劳工公约。我国批准的国际劳工公约主要是实体性劳动条件标准，而劳动关系原则性标准较少。1995 年，ILO 即致力于基本劳工公约的推行，呼吁会员国政府批准。加入 WTO，同时也存在着劳工标准国际化的问题。发达国家为维护其在国际贸易中的优势地位，一直对发展中国家施加巨大的压力，他们认为，“不公平”的劳工标准为国际贸易制造障碍，威胁以贸易制裁推动国际劳工标准。发达国家与发展中国家在劳工标准的国际化、普遍化的争论将会长期持续。但国际贸易、经济全球化的客观趋势要求劳工标准的国际化。我国加入 WTO，贸易条件与劳工标准的争论必定会对我国产生影响。劳动立法是我国主权，此点毋庸置疑。但经济国际化的趋势对我国劳动立法和执法提出挑战也是不争的事实。加快包括社会保险立法在内的劳动立法进程以及强化执法都是我们面临的重大课题，同时也是迎接加入 WTO 的最好选择。

（原文约 6500 字，发表于《计划劳动管理干部学院学报》2001 年第 1 期）

文摘编辑：范子奇

WTO法律原则与我国入世之区域对策

沈木珠

[作者简介] 沈木珠，南京经济学院教授、国际经济法研究所所长。

[内容提要] 本文分析了WTO法律原则，从全球经济一体化的视角审视我国区域经济发展存在的问题。我国区域政府应当从最惠国待遇原则、国民待遇原则、取消数量限制原则、禁止倾销和限制补贴原则及透明度原则等方面提出应对策略及措施。

[关 键 词] WTO；法律原则；制度创新；区域对策。

一、最惠国待遇原则

最惠国待遇原则是国际经贸条约中一项传统的法律原则。根据GATT文本第1条和第3条的有关规定，各成员在以下范围内适用最惠国待遇：（1）在对输出或输入、有关输出或输入及输出入货物的国际支付转账所征收的关税和费用方面；（2）在征收上述关税和费用的方法方面；（3）在输出或输入的规章手续方面；（4）在直接或间接征收的国内税或其他费用方面；（5）在关于产品的国内销售、推销、购买、运输、分配或使用的全部法令、条例的规定方面。

显然，以上货物买卖四个方面及服务贸易、知识产权，我国各地区对外资外企的待遇方面是有差别的，特别是在税收及其他费用方面，在对外商投资的市场准入及经营要求和措施方面，如当地股权要求、许可证要求、制造要求、国内销售要求、当地成分要求、贸易平衡要求、出口实绩要求、进口替代要求等，在服务贸易和知识产权行政执法、司法保护方面，我国部分地区并不适用最惠国待遇，而且地区间的差别也比较大。但是，新世纪以来，美国经济流露出疲态，日本经济持续低迷，欧洲经济表现平淡，中国巨大的市场空间将会继续获得全球寡头的青睐；1993年以来，我国连续8年成为吸引外资最多的发展中国家，去年外商直接投资数量增加了1/3，跨国公司对我国投资态度已由审慎变为坚决，战线也由短期变为长期；在第四届北京“国际周”世界顶级企业首脑论坛上，来自二十余家著名跨国公司的高层人士提出，未来将把战略重点转向中国。而外企投资，最直接接触的是区域政府。为此，我国区域政府应当根据WTO最惠国待遇条款及其例外条款，和我国近年与美国等就加入WTO达成的一系列协议，全面审查20年来本地区与WTO规则不符的规定，修订与WTO及国家法律、双边及多边协议相悖的规章；同时，按WTO规则和国家法律制订新的法规、规章和规范性文件。此外，认真抓好政策规章的落实工作，慎防地方主义、个人主义和官僚主义对外资进入或外企经营提出不恰当的要求或附带条件。同时，也防止因为给予某一国家或地区的企业更优惠的条件而导致必须立即同时给予其他国家或地区同等的优惠，从而给国家带来不必要的损害。

二、国民待遇原则

国民待遇原则也是国际贸易条约中的一项传统法律原则。GATT国民待遇条款具体适用于如下三个方面：第一，国内税收及其他各项费用。第二，进口商品的混合或加工。第三，进口商品流通的各环节。

WTO体制国民待遇的适用范围也已从GATT体制的范围扩大适用到与贸易有关的投资措施、服务贸易和与贸易有关的知识产权等领域。

由于多年来我国区域政府注意力主要放在吸引国外企业的投资上，忽视对内资企业，特别是私营个体企业的风险投资的关注，为国内企业提供包括贷款、融资、或专项财政贷款、税收等方面在内的制度保证及优惠条件，外资企业在各区域享有的优惠待遇，远远大于内资企业，这是一种虽不违反WTO规则的“超国民待遇”，但是违反WTO规则的对内“歧视”的不公平竞争。它对国内经济发展造成一种长远的伤害，特别是阻碍了对国内其他区域资本的吸纳，导致了部分区域私有资本向国外转移。此外，落后区域的内资企业，特别是私营个体企业，数量虽多，但总体资本却远远落后于发达地区。落后地区缺乏发达地区吸纳国内资本的外部环境，必须依靠做大做强自己优势的办法予以弥补；而尽快破除“超国民待遇”，不失为一种有别于他地的吸资措施。

三、取消数量限制原则

数量限制是指一国通过设立或维持配额、进口许可证制度或其他措施以限制或禁止产品的进出口。GATT文本第11条第1款就为其成员确立了取消数量限制这一法律原则。依此原则，各成员一般不得实施如下几项措施：第一，进口配额，是指一国政府在一定时期内，对某商品的进口数量或金额规定一个最高限量或限额，在该期限内，限量或限额内的商品允许进口，限量或限额外的一般不准进口。第二，进口许可证，是指一国政府通过某项规定，指出某些商品的进口只有在向有关当局提出申请并领取许可证的情况下方可进行的一种进口管理措施。第三，自动出口限制，是指出口方自动规定在某一时期出口某项商品的最高数额。自动出口限制从形式上看，出口方是出于自愿，但实际上都是出于外来的压力而做出。自动出口限制通常为单方行为，即由出口方单方自动规定出口数量，限制某项商品向特定国家或市场出口。但有时候则表现为双方行为，即由进出口双方通过谈判并签订自动出口限制协议或有秩序销售安排协议。

关于进出口限制问题，我国承诺入世后将逐步取消限制及结束国营企业的垄断性进口地位，即在3年之后，所有的经济实体都将被允许进口和出口，这还将包括外国独资公司或合资公司。我国原来是禁止一般公司销售进口产品或提供有关销售服务的，今后将不仅对国内公司放开，而且也允许外资企业从事全方位，即适用几乎所有产品的销售服务。在这个问题上，各区域政府自当根据国家的承诺，相应调整各自的进出口制度和销售规定，以加快本区域经济建设的步伐，让百姓尽早享有开放政策所带来之便与利。

除以上三种数量限制措施，外汇管制对进口数量限制也起到实质性作用。

WTO体制将GATT适用于货物贸易的取消数量限制原则扩大适用于服务贸易领域。近两年来外企为适应及充分利用我国入世的契机，对我国的投资形式出现两种情况，一是建立采购中心，二是建立研发机构，两种情况都服务于同一目标，即在中国建立制造业的全球基地。这一方面涉及就地销售，另一方涉及出口问题；而数量限制的取消，将使多国多家跨国公司的竞争从其他国家直接搬到中国。对其间可能出现的问题及对区域经济的影响，区域政府也需予作调研并提出应对措施。

四、禁止倾销和限制补贴原则

所谓倾销是指一国的生产商或出口商以低于国内市场价格的办法向另一国推销商品的行为。它在国际贸易中被视为一种不正当的商业竞争行为。所谓补贴是指一国政府或公共机构对企业作出财政支持或一国政府提供的任何形式的价格支持或收入支持。由于对某种产品的补贴可能对该产品的进口国，或对出口相同产品的出口国造成损害，因而被CATT严格限制。

根据倾销的定义，正常价值的推定规则，补贴的定义、形式以及制定补贴的标准，只要判定确实存在某种产品倾销或对某种产品的补贴，且结果使进口该项产品的成员的利益造成重大损害或产生严重威胁时，有关成员即可按照CATT文本第6条的规定，对该项产品征收反倾销税或反补贴税。但是，反倾销税的征收数额不得超过这该倾销产品的倾销差额；而反补贴税的征收金额则不得超过这种产品在原产国或输出国制造、产生或输出时，所直接或间接得到的奖金或补贴的估计数额。

还应当指出的是，GATT文本第6条5款还强调，各成员不得因抵消倾销或出口补贴，而同时对同一产品既征收反倾销税又征收反补贴税。

我国区域政府应采取措施鼓励企业积极参与反倾销的应对；同时，促使企业在产品的制造、生产、销售等方面按市场经济规律运作，独立经营，自主定价，获得企业的单独税率，以产品的国内价格或由成本来确定正常价值，尽可能减少发达国家和地区反倾销法对我国各种特殊规定，特别是在加入WTO的谈判框架，我国政府与美国政府1999年11月15日对我国市场准入的条款和条件达成的，美国将在反倾销诉讼中以非市场经济国家的地位对待我国，除非我国能够满足美国反倾销法的规定，否则这一条款将延续15年所造成的不利影响。

五、透明度原则

透明度是指每一成员正式实施的有关进出口贸易的政策和法规以及一成员政府或政府机构与另一成员政府或政府机构之间缔结的影响国际贸易政策的现行协定都应予以及时公布。此外，WTO体制还将透明度原则适用到服务贸易领域。

根据这一原则要求，我国与贸易有关的信息、措施的透明度存在一定的距离，地方政府似乎更甚。许多地方的法规、规章虽已实行公开制度，但公开的范围并不广泛，时间也不及时。许多区域仍然沿用老办法，在许多法规、规章的最后条款中列明：“本意见自发布之日起施行”。这项制度与WTO规制下的透明度原则并不完全相符；该原则要求各成员应广泛及时公布相关的法规、规章和信息，以便其他成员方熟悉相关规定。我国地方法规、规章、规范性文件制定部门要求相关部门在有关规定发布之日起就加以实施，实有违常理。实际上，许多地方政策、规章并未提前发布，信息也未及时公开，更没有形成法规、规章的听证制度。而根据WTO透明度原则、加强法规、信息的公开制度，我国各地必须做到：(1) 政府的决策要有民众参与；(2) 规章的制定应实行听证制度，重要规章的制订可通过媒体事先开展讨论；(3) 及时并定期在政府公报上或指定某一媒体公布法规、规章及相关信息。

（原文约12000字，发表于《现代法学》2001年第5期）

文摘编辑：陆敏

中国律师制度发育的社会生态考察

刘忠权

[作者简介] 刘忠权，湛江师范学院社科部讲师，从事政治、法律和马克思主义研究。

[内容提要] 现代意义上的律师制度源于西方，在清朝末年的修律运动中移植入中国，由于同中国传统文化及政治运作模式的疏离，发展不顺利。具体而言，律师制度在当代中国的发展面临三重矛盾：与传统法律文化异质，在现行政治架构中错位，管理模式偏离。解决这三重矛盾对中国律师制度既有紧迫性，又有长期性。

[关 键 词] 律师制度；社会生态；政治架构。

一、律师制度与中国传统法律文化的异质

探究律师制度同中国传统文化的矛盾，是考察中国律师制度发育社会生态的第一层面。

传统中国社会是一个中央统制型治理模式的国家，在法律文化传统上立足于宗法等级，强调家国的利益和要求，并通过“重义轻利”的道德教化以及刑罚“惩恶于后”的辅助使用来达到社会的和谐。而现代律师制度所由产生的法律文化，立足的是自由平等，强调个人利益和权利的正当性，社会按照国家和市民的二元构造来建立和运作，通过民主规则和法治原则来实现社会整合。应该说，从近代以来，中国社会就处于从传统社会向现代法治社会的演化过程中，但迄今为止，这种进化的过程是缓慢的。由于经济不发达，社会分化不够，虽然在内忧外患的双重压力下，近代中国逐渐移植了一些西方现代文明，但并没有契入中国社会深处。

律师制度在近代西方的衍生，是司法民主的重要体现，而司法民主是在整个社会倡导民权，以民权作为各种政治法律设计的基础的结果。相形之下，中国始建律师制度时，自由平等之风未行，专制特权之制仍在。因此，如果说与民权结合的律师制度是民主精神的一种外化的话，那么，中国近代律师制度则是一种有待民主精神滋润的现代标识。中华人民共和国成立后，中国共产党以“蔑视和批判”西方资本主义的新姿态，开始了建立新的律师制度的尝试。但 1957 年的反“右”派斗争，使众多律师成为“右派”，律师制度宣告夭折。这一悲剧的发生就直接原因讲，是当时特定的政治气候和新的大一统社会格局所滋生的权力滥用的结果；而就深层原因讲，则是由于律师制度在丧失了作为一种超越本土文明的现代标识而具有的形式正当性后，遭到在新的社会格局中得以复辟并以优越姿态出现的传统法律文化排拒的结果。

1979 年之后，中国的律师制度恢复重建。此后，随着中国社会不断改革开放，市场经济体制的建立，多元市场主体的形成，公民权利意识的苏醒，用法律手段保护自身利益就成了一种公共选择，从而促进了律师业的发展。但是由于当代中国在观念形态层面对传统法律文化反思不足，对西方现代文明吸纳不够，在社会结构上“乡土社会”的本色仍没有根本改变（农村、农民仍占主体），因此，对传统法律文化的超越尚未完成，将律师等同于古代舞文弄法，帮闲助讼的“讼师”，甚至将律师的辩护行为看成是替坏人说话的观点仍有一定市场，从而在深层次上制约了律师制度的发展。

要解决这一问题，最根本的还得寄望于市场经济的发展和社会的不断开放，因为现代意义上的法治精神在很大意义上是经济和社会“自然”发展的结果。

二、律师制度在中国现行政治架构的错位

从某种意义上讲，政治体制是文化的衍生物，是建构在文化底土上的外在构架。因此，对中国现行政治架构的分析是我们考察中国律师制度发育社会生态的第二层面的内容。

在西方，现代意义上的律师制度首先是作为一种政治制度而存在的，它以市民社会的高度发达为前提，居于政治国家和市民社会的结合部，是社会民主和法制的一种平衡和制约力量，直接参与并实际影响了西方国家民主政治制度的运行过程。

毫无疑问，中国律师并未能获得其在西方国家中具有的那种政治分量。中国社会是一个国家和社会高度一元化的整合体，国家职能涉足一切领域，国家利益统摄一切其他利益，社会生活在政党及政府的直接控制之下，直接承载政党及政府的指令，司法机构由于资源供给的不足，处于政治架构中的弱势地位。而律师制度更是完全被排斥在政治架构之外，缺乏与体制内主导政治力量对话和交涉的常规渠道和基本条件。这种“边缘状态”，使律师与体制内党政机构的对话需要依托于司法行政管理机构。律师与党政机关人员相比，其地位不能同日而语，而且在司法过程中相对司法人员也处于劣势。

这种政治架构错位的一个严重后果，就是律师可利用资源贫乏，同权力部门的交涉力羸弱，社会地位低下，政治参与被忽略，甚至律师执业所必须的正当化权利也无法实现。律师制度作为社会民主和法制的一种平衡和制约力量，其功能无从谈起。于是就出现了大量的“打官司就是打关系”现象。当作为一名律师其拥有的各种正当资源不足为用时，我们就很难指望他不凭借自己的“个人魅力”营造和利用自己的“关系网”。结果是，谁有背景、有后台，或者与法院关系“过得硬”，谁就成了好律师。这样一种由于资源贫乏而引发的资源个别化、非正当化，也许能够使当事人的权利在个别意义上获得一种圆满的救济，但却无法保证同样的权利在一般意义上获得同样充分的救济，它只会导致法治生活的无序。

要解决这样一种体制不能自洽的矛盾，在主观上要作出大的努力。在提升司法部门地位，实现真正司法独立的同时，关键是要对律师制度进行新的定位，要将其升华到政治制度层面上来。而在当前，最为迫切的任务则是“建立全国统一的包括法官、检察官和律师的司法考试制度。只有考试合格，才有担任法官、检察官和律师的资格”。

三、律师制度的特质与中国管理模式的偏离

如果说文化传承和政治架构在宏观上制约了中国律师制度发育的话，那么对律师具体的管理模式，则在微观上直接影响律师业的发展，故我们把这一问题的讨论视为考察中国律师制度发育社会生态的第三层面。

现代律师业作为现代法治社会中的一种设计，其基本属性是社会化和行业化。律师业务社会化的必要性可以从两个方面认定。一方面，律师业是专门从事法律服务的行业，而按照现代法治社会中国家和社会的二元构造，国家没有必要也很难把提供一切法律服务作为自己的职责；另一方面，现代社会是在尊奉民权的基础上构筑的法治社会，一个不属于国家权力系统而有权专门从事法律事务的独立律师业，更适于监督和对抗权力的滥用，也更能现实有效地防止权利自身因滥用而变质和丧失。

中国律师制度作为一种新的制度文明，一种行业化、系统化的运作模式，尚很不成熟，倘缺乏技术层面的积累，在社会声望及社会影响力上尚是一个弱小的存在。因此，在我国形成一个真正意义上的专业化、行业化组织，并形成职业共同体精神及职业自治自律的机制，通过广泛的社会参与求得社会的认同，从而促进中国律师业的运作走向良性循环的轨道是很重要的。中国当代的律师制度，在一个相当长的时间里是作为国家公职设计的，80年代之后，随着改革开放特别是市场经济体制的建立，律师的管理体制逐渐走向社会化和行业化。现在，从形式上看，这一过程已经基本完成，律师事务所已全部同国家脱钩，律师的职业定位已经从“国家的法律工作者”变成了“为社会提供法律服务的专业工作者”，在管理体制上，形成了“以司法行政机关的宏观管理为核心，以律师协会的行业管理为主体”的模式。但我认为，中国律师现在的管理模式同真正意义上的行业自律是偏离的。中国今天的律师协会管理模式是在政府主导下形成的，律师协会在一定程度上具有半官方色彩（持靠在司法行政部门，贯彻执行党政机关指示是其重要职能），政府意图掺杂其中。他们对律师业的发育成长缺乏内在冲动和宏观设计，在具体运作中，律师协会的行业管理作用不突出，凝聚力和影响力较小，在重大社会事务中声音微弱，从而直接影响到律师群体地位的提升。要实现中国律师真正意义上的行业自律，我们应该关注并鼓励另外一种意义上的制度发展：中国民间的律师自组织化运动（而且这也是世界各国律师走向自律的一般道路，今天作为整个美国律师界代言人的美国律师协会，最早也是在1878年由不到100名律师创建的。日本律师制度也经历了一个漫长的从官方协会体制下独立出来最终实现完全自治自律的过程，并最终形成今天极具权威的“在野法曹”力量）。应该承认，律师内部对这种行业自组织化存在有极大的潜在激情，1993年全国100座城市律师协作大会的召开就是明证。这种来自民间的自治热情是实现自律自治的真正过程。它能唤发律师个体的参与冲动，从而形成一个极具内聚力的行业共同体，并最终增加律师与体制内势力对话的整体交涉力。因为，社会化的律师身份其资源“来自于广泛的社会认同和充分的法治状态，来自于律师业自治的传统、法律家共同体的存在以及律师所掌握的为高度分工的社会生活所必需的专业知识和实践技能”。这样中国律师的整体运作和发展就会逐渐走向良性循环的轨道，各种枝节问题将迎刃而解。

四、结语

“依法治国”中的“法”，不应该仅仅指立法机关制定的法律条文，它还应包括一整套丰富的法律专业知识，法律家分析解决问题的思维方式和法治方法，而律师正是“法”的载体，从这个意义上讲，律师在一个国家的生存状态是一个国家法制实现程度的标志。中国要实现法治，中国律师制度无论从指导思想、行业定位、管理模式、运行机制都需要有一个整体性的提高。但这不是短期内就能实现的，同激进的、突变式的“革命”相对应，法治社会的形成，一种新型的法律文化的衍生是一个漫长的过程。

（原文约6000字，发表于《湛江师范学院学报》2001年第5期）

文摘编辑：陆敏

论迁徙自由权

杜承铭

[作者简介] 杜承铭，广东商学院法律系副教授，法学博士，主要从事宪法学研究。

[内容提要] 迁徙自由权是现代社会公民应当享有的一项基本宪法自由权，也是现代文明社会的一项基本人权，正是因为迁徙自由权具有宪法权利属性，世界各国宪法和国际人权公约中都有关于迁徙自由权的保障与限制性规定。根据当代中国走向社会主义市场经济的现实要求，在我国恢复宪法迁徙自由权具有重要意义与价值，应当提出确立宪法迁徙自由权的修宪建议。

[关 键 词] 基本权利；宪法自由权；迁徙自由权。

一

迁徙自由是公民的一项基本宪法自由权，从一般意义上说，迁徙自由一般是指宪法和法律赋予任意自由离开原居住地到外地（包括国内和国外）旅行或定居的权利。狭义而言，一般指公民在国籍所在国领土内自由旅行和定居的权利。广义的迁徙自由不仅包括在国内可以任意旅行或移居，而且还可以享有国际迁徙的自由，即包括择居自由、旅行自由、出入本国的自由等内容。

迁徙自由就其性质来说较为复杂，从国内外宪法学者的观点来看，一般有三种代表性的观点：一种把它视为人身自由的基本内容，国内宪法学界一般持此种观点；另一种把它视为经济自由的一部分，还有一种把迁徙自由视为“属于人身自由的范畴，是人的行动举止自由的重要内容，又具有社会经济权利的性质，与人的社会经济活动密切相关”。

从逻辑和学理上看，迁徙自由所具有的人身自由性质是不言自明的，在许多国家的宪法中也明确把迁徙自由同居住自由包括住宅不受侵犯之自由都视作人身自由的内容加以规定之。迁徙自由从它产生的过程和其所特有的经济功能背景又与其他的一般的人身自由有所不同。特别是它与择业自由权为基本内容的工作自由权的历史渊源关系，使我们认识到，迁徙自由不仅是人身自由的延伸内容，同时也是工作自由权的应有之义。无迁徙自由的工作自由和无工作自由的迁徙自由都是不完整的。因此，我们似乎可以说它是一种带有经济自由权性质的人身自由权，迁徙自由的一头连着身体自由，另一头则连着包括工作自由权在内的经济自由权。事实上，“早在19世纪早期，各国宪法的规定和宪法学理论一般都把迁徙自由视为经济自由，从19世纪中叶后，迁徙自由就被看成是一项个人自由了。……在20世纪中叶后经济自由重新受到强调，从经济自由的角度观察迁徙自由就具有了一定的现实意义”。

二

就各国宪法文本和宪政实践来看，各国宪法所确立的迁徙自由权的规定从形式到内容各有不同的特点。总体说来有这样几种情况。

1. 规定公民不仅享有国内的迁徙自由权，也规定享有出入国境的迁徙自由。如意大利宪法第16条规定：“除非根据保健和安全方面的理由法律可按一般程序规定某些限制外，每个公民均可在国内任何地区自由迁徙和居住，不得以政治理由规定任何限制。每个公民，除非负有法律义务，均可自由离开与返回共和国国土。”据不完全统计，此类规定的国家宪法数量最多。

2. 仅对公民享有迁徙自由做粗线条的一般性的规定。如现行韩国宪法第14条规定：“居住、迁徙自由。全体国民有居住、迁徙自由。”现行阿联酋国家宪法第29条规定：“在法律规定的范围内，保证公民有迁徙和居住自由。”我国建国前历史上的多部宪法和建国后的五四宪法关于迁徙自由的规定都大致属于此种类型。

3. 只规定公民享有在国内的迁徙自由权。如德国基本法第11条规定：“迁徙自由。所有德国人享有在联邦境内的迁徙自由。”印度宪法在《自由权》一节中第19条第1款规定：“一切公民均享有下列权利：在印度领土内自由迁徙。”此外还有如埃塞俄比亚宪法、多哥宪法等均有类似的规定。

4. 有的国家宪法在规定公民享有在国内或进出国境的迁徙自由的同时，还专门规定了公民享有免受被驱逐出境或被引渡到国外的权利。如土耳其宪法第23条规定：“每个人都有居住和迁徙自由，……公民不得被驱逐出境，也不得被剥夺出境后返回国家的权利。”世界上大多数国家的宪法都有此项规定，不论是明确规定国内迁徙权，还是国际迁徙自由权的国家都多有此类规定。

任何自由与权利都是相对的，迁徙自由权也不例外。世界各国宪法以各种形式在确立和保障公民的迁徙自由权的同时，也规定了此种自由权限制的例外情况。就世界各国宪法对此种自由权的限制性规定来看，有以下几种形式。（1）有些国家宪法在关于迁徙自由权的条款中，并没有具体列举此种自由权受限制的情况，仅在此条款中规定此种自由权的例外由法律规定之。（2）在关于迁徙自由权的条款中，既没有具体列举此种自由权受限制的情况，也没规定此种自由权由法律规定之的内容，但此种自由权的行使是在权利行使的一般性限制条款之下进行的。（3）在关于迁徙自由的条款中，明确而具体地列举了此种自由权受限制的具体情况。世界上大多数国家的宪法多采用此种形式。从其所列举的具体情况的种类来看，一般主要有这样几种，一是为了维护公共秩序、社会公共利益和公共道德。二是为了维护国家安全而进行的限制。三是禁止以迁徙自由来规避公民个人应承担的法律义务，更不能以此权利来进行犯罪、逃避司法追捕与审判。

三

在我国宪法史上，最早承认公民迁徙自由权的是南京临时政府于1912年颁布的《中华民国临时约法》，该约法第6款规定“人民居住迁徙之自由”。此后，无论是窃国大盗袁世凯、贿选总统曹锟，还是国民党政府制定的宪法性文件，都不得不承认公民享有迁徙自由。

中华人民共和国成立后，迁徙自由经历了一个由肯定到否定到再到默认的曲折过程。随着我国改革开放和市场经济的深入发展，年复一年的蔚为壮观的“民工潮”现象掀起了人口有序流动和以迁徙自由权为内容的人权解放运动。正是在此种意义下，我国户籍制度的改革已经开始松动，由此带来的宪法迁徙自由权问题成为我们如今无法回避的现实问题。公民迁徙自由权的恢复在当今市场经济逐渐发达的中国来说具有重大的现实意义。

1. 迁徙自由是市场经济发展的必然产物，是资本家为实现自由雇佣劳动力而提出的。它适应了市场经济一个共同规律即市场是配置资源（包括人力资源）的基础性手段。它要求生产要素根据市场供求关系的变化而进行自由式流动，以达到经济资源的优化配置和经济效益的最大增长。劳动力作为首要的生产力，是最重要的经济资源，今天，在国家从绝大多数生产要素资源领域退出的时候，没有理由不把生产要素中最重要的资源人力资源放回市场。政府所应当做的是顺应市场经济的发展和要求，通过宪法和法律确认和保障公民的迁徙自由和劳工自由，规范和引导劳动力人口的合理流动。

2. 迁徙自由也是公民用“脚”投票的特殊形式来表达民意的重要方法之一。在一个完全市场化的社会里，消费者显示偏好的方式就是支付货币选票，在一个自由的社会里，人民基于自愿和理性选择的自由迁徙行为，往往是公民抵制当地政府专横，表达民众不满的重要手段，公民可以通过这一手段为政府当局施加压力，从而有助于形成尊重人权、尊重民意、尊重人才的良好局面。目前，我国内地有的农村出现“老人村”、“妇女村”、“儿童村”的现象的确应当引起我们的深思。内地有的农村出现土地撂荒、青壮年劳力几乎全部出外打工与当地政府对农民施加的他们难以承载的负担有着密切的关系。这是我们在未来的政治体制改革和经济体制改革中必须认真面对的问题。

3. 确认和保障公民的迁徙自由权有利于实现社会公平，缩小城乡差别，最终达到城乡一体化。传统户籍制度通过把户口划分为农业人口和非农业人口来限制公民的迁徙自由，并且建立与之配套的工农业产品上的“剪刀差”制度严重地牺牲农民的利益来为中国工业化注入动力。同时，由于户籍制度改革的滞后，使前些年进城务工经商的农民几乎不能取得合法的“市民”身份，他们对城市的贡献与他们所应当享受的城市资源同城市居民相比存在严重的不公平，以致使各地“农转非”成为腐败现象的重要滋生地。确认和保障公民合法的迁徙自由权，使城乡之间、市民与生活在城市的“农民”之间不存在人为的身份差别，这将是一种公平的选择，有利于造成适合市场经济发展的自由竞争的公平局面。

4. 宪法确认迁徙自由权有助于与国际人权公约保持一致，履行我国政府所承担的国际人权公约所规定的义务。1948年的《世界人权宣言》、1966年的《公民权利与政治权利宣言》都有关于迁徙自由权规定的明确条款。《经济权利、社会权利和文化权利国际公约》中确立的关于工作自由权的条款也是建立在迁徙自由的基础上的。我国已经签署加入两个人权公约，并且于今年的2月28日全国人大常委会还通过了《经济权利、社会权利和文化权利国际公约》，这使得保障公民享有公约上确认的公民权利成为我国政府的应尽义务。因此，在宪法上确认迁徙自由权已经成为我国政府履行国际人权公约的当务之急。

（原文约5000字，发表于《武汉大学学报》社科版2001年第4期）

文摘编辑：陆敏

论被害人权利保障的理论基础及制度完善

石　英

[作者简介] 石英，辽宁大学法学院教授。

[内容提要] 基于保障人权实现程序公正的基本理念，必须赋予被害人充分的权利影响诉讼结局。为确保被害人有效地参与诉讼，应完善被害人代理制度，并应建立对被害人的刑事法律援助制度。

[关 键 词] 犯罪被害人；代理；法律援助；完善。

一、被害人权利保障的理论基础

纵观刑诉的发展史，由于对犯罪认识的由浅入深，对犯罪行为的追诉也经历了由被害人私诉到国家公诉的发展历程。相应地，被害人在诉讼中的地位也由弹劾制下的原告人转换为纠问制下的证人、告发人、直到当今世界许多国家刑诉中的被害人依旧以证人身份参与诉讼。应承认的是，国家追诉取代私诉是刑诉的巨大进步，对维护社会秩序，更大程度地维护被害人利益具有重大意义。因而国家承担控诉职能来追诉犯罪是刑诉发展的趋势。但是，这是否意味着被害人在公诉中只能处于一个消极的参与者地位呢？当人们把注意力集中在被告人权利保障的研究时，这个问题并没有得到立法和理论研究的关注。而且，在公诉的情况下，刑事诉讼已具备诉讼的基本结构，能完成惩罚犯罪、维护社会秩序的基本任务，因而这个问题并没有凸显出来。但是，由于控诉机关追诉懈怠的存在，再加上单纯国家追诉对最终解决纠纷的忽视，拒被害人于公诉之外，让其被动地接受别人为其安排的诉讼结果已无法满足呼声日益高涨的保障被害人人权的要求。因而世界各国纷纷采取措施，强化被害人权利的程序保障，被害人诉讼地位也就相应提高了。纵观历史，被害人诉讼地位经历了一个由高到低又到高的历程。然而，弹劾式诉讼制度下被害人诉讼地位与现代诉讼制度下被害人诉讼地位的提高，虽在表面上是一致的，但两者蕴含的理论基础不同。弹劾制下的被害人之所以为原告人，是基于犯罪是对被害人个人利益侵害的认识基础之上的，而现代诉讼中被害人权利程序保障的加强，则是基于人权保障的基本理念，是为了实现程序公正。从这种意义讲，现代诉讼制度下被害人诉讼地位的提高是更高层次的提高，是为了完善诉讼制度，最大限度地维护被害人合法权益，从而通过切实尊重被害人来彻底解决纠纷，维持社会秩序，而不是仅仅为了实现追诉犯罪的基本功能。所以对赋予公诉被害人以诉讼权利来富有意义影响定罪、量刑，应给予新的认识，绝不可借口国家追诉的发展趋势来否定公诉中作为主体参与诉讼的必要性。也就是说，未来一切被害人权利保障的程序设计，均应从保障被害人人权、实现程序公正的基本理念出发，注意国家、被害人、被告人利益保障的均衡，而不是走哪一个极端。

程序公正作为诉讼价值的追求之一，其发端于古罗马的“自然正义”理论，其基本要求是程序本身要符合正义的要求。刑事诉讼的参与者作为主体人而非客体参与诉讼，即意味着其作为一个积极主动的道德主体，通过具体诉讼行为促使诉讼产生符合自己真实意愿的结果；同时，作为参与者，他必须按自己的自主意志发动行为影响结局，而不是仅仅作为一个客体被动地承受别人强行为自己安排的结局和命运。因而在其利益受到不利威胁时，必须有可援引的法律规范得到救济，不至对自己的利益维护无能为力。可见，刑诉中的主体参与者必须有充分机会影响诉讼进程，这样的刑诉程序才公正。

被害人作为犯罪行为的直接受侵害者，其与案件结局有直接的利害关系。如果被害人在对自己利益有影响的判决作出前，不能就被告人的定罪、量刑提出自己的请求，不能向法庭展示自己的主张和证据，不能与其他各方展开有意义的辩论、说明等，那么即意味着其在诉讼中不具备主体地位，对自身利益没有充分机会和手段施以影响，不能主动、积极行为而只能任由他人摆布。那么其人格尊严未得到应有尊重，主体地位受到了贬损。这不符合程序公正的基本要求，没有保障最基本的人权。因而必须确保被害人在公诉中的主体地位，使其充分而富有意义参与诉讼，有效影响诉讼结局。也就是说，公正的程序应尊重被害人意志，为其合理要求提供充分的程序运作空间。

但需进一步说明的是，既然被害人与案件结局有直接的利害关系，那么保障公诉被害人权利是否就意味着无论在何种诉讼制度下，被害人均应作为追诉犯罪的参与者之一，拥有类似控诉机关一样的诉讼权利来控诉犯罪呢？笔者认为不尽然。我们的制度设计应尊重一般被害人的意志要求，而不是强行他们这样做。在国家追诉的情况下，不仅国家与被害人个人所维护的利益具有重合性、一致性，而且两者利益的实现都是通过对犯罪的公正惩罚来实现的。因而人们对控诉机关追诉犯罪以及刑事司法程序运作的公正性的信赖程度，便构成了被害人参与诉讼积极性、必要性的重要因素。被害人诉讼权利的范围应结合这一因素作出公众认可的设计。以美国为例，其不强调被害人参与控诉犯罪，而是特别重视诉讼中被害人人格及隐私的维护，特别注意防止被害人第二次被害。其原因即在于，在当事人主义诉讼模式下，控诉机关在执行控诉职能上要比职权主义情况下的力度要大，而且其程序公正的可视性强，因而在实现公正上易于为被害人信任。然而作为当事人的控诉机关和积极追求胜诉及当事人主义模式下交叉询问对被害人的影响，可能易造成被害人第二次被害，所以保障被害人参与诉讼似乎不如保障被害人在诉讼中的安全及防止第二次被害更重要。并且补偿被害人的效果可能更胜过其参与诉讼。可见，我们没有理由强调被害人必须作为当事人或独立参与者来控诉犯罪。但是我们必须赋予其充分的权利影响自己的利益，必须使其在诉讼中得到人道对待，以达到公众普遍认可的公正。

二、被害人权利保障的完善

新刑事诉讼法为确保被害人的权利得到有效保障，增加了许多新的规定，赋予了被害人更广泛的诉讼权利，但就被害人有效参与诉讼的有关问题，仍需进一步完善。

1. 完善被害人诉讼代理制度

刑诉立法对被害人诉讼代理制度规定得过分简单，需进一步完善。

第一，扩大诉讼代理律师的阅卷范围。

刑诉法对审查起诉阶段被害人代理律师阅卷问题没有明确规定。《人民检察院实施〈中华人民共和国刑事诉讼法〉规则（试行）》（以下简称《规则（试行）第284条规定，“律师担任诉讼代理人的，经人民检察院许可，可以查阅、摘抄、复制本案的诉讼文书、技术性鉴定材料。”与第278条规定的辩护律师的阅卷相比，这一规定有两点值得商榷：其一，第278条规定对辩护律师“应当”允许，而第284条对律师代理人则是“经人民检察院许可，可以”阅卷。同是当事人委托的律师，却对代理律师阅卷多规定了一道批准“许可”关。其二，《规则（试行）》对代理人阅卷范围的规定，没有从与控方展开积极对抗的辩护律师职责同与控方展开积极配合的代理律师职责截然不同的实际出发，机械地比照辩护律师阅卷的规定，这与被害人诉讼地位是不相称的。被害人作为控方当事人，其与控诉机关是即配合又制约的关系，而且配合是完成诉讼目的的主要因素。被害人与控诉机关的这种关系决定了被害人的代理人与控诉机关之间也是各自行使诉讼权利的情况下，互相配合，互相支持，协同作战的关系。因而，为了确保代理人有效完成代理任务，确保被害人控诉职能的发挥，就应使其尽可能全面深入地了解案情，包括通过阅卷了解犯罪嫌疑人、被告人供述及有关证据。控诉机关不让与自己协同作战的被害人的代理律师全面阅卷，这与被害人的诉讼地位及被害人和控诉机关的关系是相悖的。因而，在审查起诉阶段，应当允许被害人的代理律师查阅、摘抄、复制本案所有犯罪事实材料；并且不应加“许可”批准之类的限制，被害人与被告人在这方面的保护应是平等的。

第二，赋予诉讼代理律师独立的调查取证权。

新刑诉法没有明确规定公诉案件审查起诉阶段代理律师的调查取证权，依据《规则（试行）》第284、282、283条规定，代理律师不能单独、直接收集、调取证据。这种规定与被害人地位及律师代理人的作用是不相称的。理由如下：其一，《律师法》第31条规定：“律师承办法律事务，经有关单位或个人同意，可以向他们调查情况。”这一规定应适用律师为被害人代理人的情况。可见，《规则（试行）》规定无法律依据。其二，新刑诉法第170条规定的自诉案件中有“被害人有证据证明对被告人侵犯自己人身、财产权利的行为应当依法追究刑事责任，而公安机关或者人民检察院不予追究被告人刑事责任的案件”。可见刑诉法赋予了被害人以独立指控权、起诉权，同时又规定其行使这些权利时必须负有举证责任。而按照《规则（试行）》规定，代理律师又不能单独取证，这怎能保障代理律师代理被害人依法独立行使指控权和举证责任呢？因而，立法规定代理律师单独的收集、调取证据权是相当必要的。

2. 建立对被害人刑事法律援助制度

刑事法律援助制度的建立在我国刚刚起步，一些规定只是原则性的，具体操作还有待实践中逐步探索。由于被害人与被告人法律援助在程序、机构设置等方面基本是相同的，所以笔者仅就被害人援助中的几个特殊问题进行探讨。

第一，法律援助的被害人的资格。对于法律援助的对象资格，由于各国经济状况、政治制度、法律制度上的差异，获得法律援助的对象资格的法定条件也有所不同。但共同条件有两点：一是经济上的条件，即申请法律援助的当事人必须达到法律所规定的贫困线；二是案件情由上的条件，即申请人确实有提出诉讼的理由。第二，援助被害人的程序。一般而言，援助的运作源于当事人的申请。但被害人做为犯罪的被害者，本身就是不幸的，需要给予帮助。不仅应给予精神安慰，而且应为其控诉提供协助，因而更应强调援助的积极性。但由于公诉机关的存在，使得援助机构的主动援助只有在案件复杂等情形下开启。所以，对于一般的情况，对被害人仍应经申请、受理、实施援助等程序，但在特殊情况，如案件中存在不公正处理的人际因素等复杂情况，援助机构应积极主动与被害人联系，主动提供法律援助。

（原文约5000字，发表于《辽宁大学学报》哲社版2002年第2期）

文摘编辑：陈小路

论商业秘密的法律保护

高慧荣

[作者简介] 高慧荣，青海大学财经学院讲师。

[内容提要] 商业秘密是不为公众知悉，能为权利人带来经济利益，具有实用性并经权利人采取保密措施的技术信息和经营信息。商业秘密的不公开性和不确定性等特征，决定了它极易被侵犯。国家必须在立法上完善保护商业秘密的法律体系，不断解决社会经济实践中有关商业秘密的新问题。

[关 键 词] 商业秘密；法律保护；权利人。

一、商业秘密的内涵及其构成条件

商业秘密是指不为公众知悉，能为权利人带来经济利益，具有实用性并经权利人采取保密措施的技术信息和经营信息。商业秘密应当具备以下条件：第一，秘密性，即不为公众知悉。第二，实用性，即能为权利人带来经济利益。第三，保密性，即权利人采取了保密措施。秘密性、实用性、保密性是构成商业秘密缺一不可的要件，其中秘密性是前提，保密性是基础，实用性是目的。此外，商业秘密还有无期限限制和无形性的特点，只要具备前三个条件，商业秘密就可以无限期地受到法律保护。

二、侵犯商业秘密行为的表现形式

经营者不得采用下列手段侵犯商业秘密：第一，以盗窃，利诱，胁迫或者其他不正当手段获取权利人的商业秘密。第二，披露，使用或允许他人使用不正当手段获取权利人的商业秘密。第三，违反约定或者违反权利人有关保守商业秘密的要求，披露，使用或者允许他人使用其所掌握的商业秘密。第四，第三人明知或应知他人以不正当手段侵犯了权利人的商业秘密，而予以获取，使用或披露该商业秘密的，也视为侵犯商业秘密。

三、加强对商业秘密的法律保护

第一，加强对商业秘密范围的界定。在我国司法实践中，商业秘密往往需要通过司法，行政机关或一些专门的机构来认定。从我国立法来看，商业秘密主要包括两大类，即技术秘密和经营秘密。当然，对于自行研究开发的具有实用性价值的智力成果，权利人仍应及时申请专利，以加强对它们的法律保护。

第二，加强对商业秘密的评估。商业秘密是知识产权，而知识产权可以“有价转让”，要转让则首先必须给它评“价”。一般地说，商业秘密的评估既要与一定企业及企业的信誉相联系，又要看到它是一个易走极端的变量，即不披露则有价值，而一旦披露则一文不值。

第三，加强对商业秘密的保密措施和加强对涉密人员的管理。从实践中看一般包括以下几个方面：(1) 限制接触商业秘密的人数，要求内部人员加强保密意识，不传播商业秘密的内容。(2) 签订保守商业秘密的合同。(3) 对秘密文件采取妥善的保密措施，禁止秘密材料的散发。(4) 禁止或限制进入工厂、机器设备附近参观。对一般涉密人员，可在劳动合同中签订有关保密条款，明确保密义务及泄密所应承担的责任；对于特殊的涉密人员，如重大产品的开发研制人员，则不仅应签订保密条款，还应签订竞业限制条款，即此类人员离开企业后的一定期限内不得在与原企业生产同类产品和经营同类业务且有竞争关系或其他利害关系的单位任职，或者自己生产、经营与原企业有竞争关系的同类产品或业务。

第四，加强对网络信息环境的商业秘密的保护。网络商业秘密信息的保护主要有两条途径：一是运用网络安全技术，密钥管理，数字签名，认证技术，智能卡技术，访问控制等，使“黑客”和商业间谍的网络信息窃取不能在技术上实现。二是通过网络信息立法保护。我国于1994年发布了《计算机信息网络国际联网安全保护管理办法》，重视了网络商业秘密的安全保护问题，另外，我国在1997年实施的新《刑法》也增加了惩治计算机犯罪和侵犯商业秘密行为的有关条款，体现了我国对商业秘密保护的加强。

（原文约3500字，发表于《青海大学学报》自然科学版2002年第2期）

文摘编辑：陈小路

立法应体现社会先进生产力的发展要求

文建明

[作者简介] 文建明，黔西南民族师范高等专科学校副教授。

[内容提要] 社会主义的立法应体现社会先进生产力的发展要求，需要自觉认识和把握现代生产力发展的规律和趋势，用法律确认和保护促进生产力发展的生产关系。目前，应主要完善物权、知识产权、合同方面的立法，以适应加入世贸组织和深层次改革开放的需要，体现先进生产力发展的要求。

[关 键 词] 立法；生产力；物权；知识产权；合同。

一

法律并不能直接促进或束缚社会生产力的发展，它要通过生产关系这个中介来影响生产力。具体地说，当法律所保护的生产关系适应生产力发展的要求时，法律对生产力起促进作用。随着生产力的进一步发展，生产关系逐渐滞后，这时如果法律不作适时的调整乃至变革，仍然保护已经不适应生产力发展的生产关系，那么这个法律也就会阻碍生产力的发展，从进步走向落后。甚至是反动。因此，不能简单而机械地认为资本主义国家的法律肯定阻碍生产力的发展，而社会主义国家的法律必定会促进生产力的发展，要相对地辩证地看待这个问题。

在法律所保护的生产关系要适应生产力发展这个问题上，我们有过惨重的教训，也有成功的杰作。“文革”期间我国城乡实行单纯公有制，片面强调一大二公。农村搞以队为基础的集体所有，实行基本上的平均分配，结果是农民天天出工不产粮，忙碌了一年还吃不饱肚子。城市里的工厂也是公有，天天抓革命，促生产，却生产不出多少产品，连牙膏、肥皂等最基本的生活必需品都十分匮乏。究其根本原因是我们没有充分认识自己的国情，认识我国生产力的发展水平。反而用法律（如“七·五宪法”、“人民公社六十条”）确认和保护了这种不适应我国生产力发展的“一大二公”的生产关系，致使整个国民经济几乎走向崩溃。改革开放二十多年，我们逐步认识了我国生产力发展水平的不平衡，并不断调整生产关系，使之符合各个层次生产力的发展要求，而且制定相应的法律予以确认、保护和调整，极大地促进了生产力的发展。1988年4月七届全国人大第一次会议通过宪法修正案，确认私营经济的合法地位和土地使用权可以依法转让，制定和修改了有关企业法、土地管理法。中国的私营企业、“三资”企业如雨后春笋，经济特区也闪亮登场。随着经济改革的深入，1993年3月第八届人大第一次会议第二次通过宪法修正案，主要内容是确认农村中的家庭联产承包为主的责任制和生产、供销、信用、消费等各种形式的合作经济，是社会主义劳动群众集体所有制经济。将国营经济改为国有经济，确认了国有财产所有权和经营权的分离，为维护国有企业的自主经营权提供了法律依据。这次修正最突出的是将社会主义计划经济修改为国家实行社会主义市场经济，这是几十年来我国对社会主义经济认识的一次质的飞跃。之后，一批规范市场竞争主体、秩序等方面的法律法规陆续出台，中国的经济改革又涌春潮，向着前所未有的广度和深度发展，法律为生产力的迅猛发展开辟了一道道航线。第三次宪法修正案是1999年3月第九届人大第二次会议通过的，主要内容是确认个体经济、私营经济等非公有制经济，是社会主义市场经济的重要组成部分，提高了非公有制经济在国家经济中的地位。改按劳分配为按劳分配为主多种分配方式并存，为各种合法收入提供了法律依据。这一修正使非公有制经济得到了更快的发展。

二

结合生产力组成的几个要素，目前主要应注意以下几个方面的立法：

第一，完善我国民事物权的立法。物权是民事主体依法对特定物进行管领支配并享受物之利益的排他性财产权利。所有权、经营权、使用权（包括土地使用权）、抵押权、质权等，都是物权。物权法是调整物质资料占有关系，规定各种物权的法律规范的总和。所有制是指生产资料归谁所有和生产资料在生产过程中如何具体运用的经济制度。一个国家的物权法与这个国家的所有制紧密相连。物权反映社会的所有制关系，直接涉及到统治阶级赖以生存的经济基础，具有排他性，其行使不仅直接涉及物权人自身的利益，而且也直接涉及他人利益和社会公共利益。因此，统治阶级要依据其赖以生存的经济基础制定物权法，确认和保护它所主张的所有制。社会主义制度的建立解决了所有制的第一个问题——生产资料的归属关系，但是对生产资料如何实际利用，使之最大限度地发挥其应有的效用，则是所有制的另一个问题。因此，对所有制关系的法律表现和调整就不是一个单纯的所有权制度所能完成的，必须建立包括所有权和各种他物权（指财产非所有人根据法律的规定或所有人的意思对他人所有的财产享有的进行有限支配的物权）在内的完整的物权制度才能全面反映和调整所有制关系。例如，对我国农村集体所有制的法律调整，就需要同时确认集体的所有权和承包者的承包经营权。

我国改革开放二十多年，事实上做的大部分事情，归结在一起，就是在改变各种所有制财产特别是公有财产在社会主义生产中的传统利用方式。但是由于历史的各种原因，在改革中制定的《民法通则》虽然规定了几种他物权，亦很不完善，远远不能适应社会主义市场经济下的所有制关系的法律调整要求，不利于调动经营者、使用者、劳动者的生产积极性，甚至滋长了对公有财产漠不关心的态度，使公有财产在生产经营的各个环节上出现浪费，不利于社会先进生产力的发展。因此，完善我国物权制度，特别是其中的他物权制度，是立法体现社会先进生产力发展的一个紧迫要求。

第二，完善知识产权立法，促进知识经济的发展。知识产权是民事主体对其创造性的智力劳动成果依法所享有的专有权利。知识经济时代，知识的投入取代了有形财产的投入，在经济发展中起决定作用，知识产权法在法律领域中也会起决定作用，这是与知识经济生产方式相适应的。如在1996年以前，美国作为最发达的工业国家，其贸易出口占主要地位的是农产品、机器制造产品、汽车、飞机等。但是在1996年美国历史上头一次核心版权产业（如计算机软件、电影作品、图书等）超过了飞机制造、农产品的出口，这是连美国的经济学家都未预料到的，而版权的核心产业仅仅是知识产权的一小部分。这说明在知识经济时代知识成为决定性的生产力，同时人们的文化需求也大大增加和提高。

由于种种原因，我国生产力发展水平极为不平衡，最发达的东部沿海地区虽然工业经济时代还未完全走过，但已经开始向知识经济时代迈进，中部地区正处于工业经济时代，而西部的很多地方还处于农业经济时代，相互交错在一起。作为反映经济基础的上层建筑之一的法律，在立法上要充分考虑这个特点，既要完善物权的立法，也要充分考虑到生产力发展的大趋势，注重知识产权的立法。如我国对植物新品种的研制在全世界是非常有名的，早在改革开放之前著名水稻专家袁隆平就研究出了杂交水稻新品种，当时在美国、澳大利亚都获得了专利的保护，惟独在中国不能得到知识产权的保护，后来虽然能获得专利的保护了（1984年我国颁布了《专利法》），但是只能保护它的研制方法，对于品种本身还是保护不了。这对于鼓励我国科研人员研制植物新品种是极为不利的。1997年我国颁布了《植物新品种保护条例》，在这个方面我国对知识产权的保护上了一个档次，会促使更多的“袁隆平”出现。尤其是我国已加入世界贸易组织，根据其《与贸易有关的知识产权协议》，其成员国都必须保护与贸易有关的知识产权。因此，我国对知识产权的立法需要引起足够的重视，以体现知识经济时代的要求和社会先进生产力的发展趋势。

第三，有关合同方面的立法需要进一步完善。1999年3月国家颁布了统一的《中华人民共和国合同法》。这部合同法结合我国实际，借鉴发达国家民事合同立法的宝贵经验，对合同的总则和15类常见民事合同作了较好的规定，体现了社会先进生产力的发展需求。但是，随着我国加入世贸组织后，更深层次的改革开放的进行，这部合同法的一些不足已开始显现出来。

民事合同的立法需要完善补充，行政合同的立法在比较混乱的情况下更需要规范。行政合同是指行政主体（主要是国家行政机关）为了实现行政管理目标，与相对人之间经过协商达成的协议。依法行政是依法治国的核心。行政合同结合了合同与传统行政行为的特点，一方面，行政合同改变了传统的行政机关单方决定的行政管理方式，体现了民事合同中契约自由的精神，反映了相对人的意志，有利于激发相对人的积极性和创造性，特别是在公共工程、福利行政、教育、环保、科研等领域。另一方面，行政合同保留了行政机关对合同的履行有监督权、指挥权，明确了行政机关和相对人的权利义务，使行政管理目标具体化，有利于行政管理目标的实现。因此，行政合同是一种非常灵活的行政管理方式，是现代行政管理方式发展的必然。但是，我国现行的行政管理合同，如国有土地使用权出让合同、全民所有制工业企业承包合同、农村土地承包合同、国家科研合同、国家订购合同、公共工程承包合同、公用征收补偿合同等，没有统一的立法规定，实际使用中也比较混乱，由此产生了不少的腐败。

劳动合同是劳动者与用人单位之间确立劳动关系，明确双方权利和义务的书面协议。随着企业用工劳动合同制的普遍推行，特别是非公有制企业的迅速发展，以及我国加入世贸组织后，外资企业必然大量涌入，原本就十分频繁的劳资纠纷（据不完全统计，每年仅因工致残索赔案件上百万起），毫无疑问会迅速增长，现行的劳动法已难以全面承担保护劳动者合法权益的重任，国家迫切需要制定劳动合同法来规范劳资双方的权利义务关系，减少纠纷，保护劳动者的合法权益。

（原文约6500字，发表于《黔西南民族师范高等专科学校学报》2002年第2期）

文摘编辑：陈小路

法律移植若干问题之思考

华 桦

[作者简介] 华桦，四川省政法管理干部学院教师，主要研究法理学。

[内容提要] “法律移植”虽然是一个古老的话题，然而在全球化话语流行的21世纪，时代赋予了其新的生命力。在学界，关于法律移植的概念及其可行性出现了较多争议。我国在移植西方法律的过程中主要存在两大问题：一是规则与现实的脱节，二是移植的法律制度缺乏相应观念的支持。

[关 键 词] 法律移植；可行性；本土化。

一、法律移植的可行性

关于法律移植的可行性的论述颇多，但归纳起来主要有三种观点：

一是否定说。持该说者认为法律具有时空特定性，不可以从另一国家移植。早在18世纪，比较法学创始人之一孟德斯鸠就说：“为某一国人民而制定的法律，应该是非常适合于该国的人民的；所以如果一个国家的法律竟能适合于另外一个国家的话，那只是非常凑巧的事。”该论述成为后世的诸多学者反对法律移植的理论依据。现代否定说的代表人物为美国学者罗·塞德曼，他在1978年的《国家、法律和发展》一书中专门论述了“法律不能移植性的规律”，并在1989年讨论深圳移植香港法律问题时指出：“从一个地方到另一个地方移植法律，这种世界性的经验表明，由于法律所引起的行为具有高度的时空特定性，从一个地方移植到另一个地方的法律，在它的新移植地通常不能成功地再产生出它在起源地所引起的行为……。”

二是消极说。法律同时具有普遍性和特殊性，一定意义上的移植是有选择的，受诸多条件限制的。消极说的代表人物为英国比较法学家卡恩－弗罗恩德，他从分析孟德斯鸠的前述观点着手，认为一个国家的法律应该是适合本国的，很难适合另一个国家，即法律是难于移植的。他认为影响法律移植的因素很多，强调随着时代的演进，环境因素对法律移植的阻碍作用大大降低，而政治因素的重要性却有了极大增加。在诸多失败的法律移植的历史事实分析的基础上，他得出了一个重要结论：“使用比较方法不仅需要有外国法律知识而且还要有外国社会，特别是外国政治方面的知识，人们只要持有法条主义精神而忽视法律的这些方面，对比较法的实际目的的应用就会成为误用。”

三是积极说。主张该说者认为，由于法律具有普遍适用性，不同的法律具有某些相同或相似的特性，因而法律可以移植。积极说的代表人物为英国法制史专家阿兰·沃森，他指出，无论是今天，还是古代，法律体系的单个规则或部分内容的移植是极为常见的现象。法律移植为法律发展提供了最丰富的资源。在大部分法律体系中，大部分法律变革都是法律移植的结果。主张：“法律改革者在审视国外制度时，应该寻求一种‘观念’，即这些外国的东西能够被转化为本国法律的组成部分。因此，法律的系统理论或授权系统的政治结构并非必需，尽管具备这种知识的法律改革者会更加富有成效。即使对国外有关政治、社会或经济方面的法律一无所知，亦能收到成功借鉴的效果。”他在批驳“镜子理论”的同时提出了“孤立理论”，认为：历史表明，因为法律职业的性质，欧洲私法的变化主要地是通过法律规则的移植而发生的；所以，法律是，至少有时是，孤立于社会和经济变化的。

法律移植的历史例证可说俯拾皆是。古代中华法系、印度法系、阿拉伯法系、近代以来的英美法系与大陆法系，可说所有的法系之子法国与母法国之间都存在有法律的移植关系。这种移植不仅是同一历史时代的横向移植，也还有不同历史时代间的纵向法律移植，如英美法系对中世纪日耳曼法的移植和大陆法系对古罗马法之移植。法律移植的可行性也获得了绝大多数学者的认同，在国内外法学界极少有人支持否定说，存在争议的只是对可移植的程序有不同的认识，即消极说与积极说的论争。这一论争至今尚未停止，但从国内学界的现状看，消极说获得了较多的认同。积极说有其明显缺陷。积极说认为法律具有普遍适用性，甚至是孤立存在的，与社会、政治、经济、文化等因素之间并无很大联系。因而法律移植简便易行，甚至根本不需要了解来源国的情况。这在面对现实中大量失败的法律移植的例子时很难自圆其说。相对而言，消极说认为法律兼具普遍性和特殊性，在承认法的可移植性的同时，认为法律移植受社会、政治、经济、文化、自然条件等诸多因素制约，是比较科学的态度。然而消极说把对法律移植收效的不利影响主要归于政治因素是片面的。法律作为上层建筑的组成部分之一，与社会、政治、经济、文化、地理等因素密不可分，互相影响。至于其中谁主要谁次要，彼此间的界限很难界定，不可能区分哪一因素对法不产生影响，或对法的影响较大。事实上，不论是政治因素还是社会、经济、文化、地理等环境因素，都对法律移植存在这样或那样的阻碍作用，导致所移植法律在接受国收效甚微，甚至完全失败。

法律移植的方式有自愿与强加两种，强加是指一国在别的国家或地区强行实行本国法，一般发生在征服国与被征服国或地区之间，如近代的英法等殖民国家在其殖民地推行本国法的行为。现代社会中强加的法律移植已趋消亡，各国在法制现代化的大潮中自愿主动接受较高质量的他国或地区法的情况越来越多。而在自愿移植中，相关因素的考虑更为重要。由于社会生活是千变万化、复杂多样的，也由于主体对移植法律的社会需求、具体层面，实现机制等等的把握是不尽相同的，因而常常会出现移植法律的实际效果与主体的预期目的如愿以偿地实现了，落空了；或者表现为有的虽然暂时地实现了，似乎是达到预期的结果，但往后又引起了与初始目的完全相反的结果。

二、中国移植西方法律中所存在的问题

中国移植西方法律的弊端凸显于以下两方面：

其一，移植的法律缺乏生存的土壤，与社会现实脱节。从正常的社会发展逻辑来说，一切规制人间秩序的制度规则的设置，都是在社会现实的基础上产生的。不具现实基础而期望新的制度规则的横空出世，无异于白日做梦。但是，近代中国的许多事情，包括以西方法制为摹本的新法制的铺设，都往往属于这类横空出世的白日梦。移植者的盘算或是先将规则铺设开来，自上而下，笼罩过去，用（外来）规则对（既有）事实进行人为裁制，期求以规则创造事实，改变旧社会，建造“新中国”。不问移植之法之运行，依然继续凭借立法打开现实的僵局，以立法导引现实。当今社会中诸多的“有法不依”现象应该可以从中找出深层次的原因。

其二，移植的法律缺乏相应法律观念的支持。任何法律制度是否合法、正当，存在一个价值评价问题，移植一项法律制度必须有相应的社会价值取向的支持，而非简单地等同于以此制度取代彼制度。当前中国的法制现代化，也无以摆脱要以中国社会的法律观念价值、取向为其合法性之基础。因此，就应然而言，模仿、移植西法，铺设西式规则，应以精神和规则两面均与中土人文礼俗适当沟通和协调为其生命力与合法性的前提；同时，于技术立场言，并当斟酌事实基础，作有选择的取舍。然而，事实是清末变法修律后陆续移植中土的西式规则，如两造对簿公堂的控辩式诉讼程序、陪审和证人出庭作证制度，诸如破产、继承、契约、婚姻自由和公司的登记与成立等等私法设置，以及权力制衡、投票选举等等公法规则，与其原有的事实基础和合法性背景相剥离，预期的法律效果难以显现，常为一纸空文。其中一些与中国的社会现实和伦理准则甚至脱离或抵牾，对“老中国”的人生和人心不吝摧残，而使得民众对于此种法律的信仰和忠诚难以培植，进而与对于这些制度、规则设置“没什么用”的观感一起，甚至导致对于规则和秩序本身的幻灭。

上述问题的产生，受历史环境及国际化潮流的制约，有其不得已之处。问题的解决也绝非在旦夕之间，它们将与中国法制现代化的进程长期相伴。然而，不得不然并非无视问题的存在，乃是要用清醒的头脑面对变幻的流行话语，经过上世纪末的“法制现代化”热潮，新的世纪我们应给予“法制本土化”更多的关注。至于如何实现法制现代化与本土化的统一协调，那将是一个浩大而复杂的工程，可能是一个以世纪为单位的长程历史，但追求规则与现实、规则与人心的和谐并非虚不可及的水月镜花。

（原文约6000字，发表于《四川省政法管理干部学院学报》2002年第3期）

文摘编辑：陈小路

我国县级行政组织立法问题的思考

赵 奇 刘珊珊

[作者简介] 赵 奇，北京行政学院法学教研部教授。
刘珊珊，中国保护消费者基金会基金部副主任。

[内容提要] 本文认为，目前我国有关县级行政组织的分散式的立法形式不适应我国依法治国的需要，建议制定一部统一的县级行政组织法。对我国县级行政组织进行立法，不仅要处理好行政组织自身问题，还要处理好行政组织与其他组织的关系。

[关 键 词] 县级行政组织；立法。

县级行政组织是我国行政组织体系中较为基层的组成部分，其法制化程度关系着我国建设社会主义法治国家的进程。目前，我国没有专门针对县级行政组织的统一法典，有关县级行政组织的法律规范散见于宪法、地方各级人民代表大会和地方各级人民政府组织法、民族区域自治法、自治条例、地方性法规中。这种分散式的立法形式不利于充分有效地保证县级行政组织的法制化。为了适应我国依法治国的需要，笔者认为，应制定一部统一的县级行政组织法。但是，在我国的法律体系中，县级行政组织方面的立法并不是一个自我封闭的独立王国，无论采用何种立法模式，它都与另一些法律法规有着千丝万缕的联系。这种割扯不断的联系，使我国的县级行政组织方面的立法，从形式上讲，并不限于制定单独一份法律文件；从内容上讲，也不仅仅是专门针对县级行政组织的立法。基于此，对我国县级行政组织进行立法，不仅要处理好有关县级行政组织法的自身问题，还要考虑并处理好县级行政组织与其他组织的关系。

1. 立法应明确规定县级行政组织对上级国家行政机关的执行功能及其对本行政区的服务功能，实现对县级行政组织功能的合理定位。

目前的立法只明确县级行政组织是同级权力机关的执行机关，而对于县级行政组织同时也是上级行政组织在当地的执行机关这一点规定得不够明确。这易于导致人们对县级行政组织的性质产生误解——误以为对同级权力机关的从属性是我国县级行政组织的本质属性，而对上级行政组织的从属性则居于次席，并进而为地方保护主义提供某种法律上的托辞。只有同时明确我国县级行政组织在本质属性方面的双重执行性，才能使我国县级行政组织的功能定位既符合我国人民代表大会制的政权组织形式，又符合我国单一制的国家结构形式。

就对下的服务功能而言，我国县级行政组织具有为本地区提供完善的公共服务的功能。此方面的法律缺陷在于，当前立法并未将此种服务功能上升至县级行政组织的本质功能（或称基本功能）的层面。基于此，建议在未来的立法中明确规定："县级行政组织是为本地区提供公共服务的机关。"或者，在对县级行政组织的职责列举中增加一款或一项："为本地区的公民及组织提供其他公共服务。"

2. 把适当分权与强化司法的监督相结合：明确县级行政组织与上级国家行政机关、本级权力机关、群众自治性组织之间的权限分工，同时强化司法审判的独立性和统一性，强化司法权对行政权的监督制约。

在县级行政组织的基本功能或本质功能中，我们不难发现其中可能存在的不协调之处。一方面，服务功能要求县级行政组织要有主动性、积极性和创造性，而执行功能则要求县级行政组织要处于一种被动状态，要以服从为天职，不可越雷池一步。县级行政组织的双重性格由此而生。另一方面，县级行政组织对上级行政机关的执行功能与对同级权力机关的执行功能也难免存在冲突。当上级行政机关的命令、指示与县级行政组织的同级权力机关的决定、决议不相一致时，县级行政组织在法制体系中就处于一种无所适从的尴尬境地。

防止上述情况出现的根本之道在于分权。首先，应当对县级行政组织的行政自主权（即对本地区的自主服务领域）与上级行政组织的指挥命令权的介入领域作出基本的划分；其次，应当对县级行政组织的规范制定权（或作出抽象行政行为权力）与同级权力机关的规范制定权（或决定、决议的制定权）作出大致的划分；再次，应当对县级行政组织的上级行政机关的规范制定权与同级权力机关的规范制定权作出划分；第四，将行政组织的管理权与基层群众自治性组织的自治权作出明确的划分。而当前立法的缺陷在于，前述几项权力领域的划分近乎空白。

上述分权是行政管理科学化的内在要求，但这种分权势必增强地方行政组织的独立性。如果对此不加制约则易于导致地方行政组织的尾大不掉，从而削弱中央及上级行政组织对县级行政组织的指挥调度能力。为此，应强化司法审判机关的独立性，使其摆脱地方行政组织在人、财、物等方面的实际控制，同时扩大司法机关对行政行为（尤其是抽象行政行为）的审查权，从而通过司法的统一性和相对独立性来矫正地方行政组织基于本位主义天性而产生的狭隘的地方主义倾向。

3. 县级行政组织职能的确定要与基层群众自治及社区体制改革联系起来。

新的《村民委员会织织法》第四条明确规定："乡、民族乡、镇的人民政府对村民委员会的工作给予指导、支持和帮助，但是不得干预依法属于村民自治范围内的事项。村民委员会协助乡、民族乡、镇的人民政府开展工作。"这种规定实际上已经表明，作为一级政权的政府与非政权性的自治组织之间的分权原则已为法律所肯定。未来有关县级行政组织的立法，应顺应这种发展方向，将县级行政组织的职权范围与基层群众性组织的自治范围划分得更加明确。

与此同时，随着这种权限划分所表现出来的职能下移的势态，原来由政府所控制的各类相关资源，尤其是财政资源也应随之下移，转至基层群众性自治组织的手中。

4. 引入民间性的委员会以辅助决策和加强监督，同时舒缓源于政府内部的要求增加专门机构来辅助决策和加强监督的压力，从而把精简机构与强化民间性的咨询机构结合起来。

精简机构是新中国历次机构改革恒久未易的主题，也是未来县级行政组织方面的立法目标之一。为此，除了通过转变政府职能、削减直接行使行政权的职能部门来达到精简机构的目标之外，还可能通过对民间机构及人才的借用，来减少政府的决策辅助机构及监督机构。为此，香港特别行政区的各类委员会制度值得借鉴。

5. 将预算外资金纳入预算，细化和强化预算，加强权力机关对政府的财政监督。

随着我国改革开放事业的稳步开展，预算外资金的数额急剧膨胀。庞大的预算外资金，不仅引发了盲目投资、经济过热等诸多经济问题，而且还是我国政府机构不断膨胀的经济推动力和财政保障。为此，建议从县级行政组织着手，改革目前的财政预算体制，尤其应作到以下三点：

——财政预算文件的收支分类应更为明细，应由现行的功能预算转为部门预算。对县级行政组织而言，其预算、预算执行情况的报告及决策案所列明的收支项目应明细到使人能够清楚该项资金的具体来源或其具体用途及其用者。

——在行政机关中层层推行财务公开、账目公开，使机关中的全体工作人员都能知悉本单位的各项收入或各项预算额度及其使用情况，从而实现由下至上的经济监督。

——将行政机关控制的全部或绝大部分的预算外资金纳入预算内管理，堵住地方人大在财政监督中的最大漏洞。

6. 建立责任型辞职制度，强化政府首长对同级权力机关的政治责任。

政治责任是为了平息社会或某方面的不满情绪而令特定的领导人员作出某种姿态的责任方式。它不同于通常的法律责任，不需要有确凿而充分的证据证明责任人有违法或违纪行为。在追究地方政府首长的政治责任方面，目前我国的宪法及地方组织法设立了罢免制度。但在实践中罢免却成为对涉嫌严重刑事犯罪的领导干部启动刑事检控程序的前奏，而罢免与刑事责任在现实中的密切关联，使其丧失了作为政治责任形式的独立性，沦为了刑事责任的附庸。基于此，以罢免作为追究行政首长政治责任的惟一方式，显然不适合我国社会稳定、政治稳定的需要。我国的立法应在罢免之外创设新的政治责任的承担方式。为此，建议从县级行政组织入手，建立起责任型辞职制度。

值得一提的是，对于地方人民政府领导人员的主动辞职，目前我国立法中已有规定。如《地方各级人民代表大会和地方各级人民政府组织法》第22条。但目前我国立法中的辞职制度，主要是作为领导人员的一种个人权利来加以规定的，而不是从其应承担的政治责任的角度来作规定。这种辞职，纯粹是个人主动选择的结果。而作为一种政治责任的承担方式的辞职（准确地说是提出辞职），则是在法定事由出现后的一种被动的结果，有关人员在此情形下别无他选，只能提出辞职等待本级权力机关的信任表决。只有这种责任型的辞职（而不是权利型的辞职），才能丰富政治责任的承担方式，并与国际上通行的对行政府首长的责任追究方式相一致。

（原文约5000字，发表于《北京行政学院学报》2002年第3期）

文摘编辑：焦利

论合同解除的溯及力问题

滕 丽 王 姝

[作者简介] 滕丽，沈阳师范学院法律系副教授。
王姝，沈阳师范学院法律系。

[内容提要] 作为合同解除的法律后果之一的合同解除是否具有溯及力问题是民法学者长期争论的焦点之一。无论从微观上还是从宏观上看，明确合同解除是否具有溯及力都具有重大的现实意义。

[关 键 词] 合同解除制度；溯及力问题；具体界定条件。

合同解除的溯及力问题，即合同解除是否具有溯及既往的效力，合同是自始消灭还是在解除时消灭的问题。合同解除如果有溯及力就要发生恢复原状的法律后果，如果没有溯及力，则解除前的债权债务依然存在，当事人对已经履行的部分不承担恢复原状的义务。可见，明确合同解除是否具有溯及力具有重大的现实意义。

一、相关学说及立法实践

关于合同解除是否具有溯及力的问题，大陆法系学者对此有三种观点：1. 直接效力说。认为合同解除溯及于合同成立时消灭合同效力，尚未履行的不再履行，已经履行的应当恢复原状。2. 间接效力说。认为合同解除并非消灭合同所产生的债务关系，而是阻止其效力发生，尚未履行的产生拒绝履行抗辩权，已经履行的发生返还请求权。3. 折中说。认为合同解除时，尚未履行的债务自此消灭，已经履行的发生返还请示权。我国学者对合同解除有无溯及力争议较多，有以下主要观点：(1) 合同解除一般无溯及力。除法律另有规定或当事人另有约定外，一般只对合同的未履行部分发生效力。(2) 合同解除的溯及力不能一概而论，应区分不同的合同而定：继续性合同原则上无溯及力，非继续性合同原则上有溯及力。(3) 合同解除原则上有溯及力，但在特殊情况下应对合同解除的溯及力作出合理的限制。现在通说认为继续性合同是解除原则上无溯及力，非继续性合同解除原则上有溯及力。

二、各学说益弊之探讨

结合国内外众多学说和各国的立法实践，我们认为以上各种学说虽各有理由加以支持，但仍有不足之处，现作如下阐述：

第二、三种观点从实质上讲是相同的，均认为继续性合同的解除原则上无溯及力，而非继续性合同的解除原则上有溯及力。所谓继续性合同，是指合同的履行在一定的持续时间内完成，而不是一时或者一次完成的合同。这类合同通常是以使用、收益标的物为目的的，如租赁合同、借贷合同、承揽合同、委托合同以及持续供应合同等，或已经提供的劳务和已经物化的技能都是无法返还、恢复的。即使合同可以恢复原状，也将给双方当事人造成不必要的损失甚至会损害到第三人的合法权益。例如在委托合同中，若委托人行使合同解除权且主张恢复原状，那么，双方当事人的委托与被委托的法律将溯及到该委托合同成立之时起消灭，受委托人与第三人之间已达成的交易将因无权代理而使其效力处于不确定的状态，这显然有损善意第三人的合法权益。因此，继续性的合同解除当然不具有溯及力，我们不持异议。

所谓非继续性合同是指履行一次性行为的合同。第二、三种观点均认为这类合同解除应具有溯及力。其理由是有利于保护非违约方利益，并制裁违约方的违约行为。这种观点只注重在实践中倾向保护非违约方的利益，严格制裁违约方，殊不知这种倾向可能会导致权利滥用，而且在学理上、逻辑上也存在明显的矛盾。合同解除制度是指合同有效成立后，尚未履行或尚未履行完毕前，由于法律规定或当事人约定的事由发生，依一方或双方当事人的意思表示使合同关系消灭的制度。如果合同解除有溯及力，将使基于合同发生的债权债务关系溯及既往而消灭，合同如同自始不成立。

根据以上分析，我们可以看出第二、三种观点的不合理之处。其一，容易引起合同解除权的滥用。其二，不符合《合同法》意思自治原则，造成财产不必要的浪费。其三，不符合设定合同解除制度的功能。设定合同解除制度不仅是为了维护非违约方的合法权益，同时也对非违约方行使合同解除权作了严格的限制。这从《合同法》规定的合同解除的法定条件可见一斑。其四，若承认非继续性合同解除具有溯及力，实际上也就承认了被解除的合同自始未成立生效。其五，若承认非继续性合同有溯及力，合同一旦被解除就发生恢复原状的法律后果，而对于那些以特定物为标的的合同，该特定物一旦毁损灭失，则根本不可能恢复原状。其六，合同解除如具有溯及力，那么，合同关系将溯及到合同成立之时自始无效。同时，非违约方若不欲取回所为给付，而要求违约方承担支付违约金、赔偿损失等违约责任，将会因合同自始未成立而丧失请求基础。

从以上六点分析可以看出，我国某些学者所持的第二种观点，认为非继续性合同解除有溯及力在理论、实践和逻辑上都存在矛盾。至于认为合同不分性质，只要解除就统统具有溯及力则更显得武断。当然，第一种学说主张除当事人另有约定外，一般只对合同的未履行部分发生效力，也有不足之处。如有违约方已为瑕疵给付，且此种瑕疵给付已使非违约方丧失订立合同时所期待的利益，这种场合下，非违约方首先可以拒绝受领，若已经受领，合同解除有溯及力则可使违约方收回其不当给付。相反，如合同解除无溯及力，则非违约方只能接受不当给付，这显然对其不利。

综上所述，既然合同解除制度具有保护非违约方合法利益和严格限制解除权的行使的双重作用，合同解除是否具有溯及力作为合同解除的重要法律后果，就应该充分体现和发挥合同解除制度的作用，以公平的精神来寻求维护双方当事人利益的最佳契合点。

三、合同解除溯及力的界定条件

通过对上述学说、立法和司法实践的分析，我们认为合同解除原则上应无溯及力，只从合同解除之时向后发生效力。其中的理由已在前面反驳我国学者第二种观点中有详尽论述，在此不再赘述。除此，在特殊场合下合同解除可以视为有溯及力，但要同时具备以下条件：(1) 依据合同的性质是非继续性合同，即履行是一次性行为合同。(2) 依合同的履行情况适宜恢复原状的。如果依合同的履行情况和具体性质不适宜恢复原状，例如：合同的标的是特定物且已灭失；接受履行的一方已将标的物转让他人；返还、恢复原状对非违约方并无利益等情况下合同解除不应具有溯及力。(3) 合同解除是否具有溯及力应遵循当事人的意志。在此还要区分协议解除和法定解除等不同情况加以处理。(4) 即使在法定解除的条件下，非违约方请求恢复原状，也不应给违约方造成明显超过其应承担的违约责任的损失，否则将违背《合同法》公平正义之原则，实践中还容易产生非违约方权利滥用，威胁交易安全的不良后果。

四、我国相关立法规定评价及其完善

《合同法》中有关合同解除是否具有溯及力的观点主要体现在第 97 条规定中："合同解除后，尚未履行的，终止履行；已经履行的，根据合同的履行情况和合同性质，当事人可以要求恢复原状、采取其他补救措施，并有权要求赔偿损失。"合同法的这一规定，既承认了合同解除可以产生溯及既往的效力，同时也允许在特殊情况下，合同解除只向后发生效力。我们可以看出这条规定基本符合合同解除原则上无溯及力，但依据合同的性质、履行情况及依据当事人的意志自主选择的特殊场合下，合同解除可以视为具有溯及力的原则。其略显不足之处在于，《合同法》只明文规定非违约方可以要求恢复原状，采取其他补救措施，并有权要求赔偿损失，即对非违约方的利益作了充分保护，使非违约方在请求违约方承担责任的具体方式上存在过分的任意性。为了遵循合同公平正义之原则，充分发挥合同解除制度的双重功能，我们建议在《合同法》中应增加"非违约方主张解除合同，恢复原状的，不得给违约方造成明显超过其所应承担的违约责任损失。"

（原文约 5000 字，发表于《沈阳师范学院学报》社科版 2001 年第 6 期）

文摘编辑：陆敏

完善现行证人出庭作证制度的思考

黄 瑞 张东理

[作者简介] 黄 瑞，南昌大学法学院教授，主要从事国际私法及涉外经济法的研究；

张东理，南昌市郊区人民法院，高级法官。

[内容提要] 随着审判方式改革的不断深化，证人在诉讼中的地位和作用更突显出重要。然而，证人作证难问题却长期以来一直困扰着我国的立法和司法部门，制约着新的庭审方式效能的充分发挥。因此，正确认识证人出庭作证的必要性，客观分析证人出庭作证难的原因，努力探究证人出庭作证制度完善的措施，解决证人拒证等问题具有十分重要的现实意义。

[关 键 词] 证人；出庭作证；现状；完善。

一、证人出庭作证的必要性

1. 证人出庭作证是顺利实现诉讼任务的有效保证

当前审判方式改革的重要内容之一，就是贯彻“谁主张谁举证”的原则。证人出庭作证是当事人举证的重要方式之一，也是这一原则的具体体现。实施这一原则，有利于保障法庭调查取证的公开性和公正性，真正体现审判方式改革的价值取向。由证人出庭作证，既省却了不必要的调查取证环节，使得查证的范围大幅度缩小，又节省了查证的时间，避免了重复劳动；同时，也有利于法院及时审查证据，提高诉讼效率，顺利实现诉讼任务。

2. 证人出庭作证是实现庭审直接言辞原则的主要表现

直接言辞原则是新庭审方式的一项重要原则。它要求一切证据材料都必须在法庭上以直接、口头的方式进行陈述、讯问、质证和辩论，经查证属实，才能作为定案的依据。证人由于主观或客观方面的原因，就其了解的案情情况提出的证言，有可能出现不真实或不完全真实的情况，有时甚至是错误的。从证据心理学的角度看，证人不出庭而仅仅提供书面证言，则可能会轻率地、不负责任地提供情况。而在开庭中，证人出庭以直接言辞方式作证，可以有效地避免或减少虚假证词和伪证，提高证人证言的客观性和真实性。

3. 证人出庭作证是庭审充分质证和正确认证的需要

质证，是法律赋予当事人的一项重要诉讼权利，没有经过质证的证据依法不得作为人民法院定案的依据。证人出庭，能够为当事人充分质证提供有效的法定场所和条件，使当事人的质证权利得到充分的行使。而且，在证人出庭作证的情况下，法官能够充分听取双方当事人对证人的质询，对证人证言形成较为全面的看法，对证人证言的证明力作出科学的正确的判断。否则，就不可避免地要出现判断证据及认定事实上的失误，难以充分保障程序的公平与公正。

二、当前证人出庭作证难的原因

1. 关于证人资格未作具体规定

证人资格又称证人能力或证人的适格性。当今各国法律一般都不过多地对证人的资格予以限制，也就是说，所有的人都假定为具有这种能力，除非法律有特殊的例外规定，或者有相反的确切情况能证明某人在证明事实问题上存在客观障碍；同时，为了保证证人证言的可信度，最大限度地实现证人证言的真实可靠性，各国法律除一般性地赋予公民作证资格以外，在立法上就其证人资格的普遍性设置某些限制或规定一些例外情形。而我国现行诉讼法只是简单地规定知道案件情况的单位和个人作为作证主体，仅对精神上、生理上有缺陷或年幼不能辨别是非、不能正确表达意思的个人进行限制。而对于本身就存在利害关系和血缘关系的人员以及党派、社会团体是否充当证人未作明确界定，实践中导致证人范围十分广泛，不利于保护证人正当权益，同时也给法院传唤证人出庭作证带来许多困难。

2. 关于证人的权利、义务、责任的规定失衡

从法的一般原则来看，权利、义务、责任三者不可分割，享有权利必须履行义务，违反义务必须承担责任，现行诉讼法都没有能体现这一原则。其一，证人的权利与义务不对等。如《刑事诉讼法》只规定了特定情况下有关单位和个人提供证据，出庭作证及帮助查明案情和对涉及国家秘密证据的保密义务，却没有规定他们应享有的权利；《民事诉讼法》第124条虽然提及在法庭调查中要告知证人的权利，但应告知哪些权利却没有规定。即证人履行了出庭作证的义务，却无法享受权利。其二，义务与责任脱节。现行法律规定凡是知道案件情况的人有作证的义务，但对于不履行这一义务是否应承担法律

责任，司法机关能否采取强制措施，采取何种强制措施却未作具体规定。我国刑事立法和诉讼立法对证人拒证和作伪证以及阻碍证人作证的法律责任虽有零星规定，但疏漏较多，缺乏完整性和可操作性。这样，法院就处于十分被动的状态，面对无理拒证的单位和个人，法院除说服、教育和动员之外，别无有效的制约手段。

3．缺乏证人出庭作证的经济保障措施

证人出庭作证的费用无法落实，导致证人许多不公平负担，必然影响证人出庭作证制度的贯彻执行。

4．法律对证人及其家属缺少有效保护的规定

证人不愿意出庭作证，还有一个很重要的原因，就是怕出庭作证后遭受打击报复。我国现行立法只原则规定应保障证人及其亲属的安全，而没有规定如何保障的具体措施，严重挫伤了证人出庭作证的积极性。

5．证人自身素质和其他因素的制约

除前述立法不完善的因素外，证人的法律意识淡薄，作证意识不强，以及社会、个性心理误区和传统伦理观念的积淀、影响，也在一定程度上制约着证人出庭作证。表现为：（1）许多人根本就不知道作证是一项法定的义务，尤其是在刑事诉讼中，认为惩罚犯罪、打击犯罪是司法机关的事。（2）有的证人认为案件与自己无关，抱着事不关己，高高挂起，明知对错，少说为佳的态度，不愿因出庭作证得罪他人，惹祸上身。（3）有的证人与当事人一方有同事、同学、朋友、亲属关系或其他利害关系，担心出庭作证会影响友好往来或影响自己的切身利益。（4）有的证人想包庇、袒护关系人而隐瞒真情，故意拒证。（5）也有的证人被当事人贿买、威胁利诱而作伪证，但不敢出庭接受审查和质证。

三、从修改相应立法入手，完善证人出庭作证制度

在统一证据立法不能一步到位的情况下，当前应从速修改相应立法，完善以下内容：

1．明确界定出庭证人的范围

在全部证人都应当出庭作证这一要求几乎不可能实现的情况下，对于必须出庭作证的证人予以立法上的明确，目的不是要限制一部分证人出庭作证而是要确保一部分证人必须出庭作证。应借鉴国外有益经验，结合当前审判实践，明确界定出庭证人的范围，规定下列人员不能充当证人：知晓商业秘密者；知晓国家机密者；无行为能力者和限制行为能力者；党派、社会团体；婚姻家庭抚养等案件涉及私人利益的配偶、直系血亲，姻亲之间不能互为证人；同案被告（或被告人）之间不能互为证人；案件中主要或直接见证者，应该充当证人而不能同时兼作本案的侦查人员、检察人员、审判人员、翻译人员、书记员及辩护人员；在国家机关、企事业单位充当证人的案件中，应该提倡法人代表和负责人带头执行证人诉讼制度。

2．坚持证人出庭作证义务，建立证人拒证追究制度

对待证人出庭作证问题，应在坚持义务与权利双重标准的前提下，着重强调义务优先的原则。这是由于证人作证是向国家所承担的法定义务。证人能否依法出庭作证，能否如实作证，如何由不习惯到习惯、个别到普遍的循序渐进的过程，在立法上必须有明确、强制性的规定，其相应的制裁措施应当是严厉的。如规定可以对其采用拘传方式，可以适用罚款、拘留，情节严重的应以蔑视法庭罪追究刑事责任。当然，在刑法中，应增设“蔑视法庭罪”。

为增强证人的义务和责任感，还应建立预防伪证的证人宣誓制度和伪证惩罚制度。

3．提高证人的诉讼地位，明确规定证人的权利

第一，拒绝证言权。指负有作证义务的单位和个人，如果有正当理由（法定理由），有权拒绝司法机关要求其就案件作证的要求。这是基于社会伦理、公共利益、证人权利的保障的考虑而设置的相应的特殊规则，其核心内容在于，一个证人可依法对已掌握的有关涉及案情的事实不予陈述，拒绝法庭对其进行调查询问和提供有关证据材料。

第二，获得经济补偿权利。目前世界上许多国家都确立了证人经济补偿制度，支付证人费作为办案经费的组成部分，均由政府统一负担。

第三，获得人身及财产安全特别保护的权利。法院发出证人出庭通知书后，证人为防止受到一方当事人的威胁、侮辱、殴打、贿买，应享有法院对其本人及其近亲属的姓名、地址、工作、学习单位等背景资料予以保密，对其本人及其近亲属的人身安全提供必要的保护措施的权利，并且这种保护应较一般公民更为优厚。

第四，在法庭上的权利。证人在法庭上作证时还应享有查阅证词的权利；证人发现自己作证存在误差、遗漏，有要求补正的权利；法庭、当事人、代理人询问与案件无关的问题时，证人有权拒绝回答的权利；如无人民法院发出出庭通知和传唤，证人有拒绝出庭的权利。

4．设计科学高效的证人出庭作证程序

虽然现行程序法对证人出庭作证的程序作了原则性、概括性的规定，解决了司法实践中的迫切需要，使证人出庭作证、质证等诉讼活动有法可依，有章可循。但相关规定仍不完善，存在粗略、不配套的问题，各地在具体操作中做法不一，随意、失控现象突出。因此，笔者建议设计科学、高效的证人出庭作证程序。这一程序应该至少包括三大步骤：（1）提出证人出庭申请；（2）审查出庭证人的资格；（3）传唤证人出庭。

（原文约 7000 字，发表于《南昌大学学报》人文社科版 2002 年第 1 期）

文摘编辑：陈小路

公检法机关之间互相配合：一个沉重而陈旧的刑事诉讼法原则

靳学仁

[作者简介] 靳学仁，华侨大学法律系副教授，主要从事诉讼法研究。

[内容提要] 本文对公检法机关在刑事诉讼中互相配合的基本原则提出质疑，认为此原则既不适应刑事诉讼多重目的要求，同时又损害司法独立，并产生一系列矛盾，应予废除。

[关 键 词] 公检法；相互配合；刑事诉讼法；基本原则。

在我国刑事诉讼程序中，到底如何界定公检法机关之间的相互法律关系？无论是修改之前还是修改之后，我国刑事诉讼法都作为一个不可动摇的，毋庸置疑的基本原则肯定下来，即修改前的刑诉法第五条，修改后的刑诉法第七条规定：“人民法院、人民检察院和公安机关进行刑事诉讼，应当分工负责，互相配合，互相制约，以保证准确有效地执行法律。”即使在刑讼法的修改建议和论证过程中，也极少对此原则有任何实质性的质疑。姑且不论此项原则规定在逻辑顺序上的欠妥之处，因为刑事诉讼的基本程序是先侦查、后审查起诉，再审判，参与刑事诉讼主体的先后顺序也应该是公、检、法而不是法、检、公。依笔者之见，如果说公检法之间在刑事诉讼中分工负责、互相制约也许有一定的道理，但要求三机关在刑事诉讼中互相配合，并且将其作为刑事诉讼法特有的一个原则，似有不当，其不仅在理论上有可考量之处，而且如以此原则为指导，在实践中也会滋生一定的弊端。

一、互相配合原则已不适应刑事诉讼法多重目的的要求

由于我国的刑事诉讼制度是在特定的历史时期发展起来的，出于社会稳定、政治稳定的需要，以及法是统治阶级的工具，刑事诉讼法是司法机关准确实施刑法的工具这一基本理念和思维定势，一直将惩罚作为刑事诉讼的首要目的，认为刑事诉讼是国家专门机关查明犯罪，揭露犯罪，证实犯罪和追究犯罪的活动，刑事诉讼程序主要是作为国家实现这一目的而存在和设计的，此即刑事诉讼单一目的论。以此为目的而设计的刑事诉讼的基本特征是：重打击、惩罚而轻保护；重司法机关权力而轻其他诉讼权利；重实体而轻程序；重整体利益而轻个体利益；重司法机关而轻其他诉讼参与人；重权力的运作而轻权力的制约。在刑诉法的设计上，形成强职权主义为特征的刑事诉讼模式，在司法实践中，最终形成名为查明案件事实，实为严厉打击犯罪的以司法权力为核心，以行政权、党权等权力和其他社会力量相配合的追究犯罪、打击犯罪的超强机制。在这种机制下，公检法机关的相互配合不仅是合法的，是有充分的法律依据作保障的，而且无论执法者本身，还是社会大众，都将其看作是理所当然、顺理成章的事，而刑诉中的人权，特别是犯罪嫌疑人、被告人针对指控应具有的防御权却被大大地忽略了。

如今，随着社会主义市场经济的建立，经济一体化的到来，我国的立法、执法环境也发生了相当大的变化，刑事诉讼不仅仅是为惩罚犯罪而存在，它有其独立的价值和多重的目的，刑事诉讼法既要打击犯罪又要保障人权，“我国刑事诉讼法不单纯是为惩罚犯罪而服务的程序法，同时也是从程序上规范国家司法权和保障公民基本人权特别是人身自由的保障性的法律。”刑事诉讼程序设计的重心不能只考虑如何高效地惩罚犯罪，还应考虑国家司法权的合理运作、司法权力之间的制约及涉诉主体权利的保护，使处于劣势的被告人在刑事诉讼中的防御能力得到补充和加强。以政法机关目标一致为理念所派生的互相配合原则虽有利于控制和打击犯罪，但不利于控辩双方的平衡，不利于司法权力之间的实质性分工和制约，不利于构建一个科学、合理的能实现刑事诉讼多重目的的刑诉模式，最终妨碍司法公正的全面实现。

二、互相配合严重损害司法独立的原则

目前，我国司法领域正在探讨并进行着大范围的司法改革，希图通过司法改革以彻底实现司法公正，而司法公正的重要保障在于司法独立。司法独立既是一条重要的立法原则，也是一条重要的司法原则；既是一个如何操作的问题，更是一个根本法和其他相关法律如何规定的问题。我国宪法第126条和第131条分别规定，人民法院依照法律规定独立行使审判权，不受行政机关、社会团体和个人的干涉。人民检察院依照法律规定独立行使检察权，不受行政机关、社会团体和个人的干涉。在我国，司法独立包括审判独立和检察独立，而其中最核心的内容是审判独立。司法独立的基本内容应当是身份的独立和职能的独立。在刑事诉讼中，身份不同，角色不同，职能的内容和行使职能的方式也应有所区别，

法律对此应严格界定，绝不允许有丝毫错位。法官不同于检察官，审判权也有别于检察权。在刑事诉讼中，如果司法主体定位界线模糊，职能不明，最终会形成权力的一体化，真正的司法独立则难以保障。尽管我国刑事诉讼法划分了公检法机关之间的职能，又规定法院、检察院行使职权的独立性，但同时又矛盾地规定公检法机关之间的互相配合原则，自然而然会产生诸如此类的问题：在我国刑事诉讼程序中检察权和审判权的界限到底在哪里？如何界定审判权的内容？审判权是有固定含义和范围的呢，还是可以出于一种目的，确定一个有中国特色的审判权？若审判权与检察权的界限不清，相互纠缠，则所谓的司法独立或审判独立的法律规定又有何实质性的意义呢？其独立的职能又如何体现呢？

三、互相配合必然产生系列矛盾

矛盾之一：互相配合与法官中立。互相配合的立法和长期的司法实践，使本来应该有所区别的公检法机关之间自然产生职业上的认同感，而这种认同最终必然导致角色的混乱和模糊，动摇、影响和破坏法官居中裁判的法律地位，从而将法官摆在没有自身目标和价值的位置，丧失了法官应有的职业特征，也丧失了其独立的判断。由国家权力介入来解决社会冲突，不仅是因为国家权力的权威性、稳定性，而且还是因为国家权力的中立性，以及由中立而产生的公正性。这种中立性的最基本要求是，法官既不应对当事人一方有好恶偏见，也不能代行诉讼双方当事人的权利、义务。

矛盾之二：互相配合与权力制约。权力应受到制约，刑事诉讼中的国家权力更应受到合理的制约，这应是一个不争的问题。为打击、控制犯罪和社会整体安全的需要，国家权力介入刑事诉讼确为必要，但介入的权力本身必须受到限制。刑事诉讼应在国家权力介入刑诉的程度与介入的国家权力应受合理制约之间保持适当的平衡。从表面看，我国刑事诉讼法似乎坚持了这一点，在规定分工负责的同时又规定互相制约，但由于互相配合原则的不适当规定，公检法结成三位一体的刑事司法权力系统与刑事被告方的对立，特别是在中国这样一个有着几千年大一统社会特征的国家，官强民弱、官本位占主流的国家，这种官官相护的潜在心理，这种权力之间相互靠拢、联手结盟的惯性和趋势，不是简单的法律规定就能轻易改变，更何况法律还规定互相配合，更为司法权力的一体化提供可靠的心理保障，对公检法是一家自然就无法产生异议并说三道四。其结果，权力的制约只流于表面和形式，只能是形式上的结构完整，只能是别别扭扭，不但制约者底气不足，被制约者也是不舒服、不自然、心不甘、情不愿。权力得不到制约，被告的权利自然就难以得到充分的保护。在互相配合的机制中所体现出的法院的职权并没有使被告方的防御能力得到补充，使本来就倾斜于控方的诉讼机制更加倾斜。

矛盾之 三：互相配合与司法责任。有权力就有责任，国家权力的行使不是绝对的，毫无节制的。同样，司法权力的行使也应建立在一种责任基础上，这也是制约司法权力的一个方面。虽然国家赔偿法规定刑事赔偿的情形和范围，但由于互相配合而产生的职权交叉，导致对刑事诉讼结果应担当的责任界线不清，刑事赔偿法律上的明确规定在实际操作中却颇费周折。这种非正常现象虽不是普遍存在，但也绝不是“微量元素”或“稀有金属”。如果究其原因，“互相配合”难辞其咎。

矛盾之四：互相配合与司法救济程序。我国刑事诉讼秉承实事求是的精神，既不想放过一个坏人，也不想冤枉一个好人。因此刑事诉讼程序的设计除了一审程序之外，还设计了二审程序、死刑复核程序和审判监督程序，希图通过种种救济程序达到一个理想的目的。但良好的动机如果没有合理的程序来配置，理想目的的实现不仅困难重重而且也会顾此失彼，相互配合正是这种程序非理性化之一部分。由于互相配合的要求，使之司法机关虽任务一致，但职权界线不绝对明确，立法者通过设置或增加一定的程序进行筛选和救济的意图往往因为强调互相配合而消于无痕，一些本来可以避免的冤假错案就是因为互相配合的结果，堂而皇之、大摇大摆地晃过一道又一道监督的门槛，最终将无罪的公民推向有罪或死亡的边缘。执法监督流于形式，形成一错再错、一错俱错的恶性循环，原因就在于公检法是一家的配合观念，政法机关即专政机关的落后愚昧意识。如云南杜培武冤案，我们从中不难看出公检法三机关配合的痕迹和由此而产生的可怕后果。我们虽然不愿看到这种后果，也不想制造这种后果，但这种后果确确实实发生了，原因或许是多方面的，但公检法机关的互相配合的立法性缺陷不能不说是一个重要的原因。

综上所述，互相配合已失去或者应该失去其存在的基础，我们应该平心静气地对此进行反思，不能因为其有用或顺手而恋恋不舍。在司法的公正性已经受到严重怀疑和挑战的今天，公检法机关之间还要互相配合多久呢？

（原文约 5500 字，发表于《华侨大学学报》哲社版 2002 年第 1 期）

文摘编辑：陈小路

刑讯逼供的危害及遏制对策

岳修新

[作者简介] 岳修新，平原大学法律系，主要从事诉讼法研究。

[内容提要] 刑讯逼供久禁不止的原因很复杂，如何遏止，本文提出了一些行之有效的措施。

[关 键 词] 损害诉讼价值；沉默权；制裁。

一、刑讯逼供屡禁不止的原因

1. 封建主义思想影响是导致刑讯逼供的历史根源

我国二千多年的封建主义制度，使封建主义思想流毒未能在社会主义时期彻底肃清，刑讯逼供在封建社会、半殖民地半封建社会被合法化。这种错误的意识至今仍在我的司法系统的工作人员的头脑中残存阴影。

2. 错误的侦查理论是导致刑讯逼供的理论根源

长期以来，我们的侦查活动都受有罪推定的思想的影响。“重打击轻保护”的错误认识也占领着我们的大脑，认为只要被侦查机关采取强制措施，被羁押，那肯定是有问题的，既然有问题而没有交待出侦查机关想要得到的证据、可能有的问题，对这样的坏人、敌人则要狠狠打击，这就导致侦查人员采取刑讯逼供的做法。

3. 刑讯逼供在侵犯人权的前提下，也侦破了个别案件是刑讯逼供久禁不止的实践根源

刑讯逼供造成了很严重的消极后果，但刑讯逼供却使个别侦查机关节省侦查力量。当犯罪嫌疑人经受不住折磨时，便会供出很多线索、证据，使侦查机关很轻松地破案，而破案率的提高又是评价侦查机关效率的一项指标，这就使得侦查机关愿意采取此种捷径来破案；再加上当前我国综合国力还不够强大，有限的国力和资源财力要以“经济建设”为中心，对公安司法机关的投资尽管每年在增加，但增加幅度不够，致使办案经费和投资不足、设备落后，与严重的社会治安形势不相适应，与国外先进的侦查手段、先进的侦查设备和较高的投资更是不能比拟。反观社会治安形势，犯罪率居高不下，犯罪分子愈来愈组织严密化、手段科技化、范围国际化，反侦查手段越来越高明。这样侦查机关大量积案，在没有足够的确实证据的情况下，为了满足社会对破案的要求，公众对打击犯罪稳定社会的意愿，侦查机关急于破案，把取证的希望寄托于犯罪嫌疑人的招供，那只有一条能利用的道路和手段，就是从嫌疑人嘴里掏材料，而轻信口供必然忽略艰苦细致的调查研究工作，必然导致刑讯逼供的盛行。

4. 侦查人员素质偏低是刑讯逼供的主观根源

我国的侦查机关队伍的人员组成成分非常复杂，有转业干部，有从社会中招考的人员，有接班进人的，有警察学校毕业的学生，而在正规院校受过正规法律教育的学生比例不高。必然导致侦查人员的法律素质不高，侦查水平不高。这是刑讯逼供产生的主观因素。

5. 相关制度的不完善是导致刑讯逼供的主要因素

我国尚未确定“沉默权”制度、警察出庭作证制度、讯问犯罪嫌疑人律师在场制度，这些制度有利于揭露非法取证，这是世界各国长期实践创造出来的先进经验，在保护犯罪嫌疑人、被告人的权利及推进刑事诉讼的民主化中发挥着重要作用，在理论和实践上都未有不妥。但由于我国司法改革的进程过缓，不能及时吸收和借鉴，致使刑事诉讼的配套制度缺失，不能有效制约刑讯逼供。

6. 处罚打击不力是刑讯逼供盛行的现实因素

刑讯逼供导致冤假错案，导致错拘、错捕、错判；而国家赔偿数额不高，国家向逼供人员追偿的更少，对违法犯罪的侦查人员处理时大事化小，小事化了。认为刑讯逼供的出发点是好的，是工作的需要，好人办了错事，处罚过严会损伤干警工作积极性，这就使逼供人员更加有恃无恐，破了案立功受奖、晋级提资，出现问题有领导顶着。

二、刑讯逼供的表现

刑讯逼供的表现是千奇百怪多种多样的，就其性质归纳起来有两种：

1. “文”逼

所谓“文”逼，就是不打、不骂、不伤，采取精神压抑和不作为的方式来逼取供词，如：不让睡觉、不让吃饭、不让上厕所，轮番审讯，搞疲劳战，使嫌疑人痛苦不堪，精神崩溃以致招供，问什么说什么，问什么有什么，这种情况在侦查设施较弱的侦查部门较为盛行。

2. “武”逼

“武”逼的历史相当久远，在秦代即出现“笞掠”制度，到汉代时刑讯逼供已经合法化，而法外用刑则更为惨烈。新中国成立后就废除了刑讯制度和刑具、刑讯室，但打、骂等变着法地折磨犯罪嫌疑人的情况仍不胜枚举，导致致残死亡的情况也时有披露，这种逼供方法在素质

较低的侦查部门中为数不少。

三、刑讯逼供的性质和危害

刑讯逼供是一种违法乃至犯罪的行为。它的危害是多方面的，总结起来，不外两个方面：

1. 对个人的危害

首先损害了犯罪嫌疑人的人身健康，侵犯了犯罪嫌疑人的身体权、生命健康权；其次损害了嫌疑人的人格权，刑事诉讼法第12条明文规定“未经人民法院依法判决，对任何人都不得确定有罪”。即便是罪犯其合法权益还受《监狱法》保护，而犯罪嫌疑人却要遭到刑讯逼供的厄运，这是十分荒谬的，这样有罪的人会抵触和怀疑诉讼机关，而无罪的人则痛恨司法机关，违背了刑事诉讼法的宗旨，不利于完成刑事诉讼的任务。

2. 对社会的危害

其一，刑讯逼供严重损害了刑事诉讼的程序价值。刑事诉讼法是为了维护实体法的公平，从而维护社会的正义和公理。若嫌疑人被拷打，没有人格，没有人身权的保障，甚至诉讼权利被剥夺，这种不人道不公平的作法是严重的违宪行为，也是违反刑法的行为，又怎能维护公平和正义？

其二，刑讯逼供损害了司法机关的形象和效率。近年来，司法形象大打折扣，已经有司法机关的报告被人代会否决的情况，使得“司法公正”的信念在公众心目中疑信并存，查根寻源还是我们的案件办得不铁，适用法律不准，与公众对“公正”的追求相距甚远。本来可以从犯罪嫌疑人的供述中获取的东西可能因犯罪嫌疑人的抵触而不能收集，刑讯之下，对痛苦忍耐力低的人交待后会被定罪量刑，而狡诈奸猾者、惯犯、累犯则会抵抗到底而蒙混过关，导致死案疑案的增加；同时由于刑讯逼供导致诉讼过程全都无效，从而提高了诉讼成本，使刑事诉讼的效率大大降低。

其三，挫伤人民群众参加刑事诉讼的积极性。痛恨犯罪、打击犯罪是公众的愿望，但公众更愿看到的是正义的实现，即罪责相当。如果嫌疑人既受刑讯又受刑罚，显然是受到了两种制裁，损害了公众对程序的正义功能的预期，尤其是了解到侦查人员在用一种违法行为对抗另一种“可能”犯罪的行为时，会更加怀疑司法机关主持正义公道的功能，会使人民群众参加刑事诉讼打击犯罪的积极性大受挫伤。反过来更会使我们的侦查机关在失去群众的积极配合的情况下，盲人摸象而破案率降低，以至于有些地区不得不采取“悬赏”的办法向群众求取线索，加大了破案的成本，影响了侦查机关的形象，降低了群众的信任度。

四、如何遏制刑讯逼供

要想从根本上遏制刑讯逼供，应从五方面下手。

1. 提高侦查人员的素质，包括思想素质和业务素质

2. 改革不适当的侦查模式和理论

刑事诉讼法第46条规定：“没有被告人的供述，证据充分确实的可以认定被告人有罪和处以刑罚”。实践中没口供敢定罪的情况还是不多，这样侦查机关就要绞尽脑汁获得口供；“坦白从宽、抗拒从严”的模式细细分析起来十分不妥，坦白从宽，“宽”到什么程度，侦查机关根本无裁量权，这无非给了嫌疑人一个虚拟的圈套，当然坦白节省了诉讼成本，是可以作为法定的从轻情节的，抗拒从严则没有道理了，什么叫抗拒？“从严”严到什么程度，还是不是罪刑法定？值得怀疑，所以这种寄希望于犯罪嫌疑人交待的侦查模式需要改革和完善。

3. 完善相关刑事诉讼配套制度

第一，增设沉默权制度。确定嫌疑人有沉默权，将会对刑讯逼供的行为釜底抽薪，不能指望口供，就会大大遏制刑讯逼供的行为。

第二，确定排除非法证据制度。刑讯逼供得来的口供不能被作为嫌疑人供述而成为证据的一种，应当建立“只要刑讯逼供得来的证据一律不予采纳”的制度。

第三，完善刑讯逼供的举证制度。犯罪嫌疑人被羁押，与外界隔绝，又受刑讯，由嫌疑人（主张方）举出受到刑讯逼供的证据十分不妥，他不具备收取证据的手段和条件。建议举证责任倒置，人是侦查机关羁押的，应由你举出来未刑讯逼供的证据，不能举出则推定刑讯逼供行为的存在。这样侦查方的侦查过程就要大白于法庭，刑讯逼供也会大大减少。

第四，建立讯问犯罪嫌疑人时律师在场的制度。律师不能在场亲眼目睹整个讯问过程，谈何监督？

第五，建立人大监督、新闻监督制度。

第六，完善作证制度。

4. 加大投资，改善侦查机关的办案条件，包括增加经费、引进设备、培训人员、加大研究等

5. 加大查处、处理力度

（原文约5000字，发表于《平原大学学报》2002年第1期）

文摘编辑：陈小路

人工生育子女法律地位探析

乌 兰

[作者简介] 乌兰，内蒙古大学法学院硕士研究生，主要研究民商法学。

[内容提要] 人工生育技术作为一种崭新的生殖技术手段，使经这项技术生育子女的法律地位变得扑朔迷离。人工生育子女可分为同质和异质两种情况，同质人工生育子女为夫妻双方的婚生子女，异质人工生育子女应采用“视为”方法，即只要夫妻双方协商一致的，所生子女应视为夫妻双方的婚生子女。

[关 键 词] 人工生育子女；同质；异质；法律地位。

一、人工生育的种类

由于人工生育的不同种类直接涉及到人工生育子女法律地位的分别确定，所以有必要对其种类加以介绍。人工生育技术包括人工授精和体外受精两种。人工授精是指丈夫或丈夫以外男性的精子注入妻子体内使其受精怀孕。体外受精是指从母体将卵子取出体外，放入精子使其受精，将受精卵（胚胎）经过一定时间的培养后再移植到子宫。不管采用的是哪种技术，根据适用对象的不同，人工生育可分为同质人工生育（简称 AIH）和异质人工生育（简称 AID）两大类。AIH 是丈夫的精子通过人工方法与妻子的卵子相结合，从而使妻子怀孕生育，具体包括同质人工授精，妻卵同质体外受精等情况。此种方法虽然同自然生育方式不同，在生命的产生过程中有了外人的插手，但毕竟在这种方法下生育的子女仍然是夫妻双方名副其实的子女，在生物学或遗传学上与自然生育的子女并无二致，应将其确定为婚生子女，享有婚生子女的一切权利义务。这一点无论在学术界还是在司法实践中并没有什么分歧。

AID 是夫的精子或妻的卵子通过人工方法与他人的精子或卵子相结合，进而生育子女的方法，包括异质人工授精，妻卵异质体外受精等情况。采用这种方法生育子女的过程除夫妻双方外涉及到提供精子或卵子的第三人。从生物学的角度来看，孩子是夫或妻一方与第三人的，与婚姻关系中的另一方并无血缘联系。所以，如何确定采用 AID 方法生育子女的法律地位问题，给人们带来了诸多的困扰和迷惑，也成为学术界研究探讨的重点。

二、学者对人工生育子女法律地位所持的观点

我国台湾学者史尚宽先生认为，由夫之精液而生者应认为婚生子女，主张对异质人工生育子女采取推定其为婚生子女的方法。另有一部分台湾学者主张，人工授精子与母之夫（父之妻）的关系类推适用收养关系，按拟制血亲关系对待。

近年来，我国大陆的学者著述对人工生育子女问题也多有论及。其中以杨大文教授主编的《亲属法》一书最具代表性。该书将异质人工生育子女的法律地位分为两种情况分别确定：（1）实施人工生育方法是经夫妻双方协议的，所生子女一律视为婚生子女，享受婚生子女的一切权利义务。（2）实施人工生育方法未经夫妻双方协议，所生子女为实施人工生育方法一方的婚生子女，对另一方来讲是非婚生子女，可经过收养的法律行为收为自己的养子女。此处所说的收养与台湾学者主张的收养在适用的前提条件上并不相同，此处将前提条件区分为夫妻双方协商和未协商两种情况，主张在夫妻双方事先未加协商的情况下适用收养这一法律行为。

三、各国相关立法及司法实践

世界多数国家对于人工生育子女的法律地位没有明文规定，只有少数国家对此有些简单的规定。如 1972 年《美国统一亲子法》规定：“在 AID 情况下，丈夫必须书面承诺，并要求夫妻双方签字，法律对丈夫和胎儿的自然父亲同样对待。AID 的提供者在法律上不视为胎儿的自然父亲。”法国于 1994 年对其民法典进行修订时规定：“对采用医学方法生育表示同意后，就亲子关系提出异议的任何诉讼，均予禁止。”“对采用医学方法生育已表示同意的人，事后不承认由此出生的子女者，应当对子女之母以及子女本人承担责任。”1995 年《俄罗斯联邦家庭法典》规定：“处于婚姻状态的人，如果书面同意采用人工授精的方法或胚胎植入的方法培育婴儿，则在出生登记簿上将该人登记为因此方法出生婴儿之父母。”可见，将人工生育子女与夫妻双方的关系直接按自然血亲对待逐渐成为各国立法的发展趋势。

我国现行的《民法通则》、《婚姻法》对人工生育子女的法律地位均无明确规定，司法实践中解决有关人工生育法律纠纷时对这一问题时有涉及。上海市法院在 1987 年受理了首起发生在大陆的人工授精子女抚养纠纷案。在本案中，A（女）与 B（男）婚后由于 B 生理上的

缺陷一直未生育。1985年双方到医生处提出用“非配偶人工授精”方法生育。A分娩一男孩后B否认其同意A做人工授精，拒绝承担对孩子的抚养义务。法院在判决中认为，原告A施行“非配偶人工授精”手术时，被告是明知，故所生子女应视作被告B的拟制血亲，可按养父子权利义务处理，故判决双方离婚后子女由A抚养，B按月给付子女抚养费。

最高人民法院（91）民他字第12号函中认为：“在夫妻关系存续期间，双方一致同意进行人工授精，所生子女应视为夫妻双方的婚生子女，父母子女之间权利义务关系适用《婚姻法》的有关规定。”这一复函表明了我国最高司法机关对人工生育子女法律地位所持的态度，对其后的理论研究和司法实践均起到了很大的推动作用。

四、对不同观点的评析

从以上学者论述，各国立法及司法实践所持的态度，可将有关人工生育子女法律地位的观点归结为三种：第一种观点是将人工生育子女按拟制血亲，即养子女对待，其与无血缘联系的夫妻一方为养父母子女关系；第二种观点是将人工生育子女推定为婚生子女，享有婚生子女一切权利义务；第三种观点是将人工生育子女视为婚生子女，从而享有婚生子女一切权利义务。

第一种观点，即将人工生育子女（主要为AID）定位为养子女，笔者认为不妥。理由如下：（1）夫妻双方采用人工生育方法生育子女，其根本目的在于通过现代生殖技术弥补生理上不育的遗憾，得到与自己家庭多少有些联系的子女，使人工生育子女成为自己的亲生子女。如果只是为了收养，得到一个养子女，又何必去经历人工生育这段复杂的过程呢！（2）众所周知，养父母子女间是拟制血亲，他们之间的法律关系因收养这一法律行为而形成，也可因解除收养关系而终止。如果将人工生育子女确定为其生父（母）的配偶的养子女，当子女自己或其生父（母）的配偶提出解除收养关系时，法律又应如何做出取舍呢！（3）根据我国现行的《收养法》，收养一般须具备一定的条件，经过一定的程序。不仅需要被收养人生父母双方的同意，收养人夫妻双方也应具有合意。人工生育子女的生母（父）与欲收养自己的养父（母）是夫妻关系，这种情况下收养应如何进行呢！是否需要另行设立一套专门程序呢！我国现有的法律规定是无法解决的。

第二种观点，即采用婚生子女的推定方法，虽然也有利于尽早确定人工生育子女的法律地位，但推定方法不宜在人工生育场合下适用。法、德、瑞士等国民法典均有婚生子女推定制度，指妻如在婚姻关系存续期间受胎，就推定所生子女为婚生子女，夫即为父。但各国民法典在规定婚生子女推定制度的同时，又规定了否认推定制度，即只要夫能够提出证据证明自己不是子女的父亲，就可推翻已形成的推定。异质人工生育子女与实施人工生育的夫妻中的另一方确实不存在血缘联系，如果采用婚生子女推定方法，当事人很容易就能举出不是孩子父（母）亲的证据。此时推定也就失去其意义，子女的法律地位又将陷入不确定状态。

第三种观点，即将人工生育子女视为婚生子女的方法较之前两种观点更为妥当。前两种观点存在一个共同的不足之处，即子女与无血缘联系的夫妻一方的关系永远处于不确定状态，解除收养关系，否认婚生子女推定就可以使他们之间的关系终止，不利于保护人工生育子女和实施人工生育夫妻的合法权益。“视为婚生子女”是指，法律明知子女与夫妻一方无血缘联系仍将其按婚生子女对待，而且子女的法律地位一经确定，任何人均不得以任何理由推翻或否认。可见“视为”方法更能完善地保护当事人的合法权益。所以，只要实施人工生育方法是经夫妻双方协商一致的，所生子女的法律地位就应直接视为婚生子女，适用《婚姻法》有关父母子女权利义务关系的规定。至于供精或供卵的第三人（即供体）与人工生育子女之间是没有任何关系的，他们之间不产生任何权利义务关系。供体向他人提供的精子，仅仅是一种生理排泄物，同移植的器官、献出的血一样，供体提供精子或卵子只是为了帮助他人生育子女，并不是以自己生育子女为目的。

另外，为了维护《婚姻法》中夫妻应当互相忠实，互相尊重的原则，更为了避免发生不必要的法律纠纷，影响到婚姻关系的稳定和子女的身心健康成长，应当严格禁止未经夫妻双方合意的单方实施人工生育的行为。进行人工生育手术的医疗单位应当要求欲实施人工生育者，必须夫妻双方共同到医疗单位提出手术申请，并要求手术协议书中必须有夫妻双方的签字。这样，就可以从根本上杜绝未经合意的单方行为的发生，也有利于人工生育技术的健康发展。

五、结论

综上所述，确定人工生育子女的法律地位，应当按照同质和异质两种情况分别确定。同质人工生育子女与实施AIH技术的夫妻为自然血亲，是婚生子女。至于异质人工生育子女的法律地位，只要实施AID技术为夫妻双方协商一致的（口头或书面均可），所生子女应视为双方的婚生子女，完全适用《婚姻法》有关父母子女权利义务关系的规定。

（原文约3800字，发表于《内蒙古工业大学学报》社科版2002年第1期）

文摘编辑：青怡

无罪推定原则之价值分析

龙广辉 时延安

[作者简介] 龙广辉，中国人民大学法学院2000级法理学博士生。
时延安，中国人民大学法学院。

[内容提要] 本文从价值角度对无罪推定原则进行分析，指出该原则所蕴含的人权保护价值，认为在我国应将其上升为宪法高度，进而加强对我国公民的人权保障。

[关 键 词] 无罪推定；价值；人权。

考察世界范围内无罪推定原则的影响，已从证据法的一条规则跨越而为一项为国际社会所推崇的人权保护原则。从国内理论界的研究看，无罪推定一般地被定位于刑事诉讼制度的一条原则。笔者认为，对这项原则的适用范围、法律意义、价值评判仅停留在部门法的层次上来认识，显然是不够的，其所表现的不仅仅是一条法律原则，而且是重要的人权准则。

一、无罪推定的价值内涵分析

所谓价值，就是客体对主体的积极作用。无罪推定的价值不光体现为证明责任的规则意义，更重要的是它所体现的人权保护的特殊意义，因此在探讨无罪推定的价值时，必须与人权的研究结合起来。研究无罪推定的人权保护价值也要做一纵向的分析，也就是回到古典自然法学家那里去寻找思想的源泉，

西欧中世纪教会法对西方法律的影响是很大的，公元11世纪西欧基督神学家圣安塞姆的救赎理论对我们认识无罪推定有一定的启示：即便是罪犯和罪人也是“天国的候选人”，因而同样拥有人的尊严。

17世纪是古典自然法的兴盛时期，许多思想家在高倡人性解放中阐发了大量的近代的法学思想，而霍布斯就是一个出色的代表。他在《利维坦》中阐述了人没有控告自己的义务的理论，对无罪推定思想的发展影响很大。

自然权利学说在18世纪保持强大的影响，而且成为法国《人权宣言》，美国《独立宣言》的基础。“在这个所谓理性时代的欧洲哲学倾向于体现当代突出的关心问题，即个人从绝对权力中的解放以及人类理性从教条中的解放”。

康德有关人性的理论也有助于我们认识无罪推定的价值。在康德看来，每个个人永远应当被视为目的本身，而“不仅仅作为手段给某个意志任意使用”。他在《权利科学》中写道：“一个人生来就有人格权，它保护他对抗罪人的对待，哪怕他可能被判决丧失公民的人格。生命是无可比拟的。……在谋杀的罪行和谋杀的报应之间，没有平等可言，只有依法将罪犯执行死刑。处死他，但是决不能对他进行任何虐待，虐待是令人恶心和厌恶的，有损于人性。”

19世纪这种自然权利学说仍继续发展，但由于法律实证主义的甚嚣尘上，其影响已不很强烈了。狄骥作为一个带有强烈社会学色彩的自然法学家，提出了一种“主观权利”理论，来论证被刑事追诉者的权利，他认为：“没有一种习惯的或成文的立法，也没有一种学说会承认犯罪者对于起诉他的机关负有听凭支配的法律义务。犯罪者力图摆脱起诉也许是违犯了道德的规则，但肯定他并没有违犯法律的义务，单是通过他犯罪的事实，他并不就认为必须被科刑的人，他不负任何义务，并且也不是一定非受审判的，只是在依法作出了一种法律命令个人意志行为时，在签发了一种通知书时，在宣布了一种有罪判决的时候，才会出现这种义务。”这段论述可以作为是对无罪推定当然的诠释。

进入20世纪，尤其是二战后，自然法被作为正义的理论又重新得到了人们重视，而这也是人权观念发展的需要。人权已不仅作为一国公民的权利，而且也逐渐国际化。荷兰学者亨利·范·马尔塞文和格尔·范·德·唐著《成文宪法的比较研究》中反映出了这一趋势：“宪法中所列举的人权越多，就越符合国际标准。”“人权的职能已不再认为主要是针对国家的，现在这是一个次要的职能，重点在于人权的基本和不可剥夺的性质，每个人都应该能够行使这些权力，不论是对其他的公民，还是对国家和政府。”他们还认为：“人权比国家和政治关系有更广大的范围，原则上人权不能由国家授予和行使。”无罪推定原则作为人权原则的国际化正是在这个大的社会背景和舆论氛围中被载入了国际公约。

对无罪推定原则作纵向的分析，使我们看到这一思想的发展是和自然权利学说、人权学说的发展紧密联系的。观念的形成是历史的，但观念的力量又是跨历史的。所以，当人们认识到无罪推定应当作人权原则而载入立

时，二者都是人格权的一种，都是绝对权，在某种情况下会产生重合。但笔者认为，隐私权与名誉权至少有以下几点区别：（1）二者的含义不同。隐私权是指公民个人对自己不宜公开或不愿为他人所知的秘密的不可侵犯性的权利，而名誉权是指公民和法人对于根据自己的观点、行为、工作表现等所形成的关于其品德、才干及其素质的社会评价的不可侵犯性的权利。（2）享有的主体范围不同。隐私权是以隐私为客体的权利，隐私是基于人的大脑思维和社会交往而产生的精神利益，法律保护隐私的宗旨，是要维护自然人个人的心灵安宁以及与外界隔离的宁静环境的权利不受侵犯。它的产生及存在依据，均在于人的精神活动而发生的各种利益需求。法人无精神活动可言，所以，隐私权的主体只能是自然人，而名誉权不仅为自然人所享有，而且也为法人所享有，是自然人和法人对其名誉所享有的不受他人侵害的权利，它是人格权中内容最为丰富和复杂的一项权利。（3）侵害的内容不同。侵害名誉权的行为人散布的内容是捏造的、虚构的，并非事实；侵害隐私权的行为人散布、公开的内容并非捏造、虚构，而是事实。隐私权的内容，或者是当事人不愿为他人知悉或不愿、不便为他人干预；或者是按照正常的心理和道德标准而论不便为公众所知晓。不论具体情况如何，都是客观存在的事实，这是隐私的重要特征。任何捏造、虚构、主观臆造的虚假事物，都不是隐私。（4）侵权方式不同。侵害他人名誉权，一般是通过传播不利于受害人名誉的虚构事实而影响第三人及社会公众对受害人名誉的评价，常见的是侮辱、诽谤；侵害他人隐私权的方式常见的是未经公民同意或授权而窃取、披露、传播他人的个人隐私事项。（5）行为人的心理状态不同。侵犯名誉权通常是恶意；侵犯隐私权则可能出于故意也可能出于过失，可能出于恶意也可能出于善意。（6）二者的性质不同。隐私权是针对个人事务的，对之保护要受社会公共利益的限制，如公民的姓名、肖像和住址秘密等；隐私权人对自己的个人隐私享有利用和处分的权利，可以依法“放弃”其隐私，而名誉权是社会对当事人的客观评价，此项权利是不能由当事人抛弃的，当事人更不会自愿“放弃”自己的名誉。（7）法律保护方法、方式不同。名誉权受到侵害后，权利人除了可以通过停止侵害、赔礼道歉、赔偿损失的方式获得保护外，还可以要求消除影响、恢复名誉；但一般而言，对隐私权的保护则只能通过停止侵害、赔偿损失和赔礼道歉的方式加以救济。因为当事人的隐私一旦披露就覆水难收，由此造成的影响是无法消除的，所造成的人格损害也难以恢复。在我国，对名誉权是采取直接保护方式，而对隐私权的保护则采取间接保护方式。除了在名称上将名誉权与隐私权混淆外，按照最高人民法院的有关司法解释，“以口头、书面形式宣扬他人隐私”且必须造成一定的影响才构成侵害隐私权。与此种立法精神相一致的是最高人民法院《关于审理名誉权案件若干问题的解答》。在《解答》里虽然多处提到隐私这一概念，但对侵犯隐私权行为的处理却以是否对他人的名誉权构成侵害为前提。这就必然带来对“文章反映的问题基本属实，没有侮辱他人人格的内容”，因而即使侵犯了公民的隐私权，也不应认定为侵犯他人名誉权，而造成擅自公开他人隐私材料或以书面、口头形式宣扬他人隐私的行为逃避了法律制裁的不合理现象。

综上所述，隐私权还没有成为我国法律体系中一项独立的人格权，对隐私权的保护以及侵害隐私权的诉讼也没有形成专门的法律制度。这不可避免地带来了我国法律在保护公民隐私权问题上的软弱无力和实践中可操作性差的弊端。为此，在实体法中对公民隐私权的保护作出明确的规定，是十分必要的。

三、我国隐私权民法保护的完善

隐私权作为公民的一项重要权利，理应作为公民人格权的独立组成部分，成为法律保护的对象。在我国目前情况下，完善我国的有关公民隐私权的立法，建立行之有效的保护隐私权的法律制度，应该而且必须成为我国法制建设的一大任务。

第一，在我国未来制定的民法典人身权篇中，赋予公民享有独立的隐私权，并将其列为与公民的肖像权、名誉权等公民传统的人格权并行的权利，使其真正成为公民人格权的一个独立的组成部分。同时，从间接保护方式转变为直接保护方式，一方面便于当事人在隐私权受到侵害时可以以此直接向法院提出保护自己隐私权的诉讼；另一方面，还可使公民依据隐私权，来对抗侵犯公民的隐私权为代价的他人或社会所享有的其他方面的权利和自由，如新闻自由、言论自由等。

第二，在我国未来制定的民法典中，应扩大精神损害赔偿的范围，规定侵害隐私权的应该承担包括金钱赔偿在内的民事责任。

第三，在相关的民事法规中，如新闻侵权法、言论侵权法中应明确规定新闻自由、言论自由等与侵犯隐私权的界限。规定只要违背本人意愿将其与社会生活无关的私生活擅自公开就构成侵权。

第四，在民事案件中还必须权衡保护公民隐私和解决争议的要求之间的利益冲突。毫无疑问，就当事人所争议的问题，必须通过大量的证据证明，但在这种情况下，也并非意味着所有能有助于证明案件事实的证据都应当以牺牲对方当事人的隐私为代价。这一方面有助于避免当事人一方借此对对方进行人身攻击，另一方面也有助于避免当事人把大量的也许是与案件待证事实无关的材料堆积在法庭上，影响司法审判效率。

此外，还应谨慎对待以法律名义施加的对个人隐私的干涉和骚扰。

（原文约7000字，发表于《贵州大学学报》社科版2002年第2期）

文摘编辑：青怡

安乐死的立法思考

陆　敏

[作者简介] 陆敏，中国政法大学学报编辑部编审，主要从事刑事法学的研究。

[内容提要] 安乐死立法在我国现阶段会遇到很大的阻力，主要原因是：首先，我国的经济发展极不平衡；其次，医疗技术和医务人员素质的低水平，导致了人们对医生诊断可信度的疑问；第三，对安乐死立法内容还缺乏科学的认识与把握。因此，应当用判例的形式解决当前社会中的安乐死案件，同时，在某些经济较发达地区制定颁布安乐死的地方性条例，待条件成熟时，再在全国推广。

[关 键 词] 安乐死；立法；判例；单行条例。

一、安乐死立法的难点与复杂性

我国安乐死立法的难点和复杂性主要表现在：

第一，我国现阶段的社会情况是进行安乐死立法的最大阻力。

安乐死作为人类文明的进步标志，是生产力和科学文化高度发展的产物。而我国由于历史等诸多原因，经济发展极不平衡。低下生产力的背后，是人们文化素质的普遍低下。这种现实，将会使“安乐死”法长期难产。同时，安乐死既然是现代文明的产物，它就必然会与传统观念相冲突。这种冲突体现在三方面：其一，在医生与病人的关系上，传统的伦理强调“只要还有一口气，死马也要当活马医”；其二，在病人与家属的关系上，传统思想强调“亲亲”与“尊尊”。子女若支持父母实施安乐死，则会被视为“不孝子孙”，“大逆不道”；其三，在病人与社会的关系上，传统观念认为，对患绝症者，社会的首要责任是使之尽可能多地久留于人世。

同时，须注意到，随着国家宗教政策的落实，国内信奉宗教者不断增多。而在许多教义中，生命是神圣的。我国宪法规定，公民有宗教信仰自由，这又使我们不能不倾听他们的心声。事实上，在西方抗议安乐死的反对声中，态度最强硬者首推宗教界人士。

第二，整体上说，我国的医疗技术还比较低，医务人员的思想素质有待提高，这影响着人们对医生诊断的信任度，对安乐死立法也是不利的。

从立法学角度说，法的先进性不能仅以其赋予公民多少权利或规定了多么现代化的指标来衡量，还须以之对现实生活的可行性为标准。目前，我国一则由于经济落后的缘故，许多医院，特别是地方医院，医疗设备还很陈旧落后；另则，医务人员的业务水平与社会的期望普遍还存在一段差距，再加上近来年来面临着医生医德的滑坡现象，这都使人们对诊断不治之症和宣布死期临近的结论之准确度不能不心存疑问。

第三，对安乐死立法的内容，还缺乏科学的认识与把握，也是进行安乐死立法所要克服的一大难点。

进行立法，必须解决该立些什么，也即对其所要保障、维护或禁止、惩罚的对象须有科学的认识与把握。否则立出来的法就不可能科学、完备。

应看到，对于大多数中国人来说，安乐死还是一个陌生的概念，因而还缺乏足够的实践经验。另外，对安乐死问题的理论研究而言，迄今我们尚无一本有分量的专著，也没有专门的研究刊物，更没有成立专门的学术团体。整体上，学术界对安乐死还处于传播阶段而缺乏理论上的纵深研究。

二、关于安乐死的立法对策

针对目前制定“安乐死”法的困难，笔者拟从立法步骤方面提出两点对策：

第一，用判例的形式解决当前社会中已发生和以后一段时间内将要发生的安乐死案件。

与成文法、类推、司法解释等相比，判例具有较为突出的优越性：

1. 判例针对性强的特点有助于弥补法律条文抽象模糊的缺陷，从而确保了法律适用的统一。尽管由于成文法原则概括的规定，为司法人员留下了较大的自由裁量的空间，但因为有了判例这一具体的参照，司法人员不能再随心所欲地行使自由裁量权，可以有效地防止法律在司法适用中的各行其是，从而较好地保证了法律适用的统一性。

2. 判例适应性强的特点有助于弥补制定法滞后于社会生活发展变化现状的缺陷，从而确保了法律适用的灵活性。尽管法律规范本身没有随着社会生活的发展变化而大张旗鼓地进行修改或者补充，通过判例的适用，社会已经在个案的处理中修改和完善着法律规范，使之与社会的变化相适应。而判例对不合时宜的规则的修正工作是渐进的。

3. 判例个别性强的特点有助于弥补制定法过于概括的缺陷，从而确保了法律适用个别公正性的实现。从判例中，可以看出司法机关对法律是如何解释和适用的，从而为法官对类似案件的审理提供一个具体感性的对照，以资仿效，这样更能够防止法律精神在适用过程中的走样变形。虽然从绝对的意义上说，判例也难以穷其所有，但判例的数量丰富，可以从各个角度对法律规定比较模糊、实践上难以准确理解执行的问题，逐步予以阐释、归纳、积累，并随着实践的发展而不断更新。从最终结果上看，它可以尽可能地揭示出每一具体犯罪的特点，也可以充分阐发法律规范所应当包括的各种含义。这样，通过判例的适用就可以弥补成文法普遍性强而个别性较差的弊端，在保证法律适用一般公正的同时，尽可能地实现法律适用的个别公正，并达到法律适用的准确与统一的目的。

第二，在某些商品经济较发达的地区制定颁布安乐死地方性单行条例。

我国宪法明确规定，省、自治区、直辖市人大及其常委会有制定地方性法规的权力。实践证明，在中央统一领导下，充分发挥地方立法权，会使立法工作更好地为现代化建设服务。笔者之所以建议在达到一定立法条件时，在某些较发达地区制定颁布安乐死单行条例，主要考虑到以下情况：

1. 一些较发达的地区，如上海、北京，人们的思想观念在现代观念影响下发生了较大的变化；另外由于有较发达的文化，人们的素质也非一些落后地区所能比拟。在这些地区，人们对实施安乐死有较高的呼声。并且目前有关“安乐死”的实践也大都发生在这些地方。因而在这些地区制定安乐死单行条例，正是为了适应客观形势之要求，解决具体地区的具体问题，健全法制。

2. 在某些地区制定颁布安乐死单行条例，可为以后制定全国统一的安乐死法提供立法经验。这是使立法科学化、系统化的一条有效途径，也是国家立法之必要补充。事实上，我国许多法律的出台，就是地方立法先期实践的结果。当然，具体在哪些地区可先行制定安乐死单行条例，还需做大量的调查工作。

从国外一些发达国家对安乐死立法的发展历程看，上述两种立法对策也是可行的。例如，荷兰从一开始就对安乐死适用判例法，到制定针对要求实施安乐死的病人的权利的法案，直至最后制定安乐死法律，就是一个成功的范例。

（原文约6500字，发表于《海南大学学报》人文社科版2002年第1期）

文摘编辑：青怡

解析沉默权制度

孙洪坤

[作者简介] 孙洪坤，淮北煤炭师范学院政法系讲师。

[内容提要] 沉默权制度起源于17世纪英国普通法的支持者反对教会和国王、争取宗教和宪法自由的斗争中，其基本含义是犯罪嫌疑人、被告人对司法官员的讯问有陈述和不陈述的自由和权利，其理论基础主要在于高度尊重人的主体性和独立的人格尊严，其诉讼价值在于落实无罪推定原则、保障人权、促进司法公正。近年来，英国对沉默权加以重大限制的真正动因在于它不利于打击犯罪。我国应建立有限制的沉默权制度，并设置一些与之相配套的保障制度。

[关键词] 沉默权；诉讼价值；无罪推定。

沉默权是当今世界许多国家司法制度中体现人权保障的重要内容之一。由于它与无罪推定原则有着紧密的联系。因此对确立被告人在刑诉中的地位至关重要。但在我国，不仅立法上无沉默权的规定，而且理论界对应否确立沉默权的问题长期以来争论不休，无法定论。

建立一项制度之前应该先了解这项制度，研究这项制度，方能有备无患，高屋建瓴。

一、沉默权的含义及其理论基础

1. 沉默权的含义

根据西方学者的解释，沉默权实际上包含有以下几层含义：一是被告人没有义务为追诉一方向法庭提出任何可能使自己陷入不利境地的陈述和其他证据，追诉一方不得采取任何非人道或有损被告人人格尊严的方法强迫其就某案件事实作出供述或提供证据；二是被告人有权拒绝回答追诉官员或法官的讯问，有权在讯问时始终保持沉默。司法警察、检察官或法官应及时告知被告人或犯罪嫌疑人享有此项权利，法官不得因被告人沉默而使其处于不利的境地或作出对其不利的裁判：三是被告人有权就案件事实作出有利或不利自己的陈述，但这种陈述必须出于其真实的意愿，并在意识到其行为后果的情况下作出，法院不得把被告人非出于自愿而是迫于外部强制或压力所作出的陈述作为定案的根据。沉默权虽然在现实个案中表现的是保护犯罪嫌疑人、被告人的权利，但它的受益者不止犯罪嫌疑人、被告人，而是全体社会公民，它是法律为公民构造的一个抗衡强大的国家司法机器的法律屏障。

2. 沉默权存在的理论基础

第一，人格尊严理应受到尊重。

第二，言论自由不受侵犯。

第三，是当事人主义诉讼模式的内在要求。

世界历史告诉我们，西方国家实行的是以人为本、权利本位的原则，十分注意保护个人的人身权利和言论自由等，因而有的国家把犯罪嫌疑人、被告人享有沉默权作为一个内容在宪法中予以规定，自在必然。此外，要使该项原则落到实处，就必须在刑事诉讼中切实保障犯罪嫌疑人、被告人的人身权利和言论自由等。保障被追诉者这些权利的重要措施即刑事诉讼实行控辩式，即当事人主义的诉讼模式。在此诉讼模式中，控、辩双方利益冲突，力量悬殊，被控方明显处于弱势，为保障其人身言论自由等权利不无节制地受到限制或剥夺，就要求法律赋予他们沉默权，因此，法律赋予被追诉者沉默权是当事人主义诉讼模式的内在要求。

二、沉默权价值析解

任何一种制度只有在具有一定价值和作用的情况下，才能存在和发展，沉默权制度概莫能外。法律确立沉默权制度既有正面的价值，又有负面影响。因此，建议我国确立沉默权制度之前，应对其价值和影响分析与研究，以明确利弊。

1. 沉默权的诉讼价值

沉默权的诉讼价值，是指沉默权在诉讼中的作用和效益。概而言之，其诉讼价值主要有三个方面：

第一，确立“沉默权”是落实无罪推定原则的内在要求。

无罪推定原则是资产阶级反对封建专制斗争的产物。它是以司法文明战胜司法专横，使诉讼走向民主的标志，而且无罪推定原则具有世界性意义。“被告人不等于犯罪”是无罪推定的首要之义，因此从这个意义上说，刑事诉讼过程就是对被告人无罪的原始状态的否定性求证过程。把被告人从无罪变为有罪必须满足两个条件，一是控诉方承担举证责任，这是由“谁主张谁举证”的古老诉讼原则决定的；二是依法认定有罪。这两条可以看做无罪推定原则的直接内容，而从这两条推出的其他规则第一个条件的内容之一就是“被告人不能或没有证明自己无罪而认定被告人有罪，也就是被告人有权保持沉默”；第二个条件内容之一“为保障公正性，审判时必须予以辩护上所需之一切保障”，这些保障之一即沉默权。由此可见，沉默权是无罪推定原则的应有之义，也是无罪推定原则的内容之一，又是被告人依法享有的一项独立的诉讼权利。反过来说，只有确立无罪推定原则，才能使沉默权原则落到实处，即法律上规定沉默权，是无罪推定原则的内在要求。

第二，确立沉默权是为被追诉者提供的一个权利保障机制。

犯罪嫌疑人、被告人被追究刑事责任，处于十分不利的地位。在力度上，前者强大后者弱小；在气势上，前者持积极、主动进攻态势，后者处于消极防御地位。在这两种情况下，被追诉者很容易被刑讯逼供，或者受到其他非法侵害。只有法律赋予被追诉者沉默权，才能以法律的形式约束司法人员的非法行为，也才能以此保护被追诉者的合法权利不受侵犯。

第三，确立沉默权能够促进和保障司法公正。

现代刑事诉讼实行控、辩、审模式，控、辩处在既对立又统一的关系之中，审判居于中立地位，做到控、辩双方力量平衡，是查明案件真实情况的需要，又是实现裁判公正的保障。若控方力量太强，辩方力量太弱，必然导致裁判不公或者造成错判；反之必然会导致放纵犯罪。为防止这些弊端发生，在诉讼结构方面，必然注意控、辩双方权利平衡。这是实现公正裁判的前提条件。由于被追诉者处在被追诉地位，人身自由受到严格的限制，无法收集和提供有力的证据。因此，必须赋予他们某些法定的权利，沉默权就是其中的一种。这样做，既表明他们不承担证明犯罪的责任，与其被推定无罪和处于被追诉的地位相适应，又能强化控方承担证明责任的力度，从而使法官全面了解和掌握全部案情，对案件作出公正的裁决，最终实现判决公正。

2. 沉默权的负面效应

首先，沉默权原则很可能使大量确凿证据丧失。被追诉者保持沉默的话，他就可以据此不提供明明知道并且对查明案件事实有很重要作用的大量证据，这就必然造成司法人员本来完全可以收集到的证据而收集不到；其次，在客观上增加了警察、检察官的办案难度和增加了诉讼成本。

但是，只要从立法方面采取有效措施，作出一些限制性规定，就会弥补这个不足。有鉴于此，应当在一定程度上限制沉默权，比如，英国采用告知程序，即在确凿证据面前保持沉默可能受到不利判决，以限制沉默权；美国对危害公共安全罪的犯罪嫌疑人规定不得拒绝供述等。这表明沉默权之弊端可以得到抑制。

三、我国应当确立有限制的沉默权规则

通过对沉默权的来源、含义、理论基础和价值解析等等的一系列分析阐述，我们能够发现沉默权产生和发展的必然性和重要性，理解沉默权之所以成为与无罪推定原则、当事人诉讼主义等法律原则并驾齐驱、影响到世界各国及国际司法领域的重要法律原则的进步精神和合理内涵。毋庸置疑，无论是理论上还是司法实践中，沉默权都发挥着重要作用，显示出蓬勃的生命力。尤其是结合我国实际，从确立沉默权的必要性和可行性来看，我国应当确立沉默权，这是一个主流问题。但是，这并不意味着沉默权可以文过饰非，对我国的司法实况来说，沉默权的确立并非不能给司法实践带来压力乃至负面影响。

所以，在肯定确立沉默权的同时，我们还应清醒地认识到沉默权原则的内在缺陷，需要采取有力措施加以完善。因此，我国应在充分考虑我国国情的基础上，参考外国限制沉默权的做法，真正吸收这一制度的合理内核而去其不足，建立我国有限制的沉默权原则。

总的说来，沉默权规则主要适用于侦查阶段，在赋予犯罪嫌疑人沉默权的同时，还应向其表明，他们也可以如实回答侦查机关的问话。这些回答是否作为他们犯罪的证据，还需要法庭予以确认。但一旦确定他们有罪后，他们以前配合追诉机关的行为将对他们有利。在审判阶段，依然适用于沉默权原则，但经审判人员许可，控诉方可以对被告人发问，对于控方的发问、法官的提问，被告人也可保持沉默。但如果某些问题站在被告人立场是能够回答而不予回答的，或者对于以前的供述相互矛盾的地方，要求被告人予以回答的，被告人保持沉默，法庭则可以根据案情作出对其不利的推断。这样做是为了防止被追诉人在侦查阶段保持沉默而在审判时将有关情况用于辩护，使控诉方难以有效地实施公诉证实犯罪。而且当嫌疑人涉嫌案件事实（如出现于犯罪现场，在其身上或身边发现与犯罪有关的物品等）时，对沉默权的理性限制可以有效敦促其就明显的嫌疑事实作出解释，以利于查清相关情况。规定被追诉人应作证而不作证、应陈述而不陈述时可能承担不利后果，并不意味着要求被告人在任何案件中都作证，否则将对其作出不利推断，因为在审判中的不利推断的适用范围也是有限的。

为防止限制沉默权而导致压制甚至践踏沉默权，还应该建立相应的保障制度，如沉默权的事先告知制度，禁止以刑罚或其他制裁对被告课以法律上或事实上的供述义务，侵害沉默权所获取的证据，不具有证据能力，在认定犯罪事实时不得事后“抗拒从严”，等等。

综上所述，我国应当建立有限制的沉默权规则，这对于我国顺应世界诉讼民主潮流，完善国内刑事诉讼法的内在逻辑体系和理论内容，更好地协调追究和保护被追诉人的诉讼权利之间的关系，实现依法治国，都具有现实而重要的意义。

（原文约1万字，发表于《开封大学学报》2002年第2期）

文摘编辑：青怡

我国财产申报制度的缺陷及立法完善

张碧安 钟 金

[作者简介] 张碧安，华东交通大学经贸学院讲师。
钟 金，江西财经大学法学院。

[内容提要] 财产申报制度作为一项反腐败的“阳光立法”已为世界上许多国家所采用。我国目前正进入反腐倡廉的关键时期，急需制定相应的财产申报制度来规范国家工作人员的财产收支状况。本文重点从实行财产申报制度的依据、目前财产申报制度的缺陷和完善财产申报制度立法建议三个方面进行了综合论述。

[关 键 词] 财产申报制度；巨额财产来源不明；缺陷；立法完善。

一、实行财产申报制度的依据

1. 实行财产申报，将迫使国家工作人员都要将其财产状况的来源渠道向有关部门（如审计机关、监察机关等）申报，并由有关机关定期向社会公开。这不仅为专门的监督机关和广大人民对国家工作人员的廉政状况提供了实行监督的条件和可能，而且必然对国家工作人员造成一种心理上的压力，约束其在经济问题上谨慎行事，促使其财产来源渠道步入正轨。

2. 财产申报制度是解决我国司法机关在认定巨额财产来源不明罪时存在困难的制度。近年来查处的一批腐败分子，之所以能够腐败到令人发指的地步，一个重要的原因就在于他们的家庭财产从未申报或未如实申报。如果建立和实行申报财产制度，国家工作人员的合法收入和支出，已为有关部门掌握，一旦出现巨额财产来源不明，就不难及时发现和查处了，在法制健全的国家，即便是普通公民也负有如实申报自己的财产收入并依法纳税的义务，如果行为人违反了这一义务，便会受到法律相应的惩处，甚至要承担刑事责任。依此推论，国家工作人员或公务员因为其担当的职务和行使权力的公正性、廉洁性、重要性，其个人隐私权（包括财产隐私权）所受的限制应该更多。这一点已为世界各国进行的“阳光立法”（要求公职人员申报财产的法律）运动所印证。

3. 实行财产申报，一方面可以更加全面地反映领导干部任职期间的经济状况特别是其任职以来的财产增量情况，有助于纪检监察部门掌握更完整更有用的信息资料，作为监督审查其廉政情况的重要依据；另一方面可以保护领导干部的合法财产，维护原本就拥有大宗财产的干部的声誉，使某些在任职之前就有可能具有大量财富的干部，可以免去“当官发财”的嫌疑，得到公平对待。

4. 目前，世界上许多国家和地区都通过立法确定了财产申报制度，对公职人员的财产和收入等情况进行有效监督。如美国的《政府行为道德法》、罗马尼亚的《党和国家领导干部申报私有贵重物品法》、我国台湾地区的《公职人员财产申报法》等。

二、我国财产申报制度的缺陷

1995年5月25日，中共中央办公厅、国务院办公厅联合发布了《关于党政机关县（处）级以上领导干部收入申报的规定》，在我国初步确立了国家工作人员家庭财产申报登记制度。应该说，从收入的不申报到申报，以及从申报制度对于规范领导干部各项收入渠道的角度看，收入申报无疑起到了相当积极的作用。然而，这个迄今已经实施了六七年的收入申报制度，在有效的遏制腐败方面，发挥的功能还远远不够。之所以如此，我认为是因为这项制度存在着某些缺陷。

1. 申报主体范围过窄。《规定》第二条将申报主体范围确定为“各级党的机关、人大机关、行政机关、审判机关、检察机关中的县（处）级以上领导干部，以及国有大中型企业的领导人”。这与1997年修订的《刑法》第395条规定的“国家工作人员巨额财产来源不明罪”的犯罪主体不一致。如果只规定一部分国家工作人员作为财产申报的主体，既不符合平等原则，也与《刑法》脱节。一般来说，县（处）级以上领导干部“位高权重”，理所当然应是财产申报的主要对象，但在许多情况下，还存在着“位不高权也重”的现象。如法院、检察院、公安、税务、证券、工商、海关等特殊行业或部门国家工作人员以及乡（镇）党委书记、乡（镇）长等。另外，国家工作人员在离退休后一定期限内的财产收入也应申报，从而不给“事后受贿”留下空隙。

2.《规定》第4条明确了一年申报两次、半年申报一次的日常申报登记制度，而通观国外同类立法，国家公职人员的财产一般设有初任申报、日常申报、离职申报三种制度。仅仅规定日常申报，而不规定初任申报与离职申报，这样不能将申报主体的财产状况始终置于监管之下。

3.《规定》只称为"收入申报"，而不是称为"财产申报"，更非申报主体的整个家庭财产状况，这容易给规避申报者以可乘之机。分析起来，收入申报与财产申报尽管有共同性，但也存在明显的差别。在一般意义上，财产的范围要比收入广泛得多，它可以来源于收入，也可以来源于收入以外的因素，如合法的继承、赠与，当然可能也包括那些违法的贪污、受贿等等。而收入申报固然可以在一个层面反映领导干部的经济收入情况，但却不能反映其财产增量。与此不同的是，财产申报可以反映领导干部在其任职期间的财产增量情况。如果这种增量与其合法收入相吻合，那么至少可以认为其收入来源是正当和合理的。否则，就表明在其合法收入之外还有可能有其他促使其财产增量的因素，这时候有关部门就可以据此给予必要的关注。而按照我们现行的有关法律规定，当一个领导干部的巨额财产不能说明其来源时，即构成巨额财产来源不明罪，应承担一定的法律责任。由此可见，财产申报的要义也是与有关法律的规定相吻合的。

4. 财产申报受理机构缺乏监管力度。实践结果表明，受理的组织人事部门一般只对干部的工资性收入进行登记，而对工资以外的其他收入和财产，由于缺乏相应的职权和手段，难以真正地承担起财产申报登记的稽核职能。

5.《规定》第6条对申报人不申报或者不如实申报收入的，由所在党组织、行政部门或者纪检监察部门责令其申报、改正，并视情节轻重给予批评教育或者党纪政纪处分。这种责任制度过于"轻柔"，而国外立法对违反者除规定了相应的纪律、行政处分外，还规定了严格的刑罚制裁措施。

三、财产申报制度立法完善建议

1. 尽快制定我国的《财产申报法》。我国国家工作人员财产申报目前还未形成真正意义上的法律制度。如前所述，《规定》申报对象过窄、申报内容单一、申报不公开透明、没有处罚条款，未能形成有效制度，其实际效果不佳。这一申报办法，极不利于掌握国家工作人员的财产状况，专门机关、社会公众及新闻媒体等不能进行有效监督，甚至无法监督。因此，建议尽快研究制定我国的国家工作人员财产申报法律，其内容应当包括财产申报对象、申报内容、申报时间、申报程序、申报违法的处罚等方面，并将申报内容完全向社会公开，以接受全社会的监督。

第一，申报对象不仅应包括县（处）级以上领导干部，还应包括基层工作的领导干部。因为这些基层干部直接置于广大群众的监督之下，他们的家庭财产有目共睹，一旦出现巨额财产来源不明，无疑会使社会公众产生对公务员整体的错误印象。而且，申报对象中本人、配偶、未成年子女的财产理应申报，但以中国人的观念而言，父母的财产最终都是要给子女的，所以，我认为成年子女甚至成年孙子女的家庭财产也应申报，以免出现漏洞，而使某些人钻了法律的空子。

第二，申报内容应参照有关国外立法，包括一切应该申报的有关情况。

第三，申报时间应具有一定的灵活性。我们可以想象，如果规定每年的某一个固定日期申报财产，那么某些有心人就可以有一年的时间转移财产，这样，申报效果会明显不佳。另外，初任申报与离职申报的必要性不容忽视。前已述及，初任申报不仅可以有效地保护本来就拥有大量财产的官员的廉洁，而且还可以反映出领导干部在任职期间的财产增量状况；离职申报则可以有效防范领导干部的"夕阳现象"（退职时大捞一把的现象），避免"事后受贿"。

第四，建立严格的申报审查和违法处理制度。审查机关在接受申报后应进行严格审查，审查的主要内容包括应提交者是否均已提交、应填报的内容是否全面真实、申报书是否遵守了相应的法律和条例等，若审查机关认为须提供附加情况或认为申报有不遵守法律的行为，可要求申报人采取一切必要的纠正措施。对财产申报者有违法行为的任何个人，可采取任何相应的人事或其他方面措施，促其依规办理，若发现公职人员有非法所得财产，有关机关可依据法律规定作出剥夺非法财产、归还不合法取得的财产、降职、撤职或令其辞职，或按贪污受贿处理。

2. 完善相应的配套法律和制度。1999年开始实行的存款实名制在打击犯罪、惩治腐败方面起到了很大作用，使腐败分子"非法收入"、"灰色收入"浮出水面。同时，也使司法机关的调查取证工作更容易，司法机构可以通过法定程序查阅银行电脑网络，很容易就能掌握被调查者的财产收支状况。但是，就目前的情况来看，光有存款实名制还远远不能有效地使国家工作人员的财产处于国家和人民群众的监督之下。相应地，我们还要建立房地产实名制，期货、证券实名制等；专项规定买房、买车等大件商品时不能直接用现金支付，这样，就有利于更好地实行财产申报制度。另外还要推行领导干部离任审计制度，规定对领导干部在调动、退休、解聘时都要由审计、纪委联合进行离任审计，审计内容主要为任期内执法执纪情况，单位内部财务管理状况，办公物品清理移交等。

（原文约5000字，发表于《江西农业大学学报》社科版2002年第2期）

文摘编辑：陈小路

虐妻型家庭暴力的法律思考

董晓波　孙茂华

[作者简介] 董晓波，南京师范大学讲师，法学硕士研究生。
孙茂华，南京师范大学讲师，法学硕士研究生。

[内容提要] 作为家庭暴力主要形式的虐妻型家庭暴力严重危害妇女身心健康，侵犯妇女合法权益，破坏社会稳定和发展，已引起全社会的广泛关注。为了给予家庭暴力的受害者更全面、更具体、更适当的协助，以取得更好的社会效果，必须建立法律、社会、心理各层面的社会支持体系。

[关 键 词] 虐妻型；家庭暴力；法律。

一、虐妻型家庭暴力的内涵与法律特征

1. 虐妻型家庭暴力的内涵

我国学者一般认为：家庭暴力是指在家庭内部出现的侵犯他人身体、精神、性方面的强暴行为。按其危害程度可分为重大暴力与一般暴力两类。

因此，家庭暴力从形式上来看，可分为以下三类：

其一，身体暴力：包括所有对身体的攻击行为，如：殴打、推搡、打耳光、脚踢、使用工具进行攻击等。

其二，语言暴力：以语言威胁恐吓、恶意诽谤、辱骂、使用伤害自尊的言语，从而引起他人难受。

其三，性暴力：故意攻击性器官，强迫发生性行为、性接触。

2. 虐妻型家庭暴力的法律特征

——主体特定。妻子为施暴对象，丈夫为施暴者，国外界定两性关系的范围远比我国宽泛。不仅包括婚姻关系还包括同居关系，不仅包括异性婚还包括同性婚，不仅包括现在的两性关系还包括曾经有过的两性关系。

——隐蔽性。这是家庭暴力的显著特征。多数丈夫只在自己家里才会使用暴力；大多数受害人虽明知其行为不当，但认为家庭暴力系个人隐私，“家丑不可外扬。”在遭受暴力以后，在人前隐瞒真相，强颜欢笑。性暴力是一种更隐蔽的家庭暴力行为。由于性观念的影响，绝大多数妇女总觉得夫妻之间性生活的事情较之一般的家庭暴力更难启齿，故对于来自丈夫的性暴力采取忍的办法。

——举证难。家庭暴力本身具有隐蔽性，因而确定家庭暴力有一定困难。而且，由于有些施暴者采取手段的“巧妙化”，令受害者无法获得验伤证明，或是伤不及治罪的程度。值得一提的是，精神暴力的举证更具困难。因其属受害者意识形态领域的东西，而缺乏一个外化的标准，即使受害者一些异常的外在行为能一定程度地反映其精神状态，但毕竟只是片断的反映，易引起争议，司法实践中也难以操作。

二、虐妻型家庭暴力对妇女权益的危害

首先，家庭暴力侵犯了妇女的人身权利。具体为身体权、健康权、生命权和自由权。

其次，家庭暴力伴随着对妇女的精神摧残。由于家庭暴力，绝大多数妇女都受到肉体和精神的双重伤害，只不过因身体上的损伤是外在的、较为明显而吸引了人们更多的注意，精神上的损伤是内在的、较为隐蔽而容易被忽视。精神的创伤往往比身体上的创伤更难以愈合，遭受暴力的妇女长期生活在恐怖、紧张的气氛中，心里充满了恐惧与悲哀，有的悲痛欲绝，导致心情抑郁或精神分裂。在找不到正当的解脱途径的情况下，她们只好采取回娘家、出走，甚至自杀等消极反抗方式。当虐待超过了她们肉体、精神的承受能力时，有些被迫走上了犯罪的道路，从家庭暴力的受害者变成了害人者。有资料表明：我国五成以上的女性犯人是因为不堪忍受家庭暴力而走上犯罪道路的。

第三，家庭暴力严重地危害社会安定、阻碍了社会发展和进步。社会发展是全人类的共同事业，需要全社会成员的共同参与，社会的每一个人都应当是社会生存、发展的创造者。而那些受家庭暴力侵害的人，在其生命、生存及人身权利、人格、名誉等这些做人最基本的权利都被暴力所侵害，所剥夺的情况下，在身心受到严重伤害的情况下，又如何能够全身心地投入到社会生产、发展中去呢？家庭暴力不仅严重侵害了这部分人的人身利权，而且影响了他们参与社会活动、社会生产的积极性，从这个意义上讲，也直接间接地阻碍了社会的发展。另一方面，家庭暴力严重地危害下一代人的健康成长。很难想象，在一个充满暴力、充斥吵骂、怨恨和悲愤的家庭中，其家庭成员会是幸福、快乐的。在这样的家庭中成长起来的子女，深受家庭暴力的影响，其生理、心灵上必然会受到较大的伤害，也会给下一代人的心理投下

灰暗、悲伤的阴影，在这种家庭环境中成长起来的子女，大多数患有恐惧、焦虑、孤独、自卑、不相信任何人等心理障碍。在他们长大之后，如果其心理得不到及时诊治，很可能会成为新的家庭暴力的实施者，其中有的人甚至会成为敌视社会、报复社会的人，结果走上违法犯罪的道路。这一点，已为社会上发生的许多案例所证实。

三、预防、制止和惩治家庭暴力的对策

首先应充分利用现有的法律框架来制止和处罚家庭暴力行为。我国现有关于维护妇女、老人、儿童权益的法律法规散见于《宪法》、《民法通则》、《刑法》、《治安管理处罚条例》、《妇女权益保障法》、《老年人权益保障法》、《未成年人保护法》、《婚姻法》等法律法规中，要消除家庭暴力就是要逐步完善这些相关的法律、法规体系，为受害者提供充分有效的法律救济手段。例如：设立分居制度，它作为同居制度的一种补充，不仅可以缓解夫妻双方的矛盾，避免草率离婚，还可防止婚内暴力以及由此引发的刑事案件有积极作用；在民法上，因从侵权的角度看待家庭暴力，赋予受害方民事赔偿请求权，受害方有权要求停止侵害，赔礼道歉，赔偿损失（包括精神赔偿）。

其次应建立多层次多机构的社会支持体系。

（1）充分发挥基层居委会等组织的调解作用。（2）强调执法机关及时介入，有效制止的职责。（3）建立类似于国外妇女庇护所性质的社会救助机构 。以帮助受害人及时摆脱家庭暴力。

再次应加强道德教育，提高全民素质，树立良好风尚。通过多种教育活动形式加强国民的道德教育，提高社会道德水准，制止、减少甚至消除对妇女的家庭暴力。通过教育，借助舆论的力量，倡导良好的婚姻道德风尚等以制止和消除对妇女的家庭暴力，使不道德者受到应有的舆论谴责，同时也通过教育使每个人懂得彼此尊重对方的人格和尊严的重要，充分认识到只有尊重别人的人格，才能获得别人对自己人格尊严的尊重。另外，通过多种渠道对弱势群体——妇女进行“自尊”、“自信”、“自立”、“自强”的教育，使她们提高自身素质，拥有独立的人格和尊严，从根本上摆脱家庭暴力。

最后应制定专门的家庭暴力法。针对家庭暴力的长期性、复杂性与严重性，许多国家和地区制定了专门家庭暴力法。1995 年 12 月新西兰国会通过了《家庭暴力法案》，全面调整家庭暴力问题；英国也于 1994 年出台了家庭暴力法；新加坡对此也有专项立法，我国台湾地区，1998 年也通过了家庭暴力防治法，从刑事、民事、家事和防治服务多种角度，治理家庭暴力问题。由于我国家庭暴力有关的现行法规，均散见于各类法典、法条中并有许多的漏洞与缺失，并未提供根本防治及解决家庭暴力问题之途径，极不利于司法操作及社会实践。因此在今后的立法规划中，我国也应将反家庭暴力法的制定纳入其中，以便在全国范围内制止和惩治家庭暴力的行动有专项法律可依，且能在全国范围内起到统一的威慑作用。

（原文约 3500 字，发表于《金陵职业大学学报》2002 年第 2 期）

文摘编辑：陈小路

贪污罪若干问题的司法认定

郭敏峰

[作者简介] 郭敏峰，福建省政法管理干部学院讲师。

[内容提要] 贪污罪是一种严重的职务犯罪，历来是刑法打击的重点。随着市场经济体制的发展，实践中出现多种新的贪污行为，给司法部门带来难题，也引起不少的争议。本文对这些问题提出了个人看法。

[关 键 词] 贪污；国家工作人员；公共财产。

一、“假国家工作人员”的贪污犯罪问题

贪污罪的主体为特殊主体，要求为国家工作人员。实践中有一种特殊情况，就是行为人先通过欺骗手段获取有关组织通过法定程序给予的“国家工作人员身份”，而后利用相应的职务便利实施贪污等职务犯罪行为。

对于以欺骗手段获得国家工作人员身份的人，只要其国家工作人员身分是真实的，那么他在履行职务的活动中实施贪污、受贿、挪用公款等犯罪行为，就应当以国家工作人员职务犯罪论处。如果其国家工作人员的身份本身就是虚假的，则应以招摇撞骗或其他犯罪论处。

二、受委托管理、经营国有财产的人员贪污犯罪的认定

根据刑法规定，受国家机关、国有公司、企业、事业单位、人民团体委托管理、经营国有财产的人员，也属贪污罪的主体范围。上述人员虽然并不具有国家工作人员身份，但其身份具备一定特殊性，即与国家机关、国有公司、企业、事业单位、人民团体之间存在委托关系。要认定和处理这类受托人构成贪污罪时，应注意以下几点：

1. 委托的目的必须是为了国有资产的保值增值，是将国有资产作为一种资本投入市场进行经营、管理。委托的实质是希望国有资产能够符合市场要求进行运作，获取回报。如果不是出于该目的，而是出于其他目的，例如因装饰、搬运等目的，将国有资产交付他人，他人利用暂时接触、持有国有资产的机会而窃取、骗取国有资产的，应以盗窃、诈骗等犯罪论处，而不能以贪污罪论处。

2. 委托的内容具有经营、管理性质，即具有公务性质，而不是直接从事劳务活动。如果委托的内容纯粹是劳务活动，则行为人不构成本罪。

3. 受委托经营、管理的对象仅限于国有资产。国有资产既可以是动产，也可以是不动产；既可以是表现为国有企业、公司等经济组织形式，也可以是表现为单个的财产如船舶、车辆等。在计算贪污数额时应当将不属于国有资产财物的部分扣除，然后依照刑法第383条的规定处罚。在承包、使用或运输中的非国有财物，也应当以国有财产论。因为这些财物一旦被非法侵占，国有公司、企业仍需要以国有财产承担赔偿责任，因此，行为人实质上侵害的是国有财物的所有权。

4. 受委托人仅限于自然人，且仅限于直接委托。如果国有单位将国有资产委托给集体经济组织经营管理，该集体经济组织中人员或集体经济组织所委托人员，利用职务之便，侵吞、窃取、骗取该国有资产的，不构成贪污罪，应以职务侵占罪论处。此外，接受委托管理、经营国有资产，必须是接受国家机关、国有公司、企业、事业单位、人民团体直接委托的，才可能构成贪污罪的主体。

5. 正确界定受委托人构成贪污罪与经济纠纷的区别。主要从以下几个方面来把握：(1) 从国有资产减少的原因分析。看导致国有资产减少的原因是由于受委托人能力水平有限、市场变化、决策失误等因素导致的，还是受委托人出于非法占有为目的，加以隐藏、转移、擅自处分等所造成的。(2) 从国有资产处理的方式、目的、价格等方面分析。受委托人处理国有资产的目的是否出于经营管理需要，处理的方式、价格是否符合法律、法规的规定或者双方的约定、合同的规定，是否正常。(3) 从受委托人主观方面分析。受委托“侵占”国有资产，是出于非法占有为目的，还是由于担心双方约定的利润分配、奖金提成不能兑现而“提前”扣留本人应得收益。如果是后者，则由于行为人在主观上不具贪污的故意，则不构成贪污罪。(4) 从委托经营管理的期限是否届满方面分析。在认定受委托人是否构成贪污罪时，应当注意双方约定的经营管理期限的长短，既要监督受委托人经营、管理国有资产的情况又要考虑保护、尊重他人自主经营权、管理权，积极支持、监督受委托人合理有效地经营管理国有资产。一般来说，除非有证据证实受委托人存在贪污国有资产的重大嫌疑或者在临近期限届满之际大捞一把外，在期限届满前，不宜简单地或者一概地认为国有资产的减少是受委托人故意造成的，而简单地认定为贪污行为。

6. 在处理受委托人构成贪污罪的方式上，一般宜采取追索受委托人补偿、赔偿前置方式。即当认定国有资产的减少是受委托人故意行为且不是出于经营管理需要

的目的，甚至是其贪污行为所导致时，国有单位应当首先督促受委托人补偿、赔偿其所造成的国有资产的损失，如果受委托人予以补偿、赔偿，则不宜对其以贪污罪论处；如果委托人有能力却拒不补偿、赔偿，又有贪污犯罪故意的，则应以贪污罪论处。这是考虑到受委托人构成贪污罪与国家工作人员贪污罪的区别和该类案件的特殊性复杂性的需要，这也是从刑事政策角度考虑的需要。

三、混合所有制企业中的贪污犯罪问题

私人所有的财产，私营企业、外资企业的财产，不属于公共财产范畴，这是很明确的，但是财产的性质在实践中往往具有复杂性。在现阶段，我国是多种所有制形式混合的经济类型。特别是股份制，作为现代企业的一种资本形式，受到了国家的充分肯定。从管理形式上看，股份制企业的财产往往具有公共的性质。为此，刑法第371条第2款规定："国有公司、企业或者其他国有单位中从事公务的人员和国有公司、企业或者其他国有单位委派到非国有公司、企业以及其他单位从事公务的人员，利用职务上的便利，将本单位财物非法占为己有，数额较大的，依照刑法第三百八十二条、第三百八十三条的规定定罪处罚。"这一规定主要是针对侵吞或者以其他手段非法占有股份制企业、中外合资经营企业等企业中，不属于公共财产但是又包含公共财产的成分的法人财产的犯罪，对于解决多种所有制形式混合的企业中国家工作人员的贪污犯罪，具有十分重要的现实意义。笔者认为，这里的"本单位财物"以及"数额较大"，并非单指公共财产，而是指企业法人财产。只要是"本单位财物"，不论其中包含有几种经济成分，也不论各种所有制形式财产占有的比例如何，一律计入其贪污数额，按照刑法第383条的规定定罪处罚。这样规定，不论在理论上将产生什么争议，至少便于司法实践中掌握和应用。但是，对于国有控股、参股的股份公司中的国家工作人员或国家工作人员以外的其他工作人员，利用职务之便，非法占有股份公司财产，数额较大的，只能以职务犯罪论处，而不能因涉及国有财产，就以贪污罪论处。

四、贪污礼物犯罪的认定

刑法第394条规定，国家工作人员在国内公务活动或者对外交往中接受礼物，依照国家规定应当交公而不交公，数额较大的，以贪污罪论处。适用刑法第394条的，应当注意以下几个方面的问题：

1. 适用主体是国家工作人员，不包括其他受委托管理、经营国有财物的人员。这里的"国家工作人员"，并非单指领导干部或者国家机关工作人员，其范围实际上与有关国家规定有关，即根据国家规定收受一定礼物应当交公的人员，如果违反规定，数额较大的，就构成贪污罪。从现行规定看，这些人员主要包括党政机关工作人员、国有公司、企业、事业单位、人民团体的工作人员。

2. 必须是在国内公务活动或者对外交往中接受礼物。这里的"对外交往"并非涵盖任何与国外人士的交往，实际上也是指具有公务性质的交往，即这些交往与行为人的职务有关系，行为人是受单位指派或者代表单位参加的。如果行为人因为与国外人士的私人感情或者亲友关系接受礼物，当然不存在上交问题，更不是贪污。

3. 所谓"礼物"，包括礼品、礼金和有价证券。这些礼物被赠与国家工作人员后，如果按规定必须上交，实质上就是公共财产。

4. 所谓"国家规定"，目前是指国务院及其有关部门的有关规定和党中央关于领导干部廉洁从政的相关规定。从80年代以来，国家制定了许多相关的规定，这些规定是实践中认定国家工作人员接受礼物不交公的行为是否构成贪污罪的重要依据。

5. 应交公而不交公。所谓"交公"，是指行为人接受的礼物根据国家规定，应当按照规定的程序和时间，将礼物上缴到政府有关礼品登记管理部门。所谓"未交公"，是指行为人有条件有时间上缴礼物，却无正当理由没有将礼物依照国家规定上缴礼品登记管理部门。行为人未交公的目的、动机在所不同，行为人未交公后将礼物放置的场所在所不同，行为人未交公的礼物是否为他人知晓在所不同，有人以标准的贪污罪犯罪构成要件特别是主观要件即"具有非法占有为目的"来要求接受礼物应交公而未交公构成贪污罪的情况，笔者认为，刑法第382条规定的构成贪污罪在犯罪主体、犯罪对象、犯罪主观方面、犯罪客观方面等一系列要件较之普通的贪污罪构成要件都有明显的不同，是对普通的贪污罪的犯罪构成要件的修正，是特殊的、独立的、专门的贪污罪构成要件体系，不能将二者混为一谈，更不能以此代彼。

6. 贪污礼物必须是数额较大的才构成犯罪。刑法第383条中规定，贪污数额不满5000元情节较重的，处2年以下有期徒刑或者拘役。但对贪污礼物案件，追究刑事责任的前提是数额较大，不满5000元不应认定为"数额较大"，因此也不应追究刑事责任。

处理贪污礼物案件应注意不要与受贿罪相混淆，行为人在国内公务活动和对外交往中接受礼物，仅仅是应交公而不交公的，是贪污；如行为人收受礼物后，利用职务之便为他人谋取利益的，是受贿。

五、共同贪污犯罪的认定和处理

刑法第382条第3款规定，一般主体与国家工作人员、受国有单位委托经营、管理国有财产的人员相互勾结，伙同贪污的，以贪污共犯论处。对于公司、企业或者其他单位中，不具有国家工作人员身份的人与国家工作人员，相互勾结，分别利用各自职务上的便利，共同将本单位财物非法占为己有的为共同犯罪。

（原文约7500字，发表于《福建政法管理干部学院学报》2002年第3期）

文摘编辑：陈若芷

论我国刑事诉讼举证制度的缺陷及完善

吕 斌

[作者简介] 吕斌，安徽大学法学院讲师。

[内容提要] 本文根据司法公正的主旨，对我国刑事诉讼举证制度中所存在的控辩双方取证权利、举证义务、对案件知情权的不对等、法庭易处于偏听等现象进行了分析，为保障辩护律师对案情的平等知情权和调查取证权，保障被告人的质证权利，提出相应的建议。

[关 键 词] 刑事诉讼；举证；公正。

当前我国的刑事诉讼举证制与司法公正存在冲突，主要表现在控辩双方在庭前准备和举证要求的不公平性，取证权利的不对等性，辩护律师取证行为的不安全性，被告人的质证权和辩护权未能受到充分保障，法庭易处于偏听的状态，影响刑事案件的公正审理，有必要加以完善。

一、我国当前刑事诉讼举证制度的法律规定和客观状况

在刑事案件的审理中往往会发生以下情况：

1. 对复印件是否“主要证据”发生异议而不能得到有效处理

是否主要证据和应当提供多少主要证据复印件是由公诉机关具办案件的公诉人判断和决定，而且是只提供“证明被告人构成犯罪的部分”。因此，公诉人为了保障法庭公诉的顺利进行和有利打击犯罪，避免与辩护人在证据材料上发生纠缠，往往采取打证据埋伏的方法，尽量少地向法庭提供有罪的“主要证据”复印件。有时甚至只提供个别非主要的有罪证据复印件。由于我国刑事审判一般是一次开庭审理即定案，比较注重诉讼效率，这样就使辩护律师处于不能全面了解证据材料的不利地位，造成了辩护律师不能充分行使辩护职能。于是，控辨双方经常就公诉机关提供的复印件是否“主要证据”发生争议。如果辩护律师确实认为公诉机关在法庭上宣读或者出示的证据对案件的定性或者量刑有重要影响，而该证据的复印件或者照片并没有在开庭前向法庭提供。当辩护律师就该举证的合法性提出异议，或者要求延期审理以便准备时，往往是不了了之，得不到法庭的支持。这是因为我国法律对这些问题的处理尚没有明确的规定。

2. 法庭审理形式化

通常，公诉人在法庭上的举证只是宣读笔录和鉴定结论，出示一些相关物证或者照片，被告人和辩护律师对这些出示的证据材料发表一下意见。如果被告人和辩护律师对证人证言笔录和鉴定结论的真实性、合法性或者关联性发生异议，要求控方证人出庭进行质证，法庭由于考虑节省人力资源和诉讼效率往往不予支持。因此，使人们认为法庭审理是在走过场，被告人的质证权和辩护权只是发表一下意见而已。

3. 辩方处于举证不利地位

由于公诉机关不向法庭出示被告人无罪的证据材料，结果，公诉机关出示的所有有罪证据往往被法庭作为定案依据。辩护律师不仅取证困难，而且所举证据很难被法庭确认。如果公诉机关或者侦查机关认为辩方提供的证据涉嫌毁灭、伪造证据和妨碍作证，有权对证人和辩护律师进行查处和追究法律责任。

二、当前公诉案件的举证制度与司法公正的冲突

司法的生命在于它的公正性。法庭审判的公正性最根本的要求是控辩双方的地位的对等性和法官的中立性。当前我国公诉案件的举证制度的不公正性的具体表现有：

1. 控辩双方取证的权利不同

侦查机关和公诉机关是在国家权力的保障下取得证据的。法律明确规定证人必须如实地向司法机关作证，有意作伪证或者隐匿罪证是要负法律责任的。而作为辩方律师却不具有这方面的法律保障。辩护律师的取证权是受到诸多限制的。辩护律师的调查如果不被同意或者许可将无法进行。证人对辩护律师的调查因怕惹麻烦往往采取不配合的态度，辩护律师对此无能为力。再者，辩护律师申请人民检察院、人民法院收集、调查证据的权利也无法定的保障措施，有时人民检察院、人民法院以不需要再调查取证或者找不到证人为由对辩护律师的取证申请不予理睬；辩护律师请求法庭通知控方证人出庭质证的权利亦无法律的保障。

2. 法律对控辩双方在庭前的出证规定的不对等

我国《刑事诉讼法》第150条规定，公诉机关对公诉案件只须在开庭前向法庭提交证据目录、证人名单和主要证据复印件或者照片。而最高人民法院《关于执行〈中华人民共和国刑事诉讼法〉若干问题的解释》第119条第1款第4项规定：“被告人、辩护人于开庭五日前提

供出庭作证的身份、住址、通讯处明确的证人、鉴定人名单及不出庭作证的证人、鉴定人名单和拟当庭宣读、出示的证据复印件、照片。”由此可见，法律对被告人和辩护人的出证作了较公诉机关严格的要求，尤其是对当庭要宣读的证据，公诉机关只需要提交主要证据复印件，却要求被告人和辩护人提交全部证据复印件。

3. 控辩双方对案件知情权的不对等

公诉人在开庭前已对案件的全部材料通熟掌握，而辩护律师却只能通过部分证据复印件了解案情，以致对案情的了解如同雾里看花。在开庭时公诉人已是成竹在胸，而辩护律师却是茫茫然。在对案情了解不对等的情况下，必然影响辩护的效果，从而影响案件的公正处理。

4. 控辩双方取证权利保障的不对等

法律虽然规定了辩护律师有调查证人的权利，但我国《刑法》第306条又规定了辩护人毁灭证据、伪造证据、妨碍作证罪。往往辩护律师在对证人调取了与公诉机关相反的证据后，公诉机关或者侦查机关又会对这些证人进行核查。公、检机关核查证人的做法，使得辩护律师取证有如履薄冰之感，担心违法“证人”为逃避责任将责任推向律师。相反，公诉机关的取证和举证行为却没有这样的后顾之忧。如此规定妨碍了辩护律师调查取证的积极性和不利于保护被告人的合法权利。

5. 法官不能客观地了解案情，难以保证公证裁判

法官所收到控方的证据都是有罪的，看不到公、检机关收集的有关被告人无罪的证据。辩护律师由于取证的诸多限制很难收集到对被告人有利的证据。因此，法官从接到案件到审结就一直处于不能全面客观地了解案情的状态，而是较大限度地受公诉机关提供有罪证据的影响，处于偏听的状态，最后的结果很可能是偏信。

通过新、旧刑诉法的比较，律师和法官们普遍认为，辩护律师由于看不到公诉机关掌握的对被告人有利的证据，辩护的职能不是增大了而是缩小了。虽然新的刑诉法规定了律师提前介入制度，但这对被告人权利的实质性保护作用不大，因为，决定案件结果的是证据。

另外，公诉机关对数份被害人陈述和数个证人证言往往只选择一份对被告人最不利的证言出具，致使辩护律师不能从相关的陈述和证言中鉴别这些证据的真伪。

三、关于举证制度的完善

1. 应保障辩护律师对案情具有平等的知情权

司法的主旨是公正、公平、公开。刑事诉讼的目的是通过保护被告人的合法权利以准确地打击犯罪。公诉机关如果将案件全部材料提交法院便利辩护律师阅读和复印，辩护律师就可以与公诉人一样熟悉案情，全面了解被告人有罪、罪轻、无罪和从重、从轻、减轻、免除处罚的证据材料。控辩双方在对案情全面了解和充分熟悉的情况下将会使事实辩论得更清楚，法理辩论得更透彻，对被告人适用的法律将会更准确。

2. 充分保障被告人的质证权利

为了诉讼效率，我国不能一概地采取西方国家要求证人都必须在法庭上作证的做法，但为了充分保障被告人的合法质证权利，对控方提出的主要证人证言，被告人要求质证的，法庭应当支持，应当通知这些主要证人出庭作证和接受质证，否则，该证人的证言不能作为证据。证人必须出庭作证是诉讼法发展的趋势。而对主要证人进行质证，既保障了被告人的质证权和辩护权，辨别了主要证人证言的效力，又提高了审判的透明度和法庭的公信度，体现了法庭的审慎和司法公正，保证了案件审理的质量，也相应地节省了诉讼资源，符合我国国情。

3. 保障律师调查取证权的充分行使

我国《刑事诉讼法》第37条规定：“辩护律师经证人或者其他有关单位和个人同意，可以向他们收集与本案有关的材料，也可以申请人民检察院、人民法院收集、调取证据。辩护律师经人民检察院或者人民法院许可，并且经被害人或者其近亲属、被害人提供的证人同意，可以向他们收集与本案有关的材料。”该规定限制了律师调查取证权的行使，应予完善 。如果由于辩护律师的调查未被许可或者同意，因此申请人民检察院、人民法院收集、调取证据的，人民检察院、人民法院不得以找不到当事人作为收集、调取不到证据的理由。辩护律师对不同意接受的调查的人员，有权请求法庭通知其到庭作证，对拒不到庭作证的，法庭应以妨碍作证罪处理。这样做律师的调查取证权才会落到实处，也将使法庭更加全面和客观地掌握案情，保障案件审判的公正性和正确性。

4. 解除律师调查取证的后顾之忧

如果本案的侦查、公诉机关认为辩护律师涉嫌毁灭证据、伪造证据或者妨碍作证，应当进行回避，负责将有关材料报告上级机关。如确需立案侦查的，应由上一级公安机关直接立案侦查。这样做，既体现了法律的威严，要求律师必须依法执业，亦体现了法律对律师执业的慎重保护，较大程度地解除律师调查取证的后顾之忧。充分发挥律师的调查取证的职能，有效地分配和利用诉讼资源，将更有利于查清案件事实，也将有效地防范司法工作人员滥用职权的现象，有利于保护被告人的合法权利，保障案件能得到公正、客观的处理，既符合刑诉法公平、公正的立法目的，也符合我国的刑事诉讼法保证准确、及时地惩罚犯罪的首要任务。

（原文约7000字，发表于《合肥工业大学学报》社科版2002年第3期）

文摘编辑：陈若芷

《国家赔偿法》的缺陷及其完善

杨　平

[作者简介] 杨平，甘肃政法学院讲师，从事宪法学、行政法学研究。

[内容提要]《国家赔偿法》在实施中存在一些缺陷，其主要表现为：赔偿的归责原则单一；赔偿范围过窄；赔偿标准过低；赔偿程序不合理；赔偿费用支付存在漏洞等。本文针对《国家赔偿法》的上述缺陷提出了相应的完善措施。

[关 键 词] 国家赔偿法；原则；范围；标准；程序。

一、国家赔偿法的归责原则

1. *以违法原则作为国家赔偿的原则表现出许多弊端*

国家赔偿的归责原则，就是确定以什么标准确认国家对侵权行为承担赔偿责任，它是国家赔偿理论研究和实际立法所面临的首要问题，也是确立国家赔偿责任的关键所在。我国《国家赔偿法》第2条规定："国家机关和国家机关工作人员违法行使职权侵犯公民、法人和其他组织合法权益造成损害的，受害人有依照本法取得国家赔偿的权利。"从上述规定可以看出我国对国家赔偿采取的是违法责任原则，即国家赔偿的范围只限于行政机关或司法机关的违法行为。面对样态繁多、性质各异的国家侵权行为，违法责任原则显然不能完全调整其赔偿责任。国外关于赔偿的归责原则，主要有过错原则、无过错原则和违法责任原则三种。《国家赔偿法》仅规定违法责任原则，将行政机关和司法机关的"明显不当行为"排除在外，显然不利于保护公民合法权益，同时这也与《国家赔偿法》的某些条款相冲突。

2. *我国的《国家赔偿法》规范的内容是行政赔偿和刑事赔偿两种*

对这两种赔偿因其性质不同应该采用不同的归责原则，行政赔偿一般应采用违法责任原则，但针对行政机关的某些虽不违法却明显不当的行为应采取过错责任原则。在刑事赔偿方面，采取违法责任原则暴露的问题更多，我国的《刑事诉讼法》规定了公安司法机关在行使职权过程中应遵守的一系列标准、原则、条件等等，有的时候要判断某个行为是否违法，可以很容易地找出在侦查阶段、起诉阶段或者审判阶段具体违背了什么标准、原则或者条件。但有的时候却很难找到，因此，有的学者主张，我国的刑事赔偿应采用结果责任原则。这种观点是很有道理的。结果责任原则，即只要公检法机关作出了法律上无罪的决定就一律导致赔偿，无论其主观上有无过错。在一个法治国家中无罪判决只要是依法产生的，就不应该追究任何人的不当或过错责任。它的理论基础是公平，公平在刑事领域一个集中的表现就是天平向弱者倾斜。另一方面从确认原则上来看，国家没有通过司法程序确认是有罪的人，他在法律上就是无罪的，这和事实有罪无罪没有关系，存疑不起诉、证据不足不起诉、撤销起诉等所产生的法律后果都是证明这个人在法律上是无罪的。只要是国家通过生效的法律裁判作出了法律上无罪的判决，其产生的后果都是赔偿，这样的好处是不让弱者承担不必要的赔偿举证责任。归责原则为设定具体的赔偿程序提供了好的依据。当然赔偿的标准也不能只限于无罪判决，对超期羁押和羁押时间超过法定判刑期间的，也应予以赔偿。

3. *应该规定一个合理的免责条款*

现行《国家赔偿法》免责条款太多，比如"公民自己故意作虚假陈述或者伪造有罪证据的被羁押或判刑的"不赔，这一条已成为公检法机关钻漏洞最多的一个条款，因为这条在我国的刑法和刑事诉讼法上已被解释为只要公民两次变更其陈述都被视为被告有责任。实际上公民故意作出虚假的陈述往往是被迫的，这里有刑讯逼供和长期羁押的原因，这一点应作为例外中的例外来看待，不能片面要求公民本人承担责任。

二、国家赔偿的范围

1. *国家赔偿的范围过窄，不能适应新时期保障人权的需要*

国家赔偿的范围，是指国家承担赔偿责任的事项范围，也是受害人赔偿请求权的范围。我国现行国家赔偿法的赔偿范围较窄，司法赔偿范围尤其狭窄，因而扩大赔偿范围已是《国家赔偿法》不容回避的问题。现在国家赔偿的范围，主要是限于公民、法人和其他特定的组织的人身权和财产权，而不是所有的人身权和财产权。而且，对于财产损失，现有规定原则上只赔偿直接损失(有些情况下，连直接损失标准也可能达不到)，对于可得利益损失一概不赔。其中，对于违法罚设、违法征收的，只返还本金，不计利息；财产已经拍卖的，只给付拍卖所得的价款，即使拍卖价格明显低于实际价格；吊销许可证和执照、责令停产停业的，只赔偿停产停业期间必要的经常性费用开支。依照现有规定，违法行为侵犯公民人身自由和生命健康权，只赔偿物质性损失，而不赔偿精神损失。上述不合理的规定，越来越与我国公民不断提高的权利意识以及保障人权的目标不符。

2. *应增加公共设施损害的国家赔偿范围*

《国家赔偿法》只适用于国家机关在行使职权中侵权的情况，而道路、桥梁等公共设施设置、管理欠缺而致人损害的，因不属于违法行使职权的问题，而没有纳入国家赔偿的范围，而由受害人依照民法通则的规定，向负责管理的企事业单位要求赔偿。大量公共服务的事实，把公共设施的设置、管理不善的侵权纳入国家赔偿范围，能够全面反映现代国家的职能。

3. *应增加因公共利益损害的国家补偿范围*

《国家赔偿法》没有提到国家补偿问题，但实际中存在着国家机关合法行使职权也可能给人们造成利益损失的情况，对于那些因公共利益而承受特别牺牲的人，根据公平原则，应该给予适当补偿。例如，因军队演习、训练，配合执行国家公务，见义勇为，以及因国家保护的野生动物致人身、财产损害等，需要采取适当方式给以补偿。

4. *应该增加惩罚性赔偿*

有些国家对政府人员故意侵权的行为（如殴打）规定了征罚性赔偿。我国民事立法中也出现了个别的惩罚性赔偿规定。在国家赔偿领域，惩罚性赔偿也值得考虑。对国家机关和国家机关工作人员故意侵权行为给以惩罚性赔偿，有助于遏止违法行使职权，伸张社会正义。

三、赔偿标准

1. *《国家赔偿法》规定的赔偿标准过低，难以弥补受害人的损失*

根据现行《国家赔偿法》，侵犯人身自由的，每日赔偿金按照国家上年度职工日平均工资计算，最高额为国家上年度职工年平均工资的5倍；造成身体伤害的，应当支付医疗费，以及赔偿因误工减少的收入。在已被裁定获得国家赔偿的案件中，人们对过低的赔偿金额意见最大，有人甚至认为，过低的赔偿额是对当事人的再次“羞辱”。

2. *对财产损失的赔偿应该包括对可得利益的损失赔偿*

国家对行政侵权应给予充分赔偿，其赔偿标准不应该低于民事赔偿的标准。在这些方面，有关民事赔偿的法律规定和司法实践可以在《国家赔偿法》修订时予以借鉴。对于刑事赔偿，除赔偿直接财产损失外，赔偿请求人因请求赔偿和在整个诉讼过程中的交通费、误工费、利息损失、鉴定费等属于侵权行为造成受害人现有财产的减少，应当赔偿。

3. *应对受害人给予一定的精神损失赔偿*

在国家机关侵犯公民人身自由权和健康权的情况下，给予一定数额的精神损失赔偿，既能够弥补现有的赔偿标准的不足，又符合受害人对精神赔偿的普遍期待。

四、赔偿程序

1. *国家赔偿的程序规定不合理，导致索赔难*

根据国家赔偿法第9条、第20条的规定，无论是行政赔偿还是刑事赔偿，均以赔偿请求人先向赔偿义务机关提出赔偿申请，由赔偿义务机关予以先行处理，方可进入实质性索赔程序。而在实践中表明，让赔偿义务机关主动承认并纠正自己的错误是非常困难的。尤其是司法赔偿，《国家赔偿法》事实上赋予了司法赔偿义务机关对违法司法行为的终局确认权。由于对确认主体的设定违背了程序正义的基本要求——任何人不得成为自己案件的法官，所以确认结果的公正性难以保证。立法原意是给予赔偿义务机关一个“有错必纠”的机会，以维护其形象及威信，但在没有制度依托的情况下，这一规定极易也往往被扭曲为“有错不纠”的“护身符”。

2. *应该简化现有的司法赔偿程序*

在司法赔偿程序中，只要赔偿请求人能提供公安机关的释放证明、检察机关的不起诉决定书、人民法院的生效的法律文书等确切法律证明文件的，可以不经过确认程序，而直接进入实质性赔偿程序。

3. *应增加赔偿义务机关受理索赔申请的强有力的约束条款*

除了现行规定中对赔偿义务机关受理赔偿申请的时间规定以外，应增加对赔偿义务机关超过规定时间不予答复的加重处罚规定。

4. *设立专门独立的国家赔偿裁判机构*

在高级以上人民法院设立独立的国家赔偿裁判机构，并采用合议、上诉等形式，实行两审终审制。

五、赔偿费用的支付

1. 赔偿费支付存在着明显漏洞。按照《国家赔偿费用管理办法》的规定：“国家赔偿费用由赔偿义务机关先从本单位预算经费和留归本单位使用的资金中支付，支付后再向同级财政机关申请核拨。”然而，这一规定却使赔偿费用的支付出现了一些奇怪的现象。一方面，有些地方财政困难或收入很低，不愿或无法将赔偿费用列人财政预算；而有些赔偿义务机关以各种理由搪塞拖延支付致使一些受害人获准赔偿后却拿不到赔偿金。另一方面，许多地方的国家赔偿金花不出去。

2. 针对上述情况，应该设立专门的赔偿基金，赔偿发生后，当事人可以直接凭判决书或者赔偿决定书直接到基金中心领取，不用再和公检法等机关接触。这样，既避免了赔偿费用与财政办公费用争饭吃的现象，也避免了国家赔偿与具体人员、单位的升迁和政绩的牵连。

（原文约4500字，发表于《甘肃政法成人教育学院学报》2002年第3期）

文摘编辑：陈若芷

对反恐怖主义立法的思考

刘春林 王宁平

[作者简介] 刘春林，现为武警指挥学院作战指挥学专业在读研究生。

[内容提要] 随着恐怖活动的猖獗，反恐怖主义已成为国际共识。在打击恐怖主义过程中，我国作为一个法治国家，必须坚持依法治理。本文阐述了关于反恐怖主义立法的必要性、可行性的几点思考。

[关 键 词] 反恐怖主义；立法；必要性；可行性。

要严厉打击恐怖主义，首先要立法，做到处理恐怖活动时有法律依据。反恐怖主义立法的必要性和可行性体现在以下几个方面：

一、加强反恐怖立法的必要性

1．我国建立法治国家的基本方略决定了必须加强反恐怖主义立法

党的十五大确立了我国依法治国，建设社会主义法治国家的基本方略。九届人大二次会议通过了宪法修正案，把“依法治国，建设社会主义法治国家”载入宪法，这表明我国治国方略的重大调整，标志着我国治国理念的根本转变，依法治国决定了我国在打击恐怖主义方面也必须依法行事，需要制订完善的法律体系来依法打击恐怖主义。

2．恐怖主义的严重危害决定了必须加强反恐怖立法

一是恐怖活动造成的人员伤亡巨大。二是恐怖活动造成严重的人力资源破坏。三是恐怖活动还造成了巨大的物资财产损失。如此严重的危害和日益猖狂的恐怖活动，如果没有完善的反恐怖法案，很难对恐怖分子实施有效地、严厉地制裁和惩罚。

3．我国现有法律上的不完善决定了必须加强反恐怖主义立法

我国没有单独的反恐怖法案，在1997年刑法中将一些恐怖犯罪活动列为危害国家安全罪，这比1979年刑法是一个非常大的进步。如原来刑法中劫机被划入反革命罪，这已明显不适应当前的情况，现改为危害国家安全罪，符合国际上统一惯例。但具体来看还不够完善。主要表现在：

——具体规定上不够完整，缺乏前瞻性。我国刑法在第二章中规定了对放火、爆炸、投毒等方法进行恐怖活动的处罚，但没有考虑到对其他一些非常规手段进行恐怖活动的预防和处置。如现代网络黑客利用计算机病毒对计算机网络进行攻击，造成金融系统瘫痪，是不是也是一种恐怖活动?

——对于恐怖主义犯罪的处罚不够完整。对于“组织、领导和积极参加恐怖组织的”犯罪处罚明确，但没有规定对恐怖组织的财产加以没收，一般而言，如果不没收恐怖组织的资金，打掉了一些恐怖分子，还会有其他恐怖分子继续进行恐怖活动，无法从根本上铲除恐怖主义。

——在量刑上显得过轻。刑法中规定“组织、领导和积极参加恐怖组织的人员处三年以上十年以下有期徒刑，其他参加的，处三年以下有期徒刑、拘役或管制”。这一点显然过轻。国内外正反两方面的经验教训，都证明必须依法严厉打击恐怖主义违法犯罪行为，如果处罚或定罪过轻，根本起不到以儆效尤的威慑作用，相反还可能形成姑息犯罪分子的社会气氛。

——对恐怖犯罪的侦破与对其他犯罪的侦破没有加以区分。对恐怖组织和恐怖分子的跟踪、监视等侦破手段没有法律上的明文规定，是不是应该比侦破其他犯罪享有更多的权利，可以采取特别证据制度。对于证人是不是应该采取特别保护措施，对这些问题都必须通过制定反恐怖法来明确，从而从制度上打击恐怖主义。

——我国已经加入反恐怖主义国际合作，决定了必须加强反恐怖主义立法。对于联合国和其他国际组织所制定的合理的、有积极作用的反恐怖国际公约和协定，凡是符合我国实际情况和对外政策的，我国都积极参加或表示赞同，并一再呼吁进一步加强国际合作，主张用更有效的法律手段来避免和制止各种恐怖主义活动。例如，我国在1978年11月加入了《东京公约》，于1980年9月加入了《海牙公约》和《蒙特利尔公约》；1987年6月加入了《关于防止和惩处侵害应受国际保护人员包括外交代表的罪行的公约》。为了更好地和国际社会联手打击恐怖主义，我们国家需要和世界上其他国家共同合作。只有国际社会加强合作，加强情报信息交流，才能够有力防止恐怖活动的发生，制止恐怖犯罪。合作的基础是国际公约和协定以及各个国家的相应法律，如果法制不健全，在合作的问题上就会产生不同意见，从而不能够很好地合作。因而应在人犯的引渡、情报信息的交流等方面加强合作。

二、加强反恐怖主义立法的可行性

1. 我国国内已经具备建立反恐怖法规的条件和基础

一是人民群众已经认识到恐怖主义的严重危害，这是我国反恐怖立法的群众基础。近年来愈演愈烈的恐怖活动震撼了人们的心灵，尤其是美国发生的“9·11”事件更是对人们造成了严重的恐惧心理。人们普遍认识到对于恐怖主义势力必须依法严厉打击，对于民族分裂势力制造的恐怖事件更是要严加防范。防止恐怖事件的最有力措施就是完善相关的法律。二是近年来我国“打黑除恶”斗争为反恐怖立法积累了丰富的实践经验。带有黑社会势力的组织犯罪团伙与恐怖组织有某些相似之处，有些黑社会组织本身就从事某些恐怖活动，或者同恐怖组织有着不同程度的联系。在打击恐怖犯罪中可以借鉴打击带有黑社会性质的团伙犯罪的经验，针对这些经验制定具体的反恐怖法规。三是我国已经形成的比较完善的法律体系，为反恐怖立法提供了系统支撑。目前，我国已经形成了以宪法为母体，其他法律为支撑的比较完善的法律体系，这就为制定反恐怖法规提供了法律体系中的系统支撑。

2. 国际社会关于共同打击恐怖主义形成了共识，为我国反恐怖立法创造了有利的国际环境

自上世纪60年代起，随着国际恐怖主义愈演愈烈，反恐怖的国际会议也频繁召开，并且制定了一些重要的国际反恐怖条约。目前世界绝大多数国家都签署了1963年的《东京公约》、1970年的《海牙公约》、1971年的《蒙特利尔公约》及其补充协议，从而形成了保护民用航空安全的比较完整的国际法规体系。在保护外交人员和外交设施，反对劫持人质等方面，也制定了相关的国际法律。这些公约的签署为我国制定反恐怖法提供了依据。我国政府已经发表声明，要和国际社会一道坚决打击一切形式的恐怖主义，绝不允许任何恐怖组织在我国境内活动，也决不会纵容、包庇恐怖分子。国际社会对打击恐怖主义的共识和我们国家的严正立场为建立反恐怖主义法创造了条件。

3. 世界各国纷纷制定反恐怖法，为我国制定事实上反恐怖法提供了可资借鉴的经验

针对日益猖狂的恐怖活动，各国在防范恐怖活动的过程中特别重视专项法律法规建设。1984年10月，美国专门制定了恐怖主义活动的新法律《1984年犯罪法》，规定了恐怖主义罪犯的法律适用范围。1996年4月美国总统克林顿签发了旨在加强对国际恐怖活动打击力度的新反恐怖法案。1996年4月，英国政府通过了新的反恐怖法案，扩大了警方在采取行动防范和打击恐怖组织及恐怖分子进行恐怖活动时的权限。法国国民议会1996年4月通过了司法部长杜蓬提出的加强镇压恐怖主义法案，其中设立了一项新的罪名，即“帮助外国恐怖分子进入法国及在法居留罪”。美国“9·11”事件后，美国、日本等国都制定了新的反恐怖法案。我国可以借鉴其他国家的法律，结合我国的实际，制定出适合我国国情的反恐怖法。

三、加强反恐怖主义立法应关注的几个方面

1. 增设刑法罪行和刑事处罚种类

我国《刑法》中可以考虑单独设立网络恐怖罪、金融恐怖罪，用来惩处那些利用网络进行恐怖活动或者破坏金融系统，造成网络系统或金融系统瘫痪的罪犯。我国《刑法》对组织、领导、参加恐怖组织罪设置了有期徒刑、管制、拘役三个刑种，笔者认为对于组织、领导、参加恐怖组织罪的犯罪分子，可以并处罚金刑和没收财产刑，并应附加剥夺政治权利。

2. 提高量刑幅度

如果处罚或定罪过轻，对犯罪分子根本起不到威慑作用，更不用说有力防范恐怖犯罪的发生。即使是在一些国内恐怖主义活动并不太严重的西方国家，对恐怖主义犯罪的惩处也是比较严厉的，重的可以被判处死刑。笔者认为对于组织、领导重大跨国恐怖活动组织的，应处以10年以上有期徒刑，对于情节严重的，应处以无期徒刑甚至死刑。只有依法严厉打击恐怖犯罪和恐怖组织，才能够震慑人们，防止加入恐怖组织，才能够更好地防范恐怖犯罪的发生。

3. 制定特别刑事诉讼程序

司法部门应当规定反恐怖活动组织犯罪特别的诉讼程序规则和证据制度，以有利于对反恐怖活动组织犯罪的打击。应当授予公安机关、武警部队和安全部门一定的特权，便利对恐怖组织的侦察、监视、监听及渗透、便利侦察与控制恐怖分子，从而为打击恐怖主义活动提供强有力的法律证据。

4. 加强对证人的保护工作

要制定政策鼓励人们提供恐怖分子的活动线索，保护“线人”的安全，防止公安机关、司法部门泄漏“线人”情况；要制定法规保护有关证人的安全，消除证人害怕可能遭到报复的担心；同时我们也应注重运用严厉打击和分化瓦解相结合的措施，对于那些有悔改意愿并且提供情报的恐怖分子要宽大处理，甚至可以减免处罚，以利于分化恐怖分子，有效打击恐怖组织，防止恐怖犯罪的发生。

（原文约4000字，发表于《武警指挥学院学报》2002年第3期）

文摘编辑：陆敏

邪教组织犯罪刑法适用分析

覃珠坚

[作者简介] 覃珠坚，广西公安管理干部学院学报副主编。

[内容提要] 正确适用我国刑法，准确认定邪教组织犯罪，关键是分析把握邪教组织犯罪的基本特征和构成特征，特别是其本质特征和行为特征。在适用法律认定邪教组织犯罪过程中，重点解决罪名认定和犯罪行为性质认定等此罪彼罪问题。

[关 键 词] 邪教组织；邪教组织犯罪；刑法适用。

一、邪教组织犯罪的基本特征

根据我国有关司法解释，邪教组织是冒用宗教、气功或者其他名义建立，神化首要分子，利用制造、散布迷信邪说等手段蛊惑、蒙骗他人，发展、控制成员，危害社会的非法组织。邪教犯罪组织本身属于邪教组织，邪教组织犯罪就是邪教组织的犯罪行为，其犯罪行为符合一般犯罪的本质特征即严重危害性和刑事违法性，认定时务必注意把握。

第一，邪教组织的基本特征。一是教主崇拜。二是精神控制。此外，还有秘密结社活动，非法聚敛钱财，攻击、诋毁宗教，蔑视人类，仇视社会，敌视政府等其他特征。

第二，邪教组织犯罪的本质特征。行为具有一定的社会危害性，是犯罪最本质、最基本的特征。邪教组织犯罪的社会危害性，是指对国家和人民利益的危害性，也就是邪教组织犯罪危害了国家和人民的利益达到了相当严重的程度，具有刑事违法性。从法轮功邪教组织犯罪和国外邪教组织犯罪社会危害性的比较来看，我国邪教组织犯罪的社会危害性主要是指其已经具有从反科学、反文化、反宗教走向反人类、反社会、反政府的行为特征，具体表现在以下三个方面：一是危害公民的身心健康和生命财产安全。二是否定人类社会的道德秩序和法律秩序的价值，否定人类文明的进步，虚幻超我与现实社会严重对立，始终诋毁政府的法治作用，处处寻衅滋事，不遵纪守法，具有明显的反政府、反社会的特征。三是破坏国家宪法和法律保障的宗教秩序和信仰自由。

第三，邪教组织犯罪的主要特点。

准确认定邪教组织行为是否具有严重的社会危害性，必须结合邪教组织犯罪的特点综合进行。一是欺骗性和鼓动性。二是渗透性和蔓延性。三是组织性和贪婪性。

二、邪教组织犯罪构成特征

邪教组织犯罪为我国法律所特有。根据刑法有关条款，邪教组织犯罪属于妨害社会管理秩序的一类犯罪，但实际上其所侵害的社会关系是相当广泛的，犯罪行为也多种多样，犯罪构成相当复杂。

第一，邪教组织犯罪基本构成特征。一是邪教组织犯罪的主体是一般主体，即年满16周岁，具有刑事责任能力的自然人都可以构成本罪的犯罪主体。但是，由于邪教组织犯罪具有特殊的犯罪心理特征，在认定犯罪主体的时候，要特别注意邪教组织成员行为时的心理状态，认真分析邪教组织成员认识自己特定行为的性质、后果与社会政治意义以及支配自己实施这种特定行为的能力，务必正确认定邪教组织活动行为人的刑事责任能力。二是邪教组织犯罪妨害国家机关的管理活动，破坏社会的正常秩序，侵害一般客体和我国刑法所保护的社会整体利益，邪教组织犯罪侵害的同类客体是社会管理秩序，侵害社会秩序、生产秩序、工作秩序、教学科研秩序和人民群众的生活秩序等涉及国家对社会各个方面的管理活动。邪教组织犯罪侵害的直接客体多属于复杂客体即多重客体，几乎包括公共安全、公私财产权利、公民人身权利等刑法所保护的社会关系。三是邪教组织犯罪的主观方面主要是故意，即明知实施邪教组织犯罪活动会妨害国家法律法规的实施，危害社会公共秩序等刑法所保护的社会关系，并且希望或放任这种危害后果的发生，但有的邪教组织犯罪在主观上表现为过失，如组织、利用邪教组织致人死亡的犯罪，行为人对致人死亡的结果持疏忽大意或过于自信的过失。

第二，组织、利用邪教组织犯罪的行为特征。组织、利用邪教组织犯罪是指倡导、组建邪教组织，串联、发展邪教信徒，利用邪教组织进行破坏国家法律、行政法规实施的行为，或者组织、利用邪教组织致人死亡的行为。根据刑法有关条款及其司法解释，组织、利用邪教组织犯罪的行为主要有：一是聚众围攻、冲击国家机关、企业事业单位，扰乱国家机关、企业事业单位的工作、生产、经营、教学和科研秩序的行为。二是非法举行集会、游行、示威，欺骗组织其成员或其他人聚众围攻、冲击、强占、哄闹公共场所及宗教活动场所，扰乱社会秩序的行为。三是抗拒有关部门取缔或者另行建立邪教组织，或者继续进行邪教活动的行为，四是煽动、欺骗、组织其成员或其他人不履行法定义务，情节严重的行为。五是出版、印刷、复制、发行宣传邪教内容出版物，以及印制邪教组织标识的行为。六是组织、策划、煽动练习者聚集滋事，集体练功，聚会学法交流，为邪教组织“正名”或进行所谓“弘法”、“护法”的行为。七是其他破坏国家法律、行政法规实施的行为。

第三，邪教组织成员犯罪特征。主要有：一是聚众扰乱社会秩序罪，聚众冲击国家机关罪，聚众扰乱公共场所秩序、交通秩序罪，寻衅滋事罪，非法集会、游行、示威罪等犯罪。二是组织、利用邪教组织制造、散布迷信邪说，指使、胁迫其成员或者他人实施自杀、自伤行为的，以故意杀人罪或者故意伤害罪定罪。三是以迷信邪说引诱、胁迫、欺骗或者其他手段，奸淫妇女、幼女的，以强奸罪或者奸淫幼女罪定罪。四是以各种欺骗手段，收取他人财物的，以诈骗罪定罪。五是组织、策划、煽动分裂国家、破坏国家统一或者颠覆国家政权、推翻社会主义制度的，分别以分裂国家罪、煽动分裂国家罪、颠覆国家政权罪、煽动颠覆国家政权罪定罪。六是编写、印刷、传播法轮功邪教宣传品，煽动颠覆国家政权、推翻社会主义制度的，以煽动颠覆国家政权罪定罪。七是利用邪教宣传品，公然侮辱或者捏造事实诽谤党和国家领导人的，以侮辱罪或诽谤罪定罪。八是以营利为目的，印制、出版、发行邪教宣传品和书籍的，以非法经营罪定罪。九是以暴力威胁国家机关工作人员依法执行职务的邪教组织的骨干分子和顽固分子，以妨害公务罪定罪。

三、邪教组织犯罪刑法适用突出问题

目前打击惩罚邪教组织犯罪适用法律面临的问题主要是有关罪名认定和犯罪行为性质认定等此罪彼罪问题。

第一，罪名认定问题。根据最高人民法院的罪名规定，刑法第300条规定了具有罪名选择或行为选择性的两个罪名：即组织、利用会道门、邪教组织、利用迷信破坏法律实施罪和组织、利用会道门、邪教组织、利用迷信致人死亡罪。根据上述，邪教组织犯罪是理论上、习惯上概称的一种犯罪类型，并不是直接可以形成一个单独的罪名，刑法第300条的规定，其罪名是组织、利用邪教组织破坏实施罪和组织、利用邪教组织致人死亡罪，这两个罪名都属于行为可选择性罪名。根据刑法及其司法解释，邪教组织犯罪适用刑法第300条罪名的犯罪主体主要是组织者、利用者、策划者，指挥者和屡教不改的积极参加者。但是，对于邪教组织犯罪主体为屡教不改的积极参加者。但是，对于邪教组织犯罪主体为屡教不改的积极参加者所适用的罪名仍然是组织、利用邪教组织破坏法律实施罪和组织、利用邪教组织致人死亡罪，尽管在理论上是不合适的，在形式上也是不恰当的，然而罪名却是法定的，在没有司法解释规定增删之前，为了司法的统一性，适用时不得随意创造罪名或更改法定罪名。另外，一般的邪教组织成员不构成这两个罪名的主体构成要件，但如果被组织利用而参加破坏国家法律、行政法规实施等行为并构成犯罪的，依照刑法有关条款和司法解释规定的罪名定罪处罚。

第二，有关行为性质问题。在适用法律过程中，涉及到邪教组织犯罪特别犯罪行为的主要有帮助行为和阻止行为，具体如何定性，目前尚未有司法解释作出完全明确规定，有必要进一步分析说明，一是帮助行为，明知是邪教组织而资助其违法犯罪活动或为其提供其他条件的，可以以共犯处理。但是，如果这种资助等提供条件的行为属于起到辅助作用的帮助行为，由于并非所有起到辅助作用的帮助行为都是共犯，因此就要考虑其具体情节来认定帮助行为的性质。如果帮助行为都是共犯，由于不存在共同故意，不属于共同犯罪范畴，构成犯罪的，可以单独定罪。二是阻止行为，依据法理也可以认为，邪教组织成员以暴力、威胁或其他手段阻止邪教组织成员或者其他人员不能或不敢或者不能及时或不能有效履行法定义务，情节严重构成犯罪的，依照刑法有关条款定罪，值得注意的是，这种阻止行为构成犯罪是以其违背负有履行法定义务的邪教组织成员或其他人员的意志为基本前提，如果以劝说、欺骗等方式使得邪教组织成员或者其他人员不履行法定义务，不违背其意志的，情节严重构成犯罪的，以利用邪教组织破坏法律实施罪定罪处罚。

第三，其他此罪彼罪问题。根据刑法及其司法解释，组织、利用邪教组织犯罪与危害国家安全、危害公共安全、侵犯公民人身权利和民主权利、妨害社会管理秩序等犯罪的区别是主要在于犯罪故意不同，客观方面表现也有所不同。如组织、利用邪教组织致人死亡罪与故意杀人罪、故意伤害罪的区别在主观方面，前者是过失，后者是故意。在司法实务中，行为人以具体行为帮助邪教组织人员实施自杀、自残行为的，或者以暴力阻止病人进行正常治疗，致人死亡或伤残的，以故意杀人罪或故意伤害罪定罪。所谓具体帮助行为是指行为人具有杀人或伤害的故意，明知邪教组织人员自杀或自伤，而故意为其提供自杀、自伤具体条件的行为。所谓暴力阻止行为是指行为人明知病人不进行治疗就会死亡、伤残，而故意以暴力阻止病人进行正常治疗，并导致病人死亡或伤残结果发生的行为。如果组织、利用邪教组织实施除此之外的行为致人死亡的，则构成组织、利用邪教组织致人死亡罪。

（原文约5000字，发表于《武警学院学报》2002年第3期）

文摘编辑：陈若芷

律师在侦查阶段的诉讼地位和作用

吴桢婧

[作者简介] 吴桢婧，长沙大学政法学讲师。

[内容提要] 律师在侦查阶段介入刑事诉讼不享有辩护人的独立诉讼地位，其法律行为具有法律帮助性质，主要为犯罪嫌疑人提供法律咨询，代理申诉、控告和为犯罪嫌疑人申请取保候审等。这种界定不仅有利于明确律师在侦查阶段的职责，也有利于打消认为律师介入侦查将带来太多负效应的顾虑。

[关 键 词] 律师；侦查阶段；地位；作用。

刑事诉讼法第96条规定："犯罪嫌疑人在被侦查机关第一次讯问后或者采取强制措施之日起，可以聘请律师为其提供法律咨询，代理申诉、控告。"这里概括地规定了犯罪嫌疑人聘请的律师的作用，对律师在侦查阶段的诉讼地位没有明确，于是论家蜂起，莫衷一是。笔者认为，侦查阶段是刑事诉讼的初始阶段，在侦查阶段律师参与刑事诉讼的诸多问题解决得好，对下一步辩护作用的发挥有着重大的影响，也对维护人权，提高诉讼质量有很大的促进作用。

一、律师在侦查阶段的诉讼地位

1. 律师在侦查阶段介入诉讼不具有普遍意义上的辩护人资格

从侦查阶段犯罪嫌疑人委托的律师所承担的各项任务，在本质上都是帮助犯罪嫌疑人行使辩护权这一角度理解侦查阶段的律师属于广义上的"辩护人"已是无疑。但我们不能无视新刑事诉讼法对律师在不同诉讼阶段所作规定的差异。在侦查阶段，由于案件主要由侦查机关通过专门的调查工作和采取一些强制性措施，收集证据，查明案件事实，查获犯罪人，尚不需要嫌疑人委托的律师发表辩护意见，因此法律只赋予律师为嫌疑人提供有限的法律帮助的权利，如了解犯罪嫌疑人涉嫌的罪名、会见在押犯罪嫌疑人、向其了解有关案件情况等，而且律师介入侦查阶段的依据是接受犯罪嫌疑人的委托，要根据犯罪嫌疑人的授权去进行活动，受犯罪嫌疑人的意志的约束，因此，在侦查阶段的律师不享有辩护人的独立诉讼地位，不具有普遍意义上的辩护人资格；在审查起诉阶段，律师以辩护人的身份参与诉讼。这可从刑事诉讼法第33条关于"公诉案件的案件移送审查起诉之日起，犯罪嫌疑人有权委托辩护人"的规定中得出；在法院受理案件后的整个审判过程中，辩护律师除行使上述全部诉讼权利之外，已只能直接参加庭审活动，同控方进行面对面的举证答辩。由此可见，律师在侦查阶段的介入是非常有限的。

2. 律师在侦查阶段的法律行为具有法律帮助性质

根据新刑事诉讼法的规定，在侦查阶段，除了律师之外，其他人都不能介入，而且介入侦查的律师必须具有司法部颁发的《律师执业证》和律师事务所的介绍信。为了保证侦查活动的正常开展，刑诉法还明确规定，律师介入侦查的活动必须依法进行，在律师会见在押的犯罪嫌疑人时，侦查机关根据案件情况和需要可以派员在场；对于涉及国家秘密的案件，律师会见在押的犯罪嫌疑人，应当经侦查机关批准，律师只能了解犯罪嫌疑人涉嫌的罪名，和向犯罪嫌疑人了解有关案件情况。这样，就避免了律师进行规定以外的活动，由此可以看出其立法精神是想通过律师的法律服务，来为犯罪嫌疑人有效行使自我辩护权和用法律手段维护自身的合法权益提供法律帮助，以保障诉讼活动的合法与公正。也正是因为刑诉法对律师介入侦查阶段的权利进行了必要的限制，表明了律师为犯罪嫌疑人的帮助人的身份，其职责主要是为犯罪嫌疑人正确行使辩护权提供法律帮助。

上述这种界定不仅有利于明确律师在侦查阶段的职责，同时也有利于打消侦查机关内少数同志认为律师介入侦查将带来太多负效应的顾虑。司法实践中，不少侦查人员错误地认为律师介入是跟侦查机关执法办案过不去，专门对办案工作进行揭短、挑刺和扬丑的，因而在实际接待工作中表现出"冷、横、硬"的态度和作风。通过分析律师介入侦查阶段性质和法律地位可以得出，律师介入侦查不会对侦查活动产生大的消极影响。虽然从表面上看，侦查机关担负着查证犯罪的职责（当然还要使无辜的人免受刑事追究），而律师则为犯罪嫌疑人提供法律帮助，证明其无罪或罪轻，维护当事人的合法权益，似乎二者是对立的。但是实际是无论是侦查机关还是律师的活动都是为了保证案件事实清楚、证据确实、程序合法，以惩犯罪，保证无辜者不受法律追究，达到正确适用法律的要求，何况立法机关在允许律师介入的同时，充分考虑到侦查工作的本质特征和实际需要，对律师介入侦查阶段作了一些限制性规定。即使个别律师出现了帮助犯罪嫌疑人作虚假陈述或规避法律等违法犯罪现象，还有律师法对律师的此类行为进行严格惩处作保证，因此侦查机关大可不必“因噎废食”对律师提前介入持敌视态度。

二、律师在侦查阶段的作用

律师在侦查阶段的主要作用是为犯罪嫌疑人提供法律帮助。概括起来，这些法律帮助主要有如下几条：

1. 提供法律咨询

提供法律咨询，是指律师运用自己所掌握的法律专业知识和办理法律事务的经验，就犯罪嫌疑人提出的法律方面的询问提供解决方案和建议。它要求律师在“以事实为依据，以法律为准绳”的基础上，帮助犯罪嫌疑人在侦查期间正确行使诉讼权利和履行应承担的法定义务。包括申请回避权、自行辩护权、申请变更或解除强制措施的权利、对侦查机关提出与本案无关的问题有拒绝回答等权利，和如实陈述案情、配合侦查机关侦查活动、在取保候审或监视居住期间有遵守法律规定等义务。对于犯罪嫌疑人提出的不合理要求和委托，律师应当拒绝，更不能违反执业道德和执业纪律，帮助犯罪嫌疑人隐匿、毁灭、伪造证据或串供，不得威胁、引诱证人改变证言或作伪证。

2. 代理申诉、控告

代理申诉，一些人限于单指受委托的律师基于所了解的案情，认为犯罪嫌疑人没有涉嫌犯罪，或者不涉嫌该种犯罪，而向侦查机关提出申诉意见或材料，要求予以纠正的行为，实际上，凡是法律规定侦查人员必须遵守的程序没有遵守，或者法律规定侦查人员不得违反而违反，并因而侵犯了犯罪嫌疑人的合法权益的，受委托律师都有权代理嫌疑人提出申诉。如侦查机关扣押了与案件无关的物品、文件，或者对犯罪嫌疑人拘留后没有在 24 小时以内进行讯问等情况。关于申诉的程序，刑诉法第 146 条作出了规定：犯罪嫌疑人及其律师在确认侦查人员违反法律规定并因而侵犯了犯罪嫌疑人的合法权益之日起，7 日以内可向侦查机关提出申诉，要求纠正，侦查机关应当在接到申诉后的 7 日以内作出审查决定，并通知犯罪嫌疑人；如果侦查机关拒不纠正，继续违反法律规定侵犯犯罪嫌疑人合法权益的，犯罪嫌疑人及其律师应有权提出控告。

代理控告，主要指受委托的律师根据所掌握的事实，认为侦查人员在办案过程中违反法律规定侵害嫌疑人权利和利益构成犯罪的行为（前述控告只是一种特例）。如法律严格禁止刑讯逼供、非法拘禁（包括传唤、拘传嫌疑人持续时间超过 12 小时，或者以连续传唤、拘传的变相形式拘禁嫌疑人）、非法搜查、报复陷害、进行侦查实验造成危险或侮辱人格或有伤风化等。当侦查人员实施了这些行为而侵害了嫌疑人合法权益时，受委托的律师有权代为提出控告。

犯罪嫌疑人要求律师代理申诉、控告，律师应问明申诉、控告的事项及依据，并制作委托笔录。律师向有关机关递送代书的申诉、控告书时，应当附上委托代理申诉、控告的书面委托书。犯罪嫌疑人委托律师申诉、控告，没有事由或合法依据的，律师不应接受委托，并对其进行解释说明。

3. 为犯罪嫌疑人申请取保候审

受委托的律师通过了解案情，如果认为在押的犯罪嫌疑人符合取保候审的法定条件，可以告知犯罪嫌疑人申请取保候审。关于犯罪嫌疑人在侦查阶段申请取保候审的情形，《刑事诉讼法》、公安部的《程序规定》和最高检的《规则》中作了规定。不得申请取保候审的情形，在公安部的《程序规定》和最高检的《规则》中同样作了规定。对此，律师应做到心中有数。当律师代为申请取保候审时，应当制作并向侦查机关提交《呈请取保候审报告书》，说明取保候审的理由及采取的保证方式。侦查机关接到申请后，应当在 10 日内作出同意或不同意的决定。同意取保候审的，律师代为办理取保候审手续。不同意的，采取书面形式说明理由。

（原文约 4000 字，发表于《湖南医科大学学报》社科版 2002 年第 3 期）

文摘编辑：青怡

关于精神损害赔偿制度若干问题的探讨

盛黎明

[作者简介] 盛黎明，安徽农业大学社科系。

[内容提要] 本文从我国精神损害赔偿制度现存的缺陷入手，通过国内外精神损害赔偿制度的简单对比，分析了我国此制度在主、客体范围和金额确定等方面存在的问题，并就此提出一些解决的办法。

[关 键 词] 精神损害赔偿；主体范围；客体范围；金额确定。

一、关于精神损害赔偿范围的确定

精神损害赔偿的范围是精神损害赔偿制度的核心内容。它包括两个方面，一是适用范围，即侵害权利的范围，一是赔偿范围，即损害利益的范围。笔者仅以适用范围为例来讨论。瑞士债务法第 49 条第 2 款规定：人格关系受到侵害时，为其侵害情节及加害人过失重大者，得请求抚慰金。该法第 55 条规定：由他人之侵权行为，于人格关系上受到严重损害者，纵无财产损害之证明，裁判官亦得判定相当金额之赔偿。在《德国民法典》和《日本民法典》在法条和判例中对精神损害赔偿的适用范围并无特别规定，涉及的范围都非常广。与之相比较，我国法律在这一部分的缺陷主要体现在对赔偿范围的限定上。

就适用范围来说，我国法律规定主要有两个问题。一方面是客体范围过于狭窄。我国《民法通则》第 120 条规定；“公民的姓名权、肖像权、名誉权、荣誉权受到侵害的，有权要求停止侵害、恢复名誉、消除影响、赔礼道歉、并可以要求赔偿损失。”“法人的名称权、名誉权、荣誉权受到侵害时，适用前款规定。”我国民法用列举的方式把公民和法人的精神损害限定在“四权”和“三权”之中。而 2001 年 2 月 16 日最高人民法院最新公布的《最高人民法院关于确定民事侵权精神损害赔偿责任若干问题的解释》中（以下简称为《精神损害赔偿若干解释》），也只是增加了公民“生命权、健康权、身份权、人格尊严权、人身自由权”这五项。这与社会生活中公民要求的权利保护还有很大的距离。例如公民强烈要求的关于自由权、贞操权、隐私权、婚姻自主权等人格精神的保护在法律中几乎是一个空白。公民的权利受到了侵害却得不到现实立法和司法实践的有力保护，这种法律的疏漏已经给社会带来一定的负面影响。与自然人的相关内容相比较，法人人格利益的保护就显得更加狭窄，比如商业秘密权、商誉权等都无涉及。除了上述人格权的法律规定外，在身份权方面我国民法几乎没有相应的精神损害赔偿救济手段。这些问题可以通过改变立法体例（如把列举式改为概括式，或扩大列举范围等方式）来解决。当然也要防止因为权利范围过宽而引起的权利滥用和国家无法承受的“讼累”，如我国著名法学家江平所说：如果对于飞机迫降、飞行中的颠簸请求损害赔偿，对于劫匪劫车请求汽车公司赔偿的话，运输部门就只有通过提高票价来承担扩大了的赔偿损失范围，否则运输部门将难以承受这种巨大的赔偿请求，并且这种赔偿请求也不符合我国目前的经济发展水平。因此须对要求赔偿的权利加以适当的法律限制和程度限制，使之控制在一个合理的范围以内。

另一方面是主体范围有待商榷。《民法通则》把自然人和法人作为精神损害赔偿的主体，而在社会生活中，以组织形式出现的除了法人以外，还存在其他的主体，例如一些合伙企业、个人独资企业等，它们作为社会中现存的经营形态，也有着自己必需的利益需求和利益保护，而这其中也必然存在对精神损害进行赔偿的要求，民法是不能无视这些要求的。面对这一领域的空白，相应的权力机关和立法机关是可以进行适当的考虑将这些经营形态加入到民法的保护当中来的。除此以外，在请求精神损害赔偿的权利主体中，除了包括直接受害人以外，还应当包括间接受害人。如受害人死亡或成为植物人状态时，其近亲属（一般是直系血亲和三代以内旁系血亲）可就此造成的精神损害要求赔偿，以此来加重加害人的责任，让他们能尽到更多的注意和谨慎义务（我国关于名誉权的司法解释中的这一规定应该可以扩大到所有的精神损害赔偿领域）。因为任何一个人都希望他们的亲属有一个良好的声誉和形象，并且希望他们死后能得到人们的尊重。因此当他们死后受到别人的中伤和诽谤时，必然会给生者带来精神上的痛苦。当然对于这个权利主体的范围不能太宽泛，一般应限制在上面提到的范围以内，以免因范围过大造成权利滥用的负面影响。

二、关于精神损害赔偿金额的确定

精神损害赔偿的金额问题是一个很容易引起争议的问题，而且至今为止都没有一个确定的原则和标准。我国法院在处理精神损害赔偿案件时，赔偿额度范围的波动就非常大。如上海 1998 年发生的“屈臣氏侵权案”，在一审和二审均对侵权事实认定的情况下，判决的赔偿金从一审的 25 万元骤降到二审的 1 万元；而全国首例性功能侵害案，被害夫妻长达 18 年不能久立，不能性交，法院却只判决被告赔偿 5 万 5 千元，而其中被害夫妇的医药费就已经花去数万元，精神赔偿只是象征的一点点；而中央电视台一名主持人因为未经他同意将其肖像用在了减肥药的广告上，就获得了 10 万元的赔偿。这一系列强烈的对比失衡有悖于公平原则，也反映了我国在确定精神损害赔偿金制度方面的严重不足。笔者认为可以从下面几个方面来完善这项制度。

1. 抚慰、补偿为主，惩罚为辅原则

精神损害赔偿金的主要作用是安慰，它想通过这种方式来缓解受害人及其亲属在心灵上所受的创伤，进一步保护受害人的精神利益。安慰、补偿应是最基本的原则。因为精神损害毕竟不像物质损失那样容易用数字来表示，或用有形的东西来体现。在此基本功能的基础上，在对那些故意或有过失的加害人根据其过错处以相应的惩罚。我国法院在审理案件的过程中时有出现的赔偿金额判决的大范围的波动问题，除了没有一个相对确定的赔偿金额外，还有一个很重要的原因就是没有领会确定赔偿金的这一原则精神。

2. 限定赔偿原则

就因为精神损害赔偿以安抚为主，所以要对赔偿数额进行必要的限制。世界各国对此都有相应的规定：瑞典 1980 年颁布了一项法律，规定精神损害赔偿的最高额不超过 19000 美元；埃塞俄比亚法律规定的最高额不能超过 1000 埃塞俄比亚元；哥伦比亚规定不能超过 2000 比索等。之所以要这样限制，其目的是为了防止误导人们盲目追求高额赔偿的倾向。虽然最高人民法院的意见和解答中的关于“侵权人的过错程度、侵权行为的具体情节、后果和影响”的规定可以看成是限定原则的一个体现，但由于它过于概括和抽象，造成令行无效或收效甚微的情况。因此需要确定一个明确的限制标准。

3. 法官自由酌量原则

1993 年 8 月 7 日最高人民法院印发的《关于审判名誉权案件若干问题的解答》第 10 条 4 款规定：公民、法人因名誉权受到侵害要求赔偿的，侵权人应赔偿因侵权行为造成的经济损失；公民提出精神损害赔偿的，人民法院可根据侵权人的过错、侵权行为的具体情节、给受害人造成的后果等情况酌定。这里的酌定指的就是法官的自由裁量权。精神损害具有无形性和不可估量性，需要法官的自由裁量。而个案的实际情况各不相同，在确定原则的前提下，发挥法官的自由裁量权同样十分重要。当然，这项“自由”的行使不是绝对的，也应当有适当的限制。以防止法官在确定精神损害赔偿金额时主观臆断，滥施酌量权。上文提到的很多国家对精神损害最高额的限定不仅是限定赔偿原则的体现，实际上也体现了对法官此项权利的限制。

在确定精神损害赔偿标准方面，概括性的赔偿原则仅仅是抽象性的规定，它仍然达不到确定赔偿金额的目的。前文提到的最新公布的司法解释《精神损害赔偿若干解释》第 10 条虽然规定了 6 种确定精神损害赔偿的考虑因素，包括“（1）侵权人的过错程度，法律另有规定的除外；（2）侵害的手段、场合行为方式等具体情节；（3）侵权行为所造成的后果；（4）侵权人的获利情况；（5）侵权人承担责任的经济能力；（6）受诉法院所在地的平均生活水平”，但是还是要构筑更加完善和细分的标准体系和这些因素一起精神赔偿的确定金额问题。这一体系可以设定包括法定标准和指导标准两个部分。“法定标准是整个标准体系的核心和最终归属”，不用规定的过细，只需用原则性的规定就可以了。如以法定标准为指导，可以把精神损害赔偿分成三个等级：一是特别严重的精神损害赔偿，各级司法机关对于那些手段特别恶劣，社会影响特别坏，后果特别严重的侵权行为，可以确定一个较高的惩罚性的赔偿金额，如《广东省实施〈中华人民共和国消费者权益保护法〉办法》第 32 条就规定，侵害消费者的人格尊严或人身自由的，可给予 5 万元以上的精神赔偿。二是严重的精神损害赔偿，三是一般的精神损害赔偿。对于二、三两个法定标准，可以制定出一个更具体的指导性标准。如 2001 年 6 月 11 日《中国消费者报》就曾对此一个比较具体的设想：对严重的精神损害赔偿可细分为五个档次：5 万元，4 万元，3 万元，2 万元和 1 万元；一般的精神损害赔偿数额可细分为四个档次：8000 元，6000 元，4000 元和 2000 元四个等级。在此基础上，在结合上述六种因素进行适当的调节。而对于侵害他人生命权、健康权造成他人死亡或残疾的，应该有另一套标准，除了按照国家相应法律法规规定的死亡赔偿金和残疾赔偿金外，还可参照《中华人民共和国道路交通事故处理办法》中的规定：按侵权行为地的平均生活水平补偿 10 年，不满 16 周岁的，年龄每小一岁减少一年；对 70 周岁以上的，年龄每增加一岁减少一年，两项最低均不少于 5 年。

完善我国的精神损害赔偿有许多需要解决的问题，本文只是提到了几个主要的问题。还有一些如关于刑事诉讼中的精神损害赔偿问题，请求权人的问题等都是一些需要解决的问题。要想建立一个比较完善系统的精神损害赔偿制度，我们最需要的是一部相关的完善的法律，希望我们的立法机关能尽快的解决这些问题，让人们的权益得到更好的保障。

（原文约 5000 字，发表于《安徽农业大学学报》社科版 2002 年第 4 期）

文摘编辑：王平

略论“以自首论”

王宗正 江方友

[作者简介] 王宗正，温州师范学院政史系讲师。
江方友，温岭师范学校讲师。

[内容提要]《刑法》第67条第2款所规定的“以自首论”，应以“余罪自首”称谓为宜，最高人民法院的《解释》就其构成的规定，符合实际情况，应予以坚持。

[关 键 词] 自首；余罪自首。

《刑法》第67条第2款规定：“被采取强制措施的犯罪嫌疑人、被告人和正在服刑的罪犯，如实供述司法机关还未掌握的本人其他罪行的，以自首论。”立法的这一规定，丰富了我国刑事自首制度的内涵，使之更加完善合理，同时也符合司法实践的要求。1998年，最高人民法院发布了《关于处理自首和立功具体应用法律若干问题的解释》，对此作出了进一步的解释。但是对于“以自首论”的称谓、构成等问题及《解释》存在不同意见，本文试就“以自首论”的以上问题，发表拙见，以请教于同仁。

一、关于“以自首论”的称谓问题

《刑法》对“以自首论”的规定，学者都持肯定态度，但是在如何进行称呼上，并不统一，主要有特别自首、准自首、余罪自首等。

如何对“以自首论”的称谓予以合理界定，与对自首的立法模式、分类紧密相连，因而界定好自首的各种形态，对于完善我国刑法的自首制度有重要意义。

纵观各国刑法自首的规定，共有四种模式，即概括式、罪条式、混合式与叙明式立法模式。从我国1997年《刑法》第67条看，它对原刑法中的自首制度作了较大的修改补充，规定了自首的定义，“犯罪以后自动投案，如实供述自己的罪行的，是自首”（刑法第67条第1款），在此基础上，第2款规定了“以自首论”，确立了普遍意义上适用的自首；而分则在第164条第3款、第390条第2款及第392条第2款，分别确立了对公司企业人员行贿罪、受贿罪、介绍贿赂罪这三类罪中犯罪人在追诉前主动交代其犯罪行为的，可以减轻或者免除处罚，从而在分则规定了特别情形的自首。因此我国刑法在总则、分则分别规定自首，应属于混合式无疑。从各国法律及学者的见解看，总则部分规定的称作一般自首，而分则的则称作特别自首。如果将《刑法》第67条第2款“以自首论”也叫做特别自首的话，势必造成混淆，因此笔者不主张称作特别自首。

我国学者根据《刑法》的规定，结合实践中的执行情况，将自首分为亲首、代首、送首、陪首、余首与首服六种，我国台湾地区亦有首服、自首、别首之分，其中余首、别首即为《刑法》第67条第2款规定之“以自首论”。笔者认为吸收学者这种分类中的称谓，使用“余罪自首”的概念，比较接近于立法的表述，与其本质相符，最为恰当。而“准自首”之称，使人有“准用”、“视为”自首之嫌，但从实质上看，余罪的自首与通常的自首并无二致，它不过是特殊形式的自首。

二、关于“以自首论”的主体问题

按照法律的规定，其主体包括二类，一类是已被采取强制措施的犯罪嫌疑人、被告人；另一类是正在服刑的罪犯。

一是被采取强制措施的犯罪嫌疑人、被告人。根据我国刑事诉讼法的规定，强制措施有五种：即拘传、取保候审、监视居住、拘留、逮捕。在以上五种强制措施中，除监视居住、取保候审是限制人身自由的以外，其他三种都是剥夺人身自由的强制措施。在剥夺人身自由的情况下，犯罪嫌疑人主动如实供述司法机关还未掌握的本人其他罪行的，当然构成余罪自首。有疑问的是，在监视居住、取保候审的情况下，犯罪嫌疑人只是被限制人身自由而没有被剥夺人身自由，在这种情况下主动到司法机关如实供述司法机关还未掌握的本人其他罪行，是否具有自动投案的条件？也就是说，是视为一般自首呢还是余罪自首？有人认为，如果被采取监视居住、取保候审的犯罪嫌疑人，在监视居住、取保候审期间，向司法机关自动投案，如实供述司法机关还未掌握的本人其他罪行的，应为一般自首。但笔者认为，余罪自首与一般自首的根本区别并不在于，在余罪自首的情况下罪犯的人身自由被剥夺，而无法实施自动投案的行为，在监视居住、取保候审的情况下，犯罪嫌疑人只是限制人身自由，还存在自动投案的客观可能性。它们的区别在于投案的方式上，一般自首是自动投案，而余罪自首的犯罪人已处在司法机关的控制之下，已经有“案”在身，无“案”可“投”，在监视居住与取保候审的情况下，犯罪嫌疑人无疑已处于司法机关的控制之下。并且从法律规定上来说，并未将强制措施限于剥夺人身自由的强制措施，因而将监视居住、取保候审这二种限制人身自由的强制措施排除在外，并不妥当。至于在劳动教养期间供述出司法机关未掌握的、与被处以劳动教养的违法行为不相同的犯罪行为，如何认定的问题，有观点认为应以自首论，作为余罪自首对待。笔者认为应该适用第67条第1款，即作为一般自首对待，而不能适用第2款以余罪自首对待。以余罪自首对待的观点认为在这种情况下的供述由于欠缺自动投案的要件，因此不能适用第1款。实际上，从最高法院《关于处理自首和立功具体应用法律若干问题的解释》第1条（一）之规定，以及学者的一般观点看，接受自动投案的机关，既可以是负有侦查、起诉、审判职能的公安、检察机关、人民法院及其派出单位，也可以是犯罪嫌疑人所在单位、城乡基层组织和其他有关负责人员，为有利于犯罪嫌疑人的自首，自动投案的机关是非常宽泛的，不应该将劳改机关排除在这种机关之外，向劳改机关投案应该属于自动投案，如果符合自首的其他构成要件，则应构成一般自首，适用第67条第1款。

正在服刑的罪犯，是余罪自首的第二种适用对象。这里的正在服刑的罪犯，一般认为指已经人民法院判决，正在执行拘役、管制、有期徒刑、无期徒刑、死刑缓刑2年执行等刑罚的罪犯。对于缓刑和假释的罪犯，在缓刑和假释考验期间如实供述司法机关还未掌握的本人其他罪行，如何处理？由于我国刑法规定“缓刑考验期满，就认为原判刑罚已经执行完毕”，考验期间的罪犯，理应属于刑罚尚未执行完毕，也属于正在服刑的罪犯，因此也应视为是余罪自首。对于执行附加刑的罪犯，应该可以成立余罪自首。惟有疑问的是，对独立适用没收财产、罚金刑或主刑已执行完毕而没收财产、罚金刑等附加刑尚未执行的罪犯，在操作上有一定困难，立法或者司法解释应该对此予以明确。

三、余罪自首的构成条件

即如何理解“还未掌握的其他罪行”。它涉及两方面，一是关于“还未掌握”，二为“其他罪行”。

首先，在余罪自首中，罪犯交代的罪行必须是司法机关还未掌握的其他罪行，那么如何确定“已经掌握”与“还未掌握”之间的标准呢？有人认为当司法机关知道案件发生的情况，包括已发现案件的发生或者已查明案件的性质时，可以认为是“已经掌握”。而在此之前交代罪行的属“还未掌握”。笔者认为此观点要求过严。因为案件一经发生，失主、被害人会及时报案，其他人也会揭发举报，司法机关一般都能及时发现案件的存在，了解案件的发生时间、地点、情节、危害后果等一些基本情况，并且通过现代科技手段，查明案件的性质。如果要求罪犯交代其他罪行均是在司法机关发现犯罪事实以前或者弄清案件性质以前，则对余罪自首认定未免过于苛严。同时，也会因为这种情况在司法实践中极少出现，而使刑法关于余罪自首的规定流于形式。

笔者认为在实践中对“还未掌握”所指向的内容可以从四个方面来理解：一是司法机关不知道犯罪已经发生；二是司法机关虽然知道犯罪案件发生，但不知道作案人是谁；三是由于作案人更改了真实姓名和身份，或者由于发生意外事故、做整形手术等而改变了本来面目和特征，致使司法机关虽然知道犯罪案件的发生和明确的作案人，但不知道作案人就是被采取强制措施的犯罪嫌疑人、被告人或者正在服刑的罪犯；四是司法机关已经知道共同犯罪的部分作案人，但不知道被采取强制措施的犯罪嫌疑人、被告人或者正在服刑的罪犯参与了共同犯罪。罪犯在上述四种情形下，如实交代自己的犯罪事实，可以说与未被掌握任何罪行的投案自首性质相当，是罪犯彻底悔罪改过的表现，应认定为余罪自首。此外则不宜认定为余罪自首，而应按坦白交代论处。

按照《刑法》第67条第2款的规定，被采取强制措施的犯罪嫌疑人、被告人或者正在服刑的罪犯，必须交代是受审查的或已判决的罪行以外的“其他罪行”，才能认定为余罪自首。对“其他罪行”是仅指不同种罪行，还是同时包括同种罪行的不同犯罪事实，刑法未作出规定。因此，在实践中对“其他罪行”范围有不同的理解。一种观点认为“其他罪行”就是指不同种罪行，而交代同种罪行只能算坦白交代。还有一种观点认为“其他罪行”是指司法机关已经掌握的某一起或某几起具体犯罪事实之外的罪行，可以是同种罪行，也可以是他种罪行。根据最高人民法院《关于处理自首和立功具体应用法律若干问题的解释》第2条规定，供述的其他罪行属于不同种罪行的，才以自首论。如果被采取强制措施的犯罪嫌疑人、被告人或者正在服刑的罪犯，供述的是同种罪行的，根据上述《解释》第4条的规定，可以酌情从轻，其中，供述的罪行较重的，一般应当从轻处罚。解释的规定既坚持原则性，又能够灵活地运用，以利于最大限度地鼓励犯罪分子主动认罪，因此，实践中应该坚持《解释》的认定。

（原文约4000字，发表于《温州师范学院学报》哲社版2002年第4期）

文摘编辑：王平

关于犯罪追诉时效几个问题的研究

刘 鹏

[作者简介] 刘鹏，贵州警官职业学院副院长，副教授，主要研究方向为刑法学。

[内容提要] 刑法中，有几类特殊类型的犯罪不能依照现行立法确定追诉时效，为体现刑事立法的科学性与公正性，本文提出：(1) 确定单位犯罪的追诉制度。(2) 对行为与结果相继发生的犯罪，一律从结果发生时起计算追诉期限。(3) 重新设计巨额财产来源不明罪的罪状，其追诉期限从拥有来源不明巨额财产时起计算。

[关 键 词] 追诉时效；单位犯罪追诉制度；过失犯罪追诉期限；巨额财产来源不明罪。

一、关于单位犯罪的追诉期限问题

单位犯罪的追诉期限，包括对犯罪单位的追诉期限和对单位中有关自然人的追诉期限。首先，就单位的追诉期限来看，我国刑法并未就此作出明确的规定，刑法关于追诉时效的规定，都是针对自然人犯罪而设置的，并不涉及单位犯罪问题。既然刑法未对单位犯罪设置追诉期限，从逻辑上讲，对于单位犯罪就可以无期限追诉，显然，这不符合设立追诉制度的立法初衷。而且，对自然人限制追诉时间，对单位无期限追诉，也不符合人人平等的刑法精神，这是存在的一个问题。其次，就单位中有关责任人员的追诉期限来看，现行刑法的规定也不明确。从一个方面看，由于对这些人的处理乃是比照个人犯罪处罚，可以根据应适用的法定最高刑确定追诉期限。但从另一个方面看，对单位犯罪采用无期限追诉，对单位中的责任人员则限期追诉，那么当过了一定期限后，势必只能追诉单位而不能追诉个人，这就违背了对单位规定的两罚原则。但如果对单位的责任人员不限制追诉时间，那么与单纯自然人犯罪相比，后者尚且经过一段时间后可以不再被追诉，前者作为单位犯罪连带受罚者却要遭到无期限追诉，岂非严重不公？这是存在的又一个问题。上述两个问题的存在，严重影响了刑法追诉时效制度的科学性和公正性。解决的办法只能是通过重新立法，补充确定单位犯罪的追诉制度，内容既要有对单位的追诉期限，也要包括对有关责任人员的追诉时限，以弥补现行刑法的不足。鉴于我国刑法对单位犯罪采用的是无限额罚金制，对单位犯罪确定追诉时效可根据其有关责任人员应当适用的法定最高刑比照刑法第87条的规定处理，即仍然按照5年、10年、15年、20年四种期限设置，而且同一期限既适用于单位，也适用于单位中的责任人员，二者间统一起来，便于操作，也体现了刑法平等原则。

二、对过失犯罪如何计算追诉时效的两种观点

我国刑法第15条规定："应当预见自己的行为可能发生危害社会的结果，因为疏忽大意而没有预见，或者已经预见而轻信能够避免，以致发生这种结果的，是过失犯罪。"在这里，法律明确规定了过失行为必须造成危害结果才以犯罪论处。司法实务中，往往出现先有过失行为，经过一段时间后才引起危害结果发生的情况，对这种情况，应该以行为发生时还是以结果发生时为犯罪之日？一种观点认为，应当以行为发生之日为犯罪开始之日，并开始计算追诉时间。理由是：既然该过失行为必然造成危害社会的结果，行为和结果间具有刑法上的因果关系，那么该行为对社会就具有危害性。同时在故意犯罪中也会出现行为和结果相继发生的情形，但在计算追诉时效时只能从行为发生之日起算，既如此，对于社会危害相对较轻的过失犯罪来说，如果其追诉时效不是从行为发生之日，而从结果出现时起计算，就显得既不公平，也不合理。另一种观点认为，应该从结果发生之日起计算追诉时效，因为过失犯罪以结果论，在结果尚未发生之前，任何过失行为都仅是一个对社会有潜在危险的行为，但并不是犯罪行为，对其加以刑事追诉于法无据。至于故意犯罪中也会发生行为与结果相继出现的问题，由于故意行为一旦实施即构成犯罪，自然应当予以追诉，与过失犯罪相比较，二者都是从犯罪发生时起开始追诉，适用同样的追诉前提条件，故并无不当。笔者持后一种观点，同时对前一种观点中故意和过失两种犯罪分别从行为发生时和结果发生时计算追诉时效失之不公的看法亦有同感。追诉犯罪行为和计算追诉时效是两个相关但不同一的问题，对于过失犯罪，在其结果尚未发生之前，我们不能将过失行为定性为犯罪行为，在这个阶段既不存在追诉犯罪的问题，自然也无从谈起计算时效。对于故意犯罪，其行为的发生即是犯罪的发生，无论最终是否出现实际的危害结果，也应对该犯罪行为加以追诉，但在计算追诉时效时，则应考虑从结果发生之日起计算，这样便不至发生对过失犯罪计算追诉时效反而严于故意犯罪的不合理现象。从我国刑法的规定看，也有相应的立法例，刑法第89条第1款规定：

"追诉期限从犯罪之日起计算。犯罪行为有连续或者继续状态的，从犯罪行为终了之日起计算。"这里所谓从犯罪行为终了之日计算，理论上并不排除行为终了之前对犯罪的追诉。同理，对于故意犯罪，当危害结果晚于行为发生时，其追诉时效也应从结果发生时起开始计算。为了防止今后在司法实务中再出现争论，建议在刑法第 89 条第 1 款末尾增加规定："犯罪行为和犯罪结果未同时发生的，从结果发生之日起计算。"

三、关于巨额财产来源不明罪的追诉期限问题

所谓巨额财产来源不明罪，是指国家工作人员的财产或者支出明显超过合法收入，差额巨大，而本人又不能说明其来源是合法的行为。从犯罪构成来看，包含两个要素，其一是行为人的财产或者支出明显超过合法收入，差额巨大；其二是本人不能说明来源合法。对于由此而构成的犯罪如何计算追诉期限？根据刑法规定，追诉期限从犯罪之日起计算，就本罪而言，其犯罪成立的时间，应该从行为人拥有来源不明的巨额财产，同时又不能说明来源合法时起确定，而从法律角度讲，有权要求当事人对自己的财产来源举证说明其合法性的只能是司法机关，而且也只有司法机关才能作出其财产来源是否合法的判定，如果司法机关作出了关于当事人财产来源不合法的判定，巨额财产来源不明罪便告成立，但这时从程序上讲，已经进入了刑事诉讼阶段，亦即巨额财产来源不明罪发生于诉讼程序运行过程中，当其成立时，行为人已处于启动的刑事诉讼程序的侦查、起诉或审判阶段，在这个时候，对于行为人并不存在追诉或不追诉的问题，行为人面临的只能是承担刑事责任大小的问题。换言之，就巨额财产来源不明罪讲，不存在追诉时效的限制，任何时候只要发现行为人拥有来源不明的巨额财产，而本人又不能说明来源合法时，都可以加以追诉。上述分析如果成立，便带出一个不容回避的问题：既然刑法对于自然人犯罪在追诉时间上均有限制，巨额财产来源不明罪就不应是一个例外。没有理由在对贪污、受贿等更为严重的职务经济犯罪限制追诉的同时而对巨额财产来源不明罪采用无期限追诉这样一种个罪例外的做法。那么如何解决这个问题？笔者个人认为解决的途径不在于对追诉时效的修改，而应该是对巨额财产来源不明罪的罪状重新设计。即将现行刑法第 395 条第 1 款修改为："国家工作人员拥有来源不明的巨额财产的，其来源不明财产以非法所得论，处五年以下有期徒刑或者拘役，不明财产予以追缴。"根据这一罪状描述，只要行为人拥有来源不明的巨额财产，即构成巨额财产来源不明罪，无须专门将本人不能说明来源合法的内容写进罪状中，因为"来源不明"所指的就是行为人不能说明合法来源而又无法查清非法来源的财产部分，没有必要在法条中重复同一内容。这样，巨额财产来源不明罪在客观方面的构成要件就只有一条，即国家工作人员拥有来源不明的巨额财产，满足这一条件，犯罪即告成立。其犯罪发生之日为非法所得发生之日，而不是本人不能说明来源合法之时，其追诉期限自也应从非法所得发生时起计算，超过追诉时效的，就不得再追诉。

(原文约 3200 字，发表于《甘肃政法学院学报》2002 年 4 期)

文摘编辑：王平

避免新闻侵权：新闻界面对的最大法律问题

于文军

[作者简介] 于文军，大连日报社高级编辑。

[内容提要] “新闻和侵权热”的产生、存在有其客观必然性，是不依新闻媒体的意愿为转移的，新闻媒体只能正视这种客观存在，通过“正当防卫”，以减少“新闻侵权”的发生。实施有效的“正当防卫”，一是注意使新闻传播行为与新闻侵权责任构成要件无关，主动避免新闻侵权的发生。二是一旦发生了新闻侵权，新闻媒体应积极适用法律的有关规定，用正当的抗辩事由对抗新闻侵权的诉讼请求。

[关 键 词] 新闻侵权责任；新闻侵权责任承担方式；新闻侵权责任豁免。

一、如何认定新闻侵权

新闻侵权是民事侵权行为的一种，其责任构成由四个要件组成：

1. 新闻侵权行为的存在

新闻侵权行为的存在是新闻侵权责任构成的首要前提，它是通过发表独家新闻或转载作品而产生的。

新闻侵权行为的实施主体是新闻媒体或经新闻媒体授权而直接实施侵权行为的新闻工作者，新闻媒体要对新闻侵权承担主要责任。新闻侵权行为具有特定的指向性，所谓特定指向性，是指新闻所涉及的对象能够被受害人或公众辨识、指认。侮辱、诽谤、报道失实是新闻侵权行为的主要表现形式。这里所说的侮辱、诽谤主要是指以语言文字或图形的形式，对他人进行漫骂、挖苦、讽刺，捏造虚假事实进行散布，对他人的人格贬损。针对特定人和事的失实报道，构成对他人名誉权的侵害，也是新闻侵权行为。报道失实是新闻侵权的主要表现形式，在新闻报道引起的侵权诉讼（主要是名誉侵权诉讼）中，针对“新闻失实”提出的侵权案达80%以上，其中媒体进行舆论监督，搞批评报道而被诉“新闻失实”名誉侵权的占了绝大多数。

2. 有新闻侵权事实存在

新闻侵权事实是新闻侵权的后果。由于侵权行为的指向不同，新闻侵权事实有如下类型：

公民名誉权受侵害的事实。

公民隐私权受侵害的事实。

公民姓名权受侵害的事实。

公民肖像权受侵害的事实。

法人名称权、名誉权和商誉权受侵犯的事实。

新闻侵权事实是新闻侵权行为对利益主体造成的一种伤害结果，有显性与隐性之分。显性的新闻侵权事实是新闻侵权行为对确定利益主体所造成的直接而具体的伤害结果。如果新闻报告或舆论监督产生的效应被受众所接受，就可能对第三方的利益造成伤害。这就是隐性的新闻侵权事实。

3. 新闻侵权行为与新闻侵权事实之间有因果关系

新闻侵权行为与新闻侵权事实之间有因果关系是追究新闻侵权行为人民事责任的必要条件。在现实生活中，常常有一果多因的情况。新闻的报道引发其他因素介入或其他因素与新闻报道相互纠缠而导致侵权事实发生，这时，就要具体分析，把新闻报道所引发的侵害与其他诱发因素所致的侵害相剥离，确定新闻侵权行为所应承担的法律责任，而不能笼统地将法律责任全部推到新闻媒体身上。有时，还存在着这样一种情况：当事人所获得的社会评价很差，名誉很坏，完全是由其自身的不良行为造成的。新闻媒体只是真实地反映了这一客观事实，不可避免地会使知晓范围扩大，从而在一定程度上加重损害，这一损害是基于原有事实而产生，与新闻传播不构成必然的因果关系，这样的新闻传播，不构成新闻侵权。

4. 新闻侵权行为人主观上必须有过错

主观过错分故意和过失两种。但在民事责任中，区分故意和过失的意义不大，因为在民事责任构成中，大多强调的是过错责任，有过错有责任，无过错无责任。检验是否有过错的标准是通过侵权人的侵权行为来判断其主观过错有无。一般说来，新闻媒体该履行的责任而不能履行，如对通讯社统稿和有核实手续的稿件，新闻媒体掉以轻心，没有尽到应尽的审查责任，产生侵权，这就具有主观上的过错。

二、新闻侵权民事责任承担方式

1. 非财产责任方式

非财产责任方式是指采用非财产给付的方式对新闻侵权所造成的损害承担责任。它有三种形式。

停止侵害。新闻侵权表现为进行时，停止侵害是对这个过程的外力中断，停止侵害是为了避免侵权事态扩大化，它是新闻侵权行为发生后承担侵权责任的第一选择方式。

消除影响，恢复名誉。消除影响，是指新闻侵权发生后，新闻侵权行为人在相应的范围内澄清事实，消除不良影响；恢复名誉则是指新闻侵权行为人采取措施使受害人的名誉恢复到受损害时的状态。

赔礼道歉。如果受害人与侵权人达成谅解，赔礼道歉可以私下进行，不应以公开形式为要件，因为以公开形式为必备要件，这种责任承担方式也就具有了消除影响与恢复名誉的性质。

2．财产责任方式

财产责任方式主要是赔偿财产损失。赔偿财产损失不仅包括现有财产上的直接损失，还包括可预期的未来利润的流失。财产损害赔偿的重点是赔偿而不是惩罚，赔偿额的构成要有两部分：经济补偿的金额和惩罚的金额。惩罚额度的大小可由法官自由裁量，与受害人的受害程度、损失大小相匹配。

与赔偿财产损失相联系，是精神损害赔偿问题。精神损害赔偿是具备补偿、抚慰和惩罚三重功能的民事责任承担方式，精神损害赔偿是非财产责任方式的后续补救手段，只有当其他非财产责任方式无法完全抚慰受害人精神上的痛苦时才可适用。精神损害是无形的，绝大多数是不能以财产的标准来衡量，法官从三个方面掌握赔偿标准：对新闻侵权行为予以惩戒；抚慰受害人；警示社会。在酌定精神损害赔偿金时，可根据这三个基本原则，行使自由裁量权利，综合考虑如下因素：（1）受害人的精神损害程度。这是确定赔偿额的重要依据，重则多赔，轻则少赔；（2）新闻侵权行为人的主观状态、侵权行为的情节。过失少赔，故意多赔；（3）侵权范围大小。范围大多赔，范围小少赔；（4）侵权人的赔偿能力。确定赔偿金过高，侵权人难以承受，就可能导致履行不能而有损法律尊严；（5）根据当地的经济状况、人均收入水平制定适当的数额。

三、新闻侵权民事责任的免除

新闻媒体享受责任豁免通常需要具有的正当抗辩事由是：

公众知情权。新闻媒体的职责就是将社会已经发生的和正在发生的真实的事实，告知公众，以满足公众知的需要。因此，公众知情权是新闻报道的最有力的抗辩事由。倘若新闻媒体传播新闻是为了满足公众的知情权，并且没超出正当的报道范围，就不应当认定为新闻侵权。

社会公共利益需要。法律上的隐私是指与社会公共利益无关的个人私密，与社会公共利益有关，就不再是法律保护的范围。传播新闻时，将他人的个人信息和活动公之于众，只要符合社会公共利益的需要，就可以作为免除新闻侵权责任的抗辩事由。

公众人物和公众兴趣。属于非公众人物的许多隐私事项，对公众人物则不再是隐私。因此，新闻媒体在受到公众人物的侵害隐私权、肖像权等指控时，可以原告是公众人物为由予以抗辩。公众兴趣是与知情权有关的一个概念。当多数人对某个人或某件事产生了知情的欲望时，即存在着公众兴趣问题。

消息来源权威。消息来源权威一是指颁布消息的部门或机关是权威的，如，国家有关机构和政府各部门通常是具有权威性的。一些有重要影响的社会团体也是具有权威性的；二是指他们所颁布的消息属于其本职范围内的事宜，否则，不能算消息来源权威。

第三人的过错。如果新闻侵权事实的产生不完全是由新闻侵权行为人引起的，第三人也存在着过错，以此作为抗辩事由，也可减轻或免除被告的责任。

发表新闻评论，也能引起新闻侵权的诉讼，此时，新闻媒体享受责任豁免通常需要具有什么样的抗辩事由呢？如果发表的评论所依据的新闻事实真实，但评论部分有侮辱他人人格内容，使他人名誉受到损害，就应当认定新闻评论侵权，新闻媒体不具有责任豁免的抗辩事由。如果发表的评论没有诽谤和侮辱他人人格内容，但依据的新闻事实不真实，而评论者明知所依据的事实是假的故意引证，那么，评论者应承担法律责任。如果评论中的事实是评论者暗示的且未揭示的，在诉讼中，法庭可以要求评论者揭示评论中所包含的事实。事实为假，评论者就要承担法律责任。如果评论者并不知道所依据的事实是假的，即使事实真的虚假，他也不应承担法律责任。

有时，新闻媒体采用了加盖公章的通讯员、自由撰稿人的来稿，引发新闻官司。有的评论者认为，稿件盖了公章，意味着审核及来稿具有真实性，新闻媒体据此具有了享受责任豁免的抗辩事由。其实不然。因为审稿者一般为领导人或领导机关，对事实真实性认定缺乏职业新闻从业者的考虑，只要发表的新闻构成侵权，新闻媒体不仅很难以此作为免责的抗辩理由，而且从法律上讲，可以推定新闻媒体在审查、核实上有过错，应当承担侵权责任。

（原文约 5500 字，发表于《东北财经大学学报》2002 年第 5 期）

文摘编辑：王平

试论我国著作权职务作品法律制度的完善

庞立民

[作者简介] 庞立民，北京外交人员服务局干部。

[内容提要] 职务作品的著作权的原始归属问题，英美法系的“视为作者”原则与大陆法系的“创作人为作者”原则截然不同，且各有特点。我国的《著作权法》虽结合了两大法系的相关规定，但对“单位的优先使用权”及尊重创作者的精神利益等方面应予以修改和重视。

[关 键 词] 职务作品；著作权归属；优先使用权；精神利益。

一、有关职务作品的法律原则

对于职务作品的著作权的原始归属问题，英美法系和大陆法系采取了截然不同的原则。综观世界各国的规定主要有三种做法：

第一，英美法系国家及个别大陆法系国家依据“视为作者原则”的规定：职务作品的原始著作权归作者所在单位所有。典型的如美国，它规定：雇佣作品的著作权归雇主所有，雇主享有所有著作权，双方约定的除外。不过，在英国，职务作品的署名权归创作者所有，财产权在无相反协议的情况下归单位所有。

第二，大陆法系国家（荷兰除外）根据“创作人为作者原则”的规定：职务作品的原始著作权仍归作者本人，但作者必须在劳动雇佣合同或其他合同中明确表示其所在单位有一定的权利或便利，在合同范围内利用该作者的职务作品。如法国著作权法规定：“雇佣合同、服务合同的存在，或者智力作品的作者签订上述合同的行为丝毫不影响作者享有的对其作品的专有的、对一切人都有抗辩力的无形财产权。”不过，这一规定后有改变。

第三，苏联和部分东欧国家的著作权法规定：雇佣作者创作的作品，著作权在原则上归作者本人所有。仅作者所在单位在其业务范围内和一定的时间内对作品享有无偿的使用权且其所在单位或国家有权通过一定方式代作者行使著作权中的一系列权利。

关于职务作品中的精神权利问题，《伯尔尼公约》中将其定义为：不受作者经济权利的影响，甚至在经济权利转让的情况下，作者仍保有要求其作者身份的权利，并有权反对对其作品的任何有损其声誉的歪曲、割裂或其他损害行为。《伯尔尼公约》第6条中规定其成员国必须保护的精神权利为“署名权”和“修改权”。

无论是否在著作权法律中明文规定保护精神权利，精神权利作为一个与作者密不可分的权利都应是必须归其创造者所拥有且不得转让。另外，各国一般都规定职务作品的归属允许作者与单位以协议的方式来确定。

二、有关职务作品的国内立法规定

我国现行法律中有关职务作品的规定，主要体现于《著作权法》第16条和《著作权法实施条例》第14条的规定中。其中《著作权法》第16条规定：“除本条第二款的规定外，著作权由作者享有，但法人或者其他组织有权在其业务范围内优先使用。作品完成两年内，未经单位同意作者不得许可第三人以与单位使用的相同方式使用该作品。有下列情形之一的职务作品，作者享有署名权，著作权的其他权利由法人或者其他组织享有，法人或者其他组织可以给予作者奖励：(1) 主要是利用法人或者其他组织的物质技术条件创作，并由法人或者其他组织承担责任的工程设计、产品设计图纸及其说明、计算机软件、地图等职务作品；(2) 法律、行政法规或者合同约定著作权由法人或者其他组织享有的职务作品。”

另外，《著作权法实施条例》第14条规定：“职务作品的作者享有著作权的在作品完成两年内，如单位在其业务范围内不使用，作者可以要求单位同意由第三人以与单位使用的相同方式使用。单位无正当理由不得拒绝。在作品完成三年内经单位同意，作者许可第三人以与单位使用的相同方式使用作品所获报酬，由作者与单位按约定的比例分配。作者完成二年后，单位可以在其业务范围内继续使用。”然而，我国台湾地区的立法与大陆不同，比如，按照台湾现行“著作权法”第11条规定，职务作品的著作权归属于受雇人，但契约约定著作权归属于法人或其代表的，从其约定。

从以上分析可以看出，我国结合了两大法系的特点制定了相关的规定。但是仍然有不合适的地方，致使自然人的权利没能得到充分的保障，职务作者所得物质利益偏低与其创造出的价值不相符，然后出现一些规避法律的现象，例如将职务作品非职务化等，这样就造成了混乱。就个人享有著作权的情况来说，单位的“优先使用权”在实务中往往赋予单位过大的权利，几乎使其可以在两年内独占该职务作品，无偿使用，自然人的任何处分行为都必须经其同意，所得收益也应该与其“按约定的比例分配”。在实践中无论是在单位积极地行使其优先使用权还是在其消极地不行使该权利的情况下都是如此（因为单位是处于强势地位）。这其实是不合理的，这是因为“优先使用权”在本质上还是使用权，这仅仅是单位由于与自然人的劳动雇佣合同而使其享有的相对于第三人而言的“优先”的使用其雇员的职务作品的权利，仅此而已。自然人在这两年的期限内，有义务保证单位的“优先使用权”的优先性。所以，他若要将此职务作品许可给第三人以与单位使用的相同方式使用，必须征得单位同意，因此而得的收益也应与单位按约定的比例分摊。但是若两年内单位在其业务范围内不使用，作者要求单位同意由第三人以与单位使用的相同方式使用而得的收益应否也与单位分摊呢？这一点我国法律目前并无规定，但在实务中因上述原因单位一般是享有这部分收益的。因为在实践中，要认定“单位在其业务范围内不使用”是很难的。而且，自然人若要依这一点要求权利，要求单位同意将此职务作品由第三人以与单位使用的相同方式使用，是必须证明“单位在其业务范围内不使用”的。而单位如果承认了其在业务范围内不使用，且同意了将此职务作品给第三人使用，其实就是放弃了它的权利，即放弃了优先使用权。那么，对于已经放弃了的权利，还可不可以享受其收益呢？答案是否定的。至于两年后，单位可以在其使用范围内继续使用时，单位无偿使用的优先使用权已经到期限，单位应该结付报酬，有偿使用该职务作品。

就《著作权法》第16条第2款规定的情况，也有不合理的地方。该款规定，主要是利用单位的物质技术条件创作并由单位承担责任的职务作品由单位享有著作权，作者享有署名权和奖励请求权。但是，单位让自然人利用其物质技术条件和单位承担责任并不是单位获得著作权的原因。首先，用了单位的物质技术条件，并不应然就由单位享有著作权，这不具有因果关系。自然人使用了单位的物质技术条件，可以给付使用费，若因此连作者的著作权都“给付”掉了，那是极其不合理的。其次，单位承担责任与单位享有著作权更是因果倒置。只有享有著作权才承担责任，而承担责任是不能成为享有著作权的原因的。

三、我国著作权职务作品法律制度的完善

对于职务作品，综观上述国内外相关立法的规定及其利弊比较，笔者认为今后我国职务作品的相关立法，应从以下几个方面完善：

首先，从与国际公约一致的角度，鼓励创新，侧重保护精神性劳动的创造者的权利是符合总体利益的。最初的著作权法的根本目的是保护作为著作权人的作者的权利。世界上任何一部著作权法，其立法目的都是一致的，也就是鼓励人类的智力创造，促进社会的发展。《知识产权协定》和《伯尔尼公约》都规定“作者”必须是“国民”，只要他是作品的创作者，则就是该著作权的“作者”。这其实就是规定作品的作者或原始著作权人只能是自然人。我国已加入WTO，为与国际上的相关立法协调，我国应规定只有作为创作者的自然人才可以原始享有著作权。但是可以通过双方的约定来转让，即单位只能是继受取得职务作品的著作权。同时，精神权利由其作者享有，不能够转让。

其次，从职务作品的应用来看，著作权由自然人享有更能发挥其最大作用。单位出于其使用的目的而布置任务，因此极有可能忽视或摈弃职务作品其他方面的使用价值。而职务作品若由作者享有，这一弊端可以避免。并且，从流通的角度讲，由作者而非单位享有著作权，更能促进职务作品的流通及其更有效和更广泛的使用，防止职务作品由一家独占甚至垄断的情形出现。

再次，从单位与个人的力量对比来看，单位无疑是占优势的。无论是在立约时，还是承担风险方面，单位较之自然人而言都是处于相对有利的强势地位。因此，单位可以借此在可以约定的范围内做有利于自己的约定。这样，法律既保护了弱者，又能以合理的方法对未能侧重保护的一方实施救济，最大限度地实现利益的平衡。

最后，具体落实到我国的相关规定，有四个方面需要改动：

第一，两年内，单位在其业务范围内不使用，作者可以要求单位同意由第三人以与单位使用的相同方式使用。单位无正当理由不得拒绝。但所得收益由作者享有。

第二，两年后，单位可以在其使用范围内继续使用，但应该给付报酬，有偿使用。

第三，如果自然人主要利用了法人或者其他组织的物质技术条件创作，并由法人或者其他组织承担责任的，该职务作品的著作权由作者享有，但单位可以通过与作者的约定继受取得著作权，但是涉及精神权利的署名权和修改权仍由作者享有，不得转让。

第四，对于职务作品的其他事项，由双方进行约定。

（原文约5500字，发表于《国家检察官学院学报》2002年第5期）

文摘编辑：易扬

大陆与台湾、澳门地区逮捕制度之比较

邢克波

[作者简介] 邢克波，汕头大学法学院讲师。

[内容提要] 本文介绍了大陆与台湾、澳门地区关于逮捕制度的立法规定，并通过三地相关规定的比较，提出了借鉴台湾，澳门地区的合理做法，完善我国逮捕制度的具体意见。

[关 键 词] 大陆；台湾；澳门；逮捕制度；比较。

大陆刑事诉讼法所称之逮捕，在台湾和澳门地区都称为羁押，是指对犯罪嫌疑人、被告人采取的在较长时间内剥夺人身自由并予以关押的一种强制措施。逮捕作为各种强制措施中最为严厉的一种，既为保障刑事诉讼顺利进行所必需，同时又涉及到司法人权的保障问题，就好比一柄“双刃剑”，运用得当，有利于保障刑事诉讼的顺利进行，使犯罪者受到应有的惩罚；运用不当，则会导致侵犯人权，影响司法的公正实施。为促进祖国大陆刑事诉讼制度的改革和完善，更好地依法保障司法人权，本文拟就法律体系较为接近的大陆与台湾、澳门的逮捕制度作一比较。

从大陆及台湾、澳门关于逮捕（羁押）制度的规定来看，总的立法精神是一致的，即都体现了“慎用逮捕（羁押）”的精神。因为逮捕（羁押）虽为保障刑事诉讼顺利进行所必需，但由于它以限制人身自由为代价，故必须严格加以限制，否则必然导致逮捕（羁押）的滥用，不利于司法人权的保障。但由于三地的司法制度和民主制度不同，在逮捕制度的一些具体规定上仍存在着差异性。

一、关于适用条件的比较

由于逮捕是一种最严厉的强制措施，为保证逮捕的正确适用，三地均为逮捕的适用条件作了明显严于其他强制措施的详细规定。尤为值得一提的是：三地在规定逮捕的适用条件时，均把“逮捕的必要性”作为逮捕适用的不可或缺的一个重要条件。对此，大陆刑诉法的表述是：“采取取保候审、监视居住等方法，尚不足以防止发生社会危险性，而有逮捕必要的。”台湾刑诉法的表述是：“须具有羁押之必要。”澳门刑诉法的表述是：“仅当其他强制措施明显不适当或不足够时，方得采用羁押措施。”可见，三地均把逮捕作为采取各种强制措施的最后手段，这与“慎用逮捕”的精神是完全吻合的。

三地在逮捕适用条件上的主要区别在于：大陆对适用条件的掌握着重在决定采取逮捕措施时加以考虑。至于逮捕后情况发生变化，以致采取逮捕措施已成为不必要时应如何处理，则缺乏明确具体的程序规定。而台湾、澳门除规定了决定羁押时应遵循的条件外，还进一步规定了羁押措施采取后，由于情况发生变化，以致采取其他强制措施已足以达到防范的目的时，应及时解除羁押。如台湾刑诉法规定：“虽有羁押的理由，但已无继续羁押之必要的，被告及得为其辅佐之人或辩护人，有权向法院声请停止羁押。法院裁定同意停止羁押的，应以具保、责付或限制住居替代之。”澳门刑诉法规定：“在执行羁押期间，法官还应依职权每三个月一次复查羁押前提是否存在，如发现采取其他强制措施已足以达到防范之目的的，也应当解除羁押，变更为其他强制措施。”这些规定对于进一步落实慎用逮捕的精神，切实保障司法人权无疑具有进步意义，可资大陆刑诉法借鉴。

二、关于逮捕程序的比较

总体来说，三地对逮捕程序的规定，也明显比其他强制措施要严格得多。如大陆刑诉法规定，人民检察院审查批准逮捕，人民法院决定逮捕，应分别由检察长和院长决定，重大案件应当分别提交检察委员会、审判委员会讨论决定；决定逮捕时必须制作逮捕决定书；公安机关执行逮捕时，应持有县级公安机关负责人签发的逮捕证并向被逮捕人出示。台湾刑诉法规定，需要羁押犯罪嫌疑人或被告时，必须先经合法拘提或逮捕，经检察官讯问后，认为需要羁押的，由该检察官申请法官羁押。法官受理申请后，仍须讯问被告，经讯问认为符合上述羁押条件的，方能决定羁押。澳门刑诉法规定，在侦查阶段需要羁押嫌犯的，须先由检察院提出申请，然后由法官作出是否羁押的批示；侦查终结后，需要羁押嫌犯的，由法官依职权作出批示；法官在批示前除应听取检察院的意见外，如有可能且属适宜者，还需听取嫌犯的陈述。

三地在逮捕程序上的最大区别在于：在大陆，决定逮捕的主要是检察机关；而在台湾和澳门，只有法官才有权决定逮捕。应当说，台湾、澳门的这一规定更具有科学性。理由是：根据刑事诉讼的角色分工，检察机关与被告人分属控辩双方，由于作为控方的检察机关在刑事诉讼中负举证责任，因而由其决定逮捕，易导致检察机关出于控诉及侦查的便利而扩大逮捕的范围，大陆的司法实践中普遍存在的“以捕代侦”现象就是最好的例证。此外，由检察机关决定逮捕也有失公正，正像有学者主张的“由于检察机关担负指控犯罪的公诉职能，对有些案件还可以自行侦查，由其批准或自行决定逮捕，难以做到真正的公正，显然对人身自由保护不利”。相比之下，法官作为中立的裁判者，其超然的地位决定了其更能对是否应当适用逮捕进行理性的判断，由其决定逮捕，能更好地贯彻“慎用逮捕”的立法宗旨。也正因如此，许多国家的刑诉立法都把逮捕（羁押）的决定权赋予法官。因此，大陆应借鉴台湾、澳门的上述规定，改变由检察机关批准逮捕的现状，将逮捕的决定权赋予法院。

三、关于逮捕错误的补救

这里所谓的“错误”，既包括不具备逮捕的条件而被逮捕；也包括逮捕的原因消灭后本应撤消逮捕但仍予维持的情形。

如前所述，为限制逮捕措施的适用，三地均对逮捕的适用条件、程序及羁押期限作了严格具体的规定，尽管如此，仍难以避免在执行逮捕时发生错误。为防止错误的逮捕给犯罪嫌疑人、被告人带来不必要的损害，就应当在立法中设定相应的程序，以使错误的逮捕措施能及时得到纠正。台湾和澳门刑诉法均对此作了较为完善的规定。根据台湾刑诉法的规定，被羁押的犯罪嫌疑人、被告人对羁押裁定不服，有权向作出裁定法院的上级法院提出抗告，要求更正；对于法院之外的机关违法羁押的，也有权向法院申请提审。此外，被告经羁押后，遇有法律规定的导致羁押原因消失的几种情形时，也有权申请法院解除羁押。澳门刑诉法除规定嫌犯不服羁押决定有权申请上诉外，还规定了类似于台湾的抗告及提审制度的“人身保护令”制度，赋予被羁押人遇有违法羁押时申请高等法院发出人身保护令，以纠正错误羁押的权利，尤为值得一提的是，为保障被羁押人的上述权利能得到落实，台湾及澳门刑诉法还规定，阻碍被羁押人行使上述权利以及拒不履行法院作出的解除羁押裁定的，均属犯罪行为，依法应受刑罚处罚。

相比之下，大陆在这一方面的规定存在较大的缺陷：首先，立法对于可能出现的逮捕错误应如何进行补救没有规定；其次，立法没有赋予被逮捕人对错误羁押申请更正的权利，相反，却赋予公安机关在检察院作出不批准逮捕决定时，有申请复议的权利；最后，仅有的关于超过法定羁押期限应解除羁押或变更为其他强制措施的规定，也完全是自律性的规定，缺乏制约及保障。由于立法的缺陷，导致在司法实践中不仅逮捕措施被滥用，逮捕实际成为主要的强制措施，而且，由于缺乏对逮捕适用的有效监督，超期羁押的现象也十分严重。因此，有必要借鉴台湾的抗告和提审制度以及澳门的人身保护令制度，并结合大陆的实际情况，建立具有自身特色的人身保护令制度。只有这样，立法关于“慎用逮捕”的精神才能真正得以落实。

（原文约8500字，发表于《汕头大学学报》人文社科版2002年第1期）

文摘编辑：易扬

外国和中国香港反贪污贿赂的特殊证据规则

巩富文

[作者简介] 巩富文，西北大学法学院副教授。

[内容提要] 外国和中国香港反贪污贿赂通常适用三个特殊证据规则：一是证据排除规则，主要有坦白保护规则和习惯排除规则两个方面，前者包括坦白免予起诉规则、坦白不得采证规则两项内容，后者包括合理排除规则、公务行为除外规则和完全排除规则三项内容。二是证据推定规则，其适用的前提是必须已证明一方行贿或受贿，并允许被告人反证，同时对案件性质、范围以及贿赂数额又有一定的限制。三是举证责任倒置规则，包括证明的主体、对象、要求和效力四个方面。

[关 键 词] 外国；香港；反贪污贿赂犯罪；特殊证据规则。

自20世纪以来，特别是第二次世界大战以后，许多国家和地区越来越认识到，由于贪污贿赂犯罪分子一般作案隐蔽，司法机关取证较难，采用传统的证据规则，很难将其及时侦破，因而，相继采取了一套特殊的证据规则。举其要者，有证据排除规则、证据推定规则和举证责任倒置规则三大方面。

一、证据排除规则

这一规则主要包括两项内容：一是坦白保护规则；二是习惯排除规则。兹分而述之：

1. 关于坦白保护规则。许多国家和地区为了分化瓦解贪污贿赂犯罪，而在其反贪法规中规定，任何人在回答司法人员的讯问过程中，如果主动如实坦白交待了本人或其他同案犯的全部犯罪事实，那么，法律将给予其特殊的保护。适用这种特殊保护规则的国家和地区有新加坡、马来西亚、印度、文莱、澳大利亚、新西兰、尼日利亚、西萨摩亚、加拿大、中国香港等。美国则是在其刑事诉讼过程中实行这一规则，而且并不限于贪污贿赂案件。这项规则包括以下两方面内容：

——坦白免予起诉规则。新加坡、马来西亚、文莱、印度、尼日利亚等国家和中国香港地区即适用这一规则。

——坦白不得采证规则。这是指在刑事诉讼中，绝对不允许任何人就案犯犯罪活动的交待和检举揭发材料，作为对他不利的证据加以采用。适用该项规则的有新西兰、澳大利亚、加拿大、西萨摩亚等国。

2. 关于习惯排除规则。该规则是指对被告人提出的作为辩护理由的职业、贸易、行业上的惯例，通常要被排除在证据之外。自20世纪初以来，尤其是70年代以后，澳大利亚、新西兰、新加坡、马来西亚、文莱、尼日利亚、巴哈马等国家和中国香港地区纷纷在其有关反腐败的单行法规中规定适用这一规则。从其立法例来看，大致分为以下三种情况：

——合理排除规则。即部分排除规则，它是指由法院根据案件的具体情况来判定习惯是否合理合法，对于那些被判定为不合理的习惯，则应依法予以排除，而对于被判定为合理习惯的，则允许采纳为证据。适用这一规则的有新西兰和西萨摩亚。

——公务行为除外规则。这是对前项规则的进一步限制，即经由法院判定为合理的习惯，并不是说在任何情况下都可以被采纳为证据。公务人员的行为，即便属于合理的习惯，也同样要被排除在证据之外。例如，尼日利亚1915年《腐败行为法令》第27条规定："A. 如果某人被指控犯有本法所指涉及收受报酬的犯罪，而他证明此种报酬是他所在专业、商业、职业或行业中的习惯做法，并且法庭认为报酬的数额根据案件的情况是合理的，那么，该人不得被定罪。B. 本条第1款不适用于政府、政府部门或公共机构雇员的犯罪。"

——完全排除规则。即凡习惯，则应一概予以排除，没有任何考虑的余地，也无需由法院来判定其是否合理合法，而且不论该习惯究竟属于何种职业类别，也不论是在刑事诉讼还是民事诉讼中都得适用该项规则。例如，香港地区1971年《防止贿赂条例》第19条规定："在有关本条例所载罪项之任何诉讼中，被告人不能以本条例所述任何利益之授受乃依照专业、行业、职业或业务之惯例，而作为辩护理由。"新加坡1985年《防止贪污法》第22条规定："在依据本法进行的任何民事诉讼或刑事诉讼中，不得接受表明本法提及的任何报酬是任何职业、贸易、使命或传唤方面惯例的证据。"马来西亚、文莱、澳大利亚、巴哈马等国的反贪单行法规中也有类似的规定。

二、证据推定规则

证据推定，即根据已知一方行贿或受贿的情况，即可推定另一方受贿或行贿，除非能提出反证，否则推定即可成立。其内容大致包括以下三个方面：

1. 适用证据推定规则，必须具备一定的前提条件。其前提条件是必须已证明一方行贿或者受贿。“贿赂犯罪一般是对偶犯罪，即有行贿方也有受贿方。如果行贿、受贿中的任何一方提供足够的证据证明贿赂存在，那么推定的前提就可成立。”

2. 适用证据推定规则，允许被告人提出反证。反证，即反驳，也就是提出相反的证据加以驳斥的意思。据证反驳，是适用证据推定规则的案件中被告人依法享有的一项诉讼权利，被告人对此既可以行使，也可以不行使。实践中，被告人一般是不会放弃行使此项权利的，除非确实存在着不能加以反驳的情况。当然，如果被告人没有提出反证或者反驳的理由不成立，那么，即可推定对他所提出的构成贿赂罪的指控成立。

3. 适用证据推定规则的案件，法律上作出了一定的限制。这种限制主要表现在以下三点上：

——案件性质的限制。证据推定只适用于贿赂案件，对其他刑事案件则不能采用证据推定的办法。

——案件范围的限制。虽然证据推定存在于贿赂案件，但却不能由此就得出所有贿赂案件均可适用证据推定规则的结论，因为从这些国家法律的规定来看，一般将其限定为“某些案件中贿赂的推定”或“特定情况下腐败的推定”。这里的“某些案件”或“特定情况”，即是我们通常所说的“一对一”的案件，即一方指证，另一方对此却完全否认，一时无法辨明。

——贿赂数额的限制。这是说，案件性质和范围并非对适用证据推定规则加以限制的全部内容，除此而外，有些国家还将贿赂数额的大小作为判定能否适用证据推定规则的一个因素。例如，印度 1947 年《防止腐败法》规定：“推定不适用于所述的酬劳或有价之物数额微小而不能公正地认为是贿赂犯罪的情形。”

三、举证责任倒置规则

按照传统的刑事证据规则，一般要指控某个人构成犯罪，作为指控方须提出确凿有力的证据，以支持指控观点的成立，即所谓承担举证的责任。但腐败犯罪具有较高的隐蔽性特点，取证相对较难，有鉴于此，许多国家和地区一改传统的做法，实行举证责任倒置规则，即要求被告人必须提出相应证据证明有关情况，否则将被认定有罪。这集中反映在它们对财产来源不明罪的处罚及其证据运用规则上。这里仅就该类犯罪的特殊证据运用规则上所体现出的举证责任倒置的情况略作说明。

1. 证明的主体。指举证责任的承担者，一般仅限于被告人，即被控方，而在传统诉讼中，这一责任是由指控方完成的。

2. 证明的对象。亦即要求证明的范围。对此，国外并不仅仅规定为被告人本身所持有的财产，还包括受被告人赡养的人及其他任何人所拥有的与被告人有关的财产。

3. 证明的要求。各个国家和地区均要求作出“合理的证明”或“满意的说明”。

4. 证明的效力。从各个国家和地区的法律规定来看，只要被告人对被司法机关怀疑来源不明的财产状况作出的解释或说明，符合上述证明的要求，那么就可以被依法解除怀疑或免遭定罪。相反，达不到上述要求的，则不仅要被确定为有罪，而且其“财产来源不明”的事实也将作为司法机关认定其构成受贿罪或贪污罪的证据。

（原文约 5000 字，发表于《西北大学学报》哲社版 2002 年第 3 期）

文摘编辑：易扬

侦查行为的实施对公民权利侵害的表现及原因

罗　斌

[作者简介] 罗斌，贵州警官职业学院侦查系讲师。

[内容提要] 侦查行为是国家追诉犯罪的必需手段，但这种具有国家强制力的行为的实施又可能对公民的权利构成威胁或造成侵害。如何平衡追诉犯罪和保护公民权利的关系，在现阶段是一个非常迫切的问题。

[关 键 词] 侦查行为；公民权利；侵害。

一、侦查行为实施不当对公民权利构成威胁或造成侵害的表现

(一) 滥用强制措施，侵害公民人身自由权利

强制措施是指司法机关根据法律规定，对被告人或者犯罪嫌疑人采取的暂时限制其人身自由或在一定期限内予以羁押的一种强制方法。强制措施作为侦查机关追诉犯罪的有力而必备的手段，如果使用不当，就会威胁和侵害公民的人身自由和其他权利。这一问题，在现阶段的我国表现得尤为突出。

1. 超期拘留、超期羁押现象严重

——对现行犯或者重大犯罪嫌疑分子，一般情况下，拘留期限为7日，只有对于流窜作案、多次作案、结伙作案的重大嫌疑分子可以延长到37日。但实践中，侦查机关无视法定条件，不管是否具备法定的可以延长到37日的特殊情况，对被拘留人通常都拘留到37日。

《公安机关办理刑事案件程序规定》第112条规定："犯罪嫌疑人不讲真实姓名、住址、身份不明，在三十日内不能提请批准逮捕的，经县级以上公安机关负责人批准，拘留期限自查清其身份之日起计算。"此规定更是为侦查机关超期拘留犯罪嫌疑人提供了法律依据，因此，侦查机关只须出具证明犯罪嫌疑人姓名、住址、身份不明的材料并报经本机关负责人（公安机关负责人，下同）批准即可实现对犯罪嫌疑人的长期拘留。

——逮捕是最严厉的强制措施，刑事诉讼法对逮捕后的羁押期限规定得较为严格。但是，超期羁押现象仍然非常严重。在实践中，一是以犯罪嫌疑人不讲真实姓名、住址、身份不明自行延长羁押期限；二是采取对一次发现的多个犯罪事实以多次发现重要罪行为由，多次重新计算羁押期限，以达到延长羁押期限的目的；三是利用补充侦查来延长羁押期限，具体做法：（1）不移送案卷材料，而要求检察机关直接填写《退回补充侦查决定书》；（2）在案情尚未查清、证据不足而羁押期限届满时，将不具备移送审查起诉条件的案件移送起诉，迫使检察机关退回补充侦查，从而延展其侦查的时间。

2. 变相拘禁、变相羁押问题突出

变相拘禁、变相羁押是对公民或犯罪嫌疑人的自由和权利的严重侵害，法律对此明文禁止。但在侦查实践中，这一问题仍大量存在。

——利用法律没有对两次拘传之间的间隔时间和连续拘传的形式、范围作出规定的漏洞，在被拘传人走出拘传室不久后又再次拘传。

——侦查机关为防止犯罪嫌疑人逃跑、毁证、串供等情况的发生，将有固定住处的犯罪嫌疑人迁至指定宾馆、酒店，将无固定住处的犯罪嫌疑人关押在一个或几个招待所，并指派干警严加看管，其严厉程度不亚于拘留和逮捕；有的以各种名义将犯罪嫌疑人关押于其单位不让回家；有的甚至直接关押在留置室、看守所或公安机关的其他工作场所。这实际使监视居住成为了变相羁押。

3. 关于取保候审

——人保难。取保候审有人保和财产保两种。法律规定只要保证人符合法定要求即可适用人保。但实践中，侦查机关往往只采取财产保，即使犯罪嫌疑人提出的保证人符合法定要求也难有例外。

——往往在犯罪嫌疑人被取保后，取保候审就一直处于持续状态，有的不按规定解除取保候审，有的不按时退还或不退还保证金。

4. 以行政强制措施代替刑事强制措施的现象相当普遍

——以留置盘查代替拘传或留置盘查后再拘传。由于拘传的时间最长不得超过12个小时，而留置盘查的时间经侦查机关负责人批准可延长到48小时，因此，侦查机关普遍采用留置盘查代替拘传 。有的甚至认为留置盘查和拘传分别依据的是《人民警察法》和《刑事诉讼法》，于是留置盘查48小时后又拘传12小时，使犯罪嫌疑人或侦查相对人被变相拘禁达60小时。

——以劳动教养代替强制措施。为规避刑拘超期，侦查机关对有犯罪证据但一时又难以批捕或经检察机关审查不批捕的犯罪嫌疑人，先行劳动教养，在劳动教养

期间继续侦查或补充侦查，待收集到一定证据后再采取拘留。

5. 错误拘留、非法强制也时有发生

有时，一些只够治安处罚的行为人或民事、经济纠纷的当事人也被侦查机关刑事拘留。更甚的是，有的无辜公民也因侦查机关的工作失误或其他原因而被错误拘留或非法强制。

（二）恣意采取侦查措施，侵害公民的人身权、住宅权、财产权和其他合法权益

侦查措施是指侦查机关依照《刑事诉讼法》的规定而进行的各种专门调查工作。包括：讯问犯罪嫌疑人；询问证人、被害人；勘验、检查；搜查；扣押物证、书证；查询、冻结存款、汇款；鉴定；辨认；通缉等。虽然法律对侦查措施的程序和要求有明确的规定以保护犯罪嫌疑人和侦查相对人的权利，但实践中侦查措施的应用不当对公民权利造成侵害的现象仍普遍存在，时时发生。

1. 刑讯逼供现象普遍存在

虽然法律明确禁止刑讯逼供，但实践中，刑讯逼供却屡禁不止，甚至将刑讯逼供作为主要的取证手段和破案方法。目前，轻度的刑讯行为普遍存在，刑讯逼供致人重伤、死亡的案件也时有发生。

2. 非法搜查、非法扣押经常发生

有的侦查人员在既无搜查证也非执行拘留、逮捕时，随意对公民的身体、住处或物品等进行非法搜查，对公民的权利造成极大侵害，有的甚至出现致人伤亡的严重后果。

对与案件有关的物品可依法定要求和程序予以扣押，查证后作出相应处理：随案移送、依法没收、退还物品所有人等。但实践中，有的侦查人员不按规定程序、要求扣押物品；有的对不该扣押的物品也非法扣押；有的被扣押的物品因管理不善而遗失；有的甚至以办案为由非法扣押公民的汽车、手机等贵重财物，以达到非法使用、非法占有的目的。

（三）故意设置障碍，限制、剥夺犯罪嫌疑人寻求律师帮助的权利

在侦查阶段，法律赋予犯罪嫌疑人和侦查相对人聘请律师寻求法律帮助的权利，以保护自己的合法权益。但犯罪嫌疑人和侦查相对人的这一权利往往也难以得到保障。

1. 在第一次讯问或采取强制措施时，不告知犯罪嫌疑人有聘请律师的权利

在第一次讯问或采取强制措施时，侦查机关是否有义务告知犯罪嫌疑人有聘请律师的权利，刑事诉讼法未作规定。《公安机关办理刑事案件程序规定》也只规定“在依法进行第一次讯问后或采取强制措施之日起，应当告知犯罪嫌疑人有权聘请律师”，而未规定具体期限。有的侦查人员就以此为由不履行告知义务；有的根本就无视犯罪嫌疑人的这一权利。

2. 以涉及国家秘密为理由拒绝律师会见犯罪嫌疑人

涉及国家秘密的案件，律师会见犯罪嫌疑人应经侦查机关批准。因此，有的侦查机关就以涉及国家秘密为由，拒绝律师会见非涉及国家秘密案件的犯罪嫌疑人。

3. 有意拖延安排律师会见犯罪嫌疑人的时间

律师提出会见犯罪嫌疑人时，侦查机关应在48小时内安排会见，重大、复杂的共同犯罪案件也应在5日内安排会见。但有的侦查机关害怕律师的会见不利于侦查工作或基于其他原因，便想方设法拖延会见时间，使犯罪嫌疑人不能及时与律师见面。

4. 限制律师会见犯罪嫌疑人的时间和次数及谈话内容

律师会见犯罪嫌疑人应不受时间和次数的限制。但有的侦查机关限定会见的时间和次数，使律师不能向犯罪嫌疑人充分了解案件的有关情况；有的侦查机关限制会见时的谈话内容，甚至不允许涉及案情，致使律师无法了解案情，律师也就无法很好地维护犯罪嫌疑人的合法权益。

值得注意的是，侦查机关还拥有国家（不是国家的法律）赋予的秘密侦察手段。对秘侦手段的运用，由侦查机关在内部通过一定的程序审批，而不接受外部的任何干涉和监督。因此，对这项特权的应用，如果侦查机关自身不能严格审批、严格控制，必然导致对公民的住宅权、隐私权、通信自由权及其他权利的直接侵害。

二、侦查行为的实施对公民权利构成威胁或造成侵害的原因

（一）现行侦查制度不健全

现行侦查制度的不健全是侦查行为的实施对公民权利构成威胁或造成侵害的根本原因。具体表现在：

1. 缺乏中立的司法机构，对侦查行为予以授权和审查

根据刑事诉讼法的规定，侦查行为中只有逮捕须经检察机关审查批准，其他的侦查行为都由侦查机关自行决定与实施。侦查的实施几乎完全由侦查机关依职权单方面进行，事前无需其他机构的授权，事后也不接受任何机构的审查。作为法律监督部门的检察机关，也仅是通过审查以决定是否批准逮捕或是否起诉。权力的过度集中必然导致权力的滥用。

2. 无独立于侦查机构之外的申诉机构

根据法律的规定，在侦查过程中，犯罪嫌疑人或侦查相对人认为自己的权益受到侵害时，只能向侦查机关提出申诉。由于侦查机关是侦查行为的实施者，存有先入为主的观念和强烈的自我倾向性，使得犯罪嫌疑人和侦查相对人很难通过申诉来维护自己的合法权益。

3. 律师帮助权过于狭窄

在侦查阶段，律师只享有以下权利：为犯罪嫌疑人提供法律咨询、代理申诉、控告；为犯罪嫌疑人申请取

保候审；向侦查机关了解犯罪嫌疑人涉嫌的罪名；会见在押的犯罪嫌疑人等。而没有在西方各国普遍得到确认的在场权、调查权、阅卷权、秘密会见权等权利，实际上使得犯罪嫌疑人的法律救济途径难以实现。

4．非法证据排除规则未被确立

我国法律虽然规定了证据的采集程序，也明确禁止非法取证，但对侦查人员采用非法手段获取的证据及由此派生而来的其他证据，却并未规定强制排除规则。这也是非法侦查行为（尤其是刑讯逼供行为）得以盛行的主要原因。

（二）有关法律、法规不完善

现行的法律、司法解释对侦查行为（尤其是强制措施）的规定不完善也是导致侦查行为侵害公民权利的主要原因。

1．关于拘传

《刑事诉讼法》规定不得以连续拘传的形式变相拘禁犯罪嫌疑人，但并未对两次拘传之间的间隔时间和连续拘传的形式、范围作出明确规定，从而导致某些变相拘禁现象的发生。

2．关于拘留

《刑事诉讼法》第128条规定“犯罪嫌疑人不讲真实姓名、住址、身份不明的，侦查羁押期限自查清之日起计算”，此处的羁押应指的是批准逮捕后的羁押。但《公安机关办理刑事案件程序规定》在“拘留”一节第112条规定：“犯罪嫌疑人不讲真实姓名、住址、身份不明，在三十日内不能提请批准逮捕的，经县级以上公安机关负责人批准，拘留期限自查清其身份之日起计算”，将“侦查羁押”与“先行拘留”混同。这是导致超期拘留的原因之一。

3．关于羁押期限

《刑事诉讼法》一方面规定侦查羁押期限由检察机关审查批准；另一方面，《刑事诉讼法》及有关的司法解释（《最高人民法院、最高人民检察院、公安部、司法部、全国人大常委会法制工作委员会关于刑事诉讼法实施中若干问题的规定》第32条、《公安机关办理刑事案件程序规定》第130条和第131条）的有关规定又为侦查机关自行计算羁押期限提供了依据。表现为：一是在侦查过程中，发现犯罪嫌疑人另有重要罪行的，经公安机关负责人批准，可以重新计算侦查羁押期限；二是犯罪嫌疑人不讲真实姓名、住址、身份不明的，侦查羁押期限自查清其身份之日起计算。这些规定是导致超期羁押的原因之一。

4．关于补充侦查

补充侦查是中国特有的诉讼制度，这一制度对追诉犯罪有着重要作用，同时也为超期羁押提供了条件。《刑事诉讼法》及有关司法解释（《人民检察院刑事诉讼规则》第266条、268条、272条和《公安机关办理刑事案件程序规定》第270条）规定：检察机关对公安机关移送审查起诉的案件应当在一个月内（重大、复杂案件可以延长半个月）作出决定，如果检察机关认为犯罪事实不清、证据不足或者遗漏罪行、遗漏同案犯罪嫌疑人的，可以将案件退回公安机关补充侦查，退回补充侦查以二次为限，每次期限为一个月。这就为侦查机关延展侦查期限提供了条件，同时也是超期羁押的原因之一。

5．关于犯罪嫌疑人的构成条件

“犯罪嫌疑人”是刑事诉讼中非常重要的概念之一，但刑事诉讼法中却未对“犯罪嫌疑人”的构成条件作出规定，以至于一些违法人员乃至无辜公民因侦查机关认为其涉嫌犯罪而被留置、拘传和拘留。

（三）侦查主体原因

侦查机关的领导人、侦查人员是侦查行为的决定者、实施者。因此，其主观意识、法律素质、业务水平也是不可忽视的原因。

1．缺乏保护公民权利的意识

认为侦查机关是国家强制性的专政机关，要用强硬的手段才能惩治违法犯罪活动；认为犯罪嫌疑人是人民的敌人，而不是“公民”。因而，漠视甚至践踏犯罪嫌疑人或其他侦查相对人的基本权利和其他合法权益。

2．存在“重实体，轻程序”的思想

认为“不管手段如何，只要能够破案、结案就行”。在侦查中，恣意采用侦查措施，随意采取强制方法，而不严格按照法定程序和要求开展侦查、收集证据。

3．部分侦查人员法律素质低下，办案方法简单

在办案中，不进行深入的调查访问，不利用技术手段收集证据，而是以拘代侦、以审代侦、坐堂办案。

另外，在侦查中侵害公民权利现象的存在，与侦查机关的任务繁重、警力严重不足、技术装备落后等因素也不无关系。

（原文约6500字，发表于《贵州警官职业学院学报》2002年第3期）

文摘编辑：易扬

对浙江首例“贞操权”案件中的“刑事附带民事诉讼”之我见

郭秀梅

[作者简介] 郭秀梅，天津市政法管理干部学院讲师，主要从事刑事诉讼法学研究。

[内容提要] 浙江省首例“贞操权”案备受法律界的关注。本文从刑事诉讼法的角度，结合本案与我国现行刑事附带民事诉讼法律规定发生的法律冲突进行分析，探讨本案原告是否有权提出精神损害赔偿的请求、人民法院能否受理本案以及是否适用刑事附带民事诉讼法律规定等若干问题，并就这些问题的解决，提出修改和完善我国刑事附带民事诉讼制度的构想。

[关 键 词] 精神损害赔偿；附带民事诉讼；法律冲突；民事法律；刑事法律。

一、浙江省首例“贞操权”案件始末

2001年7月，吴正到同事王茜的宿舍玩。吴正在王茜表示反对的情况下，将王茜按在床上，强行与她发生了性关系。王茜向公安机关报案。经有关部门侦查、提起公诉，2001年10月，浙江省丽水市莲都区人民法院认定：吴正犯强奸罪，判处其有期徒刑3年。在事件发生后，王茜辞去工作、远走他乡。因为吴正的犯罪行为，给王茜的身心造成了无法愈合的创伤和损害。在对吴正的刑事判决生效后不久，王茜以吴正的犯罪行为致使其身心遭到严重侵害为由，向莲都区人民法院提出民事诉讼，请求赔偿精神损失费12万元。2002年4月12日，莲都区人民法院当庭作出判决：被告吴正赔偿原告王茜精神抚慰金人民币2万元。

本案作为浙江省首例因强奸案引起的“贞操权”受侵犯索赔案，备受法律界的关注，争议的焦点，主要集中在两个方面：一是被告吴正在犯罪行为已被追究刑事责任后，是否还要承担民事赔偿责任，即原告王茜是否有权提出民事赔偿诉讼，王茜提出精神损害赔偿是否有法律依据？二是原告提出的12万元赔偿数额是否过高。

至此，本案引发了一系列法律问题需要进一步进行探讨。

二、浙江省首例“贞操权”案与现行刑事诉讼法有关法律规定的冲突

1. 本案中的原告王茜是否有权提出精神损害赔偿的请求？莲都区人民法院能否受理本案？根据我国刑事诉讼法第77条规定：“被害人由于被告人的犯罪行为而遭受物质损失的，在刑事诉讼过程中，有权提出附带民事诉讼。如果是国家财产、集体财产遭受损失的，人民检察院在提起公诉的时候，可以提起附带民事诉讼。”2000年12月4日最高人民法院通过的《关于刑事附带民事诉讼范围问题的规定》第一条规定：“因人身权利受到犯罪侵犯而遭受物质损失或者财物被犯罪分子毁坏而遭受物质损失的，可以提起附带民事诉讼。对于被害人因犯罪行为遭受精神损失而提起附带民事诉讼的，人民法院不予受理。”即根据刑事诉讼法的相关规定，刑事案件的被害人可以提出的民事诉讼请求只限于物质损害，王茜不能提出精神损害赔偿的请求。因为王茜首先是刑事案件中的被害人，她所提出的精神损害赔偿是建立在刑事案件基础上的。既然最高人民法院《关于刑事附带民事诉讼范围问题的规定》已明确规定：对于被害人因犯罪行为遭受精神损失而提起附带民事诉讼的，人民法院不予受理。那么本案中王茜提出精神损害赔偿的要求，莲都区人民法院应当不予受理。

2. 如果本案因原告王茜提出的是精神损害赔偿不予受理，与我国现行宪法、刑法和民事法律规定相冲突。实际上，我国立法上对于精神损害赔偿已有相关的规定。如：我国宪法第38条规定：“中华人民共和国公民的人格尊严不受侵犯”。我国刑法第37条规定：“对于犯罪情节轻微不需要判处刑罚的，可以免除刑事处分，但是可以根据案件的不同情况，予以训诫或者责令具结悔过，赔礼道歉、赔偿损失，或者由主管部门予以行政处分。”我国民法通则第120条明文规定：“公民的姓名权、肖像权、名誉权、荣誉权受到侵害的，有权要求停止侵害，恢复名誉，消除影响，赔礼道歉，并可以要求赔偿损失。”这些规定表明我国民事法律已经承认并肯定精神损害赔偿的合法性。同时，2001年3月10日起施行的最高人民法院《关于民事侵权精神损害赔偿责任若干问题的解释》第一条更加明确地规定：“自然人因身体权遭受非法侵害，向人民法院提起请求赔偿精神损害的，人民法院应当依法予以受理。”本案中，王茜被吴正强奸的事实，显然非法侵害了王茜的身体权并使其身心遭受严重创伤。所以，如果本案因为王茜提起精神损害赔偿而不予受理与民事法律相违背。

3. 本案中的原告王茜提出的精神损害赔偿是否适用

刑事附带民事诉讼的规定？答案无非是以下两种：

——适用刑事附带民事诉讼的规定。虽然本案中的原告王茜是在刑事诉讼终结之后另行提起的民事诉讼，但王茜的民事诉讼请求依然是建立在刑事案件基础上的。根据我国刑事诉讼法的规定，王茜不能提起精神损害赔偿。实际上，目前我国刑事诉讼法所确认的精神损失不能进行赔偿是沿袭了前苏联的传统观点，全部论点的根据在于：在社会主义国家里，受刑法保护的人格尊严和其他精神利益是不能用金钱来估计的。我国既然已在立法上肯定了精神损害赔偿的合法性，在司法实践中则应允许公民提起有关精神损害赔偿的附带民事诉讼。这是全面保护刑事被害人合法利益的有效手段。

——不适用刑事附带民事诉讼的规定。如果认可这种观点，笔者认为将会产生以下几个方面的消极影响。

首先，会造成司法实践的混乱，使我国现行的刑事附带民事诉讼制度受到冲击。很显然，如果在刑事附带民事诉讼中提起精神损害赔偿不予受理，而在刑事诉讼终结后另行提起民事诉讼中精神损害的请求会得到支持的话，刑事诉讼当中的被害人无疑会选择后一种做法，而后一种做法无疑会使部分由同一事实引发的案件的刑事责任和民事责任的追究进行两次不同的诉讼，势必影响现行刑事附带民事诉讼制度的实施。

其次，会造成诉讼资源的浪费，加大司法成本，不利于惩罚犯罪和保护当事人的合法权益。刑事附带民事诉讼的本质特征是在解决被告人犯罪引起的刑事责任的同时解决民事责任问题，即两种责任同时予以解决。目前世界上绝大多数国家采取了这种制度，只有美国、日本等少数国家采取先刑后民两种诉讼程序解决犯罪引起的刑事、民事责任。相比较而言，同时解决两种责任比先解决刑事责任、然后通过民事诉讼程序解决民事责任，能够更有效地保护当事人的合法权益，有利于促使附带民事被告人积极赔偿，有利于减轻被害人的诉讼负担，避免法院工作的重复，有利于揭露犯罪，体现惩罚犯罪的彻底性。

第三，我国的法制统一将被破坏，法律本身的尊严会受到质疑。如果同一案件，采取不同的诉讼途径，刑、民分离和刑事附带民事诉讼可以使刑事被害人得到两种明显不同的诉讼结果的话，肯定会使人对法律的严谨性、立法的科学性、司法的公正性产生怀疑，从而使我国的民主与法制的步伐和进程受到阻碍。

三、有关我国刑事附带民事诉讼制度的构想

1. 我国现行刑事诉讼法第77条的规定有缺陷

笔者认为存在概念不统一、赔偿范围过窄、与其他部门有冲突的问题，故建议修改为：“由于犯罪嫌疑人、被告人的犯罪行为而遭受损失的公民、法人或者其他组织，在刑事诉讼中，可以提起附带民事诉讼，请求损害赔偿。”

——用“公民”代替“被害人”，用“法人或其他组织”代替“国家”、“集体”。这样的提法可以与民事诉讼法的规定相统一，同时避免同一法条中的概念采取不同的分类标准；在范围上将“被害人”以外的其他因犯罪而遭受损失的公民，也包括在请求赔偿的范围之内，从而使规定更加规范、完整和科学，能更好地保护合法的权益不受任何非法的侵害。

——将请求赔偿损失的种类规定为“请求损害赔偿”，代替原来法条中规定的请求赔偿“物质损失”、“财产损失”。这样规定可以使赔偿范围与民法通则所规定的范围相一致，体现法律之间的协调一致性，使刑事附带民事诉讼的请求赔偿范围纳入民法通则的规范调整轨道，将赔偿程序严格纳入民法通则的赔偿范围之内，可以防止刑事法律和民事法律的冲突，有利于解决刑事法律所不能确定的损害赔偿范围问题。

2. 关于刑事附带民事诉讼案件的附带民事部分的法律适用

在目前尚无法律规定的情况下，根据司法实践，借鉴国外的先进经验，笔者建议：审理附带民事诉讼的实体法应适用民法通则；附带民事诉讼的程序法适用应以刑事诉讼法律为主。其理由如下：

——刑事附带民事诉讼本质是在刑事诉讼过程中提起的民事诉讼。

——刑事附带民事诉讼既然是一种特殊的民事诉讼，刑事附带民事案件中确定民事赔偿范围、确定民事责任的承担则应当适用民事法律，在我国应适用民法通则。

——刑事附带民事诉讼的程序法适用。如果刑事诉讼法有规定的，适用刑事诉讼法，否则，适用民事法律。

（原文约3500字，发表于《天津市政法管理干部学院学报》2002年第3期）

文摘编辑：王平

武警指挥决策法制化初探

朱 涛 何 涛

[作者简介] 朱涛，武警工程学院训练部军事理论教研室副教授，作战指挥学硕士生导师。

[内容提要] 指挥决策在整个指挥活动中处于核心地位，而武警指挥决策制约因素多，亟待通过一种指挥决策程序并形成合理的约束机制加以规范。本文对此做了论述。

[关 键 词] 武警；指挥决策；法制化。

一、武警指挥决策法制化的内涵及作用

法制化是部队在实施依法治军的基本方略的过程中对各方面进行制度化、规范化的过程。其主要作用表现在以下方面：

——规范作用。尽管决策表现出一定的灵活性、临机性的特点，但实际上它是建立在科学合理的规则基础之上的。“程序、过程是实体、结论的重要保证”，将决策纳入到法制化轨道就是将这些规则上升到法律的高度，通过法律强制性、权威性的规范作用，形成科学的决策程序、决策原则、决策依据、决策制度、决策方法，使指挥决策的内容、权限、采取的手段能够严格依照法律规定进行，让决策者主动性、创造性的发挥建立在所允许的框架之内，规范决策者的行为，防止盲目和主观随意性。

——调整作用。武警指挥决策过程中离不开各种关系、力量的调整配合，仅靠临机式、命令式的强行规定来协调，不仅会使指挥机构陷入不必要的枝节性决策中，而且还会由于缺乏事先协调配合经验而降低决策速度。法制化的指挥决策，能够明确决策过程中各种关系的协同、配合方法，变被动式调整为主动式配合，形成一种预先明确、分工合理、权责清晰、结构紧凑、各司其职的自主运行机制，使决策过程中各种要素高效、有序运转。

——激励作用。“没有无义务的权利。”指挥决策中如果没有法律制度去规范决策行为，势必要造成决策权力滥用，出现“有功都来抢，出事大家担”的现象，不便发挥主观能动性。指挥决策的法制化，就是通过权责的统一，来提高决策者的责任心，增强使命感；通过对决策错误的责任惩处和对决策正确的表彰，调动积极性，使整个指挥决策系统充满活力。

——示范作用。决策者的素质有高低，且能力的生成需要较长的实践过程。决策法制化能为决策者提供一个科学的样板、标准和评价尺度，使之能在这种机制的示范引导下，调整不合理的决策程序方法，克服缺陷，实施科学正确的决策。

二、武警指挥决策的法制化是内外多方面因素共同作用的必然结果，有着巨大的现实紧迫性

1. 武警指挥决策法制化是武警部队现代化、正规化的根本标志

军队的法制化本身是一个庞大的系统工程，涉及各个方面，然而说到底，带有根本性、本源性的问题就是决策。没有决策的法制化，其他的法制化就不可能真正落到实处。邓小平曾经多次指出：“依法从严治军，首先是对领导干部要依法从严。”实际上就是在强调指挥决策的法制化。

2. 武警指挥决策法制化是执法护法性质的内在要求

武警作战与军队作战相比，有着鲜明的执法护法性，表现在任何作战行动都要置于法律政策许可的范围之内。由于武警部队实行双重领导体制，指挥关系相对复杂，决策中政策法律界线的把握要求很高。“执行政策，依法处置”的首要原则必然要求法制化的指挥决策来保障。通过制度更好地明确各种指挥关系，协调好部队与地方党政机关及其他力量的关系，才能使决策更加科学高效，与依法治国、依法治军的大环境接轨；才能在执勤“处突”中恰当运用法律，掌握主动权，使国家政策、法律得以顺利实施，才能使部队法制建设迈入正规、有序的轨道上来，保证各方面工作的连续性和稳定性，不因决策者的改变而改变，促进和保障武警整体建设和执法护法职能的履行。

3. 武警指挥决策法制化是实施准确、高效、稳定指挥的可靠保证

准确、高效、稳定的指挥是激发作战潜能，赢得胜利的必备条件。现代条件下，无论是执勤、“处突”还是防卫作战，指挥决策与以往那种单靠“眉头一皱”，求得“计上心来”的决策方式越来越大相径庭，更多地需要依靠指挥自动化系统等辅助决策手段才能完成，决策群体化、系统化的趋势更加明显。同时，社会的发展对武警综合作战效益要求更高，决策的范围、难度、影响和责任是传统指挥决策无法比拟的。在这种指挥要素日趋多样、指

挥手段日益高技术、指挥关系更加复杂的今天，只有法制化的决策运行机制，才能保障决策过程中决策各要素积极性的充分发挥，从而确保准确、稳定、高效的指挥。

4. 武警指挥决策法制化是实现决策科学化的根本途径

现代科学技术发展对指挥领域的影响，表现在传统决策观必须向现代决策观转移。决策的科学化不仅是个决策手段革新的问题，更是对决策机制调整的问题。建立一种适合现代条件的法制化决策机制，是谋求指挥决策水平向科学化迈进的最有效途径。具体地讲，就是通过将长期实践或经过科学研究检验被证明是行之有效、能够正确反映规律的决策方法和程序，以制度的形式加以确认，产生普遍的约束力，成为决策中必须遵循的根本准则，使决策者严格按照健全的科学程序，运用科学的决策理论和方法进行决策，克服单凭个人胆识意志和主观经验进行决策的弊端。尤其是在当前武警部队决策手段与外军（警）相比，还存在较大差距的情况下，从“软”科学方面入手，促进决策的科学、现代化水平，更具有现实指导意义。

三、紧密结合武警指挥决策的特点，建立健全完善的指挥决策法制化运行机制

1. 极强的指挥决策法治观念

指挥决策法规不只包括禁止性规范，还包括权利性、准用性规范；不仅具有规范作用，还有调整、保障和引导的作用。要从依法决策的主旨上，从指挥决策系统的长远发展上，从与部队其他工作、国家政治法制大环境的配套接轨上，系统地思考、谋划指挥决策的法制化进程。通过加强立法、严格执法和执法监督各个环节，使部队的指挥决策水平上台阶。指挥决策法制化的实质是要确立法的权威，形成一个决策活动处处依法、守法、用法的法制环境，使决策行为“不唯上，只唯法”。

2. 完善的指挥法规体系

很多国家的军队、武装警察指挥决策中都有完备的指挥法规。如美军就有《指挥纲要》，俄罗斯内卫部队也一直把法制建设摆在部队建设的重中之重，制定有专门的《内卫部队法》。可见，对于武警部队来说，完善的指挥决策法规的重要地位是不言而喻的。

当前，立足武警指挥的特点，应着重从以下几个方面抓好指挥法规体系完善配套工作：一是在现有散见于各军事法规的关于规范决策权限、任务的基础之上，建立起完整的法制制度，明确各级决策者在具体情况下的责、权、利及相互关系。二是建立起一套适合于武警指挥决策的法制化程序和方法。武警作战应急性、配合性、临机性强，不能沿袭军队决策程序。通过总结成功决策经验，探索出适合武警部队的科学合理的决策程序和方法，并以法的形式予以确认和推广，使之成为决策行为必须遵循的基本准则。三是建立决策依据准则制度。决策中，武警部队的法律依据涉及面广，几乎涵盖了国家所有的法律体系和军事法规体系，而且都是零散地分布于其中，再加上部队内部制定的法律规章、条令条例，使得决策中法律适用的可操作性很低。通过决策依据准则制度，也就建立了一个武警部队执勤、作战等行动中所适用决策依据的准用性规范集，解决部队依法决策中长期存在的有法难依的老大难问题。四是建立一套指挥决策中主动协同配合的法规制度，改变长期以来决策活动中主要靠行政命令的手段协调各种关系冲突的做法，让决策从一些支节性事务性问题中解脱出来，集中在具有意义环节的创造性决策上来。

3. 健全的决策法制监督机制

“没有监督的法制形同虚设”。监督机制作为法制系统的自我调节机制，是维护法制顺利实施的重要保证制度，指挥决策法制化进程还有赖于健全的监督机制。

（原文约 5000 字，发表于《武警工程学院学报》2002 年第 5 期）

文摘编辑：吉川

网络环境下版权合理使用问题研究

马治国 任宝明

[作者简介] 马治国，西安交通大学人文学院法学系主任，教授，律师、仲裁员，研究方向为知识产权法、科技立法。
任宝明，西安交通大学法学硕士。

[内容提要] 本文通过对传统环境下版权“合理使用”产生的哲学、宪法学、经济学基本原理和传统技术条件下对版权人的影响程度及司法水平的分析，研究了网络环境下，数字化作品及网络传输方式对传统版权“合理使用”的冲击，根据WIPO两个国际条约的精神，提出变革只适用于印刷时代的“合理使用”判断标准，网络环境下“合理使用”的标准应从使用目的、被使用作品的性质、被使用部分的量和质同整体的关系、使用行为对被使用作品的市场及价值的影响四个方面重新考虑。

[关 键 词] 网络环境；合理使用；版权。

一、传统技术条件下合理使用存在的基础

合理使用制度体现了法哲学的“理性的公平正义原则”，实现版权垄断与信息分享之间的公平与平衡，其价值目标在于协调创作者、传播者、使用者三者的利益关系，通过均衡保护的途径，促进文化、科学事业的发展；体现了宪法的言论自由原则。言论自由的前提是对信息的掌握与交流，而信息在版权法中往往表现为享有专有权利的产品。合理使用制度的功用在于，在法律允许的范围内，自由而无偿地使用、接受信息。这是宪法的言论自由在版权领域中的延伸；体现经济学的交易变成本理论。现实经济生活中都存在着交易成本，法律应在权利界定上使社会成本最低化。版权的设定使得信息的生产者通过市场交易得到成本补偿，以交易成本最低化的原则，调整创作者、传播者、使用者的权利配置关系，减少额外交易成本，合理划分了作者与使用者的权利区域，从而带来信息资源优化配置的良好效益，实现促进文化发展和推动社会进步的最优效益；传统复制、传播技术对版权人的经济利益“危害”有限，所以才将私人使用行为确定为“合理”；而且法律对私人使用也不进行实际控制，因此划定为“合理使用”。

二、网络环境下关于合理使用的不同主张

主张限制合理使用者居多，认为只有严格的保护机制才能使创作者们愿意将他们最有价值的作品放置在网络环境中，因此应尽量减少甚至消除合理使用以保护因特网上所发出的版权资料。这种主张代表网络上提供作品的公司、艺术家、出版商等版权持有者的利益。美国政府认为，随着技术的进步，版权交易和许可管理方法将有所改变，因此今后合理使用的适用范围可能会缩小。“花花公子”案和Sega公司诉MAPHIA公司案中，法院已经采用了这种观点。欧共体委员会认为，如果在技术上可以监控、阻止和限制个人复制的话，个人复制的合法性问题就有必要重新审议。学者们认为，随着过去那种沉重的合同谈判在电子合同中几乎减少到零，合理使用理论在经济方面便失去了其存在的根据，因为这一理论存在的理由就是解决交易费用问题。且在数字技术及因特网应用普及的今天，最终用户可以很容易地从因特网下载作品，数字编码形式使作品的复制活动更方便。对作品的私人性复制有可能成为作品在社会上发行的主要方式。现在法律允许的“合理使用”中的私人性复制行为将对作品的市场销售和版权人的利益形成重大的威胁。

反对限制合理使用的学者认为：现代传播技术的发展扩大了作品的使用方式和途径，使作品传播更为便捷，也使创作变得容易，创作成本相对降低，所以作者对作品使用的社会回报的要求也相应降低，合理使用的范围应适当扩大。版权作为一种私权在网络环境下的任何膨胀，都会带来巨大的负面效果。版权法的主要目的是通过降低信息的出版和发行的费用来加强新思想的自由流动。所以，合理使用应被扩展到公众使用因特网上的资料，应降低版权人的权利主张。网络环境下，知识产权权利人的实际权益随着知识扩散超速度和信息传播高密度而显著增加，同样的智力成果或知识投入在网络环境下很可能收益倍增，所以，应当对他们权利的专有性进一步加以限制和弱化。为未来数字时代保留合理使用的公有领域，以利于人们从中自由地汲取营养进而奉献更多更好的再创作。合理使用原则的存在不应受数字技术的任何影响。

三、关于网络环境下合理使用的思考

1. 变革传统合理使用制度的必要性

数字技术和网络的发展对合理使用制度带来的冲击是不可回避的客观事实。但并不能简单地得出合理使用

制度应该继续存在或予以取消的结论。因为数字技术和网络环境对合理使用制度存在的基础并未造成全部动摇。在不同的技术环境下，社会公平和正义同样需要维护，创作者，传播者、使用者之间的利益平衡仍然要维持。公民的言论自由是一项宪法权利，不应受技术环境的影响。所以，合理使用制度的法哲学与宪法基础未变，变化的是其经济基础。

首先，“合理使用”已经严重地危及版权人的经济利益。随着数字技术的发展和网络的普遍应用，用户可轻而易举地从因特网下载作品，并方便、快速、廉价地对作品进行复制、使用和传播。网络环境下，由于复制品的数量增加和质量提高，私人使用有可能成为最重要的作品使用方式，这种损害行为的损害额，分别单独看来微不足道，但整体上则数额巨大，可能严重损害版权作品的市场销售额和版权人的利益。

其次，数字技术和网络环境可以使交易费用大大降低。在传统环境下，版权人需要通过中间环节进行交易，增大了成本。又因为其不可能同每一个使用者单独签订许可合同，也无法有效地控制私人使用，虽然有集体管理机构专门从事这种工作，但是效果甚微，版权人不得不放弃部分权利。但在网络环境下，版权人可以通过对版权作品采取各种技术措施来严格控制作品的使用，并通过制定格式合同，在网络上向个人使用者发售使用许可。如果使用者同意按照版权人的要求付款，就可以获得使用账号或密码，而将不愿遵守版权人要求的使用者屏蔽在外。这种方式使版权人与众多的使用者的谈判成为可能，取消了中间环节，将间接交易变为直接交易，既降低了交易费用，也为社会所接受。

再者，数字技术和网络环境下，借助于技术措施，权利人有能力严格控制版权作品的使用。如利用串行版权管理系统和其他各种防止复制和加密的技术，对每一位使用者复制、使用、传播作品的状况进行具体、细致和严格的监督和控制，防止或限制对作品的擅自复制和使用。当这种精确控制作品使用的技术成为现实的时候，应该归还版权人因无法控制作品的使用而失去的专有控制权。

由于合理使用制度存在的经济基础已经发生了重大变化，建立在印刷技术上的合理使用制度已不适应网络环境，为使“合理使用”在新的环境下仍然“合理”，权利人与社会公众之间的利益平衡继续得以维持，必须探索新的合理使用制度。

2．对新的合理使用制度的思考

一种设想是创立新的能涵盖数字时代的新作品的版权制度。实行作品生产的招标和价值评估制度，创作人可以根据契约安排创作作品，取得私人利益。将作品交付政府后，他将失去对作品的权利。该制度的目的在于激励作品的创作。建立信息获取费制度，凡是网信息高速公路的用户对网上信息都有进入权，同时都有义务支付费用。从而避开合理使用问题。

另一种设想是建立“现代合理使用规则”。传统的合理使用判断标准深受印刷时代的影响，已经不适应网络环境，应建立网络环境下的“现代合理使用规则”，创建作品合理使用的新标准：(1) 复制者是否属于致力于推动科学、技术和工业进步或处于宪法修正案保护的信息和思想传播者的范畴？如果是，则复制者享有合理使用的抗辩以及对抗版权人的复制禁止请求，剩下的问题是使用者应否支付报酬。(2) 复制者的使用是否对版权作品的潜在市场或商业价值产生不利影响，是否给复制者带来实质性利益，是否应出于公平考虑而给予版权人以补偿。

WIPO版权条约、表演和唱片条约均允许缔约方制定对数字网络环境适宜的新的例外与限制，并制定了“不与作品的正常利用相抵触、也不无理地损害作者合法利益”的检验标准。网络环境中作品、表演和录音制品的正常利用的条件与传统的模拟环境中正常利用的条件不同，而且权利人的合法利益受到无理损害的情况也有所不同。因此，“现有的”限制和例外的适用性和程度在“继续适用”到数字环境中时应该重新考虑，如果符合检验标准、而且只有在符合该标准时才能保留。

我们认为，合理使用制度经过上百年的发展，已经具有了深厚的理论基础和公众基础，完全推翻现在的合理使用制度，在现实中行不通。只能针对数字技术和网络环境的特点，对传统的合理使用制度进行一定的变革以使其适应数字技术和网络环境。只对发生了变化的部分进行具体调整。合理使用制度包含了许多具体的规定，如个人使用（包括家庭）、新闻报道使用、教学使用、公务使用、图书馆使用等，显然，不同的规定所侧重依赖的基础不同。比如个人使用显然更多地基于经济理由而存在，而图书馆使用更多基于公共利益的理由，新闻报道使用更多地基于言论自由而存在。对那些存在基础已经发生重大变化或不再存在的规定要考虑取消或改变，基础仍然存在的规定要继续给予保留。

对那些基于经济理由而存在的合理使用的具体规定可以减少甚至取消，而基于隐私权、言论自由、科研教育需要而存在的合理使用的具体规定，通常不应受数字环境的影响而继续予以保留，但应根据具体情况，因应数字技术和网络环境，进行适当的调整，以维持各方面的利益平衡。

（原文约5200字，发表于《西安交通大学学报》社科版2001年第1期）

文摘编辑：易扬

[illegible]

[illegible]

教 育 学 篇

目 录

现代大学制度与我国高等教育改革

张俊宗

［作者简介］张俊宗，天水师范学院副院长，博士。

［内容提要］大学是制度文明的产物，是西方大学在发展演进过程中形成的一个结论。我国高等教育由于与西方有着不同境遇，长期以来忽视了大学制度的建设，随着高等教育改革的深入，这一问题日益凸显。深化高等教育改革必须建立有效的现代大学制度，建立现代大学制度是我国高等教育改革的方向。

［关 键 词］制度文明；现代大学制度；中国；高等教育改革。

一、大学制度的缺失：我国高等教育改革中凸显的问题

我国的高等教育制度有着与西方不同的境遇。建国以来很长一段时间里，受计划经济体制和苏联高等教育管理模式的影响，高等教育在管理体制上实行高度集权，高等学校基本没有办学自主权。所谓大学制度在很大程度上，就是政府管理高等教育的制度，大学很难说是独立的办学实体，在很大意义上实际是政府的附属机构。改革开放以来，随着以经济体制改革为中心的各项改革的展开，高等教育的这一状况越来越不适应社会发展的需要，政府与大学两方面都提出了改革高等教育管理体制的要求。

高等教育体制是关于高等教育事业的机构设置、隶属关系和职责、权益划分的体系和制度。主要反映高等学校与社会、政府间的关系，因此，体制改革的核心即就是如何理顺政府、社会和学校间的关系。长期以来，由于我国社会力量对高等教育的介入少，体制改革的焦点实际也就集中到了“改变高校的政府附属机构形象，努力使高校成为独立办学的实体”这一问题上。在整个80年代，高等教育体制改革以落实高校办学自主权为主要内容展开。

进入90年代，高等教育体制改革在确认了高校自主权问题的基础上，进一步向明确高校的办学自主性和法律赋权发展。1993年国家颁布的《中国教育改革与发展纲要》指出，要“逐步建立政府宏观管理，学校面向社会自主办学的体制”，这一指导思想比较清晰地勾勒了高等教育体制改革的方向，更为重要的是明确了高等学校在高等教育中的主体地位和自主办学的原则，这一转变从更深刻、更广泛的意义上确立了高校的办学自主权。如果说扩大高校办学自主权只是政府根据自身的认识，单向度、有限地把一些权力交给高校的话，那么，自主性则表明高校本身就是一个独立的实体——具有独立行使权力的实体。扩大自主权的意义在这里转变为政府掌握了本应属于高校的权力，现在需要把这些权力归还给高校，它不仅更深刻地肯定了高校自主权的问题，而且表明了高校的自主权应当包括其作为权力实体应具有的一切权力。90年代中期以后，国家先后出台了《教育法》和《高等教育法》，对我国的高等教育管理体制以及高等学校的自主办学问题从法律上进行了明确界定，高校自主权由思想意志转变为法律意志。

至此，争论多年的高校办学自主权问题终于有法可依、有章可循。然而在实践领域里，高等教育体制改革的这些进展，“并不意味着相关的过去争论不休的理论与实践问题都已得到解决”，“高校在办学过程中仍然放不开手脚，‘婆婆’多，条条框框多，主管部门管的太多，统的过死”的情况依旧在很大程度上存在，一项关于高校自主权问题的专项调查表明，“高校办学自主权较以前有所扩大，但存在的问题仍然十分突出”。规范与行为之间的差距，使高校办学自主权问题如雾里看花、水中望月，若隐若现、亦幻亦真。造成这种问题的症结究竟在哪里？

我们可以明确这样一个观点，中国高等教育改革进展到今天，迫切需要现代大学制度的支撑，“建立现代大学制度，是新时期高等教育改革的方向，发展的必然要求”。

二、建立现代大学制度：我国高等教育改革的方向

扩大高校自主权，一方面需要政府放权，但另一方面则在于高校是否具有获得这种自主权的能力。从行政管理学的一般理论来讲，政府对高等教育的管理是其行政职能的重要部分。政府管理方式的转变并不是政府的单向行为，政府对社会组织的管理数量和管理质量不完全取决于政府自身的意志，在很大程度上取决于社会组织为政府管理职能提供了怎样的余地和条件，取决于社会组织自身在多大程度上拥有自我管理的条件和能力。当社会组织有能力自行处理事务时，政府的插手和干预

就会减少，反之，当社会组织的能力不足以达到自行处理自身事务时，本属于社会组织自身管理的活动就会转而由政府承担。从行政学的这些基本理论出发，建立新的高等教育体制，并非是一个政府的单极行为，而是需要政府与高校共同致力的双边行为，离开高校对这一体制的回应，新体制既无基础，也无价值，只有高校具有了“面向社会自主办学”的能力，政府的插手和干预就会减少，从根本上保证新体制的稳定性，而只有做到了这一点，新体制所追求的目的才能实现。但是，从现实来看，高校自身存在着很大的问题。在面向社会方面，当今中国社会已发生了急剧的变化，知识经济初现端倪，科教兴国战略全面实施，市场经济体制日益渗透到社会生活的各个方面，中国已加入 WTO，全新的社会背景为高校提出了全新的要求，高校面向社会，就是要面向这一新背景，在这一方面应当说“大学还远没有为完成这些使命做好准备”。无论在教育教学质量、科学研究水平、社会服务能力方面，还是社会对高校的自觉依靠度方面，都存在很大的距离。在自主办学方面，高校的办学还基本局限在“政府附属机构”的框架与模式之中，行政化管理倾向相当普遍，尚未建立起符合大学本质与发展规律的制度体系。在行为规范方面，高等学校尚缺乏作为一个独立法人实体应具备的自我约束能力，长期以来因权力式微而形成的责任式微的惯性仍然深深地影响着高校的办学行为。在高等教育体制改革中所呈现的那种难以摆脱的“一放就乱、一乱就收”的怪圈，在很大程度上正是这种行为的后果。

从法律角度来讲，虽然法律规定了大学的办学自主权，但是在实践上，还存在一个法律运行问题。也就是说如何适度控制权力，将本应属于大学的自主权力从政府一极归还给大学，并不是法律规定了就可以做到的。政府具有行使法律权力和遵守法律的双重身份，因此“以控制政府权力为直接目的的法治不可能期待政府的力量完成，它是社会力量和国家力量相互作用的产物”。只有当社会力量与政府力量达到平衡时，政府的权力才能受到限制，社会主体的权力才能得到保证。在我国，由于长期以来的人治传统，社会主体尚“无法形成与政府权力相抗衡的组织结构和内部力量”，政府的权力远远大于社会主体的权力，“法律对政府权力的控制往往让位于保障政府权力的行使，政府对法律的工具性的强调大于对法律自治性的重视”。因此，法律赋予社会主体的权力，当其对应方是政府时，这种权力的落实就很脆弱。《高等教育法》虽然确立了高校的法人地位，但由于“缺乏确立”“高校法人地位”这一基础，没有割断高校对政府的隶属关系，二者间没有形成对等的法律实体关系，在这种情况下，政府直接对高校的具体事务进行管理的行为就可能随时发生。虽然法律也确定了政府只是对高校进行宏观管理，但管理的界限并不明确，特别是政府与高校间缺乏缓冲带，政府的意志和管理行为随着其自身对“宏观管理”的理解可以直接到达高校，使宏观管理变成实际上的直接管理。

实践证明，“政府宏观管理，学校面向社会自主办学”的新体制要有效地得以运行，就必须建立起以高校一方为主体的、割断高校与政府间的隶属关系的、有助于强大高校作为法人主体力量的大学制度，这种制度应当能够保证与政府平等的高校法人实体地位的真正确立，应当能够保证政府宏观管理的疆域，应当能够保证大学按其自身的规律健康发展，并承担行为主体应有的权力以及责任。而这也正是大学制度所要解决的问题。

大学制度是以大学的组织特点为根据、确定大学生存与发展的规则体系，它是以大学为主体的制度。这一制度首先表明大学是大学制度的服务对象，它以确定大学的生存和发展为目的，即这一制度必须有力地保障和维护大学的生存与发展，大学的生存和发展是这一制度的根本目的；其次，这一制度体现着大学自身在制度安排中的主体性地位，一方面大学制度如何安排、怎样安排应有大学或其代表者执行，另一方面来自政府与社会的有关大学的制度安排，表现为一种平等主体间的契约关系，而不是单方面的指令；再次，这一制度体现着大学这一特殊社会机构的运行规律。大学组织的特点在于其学术性。自由性、自主性是学术活动固有的本质。在多大程度上占有并维护其本质，从根本上决定着大学能否健康持续地发展，“大学的本质和特性是建立大学制度的基础，无论是从宏观和微观的角度，大学制度的构建都应该是对大学本质和特性的关照”。对规律的遵守是大学得以健康生存和发展的基础，大学必须按照其自身所具有的规律去发展，只有建立有效的大学制度，才能从根本上确保大学自觉地按照其自身的规律去发展，而只有这种发展，才能使大学具有平衡自身与政府力量的能力。

如果说我国高等教育改革的关键在于体制改革，体制改革的核心在于如何使高校成为一个面向社会自主发展的实体，那么建立使大学真正成为具有自我发展能力、具有实体地位的大学制度则自然成为高等教育改革的方向。正是在这个意义上，人们提出“在 21 世纪初，我们要自觉地坚持建立现代大学制度的目标，宁肯在其他方面做些让步或牺牲，也要着力促进新体制、新机制的形成”。

（原文约 6000 字，发表于《天水师范学院学报》2002 年第 6 期）

文摘编辑：李天君

探讨新世纪教育管理学研究的走向

吴志宏

[作者简介] 吴志宏，华东师范大学教育管理学系教授，博士生导师。

[内容提要] 新世纪教育管理学研究将呈现出如下特点：在研究方法上，既会研究事实，也会研究价值，努力使客观描述与主观分析相结合；继续会受到企业管理理论的强大影响，并根据教育管理实践的需要吸收、改造和运用这些理论；研究的问题既有共性的一面，也有个性一面，表现为国际化研究与本土化研究并重；研究的内容将更为丰富和更趋向于多元化。

[关 键 词] 教育管理学；新世纪；研究方法；教育管理理论。

在上一世纪人们对人类社会教育管理现象的认识和把握的基础上，未来的教育管理研究，将完全可能表现出以下一些特有的发展趋势。

一、研究方法：客观主义与主观主义的综合

教育活动归根到底是人的活动，对人的组织、管理和领导不可能走价值中立的道路，在很多情况下，事实与价值无法分离。

一方面，教育管理也像其他管理一样，可以努力去探索其内在规律，尽可能从科学的角度去进行研究。在这一过程中，可以充分运用自然科学的某些方法，如统计、测量、问卷调查等，以使研究更客观，更有说服力。但另一方面，学校，就像其他组织一样，有时的确是复杂的和困惑人的地方，充满了矛盾、含糊性和不确定性。学校管理所面临的问题，常常既不是清清楚楚的，也不是可以单纯归结到技术结论的，这其中充满了人的主观和先验的认识成分。表现在研究方法上，主观的、定性的和质的判断也必不可少。我想，如果能将普遍的统计分析与个案的研究结合起来，或许，这样的研究才更能揭示教育管理的本质。

所以，未来的教育管理研究，既会研究事实，也会研究价值。教育管理研究的方法，将继续循着上一世纪后期已经显现的客观描述与主观分析相结合的轨迹发展下去。从20世纪后期国外一些著名的教育管理杂志发表的论文也可看出，很多的高质量研究论文，都既有反映一般倾向的统计分析，又有针对某些管理专题的较深入的个案调查，所得出的结论令人信服。这，或许就代表了未来教育管理研究方法的发展方向。

二、理论借鉴：对一般管理理论的吸收、改造和运用

在教育管理学科的发展过程中，以工业管理理论为核心的一般管理理论，对这一学科所起的影响和作用确实非常之大。我们甚至可以说，没有本世纪以来的一般管理理论，就没有教育管理学科发展的今天，这一点恐怕没有人会否认。

我们可以简单回顾一下上一世纪一般管理理论是如何影响到教育管理学研究的。最初30年，最盛行的是古典管理理论，泰罗、法约尔等人的学说蔓延到学校，使学校也笼罩了一层浓郁的工商管理色彩。重制度、讲效率、维护权威等是那一时代的学校管理的特征。到了30年代后期，以梅奥为代表的人际关系理论兴起，学校管理研究者们又开始讨论起校长的角色以及学校领导者与教职工的关系问题。50年代以后，行为科学迅速崛起，各种有关领导行为的研究风靡一时，其中很多是在学校以校长为对象进行的。领导的有效性、教师的需要、学校中的人际沟通、合理的教育行政决策等，都是那一时期教育管理研究者都最感兴趣的话题，它们都不同程度折射出一般管理学对教育管理理论研究的巨大影响力。从这个意义上说，我们确实可以认为，教育管理学的理论发展，很大程度就是对一般管理理论的吸收、改造和运用。

很显然，在未来新世纪，以工业管理理论为代表的一般管理理论，仍然会对我们的教育管理研究产生巨大影响，就像上一世纪发生的事情一样。对每一个教育管理研究者来说，一只眼紧盯着教育领域发生的种种事情，特别是与教育管理活动有关的事情，另一只眼关注着更广泛、更缤彩纷呈的管理学研究，看看哪些可以被借鉴、被引用，或适当吸收和改造，这依然不失为一条有效的研究之道。

三、回归基础：教育管理研究的本土化问题

很多人断言，教育管理研究正在呈现出一种国际化的趋势。其实，研究的国际化只是代表了问题的一个方面，还应该看到，在未来的发展中，研究的本土化也许更能代表未来这个领域的真正进步。教育管理学归根到底是一门应用型的学科，而应用就离不开对特定环境和

特定条件的分析。如果说教育管理的理论是普遍性的，那么理论实施的条件和由此得出的实施结论就完全可能是局部性或区域性的。可以这么说，虽然大家都在谈相似的问题，但解决这些问题的方法却因地、因人和因事而不同。很多教育管理现象的背后，反映的是特定的问题，不可能有一个放之四海而皆准的管理模式。拿一个最简单的例子来说，很多外国学者对我国的“民办学校”现象迷惑不解，诸如“转制”、“民办公助”、“校中校”等内在的含义更令他们费解，于是他们中有些人干脆就用“非政府学校”这类术语来描述，而“非政府学校”又怎能确切反映我国民办教育的性质呢？很多的民办学校，其财政、其人事、其招生、其学费、其教育和教学制度，依然很大程度受政府的控制。再如我们通常所说的“校长负责制”，肯定就跟西方国家常常说的“校本管理”有很大不同。所以表面上似乎各国都在谈相同的学校管理问题，但其背后所反映的政策、实施条件、制度、价值观、文化传统等却存在很大差别。真正要把研究引向深入，还要依靠本土化的研究。没有这一点，国际化的研究就难以显示出其真正价值和重要性。

可以想象，未来教育管理学发展的趋势之一就是国际化研究与本土化研究的并重，其中又可以以后者能否进一步深入作为检验这门学科是否走向成熟的标准。正是在这一点上，我们的教育管理学显得还很不成熟。我们不缺国外的管理理论，也不缺国外教育制度的介绍，但却缺少大量的本土化研究。很多我们国家独特的教育管理现象，我们至今没有适当的符合规范的概念或语义去描述和定义它。其实，这才是最有价值的教育管理学的基础性研究，不仅具有实践意义、也具有理论意义的基础性研究。

四、适应新时代：教育管理研究的多元化

在新世纪，研究方向的多元化也将是教育管理学研究发展的一个趋势。这一点也许可从下面五个层面来分析。

从政府层面来看，在新世纪，鉴于教育对于社会政治经济发展的重要意义，各国政府都会对教育表现出越来越浓厚的兴趣。历史经验一再表明，政府关注教育，最关心的是管理体制问题。在这一领域研究的问题包括：究竟是用集中还是分散的形式管理教育、中央和地方如何分享决策、政府出台的教育和教学政策究竟是追求公平第一还是效率第一、用什么方式去缩小地区间教育贫富差距等等。

在学校层面，20世纪最后十年人们最关心的是校本管理问题。在新世纪，对这一问题的兴趣将继续下去。在我国，80年代以来校长负责制的实施也为学校自主管理带来了契机，但可惜的是，这方面的研究没有跟上，学校与教育行政部门的关系还存在一定问题，一些教育行政部门既在掌舵，又在划桨，致使学校对于很多问题的决策无能为力。除了校本管理外，一度流行的高效能学校运动也有可能在一些国家重新复活，不过对“效能学校”一词的界定可能被赋予更深刻的内涵，更接近于“成功学校”的含义。与校本管理相联系的问题还有，学校校本课程的实施、以学校为主的教师培训、学校自我质量监控等等，都会引起教育管理研究者的极大兴趣。

就校长层面来说，研究依然会按照“理论运动”所推崇的实证主义方法，重点研究学校领导者的行为、决策过程、人际沟通、角色定位、民主管理等问题，不过受上一世纪后期主观主义学派的影响，对学校领导者的办学理念、领导哲学等问题也会给予较多关注。在研究方法上，将会采取量的测评与质的分析相结合的方法，个案研究法会用得越来越多。

在教师层面，研究重心可能还是在教师的激励和专业发展问题。如何促进教师的专业发展，这一方面国外的研究较多，我国相对薄弱些。我国的相关研究大都集中在如何提高教师的教学技能技巧方面，似乎教师的专业发展仅仅是一个能力提高的问题。其实，在学校中营造一种环境和气氛，让教师有足够的发展空间，鼓励教师教学创新，这可能比单纯提高教学能力更为重要。如果说提高教学能力更多是教师个人的事的话，那么如何营造有利于教师发展的环境，则更多是学校管理者所要考虑的事情。什么样的校内政策、管理制度以及评价奖励方法有利于教师的专业发展，这些方面还有很多问题需要探讨，这也是未来教育管理研究者须花大力气解决的问题。

从学校与社会（或社区）的关系层面来看，未来的教育管理学在这一领域的研究一定不会少。现代社会信息资讯高度发达，今天的学校管理比起以往任何时代都更加感受到外部社会的影响。今天如果还谈什么学校封闭式管理的话，一定会被看成很可笑的事情。在这种情况下，学校与社会是一种什么关系，学校教育教学如何适应社会发展，对学生的管理如何满足社会对培养人的要求，学校要不要满足、在多大程度上满足家长参与学校管理的欲望，各种利益集团对学校教育提出哪些要求，如何实现它们的要求，如何根据社会发展的需要来评价现代学校制度，等等，所有这些，都是迫切需要加以研究的问题。

（原文约5500字，发表于《华东师范大学学报》教科版2002年第2期）

文摘编辑：李天君

融东西方教育模式，培养“T”型人才

林崇德

[作者简介] 林崇德，北京师范大学发展心理研究所教授。

[内容提要] “T”型人才资源的开发，将意味着全世界掀起一场教育变革。东西方教育各有各自的模式，于是培养出不同特点的人才；东西方教育模式是相通相融的，我们要根据这种互补性，扬长避短，培养学贯中西的人才；为了培养“T”型人才，应该在教育思想、教育内容和教育方法上实行改革。培养“T”型人才，东方教育要改革，西方教育也要改革。

[关 键 词] 东西方教育模式；“T”型人才；学贯中西；教育改革。

一、东西方教育模式及人才的特点

所谓“T”型人才，“横”代表西方的教育观念、教学方法、教学模式，“竖”代表东方的教育观念、教学方法、教学模式。

西方的教育，重视培养学生广阔的知识面、创造力、适应性、独立性和实践能力。这种教育模式突出地表现在培养学生适应性为基础，训练动手（实践）能力为手段，增长创造能力为根本，发展个性为目的。东方教育十分关注学生的知识，而且强调知识的深度和理解水平，所谓“知其然，知其所以然”，就是这种模式的创导。尽管在我国古代课程中有“六艺”，即礼、乐、射、御、书、数，当代中国的教育以《实践论》为指南，提倡“理论联系实际”；在日本，大正时期八大教育主张之一是“动的教育论”，当代教育也倡导重视实践，但这不是主流，主流却是以“书本为中心”。

东方教育十分重视逻辑思维培养，即强调理性认识，强调学生“通过现象看本质”。也就是说，学生在感性材料的基础上，经过思维过程，去粗取精，去伪存真，由此及彼，由表及里，于是在头脑里就形成一个认识过程的突变，产生了概括，由于概括，他们抓住了事物的本质，事物的全体，事物的内在联系，认识了事物的规律性。因此，培养学生的逻辑思维，是东方教育的一个突出特点。东方教育还强调集体协作精神，讲究规范化，“没有规矩就难成方圆”，于是把追求统一规范作为教育的目标。

事实上，东西方的教育模式还有其一致性。即东西方教育模式是相通相融的，两者的互补性远大于冲突性。所以，我们上述的西方教育模式特点在东方教育中也部分存在；而东方教育模式的特点，同样也能在西方教育中看到。总之，长期以来，东西方教育相互吸收取长补短，共同发展着。有这一特点，正是我们提出“融东西方教育模式，培养‘T’型人才”的基础。

二、扬长避短、学贯中西

由于东方人接受东方教育的模式，所以东方人的逻辑思维就比较强。东方地区，在教学上重视的是学生“知其然，知其所以然”，追求的是知识的深度和难度，所以教育教学扎扎实实，一丝不苟，于是在每年国际中学生奥林匹克竞赛中，数、理、化和计算机的受奖数以及总分成绩，往往是中国第一；在出国留学生中，擅长于以逻辑思维为基础的计算机和数学的人也比较多。这反映了当前中国教育的模式特点及其结果。然而，我们东方人的诺贝尔奖获得者，远远不如西方人，在一定意义上也可以说具有创造性的人才不如西方。

比起西方的教育模式，东方地区的人，中国地区的人，也要认识到我们的不足和弱点，主要表现在三个方面：一是在教育中过多地强调“听话”的理念，忽视了学生创造力的培养；二是在教学上过多地“满堂灌”的说教，忽视了学生主动适应的锻炼；三是在行为上过多地强调统一的规范，忽视了学生个体差异的存在。为此，就决定我们要扬长避短，必须融东西方教育模式为一体。

中国的教育应持什么样的观念，培养什么样的人才，提倡什么样的模式？我的体会是融东西教育模式，培养“T”型人才。今天我们推行的素质教育，有哪些内容呢？一是以德为本，全面发展；二是面向全体，顾及每一个学生；三是强调学生的创新精神和创造能力，促进学生个性的健康发展，即它讲究承认个体差异，尊重教学中的主体性，发展学生的主动性；四是注重实践能力的培养；五是为人的终生发展奠定基础。从中我们可以看出，我们国家所推行的素质教育内容，已经体现了东西方教育模式的融合，培养的是新型人才。

三、培养“T”型人才的关键在于教育改革

怎样做好东西方教育模式的融合，来培养“T”型人才呢？这里的关键在于教育改革，也就是说，以相通相

融性为出发点，对教育思想、教育内容、教育方法实行改革。我们的教育理念及其在实验基地教改实验中的做法是：首先，要培养“T”型人才，关键在于改革旧有的教育思想，树立正确的人才观念。融东西方教育模式的教育观念则强调人才的多样性、广泛性和层次性，认为凡是为社会作出贡献的人都应该算是人才，换句话说，除了那些“德才兼备”和“又红又专”的人是人才以外，那些在某一方面发挥了特长而与众不同的人也是人才。

融东西方教育模式的理念还对学校如何培养未来人才的素质提出了新的要求，即：要重视培养学生的现代意识，如珍惜时间，讲求效益，遵守信誉，善于合作，勇于竞争等等；要重视培养学生的创新精神和创造才能，以及独立获取知识并运用知识解决实际问题的能力；要尊重学生的人格，重视发展学生的个性特长。

融东西方教育模式的人才观与我们实施的素质教育具有一致性，它要求我们的学校教育必须从下边两方面人手：一方面，教育要面向全体学生，从而提高适应于社会主义建设的各级各类人才的素质。另一方面，教育要使每个学生都在德育、智育、体育、美育、劳动技术教育等各个方面得到全面发展。全面发展并不是平均发展，因此要发展个性，坚持因材施教。要培养“T”型人才，就得强调改革教学的内容，即狠抓教材建设、课程设置、评估体系和考试改革，以此来全面提高教育质量，全面提高学生素质；也以此来检验是否有利于“T”型人才的培养。

融东西方教育模式培养“T”型人才，还要改革教学评估体系。评估中，当然要把科学文化知识作为重要的内容，但是要充分重视全面提高学生素质、发展学生个性特长，即有同知识与智育对应的德、体、美、劳、群的评估体系，发展每一个学生的个性，并注意发掘各种各样的特长生。

从培养“T”型人才和提高学生的全面素质出发，我认为考试应遵循如下六条原则：（1）加强基础。应该把中小学教学的基本科学文化知识以及基本技能技巧作为考试的主要内容；（2）顾及能力。要考虑智力与能力试题的比例，年级越高，智能试题应该越多。智能试题并不等于智力测验，而是应用学科的语言，考核学科能力的水平；（3）突出创新。在能力中创新或创造性能力最为重要，它不仅体现能力，而且也反映创新的意识。所以试题必须要有测定创新的成分，考核学生新颖、独特且有价值的答题内容和思路；（4）信度效度。试题具有客观性、可靠性和稳定性，不因为是测定时间先后或场合变化而对成绩造成显著的影响；试题具有真实性、准确性，客观的考试应该与师生主观的评估具有一致性；（5）区分层次。智力测验里标准化处理有一个以难度水平为基础的“区分度”，我看不妨可以借鉴。试题太难或太容易都不好，难易水平主要目的是能通过考试，区分出学生的不同层次等级来；（6）富有弹性。试题的弹性，不仅指区分度，而且指能否测出一定个性特长来。

在培养“T”型人才时，我们有些教师在教学过程中的做法和经验是值得推广的：其一要善于置疑，提出富有启发性的问题，指明所学知识的价值，以激发学生对知识本身的兴趣，培养学生对真理的探索和追求精神。其二要启发学生积极思考，并给学生以思考的时间，因势利导，使学生的认识向纵深发展；启发学生理解学习的过程，并结合学习过程对学生进行思维方法的指导，使学生掌握思维的方法，学会思考；引导学生亲自观察、动手操作，在多种教学实践活动中激发和培养学生独立解决问题的能力和创造能力。其三要建立民主平等的师生关系，创造民主和谐的教学气氛，鼓励学生发表不同的见解，允许学生向教师提出质疑，重视在班级教学的统一要求下区别对待上、中、下各类水平的学生，尊重学生的个性差异。

（原文约1万字，发表于《北京师范大学学报》人文社科版2001年第1期）

文摘编辑：张景瑞

教育的异化与拨正

宓洽群

[作者简介] 宓洽群，上海交通大学高教研究所研究员。

[内容提要] 教育原本就涵有“完善人的素质”之义。“素质教育”一词意近画蛇添足。“应试教育”及教育的异化，需从“改进素质测量”、“平衡教育资源供求”及“端正用人单位的择人行为”三方面加以拨正。

[关 键 词] 教育异化；拨正。

任何教育，从它的本来意义上讲，都是完善人的素质的活动，尽管不同时期、不同阶段、不同职业和层次对素质的要求并不相同。可是近几年来，出现了一个新名词，叫“素质教育”，在“教育”前面加了“素质”两字作定语，展开来就成了“以完善人的素质为目标的完善人的素质的活动”。构词上出现了重复的毛病，其意迹近画蛇添足。其次，“素质教育”一词的不妥，还在于它确认了那些偏离素质目标的训练也是教育。众所周知，当前中小学在高考的压力下，不惜牺牲青少年在德、智、体诸方面的健康发展，使出各种招数，以求学生掌握一手应付考试的本领。这本质上是“教育的异化”，而不能称之为一种教育即所谓“应试教育”的。再则，把“素质教育”同“应试教育”对立起来，提出“摒弃应试教育，推进素质教育”，给人以这样的印象，即为了实现完善素质的目的，应该少用以至不用考试这个手段。这就把目的与手段分离了开来，既无助于素质目标的实现，又不利于考试制度和方法的改进。有鉴于此，作者建议从三个方面着力，来纠正教育的异化。

一、改进素质测量，消除教育异化的直接原因

教育既然以完善人的素质为目标，自然离不开对素质的测量。通过测量，改进教学过程，判定教育结果。素质的提高，作为教育的结果，表现为人的三大心智体系的变化：一是认识体系的变化，包括知识的积累、概念体系的建立和智力的发展，对应于智育目标。据美国心理学家布鲁姆的理论，可以按掌握的深度，由低到高分为“知道、理解、应用、分析 、综合（重组）和评价”六个等级。二是情感体系的变化，包括情绪、兴趣、意志、性格、态度和价值观的发展，对应于德育目标。可以按内化的深度，分为“接受、反应、重视、组织和形成价值体系即世界观”五个等级。三是心因运动体系的变化，包括需要某种形式体力活动配合的、精神与肌肉互相协调的技能性状态，有侧重智力的，如读写外语；有侧重体力的，如驾车、游泳。可以按难易程度分为“四肢协调、眼耳手配合、非口头交际和语言交际”四个等级。

人的素质既然是一个具有内部结构和层次的、因人而异的心智体系，测量时就碰到了一系列困难，诸如：素质是内在的，而测量到的只是其中能够外显的部分；素质的外显，延及人的一生，而测量时只能依据其一时的表现。素质是体现于结构和层次的，测量时只能把它们分解成一个个孤立的因素。素质是因人而异质的，测量时为了横向比较，只能从其中挑选出那些同质从而可以量化的东西。素质是不拘一格的，因材使用会各展所长、各显其值，而测量中只能用一把尺子量人，按一种标准打分。这样，测量就成了一面筛子，筛得的只是素质中那些有形的（能外显的）、浅层的（低等级的）、一时的（带一定偶然性的）和标准化的（同质而可以计量的）部分，而把内在的、深层的、稳定的和体现个性特征的东西弃之不顾。例如，对于智育结果（即认知体系）的测量，必定是重知识积累轻智力发展，重一个个知识的记忆和理解轻知识的分析、综合、应用、重组和评价的。对于德育结果（即情感体系）的测量，必定是重一时的接受和反应，轻稳定的态度和价值体系；甚至以政治理论、法律常识这类知识性的记忆，来代替对于学生内在品德的考察。因为前者是能够外显且有标准答案的，而后者则需要长期观察每个学生的行为，并且各有特点，难以量化和简单比较的。以上偏颇在各类在职人员考核中同样存在，以致出现实绩超群、因稍逊外语而得不到提升的怪事。

素质测量中的表面化、浅层化、低级化和标准化倾向还因采用电脑阅卷和追求评分的“客观性”而加剧。众所周知，与学生朝夕相处的教师，对每个学生的素质状况是大体有底的，尽管他们的评价可能是模糊的、定性的，却是接近真实而且能抓住个性特征的。这种评价本来可以作为一种重要的参照，来平衡测试中上述四个倾向的偏差。遗憾的是，教师们自身也处在激烈竞争之中，他们对本班学生的评价难保不掺入一些水分。这就使跨校跨省市的统考和电脑阅卷评分广泛流行，且被作为主要的甚至惟一的评价依据。而电脑只识 0 与 1，配以

软件也只能判别那些规范化的、有标准答案的卷子的正误。它岂能识得论文的思想和文采，语句的优美和意境，以及分析与解决问题的机敏和创见！电脑毕竟是机器，用机器来考评活人，势必把活人训练成应试机器人。吴敬梓在《儒林外史》中写了“范进中举”的故事。范进自幼攻读四书五经，屡试不第，及老才中举人。接到喜报，乐极发疯，成了废人。这是素质测量偏颇导致教育异化的典型。吴敬梓如能活到今天，谅必能再写一个续篇，以诫世人。

二、缓解高教资源的供求矛盾，减少素质测量偏颇对教育异化的反馈

随着知识经济的临近，知识正在成为最重要的财富；知识创新和技术创新已成为主要的价值生长点。在发达国家，大量的重复性劳作和程序化管理岗位正在被智能机械取代。无升学前景的高中生正在成为“失落的一群”。这种情况在我国城市已见端倪，加上我国实行计划生育，独生子女能否考上大学，决定着家庭的未来，对高等教育的需求也就成倍增加。而高教资源的供给，由于长期的投入不足和政府独家办学，远远满足不了需求：据统计，1998 年全日制普通高校只能从 16 个同龄青年中招收一名新生。这就大大激化了高考竞争，并把这种竞争逐级传递到中学和小学，使基础教育异化为高考的预备。设想一下，高等教育的规模如能在近 10 年内翻上一两番，则不仅人力资本能适应产业结构的升级，高考竞争也将大为缓和。从而为那些专注于素质目标的师生创造教育改革的宽松环境。高教规模扩大后，教育资源仍有优劣之分，必要的竞争有利于把优质教育资源配置给素质最优的学生，也有助于激励学生上进。

三、端正用人单位的择人行为，消除教育异化的外部原因

教育，是社会这个大系统中的一个小系统。教育的问题，根子不在教育，而在社会之中。同理，人才的培养，根子不在培养，而在使用之中。众所周知，人的素质最终都会转化为社会效益，而学历和文凭未必准确反映品性和真才实学。为此，真正关心用人效益的企事业主管，在聘用人员时，必定既考虑学历和考分，更关注实际的素质。而当他们发现应聘者的实际素质高出学历，或者课业成素平平而在某一方面具有与本单位对口的特长时，敢于破格录用。这种情况在非国有制单位是屡见不鲜的，而在国有制单位比较罕见。原因是国有制单位的招聘人员，与企事业的整体利害关联不紧，他们一般不会花费过多精力，对应聘者的内在素质作过细的考察；更不愿为破格录用一个奇才能人，去冒违反上级规定的风险。相反，当有私利可图或受人之托时，倒敢于违规招收一些不合格人员。为了防止这种有损单位利益的“代理人行为”，国家只好强化按学历和分数择人的规定，而限制按真实素质特长破格录用的权力。从而也强化了考试对于教育异化的作用。为了监控代理人行为，国家还设立了国有资产管理机构。然而，国有资产管理机构的官员，本身也是与企事业整体效益关系不紧的雇员，这就陷入了“以代理人监督代理人”的怪圈。科学史中有这么一个故事：杠杆发明后，阿基米特声言：“给我一个支点，我能举起地球！”然而他找不到一个离开地球的支点。同样，国有制单位现在也尚未找到一个不受内部人控制的“支点”，其不良择人行为对教育异化的助长，还不能在短期内予以消除。综上所述，纠正教育异化，需三管齐下：教育测量技术要改进；教育资源的供求要平衡；国有单位作为人才市场需方的大户，其择人行为要端正，而这涉及所有制结构的改革，需要国人拿出更大的勇气和智慧。

（原文约 4000 字，发表于《上海交通大学学报》社科版 2001 年第 1 期）

文摘编辑：张景瑞

创建世界一流理工大学人文社会科学学科的思考

田新华 唐魁玉

［作者简介］田新华，哈尔滨工业大学人文与社会科学学院，副教授。
唐魁玉，哈尔滨工业大学人文与社会科学学院，副教授。

［内容提要］理工科大学在发挥理工类学科强势作用的同时，也要创建具有鲜明特色和一定水准的人文社会科学学科，这是我国一流理工科大学向世界一流理工大学目标迈进的必然选择。我们认为，创建世界一流理工大学，既离不开科学精神的弘扬，也离不开人文精神的滋养，应及早认识到人文社会科学学科在创建世界一流理工科大学中的重要作用。只要定位准确，措施有效，特色突出，在新世纪初叶建成一批一流理工科大学中的具有先进水平的人文社会科学学科的目标就会实现。

［关 键 词］世界一流理工大学；人文社会科学学科；发展定位；自我认同。

一、世界一流理工科大学的标准及其创建人文社会科学学科的意义

我们认为，世界一流理工科大学应满足以下标准：(1) 应有一流的研究水平和富有特色的名学科，包括拥有少部分优秀的人文社会科学学科，其学术声誉主要靠师生在《SCI》、《EI》等国际科技检索及国际一流学术刊物（如《科学》、《自然》等）上发表论文的数量和质量来实现；(2) 应有一流的师资和人才队伍，特别是要拥有一批学术大师；(3) 应有一流的教学水平与完整的教学体系；(4) 应有一流的图书馆和先进的信息情报系统；(5) 应有一流的生源；(6) 应有充足的经费和设备等教育资源，还要有知识经济的创新能力及技术市场开发能力；(7) 应有一流的教学科研及先进的、充满创意智慧的媒介宣传和公共关系策划系统。

在世界一流理工科大学中创建人文社会科学学科，不仅具有现实意义和历史意义，而且也具有自主性和交互性意义。从现实与历史高度上看，我国作为一个高等教育大国，要想变成高等教育强国，就必须在21世纪创建一批能跻身于世界一流大学行列的知名大学，而要推进知识经济和现代化的发展，最现实的选择就是要创建一些世界一流的理工科大学。从1952年院系调整以来，我国理工大学的非人文化发展所导致的理工科大学生人文素养缺失，甚至从政官员的这方面的不足，都制约和影响了人才的培养和大学能力的均衡发展。著名心理学家和方法论大师皮亚杰认为，人文科学与自然科学是不可分离的，二者都应该成为整个科学、学术体中的重要组成部分。在理工科大学里保留并发展一定数量和水准的人文社会科学学科，无疑对技术决定主义倾向的反拨和避免人才培养的过分专家化，“单向度”（马尔库塞语）偏向有着十分重要的意义。实践证明，两种文化、两种学科的师生之间的交互作用，是非常有效的科学整合发展方式和人际沟通理想模式。简言之，文理渗透极有利于营造通才教育和宽容人格精神的现代性氛围。

二、人文社会科学的历史发展及其在一流理工科大学中的发展定位

1. 人文社会科学的历史轨迹与现代发展走向

纵观世界文明史和高等教育史，我们不难发现：人文社会科学的历史是源远流长的，而且作为学科形态或独立的学术职业在古代希腊、印度和中国先秦时代，都远比自然科学、技术科学学科出现得要早、要成熟得多。即便是近代大学教育兴起之初，人文学科也是领先于科技学科进入大学课堂教学体系的。剑桥大学的著名“三一学院”便是人文荟萃之地，曾出过哲学家培根、大诗人拜伦、历史学家麦考莱等等文科大师。同时，“三一学院”还培养出了近代科学史上影响最大的、伟大的物理学家牛顿。

与自然科学、技术科学一样，人文社会科学对社会发展也是有重要作用的。20世纪世界性的“重理工轻人文”的教育倾向，是片面的、有害的。在现代科学发展进程中，“两种文化”的发展是并行不悖的。新科技革命为人文社会科学的发展提供了新的方法和手段，人文社会科学的发展与进步，人文社会科学的研究成果，对自然科学和科技发展起着日益重要的作用。人文社会科学与自然科学相互渗透、相互联系的趋势也日益加强。自然科学与人文社会科学都是人类认识世界、改造世界的智慧结晶。另外，人文社会科学在人类长期的社会实践和意识活动中，孕育出了一整套社会规范、价值观念、审美情操和思维方式。

2．人文社会科学学科在一流理工科大学中的发展定位

毫无疑问，在理工科大学中建设人文社会科学学科是不同于综合性大学的。在综合性大学里，如世界一流的哈佛大学、牛津大学、斯坦福大学等，都拥有雄厚的、名气很响的人文学科或社会科学学科。但是，在以理工科为主的世界一流大学里，即便是麻省理工学院、加州理工学院、巴黎理工学校等世界著名的理工学府，人文社会科学的学科地位总体上也没有多数综合性大学高。因此，在理工科大学中发展人文社会科学学科，不应照抄照搬综合性大学的人文社会科学学科发展模式和路径，也不应追求大而全，而应根据实际情况，抓住几个优势学科作为突破口，准确定位，目标适当，措施得力。

我们认为，在选择目标时，可以考虑借鉴世界知名理工科大学的经验，但不应失去本土化、现代化、人文化、民主化和资讯化等特征。

面向21世纪创建世界一流理工科大学，必须从大学教育理论上对人文社会科学学科的发展重视起来，尤其是校长等高级教育决策者，时刻应把文科与理工科、管理学科的发展摆在同等重要的位置上。此外，在选择人文社会科学学科发展的新的生长点的时候，还应与本校相关的强势理工学科结合起来。比如，清华大学的建筑工程与同济大学的建筑工程都很好，就可以进一步发展美术艺术等人文学科。2000年，清华大学与中央工艺美术学院的合并，既是科学与艺术美奂美仑的融合，也是理工科与人文社会科学学科相互渗透的亮点。计算机、通讯技术学科为长项的理工科大学，可以发展具有交叉学科、软科学性质的信息经济学、网络社会学、信息法学、传播学等社会科学新学科。哈尔滨工业大学具有航天技术和机器人技术、焊接技术的学科优势，由此可以发展宇航经济学、人工智能研究、技术社会学，以及宇航法学等社会科学学科，等等。

怎样发展我国一流理工科大学的人文社会科学学科，这已成为摆在著名理工大学校领导和教育家及人文学者面前不可回避的亟待解决的一个问题。我们认为，应该做如下一些工作来适应这一教育转型趋势。

首先，要提高认识，增强发展人文社会科学学科的紧迫性。在理工科大学发展“文科”学科的重要意义，前文已经说过很多了。但是，这不言自明的道理在我国理工科大学，著名理工院校的普通教师、高级教育管理者甚至校长的思想里，并不是一点问题都没有的。有的搞理工出身的校长和著名学者、教授，对人文社会科学研究的不是很多，科学精神强于“人文精神”。当然，也不乏有人在内心深处漠视、歧视人文学科及人文学者，对其工作的意义和价值持否定态度。这与国际和港台的一些理工大学校长和学者注重人文精神的情形恰成鲜明对照。理工科大学的决策者们一定要解放思想，应有“大科学”视野下的教育家眼光。

第二，要对人文教育的现代性和校情有清醒的自我认同。近代，人文教育与科技教育一样，都是西方启蒙运动以来现代性的一种产物。当前，世界范围内的信息化、全球化、知识经济化和人类文明的融通化，以及中国的现代化道路，都与启蒙人文精神的重建、人文社会科学的发展与运用密切相关。同时，人文教育也是遏制技术异化现象的一剂良药。对此，我们必须在对自己所处的理工院校校情进行充分反思的前提和现代性的思考下，产生某种人文教育发展上的自我认同。每一个教师都应该对发展人文社会科学学科有清醒的认知，并产生共识和心理支持。这一点，也是不容忽视的。否则，如果缺乏认同，就不可能在理工科大学里营造出公平竞争发展人文社会科学的学术空间和教育氛围。

第三，要在确定发展目标的同时，制定可行的中长期计划。当然，最根本的是要加大对人文社会学科的研究与发展方面的财政投入，要重点支持具有特色的研究项目与课程建设。

第四，要引进一批真正的一流学者到理工科大学从事人文社会科学的教学与研究工作。师资水平的高低，在我们看来是比生源质量和硬件资源还要重要的教育条件。要培养和造就高素质的创造性的、文理工兼通的人才，应将此目标作为著名理工科大学的教育责任。

（原文约6000字，发表于《北京理工大学学报》社科版2001年第2期）

文摘编辑：张景瑞

关于民办教育的若干问题

顾明远

[作者简介] 顾明远，北京师范大学教授，博士生导师。

[内容提要] 本文对改革开放后我国民办教育的兴起予以充分肯定，对民办学校目前发展状况作了基本估价，强调当前最主要的问题是对民办教育的认识问题，着重就民办教育的发展模式和管理体制，民办学校的资金投入、积累和营利，运作、内部管理和教学质量保障，民办学校的产权以及与上述诸多问题相联系的有关理论问题系统地作了阐述。

[关 键 词] 民办教育；民办学校；认识；发展；问题。

一、对民办学校发展状况的基本估价

经过有关调查和座谈，我们认为：第一，我国绝大多数民办学校是能够坚持党和国家的教育方针的，是以培养人才为目的，这是个基本估价。第二，民办学校在总体上是重视教育质量的，以质量求生存、求发展。第三，民办教育是解决国家教育资金投入不足，调动非政府资源的有力途径。第四，民办学校的发展促进了学校之间的竞争，为社会成员提供了多样化的教育选择。第五，民办学校为学校管理和运行提供了与公办学校不同的模式与机制，可为公立学校的改革提供经验。同时，目前民办学校也存在不少严重和亟待解决的问题，生存和发展面临许多困难。首先，有的办学目的不正确，不少学校以营利为目的，缺乏必要的办学条件，缺乏质量意识。其次，学校普遍资金短缺，多数学校设立之初靠银行贷款，存在较大的风险。第三，教师队伍不稳定，许多民办高等学校主要依靠招聘公办学校的退休老师或兼职教师，这些教师既不稳定，也损害了公办学校的利益。教师权益得不到有效保障，教师得不到政府教育主管部门的关注，职称无法解决，进修受到忽视。第四，有些学校产权不明晰，财务管理混乱。第五，大多数民办高等学校没有学历授予权，生源很困难，特别是近几年公办高等学校扩大招生规模以后，民办高等学校招生更为困难。第六，政府教育主管部门在实际工作中对民办学校缺乏支持，例如准入条件缺乏标准，人为因素太多，使投资办学者顾虑重重；在学校内部管理上也缺乏规程，许多学校出现校长与投资办学者之间的矛盾；收费标准混乱等等。我认为，当前最主要的问题是对民办教育的认识问题。民办教育在我国教育体系中占有什么地位？是拾遗补阙，还是我国社会主义教育体系中的组成部分？是为了补充政府的投入不足而采用的临时措施，还是多种经济条件下为适应市场经济的要求而采取的发展教育事业的重大举措？由于认识的不到位，造成有关社会力量办学的法制建设严重滞后。从民办学校本身来看，许多举办者，特别是一些教育集团投资者总想尽快地回收成本，并能得到一定的回报，因而急功近利，不按教育规律办事，发展潜力受到限制。因此，我国目前社会力量办学的软环境不容乐观，需要尽快改进。政府部门要关注民办学校的现状和困境，给予民办教育一个公平、平等的生存和发展环境。

二、民办教育的发展模式和管理体制

从资金来源的角度看，民办教育的发展模式多样，归纳起来主要有以下几种模式：（1）由公司企业（包括教育集团）投资的办学模式；（2）多元（个人或多人）投资合作办学模式；（3）捐赠办学模式；（4）房地产开发商垫付形式的办学模式；（5）公立学校改制运作下的办学模式；（6）依托大学的二级学院模式；（7）中外合作的办学模式等。多数学校是通过银行贷款建设校舍购买设备；有些学校通过赞助费（主要是中小学，前期多数采取储备金）集资建校；还有不少学校租借校舍办学。

投资的多样化同样带来了学校管理体制的多样化。目前，民办学校的管理体制以董事会领导下的校长负责制为主要模式，但具体情况复杂多样。其中，有校长领导下的校务委员会制、有董事长兼校长于一身的家庭式制、有董事长负责财务、校长只负责教务的双轨管理制。由于管理模式的复杂性造成民办学校充满着种种矛盾。目前，许多大学举办“二级学院”，实行一校两制。这种办学体制模糊了公办和民办的界限，实际上成了收费双轨制的变种，同时也使民办高校与之处于不平等的竞争之中，不利于民办高等教育的发展。需要从概念上和实际执行过程中，区别政府支持民办教育和政府参与民办教育的差别，明晰政府职能，将政府的工作重点转移到加强引导、宏观管理和监控上。对于国有民营性质的学校，应该明确产权和运营的规则。

三、民办学校资金投入、积累和营利问题

民办学校投资者和举办人投资办学的动机多样，由

于缺乏具体规范和指导，造成真正不以营利为目的的民办学校举步维艰，而纯粹以营利为目的的学校则想方设法钻政策的空子，聚敛钱财。按照《社会力量办学管理条例》的规定，民办学校“不得以营利为目的”，但实际上，许多民办学校是通过学费、教育赞助费、教育储备金和后勤服务的社会化来获得资金和利润。但由于对以营利为目的和有营利行为之间的限定不清，造成了民办学校的短期效应，出现了投资者和举办人在短期内追求投资回报和滋生腐败等现象，影响了学校长期稳定发展。与此同时，有些民办学校尤其是那些不单纯以营利为目的的学校普遍存在资金严重短缺的困难。首先应区分、界定“民办学校”的内涵和分类，以及“营利”、“赢利”和“盈利”等概念。其次，应从长期发展的角度，对不同办学目的的学校进行划分，区别对待，分类规范，分类指导，使以慈善为目的的学校有宽松的环境得以长期持续的发展，让以营利为目的的学校按照市场规则获取一定的合法利润，以适应教育产业发展的需要。政府需要通过立法，依据办学的投入、成本和学校教育质量制定学费标准。

四、民办学校的运作、内部管理和教学质量保障问题

经营好的民办学校普遍有四个基本特征：（1）投资人和举办人具有丰富的教育实践经验，了解我国教育实情；（2）投资人和举办人具备较强的经营意识和市场意识，学校的定位准确，符合社会需要；（3）内部关系顺畅，有比较完善的规章制度；（4）有一支高质量和稳定的教师队伍。但是，民办学校在内部管理方面存在的问题也不少，突出表现在以下几个方面：（1）一部分学校的校长权力膨胀，校长说了算，缺乏民主管理氛围。（2）政府政策和学校人事制度尚未完善，民办教师关心的切身利益问题，如教师的职称、医疗福利等得不到解决和保障。（3）投资者与校长、教师因目标要求不同而产生矛盾，投资者与校长、教师的关系变成赤裸裸的雇佣关系。（4）学校规章制度不完善，有些规定往往有利于办学者，而不利于教师和学生，多数学校不同程度地存在“劳资纠纷”等问题。

五、民办学校的产权问题

民办学校的所有权和产权是目前社会力量办学最关心和争议最多的问题。产权问题之一是，许多民办学校集所有权、经营权和产权于一体，而我国尚未有相关的法律对此作出明确规定。从投资与回报的经济角度看，尽管办学不以营利为目的，但多数投资者总是期望获得一定的经济回报，因此，有关条例的规定无疑限制了投资人的积极性，导致投资人不敢继续投资和追求投资的短期效果，甚至出现了变相变卖学校、注册新公司转移校产等现象。产权问题之二是投资者和实际办学者之间的矛盾，收入如何分配问题。产权问题之三是税收。由于现在尚无统一、明确的税收规章。一方面文件规定学校是非营利机构，另一方面，税务部门又在向民办学校收税；有时税务部门也面临“两难困境”，不知如何收税；有些地方又存在随意收税的现象，使法制行为转变为个人行为，地区差异很大。民办高校的产权问题应该尽快解决，目前可以采取两种办法：一是从法的层面，修订现有关于产权的规定，将投资人所有权与法人财产权分离，分类规范，允许举办营利性的民办学校，但对其纳税要有所规定。二是不改变当前法的规定，对民办学校进行范围界定，并通过借贷关系解决投资回报问题。

六、有关的几个理论问题

社会力量办学的健康发展需要一定的理论支撑。当前我国社会力量办学之所以存在许多问题，理论基础薄弱是其中的一个重要原因。因此，有四个方面的问题需要认真研究：

1. 民办教育的性质问题

民办教育究竟是公益性事业，还是公共性事业？如果民办教育属于公共性事业，公共性事业包含公益性和非公益性两种成分，就是说它的非公益性部分是允许营利的。而如果民办教育属于公益性事业，就决不允许以营利为目的，虽然公益不等于无偿，但通常确实存在公益即是无偿的理解，政府就应该给予必要的资助以维持学校的正常运行。如果认为民办教育虽是公共事业而且是非公益性的，如公共交通、电讯等事业，则应允许学校获取一定的利润，同时政府要制定相应政策。

2. 国家和公民在教育事业中的角色和地位问题

虽然宪法第十九条规定了公民和社会团体有权举办各级各类学校，但由于受到传统观念的影响，在现实中，人们容易将“公办”和“民办”对立起来，并对“民办”存在一定的偏见。而在理论和法律上，如何体现宪法第十九条的规定，是值得研究的问题。

3. 民办高等教育定位问题

在中国的现实中，民办高等教育不像国外私立大学那样有悠久的历史，因而不可能在短期内办成一流大学，民办高等教育就有一个定位问题。我认为，应该定位在为当地国民经济发展服务上，设置急需的，适口对路的专业。待办出特色，办出品牌再向高层次发展，不可贪大贪高。

4. 民办高等教育的质量保证体系问题

政府除了制定民办学校准入条件外，还要有制度监督它的质量。我认为，应该建立评价制度，最好有中介机构，定期不定期的对学校进行评估。要使民办高等教育健康发展，并成为我国高等教育的组成部分。

（原文约 6000 字，发表于《浙江树人大学学报》2001 年第 2 期）

文摘编辑：张景瑞

建立教育目的导引机制初探

赵必华

[作者简介] 赵必华，安徽师范大学教育科学学院讲师。

[内容提要] 基础教育被扭曲为“应试教育”，与教育目的没有发挥其引导功能有一定的关系。主要原因在于人们理论上模糊了实然与应然的差异，社会主体与个体主体的差异，内在的教育目的与外在的教育目的的差异。在既定的社会经济条件下，实现教育目的的关键是把外在的教育目的转化为内在的教育目的。而社会主体意义上的教育评价则是实现这种转化的基本方式。

[关 键 词] 功能；社会主体；个体主体；外在；内在；教育评价。

一

在一般论者看来，例如在布鲁巴克那里，教育目的具有三种重要的指导任务（功能）：指导教育过程（引导功能）、推动教育过程（激励功能）和评价教育过程（评价功能）。这就是说，某个教育目的（目标）不仅要设法预见到现在教育努力的预期结果将是如何，或应该如何，而且这种预见一经获得以后，它就成为指导学生与教师选择达到该项目的的工具与手段。首先它将有助于寻求为达到该项目的的方法；其次，它更指导达到目的所应采取的步骤。从这段论述中，我们可以得出这样的结论，即教育目的功能的发挥，是指教育目的的内在规定性能够直接影响教育活动参与者的具体教育行为，并使个体的教育活动、最终是社会主体的教育活动向着预期的结果（目的）方向发展，并达到社会主体预期的目的。

这种论述，从规范的意义上看并无不当。就人的有意识的行为表现方式而言并从具体活动的过程来观察，“目的”确实具有布鲁巴克所指出的功能。但是，这种论述也仅仅是在规范的意义上，并且也仅仅当教育目的成为个体的教育行动的真正组成部分时，才是一种正确的论述。离开了这样的一个前提，那么它可能只会给教育实践带来某种消极的负面影响，甚至是误导。因为它容易给人们造成这样的错觉，即似乎只要有教育目的存在那里，只要教育目的通过教育法律法规、规章或文件的形式合法地表现出来，就能够发挥其应有的引导、激励和评价功能，就能够实现其指导任务。然而，实际情况并非如人们所想象的那样。实际情况是，社会主体的教育观念的内在规定与个体主体的教育实际结构状态在很大程度上表现得并不一致，即对于参与教育活动的个体来说，引导其实际行动的目的并不必然地认同社会的教育价值观念，即认同社会主体的教育目的。

最终反映具体的社会物质生活条件的个体主体的教育意识在本质上不同于作为高度组织起来的、远较个体意识更为抽象的社会总体的教育意识，尽管两者之间存在着密切的相互关系，即社会的教育意识总以个体心理的教育意识的存在为先决条件，并标志个体的教育意识的一个较高的水平，同时个体的教育意识总是或多或少反映着社会总体的教育意识。正是这种社会主体与个体主体的教育意识观念的具体性与差异性的存在，社会既定的教育目的的功能的发挥，从而教育目的自身规定的内容的实现，就需要一定的前提条件。

二

教育目的功能的发挥与教育目的的实现是一个问题的两个方面，是互为辩证的关系。我国当代教育理论家陈桂生教授在分析与总结前人有关教育目的理论的思想基础上，首先提出了教育目的的导引机制问题，即如何“把经抉择而认定的教育目的转化为教育当事人的目的”，或者说把社会主体的教育目的转化为个体主体的教育目的。为了解决这一问题，他提出应当区分一对至关重要的范畴：外在的教育目的和内在的教育目的。在他看来，笼统地用“教育目的”这一范畴来反映教育的现实，模糊了教育目的功能发挥中的一个重要问题，即教育目的的主体普遍性与具体性的差异、有关教育目的的理论的规范性研究与事实性研究的区别。而这正是导致教育目的的导引机制缺失的根本原因。

外在的教育目的，即作为主体的社会既定的教育目的，是一种通过合法性形式（法律法规、政策文件）而表现出来的教育目的，因而称之为“正规的教育目的”。这是一种认为既对社会的进步又对增进社会个体的福利有益的理想状态的描述。它是一般的或者说在性质上是具有普遍的社会意义的，因为在一般观念上它适用于社会全体成员，并且从理论上说它是一种在社会及教育生活中占据主导地位的支配性的价值观念在教育实践领域的反映，是基于社会生活对社会成员的普遍要求的意识而提出来的。内在的教育目的则是作为个体主体的教育过程中当事人的目的，是一种实实在在对参与教育活动者的教育行为起作用的目的。它是有限制的，其特征是具体的、特殊的，适合于特殊的个人。它通常与个人的物质生活环境及其利益、需要紧密地联系在一起。其表现形式则是内隐的、不明晰的。由于其表现形式是隐含的、不明晰的，所以也称之为“内隐的教育目的”或“非正规的目的”。

把“教育目的”区分为“外在的教育目的”和“内在的教育目的”两个范畴，这对于教育目的功能的发挥、教育目的的实现具有什么样的意义呢？这种区分意味着，它使得人们能够在思维中确定教育目的内在规定性的同一性中的差异性，又能在差异性中发现其内在的同一的规定性，从而划定教育目的功能发挥的前提条件界限；同时，这种区分还意味着，人们能够在给定的界限内通过对给定前提条件的探究而获得一种基本的原理，从而使得人们在教育实践中，能够在“外在的教育目的”和“内在的教育目的”之间建立起一种有效的、合乎辩证法原理的转化机制。应当看到的是这种区分的逻辑依据的事实基础，即参与教育活动的主体（教师、学生、家长、学校管理者等等）观念中的教育目的（具体的、内在的）并不必然地反映社会总体的教育目的意识。在教育实际生活中发挥作用的，是“千百万教育者每日每时参与直接过程所持的目的”，正是这种“实然的”或“内在的”教育目的在对各个具体教育活动参与者的教育行为发挥着切切实实的作用。但是，由于各个具体的教育活动主体的内在教育目的可能与社会总体的教育目的保持一致，也可能会发生不一致甚至矛盾，所以惟有“由教育者从现实情况与儿童实际出发，把教育目的具体化并建立教育目的与教育手段之间的联系，才能使既定的教育目的发挥导向作用”。

三

本文认为，在现有的、既定的社会经济生活条件下，要真正发挥教育目的的引导功能，实现教育目的，需要找到一个能够将外在的（或社会主体的）教育目的与内在的（个体主体的）教育目的连接在一起的既是逻辑的又是事实的结合点。这种逻辑的与事实的结合点能够在社会主体与个体主体的教育价值意识之间、在规范的教育目的与现实的教育目的之间架起一座沟通的桥梁，从而这种结合点能够起双重作用：一方面，它能够将社会正规的外在教育目的较为顺利地转化为个体内在的教育目的；另一方面，它又同时能够将个体内隐的教育目的以恰当的方式转化为具有普遍意义的外在的教育目的。在我们看来，能够发生这双重作用的只有一个东西，那就是以价值为核心的、能够表征人的能动活动的、社会意义的评价。

“评价”的桥梁作用绝不仅是理性分析的结果，它还具有明确的现实针对性，即以社会存在的对学校教育活动的两种不一致的甚至是相互对立的评价行为——教育系统内部对学校教育的评价和教育系统外部（大众社会）对学校教育的“评价”（基于职业等级制度的特征而进行的“教育评价”）——为其突破口。它的深层次的原因则正是社会主体的教育价值意识与个体主体的教育价值意识之间的差异在评价活动领域的反映。由于学校教育是由一个个具体的个体来进行的，并且由于大众社会对学校教育的“评价”在某种意义上决定了学校的顾客，从而决定着学校与教师的利益，因而使学校往往表现出“双重人格”，即表面上的以教育系统内部的价值判断标准引导自己的教育活动，而实质上的以大众社会的物化意识确定自己的教育活动（即以大众一般的心理意识为学校的指南）。在某种意义上可以说是大众的教育消费倾向决定着学校的办学方向和教育教学活动。这就是事实。无视这种事实，任何有关教育目的的实现、教育目的功能的发挥的抉择都将无异于空中楼阁。

具有社会主体意义的教育评价总是一定社会对其个体的教育活动或教育实践的意义下认可的一种价值判断活动。它从预期的结果出发，并以预期的结果所包含的规定为标准，以教育活动的实际结果为标的，对两者进行比较分析，以期获得对人们未来行动具有指导意义的信息。社会主体的教育评价之所以能够发挥这种功能，也是由个体主体教育意识的特征所决定的。从辩证的观点来看，个体的教育意识具有双重的规定性。一方面，它表现为某种来自社会的和历史的主观上被证明的东西，表现为可以理解或必须理解的东西，因此表现为“正确的”教育意识，同时它又表现为某种客观上无视社会发展的东西，表现为不符合社会发展的，没有相应地表现这一发展的东西，因此表现为一种不正确的教育意识。另一方面，这同一个意识在相同的关系中表现为主观上不能达到自己的目标，而同时又促进和实现对它来讲是不了解的、不想要的社会发展的目标。社会主体的教育评价则正是以符合社会发展的内在规定性来衡量个体身心发展的规定性，进而确定个体主体的社会地位和意识状态。因此，社会主体的教育评价是个体内化社会教育价值观念和意识的一种基本方式。但是这种个体主体对社会主体的教育价值观的内化需要在两个层面上进行：一是教育系统外部的层面，即通过确定的意识形态和一定意识形态引导下的社会群体行为的规范，使社会每一个成员都能够在意识深处树立社会主体的教育价值观念；二是教育系统内部的层面，即学校以及其他教育机构中的教育者真正能够将社会主体的教育目的变成教育者人格的一部分，变成他自己关于人及社会理想的一部分。

（原文约 7000 字，发表于《安徽师范大学学报》2001 年第 3 期）

文摘编辑：张景瑞

高师大学生素质教育中运用目标管理方法的探索

代　伟　李才俊

[作者简介] 代　伟，渝西学院副院长，汉语言学教授，主要从事语言学、大学生素质教育研究。
李才俊，渝西学院教务处，副教授，主要从事大学生的素质教育和道德教育研究。

[内容提要] 高师大学生素质教育中运用目标管理方法，能够使素质教育做到系统化和规范化，同时又有利于发挥学生的主体作用，调动学生学习的积极性。

[关 键 词] 目标管理方法；系统化；素质教育。

一、在对大学生进行素质教育中运用目标管理方法

所谓目标管理，就是上级与下级一起协商，把管理系统的总任务转化为组织的共同目标，由此决定上、下级的责任和分目标，并把这些目标作为评估和奖励每个单位与个人贡献的标准，从而最大限度地调动所属单位、人员的积极性和创造性，为实现组织的总目标各负其责，各尽所能。运用目标管理方法，以发挥学生的主体性为前提，最广泛地动员全体人员参与管理，其基本程序是：

1. 学校制定素质教育的总目标。综观近几年来，国内外学者的有关教师素质的论述，我们认为，高师学生的素质教育的目标应该由职业道德、文化素质和心理素质三个方面构成。

第一，职业道德。高师大学生在职业道德方面的核心要素是职业价值观，它是个体对教师职业、对国家、对民族、对未来、对个人价值的认识和判断，主要由职业理想、事业心、责任感和敬业精神等要素构成。其中职业理想是理性基础，也是事业心、责任心的动力所在。要让高师大学生认识到教师职业对民族素质提高的重要作用的价值，认识到教师在“科教兴国”中的价值，认识到随着社会不断进步教师地位不断提高对个人的价值。教师职业价值观应作为高师大学生职业道德教育的核心来培养，并以此扩展逐步建立职业理想和信念。思想品德课应是高师大学生职业价值观教育的主渠道，并辅以讲座、访问、报告会、讨论等方法。

第二，文化素质。高师大学生在校期间的主要任务是学习文化知识。因此知识应该是高师大学生素质教育目标的重点。高师大学生的文化素质一般由教师基本素质、学科知识、学科教学能力和实践知识等要素构成。其中教师基本素质方面，高师大学生应掌握“三字二话”(三字主要指钢笔字、毛笔字和粉笔字，二话主要指普通话、简笔画)、计算机运用、班主任和课外活动方面的素质；学科知识主要包括教育学科方面的知识、专业学科方面的知识、文理渗透学科方面的知识和前沿学科方面的知识等；学科教学能力是教师文化素质的基础和归宿，学科教学能力主要包括以下几个方面：(1) 教学计划与准备；(2) 课堂教学的组织与管理；(3) 教材的呈现；(4) 言语和非言语的沟通；(5) 评估学生的进步；(6) 反省与评价；实践知识主要是掌握学科知识基础上并通过教育教学实习、社会调查等有效途径形成的初步实践知识。

第三，心理素质。在心理素质方面，高师大学生应具备的基本素质有：理解与交往能力，组织管理协调能力、洞察力和创新能力。其中理解与交往能力和组织管理能力是心理素质的基础；洞察力、创新能力是高师大学生素质的升华和提高。

2. 部门领导与教师、学生一起协商，根据学校制定的素质教育总目标，从各部门的实际情况出发制定出分目标，进而确定上下级之间、各部门之间的目标责任，形成目标体系。

3. 在具体实施上，根据各年级的特点提出不同要求，努力做到总目标与分目标相一致、阶段性与系统性相结合。素质教育的一个重要特点是具有突出的渗透性和附着性，学校开设的各门学科课程和开展的各种活动具有丰富的素质教育内容。通过各门学科课程的循环往复、螺旋发展，通过各种活动的有效开展、协调渗透，高师大学生才可能建立起坚实的“骨架”。

4. 建立学校、系、年级三级管理体系。素质教育是多样化、多层次的，因此在学校内部管理体系上，应注意分级管理，充分调动各级人员的主动性、积极性。

5. 抓好目标实施过程中的咨询、检查和调节工作。既要坚持按目标要求组织实施，又要注意依据条件的变化搞好调节平衡；既要充分发挥自主管理和自我控制作用，又要加强实施中的指导、检查和监督，以免影响目标的达成。

6. 做好目标考评。它是在目标实施的基础上，对其成果作出客观评价的管理活动。有了目标考评，目标管

理才能成为一个完整的循环。而目标考评的一种常用形式为目标管理卡。目标管理卡的基本内容包括：(1) 目标项目。指目标项的内容和应达到的目标值；(2) 权数。指该项目标在整体目标中所占的比重；(3) 权限及条件。为实现该项目标，领导者授予目标责任者的权力和提供的人力、物力和财力；(4) 进度。指责任者和领导者都认可的实施目标的进度计划，可以按学期、学年为时间单位安排；(5) 奖惩规定。根据目标完成与否及完成程度，规定应该实施的奖励惩罚；(6) 自我评价。这是目标责任者对该项目标实施情况及实现成果的自我鉴定；(7) 领导评价。这是领导者根据目标管理卡的要求和责任者的自我评价，对目标实施成果的考核意见。

二、目标管理方法的运用使素质教育做到系统化

在素质教育中运用目标管理方法，把各种教育因素有机地组织到素质教育体系中来，使各种因素充分发挥作用，从多侧面、多角度、多渠道教育影响学生，形成立体的全方位的完整的素质教育系统工程。这个体系包括：学科教学、活动课程、学生管理等等，都要形成教育内容、形式、方法、途径的序列；将学生的自我教育纳入教育的序列；将社会各种积极的教育因素纳入教育的序列。通过各个教育序列的协调进行，形成素质教育的科学体系。只有建立了教育的科学体系，盲目的、随意的、零敲碎打穷于应付的局面才能根本改变。素质教育的科学体系主要包括以下五个要素：

1. 学校领导：根据时代特点和教学计划，制定素质教育的总目标。

2. 系及各部门领导：根据学校素质教育的总目标制定分目标。

3. 辅导员：在调查分析学生身心发展规律和思想状况基础上，重点研究如何针对各年级学生的不同特点，根据系制定的分目标，制定有效地进行素质教育的措施和方法。

4. 教师：重点研究素质教育寓于教学中的问题。教学是进行素质教育的主要途径，但目前却是素质教育的薄弱环节。在学科教学中，素质教育的教学方法的核心是从强调教法转变为教法学法并重，从研究如何教转变为研究教与学及其相互关系。具体说，这种课堂教学策略要抓住四个方面：一是教学内容结构化；二是教学过程情景化；三是教学组织层次化；四是教学手段多样化。在课堂教学设计时，要抓住三个环节，第一个环节，设置问题情景。通过问题情景的设置，激发学生的兴趣，使每个学生都能积极参与学习；第二个环节，提供各种信息，通过适量的有效信息，引导学生的思维，使学生学会吸收信息，处理信息，学会学习；第三个环节，安排实践活动。通过多种形式的实践活动，帮助学生将所学到的知识运用到实践中去，促使知识的迁移，把知识转化为能力，提高应用水平。

5. 学生：素质教育所要求的教学环境是一种整体的环境，它要有利于学生各种素质的发展，这个环境既有课内环境，也有课外环境；既有学校环境，也有家庭环境和社会环境；既有物质环境，也有人际环境（如文化氛围，师生关系、学校传统等)。只有在这种良好的、整体化的教学环境里，素质教育才能全面落实，学生素质才能得到全面提高。

三、素质教育中运用目标管理方法有利于发挥学生的主体作用

学生在学校教育中的主体地位和主体作用能否得到尊重和发挥，直接关系到教育任务的完成。而在素质教育中运用目标管理的方法，实际上就是一种自我教育、自我管理的方法，有利于学生主体作用的发挥，具体表现在：

1. 素质教育目标是师生共同商定的，而不是领导下指示，学生提保证。由于学生心目中有自己认定的目标，便产生出由压力变动力，由动力去挖潜力，最后给管理带来活力这样的激励过程，从而避免互相推诿现象，促使全体学生主动地参与管理。

2. 根据学校的总目标决定各个部门应达到的分目标。由于各个部门和每个学生在一定时间内干什么，目标明确，责任明确，奖罚标准明确，所有部门和人员都有可以据此评价自己的工作，这样，就为实现自我控制创造了前提。

3. 用目标指导行动，发挥学生自主管理能力，以创造各人施展才华的机会。这样，就能使学生发现工作的兴趣和价值，享受工作的满足感和成就感，同时组织目标也得以完成。

(原文约 5500 字，发表于《渝西学院学报》2001 年第 2 期)

文摘编辑：范子奇

现代教育呼唤学生自由

陈玉祥

[作者简介] 陈玉祥，盐城师范学院教育系讲师。

[内容提要] 自由是一种重要的人文素质，也是学生的一项基本权利。学生自由是教育、社会历史发展的必然，学生自由也是实施素质教育和创新教育的要求，学生自由有利于学生身心和个性的健康成长，它必将极大地促进现代教育观念的转变和发展。

[关键词] 自由；学生自由；学习自由；个性自由；主体自由。

人类的历史，说到底，就是人类争取自由和自身解放的历史。正如恩格斯所说："文化上的每一进步，都是迈向自由的一步。"自由问题从来都是人类思想的主题。人类生活不能没有自由，学生生活也是如此。当我们反思现代教育的各种束缚和它所带给学生的种种压抑时，我们应当认识到学生自由的缺失也是造成这一现象的原因之一。

一

学生自由是指学生在学校教育教学活动中所表现出来的对自身的生理和心理、学习和生活的一种自主状态。它包括学生的个性自由、主体自由、社会自由。学生自由，就是给学生学习自由、生活自由、思想自由和言行自由，就是给学生更多的自主权及主动权，并把在他们权利范围内的自由还给他们。有了学生自由，学生才能在自由宽松和谐的环境中生活，感受自由的快乐，体验自由的价值，从而实现学生个性自由、主体自由、社会自由的和谐发展。有了主体自由学生才有自主性和主动性；有了个性自由才有心理自由和学生全面、健康、丰富多彩的发展，也才有学生和社会相融合的社会自由，有了社会自由学生自由宽松的外部环境。

现代教育需要学生自由，是因为现实的教育中，在给学生自由的问题上，存在着诸多的不尽如人意之处。讽刺、嘲弄学生的有之；乱罚、体罚学生的有之；强制文理科分班、任意增删课程的有之；教学过程中学生只有听的权力，没有动口、动手、动脑的自由，缺少对课堂教学的全面参与有之；过多的机械作业，过分地延长在校时间的有之等等，这些都要从赋予学生以自由权的角度予以重新思考。只有有了学生自由，学生才能在自由的生活中学会维护自由，学生尊重他人的自由，才能培养起自身的自由精神。

二

赋予学生自由的思想在教育活动中的演变，经历了一个从观念丰富到自由制度建立的过程，经历了一个外在给予到内在自发的过程，经历了一个从个性自由到社会自由和主体自由的发展过程。基于对儿童的理解和发现，早期教育家所采取的主要是给学生尽可能的学习自由和生活自由，并尽力解除对学生的压抑，来实现儿童个性的自由发展。这一思想在"自由教育"、"自然教育"、"儿童中心"论者的思想中有着丰富而具体的内容，这些思想仍广泛存在于今天的许多教育家的思想中，如陶行知的"六大解放"就是这一思想的反映。

学习自由的思想和实践直到19世纪才真正出现。洪堡、费希特等人创建的柏林大学自开办之日起就把"尊重自由的学术研究"作为办学的根本思想。柏林大学的学术自由不仅包括教学和研究自由，而且还包括学习自由，这在教育史上尚属首次。正如柏林大学校长费希特在给友人的信中所指出的，"学的自由"指"学生在教授的正确方法指导下，在专业学习上拥有探讨、怀疑、不赞同和向权威提出批评的自由，有选择教师和学习的权力，在教育管理上参与评议的权利……"这是第一次对学习自由的内涵作出的阐述。当时柏林大学各种研讨班中的教学情况最能体现学习自由的精神。在那里，传统的权威学说和基督教义不再成为研讨的前提，师生可以大胆地发表自己的见解，大胆怀疑和批判，充分发挥个人的独创精神；师生关系也发生了改变，师生共同研究和讨论，一起探索真理。学生由过去的被动的学习者，成为教育过程的积极参与者。

学习自由的思想第一次经由制度确立下来是美国的选修制和学分制建立。埃里奥特在1869年任哈佛大学校长时，在就职演说中宣布坚决支持和推广选修制，给予学生充分的学习自由。在他的领导和斗争下，哈佛大学陆续取消了各年级的必修课，为了用同一的标准计量学生的学习进度，进行教学管理，哈佛还采用了学分制，规定学生只要达到一定的学习就可以得到学位，既可提前毕业也可延迟，这使学生的学习自由有了制度保证。英国政府的《1988年教育改革法》实行的"开放入学"政策进一步扩大了学生自由的权限，此法规定学生有权自由地选择学校，学校只要没有超出“标准数量”都不得拒收学生。随着知识经济时代的来临，现代教育将提供学生更多的选择机会，择师、择校、择专业、择入学时间等等。学生将成为教育消费的“第一用户”，学生正成为教育市场的“上帝”，学校的学生自由制度也将更符合学生的内在自发要求。

三

学生自由是社会发展的要求，社会的进步和生产力的发展已经为这一问题创造了内在要求和可能，已经应该并可能得到和这种生产力水平相一致的自由。正如马克思恩格斯所说：“人们每次都不是在他们关于人的理想所决定所容许的范围内，而是在现有的生产力所决定和所容许的范围内取得自由的。”市场经济本质上是一种自由经济，它需要经营者的自主经营自负盈亏，它要求经营者是一个自主、自立、自由的人。市场经济的作用是多方面的，但他的根本作用在于促进普遍独立、自由的个人的生成。知识经济、信息经济的发展一方面带给人们生产力效率的提高，也给人们带来了空前多的自由时间。所有这些都将深刻地影响着教育，也必将给学生带来更多的自由。我们已经看到那些束缚学生的各种枷锁正被拆除，“墙化管理”已经由“开放学校”、“网上学校”代替；“应试教育”正被素质教育所取代；愉快教育、主体教育正悄然走近学生。新世纪的学生正呼吸着社会进步带给他们的自由空气。

自由对学生发展的价值源于自由本质的自主性以及自由活动的丰富多彩。虽然自由并不必然带来学生的发展，但自由是学生得以全面发展的内在根据和必要前提。在马克思看来，人的发展本身就是自由的发展，同时他还认为，人离不开活动，人之所以为人，在于他从事着具体的、现实的活动，人的活动是人存在的方式，而人活动的自由本质，就在于活动者个人所拥有的活动能力与他对这种能力自我支配权的内在统一。马克思认为，“工作日的缩短”或自由时间的增多是人发展的“根本条件”；而这种自由时间的获得之先决前提，则在于使劳动转化为“自主活动”，成为真正的自由劳动。因此，从终结意义上说，所谓人的彻底解放，其实质是劳动本身在性质上的根本改变，劳动转化为自主活动与个人向完整的人发展的一个过程。就学生而言，他们的劳动包含在他们生活的全部活动中，即学习生活和日常生活中。在他们的“自由劳动”中，他们成了学习的主人，成了学校社会关系的主人，成了他们自己的主人，并在其中发展着他们自己。

学生自由对于创新也是至关重要的。首先，自由发展了人的个性，激发了人的创新能力。“最富有个性的人往往最具有创新能力”，因为创新能力是一种能够在平常事件中产生不寻常的反应和联想的能力，是一种按照新的方式对旧的信息加以重新组织的能力。在自由的境况下，学生可以按照自己的兴趣和爱好来发展自己的特长，他们不再是被管教者和被指导者，也不囿于多方面的限制，他们尽可以把火柴盒看成房子，把流动的溪水当成是少男少女们快乐的歌唱，这样他们的那些诸多的想法完全可以在一定的情况下自由地付诸实施；那些被蒙上尘埃的个性在一定程度上恢复了自然的面目，并尽可能地向着正常的方向多方面地发展。他们可以自由地交往，形成自己的志趣相投的朋友网络，从而渐渐形成自己的个性特征，进而成为有创新个性的人。其次，自由带来了能激发创新精神的内外环境。罗杰斯曾经提出两个有利于增进创造性的条件，即“心理的安全”和“心理的自由”。心灵的自由带来了个体精神的自由和思想的自由，此时的学生是快乐的满足的，是处在“身体的无痛苦、灵魂的无纷扰”之中，此时学生的思维可以信马由缰、纵横驰骋。“由于在转移了注意力意识的中心，所以主体有可能在一种完全开放的心灵背景下，找到新的视角、新的观念、或者在旧观念之间建立起新的联系”，从而激发出创新能力。再次，内心的自由其实更主要来源于外部的宽松自由。创新的智慧往往正是在一个民主、安全、和谐、温暖的环境刺激下产生出来。一个勾心斗角的环境、一个冷漠压抑的环境是不可能有创造力的。

四

我们竭力主张学生自由，决不是不要纪律和约束，有时，纪律和约束正是自由的保证。学生自由的建立离不开社会、学校、家庭。社会制度是学生自由产生的根本，有什么样的社会制度就会有什么样的学生自由。家庭环境是习得自由的基础，而学校则是形成学生自由的关键。在建立学生自由的过程中，教育者一定要心中有人，要尊重学生，实行教育民主，自觉维护学生的自由权利，尊重学生的自主权，建立起科学合理的民主制度，营造一个民主自由的教学氛围。

（原文约7000字，发表于《华南师范大学学报》社科版2001年第2期）

文摘编辑：张景瑞

学生作为教育主体

刘次林

[作者简介] 刘次林，上海师范大学教育科学学院讲师，博士，研究方向为教育学原理。

[内容提要] 在“教育主体”的问题上之所以会形成林林总总的不同意见，主要是没有区分好“教育主体”与“教育中的主体”以及“师生的主体性”这三个概念。本文通过对这些概念的辨析，认为学生是教育主体；通过将教育中的主客体关系分成三个层次、不同维度，从逻辑上指出了当前几种典型观点的错误之处。

[关 键 词] 教育主体；教育中的主体；主体性。

一、两对概念的辨析

1. 教育主体与教育中的主体

这两个概念的区分是讨论本论题最重要的前提，因为，已有的许多研究正是于此陷入思想混乱。在一般意义上，人都可能作为主体存在。在教育活动中，就存在着多层次、多维度的主—客体关系：教师讲课时，他是讲课的主体；学生做作业时，他是做作业的主体；教师作用于学生时，教师是主体；学生作用于教师时，学生是主体；……与以上诸多主体存在相对应，教育活动中也存在同样多的客体，因为，没有无客体对象的主体存在。然而，一个至关紧要的问题是：教育中的主体并不等同于教育主体。前者指存在于教育活动之中的一切的一般意义上的主体，后者却指作为整体教育活动之主体。教育主体是发起、承担整个教育活动的人。教师作为讲课主体的时候，他不是“教育”主体，学生作为作业主体时也不是“教育”主体。因为，讲课或做作业只是整个教育活动的一部分活动。教育中的主体是多元的主体群集，其中当然也包括教育主体，但是教育活动作为一个整体，只能是一个活动，其主体只能是教师或学生当中的任何一方。如果将教育主体与教育中的主体混淆起来，必然使论题久讼而弗决。

教育主体必然是教育中的主体，但教育中的主体并不必然是教育主体。

2. 教育主体与师生的主体性

在同一层次和维度上，主体与主体性能够互证，即主体必有主体性，有主体性必是主体。但是，这种互证性并不存在于不同层次和维度的主—客体关系中，如，做作业时具有主体性不能证明他就是教育主体，从备课主体身上也不能推出讲课的主体性。

在人际关系中，主体总是集主体性与客体性于一身，所以，在师生关系中，不管哪方将另一方当作客体，此客体都是具有主体性的客体。据此道理，虽然主体必然有主体性，但有主体性者却未必是主体，他可能是客体——具有主体性的客体。同理，虽然教育主体必然有主体性，但有教育活动中有主体性者并不必然是教育主体。

总之，肯定教师和学生在教育之中的主体性是一回事，而论定师生两方谁是教育主体则是另外一回事。遗憾的是，当人们说学生是教育主体时，往往把学生在教育中具有主体性当作主要论据。

二、教育主体是学生

学生是教育主体，但不是因为他具有主体性，而是基于如下两种理由。

1. 教育既发生于学生的学习需要，也是为了满足他的这种需要

主体是自主自为的，他的一切活动既产生于他的某种需要，也是为了满足他的某种需要。离开了自己的需要，主体的活动不仅得不到科学的认识和合理的解释，也必定缺乏内在的动力。就教育而言，它是因为学生、通过学生、为了学生的活动。首先，不管从类的意义，还是从学生个体的意义看，教育的产生都只是因为学习者（或学生）方面有了学的需要，而不是教师方有了教的需要。其次，不是因为教师有什么样的意愿，而是因为学生有什么样的可能，教育才有什么样的发展进度。再次，教育如果没有满足学习者的需要，实现他的目的，也只能算是失败的教育。值得注意的是，今天的教育往往做着相反的事，它并不发生于学生的“我要学”，而是发生于教师的“我要教”；教育的内容、方法、进程也主要决定于教师的意愿；至于教育任务是否完成了主要也是看教师是否上完了课，而不是看学生是否得到了应有的发展。总之，如果不是将学生，而是将教师视作教育发生、发展、评价的根据，就会形成一种本末倒置的教育。

2. 教育是学习的一种形式

人有三种辩证关联着的学习形式，一是原初的学习，二是教育性学习，三是自主高效的学习。在原初的学习

中，学习者在生活中直接向自然和社会的现象学习，但由于学习者理解水平的限制，他不能充分领会到学习材料当中的文化意义，所以，它是一种自发、缓慢、低效的学习形式。随着语言文字的出现、经验的积累和生产力的发展，游离于生活之外的学习有了必要和可能，一个经验丰富的“帮助者”（我们称之为教师）加入到原初的学习之中，教师的加入使得原初的学习演变为迅速、高效的“教育性学习”，即常说的“教育”。从教师加入的理由我们可以看出其功能界限。教师实际上是在学生与教育材料之间起到中介的作用。作为中介，他要与被“介”的两头通贯起来：一方面，教师通过对教育材料的科学选择并将教育材料心理化，使学习效益得到极大提高；另一方面，教师通过对学生身心发展特点的科学了解，有意识地激发学生的需要，利用学生的心理，使学习活动摆脱零散和盲目，提高学习的效益。教师中介的全部工作就表现在这两种“转化”之中，就在于能够帮助作为学习主体的学生“多快好省”地实现他在原初学习中的目标。教师帮助学生的目的是退出教育活动。而自主高效的学习是指学生经过教师的帮助以后，把教师“内化”为自身的素质，从而可以摆脱教师的帮助，运用自身的成长规律，直接面对对象经验，进行自主高效的终身学习。自主高效的学习是对原初学习和教育性学习的扬弃。

教育虽然在构成上比其他两种学习形式增加了教师要素，但它仍然是人的一种学习形式，教师的加入并不从根本上改变“学生－学习资料”的核心结构。作为一种学习，教育的主体无疑就是学习者——学生。

三、教育中的主—客体关系图

为了更加清晰地表明这些复杂关系，我们可将教育划分为三个层次、不同的维度的活动，从而架构起教育中的主—客体关系结构图：

1. 教育根本结构的主—客体关系是：学生—教师—教育材料。教育就是学生运用教师的帮助多快好省地学习教育材料的过程。与传统定义比较，该定义有两处变化：教育者、受教育者概念被教师、学生代替；“学生”承担着定义句的主语。

2. 教育根本结构之亚层次的主—客体关系包括：(1) 学生—教师；(2) 教师—学生；(3) 学生—教育材料；(4) 教师—教育材料；(5) 教师—其他教师；(6) 学生—其他学生。

3. 教育根本结构之亚亚层次的主—客体关系包括：(1) 学生—钢笔；(2) 学生—书包；(3) 学生—正被玩弄的指头；(4) 教师—粉笔；(5) 教师—眼镜；……此层次的主—客体活动包括教师和学生在教育过程之中所发生的许多小“活动”。

（原文约 4500 字，发表于《中国地质大学学报》社科版 2001 年第 3 期）

文摘编辑：范子奇

我国师范教育体制转换中的问题与建议

张乐天

[作者简介] 张乐天，南京师大教育科学学院教授，博士。

[内容提要] 我国师范教育由独立型、定向型的体制向非定向型、开放型的体制转换是一种必然趋向。在师范教育体制转换的过程中，存在着综合性高等学校如何参与师资培养与培训、现行的师范院校何去何从、如何重组师范教育资源及如何推进师范教育层级提升等一系列重要问题。综合性高校参与师资培养与培训要发挥其自身优势；要有重点地加强师范院校建设，促进师范教育健康发展；要加大师范教育资源重组力度，使之合理有效地得到利用；要重点促进中等师范教育向高等师专教育提升。

[关 键 词] 体制转换；问题；建议。

一、我国师范教育体制转换的现实路向

目前，我国师范教育体制转换呈现出如下两重路向：其一，师范教育的层级提升。这表现为近年来我国师范教育在由传统的三级师范（高师本科、高师专科、中等师范）向二级师范（高师本科、高师专科）过渡。其二，传统的独立型、定向型的师范教育体系正在向开放型、非定向型的师范教育体系转化。我国师范教育体制转换的双重路向又在一定程度上呈现着统一行进之势。我国师范教育体制的转换，也还表现为传统的主要由师范院校承担职前培养任务和主要由省市教育学院承担职后培训任务的相互独立的培养培训体制正在逐步沟通，两类性质相似而任务各殊的院校在走向联合。

二、我国师范教育体制转换的问题分析

我国师范教育体制转换中存在的矛盾与问题较多，这里择其要者分述如下：

问题之一：综合性或非师范类高等学校究竟该怎样参与师资的培养与培训？如果这种参与仅仅是沿袭师范院校办师范教育的传统模式与道路，那么这种参与岂不是意味着我国现行的师范院校在培养规模上不足以满足或适应教师培养与培训的要求从而需要拓展新的领域与空间？如果这样，师范院校又何必煞费苦心地创办非师范专业呢？显然，提倡综合性或非师范类高校的“参与”自有其特有的旨趣与意义。或许这是立足于对我国传统师范教育培养模式的一种变革。变革之路何在？看来还需要认真探讨。

问题之二：在转换师范教育体制的过程中，我国高等师范院校（主要是师范大学与学院）面临着究竟是继续高举师范教育大旗还是改弦易辙、果断朝综合性大学发展的困惑。这些年来，我国众多师范院校在程度不同地甚或是悄悄地进行办学体制的自我转换。其共同的途径是增设或扩大非师范类专业，以实现师范类专业与非师范类专业的并举。然而，师范院校在实行办学体制转换的过程中，有一个更为基本的问题值得作更深入的探讨，这就是师范院校如何坚持应有的师范性？师范院校如何为培养更高素质的师资做出更积极的贡献？在现阶段，国家提倡综合性或非师范类高等学校参与师资的培养与培训决不意味着师范院校近期内的大力缩减与消亡。从中国特有的国情和师范教育的固有基础出发，继续巩固与办好一批师范院校对于全面提高新世纪师资素质仍然具有现实必要性与重要意义。在促进国家师范教育的持续发展方面，师范院校面临的将是来自外部（综合性或非师范类高等学校）与内部（师范院校之间）的双重竞争。在这种竞争中，师范院校如何深化师范教育的改革？这一问题或许与其出路更为休戚相关。

问题之三：我国师范教育层级提升如何有步骤有计划地进行？我国由三级师范向二级师范过渡是一种必然的趋向。这种过渡正在进行，且也取得了明显的进展。然而，反观近年来师范教育层级提升之现状，我们也不能不关注到其所存在的一种似为“盲动”的倾向。师范教育的层级提升，突出地表现为师范院校（指中等师范学校与高师专科学校）的升格。近年来师范院校层级升格的“盲动”倾向主要表现有二：一是中等师范学校向师专层次的提升及师专学校向师范本科教育的提升似乎处于无序状态。二是在全国范围内，师范教育的层级提升似乎缺乏明确的实施步骤和切实合理的区域规划。在经济发展与基础教育发展水平大体相同的省市或地区，师范教育层级提升呈现出极度的不平衡。我国师范教育由三级向二级的过渡与提升，是近10年内中国师范教育向更高层次发展的基本方略。这种过渡与提升应该有步骤有计划地进行，同时也需要分阶段有重点地进行。那么在近期内，我国师范教育的层级提升如何有计划地实施？如何有重点地推进？显然这又是一个值得认真探讨

的问题。

问题之四：在师范教育体制转换的过程中，如何继续重组师范教育资源，使之达到更优化的配置？师范教育资源配置不尽合理的现象一直较为突出地存在。其主要表现之一是师范学校与教育学院的大量分设造成资源投入的重复与浪费，影响师范教育的规模效益与质量。较长时间以来，师范学校与教育学院分别承担着职前培养与职后培训之任务，仿佛是井水不犯河水。近年来，两类学校有了相互沟通甚或融合的趋向。首先从学校数量的变化情况看，时至2000年，我国省市、地市教育学院已由1997年的229所减为140所，4年间净减89所，其中大部分教育学院已与师范院校融为一体；其次从承担的培养任务看，师范院校在承担职前培养任务的同时也越来越多地承担起职后培训之任务；而教育学院在侧重承担职后培训任务时也开始向职前培养渗透。然而从总体上看，我国师范院校与教育学院分别办师范教育的相对独立的格局还没有得到根本扭转。这意味着重组师范教育资源、优化资源配置的工作还需要继续努力推进。

三、推进师范教育体制转换的几点建议

1. 综合性或非师范类高等学校参与师资培养与培训应该逐步探索出切合这类学校特点并能发挥其优势的“参与”道路。我们认为，综合性高等学校的参与可以在如下两个方面作出积极的探索：一是通过建立教育学院，面向学生开设师范教育专业课程，同时试行学分制管理。综合性高等学校的学生可以在专业学习的同时或完成专业课学习之后选学教育专业课程，修满必需的学分并进行必要的教育见习与实习，经考核对合格者发给教师资格证书。这样做，一方面可以使综合性高等学校的学生有机会获取第二种职业资格，从而为他们拓开了一条毕业后可能从教的道路；另一方面则是使师资来源的渠道得以拓展，使中小学校增加了选择优秀教师的机会。二是综合性高等学校的参与在现阶段可将重点放在对在职教师的继续教育上，致力于提高在职教师的学科专业素养与水平。综合性高等学校具有从学科专业上培训教师的有利条件与优势，而现阶段我国教师教育任务之重心又正在向职后培训转移，教师教育将是一个终身化过程。鉴于此，综合性高等学校当可以利用优势，关注在职教师的继续教育，为促进教师专业知识不断吐故纳新做出积极的贡献。

2. 现阶段我国中小学师资培养与培训的主渠道依然是各类高等师范院校，所以我们要继续重视师范院校作为培养、培训师资的主力军作用。要在形成竞争机制的基础上，有重点地支持与加强师范院校的建设，促进师范教育的健康发展。我国特有的人口规模及义务教育年限的不断延长及基础教育的持续发展决定着对师资有着大量的需求。继续保留独立设置的高等师范院校，有利于继续形成输出或供给师资的稳固基地；另一方面，我国师范院校已经形成的规模及其历史的积淀决定着它既不可能也不应该在短期内彻底变更。保留独立设置的师范院校的存在，同时让综合性高等学校参与师资培养与培训，有利于促进师范教育的合理竞争。有重点地支持与加强一批高等师范院校的建设，也应该成为21世纪发展师范教育的重要措施。国家在考虑建设一批具有一流水平的“重量级”的大学规划中，应该给师范大学留下一席之地；或者说一些师范大学也可以在继续坚持与弘扬师范特色的前提下，通过多样化地发展而跻身于一流大学的行列。

3. 加大重组师范教育资源的力度，促进师范教育资源更为合理有效地使用。鉴于我国师范教育资源配置仍然较严重地存在不尽合理的现象，在本世纪初叶，有必要加大重组师范教育资源的力度，对此，可以在如下两个方面作出努力：其一，在省级层面上，继续促进高师本科院校与省级教育学院的联合与合并，以实现教师职前培养与职后培训的一体化。其二，在地市级层面上，应尽快促成地市师范学校与教育学院的实质性合并。地市师范教育资源需要统筹利用，避免因学校规模过小而造成低效与浪费。按照《中华人民共和国教育法》的规定，我国高等教育实行两级管理体制。对高等师范教育资源的重组亦需要打破地域界限。省级高等师范学校的设置需要在全省范围内进一步统筹规划，合理布局。

4. 新世纪初叶，我国师范教育的层次调整应将重心放在继续促进中等师范教育向高等师专教育的提升。为此，应加大对中等师范学校的调整力度，逐步缩减中等师范教育规模，积极稳妥地推进中等师范教育迈上一个新台阶。按照教育部《面向21世纪教育振兴行动计划》，至2010年后我国小学教师基本达到专科学历。这意味着现行培养中师学历教师的师范学校届时将告终结。所以，在某种意义上，未来的10年是我国中师教育向高等师专教育提升的10年。这种提升决不宜“刮风式”地将中等师范学校改名更张，而应是通过增强中师学校的办学实力实现其发展。在将中等师范教育提升到师专教育的过程中，又需要从我国地域发展不平衡的现实出发，实施有步骤分阶段推进提升的策略。近几年内，在一些欠发达地区还需要继续办好一批中师，以适应这类地区发展九年制义务教育的需要。

师范教育层次结构的调整是一个系统工程。无论是中师教育向师专教育的提升还是师专教育向高师本科教育的提升，都需要从实际出发，分步推进。在师范教育层级调整的过程中自然会伴随一些师范学校的“升格”，但师范教育层级的提升决不囿于学校的“升格”。我国现行高师本科院校与高师专科学校的内涵发展及综合性高等学校参与师资的培养与培训均是不断提升师范教育层级的重要途径。

（原文约8000字，发表于《南京师范大学学报》社科版2001年第3期）

文摘编辑：张景瑞

成长与焦虑：世纪之交的女大学生的心理困惑与出路

祝平燕

[作者简介] 祝平燕，华中师范大学理论课部副教授，哲学硕士。

[内容提要] 当代女大学生是女性群体中高知识层次、高综合素质、最年轻最富有朝气的优秀群体，她们是中国21世纪社会主义建设的主力军。这个集独生子女、青年、女性、知识分子于一体的特殊群体，在成长过程中有自身独特的发展规律，也存在各种各样的心理困惑。高等院校应从性别差异的角度对她们进行引导、帮助和教育，培养她们自尊自信自立自强的心理品格，使女大学生心理素质得到提高，人格得到完善。

[关 键 词] 成长；焦虑；女大学生；心理困惑；出路。

当代女大学生在成长过程中出现种种心理困惑与焦虑，其中主要表现在人际交往、情感与性、成才与就业以及对社会的适应等几个方面。

一、女大学生的人际交往的不适与障碍

当代女大学生是在“文化大革命”之后成长起来的青年女性。她们成长在和平与发展，改革与开放的年代，多是家庭中的独生子女。进入大学后，由于远离家人，环境不熟，大学里时间相对宽松自由，短时间的好奇与兴奋之后，难免产生孤独感，这种情形在一、二年级新生中表现突出。相比男生，女生对家人的依恋感更强，她们大都渴望与同学建立良好的人际关系，迅速融入火热的集体生活之中。然而由于她们价值观念、理想兴趣各异，生活习惯、家庭背景不同，由于社会交往知识的欠缺，在人际关系上往往期望过高，自我感觉过于良好，就不可避免遇到一些矛盾和摩擦。

女大学生的人际关系，由于未进入社会，相对来说比较简单些，主要体现在与大学同性、异性同学、老师和家长的交往上。一些女大学生，特别是来自较封闭地方的女大学生，在中学一直忙于学习，很少与异性交往，到了大学有了时间和机会，或者有了与异性交往的需求，但却不知如何与异性交往，有的把与异性交往看得很神秘，认为男女两性交往就必然会恋爱，影响学习，会招致学校和家长的责备。有些家长甚至明确告诫自己的女儿，在大学期间不准谈恋爱，结果致使一些女大学生不敢正常地与异性交往，将自己封闭在狭小圈子里，与异性交往时不主动、不自然、爱脸红、不太愿意参加集体活动，导致与异性交往紧张。女大学生感情脆弱，若遇父母离异、外形不佳、家境贫寒、学习困难等挫折等可能导致自卑，造成自尊心缺损。在女大学生中，家境贫寒、长相一般、父母期望值高、自我希望值与现实的不一致是导致她们自卑的最常见的原因。

二、女大学生的情感生活中的误区与焦虑

女大学生正值青春妙龄，随着生理机能和性心理的发育成熟，90年代末高校对大学生恋爱的相对宽松，以及大众传媒对爱情与性问题的渲染，当今高校的男女大学生之间的异性交往需求程度日益提高，恋爱问题也日益摆在女大学生面前。最新抽样调查显示，刚入校的女大学生对未来有许多憧憬和幻想，表现出比较强烈的与异性交往的愿望。到了二、三年级，由于理想与现实的差距，加之学业的压力，思想的逐步成熟，她们对与异性交往的愿望有所降低。到了三、四年级，也就是22岁左右，随着年龄的增长以及受来自社会和家庭压力的影响，她们对和异性交往的愿望又变得强烈起来。

在恋爱的动机上，女大学生有以下几种类型。其一是浪漫爱情型。一些女大学生只刻意追求完全精神上的浪漫爱情，这种爱情超越于物质基础之上，是一种纯粹的爱情。其二是爱情至上型。许多女大学生情感丰富，感情细腻，将爱情看作高于一切，而理想、学业则居次要地位。其三，赶时髦型。一些女生看到别的女同学有男朋友，有人提水打饭，有人陪伴左右，出双入对，觉得很时髦，显示自己有魅力，于是也匆匆效仿而行。这种只注重形式而不重内容的爱情，往往以游戏而收场。其四，环境压力型。一些女生或因家庭的催促，或认为自己年龄不小，还有受“一年娇，二年俏，三年拉警报，四年没人要”的错误的舆论的引导，也踏上爱情之路。其五，实惠爱情型。一些家庭条件不好的女生想借大学的跳板，以自己的大学学历为资本，为留在大城市和满足自己的物质需要，或频换男友，或傍大款。

与恋爱问题密切相关的是对性的看法和态度。据调查有41.12%的女大学生在性问题上存在苦恼，这与一些高校心理咨询中心所说的情感和性问题居女大学生咨询问题之首是相吻合的。改革开放以来人们的观念发生了很大变化，性问题已堂而皇之地出现在新闻媒介和高校

讲坛上，有关“性”的信息，女大学生可以通过多种媒介和渠道获得。当今的大学生在性的道德评价上呈开放和宽容的势头。对婚前性行为调查结果显示，在女大学生中认为“基于爱情就可以”的占35.32%，认为双方自愿就可以的占33.54%。虽然女生比男生略为保守，但比以前开放些了。传统的女性贞操观念被动摇了，但也隐藏着一些令人不安的忧虑。

三、女大学生成才问题上理想与现实的冲突

女大学生在成才道路上会遇到哪些矛盾和困惑呢?首先，中国封建文化传统作为女大学生成才的文化背景，会成为女大学生成才的心理负担。传统文化中的“男强女弱”、“男高女低”仍然在一定程度上制约和削弱着女大学生的成就意识。当今女性包括知识女性心理上的自卑自弱和对成功的畏惧仍在扼杀她们身上的智慧与创造力。这种现象表现在女大学生身上便是“才女斗不过美女”，“干得好不如嫁得好”，“女人在事业心上太要强，活得很累，会导致女性柔美气质的流失”。由于受传统角色定位和商业文化畸形引导与压迫，还有社会种种不良因素的影响，一些女大学生丧失远大理想，弱化成才斗志。她们希望实现人生梦想，敬佩女强人的卓越表现，可一遇到困难，便找到各种理由为自己的退缩辩护；有的人心气很高，但对事情缺乏恒心与耐心，没有脚踏实地的实干精神；面对竞争对手，没有公开斗智斗勇的气概，却养成嫉妒他人的不良习气；学习上遇到困难，表现得比较脆弱，承受力差，有时可能因为一次考试成绩不理想就垂头丧气，怀疑自己的能力，打退堂鼓的现象十分常见。所以，对一些女生来说，一定的文化修养加大学生的光环加闲适的工作加幸福的家庭就成为她们人生的全部。

在女大学生成才过程中，传统的择偶标准，对女生成才也有不小的负面影响，致使女生成就动机大打折扣。一些男青年包括大学生、硕士生乃至博士生，在“男主外，女主内”的传统观念影响下，择偶时强调所谓“贤妻良母”型，而非“事业型”的女性，于是出现一些女硕士生、女博士生择偶难的现象，导致她们人生价值天平的倾斜，制约着部分女大学生对更高目标的追求。女大学生们渴望成才又害怕成才，理想与现实的冲突在这里表现得十分突出。对于毕业后的女大学生来说，摆正家庭与事业、家庭角色与社会角色的关系将决定她的一生所走的道路和事业的成败。

当代的女大学生大多数人都希望事业、家庭两全其美，而且她们清楚地认识到现代社会激烈的竞争对职业女性提出了更高的要求，女性只有在事业上取得成就，才能受到社会上的尊重，在家庭中才能有地位，也才能实现自我价值。但她们对双重角色的认识往往充满浪漫的理想主义色彩。从许多高校知识女性的经历和现状就能看出，真正遇到双重角色冲突时，她们中很多人选择的是家庭角色而放弃社会角色。在现实生活中，绝大多数知识女性包揽了家中大部分、甚至全部家务，投身于事业的时间大大少于男性，这就降低了女性获取成就的可能性；如果她们要做到家业两全，只有靠透支体力超负荷运转才行，当身体吃不消时，又只有放弃事业保全家庭。这就不难看出，为什么大学期间许多成绩优异和出色的女生结婚生子后事业就开始走下坡路。一些女生在婚前自觉不自觉地将自己完全定位于传统女性角色，在婚后自觉自愿地在家庭中多做家务劳动时，她们就已经大大降低了自己的成就动机和成功期望值。所以如何正确认识自我和正确定位自我，对女大学生来说仍是一个亟待解决的问题。

在女大学生成才问题上有一个值得担忧的现象，就是很多女生对政治的不甚关注甚至冷淡。在大学里，虽然也可以看到女学生干部的活跃身影，但职务多是女生部长、文娱部长等次要头衔，在学校或年级担任领头羊的仍是男生居多。女大学生作为知识女性中最年轻的一部分，将是下个世纪妇女参政的主体，对政治的疏远和冷漠，不仅影响女大学生的成才，还会给我国妇女参政带来很不利的后果。

四、女大学生走出困惑的几点思考

首先，在高校开设妇女—社会性别研究课程，结合女大学生发展的特点和存在的心理困惑，全面、系统地讲授马克思主义的妇女理论，妇女心理调适，妇女与传统文化，西方女权主义运动，妇女与恋爱婚姻，女性的成才与就业，妇女权益保障，妇女形象与礼仪等方面的知识。这门课程的主要对象是女大学生，当然我们从来都欢迎男性的参与。从我国各高校开设该课和效果来看，它的确起到了培养女大学生的综合素质，培养女大学生自尊自信自立自强的心理品格，帮助她们成为高素质人才的作用。针对目前女大学生出现的新情况，在新生入学之初，对她们进行正确的恋爱观教育和女性如何成才的教育是至关重要的。其次，充分认识心理素质教育在素质教育中的重要地位，发挥高校心理咨询机构在优化大学生人格方面的重大作用。对大学生进行心理素质教育除了开设心理学课程，举办有关心理健康、心理素质、人际交往、智商情商等为主题的讲座外，还应积极开展大学生心理咨询，帮助学生分析心理问题，找到解决问题的对策，使其恢复心理平衡，增进身心健康。在心理咨询中，要树立性别意识，针对女大学生心理特征，重点关注女大学生成就意识偏弱、自卑人格突出、抗干扰能力较差、情绪波动较大，在恋爱和性问题上的误区等问题。再次，鼓励和组织女大学生多接触社会，多参与社会实践活动，在社会实践中，在广泛的人际交往中健全自己的世界观和人生观，完善自己的人格。

（原文约7000字，发表于《河南教育学院学报》哲社版2001年第1期）

文摘编辑：张景瑞

论中国知识女性接受继续教育的现状及对策

叶哲铭 吕若卉

[作者简介] 叶哲铭，杭州师范学院教育学院教师，硕士，从事教育史研究。
吕若卉，浙江政法管理干部学院。

[内容提要] 面对信息革命的挑战，能否接受充分的继续教育已成为个人发展的关键因素。中国知识女性在接受继续教育机会上存在着明显的男女不平等现象，成为她们事业发展的障碍。造成这一问题的原因有来自整个社会环境的因素，也有知识女性自身的因素。解决这一问题的途径有三：一是国家政策的保障，二是知识女性自身的努力，三是整个社会为知识女性的发展营造良好氛围。

[关 键 词] 知识女性；继续教育。

一

20世纪60年代以来，信息革命迅猛地席卷全球。改革开放以后，中国也卷入了世界信息革命的大潮中。信息革命的一个显著特点是知识更新速度加快，新观念新理论层出不穷。1994年11月在意大利罗马、1997年3月在加拿大渥太华已先后召开了两次世界终生学习会议，会议提出了“终生学习是21世纪的生存概念”。走向终生学习的第一步是接受继续教育，于是继续教育的概念被引入并在实践中担负起改善知识结构，提高能力素质的任务。

专业人员的继续教育，是指所有自学或由外部提供的学习活动，专业人员以此来提高自身水平和扩展事业。与男性同事相比，知识女性在获得继续教育的质和量上都存在一定差距。一份以中国女科技人员为调查对象的报告显示，“受教育机会少”是女科技人员认为影响成才的第一位客观因素。受教育机会少主要指接受继续教育机会少。调查对象中仅有45.9%的人接受过某种培训(而出国进修过的人更是微乎其微)，30.5%的人未进修培训过，未填的占23%。女科技人员在进修机会的获得上，有26.9%的人是靠自己争取的，占首位，其次是“按计划轮流培训”和“领导特别安排”，两者分别为15.3%和12.7%。再以华东某省的一所地方综合性大学为例，该校截至1997年有教职工2680人，其中女性为893人，占总人数的33%。该校1994至1995年度的教职工外语培训总人数为590人，其中女教职工为162人，占总数的27.5%，同一年度的教职工技术培训总人数为104人，其中女性47人，约占总数的47%。接受这两种类型继续教育的知识女性比例与该校总人数中知识女性的比例大致上是接近或超过的，但是越往高层次，该校知识女性接受继续教育的机会与男性相比就越少。1993年到1995年期间，该校教职工就读在职研究生总数为64人，其中女性12人，占总人数的20%弱，从1995年到1997年，除了1995、1996两个年份在硕士生水平上女性比例约占就读总人数的50%弱外，博士生水平的男女比例相当悬殊：1995年全校在职博士生9人，女性为0人；1996年13人，女性为1人；1997年15人，女性为1人。可以说，该校以读在职学位为形式的继续教育上，男女比例总体上低于该校男女教职工总数比，而且层次越高越悬殊。这种接受继续教育机会的差异，直接对知识女性在事业上获得更大的成就形成障碍，突出表现在科研、职称和参政三方面。科研上，从重大科研成果和较高奖项方面看，知识女性所占的比例越往上越小，远没有达到知识女性人数应占的比例。中国社会科学院在全院学科带头人中，女性所占比例很小；截至1994年，该院女性有44.8%的正高和16.5%的副高职称者担任或曾担任过课题负责人，而男性担任课题负责人的正高和副高职称者比例高达77.5%和46.9%。同样以华东某省一地方综合性大学为例，该校从1987年至1993年，先后有120人次的中青年教师因科研成果突出等原因而被破格晋升为高级职称。这其中除了4位女博士留校任教两年后直升副教授外，无一名知识女性被破格晋升。从全国的情况看，1985年全国普通高校女教师有6.19万人，其中教授0.03万人，占教授总数的6%；副教授0.4万人，占副教授总数的13.8%。到1999年，女教师总数增至15.90万人，其中女教授0.59万人，占教授总数的15.07%；女副教授为3.79万人，占副教授总数的30.10%。两组数据显示，高校女性教师的总体职称水平虽然在提升，但是层次越高比例越低的状况仍未改变。在参政方面，高校和科研机构中的行政职务往往与职称有着正对应关系，特别是高级行政干部，一般总是由高级职称者担任，因此知识女性的职称状况又影响了她们参政机会的获得。1997年某省40所高校校级领导成员中，女性仅占3.8%；正校级领导成员中没有一名女性，其中32所高校的校级领导全部是男性。这从一个侧面说明中国知识女性在参政机会上比男性要少得多。可见，缺乏接受继续教育的机会已成为阻碍知识女性事业发展的关键性因素。

二

造成知识女性在接受继续教育、获得事业进一步发展的机会上不平等的原因，有来自社会大环境的因素，也有知识女性自身的因素。从社会大环境看，中国虽然从政治上、法律上保障了妇女的地位，却无法摆脱经济、文化滞后性发展的制约。"妇女解放"、"男女平等"的思想已在意识形态领域成为一种向上的主流，但也不可否认性别歧视的偏见在人们的潜意识中仍然顽固存在。比如"男优女劣"观影响了对知识女性的能力评价、业绩褒贬。在接受继续教育机会有限的情况下，决策者受这种观念影响时就会把机会给予男性，认为男性能由此而创造出更多的价值。知识女性于是就失去了有限的机会，造成事业上的停滞，而这又会反过来强化人们的"男优女劣"观。"男主外女主内"的传统性别分工观念则又是造成知识女性双重角色冲突的根源。知识女性由于受教育程度比一般女性为高，对自己社会角色的期待也较高，这就更加剧了知识女性的双重角色冲突。这种冲突明显表现在家务分摊的男女不均上。用于家务劳动的时间越多，知识女性更新和扩展学科知识、进行学术交流的时间就越少，这是无法避免的矛盾。从知识女性自身来看，知识女性的认知结构中有不利于获得事业成就的因素。中国科学院的一项调查也表明，知识女性认为自身在创造力、思维能力、想像力等智力因素方面不占优势，而对观察力、记忆力和口头表达能力评价较高。她们对自身智力弱势的排序是：创造力（73.1%）、实践能力（44.2%）、思维能力（40.3%）、想像力（29.1%）；在非智力因素方面，她们的弱势排序是：意志力（53.6%）、兴趣广泛性（51.4%）、情绪的稳定乐观（42.5%）、求知欲（37.9%）、灵活性（36.9%）、进取心（31.9%）、事业心（29.6%）。

高校和科研机构中的知识女性，大都有科研任务，而科学研究是一种创造性思维活动，它要求活动主体具有较高的理论素养、较合理的知识结构和较完善的认知结构，以及顽强的钻研意志和追求真理的勇气。然而上述数据揭示出知识女性在认知结构上的特征，为知识女性获得事业的进一步发展上设置了障碍。另外，知识女性生理和心理上也有一些阻碍因素。在生理上，女性有生育后代的自然任务，完成这一任务需要一定的时间和精力。对于大多数知识女性来说，这是事业中断期，男性则不会为此而中断事业。两相比较，知识女性的生理负担使她们丧失或推迟接受继续教育的机会。在心理上，几千年的男权社会把妇女变成了整体弱者，形成了妇女的弱者心态和依附心理。她们的主体意识、竞争意识、创新意识、成才意识与男性相比都有一定差距。由此影响到争取继续教育的机会及终生学习的意识上不及男性。

三

马克思指出，妇女解放的完全实现除消灭人压迫人的社会制度实现与男子在政治、法律上的平等之外，还必须在妇女经济独立的前提下改变其心理素质，实现人格上的男女平等；还必须在生产力极大提高的前提下完善人的智能，并随着男子体力优势的减弱，从而最后完成男女社会地位上的完全平等。对照这段经典论述，中国知识女性在以继续教育为重点的事业发展上，克服障碍的对策可从以下三方面提出：一是加强政策上的保障。在中国已有的政策法规保障体系日益完备的情况下，1995年，江泽民主席又进一步提出"把男女平等作为促进中国社会发展的一项基本国策"。该年又通过了中国政府的第一部《中国妇女发展纲要》。各级领导应有国策意识，将妇女发展意识纳入决策主流，加强并重视对妇女工作的领导，使之由自在向自觉方面转换。具体到高校和科研机构，则要使各种形式的继续教育制度化与经常化，保证知识女性在接受继续教育方面获得与男性同等的机会。高校和科研机构要发挥其优势，培养树立对社会作出较大贡献的女性形象，从根本上动摇对女性的性别偏见，为改造传统文化，实施基本国策发挥作用。二是知识女性自身的努力。与西方妇女自下而上自觉争取妇女在各方面的平等权利不同，中国政府从建国之初就动用行政力量为保障妇女权益消除性别歧视制定了很多政策，这是中国知识女性在追求发展机会平等过程中的有利因素。知识女性要发展就必须迎接知识更新的挑战。要平等，先要自强，要自强就必须继续学习，更新和调整自己的知识结构。三是整个社会为知识女性的发展营造良好的氛围。妇女在人类再生产中承担的特殊劳动，是对人类的特殊贡献，是社会必要劳动的一部分，理应得到社会的承认。从文化意义上说，妇女解放不是妇女个人私事，也不仅是女性自身的使命，而是人类文明进程中最终结束社会分工中的性别意识的必然环节，是一种社会文化的变迁。因此，社会有责任为推动这一文化变迁作出努力。在角色分工上，社会应认识到女性首先是人，同样有事业上的追求，从而在行动上要求夫妇有共同承担家庭角色的责任，让知识女性有更多的时间和精力接受继续教育，从事科学研究，缓解知识女性的双重角色冲突，为女性创造出一个男女平等，共同发展的家庭—社会环境。

（原文约6000字，发表于《杭州师范学院学报》人文社科版2001年第3期）

文摘编辑：张景瑞

我国高等教育的公平问题及对策

蒋笃运

[作者简介] 蒋笃运，河南省教育厅副厅长，北京师范大学在读博士生。

[内容提要] 教育公平问题是教育史上的永恒话题，也是人类自进入阶级社会以来一直追求的目标。教育公平问题也是我国目前高等教育的突出问题。由于历史和现实的原因，特别是高校扩招后，有关高等教育公平性问题更是引起人们的关注。探讨制约高等教育公平的因素，有利于我们加深对这一问题的认识并制定切实可行的措施。

[关 键 词] 高等教育；公平；对策。

一、教育公平性问题的内涵

在社会主义条件下，教育公平的内涵主要有以下几个方面：一是教育的绝对公平是不存在的，绝对存在的只能是教育公平的相对性、矛盾性、差异性和不均衡性，即使社会为每一个人创造了相同的受教育条件，教育公平也会因为个人生理和心理上的差异而出现不同；二是指教育机会起点和教育过程的平等，也就是说教育要最大限度地克服由于民族、种族、性别、生理、心理和地区文化、经济等因素所造成的差别，使每一个人都能受到最基本的教育，尤其是对处于不利地位的受教育者实施“积极差别待遇”措施，以补偿其由于各种外部条件所造成的教育不利地位；三是教育公平的实现过程也是分层次的，它主要包括受教育者入学机会的公平，受教育者在学习过程中学业成就的公平，受教育者在就业机会上的公平等。

二、制约我国高等教育公平性的因素

新中国成立后，为改变旧中国教育落后的局面，党中央、国务院及各级政府采取了种种措施，使各级教育都获得了巨大的进步，高等教育更是得到了较快的发展。但是由于历史和现实的原因，我国高等教育的公平性方面仍然存在着许多不利的因素。

1. 穷国办大教育

马克思主义认为，社会的发展水平最终取决于生产力的发展水平。由于我国脱胎于半封建、半殖民地的旧社会，原有的生产力水平十分低下，新中国成立后，虽然经过50多年的发展，生产力水平大大提高，但与发达国家相比整体水平仍然有很大的差距。不发达的社会生产力极大地制约了我国教育水平的提高和规模的扩大。即使到了2050年，我国基本实现现代化，达到中等发达国家的发展水平，人均消费水平的因素仍将是制约我国教育发展的主要因素。

2. 众多的人口压力

目前，我国人口已达12.9533亿。随着国家和社会的发展，快速增长的人口已成为制约我国进一步发展的巨大压力。我国的综合国力虽已跃居世界前列，由于人口众多，人均水平仍居于落后国家的行列。众多的人口对于教育来说也是如此，目前我国的高等教育无论高校数量或是在校生规模都居世界前茅，2000年高校在校生占18—22岁同龄人口的比例已达11%，但这一比例仍然低于世界平均水平（15.5%），也低于小康型国家的平均水平（17%）。由此可见，高等教育有限的教育资源和广大人民群众日益增长的教育需求的矛盾，将长期影响我国教育公平性的实现。

3. 区域经济发展的巨大反差

我国地域辽阔、民族众多，由于地区之间政治、经济、文化、交通等方面因素的影响，各地区的发展水平很不平衡，特别是我国目前还存在着东中西三大地带的差别，少数民族和老少边穷地区的经济发展还比较落后。目前东部地区的经济水平比较高，如上海的人均GDP已达3000美元，而西部地区的人均年收入只有几百美元，这就使得东南沿海地区以及内陆部分经济开发较早的地区的高等教育机会远大于内陆和西部未开发地区。以生均教育经费为例，1988年上海高校生均经费为3359元，贵州为2617元；1998年上海高校生均经费为21330元，贵州为7145元。10年间这一差距由1.3倍扩大为3.0倍。教育经费的巨大差异很大程度上反映了教育质量的巨大差异。另外，城市地区的开发较早，资源充足，经济水平较高，而广大的农村地区经济仍然比较落后，这就使得占人口大多数的农村地区的受教育机会低于占人口较少数的城市地区。可见，这种地区经济水平的差异极大地制约了高等教育机会的公平性，成为实现高等教育公平性的障碍。

4. 社会分工和阶层差别的存在

社会主义社会已经消灭了阶级和阶级差别存在的社会基础，但由于我国还处在社会主义的初级阶段，劳动仍然是广大劳动人民谋生的手段，广大劳动人民内部由于社会分工而造成的阶层差别仍然存在。这种阶层差别存在的一个主要表现就是各阶层经济收入差别存在。不仅阶层间存在较大的收入差别，而且同一阶层内收入也有很大的差别。这种差别直接影响其子女接受高等教育的程度。特别是在当前高校实行自费上学、自主择业政策的情况下，阶层差别影响高等教育公平性问题尤为突出。许多资料研究表明：占人口大多数的收入较低的下层劳动者的子女在大学生中的比例是很低的，并且大多集中在农、林、牧、渔等专业，而占人口较少数的其他劳动者的子女在在校生中所占的比例是较高的，而且所学的专业也大多集中在重点大学的财贸外语理工等专业。有资料显示：在职业人口中占比例不到30%的技术人员、干部等的子女在抽样的大学生中占了60.93%之多，而在职业人口中占比例高达86.9%的农林牧渔劳动者及工人子女在抽样大学生中的比例仅占31%不到。这都是由于社会的阶层差别所造成的高等教育机会的不平等的表现。

5. 教育内部的因素影响

高等教育公平除外部因素外，还有教育内部的因素。教育制度、体制、结构、布局、条件等，都或多或少地影响其公平性。比如，由于我国仍存在着重点学校和非重点学校的差别，无论从师资经费和其他条件来说，这些学校的资源分配都是有明显差别的。在招生制度方面以分取人，一次考试定终身，以及录取分数线的地区差异等，也极大地影响了教育的公平性。同时，提高收费标准也会影响一些家庭贫困学生的上学机会。由于我国高等教育层次的单一性和终生教育的滞后性，许多愿意接受高等教育的其他年龄段的人，难以满足自己求学的愿望，这些因素都影响了高等教育公平性的进程。

三、推进高等教育公平性的对策

我国社会主义制度的性质决定了教育公平性将是我国教育发展的最终目标。因此我们应采取积极措施来推动我国教育公平性的实现。

1. 加快生产力发展，为高等教育发展奠定基础

高等教育作为教育的龙头，其发展水平与质量，最终决定于社会经济的发展。我国改革开放二十多年经济的突飞猛进和高等教育的大发展，也充分证明了这一点。因此，我们只有坚持党的基本路线不动摇，加快生产力发展，极大地扩充教育资源，拓宽高等教育发展的渠道，构建面向21世纪高等教育发展新体系，才能从根本上解决高等教育公平性问题。

2. 大力发展高等教育，最大限度地满足人民群众对高等教育的需求

《中国教育改革和发展纲要》指出：90年代，高等教育要适应加快改革开放和现代化建设的需要，积极探索发展的新路子，使规模有较大发展，结构更加合理，质量和效益明显提高。遵循这一要求，今后几年内高等教育的规模还要继续扩大，以适应我国经济社会发展和科教兴国的需要，也为高等教育公平性的实现提供基础。在高等教育的发展中，要调动各方面的积极性，扩大投资渠道和办学主体，做到公办与民办相结合，普通教育与成人教育相结合，学历教育与职业培训相结合等，最大限度地满足人民群众接受高等教育的需求。

3. 积极发展现代远程教育，拓展教育资源和空间

以信息网络为基础的现代远程教育，突破了传统教育的时空限制，使得网上资源得以共享。通过发展现代远程教育，可以使教育资源得以充分利用，使发达的城市与偏远山区的学生接受同一水平的教育，也可以满足那些因各种条件不能去学校学习的人的学习需求。使他们通过网络自主选择学习的时间和内容，从而不必在工作和学习之间作出抉择。

4. 采取积极措施资助欠发达地区、少数民族地区和贫困家庭的学生接受高等教育

我国的高等教育法规定：国家根据少数民族的特点和需要，帮助和支持少数民族地区发展高等教育事业，为少数民族地区培养高级专门人才。同时也规定：国家采取措施帮助经济困难的学生接受高等教育。我国目前对少数民族地区和西部省市的教育优惠政策，以及设立的各种助学金、奖学金和贫困生资助学金、助学贷款等，都是促进教育公平性实现的重要措施。今后国家应加大力度，使这些工作法制化、规范化，真正体现社会主义制度的优越性。

5. 深化高等教育内部改革，建立科学、民主、高效的运行机制

近几年来，高等教育虽然规模不断扩大，结构不断优化，质量不断提高，但从总体上看，高等教育还不能很好地适应社会主义市场经济发展的需要，高等教育内部还存在不少不利于实现教育公平性的因素。因此，从高等教育自身抓起，面向世界和未来，积极推进其内部管理体制和人事分配制度改革，教育教学思想观念、内容、方法改革，大学生选拔及就业制度改革，后勤社会化改革，教育教学质量评估指标体系建设等。在充分挖掘利用现有教育资源的同时，积极扩充新的教育资源，大幅度提高教育质量和办学效益，最大限度地满足人民群众对高等教育的需求。

(原文约6000字，发表于《郑州大学学报》哲社版2001年第4期)

文摘编辑：张景瑞

论教育评估的民主性原则

吕纪增

[作者简介] 吕纪增，河南教育学院教育系副教授。

[内容提要] 教育评估的民主性原则是指让广大的评估对象参与评估的原则。教育评估中遵循民主性的原则是社会需要、实现教育目的的需要和促使教育评估走出目前困境的需要，具有必然性。贯彻教育评估的民主性原则应处理好领导者的日常管理作风和教育评估中民主作风的关系、评估中民主和集中的关系、统一的评估标准和灵活的评估标准的关系、评估的民主性原则与科学性原则的关系等。

[关 键 词] 教育评估；教育评估原则；民主性。

一、教育评估的民主性原则的含义

教育评估的民主性原则是指让广大的评估对象参与评估的原则。教育评估的民主性原则具有以下特点：(1) 注重和强调评估双方的平等关系。教育评估的民主性原则主张评估双方之间是伙伴关系，反对把评估对象与评估工作者之间的关系看成是上下级之间的管理关系，把评估看成是学校管理权利的实现或有效控制评估对象树立管理权威的途径，反对频繁地使用奖励、处罚等手段对待评估对象。(2) 注重和强调评估对象的发展。教育评估的民主性原则强调教育评估的目的不是为了区分评估对象的差异性，不是刻意地去挖掘某个人的优点、缺点，而是为了促进评估对象的发展。因此，特别强调评估对象的个人价值和伦理价值，注重和强调制定评估双方认可的评估计划并由双方共同承担实现发展的职责。(3) 注重和强调评估对象参与评估的积极性。

二、教育评估中贯彻民主性原则的必然性

首先，社会需要。学校是社会的一个组织部分，学校的一切活动都要符合社会的要求。我们是社会主义国家，社会主义民主是我们国家的根本原则之一。在中小学教育评估中，坚持民主性的评估原则，是社会主义民主的体现。学校中，教师是学校的主人，学生是学习的主人，评估对象与评估工作者是平等的关系；评估对象有权参与评估和了解评估过程的实施。这是一个原则性的问题，应该引起每一个主持评估者的高度重视。其次，实现教育目的的需要。教育目的是学校各种活动追求的最终目标，也是衡量学校办学水平的根本标准。我们的教育目的是培养德智体全面发展的“四有”新人。学校所培养的学生不仅要符合社会的要求而且要能够促进社会的发展；不仅要符合学生个体的需求而且能够促进学生个性的发展。教育评估作为一种管理手段，对实现教育目的起着激励、调整、控制和加速的作用。在具体操作的过程中遵循民主性的评估原则，创造出民主的评估气氛，有利于调动评估对象的积极性，促进教育目的的实现。第三，促使教育评估走出目前的困境的需要。我国现代教育评估大约是从 1983 年开始的。十多年来，教育评估在我国取得了很大的成绩：教育评估的地位和作用已为政策制定者和实际工作者认识，广泛开展了教育评估的实践活动，教育评估的理论研究逐步深化，等等。然而，在评估实践中也存在着不少的问题：对评估的性质有错误的认识，评估对象没有积极的参与意识；评估目的偏移等。如果在评估的过程中，遵循评估的民主性原则，评估目的符合评估对象的需求，评估对象参与评估指标的制定，有利于评估对象深入理解评估的目的和评估指标的含义，促进评估指标转变为评估意识的组成部分；评估双方关系平等，有利于评估者获得客观、真实的评估信息。因此，在评估的过程中，遵循民主性的原则，可以促使教育评估走出目前的困境。

三、贯彻教育评估的民主性原则应该处理的关系

1. 领导者的日常管理的民主作风和教育评估中民主作风的关系

领导者的日常管理的作风决定了教育评估过程中能否具有民主作风，因此，领导者要用自己的日常工作的民主作风唤醒评估对象的主人翁意识。教育评估中的民主作风不仅是领导者的日常管理民主作风的延续，而且不断提高教育评估过程中的民主意识，又会提高领导者的日常工作的管理水平。因此，学校领导者不能因为评估工作只是学校管理工作的一部分而忽视对其民主化的管理。

2. 评估中民主和集中的关系

民主和集中是教育评估中评估双方的活动方式，是评估活动进行的两个方面。民主是从评估者的角度说的，是指让评估对象参与评估的全过程，对于评估的重要问题让评估对象共同作主，民主讨论，民主协商，共同探讨，集思广益。集中是从评估对象的角度说的，是指评

估对象要自觉服从评估者的领导，以评估规则来约束自己，按照学校制定的评估方案自觉主动地参与评估活动。评估中的民主与集中密不可分。一方面，评估中的民主是集中的条件，只有评估对象积极参与评估，评估中的集中才能有效的进行；另一方面，评估中的集中是民主的保障，评估对象只有服从评估规则，服从学校领导者的领导才能使自身的民主权利更加有效。

3. 统一的评估标准和灵活的评估标准的关系

统一的评估标准是指在评估的过程中对所有的评估对象采用的标准，它是惟一的。统一的评估标准一般是评估者根据社会的需要和教育情况而制定的，是对评估对象整体的要求，也是评估过程中集中的表现。灵活的评估标准是指在评估的过程中根据评估对象情况的不同而采用不同的标准，它是多样的。教育评估需要一个灵活的评估标准，以更加有效地激励评估对象。符合个体差异的灵活的教育评估标准来源于民主性原则的贯彻执行，是评估者根据评估对象的实际情况，由评估对象参与而制定处理的。统一的评估标准和灵活的评估标准分别反映了评估对象在发展的不同阶段的目标。一般而言，统一的评估标准反映了评估对象长远的发展目标，是评估对象工作、学习努力的方向；灵活的评估标准反映了评估对象个体近期发展的目标，是评估对象近来工作、学习要实现的结果。

4. 评估的民主性原则与科学性原则的关系

评估的民主性原则与科学性原则反映的是不同领域的规律。科学性原则反映的是评估操作过程中评估信息搜集、整理的规律，如评估指标的独立性、可行性、可测性、完备性，评估信息的全面性、准确性、真实性、足够性等，强调的是评估的客观和真实、评估对象对评估结果的信服性，具有较强的自然科学属性。民主性原则反映的是评估过程中人与人之间的交往规律，如评估的价值选择、评估的价值判断、评估结果的反馈等，强调的是评估的目的性、评估对象对评估的愉悦性，具有较强的人文科学属性。评估的民主性原则和科学性原则具有相互依存、相互促进不断发展的关系。一方面，科学性原则是民主性原则的基础。教育评估是一项科学的实践活动，通过评估力图把教育情况全面真实本质地反映出来。因此，从评估指标的制定到评估信息的搜集、整理、整合都需要遵循科学性的原则。另一方面，民主性原则可以促进评估的科学程度不断提高。教育评估是学校群体的活动，科学的教育评估不仅要遵循搜集信息的规律，而且要遵循评估心理规律和群体活动的心理规律，如评估对象对评估的态度、评估双方的人际关系等心理对评估客观性影响的规律。实际上评估的民主性原则和科学性原则是一个事物的两个不同的侧面。

在贯彻教育评估的各项原则中，如果民主性原则与科学性原则发生矛盾，首先是贯彻民主性的原则，其次是贯彻科学性的原则。科学的教育评估不是从天上掉下来的，不是从外部强加给评估对象的，也不是纯粹地从评估对象内部产生的，而是在学校领导人的领导之下，采用民主的方法，一步步地带领学校教职工从较不科学的评估走向较科学评估的过程。这样做的好处：一是使评估参与者深刻地理解评估，促进评估参与者的发展。采用民主的方法，让评估对象参与评估，尤其是参与评估指标的拟定、修改、确认，不仅有利于评估参与者对评估指标的理解，而且有利于评估参与者对评估指标的认同，从而把评估指标内化为个体意识的组成部分。二是减少学校干群之间的矛盾，平衡评估对象的心理，调动评估对象的工作、学习的积极性。评估是对评估对象的外部剖析，一般是在学校领导者组织领导之下进行的。采用民主的方法，提高评估对象对评估的认同感，把评估结果看成是自己平时工作和参与评估活动的结果，有助于减少评估对象对评估的敌对情绪。

四、教育评估中贯彻民主性原则的要求

首先，评估工作者要树立民主的意识，平等对待评估对象，在日常工作贯彻民主的作风，形成民主的习惯。其次，评估工作开始之前，进行深入细致的思想动员，使评估对象对评估的意义有正确的认识，积极参与评估。第三，制定评估方案尤其是制定评估指标，要广泛征求意见。既要征询行家的意见，也要征询评估对象的意见。还要在社会上、在教师及学生家长中征求意见，使评估方案较为客观、切合实际。此外，还要采取各种形式，让评估对象学习、理解评估方案，自觉地将评估方案中的指标体系、评估标准转化为实际行动，成为改进工作的动力。第四，进行评估时，尽量要有代表各方面的意见的人参加。如学校办学水平的评估，既要有教育行政部门的负责同志参加，还要有其他学校的校长（同行）参加，还要从学校领导、教职员工、学生、学生家长等方面广泛搜取信息，使评估有较为广泛的群众基础，较为客观，较易令人信服。第五，要重视自我评估，要把评估对象动员起来。不仅要动员评估对象以积极的态度投入评估活动中，还要提供条件，让评估对象先自评。这便于评估对象自行查明得失，进行自我调控，更好体现评估的作用。第六，评估结果和所作结论，应尽量与被评估者见面，并听取他们的意见。如果对评估结果有不同意见，允许其保留意见，并将其保留意见与评估工作总结一并存档。第七，反对评估中的“自由主义”。贯彻评估的民主性原则，要注意发挥各类人员的作用，听取各类人员的意见，但绝不是提倡“绝对自由”、“自由主义”。我们要把国家的、民族的利益放在第一位，党的教育方针、培养目标是中小学教育评估的根本价值取向。

（原文约 7000 字，发表于《河南教育学院学报》哲社版 2001 年第 2 期）

文摘编辑：张景瑞

教育评价机制与评估指标研究

李宗远

［作者简介］李宗远，云南昭通师范专科学校讲师。

［内容提要］本文结合国际国内教育评价指标的现实水平、教育发展水平和青海教育的现状，就建构教育评价机制和教育评价指标问题作了研究。

［关 键 词］社会评价机制；教育评价；教育评价指标。

教育评价走向现代化，在西方兴起于20世纪30年代末；在我国，则是20世纪80年代中期才开始广泛受到关注，直至90年代初才确立有关普通高等学校和中小学的评价制度。尽管在全世界范围内开展了广泛的理论探索和实践研究，但从现代教育评价的形成时间和研究的结果看，现代教育评价仍然是一门非常年轻而又不成熟的科学。现代教育的发展又急需现代教育评价的现代化和科学化。因此，建立和发展完善的教育评价制度，是教育研究的必然选择。

一、建立完善的教育评价机制

长期以来，由于我国政治、经济等方面固有的惯性作用，教育评价主体过于单一，完全由教育行政部门实施，从中央到地方，教育的主办者和投资者——国家及其代表——各级主管部门共同办教育和评价教育，评价机构和教育部门同属一体。尽管评价可能具有一定的效度和信度，但这种制度从内部讲存在着评价主体对评价客体有很强的制约作用，外部评价机制和监督机制几乎是空白。由于教育质量需要从内部和外部两大系统进行保障，因此，建立社会评价教育的机制，既是教育自身发展的要求，也是历史发展的必然。

1. 建立社会评价教育的机制，有助于保持评价的公正性。在我国，无论是基础教育，还是高等教育，其管理权主要掌握在政府手中，学校只是被动地按政府指令办学，政府负有不可推卸的办学责任。但由政府直接开展教育评价，容易模糊政府在教育活动中扮演的角色，会导致政府对教育责任的逃避。

2. 社会价值多元化要求建立社会评价教育的机构。政府难以取代所有的社会利益群体，只有建立非政府的社会评价机构，才能更好地反映现实生活中的多元化要求。

3. 建立社会评价机制，特别是强化专业性评价机构的设置，有利于保证评价的科学性。从过去到现在，政府对教育的评价主要由教育行政部门及其下属机构承担，这些部门或机构在管理职能上具有综合性的特点，评价往往不是其主要职能，评价的专业性和科学性就大打折扣。政府部门应把这种评价交由专业性的机构去办，这样会更具有质量和效益。

4. 建立社会评价机制，是社会进步的要求。随着社会的日益进步，民主和法制建设的日益推进，要求加速政府机构改革，转变政府职能。在此背景下，深化教育管理体制的改革，其中将教育评价的职能部分地转让给民间，从而促进教育行政管理部门职能的转变，为教育管理步入专业化、民主化之路创造体制基础和条件。

基于上述分析，我们的构想是：政府充分发挥自己应有的权力、义务和责任，尽可能为教育评价提供有效的条件和帮助，调动一切关心教育和教育评价的力量，依据教育发展的现实和未来，积极发展评价教育的社会机构，强化专业性评价机构的设置，并随时间的推移不断完善，积极开展有效的教育自评，切实体现评价客体的主体精神，进行必要的再评价。

二、教育评价指标研究

1. 教育发展水平的评价指标

现代教育评价理论所强调的教育指标应具备三个特性：一是在某一方面反映目标的本质属性；二是行为化了的目标具有具体性和可操作性，三是通过实际观察和测定，可以得到明确的结论。据此，我们在学习和借鉴国家教委1991年4月颁布试行的教育评价指标的前提下，围绕以下四个方面的指标展开讨论。

1. 教育投入与产出之比。这一指标包括学生教师比（以下简称生师比）和每万元教育经费培养的学生数两个具体内容。与世界各国相比，我国生师比向来偏低，这是教师人力资源效益不高的一个重要原因。比如，2000年中国教育绿皮书转载的OECD组织的统计资料显示，我国初等教育的生师比为25:1，在发展中国家处于偏低水平，高于经合组织成员国的平均值18.3:1。生师比偏低，在我国高校最为严重，据1998年的统计，生师比是7:1，而青海省直到1996年还停留在5:1的水平上，大大低于同期世界上一些国家的比例。每万元教育经费培养的学生数，是评价教育经费效率的又一个传统指标。它是指教育投入与教育所培养的学生之间的一种数量关系。据1987年的统计，我国高校每万元（美元）培养的大学生为16.12人，而80年代初4个发达国家平均是3.2人，我国高出了4倍，而生均费用各国高出我国1.6—10倍。与世界各国相比，我国高校投资的投入产出率是较高的。

2. 国民人均受教育年限。国家通常采用两类指标计算人口受教育水平。一类是联合国教科文组织和经济合作与发展组织定义的受增长率程度，25岁及以上完成初等教育、中等教育和高等教育的人数分别占同年龄组人口数的百分比，再通过一定的换算，得出人口的总体教育水平，类似于我国定义的历史型指标。另一类属于预测型指标，对人口在未来接受某一阶段教育的可能性进行估算。据估计，20世纪90年代中期，我国人口受教育年限约为7年左右，2000年的估算达8年左右。而同期世界银行定义的高收入（人均GNP高于3126美元）国家约为13.59年，低收入（人均GNP低于3125美元）的国家约为9.33年。很显然，与世界水平相比。我国人口受教育年限相差甚大。

3. 高等教育大众化。“高等教育‘大众化’”是美国学者马丁·特罗提出的衡量高等教育发展阶段和水平的一个概念。具体含义是，一个国家的高等教育率达15%—50%，就意味着高等教育进入“大众化”阶段。目前，我国高等教育入学率为9%，到2010年，将提高到15%。青海省1994年的适龄人口大学入学率是3.55%，与同年全国平均数相差2.95个百分点。离“大众化”阶段，还有很长的路要走。如何实现我国高等教育大众化？需要兼顾现实问题和长远利益，既要把“大众化”作为发展的理想，又要承认我们实现这一理想所面临的现实困难。

4. 教育大众化。鉴于反映教育发展水平指标的多样化，以及我国教育和青海省教育发展的现状和现实要求，根据有关教育理论和教育法律规定，可以把普及义务教育的程度，即使适龄儿童都能接受九年义务教育，并不断提高教育教学质量作为我省教育大众化的基本指标。

2. 经济社会发展方向的指标

随着教育科学的发展，特别是教育评价理论和教育经济学的兴起和发展，人们更加倾向于用量化的手段来评价教育的价值和作用。其中构筑科学的评价指标是关键的一环，借助指标的明示，人们能够比较精确地考察教育对社会经济发展的贡献。

1. 政府的投入是教育经费的最主要来源，因此公共教育经费能代表一个国家教育的基本条件。衡量教育投入水平，按国际惯例，通常用公共教育经费占国内生产总值比例来考察。教育投入严重不足是困扰我国教育发展的一大难题。根据有关统计，我国20世纪90年代以来，教育经费占国内生产总值的比例不到3%，1988年为2.5%，处于世界较低水平。1991年我国教育经费总额为86亿美元，占同年GNP的3%，不到同期世界公共教育经费总额的1%，而我国的受教育人口占世界受教育人口的22%。要走出发展教育的投入困境，必须解决三个根本问题：一是大力发展经济，二是提高思想认识，三是深化教育体制改革，建立健全教育制度。

2. 教育收益。反映教育经济效益的指标可以从教育内部的经济效益和教育的社会经济效益两方面理解。前者是投入和产出之比，以等量的教育资源投入，获得尽可能多的教育成果；后者是指以等量的教育资源投入获得尽可能多的教育成果使用值。据统计，发展中国家投入产出指数为0.4，美国为0.75，青海省仅为0.23。这些指数表明，在费用一定的情况下，在校学生人数越多，教育资源的利用率就越高，自身经济效益也就越高，在费用一定时，学生在校期间的学习质量越高，人才费用质量系数就越大，自身经济效益就越高。反之，效益则越低。评价教育社会经济效益的高低，可以从教育所培养的人才是否符合经济和社会发展的需要，是否提高了劳动生产率，是否促进了国民经济的发展等方面进行。

教育经济学者们的实证研究也证明了以下主要结论：(1) 在一般情况下，教育投资的收益率高于物质投资的收益率。(2) 个人收益率高于社会收益率，在高等教育中尤其如此。(3) 发展中国家教育投资的收益率一般高于发达国家教育投资的收益率。(4) 初等教育的收益率一般高于中等教育和高等教育的收益率。从教育效益方面讲，同样需要进行认真的思考和分析：教育效益在表现形式上具有典型的多样性和复杂性，既表现为经济方面的效益，也表现为社会、政治和文化等方面的效益；教育效益具有较强的迟效性和间接性，也就是说从投入到产出效益要经历一系列复杂而漫长的过程；教育效益的受益主体也是多元化的。因此，局限在经济效益范畴的分析是极其有限的。

（原文约9000字，发表于《青海民族学院学报》社科版2001年第4期）

文摘编辑：张景瑞

“科举学”研究与教育考试改革

刘海峰

[作者简介] 刘海峰，厦门大学高等教育研究所教授，博士生导师。

[内容提要] 在科举时代，科举成为整个教育制度的重心。科举对今天的教育制度仍有消极和积极的影响。由于科举研究具有强烈的现实性，因而，“科举学”近年来成为学术界关注的一门专学。主要研究问题集中在：科举对现代教育及教育价值的影响；科举考试与素质教育的关系；科举与高考的比较与借鉴；科举与自学考试的比较与借鉴。“科举学”研究对现代考试制度的改革具有重要的意义。

[关 键 词] 科举学；考试；教育。

科举虽然是早已消逝的历史制度，但它还以潜在的形式存在于我们周围。从积极方面说，科举制度的废止并不意味着考试选才的合理因素与之俱亡，科举所体现的“公平竞争、择优录取”的原则具有超越封建时代的特征，不会随着时光的流逝而失去其存在的意义。

一

作为一种古代的考试制度，科举制牵涉面很广，性质至为复杂。科举首先是一种文官考试，但又有教育考试性质。就学校与科举的关系而言，在过去一千多年中，科举和学校相成相毁，相争相递，二者经历了一系列升沉消长、聚散离合的矛盾互动。如何处理好学校育才与科举选才的关系，是历代一直困扰着统治者的难题。从历史发展趋势来看，大体而言，隋唐以后各个朝代初期都重视学校教育，或至少是学校与科举并重，但久而久之学校日渐被轻视，教学往往流于形式，而科举的地位在社会上越来越显得突出、崇高。这种由重学校转变为重科举而轻学校的演变过程，几乎成为历代学校与科举互动发展的一般规律。明清两代为了协调学校与科举的关系，将学校教育与科举考试整合为一条龙，使学校科举化，科举学校化，二者浑然一体，难分难解。然而，科举与学校的互动发展的结果是，科举成为凌架于学校之上的一种考试制度，学校教育受科举取士的制约。到了清末，学校完全沦为科举的附庸，官学往往形同虚设，科举的向心力大到严重地阻碍新式学堂的建立与推广，以至于不推翻科举就无法真正普及新教育，最后不得不废科举以兴学堂。

二

在现代各类考试中，教育考试从形式和作用及影响等方面来看，与科举具有特别明显的相似之处或继承性，因此从教育角度研究科举的论著也较多。这些论著有不少探讨了古代科举考试与学校教育的关系，尤其是清末废科举兴学堂的关系，而有关现代教育考试的论文，大体从以下四个方面展开论述。

1. 科举对现代教育及教育价值观的影响

科举考试诞生于古代中国，但其平等择优的原则具有一定的“现代性”，或者说带有某种超越封建时代的特征。有的论者认为，“科举考试的终结并不意味着其中合理因素与之俱亡。它所体现的许多有价值的观念具有永久的生命力，特别是公平竞争、广泛参与、惟才是举的思想不但在封建社会是进步的，还超越时空，超越社会发展阶段，成为人类共同的基本理念。这是历史留给我们最可宝贵的遗产，也是对世界思想文化宝库的巨大贡献。”还有学者认为，从实际功能看，科举是古代高等教育体制的组成部分。科举考试不仅在形式、方法、功能上与现代的毕业、招生考试颇相类似，而且以这种考试为核心，将教育、选才、任官一体化。科举制既为教育规定了内容和方向，又为教育提供了考核检验手段，科举功名是为社会所承认的标准化的学力尺度，科举制度是一种相当成功的制度。另一种观点认为，科举制度在历史上曾经起过进步作用，但对现代高等教育也有不少负面影响，它使学而优则仕、惟有读书高的儒家思想家喻户晓，形成一种根深蒂固的社会心理；在科举制度下，科举考试成为教育的目的，教育是科举教育，今天中国各级教育中存在的升学主义也是科举制度部分弊端的再现。有的学者认为，科举集文化传承、教育督导、价值导向、资源配置、社会调控等多种功能于一身，但影响最为深远的是教育价值取向。科举在教育方面所表现出的巨大影响力，亦即现今人们竭力批判的考试的“指挥棒”功能，并非科举之类国家人才选拔考试的固有弊端，而是此类考试在社会中的地位与作用使然，实系考试与教育互动关系的规律性反映。对于国家选拔考试在教育实现其培养目标方面所具有的督导功能，不能作为疾弊予以根除，而应通过不断提高考试的科学性予以调控，力求社会人才系统中育才、选才、用才三者间在标准和价值取向上的基本一致。有的学者则认为，科举取士导致了以品德为中心的教育价值观念向以入仕为目的的教育价值观念的转变，其影响并不因为科举之废而消除。

2. 科举考试与素质教育

随着“素质教育”概念的提出，90年代以后探讨有关科举，应试教育与素质教育的关系的学者多了起来，从隋唐到明清，科举既成为教育的手段，也成为教育的目的，为求中举及第的科举教育实际上就是一种应试教育。科举考什么士人就学什么，不考什么就不学什么，一切都跟着考试的指挥棒而转动。但应试教育与素质教育并非完全对立，二者也有统一的一面。有的论者认为，考察科举考试中涵盖的素质教育因素，为科学扬弃历史，全面认识和实施素质教育，改革考试制度提供借鉴。作为文化制度，科举考试造就了文官政治，使选拔官吏有了一个文化知识水平的客观标准，形成一支具备高素质的文官队伍。另一种观点认为，科举制度是典型的应试教育，近代中国社会思想、文化、心理等方面的转变，几乎无一例外地以发难和抨击科举教育为嚆矢，并进而呼唤和建构新型人才素质教育观。近代中国教育的转轨，实质就是围绕着否定和废除传统教育的评价体系和制度——科举制而展开的，但我们不能从废科举的类比中，武断地否定现行考试制度。还有学者认为，尽管每一朝代都有关于科举利弊的争论，北宋甚至一度出现过废止科举的极端局面，但科举考试作为一种相对客观公正的人才选择制度，一直占据着人才选拔方式的主导地位。科举制度的长期存在，说明了公开考试选拔社会所需人才的合理性。在学校教育中，形成性和评价性考试同样是培养学生能力的一种重要手段，是一种长期的、从外部起作用的激励学生学习的力量。

3. 科举与高考的比较和借鉴

被喻为“现代科举”的高考制度，上关国家政策、民族前途，下系民众个人命运，因此对科举与高考进行比较研究的论文相当多。有的学者从科举考试与学校教育的关系、科举的公平公正和防止作弊等方面，分析现代“片追”的阴影和高考的存废问题，认为在中国这个考试的故乡，“片面追求升学率”的现象古已有之；现时的高考存废之争和历史上的数次科举存废之争何其相似，高考制度之公平精神和社会效益与科举制一脉相承，无论从科举考试的历史还是从目前中国的现实来看，都应坚持统一高考。有的论文针对部分学者将高考与科举相提并论、希望以废除高考作为教育改革的突破口的观点，分析了科举与高考的异同及科举存废的历史和影响，指出以往人们对科举的认识不够全面和客观，高考与科举既十分相似，又有重大区别，以历史上废止科举的事例作为当今废除高考的论据是不充分的，高考是适合中国国情的一项基本的教育制度，有其长期存在的价值和必要。也有的论者专门探讨科举与高考的某一侧面，如科举与语文高考的关系，古代武举与现代体育高考的关系，等等。

4. 科举与自学考试的比较和借鉴

独具特色的高等教育自学考试制度是中国教育的一个创举，它于20世纪80年代初在中国建立并非偶然，而是有其深厚的文化土壤和制度渊源。自学考试制度创立数年之后，人们开始反思它在中国出现的原因，不少人认为科举是自学考试的历史渊源，因此进行比较研究的学者多了起来。有些学者认为，自学考试可视为科举精神的脉承，或可直接认为科举精神的复活，在建立自学考试这种权威性的考试制度之时，可以取法科举制度之处实在不少。自学考试要发展下去，必须借鉴科举制中考试单独设立的形式，为全社会人才选拔提供公平、权威的考核途径。

从历史是现实的延伸的意义上看，科举与自考实质上有诸多相似之处，甚至可将后者视为前者的继承和发展。缓解人才需求矛盾是古代自学考试产生的重要原因，在教育发展历史上，自学考试收到了明显的社会效益与经济效益。任何一种制度的出现都有其产生的客观原因，实行以考促学是中国的古老传统。科举具备了个人自学、社会助学和国家考试这三个要素，从其考试和教育的层次来看，科举属于古代高等教育自学考试。植根于传统文化且继承科举考试丰富经验并与现代教育相结合的自学考试制度，是中国古代考试传统在现代新的历史条件下的发展和创新。有的学者认为，古代科举是其创立之前数千年各朝探索人才选拔机制的结果，这一结果对当代自考的创立产生了重要的影响，而科举在千余年的发展中所产生的积极作用与消极影响，则为自考的改革与发展提供了正反两方面的历史借鉴。科举与自考同为古代和当代的大规模社会考试，无论在考试外部各因素的关系抑或考试内部各因素之间的关系方面，都有许多值得我们去比较、去挖掘的经验教训。还有的论者认为，科举与自考的相似之处在于国家考试的权威性、考试的开放性、教考分离三个方面，科举制的考务管理严格规范，形成了良好的社会助学形式，建立了较为科学的制衡机制等方面对自学考试而言有可取之处，但考试科目日渐单一，考试内容褊狭而导致科举制衰亡的沉痛教训更应记取，以免重蹈覆辙。

（原文发表于《山东师范大学学报》人文社科版2001年第4期）

文摘编辑：张景瑞

教育资源效率与公平的统一
——论目前高校招生收费中的帕累托最优与达尔文最优

温小郑

[作者简介] 温小郑，西安邮电学院副院长，中国社会科学院经济学博士。

[内容提要] 高等院校在教育经费没有同步增长的情况下扩招，给社会解决“入学难”的同时，也存在办学质量下降的隐患威胁。解决这一难题的思路之一就是实行有条件的差别收费。

[关 键 词] 教育；差别收费；公平；效率。

1999年中央决定扩大高校招生规模，推进我国高等教育从“精英教育”向“大众教育”转型。在国家总教育投资不做大幅度变化的前提下，为了适应竞争机制的要求，为了在规模中求生存、在生存中求效益、在效益中求发展，各高校在招生工作中探索性实行部分招生“差别收费制”，一些地方政府还相应出台了相关政策与优惠条件。对于这种客观现象，高校、社会和考生的看法褒贬不一。

一、教育差别收费是精英教育向大众教育转型的需要

招生并轨改革是国家教育体制为适应政治、经济体制改革需要而采取的重大举措。从1985年末到1997年，我国实行的是招生管理的“双轨”机制，这一机制对于调动高校招生积极性，挖掘高校办学潜力，改善办学条件，扩大高校提供教育供给能力，有着一定的积极作用，但由于这种“双轨”制管理被束缚于指令计划管理模式，精英教育中的公正性与公平性难以体现，严重束缚着我国市场经济的竞争机制与高等教育事业的协调发展，不利于高等教育与国家人事体制改革的接轨，教育部（国家教委）决定从1994年高校招生进行“并轨”改革试点，1998年正式完成此项工作。1998年我国普通高校招生规模为108万人，1999年达到160万人，2000年达到220万人，到2010年预计高校在校生将 达到1700万人。由此可见，国家已有计划、有步骤地推进高等教育由“精英教育”向“大众教育”转型。

在“精英教育”向“大众教育”的转型中，教育经费投入与教育发展实际需要有很大差距，这种差距仅靠挖掘自身内在潜力是根本办不到的，单凭高校的校办产业，企业捐资和收取“义务性”或“半义务性”培养费等集资渠道是得不到根本性解决的。面对高等教育由“精英”式向“大众”式教育的转型，给社会、家庭创造了极好的接受教育的环境与条件，子女教育的投资占家庭投资的重头，由于这种投资属于风险性投资，其投入与将来子女的发展及相应的回报密切相关，家长又面临着新的挑战与考验，对子女选择学校、专业采取了谨慎态度，把学校及专业与未来的就业、前途、收入紧密联系在一起。而我国现行教育体制中缺少这种投资环境，造成境外一些大学和教育机构趁虚而入，抢占我国教育投资（或教育消费）市场，许多家庭不得不拿出十万、几十万甚至更多的人民币投向国外教育消费市场。因此，不对现行招生收费体制进行改革，拱手让出教育消费市场，就达不到推动“精英”教育向“大众”教育转型、刺激国内教育消费与高等教育事业同步发展的目的。

二、教育差别收费是教育产业发展的客观要求

在市场经济条件下，应用经济杠杆推动高等教育的发展成为深化高等教育改革应予高度重视的一项研究课题。从1999年普通高校扩大招生规模开始，招生计划逐年递增，此举深受考生、家庭、社会各界的普遍欢迎，也为高等教育的发展带来新的机遇。统一收费标准由于没有体现教育事业的市场评价，显然满足不了我国市场经济条件下高校的发展需要，特别是社会需求看好的热门院校（专业）资金短缺成为进一步发展的主要障碍。笔者认为：招生收费双轨制有利于教育资源补充，新条件下的双轨制到并轨一刀切，只是突出了自然智力因素，作为产业教育，居民有权购买教育权。从操作层面上讲，作为一种价格歧视理论的应用，实行差别收费，条件需求弹性不同，消费者可分割，分割条件具备，垄断市场模型认为经济上具有可行性。热门学校和热门专业来自教育消费市场的评价，因此对于具备竞争性的专业收费可以进行市场调节。同时国家可以把有限的教育资源投入非竞争性领域，如目前或未来从事与国防有关的、从一般院校无法补充人才的各类专业、基础性教育、基础性师范教育、文献、考古、地质、铸造、石油、采矿、生物、国家技术突破方面基础性支撑等专业，以及公益性研究基础性专业、文体继承性专业、哲学文化和继承性基础研究学科研究工作的人员培养等专业。对于市场竞争性较强的学校（专业），或者说预期收益高、收益周期短、市场变现率高的专业，可以让市场通过差别收费进行调节和发展，国家不必要增加过多的教育经费。而

通过教育消费市场的调节收费标准，辅之以教育消费监控机制，以政策支持竞争性较强的“热门专业”的发展，重点热点工科，如与信息产业相关的通讯、计算机等专业以及金融、涉外专业、临床医学等与市场联系紧密的专业可适当放开进行收费。这就是在新的教育消费市场中教育差别收费的新机制。

市场经济的发展与社会生产力的发展是相辅相成的，随着我国政治、经济体制改革的不断深入，高等教育中的技术教育或职业教育功能也正由过多的上层建筑领域成分逐步呈现教育产业的功能。在市场经济条件下，高等教育应体现一种“按质论价”的市场评价，而不能过于忽视经济力量在选择教育、选择学校、选择专业的条件和作用，仅用统一收费标准对待不同教育者的投资需求，对待不同学校与不同专业，对待不同成绩，不同地区、不同家庭，否则只会助长市场经济条件下新的社会不公。

三、教育差别收费的理论分析

对招生收费中的差别收费（录取的同校同专业学生收取不同的学费或教育成本补偿费）也有不同的价值判断。这种价值判断成为我国能否实行招生差别收费的实际标准，对招生收费双轨制持赞成者与反对者都有自己的规范判断。下面笔者就帕累托最优与达尔文最优对高校收费及高等教育发展中公平与效率的统一进行规范分析与实证分析。

对帕累托最优的实现，应从动态考虑。帕累托最优所应达到的是动态均衡，如果偏离了这一点，社会总效用就不能最大化，即如果存在任何的变动，将出现社会体系利益的非最大化。目前反对高校推行收费者所持的规范标准（价值判断）为考生的分数，因为分数从一定程度上反映了学生学习效率与学习潜质，他们认为分数是招生中资源优化配置的惟一或接近惟一的标准，从高分到低分的顺次录取则体现了效率、智力资源的最优配置，也体现了公平的先进生产力评价标准。随着招生规模不断扩大，毛入学率逐年提高，特别是整个社会对接受高等教育服务的需求极度旺盛，高校所提供的教育服务却明显滞后。在教育服务供给严重不足的情况下，如何实现教育需求与教育供给的动态帕累托最优，是我们重新认识与评价教育收费的当务之急。

在精英教育阶段，由于毛入学率比较低，分数作为购买教育服务的惟一（或近乎惟一）的“货币”（标准）促进了人力资源的开发，效率与公平的统一。分数第一原则将精英阶段教育的效率和公平统一起来。随着毛入学率的提高，高等教育已由“精英教育”向“大众教育”转型，教育的产业特征比较明显，教育服务供给不足的矛盾成为主要矛盾，分数第一的效率价值有所下降。当高等教育由精英教育进入大众教育阶段，我们要重新审视与评价购买教育服务的多重因素。在发达的市场经济条件下，“高等教育是通向机会均等的惟一途径”，也是实现个人价值或就业的先决条件。在国家财政中由于高等教育的公共支出给定且大大低于社会需求的前提下，要实现效率与公平的统一，就要考虑货币作为购买高等教育服务的积极因素。在购买力不足的情况下，适当加大货币在购买高校教育服务中的权重，是实现新的背景条件下帕累托最优的环节。目前教育成本费用分摊后，个人所付出的部分占25%。考虑到进入大众教育阶段后，分数在体现公平与效率统一方面的作用降低，特别是在50%范围的考生差异不大，此时大学供给资源不足的矛盾将成为主要矛盾。

四、教育差别收费的操作分析

笔者认为，在高等教育进行大众教育阶段，可实行一定的高等教育的差别收费。以真正体现高等教育的“非义务”与产业化属性。保证体现分数效率与公平的基本内容是将2%的一类杰出人才录取为公费生，由国家财政供养成本费用及部分或全部生活费用；而占招生名额的10%—20%左右的比例可适当超出教育培养成本高收费，由当地或当时的家庭接受水平或标准来决定；其余大多数的考生可收取一定比例的教育培养成本费用。冷偏门专业所在的学校生源短缺，收不上费，没有自我发展的补偿机制，可通过国家对教育资源的有计划、有步骤地扶持发展，热门学校或专业以不同收费方式，既保护了考生的积极性，也减轻了国家的财政压力，通过自我完善与发展来适应对教育产品的市场评价。也就是说，要把差别收费充分体现在不同地区、不同学校、不同专业。通过差别收费来建立学校的市场运营机制，以教育消费市场调节不同专业收费和高（低）分考生收费，满足不同家庭、不同考生对教育消费市场的需求。

差别收费是市场导向，也体现政策导向（在校无期限，时间无长短）。为体现对高智力人才的培养力度，国家一流大学的公费生名额可以更多一些，与同等市场调节的专业相比，收费差距由中央财政来补足，作为激励优秀学生学习的奖励。提高公费生比例在提高热门学校（专业）的收费标准时，对在2%以内的优秀生可实行免费、减费、并加奖学金，其额度应以保证这些优秀生在免交学费的同时，还能达到当地一般居民的中等生活水准，以保证这些优秀学生全身心地投入学习。差别收费标准要体现在不同地区、不同行业、不同专业，参照当地生活水平，有利于高等教育的合理布局。这样，市场机制与计划机制的优势都可以发挥出来。

（原文约7000字，发表于《西安电子科技大学学报》社科版2001年第4期）

文摘编辑：张景瑞

我国外语教育规划的得与失

胡文仲

[作者简介] 胡文仲，北京外国语大学教授，博士生导师，国务院学院委员会外文学科评议组成员，中国英语教学研究会会长，《外国文学》主编。

[内容提要] 本文较为系统地论述了我国建国以来外语教育政策与规划的得与失，指出在制订外语教育规划时，须将当前的政治经济需要与长远教育事业的需要协调一致，做好调查、论证和组织落实工作。

[关 键 词] 外语教育规划；语言政策；得与失。

一、语言政策与语言规划

语言政策通常指长期的决策，而语言规划可以是长期、中期或短期的行为。语言规划包括语言地位的规划、本体的规划和语言教学的规划。早期的语言规划学者通常只研究语言地位与本体方面的问题，近十几年来有的学者把语言教学也包括在内。在一个多种语言国家中，哪一种（几种）语言定为官方语言或标准语是语言地位规划的内容，它涉及各语言之间的关系。本体规划指对于语言本身（包括语音、语法、词汇、用法等）的规划，它涉及语言规范方面的问题。语言教学规划涉及语言的教与学，包括外语的教与学。

语言政策是一个十分敏感的领域，处理得是否妥当涉及一个国家的政局稳定、民族团结和国际地位，因此，各国政府对于语言政策莫不给予极大关注。

二、我国的语言政策与语言规划

我国政府对于语言政策和语言规划一直十分重视，其基本语言政策体现在《中华人民共和国宪法》关于语言使用的规定中。在1952年成立了中国文字改革委员会。1977年随着形势的发展和工作领域的拓宽，中国文字改革委员会改为国家语言文字工作委员会。但是，文改委或国家语委的工作从来都不涉及外语的地位及外语的使用和教学。外语教学多年来一直由教育部（或高教部）下面的一个司或处主管。政府部门对于外语教育从未制定过长期规划，也未设专门机构管理这方面的工作。正是因为缺乏全盘规划，我国50年代在外语教育方面出现大的失误。

三、50年代初、中期我国外语教育政策的失误

建国之初，以美国为首的西方国家对我国实行封锁和孤立政策，我国在外交上“一边倒”，与苏联结盟。经济建设依靠苏联援助，聘请了大批苏联专家。科技方面的资料主要来自苏联，高校教材或直接译自苏联教材，或以其为蓝本加以改写。俄语成为当时最需要的外语。1951年全国设立俄语系、科的大学共34所，而此前只有13所、中学学俄语的学生所占比例迅速增加。

在这一背景下，教育部作出了停办大部分师范院校英语系的决定。全国原设有英语系的8所师范院校有7所停授英语。从1954年秋季开始教育部又决定初中不再开设外语课，已开设的一律停授。这两项决定对我国外语教育的负面影响极大，一是外语教育片面发展，俄语发展过于迅速，超过实际需要，而英语教育规模大为缩小，水平下降。二是由于初中停开外语课，学生外语水平降低，大学外语专业学生的入学水平亦相应降低。三是中学英语教师大批流失，或改行，或改教俄语，造成后来英语师资长期严重缺乏。这些负面影响延续时间很长，尽管以后政策有所改变，但就全国而言，其影响长达十年以上。

1956年初，中央号召向科学进军，要求扩大外国语教学，并加强外国重要书籍的翻译工作。教育部根据这一精神决定自1956年秋季起从高中一年级开始增设英语课，并决定从1957年秋季起恢复初中外语课。这标志着我国外语教育政策的一个转折，但是，要实现这一转折却不是一纸决定所能完成的。片面的外语教育发展到1957年已经带来明显的后果，俄语专业学生大量过剩。为此教育部决定将1957年俄语专业学生转学3000人。也就是说，大学俄语专业一、二年级学生的一半需转学其他专业。1959年教育部进一步提出大体上1/3的中学教授俄语，其他2/3的学校教英语或其他外语。但是，直到1964年中学俄语与英语的比例仍是2∶1。

早在1956年已看到俄语的过度发展超出了实际需要，中学英、俄语比例严重失调，但是，中学俄语教师人数在1956年以后仍然继续增长，连续增长9年后直至1965年才开始下降。

这说明了教育方面的另一条规律，即教育的延续性和惯性规律。教育是一个长过程，一旦政策得到实施，就必然会在相当长一段时间内发挥作用，中途改变政策

并不能立即扭转已经开始的过程，在中国这样一个大国更是如此。教育政策方面失误，代价往往是高昂的，后果也往往在多年之后才显现出来。由此也可看出制订外语教育规划的极端重要性。

四、60年代我国外语教育的两大措施

60年代初，苏联从中国撤走大批专家，中苏分歧表面化。另一方面，我国与西方国家以及亚非拉第三世界国家建立了更多的外交与经贸关系，需要大量外交与经贸方面的翻译人才及数量很大的外语教师。在此背景下，我国政府在外语教育方面采取了两项重要措施：

一是在中央指导下制定外语教育七年规划纲要。规划纲要对于50年代在外语教育方面所犯的错误作了检讨。纲要提出了许多重要方针，包括：专业外语教育与公共外语教育并重，学校外语教育与业余外语教育并举等。纲要同时对于发展外语教育提出了许多具体措施，包括新建和扩建一批高等外语院校，培植外事翻译培养基地，聘请外籍教师，派遣留学生出国进修和学习外语等。七年规划是一个很好的规划，但由于“文革”的开始未能真正贯彻执行。

二是建立一批外国语学校，为高校外语院系准备更好的生源。截至“文革”之前，全国共建立起外国语学校14所。

外语教育七年规划的制订和外国语学校的建立，都是出于当时国际形势和外交工作的需要，但同时也考虑到了教育本身的需要，换言之，当时紧迫的政治需要与长远的教育事业的需要是一致的，因此这两项措施不仅在扭转当年外语教育偏向上起了重要作用，而且在今天看来，这些措施仍然是正确的，其中的许多精神和做法一直延续至今。

五、近20年的外语教育

1978年我国改革开放后，外语教育特别是英语教育发展迅速。1979年，教育部提出语种布局要有战略眼光和长远规划，其方针是“大力发展英语教育，但也要适当注意日、法、德、俄等其他通用语种的教育”。中学讲授英语与俄语的比例大大改变：50年代初约为1∶9，1963年为1∶3，目前为198∶1。

如果说50年代在语言规划方面的失误是夸大了俄语的重要性，把俄语的比例一度提到了不恰当的程度，并使英语教学水平大为下降，那么，在今天是否又有以英语代替一切外语的倾向？自然，英语的地位和重要性在二次大战后大为提高，目前在外交、经贸、科技、信息等方面是使用最广、影响最大的语言，已成为公认的国际语言。在语言规划中对于英语的这种特殊地位予以充分考虑是应该的，但即使如此，也还应该考虑语言的多样性，考虑今后一个长时期内我国外语的实际需要。究竟英、俄、日、德、法等语种在大、中学教学中应占比例为多少，非通用语种应该发展多少种，这些均需经过细致研究和科学论证。这也正是语言规划需要做的工作。

六、结论

外语教育规划是涉及外语教育全局性的工作。任何一个国家的外语教育规划都与这个国家的外交、经贸、科技发展有关，一个时期可能重点发展某一种或几种外语，另一个时期可能发展其他外语，但是，在制定外语教育规划时，必须注意将当前的政治经济需要与长远教育事业的需要协调一致，这样才能制定出全面、均衡、科学规划。外语教育规划的制定是一个十分复杂的问题，它牵涉到一个国家的政治、经济、外交政策和周边环境以及国际上语言的使用情况等多种因素，需要做大量的调查和细致的科学论证才能最后确定。因此，需要成立类似国家语言文字工作委员会的组织，通过政府和专家的工作，制定相应的政策和规划。

（原文约8700字，发表于《外语教学与研究》2001年第4期）

文摘编辑：范子奇

遵循教育和民族工作的双重规律是办好民族学院的关键

刀 波

[作者简介] 刀波，中央民族大学学校办公室副主任，讲师。

[内容提要] 民族学院在中国高等教育体系中占有特殊的地位，其特殊性决定了我们在办学过程中除了要遵循共同的教育规律以外，还必须遵循民族工作的规律。在实际工作中，要确立与时代发展相适应的指导思想，有针对性地实施教育和教学活动，加快民族学院的发展，从而实现为党的民族工作服务和为民族地区及少数民族人民服务的办学宗旨。

[关 键 词] 民族教育；民族工作；教育规律；民族学院。

民族学院首先是高等院校，它是创造、传播知识的平台，是选拔、培养、输送高级专门人才的基地；民族学院又是具有民族特色的院校，其教育对象相当一部分来自于具有特定历史文化传统和心理特征的社会群体，其教育目标也具有一定的定向性，即主要服务于我国少数民族地区的物质文明和精神文明建设。双重身份决定了民族学院的发展既要遵循教育工作的普遍规律，同时又要遵循民族工作的一般规律。遵循双重规律不仅要体现在民族学院的办学方针、办学原则上，而且要体现在教学内容、办学方法等各个方面。

一、遵循共同的教育规律是办好民族学院的基本前提

为了更好地遵循教育规律，民族学院建设必须确立以下指导思想：第一，必须紧紧抓住加快发展这个主题。民族学院的综合实力、办学水平和办学条件同全国和各地的一流水平院校相比，存在不小的距离。近几年来，国内各高校为了适应形势的发展进行了新一轮的体制改革，通过改革，高校之间进行了兼并、联合、重组，涌现出了一批实力超强的综合性大学，高校内部的体制和人事制度改革也都取得了突破性的进展。在这样一种形势下，我们民族学院要求生存，上台阶，除了进一步深化改革，加快发展以外，别无选择。要用是否有益于学校的发展来作为检验我们工作的标准，要用发展来增强民族学院的生存力、竞争力，主动适应社会的全面发展和变化；要用发展来化解一切存在的矛盾，解决民族学院前进中的难题。

第二，必须不断地进行改革和创新，适应现代高等教育发展的趋势。从一定意义上说，21世纪将是教育的世纪；将是高等学校与社会更加密切结合的世纪；将是人才培养上更加注重质量和素质的世纪；将是高等教育在时间上终身化、在空间上国际化的世纪。所以，民族学院必须积极主动适应现代高等教育的这些发展趋势，在办学过程中进行大胆的改革和创新。民族学院的教育者、管理者首先要转变思想观念，使认识跟上现代教育理念的发展，遵循现代高等教育的共同规律。管理体制和人事制度的改革是关键。要使管理体制和人事制度与社会主义市场经济体制相适应，在此前提下，积极探索适合民族学院实际的管理模式和用人机制。教学内容、课程体系和教学方法的改革是重点。在教学内容和课程体系设置上要反映和预见时代发展的需要，充分体现出科学性、前瞻性和导向性。在教学方法和教学手段上要充分吸纳教育技术发展的最新成果，尤其是高度关注和重视信息生产、传播技术发展在教育领域所引起的革命性变革，大力提高计算机、数据库、网络工具在民族学院的应用水平。民族学院的改革创新，除了服务于发展这个基本目标外，也要把有利于稳定作为极为重要的目标指向。

第三，必须进一步强化内部管理。学校的管理工作是一门科学，管理可以大大提高资源使用效益。目前民族学院的管理水平相对较低，因此，进一步完善管理制度，提高管理水平是当务之急。我们应该在积极稳妥地推进学校内部教学、科研、人事和分配等制度改革的同时，逐步建立健全内部审议、决策、行政、监督机制以及其他民主管理制度，使学校的管理规范化、法制化。在今后的工作中，要力求实现管理思想的现代化、管理组织的现代化、管理方法的现代化、管理手段的现代化，并借鉴其他高校的先进管理经验，来强化我们的管理。同时注重管理干部队伍的建设，要像抓教师队伍建设一样，抓好管理干部队伍的建设，使其充满生机和活力，并向年轻化、知识化、专业化方向发展。

第四，必须实行和坚持“依法治校，以德治教”，树立良好的校风、教风和学风。实行和坚持依法治校，是院校建设迈向科学化、现代化、正规化的必经途径。教育是培养人、造就人的社会活动，为了保证教育效果，自古以来就强调言传与身教相结合，教育不仅要以渊博的知识传授人，以科学的方法训练人，还要以良好的品

德感化人，以高尚的人格影响人；学校的组织者、管理者同样要正人先正己，凡要别人做到的，自己要率先垂范。良好的校风、教风和学风既是院校作为社会文明中心的重要标志，又是院校教、学、研活动正常开展的必要条件，因此，以德治教也是弘扬正气，营造健康向上的校园文化和有益于人才培养的校园环境的重要措施。

二、遵循民族工作的规律是办好民族学院的基本保证

遵循民族工作的规律，重点要抓好以下三个方面的工作。第一，根据民族学院特殊的教育对象，加强思想政治工作的针对性和实践性。与普通高等院校相比，民族学院学生具有以下一些特点：一是多民族性和文化的多样性。例如中央民族大学就是56个民族的大家庭，每个民族都有其独特的文化传统。二是宗教信仰的多样性。除了信仰原始宗教以外，世界三大宗教都在我国有一些少数民族信仰，尤其是以佛教和伊斯兰教信仰居多。三是受教育程度的相对落后性。我国少数民族大多居住在边疆地区，其受教育的程度要远远落后于内地。由于民族学院学生具有上述一些特点，所以，我们的思想政治工作就必须从实际出发，采取切实可行的措施，下大力气研究我们的教育对象、教育内容和教育方法。具体地说，就是根据思想政治工作教育的特殊需要，研究不同宗教信仰、不同分布地区和不同民族的文化背景、思想倾向、心理特征和特殊需求。在遵循党的基本路线、方针和政策的前提下，对教育内容进行加工和改造，使其更加适合少数民族思想教育工作的实际，让各少数民族产生认同感和亲近感。在对教育内容进行加工改造的基础上，根据少数民族的思想状况和心理特点等实际情况，采取易为少数民族接受的思想教育方法，这样，才能增强思想教育的针对性和实效性，真正达到思想教育的目的。

第二，根据民族学院的服务对象，进行学科结构的调整，使其适应民族地区经济建设和社会发展的需要。民族学院目前的学科结构与20世纪60—70年代相比发生了很大的变化，但仍需进行进一步的调整。对于民族学院来说，首先必须进行学科结构上的调整。具体地说，就是民族学院要向高层次发展，为国家培养高层次的从事民族问题研究和教学的专家及学者，为少数民族地区培养高层次的精通本民族历史和文化的建设人才。人文学科、社会学科、管理学科和应用学科要办出自己的特色，要为民族地区和少数民族培养大批出得来、留得住、干得好的管理者和建设者。上述各类学科所培养出来的人才都应具备一专多能，都应能够在维护祖国统一，促进民族团结，发展民族经济中发挥重要的作用。

第三，进行教学手段、教学方法、模式的改革，提高教学质量。民族学院的学生具有不同于其他普通高校学生的特点，因此，在实施教学的过程中，我们就不能简单地照搬一般院校的教学手段和方法。当然，就民族学院的学生来说，情况也不完全一样，对于受汉族同胞影响较大的民族来说，他们各方面的情况与汉族相差无几，并不需要采取特殊的教学方法和手段，按照正常的教学计划就可以达到教学目的；但是对于来自受汉文化影响相对小一些的民族学生来说，由于他们的文化背景、思维方式、语言表达习惯和心理因素与汉族同胞有较大的区别，正常的教学方法和手段就不易达到目的。为此，就必须在教学实践中下大力气去研究它，这是我们教学工作中最薄弱的也应该是最需要加强的环节之一。

（原文约6000字，发表于《中央民族大学学报》人文社科版2001年第4期）

文摘编辑：张景瑞

模糊教学的价值分析
——兼评建构主义教学观的实践应用

常 军

[作者简介] 常军，沈阳师范学院副教授。

[内容提要] 中国的传统教学重视“清楚教学”，清楚教学是在有限的教学空间中将知识讲满讲透。从辩证的角度看，这种教学方式的弊端是剥夺了学生的思维空间，抹煞了学生的思维个体。为此应采取“模糊教学”方式，这是一种宏观教学方式，是激发学生思维动力的教学，是根本性教育。

[关 键 词] 清楚教学；模糊教学；思维空间。

在中国的传统教学中，从祖宗开始便被奉若神明的一直是“清楚教学”，这一教学方式使得教师们在每一个独立教学单元的封闭内容空间中尽心耕耘，倾尽所有知识填补有限的教学空间，并运用各种批判手段，斥对立内容于门外，最后在学生思维中建立终极的知识体系。这样一来，静态的教学操作导致学生们一味地去复制现有知识，却失去了他们内心中探索知识、促进科学的动力。基于此，笔者认为有必要对我国的传统教育观念提出质疑，对那种结论式的“清楚教学”进行改革，提出“模糊教学”的论题，以此推动我国教育传统观念的彻底变革。

一、“清楚教学”是对知识的固定化，是农业社会知识封闭和专制的必然产物

知识是人类文明的产物。“从太古时起，人就知道为自己制造工具。”由此可见，科学知识早在远古时代就已有之，但由于当时人类文明的传递方式尚未形成，知识还仅仅自发地存在着，还仅仅物化在物体形态中。到了农业社会，劳动日趋广泛和复杂，简单地生产经验模仿已不可能。因此，人们开始以概念形态，将劳动生产经验加以理论化。知识由此形成，并被人们加以权威的固定，形成一种专制。这样一来，后来开始的教育过程，也只能是面向外在存在的知识，原封不动地、照镜子式地传授和引进，而学生则是完全被动地、消极地通过倾听、练习和再现由教师传授的既定知识，不能用审视的眼光去探索知识和促进科学。

这里的关键是，教师给学生传授一个过于严密的知识体系，针插不进，水泼不进，不留任何思维空间，再加上中国传统的教育评价体制的限制，学生们便产生了坐享其成、吞食现有知识的心量发展定势。其次，它贬抑了人类的创造本性，压抑学生的思维个性，强化了知识的同化过程。我们已经知道，“清楚教学”只重视知识的内容，忽视知识的形式；只重视知识的灌输，忽视智力的发展。因此，它属于无主体教学，不论面对什么样的学生群体，都是用单一的和平面的知识去占领学生的思维空间，使学生无法对知识产生任何个性的反思。学生在这种教育中得到的只是静态的知识本身，却无法得到动态的知识组织和掌握过程。所以他们只能消极地摹写知识的现实，而无法去创造知识的未来。

二、“模糊教学”是知识开放，是后工业社会信息化知识大发展的需要

建构主义教学理论是适应后工业社会知识信息化快速发展而产生的。后工业社会是科学高度发展的信息化社会。信息社会通过新的传播方式和传播观念，大大拓展了人类的思维空间，而在这个空间中最根本的生存方式就是思维，去思维社会发展的过程和规律。谁在思维方面占有优势，谁就能在新社会中获得较大的份额。也就是说，在高度发展的信息社会，人类不仅要掌握知识本身，更重要的是要强化自身的思维能力，掌握知识发展规律与认识手段，以应付知识快速产生和大范围辩证应用的挑战。

建构主义教学理论认为，知识并非来源于客观现实自身，而是来源于主客体的相互作用。因此，教学的主要任务应该是引导学生去掌握主观相互作用的过程及方法。具体地说，就是引导学生从不同角度看待问题，使其不仅掌握知识本身，而且掌握知识产生的过程和方法，并留有一定的思维空间，以知识的批判为手段促进科学知识的发展，以应付信息社会科学知识无限发展给人类带来的挑战。而要实现这个目的，就要给学生留下充分的思维空间，激发学生的批判冲动和探索欲望。

通过对西方先进教学模式及教学实践的反思，笔者认为，“模糊教学”正是建构主义所倡导的，适应信息化知识社会发展需要的一种宏观教学方式。首先，“模糊教学”应是粗线条教学。模糊教学方式，教师应只讲授知识的基本原理，尽量讲授知识层面和框架的内容，至于更多知识的内涵，由学生启动自己的思维去探索，形成对知识的规律性认识。这样，学生就不是原封不动地反

映现实，而是掌握知识的本质和规律，尤其是掌握思维的科学方法，并溅出创造性的火花。其次，“模糊教学”应是一种综合性教学。教学的重点不应放在有限的知识点上，而应放在广泛的知识面上，教师不仅要宏观讲授知识基本原理，而且应该有联系地向学生介绍相关的观点，尤其是学科的前沿动态，促使学生从各种全新角度对知识原理进行全方位的反思，并在批判、选择、归纳的内在思维运作中去完成对知识的掌握。最后，“模糊教学”还应是思维逻辑体系残缺的教学。从辩证的角度看，“清楚教学”的弊端恰恰就在于体系太全，所有的教学内容空间都已占满，“终极真理”已经形成。“模糊教学”在宏观教学和全方位教学的基础上，有意造成知识体系残缺，不去构筑多方位反思之间的内在联系，就是为了给学生留出一定的思维空间，启动学生的思维动力，靠他们主动的思维运作去寻找知识之间的联结点，去搭建完整的知识体系，并进行必要的创造性思维。

三、“模糊教学”的实际运作和相对主义倾向的克服

“模糊教学”是一种在新的社会环境中有益的值得探讨的教学方式。它不但涉及教授主体教育思维观念的更新，也涉及认知主体长期养成的认知习惯的改革。因此，要慎重操作，在教学方式和程序方面需要精心设计。第一，立足于真实性教育。教学的解释重点不是“应该怎么样”，而是“它是什么样”。这就要求变传统的“结论教学”为“过程教学”，引导学生按规律性的逻辑顺序去思考科学发展的过程；并有针对性地在顺序的联系点基础上实施放射性教学，对相关的科学知识进行延伸性思考，以增加学生掌握的知识厚度。通过这一系列教学环节的具体运作，引导学生掌握科学探索的技能，包括观察、分类、批判、运用时空、确立关系、虚拟实验、控制变量等实际能力。第二，有引导性地实施自由教育。教育心理学提示我们：只有当研究者能在环境中自由探索时，才能产生真正的科学。所以我们的课堂教学应给学生留出广阔的思维空间，允许学生有自己的思考。但是，为了避免过度的相对主义倾向出现，授课教师应事先设定问题，引导学生沿着一个预定的线索去进行思维。首先，问题之间应具备顺应序列关系。其目的是引导学生构建单方向伸展的严密逻辑思维能力，通过对一个一个问题的顺延回答，向中心问题靠近。其次，问题之间还可以具备相悖关系，即围绕中心问题出两个或多个相反论题，激发学生的内在批判精神，并对相悖论题逻辑对比和选择，加强逻辑思维的排除能力，确立自身思维观点的存在根据。再次，问题之间还可以具有隐性联系，即表面看问题之间仿佛没有联系，但经过必要的思索过程，就会悟出其内在联系，以此来提高学生发现问题、确立关系、逻辑思维跳跃的能力，并达到顿然有所悟的教学效果。最后，问题之间还可具备套应关系，即一个问题是另一个问题的逻辑组成部分，使学生既可以按主顺序，也可以按从顺序去进行思考，其目的是帮助学生去构建演绎思维和归纳思维能力。第三，有目的地施行环境式教学。建构主义教育理论告诉我们，认知主体是在与周围环境的相互作用中构建自己的知识宝库的，没有活动就没有学习。因此，教师就应为学生尽量提供学习的参照环境。它包括实物环境，如社会实践，外出观摩，模拟法庭、编剧演出等等；也包括虚拟的环境，如案例分析，与名人座谈，问题讨论等等。如此教学不但会增加学生的学习兴趣，而且会加大学习的直观性，使学生不是在思维中虚构科学发展的过程，而是真正看到了科学发展的过程。第四，纠正过度的平等划一性，谋求向尊重个性的教育机制转换，实现知识共性和认知主体个性的有机统一。在必要的知识需求体系中，校方应对教学内容进行整理，多选择一些学生内心关注性强的学科，并力求将认知的疑难锁链彻底打开，扫除学生内心存在的全部逆反，并在宽松的教学氛围中掌握知识。

（原文约 6000 字，发表于《沈阳师范学院学报》社科版 2001 年第 5 期）

文摘编辑：张景瑞

论教育改革背景中的校本课程及发展

顾书明

[作者简介] 顾书明，淮阴师范学院教育系主任，副教授。

[内容提要] 校本课程的提出和迅速发展，其直接的背景和动因是对西方国家20世纪60年代课程现代化运动挫折的反思及人本主义课程的推行，也是20世纪以来历次世界性课程改革运动发展的必然。目前在我国建构有中国特色的社会主义校本课程论体系既是必要的，也是可能的。

[关 键 词] 教育改革；课程改革；校本课程发展。

一、西方国家课程现代化运动的挫折与校本课程的发展

校本课程的提出，其背景和根本的动因是对20世纪60年代“国家目的占支配地位”、“中央权力起主导作用”的课程改革的一种反动。“新课程运动”到了20世纪60年代末70年代初受到了严厉的批判。世界各国兴起了一场重新检讨现代学校教育、根本改造传统学校教育制度的运动。20世纪60年代的世界课程改革，既包括美、英、苏等发达国家以学科内容和结构现代化为标志的课程教学改革，也包括20世纪60到70年代发展中国家对于发达国家课程教学改革成果的引进和改造。以美国为代表，各国都试图凭借国家力量调集最优越的智力、财力和物力资源从事统一的国家课程开发。新课程计划的优越性是显然的，但实施中遭受的挫折也是出人意料的。据有关统计，当时编写的高中教材，全美国只有25%的高中生能够接受，75%的学生接受不了。而实行新课程的学校比例也小得惊人。美国有大约85%的学校并未采用主要课程方案的材料，特别是农村学校实际上仍然未被改革运动触及。而在英国，小学有一半没有开设科学课程，认真开设科学课程的学校只有10%左右。因而“新课程运动”开始所指向的“效率”和“优秀”并未得到实现。

“新课程运动”遭受挫折的原因是多方面的。其一，许多中小学教师知识结构老化，其科学素养与课程教学的要求有差距，因而对新课程计划的实施采取回避态度；其二，广大教师对于新课程计划要求其在课堂上扮演的新角色准备不足，课程改革未能把所有的参与者——各个学术领域的学者，任课教师、专业教育家——在某种经常的基础上统一和紧密协调起来；其三，“新课程运动”以追求学业“优秀”和效率为主旨，推行的是面向少部分尖子学生的英才教育模式，其课程目标对于大多数一般学生而言是不适合的，对于大量的教师来说也是极为困难的；其四，也是最为实质性的原因，即大规模的国家课程开发的挫折是国家课程开发机制固有特点的结果，不是实施中的缺点，更不是课程本身的质量问题所致（吴刚平博士论文《论校本课程开发》)。按“中心——外围”策略开发的国家课程，课程权力的重心集中于处在顶端的中央机构或代理者手中，而与课程直接相关的学校、教师和学生等，都被拒斥于课程开发之外，更了解学校教育，更能对课程有所作为的教师被剥夺了课程开发的专业权力，这自然使得最终形成的课程与具体学校需求和条件之间产生错位。

随着“新课程运动”在实践中遭受严重挫折，人们逐步认识到，要更好地满足广大课程使用者的需要，只有“基层学校创新”才有可能获得成功，只有学校、教师、学生、家长等各方的积极参与，其中尤其是教师的积极参与，才能使所开发的课程在学校真正扎下根来，才能使“应然”的课程成为“实然”的课程。对于国家课程开发模式的反思，逐步导致了20世纪70和80年代校本课程开发运动的兴起。部分地方课程和学校自主课程。这样，校本课程开发在一些发展中国家也悄然兴起。

二、我国社会主义教育改革、课程改革的不断深化与“校本课程”的提出

校本课程的发展是我国教育思想发展和课程改革发展的必然。我国的素质教育，本质上是人本教育观、主体教育观的体现。体现人本教育观和主体教育观的素质教育的课程体系，其构建应注重以下要求：(1)以“三个面向”为指导思想，按科学化、未来化、多样化，综合化、实践化、人格化的要求统帅课程规划、组织、实施和评价；(2)将促进学生的发展、全面提高学生的基本素质作为课程的出发点和归宿；(3)把学生身心发展的个性化与社会化统一于课程目标之中，既要注重社会的要求和模式，也要提倡建立个性化的课程体系；(4)全面认识和把握课程的各种因素，包括社会的政治经济、科学文化、学生特点、课程工作者等，树立致力于整体改革的课程观；(5)树立课程管理和教材建设的全面的弹性观，并逐步形成相应的机制，大力调动基层学校和

一线课程工作者的积极性，发挥其聪明才智，以加速推动形成素质教育的课程体系。除此以外，素质教育的课程体系构建，还要注重四个结合：（1）整体性与灵活性相结合。既要有学科课程，也要有活动课程，还要有综合课程、研究型课程、环境课程等。既要有必修课程，也要有选修课程，在目前情况下，要加大力度增设选修课程；（2）统一性与多样性相结合。在符合素质教育总的标准和国家课程计划大框架基本要求前提下，各地各校应灵活地设置地方课程和学校课程；（3）突出基础和反映时代先进水平相结合。既强调为受教育者今后的学习、工作、生活打下坚实的基础，又要及时将最具时代性的课程内容纳入课程体系；（4）理论和实践相结合。既要注重课程知识的理论体系结构，又要注重课程的实用性和实践性，设计好各种课程的实践环节。显然，素质教育构建其体现人本性和主体性的课程体系的要求，在现行的单一的国家课程计划框架内是很难实现的。因此，除了要保留和改造国家课程，将其作为课程体系总框架的主要组成部分外，还必须增加地方课程和校本课程，特别是要增加校本课程。因为校本课程才是能够最大限度反映各方需求的课程，也是最能体现素质教育本质和要求的课程。从这个意义上说，素质教育的发展呼唤着校本课程的发展，校本课程随素质教育的发展和呼唤应运而生、应运而长。

新中国建国后50年的课程改革，有的学者主张以“代”划分。第一代以“文革”前为主，其中包括“文革”刚结束时期为拨乱反正所编订的各套计划、大纲和教材。第二代始于1980年代中期，即1985年以后，根据《义务教育法》所编订的课程计划、大纲和教材。目前，我国正在进行试点和扩大试点并逐步完善和推广实施的可算是第三代课程，第三代课程的目标特别强调以下几点：（1）注重促进每个学生的身心健康发展，注重培养学生终身学习的态度和能力，注重培养学生主动参与、探究发现、交流合作、实践创新等品质。在课程体系的构建上注重处理好知识、能力、态度、价值观等的关系；（2）注重体现课程结构的均衡性、综合性和选择性，处理好分科与综合、必修与选修的关系，改革课程结构过分强调学科独立性、门类过多和缺乏整合的现状，设置综合实践活动为必修课；（3）注重体现课程的现代化与适应性，精选对学生终身学习必备的基础知识和技能，处理好现代社会科技进步与学生发展的关系；（4）课程实施充分关注、尊重并致力于培养学生的主体性，倡导学生主动参与、探究发现、交流合作的学习方式，注重学生的经验与学习兴趣，改变课程实施中过分依赖教材，过于强调接受学习、死记硬背、机械训练的现象；（5）建立与新课程相应的项目多元、方式多样、既重视结果更重视过程的课程评价体系，突出评价对改进教学实践、促进学生发展的功能，淡化评价的甄别与选拔的作用；（6）建立国家、地方、学校（本位）三级课程管理体制，增强课程对地方、学校及学生的适应性，改革课程管理过于集中的状况。国外以及我国自己课程改革的经验教训早已告诉我们，上述新课程目标要求的达成，没有学校教师、学生以及社会、家长等各方的积极配合和参与是不可想象的。不按课程理念的要求而进行彻底的课程变革也是不可想象的。这样，校本课程的发展尤其凸显出其必要和重要。

三、我国校本课程理论的发展和校本课程论的构建

我国开始对“校本课程”问题的实践探索和理论研究，是近几年的事情，一些课程学者在一些相关研究中对该问题开始关注也只有十多年时间，因此，总的来说，我国对校本课程的探索研究还处于起步阶段。当前，国家已明确提出“三级课程管理体制”，这就将“校本课程”问题切实地、紧迫地摆在了所有中小学教育工作者和理论工作者的面前。因此，我们无疑应加强研究和探索符合我国国情的较为系统和科学的校本课程理论体系和实践模式，以便切实有效地推进和指导我国校本课程的开发。此外，我们面临的另一个切实和紧迫的任务就是要迅速启动对中小学教育人员的“校本课程培训”工程。与之相关的整个教师继续教育应迅速投入这一工程，加大针对性和适应性研究，以便为该工程的顺利启动和运行切实做好相关的准备工作。构建有中国特色的社会主义校本课程论的理论体系既是必要的，也是可能的。一方面，国外的一些发达国家和发展中国家已进行了近30年的相关研究，我们可以从中获得诸多的借鉴；另一方面，我国近10年来在素质教育和校本课程方面的探索，包括一大批课程学者的理论研究以及上海、江苏、浙江等地的部分中小学的实践探索，都取得了丰厚的成果，为校本课程论的构建提供了较为坚实的理论和实践基础。更为重要的是我国社会民主化的发展，国家课程政策均权化的趋势，社会各方和基层学校教育改革和课程改革的要求以及各地的改革实践探索等，也都为我们在前人的探索研究基础上进行梳理和总结，构建“校本课程论”提供了较为充分和必要的条件。因此，我们可以想见，校本课程在我国一定会有大的发展；科学的有中国特色社会主义的校本课程论体系也必将迅速地得以构建并对我国的校本课程发展起重要的指导作用。

（原文约1万字，发表于《淮阴师范学院学报》2001年第6期）

文摘编辑：张景瑞

从"文理分科"看"文理渗透"的内涵及实施

高秋香

[作者简介] 高秋香，武汉大学高等教育研究所硕士生。

[内容提要] 文理渗透是针对文理分科的弊端提出来的，其内涵是指文理学科的内容、研究方法和思维方式的相互交叉、融合。在教育中实施文理渗透，可从以下几个方面着手：人才培养目标的文理渗透；课程设置的文理渗透；专业设置的文理渗透；师资队伍建设的文理渗透；校园文化的文理渗透。

[关 键 词] 文理分科；文理渗透；研究方法；思维方式。

一、文理渗透的内涵

针对文理分科所造成的文理学科内容、研究方法和思维方式的分离及其弊端，文理渗透的内涵即可理解为文理学科的内容、研究方法和思维方式的相互渗透。

1. 内容的渗透

理科内容（系统的自然科学知识）蕴含着丰富的科学精神，这不仅是自然科学研究者所必备的素质，也是人文社会科学发展的宝贵财富，因而应当成为二者共同的研究内容。文科知识要以理科知识做理论和技术基础。如哲学理论是建立在自然科学等具体科学基础上的，心理学理论是建立在生理学基础之上的等。自然科学的技术成果在人文社会科学研究中的广泛应用能大大促进人文社会科学的发展。如以计算机、网络、多媒体、电信为代表的现代信息技术系统在人文和社会科学的研究和实践领域中的应用，加快了研究者信息交流的速度，提供了更加丰富的资源，拓宽了其研究对象，提高了研究的效率和精确性。当前，文科研究要获得更大的成就必须了解、研究和运用现代信息技术。理科研究要以人文社会科学知识做导向。理科研究是为人和社会发展服务的，只有明确了这一目的，科学研究才有价值。因此，在理科研究中要渗透对人和社会发展规律的认识和研究。理科研究还要符合社会普遍的伦理道德，对于危害社会的研究是应当给予批判的。

2. 研究方法的渗透

文理科的研究原则和目的是相同的，都注重实际、尊重客观规律，力求探索事物的本质和奥秘。文学艺术的夸张、拟人等手法的运用，是以艺术的形式来表现客观事物的特质。文科的定性研究、主观分析和设想要以定量研究、客观实验和理论论证做基础才能更加精确、完善。对于社会科学来讲，自然科学的数学方法、试验方法都有了很广泛的应用，对于试验方法的引用有一定的困难，但是可通过模拟实验方法来解决。另外，社会现象的复杂性普遍存在，应特别注重自然科学中研究不确定性、不稳定性引发的复杂性现象的方法，如，概率论、数理统计、耗散结构理论、信息论、控制论、运筹学、模糊数学、线性与非线性预测理论、随机微分方程等处理不确定性的理论和方法。理科研究也涉及到定性研究、主观推测。对于某一种物质在定量研究的基础上还要分析、概括其性质，进行分类等，对科学规律的研究也需要靠想象和推测来提出假说等。因此文理科的研究应该树立综合性的方法论思想，有意识地采用综合性的研究方法。

3. 思维方式的渗透

抽象思维与形象思维、直觉思维是相互配合、共同起作用的。直觉和灵感在抽象的创造性思维中所产生的作用也是有目共睹的，许多科学定理的发现都是在经历了大量的思考之后，借助灵感的跳跃，而获得思维结果。在理科中，形象思维是帮助抽象思维提出假说、获得结果的重要一翼。从另一个侧面来看，文科内容也有利于人抽象思维的发展，理科内容也有利于人形象思维能力的培养。如文科的语言学、哲学等都是锻炼人思维能力的重要途径。理科知识的掌握也有利于人的想像力在另一个较高的层面发展，因为想象是在大脑原有表象的基础上进行的，了解了丰富、深奥的自然科学知识，能为想像力开辟更广阔的领域。理科研究要有意识地借助想象、直觉进行思维飞跃，文科研究也要注重定量研究、逻辑推理，以增强研究的精确性和客观性。

二、实施文理渗透的教育改革

我国的大学进行了文理分科，在文理学科内部又分出许多专业，文科专业的学生很少涉足理科的知识，理科专业的学生也很少了解文科的内容。这样就造成了严重的文理分离，学生知识面狭窄、研究问题的方法和思维方式单一、片面。这对其全面发展造成了很大的阻碍。要改变这种状况，必须实施文理学科教育的相互渗透。

1. 人才培养目标的文理渗透

要实施文理学科教育的相互渗透，文理学科专业都必须确立相互渗透的综合性培养目标，即实施人才培养目标的文理渗透。高校内不同的科类为社会不同的行业领域培养专门人才。不同学科的性质和适应的行业、领域不同，都有其特殊的培养目标。各科类的培养目标是对人才的培养方向、使用规格和人才素质结构的规范。文理学科教育培养目标的相互渗透是指对所培养人才的素质结构的综合性要求。文科学生要有较高的自然科学素养，理科学生要有较高的思想文化修养。文理科学生都要形成综合性的知识结构和解决问题的能力、坚强的意志、积极的情感和正确的价值观。综合性的知识结构和解决问题的能力是指文理科学生都要了解对方学科的基础知识、基本研究方法和思维方式，并能有意识地将其运用到本学科的学习和研究中去，形成综合性的解决问题的能力。通过知识、能力、情感等方面的综合性培养，要求文理科学生都要形成较全面、科学的世界观和可持续发展的价值观。

2. 课程设置的文理渗透

课程设置的文理渗透包括课程内部的文理渗透和课程结构的文理渗透。课程内部的文理渗透是指数、理、化等理科课程中渗透着人文社会科学的知识、研究方法和思维方式；哲学、史学等文科课程中渗透着自然科学的知识、研究方法和思维方式。首先，文理科课程内容要根据学科之间的联系而相互渗透。理科课程中要融入人和社会发展的知识以及伦理学知识，阐述科学研究的价值和方向，增强学生学习科学知识的动力和责任感。文科课程中要渗透作为其理论基础的理科内容，使学生对所学知识有一个更加全面透彻的理解。为进一步加强文理渗透，完善学生的知识结构和思维方式，应调整课程结构，注重课程结构的文理渗透。文科专业的学生要学习一定的理科基础课程、了解其发展动态，理科专业的学生也要学习一定的文科基础知识和发展动态。这样才能更好地了解对方学科知识、研究方法和思维方式的内涵，并将其运用到本专业的学习和研究中去。另外，目前一些应用型知识，尤其是计算机等现代信息技术，几乎渗透到社会各个领域，成为人们学习、工作、研究等所不可缺少的技能。所以文科各专业都应根据本专业的特点，按需选取相关内容，开设相应的课程，以培养复合型人才。加强学生文理综合的普通基础知识，对于学生知识结构和思维方式的综合发展十分重要。文科学生只有具备了较扎实的数、理、化、计算机等基础知识，才有能力和兴趣进一步学习理科方面的知识和思维方式，并将其运用到本专业的学习和研究中去。理科学生同样也是如此。另外加厚、加宽学生的基础知识，亦能增强学生的社会适应能力。

3. 专业设置的文理渗透

根据科技发展及社会的需要设置文理交叉专业包括两个方面。一方面是指依据现代科学高度融合所形成的文理交叉的边缘学科设置相应的文理交叉专业，培养综合性的研究和应用型人才。另一方面是指依据现代信息技术在社会各领域中的广泛应用并越来越成为各行各业发展的关键因素的要求，设置各专业与信息技术相互交叉的复合型专业

4. 师资队伍建设的文理渗透

要实施文理学科教育的相互渗透，培养复合型人才，首先必须要求教师本身具有正确的教育观念和综合性的素养。文理学科师资的配置也应相互交流和融合。即必须实施师资队伍建设的文理渗透。师资队伍建设的文理渗透一方面是指文理学科专业的师资由于课程设置和专业结构的交叉而需要综合配置，另一方面是指高校教师自身素质的综合化。文理学科专业课程结构是相互融合的、综合性的，其师资配置必然也是综合性的。文科专业需要配置理科教师，这时可以让理科的教师兼代文科的课程，但同时也要自己配置相应的理科教师。对于文理交叉专业来说，更是要配置文理综合的师资队伍了。高校教师自身素质的综合化要求教师要树立文理渗透的教育观念，能有意识地培养学生的综合性素质，同时也要不断完善自身的知识结构、拓展自身的研究能力，形成广博的文化知识修养和科学的世界观、方法论思想以及较强的科研创新能力。

5. 校园文化的文理渗透

校园文化的文理渗透是指通过文理学科专业在空间地理分布上的交叉、图书信息资源的共享以及讲座、科研、社会实践等第二课堂活动营造文理渗透的校园文化氛围，加强文理科师生的相互交流，促进学生文理综合性素质的发展。地理分布的交叉有利于文理科师生自然交流信息和思想。无论是通过组织活动有意识地交流还是潜移默化的、自发的交流对于师生综合性素质的发展都有着重大的影响。在高校内部，文理科的地理分布可有意交叉，如行政机构、教研机构、教师的居住区、学生教室、宿舍的分布都可有意交叉。这样就有利于教师教学科研思想的自然交流，学生学习方法以及知识和思维方式的自然渗透。文理科专业图书信息资源共享亦有利于学生文理素质的自然渗透，也是实施课程教学的文理渗透所不可缺少的条件。

(原文约 1 万字，发表于《武汉大学学报》社科版 2001 年第 6 期)

文摘编辑：张景瑞

智力概念的重新构建与思考
——超越IQ，"三元智力理论"的内涵及其对我们的启示

张　澜

[作者简介] 张澜，沈阳航空工业学院讲师。

[内容提要] 美国当代心理学家斯滕伯格从情境、经验、成分3个角度论证了智力的内涵和本质。这有助于我们从多个维度、多个方面对智力加以研究和测量，以保证公正地、全面地评价人的智力。

[关 键 词] 智力概念；重构；思考。

一、传统智力理论和IQ测验的缺陷

自从比纳和西蒙建立了世界上第一个智力测验量表时起，智力测验便成为评判人的智力水平的最主要的方式。在漫长的半个多世纪中，尽管智力的理论研究不断发展，智力量表的编制愈加细致和进步，但人们越来越发现它存在明显的局限和弊端——即比纳和西蒙量表测量更多的是一种学习能力，换言之即"学业智力"。而且在编制时所采用的样本基本上全是儿童，他们不适合于成人的智力测试。人们逐渐对其测试对象的适用性产生疑虑，它测试的结果除了能说明一定的学业智力外，还能代表什么？人的智力除了学业智力外，还应该包括什么？人的智力的思考和评判仅仅通过测试的结果来进行吗？随着斯皮尔曼的智力二因素论、瑟斯顿的群因素论、吉尔福特的智力结构论、智力的认知理论以及卡特尔的流体智力和晶体智力论的相继出现，智力的理论研究和实践呈现了新的繁荣和发展。然而我们仔细分析就会发现，这些理论尽管说法不一，但他们所研究的智力基本上还是局限于学习知识方面的认知能力，所编制的智力测试的内容仍倾向于学业智力。

早期的智力认知理论在智力研究的发展史上具有重要的价值，它从已往过于注重智力测试的结果转向根据作用于认知任务操作的心理过程去理解智力，这是智力研究的巨大进步。但他们的研究也存在着令人遗憾的缺陷。比如在智力测验方面仍抱着传统的内容和方法不放，在测试中过于把反应的速度而非准确性作为测试的主要变量。而且这些早期的认知心理学家们都重于"采用易于准备甚至可以说是罐装的实验室任务操作去寻求经验依据"。事实上，实验室中的情境和条件与人们的日常生活是有很大差异的，人们在这两种环境中的反应也是不同的。那么它在多大程度上能够反映人们的智力水平的确令人怀疑。传统的智力理论和智力测试对学业智力的偏爱导致它已经难以满足当代人们对智力的理解和评价。它对人们的成长和发展所起到的负面作用越来越大。基于此，美国心理学家斯滕伯格提出了新的智力理论——"三元智力理论"，它突破了传统智力理论的局限，比较全面地论述了智力行为的本质和特征。

二、"三元智力理论"的基本内涵

斯滕伯格的"三元智力理论"试图详细说明人类智力应该如何定位，并说明在不同的世界中是如何运作并产生人的智力行为的。他根据个体、内部世界、外部世界3者之间的相互关系来确定智力的本质，根据3个亚理论来解释智力——情境亚理论将智力与个体的外部环境相联系；成分亚理论将智力与个体的内部环境相联系；经验亚理论同时应用于内、外部环境。他认为一个人的行为必须同时满足以下3个条件时方可称得上是智力行为：(1) 用以适应、选择或改造环境的行为；(2) 对新任务或新情境的反应，或是行为的自动化过程；(3) 是成分亚理论确定的元成分、操作成分或知识——获得成分作用的结果。总之，通过内部的心理机制成分（成分亚理论）去解决与外部世界有关的有利于主体更好地适应、选择、改造环境的任务（情境亚理论），而这些任务又必须处于经验连续体的特定位置上（经验亚理论）。满足这些条件的行为，就是智力行为。具体说来，包括如下内容。

1. 情境亚理论。斯滕伯格认为智力是指有目的地适应、选择、塑造与人生活有关的现实世界环境的心理活动。通过这些心理活动，个体达到了与环境的最佳适宜状态，即这种状态的适宜程度反映了个体的智力水平。智力的情境观提出了当代智力理论经常忽视的智力本质问题。众多当代智力研究着重探求个体内部世界的智力，很少或几乎不涉及个体外部世界的智力。而斯滕伯格则强调要根据个体在现实生活环境中的行为来研究智力，而且正是人的这一行为，而非智力测试时对这一行为极度不完美的模仿或预测的行为，才应是心理学家和其他研究智力的人们应关注的目标所在。斯滕伯格进一步指出，我们在根据个体在现实环境中的行为来研究智力时，不能不顾社会文化情境去理解智力，智力对不同文化的个体而言可能不同。他认为如果我们不理解特定文化情

境的环境是如何塑造智力结构同时又被智力结构所塑造，那么我们就不能完全理解智力的本质。在一种文化中最聪明的个体可能在其他文化中显示不出多少聪明，而在一种文化中不太聪明的个体可能在其他文化中显得更聪明些。

2. 经验亚理论。情境亚理论探讨了什么样的行为构成了一定社会文化环境所认可的智力行为，经验亚理论则论述了如何认定这些行为是真正的智力行为，即判断他们是不是以下两种能力的函数：处理新任务和新情况要求的能力和信息加工过程自动化的能力。经验亚理论表明个体在特定的任务或环境中，与情境相适宜的行为，并不等于在该类行为的经验连续体的任何位置上都会产生同等"智慧"。当个体面临一个相对（但非完全）新的任务或情境时，在特定的任务或情境的自动化操作过程中，其智力才能很好地展现出来并加以评价。斯滕伯格认为，对许多任务而言，应对新异性和自动化信息加工的能力可以沿着一个经验的连续坐标发生。当个体初次遇到某个任务或某种情境时，应对新异性的能力就发生作用。当个体对这种任务或情境的经验增加时，新异性就下降了。如果仍从加工新异性的角度测量智力，这种任务或情况的作用显然就已减少。实际上个体在对任务或情境多次实践后，自动化能力开始起作用，从这一角度看，该任务更能胜任对自动化能力的测量。经验亚理论试图说明：在个体经验早期，评价的是其处理新异性的能力；而在经验后期，评价的是自动化加工的能力。

3. 成分亚理论。斯滕伯格从信息加工心理学的角度出发，对智力活动的内部机制进行了较为全面的描述。他认为"成分"是对物体或符号的内部表征进行操作的基本信息加工过程。成分可以将感觉输入转成概念表征，或将一个概念表征转化为另一个表征，或将概念表征转换成动作输出。成分至少有3种功能：元成分、操作成分和知识——获得成分。元成分控制信息加工过程，并使个体监督和评价这一过程。它是用于计划、控制和决策的高级执行过程。斯滕伯格确定了7种元成分：（1）确定要解决的问题是什么；（2）进行较低级成分的选择；（3）选择信息的一种或多种表征或组织；（4）选择结合较低级成分的策略；（5）注意资源分配的决定；（6）解决问题时的监控；（7）对外部反馈的敏感性。操作成分执行元成分构建的计划，包括（1）对新信息进行最初的知觉和储存的编码成分；（2）对信息的组合和比较；（3）进行反应的成分。斯滕伯格的成分亚理论在描述智力行为的内部心理机制方面与传统的智力理论相比更为深入和细致。

三、关于"三元智力理论"的思考

1. "三元智力理论"有助于公正、客观、全面地评价人的智力。传统的智力理论和智力测验的弊端在于评价人的智力往往局限于学业智力，这不利于人的全面发展。学业智力的高低不能说明一切，高学业智力者其创造力、想像力等能力未必出色；低学业智力者未必一无是处，在一个领域内出色的人在其他领域表现得未必优秀。而在我们的现实生活中，比如学校教育仍固执地根据学生的学业成绩和传统智力测验的结果把学生分成三六九等，学业成绩差者、所谓智商低者往往受到教师的忽视，甚至出现由于智力测试的不准确结果而导致个别智力水平正常的儿童长达几年不公正地被视为弱智儿童。对成人也是如此，根据智力测验而做出的评定、聘用、升职等的决定可能导致很多人命运的不公正改变。"三元智力理论"走出了传统智力理论的狭隘领域，使我们进一步认识到人的智力是复杂和多层面的，它不仅注意学业智力，而且更加注重通过人的日常生活、工作中的行为来观察、解释智力，通过人与环境的适应程度来评价智力，通过人对新环境、新任务的应对和熟练能力来测量智力。

2. "三元智力理论"有助于智力的跨文化和本土化研究。斯滕伯格认为人的智力的考察和评价不能脱离社会文化而进行，不能根据自身的情况和方法去评价其他文化个体的智力，这不仅不能直接比较智力的水平，而且所测量的智力结果也是不完整、不准确的。我国的心理学发展起步较晚，发展初期多是介绍和借鉴国外的心理学理论和方法，缺乏自己的心理学理论。经过心理学界几代人的努力，目前我国的心理学研究不断发展，心理学的队伍在层次和水平上不断提高。我国当前的社会环境和经济发展以及人的综合素质的培养，迫切需要心理学理论和实践的正确指导。种种有利的条件和因素，为我国心理学的本土化研究和发展提供了坚实的保证。"三元智力理论"使我们进一步认识到，在借鉴、应用国外心理学的智力研究成果时，关键的是如何将其研究成果与我国的实际有机地结合起来。同时我们更要立足于本土文化，研究、发展适合我国国情的智力理论和智力测验。

3. "三元智力理论"为智力测验和智力训练做了有益的补充和完善。由于不同个体的智力所存在的差异，几乎没有一个完全恰当的测验可以测量智力。如何评价和测试个体复杂的智力水平，斯滕伯格认为最佳的方法是采取一系列的评价，应从"三元智力理论"的三个方面——情境、经验及成分的角度进行，这样才能保证智力测验的客观性。从这一点来看，"三元智力理论"在智力测验方面有了质的飞跃，它比已往的传统智力测验更能真实地反映个体智力的本质，为智力测验操作提供了新的比较全面的理论基础。

（原文约5000字，发表于《辽宁师范大学学报》社科版2001年第6期）

文摘编辑：张景瑞

论“学术兴校”

吴　松

[作者简介] 吴松，云南大学校长，教授。

[内容提要] 本文针对当今时代大学偏离学术的倾向，提出：对于既是一种高层次的教学实体，又是一个学术机构的大学来说，“学术兴校”是一种办学理念，也是一种办学模式，并对此做了论述。

[关 键 词] 学术兴校；自然科学；哲学社会科学；新兴交叉学科。

在新世纪到来之际，无论在欧美还是在我国，大学的概念和内涵已经发生了巨大的变化。当今知识爆炸，尤其是科技知识的迅速积累和更新，对社会生活和人的价值关怀产生了难以估量的影响。与此同时，传统大学的理念也受到前所未有的冲击。书院式的象牙塔已经荒芜，而“知识加工厂”则雨后春笋般拔地而起。在个人、国家或区域利益的竞争中，直接冲击人心的是时间（速度）或空间（市场）。许多人甚至来不及思考人为什么活着、为谁活着、人要成为什么样的人等基本问题，就已在功利的驱使下被卷入知识的惊涛骇浪。在英美等发达国家，过分强调科学技术的发展导致的人文价值的没落，早已引起有识之士的担心。似乎一切都只有奔向远离人的那个目的，竞奔者才感到已进入了潮流，并因参与了推波逐浪的活动而获得了存在的安全感。在时间和空间的交相挤压下难以安静的迷狂心态，已变成了现代社会精神生活的通病。

历史与现实表明，知识的增长与德性的养成往往并不成正比。而现在世界上多数的大学，则把知识的获得或更新当作大学教育和研究的根本的或惟一的目的。尤其在一些专业学院，缺乏自觉意识的人已被知识这个庞大的、不断改头换面或变更感觉方式的机器所控制。那种来自古老的、原初的人之为人的自省，在知识的急剧膨胀中被淡忘了。人之为人的基本准则和对这种准则的捍卫，已很少被人们顾及，甚至已成为少数殉道者奢谈的古老说教。更可怕的是，在教育和研究活动中，人们只相信所谓客观化（量化）的知识，而不知道许多知识只不过是人工语言或符号逻辑的产物。可是，这些知识却以不同的方式充当着包打天下的角色，使教育者或受教育者深陷各种说法的囹圄而不能自拔。正如雅斯贝尔斯指出的：“人可以借助语言的表达把人整个地歪曲了。”知识理性和赖以建构知识的人的生命情感一旦被工具化，也就参与了“知识囹圄”（詹明信语）的建造。一些人要么心甘情愿进入各种大大小小的囹圄，要么主动充当各种囹圄的看门人，要么把自己的价值当作人类世界的惟一标准。这是西方社会近代化和现代化发展过程中得其赐又受其害的一个结果。因此，一个献身教育、潜心学术、追求真理的人，必须认识到这一点，认识到未经反省的知识的危险。

事实上，自古以来伟大的教育家、学问家、思想家，无不以反省全人类的既定知识为己任。本真教育的实践，卓越学术的影响和伟大思想的进步，都是伴随着对以往知识的反省和对人的生命情感的弘扬而实现的。这种反省和弘扬包括教育方式、研究方法和对“思”的出发点之考察。正如第二次世界大战后的德意志，如果没有胡塞尔、雅斯贝尔斯这些伟大的、综合人性与德性思想为一身的思想家的及时出现，没有康德、席勒、歌德、赫尔德等大哲对人高度重视这一精神传统，就不会有德意志民族对苦难、暴行、浩劫的深刻反省，也就不会有半个多世纪以来德国的再度崛起和人文主义的复兴。回顾人类的历史，有一些声音总是因永恒而常新。在人类发展的过程中，文化形式和知识的创新至关重要，文化的积累和记忆也同样重要。当代知识的增长，以及知识对人的文化生活的控制给思想者带来的恐慌，并不是创造力的衰老，而恰恰是人文价值的失落。无论是“失落”还是“高扬”，往往都是从大学和知识阶层开始的。中古和近代以来，精神价值的确立，多半都是由大学、书院和知识阶层来提供精神资源的。

现如今，“知识”的繁华现象中透露出掩盖知识本质的倾向，现成“科学”的标准构成了新科学发展的桎梏，而专职于培育科学种子和孕育人文精神的大学也出现了偏离学术的征候。其结果是大学开始背“道”而驰了。这个“道”正是学术本身。于是，“学术兴校”在今天成为一个既新鲜又传统的词语被广泛提及，其理念再一次被许多大学及有识之士所认同和推崇。之所以说“新鲜”，是因为很长时间以来，“学术兴校”的理念已经被计划体制条件下的大学所淡漠或忽视，而新世纪又赋予其全新的内涵；之所以说“传统”，是因为学术之道本属大学的安身立命之本，古今中外大学无不恪守遵循。

就本意而言，大学所倡导的学术之“学”乃大学问之“根”，而“术”则是大学问之“用”，“学”与“术”

合二为一则归于大学的价值理想和终极追求。

大学作为一种高层次的教学实体，同时又是一个学术机构，它必须以学术为根基，以培养人才、探究学问、服务人类为目的。从深层次看，大学履行着对社会的责任，并且这种责任主要体现为学术责任。大学所肩负的学术责任从作用对象来划分，关系到对人的责任、对社会的责任、对知识的责任和对道德的责任。这些责任相互渗透、相互影响、相互包含，共同完善着大学的使命，同时规定着大学存在的意义。

对于我们今天的大学来说，"学术兴校"既是一种办学理念，也是一种办学模式。我们的大学所赖以"兴校"的"学术"，是内涵很丰富的，它既包括自然科学，也包括哲学社会科学，还包括新兴交叉学科，甚至还包括各个学科领域的成果向应用于社会的转化。所以，践履"学术兴校"，既要大力发展自然科学和新兴交叉学科，注重成果转化，又要努力繁荣哲学社会科学。为此，我们必须认真学习贯彻江泽民总书记关于哲学社会科学的一系列重要讲话，以为我们高校文科教育改革与发展的指导思想和强大动力。2001 年 8 月，江泽民总书记在北戴河与社会科学专家座谈时提出了"四个同样重要"的观点，指出"哲学社会科学与自然科学同样重要；培养高水平的哲学社会科学家与培养高水平的自然科学家同样重要；提高全民族的哲学社会科学素质与提高全民族的自然科学素质同样重要；任用好哲学社会科学人才并充分发挥他们的作用与任用好自然科学人才并充分发挥他们的作用同样重要"。2002 年 4 月 28 日，江泽民总书记在考察中国人民大学的重要讲话中又提出了对哲学社会科学的"五个高度重视"和对哲学社会科学工作者的"五点希望"，其中特别提到了要"高度重视哲学社会科学领域高等教育的改革和发展"，并强调指出："哲学社会科学，主要是帮助人们解决世界观、人生观、价值观，解决理论认识和科学思维，解决对社会发展、社会管理规律的认识和运用的科学。掌握必备的哲学社会科学知识，对于人们正确认识纷繁复杂的社会现象，提高道德素养和精神境界是十分重要的，对于领导干部特别是高级干部学会讲政治、懂全局，驾驭复杂形势、研究战略策略、提高领导水平更是十分重要的。"7 月 16 日，江泽民总书记在考察中国社会科学院的重要讲话中，再一次对哲学社会科学建设提出了"五点要求"。对于我们这样的综合性大学来说，只有认真贯彻江泽民总书记这一系列重要讲话的精神，致力于哲学社会科学的建设，推进哲学社会科学与自然科学的共同发展，我们才能真正构筑起完整而有水平的学术大厦，把"学术兴校"落到实处。

（原文约 5000 字，发表于《云南大学学报》哲社版 2002 年第 1 期）

文摘编辑：范子奇

创新精神和能力的培养是研究生教育的生命力所在

刘德彰 张 环

[作者简介] 刘德彰，南京航空航天大学能源与动力学院教授。
张 环，南京航空航天大学能源与动力学院。

[内容提要] 创新能力的培养和提高是研究生教育的重中之重。让学生进入学术前沿，引导学生深入实际、发现问题并提出解决问题的方案，鼓励学生敢于向传统挑战，建立良好的师生关系，营造和谐的学习研究环境等是实现这个重中之重的关键。

[关 键 词] 研究生教育；创新能力；培养。

研究生教育是教育的最高层次，具有很强的带动性和示范性。进入研究生层次攻读硕士、博士的学生，都已具有比较扎实的基础理论与专业知识，并有一些从事科学研究的初步能力，最重要的是他们正处于思维最活跃的青年时期。除了他们需要进一步加深和扩大相关的基础理论和知识领域外，培养和激励他们敢于超越前人、攀登科学技术高峰的探索创新精神和能力，是学校和导师的首要任务；是对学生的成长和发展影响力最深远的教育；是造就大批高层次人才的生命力所在；也是促进我国科学技术快速发展，超越前人，达到领先水平的前提。因此，在研究生教育过程中必须始终抓住培养创新精神和能力这根主线。

一、将学生带到学科的学术前沿是创新的前提

学科前沿和学科间相互交叉渗透是创新的两大领域。一定要让学生了解本学科的最新进展、发展方向和存在的问题；了解研究的主攻方向和所涉及的课题，包括有些是国家急需解决的重大问题。引起他们的重视和兴趣，激发起探索创新的热情。在这一过程中，一定要抓好论文的选题，建立严格的“开题报告”制度，使学生的研究工作站在高起点上。实践证明，选好合适的研究课题，可使学生较快地触及学科前沿的一些问题，并遭遇到各种困难，从而激励他们在克服困难的过程中去提高创新能力。如研究和开发新的数值模拟方法、新的试验装置和测试手段、新的数据采集与处理系统等等。在选题的过程中还应充分注意学生的兴趣，也可以让学生自主选题。一种做法是导师将自己的各项研究课题公示，由学生挑选；另一种是让学生提出自己感兴趣的课题，当然，应是学科前沿或有重要理论意义与应用前景的课题。因为兴趣与创新密切相关，学生若对所从事的研究工作有浓厚的兴趣，就必然会有超常的投入，甚至达到“忘我”的境界去克服各种困难，追求创新。

二、引导学生深入实际、发现问题并提出研究方案是创新的重要来源

当今科学技术发展的重要特点是既高度分化又高度综合。在工程和生产实际中有许多急需解决而又未能解决的问题中，多数都涉及学科间的交叉和相互渗透。靠单一学科、单一方法是难于解决的，必须依靠多学科、多方法才能实现。当学生深入实际中后，所发现的急需解决且具有研究价值的问题，多系多学科相互交叉、渗透的问题，导师应引导他们去拓宽基础理论和知识面，完善知识结构，以适应研究课题的需要，达到提高创新的能力。

三、引导学生多观察、善思考、敢于向传统挑战，是培养创新能力的重要方法

在学术活动和社会生活中必然会接触到许多事物，有的人就事论事，甚至“熟视无睹”；有的人能对其多加观察与思考，并从中发现问题，提出见解。这就需要导师的引导。1994年，我们在对钢厂炼钢炉排烟除尘的研究时，提出采用电除尘取代传统的“布（网）袋除尘”，并于1995年获得除尘效率达99%—99.5%的良好效果，且使除尘装置大为简化，但对烟气中小于5μm的微粒仍未能除尽。面对此情况，研究生通过观察分析电除尘与布袋除尘的不同机理，提出将两者有机结合的除尘方法，研制成“不锈钢滤袋式电除尘器”，使除尘效率高达99.8%—99.9%，5μm以下的微细颗粒基本上除净，并获国家专利。

四、坚实的基础、厚实的积累是创新的重要基础

知识是创新的基础。为了创新，要引导学生勤奋刻苦，努力掌握好各方面的知识和技能，为创新创造良好的基础。比如近年来我国的陶瓷工业发展缓慢，远落后于国际水平。原因之一是烧成装置的窑炉性能差（温度场分布不均匀，能耗大等）。业内人士提出摆脱困境的途

径：一是搞精品；二是搞大型雕塑。其关键是窑内燃烧流场的组织和窑体结构设计。我们通过对国内各种窑炉的考察分析，综合运用燃烧、气体流动、传热和结构优化等学科的理论，进行窑内流场与温度场的模拟计算和结构优化设计，与江西景德镇合作，先后研制成可烧制精品瓷的 2.4m^3 全纤维结构的梭式窑和可烧制特大型雕塑瓷的 16m^3 国内首座特高型全纤维结构窑。两座窑运行后烧制的产品合格率接近 100%，获省、部级科技进步奖。其中 5.6m 高的特大型花瓶创吉尼斯记录，并作为江西省礼品送澳门作为回归一周年纪念。

五、亲密的师生关系、和谐的学习环境和严谨的学术氛围是调动学生创新积极性的必要条件

导师应为学生营造一个良好的学习环境，经常组织学生参加一些讲座、学术报告与交流、专题讨论等，引导学生去提出问题，学会独立思考和创造性思维，培养强烈的创新意识、参与竞争的意识和团队精神。每位学生在成长过程中，必然有其优点与长处，也会有不足之处，导师应将他们都作为朋友与同事，扬其长、补其短。在研究过程中一定要求有严谨的学风，切忌“想当然”，切忌“粗枝大叶”，切忌匆忙下结论。导师对研究生除关心其学习和研究工作外，还应关心其生活、家庭等，帮他们解决一些困难，使师生关系融洽、和谐，使他们能全力投入研究工作。

（原文约 4000 字，发表于《南京航空航天大学学报》社科版 2002 年第 1 期）

文摘编辑：张景瑞

论公立义务教育学校法人的行为能力

龚升峰　夏仁忠

[作者简介] 龚升峰，夏仁忠，枣阳实验中学教师。

[内容提要] 制约公立义务教育学校法人行为能力的内因有三点：一是法人的公共性和公益性特点的突出使其处于困境；二是权利和义务具有不对应性，限制了行为能力；三是生存和发展不受市场规律的制约。制约行为能力的外因有多种，主要有三点：一是教育政策的调节能力有限，二是法律不完善，三是教育社会化趋势的负面影响。建议从四个方面入手增强行为能力：一是把好资格关；二是理顺关系，明确责任界限；三是推进教育体制改革；四是优化办学的社会环境。

[关 键 词] 公立义务教育学校；法人；行为能力。

一、公立义务教育学校的法人特点及对其行为能力的制约

公立义务教育学校是由政府举办，专门实施学制系统内教育教学活动的社会组织，它以普及义务教育、提高国民素质、培养人才，促进精神文明和物质文明建设为目的。由于公立义务教育学校在经费来源、设置功能等方面具有特殊性，与其他事业法人相比，具有自身的特点，这些特点制约了其行为能力。

1. 公共性和公益性特点的突出使其处于困境。虽然公共性、公益性和多重性是所有学校共有的特点，这是由学校功能所决定并为人们共认的，但不同的是，根据《义务教育法》及其实施细则等相关规定，公立义务教育学校的公共性和公益性特点比其他学校更突出。为保证所有的适龄少年儿童有充分的受教育权，公立义务教育学校的经费由政府统筹，按成本拨付，收费低，教师待遇低，是廉价的教育，这是它公益性的突出特点。由于其公共性和公益性的特点比其他学校更加突出，加之处于教育行政法律关系、民事法律关系和经济法律关系的坐标点上，其处境十分困难；施教对象的差异性和未成年特征，决定了管理上的难度较大，承担的责任较多；而公益性上的突出特点又决定其承担责任的能力有限。

2. 权利和义务具有不对等性，限制了行为能力。公立义务教育学校的权利和义务由《教育法》和《义务教育法》及有关法律法规所规定，权利和义务的关系表现为一致性、一体性、单一性和不对应性等多种形式。如既有“管理、使用本单位的设施和经费”的权力也有“依法接受监督”的义务，这是二者的一致性；又如管理教职工和学生是权利也是义务，学校放弃了管理权就要承担相应的法律责任，这是二者的一体性；再如维护受教育者的合法权益是学校的义务，但无相应的权利或无充分的权利，这是权利和义务的单一性或不对应性。由于权利和义务的不对等性，加之以实施义务教育为根本，以成本价核算经费，这就使公立义务教育学校担负着较多的法定义务且不能从其从事的活动中获得利益。

3. 学校的生存和发展不受市场规律制约，行为能力和责任能力不强。(1) 学校追求的是社会效益而非经济效益。(2) 学校的存续与否取决于政府的决策。(3) 教育行政部门的调控可以改善学校的生存状况。由于公立义务教育学校以社会效益最大化为原则，确定其成为受市场规律左右的法人，势必引起学校功能的畸变，超越了它的能力范围。

二、外部因素对公立义务教育学校行为能力的制约

1. 教育政策的调节能力有限。(1) 教育政策受社会系统间利益关系的制约。由于社会各系统及部门都以自身利益最大化为目标，为了维护自身的利益，都会通过一定的管理机构尽可能拓展自身的利益范围。因此，当一项政策在对社会资源进行重新分配时，其调节能力必然受到社会各系统的限制。(2) 教育政策能力为其他社会控制体系所规定。各种社会控制手段如国家制度、法律法规、道德规范、风俗习惯、信仰信念和社会舆论等各有自身的范围或领域，它们对教育政策的能力范围给予了限定。(3) 教育政策受政府能力的限制。政府能力直接规定了教育政策的限度。制约政府能力的原因有两个，一是社会经济基础，表现为政府可用的财力、人力和信息资源有限；二是政府的权威性与政府机构及其运行，表现为政府权威的影响力自上而下呈衰减趋势，政令运行不畅、不良。(4) 教育功能对教育政策的限制。教育是社会的一个子系统，它的功能总是有限的，其功能范围给教育政策施加了规定，也给教育政策的调节能力规定了边界。如教育的社会功能最主要的是通过为社会输送人才来实现的，而教育培养人才的功能又受到社会发展水平的限制。综上所述，由于教育政策的调节能力有限，必然导致靠政策支持的公立义务

教育学校出现诸如经费短缺而资源又无法进门之类的矛盾和问题，致使学校行为能力有限。

2. 法律不够完善。法律不完善的客观存在直接影响着公立义务教育学校法人的行为能力。(1) 教育法律的数量积累不够，涵盖不周，造成一些问题责任界限不明，权利无法得到充分的法律保障。从现有的教育法律法规上看，许多教育现象尚未纳入法律法规之中，未给予明确规范，而与教育发展和学校生存息息相关的一些问题未在法律法规中得到明确表述。由于法律不完备，责任界限不明朗，许多教育问题由谁来追究，学校存在的实际问题和困难不能依法解决。(2) 教育法律关系不明，办学自主权受到限制。在我国现行的教育法律中，没有明确规定公立义务教育学校与政府、与社会、与学生、与学生家长、与教职工间的权利和义务，学校无法与其他教育法律关系主体形成和谐的法律关系，致使学校出现诸如经费短缺、内部改革缓慢，法律纠纷不断等自身无法解决的问题。(3) 法律与政策关系不顺，造成行为能力不足。由计划经济转向社会主义市场经济、由政策转向法律、由人治转向法治有一个较长的转化期。在这个时期内，计划和市场、政策和法律的双重作用和交叉重复现象并存。在其初始阶段，计划经济和政策处于主导地位，政府放权的过程十分缓慢甚至出现反复，政策和法律往往不协调，人们的法律意识淡漠，法律的实施要借助于政策，依靠党委、政府发文件和行政干预，这就导致法律不如红头文件、文件不如领导批示、上有政策下有对策、有令不行有禁不止等权大于法、以权代法和徇私枉法等怪现象的出现。在这种条件下，公立义务教育学校的权利难以得到充分保障，行为能力不足。

3. 教育社会化趋势的负面影响。教育社会化趋势的负面影响，就是教育在社会化过程中，学校承担起本质功能外的社会责任和社会负担，受到社会现象的负作用。具体表现为四个方面。(1) 学校成为社会的一个单元，功能泛化。(2) 学校在接受社会组织机构的管理时，承受社会组织机构及其个人强加的负担。(3) 学校受到社会环境的影响，本质功能弱化。(4) 教育社会化趋势的负面影响呈下移趋势，即由大学逐步向中小学和幼儿园延伸。教育社会化趋势的负面影响使公立义务教育学校重负不堪，增加了管理的难度，也增加了经济上的负担，民事行为能力受到制约。除上述因素外，人们法律意识淡薄、现实的教育体制的束缚、传统思想观念的影响、教育执法力度不够、社会对教育的不正确认识等，都对公立义务教育学校的行为能力给予了制约。

三、增强公立义务教育学校法人行为能力的建议

1. 严格审批程序，把好资格关。对新设学校，按法人条件严格审查，符合条件的批准其取得法人资格，不合条件的由举办者担负其法人资格。对已取得法人资格的，通过年检审核决定其法人资格的存续与否。对小型学校，结合学校布局调整，将其法人资格转移，由其主管部门或举办者担任，或以联合校的形式出现。

2. 理顺关系，明确责任界限。(1) 制定使政府职能和行为到位的法律细则，明确政府在实施义务教育尤其是增加投放等方面的责任，具体规定各级政府“应做什么”、“怎样做”、“谁负责”、“如何惩罚”，对政府行为设置明确的“临界线”。(2) 完善教育法律。明确取得法人资格的学校与上级主管部门间的行政关系，放权给学校，改教育主管部门大包大揽为宏观管理，将微观管理和具体事务下放给学校。进一步明确学校与教师、学生、学生家长间的法律关系，明确各方的权利和义务。(3) 建立保障机制。如，通过设立学生安全基金，解决学生校园伤害的赔偿问题；再如，通过建立贫困儿童少年救助基金，解决贫困适龄儿童少年辍学问题。

3. 推进教育体制改革。(1) 推进办学体制改革。根据学校实际情况，在条件允许的地区积极推行股份制、租赁制等办学形式，吸纳社会对教育的投放，化解学校债务，为学校的生存和发展注入活力。(2) 实行相对集中的义务教育投资和管理体制。在“分级办学、分级管理”的大框架下，明确中央和省级财政对义务教育的投入比例，并从非义务教育学校收取一定比例的统筹金，用以发展义务教育，彻底改革教育经费越向下越短缺的问题。(3) 推进学校内部管理体制改革。在充分发挥党组织的核心作用和教代会的监督作用的同时，完善校长负责制，将行政方式与约定方式相结合来管理教职工，明晰学校与教职工间的权利和义务。

4. 优化办学的社会环境。(1) 减少学校功能不及的社会负担。将学校担负的诸如养老金、住房公积金、医疗保险等方面的费用改由政府财政负担，将学校建设任务完全变成政府行为和社会行为，以保证学校将可用经费投入到教学上。同时，切实减轻学校的社会性事务，压缩和减少社会组织的各种检查达标，让学校把主要精力放在内部管理和提高教育质量上。(2) 制定保护政策，严禁社会组织向学校伸手。学校不是经营单位，其可用经费十分有限。因此，要出台有关规定，限制和制止社会组织和个人向学校伸手要钱。加大教育执法力度，保证政府行为到位，政府投入到位，切实解决教育经费短缺等实际问题。(3) 构筑保护未成年人的社会防护体系，形成尊师重教的社会局面。给青少年营造一个安全、健康的社会环境，形成全社会关心未成年人的局面。

（原文约 6000 字，发表于《四川师范大学学报》社科版 2002 年第 1 期）

文摘编辑：张景瑞

确定德育内容应着重把握的原则

董淑平

[作者简介] 董淑平，淮南工业学院党委宣传部，副编审。

[内容提要] 德育内容的科学性、系统性、针对性，决定着德育工作的实效性。确定德育的内容应遵循先进性与普遍伦理相结合，优秀传统道德与时代精神相结合，系统性与针对性相结合，理论与实践相结合等原则。

[关 键 词] 德育；内容；原则。

随着改革开放的深化和社会主义市场经济体制的确立，我国社会经济成分和经济利益、社会生活方式、社会组织形式、就业岗位和就业形式日益多样化，由此人们的思想观念和价值趋向也呈现多元化的趋向。这就给高校德育工作提出了严峻的挑战和许多新的课题。笔者认为，适应社会发展新的变化，确立德育内容，形成科学的高校德育内容体系，是做好新时期高校德育工作的基础和关键。

一、先进道德与普遍伦理相结合的原则

近些年来，不少德育工作者感到，高校德育工作难度越来越大了，德育效果也越来越令人失望了。其中一个重要原因，就是德育内容没有根据变化了的形势作相应的调整，固守传统。高校德育的对象是朝气蓬勃、思维敏捷，又缺乏社会经验，判断能力、选择能力较差的在校大学生。由于他们在成长环境、家庭背景、社会关系、道德水平等方面呈现出差异和不同，因此作用于他们身上的德育也必须体现先进性和广泛性的层次性，在内容体系上做到先进道德与普遍伦理相结合。

所谓先进道德是被社会部分成员所接受和遵循的，源于基本道德规范又高于基本道德规范的道德准则，它在整个社会道德生活和道德建设中起着示范、引导和榜样的作用，它既是一种道德现实，又是一种道德理想。社会主义道德和共产主义道德是迄今为止人类社会最先进的道德。所谓普遍伦理是面向全体社会成员，被社会成员所广泛接受和普遍遵循的道德准则。高校德育必须将先进道德和普遍伦理相结合，体现教育层次，增强教育效果。但是，大学生不是普通的社会公民，今天的大学生担负着明天国家发展和民族强盛的重任，是社会主义事业的建设者和接班人。我们必须基于这个层面来确定高校德育内容，把先进道德和普遍伦理结合起来。对大学生要广泛进行基本道德规范教育、社会主义道德教育以及共产主义道德教育，包括爱国主义、集体主义、社会主义教育，世界观、人生观、价值观教育，公共道德、职业道德、家庭美德教育，遵纪守法教育，心理健康教育等。引导和教育大学生正确处理个人、集体和国家利益之间的关系，把国家利益、集体利益放在首位，个人利益服从集体利益国家利益，在此前提下，兼顾合理的个人利益。引导和教育大学生树立把我国建设成为富强民主文明的社会主义现代化国家，实现中华民族的全面振兴的理想，树立坚定不移地走建设有中国特色社会主义道路的信念。同时，还要进行共产主义道德教育，使他们明白，全心全意为人民服务，大公无私，先人后己，舍己为人，是共产党员和新时期大学生必须遵循的共产主义道德，要用共产主义道德武装头脑，身体力行共产主义道德。

二、优秀传统道德与时代精神相结合的原则

每个民族都有体现本民族特点和品格的优良的道德传统，我国优秀道德传统形成已久，积淀深厚，源远流长。江泽民总书记在美国哈佛大学演讲中，对中华民族的优秀传统做了高度概括：即团结一致的传统，独立自主的传统，爱好和平的传统，自强不息的传统。中华民族的优良道德传统分两部分，一部分是形成于封建社会凝聚着我国古代劳动人民智慧的优秀道德传统，如“天下兴亡，匹夫有责”、“先天下之忧而忧，后天下之乐而乐”、“人生自古谁无死，留取丹心照汗青”、“宁静致远，淡泊明志”等等；另一部分是形成于现代的革命传统，如艰苦奋斗、独立自主、自力更生、乐于奉献、不怕牺牲等等。这些优秀道德传统为高校德育工作提供了宝贵的财富和丰富的资源。社会主义市场经济体制的发展，引起了人们思想观念上的深刻变化，创新精神、竞争精神、效益观念、平等思想、注重实际利益的价值趋向等等，被当代青年尤其是大学生所广泛认同和追求，逐渐成为人们的主体价值标准和道德规范，影响着人们的生活，改变着社会的面貌，推动着社会的发展。同时，知识经济时代不仅要求大学生具有适应经济需要的意识和才干，更要求大学生培养高于现实的理想人格，使大学生具有作为社会主义事业建设者和接班人所需要的全面、完善的思想政治素质和道德素质。为此，大学生必须大

力弘扬解放思想、实事求是的精神，紧跟时代、勇于创新的精神，知难而进、一往无前的精神，艰苦奋斗、务求实效的精神，淡泊名利、无私奉献的精神。这些新价值、新精神，是时代特性和时代精神的体现。

新时期的高校德育内容，一方面要包含优秀道德传统，这是我们先人留给我们的无价之宝，不能丢；同时，要凸现时代精神，这是我们在知识经济时代赖以生存和发展的重要品质，应该大力倡导。两者在高校德育内容体系中，有机结合，纵向衔接，横向贯通，相辅相成。这是高校德育面向新世纪得以保持强大生命力的重要条件，也是建设具有中国特色的社会主义道德体系的内在要求。特别在经济全球化的今天，我国日益走向世界与国际接轨的同时，这是我们保持民族特色，弘扬民族精神，维护民族尊严的重要手段和措施。当然，我国传统道德中也有一些糟粕，如消极颓废的人生观，缺乏竞争精神、开放意识等等，与社会主义市场经济的要求不相适应；同时，市场经济也有一些负面影响，如过分追求物质利益、金钱至上、人际关系淡薄等等，在德育工作中，都是应该加以摒弃和克服的。

三、系统性与针对性相结合的原则

江泽民总书记曾经指出："教育是一个系统工程。"这里讲的"系统工程"，一方面要求知识教育和道德教育两手都要抓，两手都要硬，忽视思想品德教育，就不能培养出合格的社会主义事业接班人，这是很危险的。另一方面，从德育的内容来说，德育不仅包含思想政治教育、理想信念教育，还包括基础文明教育、遵纪守法教育、心理健康教育等，诸内容之间相互联系，相互衔接，不可分割，具有很强的系统性。当然，德育诸内容之间也不是不分主次、等量齐观的，思想政治教育是德育的核心内容。马列主义、毛泽东思想，特别是邓小平理论和"三个代表"重要思想是思想政治教育的根本。要对大学生进行马克思主义的辩证唯物主义和历史唯物主义教育，用马克思主义观点占领高校思想阵地，重点做好邓小平理论和"三个代表"重要思想进课堂、进教材、进头脑的工作，着力解决对马克思主义的信仰，对社会主义的信念，对改革开放和现代化建设的信心，对党和政府的信任。在这个过程中，也要防止将德育与思想政治教育相混淆，用思想政治工作代替德育工作，割裂德育内容的系统性，影响德育功能发挥和价值实现的倾向。

德育工作不光要解决"知与不知，懂与不懂"的问题，还要解决"信与不信，行与不行"的问题。只有当德育内容满足学生的内在精神需求时，他们才能以一种积极的能动的态度接受教育，从而产生良性的内化过程，形成良好的道德品质，德育工作的价值才得以实现。在把握德育内容系统性的同时，还要根据受教育者不同的心理特点和道德困惑，及时了解大学生的道德需求，有针对性地开展工作

四、理论与实际相结合的原则

常听一些大学生上完德育课后说："老师讲得都好，就是跟现实对不上号。"这就给我们的德育工作提出了一个如何增强说服力、实效性的问题。德育内容要贴近社会现实，关注社会热点和难点。目前，社会上存在的一些诸如腐败、贫富差距、道德滑坡、价值多元化等现象，程度不同地困扰着大学生的思想，影响着大学生良好的道德品质的养成。这些问颗如果得不到及时的、有说服力的回答、解释、说明，有可能向着坏的方向转化。德育工作者必须结合改革开放和现代化建设的实际，结合社会主义精神文明建设和思想道德建设的实际，结合大学生的思想实际，用马克思主义的立场观点和方法，坚持理论联系实际的原则，找准切入点和突破口，把工作做到大学生的心坎上，解决大学生的实际思想问题和道德困惑。同时，要加强实践教学环节。我们往往比较注重德育知识的教育，而轻视德育实践的教育，造成了长期以来困扰人们的学生德育认知深刻、道德行为偏差的知行不一的情况。应该说，系统的德育知识的教育，是形成大学生良好道德品质的基础和必要条件，是高校德育工作的一个重要环节。但是，如果只停留在道德知识教育的层面上，忽视在道德实践中道德意志和道德品质的培养，道德知识教育势必会变成空洞抽象的说教。所以，道德实践是高校德育工作的重要原则和方法，通过道德实践，深化道德认知，激励道德情感，锻炼道德意志，增强道德信念，提高道德品质。

（原文约5000字，发表于《淮南工业学院学报》社科版2002年第1期）

文摘编辑：张景瑞

试述教师心理危机的成因、危害与对策

傅文第

[作者简介] 傅文第，黑龙江省教育科学研究院副教授。

[内容提要] 社会的飞速发展，特别是基础教育课程改革的实施和中国进入WTO，使我国基础教育受到了前所未有的震撼和冲击，许多教师一时间难以适应，内心产生了一定的危机感。从心理学的角度，分析教师心理危机的表现、特点、成因、危害及应对的策略，具有现实意义。

[关键词] 教师；心理危机；成因；危害；对策。

一、教师心理危机概况

所谓心理危机是指个体遇到重大应激时，既不能回避，又无法通过常规途径来解决时所产生的心理上的不平衡。每个人在其一生中都可能会遇到多次由急性应激而引起的心理危机。

处于危机状态的人常体验到极大的情绪上的苦恼，这种苦恼强烈得令人难以忍受下去。为此，身受这种苦恼的人在自身保护性防卫机制作用下就会采取或积极或消极的措施，减轻危机度，设法使其终止。

教师心理危机的主要表现包括发展性危机、事故性危机、工作危机。发展性危机是指在个人生命发展阶段可能出现的危机，如中年危机，更年期危机等；事故性危机是指意外的生活事件，如亲人故去，离婚。自然灾害等引起的危机，这类危机常常比发展性危机更急迫更富有戏剧性；工作危机是指个体在工作中表现出来的种种危机，它主要与个体的愿望、荣誉、待遇、目标等相联系，如工作职位不稳定。失去晋升职务，职称的机会等。

二、教师心理危机的负面影响

教师是社会的代言人，肩负着培养一定社会发展所需要的各种层次、各种规格人才的任务，对社会发展起着不可替代的巨大促进作用。学校教育工作主要是依靠教师来进行的，他们对年轻一代的健康成长起着主导的和潜移默化的作用。如果教师心理出现问题，其行为必然出现偏离。而教师的一言一行又影响着学生，特别是幼小学生，教师的行为可能影响他们的一生。如果教师心理出现偏差或异常，则必然会有意无意地传染给学生或影响到学生，其结果，必然会影响未来人才的质量，给教育事业甚至是国家发展带来损失。具体讲，教师心理危机的负面影响包括：

影响正常的教育教学工作。教育教学工作是教师日常最主要的工作，如果教师心理出现异常，必然会整天处于焦虑无助之中，主要精力不能放在教育教学上。随着课改的推进和中国进入WTO，新的一轮更大规模的教改已经展开，教师面对“内忧外患”的双重困扰，从本能出发，必然要想方设法消除危机，如果采取消极办法，必然给正常的教育教学工作带来损失。

影向学生的健康成长。在教育过程中，教师处于教育者、领导者、组织者的地位，不但“传道、授业、解惑”，而且还担负培养学生健全人格、塑造学生良好个性品质的任务。学生健康成长的过程，一方面接受知识，主动应对、加工、整合各种信息，变成自己的行为，构建自己的世界观和方法论，同时，也受教师潜移默化、和风细雨式的无意识影响。因此，如果教师心理出现问题，其心理反应也会在学生身上打下烙印，影响学生健康成长。

影响本人生活。教师是多重角色的人，教师心理如果出现异常或危机，不但会影响正常的教育工作，影响正常的教育事业的发展，而且还会影响教师的个人生活、影响家庭和子女的教育。教师群体的特殊性决定了教师心理异常的危害是巨大的，其影响也是总体的、长久的。

三、应对教师心理危机的策略

教师心理危机是由于教师的工作或生活产生负面情感之时无法解决而产生的心理反应症状。我们知道，适度压力和危机感是促进教师不断提高教育质量的驱动力，出现危机并不可怕，关键是如何消除心理压力，主动应对。

正确认识，合理对待心理危机。在当今错综复杂的社会中，任何人都可能在特定情境和特定时间内产生某种程度的心理问题或心理危机。危机并不神秘可怕，只要我们以积极的心态去对待它，采取相应的措施或借助他人和机构的帮助，都可以缓解或消除它。

要想使危机出现的频率减少，首先，必须提高自身能力，树立终身学习的理念。教师要经常更新，完善知识结构和技能，掌握现代化教育技术，学习新的教学手段和方法，除自主学习外，还要离岗学习，接受继续教育，成为学习社会的一员。其次，要转变教育教学思想，提高教育理论素养。教师要进一步认识教育发展的背景和趋势，加深对教育国际化、多元化、网络化、个性化和竞争普遍化的理解和感受，转变教育思想，改革教育观念，形成现代的教育观、教师观和学生观。

在学校管理方面，要营造和谐、民主、平等、互相尊重的教师群体心理氛围。学校领导要以人为本，实行民主管理，关心教职工的学习和生活，深入了解每个教师的心理特点和心理需求，对于教师正当的心理需求要想方设法予以满足，主动为他们排忧解难。其次领导对教师的评价是教师最关心、最敏感的问题。评价是否客观、公正、合理、会给教师带来不同的心理影响。因此，必须建立合理的评价机制和激励机制，使教师群体形成“团结协作，奋发向上”的精神。再次，教师工作量大，同时还要参加进修提高和担负起家庭的重任，教师超负荷的劳动，在客观上需要学校领导关心和支持。学校应多组织一些文体活动，使教师身心愉快，从而减轻工作压力。最后，开展各种形式的心理辅导讲座，引导教师树立正确的人生观和价值观，帮助教师学会自我调适的方法，自觉维护心理健康。尤其是教师在出现了较严重的心理障碍和心理疾病，出现心理危机时，求助于专家的指导并进行有效的处理是非常必要的。

教师个人心理训练策略。训练方法如下：

认识自我。在正确的自我认识下，教师能有自知之明，对缺点不掩饰，对优点不夸大，不缩小，使自己的心理处于平衡状态。具有正确的自我评价，在挫折和困难面前不低头，既经得起失败，又经得起胜利的考验。教师具有正确的自我评价意识和能力，就可以做到自我控制，改正缺点，消除各种消极因素。

正确对待挫折。心理挫折是指人们在通向目标的道路上遇到自感无法克服的障碍和干扰而产生的一种焦虑、紧张、愤慨或沮丧、失意等情绪的心理状态，它是一种主观感受。对待挫折的方法主要有：自我克制、情绪合理释放、升华、代偿、转移、自慰等。自我克制是指控制由挫折引起的情绪波动，尤其是要控制消极情绪，不急躁，不消沉，泰然自若，尽力改变不良心境；情绪合理释放是指如心中有苦闷，可向组织或领导汇报，向同事倾诉，甚至可以在亲友面前大哭一场，排遣积郁的苦恼或愤怒等情绪，从而得到安慰和同情；升华是指当个人在较低层次的需要或目标受挫时，把它转到较高层次的精神境界中去；代偿是指某方面需要或目标受到挫折时，以另一种可能成功的活动来代替，从而获得心理寄托和成功的快慰；转移是指更换情境，转移注意，改变心情；自慰是指当心理失衡时，为了冲淡内心不安，自己找理由安慰自己，试图说服自己，自我解脱，避免心理上产生更大苦恼以减轻情绪上的痛苦。

心理童化。一个诚心诚意将全部身心投入到学生中去的教师，由于他天天和学生打成一片，共同学习、生活，因此，其心理在一定程度上也学生化了。表现为小学教师儿童化，中学教师少年化，大学教师青年化。教师的心理学生化是一个积极过程，是教师主动接受学生心理影响的结果。因此，教师要有意识地调节自己的行动，积极投入到学生生活中去，学会学生的心理活动方式，使自己的心理状态永葆年轻。

防止心理疲劳。研究表明，教师进行一个单位的脑力劳动所消耗的心理能量，需几倍的生理能量才能补偿过来。教师劳动的特点决定了教师每天要进行大量脑力劳动，因此极易造成心理疲劳。教师心理疲劳时，经常表现为全身肌肉紧张，呼吸短促，在床上睡不着、躺不稳，手脚无处放。国内外多采用以骨骼关节、肌肉放松和呼吸减缓为主的训练方式。其基本操作方法是教师在训练自己安静下来进入睡眠或休息时，心平气和地做肌肉和骨骼关节放松动作，使全身肌肉动作处于低耗的抑制状态，与此同时控制自己的呼吸频率，使其减缓到近于入睡程度，使身心得到调节，减轻压力。

心理暗示。心理暗示是以言语信息为手段，影响人的心理状态，使其发生相应变化，达到提高活动效率的策略。暗示策略的使用一般分为提高教师心理活动水平的暗示和降低教师心理活动水平的暗示两种方式。教师情绪低落时，多采用激励性语言暗示，如：我能行！我能干好！教师情绪激得难以控制时，多采用抑制性言语，如：冷静，冷静！再仔细想一想！教师言语暗示心理策略，是降低心理压力、防止心理危机的常用办法。在未睡眠状态下，暗示效果最好。

（原文约 4700 字，发表于《天津师范大学学报》基础教育版 2002 年第 2 期）

文摘编辑：范子奇

教育的直接成本与间接成本

郭必裕

[作者简介] 郭必裕，南通工学院高等教育研究所副研究员，主要从事高等教育管理研究。

[内容提要] 根据教育活动中所耗费的资源对教育活动的作用方式，教育成本可分为直接成本和间接成本。为科学配置有限的教育资源，提高教育资源的使用效率，必须在正确理解教育的直接成本和间接成本内涵的基础上优化成本结构，对教育成本实行动态的科学管理。只有直接耗费于教学活动的成本才是直接成本，属于教育成本但不是直接耗费而是间接耗费于教学活动的成本为间接成本，同时，直接成本与间接成本在一定的条件下是可以相互转化的，判断转化是否科学合理的标准是看转化是否有利于办学效益的提高。

[关 键 词] 教育成本；直接成本；间接成本；成本核算。

一、对直接成本与间接成本的理论分析

教育成本是学校为培养一定规格要求的学生所耗费的一切费用。这种费用应包括直接耗费于教育活动和间接耗费于教育活动的所有支出，即教育直接成本和教育间接成本，笔者认为：所谓直接耗费，其特征有三：一是直接作用，如一线教师的教学活动是教师与学生共同进行的活动，二是伴随性的耗费，是伴随教学活动而耗费的，如教学用的低值易耗品；三是耗费与教学活动有直接的因果关系，如因为教学活动使仪器设备磨损。以此可判断在教育活动过程中，校舍要折旧、维护，仪器设备要折旧和维修，这部分价值的转移是在教育活动过程中直接发生的，因此应计入直接成本。而贵重仪器设备费用投入、校舍基建费用投入等，其价值转移不可能在短期内完成，因此，将这部分投入全部计入直接成本是不合理的。这部分投入逐渐耗费于教育活动，其价值转移逐渐转化为直接成本。

直接耗费于教育活动的成本其成本构成应包括教学支出、教学辅助支出和学生事务支出等，用于教学伴随着教学活动的进行而发生的仪器设备、校舍等固定资产的折旧费用，不包括可变成本中随学生人数变化而变化的后勤支出、行政管理支出和固定资产投入费用等。因此，直接成本只包括用于教育活动的可变成本和固定成本，即包括学校的部分可变成本和部分固定成本。

科研是高校学科建设、师资队伍建设等不可缺少的活动，科研的成本支出属于直接成本还是间接成本呢？科研活动的成本支出如果直接用于教学活动的，如研究生教育、本科生开设研究型的教学课、毕业设计等，这种科研支出应属于直接成本。如果科研活动与学生的学习活动没有直接的关系，例如学校教师申请的省、部级科研项目，或各种横向科研项目等，有专门的拨款渠道，整个科研活动的开展与教学活动无直接关系，这种科研成本不属教育直接成本。认为科研成本全部属于直接成本或间接成本的观点是不正确的。

直接耗费于教学活动的成本为直接成本，其经费来源包括社会对学校的投入、学生个人对学校的投入等。学生个人对学校的投入又包括学费、杂费、生活费。关于生活费是否属于个人对教学活动的投入，笔者认为，个人对教学活动的投入应有明确的标准，具有统一性和强制性的特点，学生生活费是学生为满足个人生活需要的费用支出，不是用于教学活动的不属于直接成本，所以上述第四种论述也不能说完全正确。

后勤服务是教育活动正常进行的必要条件，后勤支出虽然不直接参与教学活动，但又是教学活动正常进行的保证。按理说后勤服务的经费支出在教学活动之外，但在学生生活消费过程中可直接得到补偿，后勤支出不应计入教育成本，只是在后勤社会化尚未全面推开的情况下，为了使教学活动正常进行，必须要有后勤，要扶持后勤的正常运转，所支费用只能计入教育间接成本。高校办社会的学校医院支出、学校办的幼儿园支出，离退休人员工资、福利支出等，不属于教育成本。可见，随着后勤社会化、学生宿舍管理公寓化等高校内部管理体制的改革，教育间接成本将大幅度下降，特别是行政管理人员的精简、管理机构的优化组合，会使行政管理支出进一步下降。行政管理是学校组织机构正常运行的保障，是学校教育活动中不可缺少的一部分，但它不直接参与教学活动，其费用支出属于间接成本。

从直接成本和间接成本对教学活动的作用看，没有教育直接成本的投入，教育活动就不可能进行，教育直接成本是教学活动顺利进行的必要条件。在教学活动过程中，没有后勤服务，没有行政管理等，教学活动也不能顺利进行，因此，教育间接成本支出也是教学活动顺利进行的保障，只不过间接成本与直接成本最大的区别是是否直接参与教学活动。从培养学生的能力看，直接成本份额大

就可培养出更多质量更好的学生，即对培养学生能力的影响大，办学效益高。而间接成本份额大，对培养学生能力的影响小，甚至对办学效益的有效发挥有负面影响。笔者认为，只有增加直接成本在总成本中的份额，才能优化成本结构。因此，提高教师工资待遇，改善教师办公条件，增加学生学习、科研和课外活动经费，提高校舍和仪器设备的使用率，是提高办学效益的有效措施。

二、直接成本与间接成本的相互转化

产品生产过程中，管理人员的经费支出为间接成本，但如果管理人员在进行管理的同时，还在生产一线操作，这时，管理人员的经费支出就由间接成本转化为直接成本，同样，教育活动过程中，行政管理人员从事教学活动，则行政管理人员的工资和福利费就部分或全部从间接成本转化为直接成本。反之，要求一线的教师担任行政管理工作，则其工资和福利费用就全部或部分地从直接成本转化为间接成本。

科研成本支出，直接用于教学活动的为直接成本，间接用于教学活动的为间接教育成本，与教学活动相对独立，并实行独立核算的，不应列入教育成本。从科研活动对教学活动的影响来看，不属于直接成本的科研支出产生的科研成果，作为对教学活动的辐射，加强了师资队伍建设、学科建设，更新了课程内容，即将非教育成本转化为教育成本。直接成本中的课程建设、学科建设，如果不能直接为教学活动服务，则转化为间接成本。

教育直接成本与教育间接成本相互转化是有条件的。将管理人员转化为教学人员，必须以提高管理效率和管理人员素质，优化管理结构为前提条件，如果没有这种前提条件，强行转化，将会降低管理水平，影响管理效率，从而影响直接成本的效益。后勤支出是教育间接成本的重要组成部分，如果将后勤某一部分工作内容作为教学内容，例如开设烹调选修课、点心制作选修课、健康教育选修课、园林艺术选修课，即可将间接成本转化为直接成本，其转化条件是，后勤人员有较高的文化素质和业务素质。可见，间接成本向直接成本转化最基本的前提条件是有较高的人员素质。间接成本向直接成本转化有利于充实教学实力，提高办学水平和教学质量，但当间接成本影响直接成本效益发挥时，就必须提高间接成本的效益，对间接成本的构成项目加以优化组合，该加强的加强，该削减的削减，这时不免要使直接成本项目的一部分向间接成本项目转移。例如，学术骨干担任系部领导或校院领导，使教学骨干离开教学岗位，其工资福利成本由直接成本转化为间接成本，但这种转化的前提条件是为了提高间接成本和直接成本的效益；同样，一些不适合教学的教师离开教学岗位从事后勤服务或行政管理，也是为了提高直接成本效益。

三、结论

学校的办学成本应包括直接和间接耗费于教育、科研和社会服务的各类成本，只有直接耗费于教育活动的成本才是教育的直接成本，它包括用于教育活动的可变成本和固定成本。为了提高办学效益，加大教育直接成本的投入是必要的，因为直接成本是直接耗费于教学活动的费用，办学水平、办学质量的提高，主要取决于直接成本的投入。但是直接成本效益的高低又与间接成本的投入有关，间接成本虽不直接用于教学活动，但它是教学活动顺利进行的保障，间接成本投入的目的是为了使直接成本效益发挥得更好。因此，笔者认为，以最低的间接成本，保证直接成本发挥最大效益，是直接成本与间接成本管理的最终目标。

（原文约 4100 字，发表于《南通师范学院学报》哲社版 2002 年第 3 期）

文摘编辑：范子奇

我国高考科目及内容设置的三大依据

郑文红

[作者简介] 郑文红，北京理工大学招生就业工作处处长，副研究员。

[内容提要] 本文认为，高考科目与内容设置应依据三个基本方面：有利于高校选拔人才，有利于促进中学素质教育，有利于扩大高校办学自主权。本文就此问题进行了讨论，试图为我国高考科目政策提供相应的理论参考框架。

[关 键 词] 高考；科目与内容设置；设置依据；知识经济时代；人才价值；市场取向。

由于高考科目与内容设置作为一种“社会价值的权威性分配”功能，其所具有的社会导向功能、调控功能以及分配功能对社会的发展和经济的增长起着十分重要的支配作用。这一点决定了我们不仅要对高考科目与内容设置进行认真的研究，而且更要明确高考科目与内容设置应该依据什么。

一、高考科目与内容设置应该有利于高校选拔人才

1. 高校的主要功能

在传统上，主要注重教学功能的高校，今天已经开始向教学、科研与服务三位一体的多功能机构转变，具备了“传递知识、发展科学文化、直接为社会服务”三大功能。传递知识是高校应具备的基本功能。为了更好地发挥传递知识的功能，大学自然会要求她的学生具备获取知识的基础知识，这就决定了高考在科目与内容设置必须采取的取向之一是充分考察考生的知识面及其运用这些知识的综合能力。但学校还要承担发展科学文化的功能。为了实现这种功能，在高考科目与内容设置过程中，应该考虑增加：能够启蒙考生具有学术研究思想的一些测验题目；能够诱发考生形成学术思想和兴趣的一些测验题目；能够检测出具有学术倾向的考生的题目；能够检测出具有良好道德修养的考生的题目。在“科学技术是第一生产力”的今天，大学能否使自身所拥有的知识和技术力量直接转化为生产力，走“知识产业化”的发展道路已成为考量其发展水准的一个重要指标。适应于这种发展，今天的大学需要的是具有较强创造力和想像力的学生。因此，高考科目与内容设置应该朝着有助于引导学生注重培养和开发自己的“知识转换能力、想像力和创造力”的方向发展。

2. 什么样的考生才符合高校的培养目标

对于上述大学的功能，只要稍加分析便不难推出：只有能够选拔出有利于实现高校功能的考生才符合高校的培养目标。这些考生应该具备的素质特征为：(1) 良好的非智力素质。①良好的品德。包括良好的社会行为习惯以及良好的合作意愿；②完美的人格和个性，强烈的创新意识和批判精神；③良好的学术倾向；④坚强的意志。(2) 良好的智力素质及其相关素质。①良好的智商；②自然科学知识；③人文科学知识；④良好的智力和能力素质。(3) 良好的身体素质。

二、高考科目与内容设置应该有利于中学素质教育

1. 中学素质教育

素质教育强调学生的全面发展，强调学生可以从自己的兴趣、爱好出发，自由地从事多方面的活动，发展多方面的能力，包括：(1) 人的体力和脑力同时获得充分的自由发展；(2) 人的才能和志趣获得充分的多方面的发展；(3) 人的道德精神和审美情趣的发展。

2. 中学的应试教育

目前，在我国中学教育中却是以应试教育为主流。这与高考在社会中的特殊角色有关，与政府对高等教育的有限供给、高等教育本身的发展水平（毛入学率7.6%）等多种复杂因素有关，一系列约束导致了激烈的高考竞争，而高考竞争的胜败在客观上又是一个可以量化的硬性指标，于是对高考的投入就会成为中学教学活动的中心工作，应试教育应运而生。应试教育的基本特征是一切围着考试转，以考试为惟一手段，视分数为至尊标准。应试教育的种种弊端虽早已为人所知，但只要其赖以“生长”环境条件依然存在，它就不会自行消亡，甚至还可能愈演愈烈，进而逼迫学生所能发展的素质必须与应试内容相吻合。当学生的素质发展与应试不一致时，素质就成了当然的牺牲品。

3. 高考科目与内容设置怎样才能有利于中学素质教育

从有利于中学素质教育的角度可以推知，学生的素质结构便是高考科目与内容设置的基本依据之一。也就是说，只要将素质结构所包含的内容全部细化为各种可以测试的指标并融入到高考科目与内容设置中，高考就能够最有效地达到促进中学素质教育的目的。为此，高考科目与内容的设置基本取向应该是：有利于考生完善人格与个性的形成与发展，使学生内在的潜力得到充分地发挥；能够促进个人的愿望和社会需求的协调统一；

使全体学生都获得德、智、体、美、劳全面发展。从另一个角度来看，这也是面向全体学生实施教育所必须体现出来的教育公平的实质性要求。因此，高考科目与内容设置内容至少应该在以下几个方面具有一定信度和效度的区分度：道德品质；科学文化素质；身体素质；心理素质；生活技能素质等。具体说来，高考科目与内容设置应该具有对上文提到的良好的非智力素质、良好的智力素质、良好的身体素质等三个主要方面的测试功能。

三、高考科目与内容设置应该有利于扩大高校办学自主权

扩大高校办学自主权，实际上有多方面的客观根据。首先，这是政府回应社会环境（市场经济）的需求。在传统的计划经济体制下，我国的高校是依据国家计划统一招生和分配学生的。在这种制度安排中，高考科目与内容怎么设置都可以，只要能够拉开距离、分出高低，完成招生计划即可。但在市场经济条件下，随着市场对高校功能的需求以及政府对高等教育理念的转变，基于高等教育的非义务教育属性以及政府供给的有限性等因素，政府不会再像过去那样对高校"大包大揽"，必须充分调动高校的积极性，促使高校独立地面对市场需求。这就意味着政府必须对高校放权。扩大高校自主权本身就包括扩大高校在高考科目与内容设置方面的权利，使高校拥有决定试题的门类、科目、内容以及考试方式和方法的权利，即考试命题权。

其次，这也是高校自身发展的需求。随着我国政治体制和经济体制改革的不断深化，高校自身也会逐步成为具有相对独立利益的市场主体，她们将一改过去"围着计划转"而转向"围着市场转"，即寻着"市场的脉络"来发展自身，市场需要什么样的人才，高校就会培养什么样的人才。这就否定了其被动的、静态的"加工机器"的角色，继而转变成为积极主动的"人才塑造工程系统"。而要做到这一点，高校办学的自主权必须得到扩大，包括想方设法去选择那些能够或有利于实现高校功能和市场需求的考生，会基于市场对其"产品"的苟求而对"原材料"提出各种相应的条件和要求。这些条件和要求便是入学考试选拔的依据，其中之一就是高考科目与内容设置取向问题。在市场经济的制度安排中，高校的考试科目与内容设置应该带有市场取向，即高校所制作的"3+X"应该具有能反映市场取向型人才应有潜在素质的特征，也应该反映高校自己在为市场培养人才方面有什么优势或特色。这都涉及到高校在选拔考生方面的自主权问题。

再次，高校在选拔考生方面扩大自主权，也有利于考生个人更好地实现自己的意愿。对于众多考生来说，各自自身生理特点和成长环境、条件的不同，会导致他们在学习兴趣、思维能力与水平、个人爱好、职业选择等方面表现出差异。这种个人差异不仅是一种既存事实，也会决定个人发展的潜能和方向。一旦考生认定了自身的个性发展特征，就会对报考志愿表现出高度选择性，因此，高考科目与内容设置应该有利于考生根据自己的兴趣优势选择志愿，有利于培养考生自身发展的兴趣和特长。而且这种志愿是否得到实现，不仅关涉到自由度问题，而且还关涉到考生的满意度、认同感等与精神生活水平的相关指标。考生作为理性的个体，他的意愿及其对市场需求、职业追求和高校特征的认知和判断，必然导致他对各种高校所认可的"X"及其内容进行理性选择。比如说，如果他认为参加某大学所选定的"X"（科目）的考试并且考入之后，既能满足自己的兴趣和爱好，又获得了事业成功较大的可能性，那么，他就会选择该大学的"X"，并且会为此而努力。因此，高考科目与内容设置取向应该最大化地涵盖考生的兴趣和爱好，不能够随意删除某些科目，比如地理和生物科目。而且，中学各科课程的设置是有其科学性与合理性的，它们之间是不能够相互替代的。即使会考科目中有地理和生物科目，但只要高考科目中没有，就必然会影响到这两科教师"教"和学生"学"的积极性，尤其是对于那些爱好生物和地理的学生而言，很可能被迫依从于高考而放弃自己的志趣、爱好，自然也就会丧失其原本应有的科学探索精神，这又势必要影响中学的整体素质教育。因此，任何不利于个性自由发展的限制都将导致部分学生原本具有的潜能的发展受到抑制，其结果就必然是抹杀人的个性发展。因此，应以高校的意愿进行高考科目与内容设置，让"X"能够体现高校的自主愿望。

在市场经济的制度安排下，一方面高校会逐步成为一个具有独立利益的市场主体，生源竞争问题会被提上重要的工作日程，这会迫使高校主动去关注考试科目与内容设置问题，一旦高校有权自己命题，它会充分地去考虑如何能够招到最有利于实现其大学功能的考生的问题，如何根据自己的特色和优势录取到自己所偏爱的考生等等。另一方面，考生也会成为一个重要的选择主体，与高校之间形成一种"双向选择"的关系。因此，政府应该处理好的最关键的问题是设定一套能够达成以下目标的制度：通过扩大高校在考试科目与内容方面的自主权，调动高校积极性和主动性，让高校自己想办法来促进自己的发展；让学生获得更大的选择与发展的空间。

（原文约7000字，发表于《北京理工大学学报》社科版2002年第1期）

文摘编辑：张景瑞

WTO规则与中国参与国际教育贸易竞争的道路选择

丁 萍

[作者简介] 丁萍，海南师范学院政法系教授。

[内容提要] 中国教育将伴随着入世钟声的敲响而加快对外开放的步伐。外国教育机构普遍看好中国的教育市场，教育资源的国际化流动将对中国教育的发展提出更高要求。中国教育需要抓准机遇，走出传统思维定式，以开拓进取的创新精神，建立教育发展特区，为积极参与国际教育贸易竞争而探索有中国特色的、与国际教育接轨的发展规律。

[关 键 词] 服务贸易；中国教育；国际教育贸易竞争；教育发展特区。

WTO是一个国际经济交流的协调机构，从它的历史形成发展作用来看，这一机构的产生，不仅对其成员国在经济方面产生重大影响，而且对政治生活、社会事业等诸多方面都发挥着极大作用。本文思考的问题是：入世后的中国教育如何抓着机遇，迎接挑战，通过什么方式迈入国际教育竞争行列。

一、国际教育贸易竞争存在的现实性及中国的选择

教育贸易属于服务贸易的一种形式，WTO“服务贸易总协定”第13条规定：除了由各国政府资助的教学活动外（如军事院校），凡收取学费，带有商业性质的教学活动均属于教育服务贸易的范围。它覆盖高等教育、基础教育、成人教育和技术培训，所有WTO成员国均有权参与教育贸易竞争。WTO鼓励所有成员国到海外办学，允许外国教育机构（企业）在所在国颁发学位证书或学历证明，鼓励成员之间相互承认学位证书和学历证明，支持专业人才流动，减少移民限制，取消政府对教育市场垄断，减少对本国教育机构的财政补贴。这一切都是“服务贸易总协定”宗旨即推进全球的公平、自由的服务贸易，削减服务贸易壁垒的根本表现。

我国是发展中国家，可以享受特殊优惠，在入世的最初几年可以以正当理由，暂时不作教育市场开放的具体承诺，但长远不行，它是有时间限制的。实事上，做不做承诺是问题的一个方面，而实践中的运作又是另一个方面，国内外很多现实表明，在国际交往中，常常出现实践活动超前性，承诺或政策的滞后性。尽管到目前为止，国内教育与国际教育互动程度仅限于“在河边站”，还远未“下海”，但已昭示着中国教育的未来发展趋势。

如何迎接国际教育市场的竞争，并使中国教育走向开放，有序发展，迈向世界，这篇“文章”已客观地摆在中国教育的面前。在教育领域推进改革开放，我们不妨利用经济领域改革开放的成功经验，国家能像当初创办经济特区那样，在条件较为理想的地方创建教育发展特区。适应中国经济融入世界经济的需要，在特区内采取更加灵活的政策，开辟更富有时代感的教育模式，吸引国内外的教育主体和客体云集特区，实现中西文化知识和现代科技的融合教育。

二、设立教育发展特区的近期效用分析

教育特区的效用可以从多个角度去分析和透视。首先，从中国在服务贸易谈判中的原则立场来看，我们承诺，在不影响国家经济安全的前提下，以发展中国家身份逐步开放服务市场。创建教育发展特区，将有助于我们履行承诺，坚持立场，在国际范围内展示中国的大国形象。在和各种服务产业比较中，教育服务产业的发展在中国显得更为“幼稚”。中国有句老话“百年育人”，教育是“百年育人”工程，东西方文化背景不同，意识形态存在着重大差异，所以对教育市场的开放必须慎又慎之，如何既履行承诺，不失大国形象，又使中国教育在稳定有序中实现变革，免遭不必要的冲击，通过建立教育发展特区来缓解这一矛盾可能是理智的选择。其次，从加快培养适应现代经济社会发展要求的各级各类人才来讲，创建教育发展特区，可以用比较理想的方式加快民族文化与国际文化的交流，促进国内教育与国际教育的融通，解决建立富强、民主、文明国家急需的知识、技术和人才，并将灿烂的中华民族文化向世界广泛传播。《服务贸易总协定》规定的市场开放是双向的，其产品可以对内，也可以对外，具体到教育贸易服务，可以“请进来”也可以“走出去”。改革开放以来，我国教育领域在“请进来走出去”方面作了大量工作，成绩是显著的。但出国留学访问因投入过高而无法在更广泛的人群中落实，且走出去完全接受西方教育，回国后又与本土文化及其国家的实际发展水平需要存在一定距离，而请进国门的一些外国专家、学者包括工程技术人员和学生，又在一定程度上存在着对中国历史与现实了解不深入的局限而无法达到理想境界。尤其是“请进来”“走出去”的数量有限，远远无法满足当今中国经济与社会发展的需

求量，同时“走出去”在异国他乡，介绍和传播中华民族的优秀文化又显得更为艰难。试想如果我们创建教育发展特区，利用特区这块“实验基地”的特殊作用，在较大的空间范围内采用中外合资和吸引外资办学方式，充分利用国际教育资源，既可以为国家分期分批培育大量具备国际竞争素质的人材，又可以弘扬中华文化，吸引更多的各国来华留学生，还可以为中外学者、专家提供适宜的合作科研、增进了解、建立友谊环境与机会。再次，从增强国家综合竞争力、完善和丰富社会主义市场体系的内涵来讲，创建教育发展特区，可以有效地培育教育市场，有利于加快提升我国教育的国际竞争力。

当今国外的运程教育、开放教育等发展势如破竹，哪一个国家也不会否认，增强一国的综合竞争力离不开高新技术的发展，离不开公民国际素质的提高。高新技术发展的基础在于教育，公民国际素质的提高更需要教育。因此，世界各国特别是经济发达或较为发达的国家都非常重视教育市场的开发利用。但目前的中国，传统教育思维定式严重制约着教育事业的发展，改变这一格局又决非是一蹴而就，而拓展现代教育空间，实现教育创新又显得那么的迫切。在机遇与挑战同时并存时，我们可以通过创办教育发展特区，把它作为教育产业化、市场化的实验田，一方面培育教育新产品，另一方面摸索中国教育市场的开发规律，使教育市场与技术、信息、资金、劳动力等要素市场的发展并驾齐驱，为社会主义市场体系的健全和完善增加内涵，为中国教育参与国际教育贸易竞争奠定基础，并向世界展示中国参与国际服务贸易竞争的勇气与决心。

三、设立教育发展特区的现实可能性及基本要求

如前所述，改革开放以来，我国教育在开展国际交流与合作方面已做了有益的尝试，并取得一定的经验成果。主要表现在：

——政府、学校、民间组织与世界各国的双边、多边交流合作日益频繁。有关资料显示，目前我国已同150多个国家和地区有教育往来，高层次的互访接连不断，主办和参加数以千计的学术会议，通过各种渠道聘请和派出专家、教师数以万计，与联合国教科文组织、世界银行等国际组织机构开展一系列的教育合作项目。

——留学教育蓬勃发展。近些年到国外留学人数近40万，从大学留学教育发展到成人教育、基础教育，中小学生到国外求学者与日俱增。来华的外国留学生数目也在加速发展，2000年底的数字显示已在30万以上。与此同时，国际合作办学强劲崛起。到2000年底，经批准可以授予境外学位的中外合作办学项目已达30个。

——教育产业大讨论的意见基本趋于一致。教育产品的准公共性也逐步被人们所认可，社会办学力量不断壮大与完善，教育投资多元化的发展势头已经并将继续进一步荡漾着单一的自上而下的政府拨款固定形式，人群中有相当比例的、有支付能力的人愿意加大教育消费力度。

对于能否设立和怎样设立教育发展特区的问题，需要政治界、经济界、教育界及社会各阶层人士的共同探讨，通过广泛深入的调查分析研究，来认识这一新生事物生成的可能性、必要性及其在中国的现实意义。

设立教育发展特区，特别需要政府从“硬件”和“软件”上进行科学决策并给予必要的支持。从“软件”方面看，首先要解决对教育发展特区设立的必要性和紧迫性的认识问题，然后是制定什么样的政策方案来支持和引导的问题，还要考虑政府与特区办学主体的关系处理等一系列的法律规范问题。从“硬件”上讲，一是选择地址问题，二是投入问题。教育特区地点选择的合理与否，直接关系着这项工作的成功与效益，地址要充分考虑自然环境和人文环境；关于投入，其前期主要考虑人力、物力、财力、信息、技术等的投入，还要考虑对教育发展特区的宏观监督的投入等。教育特区发展思路及其定位影响着新生事物的质量与功能。

教育发展特区不同于一般的行政特区和经济特区。它的主要职责应以利用国际教育资源优化公民的国际竞争素质，从而提升中国的国际教育贸易竞争力为目的，以实现中外文化与教育的融通不断创新教育内容和教学方式、培养国际性人才为基础，以服从于探索有中国特色的、充满生机与活力的中国教育新体系目标为前提。

（原文约6000字，发表于《海南师范学院学报》人文社科版2002年第1期）

文摘编辑：张景瑞

中国近现代留美教育的发展轨迹及其审视

刘 杰 郭忠银

［作者简介］刘 杰，济南公安交通专科学校教务处，讲师，教育学硕士。
郭忠银，济南公安交通专科学校学院。

［内容提要］留学教育的产生和发展，对中国近现代社会的各个方面都产生了极为深远的影响。作为其重要组成部分的留美教育，在留学教育中所占的比重最大，在中国留学史上占有非常重要的地位。本文系统地介绍了中国近现代留美教育发生、发展的历史，把握其发展脉络。同时，试图通过回顾历史，总结其经验教训，冀能对积极稳妥地做好新时期的留学教育工作有所裨益。

［关 键 词］近现代；留美教育；发展轨迹；审视。

1871年，曾国藩、李鸿章二人联合上奏了《选派聪颖子弟赴美习艺并酌议章程十二条》获清廷批准，决定挑选120名幼童赴美学习，分4年，每批30人，学习期限15年。开创了中国近代留学运动的先河。但是，在国内顽固守旧人士的不断干扰下，1881年6月，清廷下令撤回留美幼童，这距第一批幼童到美仅9年时间，首次官派留美半途而废，成为历史的遗憾。但它打开了人们的眼界，扩大了对世界环境和历史进程的了解，在中国留学史上具有深远的影响。

一、中国近现代留美教育的贡献及影响

据梅贻琦和程其保的《近百年来中国留美学生调查报告》可知，自1850—1953年留美学生共计两万余人，居留学各国人数之首，来源地区也很广泛。这一庞大群体为东西方的文化交流，建造起了一座坚实的桥梁，对中国社会的政治、经济、科技、教育和思想等各个方面都做出了很大贡献，具有深远的影响。

1872—1881年的首次官费留美虽然夭折了，但它对后世的贡献和影响却是不可低估的：（1）它培养造就了一批新式人才。据统计，这些学生中后来从事外交、行政者24人，从事教育者5人，从事铁路、电报、工矿者30人，从事商业者7人，从事海军者20人。同时也涌现出一批杰出人物，如詹天佑、梁敦彦、唐国安等。（2）首次留美活动输入了西方政治、经济、文化教育和科学技术等方面的新内容，推动了“西学东渐”。（3）首次留美作为中外文化交流史上的新起点，开创了一代新风。以公开的向昔日“夷人”学习的态度，给“凡事不必师事夷人”的传统思维方式打开了一个缺口。

20世纪初，大批留美生开始陆续归国，供职在各条战线上。他们中大多数人为了使祖国早日富强起来，努力工作，做出了无愧于时代的贡献，在教育和科学方面尤为突出。留美生对我国教育的贡献主要表现在：（1）新教育体制的建立。“五四”之后，留美归国者日多，中国教育界在其大力鼓吹、影响下也转而注意美国的教育制度。1922年颁布的新学制，推行六·三·三·四制，一反清末民初模仿日本的倾向而采用美国的单轨制。此后中国的教育制度基本以“美式”为蓝本。（2）引进西方进步的教育思想和方法。许多留美生归国后积极撰文介绍欧美教育的新思想，邀请一些外国专家来华讲学，如杜威、孟禄等；一些先进的教学方法也被引入，如心理测验、教育测量等。他们的努力对改革传统的教育思想方法、构筑新的教育体系有着积极的意义。（3）重要的师资来源。留学生供职教育界的比例与其他各界相比是最多的。以清华留美生为例，1909—1922年的544名归国生中从事教育者204人，占全数的40％。

留美生对我国科学事业的影响较之在教育方面的影响更为直接和深刻，主要表现在：（1）建构科学社团、创办刊物，大力介绍、宣传西方先进的科学理论知识。其中影响最大的是中国科学社及其编印的《科学》月刊。（2）推动科学普及和启蒙工作。（3）注重科学实践工作，直接推动生产力的发展。

在其他方面，如政治上，留美学生影响也不小。辛亥革命时梁如浩、梁敦彦、唐绍仪等都是早期的留美生，他们在推动民主、共和的进程中发挥了重要作用。1916年曾对留美归国生职业进行统计，在340人中从政者有110人。此外，在传播新思想、改良社会风气方面，留美生也是功劳卓著的。辛亥革命后，留美生兴起的“科学救国”思想直接为开展新文化运动奠定了基础。但在军事方面，美国虽是最早接受中国留学生的国家，在相当长的时期内却拒绝接受中国军事留学生。以清华留美生为例，1909—1949年总计1000余人，其中军事留学生约60人，所占比例不足4％。人数不仅少，而且大多并无赫赫声名，这与留日军事学生实是不可同日而语。不过，总的看来，留美学生对中国社会的进步和发展都产生了

很大的影响，而且涌现出了一大批闻名遐迩的人物，如闻一多、梁实秋、茅以升、竺可桢等等。

二、清末、民国时期留美教育中的缺失

反观清政府在派遣留学之初，是面对岌岌可危的政权不得已而为之，并非采取主动学习的态度，这就决定了它对留学诸多问题的消极态度，缺乏完整的政策，统一的计划和明确的制度。特别是1906年以前，对留学资格全无限制，在学习科目上，先限定学西艺，至“新政”时倡学师范、政法，以后又倡学实业，缺乏长远目标和统筹兼顾的系统方案，充分反映了清政府在留学问题上的被动心理。而且举办的留学毕业生考试的内容、程式等都“略仿科举取士之遗”，予以功名和实官奖励，带有浓厚的封建色彩。授给的官职与所学专业又很不一致。可见清政府仅把留学教育作为应急的手段与维护旧体制的工具，而没有给予应有的重视。但是历史的发展是不以人的意志为转移的，清末留学事业客观上却引起了社会观念的巨大变迁，加速了清王朝的覆灭。

民国建立后，中国的历史进入了一个崭新的纪元。纵观整个民国时期的留美教育，虽有几度曲折和反复，从总的趋向看还是有很大发展，不过仍存在着一些问题：(1) 留学政策不够稳定，缺乏连续性和完整性。(2) 对留学生所习科目缺乏系统、周密的安排和全盘计划。(3) 重学位而忽视实学实用。政府和社会用人总是以学位相衡量，这就使不少人以猎取学位为目的，留学“官衔好予”，也助长了出国镀金、文凭主义的思想。(4) 没有处理好留学教育与国内教育的关系。(5) 没有一个稳定的经济保障，使留学教育的发展时高时低，变化剧烈。(6) 崇洋媚外，食洋不化现象严重。

三、对留学教育的思考

留美与留欧、留日一起构成了我国留学教育史上的三大洪流。在它们长期的演变发展过程中积累了许多值得探讨的经验教训，认真总结吸取这些宝贵的历史遗产，对于保证我国今天的留学教育事业沿着正确的轨道健康发展，是非常必要的，也是相当重要的。

第一，留学教育的发展必须以经济发展作为自己的后盾。经济的发展是留学教育赖以发展的前提，任何时期留学教育都不可能脱离当时经济发展的水平而独立地谋求自己的发展。不过留学教育可以为经济提供高层次的科技人才和具备先进管理经验的人才，这又能促进经济的进一步发展，这是经济实现良性循环、健康发展的必要保证。现今我国政治稳定、经济形势越来越好，这给留学教育的发展带来了契机。

第二，留学教育必须与社会变革、思想启蒙运动紧密联系，协调进行，才会有持久的生命力和产生重大的影响。留学活动的实质便是吸取较高的物质文明和精神文明。它必然使得人们具有新的世界观、行为方式和知识结构，必然与中国的政治、经济、文化、思想等各方面的变化息息相关。局势的稳定，政府的支持，民众思想上的认同和行动上的参与都极大地影响着留学教育的发展。同时，留学生对中国社会的政局演变、经济发展、思想观念更新等也会产生重要影响。

第三，在留学教育中应当正确处理中国传统思想文化与西方文明之间的关系。中国传统文化中蕴藏着许多精华，它与西方文明由于具有不同的思想体系、文化背景，故形成了猛烈的撞击。但历史进程已经显示，二者并非完全互相排斥，而是相互交流的。中国对西方文化的输入，不能是移植或取代式的，而应该是经过吸收、交流，实现中西文明的融合，来推进中国社会的发展。

第四，重视发展国内教育，提高国内培养高级人才的能力。留学只是手段，是“过渡之舟”，目的在于学习国外先进的科学和管理手段以及社会科学的新成果，来促进本国的发展。因此在大力发展留学教育的同时，应把主要精力放在本国，从教育结构、专业设置、师资队伍、教材建设、人才培养规格等各方面来积极改革，增加科研经费，更新科研设备，大力发展本国的教育。

第五，应当明确留学教育的指导思想，统筹安排留学所学科目，做到总的比例结构要合理。留学目的要根据国家需要，要适合中国实际，学习那些中国未有而又需要的东西。要克服重理轻文的倾向，还要解决好基础学科和应用学科、急需学科和未来学科之间以及学科内部的比例关系。不论学习任何学科专业，要学其实质，做到学以致用，才能真正达到留学的目的。

第六，留学应当多形式、多渠道、多国别的进行。留学是培养造就国家所需人才的一条重要途径，而且收效快。但关键是经费问题，应该通过国家公派、地方自派、自费等多种形式扩大派遣规模。同时利用国外的奖学金或民间团体的资助以及扩大同国外人才交换培养的规模，都可以达到既节约外汇又培养人才的目的。留学派往的国家、地区也不能过于集中，要多领域、多层次的学习，才能提高留学教育的总体效益。

第七，应当建立和健全一套比较完整的留学教育政策和制度；同时，做好留学生回归工作。为了保证留学教育获得持续、稳固的发展，应该使之制度化、规范化。要制定出明确、配套的制度和措施，做到有章可循，有案可查，才能使这项事业不会因为具体的人事变动或突发事件影响而发生剧烈变化。针对留学生教育中存在学而不归或归而复返现象，一方面国家、派出单位、在学国管理机构三者要协同合作，加强管理；另一方面要加强对留学生的爱国主义教育。同时还要合理使用归国留学生，让他们能用其所学、专业对口，逐步提高其政治地位和经济待遇，积极创造条件与国外学界密切联系。这样才能从根本上缓解留学生学而不归和人才外流问题。

（原文约7000字，发表于《邢台职业技术学院学报》2002年第1期）

文摘编辑：范子奇

西部地区落后成因及教育发展对策分析

邢祝国

[作者简介] 邢祝国，哈尔滨工业大学人文与社会科学学院副教授。

[内容提要] 为实现可持续发展战略，就必须改变西部地区的落后面貌，提高西部地区人民的生活水平，缩小东西部地区的差距，进而达到东西部地区协调发展的目的。西部地区由于历史文化、地理环境、教育观念、劳动力素质等原因，经济文化发展滞后。而改变这种滞后，必须转变观念，发挥优势，加大教育投资和人才开发利用力度，加强民族教育，把教育优先发展和教育与贫困地区可持续发展战略落到实处。

[关 键 词] 西部开发；发展教育；更新观念。

西部地区疆域辽阔，人口稀少，是我国经济欠发达、需要加快开发的地区。全国尚未实现温饱的贫困人口大部分分布于该地区，它也是我国少数民族聚居的地区。改革开放以来，西部虽然也有了长足的发展，但与东部，沿海比较起来，差距很大。

一、西部地区落后的主要成因分析

1. 农耕文化与地理环境的影响

应当说，农耕文化曾创造了灿烂的农业文明，推动了社会经济的发展。但随着时代变迁、社会进步，特别是在加速实现工业化、城市化的进程中，农耕文化的负面影响便凸显出来。西部地区地处内陆，山地、高原、盆地等复杂地区，更加强化了农耕文化的内陆、封闭意识。1840年鸦片战争后，外国资本与商品首先进入中国东南沿海地带。与此相反的是，由于封建统治、自然灾害以及战乱的影响，许多中西部的城市却相应地衰落或停滞不前。与此同时，西部贫困地区处于我国内陆腹地，这里大多气候干旱，降水量少。水资源的匮乏，加上水、土资源空间匹配差，造成这一地区植被稀少，再生能力差，生态环境恶劣而脆弱。西部地区落后无疑与恶劣的地理环境有着密切的联系。

2. 落后的生活方式与保守的观念

从更深的层面上分析，西部地区落后的另外一个根源是：落后的生活方式与保守的观念。西部地区观念落后、忽视教育是历史与现实诸多因素作用的结果，与西部地域封闭、传统的自然经济和积淀深厚、计划经济影响严重等有着直接的联系。由于地理位置和地形原因，西部交通不发达、少数民族多、教育落后、观念保守、语言和文化障碍等因素，使其生产力水平远远落后于东部和沿海地区。西部大开发必须根据变化了的新情况，在借鉴东部沿海地区成功经验的基础上，以符合时代要求的观念确定新思路，用开拓创新的意识探索新方法，靠市场经济的新思路构建新体制，以加强教育的发展和投入为契机，使观念更新成为抓住机遇和西部大开发的触角，改变面对落后心安理得、面对差距怨天尤人、面对竞争麻木迟钝、面对机遇不思进取的精神状态。

3. 教育观念陈旧，人力资源开发不够

教育的落后和人才的外流，是造成西部落后现状的重要原因。西部地区是我国劳动力资源丰富和最需人才的地区，但是多年以来人力资源开发滞后。据1999年统计数据分析，西部地区15岁以上文盲半文盲比率高达35.79%，比全国平均22.21%高出近14个百分点；具有大专以上学历的人口数占总人口数的2.2%，仅为全国平均水平的76.4%。一方面，西部地区人才数量不足，人力资源开发不足，知识结构不合理；另一方面，由于西部地区经济发展活力不够，缺乏对人才的吸引和开发人力资源的动力，致使西部地区的人才又不断地流失，使西部地区本来就十分突出的人才问题变得更加严重。

4. 人口—劳动力素质低下

人口增长快，劳动力素质低，特别是文化科技素质低下是制约西部贫困地区发展的另一重要因素。1949—1994年，宁夏西海固地区的人口由47.96万增至175.1万，增长3.65倍，大大高于同期全国1.18倍的水平。由于人口增长过快，人均耕地由建国初的12亩下降到1993年的3.7亩，人口密度每平方公里达104.2人，严重超出联合国规定的干旱、半干旱地区每平方公里20人的承载极限的标准，对土地形成极大压力。由于经济发展落后，致使科教文卫事业受到极大影响。1993年，宁夏西海固地区的学龄儿童入学率仅达到88.6%，大大低于自治区95.18%和全国98.4%的水平。低素质的人口，严重影响了西部贫困地区科学技术的应用和推广，致使科技进步对经济增长的贡献率大大低于发达国家和发达省区的水平，严重制约着经济增长方式由粗放型向集约型转变。

二、西部地区教育发展对策若干思考

1. 确立“科教兴省(区)”,落实教育优先的战略

地方政府要从提高贫困地区人口素质和为21世纪西部发展培养人才的战略高度出发,坚持优先发展基础教育。在制定教育发展规划时,要保证基础教育的发展规模和速度;在安排经费和基础建设投资时,优先保证基础教育的发展需要。贫困地区要摆脱贫困,走出经济制约与教育发展间的恶性循环,就要有勇气、有胆识,从不太多的财政收入中拿出更多的份额优先发展教育。

2. 加大教育的投资力度

西部大开发必须大力发展教育事业,加大对西部教育的投资。进入知识经济时代,为保持我国经济持续、稳定、健康的发展,在制定西部大开发的总体战略时,要把教育放在优先发展位置上。

3. 抓住机遇,加强民族教育是西部经济发展的前提

西部地区必须树立强烈的机遇意识,主动出击,抢抓机遇,努力赢得西部大开发的先机。民族教育是民族经济状况的反映,民族经济的先进和落后决定了民族教育的先进或落后。但是,民族教育反过来影响和促进民族经济的发展。要发展民族地区的经济,必须坚持教育为本,明确教育在经济发展中的战略地位。民族地位的经济要靠民族教育来支撑。

4. 转变观念,实施教育与贫困地区可持续发展战略

大力发展教育事业,培养造就有文化、有知识技能和环境意识的高素质劳动力,是制定和实施西部贫困地区可持续发展战略不可忽视的重要环节。西部落后地区对我国经济的发展起到了严重的阻碍作用,要实施可持续发展战略,必须从长计议,长远规划,不能以破坏资源和环境为代价。

5. 引进人才、发挥优势,求实创新,增强竞争意识

首先,要彻底打破用人上的传统观念和不正之风,打破资历、学历、身份的限制,把大量政治素质好、真才实学的优秀人才选拔到重要岗位上来。其次,建立“吸引人才,留住人才”的新机制,用感情留人,用事业留人,用待遇留人。在政治上、生活上关心人才,在事业上给人才创造施展才华的天地;在物质待遇上,坚持“按劳分配”的原则,并适当予以倾斜,打破档案工资,用高薪吸引各种专门人才、稀缺人才,最终形成“孔雀西北飞”的热潮。

西部地区在经济和地理位置上也有自身的优势。西部地区与蒙古、俄罗斯、塔吉克斯坦、印度、越南等国家接壤,陆地边境线长18万余公里,约占全国陆地边境线的91%;与东南亚许多国家隔海相望,有大陆海岸线1595公里,约占全国海岸线的1/10。这些都为这一地区的对外开放提供了客观条件。与此同时,国内外经济环境使得进行西部大开发的时机已经成熟,西部开发的条件比起20年前发展东部时要好得多。“西部大开发”是在我国新经济阶段的历史条件下,在借鉴国际的经验和吸引大量的外部投资和技术的基础上进行的。我们必须按照市场的经济规律,发挥我国西部优势,走出一条有中国特色的西部开发之路,从而促进该地区的经济协调发展。同时,西部地区要实现健康、稳定、可持续发展的战略,就必须打破常规,必须有新思路,有创新,从新的视角探索新方法,以强烈的竞争意识营造西部发展的优势。以高效的教育培养出高质量的人才,以人才带动经济的高速发展,以经济发展促进教育水平和全民族素质的全面提高,将会形成教育—人才—经济—教育的互动模式。我们有理由相信西部大开发这一伟大壮举能够取得圆满成功,我们期待着中国经济的又一次腾飞!

(原文约9000字,发表于《哈尔滨工业大学学报》社科版2001年第2期)

文摘编辑:张景瑞

西部教育现代化应注意的若干问题

褚宏启

[作者简介] 褚宏启，北京师范大学教育管理学院教授。

[内容提要] 教育的迟发展阶段有其利弊，西部教育的发展应以效率为先，兼顾公平，教育传统与教育现代化都有适应现代社会发展的积极因素；教育现代化是随着社会整体现代化而同步进行的。

[关键词] 西部；教育现代化；教育传统。

促进西部教育的现代化是西部大开发的重要内容，而且西部教育的发展对促进西部地区社会的整体发展具有战略性意义。西部地区教育形态和社会状况的特殊性决定着其教育现代化道路的特殊性。本文认为，西部地区制定和实施教育现代化工程必须注意以下几个问题：(1) 教育的迟发展效应问题；(2) 平等效率的关系问题；(3) 传统性与现代性的关系问题；(4) 教育现代化与社会整体现代化的关系问题。

一、教育的迟发展效应问题

从发展阶段来看，西部地区的教育不论是硬件还是软件都明显处于迟发展阶段，这样由于其起步晚而面临与现代化起步较早地区不同的制约条件和发展模式，就会产生一种特有的迟发展效应。迟发展既有正面效应又有负面效应，西部地区应尽力扩充前者并抑制后者。搞现代化和教育现代化是"先下手为强"，先行者往往占据许多优势，拥有更多的资源，拥有更充裕的时间，其现代化是一个自上而下的自然发展的过程，传统与现代性的冲突相对较小。而后来者则没那么幸运。当后来者开始起步时，先行者已达到较高的现代化水平，后来者在教育现代化进程中会出现一些因迟发展而带来的负面效应。这种负面效应首先表现为双重发展效应，意即作为后来者不仅要追赶上先行者早已达到了的教育现代化阶段性目标，还要适应先行者目前的发展趋向。先行者并不固定在已达到的成就上，在后来者追赶它们的同时，它们也在发展，而且发展的速度并不慢。因此后来者所面临的压力就是双重的。另一种负面效应是高速效应。先行者是后来者的榜样，要在较短的时间内赶上先行者一二百年才达到的发展水平，就必须以较快的速度发展，因此，后来者现代化进程的基本特征是赶超型的，其步履较急，不可能像先行者那样从容，这便会带来一些问题。最突出的问题便是冒进式发展，由于急于求成，往往提出了凭借现实条件不足以实现的目标。冒进式发展往往不能按时达到已订目标，影响政府形象和声誉，而且还会给本不充足的资源带来很大的浪费。

迟发展不仅有负面效应，亦有正面效应。现代化学者列维认为，后来者具备五个方面的优势：其一，当后来者开始自已的现代化进程时，先行者的现代化已有了相当长一段时间的历史，后来者此时对现代化的认识无疑要比先行者开始现代化时要丰富得多，这样后者就可以省却许多"在黑暗中探索"的过程，而这个过程则是先行者所必须经历的。其二，当后来者开始现代化的时候，先行者已经形成了较为成熟的计划、技术、设备以及与此相适应的组织结构，对此后来者皆可借鉴。其三，后来者可以跃过一些先行者在现代化过程中必须经历的阶段，比如在技术上，后来者可以直接吸收发达地区的最新技术，不必一切从头开始、按部就班。其四，由于后来者在启动现代化时先行者的现代化已经达到了较高的程度，这就使后来者可以在先行者那里看到自己现代化的前景，这至少可以有利于动员整个社会的力量投入实现现代化的事业。其五，现代化的先行者可以在资本和技术上对后来者的现代化给予帮助。可见，迟发展或落后对于西部教育的发展进程而言并不全是坏事，迟发展有迟发展的优势，这种迟发展所具有的优势也被称为"落后优势"。先行者的经验对后来者而言是一种宝贵的资源，并不是每个后来者都能运用和使用这种资源，迟发展的正面效应的出现不是必然的。对先行者的经验涉及到两个基本的不容回避的问题，即"用不用"和"怎样用"的问题。"用不用"与后来者对先行者经验的态度有直接的关系。是否借鉴学习先行者的教育经验即"用不用"是一个重要问题，在决定"用"了之后，"怎样用"也是一个重要问题。先行者的经验是在特定的历史条件下形成的，未必完全适用于后来者。这要求西部地区对本地区的发展条件应有客观的、清醒的把握。总之，先行者的"示范效应"是利弊互见的，而且与利弊二者如影随形，不可完全分开，教育现代化的后来者应注意扬利抑弊，尽量减少教育现代化进程中的曲折。

二、平等与效率的关系问题

西部教育发展的资源相对来说是比较匮乏的，怎样使用有限的教育资源，就涉及到平等与效率的关系问题。教育平等是我们追求的最终目标，但在目前的发展阶段，西部教育的发展应以效率为先，兼顾公平。从理论上看，公平与效益二者是相得益彰、互相促进的。然而实际上二者时常发生摩擦和冲突。首先，教育平等是一个非常易入的误区，平等只是一个相对的概念，绝对的、完全的、极端的平等是不存在的。完全平等是任何政府都无可企及的。如果一旦陷入过分追求教育平等的误区，教育的效率就会受到影响。普通民众有时往往只考虑自身的、局部的、当前的利益，而对他人的、国家的、长远的利益考虑较少，因此他们对教育平等的追求，有时也具有这种特点。过分追求教育平等无论对教育发展还是对国家发展都不是有利的。

对于西部地区而言，在教育现代化过程中更应关注教育的效率问题。西部地区面临许多迟发展所具有的负面效应，由于发展水平较低，故没有充足的资源去满足大众对教育平等的要求。迟发展国家先关注效率问题实质上是对平等问题的最好关注，只有关注效率才有助于通过教育提高地区整体发展水平，只有提高了地区整体发展水平，才能为教育平等的实现提供必要的资源条件。暂时牺牲教育平等也许是为了得到更大的教育平等而付出的代价，这种代价恐怕是西部地区必须付出的。

三、教育传统与教育现代性的关系问题

一个社会的教育是传统教育还是现代教育，要看教育的传统与现代性的比重分配。在西部地区，相对于东部发达地区而言，有着更多的传统因素，在教育现代化进程中，如何看待这些传统因素呢？既然教育现代化是从传统的教育向现代性的教育转化的过程，人们在思想方法上便会将传统与现代性截然对立起来。有人认为“传统”就是“非现代性”，传统与现代性二者在内容上无交叉，传统的都是旧的坏的需要处理的，而现代性的都是新的好的亟待弘扬的。实际上远非如此。传统的东西并不总是同现代性相矛盾的，在传统社会中已蕴含着丰富的现代性因素，在现代社会中也保留了许多优良的传统因素。有些传统因素本身就具有相当的现代性色彩，传统社会包含着许多现代化过程的重要变数，如古希腊教育的全面发展观念、古罗马教育的强烈世俗化倾向、中世纪经院哲学中的理性精神、中国古代教育家孔子的“有教无类”等皆然。然而这些东西也不能完全等同于现代性，因为这些做法和观念所依托的社会背景是传统的，要在现代社会使之发挥作用需对之进行某种“转换”。传统中的优良因素加以转换后可成为现代性的重要组成部分。传统与现代性的存在状态并不是互相对立、互不相容的消极状态，而是共存的过渡状态，正是在这种共存的过渡状态中，传统与现代性发生互动，使传统发生变化和改造以适应现代化的需要。

对待传统有两种极端的做法，一是对传统全盘否定，一是对传统过分肯定。对传统的全面否定势必带来传统的反弹，反弹是对全盘否定这种的做法的一个反动。另一种必须引起警惕的做法，是对传统过分肯定，拒斥现代性。总之，在教育现代化的过程中，不应将教育传统与教育现代性盲目对立起来，应策略地甄别传统中的有利因素，以促进教育现代化的进程。传统对于教育现代化而言是利弊兼备的，问题是，怎样有效地利用其有利于现代化的因素和怎样借助于强有力的整合手段去遏制其不利于现代化的因素。

四、教育现代化与社会整体现代化的关系问题

尽管教育发展相对于社会的经济与政治发展而言，具有独立性，但从根本上看，教育现代化的全面展开与充分实现，有赖于社会主体结构的现代化。教育现代化具有依附性。教育现代化并不是社会现代化之外的东西，它本身就是社会现代化的一个构成部分。没有社会各个主要层面如政治、经济、文化等的现代化，教育现代性的全面、充分的增长与发展是不可能的，社会各主要方面达到较高的现代化程度是教育实现较高程度的全面现代化的先决条件。政治、经济、文化等构成一个社会的核心结构，教育只是一个边缘结构。不能离开社会主要构成要素的现代化去谈教育现代化问题，因为教育的许多根本问题如教育目的、管理体制、学校结构、课程内容、教育条件（经费、师资）等皆非教育本身所能决定，也非教育本身所能解决。

加强权力对教育的渗透是教育发展的必由之路，教育事业是一项既庞大又重要的事业，只有强有力的权力参与才能使之得到充分的支持和协调的发展。越是教育落后的地区，越需要加强政府权力对教育事务的参与，以调集充足的人力、物力、财力资源发展教育。

（原文约6000字，发表于《中央民族大学学报》哲社版2002年第2期）

文摘编辑：张景瑞

现代教育技术对学校教育的深刻影响

汪志平

[作者简介] 汪志平，涪陵师范学院电教网络中心助教。

[内容提要] 现代教育技术是一种全新的教育观念和教学设计思想。它对学校教育的影响是深刻的、全面的。其中对学校教育的媒体环境、人物因素、观念形态三个方面的影响更为突出。

[关 键 词] 现代教育技术；学校教育；媒体环境；人物因素；观念形态。

现代教育技术是一种全新的教育观念、一种全新的教学设计思想。其本质意义、内涵、外延远远超出了媒体的应用范畴。

我国学者对现代教育技术下的定义为：现代教育技术是指在现代教育理论的指导下，充分利用现代信息技术，通过对教与学的过程和教与学的资源的设计、开发、利用、管理和评价，以实现教学最优化的理论和实践。

一、现代教育技术对媒体环境的影响

现代教育媒体，特别是信息技术（主要指计算机技术、多媒体技术、网络通信技术）在教学中的运用，是现代教育技术的典型特征，是对传统教育方式的一次重大变革。这种变革，从信息的载体，信息的编码方式，信息的呈现方式，对教育媒体环境的改变都是具有划时代意义的。

首先，教育信息储存介质日趋多样化。目前，书本、录音带、录像带、电影片、磁盘、光盘已成为教学中最常见的信息载体。更大容量的储存介质还在不断涌现。一张直径12cm的CD－Rom，竟能储存30亿汉字。一个光盘塔可以容纳一个大型图书馆。以数字编码方式存在的“电子阅览室”、“网上图书馆”正在兴起。计算机互联网上庞大的数据库储存着人类难以数计的科学文明，一个小小的鼠标箭头就能带引我们进入知识的海洋。近年来，e－Library、e－Maketing、e－Home等概念的提出，标志着数字编码储存技术正在深刻地影响着我们的现实生活，并折射着人类教育的光明未来。

其次，信息的表现形式多样化。传统的文字、语言、声音这类信息的表现形式，传递的知识内容非常呆板，表现能力有限。如今在我们教育领域信息的表现形式非常丰富，不仅有文字、语言、声音，而且图形、图像、动画已成为常用的信息表现形式。过去的事物，宏观微观的世界，抽象的概念都可以借助现代教育技术手段再现于课堂，扩大了教学时空，丰富了教学内容。特别是计算机多媒体技术、人工智能技术、仿真技术的飞速发展，使我们的教学信息表现形式，展示的内容更加生动、形象、具体。比如利用虚拟现实技术，就可以在电脑屏幕前完成各种教学实验，技能训练，与真实的环境一模一样。

另外，教学信息来源已趋多元化。过去我们的教育信息，主要来源于教师、纸质教材。在教学过程中要教与要学的东西往往是政府以某种要求的形式定下来，再借助一定教育机构加以贯彻执行，这样个体所获得的信息是教育者预定的内容。整个教与学的过程就缺乏自主性、灵活性。由于学习个体获得信息的渠道非常狭窄，学生自由伸缩的空间非常有限，因此培养出来的学生知识面就窄，创新思维能力较差，自由探索问题的能力严重不足。现代教育技术的发展为教师与学生获得知识信息提供了广阔的空间。卫星电视传媒技术、多媒体技术、互联网络技术已深深地改变着过去单一的教学信息来源渠道。我们正在迈入信息化社会，人类的信息交流从来没有像现在这样方便、快捷、频繁。特别是“信息高速公路”的建设，宽带、大容量、快捷的网络通信已使人们获得信息的渠道跨越了时空、国界。人们在更高、更广、更深的领域自由地享受人类文明成果。随着世界经济一体化进程的加快，世界文化大交流的形成，互相取长补短，求同存异的文化观念会得到广大的世界人民的认同。对学校教育而言，多元文化的交融，必将深刻地影响我们的教育观念、教育模式和学习方式。

最后，现代教育技术使媒体的使用效能不断提高。教育信息化浪潮正在全世界兴起。教育在这次浪潮中正在进行深刻的嬗变。这种嬗变最直接的表征就是信息技术涌进教育领域。作为电化教育时期的教育媒体，比如：幻灯、投影、电视、早期的计算机技术等，在这个信息激增的社会，其能力的发挥就非常有限。因为这些媒体在传播、再现信息时是“各自独立”，媒体集成信息的能力非常低，媒体间整合性能差，资源彼此共享性不高。信息技术的发展就改变了这种现状，特别是多媒体技术使教育媒体得到了高度集成，比如，借助多媒体计算机，各种信息的表现形式均可进行加工、处理。与此同时信息的超媒体链接，改变了过去信息组织的线性状态，非线性的知识流为学生个性化学习、自由探讨问题创造了无比优越的条件。多媒体技术、互联网络将是教育手段现代化的重要支撑。

二、现代教育技术对学校教育人的因素的影响

1. 对教师角色的影响

在我们的传统教育里，教师在整个教学过程中是处于“中心”地位，其主要职责是给学生讲授知识，教师是教学活动的领导者，具有一定的权威性，学生是教师知识灌输的对象。这种行为主义教学思想独统天下的教学过程，教师的“中心地位”不断得到加强，随着信息技术在教学中的广泛应用，教师的这种角色地位正在受到挑战。首先，教学信息获取的渠道的增多，就改变了学生主要从课堂从教师那里获取知识的现状，教师对知识独具的权威性将受到削弱，教师的“中心地位”就受到挑战。其次，网络化的信息存在空间，教育资源非常丰富，这就打破了传统的统一大纲、固定的教材、统一的评价体系的教学方式，课堂教学模式将发生重大变化。另外，信息社会知识更新的周期非常的快，教师也要不断加强学习，努力提高自己的信息素养。社会对教师的综合素质要求将会更高。因此，现代教育技术条件下的教师角色应该是多元化的。他既是“知识的传播者”、“领导者”，但在更大程度上教师应该是学生学习活动的“引路人”、“设计者”和“创作者”。教师应该从“中心”地位逐渐退下来，更好地发挥作为一个信息社会教师的指导地位。教师应该花更多的精力和时间去从事教育科研和为学生创设良好的学习环境（比如：制作优秀的计算机多媒体课件），为学生建构自己的知识体系做好引导服务工作。

2. 对学生的影响

现代教育技术，为学生提供了广阔的认知空间。传统的学习方式、思维方式在网络化、非线性的知识流面前将受到强大冲击。我们过去的教育，知识逻辑的组织是线性的，学习习惯了文字学习的思维定式，要解决什么问题，老师和书本已给出了问题解决的途径和答案，学生只是去记忆罢了。学生的创新思想，主动去探索问题的能力就显得非常的差。在信息技术条件下，学生获得信息已突破了时空的限制，可以自己安排自己的学习进程。在多媒体技术、网络通信技术条件下，学生可以利用人工智能技术、虚拟现实技术构造科学探索环境，与他人合作、协作完成科学实验、解决实际问题。在教师的指导下，自己借助信息技术，构造自己的知识体系，将是未来学生主要的学习方式。

3. 对师生关系的影响

师生关系是教学系统中一种重要的人际关系。在传统师生关系中，教师是知识的化身，是绝对的权威，担当着教育者领导者的角色。而学生则“唯师是从”处于被动接受知识的地位。在现代教育技术条件下，传统师生关系正在微妙地发生交化。师生间民主、平等、和谐共同探讨问题的新型师生关系将是未来的主流。

三、现代教育技术对教育的观念形态的影响

现代教育技术为教育信息化的实现提供了信息传播的技术平台，人类沿袭几千年来的教育思想、教育观念、教学模式正在发生深刻的变化。笔者认为这种变化主要表现在以下几个方面：

一是教育的全球观。信息化社会，各个国家各个民族面临的经济、文化的竞争，是具有全球性的。教育的视野必须放眼全球，要把教育的目标、教育的策略、教育的管理、人才的培养、教学的评价等放在全球竞争的环境中来考虑，要按全球教育的发展趋势来制定我们的教育方针、政策。

二是全面的人才观。21 世纪的人才应具有良好的学习技术、信息素养、创新思维能力、人际交往与合作能力、实践能力。创新是信息社会对人才的最本质要求。因此，过去以考试成绩论“英雄”的时代将一去不复返。对迅速发展的社会有较强的适应能力、生存能力的综合性人才将最受欢迎。

三是资源的整合、教学过程的优化观。现代教育技术为人类提供了丰富的教育资源和良好的学习环境。对资源的充分利用、全面整合，建立质量优先、效率第一的教育策略已显得非常必要。教育是一个产业，已得到普遍的认同。对质量、对效益的追求，永远是产业的第一要素。

四是民主、个性、自由的教学模式将得到发扬。过去以教师为“中心”的教学模式将打破，以建构主义为理论基础的“教师主导”和“学生主体”地位的新型教学模式将建立。教师的“权威性”将削弱，教师与学生间将会更加自由、民主地探讨问题。教师将为学生创设非常开放的教学环境，让学生自主建立解决问题的策略。学生的个性将得到极大张扬，学生与他人合作协作研究问题的能力将增强。

五是学校办学模式将更加开放。借助网络通信技术，开放的、没有“围墙的学校”将得到大力发展，跨学科、跨专业、跨国界的学习变得非常容易。目前，世界各国都在借助互联网技术、虚拟现实技术大力发展开放式办学，为人们适应社会提供再学习再培训的学习环境。我国的远程教育也正在勃勃兴起。信息技术的飞速发展，为信息社会构建终身学习体系提供了强大的技术支持。

（原文约 4500 字，发表于《涪陵师范学院学报》2002 年第 4 期）

文摘编辑：李天君

论公民的受教育权

罗了一

[作者简介] 罗了一，陕西理工学院政法系讲师。

[内容提要] 受教育权是公民的一项基本权利。这项权利具有全民性、无财产内容、不可转让性和权利义务统一性的特点。接受义务教育权、入学就读权、教育平等权、终身教育权、接受职业教育和职业培训权构成了公民受教育权的主要内容。应当重视和解决目前社会中存在的教育费用增长过快和乱收费现象、社会力量办学中的违法问题和教育法制的缺陷等问题，确保公民受教育权的切实实现。

[关 键 词] 公民；教育；权利。

受教育权可以从狭义和广义两个方面来理解。狭义的受教育权是指公民进入专门的教育机构——学校接受教育的权利。20世纪以来，伴随科学技术的迅速发展，终身教育观念兴起，职业教育、成人教育和传统的学校教育，共同构成了我国现行的“大教育”体制。在这种“大教育”基础上产生的广义的受教育权，包括了公民接受各级学校教育、各种形式的职业教育和成人教育等权利。受教育权和人身权利、政治权利、经济及社会权利等，都是现代意义上的人权。

一、受教育权的内容

依据我国现行的法律规定，接受义务教育权、入学就读权、教育平等权，终身受教育权、接受职业教育和业务培训权，构成了公民的受教育权利的主要内容。

1. 接受义务教育权

义务教育是由国家实施的政府和社会、家庭予以保证的免费的国民教育。《世界人权宣言》第二十六条和《经济、社会和文化权利公约》第十三条规定了义务教育的原则和缔约国在这方面承担的责任。在我国，《中华人民共和国义务教育法》规定我国实行九年义务制教育，国家对接受义务教育的学生免收学费，并且规定了国家、家庭和社会在实行义务教育中的职责。凡年满六周岁的儿童，不分性别、民族、种族，均应当入学接受规定年限的义务教育。条件不具备的地区，可以推迟到七周岁入学。父母和未成年人的监护人不送适龄儿童、少年入学的，要承担法律责任。

2. 入学就读权

学校是专门从事教育活动的社会机构，学校教育具有正规性和系统性的特点，在基础教育和高等教育方面所起的作用是其他社会机构无法取代的。我国实行学前教育、初等教育、中等教育和高等教育的学校教育制度，公民有权进入各级各类学校学习。除因疾病或特殊情况，中小学不得拒绝适龄儿童，少年入学。需要特别指出，《义务教育法》规定的“适龄”是小学生入学的惟一法定条件，学校招收新生不得再擅自设置其他条件。

3. 教育平等权

公民在受教育时，对师资、校舍、图书资料和教育设施等条件享有平等的权利，在入学、升学和获得教育资助等方面，享有平等的机会和权利。由于现阶段我国城乡各地的经济发展不平衡，学校之间的教育条件差别很大，这个问题将随着经济的发展逐步解决。我国存在着人口众多和教育资源相对短缺的矛盾，目前还不能普及非义务教育，公民进入高中和大学学习必须通过考试竞争。但是，公民有权在相同的条件下公平竞争，获得非义务教育的机会是平等的。

4. 接受职业教育和业务培训权

职业教育是向公民传授职业知识和职业技能，培养职业道德，提高工作和业务能力的教育。职业教育按实施机构划分，可分为职业学校教育、职业培训和普通学校教育中的职业教育。其中，职业学校和普通学校实施的职业教育，可归类于学校教育。职业培训是由国家机关、企事业单位和其他组织对从业人员实施的业务培训，其目的在于培养和提高劳动者的业务水平和工作能力。我国的《教育法》、《职业教育法》、《劳动法》和《教师法》等法律、法规，对这项权利做了明确的规定。国家机关和企事业单位应当支持本单位的工作人员参加学习，并且积极开展职业教育活动，为公民接受职业教育和职业培训创造条件。

5. 终身受教育权

教育是培养国民素质的社会活动，传统的教育主要是指学校教育，教育的对象是正在社会中成长的新生代。现代教育的领域扩展到了整个社会，教育不再仅仅囿于学校。人们从学校毕业后，还要经常地接受职业培训和成人教育，这是科技时代的必然要求。在现代社会，从步履蹒跚的幼儿到退休老人。不断学习新知识，接受新信息，掌握新技能，成为不可缺少的生存需要，学习和受教育也发展为公民的一项终身权利。2001年，我国政府取消了高等学校考生的年龄和未婚条件限制，向成年人完全敞开了大学的校门，从而为公民享有终身受教育权清除了最后的障碍。

二、受教育权的实现与保障

受教育权影响和制约着公民的生存与发展，对国家强盛和民族的兴衰具有重要的意义。但是，目前仍然存在着某些妨碍和侵害公民受教育权的问题，需要做好以下工作：

1. 纠正教育费用增长过快和乱收费的现象

我国现阶段受教育的人数巨大，教育资源相对不足，仅仅依靠国家的投入，无法为绝大多数公民提供充分的教育条件。非义务教育收费的政策，有效地缓解了这一对矛盾，为筹集发展教育事业所需要的经费发挥了重要作用，也给更多的公民创造了接受非义务教育的机会。但是，随之出现了教育乱收费的问题。近年来某些学校制定的收费名目太多，标准过高，大大超过了现阶段经济发展的实际水平，给学生及其家庭带来了难以承受的经济压力，严重地影响了部分家境贫困的青少年的学习和深造。尽管国家制定了助学贷款政策，但是，这项措施却因操作技术问题被束之高阁。义务教育乱收费的问题也比较普遍，主要表现为中小学以赞助费，借读费等名义变相收取高额费用，这种现象在一些“重点学校”尤其突出。教育乱收费行为。违反了社会主义教育的公益性原则，也是社会反映比较强烈的一个问题。笔者认为，教育法规应当把学校的教育收费问题纳入其调整范围，各地教育行政部门和物价部门在确定学校收费标准时，应当参考经济发展的实际情况，依照《中华人民共和国价格法》的规定，召开听证会，广泛听取社会的意见。另外，应当尽快完善助学贷款政策，动员社会大力支持学生的勤工俭学活动，帮助贫困学生解决学业中遇到的经济困难。

2. 规范社会力量办学

社会力量办学是我国教育事业发展的一个新热点。根据有关资料统计，全国现有各级各类民办学校和教育机构52498所，在校学生达到699.41万人。可以预见，在21世纪，社会力量举办的学校和教育机构将和经济领域的民营企业一样，成为我国社会主义教育事业的重要组成部分。对于这样的发展势头，一方面需要扶持鼓励，另一方面又要注意加强监管和规范。近年来，新闻媒介对民办学校在办学中发生的问题屡有报道。有的“贵族学校”在收取高额学费后经营管理出现问题，不仅给学生的家庭造成巨大的经济损失，而且严重影响了学生的学习和受教育。更有甚者，有的不法分子利用根本不具备办学条件的空壳学校来进行诈骗活动，严重干扰了正常的教育秩序，妨害了公民的受教育权。对社会力量办学中暴露的问题，除了应当尽快完善有关的法律规范，更应当加强教育行政部门对民办学校的监督和管理，“依法治教”，确保社会力量办学沿着法制的轨道健康发展。

3. 进一步完善教育法律制度

从20世纪90年代以来，我国颁布了一系列的教育法律、法规，为教育事业的发展提供了准则和规范，也为公民切实享有受教育的权利提供了法律依据和保障。从我国立法的发展情况看，公民受教育权的保护在法律中呈扩大趋势。1999年修订的《中华人民共和国行政复议法》，把行政机关保护公民受教育权利的法定职责纳入了行政复议的范围。最高人民法院也把侵害未成年人接受义务教育权纠纷，确定为民事诉讼的立案案由。但是，随着社会的发展，我国已经实施的教育法律和法规也暴露出一些缺陷，还需要进一步修改和完善。例如：《义务教育法》规定父母及其他监护人对未成年人不入学接受义务教育应当承担的法律责任不明确，也没有规定学校违反义务教育职责的法律责任，这不仅不利于督促未成年人的父母及其他监护人和学校履行义务教育职责，也给处理学校侵害公民受教育权的案件造成了一定的困难。《教育法》第四十二条规定了学生对学校处分的申诉权，但没有具体的申诉程序，使得这项权利徒有虚名。另外，对各类民办学校和教育机构的法律规制措施，还有待进一步强化，更需要明确规定教育欺诈和其他教育违法行为的法律责任。

4. 继续提高全民重教的意识

经过二十多年的改革开放，人们对教育作用的认识有了很大的进步，全国上下重视教育的社会风气正在形成。但是，一些地方公开侵害公民受教育权的事件还时有发生。某些农村基层干部法制观念单薄，经常把不准村民的孩子到学校上学做为收费、集资和解决难题的手段。有的学校为了追求经济利益，设置不合理条件，拒收应当在本校入学就读的学生。还有变相开除学生、教师办“黑班”等现象，都在一定程度上侵害了公民的受教育权。制止教育违法行为，维护公民的受教育权利，不仅是教育行政部门和学校的责任，也是全社会的责任。加强宣传和学习，完善教育法律制度，加大教育行政执法的力度，依法严肃处理侵害公民受教育权的行为，才能保证教育事业的持续发展，有效地保护公民的受教育权。

（原文约6000字，发表于《汉中师范学院学报》2002年第1期）

文摘编辑：张景瑞

多元智能理论及其对家庭教育的启示

李勉媛

[作者简介] 李勉媛，广西师范大学硕士研究生。

[内容提要] 多元智能理论突破了传统智力理论的局限，指出人类存在着7种不同类型的智能。正确的教育介入及恰当的评估方法对智能培养具有重要的作用。这一理论对家庭教育具有一定的启示。

[关 键 词] 多元智能理论；家庭教育；启示。

一、多元智能理论的提出

1．智力的概念

在心理学界，智力一词尚未取得共识性的定义，不同的学者对智力有不同的解释。从各种定义中可见，传统的智力概念更多地关注个体的认知能力。

2．传统智力概念的缺陷

传统的智力概念存在着一系列的问题和缺陷。其一，传统智力概念过于局限。实际上人们对智力内容的看法是较为广义的。方富熹等人在调查中国和澳大利亚儿童、教师、大学生和成人（除教师）对智力概念内容构成的看法的研究中发现：尽管文化社会背景不同，但人们对智力的理解包含一般能力、思维能力和个性特点三方面，说明人们对智力的理解是多方面的。其二，在预测个体的学业成绩方面，智力与学业成绩之间只存在中等程度的相关。其三，不能很好地预测个体的成就。传统的智力测验设计主要考虑了学校内所培养的各种能力品质或学术性的智力，而忽视了社会活动能力和实践能力，因而对个体在学校外的成就缺乏预见性。研究表明：I Q分数本身只能说明约1/4的社会地位的变异和1/6的收入变异。

3．多元智能理论的提出及其内涵

在多元智能理论产生之前，有不少关于智能的研究和学说在探讨智力本质方面起过一定的积极作用和影响。尽管在具体论点的阐述上有所不同，但这些理论都有一个共同点：都是以心理测验为根据、以因素分析为方法而建立的理论体系。智力测验本身的局限性使传统意义上的智力理论受到人们的质疑，智力本质的探讨成为心理学界中引人关注的焦点问题。由于智力在理论和实践上的问题，新理论应运而生，加德纳的多元智能理论便是其中之一。加德纳从发展心理学的角度出发，提出了一种建立在生理与神经基础上的多元智能理论，即MI理论。与传统智力概念关注个体的认识能力不同，加德纳认为，智能就是人类解决难题与创造产品过程中所表现出来的，又为一种或数种文化环境所珍视的那种能力。通过对天才、大脑损伤病人、心智不健全而有专长者、患孤独症儿童、正常儿童、正常成人以及各种不同文化下的个体资料的考察分析，加德纳把人的智能区分为多维度，由7种相对自律的认知过程或心理结构所构成。这7种智能分别是：语言智能、数学逻辑智能、音乐智能、身体运动智能、空间智能、人际关系智能和自我认识智能。7种智能在正常个体身上和谐地运作着，我们感知不到这种自律性，但在一些特殊人群身上可以证明独立的单一智能的存在。基于这种理解，加德纳认为建立在语言智能和数学逻辑智能基础上的传统智力测验不足以真正地测量出一个人的智力水平，情景化的“智能展示”方法即允许被评估者以各自认为合适的方式向公众展示他们的实力和对课程的理解的方法比标准化考试更适于评估个体的智能。

智能作为一种潜能，它不是稳固的、内在的特征，而是生物潜能与环境相互作用的产物，环境和教育对智能的发展起着至关重要的作用。每一个正常的个体，只要有机会接触到有利于培养某一种智能的环境和条件，都会使这一智能得到某种程度的发展。由于个体智能组合方式不同，每一个个体均存在着各自的优势智慧。加德纳和塔夫茨大学的费德曼教授共同进行的《多彩光谱》研究表明：每个个体都具有不同的潜能或特质，及早发现有助于未来的学习。

二、多元智能理论对家庭教育的启示

家庭教育由于具有终生性、广泛性和灵活多样性的特点，能起到学校教育、社会教育不可替代的作用。多元智能理论同样会对家庭教育产生影响，赋予新的启示。

1．我国家庭教育存在的一些误区

——盲目从众。期望子女样样出类拔萃。基于我国的文化传统和社会心理特点，对自己的子女抱有很高的期望，希望靠子女的成才来显耀门庭、光宗耀祖是多数家长的普遍心态。我国实行计划生育政策之后，独生子女家庭日益增多。父母亲把对未来的全部希望均系于孩子一人身上，总期望子女将来能“成龙成凤”。在这种心态下，父母亲往往忽视了孩子的个性特点和喜好，盲目将孩子当作“神童”来培养，期望子女能够样样都出类拔萃。于是，学钢琴、学书法、学画画、学外语等等成为孩子业余生活的全部。孩子除了疲于应付各类学习班之外，几乎没有一点时间按照自己的意愿发展自己的兴趣、爱好。家长这种不切实际的过高期望往往事与愿违，扼杀了孩子的创新意识和创造性。同时，家长的这种心态也会给孩子带来巨大的心理压力，造成孩子身心失谐，为孩子的健康成长埋下隐患。

——评价标准单一化。受应试教育的影响，家长往往以考试分数的高低作为衡量孩子聪明与否、有无出息的惟一标准，因此追求高分成为许多家庭教育的最高目标。不少家长给孩子划定最低分数线，一旦孩子达不到要求，轻则责骂，重则以棍棒体罚孩子，甚至造成孩子不幸身亡。1985年北京的隋鑫事件、1987年青海果洛的夏裴事件、1996年江苏宜兴的周源事件均系于家长过分重视考试分数而发生的不该发生的悲剧。评价标准单一化容易使家长过多地关注孩子的学业成绩，而将孩子在其他方面显露出来的长处视为不务正业。孩子的正当兴趣、爱好得不到家长的支持和鼓励，反而受到家长的粗暴禁止。由于得不到足够的重视和培养，不少孩子的天资遭到埋没，造成人才资源的极大浪费。

2. 多元智能理论给予家庭教育的启示

多元智能理论突破了智能一元化的局限，指出人类智能是多维度的，每个正常个体身上都拥有7种智能。不同个体的智能水平有强弱之分，但每个个体都有自己的优势智慧，个体从事与自己的优势智慧相匹配的工作更容易获得成功。环境和教育对智能的发展起重要作用，及早发现个体智能的分布情况有助于采取针对性措施，促使各种智能和谐、充分发展。这一切赋予家庭教育以新的启示。

——及早发现孩子的能力倾向。个体智能发展水平差异在学龄前就出现了，越早发现某一特长，这一特长就越容易得到发展。家长要善于捕捉孩子身上智慧的闪光点，及早评估孩子的能力倾向。在方法上，传统的智力测验不能够全面反映个体的智能状况。家长要做的就是创设更多的机会，让孩子充分展现自己的才能。游戏是孩子生活中不可或缺的一部分，喜欢游戏是孩子的天性。家长应允许孩子根据自己的喜好自由地选择游戏类型，让孩子在游戏过程中淋漓尽致地发挥自己的聪明才智。家长则通过仔细观察孩子在游戏过程中的表现，全面、准确地评估孩子的能力倾向。只有在此基础上，家庭教育才能有针对性地、正确地引导孩子的发展方向。

——教育方法恰当，让孩子充分体验成功。智能不仅仅包括通常意义上的“智力”范畴，它涉及语言、数学逻辑、音乐、身体运动、人际关系等方面。每个个体智能组合方式和水平不同，不同个体的智能表现有差异，存在强项与弱项之分。因此，家庭教育必须从孩子的实际情况出发。在现实生活中，只有极少数的孩子能在智能的各方面都表现出众，样样都出类拔萃。对大多数孩子而言，每个人都有自己相对突出的智能表现。家长们要善于因材施教、因势利导，正确引导孩子的长处。反之，家长应以平常心态接受孩子在智能方面表现出来的短处，同时多创设有利条件使这些智能得到尽可能多的发展、提高。家长不应不切实际地苛求孩子样样都出类拔萃，否则因受到孩子天资所限，不仅达不到预期目标，反而容易使孩子产生严重的挫败感，对其身心发展不利。

——在教育目标上要展现出更广阔的视野。传统的观念中，惟有科学家、工程师、教授、学者等研究人员才是人才。多元智能观的提出，为我们展现出更广阔的视野：只要在某一方面有一定才能，能够在某一领域有所作为者都可称为人才。因此，学业成绩不再是衡量孩子有无出息的惟一标准，跟着高考指挥棒走、千军万马过独木桥亦不再是孩子们惟一的出路。现代社会除了学者型人才之外，还需要许许多多各方面的人才。因此，家庭教育的培养目标应从孩子的实际情况出发，在制定目标时要趋于多元化。制定目标的宗旨应该做到让孩子各尽其才、尽显其能，在自己的能力范围内得到充分的发展。

——营造良好的家庭氛围。氛围是指心理环境尤其是情感环境、意识环境，它是家长言传身教之外的、一种更加微妙的教育力量。智能作为一种非稳固的、内在的特征，受环境和教育的影响。家庭是孩子生活的基本空间，是孩子接受教育的第一场所，营造良好的家庭氛围对孩子的成长具有重要的作用。有关研究表明：民主的、平等的、和谐的家庭气氛，能够保证家长教育和影响的效果，有助于正确引导孩子的发展方向，保证孩子身心健康。反之，专断的、紧张的、经常有冲突的家庭气氛，势必对孩子的成长产生不利的作用和影响。因此，家长要尽自己所能为孩子创设和睦、安宁、愉快的家庭气氛。此外，重视家庭环境的美化，给孩子创造一个洁净、舒适的生活空间对孩子的健康成长同样重要。

（原文约6000字，发表于《辽宁师范大学学报》社科版2002年第1期）

文摘编辑：张景瑞

弱智孩子家庭教育个案研究

胡 丹

[作者简介] 胡丹，温州师范学院教育系。

[内容提要] 本文通过温州市区一个普通家庭对弱智孩子教育状况的研究，探讨一致的家庭教育问题，证明一致的家庭教育对弱智孩子的教育具有十分重要的意义，并提出在此问题上具有普遍意义的一些可操作的方法和途径。

[关 键 词] 弱智；家庭教育；研究；一致的家庭教育。

家庭是培养人才的摇篮，家庭教育更是培养弱智孩子重要的奠基教育。父母和家庭其他成员（祖父母等）是弱智孩子的最早教育者，他们一致的家庭教育，对改变弱智孩子的弱智程度、促进他们的成长有着重要意义。

一、研究对象状况

肖某某，男，汉族，温州市人，现年21岁，在温州市新码道小学八年级就读（该校为九年制培智学校），他生活在一个和睦的家庭里，其祖父母和父母均是个体商人，其父母亲虽未受过高等教育，但对孩子的教育却非常重视。该孩子自幼体弱，面貌及神态等均具有重度弱智孩子较明显的特征：说话很晚，7岁时尚不能说一句完整的话；10岁时也只能说单句话，并一直有口吃现象；手的功能落后，自理性的生活还需他人帮助。虽然如此，但其家人，特别是其母亲对他仍备加爱护，不仅在发音、说话方面给予极大的热情和耐心，反复训练，并在生活自理技能获得中不厌其烦地手把手地教。由于祖父母和父母等全家人耐心的、一致的教育，肖某某在10岁以后逐渐有了信心。11岁以后智商有所提高，在各方面均有了较大进步，不仅能说整句话（还有些口吃），而且在生活自理方面也有了提高，并有想上学的要求。15岁时到温州市新码道小学插入二年级就读。此后在家长及教师的培育下不断进步，学习能达标；劳动积极，并有了进取心，从四年级下学期一直到现在，曾多次被评为劳动积极分子。

凡教过他的教师们均有同感："肖某某刚来校时呆头呆脑的，现在进步可真大啊！"

二、分析与讨论

肖某某之所以有较大进步，根据其家长（特别是其母亲）介绍，有几条经验值得重视。

1. 重视一致的家庭教育、真爱融心灵。文中把家庭成员的一致教育，称之为"一致的家庭教育"，是与"矛盾的家庭教育"相对而言的。就做人而言，孩子如果经常处于家长的言教与身教的矛盾中，处于家庭成员不一致的、分歧的矛盾教育中，这对弱智孩子的不良影响更甚于正常孩子，使之不知听谁的好，莫名其妙、不知所措，这不仅影响了弱智孩子的学习积极性和上进心，更为减轻其弱智程度设置了障碍与阻力，影响了他们人格的健康成长。所以，一致的家庭教育对弱智孩子尤为重要。本文阐述的"一致的家庭教育"包含家长的言教和身教的一致，家庭各成员的教育目标与要求一致两方面，其核心是对弱智孩子的"真爱融心灵"。

——真爱融心灵。肖某某的面貌及神态虽丑且傻，但其父母从未另眼看待，相反地却对他给予特殊的爱和关心，甚至超过对他那又活泼又聪明的老二（计生委允许生二胎），不论是在语言训练方面，还是在学习、生活和待人接物等方面都不厌其烦地反复训练。肖的祖父母也对孙子十分关心，常常热情帮助他训练。肖某某的妈妈曾说过："做妈的哪能厌恶和嫌弃自己的孩子呀！"，"孩子太可怜了，他需要特别的爱和耐心的培育，也需要不间断地反复教育"。她是这样说的，也是这样做的，她总是不厌其烦地对肖进行耐心、艰苦的教育。一个"爱"字，赋予她救助弱智孩子的莫大勇气和毅力。正是因为这种真爱，才使她在艰难的育子过程中克服了重重障碍和困难，在提高儿子的素质上有了可喜的收获。

——言教与身教相结合，做到言行一致。模仿是孩子的重要学习方式，父母则是孩子模仿的主要对象。因此，父母的言行、待人接物和人际关系等都是孩子的表率。特别是对弱智孩子，家长的言行一致所起到的示范作用，比心智正常的孩子更为重要。肖某某的发展，特别是他品德进步的重要原因，就是其家长注意了规范自己的言行，让弱智儿子看到父母说的和做的是统一的，从而为弱智儿子树立了一个好榜样，肖的母亲及祖父母经常教育他："你在学校是大哥哥，就要有哥哥的样子！"并教育他要尊敬老师，爱同学，有礼貌。事实上，他妈妈本身也是这样做的，在家对公婆很尊敬和孝顺，经常问寒问暖，从未发生过口角，并且十分关心老人的生活及身体健康等。几年前，在一次学校募捐扩校基金时，肖母就主动赞助1000元，肖感到光荣，并从此效法母亲的行为。有一次，当一位女同学没钱买新校服时，他征得母亲的同意，把自己的压岁钱拿出来替那位女同学缴了校服钱。又如每次班级到校外春、秋游时，他总是带很多食品，分给寄读的同学和带食品少的同学，慢慢养成与同学团结友爱、关心他人的良好品德。

——祖、父辈间充分交流，达成对孩子教育要求的一致。一致的家庭教育包含着家庭成员（父母，祖父母等，对孩子的教育要做到要求一致、态度一致、方法和步骤一致。因此，祖父母、父母之间对孩子的教育问题要经常和充分交流，达成对孩子的教育要求的一致。肖的家长在对孩子教育过程中，探索出只有家庭成员对孩子的要求和教育步调一致，才能促使孩子进步。因此，他们（不管是父母，还是祖父母）很注意在施行家教前，两代人之间，同代人彼此之间共同分析肖的实际情况，充分交流各自的看法和意见，最终达成共识（统一目标、要求、方法和步骤），决不你搞一套，我搞一套。并且对每一达成共识的方面，都会尽可能细致地订出具体的措施来，制订统一的目标、要求、步骤。如入学前，教写字时，先教他坐的姿势→拿笔的姿势→写字的姿势和方法；在生活技能训练中，教他拿筷子吃饭、穿衣和扣纽扣的方法等。入学以后，肖母及祖母每天除了督促与辅导其完成作业外，还要求他汇报当天在学校的学习情况、发生的事情以及同学们的表现情况等，通过提高他口头的复述能力来促进他的言语表达能力，逐步矫正他的口吃。在此基础上，大家再一致训练他朗读课文。劳动方面，先是全家一起教会他在家学会扫地，然后要求他在学校参加值日劳动等。在教育中还强调家庭成员人人都要对肖某某有信心，要坚持表扬和鼓励的教育方法。肖某某在一个宽松的教育环境中，从祖辈、父辈那里感受到亲情，感受到期望，自己对学习、生活自理能力的提高和劳动技能的掌握也有了信心。

——走出家门，开阔眼界接受外界教育。肖的母亲认识到社会是个大课堂，能学到家庭和学校都学不到的知识，她常常带肖走出家门，以开阔眼界接受外界教育。虽然肖的外貌和神态比正常的孩子丑而呆，但其母亲及祖母从未厌恶他，也不怕“丢人现眼”。只要有休息日节假日就带他到外边玩，带他坐公共汽车看城市建设、逛商店，带他参加亲友聚会等，以扩大他的视野、了解人际关系、增长生活知识，也增长了社会经验。现在的他不仅知道父母的朋友，也知道祖父的朋友，并懂得要讲友情。如有一次班内有一位同学与他发生了矛盾，并打了他，当老师问到他时，他说：“他爷爷是我爷爷的好朋友，没关系。”现在的他已经知道坐几路公交车可以到桥儿头祖父母家，坐几路公交车到牛山父母家，还知道坐哪路车省钱。此外，在家时能帮奶奶或父母买些日用品等，智商明显提高。

综上所述，可见一致的家庭教育对塑造弱智孩子人格的健康成长，比对正常儿童有着更加重要的意义，而这种一致的家庭教育的核心就是家长对弱智子女的真爱。

2. 重视家庭教育与学校教育的沟通，争取家校教育的一致性。对于弱智孩子的教育，除一致的家庭教育外，还离不开与学校的紧密配合，争取家校教育的一致性。肖某某的家长认识到这点后，马上付之行动。肖某某在四年级以前，母亲经常接送他，因此经常有机会与教师沟通孩子的表现情况。四年级以后，其母因生意忙，改由祖父母接送，但她也未忘与教师沟通信息。在每学期末，其母坚持与教师取得联系，沟通孩子的表现情况，与教师取得对孩子的一致教育。如肖某某在家由祖母教会扫地的方法和技能后，就告诉老师，并请老师分配他多做值日生。从四年级下学期起，肖不仅坚持而且主动做值日，还主动做一些打水、倒垃圾等重的、脏的活。四年级时，又主动扫学校楼梯，一直坚持数年，为此他多次被评为劳动积极分子。在学习方面由于家长和教师的紧密配合，肖已能写出整齐的字。在朗读课文时，虽仍有口吃，但已能朗读下来。在计算方面，他已能运算四位内的加减法、百位内的乘除法和小数点后两位数的加减法等。肖对烹饪课特别感兴趣，他祖母知道后，就教他洗碗的方法，使他在烹饪课上还能当老师的助手。肖每次在家兴奋地谈烹饪课时，祖母都会在原有基础上再教孙子一手，比如学会洗碗后，又教他学开煤气炉，再教煮鸡蛋等。因为注重家校教育的结合，现在他已经会煮鸡蛋和面条了。总之，肖某某在人生的道路上又迈出了可喜的一步。

（原文约 5000 字，发表于《温州师范学院学报》哲社版 2002 年第 4 期）

文摘编辑：范子奇

从“礼仪”谈中国古代的家庭教育

朱筱新

[作者简介] 朱筱新，北京教育学院历史系副教授。

[内容提要] 礼仪是中国传统文化的重要组成部分，在中国古代社会生活中，是人们为人处世的标准和依据。古代的家庭教育正是按照礼仪的规定，从子女幼年时期开始，以学会“做人”为宗旨，训练、教育和培养其具备“做人”所需的能力和品德。并以自身的行为、举止，感染和影响子女，通过一系列的措施，磨炼他们的意志，养成良好的习惯、道德。经过教育和培养，在子女步入成年时，使之懂得责任和义务。

[关 键 词] 礼仪；古代家庭教育。

我国素有“礼仪之邦”的美誉。礼仪，作为中华文明重要的组成部分，体现了中华民族所具有的精神风貌，也是中国古代社会文明道德的重要标志。

在中国古代社会时期，“礼仪”是两个不同的概念：“礼”是抽象的，它是由一系列的制度、规定及社会共识构成的，既作为人际交往时应遵守的伦理道德标准，又作为社会的一种观念和意识，约束着人们的言谈举止。而“仪”则是“礼”的具体、有形的表现形式，它严格遵循和依据“礼”的规定及内容，形成了一套系统且完整的程序和形式。所以“礼”和“仪”是相互关联的，“礼”是“仪”的核心和标准，“仪”则将“礼”具体化、形象化。中国古代的礼仪所涉及的范围十分广泛，渗透到社会生活的各个方面。而且自春秋以后，随着私学的创设，社会出现了知识下移，礼贤下士的局面，礼仪因此逐渐成为中国古代社会人们普遍遵守的道德行为准则。其中，在古代的家庭生活中，父母及长辈也以“礼”为依据，对子女进行教育。故而古代的家庭教育也被纳入“礼仪”的范畴。在儒家的一些重要的经典著作中，都涉及到家庭教育的问题。

古人对子女的家庭教育，是从幼儿时期就开始进行了。“子能食食，教以右手。能言，男唯女俞。”当子女长到自己能够吃饭时，要教会他使用右手。这绝非是一个简单的使用哪只手，如何吃饭的问题。而是教会他自己动手，不等待父母喂食。这种教育，实际是从小培养子女“自食其力”的意识和自己动手的能力，而不使他们养成依赖的心理和依靠他人的习惯。当子女开始学说话的时候，指导他们学会如何答话，掌握说话的节奏和表意的技巧。这也不是单纯培养孩子的表述能力，更重要的是教育他们从小就懂得，与他人交谈时，应该有礼貌，并学会在语言交流中尊敬长者。

由此可见，古人从子女幼年时期开始进行的家庭教育，首先是从日常生活的细微之处着手的。在培养子女掌握一些基本生活技能的同时，更注意潜移默化地对他们进行思想道德方面的培养和教育，使之从小养成良好的品德和习惯。从幼年开始就注意培养其良好的德和习惯，这对于他今后的成长和发展是至关重要的，所以古人把对子女幼儿阶段的培养和教育内容，编入儒家经典《礼记》中。这足以说明人们对于自己的子女从幼年起即进行培养、教育的重要性，是有充分认识的，且用制度和程式化的方式，通过礼仪来规范家庭教育。随着子女逐渐长大，家庭教育的内容和范围也不断拓展，以使其掌握更多的知识和技能，懂得更多的做人与处世的道理和哲理。

“六年，教之数与方名。……八年，出入门户及即席饮食，必后长者，始教之让。九年，教之数日。”当子女长到六岁（本文所指年龄，均为虚岁）时，便开始教他学习数数和简单的计算方法，还学会辨认方向。九岁时，再教他掌握每个月的朔（初一）、望（十五日）和天数，以及纪年、纪月和纪日的方法。这些日常生活中的知识，由于古今文化背景的不同，而有很大的差异，且难度较之今日更大。因而在不同的年龄段，传授给孩子不同的知识，显然是符合儿童的认知水平和能力的，也是一种由浅入深，循序渐进的学习过程。

但古人并不是单纯向子女传授知识，更重要的是以品德教育为基点，从小即教他学会做人。子女八岁时，父母要教他在与别人交往时，应懂得的一些进退辞让的礼节。学会在进出门户、入席就餐时，应让年长者先行、先食。这种礼节的教育，实际是在培养子女从小养成尊敬老人、长者及他人的意识和品德，并知道在日常生活和待人接物中，如何使自己的行为举止符合尊长敬老的道德规范。中华民族长期以来形成和保持的尊敬父母、尊敬老人的优良传统和社会道德风尚，应该看到是和古代的家庭教育有一定的关系。

在对子女进行社会道德教育的同时，古人也注意对他们进行各种能力的训练、培养。“十年，出就外傅，居宿于外，学书计，衣不帛襦裤。”孩子十岁时，让他离开家，去拜读于“师”，学习文字书写和计算之术，在拜

"师"求学期间，孩子不在家里居住，而是住在外。且在穿着上，不用帛给他缝制衣裤，依旧让他穿孩提时的服装。这一系列的做法，足以说明古人对子女的培养和教育，是比较全面、且严格的，旨在使他具备今后为人处世所需的各种能力和品德，而绝非是一味的呵护和溺爱。拜师求学后，不让孩子住在家里，无疑是为了培养和训练他独立生活的能力。让他在比较广泛的接触社会中，逐步认识社会，在生活实践中锻炼自己，磨炼自己的意志，学会自理，培养自己适应社会和生活的各种能力。这对于今后子女完全脱离父母，步入社会独立自主生活，是十分必要的。而先期有意识地进行训练和培养，以防患于未然，更是十分有益的。

古代的家庭教育还包括对子女性情的熏陶和身体的锻炼。"十有三年，学乐，诵诗，舞勺，成童舞象，学射御。"中国古代的音乐，最初多用于礼仪场合。"乐者国同，礼者为异。同则相亲，异则相敬。乐胜则流，礼胜则离。合情饰貌者，礼乐之事。礼义立，则贵贱等矣；乐文同，则上下合矣。"子女13岁时，让他开始学习音乐，既出于礼仪教育的需要，也有使之修身养性的目的。

随着子女年龄的长大，在培养子女养成了良好的品德情操，掌握了基本的生活技能的基础上，古人在家庭教育中，更注重和突出责任与义务，即培养子女树立责任心和义务感。这在"冠礼"中表现得最为充分。

冠礼，是中国古代男子20岁时举行的一项隆重的典礼。"男子二十，冠而字"，古代男子行冠礼，即是成年的标志。"已冠而字之，成人之道也。"古时，人们为20岁男子举行冠礼，绝非单纯为了表示祝贺，更重要的还在于借冠礼对该男子进行"做人"教育。"凡人之所以为人者，礼义也。""成人之者，将责成人礼焉也。""冠者，礼之始也。"也就是说，古人认为男子从20岁开始，步入成年后，必须严格遵循"礼"的规定，约束和规范自己的言行举止。

古时举行冠礼，仪式十分繁缛。在行冠礼前3日，家人及亲属就开始了紧张的准备。行冠礼当日，家人、亲属及邀请的来宾聚集在家庙（即祠堂）前。将受冠的男子先由来宾们为他梳头、挽髻、插簪后，在父亲的主持下，由事先选定的一位来宾十分庄重地为他加冠。但加冠并非简单地将冠戴在他的头上，而是有深刻的教育寓意。

按照"冠礼"的规定，加冠有三加。每一加要给受冠者戴上不同形制的帽子，代表着不同的寓意：始加，戴缁（黑色）布冠，表示受冠者从此可以治人、治家；再加，戴皮弁（系戎帽之一，用白鹿皮缝制而成），表示受冠者今后要为国家服兵役；三加，戴爵弁，表示受冠者从今以后有权参加祭祀活动。如是诸侯，天子行冠礼，则还有四加、五加的规定，这正是"礼"的等级性的表现。

在冠礼进行中，每一次加冠时，参加冠礼的宾主们都要向受冠者表示祝贺，受冠者则向大家致礼答谢。古人之所以如此重视冠礼，且隆重、热烈，正在于加冠的深刻寓意。主持冠礼的父亲和加冠的来宾，在每一次加冠时，都要将寓意告诉受冠者，对他进行教育。如"始加，祝曰：'令月吉日，始加元服。弃尔幼志，顺尔成德'"。从冠礼三加的寓意中，可以清楚地看出，古人为孩子举行冠礼，重在教育：既已成年，就不再是不谙世事的顽童了，应该对自己的言行负责。三加的寓意正在于此：即从今后，这位男子就承担起对他人、对家庭、对国家的责任，履行自己应尽的义务。因此对自己要严格遵礼、行礼，绝不能随心所欲，为所欲为。所以，古人的冠礼实质还是一次家庭教育。与幼、少年时期的家庭教育不同之处是冠礼的教育内容，明确地强调了作为一名成年人应承担的责任和应尽的义务。即冠礼是一次责任心和义务感的教育。

冠礼上进行的教育，是自幼年以来一系列家庭教育的重要组成部分。是在品德、技能等启蒙教育的基础上，经不断培养、训练和教育，逐步扩展到社会生活的各个方面，并逐步上升到责任和义务的高度。而责任和义务，正是一位成年人在社会及家庭生活中应恪守的基本原则，也是为人处世的基本准则。在孩子步入成年时，受加冠之礼，以此教育他如何"做人"，其意义是十分重要的。由此亦需指出，古人所谓的"望子成龙"，并非单指才能，还需兼备优良的品德，即做一名堂堂正正的人。

行冠礼后，虽已是成年人，但父母及长辈仍要不断地对他进行教育，以使他继续保持良好的品德。"二十而冠，始学礼，可以衣裘帛，舞大夏，行孝弟，博学不教，内而不出。三十而有室，始理男事，博学无方，孙友视志。四十始仕，方物出谋发虑，道合则服从，不可则去"。即教育已成年的孩子仍需尊敬父母及长者，虚心学习，坚持做人的原则等。由此亦反映出，中国古代的家庭教育是长期的，并未因子女成年而终止。长辈对晚辈的关心和爱护，也体现了父母对子女教育的责任和义务。

古代的家庭教育，除了正面的积极引导、训练和培养外，从小磨炼子女吃苦耐劳的意志，也是一项重要的内容。"男女未冠笄者，鸡初鸣，咸盥漱栉縰。"要求未成年的子女，闻鸡鸣即起床，这也是一种意志的培养和锻炼。不过，父母在要求子女"闻鸡即起"的同时，自己也身体力行。"凡内外，鸡初鸣，成盥漱，衣服，敛枕簟，洒扫室堂及庭，布席，各从其事。"父母与子女们一样，也是闻鸡即起，然后各自整理好自己的被褥，一同打扫堂屋及庭院。由此可见，古人对子女的家庭教育，不仅仅是简单的要求和说教，父母还注意通过自己的行为，通过与孩子的共同活动，来感染和影响子女，即采取"身教"的方式，达到教育的目的。这也是父母对子女教育的责任和义务的集中体现。从而使子女从小即在父母的责任心和义务感的强烈感召和影响下，学会做人。这也正是古代家庭教育的成功之处。

（原文约6000字，发表于《北京教育学院学报》2001年第2期）

文摘编辑：张景瑞

我国成人继续教育存在的问题及对策

高延龙　马　勇

[作者简介] 高延龙，延安大学党委副书记，研究员，主要从事教育管理研究。
马　勇，延安大学继续教育学院院长，副教授，主要从事教育管理研究。

[内容提要] 伴随着经济社会的发展，我国的成人继续教育事业取得了新的发展，但在政策、制度、资源配置和目标制定等诸多方面仍然存在着不少的问题，制约着成人继续教育有效健康地发展，为此，成人教育应在终身教育的原则指导下，不断改革完善现有的管理制度和教育方法，制定目标责任制，以适应学习社会对成人继续教育的要求。

[关 键 词] 成人继续教育；终身教育；学习社会。

一、当前成人继续教育存在的问题

当前，由于经济社会发展的需求和压力，更多的成人（特别是在职人员）意识到知识的重要性，渴望重新学习，提高学历层次。各高等学校紧紧抓住这一机遇，大力发展成人继续教育，使我国的成人教育发展到一个崭新阶段，不仅培养了大批人才，而且缓冲了各学校教育资源不足的矛盾。但是，从整体和长远看，我国成人继续教育改革的步伐还比较迟缓，还不能适应经济社会发展和我国加入WTO后的客观需要，主要体现在以下几个方面：

1．成人继续教育的目的不明确

我国的成人继续教育应该包括三层含义上的教育：一是广大农村和边远地区，这些地方由于教育资源严重不足，根本无法满足人们学习的需要（有不少地方甚至无能力普及九年义务教育），不少人想学而无处学；另一方面由于经济落后，相当一部分仍未解决温饱问题，根本无力支付学习费用，许多人想学而无力学习。这些由于客观条件的限制而丧失学习机会的成人，应作为普及性教育和补偿性教育的对象。二是由于市场经济的发展和经济结构的调整，一批新兴产业诞生，而另一批产业将缩小，即使在产业内部也随时进行着产品结构和人员的调整，这样，必然带来大批劳动者劳动技能的改变和劳动岗位的转移，出现失业、培训和再就业问题，使成人培训成一项经常性活动。三是随着科学技术的发展和竞争力的加剧，经济社会可持续发展的主要动力来自于劳动力素质的提高，因此，劳动者要求不断提升自身素质，以适应社会发展的需要。劳动力素质的提高，更多的是依靠成人继续教育（回归教育）这种学习形式，来持续获得新知识，学习新技能，建立新观念，激发新潜能，使劳动者自身得到全面发展。

2．成人继续教育资源配置不合理

我国教育资源的配置，主要在正规的普通高校学历教育上，而对于成人继续教育、岗位技术培训（大众化的科学文化的普及性教育和补偿性教育）等几乎不进行任何投资（除自筹资金外）。继续教育、岗位技术培训只能利用普通高校节假日空闲时的教育资源进行，形不成连续性、经常性的教育，从时空上限制了成人继续教育的发展。另外，我们在加大基础建设时，重点放在直接带来经济效益的领域和直接能改善基础环境的领域，对于整个教育（除正规普通教育外），特别是提高整体人口质量的成人教育，仍然没有作为一项基础建设中的基础，仍然没有把提高整体人口质量与可持续发展联系起来，因此，在强调基础建设的同时，忽略了对成人继续教育的投入。

3．成人继续教育政策引导上不科学

就整体而言，我国人均受教育程度相对发达国家普遍较低，劳动力素质较差，特别是中西部地区人员素质压力指数大于42%，这是导致我国生产力水平低和经济效益不高的主要原因。因此，不少地区和单位为了尽快改变本地区、本单位劳动力素质结构，在制定用人政策时，一味地强调高学历、高文凭，而轻视人员的实际工作能力和实际工作成效。由于政策引导上的片面性，客观上限制了人们通过其他非教育渠道（如自学成才）获取知识和掌握实际工作能力的发展态势，限制了各类中等技术教育发展和各种非学历教育的岗位技术培训，使大量的具体操作工作岗位人员缺乏应有的基础知识和技术，迫使所有岗位、所有人员都争过学历教育的独木桥。

4．成人继续教育制度不完善

成人继续教育制度的不完善主要表现在以下三个方面。第一，国家和地方各级政府还没有完全把成人继续教育纳入教育体系中，没有从制度上明确规定成人继续教育的权利、责任和义务，以及政府应承担的责任和义务。成人继续教育只是作为家庭和个人的一种行为，不少人因工学矛盾突出，或者因经济条件等因素失去了学习的机会。第二，由于制度的不完善，特别是成人通过其他非正规教育渠道获取知识、增加才能的认证（即学习成就得到社会和学校的承认）制度不完善，堵塞了人们从多种渠道获得知识和建立成人弹性教育制度、学分累积转移制度的可能性。第三，在不少学校的教育制度中，成人继续教育只是作为学校整体教育的附属或者补充，没有受到应有的重视。

二、发展成人继续教育的对策

1. 建立成人继续教育的目标责任制

随着科技的发展、资讯的发展和社会生活现代化实际情况，不少人已经认识到学习、再学习的重要性，认识到学习力就是生产力、就是发展力。但是，由于受到条件的限制（特别是广大农村和边远地区），以及学习是一项较长期的社会投资，它所带来的效益和影响是间接的，在这种情况下，一些人学习的思维仍然是不自觉的、被迫的。因此，各级政府必须像抓经济建设那样抓人口素质的提高，像开发有形经济资源那样开发人力资源，建立明确可考核的目标责任。首先，对于低教育程度及失去学习机会成人的补偿性教育，国家应在扫盲教育的基础上，结合普九教育的实施，制定具体的目标、行动方案和实施步骤，作为一项最重要、最基础的建设落实到各级政府和责任人，定期进行考核。从政策上、制度上和经济预算上帮助他们脱离文盲和半文盲，充实基本生活知识，进而实现自我发展的能力。其次，社会各级组织（国家或民间的）都必须制定员工培训的目标、标准和责任制，保障员工基本学习权利，创造条件和机会，满足每个人的学习需要，使成人继续教育成为一项政府和社会组织的日常行为，进而促使每个人都有明确的学习目标和考核标准，使学习成为人们生活中不可缺少的一部分。第三，成人教育学校应在终身教育的原则指导下，按照成人学生的具体特点和不同层次的要求，建立不同的目标体系；无论是培养目标、课程设置、内容安排、教学方法等都必须根据当前社会的实际情况重新思考与安排，重新建立质量责任制，保证成人继续教育的质量和各类培养目标的实现。

2. 制定相应政策，完善成人继续教育制度

21世纪是一个学习社会。成人继续教育要适应学习社会的要求，健康、有序地发展必须依赖于政策的引导和制度的保证。在政策的制定上要考虑以下原则：（1）政策应具有引导性。特别是在人的使用、考核和评聘上，摒弃那种只看文凭、看学历的简单机械做法，注重实际工作能力和实际工作绩效，目的是有利于鼓励自学成才和各种形式的培训，有利于调动人们通过各种渠道（如电视、广播、报刊、网络、咨询、辅导、示范）学习知识、提高素质，有利于把学习与人们日常生活互相融合，保持学习的持续进行。这样才能从根本上彻底杜绝各种混文凭、假文凭现象；（2）政策应具有协调性。劳动力素质的提高和人才的培养是一项庞大的社会系统工程，要按照社会生产力的发展水平和生产力的布局及时协调人才结构、劳动力素质结构，要得到成人继续教育各相关领域间的协调合作和相互支持，才能形成纵（家庭、学校、社会）横（各级各类学校的正规教育和其他社会组织、个人的非正规教育）协调一致的教育培训网络。（3）政策应具有前瞻性。根据经济社会发展趋势和可持续性发展的内在要求，及时制定培训方案，储备人才，使劳动力素质与经济社会发展对劳动力要求基本相适应，减少劳动力素质提高和人才培养过程中的各种浪费（如结构性浪费和人才利用率低造成的浪费等），缩短培养周期，降低培养成本。

在制度的制定和修订完善上要考虑以下因素：第一，建立学习成就认证制度。对于人们通过学校外其他渠道获取的知识，要建立一种客观、公正的量评制度，在经过一定的程序审定后，要给予认同；属于技能的，可通过专门机构或者委托机构，采取鉴定的方式，给予分级证明（如计算机等级考试、外语等级考试、会计师、律师等考试）。一旦取得某一等级的合格证后，就应在全国各行业中通用，任何行业、任何组织不能以任何借口否定或重新考核认可；属于知识的，可指派或委托有能力、有信誉的学校，采用考试的办法认可，并给予考试水平的成绩证明（如自学考试），等同于学校内的学习结果，可作为以后颁发文凭和学历证明的依据，社会各组织均应一同对待；属于能力的，根据实际工作绩效，解决问题难易程度，提出的观点、方案的先进性、科学性等，经过政府有关部门或者有关学术权威机构的认可，视同于相应学历层次、或者相应的专业技术职务，给予相同的对待，以培养人们的实际工作能力、创新精神和求真务实的工作作风。第二，建立教育休假制度。国家和各级政府应根据各地区、各行业的实际情况，明确规定每位职工在职期间的最低离岗学习时间，即教育休假，以及最低要求。职工在教育休假期间的各种待遇与在岗时完全一样，时间可根据实际需要进行调整安排，费用由单位与个人共同承担，保证人人享有学习的权利，人人都尽学习的责任。第三，建立成人继续教育基金制度。国家应该像建立养老保险基金制度那样，建立成人继续教育基金制度，把成人继续教育变成一项社会性的教育活动，分别由政府、社会组织、家庭个人、以及企业和个人赞助、捐资等组成，由专门机构负责运营，以保证每个需要学习而又想学习的成人都有学习的机会，使成人继续教育成为一种大众化的教育，防止把成人继续教育变成一种特权教育、贵族教育。

（原文约6500字，发表于《继续教育研究》2002年第1期）

文摘编辑：其实

论高等教育市场的特殊规定性

孙德彪

[作者简介] 孙德彪，北华大学教授，北京师范大学2000级高级教育经济与管理专业博士生。

[内容提要] 现代市场经济的某些因素和机制决定了高等教育具有市场性质。高等教育市场在内容和功能上具有特殊性：其生产过程体现为人的教育即劳动力再生产过程；学校是市场运行的主体，但消费者（学生）也具有主体性；它是一种双向市场，即买—卖市场；以社会效益最大化为追求原则，等等。高等教育市场由教育资源、教育产品、教育消费、教育生产构成。培育高等教育市场要采取刺激需求、加大投入、增加消费等措施，使高等教育市场可持续发展。

[关 键 词] 高等教育；市场；商品；特殊性。

一、高等教育市场的机理

纵观高等教育的发展历史，我们发现高等教育活动在相当长的历史时期，并不具备市场特征。只有到了现代高级市场经济阶段，高等教育活动才体现出市场性。作为非经济领域的高等教育活动之所以在现代高级市场经济下具有市场性质，是由于高等教育所处大环境的普遍市场因素和市场机制决定的。

1. 现代市场经济使劳动力全面商品化，对高等教育的性质、结构等产生直接或间接作用。自由竞争时期商品生产过程尚不复杂，劳动价值构成中的体力因素还起主导作用，所以，低级阶段的市场经济只能将简单劳动推向市场，进入劳动力商品流通过程，相应地劳动力的教育训练只限于普通知识和有限的专门训练。随着生产过程的复杂化、科技化，劳动力价值构成中的智力因素、作用逐渐提高，尤其是在知识经济时代和全球经济一体化的条件下，只有受过较高水平教育训练的劳动力，才能创造高价值。经济活动的这一特征直接影响着培养高级人才的高等教育，必然要加入为资本增值而培养专门劳动力的行列，纳入劳动力市场体系之中。

2. 现代市场经济导致科学技术知识商品化，对高等教育的教学科研等内部活动产生直接或间接作用。自由竞争市场经济的生产工具，以机器为标志，该时期机器的发明和使用还处在初级阶段，复杂的科技知识没有介入机器生产过程，也没有成为商品生产和利润竞争的依托。现代市场经济使商品生产和交换日趋智能化、信息化、科学化，科学技术已成为生存与发展的保证，新产品的开发、成本的降低、利润的获取、经营的合理完善无不依靠科学技术的介入，于是科学技术知识本身也成为等价交换商品。作为生产和再生产科学技术知识的高等学校，自然成为知识商品的生产者和经营者。

3. 现代市场经济的市场法则及其调节机制，渗透到高等教育活动的各级层次、各个方面。市场竞争规律成为调节高等教育运行的一个有力机制，为了获得资源、减少成本、提高质量、保证声誉、推销产品，高等教育机构之间展开了竞争。为了提高自身价值、保证良好的就业前景，获取较大的教育报酬，作为高等教育消费者的学生之间也展开了竞争。从而使招生和就业、学校的实力和地位、教育组织形式等，都在竞争中定位和变化。

4. 现代市场经济的价值规律和交换原则在某些方面支配着高等学校和社会市场之间发生关系。高等学校作为特殊商品的独立生产与交换单位，它的价值需要在市场交换中确定。高等学校把复杂劳动力和科学技术知识转递给其他有独立经营权的集体或个人，是为了获取价值，并实现自身劳动价值和社会地位，所以，高等学校的活动成果不能无偿地为他人占有，必然要基于市场经济物物交换的原则，实现学校收取学费，科技知识和成果有偿转让。

5. 现代市场经济的供求机制和报酬机制，存在于高等教育经营者和购买者之间。当高等教育供不应求时，高等教育稀有资源分配紧张，市场竞争趋于激烈，高等教育价格增大。当高等教育供过于求时，则会出现相反情形。同时报酬机制也在左右着高等教育的内部运行。

二、高等教育市场的特性

高等教育市场形态与经济市场有许多相同之处，生产资料市场、技术市场、资金市场、劳动力市场也都是高等教育市场体系的构成要件，但是，高等教育市场在构成内容和功能上有许多特殊性。

1. 在经济领域，生产资料市场表现为物的流通过程，生产资料从一个部门生产出来，进入流通过程，然后再通过交换转入另一个生产部门，被当作生产的物质要素消耗，生产出新的产品，从而完成生产资料的再生产过程。而在高等教育活动中，这个过程主要表现为人的教育即劳动力再生产的过程。是学校接受学生进行教育塑造后投入劳动力市场的过程，这个过程自始至终是人的活动过程。

2. 在经济领域，劳动力是指具有一定生产技能和劳动能力的劳动者，如果对应到高等教育中，应该单指以知识劳动方式生产人才的教师。但在高等教育活动中，这个涵盖面仅仅是劳动力的一个很小比重的部分，从高校毕业进入劳动力市场的高级劳动力，才是高等教育领域和市场的主导要素。

3. 在经济领域，市场运行的主体指的就是企业。在整个生产过程中，企业无处不以主体的进取参与市场活动，而资金、生产资料和劳动力等客体要素，则处于被买和卖的从属性市场活动地位。在高等教育市场体系中，学校同企业一样，是市场运行的主体。但作为高等教育消费者的学生也具有高等教育市场运行的主体性。这是因为，一方面，企业生产过程中的生产资料是物，物的确处于被买卖的从属地位，当然是市场运行的客体要素，但作为高等教育购买者的学生，是能动的人，他进入教育这一再生产过程，自始至终处于独立地位，与高等学校发生交换关系，而不像生产资料那样受到买卖的支配。另一方面，学生进入学校这个法人组织后，也与生产资料进入这个法人组织不一样。生产资料在生产过程中完全按生产者的意图加工，而学生则有自由支配自己的权利，而且还要与其他个人在教育过程中发生市场性质的竞争或交换。另外，学生作为高等教育的消费者，也与一般的市场消费者不同，他购买高等教育活动，是为了追求未来利润，而不仅仅是获取使用价值。

4. 在经济领域，从生产资料市场结构看，企业是一个单向市场即买卖市场，企业买入生产资料是第一次市场交换关系，企业为此要支付生产资料的成本，然后企业组织生产过程，再将产品作为商品投入消费市场，是第二次市场交换关系，这一次它是向消费者收取成本和利润了，从第一次买入生产资料到第二次卖出商品，是一个单向的交换活动的过程。高等教育市场则是一种双向市场，即买一卖市场，它组织生产资料（学生），就是一种卖出知识的交换关系。学生进学校是为了购买知识，学校招收学生是为了卖出知识，因而在第一次市场交换关系中，它不像企业那样支付成本费用，而是收取知识成本。完成第一次交换后，学校组织生产过程（教育过程），将学生加工成人才产品，作为商品投放劳动力市场，实践第二次交换关系，这个过程是一个双向交换活动的过程。

5. 在经济领域，企业生产追求的目标是利润最大化，而高等教育市场追求的原则是社会效益最大化。其管理不是一般的经营管理，但也要讲投入产出原则。对高等教育市场准入是严格限定的，办学层次、功能、宗旨、体制与质量的监督、检查、发证都由国家统一严格控制。高等教育投资是风险最低、效益特别是社会效益最高的社会公益性投资，受到国家的特殊支持和保护。高等教育使个人与社会均受益，通过高等教育，不仅提高了学生的能力，提高了社会地位，增加了收入，而且它能给整个社会带来好处，这种好处超过了受教育者个人利益的总和。高等教育市场开发对自然资源的需求与消耗少，不破坏生态平衡，可以促进经济社会的可持续发展。

三、高等教育市场的构成

1. 教育资源。教育资源是用于生产教育产品的要素。高等教育是一种特殊资源，是一种具有公共性的专门用于开发高级智力的特殊基础性资源。尤其是在知识经济条件下是一种战略性资源，是一种可持续开发的特殊资源。

2. 教育产品。教育产品是高等教育机构向消费者提供的知识技能等方面的学习服务商品。教育产品是教育设施、设备、教育技术和教学内容的有机结合。

3. 教育消费。是指人们对教育产品的使用。教育消费是由教育需求推动的。对教育的需求容量与强度主要取决于人口规模、支付能力与支付意愿、家庭对下一代成员重视程度、高等教育收益率的实现程度等几个因素。

4. 教育生产。即进行知识、技能的转移和传播，包括教学设计、教学管理、教学活动等。

四、高等教育市场的培育

1. 刺激高等教育需求的措施主要有：(1) 推进高等教育大众化，是培育高等教育市场的首要因素。(2) 高等教育终身化，从而使高等教育市场扩大了。(3) 高等教育世界化。指一国的高等教育面向世界的状况和趋势，包括生源世界化、教育世界化、教育产品世界化、学术研究世界化、教育投资世界化。

2. 加大高等教育投入，使高等教育投资主体多元化。要扩大高等教育机构办学自主权，按照市场经济规律内在要求，采取立法等多种措施，促进资金流向高等教育市场。

3. 完善高等教育市场体系。要建立健全人才市场，建立与健全科学的招生分配和个人流动机制是人才市场的主要内容。

综上所述，只有充分认识和把握高等教育市场的这一特殊规定性，才能使我们调整观念、抓住机遇，使高等教育更好地走向市场。

（原文约6000字，发表于《北华大学学报》2001年第4期）

文摘编辑：范子奇

蔡元培的教育改革思想与“兼容并包”精神探微

胡国铭

[作者简介] 胡国铭，鄂州大学教授，校长。

[内容提要] 蔡元培以其进步的教育思想对充满封建思想和官僚习气的旧北大进行了彻底改造，造就了新北大的“科学与民主”精神；“兼容并包”思想贯穿于改造的全过程，主要体现在：选聘教员不拘一格；允许不同学派发展，从而扩大和发展了民主进步思想和力量；课程设置和教学内容涵括古今中外文化学术成就。

[关键词] 蔡元培；教育家；教育改革；兼容并包。

一、蔡元培与旧北大改造

在管理体制上，蔡元培建立教授治校等一系列规章制度和机构。他极力反对校长的权力过分集中。1917年初，蔡元培按他起草的《大学令》中的规定组织评议会，作为全校的最高立法机构。评议会由多数教授的代表议决立法方面的事。如议决各学系之设立、废止与变更，议决校内各种机关之设立，废止与变更等，制定校内各种规则。评议会由校长、教务长、及教授会互选的评议员七人组成。校长为当然主席。评议会中的大多数成员是教授，实际上是一个教授会。同年12月，蔡元培还根据评议会通过的《教授会组织法》，相应设立了各系的教授会，负责规划各系的教学工作。蔡元培还组织行政会议，把教务以外的事务，均取合议制，并按事务的性质，组织各种委员会，来处理各种事务。如图书出版委员会，训育委员会，财务委员会，建筑委员会等。蔡元培说，照此办法，学校的内部，组织完备，无论何人来任校长，都不能任意办事。这样，北大从立法、教学到行政管理都充分发扬民主，形成了一套让教授直接决定学校大事，参与学校管理的组织系统，初步构建了既有中国特色又吸取了西方营养的教授治校管理体制的基本框架。他也是中国最早提出教授治校并付诸实践的人。

调整科系和课程设置。蔡元培在学科建设方面有他独到精辟的创见。他要把北大建设成为一所研究型大学。他主张要融通文理两科的界限，认为文科的学者，必须植根于自然科学；理科学者最后的假定，往往涉及哲学；以前心理学附入哲学，而现在用实验法，应列入理科；历史学自有史以来属文科，但推出地质学的冰期与宇宙生成论，则属于理科。他还认为“文理两科是工、农、医、法、商等应用学科的基础，而这些应用学科的研究要归到文理两科中来。”“所以完全的大学，当然各科并设，有互相关联之便利，若无此能力，则不妨有一大学专办文理两科，名为本科，而其他应用各科，可办专科的高等学校，如德、法等国的成例，以表示学与术的区别。”在高等学校内区分“学”型与“术”型，将北京大学办成“学”型的高等学校是蔡元培的理想。

实行学分制。蔡元培认为，大学采用学年制束缚学生的思想，不能让学生自由地“钻研其心向之学科”。因此，他主张采用学分制，让大学生在必修一定数量的课程之外，还可以自由选修其他课程，以便自由研究，发展学生的兴趣和爱好。1918年，文、理科逐渐推行了学分制。开放女禁。

他亲自发起和组织了一个以提倡培养个人高尚道德为宗旨的进德会。他曾指出“大力研究学理的结果，必要影响于人生，倘若没有养成博爱人类的心情、服务的习惯，不但印证的材料不完全，就是研究的结果也是虚无，所以本校提倡消费公社、平民讲演、校役夜班与新潮杂志等。这些都是本校最注重的事项”在蔡元培这一思想自由的原则指导下，1918年10月，学生邓中夏、文尚德、黄日葵、许德珩等人发起成立了国民社，12月，傅斯年、罗家伦、王子水、徐彦之等人成立了新潮社，1919年3月，邓中夏、黄日葵、张国焘、许德珩等成立了平民教育讲演团。陈独秀主编《新青年》、《新潮》，李大钊等创办《每周评论》、学生编印《学潮》、《国民》等杂志。特别是“五四”运动之后，愈来愈多的革新社团纷纷在北大出现。

二、蔡元培的“兼容并包”精神及其影响

“兼容并包”是蔡元培教育思想的精髓。蔡元培说：“大学者，‘囊括大典，网罗众家’之学府也。也正是在这一精神的指引下，北大才聘请了各派学者，实行学术民主，破除旧的观念，培养了一大批新的杰出人才。

第一，在教员选择上，体现了蔡元培的兼容并包精神。

蔡元培说：“对于教员，以学诣为主，在校讲授，以无背于第一种之主张为界限。其在校外之言动，悉听自由，本校从不过问，亦不能代负责任。例如复辟主义，民国所排斥也，本校教员中，有拖长辫而持复辟论者，以其所授为英国文学，与政治无涉，则听之。筹安会之

发起人，清议指为罪人者也，本校教员中有其人，以其所授为古代文学，与政治无涉，则听之。嫖、赌、娶妾等事，本校进德会所戒也，教员中间有喜作恻艳之诗词，以纳妾，狎妓为韵事，以赌为消遣者，苟其功课不荒，并不诱学生而与之堕落，则姑听之。夫人才至为难得，若求全责备，则学校殆难成立。”蔡元培对教员的选择，坚持严格的学术要求。他说：“选聘教员，不但是求有学问的人，还要求于学问上很有研究的兴趣，并能引起学生的研究兴趣的。不但世界的科学取最新的学说，就是我们本国固有的材料，也要用新方法来整理它”。蔡元培在物色教员的工作中，不重资历，注意学历，而且特别注意从青年学者和国外学生中选拔人才。如胡适被正式聘为北大文科教授时，年仅27岁，是第一批留美学生，他在《新青年》上发表了“文学改良刍议”一文提出了“八不”的主张，得到了蔡元培的赏识。梁漱溟对印度哲学有所研究，尽管他1917年报考北大未录取，又年仅24岁，蔡元培还是聘请他到哲学系讲授《印度哲学》，而且这位年轻人后来成为旧派人物中的一个活跃分子。当时在北大，胡适等这一派，只反对封建主义，不反对帝国主义，梁漱溟派只反帝不反封，惟有陈独秀派反帝又反封。蔡元培将各派“兼容并包”，新的、旧的、左的、右的同时并存，听各派“思想自由”。蔡元培对那些学术水平不高、不适合在北大任教的，无论国内的国外的都一律辞退，决不手软。

蔡元培在人才的任用上坚持了“兼容并包”的精神，使北大教师队伍发生了根本的变化。在文科方面，北大集中了许多新文化运动的著名代表人物，如陈独秀、李大钊、鲁迅、刘半农、胡适、钱玄同、沈尹默、沈兼士等，文科的还有国内闻名的专家学者马叙伦、杨昌济、陈垣、孟森、马裕藻、朱希祖、崔适等人，理科的有李四光、夏元王栗、颜任光、何杰、俞同奎、翁文灏、钟观光、李书华、秦汾、李仲揆、冯祖荀等，法科有马寅初、陶孟和、周鲠生、周览、高一涵、陈启修、还有外籍学者葛利普等，与此同时，北大也还聘有旧学深沉的代表人物黄侃、刘师培、黄节、陈介石、陈汉章等人。这一时期的北大可谓人才荟萃，精英云集。

第二，允许不同学派发展是蔡元培实行兼容并包教育思想的又一重要体现。

为了打破当时的北大严重存在的封建积习，蔡元培大力物色和扶植新派人物，积极支持新文化新思潮。蔡元培从整顿文科入手，推动北大的改革。在蔡元培就任北大校长之前，北大文科顽固守旧势力尤居优势。蔡元培上任后，选聘了年仅36岁的具有激进思想的陈独秀任北大文科学长。随后，他又先后引进和聘请了李大钊、鲁迅、胡适、周岂明、钱玄同、刘半农、沈尹默、高一涵等新派人物，这些人以编辑《新青年》为阵地，大力宣传新思想。

第三，在课程设置和教学内容的改革方面，蔡元培兼收并蓄的教育思想也得到了充分的体现。

蔡元培十分重视学科建设和课程改革。他极力主张对中西文化要兼收并蓄，择善而从，融会贯通，坚决反对专己残之陋见，他提出大学教学内容要吸收外国先进的科学文化，对“世界科学取最新的学说”。

他还认为，对于外国科学文化，不仅要吸收其成果，更重要的是要掌握先进的科学方法，并运用这些科学方法解决中国问题。对于整理中国的旧文化，目的是要创造新文化，以求得中国文化之进一步发展。

蔡元培还提出了要开中外文化相比较的课程。他说，“治一国文学者恒不肯兼涉他国，不知文学之进步，亦有资于比较”。蔡元培教授是我国提出比较法的第一人。

蔡元培反对盲目崇拜外国的倾向。例如，北大曾一度要求所有教员都必须用英语教学，甚至连开会、演讲、讨论，课外活动都必须用英语，蔡元培矫正了这一倾向，规定开会一律讲国语，除外语课外，其他一律用国语讲授。

蔡元培在课程建设上，除注意吸收外国的学术文化成就外，同时还强调继承和发展本国自己的特色。如中文系一方面增加世界文学，另一方面在中国文学中又增加了词曲、小说、小说史等课程，还发起征集民间歌谣，供大学高年级学生和研究生研究。特别值得称颂的是，蔡元培主张对外国学术文化应注重消化，反对简单模仿和全盘西化的倾向。

由于蔡元培在北大贯彻了“兼容并包”、“学术自由”的精神，这一时期的北大集中了许多学有专长的知名专家学者，实行学术民主，学术风气浓厚，教学内容充实，教学水平高。如李大钊的《唯物史观》、《史学思想史》、胡适的《中国哲学史》、钱玄同《文字学》（声韵）、鲁迅的《中国小说史》、刘复的《语音学》、吴虞的《文学名著选》、刘师培的《中国古代文学史》、黄节、沈尹默的《诗》、马叙伦的《庄子哲学》、陈启修的《现代政治》、陈大齐的《认识论》、陶孟和的《教育社会学》、马衡的《金石学》、周览的《国际法》、马寅初的《货币法》、《银行》、李四光的《岩石学》、《高等岩石学》、《地质测量及地质构造学》、何杰的《地质学概论》、《经济地质学》、《采矿工程学》、《钢铁专论》、王烈的《矿物学》，《普通地质学》、葛利普的《高等地层学》、《高等古生物学》等课程，都具有较高的水平，深受学生欢迎。有人称这时的北大课程预科课程与美国大学本科一年级相当，物理系本科毕业生水平比美国本科毕业（得B·S·C学位，以物理为主科）的水平为高，比美国硕士学位水平的为低。通过蔡元培对北大课程的改革，北大学术水平和教学质量有明显的提高。

总之，蔡元培教育思想的内容很多，其中最亮点是“兼容并包”精神。有容乃大，有容才能进步，有容才能发展，有容才造成科学与民主精神的大发扬局面。

（原文约7900字，发表于《鄂州大学学报》2001年第2期）

文摘编辑：范子奇

艺 术 学 篇

目 录

当代中国马克思主义文艺理论的新发展
——论邓小平文艺理论及其历史功绩

向卫国

[作者简介] 向卫国，广东茂名学院中文系副主任，讲师，主要从事文学理论教学与研究。

[内容提要] 中国社会主义时期产生的“邓小平文艺理论”有异于新民主主义革命时期产生的“毛泽东文艺思想”，对社会主义文艺的性质、地位、发展方向、指导方针、艺术典型、艺术风格、批评原则等作出了新的界定或理论更新，体现了马克思主义文艺理论在当代中国的新发展，并已结出丰硕的实践成果。

[关 键 词] 马克思主义文艺理论；邓小平文艺理论；发展。

考察小平同志的文艺思想，我们发现其成熟期是1979年前后中国社会全面拨乱反正时期。最重要的文献是1979年10月20日发表的《在中国文学艺术工作者第四次代表大会上的祝词》(简称《祝词》)。

一、从理论上厘定了中国当代文学的社会主义性质，科学地评价了当代文学不同阶段的实绩

毛泽东同志在《新民主主义论》中科学地界定了“五四”以后中国新文化的新民主主义性质：“新民主主义的政治、经济、文化，由于其都是无产阶级领导的缘故，就都具有社会主义的因素，并且不是普通的因素，而是起决定作用的因素。但是就整个政治情况、整个经济情况和整个文化情况说来却还不是社会主义的，而是新民主主义的。”因此，《讲话》的基本理论精神是适应于这一基本性质和“反对外国的帝国主义和本国的封建主义”这一革命的基本任务的。邓小平同志的《祝词》则明确地指出“我们的国家已经进入社会主义现代化建设的新时期”，并指明了“我们的社会主义文艺”的发展方向。显然，“社会主义文艺”的概念，邓小平同志不是第一个使用，他本人也不是在《祝词》中才第一次使用。但是，有关社会主义文艺的一系列基本理论问题是在《祝词》中解决的。

二、重新阐述文艺与政治的关系，给社会主义文艺以相对独立的科学定位

粉碎“四人帮”以后，我国人民在党中央的领导下进行了全面的拨乱反正。早在1975年，邓小平同志就指出“文艺政策要调整”；后来在《祝词》中，他明确指出，“党对文艺工作的领导，不是发号施令，不是要求文学艺术从属于临时的、具体的、直接的政治任务……。”1980年，在《目前的形势和任务》一文中，他再次强调：“我们坚持‘双百’方针和‘三不主义’，不继续提文艺从属于政治这样的口号，因为这个口号容易成为对文艺横加干涉的理论根据，长期的实践证明它对文艺的发展利少害多。”可见，科学的论断来源于历史的教训。邓小平同志得出的历史结论正是他“实事求是”的思想方法的体现。

三、提出“我们的文艺属于人民”的科学论断，赋予社会主义文艺的“二为”方向以新的理论内涵，指明社会主义文艺在新的条件下的历史任务和社会功能

邓小平同志亦高度重视文艺方向问题。早在1941年，小平同志在《一二九师文化工作的方针任务及其努力方向》一文中就针对文化工作不够“大众化”的问题，要求文艺工作者“与人民打成一片，同人民建立血肉不可分离的关系”，文艺创作“在形式的发展上应有两方面，一方面是向比较复杂的高级的形式发展，一方面则应向比较简单的普及的形式发展”。这里不仅涉及文艺的“大众化”方向，也涉及“普及”与“提高”的关系问题，与后来毛泽东《讲话》的有关精神完全一致。1979年，在新的社会现实条件下，小平同志从其一贯的“解放思想，实事求是”的原则出发，对“基本上是为工农兵”服务的文艺方向进行理论的更新，提出“我们的文艺属于人民”的论断。因为：(1) 我们今天的社会虽然只是社会主义的初级阶段，但作为人民的核心阶级“工农兵”的敌对力量，已不存在一个独立的阶级，凡是拥护社会主义的广大的人民群众都属于“人民”的范畴。(2) 毛泽东的《讲话》在讨论文艺与人民的关系时，主要着眼于政治方向的统一性，对文艺家本身的思想改造是强调的重点。建国以后，由于我们党没有及时地根据新的历史条件调整好文艺方针，《讲话》被进一步教条化，甚至歪曲地理解，毛泽东的上述理论思路被少数别有用心的人加以利用，成为多次对社会主义知识分子和文艺家进行政治清洗性思想运动甚至直接的政治迫害的理论依据，给我党文艺事业带来巨大损失和深重灾难。小平同志总结历史的经验和教训，对“我们的文艺属于人民”的理论命题做出了具有哲学高度的新的阐释。

这一理论课题的解决依赖于对“人民”概念的新的解释，其中主要是“知识分子”的阶级归属问题。1978

年在《在全国科学大会开幕式上的讲话》中，小平同志已经指出“在社会主义社会里，工人阶级自己培养的脑力劳动者，与历史上的剥削社会中的知识分子不同了。……可以说，已经是工人阶级的一部分”。这个结论是至关重要的。作为工人阶级的重要组成部分，社会主义的文艺家们终于回到了“人民”的大家庭。

对社会主义文艺的历史任务和社会功能，小平同志一样表述得相当清楚：“文艺创作必须充分表现我们人民的优秀品质，赞美人民在革命和建设中、在同各种敌人和各种困难的斗争中所取得的伟大胜利”，“不论是对于满足人民精神生活多方面的需要，对于培养社会主义新人，对于提高整个社会的思想、文化、道德水平，文艺工作都负有其他部门所不能代替的重要责任。”其中最引人注目的是小平同志提出了“社会主义新人”的概念，他说：“我们的文艺，应当在描写和培养社会主义新人方面付出更大的努力，取得更丰硕的成果。要塑造四个现代化建设的创业者，表现他们那种有革命理想和科学态度、有高尚情操和创业能力、有宽阔眼界和求实精神的崭新面貌。”显然，“社会主义新人”就是“四个现代化建设的创业者”，其精神特征就是“有革命理想……的崭新面貌”。由此可以看出，社会主义新人决不同于以往“高大全”式的、不食人间烟火的、抽象的、理念化的人。相反，他们只能是既有外在的悲欢离合的生活遭遇，又有内在的丰富复杂的七情六欲；既能体现时代精神和人民的理想，又具有个人的人生追求、生活情趣和生命个性的新时代典型人物。这一概念，无疑充实了现实主义文学理论中关于“典型”的理论，它必将为世界文学的典型人物画廊贡献出新的形象。

四、重释“双百”方针的理论内涵，确立社会主义文艺批评的基本原则

有鉴于残酷的历史教训，小平同志在谈到文艺问题时，多次重申“双百”方针；并进行新的理论阐释。在《祝词》中，他说我们要“坚持百花齐放、推陈出新、洋为中用、古为今用的方针，在艺术创作上提倡不同形式和风格的自由发展，在艺术理论上提倡不同观点和学派的自由讨论”。并引用列宁的话说，在文学事业中“绝对必须保证有个人创造性和个人爱好的广阔天地，有思想和幻想、形式和内容的广阔天地”。在《目前的形势和任务》一文中，小平同志又坚决地指出：“我们要永远坚持百花齐放、百家争鸣的方针。”当然，小平同志坚持“双百”是在不妨碍“坚持安定团结，坚持四项基本原则”的大局的基础上的，这是社会稳定和发展的前提条件，与实行“双百”方针的目的是完全一致的。

上述内容几乎涉及文艺理论领域的所有最重大的问题，诸如社会主义文艺的性质、地位、发展方向、指导方针、文艺典型、创作风格、批评原则等。可见邓小平文艺理论作为邓小平理论的一个有机组成部分，内容十分博大精深。由于小平同志的文艺理论是在1978年前后形成的，我们站在二十多年后的今天，不难对其指导现实的文艺实践的成果加以考察，也许这会有助于理解邓小平文艺理论的科学性。

新时期文艺的繁荣是不争的事实。但是，如果没有小平同志关于解放思想和尊重文艺规律的理论前提，就不可能有这样的繁荣局面。20世纪中国文艺的两个繁荣时期，“五四”和“新时期”都有一个共同的特点，即以思想大解放为背景。如果说前一次思想解放是一批具有强烈历史使命感的精英知识分子共同努力的结果，后一次则与小平同志作为一个心胸宽广的大国领袖对历史的思考有着密切关系。

（原文约6500字，发表于《云南民族学院学报》哲社版2002年第3期）

文摘编辑：范子奇

艺术起源“游戏说”检讨

高 玉

[作者简介] 高玉，华中师大文学院在读博士，浙江师大人文学院教师。

[内容提要] 本文对艺术起源于游戏一说的各家观点做了分析，认为均为假说，缺乏实证。重要的是应认真研究游戏的本质以及从发生学意义上研究游戏与艺术的关系。

[关 键 词] 艺术起源；游戏说；朱光潜；席勒；伽达默尔。

艺术的起源以艺术的本质为前提，游戏说正是来源于“艺术作为自由活动的游戏本质”这一关于艺术的基本定性。所以，游戏说虽然是席勒首先提出来的，但理论基础却在康德那里。康德是在把艺术和手工艺进行比较的时候涉及到游戏问题的。在康德看来，艺术的本质是自由的活动，游戏的本质也是自由的活动，因此，二者在本质上是相通的。康德是为了说明艺术的自由本质才把艺术和游戏进行比较的，丝毫没有艺术起源于游戏的意思。但即使这样，康德对后来的游戏说的影响仍然很大，因为游戏说的根本理由就是艺术和游戏在本质上都是自由的这一基本观点。

最早提出艺术起源游戏说的是席勒，他所提出的“游戏说”实际上是对康德的艺术自由本质在起源方面的具体演绎。席勒认为，古希腊的人是完整的人，现代人则是分裂的，分裂的人有两种冲动：感性冲动即物质冲动和理性冲动即形式冲动，“若使这两种冲动结合，人从自然人走向理性人，中间必须架起一座桥梁，这桥梁是审美教育，让艺术充当使人健康、具有美的心灵和人性的教师。”而艺术的本质就是游戏。所以，艺术作为游戏对人具有美的净化作用。席勒的“游戏说”显然还是极简约的，它没有任何哪怕是不可靠的实证材料，纯粹只是理论上的，而且理论上也极不充分。

英国哲学家斯宾塞则在《心理学原理》第二卷第九篇第九章《美感》中，对席勒的精力过剩说进行了新的发挥阐述：“游戏是力量的一种非自然的练习。”“游戏的主要特征是：它对于维持生活所必须的活动过程没有直接的帮助。游戏者的活动并不追求一定的功利目的。”

德国美学家谷鲁斯比较系统地研究了游戏问题，他在《动物的游戏》和《人类的游戏》两本专著中，并不同意斯宾塞的理论，“游戏是过剩的力量的表现的这个看法，并不完全为事实所证明。力量过剩不是游戏的必要条件，而只是对它极其有利的条件。”谷鲁斯也反对斯宾塞的“非自然练习”说，他以为游戏并非无目的的活动，实在是生命工作的准备。游戏是根据一种普遍的本能而对于某种特殊的技艺预加练习。

格罗塞和康拉德·朗格的观点对于艺术起源研究来说是值得重视的。格罗塞说：“介乎实际活动和审美活动之间的，是游戏的过渡形式。游戏和艺术的不同之处，就因为它和实际活动一样，常常追求一种外在目的，而游戏和实际活动的区别，却因为它本身也含有愉快的情感；只有艺术是仅仅注重活动的本身，而毫不注重无关紧要的外在目的。”康拉德·朗格认为艺术是幻觉游戏的一种形式，无论是游戏或艺术都包含着幻觉的成分，因此在这点上艺术和游戏是相同的。他认为每一种游戏都有某种艺术形式与之相应，例如，听觉的游戏之与音乐；运动的游戏之与舞蹈；戏剧的游戏之与戏剧；故事的游戏之与史诗等等。

此外，玛克斯·德索和普列汉诺夫对游戏也有论述。德索对艺术和游戏进行了比较，但没有在起源意义上得出什么具体的结论。德索的总的结论是“艺术从许多个源头汲取营养”，游戏也应该是其源头之一。普列汉诺夫没有具体研究游戏的内容以及游戏与艺术之间的关系，他是在批评毕歇尔、斯宾塞、谷鲁斯等人的游戏先于劳动的观点时提出“劳动先于游戏”这一观点的。从论证逻辑来看，普列汉诺夫似乎并不否认游戏对艺术的发生具有直接的作用，但他认为游戏来源于劳动。

对于艺术起源的“游戏说”，过去持否定意见的一直比较多，其理由主要包括以下几个方面：

第一，“精力过剩说”不能解释为什么动物和儿童以及艺术家会精疲力竭地去从事游戏和艺术活动，这就是谷鲁斯批评斯宾塞的理由之一。

第二，“精力过剩说”太笼统，朱光潜说：“‘精力过剩说’我们立刻就可以把它抛开。这并不是因为它错误，是因为它太笼统。一切活动都是精力的表现，不但游戏和艺术是如此，实际生活的工作亦莫不然。”

第三，按照“练习说”，艺术家在青少年时期就应该是游戏的热烈爱好者。“但从总体上看，情况并非如此，虽然有些活泼淘气的年轻人自然也喜欢快乐的游戏。一旦这些孩子们懂得了艺术，他们倾向于给它们以极关切的注意。”

第四，“游戏说也有着明显的缺点。这就是突出表现为偏重于从生物学和生理学的意义来看待游戏（艺术），而忽视了其社会意义。”这在中国文艺理论界可以说是普遍的看法。

笔者认为，真正构成游戏说的内核的是康德建立的艺术与游戏在本质上是相通的这一基础以及席勒所描述的物质游戏向审美游戏的发生过程。所以，从建设意义上说，认真研究游戏的本质以及从发生学意义上研究游戏与艺术的关系，这才是最重要的，前者是论证这一课题的可行性，后者则是研究这一课题可能的具体结果。

对于游戏以及游戏与艺术之间的关系，朱光潜先生早在30年代就进行了比较深入的研究，他认为，游戏和艺术有四个最重要的类似点：“一、它们都是意象的客观化，都是在现实世界之外另创意造世界。二、在意造世界时它们都兼用创造和模仿，一方面要沾挂现实，一方面又要超脱现实。三、它们对于意造世界的态度都是‘佯信’，都把物我的分别暂时忘去。四、它们都是无实用目的的自由活动，而这种自由活动都是要跳脱平凡而求新奇，跳脱‘有限’而求‘无限’，都是要用活动本身所伴着的快感，来排解呆板现实所生的苦闷。”游戏与艺术有三个重要的异点：“一、艺术都带有社会性，而游戏却不带社会性。”“二、游戏没有社会性，只顾把所欣赏的意象‘表现’出来；艺术有社会性，还要进一步把这种意象传达于天下后世，所以游戏不必有作品而艺术则必有作品。”“三、艺术家既然要借作品‘传达’他的情思给旁人，使旁人也能同赏共乐，便不能不研究‘传达’所必需的技巧。”

对于朱光潜的游戏理论，我的看法是这样的：

第一，朱光潜所说的“游戏”主要限于儿童的游戏，所归纳出来的游戏的特征实际上是儿童游戏的特征。但是，游戏显然不是一个“元”概念，有各种各样的游戏，不同的游戏其特征是不同的，每一种类的游戏都有它的发生发展过程并显示出其内在的独特结构。“精力过剩说”和“练习说”主要在动物的游戏这一层次上有意义。原始初民即文明人的祖先的游戏对于艺术起源研究最有价值，把它和动物的游戏进行比较就基本上可以勾勒出艺术作为游戏的发生过程。但这类资料已伴随着人类童年的逝去而永远地消失了。要从这里得到什么肯定的结论，那是极困难的。因此，从艺术起源的角度来看，朱光潜对游戏以及游戏与艺术关系的研究，其意义是很有限的。

第二，把游戏与现代艺术进行比较以便确定二者在本质上究竟在多大程度上具有一致性，这对于艺术起源研究来说是非常必要的，朱光潜先生的研究也在一定程度上达到了目的，但是从发生学角度来说，现代艺术材料对于艺术起源研究显然不具有根本意义。现代艺术是从原始艺术演变而来的，但原始艺术与现代艺术又有本质的区别，原始艺术并不具备现代艺术的种种特征，有关原始艺术的种种特征充分说明，我们现在称之为原始艺术的东西，最初可能恰恰就是游戏；原始艺术与游戏之间的差别可能远远小于现代艺术与游戏之间的差别。把游戏和原始艺术进行比较并研究它们之间的逻辑关系，这才是艺术起源研究的关键，才是最重要的，而这恰恰是朱光潜先生没有去做的。

第三，正是因为以上两个原因，所以我们认为朱光潜先生把游戏和艺术进行的比较是极粗糙的，不全面的，他仅仅只是把现代的儿童的游戏和现代艺术进行了比较，不论是他说的相同点还是不同点，都是在一定限度内的。

第四，也正是因为第三个原因，我们认为朱光潜关于游戏的研究是富有成果的，具有建设意义，但并没有真正解决游戏与艺术起源的问题。他最初的目标是：“我们纵然否认艺术就是游戏，艺术起源于游戏仍是一个可能的假设。要断定这个假设能否成立，我们须作较精密的分析，看艺术和游戏接近的地方在哪里，由游戏中可否演出艺术来，假如可能，再看演进的次第如何，艺术超过游戏的地方在哪里。”由于材料和方法本身的局限，他只是部分地达到了目标，对于艺术起源研究中最关键的“由游戏中可演出艺术来”以及“演进的次第如何”这两个问题，他没有研究，也无从研究。他虽然也有一些具体的结论如“艺术的雏形就是游戏。游戏之中就含有创造和欣赏的心理活动”，以及我们上面所引的总的结论，但这仅仅只是些命题，没有充分的实证材料和论证。

在现代西方，对游戏问题研究得比较深入且有影响的是德国哲学家、美学家伽达默尔。他认为游戏具有这样两个方面的特征：一、游戏活动具有主体性特征；二、游戏就是游戏活动者的自我表现；

对于艺术起源的游戏说，我们的看法是这样的：

第一，从理论上说，“游戏说”具有很坚实的理由。艺术作为人类最重要的活动之一，它也可能来源于一种与艺术活动完全相异的活动，但它最可能来源于一种与艺术活动相近的活动。而在远古各种活动中，与艺术最相近的活动就是游戏活动。无论是在内在结构上还是在复合功能上，艺术与游戏都有着惊人的相似，而在时间上它们恰恰又是先后顺序，因此，艺术就极有可能是从游戏中来的。我们不能肯定艺术绝对起源于游戏，但某些艺术或某些艺术的因素起源于游戏，却是很难否认的。

第二，关于游戏说，至今为止，最富有建设性的成果是席勒关于物质游戏向审美游戏的转化，朱光潜先生的艺术与游戏的比较以及伽达默尔的“转化理论”。但是从某种意义上说，至今为止的关于游戏说的观点都还只是假说，都是理论的，缺乏实证，由于时间的遥远，考古学、民俗学的缺陷和行为主义的材料本身还需要证明，这些问题恐怕永远不能实证，因而游戏说可能永远不能得到彻底研究。

（原文约9000字，发表于《青海师范大学学报》2001年第1期）

文摘编辑：欧阳韫

传统的音乐和音乐的传统

——论传统音乐的时空观

刘再生

[作者简介] 刘再生，山东师范大学音乐系教授。

[内容提要] 本文认为，传统的音乐与音乐的传统是既关联又不同的两个范畴。中国音乐的惟一出路就是继承传统音乐的优秀传统，借鉴并吸收外来音乐的传统。中国音乐和西方音乐是在历时性继承传统中的变异和共时性的交流融合中求发展。

[关 键 词] 传统音乐；音乐传统；历时性；共时性；时空观。

近百年来音乐界有关中国音乐前途的争论多数是围绕着以传统音乐为中心而展开的，至今风波仍未平息。但是，有些人似乎忽略了一个关键性的问题，亦即传统的音乐和音乐的传统乃是互相紧密关联却又具有不同范畴的性质属性：前者在历史上的存在始终是在稳定中求变异的；后者则是中国音乐永恒的灵魂和生命。这就是人们常说的“传统是一条河流”。笔者从传统音乐历时性的时代特色和共时性的存在差异切入论述这一命题，目的在于澄清概念和事实上的误解，使中国音乐的健康发展有一个更加良好的舆论环境。

笔者以为，中国传统音乐是我国古代社会宫廷音乐、民间音乐、文人音乐和宗教音乐世代相传而遗留至今的形式与作品，不应该也不可能包括“当代人”创作的传统音乐在内，否则，涉及传统音乐的概念时，就像绕口令似的先要弄清楚究竟是古代的“传统音乐”，还是当代人创作的“传统音乐”，难免会造成学术界基本概念的混乱。古代人创作的“传统音乐”和当代人创作的“新音乐”则又是统一范畴内用不同形式与方法创作的不同时代与特点的作品。中国传统音乐是中国音乐文化的历史积淀，中国音乐文化有着数千年的历史传统，其带有规律性的现象是文化传统的性质具有稳定性和变异性相结合的特点，笔者曾将之归纳为“千年一大变，百年一小变”的传统音乐的历史轨迹。笔者从我国音乐文化的角度对中国音乐的优秀传统作如下概括：（1）立足于时代高度以“感于哀乐，缘事而发”的现实主义与“充满天地，苞裹六级”的浪漫主义相结合的音乐创作精神。（2）在多样化的音乐形式中以一种最高代表形式作为音乐历史发展高度的象征。（3）“求新求变”的创作观念。（4）音乐形式的多样化。（5）多样化的音乐风格。（6）重视并继承传统音乐中具有自身艺术特色的音乐形态。（7）善于借鉴并吸收外来音乐的传统。

传统音乐的“危机”与“出路”是一对范畴。中国传统音乐之所以在20世纪遭遇“危机”，并不是人们全都忽视了传统音乐的存在价值，也不应该归咎于西方音乐“强势文化”的入侵，更不应该给20世纪音乐先驱人物，诸如萧友梅等音乐家的头上扣上一顶“全盘西化”的帽子，根本原因还是由于自身“危机”造成的。传统音乐是中国封建社会上层建筑的一个组成部分，随着封建经济基础的瓦解，必然会导致上层建筑的崩溃。中国音乐的惟一“出路”就是继承传统音乐的优秀传统，既不需要“以西方音乐的根本精神进行重建”，也不可能保持传统音乐固定不变的形态。20世纪发展起来的“新音乐”就已经是中国音乐的“出路”了。笔者曾将中国新音乐形态归纳为三种类型：（1）从传统音乐中嬗变出的新形式；（2）借鉴外来音乐形式创作的中国音乐作品；（3）中西音乐相结合的新形式。这三种类型的作品都以不同的形式并在不同程度上继承了中国音乐文化的传统，传统音乐和新音乐之间不存在势不两立的矛盾，或者说如果两者之间存在着某种“对立”（如究竟是传统音乐代表“中国音乐”的概念，还是新音乐代表“中国音乐”的概念），那么，这种“对立”更多地具有人为的意识观念形态性质，认为新音乐是“欧洲化的中国音乐”毕竟只是少数人的偏见。中国音乐和西方音乐的交流也是一对范畴，两者之间又存在着错综复杂的矛盾和联系，但其最终结果则是在历时性的继承传统中的变异和在共时性的交流融合中的发展，这是中国音乐的必然前景。

（原文约1万字，发表于《音乐艺术》2001年第1期）

文摘编辑：张楠

音乐批评的对象

明 言

[作者简介] 明言，文学博士，星海音乐学院研究部副教授。

[内容提要] 本文对音乐的“物化”文本、音乐的理论活动与社会实践活动以及音乐的动态文本之成为音乐批评的对象做了论述。

[关 键 词] 音乐批评对象；“物化”文本；“动态文本”。

对音乐批评对象的考察，是指对音乐批评对象——文本与泛文本的美学与历史规律等问题的探究。音乐批评的对象，一方面指音乐活动的成果——符号文本与音响文本；另一方面指与音乐相关或在音乐系统之内的人的活动。前者以作品创作为主，后者以音乐的理论思辨活动、教育活动及其他音乐社会实践活动为主。

音乐的“物化”文本是音乐批评的第一类对象，是音乐的符号文本与音响文本的总称。对这类文本的音乐批评，就是作为主体而存在的批评家与音乐的对话与沟通。作为批评活动对象的音乐，通常是以文本的形式展开自己的形貌的。所以，音乐批评的基础对象，就是作为文本而存在的音乐视觉与音响符号体系。这个体系，既是音乐批评的出发点，也是音乐批评活动的主要对象。音乐的文本是由音乐家（作曲家、演奏、演唱家）创作完成的，音乐文本中的描述与表现无不出自于音乐家对现实生活的真实感受，音乐家在创造音乐文本的时候，也会考虑到听众的聆听感受等接受因素。于是，音乐家、现实社会、听众等与音乐文本密切相关的因素，便成为音乐文本的基础。文本就成为音乐系统中的三项基本元素——音乐家（人）、现实社会（社会）、文本——相互结合之后产生的精华。同时，音乐文本也就成为一切音乐批评活动的最为基础的、极为重要的基本对象。不难想象，没有音乐的符号文本与音响文本的音乐批评活动是难以存在的，不涉及音乐的符号文本与音响文本的音乐批评活动也是荒谬的。

何谓“文本”？现代阐释理论认为，“文本”应当包含以下几重含义：第一重含义，就是指音乐作品的版本，即音乐作品在视觉与听觉层面可以感知的、物质层面的形态。譬如：作曲家手稿的抄写状况、演奏家录音的音响状况等。第二重含义，就是指音乐作品脱离于作曲家、演奏家等原创因素之后自足的、有机的、艺术生命自性展开的世界。第三重含义，就是指面向未来不断开放的、具备自我发展能力的、掌握持久的创造力与衍生力的艺术空间。因为所有的文本都是整个人类文化的副文本，音乐的文本虽然从表面上看来是具体的，但是内在的本质却是与其他的文本密切相关、相互包含、互相映射的，即表现为交叉互动的“互文性”。这三种层面的含义相互弥补、相互包容，同时也分别代表了不同的文本阐释理论。虽然它们隶属于不同的层面，但是有一点是相同的：它们都是音乐家的创造物。三者中的第一层含义对应的是音乐的物化文本；第二层含义对应的是作品的灵性空间文本；第三层含义对应的是音乐艺术存在层面上的文本。

音乐的物化文本是音乐家以音乐的语言表述方式进行创作活动的符号化成果。音乐批评家要以文字的语言，对这种物化文本进行批评活动。从语言学的角度上来看，它们都是人类的语言。但是，前者是音响的符号语言，是必须经过音乐表演艺术家做出二度创作，并作用于人的听觉之后才能够彰显自身的艺术价值的语言。所以，音乐艺术是以音乐语言的形式向听众展开自身的艺术魅力的。后者则是文字的语言，是以文字的方式展示批评家对音乐文本的认识、体会与评价的文学性的语言。离开这种文学性的语言，音乐批评也是难以认识音乐文本的。

音乐批评活动毕竟不是批评家个人的呓语，批评家针对批评对象——文本——应当向听众及读者做出自己的诠释与解说。所以，音乐批评中的解释活动便成为音乐批评的主要目的之一。而文本的内在意蕴，也就成为批评活动的基本对象之一。批评家的解释活动，也就是深入挖掘音乐文本灵性空间特质的人类灵魂的探幽与历险活动。音乐文本的灵性空间是潜藏在音乐语言的深层结构之内的，由于它自身的这种隐秘性，使一般的听众难以察觉，这就需要音乐批评家有效地进行自己的本职工作。在进行这方面工作的时候，首先需要面对的就是音乐语言信息的“译码”问题。

物化符号文本的第三种含义，就是指面向现实音乐生活不断开放的、具备自我发展能力的、掌握持久的创造力与衍生力的艺术空间。这就是物化文本哲学意义上的“存在”。这个艺术空间“存在”于音乐的文本语言之内，音乐批评的这个对象，也就是在这个层面上发挥它的极大的艺术创造能力。这个创造能力营造出来的“能量场”，我们可以把它称之为物化文本的“艺术创造能量场”。

毫无疑问，音乐批评以音乐的物化文本作为主要对象。但是，如果要对物化文本做出深入的、贴切的认识与把握，就不得不对文本涉及到的其他方面的因素有所了解与认识。同时，音乐批评在评价文本的时候，也必须对音乐的若干价值层面上的问题做出确定。在确定这些问题的时候，又必须涉及到文化基础上的哲学、宗教学、伦理学等意识形态领域中相互关联的学科。于是，音乐批评的第二类对象——对音乐的理论活动与社会实践活动的观照——便登堂入室了。

既然一直存在着人的音乐及音乐的活动，那么就一定同时存在着对这些音乐及音乐活动的评价活动。对音乐的评价活动，属于文本评价；对音乐活动的评价，我们在此把它定性为“动态文本”的评价。这种“动态文本”，与视觉和听觉的符号文本不同之处就是：它们是人的现实的与历史的音乐活动，这种活动可以是与音乐艺术直接相关的，也可以是与音乐艺术间接相关的。在音乐批评系统中，我们之所以也注重对音乐活动的评价，这是因为音乐活动是与音乐活动的成果——物化文本有着直接的因果关系的。有音乐活动而未能产生成果的情况是存在的，而离开音乐活动的音乐文本是不可能存在的。音乐的实践活动应当包括：音乐的创作实践活动、音乐的表演实践活动、音乐的研究实践活动、音乐的批评实践活动等。

音乐的创作实践活动是音乐文本诞生的基础性活动。在音乐批评中对创作实践活动的关注一直都是非常密切的，有人甚至认为音乐批评的对象就是音乐的创作活动。对于社会来说，没有表演介入的音乐创作活动，是不能转化为社会文化价值的。所以，对作为二度创作而存在的表演艺术活动的积极批评，便成为音乐批评活动的另一个重要对象。音乐的理论研究实践活动，经常被人们视为与音乐批评无关的一个领域。按照我们对音乐批评学的学科定义来看，这种认识实际是片面的。音乐批评就是以人文意识形态中的文化学、哲学美学、社会学、历史学、工艺形态学等单纯的或综合性的理性眼光，来审视音乐的现实事项与历史事项（理念、活动、音响文本与符号文本等）的一种理性建构活动。是将音乐基础理论研究的成果，有机地应用于音乐审美评价、历史评价实践的一门应用性学科。我们在这里所说的“音乐的现实事项与历史事项”里面，就已经包括了音乐的理论研究活动。因为“音乐的现实事项”里面必定有音乐的理论研究活动，“音乐的历史事项”中也必定有音乐的理论研究活动。失去了音乐理论研究支撑的音乐的创作与表演活动，是没有理论的、人文的智力支持的活动，这种活动的艺术价值与人文价值，也就不可能实现。

对音乐的理论研究实践活动的成果——理论文本的批评，也应当成为音乐批评活动的另一类对象。虽然这样做来，有一些“泛文本化”的倾向，但是，既然这种实践活动的结果——理论文本是音乐实践活动的一个成果，我们批评家就不能无视它的存在。这类批评，以音乐研究文论与音乐出版著述的评价为主。对某篇文论发表的批评与争鸣的批评文论，对某部研究著作进行褒扬与贬斥的批评文论，都属于这类批评的成果。

（原文约 15000 字，发表于西安音乐学院学报《交响》2002 年第 3 期）

文摘编辑：范子奇

走出误区，复归人性
——关于现代音乐的思考

蔡仲德

［作者简介］蔡仲德，中央音乐学院音乐学系教授，研究方向：美学。

［内容提要］本文认为，为实现由前现代向现代的转型，中国音乐需要向西方学习。但现代音乐是在西方社会完成社会与文化的转型后出现的，有其现实依据，而中国却远未完成从前现代向现代转型，把现代音乐作为专业创作的主流，则是一种时代的错乱。

［关 键 词］现代音乐；人性；误区。

本文所说的中国现代音乐，是指近20年在西方现代音乐思潮与技法影响下出现的中国音乐，即所谓新潮音乐，包括大陆作曲家与海外华人作曲家的同类作品。对此，我想从梁雷作品音乐会说起。

2000年9月上旬，先后在西安、武汉、上海、北京举行的梁雷作品音乐会，演出了四首作品。其一是《京剧独白》，其二是《反钢琴》，其三是《园之八》，其四是《打击乐方言》。作为一位青年作曲家，梁雷不仅富有才华，而且好学深思，十分难能可贵。但我以为上述作品存在着两个值得注意的倾向，一是为创新而创新，专注于手段技法，而忽略了创新的目的——表现当代中国人的人生感受与体验；二是刻意标新立异，而背离了音乐的本质——可听，满足人的审美需求。

上述梁雷的情况在当代中国颇具代表性、典型性——80年代初以来，现代音乐成为中国专业音乐创作的主流，从青年到中年以至老年，大批作曲家卷入其中，音乐院校作曲专业学生更是趋之若鹜，大有不写则已，写则非写现代音乐不可之势。这似乎是一种极端，一种例外，但它在现代音乐种的出现，却有着内在的逻辑依据，因而不能不说是“理有固然，执所必至”。

所以，今天在新的世纪之交，回顾已经过去的百年历程，吸取西方现代音乐的沉痛教训，我们必须高度重视如何正确对待创新与继承的关系这一问题。对此，我想提出自己的一点管见。

我认为，就像整个社会与文化一样，为了实现由前现代向现代的转型，中国音乐也需要向西方学习，但也象整个社会与文化一样，在音乐上向西方学习什么，也有一个正确选择的问题，即所学应是其对全人类具有普遍意义的方面，而不是其民族性的成分，应是其长处而不是其短处。如果说，就其彻底否定传统，背离音乐本质而言，西方现代音乐本来就是一个误区，一条歧路，但就其针对完成社会与文化的转型后所出现的弊病与问题而言，它在西方的出现又不无现实依据，那么，现代音乐在中国的出现并成为专业创作的主流，便不能不说是一种时代的错乱——中国现在还远远没有完成由前现代向现代的转型，因而就像在思想领域中国现在更需要借鉴的不是“后现代”思潮，而是文艺复兴以来的人本主义一样，在音乐领域，中国现在更需要借鉴的也不是西方现代音乐及其观念，而是以贝多芬为代表的音乐及其观念（当然我们也需要借鉴西方现代音乐的某些技法以丰富中国音乐的表现力）。在我看来，这种时代的错乱不仅已经使中国音乐走上歧路，进入误区，重蹈西方现代音乐的覆辙，陷于和听众隔绝的境地，而且还会使中国音乐丧失人性，再度异化，大大推迟中国音乐文化由前现代向现代转型的进程。对此，有责任感的作曲家、理论家理应深长思之！

破坏易，创新难。窃以为真正有志气的中国作曲家应该从人本主义的高度看待音乐创新问题。应该看到我们需要的是“创造新生命的革新的能力”，即既寻找新的语言，又不打断现成的线索，而是“接紧可以接续的一端”，在继承并发展中外古典音乐的一切优秀传统的基础上向前发展；既探索新的技法，又高扬人的主体性，不忘一切技法的探索都是为了创造更新更美的音响形式，为了表现当代中国人无限丰富的人生感受与体验，为了满足人们日益增长的审美需求。这样才能走出误区，复归人性，才能真正有所创新，创造出人所需要的新音乐，才能将中国音乐推向继先秦、唐代之后的又一个高峰，使中国音乐真正走向世界，为全人类做出巨大贡献。当然，这比单纯的技法革新要困难得多，需要多少代人的艰苦努力。但真正的艺术创新并无坦途，有志者只能知难而进！

（原文约16800字，发表于《天津音乐学院学报（天籁）》2001年第3期）

文摘编辑：徐明基

“咽音”——开启人声宝藏大门的钥匙

李向来

[作者简介] 李向来，文化部中国艺术科技研究所。

[内容提要] 美声歌唱已产生三百余年，而其传统练声方法“咽音”却被人忽略而临近失传，但它是一种非常有价值的发音机能，卡鲁索、吉里曾得益于此。

[关 键 词] 咽音；美声歌唱。

什么是咽音？“它是意大利传统学派的音乐家们用来称呼一种以特别方法练出来的声音。这方法居于发‘真声’与‘假声’之间。这所谓的‘咽音’可以单独出现，也可以同‘真声’或者‘假声’结合，甚至可同‘真’‘假’两种声音同时结合。这三种发音方法——‘真声’‘咽音’‘假声’，每种都可以单独被应用，联合起来就组成人的发音器官的整个发音机能。”

一、咽音与歌唱共鸣

一般在歌唱上划分的头腔共鸣（指头声或假声）、胸腔共鸣（胸声或假声）以及上述两种混合起来各占多少比例的所谓混声共鸣，不过是对共鸣效果的一种主观感觉上的描述，其实所有共鸣都主要由咽部调控而成。一些嗓音科学家们应用特殊的技术测试已证实，那种在发最高音时出现的被称为带有金属共鸣的所谓“头腔共鸣”，实质是由咽部捏成细小的发音管（此时发声管的直径约为甲状骨直径的1/6）产生2800赫兹的高泛音造成的，与“头腔”没有关系。这2800赫兹的声音就是意大利声乐传统称为的“咽音”。

声学告诉我们：人的发音情形与簧管乐器相同，属于“簧管发音偶组”性能，即两个发音体组合起来相依靠共同发音的。亦即人声自下而上在一个声道里由声带与发音管相依靠发音产生共鸣，这个声道以咽腔为主包括口腔与鼻腔。

二、“咽音”与面罩唱法及关闭唱法

凯沙雷说：“美声唱法的发音，声音的‘位置’是随着‘音高’‘音量’不断在头顶上浮动。有人错误地始终把‘位置’放在面罩一带，唱中低音时还可以‘鱼目混珠’，唱较高的音时则音色根本不符‘美声’的要求。”用面罩唱法来演唱一些难度不大的艺术歌曲还可以，但要唱高难度的歌剧就捉襟见肘了，因为面罩唱法在唱高音时声音仍在面罩位置，不能像“咽音”那样将声音集中在头顶，自然声音空洞缺少穿透力。而关闭唱法的提法是因为从发低中音时，声音在软腭的位置上，从口腔透出；而发高音时声音位置打到头顶，再从口腔出来，这就有了被掩盖的感觉，所以称其为关闭。这不过是一种感觉上的外表描述，其实从咽音的发音机能上讲，所谓关闭，即发高音时发音管变细成小管，开放即发低音时发音管变粗成大管。

沈湘在教学中也使用“面罩”这一术语，但他不认为是一种方法。他特别提醒说，“面罩是反射过来的，不是往前面面罩唱。最好唱在咽腔里贴着后咽壁，越到高音越往后上方走（笔者按：正与咽音练声法唱高音的要求相一致），这样可以保持共鸣腔体的打开，唱者非常省力。如果高音往前面唱，共鸣腔体丢掉了。”沈湘对“面罩”的分析是科学的。

三、“咽音”与喉器、舌头位置

歌唱时喉头最好保持在比自然状态稍低的位置上，这对要求一个打开而稳定的共鸣腔体来说是正确的。可是如果咽部没有形成发音管的能力，靠喉器下压而得到一个粗大的发音管。为了保证这个共鸣室不致消失，喉器只好压在那儿一点不敢动，造成了喉部肌肉的紧张，结果歌声僵硬、暗闷、松散、高音混浊不亮。如果能在咽部形成既站得牢又可伸缩的发音管，正符合人声声道像一个伸缩喇叭的声学原理。这样喉器在吸气状态的位置上仍可以在发声时灵活地移动，这说明喉肌是放松的，这样才能够很好的与调节发音管相配合，使音色就富于变化，具有艺术表现力。发音管站定了，能伸缩了，那么无论是发低音、高音，咽腔都是打开的，不能为了解决歌唱时喉头上提就把喉头置于下压的状态，这对歌唱同样是不利的。

“咽音”发声法要求舌面成一直沟，使舌头前后作用分成：前为把口腔调节成泛音共鸣室，后为把咽部调节成基音共鸣室，这样声音通过这个共鸣声道被集中变成悦耳洪亮的歌声。如果一唱到高音舌中央就挺起后堵，其原因不外乎有二个：一是“表示咽部的肌肉力量不够，不能独立形成‘发音管’因此需要舌部的帮忙”。二是由于咽部形不成发音管，不能用发音管控制气息，那么

"舌部往往会用力挺高来帮忙挡气，这样也就不能保持口咽腔形成管状，而只能发出闷塞的声音"。

四、"咽音"与换声问题

从歌唱生理学角度研究证明，真声与假声发音方法的性质截然不同：真声是声带张紧并拢振动发出的，假声是声带不贴紧被呼气吹成空洞在喉腔旋动发出的，前者在发音原理上类似带有音簧的管乐器，后者类似笛子，因此要从"真声"转唱"假声"，或从"假声"转唱"真声"，就会发生"卡"或"破裂"等换音现象。因此大都主张有两个声区即胸声与头声（或真声与假声）。后来也有主张只有一个声区的，他们虽然没有从歌唱生理上去考虑声区的是否存在，但却从歌唱方法上否定了声区的划分。这一划分的主张后来得到了历史的验证：卡鲁索歌唱生涯的最初是男低音，后改唱男高音，一唱高音就破，成了有名的"破碎的男高音"，可后来他学到了"咽音"，不但解决了换声难题，还成为举世闻名的男高音。他与吉里运用的半声歌唱实质是掌握咽音技巧的结果。科学实验已证明，那些在唱高音时含有2800赫兹高泛音（这实质就是咽音质色）的男高音歌唱家，他们都没有换声的感觉。

"维那德氏用特种摄影技术证明声带必须缩短张紧而把振动的范围缩小到只限于声带变薄的部分，'真''假'声才能很好结合。"这正是咽音发声法把咽部调节成发音管，并与贝诺氏作用相结合，减少了喉肌拉动声带的力量，使声带产生缩短变薄的功能，从而能够很好地结合"真声"与"假声"。

那么"咽音练声法"何以使声带有如此功能呢？咽音的平日练声，在发低音产生的"气泡音"到发高音产生的将"气泡音"连在一起形成脆亮高咽音的三个八度之间（高音不低于High C），用不同发音姿势由慢到快，滑上滑下地练习及调节相匹配的发音管发出准确音高的练习，练就了发音管的伸缩能力和声带长短、薄厚之间的变换能力。因此，可使真假声转换自如，上下一条龙，这是美声歌唱一个重要的特点。

五、"咽音"与呼吸

我们无论怎么练歌唱呼吸，气息终要冲击声带发声歌唱，并通过歌唱来进行检验。因此气息与喉部配合是完成歌唱发音的基本形式。而咽音练声法的呼吸与喉部调整做到了巧妙地配合。经咽音练声法训练后，可将咽部调节成发音管，在发高音时发音管变细，对气流起到挡气集中的作用，使气流形成一条细线，只吹到声带的边缘部分，排气量少，喉部非常省力。之所以能如此，原因在于："发'咽音'的气息是一种始终能对二声带产生贝诺利氏作用吸力的气流"。所谓贝诺利氏作用，即按照气动力原理，气流在经过狭窄的声门时，由于速度的改变产生负压，对喉腔组织产生一种吸靠作用，使两声带随之闭合，在这种情况下发声，喉肌是不费力的。人在大笑时之所以肌肉不感到疲劳，就是这个原理。

"唱在气流上"是一种以"赫气"带头来推动声带发音，是建立在贝诺利氏作用的基础上来发展的一套歌唱发音技巧。因此"唱在气流上"是美声歌唱的一个高超的歌唱技巧。

六、"咽音"与歌唱结合的问题

好的歌声都有相当多的咽音成分，这说明咽音本身就有与歌唱结合的天然条件。咽音与母音是有天然的联系的，它们都来自咽部。一个有志歌唱的人练会了咽音，是不会与母音结合不上的，不存在咽音与母音结合的障碍。歌唱是音乐化了的语言，母音是歌唱的乐音，那么就理所当然地应该把母音拿出来单独训练。而训练发纯咽音，其目的并不是为了区别与其他母音的不同，而是它最易让人的嗓音发出铿然脆亮的声音。然后可以结合与咽音相近的"eh"母音，再向其他母音过渡，从而发出带上铿然脆亮咽音质色的母音。

（原文约35000字，发表于《中央音乐学院学报》2001年第1、2、3期）

文摘编辑：欧阳韫

对绘画艺术"逼真性"问题的当代思考

汪　洋

[作者简介] 汪洋，台州学院艺术系讲师。

[内容提要] 本文认为，"逼真性"是绘画艺术的基本要求，但不是惟一要求，甚至不是最主要的要求。真实性是个历史性概念，其完整理解应是形式之真与意蕴之真、客观意义之真与主观意义之真的统一与融合。当务之急是改变观念，把继承与创新结合起来。

[关 键 词] 绘画艺术；"逼真性"；当代思考。

应该承认，"逼真性"是绘画艺术的一个基本要求。绘画作为一种社会生活的反映，必须在一定程度上再现社会生活的真实。就一个人来讲，初学绘画的第一步就是临摹与写生；就人类来讲，人类早期的绘画都是从摹仿中来的。但"逼真性"绝非绘画的惟一要求，甚至不是最主要的要求，因为绘画毕竟不是"镜子"，而是人类精神产品。绘画的真正价值并不在于它如何肖似原物，而在于它如何透过原物揭示某种本质意义。

一个将感性的物质利益尚放在首位的民族，审美方面的需要也必然是感性的、物质的。他们虽然也需要绘画，但他们根本不愿意或者没时间去思索什么深层的意味，只满足浅层的视觉愉悦，趋向于一种表面的真实。当今绘画的创作与欣赏，是从关注绘画作品形象的逼真性开始的。当今绘画市场的主顾主要是这些公众。他们怀揣着"逼真性"的标准，从二三流画作中挑选，只是为了附庸文雅。市场在很大程度上支配了绘画创作，画家为了获取经济效益放弃艺术探求，去画精细写实的画以迎合公众的"逼真性"价值取向。这些"画家"中并不乏小有知名度的作者和各美院的毕业生，他们打着"艺术面向大众"、"文艺为人民大众服务"的旗号，实则是缺乏艺术创新精神与艺术个性。

其实"逼真性"并不就是照葫芦画瓢。但当逼真性成为一种时尚，人们纷纷以其中的"功夫"相较量，而不再讲求作品中的精神品位的时候，自然主义便应运而生了。回顾这些年来国内举办的各种画展，那里面真正有思想、有格调、有神韵、有境界的作品有多少呢？不少作品所炫耀的只是"形准"、只是功夫。有些作者就坦言，我的创作要想入选大展想获奖，就要体现"功夫"，或是画得很写实，或是画面内容复杂，那么人家起码得承认我的画是花了功夫的。这既违背了艺术创作的真谛，也违背了画家本人的真实情感。无怪乎中国艺术研究院张晓凌博士感叹当今画界："制作风气盛行，谁制作得精细，劳动最大，谁就可能获奖。进入'全国美展'的展厅，往往是匠气扑面而来。"一些有识之士对此现象讥之曰：所谓获奖，倒不如说是评委们颁发给这些作者的"辛苦奖"。

对艺术的真实性的理解，其实是个老问题，但基于当代绘画界的各种现象，我们必须重新思考。绘画最初是从记事、传达、劝戒、巫术中脱颖而出，真实性当然是第一个要求，所以古代只把绘画看作是一种技艺。绘画被看作是一种旨在欣赏而不是实用的艺术，在中国大约始于南北朝，在西方是文艺复兴后。

中国古代尤重于劝戒，东汉王充、西晋陆机在著说中都讲了绘画宣传圣贤的作用，北宋时米芾也说："古人图画，无非劝戒。"至南北朝后始有"清玩"、"悦情"、"畅神"之说，画家开始强调抒发主观的思想情趣。于是古代文人就开始思考绘画中的形似与神似的问题了，其中当属苏轼的见解影响最广，他说："论画以形似，见与儿童邻。"明确指出了好画在于表现事物的精神，而绝非以"逼真"为准则。中国古代绘画的发展正是循着这一轨迹来的，画家们借笔墨来抒发主观意兴。"元四家"及以后的文人画家在作画时对"逼真"一事看得很淡。

对于那些一味精细描摹物象表面真实的绘画作品，古人早有评判。荆浩认为这些画虽然可以获得"形似"之真，但毕竟"类同死物"。荆浩一方面认为绘画要讲究"形似"之真，另一方面他更强调"气质"之真。我们不能仅仅停留在自然真实的层面，不能把艺术真实局限在自然真实的范围。

在西方，古代称艺术为"模仿"。达·芬奇曾把绘画比作"镜子"，强调绘画的真实性。不过，达·芬奇已经对社会上将绘画等同于技艺表示不满，在理论及创作实践上均开始注重主观感受。《蒙娜丽莎》之所以享誉世界画坛，不正是由于其中寄寓了画家的深刻的思想情感吗？西方注重画家的主观感受尤其是在19世纪浪漫主义兴起之后。20世纪初的西方现代艺术在观念上发生了巨大的变化，同传统艺术相比较，整个西方现代艺术从模仿再现走向了主观精神的表现。模仿写实者描绘的只是客观真实，表现主观感情的绘画描绘的则是心灵的真实，20

世纪初的西方现代艺术正是以此为突破点迅速发展起来的。

西方传统艺术十分看重绘画的故事性、主题和内容，西方现代艺术则关注艺术的纯视觉性和审美作用。在现代艺术家看来，美术家的任务应当是探索色彩、线条、块面、构图等形式因素，而不是用绘画去叙述故事。

由此可见，真实性的观念是个历史性概念。一开始真实性是个笼统的概念，但随着绘画创作实践的发展，真实性一方面分化为形式上的真（“形似”）与意蕴上的真（“神似”）；另一方面分化为客观意义上的真（“眼中之竹”）与主观意义上的真（“胸中之竹”）。无论中国与西方，成熟绘画理论都讲究对真实性的完整理解，将形式上的真与意蕴上的真，客观意义的真与主观意义的真融合起来，所谓“外师造化，中得心源”，所谓“再现”与“表现”，“现实主义”与“浪漫主义”的统一都不过是这个意思。

但绘画总是在主观与客观两极之间摆动。同一个时代可以同时存在注重写实的作品和注重写意的作品，同一位画家身上也可以同时存在注重写实与写意的作品，因为写实中必然也有写意，写意中也难完全排除写实。不过从绘画发展史来看，现代绘画越来越注重写意，即表现主观的思想感情。从19世纪开始，人们的视角更关注、审视人类自身。美学以克罗齐、科林伍德为代表，倡导直觉主义，在西方绘画界产生了巨大影响。西方现代艺术各流派都把描绘重心放在主观感受方面，突出纯视觉性，突出绘画语言（线条、色彩、造型），取得了丰富的成果。

真实性问题的提出，对于某些人来讲，恐怕不仅是为了迎合市场的需要，而是对艺术发展的不敏感，是一种新的保守主义。在他们看来，似乎只有形式上的逼真才叫真实，似乎只有表现什么思想主题，或者有故事性才能得到肯定，因而他们觉得西方现代艺术已失去了真实性。他们不了解现代社会，人类关注的中心已经转向人自身，克服人类自身的异化，使人恢复为完整的人已经成为整个思想文化界的共同主题。

即使是形式上写实的绘画，也不能简单地用“逼真性”去理解它。苏珊·朗格认为艺术作品的“真实性”本来就是一种虚拟性的真实。当艺术家在观察自然界景物时，是在特定的主观愿望、期待和兴趣的支配下对自然进行了选择，调整和摄取，所以绘画艺术的真实毕竟不等同于自然界中的真实。艺术家在“取物”时将自己的主观因素渗透到观察自然真实的过程之中。

西方20世纪70年代出现的超级写实主义绘画，是一种非常逼真的画法，画中的人物形象可说逼真精致到了极端，但即使是如此强调逼真的画，只要我们认真分析一下其中的形象，仍不是一种纯客观的自然主义描绘，它里面包含了画家的主观思想。画面上画家似乎抽掉了主观思想，看似纯自然的描绘，但实际上是反映了西方现代物质文明下人的精神冷漠与隔离。所以我们说追求“逼真性”绝不是艺术的目标。罗丹有句名言：艺术即感情，很值得我们品味。

如果我们继续沿用现实主义这一提法，把现实主义当作我们的旗帜，那么，我们应该给现实主义以新的解释。西方学者为了拓宽现实主义的视野和范围，提出了“无边现实主义”说法，为了强化现实主义的虚幻性质提出了“魔幻现实主义”，均可以成为我们的借鉴。现实主义概念应该具有更广大的包容性，只有这样才能为绘画创作开辟更为开放的广阔空间。

中国绘画不必步西方后尘。中国传统绘画与西方不同，有强调写意，主张意境、神韵、格调的传统。但许多当代中国画家长期受西方古典现实主义的影响，一直把写实当作主要追求，目前摆在中国画家面前的首先是改变观念，以现代人的眼光看待真实性问题，把继承与创新结合起来为自己踏出一条新路。

（原文约3500字，发表于《台州师专学报》2001年第2期）

文摘编辑：欧阳韫

版画艺术研究叙要

谭秀江

［作者简介］谭秀江，广州美术学院副教授，博士。

［内容提要］本文认为，在版画艺术发生迅速而深刻变化的世纪之交，应把版画的概念拓宽到印刷艺术，并对版画史论研究具体工作的实施和中国古代印刷技法研究做了论述。

［关 键 词］版画；艺术；印刷；研究。

世纪之交，版画艺术语境和造型语言正发生着迅速而深刻的变化，安迪·沃霍尔的巨幅丝网版画《一百个甘贝尔汤罐头》直接以商品标签式的重复形式构成的巨大画面带给我们全新的感觉方式和造型观念；埃道提·鲍骆兹的作品《在纽约的维特根斯坦》以其对电脑图形、电脑分色手段的敏锐感受和大胆使用，使版画媒介边缘交叉的多种可能性成为了极富创意的现实。这些在国际版画领域中异彩纷呈的前卫语汇及经典范式无疑使我们在充分领略版画艺术发展中至为动感一面的同时，也使得我们在众多的新思潮、新流派以及新技术面前不无面临挑战的紧迫感。

为此，我们应当适时地把版画的概念拓宽到印刷艺术；以研究深化各个版种印刷方式，到研究广义的印刷方式和媒介物及相关的设计手段，并开拓新的版画语言提供试验基地和广阔着眼于传统和本土等原创意识，进行整体思考和融贯的综合研究，以探索版画艺术本身的自律特性、语言模式以及版画的文化、美学意义。版画史论研究具体工作的实施可以从以下几个方面展开：

1．版画概念和基本要素（版画和版画研究；版画的存在方式和层次系统；版画的发展脉络和应用范畴；版画理论、版画史和版画艺术批评等）。

2．版画的外部研究（版画和宗教；版画和哲学；版画和文学；版画和心理学；版画与设计；版画与其他艺术等）。

3．版画的内部研究（版画的类型、材料和模式；版画的符号结构及其体系〈版画与刻画符号、纹样、玺印等形制的关系；版画与图书版本学的内在机制及本体意义；版画复制与传承的稳定性及变异性等〉；版画的图式概念和审美特质；版画的评价等）。

在方法上，我们可以集版画理论、版画艺术批评原理、版画史以及美术学研究方法等范畴一体，从人文科学的多种角度来阐释版画艺术原理及其研究方法，并侧重于版画艺术研究方法论问题上的探讨。

在如何顺应时代的要求和社会的需要，调整版画研究和专业结构，深化版画的本体涵义，扩大版画艺术语言的外延空间并增强版画艺术观念的承载力等方面，我们也许具备了一定的基础。在此基础上，着力拓展版画专业研究的文化视野，将对版画本体概念、语言构造和形制特征的探索放在广阔纷繁的人文科学的因缘和经纬关系中，在解决方法问题的同时，强化并提高艺术原创意识中的理性思维、美学品味以及对版画文化的整体综合认识以及把握能力。

所谓原创性理论研究，指在国内外同一理论研究水平上的创新与突破，因此，在搜集相关学术信息时需要多方面的积累，如图像资料的搜集、文献的积累以及同时期中外文化交流的史料整理等等，这个过程是艰辛的，然而当手头的第一手资料逐渐丰富起来，史实也渐次被勾勒出来时所产生的回到历史之中的身临其境的感受常常会给人以始料不及的收获。如笔者在翻阅人民美术出版社根据清代最初印本影印的由任渭长绘图、蔡照雕版的木刻绣像四辑《列仙酒牌》、《剑侠像传》、《於越先贤像传赞》和《高士传图像》时，就对传统图书版式与中国木刻的形式结构、美学特质之间相互承传、相互依附的内在联系之特点不无感受。

古代雕版书籍的版式通常为四周有栏线，有单、双栏之分，栏内有界行，采用单面印刷，中缝折叠处有版口、版心及上下鱼尾。采用竖排方式，自右向左按顺序排列。由于古代用手工造纸，印刷时无固定标准，书籍的开本也就大小不一。如北京同文馆印的《四术奇》（1883年印），开本为25.2×15.2cm，天津机器局印的《鱼雷图书秘本》（1885年印），开本为27.9×16.4cm，天津北洋官报石印《御制耕织图》（1903年印）为24.8×15.6cm，四川劝业会所印《棉业图说》以及上海江南制造局所印《炮法图谱》为26×15cm，等等，上述各书尽管开本大小基本与古雕刻木相仿，但没有任何统一的标准。如此，随着翻刻次数的增加，制版技术的参差以及开本的变化，便会出现了上述例子中人们对初印本和善本的收藏渴慕和追逐；同时，传统版画的形式结构、审美特质与书籍版式、装帧之间的发生学意义上的依承关系于此也就愈加清晰了。

中国古代印刷技法研究须考虑以下几个方面：

1. 古代印刷史（印刷术出现的原始基础和人文条件；发明印刷史的技术前提；汉字书写体系与印刷术的关系；印刷技术与中国图书装帧的变化等）；

2. 雕版印刷和活字版印刷的基本要素和原理；

3. 古代制版技法分析（画、刻、印等工艺程序及其关系）；

4. 古代造纸、制墨的工艺及其简史；

5. 古代书籍的版面格式及其演变。

中国印刷技术是一个历史跨度极大、涉及范围极广的传统学科。今天我们继承的传统印刷技术，主要是6世纪前后的木刻雕版和11世纪的活字版；但追根溯源，至少在新石器时期就基本上确定了它的发展方向。大量研究表明，普及于西方而误称为“印度墨”的烟炱墨，可追溯到中国文化的远古时期，而且，印刷史学家Douglas P. Bliss考证，直到1470年，法国书籍装帧行会仍规定木刻雕版是复制宗教图像的惟一方法。可见，对于使人类文明生生不息、源远流长的白纸黑字的发明而言，中国的先人功不可没。明人宋应星也说：“物象精华，乾坤微妙，古传今而华达夷，使后起含生，目授而心识之，承载者以何物哉？……覆载之间之借有楮先生也，圣顽咸嘉赖之矣。身为竹骨与木皮，杀其青而白乃见，万卷百家，基从此起。”（《天工开物·杀青·第十三卷》）如何还原版画艺术母语——古典印刷的语汇并匹配出新的因果关系；如何通过研究强化我们对逐渐消解或原本陌生的版画原创语言和样式的感知，进而在现代艺术语境和氛围中自觉地研习并有效地发挥传统印刷媒介、质材以及技术的特性，如何在现有的条件向这个目标靠拢，是我们研究的出发点和回归点。

此外，我们还应该了解整个版画学科发展现状方面所提出的基本问题以及该画种当前迫切需要解决的难点。例如，如何看待发自于哲学界并漫延到设计、绘画等领域的符号学、语义学、句法学、完形心理美学、结构主义、图像学、解构主义等20世纪后半叶蔚为大观的理论流派、形式风格对当代版画艺术的影响；如何思考我国北宋熙宁年间有关营建设计与形制规范之巨著《营造法式》中的雕作制度、明隆庆年间《髹饰录》中的雕漆原则与中国古典木刻形态以及美学特质的内在关系等等。

当然，像上述这类从大量史料中抽出来的例如“传统中国版画与图书版本学的同构关系”的论题还有待于进一步的修正和充实。通过对这类文化脉络的寻根溯源并尽可能作翔实、缜密的分析和论证，将有助于我们在今后研究和创作中寻找浓郁的原创意味的文化样式并依照一定的学术方法选择合适的切入点。美国学者雷·韦勒克在阐述其学术立场时，曾经说过这么一段话：“惟一正确的概念是一个断然‘整体论’的概念，它视艺术为一个多样统一的整体，一个符号结构，但却是一个有含义和价值，并且需要用意义和价值去充实的结构。”当然，循着韦勒克的方向走，除了热情之外，恐怕更需要的是苦行和静默。

（原文约4000字，发表于《美术学报》2002年第1期）

文摘编辑：范子奇

让曹禺从历史的重雾中向我们走来

丁 涛

[作者简介] 丁涛，中央戏剧学院教授，博士生导师。

[内容提要] 本文提出一个新的见解，认为曹禺是一位身处内外重重矛盾之中的戏剧家，因而，研究者只有深入矛盾，才有可能逼近那个沉浮激荡在历史漩流里的曹禺，为此，笔者竭力探索一条新的研究路向——重建历史情境的方法。在重建的历史情境中，错综复杂的矛盾得以渐次澄明、敞亮，笼罩着曹禺的重重迷雾随之渐次散开，让我们陪同曹禺从中走出，走向今天，走向未来。

[关 键 词] 现代中国戏剧；曹禺研究；批评方法。

曹禺是一位罕见的戏剧奇才，1933年他写出《雷雨》时才23岁，写出最辉煌的一部戏——《北京人》时，才不过30岁。然而，1942年他将巴金的小说《家》成功地改编为舞台剧，自此，这颗璀璨的戏剧之星在本真的意义上来说，已经陨落了，他再也没创作出能与他青年时期相媲美的深刻的作品，这时的曹禺，才不过32岁。不由人不去追问，究竟是谁扼杀掉曹禺鲜活的艺术生命，令她过早地夭折?!

曹禺是20世纪的中国最受观众的欢迎，最受评论界的关注，最拥有国内乃至国际声誉的剧作家，稳坐现代话剧史上的头把金交椅，是一位得到同时代充分承认与高度重视的艺术家。然而，曹禺对中国现代戏剧的状态及流变所产生的真实影响与作用，曹禺对同代剧作家、对后辈剧作家的影响力，却微乎其微，几乎为零！无论曹禺拥有着怎样至高无上的荣耀，但是，若仅就戏剧创作实践的真实楷模作用而言，曹禺远远逊于其他那些中国现代戏剧的奠基者们。我们不应忽略，中国现代话剧不过才百年的历史，而曹禺便在其中活动了近70年，占了整个历史长度的2/3，然而却没有成为人们争相学习，自觉仿效的楷模，没有成为彪炳剧坛的最高范本，这岂不咄咄怪事？事实上，曹禺非但影响不了别人，反而时不时地要受他人强烈的影响与牵制，以至于自己都不能义无反顾地沿着自己所开创的《雷雨》、《北京人》的创作道路坚定地走下去，这一现象，在古往今来的文学艺术史上也难找出第二个例子。如此说来，曹禺所真正享有的，不过仅仅是虚名而已，他没有得到20世纪中国实质性的真实的认同。

随着戏剧家曹禺在中国文坛上的冉冉升起，几乎就在同时，一部曹禺戏剧创作批评的历史也迈出了自己前行的步伐，这又是惟其曹禺才独享的殊荣，若论及研究者之众，研究论文、研究专著之多，中国现代剧作家中的任何一位也难望其项背。以1979年为界，在此之前，曹禺在艺术性方面所获得的评价极高，而在剧作的主题思想、政治道德意义，及作家的创作倾向等方面，则不断地受到多方的质疑和指责，总之，相对于后20年，前40年曹禺在思想性方面得到的评分并不高，直到进入新时期，这种低评价的局面一下子被彻底扭转过来，无论对剧作家本人的世界观及创作方法，还是对剧作本身的思想倾向及社会意义，批评家们不约而同地给予了充分的肯定与极高的评价。一部“曹评”史，给我们留下的是一部“有所保留”的“憾史”。持批判态度的，即使再挑剔，再苛责，也总会对曹禺戏剧的艺术水准由衷地赞美几句；反之，即使对曹禺戏剧推崇备致，给予最高评价的批评，也总会十分惋惜地指出曹禺作品中的无法弥合的缺憾。总之，几乎无人怀疑曹禺是20世纪中国迄今为止最伟大的戏剧家这一定论，同样，几乎无人不对曹禺感到扼腕地痛惜。批评者从各自的、甚至迥异的眼光及尺度出发，都可以发出同样的浩然长叹，即叹息曹禺的不够彻底。是否可以说，无论过去，还是现在，抑或未来，曹禺永远不会被埋没，永远不会失去应有的价值，可是也获得不了人们毫无保留的评价，无论批评者来自何方，或持有何种政见和审美准绳。是否可以说，曹禺最大的悲剧就在于：一方面，他会永远受人尊崇，一方面，他会永远受人责备。

20世纪30年代，无论对于曹禺，还是对于中国现代戏剧，乃至整个时代，都是一个非常特殊的重要时期。曹禺是在30年代跃上中国剧坛的，他一生的创作辉煌期也主要实现在30年代。曹禺初次与批评界发生磨擦，是在1935年春中国留日学生准备在东京上演《雷雨》时。30年代的批评已充满着“左翼”革命的话语，人们将《雷雨》看作是一出“社会问题剧”，“是对于现实的一个极好的暴露，对于没落者的一个极好的叽嘲”。曹禺却说：“我写的是一首诗，一首叙事诗，……这固然有些实际的东西在内（如罢工……等），但决非一个社会问题剧。”其后，更多的评论发表出来，赞扬之声纷至沓来，但被包围在赞扬《雷雨》抨击传统的“婚姻制度”，“暴露旧式大家庭的罪恶”，“反封建家庭的主题”声浪中的曹禺，却深深地困惑和苦恼着，他发现，人们并不真正理解他的剧作，他被严重地“误读”了。而人们对他的欢迎，恰恰是建立在“误读”这一基点之上的。这就是作为剧作家曹禺的时代命运——被抛掷在“赞扬——误读”这一具有极大嘲讽意味的语境中，这就是张开双臂迎接着中国现代最伟大的剧作家诞生的现实怀抱！第一个真切地感受到了这一两难的尴尬境遇的正是曹禺本人。于是，他再度提笔写下《我如何写〈雷雨〉》一文，他要如实地告诉人们“我如何写《雷雨》”，以自己的真诚来消弭横亘在他与其他人之间的“误会”，申明与维护一个最基本的艺术原则：即艺术是情感与幻想的诗、自己的艺术个性、剧作的独创性，将自己与“左翼”话语相区别，将自己置于世界观上有嫌疑的危险的“边缘人”地带。

1936年《日出》发表，并得以演出，赢得了空前热烈的欢迎！在人们眼中，比起《雷雨》，《日出》在揭露社会的黑暗及抨击旧制度方面更为尖锐而深刻，《日出》是一部比《雷雨》更为出色的社会问题剧。而曹禺又发表了《我怎样写〈日出〉》，仍然不能够同意评论界的意见。1937年，曹禺完成了《原野》，批评界却以沉默来迎接曹禺第三部作品的降生，而此时，《日出》热仍在持续着。以后，《原野》陆陆续续地只得到了些星星落落的评论，还多持否定态度，甚至把它看作是一部失败之作。

曹禺是名副其实的“五四”以后出现的第二代艺术家。他的艺术个性及艺术创作，是在“五四”所营造出的那种独特的社会环境与文化氛围中被孕育出来的。但是，当他作为一位戏剧家出世时，所遭逢的时代却已进入了“左翼”革命思想时期，批评界对曹禺剧作的理解、接受，已受到“左翼”思潮的强大影响，或者说，社会主要地是以“左翼”革命的阅读视野来对曹禺进行批评。而初出茅庐的曹禺，整个身心尚停留在前一个时期——“五四”时期，对新的时代情势没有任何准备，他全然没有意识到当时社会思潮中所发生着的大变化，对“左翼”革命文学话语的严重隔膜与陌生，势必造成了戏剧家的曹禺与当时批评之间的一种矛盾张力：在曹禺戏剧创作与对其批评之间，在批评与批评之间，在曹禺对批评的应答中间，都尽显出两个不同时期精神间的差异与碰撞，矛盾与冲突。

30年代并存着的三股强大的思想潮流：中国传统的固有文化，西方的外来文化，苏俄无产阶级的政治革命理论。苏俄无产阶级革命理论尽管于20年代初已传入中国，并于20年代末已成气候，但该思想理论成为统领时代的主导潮流，则实现于30年代。这就是30年代区别于20年代最主要之点。综上所述，我们不难明白，一方面，历史造就了能够欣赏曹禺的市民观众及演剧市场，一方面，历史又造就了新的社会情势及新的接受群体，即“左翼”革命批评。因而，当曹禺一出世，就有两个强大的受众体——市民观众群体与“左翼”批评同时伸出手去迎接他。这两种力量都对曹禺的创作产生了巨大的影响，但前者的影响呈愈来愈弱之势，而后者的影响呈愈来愈强之势。

长期以来，人们只谈“左翼”对“五四”的一脉相承的革命关系，而对二者之间的分歧却缄口不言。依笔者的看法，它们间的区别才是更为重要，更为本质的。毋庸讳言，若论及革命的底蕴、激进的态势，“左翼”精神与“五四”精神确实如出一辙，或者说，“左翼”秉承并发扬了“五四”战斗的革命的精神；然而，一旦触及具体的内容，如革命的主体、革命的对象，革命的理论思想等等，二者非但不同，而且正相反对。“五四”时期仅仅将革命矛头对准中国的传统文化、伦理道德，在这一点上，“左翼”与“五四”是一致的；但是，在对待西方文化的态度上，“五四”与“左翼”则相互抵牾，西方文化在“五四”时被当作先进的与革命的事物中备受欢迎，到了“左翼”精神的手中却变成陈腐的垃圾而遭抛弃，她所迎进并祭起的是最先进的最革命的无产阶级及其思想理论的大纛旗。人们之所以忽视二者的差异，很重要的一个原因，来自于对“五四”精神实质认识上的偏颇。中国近代文化思想的巨变始于19世纪末，今天我们称发生在上一个世纪交替时期的那场文化思想革命是嗣后爆发的政治大革命的先导，这一评价绝不为过。不论发生在1898年的“戊戌变法”，还是发生在1911年的“辛亥革命”有着多少局限，有着多少不尽如人意处，但她毕竟成就了一个亘古未有的天大的功绩，即将人们从千年的皇权统治下，从千年的传统思想威权下解放了出来，使得中国人第一次开始获得真正世界性的眼光，第一次投身于人类共同的文化财富中去撷取营养，第一次融入世界性的文化传统之中来重塑自身，这，才是“五四”精神的本真基质，是“五四”运动最伟大的功绩，是她留给后人的最丰厚的遗产。30年代的特殊意义就在于它是新的权力权威与思想精神权威开始形成的年代。从一方面来讲，“左翼”精神是对“五四”的继承，从另一方面来讲，“左翼”精神又是对“五四”精神的背叛。总而言之，30年代之于整个20世纪，其所居的特殊地位及作用，归结为一句话，即无权威时期的结束，新权威确立时期的到来。而20世纪中国最具天才的戏剧家曹禺的出山之日，恰逢此时。随着《雷雨》的问世和传播，初出茅庐的曹禺被卷入到“五四精神”与“左翼”精神风云际会的时代漩流之中。惟有将曹禺置放在这样的特殊而具体的时代环境之中，我们才可以准确地把握到充满在曹禺一生中的诸多矛盾。

（原文约37000字，发表于《戏剧》2001年第4期）

文摘编辑：杨俊

新时期戏曲观众审美心理探析

张朝霞

[作者简介] 张朝霞，中国人民大学中文系98级博士研究生。

[内容提要] 本文认为，在中国传统戏曲孕育、发展、成熟过程中，构成了戏曲观众审美心理中以善美合一为主导的稳定的定势，且具有极强的传承性。但在戏曲观演双方的互动演进中，戏曲观众相对稳定的审美心理定势在不同的历史条件下发生着变化，进入新时期以来尤为显著。但这种变化又是渐进式的，"变"中有"常"，"常"中有"变"，并在此基础上形成了新的民族性审美心理定势。在经济因素的介入下，讲究表层感官享受和内在文化品位相结合的审美风尚逐渐形成主流，因此，精致典雅的舞台风范和全面细致的宣传策划，是当下戏曲在都市生存的一种必然选择。

[关 键 词] 戏曲观众；审美心理定势；审美心理动向；观演关系。

一、戏曲观众的传统审美心理定势

首先，中华民族传统的礼乐文化和人生哲学，造成了戏曲追求善美统一的情趣韵味。在观众审美意识中，戏曲俗套里的"落难公子"代表着高贵者人生境遇的低落；而慧眼识才的小姐与之在后花园"私订终身"，则是一件虽不合正统礼法却合乎人间情理的美事；倘若进而"得中状元"，最终在合乎礼法的范围内实现"大团圆"，那更是尽善尽美之事。正是在这种求善求美的心理基础之上，那些题材单一的"才子佳人"戏才会长演不衰。事实上，在其他流传广、搬演多的传统剧目中，也总是蕴涵着一种善恶分明的道德感。三国戏、水浒戏，乃至清官戏、神怪戏等流传至今的传统戏，无不具有一个惩恶扬善、"大快人心"的戏核。可以说，一出戏如果没有泾渭分明的道德评判，中国观众就不能对它展开正常的审美情感活动。生生不息的戏曲舞台艺术把这种审美诉求直观地传达给上至王公贵族下至"愚夫愚妇"（李渔语）的国人，并进而作为一种"集体无意识"积淀在他们的心灵深处，潜移默化地影响着一代又一代戏曲观众。确实，在传统的戏曲形式中凝聚着中华民族生生不已的生活形态、审美趣味和文化心理，故此，从这一角度看，观众对戏曲形式美的痴迷，也就不仅仅是满足于美妙的视听享受，而是要在听戏的过程中"品味"。

其次，在戏曲观众的传统审美心理中，除了善美合一的主导式审美诉求外，还积淀着另一种比较稳固的心理因素，这就是一种追求性情愉悦的文人情怀。虽然，从整体上讲，戏曲是一种大众的艺术，但若没有文人的积极介入，戏曲的艺术价值和思想价值都无从提高，它不仅无法获得兴盛、繁荣和流传，更不可能如国画一样成为体现中华美学意蕴的突出代表。正是关汉卿、王实甫、汤显祖等大文学家的加盟，才使古代戏曲艺术的文学价值得以凸现。而在任何优秀的戏曲文学中也都凝结着某个时代的人文精神，体现着传统文人独特的审美追求。虽然清代戏曲理论家李渔从表演的角度对所谓"案头文学"颇有微词，但任何人都无法否认《窦娥冤》、《西厢记》、《牡丹亭》等杰作的艺术价值。无论是被当作"案头之作"还是"场上之曲"，这些作品至今仍然流传不已，引人赞叹。这类作品的搬演与流传，不但展示了特定历史时期的人文风貌，反映了当时的社会现实，而且更重要的是培养和熏染出了一大批注重作品人文内涵的高品位观众。他们在欣赏戏曲时，不满足于仅仅体会一种"善有善报"的心理快感，而且还追求一种性情的愉悦。不过，这种文人式的审美心理诉求不可能超越其特定的文化语境，所以未能引起戏曲艺术的整体性突破。不仅如此，当时大多数观众依然是把这类文人作品当作善美合一的民间传奇来接受的。在这种接受过程中，文人"愉情怡性"的心理需求已逐渐被"追善逐美"这一主流审美诉求所整合。汤显祖的《牡丹亭》，作为古典戏曲中最富有叛逆精神的一部文人戏，虽然热情讴歌了主人公大胆、炽烈的人性追求，其结局仍然不可避免地落入"夫妻相和大团圆"的老套。

二、从观演关系看新时期戏曲观众审美心理定势的"变"与"常"

当然，说杰出的戏曲艺术作品可以较好地契合观众审美心理中的民族性定势，决不意味着戏曲艺术已完美到不需要任何革新就可以无限度地满足当代观众的审美需求。历史地看，在戏曲观演双方的互动演进中，戏曲观众相对稳定的民族性心理定势在不同的历史条件下一直在发生着程度不同的变化。进入新时期以来，随着社会、经济、文化的全面变革，这一变化尤为显著。但这种变化是一种渐进式的"变"，"变"中有"常"、"常"中有"变"。也就是说积淀在民族"集体无意识"中的"追善逐美"等观众审美心理趣味并未发生根本性的变化，然而，其具体内容和表现形式随着时代的变迁而渗入了新的因素，原有的对伦理型情感的审美追求中有机地融入了对人性、生命等深层哲理命题的探寻，并在此基点上形成了新的民族性审美心理定势。

从“观”一方来看，在电视普及、歌厅风行等娱乐新潮的迅猛冲击下，戏曲观众被迅速分化、瓦解和改变了。从年龄上看，青年观众由于社会历史原因而尚未建立完备的戏曲观赏心理机制，因此，与老戏迷截然相反，他们由于对戏曲表演艺术的陌生而产生了极大的审美阻隔。而其他文化娱乐方式，或因其简便，或因其直接，或因其趋时，纷纷赢得了观众的青睐。也就是说，追善逐美、愉情悦性等戏曲观众原有的民族性心理需求，在新的历史条件下可以不必通过观赏戏曲就能很方便地得到满足。比如，一部电视连续剧《渴望》几乎可以在同一个时段里让大江南北的观众唏嘘不止，而其女主人公刘慧芳也比古典戏曲中的赵五娘更容易让人理解和认同。既然观众审美心理中的伦理型情感需求可以很容易地从电视等其他媒介中得到满足，那么，人们从剧场里渴望得到的应该是一种有所不同的心理满足。于是，希望戏曲能够提供更多的现代意识和艺术享受，便成为仍然围绕在戏曲周围的部分中青年观众的新的审美诉求。

从“演”的一方即创作者角度看，为争取更多的观众，他们必然会努力调整自己的创作方向。正所谓“世道迁移，人心非旧，当日有当日之情态，今日有今日之情态”，面对分化、改革了的观众“情态”，戏曲创作也必然有相应的变化。无论是新时期之初短暂的“传统热”，还是一直进退两难的“现代戏”，抑或是趋时性较强的“新编历史剧”，都不同程度地反映了创作者希望尽快赢得当代观众的主观驱动力，但可惜任何一种努力都没有完善地解决这个难题。新时期初，急切的“翻箱底”、演旧剧，固然抢救了一批被历史尘封的传统剧目，并且相对拓展了对传统剧目的认识，但“老戏老演”、“老演老戏”的做法，无形中也把对传统戏欣赏准备不足的新一代观众挡在了剧场之外。“现代戏”虽然在表演程式和题材内容方面离现代观众更近了一些，但由于其形式不够成熟完备、内容创新力度不够，所以并未吸引更多的观众。尤其是对一些程式化要求较强的剧种来说，戏曲“现代戏”在协调偏实的舞台形式和戏曲表演的虚拟化原则时，更显得力不从心。相比较而言，“新编历史剧”虽然用的是古代题材，但在其以新的“情态”适应观众时，反而比某些“现代戏”迈出的步子更大一些，或许正因为这样，这一类创作赢得了部分观众的认可。其中，京剧《曹操与杨修》和淮剧《金龙与蜉蝣》分别以其对复杂人性和人性扭曲的戏剧化展示，赢得了专家的一致好评。虽然这些锐意革新的“新编历史剧”或称“新编古代戏”也曾一度陷入“叫好”不“叫座”的创作窘境，但其对人性、生命等哲理命题的深层开掘毕竟拓展了戏曲这一古老艺术的表现领域，并为进一步争取新观众提供了经验。

三、经济因素的介入和未来戏曲观众审美心理的动向

事实上，经济因素一直以其独特的方式介入并影响到观众的审美选择，只不过随着市场经济的逐步确立，这种因素逐渐上升到了主导地位。首先，由于市场经济的发展，中国现代化、都市化的进程大大加快，在一些经济较发达的大城市开始出现新的阶层分化，中国的“中产阶层”正在形成。这一阶层的人经济收入稳定、受教育程度较高。与改革开放初期的“暴发户”不同的是，他们不但追求物质享受，更渴望高品位的文化生活。这一阶层目前虽然还不是城市居民的主流，但他们独特的审美趣味正在悄悄地改造着城市整体的审美风尚。特别是近年来，讲究表层感官享受和内在文化品位相结合的审美风尚，已逐渐成为主流。这种倾向影响到了社会文化生活的方方面面，由此造成的通俗文艺高雅化和严肃文艺大众化的逆向互动，渐渐模糊了雅与俗的严格分界。以至于即使是在大众文化中，典雅、精致、独特、纯美等审美理念也日益成为公认的标准。

但另一方面必须注意到，由于中国的“中产阶层”尚在形成过程中，其新兴的审美趣味也具有较大的不稳定性和一定程度上对西方审美风尚的趋从性，所以剧场戏曲运作不能盲目跟风，一味依靠豪华“包装”来招揽观众。新出现的一些盲目讲究包装、徒有华丽外表却没有艺术感染力的戏曲作品，如同新时期之初那些一味讲求哲理深度的戏曲实验作品一样，也由于过分夸大了戏曲观众的心理变量，而失去了观众和票房。总之，从观众方面看，当前这种新的审美趣味还远没有定型，更谈不上成为观众群体性的心理积淀；从戏曲演出方面看，作为一种博大精深的民族传统艺术样式，戏曲艺术必然有着相对稳定的形式要求，新的戏曲实验也不宜革新幅度太大。

（原文约8000字，发表于《现代传播》2001年第2期）

文摘编辑：李立

论中国当代戏剧中的反现代倾向

董 健

[作者简介] 董健，南京大学文学院院长，中文系教授，博士生导师。

[内容提要] 尽管人们曾经热烈欢呼过新世纪的到来，把许多新的期望都寄托在世纪的交替上，但戏剧的“失魂”现象却并没有与我们告别。种种在过去多年导致戏剧失魂的因素，如行政的干预、思想的束缚、经济的挤压、文化底蕴的限制以及由此诸端所造成的戏剧观念的封闭、保守、单一等等，把“五四”新文化运动中所形成的中国戏剧的现代精神“解构”得所剩无几。这种现象就叫做“失魂”，也可以叫做“反现代倾向”。在“戏剧实用主义”的挤压之下，“人”在戏剧舞台上从淡化到消失，这是中国当代戏剧反现代倾向的总体特征。

[关 键 词] 中国；当代戏剧；“失魂”；反现代倾向；戏剧实用主义；“人”。

20世纪90年代以来，中国戏剧舞台上虽然偶有新的火花闪耀，叫人看到一线生机，但总体的状态仍不出两个字：失魂！记得1997年戏剧界在北京聚会，纪念话剧90周年，会上有一位戏剧家呼吁：“回到曹禺！”那意思当然是回到创作《雷雨》、《日出》、《原野》、《北京人》的曹禺，而不是回到1949年之后的曹禺，因为后者不过是一个失魂的戏剧家。曹禺的失魂，可以视为中国当代戏剧失魂的一个代表。这一点，可以从不久前出版的《苦闷的灵魂——曹禺访谈录》中读到许多生动的例证。尽管人们曾热烈欢呼过新世纪的到来，把许多新的期望都寄托在世纪的交替上，但戏剧的失魂现象却并没有与我们告别。种种在过去多年导致戏剧失魂的因素，如行政的干预、思想的束缚、经济的挤压、文化底蕴的限制以及由此诸端所造成的戏剧观念的封闭、保守、单一等等，又与我们一起迈入了21世纪，只是表现形式有某些变化而已。种种旧观念的“复辟”令人吃惊。例如，2001年12月，在南京举行的中国第三届京剧节的开幕式上，曾在“文革”中独霸文坛的“革命样板戏”，居然被作为京剧改革的“再创辉煌”隆重推出。所谓“革命样板戏”，本是“文革”中文化专制主义的产物，也是特定历史时期文学艺术反现代、非人化、一元化、贫困化变异的标志，说它是戏剧失魂时代的“精品”，那是当之无愧的。如果说上一个世纪60年代“革命样板戏”的诞生，标志着“五四”精神即现代意识的彻底解体，标志着中国文化（包括戏剧文化）现代化进程的大反复与大倒退，那么，如今“革命样板戏”打着“红色经典”的旗号又一次“辉煌”地登上舞台，说明了什么呢？这至少说明，“五四”运动所标举的“科学”与“民主”在中国实在难以落户！这也说明，“五四”新文化运动中所形成的中国戏剧的现代精神已经被“解构”得所剩无几了。我把这种现象叫做“失魂”，也可以叫做“反现代倾向”。

中国戏剧的反现代倾向在1949年之前就很明显，如借着“民族化”、“大众化”的倡导，反对“五四”启蒙精神等。这里着重谈谈它在1949年之后“当代”时期的表现。

在“戏剧实用主义”的挤压之下，“人”在戏剧舞台上从淡化到消失，这是中国当代戏剧反现代倾向的总体特征。“戏剧实用主义”这个说法是曹禺提出来的，照我的理解，就是指戏剧在“为政治服务”的指令下丧失了独立创造的精神，丧失了艺术的“自觉”。“人”的发现，文学的“自觉”，这是“五四”文学与“五四”戏剧的现代特征。所谓“人”的发现，就是指关于人自身的一种价值的发现与尊重，借用马克思的话说，就是“宣布人本身是人的最高本质”，把人“解放成为人”。对人的价值与尊严的认同，实际上是一种全球价值。所谓文学艺术的“自觉”，与“人”的发现密切相关，就是指文学艺术自身品位的提升，即摆脱工具论的束缚，排除异己因素的制约，实现其独立的创造精神。显然，50年代中国当代戏剧是没有继承这种现代性要求的历史环境的。国际上两个阵营——以苏联为首的“社会主义阵营”与以美国为首的“资本主义阵营”尖锐对立。在“冷战”的局势下，多有对抗，少有对话，多有仇视，少有沟通，这就剥夺了文化的一切“舒展性”。那时在台湾兴的是“反共抗俄剧”，在大陆兴的是“工农兵戏剧”，口号虽不同，但把戏剧作为政治斗争的工具则是一致的。也就是说，大家都搞“戏剧实用主义”。

在中国当代戏剧舞台上，“人”的位置的变化有一个过程，即从淡化到消失再到重现这样一个历史演变的过程。这与编、导、演在当时历史环境下的精神状态有很大关系。“人”是一本内容十分丰富复杂的大书，但“戏剧实用主义”迫使编、导、演把这本大书读走了样，读成单调而贫乏的东西。这样，舞台人物形象的单调与贫乏便是不可避免的了。总之，50年代戏剧舞台上“人”开始淡化，经过1957年“反右派”斗争、1958年“大跃进”和1959年开始的“反对修正主义”的斗争，“人”在舞台上“淡出”的趋势更加明显。非人化、反现代的最彻底的表现，是以“文革”中的“革命样板戏”为标志的。如果从戏剧形态构成的“技术”层面与“精神”层面来分析、比较一下“五四”戏剧与当代戏剧，会发现一个巨大的反差。“五四”戏剧如胡适的《终身大事》、田汉的《获虎之夜》、熊佛西的《王三》（又名《醉了》）、欧阳予倩的《泼妇》等，其精神内涵的现代性压倒了技术性外壳的现代性，内容压倒了形式。“革命样板戏”的形态构成则与此恰恰相反，它在“技术”层面上是高度现代化的，也可以说是高度“西化”的。它的灯光布景、音响效果紧紧依靠现代科技；它的服装设计也完全是按照现代写实主义的风格操作的；尤其它的音乐伴奏，大量吸收了西方交响乐，烘托出一个宏大的氛围。但是它的精神内涵却基本上都是一些封建专制主义与古典主义的东西，表现着强烈的反现代倾向。它们充满门阀观念、血统论（包括唯成分论），充满英雄崇拜与个人迷信（在创作方法上则体现为“革命现实主义与革命浪漫主义相结合”原则指导下的“三突出”、“根本任务”论）。技术性外壳的现代性掩盖着、装饰着精神内涵的反现代性。在“革命样板戏”的舞台上，没有现代意识观照下的人与人的命运。所有人物都是为宣传某种政治理念而设置的符号，没有个性，没有人的生命，甚至可以说没有性别，一个个“高、大、全”的英雄都是虚假的“用一片片金叶贴起来的大神”。可以说，在“革命样板戏”中，“五四”精神彻底瓦解，“人”完全消失了。

在中国当代戏剧舞台上，“人”的消失主要表现为“个性”的毁灭。这与“五四”戏剧的现代精神是背道而驰的。在科学、民主的旗帜下，“五四”新文化启蒙运动对“人”的发现与对“人”的价值的尊重，其题中应有之义，应是对“个人”（“个性”）的发现与尊重。“人”的直接存在是“个人”。没有一个个生动、具体的个人，也就无所谓“人”了。在“五四”戏剧中，“个性解放”是一个核心精神，也是戏剧现代化的标志之一。在封建专制主义社会里，人的身份实际上只有主子与奴才两种，主子的“个性”是被承认的，而众多的奴才则是没有“个性”的。从解放前的延安整风到建国后的一系列政治运动，对知识分子除了直接的政治打击之外，批判其“资产阶级个人主义”是一个主要任务。不仅文学家、戏剧家背着“个人主义”沉重的十字架战战兢兢地进行创作，就是普通的工农兵大众也被灌输一种“反个性”意识，使人对一切有关个人的意念都带上了罪恶感。这带来两个结果：一是作家主体性与创作个性的泯灭，二是戏剧作品中有个性的人物的消失。这两者是联系在一起的。

戏剧作品署名方式的“集体化”，还仅仅是个性泯灭的外部象征。真正说明戏剧舞台上个性泯灭的，是人的“个人世界”——他的个人情感、欲望、意愿、理想、追求等等，均被放置在“党”、“国家”、“社会主义集体”的对立面，通过人为的“戏剧冲突”，对它们进行价值上的根本否定。1957年之后这一趋势愈益严重。从60年代的大批“反修剧”可以看出，当时的编、导、演要想在“反修”上站得“高”，挖得“深”，就必须在否定“个人”的价值与尊严上做得“狠”、做得彻底。例如，在狂热、浮夸的“大跃进”运动与“一大二公”的人民公社体制下个人利益受到严重侵害、吃尽苦头的中国农民，他们捍卫自己起码的切身利益的要求与行动，在我们的戏剧舞台上被表现为“走资本主义道路”的大错误。农民在丰收之后，依法完成了国家征购任务，连自主支配余粮的权利都被剥夺（《丰收之后》）。农民在人民公社的集体大生产（这种生产方式使他们陷入贫困）之外想通过副业经营以改善生活，被我们的戏剧表现为大逆不道的行为（《青松岭》）。工人想在社会主义的“大锅饭”之外另谋小小的生财之道（如找点修电机的私活干干，打几只野鸭子卖卖）以改善自己小家庭的生活，在我们的戏剧舞台上被作为“阶级斗争”的表现而受到严厉批判（《千万不要忘记》）。总之，禁欲主义，以“理”杀人，戏剧冠以“现代”之称，精神上却回到了很久远的封建时代。这种例子很多，在此不胜枚举。我并不是说一切个人的要求都是合理的，也并不是说个人可以不问社会责任与自己应承担的义务，而是说长期以来我们以批判个人主义掩盖或放弃了人的正当的个性发展与人格建设，反而把人性中自私自利、损人利己的恶的一面放过了。

事实上，没有健康的、自由平等的个性为基础，所谓“社会主义的集体”、所谓“一大二公”，都是很虚假的。马克思、恩格斯在《德意志意识形态》中说过，这种“虚构的集体”“使自己与各个个人对立起来”，反而成为了人的“新的桎梏”。

中国当代戏剧的反现代倾向，在80年代至90年代，有了明显的扭转。“五四”启蒙精神回归，戏剧家的主体性与创造精神重新焕发，当代戏剧的舞台上又出现了“人”的形象。但是“戏剧实用主义”并没有消失。除了政治因素制约的“戏剧实用主义”之外，经济因素制约的“戏剧实用主义”是一个对戏剧事业健康发展的新的威胁。戏剧的失魂现象仍然是相当严重的，所以才出现了本文开头所讲的“回到曹禺”的呼声。

（原文约8000字，发表于《上海戏剧学院学报》2002年第3期）

文摘编辑：范子奇

南戏体制变化二例

廖奔

[作者简介] 廖奔，中国戏剧家协会。

[内容提要] 南戏体制从宋元到明中叶，逐渐变化并趋于整饬。今人据常见的元明南戏（传奇）剧本，以为从元代，南戏开场形式已经十分简练扼要，一概由末念诵一至二首词，这是误解。只是到万历时期，文人创作讲求文采格律，才固定为简要的一词或二词形式。从南戏到传奇剧本，逐步走向分“出”，开始时“折”、“出”、“节”、“套”皆用，宣德年间正式分“出”，嘉靖年间开始列“出”、“目”，万历以后趋于规整。

[关 键 词] 南戏；体制变化；登场规制；“出”。

南戏体制在宋元时期形成，但并不规范，而是逐渐有所发展变化，到明代中叶以后才由于文人的作用走向相对整饬，而这时它的内涵又已经过渡到了传奇。对于这个过程的研究和得出的认识，现有成果中仍然有着似是而非的地方。今举二例。

一、关于登场规制

钱南杨先生认为：“戏文在正戏之前，先由副末报告戏情概况……一般用词两阕……第一阕浑写大意，第二阕叙述戏情。也有仅用一阕的，就是直截了当叙说戏情，把浑写大意的一阕省去……这些方式，一直沿用到明清传奇而不变。”由于钱先生此论符合今天所仅能见到的三个元代南戏《小孙屠》、《琵琶记》和《错立身》的文本实例，遂成定论。张庚、郭汉城主编的《中国戏曲通史》也说：“昆山腔传奇的结构形式是固定的。第一出必然是‘副末开场’，由副末用两首（或一首）词略述作者创作意图及全剧大意，这是从南戏继承下来的定例。”于是，似乎至迟在元代，南戏开场已经形成这样的“定例”。

然而，我们以之来衡量明初的一些南戏例证，却总有方枘圆凿的感觉。明代前期的戏文舞台本偶有发现，为我们了解当时的演出面貌提供了资料。现以1975年12月在广东省潮安县明墓里发现的宣德六年（1431）抄本《刘希必金钗记》和1967年在上海市嘉定县明代宣氏墓里出土的成化年间北京永顺堂刊本《新编刘知远还乡白兔记》为依据，来探讨这个问题。

（一）《刘希必金钗记》末上白：

□□□□□处，无明彻夜东流，滔滔不管古今愁。让（浪）花如飞雪，新月似银钩。暗想当年隋炀帝，驾锦帆□□□，风流人□几千秋。两行金线柳，依旧缆龙舟。

青山无□，绿水□□，更那堪白云无数。灞陵桥上望西州，动不动□□□□。□□春暮，春暮，去时秋暮，总□头又是冬□。□□□□□□□，这光景能消几度？

……

（下□上白）

一任珠玑列□□，□□□外不相饶。

习驾小舟游大海，怎回不怕浪头高。

末上场后，先念【临江仙】、【鹊桥仙】词各一首，内容是感叹时光流逝、春色不永。继而续念词一首，说明做戏不易，希望观众理解包涵。然后与后台问答，再念词一首，叙说剧情大意。最后有七言四句下场诗。与上述三个元本南戏所呈现的面貌相比，这里的开场形式反而显得繁复冗杂，而接近宋代的《张协状元》。

我们知道，《张协状元》开场时的表演还不规范。和宋代的《张协状元》开场文词相比，《金钗记》甚至更为俚俗而缺文理。这个例子至少说明，当时民间南戏演出的开场既有一定的套路，又很不规范。

（二）《新编刘知远还乡白兔记》扮末上开云：

诗曰：国正天心顺，官清民自安。

妻贤夫祸少，子孝父心宽。

喜贺升平，黎民乐业，歌谣处，庆赏丰年。香风复（馥）郁，瑞气霭盘旋。奉请越乐班，真宰遥，鸾驾早赴华筵。今宵夜愿：白舌人地府，赤口上青天。奉神三巡，六仪化真金钱。齐赞断：喧天鼓板，奉送乐中仙。

【红芍药】（末唱）哩罗连，罗罗哩连，连连哩，罗哩连，哩连罗，连哩连，罗哩罗连，罗哩连，哩连罗连，哩连罗连，罗□□，罗哩连，罗哩罗哩。

（末云）青山莫（抹）微云……

末上场，先按照当时惯例念“国正天心顺”五言四句诗，然后念词一首，接下来用【红芍药】曲牌唱迎神曲“罗哩连”一首。仪式毕，念宋人秦观【满庭芳】词一首，继而念七言四句诗一首。下面入正题，开始与后台问答，引出今日演出的题目，但又添加许多道白。最后再念【满庭芳】词一首，介绍剧情大意，以五言四句诗作结下场。这里一共念诗三首、念词三首、唱曲一首，还有许多道白及问答。其繁复冗杂的程度，几乎可追宋代的《张协状元》项背。

上引宣德本《金钗记》和成化本《白兔记》的开场例子说明，一直到明代前期，南戏民间演出的开场尚未形成文人剧本里呈现的那种规范样式。

事实上，明初有着更多不符合“定例”的情况。如成化前后邱濬写《五伦全备忠孝记》的开场，连用【鹧鸪天】、【临江仙】、【西江月】三首词，中间插入与后台问答，后又有很长的念白；邵濬写《五伦传香囊记》的开场，用【鹧鸪天】、【沁园春】、【风流子】三首词；姚茂良写《张巡许远双忠记》的开场，用【满江红】、【满庭芳】、【满庭芳】三首词等等。而且，我们见到的上述剧目的现存版本，多数都是明后期的刊本，尽管其时“定例”已形成，编印者也仍没有将其规范成定例。只有到了万历时，文人创作讲求文彩格律，才固定为简要的二词或一词形式。但这时的民间演出仍有其自身的惯性，保留许多传统表演手法，因此舞台面貌与剧本还不是一回事。

上述事实都趋向于一种结论：所谓南戏用一首或两首词开场的“定例”，是在明中叶以后的传奇创作中形成的，南戏并没有这种“定例”。就是说，它是明代文人大量参与南戏（传奇）创作的结果，而不是其前提。至于三个元本南戏的实例，或许也与文人加工或写定时的省略有关。为了追求精致文雅而省略了许多表演科套，并不能视作当时的“定例”。

二、关于分“出”

宋元南戏不分出，明传奇分出并将各出标上名目，同时各本中又写法不同，如作“出”“齣”“齝”等。其发展演变情形，以往研究多语焉不详。兹根据一些材料，整理出见解如下。

从南戏到传奇、逐步走向分出，其进展阶段性，可依据今天所见剧本大体推知。明成化本《白兔记》不分出，而先于它的宣德抄本《刘希必金钗记》已经开始分出，但还不列出目。嘉靖二十七年（1548 年）苏州书坊刻巾箱本《琵琶记》分出而无出目，嘉靖年间李开先所写《宝剑记》也分出而不列出目，广东揭阳县西寨村1958年出土嘉靖本《蔡伯喈》偶见分出（仅有总本“第四出”列出），亦开始偶有出目（仅见生本“官媒请婚”一目）。可见从南戏到传奇的分出经历了一个渐变的过程，大约在嘉靖年间分出开始成习，而标明出目则还要晚。

这一点，从明中期以前文人对于南戏场子称呼相异的情况也可以看出。如成化年间姚茂良写《张巡许远双忠记》，分析上下卷共 36 折，无折目。邱濬《五伦全备忠孝记》开场结束诗上句说：“此是戏场头一节。”称“节”。嘉靖年间何良俊写《曲论》，称“折”，如说《拜月亭记》，“其‘拜新月’二折，乃隐括关汉卿杂剧语。如‘走雨’、‘错认’、‘上路’、‘驿馆中相逢’数折……可谓妙绝。”“徐谓写《南词叙录》，称‘套’，如：《香囊》如教坊雷大使舞，终非本色。然有一、二套可取者。”又如：《琵琶》高处在庆寿、成婚、弹琴、赏月诸大套。”既然嘉靖时南戏场子还被时而称作“折”，时而称作“套”，说明“出”的概念仍没有固定。尤其值得注意的是上引何良俊语，在提及《拜月亭记》的折目时，用词尚不规整，在多数为二字标目的情况下，如“走雨”“错认”“上路”，又出现一个五字标目“驿馆中相逢”，这说明，折出标目最初大概是为了人们谈论的需要，以后逐渐固定为文人写作剧本时的定例。

用“出”来表示一场演出，钱南扬先生依《景德传灯录》卷十四有弄狮子一出、六出的话，指出最早可推到唐代，遂为定论。但他没有涉及其本意的源出。当时和更早一些，人们习惯于用“出”字来表示花的分瓣，如一朵花分为六瓣叫做“六出”。举例说，旧题为南朝梁任昉撰述的《述异记》有句：“东海郡尉于台有杏一株，花朵五、六出。”唐人段成式《酉阳杂俎·木篇》有句：“诸花少六出者，唯栀子花六出。”一朵花分作六个相同的花瓣，与一场狮子舞重演六次意思接近，不同的只是演出中每次重复都会在表演方面有所改变。这或许就是一出戏的“出”字本意的源出。但宋元时又未见用。明人最初用“出”，或许即由“出场”转化而来，上引邱濬《五伦全备忠孝记》开场结尾诗，其下句曰：“首先出白是生来。”意思是说：下面首先出来念白的是生角。而接下来就是生角上场。“出”在嘉靖年间还不为南戏所专用，例如李开先《词谑·词套·三十七》曰：“梦符《扬州梦》，四出皆当刻。”元杂剧作家乔吉（字梦符）的《杜牧之诗酒扬州梦》，是传统四大套的杂剧剧本，李开先称之为“四出”。

万历以后，文人刊刻传奇剧本，习惯于把“出”字写作“齣”，于是又引起后人何字为古之争。其实排比一下资料，答案也不难得出：宣德本《刘希必金钗记》作“出”，嘉靖苏州坊刻本《琵琶记》作“齣”，嘉靖本《蔡伯喈》作“出”，嘉靖四十五年（1566 年）刊本《荔镜记》作“出”，直到万历九年（1581 年）刊本《荔枝记》开始“齣”“出”并用。由此可见，“齣”字大概是从万历以后开始滥用的，当然它的出现可能早在嘉靖年间。例如徐渭《青藤山人路史》里就提到：“高则诚《琵琶记》，有‘第一齣’，‘第二齣’。考诸韵书，并无此字。”“齣”字不见于字书，是否为文人狡狯，故弄艰深的产物？故而曲律行家王骥德《新校注古本西厢记·凡例》说：“元人从‘折’，今或作‘出’，又或作‘齣’。‘出’既非古，‘齣’复杜撰。”这是有道理的。今人常常以为“齣”字为原字，大约是一个误解。

（原文约 5000 字，发表于《周口师范高等专科学校学报》2001 年第 3 期）

文摘编辑：欧阳韫

张艺谋、黄建新叙事风格比较论

王玉明

[作者简介] 王玉明，上海大学影视学院99级硕士研究生。

[内容提要] 张艺谋和黄建新是中国第五代导演群落中比较引人注目的两位。本文从多个角度对这两位导演的叙事风格进行了比较研究。

[关 键 词] 张艺谋；黄建新；叙事风格。

张艺谋和黄建新是第五代导演群落中比较引人注目的两位。第五代在中国电影史上的地位起码可以从以下两个方面来考察：一是对传统“秩序”进行消解，使人们猛然在一种“无序”的不安中反思一切，甚至包括电影的本体意义和审美特征；一是颠覆性地动摇了中国电影旧有的叙事观念，使得中国电影叙事呈现出某种进步倾向和现代性。张艺谋和黄建新在这两方面的贡献都功不可没。尽管他们在各自的影片中一直都坚持了一种人文关怀。他们都具有强烈的社会责任感和文化使命感，都对中国传统文化持一种审慎的批判态度，但同时他们的叙事风格却差异很大，似乎呈现出某种对应性的两极形态。

一、秩序/无序

张艺谋和黄建新电影最外在的一个区别就是题材的不同。张艺谋多表现乡村题材。我觉得，以题材的选择来区别导演风格，其标准过于难以确定：乡村/城市？历史/现实？爱情/侦破？青春/老年？……众说纷纭，莫衷一是。透过题材不同的表层现象，努力去寻找他们创作中的一些更具特色的东西，则要更为合理。

由此出发，我认为，张艺谋的影片主要是表现一种“秩序”。这种“秩序”是主体被意识形态所“询唤”和被“体制化”的双重结果，在这种“询唤”和“体制化”的双重作用下，主体有了比较明确的“位置感”和“认同感”。正因为有了这样的“秩序”，社会结构才具有了某种稳定性。

在张艺谋的叙事中，人、事、物都有他/它们自己的位置，都有他/它们自己的行动规则（尽管未必合理）。张艺谋的影片就展示某种特定的秩序和某种特定的位置关系。一旦某个位置上有人缺席，就需要新人过去补充/替代，以维持原来的秩序。《红高粱》中“我奶奶”替代了李大头，《菊豆》中杨天青替代了杨金山，《大红灯笼高高挂》、《摇啊摇　摇到外婆桥》中又一个新人替代了颂莲、小金宝，《秋菊打官司》中秋菊替代丈夫讨“说法”，《有话好好说》中李保田、姜文的相互换位，《活着》中龙二替代福贵，《一个都不能少》中魏敏芝替代高老师，《我的父亲母亲》中儿子替代父亲上了意味深长的一课……所以，张艺谋的影片中经常使用一种“环式”结构，以表现人物命运的相似/重复及人物位置、社会秩序的确立和固定。

黄建新的影片却不同。在他的影片中，主人公基本都找不着北：《黑炮事件》中赵书信应该为汉斯当翻译但他当不了，《错位》中人对机器人的困惑，《轮回》中石岜对爱情和对自己的态度，《五魁》中五魁的无奈，《站直啰，别趴下》中高作家的内心苦恼和震荡，《背靠背，脸对脸》中王双立的欲进不能，《红灯停，绿灯行》中记者的失落，《埋伏》中叶民主的哭笑不得，他们都对自己原来的位置普遍感到不适和迷惘，原来的行动规则也受到了前所未有的挑战。他的人、事、物都处于一种无序状态，不是因为没有了位置和规则，而是因为人们丧失了对旧有位置和规则的认同。这跟黄建新从澳大利亚回国后的感觉十分相似。

二、叙事方式/故事内容

有这样一种说法：自莎士比亚之后，一切情节都成滥调。还有一种说法：重要的不是故事讲述的是什么年代，而是这个故事在什么年代被讲述。

在没有新故事的年代，就只能采用新的讲述方法；年代不同，讲述方法也应该有所不同。张艺谋对此大概深有同感，所以他的影片总是特别注重故事讲述的方式。张艺谋的风格总给人一种不够确定的印象，他的讲述“经过了造型化、象征化、哲理化、写意化、风格化、纪实化、诗意化”的过程。他的创新全部来自于讲述因素。张艺谋总是在电影/影像的构成因素上采用一种比较极端的方式，却很少在故事本身方面做文章，相反，他对来自小说的故事总是进行简化处理，使他的影片呈现出一种“简单的故事，复杂/新鲜的讲述”的特点。尽管张艺谋的叙事态度越来越平和，他的影片也有了一种越来越多的纪实/现实倾向，但我仍然认为张艺谋的风格未能最终形成或成熟。风格具有内容和形式两方面的界定原则，如果说张艺谋的影片一直就有一种人文关怀或人道主义精神，如果可以把这当成一种风格，那么这种风格就显得过于宽泛、过于粗线条了。或许他最擅长的方式是“纪实化传奇”，就像《秋菊打官司》和《一个都不能少》那样，用新现实主义式的手法包装一个好莱坞式的故事。

黄建新的影片正好相反，他更注重的是故事本身的味道。虽然他的最初几部影片《黑炮事件》、《错位》、《轮回》的形式感也较强，但他的故事却更有震撼力。黄建新的故事善于纠葛人与人之间的关系，特别注重结构的力量。《黑炮事件》的写意与写实，《错位》的梦境与现实情景，《轮回》的两段式故事，《站直啰，别趴下》的三个家庭，《背靠背，脸对脸》的多点透视、网状结构，《红灯停，绿灯行》的细节的组合与重叠，《埋伏》的主副线的平行交叉，都是通过复杂关系的揭示，来表现一种人生状态和况味。黄建新通过故事表达出来的思想是独特的，观众对他的认同源于他的故事内涵的丰富性和多义性。在他的影片中，故事和人物总是凸现于前景，讲述方法退隐其后，如《背靠背，脸对脸》中王双立与其父在高大厚实的古城墙下边走边聊，其实就寄寓了“中国厚重的传统观念（古墙）对后世子孙的深刻影响”这样的含义，但他也是一镜而过，未作任何过多渲染。他的影片一直保持着这种风格，尤其是三部曲式的《站直啰，别趴下》《背靠背，脸对脸》、《红灯停，绿灯行》，更是具有明显的传承性和一致性。

三、程式化/作者化

如上所述，张艺谋影片的故事是一种简单的线性故事，故事情节几句话就能说明白，这使得他的影片就像好莱坞的影片一样，世界各地，人人都能看懂。他的人物一般都有一个明确的“动机”（这个词就很好莱坞）。张艺谋的叙事策略使他似乎成了一个伊索式的故事讲述者，也为他获得那么多的国际奖项提供了必要的读解基础。但是又不能说张艺谋影片全无民族性，他的民族性不仅体现在“民俗”上（如颠轿、祭酒神、挡棺、挂/封灯笼、捶脚等），还体现在对中国传统手工工艺的展示上：酿酒、染布、皮影戏、锔碗等。这些传统手艺在张艺谋的影片里起到了某种“标签”作用：中国造。

黄建新的故事是无法用几句话来讲清楚的，因为他的故事不是重情节，而是重情绪和韵味。一旦把他的故事简化了，也就同时失去了他的故事的重要内涵。因为他的故事基础是中国复杂的人文背景，脱离了这种特定的人文背景，就很难看懂他的故事，这也造成了黄建新的电影主要只在华人世界叫好的局面。黄建新电影的本土化是一种真正而彻底的本土化，与张艺谋那种标签式的“中国手艺”是明显不同的。

此外，张艺谋影片的结尾除了前面提到的“环式结构”外，还常常让观众在情绪上产生一种好莱坞式的爆发或释放：而黄建新影片的结尾则多数带有一种本土化的含蓄和韵味，给人一种“言有尽，意无穷”的韵味和感受。

四、人物抽象/人物具象

有人把张艺谋影片中的人物分成这么几类，红色的女人、灰色的男人、黑色的老人和多彩的孩子，可见，张艺谋的人物具有某种概念化/抽象化特征。他的人物性格也缺少发展和变化，不够立体，尽管他采用了许多方法来凸现他的人物性格的某一方面，如我爷爷的强悍、张扬，我奶奶的热烈、敢做敢为，菊豆的顽强抗争，颂莲的自甘随波逐流，小金宝的善性/良心未泯，福贵对自己命运的无能力和无奈，秋菊的执著，魏敏芝的质朴、倔强，母亲的纯情……

但他的人物的深层心理的丰富性不能得到充分展示，人格结构也得不到完整揭示。张艺谋对人物的刻画策略可以说是凸现一点，不及其余，并且抽象/象征意味较重。

黄建新的人物形象要丰满得多。他的人物几乎都是我们身边伸手可及的小人物，这些小人物不仅有鲜明的性格，而且具有立体感。他的人物的心理需求和人格结构有着丰富的层次性。

综上所述，张艺谋的电影创作从总体上看，带有比较明显的理性色彩。黄建新的电影则更为感性。他的感性主要体现在他对人生状态的体悟和况味上。

（原文约 8000 字，发表于《北京电影学院学报》2001 年第 3 期）

文摘编辑：范子奇

麦茨“八大组合段”理论的读解与批判

王佳泉

[作者简介] 王佳泉，北华大学师范人文学院中文系副教授。

[内容提要] 电影符号学理论的产生是电影理论进入现代阶段的标志。麦茨的“八大组合段”理论是第一个也是迄今为止仅有的一个基本可行的合理的影像切分模式，而这种合理的切分又是对影片进行科学的精细化的分析读解所必不可少的。其明显的局限在于割裂和回避了电影形式和内容的关系等实质问题，是一种纯描述性的理论体系。

[关 键 词] 符号学；电影符号学；麦茨；组合段。

电影理论也只有到了符号学理论阶段才进入了现代时期，才具有了真正的理论性质。也可以说电影符号学就是一门从结构主义——符号学的角度来探索电影文本的语言特性的理论。无论天然语言还是电影或其他通信系统都存在着共时关系（聚合关系）与历时关系（组合关系）两个方面，麦茨的“八大组合段”理论便是沿历时关系展开的对电影语言的一种解析。

麦茨认为，电影不存在字词、语素、音素一类的基本的离散性单元，画面和形象也不相当于字词或语素，而相当于句子，因此不能以形象或画面作为电影语言的基本切分单元，但这不等于说电影语言不可能建立语法规则，这中间的关键是选择和确定适当的电影话语切分单元。“八大组合段”理论就是麦茨提出的关于电影语言结构规则的一种理论学说。麦茨所选择和确定的电影话语切分单元是电影在摄制过程中的自然切分单位——镜头，建构的是电影语言中较字词更大的单位——句段的结构规则。类比天然语言，就是比字词更大的句子或段落。它由自主镜头和组合段两部分组成。自主镜头是指具有独立性的单个镜头，组合段则是由几个镜头构成的具有独立性的影像序列。下面具体阐释八种组合段形式的含义。

1. 自主镜头。即具有独立性的单个镜头。可以看成是由一个镜头组合成的一种特殊组合段（零组合）。这就好比天然语言中的那种由一个词构成的独词句或由一个句子构成的独句段。此外在自主镜头这一项里除了这种由单个镜头的镜头段落外，还包括具有独立意义的插入镜头，即插在一个组合段中间或插在两个组合段之间的具有独立性的单个镜头。它就好比是天然语言中的插入语。

2. 平行组合段。即由交替出现的两个或多个并无严格时间关系的叙事主题构成的组合段。理解这种组合形式的关键在于注意它同平行蒙太奇的区别。二者虽然都是交替讲述两件或多件事情，但平行蒙太奇所交替讲述的不同事件之间有着严密的时间关系，如常见的“一分钟营救”，而平行组合段所交替讲述的不同事件之间并没有这种严格的时间关系。

3. 括号组合段。即通过特殊的照明效果或特殊的镜头转换方式如划出划入、淡出淡入等手段插入其他叙事序列之中的表示回忆、想象等内容的组合段。它与插入镜头的区别在于，一是有明显的形式手段来表明这种插入；二是它插入的不是单个镜头，而是由几个镜头构成的组合段。

4. 描述组合段。运动的影像构成一个历时的过程，而如果这种历时的影像能指意指的是历时性事实时，就是叙事组合段；如果意指的是共时性事实，就构成这种描述组合段。这就好比是文章中的描写文，表现的是共时性的空间存在物。

5. 交替叙事组合段。在叙事组合段中间，只有一条叙事线索的是直线叙事组合段，具有两个以上叙事线索的就是交替叙事组合段。它交替叙述两个或多个同时进行着的事件，从而获得一种特殊的艺术效果，这既是电影中常见的组合段形式，也是电影艺术的优越之处之一。通常所说的平行蒙太奇即其一种。

6. 场景。直线叙事组合段又分成两种，影像能指意指的是某一连续不间断的事实过程叫场景，即能指时间与所指时间一致，相当于戏剧中的一场。俗语常讲“说时迟，那时快”，而场景则不然，影像的讲述过程与被讲述的事件过程完全一致，中间没有任何省略或跳跃。它如实地记录事件的全过程，最大限度地保持事件的时空统一性，同样既是电影中常见的组合段形式，也是电影艺术的优越处之一。

7. 单一片段。直线叙事组合段中影像能指意指非连续性事实的是片段。而在片段中，意指某个单一的事实过程的就是单一片段。同是表现单一的事实过程，单一片段与场景的区别在于，它并没有记录事实的全过程，而是通过影像的跳越将事实过程中的某些部分加以省略或压缩，然后加以表现。比如要表现一个人在沙漠中走了很远这一单一事件过程，就无须记录事件的全过程，而只需通过短短的新鞋子与旧鞋子的镜头叠化即可达到。

8. 散漫片段。同是意指非连续性事实的组合段，散漫片段与单一片段的区别在于所意指的不是单一的事件的过程，而通常是发生在不同地点、不同时间里的不同的事件过程。因此其影像的跳越也更自由，具有更大的散乱与无序性。它常常跳过一些创作者认为无甚价值的事件过程，又常常出现一些看似无关的其他影像因素。

麦茨的八大组合段理论是借鉴了文学叙事文本理论提出来的。但是电影文本的能指面与文学文本区别很大，它是异质的，不仅有视觉部分，还有听觉部分。而麦茨的组合段理论只涉及和研究了电影文本的视觉部分。尽管如此，麦茨的“八大组合段”理论一经提出，立即在西方引起了极大的反响，具有较大的实用价值，因而很快被广泛应用于具体电影作品的分析。虽然到后来连麦茨本人也深感他的这种文本切分方法还远不够精密，很难作为的一个普遍的切分图式。但是必须看到，八大组合段是第一个也是迄今为止仅有的一个电影文本基本可行的合理切分模式。而要想对影片进行科学的精细化的分析和批判，这种合理的切分又是必不可少的。

包括麦茨的“八大组合段”理论在内的整个第一符号学理论的明显的局限在于割裂和回避了电影的形式与内容、艺术特性与社会功能以及作者与观众的关系等实质性问题。因此它既无法解释和回答电影艺术更大范围内的问题，也不可能孤立地最终破译电影表达面的全部奥秘。麦茨本人也知道，没有不依附影片内容的孤立的符码，每一部影片都是一个“独特符号体系”。于是在《泛语言与电影》一书中，麦茨提出了读解文本的新课题，开始了第二符号学理论的追求。

（原文约3500字，发表于《北华大学学报》社科版2002年第3期）

文摘编辑：范子奇

舞蹈在美育中的重要地位与作用

王国宾 平 心 矫立森

[作者简介] 王国宾，北京舞蹈学院党委书记兼院长。
平 心，北京舞蹈学院学报常务副主编、副编审、舞蹈/艺术心理学副教授。
矫立森，北京舞蹈学院科研管理办公室主任。

[内容提要] 舞蹈美育作为一种重要的素质教育的内容与形式，对于提高和培养学生的身心素质，特别是心理素质，其中主要包括智力、创造力、非智力因素、心理健康和审美心理能力等都具有重要的地位与作用、意义与价值。

[关 键 词] 舞蹈美育；素质教育；智力；创造力；心理健康。

1957年，苏联首先发射了世界上第一颗人造地球卫星。消息传到了美国，举国震惊：苏联为何如此领先？问题出在哪里？

美国人经过认真的调查研究，最后得出的结论是：由于美国艺术教育的落后才导致了空间技术的落后。于是，哈佛大学教育学院研究生院于1967年提出了著名的《零点计划》，主要研究艺术与科技的关系，三十多年来，美国投入上亿美元、数百名科学家参与此项目的研究，其研究成果对美国影响深远。1988年美国公布了《走向文明》“全国艺术教育现状研究”。1994年通过了《美国教育法》，确立了艺术教育在基础教育中的重要地位，并将舞蹈教育列入艺术教育的重点。现在，美国的舞蹈教育已经十分普及，其舞蹈课程已经成了学校教育的重要组成部分和学校美育的重要内容，美国已由一个没有自己的舞蹈文化的国家一跃成了当今世界舞蹈的中心，邓肯及其现代舞并由此诞生。

在我国，长期以来，教育界一直都比较忽视与欠缺艺术教育和美育，很多学校经常甚至把艺术教育和美育看成是可有可无的。尽管近年来情况有所转变，但对美育在教育中的重要地位与作用及舞蹈在美育中的特殊地位与作用仍然认识不足。有的学校甚至与过去一样把美育仍然仅仅看成是音乐和美术，而对舞蹈美育能够很好地和极大地提高学生的身心素质和全面能力熟视无睹。

舞蹈是一种动觉艺术，它与美术（视觉艺术）和音乐（听觉艺术）不同，视觉（美术）的感受器是眼睛，听觉（音乐）的感受器是耳朵，而动觉的感受器却是肌肉里的肌梭、肌腱里腱梭和关节里的关节小体（平衡觉的感受器是耳蜗旁的三根互相垂直的半规管，分别感受人体在三个不同方向上的运动情况）。当然，舞蹈教育除了主要训练学生的本体感觉（动觉、平衡觉）以外，舞蹈还能训练人的主体感觉和自我感觉，这正是舞蹈感觉的内涵。

因此，在舞蹈教学和表演中，我们说一个学员或演员的舞感很好，这并不是像外行人认为的那样，这是指观众或教师的感觉很好。其实不然，舞蹈界、专家和行内人一般公认，舞蹈感觉好是指舞蹈演员或学员自己的自我感觉很好。这是因为舞蹈是一门表演艺术，它不同于美术，画家创作的作品感觉很好，这个感觉指的是观众的感觉，因为美术作品本身是个死的东西，无论它是怎样的“栩栩如生”，它本身是不会产生感觉的；然而，一个舞蹈教师或编导所创作的任何作品，都是由活生生的人即演员来完成的，人和演员都是有感觉的，这就是舞蹈感觉，这正是舞蹈艺术的灵魂、舞蹈心理学的精髓。这种感觉在现代舞和一些自娱性舞蹈中表现得尤为明显和突出。

因此，在舞蹈表演与教学中，只有当一个演员或学员拥有了良好的自我感觉即舞蹈感觉时，他（她）才能引起良好的观众感觉，他（她）才会在舞台上光彩照人，炯炯有神！一个舞蹈者，只有具有了良好的自我意象和自我感觉，他才会产生良好的舞蹈感觉，只有产生了良好的舞蹈感觉和自我感觉，他才会引起良好的观众感觉。没有良好的自我意象、自我感觉和舞蹈感觉，就不可能产生良好的观众感觉。一个舞蹈演员，只有使自己的身心全部融入角色，充分想象和体验角色，并形成良好的艺术情感、艺术想象和自我意象，才能产生良好的舞蹈感觉，此时此刻，似乎不是脚在跳，而是心在跳，不是身在动，而是心在动，这才是舞蹈感觉的意境，这才是舞蹈艺术的殿堂。

由此看来，舞蹈艺术和舞蹈教育并非只是一种形体训练，它还主要的是一种心理训练、感觉训练、思维训练、想象训练和自我意象的训练等。形体训练只是一个技术和技巧问题，而心理训练或素质训练才是属于真正的艺术问题。舞蹈心理训练就是运用一些特殊方法来提高学员或演员的心理素质，培养他们良好的个性心理品质，从而在表演和比赛中保持最佳的心理状态，获得最高的心理能量储备，奠定良好的心理基础，最终实现个人潜能的正常发挥和超常发挥。心理训练是提高人的心理素质和精神素质的重要途径，是提高一个人的人格力量和精神力量的重要形式。心理训练不仅可以促进人的技能和技术的巩固与提高，而且还能有效地集中人的注意力、增强必胜的信念与信心，振奋精神和斗志，消除不利的心理障碍等。同时，现代运动心理学还提出了一些更为重要的心理训练问题，如意志训练和人格训练等，这都是值得舞蹈教育和舞蹈艺术认真汲取和借鉴的。舞蹈比体育应该更加重视心理训练问题，因为舞蹈是一门艺术，而不只是一种技术。

现代科学和哲学都在不断证明，生命在于运动。人认识外部世界首先要依赖于人的活动与感觉，人们通过动作归纳、提炼和扩大对世界认识。现代舞和人体动律学创立者拉班指出："我们全部感觉是人们独一无二的触觉（第六感官）引起的结果。"当皮肤受抑时产生某种方式的变形，我们便经验到一种触觉；人的动也是一种最重要的感觉，这是由于人体本体感觉。人们通过感觉理解人体之间的关系性；这种关系性效应，会导致一种内心反映。因此，本体"从身体感觉反应内心去理解人类的全部生命是可能的"。因此，人类通过人体感官的运动获来的感觉经验是人认识人的内在世界和外部世界的根源。舞蹈教育家们应该十分清楚地懂得舞蹈教育的这一根本原理，不为表面的华丽，虚饰、而实质僵化的外在动作所迷惑，十分地重视人的感官和感觉的训练，以人体教育为手段去不断完善人的感官和积累人的感觉经验，尤其注重对于能促进人类智能器官（尤其是大脑）的完善的人体运动的发现，注重动作质感和生命质感之间关系性的探究，从而不断提升人的知识智能，为迎接未来的知识更替准备好智能载体。作为身体的教育，舞蹈以律动性的形态，行使着体育的功能，对人体的肌肉、神经和反射系统进行训练。

（原文约 5000 字，发表于《北京舞蹈学院学报》2002 年第 2 期）

文摘编辑：范子奇

音乐美育雏议
——面向21世纪的思考

马卫星

[作者简介] 马卫星，哈尔滨师范大学艺术学院副教授，研究方向为音乐美学、音乐教育学。

[内容提要] 本文对音乐美育三个方面的双向全面功能做了论述，并对音乐美育作为一种具体、特殊的教育过程进行了分析。

[关 键 词] 音乐美育；审美功能；内容与形成。

音乐美育最可贵之处，就是音乐对人的心理方面所具有的双向全面的功能，它可归纳为以下三个方面：

一、双向促进，平衡发展

首先是振奋与松弛的双向平衡。人在生命过程中，处理一切事务都必须有张有弛。音乐依靠其高低、快慢、缓急等因素的不断变化，能有效地调节学生心理的张弛，使他们的学习生活节奏得到科学合理的调整。当他们注意力分散时，聆听音乐能有效地集中注意力，然后全心投入学习。而当他们由于过度紧张学习，身心陷入极度疲惫时，聆听一些轻松的音乐，又能使他们精神得以及时放松，解除心理的沉重疲劳。

音乐是最富于抒情的艺术，音乐美育实质也是一种情感教育。同时，音乐又能开发智力，这一点从爱因斯坦、钱学森等热爱音乐的科学家身上已得到充分的证实。根据人脑的均衡发育特点，音乐在培育学生情感的同时，又作用于他们的理智。因此，音乐美育能使学生的情感与理智双向促进，协调发展。音乐是听觉艺术，在接受过程中需要不断联想和想象，所以最能培养学生的想像力。这样，学生在学习文化科学知识的同时，又对美好的未来充满了想象，成为既有实事求是的科学精神，又有远大理想的社会主义新人。

二、超越自我，融入大我

在音乐美育中，合唱教学占有很重要的地位，组织学生参加合唱排练和表演竞赛是生动有效的美育措施。合唱不仅要求各个声部高度协调紧密配合，每个人也必须彼此照应，使自己的声音与身边伙伴的声音融合一致，去共同创造最佳的表演效果。在合唱活动中，学生的人际关系最融合，彼此关心互相照顾，非常珍视集体荣誉，合唱声响排山倒海的磅礴气势使他们忘却了自我，完全融入了集体主义的大我，感到无比的骄傲与自豪。在心理上，学生也能使个体与集体、自我与大我得到和谐与平衡。

三、面向社会，面向未来

音乐教育不仅是学校的任务和职责，它与整个社会也密切相关，当今社会，音乐已经渗透到社会生活的每个角落。我国的海滨城市大连，从市领导到每个市民都非常重视音乐美育的社会效益。他们创办广场文化，搭音乐美育的舞台，全市共有大小广场120多个，每个广场每晚都有表演，从高雅的交响音乐到社区编演的曲艺小演唱，五花八门丰富多彩。音乐美育不能只停留在学校小环境，要组织参加各项社会举办的各种音乐美育活动，开拓学生的视野，培养他们的社会实践能力。

上述音乐美育心理影响的三个层面，既涉及了音乐的审美功能、道德教化功能和认识功能；实际也涉及到音乐美育与德、智、体三育的关系。音乐美育过程是一种具体的特殊的教育过程，它是根据学生的审美观、审美能力形成与发展的规律，在丰富多彩的音乐审美活动中逐步培养学生审美能力，促进德智体共同发展的过程。

首先，它不是一个自发形成的审美过程，而是遵循音乐美育客观规律、有深远的培养目标并施以系统的阶段性的引导手段的审美教育过程。所谓音乐美育的客观规律，主要体现在美育对象的主体意义。在过去关于艺术本质的各种理论中，往往忽略了艺术接受方式以及审美主体在艺术本质中的重要作用。这意味着，艺术之所以为艺术，最根本的原因还在于它是与艺术接受主体构成了特定的对象性关系，艺术接受是艺术家、创作活动等一系列艺术活动的最后环节，是艺术活动的完成。艺术接受又是艺术无限再创造过程的根据，构成了优秀作品超时空条件局限的重要原因。

音乐美育的主体对象与一般艺术接受者又不相同，他们是青少年学生，他们自发形成的审美观和审美能力是简单朴素的，而且缺乏必要的美学修养，甚至可能受到低级庸俗的音乐现象的影响而产生不正确的审美观念和不健康的审美情趣。尤其是当前西方各种风格流派的音乐作品大量流入，鱼目混珠，良莠难分。这就需要美育施教者积极参与到接受活动中，影响并导向音乐美育的趋势、深度和广度，通过对音乐作品有选择的接受、介绍、传播而影响和提高音乐美育的质量。因此，重视音乐美育接受主体，实质就是重视音乐美育的质量效应，时时处处从学生的实际情况和接受条件出发，从选择教材到施教方式都紧密结合学生的实际，让他们从感受到理解、到判断、到评价，再到创造发挥，形成一个循序渐进的有效过程。

其次，音乐美育又与一般的审美活动有别。一般的审美活动是由作为审美主体的人和作为审美对象的音乐客体两个因素构成，多是趋于消闲娱乐的自发行为，具有很大的随意性。而音乐美育是由学生、教师和音乐客体三者组成的融合体，教师是整个活动的组织者和引导者，是沟通学生与音乐客体之间的必不可少的渠道。面对可塑性极强的学生，教师要充分利用音乐的特殊性，完成审美、教化、认识等德智体全方位的美育目的。学生的音乐审美感知能力主要表现为感知节奏、旋律、和声、音色、调式等音乐语言要素中的美感，辨别各种音乐现象的美与丑，体验音乐审美的感情等方面的能力。例如，让学生欣赏贝多芬的《命运交响曲》，在帮助学生感知由旋律、节奏等因素构成的“命运”主题以及它的几次变化发展，使学生理解这部伟大作品的戏剧性和交响性的基本特征，从而理解到作曲家与命运抗争、与不合理社会制度抗争的民主思想，深刻体验到那种英雄意志战胜宿命悲观、光明终将战胜黑暗的豪迈情感。

艺术作品的内容与形式是对立统一、互相包容、互相转化的关系，两者都以对方的存在而存在。音乐是比较特殊的艺术，在这方面更为突出，理解了音乐的形式也就把握了作品的内容。音乐主题既有表现功能又有结构功能，作为内容，主题的感情色彩是很明显的，具有各种不同的含义。从形式上看，主题又决定了形式的发展，它按照一定的逻辑展开变化，逐步构成曲式。这就是我们强调培养学生对音乐形式审美感知能力的原因。在此基础上，还要注重发展学生的对比、联想和想象能力，加深他们对音乐的情感体验。

音乐美育与德育、智育等方面的结合是一种潜移默化的融合过程，决不是牵强附会的生搬硬套。可以制定出美育的阶段计划，根据学生的接受能力和美育目标，各阶段接触不同的音乐作品，例如钢琴协奏曲《黄河》的爱国主义教育内容；小提琴协奏曲《梁祝》优秀民族文化的教育意义；世界优秀经典作品的博大精深；现代主义音乐新颖的创新意识和热烈奔放的情怀等等。教师必须具备很高的音乐素质，有精湛而深邃的见解和观点，高屋建瓴，因势利导，以情达理，在开拓学生艺术视野的同时，潜移默化地开发他们的德智和身心发展。

（原文约7100字，发表于《艺术交流》2001年第3期）

文摘编辑：郁正民

成本—效益分析与戏曲教育

白光耀

[作者简介] 白光耀，中国戏曲学院副院长，教授。

[内容提要] 戏曲教育的规模滞后于形势的发展。千军万马过独木桥式的精英教育与最大限度地满足广大人民群众对戏曲教育的需要形成鲜明的对比；戏曲教育的低招生与高投入形成鲜明对比。成本效益分析，是制定戏曲教育发展规划的科学依据；稳定规模与打开门径相结合，是当前戏曲教育发展的良策。

[关 键 词] 戏曲教育；成本；效益。

近年来包括美国在内的发达国家和第三世界国家，在教育决策过程中开始重视“成本—效益”理论，这决不是偶然的。首先，这是由教育开支的性质决定的。既然教育经费开支是一种生产性的投资，那么必然要考虑到投入与产出的关系；其次，由于资源的有限，即使像美国这样富足的国家也要克服资源的浪费，追求最大的效益。“对于教育的计划者和决策者来说，教育成本是至关重要的。”本文想用成本—效益分析法审视目前戏曲教育存在的问题。

一、戏曲教育的规模滞后于形势的发展

坚持中国先进文化的前进方向，是江泽民“三个代表”思想的重要组成部分之一。弘扬植根于中华大地上的戏曲艺术，是落实“三个代表”思想的重要内容。党的第三代领导人十分关注民族艺术的振兴，十分关注戏曲教育的发展。1994年江泽民同志指出，“振兴京剧和民族艺术，需要有一大批立志献身这一事业的优秀人才……，努力造就对世纪的京剧人才、民族艺术人才。”1995年，他亲自为中国戏曲学院题辞“德艺双馨，继往开来”。在党中央和各级政府的关照下，我国戏曲教育事业在不断地前进和发展之中。多规格的办学形式，多层次的培养序列以及多剧种的专业格局正在形成。尽管如此，与迅速发展的经济和政治相比，还远不能令人满意，它主要表现在：

1. 千军万马过独木桥式的精英教育与最大限度地满足广大人民群众对戏曲教育的需要形成鲜明的对比

随着人民物质水平的不断提高，对戏曲艺术的需求也越来越强烈。其原因：一是戏曲艺术是地道的中国百姓艺术，本来市场就广阔；二是戏曲艺术自身性质决定的，它是门综合艺术，包括表演、导演、作曲、器乐演奏、戏曲文学、戏曲舞台美术设计等多种专业门类组成。过去戏曲院校主要是为艺术院团培养演艺人才，所以奉行的是精英教育模式。而今天，随着学生就业市场的多元化选择，戏曲工作已不再是学生择业的单一选择。人们对戏曲美的需求也不完全是职业的需要。以中国戏曲学院为例，近年来入学考试竞争异常激烈，学院录取比例高达10:1甚至20:1。许多考生和家长，不远万里来到北京，为了考上中国戏曲学院，耗费了大量财力和时间。可见戏曲教育仍有一个巨大的产业市场。精英教育过分地抬高了戏曲教育的门槛，使许多潜在的人才被挡在了戏曲学院的门外。从另一个层面上讲，也阻碍了戏曲艺术的传播渠道，缩小了戏曲艺术的市场，这也是造成“戏曲危机”的一个原因。

2. 戏曲教育的低招生与高投入形成鲜明的对比

在弘扬民族艺术的进程中，国家加大了对戏曲教育的投入，对戏曲教育资源的配置达到了空前的高度。这主要有以下三个原因：(1) 解放以来，与其他艺术院校比较，国家对戏曲院校重视不够，欠债太多，致使学校的基础条件差，资源薄弱；(2) 戏曲教育本身是一个高成本的投入，对教学场地的要求，教学设备的配置以及口传心授式的教学方式，决定了它是一种高成本的教育；(3) 随着改革的深入，戏曲教育自身也在发展，无论在内涵和外延两个方面都超出了原有的概念，新诞生的戏曲影视就是一个极好的例子，它对教学资源的需求是高成本的。为了扶植戏曲艺术，近年来政府加大了对戏曲院校的投入，仅中国戏曲学院一校，国家投放数亿巨资，从硬软件两个方面加强建设，使中国戏曲教育的最高学府旧貌换新颜，成为集戏曲艺术教育、研究、资料传播为一体的艺术殿堂。上等的办学条件，不等于一流的办学效益。面对十几个亿的校产，每年学校的在校生仅有上千名，这真是莫大的浪费。这种现象应该引起有关部门及政策制定者的高度注意。

以上两个问题，说明戏曲教育要改革，要发展，要适应当前飞速发展的经济政治形势。

二、成本—效益分析，是制定戏曲教育发展规划的科学依据

现代学校的管理者在办学过程中要树立经济观点，

在保证质量的前提下，要千方百计降低办学的总成本，尽量扩大教育成果，多培养人才。戏曲教育成本总额应该包括公共成本、个人成本和社会成本的总和。公共成本是指用物态或货币形式表示的学校的固定资产和可变资产，以及把这些资源用在戏曲教育上面而放弃的另一种收入的总和。个人成本是学生的学杂费、学习用品费、衣食住行费以及从考入戏曲院校后由于学习而放弃的收入。社会成本主要指企业、私人及私人机构对戏曲教育的集资、捐资以及由于这种投入而受到的潜在损失。

培养一名合格的戏曲院校的毕业生在校学习期间所耗费的成本，称作平均成本，用公式表示：

$$平均成本=\frac{教育成本总额}{在校学生总额}$$

如果单纯从公式上看，增加总成本，在校生的数目不变，则使平均成本增大，这无疑造成浪费；如果总成本不变，扩大在校生数目，使平均成本减少，则不能保证学生的培养质量。

在这里，平均成本是一个科学的数值，即培养一名戏曲人才最合理的耗费（我把它称为不可变量），那么在保持这个平均成本不变的前提下，能否最大限度地提高办学效益呢，在一般情况下，教育总成本随学校的规模扩大而增长，但它和学生增量的比不是一个等比关系。举例说，假若一个学生的平均成本是10万元，学校有100名学生，总成本应是1000万元。如果学生数量增加了一倍，即200名，在平均成本10万元的情况下，总成本不一定是2000万元。出现这种结果是因为在总成本中，有相当大的数额是学校的固定资产，它是固定不变的，总成本增加的部分其实只有个人成本，以及公共成本中可变量的一部分，而大宗的固定资产和社会捐赠款物没有新的增加。

著名教育经济学家H·M·列文说过："一般说，需要大量不变成本的方案，诸如需要在仪器设备方面进行大量投资的项目，只有当在校生数或使用人数很高时才能够达到其最佳成本—效益比。原因是不变成本不能随着需求变化进行连续调整，只有充分使用才能达到单位产出的最低成本水平"。

我的结论是：在一定的范围内，增加戏曲学院在校生的数额，既不会导致生源平均占有资源的下降，又不会加大办学者的成本负担，因而适度扩大招生是提高办学效益的最佳方案。

三、"稳定规模"与"打开门径"相结合是当前戏曲教育发展的良策

对戏曲院校来讲，"适度扩大招生"是指稳定目前全日制在校生的规模，放开以在职培训为主的继续教育的种种限制，充分挖掘和利用戏曲院校现有的各类资源，以最小的投入获取最大的产出，以满足广大人民群众对戏曲艺术的需求。

以中国戏曲学院为例，几年来一直坚持"两条腿"走路的方针，在办好全日制四年大本教育的同时，利用继续教育这块阵地，对全国地方戏剧团的骨干演员、市县级文化干部以及中等艺术学校教师进行培训，为他们开设了短期、中期培训班，举办了表演、音乐、舞美、群文专业的大专班，受到了普遍的欢迎。实践证明，继续教育这块阵地在发展戏曲教育方面大有可为。从教育经济学的角度看这是提高办学效益的一个良策。目前的困难是继续教育在招生方面存在一些政策性的问题，这些问题不解决，则妨碍了继续教育的发展。

（原文约3500字，发表于《戏曲艺术》2002年第3期）

文摘编辑：范子奇

其 他 篇

目 录

新世纪要更加重视人文社会科学

纪宝成

[作者简介] 纪宝成，中国人民大学校长，教授，博士生导师。主要从事市场与商品流通、商业经济、市场营销等领域的教学和研究。

[内容提要] 本文从面向21世纪科学与社会发展的高度，对科学包括自然科学和社会科学、要重视人文社会科学与自然科学的结合和共同发展做了全面论述，并对造成对人文社会科学误解的原因做了深刻分析。

[关 键 词] 人文社会科学；社会发展；支撑作用；导引作用；保证作用。

社会发展到今天，自然科学与人文社会科学无论哪一门科学都不可能单独承担解决世界面临的各种复杂问题的任务，只有顺应科学与社会自身发展的规律，使二者很好地结合起来，才能给人类面临的诸多问题提供正确的解决方案。

但是，时至今日，许多人心目中的“科学”可能主要的还是指自然科学，甚至只是与自然科学相关的技术。这种狭隘的眼界既不利于科学的发展，更不利于社会的进步，更和21世纪科学与社会发展的大趋势格格不入。

一、科学推动社会进步的内在机制

人们为什么往往忽视人文社会科学而重视自然科学呢？应当承认，这和它们二者在实践中起作用的方式不同有一定的关系。自然科学经过由基础理论向应用研究的转化，它的成果可以物化和体现在技术当中。新技术一旦出现，就会给人类改造自然的活动展现出新的前景，这对生产力发展的影响是直接的、明显的、看得见摸得着的。人文社会科学则不同。如果说自然科学、科学技术是人类改造自然的“硬件”，那么，人文社会科学也许可以称作是人类改造自然的“软件”，它的作用是一种支撑、导引、保证的作用，它发生作用的方式是间接的、隐蔽的，往往是看不见摸不着的。人文社会科学对社会作用的方式有自己的特点，但是对社会进步的作用是客观的，一直在起作用的，并随着社会发展作用会越来越大。自然科学和人文社会科学在社会发展中的作用不同，但有人却把这种不同的作用看做是作用的有无，认为自然科学是不能没有的，人文社会科学却可有可无，这就大错特错了。

邓小平提出“科学技术是第一生产力”的光辉命题，这是对马克思主义理论的发展。但邓小平同志从来没有把科学理解为单纯的自然科学，他曾特地申明：“我说的科学，当然包括社会科学在内。”现在已经有越来越多的有识之士，包括国内外一些著名的自然科学家呼吁重视人文社会科学，重视人文社会科学在科学向生产力转化中的作用，说明随着科学的发展和人类改造自然活动的日趋复杂，人文社会科学的作用正在日趋凸现。可以这样说，从科学转化为技术、技术转化为生产力的过程来看，其中的每一步都是在向人文社会科学靠拢。科学转化为生产力，变成技术再转变成产品，这个过程是自然科学一步一步地投向人文社会科学怀抱的过程。人文社会科学的作用似乎是无形的，但若没有它在这一过程中起支撑和导引的作用，自然科学就转化不成现实的生产力，因为，在从科学到技术、技术到产品的转化过程中，怎样进行资源配置、怎样生产、谁来生产、什么时间生产、在什么地方生产、为谁生产、生产多少、怎样销售、如何进行售后服务、产品利润如何分配等等问题就摆在人们面前。对这些问题的研究往往属于人文社会科学的范畴，而不再是技术问题，自然科学对这些问题是无能为力的。

人类需要的是趋利避害地发展，这就需要给科学技术一个正确的价值导向。科学巨匠爱因斯坦曾经说过：“科学虽然伟大，但它只能回答‘世界是什么’的问题，‘应当如何’的价值目标，却在它的视野和职能的范围之外。”爱因斯坦这里讲的“科学”显然指的是自然科学，要回答他所关注的世界“应当如何”的价值问题，正是人文社会科学的任务。因此可以说，如何利用自然科学和技术创新造福于人类，依赖于对科学技术的价值导向，依赖于人文社会科学的发展程度及其在全社会形成的文明程度。正确的社会价值导向和正确使用技术的社会机制，是技术促进人类进步、提高人类福祉的基本前提。

二、不能把“科教兴国”理解成“技术兴国”

毫无疑问，我们的国家要兴、人民要富，必须继续下大气力发展自然科学、发展先进技术。但是，同样必须清醒地看到，与技术创新同等重要，甚至更为突出的，那就是观念更新、体制创新、机制创新、管理创新；中国社会现在发展中面临的许多根本问题和紧迫性问题并不是单纯依靠自然科学和技术所能解决的。而且，怎么才能使技术加快发展，也有社会机制的问题，这又回到了人文社会科学领域。因此，把“科教兴国”理解为“技术兴国”是非常肤浅、片面的。

为什么说当代中国社会发展的许多问题主要不是给自然科学提出的，而是给人文社会科学提出的呢?

以江泽民同志“三个代表”论述中代表先进生产力的发展要求为例。可以看到，这里有三个依次递进的概念：生产力→先进生产力→先进生产力的发展要求。生产力是和自然科学、科学技术有密切联系的概念。马克思主义把生产手段、生产工具看做是区别不同时代生产力水平的标志，但马克思主义从来没有把生产力理解为单纯的技术。如果说生产力不是技术概念，那么，“先进生产力”，特别是“先进生产力的发展要求”就更不是技术概念，而是社会发展的概念。一般认为，马克思主义十分重视生产力，这是不错的。但容易简单化。江泽民同志论述的深刻之处，在于没有停留在对一般发展生产力问题的认识上，而是强调“先进生产力”，特别是强调“先进生产力的发展要求”。这不但不是单纯的自然科学问题，也不是社会科学当中单纯的经济学问题。先进生产力及其发展要求的问题，涉及社会经济、政治、文化的各个方面。这又回到前面我们讲过的问题，科学是有学科的区分的，但实践中出现的问题是综合的，不是哪一个学科所能解决的。总之，江泽民同志“三个代表”的论述，给人文社会科学研究提出了重大的课题。如果不发展人文社会科学研究，不弄清这些理论问题并在实践中贯彻实施，我们党怎么能始终成为这“三个代表”呢?

科学教育（主要指的是自然科学的教育）和人文教育（主要指的是人文社会科学的教育）是培养科学素质和人文素质兼备的全面发展型人才的两个基本方面。人类教育的历史和现实都证明，单纯的科学教育和单纯的人文教育一样，将会造成理智的扭曲。人文社会科学教育与单纯的专业教育不同，它是面对全体大学生和全体公民的，人文素质教育是学生全面发展的重要组成部分。还是爱因斯坦讲得对，他说：“用专业知识教育人是不够的，通过专业教育，学生可成为一种有用的机器，但是不能成为一个和谐发展的人，要使学生对价值（社会伦理准则）有所理解并产生热烈的感情，那是最基本的。”如果一个人只片面地接受某一学科的知识，没有志向、没有兴趣、没有正确的价值观，人只是成了掌握某项技术的工具或机器，那就太可悲了。应当说，某一门科学技术不需要每一个人都掌握，但人文社会科学的素养却是每个人都不可缺少的。

现在的问题是，不仅是高等教育，甚至从中等教育开始，对人文社会科学也不很重视。不仅理工科学生在人文社会科学方面的根基比较浅，甚至一部分文科院校也不太重视人文社会科学的综合教育，尤其是人文教育。对于一个人的成才而言，人文社会科学的教育极其重要。一个人处在接受教育的阶段，除了各种基础的或专业的知识以外，最重要的是两个问题，一是价值观，一是思维方式和方法。人文社会科学对于受教育者开阔眼界、开启智力、陶冶情操起着重大的作用，对确立和改造人们的人生观、世界观、价值观起着巨大的作用。

三、造成对人文社会科学误解的原因

从我国目前的现实情况看，重理轻文的问题可以说是积重难返。要真正提高全社会对人文社会科学的认识，还需要做很多工作。

人文社会科学确实有其自身的特点，它既是知识体系，又是价值体系；既是科学，又是意识形态。正是它自身的这种特点决定人们不容易客观地评价它的作用。有的人至今不承认人文社会科学是科学，他们认为只有自然科学才是科学。这除了少数人的有意歪曲以外，更多的是对人文社会科学的误解。这种误解既有认识上的根源也有社会历史方面的原因。由于在科学转化为生产力的过程中，人文社会科学往往以“软”和“隐”的方式起作用，而自然科学则往往以“硬”和“显”的方式起作用，就容易使人们在认识上产生错觉，觉得学好理工科是实实在在的本领，而文科听起来就虚无缥缈，学好学坏也看不出多大的不同。另外，更深层的原因，是人文社会科学中的不少学科和政治有直接或间接的联系。由于过去“左”的思想的影响尚未彻底肃清，政治仍被一些人看成是翻手为云、覆手为雨没有科学性的东西，这就使人们轻视人文社会科学似乎更增加了一些根据。还有，同自然科学的发展相比，人文社会科学由于其研究对象和问题的复杂性，它的很多学科确实还不像自然科学发展的那样成熟。这种种原因综合在一起，再加上目前社会上急功近利的风气比较浓厚，因此，人文社会科学的研究和教育被轻视，甚至被冷落。在这种风气的影响下，我们到处可见忽视、轻视甚至歧视人文社会科学的现象。其突出表现是对人文社会科学研究和对人文社会科学教育的投入严重不足，这种不足不是表现在一时一地上，而是表现在总体上离发展人文社会科学的客观需要相距甚远。由于人文社会科学对社会发展的影响不像科学技术那样立竿见影，人们忽视人文社会科学的作用在短时期内其后果也可能不十分明显，但从长远来看危害极大。也正因为人文社会科学的作用不是短时期能显现出来的，因此所形成的后果也不是短时期就能改变过来的。由此也更加看出我们提高对人文社会科学认识的紧迫性。

（原文约 8000 字，发表于《中国人民大学学报》2001 年第 1 期）

文摘编辑：何如

知识科学的兴起和发展

王续琨　初福玲

[作者简介] 王续琨，大连理工大学科学技术学系教授，主要研究方向为科学知识体系结构和管理思维学；
初福玲，女，大连市沙河口区科学技术协会副主席，主要研究方向为科学技术普及。

[内容提要] 本文对知识科学作为一个新兴的交叉性学科门类，从其孕育和兴起、学科结构、发展方略诸方面进行了全面论述。

[关 键 词] 知识科学；交叉学科门类；科学知识体系；新兴学科。

知识是一个历史范畴，其涵义自古至今不断变化。为了顺利地进行对话和探究，本文对知识的涵义做如下约定：知识是人们对客观世界的正确认识或清晰把握，是人类思维活动的产物。

一、知识科学的孕育和兴起

知识科学经历了长期的孕育过程。在西方，知识概念出现于古代，古希腊先哲们曾对知识提供了多种理解，随后在哲学中形成了不同的知识理论。在中国，具有现代意义的“知识”一词尽管直到清代才出现，但先秦学者所说的“知”，在很多情况下指的就是现代涵义的知识。先秦以后的历代学者多有关于“知”的精彩见解。然而，近代以前关于知识的各种论说、见解，是零散而不系统的。

近代以降，欧洲哲学家对于知识的思考和探究表现出越来越高的热忱。20世纪初，以杜尔克姆为代表的欧洲社会学家，将知识纳入社会学的研究视野。相比较而言，知识社会学迄今为止仍是知识科学中成熟度较高的一门分支学科。在数学、自然科学、系统科学领域，科学家们也以各自的方式关注并参与有关知识问题的探索。1977年，美国斯坦福大学计算机科学家费根鲍姆在马萨诸塞理工学院召开的第五届国际人工智能会议上首次提出“知识工程”或“知识工程学”。知识工程学的基本任务，是探讨知识形式化、工程化的理论和方法，建构适用于解决各种特定问题的知识信息处理系统（如知识库系统、专家系统、决策支持系统、自然语言处理系统等）。

在现代科学技术迅猛发展、新知识越来越成为人类社会重要资源的背景下，“知识经济”概念的提出和知识经济学的创建，为知识研究带来巨大的冲击和推动。中国学者倡导创建知识经济学，并出版了以“知识经济学”命名的专著。与此同时，美国管理界提出“知识管理”概念，学术界对其内涵、目标、任务、实施方式及其与信息管理的联系和区别进行了多角度的研究，并出版了一系列著述。90年代末，中国也出版了多部探讨知识管理的著作。知识管理学由此进入草创时期。此后，中国学者又进而提出创建知识资本融通学（简称知融学）的创意。

世界范围的“知识经济”或“新经济”冲击波，使知识研究成为最热门的世界性课题。知识科学已经成为令世人瞩目的跨学科研究领域，正在走向整体性建构的新阶段。

二、知识科学的学科结构

知识科学作为一个新兴的学科门类，随着研究的渐次细化、深化和多学科理论、方法的渗透，其分支学科必将不断涌现。除了上文提到的知识哲学、知识逻辑学、知识社会学、知识工程学、知识经济学、知识管理学之外，知识科学还有一系列处于萌发状态或有待创建的分支学科。

确认一个新兴学科门类有待创建的分支学科的基本方法，是选择一个或几个发展历史相对较长的学科门类作为比较参照的对象，利用比照门类的学科构成状况类推新兴学科门类的新学科生长点。这种方法暂且称之为比照类推法。按照这个思路，可以选择科学学、管理科学等作为知识科学的比照门类。为了梳理知识科学学科体系的内部关系，我们按照学科生成区位的差异将所有的分支学科粗略地区分为三个群组。

第一群组是生成区位上最靠近哲学、社会科学的一组分支学科。这些学科可以看作是哲学、社会科学的一些学科向知识研究领域渗透的产物。知识哲学在哲学的层面上探讨知识现象、知识活动，是抽象程度最高的一门学科。知识美学、知识伦理学、知识文化学、知识社会学、知识政治学、知识法学等，分别运用美学、伦理学、文化学、社会学、政治学、法学等学科的理论和方法研究知识现象、知识活动，当然也可以理解为分别研究知识领域的特定对象或特定关系。

第二群组是在生成区位上介于哲学、社会科学、思维科学与数学、系统科学、自然科学之间的一组分支学科。这些学科与第一群组相比，其定量化、形式化程度稍高一些，同哲学、社会科学的关系稍远一些。知识预测学的任务是依据知识的演进嬗递趋势预测知识的未来状态。知识经济学、知识管理学分别研究知识领域的经济关系和管理活动。知识传播学、知识接受学分别研究知识传播的过程、机理、媒体、内容、形式和知识接受的过程、机制、图式、环境、效果等。知识心理学是将心理科学的理论和方法应用于知识研究领域的产物，侧重于探讨知识活动中的各种心理现象和心理过程。知识创造学、知识逻辑学是类属于思维科学的创造学、逻辑学向知识研究领域渗透而形成的分支学科，前者研究知识创造（生产）的过程、主体素养、方法、环境条件等，后者主要研究知识活动的思维过程、思维形式和各种逻辑（形式逻辑、数理逻辑、概率逻辑、模糊逻辑、辩证逻辑）理论在知识领域中的运用。

第三群组是在生成区位上最靠近数学、系统科学、自然科学的一组分支学科。这些学科可以看作是数学系统科学、自然科学的一些学科向知识研究领域渗透的产物。例如，知识计量学是运用数学方法对知识现象、知识活动进行定量研究的学科。知识运筹学的任务是运用运筹学理论和方法（规划论、对策论、排队论、存贮论、决策论等）研究知识发展、应用中的谋划决策问题，为人们各种涉及知识的行动提供优化方案。知识系统论、知识信息论、知识控制论是由于一般系统论、信息论、控制论向知识研究领域的渗透而形成的分支学科，分别运用一般系统论、信息论、控制论的原理和方法研究知识活动。知识技术学是研究知识活动中各种可操作技术因素的分支学科，既涉及知识领域的硬技术、硬工艺（如智能机器和新技术在知识生产、传播过程中的应用等），又涉及知识领域的软技术、软工艺（如知识生产、传播、应用过程的组织、计划、协调手段等）。

三、知识科学的发展方略

知识科学正面临着前所未有而又难能可贵的发展机遇。为了推进知识科学的有序发展，建议在今后一个时期内实施如下方略。

1. 关联式发展：扩充研究队伍

迄今为止，作为学科门类的知识科学尚未被列入国家标准《学科分类与代码》，也未被列入《普通高等学校本科专业目录》、《授予博士、硕士学位和培养研究生的学科、专业目录》。这就意味着，知识科学在中国暂时还没有取得应有的学科地位。科学发展史表明，一门学科在其初期发展阶段，必须依赖关联学科的帮扶和辅佐。目前，知识科学正处在这样的发展阶段上，其研究力量还极为单薄，亟待扩充队伍，壮大实力。而扩充研究队伍，恰恰需要关联学科伸出援助之手。知识科学的第一批研究者只能来自于关联学科，知识科学新生研究力量的培养仰仗于关联学科。

2. 集纳式发展：加强基础研究

普通知识学作为知识科学的核心基础学科，是有待加强的基础研究领域。普通知识学研究知识现象、知识活动的各种一般性、普遍性问题，提供各种元知识，即关于知识本身的知识。从这个意义上来说，普通知识学也可以称之为元知识学。知识科学的各门分支学科可以而且应当为架构普通知识学的理论体系提供丰富的材料，但普通知识学并不是知识科学各门分支学科的简单加和。依据目前的认识，普通知识学至少应当包含下述基本内容：知识概念论，知识特征论，知识体系论，知识演化论，知识创造论，知识传播论，知识接受论，知识学习论，知识转化论，知识管理论，知识应用论等。随着研究成果的不断积累，普通知识学在自体发育的同时，也有可能分化出若干门直系分支学科。

3. 扩张式发展：拓延研究领域

同其他学科、学科门类一样，知识科学永远是一个开放的知识体系。知识科学与其他学科、学科门类的边界是模糊的，也是动态变化的。知识科学研究者不能画地为牢，更不应作茧自缚。随着研究的逐步深入，知识科学的边界仍将不断扩张，在广延和纵深的各个方向上拓展、延伸。例如，将比较方法引入知识研究领域，通过探讨各种类型（说明性、过程性、控制性）知识、各个科学领域（哲学、数学、系统科学、自然科学、社会科学）知识的相异点和相同点，探讨各个国家发展知识的战略、政策的相异点和相似点等，可为建立比较知识学创造必要的条件。对于某些类型知识的专门研究，也极有可能发展出相应的分支学科。例如，专以一个社会组织所有成员的共有知识和共同认识——组织知识作为研究对象，则可能建立起组织知识学；专以具有不精确性或不确定性的知识——模糊知识作为研究对象，则可能建立起模糊知识学。

（原文约11000字，发表于《大连理工大学学报》社科版2001年第2期）

文摘编辑：何如

品德与德性：概念辨难

孙 英

[作者简介] 孙英，中央民族大学德育教研室副教授，主要从事伦理学、思想政治教育研究。

[内容提要] 本文认为，品德是人格的一种。品德、德性、道德品质、道德德性是同一概念，可分为善待自我和善待他人两大类型，前者是低级的、起码的品德，后者则是高级的、高尚的品德。

[关 键 词] 品德；德性；人格；道德德性；非道德德性。

一、品德界说：道德人格

一个人的品德与他的其他人格一样，不但表现于，而且形成于他的长期的行为。更确切地说，一个人的品德，乃是他先天的生理特征和后天的生活环境相结合的一种合金，是他在其先天的生理特征的基础上，以一定的行为来应答环境影响的结果。无论是先天的生理特征，还是后天环境的影响，都只是一个人的品德等人格形成的前提、基础、倾向、最终源泉，而并不能直接决定他的品德。直接决定一个人的品德的，乃是他的行为。一个人的品德，与他的其他任何人格一样，虽然最终源于他的先天生理特征和后天环境影响；直接说来，却完全取决于、形成于他的长期的行为。

品德与人格的区别则在于：人格可以形成于任何行为；品德——一种特殊的人格——则只能形成于一种特殊的行为。这种特殊的行为显然就是遵守或违背道德的行为，是受具有一定的道德价值、可以进行道德评价的意识支配的行为，也就是受利害人自己意识支配的行为，说到底，亦即所谓伦理行为或道德行为。一个人的品德，就是他这种遵守或违背道德的伦理行为积累到一定程度的结果。

可见，一个人的品德是他的行为长期遵守或违背道德所得到的结果。因此，我国古代注释家把“德”注释为“得”，认为德是按照道德规范去行事而心有所得：“德者，得也。行道而有得于心者也。”于是，说到底，品德也就是道德由社会外在规范向个人内在心理的转化，是转化为个人人格的道德（规范），是道德（规范）在个人伦理行为中的实现，说到底，也就是所谓的道德人格，就是已转化为人格的道德。只不过，优良品德、美德，如节制、谦虚、诚实、勇敢等等，乃是已转化为人格的应该如何的道德（规范）；而恶劣品德、恶德，如放纵、骄傲、欺骗、懦弱等等，则是已转化为人格的不应该如何的道德（规范）罢了。因此，任何规范或品德，如“节制”、“放纵”、“谦虚”、“骄傲”、“勇敢”、“懦弱”等等，究竟是“道德”还是“品德”，只能看它们存在于何处——如果存在于个体心中，已转化为个人的人格，它们就是“品德”；如果存在于个体心外，是外在于个人的社会规范，它们就是“道德”：品德与道德不过是存在于不同场合的同一东西罢了。

总之，品德与人格的联系和区别乃在于，人格是一个人的行为所表现和形成的思想自我，是一个人的长期行为所表现和形成的稳定的、恒久的、整体的心理状态；品德则是一个人的道德人格，是一个人长期的道德行为所形成和表现出来的稳定的心理状态，是一个人长期遵守或违背道德的行为所形成和表现出来的心理自我。于是，品德或德性便都必定关涉道德行为，便都必定是道德德性、道德品质、道德人格；那些只关涉行为而不关涉道德行为的心理自我，则只能是人格、品质，而决不可能是德性或品德：德性与道德德性是同一概念。

然而，从亚里士多德到今日西方美德伦理学家，却以为德性有道德德性与非道德德性之分：德性与道德德性并非同一概念。他们的根据究竟是什么？

二、品德类型：所谓道德德性与非道德德性

品德可以分为美德与恶德两大类型：美德是具有正道德价值的品德，是长期遵守道德所形成的品德，如“节制”、“公正”、“同情”、“勇敢”、“慷慨”等等；恶德则是具有负道德价值的品德，是长期违背道德所形成的品德，如“放纵”、“不公正”、“妒忌”、“懦弱”、“吝啬”等等。

然而，细究起来，不论美德还是恶德，又都可以进一步根据它所对待的对象而分为对待自我的品德和对待他人的品德。这一分类，原本由亚里士多德提出。他一再说：“德性分为两类：一类是理智的，一类是伦理的。”“智慧和谅解以及明智都是理智德性。而慷慨与谦恭则都是伦理德性。”不难看出，所谓理智德性，也就是如何善待自我的品德；而伦理德性，则是如何善待他人的品德。所以，主张回归亚里士多德美德理论的当代伦理学家迈克尔·斯洛特将德性分为“自我关注”和“关注他人”两大类型：“诸如仁慈等德性无疑属于关注他人类型；而刚

毅则属于自我关注类型。”

确实，品德可以分为善待自我和善待他人两大类型：善待自我的品德，如“智”或“智慧”或“明智”、“节制”或“自制”、“自尊”、“谨慎”、“贵生”、“幸福”、“机敏”、“乐观”、“豁达”、“俭朴”等等；而善待他人的品德，如“信”或“诚实”、“公正”、“平等”、“人道”、“慷慨”、“仁慈”、“谦虚”、“宽恕”、“同情”、“报恩”、“爱人”、“忠”、“孝”、“礼”、“义”等等。但是，这两大类型德性是否都是道德德性？亚里士多德的回答是否定的。在他看来，只有善待他人的德性才是道德德性；而善待自我的德性则是非道德德性。所以他称前者为伦理德性、后者为理智德性。斯洛特也认为关注、善待自我的德性不是道德德性，而是“可赞赏”的德性：“一种有用或有利行为者自己的行为，并不是道德上的善或具有道德价值。但是我们可以赞赏这种行为，称之为‘可赞赏的’，认为它是自我关注的德性的一个例证。”

既然关注、善待自我的德性不是道德上的德性，那么，“德性”概念也就是个超道德的、非道德的、无所谓道德不道德的中性概念。所以，斯洛特主张以中性的概念“可赞赏性”和“优良”来取代具有道德含义的“德性”、“品德”概念。斯洛特此见符合亚里士多德本意。因为亚氏确实把“德性”理解为“优良”、“可赞赏性”等中性的概念：“在谈到伦理德性时，我们不说一个人是智慧的或富于谅解精神，而说他温良、谦恭。一个有智慧的人，由于他的品质而被称赞。我们说被称赞的品质或可贵品质就是德性。”接着，亚氏又推广道：“一切德性，只要某物以它为德性，就不但要使这东西状况良好，并且要给予它优秀的功能。例如眼睛的德性，就不但使眼睛明亮，还要使它的功能良好。”

可见界定德性概念的关键，在于善待自我的德性是不是道德上的德性。如果善待自我的德性是道德德性，那么亚氏便是错误的，德性便是品德，亦即道德品质、即道德人格：德性与道德德性是同一概念。如果善待自我的德性不是道德德性，那么亚氏便是正确的，“德性”便是“优良”、“可赞赏性”等中性的概念。

细究起来，善待自我的德性是不是道德德性，完全取决于如何理解道德目的。因为道德目的乃是衡量一切行为是否道德的终极标准：所谓道德德性也就是有关（符合或违背）道德目的的德性；而非道德德性则是与道德目的无关的德性。那么，善待自我的德性是否与道德目的有关？

道德之真正目的、道德终极标准，如所周知，是“增加社会和每个人的利益总量”。准此观之，善待自我的德性与道德目的是有关的：利己的、善待自我的德性，如节制和自尊，与道德目的完全相符，因而是道德的德性；反之，害己的、恶待自我的德性，如放纵和自卑，则与道德目的完全相违，因而是不道德的德性。因为所谓社会和每个人的利益总量，也就是他人与自己的利益总量。利己、善待自己增进了自己的利益，也就增进了自己和他人的利益总量，因而符合道德之真正目的、道德终极标准；害己、恶待自己减少了自己的利益，也就减少了自己和他人利益总量，因而不符合道德之真正目的、道德终极标准。进言之，利己仅仅直接说来才是单纯的利己；而间接说来则同时也都是利他、都有利社会和他人。反之，害己仅仅直接说来才是单纯害己；而间接说来则同时也都是害他、都有害于社会和他人。试想，如果每个自我都是健康的，那么，社会岂不就是个健康的社会？反之，如果每个自我都是病夫，那么，社会岂不就是个病夫的社会？如果每个自我都获得自由从而充分发挥自己的个性和潜能、实现个人最高的需要和利益——自我实现，那么，社会岂不就是个最大限度繁荣富强的社会？反之，如果每个自我都最大限度地害己：自杀身亡，那么，还有什么社会的存在发展？

可见，利己的、善待自我的德性，如“智”或“智慧”或“明智”、“节制”或“自制”、“自尊”、“谨慎”、“贵生”、“幸福”、“机敏”、“乐观”、“豁达”、“俭朴”等等完全符合道德之真正目的、道德终极标准“增加全社会和每个人的利益总量”，因而都是道德德性。

然而，为什么亚里士多德以为善待自我的德性不是道德德性？这是因为，在他看来，道德的真正目的并不是增进每个人的利益；而是完善每个人的品德，实现人之所以异于禽兽、人之所以为人者：“德性的目的是高尚。”以此观之，无疑只有善待他人的德性因其是品德的高尚境界、符合使人的品德达于完善的道德之目的，从而才是道德的、善的；而善待自我的德性，则都因其不是品德的高尚境界，而与为了使人的品德达到完善的道德之目的无关，从而都不是道德德性。所以，以为善待自我的德性不是道德德性、而惟有善待他人的德性才是道德德性的观点，不过基于对道德之真正目的的误解而已。

虽然善待自我与善待他人都是道德德性，但它们的等级是不同的：后者是高尚的德性，是高级的德性，是大德；而前者则不是高尚的德性，而是低级的德性，是小德。

总而言之，我们可以得出结论说，品德是一个人长期遵守或违背道德的行为所形成和表现出来的心理自我，因而必定都是道德德性：品德、德性、道德品质、道德德性是同一概念；它分为善待自我和善待他人两大类型：后者是高级的高尚的品德，而前者则是低级的、起码的品德。

（原文约 11000 字，发表于《上海师范大学学报》2001 年第 2 期）

文摘编辑：何如

生态资源保护的制度创新

叶文辉

[作者简介] 叶文辉，云南财贸学院经济系副教授，四川大学经济学院博士研究生，研究方向为宏观经济分析。

[内容提要] 本文从生态资源的市场化、实施退耕还林（草）的博弈及自然生态资源保护与绿色扶贫诸方面对生态资源保护的制度创新做了探索。

[关 键 词] 生态资源产权；扶贫；退耕还林（草）；制度创新。

一、生态资源的市场化探索

对人们效用越来越高的自然生态资源可否有市场价格，或者说可否市场化？显然，自然生态资源应进入市场交易，或者至少准市场化，构建自然生态资源交易市场，使外部性内部化，减少“市场失灵”。城市氧吧的兴起，证明新鲜空气具有市场价值；高档别墅建在风景秀丽的地方，别墅价格也含有生态资源的市场价值。生态资源对人类的使用价值，如优美的景观、新鲜空气、水土保持等为人类生存发展所必需。价值是再生产使用价值的劳动耗费，那么再生产自然生态资源这种使用价值的费用可看作生态资源本身的价值，也可用自然生态资源遭到毁坏后的重置成本和修复成本来衡量其价值。我国大规模退耕还林（草）将耗费巨额财政资金，此举可看作中央政府付出巨额费用向生态保护区民众购买良好生态资源，再次证明自然生态资源具有可观的市场价值。

自然生态资源没有市场化，现有市场体系不能真实反映其具有的市场价值，由此造成的负面影响是相当严重的。长江上游地区贫困民众在得不到外来援助情况下，为生存、求温饱毁林开荒，获取只能果腹的土豆等杂粮，取得的农产品市场价值低廉，这种农业开发活动却导致大量水土流失，洪水泛滥，威胁长江中、下游富庶地区经济发展，洪灾造成巨大经济损失。黄河上游地区民众及工矿企业用水付出的费用，只是取水的成本，而水资源本身的价值或价格并无反映。上游地区因水价格低廉而大量兴办高耗水农业、工业。

自然生态资源的市场价值和巨大的生态价值已为世界上越来越多的国家和民众所认识，对生命之源的水尤为关注。有人说，19世纪人类为土地而战，20世纪为石油而战，21世纪人类将为水而战。

二、实施退耕还林（草）的博弈分析

我国长江、黄河上游的毁林开荒、陡坡种植，内蒙古草原的毁草开荒、超载放牧，这些开发活动已有较长的历史。既然上游（上风口）开发损害中、下游（下风口）民众福利，造成严重外部性，人们一般会将此问题视为前者（我们称作甲，下同）损害后者（我们称作乙，下同），因而认为所要决定的是如何制止甲对乙的损害，但这是错误的。因为此问题具有相互性。阻止甲对乙的损害，采取庇古在《福利经济学》中提出的观点即要求甲对乙的损害进行赔偿，或对甲征税，将会使甲遭受严重损害。今天严重生态破坏的形成有其历史原因，“大跃进”的砍树炼钢，各种国家基本建设对森林的采伐，以粮为纲、粮食地方自给政策等对生态资源的破坏都难辞其咎，把生态资源的破坏完全归咎于甲并要求甲负担治理费用是极不公平的。

值得注意的是，生态保护区与贫困地区、生态保护受益地区与发达地区高度重合，要改变自然生态资源的低效率配置局面，这就要求对生态资源保护进行制度创新，构建自然生态资源准市场。用契约关系构建稳定的生态保护机制，形成社会经济协调发展局面。明确甲民众对当地生态资源拥有一定程度的产权，并让甲与乙就这种权利进行交易，甲通过放弃对生态资源破坏的开发活动而获得乙的补偿、援助进而走上低破坏的开发道路，并承担生态资源保护义务，乙通过付出一定代价来换取生态资源保护的巨大福利改善，形成甲乙双赢局面。但由于这种产权交易因交易成本高昂会有“市场失灵”，这就要求建立制度或用中央政府权威降低交易成本，甚至中央政府在现有体制下要扮演乙的角色。

甲与乙就生态资源保护的谈判会因成本高而难以进行，而且生态资源保护对双方都有利益，甲、乙都寄希望于对方出钱治理而搭便车，这种博弈成为囚徒困境，使双万福利都得不到改善。

这种甲、乙双方的非合作博弈即囚徒困境问题的严重后果以1998年洪灾最为典型。据资料显示，1998年洪水水量并不很大，而水中泥沙含量极高，长江上游水土流失系洪灾的罪魁祸首。此严重后果促成中央政府大规模推行退耕还林（草）工程，并承担大部分经费，这一结果其实是中央政府与甲政府的博弈结果。

1999年，中央政府退耕还林（草）决心大，力度大，使这项工程能较好地开展起来。但应看到，这项工程不可能一蹴而就，是一项长期而艰苦的工程，长期稳定的经费支持是成功的重要因素，不然将半途而废。而且不少地方政府处于观望阶段，配套资金难以落实，这可看作中央政府、地方政府在相互猜疑中会出现新的博弈格局。

在缺少承诺保证，中央政府与地方政府缺乏互信机制情况下，资金不到位是中央政府占优策略，当然在中央政府资金不到位的情况下，地方政府理性选择为不执行退耕还林（草），均衡结果为（0，0），这里假设中央政府资金到位使推行退耕还林（草）的地方政府有利润。如果在中央政府承担资金有保证情况下，地方政府还要付出相当一部分配套资金，特别是部分基层政府，维持“吃饭财政”已相当困难，这就会导致执行退耕还林（草）利润为负的情况出现，不执行退耕将是地方政府占优策略，均衡结果同前。即使有上一级政府压力，也会采取“上有政策、下有对策”，回避真正的退耕还林（草）。如长江上游不少地区，执行退耕还林及天然林禁伐等生态资源保护工程影响了“木头财政”，上级政府如果没有对执行生态保护政策所带来利益损失进行补偿，将使拮据的“吃饭财政”雪上加霜。

同样，退耕还林（草）地区基层地方政府与退耕农户之间也存在相似的博弈。在退耕还林（草）工程实施早期，即使农民退耕有净收益，但担心政府官员挪用、截留专项基金，在基层政府与农户缺乏互信情况下，也会出现农民不愿退耕或退耕不彻底，进而导致地方政府不出钱这样纳什均衡。

而且即使资金有保证，但退耕将使农民净收益为负，没有激励相容机制，农民将抵制退耕，生态保护工程不会获得成功，即使一时有效，但长远来说又会重蹈覆辙。

从以上分析可看出，只有执行长期稳定的支持政策，把农户当作真正的经济主体，增加农民收入，让当地民众在生态保护工程中获取长期净收益，地方政府也有部分收益（至少状况不能变糟）。只有让生态保护的外部收益部分内部化成为当地民众的经济利益，当地民众在维持生存有余的情况下，并在外界援助、政策引导下才能走上自我积累、自我发展之路，参与对生态资源影响较弱的开发活动。

三、自然生态资源保护与绿色扶贫

长江洪灾、黄河断流、华北的沙尘暴与上游、上风口地区贫困民众理性而无奈的开发活动密切有关，对这弱势阶层过多指责有失公平。值得庆幸的是，上游、上风口的生态破坏较大程度损害中下游、下风口发达地区民众福利，现今粮价低迷，贫困农户所求利益补偿（机会成本）不高（只求温饱），与发达地区民众从良好生态资源中所获福利增进相比，或与因生态破坏导致福利经济损失相比，简直是小巫见大巫。由生态受益地区付款或通过中央政府购买上游、上风口生态资源开发权，让上游、上风口民众从生态保护中获取起码生存条件而脱贫，此举又可增进中下游地区、下风口地区富人福利，既保护生态又可扶贫。这种制度安排可视为“帕累托改进”，至少是“卡尔多改进”，但当今未能建立这种制度安排，根源在于生态资源产权安排。我们可借鉴巴西作法，在生态保护中尊重原住民对自然资源的产权，对这种权属商品允许交易。

在对上游地区、上风口地区的援助资金的筹集方式上应有多元安排，中央政府应安排大部分资金，并根据“谁受益，谁付费”原则，建立生态效益补偿机制，对生态保护受益地区征收生态资源税或补偿基金；也可通过制度创新，协调各方利益，建立相互合作机制，把退耕还林（草）与扶贫有机结合，让生态保护受益地区对生态保护区进行对口扶贫，让甲、乙成为利益共同体（如长江流域协作体，黄河流域协作体，内蒙古与华北地区协作体，珠江流域协作体）。生态受益地区通过资金、技术、信贷、教育扶贫等扶持西部生态保护区发展，为当地培养人才，提高人口素质，扶持当地民众走上不破坏自然资源的绿色脱贫的发展道路。

（原文约1万字，发表于《北京科技大学学报》2001年第4期）

文摘编辑：何如

信息技术的正义维度

李华荣

[作者简介] 李华荣，华北工学院分院讲师，哲学硕士，主要研究方向是技术哲学、价值论与认识论。

[内容提要] 本文从伦理和政治的角度提出了信息技术正义问题的理论前提，进而对信息技术的正义问题、正义原则做了探讨。

[关 键 词] 信息技术；正义；正义原则。

现代社会正在发生前所未有的变化，其标志之一就是信息技术取代传统理化技术成为技术体系的核心，并对人类生活产生了巨大影响，以至于有人创造了"数字化生存"这一新概念，用以指称现代社会中以信息技术为基础的新的人类生存状态。信息技术从表层看是数字化的技术形态，然而数字化所掩盖的恰恰是人与人的关系，因此，信息技术的发展有两个支撑或曰维度，其一是技术，其二是正义，即信息技术应用与发展的理想性预设和人性化准则。本文仅就正义维度做初浅探讨。

一、作为伦理与政治问题的信息技术

信息技术不只是一种达到目的的工具体系，它不是中性的，而是负载着价值。这是探讨信息技术正义问题的理论前提。任何一种技术都倾向于创造一种新的人类环境。传统的技术中立的观念已不适应现代社会，信息技术已成为一个伦理与政治问题。正如芬尼伯格所言，"技术不是一种命运而是一个斗争的舞台。它是一个社会的战场，……，在它上面人们讨论并进行着文明的选择"。

第一，信息技术的发展极大地改变了人类的生存状况，人类创造了信息技术，但同时信息技术也创造了人。如果考察一下现有的技术史，那么技术至少给我们提供了更高的生活标准；增加了个体的选择自由；通过生产率的提高为人类提供了更多的闲暇时间；扩大了人与人之间的交往与联系。然而，技术发展也使人付出了极大的代价。技术发展阻碍了人的全面发展。技术社会的目标是效率、秩序与理性，在技术社会这种科层制结构之中，人失去了自主性、个体性与自由。甚至人与人的关系也客观化、虚拟化与物化了。信息技术尤其如此。

第二，随着技术研究、开发与应用结合成一个整体，信息技术已作为第一生产力纳入到经济与政治系统之中。信息技术成为社会财富的重要源泉。因此，各国政府为了自己的工业发展，经济增长与综合国力的增强，竭力通过各种政策和措施来促进信息技术的发展。而企业界在发展同大学、研究机构的横向联系的同时，也开始设立自己的信息技术开发部门，推动自己的开发研究。总之，信息技术发展已越来越体制化，对信息技术活动的控制和导向已越来越成为各国政府的权责。

第三，信息技术执行着意识形态的功能。如批判理论指出的，在现代工业社会，技术与科学已经取代传统的神话和宗教而成为一种新的意识形态形式，一种一切社会活动赖以合法化的基础。技术通过生产效率增长与生活水平的提高，消除了以往人们在自由、平等的名义下所提出的不满和抗议的理由。它利用技术的进步而不是传统的强制手段征服了对立的、离心的社会力量。技术成了一种控制的新形式。技术进步成为现代社会一切合理活动的标准。现代政治集团为了掩盖其真实的政治目的，总是试图把政治问题转变为技术问题，"信息帝国主义"的出现就说明了这个问题。

第四，信息技术的发展造成了知识与生活世界的分裂。这表现在两个方面：首先，信息技术的发展必须以压抑人的某些生理机能为代价，使人的潜意识，本能与意志遭到了的破坏。其次，如胡塞尔在《欧洲科学的危机和超验现象学》中所指出的，随着技术与科学的发展，在人的直觉的生活世界与由技术所建构的世界观之间出现了二元分裂。这常常使人陷于迷茫。

二、信息技术的正义问题

所谓信息技术的正义问题就是对信息技术之于人类生存发展的一种价值追问。信息技术（包括内含于技术中的价值、理性准则及技术的应用规范、发展方向）成为认识对象。信息技术正义与否的判断者是人。

作为信息技术之维度的正义概念具有以下几方面的特征：

第一，正义既是指规范，又是指美德；既是内在于人的，又是外在于人的。我们对正义的理解绝不只是一种对外部客观规则或秩序的了解，更重要的是对其背后隐含的人之主体内在因素的理解。正义的秩序是由人来制定并由人去践行的，它只是人"借以预设宇宙秩序之本性的一种方式"。没有"我"和"人"的内在基础，也就是说，没有人的正义美德或没有具备正义美德的人，正义的秩序和规则就只能是一纸空文，一如仅有严格的交通规则并不能杜绝交通事故一样。

第二，正义既是关于个人的，又是关于社会的，是双向互动的哲学式把握。自古希腊亚里斯多德起，一段很长的历史时期内，人们几乎把正义视为个人伦理。当今西方，更多地是把正义用作评价社会制度的标准，即制度伦理。当把正义仅仅作为个人美德时，人们往往忽略了制度背景。其实它是在把背景制度看作正义的前提下来讲个人美德的。试想在信息化社会只要求个人对社会做出承诺，社会却不向个人做出承诺，会是什么情形。

第三，正义既是一个认识问题，又是一个实践问题，是认识与实践的统一，缺其一正义都将不复完整。逻辑地看，正义观与正义理论的根源在于实践的推动和发动，是基于实践的一种反思和预设，这种反思和预设的目的是为了在实践中现实地实现自身。历史地看这是一个循环往复的过程。离开实践，对正义的认识必将陷于虚妄和幻想；离开认识，对正义的实践亦将成为对功利的追逐或者多种伦理观念的冲突。

通过内涵的概括，我们可以对信息技术的正义本质作如下理解：它是信息技术存在与发展的理想性准则，是人对自身现实生存方式的理性反思。正义维度对于信息技术的实质是把人的价值、人的尊严、人的权利视为信息技术及其开发、应用过程中人的行为的根本。

三、信息技术的正义原则

信息技术的正义维度，落实到信息技术领域，主要体现为正义原则，特别是在当前信息立法滞后的情况下。有五条主要的原则：

第一，人性原则。信息技术从根本上讲是服务于人的，信息技术的开发、利用必须以人为本，应避免急功近利地开发和盲目地利用技术成果，保障所使用的技术不是去做“能够做的事”，而是去做“应该做的事”。因此，要建立信息技术选择的多标准权衡系统，在自然、社会和人的存在的各方面确立各种特征目标，并且不限于使用单一的货币标准来表示成本和效益。这些特征目标，在社会系统方面包括：维护生存条件和保障信息安全、增进人的身心健康、增加人的自由、促进平等的实现、有益于开发人的创造性潜能、有利于提高人的素质和道德完善、尊重他人的基本权利等。

第二，“慎独”的原则。在以信息技术为基础的现代社会中，由于以数字化的信息为中介，人与人之间的关系便凸显出间接的性质。这种情况下，直面的道德舆论抨击难以进行，个体的道德自律成了正常的人际关系得以维系的主要保障。特别是在互联网中，由于不少网络行为主体的匿名化、面具化，道德舆论的承受对象就变得极为模糊，对于道德自律的强调就显得更为重要。没有自律，再清晰的规范也难以实施。

第三，自主原则。康德强调，人之为人的要素之一是自决的能力，这是人的平等价值和普遍尊严的必然体现。一个人要想成为真正的人，就应该不受约束地决定他的最佳利益所在。自主是权力和义务的连接点。然而，当计算机技术被用来侵犯个人的隐私时，当我们不能控制由他人掌握的有关自己的信息时，自由就受到了限制，自主的原则就遭到破坏。

第四，无害原则。人们应尽可能地避免给他人造成直接或间接的伤害。“己所不欲，勿施于人。”倘若黑客或心怀不满的员工故意用病毒感染关键的应用程序，他们就酿成巨大的危害。

第五，知情同意原则。“同意”是指当事人对某事表示出一致的意见。“同意”的前提是“知情”，即他知道事件的准确信息并了解其后果。如果信息被故意阻止或不完整，那么同意便是在欺诈的情况下做出的，因而是无效的。

信息技术无疑正在改变着我们的环境，“然而，我们应当谨慎从事，使这个新的环境不至于成为个人权力或公平和正义的价值观的敌人。”

（原文约5000字，发表于《山西高等学校社会科学学报》2001年第5期）

文摘编辑：何如

试论钱学森的“大成智慧学”

钱学敏

[作者简介] 钱学敏，中国人民大学教授。

[内容提要] 本文对钱学森的“大成智慧学”做了论述，认为“大成智慧”的核心是科学技术与哲学的结合，并对“大成智慧学”的时代背景和社会条件、科学基础和知识源泉、理论基础和方法论做了分析，提出了“实行大成智慧教育，培养全面发展新人”这一教育工作的目标。

[关 键 词] 大成智慧；现代科学技术体系；开放的复杂巨系统；大成智慧工程；总体设计部；大成智慧教育。

“大成智慧学”是引导人们如何尽快获得聪明才智与创新能力的学问。它与以往关于智慧或思维学说之不同在于：“大成智慧学”是以马克思主义的辩证唯物论为指导，利用现代信息网络、人－机结合以人为主的方式，集古今中外有关经验、知识、智慧之大成。“大成智慧”的特点是沉浸在广阔的信息空间里所形成的网络智慧，是在知识爆炸、信息如潮的时代里，所需要的新型的思维方式和思维体系。“大成智慧”的核心是科学技术与哲学的结合。

一、“大成智慧学”提出的时代背景和社会条件

人类的历史从火与铁的发现与使用开始，已走过了以畜牧业、农业、手工业直至机器制造、电力应用等为主的第一、二、三、四次产业革命时期。现在，我们正面临的是第五次产业革命时期，即以相对论、量子力学等科学革命为先导，一大批高新技术为动力的微电子信息技术革命时期，它的浪潮正推动着经济发展全球化、世界发展多极化，逐渐形成一个互相联系、难以分割的大社会，钱老称之为“世界社会形态”。

在这“世界社会形态”形成的时期，各国之间既相互依存，又有矛盾和斗争，硝烟不断。目前这场以“和平、友好、互利”形式出现的经济实力的竞争和以经济实力为基础的各国综合国力的较量，归根到底是一场“科技战”、“智力战”、“人才战”。如果“科学技术在一个国家中不居领先位置，它的整个经济活动、国际地位就很难保住”。这就要有一大批高智慧的人才，尤其是帅才、将才。第五次产业革命“对人民提出这样高而广泛的智力和知识的要求，是人类历史上前所未有的，可以说是人类社会发展的一次重大变革”。这是新时代对“大成智慧”的呼唤。

二、大成智慧学构成的科学基础和知识源泉

“必集大成，才能得智慧!”而我们“集”的对象，主要就是现代科学技术体系中所包含的知识以及体系外围的经验、感受。因此，几千年来人类灿烂的文化艺术和日新月异的现代科学技术知识，是大成智慧学的科学基础和知识源泉。20世纪80年代初，钱老指出，“现代科学技术不单是研究一个个的事物、一个个现象，而是研究这些事物、现象发展变化的过程，研究这些事物相互之间的关系。今天，现代科学技术已经发展成为一个很严密的综合起来的体系，这是现代科学技术的一个重要的特点。”

这个体系包括所有通过人类实践认知的学问，依据人们研究问题的着眼点或看问题的角度之不同，从横向结构来看，目前暂分为11大部门：自然科学、社会科学、数学科学、系统科学、思维科学、人体科学、军事科学、行为科学、地理科学、建筑科学以及文艺理论等。“这是个活的体系，是在全人类不断认识并改造客观世界的活动中发展变化的体系。”这种科学分类法，填平了以往各门科学技术之间隔行如隔山的鸿沟，为广开知识之源，进行大跨度的思维，敞开了绿色通道。钱老说：“跨度越大，创新程度也越大。而这里的障碍是人们习惯中的部门分割、分隔、打不通。而大成智慧学却教我们总揽全局，洞察关系，所以促使我们突破障碍，从而做到大跨度的触类旁通，完成创新。”这是现代科学技术体系观，对集成智慧的重要启示之一。

在现代科学技术体系的纵向结构上，每一个科学技术部门都按照是直接改造客观世界，还是比较间接地联系改造客观世界的原则，区分为：基础科学、技术科学、工程技术三个层次（文艺理论的层次划分略有不同）。三个层次之间是相互关联的、双向的。钱老指出，人首先要认识客观世界，才能进而改造客观世界。从这一基本观点出发认识客观世界的学问就是科学，包括自然科学、社会科学等等。改造客观世界的学问是技术。

认清科学技术三个层次的区分与联系，使我们能自觉地从实际出发，理论联系实际，促进生产力发展；也便于我们迅速明确某个学问在整个现代科学技术体系中的地位和作用，易于找到薄弱层次、新的科技生长点；

在培养有高度智慧的人才时，更需要自觉地将科学技术三个层次的知识与经验紧密结合起来进行教育。这是现代科学技术体系观对集成智慧的重要启示之二。

在现代科学技术体系各科学技术部门三个层次之上是各学科的哲学概括，这是通向整个体系的最高概括—马克思主义哲学（辩证唯物主义）的桥梁（它们是：(1) 自然科学的自然辩证法；(2) 社会科学的历史唯物论；(3) 数学科学的数学哲学；(4) 系统科学的系统论；(5) 思维科学的认识论；(6) 人体科学的人天观；(7) 军事科学的军事哲学；(8) 行为科学的人学；(9) 地理科学的地理哲学；(10) 建筑科学的建筑哲学；(11) 文艺理论的美学。这 11 架桥梁共同构成马克思主义哲学的主要内容和科学基础。各门科学技术通过各自的桥梁，从哲学的层次上，也最易找到共同点，结合点，从而相互融通，相互促进。

钱老提出："马克思主义哲学，辩证唯物主义是人类一切知识的最高概括"，马克思主义哲学"也是人的一切实践的概括"。早在 1978 年钱老就强调："哲学作为科学技术的最高概括，它是扎根于科学技术中的，是以人的社会实践为基础的；哲学不能反对、也不能否定科学技术的发展，只能因科学技术的发展而发展。"而发展深化马克思主义哲学应先着眼于那 11 架桥梁，最后再考虑上升到马克思主义哲学本身。哲学要指导科学，哲学也来自科学技术的提炼，这是现代科学技术体系观对集成智慧的重要启示之三。

在这个现代科学技术体系的外围，还有大量一时还不能纳入体系中的古往今来人们对世界的探索、认知、初步的哲学思考以及点滴的实践经验，不成文的实际感受、灵感、潜意识等等，这些暂属于前科学的知识库。通过人们主动地在实践中反复比较、鉴别、分析、综合，逐渐将其中有价值的东西提升到理性认识，纳入到现代科学技术体系中，使之不断丰富与发展。这是人们认识与实践的历史长河，永不停息。努力利用现代科学技术体系特别是其外围的前科学知识库去综合集成，会通经验－科学－哲学，"大成智慧"才能不断集成出新，不致成为无源之水、涸辙之鲋。这是现代科学技术体系观对集成智慧最重要的启示。

三、大成智慧学的理论基础与方法论

自然、社会、人和各种事物往往是很复杂的，要想真正有效地获得解决复杂性难题的智慧并有所创新，还需要进一步掌握新的科学观与科学方法，尤其是开放的复杂巨系统的系统观，以及大成智慧工程、总体设计部等，这些是大成智慧学的理论基础与方法论。

20 世纪 80 年代末，钱老提出了开放的复杂巨系统的概念、理论及其方法论。开放的复杂巨系统就是系统本身与系统周围的环境有物质、能量、信息等的交换，是"开放的"。系统所包含的子系统很多，成千上万，甚至上亿万，所以是"巨系统"。巨系统内子系统的种类繁多，有几十、上百、甚至几千种，子系统既参与整个系统的行为活动，又受整个系统和环境的影响，形成复杂的相互作用，高度非线性。并且有许多层次结构，各层次结构之间的关系很复杂，以致有些层次及层次间的关系、结构都还不清楚。例如，人脑系统、人体系统、社会系统、地理系统（包括生态系统）、星系系统以及目前与互联网有关的种种复杂系统等，都是开放的复杂巨系统。

开放复杂巨系统的理论是系统科学理论的深化与升华，它对当今世界的实际情况作了深入的揭示和具体的展开。因而它作为一种新的科学观，不仅是对辩证唯物主义世界观的补充与发展，打开了一个新的天地、新的领域：也便于我们对于周围各种事物和人的复杂情况作更清楚、更准确的了解，自觉地从这种实际出发，方方面面周密调查与思考，进而在解决各种复杂性问题的实践过程中，能够准确把握事物的本质及其规律，迸发出聪明、才智。

开放的复杂巨系统的理论与研究方法，对于推动不同学科的理论发展是一种无形的动力，而且还为各学科的理论与方法，互相融通、互相促进，开辟了新的途径。现在，开放的复杂巨系统的理论与方法，虽然还需进一步丰富与完善，但已经可以使各门具体学科有一个共同的科学概念和切实可行的方法，这一事实，正在推动物理学、生物学、数学、经济学、建筑科学、工程技术、计算机信息技术等等各学科的沟通与融合，从复杂性的角度共享资源，集纳现代科学技术体系中广博的知识，涌现大成智慧。

复杂系统与简单系统的区分是相对的。从具体的认识过程与研究方法来看，对于各种开放的复杂巨系统，我们为了及时地认清问题和正确地解决问题，常常需要抽取开放的复杂巨系统中主要的、牵动着整体的、在一定范围和程度上对整体影响较大的一些系统，或与我们研究目的密切相关的某些部分、某些层次、某些侧面、某些因素等，将其暂时作为相对来说比较简单的系统去观察与处理。这样做是根据实际情况进行科学的抽象（思维的抽象）而得到的，是深稽博考复杂系统的实情，晓然于是非得失之宜，主次取舍之要以后的思考，这是科学研究的经验总结，是有效而明智的、非常现实的认识方法、研究方法和工作方法。钱老说："客观事物和人自己都是开放的复杂巨系统，只是人在认识它们时，常常可以作为简单系统来处理，暂时避开复杂的一面。科学都是如此的。所以，不要以为我们非用复杂性不可。"

也需看到，由于系统内部各子系统、各层次、各因素之间的相互联系、相互作用、相互激发是相当复杂的、非线性的，甚至还有一些偶然的、奇异的、模糊的因素影响，所以复杂系统的整体性质不等于各部分性质的简单加和，它往往会产生新的量与新的质。在根据客观事物和人自己的实际情况，运用科学的抽象（思维的抽象），把某种开放的复杂巨系统暂时避开其复杂的一面，当作简单系统来分析、研究、处理时，要注意超越还原论的局限性。不要追求把开放的复杂巨系统简化到极点(那也是不可能的)，不要完全孤立、静止地去分析、研究、处理，不要以简单系统的性质和运动规律去代替整个复杂系统的性质和运动规律。

坚持整体论。既要注意进行微观的考察，认真分析、研究相对简单系统的具体层次、结构、关系等的细节，使对整体的把握不致成为贫乏的抽象；又要有整体观，时刻不忘其与整个开放的复杂巨系统、与环境、与时间与其他系统和层次等的相互联系与影响，把它们有机地、全面地、如实地结合起来，从宏观上把握，进而找到整体的性质与规律。“要从整体上考虑并解决问题”，这个“整体”就是开放的复杂巨系统，就是一个整体的世界。

钱老从当今世界社会形态、科技发展的新趋势、“两弹一星”的工程实践和社会改革的经验教训中，还提炼出“从定性到定量综合集成法”即“大成智慧工程”，作为集成智慧去认识和处理各种开放的复杂巨系统的方法，并把运用这个方法的集体称为“总体设计部”。

“大成智慧工程”的特点是面对复杂的难题时，利用计算机、灵境技术、信息网络等现代信息技术和人工智能技术，组成人—机结合的智能系统，以人为主，将所需要的古今中外有关知识、信息、数据快速检索、激活、调集出来，启迪专家的心智，并通过民主讨论，让专家各抒己见，互相补充、互相激发，充分发挥人的主观能动性和现代科学技术体系及其外围的经验知识库的整体优势和综合优势，逐步将各方面有关专家的理论、知识、经验、判断、建议等综合集成起来，用类似“作战模拟”的方法，将解决方案模拟试行，反复修正，以便能对复杂性的事物（开放的复杂巨系统）发展变化的各子系统、各层次、各因素及其相互关系等，从定性到定量都能认识清楚，把宏观与微观结合起来，获得“大成智慧”。做到：“在定方针时居高远望，统揽全局，抓住关键；在制定行动计划时又注意到一切因素，重视细节”，并能有所创新。

运用从定性到定量综合集成法的集体——总体设计部，是当今国家、社会、进行长远规划、解决各种开放复杂巨系统问题的决策咨询和参谋机构。总体设计部应由德高望重、学识渊博、勇于开拓的总体设计师及各行各业具有团结、务实、创新精神的科技专家组成。总体设计部还要随着客观形势和人民需求的变化，不断根据新的反馈信息、新的复杂性问题的出现，对已订方针、政策或科研成果进行不断调整、修订、补充。事实证明，总体设计部可以使得各部门、各系统、各层次的领导集体，在管理国家、社会、大型工程、大型企业以及各行各业进行宏观调控时，更有效地发挥民主集中制的作用，决策更为科学化、民主化，有利于整个社会协调、有序、可持续地发展。

“复杂性”是开放的复杂巨系统的动力学，1990年钱老就指出：“复杂性的问题，现在要特别地重视。因为我们讲国家的建设，社会的建设，都是复杂的问题。再说人这个问题不搞清楚，医疗卫生怎么解决？所以我觉得，我们现在要重视复杂性问题。而且我们要看到解决这些问题，科学技术就将会有一个很大很大的发展。我们要跳出从几个世纪以前开始的一些科学研究方法的局限性。我们既反对唯心主义，也反对机械唯物论。我们是辩证唯物主义者。”

四、实行大成智慧教育　培养全面发展的新人

钱老认为，中国人很聪明、又勤奋、能吃苦，只要组织领导得好，具备一定条件，没有什么高科技难关攻不下来，“两弹一星”的成功，就是一例。教育工作要注意吸取旧中国一些成功的办学经验和国外值得借鉴的教学内容、教学方法：要向前看，尽快革新教育观念、更新教学方法、改革教育制度、增加教育经费。动员全社会有经验、有学识的人，都来当教师或兼职教师，并竭力创造宽松、民主而优越的环境，吸引外国的高科技人才和留学生，共同把最先进的科技成果、最新鲜的实践经验，不失时机地传授给我们的下一代。

1993年10月7日钱老在给笔者的信中说，中国21世纪的教育“是要人人大学毕业成硕士，18岁的硕士，但什么样的硕士？现在我想是大成智慧学的硕士。具体讲：(1) 熟悉科学技术的体系，熟悉马克思主义哲学；(2) 理、工、文、艺结合，有智慧；(3) 熟悉信息网络，善于用电子计算机处理知识。”“大致可以作为下面这几段教育：(1) 8年一贯制的初级教育，4岁到12岁，是打基础。(2) 接着的5年（高中加大学），12岁到17岁，是完成大成智慧的学习。(3) 后1年是‘实习’，学成一个行业的专家，写出毕业论文。这样的大成智慧硕士，可以进入任何一项工作，如不在行，弄一个星期就可以成为行家。以后如工作需要，改行也毫无困难。当然，他也可以再深造为博士，那主要是搞科学技术研究，开拓知识领域。”这样的人是全才，是全与专辩证统一的人才。

“大成智慧学”是钱老晚年又一重大科学贡献，他认为，“人类的劳动将重点从体力劳动转向脑力劳动。由于社会的发展、人民生活的改善，也能够提供这样的社会条件。由此可见，我们今天搞的这种大成智慧，不但是一门学问，而且是一场伟大的革命。”新千年的早春，年已九旬的钱老满怀豪情与期待地说：“我想我们人民中国就该创新大成智慧，为世界做好事！”

（原文约18000字，发表于《首都师范大学学报》社科版2001年第3期）

文摘编辑：何如

论经济哲学的学科性质和一般研究思路

余源培

[作者简介] 余源培，复旦大学哲学系教授，博士生导师，研究方向为马克思主义哲学史、经济哲学、邓小平理论等。

[内容提要] 本文论述了经济哲学的学科性质及研究对象，并提出了经济哲学研究的一般思路应为：坚持“以问题为中心”，多做有实际意义的工作，不宜“以学科为中心”，致力于建立某种理论体系。

[关 键 词] 经济哲学；重大问题；研究思路；经济学与哲学联盟。

经济哲学是一门交叉学科。其性质体现为：它是经济学与哲学跨学科的结合；是通过结合法产生的跨学科交叉学科；是一门具体科学（经济学）与哲学（关于世界观的学问）交叉产生的综合学科。但是，如果只是将经济哲学的研究对象，确定为哲学理论在经济学或经济现象中的应用，为经济学研究划界或确定前提，最大的弊端是可能导致“原则在先”。因为既然只是哲学原理的“应用”，势必意味着某种哲学理论是作为确定的前提已经存在，而变数只是经济现象或经济学中的基本概念。当然，如果只是将经济哲学研究的对象，确定为运用经济事实或经济学知识来检验、丰富、审视和改造哲学的基本原理或概念，也是不全面的。这种观点的前提是把经济事实或经济学中的概念视为确定的，而把哲学中的原理或概念当作变数对待。这样做的结果有可能忽视哲学的指导、批判和反思功能，忽视经济哲学对现实重大社会经济问题的研究，忽视经济哲学是经济学自身范式变革的需要。

经济哲学的研究对象是作为整体的社会经济运动。经济哲学既是哲学向经济学的学科渗透，也是经济学向哲学的学科渗透，是两门学科的思想对流、融合和升华。经济哲学中的哲学思想，不是既定原理的简单移植和推广，不是外在于经济学的先验原则，而是对经济学理论与社会经济实践重大问题的哲学思考；同样，经济哲学中的经济思想，也不是经济学中的实证知识，不是经济领域中的实例的总和，而是建立和不断完善、修正经济学形而上学前提的基础。经济哲学具有经济学的意义，但与经济学存在明显的区别，它是以现实生活世界、即人的完整世界中的经济问题为研究出发点。经济学把对经济现象的研究从这个现实、完整的世界中“拆零’出来，即抽取出来进行抽象的“纯”研究，其优点是分析，帮助人们深入具体地认识经济运动的各种环节；它的缺点是忽视了对这种经济运动的综合，导致把作为经济活动主体的人抽象地变成某种理想状态的“理性经济人”、某种“逻辑符号”。哲学作为一种反思性的理性，导向人类不断从现象趋向本质，从现存趋向应当，从显相趋向真相，从异化趋向合理。经济哲学与经济学的区别，最主要的就是必须契入这种哲学的整体批判功能。当然，哲学对完整现实生活世界的关怀和研究，也不能离开经济学。唯物史观认为“历史之谜”的谜底蕴藏在经济学的研究之中。哲学只有与经济学联盟，才能具有生命力，才能发挥“在现实中实现哲学”的作用。

开展我国经济哲学研究，眼下不宜走“以学科为中心”的路子，而应当坚持“以问题为中心”；不宜放在致力于建立某种理论体系上，最重要的是做些有实际意义的工作。

首先一项基本理论建设，就是从思想史角度梳理经济学与哲学的关系，从学科性质和发展趋势揭示哲学与经济学联盟的历史必然性，揭示经济哲学产生的学科渊源和背景。从思想史上看，每一个有影响的经济学派其经济理论都蕴含着一定的哲学前提，而每一个对社会作出贡献的哲学家也都必须十分关注经济问题。霍布斯、洛克和休谟为古典经济学奠定了哲学基础。凯恩斯主义与19世纪中叶以来实证主义不无关系。当代西方哲学发生的深刻范式变革，如对传统理性主义的批判、对人的更加重视、以及科学哲学所带来的方法论变革，对经济学范式变革都会产生重大的影响。

其次是研究当代理论经济学中重大的哲学问题。理论经济学是全部经济学的基础，它具有深厚的哲学形而上学性质。理论经济学的发展内涵着丰富的哲学问题，特别是现代理论经济学的创新和转型，更是提出了一系列的重大问题，需要从哲学上加以思考。这类问题主要有：（1）经济活动中的人的问题。马克思超越亚当·斯密的“经济人”与“道德人”的二分设定，提出了“自由人”的目标。英国著名经济学家马歇尔，针对西方经济学研究对人的普遍忽视现象，明确指出：“经济学是一门研究财富的学问，同时也是一门研究人的学问。”对当代社会“人”的关怀和研究，不是哲学或经济学某一门学科所能解决的，它需要经济学与哲学的联手。（2）经济活动中的理性与非理性问题。自亚当·斯密以来，“理性经济人”的设定在整个西方经济思想体系中起着逻辑支撑点和方法论原则的作用。当这种理性研究范式被西方经济学主流派加以无限泛化后，导致形式化的研究。在这种情况下，哲学家批判西方传统理性主义的同时，经济学家也开始清算经济学中的唯理性主义。对经济非理性研究开始成为西方经济学界的理论热点。(3) 经济学的价值评价问题。对于一些西方经济学家主张的“价值中立”，我们一方面应当切实尊重经济学研究的事实判断基础，重视经济学研究的真实性、客观性，以保证其科学性。但是，不能因此就否认经济学研究中的价值判断问题。原因就在于经济学是一门社会科学，它的研究对象是人、是人的经济活动。经济活动作为一种社会活动，总是有着一定的价值关系，渗透着和体现着人的目的和价值，并与一定的制度有着密切的联系。经济学研究直接关涉到人们的经济利益，为一定的社会目标服务，这就决定了经济学家不可能完全遵循“价值中立”的原则。

再次是研究当代全球性的涉及哲学与经济学的重大问题。问题之一是开展经济与文化关系问题研究。越来越多的学者把经济现象看成是具有文化意义的一种社会现象。文化是人的本质力量外化的一种表现。经济哲学对此可以从文化的价值功能、人的需要功能、认知功能等方面进行研究。问题之二是开展经济全球化研究。经济全球化是世界经济发展的客观趋势，谁也回避不了，问题的关键是如何自觉地融入这一历史潮流。不能简单地将经济全球化等同于世界资本主义化。它是一把“双刃剑”。经济哲学应当关注经济全球化，通过研究得出规律性的认识，提出趋利避害的理性思考和对策，为新时期我国实现社会主义现代化服务。问题之三是开展知识经济问题研究。知识经济是科学技术在经济发展中作用日趋加强的必然结果；是人类解决生存发展中资源短缺环境恶化、生态失衡，实现可持续发展战略的必然要求，同时也是人类社会的发展，特别是个性的进一步解放的结果。对于知识经济的到来，需要经济哲学对其进行多角度、全方位的思考，特别是注意揭示它的文化、人文底蕴。对上述重大全球问题的研究，应当将“世情”与“国情”相结合，带动对我国社会转型重大问题研究，推进改革开放和社会主义现代化建设。

开展经济哲学研究的基本途径是建立两个联盟：一是哲学家与经济学家的联盟；二是哲学和经济学工作者与企业家的联盟。这就要反对和防止两种不好的倾向：第一种倾向主要发生在哲学工作者身上，即以“形而上”自傲，并以“形而下”为由，轻视或贬低经济学。第二种倾向主要发生在经济学家身上，即强调经济学的实证性质、并以拒斥“形而上学”为理由，轻视甚至否认哲学的作用。经济哲学之研究，就是促成经济学家和哲学家两方面的自觉联盟，它的研究成果很大程度上将取决于如何正确处理“形而下”与“形而上”的关系。应当注意防止和克服两种主要弊端：第一种弊端是从某种先验的哲学原则出发，去构建所谓经济学的哲学体系。这只能引起经济学家的反感。第二种弊端是经济学越来越“技术理性化”，缺少人文精神。马克思当年就批评被经济学家作为出发点的“纯理性”，实质上是一种“无人身的理性”。

（原文约18000字，发表于《复旦学报》2001年第1期）

文摘编辑：何如

对非线性科学的几点思考

李宏伟　远德玉

[作者简介] 李宏伟，东北大学文法学院博士研究生，中央司法警官学院副教授，主要研究方向为科学哲学、技术哲学、技术社会学。

远德玉，东北大学文法学院教授，博士生导师，主要研究方向为技术哲学、技术创新、产业技术论。

[内容提要] 本文论述了非线性科学与线性科学的相互关系，并指出，非线性科学的进一步发展必将引发一系列思维方式的变革，尤其是人类“右脑革命”，影响人类文明进程。

[关 键 词] 非线性科学；第二种科学；右脑革命。

怎样正确认识非线性科学与线性科学的相互关系，它会不会引出另一种全新的科学——第二种科学，非线性科学的研究成果会引起哪些思维方式的变革，这些问题的研究不仅有益于非线性科学的正确发展，而且能够促进哲学的进步。

一、非线性科学与线性科学

“线性”与“非线性”是一对数学名词。“线性”是指两个变量具有正比例的关系，它在笛卡尔坐标平面上表示为一条直线。“非线性”是指两个变量之间没有像正比例那样的“直线”关系。经典科学并不是纯粹的线性科学，不含有非线性方程，其实牛顿的万有引力方程就是非线性的。但经典科学从其研究方法讲则是线性科学，这是因为经典科学面对着非线性现象，总是要设法略去非线性因素或者把非线性问题简化为线性问题来处理。线性化是经典科学广泛采用的研究方法，所以经典科学也被叫做线性科学。

不可否认，线性科学的线性化方法有其自身的局限。最近几十年兴起的非线性科学研究发现，非线性系统往往存在间断点、奇异点，在这些点附近的系统行为完全不允许做线性处理。“非线性因素是系统出现分叉、突变、自组织等非平庸行为的内在根据，用线性化处理所‘化’掉的恰好是这类奇异行为。”非线性现象的研究价值就在于保留非线性特性，揭示非线性规律。所以，在生命运动、生态演化、气象变化等复杂的非线性问题处理上，线性科学就显得无能为力，不能代替非线性科学而一统天下。

我们所面对的世界既有清晰事物、线性关系、周期运动、整形等简单现象，也有模糊事物、非线性关系、混沌、分形等复杂现象。简单现象适用于线性科学研究，复杂现象适用于非线性科学研究。线性科学在其适用范围内简便、有效，易于为人们所接受，已成为世界观、方法论而深入人心。而非线性科学则因其“复杂性”，在短期内还只能局限于专家、学者的小圈子里研究，很难为大众普遍理解、认同，成为全社会的普遍科学观念与文化意识。所以，非线性科学不可能取代线性科学而一枝独秀。

非线性科学认为，世界的本质是非线性的，而线性是非线性的特例。正像牛顿力学是爱因斯坦相对论在宏观低速运动情况下的特例一样，我们可以把线性科学看作是非线性科学向线性条件的逼近。也正如牛顿力学的这种近似处理方法足以适用于我们的日常生活而被保留，线性科学同样也不能简单地被否定。“整形几何与分形几何，精确性科学与模糊性科学，线性科学与非线性科学，简单性科学与复杂性科学，都是人类认识和改造世界的智力武器，既不能以前者否定后者，也不能以后者否定前者。”

二、线性科学与“第二种科学”

从20世纪70年代开始，一种新的科学方法论在不知不觉中萌生，这就是整体论或称机体论，或称“逾层凌域分析方法论”。刘华杰先生认为，“与新的科学方法论相对应的新科学，就是我们所说的‘第二种科学’”，“我们有理由期望几百年后，非线性科学的发展引起另一种科学，即第二种科学”。“第二种科学”按字面理解，无非是不同于“第一种科学”的科学。我们可以抽象地假定“第二种科学”的概念，但其具体内容却颇费思量。我们面对着同一世界，竟还能构想出两种不同的科学体系？若真有两种不同的科学体系，我们大概也只能择其一，因为我们需要一个统一、完整的世界知识。也就是说，我们只能认可一种科学体系，我们应该庆幸生活在一种科学图景里。

非线性科学是从线性科学中自然引申出来的，沿袭了线性科学的几乎所有规范，在这种意义上可以说新旧科学是“可通约的”、可还原的。刘华杰先生认为：“强调新旧科学之间的可通约性、连续性，并不等于否认科意味着第二种科学的成立。科学革命在科学史上并不鲜见，如哥白尼日心说对托勒密地心说的天文学革命，爱因斯坦相对论对牛顿力学的物理学革命，但历史上的科学革命从来没有引发第二种科学，这也是历史事实。我们也承认非线性科学的意义深远，可以与相对论、量子力学相媲美，但相对论与量子力学都没有引出第二种科学，若说非线性科学将引出第二种科学，则有过誉之嫌。即使是非线性科学对线性科学具有根本性的方法变革，但会不会引出第二种科学，仍难以断言。

刘华杰先生虽然使用“第二种科学”一词，但同时承认第二种科学与第一种科学在相当长时期内将并存，在并存阶段具有相似的科学规范，第二种科学照样大量使用还原论方法，只是不限于此。如此看来，“第二种科学”空有其名。我们不赞同“第二种科学”的概念，它有与第一种科学相区别乃至对立的暗示，也有否定经典科学之嫌。非线性科学就是它自身，无须第二种科学来扬名。

三、非线性科学与思维方式变革

1. 科学研究中的简单性研究方法并不是普遍有效的，把复杂性当作复杂性来处理，往往能够简化问题。现代科学发现了大量复杂现象，若我们仍抱着简单性研究方法不放，就会陷入形而上学思维，无益于问题的解决。“对于真正的复杂性，用简单性科学方法建立的模型往往显得繁难而无效，用复杂性科学方法建立的模型反而简单有效。”

2. 深刻理解事物的内在随机性，学会与偶然性相处。非线性系统的方程虽然是确定的，但由于其内在随机性，系统就成为不可预测的，表现为系统对初值的敏感性，即“差之毫厘，谬以千里”。正像美国科学家洛仑兹夸张地说，一只蝴蝶在巴西的热带雨林中煽动几下翅膀，几周后便会在美国的得克萨斯引起一场巨大的龙卷风。这说明某些复杂系统是不可预测的，拒绝分析，人们要想控制一切的愿望并不能成为最终的现实。

3. 对事物不单可以有因果解释，也可以有“目的”解释。我们所说的“目的”不同于亚里士多德的“目的因”，而是非线性科学中各式各样的“吸引子”。以洛仑兹动力学方程为例，不论系统的初值如何，吸引域中任一轨道总要缠绕在吸引子附近，表现出一定的目的性。对于非线性复杂事物，虽然我们不能给出细节的明确原因解释、确定的因果分析，但事物自身的目的性就可以作为它自身行为的解释。

4. 非线性相互作用才会造成混沌，才是创造的真正根源。逻辑思维囿于线性的推理规则，注重因果分析，它适用于科学常规时期的“解题”活动；而非逻辑思维则是信仰、审美、心理、文化、知识等各方面的非线性相互作用，它常常会引发想象、直觉、灵感，成为科学创造的前提。

5. 非线性科学的发展将推动人类“右脑革命”，影响人类文明进程。20世纪70年代美国著名生物学家罗杰·斯佩里教授揭开了人的左右脑功能之谜，指出人的左脑是处理言语、进行抽象、细节分析和逻辑思维活动的控制中枢，体现着连续性、有序性、分析性的特征；而人的右脑则是处理表象、进行非言语、形象和直觉思维的控制中枢，体现着不连续性、发散性、整体性的特征。伴随人类语言的产生，人类抽象的、概括的、逻辑的思维方式便日趋发达和完善，左脑功能得到了极大的开发，人类文明因而也呈现出“线性科学”的特征。但是，如果过分依赖左脑，线性的思维方式被推向极端，就会使人类思维走上歧路，造成人类文明危机。当我们面对着一盆色彩艳丽的鲜花，它在怎样的情形下更真实呢？是它在感性直观的意义上被知觉，还是在它被取作一定的频率和波长被认识的时候。我们只有放弃左脑思维的彻底统治，“不仅自然和世界得到了它们的自主和尊严，而且人也才得到他的人性”。当今非线性科学的发展为推动右脑革命提供了绝好的契机：非线性方法的日益普及、广泛使用，无疑会促进右脑功能的开发；右脑功能的开发反过来又会更进一步地促进非线性科学的进步。“挣脱‘逻辑’的枷锁，打破左脑思维的一统天下，彻底改变教育以及现代生活‘重左轻右’的状况，把右脑的创造性功能从被压抑的状态下解放出来”，确保人类文明走上可持续发展道路，这就是非线性科学对人类思维乃至人类文明的深层影响。

非线性科学极大地改变了我们的思维方式，因为非线性科学本身真正体现出了经典科学向现代科学转变所引发的思维方式变革，这就是：“从绝对走向相对；从单义性走向多义性；从精确走向模糊；从因果性走向偶然性；从确定走向不确定；从可逆性走向不可逆性；从分析方法走向系统方法；从定域论走向场论；从时空分离走向时空统一。”

（原文约5000字，发表于《东北大学学报》社科版2001年第3期）

文摘编辑：何如

社会生态学的基本概念和基本范畴

叶峻

[作者简介] 叶峻，烟台大学教授，从事社会生态学及人天观研究。

[内容提要] 本文对社会生态学这一新兴学科的基本概念和基本范畴做了较为系统的论述。

[关键词] 社会生态学；概念；范畴；系统。

一、社会生态学的基本概念

1. 生态系人

"生态系人"即与生态系统和谐共存的人，是具有生态文化素质的当代人类。他们具备了突出的生态意识、生态伦理和生态责任。而与"生态系人"相对立的则是"生态主人"，即任意奴役和主宰生态系统的人，是只有传统文化素质的前代人类。他们具有"人类中心主义"或"人类沙文主义"的观念，他们不断蹂躏与征战大自然，他们具有以损毁自然环境为乐的怪癖和邪念。

2. 生态意识

生态意识亦即环境意识，通常又合称为生态环境意识。它是反映人与自然和谐发展的一种新的价值观念或人类的"先进观念"，包括生态系统意识，生态价值意识，生态资源意识、人天和谐发展意识等。生态意识的主体是人类及其社会，其客体是人与自然的关系。人类要实现与自然的和谐发展，就必须由"生态主人"转变为"生态系人"，增强生态环境意识，从而自觉肩负起保护与发展地球家园的生态责任。

与传统意识相比，生态意识具有以下的鲜明特点：a，全球性；b，和谐性；c，整体性；d，限制性或调节性；e，深层性。

3. 生态文化

生态文化即促成人天和谐并维持社会生态平衡的文化，是人类文化发展的崭新阶段和存在形式。也是一种面向未来、尊重自然和保护环境的新文化。它由三个层次的内容组成：A，自然层次。生态文化摈弃掠夺与破坏自然的生产方式和生活方式，创造洁净的生产工艺和消费模式；B，社会层次。生态文化坚持变革传统社会不保护反而破坏生态环境的旧制度和旧机制，主张建立人类与生物和自然界平等共处的伙伴共同体；C，精神层次。生态文化坚持与传统文化彻底决裂，确立人类和自然平等公正与相得益彰的价值观。传统文化把人征服并统治自然作为指导思想和终极目标，以人类中心主义为价值取向。所以，传统文化实质上是一种"反自然"的旧文化。

4. 社会生态

社会生态即人类社会的生态，系由人类与其环境所组成的生态关系或生态系统，它是集自然、社会和经济三重属性为一体的客观现实存在。正是因为社会生态无论是区域生态（城市、乡村、城乡复合体等）还是全球生态（生物圈或生态圈），都有其自然性、经济性和社会性，所以马世骏教授将区域生态和全球生态，通称为"社会—经济—自然复合生态系统"，或称为"社会—经济—自然复合生态系统问题"。

5. 社会生态系统

社会生态系统即人类社会子系统及其环境子系统有机结合。它的结构成分包括社会和环境两大基本的结构要素：社会要素即人类社会，分为社会生产群体、社会管理群体和社会败坏群体三个部分；而环境要素即生存环境，则分为无机环境、有机环境和社会环境三个部分。社会生态系统的结构类别，计有实业生态系统、载人生态系统、文化生态系统、民民生态系统、军兵生态系统、管控生态系统等几种基本类型。

社会生态系统的功能作用，包括四大基本的系统功能，如社会生产（植物性即初级生产、动物性即次级生产、人体性即高级生产、人脑性即精神生产等）功能，能量流动（太阳能流、矿物能流、电力能流和智力能流等）功能，物质循环（营养元素的大、中、小循环和生产原材料循环等）功能，信息传递（自然、语言、文字和电磁信息传递等）功能。

6. 社会生态工程

社会生态工程即设计实施与建设改造社会生态系统的工程技术。它是应用社会生态学的分支学科之一，也是社会生态学学科体系的工程技术层次。美国生态学家奥杜姆（H.T.Odum，1962）最先使用"生态工程"一词。他将设计与实施经济与自然的工程技术，称之为生态工程。70年代末，马世骏提出了"生态系统工程"概念，强调生态学原理在资源管理、环境保护和工农业生产中的实际应用，以便充分发挥生态系统所具有的"整体、协调、再生、循环"等系统功能。

从其应用的对象范围来划分，社会生态工程计有环境保护生态工程、资源开发生态工程、工程建设生态工程、农业生态工程、工矿生态工程、区域生态工程、村落生态工程、城市生态工程等工程类型。从其历时性动态过程来考察，社会生态工程系由研究分析、规划设计、专家论证、模拟实验、工程实施、反馈调控、复核审查、改进优化等程序步骤所组成。

7. 社会生态论

社会生态论即关于人类社会生态问题的各种理论。它是理论社会生态学的重要内容之一，也是社会生态学学科的技术科学层次，所以能够为社会生态工程提供理论指导。

有关社会生态的理论与学说，目前比较系统可考的计有以下几种理论形态：A，社会生态三重属性论；B，社会生态复合系统论；C，社会生态结构功能论；D，城市生态理论；E，几种有现实意义的社会生态学说，如差异生态学，生存生态学，节约生态学，行为生态学，人口生态学，灾害生态学等。

8. 社会生态学

社会生态学即人类社会的生态科学。它是研究人类社会及其环境（包括自然环境和社会环境）相互关系与作用规律的科学，是关于社会生态研究的基础理论，也是社会生态学学科体系的基础科学层次，所以能够为社会生态论和社会生态工程提供理论指导。社会生态学的学科体系，由社会生态工程、社会生态论、社会生态学、社会生态哲学四个结构层次所组成。社会生态学和（自然）生态学一起，同为现代生态科学的两大组成部分。

9. 社会生态哲学

社会生态哲学即社会生态学的哲学理论或观点，如社会生态学的系统观、社会生态学的方法论、社会生态学与人天观、社会生态学与认识论、社会生态学与辩证法等等。社会生态学是理论社会生态学的重要内容之一，也是社会生态学学科体系的哲学理论层次，所以它能够为社会生态学提供理论指导。

二、社会生态学的基本范畴

1. 社会生态平衡与非平衡

社会生态系统也具有生态平衡的状态特征和动态规律：在一定时期，一个社会生态系统的物质、能量和信息的输入与输出大体保持均衡状态，由此而维持该系统结构与功能的相对稳定和动态平衡，这个社会生态系统也就达到了生态平衡的状态亦即社会生态平衡。当社会生态系统进入投资过旺状态或者投资不足状态时，便会出现社会生态系统非平衡的两种基本状态。社会生态平衡与非平衡的状态特征和动态规律，不仅存在于社会经济领域，而且也同样存在于人类社会的政治、军事、科学、教育、文化、意识形态等各个领域之中。然而，凭借社会生态系统负反馈控制机制和系统自调节功能的共同作用，能够不断校正与维持该社会生态系统在其生态阕限范围内的平衡状态，或者经过较长时期的调控之后进入到一种新的系统平衡状态。

2. 社会生态优化与非优化

社会生态优化即社会生态系统目的或目标的最优实现或最佳体现。一个最优化的社会生态系统，必然是投入最小、消耗最低、产出最高、系统状态最佳的良性循环社会生态系统。相反，一个非优化的社会生态系统，必然是投入大、消耗高、产出低、系统状态不佳的非良性循环社会生态系统。所以，只有保持社会生态系统各要素之间、社会生态局部（子系统）与整体（系统）之间的协同发展，才能实现社会生态系统目的的最优化即社会生态优化。社会生态系统的最优化，完全遵从整体最优、多级优化、兼顾各方等系统优化的原则。

3. 社会生态循环与非循环

社会生态循环即社会生态系统中的物质（营养元素、生产原材料等）沿着环境→社会→环境这一特定途径的循环往复，它与能量流动和信息传递一起，维持与推动着社会生态系统的动态平衡和持续演化。社会生态系统具有四种物质循环功能：A，营养元素小循环；B，营养元素中循环；C，营养元素大循环；D，生产原材料循环。

社会生态系统这一良性循环与自动转化的动态机制，导致整个系统中所有的营养元素、生命物质和环境资源得以持续地转化、再生与循环使用，从而实现了“资源化”和“无废化”，所以社会生产才能成为无废料生产的生态工艺过程。有人将这种作用和能力，称之为社会生态系统的“生存智慧”。然而，人类迄今尚未完全掌握这种“生存智慧”，往往将过多的废弃物排入环境，致使社会生态系统的物质循环受阻，由此而出现了无循环和不完全循环的非良性循环过程，亦即社会生态的非循环。

4. 社会生态竞争与垄断

人类社会的生态竞争即社会生态竞争，既包括争夺人类生存所必需的自然生态位的竞争，也包括争夺社会发展所必需的社会生态位的竞争。社会生态竞争主要表现在四个方面：

一是人类与自然的生态竞争，其中包括：A，人类与生物争夺有限空间生态位的竞争；B，人类与恶劣自然环境的斗争；C，人类与自然灾害的斗争；D，人类与有害病菌的斗争。

二是国际社会的生态竞争，其中包括：A，国家之间为争夺有限资源生态位的竞争；B，各国争夺国际地位和国际市场生态位的竞争。

三是社会群体的生态竞争，其中包括：A，企业之间争夺资源和市场有限生态位的竞争；B，学校之间争夺生源和师资有限生态位的竞争；C，被剥削阶级与剥削阶级、被压迫阶级与压迫阶级、被侵略者与侵略者之间争夺有限生存生态位的斗争。

四是社会成员的生态竞争，这是社会成员（个人）之间为争夺社会中有限的优化生态位的竞争。社会生态竞争有利于人类自身的进化和整个社会的可持续发展。然而，若将有限的社会生态位独霸垄断起来，便破坏了社会生态竞争，并有碍人类社会的进化发展。社会生态垄断，有生产垄断和市场垄断，有寡头政治和独裁统治，有强权政治和霸权外交，等等。

5. 社会生态安定与动荡

社会生态安定就是社会生态系统处于稳定平衡的状态之中，亦即该系统功能的正常状态中。社会生态安定（正常）功能状态简称社会安定（正常）功能态或社会安定态，它由日作功能态、夜休功能态和节假日功能态三个方面的系统状态所组成。社会安定是整个社会持续发展的基础和前提，也是人心所向，众望所归。

社会生态动荡就是社会生态系统处于不稳定不平衡的状态之中，亦即该系统功能的非正常状态中，简称社会动荡（非正常）功能态或社会动荡态，它由破坏（反常）功能态和灾害（异常）功能态两个方面的系统状态所组成：前者又分为动乱功能态，战备功能态，战争功能态等；后者又分为地震、海啸、水灾、旱灾、火灾、沙尘暴、泥石流、火山喷发、生态危机，环境破坏等天灾人祸。社会动荡使整个社会停滞与倒退，也使人心涣散，众叛亲离。

当前，我们应当正确认识与处理好社会安定、改革开放和持续发展这三者的辩证关系：社会安定是基础，改革开放是动力，持续发展既是目的，也是长治久安的保障。

6. 社会生态发展与停滞

社会生态系统的发展，是社会子系统、生态子系统、经济子系统协调（协作）同步地向前发展，或即自组织地协同发展。社会生态的自组织发展，具有自适应、自调节、自繁殖的系统功能，也具有系统协同、空间协同、时间协同的系统结构。由此可见，社会生态发展既是维持社会生态平衡功能态的持续演进，也是形成开放系统耗散结构的新的飞跃。

社会生态停滞是其发展的中断或倒退，就是说它丧失了连续性和前进性，也无空间与时间、量变与质变、继承与扬弃的辩证统一。社会生态停滞表明，社会子系统、生态子系统、经济子系统不再是协调同步发展了。

7. 社会生态繁荣与衰败

社会生态繁荣是指社会生态系统中的各个子系统运作良好，全都处于最佳功能状态：社会经济持续高涨，产销两旺，城乡居民丰衣足食；生态环境优美舒适，资源充足，确系经济社会发展的基础；社会进步，欣欣向荣，各项事业蒸蒸日上，国泰民安。这样繁荣昌盛的社会生态系统，也就是人民大众一心向往的世界不同。那么，社会生态繁荣应当具备哪些条件呢？或者说，应当如何科学地表征呢？一是社会生态优化，即该社会生态系统结构优化、功能优化、效益优化；二是社会生态良性循环，即该社会生态系统具有“无废化”和“资源化”的“生存智慧”，从而确保该系统成为良性循环系统；三是社会生态平稳发展，即该社会生态系统始终在保持社会生态平衡的基础上平稳地向前发展；四是社会物质文明丰盈，即社会物质文明建设的成就丰富盈余；五是社会精神文明丰盈，即社会精神文明建设的成就也同样丰富盈余；六是社会兼爱人天和谐，即该社会生态系统不仅人人相亲相爱，而且人与自然（天）也是和谐相依的。

而社会生态衰败的条件则是：其一，社会生态非优化；其二，社会生态非良性循环；其三，社会生态非平稳发展；其四，社会物质文明匮乏；其五，社会精神文明凋零；其六，社会争战天怒人怨。

（原文约15000字，发表于《烟台大学学报》哲社版2001年第3期）

文摘编辑：何如

对北京学基本理论的初探

王 兵

[作者简介] 王兵，北京联合大学旅游学院副教授，从事区域旅游开发的理论与实践研究。

[内容提要] 伴随经济全球化而出现的环境恶化和世界文化一体化这两种趋势日益明显，使得“可持续发展”问题提上日程。为求得世界各民族文化的独立发展，地方学应运而生。北京学则是其中一个分支。本文从时代背景，理论基础，基本框架等方面做了论述。

[关 键 词] 地方学；北京学；都市综合体；边缘科学；结构；天人合一。

一、北京学的研究概况

1. 北京学产生的时代背景

在过去的20年中，世界经济迅猛发展并逐渐趋于一体化。伴随着世界经济的发展，两种极为危险的潜在趋势日益明朗化。其一是环境恶化的趋势，大面积生态环境的退化和日益严重的环境污染，使人类面临的各种灾害在内容构成、发生频率和破坏强度上不断增长。这种趋势在人口密集地区尤为突出。其二是伴随世界经济一体化的发展而出现的世界文化一体化的趋势，这种趋势在城市来得更凶猛。地球对人类的报复和人类文化多样性的削弱，使“可持续发展”成为全世界最为关注的热点问题。如何求得世界各民族文化的独立发展？这激励了一门新学科的产生，它就是地方学。作为地方学的一个分支—— 北京学正是在这种背景下诞生的。

2. 国内外学者对地方学研究的现状

目前，国内外学者对地方学学科性质的认识基本一致，认为地方学是一门综合性学科。研究的切入点也大体相同，在尚未理清综合内容的构成、彼此间的内在联系性之前，大多是从单项因素的历史发展过程、现状特征分析和对未来的预示等方面进行研究。研究成果相对独立。对地方学的基本理论研究，目前处于研究对象、研究内容的宏观描述状态，尚未给出确切的科学概念。

二、北京学研究的理论基础

任何一门科学理论体系建立的关键是研究对象把握的准确性。要探索北京学的基本理论，首先要确立其上级学科——地方学的研究对象与学科性质。对于地球表面上的一切自然现象和人文现象的空间分布规律，及其内在联系性的探索，没有哪一个学科能比地理学科的理论基础更适合。传统地理学在研究地表自然环境时，总是站在其外来研究，在研究人文环境时，也只是把自然环境作为背景。地方学与之不同的是，把某一地域上的一切自然与人文现象作为一个整体来研究。

地方学是以地球表面某一区域及该区域上的人类聚落所构成的地方综合体为研究对象，研究其生成基础以及发展演化规律的科学。地方学是多学科交叉的、综合性极强的一门边缘科学。

三、北京学的基本理论框架

1. 北京学的学科体系位置

北京学作为地方学的分支应是第三级分支学科，即地方学下面的都市学的分支学科。地表人类聚落根据其规模、主要功能分为四种基本类型，即大都市、中型城市、小城镇和农村。建立在不同类型人类聚落基础上的地方综合体，其内部的结构以及引起结构变化的因素、机制都不尽相同。而各类地方综合体内部存在着更强的相对一致性。因此，上述四类地方综合体应是地方学体系中的二级学科，北京学是都市学中的分支学科。

2. 北京学的科学概念

北京学是研究发育在东方文化基础上的北方都城的生成基础及发展演化规律的科学，它是地方学中都市学的一个分支学科。这一概念的确定是以北京市特定的地理区位与三千多年的历史文化和八百多年的都市文化为依据的。建立在任何一个主体民族基础上的国家，其政治权利的集中地——首都，在选址、城市格局、城市功能、产业结构以及各类产业的组合内容等方面都是有着严格的条件和明确的指导思想的。这些条件和指导思想在人类文明发展的不同阶段有着不同的内容。而一切物质形态的创造和意识形态的形成，都不可避免地要受到所在地的自然地理环境的影响与制约；反过来，人类在利用自然创造物质财富和精神财富的过程中，势必要改造自然。在漫长的历史过程中，北京市这个人类聚落已经和它所依托的自然环境浑然成一个完整的综合体。北京市所在地区的自然条件与文化基础是指导我们科学地说明它的过去、分析它的现实、预测它的未来的两个基本出发点。

3. 北京学的研究对象及研究范围

北京学的研究对象是北京这个特定都城综合体的结构。这一结构是北京所在地的自然环境与都市聚落相互联系、相互制约并通过历史过程而形成的；它包含着有联系的两个方面，即综合体结构组合上的整体性和结构内容与特征上的时空差异性。

北京学的研究任务首先是阐明北京都城综合体在不同历史阶段，特别是八百多年的都城历史阶段的结构内容与结构特征，及其形成原因；其次是揭示北京都城综合体的结构在空间和时间上的动态演化规律；第三是根据其动态演化规律推演、预测北京都城综合体未来的结构模式。

北京学的研究范围从都城综合体结构组成的整体性来说，包括都城的生态环境结构、城市的功能结构、城区的建筑格局、都城的文化结构、都城的经济结构、都城的社会结构等方面，我们尚且称之为都城综合体的构成要素。上述诸要素综合地构成了北京都城综合体的整体性特征，引起诸要素结构在空间上或时间上发生动态变化的内在联系性便是其演化的规律。然而，上述任何一个要素的结构又都具有各自的相对独立性。从各要素的结构内容、特征以及引起变化的机制来说，又分别有各自的研究范围。北京学的研究范围是其整体性与各要素独特性研究范围的总合。

4. 北京学的基本研究方法

北京学是建立在自然科学、社会科学和环境科学基础上的边缘科学，应以辩证唯物主义和历史唯物主义作为研究的指导思想。这里不应忽视的是中国传统的“天人合一”的哲学思想对北京学的形成和发展所起的重要作用。所谓“天人合一”是人类的行为与自然规律的和谐统一，这是人类社会得以持续发展的根本。随着人类历史的发展，地方综合体始终是在永无休止的对立统一中发展演化的。在构成地方综合体发展动力的诸多矛盾中，人与自然的矛盾是最主要的矛盾。其中，生产力的发展水平是基础，人改造自然的意志是主导。在北京市的城市演化过程中，这对主要矛盾是如何推动其向前发展的，人类顺应“天人合一”的哲学规律建城的成功经验，以及违背这一规律建城的失败教训，应该是北京学研究的核心问题。

根据北京学的学科性质及其研究范围，北京学的主要研究方法有如下几种：

其一，综合分析归纳法。

在辩证唯物主义和历史唯物主义观点指导下研究北京都城的结构及其演化规律，要善于整理、运用各相关学科提供的大量资料，进行历史的、客观的、科学的分析、综合和归纳，概括出不同历史时期北京市的结构特征，及其发展演化的规律。

其二，类比研究法。

根据都城综合体的组成要素特征，可进行三个方面的类比，即区域类比、文化类比和时间类比。

区域类比是发育在同一文化基础上的，不同空间中的都城综合体之间的比较研究，这是其自身区域特征决定的研究方法。都城综合体存在着四种区位关系，即自然地理区位、政治区位、军事区位和经济区位。这四种区位关系直接影响着都城综合体的结构。区域类比是把北京与我国目前古都特征比较明显的另外五个都城综合体进行比较研究，以揭示北京所在的特定区位对其结构特征形成的影响。

文化类比是发育在不同文化基础上的都城综合体之间的比较研究，即东西方都城之间的比较，通过比较差异揭示文化要素对综合体结构特征以及发展演化规律的影响。同时评价北京市在城市建设中引入西方文化的成功点与失败点。

时间类比是以历史为主线，比较分析北京在不同历史时期的结构特征。以揭示科技文化的发展、生产力的提高对北京结构内容、结构特征的形成及发展的影响。为建立高科技下的北京市的未来发展模式奠定基础。

其三，系统分析。

系统分析是建立在系统理论基础上的现代化研究方法，是描述性的定性研究向模式化的定量研究的转化。在地方综合体的构成要素中，地理、生态和经济等要素的单项研究都已进入系统研究阶段。由于系统分析首先需要将分析对象量化，这成为社会科学中许多学科难以逾越的障碍。在北京学的研究中，系统分析的方法应先用于部分要素结构特征与发展规律的研究，对于综合体整体结构特征及其发展演化规律的系统分析目前只能是探索性的。

其四，现代高科技手段的应用。

现代高科技手段的应用主要体现在两个方面：其一是遥感技术的应用。在改变了我们的观察视角基础上，使我们清晰、准确和全方位地观察、了解北京市环境结构的特征与现状；同时遥感技术对地面信息持续的、周期性的提供，使我们的研究基础由静态资料转化为动态资料，这有助于我们通过表象的动态变化去研究它的内在联系。其二是计算机的应用。

北京学的研究是为了给北京市的可持续发展提供科学的理论指导，因此对北京学的研究具有重要的现实意义。北京作为中国的首都，它的存在与发展是和全国乃至全世界密不可分的，因此在北京学的研究过程中，要注意吸收和借鉴我国和世界各国地方学研究的成果。同时，我们相信，北京学的研究也会对我国和世界各国地方学的研究产生积极的影响。

（原文约 6000 字，发表于《北京联合大学学报》2001 年第 1 期）

文摘编辑：何如

“三峡学”的特征与定位：空间、生态、文化转型

邹登顺

[作者简介] 邹登顺，重庆师范学院历史系讲师。

[内容提要] 本文从多方面对“三峡学”的学科属性、特色及定位问题做了论述。

[关 键 词] 三峡学；特征；定位；空间；生态；文化转型。

一、“三峡学”的学科属性及特色

三峡学应该是如敦煌学、藏学、徽学之类以历史学、考古学、民族学为主，涉及到多个学科参与的地方学研究领域。大三峡区域文化根植于独特的空间、生态环境，有其独特的民族、移民、三峡工程及其问题等人文环境、文化底蕴，因而地域文化特色浓郁，具有个性，又具有典型意义，有充足的理由成为继敦煌学、徽学、藏学之后的又一地方文化研究之“学”。施坚雅在其《中华帝国的晚期城市》中对中国社会空间的形成过程，提出地方体系的功能解释。在他看来，中国并非一个大一统的实体而是诸多宏观区域的集合体，它源自各种地方级序的一体化。这就是说，在中国的社会空间形成过程中，地方（place、区位、区域）具有根本性的意义，“地方”对于中国人的社会存在方式来说是根本性的。由此可知，某些地方（区位、区域）在中国文化发展中扮演了重要的角色，在某时空或某方面具有典型性代表意义。那么三峡区位在什么方面体现了中华文化、民族发展的重要性，具有学术价值和现实意义的特色呢？大致说来，主要有：（1）三峡地理环境的特殊性，造就独特的地缘文化特征、文化类型、文化特质。从地理环境角度通观其对中华各种文化类型、性格、风貌的影响，观察中国历史、民族文化的发展，如果说“注意北方边地草原人群的地缘关系，那里藏着中国历史命运（中原文明的历史命运）的重要秘密”，中原文化与游牧文化的冲突与融会带动历史发展。那么，三峡地区则代表了南方民族与汉族，南北各亚文化的汇聚与涵化的独特性，形成独特的人文景观：民族流变和移民运动。与此相应，具有移民文化特质。（2）民族文化发展的序列更替模式，这是其他区域文化无法比拟的。三峡从204万年的巫山猿人到旧石器、新石器的土著居民文化——巴、楚民族文化；从春秋战国至明清，巴族及后裔土家族，楚及其后裔苗族、汉族的遗址、遗迹广布，历史发展延续的脉络清晰，可谓天然“历史博物馆”。三峡地区特别是巫巴山地区可能是南方文明起源地之一，在此区域形成三大民族文化体系的格局，至今依然。所以该区域的文化、民族独具特性，文化变迁，民族更替模式具有独特的代表性。（3）唐宋以来，贬官文人现象以三峡地区为最，经过“胜绝山川”的熏陶而创辉煌，诸如欧阳修、陆游、苏轼、黄庭坚；典范的潜移默化，造就大批文化人物，如昭君、宋玉、寇准、葛璞、杨守敬，因而有丰厚的文化积淀，人群有明确的区域意识。总之，三峡地区文化发展在中国文化发展中有着鲜明的个性，代表性。三峡学既是“古学”又是“新学”、“今学”。

二、三峡学的定位

以三峡区域文化发展为研究对象的三峡学，内涵丰富，它不仅具有地方学研究的意义，而且它集中代表和反映了中国社会文化变迁，文化序列更替可持续发展的趋势和走向，对它的深入研究有助于我们更深刻地观照中华民族社会、经济、文化发展的概貌，具有很强的学术价值。大体有：（1）三峡学具有广阔的学术研究前景。三峡地质构造具有典型性，被国内外地质学界视为开展全球性生物地层对比研究的标准地区之一，考古发展与南方民族起源，三峡各民族人群与周边文化互动方式；移民与开发，旅游与西部开发，城镇与乡村中心——辐射模式，大工程与生态、社会问题等方面都有借鉴意义。（2）三峡学研究本身的独特地位和综合学科的特点，它涉及经济学、社会学、人类学、考古学、历史学、民族学、地理学、旅游学等等学科的参与，可以成为对多学科的发展起积极推动作用的新的学术生长点，是一个值得花大气力开掘和研究的学科领域。（3）三峡学研究有积极的现实意义，它直接为三峡地区社会经济、文化发展提供智力支持，使区域内的自然、人文资源的开发与保护走向可持续发展之路，为西部开发提供经济与文化协调发展的可借鉴模式。

（原文约2500字，发表于《重庆三峡学院学报》2002年第2期）

文摘编辑：曾祥玉

军事法学价值取向的意义及其构建思路

赵会平

[作者简介] 赵会平，南京军区军事检察院刑事检察处检察员。

[内容提要] 确立军事法学独特的价值取向，是军事法学实现学科独立、理论创新和加强军事法制建设的必然要求。我国军事法学尚未形成主导性的价值理念，导致其理论和实践面临诸多难以解决的问题。21世纪的中国军事法学，必须充分认识价值取向的重要性，尊重学术研究的一般规律，立足于军事法制建设的实践，承认军事秩序与现代法治间价值冲突的存在并努力寻求二者的最佳平衡。

[关 键 词] 军事法学；价值取向；军事秩序；现代法治。

一、军事法学价值取向的意义

1. 军事法学成为独立学科的价值基础

一门学科如果离开价值取向和方法的指导与调整，便无法建立科学的学科体系，产生实在的理论价值。一方面，学科基础理论的创生、科学体系的形成及其对社会实践的指导，都需要在一定的价值取向的规范下才能完成。对军事法学价值的种类判断、观念定位与关系选择，都影响着该学科理论构建和实践效能的发挥。另一方面，理论研究主体总处于特定的社会价值体系之中，受一定的价值观念的支配和影响，并在其指导下进行理论探索和创新，创造什么价值，在主观上取决于他持何种价值取向。也就是说，独立的价值取向是军事法学独立的必要的精神内核，只有解决价值取向问题，才能确保军事法学的内在独立性，整个学科的研究才能展开。军事法学要想获得进一步的发展，真正在法学大家庭中占有一席之地，要大力倡导学术自主性与超然性，努力培养学术自抉的主导精神，形成并坚持自主独立的价值取向。

2. 军事法学理论创新必须突破的"瓶颈"

价值取向的混沌使军事法学理论陷入了本不应有的自相矛盾之中，如关于军队政治工作法制化的问题：一边承认军队政治工作实践以党制定的《政治工作条例》为基本法律依据，一边固守政党不能制定法律法规的现代法治规则，使得有关这一命题的论述，对《政治工作条例》的法律性质和地位要么避而不谈，要么闪烁其词、难以自圆其说；再如在公开性已成为现代法治精神应有含义的情况下，军事法学理论仍然强调军事法所具有的秘密性，却无充分的阐述和论证。究其原因，就在于在价值取向上没有既定明确的指导规范，导致军事秩序与现代法制两种利益冲突时无从选择，出现在对法治原则的口头尊重与实质背离的夹缝中生存的尴尬。军事法学目前陷入理论困境充分表明：从哲学的高度冷静地进行内省，从价值取向上溯本清源，已经成为新时期军事法学理论创新的要求。价值取向的问题不解决，军事法学其他理论的基础就不牢固，军事法学的科学性和进一步发展就会受到影响。

二、构建军事法学价值取向的总体思路

中国军事法学应当如何确立自己的价值取向？在理论上，集中为军事法学理论应当首先服从军事秩序还是现代法治原则；在实践中，表现在军事法制建设追求"法治化的军事"还是"军事化的法治"。从总体原则上应当把握以下几点：

1. 思想基础：承认价值选择之无可回避

军事法学跨学科发展，必然包含有多元的价值内容，但要真正形成自己的学科理念与地位，就必须从多元价值中寻求平衡点，形成自己的主导价值，否则就容易沦为各学科的"大杂烩"。顾名思义，军事与法是军事法最为重要的组成部分，也是军事法学理论必须处理好的一对矛盾关系。应当说，军事与法在多数时候能够实现统一协调，因为在某一特定的社会制度之下，军事与法具备共同的阶级基础、代表相同的阶级利益。但军事与法之间的根本差异性也不容忽视：首先，从法律意义上说，军事秩序义务本位化，着重强调集体利益的至高无上和个人利益的牺牲；现代法治思想则以权利本位为主导，注重社会个体权利的保护与个性的张扬。其次，军事秩序要求集中统一，追求命令与服从的绝对化；现代法治则崇尚正义，以保障自由与人权为主旨。再次，从社会学角度，二者分属界域分明的两种社会活动领域，现代法治的逻辑与理念以和平年代及和平环境的存在为前提，与军事行为的暴力属性和战争逻辑无涉。这些不可中和的差异使军事与法的统一存在不可逾越的鸿沟，也为军事法学理论建立科学体系与形成价值取向增加了难度。

2. 基本目标：寻求利益冲突的相对平衡

确立军事法学的价值取向，必须在两种相冲突的基本利益之间作出选择，要根据军事法学理论和实践的内在规律和要求，寻求两种利益之间的最佳平衡，现代法治的价

值取向，是自由追求与理性自律的统一，个人权利主张与社会利益维护的统一，人格平等与坦然面对差别的统一。脱离现代法治正义理念指导，军事法学理论容易陷入军事极权化的误区，削弱其理论的先进性。而军事秩序强调的高度集中统一、严格服从命令、勇于自我牺牲等精神，则是军事法制实现部队战斗力提高最为具体的价值要求，也是军事法学理论存在的最高价值。如果军事法学理论所倡导的法治破坏正常的军事秩序、阻碍军队质量建设和削弱部队的战斗力，无论这种理论对现代法治原则贯彻得有多彻底，我们说它都是非理性的。我们必须坚持正义与效益的统一，防止鼓吹个人利益高于集体利益，不能放弃军事秩序所固有的集体正义目标。当然，要达到这种平衡是困难的，而且这还应当是一种动态的、不对等的平衡，随着军事形势的发展而有所变化。

3. 立论根据：立足军事法制之基本实践

建立和发展军事法学的价值取向，必须切实了解军事领域的客观实际及其独特的文化传统。一方面，军事法学的理论成长于中国军队建设的实践，必须首先适应军队法制建设的客观条件并满足其进一步发展的要求。军事法学的价值源于军事法制建设的需要，它的存在是以军事法制建设的属性为客观基础。另一方面，我国军事管理体制的传统不可回避，军事法学理论的成长与成熟必须处于这种特定的文化环境之中。军事文化传统是在独特社会领域中形成的，具有无形的规范作用，军事法学价值取向只有充分认识和了解这种悠久的文化积淀，才能知道自己的道路为什么与一般法治理论不同，这便是“文化自觉”，是取得理论前进自主权和选择权的基础。

4. 学术规则：遵循理论研究之一般规律

军事法学的价值取向，作为军事法学研究中一个根本性理论问题进行探讨与总结，必须遵守学术研究的一般规律与要求，并以此辐射到军事法学的全部理论研究。一是正确处理好继承与创新的关系，敢于突破传统理论与一般法学理论，开展学术争鸣；二是深入研究包括目的、功能、构造在内的价值内容，进一步完善价值取向体系；三是辩证地分析法治的利弊，承认法治并非无所不能的圣物，也有自己难以克服的无奈，“完善的法治只能是期望而非现实”；四是拓宽视野，善于学习和借鉴国外及其他学科的研究方法和理论成果，但又要防止直接照搬或简单移植。

(原文约6000字，发表于《西安政治学院学报》2001年第2期)

文摘编辑：杨俊

编辑文化选择论

王华生

[作者简介] 王华生，河南大学学报编辑部副编审，研究方向为理论编辑学。

[内容提要] 人类进化既是自然选择的结果，又是文化选择的结果。在文化选择中，编辑角色有着重要的作用。本文对选择中的文化框架、中西文化框架的不同以及编辑选择中的文化制约做了论述。

[关 键 词] 编辑；文化选择；文化框架。

一、文化框架中的选择与选择中的文化框架

人是一定社会文化的产物，文化又是人择的结果。人类的一切活动包括选择活动都是在一定的文化环境中进行的，离开了一定的文化环境人类自身都将不复存在，何谈选择活动。因此，人的选择是在一定文化框架中的选择，而文化框架则是在人类选择中不断发展变化着的文化框架。

1. 文化框架中的选择。人是文化教育的产物，人的活动离不开一定的文化环境。人们所做出的一切选择都是在原已存在的一定文化框架内做出的。当然，"毫无疑问，文化教育是人选择的产物，没有选择，就不会有文化。然而文化一经产生，就会形成某种行为规范和习惯，成为人类进一步进行文化选择的框架。从这种意义上来讲，所谓文化就是人类的主要行为规范和特征，是人类群体所共有并能及时传播的行为、思维、感情和交往的选择性型式。因此，文化既是人们选择的产物和结果，又是人们选择的框架和尺度"。

2. 选择中的文化框架。特定的文化框架总是前此时代人们选择的结果，它能够满足当代人的某些需要，但又不能完全满足当代人们的各种文化需求。因此，人们在接受已有文化框架，汲取传统文化优势的同时，还总是在（而且必须在）根据已经变化了的时代环境，和不断发展的新的经济、技术、政治、思想等等状况，选择和缔构新的社会文化，以便更好地适应变化了的时代和改变了的环境。这是人对文化的选择，体现了人的主动性和创造力。

人对文化的选择，按照其选择的向度主要表现在如下三个方面：第一，对过去文化的选择：升华。第二，对域外文化的选择：完善。第三，对未来文化的选择：超越。

原有文化框架中的选择表明了人类文化的延续性、继承性，编辑的选择不能离开一定的文化框架。选择中的框架，说明了人类选择的变异性和创造性。在这种创造性的人类文化选择活动中使文化框架不断更迭、提升，从而极大地改变了人的主体结构，增大了人们对外界环境的适应性，和社会实践活动的能动性、自主性。因此，编辑主体又必须注重自身选择的创新性，为人类的实践活动创造更加宽松适宜的环境和氛围。

二、中西两种不同的文化选择框架

1. 中西两种不同的文化类型。特殊的地理环境和物质生产方式形成了中国典型的伦理型社会文化：注重"义"和"德"，轻"利"和"力"，"科学道德化，哲学政治化，审美艺术情感化，政权、君权、神权一体"化。从地理环境来看，中国处在一个封闭的温带大陆大河型地理环境中，在这里适宜的是一种既不同于游牧经济又不同于工商业经济的农业自然经济。这在很大程度上决定了中国传统文化是一种典型的农业社会文化。这种生存方式和农业型社会文化，不仅决定了中国人民求真、务实、朴实、自然的民族性格，同时也决定了中国社会家国一体，尊天敬祖的宗法式社会组织结构形式以及在此基础上所形成的社会伦理文化、国民主体意识和社会上层建筑。它积淀了人们注重人伦、情意的普遍的社会心理和行为方式。人世间的真情，成为人们永恒的期盼和不息的追求。

而西方文化则有所不同。在欧洲的中世纪尽管其自然经济也曾经占据支配地位，但是，在那里自然经济主要是以农奴制的封建庄园为基本构成单位的，在庄园内部不同的农奴之间有着较为明确的分工，且农业劳动与手工业劳动常常由不同的农奴承担。这种内在的二元结构，不仅增加了相互之间的商品交换，同时也使其自然经济结构很不坚固，使资本主义工商业比较容易从中孕育和发展起来。由此形成了不同于中国传统伦理型社会文化的具有浓重商业气息的社会文化，并进而形成了有异于东方的西方人格特征。中国人重情感、讲义气，道德伦理意识比较浓重；西方人，讲自由、重权利，平等意识比较浓重。两种不同的人格特征，形成具有较大区别的文化需求。

2. 中西两种不同的对自身的体认方式。中国人自觉

不自觉地将自身融入群体之中，在群体之间的相互关系之中体认自身，形成了比较浓厚的群体意识。西方人群体意识淡漠，具有较强的个体独立意识。

文化又可以被看作是一种对人的设计，不同的文化有不同的设计。中国传统的伦理型社会文化，将人伦关系秩序化，在家讲父父、子子，在国讲君君、臣臣，“从而以情感交流的人际关系为基点，赋予它们各自的尊卑名分的意义”。这样，就使人们一生下来就处于一种特定的关系之中，从而习惯于在某种特定的关系之中，在群体之中来体认自己，体认一切。这样，人们就会自觉不自觉地把自己，把人看成群体的一分子，从而增强了人的关系意识和群体意识，使民族群体之间具有了一种极强的民族、群体的认同意识。

西方文化则有所不同，西方人从崇拜上帝到改造社会，从清教伦理到资本主义精神，以个人动力横绝天下，造成了一种个人主义占优势的文化模式，并把自由、平等、权利、尊严、爱情、友谊等等纳入认识之中，认为每个人都是他自己和幸福生活的创造者，他必须对他自己的命运负责，与中国伦理关系网中的个人形成了鲜明的对照。

3. 中西之间整体思辨、实用理性，与纯粹理性、爱走极端的巨大差异。中国大陆型的农业生产生活方式和在此基础上形成的伦理型社会文化，使中华民族对事物把握上注重整体思维，精于思辨，疏于实证，精于直观疏于分析；在生活作风上求真、务实，勤朴、忠厚，喜稳怕乱，爱取中间；在社会理论的建构上，强调天人合一、知行合一、情景合一、科学道德化、哲学政治化、审美艺术情感化。总之是一个以伦理意识为中心，中庸求和的实用理性理论体系。这一方面造成了中国传统文化海纳百川、包容万端的整体趋向和优势；另一方面，它不便于对认识对象加以分门别类并按照不同层次进行精确的分解，经过严格的推理达到对事物的准确认识，更无法用逻辑语言这种形式将思维过程明晰地表达出来，只有依靠经验和知识的积累，借助于模糊的未经逻辑证明的直觉和体悟，才能直接地、跃迁性地实现意境的展现与升华。这就造成了对具体事物精密分析和严密推理的疏漏，从而导致传统文化中严密科学理论体系的欠缺和近代自然科学的落伍。“哲学在西方的意思是爱智；而在中国，哲学则是明智之学。爱智追求理性的享受，明智则致意于做人。中西哲学旨趣的这种不同，凝聚了两种文化的不同精神。”西方文化在理性思维上表现出排斥性的二分法的特点，即理性与感性、科学与宗教、创造者与创造物、灵魂与肉体、心与物、精神与物质，等等。因此，他们在信仰上保留了上帝与宗教，而在理性思维的领域里则坚持了实体的确定性。在研究方法上精于分析，注重逻辑范畴的推延，因而精于严密体系的建立和科学的发现。但是，西方的传统思维缺乏中国传统文化的思辨性和整体性，因而爱走极端，汲取一点，不及其余。中西之间不同的文化框架，导致不同的文化类型、体认方式和致思取向，从而也潜在地制约着各自不同的编辑选择活动。

三、编辑选择过程中的文化制约

编辑在社会文化建构过程中扮演着重要角色，是社会文化建构的“把关人”和“守门员”，但是，编辑的选择摆脱不了特定文化环境的制约。

第一，文化是编辑选择的产物，同时又是编辑选择的基础，编辑的选择依赖于特定的文化框架，并受其制约。首先，编辑主体的思想意识、价值倾向、知识结构是在特定文化环境中形成的，显然不能不深受这种文化环境的影响和制约。其次，编辑选择对象——文化价值客体，是人们典型社会实践活动的反映，是特定社会文化环境的产物，因此，也必然深受特定文化环境的制约和影响，从而潜在地限定了编辑主体发挥作用的可能性空间，使编辑主体在文化发展内在规律所确定的整体趋向上做出自己的选择。再次，编辑选择的标准是客观的，是由长期实践所积淀的普遍的社会心理所决定的。因此，编辑的选择必然深深地植根于一定的文化环境，从而深受特定文化框架的制约。

第二，中国社会的文化选择，不能脱离中国传统文化发展这一实际，从而必然深受中国传统文化这一选择框架的制约。

第三，对异域文化的借鉴和选择，不能脱离民族文化传统这一根基。中华民族是一个谦虚谨慎、虚怀若谷的民族，在中华民族发展的历史中曾多次发生民族、民族文化大融合的过程和运动。因此，我们从不反对向其他民族学习，向他们学习政治，学习经济，学习文化，但是，这种学习应该是建立在自己民族传统文化的基础之上的，否则，抛弃民族文化传统，全盘西化，既不能抗拒西方文化的负面影响，也不能真正汲取西方文化中真正有价值的东西。这是因为，任何民族文化的建立和发挥作用，都有一个民族心理和价值趋向问题，域外的文化如果不能转化为本民族普遍的社会心理和价值趋向所认同的东西，那它就只能永远异于该民族的文化之外，成为一种外在的毫无实际意义的西方文化。因此，学习和借鉴外国的东西、外国的文化，必须坚实地以自己的民族文化为基础，否则将一事无成，这是编辑这一社会角色也必须谨守的一条原则。

（原文约12000字，发表于《河南大学学报》社科版2001年第5期）

文摘编辑：何如

试论学术刊物网络化

吴晓明

[作者简介] 吴晓明，上海师范大学学报编辑部副编审，研究方向为中国现当代文学、文化学、传播学、编辑学。

[内容提要] 网络期刊以其信息传播快的优势，对纸质的传统期刊造成巨大冲击。由传统期刊向网络期刊转变，在学术的传播方式上是一场革命，还有许多重要问题亟待解决。固有的传播形态、经营观念和运作方式，制约了这个创新。

[关 键 词] 网络期刊；学术刊物；重新思维；信息系统；评价体系。

中国学术期刊网络版还处于初始阶段，许多技术、管理、标准问题尚待解决。由于网络期刊以其信息传播速度上的优势，必将对纸质期刊的生存造成极大的威胁。国内学术期刊应面对差距，抓住机遇，加快学术期刊电子化的步伐，否则，国际学术刊物将吸引更多的优秀论文，甚至可能造成知识产权的流失等严重问题。

网络学术期刊结构功能也因此发生了质的变化。与传统期刊相比，网络期刊结构除具“标识功能、整合功能、版权功能、信息开发功能”外，至少有以下两方面的功能拓展：(1) 检索功能增强。(2) 交互功能。相对于旧媒体，新媒体的网络学术刊物的第一个特点是它的消解力量——消解传统媒体之间的边界，消解国家与国家之间、社群之间、产业之间边界，消解信息发送者与接收者之间的边界，等等。但它的最根本的特定是重建。新媒体的根本特点是“破坏性创造”。网络学术期刊特点之二：新媒体使得传媒的性质变为用户有选择地“抓取”或使用网络上的讯息。

但是，从简单的传统学术期刊上网起步，向真正的网络型学术期刊转变，网络期刊还有许多路要走。一方面，需要对传统期刊结构选择性继承，现行网络期刊正处于结构的形成与发展阶段，载体的转变并未完全打破传统期刊结构。由于缺乏统一的组织与管理，新的结构标准仍未形成，现行网络期刊结构并无定式。网络期刊作为一种新的文献形式，在其传播利用中也必然面临着这一基本矛盾。相对于传统期刊结构及其功能而言，网络期刊的载体优势以及基于载体优势的结构变革与结构功能的强化，在更大程度上弱化了这一基本矛盾。这一变革将或已直接导致一种新的文献结构形式。

嫁接传统学术刊物的优势，是一项技术性很强的工作；同时，由于对传统媒体在互联网上拓展生存空间的重要性、紧迫性的认识还有待深化，嫁接工作的效果往往难如人意。这从大部分国内传统媒体网站的现状，就可以得出结论。网络期刊结构的变革与发展是基于网络载体的优势，以更大限度的便于读者对期刊文献的获取与利用为出发点，具体由于个体变革力度的差异而处于不同步状态。部分网络期刊结构除由于载体的转变而产生的功能性改变外，基本上是传统期刊结构的翻版；但就一般而言，大部分网络期刊利用网络载体的大容量存储、组织传输快捷简便、具交互功能等优势，在期刊文献的组织、出版、内容结构等方面实现了或多或少的变革，进而打破了传统期刊的结构体系。

学术期刊网络化的实践和趋势，在传播模式和传播思维上来说，是一种创新。网络学术刊物被传播学者称为是一种新媒体。这是相对于传统的纸质的学术期刊而言。新老媒体之间的变化，用“冲突”一词来表示不尽确切，作为新媒体的网络学术刊物，较之传统媒体的纸质学术刊物来说，几乎是具有革命性的。这主要是指学术的传播方式，使用方式，检索方式和重新组合连接的方式。有很多迹象已经表明，新媒体遇到的东西会比以前所想的更为有益。

学术期刊上网，决不仅仅是将内容送上网页这么简单。网路是个新媒体，所有的内容都必须重来，不是把原有的刊物内容搬上去；原创的内容才能摸索新媒体的特性，创造真正属于新媒体的表现形式。新媒体处理信息专长不同，阅听行为会不同，分送内容的方式会不同。学术期刊要想在网络市场占有较大份额，必须充分发挥学术期刊网站的优势，以信息换取生存与发展。知识经济的标志之一，是承认知识的扩散与知识的生产同等重要，这使得“知识传播网络”与“国家创新系统”更加受到重视。

另一方面，出版方式变革引起网络学刊的结构变革。基于网络强大的搜索功能和超链接功能，人们对网络期刊的利用将由传统期刊的“择期而取”过渡到网络期刊的“择篇而用”，在网络空间中，“期”的概念得到淡化，“篇”成为期刊服务的主要组织单位，网络期刊论文都将以单篇的方式出售。

因此，媒体网站在对信息的加工时应该不断创新，譬如在向读者提供学术信息全文的同时，也可以提供精编的学术提要，满足网络用户快速及时了解全方位信息的需要；或者提前刊登传统媒体精彩内容的节选，吸引受众即时了解更加详尽的内容。对信息进行多层次开发，实现“一站式”服务也是学术刊物网站可以采取的措施和寻找的出路。

学术刊物网络化，需要建设一批面对需求、影响广泛的门户网站。面对学术发展的客观需要，把先进的网络技术和信息技术与学科领域的有效供给能力有机结合起来。例如国家计委正在探讨的课题——中国社会发展互联网络工程（中社网）。这是以政府的政策为导向，以市场运作方式，通过互联网络把社会发展这一主题推向市场，在较短的时间内推出的示范工程。

未来网络期刊结构，网络期刊结构的发展基于两个因素：一是充分发挥网络优势，其次是方便读者的获取与利用。现行网络期刊结构处于发展不同步的无定式状态，但综合各类期刊站点对期刊结构的变革，已基本发挥了网络优势。将结构的变革与发展贯彻到每一个期刊站点，并与被保留的传统期刊结构元素以方便读者获取与利用为出发点进行结构重组是网络期刊面临的一大任务。基于网络的优势，网络期刊结构应以强化主页结构信息功能来简化传统期刊的繁琐结构，向简单化、个性化方向发展。

目前，国内学术网站还没有找到一个适当的赢利平衡点，资金来源除了母体的大量投入外，主要依赖媒体的信息产品和广告收入。而这两项来源又实在是微不足道。于是，融资渠道及手段单一而导致的资金投入不足，便直接制约了新闻网站的资金投入和技术升级。

由于国内学术刊物网络媒介尚处起步发展的雏形阶段，和其他网络媒介一样，网络学术刊物在网络信息的组织、编排和传播上还有不少问题和障碍。首先，网络传播依托信息网络，其发展直接受网络设施建设状况的制约。就国内而言，网络传输速度较慢和上网收费较贵是目前影响国内网络发展的两大障碍，也是阻碍学术网络传播面向大众的关键性因素。第二，国内已上网发行的学术刊物还不能完全适应电子网络这一全新的传播方式，网络强大的功能远未充分开发利用。如资料的保存和主题索引还不便利；学术动态分析还不成熟；依附网站的网络广告资源也有待开发等等。第三，网络传播给学术信息传播的规范管理提出了新问题。第四，专业技术人员及网上信息传播采编人员的缺乏，影响到学术传媒网上业务的快速发展。第五，资金投入量大，制约了学术媒体网上业务的开发和拓展。第六，网上业务的完善和创新，如利用网站进行广告业务开发尚属起步阶段。

国内学术刊物利用网络传播的具有规模效应的现在主要是由数据库开始向网络化转化以及系列电子杂志。学术刊物的网络化，要维持自己的生存空间相信还有一定的难度。互联网公司在市场竞争的环境下成长起来，运营机制灵活，富有创新精神。但传统媒介一般是事业单位，缺乏按照市场原则的运作，更谈不上以多元化的产权结构来保证其有效运作，因而市场经营意识薄弱。主流媒体由于体制和政策的束缚更不可能有整体突破，传统媒体开设的网站自然而然地顺延了这种角色的定位。固有的传播形态、经营观念和运作方式，与网络特征错位，制约了学术网站的创新。

（原文约 9800 字，发表于《上海师范大学学报》哲社版 2001 年第 6 期）

文摘编辑：何如

明确学报定位　实施名牌战略

关鉴航

[作者简介] 关鉴航，吉林省经济管理干部学院，学报编辑。

[内容提要] 在知识经济时代，期刊市场的竞争日益激烈，严重威胁着学报的生存与发展。对此，学报应准确把握其社会定位，进行战略重组与整合，把创名牌学报作为追求的目标，只有这样，才能在竞争中取胜。

[关键词] 学报定位；名牌战略；特色优势；人才管理机制。

在当今知识经济时代，期刊市场竞争的加剧，直接威胁着学报的生存与发展。学报如何面对这些挑战，如何确立自己的发展方向，这是办好学报首先要解决的问题，应予以足够的重视。

一、学报的准确定位

所谓定位即是把事物放在社会生活的适当地位并做出某种评价。学报之所以存在并发展，在一定历史阶段上必有自身存在的社会定位，即特定的办刊宗旨、特定的社会功能、特定的存在价值、特定的读者和市场。学报若想生存并持续发展下去，必须明确定位，依托定位。

1．学报的属性定位。随着期刊产业化进程的加快，一部分学报改革的倡导者认为学报的学术质量低，缺乏创新性；学报的发行量少，缺乏效益性；学报是学校“窗口”，缺乏开放性；学报以“内稿”为主，缺乏外向性。进而否定学报定位，否定学报存在之必要性。这种观点是片面的、狭隘的。学报的属性定位是由学报的性质和任务决定的。不能以学报发展存在某些问题就否定学报存在的必要性。教育部1978年颁发的《关于办好高等学校哲学社会科学学报的意见》提出：“高校学报是反映本校教学、科研成果的综合性学术理论刊物。”学报的本质属性是其高校性、综合性和学术性。其任务是为学校教学、科研、培养人才服务。从当前现实情况看，除学术期刊刊载科研成果和学术论文外，学报是传播科学文化思想当之无愧的首选，学报传播知识，交流文化的作用是不可替代的。

2．学报的效益定位。随着我国改革开放的逐步深化和市场经济体制的建立，学术期刊走产业化之路的趋势日益明显。于是许多论者提出，高校学报也应与其他学术期刊一样，走出学校，进入市场，实行社会化办刊；扩大发行，参与竞争，提高经济效益，完全否定当前的办刊模式。诚然，学报扩大发行量、提高经济效益是件好事，但这绝不是把握学报定位的最终目的。江泽民同志1994年1月《在全国宣传思想工作会议上的讲话》中明确指出：我们的宣传文化工作要始终把社会效益作为最高准则，当经济效益同社会效益发生矛盾时，自觉服从社会效益。因此，学报应强调其公益性，以社会效益为主，即其对社会科学文化所担负的积累、传播功能，抑制其功利性，不能完全以盈利为目的。

如果从深层次看，学报的价值体现是长期的、隐性的、潜在的，学报的社会效益和经济效益之间有着特殊的间接性和滞后性。应把眼光放远，将学报作为一种长期投资，不能只注重一时一事的立竿见影的回报，使高校学报陷入一种短期的经济行为，而忽略了学报更为深层次的对于社会发展的积极指导作用。学报的远期效益和潜在功能是通过一代或几代人的潜移默化的渗透作用，通过社会生产力转化而显现出来的。它的珍贵性和独创性是不言而喻的。因此，学报以社会效益为主不是否定经济效益，完全可以实现经济效益与社会效益的完美结合。学报只有在保证其质量的基础上实现自身价值，才能走出学报目前的困境，从而把握其经济效益的最佳时机。

3．学报的服务对象定位。高校学报是期刊的一种，与其他期刊有共同的属性，是记录人类活动、进行学术交流、传递各种信息、促进科技文化事业发展、培养人才的文献工具。但是，它又不同于一般的期刊，它是属于特定范畴的期刊。其特殊性表现在：它作为文献工具在完成期刊社会功能的同时，由于其社会定位不同，办刊宗旨不同，从而其担负的具体社会任务不同。《图书报纸期刊编印发业务辞典》关于“学报”（学刊）的释义是：“由高等院校主办的学术性期刊。主要刊登本院校师生的理论研究、学术研究论文，也刊登校外一些专家、学者的文章……”，由此看出，学报以内向服务为主的定位，是对学报对象性内涵的进一步阐释和明确。

从理论上讲，内向服务是看学报对本校教学科研成果的显现如何，而现实中，学报对本校教学科研成果不能充分予以体现则是令人堪忧的普遍现象。据笔者统计，2000年吉林省经济管理干部学院教职工共发表学术论文127篇，其中发表于《经济管理学报》上的论文仅有36篇，约占总数的28%，而具有高级职称的教授、专家、学科带头人的文章只有10篇，占不到总数的7%。事实表明，目前全国各类高校特别是成人、师范类高校的学报并未真实、全面、准确地反映出一个学校的学术水平和科研实力。因此，内向服务定位的真正内涵是着眼于向内挖掘本校潜力，将本校有特色的教研成果，以及在国内外学术界有影响的学术论文比较全面地反映出来。

二、学报的品牌战略

学报的定位是毋庸置疑的，经过近一个世纪的理论论证和实践检验，高校学报正走向成熟。然而在我国目前千余种学报之中，堪称名牌学报的只是其中很少一部分。名牌学报是学报中的佼佼者，一般具有鲜明的特色，上乘的质量，出色的编辑和稳定的读者群。学报实施品牌战略是可持续发展的要求，就像一个企业如果没有名牌产品，终将被市场淘汰一样。品牌战略的实施主要包括：

1. 精品战略。要创名牌、出精品，首先要树立精品意识，把出精品学报作为一种应有的追求和境界。在精品意识的统驭下，全面实施精品战略。一是内容要精到。精品战略的核心是学报内容，即学报所载论文的观点要新，理论要深，学术价值要高。论文必须体现最新科学成果的原创性思考，具有前瞻性，或者对原有理论重新突破和阐释，具有创新性。二是编辑要精当。文稿交到编辑手中，第一步审稿，要审查论文观点是否正确，资料是否翔实，文字是否通顺，还要深入考虑其学术价值、资料价值。校对是目前编辑工作存在很大问题的一个环节，加强校对工作已成当务之急。要鼓励有学历、水平高的编辑从事校对工作，扩充校对人员队伍，提高校对能力。内容再好的书稿，编校不精当也成不了精品。三是印装要精美。有了内容精到、编校精当的学报“原坯”，版式、封扉设计乃至排版、用纸、印刷、装订都须跟上去，也可以说是所谓形式问题。要力求内容和形式完美结合，努力提高学报的整体形象。学报不应仅是学术的精品，还应该是艺术的精品。

2. 特色战略。特色出品牌，学报要靠特色打造品牌。我国编辑工作的先驱邹韬奋先生曾经精辟断言：“没有个性和特色的刊物生存已成问题，发展更没希望。”学报特色就是从实际出发，扬长避短，发挥自身优势，挖掘深层次中潜在的个性特征，形成独特的风格和魅力。首先，高校学报应展现学校特色。不同类型的高校，必然在客观上体现学校间学科建设的独特性和差异性。学报只有体现主干学科或主要研究方向的特长和优势，才能在同行业或同系统中独树一帜。其次，可以开设特色专栏，把自己的特点、优点“做大”，精心组织栏目，策划、优选专栏内容，力求做到人无我有，人有我优，人优我特。最后，可以突出地域特色。高校学报应把具有地方性、区域性文化纳入整体构思之中，其独特创意不仅在于增加了特色内容的含量，而且其对地方性、区域性经济文化的专深探究，对地方文化、经济的发展有极大的推动作用，促进科技生产力的转化和区域文化的传播。学报一经创造出“人无我有”的局面，形成个性特色，定会产生巨大的社会效益和深远的社会影响。

3. 人才战略。“既出好刊，又出人才”是编辑界有识之士所努力追求的目标，名牌学报是集两者于一身的典范。创办名牌学报，人才是关键，拥有高素质的编辑人才方能打造名牌学报。随着科技期刊出版运作的现代化和经营领域的扩大，一方面使学科领域与研究方向的分化越来越细，另一方面，各学科又不断地相互渗透，相互影响，新兴学科与边缘学科大量涌现，使学科的知识综合水平也越来越高，科技的巨大进步使学科具有了前所未有的深度和广度，导致编辑职能的扩大延伸与分工的细化，使编辑的社会角色多元化。编辑既应有坚实的理论基础，又应有深厚的专业知识，特别是对本专业要学有所长。人才战略除了具备高素质的编辑人才，还应建立一整套人才管理的运行机制，使人才配置能适应学报改革机制及架构的重塑与整合。为了吸纳、安扶和稳定编辑人才，必须细化人力资源管理方案，创造良好的内部工作环境，拓展人才个性发展的外围空间。由此可见，人才战略应着力培养政治触觉敏锐、市场前瞻意识强、具有创新能力和经营管理素质的复合型人才。

（原文发表于《吉林省经济管理干部学院学报》2002年第6期）

文摘编辑：曾祥玉

学报、学会及其他

中国大学学报百年发展纪略

一、旧中国大学学报的艰难发展
(19世纪末—1949年)

作为传播本校教学、科研成果，进行学术交流的载体——大学学报，是伴随着我国近代新思潮的广泛传播、新式大学的兴起、建立而逐步创办起来的。戊戌变法时期，随着对旧学制的改革，相继出现了一批具有近代意义的高等学校或中等专业学校。创办于1898年的京师大学堂——北京大学的前身，是我国近代由政府正式创办的最早的大学，也是戊戌变法新政的措施之一。在这个时期前后，随着一批新式大学的相继建立，为大学学报的产生与创建，提供了前提条件，也是大学学校兴起发展的肥沃土壤。

旧中国大学学校的发展，经历了萌芽时期、发展时期、困难时期几个阶段。

萌芽时期
(19世纪末—1918年)

这个时期的学报，不论从内容上看或从形式上看，以至编辑思想、编辑机构等，都还不具备完全意义的学报，只是学报的萌芽和雏形，内容庞杂，学术性不强。而且一些学报还是当时的教会学校创办的，带有较浓厚的宗教色彩。在维新运动的推动影响下，中国的一些旧式学堂改为新型的大学，才使得中国的大学学报开始走上新的发展阶段。以下我们根据时代发展顺序，逐一介绍各个时期学报创办、发展变化的情况。

1897年1月20日 《利济学堂报》在温州创刊，是一份医学杂志，半月刊，由瑞安利济医院学堂主办。利济医院院长陈虬编辑，主要栏目有：文录、院录、书录、报录、学部新录、洋务掇闻、艺事稗乘、近政备考、商务丛谈、见闻近录等。“其宗旨为推广发扬中医事业，兼介绍中西一切学术，提倡学术争鸣，冀此力图富国强民。其装订颇为独特，各期专栏的稿件，可按读者的不同兴趣，按分折线再次装订汇编为不同的专集”。(见姚远：《中国大学科技期刊史》，陕西师范大学出版社1997年版，第292页)

1901年1月 《农学报》创刊，由湖北武昌农务学堂出版，半月刊，是我国出版较早的农学刊物。

1903年夏 《秦中官报》创刊，由陕西课吏馆选印，后改由西安法政学堂出版，初为旬刊。主要栏目有：谕旨恭录、枢廷政要、奏事类编等。

1905年12月 《北直农话报》创刊，保定高等农业学堂出版，半月刊。由该校学生张家隽、贺澄源、梁恩钰等创办。后归直隶农务总会接办，出至50期后，改组为《直隶农务官报》。主要栏目有：社说、选录、谈丛、记事、肥料学、作物学、气象学、农艺化学、园艺学、植物病理、农学小说等。(见史和、姚福申、叶翠娣编：《中国近代报刊名录》，福建人民出版社1991年版，第114页)

1906年6月 《东吴月报》创刊，由苏州东吴大学创办。创刊号名叫《学桴》，黄振元撰写了《学桴发刊词》：“东吴学堂成立者逾五年，西士谋刊行月报，以表学堂之内容，与当代学界交换知识。”为什么以“学桴”作为刊物的名字？因东吴学堂之设，正处于19世纪末与20世纪之交，“新政将兴而未兴，科举垂废而未废”。处于过渡时代，必须有一种过渡的工具，“学桴者预备过渡的时代器具之部分也。”“桴之为用，亦过渡器具中之过渡也，虽不能与黄龙青雀铁甲金丁争万斛千里之长，而较诸徒涉桅者庶有一当焉。乘桴浮海，先圣之志也”。“欲尽过渡时代之义务者，慎勿以桴而忽之。”这里以形象的比喻，说明了在过渡时期，学报具有的作用。

为了办好《东吴月报》，该报制定了较详细的本报简章，其内容如下：

(一) 名目。本报命名《东吴月报》，系东吴大学堂所刊之杂志。

(二) 期数。月出一册，惟暑假、年假之际停出二期，全年共十册，西历每月一号发行。

(三) 本报分图画、论说、学科、时事、译丛、丛录六类。

(四) 报价。订阅全年每份大洋一元二角，邮费在内，惟邮政不通之处，报民局递寄，信力自理。报费无论多寡，均祈按例先惠。又凡定报之函，寄费自给。

（五）外稿海内大雅，如有鸿作登寄，尤所欢迎，原稿请惠寄苏州天赐庄东吴大学堂。

（六）如蒙惠登告白，刊例不详载，函商面议均可。

《东吴月报》由该校学生会出版科出版，东吴学报社编辑，学报社由“同学会教职员及在校学生三团体各举代表，推选职员”组成。编辑机构不健全。

《东吴月报》的内容，评述性、时事性内容较多，学术性文章较少，专业性学术性不强。

《东吴月报》从1906年创刊到1938年停刊，曾先后七易刊名，先为《学桴》、《东吴月报》，后相继改为《东吴》、《东吴季报》、《东吴学报》、《东吴杂志》、《新东吴》等，共出19卷57期54本，出版时间长达三十多年，走过了一段漫长曲折的道路，在办刊方面积累了较丰富的经验。

1909年　《震旦学院院刊》创刊，上海震旦学院出版。出至1939年，共39卷。1940年起卷期另起，改为每年1卷，现存最后1期为第3卷第1期，1942年出版。

1915年12月　清华大学的前身清华学校创办的《清华学报》创刊。原为季刊，分中英文两种版本，1至4卷1、3、5、7期为英文本，2、4、6、8期为中文本。从第5卷起，1、3、5、7期为中文本，2、4、6、8期为英文本。

为什么创办《清华学报》？在第1期第2号的编辑“小引”中作出了明确回答：“学报者，交换知识之渊薮也。清华学子，以学报有益于学业者甚大。特于课余之暇，译述欧西有用之书报，传播学术：或以心之所得发为文词，或以平时所闻者为余录。虽零纨碎锦不为巨观，而类别分门，颇具条理。诸君子之苦心热力有足多者。语云：君子以文会友。又云：所术乎朋友先施之。方今学理日新，文化日进，凡足以资考镜者几于美不胜收，且人之好学谁不如我。苟以此册与各界各校所出之伟著，互相交换、互相观摩。则此后诸君子之学识，日益增进，而本报亦将继长增高，益求完备。学报之称庶能名副其实欲?”

《清华学报》的内容比较广泛，为综合性，但学术性不强。

1917年初　复旦大学创办的《复旦》创刊。内容有：社论、著述、科学、文苑、课艺、译丛、记事、杂俎、小说等。该刊既登载不少学术论文，也敢于面对现实刊登一些评述政治腐败的时政性文章。

1918年10月　由著名美术家刘海粟等，于1912年创办的中国第一所美术专门学校——上海美术院创办的《美术》创刊，是我国较早的艺术院校学报之一。1919年第2期，当时的全国教育总长、美育的倡导者蔡元培为该刊题字。

《美术》的内容有学术论文，还有世界各国美术作品及美术教育概况介绍、美术名作评介等，栏目众多，内容丰富，影响甚大，1929年9月1日，改名为《葱岭》，抗日战争时停刊。

发展时期
（1919年—1930年）

这个时期是中国社会处于急剧发展变革时期。1917年俄国十月革命的胜利，马克思列宁主义在中国的传播，为中国期刊的迅速发展提供了思想基础，1919年爆发的“五四”运动，猛烈地震撼着我国的思想界、文化界、学术界，在高举民主、科学伟大旗帜下，出现了现代史上的办刊高潮，一批传播马克思主义的报刊和进行学术交流的大学学报破土而出。这个时期的学报不但发展较迅速、数量大，而且学术性较强，并开始由综合性向分科性转变，社会科学、自然科学分科出版的趋势显现；学报的编辑机构较健全。

1919年1月　北京大学创办的《北京大学月刊》创刊。北京大学校长蔡元培为该刊撰写了发刊词：“北京大学之设立，既二十年于兹。向者自规程而外，别无何等印刷品流布于人间。自去年有日刊，而全校同仁始有联络感情、交换意见之机关，且亦借以报告吾校现状于全国教育界。顾日刊篇幅无多，且半为本校通告所占，不能载长篇学说，于是有月刊之计划。”为什么必须创办《北京大学月刊》？蔡元培在发刊词中作了三点阐述：一曰所谓大学者，“实以是为共同研究学术之机关”。师生对学术中的一些问题进行研究，凡“有几许之新义”，便可在“月刊以发表之”。二曰破除专己守残之陋见。鉴于当时师生中存在的守一家之言，排斥其他，或者治文学者，蔑视科学，治一国文学者，不肯兼涉他国；治自然科学，而不稍涉哲学，对此种现象，他提出批评，而办月刊，就可“以祛其褊狭之见，而且对于同校之教员及学生，皆有交换知识之机会，而不至于隔阂矣”。三曰网罗众家之学说，开展学术自由讨论。“大学者，囊括大典，网罗众家之学府也。”他痛切感到“吾国承千年学术专制之积习，常好以见闻所及，持一孔之论”。这种只知其一，不知其二，各执一端，互不交往的治学思想，是开展学术研究的大忌，而创办月刊，可以遵循思想自由之原则，取兼容并收之主义，发表各方面的学术见解，引导学术上自由讨论风气的形成。

《北京大学月刊》在创刊号上登载的“编辑略例”中，又进一步明确了办创宗旨和主要内容。“本月刊为北京大学职员学生共同研究学术，发挥思想，披露心得之机关杂志”，“本月刊取材，以有关学术思想之论文记载为本体，兼录确有文字价值之著作。至于无谓之诗歌小说及酬应文字，如寿序祭文传状之类，一概不收”。即使“兼登译文，亦以介绍东西洋最新最精之学术思想为主，不以无谓之译稿，填充篇幅”。把办刊主旨强调为进行学术研究，把发表学术论文作为学报的“本体”，这是对学报本质属性的精确揭示。

《北京大学月刊》有较健全的编辑机构和学术造诣高的编辑人员。其编辑“由各研究所主任任之”，“每册之总编辑，则各研究所主任迭任之”，“其临时增刊之总编辑，校长任之”。作为校长，蔡元培任总编辑，编委有二十多人，均为造诣高的学者组成，建立了有科学分工的严格的审稿程序。

《北京大学月刊》是我国早期具有代表性的富有特色的较典型的大学学报，它的创办和一系列经验，对中国学报事业的发展影响深远。

1920年1月1日 由上海复旦大学编辑社编辑的《复旦》杂志第3期出版。其内容分为言论、文苑、诗、杂俎、小说、随感录、社会调查等。编辑部组织情况，分英文部顾问、中文部顾问、经理部顾问、名誉编辑主任、英文部编辑主任、中文部编辑主任、经理部主任、编辑员等，共27人组成。

《复旦》杂志，重视发表学术文章，还发表有关社会现实的调查报告。

1921年11月 上海国立东南大学创办的《史地学报》创刊，初为季刊，后改为年出8册。内容有评论、专著研究、世界新闻史、地界消息等。

1922年1月15日 天津南开学校出版部出版的《南开季刊》创刊。该刊“为本校全体师生共同研究学术，自由发表思想之机关，凡关于学术上之稿件，无论何种体裁，均所欢迎。”这是一个文理综合性的学术刊物，主要刊登学术研究论文。

1922年1月 《法政学报》创刊于北京，为法政大学学报，每年10册，内容分论著、杂感两大部分。刊登关于政治、经济、法律、社会、心理、历史、哲学等论文，内容兼容并包，不以法政为范围。

1924年6月 《清华学报》复刊。《清华学报》原创刊于1915年12月，为清华学校创办。原为双月刊，共出22期，1919年停刊。1924年6月复刊后为半年刊，中间停刊。1930年起，改由国立清华大学清华学报编辑委员会编辑出版。1934年9卷起为季刊，1937年停刊。1944年14卷起，改回半年刊。抗日期间，学校迁至昆明，此间只出1期，抗战胜利后，学校迁回北京，1948年停刊。

清华大学创办的《清华学报》是社会科学与自然科学合一的综合性学术刊物。具有一批学术造诣深、研究能力强的作者队伍，为办好《清华学报》创造了有利条件。梁启超、王国维、陈寅恪、赵元任等，为学报提供了高水平的学术论著。

《清华学报》有一支高水平的编辑队伍。陈达、浦薛凤、吴景超、朱自清曾先后担任学报的总编辑或编辑部主任，知名学者赵元任、吴宓、杨树达、冯友兰、杨振声、罗家伦、金岳霖、吴有训、陈寅恪、翁文灏、闻一多、王力、俞平伯等都是编辑部成员。

1927年6月 《燕京学报》创刊，由燕京大学国学研究所、燕京学报委员会编辑出版。半年刊，16开本，每期200页左右，16万多字。主要刊登文学、史学、哲学方面的论著。《燕京学报》有较强的学术性，并注重对学术研究的新成果的介绍与报道。在其简章中声明：“本报以发表研究中国学术之译著为主旨。”在刊登的该刊启事中说“本刊主旨在于发表研究心得……苟非自己研究之结果，幸勿见赐也”。

燕京大学是一所教会学校，学报从15期起，由原来燕京大学国学研究所、燕京学报编辑委员会编辑出版，改由燕京大学、哈佛燕京学社北平办事处编辑。所发文章有的具有明显的美化帝国主义侵略者的内容。

《燕京学报》的编辑人员大多由学术造诣高的专家学者担任。容庚、顾颉刚、齐思和先后担任编辑委员会主任，赵紫宸、冯友兰、谢婉莹、吴雷川、许地山、黄子通、洪煨莲为编委成员。

1928年12月 《辅仁学志》创刊，由辅仁大学辅仁学志编辑委员会编辑，陈垣为编辑委员长，有编委11人。《辅仁学志·编辑略例》指出，该刊主旨“在研究中国学术，凡关于历史、语言、文字、宗教、哲学、美学、金石等著作或译文，均所欢迎”。

该刊系半年刊，每期130页左右，并随时出增刊专号。创刊之后发表了沈兼士、余锡嘉、刘复、魏建功、孙楷第、岑仲勉、唐兰、周祖谟等知名学者的著作。著名学者陈垣的《明季滇黔佛教考》、《南宋初河北新道教考》等具有重大的学术价值。

1929年2月 《东北交通大学校刊》创刊，东北交通大学出版委员会编辑出版。该刊专门刊发研究我国铁路交通运输论著为主的专业学术刊物。张学良任该校校长，并为该刊的创办题写了刊名和创刊弁言。“弁言”阐明本刊“发表师生之言论思想，或其研究而有所得之著作，以公诸社会。断非率尔掺觚，茫无所主。猥以一编脱手……然本刊之主旨：第一，对于国内外交通政策之计划，及其发达之状况为精确之研究，作详细之调查，第二，对于平素研究关于交通上各种学科之心得，然主旨完成之责。则固在于本校之全体师生。而非三五人负有编辑职务者所能为力也。

盖普通学术，尚赖多数学者探讨，方能稍窥底蕴。吾望全校师生，深明之意，本合作之精神。群策群力，勿怠勿荒”。而编者的使命在于“萃集众长……经诸君维护栽培之力，亦必能继长增高，含苞吐蕊。而可与闾山同其巍峨，锦水同其绵长也。勉之勉之企予望之”。

该刊内容有：论著、记载、译述、文艺、附录、校闻等。

《东北交通大学校刊》有严密的编辑机构和明确的规章制度。如在出版委员会编辑部简章中规定：出版委员会编辑部职员设委员长1人，编辑部主任1人，委员6人，干事5人，上述人员由本校教职员及学生中推定。另外还规定第1期发刊由委员长分别转恳转嘱撰外，其余各栏稿件之审定，均规定有关人员具体负责。为保证审稿人审稿时间，每期以放假40日前为投稿截止期；为给编辑留足编改时间，每期以放假35日前为审定终了期。同时还规定编辑部于每月最后的一个星期六开编委会一次，以便互相接洽编辑事务。

《东北交通大学校刊》还制定了“出版委员会组织规程”：暂定每学期出校刊一次，经费由学校支给；凡本校全体教职员及学生出版部之职员均为本会会员；本会职员设委员长、编辑部主任各1人，委员5人，经理部主任1人，委员若干人，本校教职员生均有向本会投稿及收集材料之义务；出版物之校对由投稿者担任，缮写由经理部任之。本会委员长由校长自兼，编辑部主任由委员长就会员中聘任之，经理部主任暂由庶务部主任兼任之。为工作方便，出版委员会设常务委员会，由委员长、编辑部主任、经理部主任及学生出版部的代表组成，常务委员会办事细则由常务委员自定。

1929年11月 《国立劳动大学月刊》创刊，由上海国立劳动大学编辑出版。发刊词申明：“（1）研究总理遗教，（2）提倡劳动教育……（3）介绍专门学识……（4）调查劳动状况。”

该刊内容有两个突出特点：一是刊发的论文敢于接触现实，抨击社会政治腐败；二是重视刊发有重要价值的社会调查报告。如1930年1卷8号刊登的在校学生旅杭参观调查团撰写的12篇调查报告，学报以《杭州市社会事业调查专号》出版。“专号”内容包括杭州市教育、救济事业、罪犯、机关、市政建设、劳动概况等。根据内容性质不同，该刊后来陆续出版了农业专号、劳动事业专号等，显示各自独具特色。

1929年12月 《工学月刊》创刊，由国立北平大学工学院编辑发行。内容分论著、研究、译述、调查、讲演、记录常识、转载、院务、通讯等。征稿简章提出“以研究学术，提倡工业为宗旨”。目的是“引起社会人士的注目，引起大多数同学及国内同志对于工业的兴趣”。在稿件采用上坚持普通知识与专门知识并重，对于有“新发明，研究有心得”的论著尤为欢迎。

《工学月刊》的编辑机构设置是：编辑专任事务员1人，由院长任命之，负责办理月刊全部任务。设干事4人，由院长任命之，襄助专任事务员，办理月刊事务，除专任校对外，并助理文书发行杂务及各事务。稿件交由工学院教授，作为审定员，负责各科稿件审阅之责。

《工学月刊》的稿酬分甲、乙、丙、丁四等，各等均有具体规定。

1929年12月 《岭南学报》创刊，广东私立岭南大学出版。“提倡学术，促进文化”，“倡导学问，阐扬真理”，“以发表学术研究之著作为主旨”。内容为文理综合，以文为主。该刊重视刊发学术论文，同时刊登了一些有价值的社会调查报告。如1934年第3卷第1期刊登的《沙南胥民调查专号》、1935年8月出版的第4卷第3期刊登的1927年至1934年《广州定期刊物的调查》，对研究现代民俗及报刊出版具有一定参考价值。

1930年4月 《社会科学季刊》创刊，国立武汉大学创办。该校校长王世杰在其《创刊弁言》中说：“学术期刊可以看作一国文化的质量测验器。从此类刊物的内容，我们可以窥见一国文化的质素；从此类刊物的种类或其销行数额，我们可以窥见一国文化在量的方面已经达到的程度。”“学术的进展，其条件诚不一而足；然众多条件之中，鉴赏与批评可以说是基本的条件。学术期刊就是鉴赏与批评的媒介。学术期刊的存在可使从事于某种学问之人，以其创作或创见，陈诸从事于同一学问者之前，而供鉴赏或批评。而凡从事同一学问者，并得采取鉴赏者或批评者之见地，立为新的研究基础，以企图新的结果……这就是鉴赏与批评所以成为学术进展的基本条件的原因。”把学术刊物比作衡量一个国家文化的测验器，学术中的新见解是在不断的讨论与批评中获得并前进的，这种见解是颇有见地的。

《社会科学季刊》的内容，主要刊登法律学、经济学和社会学方面的论著。每期辟有“论著”、“特载”、“新书介绍与批评”等栏目，特别是“新书介绍与批评”一栏，发表了不少有影响的书评，是刊物的一个特色。

该刊的编辑机构，设有季刊委员会，由校长聘任本校教员若干人组成，并指定委员会一人为编辑主任。为扩大稿源和校外编辑力量，还函聘校外部分学者为“特约撰述员”，分期担任撰述论文的写作和撰写书评的任务。

1930年3月 《女师大学术季刊》创刊，由国立北平大学女子师范学院图书出版委员会编辑出版。在征稿简单中说明创刊的目的：“为提倡学术，增进学生研究之兴趣起见，组织学术季刊。”

该刊重视学术性，刊发了不少有学术价值的论文。在编排上比较讲究，印制精美。为了方便读者，长文章刊登内容提要，目录采用中英文对照，每隔一段时间，在封四将前几期目录加以汇登。

困难时期
（1931 年—1949 年）

1931 年“九一八”事变，标志着中国的抗日战争开始。从 1931 年至 1949 年，这个时期经历了抗日战争和解放战争两个时期。我国大学学报的发展处于困难时期。因为一方面以蒋介石为代表的国民党反动政府，在政治上、思想上、文化上实行高压政策，限制和禁止人民言论出版自由，扼杀进步出版物。曾先后颁布了《出版法》、《图书审查办法》、《图书杂志审查办法》，使进步书刊包括大学学报的创办与出版遇到很大困难。另一方面由于日本帝国主义疯狂侵略中国，战争频繁，社会动荡不安，学校教育受到严重威胁，华北、华中一些学校内迁，学校教学处于停顿，知识分子生活艰难，学术研究无法开展，学报处于时办时停状态。学报数量减少，学术质量下降等。只有少数学报坚持出版，但也难以为继。学报的发展呈现出萎缩状态。如《复旦学报》1936 年 6 月停刊后，直到 1944 年 10 月才在重庆复刊；清华大学 1937 年出版两期《工程季刊》后停刊，直到 1941 年才在昆明复刊，但也因“抗战期中印刷困难，此报出版，暂不定期”；齐鲁大学国学研究所，曾办有《国学汇编》，但“十余年来，几度刊布，国难以还，学校播迁蜀中，研究所改弦更张”。另如国立湘雅医学院，1942 年曾由长沙迁至贵阳农村，由于纸张困难，学院出版的刊物只得用草黄麻纸印刷。

尽管当时条件非常困难，为了学术的繁荣，为了祖国文化事业的发展，广大爱国知识分子及热爱学报事业的编辑工作者，坚持出版了一些学报。

1930 年 4 月　《交大季刊》创刊，上海交通大学出版委员会编印。出版委员会设主席、总编辑、助理编辑共 12 人组成，钟伟成、胡端行先后任主席。其内容有论著、编著、译著、讲述、转载等。该刊是一个理工科综合性学术刊物，开始出版就分工程号、经济号、管理号、科学号出版。

1931 年 9 月 18 日，日本帝国主义发动“九一八”事变，大举进犯我东北，困难当头，广大爱国群众纷纷撰文揭露日本侵略者罪行，当年 10 月，《交大季刊》第 7 期特出《抗日特刊》。编者在“卷头语”中说：“本期的季刊，原为工程号，应当于秋季出版的，适值日人肆其暴行，夺我沈阳，消息传来，薄海国愤，出版委员会遂决议将本期工程号，改出抗日特刊。”马寅初为特刊写了序言。

“特刊”共发表专论文章 5 篇。在“抗日感想录”栏内，发表了 8 篇文章，这些文章大都为交大学生所写。他们满怀激情，在文中揭露控诉日本侵略者的野蛮罪行，唤起全国人民奋勇抗战。如《国难中国民应有态度》一文，文章开头，作者以沉痛的笔调写道：“危矣！我中华！……死亡流离，哀鸿遍野，当此救恤不遑之际，东邻暴日，又突犯我东北，以数千之众，长驱直入；一夕之间，吾东北半壁河山，染尽血泪，三千万同胞，同沦万劫，此羞此辱，实有史所未有；而国势之危艰，亦实亘古所罕见者也，未死同胞，遥望辽吉，俯顾中原，谁不痛哭流涕，椎心泣血；能不急起奋斗，夺还河山，涤洗奇耻乎！”作者在文章最后大声疾呼：“上下一致，戮力同心，集四万万人之力量，同雪国耻，同伸正义。”“否则，若在此间不容发之时，国人犹七起八落，国土犹四分五裂，则此四千年古国，将永消沉于世矣。”为此，“非团结不能救国，非一致攘外不能救国……同胞乎！国家种族存亡，匹夫有责，望速猛醒！”文章热情洋溢，富有唤起民众一致抗日的坚定信心。

“特刊”还在记录和附录栏内，记录交大和上海教育界开展爱国运动，成立抗日组织，制定《对日宣传大纲》，如何开展抗日活动的详细情况。

《交大季刊·抗日特刊》的出版，反映了交大师生抗战的爱国热情，也说明处在政治斗争和民族矛盾尖锐的时刻，任何学术研究和学术刊物，只有努力反映社会现实的斗争，才能显示学术研究和学术刊物自身的价值。

1931 年 5 月　《中华季刊》创刊，武昌中华大学编辑出版，1936 年 1 月停刊，“以介绍学术与发表师生相互研讨之结果为宗旨”。其内容分论著、研究、评述、调查、文艺、杂著及其他，有时还登载诗歌，小说文艺作品。

作者的政治立场往往决定文章的政治倾向，刊物的编者选用什么文章也明显地体现编者的立场。《中华季刊》1934 年第 2 卷第 3 期刊登的《鄂南匪区视察记》一文，作者站在反动立场上，对我革命根据地人民革命斗争及政治、经济、文化教育等方面的成就进行诽谤与诬蔑，把我党称为“赤匪”，表现了作者编者反动的政治倾向。这一时期的其他一些学报，也有类似表现。

1931 年 12 月　《焦作工学生》创刊，由河南焦作工学院学生自治会出版股出版。内容有论述、学术、调查、文艺、院闻等。该刊重视学术性，也重视对社会现实的研究。如曾刊载的《河南六河沟煤矿公司调查报告》，是我们今天了解当时煤矿工人生活的重要资料。

1931 年 12 月　《厦门大学学报》创刊，厦门大学编辑委员会编辑，文理综合性刊物。林文庆撰写的创刊序言中说：“学报的刊行，可说是发扬名教授的哲理或专长之一种最好的机会。”“利用这种刊物，我们可传布知识于民众……”“本刊另一目的，为了讨论经济、政治、教育及法律等问题，以期继续思想的遗志，参与建设新中国的工作。”

该刊编者在出版序言中说明学报的一个职能就是“能有新见识的贡献”，“本刊类似一镜，可以照示许多有价值的思想”等。

1931年 《湖南大学季刊》创刊，原名湖大期刊，1935年1月改名《湖南大学季刊》，1941年停刊。在投稿简章中编者申明：“凡关于社会科学与自然科学及诗歌小说戏剧等作品，均所欢迎。”该刊从主编到编委都为学生所担任，是该校学生自治会编辑出版的刊物。

该刊除发表学术论著外，敢于面对现实，对国内外重大问题发表看法。1935年4月1日曾出版《国际问题特辑》。编者在《写在前面》的出版说明中说：“日本取得东三省，法国向云南挺进，苏联在谋蒙古的独立，英国一天天对新疆进攻，四川更成为列强虎视的地方。”“无论世界如何转变，大战如何发生，中国要想随波逐浪的脱离列强的宰割恐怕很难。依靠国际联盟的迷梦，国人已经清醒了，九国公约也支离破碎，失了效力，献媚、哀求、和平，靠他人都已经到了碰壁的时候。”作者大声疾呼：“我们已经被这班屠夫——帝国主义——推上了政治舞台，并且成为重要角色，我们已经不能再躲在后台，任人支配，在这紧张的世界里，我们应当：（一）择定自己的道路，以便适应国际的生存。（二）上下一心确定外交的方针。（三）洗出一切的依赖他人的迷梦，自己的事靠自己努力。因此，我们乃在这里刊行国际问题特辑，明晰分析各种问题，使人知道列强备战情形，自己的地位如何，我们应如何努力，才能达到我们的目的和希望，这就是此次特辑的主旨。”

1932年11月1日 《师大月刊》创刊，国立北平师范大学月刊编辑委员会编辑。校长李燕为创刊撰写发刊词：“今后吾校同仁研究之心得，设施之计划，与毕业同学在各地服务实验之报告，皆可借此定期刊物，为之披露。”全年出8期，为适应学科研究之需要，分别出有文学院专号、理学院专号、教育学院专号、附校和附属机关专号。

1933年1月 《女师学院期刊》创刊，河北省立女子师范学院出版课主编。主要刊登文、史、哲方面的研究论文，也兼发一些理科论文和文艺作品。

1933年2月 《安徽大学月刊》创刊，安徽大学编译委员会编辑，发刊词提出，“为促进自由研究之精神，爰有编译委员会之组织，以为本校介绍学术之总机”，其内容有著述、译述、札记、文艺作品等。

1934年4月1日 《河南大学学报》创刊，河南大学出版委员会编印，“以研究学术为宗旨，凡著述、记札、调查、批评介绍、译品等，不拘文言白话，篇幅短长，均所欢迎”。

1934年5月 《社会科学丛刊》创刊，国立南京中央大学社会科学丛刊编辑委员会编辑，其内容以法律、政治、经济、社会、历史及其他社会科学为限。取稿内容“以有关学术贡献者为标准”。“稿件登载后，一律酌赠本刊，惟长篇专著得加赠复印本30份。”为便于读者掌握文章重点，长文章附有内容提要。

1934年6月 《华西学报》出版第2期，华西协和大学中国文学系、哈佛燕京学社编辑出版。其内容分名言部、学术流别部、文史部、地形部、故事部、杂文录、韵文录等，为综合性学术刊物。

1935年7月1日 《四川大学季刊》创刊，国立四川大学季刊编辑委员会编辑。该刊编辑委员会依文、理、法三学院之顺序分为三组，每组轮流负责编辑一期，主要刊发学术论文。

1935年10月1日 《农学月刊》创刊，国立北平大学农学院农学月刊社编行。发刊词提出：“本志编述纯以农学为范畴，不涉及其他普通问题……本杂志专在农的方面着眼着笔，直接目的，则为我生产落后的国家负一部分农业建设的责任。本杂志虽产生北方，又为北平大学农学院的定期刊物，但决不划地自封，很愿意以一部分的篇幅作公共的园地。全国农学专家，或有志于农学的人士，若有高见或新著，只要不吝珠玉，即可投在本杂志上发表。”本刊启事还申明：“本刊以阐扬农林学术，促进农村经济建设为宗旨，延聘专家撰述……凡适合本刊文字，均所欢迎，至祈海内贤达，宠赐鸿文，籍广流传，是为至幸。”内容分论著、研究、报告、调查、国际国内农务要闻、译述、农林通讯等。

《农学月刊》除发表学术论文外，还发表一些结合农业生产的调查报告。如创刊号上刊登的《冀南盐碱地视察报告书》，另外如《北平坛庙古树虫害考察报告》，《河南焦作市附近的菜园事业》等，对促进农业生产都具有重要参考价值。

《农学月刊》编辑工作很认真，封面设计庄重大方，目录标题醒目、主次分明、图文并茂、印制清晰，发行三千多份，在农业刊物中，是当时发行量较大的刊物。

《农学月刊》除设专职主编外，另设特约分组编辑顾问40人，为阐明办刊宗旨，说明编辑意图，每期刊有主编的编辑后记，点明重要文章要旨，对作者、读者提出希望。

1936年1月 《暨南学报》创刊，暨南大学编辑出版委员会编辑。开明书店经销。周予同为编委会主任，另有编辑委员13人，是一个综合性学术刊物。

1941年11月 《中山学报》创刊，国立中山大学出版，内容为综合性，并按学科性质由学院主编专号，出有文学院专号、地质学专号、理学院专号，医学专号等。张云为该刊创刊写了发刊词，认为学报的任务在于“传播文化，探研学术”。作者认为在现代，一个大学的存在“是反映着一个民族的灵魂，也是一个国家的乃至世界的最高学术、文化成就的表征”。作者进一步指出创办学报也是抗战的需要。“抗战越接近胜利，其困难也必更多。而对于学术的需求，也越加迫切。战争一面残酷地摧毁着固有的学术成果，另一面又在强烈地摧迫新学术的生成。大学要在抗战的历程中贡献出新学术来。”作者最后满怀信心地预示：“我们不仅抗战，同时又在建国。我们要在这炮火中建立一个文明而合理的新国家。向着这个伟大目标前进的过程中，学术的广泛而深入的赞与，是绝不容轻缓的事情。没有坚实强大的学术力量，要想建造一个理想的新国家，事实上决不容易成功。没有疑义，建国比起抗战来，更加需要学术的赞助与推进。大学肩负着学术的建设，也就责无旁贷”。发刊词的作者，不仅把大学学报看作传播文化，探讨学术的载体，对人类文化建设起着重大作用，而且事关祖国前途，人类命运，关系未来新中国建设。显示了作者的政治眼光和远见卓识。

1942 年 11 月　《国立西北师范学院学术季刊》创刊，国立西北师范学院出版委员会编辑。

1945 年 9 月 3 日　《交大学报》创刊，国立交通大学出版委员会出版。是一个以发表工业交通论著为主要内容的学术刊物。当时办刊条件极为困难。正如发刊词说：“本校内迁来渝已达五载，在抗战期中，后方物质缺乏，学术机关设备不充，教授生活清苦，凡此种种影响于学术研究之发展者甚大。本校因内迁较迟，一切设备尤感困难。在此种情况下，本校同仁尚能固守岗位，继续研讨，从事著述，实非易事。本刊承校内外热心学术者之襄助，本拟早日发刊问世，以经费印刷困难，稽迁迄今，深望出世后能继续刊行，按期出版。”社会动乱时期，学报的艰难，可见一斑。

1946 年 12 月 25 日　《台湾省立工学院学报》创刊，台湾省立工学院出版委员会编辑。同时创办的还有《台湾工学院院刊》，《院刊》发刊词指出，学报和院刊的创办是便于校内“诸同仁等讲授之暇、辄事研索。论辩究诘，时发隐奥；悬拟实证、每获新知。更感操觚、藁且及尺、篇章既积，便拟公表。于是咸议以期刊问世，数经商略，决定印行学报院刊二种”。院刊的宗旨是“在探讨科学，商榷学术，发扬民族精神及披露本院教育概况”。学报的宗旨是“研究科学，阐扬学术理论为主。凡有关理工科学方面之专门著作，而未经发表者，均所欢迎”。

1947 年 5 月　《山大学报》创刊，国立山西大学出版委员会编辑出版。

1947 年 9 月　《浙江学报》创刊，浙江大学学报编辑委员会编辑出版。是一个以人文科学为主的综合性学术刊物，共出 4 期停刊。

1948 年 4 月　《西大学报》创刊，国立广西大学编辑委员会编辑出版，其办刊宗旨“在研究学术，而不仅以传授知识，敷布文教为能事”，“为树立学术研究之先声，大学之生命系之”。而对战争给学校教育带来的严重困难，该刊发刊词提出：“战争摧毁文艺，敌寇为刽子手，尤以大学为目标，弦诵咿唔之声，不绝如缕，其流亡播迁，分崩离析情形，何堪名状”。这真是当时中国大学教育惨景的写照。正如有的学报编者所说，有些学报的文章是在图书的缺乏之中，在跑警报的疲困之中，在米价高涨的恐怖之中临时赶写的。

1948 年 5 月 15 日　《珠海学报》创刊，珠海学报编辑委员会编辑出版。

1949 年　《协和大学学报》创刊，由福建协和大学协大学报编辑委员会编辑，福建协和大学中国文化研究委员会出版。《协大学报》为年刊。在此之前，福建协和大学出版委员会曾办有《福建文化》，协和大学中国文学系曾办有《协大文艺》，1949 年，两个刊物合并，名为《协和大学学报》。

处于半封建半殖民地的旧中国，封建统治者不重视发展学术事业，大学学报也不可能得到真正的发展和繁荣。只有 1949 年 10 月 1 日中华人民共和国成立之后，在中国共产党的领导下，大学学报才真正走上发展繁荣之路。

二、新中国大学学报的曲折前进（1949—2002 年）

1949 年 10 月 1 日，中华人民共和国的建立，标志着新民主主义革命的结束，社会主义革命及社会主义建设的开始。新中国的建立标志着中国大学学报的发展进入了一个崭新的历史时期。随着革命事业的推进，五十多年来，大学学报经历了恢复创建、短暂发展、曲折、全面繁荣发展几个阶段。优越的社会主义制度，党和政府对学术事业的重视，为大学学报的繁荣发展开辟了无限广阔的天地，学报在繁荣发展学术事业，推动两个文明建设中越来越发挥着巨大作用。

大学学报的恢复和创建（1949 年—1956 年）

从新中国建立到 1956 年，是我国基本完成社会主义改造时期。这一时期国民经济经过恢复并得到发展，文化教育科学事业经过整顿，初步呈现出复兴发展的局面。与此同时，高等教育稳定发展，学术研究日益活跃。为了适应经济建设和文化建设的需要，我国的一些历史悠久的大学开始恢复和创办了自己的学术刊物——大学学报。

这个时期的学报从内容上可分为社会科学和自然科学学报。其特点是：创办者指导思想比较明确，坚持了学术性，重视理论联系实际，对学报的性质功能作用等问题有清醒的认识；重视宣传马克思列宁主义和辩证唯物主义，重视对资产阶级唯心论的批判；领导重视，知名教育家倡导并参与学报的领导和编辑工作；有比较健全的编辑机构，学报工作总体上发展健康。但随着社会上"左"倾思潮的出现，在五六十年代开展的几次学术批判中，学报所刊发的一部分文章学术性不强，对学术思想中的是非问题，缺乏科学分析，片面性、简单化倾向明显，往往把学术问题与政治问题混为一谈，伤害了一部分知识分子，给学报的发展带来不良影响。

社会科学学报

1951 年 5 月　《文史哲》创刊，是由山东大学历史语文研究所和文学院的一些同仁创办的、新中国成立初期创办最早、影响较大学报性质的学术刊物。1953 年开始，曾成为山东大学的学报，此后成为社会性的有重大影响的哲学社会科学刊物。

该刊宗旨正像编者自己讲的，"我们的宗旨是刊登新文史哲的学习和研究文字，通过写作的实践，来提高我们的理论水平，并借以推进文史哲方面的学习和研究。"长期的办刊实践，《文史哲》形成了自己的特点和好的传统。

一是重视学术质量和理论联系实际。创刊伊始，为适应广大知识分子高涨的政治热情和如饥似渴的学习马克思列宁主义毛泽东思想的要求，力图用马克思列宁主义指导教学和科学研究，有计划地刊发联系实际，宣传马克思列宁主义毛泽东思想的水平较高的论著。著名学者华岗、顾颉刚、王亚南、周谷城、肖涤非等，都在该刊发表了自己的学术研究成果，保持了高水平的学术品位。

二是发扬学术民主，提倡不同学术观点的争鸣。20 世纪 50 年代，该刊曾开展了关于中国古代史分期的讨论和《红楼梦》研究的讨论，引起了毛泽东的重视。

三是重视发现新人，培养新人。当时作为山东大学校长的华岗担任该刊社长，他提出："尽量使每一期刊物上出现一个新作者。"他曾提出对青年人的文章，不要求全责备，只要文章有一得之见，有好的苗头，要给予热情的帮助和扶持。在此思想指导下，该刊编者恪守既尊重老专家老学者的著作，又注意扶植发表青年作者富有创新的论著，不单以名取稿，不轻易埋没有见地的青年作者。许多当年在《文史哲》发表过文章的青年作者，后来不少成为知名专家学者。

四是严肃认真的编辑作风和艰苦创业的革命精神。《文史哲》编辑工作一向严肃认真。稿件的采用，先经编委会集体讨论，提出初步意见，社长亲自审定。对刊发的文章，从内容到形式直到校对，各个环节都认真把关，力求把错误减少到高低限度。著名学者蔡尚思曾评价《文史哲》："这种一丝不苟的精神，不仅造福了当今读者，它也是对祖国文化和子孙后代具有高度责任感的一种表现。"

《文史哲》创刊初期没有专职编辑。编辑、校对、出版、发行，全是当时山东大学文学院和历史语文研究所一部分教师承担的。由于经费困难，工作人员只尽义务，不取报酬，有时自己还拿钱支付印刷费、稿费。正是发扬了这种艰苦奋斗、无私奉献的精神，刊物越办越好。20 世纪 50 年代初，《文史哲》已蜚声中外，发行量倍增，在国外发行三十多个国家和地区。

《文史哲》之所以成为 20 世纪 50 年代国内外著名的大学学报，是与当时山东大学校长兼《文史哲》社社长的著名学者华岗的努力分不开的。华岗同志是《文史哲》的热心创办者，他以校长的身份，领导《文史哲》的编辑工作，他尊重知识分子，注意发挥老学者的作用，又爱护关心青年学者。著名学者吴富恒曾称赞华岗："他不但经常听取扬向奎等几位常务编委的汇报，与编委同志们一起研究工作，而且还积极带头写稿，亲自审稿、改稿，每期的文章都全看一遍，进行修改，有时为了及时把稿件发出，不耽误出版，经常连夜突击看稿、改稿。从 1951 年创刊到 1955 年华岗同志受诬陷被关押，五年多的时间，《文史哲》的每一篇文章，几乎都灌住了华岗同志的心血。"

1952 年 7 月　《厦门大学学报》创刊。著名经济学家、厦门大学校长王亚南为学报的创办撰写了《编辑后记》。提出学报是一种"有创见有发现的学术通报"。学报是学者"新的研究方向的学习报告"。

1955 年 1 月　《南京大学学报》创刊。著名心理学家潘菽在创刊号上写的《几点说明》中认为学报是大学教师"在教学改革或科学研究中的功绩用一种是有永久性并有较广泛发行范围的刊物予以记载"的载体。

1955 年 7 月　《北京大学学报》创刊。校长马寅初为学报的创刊撰写了发刊词。发刊词提出"北京大学的社会科学工作者和自然科学工作者依照科学'服务于经济建设和文化建设'的方针"。"把自己的科学研究工作去配合国家的实际需要"，"进一步发挥集体智慧，提倡集体创造，来迎接经济建设与文化建设的高涨"，"应该把我们的科学研究工作和教学工作紧密地结合起来"。以此作为办学报的指导思想。

1956 年 9 月　《北京师范大学学报》创刊，校长陈垣为学报创刊写了发刊词，根据毛泽东提出的发展繁荣学术要坚持"百花齐放，百家争鸣"的方针，科学地阐明了在学术研究和办学报中应遵循"百花齐放，百家争鸣"的原则。陈垣从历史上学术发展的经验中提出："我国历史上往往是在政治不统一时候，自发地出现不同的学派，学术思想就因之比较昌盛。春秋战国百家竞起，异说争鸣，成了过去历史上学术发展的黄金时代。三国时，社会动乱，所谓乾纲解纽，思想稍稍得到解放，三国人才之盛，人所共知。两晋以后，南北分裂二三百年，而这时期单拿翻译外国佛经典籍来说，就有一千多部。而在封建王朝政权极盛的时代，常是'罢黜百家'，'定于一尊'，学术思想因之就受到了钳制。""历史上也有'争鸣'的局面，但那是自发的，无领导的，不是有意识的，以发展学术、繁荣文化为目的的；到了统治者对学术思想的'领导'比较强的时代，一般说都是禁止'争鸣'，学术思想受到束缚，因此那时候的文化发展，有很大限制。"陈垣认为："今天我们是人民当家作主，人民自己得到了政治权利，我们是有意识地有领导地采取'百家争鸣'的方针……我们的优越的社会制度，给予我们科学研究以物质条件和充分的自由，这就是发展学术的最有力的保证。""在学报中，我们要切实贯彻这个方针，反对一切妨碍争鸣的限制，解除科学研究方面的教条主义的束缚。""我们要充分利用学报这一园地，在学术研究上热烈地争鸣，成'家'的可以鸣，不成'家'的也可以鸣；年老的教授可以鸣，年轻的教师也可以鸣。大题可以鸣，小题也可以鸣。洋洋大观，一得之见都无不可；只要是持之有故，言之成理，都有争鸣的权利。但是那些不用思考，信口开河，空洞武断，冗长无物，或者生硬地引文不加阐发，或者盲从附会不加分析等类文章，不属于学术研究，与'学报'精神不符，则避免刊载。"

1955 年 7 月 《东北人民大学学报》、《浙江师范学院学报》创刊。

1955 年 10 月 《南开大学学报》创刊。

此外，这个时期创刊的学报还有《中山大学学报》、《华东师范大学学报》、《湖南师院学报》、《华南师范学院学报》、《开封师范学院学报》、《云南大学学报》等。

自然科学学报

1950 年 3 月 哈尔滨农学院创办的《哈农学报》创刊，是新中国建立创办最早的农业院校学报。

1954 年 《哈尔滨工业大学学报》、《大连工学院学刊》先后创刊。

1955 年 3 月 《四川大学学报》创刊。该刊在阐述自己的办刊宗旨时提出："科学研究工作，一方面必须结合生产建设和教学工作逐步开展，同时还应当把研究工作和宣传唯物主义思想，批判唯心主义思想的工作结合起来。这样，我们的科学研究工作既服务于祖国社会主义经济和文化建设，而且对于加强教学内容的思想性，从学术思想上划清阶级界限，取得思想战线上的胜利，也有较大的帮助。本刊的编辑方针就是朝着这个方向努力前进的。"

1955 年 4 月 《复旦学报》创刊。该校校长陈望道为其撰写了发刊词，提出：刊行"《复旦学报》，是为便于教师发表研究成果，交流研究经验，促进科学研究工作的广泛开展和重点发展，也以便于开展学术上的自由讨论和自由批评，反对唯心论的思想，宣传唯物论的思想。这是复旦大学开展学术研究风气，提高学术质量的一个重要阵地"。

同年 4 月创刊的还有《华南航空学院学报》、《北京钢铁工业学院学报》。

1955 年 6 月 《东北师范大学科学研究通报》创刊。发刊词开宗明义提出，创办科学研究通报的目的在于以"教师的科学研究为基础，发表科学研究成果，交流学术上的意见，开展学术上的批评与自我批评，借以进一步推动科学研究，提高科学水平和教学质量"。

1955 年 10 月 《天津大学学报》、《北京农业大学学报》创刊。

1955 年 12 月 《东北人民大学自然科学学报》、《清华大学学报》创刊。匡亚明在为《东北人民大学自然科学学报》写的带有发刊词性质的《关于在高等学校开展科学研究工作的若干问题》一文中，特别强调学报要刊发具有创新性的论著。他说："科学研究的成果，一般表现为二种形式：一种是用已有的原理原则或公式说明新的事物和问题，或用新的事物和问题去证实已有的原理或公式。另一种是根据新的事物和问题的研究，去修正补充已有的原理原则或公式，以至开拓新的领域，进一步探索自然秘密，推翻陈旧的原理原则或公式，从而确立新原理原则或公式。前者有所说明，后者有所发明。二者都有创造性……在科学研究中，二者都应提倡……在科学研究中能对旧原理原则或公式有所修正补充，以至发明新原理原则或公式，哪怕是很小的发明，都是一种难能可贵的创造性贡献，应该欢迎，应该提倡。"

在这个时期创办的还有《南京大学学报》(1956 年 1 月)、《西北农学院学报》(1956 年 2 月)、《华东纺织工学院学报》(1956 年 6 月)、《华东药学院学报》(1956 年 8 月)、《浙江大学学报》(1956 年 8 月)、《北京航空学院学报》(1956 年 10 月)、《山东工学院学报》(1956 年 11 月)。

前进中的曲折
(1957 年—1966 年 5 月)

1956 年，我国基本上完成了社会主义改造，开始转入全面建设社会主义新时期。根据国际国内形势，毛泽东提出“百花齐放，百家争鸣”作为促进艺术发展和科学进步长期的基本方针，倡导艺术上的不同形式和风格可以自由发展，科学上的不同学派可以自由争论。用自由讨论来解决学术研究中的是非问题。

在“百花齐放，百家争鸣”方针指引下，学术繁荣，大学学报发展。这个时期的许多老学者，在“双百”方针鼓舞下，解除顾虑，精神焕发，努力进行科学研究活动，喜庆知识分子的春天到来。北京大学教授朱光潜自1955年至1963年先后在《北京大学学报》发表了《亚里士多德的美学思想》、《黑格尔的美学批判》、《席勒的美学思想》、《车尔尼雪夫斯基的美学思想》等9篇论文，16万多字。哲学家冯友兰、任继愈，史学家翦伯赞，这个时期也先后分别在《北京大学学报》上发表论文6篇以上。总体上看，这个时期政治环境比较宽松民主，学报数量有了发展，社会科学学报由过去的20多种发展到40多种，自然科学学报由过去的30多种发展到100多种。但是这个时期政治运动频繁，“左”倾思想发展，给学报的发展造成严重干扰，学报发展的道路上出现了曲折。

社会科学学报

这个时期的社会科学学报，从总体上看，坚持了学术性。

据对北京大学、复旦大学、南京大学、中山大学、厦门大学、武汉大学、四川大学、山东大学、吉林大学、兰州大学等10家学报统计，1957—1965年刊登论文2010篇，其中学术性文章占文章总数的83%。另据北京师大、华东师大、华中师院、西南师院、甘肃师大等6家学报统计，1957—1965年刊登论文601篇，其中学术性文章占80%。在这些论文中出现了一批质量高影响大的论文，许多高校的重大成果都是首先在学报上发表的。

重视对现实问题的研究是这个时期学报的一个特点。如《北京大学学报》1963年第3期刊登的《农业是国民经济的基础》、《<创业史>第一部的突出成就》；《北京师范大学学报》1958年第3期刊登的《关于河南长葛第三初级中学贯彻勤俭办学、勤工俭学的考察报告》等，在一定程度上代表了当时有关学科的研究水平。

这个时期的学报学术争鸣气氛也较活跃。为了贯彻“双百”方针，《北京大学学报》曾先后引导开展了曹操评价的讨论、康熙、石达开评价的讨论、洋务运动和资本主义发展关系的讨论、山水诗有无阶级性、无产阶级艺术标准的讨论、《创业史》中梁生宝形象的讨论等；山东大学《文史哲》开展了文学创作中典型问题的讨论、鬼戏问题的讨论、学术研究中方法论与厚古薄今问题的讨论；《厦门大学学报》开展了对郑成功评价的讨论等，一时间，学术讨论争论的空气十分浓厚。

重视发挥本校学科优势，探索办出学报特色，一些学报作了尝试。《北京大学学报》重视发挥本校文史哲传统学科的研究优势；《北京师范大学学报》注意发挥教育学、心理学的研究优势；《厦门大学学报》突出经济学的研究优势；《武汉大学学报》的图书馆学研究论著在学报内容中占有重要地位；《中山大学学报》出版了《东南亚各国华侨问题专号》；《四川大学学报》出版了《义和团运动60年纪念专辑》；《西南师范学院学报》出版了《中小学教学改革专号》等，既体现了各校的学科优势，也突出了自身的独具特色。

自然科学学报

1956年党中央向全国人民发出了向科学进军的号召，在科学研究上又执行了“双百”方针。这个时期，经济建设蓬勃发展，科学文化教育事业繁荣。1957年前后，自然科学学报平均每年新创刊20多种，1957年至1965年我国创办的自然科学学报有140多种，是建国后学报发展较快的时期。从学报的内容看，呈现多学科、专业设置多、学科领域研究比较深的特点。学报在反映高校科研成果，推动社会主义经济建设，发展生产力，传递科技信息方面产生了积极的作用。其特点是：

一是坚持理论联系实际，服务于经济建设是编辑工作的指导方针。《清华大学学报》在其创刊《前言》中提出：“科学研究工作应该服务于社会主义经济建设的需要……学报应该反映全校教师科学研究的成果，通过它总结经验，开展学术上的讨论批评。”该学报在征稿简则中对稿件内容的要求是：“学术上有一定的创造性，对国民经济有一定价值，合乎理论联系实际的原则，能解决生产上的问题。”遵循这一原则，《清华大学学报》刊发了不少既有较高理论水平，又有理论联系实际的重要科研成果。

二是学科门类齐全，反映内容广泛。作为综合性自然科学学报反映的学科内容涉及到数、理、化、天、地、生、医、农、工等，众多学科地研究，广泛地反映了各个学科领域的新成果。

三是重视基础理论研究。《清华大学学报》1955年至1965年对出版的14期学报统计，刊发文章200篇，其中基础理论研究的文章150篇，《同济大学学报》1956年至1960年，刊发文章186篇，其中基础理论文章占120多篇。

在这个时期，虽然大学学报有了发展，取得了很大成绩，但随着政治形势的发展，“左”倾思潮愈演愈烈。1957年反右斗争由于严重扩大化，给思想界学术界带来严重后果，使1956年之后学术界刚刚出现的思想活跃的局面受到窒息。频繁的政治运动，“左”倾思潮的发展，使这个时期的大学学报受到严重干扰。其表现之一，片面强调学术研究为现实政治服务，为紧密配合政治运动，不少学报发表了一些没有学术价值、理论价值的应景之作和不属于学术研究范围的内容。以当时对70所高校哲学社会科学学报统计，1957年至1963年所发表文章学术性文章仅占67%。“左”倾思潮对学报干扰的表现之二是压制不同意见、窒息学术研究，对有见解有思想的进步学者进行错误的、过火的批判围攻。维护真理、坚持原则的马寅初受到错误批判就是一个突出的事例。

马寅初，我国当代著名经济学家、教育家，1951年至1960年任北京大学校长，在1957年反右之前，曾发表了他的《新人口论》，提出提高人口的质量，控制人口的数量为基本内容，在社会上引起强烈反响。在陈伯达、康生的指使下，诬称《新人口论》是宣扬马尔萨斯的资产阶级人口理论，在全国开展了一场声势浩大的批判运动。据对当时10家学报的统计，从1958年到1962年就发表批判马寅初的文章28篇。有的批判文章把马寅初说成是反党反社会主义、反马克思主义的急先锋。康生还提出：“要像批判帝国主义分子艾奇逊那样来批判马寅初。”面对几百篇以势压人的批判文章，一顶顶政治帽子，马寅初毫不畏惧。他坚定地说：“我虽年近八十，明知寡不敌众，自当单身匹马，出来应战，直至战死为止，决不向专以力压服不以理说服的那种批判者们投降。”并表示：“我不怕孤立，不怕批斗……我只考虑国家和真理，从不考虑自己；为了国家和真理，我不怕冷水浇，不怕油锅炸，不怕撤职、坐牢，更不怕死……无论在什么情况下，我都要坚持我的人口理论。”表现了马寅初“粉身碎骨不必怕，只留清白在人间”的高度原则性和为了维护学术尊严的献身精神。

“左”倾思想对学报工作带来了严重的干扰，其中的教训是深刻的，它告诉我们，作为学术刊物的学报，必须始终坚持学术性，在学报编辑工作中必须注意划清学术问题和政治问题的界限，在学术活动中和编辑活动中，必须坚持“双百”方针。

“文化大革命”对大学学报的破坏
(1966年6月—1976年)

1966年6月开始的长达10年的“文化大革命”，是一场空前的浩劫，给党和我国人民带来了深重的民族灾难。由于林彪、江青两个反革命集团的横行肆虐，使我国的各项事业遭受到严重的破坏，特别是文化教育出版工作受到了严重摧残和扼杀。“文化大革命”开始，由于“四人帮”的破坏，各地出版机构处于瘫痪状态，绝大多数期刊停刊。1965年全国有期刊790种，到1967年只剩下23种，1969年仅有20种期刊，种数之少，为中国期刊史上最低数。1965年我国出版的大学学报有近50种，“文化大革命”开始，绝大多数已停刊，以“清理思想，肃清修正主义流毒”。从1966年下半年到1973年下半年，在中国大学学报史上出现了长达7年之久的“空白”阶段。

在“文化大革命”中，林彪、“四人帮”，出于篡党夺权的需要，他们垄断舆论工具，把所有的宣传工具，包括大学学报也纳入他们篡党窃国的轨道，极力改变学报的性质方向。他们直接控制的原《北京大学学报》，盗窃复旦大学名义、打着复旦大学旗号的《学习与批判》，实际上已变为他们篡党夺权“全面专政”的“帮刊”。

1973年9月，“四人帮”直接控制的《学习与批判》在上海创刊。在“四人帮”的指使下，自1973年9月至1976年9月，在出版的38期刊物中，其御用写作班子以罗思鼎等之名，抛出大量以研究历史为名，大搞影射史学，恶毒攻击周恩来等党和国家领导人的文章。

“四人帮”直接控制的原《北京大学学报》，其御用写作班子，秉承“四人帮”旨意，以梁效的名义，自1973年至1976年上半年，抛出文章七十多篇，这些文章借评水浒、批林批孔、批儒评法为名，把攻击矛头指向周恩来、邓小平同志，并篡改歪曲马列主义毛泽东思想，为篡党夺权提供理论依据。

“四人帮”在政治上压制民主，在学术上窒息学术研究。当时一些学报上的文章稍有不合“四人帮”的观点，立即大兴问罪之师。

在“文化大革命”极端困难的条件下，毛泽东对大学学报给予了极大关注。1973年4月，新华社记者在一份上报的“内参”中反映了有关数学家陈景润在生活工作条件困难的情况下在科研上取得重大成果的情况，引起毛泽东、周恩来的关注。4月24日深夜，毛泽东找姚文元谈话，要他和国务院科教组迟群给陈景润解决治病和住房问题。就在这次谈话时，毛泽东作了如下批示：“有些刊物为什么不恢复？像《哲学研究》、《历史研究》。还有些学报，不要只是内部，可以公开。无非是两种：一是正确的，一是错误的。刊物一办就有斗争，不可怕。”在毛泽东批示后，一些大学学报陆续复刊，并相继创办了一些新学报。1973年到1976年间，共出版学报110多种。这些学报是在“文化大革命”后期复刊和创办的。在各院校党委领导下，广大编辑人员对“四人帮”的错误路线和错误思潮进行了不同程度的抵制，在宣传马列主义毛泽东思想，发展学术方面做出了一定成绩。但由于受到“左”倾思想影响，一些学报一度作为“大批判”的工具，发表了不少配合政治形势的文章，真正的学术研究性文章极少。

鉴于"文化大革命"对学术研究和学报编辑工作的破坏，广大学报工作者冷静地开始总结经验教训，为以后搞好学报编辑工作创造条件。

繁荣学术研究，办好学报，必须有一个民主、和谐、融洽安定的政治环境。"四人帮"执行极"左"路线，大搞文化专制主义，在学术研究中乱扣帽子、乱打棍子、乱抓辫子，捕风捉影地抓住学术研究中的某些问题，罗织罪名，无限夸大上纲，轻易地把正常的学术问题上升为政治问题，把不同的意见说成反动的，动辄加以批判斗争，严重混淆了两类不同性质的矛盾，造成了学术研究上的"万马齐喑"的惨局。学术研究和学术自由是以政治民主为前提的，没有高度的民主，就不可能有生动活泼的学术研究，只有创造一个民主和谐的社会政治环境，学术才能繁荣发展。

其次，区分学术中的是非正确与错误最根本的是靠社会实践，决不能根据某些人的政治需要，随意宣判某种观点是正确的，某种观点是错误的，简单化地处理学术中的是非问题是有害的。

第三，牢记办刊宗旨，始终坚持学报的学术性。学术性是学报的本质属性，也是学报的历史传统。"四人帮"为了实现自己的政治目的，竭力改变学报的性质，把学报办成配合他们所谓中心任务的宣传工具。当时的许多学报，发表了不少时事评述性文章；有的还发表一些杂文、诗歌、小说，学术性文章很少，即使是学术研究文章，也往往牵强附会，乱戴政治帽子，跟着政治形势转，失去了学术价值。

第四，加强编辑队伍自身建设，增强编辑人员的主体意识。"四人帮"横行之时，形而上学猖獗，主观唯心论盛行。由于受错误思潮的影响，在学报编辑队伍中，一些同志存在着唯书、唯上，缺乏独立思考，当一股错误思潮袭来时，失去辨别力与抵抗力；当某些人提出某些左的、错误的口号和观点时，不加分析，就组织文章论证、诠释、引申；报刊上点名批判某些人时，就跟着鼓噪围攻；谁发表不同意见就视为异端邪说，就开展大批判，肃清流毒。这种批判往往无节制的进行。究其原因，它反映了我们编辑队伍中的一些同志马克思主义水平不高，对理论工作和学术研究的规律缺乏自觉认识，因而在那种"大气候"下，在那种狂热的喧闹声中，只能跟着起哄、刮风，同时也说明我们队伍中的一些同志的独立思考、主体意识不强。因而提高理论水平，提高认识，增强抵制错误的能力是一项迫切任务。只有这样，才能保持冷静头脑，站稳脚跟，遇事不乱，临危不惊，从容应对，作出正确判断，把学报编辑工作做好。

拨乱反正中的大学学报
(1977年—1981年)

1976年10月，党中央粉碎了"四人帮"，从危难中挽救了革命，挽救了党，我国从而进入了一个新的历史时期。

粉碎"四人帮"之后，摆在全党面前的重要任务：一个是纠正"文化大革命"的错误，一个是揭发批判"四人帮"的罪行，在理论思想战线上开展拨乱反正、正本清源的工作。但当时"两个凡是"即："凡是毛主席作出的决策，我们都坚决拥护，凡是毛主席的指示，我们都始终不渝地遵循。"严重束缚着人们的思想，为拨乱反正设置了种种障碍。因而必须在思想战线上冲破禁区，解放思想。

1978年5月间，在我国开展的"实践是检验真理的唯一标准"的大讨论，是"在新的历史条件下吹起了马克思主义指导下思想解放运动的号角"。真理标准的大讨论，冲破了"两个凡是"的樊篱，破除了现代迷信，推动了思想解放，为党的十一届三中全会召开作了最重要的思想准备、舆论准备。

1978年底党中央召开的党的十一届三中全会，确立了解放思想、开动脑筋、实事求是、团结一致向前看的指导方针，重新确立了马克思主义的思想路线、政治路线、组织路线，使党掌握了拨乱反正的主动权，使党的事业走上了健康发展的轨道。

在拨乱反正的推动下，我国的大学学报有了新的发展。从1973年下半年到1981年，全国恢复和新创办的社科、自然科学学报290多种，其中社科学报150多种，自然科学学报140多种，比1973年到1976年间增加一倍多。

这个时期的学报工作可分为两个阶段。从粉碎"四人帮"到1978年为恢复整顿阶段。在"文化大革命"时期，由于"四人帮"的干扰破坏，篡改了学报的政治方向，窒息了学术研究，学报编辑人员受到打击迫害。许多学报在思想理论和指导思想上，程度不同的受到"四人帮"的影响，发表了一些有错误内容的文章。为了总结经验教训，不少学报在这个时期进行了思想整顿和组织整顿，为开创学报工作新局面创造了良好条件。但从总体看，粉碎"四人帮"之后两年之内，"两个凡是"的禁区没有打破，虽然不少学报开始对林彪、"四人帮"鼓吹的"天才论"、"批判唯生产力论"、"全面专政论"、"三突出论"、"黑线专政论"等进行了批判，澄清了被"四人帮"搅乱了的思想是非、理论是非、路线是非，学报发挥了重大作用。但有些文章显得空洞，缺乏科学性和说服力，学术性、理论性也不够强。

1978年下半年到1981年，学报工作进入第二阶段。由于开展了真理标准的讨论，促进了思想解放，学术思想活跃，学报工作有了根本性的转变，在新的历史时期发挥了重大作用。

在拨乱反正，思想解放中起了推动作用。在这方面，《南京大学学报》走在了这场斗争的前头。

《南京大学学报》1978年第1期刊登的梁宁《坚持理论与实践统一——哲学社会科学研究工作中的一个重大问题》，提出："理论与实践的统一，是马克思主义的一个最基本的原则，也是无产阶级政党区别于其他政党的显著标志之一。"作者认为："只有使理论符合于一定的社会经济关系的现实和历史，只有从生动的实际生活出发，才能做出经得起客观检验的最确切的分析……马克思主义是随着实践的发展实践来检验。如果离开了实践的标准，而仅用马列主义现成的个别结论衡量，就违背了马列主义的基本精神。"这是我国理论界较早提出要用实践的观点作为检验真理标准而发表在学报上的一篇文章。

《南京大学学报》同年第4期，以显著位置刊登胡福明的《坚持实践第一的观点整顿思想作风》、《马克思主义是科学》；陈白尘的《驱散林彪、"四人帮"的阴魂》；韩儒林的《打破"禁区"解放史学》等5篇阐述实践是检验真理标准的文章。与此同时，1978年复刊后的《复旦学报》开辟了《关于真理标准问题的讨论》专栏，刊发了胡曲国、周谷城等人的7篇文章。《北京大学学报》刊登了黄楠森、陈志尚等《社会实践是检验认识的真理性的唯一标准》。《文史哲》发表了1978年10月山东大学文科理论讨论会期间关于讨论实践是检验真理唯一标准的消息和文章。1978年5月11日以《光明日报》特约评论员名义发表了《实践是检验真理的唯一标准》之后，在全国范围内进一步开展了真理标准大讨论，许多学报积极投入了这场大讨论。根据1978—1980年两年统计，南京大学、复旦大学、北京大学、四川大学等10所大学学报，此间发表了关于讨论真理标准文章六十多篇，从多方面阐述了实践是检验真理标准的重大意义。有的文章观点鲜明，联系实际，论证有力。《复旦学报》发表的一组文章受到中央领导同志表扬。根据中央领导同志指示，中央党校的《理论动态》特此转载了《复旦学报》上的一些文章。

随着政治理论上的拨乱反正，必然促进对"四人帮"制造的冤假错案的平反工作。

刘少奇同志是我党的老一辈无产阶级革命家、伟大的马克思主义者，他所写的《论共产党员的修养》、《论党内斗争》光辉著作，丰富发展了马克思主义的建党学说。"四人帮"出于篡党夺权的政治目的，对这两部著作进行疯狂围剿和恶毒攻击。他们还捏造罪名，蓄意对作为党的中央副主席、国家主席的刘少奇进行政治陷害和人身迫害，致使他含冤致死，制造了我党历史上的一大冤案。1980年5月，党的十一届五中全会，作出了为刘少奇平反恢复名誉的决定，表达了全国人民的心愿。为了表达对刘少奇同志的敬意和恢复其著作的本来面目，这个时期不少学报发表了介绍刘少奇光辉业绩和重新学习刘少奇著作的文章。《北京大学学报》1980年第2期刊发了《学习刘少奇同志关于党内斗争的论述》，第4期刊发了《辩证唯物主义世界观的光辉体现——重读＜论共产党员的修养＞》；《复旦学报》1980年第4期刊发的《加强党的理论建设——学习刘少奇同志的有关论述》；《武汉大学学报》1980年第3期刊发的《＜论共产党员的修养＞是马克思主义的光辉文献》；《河南师大学报》（现为《河南大学学报》）1980年第2期刊发的《浩然正气下中原——缅怀刘少奇同志抗日战争时在河南的革命实践》、《关怀永记忠魂长存——开封人民怀念刘少奇同志》等，用生动的事实记述了刘少奇一生忠于党和人民，把毕生精力献给无产阶级革命事业，在我国社会主义革命、社会主义建设中建立的不可磨灭的功勋。许多文章高度评价刘少奇同志著作对马克思主义建党理论的重大贡献。

在"文化大革命"中，为了破坏教育事业，打击广大知识分子，"四人帮"抛出了反动的"两个估计"，即解放17年来，教育战线是修正主义统治的黑线专政；广大教师是资产阶级知识分子，对他们要进行"全面专政"。"两个估计"是压在知识分子头上的两座大山，必须推倒。

如何正确对待知识分子，如何正确评价知识分子在社会主义革命和建设中的作用，1978年第2期《复旦学报》刊登的夏征农《重视知识分子完全符合马克思主义》一文，根据邓小平关于我国知识分子"已经是工人阶级自己的一部分"、"是我们党的一支依靠的力量"的论断，全面分析了知识分子的状况，针对当时存在的种种歧视知识分子的论调，用马克思主义观点，分析了知识分子的现状和在四化建设中的作用，批判了种种对知识分子不敢用、不放心、不敢与知识分子交朋友，保持警惕性等错误认识，对长期受"四人帮"影响忽视知识分子作用的同志，具有振聋发聩的作用。

经过拨乱反正，学报在促进学术研究，繁荣学术和学术交流中发挥了重要作用。1978年全国科学技术大会和教育工作会议之后，学报有了一个较大发展，当时全国自然科学学报有140多种，社会科学学报有近200种。自然科学学报年发论文2万篇左右，社科学报年发论文3万篇左右，从总体上看，这个时期学报上的学术论文占85%以上，这与"四人帮"时期形成鲜明对比。

高等学校学科齐全，人才济济，是科研的重要基地，作为反映科研成果的大学学报刊登的学术成果比较及时，首报率高，权威性强，资料完整，保存价值大等特点，因而学报上刊登的科研成果都引起学术界及党政领导部门和国内外读者关注。有的领导部门经常从学报上发现寻找决策的依据；专家学者在分析研究学术发展趋势和评价学术观点时，也常把学报作为研究对象和重要资料来源，文摘刊物也把学报作为摘编的对象。据统计，《光明日报》开办的"百家争鸣"专栏，在1980年至1981年两年之内，共摘发文稿602篇，其中摘自学报的有191篇。《新华文摘》和中国人民大学《复印报刊资料》在1980年至1981年学报被摘录文章在30篇以上的有42家。这表明学报在学术界的影响及促进学术研究上越来越发挥着重要作用，它已成为推动我国学术事业发展的重要方面军。

大学学报也是促进加强国际学术交流的一个重要渠道，是向国外展示学术成果及国外了解中国文化学术的一个窗口。1981年，我国已有24家社科学报对国外发行，读者遍及世界各地。这个时期一些办有特色的学报引起了国外学术界的重视。《扬州师院学报》关于对鉴真和尚的系统研究，在日本产生重要影响；曲阜师大的《齐鲁学刊》关于孔子的研究，在国外有广泛影响；《安徽大学学报》刊登的有关包拯的文章，一位美国学者专门乘飞机来购买学报；安阳师专的《殷都学刊》的殷商文化研究，颇受海内外专家注目。一些国外学者在我国学报上看到某些作者的文章慕名而来，进行学术交流或主动邀请有关作者到国外讲学，有的学者被国外著名刊物聘为兼职评论员。学报起到了“智力引进”的作用。

学报在发现培养人才方面起了重大作用。学报既是发表学术论文的园地，又是发现培养新人的苗圃。从历史上看，我国一些有名望的学者，往往当年是通过在学报上发表论著而崭露头角成为名人。1978年来，许多学报在重视发表有成就的老专家的论著时，同时又很注意发现扶植有造诣的青年作者的论著。《北京大学学报》提出依靠中年，扶植青年，珍惜老年的编辑思想，发表中青年之作占发文总数的85%以上；《复旦学报》确立了“不靠名人带刊物，要用刊物育新人”的指导思想，热心发表敢碰难题、敢发新论、思想敏感、眼界开阔的青年作者的文章。由于学报热心扶植新人，一些新的学术骨干脱颖而出。如武汉测绘科技大学32岁的梁军，在学报发表了有关DTM在改善摇感影像分类精度中的应用系列文章，得到专家好评，破格晋升为副教授。河南师大一位自学成才的工人刘德润，1978年后，自学日语，对日本古典诗歌和歌和俳句发生兴趣，写出了《百人一首和歌试译》，在学报刊发后，引起较大反响，被邀请出席了日本的全国性学术会议。华南师大研究生李江帆，曾写了一篇《略论服务消费品》在学报上发表后，经过反复修改提高，获广东省优秀成果奖，后以此为题材写了一篇较高质量的文章发表在《中国社会科学》上。实践证明，凡属学校有成就的青年作者的成果均与学报有缘。复旦大学、华东师大在排出的学科重点培养对象中大都是在学报上发表过文章的。武汉大学曾办过40岁以下青年教师科研成果展，其中不少教师的科研论文是先在学报上发表的。

在拨乱反正时期，学报工作所以取得显著成绩，首先是真理标准的大讨论，推动了人们的思想解放，民主、和谐、宽松的政治环境为学报的发展提供了良好的客观条件。同时也与学报的主管部门正确地制定发展学报的政策有直接关系。

1978年6月，国家教育部在武汉召开了高等学校文科教学工作座谈会及学报工作座谈会，并制定了《关于办好高等学校哲学社会科学学报的意见》，由教育部以（78）教高1字1160号文件于1978年11月15日下发全国高校执行。文件对高校学报的性质、任务，学报编辑工作的方针、原则，学报编辑工作的领导和编辑部的建设，学报编辑人员的待遇都作出了明确具体规定，是指导学报工作健康发展的纲领性文件。

全面改革开放形势下的大学学报
（1982年—1988年）

1978年党的十一届三中全会之后，这二十多年时间，我国进入了全面改革开放的新时期。社会主义初级阶段理论的提出，市场经济的确立把我国的改革开放和经济建设推向了新的历史阶段。

这个时期的学报是处在改革开放新形势下，迅猛发展的新时期，也是学报工作取得显著成绩的时期。

学报的迅猛发展时期

1981年之后，伴随着改革开放的新形势和高等教育的发展，我国大学学报有了迅猛发展。1987年，全国普通高校达到1063所，各类成人高校1399所，教育学院、教师进修学院268所。在这些学校中特别是普通高校，相继办起了学报，截止到1988年8月，社会科学学报已达410多种，自然科学学报已达600多种，比1978年增加一倍以上，学报总数已占全国期刊6200种的1/6。近10年来学报创办之多，发展之迅猛，超过历史上任何一个时期。这个时期学报呈现出多种类、多层次的特点。从内容看，既有综合性的，也有单科专业性的；从层次看，既有部分知名大学创办的，也有地方院校创办的，既有本科院校创办的，也有相当数量专科学校创办的。为了适应科学技术发展的需要，加强文理科之间的相互渗透，出现了文科院校办理科学报，理科院校办文科学报的格局。为了加速科研新秀的培养和教育科学的研究，中山大学、华中师大还增出了《研究生学刊》和《研究生学报》；东北师大、华东师大还出版了教育版。学报种类繁多，门类齐全，层次多样，从一个侧面反映了我国改革开放10年来学术事业的繁荣兴旺。

改革开放的前一个10年学报在内容上的一个共同特点是重视发表研究现实问题的论著。1987年6月，邓小平为

《红旗》创刊25周年题词："理论工作要为社会主义现代化服务。"为理论研究工作指明了方向。粉碎"四人帮"以来，经过了拨乱反正，真理标准的大讨论，广大学报编辑工作者，在编辑工作中，虽在坚持理论联系实际，理论为现实服务方面取得了很大成绩。但"四人帮"的流毒一时不易肃清。一些理论工作者在学术研究中仍心有余悸，存在着和现实保持一定距离的心态，有一种"重史轻论怕现实"的思想，对现实问题研究的兴趣不浓。从全国高校文科院校"七五"规划上报的5000多个研究项目中可以看出，历史类的占40%，应用类的占23%，现实类的占26%，可以看出现实理论的研究与现实需要很不适应。在学报编辑指导思想上，为求学术上的保险、稳妥，不少学报上的多数文章，是与现实关系较远的古代方面的内容，与四化建设直接联系的论著较少，不少学报的现实性、时代感不强，影响力不大，限制了学报社会作用的发挥。这种状况1984年在北京召开的高等院校哲学社会科学学报工作座谈会之后才有了较大改变。

改革是一场深刻革命。改革为理论工作者和学术研究、学术刊物提出了许多新问题。改革，呼唤着理论工作和学术研究对出现的新问题进行科学论证并作出问答。随着改革的深入，编辑理念的更新，广大学报编辑工作者把注视的目光集中在现实问题的研究上，重视发表研究四化建设，回答人们普遍关心的重大理论问题的论著。如《北京大学学报》1985年第6期刊发的《关于我国经济发展战略的几个问题》、《略论财力分配与宏观调控》，1986年第6期刊发的《住宅商品化是我国经济体制的一项重大政策》；《南开大学学报》1985年第2期刊发的《关于价格改革的几个问题》；《辽宁大学学报》1985年第2期刊发的《实现社会总需求和总供给基本平衡的中心问题》、《有效地控制固定资金投资规模》；《复旦学报》1986年第1期刊发的《论我国当前的结构性需求膨胀》等。上述文章有的对经济建设中的重大问题进行了论证，对存在的问题提出了改革的具体方案；有的为领导们提供了决策的依据。据对北京大学、复旦大学、武汉大学、厦门大学、辽宁大学5家学报1984—1987年所发文章统计，其间共发文章2100余篇，其中关于经济学方面的文章就有520多篇。其他方面如马克思主义理论、法律、党史和研究现当代等方面的文章也占有相当比重。从总体上看，这个时期的学报较1981年前后现实性增强，学术研究论著也较有深度，在改革开放中发挥了推动作用。

当今世界是信息时代，也是开放的世界。随着改革开放，西方各种文化思潮也会乘机涌来，猛烈地冲击着中国传统的固有的文化思想观念，使在封闭中生活了多年的知识界大开眼界，从中吸取借鉴有益的东西；同时也会进来一些没落的腐朽的东西，但这并没有什么可怕。为了开阔眼界，了解世界，增强青年识别能力，一些学报有计划有领导地组织力量对国外各种思潮、各种学术流派加以介绍和评价。《复旦学报》早在1982年就开辟了"国外思想和流派"专栏，5年内发表了西方哲学、社会学、存在主义、人本主义文章32篇，对青年了解世界，提高识别力，加强思想战线建设起了一定作用。

发挥自身优势办出特色

与1978年前后相比，面对学报如林，竞争激烈的现实，各院校从本校本地的实际出发，充分发挥自身优势，把突出自己刊物的个性特色作为自己追求的目标。

邹韬奋曾把刊物的特色与刊物的命运生存联系在一起，孙犁也曾提出刊物"要有个性，要敢于形成一个流派，与兄弟刊物竞争比赛"。在市场经济条件下，一个学报，如果没有自己的特色，就缺乏生命力，难有立足之地。学报的特色是学报质量整体的一个组成部分。学报个性特色的形成受多种因素的影响，可以通过多种途径来形成自己的特色。

一个是受科研力量和学科优势的制约。一般说来，历史悠久的知名高校，人才济济，科研力量强、科研水平高，学报利用本校自身的优势就比较容易体现个性特色。像《北京大学学报》的哲学、史学、语言学的论著在学报上体现出明显的优势与特色；《复旦学报》的新闻学、历史地理学及中西文化史的研究也具有特色和优势；《四川大学学报》刊发的李白、杜甫的研究等都能体现出学报自身的个性特色。

二是学校所处地理环境与历史上形成的某种优势影响，也可以体现学报的个性特色。由于学校所处地理位置不同，有些学校有"得天独厚"其他院校无法比拟的优越条件。另外，一个地方的丰富的文物资源，众多的名胜古迹，浓郁的民俗风情，往往是别校所不及的，学报利用这些优势也可以办出自己的特色。如《陕西师大学报》、《西北大学学报》发表的研究秦汉及唐代文史和考古发现的论著独具特色。《河南大学学报》、《杭州大学学报》关于宋史的研究也富有个性特色；安阳师专的《殷都学刊》、《绍兴师专学报》关于殷商文化研究及鲁迅的研究，以及《新疆大学学报》、《内蒙古大学学报》的关于边疆民族 史的研究均独具一格亮出了自己一批在学术界颇具影响的论著。

三是抓准选题，延伸扩展也是形成学报特色的一个途径。如哈尔滨师大《北方论丛》开展的《红楼梦》研究、《徐州师院学报》开展的《金瓶梅》研究、《湖南师院学报》开展的"笔谈左宗棠"等，都是经过编辑精心策划，抓住一个问题拓展讨论，把问题引向深入，取得良好效果，扩大了自己刊物的影响，显示了自己的特色。

学报编排逐步走向规范化

随着科技的迅速发展，面对信息化的时代，新的技术革命越来越要求生产的规范化、标准化，以适应电子计算机网络化的要求。为扩大学术信息的传播与交流，新形势下对学报的编排规范化提出了更高的要求。

改革开放以来特别是自然科学学报的编排规范化引起了国家有关方面的重视。学报工作者在编辑实践中进行了许多研究和有益的探讨。国家教委已委托清华大学试制中国高校学报论文摘要英文磁带版（CUJA)。其目的在于要研制以我国大学学报为主要信息的、具有打入世界情报市场能力的磁带文献库。它是将二次文献（如文摘、题录）以计算机可读的格式记录在磁盘上，形成二次文献的磁带版。因而学报编排的规范化是建立计算机网络需要的一项重要工作。

为了推进学报编排规范化进程，1982 年 9 月 1 日，国家标准局发布了《科技学术期刊编排规范化》，从 1983 年 7 月 1 日起执行。《规范》对期刊的封面、目次、文章篇名、内容提要、正文、内文标题、表格、插图、参考文献、度量衡计算单位、字词标点符号、注释等编排中的具体问题都作了明确具体规定。随着形势的发展，1988 年之后，高校自然科学学报研究会，又组织有关人员，制定并出版了《中国高等学校自然科学学报编排规范》；高校文科学报研究会也组织专人制定了《中国高等学校社会科学学报编排规范》。2000 年 1 月 18 日教育部下发了《中国高等学校社会学报编辑规范》，对进一步促进学报编排工作规范化起了指导作用。应该说，在编排规范化方面，学报起步较早，取得成绩也比较明显，和社会上的其他期刊相比，学报编排工作的规范化已走在前头。

学报编辑理论研究蔚然成风　研究成果喜人

20 世纪 80 年代中期，在我国悄然兴起了编辑学的研究。在编辑学的兴起建立过程中，学报的编辑人员是一支重要的生力军。学报界的编辑学研究侧重联系本职工作的实际，着重研究学报的编辑理论，这种研究是为了适应新的时代需要和编辑工作的需要。其特点是，首先开辟研究阵地。1985 年初，《河南大学学报》率先开辟了“学报编辑工作论坛”专栏，后改为“编辑学研究”，此后，华东师大，苏州大学，辽宁大学学报发表了研究中国大学学报史的论著，引起了重视。紧接着，齐齐哈尔师院、吉林师院、上海大学、成都大学、华中师大、浙江师大、中国人民大学、许昌师专等学报，也陆续开辟专栏，发表编辑学论著。山东师大学报还编辑出版了《山东高校学报研究专辑》，《南京大学学报》、《四川大学学报》也出版了学报研究论文集，对编辑理论的研究起到了推动作用。其次是对学报编辑理论的研究，开始由自发无组织到自觉地有组织的进行。特别是全国高校文科学报研究会、全国高校自然科学学报研究会成立和各省市学报研究会成立之后，把开展编辑学研究作为学会的重要工作之一，定期召开年会，开展编辑学的理论研究，活跃了学术空气。第三是结合工作实际，把理论研究与指导实际工作相结合。针对学报工作中存在的问题开展了广泛研究。诸如对学报性质、学报的功能、编辑学者化问题、学报编辑队伍素质及建设问题等，更多地是面临新形势学报的改革问题，它涉及到学报的办刊模式，是走综合化、大拼盘之路，或是打破传统现有模式走联合办刊、专业化之路以及如何看待学报的文摘率及学报如何进入核心期刊问题，进行了广泛热烈的讨论。这些讨论，澄清了某些是非问题，广大编辑工作者提高了认识，改进了编辑工作，取得了明显成效。

辛勤的劳动，结出了丰硕的成果，10 多年的编辑理论研究，出现了一批可喜的研究成果。据全国高校文科学报研究会统计，1988—1998 年间全国 465 家人文科学报研究会会员单位 621 位作者，共发表论文 2500 多篇，出版著作 33 部。如吉林大学学报编辑部编的由吉林大学出版社出版的《全国高等院校社会科学学报 1906—1949 年总目录》、《全国高等院校社会科学学报 1950—1966 年总目录》（1986 年 1 月出版）、《全国高等院校社会科学学报 1980 年至 1984 年总目录》（5 集，1982 年 6 月、1983 年 8 月、1985 年 5 月、1986 年 9 月分别出版）。其他著作陆续出版的有：《学报编辑工作概述》（谢振中著，陕西师大 1983 年 1 月出版）、《中国大学学报研究》（宋应离编，河南大学出版社 1987 年 5 月出版）、《中国学报总汇》（黑龙江大学学报总汇编写组编，黑龙江人民出版社 1987 年出版）、《中国大学学报简史》（宋应离编著，中州古籍出版社 1988 年 12 月出版）、《学报主编的思考》（全国高校文科学报研究会编辑委员会编，辽宁大学出版社 1988 年 12 月出版）、《高校文科学报管理学》（居思伟、蒋广学主编，南京大学出版社 1990 年 10 月出版）、《高校学报学》（陈正夫主编，北京工业大学出版社 1990 年 12 月出版）、《学报编辑理论与工程》（全国高校自然科学学报研究会选编，北京工业大学出版社 1991 年出版）、《学报编辑学概论》（卜庆华主编，湖南教育出版社 1991 年 10 月出版）、《学报编辑修养》（全国高校文科学报研究会编辑委员会编，吉林大学出版社 1993 年 5 月出版）、《学报编辑观念的更新》（全国高校文科学报研究会编辑委员会编，吉林大学出版社 1993 年 10 月出版）、《学报编辑与管理研究》（北京市高教学会社会科学学报研究会编著，中央民族大学出版社 1994 年 9 月出版）、《润物细无声——社科学报编辑家耕耘录》（潘国琪，胡梅娜主编，河南大学出版社 1995 年 1 月出版）、《学报与市场经济》（全国高校文科学报研究会编辑委员会编，中国检察出版社 1995 年 8 月出版）、《学报编辑与编辑学》（周晓燕、马国柱主编，北京师范大学出版社 1997 年 7 月出版）、《中国大学科技期刊史》（姚远著，陕西师大出版社 1997 年出版）、《润物细无声——社科学报编辑家耕耘录（续集）》（龙协涛、胡梅娜主编，河南大学出版社 1998 年 7 月版）、《学报编辑学引论》（温绍堃主编，地震出版社 1998 年 6 月出版）、《21 世纪社科学报与学报编辑》（中国人文科学报研究会编辑委员会学术委员会编，北京师范大学出版社 2000 年 3 月出版）、《学报编辑工程论》（孙景峰著，中国科学技术出版社 2000 年 8 月出版）。学报界发表的几千篇论文和出版的 20 余种著作，可以看出学报编辑理论研究活跃，成果辉煌，是过去学报史上从未有过的。

新世纪新阶段的大学学报
（1989 年—2002 年）

大学学报在深化改革中发展前进

在总结改革开放十多年经验的基础上，处于 20 世纪末新的 21 世纪到来之际，随着高等教育改革的不断深入，哲学社会科学的不断发展，高校学报工作有了长足的发展，学报数量有了增加。1998 年，根据广大学报工作者特别是专科学校学报的强烈要求，鉴于这些学报长期无正式刊号，教育部和新闻出版社署经协调，决定将内部发行的二百多家专科学校学报转为公开出版发行的学报，学报有了新的增加。到 2000 年我国共有大学学报（包括社科学报、自然科学学报）共两千余种，占全国期刊总数量的 1/4。实现了校校有学报，一校一刊、一校两刊的新局面。学报的发展进入我国学报史上最好的时期。

在学报数量增加的同时，学报的质量也有了明显的提高。突出表现是学报编辑增强了精品意识和创名牌意识，刊发了一批精品论著，出现了一些社会效益好影响大的名牌学报。1999 年全国高校文科学报研究会在全国文科学报中进行了一次评奖活动，在申报的全国 600 家学报中，评出了《北京大学学报》、《中国人民大学学报》等全国“双十佳”社科学报。《北京大学学报》、《中国人民大学学报》、《文史哲》曾先后获得全国优秀社科期刊奖、百种重点社科期刊奖和国家期刊奖；2001 年，在中宣部、新闻出版总署组建的由 1518 种期刊构成的“中国期刊方阵”中，高校社科学报 47 种入选，自然科学学报 110 种入选。其中《北京大学学报》、《文史哲》、《中国人民大学学报》分别入选“双高”期刊“双奖”期刊和“双百”期刊。《北京大学学报》以更高的品位，上乘的学术质量，独树一帜。它立足于一流大学，创办一流刊物，走理论联系实际、学术结合时代之路，追求社会思潮、理论前沿和学术热点，发挥北京大学一向以人文著称、人才资源、学科齐全、人才荟萃的优势，实现巍巍上痒，百年辉煌，世纪转换，再谱新章的新目标。

由北京大学出版社出版的《中文核心期刊要目总览》（2000 年第 3 版）入选的 1500 多种核心期刊中，社科学报入选的 50 多家，自然科学学报入选的有 120 多家。

在学报事业前进发展中，出现了许多长期战斗在学报编辑岗位上的优秀编辑工作者，他们爱岗敬业、无私奉献，创造性地进行了学报的编辑工作，取得了突出成绩。原《中国人民大学学报》总编辑杨焕章教授、《北京大学学报》主编龙协涛教授、《北京师范大学学报》潘国琪教授、《湖南师大学报》卜庆华教授，分别获得了第一、二、三届“全国百佳出版工作者”称号。

作为宣传马克思列宁主义毛泽东思想及邓小平建设有中国特色社会主义理论、传播社会科学理论的重要载体，在维护社会稳定，推动两个文明建设中，学报起到了不可替代的作用。学报在加强学科基础理论研究的同时，对社会主义建设中的现实问题也从理论上作了深入探讨，为党和国家解决重大问题提供了咨询和参谋的理论依据。

学术研究必须进行理论创新，与时俱进。这几年来，学报依托高校人才济济、学科门类齐全的优势，加强了对重大理论热点、难点的研究，注意开拓创新，刊发了一批具有开创性、创新性的学术论著，引起国内外学术界的广泛关注。

新时期学报取得的成绩是突出的。但随着市场经济的建立，社会的急速发展，在前进中还存在不少问题。

一是有些主办单位对学报的作用地位认识不足，没把学报工作列入教学科研工作管理之中，对办刊过程中存在的实际困难没能得到及时解决。

二是发展速度过快，数量太多，相当数量学报资金不足、稿源不足、人力不足，质量不高，尤其是为了照顾职称评定，对一些稿件降格以求，造成学术水平下降，质量滑坡。

三是有相当数量的学报宗旨不清，定位不准，选题雷同，内容重复，缺乏个性特色，造成千刊一面，影响力小，发行量很少，两个效益均差。学报的影响因子过低，真正在国内外产生重大影响的学报不多。

四是办好学报的有关文件精神没有真正落实，学报编辑队伍不稳，自身素质亟待提高。

总之在新的形势下，学报的生存和发展，面临着诸多困惑和矛盾。学术品位追求的“曲高和寡”与商业逐利氛围的矛盾；学术研究高质量的要求与一些研究者的急功近利及浮躁心态的矛盾；新的生态机制与旧的办刊模式的矛盾；编辑队伍的人文操守与市场诱惑的矛盾；经费的严重不足与出版成本的加大的矛盾；新的知识高新技术与编辑素质之间的矛盾；刊物的面貌雷同与鲜明突出个性特色的矛盾，等等，这些问题的解决，关键是抓住新的时机新的机遇，做好自身工作。

大学学报面临的新形势新机遇新任务

21世纪的到来，学报面临着新的形势：一是中国已加入世贸组织，我国的期刊将不可避免的面对强大国际期刊市场的冲击与挑战；二是高等教育进一步深化改革，向学报提出了更高的要求；本着“共建、调整、合作、合并”学校合并的潮流，合并后的高校，编辑队伍壮大、编辑实力增强，有效合理地配置人力资源、出版资源，发挥优势，提高学报质量，是摆在学报工作者面前新的艰巨任务。

为了贯彻落实江泽民总书记“三个代表”重要思想和关于哲学社会科学三次重要讲话精神，总结、交流办刊经验，深化社科学报改革，开创新世纪社科学报工作的新局面，教育部社政司于2002年7月29日至30日在北京召开了全国高校社科学报工作研讨会。教育部负责同志在会上发表了重要讲话，会后并下发了《教育部关于加强和改进高等学校哲学社会科学学报工作的意见》，对新时期学报工作中的重要问题作出了明确规定。

江泽民总书记关于“三个代表”的重要思想和关于哲学社会科学地位作用的重要讲话，为高校学报的发展前进提供了极为难得的大好机遇。

江泽民总书记2001年8月7日的讲话，提到哲学社会科学和自然科学“四个同样重要”；2002年4月28日在中国人民大学的讲话中谈到大力推动我国哲学社会科学事业发展时讲了“五个高度重视”；2002年7月16日在视察中国社科院时，又将哲学社会科学的重要作用概括为“两个不可替代”，并明确提出哲学社会科学应担负起：“认识世界，传承文明，创新理论，咨政育人，服务社会。”江总书记的三次讲话为哲学社会科学工作者指明了前进的方向和殷切希望，并提出了明确的任务、目的和职责，广大社会科学工作者包括社会科学学报编辑人员，应从江总书记的讲话中吸取力量，振奋精神，深刻理解和把握在推进社会主义现代化建设和实现中华民族伟大复兴的历史进程中，哲学社会科学工作者所担负的重大的历史任务，对学报工作是一个强大的动力，学报工作大有可为。

面对新的形势，新的机遇，学报要承担起新的任务，要坚持“三个代表”思想为指导，落实江总书记的三次重要讲话精神，深化改革，加速发展，开辟新世纪学报工作的新局面。

首先是坚持正确的政治方向，积极研究反映现实问题。坚持正确的政治方向，是学报健康发展的根本保证。在编辑工作中要自觉地以马克思列宁主义、毛泽东思想、邓小平理论为指导，全面贯彻“三个代表”的要求，坚持先进文化方向，宣传科学理论，要增强政治意识、大局意识、责任意识，要保持政治上的清醒和坚定，严把政治关，在思想上、政治上和行动上与党中央保持高度一致。要倡导理论联系实际，热心研究现实问题的学风，不断地研究现实中出现的新情况新问题，解决现实中存在的重大实践问题，在实践中丰富发展马克思主义，为改革开放，两个文明建设作出新贡献。只有和现实生活紧密联系，解决现实中的问题，学报才会有持久的生命力。

其次是始终一贯地坚持学报的学术性。这是中国学报的历史传统，是立刊之本，也是学报生存和发展的根本保证。离开了学术性学报就丧失了存在的价值，就会走偏方向，发生变异。

三是要努力提高质量。质量是学报的生命。当前由于种种原因，学报的质量不高，突出表现是有理论深度的研究性、创新性的学术论著少，大量的“泡沫论文”与学报学术性要求格格不入，丧失了学术“权威的形象”。解决质量问题的关键，一个是要加强选题的策划，刊发居于学术前沿的理论成果。在提高质量中一个重要问题是要办出特色。有特色就有影响力，有特色就有竞争力，就能生存。要发挥学科优势，地域优势，精心设计栏目，一个学报在每期做到文章篇篇佳作，“全能冠军”是不可能的，但是每期有几篇富有特色质量高的文章，发挥局部强势是完全可能的。与其全部平庸，不如突出局部优势，要走特色化的发展道路，以质量求生存，以特色求发展。

四是要深化改革，大胆探索新的办刊模式。长期以来，学报的办刊模式是一校一刊、一校两刊，各自组织一班人马，自己办自己的，部门所有，全国一个模式，固然有其好的方面，但随着教育事业的发展，学科发展的形势，其弊端已显而易见。当前学报界已对现存办刊模式进行总结，提出一些新的办刊模式：一是走联合办刊之路，即鼓励若干高校进行合作，或组成联合编委会，进行相对集中的学科专业分工，经过分工，可以把某专业学科方面的稿件集中到一个刊物里面去，形成相对优势和特色。校际之间，互相沟通，互相协调，互相支持，共同繁荣，不打破部门所有制，只是专业稿件的相互集中、互补。模式之二是，即打破校际部门所有制综合化的模式，以地区为单位，进行学科分工，按专业需要办若干个专业的刊物。

这种讨论和设想有的已在实践，有的正在考虑究竟是否可行，有待实践总结经验。目前对大部分学报，还是走内涵发展之路，在保持各校学报优势前提下，根据各自的实际，提高质量，办出特色，在激烈的市场竞争之中以质量取胜，在众多刊物中独占一席之地。

五是改革内部管理体制。要健全学报的领导管理体制，明确领导职责，建立健全编辑机构，建立健全各项规章制度，创建一个竞争激励机制和奖惩制度，完善对学报的评估机制和用人制度，鼓励优秀人才脱颖而出。

六是加强领导，建立一支高素质的编辑队伍。各有关高校要把加强对学报的领导作为学校管理工作的一个重要组成部分，定期听取学报工作汇报，及时研究帮助解决学报发展中的问题。要充实编辑队伍，关心编辑人员的生活待遇，妥善解决他们的职称问题，在高校中把编辑人员和教学人员同样视为高校专业人员的一部分，在学校内部管理改革方面，重视他们的待遇。

中国的大学学报从产生到现在，已走过了一百年的历程，在历史上曾有过辉煌，在前进的道路上也有坎坷和曲折。当前，改革开放的形势为学报发展创造了从未有过的大好机遇，在新的世纪里学报工作将会出现新的辉煌。

（河南大学出版社：宋应离撰稿）

高校学报编辑与管理研究成果辑览

一 学报研究专著及论文集

中国大学学报研究

宋应离编 河南大学出版社 1987 年出版

本书编者从 1982 年以来国内公开发行的报刊上选编了研究学报的 51 篇文章，著名教育家蔡元培、马寅初等几篇论述学报的文章也同时选入。共分七部分：著名教育家论学报，学报的产生与发展变化，学报的性质、地位和作用，学报编辑工作的指导思想及原则，学报工作的领导、管理及编辑队伍建设，学报工作的改革，学报的校对及编辑规范化。其中代表性的论文有李扬明的《中国大学学报史述略》、谢振中的《试论大学学报的基本性质与特点》等。

中国大学学报简史

宋应离编著 中州古籍出版社 1988 年出版

作者从 1906 年创办的《东吴学报》写起，集中展现了八十多年来中国大学学报的发展历程，分 9 个阶段分别叙述了各个时期的文化形势和学报的基本情况，着重总结了其特点和经验教训，并对每个时期的学报进行了基本恰切的评价，指出了其在大学学报发展史和文化建设中的地位和作用。资料丰富，立意和结构新颖科学，填补了我国大学学报史研究专著的空白。

学报主编的思考

全国高校文科学报研究会编辑委员会编 吉林大学出版社 1989 年出版

本书收录的是全国高校文科学报研究会成立大会（1988 年，长沙）收到的部分论文，共 33 篇 22 万字。本书汇集了高校学报主编们在本职岗位上进行科学研究的成果，反映了他们在改革开放形势下思考的轨迹，涉及学报性质、任务、功能等一系列问题。其中代表性的论文有李光宇的《谈谈主编的基本任务》、唐子畏的《论编辑的认知选择性》等。

高校学报学

陈正夫主编 北京工业大学出版社 1990 年出版

本书较为系统地勾勒了高校学报学的理论框架。除绪论外，全书共有 19 部分，涉及到高校学报学的各个范畴，包括高校学报学的理论基础、高校学报的历史和现状、高校学报的队伍建设、高校学报的组稿工作与信息收集、高校学报的编辑工作、高校学报的传播发行和社会效益、高校学报的队伍建设、高校学报的改革与发展。

高等学校文科学报管理学

居思伟等主编 南京大学出版社 1990 年出版

本书运用管理科学的理论和方法，考察了文科学报管理问题，探讨了主管部门对学报进行宏观管理的原则、手段和目标，编辑部对制作学报过程的优化管理，以及对编辑人员的科学管理，对学报管理学的理论体系作了可贵的探索；同时对编辑工作规范和编辑人员的素质也进行探讨，对学报评估、编辑人员的考核以及应用微机进行管理等问题进行了可行性研究。

学报编辑学概论

卜庆华主编 湖南教育出版社 1991 年出版

全书共 11 章，以学报 100 年发展历史为主线，以学报历史与现实的编辑为研究对象，从理论高度和宏观视野上阐述学报的性质、功能及编辑工作的规律、特点。以本质论、发展论、方针论、信息论为内容，论述了学报编辑和编辑工作的指导思想、基本理论和各个环节的有关问题，以及与交叉学科的关系，提出了自己的学报编辑学的内容框架和理论体系。

学报管理纵横

全国高校文科学报研究会编辑委员会编　辽宁大学出版社 1991 年出版

本书汇集了 1990 年 10 月在扬州召开的学报管理理论研讨会收到的 55 篇论文，40 万字。主要探讨了学报管理规律和学报管理艺术，不仅研究的面很宽，几乎涉及学报管理工作的各个方面；而且论文都颇有深度。其中代表性的论文有方集理的《试论学报管理的基本原则和方法》、韦俊谋的《略论学报主编的管理职责》、张积玉的《关于完善高校社会科学学报审稿体制的思考》等。

学报编辑修养

全国高校文科学报研究会编辑委员会编　吉林大学出版社 1993 年出版

本书汇集的是全国高校文科学报研究会于 1992 年 4 月在杭州召开的老编辑研讨会的部分论文，共 48 篇，其作者都是从事学报编辑工作的老编辑，其中有的是一辈子从事学报编辑工作即将离退休的老同志。本书中代表性的论文有卜庆华的《三论主编观念的更新》、胡会浪的《论编辑的理论修养》等。

学报编辑观念的更新

全国高校文科学报研究会编辑委员会编　吉林大学出版社 1993 年出版

本书汇集的是全国高校文科学报研究会第二次会员代表大会收到的论文，这 62 篇论文大多围绕着“学报编辑观念的更新”这一主题展开讨论。共分四编，即改革与观念更新，质量与质量管理，性质、特色与功能，编辑、作者及其他。其中代表性的论文有吴国群的《双向循环：高校学报改革的课题》、黄铁平的《学报应重视现实理论和现实问题的研究》等。

学报编辑与管理研究

北京高教学会社会科学学报研究会编著　中央民族大学出版社 1994 年出版

这是北京高教学会社会科学学报研究会自 1991 年成立以来历次研讨会收到的论文和历次评奖入选的论文集，共 35 篇，21 万字。本书共有三个鲜明的特点：一是研究课题方面的广泛性，涉及学报编辑与管理等许多方面的问题；二是新问题、热点问题方面的敏感性；三是研究领域和研究方法方面的开拓性。

学报与市场经济

全国高校文科学报研究会编辑委员会编　中国检察出版社 1995 年出版

本书汇集的是 1993—1994 年全国高校文科学报研究会召开的两次学术研讨会上交流的论文 57 篇，共 35 万字。论文内容分三部分：第一部分：学报功能与市场经济；第二部分：学报质量与市场经济；第三部分：编辑角色与市场经济。其中代表性的论文有肖汉森的《市场经济条件下高校文科学报的功能和机制转换》、张晓校的《文科学报对市场经济的不适应性》等。

学报编辑价值论

李体秀著　大连海事大学出版社 1995 年出版

本书从哲学角度对高校文科学报的价值作了探讨，探讨的具体问题包括学报价值的科学含义、特点、内容表现；学报与社会主义市场经济的价值关系；文科学报编辑劳动的价值；编辑价值行为的选择、价值取向；编辑的潜在价值与现实价值及编辑的人生价值；学报的价值评价和价值目标的控制等。

学报编辑与编辑学

周晓燕等主编 北京师范大学出版社 1997 年出版

本书汇集的是全国高校文科学报研究会第三次会员代表大会暨学术讨论会（1996 年 11 月，武汉）收到的论文，共 50 篇，31 万字。依论文所研究的问题共分四部分：论编辑学、论编辑和编辑工作、论学报编辑学、编辑史研究。本文集没有停留在一般的理论阐释上，而是从更深层次上探讨学报编辑和编辑学的理论问题，具有较浓的学术色彩和较高的理论价值。

成人高校学报研究

全国成人高校学报系统联络中心编 甘肃人民出版社 1997 年出版

本书汇集了全国高校文科学报研究会成人高校学报联络中心成立 3 年来历次学术讨论会提交的论文，共 53 篇，近 30 万字。共分 6 个板块：编辑学基本理论研究、编辑流程研究、成人高校学报性质与特色研究、成人高校学报质量与管理研究、成人高校学报编辑队伍建设、成人高校学报改革与发展。其中代表性的论文有王蓉的《论成人高校办刊的结合点》、叶国建的《关于成人高校办刊宗旨与刊物性质的研究》等。

学报编辑学引论

温绍堃主编 地震出版社 1998 年出版

本书共分八章（绪论，学报管理，编辑的一般理论，学报编辑主体，编辑流程，学报标准化、规范化和现代化，学报质量评估，其他），揭示了学报性质、任务以及学报编辑流程以至学报管理的基本规律，在探讨编辑主体、编辑客体的有关问题，在审视学报发展历史和学报发展前景，以至于学报改革、学报研究会等都做出了自己的解释，提供了有益的启示。

学报编辑工程论

孙景峰著 中国科学技术出版社 2000 年出版

全书共分导言和九章，即学报功能论、学报特色论、学报审稿论、学报编辑论、学报改革论、学报著作权论、学报质量论、学报借鉴论和学报研究述评。从微观上对学报的性质、功能、特色及改革方向等基本理论提出了迥异时贤的新见解，对学报编辑工作中的具体问题，做出了带有实践性的探讨，具有很强的实践性和可操作性。

21 世纪社科学报与学报编辑

全国高校文科学报研究会编辑委员会学术委员会编 北京师范大学出版社 2000 年出版

本书是 1998 年 10 月召开的全国高校文科学报面向 21 世纪编辑出版研讨会交流的论文汇集，共 37 篇，30 万字。主题是面向新世纪的高校学报的编辑出版，内容包括了学报编辑出版的各个环节的研究成果。作为代序，本书收录了理事长潘国琪在庆祝全国高校文科学报研究会成立 10 周年大会上的报告。

二 学报的性质及功能

试论高校文科学报的性质

汪根年等 《浙江师范学院学报》1983 年第 1 期

高校文科学报是具有本地特色和有理论性的学术刊物。学术性是学报的首要性质，这是学报与其他新闻报刊相区别的根本点；理论性就是把学术问题上升到一定的理论高度去认识，使之具有较浓厚的理论色彩；学报之前都冠以某某学校名称，因此带有鲜明的本校特点和地方色彩。

浅谈高校文科学报的性质与作用

郭贤逢 《赣南师范学院学报》1986 年第 1 期

学术性、综合性和本校本地性是高校文科学报性质的三个方面。高校文科学报的作用主要体现在：是发表师生科研学术成果的园地；是进行学术交流、开展学术争鸣的场所；是发现和培养人才的“苗圃”；是高校促进和推动教学的重要工具。

论高校学报的社会性与社会效益

靳青万 《河南大学学报》1986年第6期

高校学报像其他社会化刊物一样，其首先的、第一位的特性便是具有“外向性”，即社会性。学报的社会性要求它必须产生社会效益。要明确办刊宗旨，努力为社会主义现代化建设服务；学报的内容要尽可能紧密联系“两个文明”建设的实际；坚持创造性、应用性，提高首报率和信息质；抛弃“闭关锁国”，实行“开放搞活”。

浅谈高校文科学报的作用

陈国勇 《南充师范学院学报》1987年第1期

高校文科学报的作用有：推动本校科学研究，促进提高教学质量；培养人才、发现人才；进行学术交流、传递科研信息，扩大学校影响，展示本校学术优势和教学专长；理论宣传；研究教育科学，推动教育改革；推动当地学术理论界的学术研究。

也论学报的特性

徐久刚 《河南大学学报》1987年第4期

学术性、高校性（全校性、内向性、全面性）是学报缺一不可的两个根本特性。学报和其他学术刊物相区别的是其高校性。高校性中的全校性把学报和学校的系、所主办的学术刊物相区别；高校性中的内向性把学报和其他受有关学会委托而由学校承办的不具有明显内向性的学术刊物相区别；高校性中的全面性把学报和由学校主办的专门性学术刊物相区别。

浅议高校文科学报为现实服务的问题

张积玉 《学报主编的思考》，吉林大学出版社1989年出版

要正确认识和处理高校文科学报为现实服务的问题，必须注意几点：应对“现实”做出准确的理解；文科学报为现实服务的方式有直接的也有间接的；为现实服务必须从本校实际出发，充分考虑到本校学科的设置和科研的实际情况。

作为科学研究与文化创造中介的高校学报

王晓初 《四川师范学院学报》1991年第5期

学报不仅是整个社会科研力量的重要组成部分，也直接反映着高校科研与文化创造的水平和质量。编辑虽无法创造出原生的科研和文化创造的信息，但间接地参与到科研和文化创造的过程中，所以说学报是高校科研和文化创造的重要中介。

试论学报的学术性

范长文 《中国人民大学学报》1992年第3期

学报的学术性包括四个方面：研究的专门性和范围的广泛性；结论的精确性和应用的可行性；成果的独创性和教学的指导性；内容的现实性和时间的超前性。

市场经济机制下的高校学报职能

石丹林等 《学报编辑观念的更新》，吉林大学出版社1993年出版

在市场经济体制下，高校学报也应该转轨变型，高校学报的职能发生变化就是一种历史必然，可以着力丰富高校学报的应用性特色，对社会展开可行性服务：厂校共办专栏，学报提供阵地；厂校共育人才，学报牵线搭桥；厂校协

同破关，学报遴准课题；企业遇到难关，学报组织“会诊”；建立经济信息库，学报提供有偿服务。

浅议高校学报对科研的激励功能

李启明 《学报编辑观念的更新》，吉林大学出版社1993年出版

高校学报对科研的激励功能大体体现在：对科研作者的激励；对深入研究某一学科、专题的激励；对开展学术讨论活动的激励；学报担负着出成果和出人才的双重任务；学报还可以为科研提供学术信息和方法。

小议学报的概念及其特征

刘正伟 《编辑学刊》1995年第1期

学报蕴含着学术性、知识性和信息性的多元内涵，这三性是客观存在的，既相互区别又相互联系，共同构成学报的本质特性。

论高校社科学报的价值和使用价值

陈维新 《延边大学学报》1996年第1期

高校社科学报的价值表现在反映新材料、新领域、新观点，反映事物的本质、主流和规律性的东西，并不带重复性；其使用价值主要表现在对有关研究人员的可读性。它对普及有提高和指导的作用，并能为普及提供知识，表现为以社会效益为主的使用价值。

论学报的市场定位

陆桂生 《广西大学学报》1996年第3期

高校学报在市场经济的坐标系上，立足于不产生直接经济效益的位置上。首先，高校学报以追求学术性为目的，强调学术交流。其次，高校学报具有内向性、综合性和专业广泛性的特点，无法形成规模性生产。高校学报只能以提高质量、做出学术精品、提高文化品位来实现自己的价值。

高校学报社会性的内涵

赵运通 《编辑学刊》1996年第3期

克服妨碍学报进入社会的种种障碍，澄清学报的社会性与社会化期刊在市场经济条件下生存发展的不同性质，是改善学报生态环境，使之健康发展的当务之急。要在坚持学报本质属性的前提下强调社会性。高校学报的社会性体现为理论研究的现实性、前沿性，科研成果的积极交流和流通的外向性。

师专学报的内向性成因及弊端

刘银光 《菏泽师专学报》1997年第1期

师专学报内向性的成因有三：办刊宗旨的错位、学报低品位的制约和办刊经费的短缺。内向性所产生的弊端体现在：严重影响了学报质量的提高；助长了本校教师科研的惰性；挫伤了一些具有较强科研能力教师的积极性；局限了编辑人员的视野。

高校学报应成为开放的学术期刊

丁建平 《湖北民族学院学报》1998年第1期

开放是期刊的本性，而目前高校学报的封闭性不利于学术的开放与争鸣，不利于保证用稿质量，不利于质量的提高和活跃校内的学术研究。开放高校学报不会影响高校的教学科研，而会更有利于学报间的竞争和各校科研工作的横向评估。

关于财经学报为市场经济服务功能的探讨

林凤萍　《延边大学学报》1998年第4期

财经学报作为经济学术理论的载体，其所载文章都与经济理论和经济实践密切相关，是发现和培养经济建设人才的摇篮，这些特点是财经学报为市场经济服务的内在依据。财经学报的“商品属性”也决定了财经学报要为市场经济服务。财经学报要实现为市场经济服务的功能，首先要求编辑确立市场经济观念，正确处理内向性与为市场经济服务的关系，确立选题导向观念，优化选题，确立编辑的现代意识。

论大学学报的性质、特征及其功能

邹惠卿　《武汉大学学报》1999年第2期

学报具有学术性、学科性和综合性、创新性、前瞻性、求新性等特性。学报的功能分为对内功能和对外功能两大部分，对内功能有服务功能、激励功能、培养功能、展示功能；学报的对外功能即社会功能有宣传功能、传播功能、导向功能、促进功能、理论参谋的智囊功能、学术思想交流功能等。

试论高校学报的思想性

陈立风　《河南社会科学》1999年第6期

思想性是高校学报的本质属性，学术性并不能涵盖思想性。加强学报的思想性是知识经济时代的客观要求，亦对提高学报自身的创新能力，提高办刊质量有一定的推动作用。

高校学报与学风建设

李金梅　《青岛教育学院学报》2002年第2期

高校学报是学校教学和科研成果的最新反映，是学校学风建设的具体体现，而学风好坏又直接影响着学报的质量，二者密不可分。目前不良的学风应引起学报工作者的重视，应不断提高编辑人员自身的政治、业务素养，为办好学报、建设良好的学风发挥学报的独特作用。

高校学报的功能定位

龙四清等　《湘潭师范学院学报》2002年第3期

高校学报是传播最新文明成果和最新学术研究动态的重要园地。它不仅对最新学术思想、理论成果和文化知识具有传播作用，而且在促进社会生产力的发展、引导正确的社会舆论、培养学术人才等方面有着十分重要的作用。因此，正确认识和定位高校学报的各种社会功能，有利于办好学报，促进学术事业的繁荣和发展。

三　学报特色

谈谈把大学学报办出特色的辩证法

岳玉禄　《内蒙古师范大学学报》1983年第3期

把学报办出特色，牵涉到一系列关系。在特色与政治的关系上，重要的是坚持四项基本原则和“双百”方针；在特色与价值的关系上，要贯彻以提高为主的原则；在特色与综合的关系上，要从实际出发，统筹兼顾；在特色与稿源的关系上，要坚持以内稿为主的原则。

在改革中探索商业高校学报的特色

郁建民　《学报主编的思考》，吉林大学出版社1989年出版

发挥本院学科专长和学术优势，突出“商”字，体现商业高校的学科和行业特色；掌握地区特点，发挥地区优势，反映具有地方特色的研究成果。

试论高校学报地方特色形成的原则

孙景峰 《中国人民大学学报》1990 年第 5 期

高校学报在形成地方特色时要遵循以下三原则：一是学报地方特色的形成应不违背学报的学术性；二是反映学报地方特色的选题应具有一定的普遍意义；三是形成学报地方特色的专栏应有一支基本稳定的研究队伍。

高校文科学报特色构成因素管见

巴·苏和 《中国人民大学学报》1994 年第 3 期

高校文科学报特色主要由以下因素构成：学报类别属性因素、学科因素、地域因素、民族因素、专栏因素、作者因素和编者因素。

应用性是高等专科学报的基本特色

谭长贵 《编辑之友》1995 年第 6 期

高等专科学报的基本特色是应用性，这是因为，应用性是专科学校培养目标决定的；应用性反映了专科学校教学科研的实际情况；应用性将给专科学报带来生机，因此围绕应用性这一基本特色办刊，就不会脱离专科学校的实际情况，就能给专科学校注入新的活力。

地方大学学报的地方特色

王启鹏 《学报与市场经济》，中国检察出版社 1995 年出版

地方大学的学报必须面向“地方”。开辟固定的地方研究栏目，培养教师对地方研究的兴趣，从而提高教师的科研能力；组织课题研究小组，深入研究某些问题，争取取得质的飞跃和突破；与企业、学会联合，共同开展地方研究。

论学报编辑的栏目策划

周国清 《中国人民大学学报》1996 年第 4 期

学报编辑主体在具体的栏目策划行为中，应遵守以下思维与编辑原则：局部利益与整体追求协调一致的原则、稳定性与灵活性相统一的原则、适当突出重点栏目又坚持重点与非重点同时运作的原则。

高校学报应注重特色建设

晁晓筠 《编辑学刊》1996 年第 6 期

学报特色包含隐性和显性两个因素，体现隐性特色的是学术内容，它渗透着编辑在选题、组稿、审稿环节中的创造性；体现显性特色的是编校、装帧、印刷，要做到精益求精。

试论成人高校学报如何才能办出特色

郭丽云 《成人高校学报研究》，甘肃人民出版社 1997 年出版

成人高校学报在选稿、择稿上突出行业（系统、地方）特色；编排设计、栏目设置上突出个性特色；团结、培养、造就一批“拳头”、“名牌”作者队伍，在质量上突出“高品位”特色。

教育学院学报如何办出自己的特色

邵霭吉《成人高校学报研究》，甘肃人民出版社 1997 年出版

教育学院学报要办出自己的特色，就要抓住刊名中“学报”二个字做文章，努力办出教育学院学报的“学术性特色”；抓住刊名中“教育学院”四个字做文章，努力办出教育学院学报的“专业性特色”；抓住刊名中的地名做文章，努力办出教育学院学报的“地方性特色”。

无特色即是特色——高校学报个性价值的一种理论阐释

赵运通　《河南师范大学学报》1998 年第 2 期

学报的个性特色，是综合的完整的体系评价。依赖编辑主观操作而建立的个性特色，不是个性的完整形象，只是某一标记。

文科学报专栏设置刍议

王焰安　《铁道师院学报》1998 年第 3 期

可以将师资优势、编辑优势、地方优势、学术动态、边缘学科发展态势、学术争鸣、论题价值、现实需要及学校性质作为专栏设置的依据，设置专栏时，应考虑专栏的包涵性、专栏生成的有利性、专栏生成的延续性、编辑的主导性、作者的互补性等因素。

论形成高校文科学报特色三要素

余昌谷　《安庆师范学院学报》1998 年第 4 期

特色是构成高校文科学报质量的至关重要的方面，是其立于期刊之林得以生存和发展的根基。形成高校文科学报特色的因素很多，其中最重要的是学科优势、地域文化和编辑主体。学科优势是基础，地域文化是亮点，编辑主体是关键。

四　学报编校发行

关于文科学术论文的鉴审问题

王振铎　《河南大学学报》1985 年第 2 期

审稿既需要眼光，也需要经验；既需要水平，也需要方法；更需要掌握大量学术情报、研究动态。可以从论文的标题估量其学术价值；从标出的题目判断论文有无动向水平；从文章的立论看其学术价值；从文章使用的材料看其学术价值；从分析论证方法看文章的学术价值。

加强学报编辑工作横向协作的若干思考

陈颖　《河南大学学报》1990 年第 6 期

学报编辑工作横向协作主要包括审稿的网络化协作、学报质量评估的协作、学报编辑进修工作的协作、科研力量相对薄弱的高校联合办学报的协作。

论学报审稿标准的倾斜

孙景峰　《河南大学学报》1991 年第 3 期

学报审稿的标准应该是倾斜的。在对待内稿与外稿时，应向内稿倾斜；对于青年作者和老年作者的稿件，应向青年作者倾斜；在形成学报特色时，对某些特定的文稿也要倾斜。

关于完善高校社会科学学报审稿体制的思考

张积玉　《学报管理纵横》，辽宁大学出版社 1991 年出版

建立和完善高校社会科学学报审稿体制要进一步理顺关系，建立和实行以编辑部为主的审稿体制；进一步明确各级次审稿人的职责和权利；努力形成上下结合，互相补充，互相制约的有效的审稿机制。

三审制中的负面因素分析

张家鹿　《学报管理纵横》，辽宁大学出版社 1991 年出版

实际工作中，三审制对于筛选稿件的优化作用，往往会因编辑、主编和复审稿件的专家的个人意志、心理作用等方面的影响而打折扣。他们在评价和取舍稿件时，是掺杂了许多其他因素在内的，如“晕轮效应”、人际关系、嫉妒心和名人崇拜心理、兴趣、观点学派之见等。

浅谈学报编辑加工的法律权限与责任

李自茂 《中国人民大学学报》1993 年第 2 期

作者对自己的作品应承担责任，但编辑应负的责任重大，学报编辑对自己的编辑成果负有一定的政治责任和法律责任，学报编辑还有一项重要责任就是要保证文稿不能出现科学上的失误、知识常识的差错。

漫论学报选题

王义祥 《齐齐哈尔师范学院学报》1996 年第 2 期

在目前情况下，有必要充分重视下列几类选题：参与科研领域尖端问题研讨的选题；重视针对现实问题给予理论阐释的选题；填补学科空白或开拓新的研究领域的选题；地方性或区域性色彩极鲜明的选题；理论热点和参与争鸣的选题；自我开掘较深、第一手性较强的选题等。

学报编校合一的利弊与对策

冯自变 《编辑之友》1999 年第 2 期

学报编校合一的工作模式最容易出现的问题是编辑加工稿件不认真，把一些应在加工环节中做的工作留到校对环节去做；不按校对规律去校对。要解决这些问题，就要正确认识编辑加工与校对的关系，认真对待每一个环节；认真修改加工每一篇稿件，为高质量的校对打好基础；一定要按校对步骤和要求去校对，掌握正确有效的校对方法，以使学报的学术质量得到很好的完善。

学报选题决策的基本原则

刘太祥 《编辑之友》1999 年第 4 期

选题决策是编辑主体对可供选择的题目进行最优化选定的活动，在这个活动中必须遵循方向性、系统性、信息性、可行性、民主性等基本原则，这些原则是学报选题科学决策的保证，有助于提高学报选题决策的质量和效率。

选择高校学报稿件鉴审人应重视的几个因素

丁建平 《江西教育学院学报》1999 年第 5 期

选择稿件鉴审人是学报审稿工作至关重要的一个环节，必须高度重视。一要注重审稿人的公平公正审稿，二要看重审稿人的认真劲和责任心，三要注意审稿的专业对口，四要兼顾审稿人的语文修养。

学术环境净化与高校文科学报

战涛 《锦州师范学院学报》2001 年第 3 期

高校文科学报的某些急功近利的无奈行为，使恶化的学术环境更加失衡，恢复学术活动的庄严与神圣，抛弃投机与欺骗，不仅是传播学术成果的高校文科学报的生存之路，也是净化学术环境的基本条件，更是探索传播真理的基本前提。

学报编辑如何走出审读加工误区

陈国龙 《佳木斯大学学报》2001 年第 3 期

学报编辑在对稿件审读加工时易陷入一个误区，即用自己的学术观点、思维方式和行文风格鉴别润色。要走出误区，就要严谨治学，强化作者意识；要多读多写，提高鉴别、写作能力。

高校学报内外稿比例问题略探

畅引婷 《河南师范大学学报》2001 年第 2 期

如何在内外稿的数量与质量之间寻找一种统一与协调的有效方法和便捷途径，对今后高校学报的建设与发展意义重大。学术至上是根本，勇于创新是关键，对本校重点学科的扶持和对青年教师的培养是基础。只有三者密切结合，学报的发展才有后劲与活力。

提高编辑含量：专科学报办出精品的切入点

任宝旗 《河南师范大学学报》2001 年第 4 期

专科学校学报与本科学校学报与生俱来的学术水平差距通过后天努力很难弥补，所以应该充分发挥专科学校学报编辑的主观能动性，切实提高学报编辑工作的编辑含量，包括整体形象、栏目设置、加工校对、版式设计、发行等环节。

关于文科学报的学术规范问题

彩娜 《内蒙古大学学报》2001 年第 5 期

学术研究中的不良风气并没有在我们严格执行编排规范的过程中得到有效的遏制，这是高校文科学报在其发展中不容忽视的问题。倡导和培养作者的学术规范意识应该是文科学报社会功能的重要方面；严格规范化操作是文科学报学术规范的技术保证；学术规范应该成为文科学报的社会评价标准——以学术质量为核心尺度的重要一环。

略论学报审稿网络的构建

汤菲 《成都行政学院学报》2002 年第 2 期

学报审稿网络的建立，有助于稿件质量的把握；有助于公正性，可以尽可能地做到以文定稿，基本杜绝以人定稿的现象；有助于资源共享；有助于增强学报的时效性。从科技发展来看，学报审稿网络的建立应是简单易行的，在具体操作方面来看，目前可以分两步走：一是在现有的基础之上，由各省级学报编辑研究会牵头，向全省高等院校学报编辑部发出通知，搜集各个院校各个专业的专业人员名单；二是在此基础上建立更大范围的学报审稿网络，如以行政区划来组建，或以专业院校来组建，或以学科专业来划分组建，最终建立全国高校学报审稿网络。

评高校学报的“转载情结”

孙景峰 《出版发行研究》2002 年第 4 期

在当前的我国学报界，普遍存在着以转载率作为学报学术质量标准，甚至是惟一标准的倾向，与此相适应，转载率的高低也就成为凝结在编辑们心头的一种情愫，即“转载情结”。为防止因“转载情结”而导致学报编辑异化性操作由苗头转化为大势，很有必要淡化“转载情结”，正确认识“被转载”在学报质量评估中的地位，强化学报编辑的主体意识。

文科学报编辑如何判定文稿的学术性

江泰然 《编辑工作现代化的理论与实践》，工商出版社 2002 年版

编辑如果能科学地判定文稿的学术性，就可以杜绝平庸稿件，提升自身刊物的学术品位和学术地位。学术性的文章有四种类型：突破性、创新性、争鸣性和综述性。编辑判定文稿的关键是自身学术素养高，还要具备精品意识、专业意识和文摘意识。

五 学报质量及评估

提高学报质量的系统工程

夏泳久 《齐齐哈尔师范学院学报》1987 年第 1 期

检查学报质量有五个标准：思想性与科学性的统一，学术性与实践性的统一，坚持“三个面向”的研究方向，具有创新精神，坚持古为今用、洋为中用的原则，处理好普及与提高的关系。提高学报质量的系统工程方案：要加强组稿计划性，由坐等“自然来稿”向“主动计划组稿”转变；要加强对现实问题的研究，由重“史”向重“今”转变；要面向社会，由“封闭型”向“开放型”转变；提高效率，在出版周期上由“慢”向“快”转变；改变文风，在文稿篇幅上要由“长”向“短”转变。

提高学报质量的有益探索

张聚元 《河南大学学报》1989 年第 5 期

坚持高标准是提高学报质量的根本保证；编辑工作坚持“新、深、实”的原则是提高学报质量的有效途径；要提高学报质量，还要发挥编辑的主观能动性。

高校文科学报质量评估之研究

周国均等 《学报主编的思考》，吉林大学出版社 1989 年出版

评估高校文科学报质量的方式可以多种多样，主要有组织本刊编辑人员进行评估；依靠学报编委会进行评估；召开科研人员座谈会倾听他们对学报的意见；采用发信的方法向作者征求对学报的评估意见；进行横向比较评估。

试论民族高校文科学报的质量管理

王平 《内蒙古大学学报》1990 年第 4 期

办出鲜明的个性特色是民族高校文科学报质量管理的第一要素；科学的选题决策是高校文科学报质量管理的中心环节；提高编辑业务能力是民族高校文科学报质量管理的关键环节；提高学报有效信息量，并注意信息反馈与控制是民族高校文科学报质量管理的重要环节。

论衡量学报质量的标准

冯澍 《编辑之友》1990 年第 5 期

政治方向是衡量学报质量的首要标准；学术价值是衡量学报质量的重要标准；提高生产力是衡量学报质量的根本标准；转载率是衡量学报质量的辅助标准。

建立高校文科学报管理体系的设想

刘建平 《学报管理纵横》，辽宁大学出版社 1991 年出版

科学的学报管理体系包括学报规划管理、学报编辑管理、学报质量管理、学报效益管理、学报人员管理、学报后勤管理。

高校学报编辑部的建设与管理

步大唐等 《学报管理纵横》，辽宁大学出版社 1991 年出版

学报编辑部的建设包括：一是组织建设，这是基础；二是思想建设，这是灵魂；三是专业建设，这是主干。学报编辑部的管理包括编辑工作的管理、稿件管理、资料管理、编辑部经费管理、学报的发行及交流、会议制度、编辑队伍的稳定与培养。

高校文科学报评估三题

上官书砚 《学报管理纵横》，辽宁大学出版社 1991 年出版

高校文科学报评估有利于加强对学报的领导与管理；有利于促进提高学报质量；有利于深化学报改革；有利于促进学校之间与学报之间的竞争。高校文科学报评估具有鉴定作用、导向作用、诊断作用和激励作用。学报评估的原则有方向性原则、教育性原则、科学性原则、可行性原则。学报评估的基本程序：制订评估方案—建立评估指标体系—获取评估信息—评估信息的统计与分析—评估结果的处理。

围绕学报质量开展学报评估

冯澍 《学报编辑观念的更新》，吉林大学出版社 1993 年出版

学报质量是学报评估的中心内容，学报评估是提高学报质量的有效手段。在开展学报评估时，要扫除评估的思想障碍；制定科学的评估指标和标准；采取重点突破的评估方法；把不易掌握的指标细加分解；坚持表扬为主的原则。

市场经济与提高文科学报质量的几个问题

萧伯符等 《中南民族学院学报》1995 年第 1 期

在社会主义市场经济条件下要提高学报质量，关键在于树立起质量意识、市场意识和竞争意识，加快学报自身的改革，要对学报的功能有更加全面深刻的认识，积极探索适应社会主义市场经济的办刊之路。

信息密度与学报质量

陈家顺 《湖北师范学院学报》1995 年第 2 期

高质量的信息密度是构成学报内在质量的决定性因素；追求信息密度有利于加强学报编辑的信息意识；追求信息密度有利于促进学报稿源质量和作者队伍建设。

强化师专学报的学术质量意识

刘友朋等 《天中学刊》1995 年第 2 期

师专学报要着力提高整个学校的教学科研水平；拓展研究课题，加强对现实问题的研究；充分发挥学术民主，鼓励探索和争鸣；建立竞争机制，扩大稿源和用稿开放度；重视教育理论研究，突出师范性特点。

高校文科学报学术质量的定量分析

张纯一等 《学报与市场经济》，中国检察出版社 1995 年出版

要对学报的学术质量进行量化分析，最理想的是把发稿量、转载数、转载率、引文量、获奖数等几项指标综合考虑，给每个指标一定的分值，按各学报所得分值的多少排序。这样的次序大约能比较全面、客观地反映学报的真实水平。

关于提高学报信息量的几个问题

罗开元 《贵州大学学报》1996 年第 4 期

提高学报信息量，是衡量学报质量水平的一个重要指标。应尽量有效地利用好这有限的容量，向读者提供尽量多的信息。要把好文章的质量关，选发那些信息质量高、数量多的文章。一旦选定了值得发表的好文章，我们的任务则是遵循信息传递规律，使用一切可以使用的编辑加工和排版印刷手段，让读者以最省时省力的方式，获取准确可靠的信息。

信息反馈与学报质量探微

林善玉 《延边大学学报》1997 年第 4 期

编辑部掌握刊后效果如何、读者的反应如何等反馈信息，是学报臻于完善的过程，也是学报质量提高的过程。信息反馈与学报质量成正比，反馈的信息利用好了，学报质量随之得到提高；学报质量提高了，正面的反馈信息也就越多，这又反过来推动学报质量的提高。

关于提高学报质量的几个具体问题

杨焕章 《中国人民大学学报》1997 年第 5 期

学报质量实际涉及两个概念：刊物质量和办刊质量。要提高学报质量，就要提高办刊水平：强化文摘意识；注重优化选题；组织重型稿件；扩大信息容量；开设优势栏目；开展学术讨论；严肃对待编校。

坚持学术性与现实性的统一是提高学报质量的关键

张秀红 《中国人民大学学报》1997 年第 6 期

提高学报质量的关键在于要正确认识和处理学术性与现实性的关系，坚持二者的统一。要坚持二者的统一，就不能脱离政治大局，必须在学术价值取向方面坚持与现实需要的统一。作为综合性学报，应该以刊登现实性比较强、直接为社会主义现代化建设事业服务的学术研究成果为主。

论文科学报文稿质量的界定

陆桂生 《广西民族学院学报》1998 年第 3 期

文科学报文稿质量的标准应以与人类的生存和发展的关系大小来界定。编辑决定文稿取舍，首先看其在人类的生存和发展上有无积极意义，再看其章法表述。促进人类的生存和发展是科学研究的前提，可以作为衡量所有文稿质量的总尺码。

提高高校学报编校质量是系统工程

王荣阁 《河南师范大学学报》1998 年第 3 期

虽然学报的编校质量与编辑人员有较大关系，但又不仅仅是编校人员的事，而是一项系统工程，需要各方面人员和各个出版环节的配合，多管齐下，综合治理。

简析影响高校学报质量的外部因素

唐汉民 《广西大学学报》1998 年第 4 期

提高高校学报的质量不但要从学报编辑部的内部建设入手，还需要得到学校领导的足够重视和校内师生的大力支持。办刊经费不足，校内优秀论文大量外流及编辑部人员不足等因素阻碍了高校学报质量的提高。

编辑定位与学报质量的提高

丁亚秋 《上海大学学报》1998 年第 5 期

编辑定位是提高学报质量的重要因素。所谓编辑定位是指由数个社会角色相对稳定的编辑组成一支稳定的、高素质的编辑队伍。要实现编辑定位，必须首先走出社会和编辑自身在编辑认识上的误区，并为编辑实现自身价值和自我完善提供机会和条件。

学报质量评估的核心尺度刍议

任俊华 《邵阳师专学报》1999 年第 1 期

学术质量是学报质量评估的核心尺度，不能由于强调表面上的“全面评估”而舍本逐末。“全面评估”表面上看是合情合理的，实际上则是缺少了“核心尺度”，容易造成评估标准泛化，达不到真正评出优秀学报和促使学报从根本上提高学术质量的目的。

主编与期刊质量的若干关系

孙继国 《21 世纪社科学报与学报编辑》，北京师范大学出版社 2000 年出版

主编是期刊编辑出版工作的领导者和组织者，是编辑群体的灵魂和核心。主编的理论修养是编辑活动的主导因素，决定着刊物的政治方向；主编知识水平的高低，直接影响到刊物的质量和学术品位；主编的编辑业务能力对于刊物整体风格的形成具有决定性作用；一个理想的成熟的主编可使刊物的质量得到保证。

浅谈学报形象与主编权威的关系

陈泓 《21世纪社科学报与学报编辑》，北京师范大学出版社2000年出版

作为学报形象设计师的主编，其自身的策划水平、创造能力和权威效应直接影响着刊物的形象。学报形象的保持不能靠行政管理的权威，只能靠自身过硬的学术权威来支持。

从稿件质量看学报质量的提高

汤非 《湖南商学院学报》2002年第1期

稿件质量是制约普通高等院校学报质量提高的关键因素。要拓宽稿源，提高稿件质量，进而提高学报质量，首先应扩大宣传力度，提高学报的知名度；其次要引导作者向学报的要求靠拢；培养校内作者队伍；同时，学报要创办特色专栏，编辑应积极组稿，走开放式办刊道路。

关于提高民族院校学报学术质量的思考

段超 《云南民族学院学报》2002年第1期

民族院校学报学术质量取得了明显的进步，学报特色日益明显，编发文章的转载数、转载率和被引率不断上升，在全国学报界和民族类学术期刊中占有重要地位。但也存在着综合水平不高等亟需解决的问题。民族院校学报要进一步提高学术质量，必须牢固树立质量意识，发挥优势、扬长避短，加强编辑队伍建设，加强与专家学者的联系，完善编辑部管理制度，改善办刊条件。

高等学校学报综合效益的评价

朱飞 《汉中师范学院学报》2002年第2期

高等学校学报综合效益的评价应以符合与发挥高校社会职能为最高目标，以主体、本位、社会、行业四个方面为基本单元，形成能包容吸纳现有各种单方面评价方式的层次化要素系统，进而构成全新的更为全面、合理、科学的评价体系。

论社科学报的学术质量评价

于淑娟 《河南师范大学学报》2002年第6期

社科学报的学术质量评价对学报的整体长远发展有着积极作用。但单纯地依赖文摘量、引文量、影响因子等统计数据进行定量分析，未免有失偏颇。应组建各学科"专业学术委员会"，把各学科专家的意见纳入评价体系中；完善量化评价体系，把学报发稿量、稿件来源广度、论文获奖情况纳入定量评价体系中；采取多种有效形式，把读者的反馈意见纳入到评价体系中，建立一个全面、公允的评价方法。

六 编辑人员

试论大学学报编辑人员的修养

谢振中 《河北大学学报》1984年第2期

修养是编辑人员做好本职工作的重要保证，对于大学学报编辑，在修养的某些方面应有别于一般书刊编辑。要做一名合格的学报编辑，必须同时兼有编辑、学者和教师这三种人必备的基本素养，必须具有思想政治、业务和技术及编辑道德等多方面的良好修养。

论学报编辑主体的智能结构系统

林植汉 《河南大学学报》1988年第6期

学报编辑主体的智能结构应是一个健全而合理的系统，它主要由评价能力、思维能力、自学能力、研究能力、表达能力、社交能力与实现能力等诸要素（子系统）构成。

学报编辑功能潜隐性刍议

张玉林 《成都大学学报》1990 年第 3 期

学报编辑功能的潜隐性表现在：编辑思想通过出版中介变个体意识为群体意识；编辑通过对稿件的处理和与作者的交流而发现培养人才；学报办刊宗旨要求编辑具有更强的学术意识和更快的知识更新度；把好政治关是编辑必须具有的充分发挥的重要潜隐功能；编辑职业道德观养成的决定作用是编辑人员的个人自律，这种自律性也是潜隐的。

学报编辑在思维上的求同与存异

周国清 《中国人民大学学报》1992 年第 3 期

在编辑的整个思维运动过程中，求同与存异存在着内在的相关互动性，二者具有共时性与互补性。相反相成，只持一端都会使其思维方式倾斜，把握不住学术新动向，办不出百花齐放的刊物。

市场经济与学报编辑观念更新

立早 《湘潭大学学报》1993 年第 4 期

要使学报编辑工作更好地适应市场经济，关键在于更新观念。更新观念应从以下几方面进行：认清学报的社会功能，明确办刊方向；更新学术质量观，倡导应用研究；加强对学报商品属性的认识，增强商品意识和市场意识；增强经营意识。

学报编辑要强化公关意识

姬建敏 《编辑学刊》1995 年第 1 期

学报编辑应该借助公共关系这一全新的思想理论，强化公共关系意识，办出高水平的学报。学报编辑的公关意识主要表现为塑造学报形象的意识、沟通与服务作者和读者的意识、创新审美的意识。

学报主体视野论

郝丹立 《曲靖师专学报》1995 年第 3 期

在高校改革的大环境中，高校学报编辑应充分发挥主观能动性，开阔主体视野，争取学术工作的主动权。要有超前意识，注重科研工作的跨学科建设，培养学术梯队，了解学术前沿，突出学报特色。

浅谈高校学报编辑的公关问题

高建立 《黄淮学刊》1995 年第 4 期

学报编辑要搞好公关，一是在组稿上采取“走出去，请进来”的方法，争取优质稿件；二是增强编辑主体的读者意识；二是加强同兄弟学报或期刊的交流，扬长避短；四是建立和加强同文摘性期刊及文献数据库的联系，宣传并提高刊物的知名度。

学报编辑应成为学术专家和编辑家

张荫宏 《农金纵横》1996 年第 4 期

“编辑学者化”的概念有些笼统，对于学报编辑，应提倡他们成为某专业的学术专家和编辑家，而不只是二者之一或其他。成为两家的要求虽然很高，但决不是可望不可及的目标，通过我们广大学报编辑的主观努力，还是可以实现的。

专业与职业：学报编辑的双重定位

李颖 《湖州师专学报》1996 年第 4 期

学报编辑是一种职业，而作为学报编辑又必须具有自己的一门专业，因而学报编辑就同时具备了双重的定位：专业定位和职业定位。专业定位要求学报编辑学者化，职业定位要求学报编辑专家化。

试论学报编辑的超前意识

王化伟 《贵州教育学院学报》1997年第4期

学报编辑的超前意识表现为信息、预测、创新三个方面。信息是超前意识的原料和基础；预测是超前意识的外化表现；创新是超前意识的内核。

论学报编辑的大锅饭意识

郝丹立 《学报编辑与编辑学》，北京师范大学出版社1997年出版

克服学报编辑的大锅饭意识，规范学报编辑的行为模式，将其由“偷闲”转为积极，由“反创新”转为主人翁式的自觉努力，是学报改革的当务之急。要采取措施，消除“大锅饭”意识，如制定切实可行的量化标准，使学报资金投入的约束由软变硬；围绕激发学报编辑自身的创新动力这一中心，改革现存的学报管理和分配体制；尽量任用具有文化敬业精神的学术内行主持学报工作。

试论高校学报编辑的学者化

李晓晴 《成人高校学报研究》，甘肃人民出版社1997年出版

学报编辑在工作上应是业务专家型；学报编辑在社会活动上应是记者、社会活动家型；学报编辑在经营领域还应成为行家里手；学报编辑应在立足编辑的前提下，沿个人专业与职称评定的现实系列，选定一个科研方向，使学报编辑学者化呈兼型发展。

主编前沿意识论

廖智宏 《广西民族学院学报》1998年第2期

学报主编的前沿意识决定学报的学术质量和学术地位。主编具备了强烈的前沿意识，就会在实际工作中关心学术研究动态，努力寻找学术前沿，从而使自己主编的学报站在学术前沿。

再论学报编辑学者化的必要与可能

杨焕章 《中国人民大学学报》1998年第5期

学报编辑是学术编辑。为了提高学报质量，学报编辑必须不断提高自己的学术水平，走学者化的道路。学报编辑学者化的道路是艰难的，但也是宽广的。“学报编辑学者化”的口号应当坚持。

略论学报编辑的导向意识

薄刚 《佳木斯大学学报》1998年第5期

学报编辑应该具有导向意识。学报编辑的导向意识包括：政治导向意识、学术导向意识和学风导向意识。学报的学术性要求学报编辑以学术成果是否有利于文化的繁荣、发展、创造作为导向选择的依据。学报编辑导向的特殊性集中体现为对学术成果传播的历史责任与社会义务。

高校学报史学编辑素质浅议

陈朝云 《郑州大学学报》1998年第5期

史学编辑必须具有较高的政治理论素养，能够甄别出史学研究中的唯心史观及违背社会发展规律的研究方法；史学编辑还要有强烈的精品意识，实现编辑学者化的目标；史学编辑还要有一支过硬的笔，以便使史学论文既有科学性和思想性，又有广泛的可读性。

论学报编辑的角色冲突

孙世军 《河南师范大学学报》1998 年第 6 期

学报编辑的社会角色呈现为一个多元的开放性的动态结构，其间交织着各种矛盾冲突。学报编辑社会角色的冲突表现为学报编辑角色期待的内部冲突以及它与角色领悟、角色行为之间的冲突。

论学报主编文化素养的独特性

刘景慧 《怀化师专学报》1999 年第 3 期

学报主编应具备的文化素养和整体素质与其他期刊相比，有一定的独特性：多层面的知识积淀、新层次的文化底蕴、高层次的学术品格和跨世纪的编辑观念，只有具备了这些独特性，才能胜任跨世纪的学报主编工作。

学报编辑学者化的途径及其标准

于逢春 《延边大学学报》1999 年第 4 期

学报编辑学者化的标准：必须通过个人的论著反映其深厚的学术功底；应尽可能地深入到教学实践中去，通过教学发现问题，并且不断丰富自己的素养；必须推动编辑部成员的学者化，通过自己的学识去影响周围的人。

学报编辑应注重的思维方式浅议

王跃飞 《安徽大学学报》1999 年第 5 期

思维素质是编辑素质的一个重要部分，而科学的思维方式又是思维素质的一个重要组成部分。针对学报编辑工作的特性，学报编辑应注重这些思维方式：前瞻性思维、创造性思维、批判性思维、灵变性思维，以期突出思维的超前性、创造性、独立性和开放性。

时代的呼唤：学报编辑的信息意识

刘丹沁 《荆门职业技术学院学报》1999 年第 5 期

时代呼唤学报的信息意识，信息意识是学报编辑最重要的、不可缺少的职业意识之一，它贯穿于编辑工作及编辑劳动的全过程，并能发挥出神奇的效果。因此，强化信息意识，与促进学报质量的不断提高息息相关，它直接影响着文化信息产业的全面发展，合乎时代的要求。

略论学报编辑的责任意识

芮月英 《河南师范大学学报》1999 年第 6 期

学报编辑的责任意识，并非只是一般意义上的对文稿的读审改编校的自觉精神，也不只是对所编审的论文的科学性和先进性承担相关责任的意识，还应包括竭诚服务意识、勇于创新意识、精心策划意识和研究读者意识。

主编职责与学报策划

龙协涛 《中国报刊月报》1999 年第 7 期

主编是一个刊物的核心和灵魂，责无旁贷地担负着关于办刊宗旨、编辑方针、组稿选稿的策划，应该具备很强的策划意识和策划能力。要通过强有力的有效策划，把刊物办得有声有色：一是走理论联系实际、学术结合时代之路，追踪社会思潮、理论前沿和学术热点；二是贯彻“双百”方针，注意发表不同观点、不同学派、不同风格的论文，精心设计有特色有创意的学术专栏。在进行策划时，只能强化而不能改变刊物的性质和品位。

七 学报管理

运用系统原理提高学报编辑部管理水平

赵凤山 《河南大学学报》1986 年第 6 期

要达到期刊最优化效果，重要的一条就是实现编辑部的科学化管理，运用系统原理进行科学化管理。编辑部的科学化管理应坚持整体原则、反馈原则、相关群体协同效应原则、整分合原则、开放与闭合原则和“人本”原则。

略论高校学报主编的管理职责

韦俊谋　《广西大学学报》1991 年第 1 期

要提高学报质量，必须进行间接的、直接的、宏观的、微观的全面管理。实行主编负责制，主编不仅负责对用稿的终审，还要进行方针目标管理、人事管理、规章制度管理、改革调适管理。

试论学报管理的基本原则和方法

方集理　《学报管理纵横》，辽宁大学出版社 1991 年出版

高校学报管理应遵循下列基本原则：方向正确，目标清楚；组织健全，结构合理；有职有权，权职相应；发扬民主，善于集中；合理分工，团结协作；听从指挥，遵守纪律；评价公正，奖惩分明；进修提高，持之以恒；勤奋廉洁，乐于奉献；思想教育，贯彻始终。学报管理的基本方法有：把提高学报质量作为实现管理目标的中心环节来抓；坚持群众路线；重视学术信息的研究；搞好优质服务；调动人的积极因素；提倡学报工作人员“学者化”；学一点公共关系学；掌握经费使用的主动权；发扬改革创新精神；认真学用哲学，提高认识水平。

谈高校学报的管理原则

王芝光　《学报管理纵横》，辽宁大学出版社 1991 年出版

高校学报的管理应遵循以下原则：坚持党的基本路线与坚持学术性相结合；坚持集权与分权相结合；坚持民主管理与加强规章制度建设相结合；坚持理论研究与现化科学技术相结合；坚持思想政治工作与解决实际问题相结合。

略论学报的管理体制及其改革

闵文义　《西北民族学院学报》1992 年第 4 期

学报管理体制改革是大势所趋，可以从以下几方面着手：改“虚体”为“实体”，建立学报编辑部；改间接领导为直接领导，学报编辑部应当成为校长直接领导下的职能机构；改行政单位为学术机构，使编辑人员享受专业技术人员待遇；改“多头”负责为“主脑”负责，切实推行主编负责制；改编委会的负责职能为咨询职能，使其扬长避短地发挥作用。

学报管理的重点是编制选题

李坤生　《学报编辑与管理研究》，中央民族大学出版社 1994 年出版

研究学报的时候，选题只是被纳入编辑程序管理的一部分，没有摆在学报管理的中心位置，这是学报管理成效不高的原因所在。学报管理的目的是提高学报质量，而学报质量的提高，关键是编制选题，以编制选题为重点，带动学报管理的开展。

高校学报编辑部整体素质琐议

成瑾　《殷都学刊》1995 年第 1 期

学报编辑工作整体作用的发挥往往取决于编辑部自身系统内部结构的完善程度，一个学报编辑部系统从素质上应着力完善三大素质：人员素质、管理素质和精神素质。

学报管理范畴体系初探

张超　《淮阴师专学报》1995 年第 3 期

学报管理范畴体系大体由以下范畴并依序构成：学报系统论、学报目标论、学报管理本质论、学报管理目标论、学报管理原则论、学报管理计划技术、学报管理组织技术、学报管理领导技术、学报管理控制技术。

论学报的管理质量

陈特水 《湖南师范大学学报》1996年第6期

学报要达到全面质量管理的要求，必须把着眼点放在编辑工作的过程上，建立竞争机制，健全审读、评刊和定期检查、评估制度，协调好与有关方面的关系，实现编辑人员素质的现代化。

学报编辑部办公室管理系统程序设计

陈燎宏 《浙江经济高专学报》2000年第4期

利用Foxpro数据库应用程序开发的学报编辑部办公室管理系统包括：稿件管理系统、学报发行系统、历史稿件管理系统、考勤管理系统五大模块，运行于DOS平台。该系统界面直观，简便易行；内容全面，实用性强；安装方便，维护简单。

试论高校学报编辑出版管理系统及其优化

王大年等 《三峡大学学报》2001年第6期

学报编辑出版管理是一项复杂的系统工程，要达到优化管理、提高质量的目的，必须建立一个优化的学报编辑出版管理系统：科学合理地设置机构、配备人员是优化该系统的基础；优化主编配备是优化该系统的关键；坚持合乎编辑出版规律的管理思想是优化该系统的保证。

高校学报的现代化系统化管理

史庆华 《辽宁工学院学报》2002年第2期

高校学报作为高校学术信息传播的阵地与窗口正日益受到高校师生及社会同仁的广泛关注，因而如何管理好高校学报，使其更好地发挥作用是摆在学报界同仁面前的一项重要任务，本文拟将现代化、系统化的方法引入高校学报的管理工作，着重从制度管理、人员管理、信息管理、质量管理、编务管理五个方面谈谈高校学报的系统化、现代化管理。

学报与CIS策划

史庆华 《辽宁工程技术大学学报》2002年第3期

随着中国加入世贸组织，我国期刊业在迎来了发展机遇的同时，也面临着空前的挑战，为此许多期刊社将CIS（企业识别系统）导入期刊社的总体策划，并取得较好效果。学报作为我国期刊业的重要组成部分，同样面临着生存与发展的挑战。在学报的管理、策划中导入CIS的理念，必将推动学报的发展，使之尽快与国际接轨，参与国际的学术竞争。

八 学报改革与发展

大学学报改革之我见

顾晓鸣 《文汇报》1986年4月25日

学报的选题要以“问题导向”为主，而不应单纯地以逻辑分类。每个问题可以而且需要从不同学科的不同视野去加以研究。只有这样，才能为各学科的专业人员提供“多维视野”，满足读者的需要，解决可读性和普遍性的问题。

也谈普通高等专科学校学报的办刊方向

陈玉林 《中国人民大学学报》1990年第5期

要准确把握高等专科学校学报的办刊方向需弄清几对关系：学校的层次性和学报的层次性；以反映本校教学科研成果为主和以内稿为主；社会效益和学校效益；学校整体水平和个别篇目质量；学校水平和学报水平。

试论学报竞争的动力机制

李建　《上饶师专学报》1991年第1期

要提高学报竞争的效益，一个最重要的条件就是要建立学报竞争的动力机制，通过目标激励、精神激励、物质激励、比较激励、关怀激励、理解激励等因素，把作为学报竞争主体的广大学报编辑人员所蕴藏的竞争潜力和活力充分地发掘和有效地释放出来。

社会主义市场经济体制与学报改革的几点思考

潘国琪　《中国人民大学学报》·1993年第5期

学报在内容上要有所拓宽，加强对一些重大理论热点的研究，增设为经济建设服务的专栏，及时反映本校新设专业的研究成果；在学报的管理制度上，要运用市场经济的某些法则，在人的管理上要有效益意识，在稿件的处理上要有平等竞争的意识，在经济管理上要有经济意识；利用国家和学校提供的优惠政策，采取适当形式搞些创收是必要的。

试论社会主义市场经济下的学报改革

周发增　《学报编辑与管理研究》，中央民族大学出版社1994年出版

学报在市场经济下的改革，必须从处理好社会效益与经济效益的关系、学术性现实性普及性的关系着手，办出学报特色，不断提高学报质量，从实际出发，为经济建设服务。

高校学报传播形式上的弊端及其对策

郑立峰　《中国出版》1996年第2期

高校学报的社会效益和经济效益不十分明显、学报自身发展每况愈下的原因之一就是其传播形式上的局限：传播周期过长；传播的信息不集中、不突出；版式设计程序化、单一化，影响了传播的效果。只有对高校学报的传播形式进行整体变革，才能有效地发挥高校学报应有的社会作用。高校学报传播形式上的对策：横向联合，化整为零，重点突围。

对市场经济条件下高校学报改革的几点思考

盈午　《徐州师范学院学报》1996年第4期

要摆脱目前困扰学报进一步发展的种种难题，必须从以下四个方面进行改革。打破对学术性的片面理解，由封闭走向开放；纠正对本校性的片面理解，引进竞争机制；改革综合性的办刊模式，努力向专科化方向发展；强化读者意识，追求高雅性、当代性、前沿性，是摆脱学报困境的有效途径。

21世纪高校学报的三大学术景观

邵京起　《编辑之友》1996年第5期

21世纪高校学报必将呈现出三大学术景观：学科化与学者化、电子化与科学化、国际化与规范化。这三大学术景观是创造高校学报新世纪辉煌的推动力。

校园网：高校学报的机遇与挑战

毛晓慧　《编辑之友》1997年第6期

高校学报应该步入校园网，全面实现学报编辑工作的信息化和现代化，利用校园网使学报的整体状况彻底改观。建立学报编辑工作的信息化和现代化的软件、硬件设备及数据库，收审编发一体化，学报编辑与专业情报部门数据库一体化，利用校园网改进学报日常工作。

中文核心期刊与高校学报发展趋势

张建合　《编辑之友》1998年第3期

高校学报的发展受许多客观因素的制约，步履维艰，但随着编辑观念和编辑手段现代化的不断深入，高校学报内容的专科化是发展趋势之一，是向核心期刊迈进的一条捷径，也是学报摆脱困境的有效措施之一。

学报的发展要与高校改革同步

戢斗勇 《编辑学刊》1998 年第 4 期

学报的发展要与高校改革同步：学报的组成形式必须随高校管理体制的改革而变更，学报的服务定位必须与高校开放式办学道路相一致，学报的内容质量必须按高校办学质量的要求而提高，学报的办刊方式必须随高校办学效益的增进而更新。

从社会文化出版的整体视角看学报出版

张彩凤 《编辑之友》1998 年第 6 期

封闭性的办刊定位，使学报编辑出版游离于社会文化出版的大开放系统之外，“小农式”的办刊模式，使学报编辑出版难以更好地发挥文化选择、积累、传播的社会功能，高校学报要解决难题，走出困境，就必须以社会文化出版整体为参照目标，激活系统，调节功能，真正融入社会文化出版的大开放系统中。

21 世纪高校文科学报面临的八大挑战

范子奇 《首都师范大学学报》1998 年第 6 期

21 世纪高校文科学报面临着八个方面的挑战：市场经济体制的挑战、信息技术革命的挑战、知识经济的挑战、编辑素质综合化的挑战、发展自下而上与停滞死亡的挑战、个性化的挑战、外稿的挑战和学报商品化的挑战。

学报的现实、制约与突破

刘寒辉 《湖南财专学报》1999 年第 2 期

目前制约学报发展的主要因素有：学报受专业性和理论性强的制约，造成读者面窄，发行量小；管理部门对学报的强制性要求而使学报发展受到制约。学报要突破这些制约，创造学报发展的良机：学报应顺应出版发展趋势，放眼学术界和出版市场，打破本位主义，改革固有模式，开展横向联合。要学科专业纯化，只以一个学科或一个专业为内容；要刊名实化，刊名以学报的学科专业内涵来命名；要读者定位化，学报根据自身的学科专业特点，确立自己的读者群。

普通综合性高校学报如何进入中文核心期刊行列

叶岗 《出版发行研究》1999 年第 2 期

能否进入核心期刊行列，就决定了普通综合性高校学报的命运。这些学报要改变现状，争取进入核心期刊行列，就应切实把握核心期刊评估的理论原则，并在此基础上找出相应的对策：从现实出发，办好特色专栏；放眼未来，走专业性学科学报的发展道路。

超越“学报情结”

高云 《出版发行研究》1999 年第 2 期

目前相当多的理论期刊状况比较尴尬，发行量锐减，理论研究精品不多，所发表的成果对于决策圈的软科学智囊作用也不明显，这种局面与编辑的“学报情结”有相当关系。主要表现在：有浓重的“教科书意识”；有狭隘的“学科套套”；无形中构造了一种模式化语景；用习惯性的文章体式裁定多样化的成果。

台湾、香港地区的高校文科学报与专业学术期刊概述

姚申 《高等学校文科学报文摘》1999 年第 3 期

台湾地区的公立和私立高校大多主办有不同类型的学报和专业学术期刊，除了集纳刊登文科各学科学术成果的综合类学报以外，还有两类学术期刊，一类可名之为局部综合性学报和专业学术期刊，另一类是以单一学科研究为披载对象的单科性学报和专业学术期刊。香港地区主要大学和“专业学院”大多创办有学报和多种专业学术期刊，香港高

校文科学报和学术期刊一般亦可分为综合性、局部综合性和单科性几类。就台港地区文科学报与专业学术期刊的发展而言呈现出三个趋势：学术刊物的专业化趋势、稿件刊发的开放性趋势、刊物的“厚积薄发”态势、学生参与主办学术刊物。

高校学报中的“泡沫论文”现象

孙景峰　《出版发行研究》1999 年第 4 期

“泡沫论文”是作者为了某种经济利益和社会利益而炮制的对社会毫无价值的论文，看似洋洋洒洒，实则空洞无物，了无新意。“泡沫论文”的存在与蔓延趋势是我国高校学报事业健康发展的隐形障碍，“泡沫论文”的大量涌现及愈演愈烈表明，高校学报界的治滥治散已经成为不容忽视的问题。

高校学报应走专题化之路

钱荣贵　《编辑之友》1999 年第 4 期

综合性是高校学报陷入困境的症结所在。要摆脱困境，优化资源配置，彻底提高学报的学术质量，最优化地发挥高校学报的社会效益和经济效益，走专题化的发展道路是有效途径。但实现专题化不是立竿见影、一蹴而就的，需要一个较长的过程，特色化可成为高校学报由综合性走向专题化的过渡形态。

影响未来高校学报发展趋势的几个重要因素

何布峰　《工会理论与实践》1999 年第 4 期

高校学报在新世纪中将受到思想政治、市场经济、科学技术、教育体制和新闻出版行业等各方面改革和发展的重大影响，从而形成新的发展格局。面对新的挑战，必须早做准备，未雨绸缪。

谈高校学报发展中的三个转变

齐栋　《编辑学刊》1999 年第 6 期

高校学报要摆脱由于学术质量不高、经济效益十分低下造成的生存危机和困境，应该实现三个转变：变服务作者为服务读者，变封闭办刊为开放办刊，变产品为商品。

高校学报联合办刊、专业化是必由之路吗?

孙景峰　《编辑之友》1999 年第 6 期

现有的学报办刊模式固然有其不足之处，但其优势和积极作用还是主要的，况且在计划经济体制下形成的某些不能适应形势发展需要的弊端，正在随着社会主义市场经济体制的建立而逐渐被革除，学报改革的目的在于革除不能适应发展需要的弊端，使其固有的优势发挥得更充分，而不是根本否定现有办刊模式。联合办刊、专业化并不是高校学报的改革方向和必由之路。

刍议学报编辑工作现代化

张铁莉　《大连教育学院学报》2000 年第 2 期

学报编辑工作现代化是时代的要求。编辑主体的现代化和编辑手段的现代化构成了学报编辑工作整体现代化，二者相互联系，相互制约，不可或缺。

高校学报网络化的几个问题

王会珍　《赣南师范学院学报》2000 年第 4 期

高校学报走网络化的发展道路是时代发展的必然。必须重视研究网络化后的著作权维护问题，实现内容规范化与形式多样化的统一；充分利用网络这个现代化管理手段，强化编辑部的管理。

新世纪高校学报价值取向的思考

董霞等 《河南大学学报》2000年第5期

在高校逐步走向产业化的争论与实施中，高校学报能否按产业化的模式进行运营和操作，给高校学报提出了新的挑战。在新的历史条件下，只有突出学报自身的特色，才能实现社会效益与经济效益的最佳结合，盲目追求学报的产业回报，最终会使学报的发展误入歧途。

试论高校学报创新的基本途径

徐鸿钧 《编辑学刊》2001年第1期

创新是高校学报进一步发展的动力。高校学报创新的基本途径有以下几个方面：办刊模式的创新、管理模式的创新、学术创新、编辑工作模式和出版方式创新。

文科学报国际交流的生态环境

张子中 《编辑之友》2001年第2期

学术繁荣不仅需要国内交流的支撑，更需要国际交流的带动，要以积极主动的态度参与国际学术交流，国际交流的学术生态环境需要得到改善和优化。要营造宽松自由的学术争鸣氛围；增强“公共领域”意识，避免人文知识分子在现实生活中的“场所缺席”；尊重现代社会知识生产的特殊规律。

高校学报网络出版势在必行

周文凯等 《三峡大学学报》2001年第3期

网络出版给高校学报带来了新的机遇与挑战：加快学报的信息交流速度；改革学报静态、平面式的单一形式；出版与发行同步，大大缩短了学报的出版周期；拉近学报与作者、审稿人、读者的距离；促进学报编辑技术的现代化；使学报的社会效益和经济效益寻找到了最佳结合点。

WTO与学术期刊市场化

范子奇 《中华女子学院学报》2001年第4期

随着我国进入WTO步伐的加快和经济突飞猛进的发展，作为国家社会科学重要组成部分的学术期刊，都面临着改革与调整，总的趋势应该是以导向、品位、效益为支撑，在相应的政策支持下，适应并遵循市场经济发展规律，求得生存和健康发展。

以工为主多科性大学文科学报办刊方向

杨珊 《四川师范学院学报》2001年第4期

以工为主多科性大学文科学报的办刊环境和存在的问题是：人文气氛淡薄；稿源有工科学校特色；学科众多而编辑有限；稿源匮乏；设备陈旧；办刊方向不明确。应该以地方文化特色设立栏目，以优势学科、科研强项设立栏目，以学科特色设立栏目。

论高校学报网络化的发展趋势

黄艳林 《福州大学学报》2002年第1期

因特网的兴起给传统的出版业带来了前所未有的影响，网络期刊应运而生。面对这一发展趋势，高校学报应在办好传统的印刷期刊同时，适时推出网络期刊，不同类型的高校学报应采取不同的方式实现网络化。

从传播学视野看高校学报的困境与改革

沈松华 《杭州师范学院学报》2002年第1期

高校学报作为传播知识、交流学术信息的媒介，必须遵循传播规律，向受众开放，促进广泛的学术信息共享。但目前许多学报在编辑过程中忽视了学报的传播本质，与受众隔绝，与社会脱离；同时学报体系在定位上的组织传播特性也妨碍了学报的正常发展。在知识经济环境下，学报必须进行改革，分化重组，并应用多种现代化媒介手段，提升学术传播的质量和学报自身的活力，为信息时代做出贡献。

精神经济时代的品牌学报

邹建达 《云南师范大学学报》2002 年第 2 期

随着我国加入世贸组织和经济全球化进程的加快，学术刊物之间的竞争将日趋激烈，需要一批具有品牌价值的学报起到骨干和示范作用。创建品牌学报的工作应围绕以下几方面来进行：树立品牌意识，使学报的一切“生产活动”都能围绕品牌来开展和进行；坚持办刊方向，形成稳定风格；注重质量，突出个性和特色；内强素质，外树形象；提供良好的竞争环境和扶持政策；具有持续实施品牌学报战略的长期行为。

对影响高校学报发展的外部因素的思考

陈立风 《山东省青年管理干部学院学报》2002 年第 5 期

高校学报发行量低、质量下滑有其自身的原因，也有一定的客观因素，外部因素有几个方面：上级部门相关的规章、条例使高校学报自我封闭，服务对象单一化；由于体制上的原因，没有一定的自主权；职称稿、学位稿居高不下的局面影响学报的质量；办刊经费不足等等。从外因上看，应该给学报创造一个良好的生存环境，营造一个广阔的发展空间，不能再让学报背负沉重的包袱了。

新世纪高校文科学报面临的困境及对策

李世龙 《编辑工作现代化的理论与实践》，工商出版社 2002 年版

在计划经济体制下的传统办刊模式，已不能适应新时代、新形势的需要。学报编辑部应尽快地从自我封闭性向开放的办刊意识转换，面向市场，抓住机遇，及时转轨；应尽快从因循守旧型向开拓创新型转换，全面提高编辑素质和办刊质量；由国家扶持逐步向自求发展转轨，国家制定政策时，仍要对社科学报予以倾斜。

九 学报的作者和读者

高校文科学报读者接受的差异性及策应

石杰 《中国人民大学学报》1992 年第 5 期

面对同一文本，不同的接受主体往往产生不同的接受结果，每一种结果与文本的真实往往有一定的悖离，这就是学报读者接受的差异性。这种差异性以多种形态存在着，在学报接受中具有举足轻重的地位。

论中国高校学报的作者观和读者观

靳青万 《学报编辑观念的更新》，吉林大学出版社 1993 年出版

中国高校学报几乎从其诞生以来就是以作者为转移而将读者的需要弃之不顾。高校学报的“作者中心观”得以确立和延续有着积极作用。在新形势下，高校学报必须从“作者中心观”向“读者中心观”转变。

论高校文科学报大读者群的形成

殷晴华 《编辑学刊》1996 年第 6 期

读者群形成的关键在于刊物编排的内容和形式，在于编辑出版工作者的素质，在于他们的思想和视野及其开拓精神。评价编辑出版工作及其刊物的标志，归结到一点就是看刊物读者的拥有量及其对读者产生的效益。扩大高校文科学报读者群的努力是一个无限的过程，要求编辑出版者做到指导思想的一贯性和具体实践的经常性。

谈高校学报作者队伍建设

宫福满等 《编辑学刊》1997年第2期

高校学报要努力建设一支具有一定规模、科研潜力大、思维活跃、学术水平高的作者队伍。做好对年轻作者的扶持工作；树立编辑部良好的信誉；努力提高学报的整体质量；建立一套可行的奖励机制；重视校外作者队伍建设；加强对作者及学报的宣传。

高校文科学报读者心理动机探微

黄焕山 《学报编辑与编辑学》，北京师范大学出版社1997年出版

高校文科学报读者类型大体有这样几种：在校大学生、学校教学和科研人员、有自学能力和求知欲强的社会青年、人文社会科学研究人员。其阅读动机有以下几种：研究型、学习型、浏览型、释疑型。

论学报的退稿与作者心理

吴志慧 《浙江师范大学学报》1998年第3期

作者在接到退稿时的各种心理表现，即冷漠、自卑、合理化作用和面对现实、愈挫愈奋，要针对不同情况的作者（初次投稿者、自卑心极强的作者、名家教授、各种关系的作者）因人而宜地采用不同的退稿方式，妥善做好退稿工作。

高校学报的读者问题

赵运通等 《编辑之友》1999年第2期

高校学报的读者空缺值得深思。从作者写出论稿到编辑的审稿加工再到正式出版，学报的人才智力投资与普通的文化生活类期刊相比自然昂贵得多。读者观念错位导致高投入低产出的结果，不只是高校资金的浪费，更重要的是人才智力的极大浪费。面向读者需求的编辑思想定位当是学报改革的关键一步。

（责任编辑及撰稿者 河南师范大学：孙景峰）

编选说明：

1. 据不完全统计，2002年之前，直接的高校学报研究成果（即标题中含有“学报”字样或内容是研究学报的）有2200项左右。本部分所选成果也仅限于直接的高校学报研究成果。
2. 限于篇幅，我们只选取了其中有代表性的成果，我们照顾到了研究内容、作者、作者单位、原发刊物等因素，由于编选者视角及水平的局限，遗珠之憾在所难免。
3. 我们分九部分介绍2002年之前的高校学报研究成果，其中第一部分是“学报研究专著及论文集”，第二至第九部分则依内容选介刊发在报刊上的成果。
4. 每一部分依发表刊期的先后排序，出自论文集的，集中排在当年的后面。

（编　者）

北京高教学会社会科学学报研究会

大事记（1989年5月—2002年10月）

1989年

5月15日，全国高等学校文科学报研究会理事长杨焕章、秘书长潘国琪、常务理事李耀宗及中国政法大学学报胡梅娜同志，带着兄弟院校学报的呼吁和期望，到北京师范学院（现首都师范大学）学报编辑部与时任学报负责人周发增及学报工作人员周金榜商谈组建北京高校文科学报研究会事宜。他们就组建北京高校文科学报研究会的必要性和紧迫性发表了意见。他们认为，近几年来，兄弟省市和地区已相继成立了高校学报研究会，并且开展了许多有益工作。作为首都，北京高校学报研究会也应尽快组建，以适应学报事业发展的要求。他们建议，由北京师院学报牵头作为召集人，组建北京高校文科学报研究会。北京师范学院学报欣然接受了这一重任。

6月初，周金榜同志走访了在京的各高校文科学报，说明组建研究会的目的和意义，并征求他们的意见。到6月底，已有三十多家学报表示积极支持组建研究会，并愿意加入研究会。

7—8月，正值暑假。为了开学后的组建工作及时进行，起草《北京市高等学校文科学报研究会章程（草案）》及《关于成立北京高等学校文科学报研究会的请示报告》，北京经济学院（现首都经贸大学）学报汤树光同志、中国政法大学学报胡梅娜同志、北京联合大学学报刘斌同志、中国工运学院学报余士雄同志、中央民族学院（现中央民族大学）学报李耀宗同志、北京师范学院学报周发增同志和周金榜同志召开了专门会议。全国高等学校文科学报研究会理事长杨焕章同志和秘书长潘国琪同志也出席了会议。会议议程是：成立筹备组；讨论《章程》和《请示报告》。会议商定，由上述代表单位（杨焕章和潘国琪所在学报不参加筹备组工作）为筹备组成员。会议对《章程》和《请示报告》进行了讨论，并提出了修改意见。与会者责成由北京师院学报负责修改，然后尽快上报，争取早日批复。会后，立即对《章程》和《请示报告》进行了修改。

9月10日专程呈送北京市高教局高教学会并向学会汇报了成立北京高校文科学报研究会的目的和意义以及筹备的进展情况。学会负责同志对我们成立北京高校文科学报研究会表示支持，并答应我们尽快研究批复。

10月15日，得到高教学会的答复意见："6．4"事件后，国家决定整顿学会、协会和研究会等群众团体，暂不批复新成立的机构。同意我们在正式批复前可以"筹备组"的名义开展活动。待"解冻"后，立即批复。

11月4日，召开筹备组扩大会议。会上，首先把筹备工作的情况向与会者作了汇报。与会者认为，下一步的筹备工作应按高教学会的意见，坚持边筹备边开展工作的原则，要加强学报间的联系，经常交流办刊经验，开展如何办好学报的研究工作，特别是当前如何贯彻党的十三届四中全会和五中全会以及江泽民同志国庆讲话的精神。根据上述原则，会议商定：筹备组立即准备尽快召开北京高校文科学报主编研讨会。

12月25日，北京高校文科学报主编研讨会在北京师范学院学报编辑部举行。出席会议的有27所高校文科学报的主编和负责人。这是首都学报界的同仁第一次较大规模的集会。会议就如何贯彻十三届四中和五中全会及江泽民国庆讲话的精神、坚持学报的正确政治方向和学报存在的一些共同性问题及筹备组如何开展工作等问题进行了研讨。

1990年

3月15日，北京师范学院学报负责人、北京高等学校文科学报研究会筹备组召集人周发增同志，因工作需要调离学报岗位。研究会筹备组召集工作由周金榜同志代理。

5月15日，毋庚才同志调任北京师范学院学报负责人，接任周发增同志的研究会筹备组召集人工作。

6月10日，研究会筹备组周金榜同志被全国高等学校文科学报研究会聘为全国高等学校文科学报研究会第一届编辑学论著评委，代表华北地区出席开封评审工作会议。

6月27日，筹备组在北京师范学院学报编辑部召开关于如何开展学报编辑学研究研讨会。从编辑学论著评审会中反映出北京在编辑学研究方面远远落后于兄弟省市同仁。北京没有申报一篇。为了扭转这种局面，尽快赶上兄弟省市同仁的步伐，筹备组引导大家就如何开展学报编辑学研究展开了热烈讨论。会议商定：(1) 会后立即开展编辑学研究；(2) 9月底各单位向筹备组报选题；(3) 寒假前上报论文；(4) 寒假后开展编辑学论著评奖工作。

11月6日，筹备组召开学报工作会议，传达全国高等学校文科学报研究会“扬州会议”精神和汇报编辑学论文的进展情况。

1991年

3月5日，筹备组成员在中国政法大学学报召开会议。会议研究和安排1991年工作计划；商定编辑学论文评奖工作的评委。1991年的工作两大任务：一是完成编辑学论文评奖工作；二是完成研究会筹备组任务，成立研究会。会议商定由冯成华（北京经济学院学报）、余士雄（中国工运学院学报）、胡梅娜（中国政法大学学报）、邢宝晶（北京商学院学报）、周金榜（北京师范学院学报）为评审委员。特聘全国高等学校文科学报研究会理事长杨焕章同志参加指导工作。

4月6日，周发增同志调回北京师范学院学报负责人岗位，继续担任筹备组召集人。

4月26日，筹备组召开编辑学论文评委会。会上，将上报的19篇编辑学论文分送评委审阅。评委会研究了评审标准和评选步骤以及奖励办法。

5月20日，筹备组召开编辑学论文第二次评委会。经过反复评比，最后评出一等奖一名；二等奖五名；三等奖十名。5月29日，北京高校文科学报编辑学论文首次评选颁奖大会在北京师范学院举行。对获奖文章的作者，由筹备组颁发获奖证书，并建议所在单位给予表扬和奖励。

会议商定，为了推动编辑学研究持续不断地开展，建议有条件的学报要开辟“学报编辑学研究”专栏，为学报编辑学研究者提供园地。

9月24日，召开筹备组扩大会议。传达高教局学会组的意见：目前学会正在整顿过程中，近日还难以批复新的学会。为了便于开展工作，同意我们先成立全国高校文科学报研究会的分会，待整顿结束后再批复独立的研究会。会议认为，此意见可行，立即着手同全国高等学校文科学报研究会请示。会议商定、增补中国人民公安大学学报负责人李坤生同志为筹备组成员。

11月16日，召开筹备组扩大会议。会议传达了全国高等学校文科学报研究会的批复意见，并商定了成立分会的各项具体工作。

12月14日，召开研究会成立大会。经过两年半的筹备工作，北京高等学校文科学报研究会正式成立了。它属于全国高等学校文科学报研究会的分会。会议通过了《北京高等学校文科学报研究会章程》，选举产生了由14个单位组成的第一届理事会。它们是：北京师范学院学报、北京经济学院学报、中国政法大学学报、中国人民公安大学学报、北京联合大学学报、中国工运学院学报、中央音乐学院学报、北方工业大学学报、北京商学院学报、中央财政金融学院学报、中央民族学院学报、北京广播学院学报、北京外国语学院学报、北京高等教育行政学院学报。经过理事会协商，推选出9名常务理事：周发增（北京师范学院）、冯成华（北京经济学院）、胡梅娜（中国政法大学）、李坤生（中国人民公安大学）、刘斌（北京联合大学）、余士雄（中国工运学院）、黄旭东（中央音乐学院）、董嵩申（北方工业大学）和周金榜（北京师范学院）。常务理事进行了分工：周发增任理事长、冯成华和胡梅娜任副理事长、周金榜任秘书长、李坤生任副秘书长。研究会会址设在北京师范学院学报编辑部。

1992年

1月9日，研究会第一届第二次理事会在中国人民公安大学学报编辑部举行。会议通过了如下决定：

1. 5月召开学报管理学研讨会。研讨内容围绕学报管理学的任务和方向及有关制度的管理进行。

2. 10月中旬，围绕“政治与学术的关系”召开学术研讨会及年会。

3. 推荐北京经济学院学报冯成华、北京广播学院学报朱光烈、中国人民公安大学学报甄岳刚、中央音乐学院学报黄旭东、中央财政金融学院学报赵秀英、北京外国语学院学报姚小平六位同志代表北京出席11月召开的全国高等学校文科学报研究会第二届年会。

4. 推荐北京师范学院学报、北京经济学院学报、中国政法大学学报、中国工运学院学报。中国人民公安大学学报、中央音乐学院学报和中央民族学院学报七家为全国高等学校文科学报研究会的理事单位。

5. 编发研究会简报，定名为《学报简讯》(不定期)。传达上级有关单位的指示精神，发布研究会的决定和各种信息，沟通学报间的联系。印发各会员单位，报送上级有关部门。

6. 印制《学报工作手册》送会员人手一册，以作纪念。

1月15日，《学报简讯》第1期出刊发行。

3月11日，研究会发出通知，号召会员单位推行《中国高等学校社会科学学报编排规范（试行稿）》。

5月3日，召开常务理事会，汇报“学报管理学研讨会”的筹备情况，并对研讨会的具体问题作了研究。会议决定：研讨会定于6月中旬召开。

6月15日，北京高校文科学报研究会在昌平国家高级教育行政学院举行“学报管理学理论研讨会”。国家高级教育行政学院领导来汉宣和许根碗同志出席了开幕式并致欢迎词。全国高等学校文科学报研究会理事长杨焕章、秘书长潘国琪出席会议，并代表全国高校文科学报研究会讲了话；学术委员会主任蒋广学、副主任宋应离应邀到会并作了学术报告。会议收到论文23篇。

7月11日，研究会在北京联合大学学报召开“学报深化改革座谈会”。会上，北京大学、中央民族学院、中国工运学院、中国民航管理干部学院等学报介绍了改革的经验，使与会者在学报的体制和创收方面受到了启发。

8月26日，北京高校文科与理科学报研究会联合同开明电子公司在北京工业大学学报商定学报联合排版的协议问题。为了推广学报排版由铅字向微机的转变、出版的规范化、节约出版费用等问题，双方初步达成了协议。

9月9日，第一届第三次常务理事会在北京经济学院学报召开。会议议程：

1. 会议接受了研究会副理事长北京经济学院学报主编冯成华同志的辞呈、由新任北京经济学院学报主编瞿宁武同志接任研究会副理事长职务。

2. 9月8日上午，北京高教学会张淑珍同志专程来研究会检查工作，并传达了最近上级有关学会团体成立的原则和管理办法等法规精神。并告之，近期将把研究会纳入学会所属的研究会。

3. 会议决定了年会暨学术研讨会的时间、地点、内容等问题。

4. 会议建议，学报联合印刷根据自愿的原则，各学报可结合各自的情况而定，直接与开明电子公司联系。

9月15日，研究会的理事长单位《北京师范学院学报》，随校名的变更，改名为《首都师范大学学报》。

12月22日，北京高校文科学报1992年年会暨学术研讨会在首都师范大学学报编辑部举行。全国高校文科学报研究会理事长杨焕章出席了会议并讲了话。会议传达了全国高校文科学报研究会“桂林会议”精神；总结了研究会一年的工作；提出了1993年的工作计划；进行了“学术与政治关系”的理论研讨会。大会收到论文十余篇。

1993年

3月19日，研究会第一届第四次常务理事会召开。会议集中讨论了1993年工作计划和安排。决定召开学报如何适应社会主义市场经济和以专业分科与学报编辑工作两个研讨会。并提出了编辑出版《学报编辑与管理研究》论文集。

5月11日，《市场经济与学报改革》研讨会在北京联合大学召开。会上，周金榜同志传达了全国高等学校文科学报研究会“张家界会议”精神，介绍了各省市兄弟学报在改革和创收方面的经验。会议集中就在市场经济的形势下，学报如何适应这种形势的要求，进一步发挥学报的优势进行了研讨。

5月18日，接北京高教局学会组通知，我会更名为：“北京高等教育学会社会科学学报研究会”。公章自1993年6月15日启用。

8月18日，研究会核心小组开会。根据一届四次常务理事会的决定，具体落实下半年工作。会议商定，1993年年会暨学术研讨会在12月中旬召开；对提交大会的论文将举行第二届编辑学论文评奖活动；把一、二届获奖的论文汇集出书。

12月13日，研究会1993年年会暨学术研讨会在中央民族大学学报举行。会议对1993年研究会的工作作了总结，并对1994年的工作进行了安排。会议对分科专业编辑学理论进行了研讨。提交大会的编辑学论文有二十多篇。年会得到李耀宗任主编的中央民族大学学报的支持和资助。

1994年

3月23日，研究会召开核心小组会议。会议就第二届编辑学论文评审的具体工作和编辑出版《学报编辑与管理研究》论文集的落实办法进行了商定。会议推荐了第二届编辑学论文评奖委员和论文集编委。

4月25日，召开第二届编辑学论文评奖委员会会议。这次参评的有27篇编辑学论文。评选出：荣誉奖1篇；一等奖1篇；二等奖7篇；三等奖13篇；参评鼓励奖4篇。会议建议由研究会对获奖者分别给予适当的奖励。

5月4日，第一届第三次理事会在中国人民公安大学学报编辑部召开。会议对第二届编辑学论文评奖的情况向理事们作了汇报，并给论文获奖者颁发了荣誉证书。同时，对编辑出版《学报编辑与管理研究》论文集进展情况和需要解决的问题进行了通报和研究．并逐项得到了落实。

6月15日，召开《学报编辑与管理研究》论文集编委会。会议对论文集进行了定稿。会后，交出版社。

9月11日，《学报编辑与管理研究》论文集由中央民族大学出版社出版。此书的出版，得到中央民族大学学报主编李耀宗同志的大力支持，节省了出版费用。

11月15日，第一届第四次理事会在北方工业大学学报编辑部召开。会议1．根据全国高等学校文科学报研究会优秀编辑评选章程的规定及分配给北京的推荐名额，推荐出三名上报人选。2．关于年会，决定与1995年年会合开，学术研讨会以“编辑学者化”为主题。3．理事会决定开展学报先进工作者评选的活动。为了肯定和表彰学报工作者的优秀业迹，激励会员为学报事业不断奋进，无私奉献，为学报同仁树立榜样，提高学报质量，促进学报事业的繁荣，研究会决定每二年举行一次“学报先进工作者”的评选活动。

理事长周发增同志已退休，理事长由新任首都师范大学学报负责人温绍堃同志接任。

12月21日，研究会召开常务理事会。会议评选出本届10名学报先进工作者。

1995年

3月23日，研究会召开常务理事会。会议就1994—1995年年会的筹备情况进行了汇报，并对年会的议程和有关问题进行了研究。会议还对学术研讨会的主题——“编辑学者化”的研讨范围提出了参考意见。

4月19日，1994—1995年会暨学术研讨会在昌平中央政法管理干部学院学报编辑部举行。全国高等学校文科学报研究会理事长杨焕章同志出席会议并代表全国高等学校文科学报研究会祝辞。

会议围绕“编辑学者化”主题展开了研讨。胡梅娜同志就“编辑学者化”提出的背景、问题的提法及含义等方面作了全面系统的介绍。杨焕章同志、李耀宗同志和朱光烈同志等从编辑学者化的不同角度作了令人耳目一新的发言，引起了与会者的极大兴趣。

12月1日，第二次“编辑学者化”理论研讨会在中国人民公安大学召开。

与会者对“编辑学者化”展开了热烈的讨论。有的同志对编辑学者化的“化”进行阐释；有的同志论述了高校学报学者化；有的同志论述了编辑学者化的途径；有的同志论证了科研能力是编辑学者化的必备条件；有的同志对编辑学者化与编辑专家化进行了辨析；还有的同志对“编辑学者化”问题的提出及其意义进行了阐发。通过讨论，与会者进一步深化了对“编辑学者化”问题的认识，推动了编辑学者化的进程。

1996年

5月14日，北京高教学会社会科学学报研究会召开《社会科学期刊质量标准》研讨会。会议在北京广播学院学报编辑部召开。会议传达了全国高等学校文科学报研究会举办的《社科期刊规范化》研讨会（西安会议）精神。会议对《标准》的规定及在执行中所遇到的问题展开了讨论。与会者形成了如下共识：

1．《标准》虽然在执行中存在这样或那样的问题，但作为新闻出版署已颁布的《标准》，我们要努力向其靠拢，争取早日达到《标准》的要求。

2．对《标准》中难以执行的，我们应本着《关于发布“社会科学期刊质量管理标准”的通知》中所提的：“请各部门、各地区将在组织实施《标准》和《办法》中所碰到的情况和问题及时报告我署”的精神，加以归纳整理上报新闻出版署，建议在修改时加以参考。

3．作为北京各高校学报，要为模范地执行《标准》和尽快地完善《标准》做出积极的贡献。

11月26日，第二次代表大会暨1996年年会在平谷北京教工休养院召开。全国高等学校文科学报研究会名誉理事长杨焕章同志、理事长潘国琪同志、北京高教学会副秘书长张炼同志以及为研究会做出贡献、现已离职的老同志也应邀出席了会议。

会议听取了第一届理事会的工作报告、财务收支报告；经过民主协商，选举产生了由17个单位组成的第二届理事会和由11位同志组成的常务理事会。

会议传达了全国高等学校文科学报研究会第三次代表大会精神。会议提出了1997年研究会工作计划。会议向为研究会作出贡献，现已离职的老同志颁发了“荣誉证书”。会议围绕如何提高学报质量展开了热烈讨论。

12月18日，1996年第6期《学报简讯》刊发了《新闻出版署期刊司就执行“社科期刊质量标准及评估办法”有关问题答访录》。

《标准》颁布后，大家在执行过程中遇到了一些难以操作的问题。经过一段时间的实践，各会员单位向研究会反映了一些带有普遍性的问题。为了求得对这些问题的解决，12月10日，周金榜同志代表研究会走访了新闻出版署期刊司。通过访谈，这些问题得到了明确的答复。

1997年

1月10日，第二届第二次常务理事会在中央音乐学院学报编辑部召开。

会议通过了推荐参加全国高等学校文科学报研究会1996年优秀编辑的名单；评选了北京高等学校1995—1996年度的学报先进工作者；通过了研究会1997年工作计划。

计划安排：以落实党的十四届六中全会精神，迎接香港回归和迎接党的十五大召开为指导，落实“112”计划。即编辑出版1本编辑学专著；一个中心议题——世纪之交的文化反思；两个会——上半年和下半年各一次理论研讨会。

3月26日，召开常务理事扩大会议，地点在北京联合大学学报编辑部。会议落实了上半年理论研讨会的各项具体工作；落实了编写《学报编辑学教程》的人员及过程等。

5月6日，“贯彻落实十四届六中全会精神，进一步提高学报质量”研讨会在北京舞蹈学院学报编辑部召开。会议就如何进一步提高学报质量，进行了全方位和多角度的讨论。杨焕章同志做了《刊物质量与办刊质量》的专题发言。

9月26日，第二届第三次常务理事会在首都师范大学学报编辑部召开。会议研究和商定了关于召开1997年年会的筹备工作；关于贯彻落实《全国高等学校文科学报研究会关于1997年度“优秀编辑”、“优秀编辑学论著评选活动的通知》的意见；关于《学报编辑学教程》的出版问题。

11月26日，召开第二届第四次常务理事会。会议传达了全国高等学校文科学报研究会常务理事会议精神；通过了推荐参加全国1997年优秀编辑评选的名单；落实了1997年年会的各项具体工作。

12月10日，1997年年会暨学术报告会在中国民航管理干部学院学报编辑部召开。会议听取了1997年的工作报告；提出了1998年工作计划安排意见；传达了全国高等学校文科学报研究会常务理事会议（上海会议）精神。

首都师范大学东方文化研究所所长孙长江同志作了“关于世纪之交文化反思”的学术报告。

1998年

3月11日，召开第二届第五次常务理事会。会议研究了1998年工作计划，并对上半年的学术研讨会的筹备工作进行了安排；《学报编辑学教程》的编委会向会议汇报了工作的进展情况，并就有关问题征求了常务理事意见。

3月30日，召开《学报编辑学教程》作者碰头会。会议传达了常务理事会有关书稿出版的意见，并决定书名由《学报编辑学教程》改为《学报编辑学引论》。商讨确定了书稿有关内容统一处理的意见。

3月27日—29日，“面向21世纪的学报工作和编辑出版研究”研讨会在北京市农业管理干部学院学报编辑部召开。出席会议的有全国高等学校文科学报研究会名誉理事长杨焕章同志、理事长潘国琪同志、副理事长兼秘书长龙协涛同志。会议邀请了曾为研究会做过贡献、现已退休或调离学报岗位的原常务理事周发增、冯成华、余世雄、王振全、董嵩申、毛晓慧、朱光烈等同志出席会议。特邀曾为北京高校学报事业做出突出贡献，现仍关注学报事业发展的原中央民族大学学报主编李耀宗同志出席会议。

会议就21世纪的学报工作如何适应时代的要求展开了讨论。杨焕章同志对学报工作者提出的“思考新问题，追求高品位，把学问作好，把学报办好”的发言。已离开学报岗位的老同志、怀着对学报事业眷恋心情，表达了对学报事业兴旺发达的深切期望，并以多年从事学报工作的经验，对21世纪学报事业的发展谈了许多富有开创性的建议。

与会者从不同的方面发表了颇有见地，令人耳目一新的见解。

3月6日，《学报编辑学引论》一书由地震出版社出版。

9月11日，第二届第六次常务理事会召开。会议对今年年会的筹备工作作出决定；对第三届“学报先进工作者”的评选事宜进行了研究；对《学报编辑学引论》的发行办法进行了商定。

11月5日，第二届第七次常务理事会召开。会议传达了全国高等学校文科学报研究会第三届第二次理事会暨研究会成立10周年庆典大会的会议精神。通过了理事长的交接工作；原理事长温绍堃同志因退休，不再担任理事长职务，理事长职务由新任首都师范大学学报主编秦英君接任。

会议对第三届“学报先进工作者”的推荐人选进行了评议。评出11名学报先进工作者，将在年会时给予表彰。

会议对年会的具体工作进行了安排。

11月18日—20日，1998年年会暨学术研讨会在天津理工学院召开。除会员代表外，还有天津师范大学学报、天津教育学院学报、天津外国语学院学报和天津师专学报等同仁出席会议。天津理工学院党委副书记陆丽琴同志、学报主编孙家枢同志、副主编田双同志到会看望大家并致欢迎词。

会议总结了1998年研究会的工作；向第三届学报先进工作者颁发了荣誉证书；传达了全国高校文科学报研究会“济南会议”精神；提出了1999年研究会工作计划；介绍了新接任理事长职务的首都师范大学学报主编秦英君同志。

会议围绕“面向21世纪的学报工作”展开了研讨。

1999年

3月10日，第二届第八次常务理事会在中国人民公安大学学报编辑部召开。会议研究了“迎接21世纪的学报工作”研讨会的筹备工作和研究会成立10周年的庆典工作。会议决定，成立由周金榜、肖琳、刘恒志三位同志组成的“十年庆典”筹备组，开始会议的筹备工作。

3月30日，1999年第1期《学报简讯》应会员单位的要求，转发了《首都师范大学学报编辑部工作条例》。

5月6日，第二届第九次常务理事会在中华女子学院学报编辑部召开。会议对北京高校社科学报的评优工作进行了研究，并推荐出由9人组成的评委会；落实了“迎接21世纪的学报工作”研讨会的各项具体工作。

5月11日，召开北京高校社科学报评优工作委员会会议。会议商定了评优工作的程序，并进行了分工。

5月17日—21日，“迎接21世纪的学报工作”研讨会在郑州举行。会员单位的代表和河南省部分学报同仁出席了会议。全国高等学校文科学报研究会名誉理事长杨焕章同志、河南省高校学报研究会副理事长郑州大学学报辛世俊同志、秘书长河南大学学报刘献同志到会祝贺并讲了话。为我们筹备这次会议的河南省公安高等专科学校书记刘体炎同志、校长毛志斌同志、主管学报工作的副校长张豫生同志及学报编辑部主任翟英范同志等出席会议并致欢迎词。

会议围绕“迎接21世纪的学报工作”为主题，分别从学报编辑的素质、学报的规范化与现代化以及学报的发展方向等方面展开研讨。

会议商定：为迎接21世纪的到来，立即着手筹备编纂《中国人文社会科学学报年鉴》和组建广告刊登联合体等事项。

6月4日—6日，北京高等学校社会科学学报评优工作委员会召开评审会。对北京地区参评的学报进行了审评。经过审评，按全国高等学校文科学报研究会规定的上报比例，评选出23家学报上报参加全国学报的评优工作。

6月20日，我会成立十周年庆典筹备组会在解放军艺术学院学报召开。会议对庆典的各项具体工作进行了研究落实。解放军艺术学院的领导表示，对庆典活动将给予大力支持。

6月25日，经研究会核心组商定，并征求常务理事的同意，增补解放军艺术学院学报副主编刘恒志同志为常务理事。

9月8日，第二届第十次常务理事会在首都师范大学学报编辑部召开。会议由筹备组对“十年庆典”的筹备工作情况进行了汇报，并对“十年庆典”的时间、地点、出席人员及会议议程等具体事项进行了确定。会议责成筹备组努力做好各项会前的准备工作，保证大会的顺利召开。

9月20日，接全国高等学校文科学报研究会的通知，在全国高等学校文科学报研究会举行的第一届社科学报评优活动中，我会一些单位被评为：

一、首届全国“双十佳”社科学报：

《中国人民大学学报》

《北京大学学报》

《北京师范大学学报》

二、首届全国“百强”社科学报：

《清华大学学报》(社科版)

《中国青年政治学院学报》

《首都师范大学学报》

《经济与管理研究》

《中国政法大学学报》

《中央民族大学学报》

《北京商学院学报》

《中国工运学院学报》

《中国人民公安大学学报》

三、首届全国优秀社科学报：

《北京联合大学学报》

《华北电力大学学报》

《饰》(北京服装学院学报)

《北京教育学院学报》

《解放军艺术学院学报》

《中央财经大学学报》

《现代传播》(北京广播学院学报)

四、质量进步奖：

《北京市财贸管理干部学院学报》

《中华女子学院学报》

9月25日，原常务理事、中央音乐学院学报负责人黄旭东同志，为我会“十年庆典”以个人名义捐赠人民币2000元。

9月28日，清华大学中国学术期刊（光盘版）电子杂志社，为我会编制的《纪念册》给予无偿排版，以表示对我们“十年庆典”的大力支持。

2000年

为了贯彻落实教育部关于《中国高等学校社会科学学报编排规范》的指示精神，我会受中国人文社会科学学报学会的委托，分批举行学报编辑培训班。

4月20日—24日，第一期培训班在西安外国语学院举行。出席会议的主要是北京地区高校学报代表及部分兄弟省市的高校代表共五十余人。

5月27日—30日，第二期培训班在北京紫玉饭店举行，出席会议的有来自全国部分高校学报的代表七十余人。

7月20日—24日，第三期培训班在呼和浩特市内蒙古大学举行。出席会议的有来自全国各省市的高校学报代表九十余人。

10月25日—27日，第三届会员代表大会在华北电力大学召开。中国人文社会科学学报学会名誉理事长杨焕章和理事长潘国琪教授出席了会议并致贺词。华北电力大学校领导到会并发表了热情洋溢的讲话。

大会由理事长秦英君教授主持，会议听取并通过了秘书长周金榜同志代表第二届理事会作的工作报告和财务收支报告；与会代表还就市场经济条件下学报如何生存和发展、学报的编排规范、信息时代对编辑的要求等问题进行了广泛而热烈的讨论；向1999—2000度的“先进工作者”颁发了“获奖证书”。

会员经过协商，选举产生了由14个单位组成的第三届常务理事会。常务理事为：杜家贵（北京大学）、刘石（清华大学）、李坤生（中国人民公安大学）、徐亚利（中国人民公安大学）、肖琳（中央音乐学院）、周晓燕（中国青年政治学院）、徐亦亭（中央民族大学）、陆敏（中国政法大学）、何布峰（中国工运学院）、刘恒志（中国人民解放军艺术学院）、刘斌（北京联合大学）、胡智峰（北京广播学院）、贾金思（首都经贸大学）、秦英君（首都师范大学）

常务理事分工如下：

理事长：秦英君

副理事长：李坤生、贾金思、刘斌、陆敏

秘书长：何布峰

副秘书长：徐亚利

2001年

4月24日—27日，与山东省公安高等专科学校合作在山东省威海市召开了“面向21世纪的社科学报”学术研讨会。16个会员单位的30余位代表出席了会议。

10月24日—26日，在天津蓟县召开了2001年年会。31家会员单位的40名代表参加了会议。中国人文社会科学学报学会名誉理事长杨焕章教授、潘国琪教授、理事长龙协涛教授、副理事长林邦钧教授应邀出席了会议。

会议由理事长秦英君教授主持，他说今年研究会的工作可以概括为“两会一书”，“两会”即今年上半年在威海召开的学术研讨会和这次召开的年会；“一书”即研究会组织大家编写出了一本供社科期刊编辑使用的《社科期刊编辑实用手册》，2002年年初将由中央编译出版社出版。中国人文社会科学学报学会理事长龙协涛教授、副理事长林邦钧教授在会上发言，他们对北京学报研究会的工作给予了充分肯定，并介绍了全国社科学报界的最新信息，还就大家关注的转载率问题、社科期刊评奖问题作了说明。杨焕章教授、潘国琪教授也作了热情洋溢的讲话，他们从自己的体会出发，对学报编辑提出了殷切的期望。

12月6日，在北京科技大学召开常务理事会，12个常务理事会的14名代表参加了会议，北京科技大学、北京航空航天大学的代表列席了会议。北京科技大学党委书记、学报主编刘建平同志到会并发表了热情洋溢的讲话。

会议由理事长秦英君教授主持，他首先通报了刚刚参加过的中国人文社会科学学报常务理事会的会议精神。主要有三项内容，第一是理事长龙协涛教授对2001年工作的总结，共有5部分：(1) 关于学报的定位问题，及时反映学报界的意见，与教育部沟通。(2) 积极支持编辑学研究，重点扶持315项，北京市社科学报研究会今年编写的《社会科学期刊编辑实用手册》是重点扶持的对象之一。(3) 争取社会赞助。(4) 加强组织建设，发展新会员，全国社科学报现共有700多家会员。(5) 对外宣传与文化交流。第二是关于2002年工作的安排：(1) 2002年上半年将进行“三优”评选，即学报评优、编辑评优、编辑学成果评优。(2) 2002年下半年将召开第四届第二次理事会议。(3) 对编辑的培训工作，主要是为应对加入WTO的需要对编辑进行知识产权方面的培训。(4) 完善组织机构。(5) 进一步办好通讯工作。第三是教育部社教司出版处陈茅同志的讲话：(1) 关于学报定位，教育部不久将发布正式文件，确认高校学报应以学术性为主，学报不是创收单位。(2) 关于前不久举办的期刊展问题。(3) 强调在十六大以前各学报必须严把政治关。

常务理事会还讨论了2002年工作的安排，并达成一致意见：

1. 进行评优工作。研究会将组织由9人组成的专家组评出北京地区高校社会科学学报“十佳学报”和优秀期刊。
2. 决定于2002年上半年在江苏淮安召开学术研讨会。
3. 做好组织工作，进一步发展新会员。

会议协商并一致同意北京科技大学、北京航空航天大学、华北电力大学三个单位增补为常务理事单位；北京大学杜家贵同志增补为研究会副理事长；鉴于中国人民公安大学李坤生同志已退休，决定由中国人民公安大学现任主编仇加勉同志接替他的工作，任研究会副理事长。会议还高度评价了因退休和工作调动离开学报工作的李坤生同志、解放军艺术学院的刘恒志同志多年来对研究会工作的奉献。

2002年

3月，研究会编写的《社会科学期刊编辑实用手册》由中央编译出版社出版。

4月7日—9日，研究会根据中国人文社会科学学报学会《关于开展评选优秀学报、优秀学报主编、优秀学报编辑及优秀学报编辑学论著的通知》和本研究会两年举行一次学报评优活动的规定，组织专家、学者对北京高校2000—2001年度的社科学报本着公开、公平、公正的原则进行了认真的评选。北京高教学会社会科学学报研究会共有会员单位65家，除北京大学学报、中国人民大学学报、北京师范大学学报、清华大学学报、北京语言文化大学学报直接申报评奖材料外，参加申报评奖的单位共有39家，评出一等奖社科学报20家（其中含“十佳”学报）、优秀社科学报16家，单项奖3家，优秀社科学报编辑5人。

4月23日—27日，研究会与淮阴师范学院学报编辑部联合在江苏淮安召开了以“21世纪社科期刊发展与展望”为主题的学术研讨会。38个会员单位的50余名代表、江苏省内主要社科期刊、社科学报的代表及人民日报、光明日报理论部记者、《文艺研究》、中国人民大学书报资料中心的代表参加了会议。《江苏社会科学》、《江海学刊》、《南京师范大学学报》、《淮阴师范学院学报》、《北京大学学报》、《清华大学学报》、《政法论坛》等单位的的代表就如何在新世纪办好社科期刊发言。淮阴师范学院校领导到会祝贺并发表热情洋溢的讲话。

7月5日，在北京大学召开常务理事会。会上，理事长秦英君教授通报了北京高校社科学报和全国高校社科学报的评奖情况。中国人文社会科学学报学会理事长龙协涛教授也应邀出席了会议，并对这次全国高校社科学报的评优活动以及教育部即将在7月底召开的全国人文社会科学学报工作会议等事宜作了说明。

10月9日—10日，在北京通胜会议中心召开学报研究会年会，53家会员单位的60余名代表出席。会议传达了2002年7月底教育部召开的高校社科学报工作会议精神并对2002年北京市及全国评出的优秀社科学报进行了表彰、颁奖。

北京高校社科学报评优情况

1．一等奖社科学报

（前十名又为“十佳”社科学报）

《首都师范大学学报》

《政法论坛》（中国政法大学学报）

《中国青年政治学院学报》

《工会理论与实践》（中国工运学院学报）

《中央民族大学学报》

《外语教学与研究》（北京外国语大学学报）

《解放军艺术学院学报》

《新视野》（北京市委党校主办）

《公安大学学报》（中国人民公安大学主办）

《经济与管理研究》（首都经济贸易大学主办）

《国家行政学院学报》

《中国社会科学院研究生院学报》

《武警学院学报》

《中央财经大学学报》

《北京工商大学学报》

《中央社会主义学院学报》

《外交学院学报》

《现代传播》（北京广播学院学报）

《华北电力大学学报》

《北京科技大学学报》

2．优秀社科学报

《北京联合大学学报》

《中国流通经济》（北京物资学院学报）

《饰》（北京服装学院学报）

《北京行政学院学报》

《中华女子学院学报》

《北京电影学院学报》

《北京航天航空大学学报》

《北京教育学院学报》

《北京理工大学学报》

《首都经济贸易大学学报》

《北京工业大学学报》

《北京经济管理干部学院学报》

《北京邮电大学学报》

《对外经济贸易大学学报》

《北京财贸管理干部学院学报》

《北京青年政治学院学报》

3．优秀编辑质量奖

《后勤指挥学院学报》

《北京政法管理干部学院学报》

《北京计划劳动管理干部学院学报》

4．优秀社科学报编辑

李立（《现代传播》编辑部）

范子奇（《经济与管理研究》编辑部）

何芳（《北京大学学报》编辑部）

胡敏中（《北京师范大学学报》编辑部）

马龙（《武警学院学报》编辑部）

全国高校社科学报评优情况

经教育部批准，中国人文社会科学学报学会于今年5月下旬组织了第二届全国高等学校社会科学学报评优活动。参加这次评优的社会科学学报先由全国各省、市、自治区进行初选，然后按分配名额推荐全国评选。

这次评选活动由中国人文社会科学学报学会具体负责，评委会由29位专家、学者组成，评选工作严格按照教育部批准的《中国高等学校社会科学学报质量标准及评估办法》进行，从政治、业务、编辑、出版四个方面进行评选，然后打分排序，确定获奖名次。

参加这次全国高校学报评优活动的共有330余家（全国会员单位共800多家），评奖等级分为四个层次：第一层次为“双十佳”社科学报，共评出22家，基本为教育部直属名牌大学；第二层次为“全国百强社科学报”，共评出110家；第三层次为“优秀社科学报”，共评出110家；第四层次为单项奖。北京高校社科学报获奖情况如下：

1．“双十佳”社科学报（按音序排列）

《北京大学学报》

《北京师范大学学报》

《中国人民大学学报》

2．全国“百强”社科学报（按音序排列）

《公安大学学报》

《工会理论与实践》

《国家行政学院学报》

《解放军艺术学院学报》

《经济与管理研究》

《清华大学学报》

《首都师范大学学报》

《外语教学与研究》

《武警学院学报》

《现代传播》

《新视野》

《政法论坛》

《中国青年政治学院学报》

《中国社会科学院研究生院学报》

《中央财经大学学报》

《中央民族大学学报》

3．优秀社科学报（按音序排列）

《北京电影学院学报》

《北京工商大学学报》

《北京教育学院学报》

《北京科技大学学报》

《北京联合大学学报》

《北京行政学院学报》

《华北电力大学学报》

《饰》（北京服装学院学报）

《首都经济贸易大学学报》

《外交学院学报》

《中国流通经济》

《中华女子学院学报》

《中央社会主义学院学报》

4．单项奖社科学报（按音序排列）

《北京航天航空大学学报》（优秀编辑质量奖）

《北京理工大学学报》（质量进步奖）

《北京邮电大学学报》（质量进步奖）

5．优秀编辑（全国共申报50人，批准43人，其中北京5人）

李立（《现代传播》编辑部）

范子奇（《经济与管理研究》编辑部）

何芳（《北京大学学报》编辑部）

胡敏中（《北京师范大学学报》编辑部）

马龙（《武警学院学报》编辑部）

6．优秀社科学报主编（全国共申报172人，批准113人，其中北京9人）

龙协涛（北京大学学报）

林邦钧（北京师范大学学报）

秦英君（首都师范大学学报）

陆敏（中国政法大学学报）

周晓燕（中国青年政治学院学报）

周承顺（武警学院学报）

李存葆（解放军艺术学院学报）

任建雄（华北电力大学学报）

王克非（北京外国语大学学报）

在这次全国高校社科学报评奖活动中，北京高校社科学报成绩显著，上一届进入“全国百强社科学报”的会员单位10家，进入“优秀社科学报”的7家，本届进入“全国百强社科学报”的则有16家，进入“优秀社科学报”的13家，加上3家“双十佳”社科学报和3家单项奖社科学报，共有35家社科学报获奖。

关于“核心期刊”，这次全国高校社科学报评优后宣布：凡是进入“双十佳”社科学报和“全国百强社科学报”行列的，均为“中国人文社科学报核心期刊”。

（北京高教学会社会科学学报研究会供稿）

河南省高校学报研究会

大　事　记（1984年5月—2001年10月）

1984年

5月19日—23日，河南省高校学报研究会成立。成立大会在信阳师范学院举行。河南省委宣传部新闻出版处和教育厅高教处的负责同志参加大会并讲了话。武汉大学、华中师院，武汉师院等兄弟院校学报编辑部的负责同志也应邀参加大会，并作了专题发言。

大会学习讨论了教育部在北京召开的高校文科学报工作座谈会精神，进一步明确了学报工作的目的、任务、方向和性质，对学报如何在两个文明建设中发挥作用、大胆改革进行了初步探讨。

与会同志回顾了1983年河南省高校学报工作的成绩和存在的问题，分析了当前学报工作的实际状况，大家一致表示要在各院校党委领导下，加强编辑队伍的自身建设，开创学报工作的新局面。

大会经过认真酝酿，决定成立河南省高校学报研究会，讨论通过了河南省高校学报研究会章程，选举产生了会长、副会长、秘书长、副秘书长和理事，会长由宋应离同志担任，研究会会址设在河南大学学报编辑部。

1985年

为了总结学报工作经验，推动学报编辑工作的研究与探讨，进一步发挥学报在两个文明建设中的作用，省高校学报研究会在1985年下半年开展了评选学报研究优秀论著、优秀学报工作者活动。

这次评选活动，采取基层推荐和研究会讨论确定相结合的办法。根据各单位所报材料，经省高校学报研究会扩大理事会1985年12月6日讨论通过，评选出学报研究论著7篇（大部分是公开发表的），优秀学报工作者25名。

1986年

5月4日—8日，河南省高校学报研究会在许昌召开学术讨论会。会议的中心议题是：研究如何提高学报质量和如何建设编辑学的问题。

会议期间收到论文22篇，有14位同志在大会上发言。大家就如何进一步提高学报质量，如何研究编辑学，怎样科学地培养学术编辑人才，以及学报编辑评估等问题，进行了讨论。不少同志认为，河南大学学报编辑部今年已招收编辑学研究生，在培养中国社会主义的高级学术编辑人才方面，迈出了新的一步，希望能在今后总结这方面的经验。

会议还就学报在高校中的地位、作用，编辑工作的领导和管理，编辑人员的职称待遇和编辑工作规范化问题交流了情况。

12月15日—17日，河南省高校学报研究会在河南大学召开扩大理事会，简要总结当年工作，初步安排了第二年活动计划，评选出1986年度学报优秀工作者24名，同时，还评选出优秀学报及编辑学研究论文8篇。

为了适应我国编辑出版事业发展的需要，加速对高一级编辑人材的培养，经上级批准，河南大学学报编辑部从1986年起，招收编辑学专业研究生。

1986年，为了进一步搞好编辑学研究生的教学工作，加强对编辑学这一古老而又是新兴学科的研究，经校党委和校领导批准成立河南大学学报编辑部编辑学研究室。研究室主任由司锡明教授担任，副主任由胡益祥教授和张如法副教授担任。编辑学研究室成立后，很快组织出版了《编辑学通论》（王振铎、司锡明主编）、《编辑社会学》（张如法著）、《中国大学学报简史》（宋应离编著）等著作，促进了河南乃至全国编辑学研究的发展。

1987年

12月6日—10日，由河南省社联、河南大学、河南省出版工作者协会编辑分会联合主办的全国首次编辑学学术讨论会在郑州召开。来自全国15个省市编辑出版部门的编辑家、科研单位和高校编辑专业教学人员六十余人，云集一堂，相互切磋，各抒己见，从不同的角度对编辑学的研究现状、编辑学的性质、研究对象和方法，进行了富有开创意义的科学探讨，热烈而充分地讨论研究编辑学理论建设，国家新闻出版署特邀顾问、中国出版与发行研究所所长边春光同志到会作了题为《出版研究与图书质量》的报告，河南省社联、河南大学、河南新闻出版局的负责同志也到会祝贺。

1988年

5月16日—18日，河南省学报研究会第二次会员代表大会暨第四次学术年会在郑州航空管理学院召开。省社联副主席赵怀让，省新闻出版局副局长梁臻及省教委的有关领导同志出席会议并讲了话。

会议回顾了研究会成立四年来的工作，讨论研究了学报工作的问题。全体代表经过充分酝酿，民主选举产生了研究会第二届理事会。新的理事会由25人组成，常务理事会由9人组成。理事会一致同意聘请语言学教授、省教委副主任张静为理事会名誉会长。选举宋应离为会长，王振铎、吕致远、孙顺霖、赵德教、邓莹、阎志平为副会长；王振铎为秘书长（兼），方在华、靳青万为副秘书长。

7月23日—8月2日，由河南大学学报编辑部与烟台师院学报编辑部联合举办的编辑学讲习班，在烟台举行。来自全国各地高校学报的编辑和部分其他期刊的编辑110人参加了这次讲习班。河南大学学报编辑部编辑学研究室几位学人，围绕编辑学的建立、编辑学的性质、地位、任务和研究方法等问题，讲了以下几个专题："信息智化编辑观"、"编辑概念与中国编辑史"、"编辑在社会中的地位与作用"、"编辑与读者"、"编辑部的群体优化组合"、"文科学术论文的鉴审"、"科技论文的鉴审"、"学报编辑工作规范化"。在讲习班期间，大家还就目前办刊中存在的问题以及如何进一步办好刊物等问题进行了座谈。这次讲习班，对目前开展的编辑学研究和进一步办好学报和其他期刊是一个有力的推动。

1989年

5月3日—6日，河南省高校学报研究会二届二次学术年会在南阳市举行。河南省教委、中共南阳地委及南阳师专的有关领导同志到会并讲了话。

与以往相比，本次年会具有以下特点：

(1) 研讨的问题比较集中。会议着重讨论的问题涉及到的六个方面，都是目前高校学报研究中的重要问题。(2) 对问题的研究较前深入。以往的年会往往是工作研究，经验交流偏多，此次年会则偏重于学报编辑方面的研究，学术性强，具有一定的理论深度，反映了研究水平正不断向更深、更高的层次发展。(3) 在会上交流了不少新的研究成果，显示了研究会在编辑学研究方面的新进展。编辑学的研究在全国刚刚兴起，而我省高校学报研究会已推出了一批可喜的研究成果。河南大学学报编辑部编辑学研究室相继推出了《编辑学》、《编辑社会学》、《中国编辑史》、《中国大学学报简史》、《中国大学学报研究》等5本著作，多属填补空白之作；其他高校的同志先后发表的不少高质量的编辑学研究论文，发表后被《新华文摘》、《人大复印报刊资料》等转载复印，均在学术界产生了一定的影响。

1990年

4月7日—11日，河南省高校学报研究会第五次学术年会在商丘师专召开。省教委科研外事处孙顺霖处长，中共商丘地委宣传部张龙之部长，商丘行署李孝友副专员及商丘师专王业振校长、王瑞雨副书记、赵德润副校长等领导同志到会祝贺并讲话。河南省社联、全国高校自然科学学报研究会会长陈浩元等发来了贺电或贺信。

本届年会共收到学术论文30篇。大会所取得的成效表现在以下几方面：(1) 进一步明确了办刊方向，通过学习中共中央五中、六中全会决议，使代表们认识到正确的办刊方向是至关重要的大问题，高校学报必须坚持四项基本原则，自觉抵制资产阶级自由化思潮，向社会提供健康、向上、科学、优秀的文化产品。(2) 促进了学术交流，提高了业务素质；相互交流了新的科研成果，其中不乏很有价值的新观点、新见解，使大家从中受到了启发。对于一些刚步入学报编辑队伍的新同志来讲，所得到的教益更大。(3) 坚定了"为人作嫁"的信念。一致认为，高校学报的编辑出版是一项任务繁重、吃苦劳累的工作，不少学报在人手短缺、资金困难的情况下，奋力进取，办出了高质量、高水平，这是难能可贵的。代表们表示，学报工作就是"为人作嫁"的，不论条件如何，个人牺牲多大，都要为学报事业努力工作。

1991年

5月23日—25日，河南省高校学报研究会第六次学术年会在洛阳工学院举行。省教委外事科研处孙顺霖处长和孔繁士同志参加了会议。洛阳工学院龙院长，中国人民解放军外国语学院前副院长、学报主编胡斐佩同志到会祝贺，并对大会给予多方面的支持。

大会的中心议题是：(1) 在当前情况下，如何在我省深入开展编辑学理论研究，力争达到一个新水平；(2) 如何进一步提高学报编辑质量，充分发挥学报在精神文明建设中的作用。

与会同志遵循“百家争鸣”的方针，就编辑学理论研究和提高学报编辑质量问题进行了学术交流。同时，就共同关心的问题进行了热烈地探讨与切磋。

1992年

5月7日—9日，河南省高校学报研究会第三届会员代表大会暨三届一次学术年会，在新乡河南师范大学举行。大会就“在改革开放的大好形势下，如何精心办好学报，提高编辑质量，推动全省高校教学水平和科研水平更上一层楼”的议题展开了热烈的讨论，为在改革开放的新形势下顺利开展编辑活动，作好学报编辑工作奠定了基础。

这次大会选举产生了新一届理事会，新一届理事会由30名理事组成，新的常务理事会由11名常务理事所组成。理事会会长由王振铎同志担任，秘书长由杨时勋同志担任。新的理事会还聘请李文成、宋应离同志担任河南省高校学报研究会名誉会长。

1993年

6月9日—11日，河南省高校学报研究会三届二次学术年会在郑州解放军测绘学院召开。大会就以下三个方面的问题进行了认真讨论：(1) 市场经济条件下如何坚持正确的办刊方向；(2) 充分认识学报在提高高校教学科研水平中的地位和作用，全面提高学报质量；(3) 加强编辑学研究，实现编辑学者化。通过讨论，统一了认识，对促进学报建设和发展起到了很好的作用。

1994年

11月，学报研究会三届三次学术年会在河南大学举行。会议就“社会主义市场经济条件下如何进一步提高学报质量和编辑学研究水平，加强编辑队伍素质的培养，提高学报质量”展开了深入的讨论，并结合河南省学报界的实际，向全体编辑发出了“编辑学者化”的号召，为河南省的编辑学研究始终保持在全国编辑学研究的前列创造了条件。

1995年

1995年的信阳会议，即河南省高校学报研究会三届四次学术年会暨首届学报“三优”评比大会，是一次收获的大会。会议对近年来河南省的学报工作和编辑学研究工作进行了全面、系统的检阅和评比，评选出优秀学报一等奖24家，二等奖24家，单项奖6家。会议还评选出河南省优秀编辑和优秀学报工作者73名，优秀编辑学论著51部(篇)。会议还推选出参加全国自然科学学报评选活动的优秀学报15家，优秀编辑12人。这次评选活动受到省教委的高度重视，对评选出的优秀单位、优秀个人和优秀编辑学论著，省教委予以确认并颁发了证书。在1995年11月全国理科学报“三优”评比中，河南省有5家学报获优秀学报一等奖，2家学报获二等奖，6家学报获三等奖；有12人荣获优秀编辑工作者称号；有5项成果获优秀编辑学论著奖。

1996年

9月，河南大学学报编辑部受省新闻出版局委托，举办了河南省第一期期刊社长、总编岗位培训班，国家新闻出版署、省委宣传部、省新闻出版局对培训班给予高度重视，省新闻出版局局长刘海程、新闻出版署报刊司司长蔡建光、印刷学院党委书记张伯海等领导同志亲临培训班讲课。来自全省39家期刊的社长、总编通过20天的脱产学习圆满完成学业，获得了新闻出版署统一印发的岗位证书。这对扩大河南省学报界的影响发挥了良好的作用。

11月，河南省高校学报研究会选派出6名代表参加了全国高校文科学报研究会第三次代表大会，在这次会议上，河南省有7家学报当选为理事单位。关爱和同志和赵炳耀同志（作为全国师专学报联络中心主任）当选为常务理事。河南省代表提交的论文有3篇被评为优秀学术论文一等奖。辛世俊、李宗林同志被评为1996年度全国文科学报优秀编辑，勒青万同志被评为先进学会工作者。

11月18日—20日，河南省高校学报研究会第四次会员代表大会在驻马店师专隆重召开。省教委副主任李文成到会并作了重要讲话。驻马店地委秘书长李运亭、驻马店行署副专员路国贤、驻马店师专党政主要领导，以及省教委外事科研处和省新闻出版局报刊处等有关单位的领导同志出席了这次会议。

原理事长王振铎同志作了《河南省高校学报研究会第四次会员代表大会工作报告》，刘献同志作了《河南省高校学报研究会章程修改的报告》，王华生同志作了《河南省高校学报研究会关于会费收支情况的报告》。

经过认真讨论，与会代表一致通过了王振铎同志所作的工作报告、刘献同志所作的章程修改报告，和王华生同志所作的会费收支情况的报告，并选举产生了新一届理事会、常务理事会。新一届理事会由35家学报组成，关爱和等24人当选为常务理事。李文成、张放涛、王振铎当选为名誉理事长，关爱和当选为理事长。陈继会、曲兵、丁承杰、邓莹、闫志平、赵炳耀当选为副理事长，刘献当选为秘书长，方在华、勒青万、李僖如、吴成福当选为副秘书长，王华生为秘书。

几年来河南省高校学报研究会组织不断发展，机构不断完善，力量不断壮大。会员单位由原来的40余家发展到今天的58家；随着会员单位的增加，理事单位也由原来的30家增补为今天的35家；常务理事由原来的11人增补为今天的18人。随着机构的发展，会员的增多，为了有效地开展工作，还对内部机构进行了完善，增设了文科学报工作委员会、理科学报工作委员会和青年编辑工作委员会，分别负责河南省文科学报、理科学报和青年编辑等方面的工作。

1997年

2月，河南省高校学报研究会被省社科联评为1996年度“社科联系统先进单位”，研究会秘书长刘献同志被评为“河南省社科联系统先进工作者”。

5月，中国期刊协会第二次代表大会在广州召开，河南省高校学报研究会秘书长刘献同志参加了会议，并当选为中国期刊协会理事。

河南大学学报编辑部受省新闻出版局的委托，举办了“河南省第二期期刊社社长、主编岗位培训班”。省委宣传部副部长马心浩、省新闻出版局副局长王献林、省委宣传部新闻出版处处长李新全、河南省高校学报研究会会长、河南大学副校长关爱和、河南大学副校长王发曾等分别出席了开学典礼与结业典礼，并作了重要讲话。省新闻出版局副局长邓本章、中宣部出版局期刊处处长高江波、省新闻出版局报刊处处长张培芹、省新闻出版局巡视员牛新民、中国社科院法学所知识产权中心副主任周林、省委宣传部新闻出版处副处长刘国明、河南大学从事编辑学研究的四位教授，以及河南省荣获全国优秀期刊称号的期刊的两位总编，分别作了专题报告。共有期刊社的45位社长、主编参加了培训学习，并获得由省新闻出版局颁发的新闻出版署统一印制的《岗位培训合格证书》。

9月25日—28日，河南省高校学报研究会四届二次学术年会在风光秀丽的山城栾川召开。与会代表就如何贯彻十五大会议精神，坚持正确的办刊方向；如何进行现代编辑策划，提高办刊整体效益；编辑手段的现代化与现代编辑应具备的素质；高校学报的基本功能及其封闭意识的瓶颈制约；编辑的历史学术发展及编辑理论的进一步系统化等一系列问题，展开了热烈的讨论，进行了深入的探讨，收到了较好的效果。

12月9日—10日，河南省高校学报研究会在禹州市召开常务理事会议，研究会秘书长刘献同志主持了会议，并对前一段研究会的工作进行总结；张如法、赵炳耀同志传达了全国文科学报研究会（上海）常务理事会议精神；阎志平同志传达了全国自然科学学报研究会（长沙）理事会议精神；河南省社联张放涛副主席出席了会议，并作了《围绕社会科学面临的形势和任务，认真作好当前工作》的重要讲话；研究会会长关爱和同志着重强调了明年研究会需要做好的几项工作。在这次常务理事会议上，经过大家的充分酝酿和讨论，一致评选许昌师专学报编辑部的靳青万和河南大学学报编辑部的王华生二位同志为1997年度全国文科学报优秀编辑。

1998年

5月，研究会秘书长刘献同志应邀参加了华东六省市学报编协年会，并在大会上介绍了河南省学报事业的发展和编辑学研究的状况，受到与会百余名代表的欢迎。

6月，刘献等同志作为河南省学报界的代表，参加了在广州召开的全国社科期刊改革和发展理论研讨会，同与会代表一起商讨了面向21世纪的中国期刊如何适应社会主义市场经济的新形势，加快自身发展问题。

5月—6月，河南大学学报编辑部举办了河南省第三期期刊社长、主编岗位培训班和全省出版社编辑室主任岗位培训班，中宣部出版局张小影局长、河南省新闻出版局刘海程局长等领导到培训班做了报告。来自全省期刊社的54名主编、副主编及来自全省各出版社的56名编辑室主任参加了岗位培训，对促进河南省新闻出版事业的发展起到了积极的作用。

10月12日—15日，河南省高校学报研究会第四届三次学术年会在焦作工学院隆重召开。参加这次学术年会的领导和来宾有：省教委李文成副主任、省社科联张放涛副主席、焦作工学院袁世鹰书记兼院长、马跃进副书记兼副院长、王少安副院长、邹友峰副院长、纪委汤永生书记、中国人民大学复印报刊资料中心资料部杨正翠主任、省教委科研外事处丁松林处长。全国高校文科学报研究会会长潘国琪、副会长兼秘书长龙协涛，全国高校文科学报文摘杂志社常务副主编姚申给大会发来了贺电和贺信，预祝大会圆满成功。

省教委副主任李文成同志作了《加强管理 提高质量 促进发展》的重要讲话。代表们就21世纪学报编辑队伍建设、高校科技期刊的办刊模式、现代编辑技术对编辑流程的影响、关于高校学报集约化办刊问题、如何建立有效校对制约机制、新时期作者的心理动机、转型时期科技期刊的社会效益及评价模式、影响编辑选择的一些因素等问题进行了热烈的讨论，达成了一定共识。

10月下旬，研究会的刘献、辛世俊、王荣阁、李宗林、查洪德、齐树德、陈泓、张建乡等同志参加了全国文科学报研究会在济南召开的研究会成立10周年庆祝大会暨三届二次理事会、学术讨论会。在这次会议上，河南省会员提交的论文有8篇获奖。

在1998年全国高等学校文科学报研究会成立10周年所印发的《全国高等学校文科学报研究会会员编辑学论著题录》中，河南省学报界所发表的编辑学论著320多部篇，名列全国各省市之首，进一步巩固了河南省编辑学研究在全国的前列地位。

1999年

河南省各家学报结合学习党的十五大精神，迎接建国50周年，发表了大批理论研究文章。河南大学学报、郑州大学学报、河南师范大学学报等多家学报都加强了对十五大精神和邓小平理论的研究，不少学报还结合“三讲”教育、批判“法轮功”的歪理邪说，发表了一批有分量的宣传“讲学习、讲政治、讲正气”，宣传唯物主义和无神论的文章。这些文章密切结合我国改革开放和现代化建设的实际，具有较高的学术水平和较强的说服力，对于促进河南省的两个文明建设起了积极作用。

4月，北京市高校学报研究会在郑州召开学术年会。研究会的刘献、辛世俊同志应邀参加，向与会代表介绍了河南省研究会的有关情况，受到代表们的欢迎。

根据全国文科学报研究会和理科学报研究会的有关要求，河南省研究会下属的理科学报工作委员会和文科学报工作委员会先后于4月下旬和5月下旬召开了评比会议，对河南省申报的理科学报和文科学报进行了评比，根据公开、公正、公平、严肃认真的原则，推荐了河南省参加全国文科学报评优的单位和参加全国优秀高校自然科学学报及教育部优秀科技期刊评比的单位。

8月，进行的首届全国高等学校社会科学学报评优活动中，河南省申报的10家学报全部获奖，其中《河南大学学报》、《郑州大学学报》、《河南师范大学学报》、《河南财经学院学报》、《许昌师专学报》、《殷都学刊》、《南阳师专学报》、《驻马店师专学报》等八家学报获得“首届全国百强社科学报”，《河南教育学院学报》、《洛阳师专学报》获得“首届全国优秀社科学报”。在参评的30个省市中，河南省获得百强的学报数仅次于北京市（10个），位居全国第二，如果从获奖率来讲，河南省的获奖率位居全国第一。充分显示了河南省学报的实力。

河南省社科联举行的优秀社会科学成果评比中，河南省各家学报发表的文章有37篇获奖，这是历年来获奖较多的一次，充分显示了河南省学报的学术水平。

10月20日—22日，河南省高校学报研究会四届四次学术年会在新乡市新乡医学院顺利召开。省教委副主任李文成、省新闻出版局副局长王献林、省社科联秘书长万兵、省教委科研外事处副处长孔繁仕、社科联学会部副部长丁耀、新乡医学院党委副书记李荣堂、副院长李荣轩、刘文第、郎发轩，以及全省高校学报界的九十余位代表参加了会议。

省教委副主任李文成作了《团结奋斗、开拓进取、把河南省学报事业推向21世纪》的重要讲话。省新闻出版局副局长王献林在常务理事会上就河南省学报的建设和发展重点讲了三个问题：一是要办出特色，创出自己的品牌；二是要树立精品意识，努力提高质量，三是要增加市场经济条件下学报的活力。省社联秘书长万兵也在会上作了重要讲话。

会议围绕21世纪学报建设与规范化问题，编辑学学科建设问题，编辑手段现代化和当代科技发展对学术期刊渗透和影响等诸问题进行了认真而热烈的讨论，并达成了一定共识。

10月中旬，河南财经学院学报承办了全国财经院校学报系统学术年会，河南省部分高校学报亦参加了会议。

在全国文科学报研究会三届二次理事会上，由于河南省学报工作成绩突出，研究会的刘献、靳青万、李宗林三位同志被评为优秀会务工作者，《河南大学学报》、《许昌师专学报》被评为会务工作先进单位；省高校学报研究会被省社科联评为1998年度河南省社科系统先进单位，王华生同志被评为先进个人。

11月9日，受省教委的委托，在省教委、省教委科研外事处的具体指导和大力支持下，河南省高校学报研究会在郑州大学召开了常务理事会，根据省教委［1999］71号文件精神，成立了第二届河南省高校学报“三优”评比总评委会及领导组。总评委会下设高校文科学报评委会、高校理科学报评委会和优秀编辑、优秀编辑学论著评委会三个评委会，具体负责评定工作。各评委会认真进行研究，制订了评比细则。

11月26日—28日，第二届河南省高校学报“三优”评比会议在华北水利电力学院召开。三个评委会按照公开、公平、公正和不谋私利、不搞本位、不徇私情的原则，对各单位申报的材料进行了严肃、认真的审查和评定。

经过各评委会评定，领导组审核并经总评委会通过，共评出优秀学报（社科版、自然版）一等奖、二等奖和单项奖51家；优秀编辑学论著（一等奖、二等奖）84部篇；优秀编辑和优秀学报工作者82人。与会同志对这次评比工作比较满意，一致认为这次“三优”评比，评出了质量，评出了团结，评出了干劲，评出了方向，一定会推动世纪之交河南省高校学报工作再上新台阶，推动河南省的编辑学研究向纵深发展。

2000年

5月25日—5月27日，河南省高校学报研究会在新乡市举行了河南省第二届高校学报“三优”表彰暨办刊经验交流大会，对在第二届河南省高校学报“三优”评比中获奖的51家学报，82位优秀编辑和优秀学报工作者和80多篇（部）优秀论著的作者进行奖励，河南省教委、省社科联、省科委、省新闻出版局的有关领导到会，为获奖者颁发了证书。在这次会议的鞭策和激励下，河南省的编辑学理论研究又有较大的进步和发展。据不完全统计，2000年河南省学报研究会会员发表编辑学论文120余篇，出版编辑学专著多部，使河南省的编辑学研究，一直保持了在全国的前列地位。

2000年上半年，河南省高校学报研究会召开研究会领导班子会，会上按照公开、公平、公正的原则，推举了全国文科高校学报研究会理事单位和常务理事。理事单位为河南大学学报、郑州大学学报、河南师大学报、河南教育学院学报、许昌师专学报、安阳师专学报。常务理事为关爱和、李宗林（全国教育学院联络中心负责人）。

根据新闻出版署和清华大学光盘中心的有关要求，2000年对加入光盘版的全国学术期刊进行了评比，在这次《中国学术期刊（光盘版）检索与评价数据规范》评比中，河南省有《河南大学学报》社会科学版和自然科学版、《河南农业大学学报》、《郑州工业大学学报》、《新乡医学院学报》、《郑州轻工学院学报》、《郑州粮院学报》、《河南财经学院学报》、《开封大学学报》、《商丘师院学报》、《河南城建高专学报》、《开封教育学院学报》等十余家学报被评为《中国学术期刊（光盘版）检索与评价数据规范》执行优秀奖。

2001年

2001年，河南省各家学报结合学习江泽民同志“三个代表”的思想和“七一”讲话精神，发表了大批理论研究文章。河南大学学报、郑州大学学报、河南师大学报等多家学报都加强了对江泽民同志“三个代表”思想的研究，不少学报还结合学习江泽民“三个代表”思想和“七一”讲话精神，加强了对“如何认识社会主义发展的历史进程”、“如何认识资本主义发展的历史进程”、“如何认识我国社会主义改革实践过程对人们思想的影响”、“如何认识当今的国际环境和国际斗争带来的影响”即“四个如何认识”的研究，发表了一大批有较高学术价值的文章，如2001年第1期《河南大学学报》发表的刘昀献同志的《关于社会主义历史命运的思考》一文，正确阐释了社会主义发展的曲折性和最终胜利的必然性，该文刊发后，《高等学校文科学报文摘》2001年第2期、《新华文摘》2001年第4期、中国人民大学书报资料中心《社会主义论丛》2001年第5期、《北京大学学报》（社科版）2001年第2期、《中国社会科学文摘》2001年第5期先后转载，在全国学术界产生了很大影响。该文先后被评为河南省“五个一工程”论文奖，河南省社会科学成果一等奖，刘昀献同志以此文为基础申报的《资本主义新变化与社会主义必然性研究》，被批准为国家“十五”社科规划重点项目。

10月26日—30日，河南省高校学报研究会在历史文化名城南阳市举行了第五次会员代表大会，来自全省高校学报的126名代表参加了这次盛会。大会选举产生了新一届理事会、常务理事会和名誉会长、会长、副会长、秘书长、副秘书长，通过了新的章程。

新一届事理会共有60个理事单位，代表着全省78家高校学报；新一届常务理事会共有27名常务理事组成。研究会的名誉会长为李文成、张放涛、关爱和，会长为李小建，秘书长为刘献。会议自始至终充满团结、紧张、严肃、活泼的气氛，大家认为，随着新一届研究会领导班子的诞生，研究会的自身建设将会进一步加强，河南省的高校学报事业将会更加蓬勃发展，呈现出新的气象。

在10月的五届一次学术年会上，大家围绕新时期学报队伍的建设、市场经济条件下编辑主体自身的提高与完善、现代网络技术与高校学报建设、学术腐败与编辑的控制等一系列重大问题进行了热烈而深入的讨论，并达成一定共识。最后经过专家组的认真评定，评出优秀编辑学论著一等奖15篇，二等奖13篇。

据不完全统计，2001年河南省学报研究会会员在《中国出版》、《编辑学刊》、《编辑学报》、《出版发行研究》等刊物上发表学术论文130篇，使河南省的编辑学研究，一直保持了在全国的前列地位。

在2001年河南省新闻出版局进行的全省社会科学期刊评比中，河南省高校学报中有13家被评为一级期刊，《郑州大学学报》、《河南大学学报》获得河南省20佳期刊称号。由于河南省高校学报研究会成绩突出，2001年，河南省高校学报研究会连续第六次被河南省社科联评为社科系统先进单位。

（河南省高校学报研究会供稿）

全国成人高校学报系统联络中心

大　事　记（1993年—2002年7月）

1993年

中国工运学院受全国高校文科学报研究会委托，牵头筹建全国成人高校学报系统联络中心。中国工运学院院长孙中范给予了大力支持并与北京市成人教育局联系，推荐北京市成人高校 学报中办得比较好的学报负责人担任筹备组成员。他们是（以姓氏笔划为序）：王蓉（北京 市农业管理干部学院科研处长、学报副主编、院长助理）；王达生（北京市经济管理干部学 院科研处处长）；朱影哲（北京政法管理干部学院研究室主任、学报副主编）；佘士雄（中 国工运学院学报编委会副主任）；周荣辉（北京计划劳动管理干部学院学报编委）；张玉森（北京市财贸管理干部学院编辑部主任）；赵健杰（中国工运学院学报副总编辑）。其中，佘士雄、赵健杰为召集人。

确定联络中心挂靠单位为中国工运学院。成立大会拟于1994年9月10日至15日在中国工运学院 召开。

1994年

9月11日—15日，通过筹备组精心组织，精心筹备，在中国工运学院召开全国高等学校文科学报研究会成人高校学报联络中心和首届编辑理论研讨会。全国17个省、市、自治区37所成人高校的53名代表出席了会议。全国高校文科学报研究会正、副理事长杨焕章教授、潘国琪编审，中国工运学院院长孙中范、副院长王泰福同志莅临大会并讲话。佘士雄编审代表筹备组向大会汇报了联络中心筹备的经过和今后的工作设想。王蓉副教授作会议总结。

会议推选了全国成人高校学报系统联络中心委员会，其成员为：名誉主任：孙中范（中国工运学院院长）；主任：佘士雄（中国工运学院《工会理论与实践》编委会副主任）；副主任：何道颖（女，北京化工管理干部学院学报副主编）；王蓉（北京市农业管理干部学院学报副主编）；执行副主任由每年年会承办院校的校领导担任；秘书长：赵健杰（中国工运学院《工会理论与实践》副总编辑）；副秘书长：周荣辉（北京市计划劳动管理干部学院学报编委）。参加本联络中心委员会工作的各地区委员：东北地区委员：刘小兰（女，鞍钢冶金管理干部学院工程师）、刘文彦（大连管理干部学院副教授）；华北地区委员：庄则军（河北经济管理干部学院学报副主编）；华东地区委员：丁亚秋（女，上海市政法管理干部学院编辑、讲师）、刘长明（胜利油田职工大学副教授）、王芝光（江西行政学院副编审）；华南地区委员：叶国建（广东农工商管理干部学院学报副主编）；中南地区委员：赵国求（武钢职工大学高级工程师）；西南地区委员：曾向东（四川行政财贸管理干部学院学报主编、教授）；西北地区委员：陈宝金（甘肃经济管理干部学院副教授）。各地区委员受联络中心委托，负责本地区成人高校学报的联络工作。

全国成人高校学报系统联络中心为全国高校文科学报研究会的直属机构，以研究会的章程为章程，以研究会的宗旨为宗旨。其任务是协助研究会组织本系统的学术研讨活动，做好咨询服务以及团结和联谊工作。联络中心的会风是："团结、民主、务实、创新"。

会议围绕成人高校学报的办刊宗旨、目前情况和存在的问题进行了研讨。

9月28日，全国高校文科学报研究会《会务简报》1994年第24期报道了全国成人高校学报系统联络中心成立的消息。

1995年

10月16日—19日，在南昌召开联络中心1995年年会暨学术研讨会。会议由江西行政学院承办。会议总结了1994年联络中心成立以来的工作，提出1996年的工作设想。

会议提出，提高和确保学报质量，是我们学报事业发展的永恒主题。为提高成人高校学报质量，当前要提高认识，加强领导，把握好成人高校学报特色的"双立足"（立足本校、立足行业<地区>）办刊宗旨，解决好编辑部的建制问题，建立编辑出版全过程的质量监控机制，加强编辑的业务修养。认为编辑学者化是高校学报编辑提高素质的最佳模式，成人高校学报编辑要将其作为个人努力的方向。

1996年

1月，联络中心根据全国高校文科学报研究会关于可以在全国成人高校学报中发展集体会员的批复，发出《全国高校文科学报研究会成人高校联络中心委员会通知》，号召全国各成人高校学报以集体会员名义踊跃入会。

10月21日—24日，在河北省承德市召开全国成人高校学报系统联络中心1996年年会暨学术研讨会。会议由河北经贸大学（原河北经济管理干部学院《经济与管理》杂志社）承办。余士雄主任讲话总结了联络中心一年来的工作，进一步宣传成人高校学报系统联络中心的办刊宗旨，推动成人高校学报提高办刊质量，积极发展会员，使会员达到了96家。

年会审议了本联络中心向全国高校文科学报研究会申请立项、由刘小兰、叶国建承担的《关于成人高校办刊宗旨与刊物性质的研究》、《关于成人高校刊物质量标准的研究》两个课题的研究成果，提出了修改意见。

余士雄主任因年事已高，请求辞去联络中心主任职务。经与全国高校文科学报研究会会商和根据孙中范名誉主任的建议，由联络中心挂靠单位——中国工运学院学报编委会副主任、总编辑佟建寅教授参与本次年会的主持和组织工作。会议通过民主协商圆满完成了换届选举工作，第二届联络中心委员会和工作班子的组成是：名誉主任：孙中范、余士雄；主任：佟建寅；副主任：何道颖（女）、王蓉；秘书长：赵健杰；副秘书长：冯金泉。常务委员（以下常委、委员按姓氏笔画为序）：丁亚秋（女）、王芝光、叶国建、刘小兰（女）、刘长明、庄则军、赵国球、高峰、曾向东。委员：朱亚伟、林大础、张建业、张建华、张世文、胡文彦、韩潮峰、黄明瑞、董霞（女）。

11月4日—8日，全国高校文科学学报研究会第三次会员代表大会暨学术研讨会在武汉中南民族学院召开，出席会议的代表180余人。中国工运学院当选为常务理事单位。我联络中心主任佟建寅教授当选为常务理事、宣传委员会副主任；赵建杰秘书长当选为研究会组织委员会副主任、王蓉副主任当选为组织委员会成员；何道颖副主任当选为研究室成员。我联络中心和中国工运学院荣获优秀会务工作单位称号。成高学报有3篇论文获一等奖，1篇获二等奖。

12月18日，联络中心编辑出刊全国成人高校学报系统联络中心《会务简报》第一期。从此，不定期出刊《会务简报》。

1997年

7月26日—31日，在山西太原召开联络中心1997年年会暨学术研讨会，由太原经济管理干部学院承办。太原市副市长霍润德、山西省社科院前院长陈家骥和太原经济管理干部学院院长康信等有关方面负责人出席开幕式并讲话。

佟建寅主任作工作报告，对联络中心一年来的工作进行总结，对今后工作提出了安排意见。报告结合成人高校学报面临的国家治理整顿期刊的形势和成高学报的办刊实际，要求今后要做到：坚持正确的办刊宗旨，提高编辑队伍的素质和办刊质量，办出刊物的特色。确定1998年年会的主题为：认真学习贯彻党的十五大精神，高举邓小平理论伟大旗帜，增强精品意识，实现规范化办刊，努力把成人高校学报的质量提高到一个新的水平。

会议宣布成立联络中心学术委员会并制定了《成人高校学报优秀论文评审办法》。主任王蓉（兼）；副主任赵健杰（兼）；委员（按姓氏笔画为序）：冯金泉（兼）、刘春景（女）、朱亚伟、林大础、单育青（女）、张建业、徐臻、陶俊唐、赖世极。

会议举行了《成人高校学报研究》论文集首发式。该书由何道颖副主任具体组织、赵健杰、高峰负责汇编，全国高校文科学报研究会资助了4000元，由甘肃人民出版社出版，共29万字。

与会代表，尤其是内刊学报的代表对期刊治理整顿心存不安，要求联络中心向国家新闻出版署和国家教委反映大家的意见，希望对成高学报的整顿持慎重态度。

1986年

9月下旬，由佟建寅主任起草，代表全国成人高校学报系统联络中心向国家新闻出版署、国家教委和全国高校文科学报研究会，反映成人高校学报对期刊治理整顿的意见和建议。王蓉副主任也向有关方面作了反映。在各有关方面的强烈呼吁下，国家出版署颁发了《关于建立高校学报类期刊刊号系列的通知》，使一大批有内部刊号的学报长期梦寐以求转为公开出版发行的愿望得以实现。

1998年

10月19日—22日，通过苏州广播电视大学、苏州职工大学精心筹办，联络中心1998年年会暨学术研讨会在苏州市召开。苏州市人大常委会副主任陈炳斯、市委宣传部副部长、市社科联主任缪仁生、市教委副主任顾祖峰、市政府副秘书长马明龙等有关方面负责人出席了会议并介绍了苏州市改革开放以来经济、文化繁荣发展的大好形势。苏州市电视台连续两天播放了大会开幕式的盛况。

佟建寅主任的工作报告，系统总结了联络中心一年来的工作，提出了1999年工作的指导思想。学术委员会根据联络中心制定的《优秀论文评审办法》，对参评的31篇论文进行了评选，评出优秀论文二等奖6篇，三等奖16篇，入选奖6篇，为严把评选质量关，一等奖空缺。联络中心副主任王蓉对会议作了总结。

何道颖副主任因办理了退休手续，由曾强同志（女）（北京市经济管理干部学院学报副主编）接任副主任工作，得到了会议的确认。

10月24日—26日，在山东济南召开了全国高校文科学报研究会成立十周年庆祝大会暨三届二次理事会。出席会议的代表170余人。我联络中心佟建寅、王蓉、庄则军、朱亚伟、王芝光、叶国建、高峰被评为研究会（1997—1998）优秀会务工作者；中国工运学院学报、江西行政学院学报、太原经济管理干部学院学报、全国成人高校学报系统联络中心被评为研究会（1997—1998）优秀会务工作单位。王芝光的一篇论文被评为优秀论文二等奖。

1999年

3月17日，联络中心在京召开正、副主任、秘书长会议，研究联络中心成立5周年庆典活动和1999年年会有关事宜，确定在10月下旬召开五年庆典会议和年会。同时在会议纪要中转发了全国高校文科学报研究会《开展高校文科学报评优工作》和《全国高等学校社科学报评奖办法》两个文件。

8月20日—29日，首届全国高校社科学报评优总评委员会在中国工运学院召开。会议就各省、市、自治区初评推荐报送的286家学报进行评比，共评出“首届全国双十佳学报”20家，“首届全国百强学报”100家，“首届全国优秀社科学报”86家，另有39家学报获单项奖。我联络中心获“首届全国百强学报”的1家：中国工运学院《工会理论与实践》；获“首届全国优秀社科学报”的2家：北京教育学院学报、四川行政学院学报；获单项奖的5家：黑龙江政法管理干部学院学报、北京财贸管理干部学院《首都财贸》、中华女子学院学报、吉林经济管理干部学院《经济管理》学报、杭州金融管理干部学院学报。

10月11日—15日，在四川成都举行联络中心成立“五年庆典”暨1999年年会。由四川行政学院承办。佟建寅主任代表联络中心对5年来的工作进行了系统的总结，肯定了成绩，提出了不足，并对联络中心今后的工作提出了安排意见。指出5年中，联络中心健全了组织机构，完善了各项制度，积极开展了活动，会员单位由50余家发展到155家，使联络中心成为一个富有吸引力、凝聚力、较为成熟的学术组织。5年中，共收到参评论文174篇，评出优秀论文一、二、三等奖67篇，优秀论文奖75篇，入选奖6篇。其中，1996年以前获奖的论文，已汇编成《成人高校学报研究》一书，由甘肃人民出版社出版，全书29万字。

年会收到学术论文26篇，评出优秀论文一等奖5篇，二等奖11篇，三等奖10篇。评出优秀会务工作者16名。

根据工作需要，增补了4名联络中心委员会委员，他们是：陈立凤（河南政法管理干部学院学报副主编）、张小可（内蒙古广播电视大学学报副主编）、王忠双（吉林经济管理干部学院学报副主编）、成凤明（湖南政法管理干部学院学报副主编）。

2000年

3月29日，联络中心《会务简报》第9期，转发教育部办公厅1999年12月24日《关于同意部分主管的社会团体变更名称的批复》，其中批复“全国高等学校文科学报研究会”名称变更为“中国人文社会科学学报学会”。

7月24日—28日，联络中心2000年年会暨学术研讨会在呼和浩特市召开。由内蒙古广播电视大学举办。中国人文社会科学学报学会理事长潘国琪编审，原理事长杨焕章教授出席会议并讲话，副理事长兼学术委员会主任张职玉编审讲解《中国高等学校社会科学学报编排规范》。内蒙古自治区教育厅、新闻出版局等有关方面负责人到会表示祝贺。潘国琪理事长在讲话中指出：全国成人高校学报联络中心自成立以来，特别是近5年来，工作成绩显著，每年围绕一个主题，认真开展学术研讨，工作扎扎实实，红红火火，形势喜人，使联络中心具有很强的吸引力，是全国人文社会科学报学会所属各分会中工作搞得最好的之一。

内蒙古广播电视大学出版社社长、总编辑连星罗同志介绍了办刊经验，佟建寅主任作会议总结。

会议增补贵州政法管理干部学院学报徐原东同志为联络中心委员会委员。

11月4日—8日，中国人文社会科学学报学会第四次会员代表大会在福建师范大学召开。来自全国140多所高校的157位代表参加了会议。会议听取、审议并通过了《第三届理事会的工作报告》、《关于修改学会章程的报告》和《财务工作报告》，选举产生了第四届理事会、常务理事会和工作班子。我联络中心主任佟建寅教授再次当选为常务理事。秘书长赵健杰编审当选为组织委员会副主任。常委许洪臣教授当选为会员权益保障委员会副主任，常委董霞副编审当被选为编辑委员会委员。中国工运学院学报当选为理事单位和被评为1999—2000年优秀会务工作单位。佟建寅、王蓉、方金秋（北京教育学院学报主编）被评为1999—2000年优秀会务工作者。

2001年

4月22日—27日，在长沙市召开全国成人高校学报系统联络中心委员会会议。由湖南政法管理干部学院承办。出席会议的有：联络中心正、副主任、正、副秘书长、常委、委员和学术委员以及特邀代表共25人。湖南政法管理干部学院主管学报的马长生副院长参加了会议。会议就有关全国成人高校学报系统联络中心召开第三次会员代表大会进行换届选举的有关事宜，进行了协商讨论。重点讨论了联络中心主任佟建寅代表二届委员会的工作报告、王蓉副主任代表二届委员会关于“第三次会员代表大会换届选举有关问题的报告”，关于第三次会员代表大会代表产生的原则和代表的条件、关于推荐三届委员单位和常务委员的条件及关于设立名誉正、副主任和顾问的说明，关于选举常务委员的形式等。通过充分民主协商，大家对上述各项取得了共识，为顺利召开第三次会员代表大会打下了坚实的基础。

7月19日—24日，全国成人高校学报系统联络中心第三次会员代表大会暨学术研讨会在贵阳市召开，由贵州警官职业学院（即原贵州政法管理干部学院）承办。参加会议的代表共94人。其中院校级负责人12人。中国人文社会科学学报学会副理事长张积玉编审出席会议并代表理事长龙协涛教授讲话。贵州省公安厅、省教育厅、省委宣传部、省新闻出版局等有关领导部门负责人，省高校学报学会及贵州警官职业学院的负责人出席会议并讲话，本联络中心名誉主任、中国工运学院院长张秋俭教授发来贺信。贵州省电视台播放了大会开幕式的盛况。

佟建寅主任代表联络中心二届委员会对5年来的工作进行了总结。指出重点抓了5个方面的工作：一是认真开展学术研讨，努力抓好《中国高等学校社会科学学报编排规范》的落实工作；二是积极主动向上级主管部门反映情况，促成一批内部出版的成人高校学报获得正式公开发行刊号；三是成功举办了联络中心成立5周年的庆典活动；四是完成了中国人文社会科学学报学会交办的任务；五是加强了联络中心自身的建设。

会议选举产生了95家联络中心委员单位和第三届常务委员会。常委会由26人组成。其中，工作班子的组成是：名誉主任：张秋俭（女）；主任：佟建寅；副主任：赵健杰、曾强（女）、冯金泉；秘书长：赵健杰（兼）；副秘书长：马俊哲、郭立新、单鸿恩；顾问：孙中范、余士雄、何道颖（女）、王蓉、龙德毅。同时产生了由18人组成的学术委员会，主任：赵健杰（兼）；副主任：冯金泉（兼）、高峰、董霞（女）、王忠双。

会议表彰了1996—2001年积极支持联络中心工作并做出突出贡献的优秀会务工作单位15个，优秀会务工作者24名。会议对已办理退休手续的王蓉副主任多年来为联络中心所作的贡献给予了充分肯定和高度评价。

2002年

3月1日，联络中心《会务简报》第16期，转发中国人文社会科学学报学会《关于评优秀社科学报、优秀社科学报主编、优秀学报编辑及优秀编辑学论著的通知》。

3月21日，佟建寅主任结合成人高校学报实际，以联络中心名义向中国人文社会科学学报学会评优领导小组上报《关于对评优秀社科学报和中国高校社科学报核心期刊的建议》。希望在评优中充分考虑成人高校学报的特点。

4月11日，在天津市财贸管理干部学院召开联络中心正、副主任、正、副秘书长会议，研究确定联络中心2002年年会暨学术研讨会的主题及有关事宜。年会承办单位吉林经济管理干部学院学报副主编王忠双同志到会汇报了年会筹备的进展情况。天津市分管成人高校的教委副主任龙德毅同志接见了与会同志。

5月下旬，中国人文社会科学学报学会组织第二届全国高等学校社会科学学报评优活动。经过各省、市、区初评筛选出的330余家学报参评。我联络中心主任佟建寅教授应邀担任评委。评选结果分为四个层次：第一层次第二届全国双十佳社科学报，共评出22家；第二层次第二届全国百强社科学报，共评出112家；第三层次第二届全国优秀社科学报，共评出125家；第四层次为单项奖，即：“质量进步奖”、“栏目策划奖”、“整体设计奖”、“编辑质量奖”。

我联络中心中国工运学院《工会理论与实践》获“第二届全国百强社科学报”奖；北京教育学院学报、中华女子学院学报、山东青年管理干部学院学报、内蒙古广播电视大学学报、广东教育学院学报、贵州职业技术学院学报获“第二届全国优秀社科学报”奖。河南政法管理干部学院学报、广东农工商职业技术学院学报、山西广播电视大学学报获“质量进步奖”，杭州金融管理干部学院学报获“整体设计奖”；吉林经济管理干部学院学报、黑龙江政法管理干部学院学报、福建政法管理干部学院学报获“栏目策划奖”；成都行政学院学报获“编辑质量奖”。

7月14日—19日，联络中心在吉林省长春市召开2002年年会暨学术研讨会。由吉林经济管理干部学院承办。吉林省经贸委、省新闻出版局等有关领导机关的负责人和吉林经济管理干部学院院长和副院长参加了开幕式并讲话，联络中心顾问、中国工运学院原院长孙中范同志出席会议并讲话。

联络中心主任佟建寅教授作题为“认真贯彻江泽民同志重要讲话精神，提高成人高校学报办刊水平”的工作报告。他在简要总结一年来联络中心所作的工作之后，提出了今后要做好的四项工作：一要认真学习贯彻江泽民同志2001年关于哲学社会科学在北戴河的“八七”讲话和今年考察中国人民大学时的重要讲话精神，进一步明确办刊的指导思想，坚持正确的办刊方向；二要充分利用成人高校学报的优势，加强成人高校学报的特色研究，增强学报的竞争力；三要不断提高学报的质量，扩大学报的社会影响；四要继续抓好标准化、规范化办刊，提高学报的规范化水平。

内蒙古广播电视大学出版社社长、总编辑连星罗同志、天津市成人高校联合学报常务副主编冯金泉同志介绍了办刊经验。《中国人文社会科学学报年鉴》编辑部负责人范子奇同志介绍了有关编辑《年鉴》的问题。

会议确定联络中心2003年年会暨学术研讨会在山东济南召开，由山东青年管理干部学院承办。

（全国成人高校学报系统联络中心供稿）

中国人文社科学报学会会员单位名单

(2003年1月1日)

北 京

北京大学学报
地址:北京中关村 邮编:100871
电话:62751210 62751216

北京师范大学学报
地址:北京新街口外大街19号 邮编:100875
电话:62207848 62207850

首都师范大学学报
地址:北京西三环北路105号 邮编:100037
电话:68902451 68902450

中央民族大学学报
地址:北京海淀区中关村南大街 邮编:100081
电话:68933635

清华大学学报(社科版)
地址:北京清华园 邮编:100088
电话:62783533

中国政法大学(政法论坛)
地址:北京海淀区西土城路25号 邮编:100088
电话:62229778

中国工运学院《工会理论与实践》
地址:北京海淀区增光路45号 邮编:100037
电话:88561986

中央财经大学学报
地址:北京学院南路39号 邮编:100081
电话:62288382

外交学院学报
地址:北京展览路24号 邮编:100037
电话:68323972 68323973

北京工商大学学报
地址:北京阜成路11号 邮编:100037
电话:68904614

国际关系学院学报
地址:北京西苑坡上村12号 邮编:100091
电话:62861174

北京教育学院学报
地址:北京西城区什坊街2号 邮编:100044
电话:82089136

北京联合大学学报
地址:北京北四环东路97号 邮编:100101
电话:64900117

首都经济贸易大学《经济与管理研究》
地址:北京朝外红庙 邮编:100026
电话:65976484

对外经济贸易大学学报
地址:北京安外慧忠庵 邮编:100013
电话:64492406

北京语言大学学报《语言教学与研究》
地址:北京学院路15号 邮编:100083
电话:82303035 转学报

中国社会科学院研究生院学报
地址:北京朝阳区望京中环南路1号 邮编:100102
电话:64722354

北京市计划劳动管理干部学院学报
地址:北京朝阳区惠新街5号 邮编:100029
电话:64929977-2105

北京化工管理干部学院学报
地址:北京西郊北洼路 邮编:100081
电话:64435714

中国青年政治学院学报
地址:北京西三环北路25号 邮编:100089
电话:88567287

北京石油管理干部学院院刊(学报)
地址:北京德外西三旗黄土店 邮编:100096
电话:82917788-3273

中国人民大学《教学与研究》
地址:北京海淀区中关村大街31号 邮编:100080
电话:62511680

中央农业管理干部学院学报
地址:北京圆明园西路2号 邮编:100094

中国人民公安大学学报
地址:北京木樨地南里 邮编:100038
电话:83903267

民航管理干部学院《民航管理研究》
地址:北京朝阳区花家地东路3号 邮编:100615

电话:64358910

中央音乐学院学报

地址:北京市鲍家街43号 邮编:100031

电话:66417541

北京市政法管理干部学院

地址:北京朝阳区杨闸 邮编:100024

电话:65754999

北京林业管理干部学院学报

地址:北京大兴区 邮编:102600

电话:69243491－7123

国家行政学院

地址:北京海淀区长春桥路6号 邮编:100089

电话:68929341 68929345

北京化工大学党委宣传部

地址:北京朝阳区北三环东路15号 邮编:100029

电话:64435714

中共中央党校学报

地址:北京市海淀区大有庄 邮编:100091

电话:62805094 转学报

北京电影学院学报

地址:北京海淀区土城路4号 邮编:100088

电话:62048899－366

北京邮电大学学报

地址:北京海淀区西土城路 邮编:100876

电话:62282143

北京人民警察学院学报

地址:北京德外裕民3号 邮编:100011

电话:62005370

北京市财贸管理干部学院学报

地址:北京市东城区礼士胡同41号 邮编:100010

电话:65230718

中央社会主义学院学报

地址:北京市海淀区万寿寺甲4号 邮编:100081

电话:68432239

北方工业大学学报(社科版)

地址:北京市石景山区西黄村 邮编:100041

电话:68839523

中国金融学院学报

地址:北京朝阳区惠新里10号 邮编:100029

电话:64496773

北京广播学院学报

地址:北京市定福庄南里7号 邮编:100024

电话:65779586

中华女子学院学报

地址:北京市朝阳区育慧东路1号 邮编:100101

电话:64931155－3085

北京服装学院《饰》

地址:北京和平街北口 邮编:100029

电话:64288020

北京市农业管理干部学院学报

地址:北京香山普安店29号 邮编:100093

电话:82595008

北京冶金管理干部学院学报

地址:北京朝阳区管庄 邮编:100024

电话:65754045 转

北京丰台职工大学《丰台职大学刊》

地址:北京丰台镇北大街13号 邮编:100071

电话:63814349 转学报

中央政法管理干部学院学报

地址:北京昌平东关 邮编:102249

电话:62229778

华北电力大学学报

地址:北京德外朱辛庄 邮编:102206

电话:80798721

北京市经济管理干部学院《经济管理与干部教育》

地址:北京朝阳区花家地街19号 邮编:100102

电话:64361870

北京舞蹈学院学报

地址:北京海淀区中央民族大学西路19号 邮编:100081

电话:68935768

北京地质管理干部学院学报

地址:北京海淀区学院路29号 邮编:100083

电话:82310066 转

北京成人电子信息大学学报

地址:北京宣武区西大街127号 邮编:100031

北京总工会职工大学学报

地址:北京陶然亭路53号 邮编:100054

电话:83517504

北京青年政治学院学报

地址:北京望京中环南路4号 邮编:100102

电话:64722087

北京农垦管理干部学院学报

地址:北京海淀区育新花园邮局001信箱 邮编:100096

电话:81702288－223

北京科技大学学报(社科版)

地址:北京市海淀区学院路30号 邮编:100083

电话:62332532

北京交通管理干部学院学报

地址:北京市东燕郊 邮编:065201

电话:61591314 转

中国农业大学学报(社科版)

地址:北京清华东路17号 邮编:100083

电话:62336933

解放军艺术学院学报

地址:北京市中关村南大街18号 邮编:100081

电话:66869052 66869053

北京物资学院《中国流通经济》杂志社

地址:北京通州区西富河园2号 邮编:101149

电话:89534242

海淀走读大学学报

地址:北京海淀区北四环西路9号 邮编:100083

电话:69745577-4296

北京工业大学学报(社科版)

地址:北京朝阳区平乐园100号 邮编:100022

电话:67391481

后勤指挥学院学报

地址:北京市太平路23号 邮编:100858

电话:66845285/66849706

北京航空航天大学学报

地址:北京市海淀区学院路37号 邮编:100083

电话:82318013

北京林业大学学报

地址:北京海淀区清华东路35号 邮编:100083

电话:62337673

北京理工大学学报(社科版)

地址:北京市海淀区中关村南大街5号 邮编:100081

电话:68913333

北方交通大学学报

地址:北京市海淀区西直门外上园村3号 邮编:100044

电话:51682711

北京行政学院学报

地址:北京车公庄大街6号 邮编:100044

电话:68007412

北京市委党校《新视野》

地址:北京车公庄大街6号 邮编:100044

电话:68007094

中国戏曲学院《戏曲艺术》

地址:北京丰台区万泉寺400号 邮编:100073

电话:63442659 63446525

首都经济贸易大学学报

地址:北京朝外红庙 邮编:100026

电话:85995143

天 津

中国农业银行天津金融管理干部学院学报

地址:天津津盐公路体院北 邮编:300361

电话:022-23383809

中国农业银行天津金融管理干部学院学报

地址:天津南开区卫津南路7号 邮编:300381

电话:022-23383809

天津外国语学院学报

地址:天津河西区马场道117号 邮编:300204

电话:(022)23285743

天津市委党校学报

地址:天津南开区育梁道4号 邮编:300191

电话:(022)23679027

天津市政法管理干部学院学报

地址:天津市水上公园路45号 邮编:300191

电话:(022)23613447

武警指挥学院学报

地址:天津市津南区 邮编:300350

电话:(022)28692177

天津大学学报

地址:天津市南开区天津大学出版社 邮编:300072

电话:(022)27403448 27404014

天津广播电视大学学报

地址:天津市南开区迎水道1号 邮编:300191

电话:022-23679985

中国民航学院学报

地址:天津市东丽区机场 邮编:300300

电话:24092145

天津成人高等学校联合学报

地址:天津市和平区山西路276号 邮编:300040

电话:(022)23118293 23306429

天津师范大学学报

地址:天津市和平区甘肃路40号 邮编:30020

电话:022-27232792

天津师范大学学报(基础教育)

地址:天津市和平区甘肃路40号 邮编:300020

电话:022-27232792

天津商学院学报
地址:天津红桥区咸阳路2号 邮编:300122
电话:022－26667507

南开大学学报
地址:天津八里台 邮编:300071
电话:022－23501681

天津财经学院学报
地址:天津市河西区珠江道25号 邮编:300222
电话:022－28118414

中国旅游管理学院学报
地址:天津市宾水道10号 邮编:300074
电话:022－23012040

天津职业大学学报
地址:天津市河北区志成路7号 邮编:300402
电话:022－86321348－6030

天津财贸管理干部学院学报
地址:天津市河东区六纬路82号 邮编:300170
电话:022－24150224转学报

天津行政学院学报
地址:天津市南开区育梁道4号 邮编:300191

河　北

河北经贸大学学报
地址:石家庄市红旗大街106号 邮编:050091
电话:0311－7665829

河北经济管理干部学院《经济与管理》
地址:河北石家庄 邮编:050061
电话:0311－7655653

承德民族师专学报
地址:河北承德桃李街西1号 邮编:067000
电话:0314－2155228

张家口师专学报
地址:河北张家口五一路25号 邮编:075028
电话:0313－2014078转学报

石家庄师范专科学校
地址:河北石家庄高新技术开发区长江大道6号
邮编:050801
电话:0311－5960964

中央司法警官教育学院《中国监狱学刊》
地址:河北保定七一东路41号 邮编:071000
电话:0312－5022991转学报

河北师范大学学报(哲社版)
地址:河北厂家庄新石南路247号 邮编:050091
电话:0311－3834262－52213

河北师范大学学报(教育版)
地址:河北厂家庄新石南路247号 邮编:050091
电话:0311－6049759转学报(教育版)

河北大学学报
地址:河北省保定市合作路88号 邮编:071002
电话:0312－5079412

唐山师范学院学报
地址:河北唐山建设南路80号 邮编:063000
电话:0315－3863109

保定师专学报
地址:河北保定市 邮编:071051
电话:0312－3108691

保定金融高等专科学校《金融教学与研究》
地址:河北保定前卫路4号 邮编:071009
电话:0312－5097104

河北政法管理干部学院学报
地址:石家庄五七路41号 邮编:050061
电话:0311－7656088

沧州师范专科学校学报
地址:河北沧州市南环西路26号 邮编:061001
电话:0317－2100531

邢台师范高等专科学校学报
地址:河北省邢台市 邮编:054041
电话:0319－3224245

衡水师专学报
地址:河北衡水新华西路200号 邮编:053000
电话:0318－2315123

燕山大学学报(社科版)
地址:秦皇岛市海港区河北大街西段438号 邮编:066004
电话:0335－8057099转学报

邯郸师专学报
地址:邯郸市丛台区沁河北岸2号 邮编:056004
电话:0310－3235002

石家庄陆军指挥学院《中国军事教育》
地址:石家庄市中山西路777号 邮编:050084
电话:0311－7996114转

廊坊师范学院学报
地址:河北省廊坊市爱民西道100号 邮编:065000
电话:0316－2115601－8536

武警学院学报
地址:河北省廊坊中国人民武装警察部队学院邮编:065000
电话:0316-2068186 2068183

河北理工学院学报
地址:河北唐山市新华西道46号 邮编:063009
电话:0315-2592093

石家庄职业技术学院学报
地址:河北石家庄市长兴街12号 邮编:050081
电话:0311-3616611-8031

河北电视大学学报
地址:河北石家庄市和平西路481号 邮编:050071
电话:0311-7047810转学报

山 西

山西师大学报
地址:山西临汾市 邮编:041004
电话:0357-2051149

山西大学学报
地址:太原市坞城路36号 邮编:030006
电话:0351-7010455

晋东南师专学报
地址:山西长治市卫巷12号 邮编:046011
电话:0355-2178466

运城高等专科学校学报
地址:山西运城市河东东路333号 邮编:044000
电话:0359-2090304

太原师范学院
地址:山西太原市侯家巷53号 邮编:030001
电话:0351-2279449

西财经大学学报
地址:山西太原市坞城路696号 邮编:030006
电话:0351-7111833

雁北师范学院学报
地址:山西大同御河东 邮编:037000
电话:0352-6090321

山西煤炭管理干部学院学报
地址:山西太原市坞城路许坦西城69号 邮编:030006
电话:0351-4117043

大同高专学报
地址:山西大同市向阳东街 邮编:037008
电话:0352-5055217

山西大学师范学院学报
地址:山西太原市南内环街189号 邮编:030012
电话:0351-7010255转

山西广播电视大学学报
地址:山西太原市兴华街2号 邮编:030027
电话:0351-6265982

公安部管理干部学院山西分院学报
地址:山西太原市 邮编:030001
电话:0351-6920026

吕梁高等专科学校学报
地址:西离石市滨河北东路36号 邮编:033000
电话:0358-8248730

忻州师范学院学报
地址:山西忻州市和平西街10号 邮编:034000
电话:0350-3032610转学报

太原市教育学院学报
地址:太原市杏花岭街31号 邮编:030001
电话:0351-4712645

山西警官高等专科学校
地址:太原市晋祠路北二段27号 邮编:030000
电话:0351-6075973转学报

山西高等学校社会科学学报
地址:山西太原市西矿街53号 邮编:030024
电话:0351-6014499

太原理工大学学报
地址:太原市迎泽西大街新矿院路18号 邮编:030024
电话:0351-6042028转学报

内蒙古

内蒙古民族大学学报
地址:内蒙古通辽市霍林河大街22号 邮编:028043
电话:0475-8314149

内蒙古大学学报
地址:内蒙古呼和浩特大学西路园235号 邮编:010021
电话:0471-4992252

内蒙古财经学院学报
地址:内蒙古呼和浩特海拉尔东路137号 邮编:010051
电话:0471-6511100-2539

内蒙古广播电视大学
地址:内蒙古呼和浩特市爱民路11号 邮编:010051
电话:0471-6522260

内蒙古师大学报
地址:内蒙古呼和浩特新城区昭乌达路295号邮编:010010
电话:0471-6202361

昭乌达蒙族师专学报
地址:内蒙古赤峰西郊 邮编:024001
电话:0476-8810133

包头师范学院《阴山学刊》
地址:内蒙古包头市青山区科学路3号 邮编:014030
电话:0472-3993049

包头教育学院学报
地址:内蒙古包头市 邮编:014030
电话:0472-5132266 总机转

黑龙江

克山师专《蒲峪学刊》
地址:黑龙江克山县 邮编:161600
电话:0452-4551494

齐齐哈尔师院学报
地址:黑龙江齐齐哈尔中华西路35号 邮编:161006
电话:0452-2738210

黑龙江大学《满语研究》
地址:哈尔滨市南岗区学府路74号227信箱 邮编:150080
电话:0451-6609187

黑龙江大学《求是学刊》
地址:黑龙江哈尔滨南岗区学府路74号 邮编:150080
电话:0451-6608815

大庆高等专科学校学报
地址:黑龙江大庆市让胡路区中央大街 邮编:163712
电话:0459-5594973

哈尔滨金融高等专科学校《金融理论与教学》
地址:黑龙江哈尔滨秀坊区电炭路65号 邮编:150030
电话:0451-5304890 转学报

佳木斯教育学院学报
地址:黑龙江佳木斯杏林路139号 邮编:154002
电话:0454-8615703

哈尔滨师大《北方论丛》
地址:黑龙江哈尔滨和兴路50号 邮编:150080
电话:0451-6305815

黑龙江农垦师专学报
地址:黑龙江阿城市 邮编:150301
电话:0451-3773379

呼兰师专学报
地址:黑龙江呼兰县师专路12号 邮编:150500
电话:0451-7333212

佳木斯大学社会科学学报
地址:黑龙江佳木斯市四丰路85号 邮编:154007
电话:0454-7333212

牡丹江教育学院学报
地址:黑龙江牡丹江市光华街86号 邮编:157005
电话:0453-6922641-8601 6955905

牡丹江大学学报
地址:黑龙江牡丹江市西地明街64号 邮编:157011
电话:0453-6592170

绥化师专学报
地址:黑龙江绥化市西直南路18号 邮编:152061
电话:0455-8337043 转学报

哈尔滨市经济管理干部学院学报
地址:黑龙江哈尔滨市动力区哈平路217号 邮编:150040
电话:0451-6669841

黑龙江省社会主义学院学报
地址:黑龙江哈尔滨市嵩山路117号 邮编:150090
电话:0451-2303562

黑龙江金融职工学院学报
地址:黑龙江齐齐哈尔市劳技胡同34号 邮编:161006
电话:0451-6665251

黑龙江农垦管理干部学院《北大荒教育》
地址:黑龙江哈尔香电街69号 邮编:150030
电话:0451-5301888 转学报

黑龙江省行政学院《行政论坛》
地址:黑龙江哈尔滨市松浦镇 邮编:150027
电话:0451-4091039

哈尔滨学院学报
地址:黑龙江哈尔滨市南岗区学府四道街9号邮编:150086
电话:0451-6649367

黑龙江省政法管理干部学院学报
地址:黑龙江哈尔滨南岗区学府四道街17号 邮编:150080
电话:0451-6661298 转学报

哈尔滨建筑大学学报(社科版)
地址:哈尔滨市南岗区黄河路 邮编:150090
电话:0451-6414389

黑龙江大学《外语学刊》
地址:哈尔滨市南岗区学府路74号 邮编:150080
电话:0451-6608322

哈尔滨市委党校学报
地址:黑龙江哈尔滨市 邮编:150080
电话:0451－6308329

牡丹江师范学院学报(哲社版)
地址:黑龙江牡丹江市文化街19号 邮编:157012
电话:0453－6511106

黑龙江省委党校《理论探讨》编辑部
地址:哈尔滨市清滨路74号 邮编:150080
电话:0451－6358606

哈尔滨理工大学学报
地址:哈尔滨市动力区大庆路121号 邮编:150040
电话:0451－2126307

哈尔滨工业大学(哲社版)
地址:哈尔滨市南岗区西大直街92号 邮编:150001
电话:0451－6414389

哈尔滨市师范大学《继续教育研究》
地址:黑龙江哈尔滨和兴路50号 邮编:150080
电话:0451－6305393

哈尔滨商业大学学报
地址:哈尔滨市道外区松北开发区 邮编:150028
电话:0451－4011039转学报

吉林省

中国农行长春管理干部学院《农金纵横》
地址:吉林长春市前进大街26号 邮编:130012
电话:0431－5173025

吉林团校《青年学研究》
地址:吉林省长春市卫星路24号 邮编:130012
电话:0431－5175292

吉林省经济管理干部学院学报
地址:吉林省长春市工农大路23号 邮编:130012
电话:0413－5952136

四平师院《松辽学刊》
地址:吉林四平市新华大街师院36号 邮编:136000
电话:0434－3292053

延边大学《东疆学刊》
地址:吉林省延吉市公园路105号 邮编:133002
电话:0433－2912436

吉林大学学报
地址:吉林长春市朝阳区前卫路10号 邮编:130012
电话:0431－5166970

吉林大学《东北亚论谈》
地址:吉林长春市朝阳区前卫路10号 邮编:130012
电话:0431－5166244转《东北亚论谈》编辑部

通化师院学报
地址:吉林通化老站街头道沟151号 邮编:134002
电话:0435－3208109

长春税务学院《税务与经济》
地址:吉林长春市人民大街102号 邮编:130021
电话:0431－8913406

延边大学学报
地址:吉林延吉市公园路105号 邮编:133002
电话:0433－2732197

长春金融管理干部学报《金融学刊》
地址:吉林长春市公平路 邮编:130000
电话:0431－4646929 4647048

吉林财专学报
地址:吉林长春市朝阳区西郊路52号 邮编:130062
电话:0431－7697569

东北师大学报
地址:吉林长春市人民大街38号 邮编:130024
电话:0431－5268114

长春煤炭管理干部学院学报
地址:吉林长春市卫星路副22号 邮编:130012
电话:0431－5176591转学报

吉林市教育学院院刊
地址:吉林省育才胡同28号 邮编:132001
电话:0432－2022682

北华大学学报
地址:吉林省吉林市吉林大街15号 邮编:132013
电话:0432－4602733

吉林省教育学院学报
地址:长春市人民大街173－1号 邮编:130022
电话:0431－5320340

吉林工业大学学报(社科版)
地址:吉林省长春市人民大街114号 邮编:130025
电话:(已和吉林大学合并)

长春师范学院学报
地址:吉林省长春市 邮编:130032
电话:0431－4715264

吉林大学《人口学刊》
地址:长春市朝阳区前卫路10号 邮编:130012
电话:0431－5166244转《人口学刊》编辑部

吉林大学《现代日本经济》
地址:长春市朝阳区前卫路10号 邮编:130012
电话:0431-5166244 转《现代日本经济》编辑部

吉林职业师范学院《职业技术教育学院学报》
地址:吉林长春凯旋路52号 邮编:130052
电话:0431-2938664 转学报

辽宁省

辽宁师范大学学报
地址:辽宁大连市黄河路850 邮编:116029
电话:0411-4258913

东北财经大学《财经问题研究》
地址:辽宁大连沙区尖山街217号 邮编:116025
电话:0411-4710261

东北财经大学学报
地址:辽宁大连沙区尖山街217号 邮编:116025
电话:0411-4710221 转学报

锦州师范学院学报
地址:辽宁锦州解放路5段 邮编:121000
电话:0416-2849095

辽宁大学学报
地址:辽宁沈阳崇山中路66号 邮编:110036
电话:024-86864173

沈阳师范学报
地址:辽宁沈阳市黄姑区黄河北大街253号 邮编:110034
电话:024-86574467 86592564

辽宁工程技术大学
地址:辽宁阜新市 邮编:123000
电话:0418-3350453

辽宁教育学院学报
地址:辽宁沈阳市皇姑区崇山东路46-2号 邮编:110032
电话:024-86902475

阜新师专学报
地址:辽宁阜新育红路36号 邮编:123000
电话:0418-2290234

朝阳师专学报
地址:辽宁朝阳市文化区 邮编:122000
电话:0421-2967575

辽宁教育研究院《辽宁高等教育研究》
地址:辽宁沈阳市黄河南大街85号 邮编:110031
电话:024-86846394

鞍山冶金管理干部学院院刊
地址:鞍山市 邮编:114032
电话:0412-6312119

鞍山师范学院学报
地址:辽宁鞍山市铁东区平安街43号 邮编:114005
电话:0412-2960892

抚顺师专学报
地址:辽宁抚顺市 邮编:113006
电话:0413-7600035

辽宁商专学报
地址:辽宁锦州市 邮编:121004
电话:0416-5189114

大连教育学院学报
地址:辽宁大连市 邮编:116021
电话:0411-4305760

辽宁税务高专学报
地址:辽宁大连沙河口区由家路25号 邮编:116023
电话:0411-4671823-2316

沈阳黄金学院《社会科学研究》
地址:辽宁沈阳文化东路89号 邮编:110015
电话:024-24820415 转

本钢工学院学报
地址:辽宁本溪市环山路60号 邮编:117000
电话:0414-7822491

辽宁经济管理干部学院辽阳行政学院《管理学刊》
地址:辽宁辽阳市青年大街31号 邮编:111000
电话:024-89705727

丹东师专
地址:辽宁省丹东市振安区蛤蟆塘镇 邮编:118003
电话:0415-4156804

东北大学学报(社科版)
地址:沈阳市和平区文化路3号巷11号267信箱
邮编:110006
电话:024-83687253

辽宁工学院学报(社科版)
地址:辽宁锦州市士英街169号 邮编:121001
电话:0416-4142696

辽宁青年管理干部学院学报
地址:沈阳东陵区文萃路94号 邮编:110015
电话:024-24510989

辽宁师专学报(社科版)
地址:辽宁铁岭师范专科学校 邮编:112001
电话:0410-2217687

沈阳教育学院学报
地址:沈阳东陵区文萃路55号 邮编:110015
电话:024-23924421

辽宁商务职业学院学报
地址:沈阳市东陵区文萃路94号 邮编:110015
电话:024-24514128

辽宁财政高专学报
地址:辽宁丹东元宝区临江后街116号 邮编:110001
电话:0415-4148034

辽宁行政学院学报
地址:沈阳市东陵区东大营街11号 邮编:110161
电话:024-88429604

辽宁警官高等专科学校学报
地址:大连市沙河口区刘家桥
电话:0411-6832179转学报

沈阳建筑工程学院学报(社科版)
地址:沈阳市东陵区文化东路17号 邮编:110015
电话:024-24533594

大连理工大学高教所学报(社科版)
地址:辽宁省大连市 邮编:116023
电话:0411-4708608

大连民族学院学报
地址:辽宁大连开发区辽河西路18号 邮编:116600
电话:0411-7612616-2424

辽宁公安司法管理干部学院学报
地址:辽宁沈阳市黄姑区嘉陵江街66号 邮编:110031
电话:024-86840521转

辽阳职业技术学院学报
地址:辽宁省辽阳市铁西路150号 邮编:111004
电话:0419-2382877转学报

大连大学学报
地址:大连市开发区 邮编:116100
电话:0411-7300952转学报

上　海

上海财经大学《财经研究》
地址:上海市杨浦武东路321号乙 邮编:200433
电话:021-6590489

上海师范大学学报
地址:上海市桂林路100号 邮编:200234
电话:021-64322304

复旦大学学报
地址:上海市邯郸路220号文科大楼511室 邮编:200433
电话:021-65642109

华东师范大学学报(哲社版)
地址:上海市中山北路3663号 邮编:200062
电话:62232305

华东师范大学学报(教育版)
地址:上海市中山北路3663号 邮编:200062
电话:021-62232305

《全国高校文科学报文摘》杂志社
地址:上海桂林路100号 邮编:200234

上海教育学院学报
地址:上海市 邮编:200031
电话:021-64330926

上海对外贸易学院《国际商务研究》
地址:上海古北路620号 邮编:200336
电话:62296583

上海对外贸易学院《世界贸易组织动态与研究》
地址:上海古北路620号 邮编:200336
电话:021-62626012

上海公安专科学校学报
地址:上海哈密路1330号 邮编:200336
电话:021-62615499转学报

上海大学学报
地址:上海市延长路149号 邮编:200072
电话:021-56331217

上海大学法学院上海市政管理干部学院学报
地址:上海青浦 邮编:201701
电话:021-69207413

上海第二教育学院学报
地址:上海政法路195号 邮编:200043
电话:021-64363041

上海音乐学院学报
地址:上海市政汾阳路20号 邮编:200031
电话:021-64370137-2094

上海金融高等专科学校学报
地址:上海市民星路465号 邮编:200433
电话:021-65581573

上海外国语大学《外国语》
地址:上海市大连路550号513信箱 邮编:200083
电话:021-65420358

立信会计高等专科学校学报
地址:上海市中山西路2230号 邮编:200233
电话:021-64390390

上海工会管理干部学院《工会理论研究》
地址:上海吉林路2号 邮编:200082
电话:021-64773968-2202

上海交通大学学报(社科版)
地址:上海市华山路1954号1000号信箱 邮编:200030
电话:021-62933089

华东政法学院《法学》
地址:上海市万航渡路1575号 邮编:200042
电话:021-62071798

华东政法学院学报
地址:上海市万航渡路1575号 邮编:200042
电话:021-62071798

上海财经大学学报
地址:上海市武东路321号乙 邮编:200400
电话:021-65114028转学报

同济大学学报
地址:上海四平路1239号 邮编:200092
电话:021-65983944

上海行政学院学报
地址:上海虹漕南路200号 邮编:200233
电话:021-64363041

山 东

石油大学学报(社科版)
地址:山东东营市泰安路173号 邮编:257061
电话:0546-8392386

山东大学《文史哲》
地址:山东济南山大南路27号 邮编:250100
电话:0531-8364666

济宁广播电视大学《齐鲁电大》
地址:山东济宁常青路7号 邮编:272137
电话:0537-2883057

山东省青年管理干部学院学报
地址:山东济南市经十路27号 邮编:250014
电话:0531-2968951 2962602-462

胜利油田职工大学学报
地址:山东东营市济南路154号 邮编:257004

曲阜师范大学《齐鲁学刊》
地址:山东曲阜市静轩西路 邮编:273165
电话:0537-4456987

烟台师范学院学报
地址:山东烟台市芝罘区学路184号 邮编:264025
电话:0535-6672716

枣庄师专学报
地址:山东省枣庄市北郊 邮编:277160
电话:0632-3786473

山东师大学报
地址:山东济南文化东路88号 邮编:250014
电话:0531-2961064

潍坊学院学报
地址:山东潍坊市胜利东街339号 邮编:261043
电话:0536-8274035

临沂师范学院学报
地址:山东临沂市通达路18号 邮编:276005
电话:0539-8297738

聊城师范学院学报
地址:山东省聊城市文化路34号 邮编:252059
电话:0635-8238415

济宁师专学报
地址:山东济宁市红星中路1号 邮编:272025
电话:0537-2343717

山东大学学报(人文社科版)
地址:山东济南市山大南路27号 邮编:250100
电话:0531-8564645

山东医科大学学报(社科版)
地址:山东济南文化西路44号 邮编:250012
电话:0531-2942117

菏泽师专学报
地址:山东菏泽市师专路60号 邮编:274015
电话:0530-5528414

青岛大学《东方论坛》
地址:山东青岛市宁夏路308号 邮编:266071
电话:0532-5953662

青岛大学师范学院学报
地址:山东青岛市青大一路16号 邮编:266071
电话:0532-5895830转

山东工业大学学报(社科版)
地址:山东济南经十路73号 邮编:250014
电话:0531-5953537

济南市委党校学报

地址:山东济南市舜耕路22号　邮编:250014

电话:0531-2919000

济南大学学报

地址:山东济南舜耕路13号　邮编:250002

电话:0531-2769171

烟台大学学报(哲社版)

地址:山东烟台市莱山区清泉寨　邮编:264005

电话:0535-6902703

胜利油田师范专科学校学报

地址:山东东营市太行山路21号　邮编:257097

电话:0546-8701224

莱阳农学院学报(社科版)

地址:山东莱阳文化路65号　邮编:265200

电话:0535-7332472

山东理工大学学报(社科版)

地址:山东淄博张店区张周路12号　邮编:255091

电话:0533-2780711

泰山学院学报

地址:山东泰安市东岳大街西首　邮编:271021

青岛科技大学学报(社科版)

地址:山东青岛市郑州路53号22号　邮编:266042

电话:0532-4022656　4022642

山东经济学院《山东经济》

地址:济南燕子山东路4号　邮编:250014

电话:0531-8525257 8525258

山东科技大学学报(社科版)

地址:山东省泰安市岱宗大街223号　邮编:271019

电话:0538-6226300

中国煤炭经济学院学报

地址:山东烟台才滨海北路191号　邮编:264005

电话:0535-6904105

山东公安专科学校学报

地址:山东济南市文化东路54号　邮编:250014

电话:0531-2606042

山东滨州师专学报

地址:山东滨州黄河三路505号　邮编:256004

电话:0543-3212455

山东行政学院山东省经济管理干部学院学报

地址:山东省济南市燕山东路1号　邮编:250014

电话:0531-8513031 8513029

青岛海洋大学

地址:山东青岛市鱼山路5号　邮编:266003

电话:532-2032739

山东教育学院学报

地址:山东省济南市历山路36号　邮编:250013

电话:0531-6401273

青岛市委党校学报

地址:青岛市市南区宁德路18号　邮编:266071

电话:0532-5896616

青岛教育学院学报(哲社版)

地址:青岛市金坛路17号　邮编:266071

电话:0532-5012634

江苏省

南通师范学院学报

地址:江苏南通市教育路39号　邮编:226007

电话:0513-5239876-8315

盐城工学院学报

地址:江苏盐城市黄海中路20号　邮编:215009

电话:0515-8328388

苏州教育学院学报

地址:江苏苏州市司前街侍其巷45号　邮编:215002

电话:0512-65194672

扬州大学学报(人文版)

地址:江苏扬州市大学南路88号　邮编:225009

电话:0514-7971606

扬州大学学报(高教研究版)

地址:江苏扬州市大学南路88号　邮编:225009

徐州师范大学学报

地址:江苏徐州市和平路57号　邮编:221009

电话:0516-3867155　3867156

彭城大学学报

地址:江苏徐州市　邮编:221008

电话:0516-3201116-80987

南京师大学报

地址:江苏南京市宁海路122号　邮编:210097

电话:025-3598342

江南大学学报

地址:江苏无锡市梁溪路100号　邮编:214063

电话:0510-5519448

南京经济学院学报

地址:江苏南京铁路北街128号　邮编:210003

电话:025-3495963

江苏大学学报
地址:江苏镇江市丹徒路61号 邮编:212003
电话:0511-4407117

淮阴师范学院学报
地址:江苏淮阴市通榆南路3号 邮编:223001
电话:0517-3511053

盐城师范学院学报
地址:江苏盐城市通榆南路3号 邮编:224002
电话:0515-8241776-6235

南京大学学报
地址:南京市汉口路22号 邮编:210093
电话:025-3592704/3597385

淮阴教育学院学报
地址:江苏淮阴市健康西路 邮编:223001
电话:0517-3511053

江苏教育学院学报
地址:江苏南京市北京西路77号 邮编:210013
电话:025-3730821

苏州大学学报
地址:江苏苏州市十梓街1号 邮编:215021
电话:0512-67258839

南京审计学院《审计与经济研究》
地址:南京市北圩路77号 邮编:210029
电话:025-6664166

南京政治学院学报
地址:南京市中山北路305号 邮编:210003
电话:025-3342134

金陵职业大学学报
地址:南京市白下路314号 邮编:210001
电话:025-4545601

江苏财专《财经学刊》
地址:江苏镇江市桥头镇 邮编:212413
电话:0511-7762099

常熟高等专科学校学报
地址:江苏常熟市元和路98号 邮编:215500
电话:0512-52706258

江南社会学院学报
地址:江苏苏州市 邮编:215124
电话:0512-65272408

南京金融高等专科学校学报
地址:江苏南京市江浦县 邮编:211800
电话:025-8884247

南京中医药大学学报(社科版)
地址:南京市汉中路282路 邮编:210029
电话:025-6798049

江苏公安专科学校学报
地址:南京市安德门128号 邮编:210012
电话:025-2422395

东南大学学报(社科版)
地址:江苏南京市四牌楼2号 邮编:210096
电话:025-3791190 3795426

河海大学学报
地址:南市西塘路1号 邮编:210098
电话:025-3786376

南京理工大学学报(社科版)
地址:南京市孝陵卫200号 邮编:210094
电话:025-4315745

江苏广播电视大学学报
地址:南京市北京西路77号 邮编:210013
电话:025-6272942

南京工业大学学报
地址:南京新模范马路5号 邮编:210009
电话:025-3239871

中国矿业大学学报
地址:江苏徐州市 邮编:221008
电话:0516-3884931

南京晓庄学院学报
地址:江苏南京市北圩路41号 邮编:210017
电话:025-6605271-236

解放军理工大学学报
地址:南京市光华门外海福巷1号 邮编:210007
电话:025-4873670 4876268-64019

连云港师范高等专科学校学报
地址:江苏连云港新浦区苍梧路53号 邮编:222006
电话:0518-5817771

南京林业大学学报
地址:江苏南京龙蟠路新庄9号 邮编:210037
电话:025-5428247

南京邮电学院学报
地址:南京市新模范马路66号 邮编:210003
电话:025-3492279

苏州科技学院学报(社科版)
地址:苏州新区滨河路298号 邮编:215011
电话:0512-68242518

江苏石油化工学院学报
地址:江苏常州市 邮编:213016
电话:0519－3290173

南京航空航天大学
地址:南京市 邮编:210016
电话:025－4892428

扬州教育学院
地址:江苏扬州史可法西路15号 邮编:225002
电话:0514－7361222

南京医科大学学报(社科版)
地址:江苏南京市 邮编:210029
电话:025－6662862

无锡商业职业技术学院学报
地址:江苏省无锡市草巷郑巷90号 邮编:214000
电话:0510－5507131转

南京人口管理干部学院学报
地址:南京市锁金村10号 邮编:210042
电话:025－5426460转学报

安　徽

安徽师范大学学报
地址:安徽芜湖市北京东路1号 邮编:241000
电话:0553－3869214

巢湖师专学报
地址:安徽巢湖市半汤镇 邮编:238000
电话:0565－2361424

淮北煤师院学报
地址:安徽淮北市东山路100号 邮编:235000
电话:0561－3802261

安徽大学学报
地址:安徽合肥市肥西路3号 邮编:230039
电话:0551－5106696

安徽财贸学院学报
地址:安徽蚌埠市宏村 邮编:233041
电话:0552－3111484

安徽教育学院学报
地址:安徽合肥市金寨路327号 邮编:230061
电话:0551－2827203－3249

安庆师院学报
地址:安徽安庆市菱湖南路192号 邮编:246001
电话:0556－5500900

合肥工业大学学报
地址:安徽合肥屯溪路193号 邮编:230009
电话:0551－2901307

安徽农业大学学报
地址:合肥市长江西路130号 邮编:230036
电话:0551－2823720

铜陵财经专科学校学报
地址:安徽铜陵市北京东路 邮编:244000
电话:0562－2812400

宿州师范专科学校学报
地址:安徽宿州市汴河中路 邮编:234000
电话:0557－3680407

黄山高等专科学校学报
地址:安徽黄山市屯溪示功戴震路44号 邮编:245021
电话:0559－2544687

合肥教育学院学报
地址:合肥市宁国路211号 邮编:230001
电话:0551－4657720－544

淮南师范学院学报
地址:安徽省淮南市学院路 邮编:232001
电话:0554－6672792

华东冶金学院学报
地址:安徽马鞍山市 邮编:243002
电话:0555－2400674

滁州师专学报
地址:安徽省滁州市 邮编:239012
电话:0550－3511020

池州师专学报
地址:安徽贵池市长江中路52号 邮编:247100
电话:0566－2091829

芜湖师专学报
地址:安徽芜湖市 邮编:241008
电话:0553－5771537

皖西学院学报
地址:安徽六安市老界河西 邮编:237012
电话:0564－3306860

芜湖职业技术学院学报
地址:安徽芜湖市延安北路 邮编:241001
电话:0553－5842702转学报

安徽广播电视大学学报
地址:合肥市桐城南路375号 邮编:230022
电话:0551－3638351

淮南工业学院学报
地址:安徽省淮南市洞山 邮编:232001
电话:0554－6668044

安徽电力职工大学学报
地址:安徽省合肥市黄山路 330 号 邮编:230022
电话:0551－3633344－5206

阜阳师范学院
地址:安徽省阜阳市清河西路 741 号 邮编:236032
电话:0558－2596143

《华东经济管理》杂志社
地址:合肥市卫岗望江东路 115 号 邮编:230059
电话:0551－3425621

安徽理工大学学报(社科版)
地址:安徽淮南市洞山 邮编:232001
电话:0554－6668044

浙江省

浙江大学学报
地址:杭州市浙大路 38 号 邮编:310027
电话:0571－87952214

浙江师范大学学报
地址:浙江金华北山路 邮编:321004
电话:0579－2341801－2315

杭州商学院《商业经济与管理》杂志社
地址:浙江杭州市文艺二路 331 号 邮编:310012
电话:0571－88912689

宁波大学学报
地址:浙江宁波市北郊 邮编:315211
电话:0574－87600225

温州师院学报
地址:浙江温州市蒋家桥 邮编:325003
电话:0577－88373049

杭州师范学院学报
地址:杭州市文一路 222 号 邮编:310012
电话:0571－88804049 88804050

绍兴文理学院学报
地址:浙江绍兴市环城西路 5 号 邮编:312000
电话:(0086－575)－8341516

台州学院学报
地址:浙江临海市广文路 102 号 邮编:317000
电话:0576－5137091

丽水师专学报
地址:浙江丽水三岩寺 邮编:323000
电话:0578－2271195

湖州师范学院学报
地址:浙江湖州市学士路 1 号 邮编:313000
电话:0086－0572－2321073/2321156

浙江财经学院《财经论丛》
地址:浙江杭州市文华路 269 号 邮编:310012
电话:0571－88922715

浙江公安高等专科学校学报
地址:杭州市滨江区浦沿镇 邮编:310053
电话:0571－87787115

嘉兴学院学报
地址:浙江嘉兴市越秀路 56 号 邮编:314001
电话:0573－2642190

浙江海洋学院学报(人文科学版)
地址:浙江舟山市文化路 605 号 邮编:316004
电话:0580－2550077

杭州金融研修学院学报
地址:浙江杭州市文华路 70 号 邮编:310012
电话:0571－88853484

宁波高等专科学校学报
地址:浙江宁波市文化路 20 号 邮编:315010
电话:0574－87154207

浙江政法管理干部学院学报
地址:浙江杭州文二路 243 号 邮编:310000
电话:0571－8869829 转学报

浙江树人大学学报
地址:浙江杭州市舟山东路 19 号 邮编:310015
电话:0571－88297035

宁波职业技术学院学报
地址:宁波经济技术开发区新大路 1069 号 邮编:315800
电话:0574－86891340

江　西

南昌大学学报
地址:江西南昌市南京东路 235 号 邮编:330047
电话:0719－8305914

江西师范大学学报
地址:江西南昌市北京西路 437 号 邮编:330027
电话:0791－8506185 8506024

井冈山师范学院
地址:江西吉安市清原区 邮编:343009
电话:0796－8100483

上饶师范学院学报
地址:江西省上饶市南环路85号 邮编:334001
电话:0793－8150655转学报

九江师专学报
地址:江西九江浔阳东路320号 邮编:332000
电话:0792－8554181

宜春师范学院学报
地址:江西宜春市学院路16号 邮编:336000
电话:0795－3201238

江西教育学院学报
地址:江西南昌市学院路68号 邮编:330029
电话:0791－8309741

江西行政学院学报
地址:江西南昌市梅岭下 邮编:330033
电话:0791－3814700转学报

抚州师专学报
地址:江西抚州市羊城路154号 邮编:344001
电话:0794－8307064

萍乡高等专科学校学报
地址:江西萍乡五里牌 邮编:337000
电话:0799－6682112

江西财经大学《当代财经》
地址:江西南昌市庐山中大道 邮编:330013
电话:0791－3816904

江西经济管理干部学院学报
地址:江西南昌市莲塘小兰 邮编:330200
电话:0791－5739410

江西金融职工大学学报
地址:江西南昌市清云谱路 邮编:330043
电话:0791－5275185

赣南师范学院学报
地址:江西赣州市红旗大道53号 邮编:341000
电话:0797－8267102

江西财经管理干部学院学报
地址:江西南昌市青山南路 邮编:330006
电话:0791－3814700

江西电力职工大学学报
地址:江西南昌市麦园 邮编:330032
电话:0791－3898661

南昌高专学报
地址:江西南昌市万福寺18号 邮编:330009
电话:0791－6505441

南昌教育学院学报
地址:南昌市南路2号 邮编:330008
电话:0791－6682112

江西公安专科学校
地址:南昌市青云谱路279号 邮编:330043
电话:0791－5275647

福建省

福建师大福清分校学报
地址:福建福清市城关 邮编:350300
电话:0591－5254343转

华侨大学学报
地址:福建泉州市城东 邮编:362011
电话:0595－2692431

厦门大学学报
地址:福建厦门市思明南路 邮编:361005
电话:0592－2182366

福州大学学报
地址:福建省福州市工业路523号 邮编:350002
电话:0591－7892444

泉州师范学院学报
地址:泉州市崇福路师院内 邮编:362000
电话:0595－2785541

福建师范大学学报
地址:福建福州市仓山区上三路8号 邮编:350007
电话:0591－3465255

漳州师范学院学报
地址:福建漳州市县前街36号 邮编:363000
电话:0596－2591371

福建省财会管理干部学院学报
地址:福建福州市城前路9号 邮编:350001
电话:0591－75522183

集美师专学报
地址:福建集美 邮编:361021
电话:0592－6182465

福州师专学报
地址:福建福州长乐南路59号 邮编:350011
电话:0591－3663164

宁德师专学报
地址:福建宁德市蕉城南路 邮编:352100
电话:0593－2952793

福建教育学院学报
地址:福建福州市大梦山5号 邮编:350001
电话:0591－3781104

福建省自学考试办公室《福建自学考试》
地址:福州西湖后曹13号 邮编:350001
电话:0591－7555931转

龙岩师范高等专科学校学报
地址:福建龙岩市凤凰隔 邮编:364000
电话:0597－2239262

福建行政学院
福建经济管理干部学院学报
地址:福州市金山文化区 邮编:350002
电话:0591－3744364 3741404

莆田高等专科学校学报
地址:福建莆田市城关学园路兴安新村36号 邮编:351100
电话:0594－2692348转

福建农林大学学报
地址:福州市金山 邮编:350002
电话:0591－3744237

集美大学学报
地址:福建厦门市集美区集岑路1号 邮编:361021
电话:0592－6181242

集美大学教育学报
地址:福建厦门市集美区集岑路1号 邮编:361021
电话:0592－6182465

福建电大学报
地址:福州市铜盘路15号 邮编:350003
电话:0591－7833115

闽西职业大学学报
地址:福建龙岩市曹奚镇闽大路8号 邮编:364021
电话:0597－2753798

鹭江大学学报
地址:福建厦门市思明南路394号 邮编:361005
电话:0592－2189127

三明高专学报
地址:福建三明荆东路25号 邮编:365004
电话:0598－8399767

福建公安高等专科学校学报
地址:福州市仓山区首山路59号 邮编:350007
电话:0591－3430041 3466493

福建省社会主义学院学报
地址:福州市湖东路118号 邮编:350003
电话:0591－7839973转

河南省

河南师范大学学报
地址:河南新乡市建设路148号 邮编:453002
电话:0373－3326281 3326374

信阳师院学报
地址:河南信阳市谭山包 邮编:464000
电话:0376－6390857

郑州大学学报
地址:河南郑州市大学路75号 邮编:450052
电话:0371－7763150

平原大学学报
地址:河南新乡市平原路 邮编:453000
电话:0373－3041671

安阳师专《殷都学刊》
地址:河南安阳市南环城路65号 邮编:455002
电话:0372－2902058

驻马店师专《天中学刊》
地址:河南驻马店文化路 邮编:463000
电话:0396－2823121

郑州航空工业管理学院学报
地址:河南郑州金海大道 邮编:450005
电话:0371－8889638

洛阳师范学院学报
地址:河南洛阳市 邮编:471022
电话:0379－5515059

许昌师专学报
地址:河南许昌八一路99号 邮编:461000
电话:0374－4369217

河南大学学报
地址:河南省开封市明伦街85号 邮编:475001
电话:0378－2860394

南阳师院《南都学坛》
地址:河南南阳市世卧龙路134号 邮编:473061
电话:0377－3513756

南阳师院学报
地址:河南南阳市卧龙路134号 邮编:473061
电话:0377－3513732转学报

河南财经学院《经济经纬》
地址:河南郑州市文化路80号 邮编:450002
电话:0371－3730625

河南政法管理干部学院学报
地址:河南郑州市文化路90号 邮编:450002
电话:0371－3851448转学报

河南教育学院学报
地址:河南郑州市纬五路21号 邮编:450003
电话:0371－5682637

商丘师范学院
地址:河南省商丘市文化中路298号 邮编:476000
电话:0370－2592754

新乡师专学报
地址:河南新乡市文化路61号 邮编:453000
电话:0373－5093017

平顶山师专学报
地址:河南平顶山市 邮编:467002
电话:0375－4910025

解放军外国语学院学报
地址:河南洛阳市 邮编:471003
电话:0379－4543520

周口师范学院学报
地址:河南周口市 邮编:466000
电话:0394－8234214

开封师院学报
地址:河南开封中山路北段114号 邮编:475000
电话:0378－5661204

黄河科技大学学报
地址:河南郑州市航海中路94号 邮编:450005
电话:0371－8951208

河南职技师院学报(职业教育版)
地址:新乡市新延路河南职业技术师范学院 邮编:450005
电话:0373－3040334

河南金融管理干部学院学报
地址:河南郑州市郑花路29号 邮编:450008
电话:0371－5720410

河南濮阳教育学院学报
地址:河南濮阳市建设路10号 邮编:457000
电话:0393－4421623

河南公安高等专科学校学报
地址:郑州宋岩东路8号 邮编:450002
电话:0371－3739471转学报

郑州经济管理干部学院学报
地址:河南郑州市大学路80号 邮编:450052
电话:0371－8256275

郑州轻工业学院学报
地址:郑州市东风路5号 邮编:450002
电话:0371－3556929

漯河职业技术学院学报
地址:河南漯河市长江路中段 邮编:462000
电话:0395－2932973

中州大学学报
地址:河南郑州市航海中路77号 邮编:450005
电话:0371－8732814

湖　北

武汉大学学报
地址:湖北武昌珞珈山 邮编:430072
电话:027－87684213

湖北大学学报
地址:湖北武汉市武昌区学院路11号 邮编:430062
电话:027－88663900

华中师范大学学报
地址:湖北武汉市武昌桂子山 邮编:430079
电话:027－87673249

中南财经政法大学学报
地址:湖北武汉市武珞路114号 邮编:430064
电话:027－88045631

湖北民族学院学报
地址:湖北恩施市三孔桥路29号 邮编:445000
电话:0718－8430535

江汉石油职工大学学报
地址:湖北潜江市一村 邮编:433121
电话:0728－6577454

武汉冶金管理干部学院《管理教育学刊》
地址:湖北武汉市任家路 邮编:430081
电话:027－86884254

武汉理工大学学报
地址:湖北武汉市武昌余家头50号信箱 邮编:430063
电话:027－86553823

襄樊大学学报
地址:湖北襄樊市建华路 邮编:441053
电话:0710－3591876

中南财经政法大学《法商研究》
地址:湖北武汉市洪山区政院路1号南湖校区院 邮编:430074
电话:027-87516912

湖北师范学院学报
地址:湖北黄石市沈家营 邮编:435002
电话:0714-6573612

咸宁师专学报
地址:咸宁市咸安区永安大道71号 邮编:437005
电话:0715-8330016

湖北教育学院学报
地址:湖北武汉市武昌阅马场 邮编:430060
电话:027-88843924

孝感学院学报
地址:湖北省孝感市 邮编:432100
电话:0712-2841314

荆州师范学院学报
地址:湖北荆州市 邮编:434104
电话:0716-8495963

湖北广播电视大学《湖北电大学刊》
地址:湖北武汉市洪山区民院路2号 邮编:430073
电话:027-87493807

湖北经济管理干部学院学报《湖北经济管理》
地址:湖北武汉市卓刀泉 邮编:430074
电话:027-87802520

黄石教育学院学报
地址:湖北黄石市石料山花园村2号 邮编:435000
电话:0714-6331656

黄冈师范学院
地址:湖北黄冈市胜利街95号 邮编:438000
电话:0713-8616636

中南民族大学学报
地址:湖北武汉市民院路5号 邮编:430074
电话:027-87491994

武汉水利电力学院学报
地址:湖北武汉市东湖南路8号 邮编:430072
电话:027-67802222

华中理工大学学报
地址:湖北武汉市珞瑜路1137号 邮编:430074
电话:027-87543816

郧阳师专学报
地址:湖北丹江口市丹赵路 邮编:441900
电话:0719-5252432

湖北财经高等专科学校学报
地址:湖北武汉市梨园涣光村1号 邮编:430077
电话:027-8653590

荆门职业技术学院学报
地址:湖北荆门市象山大道庙岗岭23号 邮编:448000
电话:0724-2355824

武汉市经济管理干部学院《市场经济管理》
地址:湖北武汉市 邮编:430015
电话:027-85870625

江汉大学学报
地址:武汉市经济技术开发区 邮编:430056
电话:027-82735872

中国地质大学学报
地址:湖北省武汉市武昌鲁磨路31号 邮编:430074
电话:027-87436123

中国农业银行武汉管理干部学院学报
地址:湖北武汉市中北路122号 邮编:430077
电话:027-86772181

湖北省计划管理干部学院《现代经济》
地址:湖北武汉市东湖路419号 邮编:430077
电话:027-86793212

武汉冶金管理干部学院学报
地址:湖北武汉市任家路 邮编:430081
电话:027-86865756转学报

武钢职工大学《武钢大学学报》
地址:武汉市和平大道1085号 邮编:430080

襄樊学院学报
地址:湖北襄樊市隆中路7号 邮编:441053
电话:0710-3590704

三峡大学学报
地址:湖北省宜昌市云林路 邮编:443002
电话:0717-6469688-2651

华中科技大学学报
地址:湖北省武汉市珞瑜路1037号 邮编:430074
电话:027-87802315 87542221

江汉石油学院学报编辑部
地址:湖北省荆州市南环路1号 邮编:434102
电话:0716-8430696

湖北沙洋师专学报
地址:湖北沙洋汉津大道42号 邮编:448200
电话:0724-8553554

海军工程大学《海军院校教育》
地址:武汉市解放大道 339 号 邮编:430033
电话:027-83443114 转

十堰职业技术学院学报
地址:湖北省十堰市人民中路 58 号 邮编:442000
电话:0719-8666660 转学报

武汉金融高等专科学校学报
地址:湖北省武汉市 邮编:430061
电话:027-88842755 转学报

湖南省

湖南金融管理干部学院学报
地址:湖南长沙市望县城关镇 邮编:410220
电话:0731-8062814 转学报

娄底师专学报
地址:湖南娄底市育才路 邮编:417000
电话:0738-8325172

湘潭大学学报
地址:湖南湘潭市 邮编:411105
电话:0732-8292188 转学报

湘潭师范学院学报
地址:湖南湘潭市桃原路 邮编:411201
电话:0732-8291452 8291001

衡阳师范学院学报
地址:湖南省衡阳市黄白路 165 号 邮编:421008
电话:0734-8486656

怀化师专学报
地址:湖南怀化市石门 邮编:418008
电话:0745-2851055

邵阳师专学报
地址:湖南邵阳市李子园 邮编:422000
电话:0739-5431186

零陵师范高等专科学校学报
地址:湖南永州芝山 邮编:425006
电话:0746-6381194

湖南财经高等专科学校学报
地址:湖南长沙岳麓区枫林一路 519 号 邮编:410205
电话:0731-8811132

岳阳师院《云梦学刊》
地址:湖南岳阳市 邮编:414000
电话:0730-8640034

吉首大学学报
地址:湖南省吉首市人民南路 120 号 邮编:416000
电话:0743-8563684

湖南师范大学学报
地址:湖南长沙市岳麓山 邮编:410081
电话:0731-8872209

湖南大学学报
地址:湖南长沙市岳麓山 邮编:410082
电话:0731-8822745 转学报

长沙电力学院学报
地址:湖南长沙市赤岭路 9 号 邮编:410077
电话:0731-5214333 转学报

湖南财经学院《财经理论与实践》
地址:湖南长沙市河西石佳冲 邮编:410006
电话:0731-8684820

常德师范学院学报
地址:湖南常德市武陵区洞庭大道西段 170 号邮编:415000
电话:0736-7277741

湖南省委党校《湖湘论坛》
地址:湖南长沙市河西石佳冲 1 号 邮编:410006
电话:0731-8647577

益阳师专学报
地址:湖南益阳市资阳区迎丰桥 邮编:413049
电话:0737-4624365

湖南教育学院学报
地址:湖南长沙市河西左家垅桃花村 邮编:410012
电话:0731-8827353 转

长沙大学学报
地址:湖南长沙市洪山庙 21 号 邮编:410003
电话:0731-4250587

湖南税务高等专科学校学报
地址:湖南长沙市雨花区洞井铺 邮编:410116
电话:0731-5597951

郴州师专学报
地址:湖南省郴州市苏仙北路 39 号 邮编:423000
电话:0735-2865113

中国保险管理干部学院学报
地址:湖南长沙市洞井铺 邮编:410114
电话:0731-5636388

湖南商学院学报
地址:长沙市河西望城坡 邮编:410205
电话:0731-8689129

湖南省政法管理干部学院学报
地址:湖南长沙市张公岭 邮编:410126
电话:0731-4623037

湖南农业大学学报
地址:湖南省长沙市芙蓉区 邮编:410100
电话:0731-4618538

株洲师范高等专科学校学报
地址:湖南株洲市天元区泰山路7号 邮编:412007
电话:0733-8814406

南华大学学报
地址:湖南衡阳市南华大学北校区 邮编:421001
电话:0734-8281544

中南大学学报
地址:湖南长沙市岳麓山 邮编:410083
电话:0731-8879765 8830141

湖南公安高等专科学校学报
地址:长沙市岳麓区潭佳冲124号 邮编:410006
电话:0731-8862168

湘潭工学院
地址:湖南省湘潭市 邮编:411201
电话:0732-8290272

湖南医科大学学报
地址:中南大学湘雅医学院内 邮编:410078
电话:0731-4805024

株洲工学院学报(社科版)
地址:湖南株洲市 邮编:412000
电话:0733-8101936 转学报

长沙民政职业技术学院学报编辑部
地址:湖南省长沙市514信箱 邮编:410004
电话:0731-5680631

广东省

汕头大学学报
地址:广东汕头市大学路 邮编:515063
电话:0754-2903827

广东农工商职业技术学院学报
地址:广东广州市天河奥垦路198号 邮编:510507
电话:020-85230563 转

佛山科学技术学院学报
地址:广东佛山市江湾路18号 邮编:528000
电话:0757-2982394

中山大学学报
地址:广东广州市新港西路135号 邮编:510275
电话:020-84111990

深圳大学学报
地址:广东深圳市南山区 邮编:518060
电话:0755-6535174

广东外语外贸大学《现代外语》
地址:广东广州市白云区黄石东路 邮编:510420
电话:020-36206654

广东外语外贸大学《国际经贸探索》
地址:广东广州白云区黄石东路 邮编:510421
电话:020-36207076

广州市经济管理干部学院学报《穗经学刊》
地址:广东广州市新港西路207号 邮编:510300
电话:020-34201360

广东行政学院学报
地址:广州市黄华路4号 邮编:510053
电话:020-83122361

广州市财贸管理干部学院学报
地址:广东广州市越秀北路80号 邮编:510055
电话:020-83819157

广东青年干部学院学报
地址:广东广州市天平架 邮编:510507
电话:020-87227034

广东职业技术师范学院学报
地址:广东广州市石牌 邮编:510631
电话:020-38256627

华南师范大学学报
地址:广东广州天河区石牌 邮编:510631
电话:020-85211440

广东商学院学报
地址:广州市仓头路21号 邮编:510320
电话:020-84096933 84096029

暨南大学学报
地址:广东广州市石牌 邮编:510632
电话:020-85220281

惠州学院学报
地址:广东惠州市西湖 邮编:516015
电话:0752-2389127

广东教育学院学报
地址:广东广州市新港中路 邮编:510003
电话:020-34115261

湛江师范学院学报编辑部
地址:广东湛江市寸金路29号 邮编:524048
电话:0759－3183041

广州大学学报
地址:广东广州市麓景路狮带岗中广州大学麓湖校区 邮编:510091
电话:020－83480127

肇庆教育学院学报
地址:广东省肇庆市星湖 邮编:526062
电话:0758－2716328

深圳教育学院学报
地址:广东深圳市泥岗西路深圳教育学院内 邮编:518029
电话:0755－25859440

广东省经济管理干部学院《管理教学》
地址:广东广州市怡乐路71号 邮编:510262
电话:020－84190407转学报

嘉应大学学报
地址:广东梅州市梅子岗 邮编:514015
电话:0753－2186639

韶关学院学报
地址:广东省韶关市大塘路 邮编:521005
电话:0751－8120092

广州美术学院《美术学报》
地址:广州市海珠区昌岗东路257号 邮编:510260
电话:020－84017610

五邑大学学报
地址:广东江门市东成村22号 邮编:529020
电话:0750－3296184

广东公安高等专科学校学报《政法学刊》
地址:广州滨江东路500号 邮编:510232
电话:020－34068457

广东外语外贸大学学报
地址:广东广州市白云大道北2号 邮编:510420
电话:020－36204656

广州华南师范大学《体育学刊》编辑部
地址:广州华南师范大学公体楼303 邮编:510631
电话:020－85211412

华南理工大学学报
地址:广东广州市天河区五山路 邮编:510640
电话:020－87110284

广州教育学院广州师专学报
地址:广州市起义路144号 邮编:510030
电话:020－83340550

肇庆学院学报
地址:广东肇庆市 邮编:526061
电话:0758－2716328 2716364

湛江海洋大学学报
地址:广东省湛江市霞山校区 邮编:524025
电话:0759－2383000转

韩山师院学报编辑部
地址:广东潮州市 邮编:521000
电话:0768－2318786

海　南

海南大学学报
地址:海南海口市海甸人民大道 邮编:570228
电话:0898－66187920

海南师范学院学术期刊社
地址:海南省海口市龙昆南路99号 邮编:571158
电话:0898－5883414

广　西

广西大学学报
地址:南宁市秀灵路13号 邮编:530005
电话:0771－3235713

玉林师范学院学报
地址:广西玉林市教育中路117号 邮编:537000
电话:0775－2803148

桂林师范高等专科学校学报
地址:广西桂林解放东路93号四楼 邮编:541001
电话:0773－2822130

广西民族学院学报
地址:广西南宁市西乡塘大道74号 邮编:530006
电话:0771－3260122

广西师范大学学报
地址:广西桂林市三里店 邮编:541004
电话:0773－5817343

柳州师专学报
地址:广西柳州市沙塘镇 邮编:545003
电话:0772－2725720

广西师范学院学报
地址:广西南宁市明秀东路19号 邮编:530001
电话:0771－3908067

广西政法管理干部学院学报
地址:广西南宁市东葛路37号 邮编:530023
电话:0771-5704094

右江民族师专学报
地址:广西百色市中山二路21号 邮编:533000
电话:0776-2848051

广西财政高等专科学校学报
地址:广西南宁市明秀西路100号 邮编:530003
电话:0771-3833271

钦州师范高等专科学院学报
地址:广西钦州市南珠大道 邮编:535000
电话:0777-2808106

桂林旅游高专学校学报
地址:广西桂林市骖弯路5号 邮编:541004
电话:0773-5857645

南宁职业技术学院
地址:南宁五里亭 邮编:530000
电话:0771-3854737

广西教育学院学报
地址:广西南宁市建政路37号 邮编:530023
电话:0771-5624919

南宁师专学报
地址:广西龙州县白沙街106号 邮编:532400
电话:0771-8811131转学报

广西经济管理干部学院学报
地址:广西南宁市大学西路55-2号 邮编:530007
电话:0771-3246531转学报

河池师专学报
地址:广西宜州市龙江路42号 邮编:546300
电话:0778-3141174转学报

陕西省

宝鸡文理学院学报
地址:陕西宝鸡市西宝路44号 邮编:721007
电话:0917-3364287

陕西师范大学学报
地址:陕西西安市长安南路 邮编:710062
电话:029-5308849

西北政法学院《法律科学》
地址:陕西西安市长安南路88号 邮编:710063
电话:029-5385074

西北大学学报
地址:陕西西安市太白北路229号 邮编:710069
电话:029-8302822

西安外国语学院《人文地理》
地址:西安南郊长安南路 邮编:710061
电话:029-5309274转学报

渭南师院学报
地址:陕西渭南市站南路24号 邮编:714000
电话:0913-2151668转学报

西安政治学院学报
地址:西安朱雀大街146号 邮编:710068
电话:029-5438127

陕西行政学院学报
地址:西安市友谊西路中段175号 邮编:710068
电话:029-8413293

咸阳师范学院学报编辑部
地址:陕西咸阳市文林路 邮编:712000
电话:0910-3722853

西安联大《唐都学刊》
地址:陕西西安市太白南路168号 邮编:710065
电话:029-8258532

西安音乐学院学报
地址:西安市长安中路 邮编:710061
电话:029-5217708

陕西经贸学院学报编辑部
地址:西安市小寨东路131号 邮编:710061
电话:029-5222048

汉中师范学院学报
地址:陕西汉中市汉台区东关 邮编:723000
电话:0916-2641575

西安外国语学院《外语教学》
地址:陕西西安市 邮编:710061
电话:029-3714261 周

西安科技学院学报
地址:陕西雁塔中段58号 邮编:710054
电话:029-5583054

《科技·人才·市场》
地址:西安市雁塔路南段98号 邮编:710054
电话:029-5583440

长安大学学报
地址:西安市南二环路中段 邮编:710064
电话:029-2334381

陕西省党校《理论导刊》杂志社
地址:西安市小寨西路119号 邮编:710061
电话:029－5378000转

西安交通大学《当代经济科学》
地址:西安市纬二街财经校区0068信箱 邮编:710000
电话:029－2668234转《当代经济科学》

西北农林科技大学学报
地址:陕西杨凌西农校区34信箱 邮编:712100
电话:029－7092606

安康师专学报
地址:陕西安康市育才路92号 邮编:725000
电话:0915－3183510

延安大学学报
地址:陕西延安市杨家岭 邮编:716000
电话:0911－2332076

西安统计学院《统计与信息论坛》
地址:陕西西安市寨东路64号 邮编:710061
电话:029－5249150

西安电子科技大学学报
地址:西安市太白南路2号354信箱 邮编:710071
电话:029－8202922

陕西省经济管理干部学报《陕西经济管理》
地址:西安翠花路 邮编:710061
电话:029－8413293

西安联合大学学报
地址:西安市太白南路168号 邮编:710061
电话:029－8258532

陕西武警工程学院学报
地址:陕西省西安市三桥镇 邮编:710086
电话:029－4563180

西安石油学院学报
地址:西安市电子二路18号 邮编:710065
电话:029－8382326

西安教育学院学报
地址:西安市西大街211号 邮编:710002
电话:029－7252734

陕西广播电视大学学报
地址:西安市含光北路32号 邮编:710068
电话:029－5244735

西安交通大学学报
地址:西安市咸宁西路28号 邮编:710049
电话:029－2668941

西安邮电学院学报
地址:西安市长安南路28号 邮编:710061
电话:029－5383114

陕西商洛师专学报
地址:陕西省商洛市东店子 邮编:726000
电话:0914－2329406

西安建筑科技大学学报(社科版)
地址:陕西省西安市和平门外雁塔路 邮编:710055
电话:029－2202121转学报

甘 肃

西北民族学院学报
地址:甘肃兰州市西北新村1号 邮编:730030
电话:0931－8185664转学报

西北师大学报
地址:兰州市安宁东路805号 邮编:730070
电话:0931－7971692

甘肃省经济管理干部学院学报
地址:甘肃兰州市安宁东路538号 邮编:730070
电话:0931－7971962

兰州大学学报
地址:甘肃兰州市天水288号 邮编:730000
电话:0931－8912708

兰州商学院学报
地址:甘肃兰州市段家滩 邮编:730020
电话:0931－8497016

中央甘肃省委党校《甘肃理论学刊》
地址:甘肃兰州市健康路6号 邮编:730070
电话:0931－7768763

甘肃政法学院学报
地址:甘肃兰州市安宁西路6号 邮编:730070
电话:0931－7601471

甘肃广播电视大学学报
地址:甘肃兰州市滨河东路425号 邮编:730030
电话:0931－8823542

天水师范学院学报
地址:甘肃天水市 邮编:741001
电话:0938－8361413

甘肃高师学报
地址:兰州市安宁区兰州师专 邮编:730070
电话:0931－7601128

兰州师范高等专科学校学报
地址:甘肃省兰州市 邮编:730000
电话:0931-7601128

宁夏回族自治区

宁夏大学学报
地址:宁夏银川市新市区 邮编:750021
电话:0951-2062026 2062024

固原师专学报
地址:宁夏固原县城文化巷161号 邮编:756000
电话:0954-2024821

宁夏广播电视大学《宁夏电大教育》
地址:宁夏银川市西郊罗家庄 邮编:750002
电话:0951-5035441

西北第二民族学院学报
地址:宁夏银川市文昌路 邮编:750021
电话:0951-2066907 2066918

青海省

青海民族学院学报
地址:青海西宁市 邮编:810007
电话:0971-8804652

青海师范大学学报
地址:青海西宁市五四西路36号 邮编:810008
电话:0971-6307647

青海省委党校《攀登》
地址:青海西宁市黄河路 邮编:810001
电话:0971-6145613-6904

青海师专学报
地址:青海西宁市八一中路72号 邮编:810007
电话:0971-8802246

青海警官职业学院学报
地址:青海省西宁市810000 邮编:810000
电话:0971-8246504转

新　疆

昌吉学院学报
地址:新疆昌吉市北京北路17号 邮编:831100
电话:0994-2334612

乌鲁木齐成人教育学院学报
地址:新疆乌鲁木齐市幸福路36号 邮编:830002
电话:0991-2619605

新疆大学学报
地址:新疆乌鲁木齐市胜利路14号 邮编:830046
电话:0991-8582927

喀什师院学报
地址:新疆喀什市 邮编:844000
电话:0998-2822996转学报

新疆师范大学学报
地址:新疆乌鲁木齐市 邮编:830053
电话:0991-4841601-2658

新疆公安司法管理干部学院学报《政法学习》
地址:新疆乌鲁木齐市 邮编:830011
电话:0991-6637076

新疆职业大学学报
地址:新疆乌鲁木齐友好南路107号 邮编:830000
电话:0994-2344771 2344391

新疆财经学院《新疆财经》
地址:新疆乌鲁木齐市北京路15号 邮编:830012
电话:0991-7842081

石河子大学学报
地址:新疆石河子市 邮编:832003
电话:0993-2058629

新疆警官高等专科学校学报
地址:新疆乌鲁木齐市天津北路2号 邮编:830000

新疆师范大学学报(维文版)
地址:新疆乌鲁木齐市 邮编:830053
电话:0991-4332658

四川省

成都大学学报
地址:四川成都市人民北路 邮编:610081
电话:028-84616023

四川大学学报
地址:四川省成都市望江路29号文科楼 邮编:610064
电话:028-5412440

西南财经大学《财经科学》
地址:四川成都市外西光华村55号 邮编:610071
电话:028-7352248

成都师专学报
地址:四川成都市彭县 邮编:611930
电话:028－3701167 转学报

内江师范学院学报
地址:四川内江市东桐路 705 号 邮编:641100
电话:0832－2340042

宜宾学院学报
地址:宜宾市上江北育才路 9 号 邮编:644007
电话:0831－3545010 3545011

四川教育学院学报
地址:四川成都市人民南路 邮编:610041
电话:028－85577271

四川师范大学学报
地址:四川成都市狮子山路 3 号 邮编:610068
电话:028－4760703

乐山师专学报
地址:四川乐山市 邮编:614000
电话:0833－2276365

阿坝师专学报
地址:四川省汶川县威州镇 邮编:623000
电话:0837－6223744

西南民族学院学报
地址:四川成都市一环路南四段 邮编:610041
电话:028－85522024

成都大学分部《都江学刊》
地址:四川都江堰市复康路 邮编:611830
电话:028－7202343 7281773

四川行政学院学报
地址:成都市光华村街 56 号 邮编:610073
电话:028－87301301 87301328

四川政法管理干部学院《四川法学》
地址:成都市外北青龙场海滨湾 邮编:610081
电话:028－83516667

康定民族师专学报
地址:四川康定姑咱 邮编:626001
电话:0836－2856244

西南财经大学《经济学家》
地址:成都外西光华村街 55 号 邮编:610074
电话:028－87352177

电子科技大学学报
地址:成都市建设北路二段 4 号 邮编:610054
电话:028－3201443

四川师范学院学报
地址:四川省南充市 邮编:637002
电话:0817－2314311

达县师范高等专科学校学报
地址:四川达州市南坝街 24 号 邮编:635000
电话:0818－2760547

成都行政学院学报
地址:四川省成都市温江向阳路 6 号 邮编:610000
电话:028－82722071

西南交通大学学报
地址:四川达州市南坝街 24 号 邮编:610031
电话:028－7600213 转学报

重 庆

西南师范大学学报
地址:重庆市北碚 邮编:400715
电话:023－68252538

西南政法大学《现代法学》
地址:重庆市沙坪坝烈士墓 邮编:400031
电话:023－65382256

重庆师范学院学报
地址:重庆市沙坪坝 邮编:400047
电话:023－65362555 转学报

重庆三峡学院学报编辑部
地址:重庆市沙坪坝 邮编:400047
电话:023－58102357

渝州大学学报
地址:重庆市江北区董家溪 邮编:400020
电话:023－67704679

重庆工业管理学院《教育与研究》
地址:重庆市场家坪 邮编:400050
电话:023－68667111 转

重庆商学院学报
地址:重庆市南岸五公里 邮编:400067
电话:023－62769249

《渝西学院学报》
地址:重庆市永川渝西学院校内 邮编:402168
电话:023－49682344

重庆大学学报
地址:重庆市沙坪坝区 邮编:400044
电话:023－65102306

重庆邮电学院学报
地址:重庆市南岸区黄桷垭堡上园1号 邮编:400065
电话:023-62461032

重庆建筑大学学报
地址:重庆市沙坪坝北街83号 邮编:400045
电话:023-65102306

四川外语学院学报
地址:重庆市沙坪坝区 邮编:400031
电话:023-65385313

云南

云南大学《思想战线》
地址:云南昆明市翠湖北路2号 邮编:650091
电话:0871-5033249

云南教育学院学报
地址:云南昆明市建设路 邮编:650031
电话:0871-5515596

云南财贸学院学报
地址:云南省昆明市龙泉路南段 邮编:650221
电话:0871-5192375

云南师范大学学报
地址:昆明市一二一大街158号 邮编:650092
电话:0871-5516038

楚雄师专学报
地址:云南楚雄鹿城南路 邮编:675000
电话:0878-3120042

保山师专学报
地址:云南保山市 邮编:678000
电话:0875-2160777

曲靖师范学院学报
地址:云南曲靖市环城东路 邮编:655000
电话:0874-3116128

昭通师专学报
地址:云南昭通市环城东路 邮编:657000
电话:0870-2133855

大理师范高等专科学校
地址:云南省大理市下关北郊 邮编:671000
电话:0872-2200472

昆明师范高等专科学校学报
地址:云南省昆明市昆师路 邮编:650031
电话:0871-51882456

云南民族学院学报
地址:云南昆明市 邮编:650031
电话:0871-5151303

云南大学《云南法学》
地址:云南昆明市教场中路318号 邮编:650223
电话:0871-51882456

思茅师专学报
地址:云南思茅市环城西路242号 邮编:665000
电话:0879-2302377

云南行政学院学报
地址:昆明市西山区云南省委党校内 邮编:650111
电话:0871-8411915-6263(6264)

云南公安高等专科学校学报
地址:云南省昆明市 邮编:650200
电话:0871-5133248转学报

云南大学学报(社科版)
地址:昆明市121大街英华园云南大学出版社内
邮编:610091
电话:0871-5031238

贵州省

贵州师范大学学报
地址:贵州贵阳市照壁山 邮编:550001
电话:0851-6702106

贵州财经学院学报
地址:贵州贵阳市瑞金南路121号 邮编:550003
电话:0851-5954296 5969916

遵义师范学院学报编辑部
地址:贵州省遵义市上海路248号 邮编:563002
电话:0852-8920464

贵阳师专学报
地址:贵州贵阳市马王庙 邮编:550008
电话:0851-4761735

黔东南民族师专学报
地址:贵州凯里市 邮编:556000
电话:0855-8222572转学报

贵州民族学院学报
地址:贵州贵阳市花溪 邮编:550025
电话:0851-3610314

贵州大学学报
地址:贵州贵阳市花溪 邮编:550025
电话:0851-3621708

六盘水师专学报

地址:贵州六盘水市钟山区明湖路朝阳新村 邮编:553004
电话:0858-8223443

贵州警官职业学院

地址:贵州贵阳市龙洞堡 邮编:550005
电话:0851-5400985

贵州商专学报

地址:贵州贵阳市盐务街35号 邮编:550004
电话:0851-6865842

毕节师范高等专科学校学报

地址:贵州市毕节市 邮编:551700
电话:0857-8330404

贵州工业大学学报

地址:贵州贵阳市蔡家关 邮编:550003
电话:0851-4734747

贵州教育学院学报

地址:贵州贵阳市 邮编:550003
电话:0851-5815817

贵州大学学报(艺术版)

地址:贵州省贵阳市花溪大道北段242号 邮编:550003
电话:0851-5114843

西　藏

西藏民族学院学报

地址:陕西咸阳市文汇路 邮编:712082
电话:0910-3755470

西藏大学学报

地址:拉萨市江苏路36号 邮编:850000
电话:0891-6322055

香　港

香港城市大学香港社会科学学报

地址:香港九龙达之路83号

(中国人文社科学报学会提供)

学校学报风采展示

河南财经学院

河南财经学院是河南省惟一的一所财经管理类本科院校，学院现为省重点学校，位于郑州市文化路80号，占地面积454.6亩，建筑面积17万平方米，校园整体规划先进合理，环境幽雅。学院创建于1983年，目前设置的本(专)科专业30个，1993年9月，经国务院学位委员会评审通过，河南财经学院被增列为硕士学位授权单位，同时我院也有了第一个硕士点商业经济专业(后调整为产业经济学专业)，1996年增加工业经济专业(后调整为企业管理专业)和农业经济专业(后调整为农业经济管理专业) 硕士点，1998年增加会计学专业硕士点，2001年增加统计学和管理科学与工程硕士点。目前我院共有产业经济学、统计学、管理科学与工程、会计学、企业管理和农业经济管理等六个硕士学位授权点，分属经济学和管理学两个学科门类。全院现有教职工963人，其中教授、副教授281人，享受政府特殊津贴的专家9人，另聘有一批国内著名专家学者为名誉教授或兼职教授。全院目前在校普通本(专)科生8390人，硕士研究生109人，成人教育学生4556人，各类留学生56人。建校近20年来，学院坚持社会主义办学方向，认真贯彻党的教育方针，抓机遇，促改革，积极探索适应社会主义市场经济需要的办学机制和人才培养模式，逐步实现由封闭型办学向开放型办学、由专业教育向素质教育的转变。在办学过程中形成了"团结、勤奋、求实、创新"的优良校风。学院先后被授予"省级文明学校"、"郑州市文明单位"、"河南省文明单位"、"河南省思想政治工作先进单位"等称号，目前学校已有较丰富的教学经验和较高的办学水平，在本科生、研究生教学培养方面都积累了较丰富的经验。

我院产业经济学专业，是我院培养硕士生最早的专业，也是河南省惟一的产业经济学省级重点学科，该专业点自1993年9月经国务院学位委员会批准招生至今已培养了八届硕士研究生。产业经济学专业集中了一批学术水平较高、教学经验丰富、科研能力较强的专家和教授，其中教授15人，副教授25人，讲师15人，具有博士学位11人，具有硕士学位33人。学术带头人杨承训研究员，现为国家级有突出贡献专家、博士生导师、国家社科规划项目评审委员会委员；学术带头人郭文轩研究员，现为国家级有突出贡献专家、享受政府特殊津贴，主持和参与完成国家级课题4项，获省部级奖十余项。产业经济学硕士点科研成绩显著，在国内外公开学术期刊发表论文258篇，其中核心期刊100多篇，出版专著与教材20余部，完成省部级科研项目22项，厅局级50余项；获各种奖励60余项，其中省部级以上的奖励22项，获得孙冶方经济学奖1项，河南省"五个一"工程奖3项。取得各类科研经费128.3万元，其中纵向科研经费40.3万元，横向科研经费38万元，重点学科拨款70万元，副高职称以上教师年人均科研经费1.03万元。产业经济学专业经过长期的积累与发展，形成了特色明显、实力雄厚的四个研究方向，分别是流通理论与国内区域市场问题研究、产业组织与技术进步、产业投资理论与资本运作和产业竞争与国际分工研究。我院其他相邻专业如统计学、管理科学与工程、会计学、企业管理、农业经济管理也都具有硕士学位授予权。

同济大学文科学科简介

同济大学诞生于1907年，现已成为拥有理、工、医、文、法、经济和管理的研究型综合性大学，是我国高层次人才培养和高水平科研的基地之一。在现有8500余人的教职员工中，包括中国科学院和中国工程院院士9人，拥有教授副教授等高级职称的近2000人，在校各类学生4万多人。

同济大学以"人格+能力+知识"三位一体的全面素质教育和复合型模式进行人才培养，在依托传统优势的基础上，注重文科各相关学科的发展。目前，与文科相关的学科涵盖文法学院、外国语学院、经济与管理学院、建筑与城市规划学院等4个学院15个系19个专业，有学生6000余人。

文法学院 现有社会科学系、法律学系、文化艺术系3系4个本科专业、6个硕士点，设有外国法、社会与文化、海外华文文学、劳动经济、中国铁路发展5个研究所。学院承担了全校学生的马列主义理论课、思想品德课的教学任务以及全校外国留学生的汉语教学任务，同时还为全校学生开设了近百门人文、社科方面的选修课。近6年来，学院教师先后承担了十几项国家级和省部级的科研项目，出版了100余部专著与教材，在国内外报刊上公开发表了800多篇学术论文，其中约有20部(篇)专著、论文获得了省部级以上优秀科研成果奖。

同济大学校景

外国语学院 同济大学创办伊始就开设了德文科，目前是国家最重要的德文教学与科研基地之一。学院现设有德语系、英语系(含法语、俄语教育)、日语系、外国语言学及应用语言学研究所、科技德语研究所、日本学研究所等教学科研单位，设有3个本科专业、3个硕士点。学院还担负全校各类学生共2.6万余人的英、德、日、俄、法等公共外语教学。学院与国外多所大学建立了教、研合作关系。

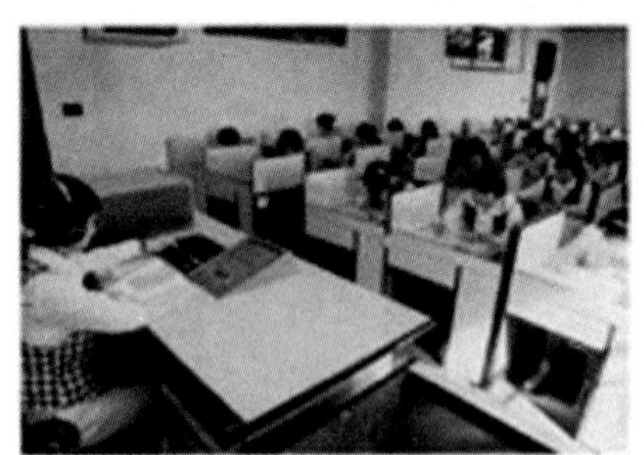
外国语学院语时实验室

经济与管理学院 设有建设管理与房地产系、管理科学与信息系、工商管理系、会计系和经济与金融系，以及MBA教学管理中心、MPA教学管理中心、工程管理研究所、信息技术研究所、人力资源管理与质量工程研究所、金融研究所、投资研究所、电子商务研究所、天安信息监查实验室、管理工程实验室等16个单位。学院现有8个本科专业、12个硕士点、2个博士点以及1个管理科学与工程博士后流动站，共有本科生、硕士生2400余人。

建筑与城市规划学院 现有建筑系、城市规划系、艺术设计系、风景科学与旅游系。学院以人居科学及住宅产业化、人类居住环境的规划与设计、旧城改造与保护、城市及区域发展规划理论和政策、东西方文化交流对建筑的影响为科研重点。城市规划专业被评为国家重点学科，建筑学专业首批通过了国家评估。学院以工为主，工、文交融，相互渗透，特色鲜明。现有本科生、硕士生2200余人，共设有6个硕士点、4个博士点以及国内第一个建筑与城市规划博士后流动站。

同济大学校景

贵州财经学院

院党委书记：赵明仁（左）
院　　　长：陈厚义（右）

贵州财经学院是一所以经济、管理类学科为主体，“经、管、理、法、工、文、教”相互渗透、协调发展的多科性财经类大学。学院创建于1958年，是国家教育部首批建办的5所财经类高等院校之一，1978年重建并恢复招生，1999年通过国家教育部的本科教学工作合格评价。

经过建校以来尤其是近25年的发展，贵州财经学院已形成一定的办学规模，具有较强的办学实力。学院地处贵州省省会贵阳市，校园面积550余亩，建筑面积16.8万平方米，分为南北两址。主体校区位于贵阳市北郊鹿冲关下，绿阴掩映，松风萦绕；南院校区毗邻贵阳市南河滨公园，是学院的成人教育基地。学院教学基础设施齐备，公共服务体系完善；图书馆有60余万册藏书、电子阅览室以及省情资料室等教学科研资料库；校园内有覆盖面广且运行良好的信息网络，多媒体教室、语音室、多功能学术报告厅、计算机基础实验室、外语调频电台等设施一应俱全；运动场、体操馆、球类馆、健身馆等为学生提供了体育教学和锻炼的场所。

学院现有三院（信息学院、成教学院、商务学院）、八系（会计系、财政金融系、贸易经济系、工商管理系、国际经济系、公共管理系、管理科学系、法学系）、四部（基础部、马列部、大外部、体工部）、一中心（现代教育技术中心），25个本科专业；此外还有贵州发展研究院、经济研究所等6个院属科研机构及东南亚研究中心等多个系、部研究机构；形成了以本科全日制教育为主、兼有研究生课程进修、MBA培训以及本、专科成人继续教育为辅的多层次高等教育结构。2002年，学院在校生达7000余人。

学院师资力量雄厚，有专职教师403人，其中，教授40人，副教授132人，其他专业技术人员75人；博士、在读博士11名，硕士140余名；贵州省跨世纪人才、省管专家、国务院及省政府津贴获得者12人。此外，学院还聘有50余位海内外经济管理专家学者担任客座教授和兼职教授。

为进一步拓展办学视野、提高办学水平，学院在加强与南京大学、四川大学、中南财经政法大学、云南大学等国内重点大学合作的同时，还与美国夏威夷大学、奥克兰大学、阿拉巴马大学以及日本大阪经济大学等进行国际合作，互派学者、交流科研，并加入了亚太大学联盟。目前，贵州财经学院是贵州省内经济管理领域学科门类最齐全、专家教授最集中、办学历史最长久、科研成果最丰富的财经类高校。

首届全国优秀社科学报

◀主编：马荣宝

武警指挥学院学报

《武警指挥学院学报》简介

《武警指挥学院学报》是由武警部队最高学府天津武警指挥学院主管、主办的综合性学术理论期刊。在注重反映本院教学科研学术研究成果的基础上，立足武警部队指挥类院校的制高点，重视同军内外同级院校和武警各院校的学术交流，形成了特色突出、兼容并包、注重质量、应用指导性强的鲜明办刊特点，受到了部队和院校的肯定及认可。该刊创刊于1995年，原名《武警专科学校学报》，季刊，16开本。1998年改现刊名。2001年改双月刊，大16开本，96页码。该刊编委会主任：学院院长张金修少将；副主任：学院副院长兼训练部部长刘晓健大校，学院副院长郝晓光大校，科研部部长王广海大校，学报编辑部主任、主编马荣宝大校。该刊现有5名编辑人员，主编：马荣宝副编审，编辑罗雅茹、朱屹、袁成，助理编辑张鹏伟。该刊创办以来，先后在山西高校学报委员会、天津市高校文科学报研究会、全国高等院校文科学报研究会三次获优秀学报奖。编辑部曾被学院评为先进单位。该刊尽管受军事保密所限，但人文社科研究栏目所发论文有多篇被人大书报资料中心全文转载，有10%—20%的论文被人大书报资料中心目录索引，还有20%—30%论文被各大型丛书文献收录，获奖的也为数不少。在学院每年优秀论文评奖中，该刊所发论文占评奖数的80%。

▼编辑部全体人员

6
2001

更高层次

更高质量

突出应用

《经济与管理研究》创刊于1980年，是由北京市重点大学首都经济贸易大学与中国工业经济研究与开发促进会联合出刊的经济管理类综合刊物。是我国改革开放以后最先创刊，在国内外颇有影响的刊物之一。由于本刊随改革开放应运而生，为改革开放鼓与呼，与经济建设共命运，创刊二十多年来，备受国内外广大读者、作者的厚爱。刊出文章转载率持续上升，发行量在同类期刊中名列前茅。1992年以来，连续被评为全国经济类核心期刊，1997年被中国经刊联评为首届全国优秀经济期刊。2002年在北京市第六届优秀社科期刊评选中荣获“北京市优秀社科期刊”称号，同年又被中国人文社会科学学报学会评为“全国百强社科学报”，并被北京高教学会社会科学学报研究会评为“一等奖社科学报”。

2003年本刊将进一步坚持理论密切联系实际的一贯方针，坚持为现实改革开放服务的指导思想，更加注重应用，关注热点，贴近实际，在继续重视宏观经济改革的同时，给微观经济、企业改革更多的关注，每期突出一个主题，在继续办好财政、金融、证券、工业经济、贸易经济、劳动经济、农业经济、区域经济等栏目的同时，将进一步加强企业经营与管理、社会保障、WTO研究、市县长论坛、企业家论坛等栏目的建设。

百尺竿头、更进一步，在新的一年里，本刊编辑部全体同仁将再接再厉，以新的面貌和更高的质量回报广大读者、作者对本刊的厚爱。

《经济与管理研究》2003年为大16开，正文80页，全年定价48.00元，欢迎您到当地邮局订阅。本刊国内统一刊号：CN11—1384/F，国内发行代号：2—254；国外发行代号：BM742。

地　　址：北京市朝阳区朝外红庙首都经济贸易大学
邮政编码：100026
电　　话：010—65976484
传　　真：010—65976484
电子邮件：jjyglyj@cueb.edu.cn

做到“五个结合” 办出特色栏目

《淮北煤师院学报》(哲学社会科学版)

《淮北煤师院学报》(哲学社会科学版)是由淮北煤炭师范学院主办的哲学社会科学综合性学术理论刊物，国内外公开发行，国内统一刊号:CN34-1047/C，国际标准刊号:ISSN1003—2134。它以马列主义、毛泽东思想、邓小平理论和江泽民“三个代表”重要思想为指导，坚持四项基本原则和改革开放，坚持理论联系实际和“百花齐放、百家争鸣”的方针，坚持为人民服务，为建设有中国特色社会主义服务的方向，努力做到学术性、导向性、专题性、师范性、地方性的统一，为繁荣学术理论，为建设社会主义精神文明和物质文明服务，为高校教学、科研和培养人才服务。

《淮北煤师院学报》(哲学社会科学版)1979年创刊，1999年加入《中国学术期刊(光盘版)》，入编《中国期刊网》。2001年改为双月刊，每逢双月出刊。编辑部主任、主编:张秉政编审、教授，副主编:金得存。

近年来，学报坚持正确办刊宗旨，探索兴刊之路，提出“栏目与学科建设相结合”、“现实性与前瞻性相结合”、“学术性与地方性相结合”、“传统栏目与新栏目相结合”、“校内外作者相结合”等五个结合的编辑方针，努力提高自身学术品位和质量，构建刊物学术特色。1999年所发文章被全文摘转23篇，在全国师院学报排名第四位，安徽省高师学报首位。2000年所发文章转载篇数排全国师院学报第五位，蝉联省高师学报首位，历史学科转载量在全国同类1069种报刊中进入20强。精心策制的专题研究栏目“百年新诗”、“20世纪皖籍名家研究”、“走向21世纪的中国史学史研究”、“马克思主义中国化研究” 等社会反响良好，备受学术界关注。1999年获安徽省优秀文科学报一等奖。

张秉政，男，安徽宿州人，笔名晴川，现任淮北煤炭师范学院学报编辑部主任兼院新闻传播研究所所长，哲学社会科学版主编、编审、教授。已出版学术专著四部，其中两部专著获安徽省社会科学优秀成果奖，发表学术文章五十余篇，同时还发表诗歌、散文、文学评论等作品数百篇。其人其作被海内外多家报刊所评介。现为中国人文社会科学学报学会理事、中国煤矿作家协会理事、安徽省文学学会理事、安徽省高校文科学报研究会副会长。主要研究方向:新闻学、当代诗歌。

电　　话:0561—3802261　　0561—3803261

通讯地址:安徽省淮北市东山路100号

邮　　编:235000

电子信箱:xuebao2261@sohu.com

定　　价:6.00元/期　　　**全年**:36.00元

《南京政治学院学报》

《南京政治学院学报》是由解放军南京政治学院主办的哲学社会科学综合性理论刊物,公开发行。该刊的办刊宗旨是:坚持为部队思想政治建设服务,为院校政治理论教学与研究服务,为国防现代化建设服务。它以研究哲学社会科学各学科的基础理论、军队思想政治建设的重大理论与现实问题和院校政治理论教学的重点、难点为主,融思想性、理论性与现实性为一体。栏目设置覆盖哲学社会科学一级学科。

该刊办刊质量逐年提高,已成为在军内外有重要影响的一份学术刊物。在二次文献转摘方面,虽然占《学报》发稿总量约1/3的军事类文稿无法被转摘,但总的转摘率仍保持了较高的水平。据2002年3月5日《光明日报》刊登的人大书报资料中心2001年度《复印报刊资料》全文转载量统计,在全国高校学报的综合排名中,该刊位居第17名,历史、地理类报刊中该刊位居第12名。曾荣获"江苏优秀期刊"、一级期刊、"首届全国优秀社科学报"、"军事学重点学术期刊"和首届全军期刊奖等光荣称号。被中国社科院文献信息中心列为"中国人文社会科学核心期刊"和全国中文核心期刊;被南京大学中国社会科学研究评介中心《中文社会科学引文索引》选用为来源期刊;2001年12月被国家新闻出版总署选拔批准为"中国期刊方阵双效期刊",是军队系统进入国家期刊方阵的惟一一家社科类学报;2002年5月又被中国人文社科学报学会评为全国百强社科学报。

该刊的主要特点:(一)高度重视舆论导向,精心组织好重大活动的宣传。刊物每年年底根据下一年度党和国家的重大活动以及有关精神,加强对重大活动选题的策划和组稿、约稿。由于这些稿件研究的是重大理论和实践问题,导向正确,现实性强,受到了读者的普遍关注和好评。(二)始终围绕部队思想政治建设的中心任务以及军事学重点学术期刊建设的要求,适当加大军事类文稿的发稿量。这些文稿较好地配合了全军部队和院校思想政治建设的需要,受到了部队和军队院校读者的欢迎。(三)加强选题策划,注重文稿的学术质量。刊物在基础理论学科的相关专栏,注重选题策划,积极跟踪各学科的学术前沿问题,使所发稿件具有较高的学术理论价值。如2000年第6期刊登的"纪念抗击八国联军侵华战争100周年"学术笔谈的6篇文章被人大报刊复印资料《中国近代史》2001年第3期全部转载;2001年第2期刊登的"纪念太平天国起义150周年"学术笔谈的5篇文章也被人大报刊复印资料《中国近代史》2001年第8期全部转载。(四)积极约请军内外的知名学者撰稿,努力提高刊物的学术品位。编辑部充分利用各种渠道,积极约请军内外知名学者撰稿,使每期《学报》都有若干篇名家的重头文章。(五)实现了编排规范化,重视刊物的整体设计,及编辑、出版质量。该刊已成为向学术界展示军队理论研究成果的重要窗口,成为院校和部队、军队和地方在理论学术上相互交流的信息平台。

《南京政治学院学报》编辑部

地址:南京市中山北路305号　邮编:210003

电话:(025)3346113 转 73225

《武警学院学报》简介

《武警学院学报》是中国人民武装警察部队学院（简称武警学院，是全国惟一一所综合性公安现役高等学校）创办的综合性学术性理论刊物。创刊于1985年1月，由公安部主管，武警学院主办，是武警部队创刊最早的学术期刊，全国公安武警现役部队核心期刊，中国学术期刊综合数据库来源期刊，中国人文社科学报核心期刊，全国百强社科学报。国内统一刊号：CN13-1228/E，国际标准刊号：ISSN1008-2077。

一、基本情况 创刊以来，经过不懈努力，现已发展成为面向全国公安现役部队各警种以及众多专业学科领域的综合性学术理论期刊。学报以其独特的优势和特色受到教育部社政司、中国人文社科学报学会、全国高教期刊研究会、北京高教文科学报研究会、河北省教委、省高教期刊协会以及军内外读者、作者、专家学者的广泛赞誉。主要栏目有："边防研究"、"消防研究"、"警卫研究"、"维和研究"、"高教研究"、"文史研究"、"部队建设研究"、"法学研究"和"哲学研究"等。现印数为5000册，精装彩色四封，大16开本双月刊。主要发行全国公安边防、消防和警卫部队支队以上机关以及公安政法院校。同时，还与法国、英国等国家消防部门及有关院校进行交流。

二、办刊方针 以马列主义、毛泽东思想和邓小平理论为指导思想，以"三个面向"为指针，以公安工作的路线、方针、政策为依据，坚持"双百"方针，面向公安政法、武警部队和院校，为活跃学术思想，扩大学术交流，展示科研成果，繁荣武警学术事业，促进科教强警，建设有中国特色的公安现役部队服务。

三、优势与特色 武警学院为省军级、部属本科军事院校，其培养目标和专业设置，全国仅此一家。学院这一属性决定了《武警学院学报》的办刊目标和方略，学报的主要研究领域在全国是惟一的、一流的，具有权威性。这既是学报的优势，也是学报的特色所在。

四、学报发展及取得的工作成绩 学报的发展，是与时俱进、不断开拓进取的过程。1986年至1989年，学报为武警总部主管的武警部队重点学术期刊，并成为武警部队优秀期刊；1990年学报发展成为公安武警部队最高层次的核心期刊；1999年，学报在河北省教委组织的全省59家高校学报中夺得"优秀学报一等奖"；2000年7月，学报加入了《中国学术期刊光盘版》和《中国期刊网》，是中国学术期刊综合数据库来源期刊；2000年10月，学报被北京市高校文科学报研究会评为"优秀期刊"；2002年4月，学报被北京市高校文科学报研究会评为"优秀学报"；2002年5月，学报被中国人文社科学报学会评为"中国人文社科学报核心期刊"及"全国百强社科学报"。

五、奋斗目标及工作思路 在新世纪之初，为迎接国内外期刊市场的挑战，编辑部将在全国高校文科学报学会的指导下，虚心向各高校学报编辑同仁学习，按照既定的办刊目标和方略，刻意求索，奋力耕耘，进一步树立品牌意识、创新意识和精品意识，把握时代脉搏，追求全新创意，磨砺精品力作，创造培育自己的品牌，使学报在如林期刊中得以独领风骚，争创一流，力争在办有特色期刊、走精品化道路上再上新台阶，再创新辉煌。

奋斗目标："办有特色期刊，走精品化道路，争一流期刊，创名牌效应"是学报追求的目标。

工作思路：坚持学术导向，突出专业特色，实施精品战略，追求高新实深。"爱岗敬业、无私奉献；勤奋好学、精益求精；坚持原则、以质取稿；勇于探索、开拓创新"是编辑部的工作标准。

质量管理：期刊编排规范化，学术质量精品化，期刊风格特色化，编辑工作现代化。

《武警学院学报》编辑部

地址：河北省廊坊市

邮编：065000

电话：（0316）2068183　2068186

《山西大学学报》

（哲社版）简介

主办单位　山西大学是一所具有百年办学历史的老校，是中国最早创建的三所新型大学之一。现有68个博士点、硕士点和博士后流动站，有国家设置的六大类重点建设基地，有22个国家和省重点学科，有杨振宁等260名海内外著名学者任客座教授和兼职教授，是国家确定的中部地区重点支持的五所院校之一。江泽民同志亲笔题写校名，李鹏、李岚清，李铁映，周光召、任建新、宋健、费孝通等二十多位党和国家领导人在百年校庆期间题词致信祝贺，联合国秘书长安南还特发贺电，高度肯定了山西大学的办学成就。

办刊理念　我们认为对高校社科学报的认识要与时俱进，以先进的办刊理念办出优秀的期刊。学报应代表先进文化的发展方向，是学术创新的沃土，应该坚持正确的学术导向，聚焦学术前沿阵地，反映高校科学研究的最新成果，成为开展学术交流的重要桥梁。同时，学报也应当是一个学术管理机构，应该选择科研课题（专栏），特别是具有全局性、战略性、前瞻性的重大课题，组织攻关，从中培养和发现新的人才，积极鼓励青年创新人才脱颖而出。

办刊宗旨　学报坚持以邓小平理论为指导，坚持“学术创新，质量第一”的原则，追踪学术前沿，关注学术热点，对于最新研究成果，特别是具有全局性、战略性、前瞻性的重大成果，不受栏目、校内外限制，一律优先采用，旨在把本学校办成促进科学进步和社会前进的全国一流的社会科学学术期刊。

社会评价　本学报在改革开放过程中与时俱进，所坚持的学术导向，所关注的学术问题，所提出的学术观点，越来越受到学术界、出版界的重视，现已成为：山西省一级期刊；全国首届、第二届百强社科学报；中国人文社科学报核心期刊；中国人文社会科学核心期刊；中国人文社会科学引文索引（CSSCI）入选期刊；中国人文社会科学引文数据库来源期刊；中国学术期刊综合评价数据来源期刊。

傅如一　湖南岳阳市人，山西大学文学院教授、研究生导师、山西大学学报编委会主任、中国人文社科学报学会常务理事。在《中国社会科学》、《文学遗产》、《求是》等期刊发表古代文学、政治理论、高教理论论文九十篇，主编、参编著作二十余部，有十余项科研成果获省部级奖，入选《世界优秀专家人才名典》。

山西大学学报编辑部
地址：山西省太原市坞城路388号
邮编：030006
电话：0351-7010455

《重庆师院学报》

（哲学社会科学版）

《重庆师院学报》（哲学社会科学版）创刊于1980年1月，由重庆师范学院主办，《重庆师院学报》编辑部出版，现为季刊，大16开，每期21万字左右，国内外公开发行。主编李敬敏，副主编刘莘、朱丕智。

本刊属人文社会科学综合性学术理论刊物，主要反映本校学术研究成果，以促进学校教育质量和学术研究水平的提高，同时择登外稿。

本刊坚持四项基本原则，坚持改革开放，坚持社会主义办刊方向和“双百”方针，提倡理论联系实际，刊载有思想、有创新、有深度的学术论文，努力促进教育教学研究和学术研究水平的提高，积极为社会主义精神文明建设、有中国特色的社会主义理论建设和哲学社会科学领域的马克思主义理论建设服务。

本刊选稿注重学术观点的创新、研究领域的拓展、研究方法的更新以及对现实重大政治经济问题的深入研究。主要栏目有哲学、政治学、经济学、文化学、文艺学、历史学、社会学、教育学、心理学、法学等。其中，抗战文艺研究、屈原问题讨论、元代文学史研究、中共党史人物研究、特殊教育等栏目曾在国内外学术界产生较大影响。近年来，在文艺学、思想文化史、历史学等学科的研究上形成了一定特色和较大优势。同时，大力提倡对现实重大政治经济问题尤其是西部开发问题的研究，发表了不少有分量的研究成果。这些高质量、高水平的文章既具有较高的学术价值，也产生了一定的社会效益。

本刊一贯重视出版质量。在编校方面，语言文字准确规范，校对误差率小于国家新闻出版部门的有关规定。封面设计庄重朴实、美观大方。内文版式设计布局合理、清晰醒目。印刷清楚整洁，装订整齐规范。封面和版权页均按照出版规范执行。

本刊在学术界理论界有较高声誉，多年来，文摘率和复印率居于同类学报前列，保持了较高的学术水准和出版水平，并不断稳步提高。1992年被四川省教委评为优秀学报，1997年获重庆市优秀期刊二等奖，1999年和2002年被全国高校文科学报研究会授予“全国优秀社科学报”称号，1999年获重庆市高校首届优秀学报一等奖。

云南财贸学院学报

《云南财贸学院学报》是云南省重点高校云南财贸学院主办的大型财经类学术理论期刊，1985年2月创刊，1988年9月公开发行，1996年由季刊改为双月刊。主要刊载具有较高理论水平和学术水平的经济学科和管理类学术论文、述评和综述。

《云南财贸学院学报》自创刊以来坚持四项基本原则和“双百”方针，坚持正确的办刊宗旨，紧密联系经济改革和丰富的社会生活，从理论与实践相结合的角度进行学术研究和探索，交流学术信息和学术思想，期刊质量不断提高，社会影响日益扩大。从1994年开始被《中国期刊网》、《中国学术期刊（光盘版）》全文收录，并被中国科学文献计量评价研究中心确定为《中国学术期刊综合评价数据库》和《中国人文社会科学院引文数据》来源期刊。已成为金融保险、证券投资专业的核心期刊。1999年9月被评为全国百强社科学报，并获云南省高校优秀文科学报称号；2001年1月，被中国社会科学院文献信息中心数据库和中国社会科学文献计量评价研究中心评定为人文社会科学核心期刊并选入《核心期刊要览》。据2002年3月5日光明日报报道，《云南财贸学院学报》在2001年度的《人大报刊复印资料》全文转载量综合排名中的高校学报排名第13位；全国经济类报刊排名第19位。

团结进取的编辑队伍

主管单位：云南省教育厅
主办单位：云南财贸学院
协办单位：云南电力集团公司
主　　编：甄朝党（兼）
常务副主编：胡　刚
副主编：高崇友　杨之藩
编辑出版：云南财贸学院学报编辑部
国外总发行：中国国际图书贸易总公司

地　　址：云南省昆明市龙泉路南段
邮政编码：650221
电子信箱：Yncaimao@km169.net
电　　话：(0871)5192375

《山西农业大学学报》

（社会科学版）

《山西农业大学学报（社会科学版）》在原《山西农业大学学报（综合版）》办刊44年与《农业高教研究》办刊20年的基础上，经国家新闻出版署和山西新闻出版局批准，于2002年春季创刊，按季出版，出版时间：1月、4月、7月、10月，国内外公开发行。

办刊宗旨：

以邓小平理论和江泽民"三个代表"重要思想为指导，着重哲学、政治、经济、管理、文学、艺术、高等教育等方面的研究，探索社会科学规律，为促进高等院校社会科学学术交流和研究水平的不断提高，促进文理交融，培养高素质创新人才服务，为"两个文明"建设服务。

编辑方针：

遵循社会科学发展规律，理论联系实际，密切结合国情、省情，围绕经济和社会发展的重大理论和现实问题组织攻关，立足本校，面向全国，依靠群众力量，确保刊物质量。

主要栏目：

政法理论、经贸论坛、管理科学、高教探索、文学艺术、图书信息、农史研究、农技推广、绿色农业、外国农业、山西人文等。

追求目标：

求新　树立新观点，关注新问题，研究新情况，发表新见解；

求实　理论联系实际，脚踏实地，实事求是，讲求实效；

求活　"百花齐放，百家争鸣"，活跃学术氛围，使作者畅所欲言，使刊物充满活力；

求特　在组织开展好社科诸领域科学研究的同时，注重探讨农业、农村、农民问题，着力研究山西人文，力求做到"人无我有，人有我优"，办出特色。

本刊热诚欢迎校内外作者不吝赐稿！

地　　址： 山西太谷　山西农业大学期刊社　《学报（社科版）》编辑部

邮　　编：030801

电子信箱：ndxbbjb @ public. yz. sx. cn

电　　话：（0354）6288282（总编室）

（0354）6289092（编辑部）

重学术质量　　　创学报品牌

《山西师大学报》(社会科学版)

在开拓中不断前进

《山西师大学报》(社会科学版)是由山西省教育厅主管、山西师范大学主办的人文社会科学综合性学术理论季刊。自1973年创办以来,本刊严格遵守党和国家新闻出版的政策法规,认真履行学术质量第一的办刊宗旨,在学术理论界和编辑出版界都产生了很大的影响。1993—2001年连续9年被评为山西省一级期刊(全省200余种期刊仅有14家获此殊荣);多次被评为华北地区优秀期刊,被评为首届和第二届全国"百强"社科学报,被北京大学图书馆和中国社科院文献信息中心列为人文社会科学类核心期刊;入选中国期刊方阵"双效期刊",被中国学术期刊(光盘版)编辑委员会、中国科学文献计量评价研究中心认定为《中国学术期刊综合评价数据库》来源期刊、《中国人文社会科学引文数据库》来源期刊。

《山西师大学报》(社会科学版)突出学术性、师范性、地方性等特点,注重论文的现实性、理论性、前瞻性和独创性,并力求在哲学、政治学、经济学、法学、文学艺术、美学、语言学、历史学、教育学、语言文字学等传统栏目的基础上打造品牌。目前,本刊开设的三晋文化研究、山西戏曲文物研究、编辑出版研究、妇女研究以及各学科的方法论研究等特色栏目已引起学界的广泛关注,并产生了积极的影响。本刊发表的文章被权威文摘报刊转摘、转载、复印的比例一直处于较高水平,受到了省内外许多专家、学者的充分肯定和大力支持。原中国书法家协会主席启功先生曾两次为本刊题写刊名;白寿彝、侯外庐、季羡林、李健吾、王瑶、杜任之、周振甫、端木蕻良、贾兰坡、王梦奎、刘国光、肖前、黄楠森、李秀林、瞿林东、霍松林等一批享誉海内外的著名教授、学者曾为本刊撰稿;中国戏剧家协会副主席马少波、原国家新闻出版署副署长梁衡、北京大学教授吴组湘、北京师范大学教授郭预衡诸先生曾为本刊题辞。

主编:齐　峰

常务副主编:畅引婷(右图)

地址:山西省临汾市山西师大学报编辑部

邮编:041004

电话:(0357)2051149　**传真**:(0357)2051150

电子信箱:xbc@dns.sxtu.edu.cn

国际标准刊号:ISSN 1001-5957

国内统一刊号:CN 14-1072/C

国外发行代号:Q700

国内邮发代号:22-5

《浙江师范大学学报》

（社会科学版）简 介

《浙江师范大学学报》（社会科学版）由浙江师范大学主办。创刊于1960年。双月刊，逢单月出版，每册页码120页。刊号为ISSN1001-5035(CN33-1011/C)。主编杜卫，副主编桂栖鹏(左图)，社科版编辑4人。辟有古典文学研究、中国现当代文学研究、儿童文学研究、外国文学探析、历史研究、经济论丛、语言文字研究、教育论坛等栏目。

本刊为人文社会科学学术刊物。1999年，被中国社会科学院文献信息中心遴选为“中国人文社会科学核心期刊”；被中国科学文献计量评价研究中心认定为《中国人文社会科学引文数据库》来源期刊；被中国科学文献计量评价研究中心认定为《中国科学引文数据库》来源期刊；被中国学术期刊（光盘版）编辑委员会、中国科学文献计量评价研究中心认定为《中国学术期刊综合评价数据库》来源期刊；被《中国期刊网》、《中国学术期刊（光盘版）》列为全文收录期刊。2000年，本刊将小16开本改版为大16开本。2001年，在全国规范执行评优活动中荣获“首届《CAJ—CD规范》执行优秀奖”。2002年，被全国高校人文社科学报学会评选为“全国百强学报”和“中国高校人文社科学报核心期刊”。

本刊作为学术刊物，十分注重刊物的学术含量，在稿件审核上以学术质量为基本衡量标准。严格执行三审制：责任编辑初审，专家二审，副主编、主编三审。本刊特别注意经常向校内相关专家约稿，刊发了一批具有创意的文章；同时也引入校外知名专家的稿件。因此，有比较高的转载率。本刊还严格执行五校制：责任编辑一、二、三校，编辑之间互校，副主编终校。编校质量不断提高，校对质量达到优秀标准。

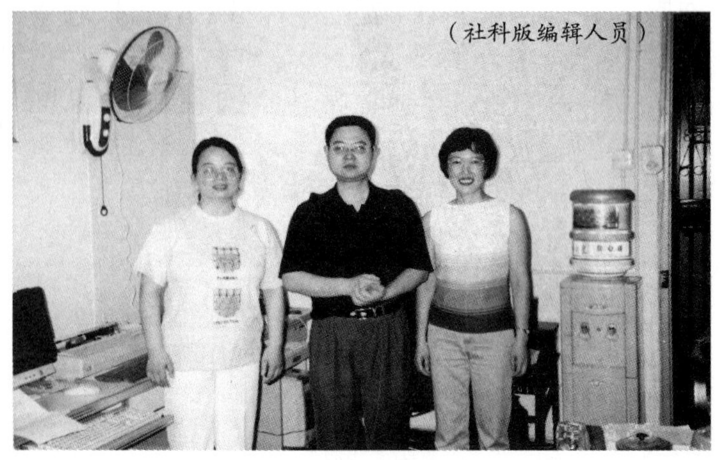

（社科版编辑人员）

本刊按规定时间出刊，从未发生脱期现象。本刊还注意提高印刷质量、装帧水平，使刊物面貌有较大改观。

《淮南师范学院学报》
简 介

《淮南师范学院学报》是由国家新闻出版署批准，安徽省教育厅主管，淮南师范学院主办的以邓小平理论研究、哲学、政治、文学、历史、艺术为主，兼顾数学、化学、物理、计算机、教育学、体育等相关学科的综合性学术期刊。主要读者对象为高等院校广大师生和有关科研院所、企事业单位的科研、科技工作者。

刊物设有“邓小平理论研究”、“诗学建设”、“思维学研究”、“研究生论坛”等固定专栏，目前已吸引了一批知名学者和青年学人，提高了本刊的稿源质量。

两年来，本刊已获“安徽省高等学校优秀文科学报”、“中国人文社会科学学报质量进步奖”两项荣誉称号，并已加入“中国期刊网”和“万方数据—数字化期刊群”。2001年本刊刊发论文的摘编率居全国同类院校前列。

本刊目前为季刊，大16开，国内外公开发行，欢迎订阅。国内统一刊号:CN:34—1231/Z,国际标准刊号:ISSN1009—9530。

主编:王传旭;副主编:陈宏对

本刊地址:安徽省淮南市学院路　**邮编:**232001　**电话:**0554-6672792

E-mail: xbbjbu@hnnu.edu.cn　**http:** www.hnnu.edu.cn

前进中的 南都学坛

《南都学坛》是河南省南阳师范学院主办的人文社会科学学报，1981年创刊，名为《南阳师专学报》，1987年更名为《南都学坛》，1989年面向国内外公开发行。

《南都学坛》坚持“学术至上，质量面前人人平等”的用稿原则，贯彻“百花齐放，百家争鸣”的办刊方针。立足本校，面向国内外，理论与实践相结合，广泛进行学术交流，为教学科研服务，为两大文明建设服务。

《南都学坛》辟有“汉代文化研究”、“历史学研究”、“红楼梦研究”、“文学研究”、“政治学研究”、“法律学研究”等栏目。《南都学坛》充分发挥我院学科优势，以文史哲为重点，在汉代文化研究、文学研究等方面形成了特色。其中，“汉代文化研究”专栏已连续发文66期，“红楼梦研究”专栏已连续发文27期，在学术界产生了较大影响。

《南都学坛》刊发文章质量高，社会反响好。据中南财经大学图书馆信息服务中心统计，我刊1994年以来被《中国人民大学报刊复印资料》、《新华文摘》、《全国高等学校文科学报文摘》等全文转载、摘编的文章在全国同层次学报中始终居于领先地位，塑造了我刊的良好形象。

《南都学坛》始终把政治方向放在首位，坚持改革，锐意创新，强化精品意识，严把稿件质量关，努力办出刊物特色。先后获得过河南省社科期刊“栏目设置优秀奖”、河南省优秀学报一等奖。1998—1999、2000—2001年连续被评为河南省一级期刊；1999、2002年连续被评为全国首届、第二届社科百强学报，并被评为中国人文社会科学学报核心期刊。

本刊实行优稿优先，优稿优酬，热诚欢迎海内外专家学者为本刊赐稿。

《南都学坛》国际标准刊号：ISSN 1002-6320，国内统一刊号：CN 41-1157/C，双月刊，逢单月10日出版，大16开，124个页码，全年定价78元。

主编：王志尧　　**副主编：**刘太祥　李法惠

地址：河南省南阳市卧龙路134号南阳师范学院《南都学坛》编辑部　邮编：473061

电话：0377-3513756　　**E-mail:** nysyndxt@163.com

《西北农林科技大学学报》

（社会科学版）

西北农林科技大学位于：

★中国惟一的农业科学城

★国家杨凌农业高新技术产业示范区

★国家高新产业开发带

★汇聚众多农业科教精英的“后稷”之地

本刊被以下数据库列为检索期刊源：

★中国学术期刊（光盘版）源期刊

★中国科技期刊数据库源期刊

★中国期刊网源期刊

★万方数据—数字化期刊群源期刊

2001年创刊来荣获：

☆全国理工农医院校社会科学学报优秀期刊

☆全国优秀农业期刊二等奖

《西北农林科技大学学报》（社会科学版）创刊于2001年，国内外公开发行。

本刊自创刊以来立足本校，面向全国，主要刊登西部大开发研究、“三农”问题研究、经济与管理学研究、哲学、政治与法学、社会学、语言学、历史学、中外文化研究以及交叉学科研究等方面具有创新性或实用性的学术论文。其中西部大开发研究，农村、农业、农民问题研究，可持续发展研究，经济与管理学研究是本刊的特色栏目。

《西北农林科技大学学报》（社会科学版）为双月刊，大16开，96页，国内外公开发行，邮发代号52-254，每册定价6.00元，全年定价36.00元。

地　址：陕西　杨凌　西北农林科技大学西农校区34号　　**邮　编：**712100

电　话：(029)7092606　　**E-mail:**xuebaowq@263.net

《经济经纬》简介

《经济经纬》是河南财经学院主办的财经类学术理论刊物，国内外公开发行，创刊于1984年，原为《河南财经学院学报》，1994年初更名为《经济经纬》。创刊以来，《经济经纬》以“服务经济建设，繁荣学术文化”为宗旨，精编细审，求实创新，及时反映我国经济建设和经济改革的实践经验和理论研究成果，努力探索社会主义市场经济中的热点和难点问题，深入探讨经济发展的内在规律，贴近现实，突出时代特色，以较高的学术质量，精美的版面设计，受到了社会各界的关注和肯定。

《经济经纬》主要栏目有经济理论学、产业经济、区域经济、企业改革、国际经济与贸易、财政金融、财务管理与会计、人力资源管理、经济法学等。

编辑部聘请于光远、厉以宁、刘国光、樊纲等著名经济学家为顾问。

《经济经纬》以政府有关决策部门的领导干部、经济界人士、理论研究人员及财经类高校师生为读者对象。立足河南，面向全国，既有鲜明的地方特色，又反映全国的经济动态，其特点是宏观与微观相结合，理论与实践相结合。《经济经纬》具有较高的学术声誉，所刊文章多次被《文摘报》、《新华文摘》、《人大报刊复印资料》、《高等学校文科学报文摘》等报刊转载，产生了较为强烈的社会影响，赢得了上级有关部门和有关专家的高度评价。1999年9月被评为 “全国百强社科学报”，1999年12月被中国科学文献计量中心认定为“中国人文社会科学引文数据库来源期刊”、“中国学术综合评价数据库来源期刊”，2000年1月被评为“河南省二十佳社科期刊”、“河南省一级期刊”，同月入选“中国经济类核心期刊”，2000年12月在首届《CAJ-CD规范》执行评优活动中，荣获“执行优秀奖”，2001年11月作为河南省优秀期刊参加北京中国国际博览中心举办的建国以来规模最大的中国期刊展，2002年6月被评为“第二届全国百强社科学报”。

《经济经纬》为双月刊，每逢单月10日出版，大16开本，彩印封面，内文96页，全年6期，每期定价4.50元，全年27元。全国各地邮局均可订阅。

《经济经纬》编辑部位于河南省郑州市文化路80号河南财经学院院内，由河南财经学院副院长、经济学博士仉建涛教授任主编，副主编为陈书明。

国内统一刊号:CN 41-1223/F　　**国际标准刊号**:ISSN 1006-1096
邮发代号:36-90　　**邮政编码**:450002
电话:0371-3730625　3760861　　**传真**:0371-3730491
E-mail:jjjw@public2.zz.ha.cn

天水师范学院学报

《天水师范学院学报》是甘肃省教育厅主管、天水师范学院主办、天水师范学院学报编辑部编辑出版的综合性学术理论期刊，其前身是1981年创刊的《教学研究》，1983年更名为《天水师专学报》。2000年学校升格改制后，经国家新闻出版署批准，《天水师专学报》更名为《天水师范学院学报》，公开向国内外发行；同时被《中国学术期刊（光盘版）》、《中国期刊网》全文收录，成为《中国学术期刊综合评价数据库》来源期刊。

《天水师范学院学报》以马列主义、毛泽东思想和邓小平理论为指导，遵循科学求实的精神，提倡学术上的百家争鸣，以繁荣学术和教育事业，促进学术交流为宗旨。刊发人文社会科学和自然科学各领域关涉学科前沿、探析社会热点、具有学术创见与理论深度的学术论文。刊物以注重学术品位，立足地域优势，突出西部特色为追求，以实现学术与教学、科研与区域社会经济发展、历史文化研究与西部开发的有机结合，充分发挥学报的服务功能。

《天水师范学院学报》主要开设哲学、政治学、经济学、中外语言文学、历史学、教育学、自然科学基础理论研究、自然科学应用研究等栏目；还开辟有敦煌学、西北史地、陇右文化研究、杜甫陇右诗、西部开发论坛等特色栏目，初步形成了刊物立足陇右、突出西部、面向全国的广阔学术视野和办刊特色。

在我国百花争艳的学术期刊园地里，《天水师范学院学报》 还是一棵幼苗和小草。我们将以智慧的力量和辛劳的汗水，努力把学报办成具有浓郁地域特色和富有学术品位的学术教育类优秀期刊。伴随新世纪的脚步，《天水师范学院学报》必将走向更为辉煌的明天。

《天水师范学院学报》，双月刊，公开发行，大16开，96页， 双月20日出版，1、3、4、6期为社会科学版，2、5期为自然科学版。国际标准刊号：ISSN 1671-1351 ，国内统一刊号：CN 62-1162/G，定价：每期4.00元，全年24.00元。

本刊自办发行，读者可直接向本刊编辑部订阅或邮购，邮购每期另加20%邮费。

邮购地址：甘肃省天水市天水师范学院学报编辑部　邮编：741001　电话：0938-8361326

学报编辑部主任、主编雍际春教授

《西南师范大学学报》

（人文社会科学版）

《西南师范大学学报》（人文社会科学版）是国家教育部主管、西南师范大学主办的综合性学术理论双月刊，1957年创刊，1961年停刊，1978年8月复刊，原名《西南师范学院学报》，1985年随学校易名为《西南师范大学学报》。

《西南师范大学学报》以繁荣学术、发展科学文化事业、促进社会全面进步为宗旨，致力于探讨社会主义建设和人文社会科学研究中的理论与实践问题，尤其是我国西南地区社会发展和师范教育中的新问题；以文史哲研究、教育及教育心理研究、区域经济社会发展战略研究等为特色，以不断提高刊物质量和学术水平为追求，经过几十年的发展，《西南师范大学学报》（人文社会科学版）在政治与学术上的导向作用、教学与科研上的推动作用、对外交流中的形象作用、反映本校教学与科研水平的窗口作用、鼓励学术人才脱颖而出的扶持作用日益得到凸显。学报国内外发行，主要读者对象是人文社会科学工作者、大中专院校师生等。

创刊以来，《西南师范大学学报》在探索中进步，在实践中发展，吴宓等著名专家学者曾予学报以积极影响，学报所刊发的文章曾被《人民日报》、《光明日报》、《文汇报》、《新华文摘》等重要报刊转载、摘要、介绍，引起学术界的讨论；学报论文二次转载（摘）率一直保持在较高的水准。

《西南师范大学学报》（人文社会科学版）编辑部拥有一支学科结构合理、学历层次较高、在学报界有一定影响的专职编辑队伍，现有编辑5名，其中编审1名、副编审3名、编辑1名；有一支由校内外知名专家学者构成的兼职编辑队伍。

编辑在讨论稿件

《西南师范大学学报》（人文社会科学版）系“中国中文核心期刊”、“中国人文社会科学核心期刊”、“中国期刊方阵——双效期刊”，荣获“首届中国百佳社科学报”（1999年）、“重庆市十佳优秀期刊”等称号。

刊名：《西南师范大学学报》（人文社会科学版）

英文刊名：JOURNAL OF SOUTHWEST CHINA NORMAL UNIVERSITY

编辑部地址：重庆市北碚区天生路2号西南师范大学校内　　邮编：400715

编辑部主任：邓力

主编：何向东

电话：023-68252538

电子信箱：wkxb@swnu.edu.cn

网址：http://www.swnu.edu.cn/~wkxb

刊号：CN:50-1022/c

ISSN：1000-2677

《北京联合大学学报》

《北京联合大学学报》(以下简称学报)创办于1987年,是综合性学术理论刊物,由北京联合大学主办、北京市教育委员会主管,《北京联合大学学报》编辑部编辑、出版。1987—1992年,学报为内部交流,半年刊。1993年经北京市教委、新闻出版局和国家新闻出版署批准,学报公开发行,季刊,中国标准刊号为ISSN 1005-0310/CN 11-3224/N。1999年期刊整顿工作结束后,学报1999年第2期—第4期,刊号曾重新登记为ISSN 1005-0310/CN 11-5007/N,2000年第1期以后按国家新闻出版署通知要求改用原刊号。

学报的办刊宗旨是:以马列主义、毛泽东思想和邓小平理论为指导,坚持党的基本路线,坚持“二为”方向,贯彻“双百”方针;发扬学术民主,促进科学研究,交流科研成果;为提高学校教学质量和科研水平,促进我国特别是北京市的社会主义现代化建设和社会主义文化建设做贡献。

学报的编辑方针是:贯彻理论联系实际,为我国特别是北京市物质文明和精神文明建设服务的原则,提倡和鼓励综合学科、交叉学科、应用学科的研究,以我国出版事业由以规模数量增长为主要特征的阶段向以优质高效为主要特征的阶段转移为契机,不断提高学报的政治、学术、编排和印刷质量,在争取最好社会效益的基础上,争取最好的经济效益。

学报以综合性、应用性、地方性为办刊特色,主要刊登学校有关学科领域中有一定学术水平、有所创新或具有较高应用价值的学术论文、科研报告;国内外学术领域中的新动向、新理论、新技术的综述、评介;优秀毕业论文、毕业设计;高等教育研究,以及高等学校、学术团体的科研成果、学术活动报道等。学报设立有“北京学研究”、“老舍研究”、“大学生论坛”、“学术进展”、“编辑学与编辑工程”、“研究简论”等栏目,其中的“北京学研究”为重点和特色栏目,刊登北京联合大学北京学研究所的科研论文及其他具有北京地方特色或对北京市的建设有一定理论意义和实践意义的研究论著。

学报的日常工作由《北京联合大学学报》编辑部负责。编辑部由分管校长直接领导,实行主编责任制,主编一般由编辑部主任兼任。1987—1991年,分管校长兼主编李恩元,编辑部主任朱平洋,副主任刘季稔。1992—1999年,分管校长姜成坛,主编先后由凌天成、王玉昌担任,刘斌任编辑部副主任、常务副主编。2000年后,分管校长高林、刘斌任学报编辑部主任、学报主编。

1999年,为了迎接中华人民共和国建国50周年,展示党的十一届三中全会以来我国高等学校人文社会科学研究取得的丰硕成果,经教育部同意,中国人文社会科学学报学会举办了首届全国高等学校社会科学学报评优活动,学报被评为“首届全国优秀社科学报”。

由于学报认真执行国家新闻出版署1999年1月颁布的《中国学术期刊(光盘版)检索与评价数据规范》(简称《CAJ-CD规范》),在2000年首届《CAJ-CD规范》评优活动中,主要规范数据达到标准要求,荣获《中国学术期刊(光盘版)》编辑委员会和《中国学术期刊(光盘版)检索与评价数据规范》执行评优活动组织委员会颁发的《CAJ-CD规范》执行优秀奖。

编辑部地址:北京北四环东路97号北京联合大学　　**邮政编码**:100101
联系电话:64900117　　**电子信箱**:ldxb@bjuu.edu.cn

《河北经贸大学学报》

Journal of Hebei University of Economics and Trade

主管:河北省教育厅

刊名:河北经贸大学学报

主办:河北经贸大学

主编:杨欢进

常务副主编:南振兴

双月刊

国际标准刊号:ISSN1007-2101

国内统一刊号:CN13-1207/F

地址:河北省石家庄市红旗大街106号河北经贸大学(南校区)

邮编:050091

电话:0311-7665829、7665106、7665109 7665108

传真:0311-7665106

网址:http://www.hbjmxb.com

E-mail:jmxb7665829@163.com

《河北经贸大学学报》(Journal of Hebei University of Economics and Trade)原名《河北财经学院学报》, 创刊于1980年, 是国内外公开发行的综合性经济类学术期刊, 国内统一刊号:CN13-1207/F,国际标准刊号:ISSN1007-2101,双月刊。本刊由经济学家、教授杨欢进先生担任主编。主要栏目有:理论经济学、宏观经济学、财政与金融、产业经济学、管理学和区域经济学等。本刊创刊二十多年来,本着昌明科学、培养人才、造就学人之宗旨,始终坚持"双百"方针和正确的社会主义办刊方向,现已成长为我国经济学界有重要影响的学术期刊。学术研究的前沿性、理论探讨的创新性和贴近经济理论热点、难点的务实性是其鲜明的特点。1994年本刊被评为河北省惟一一家首届全国政治经济学类核心期刊。1999年,在全国近千家人文社科学报被《新华文摘》、《人大报刊复印资料》及《高校文科学报文摘》三大信息刊物转摘率超过10%的102家中,本刊以第44位跻身国内人文社科学报50强,摘转率为26.83%,在全国经济类报刊中位居第30位;在全国财经院校学报中排名第6位;在河北省人文社科学报中名列榜首;同年本刊荣获首届全国百强社科学报。2000年,又荣获"河北省优秀社科期刊"称号,2001和2002年均被评为河北省人文社科学报一等奖。2002年又蝉联全国百强社科学报,并入选中国人文社科学报核心期刊。

20年来,为了把本刊办成特色鲜明的名牌学术期刊,编辑部面向海内外学术界广泛征稿,实行开放办刊,并在全国率先实行了专家匿名审稿制度,在稿件取舍上引入了竞争机制,刊发了著名学者林毅夫、李京文、茅于轼、晓亮、何练成、叶世昌、赵晓雷、徐嵩龄等和台湾地区著名学者王春源、于明宜、龚春生等先生撰写的一大批高质量的"精品"文章,使学报的学术质量跃上了新台阶,得到了国内学术界知名人士和台湾地区学术界的好评,在社会上引起了较大反响。据不完全统计,从1999年到2002年,所刊发的论文中获国家级、省部级、厅局级等各项奖励达五十余项之多。

学报整体质量的不断提高得到了国内知名学者和经济学家的称赞, 北京天则经济研究所所长、著名经济学家茅于轼先生致信我刊道:"我发现《河北经贸大学学报》是一本非常认真和严肃的学术刊物。文章作者包括了全国各地有影响的经济学家,讨论的问题有理论价值又不脱离中国当前的现实。中国经济学虽然还相当落后,但有你们这样一批孜孜不倦、踏踏实实工作的学者,相信可以较快地赶上世界先进水平。"南京大学历史系教授、著名学者钱秉旦来信赞扬道:"贵校学报办得很有特色,内容也颇丰富,颇令我大开眼界。"

《江西师范大学学报》

《江西师范大学学报》创刊于1957年，取名为《科学与教学》，为内部交流刊物。1964年改名为《江西师院学报》，并分为哲学社会科学版和自然科学版，仍为内部刊物。“文革”十年被迫停刊。1976年学报复刊。1981年起，本刊向国内公开发行。1984年，随校名的改变改名为《江西师范大学学报》。1985年起，本刊推向世界，成为江西省最早向国外发行的学术期刊。也是江西办刊最早的学报。

《江西师范大学学报》以反映我校教学、科研成果为主，并直接为教学和科研服务，是一本综合性学术理论刊物。哲学社会科学版主要刊载文、史、哲、法、经、教育有新意、有特点的理论文章，尤其是辟有反腐败研究和地方史研究专栏。自然科学版主要反映数、理、化、环境、体育、传播等学科的研究成果。

《江西师范大学学报》坚持正确的办刊方向，注重社会效益，注重政治质量和学术水平；重视对全局性、前瞻性、战略性重大理论和实践问题的研究。哲学社会科学版刊发了一批思想观点正确，学术价值较高的理论文章。得到国内外的重视，获得了学术界的好评。据初步统计，哲学社会科学版所刊发的文章80%以上能代表该学科的学术水平，被《新华文摘》、《人大报刊复印资料》、《高校文科学报文摘》等有影响的三大信息刊物摘转率历年保持在30%以上；在全国高校文科学报各年的总排名中，位居前茅。哲学社会科学版，1995年被评为“江西省一级社科期刊”；1999年被评为“首届全国百强社科学报”，并被选为“中国人文社会科学核心期刊”、2000年荣获“首届《CAJ-CD规范》执行优秀奖”；2002年被评为“第二届百强社科学报”，并被选为“中国人文社科学报核心期刊”。自然科学版采取许多优惠措施，吸引发表社会与科技人员的优秀研究成果，所发文章一半以上是国家、省自然科学基金资助项目或国家重点攻关项目。现有美国、德国、俄罗斯、中国等近20种权威文摘或数据库列为摘录刊源，被摘录与引用率较高。自然科学版，1995年被江西省教委授予江西高校优秀自然科学学报一等奖；江西省委宣传部、省科委、省新闻出版局授予江西省优秀科技期刊二等奖；国家教委科技司授予全国优秀高校自然科学学报一等奖。1997年华东六省一市新闻出版局授予华东地区最佳期刊；中宣部、国家科委、国家新闻出版署授予全国优秀科技期刊二等奖。1999年江西省教委授予江西高校优秀自然科学学报一等奖；江西省委宣传部、省科委、省新闻出版局授予江西省首届优秀期刊；教育部授予全国优秀高校自然科学学报二等奖。2000年荣获首届《CAJ-CD规范》执行优秀奖。2001年经科技部、国家新闻出版署审核列入“中国期刊方阵”，获“双百期刊”荣誉。

新千年，《江西师范大学学报》将遵循立足高师院校，服务广大学者，坚持双百方针，倡导学术争鸣，尊重知识产权，严守学术规范，追求知识创新，增强办刊效益的宗旨，争取在政治质量、学术水平、编校质量上，再上新台阶。

《江西师范大学学报》（哲学社会科学版）2003年改为双月刊，大16开本，8个印张。真诚欢迎专家、学者投稿。

地址：江西省南昌市北京西路437号123信箱　　**电子信箱**：Jxsdxb8031-cn @sina.com

总编：颜长青　　**编辑部主任**：宋毅　　**电话**：0791-8506024/8506185

《河南金融管理干部学院学报》

《河南金融管理干部学院学报》为中国人民银行总行所属院校——中国人民银行郑州培训学院（即原河南金融管理干部学院）主办的金融、经济类学术期刊，国内外公开发行，国际标准刊号：ISSN 1008-7796　国内统一刊号CN41-1289/F 。该刊创刊于1983年6月，创刊时名《教学研究》，1985年1月改名为《金融管理学刊》，1990年1月更名《金融管理科学》，1997年12月根据河南省新闻出版局豫新出报字[1997]第391号文精神更改为现名。2000年入选全国中文核心期刊，被编入《中文核心期刊要目总览》2000年版（第三版），在货币、银行类核心期刊中名列第四名。

《河南金融管理干部学院学报》自创刊以来，经过近20年的不懈努力，逐渐形成了自己的办刊特色和风格，锤炼出一支具有较高素质的编辑队伍，拥有一批在国内经济、金融界颇负声誉的专家、学者作者群体，吸引了一大批热心读者，在全国金融系统具有较大影响，1995年、1999年连续两届获得河南省教委颁发的河南省优秀高校学报二等奖。

《河南金融管理干部学院学报》始终坚持党的基本路线、方针、政策，恪守办刊宗旨，即立足金融，面向经济，注重知识性、实践性及理论的前瞻性和务实的开拓性，以求实创新的精神探讨金融理论，考察金融生活，聚集金融教育，交流金融信息，开展学术争鸣，并尽力为教学服务。重视对金融体制改革及经济、金融业变革与发展过程中各种新动向、新问题的研究和探索，擅于抓取经济、金融业发展中的热点和难点问题，注重从理论与实践的结合上挖掘最佳契合点，为金融、经济理论研究人员以及实务工作者提供最新信息与研讨资料，为我国经济、金融体制改革和发展提供研究探索的园地，为我国金融教育事业的发展提供开放式学术阵地。

《河南金融管理干部学院学报》主要栏目设有市场专论、理论研究、热点透视、行长论坛、博士沙龙、金融监管、银行经营管理、金融市场、国际金融、合作金融、银行与企业、金融与法律、金融风险研究、会计研究、金融教育、各抒己见等栏目。主要读者对象为广大经济、金融理论研究人员与实际工作者，以及金融、财经院校师生等。

《河南金融管理干部学院学报》编辑部

主编：曲迎波　　**副主编：**杨德怀　李晓晴

地址：河南省郑州市郑花路29号　　**邮政编码：**450008

联系电话：（0371）5648885/5720410/5648820　　**传真：**（0371）5722771

电子信箱：JRGLXB@sina.com

《广州大学学报》

（社会科学版）

《广州大学学报》社会科学版（月刊），是经国家新闻出版总署批准，由广州大学主办的国内外公开发行的学术性期刊，国际刊号为 ISSN 1671-394X，国内刊号为 CN 44-1545/C。本刊大16开，每期内文100个页码。现任主编为黄家泉研究员，编辑室主任为周秀怡副编审。编辑部设在广州大学麓湖校区内，邮编：510091，电话及传真：（020）83480065/83480127。

《广州大学学报》的主办单位——广州大学，是经教育部批准，于2000年7月由原广州大学、广州师范学院、华南建设学院（西院）、广州师专、广州教育学院等9所院校合并组建而成的一所多科性的本科大学。学报编辑部也由上述院校四家学报的编辑部合并而成。合并前的四家学报各有特色，其中《广州师院学报》创办于1980年，曾于1999年被评为全国首届优秀社科期刊，其后还多次获得省级学报系列的奖励。合并后的《广州大学学报》编辑部下分设社会科学版和自然科学版两个编辑室，实行统一领导，分工负责，分别出版社会科学版和自然科学版。两刊既继承了合并前各校学报优良的办刊传统，又有所创新。因此，《广州大学学报》既有较长的办刊历史，又是新的刊物。学报编辑部主任由黄家泉研究员兼任，编辑部副主任为梁栋教授。

《广州大学学报》社会科学版（月刊）秉承学校的办学宗旨，立足广州，面向海内外，重视基础理论探索，突出地方特色和应用研究。除保持“语言与文学”、“历史与政治”、“经济与管理”等传统栏目外，还开辟有既相对稳定又有一定特色的“广州研究”、“岭南文化”“海外学者论坛”等新栏目，发表了大量探索现实问题，特别是广州及珠三角改革发展中出现的新情况、新问题的学术论文，为推动我国理论研究、社会主义现代化建设及我校的学科建设，做出了一定的贡献。在第二届全国优秀社科学报评选活动中，本刊曾获“栏目策划奖”。合并两年来，所刊载的文章的转载率，也在大幅度地提高。

根据我校改革与发展的需要，《广州大学学报》将不断改革与创新，为办成在社会有一定影响的核心期刊而努力。我们热诚期盼全国学报同仁及广大读者给予关怀和支持。

主编 黄家泉（左六）、编辑室主任周秀怡（左四）和社会科学版编辑室全体成员

（社科版）

荣誉称号

山东省优秀期刊

全国百强社科学报

办刊宗旨

突出石油特色

促进石油经济文化发展

把握时代脉搏

立足高校社科研究前沿

特● 经济与石油经济

色● 文化与石油文化

栏● 社会与人的全面发展

目● 黄河三角洲开发研究

主编：王良泉

出版日期：双月20日出版

联系地址：山东省东营市石油大学学报社科版编辑部（257061）

电　话：0546-8392386　　Email:skxb@mail.hdpu.edu.cn

《贵州警官职业学院学报》

《贵州警官职业学院学报》是由原《贵州公安干部学院学报》(创刊于1987年)和《贵州省政法管理干部学院学报》(创刊于1988年)合并为一刊的,本刊是由贵州省公安厅主管,贵州警官职业学院主办的学术期刊,是我省惟一公开出版发行的公安、司法类理论刊物,反映公安、司法理论及实践研究现状,展示公安、司法理论应用和应用理论的研究成果。

本刊办刊宗旨为:立足公安司法行业,面向全国,坚持理论与实践相结合,为公安司法理论与实践服务,为公安司法教育服务。为确保刊物质量,本刊实行"一选、三审、三校、一审读"制度,对稿件实行匿名审稿、择优选用的原则,既注重学术性,又注重应用性、实践性。

2002年本刊被评为"全国优秀社科学报"和"全省优秀社科学报"。

《中华女子学院学报》简介

《中华女子学院学报》由全国妇联主管，中华女子学院主办。学报创刊于1989年，是我国第一家以研究和探索妇女问题为主的综合性学术刊物，双月刊，国内外公开发行。

该刊创刊至今，严格遵守办刊宗旨，树立精品意识，力求编辑能够处于妇女理论、妇女教育和妇女工作研究前沿的文章作为主干文章，并能不断提高文摘率。《学报》始终坚持社会主义办刊方向，保持女子高等教育学术刊物应有的特色，且质量不断提高，为发展妇女教育，推动妇女理论研究和妇女工作进展作出了应有贡献，在社会特别是在妇女工作领域产生了一的影响，逐步引起了国内外的关注。目前，订阅及来稿者不仅有国内妇女问题的专家、学者或妇联实践工作者，同时也有境外热心人士。

该刊融理论与实践为一体，具体栏目有："学习建设有中国特色的社会主义理论"、"马克思主义妇女理论研究"、"社会主义市场经济与妇女"、"妇女问题研究"、"妇女教育与改革"、"妇女运动与研究"、"国外妇女研究"、"女性社会"、"女性心理"、"巾帼风采"、"妇联风景线"、"学前教育"等。

主管部门：中华全国妇女联合会

主办单位：中华女子学院

编辑出版：中华女子学院学报编辑部

（北京朝阳区育慧里东路1号，邮编100101）

主　　编：蔡　锋

发行范围：国内外发行

电　　话：84611155-3085

电子信箱：znxy@chinajoural.net.cn

网　　址：http://znxy.chinajournal.net.cn

追求真理，繁荣学术——

《华东师范大学学报》

（哲学社会科学版、教育科学版）

地　址：上海市中山北路3663号　　电　话：021- 62232305/62233728
邮政编码：200062　　电子信箱：xuebao@ecnu. edu. cn

《华东师范大学学报》（哲学社会科学版、教育科学版）是国家教育部主管、华东师范大学主办的学术性期刊。两刊坚持贯彻“双百”方针、鼓励学术探索和争鸣、繁荣人文和社会科学学术文化的办刊宗旨，本着“求真、创新、致用”的学术精神和“严肃、谨慎、进取”的工作态度，关注并不断追逐学术前沿，开拓学术空间和学术资源，以求对华夏学术的繁荣尽绵薄之力。

《华东师范大学学报》（哲学社会科学版）创刊于1955年，复刊于1978年，是我国高校中创刊最早、影响最大的学报之一。哲学社会科学版以本校人文社会科学研究力量为基本依托，与国内外学者建立了广泛的学术联系，致力于哲学、政治学、经济学、语言学、文学、历史学等专业领域的学术积累和学术创新，形成了“严谨、严肃、严格”办刊风格。近年来，其所刊登的多篇论文荣获了省部级奖项；载文的转摘率、引用率在全国高校学报和同类期刊中处于领先地位；2001年，该刊被收入“中国期刊方阵”；另外，该刊已连续被国家图书馆、北京大学图书馆、南京大学中国社会科学研究评价中心等单位确定为“中国人文社会科学综合性核心期刊”。

《华东师范大学学报》（教育科学版）创刊于1983年，是我国高校中第一本教育科学专业类学报，也是目前在全国有着广泛影响的教育类学术期刊之一。该刊以本校强大的教育科研力量为后盾，以全国各地及海外学者的支持为推动，坚持“学术性、权威性、探索性、应用性”的办刊原则，开设了教育理论、教育改革、教育史、心理学等方面以及如“海外来稿”、“专题讨论”等特色专栏，形成了自己的独特的学术风格。据有关机构统计，该刊的被引次数、影响因子、被引指数在学报类和教育期刊中名列前茅；该刊同样被多家评估机构确定为“中国教育类核心期刊”。

《华东师范大学学报》（哲学社会科学版）主编：马钦荣，副主编：陈崇武、陈卫平、高瑞泉（常务）；双月刊（逢单月15日出版），16开，128页；国内统一刊号：CN31—1010/C，国内代号：4—38，国外代号：BM368，定价：6.80元。

《华东师范大学学报》（教育科学版）主编：叶澜，副主编：孙培青、李其维；季刊（逢每季末月20日出版），16开，96页；国内统一刊号：CN31—1007/7G，国内代号：4—395，国外代号：Q4069；定价：6.80元。

热忱欢迎海内外学者赐稿　　热忱欢迎海内外读者订阅

学术品位与应用价值兼备

理论探索与实战研究并举

《政法学刊》

全国中文核心期刊　全国优秀社科学报

主编　任克勤教授　副主编　张连举副教授

《政法学刊》是由广东省公安司法管理干部学院暨广东公安高等专科学校主办的全国性的社会科学学术性法学期刊。《政法学刊》创办于1984年9月，1987年经广东省新闻出版局核准取得国内统一刊号（CN44—1007/D），2000年取得国际标准刊号（ISSN1009-3745），是全国政法公安院校率先获准公开发行的正式期刊。

创刊近20年来，《政法学刊》如一汪碧绿的溪流，栉风沐雨，披荆斩棘，穿林越涧直奔河海。奋斗的历程中充满着坎坷与艰辛，也荡漾着收获与欢笑。既有勤苦耘耨、筚路蓝缕的艰辛，也有枝叶扶疏、春华秋实的自豪，更有硕果累累、璀璨夺目的辉煌！“中文（法律类）核心期刊”（1992），“首届全国优秀社科学报”（1999），“广东省高校优秀学报”（1999），“广东省优秀期刊提名奖”（2000），“CAJ-CD技术规范执行优秀期刊”（2001），“第二届全国优秀社科学报”（2002），任克勤主编被评为“全国优秀社科学报主编”（2002），一路如沐春风，一步一个脚印，往昔的山涧小溪已成为今日的川原长河，谁又不能说它将汇入浩瀚的大海汪洋！

《政法学刊》坚持以马列主义、毛泽东思想、邓小平理论和江泽民的“三个代表”的重要思想为指针，坚持正确的办刊方向，立足广东，面向全国，理论联系实际，注重学术性、应用性，及时反映法学、公安学、犯罪学的理论研究成果，始终保持刊物的思想性、理论性、创新性和指导性，为繁荣我国法学、公安学、犯罪学的教学与研究作出了不懈的努力，为领导决策和指导公安司法实践发挥了积极的作用。

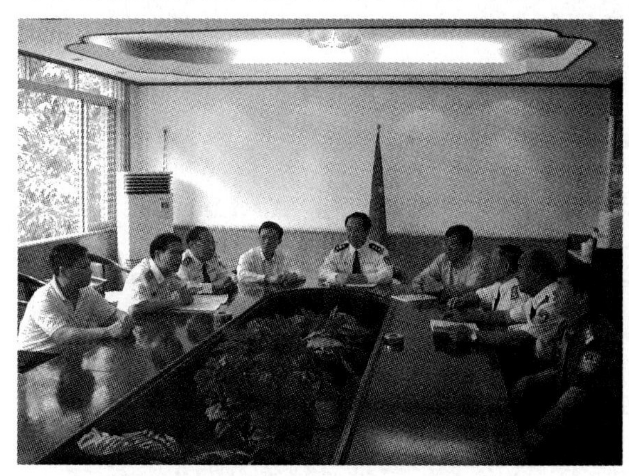

《政法学刊》拥有法学、公安学、犯罪学“三大特色板块”，开辟有“公安论丛”、“侦查研究”、“刑事技术”、“黑社会问题研究”、“港澳台问题研究”、“法学论坛”、“司法实践”、“犯罪探索”、“公安教育”等理论与实践紧密结合的栏目。不薄新交爱故知，发聩宏文必为遴。既关爱本土诚挚期待校内作者的上乘论稿，也敞开门户接纳各界学者的扛鼎之作。时刻紧跟时代的脚步，关注法制建设的重点、热点和难点，全方位地探索，多角度地研究，深层次地挖掘，向社会奉献更多更新更有品位更为精彩的学术成果。

《政法学刊》力求学术品位与应用价值兼备，倡导理论探索与实战研究并举，愈来愈受到社会各界的关注和厚爱，《新华文摘》、《全国高等学校文科学报文摘》、中国人民大学复印报刊资料、《人民公安报》等刊物多次全文或摘要转载了其所刊发的学术精品，在学术界引起了较大反响，近几年来的转摘率一直名列同类院校学报前茅。

《政法学刊》为双月刊，大16开本，每期96页码，逢双月中旬出版，单价8.00元，全年6期，合计54.00元（含邮费），随时可订阅。联系电话：(020)34068457；联系地址：（510232）广州市滨江东路500号《政法学刊》编辑部。

《河南大学学报·社会科学版》

Journal of Henan University·social science

主办单位:河南大学
编辑部地址:河南省开封市河南大学
出版单位:《河南大学学报》编辑部
邮　　编:475001
刊　期:双月
e-mail:xbskb@henu.edu.Cn
刊　号:(CN)CN41-1028/C (ISSN)ISSN1000-5242
http://www.henu.edu.cn

1934年4月《河南大学学报》创办,1937年7月停办,1956年11月复刊,学校先后更名为河南师范学院、开封师范学院,学报随之更名。1966年中断,1973年3月复刊,1979年开封师院更名为河南师范大学,1984年5月恢复河南大学校名,《河南师大学报》改为《河南大学学报》至今。学报系哲学社会科学类综合性学术刊物。以马克思列宁主义、毛泽东思想、邓小平理论为指导,坚持"百花齐放、百家争鸣",坚持为教学科研,为社会主义现代化建设服务的方针,探讨和研究人文社会科学的有关学术问题和现实理论问题,面向国内外进行学术文化交流。编辑学研究和宋代文化研究是学报的显著特色。主要栏目为经济学研究,法学研究,文学研究,语言文化研究,历史研究,哲学研究,艺术研究,编辑与出版研究。《河南大学学报》论文转载率很高,2000年文摘量排全国综合性大学学报第10名,2001年文摘量排全国综合性大学学报第6名, 在国内外享有较高声誉。1992年学报(社会科学版)被《中文核心期刊要目总览》(第一版)列为"出版事业类核心期刊"之一、"综合性文科专业核心期刊"之一。1997年以来多次被评为河南省优秀期刊,一级期刊。1999年被《中国人文社会科学核心期刊要览》选为"综合人文、社会科学类"核心期刊之一。1999年被评为首届全国百强社科学报。2000年底被评为首届《CAI-CJ规范》执行优秀奖。2000-2001年度被评为河南省社会科学期刊二十佳,2002年被评为第二届全国百强社科学报。

《求是学刊》

中国期刊方阵入选期刊

《求是学刊》是黑龙江大学主办的双月刊哲学社会科学学报。系国际标准连续出版物,全国中文核心期刊,全国人文社科核心期刊,全国首届百强社科学报,全国第二届双十佳学报,黑龙江省一级期刊,中国期刊方阵入选期刊。学报主要刊发哲学、经济学、法学、文学、史学等领域的学术文章。

《求是学刊》一贯本着唯实、求是、图新的办刊宗旨,把追求高品位作为学刊的生存之本,把突出刊物的前沿意识、主题意识作为提高刊物品位的一个重要途径,坚持开放、创新、超越的办刊理念。

《求是学刊》各项指标都位居全国高校文科学报前列。据中南财经大学数据检索1990—2002年报告,《求是学刊》所刊文章的社会反响率在全国综合性大学学报排名中一直居前7名。

主　编:丁立群

副主编:徐松巍　李小娟

《求是学刊》编辑部

地址:黑龙江省哈尔滨市南岗区学府路黑龙江大学内

国际标准刊号:ISSN1000—7504

国内统一刊号:CN23—1070/C

国内代号:14—25

国外代号:BM468

定价:8.00元

电话:0451—6608815

网址:http://qsxk.chinajournal.net.cn

电子信箱:qsxk@163.com

邮政编码:150080

《武汉大学学报》

（人文科学版）　（社会科学版）

简介

《武汉大学学报 （人文科学版）》（双月刊，刊号为ISSN1000-5374、CN42-1071/C,国内外公开发行,逢单月23日出版）和《武汉大学学报（社会科学版）》（双月刊,ISSN1008-2999、CN42-1555/C,国内外公开发行,逢单月23日出版）是由国家教育部主管、武汉大学主办、武汉大学文科学报编辑部编辑出版的综合性学术理论期刊,创刊于1930年。当时刊名为《国立武汉大学文哲季刊》和《国立武汉大学社会科学季刊》,是我国出版的最早的学报之一,在我国学报史上占有一定的地位,至今已出版54卷,共计250余期。1995年被国务院学位委员会列为“学位与研究生教育中文重要期刊”;1999年被评为“中国首届双十佳社科学报”;2000年继续列为 “全国人文社会科学综合类核心期刊”;2001年被评为“首届湖北省十大名刊”、“首届湖北省双十佳期刊”和“第四届湖北省优秀期刊”。2002年获“中国第二届双十佳社科学报”。

《武汉大学学报（人文科学版）》主要开设中外语言文学、历史学、哲学、新闻传播学、编辑学等栏目;《武汉大学学报（社会科学版）》开设法学、社会学、政治学、经济学、管理学、图书情报学、教育学等栏目。两刊宗旨是:以马克思列宁主义、毛泽东思想、邓小平理论、江泽民“三个代表”思想为指导,坚持四项基本原则,繁荣学术事业,开展学术争鸣,促进国内外学术交流。刊发稿件要求关涉学科前沿和社会热点,具有学术创见和理论深度。

1930年,第一任国立武汉大学校长王世杰先生在《创刊辩言》中指出:学术期刊就好像“一国文化的质量测验器”,从刊物的内容可以“窥见一国文化的质素”。1956年,李达校长在《发刊词》中指出:“要信心百倍地执行百家争鸣的方针”,“广泛地开展学术争论,辨明是非,克服教条主义倾向,把科学研究工作迅速地推向前进”。故此,立足本国文化,办“全学术界之公共刊物”;立足一流学术,办好一流刊物,既是《武汉大学学报（人文科学版）》和《武汉大学学报（社会科学版）》过去成功的经验,也是其未来发展的方向。

武汉大学文科学报编辑部拥有一支较高素质的编辑队伍,现有编辑8人,均具大学本科以上学历,其中高级职称5人,中级职称3人;博士研究生导师、硕士研究生导师3人;博士1人,硕士1人。著名哲学家、前武汉大学校长、哲学系博士生导师陶德麟教授任主编, 吴友法教授任常务副主编兼编辑部主任,邹惠卿教授任副主编,车英教授和叶娟丽副教授任编辑部副主任。

通讯地址:武汉大学文科学报编辑部　**邮政编码**:430072
电话号码:（027）87682259　**E-mail:** wuj@whu.edu.cn

浙江树人大学党委书记、常务副校长 —— 朱玉教授

朱玉，浙江磐安人，1938年12月生，研究员，知名教育家，浙江省政协常委，浙江省高等教育学会副会长，浙江省高等教育学会民办高等教育专业委员会理事长，中央人民广播电台教育专家顾问团成员。历任浙江师范大学副校长、党委副书记、书记、校长。1999年5月起任浙江树人大学党委书记、常务副校长，主持学校工作。

朱玉教授在40余年高校教学和教育管理工作中，高度重视工作、学习、研究三者的有机结合，倡导教学与科研相互促进，营造学校浓厚的学术氛围；致力于质量兴学，开拓兴校，并坚持硕士研究生指导和专业研究。他长期从事函数论、拓扑学、高师教育研究，发表论文专著60多篇（部），两次荣获中国高教学会优秀成果奖。

朱玉教授担任领导职务后，无论对教育管理还是党务工作，都能潜心研究，既能从宏观的理论高度进行探索，又善于总结实践经验，解决工作中的问题。他对高等教育，尤其是对高等师范教育发展与改革有深入独到的研究，创建了浙江省高师教育研究会，曾担任多届浙江省教育学会副会长、浙江省陶行知研究会副会长、浙江省高师研究会会长及浙江省高师师资培训中心主任。1993年起享受国务院特殊津贴。

朱玉教授自主持浙江树人大学工作以来，在学校董事会的领导下，抓住第三次全国教育工作会议给民办高等教育带来的发展机遇，带领全校师生员工开拓创新，进行第二轮创业。他悉心民办高等教育的研究，全面系统地总结了树大18年来的办学经验，继往开来，提出了学校改革和发展的方略与举措，完成并发表了《艰苦创业，务实创新—— 树大17年来办学实践的认识》等研究论文。日前，浙江人民出版社又出版了他的新论著《树人实践》，对民办高等教育的研究具有重要的意义。

期待您的关注

■《现代传播——北京广播学院学报》，原名《北京广播学院学报》（人文社会科学版），1979年创刊，1994年8月经新闻出版总署批准改用现名。由国家教育部主管，北京广播学院主办，是以广播电视为中心的现代传播学术刊物，国内外公开发行。

《现代传播》以学术性为基础，体现出富于时代内涵和思想内涵的学术风范和学科规范。它视野开阔，理论超前，思想活跃，观点新颖。近几年来，它的研究领域不断拓宽，质量不断提高，越来越多的国内外读者给予了高度评价，认为它在全国广播电视学术刊物系列和高校文科学报系列都办出了特色。

■《现代传播》先后获得：“中国新闻传播核心期刊”、“国家信息知识与传播核心期刊”、“全国中文核心期刊”、“中国广播电视优秀学术期刊”、“中国人文社科核心期刊”、“全国百强社科学报”等多项荣誉称号。

■《现代传播》现开设“传播文化研究”、“新闻学与传播学”、“新视界”、“传播艺术与艺术传播”、“传媒观察”、“媒介经营与管理”、“网络时代”、“学报沙龙”、“纪录片研究”、“争鸣园地”、“传媒教育”、“随笔札记”等栏目。

欢迎大家订阅本刊

本刊主编：李焕生

副主编：胡智锋

电话：010-65779586

传真：010-65777841

通讯地址：北京朝阳区定福庄东街北京广播学院

邮编：100024

刊号：ISSN1002-7149

学术性　高品位　高质量

《**首都经济贸易大学学报**》是由北京市重点大学首都经济贸易大学主办的经济管理类综合性学术刊物，坚持开放性、包容性的办刊理念，竭诚团结国内外老中青广大学者和博士、硕士研究生作为本刊的骨干作者，并以满腔热情致力于成为全国性的经济管理类学术园地，培养我国经济学青年学者，鼓励他们深入研究、多出成果。

本刊选题突出学术性和创新性，注重前瞻性与现实性相统一，研究方法注重规范分析与实证分析相结合。本刊自创刊以来以高质量、高品位、高层次赢得了广大读者的厚爱，文章转载率持续上升，发行量稳步增长。2002年因本刊过去的优异表现而被评为北京市一级社科期刊和第二届全国优秀社科学报。

本刊主要栏目：中国经济研究、理论探讨、国际经济、国际贸易与国际金融、工商管理、人力资源管理、产业经济、劳动经济、社会保障、财政与税收、金融与证券、财务与会计、博士硕士论坛。

为进一步提高刊物的学术水平，突出理论来源于实践并最终要作用于实践，2003年本刊将重点推出两个新栏目：课题研究、企业家论坛。

自2003年始本刊改版为大16开，正文80页，双月刊，每期定价7元，欢迎您到当地邮局订阅。

本刊国内统一刊号：CN11-4579/F；国内发行代号：82-952；国外发行代号：BM1404

地　　址：北京市朝阳区朝外红庙首都经济贸易大学
邮政编码：100026
电　　话：010-85995143
电子邮件：journal@cueb.edu.cn

《上海师范大学学报》

（社会科学版）

《上海师范大学学报》哲学社会科学版，现为“全国中文·社会科学核心期刊”、“中国人文社会科学核心期刊”。创刊于1958年，1961年停刊，1979年复刊至2001年底，已经出版了104期，计31卷。上海师范大学文科学报目前为双月刊，单月末出版，通过邮局向国内外发行。学报的主要阅读对象为高校师生、社科工作者以及广大的社会科学爱好者。几十年来，上海师范大学文科学报一直坚持办刊宗旨：坚持马列主义、毛泽东思想、邓小平理论，执行党的宣传方针，为学校的教学、科研成果提供发表阵地；鼓励学术研究，强调学术平等，坚持学术自由，倡导学术争鸣，不遗余力地发表优质文稿，为繁荣我国的学术贡献应有的力量。学报依托学校雄厚的人文社科实力，形成了语言学研究、古典文学、哲学、伦理学、文艺学、近现代史、比较文学、外国文学等特色栏目。2001年，转载率在全国2661种期刊中排名第27位，在全国师范大学学报中排名第一，与北京师范大学学报并列。

《上海师范大学学报》**主编杨德广教授**，上海师范大学校长，中国高等教育学会常务理事，中国高等教育学研究会副理事长，中国高等教育管理研究会常务理事，上海高等教育学会副会长，国家教委教育科学规划领导小组高等教育学科组成员，上海哲学社会科学规划领导小组成员，上海教育科学规划领导小组成员等。系著名高等教育研究专家。出版著作25本，发表论文260余篇，承担国家级、省、部级科研课题10余项，获奖项目有10余项，包括国家教委二等奖一项，上海科技进步奖一、三等奖各一项，上海哲学社会科学优秀成果奖三项（一项一等奖、两项三等奖）。**常务副主编、学报编辑部主任王正平教授**，上海师范大学法商学院硕士生导师，伦理学学科带头人，兼任上海市马克思主义理论创新专家委员会成员、中国环境伦理学会副秘书长、北京大学应用伦理中心客座研究员、中国社会科学院应用伦理学研究中心特约研究员、上海浦东华夏社会发展研究院研究员。发表论文80余篇，多篇论文被《新华文摘》、《中国社会科学文摘》等全文转载。主要学术著作有：《教育伦理学——理论与实践》、《善的智慧——中国传统道德论探微》、《现代伦理学》、《企业与环境伦理——可持续发展的道德维度》、《伦理学的理论与实践》、《教育伦理学》、《高校教师伦理学》、《企业社会与文化》等。学术译著有：《罗素文集》、《最终的安全》、《中国人的性格》、《快乐哲学》、《信念的魔力》等。个人论著先后获上海市哲学社会科学优秀成果一等奖、二等奖、三等奖。**副主编孙逊教授**，上海师范大学人文学院院长、教授，上海师范大学中国语言文学一级学科博士点负责人，博士后流动站负责人。著名中国古典小说研究专家，现任中国红楼梦学会副会长、《文学遗产》编委，著有《红楼梦脂评初探》、《红楼梦与金瓶梅》、《明清小说论稿》、《中国古典小说美学资料汇粹》、《中国古代小说与宗教》等著作，论著多次获国家和省市级奖项。

作为上海市属地方重点高校，上海师范大学是一所拥有哲学、经济学、教育学、文学、历史学、理学、工学、农学、管理学等多学科的综合性大学。学校现有徐汇、奉贤、虹口和闵行4个校区，占地面积127万平方米。学校现设22个学院，25个研究所，24个研究和培训中心。有一个博士后流动站，1个一级学科博士学位授权点，10个二级学科博士授予点，51个硕士学位授予点，有66个本、专科专业，3个一本一专的专科专业，1个国家教委文科基础学科人才培养和科学研究基地中文学科点。有市级重点学科1个，市教委重点学科9个，校级重点学科15个。学校与18个国家和地区的40多个高校和文化学术团体建立了校际交流协作关系，接受美国、日本、韩国、澳大利亚、越南等国的留学生来校学习汉语和中国文化。这些都为上海师范大学学报的发展、提高学术水平打下了扎实的基础。

《华北电力大学学报》
（社科版）

《华北电力大学学报》（社科版）是由国家电力公司主管、华北电力大学主办的社科类综合性学术季刊。1995年7月创刊于北京。国内统一刊号为CN11—3956/C,国际标准刊号为ISSN1008—2603。每季度首月20日出刊。

《华北电力大学学报》（社科版）以马克思列宁主义、毛泽东思想和邓小平理论为指导，坚持立足校内、面向社会的办刊原则和百花齐放、百家争鸣的办刊方针，发表哲学、经济学、管理学、法学、文学、教育学等学科领域的研究成果，关注电力经济领域的理论与实践动态。本刊主要栏目有**“马克思主义理论及其发展研究”、“经济与管理”、“电力经济研究”、“法律与政治”、“哲学与文化”、“文学研究”、“教育理论与实践”**等，并将根据学校的发展和学科研究的需要及时调整和充实栏目内容。本刊提倡大胆探索、勇于创新的精神，特别支持和鼓励年轻学者对本学科前沿领域的探索性研究。创刊以来，本刊以上乘的编校质量、突出的学术品格受到业内外人士的广泛好评。所刊文章被《人大复印报刊资料》、《新华文摘》等报刊全文和摘要转载的数量逐年上升，其中被《人大复印报刊资料》选作索引的论文超过90%。学报主编任健雄、副主编王佃启曾先后获得北京市社科学报“优秀编辑”称号。1999年本刊被国家级火炬计划项目“中国期刊网（CNKI）”、“中国学术期刊综合评价数据库”、“中国人文社会科学引文数据库”列为全文入编期刊和来源期刊。

1999年9月本刊荣获“首届全国优秀社科学报”奖。2002年6月，在第二届全国高等学校社会科学学报评优活动中，本刊荣获“北京市高校社科学报一等奖”，并再次荣获“全国优秀社科学报”奖；本刊主编任健雄荣获“全国优秀社科学报主编”称号。

主 办 单 位：华北电力大学
编 辑 出 版：华北电力大学学报（社科版）编辑部
刊　　　期：季刊
出 版 日 期：每季首月20日
主　　　编：任健雄
副　主　编：李双辰　　王佃启
编辑部主任：王佃启
通 讯 地 址：北京市昌平区朱辛庄（102206）
办 公 电 话：010—80798721
网　　　址：http://www.ncpubj.edu.cn
E-mail：HDL@chinajoural.net.cn

《台州学院学报》简介

《台州学院学报》的前身《台州师专学报》创刊于1979年，初名《教与学》。现在已定形为一年出版六期（人文社会科学版四期，自然科学版二期），逢双月出版的双月刊。

《台州学院学报》由校长挂帅，高举旗帜，贯彻“双百方针”；立足本校，面向全国，为繁荣学术研究，提高教学水平，推动国家和地方社会经济科学文化的全面发展服务。《台州学院学报》在长期的发展过程中，根据学校科研力量和地方历史文化资源，逐步形成了符合实际，走有自己特色的办刊之路。立足于两个基点：一是坚守具备竞争力的领域，展示我校教师的力作，如欧美文学研究、三国史研究等；二是开拓地方历史文化资源和自然资源，发挥地方优势，大作地方性文章，展示我们的地方特色，如天台山宗教研究、台州海上航运研究、台州地方志研究、台州山水与唐诗之路研究、郑虔与台州古代文化教育启蒙研究、项斯诗歌研究、戴复古与江湖派研究、王士性与古代人文地理学研究、方孝孺研究等，自1995年以来，《台州学院学报》开辟了“天台山文化”研究专栏，比较集中地刊登有关台州地方历史文化方面的文章。在以上诸领域的研究中，本刊发表的论文产生了很好的社会效应。如蒋承勇教授在欧美文学研究领域大胆开拓，富于创新，其成果多次被人大复印资料全文复印，被全国高校文科学报文摘转摘。他担任教育部“九五”规划项目全国高校《外国文学》本科教材副主编，浙江省“九五”规划项目《世界文学史纲》本科教材主编，全国学院统编教材《外国文学》主编，华东六省一市学院《外国文学》教材主编等学术职务，他主持的“西方文学人的母题研究”还获得国家社科基金项目立项；曾其海教授研究天台山宗教尤其是佛教天台宗的文章，引起了国内宗教界及日本、韩国天台宗的注意。

编辑部人员合影

二十多年来，《台州学院学报》编辑部遵守党和国家有关新闻出版的政策，严格执行《著作权法》、《期刊管理暂行规定》等法律法规，不断提高依法办刊水平。自1995年公开发行以来，所刊发论文被《人大复印资料》、《全国高校文科学报文摘》等转载转摘量在全国同类学报中，多年居全国同类学报前列，全省同类学报首位。

现在台州学院面临着新的发展机遇，也面临着新的挑战，《台州学院学报》认真做好本职工作，提高编校质量，《台州学院学报》必将成为春意盎然的学术园地，更加亮丽的对外学术交流的窗口。

沈阳师范大学学报（社科版）简介

《沈阳师范大学学报》（社科版）是由沈阳师范大学主办、辽宁省教育厅主管，以反映沈阳师范大学文科各院、系、所教学和科研成果为主的综合性学术理论刊物，主要刊登文、史、哲、经、法、教等学科的学术论文。辟有邓小平理论研究、法律理论与实践、哲学与文化、经济学论坛、文学综论、辽宁作家作品、诗词撷英、历史纵横、社会学辑览、旅游管理、教育学论丛、编海徜徉等栏目。

沈阳师范大学（沈阳师范学院）于1951年成立，1965年下迁辽宁朝阳，易名为辽宁第一师范学院。1977年创办《辽宁第一师范学院学报》。1978年底，学院迁回沈阳，恢复沈阳师范学院校名，学报亦改称《沈阳师范学院学报》。1983年获准公开发行。2001年辽宁省人民政府决定将辽宁教育学院与沈阳师范学院合并组建沈阳师范大学，2002年获教育部批准。2003年起更名为《沈阳师范大学学报》。

20世纪80年代以来，学报编辑部先后获“沈阳市先进集体”、“沈阳市高教系统先进集体”、“校先进集体”等荣誉称号。1998年10月，被全国高校文科学报研究会授予“会务工作先进单位”称号。1999年9月，被评为首届全国百强社科学报。1999年12月，成为《中国期刊网》全文收录期刊、《中国学术期刊（光盘版）》全文收录期刊、《中国学术期刊综合评价数据库》和《中国人文社会科学引文数据库》来源期刊。2001年12月获首届《CAJ-CD规范》执行优秀奖。2002年6月被评为第二届全国百强社科学报，入选为“中国人文社科学报核心期刊”。2002年被评为辽宁省一级期刊。现已出版26卷114期。

学报编辑部现在是中国人文社科学报学会常务理事、编辑委员会主任委员单位，东北地区高校文科学报研究会副理事长单位，辽宁省散文学会会长单位，辽宁省高校学报研究会常务副理事长兼秘书长单位，辽宁省期刊协会副秘书长单位，辽宁省出版行业高评委单位。

《沈阳师范大学学报（社科版）》(JOURNAL OF SHENYANG NORMAL UNIVERSITY)

地址：沈阳市皇姑区黄河北大街253号　　**邮政编码：**110034

主编：孙继国

电话：024-86574467、86592564

国内统一刊号为CN21-1072/C

国际标准刊号为ISSN/1000-5226

国内总发行：沈阳市邮政局

邮发代号：8-151

国外总发行：中国出版对外贸易总公司（北京782信箱）

E-mail: ssxb206@163.net

网址：http://www.wanfangdata.com.cn; http://www.periodicals.net.cn

《国际关系学院学报》

——以刊载国际问题研究论文为主的学术双月刊

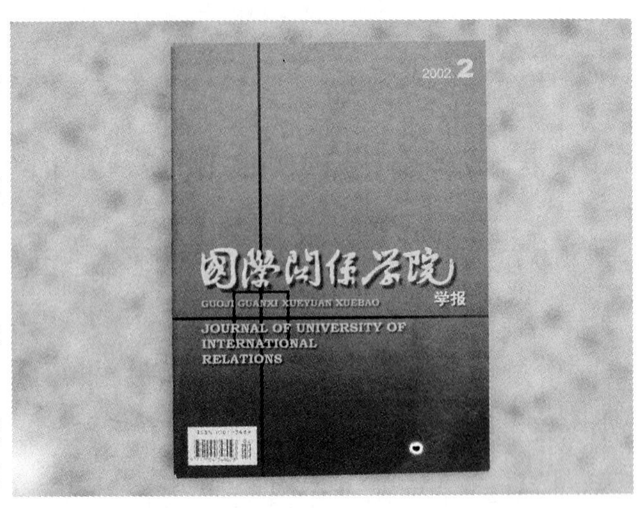

国际关系学院作为全国重点高校，多年来为国家培养了大批国际关系研究和实务人才。

《国际关系学院学报》是以刊载国际问题研究论文为主的社会科学学术期刊，目前主要栏目有“国际关系理论与方法”、“国际关系史”、“国际政治”、“国际经济”、“国际法”、“国际文化与交流” 等。《国际关系学院学报》 严格执行国家有关编辑出版的技术规范和标准，学术质量和编辑质量逐年提高。

《国际关系学院学报》 创刊于1983年，1987年获国内统一刊号（CN11-1707/D），1992年获国际标准刊号（ISSN1004-3489），向国内外公开发行。《国际关系学院学报》现为国际16开本，64页，双月刊，单月出版，编辑部自办发行。

《国际关系学院学报》多年来发表了一批具有学术价值的高质量的国际问题研究论文，在国内外产生了较大的影响。《国际关系学院学报》欢迎专家、学者赐稿，特别欢迎关于国际关系理论及国际关系问题研究方面的稿件。欢迎订阅。

邮编：100091
地址：北京市海淀区坡上村12号
电话：(010)62861174
网址：http://GGXB.Chinajournal.net.cn
电子信箱：GGXB@Chinajournal.net.cn

2002年第1—6期要目

新疆财经学院编辑部介绍

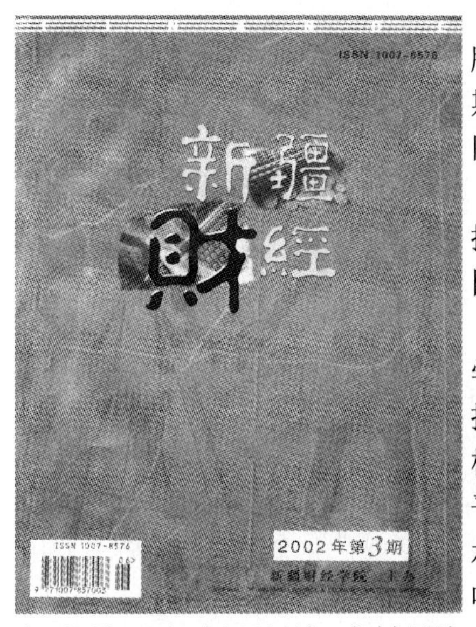

新疆财经学院编辑部系学院直属处级单位。编辑部负责编辑出版《新疆财经》、《新疆财经学院学报》汉、维吾尔两种文字共四本期刊。所办期刊均已加入《中国学术期刊(光盘版)》和《中国期刊网》,面向国内外公开发行。

《新疆财经》为经济类学术期刊。本刊立足新疆,面向全国,努力探讨新疆及西部地区的经济社会发展问题、西部大开发问题,探讨我国社会主义市场经济体制改革的热点问题。

《新疆财经》创刊近20年来,紧扣时代改革脉搏,发表了大量有学术价值和应用价值的研究成果,为新疆自治区有关政府管理部门提供了决策依据和参考,为推进新疆经济建设和改革开放做出了积极贡献。同时作为学院科研窗口,向社会展示了我院教师的科研水平和科研能力,成果丰硕,极大地推动和提升了学院的教学和科研水平,赢得了广大读者的好评,已成为西部乃至财经教育领域有影响的财经刊物,并形成了自身的刊物特色和办刊风格。开辟的栏目有:经济理论、新疆经济、农村经济、区域经济、企业管理、财政、金融、会计、统计、调查报告、经济译文、比较与借鉴等。

《新疆财经》为双月刊,大16开。汉文:国内刊号为CN65—1030/F,国际刊号为ISSN1007—8576,邮发代号为58—101;维吾尔文:国内刊号为CN65—1030/F—W,国际刊号为ISSN1007—8584,邮发代号为58—102。

《新疆财经学院学报》为综合性学术期刊。本刊前身为《新疆经济管理干部学院学报》,于2001年10月更名为《新疆财经学院学报》。本刊以"求实、创新、科学、民主"为办刊方针,注重文章选题的学术性、科学性、现实性和创造性,注重多学科的综合研究和超前研究。本刊将本着推动高等教育科研繁荣,提高师资科研和教学水平,促进学科建设,培养人才,为社会经济建设服务的办刊目标,以开放式办刊的方法,坚持理论联系实际,为读者提供最新的科研成果和科研信息。开辟的栏目有:政治、经济、法律、文学语言、社会学、哲学、计算机与信息、基础学科、高教研究、研究生园地等栏目。

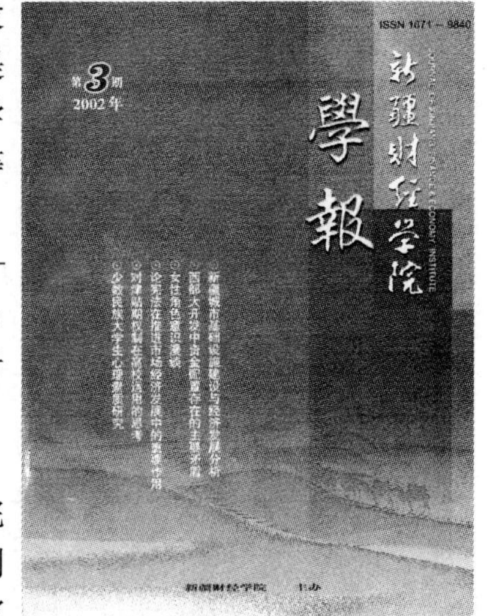

《新疆财经学院学报》为季刊,大16开。汉文:国内刊号为CN65—1227/G4,国际刊号为ISSN1671—9840,邮发代号为58—63;维吾尔文:国内刊号为CN65—1227/G4—W,国际刊号为ISSN1671—9859,邮发代号为58-64。

编辑部介绍:

新疆财经学院编辑部拥有实力较强的编辑队伍。汉文主编由学院党委书记、教授李儒忠兼任,维吾尔文主编由院长、教授尤努斯·阿布列孜兼任。编辑部现有9名专职编辑,汉文常务副主编由编辑部主任、研究员张丽担任,维吾尔文常务副主编由编辑部副主任、副教授依米提艾力担任。编辑部有副编审3名、副译审1名、编辑2名、助理编辑1名。

编辑部地址:新疆乌鲁木齐市北京北路15号　　新疆财经学院编辑部

邮　编:830012　　**电　话**:(0991)7842086　　**E-mail**:bjb@xjife.edu.cn

《绍兴文理学院学报》

简 介

《绍兴文理学院学报》创刊于1981年，前身是《绍兴师专学报》，1996年随学校升格为本科综合性学院而改名，是综合性高校学术刊物，2001年由双月刊改为月刊，每年出版哲学社会科学研究6期，自然科学研究4期，教育教学研究2期。学报在全国同类地方院校学报中有较大声誉和影响，其中，哲学社会科学版1999年被评为首届全国优秀社科学报，2002年再创佳绩，被评为第二届全国优秀社科学报。自然科学版分别在1995年和1998年两次获全国理科学报二等奖。

本刊以“特色”立刊，以“思想性、学术性、地方性”为办刊宗旨，以质量求生存求发展。哲学社会科学版的“越文化研究”、“鲁迅研究”、“蔡元培研究”等专栏，反映了学科的研究前沿和研究热点，被一批学界专家所垂青。“鲁迅研究”栏目还吸引了日本、台湾等地的学者、专家前来投稿，国外学术界对此也有关注。所载文章屡获浙江省“五个一”工程奖、全国和省级的学会奖。“绍兴发展战略论坛”、“经济研究”等栏目关心社会现实，理论联系实际，为解决地方发展的实际问题做出了较大贡献，对绍兴市的发展决策提供了参考，栏目中的多个课题获得了地方的经济资助和奖励。

学报的文章被转载和索引率连年上升，社会科学版的文章仅2001年被《人大复印资料》目录索引的就达100篇；全文转载率也稳中有升，仅2000年第2期和2001年第3期被全文转载的就达4篇和3篇。自然科学版中，2000年第1、2期有12篇数学论文被中国科学院文献情报中心的《中国数学文摘》收录。自然科学版2002年起已被德国《数学文摘》列为来源期刊。

学报开辟有鲁迅研究、蔡元培研究、越文化研究、教育教学研究等栏目，已成为国家图书馆——北京图书馆和上海图书馆、各省图书馆，以及北京大学、复旦大学等名牌高校图书馆馆藏和上架阅览刊物，2000年加入中国学术期刊光盘版，现在，读者可以在图书馆的光盘上检索到我院的学报。编辑部有专职编辑6人，副高以上职称占50%。本刊实行开放式办刊，编辑规范，质量上乘，装帧精美、高雅，欢迎广大作者和读者惠赐稿件（来稿以4000—6000字为宜）并订阅！

奖 状

绍兴文理学院学报

为迎接建国50周年，展示十一届三中全会以来我国高等学校人文社会科学研究取得的丰硕成果，本会举办了首届全国高等学校社科学报评优活动，你刊再创佳绩，被评为首届全国优秀社科学报

特颁发此奖状，以资鼓励。

全国高等学校文科学报研究会

一九九九年九月十日

主办单位：绍兴文理学院

国内刊号：CN33—1209/C

国际刊号：ISSN 1008—293X

创刊时间：1981年

发行范围：国内外公开发行

目前刊期：月刊

期均发行量：1200份

开本版数：16开120页

主　　编：费君清　　**副主编**：梁　涌

地　　址：浙江省绍兴市环城西路5号

邮　　编：312000

电　　话：0575—8341516

电子信箱：xuebao@zscas.edu.cn

立足全国电大　面向学界社会　发挥系统优势　广交四方学人

吸纳科研精华　争创精品期刊　为教学和科研服务

《广播电视大学学报》

(哲社版)简介

《广播电视大学学报》(哲社版)1998年创刊,是由中央广播电视大学委托内蒙古广播电视大学主办的全国电大系统的学术理论期刊。季刊,128页码。其办刊宗旨是:立足全国电大,面向学界社会,发挥系统优势,广交四方学人,吸纳科研精华,争创精品期刊,为教学和科研服务。

《广播电视大学学报》(哲社版)以大文科观念为指导,开设"邓小平理论研究"、"哲学研究"、"经济学研究"、"管理学研究"、"法学研究"、"社会学研究"、"政治学研究"、"文化研究"、"思想政治教育研究"、"文艺学研究"、"语言文字学研究"、"写作学研究"、"报告文学研究"、"新闻传播学研究"、"秘书学研究"、"历史学研究"、"现代远程开放教育研究"、"民族问题研究"、"书文评论"、"学者风采"、"电大学人"、"全国电大学报文摘"等三十多个栏目。

为了把《广播电视大学学报》办成能充分反映和代表电大学术水平并有一定权威性的全国高校一流的学术理论精品期刊,中央电大和内蒙古电大切实加强了领导,采取了一系列具有开创性的行之有效的办法和措施:一是在全国范围聘请系统内外的著名专家学者担任顾问,参与学报工作的领导;二是成立了由知名专家学者组成的学报学术委员会,严把质量关;三是充实、加强了编委会的领导,正确把握办刊方向;四是健全了编辑机构,中央电大成立了北京编辑室,内蒙古电大设置了广播电视大学学报杂志社;五是认真制订年度编辑计划,使编辑工作做到科学性、导向性和计划性;六是实行栏目主持人责任制,聘请了系统内外著名专家学者担任栏目主持人,以保证刊出文章的水平;七是严格执行编审制度,确保刊物的质量;八是积极认真地建设队伍。这些办法和措施使学报的学术水平和编辑质量达到了较高程度。学报创办只有短短5年,在系统内外引起了很大的社会反响,各地电大学人和专家学者给予了高度的评价。学报所刊文章在中国人民大学《报刊复印资料》等文摘报刊上的转引率逐年上升。近两年全文转引率达到了14%左右。2002年学报在全国电大系统学术期刊评比中获一等奖第一名,在中国人文社会科学学报学会举办的全国高校学报评比中获全国优秀社科学报奖。

《西安交通大学学报》

（社会科学版）简 介

主管：中华人民共和国教育部　　**主　办**：西安交通大学

主编：朱宏亮　　**副主编**：司国安　李塬　刘永富　朱正威

季刊　ISSN　1008—245X　**国内统一刊号**：CN61—1329/C　**国内代号**：52—259

地址：西安交通大学学报社科版编辑部　　**邮编**：710049

E-mail:skxb@mail.xjtu.edu.cn　　**网址**：http://www.xjtu.edu.cn/xjnet/xb/

电话：(029)2663982　　**传真**：(029)2667978

《西安交通大学学报》（社科版）是经国家新闻出版署批准，西安交通大学主办的社会科学方面的综合性学术刊物。它主要反映学校的师生在管理科学、社会科学及交叉科学方面的研究成果，同时反映社会科学研究的热点和前沿问题。现设立的主要栏目有：西部大开发、经济与管理、政治与法学、哲学、社会学、交叉科学、历史、文学、中国文化、高等教育等。

《西安交通大学学报》始终坚持正确的政治方向，以马克思列宁主义、毛泽东思想和邓小平理论为指导，坚持理论联系实际，为党和政府决策服务，为两个文明建设服务，积极吸取世界文化优秀成果，继承和弘扬民族文化优良传统，坚持正确的舆论导向；立足西安交大，面向全国，同时经常特邀国内外著名学术精英为学报撰稿，如世界著名科学家、诺贝尔奖获得者杨振宁先生，全国政协常委、著名经济学家吴敬琏教授，中国科学院院长路甬祥院士，两院院士何祚庥先生，中国思想史专家、著名学者张岂之教授，全国人大常务委员会委员、中华环境保护基金会理事长曲格平教授，中国林业科学研究院院长江泽慧教授等。

近年来，《西安交通大学学报》（社科版）编辑部根据学校的特点，积极探索学报的办刊路子，明确了办刊理念和发展目标，并采取了一系列措施，在运用自然科学的方法来研究社会科学的问题方面，在多学科、跨学科的交叉方面努力形成自己的特色，在理工科院校中如何办好社科学报方面作了一些有益的探索。我们的办刊理念和实践主要表现在以下几个方面：(1)密切联系社会实际，关注社会现实，坚持理论联系实际，理论创新，理论研究与解决实际问题相结合，抓住国家改革和发展以及社会科学研究的重点和热点问题。(2)发挥重点理工大学在跨学科和交叉科学研究中的优势，开拓新的研究领域，促进社会科学研究的发展。(3)发挥名校的优势和效应，特邀资深学术大师为学报社科版撰稿，扩大影响。(4)在编辑过程中，采用优稿优酬、优稿及时尽早发排的措施，发挥学术导向的作用。

《西安交通大学学报》（社科版）刊登的论文理论联系实际，学术性、可读性强，受到了读者的欢迎。1999年以来，由于学报重视学术质量，取得了显著的成绩。目前，已成为《中文社会科学引文索引》（CSSCI）、《中国学术期刊网》、《中国学术期刊 （光盘版）》、《中国学术期刊综合评价数据库》的刊源。学报的部分论文被《新华文摘》、《人大复印报刊资料》、《高等学校文科学报文摘》等转摘。两院院士张光斗先生曾两次来信肯定本刊的办刊方向，并赞扬本刊的部分文章论述非常深刻，观点非常正确。

2002年6月，中国人文社会科学学报组织全国专家对全国近千家高校人文社科学报进行了评比，经过严格审核、层层筛选，《西安交通大学学报》（社科版）荣获第二届全国高校百强社科学报暨中国人文社科学报核心期刊。

《宜宾学院学报》原名《宜宾师范高等专科学校学报》，自1979年创刊以来，坚持四项基本原则，贯彻“二为”和“双百”方针，提倡理论创新和知识创新，实行学术自由和讨论自由，为提出新理论，取得新成果营造良好氛围；坚持理论联系实际的马克思主义学风，鼓励、引导和支持对全局性、前瞻性、理论和实际问题的研究。

根据科学发展、社会发展和人的发展的需要，策划选题、组织稿件。力求做到把理论和实际结合起来，把基础理论研究和实际问题研究结合起来，把文科的不同学科之间，以及文科和理科结合起来，弘扬与时俱进精神。努力办出自己的特色，做到“人无我有，人有我特”。坚持学报为高等教育服务，为学者服务，为一切对社会科学感兴趣的读者服务的办刊宗旨，广交学界朋友。

学报努力倡导甘于寂寞、潜心钻研、实事求是、严谨治学的学风正逐步建成，有一支政治过硬，懂业务、守纪律、精干高效、爱岗敬业的编审队伍；并有一套审稿制度，坚持同行专家双向匿名审稿和“三审三读”制度，为严肃学术纪律和学术规范、切实保证审稿的科学性和公正性、严把质量关、为办出好刊、名刊而努力工作。

《宜宾学院学报》主要栏目有：“思想教育与管理”、“文学研究”、“教学研究”、“阳翰笙研究”、“唐君毅研究”，是一本文理兼容的综合性学术刊物。

刊物名称：《宜宾学院学报》

主办单位：宜宾学院

地　　址：四川省宜宾市上江北育才路9号

邮政编码：644007

联系电话：(0831)3545010

传　　真：(0831)3552141

电子信箱：ybxyxb@163.com

主管领导：罗元松　院长

主　　编：罗元松　教授

执行主编：梁多亮　教授

执行副主编：冷满冰　副教授

创刊时间：1989年

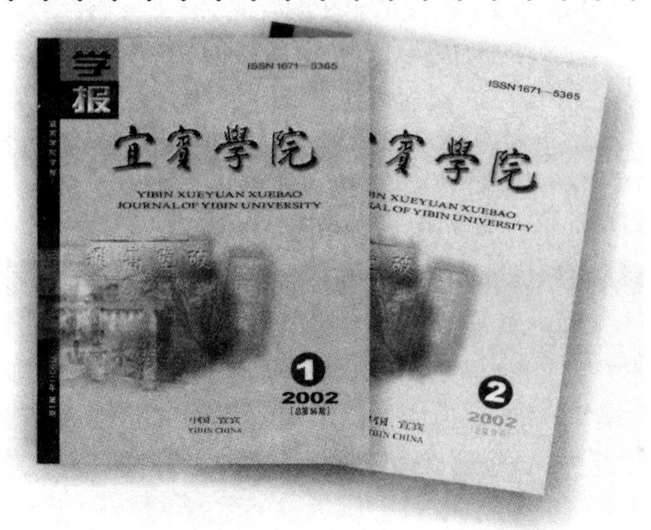

《东北大学学报》

（社会科学版）

《东北大学学报（社会科学版）》是教育部直属重点大学——东北大学主办的综合性人文社会科学学术期刊。1997年始试办内部刊物，1999年正式出版，公开发行，为季刊，2003年改为双月刊。

东北大学是一所以工为主，理工文管经法艺术相结合的多科性国家重点大学。1996年，东北大学首批进入国家建设的“211工程”院校行列；2000年被列入“面向21世纪教育振兴行动计划”重点建设学校；2001年7月，东北大学“211工程”建设项目顺利通过国家验收。东北大学的文科院系有文法学院、工商管理学院、外语学院和艺术学院，拥有较强的教学、科研实力和文理综合的优势。东北大学是全国理工科大学中最早获得文科博士学位授予权的学校，全国首批公共管理硕士（MPA）24所试点大学之一，是我国高等学校中较早开办经济管理专业的学校之一。不断发展壮大起来的东北大学文科院系为《东北大学学报（社会科学版）》的办刊提供了良好的基础和支持，同时，学报也促进了文科院系的学科建设和发展。

本刊始终坚持正确的办刊方向，坚持以马列主义、毛泽东思想、邓小平理论及江泽民同志关于“三个代表”的重要思想为指导，坚持正确的政治方向和舆论导向，使本刊为社会主义物质文明和精神文明建设服务。

本刊致力于交流、传播我校在人文、社会科学领域的优秀成果，促进我校文法学院、工商管理学院、外语学院、艺术学院学术水平的提高，推进其他人文社科领域学术研究的开展。

本刊的办刊特色是，促进人文社会科学与自然科学、工程技术的结合，以加速学科建设的综合化与人才素质的完善化。

本刊主要栏目有：科技哲学研究、行政学研究、管理科学研究、经济学研究、法学研究、可持续发展研究、创新与发展研究、语言学研究、教育管理研究，等等。

本刊主要读者对象是高等院校人文社会科学专业的教师、研究生、本科生、社会科学工作者及党政干部，也可供高校自然科学专业的师生及科技工作者阅读参考。

本刊严格执行国家各项有关出版的法规、条例、标准、规范。严格按照编辑初审、专家复审、主编终审的三审制遴选稿件，以确保稿件政治方向的正确性，学术观点的创新性、前瞻性，以及对现实的指导性。

本刊自创刊以来，质量不断提高，影响逐年扩大，发行量大幅增加。已有三十余篇论文被中国人民大学书报资料中心全文转载，有一百余篇论文被选作索引和题引；有十多篇论文被《高等学校文科学报文摘》收录。

本刊被中共辽宁省委宣传部、辽宁省新闻出版局评为辽宁省一级期刊。

本刊通过邮局发行，邮发代号：8-123，每期定价2元，全年12元，读者可通过当地邮局订阅。

《承德民族师专学报》

简介

《承德民族师专学报》创刊于1979年，从1985年第一期开始在国内外公开发行。《承德民族师专学报》自创刊以来，坚持学术性，突出民族性、地方性、师范性。辟有邓小平理论研究、纳兰性德（清初词人）研究、避暑山庄学、民族问题研究、大专教育论坛、中学教育研究等重点栏目。其中，纳兰性德研究专栏自1985年设置以来，已由一个地方性专栏影响到全国乃至海外，吸引了一批颇有造诣的专家撰稿，成为全国纳兰研究最具权威性的阵地。《光明日报》、《中国青年报》、《中国教育报》先后发表消息、述评称《承德民族师专学报》是全国纳兰性德研究的重镇。

避暑山庄专栏则是具有浓郁承德地方特色的栏目。这个栏目的设立为弘扬康乾时代民族团结精神，开发承德旅游资源，提高承德的知名度起到了积极的作用。从1980年开辟避暑山庄专栏，至今已发表120多万字，从政治、经济、军事、文化、民族、宗教、园林艺术、建筑艺术、美学等方面开展多方位的研究，展示了承德历史文化名城的丰厚内涵，为避暑山庄学的创立奠定了坚实的基础。

经过23年的艰苦奋斗，经过新老几代编辑的不懈努力，《承德民族师专学报》在期刊如林的出版界争得了一席之地，并以其独特性和不可替代性受到了专家、学者的瞩目和学术界的好评。其政治质量、学术质量和编辑质量不断提高。创刊以来统计表明，学报全年被中国人民大学书报资料中心收入目录索引的篇目占60%左右，全文复印的篇目4篇左右。由于成绩显著，多次被河北省高校学报研究会评为优秀学报一等奖，并于1999年荣获首届全国优秀社科学报奖。

《承德民族师专学报》以其严谨的学风，有力地推动了本校教学质量的提高，加强了与兄弟院校的学术交流。充分发挥了学报作为培养教学、科研骨干园地的作用。很多校内外专家、学者的处女作就是在《承德民族师专学报》上发表的。23年过去，他们由青年人变为中年人。《承德民族师专学报》伴随着这块热土上的一代学者在成长！伴随着承德乃至河北的教育、学术事业在成长！我们将遵循积极探索、严谨求实的精神在新的世纪再创佳绩。为繁荣学术研究，为扩大承德民族师专的知名度，为建设社会主义精神文明做出应有的贡献。

《工会理论与实践——中国工运学院学报》

简　介

《工会理论与实践——中国工运学院学报》由中华全国总工会主管、中国工运学院主办，是一份关于工人阶级理论与工会理论的学术期刊。该刊于1987年经国家新闻出版署批准正式创刊。

该刊坚持以马克思主义、毛泽东思想、邓小平理论和“三个代表”重要思想为指导，坚持社会主义办刊方向，坚持理论与实际相结合的原则，坚持“面向社会、面向工会、面向广大职工群众、面向工运理论教研人员，积极为改革开放事业服务”的办刊方针，坚持为全国总工会确立工作思路、参与国家的劳动立法、制定相关的政策提供最具说服力的学术研究成果，为不断深化的企业改制、改革中的劳动者权益维护与保障提供最直接的理论支持。通过多年来的不懈努力，该刊在繁荣工运理论园地、指导工会工作实践等方面取得了有目共睹的成绩，被工运理论研究人员、教学人员、工会及劳动政策制定人员以及广大读者亲切地誉之为他们的良师益友。由此，该刊在全国总工会系统众多的期刊杂志中确立了自己的工运理论学术权威地位。同时，该刊的社会影响日益扩大，得到社会理论界的认同，其重要标志是该刊的作者队伍正在发生结构性的变化，一大批关注中国改革中的劳动者权益保障问题的专家、学者和大学教研人员加入进来，进一步提高了该刊的质量。多年来，该刊坚持“多出精品、多出佳作”的办刊方针，其学术水平不断提高，全文转载量呈逐年上升的趋势。该刊所刊载的论文大多是探讨国家的劳动立法、劳动政策、企业改制或改革对职工利益的影响以及工会的社会主张，具有很强的现实性。

该刊在坚持“理论与实际相结合”原则的前提下，突出自己的刊物特色，密切关注有关研究领域中的前沿问题，在“劳动关系”研究、“劳动法学”研究、“劳动经济”研究、“社会工作”研究、“劳动保护与安全卫生”研究、“劳动保险与社会保障”研究等学术研究领域，并开辟了相应的专栏以及与职工切身利益密切相关的热点栏目，深受读者的欢迎，同时也确立了该刊在工运理论系统中颇具特色的领先地位。

多年来，该刊由于坚持自己既定的办刊目标，为全国总工会制定工作思路，乃至提出一系列积极的社会对策起到很重要的作用，受到全国总工会领导的好评。2001年，在纪念中国共产党成立80周年的时候，荣获“全总机关先进党支部”的光荣称号。

该刊为大16开本，彩色封面，6个印张共计96页。辟有“工会理论研究”、“劳动关系研究”、“劳动就业研究”、“社会保障研究”、“劳动保护与安全生产研究”、“工会法与劳动法研究”、“平等协商与集体合同研究”、“民主管理与厂务公开研究”、“工会工作研究”、“大视野”、“新观点”、“争鸣”等专栏。该刊为双月刊，逢双月1日出版，每期定价为8元，全年6期48元。

该刊地址：北京市海淀区增光路45号中国工运学院学报编辑部　**邮　编：**100037
电　话：(010)88561986　**总 编 辑：**赵健杰　**副总编辑：**何布峰

《佛山科学技术学院学报》

（社会科学版）

《佛山科学技术学院学报（社科版）》是由综合性本科大学佛山科学技术学院主办、国内外公开发行的社会科学学术刊物，原名《佛山大学学报》，创刊于1983年。1998年因佛山大学与佛山农牧高等专科学校合并成立佛山科学技术学院而更改刊名。

本刊坚持以马列主义、毛泽东思想和邓小平理论为指导，坚持“百花齐放，百家争鸣”的方针，致力于提高学术质量，以学科创新性、应用性和地方性为特色，取得了较大成绩。

1999年获 “首届全国优秀社科学报奖”，2000年被中国社科院文献信息中心列入“中国人文社会科学核心期刊”。2000年12月获得“首届中国学术期刊光盘版CAJ-CD规范执行优秀期刊”奖。2002年又被评为第二届全国优秀社科学报。

《佛山科学技术学院学报（社科版）》多年来维持较高的转载率，且有三个栏目为全国独家专栏。

——“中华学”专栏。该专栏曾被《高等学校文科学报文摘》做过专门介绍。栏目所发文章在《新华文摘》、人大复印资料、中国社科院《民族学研究资料》、北京大学《中国文化研究》、台湾《黔人》等杂志上获得反响，或转摘或转载。该专栏被评为广东省期刊优秀栏目奖。

——“佛山研究”专栏。佛山是继广州、深圳之后的广东省第三大城市，地处珠江三角洲，历史文化深厚，又是改革开放前沿地区，佛山在改革开放和现代化建设方面有许多新经验，也提出了许多新的理论问题，专栏的论文，对理论工作者和实际工作者都提供了参考。

——“康有为研究”专栏。这是为佛山地方历史文化研究开辟的栏目，许多专家学者对这一栏目的开设给予赞赏，多篇论文被复印和转载。《高等学校文科学报文摘》对该专栏给以介绍。

本刊刊号：CN44-1439/C，ISSN1008-018X

英文刊名：JOURNAL OF FOSHAN UNIVERSITY

发行代号：自办发行

电子邮箱：edj@fosu.edu.cn

网　　址：http://www.fosu.edu.cn/xuebao/xuebao.htm

通讯地址：广东省佛山市江湾一路18号

邮政编码：528000

主　　编：戢斗勇

电　　话：0757-2982394（传真）

《襄樊职业技术学院学报》

简　介

襄樊职业技术学院是经国家批准成立的一所多科性全日制普通高等院校。学院位于湖北第二大都市、历史文化名城——襄樊。襄樊素有“南船北马”、“七省通衢”之称。襄樊职业技术学院北滨汉江，西临三国故地襄阳“古隆中”。交通便利，气候宜人，环境幽雅，是理想的育人场所。

学院占地面积828亩，校舍面积35万多平方米，图书馆藏书52万多册。拥有功能齐全、配套合理的教学、科研、实验实训设备、基地和120张病床的附属医院。目前，在校学生来自27个省、市、自治区，总人数达13000多人。教职工1300多人，其中，有250多人具有副教授及以上职称，有8人曾被聘为援外专家，30多名教师赴国外研修、讲学。学院为国家重点项目实验基地，近年来取得科研成果40余项，发表论文2000多篇，出版教材、教参、专著400余种（部）。学院被国家和湖北省确定为外籍教师教学、研修基地，曾多次接受日、法等国学生到校研修。到目前为止，学院已为国家培养各类技术人才20余万人。

襄樊职业技术学院内设医学系、会计经贸系、护理系、人文科学系、信息技术系、艺术系、生物工程系和基础部。开设医学、生物、财经、师范、艺术、电子、理工、文法等八大类40多个专业。

学报的性质与宗旨《襄樊职业技术学院学报》经国家新闻出版署批准，于2002年6月正式创刊，国内外公开发行。此学报系人文社科和自然科学综合性学术期刊，主要刊登理工、农、医、政治、经济、语言文学、艺术、教育、法学等科学技术应用及基础理论研究方面的文章。办刊宗旨是：坚持正确的舆论导向，反映教学、科研成果，总结职业技术教育的经验，促进院内外学术交流，为贯彻党和国家的教育方针，繁荣中国特色社会主义文化，提高教学质量和办学效益服务。其中，重点是宣传科技应用方面的学术研究成果和发展状况。为适应我国信息化建设要求，扩大本刊作者知识信息交流渠道，本刊已加入《中国期刊网》全文收录期刊、《中国学术期刊（光盘版）》全文收录期刊、《中国学术期刊综合评价数据库》来源期刊、《中国科技期刊数据库》全文收录期刊。

学报规格　学报为大16开，80页，双月刊，双月20日出版。国内刊号为：CN42—1651/Z，国际刊号为：ISSN1671—914X。

学报主要栏目　学报开设的主要栏目是科学与技术、医药与卫生、政治与社会、财政金融、管理科学、语言文学艺术、教育教学研究、基础理论研究、图书馆学和综合研究等栏目。其中，科学与技术、医药与卫生、财政金融、管理科学、艺术等与社会经济生活密切相关的应用技术研究，是本刊的重点栏目。

学报质量要求　本学报按中国人文社科学报和中国高等学校自然科学学报质量标准和编排规范进行编辑、印刷和发行。创刊以来，我们已刊发多篇国家和省级科研基金项目研究报告、人文社会科学创新研究成果和新技术、新方法应用研究等重要论文。本刊严格遵循国家新闻出版部门和高等学校学报学会的要求，积极参加国家学术期刊交流、竞赛等各项业务活动，严格按照国家学术期刊质量标准和评价办法规范学报的各项工作，努力争创国家优秀学术期刊和核心期刊。

主办单位：襄樊职业技术学院

编委会主任：蔡泽寰　　**编委会副主任**：张德胜　李　伶　杜家龙　　**主编**：杜家龙

编辑出版：襄樊职业技术学院学报编辑部

通讯地址：湖北省襄樊市襄城区檀溪西路73号　　**邮政编码**：441050

电　话：（0710）3572072　　**传　真**：（0710）3565731

电子邮箱：xfzy@chinajournal.net.cn　　**邮发代码**：38—407

《怀化学院学报》

简介

《怀化学院学报》是综合性学术理论期刊,创刊于1982年,始用刊名为《教学研究》,次年改为《怀化师专学报》。1995年7月,经国家新闻出版署批准公开出版发行,国内统一刊号为CN43-1259/G4,国际标准刊号为ISSN1007-1814。2000年更名为《怀化学院学报》,国内统一刊号为CN43-1394/Z,国际标准刊号为ISSN1671-9743。该刊以密切联系高等学院的教育、教学与科研的实际,注重政治性、现实性、学术性、科学性、地方性为宗旨,坚持党的基本路线,坚持正确的办刊方向。在栏目设置上能推陈出新,除一般高等院校学报常设栏目外,还开辟了"邓小平理论研究"、"地方文史研究"、"民族文化研究"、"中学教材教法研究"等栏目,力争做到人无我有、人有我精、人平我凸,形成了自己的特色。在选题策划上,能着眼现实,立足实践,服务改革,致力于科教兴国战略,尽量遴选那些有所创新、有所突破、立论科学、论证充分,能结合高等学院教学科研实际,有较高学术价值和较强现实性的文章,发挥了较好的理论优势。

《怀化学院学报》从2000年起采用全国统一的学术期刊排版规范,为便于与国际接轨,改为大16开本,并使用光盘版排版规范,由电子杂志社出版了光盘版。经国务院新闻办、国家新闻出版署审核备案,《怀化学院学报》被《中国期刊网》和《中国学术期刊》(光盘版)全文收录,并被列入中国学术期刊评价数据库来源期刊。

《怀化学院学报》先后与国内600余家期刊建立了交流关系,其中包括《香港中文大学学报》、《香港城市大学学报》、《香港浸会大学学报》。此外还与《新加坡理工大学学报》、德国《数学文摘》、美国《数学评论》、俄罗斯《文摘杂志》有密切的交往。有许多文章先后被中国人民大学报刊资料中心的各刊物、《全国高校文科学报文摘》、《新华文摘》、中国科学院《中国数学文摘》、美国《数学评论》等权威刊物转载、摘录。1999~2000年,《怀化师专学报》是我国仅有被德国《数学文摘》收录的60多家学报之一。《怀化学院学报》在国内外产生了较好的影响。

《怀化学院学报》实施编委会指导下的主编负责制。现任主编为罗庚岭先生,社科责任编辑为刘景慧女士,自科责任编辑为彭铁祥先生。

《怀化学院学报》从创刊至今共出版114期,总计发文3000余篇。《怀化学院学报》1989年曾获湖南省新闻出版局期刊处、湖南省高校学报研究会颁发的质量优秀奖。1999年,在湖南省高校文科学报评比中获二等奖、在湖南省高校自科学报评比中获二等奖,并获优秀栏目设计奖。2002年在湖南省高校学报评比中获二等奖。

《郧阳师范高等专科学校学报》

简介

《郧阳师范高等专科学校学报》创刊于1980年,1998年7月，经国家新闻出版总署批准，国内外公开发行。经过二十多年的发展,已成为集学术性、师范性、科学性、地方性为一体的面向国内外公开发行的综合性学术理论期刊。

（学报主编杨立志副校长、教授）

学报公开发行4年来，在学术水平、地方特色、封面设计、版式安排和栏目设置等方面有了显著的提高，已获得以下成绩：1998年获“全国高专优秀学报三等奖”，2000年获“全国高专优秀学报二等奖”；学报加入“中国学术期刊网”，在新的编排要求下又上新台阶；2001年获《CAJ-CD规范》执行优秀奖；2002年3月被评为湖北省高校人文社会科学优秀学报；2001年5月承办了全国高校学报自然科学研究会常务理事会及全国高校学报自然科学研究会高专分会常务理事会四届二次会议；2002年5月，获得首届全国高职高专优秀学报一等奖，被命名为全国高职高专十佳学报；2002年7月，加入“万方数据—数字化期刊群”。

《郧阳师范高等专科学校学报》地处世界文化遗产、天下闻名的道教圣地武当山麓，滨临汉文化和汉民族的发祥地滔滔汉水。因而，建立以武当文化为中心，以汉水文化、神农文化为两翼、以优势学科为支柱的学术研究体系，围绕十堰市的文化品牌和旅游品牌即一山（武当山）、一水（汉水）、两人（郧阳古猿人和神农架野人）做文章，涵盖武家沟民间故事、吕家河民歌、地方史研究，不仅是本刊的学术制高点和突破口之首选目标，更是促进地方经济文化繁荣和社会发展的客观要求所在。围绕这个重心，“本刊长期开辟武当文化研究”、“汉水文化研究”、“地域资源开发研究”三个固定的栏目，力求发挥刊物的地域优势，形成刊物的拳头产品。这些专栏研究为本地的经济改革和社会发展做出了直接的贡献，得到了地方领导、决策机关的充分肯定和特别表彰，自1998年以来，连续4年获得丹江口市政府和新闻出版局颁发的“优秀期刊”奖，并被丹江口市文化局和旅游局授予“优秀栏目”荣誉证书；2002年8月，在全国高等学校社科学报评优活动中，被评为“优秀栏目策划学报”。

编辑部全体人员合影　左起：沈贤编辑、饶咬成副教授、饶春球副编审、杨立志教授、潘世东教授、陈小妹编辑、刘荣英编辑

蓬勃发展的首都经济贸易大学信息学院

首都经济贸易大学信息学院是随着我们国家改革开放二十多年的经历而成长和发展起来的。信息学院办学层次齐全、师资力量雄厚。全院共有教职工78名，其中正教授8人，副教授31人，讲师和工程师29人。有博士生导师6人，硕士生导师18人，全院教工中有博士和博士后8人，硕士研究生毕业的18人。

学院拥有两个硕士点（数量经济、产业经济）和一个博士点（数量经济），拥有数量经济等四个试验室。学院是首都经济贸易大学最早拥有博士点的单位，2001年，数量经济学科被评为北京市重点学科。

信息学院本科专业《信息管理与信息系统》的设置是集数学知识、经济管理知识和计算机知识于一体，从事经济信息管理系统的开发、研制、维护工作，具有对经济活动进行分析与预测、决策的实际工作能力。近年来信息学院完成科研课题50项。其中31项获各种奖励。发表论文208篇。其中核心期刊发表180余篇，被国际三大检索2篇。出版专著10本，出版各类教材67本，承担教育部面向21世纪教材3本。本学院教师师资水平较高，学风严谨，对学生要求严格，成效显著。学院始终把提高学生素质教育放在教学工作的首位。本专科学生连续五年参加全国高校学生数学建模竞赛，曾荣获全国一等、二等和北京市一、二、三等奖。每学年有200余名次学生分别获得北京市优秀奖学金和校人民奖学金。

左起 姚翠友（副院长）、赵忠民（总支书记）、杨一平（院长）、田新民（副院长）、傅星（副院长）

我院加强教学、科研工作的同时，非常重视对外学术交流活动。目前已与美国、日本、澳大利亚等国家和台湾地区有着广泛的文化交流活动。教师分别赴这些国家和地区进行学术访问。并与台湾真理大学、龙华科技大学建立了长期的教师互访、学术交流关系。目前计划互派研究生进行学术交流。

二十多年来，信息学院为社会培养了一批批人才，分别在各级金融系统、国家机关和事业单位、各级经济管理部门、公司及信息产业信息技术部门，现代化管理水平较高的大、中型外向型企事业单位和经济信息中心发挥着重要的作用。从对毕业生的跟踪采访，绝大多数毕业生在工作单位的表现是好的和比较好的，受到工作单位的好评。其中有些同志在事业和工作中取得了相当大的成绩，在社会上产生一定的影响，为首都的经济建设和信息化的发展做出了突出的贡献。

地　　址：北京市朝阳区红庙金台里2号首都经济贸易大学信息学院

邮政编码：100026

联系电话：65976450、65976451、65976475

传　　真：65976450

《浙江海洋学院学报》

（人文科学版）

《浙江海洋学院学报》（人文科学版）系由浙江海洋学院主办出版、面向国内外公开发行的省级学术刊物。学报创刊于1984年，季刊，每季度第三个月末出版。国际标准刊号:1008-8318;国内统一刊号:CN33-1239/G。大16开排版，自办发行。

学报自创办以来，在指导思想上，坚持党的基本路线，坚持先进文化发展方向，严格执行党和国家有关出版的方针政策和法规，弘扬科学精神，为读者提供文化精品；在学术上，认真贯彻党的“百花齐放，百家争鸣”和“古为今用，洋为中用”的方针，使学报成为本校及外单位教师、科研人员发表科研成果与学术见解的园地，实现促进学术活动和教学改革的深入开展，以及学术与教学水平的不断提高。

《浙江海洋学院学报》（人文科学版）作为荟萃人文科学研究成果的学术刊物，刊载文学、语言学、美学、艺术学、哲学、逻辑学、经济学、管理学、历史学以及教育科学研究论文，并在全国人文、社会科学学报中率先开辟了“海洋文化研究”等特色栏目，发表包括海洋文学、海洋美学、海洋历史、海事法以及海岛民俗等方面的研究论文。自栏目创办以来，已刊登海洋文化研究类稿件数十篇，如《〈诗经〉中的鱼文化》、《20世纪海岛妇女生活方式的演变》、《“一源多元化”文化语境中的台湾当代海洋诗》等，使“海味”成为学报的鲜明特色。学报还注重为区域社会经济、文化发展服务，刊登有一定价值研究论文和调查报告。2002年，学报狠抓学术水平与编辑出版质量，着重刊载有新的学术见解与新意的文章。如《生态伦理学热点、难点问题研究综述》一文介绍了新兴学科研究的前沿动态；《无为还是有为——汉初政治之实证分析》一文，是对史学界主导观点的挑战，有独特见解。

21世纪是海洋世纪。在这充满活力与希望的海洋新世纪，我们将努力开拓创新、与时俱进，竭力办出有海洋特色的优秀人文社科学报以奉献社会。在此，向所有关心支持本刊成长的专家学者以及广大读者致以诚挚的谢意，并热忱欢迎继续来稿，进一步促进学术交流。

地 址:浙江省舟山市文化路105号浙江海洋学院学报编辑部　**邮编:**316004

电 话:0580-2550077　**传真:**0580-2551319

E-mail:zhangy@zjou.net.cn　**网址:**http://www.zjou.net.cn

《重庆三峡学院学报》

简　介

《重庆三峡学院学报》是由重庆三峡学院主办的国内外公开发行的综合类学术理论刊物。本刊坚持社会主义办刊方向，遵循学术开放原则，注重对三峡地区科技、经济和社会发展等重大问题的研究，自1985年创刊以来，依托地处三峡腹地的重庆三峡学院以及挂靠该院的重庆市三峡文化研究会和重庆市三峡移民与经济发展研究会，长期开设有“三峡文化”、“移民专题”、“三峡发展”、“三峡生态与环保”等特色栏目。在对“三峡”的研究中，以本土性、现实性、持续性和学理性见长。多次组织有关学术焦点和学术前沿的讨论，如2002年第2期组织的《意义与空间：三峡学研究笔谈》将“三峡”研究提高到一个新的理论层次，受到社会各界的好评。

本刊注意编辑构思的整体性和连续性，每期在栏目丰富性的基础上又注重内容主导性，并以“刊首语”加以简明扼要的介绍。同时本刊还注意版式的艺术设计，在规范与新颖之间获得较好的张力。

本刊入编《中国学术期刊（光盘版）》、《中国期刊网》，为《中国学术期刊综合评价数据库》 来源期刊；2000年获首届 《CAJ-CD规范》 执行优秀奖；2000年列全国综合性大学人文学报被转载篇数排序第56名。本刊多年来得到了社会各界朋友的大力支持，冯光钰、黄万波、吕进等著名学者和专家长期担任本刊顾问。本刊为双月刊，大16开本，封面为电子分色，彩色印刷。单月出版。单价8.00元，全年订价48.00元。欢迎赐稿！欢迎订阅！

《重庆三峡学院学报》编辑部

地　址：重庆市万州区沙龙路780号

邮　编：404000

电　话：023-58105750；58105721

传　真：023-58102565

E-mail:huzhonghua@21cn.com

山东行政学院
山东省经济管理干部学院
学　报

☆ 主办单位：山东行政学院、山东省经济管理干部学院。位于泉城济南秀丽的燕子山脚下，是由山东省人民政府主管的承担高、中级公务员和经济管理干部培训任务及培养经济、行政等本专科学历人才的综合性干部院校。

☆ 办刊宗旨：以马列主义、毛泽东思想为指导，高举邓小平理论伟大旗帜，在“三个代表”重要思想指引下，与时俱进、弘扬成就、振奋精神、总结经验、开拓创新。

☆ 理论指向：本刊自1991年创刊以来，经过11年的稳健成长，现为面向国内外公开出版发行的综合类学术理论双月刊。主要研究和探讨社会主义市场经济建设过程中行政管理与经济管理的理论与实践，研究公务员制度实施与公务员培训、工商管理与培训等问题，总结和概括社会实践中存在的对现实生活有指导意义的经验和教训，有力地推动着管理科学研究水平的提高。

☆ 友好往来：本刊流通面广，办刊过程中得到社会各界人士的关心和爱护，吸引了一大批热爱管理科学、关心管理科学的专家学者发表论述、展开争鸣，为如雨后春笋般涌现的各种理论研究与实践探索性的学术论文提供展示的空间，成为全国各地管理科学研究者探讨问题、交流思想的园地。

☆ 栏目设置：
行政管理
经济管理
领导科学
市长论坛
企业家论坛
公务员制度研究
思想政治工作研究
工商管理与培训
道德与法制
财务与金融
教学与科研
研究生论坛
文化广角

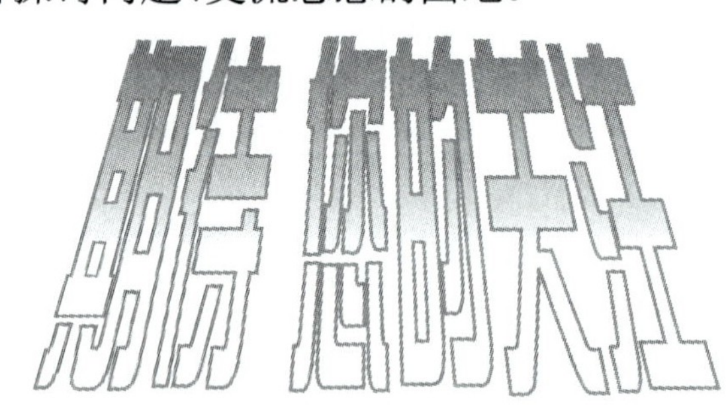

主编 宋景方

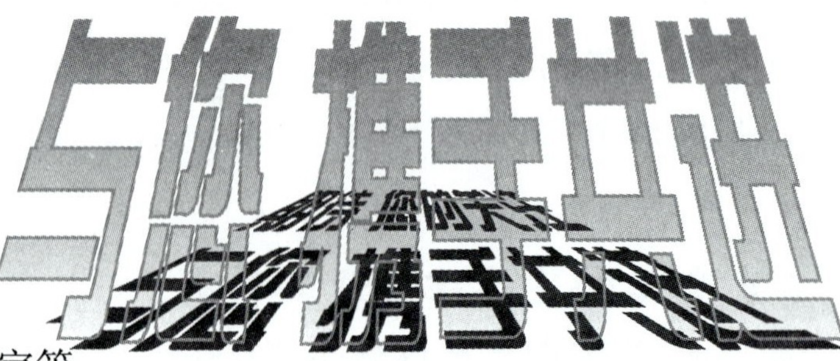

欢迎订阅及联系广告业务

☆ 发行范围：各级党政机关
企事业单位
各类高校、研究所
图书馆、资料室、阅览室等

★ 本刊为：中国学术期刊综合评价数据库来源期刊

★ 本刊被：《中国期刊网》《中国学术期刊（光盘版）》全文收入

★ 本刊荣获：第三届华东地区优秀期刊奖

国　际　刊　号：ISSN1008—3154
国　内　刊　号：CN37—5053/D
广告经营许可证号：3700004000134
双月刊　大16开　128页　定价12元

地址：山东省济南市燕子山东路1号《山东行政学院山东省经济管理干部学院学报》编辑部
邮编：250014　电话：(0531)8513031、8513029　E-mail:sdxb@chinajournal.net.cn

《安徽商贸职业技术学院学报》

简介

《安徽商贸职业技术学院学报》经国家新闻出版署批准，已于2002年3月25日正式创刊。

本刊坚持为社会主义建设、教学和科研服务，努力传播文化知识和科学技术，弘扬民族优秀文化，促进国际科技文化交流。

主要刊登哲学、社会科学等方面的论文，主要栏目有：名家专访、理论探索、政策建议、政法思考、会统探讨、企业管理、财政金融、市场营销、职教园地、文化广角、学生论坛等。

本刊注重质量，编辑规范，力求为经济改革和教学科研服务。名家专访和专业栏目已形成特色，得到了业内人士和广大读者的好评。

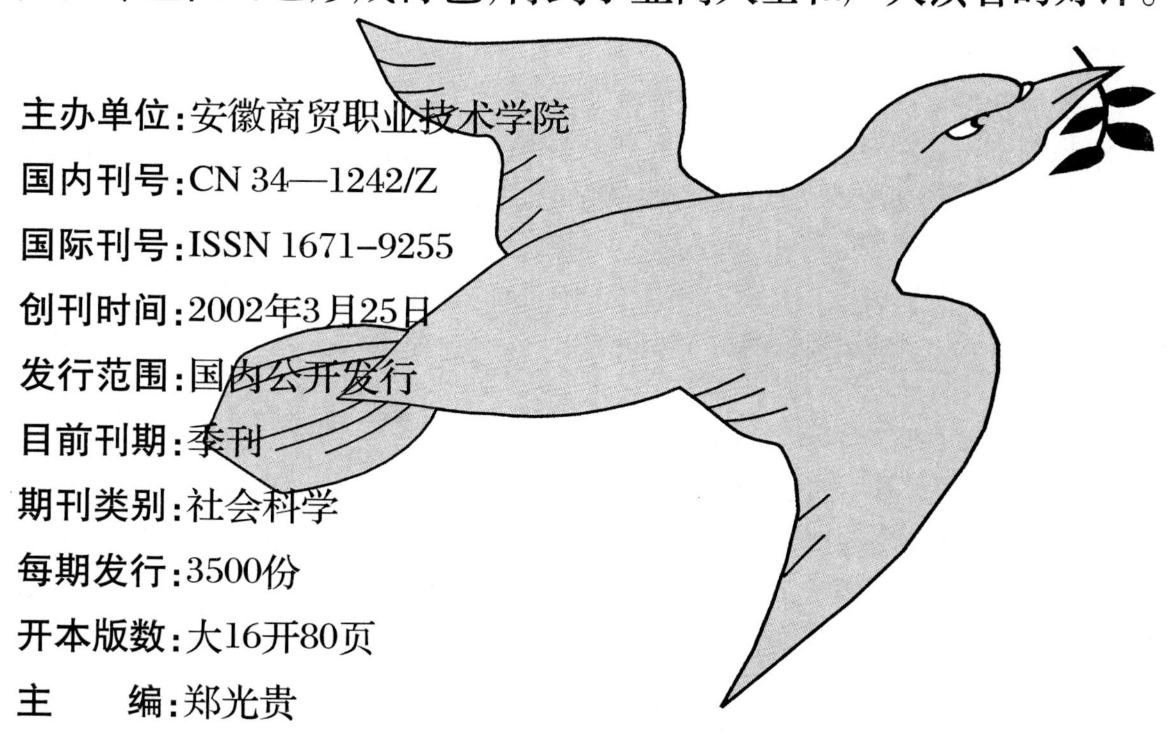

主办单位：安徽商贸职业技术学院

国内刊号：CN 34—1242/Z

国际刊号：ISSN 1671-9255

创刊时间：2002年3月25日

发行范围：国内公开发行

目前刊期：季刊

期刊类别：社会科学

每期发行：3500份

开本版数：大16开80页

主　　编：郑光贵

地　　址：安徽省芜湖市康复路82号　　**邮　　编**：241000

电　　话：0553-3816510　　**电子信箱**：ahszyxbbjb@X263.net

康定民族师专学报

JOURNAL OF KANGDING NATIONALITY TEACHERS COLLEGE

《康定民族师范高等专科学校学报》

（季刊，A4开本，88页 ，国际刊号ISSN 1008—5076，国内刊号CN 51—1535/G4）

学报创刊于1986年，1996年更名为《康定学刊》。从1999年第1期起，按照四川省新闻出版局规定，使用《康定民族师范高等专科学校学报》。到目前为止，共出版39期。

《康定民族师范高等专科学校学报》坚持学术性，突出师范性、民族性和地方性。特别是1993年以来，学报编辑部积极为地方经济建设服务，开辟了“民族研究”、“地方经济”研究等栏目，刊发了一批研究地方历史和经济发展方面的文章，获得了社会的好评。 学报现有民族研究、西部论坛、作家作品研究、经济研究、教育教学研究、语言学研究、法学研究、历史研究、中学教育研究、图书情报研究等栏目。其中，民族研究为本刊重点建设栏目，也是本刊的特色之一。

学报已和全国的师范院校、民族院校及部分重点大学、社科院、图书馆、科研单位等建立了交换关系，交换发行单位达630多个，取得了较好的社会效益，获得了读者的好评。2002年学报获全国高校人文社会科学学报质量进步奖。

为了提高学报质量，学报编辑部先后制定了《康定民族师专学报编辑工作制度》、《康定民族师专学报稿费、审稿费、编辑费、校对费、版面设计费的发放办法》、《康定民族师专学报优秀论文评奖办法》等，自1996年以来，学报编辑部先后开展了多次学报优秀论文评奖工作。

为适应学报规范化要求，和国际接轨，从2001年起学报进行了大的改版，进行封面、目录、内文等的重新设计，按要求规范了作者简介、提要、关键词、中图分类号、文献编码、文章编号、参考文献等，并由原来的小16开改为A4开本，从而使学报规范化编辑工作、版式设计、印刷质量有了进一步的提高。学报加入了《中国学术期刊（光盘版）》和《中国期刊网》全文数据库以及科技部西南信息中心《中文科技期刊数据库（全文版）》。

联系地址：四川省康定县姑咱镇　　**电话**：(0836) 2856213　　**邮编**：626001

http：①www.kdntc.edu.cn　②KDSZ.chinajournal.net.cn

E-mail：① xbbjb@ kdntc.edu.cn　②KDSZ@chinajournal.net.cn

《中国人民公安大学学报》

Journal of Chinese People's Public Security University

主　管：中华人民共和国公安部
主　办：中国人民公安大学
主　编：仇加勉
副主编：徐亚利
国际标准刊号：ISSN 1672-2140
国内统一刊号：CN11-4976/C
E-mail：gadx@chinajournal.net.cn
http：//gadx.chinajournal.net.cn
地　　址：北京市西城区木樨地南里
邮政编码：100038
联系电话：83903269(兼传真)

《公安大学学报》创刊于1985年(2003年第一期起更名为《中国人民公安大学学报》)，是研究公安(警察)学、法学的学术理论期刊。该刊坚持为公安教育、科研和公安工作服务的办刊宗旨，努力传播最新警学以及相关法学科研成果，推动警察科学研究事业，促进警察科学研究成果转化为警力，为"科教强警"战略服务。注重理论联系实际，通过推出研究成果，为领导机关决策提供参考方案和理论支撑，为基层公安机关的业务工作提供具体指导。"侦查研究"、"治安管理"、"犯罪研究"、"警务改革研究"、"厅局长论坛"等都是独具公安特色的重点栏目。在加强公安基础理论研究的同时，注重对现实问题的理论探讨，发挥理论对实践的指导作用。创刊以来，刊发了一批国家级、省部级、校级科研项目的研究成果。其中不少成果填补了我国警察科学研究领域的空白，促进了我国警察科学理论的发展，为领导决策提供了理论参考依据。如"毒品犯罪的发展趋势与治理对策研究"这一课题的成果受到党中央、国务院的高度重视。1992、1996、2000年连续被评为全国中文核心期刊，1999年被评为首届全国百强社科学报，2002年蝉联第二届全国百强社科学报，同时入选第一届中国人文社科学报核心期刊，是目前全国公安系统惟一的中文核心期刊和百强社科学报。2001年其"犯罪研究"栏目在第六届全国公安系统"金盾文化工程"评选活动中荣获金盾报刊奖"最佳栏目奖"。

关注现实问题　突出民族特色
倡导创新精神　提升学术品位

湖北民族学院是全国13所民族高校中惟一一所地处少数民族自治区的民族高校。《湖北民族学院·哲学社会科学版》从创刊至今已走过20年历程，通过20年的探索和实践，现已成为个性鲜明、特色突出的综合性学术理论期刊。哲学社会科学版本着“立足于土，涵泳自然，走向世界”的编辑思想，不断策划特色栏目、品牌栏目。如今，凭借天时，本刊得到各级领导的呵护和全国专家学者的厚爱，影响不断扩大；占着地利，本刊已成为土家族苗族研究的核心载体；因为人和，本刊“民间文化研究”、“土家族苗族研究”、“民族地区社区文化研究”等栏目已在全国乃至国外引起较大反响。本刊在保持原有特色栏目的基础上，新辟“文化人类学研究”、“南方少数民族研究”、“西部开发与民族地区经济社会发展”、“少数民族文艺美学研究”、“民族区域自治的立法研究”、“民族教育研究”、“民族语言研究”等栏目。

本刊多次被评为“湖北省优秀期刊”，是中国社科院“中国人文与社会科学论文数据库核心期刊”、“《全国报刊索引》核心期刊”、“首届中国学术期刊《CAJ-CD规范》执行优秀奖”。

在走过的20年历程中，在国内外专家、学者及各级领导的关心、扶持下，她已逐步成为国内外有影响的学术理论期刊，著名专家厉以宁、萧灼基、董辅礽、何伟、杨义、刘守华、陈建宪、萧放、金荣华、陈勤建等先生热情赐稿于本刊；著名历史学家章开沅先生欣然为本刊题词“立足于土，涵泳自然，走向世界”；著名散文艺术家、戏剧学家余秋雨先生盛赞本刊《文化苦旅》笔谈“严肃而见水平”，“对中国历史文化和当代散文学艺术的思考水平”，美誉她是“藏龙卧虎的处所”。海外发行到美国、日本、德国、英国、新加坡、法国等国家及港、澳、台地区。

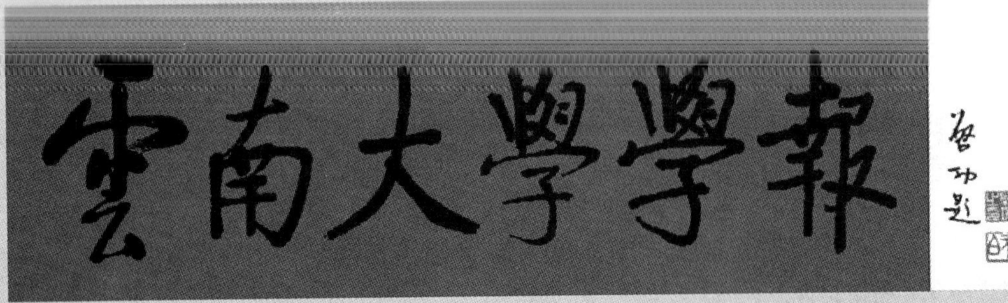

《云南大学学报》（社会科学版）创刊

经国家新闻出版署批准，《云南大学学报》（社会科学版）于2002年8月28日正式创刊发行。全国人大副委员长费孝通、雷洁琼、中国社会科学院原副院长于光远、著名学者季羡林、汤一介、任继愈、蒋学模、邓伟志、马曜、李埏、张文勋，云南大学党委书记高发元为刊物题辞。著名书法家启功先生题写刊名。

云南大学校长吴松撰写了发刊词。他在强调"学术兴校"重要性的同时，进一步提出了《云南大学学报》（社会科学版）应以张扬学术良知、播布学术正义、塑造学术人格为己任，着力营造良好学术氛围，注重学术品位，为哲学社会科学的繁荣、人文价值的高标、学问之人的成长和大学精神的塑造尽一份心、出一份力。

《云南大学学报》（社会科学版）诞生于哲学社会科学日益受到重视之际，其意义非常重要。它为哲学社会科学的繁荣与发展建起又一个学术舞台，开启了又一扇学术窗口。《云南大学学报》（社会科学版）的定位是侧重于基础学科和基础理论的研究探索，强调研究探索的学术性、科学性和前沿性。

新创刊的《云南大学学报》（社会科学版）由云南大学主办，云南省教育厅主管，双月刊，双月28日出版，每本定价10元。

主　　编：施惟达　　　副主编：卢云昆
地　　址：昆明市121大街云南大学英华园云南大学出版社内
邮政编码：650091
电　　话：（0871）5031238　5032099
传　　真：（0871）5031238
电子信箱：yndxxb2222@163.com

2002年创刊号　目　录

2002年第2期　目　录

2002年第3期　目　录

《南京农业大学学报(社会科学版)》

简介

《南京农业大学学报(社会科学版)》是教育部主管、南京农业大学主办的国内外公开发行的学术理论刊物,2001年创刊,现为江苏省一级期刊。每年出刊4期,季末出版,16开,96页/期,国内统一刊号CN32-1600/C、国际标准连续出版物号ISSN 1671-7465,定价5.00元/期。

南京农业大学是一所具有百年办学历史、直属教育部领导的以农业与生命科学为优势和特色,兼有文、理、经、管、工、法的多科性全国重点大学,是国家"211工程"重点建设的百所大学之一。在长期的发展历程中,社会科学学科作为学校学科建设的一个重要组成部分,和其他学科一样始终随着学校的发展而不断地成长壮大,目前已形成了从本专科到硕士、博士研究生教育与科研的一整套体系,专业涉及文、史、哲、政、经、法和管理各学科,队伍齐备,学术气氛浓厚。

《南京农业大学学报(社会科学版)》作为人文、社会科学教学、研究的展示窗口和交流园地,正是在这样的大背景下创刊的。

《南京农业大学学报(社会科学版)》坚持以马列主义、毛泽东思想、邓小平理论和"三个代表"重要思想为指导,传播社会主义先进文化,关注哲学、社会科学的研究成果、特别是我国改革开放和现代化建设事业中带有全局性、战略性、前瞻性的重大问题的研究成果。举凡有关当代国内国际政治、经济、文化、科技、道德、哲学、宗教等的研究论文均在本刊选用之列。本刊设有"农村·农民·农业研究"、"经济·管理"、"政治·哲学·社会学"、"农史研究"、"文化·教育"、"学术动态"等栏目,其中"农村·农民·农业研究"和"农史研究"是本刊的主要栏目。本刊坚持实事求是、理论联系实际的学风,坚定不移地贯彻"百花齐放,百家争鸣"的方针,提倡不同学术观点的平等讨论,特别欢迎在掌握翔实资料和深入研究基础上提出的新思想、新理论、新论点、新论证、新表述,提倡严谨、朴实、清新的文风。鲜明的现实针对性和严谨的高度科学性的统一是本刊致力追求的办刊特色。

本刊衷心地期望学术界同仁、作者、读者及海内外各界人士积极关心和支持我们的刊物,我们愿和大家一起为繁荣我国哲学、社会科学事业,为社会主义精神文明和物质文明的建设,贡献我们的绵薄之力。

《南京农业大学学报(社科版)》主编:管恒禄,副主编:花亚纯、钟甫宁、陈友松(常务)

编辑部地址:南京市卫岗1号

邮编:210095

电话:025-4396306

E-mail:xbsk@njau.edu.cn

《国际经贸探索》简介

《国际经贸探索》是由广东外语外贸大学主办,《国际经贸探索》编辑部编辑出版的,探索当今外经贸热点问题、反映本校国际经济与贸易教学科研成果的大型国际经贸理论与实务的专业性双月刊。《国际经贸探索》创刊于1985年1月,创刊时的刊名是《广州对外贸易学院学报》,1991年起更名为《国际经贸探索》。创刊近20年来,深受国内外广大读者的欢迎。1992年、1996年、2000年连续三次被列为中文核心期刊(国际贸易类),并且被南京大学中国社会科学研究评价中心选为《中文社会科学引文索引》来源期刊。

《国际经贸探索》的办刊宗旨是:坚持以马克思列宁主义、毛泽东思想、邓小平理论为指导,不断推进理论创新,坚持理论联系实际;适应经济全球化和加入世贸组织的新形势,着重研究和阐述国际经贸理论,以利于在更大范围、更广领域和更高层次上参与国际经济技术合作和竞争;依托广州国际大商埠,资讯网络辐射全国,沟通世界;联系粤港澳台实际,大胆探索,及时反映外经贸热点问题;及时反映新情况,勇于探索新问题,总结介绍广东省外经贸的成功经验。

《国际经贸探索》在全国外经贸界和学术界具有较高的声誉。其特色是:学术性、专业性、导向性、外向性。主要栏目有经贸述评、经贸论坛、区域经济、WTO透视、跨国经营、企业管理、外贸实务、利用外资、港台经济、地方贸易等。

《国际经贸探索》2003年将全面改善封面、内页用纸,印刷更加精美。在保持精品文章、重点栏目的同时,将以全新的面貌展现在全国新老读者面前。

《国际经贸探索》为大16开本,内文80页,全年共6期,每逢双月25日出版,每期定价6.50元,全年合计39元。适合从事外经贸理论与实务工作者、大专院校师生、企业管理者和政府管理部门的各界人士阅读。

主　　编: 萧　红
刊　　号: ISSN 1002-0594(国际标准刊号)
CN44-1302/F
发行范围: 国内外公开(国外发行代号:BM4045)
国外总发行: 中国国际图书贸易总公司(北京399信箱)
通讯地址: 广州市白云大道北2号
广东外语外贸大学《国际经贸探索》编辑部
邮　　编: 510420
电　　话: 020-36207076
订阅办法: 1.通过邮局汇款至广东外语外贸大学《国际经贸探索》发行组。
2.通过银行汇款至广东外语外贸大学。开户银行:广州中行黄石东分理处
账　　号: 845602620208091001。本刊征订不限期,随时办理订阅手续。

不断开拓进取的
首都经济贸易大学经济系

经济系创建于 1974 年，是首都经济贸易大学建系历史较长、师资力量最雄厚的院系之一。现开设经济学、国际经济与贸易（国际商务）等大学本科专业；并设有国际贸易学、西方经济学和政治经济学三个研究生专业及硕士学位授权点。其中，经济学本科专业和国际经济与贸易本科专业是北京市重点发展的专业，也是学校重点支持和重点建设的特色专业。经济系还建有世界贸易组织（WTO）研究中心、经济理论与政策法规研究所两个科研机构；北京市国际商务现代人才培养中心也将设在本系。

经济系有一支由国内外著名经济学家以及在各自的研究领域有较深造诣的中青年学者构成的高素质的师资队伍。现有教授 9 人，副教授 15 人，讲师 10 人，70%以上的教师都具有博士学位或硕士学位。他们在从事教学和科研工作的同时，还在社会上兼任着重要职务。其中，兼任或曾经兼任过的社会职务有：全国政协委员、北京市政府顾问、中央部委顾问、北京市人大代表、市政府参事等。此外，还有许多教师担任着各种重要学术团体的负责人、常务理事和理事。其中，世界著名的经济学家罗元铮教授担任着国际经济协会副主席，在世界上有着广泛的影响。同时，经济系还聘请了国内外一些学术造诣较深的教授、专家和学者担任本系的特聘教授。

经济系具有雄厚的科研力量。近年来，经济系的教师完成了国家“七五”、“八五”、“九五”规划重点课题和国家教委、国务院有关部委以及企事业单位委托的多项科研课题，取得了丰硕的研究成果，并有多项科研成果获得了国家级和省、部级奖励。

经济系自改革开放以来，与美国、日本、德国、加拿大、澳大利亚、俄罗斯、芬兰、荷兰、比利时、瑞士、印度等许多国家开展了广泛的学术交流和人员往来，与国外一些著名的大学建立了稳定的协作关系。全系有多人次受聘出国讲学、进修、派出高级访问学者、参加国际学术会议，或者开展合作研究。每年，经济系都要聘请外国教授、专家来系作学术报告或短期讲学，并接受外国的访问学者以及本科生、留学生、研究生入系插班学习。

经济系有着团结、敬业、民主、开放、活跃的良好系风，宽松的人文环境和务实的工作作风，有教书育人的良好的职业道德，有一流的教学科研水平。在新世纪中，经济系将不断开拓进取，取得更加辉煌的成绩。

（左起：高福来教授，系党总支书记朱玉华副教授，副校长郑海航教授，北京市副市长、系兼职教授张茅博士，校长张理泉教授，贾金思教授，系主任张连成教授）

《现代外语》

《现代外语》为语言学与应用语言学学术刊物。创刊于1978年，由广东省新闻出版局主管、广州外国语学院主办。1995年，广州外国语学院和广州外贸学院合并为广东外语外贸大学后，改由广东外语外贸大学主管、主办；从2002年10月起，由广东外语外贸大学全国文科重点研究基地——外国语言学及应用语言学研究中心承办，《现代外语》编辑部负责编辑，每年四期。

《现代外语》是我国人文社会科学核心期刊、首届全国百佳社科学报、广东省优秀学报、“中文社会科学引文索引”（CSSCI）语言学类来源期刊、中华人民共和国新闻出版总署确认的“双效期刊”、“美国教育信息资源数据库”（ERIC）收录刊物等。

《现代外语》主要刊登以下领域的独立研究论文、批评论文、讨论及评述：理论语言学、语音学与音系学、句法学、语义学、语用学、心理语言学、认知语言学、语言习得、语言教学与测试、计算语言学、词典学、社会语言学、语言与文化、语言与翻译等。此外，还欢迎以上学科的最新前沿介绍和新书评介。

《现代外语》以学术化、专业化、国际化为目标，以和国际语言学与应用语言学同类刊物接轨为方向，参照语言学与应用语言学学术刊物的国际惯例，实行“同行专家匿名评审”制度，并根据匿名评审意见决定稿件是否录用。

主办单位：广东外语外贸大学

承办单位：外国语言学及应用语言学研究中心

通讯地址：510420 广州市广东外语外贸大学 《现代外语》编辑部

电　　话：（020）36207235

电子邮件：gplal@gdufs.edu.cn

国际标准刊号：ISSN 1003-6105

国内统一刊号：CN 44-1165/H

国内代号：46-70

国外代号：Q4047

刊　号:ISSN1009-4970
CN 41-1302/G4
主　编:杨作龙
副主编:王利亚
赵运通(常务)

《洛阳师范学院学报》前身为《洛阳师专学报》,1982年创刊,1995年6月正式公开发行。综合性学术理论双月刊,大16开本,内文144页,逢双月25日出版。首届全国优秀社科学报,河南省社会科学一级期刊,获河南省高校学报优秀一等奖。

《洛阳师范学院学报》立足本校,学术开放,为繁荣学术研究、提高我校教学科研水平和扩大学术影响服务。创办20年来,刊物的内在质量和社会影响不断提高。1990年,在内部发行的条件下,刊发的论文被人大报刊复印资料全文转载21篇,《世界图书》1991年第8期专题文献将其列入"我国社会科学常用期刊",在被检索的全国3024种报刊中排第199位。公开发行后,载文摘转篇目在全国同类学报中所居名次逐年提前:1996年居师专学报第16位,1997年第10位,1998年第4位,1999年第3位,2000年第2位。2002年刊物更名,参与师范大学学报排序居第33位,在师院学报中居第6位。

《洛阳师范学院学报》坚持学术性、师范性、地方性的编辑定位,以基础理论研究为本,关注学术前沿和热点讨论,信息广泛,最大限度地团结作者、服务读者。栏目设置以学科归类为基础,"精神文明建设"、"经济理论与实践"、"教育理论与实践"、"基础教育研究"、"河洛文化研究" 切题萃编,"学术平台"敞纳"一家之言"。择稿不拘一格,惟理论创新是从,努力营造学人信赖的精神家园。

《洛阳师范学院学报》每期定价8元,全年48元。编辑部地址:河南省洛阳市安乐窝;邮编:471022;联系电话:0379-5515059

湖北大学学报

（哲学社会科学版）

全国综合性人文社会科学类中文核心期刊
首届全国百强社科学报　名列第一

编辑部全体同仁

《湖北大学学报（哲学社会科学版）》是湖北大学主办的综合性学术理论刊物，是学校的重要思想文化阵地和学术窗口。本刊始终坚持社会主义办刊方向，坚持百花齐放、百家争鸣的方针，坚持理论联系实际的优良学风，坚持以内稿为主同时适量刊登外稿的原则，坚持以双向匿名审稿为核心的严格的三审制，以确保学术质量，编辑部制定了岗位责任制，认真执行国家标准和编辑规范，严格编校程序，确保期刊的编校质量和印刷质量，多次荣获“湖北省先进期刊编辑部”和“湖北省先进学报编辑部”称号。

《湖北大学学报（哲学社会科学版）》1974年创刊，双月刊，逢单月下旬出版。按学科类别设置栏目，分为哲学研究、政治学研究、经济学研究、社会学研究、语言学研究、文学研究、历史学研究、文化学研究、教育学研究、文献学研究、新闻传播学研究等，一些刊期还设置了专题栏目，如价值论研究、中国近代化研究、明清小说研究、词学研究、湖北作家研究。近年来，本刊学术质量和编校质量有较大幅度提高，首发的论文40%以上被《新华文摘》、《人大复印资料》、《全国高校文科学报文摘》及各种专业学术杂志所转载、摘登，受到学术界的广泛关注。本刊荣获第三届（1999年）、第四届（2001年）“湖北省优秀期刊”称号。1999年被评为“首届全国百强社科学报”，排名第一。2000年，本刊又获“首届《中国学术期刊（光盘版）检索与评价数据规范》执行优秀奖”，并入选《中文核心期刊要目总览》（2000年版），为全国50家综合性人文社会科学类中文核心期刊之一，2002年6月本刊又荣获“第二届全国百强社科学报”称号，2002年10月入选“中国人文社会科学核心期刊”。

本刊还被《中国学术期刊（光盘版）》、《中国期刊网》、《万方数据—数字化期刊群》、《中国人文社会科学论文统计与分析数据库核心期刊》和《中文社会科学引文索引》（CSSCI）全文收录。

刊　　名：湖北大学学报（哲学社会科学版）
刊　　号：ISSN1001-4799 / CN42-1020/C
主办单位：湖北大学
主　　编：周积明
常务副主编：肖　铿
副 主 编：罗　炽
地　　址：武汉市学院路11号
电子邮件：hdxb11@hubu.edu.cn
电　　话：(027) 88663900
邮　　编：430062

JOURNAL OF HUBEI UNIVERSITY

《西安政治学院学报》简介

《西安政治学院学报》是由解放军西安政治学院主办，国内外公开发行的哲学社会科学学术期刊，创刊于1988年，十多年来，坚持理论联系实际的原则，解放思想，大胆探索、高标准、高质量，逐步形成自己的特色，社会影响日益扩大。1999年，被评为陕西省高校优秀社科学报并在全国高校学报评优活动中获奖，2002年，被评为全国高校优秀社科学报和陕西省优秀社科学报。现被中国科学文献计量评价研究中心作为《中国学术期刊综合评价数据库》来源期刊，由《中国期刊网》《中国学术期刊(光盘版)》全文收录。

在办刊实践中，编辑部严格贯彻党的出版方针，正确处理学术与政治关系，坚持党性与科学性相统一，坚守政治纪律与坚持学术创新相统一，开辟了一条军队政治院校学报独特而有效的发展之路。突出重点学科研究，走专业化办刊之路。西安政治学院是总政治部直属的中级指挥院校，担负着培养全军机关政工干部和军法干部的任务，学院设有全国全军惟一的军事法学系和军事法学研究所，为全军军事法学本科生、硕士研究生、博士研究生主要教育培训基地。军队政工学和军事法学是军队2110工程重点建设学科，研究水平在全军处于领先地位，承担了多项国家、军队重点科研课题，多项研究成果填补国家和军队空白。《西安政治学院学报》根据学院学科体系特点设置栏目，在兼顾一般学科的同时，突出重点学科，走专业化办刊之路。确定"军队政工学研究"、"军事法学研究"为核心栏目，集中反映学院和军内外这两个学科的最新研究成果。1999年以来，这两个栏目所刊发的文章占总发文量的55%以上，形成了鲜明的专业特色，在期刊界树立起自己独特的形象。《西安政治学院学报》作为国内最早开设军事法学固定栏目的学术期刊，已成为这一领域里的权威论坛。1999年以来，军队政工学研究和军事法学研究两个栏目被人大报刊复印资料全文转载、部分转摘和《高校文科学报文摘》转摘的文章达40余篇，17篇文章被《中国学术百科全书·军事卷》《中国当代军事文库》全文收录。严把学术质量关，推动理论创新。不断提升自己的学术品格，推动理论创新，是编辑部多年来的自觉追求，为此，编辑部注重做好以下几方面的工作。强化选题策划，抢占学术前沿。

一是围绕军队思想政治建设、法制建设、未来军事斗争中的重点、热点、难点问题进行选题研究。二是重视运用新的理论方法研究传统问题。通过举办学术研讨会，发布选题指南等形式，引导作者运用现代科学理论研究传统问题，产生了一系列新的理论突破。三是对同一问题用不同学科、以不同视角进行结合研究。精选精编精校，打造学术精品。在选题、组稿、审稿、加工过程中，编辑部坚持学术标准，并注意引导作者遵循科学规范，进行深入的理论开掘，不断提升稿件的学术价值和写作水平。通过几年来的艰苦努力，《西安政治学院学报》办刊水平迈上了一个新的台阶，学术质量逐年提高，专业特色鲜明突出，社会影响日益扩大，呈现出可喜的发展势头。一是刊发文章摘转率不断上升，1999年以来，平均每年85%的文章被三大文摘转摘、题录。二是获奖层次不断提高，2000年刊发的文章中，获国家级、省部级、全军级各种奖项的8篇次，2001年达到12篇次。三是社会影响不断扩大，在军内外受到普遍好评。军地专家、出版管理部门都肯定《西安政治学院学报》在军队政工学研究、军事法学研究方面独具特色，勉励编辑部在今后办刊工作中继续发挥优势，力求发挥更重要的作用。《新闻出版报》于2000年11月10日载文介绍了《西安政治学院学报》的办刊经验。

首都经济贸易大学劳动经济学院

首都经济贸易大学劳动经济学院是由原劳动经济系和人口研究所合并组建而成的。劳动经济系是由原国家劳动部部长李立三同志于1956年倡议创立，1984年前为全国惟一劳动经济学科点。该系是我国最早（1981年）获得劳动经济专业硕士学授予权的单位，2000年获得了“劳动经济”专业博士学位授予权和“社会保障”专业硕士学位授予权。

劳动经济系创建至今，为国家培养了万余名各类大专以上毕业生，其中本科生近三千人；硕士生一百八十余人。现在，毕业生中有五十余人走上了司、局长以上领导岗位，二十余名教授、研究员，十余名博士。

劳动经济系作为最早设立劳动经济学科的单位一直处于全国同类学科的领先地位。现在，我国国内劳动经济学科公认的实力最强的教学、科研机构是首都经济贸易大学劳动经济学院和中国人民大学劳动人事学院。据了解，由国务院学位办批准的本学科的两个博士点即设于上述两个学院。

1996年劳动经济系的劳动经济学科被批准为北京市重点建设学科，几年来，学科点在实验室建设、教材建设、数据库和资料库建设方面做了大量的软、硬件投资，达到了较先进的程度。2002年劳动经济学科获批成为北京市第一批重点学科。

人口经济研究所（以下简称人口所）成立于1980年，是我国最早成立的人口研究所之一。早在1973年，为配合国际人口活动，根据周恩来总理的指示，在首都经济贸易大学的前身北京经济学院成立了我国第一个人口研究室。人口经济研究所是在此基础上发展起来的。

人口所是接收UNFPA（联合国人口基金会）援助的单位之一。在对外合作交流方面，人口所研究人员曾分别到美国、日本、英国、法国、俄罗斯等十余个国家学习、讲学。

2000年7月，劳动经济系与人口经济研究所合并组建劳动经济学院。劳动经济学院组合优化了学科和教学、科研人员，综合实力大大加强。

现劳动经济学院办学层次丰富，学科体系较完整。设有：博士点一个（劳动经济学），硕士点三个（劳动经济学、社会保障学、人口学）；本科专业三个（人力资源管理、劳动与社会保障、社会工作），以及函授大专、函授专升本专业点。设有相应的三个系、五个研究所（中心）和办有中国人口学核心期刊《人口与经济》杂志。目前有在编教学科研人员共46人，其中具有正高级教研职称者10人，副高级职称19人，具有博士学位者12人，在读博士3人。

领导集体：左起刘雄副院长、黄荣清副院长、杨河清院长、董军副院长、赵耀副院长

《南通工学院学报》社会科学版简介

南通工学院地处最早开放的沿海港口城市江苏省南通市。南通滨江临海，有独特的区位经济优势；人杰地灵，文化底蕴深厚，我国近代著名的实业家、教育家张謇先生曾在此兴实业、办教育，开一代之先河。南通工学院的前身即为张謇先生于1912年创办的全国第一所高等纺织学校——南通纺织专门学校，迄今已届90周年。

《南通工学院学报》社会科学版是由江苏省教育厅主管、南通工学院主办的，以反映本校科研和教学成果为主的学术刊物，是“国家级火炬计划项目中国学术期刊综合评价数据库来源期刊”和《中国期刊网》、《中国学术期刊(光盘版)》全文收录期刊。《南通工学院学报》(社会科学版)作为高校学术期刊，自1983年创刊以来，贯彻“百花齐放，百家争鸣”的方针，坚持理论与实践相结合的原则，坚持科学与人文相统一的原则，立足本校，面向社会，面向21世纪中国的教育改革和发展，努力扩大与促进学术交流，不断提高办刊质量，已取得相当的声誉和社会效益。本刊主要栏目有：政治与法律、哲学、经济、管理、高等教育研究、教学研究与改革、语言、文学、艺术、张謇研究等，内容丰富，信息量大，实用性强，对高等教育工作者具有相当的参考价值和借鉴作用。

本刊国内统一刊号为CN 32-1498/C，国际标准刊号为ISSN 1008-2190，季刊，每季末出版，国内外公开发行，大16开本，每期正文86页，每本定价5.00元；现委托全国非邮发报刊联合发行部代办发行(天津市大寺泉集北里别墅17号，邮编300385)。

《南通工学院学报》社会科学版热诚欢迎广大读者尤其是高校教育工作者不吝赐稿，并订阅本刊。

编辑部地址：江苏省南通市青年东路40号　　邮编：226007　　电话：0513-5239337

E-mail:xuebao@ntit.edu.cn.

《周口师范高等专科学校学报》

《周口师范高等专科学校学报》是河南省教育厅主管、周口师范高等专科学校主办的综合类学术刊物。创刊于1984年，1998年9月获准对国内外公开发行。为《中国期刊网》、《中国学术期刊(光盘版)》、《中国学术期刊综合评价数据库》和《万方数据—数字化期刊群》全文收录期刊。开设有“毛泽东思想·邓小平理论研究”、“韩愈研究”、“文学现象与文艺思潮研究”、“教育教学探索”和“陈楚文化研究”等专栏。

《周口师范高等专科学校学报》坚持社会主义的办刊方向，严把质量关，不断提高学报的学术水平和学术品位，其影响也越来越大。自公开发行以来，学报所刊发的文章有绝大多数被中国人民大学《复印报刊资料》、《高校文科学报文摘》等权威文摘刊物和《北京大学学报》转摘和索引，《全国报刊索引》的索引率几乎是百分之百。

学报所开设的“韩愈研究”专栏，在全国高校学报中自成一家，独树一帜。自1997年开办以来，即因连续性强，作者范围广，栏目起点高、涵盖宽，内容丰富、全面，特色突出等因素，深得国内及港台地区韩学界的称誉和东南亚及日韩学界的热情关注。有许多学术造诣极高的知名老专家，学有所成的中青年学者和在校的大学生，以及日本、韩国及港台地区的作者，纷纷给“韩愈研究”赐稿。因此，中国唐代文学学会，傅璇琮、郁贤皓主编的《唐代文学研究年鉴》，从1998年起，连续在“一年研究情况综述·韩愈研究”中，对“韩愈研究”专栏所刊发的文章进行重点述评。

2001年底，我校已获准升格为周口师范学院。在新的世纪，我们学报将以崭新的姿态出现在中国高校人文社科学报之林中。

武汉科技大学学报

（社会科学版）

主办单位：武汉科技大学
国内刊号：CN42-1596/C
国际刊号：ISSN1009-3699
主　　编：蒋春生
编辑出版：武汉科技大学学报编辑部
发　　行：武汉科技大学学报编辑部
地　　址：武汉市青山区建设一路
邮政编码：430081

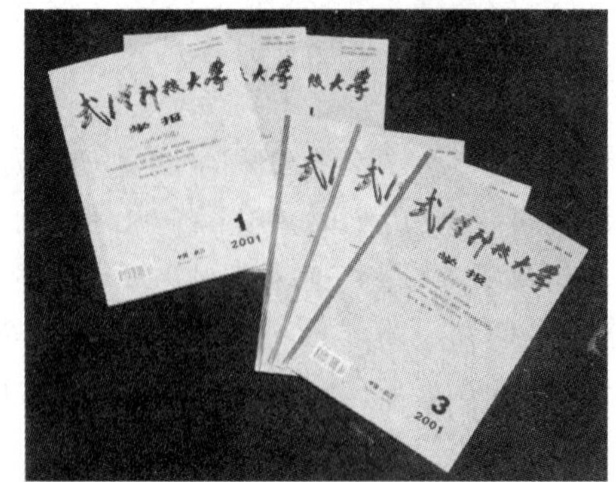

1999年创刊。是在原《武汉钢铁学院学报》、《武汉冶金科技大学学报》内部刊物基础上创办的。它主要反映武汉科技大学的社会科学方面的研究成果，内容包括哲学、政治学、经济学、法学、社会学、管理学等方面的学术论文。读者对象为高校师生及社会科学工作者。本刊主办单位武汉科技大学是一所拥有3万余师生，以工学为主，理学、经济学、管理学、医学、文学等协调发展的多科性大学，其办学历史悠久，教学、科研力量较雄厚，研究成果较多。该校主办的《武汉科技大学学报》（社会科学版）虽公开发行时间不长，但其出版质量受到读者称颂，2002年，在全国理工农医院校社会科学学报联络中心召开的全国第二届理工农医院校社会科学学报评比中被评为优秀期刊。

《安徽教育学院学报》简介

《安徽教育学院学报》系安徽省教育厅主管、安徽教育学院主办的综合类学术理论期刊，国内外公开发行。本刊以马列主义、毛泽东思想、邓小平理论为指导，坚持理论联系实际的学风，主要反映哲学、政治学、经济学、历史学、语言文学、教育理论与实践及自然科学等的学术研究成果，突出成人高校教育特点，为中国教育发展与教学改革服务，为社会主义精神文明建设服务。读者对象为广大人文社会工作者、自然科学工作者及高校与中学教师。

本刊1999年被列入《中国期刊网》、《中国学术期刊（光盘版）》全文收录期刊和《中国学术期刊综合评价数据库》、《中国人文社会科学引文数据库》来源期刊，获首届中国高校社科学报“质量进步奖”，并被中国社会科学院文献信息中心遴选为“中国人文社会科学核心期刊”；2000年被评为中国人文社科学报学会“优秀学会单位”和“全国教育学院十佳学报”；2002年获第二届“中国人文社科学报优秀学报”，并入选“中国人文社科学报核心期刊”。本刊还多次荣获安徽省人文社会科学优秀学报一等奖。

本刊为双月刊，逢单月20日出版。每年第1、2、4、5期为人文社会科学内容，第3、6期为自然科学内容。

主编：洪祥生　　**副主编**：杨世国　　**部主任**：何旺生
国际标准刊号：ISSN1001-5116　　**国内统一刊号**：CN34-1046/G4
地址：安徽省合肥市金寨路327号　　**邮编**：230061
电话：(0551)2827203-3249
网址：afjy.chinajournal.net.cn　　**E-mail**: ahjy-xb@sohu.com
国内定价：6.00元/期　　邮发代号：26-59　　**国内订购**：全国各地邮局
国外发行：中国出版对外贸易总公司（北京782信箱）

《衡阳师范学院学报》简介

《衡阳师范学院学报》(原名《衡阳师专学报》)创办于1980年，1987年获中国标准刊号(CN43—1076/G4，ISSN1002—073X)，大16开本，144页码，双月刊，其中第1、2、4、5期为社会科学，第3、6期为自然科学。本刊以马列主义、毛泽东思想、邓小平理论和江泽民同志“三个代表”思想为指导，坚持四项基本原则，贯彻“双百”方针，强调理论联系实际，注重学术性、时代性、实践性、地方性有机结合，内容相对稳定，范围变异适度。本刊除发表哲学、政治经济学、文学、历史学、地理学、教育学、心理学、美学、音乐、美术等论文外，尚开辟有“邓小平理论研究”、“国计民生问题研究”、“船山研究”、“学术争鸣”等相对稳定的专栏。自1987年在国内外公开发行至今，共有300多篇论文被《新华文摘》、《高校文科学报文摘》、《中国人民大学报刊资料》摘登、转载或全文复印，其文摘率多年来在全国同类学报中名列前茅。自2000年第1期始，本刊已加入《中国学术期刊光盘中心》，编辑规范和版本已与国际通行标准接轨。

本刊1995年10月在湖南省首届期刊等级评选中，被评定为“湖南省一级期刊”，1999年9月在全国高校社科学报评比中被评为“首届全国百强社科学报”，2000年5月在湖南省第2届期刊等级评选中，再次被评定为“湖南省一级期刊”。

联系地址：衡阳市黄白路165号湖南衡阳师范学院学报期刊社

联系电话：0734-8484943　电子邮箱：hysyxb@263.net　xb@mail.hynu.edu.cn

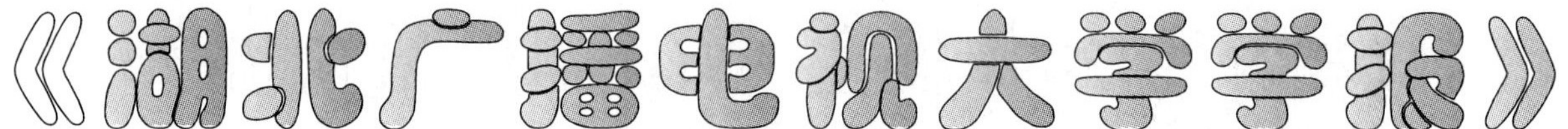

两次评为全国优秀社科学报

向全国学报编辑同仁学习、致敬！

欢迎交流　欢迎投稿

地址：湖北省武汉市洪山区鲁巷民院路82号

邮编：430073　电话：027-87493807

E-mail:xbbjb@hubtvu.edu.cn

《荆门职业技术学院学报》

《荆门职业技术学院学报》（原名《荆门大学学报》）创刊于1986年。1998年经新闻出版署批准公开发行，是由湖北省教育厅主管、荆门职业技术学院主办的综合类学术双月刊，单月25日出版。学报先后被评为：湖北省优秀期刊、首届全国优秀社科学报、首届《CAJ—CD规范》执行优秀期刊、全国高职高专优秀学报二等奖、湖北省高校人文社会科学优秀学报等。在第二届全国高校社科学报评优中，荣获“栏目策划奖”。多年来，学报坚守办刊宗旨，以邓小平理论为指导，努力探索高等职业教育规律，体现地域文化特点；倡导基础研究与应用研究并重，传统与现实并重，学术与时代相融；传播学术文化，交流学术信息，充分发挥了学术“窗口”作用。《荆门职业技术学院学报》已连续三届被推选为中国人文社会科学学报学会理事单位，在全国同类学报中独树一帜。

主要栏目有：哲学•政治学研究、村治研究、经济学•管理学研究、文艺学研究（传记文学研究）、高等职业教育•教学研究、郭店楚简研究、学报编辑访谈录等。所刊论文较多地被《新华文摘》、《中国人民大学复印报刊资料》及《高等学校文科学报文摘》等刊物转载和登录。其中，学报编辑访谈录、村治研究、传记文学研究等栏目，先后在国内学术界引起广泛关注与好评。

历任主编：毛芳烈、阎志芬、全展

国内统一刊号：CN42—1451/G5　　**国际标准刊号：**ISSN 1008—4657

地址：湖北省荆门市象山大道23号　　**邮编：**448000　　**电话：**0724—2355824

投稿信箱：jmzyxb@public.jm.hb.cn

* *

追踪前沿　捕捉热点　讲求品位　突出特色

《广东商学院学报》（前身《商学论坛》）是广东商学院主办的以研究经济管理为主的综合性学术期刊。主编徐印州。

《广东商学院学报》自创刊以来，坚持社会主义大学学报办刊方向，主动适应社会主义市场经济的需要，热诚为教学、科研和学术活动服务。办刊宗旨是：以马列主义、毛泽东思想和邓小平理论为指导，坚持党的基本路线，贯彻双百方针，发扬学术民主，促进科学研究，交流科研成果，为提高本院的教学科研水平服务，为社会主义现代化建设服务。奉行“追踪前沿，捕捉热点，讲求品位，突出特色”的办刊方针，致力于我国学术研究成果的繁荣与昌盛。本刊现已加入《中国期刊网》、《中国学术期刊（光盘版）》，2001年荣获《CAJ-CD规范》执行优秀奖，2002年荣获第二届“全国优秀社科学报”。

《广东商学院学报》立足华南，面向全国，既是高等院校学报，同时也是一份开放的社会性、综合性专业期刊，力争站在中国社会主义市场经济理论领域前沿阵地，反对僵化，力戒一般化，注重特色。主要刊登经济领域及相关学科有一定学术水平，有创新或具有较高应用价值的学术论文、调查报告以及反映国内外学术新动向、新理论的综述；尤其重视发表具有广东地域特色，对该地区经济建设有一定指导意义的原始研究成果。主要栏目有：经济理论、经济改革、经济管理、市场营销、广东经济、企业改革、金融投资、财税研究、贸易经济、镇域经济、市场经济与法等。本刊编辑部热忱欢迎国内外经济理论研究者和实际工作者踊跃赐稿。

本学报2003年为双月刊，大16开，96页，逢双月出版。每期定价7元，全年42元（含邮寄费）。自办发行，欲订阅者可直接汇款到广东商学院学报编辑部。地址：广州市仑头路21号广东商学院学报编辑部，邮政编码：510320，联系人：熊枫，联系电话：（020）84096933、84096029。E-mail:lftfxfyw@pub.guangzhou.gd.cn或gdsxyxb@163.net

《南京理工大学学报》（社会科学版）简介

《南京理工大学学报》（社会科学版）原名《华东工学院学报》（哲学社会科学版），创刊于1988年10月。

经过十多年的努力，《南京理工大学学报》（社会科学版）在办刊实践中初步走出了一条理工科院校创办文科学报的新路子。从1988年1月至1990年12月的半年刊，发展为1991年1月至今的双月刊，截至2002年12月，已出刊77期。

经过众多专家评审，1996年，《南京理工大学学报》（社科版）荣获中国兵器工业总公司（1993—1995）优秀期刊奖，2000年，参加全国期刊评选，荣获规范执行优秀奖。2002年，被评为江苏省一级期刊、第二届全国理工农医院校优秀社科学报、第二届全国优秀社科学报。

刊物注重开设特色栏目，多年坚持开设的“晚清太谷学派研究”、“南社研究”已在国内外产生了较大影响。《社科信息》曾以《“太谷学派研究”硕果累累》为题，对该专栏的开设给予了极高的评价，认为“它所发挥的推进学术研究的作用与学界对它的重视正相辅相成，而其学术创获和累积尤富价值。”另一特色栏目“南社研究”也颇具规模、影响和实力，正逐步成为南社研究的重镇。2003年将推出新栏目“六朝文化研究”，这一栏目将借助南京悠久的文化传统和深厚的文化底蕴，发挥地域优势，成为本刊的又一个特色栏目。

地址：南京市孝陵卫200号 南京理工大学学报（社会科学版）编辑部 邮编：210094

《柳州师专学报》简介

主编：梁文杰　　**副主编：**莫山洪 喻国伟
国内统一刊号：CN45-1084/G4　　**国际标准刊号：**ISSN 1003-7020
刊期：季刊　**开本：**大16开　**定价：**6.50元　**创刊日期：**1986年9月
主办单位：柳州师范高等专科学校　**地址：**广西柳州市沙塘镇　**邮政编码：**545003
电话：（0772）2725720　**http:**//lzsz.chinajournal.net.cn　**E-mail:**lzsz@chinajournal.net.cn

《柳州师专学报》以反映高等师范教育教学改革新成果为主的综合性学术理论刊物，它遵循党的“二为”方向和“双百”方针，倡导学术研究，鼓励探索争鸣，交流科研成果，促进教育事业的发展。主要栏目有：邓小平理论研究，政治经济，高教研究，基础教育研究，骈文研究，柳宗元研究，理科研究，历史研究，图书馆研究等。其中“高教研究”涉及高等教育的各个领域，已发表了省（自治区）高等教育多个课题研究论文；“骈文研究”是探讨骈文的阵地，有一批中外专家学者在这里发表了创见性的文章，在全国产生了一定的影响；“柳宗元研究”是讨论柳宗元思想、文学的一个论坛，已取得了一定的成果。

《柳州师专学报》是《中国学术期刊（光盘版）》、《中国期刊网》全文收录期刊，是《中国学术期刊综合评价数据库》来源收录期刊，曾有数十篇文章被中国人民大学复印资料中心全文转载。1999年荣获全国首届优秀社科学报，2001年荣获《CAJ-CD规范》执行优秀奖，2001年荣获第四届广西优秀社科期刊。

《哈尔滨市委党校学报》

简 介

《哈尔滨市委党校学报》是中共哈尔滨市委党校主办的哲学社会科学综合性理论刊物。1982年创刊，其前身是《教学参考》、《哈尔滨党校》、《理论思维》（内刊）。1999年经国家新闻出版署批准，由《理论思维》更名为《哈尔滨市委党校学报》，面向国内外公开发行。该刊现为彩封大16 开，80页，双月刊。国内统一刊号：CN23-1463/D；国际标准刊号：ISSN1008-8520。编辑部地址：哈尔滨市南岗区延兴路29号（150080）。

《哈尔滨市委党校学报》以宣传马列主义、毛泽东思想、邓小平理论及党的路线方针政策为主要内容，注重刊登研究我国改革开放和社会主义现代化建设中的理论和现实问题的论文，现辟有“邓小平理论研究”、“哲学与思辨”、“经济探求”、“科社新探”、“党建园地”、“思想政治工作”、“老工业基地经济与文化研究”、“国情省情市情研究”、“创建学习型社会”等栏目。该刊在为各级党政干部提高马列主义理论水平，为社会科学工作者提供理论研究和学术争鸣阵地，为党校的教学和科研服务过程中，办刊质量不断提高。2000年加入中国学术期刊（光盘版），2001年被评为《CAJ-CD规范》执行优秀期刊，2002年被评为第二届全国优秀社科学报。

前进中的《天津大学学报》（社科版）

《天津大学学报》（社科版）自1999年创刊以来，政治上始终保持高度警觉，严格遵守国家新闻出版方面有关的法律、法规和条例，坚决执行党的有关宣传政策和纪律，提倡百花齐放、百家争鸣，不断扩大社会影响。3年多来，编辑部的同志随时掌握社会科学发展的最新动态，注意理论联系实际，有选择性地刊登国家或省部级科研基金项目的研究成果，使社科版发表的论文质量在逐步提高。在审稿和定稿方面，坚持“三审三定”制度，严把稿件质量关。“三审”是指内审、外审和终审；“三定”是指责编初定、全体编辑人员会议集体商定和执行主编核定。在编校质量方面，要求当期责编一审后，再进行编辑间互审，将差错率降低到最低限度，并为编辑提供相互学习和交流的机会，积极营造一种互帮互学、奋发向上的良好氛围。

据不完全统计，3年来共发表学术论文220余篇，被《新华文摘》等报刊转载、摘编30多篇，绝大部分论文篇名被检索机构索引。日本出版的研究我国作家沈从文的学术期刊《湘西》全文转载我刊发表的文章《沈从文作品中湘西方言释文》（一）—（八），扩大了我刊在国际上的知名度。1999年度我刊获得天津市整体设计奖；2000年荣获全国首届《AJ-CD》执行优秀奖；2001年获全国首届理工院校社科优秀期刊奖；2002年被评为天津市一级期刊。

《江西农业大学学报》(社会科学版)介绍

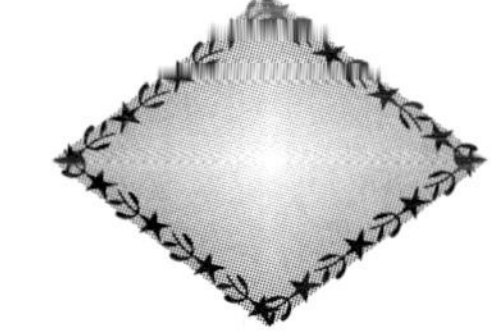

期刊名称	江西农业大学学报(社会科学版)		刊　号	ISSN1671-6523 CN36-1252/C
开　本	297mm×210mm		刊　期	季刊
页　码	140		印　数	1500
创刊时间	2002-01-01		电　话	(0791)3813246
主办单位	江西农业大学		主管单位	江西省教育厅
邮　编	330045	地址	江西农业大学学报编辑部	
E-mail	socsci@etang.com		网址:http://xb.jxau.edu.cn	
办刊宗旨	坚持以马列主义、毛泽东思想、邓小平理论和“三个代表”的重要思想为指导,坚持新闻出版的“二为”方向和“双百”方针,积极报道校内外社会科学研究成果,为促进学校教学科研水平的提高服务,为促进我国社会科学发展和社会主义现代化建设服务。			
主要栏目	党建理论研究、三农问题研究、应用经济、企业管理、文史哲、教育理论与实践			

《西安教育学院学报》编辑部简介

《西安教育学院学报》创刊于1986年。现为国家正式出版物，国际标准刊号为ISSN1008-5564,国内标准刊号为GN61-1334/G4。本刊已加入《中国学术期刊》(光盘版)和《中国期刊网》全文数据,并作为《中国学术期刊综合评价数据库》来源期刊全文收录。本刊E-mail:xajy@chinajournal;HTTP://xajy.chinajournal.net.cn。

学报定为季刊,每期96码,发稿约为18万字,逢每季末10日出版。学报追求“以学术为先导,以基础教育为主体,以教师继续教育为突破口,注重地域文史研究”的办刊目标,设有“教育理论与实践研究”、“中国现当代文学研究”、“文艺理论研究”、“历史文化与历史地理研究”、“三秦学人”、“陕西作家与作品研究”、“编辑人语” 等二十多个栏目,为广大读者、作者提供广阔多方位的学术论坛。

学报编辑部现由4人组成,均为文科本科毕业。主编陈正奇。高级职称2人,中级职称2人。编辑均有独立处理文字的能力,是一支素质高、能力强、出成果的过硬队伍。

《杭州师范学院学报》(社会科学版)

JOURNAL OF HANGZHOU TEACHERS COLLEGE (SOCIAL SCIENCES EDITION)

主管:浙江省教育厅
主办:杭州师范学院
主编:林正范
副主编:陈星　严军(常务)
刊期:双月刊
国内统一刊号:ISSN 1000-2146
CN33-1293/Z
编辑出版:杭州师范学院学报编辑部(杭州市文一路222号)
邮政编码:310012
发行方式:国内外公开发行
国内发行:杭州师范学院学报编辑部
国外发行:中国出版对外贸易公司
电子信箱:hsyxuebao@hztc.edu.cn
电话:0571-88804049　0571-88804050
传真:0571-88804050

《杭州师范学院学报》(社会科学版)是杭州师范学院主办的人文社会科学类学术理论刊物。1979年8月创刊,1983年起向国内外公开发行.现为双月刊,大16开,120页。《杭州师范学院学报》(社会科学版)多年来以创高水平学术期刊为目标,坚持社会主义方向与人文社会科学的正确导向,关注社会变革、理论前沿与学术自身增长,实事求是,繁荣学术,积累文化,服务于科研教学。2002年,为了提高刊物的学术质量,走专题化、特色化道路,加强了"中国城市社会与经济发展战略研究"、"中国当代社会问题研究"、"20世纪学术回眸"、"现代性与中国文化传统"、"90年代研究"、"当代小说讨论"、"21世纪学术研究"、"21世纪哲学前沿"、"媒介与大众传播研究"、"语言及其应用研究"、"中外文化交流史研究" 等专栏策划与组稿,推出特邀主持人制度,邀请著名学者主持重点专栏,约请国内外著名专家撰写高质量论文,以求逐步形成了自己的特色栏目与专题栏目,在学术界产生了良好的影响。

《杭州师范学院学报》(社会科学版)1995年以来一直保持浙江省一级期刊的称号(浙江省学报仅两家)。1999年被评为首届全国百强社科学报。2000年获中国学术期刊编排规范化执行优秀奖。2002年蝉联第二届全国百强社科学报,被评为全国人文社科期刊核心刊物,并由浙江省新闻出版局推荐参加华东地区优秀期刊评比,被评为华东地区优秀期刊(浙江省学报仅一家)。

《杭州师范学院学报》(社会科学版)欢迎国内外专家学者赐稿,为提高刊物学术质量而共同努力。

《华侨大学学报》(哲社版)

由华侨大学主办的综合性学术期刊。1983年创刊,现为季刊,国内外公开发行。本刊以繁荣科学文化、促进学术交流、反映最新科研成果、发现和培养人才为办刊宗旨。主要刊登哲学、法学、经济学、文学、管理学等学科领域的论文。

近年来,本刊在坚持办好传统的特色栏目如港澳台暨海外华文文学、华侨华人宗教与历史之外,还增加了对外汉语教学研究、中外文化交流史、中国传统文化研究等新栏目,既增加了学报的信息量,也深化了学报的理论研究水平,使学报的质量和档次有了大幅度的提升。在首届(1999年)和第二届(2002年)的全国高等学校社科学报评优活动中蝉联"全国百强社科学报"的称号,并被确定为中国人文社会科学核心期刊(中国社会科学院)。1999年12月被确定为《中国学术期刊综合评价数据库》来源期刊,全文收录。同时被确定为《中国人文社会科学引文数据库》来源期刊。2001年12月在《中国学术期刊[光盘版]检索与评价数据规范》执行评优活动中荣获《CAJ=CD规范》执行优秀奖。

作为中国人文社会科学核心期刊、全国百强社科学报,本刊今后将更加关注学科发展的前沿问题,注重学术创新,支持对重大学术理论和现实问题的探索及不同学术观点的讨论和争鸣,热忱欢迎海内外人文社会科学界专家学人惠赐佳作。

地　址:福建泉州华侨大学学报(哲社版)编辑部
邮　编:362011
电　话:0595-2692431
网　址:http://hqdx.chinajournal.net.cn
E-mail: hdxbzsb@hqu.edu.cn

《安徽理工大学学报（社会科学版）》

《安徽理工大学学报（社会科学版）》是安徽理工大学主办，安徽省教育厅主管的社会科学综合性学术期刊。原名《淮南工业学院学报（社会科学版）》，2002年4月淮南工业学院更名为安徽理工大学，本刊相应更名。1999年创刊，刊期为季刊，国际连续出版物刊号：ISSN 1672-1101；国内统一刊号：CN 34-1220/N。主编：杜家忠，副主编：郭长海。

《安徽理工大学学报（社会科学版）》是《中国期刊网》、《中国学术期刊（光盘版）》全文收录期刊，是《万方数据—数字化期刊群》上网期刊。

一、办刊宗旨

坚持以马克思列宁主义、毛泽东思想和邓小平理论为指导，全面贯彻“三个代表”重要思想，弘扬主旋律，体现时代精神，贯彻理论联系实际的原则，奉行“百花齐放”、“百家争鸣”的方针，开展哲学、人文社会科学领域的理论研究和学术交流，探讨学术领域和社会实践中的热点、疑点和难点问题，跟踪学术前沿问题，促进哲学、人文社会科学的发展和繁荣，推动社会主义物质文明、政治文明和精神文明建设的健康发展。在稿件的选用方面，本刊注重学术研究的开拓创新，对观点正确、论证严谨、逻辑严密、构思新颖、表述新奇、资料翔实的学术论文，本刊优先选用。

二、重点栏目介绍

1. 哲学研究　主要刊登研究当代哲学领域（包括思维科学）的重大热点、难点问题以及用马克思主义哲学原理分析、解决经济、政治、文化等领域的实际问题的学术研究性论文。

2. 经济学研究　主要刊登研究马克思主义经济理论、现代经济学理论等方面的理论性文章以及运用马克思主义经济理论和现代经济学原理分析、研究、解决社会主义建设、改革和发展过程中的实际问题的学术论文。

3. 管理学研究　刊登研究现代管理学基本理论以及运用现代管理学理论分析和解决实际问题的学术研究论文。

4. 思想政治工作研究　刊登研究思想政治教育基本原理以及运用马克思主义基本原理做好高校思想政治工作等方面的研究性论文。

5. 教学研究　主要刊登展示我校哲学、人文社会科学教育、教学成果，研究教学规律，探讨教学改革方案，总结、交流教学改革经验以及推行素质教育等方面的学术研究论文。

《南华大学学报(社会科学版)》简介

《南华大学学报(社会科学版)》原名《衡阳医学院学报(社会科学版)》，是湖南省教育厅主管，南华大学主办的社会科学综合性学术理论刊物。1999年创刊，国内外公开发行，季刊，A4开本96页，全铜版纸印刷。国际标准刊号：ISSN1009-4504，国内统一刊号：CN43-1357/ C。2000年原中南工学院与原衡阳医学院合并组建南华大学后，于2001年更名为《南华大学学报(社会科学版)》。主要栏目设置有：政治学研究、哲学研究、经济学研究、管理科学研究、法学、历史学研究、语言文学研究等。

《南华大学学报(社会科学版)》自创刊以来，坚持“求真务实，崇尚科学，严谨治刊，服务社会”的办刊宗旨。办刊质量不断提高，近两年来先后有几十篇论文被《新华文摘》、《人大复印资料》转载或辑目。全部论文被《中国期刊网》、《中国学术期刊（光盘版）》收录。是《中国学术期刊综合评价数据库》来源期刊。

学报编辑部现有专职编辑3名，主任委员兼主编1名。其中正高职称1人，副高职称2人，中级职称1人。编委会主任委员、主编：邹树梁教授。

地址：湖南省衡阳市常胜西路　　**电话**：(0734)8281544　**传真**：(0734)8282721

E-mail：nhgks@mail.nhu.edu.cn　　**邮编**：421001

·人物专访·

立志科教兴国 争创一流民校

——记西安思源学院院长周延波

我国著名教育家吕型伟说:“教育是事业,其意义在于献身,献身就不能照顾个人的利害得失。”周延波院长是这一名言的实践者。1998年,周延波动员西安交大产业集团出资共同创建了西安思源学院,年仅36岁的他担任主持日常工作的常务副院长。

汇聚名师

为尽快实现思源学院的跨越式发展(在短期内走完其他院校十几年的路),周延波认真研究了中外名牌大学办学的成功经验。他认为,要办好学校,必须借鉴名校的成功经验,荟萃一流名师,建立一支高素质的教师队伍,只有这样才能使思源在激烈的竞争中立于不败之地。

建校初期,他就聘请西安交大前校长、博士生导师史维祥教授担任西安思源学院的名誉院长,聘请西安交大计算机专家、博士生导师鲍家元,西安电子科技大学教授、硕士生导师陈其昌,西安交大教授、全国优秀教师龚冬保等知名学者作为学科带头人。但他并不满足昔日的辉煌和已经人才济济的师资队伍。从2001年起,又开始实施“8231”人才引进工程,即每年招聘30名重点院校优秀本科、硕士以上学历毕业生,招聘退休的专职副教授、教授、高级讲师20名,从高新企业聘请中高级职称技术人员兼职的“双师型”教师30名,这批教师共80名;为强化英语基础课的教学,每年另招聘外籍教师20名;每年挑选30名中青教师外出培训,攻读高学位或出国留学深造等;每年引进专职首席教授或学科带头人10名。

2002年,在周延波院长的倡导下,西安思源学院聘请中科院院士陈学俊为首席顾问、名誉教授,聘请中国工程院院士陈一坚为名誉教授,从其他高校聘请了法学家杨永华、机电一体化专业教研室主任马维新、硕士生导师刘琦云等为首席教授、特聘教授,他们是学科带头人,负责学科建设和中青年教师的培养。用高薪聘请了6名外籍教师,加强了外语的强化培训。从西安交大、兰州大学、西北工业大学等重点大学吸收了40多名应届本科和硕士生充实教师队伍,实现了教师队伍的梯次配备。目前西安思源学院已经组成了一支以专职教师为骨干,以兼职教师为主体的教师队伍。这支队伍数量可观、质量一流、结构合理、工作安心、勇于进取,他们正为学校努力工作着。

狠抓质量

周延波说:“质量对公办高校说是声誉,对民办高校说是生命。”基于以上认识,他一贯坚持教学质量第一,培养高素质的创新型综合应用人才,把狠抓教学质量作为学校的中心工作。

学院创建初期,由于建设规模宏大,需要大量的资金投入,在极其困难的情况下,周延波提议拿出450万元,建设电工技术实验室、数字电路实验室等8个实验室,他的意见得到大家的支持,8个实验室很快建立起来,并配齐了各种设备,适应了以理工为特色的高校各项教学实验的需要。在他的领导下,与陕西齿轮厂等6个企业签订了协议,为学生提供了6个各具特色的实训基地,经过实训,所有学生都具备了“动手能力强”的特点,增强了学生在毕业后尽快实现就业的竞争力。

周延波认为,要稳定地提高办学水平和教学质量,培养出具有初始竞争力和核心竞争力的高素质人才,就必须加强教学管理,建立健全一套适合民办高校特点的规章制度,实现规范化办学。在2002年底陕西省组织的教学评估中,思源学院的各项规章制度受到了评估组专家的一致好评,认为这是提高教学质量的有效措施。

校风、教风、学风是反映一所学校管理水平和教学质量的一面镜子,良好的教风是稳定和提高教学质量的先决条件。为此，周延波院长一直把建立良好的校风、教风、学风，作为基础工作，常抓不懈，使思源形成了老师谆谆教、学生孜孜学的良好氛围，保证了教学质量的稳步提高。

周延波院长是思源学院创新教育的倡导者，他具有前瞻性的办学理念和办学思路，他把爱国报国、至诚求真、博学立人、创新立业作为办学理念，而与时俱进、高起点、跳跃式发展，打造以理工类专业为特色的现代化、规范化、国际化的一流名校则是他的办学思路。创新教育使思源学院的毕业生适应了知识经济时代社会对人才的需要。2002年12月，国家劳动和社会保障部在认真考查、综合评估的基础上，把西安思源学院确定为全国首家"创新能力培训实验单位"，这既是对学院的鼓励，也是对思源教学质量的肯定。《人民日报》等新闻媒体分别发表了介绍西安思源教育创新的经验和做法。在2003年初国家劳动和社会保障部召开的"全国创新能力培训体系推出新闻发布会"上，思源学院的代表在会上作重点发言，受到大家的一致好评。

造就人才

一个好校长就是一所好学校。周延波是大家公认的好校长，而西安思源学院也是大家公认的好学校。这所学校从创办到现在，已为社会培养了许多优秀人才。

2002年，由《中国青年报》、共青团中央学校部、教育部全国高校学生信息咨询与就业指导中心、中国科协民办教育工作者联谊会共同举办了首届中国民办高校"就业之星"评选活动，有100所民办高校参加了这项活动，经过初评和终评，共评出了10名"就业之星"和20名提名获奖得者，西安思源学院就有三位同学获奖，占获奖总人数的1/10。思源学院从创办到现在，已经有6300多名学生毕业，他们都顺利走上了工作岗位。思源的毕业生不仅有很高的就业率，也有很广的覆盖面，并创造出了惊人的业绩。用"桃李满天下，弟子遍神州"来形容周延波院长的办学业绩，那是颇为合适的。

引领未来

在现代条件下，一所民办高校的成功举办者，既应有教育家科教兴国的理想和抱负，也应有企业家驾驭市场的智慧和魄力。这两种品格在周延波院长身上都得到充分体现。几年来，西安思源学院获得了多项荣誉："陕西省社会力量办学先进单位"、"陕西省明星学校"、"国家学历文凭考试试点院校"、"陕西省民办高校保卫工作先进单位"、"花园式学校"、"社会力量办学优秀校(院)长单位"、全国首家"创新能力培训试验单位"，连续八次取得陕西省民办高校自考综合通过率第一名。2002年，周延波被授予陕西省杰出青年实业家的光荣称号，并当选为西安市第13届人代会代表及西安市人大内务及司法委员会委员。西安思源学院在周延波的领导下，以超常规发展引起了社会各界的瞩目。其独到的现代化、规范化、制度化、标准化、国际化的管理模式，先进的办学理念，独具魅力的特色专业，堪称一流的教学质量，美丽如画的校园，被教育界看作民办高校的榜样，有人说，走进思源就看到中国民办高校发展的最前沿。面对成绩，他并不满足。他认为，随着我国加入WTO，世界的大门已经敞开，机遇和挑战扑面而来，他决心带领思源走出国门，接受世界领先教育潮流的洗礼，在与世界先进的教育文化理念的交汇中提升自己。国内民办高校竞争日趋激烈，西安思源学院要保持目前的领先优势，引领民办高校的未来，就必须与时俱进、必须超前，要顺应形势，要有新的办学理念和模式。这就必须把学院既当作公益性事业来办，又当作教育产业去运作，打造一个多元化、多方位、多层面、多样性的教育"超市"。在思源学院这所"教育超市"里，有多种"教育产品"可供学生自主选择。在办学层次上，思源学院从大学预科、大专到本科兼有；在办学模式上，自考、学历文凭考试、中外合作教学、高职教育、远程教育并举，具有造就基础理论适度、技术应用能力强、知识面宽、素质高的各种不同层次需求的各类人才的能力。目前，思源学院已和英国、美国、澳大利亚、荷兰等多国的知名高校建立了多种合作关系，实行了互认课程、互认学分、分段教学的中外合作学制，联合培养具有国际文凭与世界接轨的高水平人才。面对挑战和发展，周延波决心要把西安思源学院办成国内一流的名牌民办大学，带领思源人再创辉煌。

(胡琨山撰文)